EINKOMMENSTEUER HANDAUSGABE 2008

Bitte wichtige Hinweise auf der Seite 6 beachten!

Für die Veranlagungszeiträume ab 2008 sind anzuwenden

1. das **EStG 2002** in der Fassung vom 19. 10. 2002 (BGBl. I S. 4210, BStBl I S. 1209), mit allen Änderungen bis Artikel 5 des Gesetzes zur Reform des Erbschaftsteuer- und Bewertungsrechts (Erbschaftsteuerreformgesetz – ErbStRG) vom 24. 12. 2008 (BGBl. I S. 3018, BStBl 2009 I S. 140),
2. die **EStDV 2000** in der Fassung der Bekanntmachung vom 10.5.2000 (BGBl. I S. 717, BStBl I S. 595), zuletzt geändert durch Artikel 2 des Gesetzes zur Modernisierung und Entbürokratisierung des Steuerverfahrens (Steuerbürokratieabbaugesetz) vom 20. 12. 2008 (BGBl. I S. 2850, BStBl 2009 I S. 124),
3. die **EStR 2005** vom 16. 12. 2005 (BStBl 2005 I Sondernummer 1/2005), geändert durch die **EStÄR 2008** vom 18. 12. 2008 (BStBl I S. 1017).

Auf die Rechtsänderungen, soweit sie noch nicht für den VZ 2008 gelten, wird in den Fußnoten hingewiesen.

Einkommensteuer Handausgabe 2008

Einkommensteuergesetz

mit Durchführungsverordnung, Richtlinien, Hinweisen, Nebenbestimmungen

Bearbeitet von

Gerlinde Rosenbaum
Dipl.-Finanzwirtin

Eckhard Dorn
Dipl.-Finanzwirt (FH)

Ausgabe März 2009

Hinweise

Die Stollfuß-Handausgabe 2008 übernimmt die Konzeption des Amtlichen Einkommensteuer-Handbuchs. Dieses gibt seit der Ausgabe 1993 die für den jeweiligen Veranlagungszeitraum geltenden Texte des Einkommensteuergesetzes und der Einkommensteuer-Durchführungsverordnung wieder und trennt Verwaltungsvorschriften (Einkommensteuer-Richtlinien – EStÄR 2008 –) und Hinweise. Die Nummerierung der Richtlinien folgt der Paragraphennummerierung des EStG, folglich heißt z. B. die Richtlinie R 115 EStR 2003 zu § 10d EStG.

Die für den Veranlagungszeitraum 2008 überarbeiteten Hinweise sind von den obersten Finanzbehörden des Bundes und der Länder beschlossen worden. Sie machen den Rechtsanwender aufmerksam auf höchstrichterliche Rechtsprechung, BMF-Schreiben und Rechtsquellen außerhalb des Einkommensteuerrechts, die in das Einkommensteuerrecht hineinwirken. Sie enthalten den ausgewählten aktuellen Stand

- der höchstrichterlichen Rechtsprechung und
- der Verwaltungsvorschriften der Länder, die auf Grund von im Bundessteuerblatt veröffentlichten BMF-Schreiben ergangen sind.

Die im Bundessteuerblatt veröffentlichte Rechtsprechung ist für die Finanzverwaltung verbindlich, soweit nicht ein Nichtanwendungserlass ergangen ist.

In Anhängen sind ausgewählte Gesetzestexte, BMF-Schreiben und Tabellen zusammengestellt.

Die ***halbfett kursiv*** gedruckten Stellen kennzeichnen die Änderungen bei den Gesetzestexten, Durchführungsverordnungen, Richtlinien und Hinweisen gegenüber der letztjährigen Ausgabe; Weglassungen sind mit einer **senkrechten Randlinie (I)** markiert.

Die Stollfuß-Handausgabe enthält gegenüber dem Amtlichen Einkommensteuer-Handbuch zusätzliche Erläuterungen, Urteile, BMF-Schreiben und andere aktuelle Hinweise, die jeweils grau unterlegt dargestellt sind. Erstmals für den Veranlagungszeitraum 2009 anzuwendende Texte des Einkommensteuergesetzes und der Einkommensteuer-Durchführungsverordnung sind als Anmerkung der Verfasser (Anm.:) in Fußnoten abgedruckt. Auf die besonderen Probleme der Lohnsteuer wird nicht näher eingegangen; insofern wird auf die ebenfalls im Stollfuß Verlag erschienene „Lohnsteuer-Handausgabe" verwiesen.

Das Zeichen → im laufenden Richtlinientext zeigt ein Stichwort in den alphabetisch geordneten Hinweisen an. Im Übrigen dient es zum Querverweis.

Empfohlene Zitierweise:

– die Einkommensteuer-Richtlinien, z. B.	R 3.44 EStR 2008 R 33a.1 Abs. 2 EStR 2008
– die amtlichen Hinweise sollten mit der dort angegebenen Fundstelle zitiert werden, z. B.	BFH vom 16.3.2004 – BStBl II S. 594
oder auch 2008	H 31 (Zurechnung des Kindergeldes) EStH 2008

Die nicht amtlichen Ergänzungen sind mit ihrer jeweils gesondert genannten Fundstelle zu zitieren.

Die S-Verfügungen (z. B. S 2100) können bei der zuständigen Oberfinanzdirektion angefordert werden.

Wir hoffen, dass die in der Praxis bewährte Form der Darstellung Ihr tägliches Leben mit dem Einkommensteuerrecht erleichtern wird, und begrüßen weiterhin Anregungen und Hinweise, die der Verbesserung des Werkes dienen.

Aktuelle Gesetzesentwicklungen können Sie auf unserer Homepage unter http://www. stollfuss.de einsehen.

Bonn, im März 2009

Verlag und Verfasser

Bibliografische Information Der Deutschen Bibliothek
Die Deutsche Bibliothek verzeichnet diese Publikation in Der Deutschen Nationalbibliografie; detaillierte bibliografische Daten sind im Internet über http://dnb.ddb.de abrufbar.

ISBN 978-3-08-**361008**-3

Satz: bontype media AG, Bonn
Druck und Verarbeitung: Bonner Universitäts-Buchdruckerei (bub)

Inhaltsübersicht

A. Einkommensteuergesetz, Einkommensteuer-Durchführungsverordnung, Einkommensteuer-Richtlinien, Hinweise

B. Anlage zu den Einkommensteuer-Richtlinien 2005

C. Anhänge

Abkürzungsverzeichnis

A	Abschnitt
a. a. O.	am angegebenen Ort
ABl. EG	Amtsblatt EG
Abs.	Absatz
AEAO	Anwendungserlass zur Abgabenordnung (→ Handausgabe zur Abgabenordnung)
AfaA	Absetzung für außergewöhnliche Abnutzung
AfA	Absetzung für Abnutzung
AFG	Arbeitsförderungsgesetz
AfS	Absetzung für Substanzverringerung
AG	Aktiengesellschaft
AIG	Auslandsinvestitionsgesetz
AK	Anschaffungskosten
AktG	Aktiengesetz
AltEinkG	Alterseinkünftegesetz
AnfG	Anfechtungsgesetz
AO	Abgabenordnung
ASpG	Altsparergesetz
AStG	Außensteuergesetz
ATE	Auslandstätigkeitserlass
AusfFördG	Gesetz über steuerliche Maßnahmen zur Förderung der Ausfuhr
AuslInvestmG	Auslandinvestment-Gesetz
AVmG	Altersvermögensgesetz
Az.	Aktenzeichen
BAföG	Bundesausbildungsförderungsgesetz
BAG	Bundesarbeitsgericht
BAnz.	Bundesanzeiger
BauGB	Baugesetzbuch
BauNVO	Baunutzungsverordnung
BB	Der Betriebs-Berater (Zeitschrift)
BerlinFG	Berlinförderungsgesetz
BErzGG	Erziehungsgeld nach dem Bundeserziehungsgeldgesetz
BetrAVG	Gesetz zur Verbesserung der betrieblichen Altersversorgung
BewDV	Durchführungsverordnung zum Bewertungsgesetz
BewG	Bewertungsgesetz
BewRGR	Richtlinien zur Bewertung des Grundvermögens
BfF	Bundesamt für Finanzen
BFH	Bundesfinanzhof
BFHE	Sammlung der Entscheidungen des Bundesfinanzhofs (Zeitschrift)
BFH/NV	Sammlung amtlich nicht veröffentlichter Entscheidungen des Bundesfinanzhofs (Zeitschrift)
BGB	Bürgerliches Gesetzbuch
BGBl.	Bundesgesetzblatt
BiRiLiG	Bilanzrichtlinien-Gesetz
BKGG	Bundeskindergeldgesetz
BMF (BdF)	Bundesministerium der Finanzen
BMG	Bemessungsgrundlage
BMWF	Bundesminister für Wirtschaft und Finanzen
BSHG	Bundessozialhilfegesetz
BStBl	Bundessteuerblatt
BT-Drs.	Bundestagsdrucksache
BuchO	Buchungsordnung
Buchst.	Buchstabe
BVerfG	Bundesverfassungsgericht
BVerfGE	Amtliche Sammlung der Entscheidungen des BVerfG
BV	Berechnungsverordnung
BVG	Bundesversorgungsgesetz
BZSt	Bundeszentralamt für Steuern
bzw.	beziehungsweise
DA-FamEStG	Dienstanweisung zur Durchführung des steuerlichen Familienleistungsausgleichs nach dem X. Abschnitt des Einkommensteuergesetzes
DB	Der Betrieb (Zeitschrift)
DBA	Doppelbesteuerungsabkommen
DMBilG	D-Markbilanzgesetz
DStR	Deutsches Steuerrecht (Zeitschrift)
DV	Durchführungsverordnung
EFG	Entscheidungen der Finanzgerichte (Zeitschrift)
EG	Europäische Gemeinschaften
EigZulG	Eigenheimzulagengesetz
EntwLStG	Entwicklungsländer-Steuergesetz
ErbStG	Erbschaftsteuergesetz
EStG	Einkommensteuergesetz
EStDV	Einkommensteuer-Durchführungsverordnung
EStH	Amtliches Einkommensteuer-Handbuch
EStR	Einkommensteuer-Richtlinien
EStER 1956/57	Einkommensteuer-Ergänzungsrichtlinien 1956/57 vom 26. 3. 1958 (BStBl I S. 86)

EU Europäische Union
EuGH Europäischer Gerichtshof
EWR Europäischer Wirtschaftsraum
FELEG Gesetz zur Förderung der Einstellung der landwirtschaftlichen Erwerbstätigkeit
FG Finanzgericht
FÖJG Gesetz zur Förderung eines freiwilligen ökologischen Jahres (FÖJ-Förderungsgesetz)
FördG Gesetz über Sonderabschreibungen und Abzugsbeträge im Fördergebiet (Fördergebietsgesetz)
FR Finanz-Rundschau (Zeitschrift)
FVG Finanzverwaltungsgesetz
GBl. Gesetzblatt der DDR
GbR Gesellschaft bürgerlichen Rechts
GdB Grad der Behinderung
G. d. E. Gesamtbetrag der Einkünfte
gem. gemäß
GenG Genossenschaftsgesetz
GewStDV Gewerbesteuer-Durchführungsverordnung in der für den jeweiligen VZ geltenden Fassung
GewStG Gewerbesteuergesetz in der für den jeweiligen VZ geltenden Fassung
GewStR Gewerbesteuer-Richtlinien in der für den jeweiligen VZ geltenden Fassung
GG Grundgesetz für die Bundesrepublik Deutschland
GmbH Gesellschaft mit beschränkter Haftung
GmbHG GmbH-Gesetz
GrStDV Grundsteuer-Durchführungsverordnung
GrStG Grundsteuergesetz
H Hinweis
HAG Heimarbeitsgesetz
HFR Höchstrichterliche Finanzrechtsprechung (Zeitschrift)
HGB Handelsgesetzbuch
HK Herstellungskosten
i. d. R. in der Regel
i. S. d. Im Sinne der/des
i. V. m. in Verbindung mit
InvZulG Investitionszulagengesetz
JStG Jahressteuergesetz
KAGG Gesetz über Kapitalanlagegesellschaften
KapErhStG Kapitalerhöhungssteuergesetz
KapSt Kapitalertragsteuer
KAV Kindergeldauszahlungsverordnung
KG Kommanditgesellschaft
KGaA Kommanditgesellschaft auf Aktien
KHBV Krankenhaus-Buchführungsverordnung
KHG Krankenhausfinanzierungsgesetz
km Kilometer
KStG Körperschaftsteuergesetz
KStH Amtliches Körperschaftsteuer-Handbuch
KStR Körperschaftsteuer-Richtlinien in der für den jeweiligen VZ geltenden Fassung
KWG Gesetz über das Kreditwesen
LAG Lastenausgleichsgesetz
LPartG Lebenspartnerschaftsgesetz
LStDV Lohnsteuer-Durchführungsverordnung in der für das jeweilige Kalenderjahr geltenden Fassung
LStH Amtliches Lohnsteuer-Handbuch
LStR Lohnsteuer-Richtlinien
LV Lebensversicherung
MaBV Makler- und Bauträgerverordnung
MdF Ministerium der Finanzen
MDK Medizinischer Dienst der Krankenkassen
MinBlFin Ministerialblatt des Bundesministers der Finanzen
OFH Oberster Finanzgerichtshof
OHG Offene Handelsgesellschaft
OWiG Gesetz über Ordnungswidrigkeiten
PartG Parteiengesetz
PflegeVG Gesetz zur sozialen Absicherung des Risikos der Pflegebedürftigkeit (Pflege-Versicherungsgesetz)
Pkw Personenkraftwagen
R Richtlinie
RdF Reichsminister der Finanzen
RdNr.; Rn. Randnummer
RepG Reparationsschädengesetz
Rev. Revision eingelegt
RFH Reichsfinanzhof
RStBl Reichssteuerblatt
Rz. Randziffer
SachBezVO Sachbezugsverordnung
S. d. E. Summe der Einkünfte
SGB Sozialgesetzbuch
StBereinG Steuerbereinigungsgesetz 1999
StEd Steuer-Eildienst (Zeitschrift)
StGB Strafgesetzbuch

Stpfl. Steuerpflichtiger
StPO Strafprozessordnung
StSenkG Steuersenkungsgesetz
Tz. Textziffer
UmwStG Gesetz über steuerliche Maßnahmen bei Änderung der Unternehmensform (Umwandlungssteuergesetz)
USG Unterhaltssicherungsgesetz
UStG Umsatzsteuergesetz
UStR Umsatzsteuer-Richtlinien
VE Vieheinheit
VermBDV Verordnung zur Durchführung des Vermögensbildungsgesetzes
VermBG Vermögensbildungsgesetz
vGA verdeckte Gewinnausschüttung
vgl. vergleiche
VO Verordnung
VVG Versicherungsvertragsgesetz
VwVfG Verwaltungsverfahrensgesetz
VZ Veranlagungszeitraum
WEG Wohnungseigentumsgesetz
WiGBl Gesetzblatt der Verwaltung des Vereinigten Wirtschaftsgebiets
Wj. Wirtschaftsjahr
WoBauFördG Gesetz zur Förderung des Wohnungsbaues (Wohnungsbauförderungsgesetz)
WoBauG Wohnungsbaugesetz (Wohnungsbau- und Familienheimgesetz)
WoPDV Verordnung zur Durchführung des Wohnungsbau-Prämiengesetzes
WoPG Wohnungsbau-Prämiengesetz
WoPR Richtlinien zum Wohnungsbau-Prämiengesetz
WPg Die Wirtschaftsprüfung (Zeitschrift)
WÜD Wiener Übereinkommen über diplomatische Beziehungen
WÜK Wiener Übereinkommen über konsularische Beziehungen
z. B. zum Beispiel
ZDG Zivildienstgesetz
ZPO Zivilprozessordnung
ZRFG Zonenrandförderungsgesetz
z. v. E. zu versteuerndes Einkommen

Einkommensteuergesetz 2002 (EStG 2002)

in der Fassung der Bekanntmachung vom 19. 10. 2002 (BGBl. I S. 4210, BStBl I S. 1209) unter Berücksichtigung der Berichtigung vom 10. 2. 2003 (BGBl. I S. 179).
Das **Einkommensteuergesetz 2002** wurde nach der Bekanntmachung vom 19. 10. 2002 wie folgt geändert:

Lfd. Nr.	Datum	Änderungsgesetz	Art.	Fundstellen *In-Kraft-Treten*	Geänderte Vorschriften		Art der Änderung
1.	23. 12. 2002	Zweites Gesetz für moderne Dienstleistungen am Arbeitsmarkt	8	BGBl. I S. 4621 *1. 1. 2003*	§ 3	Nr. 2	geändert
						Nr. 39	aufgehoben
					§ 26a	Abs. 2	geändert
					§ 32	Abs. 4 Satz 1 Nr. 1	geändert
					§ 32b	Abs. 1 Nr. 1 Buchstabe a	geändert
					§ 35a		eingefügt
					§ 39a	Abs. 1 Nr. 5 Buchst. c	geändert
					§ 39b	Abs. 7	geändert
					§ 39c	Abs. 5	aufgehoben
					§ 39d	Abs. 1 Satz 4	aufgehoben
					§ 40a	Abs. 2	aufgehoben
						Abs. 2a	neu gefasst
						Abs. 4	eingefügt
						Abs. 4	eingefügt
						Abs. 6	geändert
					§ 51a	Abs. 2a	angefügt
					§ 52	Abs. 4a	eingefügt
						Abs. 4b	bish. Abs. 4a
						Abs. 4c	eingefügt
						Abs. 50b	eingefügt
						Abs. 50c	bish. Abs. 50b
						Abs. 50d	bish. Abs. 50c
						Abs. 52b	eingefügt
2.	15. 1. 2003	Gesetz zur Einbeziehung beurlaubter Beamter in die kapitalgedeckte Altersversorgung	1	BGBl. I S. 58 *21. 1. 2003*	§ 10a	Abs. 1 Satz 1	geändert
						Abs. 1a	neu gefasst
					§ 52	Abs. 24a	eingefügt
						Abs. 24b	bish. Abs. 24a
						Abs. 24c	bish. Abs. 24b
						Abs. 64	angefügt
						Abs. 65	angefügt
					§ 86	Abs. 1 Satz 2 Nr. 3	geändert
					§ 90	Abs. 1 Satz 3	geändert
					§ 91	Abs. 2	geändert
					§ 99	Abs. 2 Satz 2 Nr. 2	geändert
3.	16. 5. 2003	Gesetz zum Abbau von Steuervergünstigungen und Ausnahmeregelungen (Steuervergünstigungsabbaugesetz – StVergAbG –)	1	BGBl. I S. 660 *21. 5. 2003*	Überschrift		neu gefasst
					§ 15	Abs. 4	ergänzt
					§ 20	Abs. 1 Nr. 4	geändert
					§ 34c	Abs. 1	geändert
						Abs. 6	neu gefasst
					§ 35	Abs. 1	geändert
					§ 52	Abs. 1	neu gefasst
4.	31. 7. 2003	Gesetz zur Förderung von Kleinunternehmen und zur Verbesserung der Unternehmensfinanzierung (Kleinunternehmerförderungsgesetz)	1	BGBl. I S. 1550 *1. 1. 2003*	§ 7g	Abs. 2 Nr. 3	geändert
					§ 20	Abs. 1 Nr. 10 Buchstabe b Satz 1	geändert
					§ 32b	Abs. 1 Nr. 1 Buchstabe a	geändert
					§ 52	Abs. 23	geändert
					§ 52	Abs. 37a	geändert
5.	25. 11. 2003	Achte Zuständigkeitsanpassungsverordnung	82	BGBl. I S. 2304 *28. 11. 2003*	§ 51	Abs. 1 Nr. 2 Buchstabe n Doppelbuchstabe bb Satz 4	geändert
					§ 99	Abs. 2 Satz 1	geändert

Lfd. Nr.	Datum	Änderungsgesetz	Art.	Fundstellen *In-Kraft-Treten*	Geänderte Vorschriften		Art der Änderung
6.	15. 12. 2003	Zweites Gesetz zur Änderung steuerlicher Vorschriften (Steueränderungsgesetz 2003 – StÄndG 2003)	1	BGBl. I S. 2645 *20. 12. 2003*	Inhaltsübersicht		geändert
					§ 3	Nr. 35	geändert
					§ 3b	Abs. 2 Satz 1	geändert
					§ 4	Abs. 5 Satz 1 Nr. 6a	aufgehoben
					§ 6	Abs. 1 Nr. 1a	eingefügt
					§ 7g	Abs. 8 Satz 2	geändert
					§ 9	Abs. 1 Satz 3 Nr. 5	geändert
						Abs. 5 Satz 2	angefügt
					§ 19a	Abs. 2 Satz 8	aufgehoben
					§ 24c		eingefügt
					§ 31	Satz 4, 6 und 7	geändert
					§ 32	Abs. 1 Nr. 2	neu gefasst
					§ 32b	Abs. 1 Nr. 1 Buchstabe a	geändert
						Abs. 3 Satz 1	geändert
						Abs. 4	angefügt
					§ 33b	Abs. 6 Satz 2	eingefügt
					§ 36	Abs. 2 Satz 1	aufgehoben
					§ 38	Abs. 1	geändert
						Abs. 3a	eingefügt
						Abs. 4 Satz 3	eingefügt
					§ 39b	Abs. 2	geändert
						Abs. 3	geändert
						Abs. 6	geändert
					§ 39c	Abs. 5	angefügt
					§ 39d	Abs. 3 Satz 5	geändert
					§ 41	Abs. 1 Satz 2	geändert
						Satz 3	eingefügt
					§ 41a	Abs. 1 Satz 7	eingefügt
					§ 41b		neu gefasst
					§ 41c	Abs. 3 Satz 1	geändert
						Abs. 4 Satz 1 Nr. 3	geändert
					§ 42b	Abs. 1	geändert
						Abs. 2	geändert
						Abs. 4 Satz 3	geändert
					§ 42d	Abs. 1 Nr. 4	angefügt
						Abs. 2	neu gefasst
						Abs. 9	angefügt
					§ 42f	Abs. 3	angefügt
					§ 44a	Abs. 7	neu gefasst
						Abs. 8	angefügt
					§ 44c		aufgehoben
					§ 45e		eingefügt
					§ 46	Abs. 2 Nr. 2	geändert
						Abs. 2 Buchstabe d und e	neu gefasst
						Abs. 2 Nr. 5	geändert
						Abs. 2 Nr. 5a	eingefügt
						Abs. 2a	aufgehoben
					§ 49	Abs. 1 Nr. 3	neu gefasst
						Nr. 4 Buchstabe d	eingefügt
					§ 50b	Satz 1	neu gefasst
					§ 50d	Abs. 1 Satz 2	neu gefasst
						Abs. 8	angefügt
					§ 51	Abs. 4	geändert
					§ 52	Abs. 1	neu gefasst
						Abs. 12	eingefügt
						Abs. 16	geändert
						Abs. 23	ergänzt
						Abs. 23b	eingefügt
						Abs. 39a	eingefügt
						Abs. 40 Satz 1	eingefügt
						Abs. 43a	eingefügt

Lfd. Nr.	Datum	Änderungsgesetz	Art.	Fundstellen *In-Kraft-Treten*	Geänderte Vorschriften	Art der Änderung
					Abs. 46a	eingefügt
					Abs. 50c	ergänzt
					Abs. 52b	eingefügt
					Abs. 52c	eingefügt
					Abs. 55a	eingefügt
					Abs. 59a	ergänzt
					Abs. 59c	aufgehoben
7.	15. 12. 2003	Gesetz zur Modernisierung des Investmentwesens und zur Besteuerung von Investmentvermögen (Investmentmodernisierungsgesetz)	3	BGBl. I S. 2676 *1. 1. 2004*	§ 45d Abs. 1 Satz 1	geändert
					§ 49 Abs. 1 Nr. 5 Buchstabe a und b	neu gefasst
					§ 52 Abs. 57a	ergänzt
8.	22. 12. 2003	Gesetz zur Umsetzung der Protokollerklärung der Bundesregierung zur Vermittlungsempfehlung zum Steuervergünstigungsabbaugesetz	1	BGBl. I S. 2840 *1. 1. 2004*	§ 2 Abs. 3 Satz 2 bis 8	aufgehoben
					§ 4 Abs. 5 Satz 1 Nr. 11	eingefügt
					§ 10d Abs. 1 und 2	neu gefasst
					Abs. 3	aufgehoben
					Abs. 4	geändert
					§ 15 Abs. 4 Satz 6 bis 8	geändert bzw. angefügt
					§ 20 Abs. 1 Nr. 4 Satz 2	geändert
					§ 52 Abs. 2a	eingefügt
					Abs. 12 Satz 5	angefügt
					Abs. 25 Satz 2 bis 4	angefügt
9.	23. 12. 2003	Drittes Gesetz für moderne Dienstleistungen am Arbeitsmarkt	61	BGBl. I S. 2848 *1. 1. 2004*	§ 10 Abs. 1 Nr. 2 Buchstabe a	geändert
					§ 10a Abs. 1 Satz 3	geändert
					§ 32 Abs. 4 Satz 1 Nr. 1	geändert
					§ 62 Abs. 2 Satz 2	geändert
					§ 65 Abs. 1 Satz 3	geändert
					§ 72 Abs. 8 Satz 1	geändert
					§ 91 Abs. 1 Satz 1	geändert
					§ 99 Abs. 2 Satz 2 Nr. 2	geändert
10.	23. 12. 2003	Gesetz zur Änderung des Gewerbesteuergesetzes und anderer Gesetze	1	BGBl. I S. 2922 *1. 1. 2004*	Inhaltsübersicht	geändert
					§ 35 Abs. 1 Satz 2 und 3	aufgehoben
					Abs. 2	aufgehoben
					Abs. 3	wird Abs. 2
					Abs. 4	wird neu gefasster Abs. 3
					§ 52 Abs. 50a	neu gefasst
11.	24. 12. 2003	Viertes Gesetz für moderne Dienstleistungen am Arbeitsmarkt	33	BGBl. I S. 2954 *1. 1. 2005*	§ 3 Nr. 2b	eingefügt
					§ 10a Abs. 1 Satz 3	geändert
					§ 75 Abs. 1	geändert
12.	27. 12. 2003	Drittes Gesetz zur Änderung des Sechsten Buches Sozialgesetzbuch und anderer Gesetze	5	BGBl. I S. 3019 *1. 4. 2004*	§ 3 Nr. 14	geändert
13.	27. 12. 2003	Gesetz zur Einordnung des Sozialhilferechts in das Sozialgesetzbuch	48	BGBl. I S. 3022 *1. 1. 2005*	§ 75 Abs. 1	geändert
14.	29. 12. 2003	Haushaltsbegleitgesetz 2004 (HBeglG 2004)	6	BGBl. I S. 3076 *1. 1. 2004*	Inhaltsübersicht	geändert
					§ 1a Abs. 1 Satz 1	geändert
					§ 2 Abs. 3 Satz 1 und Abs. 5 Satz 1	neu gefasst
					§ 3 Nr. 9	geändert
					Nr. 10	geändert
					Nr. 15	geändert
					Nr. 34	aufgehoben
					Nr. 38	geändert
					§ 4 Abs. 5 Satz 1 Nr. 1 Satz 2 und Nr. 2 Satz 1	geändert

Lfd. Nr.	Datum	Änderungsgesetz	Art.	Fundstellen *In-Kraft-Treten*	Geänderte Vorschriften	Art der Änderung
					§ 5a Abs. 3	neu gefasst
					§ 7 Abs. 1 Satz 4	eingefügt
					Abs. 2 Satz 3	neu gefasst
					Abs. 4 Satz 1	geändert
					Abs. 5 Satz 1 Nr. 3	
					Buchstabe b	geändert
					Buchstabe c	eingefügt
					Abs. 5 Satz 3	angefügt
					§ 7h Abs. 1 Satz 1 und 3	neu gefasst
					§ 7i Abs. 1 Satz 1 und 5	geändert
					§ 8 Abs. 2 Satz 9 und	
					Abs. 3 Satz 2	geändert
					§ 9 Abs. 1 Satz 3 Nr. 4	geändert
					Satz 2	neu gefasst
					Satz 3 und 5	
					Satz 6	aufgehoben
					Nr. 5 Satz 4 und 5	geändert
					§ 9a Satz 1 Nr. 1	geändert
					§ 10 Abs. 1 Nr. 2 Buch-	
					stabe b Satz 2	angefügt
					§ 10f Abs. 1 Satz 1 und	
					Abs. 2 Satz 1	geändert
					§ 10g Abs. 1 Satz 1	geändert
					§ 16 Abs. 4 Satz 1 und 3	geändert
					§ 17 Abs. 3 Satz 1 und 2	geändert
					§ 19a Abs. 1	geändert
					§ 20 Abs. 4 Satz 1 und 2	geändert
					§ 21 Abs. 2	geändert
					§ 24b	eingefügt
					§ 26c Abs. 3	aufgehoben
					§ 32 Überschrift	geändert
					Abs. 4 Satz 2	geändert
					Abs. 7	aufgehoben
					§ 32a Abs. 1	neu gefasst
					§ 33a Abs. 1 Satz 1 und 4	geändert
					§ 34 Abs. 3 Satz 2	geändert
					§ 37a Abs. 1 Satz 3	geändert
					§ 38b Satz 2 Nr. 2	neu gefasst
					§ 39 Abs. 4 Satz 1	geändert
					§ 39b Abs. 2 Satz 6 Nr. 4,	
					Satz 7 und 8	geändert
					§ 46 Abs. 2 Nr. 4a Buch-	
					stabe c	aufgehoben
					§ 50 Abs. 1 Satz 4	neu gefasst
					§ 52 Abs. 12	geändert
					Abs. 15 Satz 2 bis 4	angefügt
					Abs. 21 Satz 3	angefügt
					Abs. 23a	eingefügt
					Abs. 23b	eingefügt
					Abs. 23a und 23b	werden Abs. 23c
					– alt –	und 23d
					Abs. 27	eingefügt
					Abs. 27a	eingefügt
					Abs. 41	geändert
					Abs. 47 Satz 6	geändert
					Abs. 51 Satz 2	geändert
					Abs. 40 Satz 4	aufgehoben
					Abs. 40a	aufgehoben
15.	5. 7. 2004	Gesetz zur Neuordnung	1	BGBl. I S. 1427,	Inhaltsübersicht	geändert/
		der einkommen-		BStBl I S. 554,		ergänzt
		steuerrechtlichen Be-		740	§ 3 Nr. 55	eingefügt
		handlung von Alters-		*grds. 1. 1. 2005;*	§ 3 Nr. 65	neu gefasst
		vorsorgeaufwendungen		*tlw. mit Wirkung*	§ 3 Nr. 63	geändert (für VZ
		und Altersbezügen (Al-		*ab 1. 1. 2002*		2002 bis 2004)
		terseinkünftegesetz –				neu gefasst (ab
		AltEinkG)				VZ 2005)
					§ 4d Abs. 1 Satz 1 Nr. 1	
					Satz 1 Buchstabe d	neu gefasst

Lfd. Nr.	Datum	Änderungsgesetz	Art.	Fundstellen *In-Kraft-Treten*	Geänderte Vorschriften		Art der Änderung
					§ 6a	Abs. 2 Nr. 1, Abs. 3 Satz 2 Nr. 1 Satz 1 und 6	geändert
					§ 9	Abs. 1 Satz 3 Nr. 1	
						Satz 2	neu gefasst
					§ 9a		div. Änderungen
					§ 10		div. Änderungen
					§ 10a		div. Änderungen
					§ 10c	Abs. 2	neu gefasst
						Abs. 3	geändert
						Abs. 4	geändert
						Abs. 5	geändert
					§ 12	Satz 1	geändert
					§ 19		geändert
					§ 20	Abs. 1 Nr. 6	geändert
					§ 22	Nr. 1 Satz 3	
						Buchst. a	neu gefasst
						Nr. 4 Satz 4	
						Buchst. b	neu gefasst
						Nr. 5	geändert
					§ 22a		eingefügt
					§ 24a		neu gefasst
					§ 31	Satz 5	aufgehoben
					§ 39a	Abs. 1 Nr. 1	geändert
					§ 39b	Abs. 2 Satz 2	
						Satz 6 Nr. 1	geändert
						Abs. 3	geändert
						Satz 2	geändert
						Satz 5	geändert
					§ 39d	Abs. 2 Satz 1 Nr. 1	geändert
					§ 41b	Abs. 1 Satz 2 Nr. 8	geändert
						Nr. 11 und 12	ersetzt durch die Nr. 11 bis 13
					§ 42b	Abs. 2 Satz 3	geändert
					§ 49	Abs. 1 Nr. 7	neu gefasst
					§ 52	Abs. 1	neu gefasst
						Abs. 6	neu gefasst
						Abs. 16b	geändert
						Abs. 24c	aufgehoben
						Abs. 34b	
						Satz 1	geändert
						Satz 2	geändert
						Abs. 36	Satz 5 angefügt
						Abs. 38	Satz 2 angefügt
						Abs. 52a	neu gefasst
					§ 79	Satz 1	neu gefasst
					§ 81a		eingefügt
					§ 82	Abs. 1 Satz 1	geändert
						Abs. 2	neu gefasst
						Abs. 4	neu gefasst
					§ 86	Abs. 1 Satz 4	neu gefasst
						Abs. 3	Satz 2 angefügt
					§ 87		neu gefasst
					§ 89	Abs. 1 Satz 1	neu gefasst
						Satz 4	eingefügt
						Abs. 1a	eingefügt
						Abs. 2 Satz 1 und 2	neu gefasst
						Abs. 3	eingefügt
					§ 90	Abs. 1	neu gefasst
						Abs. 4	Satz 2 angefügt
					§ 90a	Abs. 1 Satz 1 und 3	geändert
						Abs. 2 Satz 4	geändert
					§ 91		neu gefasst
					§ 92	Nr. 3	geändert
					§ 93	Abs. 1	neu gefasst
						Abs. 1a	geändert
						Abs. 2 Satz 2	neu gefasst
						Abs. 3	geändert

Lfd. Nr.	Datum	Änderungsgesetz	Art.	Fundstellen *In-Kraft-Treten*	Geänderte Vorschriften	Art der Änderung
					§ 94 Abs. 1 Abs. 2 Satz 2 § 95 Abs. 2 Satz 4 § 97 § 99 Abs. 1 Abs. 2 Satz 2 Nr. 2	Satz 6 angefügt geändert geändert Satz 2 angefügt neu gefasst neu gefasst
16.	21. 7. 2004	Gesetz zur Änderung der Abgabenordnung und weiterer Gesetze	2a	BGBl. I S. 1753 *1. 1. 2004*	§ 10 Abs. 1 Nr. 7 § 12 Nr. 5 § 24b § 39a Abs. 1 Nr. 8 Abs. 2 Satz 4 Abs. 3 Satz 1 Satz 2 § 42b Abs. 1 Satz 4 Nr. 3 § 44 Abs. 1 Satz 5 § 52 Abs. 55a	neu gefasst angefügt neu gefasst angefügt geändert geändert geändert neu gefasst neu gefasst eingefügt
17.	23. 7. 2004	Gesetz zur Intensivierung der Bekämpfung der Schwarzarbeit und damit zusammenhängender Steuerhinterziehung	24	BGBl. I S. 1842, BStBl I S. 906 *1. 8. 2004*	Inhaltsübersicht § 50e	geändert neu gefasst
18.	30. 7. 2004	Gesetz zur Steuerung und Begrenzung der Zuwanderung und zur Regelung des Aufenthalts und der Integration von Unionsbürgern und Ausländern (Zuwanderungsgesetz)	11 Nr. 17	BGBl. I S. 1950, BStBl I S. 1146 *1. 1. 2005*	§ 52 Abs. 61a § 62 Abs. 2	eingefügt neu gefasst
19.	30. 7. 2004	Gesetz zur Förderung von Wagniskapital	1	BGBl. I S. 2013, BStBl I S. 846 *6. 8. 2004*	§ 3 Nr. 40a § 18 Abs. 1 Nr. 4 § 52 Abs. 4c	eingefügt eingefügt eingefügt; bish. Abs. 4c wird Abs. 4d
20.	2. 12. 2004	Gesetz zur Anpassung der Vorschriften über die Amtshilfe im Bereich der Europäischen Union sowie zur Umsetzung der Richtlinie 2003/49/EG des Rates vom 3. Juni 2003 über eine gemeinsame Steuerregelung für Zahlungen von Zinsen und Lizenzgebühren zwischen verbundenen Unternehmen verschiedener Mitgliedstaaten (EG-Amtshilfe-Anpassungsgesetz)	1	BGBl. I S. 3112, BStBl I S. 1148 *8. 12. 2004*	Inhaltsübersicht § 50d Überschrift Abs. 1 Satz 1 Abs. 1a Abs. 2 Abs. 4 Satz 1 Abs. 5 Satz 7 § 50g Anlagen 3 und 3a (zu § 50g) § 50h § 52 Abs. 59a Abs. 59b Abs. 59c	geändert neu gefasst geändert eingefügt geändert neu gefasst neu gefasst eingefügt angefügt eingefügt Satz 5 angefügt eingefügt bisher: Abs. 59b
21.	9. 12. 2004	Gesetz zur Organisationsreform in der gesetzlichen Rentenversicherung (RVOrgG)	30	BGBl. I S. 3242, BStBl I S. 1156 *15. 12. 2004*	§ 3 Nr. 62 Satz 3 § 3 Nr. 63 Satz 1 § 10 Abs. 3 Satz 3 § 10c Abs. 2 Satz 2 Nr. 1 § 40a Abs. 6 § 81	geändert geändert geändert geändert geändert geändert
22.	9. 12. 2004	Gesetz zur Umsetzung von EU-Richtlinien in nationales Steuerrecht und zur Änderung weiterer Vorschriften (Richtlinien-Umsetzungsgesetz – EURLUmsG)	1	BGBl. I S. 3310, BStBl I S. 1158 *16. 12. 2004*	Inhaltsübersicht § 7g Abs. 8 Satz 2 § 10c Abs. 4 § 11 Abs. 1 Satz 3 Abs. 2 Satz 2 § 18 Abs. 1 Nr. 1 Satz 2 § 23 Abs. 1 Satz 1 Nr. 2 Satz 2 und 3	geändert geändert neu gefasst eingefügt eingefügt geändert angefügt

Lfd. Nr.	Datum	Änderungsgesetz	Art.	Fundstellen *In-Kraft-Treten*	Geänderte Vorschriften	Art der Änderung
					§ 32a Abs. 2	aufgehoben
					Abs. 3	aufgehoben
					Abs. 5	geändert
					§ 33a Abs. 3 Satz 1 Buchstabe b	geändert
					§ 33b Abs. 6	geändert
					§ 38 Abs. 4 Satz 3	geändert
					§ 39b Abs. 2 Satz 6 Nr. 3	geändert
					§ 39d Abs. 3 Satz 4	geändert
					§ 40a Abs. 3 Satz 1	geändert
					§ 42d Abs. 2	geändert
					Abs. 6 Satz 2	neu gefasst
					§ 43 Abs. 1 Satz 1 Nr. 1 Satz 2	angefügt
					Abs. 3 Satz 2	angefügt
					§ 43b Überschrift	neu gefasst
					Abs. 1	neu gefasst
					Abs. 2 Satz 1	ersetzt durch Sätze 1 bis 3
					Abs. 2a	neu eingefügt
					Abs. 3	neu gefasst
					Abs. 4	aufgehoben
					Anlage 2 (zu § 43b)	neu gefasst
					§ 44 Abs. 7	angefügt
					§ 44a Abs. 7 Satz 2	neu gefasst
					Abs. 8 Satz 1	neu gefasst
					§ 45a Abs. 1 Satz 1	geändert
					§ 45b Abs. 2a	eingefügt
					§ 45e Satz 1	geändert
					§ 49 Abs. 1 Nr. 5 Buchstabe a	geändert
					§ 50 Abs. 1 Satz 5 und Satz 6	geändert
					§ 50e Abs. 1 Satz 1	neu gefasst
					§ 52 Abs. 15 Satz 4	geändert
					Abs. 23	neu gefasst
					Abs. 30	eingefügt
					Abs. 36 Satz 5	neu gefasst
					Abs. 42	aufgehoben
					Abs. 43	aufgehoben
					Abs. 46a	neu gefasst
					Abs. 50c Satz 3	aufgehoben
					Abs. 52b (i. d. F. des Gesetzes vom 23. 12. 2002 – BGBl. I S. 4621 –)	aufgehoben
					Abs. 53a	eingefügt
					Abs. 55a bis Abs. 55d	eingefügt
					Abs. 55a (i. d. F. des Gesetzes vom 21. 7. 2004 – BGBl. I S. 1753 –)	wird Abs. 55e
					Abs. 55a (i. d. F. des Gesetzes vom 15. 12. 2003 – BGBl. I S. 2645 –)	wird Abs. 55f
					Abs. 55f n. F.	ergänzt um Satz 3
					Abs. 57a Satz 5	geändert
23.	15. 12. 2004	Gesetz zu dem Dritten Zusatzprotokoll vom 4. Juni 2004 zum Abkommen vom 16. Juni 1959 zwischen der Bundesrepublik Deutschland und dem Königreich der Niederlande zur Vermeidung der Doppelbesteuerung auf dem Gebiete der	3	BGBl. II S. 1653 *(Tag nach der Verkündung)*	§ 35 Abs. 2 Satz 3	eingefügt; Sätze 4 und 5 werden Sätze 5 und 6

Lfd. Nr.	Datum	Änderungsgesetz	Art.	Fundstellen *In-Kraft-Treten*	Geänderte Vorschriften	Art der Änderung
		Steuern vom Einkommen und vom Vermögen sowie verschiedener sonstiger Steuern und zur Regelung anderer Fragen auf steuerlichem Gebiete				
24.	21. 6. 2005	Gesetz zur Umbenennung des Bundesgrenzschutzes in Bundespolizei	28	BGBl. I S. 1818 *(Tag nach der Verkündung)*	§ 3 Nr. 4	geändert
25.	22. 9. 2005	Gesetz zur Neuorganisation der Bundesfinanzverwaltung und zur Schaffung eines Refinanzierungsregisters	4 (27)	BGBl. I S. 2809 *1. 1. 2006*	Inhaltsübersicht § 22a Abs. 2 § 44b Abs. 2 Satz 1 § 45b Abs. 3 Satz 1 und 2 § 45d Überschrift und Abs. 1 Satz 1 und 4 § 48b Abs. 6 Satz 1 und 2 § 50 Abs. 5 Satz 2 Nr. 3 Satz 4, 5 und 8 § 50b Satz 1 § 50d Abs. 1 Satz 3 und 6, Abs. 2 Satz 1 und 4 sowie Abs. 5 Satz 1 § 52 Abs. 38a	geändert geändert geändert geändert geändert geändert geändert geändert geändert geändert
26.	22. 12. 2005	Gesetz zum Einstieg in ein steuerliches Sofortprogramm	1	BGBl. I S. 3682 BStBl I 2006 S. 79 *1. 1. 2006*	§ 3 Nr. 10 § 3 Nr. 15 § 7 Abs. 5 Satz 1 Nr. 3 Buchst. c § 10 Abs. 1 Nr. 6 § 52 Abs. 1 Abs. 4a	aufgehoben aufgehoben neu gefasst aufgehoben neu gefasst neu gefasst
27.	22. 12. 2005	Gesetz zur Beschränkung der Verlustverrechnung im Zusammenhang mit Steuerstundungsmodellen	1	BGBl. I S. 3683 BStBl I 2006 S. 80 *31. 12. 2005*	Inhaltsübersicht § 2b § 13 Abs. 7 § 15b § 18 Abs. 4 Satz 2 § 20 Abs. 1 Nr. 4 Satz 2 § 21 Abs. 1 Satz 2 § 22 Nr. 1 Satz 1 § 52 Abs. 4 Abs. 30a Abs. 33a Abs. 34b Abs. 36a Abs. 37d Abs. 38	geändert aufgehoben neu gefasst eingefügt neu gefasst neu gefasst neu gefasst geändert angefügt neu gefasst eingefügt eingefügt bish. Abs. 34b wird Abs. 34c eingefügt eingefügt Anfügung von Satz 3
28.	26. 4. 2006	Gesetz zur steuerlichen Förderung von Wachstum und Beschäftigung	1	BGBl. I S. 1091, BStBl I S. 350 *6. 5. 2006*	Inhaltsübersicht § 4f § 6b Abs. 1 § 7 Abs. 2 Satz 3 § 9 Abs. 5 Satz 1 § 9a Satz 1 Nr. 1 Buchstabe a § 10 Abs. 1 Einleitungssatz Nr. 5 Nr. 8 § 10c Abs. 1 § 12 Einleitungssatz § 26a Abs. 2 Satz 1 § 33 Abs. 2 Satz 2 § 33c § 35a Abs. 1 Abs. 2 § 37 Abs. 3 Satz 5 § 39a Abs. 1 Nr. 2 und 3	geändert eingefügt geändert eingefügt geändert geändert geändert eingefügt eingefügt geändert geändert geändert geändert aufgehoben geändert neu gefasst geändert geändert

Lfd. Nr.	Datum	Änderungsgesetz	Art.	Fundstellen *In-Kraft-Treten*	Geänderte Vorschriften	Art der Änderung
					Abs. 2 Satz 4	geändert
					Abs. 3 Satz 2	geändert
					§ 50 Abs. 1 Satz 4	neu gefasst
					§ 52 Abs. 12c	eingefügt
					Abs. 18b	eingefügt
					Abs. 23c Satz 3	eingefügt
					Abs. 24	angefügt
					Abs. 50b Satz 2	eingefügt
29.	28. 4. 2006	Gesetz zur Eindämmung missbräuchlicher Steuergestaltungen	1	BGBl. I S. 1095 BStBl I S. 353 *6. 5. 2006*	§ 4 Abs. 1 Satz 3	geändert
					Abs. 3 Satz 4	neu gefasst
					Abs. 3 Satz 5	geändert
					Abs. 5 Satz 1 Nr. 6 Satz 3	geändert
					§ 5 Abs. 1a	eingefügt
					Abs. 4a Satz 2	angefügt
					§ 6 Abs. 1 Nr. 4 Satz 2	neu gefasst
					§ 52 Abs. 10 Satz 2 und 3	angefügt
					Abs. 12 Satz 3	eingefügt
					Abs. 16 Satz 15	eingefügt
30.	12. 7. 2006	Gesetz zur Modernisierung des Schuldenwesens des Bundes (Bundesschuldenwesenmodernisierungsgesetz)	3 Abs. 8	BGBl. I S. 1466, BStBl I S. 426 *1. 8. 2006*	§ 43a Abs. 4	geändert
					§ 52 Abs. 54	geändert
31.	19. 7. 2006	Steueränderungsgesetz 2007	1	BGBl. I S. 1652, BStBl I S. 432 grds.: *1. 1. 2007*	Inhaltsübersicht	geändert
					§ 2 Abs. 6 Satz 1	geändert
					§ 3 Nr. 13	geändert
					Nr. 16	geändert
					§ 4 Abs. 5 Satz 1 Nr. 6	aufgehoben
					Abs. 5 Satz 1 Nr. 6b Satz 2 und 3	als Satz 2 neu gefasst
					Abs. 5a	eingefügt
					§ 4f Satz 1	geändert
					§ 6 Abs. 1 Nr. 4 Satz 3	eingefügt
					§ 8 Abs. 2 Satz 5	geändert
					§ 9 Abs. 1 Satz 3 Nr. 4	aufgehoben
					Abs. 1 Satz 3 Nr. 5	aufgehoben
					Satz 3 bis 6	neu gefasst
					Abs. 2	geändert
					Abs. 3	geändert
					§ 10 Abs. 1 Nr. 7 Nr. 8	geändert
					§ 20 Abs. 4 Satz 1 bis 3	geändert
					§ 32 Abs. 4 Satz 1 Nr. 2 und 3	geändert
					Abs. 5 Satz 1	geändert
					Abs. 5 Satz 3	neu gefasst
					§ 32a Abs. 1	neu gefasst
					§ 32c	eingefügt
					§ 39b Abs. 2 Satz 8	geändert
					§ 40 Abs. 2 Satz 2 und 3	geändert
					§ 49 Abs. 1 Nr. 2 Buchstabe f Satz 1	neu gefasst
					Nr. 4 Buchstabe e	angefügt
					§ 50a Abs. 4 Satz 1 Nr. 3, Satz 4 und Satz 5 Nr. 4	geändert
					§ 50g Abs. 3 Nr. 5 Buchstabe b Satz 2	geändert
					Abs. 6	angefügt
					§ 50h	neu gefasst
					§ 52 Abs. 1	neu gefasst
					Abs. 12c Satz 2	angefügt
					Abs. 24 Satz 2	angefügt
					Abs. 40 Satz 4 bis 8	angefügt
					Abs. 41	aufgehoben
					Abs. 44	neu gefasst
					Abs. 52	aufgehoben

Lfd. Nr.	Datum	Änderungsgesetz	Art.	Fundstellen *In-Kraft-Treten*	Geänderte Vorschriften	Art der Änderung
					Abs. 55f	neu gefasst; bish. Abs. 55f wird Abs. 55g
					Abs. 58a	aufgehoben
					Abs. 59b Satz 2	eingefügt
32.	20. 7. 2006	Gesetz zur Fortentwicklung der Grundsicherung für Arbeitsuchende	10a	BGBl. I S. 1706 *1. 8. 2006*	§ 3 Nr. 2	geändert
33.	5. 9. 2006	Föderalismusreform-Begleitgesetz	19	BGBl. I S. 2098 BStBl I S. 506 *12. 9. 2006*	§ 3 Nr. 58	geändert
					§ 3 Nr. 59	neu gefasst
34.	31. 10. 2006	Neunte Zuständigkeitsanpassungsverordnung	116	BGBl. I S. 2407 *8. 11. 2006*	§ 49 Abs. 4 Satz 2	geändert
					§ 51 Abs. 1 Nr. 2 Buchstabe n Doppelbuchstabe bb Satz 4	geändert
					§ 99 Abs. 2 Satz 1	geändert
35.	17. 11. 2006	Gesetz zur Umsetzung der neu gefassten Bankenrichtlinie und der neu gefassten Kapitaladäquanzrichtlinie	5	BGBl. I S. 2606 *1. 1. 2007*	§ 3 Nr. 40 Satz 5	geändert
36.	5. 12. 2006	Gesetz zur Einführung des Elterngeldes	2 Abs. 6	BGBl. I S. 2748 BStBl I 2007 S. 3 *1. 1. 2007*	§ 3 Nr. 67	geändert
					§ 32b Abs. 1 Nr. 1 Buchstabe i	geändert
					§ 32b Abs. 1 Nr. 1 Buchstabe j	eingefügt
37.	7. 12. 2006	Gesetz über steuerliche Begleitmaßnahmen zur Einführung der Europäischen Gesellschaft und zur Änderung weiterer steuerrechtlicher Vorschriften (SEStEG)	1	BGBl. I S. 2782 BStBl I 2007 S. 4 *Tag nach der Verkündung (= 13. 12. 2006)*	Inhaltsübersicht	geändert
					§ 3 Nr. 40 Satz 1 Buchstabe a Satz 3	angefügt
					Satz 1 Buchstabe b Satz 3	angefügt
					Satz 3 und 4	aufgehoben
					§ 3c Abs. 2 Satz 3 und 4	aufgehoben
					§ 4 Abs. 1 Satz 3 und 4	eingefügt
					Satz 5 (bisher)	als Satz 7 neu gefasst
					§ 4g	eingefügt
					§ 6 Abs. 1 Nr. 4 Satz 1	geändert
					Abs. 1 Nr. 5 Satz 1 Buchstabe b	geändert
					Abs. 1 Nr. 5a	eingefügt
					Abs. 2 Satz 1 und 4	geändert
					Abs. 4	geändert
					§ 6b Abs. 10 Satz 11	aufgehoben
					§ 13 Abs. 7	geändert
					§ 15 Abs. 1a	eingefügt
					§ 16 Abs. 5	angefügt
					§ 17 Abs. 2 Satz 3 und 4	eingefügt
					Abs. 4 Satz 1	neu gefasst
					Abs. 5 bis 7	angefügt
					§ 18 Abs. 4 Satz 2	neu gefasst
					§ 20 Abs. 1 Nr. 2 Satz 1 und 2	geändert
					Nr. 2 Satz 1 und 2	geändert
					Nr. 10 Buchstabe b Satz 1 und 2	geändert
					§ 23 Abs. 1 Satz 2, Satz 3 und Abs. 3 Satz 3	geändert
					§ 43b Abs. 1 Satz 4	angefügt
					§ 44 Abs. 6 Satz 2 und 5	geändert
					§ 49 Abs. 1 Nr. 2 Buchstabe e	neu gefasst
					Nr. 2 Buchstabe f Satz 2	neu gefasst
					Nr. 8	neu gefasst
					§ 52 Abs. 3 Satz 5	geändert
					Abs. 3 Satz 6	angefügt

Lfd. Nr.	Datum	Änderungsgesetz	Art.	Fundstellen *In-Kraft-Treten*	Geänderte Vorschriften	Art der Änderung
					Abs. 4b Satz 2	angefügt
					Abs. 8a Satz 2	angefügt
					Abs. 8b	eingefügt
					Abs. 16 Satz 1	neu gefasst
					Abs. 18b Satz 3	angefügt
					Abs. 30a Satz 2	angefügt
					Abs. 34 Satz 7	angefügt
					Abs. 37a Satz 4 bis 6	angefügt
					Abs. 39 Satz 5	angefügt
					Abs. 55e Satz 2	angefügt
					Abs. 57	neu gefasst
38.	13. 12. 2006	Jahressteuergesetz 2007	1	BGBl. I S. 2878 BStBl I 2007 S. 28 *grds.: Tag nach der Verkündung (= 19. 12. 2006)*	Inhaltsübersicht	geändert
					§ 3 Nr. 3	neu gefasst
					Nr. 11 Satz 3	geändert
					Nr. 40 Satz 1 Buchstabe d	neu gefasst
					Nr. 44 Satz 3	
					Buchstabe b	geändert
					Buchstabe c	aufgehoben
					Nr. 56	eingefügt
					Nr. 65	neu gefasst
					§ 4 Abs. 2 Satz 1	geändert
					Abs. 5 Satz 1 Nr. 12	angefügt
					§ 5 Überschrift	geändert
					§ 6 Abs. 1 Nr. 4 Satz 7	geändert
					§ 9 Abs. 2 Satz 3	Halbsatz angefügt
					Abs. 5 Satz 1	neu gefasst
					§ 10 Abs. 1 Nr. 2 Buchstabe b und Nr. 3	
					Buchstabe b	geändert
					Abs. 1 Nr. 9	geändert
					Abs. 2 Nr. 2	
					Buchstabe b und c	neu gefasst
					Buchstabe d	angefügt
					Abs. 4a	geändert
					§ 10a Abs. 1 Satz 1 Nr. 5	angefügt
					Abs. 3 Satz 3	geändert
					§ 10d Abs. 4 Satz 6	angefügt
					§ 11 Abs. 2	Satz 3 geändert und Satz 4 angefügt
					§ 15 Abs. 3 Nr. 1	neu gefasst
					§ 19 Abs. 1 Satz 1 Nr. 3	angefügt
					§ 20 Abs. 1 Nr. 1 Satz 4	geändert
					Nr. 4 Satz 2	geändert
					Nr. 6 Satz 1 und 3	geändert
					Nr. 9	geändert
					Nr. 10	geändert
					Abs. 2b	eingefügt
					§ 22 Nr. 3 Satz 4	Halbsatz angefügt
					Nr. 5	neu gefasst
					§ 22a Abs. 1	geändert
					Abs. 2 Satz 4	eingefügt
					§ 23 Abs. 3 Satz 9	Halbsatz angefügt
					§ 31 Satz 1 und 4	neu gefasst
					§ 32 Abs. 5 Satz 4	aufgehoben
					§ 32b Abs. 1 Nr. 1	Halbsatz angefügt
					Abs. 1 Nr. 3 bis 5	ersetzen die bisherige Nr. 3
					Abs. 2 Satz 1 Nr. 2	geändert und Satz 2 angefügt
					Abs. 2 Satz 2 und 3	angefügt

Lfd. Nr.	Datum	Änderungsgesetz	Art.	Fundstellen *In-Kraft-Treten*	Geänderte Vorschriften		Art der Änderung
					§ 32c	Abs. 4	angefügt
					§ 33	Abs. 3 Satz 2	neu gefasst
					§ 33a	Abs. 3 Satz 1 Nr. 1 Buchstabe b	neu gefasst
					§ 33b	Abs. 5 Satz 1	geändert
					§ 34	Abs. 2 Nr. 4	neu gefasst
					§ 34c	Abs. 1 Satz 1 und 2	geändert
						Abs. 2	neu gefasst
						Abs. 3	geändert
						Abs. 6 Satz 1	geändert
						Satz 4	neu gefasst
						Satz 5	angefügt
					§ 35	Abs. 1 Nr. 1	geändert
					§ 35a	Abs. 2 Satz 2	neu gefasst
					§ 37b		eingefügt
					§ 40a	Abs. 6 Satz 3	geändert
					§ 40b	Abs. 2 Satz 5	aufgehoben
						Abs. 4	neu gefasst
						Abs. 5	angefügt
					§ 41a	Abs. 1 Satz 1 Nr. 1	geändert
					§ 41b	Abs. 1 Satz 2 Nr. 4	geändert
						Abs. 3 Satz 1	neu gefasst
					§ 42d	Abs. 6 Satz 1 und Abs. 9 Satz 6	geändert
					§ 43	Abs. 1 Satz 1 Nr. 4 Satz 2 und Nr. 7 Buchstabe b Satz 2	geändert
						Abs. 3 Satz 3	angefügt
					§ 44	Abs. 1 Satz 3 und Satz 5	geändert
						Abs. 2 Satz 3	angefügt
						Abs. 5 Satz 1, Satz 2 Nr. 1 und 2 und Satz 3	geändert
						Abs. 6	geändert
					§ 44b	Abs. 1 Satz 2	neu gefasst
					§ 45a	Abs. 1 Satz 5	geändert
						Abs. 3 Satz 3	angefügt
						Abs. 4 Satz 2	angefügt
					§ 45b	Abs. 2 Satz 1 Nr. 3	geändert
					§ 46	Abs. 2 Nr. 1	geändert
					§ 50d	Abs. 3 und 6	neu gefasst
						Abs. 9	angefügt
					§ 50f	Abs. 1	geändert
					§ 52	Abs. 4b Satz 2	angefügt
						Abs. 5	neu gefasst
						Abs. 7	eingefügt
						Abs. 25 Satz 5	angefügt
						Abs. 30 Satz 2	angefügt
						Abs. 32a	als Abs. 32b neu gefasst
						Abs. 34c	neu gefasst
						Abs. 35	eingefügt
						Abs. 36 Satz 6 bis 8	angefügt
						Abs. 37d	als Abs. 37e neu gefasst
						Abs. 38	Satz 2 aufgehoben und Satz 3 (neu) angefügt
						Abs. 39	geändert
						Abs. 43a	Satz 1 eingefügt
						Abs. 44	geändert
						Abs. 49	Sätze 1 und 2 eingefügt
						Abs. 50b Satz 2	geändert
						Abs. 52a Satz 3	angefügt
						Abs. 52c	aufgehoben

Lfd. Nr.	Datum	Änderungsgesetz	Art.	Fundstellen *In-Kraft-Treten*	Geänderte Vorschriften	Art der Änderung
					Abs. 53 Satz 5	angefügt
					Abs. 53a Satz 2	angefügt
					Abs. 55f Satz 3	geändert
					Abs. 55h und 55i	eingefügt
					Abs. 55j	eingefügt
					Abs. 58c	eingefügt
					Abs. 59a Satz 6	angefügt
					§ 75 Abs. 1	geändert
					§ 85 Abs. 2 Satz 2	geändert
					§ 86 Abs. 2	geändert
					§ 89 Abs. 2 Satz 3	geändert
					§ 90a	aufgehoben
					§ 92 Nr. 2	geändert
39.	13. 12. 2006	Gesetz zur Anspruchsberechtigung von Ausländern wegen Kindergeld, Erziehungsgeld und Unterhaltsvorschuss	2	BGBl. I S. 2915 *Tag nach der Verkündung (= 19. 12. 2006); i. Ü. 1. 1. 2006 (hier: § 76a)*	§ 52 Abs. 61a Satz 2	angefügt
					§ 62 Abs. 2	neu gefasst
					§ 66 Abs. 2	geändert
					§ 70 Abs. 1 Satz 2	aufgehoben
					§ 71	aufgehoben
					§ 72 Abs. 7 Satz 1	neu gefasst
					§ 76a	eingefügt
					§ 78 Abs. 4	aufgehoben
40.	26. 3.1 2007	Gesetz zur Stärkung des Wettbewerbs in der gesetzlichen Krankenversicherung (GKV-Wettbewerbsstärkungsgesetz – GKV-WSG)	45a	BGBl. I S. 378 *1. 4. 2007*	§ 3 Nr. 11 Satz 4	angefügt
41.	20. 4. 2007	Gesetz zur Anpassung der Regelaltersgrenze an die demografische Entwicklung und zur Stärkung der Finanzierungsgrundlagen der gesetzlichen Rentenversicherung (RV-Altersgrenzenanpassungsgesetz)	10	BGBl. I S. 554 *1. 1. 2008*	§ 52 Abs. 24 bis 24b	werden Abs. 24a bis 24c
					Abs. 24	eingefügt
					Abs. 36 Satz 9	angefügt
42.	28. 5. 2007	Gesetz zur Schaffung deutscher Immobilien-Aktiengesellschaften mit börsennotierten Anteilen	2	BGBl. I S. 914 *1. 1. 2007* BStBl I S. 806	§ 3 Nr. 70	angefügt
					§ 3c Abs. 3	angefügt
43.	16. 7. 2007	Finanzmarktrichtlinie-Umsetzungsgesetz	13a	BGBl. I S. 1330 *1. 11. 2007*	§ 19a Abs. 2 Satz 2 bis 4	geändert
44.	14. 8. 2007	Unternehmensteuerreformgesetz 2008	1	BGBl. I S. 1912 *18. 8. 2007*	Inhaltsübersicht	geändert
					§ 2 Abs. 2 Satz 2	angefügt
					Abs. 5a	geändert
					Abs. 5b	eingefügt
					Abs. 6 Satz 1	geändert
					§ 3 Nr. 40 Einleitungssatz	geändert
					Satz 1 Buchstabe a Satz 1, Buchstabe b Satz 1, Buchstabe f, Buchstabe g, Buchstabe h und Buchstabe i	geändert
					Buchstabe j	aufgehoben
					Satz 2	geändert
					§ 3c Abs. 2 Satz 1	geändert
					Satz 3	angefügt
					§ 4 Abs. 5b	eingefügt
					§ 4h	eingefügt
					§ 5a Abs. 5 Satz 3	geändert
					§ 6 Abs. 1 Nr. 5	geändert
					Abs. 2	geändert
					Abs. 2a	eingefügt
					§ 6b Abs. 6 Satz 1	geändert

Lfd. Nr.	Datum	Änderungsgesetz	Art.	Fundstellen *In-Kraft-Treten*	Geänderte Vorschriften	Art der Änderung
					§ 7 Abs. 2 und 3	aufgehoben
					§ 7g	neu gefasst
					§ 9 Abs. 1 Satz 3 Nr. 7 Satz 2	neu gefasst
					§ 10 Abs. 1 Nr. 4	neu gefasst
					§ 10d Abs. 1 Satz 2	eingefügt
					§ 20	neu gefasst
					§ 23	neu gefasst
					§ 24c	aufgehoben
					§ 25 Abs. 1	geändert
					§ 32 Abs. 4 Satz 4	geändert
					§ 32a Abs. 1 Satz 2 und Abs. 5	geändert
					§ 32d	eingefügt
					§ 34a	eingefügt
					§ 34c Abs. 1 Satz 2	geändert
					§ 35 Abs. 1	neu gefasst
					Abs. 2 Satz 1	neu gefasst
					Abs. 3 Satz 2	neu gefasst
					Abs. 4	angefügt
					§ 37 Abs. 3 Satz 6	eingefügt
					§ 43 Abs. 1 Satz 1 und 2	geändert
					Satz 4 bis 7	angefügt
					Abs. 2 Satz 2	angefügt
					Abs. 3 Satz 1	geändert
					Satz 4	angefügt
					Abs. 5	angefügt
					§ 43a Abs. 1 bis 3	neu gefasst
					Abs. 4	geändert
					§ 44 Abs. 1 Satz 1, Satz 3, Satz 4 Nr. 1, Satz 6 und Abs. 2 Satz 1	geändert
					§ 44a Abs. 1, Abs. 4, Abs. 5 Satz 1	geändert
					Abs. 5 Satz 4 und 5	angefügt
					Abs. 6 Satz 1 und Abs. 8	geändert
					Abs. 9	angefügt
					§ 44b Abs. 1 Satz 1	geändert
					Abs. 4	neu gefasst
					§ 45a Abs. 2 Satz 1	neu gefasst
					Sätze 2 und 4	aufgehoben
					Abs. 3	
					Satz 2	aufgehoben
					Satz 3 (alt)	geändert
					Abs. 4	geändert
					§ 45b Abs. 1 Satz 1	geändert
					§ 45c	aufgehoben
					§ 45d Abs. 1 Satz 1 Nr. 3	geändert
					§ 49 Abs. 1 Nr. 5 und Nr. 8	geändert
					§ 50 Abs. 1 Satz 4	geändert
					§ 50a Abs. 4 und Abs. 7 Satz 2	geändert
					§ 51a Abs. 2b bis 2e	eingefügt
					§ 52 Abs. 1	geändert
					Abs. 2a	aufgehoben
					Abs. 12 Satz 7	angefügt
					Abs. 12d	eingefügt
					Abs. 15 Satz 5 und 6	angefügt
					Abs. 16 Satz 17	neu gefasst
					Abs. 21a Satz 3	angefügt
					Abs. 23	neu gefasst
					Abs. 23e	eingefügt
					Abs. 39 und 39a	aufgehoben
					Abs. 48	eingefügt
					§ 52a	eingefügt
					§ 57 Abs. 3	geändert

Lfd. Nr.	Datum	Änderungsgesetz	Art.	Fundstellen *In-Kraft-Treten*	Geänderte Vorschriften	Art der Änderung
45.	10. 10. 2007	Gesetz zur weiteren Stärkung des bürgerschaftlichen Engagements	1	BGBl. I S. 2332 *1. 1. 2007* BStBl I S. 815	Inhaltsübersicht § 3 Nr. 26 Satz 1 Nr. 26a § 10b Abs. 1 Abs. 1a Abs. 3 Abs. 4 Satz 3 § 51 Überschrift Abs. 1 Nr. 2 Buchstabe c § 52 Abs. 24b Satz 2 und 3 Anm.: Gemeint ist Abs. 24c	geändert geändert eingefügt neu gefasst neu gefasst neu gefasst geändert geändert neu gefasst angefügt
46.	10. 12. 2007	Gesetz zur Förderung der zusätzlichen Altersvorsorge und zur Änderung des Dritten Buches Sozialgesetzbuch	5	BGBl. I S. 2838 *1. 1. 2009* *(Änd. des § 85 EStG am 1. 1. 2008)*	§ 4d Abs. 1 Satz 1 Nr. 1 Satz 1 § 6a Abs. 2 Nr. 1 und Abs. 3 Satz 2 Nr. 1 Satz 6 § 52 Abs. 12a und Abs. 17 § 85 Abs. 1 Satz 2	geändert geändert neu gefasst angefügt
47.	18. 12. 2007	Gesetz zur Modernisierung des Rechts der landwirtschaftlichen Sozialversicherung (LSBMG)	8	BGBl. I S. 2984 *1. 1. 2008*	§ 22a Abs. 1 Satz 1	geändert
48.	20. 12. 2007	Jahressteuergesetz 2008	1	BGBl. I S. 3150 *unterschiedlich*	Inhaltsübersicht § 1 Abs. 1 Satz 2 Abs. 3 § 1a § 4 Abs. 3 Satz 3 § 4f Satz 5 § 6 Abs. 1 Nr. 5 Satz 1 Buchstabe b zweiter Halbsatz § 10 Abs. 1 Nr. 1a Nr. 1b Nr. 2 Nr. 5 Satz 4 Nr. 8 Satz 6 Abs. 3 Abs. 4 Satz 2 § 10a Abs. 1 und 5 § 10b Abs. 1 Satz 3 § 10c Abs. 3 Nr. 2 § 22 Nr. 1b und 1c § 22a Abs. 1 Satz 1 Abs. 2 Satz 4 bis 7 § 24a Satz 2 § 32b Abs. 1 Nr. 1 Buchstabe b Buchstabe i Abs. 3 Abs. 4 § 32d Abs. 2 Nr. 1 Satz 1 Buchstabe b und c Nr. 3 § 33b Abs. 1 § 34b § 34c Abs. 1 Satz 2 § 35 Abs. 1 § 35a Abs. 1 Satz 1 Abs. 2 Satz 1, 2 und 5 § 36 Abs. 3 Satz 1 § 37 Abs. 3 Satz 4 bish. Satz 5 § 39 Abs. 1 Satz 1	geändert neu gefasst geändert geändert geändert geändert geändert geändert eingefügt geändert geändert geändert geändert geändert geändert geändert geändert eingefügt geändert eingefügt geändert geändert aufgehoben neu gefasst aufgehoben geändert eingefügt neu gefasst neu gefasst geändert geändert geändert geändert geändert aufgehoben geändert geändert

Lfd. Nr.	Datum	Änderungsgesetz	Art.	Fundstellen *In-Kraft-Treten*	Geänderte Vorschriften	Art der Änderung
					Abs. 3 Satz 1 Nr. 3	angefügt
					§ 39a Abs. 1	geändert
					Nr. 2	geändert
					Nr. 7 Satz 1	geändert
					Abs. 2 Satz 4	geändert
					Abs. 3 Satz 2	geändert
					§ 39b Abs. 2 Sätze 1 bis 6	neu gefasst
					bish. Satz 11	geändert
					Abs. 3 Satz 3 bis 6	neu gefasst
					§ 39e	eingefügt
					§ 41b Abs. 1 Satz 2	geändert
					Nr. 8	aufgehoben
					Abs. 2	geändert
					§ 43b Abs. 2 Satz 1	neu gefasst
					§ 44 Abs. 1 Satz 4 Nr. 1 Buchstabe b	geändert
					§ 45a Abs. 1	neu gefasst
					Abs. 4 Satz 2	geändert
					§ 46 Abs. 2 Nr. 8	geändert
					Abs. 3 Satz 2	geändert
					§ 50 Abs. 1	aufgehoben
					Satz 3	geändert
					bish. Satz 4	geändert
					Abs. 3 Satz 2	Halbsatz
					§ 50a Abs. 4 Satz 1 Nr. 3	angefügt
					§ 50d Abs. 9 Satz 3	geändert
					§ 50f Abs. 1	geändert
					§ 50g Überschrift	geändert
					Abs. 3	geändert
					§ 51 Abs. 4 Nr. 1	geändert
					§ 51a Abs. 2a Satz 1	geändert
					§ 52 Abs. 1a	eingefügt
					Abs. 3	geändert
					Abs. 5	aufgehoben
					Abs. 23e	eingefügt
					Abs. 24a	neu gefasst
					Abs. 35	aufgehoben
					Abs. 38a	geändert
					Abs. 43a	neu gefasst
					Abs. 49 Satz 1	aufgehoben
					Abs. 50a	Satz 2 angefügt
					Abs. 50b	Satz 3 angefügt
					Abs. 52b	neu gefasst
					Abs. 55a	neu gefasst
					Abs. 55b	aufgehoben
					Abs. 55j	Satz 2 angefügt
					Abs. 58	neu gefasst
					Abs. 58a	eingefügt
					Abs. 59b	neu gefasst
					Abs. 65	neu gefasst
					§ 52a Abs. 15	neu gefasst
					Abs. 16	Satz 3 angefügt
					§ 55 Abs. 2 Satz 2 Nr. 1 Satz 1	neu gefasst
					§ 81a Satz 1 Nr. 1	geändert
					§ 86 Abs. 1 Satz 3	geändert
					§ 91 Abs. 1 Satz 4	neu gefasst
					Abs. 1 Satz 1 erster Halbsatz und Abs. 2 Satz 1	geändert
					§ 92b Abs. 3 Satz 2	geändert
					§ 94 Abs. 1 Satz 1	geändert
					Satz 4	neu gefasst
					Sätze 5 und 6	ersetzt durch Satz 5
					§ 99 Abs. 1 und Abs. 2 Satz 2 Nr. 3	geändert
					Anlage 2 (zu § 43b)	geändert

Lfd. Nr.	Datum	Änderungsgesetz	Art.	Fundstellen *In-Kraft-Treten*	Geänderte Vorschriften	Art der Änderung
					Anlage 3 (zu § 50g) Anlage 3a (zu § 50g)	neu gefasst aufgehoben
49	8. 4. 2008	Gesetz zur Änderung seeverkehrsrechtlicher, verkehrsrechtlicher und anderer Vorschriften mit Bezug zum Seerecht (SeeRVsÄndG)	7	BGBl I S. 706 *18. 4. 2008*	§ 5a Abs. 2 Satz 5	geändert
50	16. 5. 2008	Gesetz zur Förderung von Jugendfreiwilligendiensten (JFDFöG)	2	BGBl I S. 842 *1. 6. 2008*	§ 32 Abs. 4 Satz 1 Nr. 2 Buchstabe d § 52 Abs. 40 Satz 4 und 5	neu gefasst eingefügt
51	17. 6. 2008	Beamtenstatusgesetz (BeamtStG)	§ 62 Abs. 15	BGBl I S. 1010 *1. 4. 2009*	§ 95 Abs. 3 Satz 2	geändert
52	29. 7. 2008	Gesetz zur verbesserten Einbeziehung der selbstgenutzten Wohnimmobilie in die geförderte Altersvorsorge (Eigenheimrentengesetz – EigRentG)	1	BGBl I S. 1509 *1. 8. 2008*	Inhaltsverzeichnis § 10a Abs. 1 Abs. 1a § 22 Nr. 5 § 52 Abs. 24b Abs. 24b und 24c § 81a Satz 1 § 82 § 84 § 86 Abs. 1 Satz 2 § 91 § 92 § 92a § 92b § 93 Abs. 1 § 99	geändert Satz angefügt Satz angefügt geändert eingefügt werden Abs. 24c und 24d geändert geändert Sätze angefügt geändert geändert geändert neu gefasst neu gefasst geändert geändert
53	12. 8. 2008	Gesetz zur Modernisierung der Rahmenbedingungen für Kapitalbeteiligungen (MoRaKG)	3	BGBl I S. 1672 *19. 8. 2008*	§ 3 Nr. 40a § 3c Abs. 2 Satz 1 § 52 Abs. 4c	geändert geändert neu gefasst
54	24. 9. 2008	Gesetz zur Neuregelung des Wohngeldrechts und zur Änderung des Sozialgesetzbuches (WoGNRG)	2g	BGBl I S. 1856 *1. 1. 2009*	§ 3 Nr. 58	geändert
55	10. 12. 2008	Gesetz zur Förderung von Kindern unter drei Jahren in Tageseinrichtungen und in Kindertagespflege (Kinderförderungsgesetz – KiföG)	6	BGBl. I S. 2403 *16. 12. 2008*	§ 3 Nr. 9 § 10 Abs. 4 Satz 2	eingefügt geändert
56	17. 12. 2008	Gesetz zur Reform des Verfahrens in Familiensachen und in den Angelegenheiten der freiwilligen Gerichtsbarkeit (FGG-Reformgesetz – FGG-RG)	90	BGBl. I S. 2586 *1. 9. 2008*	§ 64 Abs. 2 Satz 3	geändert
57	19. 12. 2008	Jahressteuergesetz 2009	1	BGBl I S. 2794 *25. 12. 2008*	Inhaltsverzeichnis § 2a Abs. 1 Abs. 2 Abs. 2a § 3 Nr. 10 Nr. 14 Nr. 26 Satz 1 Nr. 26a Satz 1 Nr. 34	geändert geändert geändert eingefügt eingefügt geändert geändert geändert neu gefasst

Lfd. Nr.	Datum	Änderungsgesetz	Art.	Fundstellen *In-Kraft-Treten*	Geänderte Vorschriften	Art der Änderung
					Nr. 53	eingefügt
					Nr. 62 Satz 1	geändert
					§ 4d Abs. 1 Satz 1 Nr. 1	
					Satz 1 Buchstabe b	
					Satz 1	geändert
					§ 4h Abs. 5 Satz 3	angefügt
					§ 6	
					Abs. 1	
					Nr. 4 Satz 6	aufgehoben
					Satz 7	neu gefasst
					§ 10 Abs. 1 Nr. 9	neu gefasst
					Abs. 2 Satz 2 bis 10	angefügt
					§ 10a Abs. 1 Satz 4	geändert
					§ 10b Abs. 1 Satz 2	eingefügt
					Abs. 3 Satz 3	neu gefasst
					Abs. 4 Satz 4 und 5	angefügt
					§ 15a Abs. 1a	eingefügt
					Abs. 2	neu gefasst
					Abs. 5	geändert
					§ 20 Abs. 1 Nr. 6 und 10	geändert
					Abs. 4a	eingefügt
					Abs. 8	geändert
					Abs. 9	geändert
					§ 22 Nr. 1 Satz 2	geändert
					Nr. 3 Satz 5 und 6	eingefügt
					Nr. 4	geändert
					Nr. 5	geändert
					§ 22a Abs. 4	angefügt
					§ 23 Abs. 3 Satz 4	geändert
					§ 32b Abs. 1 einleitender	
					Satzteil	geändert
					Abs. 1 Satz 1 Nr. 5	neu gefasst
					Abs. 1 Satz 2 und 3	angefügt
					§ 32d Abs. 5	neu gefasst
					Abs. 6	geändert
					§ 34a Abs. 1 Satz 4	geändert
					Abs. 10	angefügt
					Abs. 11	angefügt
					§ 34c Abs. 1 Satz 1 bis 3	neu gefasst
					Abs. 6 Satz 2	neu gefasst
					§ 35 Abs. 1 Satz 1	geändert
					§ 37 Abs. 2	aufgehoben
					Abs. 3 Satz 2	neu gefasst
					Abs. 5	geändert
					§ 38 Abs. 3 Satz 4	angefügt
					§ 39d Abs. 2 Satz 1	geändert
					§ 39e Abs. 1	geändert
					Abs. 2 Satz 1 Nr. 4	geändert
					Abs. 3 Satz 1	geändert
					§ 39f	eingefügt
					§ 42b Abs. 1 Satz 4	
					Nr. 3b	eingefügt
					§ 43 Abs. 1 Satz 7	aufgehoben
					Abs. 1a	eingefügt
					Abs. 2	geändert
					Abs. 3 Satz 1	geändert
					§ 43a Abs. 2	geändert
					Abs. 3	geändert
					Abs. 4	neu gefasst
					§ 44 Abs. 1	geändert
					§ 44a Abs. 1 Nr. 2	neu gefasst
					Abs. 5	neu gefasst
					Abs. 8 Satz 2	geändert
					Abs. 9 Satz 2	neu gefasst
					§ 44b Abs. 1 Satz 1	geändert
					§ 45b Abs. 1 Satz 1	geändert
					§ 45d Abs. 3	angefügt
					§ 46 Abs. 2 Nr. 3a	geändert
					§ 49 Nr. 2 Buchstabe d	geändert
					Abs. 1 Nr. 2 Buchstabe f	neu gefasst

Lfd. Nr.	Datum	Änderungsgesetz	Art.	Fundstellen *In-Kraft-Treten*	Geänderte Vorschriften	Art der Änderung
					Nr. 5 Buchstabe d	neu gefasst
					Nr. 6	geändert
					Nr. 9	neu gefasst
					Nr. 10	angefügt
					§ 50	neu gefasst
					§ 50a	neu gefasst
					§ 50d Abs. 1 Satz 1	geändert
					Abs. 1a Satz 8	geändert
					Abs. 2	
					Satz 1 erster Halbsatz	geändert
					Satz 3	geändert
					Abs. 5	geändert
					Abs. 10	angefügt
					§ 50e Abs. 1 Satz 1	geändert
					§ 51 Abs. 4 Buchstaben b und c	neu gefasst
					Satzteil nach Buchstabe i	geändert
					§ 51a Abs. 2a Satz 3	angefügt:
					Abs. 2c Satz 1	geändert
					Abs. 2d Satz 1	neu gefasst
					§ 52 Abs. 1	neu gefasst
					Abs. 3	geändert
					Abs. 4a	geändert
					Abs. 4b und 4c	eingefügt
					Die bisherigen Abs. 4b bis 4d	werden Abs. 4d bis 4f
					Abs. 12a	geändert
					Abs. 12d Satz 2	angefügt
					Abs. 16 Satz 16	geändert
					Abs. 23e	wird Abs. 23f
					Abs. 24	geändert
					Abs. 24b	eingefügt
					Die bish. Abs. 24b bis 24d	werden die neuen Abs. 24c bis 24e
					Abs. 24c Satz 1	neu gefasst
					Abs. 24b a. F.	Satz 2 angefügt
					Abs. 33 Satz 6	angefügt
					Abs. 36 Satz 10 und 11	angefügt
					Abs. 37a Satz 8	angefügt
					Abs. 43a Satz 2 und 3	eingefügt
					Abs. 48	neu gefasst
					Abs. 49	neu gefasst
					Abs. 50a	neu gefasst
					Abs. 52	neu gefasst
					Abs. 58 Satz 2	angefügt
					Abs. 58a	neu gefasst
					Abs. 59a Satz 7 und 8	angefügt
					Abs. 65 Satz 2	angefügt
					§ 52a Abs. 10	
					Satz 7	geändert
					Satz 10	neu gefasst
					Abs. 10a	eingefügt
					Abs. 11 Satz 8	neu gefasst
					Abs. 15	neu gefasst
					Abs. 16	neu gefasst
					§ 68 Abs. 2	aufgehoben
					§ 91 Abs. 1 Satz 1	geändert
					§ 92a Abs. 3 Satz 9	geändert

Lfd. Nr.	Datum	Änderungsgesetz	Art.	Fundstellen *In-Kraft-Treten*	Geänderte Vorschriften	Art der Änderung
58	20. 12. 2008	Gesetz zur Modernisierung und Entbürokratisierung des Steuerverfahrens	1	BGBl I S. 2850 *1. 1. 2009*	Inhaltsverzeichnis § 2 Satz 2 Abs. 6 Satz 3 § 5b § 10a Abs. 1 Satz 5 Abs. 2a Abs. 4 Satz 5 Abs. 5 § 25 Abs. 4 § 39e Abs. 2 Abs. 9 Abs. 11 § 41a Abs. 1 Satz 2 und 3 Abs. 2 Satz 2 § 42f Abs. 4 § 51 Abs. 4 Nr. 1b und 1c § 52 Abs. 15a Abs. 24d Satz 2 bis 4 Abs. 39 Abs. 43a Satz 6 bis 10	geändert geändert neu gefasst eingefügt eingefügt eingefügt geändert geändert angefügt geändert geändert angefügt neu gefasst neu gefasst angefügt eingefügt eingefügt angefügt eingefügt angefügt
59	21. 12. 2008	Gesetz zur Umsetzung steuerrechtlicher Regelungen des Maßnahmenpakets „Beschäftigungssicherung durch Wachstumsstärkung"	1	BGBl I S. 2896 *grds. 1. 1. 2009*	§ 7 Abs. 2 und 3 § 7g Abs. 5 § 35a Abs. 2 Satz 2 § 52 Abs. 23 Satz 5 und 6 Abs. 50b Satz 4	eingefügt geändert geändert angefügt angefügt
60	22. 12. 2008	Gesetz zur Förderung von Familien und haushaltsnahen Dienstleistungen (FamLeistG)	1	BGBl I S. 2955 *1. 1. 2009*	Inhaltsverzeichnis § 4f § 9 Abs. 5 Satz 1 § 9a Satz 1 Nr. 1 Buchstabe a § 9c § 10 Abs. 1 Nr. 5 und 8 § 10c Abs. 1 § 12 § 26a Abs. 2 Satz 1 § 32 Abs. 6 Satz 1 § 33 Abs. 2 Satz 2 § 33a Abs. 3 bish. Abs. 4 und 5 neuer Abs. 3 neuer Abs. 4 § 35a § 37 Abs. 3 Satz 4 § 39a Abs. 1 Nr. 2, Abs. 2 Satz 4 und Abs. 3 Satz 2 § 50 Abs. 1 Satz 3 § 51a Abs. 2a Satz 1 § 52 Abs. 12c Abs. 23c Satz 3 Abs. 23f Abs. 23f i. d. F. des JStG 2009 Abs. 24a Abs. 50b § 66 Abs. 1 § 70 Abs. 2 Satz 2	geändert aufgehoben geändert geändert eingefügt aufgehoben geändert geändert geändert geändert geändert aufgehoben werden Abs. 3 und 4 geändert geändert neu gefasst geändert geändert neu gefasst geändert aufgehoben aufgehoben eingefügt wird Abs. 23g aufgehoben Satz 4 neu gefasst neu gefasst angefügt
61	24. 12. 2008	Gesetz zur Reform des Erbschaftsteuer- und Bewertungsrechts (Erbschaftsteuerreformgesetz – ErbStRG)		BGBl I S. 3018 *1. 1. 2009*	§ 35b § 52 Abs. 50c	eingefügt eingefügt

Lfd. Nr.	Datum	Änderungsgesetz	Art.	Fundstellen *In-Kraft-Treten*	Geänderte Vorschriften		Art der Änderung
62	5. 2. 2009	Gesetz zur Neuordnung und Modernisierung des Bundesdienstrechts (Dienstrechtsneuordnungsgesetz – DNeuG)		BGBl I S. 160 *6. 2. 2009*	§ 3	Nr. 1 Buchstabe d	geändert
						Nr. 64 Satz 3	geändert
					§ 32b	Abs. 1 Nr. 1 Buchstabe c	geändert
					§ 41	Abs. 1 Satz 5	geändert
					§ 42b	Abs. 1 Satz 4 Nr. 4	geändert
					§ 95	Abs. 3 Satz 2	eingefügt
63	2. 3. 2009	Gesetz zur Sicherung von Beschäftigung und Stabilität in Deutschland		BGBl I S. 416 *6. 3. 2009*	§ 32a	Abs. 1	neu gefasst
					§ 39b	Abs. 2 Satz 7	geändert
					§ 41c	Abs. 1 Satz 2	angefügt
						Abs. 4	neu gefasst
					§ 52	Abs. 41	eingefügt
						Abs. 51	neu gefasst
					§ 66	Abs. 1 Satz 2	eingefügt

Übersicht über die betragsmäßige Entwicklung ausgewählter Tatbestände im Einkommensteuerrecht

		2006 €	2007 €	2008 €
Übungsleiterfreibetrag (§ 3 Nr. 26 EStG)		1 848	2 100	2 100
Aufwandspauschale (§ 3 Nr. 26a EStG)			500	500
Geschenke (§ 4 Abs. 5 Satz 1 Nr. 1 EStG)		35	35	35
Verpflegungsmehraufwendungen bei Dienst-/ Geschäftsreisen (§ 4 Abs. 5 Satz 1 Nr. 5 EStG)				
Abwesenheit 24 Stunden		24	24	24
Abwesenheit 14–24 Stunden		12	12	12
Abwesenheit 8–14 Stunden		6	6	6
Häusliches Arbeitszimmer in bestimmten Fällen (§ 4 Abs. 5 Nr. 6b EStG)		1 250/ Mittelpunktregelung	Mittelpunktregelung	Mittelpunktregelung
Grundstücksteile von untergeordnetem Wert (§ 8 EStDV)		20 500	20 500	20 500
Geringw. Wirtschaftsgüter (§ 6 Abs. 2 EStG)		410	410	150
Sammelposten nach § 6 Abs. 2a EStG				150–1 000
Sonder-AfA/Ansparabschreibung (§ 7g EStG)[1]				
Betriebsvermögen/ Einheitswert		204 517/ 122 710	204 517/ 122 710	
Höchstbetrag § 7g Abs. 3 EStG		154 000	154 000	
Höchstbetrag § 7g Abs. 7 EStG		307 000	307 000	
Investitionsabzugsbetrag (§ 7g EStG)[2]				
L+F-Betriebe: Wirtschaftswert / Ersatzwirtschaftswert			125 000	125 000
Übrige Betriebe:				
Gewinnermittlung § 4 Abs. 1 / § 5 EStG: Betriebsvermögen			235 000	235 000
Gewinnermittlung § 4 Abs. 3 EStG: Gewinn			100 000	100 000
Höchstbetrag § 7g Abs. 1 EStG			200 000	200 000
Fahrten/Wege zwischen Wohnung und Arbeitsstätte (§ 9 Abs. 1 Satz 3 Nr. 4 bzw. Abs. 2[3]) EStG)				
– Entfernungspauschale bis 20 Kilometer		0,30	0,30	0,30
– Entfernungspauschale ab 21. Kilometer		0,30	0,30	0,30
– Höchstbetrag ohne Nachweis einer Kfz-Nutzung		4 500	4 500	4500
– Werbungskosten geringw. Wirtschaftsgüter (§ 9 Abs. 1 Nr. 7 EStG)		410	410	410
Aufwendungen für die eigene Berufsausbildung (§ 10 Abs. 1 Nr. 7 EStG)		4 000	4 000	4000

1) Ansparabschreibungen können letztmals gebildet werden für Wirtschaftsjahre, die vor dem 18. 8. 2007 enden.

2) Investitionsabzugsbeträge können erstmals in Anspruch genommen werden für Wirtschaftsjahre, die nach dem 17. 8. 2007 enden.

3) Anm.: Unter Berücksichtigung des BVerfG-Urteils v. 9. 12. 2008 – 2 BvL 1/07 u. a. – (BGBl. I S. 2888).

		2006 €	2007 €	2008 €
Vorsorgeaufwendungen ab 2005				
Altersvorsorgeaufwendungen (§ 10 Abs. 1 Nr. 2 EStG)				
– abziehbarer Prozentsatz (§ 10 Abs. 3 EStG)		62 %	64 %	66 %
– Höchstbetrag (§ 10 Abs. 3 EStG)				
• zusammenveranlagte Ehegatten		40 000	40 000	40 000
• andere Personen		20 000	20 000	20 000
Max. Kürzungsbetrag nach § 10 Abs. 3 Satz 3 EStG		10 296	10 866	10 746
Sonst. Vorsorgeaufwendungen				
– Höchstbetrag (§ 10 Abs. 4 Satz 1 EStG)		2 400	2 400	2 400
– Höchstbetrag (§ 10 Abs. 4 Satz 2 EStG)		1 500	1 500	1 500
Vorsorgeaufwendungen bis 2004[1])				
– Grundhöchstbetrag (§ 10 Abs. 3 Nr. 1 EStG)				
• zusammenveranlagte Ehegatten		2 668	2 668	2 668
• andere Personen		1 334	1 334	1 334
– Vorwegabzug (§ 10 Abs. 3 Nr. 2 EStG)				
• zusammenveranlagte Ehegatten		6 136	6 136	6 136
• andere Personen		3 068	3 068	3 068
– Kürzung des Vorwegabzugs in den Fällen des § 10 Abs. 3 Nr. 2 Satz 2 EStG		16 %	16 %	16 %
– Zusätzlicher Höchstbetrag für Beiträge zu einer zusätzlichen freiwilligen Pflegeversicherung (§ 10 Abs. 3 Nr. 3 EStG)		184	184	184
Veräußerungsfreibetrag (§ 16 Abs. 4 EStG)		45 000	45 000	45 000
Kappungsgrenze (§ 16 Abs. 4 Satz 3 EStG)		136 000	136 000	136 000
Sparer-Freibetrag (§ 20 Abs. 4 EStG)				
– zusammenveranlagte Ehegatten		2 740	1 500	2 740
– andere Personen		1 370	750	750
Freigrenze für private Veräußerungsgewinne (§ 23 Abs. 3 EStG)		512	512	600
Entlastungsbetrag für Alleinerziehende (§ 24b EStG)		1 308	1 308	1 308
Eigene Einkünfte und Bezüge des Kindes (§ 32 Abs. 4 EStG)		7 680	7 680	7 680
Kinderfreibetrag (§ 32 Abs. 6 EStG) in bestimmten Fällen doppelter Betrag		1 824	1 824	1 824
Freibetrag für den Betreuungs- und Erziehungs- oder Ausbildungsbedarf (§ 32 Abs. 6 EStG) in bestimmten Fällen doppelter Betrag		1 080	1 080	1 080
Grundfreibetrag (§ 32a EStG)				
Grundtarif		7 664	7 664	7 664
Splittingtarif		15 329	15 329	15 329
Unterhaltsaufwendungen (§ 33a Abs. 1 EStG)				
– Höchstbetrag bei gesetzlicher Unterhaltsverpflichtung und in bestimmten anderen Fällen		7 680	7 680	7 680
– Anrechnungsfreier Betrag		624	624	624

1) Ab 2005 im Rahmen der Günstigerprüfung (§ 10 Abs. 4a EStG) zu beachten.

	2006 €	2007 €	2008 €
Kinderbetreuungskosten (§ 4f, § 9 Abs. 5, § 10 Abs. 1 Nr. 5und 8 EStG)			
– 2/3 der Aufwendungen, höchstens	4 000	4 000	4 000
– Altersgrenze für erwerbsbedingte Kinderbetreuungskosten	14	14	14
– Altersgrenze für Sonderausgabenabzug (Nr. 5)	3–6	3–6	3–6
– Altersgrenze für Sonderausgabenabzug (Nr. 8) (Ausnahme behinderte Kinder)	14	14	14
Haushaltsnahe Beschäftigungsverhältnisse (§ 35a Abs. 1 EStG)			
– bei geringfügiger Beschäftigung Abzug in vom Hundert der Aufwendungen	10 %	10 %	10 %
Höchstbetrag	510	510	510
– bei sozialversicherungspflichtiger Beschäftigung Abzug in vom Hundert der Aufwendungen	12 %	12 %	12 %
Höchstbetrag	2 400	2 400	2 400
Haushaltsnahe Dienstleistungen (§ 35a Abs. 2 EStG)			
Abzug in vom Hundert der Aufwendungen	20 %	20 %	20 %
Höchstbetrag	600	600	600
– Zusätzlicher Höchstbetrag für bestimmte Pflege- und Betreuungsleistungen	600	600	600
– Zusätzlicher Höchstbetrag für Handwerkerleistungen	600	600	600
Kindergeld (§ 66 Abs. 1 EStG)			
– für das erste, zweite und dritte Kind jeweils	154	154	154
– für das vierte und jedes weitere Kind jeweils	179	179	179
Steuererklärungspflichten			
– § 56 Satz 1 Nr. 1 Buchst. a EStDV	15 329	15 329	15 329
– § 56 Satz 1 Nr. 2 Buchst. a EStDV	7 664	7 664	7 664

A.
Einkommensteuergesetz 2002 (EStG 2002)

Einkommensteuer-Durchführungsverordnung 2000 (EStDV 2000)

Einkommensteuer-Änderungsrichtlinien 2008 (EStÄR 2008)

Hinweise

(1) Die Einkommensteuer-Richtlinien in der geänderten Fassung ***(Einkommmensteuer-Änderungsrichtlinien 2008 - EStÄR 2008)*** sind Weisungen an die Finanzbehörden zur einheitlichen Anwendung des Einkommensteuerrechts, zur Vermeidung unbilliger Härten und zur Verwaltungsvereinfachung.

(2) Die ***EStÄR 2008*** sind für die Veranlagung zur Einkommensteuer ab dem ***VZ 2008*** anzuwenden. Die ***EStÄR 2008*** sind auch für frühere VZ anzuwenden, soweit sie lediglich eine Erläuterung der Rechtslage darstellen.

(3) Anordnungen, die mit den nachstehenden Richtlinien im Widerspruch stehen, sind nicht mehr anzuwenden.

(4) Diesen Richtlinien liegt, soweit im Einzelnen keine andere Fassung angegeben ist, das Einkommensteuergesetz 2002 i. d. F. der Bekanntmachung vom 19. 10. 2002 (BGBl. I S. 4210, 2003 I S. 179, BStBl I S. 1209), zuletzt geändert durch das ***Gesetz zur Neuregelung des Wohngeldrechts und zur Änderung des Sozialgesetzbuches vom 24. 9. 2008 (BGBl. I S. 1856),*** zu Grunde.

(5) Die Anordnungen, die in den Vorschriften über den Steuerabzug vom Arbeitslohn (Lohnsteuer) und in den dazu ergangenen Lohnsteuer-Richtlinien über die Ermittlung der Einkünfte aus nichtselbständiger Arbeit enthalten sind, gelten entsprechend auch für die Veranlagung zur Einkommensteuer.

I. Steuerpflicht

EStG S 2100

§ 1

S 2101 **(1) [1]Natürliche Personen, die im Inland einen Wohnsitz oder ihren gewöhnlichen Aufenthalt haben, sind unbeschränkt einkommensteuerpflichtig. [2]Zum Inland im Sinne dieses Gesetzes gehört auch der der Bundesrepublik Deutschland zustehende Anteil am Festlandsockel, soweit dort Naturschätze des Meeresgrundes und des Meeresuntergrundes erforscht oder** *dieser der*
[1] ***Energieerzeugung unter Nutzung erneuerbarer Energien dient*****.**

S 2102 **(2) [1]Unbeschränkt einkommensteuerpflichtig sind auch deutsche Staatsangehörige, die**

1. **im Inland weder einen Wohnsitz noch ihren gewöhnlichen Aufenthalt haben und**
2. **zu einer inländischen juristischen Person des öffentlichen Rechts in einem Dienstverhältnis stehen und dafür Arbeitslohn aus einer inländischen öffentlichen Kasse beziehen**

sowie zu ihrem Haushalt gehörende Angehörige, die die deutsche Staatsangehörigkeit besitzen oder keine Einkünfte oder nur Einkünfte beziehen, die ausschließlich im Inland einkommensteuerpflichtig sind. [2]Dies gilt nur für natürliche Personen, die in dem Staat, in dem sie ihren Wohnsitz oder ihren gewöhnlichen Aufenthalt haben, lediglich in einem der beschränkten Einkommensteuerpflicht ähnlichen Umfang zu einer Steuer vom Einkommen herangezogen werden.

(3) [1]Auf Antrag werden auch natürliche Personen als unbeschränkt einkommensteuerpflichtig behandelt, die im Inland weder einen Wohnsitz noch ihren gewöhnlichen Aufenthalt haben, soweit sie inländische Einkünfte im Sinne des § 49 haben. [2]Dies gilt nur, wenn ihre Einkünfte im Kalenderjahr mindestens zu 90 Prozent der deutschen Einkommensteuer unterliegen oder die nicht der deutschen Einkommensteuer unterliegenden Einkünfte ***den Grundfreibetrag nach § 32a Abs. 1 Satz 2 Nr. 1 nicht übersteigen*****; dieser Betrag ist zu kürzen, soweit es nach den Ver-**
[2] **hältnissen im Wohnsitzstaat des Steuerpflichtigen notwendig und angemessen ist. [3]Inländische Einkünfte, die nach einem Abkommen zur Vermeidung der Doppelbesteuerung nur der Höhe nach beschränkt besteuert werden dürfen, gelten hierbei als nicht der deutschen Einkommensteuer unterliegend. [4]Unberücksichtigt bleiben bei der Ermittlung der Einkünfte nach Satz 2 nicht der deutschen Einkommensteuer unterliegende Einkünfte, die im Ausland nicht besteuert**
[3] **werden, soweit vergleichbare Einkünfte im Inland steuerfrei sind. [5]Weitere Voraussetzung ist, dass die Höhe der nicht der deutschen Einkommensteuer unterliegenden Einkünfte durch eine Bescheinigung der zuständigen ausländischen Steuerbehörde nachgewiesen wird. [6]Der Steuerabzug nach § 50a ist ungeachtet der Sätze 1 bis 4 vorzunehmen.**

S 2103 **(4) Natürliche Personen, die im Inland weder einen Wohnsitz noch ihren gewöhnlichen Aufenthalt haben, sind vorbehaltlich der Absätze 2 und 3 und des § 1a beschränkt einkommensteuerpflichtig, wenn sie inländische Einkünfte im Sinne des § 49 haben.**

---

1) Absatz 1 Satz 2 wurde durch das JStG 2008 ab VZ 2008 geändert.
2) Absatz 3 Satz 2 wurde durch das JStG 2008 ab VZ 2008 geändert.
3) Absatz 3 Satz 4 wurde durch das JStG 2008 eingefügt. Die geänderte Fassung ist für Staatsangehörige eines Mitgliedstaates der Europäischen Union oder eines Staates, auf den das Abkommen über den Europäischen Wirtschaftsraum anwendbar ist, auf Antrag auch für VZ vor 2008 anzuwenden, soweit Steuerbescheide noch nicht bestandskräftig sind, → § 52 Abs. 1a EStG.

§ 1a

EStG[1)]

(1) Für Staatsangehörige eines Mitgliedstaates der Europäischen Union oder eines Staates, auf den das Abkommen über den Europäischen Wirtschaftsraum anwendbar ist, die nach § 1 Abs. 1 unbeschränkt einkommensteuerpflichtig sind oder die nach § 1 Abs. 3 als unbeschränkt einkommensteuerpflichtig zu behandeln sind, gilt bei Anwendung von § 10 Abs. 1 Nr. 1 *und 1a* und § 26 Abs. 1 Satz 1 Folgendes:

1. Unterhaltsleistungen an den geschiedenen oder dauernd getrennt lebenden Ehegatten (§ 10 Abs. 1 Nr. 1) sind auch dann als Sonderausgaben abziehbar, wenn der Empfänger nicht unbeschränkt einkommensteuerpflichtig ist. [2]Voraussetzung ist, dass der Empfänger seinen Wohnsitz oder gewöhnlichen Aufenthalt im Hoheitsgebiet eines anderen Mitgliedstaates der Europäischen Union oder eines Staates hat, auf den das Abkommen über den Europäischen Wirtschaftsraum Anwendung findet. [3]Weitere Voraussetzung ist, dass die Besteuerung der Unterhaltszahlungen beim Empfänger durch eine Bescheinigung der zuständigen ausländischen Steuerbehörde nachgewiesen wird;

1a. auf besonderen Verpflichtungsgründen beruhende Versorgungsleistungen (§ 10 Abs. 1 Nr. 1a) sind auch dann als Sonderausgaben abziehbar, wenn der Empfänger nicht unbeschränkt einkommensteuerpflichtig ist. [2]Nummer 1 Satz 2 und 3 gilt entsprechend;

2. der nicht dauernd getrennt lebende Ehegatte ohne Wohnsitz oder gewöhnlichen Aufenthalt im Inland wird auf Antrag für die Anwendung des § 26 Abs. 1 Satz 1 als unbeschränkt einkommensteuerpflichtig behandelt. [2]Nummer 1 Satz 2 gilt entsprechend. [2]Bei Anwendung des § 1 Abs. 3 Satz 2 ist auf die Einkünfte beider Ehegatten abzustellen und der *Grundfreibetrag nach § 32a Abs. 1 Satz 2 Nr. 1* zu verdoppeln.

3. (weggefallen)

(2) Für unbeschränkt einkommensteuerpflichtige Personen im Sinne des § 1 Abs. 2, die die Voraussetzungen des *§ 1 Abs. 3 Satz 2 bis 5* erfüllen, und für unbeschränkt einkommensteuerpflichtige Personen im Sinne des § 1 Abs. 3, die die Voraussetzungen des § 1 Abs. 2 Satz 1 Nr. 1 und 2 erfüllen und an einem ausländischen Dienstort tätig sind, gilt die Regelung des Absatzes 1 Nr. 2 entsprechend mit der Maßgabe, dass auf Wohnsitz *oder* gewöhnlichen Aufenthalt im Staat des ausländischen Dienstortes abzustellen ist.

1a. Steuerpflicht

R 1a

[1]Unbeschränkt steuerpflichtig gem. § 1 Abs. 2 EStG sind insbesondere von der Bundesrepublik Deutschland ins Ausland entsandte deutsche Staatsangehörige, die Mitglied einer diplomatischen Mission oder konsularischen Vertretung sind – einschließlich der zu ihrem Haushalt gehörenden Angehörigen –, soweit die Voraussetzungen des § 1 Abs. 2 EStG erfüllt sind. [2]Für einen ausländischen Ehegatten gilt dies auch, wenn er die Staatsangehörigkeit des Empfangsstaates besitzt.

Hinweise

H 1a

Allgemeines

Die unbeschränkte Einkommensteuerpflicht erstreckt sich auf sämtliche inländische und ausländische Einkünfte, soweit nicht für bestimmte Einkünfte abweichende Regelungen bestehen, z. B. in DBA oder in anderen zwischenstaatlichen Vereinbarungen.

Arbeitslohn-Besteuerung nach den DBA, Anwendung der 183-Tage-Klausel

→ BMF vom 14. 9. 2006 (BStBl I S. 532)

Auslandskorrespondenten

→ BMF vom 13. 3. 1998 (BStBl I S. 351)

Behandlung von so genannten Korrespondentenbetriebsstätten ausländischer Medienunternehmen → OFD München vom 11. 4. 2000 – S 1301–88 St 41 (DStR 2000 S. 1142).

---

1) Der Satzteil vor Absatz 1 Nr. 1, Nr. 2 Satz 3 und Absatz 2 wurden durch das JStG 2008 ab VZ 2008 geändert. Außerdem wurde Absatz 1 Nr. 1a ab VZ 2008 eingefügt.

Auslandslehrkräfte und andere nicht entsandte Arbeitnehmer

Befinden sich an deutsche Auslandsschulen vermittelte Lehrer und andere nicht entsandte Arbeitnehmer in einem Dienstverhältnis zu einer inländischen juristischen Person des öffentlichen Rechts, beziehen hierfür Arbeitslohn aus einer inländischen öffentlichen Kasse (→ BMF vom 9. 7. 1990 (BStBl I S. 324) und sind in den USA (→ BMF vom 10. 11. 1994 - BStBl I S. 853) bzw. Kolumbien und Ecuador (→ BMF vom 17. 6. 1996 – BStBl I S. 688) tätig, ergibt sich ihre unbeschränkte Einkommensteuerpflicht grundsätzlich bereits aus § 1 Abs. 2 EStG.

Auslandstätigkeitserlass

→ BMF vom 31. 10. 1983 (BStBl I S. 470)

Beschränkte Steuerpflicht nach ausländischem Recht

Ob eine Person in dem Staat, in dem sie ihren Wohnsitz oder gewöhnlichen Aufenthalt hat, lediglich in einem der beschränkten Einkommensteuerpflicht ähnlichen Umfang zu einer Steuer vom Einkommen herangezogen wird (§ 1 Abs. 2 Satz 2 EStG), ist nach den Vorschriften des maßgebenden ausländischen Steuerrechts zu prüfen (→ BFH vom 22. 2. 2006 – BStBl 2007 II S. 106).

Diplomaten und sonstige Beschäftigte ausländischer Vertretungen in der Bundesrepublik
→ § 3 Nr. 29 EStG

Doppelbesteuerungsabkommen

Anhang 6 → Verzeichnis der Abkommen zur Vermeidung der Doppelbesteuerung

Erweiterte beschränkte Steuerpflicht

→ §§ 2 und 5 AStG

Erweiterte unbeschränkte Steuerpflicht und unbeschränkte Steuerpflicht auf Antrag

→ § 1 Abs. 2 bzw. § 1 Abs. 3 i. V. m. § 1a Abs. 2 EStG:

Im Ausland bei internationalen Organisationen beschäftigte Deutsche fallen nicht unter § 1 Abs. 2 oder § 1 Abs. 3 i. V. m. § 1a Abs. 2 EStG, da sie ihren Arbeitslohn nicht aus einer inländischen öffentlichen Kasse beziehen. Mitarbeiter des Goethe-Instituts mit Wohnsitz im Ausland stehen nicht zu einer inländischen juristischen Person des öffentlichen Rechts in einem Dienstverhältnis und sind daher nicht nach § 1 Abs. 2 EStG unbeschränkt einkommensteuerpflichtig (→ BFH vom 22. 2. 2006 – BStBl 2007 II S. 106).

→ BMF vom 8. 10. 1996 (BStBl I S. 1191) – Auszug –:

Billigkeitsregelung in Fällen, in denen ein Stpfl. und sein nicht dauernd getrennt lebender Ehegatte zunächst unter den Voraussetzungen des § 1 Abs. 2 EStG unbeschränkt einkommensteuerpflichtig sind bzw. unter den Voraussetzungen des § 1 Abs. 3 i. V. m. § 1a Abs. 2 EStG auf Antrag als unbeschränkt steuerpflichtig behandelt werden,

- der Stpfl. dann aus dienstlichen Gründen in das Inland versetzt wird,
- der nicht dauernd getrennt lebende Ehegatte aus persönlichen Gründen noch für kurze Zeit im Ausland verbleibt und
- die Voraussetzungen des § 1a Abs. 1 EStG nicht erfüllt sind.

Anhang 2 → ***BMF vom 9. 9. 2008 (BStBl I S. 936): Berücksichtigung ausländischer Verhältnisse; Ländergruppeneinteilung ab 2008.***

→ Die in § 1 Abs. 3 Satz 3 EStG aufgeführten inländischen Einkünfte, die nach einem DBA nur der Höhe nach beschränkt besteuert werden dürfen, sind in die inländische Veranlagung gemäß § 46 Abs. 2 Nr. 7 Buchstabe b i. V. m. § 1 Abs. 3 EStG einzubeziehen (→ BFH vom 13. 11. 2002 – BStBl 2003 II S. 587).

→ Die für die Anwendung des § 1 Abs. 3 EStG erforderliche Bescheinigung der ausländischen Steuerbehörde ist entbehrlich, wenn der Stpfl. ausschließlich inländische Einkünfte erzielt (→ FG Brandenburg vom 17. 8. 2005 – EFG 2005, S. 1706).

1. Die für die personelle Ausweitung der unbeschränkten Steuerpflicht maßgebende Höhe der Einkünfte in § 1 Abs. 3 Satz 2 EStG ist nach deutschem Recht zu ermitteln, und zwar auch dann, wenn die Einkünfte im ausländischen Wohnsitzstaat zum Teil steuerfrei sind.

2. Überschreiten die im ausländischen Wohnsitzstaat erzielten Einkünfte bei einer Ermittlung nach deutschem Recht die absolute Wesentlichkeitsgrenze des § 1 Abs. 3 Satz 2 i. V. m. § 1a Abs. 1 Nr. 2 Satz 3 EStG, ist eine Zusammenveranlagung auch dann ausgeschlossen, wenn die ausländi-

schen Einkünfte nach dem Recht des Wohnsitzstaates ermittelt unterhalb der absoluten Wesentlichkeitsgrenze liegen. Dies gilt jedenfalls dann, wenn die steuerpflichtigen Einkünfte im Wohnsitzstaat so hoch sind, dass sie den persönlichen Verhältnissen des Ehegatten Rechnung tragen.
→ BFH vom 20. 8. 2008 – I R 78/07

Europäischer Wirtschaftsraum

Mitgliedstaaten des EWR sind die Mitgliedstaaten der EU, Island, Norwegen und Liechtenstein.

Freistellung von deutschen Abzugsteuern

→ § 50d EStG, Besonderheiten im Fall von DBA

Gastlehrkräfte

Besteuerung von Gastlehrkräften nach den DBA → BMF vom 10. 1. 1994 (BStBl I S. 14)

Goethe-Institut

→ Erweiterte unbeschränkte Steuerpflicht und unbeschränkte Steuerpflicht auf Antrag

Schiffe

Schiffe unter Bundesflagge rechnen auf hoher See zum Inland.
→ BFH vom 12. 11. 1986 (BStBl 1987 II S. 377)

Unbeschränkte Steuerpflicht – auf Antrag –

→ BMF vom 30. 12. 1996 (BStBl I S. 1506)

Wechsel der Steuerpflicht

→ § 2 Abs. 7 Satz 3 EStG

II. Einkommen S2110

1. Sachliche Voraussetzungen für die Besteuerung

§ 2 Umfang der Besteuerung, Begriffsbestimmungen EStG

(1) [1]Der Einkommensteuer unterliegen S2113

1. **Einkünfte aus Land- und Forstwirtschaft,**
2. **Einkünfte aus Gewerbebetrieb,**
3. **Einkünfte aus selbständiger Arbeit,**
4. **Einkünfte aus nichtselbständiger Arbeit,**
5. **Einkünfte aus Kapitalvermögen,**
6. **Einkünfte aus Vermietung und Verpachtung,**
7. **sonstige Einkünfte im Sinne des § 22,**

die der Steuerpflichtige während seiner unbeschränkten Einkommensteuerpflicht oder als inländische Einkünfte während seiner beschränkten Einkommensteuerpflicht erzielt. [2]Zu welcher Einkunftsart die Einkünfte im einzelnen Fall gehören, bestimmt sich nach den §§ 13 bis 24.

(2) Einkünfte sind S2114

1. **bei Land- und Forstwirtschaft, Gewerbebetrieb und selbständiger Arbeit der Gewinn (§§ 4 bis 7k),** S2130
2. **bei den anderen Einkunftsarten der Überschuss der Einnahmen über die Werbungskosten (§§ 8 bis 9a).** S2201 [1])

---

[1]) Durch das Unternehmensteuerreformgesetz 2008 wurde ab VZ 2009 Satz 2 angefügt (→ § 52a Abs. 2 EStG).
Anm.: Der angefügte Satz 2 lautet:
Bei Einkünften aus Kapitalvermögen tritt § 20 Abs. 9 vorbehaltlich der Regelung in § 32d Abs. 2 an die Stelle der §§ 9 und 9a.

S 2117 S 2118 **(3) Die Summe der Einkünfte, vermindert um den Altersentlastungsbetrag, den Entlastungsbetrag für Alleinerziehende und den Abzug nach § 13 Abs. 3, ist der Gesamtbetrag der Einkünfte.**

S 2112 **(4) Der Gesamtbetrag der Einkünfte, vermindert um die Sonderausgaben und die außergewöhnlichen Belastungen, ist das Einkommen.**

S 2280 **(5) [1]Das Einkommen, vermindert um die Freibeträge nach § 32 Abs. 6 und um die sonstigen vom Einkommen abzuziehenden Beträge, ist das zu versteuernde Einkommen; dieses bildet die Bemessungsgrundlage für die tarifliche Einkommensteuer. [2]Knüpfen andere Gesetze an den Begriff des zu versteuernden Einkommens an, ist für deren Zweck das Einkommen in allen Fällen des § 32 um die Freibeträge nach § 32 Abs. 6 zu vermindern.**

[1]) **(5a) Knüpfen außersteuerliche Rechtsnormen an die in den vorstehenden Absätzen definierten Begriffe (Einkünfte, Summe der Einkünfte, Gesamtbetrag der Einkünfte, Einkommen, zu versteuerndes Einkommen) an, erhöhen sich für deren Zwecke diese Größen um die nach § 3 Nr. 40 steuerfreien Beträge und mindern sich um die nach § 3c Abs. 2 nicht abziehbaren Beträge.**

[2]) [3]) [4]) **(6) [1]Die tarifliche Einkommensteuer, vermindert um den Entlastungsbetrag nach § 32c, die anzurechnenden ausländischen Steuern und die Steuerermäßigungen, vermehrt um die Steuer nach § 34c Abs. 5, die Nachsteuer nach § 10 Abs. 5 und den Zuschlag nach § 3 Abs. 4 Satz 2 des Forstschäden-Ausgleichsgesetzes, ist die festzusetzende Einkommensteuer. [2]Wurde der Gesamtbetrag der Einkünfte in den Fällen des § 10a Abs. 2 um Sonderausgaben nach § 10a Abs. 1 gemindert, ist für die Ermittlung der festzusetzenden Einkommensteuer der Anspruch auf Zulage nach Abschnitt XI der tariflichen Einkommensteuer hinzuzurechnen*; bei der Ermittlung der dem Steuerpflichtigen zustehenden Zulage bleibt die Erhöhung der Grundzulage nach § 84 Abs. 2 außer Betracht. [3]Wird das Einkommen in den Fällen des § 31 um die Freibeträge nach § 32 Abs. 6 gemindert, ist der Anspruch auf Kindergeld nach Abschnitt X der tariflichen Einkommensteuer hinzuzurechnen*.**

S 2111 **(7) [1]Die Einkommensteuer ist eine Jahressteuer. [2]Die Grundlagen für ihre Festsetzung sind jeweils für ein Kalenderjahr zu ermitteln. [3]Besteht während eines Kalenderjahres sowohl unbeschränkte als auch beschränkte Einkommensteuerpflicht, so sind die während der beschränkten Einkommensteuerpflicht erzielten inländischen Einkünfte in eine Veranlagung zur unbeschränkten Einkommensteuerpflicht einzubeziehen.**

---

1) Durch das Unternehmensteuerreformgesetz 2008 wurde ab VZ 2009 Absatz 5a geändert (→ § 52a Abs. 2 EStG).

Anm.: Die geänderte Fassung lautet:

(5a) Knüpfen außersteuerliche Rechtsnormen an die in den vorstehenden Absätzen definierten Begriffe (Einkünfte, Summe der Einkünfte, Gesamtbetrag der Einkünfte, Einkommen, zu versteuerndes Einkommen) an, erhöhen sich für deren Zwecke diese Größen um die nach § 32d Abs. 1 und nach § 43 Abs. 5 zu besteuernden Beträge sowie um die nach § 3 Nr. 40 steuerfreien Beträge und mindern sich um die nach § 3c Abs. 2 nicht abziehbaren Beträge.

2) Durch das Unternehmensteuerreformgesetz 2008 wurde ab VZ 2009 Absatz 5b angefügt (→ § 52a Abs. 2 EStG).

Anm.: Der angefügte Absatz 5b lautet:

(5b) [1]Soweit Rechtsnormen dieses Gesetzes an die in den vorstehenden Absätzen definierten Begriffe (Einkünfte, Summe der Einkünfte, Gesamtbetrag der Einkünfte, Einkommen, zu versteuerndes Einkommen) anknüpfen, sind Kapitalerträge nach § 32d Abs. 1 und § 43 Abs. 5 nicht einzubeziehen. [2]Satz 1 gilt nicht in den Fällen

1. des § 10b Abs. 1, wenn der Steuerpflichtige dies beantragt, sowie
2. des § 32 Abs. 4 Satz 2, des § 32d Abs. 2 und 6, des § 33 Abs. 3 und des § 33a Abs. 1 Satz 4 und Abs. 2 Satz 2.

3) Absatz 6 Satz 1 wurde durch das Unternehmensteuerreformgesetz 2008 ab VZ 2009 geändert.

Anm.: Absatz 6 Satz 1 i. d. F. des Unternehmensteuerreformgesetzes 2008 lautet:

Die tarifliche Einkommensteuer, vermindert um den Entlastungsbetrag nach § 32c, die anzurechnenden ausländischen Steuern und die Steuerermäßigungen, vermehrt um die Steuer nach § 32d Abs. 3 und 4, die Steuer nach § 34c Abs. 5, die Nachsteuer nach § 10 Abs. 5 und den Zuschlag nach § 3 Abs. 4 Satz 2 des Forstschäden-Ausgleichsgesetzes, ist die festzusetzende Einkommensteuer.

4) ***Absatz 6 Satz 2 und 3 wurde durch das Steuerbürokratieabbaugesetz ab VZ 2008 geändert.***

2. Umfang der Besteuerung

R 2

(1) Das z. v. E. ist wie folgt zu ermitteln:

1 ***Summe der Einkünfte aus den Einkunftsarten*** S2117
2 = S. d. E.
3 – Altersentlastungsbetrag (§ 24a EStG)
4 – Entlastungsbetrag für Alleinerziehende (§ 24b EStG)
5 – Freibetrag für Land- und Forstwirte (§ 13 Abs. 3 EStG)

---

6 + ***Hinzurechnungsbetrag (§ 52 Abs. 3 Satz 3 EStG sowie § 8 Abs. 5 Satz 2 AIG***

---

7 = G. d. E. (§ 2 Abs. 3 EStG)
8 – Verlustabzug nach § 10d EStG
9 – Sonderausgaben (§§ 10, 10a, 10b, 10c EStG)
10 – außergewöhnliche Belastungen (§§ 33 bis 33b EStG)
11 – Steuerbegünstigung der zu Wohnzwecken genutzten Wohnungen, Gebäude und Baudenkmale sowie der schutzwürdigen Kulturgüter (§§ 10e bis 10i EStG, 52 Abs. 21 Satz 6 EStG i. d. F. vom 16. 4. 1997, BGBl. I S. 821 und § 7 FördG)
12 + zuzurechnendes Einkommen gem. § 15 Abs. 1 AStG

---

13 = Einkommen (§ 2 Abs. 4 EStG) S2112
14 – Freibeträge für Kinder (§§ 31, 32 Abs. 6 EStG)
15 – Härteausgleich nach § 46 Abs. 3 EStG, § 70 EStDV

---

16 = z. v. E. (§ 2 Abs. 5 EStG).

(2) Die festzusetzende Einkommensteuer ist wie folgt zu ermitteln:

1 Steuerbetrag
   a) nach § 32a Abs. 1, 5, § 50 Abs. 3 EStG
   oder
   b) nach dem bei Anwendung des Progressionsvorbehalts (§ 32b EStG) oder der Steuersatzbegrenzung sich ergebenden Steuersatz
2 + Steuer auf Grund Berechnung nach den §§ 34, 34b EStG

2a + Steuer auf Grund Berechnung nach § 32d Abs. 3 EStG (ab VZ 2009

---

3 + Steuer auf Grund Berechnung nach § 34a Abs. 1, 4 bis 6 EStG

---

4 = tarifliche Einkommensteuer (§ 32a Abs. 1, 5 EStG)
5 – Minderungsbetrag nach Punkt 11 Ziffer 2 des Schlussprotokolls zu Artikel 23 DBA Belgien in der durch Artikel 2 des Zusatzabkommens vom 5. 11. 2002 geänderten Fassung (BGBl. 2003 II S. 1615)
6 – ausländische Steuern nach § 34c Abs. 1 und 6 EStG, § 12 AStG
7 – Steuerermäßigung nach § 35 EStG
8 – Steuerermäßigung für Stpfl. mit Kindern bei Inanspruchnahme erhöhter Absetzungen für Wohngebäude oder der Steuerbegünstigungen für eigengenutztes Wohneigentum (§ 34f Abs. 1 und 2 EStG)
9 – Steuerermäßigung bei Zuwendungen an politische Parteien und unabhängige Wählervereinigungen (§ 34g EStG)
10 – Steuerermäßigung nach § 34f Abs. 3 EStG
11 – Steuerermäßigung nach § 35a EStG
12 + Steuern nach § 34c Abs. 5 EStG
13 + Nachsteuer nach § 10 Abs. 5 EStG i. V. m. § 30 EStDV
14 + Zuschlag nach § 3 Abs. 4 Satz 2 Forstschäden-Ausgleichsgesetz
15 + Anspruch auf Zulage für Altersvorsorge nach § 10a Abs. 2 EStG
16 + Anspruch auf Kindergeld oder vergleichbare Leistungen, soweit in den Fällen des § 31 EStG das Einkommen um Freibeträge für Kinder gemindert wurde

---

17 = festzusetzende Einkommensteuer (§ 2 Abs. 6 EStG).

Hinweise

H 2

Keine Einnahmen oder Einkünfte

Bei den folgenden Leistungen handelt es sich nicht um Einnahmen oder Einkünfte:

- Arbeitnehmer-Sparzulagen (§ 13 Abs. 3 VermBG)
- Investitionszulagen nach dem InvZulG

- Neue Anteilsrechte auf Grund der Umwandlung von Rücklagen in Nennkapital (§§ 1, 7 KapErhStG)
- Wohnungsbau-Prämien (§ 6 WoPG)

Liebhaberei

bei Einkünften aus

- Land- und Forstwirtschaft → H 13a.2 (Liebhaberei),
- auch → H 13.5 (Liebhaberei),
- Gewerbebetrieb → H 15.3 (Abgrenzung der Gewinnerzielungsabsicht zur Liebhaberei), H 16 (2) Liebhaberei,
- selbständiger Arbeit → H 18.1 (Gewinnerzielungsabsicht),
- Kapitalvermögen → H 20.1 (Schuldzinsen),
- Vermietung und Verpachtung → H 21.2 (Einkünfteerzielungsabsicht).

Preisgelder

→ BMF vom 5. 9. 1996 (BStBl I S. 1150) unter Berücksichtigung der Änderungen durch BMF von 23. 12. 2002 (BStBl 2003 I S. 76):

Die Änderungen durch BMF von 23. 12. 2002 bedeuten: Nummer 4 des BMF-Schreibens vom 5. 9. 1996 entfällt

- ***Fernseh-Preisgelder → BMF vom 27. 5. 2008 (BStBl I S. 645)***

Steuersatzbegrenzung

Bei der Festsetzung der Einkommensteuer ist in den Fällen der Steuersatzbegrenzung die rechnerische Gesamtsteuer quotal aufzuteilen und sodann der Steuersatz für die der Höhe nach nur beschränkt zu besteuernden Einkünfte zu ermäßigen (→ BFH vom 13. 11. 2002 – BStBl 2003 II S. 587).

Verwandtenpflege

Gelder für häusliche Verwandtenpflege sind grundsätzlich nicht einkommensteuerbar (→ BFH vom 14. 9. 1999 – BStBl II S. 776).

Zuordnung von Gewinnen bei abweichendem Wirtschaftsjahr

→ § 4a Abs. 2 EStG

EStG
S 2118a

§ 2a Negative Einkünfte mit *Bezug zu Drittstaaten*

[1] [2]

(1) [1]**Negative Einkünfte**

1. aus einer in einem *Drittstaat* belegenen land- und forstwirtschaftlichen Betriebsstätte,

---

1) ***Durch das JStG 2009 wurden Absatz 1 neu gefasst, Absatz 2 geändert und Absatz 2a eingefügt. Zur zeitlichen Anwendung → § 52 Abs. 3 Satz 2 und 3 EStG: § 2a Abs. 1 bis 2a EStG i. d. F. des JStG 2009 ist in allen Fällen anzuwenden, in denen die Steuer noch nicht bestandskräftig festgesetzt ist. Für negative Einkünfte i. S. d. § 2a Abs. 1 und 2 EStG, die vor der ab dem 24. 12. 2008 geltenden Fassung nach § 2a Abs. 1 Satz 5 EStG bestandskräftig gesondert festgestellt wurden, ist § 2a Abs. 1 Satz 3 bis 5 EStG in der vor dem 24. 12. 2008 geltenden Fassung weiter anzuwenden.***

2) Durch das Steuerentlastungsgesetz 1999/2000/2002 ist § 2a Abs. 3 EStG i. d. F. der Bekanntmachung vom 16. 4. 1997 (BGBl. I S. 821) ab dem VZ 1999 weggefallen (zur Anwendung § 52 Abs. 3 EStG).
§ 2a Abs. 3 Satz 1, 2 und 4 i. d. F. der Bekanntmachung vom 16. 4. 1997 (BGBl. I S. 821) ist letztmals für den VZ 1998 anzuwenden, → § 52 Abs. 3 Satz 4 EStG. § 2a Abs. 3 Satz 3, 5 und 6 EStG i. d. F. der Bekanntmachung vom 16. 4. 1997 (BGBl. I S. 821) ist für die VZ ab 2006 weiter anzuwenden, soweit sich ein positiver Betrag im Sinne von § 2a Abs. 3 Satz 3 EStG ergibt oder soweit eine in einem ausländischen Staat belegene Betriebsstätte im Sinne von § 2a Abs. 4 EStG i. d. F. des § 52 Abs. 3 Satz 7 EStG in eine Kapitalgesellschaft umgewandelt, übertragen oder aufgegeben wird, → § 52 Abs. 3 Satz 4 EStG. Insoweit ist in § 2a Abs. 3 Satz 5 letzter Halbsatz EStG die Bezeichnung „§ 10d Abs. 3" durch „§ 10d Abs. 4" zu ersetzen (→ § 52 Abs. 3 Satz 5 EStG).
§ 2a Abs. 4 EStG i. d. F. der Bekanntmachung vom 16. 4. 1997 (BGBl. I S. 821) ist letztmals für den VZ 1998 anzuwenden, → § 52 Abs. 3 Satz 4 EStG. § 2a Abs. 4 EStG i. d. F. der Bekanntmachung vom 16. 4. 1997 (BGBl. I S. 821) wurde durch das StBereinG 1999 geändert und ist für die VZ 1999 bis 2005 anzuwenden → § 52 Abs. 3 Satz 7 EStG i. d. F. des SEStEG.
Zur Anwendung des § 2a Abs. 4 EStG für VZ ab 2006 → § 52 Abs. 3 Satz 8 EStG i. d. F. des SEStEG.
§ 2a Abs. 3 EStG i. d. F. der Bekanntmachung vom 16. 4. 1997 → H 2a (Allgemeines)

2. aus einer in einem *Drittstaat* belegenen gewerblichen Betriebsstätte,
3. a) aus dem Ansatz des niedrigeren Teilwerts eines zu einem Betriebsvermögen gehörenden Anteils an einer *Drittstaaten-Körperschaft* oder
   b) aus der Veräußerung oder Entnahme eines zu einem Betriebsvermögen gehörenden Anteils an einer *Drittstaaten-Körperschaft* oder aus der Auflösung oder Herabsetzung des Kapitals einer *Drittstaaten-Körperschaft*,
4. in den Fällen des § 17 bei einem Anteil an einer *Drittstaaten-Kapitalgesellschaft*,
5. aus der Beteiligung an einem Handelsgewerbe als stiller Gesellschafter und aus partiarischen Darlehen, wenn der Schuldner Wohnsitz, Sitz oder Geschäftsleitung in einem *Drittstaat* hat,
6. a) aus der Vermietung oder der Verpachtung von unbeweglichem Vermögen oder von Sachinbegriffen, wenn diese in einem *Drittstaat* belegen sind, oder
   b) aus der entgeltlichen Überlassung von Schiffen, sofern der Überlassende nicht nachweist, dass diese ausschließlich oder fast ausschließlich *in einem anderen Staat als einem Drittstaat* eingesetzt worden sind, es sei denn, es handelt sich um Handelsschiffe, die
      aa) von einem Vercharterer ausgerüstet überlassen, oder
      bb) an *in einem anderen als einem Drittstaat* ansässige Ausrüster, die die Voraussetzungen des § 510 Abs. 1 des Handelsgesetzbuchs erfüllen, überlassen, oder
      cc) insgesamt nur vorübergehend an *in einem anderen als einem Drittstaat* ansässige Ausrüster, die die Voraussetzungen des § 510 Abs. 1 des Handelsgesetzbuchs erfüllen, überlassen

      worden sind, oder
   c) aus dem Ansatz des niedrigeren Teilwerts oder der Übertragung eines zu einem Betriebsvermögen gehörenden Wirtschaftsguts im Sinne der Buchstaben a und b,
7. a) aus dem Ansatz des niedrigeren Teilwerts, der Veräußerung oder Entnahme eines zu einem Betriebsvermögen gehörenden Anteils an
   b) aus der Auflösung oder Herabsetzung des Kapitals
   c) in den Fällen des § 17 bei einem Anteil an

   einer Körperschaft mit Sitz oder Geschäftsleitung *in einem anderen Staat als einem Drittstaat*, soweit die negativen Einkünfte auf einen der in den Nummern 1 bis 6 genannten Tatbestände zurückzuführen sind,

dürfen nur mit positiven Einkünften der jeweils selben Art und, mit Ausnahme der Fälle der Nummer 6 Buchstabe b, aus demselben Staat, in den Fällen der Nummer 7 auf Grund von Tatbeständen der jeweils selben Art aus demselben Staat, ausgeglichen werden; sie dürfen auch nicht nach § 10d abgezogen werden. [2]Den negativen Einkünften sind Gewinnminderungen gleichgestellt. [3]Soweit die negativen Einkünfte nicht nach Satz 1 ausgeglichen werden können, mindern sie die positiven Einkünfte der jeweils selben Art, die der Steuerpflichtige in den folgenden Veranlagungszeiträumen aus demselben Staat, in den Fällen der Nummer 7 auf Grund von Tatbeständen der jeweils selben Art aus demselben Staat, erzielt. [4]Die Minderung ist nur insoweit zulässig, als die negativen Einkünfte in den vorangegangenen Veranlagungszeiträumen nicht berücksichtigt werden konnten (verbleibende negative Einkünfte). [5]Die am Schluss eines Veranlagungszeitraums verbleibenden negativen Einkünfte sind gesondert festzustellen; § 10d Abs. 4 gilt sinngemäß.

(2) [1]Absatz 1 Satz 1 Nr. 2 ist nicht anzuwenden, wenn der Steuerpflichtige nachweist, dass die negativen Einkünfte aus einer gewerblichen Betriebsstätte *in einem Drittstaat* stammen, die ausschließlich oder fast ausschließlich die Herstellung oder Lieferung von Waren, außer Waffen, die Gewinnung von Bodenschätzen sowie die Bewirkung gewerblicher Leistungen zum Gegenstand hat, soweit diese nicht in der Errichtung oder dem Betrieb von Anlagen, die dem Fremdenverkehr dienen, oder in der Vermietung oder der Verpachtung von Wirtschaftsgütern einschließlich der Überlassung von Rechten, Plänen, Mustern, Verfahren, Erfahrungen und Kenntnissen bestehen; das unmittelbare Halten einer Beteiligung von mindestens einem Viertel am Nennkapital einer Kapitalgesellschaft, die ausschließlich oder fast ausschließlich die vorgenannten Tätigkeiten zum Gegenstand hat, sowie die mit dem Halten der Beteiligung in Zusammenhang stehende Finanzierung gilt als Bewirkung gewerblicher Leistungen, wenn die Kapitalgesellschaft weder ihre Geschäftsleitung noch ihren Sitz im Inland hat. [2]Absatz 1 Satz 1 Nr. 3 und 4 ist nicht anzuwenden, wenn der Steuerpflichtige nachweist, dass die in Satz 1 genannten Voraussetzungen bei der Körperschaft entweder seit ihrer Gründung oder während der letzten fünf Jahre vor und in dem Veranlagungszeitraum vorgelegen haben, in dem die negativen Einkünfte bezogen werden.

(2a) ***[1]Bei der Anwendung der Absätze 1 und 2 sind als Drittstaaten die Staaten anzusehen, die nicht Mitgliedstaaten der Europäischen Union sind; Drittstaaten-Körperschaften und Drittstaaten-Kapitalgesellschaften solche, die weder ihre Geschäftsleitung noch ihren Sitz in einem Mitgliedstaat der Europäischen Union haben. [2]Bei Anwendung des Satzes 1 sind den Mitgliedstaaten der Europäischen Union die Staaten gleichgestellt, auf die das Abkommen über den Europäischen Wirtschaftsraum anwendbar ist, sofern zwischen der Bundesrepublik Deutschland und dem anderen Staat aufgrund der Richtlinie 77/799/EWG des Rates vom 19. Dezember 1977 über die gegenseitige Amtshilfe zwischen den zuständigen Behörden der Mitgliedstaaten im Bereich der direkten Steuern und der Mehrwertsteuer (ABl. EG Nr. L 336 S. 15), die zuletzt durch Richtlinie 2006/98 EWG des Rates vom 20. November 2006 (ABl. EU Nr. L 363 S. 129) geändert worden ist, in der jeweils geltenden Fassung oder einer vergleichbaren zwei- oder mehrseitigen Vereinbarung Auskünfte erteilt werden, die erforderlich sind, um die Besteuerung durchzuführen.***

R 2a

2a. Negative ausländische Einkünfte

Einkünfte derselben Art

(1) [1]Einkünfte der jeweils selben Art nach § 2a Abs. 1 EStG sind grundsätzlich alle unter einer Nummer aufgeführten Tatbestände, für die die Anwendung dieser Nummer nicht nach § 2a Abs. 2 EStG ausgeschlossen ist. [2]Die Nummern 3 und 4 sind zusammenzufassen. [3]Negative Einkünfte nach Nummer 7, die mittelbar auf einen bei der inländischen Körperschaft verwirklichten Tatbestand der Nummern 1 bis 6 zurückzuführen sind, dürfen beim Anteilseigner mit positiven Einkünften der Nummer 7 ausgeglichen werden, wenn die Einkünfte auf Tatbestände derselben Nummer oder im Falle der Nummern 3 und 4 dieser beiden Nummern zurückzuführen sind. [4]Einkünfte der Nummer 7 sind auch mit Einkünften nach der jeweiligen Nummer auszugleichen, auf deren Tatbestände die Einkünfte der Nummer 7 zurückzuführen sind. [5]Positive Einkünfte aus einem Staat können nicht mit negativen Einkünften derselben Art aus demselben Staat aus vorhergehenden VZ ausgeglichen werden, wenn hinsichtlich der positiven Einkünfte eine im DBA vorgesehene Rückfallklausel eingreift und die positiven Einkünfte deshalb als Besteuerungsgrundlage zu erfassen sind.

Betriebsstättenprinzip

(2) [1]Für jede ausländische Betriebsstätte ist gesondert zu prüfen, ob negative Einkünfte vorliegen. [2]Negative Einkünfte aus einer nicht aktiven gewerblichen Betriebsstätte dürfen nicht mit positiven Einkünften aus einer aktiven gewerblichen Betriebsstätte ausgeglichen werden.

Prüfung der Aktivitätsklausel

(3) [1]Ob eine gewerbliche Betriebsstätte ausschließlich oder fast ausschließlich eine aktive Tätigkeit nach § 2a Abs. 2 EStG zum Gegenstand hat, ist für jedes Wirtschaftsjahr gesondert zu prüfen. [2]Maßgebend ist hierfür das Verhältnis der Bruttoerträge. [3]Soweit es sich um Verluste zu Beginn bzw. am Ende einer Tätigkeit handelt, ist nach der funktionalen Betrachtungsweise festzustellen, ob diese Verluste im Hinblick auf die aufzunehmende oder anlaufende aktive Tätigkeit entstanden oder nach Ende der Tätigkeit durch diese verursacht worden sind.

(***4***) Soweit im Rahmen des UmwStG ein Verlust i. S. d. § 10d Abs. 4 Satz 2 EStG übergeht, geht auch die Verpflichtung zur Nachversteuerung nach § 52 Abs. 3 Satz 3***, 4 und*** 6 EStG über.

Umwandlung

(***5***) Umwandlung i. S. d. § 52 Abs. 3 ***Satz 6*** EStG ist nicht nur eine solche nach dem Umwandlungsgesetz oder i. d. F. UmwStG, d. h. eine Einbringung der ausländischen Betriebsstätte in eine Kapitalgesellschaft gegen Gewährung von Gesellschaftsrechten, vielmehr jede Form des „Aufgehens" der Betriebsstätte in eine Kapitalgesellschaft.

Verlustausgleich

(***6***) Negative und positive Einkünfte nach § 2a Abs. 1 EStG sind in der Weise miteinander auszugleichen, dass die positiven und ggf. tarifbegünstigten Einkünfte um die negativen Einkünfte der jeweils selben Art und aus demselben Staat (mit Ausnahme der Fälle des § 2a Abs. 1 Satz 1 Nr. 6 Buchstabe b EStG) zu vermindern sind.

Zusammenveranlagung

(*7*) Bei zusammenveranlagten Ehegatten sind negative Einkünfte nach § 2a Abs. 1 EStG des einen Ehegatten mit positiven Einkünften des anderen Ehegatten der jeweils selben Art und aus demselben Staat (mit Ausnahme der Fälle des § 2a Abs. 1 Satz 1 Nr. 6 Buchstabe b EStG) auszugleichen oder zu verrechnen, soweit sie nicht mit eigenen positiven Einkünften ausgeglichen oder verrechnet werden können.

Anwendung von § 3 Nr. 40, § 3c EStG

(*8*) Die Verrechnung von negativen Einkünften nach § 2a Abs. 1 EStG mit positiven Einkünften der jeweils selben Art und aus demselben Staat (mit Ausnahme der Fälle des § 2a Abs. 1 Satz 1 Nr. 6 Buchstabe b EStG) erfolgt jeweils nach Anwendung ***des*** § 3 Nr. 40 und ***des*** § 3c EStG.

Hinweise

H 2a

Allgemeines

§ 2a Abs. 1 EStG schränkt für die dort abschließend aufgeführten Einkünfte aus Quellen ***in Drittstaaten*** den Verlustausgleich und Verlustabzug ein. Hiervon ausgenommen sind nach § 2a Abs. 2 EStG insbesondere negative Einkünfte aus einer gewerblichen Betriebsstätte in ***einem Drittstaat***, die die dort genannten Aktivitätsvoraussetzungen erfüllt. Der eingeschränkte Verlustausgleich bedeutet, dass die negativen Einkünfte nur mit positiven Einkünften derselben Art (→ R 2a) und aus demselben Staat ausgeglichen werden dürfen. Darüber hinaus dürfen sie in den folgenden VZ mit positiven Einkünften derselben Art und aus demselben Staat verrechnet werden. Die in einem VZ nicht ausgeglichenen oder verrechneten negativen Einkünfte sind zum Schluss des VZ gesondert festzustellen. Die Regelungen in § 2a Abs. 1 und 2 EStG wirken sich bei negativen Einkünften aus ***Drittstaaten***, mit denen kein DBA besteht oder mit denen ein DBA besteht, nach dem die Einkünfte von der deutschen Besteuerung nicht freigestellt sind, unmittelbar auf die Besteuerungsgrundlage aus. Bei nach DBA steuerfreien Einkünften wirkt sich § 2a Abs. 1 und 2 EStG im Rahmen des Progressionsvorbehalts auf den Steuersatz aus (→ H 32b; BFH vom 17. 11. 1999 – BStBl 2000 II S. 605).

Demgegenüber ermöglichte § 2a Abs. 3 EStG in der bis einschließlich VZ 1998 geltenden Fassung (Bekanntmachung vom 16. 4. 1997 – BGBl. I S. 821, nachfolgend EStG a. F.) auf Antrag den Verlustausgleich und Verlustabzug für Verluste aus gewerblichen Betriebsstätten in einem ausländischen Staat, mit dem ein DBA besteht, wenn die Einkünfte nach dem DBA in Deutschland steuerbefreit und die Aktivitätsvoraussetzungen des § 2a Abs. 2 EStG a. F. erfüllt sind. Fallen in einem späteren VZ insgesamt positive gewerbliche Einkünfte aus diesem Staat an, ist eine → Nachversteuerung durchzuführen. In diesem Fall ist ein Betrag bis zur Höhe des abgezogenen Verlustes bei der Ermittlung des G. d. E. hinzuzurechnen (→ § 52 Abs. 3 EStG i. V. m. § 2a Abs. 3 Satz 3 bis 6 EStG a. F.).

Außerordentliche Einkünfte

Verrechnung mit positiven außerordentlichen Einkünften → OFD Münster vom 23. 5. 2007 (DB 2007 S. 1382)

Beispiel:

Der Stpfl. erzielt nach DBA steuerfreie Einkünfte i. S. d. § 2a Abs. 1 Nr. 2 EStG aus einer in einem ausländischen Staat belegenen gewerblichen Betriebsstätte. Die Aktivitätsklausel des § 2a Abs. 2 Satz 1 EStG ist nicht erfüllt. Die zum 31. 12. 2005 festgestellten verbleibenden negativen Einkünfte betragen 100 000 €. Im VZ 2006 erzielt der Stpfl. aus der Betriebsstätte neben laufenden Einkünften i. H. v. 50 000 € einen Veräußerungsgewinn i. S. d. §§ 16, 34 Abs. 2 Nr. 1 EStG i. H. v. 70 000 €.

Zum 31. 12. 2005 festgestellte negative Einkünfte i. S. d. § 2a EStG	100 000 €
Laufender Gewinn 2006	50 000 €
Verbleibende negative Einkünfte	50 000 €
Außerordentliche positive Einkünfte 2006	70 000 €
Verbleibende positive außerordentliche Einkünfte	20 000 €
Ansatz im Rahmen des Progressionsvorbehalts zu 1/5	4 000 €

Beteiligungen an inländischen Körperschaften mit *Drittstaatenbezug* (§ 2a Abs. 1 Satz 1 Nr. 7 EStG)

Beispiel 1 (Einkünfte nur nach § 2a Abs. 1 Satz 1 Nr. 7 EStG):

Der Stpfl. hält im Betriebsvermögen eine Beteiligung an der inländischen Kapitalgesellschaft A, die eine nicht aktive gewerbliche Betriebsstätte im Staat X ***(kein EU-/EWR-Staat)*** hat. Außerdem hat er im Privatvermögen eine Beteiligung an der inländischen Kapitalgesellschaft B, die ebenfalls über eine nicht aktive gewerbliche Betriebsstätte im Staat X verfügt. Während die A in den Jahren 01 bis 03 in ihrer ausländischen Betriebsstätte Verluste erleidet, erzielt die B in diesem Zeitraum Gewinne. Im Jahr 02 nimmt der Stpfl. eine Teilwertabschreibung auf die Beteiligung an der A vor. Im Jahr 03 veräußert der Stpfl. die Beteiligung an der B und erzielt hieraus einen Veräußerungsgewinn nach § 17 EStG.

Die Gewinnminderung auf Grund der Teilwertabschreibung in 02 erfüllt einen Tatbestand des § 2a Abs. 1 Satz 1 Nr. 7 (hier Buchstabe a) i. V. m. Nr. 2 EStG.

Die Veräußerung der Beteiligung an der B in 03 erfüllt einen Tatbestand des § 2a Abs. 1 Satz 1 Nr. 7 (hier Buchstabe c) i. V. m. Nr. 2 EStG. Die negativen Einkünfte aus der Teilwertabschreibung in 02 sind daher in 03 mit dem Veräußerungsgewinn zu verrechnen.

Beispiel 2 (Einkünfte nach § 2a Abs. 1 Satz 1 Nr. 7 und Nr. 1 bis 6 EStG):

Der Stpfl. hat eine nicht aktive gewerbliche Betriebsstätte im Staat X und eine Beteiligung an einer inländischen Kapitalgesellschaft A, die in X ebenfalls eine nicht aktive gewerbliche Betriebsstätte unterhält. Während der Stpfl. mit seiner ausländischen Betriebsstätte Gewinne erzielt, erleidet die ausländische Betriebsstätte der A Verluste. Der Stpfl. veräußert die Beteiligung an der A mit Verlust.

Die negativen Einkünfte aus der Veräußerung der Beteiligung erfüllen einen Tatbestand des § 2a Abs. 1 Satz 1 Nr. 7 (Buchstabe a oder c) i. V. m. Nr. 2 EStG. Sie sind mit den positiven Einkünften aus der eigengewerblichen ausländischen Betriebsstätte auszugleichen, da diese Betriebsstätte den Tatbestand des § 2a Abs. 1 Satz 1 Nr. 2 EStG erfüllt.

Betriebsstätte

→ § 12 AO

→ Einkunftsart i. S. d. § 2a Abs. 1 EStG

Einkünfteermittlung

Die Einkünfte sind unabhängig von der Einkünfteermittlung im ***Drittstaat*** nach den Vorschriften des deutschen Einkommensteuerrechts zu ermitteln. Dabei sind alle Betriebsausgaben oder Werbungskosten zu berücksichtigen, die mit den im ***Drittstaat*** erzielten Einnahmen in wirtschaftlichem Zusammenhang stehen.

Einkunftsart i. S. d. § 2a Abs. 1 EStG

- Welche Einkunftsart i. S. d. § 2a Abs. 1 EStG vorliegt, richtet sich nur nach den im ***Drittstaat*** gegebenen Merkmalen (sog. isolierende Betrachtungsweise; → BFH vom 21. 8. 1990 – BStBl 1991 II S. 126).
- Eine nach deutschem Steuerrecht gebotene Umqualifizierung durch § 8 Abs. 2 KStG ist ohne Bedeutung (→ BFH vom 31. 3. 2004 – BStBl II S. 742).

Grundstücks- und Rechtehandel

Sowohl der Handel mit Grundstücken als auch derjenige mit Rechten fallen nicht unter den Begriff „Lieferung von Waren" i. S. d. § 2a Abs. 2 EStG (→ BFH vom 18. 7. 2001 – BStBl 2003 II S. 48).

Nachversteuerung

- Allgemeines

  § 2a Abs. 3 EStG in der bis einschließlich VZ 1998 geltenden Fassung (Bekanntmachung vom 16. 4. 1997 – BGBl I S. 821, nachfolgend EStG a. F.) ermöglichte auf Antrag den Verlustausgleich und Verlustabzug für Verluste aus gewerblichen Betriebsstätten in einem ausländischen Staat, mit dem ein DBA besteht, wenn die Einkünfte nach dem DBA in Deutschland steuerbefreit und die Aktivitätsvoraussetzungen des § 2a Abs. 2 EStG a. F. erfüllt sind.

§ 2a Abs. 3 i. d. F. der Bekanntmachung vom 16. 4. 1997 (BGBl. I S. 821) lautete:

„(3) [1]Sind nach einem Abkommen zur Vermeidung der Doppelbesteuerung bei einem unbeschränkt Steuerpflichtigen aus einer in einem ausländischen Staat belegenen Betriebsstätte stammende Einkünfte aus gewerblicher Tätigkeit von der Einkommensteuer zu befreien, so ist auf Antrag des Steuerpflichtigen ein Verlust, der sich nach den Vorschriften des inländischen Steuerrechts bei diesen Einkünften ergibt, bei der Ermittlung des Gesamtbetrags der Einkünfte abzuziehen, soweit er vom Steuerpflichtigen ausgeglichen oder abgezogen werden könnte, wenn die Einkünfte nicht von der Einkommensteuer zu befreien wären, und soweit er nach diesem Abkommen zu befreiende positive Einkünfte aus gewerblicher Tätigkeit aus anderen in diesem ausländischen Staat belegenen Betriebsstätten übersteigt. [2]Soweit der Verlust dabei nicht ausgeglichen wird, ist bei Vorliegen der Voraussetzungen des § 10d der Verlustabzug zulässig. [3]Der nach den Sätzen 1 und 2 abgezogene Betrag ist, soweit sich in einem der folgenden Veranlagungszeiträume bei den nach diesem Abkommen zu befreienden Einkünften aus gewerblicher Tätigkeit aus in diesem ausländischen Staat belegenen Betriebsstätten insgesamt ein positiver Betrag ergibt, in dem betreffenden Veranlagungszeitraum bei der Ermittlung des Gesamtbetrags der Einkünfte wieder hinzuzurechnen. [4]Satz 3 ist nicht anzuwenden, wenn der Steuerpflichtige nachweist, daß nach den für ihn geltenden Vorschriften des ausländischen Staates ein Abzug von Verlusten in anderen Jahren als dem Verlustjahr allgemein nicht beansprucht werden kann. [5]Der am Schluß eines Veranlagungszeitraums nach den Sätzen 3 und 4 der Hinzurechnung unterliegende und noch nicht hinzugerechnete (verbleibende) Betrag ist gesondert festzustellen; § 10d Abs. 3 gilt entsprechend. [6]In die gesonderte Feststellung nach Satz 5 einzubeziehen ist der nach § 2 Abs. 1 Satz 3 und 4 des Gesetzes über steuerliche Maßnahmen bei Auslandsinvestitionen der deutschen Wirtschaft vom 18. August 1969 (BGBl. I S. 1214), das zuletzt durch Artikel 8 des Gesetzes vom 25. Juli 1988 (BGBl. I S. 1093) geändert worden ist, der Hinzurechnung unterliegende und noch nicht hinzugerechnete Betrag."

Fallen in einem späteren VZ insgesamt positive gewerbliche Einkünfte aus diesem Staat an, ist eine Nachversteuerung durchzuführen. In diesem Fall ist ein Betrag bis zur Höhe des abgezogenen Verlustes bei der Ermittlung des G. d. E. hinzuzurechnen (§ 52 Abs. 3 EStG i. V. m. § 2a Abs. 3 Satz 3 bis 6 EStG a. F.).

Der nach § 2a Abs. 3 Satz 1 und 2 EStG a. F. abgezogene Betrag ist, soweit sich in einem der folgenden VZ bei den nach diesem Abkommen zu befreienden Einkünften aus gewerblicher Tätigkeit aus in diesem ausländischen Staat belegenen Betriebsstätten insgesamt ein positiver Betrag ergibt, in dem betreffenden VZ bei der Ermittlung des G. d. E. wieder hinzuzurechnen (§ 2a Abs. 3 Satz 3 EStG a. F.). § 2a Abs. 3 Satz 3 EStG a. F. ist auch dann anzuwenden, wenn nach den Vorschriften des ausländischen Staates ein Abzug von Verlusten in anderen Jahren als dem Verlustjahr allgemein nicht beansprucht werden kann (→ ***§ 52 Abs. 3 Satz 5 EStG***). Der am Schluss eines VZ nach den § 2a Abs. 3 Satz 3 und 4 EStG a. F. der Hinzurechnung unterliegende und noch nicht hinzugerechnete (verbleibende) Betrag ist gesondert festzustellen; § 10d Abs. 4 EStG gilt entsprechend. In die gesonderte Feststellung nach § 2a Abs. 1 Satz 5 einzubeziehen ist der nach § 2 Abs. 1 Satz 3 und 4 AIG der Hinzurechnung unterliegende und noch nicht hinzugerechnete Betrag.

→ ***§ 52 Abs. 3 Satz 5 EStG***

Eine Nachversteuerung kommt nach ***§ 52 Abs. 3 Satz 5*** i. V. m. ***Satz 8*** EStG außerdem in Betracht, soweit eine in einem ausländischen Staat belegene Betriebsstätte

- in eine Kapitalgesellschaft umgewandelt,
- übertragen oder
- aufgegeben

wird. Die Nachversteuerung erfolgt in diesen Fällen auf folgender Rechtsgrundlage:

Wird eine in einem ausländischen Staat belegene Betriebsstätte

1. in eine Kapitalgesellschaft umgewandelt oder
2. entgeltlich oder unentgeltlich übertragen oder
3. aufgegeben, jedoch die ursprünglich von der Betriebsstätte ausgeübte Geschäftstätigkeit ganz oder teilweise von einer Gesellschaft, an der der inländische Stpfl. zu mindestens 10 % unmittelbar oder mittelbar beteiligt ist, oder von einer ihm nahestehenden Person i. S. d. § 1 Abs. 2 AStG fortgeführt,

ist ein nach § 2a Abs. 3 Satz 1 und 2 EStG a. F. abgezogener Verlust, soweit er nach § 2a Abs. 3 Satz 3 EStG a. F. nicht wieder hinzugerechnet worden ist oder nicht noch hinzuzurechnen ist, im VZ der Umwandlung, Übertragung oder Aufgabe in entsprechender Anwendung des § 2a Abs. 3 Satz 3 EStG a. F. dem G. d. E. hinzuzurechnen. Die gilt entsprechend bei Beendigung der unbeschränkten Einkommensteuerpflicht durch Aufgabe des Wohnsitzes oder des gewöhnlichen Aufenthalts sowie bei Beendigung der Ansässigkeit im Inland auf Grund der Bestimmungen eines DBA.

→ ***§ 52 Abs. 3 Satz 8 EStG***

- Einzelfragen
  - Nachversteuerung auch, wenn sich Verluste nur auf Grund deutscher Gewinnermittlungsvorschriften ergeben haben; Gleiches gilt, wenn in dem ausländischen Staat wegen vorgeschriebener pauschalierter Gewinnermittlung keine Verluste ausgewiesen werden können.
  - In Veräußerungsfällen ist bei der Hinzurechnung weder der Freibetrag nach § 16 Abs. 4 EStG noch die Tarifermäßigung nach § 34 EStG zu gewähren (→ BFH vom 16. 11. 1989 – BStBl 1990 II S. 204).
  - Nachversteuerung auch hinsichtlich der Verluste, die vor 1982 abgezogen worden sind (→ BFH vom 20. 9. 1989 – BStBl 1990 II S. 112).
  - Wird eine Personengesellschaft im Ausland als juristische Person besteuert, steht dies der Anwendung des ***§ 52 Abs. 3 Satz 5*** EStG i. V. m. § 2a Abs. 3 Satz 3, 5 und 6 EStG i. d. F. der Bekanntmachung vom 16. 4. 1997 (BGBl I S. 821) nicht entgegen (→ BFH vom 16. 11. 1989 – BStBl 1990 II S. 204).
  - Die Entscheidung, ob und in welcher Weise sich positive gewerbliche Einkünfte i. S. d. ***§ 52 Abs. 3 Satz 5*** EStG i. V. m. § 2a Abs. 3 Satz 3, 5 und 6 EStG a. F. auswirken, ist im Veranlagungsverfahren zu treffen. Im Rahmen eines evtl. Feststellungsverfahrens hat das Betriebsstättenfinanzamt lediglich sämtliche tatsächlichen und rechtlichen Voraussetzungen festzustellen (→ BFH vom 21. 8. 1990 – BStBl 1991 II S. 126).
- Tauscht ein Teil der Gesellschafter einer KG, die eine gewerbliche Betriebsstätte in Kanada unterhält, hinsichtlich deren Verluste der Abzug nach § 2 AIG (bzw. § 2a Abs. 3 EStG a. F.) in Anspruch genommen wurde, seine Kommanditbeteiligungen gegen Aktien einer kanadischen Kapitalgesellschaft, die dadurch Gesellschafterin der KG wird, ist der durch diesen Tauschvorgang bei den ausgeschiedenen Kommanditisten entstandene Gewinn gem. § 2 Abs. 1 Satz 3 AIG (bzw. § 2a Abs. 3 EStG a. F. i. V. m. § 52 Abs. 3 EStG) hinzuzurechnen. Der Tauschvorgang stellt keine Umwandlung i. S. d. § 2 Abs. 2 AIG (bzw. § 2a Abs. 4 EStG a. F. dar (→ BFH vom 30. 4. 1991 – BStBl II S. 873).

Standardsoftware

Auf einem Datenträger verkörperte Standardsoftware ist „Ware" i. S. d. § 2a Abs. 2 EStG (→ BFH vom 28. 10. 2008 – IX R 22/08).

Verluste bei beschränkter Haftung (§ 15a EStG)

→ R 15a Abs. 5

Verluste aus VZ vor 1992

Negative ausländische Einkünfte, die in den VZ 1985 bis 1991 entstanden und bis zum VZ 1991 einschließlich nicht ausgeglichen worden sind, sind in die VZ ab 1992 zeitlich unbegrenzt vorzutragen (→ BFH vom 30. 6. 2005 – BStBl II S. 641).

Waffen

Der Handel mit Jagd- und Sportmunition ist keine Lieferung von Waffen i. S. d. § 2a Abs. 2 EStG (→ BFH vom 30. 4. 2003 – BStBl II S. 918).

EStG
S 2118b[1]

§ 2b (weggefallen)

---

1) § 2b EStG wurde durch das Gesetz zur Beschränkung der Verlustverrechnung im Zusammenhang mit Steuerstundungsmodellen aufgehoben. § 2b in der Fassung der Bekanntmachung vom 19. 10. 2002 (BGBl. I S. 4210, 2003 I S. 179) ist weiterhin für Einkünfte aus einer Einkunftsquelle im Sinne des § 2b anzuwenden, die der Steuerpflichtige nach dem 4. 3. 1999 und vor dem 11. 11. 2005 rechtswirksam erworben oder begründet hat → § 52 Abs. 4 EStG.

2. Steuerfreie Einnahmen

S 2120
S 2121

3.0 Steuerbefreiungen nach anderen Gesetzen, Verordnungen und Verträgen

R 3.0

[1]Gesetze und Verordnungen, die die Deckung des Landbedarfs der öffentlichen Hand regeln, bestimmen zum Teil, dass Geschäfte und Verhandlungen, die der Durchführung der Landbeschaffung und der Landentschädigung dienen, von allen Gebühren und Steuern des Bundes, der Länder und der sonstigen öffentlichen Körperschaften befreit sind. [2]Die Befreiung erstreckt sich nicht auf die Einkommensteuer für Gewinne aus diesen Rechtsgeschäften.

Hinweise

H 3.0

Steuerbefreiungen nach anderen Gesetzen, Verordnungen und Verträgen

1. Zinsen aus Schuldbuchforderungen und Schuldverschreibungen i. S. d. § 252 Abs. 3 LAG, wenn der Zinssatz nicht mehr als 4 % beträgt, und Zinsen aus Spareinlagen i. S. d. § 252 Abs. 4 LAG und i. S. d. § 41 Abs. 5 RepG vom 12. 2. 1969 (BGBl. I S. 105) insoweit, als die Spareinlagen festgelegt und nicht vorzeitig freigegeben sind, z. B. durch Auszahlung des Sparguthabens an den Berechtigten, durch Einzahlung auf ein Sparguthaben mit gesetzlicher oder vertraglicher Kündigungsfrist oder auf einen prämienbegünstigten Sparvertrag; S 2125
2. Unterschiedsbeträge nach § 17 Abs. 1 Arbeitssicherstellungsgesetz; Anhang 14
3. Leistungen Abschnitt 2 des Conterganstiftungsgesetzes (§ 17).

Steuerbefreiungen auf Grund zwischenstaatlicher Vereinbarungen

→ Anlage zum BMF-Schreiben vom 20. 8. 2007 (BStBl I S. 656)

---

§ 3

EStG

Steuerfrei sind S 2342

1. a) **Leistungen aus einer Krankenversicherung, aus einer Pflegeversicherung und aus der gesetzlichen Unfallversicherung,**
   b) **Sachleistungen und Kinderzuschüsse aus den gesetzlichen Rentenversicherungen einschließlich der Sachleistungen nach dem Gesetz über die Alterssicherung der Landwirte,**
   c) **Übergangsgeld nach dem Sechsten Buch Sozialgesetzbuch und Geldleistungen nach den §§ 10, 36 bis 39 des Gesetzes über die Alterssicherung der Landwirte,**
   d) **das Mutterschaftsgeld nach dem Mutterschutzgesetz, der Reichsversicherungsordnung und dem Gesetz über die Krankenversicherung der Landwirte, die Sonderunterstützung für im Familienhaushalt beschäftigte Frauen, der Zuschuss zum Mutterschaftsgeld nach dem Mutterschutzgesetz sowie der Zuschuss nach § 4a der Mutterschutzverordnung oder einer entsprechenden Landesregelung;** [1]

Hinweise

H 3.1

Krankenversicherung

Allgemeines

- Leistungen aus der gesetzlichen Kranken- und Unfallversicherung sind Bar- und Sachleistungen (→ § 21 SGB I).
- Zur Rechtsnachfolge bei diesen Leistungen (→ §§ 56–59 SGB I).

Krankenversicherung

Steuerfrei sind auch Leistungen aus einer ausländischen Krankenversicherung (→ BFH vom 26. 5. 1998 – BStBl II S. 581).

---

[1]) In Nr. 1 Buchstabe d) wird durch das Dienstrechtsneuordnungsgesetz die Angabe „Zuschuss nach § 4a der Mutterschutzverordnung oder einer entsprechenden Landesregelung" durch die Wörter „Zuschuss bei Beschäftigungsverboten für die Zeit vor oder nach einer Entbindung sowie für den Entbindungstag während einer Elternzeit nach beamtenrechtlichen Vorschriften" ab VZ 2009 ersetzt.

Unfallversicherung

Die Steuerfreiheit kann auch für Leistungen aus einer ausländischen gesetzlichen Unfallversicherung in Betracht kommen (→ BFH vom 7. 8. 1959 – BStBl III S. 462).

EStG

§ 3

S 2342 **2. das Arbeitslosengeld, das Teilarbeitslosengeld, das Kurzarbeitergeld, das Winterausfallgeld, die Arbeitslosenhilfe, der Zuschuss zum Arbeitsentgelt, das Übergangsgeld, das Unterhaltsgeld, die Eingliederungshilfe, das Überbrückungsgeld, der Gründungszuschuss, der Existenzgründungszuschuss nach dem Dritten Buch Sozialgesetzbuch oder dem Arbeitsförderungsgesetz sowie das aus dem Europäischen Sozialfonds finanzierte Unterhaltsgeld und die aus Landesmitteln ergänzten Leistungen aus dem Europäischen Sozialfonds zur Aufstockung des Überbrückungsgeldes nach dem Dritten Buch Sozialgesetzbuch oder dem Arbeitsförderungsgesetz und die übrigen Leistungen nach dem Dritten Buch Sozialgesetzbuch oder dem Arbeitsförderungsgesetz und den entsprechenden Programmen des Bundes und der Länder, soweit sie Arbeitnehmern oder Arbeitsuchenden oder zur Förderung der Ausbildung oder Fortbildung der Empfänger gewährt werden, sowie Leistungen auf Grund der in § 141 m Abs. 1 und § 141n Abs. 2 des Arbeitsförderungsgesetzes oder § 187 und § 208 Abs. 2 des Dritten Buches Sozialgesetzbuch genannten Ansprüche, Leistungen auf Grund der in § 115 Abs. 1 des Zehnten Buches Sozialgesetzbuch in Verbindung mit § 117 Abs. 4 Satz 1 oder § 134 Abs. 4, § 160 Abs. 1 Satz 1 und § 166a des Arbeitsförderungsgesetzes oder in Verbindung mit § 143 Abs. 3 oder § 198 Satz 2 Nr. 6, § 335 Abs. 3 des Dritten Buches Sozialgesetzbuch genannten Ansprüche, wenn über das Vermögen des ehemaligen Arbeitgebers des Arbeitslosen das Konkursverfahren, Gesamtvollstreckungsverfahren oder Insolvenzverfahren eröffnet worden ist oder einer der Fälle des § 141b Abs. 3 des Arbeitsförderungsgesetzes oder des § 183 Abs. 1 Nr. 2 oder 3 des Dritten Buches Sozialgesetzbuch vorliegt, und der Altersübergangsgeld-Ausgleichsbetrag nach § 249e Abs. 4a des Arbeitsförderungsgesetzes in der bis zum 31. Dezember 1997 geltenden Fassung;**

R 3.2

3.2 Steuerbefreiungen

Zu § 3 Nr. 2

[1]Aus dem Ausland bezogenes Arbeitslosengeld gehört nicht zu den nach § 3 Nr. 2 EStG steuerfreien Leistungen. [2]Es handelt sich dabei um wiederkehrende Bezüge i. S. d. § 22 Nr. 1 EStG, die ggf. nach dem DBA mit einem ausländischen Staat steuerfrei sein können.

H 3.2

Hinweise

Existenzgründerzuschuss

Zuschüsse zur Förderung von Existenzgründern aus Mitteln des Europäischen Sozialfonds und aus Landesmitteln sind nicht steuerfrei, wenn sie nicht der Aufstockung des Überbrückungsgeldes nach dem SGB III dienen (→ BFH vom 26. 6. 2002 – BStBl II S. 697).

Leistungen nach dem SGB III

→ ***R 3.2 LStR 2008***

EStG

§ 3

S 2342 **2a. die Arbeitslosenbeihilfe und die Arbeitslosenhilfe nach dem Soldatenversorgungsgesetz;**

S 2342 **2b. Leistungen zur Sicherung des Lebensunterhalts und zur Eingliederung in Arbeit nach dem Zweiten Buch Sozialgesetzbuch;**

S 2342 **3. a) Rentenabfindungen nach § 107 des Sechsten Buches Sozialgesetzbuch, nach § 21 des Beamtenversorgungsgesetzes oder entsprechendem Landesrecht und nach § 43 des Soldatenversorgungsgesetzes in Verbindung mit § 21 des Beamtenversorgungsgesetzes,**

b) Beitragserstattungen an den Versicherten nach den §§ 210 und 286d des Sechsten Buches Sozialgesetzbuch sowie nach den §§ 204, 205 und 207 des Sechsten Buches Sozialgesetzbuch, Beitragserstattungen nach den §§ 75 und 117 des Gesetzes über die Alterssicherung der Landwirte und nach § 26 des Vierten Buches Sozialgesetzbuch,

c) Leistungen aus berufsständischen Versorgungseinrichtungen, die den Leistungen nach den Buchstaben a und b entsprechen,

d) Kapitalabfindungen und Ausgleichszahlungen nach § 48 des Beamtenversorgungsgesetzes oder entsprechendem Landesrecht und nach den §§ 28 bis 35 und 38 des Soldatenversorgungsgesetzes;

---

§ 3 EStG

4. bei Angehörigen der Bundeswehr, der Bundespolizei, des Zollfahndungsdienstes, der Bereitschaftspolizei der Länder, der Vollzugspolizei und der Berufsfeuerwehr der Länder und Gemeinden und bei Vollzugsbeamten der Kriminalpolizei des Bundes, der Länder und Gemeinden S 2342

   a) der Geldwert der ihnen aus Dienstbeständen überlassenen Dienstkleidung,

   b) Einkleidungsbeihilfen und Abnutzungsentschädigungen für die Dienstkleidung der zum Tragen oder Bereithalten von Dienstkleidung Verpflichteten und für dienstlich notwendige Kleidungsstücke der Vollzugsbeamten der Kriminalpolizei und der Zollfahndungsbeamten,

   c) im Einsatz gewährte Verpflegung oder Verpflegungszuschüsse,

   d) der Geldwert der auf Grund gesetzlicher Vorschriften gewährten Heilfürsorge;

Hinweise H 3.4

Überlassung von Dienstkleidung und andere Leistungen an bestimmte Angehörige des öffentlichen Dienstes

→ ***R 3.4 LStR 2008***

---

§ 3 EStG

5. die Geld- und Sachbezüge sowie die Heilfürsorge, die Soldaten auf Grund des § 1 Abs. 1 Satz 1 des Wehrsoldgesetzes und Zivildienstleistende auf Grund des § 35 des Zivildienstgesetzes erhalten; S 2342

Hinweise H 3.5

Geld- und Sachbezüge an Wehrpflichtige und Zivildienstleistende

→ ***R 3.5 LStR 2008***

---

§ 3 EStG

6. Bezüge, die auf Grund gesetzlicher Vorschriften aus öffentlichen Mitteln versorgungshalber an Wehrdienstbeschädigte und Zivildienstbeschädigte oder ihre Hinterbliebenen, Kriegsbeschädigte, Kriegshinterbliebene und ihnen gleichgestellte Personen gezahlt werden, soweit es sich nicht um Bezüge handelt, die auf Grund der Dienstzeit gewährt werden; S 2342

H 3.6

Hinweise

EU-Mitgliedstaaten

§ 3 Nr. 6 EStG ist auch auf Bezüge von Kriegsbeschädigten und gleichgestellten Personen anzuwenden, die aus öffentlichen Mitteln anderer EU-Mitgliedstaaten gezahlt werden (→ BFH vom 22. 1. 1997 – BStBl II S. 358).

Gesetzliche Bezüge der Wehr- und Zivildienstbeschädigten, Kriegsbeschädigten, ihrer Hinterbliebenen und der ihnen gleichgestellten Personen

→ *R 3.6 LStR 2008*

EStG

§ 3

S 2121 **7. Ausgleichsleistungen nach dem Lastenausgleichsgesetz, Leistungen nach dem Flüchtlingshilfegesetz, dem Bundesvertriebenengesetz, dem Reparationsschädengesetz, dem Vertriebenenzuwendungsgesetz, dem NS-Verfolgtenentschädigungsgesetz sowie Leistungen nach dem Entschädigungsgesetz und nach dem Ausgleichsleistungsgesetz, soweit sie nicht Kapitalerträge im Sinne des § 20 Abs. 1 Nr. 7 und Abs. 2 sind;**

H 3.7

Hinweise

Allgemeines

Steuerfrei sind insbesondere folgende Leistungen, soweit sie nicht in Form zurückzahlbarer Darlehen, z. B. Eingliederungsdarlehen gewährt werden:

Flüchtlingshilfegesetz (FlüHG)

- laufende Beihilfe – Beihilfe zum Lebensunterhalt,
- besondere laufende Beihilfe (§§ 10 bis 15 FlüHG).

Lastenausgleichsgesetz (LAG)

- Hauptentschädigung – einschließlich des Zinszuschlags – i. S. d. § 250 Abs. 3 und des § 252 Abs. 2 LAG – (§§ 243 bis 252, 258 LAG),
- Kriegsschadenrente – Unterhaltshilfe und Entschädigungsrente – (§§ 261 bis 292 LAG),
- Hausratentschädigungen (§§ 293 bis 297 LAG), Leistungen aus dem Härtefonds (§§ 301, 301a, 301b LAG),
- Leistungen auf Grund sonstiger Förderungsmaßnahmen (§§ 302, 303 LAG),
- Entschädigungen im Währungsausgleich für Sparguthaben Vertriebener – einschließlich der Zinsen i. S. d. § 4 Abs. 3 des Währungsausgleichsgesetzes – (§ 304 LAG und Währungsausgleichsgesetz),
- Entschädigung nach dem Altsparergesetz und der dazu ergangenen Änderungsgesetze einschließlich der Zinsen i. S. d. § 18 Abs. 4 ASpG.

Reparationsschädengesetz (RepG)

- Entschädigung – einschließlich des Zuschlags i. S. d. § 39 Abs. 2 bis 4 RepG – (§§ 31 bis 42 RepG),
- Kriegsschadenrente – Unterhaltshilfe und Entschädigungsrente – (§ 44 RepG),
- sonstige Leistungen nach § 45 RepG.

EStG

§ 3

S 2342 **8. Geldrenten, Kapitalentschädigungen und Leistungen im Heilverfahren, die auf Grund gesetzlicher Vorschriften zur Wiedergutmachung nationalsozialistischen Unrechts gewährt werden. [2]Die Steuerpflicht von Bezügen aus einem aus Wiedergutmachungsgründen neu begründeten oder wieder begründeten Dienstverhältnis sowie von Bezügen aus einem früheren Dienstverhältnis, die aus Wiedergutmachungsgründen neu gewährt oder wieder gewährt werden, bleibt unberührt;**

Hinweise

H 3.8

Wiedergutmachungsleistungen

→ Bundesentschädigungsgesetz

→ Bundesgesetz zur Wiedergutmachung nationalsozialistischen Unrechts in der Kriegsopferversorgung

→ Bundesgesetz zur Wiedergutmachung nationalsozialistischen Unrechts in der Kriegsopferversorgung für Berechtigte im Ausland

→ Entschädigungsrentengesetz

→ Wiedergutmachungsrecht der Länder

---

§ 3

EStG

9. ***Erstattungen nach § 23 Abs. 2 Satz 1 Nr. 3 und 4 sowie nach § 39 Abs. 4 Satz 2 des Achten Buches Sozialgesetzbuch;*** S 2340 [1])

---

§ 3

EStG

10. (weggefallen) S 2342 [2])

---

§ 3

EStG

11. Bezüge aus öffentlichen Mitteln oder aus Mitteln einer öffentlichen Stiftung, die wegen Hilfsbedürftigkeit oder als Beihilfe zu dem Zweck bewilligt werden, die Erziehung oder Ausbildung, die Wissenschaft oder Kunst unmittelbar zu fördern. [2]Darunter fallen nicht Kinderzuschläge und Kinderbeihilfen, die auf Grund der Besoldungsgesetze, besonderer Tarife oder ähnlicher Vorschriften gewährt werden. [3]Voraussetzung für die Steuerfreiheit ist, dass der Empfänger mit den Bezügen nicht zu einer bestimmten wissenschaftlichen oder künstlerischen Gegenleistung oder zu einer bestimmten Arbeitnehmertätigkeit verpflichtet wird. [4]Den Bezügen aus öffentlichen Mitteln wegen Hilfsbedürftigkeit gleichgestellt sind Beitragsermäßigungen und Prämienrückzahlungen eines Trägers der gesetzlichen Krankenversicherung für nicht in Anspruch genommene Beihilfeleistungen; S 2342

Hinweise

H 3.11

Beihilfen

– Entscheidendes Merkmal der Beihilfe ist ihre Unentgeltlichkeit und Einseitigkeit. Leistungen, die im Rahmen eines entgeltlichen Austauschgeschäfts erbracht werden, können nicht als Beihilfe qualifiziert werden. Danach sind die von den Jugendämtern an Pflegeeltern geleisteten Pflegegelder nach § 3 Nr. 11 EStG steuerfrei. Demgegenüber sind Pflegesätze, die an

---

1) ***Durch das Kinderförderungsgesetz (Inkrafttreten am 16. 12. 2008) wurde eine neue Nummer 9 eingefügt.***

2) ***Durch das JStG 2009 wurde eine neue Nummer 10 ab VZ 2009 (→ § 52 Abs. 1 EStG) eingefügt.***

Anm.: Die neue Nummer 10 lautet:

10. Einnahmen einer Gastfamilie für die Aufnahme eines behinderten oder von Behinderung bedrohten Menschen nach § 2 Abs. 1 Neuntes Buch Sozialgesetzbuch zur Pflege, Betreuung, Unterbringung und Verpflegung, die auf Leistungen eines Leistungsträgers nach dem Sozialgesetzbuch beruhen. Für Einnahmen im Sinne von Satz 1, die nicht auf Leistungen eines Leistungsträgers nach dem Sozialgesetzbuch beruhen, gilt Entsprechendes bis zur Höhe der Leistungen nach dem Zwölften Buch Sozialgesetzbuch. Überschreiten die auf Grund der in Satz 1 bezeichneten Tätigkeit bezogenen Einnahmen der Gastfamilie den steuerfreien Betrag, dürfen die mit der Tätigkeit in unmittelbarem wirtschaftlichen Zusammenhang stehenden Ausgaben abweichend von § 3c nur insoweit als Betriebsausgaben abgezogen werden, als sie den Betrag der steuerfreien Einnahmen übersteigen;

ein erwerbsmäßig betriebenes Kinderhaus für die Unterbringung von Kindern gezahlt werden, keine Beihilfen i. S. d. § 3 Nr. 11 EStG (→ BFH vom 23. 9. 1998 – BStBl 1999 II S. 133),

- Werden Eltern aus kommunalen Mitteln Beihilfen zur Deckung von Aufwendungen für die Betreuung des Kindes durch Dritte bewilligt und erfolgt die Zahlung auf Antrag der Eltern unmittelbar an die Betreuungsperson, so sind diese Einnahmen der Betreuungsperson nicht steuerbefreit; Beihilfen sind nur für denjenigen steuerfrei, dem sie bewilligt worden sind (→ BFH vom 19. 6. 1997 – BStBl II S. 652).

Beihilfen zu Lebenshaltungskosten

können die Erziehung und Ausbildung, nicht aber die Wissenschaft und Kunst unmittelbar fördern (→ BFH vom 27. 4. 2006 – BStBl II S. 755).

Beihilfen und Unterstützungen an Arbeitnehmer

→ ***R 3.11 LStR 2008***

Zur Steuerfreiheit von Beihilfe- und Unterstützungszahlungen an die Arbeitnehmer eines gemeinnützig tätigen Vereins im Hinblick auf die Frage, welche Zuschüsse und zweckgebundenen Mittel an den Verein als „öffentliche Mittel" zu werten sind (→ BFH vom 18. 5. 2004 – BFH/NV 2005, S. 22).

Erziehungs- und Ausbildungsbeihilfen

H 3.11 LStH 2008 (Steuerfreiheit nach § 3 Nr. 11 EStG)

- von den Jugendämtern an die Betreuer von sog. Tagesgroßpflegestellen gezahlte Erziehungsgelder (→ BFH vom 17. 5. 1990 – BStBl II S. 1018),
- Zahlungen an sog. Erziehungs- und Familienhelfer → OFD Frankfurt vom 30. 6. 2000 – S 2121 – A 14 – St II 20 (FR 2000 S. 1005).

Öffentliche Stiftung

Eine öffentliche Stiftung liegt vor, wenn

a) die Stiftung selbst juristische Person des öffentlichen Rechts ist
oder
b) das Stiftungsvermögen im Eigentum einer juristischen Person des öffentlichen Rechts steht
oder
c) die Stiftung von einer juristischen Person des öffentlichen Rechts verwaltet wird.

Zur Definition der öffentlichen Stiftung → BVerfGE 15; S. 46, 66

Im Übrigen richtet sich der Begriff nach Landesrecht.

Pflegegeld

- Zur Behandlung der ***Geldleistungen für Kinder in Vollzeitpflege → BMF vom 20. 11. 2007 (BStBl I S. 824)***,
- ***Zur Behandlung der aus öffentlichen Kassen an Tagespflegepersonen gezahlten Pflegegelder für Kinder in Kindertagespflege → BMF vom 20. 1. 1984 (BStBl I S. 134), vom 1. 8. 1998 (BStBl I S. 329) sowie vom 7. 2. 1990 (BStBl I S. 109).***
- → Beihilfen.

EStG

§ 3

S 2337

12. aus einer Bundeskasse oder Landeskasse gezahlte Bezüge, die in einem Bundesgesetz oder Landesgesetz oder einer auf bundesgesetzlicher oder landesgesetzlicher Ermächtigung beruhenden Bestimmung oder von der Bundesregierung oder einer Landesregierung als Aufwandsentschädigung festgesetzt sind und als Aufwandsentschädigung im Haushaltsplan ausgewiesen werden. [2]Das Gleiche gilt für andere Bezüge, die als Aufwandsentschädigung aus öffentlichen Kassen an öffentliche Dienste leistende Personen gezahlt werden, soweit nicht festgestellt wird, dass sie für Verdienstausfall oder Zeitverlust gewährt werden oder den Aufwand, der dem Empfänger erwächst, offenbar übersteigen;

Hinweise

H 3.12

Aufwandsentschädigungen aus öffentlichen Kassen

→ *R 3.12 LStR 2008*

→ *H 3.11 (Öffentliche Kassen) LStH 2008*

Kommunalvertretung

→ ESt-Kartei SH, Karten 1.1.6 und 1.2.4

§ 3

EStG

13. die aus öffentlichen Kassen gezahlten Reisekostenvergütungen, Umzugskostenvergütungen und Trennungsgelder. [2]Die als Reisekostenvergütungen gezahlten Vergütungen für Verpflegungsmehraufwendungen sind nur insoweit steuerfrei, als sie die Pauschbeträge nach § 4 Abs. 5 Satz 1 Nr. 5 nicht übersteigen; Trennungsgelder sind nur insoweit steuerfrei, als sie die nach § 9 Abs. 1 Satz 3 Nr. 5, Abs. 2 Satz 7 bis 9 und Abs. 5 sowie § 4 Abs. 5 Satz 1 Nr. 5 abziehbaren Aufwendungen nicht übersteigen; S 2338

Hinweise

H 3.13

Reisekostenvergütungen, Trennungsgelder und Umzugskostenvergütungen aus öffentlichen Kassen

→ *R 3.12 LStR 2008*

→ *H 3.11 (Öffentliche Kassen) LStH 2008*

§ 3

EStG

14. Zuschüsse eines Trägers der gesetzlichen Rentenversicherung zu den Aufwendungen eines Rentners für seine Krankenversicherung; S 2342 [1)]

Hinweise

H 3.14

Zuschüsse zur Krankenversicherung der Rentner

Die Steuerbefreiung gilt für Zuschüsse gem. § 249a SGB V, §§ 106 und 315 SGB VI.

§ 3

EStG

15. (weggefallen) S 2342

§ 3

EStG

16. die Vergütungen, die Arbeitnehmer außerhalb des öffentlichen Dienstes von ihrem Arbeitgeber zur Erstattung von Reisekosten, Umzugskosten oder Mehraufwendungen bei doppelter Haushaltsführung erhalten, soweit sie die beruflich veranlassten Mehraufwendungen, bei Verpflegungsmehraufwendungen die Pauschbeträge nach § 4 Abs. 5 Satz 1 Nr. 5 und bei S 2338

1) ***Nummer 14 wurde durch das JStG 2009 für VZ 2009 geändert.***
Anm.: Die Änderung lautet:
In Nummer 14 werden nach dem Wort „Krankenversicherung" die Wörter „und von dem gesetzlichen Rentenversicherungsträger getragene Anteile (§ 249a Fünftes Buch Sozialgesetzbuch) an den Beiträgen für die gesetzliche Krankenversicherung" eingefügt.

Familienheimfahrten mit dem eigenen oder außerhalb des Dienstverhältnisses zur Nutzung überlassenen Kraftfahrzeug die Pauschbeträge nach § 9 Abs. 2 nicht übersteigen; Vergütungen zur Erstattung von Mehraufwendungen bei doppelter Haushaltsführung sind nur insoweit steuerfrei, als sie die nach § 9 Abs. 1 Satz 3 Nr. 5 und Abs. 5 sowie § 4 Abs. 5 Satz 1 Nr. 5 abziehbaren Aufwendungen nicht übersteigen;

H 3.16

Hinweise

Erstattung von Reisekosten, Umzugskosten und Mehraufwendungen bei doppelter Haushaltsführung außerhalb des öffentlichen Dienstes

→ ***R 3.16 LStR 2008***

EStG

§ 3

S 2121 **17. Zuschüsse zum Beitrag nach § 32 des Gesetzes über die Alterssicherung der Landwirte;**

S 2121 **18. das Aufgeld für ein an die Bank für Vertriebene und Geschädigte (Lastenausgleichsbank) zugunsten des Ausgleichsfonds (§ 5 des Lastenausgleichsgesetzes) gegebenes Darlehen, wenn das Darlehen nach § 7f des Gesetzes in der Fassung der Bekanntmachung vom 15. September 1953 (BGBl. I S. 1355) im Jahr der Hingabe als Betriebsausgabe abzugsfähig war;**

S 2342 **19. Entschädigungen auf Grund des Gesetzes über die Entschädigung ehemaliger deutscher Kriegsgefangener;**

S 2342 **20. die aus öffentlichen Mitteln des Bundespräsidenten aus sittlichen oder sozialen Gründen gewährten Zuwendungen an besonders verdiente Personen oder ihre Hinterbliebenen;**

S 2121 **21. Zinsen aus Schuldbuchforderungen im Sinne des § 35 Abs. 1 des Allgemeinen Kriegsfolgengesetzes in der im Bundesgesetzblatt Teil III, Gliederungsnummer 653–1, veröffentlichten bereinigten Fassung;**

S 2342 **22. der Ehrensold, der auf Grund des Gesetzes über Titel, Orden und Ehrenzeichen in der im Bundesgesetzblatt Teil III, Gliederungsnummer 1132–1, veröffentlichten bereinigten Fassung, zuletzt geändert durch Gesetz vom 24. April 1986 (BGBl. I S. 560), gewährt wird;**

S 2342 **23. die Leistungen nach dem Häftlingshilfegesetz, dem Strafrechtlichen Rehabilitierungsgesetz, dem Verwaltungsrechtlichen Rehabilitierungsgesetz und dem Beruflichen Rehabilitierungsgesetz;**

S 2342 **24. Leistungen, die auf Grund des Bundeskindergeldgesetzes gewährt werden;**

S 2342 **25. Entschädigungen nach dem Infektionsschutzgesetz vom 20. Juli 2000 (BGBl. I S. 1045);**

S 2121 [1] **26. Einnahmen aus nebenberuflichen Tätigkeiten als Übungsleiter, Ausbilder, Erzieher, Betreuer oder vergleichbaren nebenberuflichen Tätigkeiten, aus nebenberuflichen künstlerischen Tätigkeiten oder der nebenberuflichen Pflege alter, kranker oder behinderter Menschen im Dienst oder im Auftrag einer *juristischen Person des öffentlichen Rechts, die in einem Mitgliedstaat der Europäischen Union oder in einem Staat belegen ist, auf den das Abkommen über den Europäischen Wirtschaftsraum Anwendung findet,* oder einer unter § 5 Abs. 1 Nr. 9 des Körperschaftsteuergesetzes fallenden Einrichtung zur Förderung gemeinnütziger, mildtätiger und kirchlicher Zwecke (§§ 52 bis 54 der Abgabenordnung) bis zur Höhe von insgesamt 2100 Euro im Jahr. [2]Überschreiten die Einnahmen für die in Satz 1 bezeichneten Tätigkeiten den steuerfreien Betrag, dürfen die mit den nebenberuflichen Tätigkeiten in unmittelbarem wirtschaftlichen Zusammenhang stehenden Ausgaben abweichend von § 3c nur insoweit als Betriebsausgaben oder Werbungskosten abgezogen werden, als sie den Betrag der steuerfreien Einnahmen übersteigen;**

H 3.26

Hinweise

Einnahmen aus nebenberuflichen Tätigkeiten

– → ***R 3.26 LStR 2008***

[1]) ***Nummer 26 Satz 1 wurde durch das JStG 2009 geändert und ist in dieser Fassung in allen Fällen anzuwenden, in denen die Steuer noch nicht bestandskräftig festgesetzt ist → § 52 Abs. 4b EStG.***

– → LfSt Bayern vom 29. 7. 2008 – S 2121.1.1 – 1/4 St 32/St 33 (LEXinform 5231592):

1. **Allgemeines**

Zur Steuerbefreiung für nebenberufliche Tätigkeiten wird ergänzend zu den Verwaltungsanweisungen in R 3.26 LStR auf Folgendes hingewiesen:

Begünstigt sind nach § 3 Nr. 26 EStG drei Tätigkeitsbereiche:

- Nebenberufliche Tätigkeit als Übungsleiter, Ausbilder, Erzieher, Betreuer oder eine vergleichbare Tätigkeit
- Nebenberufliche künstlerische Tätigkeit
- Nebenberufliche Pflege alter, kranker oder behinderter Menschen

Die begünstigten Tätigkeiten der Übungsleiter, Ausbilder, Erzieher oder Betreuer haben miteinander gemeinsam, dass bei ihrer Ausübung durch persönliche Kontakte Einfluss auf andere Menschen genommen wird, um auf diese Weise deren Fähigkeiten zu entwickeln und zu fördern. Gemeinsamer Nenner dieser Tätigkeiten ist daher die pädagogische Ausrichtung. Nicht begünstigt ist die Betreuungstätigkeit des gesetzlichen Betreuers nach § 1835a BGB, da § 3 Nr. 26 EStG nur angewendet werden kann, wenn durch einen direkten pädagogisch ausgerichteten persönlichen Kontakt zu den betreuten Menschen ein Kernbereich des ehrenamtlichen Engagements erfüllt wird.

Durch das Steuerbereinigungsgesetz 1999 wurde ab dem 1. 1. 2000 die Tätigkeit des nebenberuflichen Betreuers in den Katalog der begünstigten Tätigkeiten aufgenommen. Betroffen von der Neuregelung sind insbesondere Personen, die betreuend im Jugend- und Sportbereich gemeinnütziger Vereine tätig werden. Daher kommt u. a. nun auch der Übungsleiterfreibetrag für die Beaufsichtigung und Betreuung von Jugendlichen durch Jugendleiter, Ferienbetreuer, Schulwegbegleiter etc. in Betracht.

Auch wenn ausschließlich (ohne Zusammenhang mit körperlicher Pflege) hauswirtschaftliche oder betreuende Hilfstätigkeiten für alte oder behinderte Menschen erbracht werden (z. B. Reinigung der Wohnung, Kochen, Einkaufen, Erledigung von Schriftverkehr), ist der Freibetrag nach § 3 Nr. 26 EStG zu gewähren, wenn die übrigen Voraussetzungen der Vorschrift erfüllt sind.

Im Bereich der nebenberuflichen künstlerischen Tätigkeit sind an den Begriff der „künstlerischen Tätigkeit" grundsätzlich dieselben strengen Anforderungen zu stellen wie an die hauptberufliche künstlerische Tätigkeit im Sinne des § 18 Abs. 1 Nr. 1 EStG.

Bei einer Tätigkeit für juristische Personen des öffentlichen Rechts ist es unschädlich, wenn sie für einen Betrieb gewerblicher Art ausgeführt wird, da Betriebe gewerblicher Art auch gemeinnützigen Zwecken dienen können (z. B. Krankenhaus oder Kindergarten). Ziel des § 3 Nr. 26 EStG ist es, Bürger, die im gemeinnützigen, mildtätigen oder kirchlichen Bereich nebenberuflich tätig sind, von steuerlichen Verpflichtungen freizustellen. Mithin ist bei einer Tätigkeit für einen Betrieb gewerblicher Art darauf abzustellen, ob dieser einen entsprechend begünstigten Zweck verfolgt oder nicht.

Eine Förderung gemeinnütziger, mildtätiger oder kirchlicher Zwecke ist grundsätzlich nur dann gegeben, wenn die Tätigkeit der Allgemeinheit zugute kommt. Bei nebenberuflicher Lehrtätigkeit ist diese Voraussetzung auch dann erfüllt, wenn eine Aus- oder Fortbildung zwar nur einem abgeschlossenen Personenkreis zugute kommt (z. B. innerhalb eines Unternehmens oder einer Dienststelle), die Aus- oder Fortbildung selbst aber im Interesse der Allgemeinheit liegt (vgl. BFH vom 26. 3. 1992, BStBl 1993 II S. 20).

...

2. **Einzelfälle**

2.1 **Ärzte im Behindertensport**

Nach § 11a des Bundesversorgungsgesetzes ist Rehabilitationssport unter ärztlicher Aufsicht durchzuführen. Behindertensport bedarf nach § 2 Abs. 2 der Gesamtvereinbarungen über den ambulanten Behindertensport während der sportlichen Übungen der Überwachung durch den Arzt. Die Tätigkeit eines Arztes im Rahmen dieser Bestimmungen fällt dem Grunde nach unter § 3 Nr. 26 EStG, sofern auch die übrigen Voraussetzungen hierfür erfüllt sind.

2.2 **Ärzte im Coronarsport**

Ärzte, die nebenberuflich in gemeinnützigen Sportvereinen Coronar-Sportkurse leiten, üben eine einem Übungsleiter vergleichbare Tätigkeit aus, wenn der im Coronar-Sport nebenberuflich tätige Arzt auf den Ablauf der Übungseinheiten und die

Übungsinhalte aktiv Einfluss nimmt. Es handelt sich dann um eine nach § 3 Nr. 26 EStG begünstigte Tätigkeit.

2.3 Aufsichtsvergütung für die juristische Staatsprüfung

(vgl. ESt-Kartei § 3 Nr. 26 Karte 4.1)

2.4 Bahnhofsmission

Der Tätigkeitsbereich von Bahnhofsmissionen umfasst auch gem. § 3 Nr. 26 EStG begünstigte Pflege- und Betreuungsleistungen. Zur Abgrenzung gegenüber den nicht begünstigten Leistungen bestehen keine Bedenken, wenn Aufwandsentschädigungen nebenberuflicher Mitarbeiterinnen in Bahnhofsmissionen in Höhe von 60 % der Einnahmen, maximal in Höhe von 2 100 €) steuerfrei belassen werden. Von dem pauschalen Satz kann im Einzelfall abgewichen und auf die tatsächlichen Verhältnisse abgestellt werden, wenn Anhaltspunkte dafür vorliegen, dass die Anwendung dieses Regelsatzes zu einer unzutreffenden Besteuerung führen würde.

2.5 Behindertentransport (Auslandsrückholdienst, Behindertenfahrdienst, Krankentransport und Medizinisches Transportmanagement – MTM –)

Die Fahrten werden regelmäßig mit einer Besatzung von zwei Helfern durchgeführt, wobei ein Helfer den Bus fährt und der andere (Beifahrer) die behinderten oder kranken Personen während der Fahrt betreut. Die Tätigkeit des Fahrers stellt keine nach § 3 Nr. 26 EStG begünstigte Tätigkeit dar, da er weit überwiegend mit dem Fahren des Fahrzeugs beschäftigt ist und ein unmittelbarer persönlicher Bezug zu den „Patienten" im Sinne der Pflege nicht aufgebaut werden kann. Für den „Beifahrer" sind die Voraussetzungen für die Inanspruchnahme der Steuerbefreiung nach § 3 Nr. 26 EStG gegeben. Ist die Aufgabenverteilung nicht verbindlich festgelegt, kann daher angenommen werden, dass beide Helfer an der Betreuung mitwirken. Der Freibetrag nach § 3 Nr. 26 EStG ist dann für jeweils 50 % der Vergütung zu gewähren.

2.6 Bereitschaftsleitungen und Jugendgruppenleiter

Inwieweit eine Gewährung des Freibetrags nach § 3 Nr. 26 EStG in Betracht kommt, hängt von der tatsächlichen Tätigkeit ab. Soweit lediglich organisatorische Aufgaben wahrgenommen werden, liegt keine begünstigte Tätigkeit vor. Soweit die Vergütung auf die Tätigkeit als Ausbilder oder Betreuer entfällt, kann der Freibetrag nach § 3 Nr. 26 EStG gewährt werden.

2.7 Ehrenamtlicher Betreuer nach § 1835 a BGB

(vgl. Ausführungen unter 1, ESt-Kartei § 22 Nr. 3 Karte 3.1 und LSt-Kartei § 3 Fach 3 Karte 27).

2.8 Diakon

Ob ein nebenberuflich tätiger kath. Diakon die Steuerbefreiung nach § 3 Nr. 26 EStG erhalten kann, hängt von der jeweiligen Tätigkeit ab. Zum Berufsbild des Diakons gehören auch ausbildende und betreuende Tätigkeiten mit pädagogischer Ausrichtung sowie Arbeiten im sozialen Bereich, die als Pflege alter, kranker oder behinderter Menschen gewertet werden können. Für solche Tätigkeiten ist eine Steuerbefreiung nach § 3 Nr. 26 EStG möglich.

Bei einer Tätigkeit im Bereich der Verkündigung (z. B. Taufen, Krankenkommunion, Trauungen, Predigtdienst) handelt es sich nicht um eine begünstigte Tätigkeit. Zur Aufteilung bei gemischten Tätigkeiten sowie zur Steuerfreiheit nach anderen Vorschriften (z. B. § 3 Nr. 12 EStG) vgl. R 3.26 Abs. 7 LStR 2008.

2.9 Ferienbetreuer

Ehrenamtliche Ferienbetreuer, die zeitlich begrenzt zur Durchführung von Ferienmaßnahmen eingesetzt werden, sind nebenberuflich tätig, so dass bei Vorliegen der weiteren Voraussetzungen die Einnahmen aus dieser Tätigkeit nach § 3 Nr. 26 EStG begünstigt sind.

2.10 Feuerwehrleute

(vgl. LSt-Kartei § 3 Fach 3 Karten 13.2)

2.11 Hauswirtschaftliche Tätigkeiten in Altenheim, Krankenhäusern usw.

Reine Hilfsdienste, wie z. B. Putzen, Waschen und Kochen im Reinigungsdienst und in der Küche von Altenheimen, Krankenhäusern, Behinderteneinrichtungen u. ä. Einrichtungen stehen nicht den ambulanten Pflegediensten gleich und fallen daher nicht unter § 3 Nr. 26 EStG, da keine häusliche Betreuung im engeren Sinne stattfindet und damit kein unmittelbarer persönlicher Bezug zu den gepflegten Menschen entsteht.

Die Leistungen werden primär für das jeweilige Heim oder Krankenhaus erbracht und betreffen daher nur mittelbar die pflegebedürftigen Personen.

2.12 Helfer im sog. Hintergrunddienst des Hausnotrufdienstes (Schlüsseldienst im Hausnotruf und Pflegenotruf)

Um bei Hausnotrufdiensten die Entgegennahme von Alarmanrufen rund um die Uhr, die Vertrautheit der Bewohner mit dem Hausnotrufdienst und die Funktionsfähigkeit der Hausnotrufgeräte zu gewährleisten, wird von den Hilfsorganisationen – zusätzlich zu den Mitarbeitern der Hausnotrufzentrale – ein sog. Hintergrunddienst eingerichtet, um vor Ort Hilfe zu leisten. Die Mitarbeiter des Hintergrunddienstes sind daneben auch mit der Einweisung, Einrichtung, Wartung und Überprüfung der Hausnotrufgeräte beschäftigt. Ihnen kann die Steuervergünstigung nach § 3 Nr. 26 EStG für den Anteil ihrer Vergütung gewährt werden, der auf tatsächliche Rettungseinsätze entfällt. Der begünstigte Anteil ist anhand der Gesamtumstände des Einzelfalls zu ermitteln.

2.13 Küchenmitarbeiter in Waldheimen

Die Tätigkeit von Mitarbeiterinnen und Mitarbeitern in der Küche und im hauswirtschaftlichen Bereich von Waldheimen stellt keine begünstigte Tätigkeit im Sinne des § 3 Nr. 26 EStG dar. Es handelt sich nicht um eine betreuende Tätigkeit, da pädagogische Aspekte nicht im Vordergrund stehen. Ausschlaggebend ist die hauswirtschaftliche Tätigkeit im Zusammenhang mit der Essenszubereitung für die in den Waldheimen während der Ferienzeit aufgenommenen Jugendlichen.

2.14 Lehrbeauftragte an Schulen

Vergütungen an ehrenamtliche Lehrbeauftragte, die von den Schulen für einen ergänzenden Unterricht eingesetzt werden, sind – soweit von den Schulen mit den Lehrbeauftragten nicht ausdrücklich ein Arbeitsvertrag abgeschlossen wird – den Einnahmen aus selbstständiger (unterrichtender) Tätigkeit nach § 18 Abs. 1 Nr. 1 EStG zuzuordnen und nach § 3 Nr. 26 EStG begünstigt.

2.15 Mahlzeitendienste

Vergütungen an Helfer des Mahlzeitendienstes sind nicht nach § 3 Nr. 26 EStG begünstigt, da die Lieferung einer Mahlzeit für die Annahme einer Pflegleistung nicht ausreicht. Ab dem 1. 1. 2007 ist jedoch die Inanspruchnahme der Steuerfreistellung nach § 3 Nr. 26a EStG in Höhe von bis zu 500 € möglich, sofern diese Tätigkeit nebenberuflich ausgeübt wird.

2.16 Nebenberufliche Notarzttätigkeit

Die nebenberufliche Notarzttätigkeit stellt keine nach § 3 Nr. 26 EStG begünstigte Tätigkeit dar (vgl. BFH vom 20. 2. 2002, BFH/NV 2002 S. 784).

2.17 Notfallfahrten bei Blut- und Organtransport

Bei diesen Notfallfahrten handelt es sich nicht um begünstigte Tätigkeiten nach § 3 Nr. 26 EStG.

2.18 Organistentätigkeit

Aus Gründen der Praktikabilität und der Verwaltungsvereinfachung ist bei den in Kirchengemeinden eingesetzten Organisten grundsätzlich davon auszugehen, dass deren Tätigkeit eine gewisse Gestaltungshöhe erreicht und somit die Voraussetzungen einer künstlerischen Tätigkeit im Sinne des § 3 Nr. 26 EStG vorliegen.

2.19 Patientenfürsprecher

Der Patientenfürsprecher hat die Interessen der Patienten gegenüber dem Krankenhaus zu vertreten. Diese Tätigkeit stellt keine Pflege alter, kranker oder behinderter Menschen dar. Die an die Patientenfürsprecher gezahlten Aufwandsentschädigungen sind daher nicht nach § 3 Nr. 26 EStG steuerfrei.

2.20 Ehrenamtliche Richter, Parcourschefs, Parcourschefassistenten bei Pferdesportveranstaltungen

Bei dieser Tätigkeit handelt es sich nicht um begünstigte Tätigkeit nach § 3 Nr. 26 EStG.

2.21 Prädikanten / Lektoren

Die Anwendung des § 3 Nr. 26 EStG wurde von den obersten Finanzbehörden des Bundes und der Länder verneint. Insoweit fehle bei den Prädikanten (wie auch bei Lektoren) der direkte pädagogisch ausgerichtete persönliche Kontakt zu einzelnen Menschen. Eine Steuerfreiheit der Bezüge kann sich jedoch ggf. aus § 3 Nr. 12, 13, 50 EStG ergeben.

2.22 Rettungsschwimmer

Rettungsschwimmer, die im vorbeugenden Wasserrettungsdienst tätig sind, üben keine i. S. d. § 3 Nr. 26 EStG begünstigte Tätigkeit aus. Die Einnahmen sind nach einer Entscheidung auf Bundesebene den sonstigen Einkünften nach § 22 Nr. 3 EStG zuzuordnen. Dies bedeutet, dass die Einkünfte nicht steuerpflichtig sind, wenn sie weniger als 256 € im Kalenderjahr betragen.

2.23 Sanitätshelfer bei Großveranstaltungen

Tätigkeiten von Rettungssanitätern und Ersthelfern im Bereitschafts- oder Sanitätsdienst bei Sportveranstaltungen, kulturellen Veranstaltungen, Festumzügen etc. sind grundsätzlich nicht nach § 3 Nr. 26 EStG begünstigt. Die Steuervergünstigung kann für den Anteil der Vergütung gewährt werden, der auf tatsächliche Einsatzzeiten für die Bergung und Versorgung von Verletzten entfällt. Der begünstigte Anteil ist anhand der Gesamtumstände des Einzelfalls zu ermitteln (z. B. Einsatzberichte).

2.24 Sanitätshelfer und Rettungssanitäter im Rettungs- und Krankentransportwagen

Die Vergütung an Rettungssanitäter in Rettungs- und Krankentransportwagen können dem Grunde nach in die Steuervergünstigung einbezogen werden, soweit sie für den Einsatz (z. B. bei Sofortmaßnahmen gegenüber Schwerkranken und Verunglückten) gezahlt werden, R 3.26 Abs. 1 Satz 4 LStR 2008. Nach den von einem FA unter Berücksichtigung der Dienstpläne durchgeführten Sachverhaltsermittlungen kann ohne weitere Prüfung davon ausgegangen werden, dass 70 % der an diesen Personenkreis gezahlten Vergütungen auf begünstigte Tätigkeiten (tatsächliche Einsatzzeiten einschließlich entsprechender Fahrzeugrüstzeiten) entfallen. Soweit die Vergütung auf Bereitschaftszeiten entfällt, fehlt es an einer nach § 3 Nr. 26 EStG begünstigten Tätigkeit.

2.25 Schulweghelfer / Schulwegbegleiter

(vgl. ESt-Kartei § 3 Nr. 26 Karte 7.1 = LSt-Kartei § 3 Fach 3 Karte 22).

2.26 Stadtführer

Die Tätigkeit eines Stadtführers ist – vergleichbar mit einer unterrichtenden Tätigkeit an einer Volkshochschule und der Tätigkeit eines Museumsführers – wegen ihrer pädagogischen Ausrichtung grundsätzlich nach § 3 Nr. 26 EStG begünstigt. Zu prüfen ist jedoch insbesondere, ob die Tätigkeit im Auftrag oder im Dienst einer juristischen Person des öffentlichen Rechts oder einer anderen unter § 5 Abs. 1 Nr. 9 KStG zur Förderung gemeinnütziger, mildtätiger und kirchlicher Zwecke ausgeübt wird.

2.27 Statisten bei Theateraufführungen

Aufwandsentschädigungen für Statisten sind grundsätzlich nicht nach § 3 Nr. 26 EStG begünstigt, da Statisten keine künstlerische Tätigkeit ausüben. Eine künstlerische Tätigkeit liegt bei § 3 Nr. 26 EStG (wie bei § 18 EStG) nur vor, wenn eine gewisse Gestaltungshöhe bei eigenschöpferischer Leistung gegeben ist.

Nach dem BFH-Urteil vom 18. 4. 2007, BStBl II S. 702 beeinflussen bei einer nebenberuflichen künstlerischen Tätigkeit mit den hier vorgegebenen Begrenzungen die Auslegung einer künstlerischen Tätigkeit i. S. d. § 3 Nr. 26 EStG. Eine künstlerische Tätigkeit in diesem Sinn kann daher auch vorliegen, wenn sie die eigentliche künstlerische (Haupt-)Tätigkeit unterstützt und ergänzt, sofern sie Teil des gesamten künstlerischen Geschehens ist (vgl. H 3.26 Künstlerische Tätigkeit LStH 2008). Auch der Komparse kann daher – anders z. B. als ein Bühnenarbeiter – eine künstlerische Tätigkeit ausüben.

Im Urteilsfall hat sich der Kläger (Statist an der Oper) nach den Feststellungen des FG mit seinen Leistungen im Rahmen des künstlerischen Genres „Darsteller" gehalten und keine rein mechanische Funktion als „menschliche Requisite" wahrgenommen. Der Auftritt des Klägers habe nicht unerhebliche schauspielerische Leistungen enthalten.

2.28 Versichertenälteste

Für die Tätigkeit der Versichertenältesten ist die Begünstigung des § 3 Nr. 26 EStG nicht zu gewähren, da es sich weder um eine begünstigte Tätigkeit handelt noch diese zur Förderung gemeinnütziger, mildtätiger oder kirchlicher Zwecke im Sinne der §§ 52 bis 54 AO handelt.

3. Betriebsausgaben-/Werbungskostenabzug

Nach § 3c EStG dürfen Ausgaben, soweit sie mit steuerfreien Einnahmen in unmittelbarem wirtschaftlichen Zusammenhang stehen, nicht als Betriebsausgaben oder Werbungskosten abgezogen werden. Ausgaben, die zugleich steuerfreie und steuerpflichtige Einnahmen betreffen, sind – ggf. im Schätzungswege – aufzuteilen und anteilig abzuziehen.

Ab 1. 1. 2000 dürfen abweichend von diesen Grundsätzen nach § 3 Nr. 26 Satz 2 EStG in unmittelbarem wirtschaftlichen Zusammenhang mit der nebenberuflichen Tätigkeit stehende Ausgaben nur insoweit als Werbungskosten oder Betriebsausgaben abgezogen werden, als sie den Betrag der steuerfreien Einnahmen übersteigen.

Entstehen Betriebsausgaben zur Vorbereitung einer unter § 3 Nr. 26 EStG fallenden Tätigkeit und wird diese später nicht aufgenommen, kann der entstandene Verlust in voller Höhe, also ohne Kürzung um den Freibetrag, berücksichtigt werden (vgl. H 3.26 Vergebliche Aufwendungen LStH 2008).

§ 3

EStG

S 2121 [1]

26a. Einnahmen aus nebenberuflichen Tätigkeiten im Dienst oder Auftrag einer *juristischen Person des öffentlichen Rechts, die in einem Mitgliedstaat der Europäischen Union oder in einem Staat belegen ist, auf den das Abkommen über den Europäischen Wirtschaftsraum Anwendung findet,* oder einer unter § 5 Abs. 1 Nr. 9 des Körperschaftsteuergesetzes fallenden Einrichtung zur Förderung gemeinnütziger, mildtätiger und kirchlicher Zwecke (§§ 52 bis 54 der Abgabenordnung) bis zur Höhe von insgesamt 500 Euro im Jahr. [2]Die Steuerbefreiung ist ausgeschlossen, wenn für die Einnahmen aus der Tätigkeit – ganz oder teilweise – eine Steuerbefreiung nach § 3 Nr. 12 oder 26 gewährt wird. [3]Überschreiten die Einnahmen für die in Satz 1 bezeichneten Tätigkeiten den steuerfreien Betrag, dürfen die mit den nebenberuflichen Tätigkeiten in unmittelbarem wirtschaftlichen Zusammenhang stehenden Ausgaben abweichend von § 3c nur insoweit als Betriebsausgaben oder Werbungskosten abgezogen werden, als sie den Betrag der steuerfreien Einnahmen übersteigen;

Hinweise

H 3.26a

Ehrenamtliche Tätigkeit

***Anwendungsschreiben** → BMF vom 25. 11. 2008 (BStBl I S. 985)* Anhang

§ 3

EStG

S 2121

27. der Grundbetrag der Produktionsaufgaberente und das Ausgleichsgeld nach dem Gesetz zur Förderung der Einstellung der landwirtschaftlichen Erwerbstätigkeit bis zum Höchstbetrag von 18407 Euro;

3.27 Steuerbefreiungen

R 3.27

Zu § 3 Nr. 27

[1]Der Höchstbetrag steht dem Leistungsempfänger nicht je VZ, sondern nur einmal zu. [2]Die einzelnen Raten sind so lange steuerfrei, bis der Höchstbetrag ausgeschöpft ist. [3]Der Flächenzuschlag der Produktionsaufgaberente ist nicht begünstigt. [4]Im Falle der Betriebsaufgabe sind die Ansprüche auf die Produktionsaufgaberente nicht in den Betriebsaufgabegewinn einzubeziehen; die einzelnen Raten sind als nachträgliche Einkünfte aus Land- und Forstwirtschaft zu erfassen.

§ 3

EStG

S 2342

28. die Aufstockungsbeträge im Sinne des § 3 Abs. 1 Nr. 1 Buchstabe a sowie die Beiträge und Aufwendungen im Sinne des § 3 Abs. 1 Nr. 1 Buchstabe b und des § 4 Abs. 2 des Altersteil-

1) ***Nummer 26a Satz 1 wurde durch das JStG 2009 geändert und ist in dieser Fassung in allen Fällen anzuwenden, in denen die Steuer noch nicht bestandskräftig festgesetzt ist → § 52 Abs. 4b EStG.***

zeitgesetzes, die Zuschläge, die versicherungsfrei Beschäftigte im Sinne des § 27 Abs. 1 Nr. 1 bis 3 des Dritten Buches Sozialgesetzbuch zur Aufstockung der Bezüge bei Altersteilzeit nach beamtenrechtlichen Vorschriften oder Grundsätzen erhalten sowie die Zahlungen des Arbeitgebers zur Übernahme der Beiträge im Sinne des § 187a des Sechsten Buches Sozialgesetzbuch, soweit sie 50 vom Hundert der Beiträge nicht übersteigen;

H 3.28

Hinweise

Leistungen nach dem Altersteilzeitgesetz

→ *R 3.28 LStR 2008*

EStG

§ 3

S 1310 **29. das Gehalt und die Bezüge,**

a) die die diplomatischen Vertreter ausländischer Staaten, die ihnen zugewiesenen Beamten und die in ihren Diensten stehenden Personen erhalten. [2]Dies gilt nicht für deutsche Staatsangehörige oder für im Inland ständig ansässige Personen;

b) der Berufskonsuln, der Konsulatsangehörigen und ihres Personals, soweit sie Angehörige des Entsendestaates sind. [2]Dies gilt nicht für Personen, die im Inland ständig ansässig sind oder außerhalb ihres Amtes oder Dienstes einen Beruf, ein Gewerbe oder eine andere gewinnbringende Tätigkeit ausüben;

H 3.29

Hinweise

Wahlkonsuln

§ 3 Nr. 29 EStG findet keine Anwendung.

Wiener Übereinkommen

- vom 18. 4. 1961 über diplomatische Beziehungen (WÜD), für die Bundesrepublik Deutschland in Kraft getreten am 11. 12. 1964,
- vom 24. 4. 1963 über konsularische Beziehungen (WÜK), für die Bundesrepublik Deutschland in Kraft getreten am 7. 10. 1971.

Geltungsbereich des Wiener Übereinkommens über diplomatische Beziehungen (WÜD) und über konsularische Beziehungen (WÜK) → Bekanntmachung vom 22. 7. 1996 (BGBl. II S. 1454).

Inhalte:

1. Nach dem WÜD ist u. a. ein Diplomat einer ausländischen Mission und nach dem WÜK ein Konsularbeamter einer ausländischen konsularischen Vertretung, sofern er weder die deutsche Staatsangehörigkeit besitzt noch im Geltungsbereich des EStG ständig ansässig ist, im Geltungsbereich des EStG von allen staatlichen, regionalen und kommunalen Personal- und Realsteuern oder -abgaben befreit (Artikel 34 WÜD – Artikel 49 Abs. 1 und Artikel 71 Abs. 1 WÜK).
2. Die Befreiung gilt u. a. nicht für Steuern und sonstige Abgaben von privaten Einkünften, deren Quelle sich im Empfangsstaat befindet. Das bedeutet, dass ein ausländischer Diplomat oder ein ausländischer Konsularbeamter nur mit seinen inländischen Einkünften i. S. d. § 49 EStG steuerpflichtig ist und auch dann nur, soweit nicht § 3 Nr. 29 EStG eingreift oder in einem DBA abweichende Regelungen getroffen sind. Die bezeichneten Personen sind somit im Geltungsbereich des EStG nur beschränkt einkommensteuerpflichtig (§ 1 Abs. 4 EStG).
3. Gleiches gilt auch
   a) für die zum Haushalt eines ausländischen Diplomaten gehörenden Familienmitglieder, wenn sie nicht die deutsche Staatsangehörigkeit besitzen (Artikel 37 Abs. 1 WÜD),
   b) für die Familienmitglieder, die im gemeinsamen Haushalt eines Konsularbeamten einer ausländischen konsularischen Vertretung leben (Artikel 49 Abs. 1 WÜK), wenn sie weder die deutsche Staatsangehörigkeit besitzen noch im Geltungsbereich des EStG ständig ansässig sind (Artikel 71 Abs. 2 WÜK).

4. Familienmitglieder im Sinne der beiden Wiener Übereinkommen sind:
   a) der Ehegatte und die minderjährigen Kinder der privilegierten Person, vorausgesetzt, dass sie mit ihr in einem Haushalt leben. Eine vorübergehende Abwesenheit, z. B. zum auswärtigen Studium, ist hierbei ohne Bedeutung.
   b) die volljährigen unverheirateten Kinder sowie die Eltern und Schwiegereltern der privilegierten Person – unter der Voraussetzung der Gegenseitigkeit –, soweit sie mit der privilegierten Person in einem Haushalt leben und von ihr wirtschaftlich abhängig sind. Die Frage der wirtschaftlichen Abhängigkeit ist nach den Einkommens- und Vermögensverhältnissen des betreffenden Familienmitglieds von der Steuerverwaltung des Aufenthaltsstaates zu beurteilen. Diese Beurteilung erfolgt im Einzelfall nach der Abgabe einer Erklärung über das Einkommen und das Vermögen des betreffenden Familienmitglieds.
5. Für andere als die unter Nummer 4 genannten Personen (entferntere Verwandte der privilegierten Person in gerader Linie oder in der Seitenlinie) kommt eine Anwendung des Artikels 37 WÜD oder des Artikels 49 WÜK grundsätzlich nicht in Betracht. In besonderen Fällen prüft das Auswärtige Amt im Einvernehmen mit den zuständigen Bundesressorts, ob die besonderen Umstände dieses Falles eine andere Entscheidung rechtfertigen.
6. Die Mitglieder/Bediensteten des Verwaltungs- und technischen Personals ausländischer Missionen/konsularischer Vertretungen und die zu ihrem Haushalt gehörenden sowie die mit ihnen im gemeinsamen Haushalt lebenden Familienmitglieder sind wie Diplomaten/Konsularbeamte zu behandeln, wenn sie weder deutsche Staatsangehörige noch im Geltungsbereich des EStG ständig ansässig sind (Artikel 37 Abs. 2 WÜD, Artikel 49 Abs. 1 und Artikel 71 Abs. 2 WÜK).
7. Bei Mitgliedern des dienstlichen Hauspersonals einer ausländischen Mission bzw. einer ausländischen konsularischen Vertretung sind die Dienstbezüge im Geltungsbereich des EStG steuerfrei, wenn diese Personen weder deutsche Staatsangehörige noch im Geltungsbereich des EStG ständig ansässig sind (Artikel 37 Abs. 3 WÜD – Artikel 49 Abs. 2 und Artikel 71 Abs. 2 WÜK).
8. Bei privaten Hausangestellten sind die Bezüge, die sie von Mitgliedern einer ausländischen Mission auf Grund ihres Arbeitsverhältnisses erhalten, steuerfrei, wenn sie weder deutsche Staatsangehörige noch im Geltungsbereich des EStG ständig ansässig sind (Artikel 37 Abs. 4 WÜD).
9. Anderen Mitgliedern des Personals einer ausländischen Mission und privaten Hausangestellten, die deutsche Staatsangehörige sind oder die im Geltungsbereich des EStG ständig ansässig sind, steht Steuerfreiheit nur insoweit zu, als besondere Regelungen, z. B. in DBA, für den Geltungsbereich des EStG getroffen sind (Artikel 38 Abs. 2 WÜD).
10. Vom Tage des Inkrafttretens des WÜD bzw. des WÜK ist die Verwaltungsanordnung der Bundesregierung vom 13. 10. 1950 (MinBlFin 1950 S. 631) nur noch auf Mitglieder solcher ausländischer Missionen oder ausländischer konsularischer Vertretungen und die dort bezeichneten Bediensteten anzuwenden, deren Entsendestaat dem WÜD oder dem WÜK noch nicht rechtswirksam beigetreten ist.

---

§ 3 — EStG

30. Entschädigungen für die betriebliche Benutzung von Werkzeugen eines Arbeitnehmers (Werkzeuggeld), soweit sie die entsprechenden Aufwendungen des Arbeitnehmers nicht offensichtlich übersteigen; S 2342

Hinweise — H 3.30

Musikinstrumente

sind keine Werkzeuge i. S. d. § 3 Nr. 30 EStG (→ BFH vom 21. 8. 1995 – BStBl II S. 906).

Werkzeuggeld

→ ***R 3.30 LStR 2008***

EStG

§ 3

S 2342 **31. die typische Berufskleidung, die der Arbeitgeber seinem Arbeitnehmer unentgeltlich oder verbilligt überlässt; dasselbe gilt für eine Barablösung eines nicht nur einzelvertraglichen Anspruchs auf Gestellung von typischer Berufskleidung, wenn die Barablösung betrieblich veranlasst ist und die entsprechenden Aufwendungen des Arbeitnehmers nicht offensichtlich übersteigt;**

H 3.31

Hinweise

Überlassung typischer Berufskleidung

→ ***R 3.31 LStR 2008***

Blazer mit Firmenemblem in Firmenfarbe, welchen der Arbeitnehmer als Messebekleidung erhält, auf der Messe tragen muss und nach Abschluss der Messe wieder zurückgibt ist keine typische Berufskleidung i. S. d. § 3 Nr. 31 EStG (→ FG Baden-Württemberg – Außensenate Freiburg – EFG 2000 S. 1113).

EStG

§ 3

S 2342 **32. die unentgeltliche oder verbilligte Sammelbeförderung eines Arbeitnehmers zwischen Wohnung und Arbeitsstätte mit einem vom Arbeitgeber gestellten Beförderungsmittel, soweit die Sammelbeförderung für den betrieblichen Einsatz des Arbeitnehmers notwendig ist;**

H 3.32

Hinweise

Sammelbeförderung von Arbeitnehmern zwischen Wohnung und Arbeitsstätte

→ ***R 3.32 LStR 2008***

EStG

§ 3

S 2342 **33. zusätzlich zum ohnehin geschuldeten Arbeitslohn erbrachte Leistungen des Arbeitgebers zur Unterbringung und Betreuung von nicht schulpflichtigen Kindern der Arbeitnehmer in Kindergärten oder vergleichbaren Einrichtungen;**

H 3.33

Hinweise

Unterbringung und Betreuung von nicht schulpflichtigen Kindern

→ ***R 3.33 LStR 2008***

EStG

§ 3

S 2342 [1] **34.** ***zusätzlich zum ohnehin geschuldeten Arbeitslohn erbrachte Leistungen des Arbeitgebers zur Verbesserung des allgemeinen Gesundheitszustandes und der betrieblichen Gesundheitsförderung, die hinsichtlich Qualität, Zweckbindung und Zielgerichtetheit den Anforderungen der §§ 20 und 20a des Fünften Buches Sozialgesetzbuch genügen, soweit sie 500 Euro im Kalenderjahr nicht übersteigen;***

[1] *Nummer 34 wurde durch das JStG 2009 eingefügt und ist erstmals auf Leistungen des Arbeitgebers im Kalenderjahr 2008 anzuwenden → § 52 Abs. 4c EStG.*

35. die Einnahmen der bei der Deutsche Post AG, Deutsche Postbank AG oder Deutsche Telekom AG beschäftigten Beamten, soweit die Einnahmen ohne Neuordnung des Postwesens und der Telekommunikation nach den Nummern 11 bis 13 und 64 steuerfrei wären; S 2121

36. Einnahmen für Leistungen zur Grundpflege oder hauswirtschaftlichen Versorgung bis zur Höhe des Pflegegeldes nach § 37 des Elften Buches Sozialgesetzbuch, wenn diese Leistungen von Angehörigen des Pflegebedürftigen oder von anderen Personen, die damit eine sittliche Pflicht im Sinne des § 33 Abs. 2 gegenüber dem Pflegebedürftigen erfüllen, erbracht werden. [2]Entsprechendes gilt, wenn der Pflegebedürftige Pflegegeld aus privaten Versicherungsverträgen nach den Vorgaben des Elften Buches Sozialgesetzbuch oder eine Pauschalbeihilfe nach Beihilfevorschriften für häusliche Pflege erhält; S 2342

37. der Unterhaltsbeitrag und der Maßnahmebeitrag nach dem Aufstiegsfortbildungsförderungsgesetz, soweit sie als Zuschuss geleistet werden; S 2121

38. Sachprämien, die der Steuerpflichtige für die persönliche Inanspruchnahme von Dienstleistungen von Unternehmen unentgeltlich erhält, die diese zum Zwecke der Kundenbindung im allgemeinen Geschäftsverkehr in einem jedermann zugänglichen planmäßigen Verfahren gewähren, soweit der Wert der Prämien 1080 Euro im Kalenderjahr nicht übersteigt; S 2342

39. (weggefallen)

40. die Hälfte S 2121 [1] [2]

---

1) § 3 Nr. 40 EStG ist erstmals anzuwenden für
1. Gewinnausschüttungen, auf die bei der ausschüttenden Körperschaft der nach Artikel 3 des Gesetzes vom 23. 10. 2000 (BGBl. I S. 1433) aufgehobene Vierte Teil des Körperschaftsteuergesetzes nicht mehr anzuwenden ist; für die übrigen in § 3 Nr. 40 EStG genannten Erträge im Sinne des § 20 EStG gilt Entsprechendes;
2. Erträge im Sinne des § 3 Nr. 40 Satz 1 Buchstabe a, b, c und j EStG nach Ablauf des ersten Wirtschaftsjahres der Gesellschaft, an der die Anteile bestehen, für das das Körperschaftsteuergesetz in der Fassung des Artikels 3 des Gesetzes vom 23. 10. 2000 (BGBl. I S. 1433) erstmals anzuwenden ist → § 52 Abs. 4b EStG.

2) Nummer 40 Satz 1 und 2 wurde durch das Unternehmensteuerreformgesetzes 2008 ab VZ 2009 geändert. Abweichend von Satz 1 ist § 3 Nr. 40 EStG in der bis zum 31. 12. 2008 anzuwendenden Fassung bei Veräußerungsgeschäften, bei denen § 23 Abs. 1 Satz 1 Nr. 2 EStG in der bis zum 31. 12. 2008 anzuwendenden Fassung nach dem 31. 12. 2008 Anwendung findet, weiterhin anzuwenden (→ § 52a Abs. 3 EStG).

Anm.: Die Neufassung von Nummer 40 Satz 1 und 2 lautet:

40. 40 Prozent

a) der Betriebsvermögensmehrungen oder Einnahmen aus der Veräußerung oder der Entnahme von Anteilen an Körperschaften, Personenvereinigungen und Vermögensmassen, deren Leistungen beim Empfänger zu Einnahmen im Sinne des § 20 Abs. 1 Nr. 1 und 9 gehören, oder an einer Organgesellschaft im Sinne der §§ 14, 17, oder 18 des Körperschaftsteuergesetzes oder aus deren Auflösung oder Herabsetzung von deren Nennkapital oder aus dem Ansatz eines solchen Wirtschaftsguts mit dem Wert, der sich nach § 6 Abs. 1 Nr. 2 Satz 3 ergibt, soweit sie zu den Einkünften aus Land- und Forstwirtschaft, aus Gewerbebetrieb oder aus selbständiger Arbeit gehören. [2]Dies gilt nicht, soweit der Ansatz des niedrigeren Teilwerts in vollem Umfang zu einer Gewinnminderung geführt hat und soweit diese Gewinnminderung nicht durch Ansatz eines Werts, der sich nach § 6 Abs. 1 Nr. 2 Satz 3 ergibt, ausgeglichen worden ist. [3]Satz 1 gilt außer für Betriebsvermögensmehrungen aus dem Ansatz mit dem Wert, der sich nach § 6 Abs. 1 Nr. 2 Satz 3 ergibt, ebenfalls nicht, soweit Abzüge nach § 6b oder ähnliche Abzüge voll steuerwirksam vorgenommen worden sind,

b) des Veräußerungspreises im Sinne des § 16 Abs. 2, soweit er auf die Veräußerung von Anteilen an Körperschaften, Personenvereinigungen und Vermögensmassen entfällt, deren Leistungen beim Empfänger zu Einnahmen im Sinne des § 20 Abs. 1 Nr. 1 und 9 gehören, oder an einer Organgesellschaft im Sinne der §§ 14, 17, oder 18 des Körperschaftsteuergesetzes. [2]Satz 1 ist in den Fällen des § 16 Abs. 3 entsprechend anzuwenden. [3]Buchstabe a Satz 3 gilt entsprechend,

c) des Veräußerungspreises oder des gemeinen Wertes im Sinne des § 17 Abs. 2. 2Satz 1 ist in den Fällen des § 17 Abs. 4 entsprechend anzuwenden,

d) der Bezüge im Sinne des § 20 Abs. 1 Nr. 1 und der Einnahmen im Sinne des § 20 Abs. 1 Nr. 9. [2]Dies gilt für sonstige Bezüge im Sinne des § 20 Abs. 1 Nr. 1 Satz 2 und der Einnahmen im Sinne des § 20 Abs. 1 Nr. 9 zweiter Halbsatz nur, soweit sie das Einkommen der leistenden Körperschaft nicht gemindert haben (§ 8 Abs. 3 Satz 2 des Körperschaftsteuergesetzes). [3]Satz 1 Buchstabe d Satz 2 gilt nicht, soweit die verdeckte Gewinnausschüttung das Einkommen einer dem Steuerpflichtigen nahe stehenden Person erhöht hat und § 32a des Körperschaftsteuergesetzes auf die Veranlagung dieser nahe stehenden Person keine Anwendung findet,

e) der Bezüge im Sinne des § 20 Abs. 1 Nr. 2,

f) der besonderen Entgelte oder Vorteile im Sinne des § 20 Abs. 3, die neben den in § 20 Abs. 1 Nr. 1 und Abs. 2 Satz 1 Nr. 2 Buchstabe a bezeichneten Einnahmen oder an deren Stelle gewährt werden,

a) der Betriebsvermögensmehrungen oder Einnahmen aus der Veräußerung oder der Entnahme von Anteilen an Körperschaften, Personenvereinigungen und Vermögensmassen, deren Leistungen beim Empfänger zu Einnahmen im Sinne des § 20 Abs. 1 Nr. 1 gehören, oder an einer Organgesellschaft im Sinne der §§ 14, 17 oder 18 des Körperschaftsteuergesetzes oder aus deren Auflösung oder Herabsetzung von deren Nennkapital oder aus dem Ansatz eines solchen Wirtschaftsgutes mit dem Wert, der sich nach § 6 Abs. 1 Nr. 2 Satz 3 ergibt, soweit sie zu den Einkünften aus Land- und Forstwirtschaft, aus Gewerbebetrieb oder aus selbständiger Arbeit gehören. [2]Dies gilt nicht, soweit der Ansatz des niedrigeren Teilwerts in vollem Umfang zu einer Gewinnminderung geführt hat und soweit diese Gewinnminderung nicht durch Ansatz eines Werts, der sich nach § 6 Abs. 1 Nr. 2 Satz 3 ergibt, ausgeglichen worden ist. [3]Satz 1 gilt außer für Betriebsvermögensmehrungen aus dem Ansatz mit dem Wert, der sich nach § 6 Abs. 1 Nr. 2 Satz 3 ergibt, ebenfalls nicht, soweit Abzüge nach § 6b oder ähnliche Abzüge voll steuerwirksam vorgenommen worden sind,

b) des Veräußerungspreises im Sinne des § 16 Abs. 2, soweit er auf die Veräußerung von Anteilen an Körperschaften, Personenvereinigungen und Vermögensmassen entfällt, deren Leistungen beim Empfänger zu Einnahmen im Sinne des § 20 Abs. 1 Nr. 1 gehören, oder an einer Organgesellschaft im Sinne der §§ 14, 17 oder 18 des Körperschaftsteuergesetzes. [2]Satz 1 ist in den Fällen des § 16 Abs. 3 entsprechend anzuwenden. [3]Buchstabe a Satz 3 gilt entsprechend,

c) des Veräußerungspreises oder des gemeinen Wertes im Sinne des § 17 Abs. 2. [2]Satz 1 ist in den Fällen des § 17 Abs. 4 entsprechend anzuwenden,

d) der Bezüge im Sinne des § 20 Abs. 1 Nr. 1 und der Einnahmen im Sinne des § 20 Abs. 1 Nr. 9. [2]Dies gilt für sonstige Bezüge im Sinne des § 20 Abs. 1 Nr. 1 Satz 2 und der Einnahmen im Sinne des § 20 Abs. 1 Nr. 9 zweiter Halbsatz nur, soweit sie das Einkommen der leistenden Körperschaft nicht gemindert haben (§ 8 Abs. 3 Satz 2 des Körperschaftsteuergesetzes). [3]Satz 1 Buchstabe d Satz 2 gilt nicht, soweit die verdeckte Gewinnausschüttung das Einkommen einer dem Steuerpflichtigen nahe stehenden Person erhöht hat und § 32a des Körperschaftsteuergesetzes auf die Veranlagung dieser nahe stehenden Person keine Anwendung findet,

e) der Bezüge im Sinne des § 20 Abs. 1 Nr. 2,

f) der besonderen Entgelte oder Vorteile im Sinne des § 20 Abs. 2 Satz 1 Nr. 1, die neben den in § 20 Abs. 1 Nr. 1 und Abs. 2 Satz 1 Nr. 2 Buchstabe a bezeichneten Einnahmen oder an deren Stelle gewährt werden,

g) der Einnahmen aus der Veräußerung von Dividendenscheinen und sonstigen Ansprüchen im Sinne des § 20 Abs. 2 Satz 1 Nr. 2 Buchstabe a,

h) der Einnahmen aus der Abtretung von Dividendenansprüchen oder sonstigen Ansprüchen im Sinne des § 20 Abs. 2 Satz 2,

i) der Bezüge im Sinne des § 22 Nr. 1 Satz 2, soweit diese von einer nicht von der Körperschaftsteuer befreiten Körperschaft, Personenvereinigung oder Vermögensmasse stammen,

j) des Veräußerungspreises im Sinne des § 23 Abs. 3 bei der Veräußerung von Anteilen an Körperschaften, Personenvereinigungen oder Vermögensmassen, deren Leistungen beim Empfänger zu Einnahmen im Sinne des § 20 Abs. 1 Nr. 1 gehören.

[2]Dies gilt für Satz 1 Buchstabe d bis h auch in Verbindung mit § 20 Abs. 3.

[3]Satz 1 Buchstabe a, b und d bis h ist nicht anzuwenden für Anteile, die bei Kreditinstituten und Finanzdienstleistungsinstituten nach § 1a des Gesetzes über das Kreditwesen dem Handelsbuch zuzurechnen sind; Gleiches gilt für Anteile, die von Finanzunternehmen im Sinne des Gesetzes über das Kreditwesen mit dem Ziel der kurzfristigen Erzielung eines Eigenhandelserfolges erworben werden. [4]Satz 3 zweiter Halbsatz gilt auch für Kreditinstitute, Finanzdienstleistungsinstitute und Finanzunternehmen mit Sitz in einem anderen Mitgliedstaat der Europäischen Gemeinschaft oder in einem anderen Vertragsstaat des EWR-Abkommens;

(Fortsetzung Fußnote 2 von Seite 83)

g) des Gewinns aus der Veräußerung von Dividendenscheinen und sonstigen Ansprüchen im Sinne des § 20 Abs. 2 Satz 1 Nr. 2 Buchstabe a,

h) des Gewinns aus der Abtretung von Dividendenansprüchen oder sonstigen Ansprüchen im Sinne des § 20 Abs. 2 Satz 1 Nr. 2 Buchstabe a in Verbindung mit § 20 Abs. 2 Satz 2,

i) der Bezüge im Sinne des § 22 Nr. 1 Satz 2, soweit diese von einer nicht von der Körperschaftsteuer befreiten Körperschaft, Personenvereinigung oder Vermögensmasse stammen.

[2]Dies gilt für Satz 1 Buchstabe d bis h nur in Verbindung mit § 20 Abs. 8.

3.40 Steuerbefreiungen

R 3.40

Zu § 3 Nr. 40

3.40 Halbeinkünfteverfahren

[1]Erfolgt die Veräußerung einbringungsgeborener Anteile***, für die*** § 21 Abs. 1 UmwStG ***in der am 21. 5. 2003 geltenden Fassung (UmwStG a. F.) gem. § 27 Abs. 3 Nr. 3 UmwStG weiterhin anzuwenden ist,*** innerhalb von sieben Jahren nach der Einbringung, ist der Veräußerungsgewinn nach ***§ 52 Abs. 4b Satz 2 EStG i. V. m.*** § 3 Nr. 40 Satz 3 EStG ***in der am 12. 12. 2006 geltenden Fassung (EStG a. F.)*** in vollem Umfang steuerpflichtig, da kein Fall des § 3 Nr. 40 Satz 4 EStG (Rückausnahme) vorliegt. [2]Dieselbe Rechtsfolge (Vollbesteuerung) tritt ein, wenn innerhalb der Sieben-Jahres-Frist keine Veräußerung stattfindet, sondern ein Antrag nach § 21 Abs. 2 Satz 1 Nr. 1 UmwStG ***a. F.*** gestellt wird. [3]Mit Besteuerung der in den einbringungsgeborenen Anteilen enthaltenen stillen Reserven nach § 21 Abs. 2 Satz 1 Nr. 1 UmwStG ***a. F.*** verlieren die Anteile ihre Eigenschaft „einbringungsgeboren" zu sein. [4]Werden diese Anteile später veräußert, ***findet in den Fällen des § 17 EStG und in den Fällen des § 23 EStG in der bis zum 31. 12. 2008 geltenden Fassung § 3 Nr. 40 EStG Anwendung***.

Hinweise

H 3.40

Bezugsrechte

§ 3 Nr. 40 Satz 1 Buchstabe j EStG erfasst auch die Veräußerung eines durch Kapitalerhöhung entstandenen Bezugsrechts (→ BFH vom 27. 10. 2005 – BStBl 2006 II S. 171).

Korrespondenzprinzip

→ § 32a KStG (→ auch: OFD Frankfurt vom 9. 1. 2008 – S 2252 A – 78 – St 219)

Teilwertabschreibungen und Wertaufholungen

Zum Ansatz von Wertaufholungsgewinnen nach vorangegangenen Teilwertabschreibungen, die zum Teil in voller Höhe steuerwirksam waren und zum Teil unter das Halbeinkünfteverfahren fielen → OFD Chemnitz vom 26. 7. 2005 (DStZ 2005, S. 762): Verfahren sind offen zu halten.

---

§ 3

EStG

40a. die Hälfte der Vergütungen im Sinne des § 18 Abs. 1 Nr. 4; S 2248a [1]

41. a) Gewinnausschüttungen, soweit für das Kalenderjahr oder Wirtschaftsjahr, in dem sie bezogen werden, oder für die vorangegangenen sieben Kalenderjahre oder Wirtschaftsjahre aus einer Beteiligung an derselben ausländischen Gesellschaft Hinzurechnungsbeträge (§ 10 Abs. 2 des Außensteuergesetzes) der Einkommensteuer unterlegen haben, § 11 Abs. 1 und 2 des Außensteuergesetzes in der Fassung des Artikels 12 des Gesetzes vom 21. Dezember 1993 (BGBl. I S. 2310) nicht anzuwenden war und der Steuerpflichtige dies nachweist; § 3c Abs. 2 gilt entsprechend; S 2121 [2]

b) Gewinne aus der Veräußerung eines Anteils an einer ausländischen Kapitalgesellschaft sowie aus deren Auflösung oder Herabsetzung ihres Kapitals, soweit für das Kalenderjahr oder Wirtschaftsjahr, in dem sie bezogen werden, oder für die vorangegangenen sieben Kalenderjahre oder Wirtschaftsjahre aus einer Beteiligung an derselben ausländischen Gesellschaft Hinzurechnungsbeträge (§ 10 Abs. 2 des Außensteuergesetzes)

---

1) ***Nummer 40a wurde durch das Gesetz zur Modernisierung der Rahmenbedingungen für Kapitalbeteiligungen (MoRaKG) geändert („In § 3 Nr. 40a werden die Wörter „die Hälfte" durch die Angabe „40 Prozent" ersetzt."). Zur zeitlichen Anwendung → § 52 Abs. 4c EStG:***
§ 3 Nr. 40a in der Fassung des Gesetzes vom 30. 7. 2004 (BGBl. I S. 2013) ist auf Vergütungen im Sinne des § 18 Abs. 1 Nr. 4 EStG anzuwenden, wenn die vermögensverwaltende Gesellschaft oder Gemeinschaft nach dem 31. 3. 2002 und vor dem 1. 1. 2009 gegründet worden ist oder soweit die Vergütungen in Zusammenhang mit der Veräußerung von Anteilen an Kapitalgesellschaften stehen, die nach dem 7. 11. 2003 und vor dem 1. 1. 2009 erworben worden sind.
§ 3 Nr. 40a EStG in der Fassung des MoRaKG ist erstmals auf Vergütungen im Sinne des § 18 Abs. 1 Nr. 4 EStG anzuwenden, wenn die vermögensverwaltende Gesellschaft oder Gemeinschaft nach dem 31. 12. 2008 gegründet worden ist.

2) Zur zeitlichen Anwendung → § 52 Abs. 4d EStG.

der Einkommensteuer unterlegen haben, § 11 Abs. 1 und 2 des Außensteuergesetzes in der Fassung des Artikels 12 des Gesetzes vom 21. Dezember 1993 (BGBl. I S. 2310) nicht anzuwenden war, der Steuerpflichtige dies nachweist und der Hinzurechnungsbetrag ihm nicht als Gewinnanteil zugeflossen ist.

[2]Die Prüfung, ob Hinzurechnungsbeträge der Einkommensteuer unterlegen haben, erfolgt im Rahmen der gesonderten Feststellung nach § 18 des Außensteuergesetzes;

S 2121 **42. die Zuwendungen, die auf Grund des Fulbright-Abkommens gezahlt werden;**

H 3.42

Hinweise

Fulbright-Abkommen

Neues Fulbright-Abkommen vom 20. 11. 1962, in Kraft getreten am 24. 1. 1964, → BGBl. 1964 II S. 27, 215.

EStG

§ 3

S 2342 **43. der Ehrensold für Künstler sowie Zuwendungen aus Mitteln der Deutschen Künstlerhilfe, wenn es sich um Bezüge aus öffentlichen Mitteln handelt, die wegen der Bedürftigkeit des Künstlers gezahlt werden;**

S 2342 **44. Stipendien, die unmittelbar aus öffentlichen Mitteln oder von zwischenstaatlichen oder überstaatlichen Einrichtungen, denen die Bundesrepublik Deutschland als Mitglied angehört, zur Förderung der Forschung oder zur Förderung der wissenschaftlichen oder künstlerischen Ausbildung oder Fortbildung gewährt werden. [2]Das Gleiche gilt für Stipendien, die zu den in Satz 1 bezeichneten Zwecken von einer Einrichtung, die von einer Körperschaft des öffentlichen Rechts errichtet ist oder verwaltet wird, oder von einer Körperschaft, Personenvereinigung oder Vermögensmasse im Sinne des § 5 Abs. 1 Nr. 9 des Körperschaftsteuergesetzes gegeben werden. [3]Voraussetzung für die Steuerfreiheit ist, dass**

a) die Stipendien einen für die Erfüllung der Forschungsaufgabe oder für die Bestreitung des Lebensunterhalts und die Deckung des Ausbildungsbedarfs erforderlichen Betrag nicht übersteigen und nach den von dem Geber erlassenen Richtlinien vergeben werden,

b) der Empfänger im Zusammenhang mit dem Stipendium nicht zu einer bestimmten wissenschaftlichen oder künstlerischen Gegenleistung oder zu einer bestimmten Arbeitnehmertätigkeit verpflichtet ist;

R 3.44

3.44 Steuerbefreiungen

S 2342 **Zu § 3 Nr. 44**

[1]Die Prüfung, ob die Voraussetzungen für die Steuerfreiheit der Stipendien vorliegen, hat das Finanzamt vorzunehmen, das für die Veranlagung des Stipendiengebers zur Körperschaftsteuer zuständig ist oder zuständig wäre, wenn der Geber steuerpflichtig wäre. [2]Dieses Finanzamt hat auf Anforderung des Stipendienempfängers oder des für ihn zuständigen Finanzamts eine Bescheinigung über die Voraussetzungen des § 3 Nr. 44 Satz 3 EStG zu erteilen.

H 3.44

Hinweise

Beihilfen zum Lebensunterhalt

Die Steuerbefreiung von Forschungsstipendien nach § 3 Nr. 44 EStG umfasst sowohl die der Erfüllung der Forschungsaufgaben (Sachbeihilfen) als auch die der Bestreitung des Lebensunterhalts dienenden Zuwendungen (→ BFH vom 20. 3. 2003 – BStBl 2004 II S. 190).

Stipendien

Zwischen einem nach § 3 Nr. 44 EStG steuerfrei gewährten Stipendium für Studienzwecke und den im Zusammenhang mit dem Stipendium entstehenden Mehraufwendungen besteht regelmäßig ein unmittelbarer wirtschaftlicher Zusammenhang i. S. d. § 3c EStG (→ BFH vom 9. 11. 1976 – BStBl 1977 II S. 207).

Stipendien, Heisenberg-Programm

Beim Zahlungsempfänger stellen Stipendien nach dem Heisenberg-Programm Einnahmen aus freiberuflicher Tätigkeit i. S. d. § 18 Abs. 1 Nr. 1 EStG dar. Diese steuerliche Einordnung wird auch durch das BFH-Urteil vom 20. 3. 2003 (BStBl 2004 II S. 190, → Beihilfen zum Lebensunterhalt) nicht berührt.

→ OFD München vom 10. 11. 2004 – S 2206-1 St 41/42

---

§ 3

EStG

45. die Vorteile des Arbeitnehmers aus der privaten Nutzung von betrieblichen Personalcomputern und Telekommunikationsgeräten; S 2342

Hinweise

H 3.45

Gewinneinkünfte

- § 3 Nr. 45 EStG gilt nicht entsprechend für Gewinneinkünfte (→ BFH vom 21. 6. 2006 – BStBl II S. 715).
- Ertragsteuerliche Erfassung von Telekommunikationskosten bei den Gewinneinkünften

  → BMF vom 6. 5. 2002 – IV A 6 – S 2144-19/02 (→ DStR 2002 S. 999):

  Nach Abstimmung mit den obersten Finanzbehörden der Länder nehme ich dazu wie folgt Stellung:

  Zielsetzung des § 3 Nr. 45 EStG ist es, die Verbreitung und die Akzeptanz des Internets zu vergrößern. Durch die Vorschrift soll das Besteuerungsverfahren vereinfacht werden, da die oft schwierige Abgrenzung der privaten von der betrieblichen Nutzung bei Arbeitnehmern damit entfallen kann. Nach dem Gesetzeswortlaut fallen jedoch nur Arbeitnehmer, denen geldwerte Vorteile in Form der privaten Mitbenutzung der Telekommunikationsanlagen als Arbeitslohn zugewendet werden, unter die Regelung des § 3 Nr. 45 EStG. Eine Ausweitung des § 3 Nr. 45 EStG auf die private Mitbenutzung betrieblicher Telekommunikationsanlagen durch den Unternehmer selbst kommt nicht in Betracht. Der Arbeitgeber hat gegenüber dem Arbeitnehmer regelmäßig ein Interesse daran, die private Mitbenutzung betrieblicher Telekommunikationseinrichtungen einzuschränken. Dieser natürliche Interessengegensatz fehlt jedoch beim Unternehmer. Eine Erweiterung des Anwendungsbereichs des § 3 Nr. 45 EStG auf Steuerpflichtige mit Gewinneinkünften würde die Möglichkeit eröffnen, gezielt private Aufwendungen in den steuerrelevanten betrieblichen Bereich zu verlagern und auf diese Weise ungerechtfertigte Steuererleichterungen zu erlangen. Der Arbeitnehmer hat diese Möglichkeit nicht, weil er zunächst auf die Erlaubnis seines Arbeitgebers zur unentgeltlichen privaten Mitbenutzung der Telekommunikationsanlagen angewiesen ist. Aus diesen Gründen erkenne ich auch keine ungleichmäßige Besteuerung zwischen Arbeitnehmern und Unternehmern.

  Außerdem sind die Zielrichtungen des § 3 Nr. 45 EStG, wie oben bereits angesprochen, für den Bereich der Unternehmer nicht zutreffend. Im unternehmerischen Bereich bedarf es keiner zusätzlichen steuerlichen Regelung, um die Verbreiterung und Akzeptanz der Internetnutzung zu fördern. Zum einen ist es im marktwirtschaftlichen und unternehmerischen Interesse, moderne Telekommunikationsanlagen zur Sicherung der Wettbewerbsfähigkeit des Unternehmens einzusetzen. Zum anderen werden beispielsweise bei kleinen und mittleren Unternehmen Investitionen in bewegliche Wirtschaftsgüter steuerlich bereits durch die Sonderabschreibung und Ansparrücklage des § 7g EStG gefördert. Des Weiteren ist eine Regelung zur Vereinfachung der Abgrenzung der privaten von der betrieblichen Nutzung bei Unternehmern bisher nicht gefordert worden, weil sich das bisherige Vorgehen bewährt hat. Bei den Gewinneinkünften sind die Aufwendungen für betriebliche Telekommunikationsgeräte zunächst in vollem Umfang Betriebsausgaben. Die private Nutzung durch den Betriebsinhaber ist durch eine Nutzungsentnahme (§ 4 Abs. 1 Satz 2, § 6 Abs. 1 Nr. 4 Satz 1 EStG, H 39 → Nutzungen EStH 2001) bei der Gewinnermittlung zu korrigieren, wobei die private Nutzung ggf. im Schätzungswege ermittelt werden kann.

EStG

§ 3

S 2342 [1] **46. Bergmannsprämien nach dem Gesetz über Bergmannsprämien;**

S 2342 **47. Leistungen nach § 14a Abs. 4 und § 14b des Arbeitsplatzschutzgesetzes;**

S 2342 **48. Leistungen nach dem Unterhaltssicherungsgesetz, soweit sie nicht nach dessen § 15 Abs. 1 Satz 2 steuerpflichtig sind;**

S 2121 **49. laufende Zuwendungen eines früheren alliierten Besatzungssoldaten an seine im Geltungsbereich des Grundgesetzes ansässige Ehefrau, soweit sie auf diese Zuwendungen angewiesen ist;**

S 2336 **50. die Beträge, die der Arbeitnehmer vom Arbeitgeber erhält, um sie für ihn auszugeben (durchlaufende Gelder), und die Beträge, durch die Auslagen des Arbeitnehmers für den Arbeitgeber ersetzt werden (Auslagenersatz);**

H 3.50

Hinweise

Durchlaufende Gelder, Auslagenersatz

→ ***R 3.50 LStR 2008***

Sachkostenersatz

Leistet der Stpfl. Erziehungshilfe, indem er die betreuten Kinder zeitweise in seinen Haushalt aufnimmt, und erhält er dafür von einem privaten Träger der Kinder- und Jugendhilfe neben einem Gehalt eine pauschale Kostenerstattung, ist diese nur dann als nach § 3 Nr. 50 EStG steuerfreier Auslagenersatz anzusehen, wenn der Stpfl. nachweist, dass die Pauschale den tatsächlichen Aufwendungen im Großen und Ganzen entspricht. Kann der Nachweis nicht erbracht werden, ist die Pauschale als Bestandteil des Arbeitslohns steuerpflichtig. Die tatsächlichen Aufwendungen des Stpfl., die notfalls im Wege der Schätzung zu ermitteln sind, stellen Werbungskosten dar. Wird der Erziehungshelfer nicht als Arbeitnehmer, sondern selbständig tätig, erzielt er mit der Vergütung Einkünfte aus einer freiberuflichen Tätigkeit, wenn die Erziehung der Gesamtheit der Betreuungsleistung das Gepräge gibt. Die tatsächlichen Aufwendungen stellen Betriebsausgaben dar (→ BFH vom 2. 10. 2003 – BStBl II S. 129).

EStG

§ 3

S 2342 **51. Trinkgelder, die anlässlich einer Arbeitsleistung dem Arbeitnehmer von Dritten freiwillig und ohne dass ein Rechtsanspruch auf sie besteht, zusätzlich zu dem Betrag gegeben werden, der für diese Arbeitsleistung zu zahlen ist;**

S 2339 [2] **52. und 53. (weggefallen)**

S 2121 **54. Zinsen aus Entschädigungsansprüchen für deutsche Auslandsbonds im Sinne der §§ 52 bis 54 des Bereinigungsgesetzes für deutsche Auslandsbonds in der im Bundesgesetzblatt Teil III, Gliederungsnummer 4139–2, veröffentlichten bereinigten Fassung, soweit sich die Entschädigungsansprüche gegen den Bund oder die Länder richten. [2]Das Gleiche gilt für die Zinsen aus Schuldverschreibungen und Schuldbuchforderungen, die nach den §§ 9, 10**

---

1) ***Das Gesetz ist letztmals für vor dem 1. 1. 2008 verfahrene volle Schichten anzuwenden (→ § 7 BergPG); Anhang 8 I LStH 2007.***

2) ***Durch das JStG 2009 wurde ab VZ 2009 eine neue Nummer 53 eingefügt.***

Anm.: Die neue Nummer 53 lautet:

53. die Übertragung von Wertguthaben nach § 7f Abs. 1 Satz 1 Nr. 2 des Vierten Buches Sozialgesetzbuch auf die Deutsche Rentenversicherung Bund. Die Leistungen aus dem Wertguthaben durch die Deutsche Rentenversicherung Bund gehören zu den Einkünften aus nichtselbständiger Arbeit im Sinne des § 19. Von ihnen ist Lohnsteuer einzubehalten;

und 14 des Gesetzes zur näheren Regelung der Entschädigungsansprüche für Auslandsbonds in der im Bundesgesetzblatt Teil III, Gliederungsnummer 4139–3, veröffentlichten bereinigten Fassung vom Bund oder von den Ländern für Entschädigungsansprüche erteilt oder eingetragen werden;

55. der in den Fällen des § 4 Abs. 2 Nr. 2 und Abs. 3 des Betriebsrentengesetzes vom 19. Dezember 1974 (BGBl. I S. 3610), das zuletzt durch Artikel 8 des Gesetzes vom 5. Juli 2004 (BGBl. I S. 1427) geändert worden ist, in der jeweils geltenden Fassung geleistete Übertragungswert nach § 4 Abs. 5 des Betriebsrentengesetzes, wenn die betriebliche Altersversorgung beim ehemaligen und neuen Arbeitgeber über einen Pensionfonds, eine Pensionskasse oder ein Unternehmen der Lebensversicherung durchgeführt wird. [2]Satz 1 gilt auch, wenn der Übertragungswert vom ehemaligen Arbeitgeber oder von einer Unterstützungskasse an den neuen Arbeitgeber oder eine andere Unterstützungskasse geleistet wird. [3]Die Leistungen des neuen Arbeitgebers, der Unterstützungskasse, des Pensionsfonds, der Pensionskasse oder des Unternehmens der Lebensversicherung auf Grund des Betrages nach Satz 1 und 2 gehören zu den Einkünften, zu denen die Leistungen gehören würden, wenn die Übertragung nach § 4 Abs. 2 Nr. 2 und Abs. 3 des Betriebsrentengesetzes nicht stattgefunden hätte;

56. *Zuwendungen des Arbeitgebers nach § 19 Abs. 1 Satz 1 Nr. 3 Satz 1 aus dem ersten Dienstverhältnis an eine Pensionskasse zum Aufbau einer nicht kapitalgedeckten betrieblichen Altersversorgung, bei der eine Auszahlung der zugesagten Alters-, Invaliditäts- oder Hinterbliebenenversorgung in Form einer Rente oder eines Auszahlungsplans (§ 1 Abs. 1 Satz 1 Nr. 4 des Altersvorsorgeverträge-Zertifizierungsgesetzes) vorgesehen ist, soweit diese Zuwendungen im Kalenderjahr 1 Prozent der Beitragsbemessungsgrenze in der allgemeinen Rentenversicherung nicht übersteigen. [2]Der in Satz 1 genannte Höchstbetrag erhöht sich ab 1. Januar 2014 auf 2 Prozent, ab 1. Januar 2020 auf 3 Prozent und ab 1. Januar 2025 auf 4 Prozent der Beitragsbemessungsgrenze in der allgemeinen Rentenversicherung. [3]Die Beträge nach den Sätzen 1 und 2 sind jeweils um die nach § 3 Nr. 63 Satz 1, 3 oder Satz 4 steuerfreien Beträge zu mindern;* [1]

57. die Beträge, die die Künstlersozialkasse zugunsten des nach dem Künstlersozialversicherungsgesetz Versicherten aus dem Aufkommen von Künstlersozialabgabe und Bundeszuschuss an einen Träger der Sozialversicherung oder an den Versicherten zahlt; S 2121

58. das Wohngeld nach dem Wohngeldgesetz und dem Wohngeldsondergesetz, die sonstigen Leistungen zur Senkung der Miete oder Belastung im Sinne des § 38 des Wohngeldgesetzes sowie öffentliche Zuschüsse zur Deckung laufender Aufwendungen und Zinsvorteile bei Darlehen, die aus öffentlichen Haushalten gewährt werden, für eine zu eigenen Wohnzwecken genutzte Wohnung im eigenen Haus oder eine zu eigenen Wohnzwecken genutzte Eigentumswohnung, soweit die Zuschüsse und Zinsvorteile die Vorteile aus einer entsprechenden Förderung mit öffentlichen Mitteln nach dem Zweiten Wohnungsbaugesetz, dem Wohnraumförderungsgesetz oder einem Landesgesetz zur Wohnraumförderung nicht überschreiten, der Zuschuss für die Wohneigentumsbildung in innerstädtischen Altbauquartieren nach den Regelungen zum Stadtumbau Ost in den Verwaltungsvereinbarungen über die Gewährung von Finanzhilfen des Bundes an die Länder nach Artikel 104a Abs. 4 des Grundgesetzes zur Förderung städtebaulicher Maßnahmen; S 2121 [2]

59. die Zusatzförderung nach § 88e des Zweiten Wohnungsbaugesetzes und nach § 51f des Wohnungsbaugesetzes für das Saarland und Geldleistungen, die ein Mieter zum Zwecke der S 2121

1) Nummer 56 wurde durch das JStG 2007 eingefügt. § 3 Nr. 56 in der Fassung des JStG 2007 ist erstmals auf laufende Zuwendungen des Arbeitgebers anzuwenden, die für einen nach dem 31. 12. 2007 endenden Lohnzahlungszeitraum gezahlt werden und auf Zuwendungen in Form eines sonstigen Bezuges, die nach dem 31. 12. 2007 geleistet werden → § 52 Abs. 5 EStG.

2) ***Nummer 58 wurde durch das Gesetz zur Neuregelung des Wohngeldrechts und zur Änderung des Sozialgesetzbuches (Inkrafttreten am 1. 1. 2009) geändert.***

Anm.: Die geänderte Fassung lautet:

58. das Wohngeld nach dem Wohngeldgesetz, die sonstigen Leistungen aus öffentlichen Haushalten oder Zweckvermögen zur Senkung der Miete oder Belastung im Sinne des § 11 Abs. 2 Nr. 4 des Wohngeldgesetzes sowie öffentliche Zuschüsse zur Deckung laufender Aufwendungen und Zinsvorteile bei Darlehen, die aus öffentlichen Haushalten gewährt werden, für eine zu eigenen Wohnzwecken genutzte Wohnung im eigenen Haus oder eine zu eigenen Wohnzwecken genutzte Eigentumswohnung, soweit die Zuschüsse und Zinsvorteile die Vorteile aus einer entsprechenden Förderung mit öffentlichen Mitteln nach dem Zweiten Wohnungsbaugesetz, dem Wohnraumförderungsgesetz oder einem Landesgesetz zur Wohnraumförderung nicht überschreiten, der Zuschuss für die Wohneigentumsbildung in innerstädtischen Altbauquartieren nach den Regelungen zum Stadtumbau Ost in den Verwaltungsvereinbarungen über die Gewährung von Finanzhilfen des Bundes an die Länder nach Artikel 104a Abs. 4 des Grundgesetzes zur Förderung städtebaulicher Maßnahmen;

Wohnkostenentlastung nach dem Wohnraumförderungsgesetz oder einem Landesgesetz zur Wohnraumförderung erhält, soweit die Einkünfte dem Mieter zuzurechnen sind, und die Vorteile aus einer mietweisen Wohnungsüberlassung im Zusammenhang mit einem Arbeitsverhältnis, soweit sie die Vorteile aus einer entsprechenden Förderung nach dem Zweiten Wohnungsbaugesetz, nach dem Wohnraumförderungsgesetz oder einem Landesgesetz zur Wohnraumförderung nicht überschreiten;

S 2342 **60. Leistungen aus öffentlichen Mitteln an Arbeitnehmer des Steinkohlen-, Pechkohlen- und Erzbergbaues, des Braunkohlentiefbaues und der Eisen- und Stahlindustrie aus Anlass von Stilllegungs-, Einschränkungs-, Umstellungs- oder Rationalisierungsmaßnahmen;**

S 2342 **61. Leistungen nach § 4 Abs. 1 Nr. 2, § 7 Abs. 3, §§ 9, 10 Abs. 1, §§ 13, 15 des Entwicklungshelfer-Gesetzes;**

S 2333 **62. Ausgaben des Arbeitgebers für die Zukunftssicherung des Arbeitnehmers, soweit der Arbeitgeber dazu nach sozialversicherungsrechtlichen oder anderen gesetzlichen Vorschriften oder nach einer auf gesetzlicher Ermächtigung beruhenden Bestimmung verpflichtet ist.**[1] **[2]Den Ausgaben des Arbeitgebers für die Zukunftssicherung, die auf Grund gesetzlicher Verpflichtung geleistet werden, werden gleichgestellt Zuschüsse des Arbeitgebers zu den Aufwendungen des Arbeitnehmers**

a) für eine Lebensversicherung,

b) für die freiwillige Versicherung in der gesetzlichen Rentenversicherung,

c) für eine öffentlich-rechtliche Versicherungs- oder Versorgungseinrichtung seiner Berufsgruppe,

wenn der Arbeitnehmer von der Versicherungspflicht in der gesetzlichen Rentenversicherung befreit worden ist. [3]Die Zuschüsse sind nur insoweit steuerfrei, als sie insgesamt bei Befreiung von der Versicherungspflicht in der allgemeinen Rentenversicherung die Hälfte und bei Befreiung von der Versicherungspflicht in der knappschaftlichen Rentenversicherung zwei Drittel der Gesamtaufwendungen des Arbeitnehmers nicht übersteigen und nicht höher sind als der Betrag, der als Arbeitgeberanteil bei Versicherungspflicht in der allgemeinen Rentenversicherung oder in der knappschaftlichen Rentenversicherung zu zahlen wäre. [4]Die Sätze 2 und 3 gelten sinngemäß für Beiträge des Arbeitgebers zu einer Pensionskasse, wenn der Arbeitnehmer bei diesem Arbeitgeber nicht im Inland beschäftigt ist und der Arbeitgeber keine Beiträge zur gesetzlichen Rentenversicherung im Inland leistet; Beiträge des Arbeitgebers zu einer Rentenversicherung auf Grund gesetzlicher Verpflichtung sind anzurechnen;

H 3.62

Hinweise

Arbeitgeberanteile zur gesetzlichen Sozialversicherung

Arbeitgeberanteile zur gesetzlichen Sozialversicherung eines Arbeitnehmers gehören nicht zum Arbeitslohn. § 3 Nr. 62 Satz 1 EStG hat insofern nur deklaratorische Bedeutung (→ BFH vom 6. 6. 2002 – BStBl 2003 II S. 34).

Arbeitgeberzuschüsse

Arbeitgeberzuschüsse zur Kranken- und Pflegeversicherung bei beherrschenden Gesellschafter-Geschäftsführern einer GmbH und Vorstandsmitgliedern einer AG der eines Versicherungsvereins auf Gegenseitigkeit (VVaG) → FinMin Baden-Württemberg vom 8. 8. 1997–3 – S 2333/19 (ESt-Kartei NW § 3 EStG Fach 6 Nr. 801)

Gesellschafter-Geschäftsführer

Keine Sozialversicherungspflicht i. S. d. § 3 Nr. 62 EStG bei einem Gesellschafter-Prokuristen, der maßgeblichen Einfluss auf die Geschicke der Gesellschaft hat (→ Hessisches FG vom 2. 7. 1996 – EFG 1996 S. 1201).

---

1) ***Nummer 62 Satz 1 wurde durch das JStG 2009 ab VZ 2009 geändert.***
Anm.: Die Änderung lautet:
In Nummer 62 Satz 1 werden nach den Wörtern „verpflichtet ist" ein Komma und die Wörter „und es sich nicht um Zuwendungen oder Beiträge des Arbeitgebers nach den Nummern 56 und 63 handelt" eingefügt.

Zukunftssicherungsleistungen

→ *R 3.62 LStR 2008*

Zukunftssicherungsleistungen an GmbH-Geschäftsführer

Die Steuerfreiheit des Arbeitgeber-Anteils zur befreienden Lebensversicherung eines von der Versicherungspflicht befreiten Arbeitnehmers entfällt mit der Aufnahme der Tätigkeit als Gesellschafter-Geschäftsführer einer GmbH, weil kein sozialversicherungsrechtliches Arbeitsverhältnis mehr gegeben ist (→ BFH vom 10. 10. 2002 – BStBl 2002 II S. 886).

Zuschüsse einer Aktiengesellschaft zur befreienden Lebensversicherung eines Vorstandsmitglieds sind auch dann nicht nach § 3 Nr. 62 Satz 2 EStG steuerfrei, wenn der zwischenzeitlich eingetretenen Versicherungsfreiheit kraft Gesetzes eine Befreiung von der Rentenversicherungspflicht auf Antrag hin vorausgegangen ist (→ FG Baden-Württemberg vom 15. 2. 2000 – EFG 2000 S. 542).

---

§ 3 EStG

63. Beiträge des Arbeitgebers aus dem ersten Dienstverhältnis an einen Pensionsfonds, eine Pensionskasse oder für eine Direktversicherung zum Aufbau einer kapitalgedeckten betrieblichen Altersversorgung, bei der eine Auszahlung der zugesagten Alters-, Invaliditäts- oder Hinterbliebenenversorgungsleistungen in Form einer Rente oder eines Auszahlungsplans (§ 1 Abs. 1 Satz 1 Nr. 4 des Altersvorsorgeverträge-Zertifizierungsgesetzes vom 26. Juni 2001 (BGBl. I S. 1310, 1322), das zuletzt durch Artikel 7 des Gesetzes vom 5. Juli 2004 (BGBl. I S. 1427) geändert worden ist, in der jeweils geltenden Fassung) vorgesehen ist, soweit die Beiträge im Kalenderjahr 4 Prozent der Beitragsbemessungsgrenze in der allgemeinen Rentenversicherung nicht übersteigen. [2]Dies gilt nicht, soweit der Arbeitnehmer nach § 1a Abs. 3 des Betriebsrentengesetzes verlangt hat, dass die Voraussetzungen für eine Förderung nach § 10a oder Abschnitt XI erfüllt werden. [3]Der Höchstbetrag nach Satz 1 erhöht sich um 1800 Euro, wenn die Beiträge im Sinne des Satzes 1 auf Grund einer Versorgungszusage geleistet werden, die nach dem 31. Dezember 2004 erteilt wurde. [4]Aus Anlass der Beendigung des Dienstverhältnisses geleistete Beiträge im Sinne des Satzes 1 sind steuerfrei, soweit sie 1800 Euro vervielfältigt mit der Anzahl der Kalenderjahre, in denen das Dienstverhältnis des Arbeitnehmers zu dem Arbeitgeber bestanden hat, nicht übersteigen; der vervielfältigte Betrag vermindert sich um die nach den Sätzen 1 und 3 steuerfreien Beiträge, die der Arbeitgeber in dem Kalenderjahr, in dem das Dienstverhältnis beendet wird, und in den sechs vorangegangenen Kalenderjahren erbracht hat; Kalenderjahre vor 2005 sind dabei jeweils nicht zu berücksichtigen; S 2333 [1]

---

§ 3 EStG

64. bei Arbeitnehmern, die zu einer inländischen juristischen Person des öffentlichen Rechts in einem Dienstverhältnis stehen und dafür Arbeitslohn aus einer inländischen öffentlichen Kasse beziehen, die Bezüge für eine Tätigkeit im Ausland insoweit, als sie den Arbeitslohn übersteigen, der dem Arbeitnehmer bei einer gleichwertigen Tätigkeit am Ort der zahlenden öffentlichen Kasse zustehen würde. [2]Satz 1 gilt auch, wenn das Dienstverhältnis zu einer anderen Person besteht, die den Arbeitslohn entsprechend den im Sinne des Satzes 1 geltenden Vorschriften ermittelt, der Arbeitslohn aus einer öffentlichen Kasse gezahlt wird und ganz oder im Wesentlichen aus öffentlichen Mitteln aufgebracht wird. [3]Bei anderen für einen begrenzten Zeitraum in das Ausland entsandten Arbeitnehmern, die dort einen Wohnsitz oder ihren gewöhnlichen Aufenthalt haben, ist der ihnen von einem inländischen Arbeitgeber gewährte Kaufkraftausgleich steuerfrei, soweit er den für vergleichbare Auslandsdienstbezüge nach § 54 des Bundesbesoldungsgesetzes zulässigen Betrag nicht übersteigt; S 2341 [2]

---

1) Zur zeitlichen Anwendung → § 52 Abs. 6 EStG.

2) In Nr. 64 Satz 3 wird durch das Dienstrechtsneuordnungsgesetz die Angabe „§ 64 des Bundesbesoldungsgesetzes" durch die Angabe „§ 55 des Bundesbesoldungsgesetzes" ab VZ 2010 ersetzt.

H 3.64

Hinweise

Kaufkraftausgleich

→ *R 3.64 LStR 2008*

EStG

§ 3

S 2333 [1]

65. a) Beiträge des Trägers der Insolvenzsicherung (§ 14 des Betriebsrentengesetzes) zugunsten eines Versorgungsberechtigten und seiner Hinterbliebenen an eine Pensionskasse oder ein Unternehmen der Lebensversicherung zur Ablösung von Verpflichtungen, die der Träger der Insolvenzsicherung im Sicherungsfall gegenüber dem Versorgungsberechtigten und seinen Hinterbliebenen hat,

b) Leistungen zur Übernahme von Versorgungsleistungen oder unverfallbaren Versorgungsanwartschaften durch eine Pensionskasse oder ein Unternehmen der Lebensversicherung in den in § 4 Abs. 4 des Betriebsrentengesetzes bezeichneten Fällen und

c) der Erwerb von Ansprüchen durch den Arbeitnehmer gegenüber einem Dritten im Falle der Eröffnung des Insolvenzverfahrens oder in den Fällen des § 7 Abs. 1 Satz 4 des Betriebsrentengesetzes, soweit der Dritte neben dem Arbeitgeber für die Erfüllung von Ansprüchen auf Grund bestehender Versorgungsverpflichtungen oder Versorgungsanwartschaften gegenüber dem Arbeitnehmer und dessen Hinterbliebenen einsteht; dies gilt entsprechend, wenn der Dritte für Wertguthaben aus einer Vereinbarung über die Altersteilzeit nach dem Altersteilzeitgesetz vom 23. Juli 1996 (BGBl. I S. 1078), zuletzt geändert durch Artikel 234 der Verordnung vom 31. Oktober 2006 (BGBl. I S. 2407), in der jeweils geltenden Fassung oder auf Grund von Wertguthaben aus einem Arbeitszeitkonto in den im ersten Halbsatz genannten Fällen für den Arbeitgeber einsteht.

[2]In den Fällen nach Buchstabe a, b und c gehören die Leistungen der Pensionskasse, des Unternehmens der Lebensversicherung oder des Dritten zu den Einkünften, zu denen jene Leistungen gehören würden, die ohne Eintritt eines Falles nach Buchstabe a, b und c zu erbringen wären. [3]Soweit sie zu den Einkünften aus nichtselbständiger Arbeit im Sinne des § 19 gehören, ist von ihnen Lohnsteuer einzubehalten. [4]Für die Erhebung der Lohnsteuer gelten die Pensionskasse, das Unternehmen der Lebensversicherung oder der Dritte als Arbeitgeber und der Leistungsempfänger als Arbeitnehmer;

H 3.65

Hinweise

Insolvenzsicherung

→ *R 3.65 LStR 2008*

EStG

§ 3

S 2333 **66. Leistungen eines Arbeitgebers oder einer Unterstützungskasse an einen Pensionsfonds zur Übernahme bestehender Versorgungsverpflichtungen oder Versorgungsanwartschaften durch den Pensionsfonds, wenn ein Antrag nach § 4d Abs. 3 oder § 4e Abs. 3 gestellt worden ist;**

S 2342 **67. das Erziehungsgeld nach dem Bundeserziehungsgeldgesetz und vergleichbare Leistungen der Länder, das Elterngeld nach dem Bundeselterngeld- und Elternzeitgesetz und vergleichbare Leistungen der Länder sowie Leistungen für Kindererziehung an Mütter der Geburtsjahrgänge vor 1921 nach den §§ 294 bis 299 des Sechsten Buches Sozialgesetzbuch und die Zuschläge nach den §§ 50a bis 50e des Beamtenversorgungsgesetzes oder den §§ 70 bis 74 des Soldatenversorgungsgesetzes;**

---

[1]) Nummer 65 wurde durch das JStG 2007 neu gefasst. Die Neufassung ist in allen Fällen anzuwenden, in denen die Einkommensteuer noch nicht bestandskräftig festgesetzt ist → § 52 Abs. 7 EStG.

§ 3 EStG

68. die Hilfen nach dem Gesetz über die Hilfe für durch Anti-D-Immunprohylaxe mit dem Hepatitis-C-Virus infizierte Personen vom 2. August 2000 (BGBl. I S. 1270); S2121

69. die von der Stiftung „Humanitäre Hilfe für durch Blutprodukte HIV-infizierte Personen" nach dem HIV-Hilfegesetz vom 24. Juli 1995 (BGBl. I S. 972) gewährten Leistungen. S2121

70. die Hälfte

a) der Betriebsvermögensmehrungen oder Einnahmen aus der Veräußerung von Grund und Boden und Gebäuden, die am 1. Januar 2007 mindestens fünf Jahre zum Anlagevermögen eines inländischen Betriebsvermögens des Steuerpflichtigen gehören, wenn diese auf Grund eines nach dem 31. Dezember 2006 und vor dem 1. Januar 2010 rechtswirksam abgeschlossenen obligatorischen Vertrages an eine REIT-Aktiengesellschaft oder einen Vor-REIT veräußert werden,

b) der Betriebsvermögensmehrungen, die auf Grund der Eintragung eines Steuerpflichtigen in das Handelsregister als REIT-Aktiengesellschaft im Sinne des REIT-Gesetzes vom 28. Mai 2007 (BGBl. I S. 914) durch Anwendung des § 13 Abs. 1 und 3 Satz 1 des Körperschaftsteuergesetzes auf Grund und Boden und Gebäude entstehen, wenn diese Wirtschaftsgüter vor dem 1. Januar 2005 angeschafft oder hergestellt wurden, und die Schlussbilanz im Sinne des § 13 Abs. 1 und 3 des Körperschaftsteuergesetzes auf einen Zeitpunkt vor dem 1. Januar 2010 aufzustellen ist.

[2]Satz 1 ist nicht anzuwenden,

a) wenn der Steuerpflichtige den Betrieb veräußert oder aufgibt und der Veräußerungsgewinn nach § 34 besteuert wird,

b) soweit der Steuerpflichtige von den Regelungen der §§ 6b und 6c Gebrauch macht,

c) soweit der Ansatz des niedrigeren Teilwerts in vollem Umfang zu einer Gewinnminderung geführt hat und soweit diese Gewinnminderung nicht durch den Ansatz eines Werts, der sich nach § 6 Abs. 1 Nr. 1 Satz 4 ergibt, ausgeglichen worden ist,

d) wenn im Falle des Satzes 1 Buchstabe a der Buchwert zuzüglich der Veräußerungskosten den Veräußerungserlös oder im Falle des Satzes 1 Buchstabe b der Buchwert den Teilwert übersteigt. [2]Ermittelt der Steuerpflichtige den Gewinn nach § 4 Abs. 3, treten an die Stelle des Buchwerts die Anschaffungs- oder Herstellungskosten verringert um die vorgenommenen Absetzungen für Abnutzung oder Substanzverringerung,

e) soweit vom Steuerpflichtigen in der Vergangenheit Abzüge bei den Anschaffungs- oder Herstellungskosten von Wirtschaftsgütern im Sinne des Satzes 1 nach § 6b oder ähnliche Abzüge voll steuerwirksam vorgenommen worden sind,

f) wenn es sich um eine Übertragung im Zusammenhang mit Rechtsvorgängen handelt, die dem Umwandlungssteuergesetz unterliegen und die Übertragung zu einem Wert unterhalb des gemeinen Werts erfolgt.

[3]Die Steuerbefreiung entfällt rückwirkend, wenn

a) innerhalb eines Zeitraums von vier Jahren seit dem Vertragsschluss im Sinne des Satzes 1 Buchstabe a der Erwerber oder innerhalb eines Zeitraums von vier Jahren nach dem Stichtag der Schlussbilanz im Sinne des Satzes 1 Buchstabe b die REIT-Aktiengesellschaft den Grund und Boden oder das Gebäude veräußert,

b) innerhalb eines Zeitraums von vier Jahren seit dem Vertragsschluss im Sinne des Satzes 1 Buchstabe a der Vor-REIT oder ein anderer Vor-REIT als sein Gesamtrechtsnachfolger nicht als REIT-Aktiengesellschaft in das Handelsregister eingetragen wird,

c) die REIT-Aktiengesellschaft innerhalb eines Zeitraums von vier Jahren seit dem Vertragsschluss im Sinne des Satzes 1 Buchstabe a oder nach dem Stichtag der Schlussbilanz im Sinne des Satzes 1 Buchstabe b in keinem Veranlagungszeitraum die Voraussetzungen für die Steuerbefreiung erfüllt,

d) die Steuerbefreiung der REIT-Aktiengesellschaft innerhalb eines Zeitraums von vier Jahren seit dem Vertragsschluss im Sinne des Satzes 1 Buchstabe a oder nach dem Stichtag der Schlussbilanz im Sinne des Satzes 1 Buchstabe b endet,

e) das Bundeszentralamt für Steuern dem Erwerber im Sinne des Satzes 1 Buchstabe a den Status als Vor-REIT im Sinne des § 2 Satz 4 des REIT-Gesetzes vom 28. Mai 2007 (BGBl. I S. 914) bestandskräftig aberkannt hat.

[4]Die Steuerbefreiung entfällt auch rückwirkend, wenn die Wirtschaftsgüter im Sinne des Satzes 1 Buchstabe a vom Erwerber an den Veräußerer oder eine ihm nahe stehende Person im Sinne des § 1 Abs. 2 des Außensteuergesetzes überlassen werden und der Veräußerer

oder eine ihm nahe stehende Person im Sinne des § 1 Abs. 2 des Außensteuergesetzes nach Ablauf einer Frist von zwei Jahren seit Eintragung des Erwerbers als REIT-Aktiengesellschaft in das Handelsregister an dieser mittelbar oder unmittelbar zu mehr als 50 Prozent beteiligt ist. [5]Der Grundstückserwerber haftet für die sich aus dem rückwirkenden Wegfall der Steuerbefreiung ergebenden Steuern.

EStDV
S 2125

§ 4 Steuerfreie Einnahmen

Die Vorschriften der Lohnsteuer-Durchführungsverordnung über die Steuerpflicht oder die Steuerfreiheit von Einnahmen aus nichtselbständiger Arbeit sind bei der Veranlagung anzuwenden.

EStG

§ 3a

(weggefallen)

EStG
S 2343

§ 3b Steuerfreiheit von Zuschlägen für Sonntags-, Feiertags- oder Nachtarbeit

(1) Steuerfrei sind Zuschläge, die für tatsächlich geleistete Sonntags-, Feiertags- oder Nachtarbeit neben dem Grundlohn gezahlt werden, soweit sie

1. für Nachtarbeit 25 Prozent,

2. vorbehaltlich der Nummern 3 und 4 für Sonntagsarbeit 50 Prozent,

3. vorbehaltlich der Nummer 4 für Arbeit am 31. Dezember ab 14 Uhr und an den gesetzlichen Feiertagen 125 Prozent,

4. für Arbeit am 24. Dezember ab 14 Uhr, am 25. und 26. Dezember sowie am 1. Mai 150 Prozent

des Grundlohns nicht übersteigen.

(2) [1]Grundlohn ist der laufende Arbeitslohn, der dem Arbeitnehmer bei der für ihn maßgebenden regelmäßigen Arbeitszeit für den jeweiligen Lohnzahlungszeitraum zusteht; er ist in einen Stundenlohn umzurechnen und mit höchstens 50 Euro anzusetzen. [2]Nachtarbeit ist die Arbeit in der Zeit von 20 Uhr bis 6 Uhr. [3]Sonntagsarbeit und Feiertagsarbeit ist die Arbeit in der Zeit von 0 Uhr bis 24 Uhr des jeweiligen Tages. [4]Die gesetzlichen Feiertage werden durch die am Ort der Arbeitsstätte geltenden Vorschriften bestimmt.

(3) Wenn die Nachtarbeit vor 0 Uhr aufgenommen wird, gilt abweichend von den Absätzen 1 und 2 Folgendes:

1. Für Nachtarbeit in der Zeit von 0 Uhr bis 4 Uhr erhöht sich der Zuschlagssatz auf 40 Prozent,

2. als Sonntagsarbeit und Feiertagsarbeit gilt auch die Arbeit in der Zeit von 0 Uhr bis 4 Uhr des auf den Sonntag oder Feiertag folgenden Tages.

EStG
S 2128

§ 3c Anteilige Abzüge

(1) Ausgaben dürfen, soweit sie mit steuerfreien Einnahmen in unmittelbarem wirtschaftlichen Zusammenhang stehen, nicht als Betriebsausgaben oder Werbungskosten abgezogen werden; Absatz 2 bleibt unberührt.

[1] **(2) [1]Betriebsvermögensminderungen, Betriebsausgaben, Veräußerungskosten oder Werbungskosten, die mit den dem § 3 Nr. 40 zugrunde liegenden Betriebsvermögensmehrungen**

[1]) Absatz 2 Satz 1 wurde durch das Unternehmensteuerreformgesetz 2008 geändert und ist erstmals ab dem VZ 2009 anzuwenden. Abweichend von Satz 1 ist § 3c Abs. 2 Satz 1 EStG in der bis zum 31. 12. 2008 anzuwendenden Fassung bei Veräußerungsgeschäften, bei denen § 23 Abs. 1 Satz 1 Nr. 2 EStG in der bis zum 31. 12. 2008 anzuwendenden Fassung nach dem 31. 12. 2008 Anwendung findet, weiterhin anzuwenden (→ § 52a Abs. 4 EStG).
Anm.: Die Änderung lautet:
Die Wörter „zur Hälfte" werden durch die Angabe „60 Prozent" ersetzt.
Ferner wurde Absatz 2 Satz 1 durch das Gesetz zur Modernisierung der Rahmenbedingungen für Kapitalbeteiligungen (MoRaKG) geändert.

oder Einnahmen *oder mit Vergütungen nach § 3 Nr. 40a* in wirtschaftlichem Zusammenhang stehen, dürfen unabhängig davon, in welchem Veranlagungszeitraum die Betriebsvermögensmehrungen oder Einnahmen anfallen, bei der Ermittlung der Einkünfte nur zur Hälfte abgezogen werden; Entsprechendes gilt, wenn bei der Ermittlung der Einkünfte der Wert des Betriebsvermögens oder des Anteils am Betriebsvermögen oder die Anschaffungs- oder Herstellungskosten oder der an deren Stelle tretende Wert mindernd zu berücksichtigen sind. [2]Satz 1 gilt auch für Wertminderungen des Anteils an einer Organgesellschaft, die nicht auf Gewinnausschüttungen zurückzuführen sind. [3]*§ 8b Abs. 10 des Körperschaftsteuergesetzes gilt sinngemäß.* [1)]

(3) Betriebsvermögensminderungen, Betriebsausgaben oder Veräußerungskosten, die mit den Betriebsvermögensmehrungen oder Einnahmen im Sinne des § 3 Nr. 70 in wirtschaftlichem Zusammenhang stehen, dürfen unabhängig davon, in welchem Veranlagungszeitraum die Betriebsvermögensmehrungen oder Einnahmen anfallen, nur zur Hälfte abgezogen werden.

Hinweise

H 3c

Halbeinkünfteverfahren

Zur Aufteilung von Werbungskosten bei Einkünften aus Kapitalvermögen, die teilweise dem Halbeinkünfteverfahren unterliegen → BMF vom 12. 6. 2002 (BStBl I S. 647). Anhang 12

Hinzurechnungsbetrag

Hinzurechnungen nach §§ 7, 10 AStG sind keine Einnahmen i. S. d. § 3c Abs. 1 EStG (→ BFH vom 7. 9. 2005 – BStBl 2006 II S. 537).

Verfassungsmäßigkeit

Das Halbabzugsverbot des § 3c Abs. 2 EStG ist mit dem GG vereinbar (→ BFH vom 19. 6. 2007 – BStBl 2008 II S. 551).

Zusammenhang mit steuerfreien Einnahmen

Ein unmittelbarer wirtschaftlicher Zusammenhang mit steuerfreien Einnahmen liegt vor, wenn Einnahmen und Ausgaben durch dasselbe Ereignis veranlasst sind. Dies ist der Fall, wenn steuerfreie Einnahmen dazu bestimmt sind, Aufwendungen zu ersetzen, die mit Einkünften i. S. d. § 2 EStG in wirtschaftlichem Zusammenhang stehen. Daraus folgt, dass die Steuerfreiheit von Einnahmen, die der Erstattung von Ausgaben dienen, durch § 3c Abs. 1 EStG rückgängig gemacht wird. Eine Aufteilung der Ausgaben in einen abziehbaren und einen nicht abziehbaren Teil nach dem Verhältnis der steuerfreien zu den steuerpflichtigen Einnahmen kommt nicht in Betracht. Diese Wirkungsweise des § 3c Abs. 1 EStG rechtfertigt sich daraus, dass erstattete Ausgaben den Stpfl. nicht belasten und daher seine steuerpflichtigen Einkünfte auch nicht mindern dürfen (→ BFH vom 27. 4. 2006 – BStBl II S. 755).

3. Gewinn

§ 4 Gewinnbegriff im Allgemeinen

EStG
S 2130

(1) [1]Gewinn ist der Unterschiedsbetrag zwischen dem Betriebsvermögen am Schluss des Wirtschaftsjahres und dem Betriebsvermögen am Schluss des vorangegangenen Wirtschaftsjahres, vermehrt um den Wert der Entnahmen und vermindert um den Wert der Einlagen. [2]Entnahmen sind alle Wirtschaftsgüter (Barentnahmen, Waren, Erzeugnisse, Nutzungen und Leistungen), die der Steuerpflichtige dem Betrieb für sich, für seinen Haushalt oder für andere betriebsfremde Zwecke im Laufe des Wirtschaftsjahres entnommen hat. [3]Einer Entnahme für betriebsfremde Zwecke steht der Ausschluss oder die Beschränkung des Besteuerungsrechts der Bundesrepublik Deutschland hinsichtlich des Gewinns aus der Veräußerung oder der Nutzung eines Wirtschaftsguts gleich. [4]Satz 3 gilt nicht für Anteile an einer Europäischen Gesellschaft oder Europäischen Genossenschaft in den Fällen S 2131–S 2132b S 2134–S 2136

---

1) ***Durch das Unternehmensteuerreformgesetz 2008 wurde Satz 3 ab VZ 2008 angefügt*** (→ ***§ 52 Abs. 1 EStG***).

1. einer Sitzverlegung der Europäischen Gesellschaft nach Artikel 8 der Verordnung (EG) Nr. 2157/2001 des Rates vom 8. Oktober 2001 über das Statut der Europäischen Gesellschaft (SE) (ABl. EG Nr. L 294 S. 1), zuletzt geändert durch die Verordnung (EG) Nr. 885/2004 des Rates vom 26. April 2004 (ABl. EU Nr. L 168 S. 1), und

2. einer Sitzverlegung der Europäischen Genossenschaft nach Artikel 7 der Verordnung (EG) Nr. 1435/2003 des Rates vom 22. Juli 2003 über das Statut der Europäischen Genossenschaft (SCE) (ABl. EU Nr. L 207 S. 1).

[5]Ein Wirtschaftsgut wird nicht dadurch entnommen, dass der Steuerpflichtige zur Gewinnermittlung nach § 13a übergeht. [6]Eine Änderung der Nutzung eines Wirtschaftsgutes, die bei Gewinnermittlung nach Satz 1 keine Entnahme ist, ist auch bei Gewinnermittlung nach § 13a keine Entnahme. [7]Einlagen sind alle Wirtschaftsgüter (Bareinzahlungen und sonstige Wirtschaftsgüter), die der Steuerpflichtige dem Betrieb im Laufe des Wirtschaftsjahres zugeführt hat; einer Einlage steht die Begründung des Besteuerungsrechts der Bundesrepublik Deutschland hinsichtlich des Gewinns aus der Veräußerung eines Wirtschaftsguts gleich. [8]Bei der Ermittlung des Gewinns sind die Vorschriften über die Betriebsausgaben, über die Bewertung und über die Absetzung für Abnutzung oder Substanzverringerung zu befolgen.

S 2141 [1] (2) [1]Der Steuerpflichtige darf die Vermögensübersicht (Bilanz) auch nach ihrer Einreichung beim Finanzamt ändern, soweit sie den Grundsätzen ordnungsmäßiger Buchführung unter Befolgung der Vorschriften dieses Gesetzes nicht entspricht; diese Änderung ist nicht zulässig, wenn die Vermögensübersicht (Bilanz) einer Steuerfestsetzung zugrunde liegt, die nicht mehr aufgehoben oder geändert werden kann. [2]Darüber hinaus ist eine Änderung der Vermögensübersicht (Bilanz) nur zulässig, wenn sie in einem engen zeitlichen und sachlichen Zusammenhang mit einer Änderung nach Satz 1 steht und soweit die Auswirkung der Änderung nach Satz 1 auf den Gewinn reicht.

S 2142–S 2143 S 2161 [2] (3) [1]Steuerpflichtige, die nicht auf Grund gesetzlicher Vorschriften verpflichtet sind, Bücher zu führen und regelmäßig Abschlüsse zu machen, und die auch keine Bücher führen und keine Abschlüsse machen, können als Gewinn den Überschuss der Betriebseinnahmen über die Betriebsausgaben ansetzen. [2]Hierbei scheiden Betriebseinnahmen und Betriebsausgaben aus, die im Namen und für Rechnung eines anderen vereinnahmt und verausgabt werden (durchlaufende Posten). [3]Die Vorschriften über die *Bewertungsfreiheit für geringwertige Wirtschaftsgüter (§ 6 Abs. 2), die Bildung eines Sammelpostens (§ 6 Abs. 2a) und über die Absetzung für* [3] *Abnutzung oder Substanzverringerung* sind zu befolgen. [4]Die Anschaffungs- oder Herstellungskosten für nicht abnutzbare Wirtschaftsgüter des Anlagevermögens, für Anteile an Kapitalgesellschaften, für Wertpapiere und vergleichbare nicht verbriefte Forderungen und Rechte, für Grund und Boden sowie Gebäude des Umlaufvermögens sind erst im Zeitpunkt des Zuflusses des Veräußerungserlöses oder bei Entnahme im Zeitpunkt der Entnahme als Betriebsausgaben zu berücksichtigen. [5]Die Wirtschaftsgüter des Anlagevermögens und Wirtschaftsgüter des Umlaufvermögens im Sinne des Satzes 4 sind unter Angabe des Tages der Anschaffung oder Herstellung und der Anschaffungs- oder Herstellungskosten oder des an deren Stelle getretenen Werts in besondere, laufend zu führende Verzeichnisse aufzunehmen.

S 2144 (4) Betriebsausgaben sind die Aufwendungen, die durch den Betrieb veranlasst sind.

(4a) [1]Schuldzinsen sind nach Maßgabe der Sätze 2 bis 4 nicht abziehbar, wenn Überentnahmen getätigt worden sind. [2]Eine Überentnahme ist der Betrag, um den die Entnahmen die Summe des Gewinns und der Einlagen des Wirtschaftsjahres übersteigen. [3]Die nicht abziehbaren Schuldzinsen werden typisiert mit 6 Prozent der Überentnahme des Wirtschaftsjahres zuzüglich der Überentnahmen vorangegangener Wirtschaftsjahre und abzüglich der Beträge, um die in den vorangegangenen Wirtschaftsjahren der Gewinn und die Einlagen die Entnahmen überstiegen haben (Unterentnahmen), ermittelt; bei der Ermittlung der Überentnahme ist vom Gewinn ohne Berücksichtigung der nach Maßgabe dieses Absatzes nicht abziehbaren Schuldzinsen auszugehen. [4]Der sich dabei ergebende Betrag, höchstens jedoch der um 2050 Euro verminderte Betrag der im Wirtschaftsjahr angefallenen Schuldzinsen, ist dem Gewinn

1) Absatz 2 Satz 1 wurde durch das JStG 2007 geändert; die Neuregelung ist für alle Bilanzberichtigungen anzuwenden, die nach dem 31. 12. 2006 durchgeführt werden (→ Art. 20 Abs. 6 JStG 2007).

2) Absatz 3 Satz 4 und 5 ist erstmals für Wirtschaftsgüter anzuwenden, die nach dem 5. 5. 2006 angeschafft, hergestellt oder in das Betriebsvermögen eingelegt werden. Die Anschaffungs- oder Herstellungskosten für nicht abnutzbare Wirtschaftsgüter des Anlagevermögens, die vor dem 5. 5. 2006 angeschafft, hergestellt oder in das Betriebsvermögens eingelegt wurden, sind erst im Zeitpunkt des Zuflusses des Veräußerungserlöses oder im Zeitpunkt der Entnahme als Betriebsausgaben zu berücksichtigen → § 52 Abs. 10 Satz 2 und 3 EStG.

3) Absatz 3 Satz 3 wurde durch das JStG 2008 ab VZ 2008 geändert.

hinzuzurechnen. [5]Der Abzug von Schuldzinsen für Darlehen zur Finanzierung von Anschaffungs- oder Herstellungskosten von Wirtschaftsgütern des Anlagevermögens bleibt unberührt. [6]Die Sätze 1 bis 5 sind bei Gewinnermittlung nach § 4 Abs. 3 sinngemäß anzuwenden; hierzu sind Entnahmen und Einlagen gesondert aufzuzeichnen.

(5) [1]Die folgenden Betriebsausgaben dürfen den Gewinn nicht mindern: S 2145

1. **Aufwendungen für Geschenke an Personen, die nicht Arbeitnehmer des Steuerpflichtigen sind. [2]Satz 1 gilt nicht, wenn die Anschaffungs- oder Herstellungskosten der dem Empfänger im Wirtschaftsjahr zugewendeten Gegenstände insgesamt 35 Euro nicht übersteigen;**

2. **Aufwendungen für die Bewirtung von Personen aus geschäftlichem Anlass, soweit sie 70 Prozent der Aufwendungen übersteigen, die nach der allgemeinen Verkehrsauffassung als angemessen anzusehen und deren Höhe und betriebliche Veranlassung nachgewiesen sind. [2]Zum Nachweis der Höhe und der betrieblichen Veranlassung der Aufwendungen hat der Steuerpflichtige schriftlich die folgenden Angaben zu machen: Ort, Tag, Teilnehmer und Anlass der Bewirtung sowie Höhe der Aufwendungen. [3]Hat die Bewirtung in einer Gaststätte stattgefunden, so genügen Angaben zu dem Anlass und den Teilnehmern der Bewirtung; die Rechnung über die Bewirtung ist beizufügen;**

3. **Aufwendungen für Einrichtungen des Steuerpflichtigen, soweit sie der Bewirtung, Beherbergung oder Unterhaltung von Personen, die nicht Arbeitnehmer des Steuerpflichtigen sind, dienen (Gästehäuser) und sich außerhalb des Orts eines Betriebs des Steuerpflichtigen befinden;**

4. **Aufwendungen für Jagd oder Fischerei, für Segeljachten oder Motorjachten sowie für ähnliche Zwecke und für die hiermit zusammenhängenden Bewirtungen;**

5. **Mehraufwendungen für die Verpflegung des Steuerpflichtigen, soweit in den folgenden Sätzen nichts anderes bestimmt ist. [2]Wird der Steuerpflichtige vorübergehend von seiner Wohnung und dem Mittelpunkt seiner dauerhaft angelegten betrieblichen Tätigkeit entfernt betrieblich tätig, ist für jeden Kalendertag, an dem der Steuerpflichtige wegen dieser vorübergehenden Tätigkeit von seiner Wohnung und seinem Tätigkeitsmittelpunkt**

   a) **24 Stunden abwesend ist, ein Pauschbetrag von 24 Euro,**

   b) **weniger als 24 Stunden, aber mindestens 14 Stunden abwesend ist, ein Pauschbetrag von 12 Euro,**

   c) **weniger als 14 Stunden, aber mindestens 8 Stunden abwesend ist, ein Pauschbetrag von 6 Euro**

   abzuziehen; eine Tätigkeit, die nach 16 Uhr begonnen und vor 8 Uhr des nachfolgenden Kalendertags beendet wird, ohne dass eine Übernachtung stattfindet, ist mit der gesamten Abwesenheitsdauer dem Kalendertag der überwiegenden Abwesenheit zuzurechnen. [3]Wird der Steuerpflichtige bei seiner individuellen betrieblichen Tätigkeit typischerweise nur an ständig wechselnden Tätigkeitsstätten oder auf einem Fahrzeug tätig, gilt Satz 2 entsprechend; dabei ist allein die Dauer der Abwesenheit von der Wohnung maßgebend. [4]Bei einer Tätigkeit im Ausland treten an die Stelle der Pauschbeträge nach Satz 2 länderweise unterschiedliche Pauschbeträge, die für die Fälle der Buchstaben a, b und c mit 120, 80 und 40 Prozent der höchsten Auslandstagegelder nach dem Bundesreisekostengesetz vom Bundesministerium der Finanzen im Einvernehmen mit den obersten Finanzbehörden der Länder aufgerundet auf volle Euro festgesetzt werden; dabei bestimmt sich der Pauschbetrag nach dem Ort, den der Steuerpflichtige vor 24 Uhr Ortszeit zuletzt erreicht, oder, wenn dieser Ort im Inland liegt, nach dem letzten Tätigkeitsort im Ausland. [5]Bei einer längerfristigen vorübergehenden Tätigkeit an derselben Tätigkeitsstätte beschränkt sich der pauschale Abzug nach Satz 2 auf die ersten drei Monate. [6]Die Abzugsbeschränkung nach Satz 1, die Pauschbeträge nach den Sätzen 2 und 4 sowie die Dreimonatsfrist nach Satz 5 gelten auch für den Abzug von Verpflegungsmehraufwendungen bei einer aus betrieblichem Anlass begründeten doppelten Haushaltsführung; dabei ist für jeden Kalendertag innerhalb der Dreimonatsfrist, an dem gleichzeitig eine Tätigkeit im Sinne des Satzes 2 oder 3 ausgeübt wird, nur der jeweils höchste in Betracht kommende Pauschbetrag abzuziehen und die Dauer einer Tätigkeit im Sinne des Satzes 2 an dem Beschäftigungsort, der zur Begründung der doppelten Haushaltsführung geführt hat, auf die Dreimonatsfrist anzurechnen, wenn sie ihr unmittelbar vorausgegangen ist;

6. **(weggefallen)**

6a. **(weggefallen)**

6b. Aufwendungen für ein häusliches Arbeitszimmer sowie die Kosten der Ausstattung. [2]Dies gilt nicht, wenn das Arbeitszimmer den Mittelpunkt der gesamten betrieblichen und beruflichen Betätigung bildet;

7. andere als die in den Nummern 1 bis 6 und 6b bezeichneten Aufwendungen, die die Lebensführung des Steuerpflichtigen oder anderer Personen berühren, soweit sie nach allgemeiner Verkehrsauffassung als unangemessen anzusehen sind;

8. von einem Gericht oder einer Behörde im Geltungsbereich dieses Gesetzes oder von Organen der Europäischen Gemeinschaften festgesetzte Geldbußen, Ordnungsgelder und Verwarnungsgelder. [2]Dasselbe gilt für Leistungen zur Erfüllung von Auflagen oder Weisungen, die in einem berufsgerichtlichen Verfahren erteilt werden, soweit die Auflagen oder Weisungen nicht lediglich der Wiedergutmachung des durch die Tat verursachten Schadens dienen. [3]Die Rückzahlung von Ausgaben im Sinne der Sätze 1 und 2 darf den Gewinn nicht erhöhen. [4]Das Abzugsverbot für Geldbußen gilt nicht, soweit der wirtschaftliche Vorteil, der durch den Gesetzesverstoß erlangt wurde, abgeschöpft worden ist, wenn die Steuern vom Einkommen und Ertrag, die auf den wirtschaftlichen Vorteil entfallen, nicht abgezogen worden sind; Satz 3 ist insoweit nicht anzuwenden;

8a. Zinsen auf hinterzogene Steuern nach § 235 der Abgabenordnung;

9. Ausgleichszahlungen, die in den Fällen der §§ 14, 17 und 18 des Körperschaftsteuergesetzes an außenstehende Anteilseigner geleistet werden;

10. die Zuwendung von Vorteilen sowie damit zusammenhängende Aufwendungen, wenn die Zuwendung der Vorteile eine rechtswidrige Handlung darstellt, die den Tatbestand eines Strafgesetzes oder eines Gesetzes verwirklicht, das die Ahndung mit einer Geldbuße zulässt. [2]Gerichte, Staatsanwaltschaften oder Verwaltungsbehörden haben Tatsachen, die sie dienstlich erfahren und die den Verdacht einer Tat im Sinne des Satzes 1 begründen, der Finanzbehörde für Zwecke des Besteuerungsverfahrens und zur Verfolgung von Steuerstraftaten und Steuerordnungswidrigkeiten mitzuteilen. [3]Die Finanzbehörde teilt Tatsachen, die den Verdacht einer Straftat oder einer Ordnungswidrigkeit im Sinne des Satzes 1 begründen, der Staatsanwaltschaft oder der Verwaltungsbehörde mit. [4]Diese unterrichten die Finanzbehörde von dem Ausgang des Verfahrens und den zugrunde liegenden Tatsachen;

11. Aufwendungen, die mit unmittelbaren oder mittelbaren Zuwendungen von nicht einlagefähigen Vorteilen an natürliche oder juristische Personen oder Personengesellschaften zur Verwendung in Betrieben in tatsächlichem oder wirtschaftlichem Zusammenhang stehen, deren Gewinn nach § 5a Abs. 1 ermittelt wird;

12. Zuschläge nach § 162 Abs. 4 der Abgabenordnung.

[2]Das Abzugsverbot gilt nicht, soweit die in den Nummern 2 bis 4 bezeichneten Zwecke Gegenstand einer mit Gewinnabsicht ausgeübten Betätigung des Steuerpflichtigen sind. [3]§ 12 Nr. 1 bleibt unberührt.

[1]) (5a) [1]Keine Betriebsausgaben sind die Aufwendungen für die Wege zwischen Wohnung und Betriebsstätte und für Familienheimfahrten. [2]Bei der Nutzung eines Kraftfahrzeugs sind die nicht als Betriebsausgaben abziehbaren Aufwendungen für Fahrten zwischen Wohnung und Betriebsstätte mit 0,03 Prozent des inländischen Listenpreises im Sinne des § 6 Abs. 1 Nr. 4 Satz 2 des Kraftfahrzeugs im Zeitpunkt der Erstzulassung je Kalendermonat für jeden Entfernungskilometer sowie für Familienheimfahrten mit 0,002 Prozent des inländischen Listenpreises im Sinne des § 6 Abs. 1 Nr. 4 Satz 2 des Kraftfahrzeugs im Zeitpunkt der Erstzulassung für jeden Entfernungskilometer zu ermitteln. [3]Ermittelt der Steuerpflichtige die private Nutzung des Kraftfahrzeugs nach § 6 Abs. 1 Nr. 4 Satz 1 oder Satz 4, sind die auf diese Fahrten entfallenden tatsächlichen Aufwendungen maßgebend. [4]§ 9 Abs. 2 ist entsprechend anzuwenden.

[2]) ***(5b) Die Gewerbesteuer und die darauf entfallenden Nebenleistungen sind keine Betriebsausgaben.***

1) ***Absatz 5a wurde durch das Steueränderungsgesetz 2007 ab VZ 2007 eingefügt.***
→ aber: Das BVerfG hat mit Urteil vom 9. 12. 2008 – 2 BvL 1/07 u. a. – entschieden, dass die mit dem Steueränderungsgesetz 2007 erfolgte Neuregelung der „Pendlerpauschale" mit den Anforderungen des allgemeinen Gleichheitsgrundsatzes des Art. 3 Abs. 1 GG an eine folgerichtige Ausgestaltung einkommensteuerrechtlicher Belastungsentscheidungen nicht vereinbar und verfassungswidrig ist. Der Gesetzgeber ist danach verpflichtet, rückwirkend auf den 1. 1. 2007 die Verfassungswidrigkeit durch Umgestaltung der Rechtslage zu beseitigen.

2) Absatz 5b wurde durch das Unternehmensteuerreformgesetz 2008 eingefügt und gilt erstmals für Gewerbesteuer, die für Erhebungszeiträume festgesetzt wird, die nach dem 31. 12. 2007 enden → § 52 Abs. 12 Satz 7 EStG.

(6) Aufwendungen zur Förderung staatspolitischer Zwecke (§ 10b Abs. 2) sind keine Betriebsausgaben. S2162

(7) [1]Aufwendungen im Sinne des Absatzes 5 Satz 1 Nr. 1 bis 4, 6b und 7 sind einzeln und getrennt von den sonstigen Betriebsausgaben aufzuzeichnen. [2]Soweit diese Aufwendungen nicht bereits nach Absatz 5 vom Abzug ausgeschlossen sind, dürfen sie bei der Gewinnermittlung nur berücksichtigt werden, wenn sie nach Satz 1 besonders aufgezeichnet sind.

(8) Für Erhaltungsaufwand bei Gebäuden in Sanierungsgebieten und städtebaulichen Entwicklungsbereichen sowie bei Baudenkmalen gelten die §§ 11a und 11b entsprechend.

---

§ 6 Eröffnung, Erwerb, Aufgabe und Veräußerung eines Betriebs — EStDV

S2131

(1) Wird ein Betrieb eröffnet oder erworben, so tritt bei der Ermittlung des Gewinns an die Stelle des Betriebsvermögens am Schluss des vorangegangenen Wirtschaftsjahrs das Betriebsvermögen im Zeitpunkt der Eröffnung oder des Erwerbs des Betriebs.

(2) Wird ein Betrieb aufgegeben oder veräußert, so tritt bei der Ermittlung des Gewinns an die Stelle des Betriebsvermögens am Schluss des Wirtschaftsjahrs das Betriebsvermögen im Zeitpunkt der Aufgabe oder der Veräußerung des Betriebs.

§ 7 — EStDV

– weggefallen –

§ 8 Eigenbetrieblich genutzte Grundstücke von untergeordnetem Wert — EStDV

Eigenbetrieblich genutzte Grundstücksteile brauchen nicht als Betriebsvermögen behandelt zu werden, wenn ihr Wert nicht mehr als ein Fünftel des gemeinen Werts des gesamten Grundstückes und nicht mehr als 20500 Euro beträgt.

§ 8a — EStDV

– weggefallen –

4.1. Betriebsvermögensvergleich — R 4.1

Betriebe der Land- und Forstwirtschaft S2132

(1) [1]Bei einem Betrieb der Land- und Forstwirtschaft ist der Gewinn durch Betriebsvermögensvergleich nach § 4 Abs. 1 EStG zu ermitteln, wenn der Land- und Forstwirt nach den §§ 140, 141 AO verpflichtet ist, für diesen Betrieb Bücher zu führen und auf Grund jährlicher Bestandsaufnahmen Abschlüsse zu machen. [2]Werden für den Betrieb freiwillig Bücher geführt und auf Grund jährlicher Bestandsaufnahmen Abschlüsse gemacht, ist der Gewinn durch Betriebsvermögensvergleich nach § 4 Abs. 1 EStG zu ermitteln, wenn der Antrag nach § 13a Abs. 2 EStG gestellt worden ist oder der Gewinn aus anderen Gründen nicht nach § 13a EStG zu ermitteln ist. S2132a

Gewerbliche Betriebe S2164

(2) [1]Bei einem gewerblichen Betrieb, für den die Verpflichtung besteht, Bücher zu führen und auf Grund jährlicher Bestandsaufnahmen Abschlüsse zu machen oder für den freiwillig Bücher geführt und regelmäßig Abschlüsse gemacht werden, muss der Gewerbetreibende den Gewinn durch Betriebsvermögensvergleich nach § 5 EStG ermitteln. [2]Für Handelsschiffe im internationalen Verkehr kann der Gewinn auf Antrag nach § 5a EStG ermittelt werden. [3]Werden für einen gewerblichen Betrieb, für den Buchführungspflicht besteht, keine Bücher geführt, oder ist die Buchführung nicht ordnungsmäßig (→ R 5.2 Abs. 2), ist der Gewinn nach § 5 EStG unter Berücksichtigung der Verhältnisse des Einzelfalles, unter Umständen unter Anwendung von Richtsätzen, zu schätzen. [4]Das Gleiche gilt, wenn für einen gewerblichen Betrieb freiwillig Bücher geführt S2150

und Abschlüsse gemacht werden, die Buchführung jedoch nicht ordnungsmäßig ist. [5]Bei gewerblichen Betrieben, bei denen die Voraussetzungen der Sätze 1 bis 4 nicht vorliegen, kann der Gewinn durch Einnahmenüberschussrechnung nach § 4 Abs. 3 EStG ermittelt werden, wenn der Gewerbetreibende für diesen Betrieb die für diese Gewinnermittlungsart ausreichenden Aufzeichnungen hat (→ R 4.5).

Personengesellschaften

(3) Absätze 1 und 2 gelten sinngemäß.

Beteiligung an einer ausländischen Personengesellschaft

(4) [1]Sind unbeschränkt steuerpflichtige Personen an einer ausländischen Personengesellschaft beteiligt, die im Inland weder eine Betriebsstätte unterhält, noch einen ständigen Vertreter bestellt hat, ist der Gewinn der Personengesellschaft zur Ermittlung der Höhe der Gewinnanteile der unbeschränkt steuerpflichtigen Personen nach § 4 Abs. 1 oder 3 EStG zu ermitteln. [2]Bei der Gewinnermittlung nach § 4 Abs. 1 EStG sind alle Geschäftsvorfälle unter Beachtung der Grundsätze ordnungsmäßiger Buchführung zu berücksichtigen, auch wenn sie in einer ausländischen Währung ausgewiesen sind. [3]Das Ergebnis einer in ausländischer Währung aufgestellten Steuerbilanz ist in Euro nach einem Umrechnungsverfahren umzurechnen, das nicht gegen die deutschen Grundsätze ordnungsmäßiger Buchführung verstößt.

Ordnungsmäßigkeit der Buchführung

(5) [1]Für die Ordnungsmäßigkeit der Buchführung bei Gewinnermittlung nach § 4 Abs. 1 EStG gelten R 5.2 bis 5.4 sinngemäß. [2]§ 141 Abs. 1 und § 142 AO bleiben unberührt.

H 4.1

Hinweise

Aufzeichnungs- und Buchführungspflichten

- von Angehörigen der freien Berufe,

  → H 18.2,
- für das steuerliche **Sonderbetriebsvermögen einer Personengesellschaft** (→ R 4.2 Abs. 2) nach § 141 Abs. 1 AO obliegen nicht dem einzelnen Gesellschafter, sondern der Personengesellschaft (→ BFH vom 23. 10. 1990 – BStBl 1991 II S. 401); Übertragung auf die Mitunternehmer ist nicht zulässig (→ BFH vom 11. 3. 1992 – BStBl II S. 797). Die Gewinnermittlung für das Sonderbetriebsvermögen hat hierbei nach dem gleichen Gewinnermittlungszeitraum und nach der gleichen Gewinnermittlungsart wie bei der Personengesellschaft zu erfolgen (→ BFH vom 11. 12. 1986 – BStBl 1987 II S. 553 und vom 11. 3. 1992 – BStBl II S. 797).

Gewinnermittlung

- bei Beteiligung an ausländischer Personengesellschaft:
  = → R 4.1 Abs. 4 und BFH vom 13. 9. 1989 – BStBl 1990 II S. 57
  = Für Zwecke der Anwendung des Progressionsvorbehalts auf Gewinnanteile ist → R 4.1 Abs. 4 entsprechend anzuwenden (→ BFH vom 22. 5. 1991 – BStBl 1992 II S. 94).
- bei Handelsschiffen im internationalen Verkehr:

  → BMF vom 12. 6. 2002 (BStBl I S. 614).
- bei Land- und Forstwirtschaft:

  → R 13.5

  Buchführung in land- und forstwirtschaftlichen Betrieben → BMF vom 15. 12. 1981 (→ BStBl I S. 878).

Gewinnschätzung

Bei einem gewerblichen Betrieb, für den keine Buchführungspflicht besteht, für den freiwillig keine Bücher geführt werden und für den nicht festgestellt werden kann, dass der Stpfl. die Gewinnermittlung nach § 4 Abs. 3 EStG gewählt hat (→ BFH vom 30. 9. 1980 – BStBl 1981 II S. 301), ist der Gewinn nach § 4 Abs. 1 EStG unter Berücksichtigung der Verhältnisse des Einzelfalles, unter Umständen unter Anwendung von Richtsätzen, zu schätzen; ist der Gewinn im Vorjahr nach § 4 Abs. 3 EStG ermittelt worden, so handelt es sich bei der erstmaligen Anwendung von Richtsätzen um einen Wechsel der Gewinnermittlungsart (→ hierzu R 4.6 Abs. 1). Hat der Stpfl. dagegen für den Betrieb zulässigerweise die Gewinnermittlung nach § 4 Abs. 3 EStG gewählt, so ist gegebenenfalls auch eine Gewinnschätzung in dieser Gewinnermittlungsart durchzuführen (→ BFH vom 2. 3. 1982 – BStBl 1984 II S. 504).

→ bei abweichendem Wirtschaftsjahr → R 4a Abs. 4

→ bei Freiberuflern → H 4a

Sanierungsgewinn

- Ertragsteuerliche Behandlung von Sanierungsgewinnen; Steuerstundung und Steuererlass aus sachlichen Billigkeitsgründen (§§ 163, 222, 227 AO) → BMF vom 27. 3. 2003 (BStBl I S. 240). Anhang 10
- Zur Ermittlung der anteilig auf den Sanierungsgewinn entfallenden Einkommensteuer erfolgt gemäß RdNr. 8 des o. a. BMF vorrangig eine Verrechnung mit sämtlichen zur Verfügung stehenden Verlusten und negativen Einkünften. Die danach auf den Sanierungsgewinn entfallende Steuer ist durch Gegenüberstellung des unter Einbeziehung des Sanierungsgewinns festgesetzten Steuerbetrages und des Steuerbetrages zu ermitteln, der sich in der „Schattenveranlagung" ohne Einbeziehung des (nach Verrechnung mit Verlusten und negativen Einkünften) verbleibenden Sanierungsgewinns ergibt (OFD Hannover vom 19. 3. 2008 – S 2140-8 – StO 241, DStR 2008, S. 1240).
- Zur gewerbesteuerlichen Behandlung → LfSt Bayern vom 8. 8. 2006 (DB 2006, S. 1763)
- Sanierungsabsicht bei Vorlage eines (Sanierungs-)Plans zum schrittweisen Forderungsverzicht → BFH vom 10. 4. 2003 (BStBl 2004 II S. 9).

4.2. Betriebsvermögen R 4.2

Allgemeines S 2134

(1) [1]Wirtschaftsgüter, die ausschließlich und unmittelbar für eigenbetriebliche Zwecke des Stpfl. genutzt werden oder dazu bestimmt sind, sind notwendiges Betriebsvermögen. [2]Eigenbetrieblich genutzte Wirtschaftsgüter sind auch dann notwendiges Betriebsvermögen, wenn sie nicht in der Buchführung und in den Bilanzen ausgewiesen sind. [3]Wirtschaftsgüter, die in einem gewissen objektiven Zusammenhang mit dem Betrieb stehen und ihn zu fördern bestimmt und geeignet sind, können – bei Gewinnermittlung durch Betriebsvermögensvergleich (→ R 4.1) oder durch Einnahmenüberschussrechnung nach § 4 Abs. 3 EStG –als gewillkürtes Betriebsvermögen behandelt werden. [4]Wirtschaftsgüter, die nicht Grundstücke oder Grundstücksteile sind und die zu mehr als 50 % eigenbetrieblich genutzt werden, sind in vollem Umfang notwendiges Betriebsvermögen. [5]Werden sie zu mehr als 90 % privat genutzt, gehören sie in vollem Umfang zum notwendigen Privatvermögen. [6]Bei einer betrieblichen Nutzung von mindestens 10 % bis zu 50 % ist eine Zuordnung dieser Wirtschaftsgüter zum gewillkürten Betriebsvermögen in vollem Umfang möglich. [7]Wird ein Wirtschaftsgut in mehreren Betrieben des Stpfl. genutzt, ist die gesamte eigenbetriebliche Nutzung maßgebend. **R 4.2 (1)**

Hinweise H 4.2 (1)

Beteiligungen

- **Anteil eines Steuerberaters an einer GmbH**, deren Betrieb der Steuerberatungspraxis wesensfremd ist, gehört auch dann nicht zum Betriebsvermögen, wenn er in der Absicht erworben wurde, das steuerliche Mandat der GmbH zu erlangen (→ BFH vom 22. 1. 1981 – BStBl II S. 564), oder wenn die anderen Gesellschafter der GmbH Mandanten des Steuerberaters sind und der Beteiligung wirtschaftliches Eigengewicht beizumessen ist (→ BFH vom 23. 5. 1985 – BStBl II S. 517). Der Anteil eines Steuerberaters an einer GmbH gehört dagegen zum notwendigen Betriebsvermögen, wenn er ihn zur Begleichung seiner Honoraransprüche zu dem Zweck erhält, ihn später unter Realisierung einer Wertsteigerung zu veräußern (→ BFH vom 1. 2. 2001 – BStBl II S. 546).
- **Anteil an Wohnungsbau-GmbH** kann zum notwendigen Betriebsvermögen eines Malermeisters gehören (→ BFH vom 8. 12. 1993 – BStBl 1994 II S. 296).

- Freiwillig gezeichnete **Genossenschaftsanteile** sind nur dann notwendiges Betriebsvermögen, wenn sie für den Betrieb eine konkrete und unmittelbare Funktion besitzen (→ BFH vom 4. 2. 1998 – BStBl II S. 301).
- → Wertpapiere

Bodenschatz

- Land- und Forstwirte können im eigenen Grund und Boden entdeckte Bodenschätze, deren Ausbeute einem Pächter übertragen ist, nicht als gewillkürtes Betriebsvermögen behandeln (→ BFH vom 28. 10. 1982 – BStBl 1983 II S. 106),
- Zu der Frage, wann ein im Eigentum des Grundstückseigentümers stehender Bodenschatz als Wirtschaftsgut entsteht und ob ein solches Wirtschaftsgut dem Betriebs- oder Privatvermögen zuzuordnen ist → BMF vom 7. 10. 1998 (BStBl I S. 1221).
- → H 6.12
- 1. Ein unter der Erdoberfläche befindlicher Bodenschatz ist als selbständiges Wirtschaftsgut zu bewerten, wenn mit seiner Aufschließung oder Verwertung begonnen wird, zumindest aber mit dieser Verwertung unmittelbar zu rechnen ist. Dies ist der Fall, wenn für den Abbau des Bodenschatzes (hier: Sandvorkommen/Kiesvorkommen) die erforderliche öffentlich-rechtliche Genehmigung vorliegt und das Grundstück unter gesondertem Ausweis eines Kaufpreises für den Bodenschatz an einen Erwerber veräußert wird, der seinerseits beabsichtigt, den Bodenschatz durch einen Abbauunternehmer ausbeuten zu lassen.
  2. Das selbständige Wirtschaftsgut Sandvorkommen/Kiesvorkommen stellt weder notwendiges noch gewillkürtes Betriebsvermögen eines landwirtschaftlichen und forstwirtschaftlichen Betriebs dar, wenn es ausschließlich zu dem Zweck erworben wird, es von einem Dritten im Rahmen dessen Gewerbebetriebs abbauen zu lassen.
  → BFH vom 24. 1. 2008 – IV R 45/05 (→ BFH-Internet-Seite)
- Teile des Wirtschaftsguts Grund und Boden, wie bodenschatzhaltige Schichten des Erbbodens, sind nur dann als Wirtschaftsgut selbständig bewertbar, wenn mit der Aufschließung und Verwertung des Bodenschatzes begonnen wird, zumindest aber mit dieser Verwertung unmittelbar zu rechnen ist. Dies ist bei einer eher unbeabsichtigten Verwertung von Kies als Nebenprodukt von Erdarbeiten zu ökologischen Zwecken (Renaturierung einer Flusslandschaft) nicht der Fall.
  → BFH vom 13. 7. 2006 – IV R 51/05 – (NV)

Darlehensforderung eines Steuerberaters gegen seinen Mandanten

ist notwendiges Betriebsvermögen, wenn das Darlehen gewährt wurde, um eine Honorarforderung zu retten (→ BFH vom 22. 4. 1980 – BStBl II S. 571).

Dividendenansprüche

Keine phasengleiche Aktivierung von Dividendenansprüchen bei Beteiligung einer Kapitalgesellschaft an einer anderen Kapitalgesellschaft***, wenn nicht durch objektiv nachprüfbare Umstände belegt ist, dass am maßgeblichen Bilanzstichtag ein unwiderruflicher Entschluss zur Ausschüttung eines bestimmten Betrags vorliegt*** → BFH vom ***7. 2. 2007 (BStBl 2008 II S. 340)***. ***Dies gilt*** auch für die Bilanzierung von Gewinnansprüchen in Fällen, in denen Gesellschafter einer Kapitalgesellschaft bilanzierende Einzelunternehmer oder Personengesellschaften sind, sowie in Fällen einer Betriebsaufspaltung, wenn sich die Beteiligung an einer Kapitalgesellschaft im Sonderbetriebsvermögen II des Gesellschafters einer Personengesellschaft befindet. Die Rechtsgrundsätze gelten auch für Bilanzstichtage nach In-Kraft-Treten des BiRiLiG (→ BFH vom 31. 10. 2000 – BStBl 2001 II S. 185).

→ aber Zinsansprüche aus Genussrechten

Optionsprämien

→ H 4.2 (15)

Durchlaufende Posten

Durchlaufende Posten sind auch bei Betriebsvermögensvergleich grundsätzlich gewinnneutral zu behandeln. Die Gewinnneutralität ergibt sich durch Aktivierung bzw. Passivierung gleich hoher Wertzugänge und Wertabgänge. Bei Gewinnermittlung durch Betriebsvermögensvergleich setzt die Gewinnneutralität nicht voraus, dass das Geschäft erkennbar in fremdem Namen und für fremde Rechnung getätigt wird. Die Gewinnneutralität findet ihre Grenze in § 159 AO (→ BFH vom 13. 8. 1997 – BStBl 1998 II S. 161).

Eiserne Verpachtung

Zur Gewinnermittlung bei der Verpachtung von Betrieben mit Substanzerhaltungspflicht des Pächters nach §§ 582a, 1048 BGB → BMF vom 21. 2. 2002 (BStBl I S. 262).Anhang 10

Erwerb mit betrieblichen Mitteln

Ein Wirtschaftsgut gehört nicht schon allein deshalb zum notwendigen Betriebsvermögen, weil es mit betrieblichen Geldmitteln erworben wurde (→ BFH vom 18. 12. 1996 – BStBl 1997 II S. 351).

Forderungen

- Gem. § 252 Abs. 1 Nr. 4 zweiter Halbsatz HGB sind Forderungen nur zu berücksichtigen, wenn sie am Abschlussstichtag realisiert sind. Diese Voraussetzung liegt vor, wenn eine Forderung entweder rechtlich bereits entstanden ist oder die für die Entstehung wesentlichen wirtschaftlichen Ursachen im abgelaufenen Geschäftsjahr gesetzt worden sind und der Kaufmann mit der künftigen rechtlichen Entstehung des Anspruchs fest rechnen kann. Dies ist z. B. der Fall, wenn der Leistungsverpflichtete die von ihm geschuldete Erfüllungshandlung erbracht hat; danach sind Provisionsansprüche aus Vermittlungsleistungen mit Abschluss des jeweiligen Kaufvertrages und der Vereinbarung des Leistungsentgeltes, spätestens mit der Lieferung an den Auftraggeber, realisiert (→ BFH vom 3. 8. 2005 – BStBl II 2006 S. 20 I R 94/03). Anhang 13
- Nicht entstandene Rückgriffsansprüche sind als Forderungen nur zu berücksichtigen, soweit sie einem Ausfall der Forderung unmittelbar nachfolgen und nicht bestritten sind (→ BFH vom 8. 11. 2000 – BStBl 2001 II S. 349).
- Umstrittene Forderungen können erst am Schluss des Wirtschaftsjahres angesetzt werden, in dem über den Anspruch rechtskräftig entschieden wird oder in dem eine Einigung mit dem Schuldner zustande kommt (→ BFH vom 14. 3. 2006 – BStBl II S. 650).

Gewillkürtes Betriebsvermögen

- Die Stpfl. haben kein (freies) Wahlrecht, gewillkürtes Betriebsvermögen oder Privatvermögen zu bilden. Vielmehr muss für die Bildung gewillkürten Betriebsvermögens eine betriebliche Veranlassung gegeben sein. Die Wirtschaftsgüter müssen objektiv „betriebsdienlich" sein. Die Willkürung muss ihr auslösendes Moment im Betrieb haben. Deshalb muss der Stpfl. darlegen, welche Beziehung das Wirtschaftsgut zum Betrieb hat und welche vernünftigen wirtschaftlichen Überlegungen ihn veranlasst haben, das Wirtschaftsgut als Betriebsvermögen zu behandeln (→ BFH vom 24. 2. 2000 – BStBl II S. 297),
- Die Zuordnung eines Wirtschaftsguts zum gewillkürten Betriebsvermögen bei Einlage muss unmissverständlich in einer Weise kundgemacht werden, dass ein sachverständiger Dritter ohne weitere Erklärung des Stpfl. die Zugehörigkeit zum Betriebsvermögen erkennen kann (→ BFH vom 22. 9. 1993 – BStBl 1994 II S. 172),
- Die Zuordnung zum gewillkürten Betriebsvermögen erfordert, dass der notwendige Widmungsakt zeitnah in den Büchern oder in Aufzeichnungen dokumentiert wird (→ BFH vom 27. 6. 2006 – BStBl II S. 874).
- Die Einlage von Wirtschaftsgütern als gewillkürtes Betriebsvermögen ist nicht zulässig, wenn erkennbar ist, dass die betreffenden Wirtschaftsgüter dem Betrieb keinen Nutzen, sondern nur Verluste bringen werden (→ BFH vom 19. 2. 1997 – BStBl II S. 399).

Gewinnrealisierung

- Der Zeitpunkt der Gewinnrealisierung wird beim Verkauf von Vermögensgegenständen im Allgemeinen als erfüllt angesehen, wenn der Vermögensgegenstand ausgeliefert, der Anspruch auf die Gegenleistung entstanden und die Gefahr des zufälligen Untergangs auf den Käufer übergegangen ist. Die Forderung aus dem Verkauf eines Grundstücks ist demnach mit dem Übergang von Besitz, Gefahr, Nutzen und Lasten realisiert (→ BFH vom 8. 9. 2005 – BStBl 2006 II S. 26).
- Gewinnrealisierung ist bei Übertragung des wirtschaftlichen Eigentums an einem Grundstück auch anzunehmen, wenn der Käufer am Bilanzstichtag des Veräußerungsjahres

noch das Recht hat, unter bestimmten Voraussetzungen vom Kaufvertrag zurückzutreten (→ BFH vom 25. 1. 1996 – BStBl 1997 II S. 382). Zur Bildung einer Rückstellung → H 5.7 (1) Rückabwicklung.

- ***Der Gewinn aus einer Inkassotätigkeit ist realisiert, wenn und soweit dem Unternehmer für eine selbständig abrechenbare und vergütungsfähige (Teil-)Leistung gegenüber seinem Auftragge-ber ein prinzipiell unentziehbarer Provisionsanspruch zusteht (→ BFH vom 29. 11. 2007 – BStBl 2008 II S. 557).***

Gold

- **Barrengold** kommt als gewillkürtes Betriebsvermögen jedenfalls für solche gewerblichen Betriebe nicht in Betracht, die nach ihrer Art oder Kapitalausstattung kurzfristig auf Liquidität für geplante Investitionen angewiesen sind (→ BFH vom 18. 12. 1996 – BStBl 1997 II S. 351),
- **Zahngold**; zum notwendigen Betriebsvermögen eines Zahnarztes gehört nicht nur das zu sofortiger betrieblicher Verwendung angeschaffte Zahngold, sondern auch das aus Goldabfällen stammende Altgold sowie in der Regel das zu Beistellungszwecken erworbene Dentalgold (→ BFH vom 12. 3. 1992 – BStBl 1993 II S. 36); der Erwerb von **Feingold** ist nicht betrieblich veranlasst (→ BFH vom 17. 4. 1986 – BStBl II S. 607).

Kreditgrundlage/Liquiditätsreserve

- Wirtschaftsgüter, die weder zum notwendigen Betriebsvermögen noch zum notwendigen Privatvermögen gehören, können als gewillkürtes Betriebsvermögen berücksichtigt werden, wenn sie objektiv geeignet und vom Betriebsinhaber erkennbar dazu bestimmt sind, den Betrieb zu fördern. Förderungsmöglichkeiten in diesem Sinne bieten Wirtschaftsgüter insbesondere auch, wenn sie als **Kreditgrundlage** oder **Liquiditätsreserve** geeignet sind oder z. B. **höhere Erträge** bringen. In Betracht kommen neben Bargeld oder Bankguthaben vor allem risikofreie und leicht liquidierbare Wertpapiere (→ BFH vom 18. 12. 1996 – BStBl 1997 II S. 351 und vom 19. 2. 1997 – BStBl II S. 399),

  → aber Termin- und Optionsgeschäfte
- Ein Wirtschaftsgut gehört nicht schon allein deshalb zum notwendigen Betriebsvermögen, weil es mit betrieblichen Mitteln erworben wurde oder der **Sicherung betrieblicher Kredite** dient (→ BFH vom 13. 8. 1964 – BStBl III S. 502).
- → H 4.2 (2) Sonderbetriebsvermögen

Lebensversicherungen

- Ein Anspruch aus einer Versicherung gehört zum notwendigen Privatvermögen, soweit das versicherte Risiko privater Natur und mithin der Abschluss der Versicherung privat veranlasst ist. Dies ist insbesondere der Fall, wenn die Versicherung von einem Unternehmen auf das Leben oder den Todesfall des (Mit-)Unternehmers oder eines nahen Angehörigen abgeschlossen wird (→ BFH vom 14. 3. 1996 – BStBl 1997 II S. 343).
- Schließt ein Unternehmen einen Versicherungsvertrag auf das Leben oder den Tod eines fremden Dritten ab, und ist Bezugsberechtigter nicht der Dritte, sondern das Unternehmen, so kann der Anspruch auf die Versicherungsleistung zum Betriebsvermögen gehören (→ BFH vom 14. 3. 1996 – BStBl 1997 II S. 343).
- Ansprüche aus Lebensversicherungsverträgen, die zur Tilgung oder Sicherung betrieblicher Darlehen dienen oder zu dienen bestimmt sind, werden durch die Abtretung oder Beleihung oder durch eine Hinterlegung der Police nicht zu Betriebsvermögen. Eine von einer Personengesellschaft auf das Leben ihrer Gesellschafter abgeschlossene Lebensversicherung (Teilhaberversicherung) gehört auch dann nicht zum Betriebsvermögen, wenn die Versicherungsleistungen zur Abfindung der Hinterbliebenen im Falle des Todes eines Gesellschafters verwendet werden sollen (→ BFH vom 6. 2. 1992 – BStBl II S. 653).

Nutzungsänderung

→ H 4.2 (4)

Nutzungsrechte/Nutzungsvorteile

- Unentgeltlich erworbene Nutzungsrechte/Nutzungsvorteile sind keine selbständigen Wirtschaftsgüter (→ BFH vom 26. 10. 1987 – BStBl II 1988 S. 348).
- Zur Berücksichtigung von Eigenaufwand und Drittaufwand → H 4.7 (Eigenaufwand für ein fremdes Wirtschaftsgut), (Drittaufwand).

- ***Nutzt ein Ehegatte einen Gebäudeteil eines im Miteigentum stehenden Einfamilienhauses für betriebliche Zwecke insgesamt in Ausübung seines Rechtes als Miteigentümer, ergibt sich für die über seinen Miteigentumsanteil hinausgehende Nutzung kein gesondertes Nutzungsrecht, das ein Wirtschaftsgut im Betriebsvermögen des Stpfl. bildet und stille Reserven entstehen lassen könnte. Die betriebliche Nutzung entfällt mit ihrer Beendigung steuerneutral (→ BFH vom 29. 4. 2008 – BStBl II S. 749).***

Schadensersatzforderung

Bestrittene Schadensersatzforderung auch nach Betriebsaufgabe noch Betriebsvermögen (→ BFH vom 10. 2. 1994 – BStBl II S. 564).

Termin- und Optionsgeschäfte

Branchenuntypische Termin- und Optionsgeschäfte sind dem betrieblichen Bereich regelmäßig auch dann nicht zuzuordnen, wenn generell die Möglichkeit besteht, damit Gewinne zu erzielen. Branchen untypische Termingeschäfte sind betrieblich veranlasst, wenn sie der Absicherung unternehmensbedingter Kursrisiken dienen und nach Art, Inhalt und Zweck ein Zusammenhang mit dem Betrieb besteht, wobei das einzelne Termingeschäft nach den im Zeitpunkt des Vertragsabschlusses bekannten Umständen geeignet und dazu bestimmt sein muss, das Betriebskapital tatsächlich zu verstärken. Unbedingte Termingeschäfte und Optionsgeschäfte scheiden auch unter dem Gesichtspunkt einer betrieblichen Liquiditätsreserve im Falle branchenfremder Betätigungen als gewillkürtes Betriebsvermögen aus, da sie auf Grund ihres spekulativen Charakters in die Nähe von Spiel und Wette zu rücken sind (→ BFH vom 19. 2. 1997 – BStBl II S. 399). Die Zuordnung von (Devisen-)Termingeschäften zum gewillkürten Betriebsvermögen setzt neben einem eindeutigen, nach außen manifestierten Widmungsakt des Unternehmers voraus, dass die Geschäfte im Zeitpunkt ihrer Widmung zu betrieblichen Zwecken objektiv geeignet sind, das Betriebskapital zu verstärken. Die objektive Eignung solcher Geschäfte zur Förderung des Betriebes ist bei branchenfremden Unternehmen nicht ohne weiteres ausgeschlossen, unterliegt aber wegen der hohen Risikoträchtigkeit der Geschäfte strengen Anforderungen (→ BFH vom 20. 4. 1999 – BStBl II S. 466).

Unternehmensrückgabe

nach dem VermG → BMF vom 10. 5. 1994 (BStBl I S. 286, 380).

Vorsteuer-Ansprüche

können bereits zu einem Zeitpunkt aktiviert werden, in dem noch keine berichtigten Rechnungen vorliegen (→ BFH vom 12. 5. 1993 – BStBl II S. 786).

Wertpapiere

- können gewillkürtes Betriebsvermögen eines Gewerbebetriebs sein, wenn nicht bereits bei ihrem Erwerb oder ihrer Einlage erkennbar ist, dass sie dem Betrieb keinen Nutzen, sondern nur Verluste bringen (→ BFH vom 18. 10. 2006 – BStBl 2007 II S. 259). Die Zurechnung von Wertpapieren zum gewillkürten Betriebsvermögen scheidet nicht allein deshalb aus, weil sie in spekulativer Absicht, mit Kredit erworben und Kursverluste billigend in Kauf genommen wurden (→ BFH vom 19. 2. 1997 – BStBl II S. 399).
- werden durch ihre Verpfändung für Betriebskredite in der Regel nicht zum notwendigen Betriebsvermögen (→ BFH vom 17. 3. 1966 – BStBl III S. 350).
- Erwirbt ein Rüben anbauender Landwirt Aktien einer Zuckerfabrik, die satzungsgemäß mit Anbau- und Lieferverpflichtungen verbunden sind, spricht eine tatsächliche Vermutung dafür, dass er diese Wertpapiere nicht als bloße Kapitalanlage, sondern zu betrieblichen Zwecken angeschafft hat und dass ihm andererseits diese Aktien aber auch nur aus betrieblichen Gründen überlassen wurden. Diese Aktien sind auch dann notwendiges Betriebsvermögen, wenn die damit verbundenen Rechte und Pflichten viele Jahre nicht beansprucht oder eingefordert worden sind (→ BFH vom 11. 12. 2003 – BStBl 2004 II S. 280).

Wertpapierfonds

Der Anspruch auf Ausschüttungen eines Wertpapierfonds ist zu aktivieren, sobald nach den Vertragsbedingungen ein unmittelbarer schuldrechtlicher Anspruch auf Ausschüttung entstanden ist und ein konstitutiver Ausschüttungsbeschluss dazu nicht erforderlich ist (→ BFH vom 18. 5. 1994 – BStBl 1995 II S. 54). Sofern in den Vertragsbedingungen lediglich ausgeführt wird, dass ordentliche Erträge grundsätzlich ausgeschüttet werden, führt dies alleine noch nicht zur Entstehung eines Ausschüttungsanspruchs. Vielmehr entsteht ein Ausschüttungsanspruch in diesen Fällen erst durch die Konkretisierung im Ausschüttungsbeschluss (→ BMF vom 2. 6. 2005 – BStBl I S. 728, Rz. 28).

Wirtschaftsgut

– **Auffüllrecht**

Das Recht, ein Grundstück mit Klärschlamm zu verfüllen, ist kein vom Grund und Boden verselbständigtes Wirtschaftsgut (→ BFH vom 20. 3. 2003 – BStBl II S. 878).

– **Begriff**

Wirtschaftsgüter sind Sachen, Rechte oder tatsächliche Zustände, konkrete Möglichkeiten oder Vorteile für den Betrieb, deren Erlangung der Kaufmann sich etwas kosten lässt, die einer besonderen Bewertung zugänglich sind, in der Regel eine Nutzung für mehrere Wirtschaftsjahre erbringen und zumindest mit dem Betrieb übertragen werden können (→ BFH vom 19. 6. 1997 – BStBl II S. 808).

– **Eingetauschte Wirtschaftsgüter**

Für notwendiges Betriebsvermögen eingetauschte Wirtschaftsgüter werden grundsätzlich zunächst (notwendiges) Betriebsvermögen (→ BFH vom 18. 12. 1996 – BStBl 1997 II S. 351).

→ H 6b.1 (Entnahme, Tausch)

– **Leitungsanlagen** als selbständige Wirtschaftsgüter → BMF vom 30. 5. 1997 (BStBl I S. 567).

– **Verlustbringende Wirtschaftsgüter**

Wirtschaftsgüter, die bisher im Privatvermögen geführt wurden, dürfen nicht in das – gewillkürte – Betriebsvermögen aufgenommen werden, wenn damit lediglich der Zweck verfolgt wird, sich bereits abzeichnende Verluste aus dem Privatvermögen in den betrieblichen Bereich zu verlagern. Entsprechendes gilt, wenn beim Erwerb des Wirtschaftsgutes bereits erkennbar ist, dass der Erwerb dem Betrieb keinen Nutzen, sondern nur Verluste bringen kann (→ BFH vom 19. 2. 1997 – BStBl II S. 399).

Zinsansprüche aus Genussrechten

Zinsansprüche aus Genussrechten entstehen im Gegensatz zu → Dividendenansprüchen nicht erst durch einen Gewinnverwendungsbeschluss als selbständiges Recht, sondern bereits mit Ablauf des zugrunde liegenden Zinszeitraums. Sie sind daher in der Bilanz des Wirtschaftsjahres zu aktivieren, in dem der Zinszeitraum abläuft. Dies gilt auch dann, wenn nach den Genussrechtsbedingungen der Schuldner die Ansprüche nicht bedienen muss, solange hierdurch bei ihm ein Bilanzverlust entstehen oder sich erhöhen würde (→ BFH vom 18. 12. 2002 – BStBl II S. 400).

Zuzahlung des Veräußerers

→ H 6.2

R 4.2 (2) **Betriebsvermögen bei Personengesellschaften**

(2) [1]Das Betriebsvermögen i. S. d. Absatzes 1 umfasst bei einer Personengesellschaft sowohl die Wirtschaftsgüter, die zum Gesamthandsvermögen der Mitunternehmer gehören, als auch diejenigen Wirtschaftsgüter, die einem, mehreren oder allen Mitunternehmern gehören (Sonderbetriebsvermögen). [2]Wirtschaftsgüter, die einem, mehreren oder allen Mitunternehmern gehören und die nicht Gesamthandsvermögen der Mitunternehmer der Personengesellschaft sind, gehören zum notwendigen Betriebsvermögen, wenn sie entweder unmittelbar dem Betrieb der Personengesellschaft dienen (Sonderbetriebsvermögen I) oder unmittelbar zur Begründung oder Stärkung der Beteiligung des Mitunternehmers an der Personengesellschaft eingesetzt werden sollen (Sonderbetriebsvermögen II). [3]Solche Wirtschaftsgüter können zum gewillkürten Betriebsvermögen gehören, wenn sie objektiv geeignet und subjektiv dazu bestimmt sind, den Betrieb

der Gesellschaft (Sonderbetriebsvermögen I) oder die Beteiligung des Gesellschafters (Sonderbetriebsvermögen II) zu fördern. [4]Auch ein einzelner Gesellschafter kann gewillkürtes Sonderbetriebsvermögen bilden.

Hinweise

H 4.2 (2)

Anteile an Kapitalgesellschaften

Der Anteil eines Mitunternehmers an einer Kapitalgesellschaft gehört zu seinem Sonderbetriebsvermögen II, wenn

- zwischen dem Unternehmen der Personengesellschaft und dem der Kapitalgesellschaft eine enge wirtschaftliche Verflechtung besteht und der Mitunternehmer – ggf. zusammen mit anderen Mitunternehmern der Personengesellschaft – die Kapitalgesellschaft beherrscht und die Kapitalgesellschaft nicht in erheblichem Umfang anderweitig tätig ist, oder
- der Kommanditist einer GmbH & Co KG an der Komplementär-GmbH beteiligt ist und die GmbH außer ihrer Geschäftsführungstätigkeit für die KG keine eigene Tätigkeit, die nicht von untergeordneter Bedeutung ist, ausübt, oder
- sich die Stärkung der Beteiligung des Mitunternehmers an der Personengesellschaft durch die Beteiligung an der Kapitalgesellschaft aus anderen Gründen ergibt.

(→ BFH vom 23. 1. 2001 – BStBl II S. 825)

Anteile an Kapitalgesellschaften – **Einzelfälle:**

- Die Beteiligung des Gesellschafters einer Besitzpersonengesellschaft an der Betriebskapitalgesellschaft gehört zu seinem notwendigen Sonderbetriebsvermögen II bei der Besitzpersonengesellschaft (→ BFH vom 16. 4. 1991 – BStBl II S. 832).
- Die Beteiligung an einer Kapitalgesellschaft kann auch dann notwendiges Sonderbetriebsvermögen II des Gesellschafters einer Personengesellschaft sein, wenn die Beteiligung keinen beherrschenden Einfluss vermittelt. Dies ist z. B. der Fall, wenn die Personengesellschaft von der in der gleichen Branche tätigen Kapitalgesellschaft organisatorisch und wirtschaftlich abhängig ist (→ BFH vom 3. 3. 1998 – BStBl II S. 383). Die Unterhaltung von Geschäftsbeziehungen zu einer Kapitalgesellschaft, wie sie üblicherweise auch mit anderen Unternehmen bestehen, reicht selbst dann, wenn diese Beziehungen besonders intensiv sind, nicht aus, um die Anteile des Gesellschafters einer Personengesellschaft an der Kapitalgesellschaft als notwendiges Sonderbetriebsvermögen II anzusehen (→ BFH vom 28. 6. 2006 – BStBl 2007 II S. 378).
- Beteiligt sich der Gesellschafter einer GmbH an dieser als atypisch stiller Gesellschafter, so gehört der Anteil an der GmbH zu seinem Sonderbetriebsvermögen II, sofern nicht die GmbH noch einer anderen Geschäftstätigkeit von nicht ganz untergeordneter Bedeutung nachgeht (→ BFH vom 15. 10. 1998 – BStBl 1999 II S. 286).
- Der Geschäftsanteil eines Kommanditisten an der Kommanditisten-GmbH derselben KG gehört dann zu seinem Sonderbetriebsvermögen II bei der KG, wenn die Kommanditisten-GmbH keiner eigenen Geschäftstätigkeit nachgeht und ihr alleiniger Zweck die Beteiligung an der KG in einem erheblichen Umfang ist (→ BFH vom 23. 1. 2001 – BStBl II S. 825).

Darlehen an Gesellschafter

→ H 4.3 (2–4) Personengesellschaften

Gesellschafterforderung

- ***Um eine schuldrechtliche Forderung des Gesellschafters gegen die Gesellschaft und nicht um Eigenkapital der Gesellschaft handelt es sich bei einem Gesellschafterkonto dann, wenn der Gesellschafter insoweit einen unentziehbaren, nur nach den §§ 362 bis 397 BGB erlöschenden Anspruch gegen die Gesellschaft haben soll, der auch in der Insolvenz der Gesellschaft wie eine Forderung eines Dritten geltend gemacht werden kann und der noch vor der eigentlichen Auseinandersetzung über das Gesellschaftsvermögen zu erfüllen ist, also nicht lediglich einen Teil des Auseinandersetzungsguthabens darstellt (→ BFH vom 26. 6. 2007 – BStBl 2008 II S. 103).***
- ***→ BMF vom 30. 5. 1997 (BStBl I S. 627), Tz. 4*** Anhang 18

Kapitalersetzendes Darlehen

→ H 6.2 (Beteiligung an Kapitalgesellschaft)

Nießbrauch

→ H 4.3 (2–4) Keine Entnahme des Grundstücks oder Grundstücksteils

Nießbrauch an Gesellschaftsanteil

→ H 15.8 (1) Nießbrauch

Sonderbetriebseinnahmen und -ausgaben

→ H 4.7

Sonderbetriebsvermögen

- **Ausgleichsanspruch** eines Kommanditisten

  → H 15.8 (1),
- Bei **Betriebsaufspaltung,**

  → H 15.7 (4) Sonderbetriebsvermögen,
- Bei **ehelicher Gütergemeinschaft,**

  → H 4.2 (12) **Gütergemeinschaft,**
- Die **Einlage von Wirtschaftsgütern des gewillkürten Sonderbetriebsvermögens** muss mit der gleichen Eindeutigkeit geschehen wie die Einlage eines Wirtschaftsgutes des gewillkürten Betriebsvermögens in ein Einzelunternehmen. Besondere Bedeutung kommt dabei der buchmäßigen Behandlung zu, wenn diese auch nicht stets entscheidend ist (→ BFH vom 23. 10. 1990 – BStBl 1991 II S. 401). →H 4.2 (1) Gewillkürtes Betriebsvermögen
- Bei **Land- und Forstwirtschaft oder freiberuflicher Tätigkeit,**

  Notwendiges und gewillkürtes Sonderbetriebsvermögen kann es auch bei Mitunternehmern geben, die sich zur gemeinsamen Ausübung eines land- und forstwirtschaftlichen Betriebes oder eines freien Berufs zusammengeschlossen haben (→ BFH vom 2. 12. 1982 – BStBl 1983 II S. 215),
- Zur **Unterscheidung** zwischen Sonderbetriebsvermögen I und Sonderbetriebsvermögen II → BFH vom 7. 7. 1992 (BStBl 1993 II S. 328).
- Für die Zuordnung von Sicherheiten zum notwendigen passiven Sonderbetriebsvermögen einer Personengesellschaft für Verbindlichkeiten einer GmbH, die in wirtschaftlicher Verbindung zur Personengesellschaft steht, an der aber nur die Personengesellschaft, nicht jedoch der Gesellschafter beteiligt ist, kommt es – wie bei der Zurechung von Wirtschaftsgütern zum aktiven Sonderbetriebsvermögen – maßgebend auf den Veranlassungszusammenhang an. Der erforderliche Veranlassungszusammenhang kann nur bejaht werden, wenn die Sicherheitsbestellung ausschließlich und eindeutig durch die Beteiligung an der Personengesellschaft veranlasst ist und dies der Mitunternehmer erforderlichenfalls nachweist. Im Rahmen der zur Feststellung des Veranlassungszusammenhangs notwendigen Gesamtwürdigung kommt der Frage, inwieweit die Sicherheiten zu markt- bzw. fremdüblichen Bedingungen gewährt worden sind, besondere Bedeutung zu (→ BFH vom 27. 6. 2006 – BStBl II S. 874).

R 4.2 (3) **Gebäudeteile, die selbständige Wirtschaftsgüter sind**

(3) [1]Gebäudeteile, die nicht in einem einheitlichen Nutzungs- und Funktionszusammenhang mit dem Gebäude stehen, sind selbständige Wirtschaftsgüter. [2]Ein Gebäudeteil ist selbständig, wenn er besonderen Zwecken dient, mithin in einem von der eigentlichen Gebäudenutzung verschiedenen Nutzungs- und Funktionszusammenhang steht. [3]Selbständige Gebäudeteile in diesem Sinne sind:

1. Betriebsvorrichtungen (→ R 7.1 Abs. 3);
2. Scheinbestandteile (→ R 7.1 Abs. 4);
3. Ladeneinbauten, → Schaufensteranlagen, Gaststätteneinbauten, Schalterhallen von Kreditinstituten sowie ähnliche Einbauten, die einem schnellen Wandel des modischen Geschmacks unterliegen; als Herstellungskosten dieser Einbauten kommen nur Aufwendungen für Gebäudeteile in Betracht, die statisch für das gesamte Gebäude unwesentlich sind, z. B. Auf-

wendungen für Trennwände, Fassaden, Passagen sowie für die Beseitigung und Neuerrichtung von nichttragenden Wänden und Decken;

4. sonstige → Mietereinbauten;
5. sonstige selbständige Gebäudeteile (→ Absatz 4).

Hinweise

H 4.2 (3)

Zur Abgrenzung

Zur Abgrenzung zwischen dem Gebäude und solchen Bestandteilen, die nicht der Gebäudenutzung selbst, sondern einem davon verschiedenen Zweck dienen → BFH vom 30. 1. 1995 (BStBl II S. 281)

Mietereinbauten

- → BMF vom 15. 1. 1976 (BStBl I S. 66); zur Höhe der AfA bei unbeweglichen Wirtschaftsgütern aber → H 7.4.
- Mietereinbauten und -umbauten sind in der Bilanz des Mieters zu aktivieren, wenn es sich um gegenüber dem Gebäude selbständige Wirtschaftsgüter (verschiedener Nutzungs- und Funktionszusammenhang) handelt, für die der Mieter Herstellungskosten aufgewendet hat, die Wirtschaftsgüter seinem Betriebsvermögen zuzurechnen sind und die Nutzung durch den Mieter zur Einkünfteerzielung sich erfahrungsgemäß über einen Zeitraum von mehr als einem Jahr erstreckt (→ BFH vom 15. 10. 1996 – BStBl 1997 II S. 533). Das gegenüber dem Gebäude selbständige, materielle Wirtschaftsgut kann beweglich oder unbeweglich sein. Ein bewegliches Wirtschaftsgut liegt vor, wenn der Mieter sachenrechtlicher Eigentümer ist (Scheinbestandteil, § 95 BGB) oder eine Betriebsvorrichtung (§ 68 Abs. 2 Nr. 2 BewG) des Mieters besteht. Dagegen handelt es sich bei dem besonderen Zwecken dienenden und daher in einem von der eigentlichen Gebäudenutzung verschiedenen Nutzungs- und Funktionszusammenhang stehenden Gebäudebestandteil um ein unbewegliches Wirtschaftsgut. Das gilt auch für einen Gebäudebestandteil, der im wirtschaftlichen Eigentum des Mieters steht (→ BFH vom 11. 6. 1997 – BStBl II S. 774).
- Mietereinbauten als selbständige Wirtschaftsgüter beim Mieter auf Grund wirtschaftlichen Eigentums → BFH vom 28. 7. 1993 (BStBl 1994 II S. 164) und vom 11. 6. 1997 (BStBl II S. 774).

Schaufensteranlage

Schaufensteranlage und Beleuchtungsanlage zum Schaufenster sind auch bei Neubauten selbständige Gebäudeteile → BFH vom 29. 3. 1965 (BStBl III S. 291).

Unterschiedliche Nutzungen und Funktionen eines Gebäudes

R 4.2 (4)

(4) [1]Wird ein Gebäude teils eigenbetrieblich, teils fremdbetrieblich, teils zu eigenen und teils zu fremden Wohnzwecken genutzt, ist jeder der vier unterschiedlich genutzten Gebäudeteile ein besonderes Wirtschaftsgut, weil das Gebäude in verschiedenen Nutzungs- und Funktionszusammenhängen steht. [2]Wohnräume, die wegen Vermietung an Arbeitnehmer des Stpfl. notwendiges Betriebsvermögen sind, gehören zu dem eigenbetrieblich genutzten Gebäudeteil. [3]Die Vermietung zu hoheitlichen, zu gemeinnützigen oder zu Zwecken eines Berufsverbands gilt als fremdbetriebliche Nutzung. [4]Wird ein Gebäude oder Gebäudeteil fremdbetrieblich genutzt, handelt es sich auch dann um ein einheitliches Wirtschaftsgut, wenn es verschiedenen Personen zu unterschiedlichen betrieblichen Nutzungen überlassen wird. [5]Eine Altenteilerwohnung ist im Falle der Entnahme nach § 13 Abs. 4 EStG stets als besonderes Wirtschaftsgut anzusehen.

Hinweise

H 4.2 (4)

Mehrere Baulichkeiten

sind selbständige Wirtschaftsgüter, auch wenn sie auf demselben Grundstück errichtet wurden und in einem einheitlichen Nutzungs- und Funktionszusammenhang stehen, z. B. Anbauten bei Gebäuden, es sei denn, sie sind baulich derart miteinander verbunden, dass die Teile des Bauwerks nicht ohne weitere erhebliche Bauaufwendungen voneinander getrennt werden können (→ BFH vom 5. 12. 1974 – BStBl 1975 II S. 344, vom 21. 7. 1977 – BStBl 1978 II S. 78 und vom 15. 9. 1977 – BStBl 1978 II S. 123), oder sie besitzen keine eigene Standfestigkeit (→ BFH vom 25. 1. 2007 – BStBl 2007 II S. 586).

Miteigentum

Jeder nach R 4.2 Abs. 4 Satz 1 selbständige Gebäudeteil ist in so viele Wirtschaftsgüter aufzuteilen, wie Gebäudeeigentümer vorhanden sind (→ BFH vom 9. 7. 1992 – BStBl II S. 948).

Nutzung im Rahmen mehrerer Betriebe

- Dient ein Gebäude (Gebäudeteil) ausschließlich eigenbetrieblichen Zwecken, so ist eine weitere Aufteilung auch dann nicht vorzunehmen, wenn es (er) im Rahmen mehrerer selbständiger (eigener) Betriebe genutzt wird (→ BFH vom 29. 9. 1994 – BStBl 1995 II S. 72),

  → R 4.2 Abs. 1 Satz 7
- Von selbständigen Wirtschaftsgütern ist bei gleichen Nutzungsverhältnissen jedoch dann auszugehen, wenn das Gebäude (der Gebäudeteil) nach dem WEG in **Teileigentum** aufgeteilt wurde (→ BFH vom 29. 9. 1994 – BStBl 1995 II S. 72).

Nutzungsänderung

- Ein zunächst betrieblich genutzter Gebäudeteil verliert ohne Entnahmehandlung seine Eigenschaft als Betriebsvermögen nicht dadurch, dass er zu fremden Wohnzwecken vermietet wird und sich in dem Gebäude ein weiterer zu fremden Wohnzwecken vermieteter Gebäudeteil befindet, der zum Privatvermögen gehört (→ BFH vom 10. 11. 2004 – BStBl 2005 II S. 334).
- Die Nutzungsänderung eines bisher zum Privatvermögen gehörenden Gebäudeteils, der nunmehr für fremdgewerbliche Zwecke genutzt wird, führt nicht zur Zwangseinlage ins Betriebsvermögen, auch wenn ein weiterer, schon vorher für fremdbetriebliche Zwecke vermieteter Gebäudeteil dem gewillkürten Betriebsvermögen zugeordnet worden ist (→ BFH vom 21. 4. 2005 – BStBl II S. 604).

Selbständige Wirtschaftsgüter

nach Nutzung und Funktion des Gebäudeteils → BFH vom 30. 1. 1995 (BStBl II S. 281).

R 4.2 (5) **Abgrenzung der selbständigen von den unselbständigen Gebäudeteilen**

(5) [1]Ein Gebäudeteil ist unselbständig, wenn er der eigentlichen Nutzung als Gebäude dient. [2]Unselbständige Gebäudeteile sind auch räumlich vom Gebäude getrennt errichtete Baulichkeiten, die in einem so engen Nutzungs- und Funktionszusammenhang mit dem Gebäude stehen, dass es ohne diese Baulichkeiten als unvollständig erscheint.

H 4.2 (5)

Hinweise

Unselbständige Gebäudeteile

sind z. B.:

- Bäder, Schwimmbecken und Duschen eines Hotels,
- Heizungsanlagen, Be- und Entlüftungsanlagen, Klimaanlagen, Warmwasseranlagen und Müllschluckanlagen, außer wenn sie ganz oder überwiegend einem Betriebsvorgang dienen,
- Sprinkler-(Feuerlösch-)Anlagen, außer wenn mit ihnen das Gewerbe unmittelbar betrieben wird,
- Beleuchtungsanlagen, außer Spezialbeleuchtungsanlagen, die nicht zur Gebäudebeleuchtung erforderlich sind,
- Personenaufzüge, Rolltreppen oder Fahrtreppen, die zur Bewältigung des Publikumsverkehrs dienen,

  (→ gleich lautende Ländererlasse vom 15. 3. 2006 – BStBl I S. 314).
- Umzäunung oder Garage bei einem Wohngebäude (→ BFH vom 15. 12. 1977 – BStBl 1978 II S. 210 und vom 28. 6. 1983 – BStBl 1984 II S. 196); aber → H 7.1 (Garagen).

Aufteilung der Anschaffungs- oder Herstellungskosten bei Gebäudeteilen R 4.2 (6)

(6) [1]Die Anschaffungs- oder Herstellungskosten des gesamten Gebäudes sind auf die einzelnen Gebäudeteile aufzuteilen. [2]Für die Aufteilung ist das Verhältnis der Nutzfläche eines Gebäudeteiles zur Nutzfläche des ganzen Gebäudes maßgebend, es sei denn, die Aufteilung nach dem Verhältnis der Nutzflächen führt zu einem unangemessenen Ergebnis. [3]Von einer solchen Aufteilung kann aus Vereinfachungsgründen abgesehen werden, wenn sie aus steuerlichen Gründen nicht erforderlich ist. [4]Die Nutzfläche ist in sinngemäßer Anwendung der Verordnung zur Berechnung der Wohnfläche (Wohnflächenverordnung – WoFlV) vom 25. 11. 2003 (BGBl. I S. 2346) zu ***in der jeweils geltenden Fassung*** ermitteln.

Grundstücke und Grundstücksteile als notwendiges Betriebsvermögen R 4.2 (7)

(7) [1]Grundstücke und Grundstücksteile, die ausschließlich und unmittelbar für eigenbetriebliche Zwecke des Stpfl. genutzt werden, gehören regelmäßig zum notwendigen Betriebsvermögen. [2]Wird ein Teil eines Gebäudes eigenbetrieblich genutzt, gehört der zum Gebäude gehörende Grund und Boden anteilig zum notwendigen Betriebsvermögen; in welchem Umfang der Grund und Boden anteilig zum Betriebsvermögen gehört, ist unter Berücksichtigung der Verhältnisse des Einzelfalles zu ermitteln.

Hinweise

H 4.2 (7)

Anteilige Zugehörigkeit des Grund und Bodens

Der Grund und Boden gehört grundsätzlich im Verhältnis der Zugehörigkeit des Gebäudes oder Gebäudeteils zum Betriebsvermögen → BFH vom 27. 1. 1977 (BStBl II S. 388) und vom 12. 7. 1979 (BStBl 1980 II S. 5).

Eigenaufwand für ein fremdes Wirtschaftsgut

→ H 4.7

Ferienwohnung

Ferienwohnungen, die ein Stpfl. unter Einschaltung seines auf die Vermittlung von Immobilien, Mietverträgen und Verträgen über Ferienobjekte gerichteten Gewerbebetriebs vermietet, können zum notwendigen Betriebsvermögen des Gewerbebetriebs gehören (→ BFH vom 13. 11. 1996 – BStBl 1997 II S. 247).

Land- und forstwirtschaftlicher Betrieb

- Erwirbt ein Landwirt einen langfristig verpachteten landwirtschaftlichen Betrieb in der erkennbaren Absicht, die Bewirtschaftung dieses Betriebes alsbald zu übernehmen, entsteht vom Erwerb an notwendiges Betriebsvermögen, wenn der Bewirtschaftungswille sich auch in einem überschaubaren Zeitraum verwirklichen lässt (→ BFH vom 12. 9. 1991 – BStBl 1992 II S. 134).
- Eine vom Verpächter hinzuerworbene landwirtschaftliche Nutzfläche wird notwendiges Betriebsvermögen des verpachteten Betriebs, wenn sie nach dem Erwerb in das Pachtverhältnis einbezogen wird, und zwar selbst dann, wenn sie im Zeitpunkt des Erwerbs noch anderweitig verpachtet war (→ BFH vom 24. 9. 1998 – BStBl 1999 II S. 55).
- Eine durch Anpflanzung und Samenflug entstandene Waldfläche ist auch ohne Bearbeitung und Bestandspflege Teil eines Forstbetriebs, solange die Fläche nicht derart umgestaltet wird, dass von einer Entnahme ins Privatvermögen oder der Entstehung notwendigen Privatvermögens auszugehen ist (→ BFH vom 18. 5. 2000 – BStBl II S. 524).

Miteigentum

Gehört ein Grundstück nur teilweise dem Betriebsinhaber, so kann es nur insoweit Betriebsvermögen sein, als es dem Betriebsinhaber gehört; das gilt auch dann, wenn ein Grundstück Ehegatten gemeinsam gehört (→ BFH vom 23. 11. 1995 – BStBl 1996 II S. 193).

Rettung einer betrieblichen Forderung

Ein Grundstück, das zur Rettung einer betrieblichen Forderung ersteigert wird, ist notwendiges Betriebsvermögen (→ BFH vom 11. 11. 1987 – BStBl 1988 II S. 424).

Vermietung an Arbeitnehmer

Grundstücke, die an Arbeitnehmer vermietet werden, sind notwendiges Betriebsvermögen des Arbeitgebers, wenn für die Vermietung gerade an Arbeitnehmer betriebliche Gründe maßgebend waren (→ BFH vom 1. 12. 1976 – BStBl 1977 II S. 315).

Zeitpunkt der erstmaligen Zugehörigkeit zum Betriebsvermögen

Eigenbetrieblich genutzte Grundstücke und Grundstücksteile sind ab ihrer endgültigen Funktionszuweisung notwendiges Betriebsvermögen, auch wenn der konkrete Einsatz im Betrieb erst in der Zukunft liegt; das gilt auch dann, wenn es an einer Willenserklärung des Stpfl. oder eines Ausweises in der Buchführung und in den Bilanzen fehlt (→ BFH vom 6. 3. 1991 – BStBl II S. 829).

R 4.2 (8)

Grundstücksteile von untergeordnetem Wert

(8) [1]Eigenbetrieblich genutzte Grundstücksteile brauchen nicht als Betriebsvermögen behandelt zu werden, wenn ihr Wert nicht mehr als ein Fünftel des gemeinen Werts des gesamten Grundstücks und nicht mehr als 20 500 Euro beträgt (§ 8 EStDV). [2]Dabei ist auf den Wert des Gebäudeteiles zuzüglich des dazugehörenden Grund und Bodens abzustellen. [3]Bei der Prüfung, ob der Wert eines Grundstücksteiles mehr als ein Fünftel des Werts des ganzen Grundstücks beträgt, ist in der Regel das Verhältnis der Nutzflächen zueinander zugrunde zu legen. [4]Ein Grundstücksteil ist mehr als 20 500 Euro wert, wenn der Teil des gemeinen Werts des ganzen Grundstücks, der nach dem Verhältnis der Nutzflächen zueinander auf den Grundstücksteil entfällt, 20 500 Euro übersteigt. [5]Führt der Ansatz der Nutzflächen zu einem unangemessenen Wertverhältnis der beiden Grundstücksteile, ist bei ihrer Wertermittlung anstelle der Nutzflächen der Rauminhalt oder ein anderer im Einzelfall zu einem angemessenen Ergebnis führender Maßstab zugrunde zu legen. [6]Sind → Zubehörräume (Nebenräume) vorhanden, kann der Stpfl. die Aufteilung auch nach dem Verhältnis der Haupträume vornehmen. [7]Beträgt der Wert eines eigenbetrieblich genutzten Grundstücksteiles nicht mehr als ein Fünftel des gesamten Grundstückswertes und nicht mehr als 20 500 Euro, besteht ein Wahlrecht, den Grundstücksteil weiterhin als Betriebsvermögen zu behandeln oder zum Teilwert zu entnehmen. [8]Zur Berücksichtigung von Betriebsausgaben, wenn der Grundstücksteil zu Recht nicht als Betriebsvermögen behandelt wird → R 4.7 Abs. 2 Satz 4.

H 4.2 (8)

Hinweise

Einlage

Einlage des Grundstücksteils im Zeitpunkt des Überschreitens der absoluten Wertgrenze → BFH vom 21. 7. 1967 (BStBl III S. 752).

Zubehörräume

i. S. d. § 42 Abs. 4 II. BV bzw. des § 2 Abs. 3 Nr. 1 WoFIV brauchen in die Berechnung des eigenbetrieblich genutzten Anteils nicht einbezogen zu werden (→ BFH vom 21. 2. 1990 – BStBl II S. 578). → H 4.7 (Nebenräume).

R 4.2 (9)

Grundstücke und Grundstücksteile als gewillkürtes Betriebsvermögen

(9) [1]Ermitteln Stpfl. den Gewinn durch Betriebsvermögensvergleich oder durch Einnahmenüberschussrechnung nach § 4 Abs. 3 EStG, können sie die Grundstücke oder Grundstücksteile, die nicht eigenbetrieblich genutzt werden und weder eigenen Wohnzwecken dienen, noch Dritten zu Wohnzwecken unentgeltlich überlassen sind, sondern z. B. zu Wohnzwecken oder zur gewerblichen Nutzung an Dritte vermietet sind, können als gewillkürtes Betriebsvermögen behandelt werden, wenn die Grundstücke oder die Grundstücksteile in einem gewissen objektiven Zusammenhang mit dem Betrieb stehen und ihn zu fördern bestimmt und geeignet sind. [2]Wegen dieser Voraussetzungen bestehen für den Ansatz von Wirtschaftsgütern als gewillkürtes Betriebsvermögen Einschränkungen, die sich nicht nur aus den Besonderheiten des einzelnen Betriebs, sondern auch aus der jeweiligen Einkunftsart ergeben können. [3]Daher können Land-

und Forstwirte Mietwohn- und Geschäftshäuser, die sie auf zugekauftem, bisher nicht zum Betriebsvermögen gehörenden Grund und Boden errichtet oder einschließlich Grund und Boden erworben haben, regelmäßig nicht als Betriebsvermögen behandeln. [4]Dagegen kann ein Land- und Forstwirt, der sein bisher land- und forstwirtschaftlich genutztes Grundstück bebaut und das Gebäude an Betriebsfremde vermietet, dieses als gewillkürtes Betriebsvermögen behandeln, wenn dadurch das Gesamtbild der land- und forstwirtschaftlichen Tätigkeit nicht wesentlich verändert wird. [5]In Grenzfällen hat der Stpfl. darzutun, welche Beziehung das Grundstück oder der Grundstücksteil zu seinem Betrieb hat und welche vernünftigen wirtschaftlichen Überlegungen ihn veranlasst haben, das Grundstück oder den Grundstücksteil als gewillkürtes Betriebsvermögen zu behandeln. [6]Wird ein Gebäude oder ein Gebäudeteil als gewillkürtes Betriebsvermögen behandelt, gehört auch der dazugehörende Grund und Boden zum Betriebsvermögen.

Hinweise

H 4.2 (9)

Beispiele für zulässigerweise gebildetes gewillkürtes Betriebsvermögen:

- Ein von einem freiberuflich Tätigen zur künftigen Betriebserweiterung erworbenes Grundstück kann gewillkürtes Betriebsvermögen sein (→ BFH vom 15. 4. 1981 – BStBl II S. 618).
- Ein Gewerbetreibender kann in der Regel Grundstücke, die nicht zum notwendigen Privatvermögen gehören, z. B. Mietwohngrundstücke, als Betriebsvermögen behandeln, es sei denn, dass dadurch das Gesamtbild der gewerblichen Tätigkeit so verändert wird, dass es den Charakter einer Vermögensnutzung im nicht gewerblichen Bereich erhält (→ BFH vom 10. 12. 1964 – BStBl 1965 III S. 377).

Besonderheiten bei land- und forstwirtschaftlichen Betrieben

- Für die Willkürung eines Wirtschaftsguts muss es in Bezug auf die betreffende land- und forstwirtschaftliche Tätigkeit von der Sache oder vom Gegenstand her objektiv geeignet sein, den land- und forstwirtschaftlichen Betrieb zu fördern; es muss in einem gewissen objektiven Zusammenhang mit dem Betrieb stehen. Gewillkürtes Betriebsvermögen in der Land- und Forstwirtschaft können nur verpachtete land- und forstwirtschaftlich genutzte Grundstücke und alle Wirtschaftsgüter sein, deren Nutzung innerhalb der Land- und Forstwirtschaft möglich ist (→ aber R 4.2 Abs. 9 Satz 4). Wirtschaftsgüter, die dem Betrieb der Land- und Forstwirtschaft wesensfremd sind und denen eine sachliche Beziehung zum Betrieb fehlt, können auch nicht im Wege der Willkürung zum Betriebsvermögen werden (→ BFH vom 28. 10. 1982 – BStBl 1983 II S. 106).
- Werden bisher zum notwendigen Betriebsvermögen gehörende Grundstücke entgeltlich zu fremden Wohn- oder Geschäftszwecken genutzt und so umgestaltet, dass sie einer land- und forstwirtschaftlichen Nutzung nicht mehr zugeführt werden können, wird das Gesamtbild der land- und forstwirtschaftlichen Tätigkeit nicht wesentlich verändert, wenn der Umfang dieser Grundstücke nicht mehr als 10 % der Gesamtfläche des Betriebs beträgt (→ BFH vom 10. 12. 1992 – BStBl 1993 II S. 342 bei Bestellung von Erbbaurechten zur Errichtung von Wohngebäuden; → BFH vom 22. 8. 2002 – BStBl 2003 II S. 16 bei Bebauung und Vermietung).

Gewillkürtes Sonderbetriebsvermögen

→ H 4.2 (12)

Nachweis der Zuordnung zum gewillkürten Betriebsvermögen

Die Zuordnung eines Wirtschaftsguts zum gewillkürten Betriebsvermögen ist unmissverständlich in einer solchen Weise zu dokumentieren, dass ein sachverständiger Dritter ohne weitere Erklärung des Stpfl. die Zugehörigkeit des Wirtschaftsguts zum Betriebsvermögen erkennen kann (→ BFH vom 2. 10. 2003 – BStBl 2004 II S. 985 und BMF vom 17. 11. 2004 – BStBl I S. 1064).

Verlustbringende Grundstücke und Grundstücksteile

→ H 4.2 (1) Wirtschaftsgut (Verlustbringende Wirtschaftsgüter)

Vernünftige wirtschaftliche Überlegungen für die Behandlung als gewillkürtes Betriebsvermögen

Darlegungspflicht durch den Stpfl.

- → BFH vom 22. 11. 1960 (BStBl 1961 III S. 97) zum Fall eines Bäckermeisters
- → BFH vom 1. 12. 1960 (BStBl 1961 III S. 154) zum Fall einer Rechtsanwalts- und Notarpraxis.

R 4.2 (10) **Einheitliche Behandlung des Grundstücks**

(10) [1]Auch wenn ein Grundstück zu mehr als der Hälfte die Voraussetzungen für die Behandlung als Betriebsvermögen (→ Absätze 7 und 9) erfüllt, können weitere Grundstücksteile, bei denen die Voraussetzungen des Absatzes 9 nicht vorliegen, nicht als Betriebsvermögen behandelt werden; Ausnahmen gelten für Baudenkmale bei den Einkünften aus Land- und Forstwirtschaft (§ 13 Abs. 2 Nr. 2 und Abs. 4 EStG). [2]Soweit das Grundstück bzw. Gebäude vor dem 1. 1. 1999 angeschafft, hergestellt oder eingelegt worden ist, gelten die Anweisungen in R 13 Abs. 10 Sätze 1, 3 und 4 EStR 1999 weiter.

R 4.2 (11) **Grundstücke und Grundstücksteile im Gesamthandsvermögen einer Personengesellschaft**

(11) [1]Gehört ein Grundstück zum Gesamthandsvermögen der Mitunternehmer einer Personengesellschaft, gehört es grundsätzlich zum notwendigen Betriebsvermögen. [2]Dies gilt auch dann, wenn bei der Einbringung des Grundstücks oder Grundstücksteiles in das Betriebsvermögen der Personengesellschaft vereinbart worden ist, dass Gewinne und Verluste aus dem Grundstück oder Grundstücksteil ausschließlich dem einbringenden Gesellschafter zugerechnet werden. [3]Dient ein im Gesamthandseigentum der Gesellschafter einer Personengesellschaft stehendes Grundstück teilweise der privaten Lebensführung eines, mehrerer oder aller Mitunternehmer der Gesellschaft, braucht der andere Grundstücksteil nicht als Betriebsvermögen behandelt zu werden, wenn für diesen Grundstücksteil die Grenzen des § 8 EStDV nicht überschritten sind; Absatz 8 Satz 2 ff. ist entsprechend anzuwenden.

H 4.2 (11)

Hinweise

Ausnahme bei privater Nutzung

Ein zum Gesamthandsvermögen gehörendes Wirtschaftsgut kann nicht Betriebsvermögen sein, wenn es ausschließlich oder fast ausschließlich der privaten Lebensführung eines, mehrerer oder aller Mitunternehmer der Gesellschaft dient. Deshalb ist z. B. ein zum Gesamthandsvermögen gehörendes Einfamilienhaus, das unentgeltlich von einem Gesellschafter nicht nur vorübergehend für eigene Wohnzwecke genutzt wird, steuerlich nicht Betriebsvermögen der Personengesellschaft. Dann handelt es sich um notwendiges Privatvermögen der Gesellschafter (→ BFH vom 16. 3. 1983 – BStBl II S. 459).

→ H 4.7 (Teilentgeltliche Überlassung)

R 4.2 (12) **Grundstücke und Grundstücksteile im Sonderbetriebsvermögen**

(12) [1]Grundstücke oder Grundstücksteile, die nicht Gesamthandsvermögen der Mitunternehmer der Personengesellschaft sind, sondern einem, mehreren oder allen Mitunternehmern gehören, aber dem Betrieb der Personengesellschaft ausschließlich und unmittelbar dienen, sind als Sonderbetriebsvermögen notwendiges Betriebsvermögen der Personengesellschaft. [2]Dient ein Grundstück dem Betrieb der Personengesellschaft nur zum Teil, sind die den Mitunternehmern zuzurechnenden Grundstücksteile lediglich mit ihrem betrieblich genutzten Teil notwendiges Sonderbetriebsvermögen. [3]Betrieblich genutzte Grundstücksteile, die im Verhältnis zum Wert des ganzen Grundstücks – nicht im Verhältnis zum Wert des Grundstücksteiles des Gesellschafters – von untergeordnetem Wert sind (→ § 8 EStDV), brauchen nicht als Sonderbetriebsvermögen behandelt zu werden. [4]Jeder Mitunternehmer kann dieses Wahlrecht ausüben; sind mehrere Gesellschafter zugleich Eigentümer dieses Grundstücks, braucht das Wahlrecht nicht einheitlich ausgeübt zu werden. [5]Absatz 8 Satz 2 ff. ist entsprechend anzuwenden.

H 4.2 (12)

Hinweise

Angehörige eines Gesellschafters

Wohnung, die an den im Einzelunternehmen tätigen Sohn eines Einzelunternehmers zu Wohnzwecken vermietet ist, bleibt bei Einbringung des Unternehmens in eine KG (Sonder-)Betriebsvermögen, wenn das Gebäude weiterhin als (Sonder-)Betriebsvermögen bilanziert wird und objektive Merkmale fehlen, die darauf schließen lassen, dass eine spätere Verwendung als Werkswohngebäude ausgeschlossen erscheint (→ BFH vom 11. 10. 1979 – BStBl 1980 II S. 40).

Gewillkürtes Sonderbetriebsvermögen

- Grundstücke oder Grundstücksteile im **Allein- oder Miteigentum** eines oder mehrerer Mitunternehmer können gewillkürtes Sonderbetriebsvermögen dieser Mitunternehmer sein (→ BFH vom 3. 12. 1964 – BStBl 1965 III S. 92, vom 23. 7. 1975 – BStBl 1976 II S. 180 und vom 21. 10. 1976 – BStBl 1977 II S. 150).
- **Mietwohngrundstück** als gewillkürtes Sonderbetriebsvermögen eines Gesellschafters → BFH vom 17. 5. 1990 (BStBl 1991 II S. 216)
- → R 4.2 Abs. 9

Gütergemeinschaft

Wird eine im gemeinsamen Eigentum von Eheleuten stehende und im gemeinsamen land- und forstwirtschaftlichen Betrieb bewirtschaftete Forstfläche in das Alleineigentum eines Ehegatten übertragen, spricht eine tatsächliche Vermutung dafür, dass die bestehenden wirtschaftlichen Beziehungen aufrechterhalten bleiben und es sich nunmehr um Sonderbetriebsvermögen des Ehegatten, nicht aber um einen selbständigen Forstbetrieb handelt (→ BFH vom 16. 2. 1995 – BStBl II S. 592).

Miteigentum von Nichtgesellschaftern

Zum notwendigen Sonderbetriebsvermögen einer Personengesellschaft sind die den Gesellschaftern zustehenden Anteile an einem Grundstück zu rechnen, das der Personengesellschaft dient, sich aber im Eigentum einer Gesamthandsgemeinschaft (z. B. Erbengemeinschaft) befindet, an der auch Nichtgesellschafter beteiligt sind (→ BFH vom 18. 3. 1958 – BStBl III S. 262).

Notwendiges Sonderbetriebsvermögen

- Stellt ein Gesellschafter einer Personengesellschaft, deren Gesellschaftszweck in der **Errichtung und Vermarktung von Eigentumswohnungen im Bauherrenmodell** besteht, ein ihm gehörendes Grundstück für diese Zwecke zur Verfügung, ist das Grundstück dem notwendigen Sonderbetriebsvermögen zuzurechnen (→ BFH vom 19. 2. 1991 – BStBl II S. 789).
- An die Personengesellschaft zur betrieblichen Nutzung **vermietete Grundstücke oder Grundstücksteile**, die im Eigentum eines oder mehrerer Gesellschafter stehen, sind notwendiges Sonderbetriebsvermögen → BFH vom 2. 12. 1982 (BStBl 1983 II S. 215). Das gilt auch bei Weitervermietung des Grundstücks oder Grundstücksteils durch die Gesellschaft → BFH vom 23. 5. 1991 (BStBl II S. 800).
- Zur Frage, ob bei einer mitunternehmerischen Betriebsaufspaltung oder bei der Vermietung an eine Schwester-Personengesellschaft notwendiges Sonderbetriebsvermögen vorliegt → BMF vom 28. 4. 1998 (BStBl I S. 583).

Überlassung zu Wohnzwecken

Ein Grundstück, das ein Gesellschafter einer Personengesellschaft einem anderen Gesellschafter für dessen Wohnzwecke unentgeltlich überlässt, ist notwendiges Privatvermögen (→ BFH vom 8. 2. 1996 – BStBl II S. 308).

Untervermietung

Vermietet der Gesellschafter einer Personengesellschaft einem Dritten ein Grundstück, damit dieser es der Gesellschaft zur betrieblichen Nutzung überlässt, ist das Grundstück Sonderbetriebsvermögen des Gesellschafters (→ BFH vom 15. 1. 1981 – BStBl II S. 314); das gilt auch

- wenn der Gesellschafter das Grundstück zu einem Zeitpunkt erworben und an den Dritten vermietet hat, in dem er noch nicht Gesellschafter war; das Grundstück wird dann in dem Zeitpunkt Sonderbetriebsvermögen, in dem er in die Gesellschaft eintritt (→ BFH vom 9. 9. 1993 – BStBl 1994 II S. 250);

- in Bezug auf den Grund und Boden bei Bestellung eines Erbbaurechts zugunsten des Dritten, der das von ihm errichtete Gebäude der Gesellschaft überlässt (→ BFH vom 7. 4. 1994 – BStBl II S. 796);
- für ein Grundstück, das die der Gesellschafter einer Personengesellschaft an einen Dritten vermietet, damit dieser es der Gesellschaft im Rahmen eines Pachtvertrages zur Nutzung überlässt, selbst wenn der Mietvertrag langfristig, der Pachtvertrag jedoch (nur) auf unbestimmte Dauer abgeschlossen ist (→ BFH vom 24. 2. 2005 – BStBl II S. 578).

R 4.2 (13) **Keine Bindung an die Einheitsbewertung oder Bedarfsbewertung**

(13) Für die einkommensteuerrechtliche Behandlung von Grundstücken und Grundstücksteilen als Betriebsvermögen kommt es nicht darauf an, wie ein Grundstück bei der Einheitsbewertung oder Bedarfsbewertung behandelt worden ist.

R 4.2 (14) **Erweiterte Anwendung**

(14) Die Absätze 7 bis 13 gelten entsprechend für das Wohnungseigentum und das Teileigentum i. S. d. WEG sowie für auf Grund eines Erbbaurechts errichtete Gebäude.

R 4.2 (15) **Verbindlichkeiten**

(15) [1]Mit der Entnahme eines fremdfinanzierten Wirtschaftsgutes des Anlagevermögens wird die zur Finanzierung des Wirtschaftsgutes aufgenommene betriebliche Schuld zu einer privaten Schuld. [2]Umgekehrt wird mit der Einlage eines fremdfinanzierten Wirtschaftsgutes die zur Finanzierung des Wirtschaftsgutes aufgenommene private Schuld zu einer betrieblichen Schuld. [3]Wird ein betrieblich genutztes, fremdfinanziertes Wirtschaftsgut veräußert, oder scheidet es aus der Vermögenssphäre des Stpfl. aus, wird die zur Finanzierung des Wirtschaftsgutes aufgenommene Schuld eine privat veranlasste Schuld, soweit der Veräußerungserlös oder eine andere für das Ausscheiden des Wirtschaftsgutes erhaltene Leistung entnommen wird.

H 4.2 (15)

Hinweise

Ablösung einer Schuld

Wird eine Schuld zur Ablösung einer bereits bestehenden Schuld aufgenommen, rechnet die neue Schuld nur insoweit zum Betriebsvermögen, als die abgelöste Schuld betrieblich veranlasst war (→ BFH vom 15. 11. 1990 – BStBl 1991 II S. 226).

Aufwandsbeiträge bei Franchiseverträgen

Von Franchisenehmern in einen „gemeinsamen Werbeetat" eingezahlte und zum Bilanzstichtag noch nicht verbrauchte zweckgebundene Werbebeiträge sind beim Franchisegeber als sonstige Verbindlichkeiten auszuweisen und demgemäß erfolgsneutral zu behandeln (→ BFH vom 22. 8. 2007 – BStBl 2008 II S. 284).

Betriebsaufgabe oder -veräußerung im Ganzen

- **Schulden**, die während des Bestehens des Betriebs entstanden sind, bleiben betrieblich veranlasst, wenn der Betrieb insgesamt veräußert oder aufgegeben wird und soweit der Veräußerungserlös oder die Verwertung von Aktivvermögen zur Tilgung einer zurückbehaltenen, ehemals betrieblichen Schuld nicht ausreichen (→ BFH vom 21. 11. 1989 – BStBl 1990 II S. 213 und vom 12. 11. 1997 – BStBl 1998 II S. 144). Wird der Veräußerungserlös nicht zur Tilgung der zurückbehaltenen Schuld verwendet, oder wird Aktivvermögen entnommen und dadurch einer Verwertung entzogen, mindert sich die betrieblich veranlasste Schuld um den Betrag des Veräußerungserlöses oder um den Verkehrswert des entnommenen Aktivvermögens (→ BFH vom 11. 12. 1980 – BStBl 1981 II S. 463), es sei denn, mit dem Veräußerungserlös wird ein anderes Betriebsvermögen erworben. Die zurückbehaltene Schuld rechnet dann zu dem neu erworbenen Betriebsvermögen (→ BFH vom 7. 8. 1990 – BStBl 1991 II S. 14). Werden die ins Privatvermögen überführten Wirtschaftsgüter im Rahmen einer anderen Einkunftsart genutzt, stehen die durch die ursprünglich betrieblichen Verbindlichkeiten verursachten

Schuldzinsen nun in wirtschaftlichem Zusammenhang mit dieser neuen Einkunftsart und können bei dieser ggf. als Betriebsausgaben oder Werbungskosten steuerlich geltend gemacht werden (→ BFH vom 28. 3. 2007 – BStBl II S. 642).

- **Zurückbehaltene Verbindlichkeiten** bleiben Betriebsschulden, soweit bei Aufgabe oder Veräußerung eines Betriebes der Verwertung von Aktivvermögen oder der Tilgung von Betriebsschulden Hindernisse entgegen stehen. Eine betrieblich veranlasste Rentenverpflichtung ist deshalb nach Betriebsaufgabe weiterhin als Betriebsschuld zu behandeln, wenn sie zwar durch die bei der Aufgabe erzielten Erlöse hätte abgelöst werden können, der Rentenberechtigte der Ablösung aber nicht zugestimmt hat (→ BFH vom 22. 9. 1999 – BStBl 2000 II S. 120). Dies betrifft nur solche Verwertungshindernisse, die ihren Grund in der ursprünglich betrieblichen Sphäre haben. Nicht tilgbare frühere Betriebsschulden bleiben so lange noch betrieblich veranlasst, bis ein etwaiges Verwertungshindernis entfallen ist (→ BFH vom 28. 3. 2007 – BStBl II S. 642).
- Eine betrieblich veranlasste Rentenverpflichtung ist nach Betriebsaufgabe weiterhin als Betriebsschuld zu behandeln, wenn sie zwar durch die bei der Aufgabe erzielten Erlöse hätte abgelöst werden können, der Rentenberechtigte der Ablösung aber nicht zugestimmt hat (→ BFH vom 22. 9. 1999 – BStBl 2000 II S. 120).
- Zahlt der Gesellschafter einer **Personengesellschaft** Zinsen für Verbindlichkeiten, die die Gesellschaft bei Aufgabe ihres Betriebs nicht getilgt hat, obwohl ihr bei ordnungsgemäßer Abwicklung ausreichende Mittel zur Verfügung gestanden hätten, kann er die Zinsen nicht als (nachträgliche) Betriebsausgaben abziehen. Das gilt auch für Zinsen auf Verbindlichkeiten, die einem Gesellschafter im wirtschaftlichen Zusammenhang mit seinem Sonderbetriebsvermögen entstanden sind, wenn er die Aktivwerte dieses Vermögens bei Beendigung seiner Mitunternehmerstellung nicht zur Tilgung der Verbindlichkeiten verwendet. Zahlt ein Gesellschafter aber Zinsen für fortbestehende Gesellschaftsverbindlichkeiten, so muss er sich nicht entgegenhalten lassen, dass er die Aktivwerte seines Sonderbetriebsvermögens zur Tilgung dieser Verbindlichkeiten hätte einsetzen können (→ BFH vom 13. 2. 1996 – BStBl II S. 291).

Betriebsschuld

- Eine Verbindlichkeit gehört zum Betriebsvermögen, wenn sie durch den Betrieb veranlasst ist (Betriebsschuld). Für die Bestimmung des Veranlassungszusammenhangs ist allein die Verwendung der aufgenommenen Mittel ausschlaggebend. Eine für Betriebszwecke aufgenommene Verbindlichkeit ist unabhängig davon eine Betriebsschuld, ob der Stpfl. die fremdfinanzierten betrieblichen Aufwendungen auch durch eigene Mittel hätte bestreiten können oder ob der Betrieb über aktives Betriebsvermögen oder stille Reserven verfügt. Die betriebliche Veranlassung einer Verbindlichkeit wird nicht dadurch berührt, dass der betriebliche Fremdmittelbedarf auf Entnahmen beruht; → aber Finanzierung von Entnahmen. Eine Verbindlichkeit ist aber nicht deshalb eine Betriebsschuld, weil Eigenmittel für betriebliche Zwecke eingesetzt worden sind und aus diesem Grunde Fremdmittel für private Zwecke aufgenommen werden mussten; Umschuldung Privatschuld in Betriebsschuld (→ BFH vom 8. 12. 1997 – BStBl 1998 II S. 193).
- ***Werden die von einem Versicherungsmakler für Rechnung der Versicherungsgesellschaften vereinnahmten Versicherungsbeiträge (durchlaufende Posten) abredewidrig für private Zwecke verwendet und damit dessen Betriebsvermögen entzogen, werden zugleich die Auskehrungsverbindlichen in Privatschulden umqualifiziert (→ BFH vom 15. 5. 2008 – BStBl II S. 715).***

Finanzierung von Entnahmen

Werden Fremdmittel nicht zur Finanzierung betrieblicher Aufwendungen, sondern tatsächlich zur Finanzierung einer Entnahme aufgenommen, liegt keine Betriebsschuld vor. Ein solcher Fall ist gegeben, wenn dem Betrieb keine entnahmefähigen Barmittel zur Verfügung stehen und die Entnahme erst dadurch möglich wird, dass Fremdmittel in das Unternehmen fließen. Unerheblich ist, ob die Fremdmittel einem betrieblichen Konto zufließen, von welchem zuvor wegen fehlender Barmittel mit schulderhöhender Wirkung aus privaten Gründen Beträge abgebucht wurden (→ BFH vom 8. 12. 1997 – BStBl 1998 II S. 193).

Fortfall der Rentenverpflichtung

Der Wegfall einer zum Erwerb eines betrieblichen Grundstücks eingegangenen Rentenverpflichtung infolge des Todes des Rentenberechtigten führt zu ihrer erfolgswirksamen Ausbuchung in der Bilanz zum Ende des betreffenden Wirtschaftsjahrs. Das gilt auch, wenn die Rentenverpflichtung in früheren Wirtschaftsjahren im Rahmen einer Bilanzberichtigung erfolgsneutral eingebucht worden ist (→ BFH vom 26. 6. 1996 – BStBl II S. 601).

Gemischt genutztes Grundstück

Wird durch einheitlichen Kaufvertrag ein gemischt genutztes Grundstück erworben und die Kaufpreisschuld teils mit Fremd-, teils mit Eigenmitteln beglichen, ohne dass eine Zuordnung der Finanzierungsmittel erfolgt, sind die Zinszahlungen nur im Verhältnis des betrieblich zum privat genutzten Anteil als Betriebsausgabe abziehbar. Keine vorrangige Tilgung des privat veranlassten Teils (→ BFH vom 7. 11. 1991 – BStBl 1992 II S. 141). Im Falle einer Zuordnung der Finanzie-
Anhang 19 rungsmittel gelten die Grundsätze des BMF-Schreibens vom 16. 4. 2004 (BStBl I S. 464) entsprechend für Grundstücke, die teilweise betrieblich und privat genutzt werden.

Optionsprämie

Für die Verpflichtung des Veräußerers einer Option (Stillhalter), auf Verlangen des Optionsberechtigten innerhalb der Optionsfrist den Optionsgegenstand zu verkaufen oder zu kaufen (Call/Put-Option), ist eine Verbindlichkeit in Höhe der dafür vereinnahmten Prämie auszuweisen; die Verbindlichkeit ist erst bei Ausübung oder Verfall der Option auszubuchen. Für das die Höhe der Optionsprämie übersteigende Risiko darf nach § 5 Abs. 4a EStG keine Rückstellung für drohende Verluste gebildet werden (→ BMF vom 12. 1. 2004 – BStBl I S. 192).

Rangrücktrittsvereinbarungen

Zur Passivierung von Verbindlichkeiten bei Vereinbarung eines einfachen oder qualifizierten Rangrücktritts → BMF vom 8. 9. 2006 (BStBl I S. 497).

Schadensersatz für GmbH-Verbindlichkeiten

Wird der Gesellschafter einer vermögenslosen GmbH für deren Verbindlichkeiten im Wege des Durchgriffs in Anspruch genommen, sind die Verbindlichkeiten in seinem Einzelunternehmen Gewinn mindernd zu passivieren, wenn seine zum Ersatz verpflichtende Handlung dessen Betriebseinnahmen erhöhte (→ BFH vom 6. 3. 2003 – BStBl II S. 658).

→ H 6.2 (Beteiligung an Kapitalgesellschaft)

Anhang 10 **Schuldzinsenabzug nach § 4 Abs. 4a EStG**

- → BMF vom 17. 11. 2005 (BStBl I S. 1019) ***unter Berücksichtigung der Änderungen durch BMF vom 7. 5. 2008 (BStBl I S. 588) sowie Vereinfachungsregelung durch BMF vom 4. 11. 2008 (BStBl I S. 957)***
- → BMF vom 12. 6. 2006 (BStBl I S. 416) ***zur Berücksichtigung von vor dem 1. 1. 1999 entstandenen Unterentnahmen***

Sekundärfolgenrechtsprechung

Anhang 8 → H 4.7 (Schuldzinsen)

Umschuldung Privatschuld in Betriebsschuld

Werden Eigenmittel für betriebliche Zwecke und deshalb Fremdmittel für private Zwecke verwendet, so begründet die Fremdmittelaufnahme keine Betriebsschuld. Ein privates Darlehen kann nicht durch eine bloße wirtschaftliche Umschuldung in eine Betriebsschuld umgewandelt werden. Werden aber im Betrieb erzielte Einnahmen zur Tilgung eines privaten Darlehens entnommen und wird deshalb ein neues Darlehen zur Finanzierung von betrieblichen Aufwendungen aufgenommen, stellt das neue Darlehen eine Betriebsschuld dar (→ BFH vom 8. 12. 1997 – BStBl 1998 II S. 193).

R 4.2 (16) **Betriebsvermögen bei Schätzung des Gewinns oder bei Gewinnermittlung nach § 13a Abs. 3 bis 6 EStG**

(16) Wird der Gewinn geschätzt (→ R 4.1 Abs. 2) oder nach § 13a Abs. 3 bis 6 EStG ermittelt, kommt gewillkürtes Betriebsvermögen nur in den Fällen des § 13a Abs. 6 Satz 2 EStG, des Wechsels der Gewinnermittlungsart und der Nutzungsänderung in Betracht (→ § 4 Abs. 1 ***Satz 5 und 6*** EStG).

Hinweise

H 4.2 (16)

Beibehaltung von gewillkürtem Betriebsvermögen
nach einer Nutzungsänderung → R 4.3 Abs. 3

Gewillkürtes Betriebsvermögen

Bei der Ermittlung des Gewinns nach § 13a EStG kann gewillkürtes Betriebsvermögen nicht gebildet werden (→ BFH vom 23. 5. 1991 – BStBl II S. 798).

4.3. Einlagen und Entnahmen

R 4.3

Einlagen

S 2136

R 4.3 (1)

(1) [1]Gegenstand von Einlagen können abnutzbare und nicht abnutzbare, materielle und immaterielle Wirtschaftsgüter aller Art sein, unabhängig davon, ob sie dem Anlage- oder dem Umlaufvermögen zuzuordnen sind. ***[2]Einer Einlage steht die Begründung des Besteuerungsrechts der Bundesrepublik Deutschland hinsichtlich des Gewinns aus der Veräußerung eines Wirtschaftsgutes gleich (Verstrickung). [3]Darunter fällt insbesondere die Überführung eines Wirtschaftsgutes aus einer ausländischen Betriebsstätte, deren Einkünfte nach einem DBA von der inländischen Besteuerung freigestellt sind, ins Inland.***

Hinweise

H 4.3 (1)

Banküberweisung

Eine Einlage ist bei Zahlung durch Banküberweisung erst geleistet, wenn die Gutschrift auf dem Empfängerkonto erfolgt ist (→ BFH vom 11. 12. 1990 – BStBl 1992 II S. 232).

Bodenschatz

→ H 4.2 (1)

Gewillkürtes Betriebsvermögen

→ H 4.2 (1)

Immaterielle Wirtschaftsgüter

→ R 5.5 Abs. 3 Satz 3 und 4

Nutzungsänderung

→ H 4.2 (4)

Nutzungsrechte/Nutzungsvorteile

Die bloße Nutzung eines fremden Wirtschaftsguts zu betrieblichen Zwecken kann nicht eingelegt werden; dies gilt auch für unentgeltlich erworbene dingliche oder obligatorische Nutzungsrechte (→ BFH vom 26. 10. 1987 – BStBl 1988 II S. 348 und vom 20. 9. 1990 – BStBl 1991 II S. 82).

Personengesellschaften

Die Einbringung von Einzelwirtschaftsgütern des Privatvermögens in das betriebliche Gesamthandsvermögen einer Personengesellschaft oder anderen Gesamthandsgemeinschaft gegen Gewährung von Gesellschaftsrechten stellt keine Einlage, sondern einen tauschähnlichen Vorgang dar (→ BMF vom 29. 3. 2000 – BStBl I S. 462 und vom 26. 11. 2004 – BStBl I S. 1190). Anhang 15

Sacheinlage in das Vermögen einer Kapitalgesellschaft

Ein Wirtschaftsgut, das dem Vermögen einer Kapitalgesellschaft im Rahmen einer Überpari-Emission als Sacheinlage zugeführt worden ist, ist auch im Hinblick auf jenen Teilbetrag des Einbringungswertes, der über den Nennbetrag der Stammeinlageverpflichtung des Einlegenden hinausgeht und gem. § 272 Abs. 2 Nr. 1 HGB in die Kapitalrücklage einzustellen ist, ein vollentgeltlicher Vorgang und keine verdeckte Einlage (→ BFH vom 24. 4. 2007 – BStBl 2008 II S. 253).

Unterlassene Bilanzierung

Die nachträgliche Aktivierung eines zum notwendigen Betriebsvermögen gehörenden Wirtschaftsguts, das bisher nicht bilanziert worden ist, ist keine Einlage. Es handelt sich vielmehr um eine fehlerberichtigende Einbuchung (→ BFH vom 24. 10. 2001 – BStBl 2002 II S. 75).

→ H 4.4

Verdeckte Einlage

- Verdeckte Einlage ist die Zuwendung eines bilanzierbaren Vermögensvorteils aus gesellschaftsrechtlichen Gründen ohne Entgelt in Gestalt von Gesellschaftsrechten. Als verdeckte Einlage sind nur Wirtschaftsgüter geeignet, die das Vermögen der Kapitalgesellschaft durch den Ansatz oder die Erhöhung eines Aktivpostens oder durch den Wegfall oder die Verminderung eines Passivpostens vermehrt haben (→ BFH vom 6. 11. 2003 – BStBl 2004 II S. 416).
- **Verdeckte Einlage eines Geschäfts- oder Firmenwerts,** der bei Veräußerung eines Einzelunternehmens an eine GmbH unentgeltlich übergeht

  → BFH vom 24. 3. 1987 (BStBl II S. 705)

  → H 5.5 (Geschäfts- ***oder*** Firmenwert/Praxiswert)

Vorbehaltsnießbrauch

- In den Fällen der Einräumung eines Vorbehaltsnießbrauchs liegt hinsichtlich des Nießbrauchsrechts im Ergebnis keine Einlage vor (→ BFH vom 16. 12. 1988 – BStBl 1989 II S. 763).
- → H 4.3 (2–4)
- → H 4.7 (Nießbrauch) zu Betriebsausgaben eines Nießbrauchers

---

R 4.3 (2) **Entnahmen**

S 2135 (2) [1]Ein Wirtschaftsgut wird entnommen, wenn es aus dem betrieblichen in den privaten oder einen anderen betriebsfremden Bereich übergeht. ***[2]Einer Entnahme für betriebsfremde Zwecke steht auch der Ausschluss oder die Beschränkung des Besteuerungsrechts der Bundesrepublik Deutschland hinsichtlich des Gewinns aus der Veräußerung oder der Nutzung eines Wirtschaftsgutes gleich (Entstrickung). [3]Darunter fällt insbesondere die Überführung eines Wirtschaftsgutes vom Inland in eine ausländische Betriebsstätte (Entnahme des Wirtschaftsgutes) oder die Nutzung eines Wirtschaftsgutes, das einer inländischen Betriebsstätte des Steuerpflichtigen zuzuordnen ist, durch eine ausländische Betriebsstätte (Entnahme der Nutzung), deren Einkünfte nach einem Doppelbesteuerungsabkommen von der inländischen Besteuerung freigestellt sind oder bei deren Besteuerung ausländische Steuern nach § 34c EStG oder nach § 26 KStG oder auf Grund eines DBA anzurechnen sind.*** [4]Eine Entnahme liegt nicht vor in Fällen einer Strukturänderung eines Betriebs mit der Folge, dass die Einkünfte aus dem Betrieb einer anderen Einkunftsart zuzurechnen sind (z. B. wenn ein land- und forstwirtschaftlicher Betrieb wegen Überschreitens der Grenzen des § 13 Abs. 1 Nr. 1 EStG zu einem Gewerbebetrieb wird oder wenn eine freiberufliche Praxis durch Übergang i. S. d. § 6 Abs. 3 EStG auf nicht qualifizierte Rechtsnachfolger zu einem Gewerbebetrieb wird).

H 4.3 (2)

Hinweise

Finale Entnahmetheorie

Die Überführung eines Einzelwirtschaftsguts aus einem inländischen Stammhaus in eine ausländische (hier: österreichische) Betriebsstätte führte im Zeitraum vor Inkrafttreten des § 6 Abs. 5 EStG 1997 durch das StEntlG 1999/2000/2002 auch dann nicht zur sofortigen Gewinnrealisation, wenn die ausländischen Betriebsstättengewinne aufgrund eines DBA von der Besteuerung im Inland freigestellt waren (Änderung der Rechtsprechung: Aufgabe der sog. Theorie der finalen Entnahme). Das gilt auch für die Einbringung einer Sacheinlage durch eine Personengesellschaft in eine Tochter-Personengesellschaft (BFH vom 17. 7. 2008 – I R 77/06 – BFH-Internetseite).

Entnahmehandlung **R 4.3 (3)**

(3) [1]Eine Entnahme erfordert regelmäßig eine Entnahmehandlung, die von einem Entnahmewillen getragen wird. [2]Wirtschaftsgüter, die zur Zeit der Aufnahme in das Betriebsvermögen zulässigerweise zum Betriebsvermögen gerechnet worden sind, bleiben daher grundsätzlich solange Betriebsvermögen, bis sie durch eine eindeutige, unmissverständliche – ausdrückliche oder schlüssige – → Entnahmehandlung des Stpfl. Privatvermögen werden. [3]Bei buchführenden Stpfl. bietet die Buchung einen wesentlichen Anhalt, ob und wann ein Wirtschaftsgut entnommen worden ist. [4]Eine Entnahme liegt auch ohne Entnahmeerklärung oder Entnahmebuchung vor, wenn der Stpfl. die bisherige betriebliche oder berufliche Nutzung eines Wirtschaftsguts auf Dauer so ändert, dass es seine Beziehung zum Betrieb verliert und dadurch zu notwendigem Privatvermögen wird. [5] Eine Nutzungsänderung, durch die das Wirtschaftsgut zwar seinen Charakter als notwendiges Betriebsvermögen verliert, jedoch nicht zu notwendigem Privatvermögen wird, ist ohne eindeutige Entnahmeerklärung des Stpfl. keine Entnahme des Wirtschaftsgutes; das gilt auch bei Gewinnermittlung nach § 13a EStG (§ 4 Abs. 1 ***Satz 6*** EStG) sowie bei Vollschätzung.

Gegenstand einer Entnahme **R 4.3 (4)**

(4) Gegenstand einer Entnahme können alle Wirtschaftsgüter sein, die zum notwendigen oder gewillkürten Betriebsvermögen gehören, also auch immaterielle (Einzel-)Wirtschaftsgüter, z. B. ein Verlagswert, sowie Nutzungen und Leistungen, auch wenn sie in der Bilanz nicht angesetzt werden können.

Hinweise

H 4.3 (2–4)

Altenteilerwohnung

→ R 4.2 Abs. 4 Satz 5

Entnahmehandlung

- Für die Eindeutigkeit einer Entnahmehandlung ist ein Verhalten des Stpfl. erforderlich, durch das die Verknüpfung des Wirtschaftsgutes mit dem Betriebsvermögen unmissverständlich gelöst wird. Es bedarf nicht stets einer buchmäßigen Darstellung der Entnahme. Es kann auch ein anderes schlüssiges Verhalten genügen, durch das die Verbindung des Wirtschaftsguts zum Betrieb gelöst wird (→ BFH vom 9. 8. 1989 – BStBl 1990 II S. 128 und vom 25. 6. 2003 – BStBl 2004 II S. 403). Der Tatbestand der Entnahme ist auch erfüllt, wenn dem Stpfl. die an die Entnahme geknüpften Rechtsfolgen, insbesondere die Gewinnverwirklichung, nicht bewusst werden (→ BFH vom 31. 1. 1985 – BStBl II S. 395).
- → Nachweispflicht
- → Personengesellschaften
- → Schenkung

Erbauseinandersetzung und vorweggenommene Erbfolge

- → BMF vom 14. 3. 2006 (BStBl I S. 253), Anhang 8
- → BMF vom 13. 1. 1993 (BStBl I S. 80) unter Berücksichtigung der Änderungen durch BMF vom 26. 2. 2007 (BStBl I S. 269).

Geschäfts- oder Firmenwert

- Ein Geschäfts- oder Firmenwert kann nicht wie andere Einzelwirtschaftsgüter für sich entnommen werden, da er nur im Rahmen eines lebenden Betriebs, Teilbetriebs oder Mitunternehmeranteils übertragen werden kann (→ BFH vom 24. 11. 1982 – BStBl 1983 II S. 113).
- → Verlagswert

Gewinnrealisierung

Steuerpflichtiger Entnahmegewinn ist der gesamte Unterschiedsbetrag zwischen dem Entnahmewert (§ 6 Abs. 1 Nr. 4 EStG) und dem Buchwert des entnommenen Wirtschaftsguts im Zeitpunkt der Entnahme. Das gilt auch dann, wenn das Wirtschaftsgut vor der Entnahme auch privat genutzt und die private Nutzung als Entnahme behandelt worden ist (→ BFH vom 24. 9. 1959 – BStBl III S. 466; → Nutzungsentnahme). Zur Feststellung des Entnahmewerts von Nutzungen und Leistungen können die für die Bewertung von Sachbezügen entwickelten Grundsätze herangezogen werden (→ BFH vom 22. 7. 1988 – BStBl II S. 995).

Grundstücke oder Grundstücksteile

- Wird auf einem bisher unbebauten Betriebsgrundstück ein zum Privatvermögen gehörendes Gebäude (z. B. ein auf Dauer zu eigenen Wohnzwecken bestimmtes Gebäude) errichtet, wird der Grund und Boden durch die Bebauung entnommen (→ BFH vom 27. 1. 1977 – BStBl II S. 388 und vom 11. 3. 1980 – BStBl II S. 740). Eine **anteilige Entnahme** des Grund und Bodens liegt vor, wenn auf einem Betriebsgrundstück ein Gebäude errichtet wird, das teilweise Privatvermögen ist (→ BFH vom 24. 11. 1982 – BStBl 1983 II S. 365). Ggf. bleibt der Entnahmegewinn außer Ansatz (→ § 13 Abs. 5, § 15 Abs. 1 Satz 3 und § 18 Abs. 4 Satz 1 EStG).
- → Personengesellschaften
- **Grundstücksveräußerung oder -entnahme:**

  Die Veräußerung geht einer hinsichtlich der Gewinnrealisierung nur gleichgestellten Entnahme vor. Ein bilanziertes Grundstück kann nach der Veräußerung dann nicht mehr rückwirkend zum vorletzten Bilanzstichtag durch Entnahme ausgebucht werden, wenn diese Bilanz erst nach der Veräußerung des Grundstückes aufgestellt wird (→ BFH vom 12. 9. 2002 – BStBl II S. 815).

Incentive-Reisen

Anhang 10

- → BMF vom 14. 10. 1996 (BStBl I S. 1192)
- Geschenk- und Bewirtungsaufwendungen im Zusammenhang mit Incentive-Reisen sowie Betriebsausgabenabzug für die Bewirtung von Handelsvertretern (→ OFD Münster vom 2. 10. 2003, Kurzinformation Einkommensteuer Nr. 43/2003, DStR 2003 S. 2225).

Keine Entnahme des Grundstücks oder Grundstücksteils liegt ohne Hinzutreten weiterer Umstände in folgenden Fällen vor:

- **Erbbaurecht** – Belastung eines land- und forstwirtschaftlich genutzten Grundstücks mit einem entgeltlich eingeräumten Erbbaurecht, wenn die Nutzungsänderung nicht mehr als 10 % der Gesamtfläche des Betriebs erfasst (→ BFH vom 10. 12. 1992 – BStBl 1993 II S. 342).
- **Erklärung von Einkünften aus Vermietung und Verpachtung**, ohne dass der Stpfl. die nahe liegenden steuerrechtlichen Folgerungen aus einer Entnahme zieht, wie Gewinnrealisierung nach § 6 Abs. 1 Nr. 4 EStG, unabhängig davon, ob innerhalb oder außerhalb der Buchführung (→ BFH vom 9. 8. 1989 – BStBl 1990 II S. 128).
- **Gebäudeabriss**, wenn die betriebliche Nutzung der Freifläche möglich ist (→ BFH vom 6. 11. 1991 – BStBl 1993 II S. 391).
- Im **Hinzuerwerb** eines im Privatvermögen verbleibenden Miteigentumsanteils an einem Grundstück im Wege der Erbfolge liegt keine Entnahme des zum gewillkürten Betriebsvermögen gehörenden Anteils (→ BFH vom 8. 3. 1990 – BStBl 1994 II S. 559).
- **Landwirtschaftlich genutzte Grundstücke**
  - bei denen keine ertragreiche Bewirtschaftung mehr möglich ist (→ BFH vom 12. 11. 1992 – BStBl 1993 II S. 430).
  - bei Bebauung ursprünglich landwirtschaftlicher Grundstücke mit Einfamilienhäusern, die anschließend an betriebsfremde Personen vermietet werden, wenn die Nutzungsänderung nur eine Fläche erfasst, die im Vergleich zur Gesamtfläche des Betriebs von geringer Bedeutung ist (→ BFH vom 22. 8. 2002 – BStBl 2003 II S. 16), H 4.2 (9) Besonderheiten bei land- und forstwirtschaftlichen Betrieben.
  - Ursprünglich landwirtschaftlich genutzte Flächen eines Betriebs, die verpachtet wurden und nach Ablauf des Pachtverhältnisses nicht wieder aktiv bewirtschaftet werden, sondern brach liegen, bleiben Betriebsvermögen und können nur durch eindeutige Erklärung dem Finanzamt gegenüber entnommen werden (→ BFH vom 17. 1. 2002 – BStBl II S. 356).
- **Nießbrauch** – ein Grundstück, das zum Sonderbetriebsvermögen des Gesellschafters einer GbR gehört, wird durch die Bestellung eines Nießbrauchs am Gesellschaftsanteil und am Grundstück grundsätzlich nicht entnommen (→ BFH vom 1. 3. 1994 – BStBl 1995 II S. 241).
- **Nutzung** – nur vorübergehende Nutzung zu eigenen Wohnzwecken (→ BFH vom 17. 1. 1974 – BStBl II S. 240).
- Nutzungsänderung
  - Bisher betrieblich genutzte und seitdem ungenutzte (freie) Grundstücksflächen, deren spätere betriebliche Nutzung möglich bleibt, verbleiben ohne eine von einem Entnahme-

willen getragene Entnahmehandlung im Betriebsvermögen (→ BFH vom 6. 11. 1991 – BStBl 1993 II S. 391).

- Ein zunächst betrieblich genutzter Gebäudeteil verliert seine Eigenschaft als Betriebsvermögen nicht dadurch, dass er zu fremden Wohnzwecken vermietet wird und sich in dem Gebäude ein weiterer zu fremden Wohnzwecken vermieteter Gebäudeteil befindet, der zum Privatvermögen gehört (→ BFH vom 10. 11. 2004 – BStBl 2005 II S. 334).

- **Nutzungsrecht** – Belastung eines Grundstücks mit der Einräumung eines unentgeltlichen Nutzungsrechts und anschließende Anmietung vom Nutzungsberechtigten durch den Grundstückseigentümer (→ BFH vom 11. 11. 1988 – BStBl 1989 II S. 872).

Nachweispflicht

Wer sich darauf beruft, dass ein als Betriebsvermögen ausgewiesenes Wirtschaftsgut vor vielen Jahren entnommen worden sei, muss die Entnahmehandlung nachweisen (→ BFH vom 23. 11. 2000 – BStBl 2001 II S. 232).

Nutzungsentnahme

- Grundstücke oder Grundstücksteile → BFH vom 11. 11. 1988 (BStBl 1989 II S. 872) und → H 4.7 (Teilentgeltliche Überlassung).
- Betrieblicher Pkw bei Unfall auf Privatfahrt → BFH vom 24. 5. 1989 (BStBl 1990 II S. 8); → H 4.7 Abs. 1 Satz 3 bis 5:

  Die Nutzung des dem Betriebsvermögen angehörenden PKW auf einer Privatfahrt einschließlich eines dadurch ausgelösten Unfalls ist als eine Nutzungsentnahme i. S. d. § 4 Abs. 1 Satz 2 EStG zu beurteilen. Nach dem Klammerzusatz zu dieser Vorschrift sind u. a. Nutzungen von Wirtschaftsgütern des Betriebsvermögens für außerbetriebliche Zwecke als Entnahmen zu behandeln. Die Entnahmehandlung ist darin zu sehen, dass der PKW des Betriebsvermögens willentlich und wissentlich zu privaten Zwecken genutzt wurde. Darauf, ob der Unfall gewollt war oder nicht, kommt es steuerrechtlich nicht an (→ BFH vom 24. 5. 1989 – BStBl 1990 II S. 8).

- Betrieblicher Pkw bei Diebstahl auf Privatfahrt (→ BFH vom 18. 4. 2007 – BStBl II S. 762); → Private Kraftfahrzeugnutzung

Personengesellschaften

- Die Übertragung eines Einzelwirtschaftsguts aus dem betrieblichen Gesamthandsvermögen einer Personengesellschaft oder anderen Gesamthandsgemeinschaft in das Privatvermögen eines Gesellschafters gegen Minderung von Gesellschaftsrechten stellt keine Entnahme, sondern einen tauschähnlichen Vorgang dar (→ BMF vom 29. 3. 2000 – BStBl I S. 462 und vom 26. 11. 2004 – BStBl I S. 1190). Anhang 15
- Eine (anteilige) Entnahme liegt nicht vor, wenn ein Wirtschaftsgut des Gesamthandsvermögens einer Personengesellschaft zu fremdüblichen Bedingungen an einen Gesellschafter veräußert wird (→ BFH vom 28. 7. 1998 – BStBl 1999 II S. 53).
- Eine Entnahme liegt vor, wenn ein zum Gesamthandsvermögen einer Personengesellschaft gehörendes Betriebsgrundstück durch einen oder mehrere Gesellschafter mit Zustimmung der Gesellschaft für private Wohnzwecke des oder der Gesellschafter bebaut wird (→ BFH vom 30. 6. 1987 – BStBl 1988 II S. 418). Eine Entnahme des Grundstücks liegt dagegen nicht vor, wenn der Gesellschafter ein der Personengesellschaft gehörendes Grundstück für private Zwecke bebaut und nachfolgend zu fremdüblichen Bedingungen erwirbt (→ BFH vom 28. 7. 1998 – BStBl 1999 II S. 53).
- Wird ein Wirtschaftsgut aus dem Gesamthandsvermögen einer Personengesellschaft mit Zustimmung aller Gesellschafter derart entnommen, dass es Eigentum nur eines Gesellschafters wird, so wird der Entnahmegewinn allen Gesellschaftern zugerechnet, falls die stillen Reserven dem begünstigten Gesellschafter geschenkt worden sind (→ BFH vom 28. 9. 1995 – BStBl 1996 II S. 276).
- Gewährt eine Personengesellschaft einem Gesellschafter ein Darlehen ohne betriebliche Veranlassung, so gehört dieses Darlehen privatrechtlich weiter zum Gesamthandsvermögen. Da das Darlehen steuerlich nicht zum Betriebsvermögen gehört, ist es als Entnahme zu behandeln, die allen Gesellschaftern anteilig unter Minderung ihrer Kapitalkonten zuzurechnen ist (→ BFH vom 9. 5. 1996 – BStBl II S. 642). Eine Entnahme und kein Darlehen liegt auch vor, wenn neben dem festen Kapitalkonto lediglich ein weiteres Konto zur Erfassung von Gewin-

nen, Einlagen und Entnahmen der Gesellschafter geführt wird, auf dem auch Verluste verbucht werden (→ BFH vom 27. 6. 1996 – BStBl 1997 II S. 36).

Private Kraftfahrzeugnutzung

Anhang 10
- Ertragsteuerliche Erfassung der Nutzung eines betrieblichen Kraftfahrzeugs zu Privatfahrten, zu Fahrten zwischen Wohnung und Betriebsstätte sowie zu Familienheimfahrten nach § 4 Abs. 5 Satz 1 Nr. 6 und § 6 Abs. 1 Nr. 4 Satz 2 und 3 EStG (→ BMF vom 21. 1. 2002 – BStBl I S. 148 und vom 7. 7. 2006 – BStBl I S. 446).
- Zerstörung eines betrieblichen Kraftfahrzeugs anlässlich einer Privatfahrt → BFH vom 24. 5. 1989 (BStBl 1990 II S. 8) und → R 4.7 Abs. 1 Satz 3 bis 5.
- Wird der zum Betriebsvermögen gehörende Pkw während einer privat veranlassten Nutzung gestohlen, ist der Vermögensverlust nicht gewinnmindernd zu berücksichtigen (→ BFH vom 18. 4. 2007 – BStBl II S. 762).

Schenkung

- Bei der schenkweisen Übertragung eines Wirtschaftsguts fehlt es an einer Entnahmehandlung, wenn der Stpfl. wirtschaftlicher Eigentümer bleibt (→ BFH vom 5. 5. 1983 – BStBl II S. 631).
- → Personengesellschaften.

Verlagswert

- Entnahme als Einzelwirtschaftsgut möglich (→ BFH vom 24. 11. 1982 – BStBl 1983 II S. 113).
- → Geschäfts- oder Firmenwert

Verlustdeckung bei einer Schwester-KG

Die Gewinnverwendung zur Deckung des Verlusts einer Schwester-KG ist eine Entnahme (→ BFH vom 26. 1. 1995 – BStBl II S. 589).

Vorbehaltsnießbrauch

- Wird ein Wirtschaftsgut aus außerbetrieblichen Gründen einem Dritten unter Vorbehalt des Nießbrauchs unentgeltlich übereignet und auf Grund des Nießbrauchsrechts weiterhin betrieblich genutzt, so wird das Wirtschaftsgut insgesamt entnommen, nicht nur ein um den Wert des Nießbrauchs geminderter Teil des Wirtschaftguts (→ BFH vom 28. 2. 1974 – BStBl II S. 481, vom 2. 8. 1983 – BStBl II S. 735 und vom 8. 12. 1983 – BStBl 1984 II S. 202).
- → Nutzungsentnahme

Wettbewerbsverbot

Wird der Gesellschafter einer Personengesellschaft oder der Gesellschafter-Geschäftsführer ihrer Komplementär-GmbH im Handelszweig der Personengesellschaft tätig, kann dadurch ein Schadensersatzanspruch der Gesellschaft wegen Verstoßes gegen das Wettbewerbsverbot entstehen. Verzichten die anderen Gesellschafter ohne betriebliche Veranlassung auf die Geltendmachung des Anspruchs, liegt eine Entnahme der Forderung vor. Ein Schadensersatzanspruch entsteht allerdings nicht, wenn die anderen Gesellschafter mit der Tätigkeit des Gesellschafters ausdrücklich oder stillschweigend einverstanden waren; zu einer Entnahme kommt es dann nicht (→ BFH vom 23. 3. 1995 – BStBl II S. 637).

Wochenendhaus

Wird ein Wochenendhaus auf einem Betriebsgrundstück errichtet, werden Grund und Boden und das Wochenendhaus erst dann notwendiges Privatvermögen und damit entnommen, wenn die Absicht der künftigen Verwendung des Wochenendhauses zu eigenen Wohnzwecken in Erklärungen oder in einem eindeutigen Verhalten des Stpfl. zum Ausdruck kommt (→ BFH vom 29. 4. 1970 – BStBl II S. 754).

4.4. Bilanzberichtigung und Bilanzänderung

R 4.4

Bilanzberichtigung

S 2141

(1) [1]Ist ein Ansatz in der Bilanz unrichtig, kann der Stpfl. nach § 4 Abs. 2 Satz 1 EStG den Fehler durch eine entsprechende Mitteilung an das Finanzamt berichtigen (Bilanzberichtigung). [2]Ein Ansatz in der Bilanz ist unrichtig, wenn er unzulässig ist, d. h., wenn er gegen zwingende Vorschriften des Einkommensteuerrechts oder des Handelsrechts oder gegen die einkommensteuerrechtlich zu beachtenden handelsrechtlichen Grundsätze ordnungsmäßiger Buchführung verstößt. ***[3]Eine Bilanzberichtigung ist unzulässig, wenn der Bilanzansatz im Zeitpunkt der Bilanzaufstellung subjektiv richtig ist. [4]Subjektiv richtig ist jede der im Zeitpunkt der Bilanzaufstellung der kaufmännischen Sorgfalt entsprechende Bilanzierung. [5]Entspricht ein Bilanzansatz im Zeitpunkt der Bilanzaufstellung den Grundsätzen höchstrichterlicher Rechtsprechung, wird dieser durch eine Änderung der Rechtsprechung nicht unrichtig. [6]Hat der Stpfl. entsprechend der im Zeitpunkt der Bilanzaufstellung bestehenden Verwaltungsauffassung bilanziert, hält er aber einen davon abweichenden Ansatz für richtig, ist eine Bilanzberichtigung bei einer Änderung der Verwaltungsauffassung auf Grund höchstrichterlicher Rechtsprechung zulässig, wenn er durch Zusätze oder Vermerke bei der Aufstellung der Bilanz dokumentiert hat, dass er einen von der Verwaltungsauffassung abweichenden Ansatz begehrt. [7]Die Dokumentation ist zusammen mit der Steuererklärung beim Finanzamt einzureichen. [8]Soweit keine steuerlichen Ansatz- oder Bewertungsvorbehalte gelten, ist ein von der Handelsbilanz abweichender Ansatz in der Steuerbilanz als ausreichende Dokumentation anzusehen.*** [9]Soweit eine Bilanzberichtigung nicht möglich ist, ist der falsche Bilanzansatz grundsätzlich in der Schlussbilanz des ersten Jahres, dessen Veranlagung geändert werden kann, erfolgswirksam richtig zu stellen. ***[10]Bei Land- und Forstwirten mit vom Kalenderjahr abweichendem Wirtschaftsjahr müssen beide Veranlagungen, denen die Schlussbilanz zugrunde liegt (→ § 4a Abs. 2 Nr. 1 EStG), geändert werden können.***

Bilanzänderung

(2) [1]Wenn steuerrechtlich, in den Fällen des § 5 EStG auch handelsrechtlich, verschiedene Ansätze für die Bewertung eines Wirtschaftsgutes zulässig sind und der Stpfl. demgemäß zwischen mehreren Wertansätzen wählen kann, trifft er durch die Einreichung der Steuererklärung an das Finanzamt seine Entscheidung. [2]Eine Änderung dieser Entscheidung zugunsten eines anderen zulässigen Ansatzes ist eine Bilanzänderung. [3]Sie ist unter den Voraussetzungen des § 4 Abs. 2 Satz 2 EStG zulässig.

Hinweise

H 4.4

Berichtigung einer Bilanz, die einer bestandskräftigen Veranlagung zu Grunde liegt

- Die Berichtigung einer Bilanz, die einer bestandskräftigen Veranlagung zu Grunde liegt, ist nur insoweit möglich, als die Veranlagung nach den Vorschriften der AO, insbesondere nach § 164 Abs. 1, § 173 oder § 175 Abs. 1 Satz 1 Nr. 2, noch geändert werden kann oder die Bilanzberichtigung sich auf die Höhe der veranlagten Steuer nicht auswirken würde (→ BFH vom 27. 3. 1962 – BStBl III S. 273 und vom 5. 9. 2001 – BStBl 2002 II S. 134).
- Die Berichtigung eines unrichtigen Bilanzansatzes in einer **Anfangsbilanz** ist nicht zulässig, wenn diese Bilanz der Veranlagung eines früheren Jahres als Schlussbilanz zugrunde gelegen hat, die nach den Vorschriften der AO nicht mehr geändert werden kann, oder wenn der sich bei einer Änderung dieser Veranlagung ergebende höhere Steueranspruch wegen Ablaufs der Festsetzungsfrist erloschen wäre (→ BFH vom 29. 11. 1965 – BStBl 1966 III S. 142). Unter Durchbrechung des Bilanzenzusammenhangs kann eine Berichtigung der Anfangsbilanz des ersten Jahres, bei dessen Veranlagung sich die Berichtigung auswirken kann, ausnahmsweise in Betracht kommen, wenn ein Stpfl. zur Erlangung beachtlicher ungerechtfertigter Steuervorteile bewusst einen Aktivposten zu hoch oder einen Passivposten zu niedrig angesetzt hat, ohne dass die Möglichkeit besteht, die Veranlagung des Jahres zu ändern, bei der sich der unrichtige Bilanzansatz ausgewirkt hat (→ BFH vom 3. 7. 1956 – BStBl III S. 250).

Bilanzänderung

- → BMF vom 18. 5. 2000 (BStBl I S. 587). Anhang 5
- ***War ein Bilanzansatz im Zeitpunkt der Bilanzaufstellung rechtlich vertretbar, erweist er sich aber im weiteren Verlauf als unrichtig, kann er unter den Voraussetzungen des § 4 Abs. 2 Satz 2 EStG geändert werden (→ BFH vom 17. 7. 2008 – BStBl II S. 924).***
- ***Im Rahmen einer zulässigen Bilanzänderung kann der Stpfl. ihm zustehende, im Jahr der Bilanzänderung aber noch nicht oder nicht in voller Höhe geltend gemachte Sonderabschreibungen erstmals oder mit einem höheren Betrag in Anspruch nehmen. Dies gilt***

auch dann, wenn er die im Jahr der Bilanzänderung noch nicht ausgeschöpften Sonderabschreibungen in den Bilanzen der Folgejahre schon beansprucht hat (→ BFH vom 25. 10. 2007 – BStBl 2008 II S. 226).

- **Antragstellung** vor Bestandskraft der Veranlagung (→ BFH vom 19. 5. 1987 – BStBl II S. 848).
- Nachträgliche Bildung einer Rücklage nach § 6b EStG ist nur im Wege der Bilanzänderung möglich, und zwar auch dann, wenn die Reinvestitionsfrist bereits abgelaufen oder wenn bereits ein finanzgerichtliches Verfahren anhängig ist (→ BFH vom 7. 3. 1996 – BStBl II S. 568

Bilanzberichtigung

Anhang 5
- Eine Bilanzberichtigung darf nur der Stpfl. selbst vornehmen (→ BFH vom 13. 6. 2006 – BStBl 2007 II S. 94). Hält das Finanzamt eine Bilanz für fehlerhaft, darf es diese Bilanz der Besteuerung nicht zugrunde legen und muss eine eigene Gewinnermittlung durch Betriebsvermögensvergleich mit ggf. auf der Grundlage der Bilanz abgeänderten Werten vornehmen (→ BFH vom 4. 11. 1999 – BStBl 2000 II S. 129).
- Eine Bilanz kann nicht berichtigt werden, wenn sie nach dem Erkenntnisstand zum Zeitpunkt ihrer Erstellung den Grundsätzen ordnungsmäßiger Buchführung entspricht (→ BFH vom 5. 6. 2007 – BStBl II S. 818);
- Eine Bilanz kann berichtigt werden, wenn ein darin enthaltener Ansatz nicht gegen Grundsätze ordnungsmäßiger Buchführung, sondern nur gegen steuerrechtliche Vorschriften verstößt. Kann eine Bilanz auf verschiedenen Wegen berichtigt werden, obliegt die Auswahl des Korrekturwegs dem Unternehmer (→ BFH vom 14. 3. 2006 – BStBl II S. 799).
- **Absetzung für Abnutzung:** Sind in den Vorjahren im Hinblick auf eine zu niedrige Bemessungsgrundlage zu wenig AfA geltend gemacht worden, kann die letzte Anfangsbilanz gewinnneutral berichtigt werden, indem der richtige höhere Anfangswert gekürzt um die tatsächlich vorgenommenen Absetzungsbeträge in die Bilanz eingestellt wird (→ BFH vom 29. 10. 1991 – BStBl 1992 II S. 512, 516). → H 7.4 (Unterlassene oder überhöhte AfA).
- **Nach Änderung der höchstrichterlichen Rechtsprechung:** Erfolgswirksame Bilanzberichtigung nach unrechtmäßiger Aktivierung sofort abzuziehender Betriebsausgaben (→ BFH vom 12. 11. 1992 – BStBl 1993 II S. 392).
- **Nach Änderung der Verwaltungsauffassung:**

  Ein Bilanzansatz ist nicht fehlerhaft, wenn er der im Zeitpunkt der Bilanzaufstellung vorliegenden höchstrichterlichen Rechtsprechung entspricht (→ BFH vom 12. 11. 1992 – BStBl 1993 II S. 392). Entsprechendes gilt, wenn zu einer bestimmten Rechtsfrage zwar noch keine höchstrichterliche Rechtsprechung vorliegt, der Bilanzansatz aber der bis dahin von der Finanzverwaltung vertretenen Rechtsauffassung entspricht. Führt in diesem Fall die erstmalige Rechtsprechung des BFH zu einer Änderung der bisher von der Finanzverwaltung vertretenen Rechtsauffassung, stellt sich die Frage, zu welchem Zeitpunkt die Bilanz aus Sicht des Stpfl. subjektiv unrichtig ist (z. B. ab dem Datum des BFH-Urteils, der Veröffentlichung des Urteils auf der BFH-Website oder im BStBl II).

  Die für die ESt zuständigen Vertreter der obersten Finanzbehörden des Bundes und der Länder vertreten hierzu für die Fälle, in denen die Finanzverwaltung in der Vergangenheit z. B. Rückstellungen nicht anerkannt hat, sich dann aber einer erstmaligen anderweitigen BFH-Rechtsprechung anschließt (z. B. bei den sog. Beihilferückstellungen (→ BFH vom 30. 1. 2002 – BStBl 2003 II S. 279) und bei den Rückstellungen für die Verpflichtung zur Aufbewahrung von Geschäftsunterlagen gem. § 257 HGB und § 147 AO (→ BFH vom 19. 8. 2002 – BStBl 2003 II S. 131) folgende Auffassung:

  - Rückstellungen können frühestens in der ersten nach dem Datum der Entscheidung aufzustellenden Bilanz und müssen spätestens in der ersten nach der amtlichen Veröffentlichung des BFH-Urteils im BStBl aufzustellenden Bilanz passiviert werden.
  - In den Fällen, in denen der Stpfl. bis zur amtlichen Veröffentlichung des BFH-Urteils die Rückstellung entsprechend der bisherigen Verwaltungsauffassung nicht ausgewiesen hat, besteht die Möglichkeit einer Bilanzberichtigung rückwirkend bis zur ersten nach dem Datum der Entscheidung aufgestellten Bilanz.

  → OFD Düsseldorf vom 10. 5. 2005 (DB 2005 S. 1083)
- Die Voraussetzungen für eine Bilanzberichtigung sind für die Einkommensteuer und Gewerbesteuer gesondert zu prüfen. Eine Bilanzberichtigung für Zwecke der Gewerbesteuer hindert daher nicht die entsprechende einkommensteuerrechtliche Korrektur in einem späteren VZ (→ BFH vom 6. 9. 2000 – BStBl 2001 II S. 106).
- Bewertung von mit land- und forstwirtschaftlichem Grund und Boden im Zusammenhang stehenden Milchlieferrechten → BMF vom 14. 1. 2003 (BStBl I S. 78), Rn. 20 ff.

- *Sind in den Vorjahren Sonderabschreibungen im Rahmen einer zulässigen Bilanzänderung anderweitig verteilt worden, sind nach den Grundsätzen des Bilanzenzusammenhangs nunmehr fehlerhafte Ansätze in den Bilanzen der Folgejahre zu berichtigen (→ BFH vom 25. 10. 2007 – BStBl 2008 II S. 226).*

Einnahmenüberschussrechnung

→ H 4.5 (1) Änderung der Einnahmenüberschussrechnung

Fehlerhafte Gewinnverteilung bei Personengesellschaften

Bei einer Personengesellschaft ist die fehlerhafte Gewinnverteilung, die einer bestandskräftigen Feststellung zu Grunde liegt, in der Schlussbilanz des ersten noch änderbaren Feststellungszeitraums richtig zu stellen (→ BFH vom 11. 2. 1988 – BStBl II S. 825). Die Fehlerkorrektur ist nicht zulässig, wenn für den dem Feststellungszeitraum der Berichtigung vorangegangenen Feststellungszeitraum eine Feststellung nicht durchgeführt wurde und wegen Ablaufs der Feststellungsfrist nicht nachgeholt werden kann (→ BFH vom 28. 1. 1992 – BStBl II S. 881).

Nachträgliche Auflösung der negativen Kapitalkonten eines Kommanditisten

Ist das negative Kapitalkonto des Kommanditisten zu Unrecht nicht aufgelöst worden und die Veranlagung bestandskräftig, kann auf Grund des Bilanzenzusammenhangs die Auflösung im Folgejahr nachgeholt werden → BFH vom 10. 12. 1991 (BStBl 1992 II S. 650).

Nicht erkannte Mitunternehmerschaft

Wurde unter Verkennung einer Mitunternehmerschaft eine Bilanz für ein Einzelunternehmen vorgelegt, ist die Inanspruchnahme des § 6b EStG in der erstmalig vorgelegten Bilanz der Mitunternehmerschaft keine Bilanzänderung i. S. d. § 4 Abs. 2 Satz 2 EStG (→ BFH vom 18. 8. 2005 – BStBl 2006 II S. 165).

Richtigstellung eines unrichtigen Bilanzansatzes

Ein unrichtiger Bilanzansatz ist in der ersten Schlussbilanz richtig zu stellen, in der dies unter Beachtung der für den Eintritt der Bestandskraft und der Verjährung maßgebenden Vorschriften möglich ist, und zwar grundsätzlich erfolgswirksam. Anzusetzen ist der Wert, mit dem das Wirtschaftsgut bei von vornherein zutreffender bilanzieller Behandlung – also bei Beachtung sämtlicher Gewinnermittlungsvorschriften – in dieser Bilanz erscheinen würde (→ BFH vom 10. 12. 1997 – BStBl 1998 II S. 377). Die Korrektur eines fehlerhaften Bilanzansatzes setzt voraus, dass noch ein Bilanzierungsfehler vorliegt (→ BFH vom 11. 2. 1998 – BStBl II S. 503).

Rücklage nach § 6b EStG

Ist die Bildung einer Rücklage nach § 6b Abs. 3 EStG – und damit eine Bilanzänderung – zulässig, nachdem ein Veräußerungsgewinn bei den Einkünften angesetzt wurde, oder steht dem § 4 Abs. 2 Satz 2 EStG entgegen, weil lediglich eine Gewinnerhöhung ohne Einfluss auf den Ansatz von Wirtschaftsgütern erfolgt ist, somit keine Bilanzberichtigung vorliegt?

- → Haben die Ehegatten unter Verkennung der Mitunternehmerschaft eine Bilanz für ein Einzelunternehmen vorgelegt, so ist die Inanspruchnahme der Reinvestitionsvergünstigung des § 6b EStG in der Mitunternehmerbilanz keine Bilanzänderung i. S. d. § 4 Abs. 2 Satz 2 EStG (→ BFH vom 18. 8. 2005 – BStBl 2006 II S. 165).
- → BFH vom 27. 9. 2006 – IV R 7/06 – (BFH-Internet-Veröffentlichung):
  1. Eine Bilanzänderung nach § 4 Abs. 2 Satz 2 EStG liegt nicht vor, wenn sich einem Steuerpflichtigen überhaupt erst nach Einreichung der Bilanz die Möglichkeit eröffnet hatte, erstmalig sein Wahlrecht, hier i. S. d. § 6b Abs. 1 oder Abs. 3 EStG, auszuüben.
  2. Beruhte die bisher fehlende Ausübung des Wahlrechts jedoch auf einem zumindest fahrlässigen Verhalten, z. B. dem Nichterfassen des bei der Veräußerung entstandenen Gewinns, so ist der Anwendungsbereich des § 4 Abs. 2 Satz 2 EStG grundsätzlich eröffnet.
  3. Der Umfang der Bilanzänderung ist auf den Gewinnanteil beschränkt, der sich im jeweiligen Wirtschaftsjahr aus der Bilanzberichtigung nach § 4 Abs. 2 Satz 1 EStG ergibt.

Tausch

Eine beim Tausch unterbliebene Ausbuchung des hingetauschten Wirtschaftsguts und Einbuchung einer Forderung auf Lieferung des eingetauschten Wirtschaftsguts ist in der ersten noch änderbaren Schlussbilanz erfolgswirksam nachzuholen (→ BFH vom 14. 12. 1982 – BStBl 1983 II S. 303).

Unterlassene Bilanzierung

Die rechtliche Beurteilung der Zugehörigkeit eines Wirtschaftsguts zum notwendigen Betriebsvermögen wird nicht dadurch berührt, dass es bisher nicht bilanziert worden ist. Ein Wirtschaftsgut des notwendigen Betriebsvermögens ist bei unterlassener Aktivierung mit dem Wert einzubuchen, der sich ergeben würde, wenn das Wirtschaftsgut von Anfang an richtig bilanziert worden wäre. In diesem Fall ist bei der Ermittlung des Einbuchungswerts eine „Schattenrechnung" (Absetzung der bisher unterlassenen AfA-Beträge von den Anschaffungs- oder Herstellungskosten durchzuführen) (→ BFH vom 24. 10. 2001 – BStBl 2002 II S. 75).

Unterlassene Erfassung einer Entnahme

Erfolgsneutrale Ausbuchung bei unterlassener Erfassung einer Entnahme (→ BFH vom 21. 10. 1976 – BStBl 1977 II S. 148).

Verbindlichkeiten

Eine Verbindlichkeit,

- die gewinnwirksam zu Unrecht passiviert worden ist, ist grundsätzlich gewinnerhöhend aufzulösen (→ BFH vom 22. 1. 1985 – BStBl II S. 308),
- deren gewinnmindernde Passivierung der Stpfl. nicht bewusst rechtswidrig oder willkürlich unterlassen hat, ist gewinnmindernd einzustellen (→ BFH vom 2. 5. 1984 – BStBl II S. 695).

Dies gilt auch dann, wenn der Betrieb inzwischen unentgeltlich, also unter Fortführung der Buchwerte, auf einen anderen übertragen wurde (→BFH vom 9. 6. 1964 – BStBl 1965 III S. 48) oder wenn der Betrieb zulässigerweise zum Buchwert in eine Personengesellschaft eingebracht wurde (→ BFH vom 8. 12. 1988 – BStBl 1989 II S. 407).

Wahlrecht eines Mitunternehmers

Mitunternehmerbezogene Wahlrechte sind von dem Mitunternehmer persönlich auszuüben. Grundsätzlich wird vermutet, dass die Sonderbilanz mit dem Mitunternehmer abgestimmt ist. Diese Vermutung gilt nicht bei einem ausgeschiedenen Gesellschafter oder wenn der Finanzbehörde bekannt ist, dass zwischen dem Mitunternehmer und der Mitunternehmerschaft ernstliche Meinungsverschiedenheiten bestehen. In diesen Fällen ist die von der Mitunternehmerschaft aufgestellte Sonderbilanz keine Bilanz, die das Änderungsverbot des § 4 Abs. 2 Satz 2 EStG auslöst (→ BFH vom 25. 1. 2006 – BStBl II S. 418).

Zu Unrecht bilanziertes Wirtschaftsgut des Privatvermögens

Ein zu Unrecht bilanziertes Wirtschaftsgut des Privatvermögens ist gewinnneutral auszubuchen (→ BFH vom 26. 2. 1976 – BStBl II S. 378).

R 4.5
S 2142

4.5. Einnahmenüberschussrechnung

R 4.5 (1)

Anwendungsbereich

(1) [1]Der Stpfl. kann nach § 4 Abs. 3 EStG als Gewinn den Überschuss der Betriebseinnahmen über die Betriebsausgaben ansetzen, wenn er auf Grund gesetzlicher Vorschriften (→ R 4.1 Abs. 1 und 2) nicht verpflichtet ist, Bücher zu führen und regelmäßig Abschlüsse zu machen, er dies auch nicht freiwillig tut, und sein Gewinn nicht nach Durchschnittssätzen (§ 13a EStG) zu ermitteln ist. [2]Die Buchführung wegen der Eigenschaft des Betriebs als Testbetrieb für den Agrarbericht oder als Betrieb des EG-Informationsnetzes landwirtschaftlicher Buchführungen und die Auflagenbuchführung entsprechend den Richtlinien des Bundesministeriums für Ernährung, Landwirtschaft und Verbraucherschutz schließen die Gewinnermittlung nach § 4 Abs. 3 EStG nicht aus. [3]Der Gewinn eines Stpfl. ist nach den für diese Gewinnermittlungsart maßgebenden

Grundsätzen zu ermitteln, wenn der Betrieb zwar die Voraussetzungen für die Gewinnermittlung nach § 13a EStG erfüllt, aber ein Antrag nach § 13a Abs. 2 EStG gestellt worden ist.

Hinweise

H 4.5 (1)

Änderung der Einnahmenüberschussrechnung

Die Vorschriften über die Bilanzberichtigung (§ 4 Abs. 2 Satz 1 EStG) und die Bilanzänderung (§ 4 Abs. 2 Satz 2 EStG) sind auf die Einnahmenüberschussrechnung nicht anwendbar (→ BFH vom 21. 6. 2006 – BStBl II S. 712 und vom 30. 8. 2001 – BStBl 2002 II S. 49).

Gewinnschätzung nach den Grundsätzen des § 4 Abs. 3 EStG

→ H 4.1 (Gewinnschätzung)

Unternehmensrückgabe

Zur Unternehmensrückgabe nach dem VermG bei Einnahmenüberschussrechnung → BMF vom 10. 5. 1994 (BStBl I S. 286), Tzn. 88 und 89

Wahl der Gewinnermittlungsart

- Die Entscheidung eines Stpfl., seinen Gewinn durch Einnahmenüberschussrechnung zu ermitteln, muss sich nach außen dokumentiert haben. Das Sammeln z. B. der maßgebenden Einnahmebelege reicht hierfür aus (→ BFH vom 13. 10. 1989 – BStBl 1990 II S. 287).
- Zeichnet ein nicht buchführungspflichtiger Stpfl. nur Einnahmen und Ausgaben auf, kann er nicht verlangen, dass seiner Besteuerung ein nach § 4 Abs. 1 EStG geschätzter Gewinn zugrunde gelegt wird. Durch den Verzicht auf die Aufstellung einer Eröffnungsbilanz und auf die Einrichtung einer den jeweiligen Stand des Vermögens darstellenden Buchführung hat er die Gewinnermittlung durch Einnahmenüberschussrechnung gewählt (→ BFH vom 2. 3. 1978 – BStBl II S. 431).
- Die Wahl der Gewinnermittlung durch Einnahmenüberschussrechnung kann nicht unterstellt werden, wenn der Stpfl. bestreitet, betriebliche Einkünfte erzielt zu haben (→ BFH vom 8. 3. 1989 – BStBl II S. 714).
- → H 4.6 (Wechsel zum Betriebsvermögensvergleich)

Zeitliche Erfassung von Betriebseinnahmen und -ausgaben

R 4.5 (2)

(2) [1]Bei der Gewinnermittlung nach § 4 Abs. 3 EStG sind die Betriebseinnahmen und die Betriebsausgaben nach den Grundsätzen des § 11 EStG zu erfassen. [2]Das gilt auch für Vorschüsse, Teil- und Abschlagszahlungen. [3]Hat ein Stpfl. Gelder in fremdem Namen und für fremde Rechnung verausgabt, ohne dass er entsprechende Gelder vereinnahmt, kann er in dem Wirtschaftsjahr, in dem er nicht mehr mit einer Erstattung der verausgabten Gelder rechnen kann, eine Betriebsausgabe in Höhe des nicht erstatteten Betrags absetzen. [4]Soweit der nicht erstattete Betrag in einem späteren Wirtschaftsjahr erstattet wird, ist er als Betriebseinnahme zu erfassen.

Hinweise

H 4.5 (2)

Bürgschaftsinanspruchnahme

Wegen Bürgschaftsinanspruchnahme entstandene Kreditkosten und Darlehenszinsen als nachträgliche Betriebsausgaben: Kein Abzug von Schuldzinsen nach Betriebsaufgabe, wenn Wirtschaftsgüter zurückbehalten werden; „Umwidmung" in Werbungskosten bei den Einkünften aus Vermietung und Verpachtung (→ BFH vom 22. 1. 2003 – BFH/NV 2003 S. 900).

Darlehen

Geldbeträge, die dem Betrieb durch die Aufnahme von Darlehen zugeflossen sind, stellen keine Betriebseinnahmen und Geldbeträge, die zur Tilgung von Darlehen geleistet werden, keine Betriebsausgaben dar (→ BFH vom 8. 10. 1969 – BStBl 1970 II S. 44).

Darlehens- und Beteiligungsverlust

Darlehensverluste und der Verlust von Beteiligungen an Kapitalgesellschaften können nur dann wie Betriebsausgaben abgesetzt werden, wenn besondere Umstände ihre ausschließliche Zugehörigkeit zur betrieblichen Sphäre ergeben (→ BFH vom 2. 9. 1971 – BStBl 1972 II S. 334, vom 11. 3. 1976 – BStBl II S. 380 und vom 23. 11. 1978 – BStBl 1979 II S. 109). Für den Zeitpunkt und den Umfang einer etwaigen Berücksichtigung derartiger Verluste ist maßgeblich, wann und in welcher Höhe die für das Darlehen oder die Beteiligung aufgewendeten Mittel endgültig verloren gegangen sind (→ BFH vom 23. 11. 1978 – BStBl 1979 II S. 109).

Diebstahl

Ein durch Diebstahl eingetretener Geldverlust führt nur dann zu einer Betriebsausgabe, wenn der betriebliche Zusammenhang anhand konkreter und objektiv greifbarer Anhaltspunkte festgestellt ist (→ BFH vom 28. 11. 1991 – BStBl 1992 II S. 343).

Fremdwährungsdarlehen

Die Mehrausgaben, die sich bei der Tilgung eines Fremdwährungsdarlehens nach einer Kurssteigerung der ausländischen Währung ergeben, sind im Zeitpunkt der Zahlung als Betriebsausgabe, umgerechnet in Euro, abzuziehen; wird infolge eines Kursrückgangs der ausländischen Währung ein geringerer als der ursprünglich zugeflossene Betrag zurückgezahlt, ist der Unterschiedsbetrag, umgerechnet in Euro, im Zeitpunkt der Zahlung als Betriebseinnahme zu erfassen (→ BFH vom 15. 11. 1990 – BStBl 1991 II S. 228).

Investitionszuschüsse bei Einnahmenüberschussrechnung

*→ **H 6.5***

Praxisgebühr

- Die vom Versicherten zu zahlende Praxisgebühr stellt eine Betriebseinnahme und keinen durchlaufenden Posten dar (→ BMF vom 25. 5. 2004 – BStBl I S. 526).
- → H 18.2 (Aufzeichnungspflicht)

Sacheinnahmen

sind wie Geldeingänge in dem Zeitpunkt als Betriebseinnahme zu erfassen, in dem der Sachwert zufließt (→ BFH vom 12. 3. 1992 – BStBl 1993 II S. 36).

Tauschvorgänge

Durch die Lieferung von zum Betriebsvermögen gehörenden Wirtschaftsgütern im Tausch gegen andere Wirtschaftsgüter hat der Stpfl. eine Betriebseinnahme i. S. d. § 4 Abs. 3 EStG realisiert, da ihm dadurch ein geldwerter Gegenstand zugegangen ist und dieser Zugang im Hinblick auf die Hingabe von Betriebsgegenständen betrieblich veranlasst ist. Ob die erlangte Gegenleistung in den betrieblichen oder in den privaten Bereich des Stpfl. gelangt ist, hat dafür keine Bedeutung. Eine Betriebseinnahme setzt nicht voraus, dass die erlangte Leistung Betriebsvermögen wird (→ BFH vom 17. 4. 1986 (BStBl II S. 607).

Vereinnahmte Umsatzsteuerbeträge

→ H 9b (Gewinnermittlung nach § 4 Abs. 3 EStG und Ermittlung des Überschusses der Einnahmen über die Werbungskosten)

Vorschusszahlung

Vorschussweise gezahlte Honorare sind auch dann zugeflossen, wenn im Zeitpunkt der Veranlagung feststeht, dass sie teilweise zurückzuzahlen sind; das „Behaltendürfen" ist nicht Merkmal des Zuflusses (→ BFH vom 13. 10. 1989 – BStBl 1990 II S. 287).

Wirtschaftsjahr

§ 11 Abs. 1 Satz 2 EStG ist auch bei abweichendem Wirtschaftsjahr in der Land- und Forstwirtschaft anzuwenden (→ BFH vom 23. 9. 1999 – BStBl 2000 II S. 121).

Zahngold

Ausgaben eines Zahnarztes mit Gewinnermittlung nach § 4 Abs. 3 EStG für Zahngold (→ H 4.2 (1) Gold) bilden auch dann Betriebsausgaben, wenn der angeschaffte Goldvorrat den Verbrauch für einige Jahre deckt (→ BFH vom 12. 7. 1990 – BStBl 1991 II S. 13 und vom 12. 3. 1992 – BStBl

1993 II S. 36); Indiz dafür ist der Verbrauch der Vorräte innerhalb eines Zeitraums von maximal sieben Jahren oder der Nachweis, dass bei Anschaffung mit einem Verbrauch innerhalb dieses Zeitraums zu rechnen war (→ BFH vom 26. 5. 1994 – BStBl II S. 750).

Zufluss von Betriebseinnahmen

- **Provisionszahlungen** → H 11 (Provisionen).
- **Zahlungen des Auftraggebers an ein Versorgungswerk** als Betriebseinnahmen des Auftragnehmers im Zeitpunkt des Eingangs beim Versorgungswerk (→ BFH vom 1. 10. 1993 – BStBl 1994 II S. 179).
- **Veräußerungserlös** – der Erlös aus dem Verkauf eines Wirtschaftsgutes ist stets im Jahr des Zuflusses anzusetzen (→ BFH vom 16. 2. 1995 – BStBl II S. 635); bei Inanspruchnahme des § 6c EStG → aber R 6c Abs. 1 Satz 3 und 4.

Abnutzbare und nicht abnutzbare Anlagegüter **R 4.5 (3)**

(3) [1]Zu den Betriebseinnahmen gehören auch die Einnahmen aus der Veräußerung von abnutzbaren und nicht abnutzbaren Anlagegütern sowie vereinnahmte Umsatzsteuerbeträge. [2]Die Anschaffungs- oder Herstellungskosten für Anlagegüter, die der Abnutzung unterliegen, z. B. Einrichtungsgegenstände, Maschinen, der ***Geschäfts- oder*** Firmen***wert*** oder ***der*** Praxiswert dürfen nur im Wege der AfA auf die Nutzungsdauer des Wirtschaftsgutes verteilt werden, sofern nicht § 6 Abs. 2 ***oder Abs. 2a*** EStG ***anzuwenden ist***. [3]Neben den Vorschriften über die AfA***,*** die Absetzung für Substanzverringerung***, die Bewertungsfreiheit für geringwertige Wirtschaftsgüter oder die Bildung eines Sammelpostens*** gelten auch die Regelungen über erhöhte Absetzungen und über Sonderabschreibungen. ***[4]Die vorgenommenen Abschreibungen sind in die besonderen, laufend zu führenden Verzeichnisse des Anlagevermögens aufzunehmen.*** [5]Die Anschaffungs- oder Herstellungskosten oder der an deren Stelle tretende Wert sind bei nicht abnutzbaren Wirtschaftsgütern des Anlagevermögens, z. B. Grund und Boden, Genossenschaftsanteile, Wald einschließlich Erstaufforstung, erst ***im*** Zeitpunkt ***des Zuflusses des Veräußerungserlöses oder im Zeitpunkt der Entnahme als Betriebsausgaben zu berücksichtigen,*** soweit die Aufwendungen vor dem 1. 1. 1971 nicht bereits zum Zeitpunkt der Zahlung abgesetzt worden sind.

Hinweise

H 4.5 (3)

Eiserne Verpachtung

Zur Gewinnermittlung bei der Verpachtung von Betrieben mit Substanzerhaltungspflicht des Pächters nach §§ 582a, 1048 BGB → BMF vom 21. 2. 2002 (BStBl I S. 262)

Veräußerung abnutzbarer Wirtschaftsgüter/Unterlassene AfA

Soweit Anschaffungs- oder Herstellungskosten für abnutzbare Wirtschaftsgüter des Anlagevermögens bis zur Veräußerung noch nicht im Wege der AfA berücksichtigt worden sind, sind sie grundsätzlich (Besonderheit: → R 4.5 Abs. 5) im Wirtschaftsjahr der Veräußerung als Betriebsausgaben abzusetzen, soweit die AfA nicht willkürlich unterlassen worden sind (→ BFH vom 16. 2. 1995 – BStBl II S. 635).

Leibrenten **R 4.5 (4)**

(4) [1]Erwirbt ein Stpfl. mit Gewinnermittlung nach § 4 Abs. 3 EStG ein Wirtschaftsgut des Anlagevermögens ***oder des Umlaufvermögens i. S. d. § 4 Abs. 3 Satz 4 EStG*** gegen eine Leibrente, ergeben sich die Anschaffungskosten für dieses Wirtschaftsgut aus dem Barwert der Leibrentenverpflichtung. [2]Die einzelnen Rentenzahlungen sind in Höhe ihres Zinsanteiles Betriebsausgaben. [3]Der Zinsanteil ergibt sich aus dem Unterschiedsbetrag zwischen den Rentenzahlungen einerseits und dem jährlichen Rückgang des Barwerts der Leibrentenverpflichtung andererseits. [4]Aus Vereinfachungsgründen ist es nicht zu beanstanden, wenn die einzelnen Rentenzahlungen in voller Höhe mit dem Barwert der ursprünglichen Rentenverpflichtung verrechnet werden; sobald die Summe der Rentenzahlungen diesen Wert übersteigt, sind die darüber hinausgehenden Rentenzahlungen in vollem Umfang als Betriebsausgabe abzusetzen. [5]Bei vorzeitigem Fortfall der Rentenverpflichtung ist der Betrag als Betriebseinnahme anzusetzen, der nach Abzug

aller bis zum Fortfall geleisteten Rentenzahlungen von dem ursprünglichen Barwert verbleibt. [6]Erwirbt ein Stpfl. mit Gewinnermittlung nach § 4 Abs. 3 EStG Wirtschaftsgüter des Umlaufvermögens ***– mit Ausnahme der in § 4 Abs. 3 Satz 4 EStG aufgeführten Wirtschaftsgüter –*** gegen eine Leibrente, stellen die Rentenzahlungen zum Zeitpunkt ihrer Verausgabung in voller Höhe Betriebsausgaben dar[1]). [7]Der Fortfall einer solchen Leibrentenverpflichtung führt nicht zu einer Betriebseinnahme.

H 4.5 (4)

Hinweise

Fortfall der Rentenverpflichtung

Fällt die zur Anschaffung von Wirtschaftsgütern des Anlagevermögens eingegangene Rentenverpflichtung fort, z. B. bei Tod des Rentenberechtigten, so liegt eine Betriebseinnahme in Höhe des Barwertes vor, den die Rentenverpflichtung im Augenblick ihres Fortfalls hatte (→ BFH vom 31. 8. 1972 – BStBl 1973 II S. 51).

Nachträgliche Erhöhung der Rente

Die infolge einer Wertsicherungsklausel nachträglich eingetretene Erhöhung einer Rente ist in vollem Umfang beim Betriebsausgabenabzug im Zeitpunkt der jeweiligen Zahlung zu berücksichtigen (→ BFH vom 23. 2. 1984 – BStBl II S. 516 und vom 23. 5. 1991 – BStBl II S. 796).

R 4.5 (5) **Raten**

(5) [1]Veräußert der Stpfl. Wirtschaftsgüter ***i. S. d. § 4 Abs. 3 Satz 4 EStG*** gegen einen in Raten zu zahlenden Kaufpreis oder gegen eine Veräußerungsrente, ***ist in jedem Wirtschaftsjahr in Höhe der in demselben Wirtschaftsjahr zufließenden Kaufpreisraten oder Rentenzahlungen ein Teilbetrag der Anschaffungs- oder Herstellungskosten als Betriebsausgaben abzusetzen. [2]Bei der Veräußerung abnutzbarer Wirtschaftsgüter des Anlagevermögens kann der Stpfl. hinsichtlich der noch nicht im Wege der AfA als Betriebsausgaben berücksichtigten Anschaffungs- oder Herstellungskosten, abweichend von den allgemeinen Grundsätzen, entsprechend verfahren.*** [3]Wird die Kaufpreisforderung uneinbringlich, ist der noch nicht abgesetzte Betrag in dem Wirtschaftsjahr als Betriebsausgabe zu berücksichtigen, in dem der Verlust eintritt.

R 4.5 (6) **Betriebsveräußerung oder -aufgabe**

(6) [1]Veräußert ein Stpfl., der den Gewinn nach § 4 Abs. 3 EStG ermittelt, den Betrieb, ist der Stpfl. so zu behandeln, als wäre er im Augenblick der Veräußerung zunächst zur Gewinnermittlung durch Betriebsvermögensvergleich nach § 4 Abs. 1 EStG übergegangen (Wechsel der Gewinnermittlungsart). [2]Dies gilt auch bei der Veräußerung eines Teilbetriebs oder ***des gesamten*** Mitunternehmeranteiles und bei der Aufgabe eines Betriebs sowie in den Fällen der Einbringung***, unabhängig davon, ob die Einbringung zu Buch-, Zwischen- oder gemeinen Werten erfolgt***.

H 4.5 (6)

Hinweise

Einbringungsgewinn

Im Fall der Einnahmenüberschussrechnung muss der Einbringungsgewinn auf der Grundlage einer Einbringungsbilanz und einer Eröffnungsbilanz der Gesellschaft ermittelt werden (→ BFH vom 18. 10. 1999 – BStBl 2000 II S. 123).

Fehlende Schlussbilanz

Ist auf den Zeitpunkt der Betriebsveräußerung eine Schlussbilanz nicht erstellt worden, und hat dies nicht zur Erlangung ungerechtfertigter Steuervorteile geführt, sind in späteren Jahren gezahlte Betriebssteuern und andere Aufwendungen, die durch den veräußerten oder aufgegebenen Betrieb veranlasst sind, nachträgliche Betriebsausgaben (→ BFH vom 13. 5. 1980 – BStBl II S. 692).

---

1) Überholt für die in § 4 Abs. 3 Satz 4 EStG i. d. F. des Gesetz zur Eindämmung missbräuchlicher Steuergestaltungen aufgeführten Wirtschaftsgüter des Umlaufvermögens, die nach dem 5. 5. 2006 angeschafft wurden.

Nachträgliche Betriebsausgaben

→ H 24.2 (Nachträgliche Betriebsausgaben/Werbungskosten)

Tod eines Gesellschafters

Hat eine Personengesellschaft ihren Gewinn durch Einnahmenüberschussrechnung ermittelt, ist sie zur Feststellung der für die Berechnung des Veräußerungsgewinns erforderlichen Buchwerte im Fall der Übernahme aller Wirtschaftsgüter der Personengesellschaft durch die verbleibenden Gesellschafter bei Ableben eines Gesellschafters so zu behandeln, als wäre sie im Augenblick des Todes des Gesellschafters zur Gewinnermittlung nach § 4 Abs. 1 EStG übergegangen. Der Übergangsgewinn ist anteilig dem verstorbenen Gesellschafter zuzurechnen, auch wenn er im Wesentlichen auf der Zurechnung auf die anderen Gesellschafter übergehender Honorarforderungen beruht (→ BFH vom 13. 11. 1997 – BStBl 1998 II S. 290).

Übergangsgewinn

Die wegen des Übergangs von der Einnahmenüberschussrechnung zum Betriebsvermögensvergleich erforderlichen Hinzurechnungen und Abrechnungen sind nicht bei dem Veräußerungsgewinn, sondern bei dem laufenden Gewinn des Wirtschaftsjahrs vorzunehmen, in dem die Veräußerung stattfindet (→ BFH vom 23. 11. 1961 – BStBl 1962 III S. 199); die dem Gewinn hinzuzurechnenden Beträge können nicht verteilt werden (→ BFH vom 13. 9. 2001 – BStBl 2002 II S. 287).

4.6. Wechsel der Gewinnermittlungsart R 4.6

Wechsel zum Betriebsvermögensvergleich S 2146

(1) [1]Neben den Fällen des Übergangs von der Gewinnermittlung nach § 4 Abs. 3 EStG zur Gewinnermittlung nach § 4 Abs. 1 oder § 5 EStG ist eine → Gewinnberichtigung auch erforderlich, wenn nach einer Einnahmenüberschussrechnung im folgenden Jahr der Gewinn nach den Grundsätzen des § 4 Abs. 1 EStG geschätzt oder nach § 13a Abs. 3 bis 5 EStG ermittelt wird. [2]Wenn der Gewinn eines Stpfl., der bisher durch Einnahmenüberschussrechnung ermittelt wurde, durch Schätzung nach den Grundsätzen des § 4 Abs. 1 EStG festgestellt wird, ist die Gewinnberichtigung grundsätzlich in dem Jahr der Schätzung vorzunehmen. [3]Die Gewinnberichtigung kommt deshalb beim Übergang zum Betriebsvermögensvergleich nicht in Betracht, wenn der Gewinn bereits in den Vorjahren griffweise oder nach dem Soll- oder Ist-Umsatz anhand von Richtsätzen geschätzt worden ist. [4]Bei dem Übergang zur Gewinnermittlung durch Betriebsvermögensvergleich kann zur Vermeidung von Härten auf Antrag des Stpfl. der Übergangsgewinn (Saldo aus Zu- und Abrechnungen) gleichmäßig entweder auf das Jahr des Übergangs und das folgende Jahr oder auf das Jahr des Übergangs und die beiden folgenden Jahre verteilt werden. [5]Wird der Betrieb vor Ablauf des Verteilungszeitraums veräußert oder aufgegeben, erhöhen die noch nicht berücksichtigten Beträge den laufenden Gewinn des letzten Wirtschaftsjahres. [6]***Die*** zum Anlagevermögen gehörende***n*** nicht abnutzbare***n*** Wirtschaftsgüter ***und die in § 4 Abs. 3 Satz 4 EStG genannten Wirtschaftsgüter des Umlaufvermögens*** sind ***in der Eröffnungsbilanz*** mit dem Wert nach § 4 Abs. 3 Satz 5 EStG anzusetzen.

Wechsel zur Einnahmenüberschussrechnung

(2) Beim Übergang von der Gewinnermittlung durch Betriebsvermögensvergleich (§ 4 Abs. 1 oder § 5 EStG) zur Gewinnermittlung nach § 4 Abs. 3 EStG sind die durch den Wechsel der Gewinnermittlungsart bedingten Hinzurechnungen und Abrechnungen im ersten Jahr nach dem Übergang zur Gewinnermittlung nach § 4 Abs. 3 EStG vorzunehmen.

Hinweise H 4.6

Ansatz- oder Bewertungswahlrechte

Ansatz- oder Bewertungswahlrechte gelten beim Übergang zum Betriebsvermögensvergleich als nicht ausgeübt (→ BFH zu § 13a EStG vom 14. 4. 1988 – BStBl II S. 672).

Bewertung von Wirtschaftsgütern

Die einzelnen Wirtschaftsgüter sind beim Übergang zum Betriebsvermögensvergleich mit den Werten anzusetzen, mit denen sie zu Buch stehen würden, wenn von Anfang an der Gewinn durch Betriebsvermögensvergleich ermittelt worden wäre (→ BFH vom 23. 11. 1961 – BStBl 1962 III S. 199).

Erneuter Wechsel der Gewinnermittlungsart

Nach einem Wechsel der Gewinnermittlungsart ist der Stpfl. grundsätzlich für drei Wirtschaftsjahre an diese Wahl gebunden. Nur bei Vorliegen eines besonderen wirtschaftlichen Grundes (z. B. Einbringung nach § 24 UmwStG) kann er vor Ablauf dieser Frist zurück wechseln (BFH vom 9. 11. 2000 – BStBl 2001 II S. 102).

Gewinnberichtigungen beim Wechsel der Gewinnermittlungsart

- **Wechsel zum Betriebsvermögensvergleich**

  Der Übergang von der Einnahmenüberschussrechnung zum Betriebsvermögensvergleich erfordert, dass Betriebsvorgänge, die bisher nicht berücksichtigt worden sind, beim ersten Betriebsvermögensvergleich berücksichtigt werden (→ BFH vom 28. 5. 1968 – BStBl II S. 650 und vom 24. 1. 1985 – BStBl II S. 255).
- **Wechsel zur Einnahmenüberschussrechnung**

  Soweit sich die Betriebsvorgänge, die den durch den Wechsel der Gewinnermittlungsart bedingten Korrekturen entsprechen, noch nicht im ersten Jahr nach dem Übergang zur Einnahmenüberschussrechnung ausgewirkt haben, können die Korrekturen auf Antrag grundsätzlich in dem Jahr vorgenommen werden, in dem sich die Betriebsvorgänge auswirken (→ BFH vom 17. 1. 1963 – BStBl III S. 228).

Gewinnschätzung bei Einnahmenüberschussrechnung

→ H 4.1 (Gewinnschätzung)

Keine Verteilung des Übergangsgewinns

- beim Übergang vom Betriebsvermögensvergleich (§ 4 Abs. 1 oder § 5 EStG) zur Einnahmenüberschussrechnung (→ BFH vom 3. 10. 1961 – BStBl III S. 565).
- bei Betriebsveräußerung oder Betriebsaufgabe (→ BFH vom 13. 9. 2001 – BStBl 2002 II S. 287).
- bei Einbringung eines Betriebs in eine Personengesellschaft zu Buchwerten (→ BFH vom 13. 9. 2001 – BStBl 2002 II S. 287).

Land- und Forstwirtschaft

- Bewertung von Vieh in der Übergangsbilanz → H 13.3 (Übergang zur Buchführung).
- Wird zugleich mit dem Übergang von der Einnahmenüberschussrechnung zum Betriebsvermögensvergleich ein landwirtschaftlicher Betrieb infolge Strukturwandels zum Gewerbebetrieb, ist die Gewinnberichtigung bei den Einkünften aus Gewerbebetrieb vorzunehmen; es liegen keine nachträglichen Einkünfte aus Land- und Forstwirtschaft vor (→ BFH vom 1. 7. 1981 – BStBl II S. 780).
- Wechsel der Gewinnermittlung allgemein → R 13.5 Abs. 2

Übersicht über die Berichtigung des Gewinns bei Wechsel der Gewinnermittlungsart

Anlage → Anlage

Unterbliebene Gewinnkorrekturen

- Eine bei einem früheren Übergang vom Betriebsvermögensvergleich zur Einnahmenüberschussrechnung oder umgekehrt zu Unrecht unterbliebene Gewinnkorrektur darf bei der aus Anlass eines erneuten Wechsels in der Gewinnermittlungsart erforderlich gewordenen Gewinnkorrektur nicht berücksichtigt werden, soweit der Fehler nicht mehr berichtigt werden kann (→ BFH vom 23. 7. 1970 – BStBl II S. 745).
- Wird ein Betrieb unentgeltlich auf einen Dritten übertragen, sind Hinzurechnungen und Abrechnungen, die infolge des Übergangs zu einer anderen Gewinnermittlungsart oder infolge Schätzung des Gewinns bei dem Rechtsvorgänger zu Recht nicht berücksichtigt worden sind, in der Weise bei dem Erwerber zu berücksichtigen, in der sie ohne die unentgeltliche Übertragung des Betriebs bei dem Rechtsvorgänger zu berücksichtigen gewesen wären (→ BFH vom 1. 4. 1971 – BStBl II S. 526 und vom 7. 12. 1971 – BStBl 1972 II S. 338).

Wechsel zum Betriebsvermögensvergleich

Bei einem Wechsel von der Einnahmenüberschussrechnung zum Betriebsvermögensvergleich hat der Stpfl. das Wahlrecht zum Betriebsvermögensvergleich erst dann wirksam ausgeübt, wenn er zeitnah eine Eröffnungsbilanz aufstellt, eine ordnungsmäßige kaufmännische Buchführung einrichtet und aufgrund von Bestandsaufnahmen einen Abschluss macht (→ BFH vom 19. 10. 2005 – BStBl 2006 II S. 509).

4.7. Betriebseinnahmen und -ausgaben

R 4.7

Betriebseinnahmen und -ausgaben bei gemischt genutzten Wirtschaftsgütern S 2143 S 2144

(1) [1]Gehört ein Wirtschaftsgut zum Betriebsvermögen, sind Aufwendungen einschließlich ***AfA***, soweit sie der privaten Nutzung des Wirtschaftsgutes zuzurechnen sind, keine Betriebsausgaben. [2]Gehört ein Wirtschaftsgut zum Privatvermögen, sind die Aufwendungen einschließlich ***AfA***, die durch die betriebliche Nutzung des Wirtschaftsguts entstehen, Betriebsausgaben. [3]Wird ein Wirtschaftsgut des Betriebsvermögens während seiner Nutzung zu privaten Zwecken des Stpfl. zerstört, tritt bezüglich der stillen Reserven, die sich bis zu seiner Zerstörung gebildet haben, keine Gewinnrealisierung ein. [4]In Höhe des Restbuchwerts liegt eine Nutzungsentnahme vor. [5]Eine Schadensersatzforderung für das während der privaten Nutzung zerstörte Wirtschaftsgut ist als → Betriebseinnahme zu erfassen, wenn und soweit sie über den Restbuchwert hinausgeht. [6]Die Leistung der Kaskoversicherung wegen Diebstahls eines zum Betriebsvermögen gehörenden Pkw ist unabhängig von einer Nutzung zu privaten Zwecken in vollem Umfang Betriebseinnahme***, wenn der Pkw während einer betrieblichen Nutzung gestohlen wurde***. ***[7]Wurde der Pkw während einer privaten Nutzung gestohlen, gilt Satz 5 entsprechend.***

Betriebseinnahmen und -ausgaben bei Grundstücken

(2) [1]Entgelte aus eigenbetrieblich genutzten Grundstücken oder Grundstücksteilen, z. B. Einnahmen aus der Vermietung von Sälen in Gastwirtschaften, sind Betriebseinnahmen. [2]Das Gleiche gilt für alle Entgelte, die für die Nutzung von Grundstücken oder Grundstücksteilen erzielt werden, die zum gewillkürten Betriebsvermögen gehören. [3]Aufwendungen für Grundstücke oder Grundstücksteile, die zum Betriebsvermögen gehören, sind vorbehaltlich des § 4 Abs. 5 Satz 1 Nr. 6b EStG stets Betriebsausgaben; dies gilt auch im Falle einer → teilentgeltlichen Überlassung aus außerbetrieblichen Gründen. [4]Aufwendungen für einen Grundstücksteil (einschließlich ***AfA***), der eigenbetrieblich genutzt wird, sind vorbehaltlich des § 4 Abs. 5 Satz 1 Nr. 6b EStG auch dann Betriebsausgaben, wenn der Grundstücksteil wegen seines untergeordneten Wertes (→ § 8 EStDV, R 4.2 Abs. 8) nicht als Betriebsvermögen behandelt wird.

Bewirtungen

(3) Der Vorteil aus einer Bewirtung i. S. d. § 4 Abs. 5 Satz 1 Nr. 2 EStG ist aus Vereinfachungsgründen beim bewirteten Stpfl. nicht als Betriebseinnahme zu erfassen.

Hinweise

H 4.7

Abgrenzung der Betriebsausgaben von den nicht abziehbaren Kosten der Lebensführung

→ R 12.1 ff.

Auflösung des Mietvertrags

Aufwendungen für vorzeitige Auflösung des Mietvertrags über eine Wohnung sind Betriebsausgaben bei ausschließlich betrieblich veranlasster Verlegung des Lebensmittelpunkts (→ BFH vom 1. 12. 1993 – BStBl 1994 II S. 323).

Aufwendungen eines Pächters in Erwartung eines späteren Eigentumsübergangs

Aufwendungen des Pächters eines land- und forstwirtschaftlichen Betriebes im Zusammenhang mit der Erneuerung der Dacheindeckung eines im Eigentum des Verpächters stehenden und dem Pachtbetrieb dienenden Wirtschaftsgebäudes sind – ggf. im Wege der AfA – als Betriebsausgaben abziehbar, wenn sie in erkennbarer Erwartung eines späteren Eigentumsübergangs erbracht worden sind (→ BFH vom 13. 5. 2004 – BStBl II S. 780).

Betreuervergütung

Vergütungen für einen ausschließlich zur Vermögenssorge bestellten Betreuer stellen Betriebsausgaben bei den mit dem verwalteten Vermögen erzielten Einkünften dar, sofern die Tätigkeit des Betreuers weder einer kurzfristigen Abwicklung des Vermögens noch der Verwaltung ertraglosen Vermögens dient (→ BFH vom 14. 9. 1999 – BStBl 2000 II S. 69).

Betriebseinnahmen

- sind in Anlehnung an § 8 Abs. 1 und § 4 Abs. 4 EStG alle Zugänge in Geld oder Geldeswert, die durch den Betrieb veranlasst sind. Ein Wertzuwachs ist betrieblich veranlasst, wenn insoweit ein nicht nur äußerlicher, sondern sachlicher, wirtschaftlicher Zusammenhang gegeben ist (→ BFH vom 14. 3. 2006 – BStBl II S. 650).
- Ausgleichszahlungen an Mitgesellschafter auf Grund von veruntreuten Betriebseinnahmen (→ BFH vom 8. 6. 2000 – BStBl II S. 670).

Drittaufwand

Trägt ein Dritter Kosten, die durch die Einkünfteerzielung des Stpfl. veranlasst sind, können sie als so genannter Drittaufwand nicht Betriebsausgaben oder Werbungskosten des Stpfl. sein. Bei Anschaffungs- oder Herstellungskosten liegt Drittaufwand vor, wenn ein Dritter sie trägt und das angeschaffte oder hergestellte Wirtschaftsgut vom Stpfl. zur Erzielung von Einkünften genutzt wird. Aufwendungen eines Dritten können allerdings im Falle der so genannten Abkürzung des Zahlungswegs als Aufwendungen des Stpfl. zu werten sein; Abkürzung des Zahlungswegs bedeutet die Zuwendung eines Geldbetrags an den Stpfl. in der Weise, dass der Zuwendende im Einvernehmen mit dem Stpfl. dessen Schuld tilgt, statt ihm den Geldbetrag unmittelbar zu geben, wenn also der Dritte für Rechnung des Stpfl. an dessen Gläubiger leistet (→ BFH vom 23. 8. 1999 – BStBl II S. 782, 785). ***Aufwendungen eines Dritten sind auch dann Betriebsausgaben oder Werbungskosten des Stpfl., wenn sie auf einem von einem Dritten im eigenen Namen, aber im Interesse des Stpfl. abgeschlossenen Werkvertrag beruhen und der Dritte die geschuldete Zahlung auch selbst leistet. Bei Kreditverbindlichkeiten und anderen Dauerschuldverhältnissen (z. B. Miet- und Pachtverträge) kommt eine Berücksichtigung der Zahlung unter dem Gesichtspunkt der Abkürzung des Vertragswegs nicht in Betracht (→ BMF vom 7. 7. 2008 – BStBl I S. 717).*** Deshalb können Schuldzinsen, die ein Ehegatte auf seine Darlehensverbindlichkeit zahlt, vom anderen Ehegatten auch dann nicht als Betriebsausgaben oder Werbungskosten abgezogen werden, wenn die Darlehensbeträge zur Anschaffung von Wirtschaftsgütern zur Einkünfteerzielung verwendet wurden (→ BFH vom 24. 2. 2000 – BStBl II S. 314). Bezahlt hingegen der andere Ehegatte die Zinsen aus eigenen Mitteln, bilden sie bei ihm abziehbare Betriebsausgaben oder Werbungskosten. Nehmen Ehegatten gemeinsam ein gesamtschuldnerisches Darlehen zur Finanzierung eines Wirtschaftsguts auf, das nur einem von ihnen gehört und von diesem zur Einkünfteerzielung genutzt wird, sind die Schuldzinsen in vollem Umfang bei den Einkünften des Eigentümer-Ehegatten als Betriebsausgaben oder Werbungskosten abziehbar (→ BFH vom 2. 12. 1999 – BStBl 2000 II S. 310 und 312). Werden die laufenden Aufwendungen für ein Wirtschaftsgut, das dem nicht einkünfteerzielenden Ehegatten gehört, gemeinsam getragen, kann der das Wirtschaftsgut einkünfteerzielend nutzende (andere) Ehegatte nur die nutzungsorientierten Aufwendungen (z. B. bei einem Arbeitszimmer die anteiligen Energiekosten und die das Arbeitszimmer betreffenden Reparaturkosten) als Betriebsausgaben oder Werbungskosten geltend machen (→ BFH vom 23. 8. 1999 – BStBl II S. 782, 786).

Druckbeihilfen

Die einem Verlag von Autoren für die Veröffentlichung des Werkes gewährten Druckbeihilfen sind Betriebseinnahmen (→ BFH vom 3. 7. 1997 – BStBl 1998 II S. 244).

Eigenaufwand für ein fremdes Wirtschaftsgut

- Trägt ein Stpfl. aus betrieblichem Anlass die Anschaffungs- oder Herstellungskosten für ein Gebäude, das im Alleineigentum oder Miteigentum eines Dritten steht, mit dessen Zustimmung und darf er den Eigentumsanteil des Dritten unentgeltlich nutzen, ist der Stpfl. wirtschaftlicher Eigentümer des Gebäudes, wenn ihm bei Beendigung der Nutzung dem Dritten gegenüber ein Anspruch auf Entschädigung aus einer vertraglichen Vereinbarung oder gesetzlich (§§ 951, 812 BGB) zusteht. Dem Hersteller eines Gebäudes auf einem fremden Grundstück steht in der Regel ein Ersatzanspruch gem. §§ 951, 812 BGB zu, wenn er die Baulichkeit auf Grund eines Nutzungsrechts in eigenen Interesse und ohne Zuwendungsabsicht errichtet hat. In Errichtungsfällen spricht auch bei Ehegatten keine tatsächliche Vermutung für eine Zuwendungsabsicht oder eine still schweigende Abbedingung des gesetzlichen Ausgleichsanspruchs. Entsprechendes gilt für Gebäudeteile (→ BFH vom 14. 5. 2002 – BStBl II S. 741 und vom 25. 6. 2003 – BStBl 2004 II S. 403).

- Ist der Stpfl. nicht wirtschaftlicher Eigentümer, weil er keinen Aufwendungsersatzanspruch hat und er Anschaffungs- oder Herstellungskosten für ein im Miteigentum stehendes Wirtschaftsgut getragen und darf er das Wirtschaftsgut für seine betrieblichen Zwecke nutzen, so kann er diese Anschaffungs- oder Herstellkosten als eigenen Aufwand durch Absetzungen für Abnutzung als Betriebsausgaben abziehen (→ BFH vom 30. 1. 1995 – BStBl II S. 281). ***Zur Beendigung der Nutzung → BFH vom 29. 4. 2008 (BStBl II S. 749).***
- Ehegatten, die gemeinsam die Herstellungskosten des von ihnen bewohnten Hauses getragen haben und die darin jeweils einen Raum zur Einkünfteerzielung nutzen, können jeweils die auf diesen Raum entfallenden Herstellungskosten für die Dauer dieser Nutzung als Betriebsausgaben oder Werbungskosten (AfA nach Gebäudegrundsätzen) geltend machen. Die Bemessungsgrundlage für die auf den jeweiligen Raum entfallende AfA ist zu schätzen, soweit die Herstellungskosten nicht eindeutig dem Raum zugeordnet werden können. Maßstab ist das Verhältnis der Nutz- oder Wohnflächen (→ BFH vom 23. 8. 1999 – BStBl II S. 774).
- Beteiligt sich ein Stpfl. (Ehegatte) finanziell an den Anschaffungs- oder Herstellungskosten eines Hauses, das dem anderen Ehegatten gehört, und nutzt er Räume dieses Gebäudes zur Einkünfteerzielung, kann er die auf diese Räume entfallenden eigenen Aufwendungen grundsätzlich als Betriebsausgaben oder Werbungskosten (AfA nach Gebäudegrundsätzen) abziehen. Bemessungsgrundlage der AfA sind die auf diese Räume entfallenden Anschaffungs- oder Herstellungskosten, soweit sie der Kostenbeteiligung des Stpfl. entsprechen (→ BFH vom 23. 8. 1999 – BStBl II S. 778).
- → Aufwendungen eines Pächters in Erwartung eines späteren Eigentumsübergangs

Eigenkapitalvermittlungsprovision und andere Gebühren bei geschlossenen Fonds Anhang 19

(→ BMF vom 20. 10. 2003 BStBl I S. 546).

Eigenprovisionen

Provisionen, die ein Versicherungsvertreter vom Versicherungsunternehmen für den Abschluss eigener privater Versicherungen (z. B. Lebensversicherungen für sich oder seine Ehefrau) in gleicher Weise erhält wie für die Vermittlung von Versicherungsabschlüssen mit Dritten (sog. Eigenprovisionen), sind Betriebseinnahmen (→ BFH vom 27. 5. 1998 – BStBl II S. 619).

Entschädigungen

Neben Förderzinsen zum Abbau von Bodenschätzen gezahlte Entschädigungen für entgangene/entgehende Einnahmen sind Betriebseinnahmen, wenn die Flächen im Betriebsvermögen bleiben (→ BFH vom 15. 3. 1994 – BStBl II S. 840).

Erbschaft

Eine für den Betrieb eines Stpfl. (z. B. Altenheim) bestimmte Erbschaft ist als Betriebseinnahme zu versteuern (→ BFH vom 14. 3. 2006 – BStBl II S. 650).

Fachtagung

Der geldwerte Vorteil aus der Teilnahme an einer vom Geschäftspartner organisierten Fachtagung, die den üblichen Rahmen geschäftlicher Gespräche überschreitet, ist Betriebseinnahme (→ BFH vom 26. 9. 1995 – BStBl 1996 II S. 273).

Gemischt genutzte Wirtschaftsgüter

- Werden nicht zum Betriebsvermögen gehörende Wirtschaftsgüter auch betrieblich genutzt, so können Aufwendungen einschließlich der AfA, die durch die betriebliche Nutzung entstehen, als Betriebsausgaben abgesetzt werden, wenn die betriebliche Nutzung nicht nur von untergeordneter Bedeutung ist und der betriebliche Nutzungsanteil sich leicht und einwandfrei anhand von Unterlagen nach objektiven, nachprüfbaren Merkmalen – ggf. im Wege der Schätzung – von den nicht abziehbaren Kosten der Lebenshaltung trennen lässt (→ BFH vom 13. 3. 1964 – BStBl III S. 455).
- Zu Fahrtkosten bei Geschäftsreisen → R 4.12 Abs. 2

Gewinnanteile des stillen Gesellschafters

Die an den typisch stillen Gesellschafter gezahlten Gewinnanteile sind insoweit keine Betriebsausgaben, als der Geschäftsinhaber die Vermögenseinlage des stillen Gesellschafters zu privaten Zwecken verwendet hat (→ BFH vom 6. 3. 2003 – BStBl II S. 656).

Incentive-Reisen

Anhang 10 → BMF vom 14. 10. 1996 (BStBl I S. 1192)

Maklerprovisionen

Maklerprovisionen, die im Zusammenhang mit dem Abschluss eines Mietvertrags gezahlt wurden, stellen laufende Betriebsausgaben dar (→ BFH vom 19. 6. 1997 – BStBl II S. 808).

Marketingzuschuss

Es sind zwei neue Medienfonds-Modelle bekannt geworden, die wie folgt gestaltet sind:

Modell 1:

Die Fondsgesellschaft erwirbt von einem Produzenten die Filmrechte an Filmen zum Zweck der Verwertung. Mit der Vermarktung wird eine andere Gesellschaft (= Lizenznehmer) beauftragt, die hierfür von der Fondsgesellschaft einen hohen Betrag als Ersatz der Vermarktungsaufwendungen erhält. Der Lizenznehmer wiederum verpflichtet sich zur Zahlung laufender fixer Lizenzzahlungen sowie eines festen Kaufpreises nach Ablauf der Laufzeit des Fonds (z. B. 10 Jahre). Zweck der Konstruktion ist es, mit der Zahlung der Vermarktungskosten sofort abzugsfähigen Aufwand und damit entsprechende Verluste beim Fonds zu generieren, den dieser dann seinen Anlegern zuweisen kann.

Modell 2:

Anstelle eines Zuschusses zu Werbemaßnahmen, die der Lizenznehmer im eigenen Namen und auf eigene Rechnung erbringt, beauftragt der Fonds den Lizenznehmer, die Werbemaßnahmen auf Rechnung des Fonds durchzuführen. Es wird zwischen dem Fonds und dem Lizenznehmer ein (vom Lizenzvertrag getrennter) Dienstleistungsvertrag – Marketingsdienstleistungsvertrag – abgeschlossen, wonach der Vermarktungsaufwand im Auftrag und für Rechnung des Fonds betrieben wird. Der Lizenznehmer erstellt für die Werbemaßnahmen ein detailliertes Budget, das vom Fonds genehmigt wird; ebenso bestehen Weisungs- und Kontrollrechte des Fonds. Der Lizenznehmer hat die vertragsmäßige Verwendung nachzuweisen und ist zur Rechnungslegung verpflichtet.

Die Vertreter der Länder sind mehrheitlich der Auffassung, dass in beiden Sachverhaltsgestaltungen der Marketingzuschuss keine sofort abzugsfähige Betriebsausgabe darstellt. Ob es sich um verdeckte Anschaffungskosten, ein Darlehen oder um einen Rechnungsabgrenzungsposten handelt, kann dahin gestellt bleiben.

→ OFD Frankfurt vom 19. 4. 2004 – S 2241 A – 64 – St II 2.02 (DB S. 1176)

Mobilfunkdienstleistungsverträge

Vergünstigungen im Zusammenhang mit dem Abschluss von Mobilfunkdienstleistungsverträgen als Betriebseinnahmen → BMF vom 20. 6. 2005 (BStBl I S. 801), Rdnr. 11 ff.

Nachträgliche Betriebsausgaben

→ H 24.2 (Nachträgliche Betriebsausgaben/Werbungskosten)

Nebenräume

Entscheidet sich ein Stpfl., betrieblich oder beruflich genutzte Nebenräume in die Kostenberechnung einzubeziehen, so sind die Kosten nach dem Verhältnis des gesamten betrieblich oder beruflich genutzten Bereichs (= betrieblich oder beruflich genutzte Haupt- und Nebenräume) zu der Gesamtfläche (= Haupt- und Nebenräume) aufzuteilen (→ BFH vom 21. 2. 1990 – BStBl II S. 578 und vom 5. 9. 1990 – BStBl 1991 II S. 389).

Nießbrauch

- Aufwendungen des Stpfl. im Zusammenhang mit dem betrieblich genutzten Grundstück oder Grundstücksteil sind Betriebsausgaben; hierzu gehören auch die abschreibbaren Anschaffungs- oder Herstellungskosten, die der Stpfl. selbst getragen hat (→ BFH vom 16. 12. 1988 – BStBl 1989 II S. 763 und vom 20. 9. 1989 – BStBl 1990 II S. 368).
- Der Vermächtnisnießbraucher ist nicht berechtigt, AfA auf Anschaffungs- oder Herstellungskosten des Erblassers in Anspruch zu nehmen (→ BFH vom 28. 9. 1995 – BStBl 1996 II S. 440).

Preisgelder als Betriebseinnahmen

→ BMF vom 5. 9. 1996 (BStBl I S. 1150) unter Berücksichtigung der Änderung durch BMF vom 23. 12. 2002 (BStBl 2003 I S. 76).

Prozesskosten,

die einem Erben im Zusammenhang mit der Anfechtung des Testaments entstehen, stellen auch dann keine Betriebsausgaben dar, wenn zum Nachlass ein Gewerbebetrieb gehört (→ BFH vom 17. 6. 1999 – BStBl II S. 600).

Schadensersatz als Betriebseinnahme

- Bei Schadensersatzleistungen eines Steuerberaters oder seines Haftpflichtversicherers wegen vermeidbar zu viel entrichteter Steuern kommt es entscheidend darauf an, ob die Entrichtung der Steuer zu einer Betriebsausgabe führt oder in die außerbetriebliche Sphäre fällt. Schadensersatz wegen einer zu hohen Einkommensteuerfestsetzung ist daher beim Mandanten keine Betriebseinnahme. Schadensersatz wegen einer zu hohen Körperschaftsteuerfestsetzung ist beim Mandanten Betriebseinnahme (→ BFH vom 18. 6. 1998 – BStBl II S. 621).

Schätzung von Betriebsausgaben

Von tatsächlich geleisteten Betriebsausgaben kann grundsätzlich nur ausgegangen werden, wenn deren betriebliche Veranlassung und Höhe nachgewiesen ist. Gelingt dieser Nachweis der Höhe nach nicht, obwohl offensichtlich Ausgaben angefallen sein müssen, sind die nicht feststellbaren Besteuerungsgrundlagen zu schätzen (§ 162 Abs. 2 Satz 2 AO). Die Schätzung muss insgesamt in sich schlüssig, wirtschaftlich vernünftig und möglich sein. Eine grobe, griffweise Schätzung kann diesen Anforderungen nur genügen, wenn keinerlei Möglichkeiten zur näheren Präzisierung der Schätzungsmethode, wie z. B. durch Anlehnung an die Richtsatzsammlung oder anhand von Erfahrungswerten der Finanzverwaltung bezüglich bestimmten Aufwandes, besteht. Die geltend gemachten Betriebsausgaben sind um angemessene Unsicherheitsabschläge zu kürzen. Nach der Schätzung ist zu prüfen, ob und inwieweit die fehlende Benennung der Zahlungsempfänger gem. § 160 AO dem Abzug der geschätzten Ausgaben entgegensteht (→ BFH vom 24. 6. 1997 – BStBl 1998 II S. 51).

- → ***Verhältnis von Betriebsausgaben und Werbungskostenpauschale***

Schuldzinsen

- Schuldzinsenabzug nach § 4 Abs. 4a EStG. Anhang 10

  → BMF vom 17. 11. 2005 (BStBl I S. 1019) ***unter Berücksichtigung der Änderungen durch BMF vom 7. 5. 2008 (BStBl I S. 588) sowie Vereinfachungsregelung durch BMF vom 4. 11. 2008 (BStBl I S. 957)***

  → BMF vom 12. 6. 2006 (BStBl I S. 416) ***zur Berücksichtigung von vor dem 1. 1. 1999 entstandenen Unterentnahmen***
- Schuldzinsen aus der Finanzierung von
  - Pflichtteilsverbindlichkeiten,
  - Vermächtnisschulden,
  - Erbersatzverbindlichkeiten,
  - Zugewinnausgleichsschulden,
  - Abfindungsschulden nach der Höfeordnung,
  - Abfindungsschulden im Zusammenhang mit der Vererbung eines Anteils an einer Personengesellschaft im Wege der qualifizierten Nachfolgeklausel oder im Wege der qualifizierten Eintrittsklausel,

  dürfen nicht als Betriebsausgaben oder Werbungskosten abgezogen werden (→ BMF vom 11. 8. 1994 – BStBl I S. 603). Anhang 8
- → ***H 2 (15) (Betriebsschuld)***
- Darlehenszinsen sind nicht betrieblich veranlasst, wenn bei den Verhandlungen zur Darlehensgewährung beabsichtigt war, mit der Darlehensvaluta Betriebsausgaben zu finanzieren, tatsächlich aber bei Auszahlung der Valuta die betrieblichen Aufwendungen bereits mit liquiden Mittel bezahlt waren und daher das Darlehen für private Zwecke verwendet wird (→ BFH vom 29. 8. 2001 – BFH/NV 2002 S. 188).

Sonderbetriebseinnahmen und -ausgaben

- Erträge und Aufwendungen des Gesellschafters einer in § 15 Abs. 1 Satz 1 Nr. 2 EStG genannten Personengesellschaft, die durch seine Beteiligung an der Gesellschaft veranlasst sind, sind bei ihm als Sonderbetriebseinnahmen oder -ausgaben zu erfassen und müssen auch Eingang in die einheitliche Gewinnfeststellung finden. Von Sonderbetriebsausgaben, die den Gewinnanteil des Gesellschafters mindern, sind die Betriebsausgaben abzugrenzen, die nur den Gewinn des eigenen Gewerbebetriebs des Gesellschafters mindern, z. B. eigene Rechts- und Beratungskosten (→ BFH vom 18. 5. 1995 – BStBl 1996 II S. 295).

- Schuldzinsen für vom Gesellschafter übernommene Darlehensschulden der Mitunternehmerschaft sind als Sonderbetriebsausgaben des Gesellschafters abziehbar, wenn mit der Schuldübernahme eine vom Gesellschafter zu erbringende Einlageverpflichtung erfüllt wird. Wird eine andere Verpflichtung durch die Schuldübernahme erfüllt, liegen Sonderbetriebsausgaben vor, wenn mit der Schuldübernahme eine das Sonderbetriebsvermögen betreffende Verbindlichkeit des Gesellschafters erfüllt wird (→ BFH vom 28. 10. 1999 – BStBl 2000 II S. 390).
- → H 15.8 (3) Tätigkeitsvergütungen

Sponsoring

Anhang 10 → BMF vom 18. 2. 1998 (BStBl I S. 212)

Sprachkurse im und Studienreisen ins Ausland

→ H 12.2

Steuerberatungskosten

→ BMF vom 21. 12. 2007 (BStBl 2008 I S. 256)

Auszug (Rz. 8):

Bei Beiträgen an Lohnsteuerhilfevereine, Aufwendungen für steuerliche Fachliteratur und Software wird es nicht beanstandet, wenn diese Aufwendungen i. H. v. 50 % den Betriebsausgaben oder Werbungskosten zugeordnet werden. Dessen ungeachtet ist aus Vereinfachungsgründen der Zuordnung des Steuerpflichtigen bei Aufwendungen für gemischte Steuerberatungskosten bis zu einem Betrag von 100 € im VZ zu folgen.

Beispiel:

Der Steuerpflichtige zahlt in 01 einen Beitrag an einen Lohnsteuerhilfeverein i. H. v. 120 €. Davon ordnet er 100 € den Werbungskosten zu; diese Zuordnung ist nicht zu beanstanden.

Teilentgeltliche Überlassung

Die teilentgeltliche Überlassung von Grundstücken oder Grundstücksteilen aus außerbetrieblichen Gründen ist als Nutzungsentnahme zu behandeln (→ BFH vom 29. 4. 1999 – BStBl II S. 652).

Unentgeltliche Übertragung eines Grundstücks oder Grundstücksteils an eine betriebsfremde Person unter Vorbehalt eines Nutzungsrechts für betriebliche Zwecke

Aufwendungen des Stpfl. im Zusammenhang mit dem betrieblich genutzten Grundstück oder Grundstücksteil sind Betriebsausgaben (→ BFH vom 26. 10. 1987 – BStBl 1988 II S. 348); hierzu gehört auch die AfA auf Anschaffungs- oder Herstellungskosten, die der Stpfl. selbst getragen hat (→ BFH vom 16. 12. 1988 – BStBl 1989 II S. 763 und vom 20. 9. 1989 – BStBl 1990 II S. 368); Bemessungsgrundlage für die künftige AfA ist der Entnahmewert (Teilwert/Buchwert → R 7.4 Abs. 6, R 7.4 Abs. 11; → BFH vom 20. 9. 1989 – BStBl 1990 II S. 368).

Kann ein Landwirt, der den Betrieb unter Vorbehaltsnießbrauch auf seinen Sohn übertragen und auf zivilrechtlichen Ersatzanspruch verzichtet hat, Aufwendungen für Baumaßnahmen an einem zum Betriebsvermögen gehörenden Gebäude als Betriebsausgaben bei den Einkünften aus Land- und Forstwirtschaft abziehen oder handelt es sich um nicht abzugsfähige Zuwendungen an den unterhaltsberechtigten Sohn?

→ FG Münster vom 4. 5. 2006 (14 K 5858/03 E) – Rev. – IV R 20/07

Veräußerung eines zum Betriebsvermögen gehörenden auch privat genutzten Wirtschaftsguts

Wird ein zum Betriebsvermögen gehörendes Wirtschaftsgut, das teilweise privat genutzt worden ist, veräußert, so ist der gesamte Veräußerungserlös Betriebseinnahme (→ BFH vom 24. 9. 1959 – BStBl III S. 466).

Verhältnis von Betriebsausgaben und Werbungskostenpauschale

Aufwendungen für unterschiedliche Einkunftsarten sind – ggf. im Schätzungswege – in Betriebsausgaben und Werbungskosten aufzuteilen und den jeweiligen Einkunftsarten, durch die sie veranlasst sind, zuzuordnen. Der Stpfl. kann keine beliebige Bestimmung treffen und neben der Werbungskostenpauschale sämtliche nachgewiesenen Aufwendungen als Betriebsausgaben geltend machen (→ BFH vom 10. 6. 2008 – BStBl II S. 937).

Veruntreute Betriebseinnahmen

- Veruntreut ein Gesellschafter Betriebseinnahmen der Personengesellschaft, indem er veranlasst, dass in Kundenrechnungen der Gesellschaft ein Konto angegeben wird, von dem die übrigen Gesellschafter keine Kenntnis haben, und verwendet er anschließend die dortigen Zahlungseingänge für private Zwecke, ist die nach Aufdeckung des Vorgangs an die Mitgesellschafter geleistete Ausgleichszahlung nicht betrieblich veranlasst, wenn Inhaber des Kontos die Gesellschaft ist, die Zahlungseingänge als Betriebseinnahme der Gesellschaft behandelt werden und der Gewinn nach dem allgemeinen Schlüssel verteilt wird. Eine betriebliche Veranlassung liegt vor, wenn die veruntreuten Gelder dem Gesellschafter allein als Einkünfte zugerechnet worden sind (→ BFH vom 8. 6. 2000 – BStBl II S. 670).
- Entgehen der Gesellschaft Einnahmen, weil ein Mitunternehmer die der Gesellschaft zustehenden Einnahmen auf ein eigenes Konto leitet, handelt es sich bei den Einnahmen um Sonderbetriebseinnahmen des ungetreuen Mitunternehmers (→ BFH vom 22. 6. 2006 – BStBl II S. 838).
- Unberechtigte Entnahmen führen beim ungetreuen Gesellschafter, anders als im Fall der Umleitung von der Gesellschaft zustehenden Betriebseinnahmen auf das eigene Konto, nicht zu Betriebseinnahmen (→ BFH vom 14. 12. 2000 – BStBl 2001 II S. 238).

VIP-Logen

- Aufwendungen für VIP-Logen in Sportstätten → BMF vom 22. 8. 2005 (BStBl I S. 845) ***unter Berücksichtigung der Änderungen durch BMF vom 29. 4. 2008 (BStBl I S. 566), Rz. 15***.
- Anwendung der Vereinfachungsregelungen auf ähnliche Sachverhalte → BMF vom 11. 7. 2006 (BStBl I S. 447) ***unter Berücksichtigung der Änderungen durch BMF vom 29. 4. 2008 (BStBl I S. 566), Rz. 15***.

Vorweggenommene Betriebsausgaben

- sind abziehbar bei ausreichend bestimmbarem Zusammenhang zwischen den Aufwendungen und der Einkunftsart, → BFH vom 15. 4. 1992 (BStBl II S. 819); die Zahlung einer in einem Ausbildungsverhältnis begründeten Vertragsstrafe kann zu Betriebsausgaben führen (→ BFH vom 22. 6. 2006 – BStBl 2007 II S. 4).
- bei Aufwendungen für eine berufliche Fort- und Weiterbildung → BMF vom 4. 11. 2005 (BStBl I S. 955).

Wahlkampfkosten

eines Bewerbers um ein ehrenamtliches Stadtratsmandat, aus dem Einkünfte i. S. d. § 18 Abs. 1 Nr. 3 EStG bezogen werden, können als Betriebsausgaben abzugsfähig sein (→ BFH vom 25. 1. 1996 – BStBl II S. 431).

WIR-Prämie

WIR-Prämie rechnet als Einkommensteuererstattung weder zu den (Sonder-)Betriebseinnahmen noch zu den (Sonder-)Betriebsausgaben (→ BFH vom 24. 1. 1996 – BStBl II S. 441).

Zertifizierungsaufwendungen

Bei den Aufwendungen für Zertifizierungsmaßnahmen nach ISO 9001 bis 9003 handelt es sich grundsätzlich um **Betriebsausgaben**, die im Zeitpunkt ihres Entstehens sofort abgezogen werden dürfen. Anschaffungs- oder Herstellungskosten eines firmenwertähnlichen immateriellen Wirtschaftsguts „Qualitätssicherung" o. ä. liegen nicht vor. Der für das Unternehmen durch die Zertifizierung entstandene Vorteil geht zwar als wertbildender Faktor in den Geschäfts- oder Firmenwert mit ein, ist nach der allgemeinen Verkehrsanschauung jedoch keiner besonderen Bewertung zugänglich. Einer solchen Bewertung zugänglich wären nur Rechte und rechtsähnliche Zustände, nicht jedoch – wie im vorliegenden Fall – bloße Chancen und Erwartungen, wie sie z. B. auch an Werbemaßnahmen geknüpft werden. Die Qualität bestimmter betriebsinterner Arbeits- oder Produktionsabläufe stellt keinen greifbaren, gegenüber dem Geschäfts- oder Firmenwert abgrenzbaren Einzelwert dar, für den ein gedachter Erwerber des ganzen Unternehmens im Rahmen des Gesamtkaufpreises ein gesondertes Entgelt zahlen würde. Treten Zertifizierungsaufwendungen im direkten, konkreten Zusammenhang mit der Anschaffung oder Herstellung betrieblicher Wirtschaftsgüter auf, sind die Aufwendungen nach Maßgabe des § 255 Abs. 1 und 2 HGB i. V. m. R 6.2 und 6.3 EStR und BFH vom 4. 7. 1990 (BStBl II S. 830) als **Her-** Anhang 13

stellungskosten oder als Anschaffungsnebenkosten dieser betrieblichen Wirtschaftsgüter zu behandeln (→ BMF vom 22. 1. 1998 – DB 1998 S. 344).

Zuschüsse (zweckgebundene Fördermittel)

Öffentlich-rechtliche Zuschüsse für die Umsetzung neuzeitlicher Technologien zählen zu den steuerpflichtigen Betriebseinnahmen (→ BFH vom 6. 2. 1996 – BFH/NV 1997 S. 474).

R 4.8

4.8. Rechtsverhältnisse zwischen Angehörigen

Arbeitsverhältnisse zwischen Ehegatten

(1) Arbeitsverhältnisse zwischen Ehegatten können steuerrechtlich nur anerkannt werden, wenn sie ernsthaft vereinbart und entsprechend der Vereinbarung tatsächlich durchgeführt werden.

Arbeitsverhältnisse mit Personengesellschaften

(2) [1]Für die einkommensteuerrechtliche Beurteilung des Arbeitsverhältnisses eines Ehegatten mit einer Personengesellschaft, die von dem anderen Ehegatten auf Grund seiner wirtschaftlichen Machtstellung beherrscht wird, z. B. in der Regel bei einer Beteiligung zu mehr als 50 %, gelten die Grundsätze für die steuerliche Anerkennung von Ehegattenarbeitsverhältnissen im Allgemeinen entsprechend. [2]Beherrscht der Mitunternehmer-Ehegatte die Personengesellschaft nicht, kann allgemein davon ausgegangen werden, dass der mitarbeitende Ehegatte in der Gesellschaft die gleiche Stellung wie ein fremder Arbeitnehmer hat und das Arbeitsverhältnis deshalb steuerrechtlich anzuerkennen ist.

Arbeitsverhältnisse zwischen Eltern und Kindern

(3) [1]Für die bürgerlich-rechtliche Wirksamkeit eines Arbeits- oder Ausbildungsvertrags mit einem minderjährigen Kind ist die Bestellung eines Ergänzungspflegers nicht erforderlich. [2]→ Arbeitsverhältnisse mit Kindern unter 15 Jahren verstoßen im Allgemeinen jedoch gegen das → Jugendarbeitsschutzgesetz; sie sind nichtig und können deshalb auch steuerrechtlich nicht anerkannt werden. [3]Die Gewährung freier Wohnung und Verpflegung kann als Teil der Arbeitsvergütung zu behandeln sein, wenn die Leistungen auf arbeitsvertraglichen Vereinbarungen beruhen.

H 4.8

Hinweise

Arbeitsverhältnisse mit Kindern

- → Aushilfstätigkeiten von Kindern
- Beruht die Mitarbeit von Kindern im elterlichen Betrieb auf einem Ausbildungs- oder Arbeitsverhältnis, so gelten für dessen steuerrechtliche Anerkennung den Ehegatten-Arbeitsverhältnissen entsprechende Grundsätze (→ BFH vom 10. 3. 1988 – BStBl II S. 877 und vom 29. 10. 1997 – BStBl 1998 II S. 149).
- → Bildungsaufwendungen für Kinder
- Ein steuerrechtlich anzuerkennendes Arbeitsverhältnis bei Hilfeleistungen von Kindern im elterlichen Betrieb liegt nicht vor bei geringfügigen oder typischerweise privaten Verrichtungen (→ BFH vom 9. 12. 1993 – BStBl 1994 II S. 298); → Gelegentliche Hilfeleistung.
- → Unterhalt.

Arbeitsverhältnisse zwischen Ehegatten

- **Betriebliche Altersversorgung, Direktversicherung**

  → H 4b (Arbeitnehmer-Ehegatten)
- **Der steuerrechtlichen Anerkennung eines Arbeitsverhältnisses steht entgegen:**
  = Arbeitnehmer-Ehegatte hebt monatlich vom betrieblichen Bankkonto des Arbeitgeber-Ehegatten einen größeren Geldbetrag ab und teilt diesen selbst auf in das benötigte Haushaltsgeld und den ihm zustehenden monatlichen Arbeitslohn (→ BFH vom 20. 4. 1989 – BStBl II S. 655).

  = Fehlen einer Vereinbarung über die Höhe des Arbeitslohns (→ BFH vom 8. 3. 1962 – BStBl III S. 218).

= Langzeitige Nichtauszahlung des vereinbarten Arbeitslohns zum üblichen Zahlungszeitpunkt; stattdessen z. B. jährliche Einmalzahlung (→ BFH vom 14. 10. 1981 – BStBl 1982 II S. 119). Das gilt auch dann, wenn das Arbeitsverhältnis bereits seit mehreren Jahren ordnungsgemäß durchgeführt wurde und im Veranlagungsjahr Lohnsteuer und Sozialabgaben abgeführt wurden (→ BFH vom 25. 7. 1991 – BStBl II S. 842).

= Wechselseitige Verpflichtung zur Arbeitsleistung; ein Arbeitsvertrag ist nicht durchführbar, wenn sich Ehegatten, die beide einen Betrieb unterhalten, wechselseitig verpflichten, mit ihrer vollen Arbeitskraft jeweils im Betrieb des anderen tätig zu sein. Wechselseitige Teilzeitarbeitsverträge können jedoch anerkannt werden, wenn die Vertragsgestaltungen insgesamt einem → Fremdvergleich standhalten (→ BFH vom 12. 10. 1988 – BStBl 1989 II S. 354).

– **Der steuerrechtlichen Anerkennung eines Arbeitsverhältnisses kann entgegenstehen:**

= Arbeitslohnzahlung in Form von Schecks, die der Arbeitnehmer-Ehegatte regelmäßig auf das private Konto des Arbeitgeber-Ehegatten einzahlt (→ BFH vom 28. 2. 1990 – BStBl II S. 548).

= Überweisung des Arbeitsentgelts des Arbeitnehmer-Ehegatten auf ein Konto des Arbeitgeber-Ehegatten, über das dem Arbeitnehmer-Ehegatten nur ein Mitverfügungsrecht zusteht (BFH vom 24. 3. 1983 – BStBl II S. 663), oder auf ein Bankkonto des Gesellschafterehegatten, über das dem Arbeitnehmer-Ehegatten nur ein Mitverfügungsrecht zusteht (BFH vom 20. 10. 1983 – BStBl 1984 II S. 298).

– **Der steuerrechtlichen Anerkennung eines Arbeitsverhältnisses steht nicht entgegen:**

= Darlehensgewährung des Arbeitnehmer-Ehegatten an den Arbeitgeber-Ehegatten in Höhe des Arbeitsentgelts ohne rechtliche Verpflichtung, nachdem dieses in die Verfügungsmacht des Arbeitnehmer-Ehegatten gelangt ist. Das gilt auch, wenn der Arbeitnehmer-Ehegatte jeweils im Fälligkeitszeitpunkt über den an ihn ausgezahlten Nettoarbeitslohn ausdrücklich dadurch verfügt, dass er den Auszahlungsanspruch in eine Darlehensforderung umwandelt (→ BFH vom 17. 7. 1984 – BStBl 1986 II S. 48). Werden dagegen Arbeits- und Darlehensvereinbarungen von Ehegatten in einer Weise miteinander verknüpft, dass das Arbeitsentgelt ganz oder teilweise bereits als Darlehen behandelt wird, bevor es in die Verfügungsmacht des Arbeitnehmer-Ehegatten gelangt ist, so ist zur Anerkennung des Arbeitsverhältnisses erforderlich, dass auch der Darlehensvertrag wie ein unter Fremden üblicher Vertrag mit eindeutigen Zins- und Rückzahlungsvereinbarungen abgeschlossen und durchgeführt wird (→ BFH vom 23. 4. 1975 – BStBl II S. 579).

= Schenkung – Laufende Überweisung des Arbeitsentgelts auf ein Sparbuch des Arbeitnehmer-Ehegatten, von dem dieser ohne zeitlichen Zusammenhang mit den Lohnzahlungen größere Beträge abhebt und dem Arbeitgeber-Ehegatten schenkt (→ BFH vom 4. 11. 1986 – BStBl 1987 II S. 336).

= Teilüberweisung des Arbeitsentgelts als vermögenswirksame Leistungen nach dem Vermögensbildungsgesetz auf Verlangen des Arbeitnehmer-Ehegatten auf ein Konto des Arbeitgeber-Ehegatten oder auf ein gemeinschaftliches Konto beider Ehegatten (→ BFH vom 19. 9. 1975 – BStBl 1976 II S. 81).

= Überweisung des Arbeitsentgelts auf ein Bankkonto des Arbeitnehmer-Ehegatten, für das der Arbeitgeber-Ehegatte unbeschränkte Verfügungsvollmacht besitzt (→ BFH vom 16. 1. 1974 – BStBl II S. 294).

= Vereinbartes Arbeitsentgelt ist unüblich niedrig, es sei denn, das Arbeitsentgelt ist so niedrig bemessen, dass es nicht mehr als Gegenleistung für eine begrenzte Tätigkeit des Arbeitnehmer-Ehegatten angesehen werden kann, weil ein rechtsgeschäftlicher Bindungswille fehlt (→ BFH vom 22. 3. 1990 – BStBl II S. 776).

→ Gehaltsumwandlung, -verzicht

= Zahlung des Arbeitsentgelts auf ein „Oder-Konto" bei im Übrigen ernsthaft vereinbarten und tatsächlich durchgeführten Ehegatten-Arbeitsverhältnissen (BVerfG vom 7. 11. 1995 – BStBl 1996 II S. 34).

– **Direktversicherung**

→ H 4b (Arbeitnehmer-Ehegatten).

– **Gehaltsumwandlung, -verzicht**

Begnügt sich der Arbeitnehmer-Ehegatte mit unangemessen niedrigen Aktivbezügen, ist die Dienstleistung in einen entgeltlichen und einen unentgeltlichen Teil zu zerlegen. Betrieblich veranlasst ist nur der entgeltliche Teil. Verzichtet der Arbeitnehmer-Ehegatte ganz auf sein Arbeitsentgelt, ist von einer in vollem Umfang privat veranlassten familiären Mitarbeit auszugehen. Entsprechendes gilt, wenn ein Arbeitnehmer-Ehegatte ohne entsprechende Absicherung seines Anspruchs zugunsten eines erst viele Jahre später fällig werdenden Ruhegehalts auf seine Aktivbezüge verzichtet (→ BFH vom 25. 7. 1995 – BStBl 1996 II S. 153).

→ BMF vom 9. 1. 1986 (BStBl I S. 7)

– **Rückstellungen für Pensionsverpflichtungen**

= Bei einer Pensionszusage an den Arbeitnehmer-Ehegatten, die an die Stelle einer fehlenden Anwartschaft aus der gesetzlichen Rentenversicherung getreten ist, können sich die Rückstellungsbeträge grundsätzlich nicht gewinnmindernd auswirken, soweit die Aufwendungen die wirtschaftliche Funktion der Arbeitnehmerbeiträge haben. Fiktive Arbeitgeberbeiträge in der Zeit zwischen dem Beginn des steuerrechtlich anerkannten Arbeitsverhältnisses und der Erteilung der Pensionszusage können nicht als Betriebsausgaben berücksichtigt werden (→ BFH vom 14. 7. 1989 – BStBl II S. 969).

= → H 6a (9)

– **Rückwirkung**

Rückwirkende Vereinbarungen sind steuerrechtlich nicht anzuerkennen (BFH vom 29. 11. 1988 – BStBl 1989 II S. 281).

– **Sonderzuwendungen**

wie z. B. Weihnachts- und Urlaubsgelder, Sonderzulagen, Tantiemen, können dann als Betriebsausgaben abgezogen werden, wenn sie vor Beginn des Leistungsaustauschs klar und eindeutig vereinbart worden sind und auch einem Fremdvergleich standhalten (→ BFH vom 26. 2. 1988 – BStBl II S. 606 und vom 10. 3. 1988 – BStBl II S. 877).

– **Unterarbeitsverhältnis**

Ist ein Arbeitnehmer wegen anderer beruflicher Verpflichtungen nicht in der Lage, ein Aufgabengebiet in vollem Umfang selbst zu betreuen, kommt ein Ehegatten-Unterarbeitsverhältnis hierüber jedenfalls dann nicht in Betracht, wenn solche Tätigkeiten sonst ehrenamtlich von Dritten unentgeltlich übernommen werden (→ BFH vom 22. 11. 1996 – BStBl 1997 II S. 187).

– **Zukunftssicherung**

Voraussetzungen für die Anerkennung von Maßnahmen zur Zukunftssicherung bei Ehegatten-Arbeitsverhältnissen → H 6a Abs. 9 und H 4b (Arbeitnehmer-Ehegatten).

Aushilfstätigkeiten von Kindern

Bei Verträgen über Aushilfstätigkeiten von Kindern ist der Fremdvergleich im Einzelfall vorzunehmen (→ BFH vom 9. 12. 1993 – BStBl 1994 II S. 298).

Bildungsaufwendungen für Kinder

Ausbildungs- oder Fortbildungsaufwendungen für Kinder sind in der Regel nicht abziehbare Lebenshaltungskosten. Aufwendungen für die Fortbildung von im Betrieb mitarbeitenden Kindern (z. B. für den Besuch einer Meisterfachschule) sind Betriebsausgaben, wenn die hierzu getroffenen Vereinbarungen klar und eindeutig sind und nach Inhalt und Durchführung dem zwischen Fremden Üblichen entsprechen, insbesondere auch Bindungsfristen und Rückzahlungsklauseln enthalten (→ BFH vom 14. 12. 1990 – BStBl 1991 II S. 305). Dagegen sind Aufwendungen für den Meisterlehrgang eines nicht im Betrieb mitarbeitenden Kindes nicht allein deshalb Betriebsausgaben, weil sie eine spätere Unternehmensnachfolge vorbereiten sollen (→ BFH vom 29. 10. 1997 – BStBl 1998 II S. 149).

Darlehensverhältnisse zwischen Angehörigen

Anhang 2 – → BMF vom 1. 12. 1992 (BStBl I S. 729), vom 25. 5. 1993 (BStBl I S. 410) und vom 30. 5. 2001 (BStBl I S. 348).

– → Personengesellschaften; – Abtretung

– → Personengesellschaften; – Darlehen

Anhang 2 – **Schenkungsbegründetes Darlehen**

= Die Kürze der zwischen Schenkung und Darlehensgewährung liegenden Zeit begründet keine unwiderlegbare Vermutung für die gegenseitige Abhängigkeit der beiden Verträge (→ BFH vom 18. 1. 2001 – BStBl II S. 393 und BMF vom 30. 5. 2001 – BStBl I S. 348, Fußnote zu Rn. 9 zu BMF vom 1. 12. 1992). Dem gegenüber kann bei einem längeren Abstand zwischen Schenkungs- und Darlehensvertrag eine auf einem Gesamtplan beruhende sachliche Verknüpfung bestehen (→ BFH vom 22. 1. 2002 – BStBl II S. 685).

= Geht dem Darlehen eines minderjährigen Kindes an einen Elternteil eine Schenkung des anderen Elternteils voraus, und liegt diesen Rechtsgeschäften ein Gesamtplan der Eltern zur Schaffung von steuerlich abziehbaren Aufwendungen zugrunde (= sachliche Abhängigkeit), so kann hierin auch bei zeitlicher Unabhängigkeit zwischen Schenkung und Darlehen ein Missbrauch von Gestaltungsmöglichkeiten des Rechts (§ 42 AO) liegen (→ BFH vom 26. 3. 1996 – BStBl II S. 443).

= Ein Darlehensvertrag zwischen einer Personengesellschaft und dem Kind des beherrschenden Gesellschafters über einen Geldbetrag, den das Kind zuvor von diesem geschenkt bekommen hat, ist nicht anzuerkennen, wenn zwischen Schenkung und Darlehensvertrag eine auf einem Gesamtplan beruhende sachliche Verknüpfung besteht (→ BFH vom 22. 2. 2002 – BStBl II S. 685).

- → Sicherung des Darlehensanspruchs
- **Verknüpfung von Arbeits- und Darlehensvereinbarungen zwischen Ehegatten**

  → Arbeitsverhältnisse zwischen Ehegatten, – Der steuerrechtlichen Anerkennung eines Arbeits- oder Dienstverhältnisses steht nicht entgegen, = Darlehensgewährung

Eheschließung

Mehrere Jahre vor der Ehe abgeschlossene ernsthafte Arbeitsverträge zwischen den Ehegatten sind steuerrechtlich in der Regel auch nach der Eheschließung anzuerkennen, wenn sich mit der Eheschließung in der Tätigkeit des im Betrieb beschäftigten Ehegatten nichts ändert und auch die Auszahlung des Arbeitsentgelts vor und nach der Heirat in gleicher Weise vollzogen wird (→ BFH vom 21. 10. 1966 – BStBl 1967 III S. 22).

Erbfolgeregelungen

- Ertragsteuerliche Behandlung der Erbengemeinschaft und ihrer Auseinandersetzung → BMF vom 14. 3. 2006 (BStBl I S. 253). Anhang 8
- Ertragsteuerliche Behandlung der vorweggenommenen Erbfolge → BMF vom 13. 1. 1993 (BStBl I S. 80) unter Berücksichtigung der Änderungen durch BMF vom 26. 2. 2007 (BStBl I S. 269).
- Einkommensteuerrechtliche Behandlung von wiederkehrenden Leistungen im Zusammenhang mit der Übertragung von Privat- oder Betriebsvermögen → BMF vom 16. 9. 2004 (BStBl I S. 922).

Fremdvergleich

- Angehörigen steht es frei, ihre Rechtsverhältnisse untereinander so zu gestalten, dass sie steuerlich möglichst günstig sind. Die steuerrechtliche Anerkennung des Vereinbarten setzt voraus, dass die Verträge zivilrechtlich wirksam zustande gekommen sind (→ BMF vom 2. 4. 2007 – BStBl I S. 441), inhaltlich dem zwischen Fremden Üblichen entsprechen und so auch durchgeführt werden. Maßgebend für die Beurteilung ist die Gesamtheit der objektiven Gegebenheiten. Dabei kann einzelnen dieser Beweisanzeichen je nach Lage des Falles im Rahmen der Gesamtbetrachtung eine unterschiedliche Bedeutung zukommen. Dementsprechend schließt nicht jede Abweichung vom Üblichen notwendigerweise die steuerrechtliche Anerkennung des Vertragsverhältnisses aus. An den Nachweis, dass es sich um ein ernsthaftes Vertragsverhältnis handelt, sind um so strengere Anforderungen zu stellen, je mehr die Umstände auf eine private Veranlassung des Rechtsverhältnisses hindeuten (→ BFH vom 28. 1. 1997 – BStBl II S. 655).
- Die Grundsätze des sog. Fremdvergleichs rechtfertigen es nicht, an Stelle der im Vertrag tatsächlich vereinbarten Leistung der Besteuerung eine höhere Gegenleistung unter Hinweis darauf zugrunde zu legen, dass eine solche unter fremden Dritten gefordert (und erbracht) worden wäre (→ BFH vom 31. 5. 2001 – BStBl II S. 756).
- → H 6a (9)
- **Personengesellschaften** – Die Grundsätze des Fremdvergleichs gelten entsprechend für die Verträge einer Personengesellschaft, die von nahen Angehörigen des anderen Vertragspartners beherrscht wird. Hierbei kommt es auf den rechtlichen und wirtschaftlichen Gehalt des jeweiligen Geschäfts und nicht auf die Bezeichnung durch die Vertragsparteien an (→ BFH vom 9. 5. 1996 – BStBl II S. 642). Schließt eine Personengesellschaft aufeinander abgestimmte Arbeitsverträge mit den Angehörigen ihrer Gesellschafter, bei denen keiner der Gesellschafter als allein beherrschend angesehen werden kann, ist der Fremdvergleich bei jedem einzelnen Arbeitsvertrag durchzuführen (→ BFH vom 20. 10. 1983 – BStBl 1984 II S. 298). Ein Gesellschafter, der nicht in der Lage ist, für sich allein einen beherrschenden Einfluss auszuüben, ist dann einem beherrschenden Gesellschafter gleichzustellen, wenn er gemeinsam mit

anderen Gesellschaftern einen Gegenstand von gemeinsamem Interesse in gegenseitiger Abstimmung regelt (→ BFH vom 18. 12. 2001 – BStBl 2002 II S. 353).

- → Personengesellschaften; – Abtretung
- → Personengesellschaften; – Darlehen
- → Umdeutung
- **Umfang**
  = Der Fremdvergleich ist nur einheitlich für den gesamten Vertrag anzustellen. Das Herauslösen einzelner Vertragsteile, wie z. B. einzelner Tätigkeiten aus einem Arbeitsvertrag, ist nicht möglich. Der Vertrag kann auch nicht mit Blick auf diese Vertragsteile teilweise steuerrechtlich anerkannt werden, wenn der Vertrag im Übrigen dem Fremdvergleich nicht standhält (→ BFH vom 9. 12. 1993 – BStBl 1994 II S. 298).
  = Wird zur Finanzierung eines Kaufvertrags zwischen nahen Angehörigen ein Darlehensvertrag mit einer Bank abgeschlossen, sind die in dem Darlehensvertrag getroffenen Vereinbarungen auch dann nicht in den Fremdvergleich hinsichtlich des Kaufvertrags einzubeziehen, wenn der Verkäufer zugleich Sicherungsgeber ist (→ BFH vom 15. 10. 2002 – BStBl 2003 II S. 243).
  = → Mehrere Verträge zwischen Angehörigen

Gelegentliche Hilfeleistung

Arbeitsverträge über gelegentliche Hilfeleistungen durch Angehörige sind steuerrechtlich nicht anzuerkennen, weil sie zwischen fremden Personen nicht vereinbart worden wären (→ BFH vom 9. 12. 1993 – BStBl 1994 II S. 298).

Gesellschaftsverträge zwischen Angehörigen

- → R 15.9
- → Umdeutung

Gewinnanteile aus geschenkter typisch stiller Beteiligung

sind keine Betriebsausgaben, wenn eine Verlustbeteiligung ausgeschlossen ist (→ BFH vom 21. 10. 1992 – BStBl 1993 II S. 289).

Mehrere Verträge zwischen Angehörigen

Bei der Prüfung, ob die Leistungsbeziehungen zwischen nahen Angehörigen dem Fremdvergleich standhalten, sind mehrere zeitlich und sachlich zusammenhängende Verträge nicht isoliert, sondern in ihrer Gesamtheit zu würdigen (→ BFH vom 13. 12. 1995 – BStBl 1996 II S. 180).

Miet- und Pachtverträge zwischen Angehörigen

- → R 21.4
- → Sonstige Rechtsverhältnisse zwischen Angehörigen

Minderjährige Kinder

Anhang 19
- **Ergänzungspfleger** – Bei Verträgen zwischen Eltern und minderjährigen Kindern, die nicht Arbeitsverträge sind (→ R 4.8 Abs. 3), ist ein Ergänzungspfleger zu bestellen, damit die Vereinbarungen bürgerlich-rechtlich wirksam zustande kommen und so eine klare Trennung bei der Verwaltung des Kindesvermögens und des elterlichen Vermögens gewährleistet ist (→ BFH vom 23. 4. 1992 – BStBl II S. 1024 und BMF vom 24. 7. 1998 – BStBl I S. 914, Tz. 4).
- **Schwebend unwirksame Verträge, Insichgeschäfte** – Die klaren und ernsthaft gewollten Vereinbarungen (→ Fremdvergleich) müssen zu Beginn des maßgeblichen Rechtsverhältnisses oder bei Änderung des Verhältnisses für die Zukunft getroffen werden. Ein Insichgeschäft i. S. d. § 181 BGB ist solange – schwebend – unwirksam, bis die Wirksamkeit z. B. durch Bestellung eines Ergänzungspflegers oder mit Erreichen der Volljährigkeit eines minderjährigen Kindes nachgeholt wird. Die nachträgliche Genehmigung des Rechtsgeschäftes hat zivilrechtlich zur Folge, dass die schwebende Unwirksamkeit des Vertrages rückwirkend entfällt (§ 108 Abs. 3, § 184 Abs. 1 BGB). Steuerrechtlich entfaltet sie grundsätzlich keine Rückwirkung. Im Regelfall sind die steuerrechtlichen Folgerungen erst von dem Zeitpunkt an zu ziehen, zu dem die schwebende Unwirksamkeit entfallen ist (→ BFH vom 31. 10. 1989 – BStBl 1992 II S. 506), es sei denn, die steuerrechtliche Rückwirkung ist ausdrücklich gesetzlich zugelassen (§ 41 Abs. 1 AO).

Ausnahmsweise[1]) sind tatsächlich durchgeführte Verträge zwischen nahen Angehörigen von Anfang an steuerlich zu berücksichtigen, wenn den Vertragspartnern die Nichtbeachtung der Formvorschriften nicht angelastet werden kann und sie zeitnah nach dem Erkennen der Unwirksamkeit oder dem Auftauchen von Zweifeln an der Wirksamkeit des Vertrages die erforderlichen Maßnahmen eingeleitet haben, um die Wirksamkeit herbeizuführen oder klarzustellen (→ BFH vom 13. 7. 1999 – BStBl 2000 II S. 386).

- Sind Darlehensverträge zwischen nahen Angehörigen (hier mit minderjährigen Kindern), steuerlich anzuerkennen, wenn deren zivilrechtliche Wirksamkeit durch Einschaltung eines Ergänzungspflegers nachträglich herbeigeführt wird, weil den Vertragsparteien die Formvorschriften nicht bekannt waren? → Niedersächsisches Finanzgericht vom 31. 5. 2007 – 11 K 719/05) – Rev. – IV R 24/08

Nichteheliche Lebensgemeinschaften

Die für die steuerrechtliche Beurteilung von Verträgen zwischen Ehegatten geltenden Grundsätze können nicht auf Verträge zwischen Partner einer nichtehelichen Lebensgemeinschaft übertragen werden (→ BFH vom 14. 4. 1988 – BStBl II S. 670).

Personengesellschaften

- **Abtretung** – Tritt der Gesellschafter einer Personengesellschaft ihm gegen die Gesellschaft zustehende Darlehensansprüche zur Ablösung von Pflichtteilsansprüchen an einen Angehörigen ab, der die Beträge der Gesellschaft weiterhin als Darlehen belässt, so sind die an den neuen Darlehensgläubiger gezahlten Darlehenszinsen Betriebsausgaben der Personengesellschaft. Der Betriebsausgabenabzug kann nicht vom Ergebnis eines → Fremdvergleichs hinsichtlich der Darlehensbedingungen abhängig gemacht werden, wenn der Abtretende die Gesellschaft nicht beherrscht (→ BFH 15. 12. 1988 – BStBl 1989 II S. 500).
- → **Arbeitsverhältnisse zwischen Ehegatten**
- → Darlehensverhältnisse zwischen Angehörigen
- → Fremdvergleich
- **Vermögen einer Personengesellschaft** kann nicht als Vermögen des Gesellschafterehegatten angesehen werden. Deshalb liegt ein Vermögenszugang beim Arbeitnehmer-Ehegatten auch dann vor, wenn das Arbeitsentgelt auf ein gemeinschaftliches Konto der Ehegatten überwiesen wird, über das jeder Ehegatte ohne Mitwirkung des anderen verfügen kann (→ BFH vom 24. 3. 1983 – BStBl II S. 663).
- Keine betriebliche Veranlassung bei Vergabe eines zinslosen und ungesicherten **Darlehens** durch eine Personengesellschaft an ihren Gesellschafter. Die Frage der betrieblichen Veranlassung der Geldhingabe ist auf der Grundlage eines Fremdvergleichs zu beurteilen (→ BFH vom 9. 5. 1996 – BStBl II S. 642). Wird neben dem (festen) Kapitalkonto lediglich ein weiteres Konto zur Erfassung von Gewinnen, Einlagen und Entnahmen der Gesellschafter geführt, handelt es sich nicht um ein Darlehenskonto, wenn auf dem Konto auch Verluste verbucht werden (→ BFH vom 27. 6. 1996 – BStBl 1997 II S. 36).
- → Sicherung des Darlehensanspruchs
- Unterbeteiligung von Kindern an einer vermögensverwaltenden Personengesellschaft → H 21.6

Rechtsfolgen bei fehlender Anerkennung

- Ist ein **Arbeitsverhältnis** steuerrechtlich nicht anzuerkennen, so sind Lohnzahlungen einschließlich einbehaltener und abgeführter Lohn- und Kirchensteuerbeträge, für den mitarbeitenden Ehegatten einbehaltene und abgeführte Sozialversicherungsbeiträge (Arbeitgeber- und Arbeitnehmeranteil) und vermögenswirksame Leistungen, die der Arbeitgeber-Ehegatte nach dem Vermögensbildungsgesetz erbringt, nicht als Betriebsausgaben abziehbar (→ BFH vom 8. 2. 1983 – BStBl II S. 496 und vom 10. 4. 1990 – BStBl II S. 741).
- Zinsen aus einem ertragsteuerlich nicht anzuerkennenden **Darlehen** unter nahen Angehörigen sind keine Betriebsausgaben; beim Empfänger sind sie keine Einkünfte aus Kapitalvermögen (→ BFH vom 2. 8. 1994 – BStBl 1995 II S. 264).

[1]) Aber: Bei der steuerrechtlichen Anerkennung von Verträgen zwischen nahen Angehörigen ist der zivilrechtlichen Unwirksamkeit des Vertragsabschlusses nur indizielle Bedeutung beizumessen (→ BFH vom 7. 6. 2006 – IX R 4/04); Nichtanwendungserlass → BMF vom 2. 4. 2007 – BStBl I S. 441).

Scheidungsklausel

Erwirbt ein Ehegatte (A) mit vom anderen Ehegatten (B) geschenkten Mitteln ein Grundstück, welches für betriebliche Zwecke an B vermietet wird, begründet weder die Schenkung der Mittel, die Vereinbarung zwischen den Ehegatten für den Fall der Beendigung des Güterstandes auf andere Weise als den Tod, das erworbene Grundstück auf den anderen Ehegatten zu übertragen (sog. Scheidungsklausel), noch die B eingeräumte Möglichkeit zu seinen Gunsten oder zugunsten eines Dritten eine Auflassungsvormerkung in das Grundbuch eintragen zu lassen, wirtschaftliches Eigentum des B (→ BFH vom 4. 2. 1998 – BStBl II S. 542).

Schenkung

- → Arbeitsverhältnisse zwischen Ehegatten; – Der steuerrechtlichen Anerkennung eines Arbeitsverhältnisses steht nicht entgegen; = Schenkung
- → Darlehensverhältnisse zwischen Angehörigen; – Schenkungsbegründetes Darlehen

Sicherung des Darlehensanspruchs

- Bei einem Darlehen einer Personengesellschaft an ihren Gesellschafter kann nicht ein künftiger Gewinnanteil des Gesellschafters als Sicherheit angesehen werden. Unüblich ist auch die Unverzinslichkeit eines Darlehens (→ BFH vom 9. 5. 1996 – BStBl II S. 642).
- Die fehlende verkehrsübliche Sicherung des Darlehensanspruchs wird bei langfristigen Darlehen zwischen nahen Angehörigen als Indiz für die außerbetriebliche Veranlassung des Darlehens gewertet, wobei als langfristig jedenfalls Darlehen mit einer Laufzeit von mehr als vier Jahren angesehen werden (→ BFH vom 9. 5. 1996 – BStBl II S. 642). Eine langfristige Darlehensvereinbarung zwischen Eltern und Kindern kann trotz teilweise fehlender Sicherheiten steuerrechtlich anerkannt werden, wenn die Kinder bei Darlehensabschluss bereits volljährig sind, nicht mehr im Haushalt der Eltern leben und wirtschaftlich von den Eltern unabhängig sind (→ BFH vom 18. 12. 1990 – BStBl 1991 II S. 911).

Sonstige Rechtsverhältnisse zwischen Angehörigen

- Für die einkommensteuerrechtliche Beurteilung von Miet- und Pachtverträgen, Darlehensverträgen und ähnlichen Verträgen sind die Grundsätze zur steuerlichen Anerkennung von Ehegatten-Arbeitsverhältnissen entsprechend anzuwenden (→ BFH vom 28. 1. 1997 – BStBl II S. 655).
- → Fremdvergleich

Umdeutung

Die steuerliche Beurteilung muss von dem ausgehen, was die Stpfl. rechtsgültig vereinbart haben, und zwar auch dann, wenn die Vereinbarung aus privater Veranlassung von dem abweicht, was unter fremden Dritten üblich ist. Haben die Beteiligten einen Gesellschaftsvertrag über eine Unterbeteiligung abgeschlossen, und kann der Gesellschaftsvertrag wegen der nicht fremdüblichen Ausgestaltung zu Lasten der Unterbeteiligung steuerlich nicht anerkannt werden, kann an die Stelle des wirksam abgeschlossenen Gesellschaftsvertrags für die steuerliche Beurteilung **nicht** ein tatsächlich **nicht** existenter Vertrag über ein partiarisches Darlehen gesetzt werden (→ BFH vom 6. 7. 1995 – BStBl 1996 II S. 269).

Unterhalt

Beschränkt sich der Stpfl. darauf, dem mitarbeitenden Kind Unterhalt zu gewähren (Beköstigung, Bekleidung, Unterkunft und Taschengeld), so liegen steuerlich nicht abziehbare Lebenshaltungskosten vor (→ BFH vom 19. 8. 1971 – BStBl 1972 II S. 172).

Wirtschaftsüberlassungsvertrag

Die Grundsätze über die einkommensteuerrechtliche Behandlung von wiederkehrenden Leistungen im Zusammenhang mit der Übertragung von Privat- oder Betriebsvermögen gelten auch für Wirtschaftsüberlassungsverträge (→ BMF vom 16. 9. 2004 (BStBl I S. 922, Rz. 10).

Wohnungsüberlassung an geschiedenen oder dauernd getrennt lebenden Ehegatten

→ H 21.4 (Vermietung an Unterhaltsberechtigte)

4.9. Abziehbare Steuern

R 4.9

unbesetzt

Hinweise

H 4.9

Änderung von bestandskräftigen Veranlagungen

Mehrbeträge an abziehbaren Steuern, die sich durch eine Betriebsprüfung ergeben haben, sind für sich allein keine neuen Tatsachen i. S. d. § 173 Abs. 1 Nr. 2 AO, die eine Änderung der bestandskräftigen Veranlagungen der Jahre rechtfertigen würden, zu denen die Mehrsteuern wirtschaftlich gehören (→ BFH vom 10. 8. 1961 – BStBl III S. 534).

Mehrsteuern

Ändern sich die Mehrsteuern bis zur Bestandskraft der Veranlagungen, so sind die Änderungen bei diesen Veranlagungen zu berücksichtigen (→ BFH vom 19. 12. 1961 – BStBl 1962 III S. 64).

Rückstellung für künftige Steuernachforderungen

Die Behauptung des Stpfl., dass nach allgemeiner Erfahrung bei einer Betriebsprüfung mit Steuernachforderungen zu rechnen ist, rechtfertigt nicht die Bildung einer Rückstellung (→ BFH vom 13. 1. 1966 – BStBl III S. 189). Abzugsfähige Steuern sind grundsätzlich dem Jahr zu belasten, zu dem sie wirtschaftlich gehören (→ BFH vom 3. 12. 1969 – BStBl 1970 II S. 229). Dagegen ist eine Rückstellung für Mehrsteuern auf Grund einer Steuerfahndungsprüfung frühestens mit der Beanstandung einer bestimmten Sachbehandlung durch den Prüfer zu bilden (→ BFH vom 27. 11. 2001 – BStBl 2002 II S. 731).

Der BFH hat durch Urteil vom 27. 11. 2001 (BStBl 2002 II S. 731) entschieden, dass ein Steuerpflichtiger erst dann Rückstellungen für Mehrsteuern aufgrund einer Fahndungsprüfung bilden kann, wenn er am Bilanzstichtag ernsthaft mit quantifizierbaren Nachforderungen rechnen muss.
Das ist nach dem Urteil frühestens der Fall, wenn der Fahndungsprüfer im Rahmen seiner Ermittlungen bestimmte Sachverhalte steuerlich beanstandet hat.
Diese Grundsätze gelten sowohl für die abziehbaren Ertragsteuern als auch für die Umsatzsteuer.
Rückstellungen wegen nicht abgeführter Lohnsteuer sind frühestens dann zu bilden, wenn der Steuerpflichtige ernsthaft mit einer Haftungsinanspruchnahme nach § 42d EStG rechnen muss (BFH vom 16. 2. 1996 – BStBl II S. 592).
Dagegen sind Rückstellungen für die Nachforderung von Sozialversicherungsbeiträgen in dem Wirtschaftsjahr zu bilden, in dem sie entstanden sind (BFH a. a. O.).
Für Zwecke des Strafverfahrens sind die Rückstellungen für Mehrsteuern ebenfalls im Jahr der Entstehung zu berücksichtigen, weil festzustellen ist, wie hoch die steuerlichen Verpflichtungen bei ordnungsgemäßer Abgabe der Steuererklärungen gewesen wären.
→ OFD Koblenz 10. 11. 2005, S 1620 A – St 43 a – StEK EStG § 5 Rückst./195

4.10. Geschenke, Bewirtung, andere die Lebensführung berührende Betriebsausgaben

R 4.10

Allgemeines

R 4.10 (1)

(1) [1]Durch § 4 Abs. 5 Satz 1 Nr. 1 bis 7 i. V. m. Abs. 7 EStG wird der Abzug von betrieblich veranlassten Aufwendungen, die die Lebensführung des Stpfl. oder anderer Personen berühren, eingeschränkt. [2]Vor Anwendung dieser Vorschriften ist stets zu prüfen, ob die als Betriebsausgaben geltend gemachten Aufwendungen z. B. für Repräsentation, Bewirtung und Unterhaltung von Geschäftsfreunden, Reisen, Kraftfahrzeughaltung bereits zu den nicht abziehbaren Kosten der Lebensführung i. S. d. § 12 Nr. 1 EStG gehören. [3]Die nach § 4 Abs. 5 und 7 EStG nicht abziehbaren Betriebsausgaben sind keine Entnahmen i. S. d. § 4 Abs. 1 Satz 2 EStG. S 2145

H 4.10 (1)

Hinweise

Abgrenzung

der Betriebsausgaben von den Lebenshaltungskosten → R 12.1 ff.

Ferienwohnung

Mehraufwendungen für Verpflegung und Reisekosten im Zusammenhang mit einem mehrwöchigen Aufenthalt in der eigenen, sonst gewerblich genutzten Ferienwohnung sind nur dann Betriebsausgaben, wenn der Aufenthalt während der normalen Arbeitszeit vollständig mit Arbeiten für die Wohnung ausgefüllt war (→ BFH vom 25. 11. 1993 – BStBl 1994 II S. 350).

Häusliches Arbeitszimmer

Anhang 10 → BMF vom 3. 4. 2007 (BStBl I S. 442).

Segel- oder Motoryachten

- Segel- oder Motoryachten als „schwimmendes Konferenzzimmer" → BFH vom 3. 2. 1993 (BStBl II S. 367)
- Aufwendungen für Wege zwischen Wohnung und Betriebsstätte → H 4.12 (Motorboot)
- Vom allgemeinen Betriebsausgabenabzug ausgeschlossen sind nur solche Aufwendungen, die einer sportlichen Betätigung, der Unterhaltung von Geschäftsfreunden, der Freizeitgestaltung oder der Repräsentation dienen. Die Anwendbarkeit des Abzugsverbots nach § 4 Abs. 5 Satz 1 Nr. 4 EStG hängt nicht von der Art des Wasserfahrzeugs, sondern von dessen konkreter Bestimmung ab, wobei die Bestimmung durch den Fahrzeugtyp indiziert sein kann (→ BFH vom 1. 5. 2001 – BStBl II S. 575).

Sozialeinrichtungen

§ 4 Abs. 5 EStG ist nach seinem Sinn und Zweck nicht auf Aufwendungen für betriebliche Sozialeinrichtungen anwendbar (→ BFH vom 30. 7. 1980 – BStBl 1981 II S. 58).

Veräußerung von Wirtschaftsgütern i. S. d. § 4 Abs. 5 EStG

Zur Berechnung des Veräußerungsgewinns ist als Buchwert der Wert anzusetzen, der sich unter Berücksichtigung der Absetzungen ergibt, die nicht abziehbare Aufwendungen i. S. d. § 4 Abs. 5 oder 7 EStG waren (→ BFH vom 12. 12. 1973 – BStBl 1974 II S. 207).

VIP-Logen

Anhang 10

- Aufwendungen für VIP-Logen in Sportstätten → BMF vom 22. 8. 2005 (BStBl I S. 845) ***unter Berücksichtigung der Änderungen durch BMF vom 29. 4. 2008 (BStBl I S. 566), Rz. 15***.
- Anwendung der Vereinfachungsregelungen auf ähnliche Sachverhalte → BMF vom 11. 7. 2006 (BStBl I S. 447) ***unter Berücksichtigung der Änderungen durch BMF vom 29. 4. 2008 (BStBl I S. 566), Rz. 15***.

R 4.10 (2)

Geschenke

(2) [1]Nach § 4 Abs. 5 Satz 1 Nr. 1 EStG dürfen Aufwendungen für betrieblich veranlasste Geschenke (→ Geschenk) an natürliche Personen, die nicht Arbeitnehmer des Stpfl. sind, oder an juristische Personen grundsätzlich nicht abgezogen werden. [2]Personen, die zu dem Stpfl. auf Grund eines Werkvertrages oder eines Handelsvertretervertrags in ständiger Geschäftsbeziehung stehen, sind den Arbeitnehmern des Stpfl. nicht gleichgestellt. [3]Entstehen die Aufwendungen für ein Geschenk in einem anderen Wirtschaftsjahr als dem, in dem der Gegenstand geschenkt wird, und haben sich die Aufwendungen in dem Wirtschaftsjahr, in dem sie gemacht wurden, gewinnmindernd ausgewirkt, ist, wenn ein Abzug nach § 4 Abs. 5 Satz 1 Nr. 1 EStG ausgeschlossen ist, im Wirtschaftsjahr der Schenkung eine entsprechende Gewinnerhöhung vorzunehmen. [4]Das Abzugsverbot greift nicht, wenn die zugewendeten Wirtschaftsgüter beim Empfänger ausschließlich betrieblich genutzt werden können.

R 4.10 (3) (3) [1]Zu den Anschaffungs- oder Herstellungskosten eines Geschenks zählen auch die Kosten einer Kennzeichnung des Geschenks als Werbeträger sowie die Umsatzsteuer (→ § 9b EStG), wenn der Abzug als → Vorsteuer ohne Berücksichtigung des § 15 Abs. 1a UStG ausgeschlossen ist; Verpackungs- und Versandkosten gehören nicht dazu. [2] Übersteigen die Anschaffungs- oder Herstellungskosten eines Geschenks an einen Empfänger oder, wenn an einen Empfänger im Wirtschaftsjahr mehrere Geschenke gegeben werden, die Anschaffungs- oder Herstellungskosten aller Geschenke an diesen Empfänger die Freigrenze gem. § 4 Abs. 5 Satz 1 Nr. 1 EStG, entfällt der Abzug in vollem Umfang.

(4) [1]Ein → Geschenk setzt eine unentgeltliche Zuwendung an einen Dritten voraus. [2]Die Unentgeltlichkeit ist nicht gegeben, wenn die Zuwendung als Entgelt für eine bestimmte Gegenleistung des Empfängers anzusehen ist. [3]Sie wird jedoch nicht schon dadurch ausgeschlossen, dass mit der Zuwendung der Zweck verfolgt wird, Geschäftsbeziehungen zu sichern oder zu verbessern oder für ein Erzeugnis zu werben. [4]Ein Geschenk i. S. d. § 4 Abs. 5 Satz 1 Nr. 1 EStG ist danach regelmäßig anzunehmen, wenn ein Stpfl. einem Geschäftsfreund oder dessen Beauftragten ohne rechtliche Verpflichtung und ohne zeitlichen oder sonstigen unmittelbaren Zusammenhang mit einer Leistung des Empfängers eine Bar- oder Sachzuwendung gibt. [5]Keine Geschenke sind beispielsweise **R 4.10 (4)**

1. Kränze und Blumen bei Beerdigungen,
2. Spargeschenkgutscheine der Kreditinstitute und darauf beruhende Gutschriften auf dem Sparkonto anlässlich der Eröffnung des Sparkontos oder weitere Einzahlungen,
3. Preise anlässlich eines Preisausschreibens oder einer Auslobung.

[6]Zu den Geschenken i. S. d. § 4 Abs. 5 Satz 1 Nr. 1 EStG rechnen ebenfalls nicht die Bewirtung, die damit verbundene Unterhaltung und die Beherbergung von Personen aus geschäftlichem Anlass; → Absätze 5 ff.).

Hinweise

H 4.10 (2–4)

Freigrenze für Geschenke nach § 4 Abs. 5 Satz 1 Nr. 1 EStG

→ H 9b

Geschenk

Ob eine Vermögenszuwendung unentgeltlich als Geschenk oder entgeltlich gemacht wird, entscheidet nach bürgerlichem Recht die hierüber zwischen den Beteiligten getroffene Vereinbarung. Ein Geschenk liegt nur vor, wenn beide Seiten über die Unentgeltlichkeit einig sind. Daher liegt schon dann kein Geschenk vor, wenn eine Seite von der Entgeltlichkeit der Zuwendung ausgeht (→ BFH vom 23. 6. 1993 – BStBl II S. 806).

Selbständige Tätigkeit eines Angestellten

Übt ein Angestellter unter Mithilfe anderer Angestellter desselben Arbeitgebers auch eine selbständige Tätigkeit aus, so handelt es sich bei diesen Mitarbeitern nicht um Arbeitnehmer des Angestellten und zugleich selbständig Tätigen (→ BFH vom 8. 11. 1984 – BStBl 1985 II S. 286).

Bewirtung und Bewirtungsaufwendungen

R 4.10 (5)

(5) [1]Eine → Bewirtung i. S. d. § 4 Abs. 5 Satz 1 Nr. 2 EStG liegt vor, wenn Personen beköstigt werden. [2]Dies ist stets dann der Fall, wenn die Darreichung von Speisen und/oder Getränken eindeutig im Vordergrund steht. [3]Bewirtungsaufwendungen sind Aufwendungen für den Verzehr von Speisen, Getränken und sonstigen Genussmitteln. [4]Dazu können auch Aufwendungen gehören, die zwangsläufig im Zusammenhang mit der Bewirtung anfallen, wenn sie im Rahmen des insgesamt geforderten Preises von untergeordneter Bedeutung sind, wie z. B. Trinkgelder und Garderobengebühren. [5]Die Beurteilung der Art der Aufwendungen richtet sich grundsätzlich nach der Hauptleistung. [6]Werden dem bewirtenden Stpfl. die Bewirtungsaufwendungen im Rahmen eines Entgelts ersetzt (z. B. bei einer Seminargebühr oder einem Beförderungsentgelt), unterliegen diese Aufwendungen nicht der in § 4 Abs. 5 Satz 1 Nr. 2 EStG festgelegten Kürzung. [7]Dies gilt nur, wenn die Bewirtung in den Leistungsaustausch einbezogen ist. [8]Die nach § 15 Abs. 1a Nr. 1 UStG nichtabziehbare Vorsteuer unterliegt dem Abzugsverbot des § 12 Nr. 3 EStG. [9]Keine Bewirtung liegt vor bei

1. Gewährung von Aufmerksamkeiten in geringem Umfang (wie Kaffee, Tee, Gebäck) z. B. anlässlich betrieblicher Besprechungen, wenn es sich hierbei um eine übliche Geste der Höflichkeit handelt; die Höhe der Aufwendungen ist dabei nicht ausschlaggebend,

2. Produkt-/Warenverkostungen z. B. im Herstellungsbetrieb, beim Kunden, beim (Zwischen-)Händler, bei Messeveranstaltungen; hier besteht ein unmittelbarer Zusammenhang mit dem Verkauf der Produkte oder Waren. [2]Voraussetzung für den unbeschränkten Abzug ist, dass nur das zu veräußernde Produkt und ggf. Aufmerksamkeiten (z. B. Brot anlässlich einer Weinprobe) gereicht werden. [3]Diese Aufwendungen können als Werbeaufwand unbeschränkt als Betriebsausgaben abgezogen werden. [4]Entsprechendes gilt, wenn ein Dritter mit der Durchführung der Produkt-/Warenverkostung beauftragt war.

[10]Solche Aufwendungen können unbegrenzt als Betriebsausgaben abgezogen werden.

R 4.10 (6) **Betrieblicher und geschäftlicher Anlass**

(6) [1]Betrieblich veranlasste Aufwendungen für die Bewirtung von Personen können geschäftlich oder nicht geschäftlich (→ Absatz 7) bedingt sein. [2]Ein geschäftlicher Anlass besteht insbesondere bei der Bewirtung von Personen, zu denen schon Geschäftsbeziehungen bestehen oder zu denen sie angebahnt werden sollen. [3]Auch die Bewirtung von Besuchern des Betriebs z. B. im Rahmen der Öffentlichkeitsarbeit ist geschäftlich veranlasst. [4]Bei geschäftlichem Anlass sind die Bewirtungsaufwendungen nach § 4 Abs. 5 Satz 1 Nr. 2 Satz 1 EStG nicht zum Abzug zugelassen, soweit sie den dort genannten Prozentsatz der angemessenen und nachgewiesenen Aufwendungen übersteigen. [5]Hierbei sind zunächst folgende Kosten auszuscheiden:

1. Teile der Bewirtungskosten, die privat veranlasst sind;
2. Teile der Bewirtungsaufwendungen, die nach allgemeiner Verkehrsauffassung als unangemessen anzusehen sind (→ Angemessenheit),
3. Bewirtungsaufwendungen, deren Höhe und betriebliche Veranlassung nicht nachgewiesen sind (→ Absatz 8);
4. Bewirtungsaufwendungen, die wegen Verletzung der besonderen Aufzeichnungspflichten nicht abgezogen werden können (→ § 4 Abs. 7 EStG, R 4.11);
5. Aufwendungen, die nach ihrer Art keine Bewirtungsaufwendungen sind (z. B. Kosten für eine Musikkapelle anlässlich einer Informations- oder Werbeveranstaltung und andere Nebenkosten), es sei denn, sie sind von untergeordneter Bedeutung (z. B. Trinkgelder → Absatz 5); solche Aufwendungen sind in vollem Umfang abziehbar, wenn die übrigen Voraussetzungen vorliegen.

[6]Die verbleibenden Aufwendungen fallen unter die Abzugsbegrenzung. [7]Die Abzugsbegrenzung gilt bei der Bewirtung von Personen aus geschäftlichem Anlass auch für den Teil der Aufwendungen, der auf den an der Bewirtung teilnehmenden Stpfl. oder dessen Arbeitnehmer entfällt. [8]Aufwendungen für die Bewirtung von Personen aus geschäftlichem Anlass in der Wohnung des Stpfl. gehören regelmäßig nicht zu den Betriebsausgaben, sondern zu den Kosten der Lebensführung (§ 12 Nr. 1 EStG). [9]Bei Bewirtungen in einer betriebseigenen Kantine wird aus Vereinfachungsgründen zugelassen, dass die Aufwendungen nur aus den Sachkosten der verabreichten Speisen und Getränke sowie den Personalkosten ermittelt werden; es ist nicht zu beanstanden, wenn – im Wirtschaftsjahr einheitlich – je Bewirtung ein Betrag von 15 Euro angesetzt wird, wenn dieser Ansatz nicht zu einer offenbar unzutreffenden Besteuerung führt. [10]Unter dem Begriff „betriebseigene Kantine" sind alle betriebsinternen Einrichtungen zu verstehen, die es den Arbeitnehmern des Unternehmens ermöglichen, Speisen und Getränke einzunehmen, und die für fremde Dritte nicht ohne weiteres zugänglich sind. [11]Auf die Bezeichnung der Einrichtung kommt es nicht an; zu Kantinen können deshalb auch Einrichtungen gehören, die im Betrieb als „Casino" oder „Restaurant" bezeichnet werden.

R 4.10 (7) (7) [1]Nicht geschäftlich, sondern allgemein betrieblich veranlasst ist ausschließlich die Bewirtung von Arbeitnehmern des bewirtenden Unternehmens. [2]Geschäftlich veranlasst ist danach die Bewirtung von Arbeitnehmern von gesellschaftsrechtlich verbundenen Unternehmen (z. B. Mutter- oder Tochterunternehmen) und mit ihnen vergleichbaren Personen. [3]Nur in dem Maße, wie die Aufwendungen auf die nicht geschäftlich veranlasste Bewirtung von Arbeitnehmern des bewirtenden Unternehmens entfallen, können sie unbegrenzt abgezogen werden. [4]Bei Betriebsfesten ist die Bewirtung von Angehörigen oder von Personen, die zu ihrer Gestaltung beitragen, unschädlich.

R 4.10 (8) **Nachweis**

(8) [1]Der Nachweis der Höhe und der betrieblichen Veranlassung der Aufwendungen durch schriftliche Angaben zu Ort, Tag, Teilnehmer und Anlass der Bewirtung sowie Höhe der Aufwendungen ist gesetzliches Tatbestandsmerkmal für den Abzug der Bewirtungsaufwendungen als Betriebsausgaben. [2]Bei Bewirtung in einer Gaststätte genügen neben der beizufügenden Rech-

nung Angaben zu dem Anlass und den Teilnehmern der Bewirtung; auch hierbei handelt es sich um ein gesetzliches Tatbestandsmerkmal für den Abzug der Bewirtungsaufwendungen als Betriebsausgaben. [3]Aus der Rechnung müssen sich Name und Anschrift der Gaststätte sowie der Tag der Bewirtung ergeben. [4]Die Rechnung muss auch den Namen des bewirtenden Stpfl. enthalten; dies gilt nicht, wenn der Gesamtbetrag der Rechnung ***150 Euro*** nicht übersteigt. [5]Die schriftlichen Angaben können auf der Rechnung oder getrennt gemacht werden. [6]Erfolgen die Angaben getrennt von der Rechnung, müssen das Schriftstück über die Angaben und die Rechnung grundsätzlich zusammengefügt werden. [7]Ausnahmsweise genügt es, den Zusammenhang dadurch darzustellen, dass auf der Rechnung und dem Schriftstück über die Angaben Gegenseitigkeitshinweise angebracht werden, so dass Rechnung und Schriftstück jederzeit zusammengefügt werden können. [8]Die Rechnung muss den Anforderungen des § 14 UStG genügen und maschinell erstellt und registriert sein. [9]Die in Anspruch genommenen Leistungen sind nach Art, Umfang, Entgelt und Tag der Bewirtung in der Rechnung gesondert zu bezeichnen; die für den Vorsteuerabzug ausreichende Angabe „Speisen und Getränke" und die Angabe der für die Bewirtung in Rechnung gestellten Gesamtsumme sind für den Betriebsausgabenabzug nicht ausreichend.

(9) [1]Zur Bezeichnung der Teilnehmer der Bewirtung ist grundsätzlich die Angabe ihres Namens erforderlich. [2]Auf die Angabe der Namen kann jedoch verzichtet werden, wenn ihre Feststellung dem Stpfl. nicht zugemutet werden kann. [3]Das ist z. B. bei Bewirtungen anlässlich von Betriebsbesichtigungen durch eine größere Personenzahl und bei vergleichbaren Anlässen der Fall. [4]In diesen Fällen sind die Zahl der Teilnehmer der Bewirtung sowie eine die Personengruppe kennzeichnende Sammelbezeichnung anzugeben. [5]Die Angaben über den Anlass der Bewirtung müssen den Zusammenhang mit einem geschäftlichen Vorgang oder einer Geschäftsbeziehung erkennen lassen. **R 4.10 (9)**

Hinweise

H 4.10 (5–9)

Angemessenheit

- Die Angemessenheit ist vor allem nach den jeweiligen Branchenverhältnissen zu beurteilen (→ BFH vom 14. 4. 1988 – BStBl II S. 771);
- → H 4.10 (12)

Anlass der Bewirtung

Angaben wie „Arbeitsgespräch", „Infogespräch" oder „Hintergrundgespräch" als Anlass der Bewirtung sind nicht ausreichend (→ BFH vom 15. 1. 1998 – BStBl II S. 263).

Aufteilung von Bewirtungsaufwendungen in einen betrieblichen und einen privaten Teil

- Der eigene Verzehraufwand eines Gewerbetreibenden in Gaststätten, in denen er seine Waren mit Hilfe von aufgestellten Automaten vertreibt, ist nur insoweit als betrieblich veranlasster Aufwand abziehbar, wie im Einzelnen nachgewiesen wird, dass dabei die private Lebensführung als unbedeutend in den Hintergrund getreten ist (→ BFH vom 14. 4. 1988 (BStBl II S. 771)
- → H 12.1 (Aufteilungs- und Abzugsverbot)

Bewirtung

Eine Bewirtung i. S. d. § 4 Abs. 5 Satz 1 Nr. 2 EStG liegt nur vor, wenn die Darreichung von Speisen und/oder Getränken eindeutig im Vordergrund steht (→ BFH vom 16. 2. 1990 – BStBl II S. 575). Keine Bewirtungsaufwendungen sind daher Aufwendungen für die Darbietung anderer Leistungen (wie insbesondere Varieté, Striptease und Ähnliches), wenn der insgesamt geforderte Preis in einem offensichtlichen Missverhältnis zum Wert der verzehrten Speisen und/oder Getränke steht (→ BFH vom 16. 2. 1990 – BStBl II S. 575); solche Aufwendungen sind insgesamt nach § 4 Abs. 5 Satz 1 Nr. 7 EStG zu beurteilen (→ R 4.10 Abs. 12) und ggf. aufzuteilen. Die nach Aufteilung auf eine Bewirtung entfallenden Aufwendungen unterliegen sodann der Abzugsbegrenzung des § 4 Abs. 5 Satz 1 Nr. 2 EStG.

Bewirtung mehrerer Personen

Werden mehrere Personen bewirtet, so müssen grundsätzlich die Namen aller Teilnehmer der Bewirtung, ggf. auch des Stpfl. und seiner Arbeitnehmer angegeben werden (→ BFH vom 25. 2. 1988 – BStBl II S. 581).

Bewirtung von Personen aus geschäftlichem Anlass

- Keine Betriebseinnahme → R 4.7 Abs. 3
- Steuerliche Anerkennung der Aufwendungen als Betriebsausgaben nach R 4.10 Abs. 6 → BMF vom 21. 11. 1994 (BStBl I S. 855)

Journalisten

Journalisten können die nach § 4 Abs. 5 Satz 1 Nr. 2 Satz 1 EStG geforderten Angaben zu Teilnehmern und Anlass einer Bewirtung in der Regel nicht unter Berufung auf das Pressegeheimnis verweigern (→ BFH vom 15. 1. 1998 – BStBl II S. 263).

Nachholung von Angaben

Die zum Nachweis von Bewirtungsaufwendungen erforderlichen schriftlichen Angaben müssen zeitnah gemacht werden (→ BFH vom 25. 3. 1988 – BStBl II S. 655). Die Namensangabe darf vom Rechnungsaussteller auf der Rechnung oder durch eine sie ergänzende Urkunde nachgeholt werden (→ BFH vom 27. 6. 1990 – BStBl II S. 903 und vom 2. 10. 1990 – BStBl 1991 II S. 174).

Name des bewirtenden Stpfl.

Angabe ist Voraussetzung für den Nachweis der betrieblichen Veranlassung (→ BFH vom 13. 7. 1994 – BStBl II S. 894).

Schulungsveranstaltung

Bewirtet ein Unternehmen im Rahmen einer Schulungsveranstaltung Personen, die nicht seine Arbeitnehmer sind, unterliegt der Bewirtungsaufwand der Abzugsbeschränkung gem. § 4 Abs. 5 Satz 1 Nr. 2 EStG (→ BFH vom 18. 9. 2007 – BStBl 2008 II S. 116).

Schweigepflicht

Rechtsanwälte können die nach § 4 Abs. 5 Satz 1 Nr. 2 EStG erforderlichen Angaben zu Teilnehmern und Anlass einer Bewirtung in der Regel nicht unter Berufung auf die anwaltliche Schweigepflicht verweigern (→ BFH vom 26. 2. 2004 – BStBl II S. 502).

Unterschrift

Das zum Nachweis der betrieblichen Veranlassung der Bewirtung vom Stpfl. erstellte Schriftstück ist von diesem zu unterschreiben (→ BFH vom 15. 1. 1998 – BStBl II S. 263).

Unvollständige Angaben

Sind die Angaben lückenhaft, so können die Aufwendungen auch dann nicht abgezogen werden, wenn der Stpfl. ihre Höhe und betriebliche Veranlassung in anderer Weise nachweist oder glaubhaft macht (→ BFH vom 30. 1. 1986 – BStBl II S. 488).

R 4.10 (10) **Gästehäuser**

(10) [1]Nach § 4 Abs. 5 Satz 1 Nr. 3 EStG können Aufwendungen für Einrichtungen, die der Bewirtung oder Beherbergung von Geschäftsfreunden dienen (Gästehäuser) und sich außerhalb des Orts des Betriebs des Stpfl. befinden, nicht abgezogen werden. [2]Dagegen können Aufwendungen für Gästehäuser am Ort des Betriebs oder für die Unterbringung von Geschäftsfreunden in fremden Beherbergungsbetrieben, soweit sie ihrer Höhe nach angemessen sind (Absatz 12), als Betriebsausgaben berücksichtigt werden. [3]Als „Betrieb" gelten in diesem Sinne auch Zweigniederlassungen und Betriebsstätten mit einer gewissen Selbständigkeit, die üblicherweise von Geschäftsfreunden besucht werden.

R 4.10 (11) (11) [1]Zu den nicht abziehbaren Aufwendungen für Gästehäuser i. S. d. § 4 Abs. 5 Satz 1 Nr. 3 EStG gehören sämtliche mit dem Gästehaus im Zusammenhang stehenden Ausgaben einschließlich der Absetzung für Abnutzung. [2]Wird die Beherbergung und Bewirtung von Geschäftsfreunden in einem Gästehaus außerhalb des Orts des Betriebs gegen Entgelt vorgenommen, und erfordert das Gästehaus einen ständigen Zuschuss, ist dieser Zuschuss nach § 4 Abs. 5 Satz 1 Nr. 3 EStG nicht abziehbar.

Hinweise

H 4.10 (10–11)

Ferienhausüberlassung an Arbeitnehmer

Aufwendungen des Arbeitgebers für seinen Arbeitnehmern unentgeltlich zur Verfügung gestellte Ferienhäuser sind unbegrenzt als Betriebsausgaben abziehbar und zwar auch dann, wenn die Ferienhäuser im Ausland belegen sind (→ BFH vom 9. 4. 1997 – BStBl II S. 539).

Ort des Betriebs

Ort des Betriebs ist regelmäßig die politische Gemeinde (→ BFH vom 9. 4. 1968 – BStBl II S. 603).

Angemessenheit von Aufwendungen

R 4.10 (12)

(12) Als die Lebensführung berührende Aufwendungen, die auf ihre → Angemessenheit zu prüfen sind, kommen insbesondere in Betracht

1. die Kosten der Übernachtung anlässlich einer Geschäftsreise,
2. die Aufwendungen für die Unterhaltung und Beherbergung von Geschäftsfreunden, soweit der Abzug dieser Aufwendungen nicht schon nach den Absätzen 1, 10 und 11 ausgeschlossen ist,
3. die Aufwendungen für die Unterhaltung von Personenkraftwagen (→ Kraftfahrzeug) und für die Nutzung eines Flugzeugs,
4. die Aufwendungen für die Ausstattung der Geschäftsräume, z. B. der Chefzimmer und Sitzungsräume.

Hinweise

H 4.10 (12)

Angemessenheit

Bei der Prüfung der Angemessenheit von Aufwendungen nach § 4 Abs. 5 Satz 1 Nr. 7 EStG ist darauf abzustellen, ob ein ordentlicher und gewissenhafter Unternehmer angesichts der erwarteten Vorteile die Aufwendungen ebenfalls auf sich genommen hätte. Neben der Größe des Unternehmens, der Höhe des längerfristigen Umsatzes und des Gewinns sind vor allem die Bedeutung des Repräsentationsaufwands für den Geschäftserfolg und seine Üblichkeit in vergleichbaren Betrieben als Beurteilungskriterien heranzuziehen (→ BFH vom 20. 8. 1986 – BStBl II S. 904, vom 26. 1. 1988 – BStBl II S. 629 und vom 14. 4. 1988 – BStBl II S. 771).

Hubschrauber

Bei der Angemessenheitsprüfung ist darauf abzustellen, ob ein ordentlicher und gewissenhafter Unternehmer einen Hubschrauber angesichts der erwarteten Vorteile und Kosten ebenfalls als Transportmittel eingesetzt hätte. Dies ist von Fall zu Fall neu zu entscheiden. Sollte sich dabei ergeben, dass die Kosten des Hubschraubers dessen Nutzen deutlich übersteigen, ist ein Teil der Hubschrauberkosten nicht als Betriebsausgaben abziehbar (→ BFH vom 27. 2. 1985 – BStBl II S. 458).

Kraftfahrzeug

Die Anschaffungskosten eines als „unangemessen" anzusehenden Kraftfahrzeugs fallen als solche nicht unmittelbar unter das Abzugsverbot. Bei Zugehörigkeit des Fahrzeugs zum Betriebsvermögen sind sie vielmehr in vollem Umfang zu aktivieren. Zu den unter das Abzugsverbot des § 4 Abs. 5 Satz 1 Nr. 7 EStG fallenden Kraftfahrzeugaufwendungen gehört jedoch vor allem die AfA nach § 7 Abs. 1 EStG. Diese kann nur insoweit als Betriebsausgabe abgezogen werden, als sie auf den als „angemessen" anzusehenden Teil der Anschaffungskosten entfällt. Die übrigen Betriebskosten (Kfz-Steuer und Versicherung, Kraftstoff, Instandsetzungs-, Wartungs- und Pflegekosten, Garagenmiete usw.) werden in der Regel nicht als „unangemessen" i. S. d. § 4 Abs. 5 Satz 1 Nr. 7 EStG anzusehen sein, da diese Aufwendungen auch für ein „angemessenes" Fahrzeug angefallen wären (→ BFH vom 8. 10. 1987 – BStBl II S. 853).

4.11. Besondere Aufzeichnung

R 4.11

(1) [1]Das Erfordernis der besonderen Aufzeichnung ist erfüllt, wenn für jede der in § 4 Abs. 7 EStG bezeichneten Gruppen von Aufwendungen ein besonderes Konto oder eine besondere S2162

Spalte geführt wird. [2]Es ist aber auch ausreichend, wenn für diese Aufwendungen zusammengenommen ein Konto oder eine Spalte geführt wird. [3]In diesem Fall muss sich aus jeder Buchung oder Aufzeichnung die Art der Aufwendung ergeben. [4]Das gilt auch dann, wenn verschiedene Aufwendungen bei einem Anlass zusammentreffen, z. B. wenn im Rahmen einer Bewirtung von Personen aus geschäftlichem Anlass Geschenke gegeben werden.

(2) [1]Bei den Aufwendungen für Geschenke muss der Name des Empfängers aus der Buchung oder dem Buchungsbeleg zu ersehen sein. [2]Aufwendungen für Geschenke gleicher Art können in einer Buchung zusammengefasst werden (Sammelbuchung), wenn

1. die Namen der Empfänger der Geschenke aus einem Buchungsbeleg ersichtlich sind oder
2. im Hinblick auf die Art des zugewendeten Gegenstandes, z. B. Taschenkalender, Kugelschreiber, und wegen des geringen Werts des einzelnen Geschenks die Vermutung besteht, dass die Freigrenze gem. § 4 Abs. 5 Satz 1 Nr. 1 EStG bei dem einzelnen Empfänger im Wirtschaftsjahr nicht überschritten wird; eine Angabe der Namen der Empfänger ist in diesem Fall nicht erforderlich.

H 4.11

Hinweise

Besondere Aufzeichnung

- Die Pflicht zur besonderen Aufzeichnung ist erfüllt, wenn diese Aufwendungen fortlaufend, zeitnah und bei Gewinnermittlung durch Betriebsvermögensvergleich auf besonderen Konten im Rahmen der Buchführung gebucht oder bei Einnahmenüberschussrechnung von Anfang an getrennt von den sonstigen Betriebsausgaben einzeln aufgezeichnet werden (→ BFH vom 22. 1. 1988 – BStBl II S. 535).
- Statistische Zusammenstellungen oder die geordnete Sammlung von Belegen genügen nur dann, wenn zusätzlich die Summe der Aufwendungen periodisch und zeitnah auf einem besonderen Konto eingetragen wird oder vergleichbare Aufzeichnungen geführt werden (→ BFH vom 26. 2. 1988 – BStBl II S. 613).
- Eine Aufzeichnung auf besondere Konten liegt nicht vor, wenn die bezeichneten Aufwendungen auf Konten gebucht werden, auf denen auch nicht besonders aufzeichnungspflichtige Aufwendungen gebucht sind (→ BFH vom 10. 1. 1974 – BStBl II S. 211 und vom 19. 8. 1980 – BStBl II S. 745). Bei der Aufzeichnung von Bewirtungsaufwendungen ist es jedoch nicht erforderlich, dass getrennte Konten für Aufwendungen für die Bewirtung von Personen aus geschäftlichem Anlass und für Aufwendungen für die Bewirtung von Personen aus sonstigem betrieblichen Anlass geführt werden (→ BMF vom 19. 8. 1999 – BStBl 2000 II S. 203).
- Zur besonderen Aufzeichnung von Aufwendungen für ein häusliches Arbeitszimmer → BMF vom 3. 4. 2007 (BStBl I S. 442), Rdnr. 17.

Verstoß gegen die besondere Aufzeichnungspflicht

Ein Verstoß gegen die besondere Aufzeichnungspflicht nach § 4 Abs. 7 EStG hat zur Folge, dass die nicht besonders aufgezeichneten Aufwendungen nicht abgezogen werden können (→ BFH vom 22. 1. 1988 – BStBl II S. 535). Dies gilt nicht für eine Fehlbuchung, die sich nach dem Rechtsgedanken des § 129 Satz 1 AO als offenbare Unrichtigkeit darstellt (→ BFH vom 19. 8. 1999 – BStBl 2000 II S. 203).

R 4.12

4.12. Entfernungspauschale, nicht abziehbare Fahrtkosten, Reisekosten und Mehraufwendungen für doppelte Haushaltsführung

S 2145

Aufwendungen für Wege zwischen Wohnung und Betriebsstätte

(1) [1]Die Regelungen in den LStR zu Aufwendungen für Wege zwischen Wohnung und ***regelmäßiger*** Arbeitsstätte sind entsprechend anzuwenden. [2]Ein ***Abzug*** der Entfernungspauschale nach § 4 ***Abs. 5a Satz 4*** EStG kommt auch dann in Betracht, wenn die nach § 4 ***Abs. 5a Satz 2*** EStG ermittelten Werte geringer sind als die Entfernungspauschale. [3]Wird an einem Tag aus betrieblichen oder beruflichen Gründen der Weg zwischen Wohnung und Betriebsstätte mehrfach zurückgelegt, darf die Entfernungspauschale ***nur einmal pro Tag*** berücksichtigt werden. [4]Die Regelung des § 4 ***Abs. 5a*** EStG gilt nicht für Fahrten zwischen Betriebsstätten. [5]Unter Betriebsstätte ist im Zusammenhang mit Geschäftsreisen (Absatz 2), anders als in § 12 AO, die (von der Wohnung getrennte) Betriebsstätte zu verstehen. [6]Das ist der Ort, an dem oder von dem aus die

betrieblichen Leistungen erbracht werden. [7]Die Betriebsstätte eines See- und Hafenlotsen ist danach nicht das häusliche Arbeitszimmer, sondern das Lotsrevier oder die Lotsenstation.

Reisekosten

(2) [1]Die Regelungen in den LStR zu Reisekosten sind sinngemäß anzuwenden. [2]Der Ansatz pauschaler Kilometersätze ist nur für private Beförderungsmittel zulässig.

Mehraufwendungen wegen doppelter Haushaltsführung

(3) Die Regelungen in den LStR zu Mehraufwendungen bei doppelter Haushaltsführung sind entsprechend anzuwenden.

Hinweise

H 4.12

Abzug als Werbungskosten

Zum Abzug von Aufwendungen für Wege zwischen Wohnung und Arbeitsstätte und von Mehraufwendungen wegen doppelter Haushaltsführung bei Arbeitnehmern als Werbungskosten → ***R 9.10 und 9.11 LStR 2008***.

Behinderte Menschen

- Auch bei Stpfl., die zu dem in § 9 Abs. 2 EStG bezeichneten Personenkreis gehören, kann grundsätzlich nur eine Hin- und Rückfahrt für jeden Arbeitstag berücksichtigt werden (→ BFH vom 2. 4. 1976 – BStBl II S. 452).
- Nachweis der Behinderung → § 65 EStDV, H 33b (Allgemeines und Nachweis).

Betriebsstätte

- Eine **abgrenzbare Fläche oder Räumlichkeit** und eine hierauf bezogene **eigene Verfügungsmacht des Stpfl.** ist für die Annahme einer Betriebsstätte nicht erforderlich (→ BFH vom 19. 9. 1990 – BStBl 1991 II S. 97, 208 und vom 18. 9. 1991 – BStBl 1992 II S. 90).
- **Betriebsstätte des**
  - **Ausbeiners** ist der Schlachthof (→ BFH vom 19. 9. 1990 – BStBl 1991 II S. 97).
  - **Jahrmarkthändlers** ist der jeweilige Marktstand (→ BFH vom 18. 9. 1991 – BStBl 1992 II S. 90).
  - **selbständigen Schornsteinfegers** ist der Kehrbezirk (→ BFH vom 19. 9. 1990 – BStBl 1991 II S. 208).
- **Keine Betriebsstätte im eigenen Wohnhaus**
  - **Betrieblich genutzte Räume**, die mit dem Wohnteil eine nicht trennbare bauliche Einheit bilden, verändern den Gesamtcharakter des Gebäudes als Wohnhaus nicht (→ BFH vom 16. 2. 1994 – BStBl II S. 468).
  - **Die Empore in einem Wohnhaus** ist mangels räumlicher Trennung vom privaten Wohnbereich keine Betriebsstätte (→ BFH vom 6. 2. 1992 – BStBl II S. 528).

Fahrten zwischen Betriebsstätten

Die Aufwendungen für Fahrten zwischen Betriebsstätten können in vollem Umfang als Betriebsausgaben abgezogen werden, und zwar regelmäßig auch dann, wenn sich eine der → Betriebsstätten am Hauptwohnsitz des Unternehmers befindet (→ BFH vom 31. 5. 1978 – BStBl II S. 564, vom 29. 3. 1979 – BStBl II S. 700 und vom 13. 7. 1989 – BStBl 1990 II S. 23).

Fahrten zwischen Wohnung und ständig wechselnden Betriebsstätten

Begrenzter Betriebsausgabenabzug gilt für Aufwendungen für Fahrten zwischen Wohnung und zwei oder drei regelmäßigen Betriebsstätten, nicht aber für Fahrten zwischen Wohnung und ständig wechselnden Betriebsstätten (→ BFH vom 19. 9. 1990 – BStBl 1991 II S. 97).

Gesamtaufwendungen für das Kraftfahrzeug

→ BMF vom 21. 1. 2002 (BStBl I S. 148), Rdnr. 27 Anhang 10

Miterledigung betrieblicher Angelegenheiten

Werden anlässlich einer Fahrt zwischen Wohnung und Betriebsstätte oder umgekehrt andere betriebliche oder berufliche Angelegenheiten miterledigt, können die dadurch bedingten Mehraufwendungen in voller Höhe als Betriebsausgaben abgezogen werden (→ BFH vom 17. 2. 1977 – BStBl II S. 543).

Motorboot

Aufwendungen für Wege zwischen Wohnung und Betriebsstätte mit einem Motorboot (Yacht) sind nicht generell nach § 4 Abs. 5 Satz 1 Nr. 4 EStG vom steuerlichen Abzug ausgeschlossen, sondern unterliegen der Abzugsbegrenzung nach § 4 Abs. 5 Satz 1 Nr. 6 Satz 1 (jetzt Abs. 5a) EStG (→ BFH vom 10. 5. 2001 – BStBl II S. 575).

Pauschbeträge für Verpflegungsmehraufwendungen bei Auslandsgeschäftsreisen

Anhang 17 → BMF vom 9. 11. 2004 (BStBl I S. 1052)

Übernachtungskosten

Für die Berücksichtigung von Übernachtungskosten bei Auslandsgeschäftsreisen als Betriebsausgabe ist R 9.7 Abs. 2 LStR 2008 entsprechend anzuwenden. Im Ergebnis sind nur die tatsächlichen Übernachtungskosten als Betriebsausgabe zu berücksichtigen (→ OFD Frankfurt vom 3. 6. 2008 (DB 2008, S. 2109).

Wege zwischen Wohnung und Betriebsstätte

- Wege zwischen Wohnung und Betriebsstätte liegen vor, wenn
- die auswärtige → Betriebsstätte als Mittelpunkt der beruflichen Tätigkeit täglich oder fast täglich aufgesucht wird und der Betriebsstätte am Hauptwohnsitz nur untergeordnete Bedeutung beizumessen ist (→ BFH vom 15. 7. 1986 – BStBl II S. 744) oder
- sich zwar in der Wohnung eine weitere Betriebsstätte befindet, dieser Teil der Wohnung von der übrigen Wohnung aber baulich nicht getrennt ist und keine in sich geschlossene Einheit bildet (→ BFH vom 6. 2. 1992 – BStBl II S. 528) oder
- sich in der Wohnung nur ein häusliches Arbeitszimmer befindet (→ BFH vom 7. 12. 1988 – BStBl 1989 II S. 421).

Anhang 10
- → BMF vom 21. 1. 2002 (BStBl I S. 148 und vom 7. 7. 2006 – BStBl I S. 446)
- Fahrten eines selbständig tätigen Sprachlehrers zwischen seiner Wohnung und der Firma, bei der er überwiegend unterrichtet, sind als Fahrten zwischen Wohnung und Betriebsstätte zu behandeln. Dies gilt auch für Fahrten, die der Besprechung von ebenfalls für diese Firma durchgeführten Übersetzungstätigkeiten dienen, sofern derartige Fahrten regelmäßig stattfinden (→ FG München vom 16. 12. 1999 – DStRE 2000 S. 515 – rkr.).
- Die Nutzung eines betrieblichen Kraftfahrzeugs zur Erzielung von Überschusseinkünften ist durch die Bewertung der privaten Nutzung nach der 1 v. H.-Regelung nicht mit abgegolten. Sie ist vielmehr mit den auf sie entfallenden tatsächlichen Selbstkosten als Entnahme zu erfassen (→ BFH vom 26. 4. 2006 – BFH X R 35/05 –).

R 4.13

4.13. Abzugsverbot für Sanktionen

S 2145 **Abzugsverbot**

(1) [1]Geldbußen, Ordnungsgelder und Verwarnungsgelder, die von einem Gericht oder einer Behörde in der Bundesrepublik Deutschland oder von Organen der Europäischen Gemeinschaften festgesetzt werden, dürfen nach § 4 Abs. 5 Satz 1 Nr. 8 Satz 1 EStG den Gewinn auch dann nicht mindern, wenn sie betrieblich veranlasst sind. [2]Dasselbe gilt für Leistungen zur Erfüllung von Auflagen oder Weisungen, die in einem berufsgerichtlichen Verfahren erteilt werden, soweit die Auflagen oder Weisungen nicht lediglich der Wiedergutmachung des durch die Tat verursachten Schadens dienen (§ 4 Abs. 5 Satz 1 Nr. 8 Satz 2 EStG). [3]Dagegen gilt das Abzugsverbot nicht für Nebenfolgen vermögensrechtlicher Art, z. B. die Abführung des Mehrerlöses nach § 8 des Wirtschaftsstrafgesetzes, den Verfall nach § 29a OWiG und die Einziehung nach § 22 OWiG.

Geldbußen

(2) [1]Zu den Geldbußen rechnen alle Sanktionen, die nach dem Recht der Bundesrepublik Deutschland so bezeichnet sind, insbesondere Geldbußen nach dem Ordnungswidrigkeitenrecht

einschließlich der nach § 30 OWiG vorgesehenen Geldbußen gegen juristische Personen oder Personenvereinigungen, Geldbußen nach den berufsgerichtlichen Gesetzen des Bundes oder der Länder, z. B. der Bundesrechtsanwaltsordnung, der Bundesnotarordnung, der Patentanwaltsordnung, der Wirtschaftsprüferordnung oder dem Steuerberatungsgesetz sowie Geldbußen nach den Disziplinargesetzen des Bundes oder der Länder. [2]Geldbußen, die von Organen der Europäischen Gemeinschaften festgesetzt werden, sind Geldbußen nach den Artikeln 85, 86, 87 Abs. 2 des EG-Vertrages i. V. m. Artikel 15 Abs. 2 der Verordnung Nr. 17 des Rates vom 6. 2. 1962 und nach den Artikeln 47, 58, 59, 64 bis 66 des Vertrages über die Gründung der Europäischen Gemeinschaft für Kohle und Stahl. [3]Betrieblich veranlasste Geldbußen, die von Gerichten oder Behörden anderer Staaten festgesetzt werden, fallen nicht unter das Abzugsverbot.

Einschränkung des Abzugsverbotes für Geldbußen

(3) [1]Das Abzugsverbot für Geldbußen, die von Gerichten oder Behörden in der Bundesrepublik Deutschland oder von Organen der Europäischen Gemeinschaften verhängt werden, gilt uneingeschränkt für den Teil, der die rechtswidrige und vorwerfbare Handlung ahndet. [2]Für den Teil, der den rechtswidrig erlangten wirtschaftlichen Vorteil abschöpft, gilt das Abzugsverbot für die Geldbuße nur dann uneingeschränkt, wenn bei der Berechnung des Vermögensvorteils die darauf entfallende ertragsteuerliche Belastung – ggf. im Wege der Schätzung – berücksichtigt worden ist. [3]Macht der Stpfl. durch geeignete Unterlagen glaubhaft, dass diese ertragsteuerliche Belastung nicht berücksichtigt und der gesamte rechtswidrig erlangte Vermögensvorteil abgeschöpft wurde, darf der auf die Abschöpfung entfallende Teil der Geldbuße als Betriebsausgabe abgezogen werden.

Ordnungsgelder

(4) [1]Ordnungsgelder sind die nach dem Recht der Bundesrepublik Deutschland so bezeichneten Unrechtsfolgen, die namentlich in den Verfahrensordnungen oder in verfahrensrechtlichen Vorschriften anderer Gesetze vorgesehen sind, z. B. das Ordnungsgeld gegen einen Zeugen wegen Verletzung seiner Pflicht zum Erscheinen und das Ordnungsgeld nach § 890 ZPO wegen Verstoßes gegen eine nach einem Vollstreckungstitel (z. B. Urteil) bestehende Verpflichtung, eine Handlung zu unterlassen oder die Vornahme einer Handlung zu dulden. [2]Nicht unter das Abzugsverbot fallen Zwangsgelder.

Verwarnungsgelder

(5) Verwarnungsgelder sind die in § 56 OWiG so bezeichneten geldlichen Einbußen, die dem Betroffenen aus Anlass einer geringfügigen Ordnungswidrigkeit, z. B. wegen falschen Parkens, mit seinem Einverständnis auferlegt werden, um der Verwarnung Nachdruck zu verleihen.

Hinweise

H 4.13

Abschöpfung

Bemisst sich die wegen eines Wettbewerbsverstoßes festgesetzte Geldbuße – über den regulären gesetzlichen Höchstbetrag hinaus – unter Einbeziehung des durch die Zuwiderhandlung erlangten Mehrerlöses, wird zugleich der erlangte wirtschaftliche Vorteil abgeschöpft. Hat die Bußgeldbehörde die Ertragsteuern, die auf diesen Vorteil entfallen, bei der Festsetzung nicht berücksichtigt, mindert die Geldbuße bis zu den gesetzlich zulässigen Höchstbeträgen den Gewinn. Darauf, dass sich der abschöpfende Teil der einheitlichen Geldbuße eindeutig abgrenzen lässt, kommt es nicht an (→ BFH vom 9. 6. 1999 – BStBl II S. 658).

Abzugsverbot für Geldstrafen, die in einem anderen Staat festgesetzt werden

→ R 12.3

Ausländisches Gericht

Von ausländischem Gericht verhängte Geldstrafe kann bei Widerspruch zu wesentlichen Grundsätzen der deutschen Rechtsordnung Betriebsausgabe sein (→ BFH vom 31. 7. 1991 – BStBl 1992 II S. 85).

Kartellrechtsbuße der EU-Kommission

Das in § 4 Abs. 5 Satz 1 Nr. 8 EStG normierte Abzugsverbot für Geldbußen lässt nur insoweit einen (teilweisen) Abzug zu, als die Geldbuße den rechtswidrig erlangten wirtschaftlichen Vorteil aus dem Gesetzesverstoß brutto abschöpft, also ohne Berücksichtigung der auf dem Vorteil ruhenden Ertragsteuerbelastung. Weder die Bußgeldbescheide selbst, mit denen die EU-Kommission gegen ein Unternehmen eine Sanktion wegen wettbewerbswidrigen Verhaltens festsetzt, noch die zugrunde liegenden Leitlinien zur Bußgeldbemessung lassen eindeutig darauf schließen, dass in der Buße ein Abschöpfungsteil i. S. d. § 4 Abs. 5 Satz 1 Nr. 8 Satz 4 EStG enthalten ist.

Diese Rechtsfrage soll im Rahmen der regelmäßig stattfindenden Sitzungen der ESt-Referatsleiter voraussichtlich im September 2007 erörtert werden. In Absprache mit dem FinMin soll bis zur Entscheidung der Länder in einschlägigen Fällen grundsätzlich die Auffassung vertreten werden, Geldbußen der EU-Kommission wegen wettbewerbswidrigen Verhaltens enthielten keinen Abschöpfungsanteil; ein (anteiliger) Betriebsausgabenabzug scheide schon dem Grund nach aus.

→ OFD Münster vom 31. 5. 2007, S 2144-10 - St 12-33 (DB 2007 S. 1332)

Leistungen zur Erfüllung von Auflagen und Weisungen

Hinsichtlich des Abzugsverbots von Leistungen zur Erfüllung von Auflagen und Weisungen, die in einem berufsgerichtlichen Verfahren erteilt werden, → H 12.3

Verfahrenskosten

Bei betrieblich veranlassten Sanktionen sind die mit diesen zusammenhängenden Verfahrenskosten, insbesondere Gerichts- und Anwaltsgebühren, auch dann abziehbare Betriebsausgaben, wenn die Sanktion selbst nach § 4 Abs. 5 Satz 1 Nr. 8 EStG vom Abzug ausgeschlossen ist (→ BFH vom 19. 2. 1982 – BStBl II S. 467).

R 4.14
S 2145

4.14. Abzugsverbot für Zuwendungen i. S. d. § 4 Abs. 5 Satz 1 Nr. 10 EStG

[1]Zuwendungen i. S. d. § 4 Abs. 5 Satz 1 Nr. 10 EStG dürfen nicht als Betriebsausgaben abgezogen werden, wenn mit der Zuwendung von Vorteilen objektiv gegen das Straf- oder Ordnungswidrigkeitenrecht verstoßen wird; auf ein Verschulden des Zuwendenden, auf die Stellung eines Strafantrags oder auf eine tatsächliche Ahndung kommt es nicht an. [2]Mit der Anknüpfung an die Tatbestände des Straf- und Ordnungswidrigkeitenrechts werden auch Leistungen an ausländische Amtsträger und Abgeordnete vom Abzugsverbot erfasst. [3]Wird dem Finanzamt auf Grund einer Mitteilung des Gerichts, der Staatsanwaltschaft oder einer Verwaltungsbehörde nach § 4 Abs. 5 Satz 1 Nr. 10 Satz 2 EStG erstmals bekannt, dass eine rechtswidrige Handlung i. S. d. § 4 Abs. 5 Satz 1 Nr. 10 Satz 1 EStG vorliegt, ist der Steuerbescheid nach den Vorschriften der AO zu ändern.

H 4.14

Hinweise

Zuwendungen

- Abzugsverbot für die Zuwendung von Vorteilen i. S. d. § 4 Abs. 5 Satz 1 Nr. 10 EStG → BMF vom 10. 10. 2002 (BStBl I S. 1031)
- Tatbestände des Straf- und Ordnungswidrigkeitenrechts i. S. d. § 4 Abs. 5 Satz 1 Nr. 10 EStG sind z. B.:
  - § 108b StGB (Wählerbestechung),
  - § 108e StGB (Abgeordnetenbestechung),
  - § 299 Abs. 2 und 3 StGB (Bestechung im in- und ausländischen geschäftlichen Verkehr),
  - § 333 StGB (Vorteilsgewährung),
  - § 334 StGB (Bestechung),
  - Artikel 2 § 2 des Gesetzes zur Bekämpfung internationaler Bestechung (Bestechung ausländischer Abgeordneter im Zusammenhang mit internationalem Zahlungsverkehr),
  - § 119 Abs. 1 Nr. 1 des Betriebsverfassungsgesetzes (Vorteilsgewährung in Bezug auf Betriebsratswahlen),

- § 81 **Abs. 3 Nr. 2** i. V. m. § 21 Abs. 2 des Gesetzes gegen Wettbewerbsbeschränkungen (Vorteilsgewährung für wettbewerbsbeschränkendes Verhalten),
- § 405 Abs. 3 Nr. 7 AktG (Vorteilsgewährung in Bezug auf das Stimmverhalten in der Hauptversammlung),
- § 152 Abs. 1 Nr. 2 GenG (Vorteilsgewährung in Bezug auf das Abstimmungsverhalten in der Generalversammlung),
- § 23 Abs. 1 Nr. 4 des Gesetzes betreffend die gemeinsamen Rechte der Besitzer von Schuldverschreibungen (Vorteilsgewährung in Bezug auf die Abstimmung in der Gläubigerversammlung).

---

§ 4a Gewinnermittlungszeitraum, Wirtschaftsjahr

EStG
S 2115

(1) [1]Bei Land- und Forstwirten und bei Gewerbetreibenden ist der Gewinn nach dem Wirtschaftsjahr zu ermitteln. [2]Wirtschaftsjahr ist

1. **bei Land- und Forstwirten der Zeitraum vom 1. Juli bis zum 30. Juni. [2]Durch Rechtsverordnung kann für einzelne Gruppen von Land- und Forstwirten ein anderer Zeitraum bestimmt werden, wenn das aus wirtschaftlichen Gründen erforderlich ist;**
2. **bei Gewerbetreibenden, deren Firma im Handelsregister eingetragen ist, der Zeitraum, für den sie regelmäßig Abschlüsse machen. [2]Die Umstellung des Wirtschaftsjahres auf einen vom Kalenderjahr abweichenden Zeitraum ist steuerlich nur wirksam, wenn sie im Einvernehmen mit dem Finanzamt vorgenommen wird;**
3. **bei anderen Gewerbetreibenden das Kalenderjahr. [2]Sind sie gleichzeitig buchführende Land- und Forstwirte, so können sie mit Zustimmung des Finanzamts den nach Nummer 1 maßgebenden Zeitraum als Wirtschaftsjahr für den Gewerbebetrieb bestimmen, wenn sie für den Gewerbebetrieb Bücher führen und für diesen Zeitraum regelmäßig Abschlüsse machen.**

(2) Bei Land- und Forstwirten und bei Gewerbetreibenden, deren Wirtschaftsjahr vom Kalenderjahr abweicht, ist der Gewinn aus Land- und Forstwirtschaft oder aus Gewerbebetrieb bei der Ermittlung des Einkommens in folgender Weise zu berücksichtigen:

1. **Bei Land- und Forstwirten ist der Gewinn des Wirtschaftsjahres auf das Kalenderjahr, in dem das Wirtschaftsjahr beginnt, und auf das Kalenderjahr, in dem das Wirtschaftsjahr endet, entsprechend dem zeitlichen Anteil aufzuteilen. [2]Bei der Aufteilung sind Veräußerungsgewinne im Sinne des § 14 auszuscheiden und dem Gewinn des Kalenderjahres hinzuzurechnen, in dem sie entstanden sind;**
2. **bei Gewerbetreibenden gilt der Gewinn des Wirtschaftsjahres als in dem Kalenderjahr bezogen, in dem das Wirtschaftsjahr endet.**

---

§ 8b Wirtschaftsjahr

EStDV
S 2115

[1]Das Wirtschaftsjahr umfasst einen Zeitraum von zwölf Monaten. [2]Es darf einen Zeitraum von weniger als zwölf Monaten umfassen, wenn

1. *ein Betrieb eröffnet, erworben, aufgegeben oder veräußert wird oder*
2. *ein Steuerpflichtiger von regelmäßigen Abschlüssen auf einen bestimmten Tag zu regelmäßigen Abschlüssen auf einen anderen bestimmten Tag übergeht. [2]Bei Umstellung eines Wirtschaftsjahrs, das mit dem Kalenderjahr übereinstimmt, auf ein vom Kalenderjahr abweichendes Wirtschaftsjahr und bei Umstellung eines vom Kalenderjahr abweichenden Wirtschaftsjahrs auf ein anderes vom Kalenderjahr abweichendes Wirtschaftsjahr gilt dies nur, wenn die Umstellung im Einvernehmen mit dem Finanzamt vorgenommen wird.*

§ 8c Wirtschaftsjahr bei Land- und Forstwirten

EStDV
S 2115

(1) [1]Als Wirtschaftsjahr im Sinne des § 4a Abs. 1 Nr. 1 des Gesetzes können Betriebe mit

1. *einem Futterbauanteil von 80 vom Hundert und mehr der Fläche der landwirtschaftlichen Nutzung den Zeitraum vom 1. Mai bis 30. April,*
2. *reiner Forstwirtschaft den Zeitraum vom 1. Oktober bis 30. September,*
3. *reinem Weinbau den Zeitraum vom 1. September bis 31. August bestimmen.*

[2]Ein Betrieb der in Satz 1 bezeichneten Art liegt auch dann vor, wenn daneben in geringem Umfang noch eine andere land- und forstwirtschaftliche Nutzung vorhanden ist. [3]Soweit die Oberfinanzdirektionen vor dem 1. Januar 1955 ein anderes als die in § 4a Abs. 1 Nr. 1 des Gesetzes oder in Satz 1 bezeichneten Wirtschaftsjahre festgesetzt haben, kann dieser andere Zeitraum als Wirtschaftsjahr bestimmt werden; dies gilt nicht für den Weinbau.;1 Nr. 1 des Gesetzes oder in Satz 1 bezeichneten Wirtschaftsjahre festgesetzt haben, kann dieser andere Zeitraum als Wirtschaftsjahr bestimmt werden; dies gilt nicht für den Weinbau.

(2) [1]Gartenbaubetriebe und reine Forstbetriebe können auch das Kalenderjahr als Wirtschaftsjahr bestimmen. [2]Stellt ein Land- und Forstwirt von einem vom Kalenderjahr abweichenden Wirtschaftsjahr auf ein mit dem Kalenderjahr übereinstimmendes Wirtschaftsjahr um, verlängert sich das letzte vom Kalenderjahr abweichende Wirtschaftsjahr um den Zeitraum bis zum Beginn des ersten mit dem Kalenderjahr übereinstimmenden Wirtschaftsjahr; ein Rumpfwirtschaftsjahr ist nicht zu bilden. [3]Stellt ein Land- und Forstwirt das Wirtschaftsjahr für einen Betrieb mit reinem Weinbau auf ein Wirtschaftsjahr im Sinne des Absatzes 1 Satz 1 Nr. 3 um, gilt Satz 2 entsprechend.

(3) Buchführende Land- und Forstwirte im Sinne des § 4a Abs. 1 Nr. 3 Satz 2 des Gesetzes sind Land- und Forstwirte, die auf Grund einer gesetzlichen Verpflichtung oder ohne eine solche Verpflichtung Bücher führen und regelmäßig Abschlüsse machen.

R 4a

4a. Gewinnermittlung bei einem vom Kalenderjahr abweichenden Wirtschaftsjahr

S 2115

Umstellung des Wirtschaftsjahres

(1) [1]Eine Umstellung des Wirtschaftsjahres liegt nicht vor, wenn ein Stpfl., der Inhaber eines Betriebs ist, einen weiteren Betrieb erwirbt und für diesen Betrieb ein anderes Wirtschaftsjahr als der Rechtsvorgänger wählt. [2]Werden mehrere bisher getrennt geführte Betriebe eines Stpfl. zu einem Betrieb zusammengefasst, und führt der Stpfl. das abweichende Wirtschaftsjahr für einen der Betriebe fort, liegt keine zustimmungsbedürftige Umstellung des Wirtschaftsjahres vor.

Zustimmung des Finanzamts zum abweichenden Wirtschaftsjahr

(2) [1]Das Wahlrecht zur Bestimmung des Wirtschaftsjahres kann durch die Erstellung des Jahresabschlusses oder außerhalb des Veranlagungsverfahrens ausgeübt werden. [2]Bei Umstellung des Wirtschaftsjahres nach § 4a Abs. 1 Satz 2 Nr. 3 EStG ist dem Antrag zu entsprechen, wenn der Stpfl. Bücher führt, in denen die Betriebseinnahmen und die Betriebsausgaben für den land- und forstwirtschaftlichen Betrieb und für den Gewerbebetrieb getrennt aufgezeichnet werden, und der Stpfl. für beide Betriebe getrennte Abschlüsse fertigt. [3]Die Geldkonten brauchen nicht getrennt geführt zu werden.

Abweichendes Wirtschaftsjahr bei Betriebsverpachtung

(3) Sind die Einkünfte aus der Verpachtung eines gewerblichen Betriebs Einkünfte aus Gewerbebetrieb (→ R 16 Abs. 5), kann der Verpächter ein abweichendes Wirtschaftsjahr beibehalten, wenn die Voraussetzungen des § 4a Abs. 1 Satz 2 Nr. 2 oder Nr. 3 Satz 2 EStG weiterhin erfüllt sind.

Gewinnschätzung bei abweichendem Wirtschaftsjahr

(4) Wird bei einem abweichenden Wirtschaftsjahr der Gewinn geschätzt, ist die Schätzung nach dem abweichenden Wirtschaftsjahr vorzunehmen.

Zeitpunkt der Gewinnrealisierung

(5) Der Gewinn aus der Veräußerung oder Aufgabe eines Mitunternehmeranteiles ist auch dann im Jahr der Veräußerung oder Aufgabe zu versteuern, wenn die Mitunternehmerschaft ein abweichendes Wirtschaftsjahr hat.

H 4a

Hinweise

Antrag auf Umstellung des Wirtschaftsjahres außerhalb des Veranlagungsverfahrens

Über einen außerhalb des Veranlagungsverfahrens gestellten Antrag auf Erteilung der Zustimmung zur Umstellung des Wirtschaftsjahrs hat das Finanzamt durch besonderen Bescheid zu entscheiden (→ BFH vom 24. 1. 1963 – BStBl III S. 142).

Ausscheiden einzelner Gesellschafter

Das Ausscheiden eines Gesellschafters aus einer fortbestehenden Personengesellschaft führt nicht zur Bildung eines Rumpfwirtschaftsjahres (→ BFH vom 24. 11. 1988 – BStBl 1989 II S. 312).

Betriebsaufspaltung

Wählt eine im Wege der Betriebsaufspaltung entstandene Betriebsgesellschaft ein vom Kalenderjahr abweichendes Wirtschaftsjahr, ist dies keine zustimmungsbedürftige Umstellung (→ BFH vom 27. 9. 1979 – BStBl 1980 II S. 94).

Freiberufler

- Ermittelt ein Freiberufler seinen Gewinn für ein vom Kalenderjahr abweichendes Wirtschaftsjahr, kann die Gewinnermittlung der Besteuerung nicht zugrunde gelegt werden. Der im Kalenderjahr bezogene Gewinn ist im Wege der Schätzung zu ermitteln. Dies kann in der Regel durch eine zeitanteilige Aufteilung der für die abweichenden Wirtschaftsjahre ermittelten Gewinne erfolgen (→ BFH vom 23. 9. 1999 – BStBl 2000 II S. 24).
- Eine in das Handelsregister eingetragene KG, die nur Einkünfte aus selbständiger Arbeit erzielt, kann kein vom Kalenderjahr abweichendes Wirtschaftsjahr bilden (→ BFH vom 18. 5. 2000 – BStBl II S. 498).

Gewinnschätzung

→ H 4.1

Milchaufgabevergütung

Milchaufgabevergütung – Zurechnung des in zwei Kalenderjahren entstandenen Aufgabegewinns

Ist der Anspruch auf eine Milchaufgabevergütung bereits im Wirtschaftsjahr vor der endgültigen Beendigung der landwirtschaftlichen Betätigung zu aktivieren und gehört er wirtschaftlich zum Aufgabegewinn, ist er als Aufgabegewinn bereits dem Gewinn des Kalenderjahres hinzuzurechnen, in dem er entstanden ist (→ BFH vom 24. 8. 2000 – BB 2001 S. 91).

Rumpfwirtschaftsjahr

Bei der Umstellung des Wirtschaftsjahrs darf nur ein Rumpfwirtschaftsjahr entstehen (→ BFH vom 7. 2. 1969 – BStBl II S. 337).

Ein Rumpfwirtschaftsjahr entsteht, wenn

- während eines Wirtschaftsjahrs ein Betrieb unentgeltlich übertragen wird (→ BFH vom 23. 8. 1979 – BStBl 1980 II S. 8),
- ein Einzelunternehmen durch die Aufnahme von Gesellschaftern in eine Personengesellschaft umgewandelt wird oder ein Gesellschafter aus einer zweigliedrigen Personengesellschaft ausscheidet und der Betrieb als Einzelunternehmen fortgeführt wird (→ BFH vom 10. 2. 1989 – BStBl II S. 519).

Kein Rumpfwirtschaftsjahr entsteht, wenn

- ein Land- und Forstwirt von einem vom Kalenderjahr abweichenden Wirtschaftsjahr auf ein mit dem Kalenderjahr übereinstimmendes Wirtschaftsjahr umstellt (→ § 8c Abs. 2 EStDV),
- ein Gesellschafterwechsel oder ein Ausscheiden einzelner Gesellschafter das Bestehen der Personengesellschaft nicht berührt (→ BFH vom 14. 9. 1978 – BStBl 1979 II S. 159).

Steuerpause/missbräuchliche Gestaltung

Wählt eine Personenobergesellschaft, die selbst keine aktive Wirtschaftstätigkeit ausübt, ihr Wirtschaftsjahr in der Weise, dass dieses kurze Zeit vor dem Wirtschaftsjahr der Personenuntergesellschaft endet, liegt hierin eine missbräuchliche Gestaltung, da die Gewinne der Untergesellschaft nicht im laufenden VZ, sondern einen VZ später steuerlich erfasst werden und hierdurch eine einjährige „Steuerpause" eintritt; dies gilt nicht nur bei der zustimmungspflichtigen Umstellung des Wirtschaftsjahres, sondern auch bei der – nicht zustimmungsbedürftigen – Festlegung des vom Kalenderjahr abweichenden Wirtschaftsjahres anlässlich der Betriebseröffnung (→ BFH vom 18. 12. 1991 – BStBl 1992 II S. 486). Die Erlangung einer „Steuerpause" oder anderer steuerlicher Vorteile ist kein betrieblicher Grund, der die Zustimmung des Finanzamts zur Umstellung des Wirtschaftsjahrs rechtfertigt (→ BFH vom 24. 4. 1980 – BStBl 1981 II S. 50 und vom 15. 6. 1983 – BStBl II S. 672).

Aber:
Legt eine Personen-Obergesellschaft ihr Wirtschaftsjahr abweichend von den Wirtschaftsjahren der Untergesellschaften fest, so liegt hierin jedenfalls dann kein Missbrauch von Gestaltungsmöglichkeiten des Rechts, wenn dadurch die Entstehung eines Rumpfwirtschaftsjahres vermieden wird .

→ BFH vom 9. 11. 2006 – IV R 21/05 – [BFH-Internet-Seite]

Umwandlung

- In der Umwandlung oder Einbringung eines Einzelunternehmens in eine neu gegründete Personengesellschaft liegt eine Neueröffnung eines Betriebes. Der Zeitpunkt der Umwandlung oder Einbringung ist das Ende des Wirtschaftsjahres des bisherigen Einzelunternehmens und der Beginn des ersten Wirtschaftsjahres der neugegründeten Personengesellschaft (→ BFH vom 26. 5. 1994 – BStBl II S. 891).
- Wird ein bisher als Personengesellschaft geführter Betrieb nach Ausscheiden der Mitgesellschafter als Einzelunternehmen fortgeführt, liegt darin die Eröffnung eines neuen Betriebes mit der Folge, dass das Wirtschaftsjahr der Personengesellschaft im Zeitpunkt der Umwandlung endet und das erste Wirtschaftsjahr des Einzelunternehmens beginnt (→ BFH vom 10. 2. 1989 – BStBl II S. 519).

Verpachtung eines Betriebs der Land- und Forstwirtschaft

Sind die Einkünfte aus der Verpachtung eines Betriebs der Land- und Forstwirtschaft als Einkünfte aus Land- und Forstwirtschaft zu behandeln, ist für die Ermittlung des Gewinns weiterhin das nach § 4a Abs. 1 Satz 2 Nr. 1 EStG oder § 8c EStDV in Betracht kommende abweichende Wirtschaftsjahr maßgebend (→ BFH vom 11. 3. 1965 – BStBl III S. 286).

Wirtschaftsjahr bei Land- und Forstwirten

Das Wirtschaftsjahr bei Land- und Forstwirten richtet sich nach der Art der Bewirtschaftung. Eine unschädliche andere land- oder forstwirtschaftliche Nutzung in geringem Umfang i. S. d. § 8c Abs. 1 Satz 2 EStDV liegt nur vor, wenn der Vergleichswert der anderen land- oder forstwirtschaftlichen Nutzung etwa 10 % des Wertes der gesamten land- und forstwirtschaftlichen Nutzungen nicht übersteigt (→ BFH vom 3. 12. 1987 – BStBl 1988 II S. 269).

Zustimmungsbedürftige Umstellung des Wirtschaftsjahrs

- Die Zustimmung ist nur dann zu erteilen, wenn der Stpfl. gewichtige, in der Organisation des Betriebs gelegene Gründe für die Umstellung des Wirtschaftsjahrs anführen kann; es ist jedoch nicht erforderlich, dass die Umstellung des Wirtschaftsjahrs betriebsnotwendig ist (→ BFH vom 9. 1. 1974 – BStBl II S. 238).
- Die Umstellung des Wirtschaftsjahres eines im Wege der Gesamtrechtsnachfolge auf Erben übergegangenen Unternehmens auf einen vom Kalenderjahr abweichenden Zeitraum bedarf der Zustimmung des Finanzamtes (→ BFH vom 22. 8. 1968 – BStBl 1969 II S. 34).
- Wird die Umstellung des Wirtschaftsjahrs wegen Inventurschwierigkeiten begehrt, kann die Zustimmung zur Umstellung des Wirtschaftsjahrs zu versagen sein, wenn die Buchführung nicht ordnungsmäßig ist und auch nicht sichergestellt ist, dass durch die Umstellung des Wirtschaftsjahrs die Mängel der Buchführung beseitigt werden (→ BFH vom 9. 11. 1966 – BStBl 1967 III S. 111).
- Will ein Pächter sein Wirtschaftsjahr auf das vom Kalenderjahr abweichende Pachtjahr umstellen, weil dieses in mehrfacher Beziehung für die Abrechnung mit dem Verpächter maßgebend ist, ist die Zustimmung im Allgemeinen zu erteilen (→ BFH vom 8. 10. 1969 – BStBl 1970 II S. 85).
- Bei Forstbetrieben bedarf die Umstellung eines mit dem Kalenderjahr übereinstimmenden Wirtschaftsjahres auf das sog. Forstwirtschaftsjahr (1.10. – 30.9.) der Zustimmung des Finanzamts (→ BFH vom 23. 9. 1999 – BStBl 2000 II S. 5).

EStG
S 2144a

§ 4b Direktversicherung

[1]Der Versicherungsanspruch aus einer Direktversicherung, die von einem Steuerpflichtigen aus betrieblichem Anlass abgeschlossen wird, ist dem Betriebsvermögen des Steuerpflichtigen nicht zuzurechnen, soweit am Schluss des Wirtschaftsjahres hinsichtlich der Leistungen des Versicherers die Person, auf deren Leben die Lebensversicherung abgeschlossen ist, oder ihre

Hinterbliebenen bezugsberechtigt sind. [2]Das gilt auch, wenn der Steuerpflichtige die Ansprüche aus dem Versicherungsvertrag abgetreten oder beliehen hat, sofern er sich der bezugsberechtigten Person gegenüber schriftlich verpflichtet, sie bei Eintritt des Versicherungsfalls so zu stellen, als ob die Abtretung oder Beleihung nicht erfolgt wäre.

4b. Direktversicherung

R 4b

Begriff

S 2144a

(1) [1]Eine Direktversicherung ist eine Lebensversicherung auf das Leben des Arbeitnehmers, die durch den Arbeitgeber abgeschlossen worden ist und bei der der Arbeitnehmer oder seine Hinterbliebenen hinsichtlich der Leistungen des Versicherers ganz oder teilweise bezugsberechtigt sind (→ § 1b Abs. 2 Satz 1 Betriebsrentengesetz). [2]Dasselbe gilt für eine Lebensversicherung auf das Leben des Arbeitnehmers, die nach Abschluss durch den Arbeitnehmer vom Arbeitgeber übernommen worden ist. [3]Dagegen liegt begrifflich keine Direktversicherung vor, wenn der Arbeitgeber für den Ehegatten eines verstorbenen früheren Arbeitnehmers eine Lebensversicherung abschließt. [4]Als Versorgungsleistungen können Leistungen der Alters-, Invaliditäts- oder Hinterbliebenenversorgung in Betracht kommen. [5]Es ist gleichgültig, ob es sich um Kapitalversicherungen – einschließlich Risikoversicherungen –, Rentenversicherungen oder fondsgebundene Lebensversicherungen handelt und welche → Laufzeit vereinbart wird. [6]Unfallversicherungen sind keine Lebensversicherungen, auch wenn bei Unfall mit Todesfolge eine Leistung vorgesehen ist. [7]Dagegen gehören Unfallzusatzversicherungen und Berufsunfähigkeitszusatzversicherungen, die im Zusammenhang mit Lebensversicherungen abgeschlossen werden, sowie selbständige Berufsunfähigkeitsversicherungen und Unfallversicherungen mit Prämienrückgewähr, bei denen der Arbeitnehmer Anspruch auf die Prämienrückgewähr hat, zu den Direktversicherungen.

(2) [1]Die Bezugsberechtigung des Arbeitnehmers oder seiner Hinterbliebenen muss vom Versicherungsnehmer (Arbeitgeber) der Versicherungsgesellschaft gegenüber erklärt werden (§ 166 VVG). [2]Die Bezugsberechtigung kann widerruflich oder unwiderruflich sein; bei widerruflicher Bezugsberechtigung sind die Bedingungen eines Widerrufes steuerlich unbeachtlich. [3]Unbeachtlich ist auch, ob die Anwartschaft des Arbeitnehmers arbeitsrechtlich bereits unverfallbar ist.

Behandlung bei der Gewinnermittlung

(3) [1]Die Beiträge zu Direktversicherungen sind sofort abziehbare Betriebsausgaben. [2]Eine Aktivierung der Ansprüche aus der Direktversicherung kommt beim Arbeitgeber vorbehaltlich Satz 5 erst in Betracht, wenn eine der in § 4b EStG genannten Voraussetzungen weggefallen ist, z. B. wenn der Arbeitgeber von einem Widerrufsrecht Gebrauch gemacht hat. [3] In diesen Fällen ist der Anspruch grundsätzlich mit dem geschäftsplanmäßigen Deckungskapital der Versicherungsgesellschaft zu aktivieren zuzüglich eines etwa vorhandenen Guthabens aus Beitragsrückerstattungen; soweit die Berechnung des Deckungskapitals nicht zum Geschäftsplan gehört, tritt an die Stelle des geschäftsplanmäßigen Deckungskapitals der nach § 176 Abs. 3 VVG berechnete Zeitwert. [4]Die Sätze 1 bis 3 gelten auch für Versicherungen gegen Einmalprämie; bei diesen Versicherungen kommt eine Aktivierung auch nicht unter dem Gesichtspunkt der Rechnungsabgrenzung in Betracht, da sie keinen Aufwand für eine „bestimmte Zeit" (§ 5 Abs. 5 Satz 1 Nr. 1 EStG) darstellen. [5]Sind der Arbeitnehmer oder seine Hinterbliebenen nur für bestimmte Versicherungsfälle oder nur hinsichtlich eines Teiles der Versicherungsleistungen bezugsberechtigt, sind die Ansprüche aus der Direktversicherung insoweit zu aktivieren, als der Arbeitgeber bezugsberechtigt ist.

(4) [1]Die Verpflichtungserklärung des Arbeitgebers nach § 4b Satz 2 EStG muss an dem Bilanzstichtag schriftlich vorliegen, an dem die Ansprüche aus dem Versicherungsvertrag ganz oder zum Teil abgetreten oder beliehen sind. [2]Liegt diese Erklärung nicht vor, sind die Ansprüche aus dem Versicherungsvertrag dem Arbeitgeber zuzurechnen.

Sonderfälle

(5) Die Absätze 1 bis 4 gelten entsprechend für Personen, die nicht Arbeitnehmer sind, für die jedoch aus Anlass ihrer Tätigkeit für das Unternehmen Direktversicherungen abgeschlossen worden sind (§ 17 Abs. 1 Satz 2 Betriebsrentengesetz), z. B. Handelsvertreter und Zwischenmeister.

H 4b

Hinweise

Abgrenzung der Direktversicherung von einem Sparvertrag

Ist das für eine Versicherung typische Todesfallwagnis und bereits bei Vertragsabschluss das Rentenwagnis ausgeschlossen, liegt ein atypischer Sparvertrag und keine begünstigte Direktversicherung vor (→ BMF vom 9. 11. 1990 – BStBl 1991 II S. 189 und ***R 40b.1 Abs. 2 Satz 2 bis 4 LStR 2008)***.

Arbeitnehmer-Ehegatten

Zur steuerlichen Behandlung von Aufwendungen für die betriebliche Altersversorgung des mitarbeitenden Ehegatten → BMF vom 4. 9. 1984 (BStBl I S. 495)***, ergänzt durch BMF*** vom 9. 1. 1986 (BStBl I S. 7). Die Aufwendungen sind nur als Betriebsausgaben anzuerkennen, soweit sie einem Fremdvergleich ***(→ H 4.8***) standhalten.

Beleihung von Versicherungsansprüchen

Vorauszahlungen auf die Versicherungsleistung (sog. Policendarlehen) stehen einer Beleihung des Versicherungsanspruchs gleich (→ BFH vom 19. 12. 1973 – BStBl 1974 II S. 237).

Gesellschafter-Geschäftsführer

Der ertragsteuerlichen Anerkennung einer zu Gunsten des beherrschenden Gesellschafter-Geschäftsführers einer Kapitalgesellschaft abgeschlossenen Direktversicherung steht nicht entgegen, dass als vertraglicher Fälligkeitstermin für die Erlebensleistung das 65. Lebensjahr des Begünstigten vereinbart wird.

Hinterbliebenenversorgung für den Lebensgefährten

→ BMF vom 25. 7. 2002 (BStBl I S. 706)

Konzerngesellschaft

→ ***R 40b.1 Abs. 1 Satz 3 LStR 2008***

Überversorgung

Zur bilanzsteuerrechtlichen Berücksichtigung von überdurchschnittlich hohen Versorgungsanwartschaften (Überversorgung) → BMF vom 3. 11. 2004 (BStBl I S. 1045) und vom 16. 6. 2008 (BStBl I S. 681).

EStG
S 2144b

§ 4c Zuwendungen an Pensionskassen

(1) [1]Zuwendungen an eine Pensionskasse dürfen von dem Unternehmen, das die Zuwendungen leistet (Trägerunternehmen), als Betriebsausgaben abgezogen werden, soweit sie auf einer in der Satzung oder im Geschäftsplan der Kasse festgelegten Verpflichtung oder auf einer Anordnung der Versicherungsaufsichtsbehörde beruhen oder der Abdeckung von Fehlbeträgen bei der Kasse dienen. [2]Soweit die allgemeinen Versicherungsbedingungen und die fachlichen Geschäftsunterlagen im Sinne des § 5 Abs. 3 Nr. 2 Halbsatz 2 des Versicherungsaufsichtsgesetzes nicht zum Geschäftsplan gehören, gelten diese als Teil des Geschäftsplans.

(2) Zuwendungen im Sinne des Absatzes 1 dürfen als Betriebsausgaben nicht abgezogen werden, soweit die Leistungen der Kasse, wenn sie vom Trägerunternehmen unmittelbar erbracht würden, bei diesem nicht betrieblich veranlasst wären.

R 4c

4c. Zuwendungen an Pensionskassen

S 2144b **Pensionskassen**

(1) Als Pensionskassen sind sowohl rechtsfähige Versorgungseinrichtungen i. S. d. § 1b Abs. 3 Satz 1 Betriebsrentengesetz als auch rechtlich unselbständige Zusatzversorgungseinrichtungen des öffentlichen Dienstes i. S. d. § 18 Betriebsrentengesetz anzusehen, die den Leistungsberechtigten (Arbeitnehmer und Personen i. S. d. § 17 Abs. 1 Satz 2 Betriebsrentengesetz sowie deren Hinterbliebene) auf ihre Leistungen einen Rechtsanspruch gewähren.

Zuwendungen

(2) [1]Der Betriebsausgabenabzug kommt sowohl für laufende als auch für einmalige Zuwendungen in Betracht. [2]Zuwendungen an eine Pensionskasse sind auch abziehbar, wenn die Kasse ihren Sitz oder ihre Geschäftsleitung im Ausland hat.

(3) [1]Zuwendungen zur Abdeckung von Fehlbeträgen sind auch dann abziehbar, wenn sie nicht auf einer entsprechenden Anordnung der Versicherungsaufsichtsbehörde beruhen. [2]Für die Frage, ob und in welcher Höhe ein Fehlbetrag vorliegt, ist das Vermögen der Kasse nach den handelsrechtlichen Grundsätzen ordnungsmäßiger Buchführung unter Berücksichtigung des von der Versicherungsaufsichtsbehörde genehmigten Geschäftsplans bzw. der in § 4c Abs. 1 Satz 2 EStG genannten Unterlagen anzusetzen. [3]Für Pensionskassen mit Sitz oder Geschäftsleitung im Ausland sind die für inländische Pensionskassen geltenden Grundsätze anzuwenden.

(4) [1]Zuwendungen an die Kasse dürfen als Betriebsausgaben nicht abgezogen werden, soweit die Leistungen der Kasse, wenn sie vom Trägerunternehmen unmittelbar erbracht würden, bei diesem nicht betrieblich veranlasst wären. [2]Nicht betrieblich veranlasst sind z. B. Leistungen der Kasse an den Inhaber (Unternehmer, Mitunternehmer) des Trägerunternehmens oder seine Angehörigen. [3]Für Angehörige gilt das Verbot nicht, soweit die Zuwendungen im Rahmen eines steuerlich anzuerkennenden Arbeitsverhältnisses gemacht werden (→ R 4.8). [4]Die allgemeinen Gewinnermittlungsgrundsätze bleiben durch § 4c Abs. 2 EStG unberührt; auch bei nicht unter das Abzugsverbot fallenden Zuwendungen ist daher zu prüfen, ob sie nach allgemeinen Bilanzierungsgrundsätzen zu aktivieren sind, z. B. bei Zuwendungen, die eine Gesellschaft für ein Tochterunternehmen erbringt.

(5) [1]Für Zuwendungen, die vom Trägerunternehmen nach dem Bilanzstichtag geleistet werden, ist bereits zum Bilanzstichtag ein Passivposten zu bilden, sofern zu diesem Zeitpunkt eine entsprechende Verpflichtung besteht (Bestimmung in der Satzung oder im Geschäftsplan der Kasse, Anordnung der Aufsichtsbehörde). [2]Werden Fehlbeträge der Kasse abgedeckt, ohne dass hierzu eine Verpflichtung des Trägerunternehmens besteht, kann in sinngemäßer Anwendung des § 4d Abs. 2 EStG zum Bilanzstichtag eine Rückstellung gebildet werden, wenn innerhalb eines Monats nach Aufstellung oder Feststellung der Bilanz des Trägerunternehmens die Zuwendung geleistet oder die Abdeckung des Fehlbetrags verbindlich zugesagt wird.

Hinweise

H 4c

Hinterbliebenenversorgung für den Lebensgefährten

→ BMF vom 25. 7. 2002 (BStBl I S. 706)

abgedruckt zu → H 6a (1)

Zusatzversorgungseinrichtung

Eine nicht rechtsfähige Zusatzversorgungseinrichtung des öffentlichen Dienstes ist eine Pensionskasse i. S. d. § 4c EStG (→ BFH vom 22. 9. 1995 – BStBl 1996 II S. 136).

§ 4d Zuwendungen an Unterstützungskassen

EStG
S 2144c

(1) [1]Zuwendungen an eine Unterstützungskasse dürfen von dem Unternehmen, das die Zuwendungen leistet (Trägerunternehmen), als Betriebsausgaben abgezogen werden, soweit die Leistungen der Kasse, wenn sie vom Trägerunternehmen unmittelbar erbracht würden, bei diesem betrieblich veranlasst wären und sie die folgenden Beträge nicht übersteigen:

1. bei Unterstützungskassen, die lebenslänglich laufende Leistungen gewähren:

a) das Deckungskapital für die laufenden Leistungen nach der dem Gesetz als Anlage 1 beigefügten Tabelle. [2]Leistungsempfänger ist jeder ehemalige Arbeitnehmer des Trägerunternehmens, der von der Unterstützungskasse Leistungen erhält; soweit die Kasse Hinterbliebenenversorgung gewährt, ist Leistungsempfänger der Hinterbliebene eines ehemaligen Arbeitnehmers des Trägerunternehmens, der von der Kasse Leistungen erhält. [3]Dem ehemaligen Arbeitnehmer stehen andere Personen gleich, denen Leistungen der Alters-, Invaliditäts- oder Hinterbliebenenversorgung aus Anlass ihrer ehemaligen Tätigkeit für das Trägerunternehmen zugesagt worden sind;

b) in jedem Wirtschaftsjahr für jeden Leistungsanwärter,

aa) wenn die Kasse nur Invaliditätsversorgung oder nur Hinterbliebenenversorgung gewährt, jeweils 6 Prozent,

bb) wenn die Kasse Altersversorgung mit oder ohne Einschluss von Invaliditätsversorgung oder Hinterbliebenenversorgung gewährt, 25 Prozent

[1] [2] der jährlichen Versorgungsleistungen, die der Leistungsanwärter oder, wenn nur Hinterbliebenenversorgung gewährt wird, dessen Hinterbliebene nach den Verhältnissen am Schluss des Wirtschaftsjahres der Zuwendung im letzten Zeitpunkt der Anwartschaft, spätestens ***zum Zeitpunkt des Erreichens der Regelaltersgrenze der gesetzlichen Rentenversicherung*** erhalten können. [2]Leistungsanwärter ist jeder Arbeitnehmer oder ehemalige Arbeitnehmer des Trägerunternehmens, der von der Unterstützungskasse schriftlich zugesagte Leistungen erhalten kann und am Schluss des Wirtschaftsjahres, in dem die Zuwendung erfolgt, das 28. Lebensjahr vollendet hat; soweit die Kasse nur Hinterbliebenenversorgung gewährt, gilt als Leistungsanwärter jeder Arbeitnehmer oder ehemalige Arbeitnehmer des Trägerunternehmens, der am Schluss des Wirtschaftsjahres, in dem die Zuwendung erfolgt, das 28. Lebensjahr vollendet hat und dessen Hinterbliebene die Hinterbliebenenversorgung erhalten können. [3]Das Trägerunternehmen kann bei der Berechnung nach Satz 1 statt des dort maßgebenden Betrags den Durchschnittsbetrag der von der Kasse im Wirtschaftsjahr an Leistungsempfänger im Sinne des Buchstabens a Satz 2 gewährten Leistungen zugrunde legen. [4]In diesem Fall sind Leistungsanwärter im Sinne des Satzes 2 nur die Arbeitnehmer oder ehemaligen Arbeitnehmer des Trägerunternehmens, die am Schluss des Wirtschaftsjahres, in dem die Zuwendung erfolgt, das 50. Lebensjahr vollendet haben. [5]Dem Arbeitnehmer oder ehemaligen Arbeitnehmer als Leistungsanwärter stehen andere Personen gleich, denen schriftlich Leistungen der Alters-, Invaliditäts- oder Hinterbliebenenversorgung aus Anlass ihrer Tätigkeit für das Trägerunternehmen zugesagt worden sind;

c) den Betrag des Beitrages, den die Kasse an einen Versicherer zahlt, soweit sie sich die Mittel für ihre Versorgungsleistungen, die der Leistungsanwärter oder Leistungsempfänger nach den Verhältnissen am Schluss des Wirtschaftsjahres der Zuwendung erhalten kann, durch Abschluss einer Versicherung verschafft. [2]Bei Versicherungen für einen Leistungsanwärter ist der Abzug des Beitrages nur zulässig, wenn der Leistungsanwärter die in Buchstabe b Satz 2 und 5 genannten Voraussetzungen erfüllt, die Versicherung für die Dauer bis zu dem Zeitpunkt abgeschlossen ist, für den erstmals Leistungen der Altersversorgung vorgesehen sind, mindestens jedoch bis zu dem Zeitpunkt, an dem der Leistungsanwärter das 55. Lebensjahr vollendet hat, und während dieser Zeit jährlich
[3] Beiträge gezahlt werden, die der Höhe nach gleich bleiben oder steigen. [3]Das Gleiche gilt für Leistungsanwärter, die das 28. Lebensjahr noch nicht vollendet haben, für Leistungen der Invaliditäts- oder Hinterbliebenenversorgung, für Leistungen der Altersversorgung unter der Voraussetzung, dass die Leistungsanwartschaft bereits unverfallbar ist. [4]Ein Abzug ist ausgeschlossen, wenn die Ansprüche aus der Versicherung der Sicherung eines Darlehens dienen. [5]Liegen die Voraussetzungen der Sätze 1 bis 4 vor, sind die Zuwendungen nach den Buchstaben a und b in dem Verhältnis zu vermindern, in dem die Leistungen der Kasse durch die Versicherung gedeckt sind;

d) den Betrag, den die Kasse einem Leistungsanwärter im Sinne des Buchstabens b Satz 2 und 5 vor Eintritt des Versorgungsfalls als Abfindung für künftige Versorgungsleistungen gewährt, den Übertragungswert nach § 4 Abs. 5 des Betriebsrentengesetzes oder den Betrag, den sie an einen anderen Versorgungsträger zahlt, der eine ihr obliegende Versorgungsverpflichtung übernommen hat.

[2]Zuwendungen dürfen nicht als Betriebsausgaben abgezogen werden, wenn das Vermögen der Kasse ohne Berücksichtigung künftiger Versorgungsleistungen am Schluss des

1) Absatz 1 Satz 1 Nr. 1 Satz 1 Buchstabe b Satz 1 wurde durch das JStG 2009 geändert und ist in dieser Fassung erstmals für das Wirtschaftsjahr anzuwenden, das nach dem 31. 12. 2007 endet → § 52 Abs. 12a Satz 1 EStG.

2) Absatz 1 Satz 1 Buchstabe b Satz 2 wurde durch das Gesetz zur Förderung der zusätzlichen Altersvorsorge und zur Änderung des Dritten Buches Sozialgesetzbuch geändert (Die Wörter „das 28. Lebensjahr vollendet hat" werden jeweils durch die Wörter „das 27. Lebensjahr vollendet hat" ersetzt.). Die geänderte Fassung ist erstmals bei nach dem 31. 12. 2008 zugesagten Leistungen der betrieblichen Altersversorgung anzuwenden, → § 52 Abs. 12a EStG.

3) Absatz 1 Satz 1 Buchstabe c Satz 3 wurde durch das Gesetz zur Förderung der zusätzlichen Altersvorsorge und zur Änderung des Dritten Buches Sozialgesetzbuch geändert (Die Wörter „das 28. Lebensjahr vollendet hat" werden jeweils durch die Wörter „das 27. Lebensjahr vollendet hat" ersetzt.). Die geänderte Fassung ist erstmals bei nach dem 31. 12. 2008 zugesagten Leistungen der betrieblichen Altersversorgung anzuwenden, → § 52 Abs. 12a EStG.

Wirtschaftsjahres das zulässige Kassenvermögen übersteigt. [3]Bei der Ermittlung des Vermögens der Kasse ist am Schluss des Wirtschaftsjahres vorhandener Grundbesitz mit 200 Prozent der Einheitswerte anzusetzen, die zu dem Feststellungszeitpunkt maßgebend sind, der dem Schluss des Wirtschaftsjahres folgt; Ansprüche aus einer Versicherung sind mit dem Wert des geschäftsplanmäßigen Deckungskapitals zuzüglich der Guthaben aus Beitragsrückerstattung am Schluss des Wirtschaftsjahres anzusetzen, und das übrige Vermögen ist mit dem gemeinen Wert am Schluss des Wirtschaftsjahres zu bewerten. [4]Zulässiges Kassenvermögen ist die Summe aus dem Deckungskapital für alle am Schluss des Wirtschaftsjahres laufenden Leistungen nach der dem Gesetz als Anlage 1 beigefügten Tabelle für Leistungsempfänger im Sinne des Satzes 1 Buchstabe a und dem Achtfachen der nach Satz 1 Buchstabe b abzugsfähigen Zuwendungen. [5]Soweit sich die Kasse die Mittel für ihre Leistungen durch Abschluss einer Versicherung verschafft, ist, wenn die Voraussetzungen für den Abzug des Beitrages nach Satz 1 Buchstabe c erfüllt sind, zulässiges Kassenvermögen der Wert des geschäftsplanmäßigen Deckungskapitals aus der Versicherung am Schluss des Wirtschaftsjahres; in diesem Fall ist das zulässige Kassenvermögen nach Satz 4 in dem Verhältnis zu vermindern, in dem die Leistungen der Kasse durch die Versicherung gedeckt sind. [6]Soweit die Berechnung des Deckungskapitals nicht zum Geschäftsplan gehört, tritt an die Stelle des geschäftsplanmäßigen Deckungskapitals der nach § 176 Abs. 3 des Gesetzes über den Versicherungsvertrag berechnete Zeitwert, beim zulässigen Kassenvermögen ohne Berücksichtigung des Guthabens aus Beitragsrückerstattung. [7]Gewährt eine Unterstützungskasse an Stelle von lebenslänglich laufenden Leistungen eine einmalige Kapitalleistung, so gelten 10 Prozent der Kapitalleistung als Jahresbetrag einer lebenslänglich laufenden Leistung;

2. bei Kassen, die keine lebenslänglich laufenden Leistungen gewähren, für jedes Wirtschaftsjahr 0,2 Prozent der Lohn- und Gehaltssumme des Trägerunternehmens, mindestens jedoch den Betrag der von der Kasse in einem Wirtschaftsjahr erbrachten Leistungen, soweit dieser Betrag höher ist als die in den vorangegangenen fünf Wirtschaftsjahren vorgenommenen Zuwendungen abzüglich der in dem gleichen Zeitraum erbrachten Leistungen. [2]Diese Zuwendungen dürfen nicht als Betriebsausgaben abgezogen werden, wenn das Vermögen der Kasse am Schluss des Wirtschaftsjahres das zulässige Kassenvermögen übersteigt. [3]Als zulässiges Kassenvermögen kann 1 Prozent der durchschnittlichen Lohn- und Gehaltssumme der letzten drei Jahre angesetzt werden. [4]Hat die Kasse bereits zehn Wirtschaftsjahre bestanden, darf das zulässige Kassenvermögen zusätzlich die Summe der in den letzten zehn Wirtschaftsjahren gewährten Leistungen nicht übersteigen. [5]Für die Bewertung des Vermögens der Kasse gilt Nummer 1 Satz 3 entsprechend. [6]Bei der Berechnung der Lohn- und Gehaltssumme des Trägerunternehmens sind Löhne und Gehälter von Personen, die von der Kasse keine nicht lebenslänglich laufenden Leistungen erhalten können, auszuscheiden.

[2]Gewährt eine Kasse lebenslänglich laufende und nicht lebenslänglich laufende Leistungen, so gilt Satz 1 Nr. 1 und 2 nebeneinander. [3]Leistet ein Trägerunternehmen Zuwendungen an mehrere Unterstützungskassen, so sind diese Kassen bei der Anwendung der Nummern 1 und 2 als Einheit zu behandeln.

(2) [1]Zuwendungen im Sinne des Absatzes 1 sind von dem Trägerunternehmen in dem Wirtschaftsjahr als Betriebsausgaben abzuziehen, in dem sie geleistet werden. [2]Zuwendungen, die bis zum Ablauf eines Monats nach Aufstellung oder Feststellung der Bilanz des Trägerunternehmens für den Schluss eines Wirtschaftsjahres geleistet werden, können von dem Trägerunternehmen noch für das abgelaufene Wirtschaftsjahr durch eine Rückstellung gewinnmindernd berücksichtigt werden. [3]Übersteigen die in einem Wirtschaftsjahr geleisteten Zuwendungen die nach Absatz 1 abzugsfähigen Beträge, so können die übersteigenden Beträge im Wege der Rechnungsabgrenzung auf die folgenden drei Wirtschaftsjahre vorgetragen und im Rahmen der für diese Wirtschaftsjahre abzugsfähigen Beträge als Betriebsausgaben behandelt werden. [4]§ 5 Abs. 1 Satz 2 ist nicht anzuwenden.

(3) [1]Abweichend von Absatz 1 Satz 1 Nr. 1 Satz 1 Buchstabe d und Absatz 2 können auf Antrag die insgesamt erforderlichen Zuwendungen an die Unterstützungskasse für den Betrag, den die Kasse an einen Pensionsfonds zahlt, der eine ihr obliegende Versorgungsverpflichtung ganz oder teilweise übernommen hat, nicht im Wirtschaftsjahr der Zuwendung, sondern erst in den dem Wirtschaftsjahr der Zuwendung folgenden zehn Wirtschaftsjahren gleichmäßig verteilt als Betriebsausgaben abgezogen werden. [2]Der Antrag ist unwiderruflich; der jeweilige Rechtsnachfolger ist an den Antrag gebunden.

Anlage 1 (zu § 4d Abs. 1 EStG)

Tabelle für die Errechnung des Deckungskapitals für lebenslänglich laufende Leistungen von Unterstützungskassen

Erreichtes Alter des Leistungsempfängers (Jahre)	Die Jahresbeiträge der laufenden Leistungen sind zu vervielfachen bei Leistungen	
	an männliche Leistungsempfänger mit	an weibliche Leistungsempfänger mit
(1)	(2)	(3)
bis 26	11	17
27 bis 29	12	17
30	13	17
31 bis 35	13	16
36 bis 39	14	16
40 bis 46	14	15
47 und 48	14	14
49 bis 52	13	14
53 bis 56	13	13
57 und 58	13	12
59 und 60	12	12
61 bis 63	12	11
64	11	11
65 bis 67	11	10
68 bis 71	10	9
72 bis 74	9	8
75 bis 77	8	7
78	8	6
79 bis 81	7	6
82 bis 84	6	5
85 bis 87	5	4
88	4	4
89 und 90	4	3
91 bis 93	3	3
94	3	2
95 und älter	2	2

R 4d

4d. Zuwendungen an Unterstützungskassen

R 4d (1)

Unterstützungskasse

S 2144c

(1) [1]Für die Höhe der abziehbaren Zuwendungen an die Unterstützungskasse kommt es nicht darauf an, ob die Kasse von der Körperschaftsteuer befreit ist oder nicht. [2]Wegen der Zuwendungen an Unterstützungskassen bei Bildung von Pensionsrückstellungen für die gleichen Versorgungsleistungen an denselben Empfängerkreis → R 6a Abs. 15.

H 4d (1)

Hinweise

Allgemeines

→ BMF vom 28. 11. 1996 (BStBl I S. 1435):

1. Konzeptions- und Verwaltungskosten,
2. Leistungsanwärter und Leistungsempfänger,
3. Ermittlung der Rückdeckungsquote,
4. Verwendung von Gewinngutschriften,
5. Unterbrechung der laufenden Beitragszahlung oder Beitragseinstellung,
6. Rückdeckungsversicherungen für unter 30-jährige Leistungsanwärter,
7. zulässiges Kassenvermögen bei abweichender Fälligkeit der Versorgungs- und Versicherungsleistungen,

8. Übergangsregelung nach § 52 Abs. 5 Satz 2 EStG a. F.,
9. zulässiges Kassenvermögen für nicht lebenslänglich laufende Leistungen,
10. tatsächliches Kassenvermögen und überhöhte Zuwendungen.

Eintragung ins Vereinsregister

Die zunächst noch fehlende Rechtsfähigkeit der Unterstützungskasse steht dem Betriebsausgabenabzug gem. § 4d EStG nicht entgegen (BFH vom 25. 3. 2004 – BFH/NV 2004 S. 1246)

Hinterbliebenenversorgung für den Lebensgefährten

→ BMF vom 25. 7. 2002 (BStBl I S. 706).

abgedruckt zu → H 6a (1)

Übertragung von Unterstützungskassenzusagen auf Pensionsfonds

Zur Übertragung von Unterstützungskassenzusagen auf Pensionsfonds nach § 4d Abs. 3 und § 4e Abs. 3 EStG i. V. m. § 3 Nr. 66 EStG → BMF vom 26. 10. 2006 (BStBl I S. 709).

Überversorgung

Zur bilanzsteuerrechtlichen Berücksichtigung von überdurchschnittlich hohen Versorgungsanwartschaften (Überversorgung) → BMF vom 3. 11. 2004 (BStBl I S. 1045) ***und vom 16. 6. 2008 (BStBl I S. 681)***.

Unterstützungskasse

Eine Unterstützungskasse ist eine rechtsfähige Versorgungseinrichtung, die auf ihre Leistungen keinen Rechtsanspruch gewährt (→ BFH vom 5. 11. 1992 – BStBl 1993 II S. 185, → § 1b Abs. 4 Betriebsrentengesetz).

Zuwendungen

Zuwendungen i. S. d. § 4d EStG sind Vermögensübertragungen, die die Unterstützungskasse einseitig bereichern und nicht auf einem Leistungsaustausch beruhen. Es ist unerheblich, ob die Zuwendung auf einer Verpflichtung des Trägerunternehmens beruht oder freiwillig erfolgt (→ BFH vom 5. 11. 1992 – BStBl 1993 II S. 185).

Leistungsarten **R 4d (2)**

(2) [1]Bei den von der Kasse aus Anlass einer Tätigkeit für das Trägerunternehmen erbrachten Leistungen muss es sich um Leistungen der Alters-, Invaliditäts- oder Hinterbliebenenversorgung oder um Leistungen bei Arbeitslosigkeit oder zur Hilfe in sonstigen Notlagen handeln. [2]Für die Frage, ob Leistungen der betrieblichen Altersversorgung vorliegen, ist ausschließlich § 1 Betriebsrentengesetz maßgebend. [3]Werden Leistungen in Aussicht gestellt, die mit denen einer Kapitallebensversicherung mit steigender Todesfallleistung vergleichbar sind, müssen diese nicht die in den LStR geforderten Voraussetzungen an den Mindesttodesfallschutz erfüllen. [4]Der Bezug von Leistungen der Altersversorgung setzt mindestens die Vollendung des 60. Lebensjahres voraus; nur in berufsspezifischen Ausnahmefällen kann eine niedrigere Altersgrenze zwischen 55 und 60 in Betracht kommen. [5]***Für Zusagen, die nach dem 31. 12. 2011 erteilt werden, tritt an die Stelle des 60. Lebensjahres regelmäßig das 62. Lebensjahr.*** [6]Für andere als die vorgenannten Leistungen sind Zuwendungen im Sinne von § 4d EStG durch das Trägerunternehmen mit steuerlicher Wirkung nicht möglich. [7]Zu den lebenslänglich laufenden Leistungen gehören alle laufenden (wiederkehrenden) Leistungen, soweit sie nicht von vornherein nur für eine bestimmte Anzahl von Jahren oder bis zu einem bestimmten Lebensalter des Leistungsberechtigten vorgesehen sind. [8]Vorbehalte, nach denen Leistungen an den überlebenden Ehegatten bei einer Wiederverheiratung oder Invaliditätsrenten bei einer Wiederaufnahme einer Arbeitstätigkeit wegfallen, berühren die Eigenschaft der Renten als lebenslänglich laufende Leistung nicht. [9]Dasselbe gilt, wenn eine Invaliditätsrente bei Erreichen einer bestimmten Altersgrenze von einer Altersrente der Unterstützungskasse abgelöst wird. [10]Keine lebenslänglich laufenden Leistungen sind z. B. Überbrückungszahlungen für eine bestimmte Zeit, Waisenrenten, abgekürzte Invaliditätsrenten und zeitlich von vornherein begrenzte Leistungen an den überlebenden Ehegatten.

H 4d (2)

Hinweise

Lebenslänglich laufende Leistungen

Auch einmalige Kapitalleistungen einer Unterstützungskasse in geringem Umfang sind als lebenslänglich laufende Leistungen im Sinne von § 4d EStG anzusehen (→ BFH vom 15. 6. 1994 – BStBl 1995 II S. 21).

R 4d (3) **Zuwendungen zum Deckungskapital**

(3) [1]Das Deckungskapital für die bereits laufenden Leistungen (§ 4d Abs. 1 Satz 1 Nr. 1 Satz 1 Buchstabe a EStG) kann der Kasse sofort bei Beginn der Leistungen oder, solange der Leistungsempfänger lebt, in einem späteren Wirtschaftsjahr in einem Betrag oder verteilt auf mehrere Wirtschaftsjahre zugewendet werden. [2]Mithin kann

1. das Deckungskapital für eine Rente an einen früheren Arbeitnehmer in dem Zeitraum, in dem der frühere Arbeitnehmer Leistungsempfänger ist, und
2. das Deckungskapital für eine Rente an den überlebenden Ehegatten in dem Zeitraum, in dem dieser Leistungsempfänger ist,

zugewendet werden. [3]Das Deckungskapital für die Rente an den überlebenden Ehegatten kann selbst dann ungeschmälert zugewendet werden, wenn das Deckungskapital für die Rente an den früheren Arbeitnehmer bereits voll zugewendet war. [4]Auf die Anrechnung des im Deckungskapital für die Rente an den früheren Arbeitnehmer enthaltenen Anteiles für die Anwartschaft auf Rente an den überlebenden Ehegatten wird aus Praktikabilitätsgründen verzichtet. [5]Das für die Zuwendungen maßgebende Deckungskapital ist jeweils nach dem erreichten Alter des Leistungsempfängers zu Beginn der Leistungen oder zum Zeitpunkt der Leistungserhöhung und nach der Höhe der Jahresbeträge dieser Leistungen zu berechnen; das Alter des Leistungsberechtigten ist nach dem bürgerlichen Recht (§ 187 Abs. 2 Satz 2, § 188 Abs. 2 BGB) zu bestimmen. [6]Bei den am 1. 1. 1975 bereits laufenden Leistungen ist für die Bemessung weiterer Zuwendungen auf das Deckungskapital von der als Anlage 1 dem Einkommensteuergesetz beigefügten Tabelle und von dem Lebensalter auszugehen, das der Berechtigte am 1. 1. 1975 erreicht hat; auf das so ermittelte Deckungskapital sind die früheren Zuwendungen zum Deckungskapital anzurechnen. [7]Lässt sich in den Fällen, in denen ein Trägerunternehmen die nach dem Zuwendungsgesetz (ZuwG) vom 26. 3. 1952 (BGBl. I S. 206) höchstzulässigen Jahreszuwendungen nicht ausgeschöpft und die Zuwendungen nicht nach den im ZuwG aufgeführten Kategorien gegliedert hat, nicht mehr feststellen, welcher Teil dieser Zuwendungen auf das Deckungskapital vorgenommen wurde, kann das Trägerunternehmen die Gliederung der früheren Zuwendungen nach eigener Entscheidung vornehmen.

H 4d (3)

Hinweise

Berechnungsbeispiel für die Zuwendung zum Deckungskapital

Deckungskapital zum 31. 12. 01 für die in 01 beginnenden laufenden Leistungen von jährlich 1 000 € an die männlichen Leistungsempfänger

A (63 Jahre): 12 × 1 000 € =	12 000 €
B (58 Jahre): 13 × 1 000 € =	13 000 €
	25 000 €

Der Kasse werden hiervon 01 nur 10 000 € zugewendet.

Im Wirtschaftsjahr 02 oder in späteren Wirtschaftsjahren können der Kasse für die Leistungen an diese Empfänger nach § 4d Abs. 1 Satz 1 Nr. 1 Satz 1 Buchstabe a EStG insgesamt 25 000 € – 10 000 € = 15 000 € zugewendet werden.

R 4d (4) **Zuwendungen zum Reservepolster**

(4) [1]Für die Ermittlung der Höhe der zulässigen Zuwendungen zum Reservepolster nach § 4d Abs. 1 Satz 1 Nr. 1 Satz 1 Buchstabe b EStG besteht ein Wahlrecht. [2]Das Trägerunternehmen kann entweder von den jährlichen Versorgungsleistungen ausgehen, welche die jeweils begünstigten Leistungsanwärter im letzten Zeitpunkt der Anwartschaft, spätestens im Zeitpunkt ***des Erreichens der Regelaltersgrenze der gesetzlichen Rentenversicherung (§§ 35 und 235 SGB VI),***

nach dem Leistungsplan der Kasse erhalten können (Grundsatzregelung). [3]Statt dessen kann auch vom Durchschnittsbetrag der von der Kasse im Wirtschaftsjahr tatsächlich gewährten lebenslänglich laufenden Leistungen ausgegangen werden (Sonderregelung). [4]Das Trägerunternehmen hat in dem Wirtschaftsjahr, ab dem dieses Wahlrecht besteht bzw. in dem erstmals Leistungen über eine Unterstützungskasse zugesagt werden, zu entscheiden, ob die Ermittlung der Höhe der Zuwendungen zum Reservepolster nach der Grundsatzregelung oder der Sonderregelung erfolgen soll. [5]An die getroffene Wahl ist es grundsätzlich fünf Wirtschaftsjahre lang gebunden. [6]Die für das Wirtschaftsjahr zulässigen Zuwendungen zum Reservepolster ergeben sich, wenn auf den jeweils ermittelten Betrag die nach § 4d Abs. 1 Satz 1 Nr. 1 Satz 1 Buchstabe b Satz 1 EStG maßgebenden ***Prozentsätze*** angewandt werden; im Falle der Sonderregelung ist das Ergebnis mit der Anzahl der berücksichtigungsfähigen Leistungsanwärter zu vervielfältigen. [7]Wird die Zuwendungshöhe nach der Grundsatzregelung berechnet, sind die dem einzelnen Leistungsanwärter jeweils schriftlich zugesagten erreichbaren Leistungen nach den Verhältnissen am Ende des Wirtschaftsjahres der Kasse maßgebend. [8]Änderungen, die erst nach dem Bilanzstichtag wirksam werden, sind nur zu berücksichtigen, wenn sie am Bilanzstichtag bereits feststehen. [9]Die Leistungen sind jeweils bezogen auf die einzelnen zulässigen Zuwendungssätze getrennt zu erfassen, wobei im Falle des § 4d Abs. 1 Satz 1 Nr. 1 Satz 1 Buchstabe b Satz 1 Doppelbuchstabe aa EStG jeweils gesondert die Leistungen der Invaliditätsversorgung bzw. Hinterbliebenenversorgung und im Falle des Doppelbuchstabens bb die Leistungen der Altersversorgung zu berücksichtigen sind. [10]Wird die Zuwendungshöhe nach der Sonderregelung berechnet, ist vom Durchschnittsbetrag der von der Kasse in ihrem Wirtschaftsjahr tatsächlich gewährten lebenslänglich laufenden Leistungen auszugehen. [11]Zur Vereinfachung kann statt einer genaueren Berechnung als Durchschnittsbetrag der Betrag angenommen werden, der sich ergibt, wenn die Summe der im Wirtschaftsjahr der Kasse tatsächlich gezahlten lebenslänglich laufenden Leistungen durch die Zahl der am Ende ihres Wirtschaftsjahres vorhandenen berücksichtigungsfähigen Leistungsempfänger geteilt wird. [12]Auf diesen Durchschnittsbetrag sind die Zuwendungssätze von jeweils 25 %, 12 % oder 6 % anzuwenden.

Hinweise

H 4d (4)

Ermittlungszeitpunkt

für die Höhe der Zuwendungen an eine Unterstützungskasse → BMF vom 7. 1. 1994 (BStBl I S. 18):

Ermittlungszeitpunkt für die Höhe der Zuwendungen an eine Unterstützungskasse

BMF vom 7. 1. 1994 (BStBl I S. 18)

Zuwendungen eines Trägerunternehmens an eine Unterstützungskasse sind grundsätzlich in dem Wirtschaftsjahr als Betriebsausgaben abzuziehen, in dem sie geleistet werden. In welchem Umfang die Zuwendungen nach § 4d EStG als Betriebsausgaben abgezogen werden dürfen, richtet sich nach den Verhältnissen am Schluss des Wirtschaftsjahres der Kasse, für das die Zuwendung erfolgt. Zu diesem Stichtag ist die Anzahl der nach dem geltenden Leistungsplan der Kasse begünstigten Leistungsempfänger bzw. Leistungsanwärter und die Höhe der den Leistungsempfängern gezahlten laufenden Leistungen bzw. die Höhe der von den Leistungsanwärtern erreichbaren Anwartschaften zu ermitteln. Diese Werte sind Grundlage für die Ermittlung der Höhe des Deckungskapitals und des sog. Reservepolsters nach § 4d Abs. 1 Nr. 1 Buchstaben a und b EStG und des zulässigen Kassenvermögens auf den Schluss des Wirtschaftsjahres der Kasse.

Nach dem Ergebnis der Erörterung mit den obersten Finanzbehörden der Länder wird es nicht beanstandet, wenn unter sinngemäßer Anwendung der Grundsätze des § 241 Abs. 3 HGB die Anzahl der nach dem geltenden Leistungsplan der Kasse begünstigten Leistungsempfänger bzw. Leistungsanwärter und die Höhe der den Leistungsempfängern gezahlten laufenden Leistungen bzw. die Höhe der von den Leistungsanwärtern erreichbaren Anwartschaften nicht zum Schluss des Wirtschaftsjahres der Kasse ermittelt wird, sondern zu einem Stichtag, der höchstens drei Monate vor dem Schluss des Wirtschaftsjahres der Kasse liegt (Ermittlungsstichtag). Die Ermittlung hat für den Schluss des Wirtschaftsjahres der Kasse zu erfolgen. Dabei sind alle am Ermittlungsstichtag feststehenden Umstände zu berücksichtigen, soweit sie für die Berechnung des Deckungskapitals und des Reservepolsters sowie des zulässigen Kassenvermögens von Bedeutung sind. So ist z. B. ein Leistungsanwärter, der nach dem Ermittlungsstichtag, aber vor dem Schluss des Wirtschaftsjahres der Kasse das 30. Lebensjahr[1]) vollendet, bereits zu

1) Anm.: Bei erstmaliger Zusage nach dem 31. 12. 2000: das 28. Lebensjahr.

berücksichtigen. Gleiches gilt, wenn z. B. am Ermittlungsstichtag feststeht, dass ein geänderter Leistungsplan vor dem Schluss des Wirtschaftsjahres der Kasse in Kraft tritt.

Dieses Verfahren ist nur zulässig, wenn

a) der Ermittlungsstichtag höchstens drei Monate vor dem Bilanzstichtag des Trägerunternehmens liegt;

b) die Unterstützungskasse mindestens 100 Begünstigte hat;

c) die Ermittlung der Zuwendungen zum Reservepolster nach § 4d Abs. 1 Nr. 1 Buchstabe b Satz 1 EStG erfolgt.

Soweit nach dem Ermittlungsstichtag und vor dem Schluss des Wirtschaftsjahres der Kasse außergewöhnliche Veränderungen des Kreises der Begünstigten eintreten oder eine Änderung des Leistungsplanes beschlossen wird, sind die zum Ermittlungsstichtag ermittelten Zuwendungen den Veränderungen anzupassen.

Die Berechnung der Höhe der Zuwendungen für Vorstandsmitglieder und Geschäftsführer von Kapitalgesellschaften richtet sich dagegen ausschließlich nach den Verhältnissen am Schluss des Wirtschaftsjahres der Kasse, für das die Zuwendungen erfolgen.

Es bestehen keine Bedenken, nach den vorstehenden Grundsätzen auch bei der Prüfung des zulässigen Vermögens nach § 5 Abs. 1 Nr. 3 Buchstabe e KStG zu verfahren. Bei Gruppenunterstützungskassen ist dies jedoch nur möglich, wenn alle Trägerunternehmen diese Grundsätze auf einen einheitlichen Stichtag hin anwenden.

Näherungsverfahren

Zur Berücksichtigung von Renten aus der gesetzlichen Rentenversicherung → BMF vom 16. 12. 2005 (BStBl 2005 I S. 1056), vom 15. 3. 2007 (BStBl I S. 290) ***und vom 5. 5. 2008 (BStBl I S. 570)***.

R 4d (5) **Leistungsanwärter**

(5) [1]Der Kreis der Leistungsanwärter umfasst grundsätzlich alle Arbeitnehmer und ehemaligen Arbeitnehmer des Trägerunternehmens, die von der Unterstützungskasse schriftlich zugesagte Leistungen erhalten können, soweit sie nicht bereits Empfänger lebenslänglich laufender Leistungen sind. [2]Bei Zusagen von Hinterbliebenenversorgung ohne Altersversorgung gilt die Person als Leistungsanwärter, bei deren Ableben die Hinterbliebenenversorgung einsetzt; hierbei ist nicht zu prüfen, ob Angehörige vorhanden sind, die Anspruch auf eine Versorgung haben. [3]Angehörige des Unternehmers oder von Mitunternehmern des Trägerunternehmens dürfen nur als Leistungsanwärter berücksichtigt werden, soweit ein steuerlich anzuerkennendes Arbeitsverhältnis (→ R 4.8) vorliegt. [4]Personen, die mit einer unverfallbaren Anwartschaft aus dem Trägerunternehmen ausgeschieden sind, gehören unter den vorstehenden Voraussetzungen zu den Leistungsanwärtern, solange die Kasse mit einer späteren Inanspruchnahme zu rechnen hat; sofern der Kasse nicht bereits vorher bekannt ist, dass Leistungen nicht zu gewähren sind, braucht bei diesen Personen die Frage, ob die Kasse mit einer Inanspruchnahme zu rechnen hat, erst nach Erreichen der Altersgrenze geprüft zu werden. [5]Personen, bei denen bis zum Ablauf des auf das Erreichen der Altersgrenze folgenden Wirtschaftsjahres nicht feststeht, dass die Kasse mit einer Inanspruchnahme zu rechnen hat, gehören vom Ende dieses Wirtschaftsjahres an nicht mehr zu den Leistungsanwärtern.

R 4d (6) **Rückgedeckte Unterstützungskasse**

Allgemeines

(6) [1]Soweit die Unterstützungskasse die einem Leistungsempfänger oder einem Leistungsanwärter zugesagten Leistungen ganz oder teilweise durch den Abschluss einer Versicherung abgesichert hat, liegt eine rückgedeckte Unterstützungskasse vor. [2]Ist der Betriebsausgabenabzug nach § 4d Abs. 1 Satz 1 Nr. 1 Satz 1 Buchstabe c EStG ausgeschlossen, können die Zuwendungen im Rahmen des § 4d Abs. 1 Nr. 1 Satz 1 Buchstabe a und b EStG abgezogen werden. [3]Die Voraussetzungen für den Betriebsausgabenabzug nach § 4d Abs. 1 Satz 1 Nr. 1 Satz 1 Buchstabe c EStG sind auch dann erfüllt, wenn die Unterstützungskasse ihre Ansprüche aus von ihr abgeschlossenen Rückdeckungsversicherungsverträgen an die begünstigten Arbeitnehmer verpfändet, denen sie Leistungen in Aussicht gestellt hat.

Zuwendungen für Leistungsempfänger

R 4d (7)

(7) [1]Werden die zugesagten Leistungen erst nach Eintritt des Versorgungsfalles rückgedeckt, können hierfür Einmalprämien mit steuerlicher Wirkung zugewendet werden. [2]§ 4d Abs. 1 Satz 1 Nr. 1 Satz 1 Buchstabe c Satz 2 bis 4 EStG ist nicht anzuwenden.

Zuwendungen für Leistungsanwärter

R 4d (8)

(8) [1]Das Trägerunternehmen kann den für den einzelnen Leistungsanwärter an die Kasse zugewendeten Betrag der Versicherungsprämie nur als Betriebsausgaben geltend machen, wenn die Unterstützungskasse laufende Prämien zu entrichten hat. [2]Dies ist bei Zusagen einer Altersversorgung der Fall, wenn es sich um eine Versicherung handelt, bei der in jedem Jahr zwischen Vertragsabschluss und Zeitpunkt, für den erstmals Leistungen der Altersversorgung vorgesehen sind, Prämien zu zahlen sind. [3]Der Zeitpunkt, für den erstmals Leistungen der Altersversorgung vorgesehen sind, darf nicht vor Vollendung des 55. Lebensjahres des begünstigten Leistungsanwärters liegen. [4]Werden Leistungen der Invaliditäts- oder Hinterbliebenenversorgung rückversichert, muss die abgeschlossene Versicherung eine Mindestlaufzeit bis zu dem Zeitpunkt haben, in dem der Leistungsanwärter sein 55. Lebensjahr vollendet. [5]Eine Versicherung mit kürzerer Laufzeit ist nur begünstigt, wenn feststeht, dass im Anschluss an die Laufzeit des Versicherungsvertrages eine Zusage auf Altersversorgung besteht; ist diese rückgedeckt, müssen die Voraussetzungen der Sätze 2 und 3 erfüllt sein. [6]Der Abzug der Zuwendungen als Betriebsausgabe ist in dem Wirtschaftsjahr ausgeschlossen, in dem die Kasse zu irgendeinem Zeitpunkt die Ansprüche aus der Versicherung zur Sicherung eines Darlehens verwendet. [7]Soweit einem Leistungsanwärter vor Vollendung des 28. Lebensjahres (bei erstmaliger Zusage vor dem 1. 1. 2001: des 30. Lebensjahres***, bei erstmaliger Zusage nach dem 31. 12. 2008: des 27. Lebensjahres***) Zusagen mit vertraglicher Unverfallbarkeit gewährt werden, können hierfür laufende Prämien als Zuwendungen nur berücksichtigt werden, wenn die Bestimmungen der vertraglichen Unverfallbarkeit mindestens den Berechnungsvorschriften des § 2 Betriebsrentengesetz entsprechen.

Kürzung der als Betriebsausgabe abzugsfähigen Prämien

R 4d (9)

(9) [1]Laufende Prämien sind bezogen auf die notwendige und vereinbarte Versicherungssumme nur begünstigt, wenn sie der Höhe nach entweder gleich bleiben oder steigen. [2]Eine gleichbleibende Prämie liegt in diesen Fällen auch vor, wenn die von der Unterstützungskasse jährlich zu zahlende Prämie mit Gewinngutschriften aus dem Versicherungsvertrag verrechnet wird. [3]In diesen Fällen kann der Kasse nur der verbleibende Restbetrag steuerbegünstigt zugewendet werden. [4]Entsprechendes gilt, wenn die Gewinngutschriften durch die Kasse nicht mit fälligen Prämien verrechnet und auch nicht zur Erhöhung der Rückdeckungsquote hinsichtlich der bestehenden Zusage verwendet werden. [5]Beruht die Verminderung der Beiträge auf einer Änderung der Versorgungszusage und sind die Prämien nach der Vertragsänderung mindestens in konstanter Höhe bis zum Eintritt des Versorgungsfalles zu zahlen, sind die Zuwendungen weiterhin als Betriebsausgaben abzugsfähig; Entsprechendes gilt bei der Änderung von Entgeltumwandlungsvereinbarungen. [6]Eine Änderung der Versorgungszusage liegt auch dann vor, wenn der Arbeitgeber auf Verlangen des Arbeitnehmers eine Entgeltumwandlung im Wege einer vertraglichen Vereinbarung reduziert. [7]Dies gilt unabhängig davon, aus welchem Grund die Gehaltsumwandlung vermindert wird. [8]Sinkende Beiträge an eine rückgedeckte Unterstützungskasse führen auch dann (ausnahmsweise) nicht zu einer Versagung des Betriebsausgabenabzuges, wenn sich die Beitragsminderung aus gesetzlich vorgegebenen Faktoren ergibt (z. B. aus der Erhöhung der Beitragsbemessungsgrenzen in der gesetzlichen Rentenversicherung) und die Prämienzahlungen nach der Minderung mindestens in konstanter Höhe bis zum Eintritt des Versorgungsfalles zu leisten sind.

Nachweispflicht

R 4d (10)

(10) Das Trägerunternehmen hat die Voraussetzungen des § 4d Abs. 1 Satz 1 Nr. 1 Satz 1 Buchstabe c EStG im Jahr der Zuwendung nachzuweisen.

Hinweise

H 4d (6–10)

Rückdeckungsversicherung

Der Betriebsausgabenabzug von Zuwendungen an eine rückgedeckte Unterstützungskasse nach § 4d Abs. 1 Satz 1 Nr. 1 Satz 1 Buchstabe c EStG ist bei einer Beleihung oder Abtretung von Ansprüchen aus der Rückdeckungsversicherung ausgeschlossen. Die Inanspruchnahme von Vorauszahlungen steht einer Beleihung gleich (→ BFH vom 28. 2. 2002 – BStBl II S. 358).

Zweifelsfragen bei Zuwendungen an rückgedeckte Unterstützungskassen

– → BMF vom 31. 1. 2002 (BStBl I S. 214):

1. Versicherung gegen laufende Einmalbeiträge
2. Sinkende Beiträge auf Grund einer Bemessung nach variablen Gehaltsbestandteilen

– → H 4d (1) Allgemeines

– → ferner: FinBeh Berlin vom 17. 10. 2005 – II A – S 2144c – 1/2000 –:

I. Einschränkung der vereinbarten Entgeltumwandlung
Eine einmalige Änderung der Versorgungszusage liegt auch dann vor, wenn der Arbeitgeber auf Verlangen des Arbeitnehmers die Entgeltumwandlungen im Wege einer vertraglichen Vereinbarung reduziert. Dies gilt unabhängig davon, aus welchem Grund die Gehaltsumwandlungen vermindert werden. (Häufig kommt eine solche Reduzierung insbesondere dann in Betracht, wenn die Beiträge nicht mehr aus Sonderzahlungen finanziert werden können, weil das Unternehmen aus wirtschaftlichen Gründen gezwungen ist, die freiwillige Zahlung von Weihnachts- und Urlaubsgeld einzustellen.) In diesem Fall sind sinkende Beiträge unschädlich, wenn die Prämienzahlungen nach der Vertragsänderung mindestens in konstanter Höhe bis zum Eintritt des Versorgungsfalles zu leisten sind. Dies gilt auch bei einer nochmaligen vertraglichen Reduzierung der Entgeltumwandlung.

II. Sinkende Beiträge aufgrund der Erhöhung der Beitragsbemessungsgrenze in der gesetzlichen Rentenversicherung
Nach dem Sinn und Zweck des § 4d Abs. 1 Satz 1 Nr. 1 Satz 1 Buchst. c Satz 2 EStG, der planmäßige Vorfinanzierungen vermeiden soll, führen sinkende Beiträge nicht zu einer Versagung des Betriebsausgabenabzugs, soweit die Beitragsminderung durch Faktoren verursacht wird, die gesetzlich vorgegeben werden, und die Prämienzahlungen nach der Minderung mindestens in konstanter Höhe bis zum Eintritt des Versorgungsfalles zu leisten sind. So führt beispielsweise das einmalige Absinken der Zuwendungen an eine rückgedeckte Unterstützungskasse aufgrund der Erhöhung der Beitragsbemessungsgrenze in der gesetzlichen Rentenversicherung nicht zu einer Versagung des Betriebsausgabenabzugs.

R 4d (11) **Zuwendungen für nicht lebenslänglich laufende Leistungen**

(11) – unbesetzt –

H 4d (11)

Hinweise

Beispiel

Lohn- und Gehaltssumme des Trägerunternehmens im Wirtschaftsjahr 01	1 000 000 €
Die Zuwendung beträgt 01	1 000 €
und liegt damit unter der möglichen Zuwendung von 0,2 % von 1 000 000 € = 2 000 €.	
Lohn- und Gehaltssumme 02 bis 05 je	1 200 000 €
Zuwendungen 02 bis 05 je 0,2 % von 1 200 000 €, zusammen	9 600 €
Kassenleistungen 01 bis 05 zusammen	4 000 €
Lohn- und Gehaltssumme 06	1 500 000 €
Tatsächliche Kassenleistungen 06	12 000 €
In 06 können der Kasse statt der normalen Zuwendung von 0,2 % von 1 500 000 € = 3 000 € zugewendet werden:	
– die tatsächlichen Kassenleistungen 06 von	12 000 €
– abzüglich der aus den vorangegangenen 5 Wirtschaftsjahren noch nicht durch Leistungen aufgezehrten Zuwendungen (10 600 € – 4 000 € =)	6 600 €
	5 400 €

Lohn- und Gehaltssumme R 4d (12)

(12) [1]Zur Lohn- und Gehaltssumme i. S. d. § 4d Abs. 1 Satz 1 Nr. 2 EStG gehören alle Arbeitslöhne i. S. d. § 19 Abs. 1 Satz 1 Nr. 1 EStG, soweit sie nicht von der Einkommensteuer befreit sind. [2]Zuschläge für Mehrarbeit und für Sonntags-, Feiertags- und Nachtarbeit gehören zur Lohn- und Gehaltssumme, auch soweit sie steuerbefreit sind. [3]Wegen der Vergütungen an Personen, die nicht Arbeitnehmer sind, → Absatz 15.

Kassenvermögen der Unterstützungskasse R 4d (13)

(13) [1]Zuwendungen an eine Unterstützungskasse sind beim Trägerunternehmen nur abziehbar, soweit am Schluss des Wirtschaftsjahres der Kasse das tatsächliche Kassenvermögen nicht höher ist als das zulässige Kassenvermögen (§ 4d Abs. 1 Satz 1 Nr. 1 Satz 2 bis 7 und Nr. 2 Satz 2 bis 6 EStG). [2]Dabei ist die Unterstützungskasse bei der Ermittlung ihres zulässigen Kassenvermögens nicht an die Bewertungsmethode gebunden, die das Trägerunternehmen bei der Ermittlung des Dotierungsrahmens zum Reservepolster (→ Absatz 4) angewandt hat. [3]Weicht das Wirtschaftsjahr der Kasse von dem des Trägerunternehmens ab, so ist für die Frage, ob das tatsächliche Kassenvermögen das zulässige Kassenvermögen übersteigt, das Wirtschaftsjahr der Kasse maßgebend, das vor dem Ende des Wirtschaftsjahres des Trägerunternehmens endet. [4]Bei Kassen, die sowohl lebenslänglich laufende als auch nicht lebenslänglich laufende Leistungen gewähren, ist sowohl das tatsächliche als auch das zulässige Kassenvermögen für beide Gruppen von Leistungen gemeinsam festzustellen.

Hinweise

H 4d (13)

Beispiel:

Tatsächliches Kassenvermögen einer Unterstützungskasse mit lebenslänglich laufenden und nicht lebenslänglich laufenden Leistungen am 31. 12. 02 vor der Zuwendung für 02 720 000 €.

Die Kasse zahlt an bereits laufenden jährlichen Altersrenten seit 01 an 14 Berechtigte insgesamt 33 600 €, d. h. durchschnittlich 2 400 €.

Das Deckungskapital hierfür betrug bei Beginn der Leistungen im Jahr 01 340 000 €, zum 31. 12. 02 336 000 € (340 000 € voll zugewendet).

Am 1. 1. 02 kommen 3 laufende Leistungen mit je 2 400 € Jahresrente hinzu (Alter der männlichen Berechtigten 65 Jahre). Die Kasse hat daneben insgesamt 80 Leistungsanwärter, ***denen nach dem 31. 12. 2000 vom Trägerunternehmen eine Zusage erteilt wurde***. Diesen ist nach den Verhältnissen zum 31. 12. 02 eine Jahresrente von je 2 400 € zugesagt. 10 Leistungsanwärter haben am 31. 12. 02 das ***28. Lebensjahr*** noch nicht vollendet. 10 Leistungsanwärter haben zu diesem Zeitpunkt das 50. Lebensjahr vollendet. Die Lohn- und Gehaltssumme des Trägerunternehmens beträgt in allen Jahren je 1 500 000 €.

Der Kasse können 02 folgende Beträge zugewendet werden:

a) Das Deckungskapital für die neu hinzugekommenen laufenden Leistungen in Höhe von 11 × 2 400 € × 3 = 79 200 €

b) Zuwendungen zum Reservepolster für lebenslänglich laufende Leistungen:
   - aa) Nach dem Grundsatz:
     2 400 €, hiervon 25 % (§ 4d Abs. 1 Satz 1 Nr. 1 Satz 1 Buchstabe b Satz 1 Doppelbuchstabe bb EStG) = 600 €, vervielfältigt mit der Zahl der berücksichtigungsfähigen Leistungsanwärter:
     600 € × 70 = 42 000 €
   - bb) Nach der Sonderregelung:
     Durchschnitt der laufenden Leistungen 02:
     33 600 € + (3 × 2 400 €) =
     40 800 € : 17 Empfänger = 2 400 €,
     hiervon 25 % (§ 4d Abs. 1 Satz 1 Nr. 1 Satz 1 Buchstabe b Satz 1 Doppelbuchstabe bb EStG) = 600 €, vervielfältigt mit der Zahl der berücksichtigungsfähigen Leistungsanwärter: 600 € × 10 = 6 000 €

c) Zuwendungen für nicht lebenslänglich laufende Leistungen: 0,2 % von 1 500 000 € = 3 000 €

Der Zuwendungsumfang beträgt unter Berücksichtigung von b) aa) 124 200 € und unter Berücksichtigung von b) bb) 88 200 €.
Zulässiges Kassenvermögen am 31. 12. 02:
Deckungskapital für die laufenden Leistungen
(336 000 € + 79 200 € =) 415 200 €
Reservepolster für lebenslänglich laufende Leistungen
– nach b) aa) 42 000 € × 8 = 336 000 €
– nach b) bb) 6 000 € × 8 = 48 000 €
Reservepolster für nicht lebenslänglich laufende Leistungen
(1 % von 1 500 000 € =) 15 000 €
Das tatsächliche Kassenvermögen von bisher 720 000 € würde nach der Zuwendung von 124 200 € – b) aa) – insgesamt 844 200 € betragen und damit das zulässige Kassenvermögen von (415 200 € + 336 000 € + 15 000 €) 766 200 € um 78 000 € übersteigen. Es sind deshalb nicht 124 200 €, sondern nur (124 200 € – 78 000 €) 46 200 € der Zuwendungen als Betriebsausgaben abziehbar. Unter Berücksichtigung des Zuwendungsumfangs unter b) bb) beträgt das zulässige Kassenvermögen nur (415 200 € + 48 000 € + 15 000 €) 478 200 €. In diesem Fall kann die Zuwendung in 02 nicht als Betriebsausgabe abgezogen werden.

R 4d (14) **Sonderfälle**

(14) [1]Bei Konzern- und Gruppenkassen ist die Bemessungsgrundlage für die Zuwendungen zum Reservepolster für jedes Trägerunternehmen gesondert nach den bei diesen Unternehmen vorliegenden Tatbeständen zu errechnen. [2]Die auf das einzelne Trägerunternehmen entfallenden Teile des tatsächlichen und zulässigen Kassenvermögens sind ebenfalls jeweils getrennt festzustellen.

H 4d (14)

Hinweise

Zuwendungen an mehrere Kassen

Leistet ein Trägerunternehmen Zuwendungen an mehrere Unterstützungskassen, sind diese Kassen bei der Ermittlung der Höhe der steuerbegünstigten Zuwendungen im Sinne von § 4d EStG als Einheit zu behandeln (→ § 4d Abs. 1 Satz 3 EStG). Soweit danach der Betriebsausgabenabzug nach § 4d Abs. 1 Satz 3 EStG beschränkt ist, gilt dies auch für den Fall, dass bei getrennter Betrachtung infolge der Unterdotierung einer oder mehrerer Kassen der Abzug nicht beschränkt wäre. Daran ändert sich selbst dann nichts, wenn sich der durch die Kassen begünstigte Kreis der Arbeitnehmer nicht überschneidet (→ BFH vom 8. 11. 1989 – BStBl 1990 II S. 210).

R 4d (15) (15) [1]Bei der Berechnung der Zuwendungen können neben den Arbeitnehmern auch Personen berücksichtigt werden, die nicht Arbeitnehmer sind, z. B. Handelsvertreter, wenn ihnen nach der Satzung der Unterstützungskasse Leistungen aus Anlass ihrer Tätigkeit für ein Trägerunternehmen zugesagt worden sind (§ 17 Abs. 1 Satz 2 Betriebsrentengesetz). [2]Die Provisionszahlungen oder sonstigen Entgelte an diese Personen sind zur Lohn- und Gehaltssumme i. S. d. § 4d Abs. 1 Satz 1 Nr. 2 EStG zu rechnen.

EStG
S 2144

§ 4e Beiträge an Pensionsfonds

(1) Beiträge an einen Pensionsfonds im Sinne des § 112 des Versicherungsaufsichtsgesetzes dürfen von dem Unternehmen, das die Beiträge leistet (Trägerunternehmen), als Betriebsausgaben abgezogen werden, soweit sie auf einer festgelegten Verpflichtung beruhen oder der Abdeckung von Fehlbeträgen bei dem Fonds dienen.

(2) Beiträge im Sinne des Absatzes 1 dürfen als Betriebsausgaben nicht abgezogen werden, soweit die Leistungen des Fonds, wenn sie vom Trägerunternehmen unmittelbar erbracht würden, bei diesem nicht betrieblich veranlasst wären.

(3) [1]Der Steuerpflichtige kann auf Antrag die insgesamt erforderlichen Leistungen an einen Pensionsfonds zur teilweisen oder vollständigen Übernahme einer bestehenden Versorgungs-

verpflichtung oder Versorgungsanwartschaft durch den Pensionsfonds erst in den dem Wirtschaftsjahr der Übertragung folgenden zehn Wirtschaftsjahren gleichmäßig verteilt als Betriebsausgaben abziehen. [2]Der Antrag ist unwiderruflich; der jeweilige Rechtsnachfolger ist an den Antrag gebunden. [3]Ist eine Pensionsrückstellung nach § 6a gewinnerhöhend aufzulösen, ist Satz 1 mit der Maßgabe anzuwenden, dass die Leistungen an den Pensionsfonds im Wirtschaftsjahr der Übertragung in Höhe der aufgelösten Rückstellung als Betriebsausgaben abgezogen werden können; der die aufgelöste Rückstellung übersteigende Betrag ist in den dem Wirtschaftsjahr der Übertragung folgenden zehn Wirtschaftsjahren gleichmäßig verteilt als Betriebsausgaben abzuziehen. [4]Satz 3 gilt entsprechend, wenn es im Zuge der Leistungen des Arbeitgebers an den Pensionsfonds zu Vermögensübertragungen einer Unterstützungskasse an den Arbeitgeber kommt.

Hinweise

H 4e

Pensionsfonds

Als Pensionsfonds i. S. d. § 112 VAG sind nur rechtsfähige Versorgungseinrichtungen in der Rechtsform einer AG oder eines Pensionsfondsvereins auf Gegenseitigkeit anzusehen, die den Leistungsberechtigten (Arbeitnehmer, ehemalige Arbeitnehmer und Personen i. S. d. § 17 Abs. 1 Satz 2 Betriebsrentengesetz) einen eigenen Anspruch auf Leistung gegen den Pensionsfonds einräumen (→ §§ 112, 113 VAG).

Übertragung von Unterstützungskassenzusagen auf Pensionsfonds

Zur Übertragung von Unterstützungskassenzusagen auf Pensionsfonds nach § 4d Abs. 3 und § 4e Abs. 3 EStG i. V. m. § 3 Nr. 66 EStG → BMF vom 26. 10. 2006 (BStBl I S. 709).

§ 4f Erwerbsbedingte Kinderbetreuungskosten

EStG [1]

[1]Aufwendungen für Dienstleistungen zur Betreuung eines zum Haushalt des Steuerpflichtigen gehörenden Kindes im Sinne des § 32 Abs. 1, die wegen einer Erwerbstätigkeit des Steuerpflichtigen anfallen, können bei Kindern, die das 14. Lebensjahr noch nicht vollendet haben oder wegen einer vor Vollendung des 25. Lebensjahres eingetretenen körperlichen, geistigen oder seelischen Behinderung außerstande sind, sich selbst zu unterhalten, in Höhe von zwei Dritteln der Aufwendungen, höchstens 4000 Euro je Kind, bei der Ermittlung der Einkünfte aus Land- und Forstwirtschaft, Gewerbebetrieb oder selbständiger Arbeit wie Betriebsausgaben abgezogen werden. [2]Im Falle des Zusammenlebens der Elternteile gilt Satz 1 nur, wenn beide Elternteile erwerbstätig sind. [3]Satz 1 gilt nicht für Aufwendungen für Unterricht, die Vermittlung besonderer Fähigkeiten sowie für sportliche und andere Freizeitbetätigungen. [4]Ist das zu betreuende Kind nicht nach § 1 Abs. 1 oder Abs. 2 unbeschränkt einkommensteuerpflichtig, ist der in Satz 1 genannte Betrag zu kürzen, soweit es nach den Verhältnissen im Wohnsitzstaat des Kindes notwendig und angemessen ist. [5]Voraussetzung für den Abzug nach Satz 1 ist, dass der Steuerpflichtige *für* die Aufwendungen *eine* Rechnung *erhalten hat* und die Zahlung auf das Konto des Erbringers der Leistung *erfolgt ist*. [2] [3]

Hinweise

H 4f

Anwendungsschreiben → BMF vom 19. 1. 2007 – (BStBl I S. 184) Anhang 14a

1) ***§ 4f EStG wurde durch das FamLeistG ab VZ 2009 aufgehoben.***

2) In Satz 1 wurden durch das Steueränderungsgesetz 2007 (Inkrafttreten 1. 1. 2007) die Wörter „vor Vollendung des 27. Lebensjahres" durch die Wörter „vor Vollendung des 25. Lebensjahres" ersetzt. Satz 1 i. d. F. des Steueränderungsgesetzes 2007 ist erstmals für Kinder anzuwenden, die im VZ 2007 wegen einer vor Vollendung des 25. Lebensjahres eingetretenen körperlichen, geistigen oder seelischen Behinderung außerstande sind, sich selbst zu unterhalten; für Kinder, die wegen einer vor dem 1. 1. 2007 in der Zeit ab Vollendung des 25. Lebensjahres und vor Vollendung des 27. Lebensjahres eingetretenen körperlichen, geistigen oder seelischen Behinderung außerstande sind, sich selbst zu unterhalten, ist § 4f Satz 1 weiterhin in der bis zum 31. 12. 2006 gültigen Fassung anzuwenden → § 52 Abs. 12c Satz 2 EStG.

3) Satz 5 wurde durch das JStG 2008 ab VZ 2008 neu gefasst.

EStG

§ 4g Bildung eines Ausgleichspostens bei Entnahme nach § 4 Abs. 1 Satz 3

(1) [1]Ein unbeschränkt Steuerpflichtiger kann in Höhe des Unterschiedsbetrags zwischen dem Buchwert und dem nach § 6 Abs. 1 Nr. 4 Satz 1 zweiter Halbsatz anzusetzenden Wert eines Wirtschaftsguts des Anlagevermögens auf Antrag einen Ausgleichsposten bilden, soweit das Wirtschaftsgut infolge seiner Zuordnung zu einer Betriebsstätte desselben Steuerpflichtigen in einem anderen Mitgliedstaat der Europäischen Union gemäß § 4 Abs. 1 Satz 3 als entnommen gilt. [2]Der Ausgleichsposten ist für jedes Wirtschaftsgut getrennt auszuweisen. [3]Das Antragsrecht kann für jedes Wirtschaftsjahr nur einheitlich für sämtliche Wirtschaftsgüter ausgeübt werden. [4]Der Antrag ist unwiderruflich. [5]Die Vorschriften des Umwandlungssteuergesetzes bleiben unberührt.

(2) [1]Der Ausgleichsposten ist im Wirtschaftsjahr der Bildung und in den vier folgenden Wirtschaftsjahren zu jeweils einem Fünftel gewinnerhöhend aufzulösen. [2]Er ist in vollem Umfang gewinnerhöhend aufzulösen,

1. **wenn das als entnommen geltende Wirtschaftsgut aus dem Betriebsvermögen des Steuerpflichtigen ausscheidet,**
2. **wenn das als entnommen geltende Wirtschaftsgut aus der Besteuerungshoheit der Mitgliedstaaten der Europäischen Union ausscheidet oder**
3. **wenn die stillen Reserven des als entnommen geltenden Wirtschaftsguts im Ausland aufgedeckt werden oder in entsprechender Anwendung der Vorschriften des deutschen Steuerrechts hätten aufgedeckt werden müssen.**

(3) [1]Wird die Zuordnung eines Wirtschaftsguts zu einer anderen Betriebsstätte des Steuerpflichtigen in einem anderen Mitgliedstaat der Europäischen Union im Sinne des Absatzes 1 innerhalb der tatsächlichen Nutzungsdauer, spätestens jedoch vor Ablauf von fünf Jahren nach Änderung der Zuordnung, aufgehoben, ist der für dieses Wirtschaftsgut gebildete Ausgleichsposten ohne Auswirkungen auf den Gewinn aufzulösen und das Wirtschaftsgut mit den fortgeführten Anschaffungskosten, erhöht um zwischenzeitlich gewinnerhöhend berücksichtigte Auflösungsbeträge im Sinne der Absätze 2 und 5 Satz 2 und um den Unterschiedsbetrag zwischen dem Rückführungswert und dem Buchwert im Zeitpunkt der Rückführung, höchstens jedoch mit dem gemeinen Wert, anzusetzen. [2]Die Aufhebung der geänderten Zuordnung ist ein Ereignis im Sinne des § 175 Abs. 1 Nr. 2 der Abgabenordnung.

(4) [1]Die Absätze 1 bis 4 finden entsprechende Anwendung bei der Ermittlung des Überschusses der Betriebseinnahmen über die Betriebsausgaben gemäß § 4 Abs. 3. [2]Wirtschaftsgüter, für die ein Ausgleichsposten nach Absatz 1 gebildet worden ist, sind in ein laufend zu führendes Verzeichnis aufzunehmen. [3]Der Steuerpflichtige hat darüber hinaus Aufzeichnungen zu führen, aus denen die Bildung und Auflösung der Ausgleichsposten hervorgeht. [4]Die Aufzeichnungen nach den Sätzen 2 und 3 sind der Steuererklärung beizufügen.

(5) [1]Der Steuerpflichtige ist verpflichtet, der zuständigen Finanzbehörde die Entnahme oder ein Ereignis im Sinne des Absatzes 2 unverzüglich anzuzeigen. [2]Kommt der Steuerpflichtige dieser Anzeigepflicht, seinen Aufzeichnungspflichten nach Absatz 4 oder seinen sonstigen Mitwirkungspflichten im Sinne des § 90 der Abgabenordnung nicht nach, ist der Ausgleichsposten dieses Wirtschaftsguts gewinnerhöhend aufzulösen.

EStG [1]

§ 4h Betriebsausgabenabzug für Zinsaufwendungen (Zinsschranke)

(1) [1]Zinsaufwendungen eines Betriebs sind abziehbar in Höhe des Zinsertrags, darüber hinaus nur bis zur Höhe von 30 Prozent des um die Zinsaufwendungen und um die nach § 6 Abs. 2 Satz 1, § 6 Abs. 2a Satz 2 und § 7 dieses Gesetzes abgesetzten Beträge erhöhten sowie um die Zinserträge verminderten maßgeblichen Gewinns. [2]Zinsaufwendungen, die nicht abgezogen werden dürfen, sind in die folgenden Wirtschaftsjahre vorzutragen (Zinsvortrag). [3]Sie erhöhen die Zinsaufwendungen dieser Wirtschaftsjahre, nicht aber den maßgeblichen Gewinn.

(2) [1]Absatz 1 Satz 1 ist nicht anzuwenden, wenn

a) **der Betrag der Zinsaufwendungen, soweit er den Betrag der Zinserträge übersteigt, weniger als eine Million Euro beträgt,**

b) **der Betrieb nicht oder nur anteilmäßig zu einem Konzern gehört oder**

1) § 4h EStG wurde durch das Unternehmensteuerreformgesetz 2008 eingefügt und ist erstmals für Wirtschaftsjahre anzuwenden, die nach dem 25. 5. 2007 beginnen und nicht vor dem 1. 1. 2008 enden → § 52 Abs. 12d EStG.

c) der Betrieb zu einem Konzern gehört und seine Eigenkapitalquote am Schluss des vorangegangenen Abschlussstichtages gleich hoch oder höher ist als die des Konzerns (Eigenkapitalvergleich). [2]Ein Unterschreiten der Eigenkapitalquote des Konzerns bis zu einem Prozentpunkt ist unschädlich.

[3]Eigenkapitalquote ist das Verhältnis des Eigenkapitals zur Bilanzsumme; sie bemisst sich nach dem Konzernabschluss, der den Betrieb umfasst, und ist für den Betrieb auf der Grundlage des Jahresabschlusses oder Einzelabschlusses zu ermitteln. [4]Wahlrechte sind im Konzernabschluss und im Jahresabschluss oder Einzelabschluss einheitlich auszuüben; bei gesellschaftsrechtlichen Kündigungsrechten ist insoweit mindestens das Eigenkapital anzusetzen, das sich nach den Vorschriften des Handelsgesetzbuchs ergeben würde. [5]Bei der Ermittlung der Eigenkapitalquote des Betriebs ist das Eigenkapital um einen im Konzernabschluss enthaltenen Firmenwert, soweit er auf den Betrieb entfällt, und um die Hälfte von Sonderposten mit Rücklagenanteil (§ 273 des Handelsgesetzbuchs) zu erhöhen sowie um das Eigenkapital, das keine Stimmrechte vermittelt – mit Ausnahme von Vorzugsaktien –, die Anteile an anderen Konzerngesellschaften und um Einlagen der letzten sechs Monate vor dem maßgeblichen Abschlussstichtag, soweit ihnen Entnahmen oder Ausschüttungen innerhalb der ersten sechs Monate nach dem maßgeblichen Abschlussstichtag gegenüberstehen, zu kürzen. [6]Die Bilanzsumme ist um Kapitalforderungen zu kürzen, die nicht im Konzernabschluss ausgewiesen sind und denen Verbindlichkeiten im Sinne des Absatzes 3 in mindestens gleicher Höhe gegenüberstehen. [7]Sonderbetriebsvermögen ist dem Betrieb der Mitunternehmerschaft zuzuordnen, soweit es im Konzernvermögen enthalten ist.

[8]Die für den Eigenkapitalvergleich maßgeblichen Abschlüsse sind einheitlich nach den International Financial Reporting Standards (IFRS) zu erstellen. [9]Hiervon abweichend können Abschlüsse nach dem Handelsrecht eines Mitgliedstaats der Europäischen Union verwendet werden, wenn kein Konzernabschluss nach den IFRS zu erstellen und offen zu legen ist und für keines der letzten fünf Wirtschaftsjahre ein Konzernabschluss nach den IFRS erstellt wurde; nach den Generally Accepted Accounting Principles der Vereinigten Staaten von Amerika (US-GAAP) aufzustellende und offen zu legende Abschlüsse sind zu verwenden, wenn kein Konzernabschluss nach den IFRS oder dem Handelsrecht eines Mitgliedstaats der Europäischen Union zu erstellen und offen zu legen ist. [10]Der Konzernabschluss muss den Anforderungen an die handelsrechtliche Konzernrechnungslegung genügen oder die Voraussetzungen erfüllen, unter denen ein Abschluss nach den §§ 291 und 292 des Handelsgesetzbuchs befreiende Wirkung hätte. [11]Wurde der Jahresabschluss oder Einzelabschluss nicht nach denselben Rechnungslegungsstandards wie der Konzernabschluss aufgestellt, ist die Eigenkapitalquote des Betriebs in einer Überleitungsrechnung nach den für den Konzernabschluss geltenden Rechnungslegungsstandards zu ermitteln. [12]Die Überleitungsrechnung ist einer prüferischen Durchsicht zu unterziehen. [13]Auf Verlangen der Finanzbehörde ist der Abschluss oder die Überleitungsrechnung des Betriebs durch einen Abschlussprüfer zu prüfen, der die Voraussetzungen des § 319 des Handelsgesetzbuchs erfüllt.

[14]Ist ein dem Eigenkapitalvergleich zugrunde gelegter Abschluss unrichtig und führt der zutreffende Abschluss zu einer Erhöhung der nach Absatz 1 nicht abziehbaren Zinsaufwendungen, ist ein Zuschlag entsprechend § 162 Abs. 4 Satz 1 und 2 der Abgabenordnung festzusetzen. [15]Bemessungsgrundlage für den Zuschlag sind die nach Absatz 1 nicht abziehbaren Zinsaufwendungen. [16]§ 162 Abs. 4 Satz 4 bis 6 der Abgabenordnung gilt sinngemäß.

[2]Ist eine Gesellschaft, bei der der Gesellschafter als Mitunternehmer anzusehen ist, unmittelbar oder mittelbar einer Körperschaft nachgeordnet, gilt für die Gesellschaft § 8a Abs. 2 und 3 des Körperschaftsteuergesetzes entsprechend.

(3) [1]Maßgeblicher Gewinn ist der nach den Vorschriften dieses Gesetzes mit Ausnahme des Absatzes 1 ermittelte steuerpflichtige Gewinn. [2]Zinsaufwendungen sind Vergütungen für Fremdkapital, die den maßgeblichen Gewinn gemindert haben. [3]Zinserträge sind Erträge aus Kapitalforderungen jeder Art, die den maßgeblichen Gewinn erhöht haben. [4]Die Auf- und Abzinsung unverzinslicher oder niedrig verzinslicher Verbindlichkeiten oder Kapitalforderungen führen ebenfalls zu Zinserträgen oder Zinsaufwendungen. [5]Ein Betrieb gehört zu einem Konzern, wenn er nach dem für die Anwendung des Absatzes 2 Satz 1 Buchstabe c zugrunde gelegten Rechnungslegungsstandard mit einem oder mehreren anderen Betrieben konsolidiert wird oder werden könnte. [6]Ein Betrieb gehört für Zwecke des Absatzes 2 auch zu einem Konzern, wenn seine Finanz- und Geschäftspolitik mit einem oder mehreren anderen Betrieben einheitlich bestimmt werden kann.

(4) [1]Der Zinsvortrag ist gesondert festzustellen. [2]Zuständig ist das für die gesonderte Feststellung des Gewinns und Verlusts der Gesellschaft zuständige Finanzamt, im Übrigen das für die Besteuerung zuständige Finanzamt. [3]§ 10d Abs. 4 gilt sinngemäß. [4]Feststellungsbescheide sind

zu erlassen, aufzuheben oder zu ändern, soweit sich der nach Satz 1 festzustellende Betrag ändert.

(5) [1]Bei Aufgabe oder Übertragung des Betriebs geht ein nicht verbrauchter Zinsvortrag unter. [2]Scheidet ein Mitunternehmer aus einer Gesellschaft aus, geht der Zinsvortrag anteilig mit der Quote unter, mit der der ausgeschiedene Gesellschafter an der Gesellschaft beteiligt war. ***[3]§ 8c des Körperschaftsteuergesetzes ist auf den Zinsvortrag einer Gesellschaft entsprechend anzuwenden, soweit an dieser unmittelbar oder mittelbar eine Körperschaft als Mitunternehmer beteiligt ist.*** [1])

H 4h

Hinweise

Anm.:

Ungeachtet des zwischenzeitlich veröffentlichten Anwendungsschreibens der Finanzverwaltung werden wegen der grundsätzlichen Bedeutung der Vorschrift zur Erläuterung Auszüge aus der amtlichen Gesetzesbegründung (BT-Drs. 16/4841 bzw. 16/5377) bzw. dem Bericht des Finanzausschusses des Deutschen Bundestages (BT-Drs. 16/5491) abgedruckt:

BT-Drs. 16/4841 bzw. 16/5377 (zum Gesetzentwurf):

Die Vorschriften des § 4h und § 8a KStG in der Fassung dieses Gesetzes (Zinsschranke) beschränken die Abziehbarkeit von Zinsaufwendungen in Abhängigkeit vom Gewinn. Die bisherige Regelung zur Gesellschafterfremdfinanzierung des § 8a KStG a. F. wird durch die Neuregelung ersetzt. Anders als § 8a KStG a. F. erfasst die Zinsschranke neben Vergütungen, die an wesentlich beteiligte Anteilseigner gezahlt werden, jede Art der Fremdfinanzierung, also insbesondere auch die Bankenfinanzierung. Mit der Zinsschranke wird das inländische Steuersubstrat gesichert. Die gewinnabhängige Abzugsbeschränkung gibt einem Konzern Anreize, Gewinne ins Inland zu verlagern, da so die Abzugsmöglichkeiten für Fremdfinanzierungsaufwand verbessert werden kann. Darüber hinaus wird durch einen konzernweiten Vergleich der Eigenkapitalquote eine einseitige Verlagerung von Fremdfinanzierungsaufwand ins Inland verhindert. Nicht zum Abzug zugelassene Zinsaufwendungen können in den folgenden Jahren im Rahmen der Zinsschranke abgezogen werden. Von der Zinsschranke sind im Grundsatz nicht betroffen vor allem Einzelunternehmen, die keine weiteren Beteiligungen halten, die im Mittelstand weit verbreitete Betriebsaufspaltung, Organkreise, PPP-Projektgesellschaften, die nicht in einen Konzern eingebunden sind, und Verbriefungszweckgesellschaften. Die Zinsschranke ist in diesen Fällen allenfalls bei einer Gesellschafterfremdfinanzierung anzuwenden.

Absatz 1[2])

Zinsaufwendungen eines Betriebs sind in Höhe des Zinsertrages desselben Wirtschaftsjahres abziehbar. Darüber hinausgehende Zinsaufwendungen dürfen nur bis zur Höhe von 30 % des um die Zinsaufwendungen erhöhten und um die Zinserträge verminderten maßgeblichen Gewinns abgezogen werden. Absatz 1 findet nur auf die inländische Gewinnermittlung Anwendung. In vorhergehenden Wirtschaftsjahren nicht zum Abzug zugelassene Zinsaufwendungen können im Rahmen des § 4h zum Abzug zugelassen werden, erhöhen aber nicht den maßgeblichen Gewinn dieses Jahres. Damit wird sichergestellt, dass Zinsvorträge aus vorhergehenden Wirtschaftsjahren nicht das Abzugsvolumen für den Abzug von Zinsaufwendungen des laufenden Wirtschaftsjahres erhöhen.

Nach § 8 Nr. 1 Buchstabe a GewStG sind Entgelte für Schulden insoweit hinzuzurechnen, als sie bei der Ermittlung des Gewinns abgesetzt worden sind. Sind Zinsaufwendungen nach § 4h Abs. 1 nicht abziehbar, findet keine Hinzurechnung bei der Gewerbesteuer statt. Erfolgt der Abzug von Zinsaufwendungen in einem späteren Wirtschaftsjahr (Zinsvortrag), greift § 8 Nr. 1 Buchstabe a GewStG für die gesamten in diesem Wirtschaftsjahr zum Abzug zugelassenen

1) ***Absatz 5 Satz 3 wurde durch das JStG 2009 angefügt und ist erstmals auf schädliche Beteiligungserwerbe nach dem 28. 11. 2008 anzuwenden, deren sämtliche Erwerbe und gleichgestellte Rechtsakte nach dem 28. November 2008 stattfinden → § 52 Abs. 12d Satz 2 EStG.***

2) Die vom Gesetzentwurf abweichende Fassung des Absatzes 1 wurde von FzBT (→ BT-Drs. 16/5491) wie folgt erläutert:
Die Ausgangsgröße für den Abzug der Zinsaufwendungen im Rahmen der Zinsschranke wird um Abschreibungen erweitert. Abschreibungen in diesem Sinne sind Absetzungen für Abnutzung im Sinne des § 7 EStG einschließlich der als Betriebsausgaben abgesetzten Beträge für geringwertige Wirtschaftsgüter (GWG) und der Abschreibungen auf den Sammelposten nach § 6 Abs. 2a Satz 2 EStG.
Die Maßnahme schafft dadurch, dass der Abzug von Finanzierungsaufwand auch von der Abschreibung inländischer Wirtschaftsgüter abhängt, einen zusätzlichen Anreiz für Anlageinvestitionen in Deutschland. Damit unterstützt sie das Ziel der Unternehmenssteuerreform, die Attraktivität Deutschlands als Investitionsstandort zu erhöhen.

Zinsaufwendungen und zwar unabhängig davon, ob es sich um Zinsaufwendungen aus einem Zinsvortrag oder um Zinsaufwendungen des jeweiligen Wirtschaftsjahres handelt.

Absatz 2[1])

Die Freigrenze von 1 Mio. € für die die Zinserträge übersteigenden Zinsaufwendungen stellt sicher, dass kleine und mittlere Betriebe nicht von der Beschränkung der Abzugsfähigkeit der Zinsaufwendungen betroffen sind. Sie gilt für Zinsaufwendungen, die Teil einer inländischen Gewinnermittlung sind.

Die Zinsschranke (§ 4h Abs. 1) findet nach § 4h Abs. 2 Satz 1 Buchstabe b ferner keine Anwendung, wenn der Betrieb nicht Teil eines Konzerns im Sinne von § 4h Abs. 3 ist. Das ist typischerweise der Fall für einen Einzelunternehmer, der keine weiteren Beteiligungen hält oder für eine Kapitalgesellschaft, die sich im Streubesitz befindet und ebenfalls keine weiteren Beteiligungen hält.

Die Zinsschranke (§ 4h Abs. 1) findet nach § 4h Abs. 2 Satz 1 Buchstabe c auch keine Anwendung, wenn der Betrieb Teil eines Konzerns im Sinne von § 4h Abs. 3 ist und seine Eigenkapitalquote die Eigenkapitalquote des Konzerns, dem er angehört, nicht unterschreitet.

Für Kapitalgesellschaften gelten daneben die Sonderregelungen des § 8a KStG in der Fassung dieses Gesetzes. Die Ausnahme von der Anwendung der Zinsschranke für nicht konzernangehörige Betriebe nach § 4h Abs. 2 Satz 1 Buchstabe b und für konzernangehörige Betriebe nach § 4h Abs. 2 Satz 1 Buchstabe c greift danach nicht, wenn eine schädliche Gesellschafterfremdfinanzierung vorliegt. Bei Personengesellschaften und anderen Gesellschaften, bei denen der Gesellschafter als Mitunternehmer anzusehen ist, gilt § 8a KStG in der Fassung dieses Gesetzes entsprechend, wenn sie einer Körperschaft nachgeordnet sind und damit § 15 Abs. 1 Satz 1 Nr. 2 EStG für die Zinsaufwendungen der Gesellschaft keine Anwendung findet.

Von der Beschränkung der Abziehbarkeit der Zinsaufwendungen sind damit nur Betriebe betroffen, deren Eigenkapitalquote schlechter ist als die des Konzerns, dem sie angehören, oder die – sofern es sich um eine Kapitalgesellschaft oder eine nachgeordnete Personengesellschaft handelt – eine schädliche Gesellschafterfremdfinanzierung aufweisen.

Das Eigenkapital des Betriebs und des Konzerns sind einheitlich nach den International Financial Reporting Standards (IFRS) zu ermitteln. Auf die IFRS wird durch die Verweisung auf die §§ 291 und 292 HGB Bezug genommen. IFRS sind die nach dem Verfahren der Artikel 2, 3 und 6 der Verordnung (EG) Nr. 1606/2002 des Europäischen Parlaments und des Rates vom 19. Juli 2002 betreffend die Anwendung internationaler Rechnungslegungsstandards (ABl. EG Nr. L 243 S. 1) in der jeweils geltenden Fassung der Verordnung (EG) Nr. 1725/2003 der Kommission vom 29. September 2003 betreffend die Übernahme bestimmter internationaler Rechnungslegungsstandards in Übereinstimmung mit der Verordnung (EG) Nr. 1606/2002 des Europäischen Parlaments und des Rates (ABl. EU Nr. L 261 S. 1) übernommenen internationalen Rechnungslegungsstandards. Abschlüsse nach dem Handelsrecht eines Mitgliedstaats der Europäischen Union können verwendet werden, wenn kein Konzernabschluss nach den IFRS zu erstellen und offen zu legen ist und für keines der letzten fünf Wirtschaftsjahre ein Konzernabschluss nach den IFRS erstellt wurde. Voraussetzung ist, dass der Abschluss die Anforderungen nach

---

1) Die vom Gesetzentwurf abweichende Fassung des Absatzes 2 wurde von FzBT (→ BT-Drs. 16/5491) wie folgt erläutert:
Zu § 4h Abs. 2 Satz 1 Buchstabe c Satz 4
Der Rechnungslegungsstandard IAS 32.18b führt dazu, dass die Kapitalkonten bei einer Personengesellschaft in der Regel nicht als Eigenkapital gelten. IAS 32.18b bestimmt, dass eine Verbindlichkeit auszuweisen ist, wenn dem Anteilseigner von Personengesellschaften, Genossenschaften und Fonds das Recht zusteht, seinen Anteil jederzeit gegen eine Abfindung zurückzugeben. Das gilt selbst dann, wenn die Kündigung noch nicht ausgeübt ist und es sich wirtschaftlich um Eigenkapital handelt. § 4h Abs. 2 Buchstabe c Satz 4 2. Halbsatz EStG sieht deshalb vor, dass in Zusammenhang mit gesellschaftsrechtlich zustehenden Kündigungsrechten insoweit mindestens das Eigenkapital auszuweisen ist, das sich nach den Vorschriften des Handelsgesetzbuchs ergeben würde. Die Regelung ist lediglich klarstellender Art. Die Gesetzesbegründung zu § 4h Abs. 3 EStG sieht bereits vor, dass bei Personengesellschaften das Eigenkapital aufgrund der Anwendung von IAS 32 nicht zu niedrig ausgewiesen werden soll.
Zu § 4h Abs. 2 Satz 1 Buchstabe c Satz 5
Bei der Ermittlung der Eigenkapitalquote des Betriebs ist das Eigenkapital um als Eigenkapital ausgewiesene Beträge zu vermindern, die keine Stimmrechte vermitteln. Damit soll sichergestellt werden, dass Mezzanine-Kapital, das nach den zur Anwendung kommenden Rechnungslegungsstandards bilanzrechtlich als Eigenkapital ausgewiesen wird, obwohl darauf gezahlte Vergütungen als Betriebsausgaben abgezogen werden könnten, nicht die Eigenkapitalquote des Betriebs erhöht. Kennzeichnend für Mezzanine-Kapital ist das Fehlen von Stimmrechten für die Kapitalgeber. Die ausdrückliche gesetzliche Regelung für Vorzugsaktien (§ 139 AktG) stellt sicher, dass diese gesellschaftsrechtliche Kapitalüberlassung nicht von der Kürzung betroffen ist. Es handelt sich um eine klarstellende Regelung. Das Wort „Konzernkapitalgesellschaften" wird durch das Wort „Konzerngesellschaften" ersetzt. Es handelt sich um eine redaktionelle Änderung.

§ 290 HGB erfüllt oder nach den §§ 291 und 292 HGB befreiende Wirkung hat oder hätte. Die US-GAAP sind nachrangig anzuwenden, wenn weder Abschlüsse nach den IFRS noch nach dem Handelsrecht eines Mitgliedstaats der Europäischen Union zu erstellen und offen zu legen sind. Die US-GAAP finden nur Anwendung, wenn eine Verpflichtung zur Erstellung und Offenlegung eines Konzernabschlusses nach US-GAAP besteht und der Konzernabschluss gleichwertig zu einem im Einklang mit der Richtlinie 83/349/EWG des Rates vom 13. Juni 1983 über den konsolidierten Abschluss (ABl. EG Nr. L 193 S. 1) in der jeweils geltenden Fassung aufgestellten Konzernabschluss ist und damit gemäß § 292 HGB und der Verordnung über befreiende Konzernabschlüsse und Konzernlageberichte von Mutterunternehmen mit Sitz in einem Drittstaat (KonBefrV) in Verbindung mit § 291 HGB befreiende Wirkung hat oder hätte. Andere Rechnungslegungsstandards sind aus Gründen der Praktikabilität und der Administrierbarkeit durch die Finanzverwaltung nicht zugelassen.

Für die Ermittlung der Eigenkapitalquote des Konzerns ist der nach dem angewandten Rechnungslegungsstandard konsolidierte Konzernabschluss zu Grunde zu legen. Für den jeweiligen Betrieb ist ein Einzelabschluss nach dem nämlichen Rechnungslegungsstandard zu erstellen. Liegt kein Einzelabschluss nach § 325 Abs. 2a HGB oder kein handelsrechtlicher Jahresabschluss des Betriebs vor, der nach den gleichen Rechnungslegungsgrundsätzen wie der Konzernabschluss aufgestellt worden ist, ist für den Nachweis der Eigenkapitalquote eine Überleitungsrechnung zu dem jeweils zur Anwendung kommenden Rechnungslegungsstandard unter Verwendung eines bereits vorhandenen Abschlusses ausreichend. Anhangangaben sind nur erforderlich, soweit darin für die Eigenkapitalquote erforderliche Angaben enthalten sind. Wahlrechte sind im Konzernabschluss und im Einzelabschluss des Betriebs einheitlich auszuüben. Vermögenswerte und Schulden einschließlich Rückstellungen, Bilanzierungshilfen, Rechnungsabgrenzungsposten u. ä. sind im Einzelabschluss mit den Werten anzusetzen, mit denen sie im Konzernabschluss ausgewiesen sind.

Um eine Vergleichbarkeit des Konzernabschlusses mit dem des Einzelabschlusses herzustellen, ist das Eigenkapital des Einzelabschlusses um einen im Konzernabschluss enthaltenen und auf den Betrieb entfallenden Firmenwert zu erhöhen.

In der Handelbilanz nach § 273 HGB ausgewiesene Sonderposten mit Rücklageanteil sind dem Eigenkapital des Betriebs zur Hälfte hinzuzurechnen, da der Sonderposten unversteuerte Rücklagen ausweist, die wirtschaftlich gesehen aus einem EK- und einem FK-Anteil bestehen.

Mezzanine-Kapital und Anteile an anderen Konzernkapitalgesellschaften sind bei der Ermittlung des Eigenkapitals des Betriebs zu kürzen. Um Gestaltungen zu unterbinden, gilt entsprechendes auch für Entnahmen oder Ausschüttungen innerhalb von sechs Monaten nach dem maßgeblichen Abschlussstichtag, denen Einlagen aus den letzten sechs Monaten vor dem maßgeblichen Abschlussstichtag gegenüber stehen.

Die Bilanzsumme ist um Kapitalforderungen im Sinne des § 4h Abs. 3 zu kürzen, die gegenüber anderen Konzerngesellschaften bestehen und die deshalb nicht im konsolidierten Konzernabschluss enthalten sind, und denen Verbindlichkeiten in mindestens gleicher Höhe gegenüberstehen. Damit wird gewährleistet, dass Fremdkapital des Betriebs, das einem anderen Konzernunternehmen als Darlehen zur Verfügung gestellt wird, nicht die EK-Quote des Betriebs belastet.

Sonderbetriebsvermögen bei Personengesellschaften bzw. bei anderen Gesellschaften, bei denen der Gesellschafter als Mitunternehmer anzusehen ist, sind dem Betrieb der Mitunternehmerschaft zuzuordnen. Damit werden Gestaltungsmöglichkeiten durch die Zuordnung von Wirtschaftsgütern verhindert.

Sofern aufgrund spezieller Regelungen in einzelnen Rechnungslegungsstandards (z. B. IAS 32) in den Einzelabschlüssen von Personengesellschaften kein oder nur ein vermindertes Eigenkapital ausgewiesen ist, ist das Eigenkapital der Personengesellschaften ausgehend von den im Konzernabschluss ausgewiesenen Aktiva und Passiva der Personengesellschaften zu ermitteln.

Um Härten zu vermeiden, darf die Eigenkapitalquote des Betriebs die Eigenkapitalquote des Konzerns um bis zu einem Prozentpunkt unterschreiten. Beispiel: Bei einer Eigenkapitalquote des Konzerns von 50 % ist eine Eigenkapitalquote des Betriebs von 49 % ausreichend. In den Vergleich der Eigenkapitalquoten nach § 4h Abs. 2 Satz 1 Buchstabe c ist jeweils der gesamte Betrieb einschließlich der Betriebsteile im Ausland einzubeziehen.

Der Nachweis einer gleich hohen oder höheren Eigenkapitalquote ist durch den Betrieb nur dann erbracht, wenn die Abschlüsse des Betriebs und des Konzerns in deutscher Sprache oder in einer beglaubigten Übersetzung vorgelegt werden und der Konzernabschluss von einem Abschlussprüfer testiert ist. Die prüferische Durchsicht des Einzelabschlusses des Betriebs hat nach den Grundsätzen des Prüfungsstandards IDW PS 900 (verabschiedet durch den IDW-Hauptfachausschuss am 4. September 2001) zu erfolgen. Der Einzelabschluss ist auf Verlangen der Finanzbehörden durch einen Abschlussprüfer zu testieren, der die Voraussetzungen des § 319 HGB erfüllt. § 88 AO sowie die Mitwirkungspflichten der §§ 90 und 200 AO bleiben unberührt.

Ist ein Abschluss, der dem Eigenkapitalvergleich zu Grunde gelegt wurde, unrichtig, ist ein Zuschlag gemäß § 162 Abs. 4 AO festzusetzen.

Absatz 3

Zinsaufwendungen sind Vergütungen für Fremdkapital, die den maßgeblichen Gewinn gemindert haben, wenn die Rückzahlung des Fremdkapitals oder ein Entgelt für die Überlassung des Fremdkapitals zur Nutzung zugesagt oder gewährt worden ist, auch wenn die Höhe des Entgelts von einem ungewissen Ereignis abhängt. Zinserträge sind Erträge aus Kapitalforderungen jeder Art, die den maßgeblichen Gewinn erhöht haben, wenn die Rückzahlung der Kapitalforderung oder ein Entgelt für die Überlassung der Kapitalforderung zur Nutzung zugesagt oder gewährt worden ist, auch wenn die Höhe des Entgelts von einem ungewissen Ereignis abhängt. Die Zinsschranke erfasst danach nur Erträge und Aufwendungen aus der vorübergehenden Überlassung von Geldkapital (Zinserträge und Zinsaufwendungen im engeren Sinne). Hierunter fallen typischerweise die Gewährung oder die Inanspruchnahme von Darlehen, nicht aber der Bezug von Dividenden. Zinsen nach § 233 ff. AO sind nicht einzubeziehen. Skonti und Boni unterliegen ebenfalls nicht der Anwendung des Absatzes 1. Demgegenüber unterliegen Auf- und Abzinsungen des Fremdkapitals bzw. der Kapitalforderungen der Anwendung des Absatzes 1. Auf Deckungsrückstellungen oder Rückstellungen für Beitragsrückerstattung beruhende Leistungen an Versicherungsnehmer bleiben außer Ansatz, da insoweit keine Vergütungen für Fremdkapital i. S. d. § 4h Abs. 3 vorliegen.

Ein Einzelunternehmen oder eine Gesellschaft gehören nicht bereits deshalb zu einem Konzern, weil sie eine oder mehrere Betriebsstätten im Ausland haben. Für die Dotation der Betriebsstätte mit Eigenkapital gelten die Betriebsstätten-Verwaltungsgrundsätze nach dem BMF-Schreiben vom 24. Dezember 1999 (BStBl. I S. 1076).

Umfasst ein nicht konzerngebundenes Einzelunternehmen mehrere Betriebe oder ergibt sich die Gewerblichkeit eines Besitzunternehmens nur aufgrund einer personellen und sachlichen Verflechtung mit dem Betriebsunternehmen (Betriebsaufspaltung), liegt kein Konzern vor.

Für die Anwendung der Zinsschranke wird ein erweiterter Konzernbegriff zugrunde gelegt. Ein Betrieb gehört zu einem Konzern, wenn er nach dem jeweiligen Rechnungslegungsstandard in einen Konzernabschluss einzubeziehen ist oder, ohne dass tatsächlich ein handelsrechtlicher Konzernabschluss erstellt wird, einbezogen werden könnte. Daneben wird ein Konzern für Zwecke der Zinsschranke aber auch angenommen, wenn seine Finanz- und Geschäftspolitik mit einem oder mehreren anderen Betrieben einheitlich bestimmt werden kann (Beherrschungsverhältnis nach IAS 27). Ein Betrieb kann i. d. R. nur durch einen einzelnen mittelbar oder unmittelbar beteiligten Anteilseigner oder Gesellschafter beherrscht werden.

Gemeinschaftlich geführte Unternehmen nach § 310 HGB oder vergleichbare Unternehmen, die nach anderen zur Anwendung kommenden Rechnungslegungsstandards (z. B. IAS 31) nur anteilmäßig in den Konzernabschluss einbezogen werden, gehören für Zwecke der Zinsschranke nicht zu einem Konzern, wenn sie nicht von einem einzelnen Rechtsträger beherrscht werden (z. B. PPP-Projektgesellschaften, die nicht zu einem einzelnen Konzern gehören). Entsprechendes gilt auch für Verbriefungszweckgesellschaften im Rahmen von Asset-Backed-Securities-Gestaltungen, deren Unternehmensgegenstand in dem rechtlichen Erwerb von Forderungen aller Art und/oder der Übernahme von Risiken aus Forderung und Versicherungen liegt, wenn eine Einbeziehung in den Konzernabschluss allein aufgrund einer wirtschaftlichen Betrachtungsweise unter Berücksichtigung der Nutzen- und Risikoverteilung erfolgt ist. Gelten gemeinschaftlich geführte Unternehmen und Verbriefungszweckgesellschaften für Zwecke der Zinsschranke als nicht konzernangehörig, ist deren Vermögen zur Ermittlung der Eigenkapitalquote des Konzerns aus dem Konzernabschluss herauszurechnen.

Konzerne können auch dann vorliegen, wenn eine natürliche Person an der Spitze steht. Das ist z. B. der Fall, wenn eine natürliche Person die Beteiligung an zwei Kapitalgesellschaften hält, die sie beherrscht. Ein Konzern ist z. B. auch dann anzunehmen, wenn eine natürliche Person ein Einzelunternehmen betreibt und darüber hinaus Gesellschafter einer GmbH ist, die sie beherrscht.

Um umfassend zu verhindern, dass im Rahmen von konzerninternen Gestaltungen Finanzierungen und der damit verbundene Aufwand einseitig nach Deutschland verlagert werden, wird für die Ermittlung der Eigenkapitalquote immer der nach dem erweiterten Konzernbegriff größtmögliche Konsolidierungskreis mit dem sich für diesen Konsolidierungskreis ergebenden obersten Rechtsträger zugrunde gelegt. Ein Konsolidierungskreis, für den eine Konsolidierung nach einem Rechungslegungsstandard durchgeführt wird (z. B. ein an der Börse notierter Teilkonzern), muss danach nicht zwangsläufig auch der für Zwecke des § 4h maßgebliche Konsolidierungskreis sein. Die in § 4h Abs. 3 Satz 4 und 5 festgelegten Kriterien für das Vorliegen eines Konzerns führen in vielen Fällen zu einer Erweiterung des Konsolidierungskreises. In den Konsolidierungskreis für die Anwendung der Zinsschranke sind dabei alle Betriebe einzubeziehen, die eine der genannten Konsolidierungsvoraussetzungen erfüllen. Das gilt insbesondere dann, wenn die Muttergesellschaft eines Konsolidierungskreises ihrerseits nach einem Rechungslegungsstandard oder aufgrund eines Beherrschungsverhältnisses die Voraussetzungen für die Einbeziehung in einen größeren Konsolidierungskreis erfüllt.

Die Eigenkapitalquote ermittelt sich wie folgt: Eigenkapital (nach dem jeweiligen Rechnungslegungsstandard)/Bilanzsumme * 100. Maßgebend ist die Eigenkapitalquote auf den letzten Abschlussstichtag vor Beginn des jeweiligen Wirtschaftsjahres.

Absatz 4

Der jeweilige Zinsvortrag ist entsprechend § 10d Abs. 4 gesondert festzustellen.

Absatz 5

Der Zinsvortrag wird betriebsbezogen ermittelt und festgestellt. Er geht mit Aufgabe oder Übertragung des Betriebs unter. Bei Ausscheiden eines Mitunternehmers aus einer Mitunternehmerschaft geht der Zinsvortrag entsprechend den Grundsätzen zu § 10a GewStG anteilig unter.

EStG
S 2133

§ 5 Gewinn bei Kaufleuten und bei bestimmten anderen Gewerbetreibenden

(1) [1]Bei Gewerbetreibenden, die auf Grund gesetzlicher Vorschriften verpflichtet sind, Bücher zu führen und regelmäßig Abschlüsse zu machen, oder die ohne eine solche Verpflichtung Bücher führen und regelmäßig Abschlüsse machen, ist für den Schluss des Wirtschaftsjahres das Betriebsvermögen anzusetzen (§ 4 Abs. 1 Satz 1), das nach den handelsrechtlichen Grundsätzen ordnungsmäßiger Buchführung auszuweisen ist. [2]Steuerrechtliche Wahlrechte bei der Gewinnermittlung sind in Übereinstimmung mit der handelsrechtlichen Jahresbilanz auszuüben.

(1a) Die Ergebnisse der in der handelsrechtlichen Rechnungslegung zur Absicherung finanzwirtschaftlicher Risiken gebildeten Bewertungseinheiten sind auch für die steuerliche Gewinnermittlung maßgeblich.

S 2134a **(2) Für immaterielle Wirtschaftsgüter des Anlagevermögens ist ein Aktivposten nur anzusetzen, wenn sie entgeltlich erworben wurden.**

S 2137 **(2a) Für Verpflichtungen, die nur zu erfüllen sind, soweit künftig Einnahmen oder Gewinne anfallen, sind Verbindlichkeiten oder Rückstellungen erst anzusetzen, wenn die Einnahmen oder Gewinne angefallen sind.**

S 2137 **(3) [1]Rückstellungen wegen Verletzung fremder Patent-, Urheber- oder ähnlicher Schutzrechte dürfen erst gebildet werden, wenn**

1. der Rechtsinhaber Ansprüche wegen der Rechtsverletzung geltend gemacht hat oder

2. mit einer Inanspruchnahme wegen der Rechtsverletzung ernsthaft zu rechnen ist.

[2]Eine nach Satz 1 Nr. 2 gebildete Rückstellung ist spätestens in der Bilanz des dritten auf ihre erstmalige Bildung folgenden Wirtschaftsjahres gewinnerhöhend aufzulösen, wenn Ansprüche nicht geltend gemacht worden sind.

S 2137 **(4) Rückstellungen für die Verpflichtung zu einer Zuwendung anlässlich eines Dienstjubiläums dürfen nur gebildet werden, wenn das Dienstverhältnis mindestens zehn Jahre bestanden hat, das Dienstjubiläum das Bestehen eines Dienstverhältnisses von mindestens 15 Jahren voraussetzt, die Zusage schriftlich erteilt ist und soweit der Zuwendungsberechtigte seine Anwartschaft nach dem 31. Dezember 1992 erwirbt.**

S 2137 **(4a) [1]Rückstellungen für drohende Verluste aus schwebenden Geschäften dürfen nicht gebildet werden. [2]Das gilt nicht für Ergebnisse nach Absatz 1a.**

S 2137 [1]) **(4b) [1]Rückstellungen für Aufwendungen, die in künftigen Wirtschaftsjahren als Anschaffungs- oder Herstellungskosten eines Wirtschaftsguts zu aktivieren sind, dürfen nicht gebildet werden. [2]Rückstellungen für die Verpflichtung zur schadlosen Verwertung radioaktiver Reststoffe sowie ausgebauter oder abgebauter radioaktiver Anlagenteile dürfen nicht gebildet werden, soweit Aufwendungen im Zusammenhang mit der Bearbeitung oder Verarbeitung von Kernbrennstof-**

1) Zur Auflösung bisheriger Rückstellungen → § 52 Abs. 14 EStG.

fen stehen, die aus der Aufarbeitung bestrahlter Kernbrennstoffe gewonnen worden sind und keine radioaktiven Abfälle darstellen.

(5) [1]Als Rechnungsabgrenzungsposten sind nur anzusetzen S2134b

1. **auf der Aktivseite Ausgaben vor dem Abschlussstichtag, soweit sie Aufwand für eine bestimmte Zeit nach diesem Tag darstellen;**
2. **auf der Passivseite Einnahmen vor dem Abschlussstichtag, soweit sie Ertrag für eine bestimmte Zeit nach diesem Tag darstellen.**

[2]Auf der Aktivseite sind ferner anzusetzen

1. **als Aufwand berücksichtigte Zölle und Verbrauchsteuern, soweit sie auf am Abschlussstichtag auszuweisende Wirtschaftsgüter des Vorratsvermögens entfallen,**
2. **als Aufwand berücksichtigte Umsatzsteuer auf am Abschlussstichtag auszuweisende Anzahlungen.**

(6) Die Vorschriften über die Entnahmen und die Einlagen, über die Zulässigkeit der Bilanzänderung, über die Betriebsausgaben, über die Bewertung und über die Absetzung für Abnutzung oder Substanzverringerung sind zu befolgen.

5.1. Allgemeines zum Betriebsvermögensvergleich nach § 5 EStG

R 5.1

– unbesetzt –

Hinweise

H 5.1

Betriebsvermögensvergleich für gewerbliche Betriebe

→ R 4.1 Abs. 2

Bodengewinnbesteuerung

→ H 55 (Abschreibung auf den niedrigeren Teilwert, Bodengewinnbesteuerung)

Buchführungspflicht einer Personenhandelsgesellschaft

für ihr gesamtes Betriebsvermögen (→ R 4.2 Abs. 2) einschließlich etwaigen Sonderbetriebsvermögens der Gesellschafter ergibt sich aus § 141 AO (→ BFH vom 23. 10. 1990 – BStBl 1991 II S. 401 und vom 11. 3. 1992 – BStBl II S. 797).

Buchführungs- und Aufzeichnungspflichten nach anderen Gesetzen

→ AEAO zu § 140 AO

Gesetzliche Vorschriften

für die Buchführung und den Jahresabschluss i. S. d. § 5 Abs. 1 Satz 1 EStG sind die handelsrechtlichen Vorschriften (§§ 238, 240, 242, 264–264c, 336, 340a und 341a HGB) die Vorschriften des § 141 AO. Nicht darunter fallen Vorschriften, die nur die Führung bestimmter Geschäftsbücher vorschreiben, aber keine Abschlüsse verlangen. Anhang 13

Gewinnermittlung für Sonderbetriebsvermögen der Gesellschafter

Gewinnermittlung für Sonderbetriebsvermögen der Gesellschafter einer gewerblich tätigen Personenhandelsgesellschaft (→ R 4.2 Abs. 2) richtet sich ebenfalls nach § 5 EStG (→ BFH vom 11. 3. 1992 – BStBl II S. 797); sie erfolgt in der Weise, dass die Steuerbilanz der Gesellschaft mit den Ergebnissen etwaiger Ergänzungsbilanzen und den Sonderbilanzen der Gesellschafter zusammengefasst wird.

Handelsregister

- **Eintragung im Handelsregister** ist für Annahme eines Gewerbebetriebs allein nicht entscheidend (→ BFH vom 29. 1. 1952 – BStBl III S. 99 und vom 14. 2. 1956 – BStBl III S. 103).
- **Personengesellschaft** – Ist eine Personengesellschaft in das Handelsregister eingetragen, so besteht die Vermutung, dass gewerbliche Einkünfte vorliegen (→ BFH vom 6. 10. 1977 – BStBl 1978 II S. 54). Diese Vermutung kann durch den Nachweis widerlegt werden, dass die

Personengesellschaft eindeutig kein Handelsgewerbe betreibt (→ BFH vom 19. 3. 1981 – BStBl II S. 527).

– **Saatzuchtbetrieb** – Inhaber eines Saatzuchtbetriebs erzielt auch dann Einkünfte aus Land- und Forstwirtschaft, wenn seine Firma im Handelsregister eingetragen ist.

R 5.2

5.2. Ordnungsmäßige Buchführung

S 2160

Kreditgeschäfte und ihre periodenweise Erfassung

(1) [1]Bei Kreditgeschäften sind die Entstehung der Forderungen und Schulden und ihre Tilgung grundsätzlich als getrennte Geschäftsvorfälle zu behandeln. [2]Bei einer doppelten Buchführung ist für Kreditgeschäfte in der Regel ein Kontokorrentkonto, unterteilt nach Schuldnern und Gläubigern, zu führen. [3]Es ist jedoch nicht zu beanstanden, wenn Waren- und Kostenrechnungen, die innerhalb von acht Tagen nach Rechnungseingang oder innerhalb der ihrem gewöhnlichen Durchlauf durch den Betrieb entsprechenden Zeit beglichen werden, kontokorrentmäßig nicht erfasst werden. [4]Werden bei der Erstellung der Buchführung die Geschäftsvorfälle nicht laufend, sondern nur periodenweise gebucht, ist es nicht zu beanstanden, wenn die Erfassung der Kreditgeschäfte eines Monats im Grundbuch bis zum Ablauf des folgenden Monats erfolgt, sofern durch organisatorische Vorkehrungen sichergestellt ist, dass Buchführungsunterlagen bis zu ihrer Erfassung im Grundbuch nicht verloren gehen, z. B. durch laufende Nummerierung der eingehenden und ausgehenden Rechnungen oder durch ihre Ablage in besonderen Mappen oder Ordnern. [5]Neben der Erfassung der Kreditgeschäfte in einem Grundbuch müssen die unbaren Geschäftsvorfälle, aufgegliedert nach Geschäftspartnern, kontenmäßig dargestellt werden. [6]Dies kann durch Führung besonderer Personenkonten oder durch eine geordnete Ablage der nicht ausgeglichenen Rechnungen (Offene-Posten-Buchhaltung) erfüllt werden. [7]Ist die Zahl der Kreditgeschäfte verhältnismäßig gering, gelten hinsichtlich ihrer Erfassung die folgenden Erleichterungen:

a) Besteht kein laufender unbarer Geschäftsverkehr mit Geschäftspartnern, müssen für jeden Bilanzstichtag über die an diesem Stichtag bestehenden Forderungen und Schulden Personenübersichten aufgestellt werden.

b) Einzelhändler und Handwerker können Krediteinkäufe und Kreditverkäufe kleineren Umfangs vereinfacht buchen. [2]Es genügt, wenn sie die Wareneinkäufe auf Kredit im Wareneingangsbuch in einer besonderen Spalte als Kreditgeschäfte kennzeichnen und den Tag der Begleichung der Rechnung vermerken. [3]Bei Kreditverkäufen reicht es aus, wenn sie einschließlich der Zahlung in einer Kladde festgehalten werden, die als Teil der Buchführung aufzubewahren ist. [4]Außerdem müssen in beiden Fällen für jeden Bilanzstichtag Personenübersichten aufgestellt werden.

Mängel der Buchführung

(2) [1]Enthält die Buchführung formelle Mängel, ist ihre Ordnungsmäßigkeit nicht zu beanstanden, wenn das sachliche Ergebnis der Buchführung dadurch nicht beeinflusst wird und die Mängel kein erheblicher Verstoß gegen die Anforderungen an die zeitgerechte Erfassung der Geschäftsvorfälle, die besonderen Anforderungen bei Kreditgeschäften, die Aufbewahrungsfristen sowie die Besonderheiten bei der Buchführung auf Datenträgern sind. [2]Enthält die Buchführung materielle Mängel, z. B. wenn Geschäftsvorfälle nicht oder falsch gebucht sind, wird ihre Ordnungsmäßigkeit dadurch nicht berührt, wenn es sich dabei um unwesentliche Mängel handelt, z. B. wenn nur unbedeutende Vorgänge nicht oder falsch dargestellt sind. [3]Die Fehler sind dann zu berichtigen, oder das Buchführungsergebnis ist durch eine Zuschätzung richtig zu stellen. [4]Bei schwerwiegenden materiellen Mängeln gilt R 4.1 Abs. 2 Satz 3.

H 5.2

Hinweise

Allgemeines

Bei der Gewinnermittlung nach § 5 EStG sind – soweit sich aus den Steuergesetzen nichts anderes ergibt – die handelsrechtlichen Rechnungslegungsvorschriften sowie die Vorschriften der §§ 140 bis 148, 154 AO zu beachten. Handelsrechtliche Rechnungslegungsvorschriften i. S. d. Satzes 1 sind die Vorschriften des Ersten Abschnitts, für bestimmte Personenhandelsgesellschaften und Kapitalgesellschaften außerdem die des Zweiten Abschnitts des Dritten Buchs des HGB. Entsprechen die Buchführung und die Aufzeichnungen des Stpfl. diesen Vorschriften, so sind sie der Besteuerung zugrunde zu legen, soweit nach den Umständen des Einzelfalles kein Anlass ist, ihre sachliche Richtigkeit zu beanstanden (§ 158 AO).

Aufbewahrungspflichten

- → § 147 AO (Ordnungsvorschriften für die Aufbewahrung von Unterlagen).
- → AEAO zu § 147 AO.
- Haben Rechnungen usw. Buchfunktion, z. B. bei der Offene-Posten-Buchhaltung, so sind sie so lange wie Bücher aufzubewahren (§ 146 Abs. 5 i. V. m. § 147 Abs. 3 AO).
- Eine Aufbewahrung der Registrierkassenstreifen, Kassenzettel, Bons und dergleichen ist im Einzelfall nicht erforderlich, wenn der Zweck der Aufbewahrung in anderer Weise gesichert und die Gewähr der Vollständigkeit der von Registrierkassenstreifen usw. übertragenen Aufzeichnungen nach den tatsächlichen Verhältnissen gegeben ist (→ BFH vom 12. 5. 1966 – BStBl III S. 371). Zum Verzicht auf die Aufbewahrung von Kassenstreifen bei Einsatz von Registrierkassen → BMF vom 9. 1. 1996 (BStBl I S. 34).

Aufzeichnungspflichten

Besondere Aufzeichnungspflichten nach § 4 Abs. 7 EStG → R 4.11.

Bargeschäfte

Grundsätze ordnungsmäßiger Buchführung, Verbuchung von Bargeschäften im Einzelhandel, Identitätsnachweis → BMF vom 5. 4. 2004 (BStBl I S. 419).

Belegablage

Anforderungen an eine geordnete und übersichtliche Belegablage → Erlasse der obersten Finanzbehörden der Länder über die Offene-Posten-Buchhaltung vom 10. 6. 1963 (BStBl II S. 89, 93), BFH vom 16. 9. 1964 (BStBl III S. 654) und vom 23. 9. 1966 (BStBl 1967 III S. 23).

Beweiskraft der Buchführung

→ AEAO zu § 158 AO.

Freie Berufe

Die Angehörigen der freien Berufe, die ihren Gewinn nach § 4 Abs. 1 EStG auf Grund ordnungsmäßiger Buchführung ermitteln, müssen bei der Buchung der Geschäftsvorfälle die allgemeinen Regeln der kaufmännischen Buchführung befolgen (→ BFH vom 18. 2. 1966 – BStBl III S. 496). Das in § 252 Abs. 1 Nr. 4 2. Halbsatz HGB geregelte Realisationsprinzip findet auch für die Gewinnermittlung bilanzierender Freiberufler Anwendung (→ BFH vom 10. 9. 1998 – BStBl 1999 II S. 21).

Gesellschafterwechsel

Eine Personengesellschaft ist nicht verpflichtet, auf den Stichtag eines Gesellschafterwechsels eine Zwischenbilanz aufzustellen (→ BFH vom 9. 12. 1976 – BStBl 1977 II S. 241).

Grundbuchaufzeichnungen

Die Funktion der Grundbuchaufzeichnungen kann auf Dauer auch durch eine geordnete und übersichtliche Belegablage erfüllt werden (§ 239 Abs. 4 HGB; § 146 Abs. 5 AO). Anhang 13

Grundsätze ordnungsmäßiger Buchführung (GoB)

- Eine Buchführung ist ordnungsmäßig, wenn die für die kaufmännische Buchführung erforderlichen Bücher geführt werden, die Bücher förmlich in Ordnung sind und der Inhalt sachlich richtig ist (→ BFH vom 24. 6. 1997 – BStBl 1998 II S. 51).
- Ein bestimmtes Buchführungssystem ist nicht vorgeschrieben; allerdings muss bei Kaufleuten die Buchführung den Grundsätzen der doppelten Buchführung entsprechen (§ 242 Abs. 3 HGB). Im Übrigen muss die Buchführung so beschaffen sein, dass sie einem sachverständigen Anhang 13 Dritten innerhalb angemessener Zeit einen Überblick über die Geschäftsvorfälle und über die Vermögenslage des Unternehmens vermitteln kann. Die Geschäftsvorfälle müssen sich in ihrer Entstehung und Abwicklung verfolgen lassen (§ 238 Abs. 1 HGB; → auch BFH vom 18. 2. 1966 – BStBl III S. 496 und vom 23. 9. 1966 – BStBl 1967 III S. 23). Grundsätze ordnungsmäßiger DV-gestützter Buchführungssysteme (GoBS) → BMF vom 7. 11. 1995 (BStBl I S. 738).
- Bei Aufstellung der Bilanz sind alle wertaufhellenden Umstände zu berücksichtigen, die für die Verhältnisse am Bilanzstichtag von Bedeutung sind (→ BFH vom 20. 8. 2003 – BStBl II S. 941). Als „wertaufhellend" sind nur die Umstände zu berücksichtigen, die zum Bilanzstichtag bereits objektiv vorlagen und nach dem Bilanzstichtag, aber vor dem Tag der Bilanzerstel-

lung lediglich bekannt oder erkennbar wurden (→ BFH vom 19. 10. 2005 – BStBl 2006 II S. 371).

- Verbuchung von Bargeschäften im Einzelhandel → BMF vom 5. 4. 2004 (BStBl I S. 419).
- → Zeitgerechte Erfassung

Inventurunterlagen

Vorlage der Inventurunterlagen → BFH vom 25. 3. 1966 (BStBl III S. 487).

Jahresabschluss

Anhang 13 Der Jahresabschluss muss „innerhalb der einem ordnungsmäßigen Geschäftsgang entsprechenden Zeit" (§ 243 Abs. 3 HGB) aufgestellt werden (→ BFH vom 6. 12. 1983 – BStBl 1984 II S. 227); bei Kapitalgesellschaften gilt § 264 Abs. 1 HGB; bei bestimmten Personenhandelsgesellschaften gilt § 264a i. V. m. § 264 Abs. 1 HGB, soweit nicht § 264b HGB zur Anwendung kommt; bei Versicherungsunternehmen gilt § 341a Abs. 1 HGB.

Kontokorrentkonto

Eine Buchführung ohne Kontokorrentkonto kann ordnungsmäßig sein, wenn die Honorarforderungen der Zeitfolge nach in einem Hilfsbuch erfasst sind und wenn der Stpfl. oder ein sachverständiger Dritter daraus in angemessener Zeit einen Überblick über die Außenstände gewinnen kann (→ BFH vom 18. 2. 1966 – BStBl III S. 496).

Mikrofilmaufnahmen

Verwendung zur Erfüllung gesetzlicher Aufbewahrungspflichten → BMF vom 1. 2. 1984 (BStBl I S. 155).

Personenübersichten

Wo ein laufender unbarer Geschäftsverkehr mit Geschäftsfreunden, der im Interesse der erforderlichen Übersicht die Führung eines kontenmäßig gegliederten Geschäftsfreundebuches sachlich notwendig macht, nicht gegeben ist, genügt es, wenn die unbaren Geschäftsvorfälle in Tagebüchern zeitfolgemäßig aufgezeichnet und im Kontokorrentbuch lediglich die am Bilanzstichtag bestehenden Forderungen und Schulden ausgewiesen werden (→ BFH vom 23. 2. 1951 – BStBl III S. 75).

Zeitgerechte Erfassung

Anhang 13 Die Eintragungen in den Geschäftsbüchern und die sonst erforderlichen Aufzeichnungen müssen vollständig, richtig, zeitgerecht und geordnet vorgenommen werden (§ 239 Abs. 2 HGB). Die zeitgerechte Erfassung der Geschäftsvorfälle erfordert – mit Ausnahme des baren Zahlungsverkehrs – keine tägliche Aufzeichnung. Es muss jedoch ein zeitlicher Zusammenhang zwischen den Vorgängen und ihrer buchmäßigen Erfassung bestehen (→ BFH vom 25. 3. 1992 – BStBl II S. 1010).

R 5.3

5.3. Bestandsaufnahme des Vorratsvermögens

S 2160 **Inventur**

(1) [1]Die Inventur für den Bilanzstichtag braucht nicht am Bilanzstichtag vorgenommen zu werden. [2]Sie muss aber zeitnah – in der Regel innerhalb einer Frist von zehn Tagen vor oder nach dem Bilanzstichtag – durchgeführt werden. [3]Dabei muss sichergestellt sein, dass die Bestandsveränderungen zwischen dem Bilanzstichtag und dem Tag der Bestandsaufnahme anhand von Belegen oder Aufzeichnungen ordnungsgemäß berücksichtigt werden. [4]Können die Bestände aus besonderen, insbesondere klimatischen Gründen nicht zeitnah, sondern erst in einem größeren Zeitabstand vom Bilanzstichtag aufgenommen werden, sind an die Belege und Aufzeichnungen über die zwischenzeitlichen Bestandsveränderungen strenge Anforderungen zu stellen.

Zeitverschobene Inventur

Anhang 13 (2) [1]Nach § 241 Abs. 3 HGB kann die jährliche körperliche Bestandsaufnahme ganz oder teilweise innerhalb der letzten drei Monate vor oder der ersten zwei Monate nach dem Bilanzstichtag durchgeführt werden. [2]Der dabei festgestellte Bestand ist nach Art und Menge in einem besonderen Inventar zu verzeichnen, das auch auf Grund einer → permanenten Inventur erstellt werden kann. [3]Der in dem besonderen Inventar erfasste Bestand ist auf den Tag der Bestandsaufnahme (Inventurstichtag) nach allgemeinen Grundsätzen zu bewerten. [4]Der sich danach ergebende Gesamtwert des Bestands ist dann wertmäßig auf den Bilanzstichtag fortzuschreiben oder zurückzurechnen. [5]Der Bestand braucht in diesem Fall auf den Bilanzstichtag nicht nach Art und Menge festgestellt zu werden; es genügt die Feststellung des Gesamtwerts des Bestands auf den Bilanzstichtag. [6]Die Bestandsveränderungen zwischen dem Inventurstichtag und dem Bilanzstichtag brauchen ebenfalls nicht nach Art und Menge aufgezeichnet zu werden. [7]Sie müssen nur wertmäßig erfasst werden. [8]Das Verfahren zur wertmäßigen Fortschreibung oder Rückrechnung des Gesamtwerts des Bestands am Inventurstichtag auf den Bilanzstichtag muss den Grundsätzen ordnungsmäßiger Buchführung entsprechen. [9]Die Fortschreibung des Warenbestands kann dabei nach der folgenden Formel vorgenommen werden, wenn die Zusammensetzung des Warenbestands am Bilanzstichtag von der des Warenbestands am Inventurstichtag nicht wesentlich abweicht: Wert des Warenbestands am Bilanzstichtag = Wert des Warenbestands am Inventurstichtag zuzüglich Wareneingang abzüglich Wareneinsatz (Umsatz abzüglich des durchschnittlichen Rohgewinns). [10]Voraussetzung für die Inanspruchnahme von steuerlichen Vergünstigungen, für die es auf die Zusammensetzung der Bestände am Bilanzstichtag ankommt, wie z. B. bei der Bewertung nach § 6 Abs. 1 Nr. 2a EStG, ist jedoch, dass die tatsächlichen Bestände dieser Wirtschaftsgüter am Bilanzstichtag durch körperliche Bestandsaufnahme oder durch → permanente Inventur nachgewiesen werden.

Nichtanwendbarkeit der permanenten und der zeitverschobenen Inventur

(3) Eine → permanente oder eine zeitverschobene Inventur ist nicht zulässig

1. für Bestände, bei denen durch Schwund, Verdunsten, Verderb, leichte Zerbrechlichkeit oder ähnliche Vorgänge ins Gewicht fallende unkontrollierbare Abgänge eintreten, es sei denn, dass diese Abgänge auf Grund von Erfahrungssätzen schätzungsweise annähernd zutreffend berücksichtigt werden können;
2. für Wirtschaftsgüter, die – abgestellt auf die Verhältnisse des jeweiligen Betriebs – besonders wertvoll sind.

Fehlerhafte Bestandsaufnahme

(4) [1]Fehlt eine körperliche Bestandsaufnahme, oder enthält das Inventar in formeller oder materieller Hinsicht nicht nur unwesentliche Mängel, ist die Buchführung nicht als ordnungsmäßig anzusehen. [2]R 5.2 Abs. 2 gilt entsprechend.

Anwendungsbereich

(5) Die Absätze 1 bis 4 gelten entsprechend für Stpfl., die nach § 141 Abs. 1 AO verpflichtet sind, Bücher zu führen und auf Grund jährlicher Bestandsaufnahme regelmäßig Abschlüsse zu machen, oder die freiwillig Bücher führen und regelmäßig Abschlüsse machen.

Hinweise

H 5.3

Inventur

- Nach § 240 Abs. 2, § 242 Abs. 1 und 2 HGB haben Kaufleute für den Schluss eines jeden Geschäftsjahrs ein Inventar, eine Bilanz und eine Gewinn- und Verlustrechnung aufzustellen. Das Inventar, in dem die einzelnen Vermögensgegenstände nach Art, Menge und unter Angabe ihres Werts genau zu verzeichnen sind (→ BFH vom 23. 6. 1971 – BStBl II S. 709), ist auf Grund einer **körperlichen Bestandsaufnahme** (Inventur) zu erstellen. Anhang 13
- Inventurerleichterungen → § 241 Abs. 1 HGB, → R 6.8 Abs. 4, → H 6.8 (Festwert), (Gruppenbewertung).
- → Permanente Inventur.

Permanente Inventur

Auf Grund des § 241 Abs. 2 HGB kann das Inventar für den Bilanzstichtag auch ganz oder teilweise auf Grund einer **permanenten Inventur** erstellt werden. Der Bestand für den Bilanzstichtag kann in diesem Fall nach Art und Menge anhand von Lagerbüchern (Lagerkarteien) festgestellt werden, wenn die folgenden Voraussetzungen erfüllt sind: Anhang 13

1. In den Lagerbüchern und Lagerkarteien müssen alle Bestände und alle Zugänge und Abgänge einzeln nach Tag, Art und Menge (Stückzahl, Gewicht oder Kubikinhalt) eingetragen werden. Alle Eintragungen müssen belegmäßig nachgewiesen werden.
2. In jedem Wirtschaftsjahr muss mindestens einmal durch körperliche Bestandsaufnahme geprüft werden, ob das Vorratsvermögen, das in den Lagerbüchern oder Lagerkarteien aus-

gewiesen wird, mit den tatsächlich vorhandenen Beständen übereinstimmt (→ BFH vom 11. 11. 1966 – BStBl 1967 III S. 113). Die Prüfung braucht nicht gleichzeitig für alle Bestände vorgenommen zu werden. Sie darf sich aber nicht nur auf Stichproben oder die Verprobung eines repräsentativen Querschnitts beschränken; die Regelung in § 241 Abs. 1 HGB bleibt unberührt. Die Lagerbücher und Lagerkarteien sind nach dem Ergebnis der Prüfung zu berichtigen. Der Tag der körperlichen Bestandsaufnahme ist in den Lagerbüchern oder Lagerkarteien zu vermerken.

3. Über die Durchführung und das Ergebnis der körperlichen Bestandsaufnahme sind Aufzeichnungen (Protokolle) anzufertigen, die unter Angabe des Zeitpunkts der Aufnahme von den aufnehmenden Personen zu unterzeichnen sind. Die Aufzeichnungen sind wie Handelsbücher zehn Jahre aufzubewahren.

Zeitliche Erfassung von Waren

Gekaufte Waren gehören wirtschaftlich zum Vermögen des Kaufmanns, sobald er die Verfügungsmacht in Gestalt des unmittelbaren oder mittelbaren Besitzes an ihr erlangt hat. Dies ist bei „schwimmender" Ware erst nach Erhalt des Konnossements oder des Auslieferungsscheins der Fall (→ BFH vom 3. 8. 1988 – BStBl 1989 II S. 21).

R 5.4

5.4. Bestandsmäßige Erfassung des beweglichen Anlagevermögens

S 2160

Allgemeines

Anhang 13

(1) [1]Nach § 240 Abs. 2 HGB, §§ 140 und 141 AO besteht die Verpflichtung, für jeden Bilanzstichtag auch ein Verzeichnis der Gegenstände des beweglichen Anlagevermögens aufzustellen (Bestandsverzeichnis). [2]In das Bestandsverzeichnis müssen sämtliche beweglichen Gegenstände des Anlagevermögens, auch wenn sie bereits in voller Höhe abgeschrieben sind, aufgenommen werden. [3]***Das gilt nicht*** für geringwertige Wirtschaftsgüter (§ 6 Abs. 2 EStG)***, für Wirtschaftsgüter, die in einem Sammelposten erfasst werden (§ 6 Abs. 2a EStG),*** und für die mit einem Festwert angesetzten Wirtschaftsgüter (→ Absatz 3). [4]Das Bestandsverzeichnis muss

1. die genaue Bezeichnung des Gegenstandes und
2. seinen Bilanzwert am Bilanzstichtag

enthalten. [5]Das Bestandsverzeichnis ist auf Grund einer jährlichen körperlichen Bestandsaufnahme aufzustellen; R 5.3 Abs. 1 bis 3 gilt sinngemäß.

Zusammenfassen mehrerer Gegenstände

(2) [1]Gegenstände, die eine geschlossene Anlage bilden, können statt in ihren einzelnen Teilen als Gesamtanlage in das Bestandsverzeichnis eingetragen werden, z. B. die einzelnen Teile eines Hochofens einschließlich Zubehör, die einzelnen Teile einer Breitbandstraße einschließlich Zubehör, die Überlandleitungen einschließlich der Masten usw. eines Elektrizitätswerks, die entsprechenden Anlagen von Gas- und Wasserwerken sowie die Wasser-, Gas- und sonstigen Rohrleitungen innerhalb eines Fabrikationsbetriebs. [2]Voraussetzung ist, dass die ***AfA*** auf die Gesamtanlage einheitlich vorgenommen werden. [3]Gegenstände der gleichen Art können unter Angabe der Stückzahl im Bestandsverzeichnis zusammengefasst werden, wenn sie in demselben Wirtschaftsjahr angeschafft sind, die gleiche Nutzungsdauer und die gleichen Anschaffungskosten haben und nach der gleichen Methode abgeschrieben werden.

|

Bestandsaufnahme und Wertanpassung bei Festwerten

(***3***) [1]Für Gegenstände des beweglichen Anlagevermögens, die zulässigerweise mit einem Festwert angesetzt worden sind, ist im Regelfall an jedem dritten, spätestens aber an jedem fünften Bilanzstichtag, eine körperliche Bestandsaufnahme vorzunehmen. [2]Übersteigt der für diesen Bilanzstichtag ermittelte Wert den bisherigen Festwert um mehr als 10 %, ist der ermittelte Wert als neuer Festwert maßgebend. [3]Der bisherige Festwert ist so lange um die Anschaffungs- und Herstellungskosten der im Festwert erfassten und nach dem Bilanzstichtag des vorangegangenen Wirtschaftsjahres angeschafften oder hergestellten Wirtschaftsgüter aufzustocken, bis der neue Festwert erreicht ist. [4]Ist der ermittelte Wert niedriger als der bisherige Festwert, kann der Stpfl. den ermittelten Wert als neuen Festwert ansetzen. [5]Übersteigt der ermittelte Wert den bisherigen Festwert um nicht mehr als 10 %, kann der bisherige Festwert beibehalten werden.

Keine Inventur bei fortlaufendem Bestandsverzeichnis

(***4***) [1]Der Stpfl. braucht die jährliche körperliche Bestandsaufnahme (→ Absatz 1) für steuerliche Zwecke nicht durchzuführen, wenn er jeden Zugang und jeden Abgang laufend in das Bestandsverzeichnis einträgt und die am Bilanzstichtag vorhandenen Gegenstände des beweglichen Anlagevermögens auf Grund des fortlaufend geführten Bestandsverzeichnisses ermittelt werden können; in diesem Fall müssen aus dem Bestandsverzeichnis außer den in Absatz 1 bezeichneten Angaben noch ersichtlich sein:

1. der Tag der Anschaffung oder Herstellung des Gegenstandes,
2. die Höhe der Anschaffungs- oder Herstellungskosten oder, wenn die Anschaffung oder Herstellung vor dem 21. 6. 1948[1]) oder im → Beitrittsgebiet[2]) vor dem 1. 7. 1990 erfolgt ist, die in Euro umgerechneten Werte der DM-Eröffnungsbilanz,
3. der Tag des Abgangs.

[2]Wird das Bestandsverzeichnis in der Form einer Anlagekartei geführt, ist der Bilanzansatz aus der Summe der einzelnen Bilanzwerte (→ Absatz 1 Satz 4 Nr. 2) der Anlagekartei nachzuweisen. [3]Ist das Bestandsverzeichnis nach den einzelnen Zugangsjahren und Abschreibungssätzen gruppenweise geordnet, kann auf die Angabe des Bilanzwerts am Bilanzstichtag für den einzelnen Gegenstand (→ Absatz 1 Satz 4 Nr. 2) verzichtet werden, wenn für jede Gruppe in besonderen Zusammenstellungen die Entwicklung der Bilanzwerte unter Angabe der Werte der Abgänge und des Betrags der AfA summenmäßig festgehalten wird. [4]Die in Absatz 1 Satz 4 Nr. 1 und unter den in Satz 1 Nr. 1 bis 3 bezeichneten Angaben müssen auch in diesem Fall für den einzelnen Gegenstand aus dem Bestandsverzeichnis ersichtlich sein. [5]Die Sachkonten der Geschäftsbuchhaltung können als Bestandsverzeichnis gelten, wenn sie die in Absatz 1 und unter den in Satz 1 Nr. 1 bis 3 bezeichneten Angaben enthalten und wenn durch diese Angaben die Übersichtlichkeit der Konten nicht beeinträchtigt wird.

Erleichterungen

(6) Das Finanzamt kann unter Abweichung von den Absätzen 1 ***bis 4*** für einzelne Fälle Erleichterungen bewilligen.

Hinweise

H 5.4

Festwert

- → H 6.8.
- Kein Zugang von Wirtschaftsgütern des Anlagevermögens, deren Nutzungsdauer zwölf Monate nicht übersteigt (kurzlebige Wirtschaftsgüter) zum Festwert (→ BFH vom 26. 8. 1993 – BStBl 1994 II S. 232).
- Voraussetzungen für den Ansatz von Festwerten sowie deren Bemessung bei der Bewertung des beweglichen Anlagevermögens und des Vorratsvermögens → BMF vom 8. 3. 1993 (BStBl I S. 276). Anhang 5

Fehlende Bestandsaufnahme

Ein materieller Mangel der Buchführung kann auch vorliegen, wenn die körperliche Bestandsaufnahme nach R 5.4 Abs. 1 fehlt oder unvollständig ist, es sei denn, dass eine körperliche Bestandsaufnahme nach R 5.4 ***Abs. 4*** nicht erforderlich ist (→ BFH vom 14. 12. 1966 – BStBl 1967 III S. 247).

Fehlendes Bestandsverzeichnis

Fehlt das Bestandsverzeichnis oder ist es unvollständig, so kann darin ein materieller Mangel der Buchführung liegen (→ BFH vom 14. 12. 1966 – BStBl 1967 III S. 247).

---

1) Für Berlin-West: 1. 4. 1949; für das Saargebiet 6. 7. 1959.
2) Das in Artikel 3 des Einigungsvertrags genannte Gebiet → Einigungsvertragsgesetz vom 23. 9. 1990 (BGBl. II S. 885, 890).

R 5.5

5.5. Immaterielle Wirtschaftsgüter

Allgemeines

S 2134a (1) [1]Als → immaterielle (unkörperliche) Wirtschaftsgüter kommen in Betracht: Rechte, rechtsähnliche Werte und sonstige Vorteile. [2]Trivialprogramme sind abnutzbare bewegliche und selbständig nutzbare Wirtschaftsgüter. [3]Computerprogramme, deren Anschaffungskosten nicht mehr als 410 Euro betragen, sind stets wie Trivialprogramme zu behandeln. [4]→ Keine immateriellen Wirtschaftsgüter sind die nicht selbständig bewertbaren geschäftswertbildenden Faktoren.

Entgeltlicher Erwerb

(2) [1]Für → immaterielle Wirtschaftsgüter des Anlagevermögens ist ein Aktivposten nur anzusetzen, wenn sie entgeltlich erworben (§ 5 Abs. 2 EStG) oder in das Betriebsvermögen eingelegt (→ R 4.3 Abs. 1) wurden. [2]Ein → immaterielles Wirtschaftsgut ist entgeltlich erworben worden, wenn es durch einen Hoheitsakt oder ein Rechtsgeschäft gegen Hingabe einer bestimmten Gegenleistung übergegangen oder eingeräumt worden ist. [3]Es ist nicht erforderlich, dass das Wirtschaftsgut bereits vor Abschluss des Rechtsgeschäfts bestanden hat; es kann auch erst durch den Abschluss des Rechtsgeschäfts entstehen, z. B. bei entgeltlich erworbenen Belieferungsrechten. [4]Ein entgeltlicher Erwerb eines → immateriellen Wirtschaftsgutes liegt auch bei der Hingabe eines sog. verlorenen Zuschusses vor, wenn der Zuschussgeber von dem Zuschussempfänger eine bestimmte Gegenleistung erhält oder eine solche nach den Umständen zu erwarten ist oder wenn der Zuschussgeber durch die Zuschusshingabe einen besonderen Vorteil erlangt, der nur für ihn wirksam ist.

Kein Aktivierungsverbot

(3) [1]Das Aktivierungsverbot des § 5 Abs. 2 EStG wird nicht wirksam, wenn ein beim Rechtsvorgänger aktiviertes → immaterielles Wirtschaftsgut des Anlagevermögens im Rahmen der unentgeltlichen Übertragung eines Betriebs, Teilbetriebs oder Mitunternehmeranteiles auf einen anderen übergeht (→ Geschäfts- ***oder Firmen***wert/Praxiswert). [2]In diesem Fall hat der Erwerber dieses immaterielle Wirtschaftsgut mit dem Betrag zu aktivieren, mit dem es beim Rechtsvorgänger aktiviert war (§ 6 Abs. 3 EStG). [3]Das Aktivierungsverbot findet auch dann keine Anwendung, wenn ein → immaterielles Wirtschaftsgut des Anlagevermögens eingelegt wird.

H 5.5

Hinweise

Ackerquote

- Handelt es sich bei der Ackerprämienberechtigung und der Ackerquote um unterschiedliche immaterielle Wirtschaftsgüter?
- Kann für nach der Kulturpflanzen-Ausgleichszahlungs-Verordnung erworbene prämienberechtigte Flächen die Aktivierung der Ackerprämienberechtigung als eigenständiges immaterielles Wirtschaftsgut in der ersten noch offenen Anfangsbilanz nachgeholt werden, wenn im Grundstückskaufvertrag die Prämienberechtigung nicht erwähnt wurde?

→ Schleswig-Holsteinisches FG vom 7. 5. 2008 – 5 K 287/07 – Rev. – IV R 28/08

Arzneimittelzulassungen

- Eine entgeltlich erworbene Arzneimittelzulassung ist dem Grunde nach ein abnutzbares Wirtschaftsgut (→ BMF vom 12. 7. 1999 – BStBl I S. 686).
- → Warenzeichen (Marke)

Auffüllrecht

Das Recht, ein Grundstück mit Klärschlamm zu verfüllen, ist kein vom Grund und Boden verselbständigtes Wirtschaftsgut (→ BFH vom 20. 3. 2003 – BStBl II S. 878).

Belieferungsrechte aus Abonnentenverträgen

Gelegentlich eines Erwerbs von Belieferungsrechten aus Abonnentenverträgen entstandene Aufwendungen begründen noch nicht den entgeltlichen Erwerb eines immateriellen Wirtschaftsguts (→ BFH vom 3. 8. 1993 – BStBl 1994 II S. 444).

Emissionsberechtigungen

Ertragsteuerliche Behandlung von Emissionsberechtigungen nach dem Treibhausgas-Emissionshandelsgesetz → BMF vom 6. 12. 2005 (BStBl I S. 1047).

Erbbaurecht

Das Erbbaurecht ist als grundstücksgleiches Recht i. S. d. BGB ein Vermögensgegenstand i. S. d. Handelsrechts und ein Wirtschaftsgut i. S. d. Steuerrechts. Es gehört zum Sachanlagevermögen und ist damit kein immaterielles Wirtschaftsgut → BFH vom 4. 6. 1991 (BStBl 1992 II S. 70).

Gartenanlage

Die zu einem Wohngebäude gehörende Gartenanlage ist ein selbständiges Wirtschaftsgut, das sowohl von dem Grund und Boden als auch von dem Gebäude zu trennen ist (→ BFH vom 30. 1. 1996 – BStBl II S. 25).

Geschäfts- *oder* Firmenwert/Praxiswert

- Firmenwert bei vorweggenommener Erbfolge → BMF vom 13. 1. 1993 (BStBl I S. 80) unter Berücksichtigung der Änderungen durch BMF vom 26. 2. 2007 (BStBl I S. 269). Anhang 8
- Geschäfts- oder Firmenwert, der bei Veräußerung eines Einzelunternehmens an eine GmbH unentgeltlich übergeht, kann Gegenstand einer verdeckten Einlage sein (→ BFH vom 24. 3. 1987 – BStBl II S. 705).
- Unterscheidung zwischen Geschäftswert und Praxiswert → BFH vom 13. 3. 1991 (BStBl II S. 595).
- Unterscheidung zwischen (selbständigen) immateriellen Einzelwirtschaftsgütern und (unselbständigen) geschäftswertbildenden Faktoren → BFH vom 7. 11. 1985 (BStBl 1986 II S. 176) und vom 30. 3. 1994 (BStBl II S. 903).
- ***Das „Vertreterrecht" eines Handelsvertreters ist ein immaterielles Wirtschaftsgut, das nicht mit einem Geschäfts- oder Firmenwert gleichzusetzen ist (→ BFH vom 12. 7. 2007 – BStBl II S. 959).***
- Bei der Aufteilung eines Unternehmens in Teilbetriebe geht der Geschäftswert nicht notwendigerweise unter (→ BFH vom 27. 3. 1996 – BStBl II S. 576)
- Wird einem ausscheidenden Mitunternehmer eine Abfindung gezahlt, die auch den selbst geschaffenen, bisher nicht bilanzierten Geschäftswert abgilt, ist der darauf entfallende Anteil der Abfindung als derivativer Geschäftswert zu aktivieren. Der auf den originären Geschäftswert entfallende Anteil bleibt außer Ansatz (→ BFH vom 16. 5. 2002 – BStBl 2003 II S. 10).
- → H 6.1 (Geschäfts- ***oder*** Firmenwert), (Praxiswert/Sozietätspraxiswert).

Gewinnermittlung nach § 4 Abs. 1 oder Abs. 3 EStG

R 5.5 gilt bei der Gewinnermittlung nach § 4 Abs. 1 und 3 EStG sinngemäß (→ § 141 Abs. 1 Satz 2 AO, BFH vom 8. 11. 1979 – BStBl 1980 II S. 146).

Güterfernverkehrskonzessionen

- Keine AfA von entgeltlich erworbenen Güterfernverkehrskonzessionen (→ BFH vom 4. 12. 1991 – BStBl 1992 II S. 383 und vom 22. 1. 1992 – BStBl II S. 529),
- Zur Abschreibung auf den niedrigeren Teilwert → BMF vom 12. 3. 1996 – BStBl I S. 372.

Immaterielle Wirtschaftsgüter des Anlagevermögens

Unentgeltliche Übertragung zwischen Schwestergesellschaften führt zur verdeckten Gewinnausschüttung an die Muttergesellschaft und anschließende verdeckte Einlage in die begünstigte Schwestergesellschaft (→ BFH vom 20. 8. 1986 – BStBl 1987 II S. 455).

Immaterielle Wirtschaftsgüter

sind u. a.

- Belieferungsrechte, Optionsrechte, Konzessionen (→ BFH vom 10. 8. 1989 – BStBl 1990 II S. 15),
- Computerprogramme (→ BFH vom 3. 7. 1987 – BStBl II S. 728, S. 787 und vom 28. 7. 1994 – BStBl II S. 873), siehe aber → Keine immateriellen Wirtschaftsgüter,
- Domain-Namen (→ BFH vom 19. 10. 2006 – BStBl 2007 II S. 301), → H 7.1 (Domain-Namen).

- Filmrechte (→ BFH vom 20. 9. 1995 – BStBl 1997 II S. 320 und → BMF vom 23. 2. 2001 – BStBl I S. 175, unter Berücksichtigung der Änderungen durch BMF vom 5. 8. 2003 – BStBl I S. 406),
- Lizenzen, ungeschützte Erfindungen, Gebrauchsmuster, Fabrikationsverfahren, Know-how, Tonträger in der Schallplattenindustrie (→ BFH vom 28. 5. 1979 – BStBl II S. 734),
- Patente, Markenrechte, Urheberrechte, Verlagsrechte (→ BFH vom 24. 11. 1982 – BStBl 1983 II S. 113),
- Spielerlaubnis nach Maßgabe des Lizenzspielerstatuts des Deutschen Fußballbundes (→ BFH vom 26. 8. 1992 – BStBl II S. 977).

  → auch: OFD Frankfurt vom 6. 5. 2008 – S 2170 A – 114 – St 210, u. a.:
  Soweit Steuerpflichtige den Standpunkt vertreten, die Transferentschädigungen seien aufgrund des EuGH-Urteils vom 15. 12. 1995, Rs C-415/93 („Bosman-Urteil") sofort abzugsfähige Betriebsausgaben, weil die durch den DFB erteilte Spielerlaubnis kein konzessionsähnliches Recht darstelle, es an einer Verkehrsfähigkeit der Spielerlaubnis mangele und kein Verhältnis Leistung/Gegenleistung vorliege, ist dieser Rechtsauffassung nicht zu folgen.
  Obwohl die Zahlung einer Transferentschädigung nach den Lizenzspielerstatuten des DFB keine Voraussetzung für die Erteilung einer Spielerlaubnis ist, besteht zwischen der Transferverbindlichkeit und der Erteilung der Spielerlaubnis ein enger Veranlassungszusammenhang. Denn nur bei Bezahlung der Transferentschädigung wird der einen Spieler abgebende Verein einer Aufnahme des Spielers in die Transferliste zustimmen. Die Aufnahme in die Transferliste ist jedoch Voraussetzung für die Erteilung der Spielerlaubnis.
  Anders als bei „gewöhnlichen" Arbeitsverträgen, bei denen ein Arbeitgeber den Wechsel seines Arbeitnehmers (nach Ablauf der Kündigungsfristen) nicht verhindern kann, ergibt sich im Lizenzfußball die Besonderheit, dass der abgebende Verein die Aufnahme eines Spielers in die Transferliste verhindern kann. Durch die Zahlung der Transferentschädigung kann somit im Ergebnis die Spielerlaubnis wirtschaftlich übertragen werden.
  Auch das Verhältnis Leistung/Gegenleistung (§ 5 Abs. 2 EStG setzt bei immateriellen Wirtschaftsgütern einen entgeltlichen Erwerb voraus) ist gewahrt, denn mit der Transferentschädigung werden nicht die dem abgebenden Verein in der Vergangenheit entstandenen Kosten (z. B. Ausbildungskosten eines Spielers) erstattet, sondern das Recht eingeräumt, den Spieler nach erfolgtem Transfer einsetzen zu dürfen und dieses Recht ggf. weiter zu veräußern.
- Die einzelnen Wirtschaftsgüter sind **abnutzbar,** wenn ihre Nutzung zeitlich begrenzt ist. Ansonsten handelt es sich um nicht abnutzbare, immerwährende Rechte (→ BFH vom 28. 5. 1998 – BStBl II S. 775).
- Vertragsarztzulassung → OFD Frankfurt vom 4. 6. 2008 (DB 2008, S. 1887), u. a.:
  Aufwendungen für den Erwerb einer kassenärztlichen Zulassung stellen somit grundsätzlich keinen unselbstständigen wertbildenden Faktor des Praxiswerts, sondern Anschaffungskosten eines selbstständigen, immateriellen Wirtschaftsguts des Anlagevermögens dar.
  Absetzungen für Abnutzungen kommen nicht in Betracht, da die Vertragsarztzulassung grundsätzlich zeitlich unbegrenzt erteilt wird. Auch zulassungsbedingte Altersbeschränkungen führen nicht zu einem Wertverzehr, denn die Zulassung verbraucht sich durch die Nutzung des Praxiserwerbers nicht.
  Teilwertabschreibungen sind beim vollständigen Untergang der Kassenzulassung (z. B. seit 1. 1. 1999 bei Erlöschen der Zulassung mit Vollendung des 68. Lebensjahres in überversorgten Gebieten, vgl. § 95 Abs. 7 SGB V) nach Maßgabe des § 6 Abs. 1 Nr. 1 Satz 2 EStG zulässig.
  Eine Teilwertabschreibung aufgrund der Einführung der Bedarfszulassung zum 1. 1. 2003 kommt nicht in Betracht, da durch § 103 Abs. 4 SGB V die Verwertung der Zulassung auch für gesperrte Planbereiche möglich ist. Die Regelungen zur Einführung der Bedarfszulassung wurden mit dem Vertragsarztrechtsänderungsgesetz (BGBl. 2006 I S. 3439) zum 1. 1. 2007 aufgehoben.

Keine immateriellen Wirtschaftsgüter

sondern materielle (körperliche) und zugleich abnutzbare bewegliche Wirtschaftsgüter sind, wenn sie nicht unter anderen rechtlichen Gesichtspunkten, z. B. als Kundenkartei oder Verlagsarchiv, als immaterielle Wirtschaftsgüter anzusehen sind, Computerprogramme (→ Immaterielle Wirtschaftsgüter), die keine Befehlsstruktur enthalten, sondern nur Bestände von Daten, die allgemein bekannt und jedermann zugänglich sind, z. B. mit Zahlen und Buchstaben (→ BFH vom 5. 2. 1988 – BStBl II S. 737 und vom 2. 9. 1988 – BStBl 1989 II S. 160).

Kein entgeltlicher Erwerb

liegt u. a. vor bei

- Aufwendungen, die nicht Entgelt für den Erwerb eines Wirtschaftsguts von einem Dritten, sondern nur Arbeitsaufwand oder sonstiger Aufwand, z. B. Honorar für Dienstleistungen, für einen im Betrieb selbst geschaffenen Wert oder Vorteil sind (→ BFH vom 26. 2. 1975 – BStBl II S. 443).
- Aufwendungen, die lediglich einen Beitrag zu den Kosten einer vom Stpfl. mitbenutzten Einrichtung bilden, z. B. Beiträge zum Ausbau einer öffentlichen Straße oder zum Bau einer städtischen Kläranlage; diese Aufwendungen gehören zu den nicht aktivierbaren Aufwendungen für einen selbstgeschaffenen Nutzungsvorteil (→ BFH vom 26. 2. 1980 – BStBl II S. 687 und vom 25. 8. 1982 – BStBl 1983 II S. 38),
- selbstgeschaffenen → immateriellen Wirtschaftsgütern, z. B. Patente (→ BFH vom 8. 11. 1979 – BStBl 1980 II S. 146).

Kundenstamm

Der Kundenstamm ist beim Erwerb eines Unternehmens in der Regel kein selbständig bewertbares → immaterielles Wirtschaftsgut, sondern ein geschäftswertbildender Faktor (→ BFH vom 16. 9. 1970 – BStBl 1971 II S. 175 und vom 25. 11. 1981 – BStBl 1982 II S. 189).

Mietereinbauten

Einbauten oder Umbauten des Mieters sind als Herstellungskosten eines materiellen Wirtschaftsguts zu aktivieren, wenn sie unmittelbar besonderen Zwecken dienen und in diesem Sinne in einem von der eigentlichen Gebäudenutzung verschiedenen Funktionszusammenhang stehen (→ BFH vom 26. 2. 1975 – BStBl II S. 443 und BMF vom 15. 1. 1976 – BStBl I S. 66).

Milchlieferrechte

→ BMF vom 14. 1. 2003 (BStBl I S. 78)

Nutzungsrechte

die durch Baumaßnahmen des Nutzungsberechtigten entstanden sind

- H 4.7 (Eigenaufwand für ein fremdes Wirtschaftsgut).

Leitungsanlagen

Leitungsanlagen als selbständige Wirtschaftsgüter innerhalb der Versorgungsanlage; steuerliche Behandlung der Aufwendungen für die Erweiterung, Verstärkung und aktivierungspflichtige Erneuerung eines Leitungsnetzes → BMF vom 30. 5. 1997 (BStBl I S. 567)

Aufwendungen für ein **Geografisches Informationssystem (GIS)** → OFD Münster vom 1. 8. 2007, S 2170-114 – St 12-33 (DB 2007 S. 1837)

Pensionszusagen

Ansprüche aus Pensionszusagen nach dem Betriebsrentengesetz können nicht aktiviert werden (→ BFH vom 14. 12. 1988 – BStBl 1989 II S. 323).

Schwebende Arbeitsverträge

mit im Unternehmen tätigen Arbeitnehmern sind keine → immateriellen Wirtschaftsgüter, sondern nicht selbständig bewertbare geschäftswertbildende Faktoren (→ BFH vom 7. 11. 1985 – BStBl 1986 II S. 176).

Softwaresysteme

Bilanzsteuerliche Beurteilung von Aufwendungen zur Einführung eines betriebswirtschaftlichen Softwaresystems (ERP-Software) → BMF vom 18. 11. 2005 (BStBl I S. 1025).

Vertreterrecht

Löst ein Handelsvertreter durch Vereinbarung mit dem Geschäftsherrn den Ausgleichsanspruch (§ 89b HGB) seines Vorgängers in einer bestimmten Höhe ab, erwirbt er damit entgeltlich ein immaterielles Wirtschaftsgut „Vertreterrecht" (→ BFH vom 18. 1. 1989 – BStBl II S. 549). ***Dieses ist nicht mit einem Geschäfts- oder Firmenwert gleichzusetzen (→ BFH vom 12. 7. 2007 – BStBl II S. 959).***

Ein „Vertreterrecht" ist beim Handelsvertreter auch dann als entgeltlich erworbenes immaterielles Wirtschaftsgut des Anlagevermögens zu aktivieren, wenn die Einstandszahlung an den Geschäftsherrn für die Übernahme der Handelsvertretung erst bei Beendigung des Vertragsverhältnisses durch Verrechnung mit dem dann fälligen Ausgleichsanspruch nach § 89b HGB erbracht werden soll und dem Handelsvertreter bereits bei Erwerb des Vertreterrechts der teilweise Erlass der Einstandszahlung für den Fall zugesagt wird, dass der künftige Ausgleichsanspruch hinter dem Übernahmepreis zurückbleibt .
→ BFH vom 22. 8. 2007 (→ BStBl 2008 II S. 109)

Warenzeichen (Marke)

Ein entgeltlich erworbenes Warenzeichen (Marke) ist dem Grunde nach ein abnutzbares Wirtschaftsgut (→ BMF vom 12. 7. 1999 – BStBl I S. 686).

R 5.6

5.6. Rechnungsabgrenzungen

S 2134b **Transitorische Posten**

(1) [1]Nach § 5 Abs. 5 Satz 1 EStG ist die Rechnungsabgrenzung auf die sog. transitorischen Posten beschränkt. [2]Es kommen danach für die Rechnungsabgrenzung in der Regel nur Ausgaben und Einnahmen in Betracht, die vor dem Abschlussstichtag angefallen, aber erst der Zeit nach dem Abschlussstichtag zuzurechnen sind.

Bestimmte Zeit nach dem Abschlussstichtag

(2) Die Bildung eines Rechnungsabgrenzungspostens ist nur zulässig, soweit die vor dem Abschlussstichtag angefallenen Ausgaben oder Einnahmen Aufwand oder Ertrag für eine bestimmte Zeit nach dem Abschlussstichtag darstellen.

(3) [1]**Antizipative Posten** (Ausgaben oder Einnahmen nach dem Bilanzstichtag, die Aufwand oder Ertrag für einen Zeitraum vor diesem Tag darstellen), dürfen als Rechnungsabgrenzungsposten nur in den Fällen des § 5 Abs. 5 Satz 2 EStG ausgewiesen werden. [2]Soweit sich aus den ihnen zu Grunde liegenden Geschäftsvorfällen bereits Forderungen oder Verbindlichkeiten ergeben haben, sind sie als solche zu bilanzieren.

H 5.6

Hinweise

Abschlussgebühren

können eine (Gegen-)leistung darstellen, die dem jeweiligen Bausparvertrag als Entgelt für den eigentlichen Vertragsabschluss zuzuordnen sind, sie wirken sich unmittelbar mit ihrer Vereinnahmung erfolgswirksam aus und sind bilanziell nicht passiv abzugrenzen (BFH vom 11. 2. 1998 – BStBl II S. 381).

Ausbeuteverträge

Vorausgezahlte Ausbeuteentgelte für Bodenschätze, mit deren Abbau vor dem Bilanzstichtag bereits begonnen wurde, sind in einen Rechnungsabgrenzungsposten einzustellen, der über die jährlich genau festzustellende Fördermenge aufzulösen ist; ist mit dem Abbau vor dem Bilanzstichtag noch nicht begonnen worden, ist das vorausgezahlte Entgelt als Anzahlung zu behandeln (→ BFH vom 25. 10. 1994 – BStBl 1995 II S. 312).

Bestimmte Zeit nach dem Abschlussstichtag

liegt vor:

- Wenn die abzugrenzenden Ausgaben und Einnahmen für einen bestimmten nach dem Kalenderjahr bemessenen Zeitraum bezahlt oder vereinnahmt werden, z. B. monatliche, vierteljährliche, halbjährliche **Mietvorauszahlungen** oder Zahlung der Miete im Voraus für einen Messestand für eine zeitlich feststehende Messe (→ BFH vom 9. 12. 1993 – BStBl 1995 II S. 202).
- Bei **Übernahme von Erschließungskosten und Kanalanschlussgebühren durch den Erbbauberechtigten** (→ BFH vom 17. 4. 1985 – BStBl II S. 617).
- Bei **Ausbeuteverträgen.**
- Bei zeitlich nicht begrenzten Dauerleistungen, wenn sich rechnerisch ein **Mindestzeitraum** bestimmen lässt (→ BFH vom 9. 12. 1993 – BStBl 1995 II S. 202, BMF vom 15. 3. 1995 – BStBl I S. 183).

Bildung von Rechnungsabgrenzungsposten (§ 5 Abs. 5 Satz 1 EStG)

BMF vom 15. 3. 1995 (BStBl I S. 183)

Nach dem Urteil des BFH vom 9. 12. 1993 (BStBl II 1995 S. 202) sind Einnahmen vor dem Abschlussstichtag für eine zeitlich nicht befristete Dauerleistung bereits dann passiv abzugrenzen (§ 5 Abs. 5 Satz 1 Nr. 2 EStG), wenn sie rechnerisch Ertrag für einen bestimmten Mindestzeitraum nach diesem Tag darstellen. Im Einvernehmen mit den obersten Finanzbehörden des Bundes und der anderen Länder sind die Grundsätze dieser Entscheidung in allen noch offenen Fällen anzuwenden, in denen es bei zeitlich nicht befristeten Dauerleistungen für die Bildung eines aktiven oder passiven Rechnungsabgrenzungspostens auf die Voraussetzungen der bestimmten Zeit ankommt. Das entgegenstehende BMF-Schreiben vom 12. 10. 1982 (BStBl I S. 810) ist nicht mehr zu befolgen. Es ist aber nicht zu beanstanden, wenn bei Verträgen, die vor dem 1. 5. 1995 abgeschlossen werden, an der bisherigen steuerrechtlichen Behandlung der Nutzungsentgelte festgehalten wird; dies gilt auch für Fälle, in denen die Nutzungsentgelte als Entschädigung i. S. d. § 24 Nr. 1 EStG behandelt werden.

liegt nicht vor:

- Wenn sich der Zeitraum nur durch **Schätzung** ermitteln lässt (→ BFH vom 3. 11. 1982 – BStBl 1983 II S. 132).
- Bei planmäßiger oder betriebsgewöhnlicher **Nutzungsdauer** eines abnutzbaren Sachanlageguts (→ BFH vom 22. 1. 1992 – BStBl II S. 488).

Dauerschuldverhältnis

- Die Entschädigung für die Aufhebung eines für eine bestimmte Laufzeit begründeten Schuldverhältnisses kann nicht in einen passiven Rechnungsabgrenzungsposten eingestellt werden (→ BFH vom 23. 2. 2005 – BStBl II S. 481).
- Eine Vergütung, die der Kreditgeber für seine Bereitschaft zu einer für ihn nachteiligen Änderung der Vertragskonditionen vom Kreditnehmer vereinnahmt hat, ist in der Bilanz des Kreditgebers nicht passiv abzugrenzen (→ BFH vom 7. 3. 2007 – BStBl II S. 697).

Emissionsdisagio

Für ein bei der Ausgabe einer verbrieften festverzinslichen Schuldverschreibung mit bestimmter Laufzeit vereinbartes Disagio ist in der Steuerbilanz ein Rechnungsabgrenzungsposten zu aktivieren.

→ BFH vom 29. 11. 2006 – I R 46/05 – (→ BFH-Internet-Seite)

Erbbaurecht

Für im Voraus gezahlte Erbbauzinsen ist ein Rechnungsabgrenzungsposten zu bilden (→ BFH vom 20. 11. 1980 – BStBl 1981 II S. 398).

Ertragszuschüsse

Für Ertragszuschüsse ist ggf. ein passiver Rechnungsabgrenzungsposten zu bilden (→ BFH vom 5. 4. 1984 – BStBl II S. 552 sowie BMF vom 2. 9. 1985 – BStBl I S. 568).

Filmherstellungskosten

→ BMF vom 23. 2. 2001 (BStBl I S. 175) unter Berücksichtigung der Änderungen durch BMF vom 5. 8. 2003 (BStBl I S. 406), Tz. 34 und 35

Finanzierungskosten

→ H 6.10 (Damnum, Kreditbedingungen, Umschuldung, Vermittlungsprovision, Zinsfestschreibung)

Forfaitierung von Forderungen aus Leasing-Verträgen

→ BMF vom 9. 1. 1996 (BStBl I S. 9) und → BFH vom 24. 7. 1996 (BStBl 1997 II S. 122)

Abweichend von Abschnitt III 2 Buchstabe b des BMF-Schreibens vom 9. 1. 1996 ist bei der sog. Restwertforfaitierung aus Teilamortisationsverträgen die Zahlung des Dritten an den Leasinggeber steuerlich als ein Darlehen an den Leasinggeber zu beurteilen. Die Forfaitierungserlöse sind von ihm nicht als Erträge aus zukünftigen Perioden passiv abzugrenzen, sondern als Verbindlichkeiten auszuweisen und bis zum Ablauf der Grundmietzeit ratierlich aufzuzinsen (→ BFH vom 8. 11. 2000 – BStBl 2001 II S. 722).

Garantiegebühr

Wegen vereinnahmter Garantiegebühr gebildeter passiver Rechnungsabgrenzungsposten ist während der Garantiezeit insoweit aufzulösen, als die Vergütung auf den bereits abgelaufenen Garantiezeitraum entfällt (→ BFH vom 23. 3. 1995 – BStBl II S. 772).

Gewinnermittlung nach § 4 Abs. 1 EStG

R 5.6 gilt bei der Gewinnermittlung nach § 4 Abs. 1 EStG sinngemäß (→ § 141 Abs. 1 Satz 2 AO, BFH vom 20. 11. 1980 – BStBl 1981 II S. 398).

Honorare

Sind im Voraus erhaltene Honorare zeitraumbezogen und besteht für den gesamten Zeitraum eine Dauerverpflichtung, ist für die anteilig auf folgende Wirtschaftsjahre entfallenden Honorare ein passiver Rechnungsabgrenzungsposten zu bilden (→ BFH vom 10. 9. 1998 – BStBl 1999 II S. 21).

Investitionszuschüsse

- Soweit Zuschüsse zu Anschaffungs- oder Herstellungskosten eines Wirtschaftsgutes geleistet werden, sind sie nicht passiv abzugrenzen (→ BFH vom 22. 1. 1992 – BStBl II S. 488).
- → R 6.5

Leasingvertrag mit degressiven Leasingraten – Behandlung beim Leasingnehmer

- **Immobilienleasing**
  Bilanzsteuerrechtlich ist die Summe der während der vertraglichen Grundmietzeit geschuldeten Jahresmieten in jährlich gleichbleibenden Beträgen auf die Grundmietzeit zu verteilen und demgemäß der Teil der vertraglichen Jahresmieten, der in den ersten Jahren der Grundmietzeit über den sich für die gesamte Grundmietzeit ergebenden Jahresaufwand hinaus geht, zu aktivieren (→ BFH vom 12. 8. 1982 – BStBl II S. 696 und BMF vom 10. 10. 1983 – BStBl I S. 431).
- **Immobilien-Leasing-Verträge mit degressiven Leasingraten**
  Die Finanzverwaltung hält weiter daran fest, dass die Grundsätze des BFH-Urteils vom 12. 8. 1982 (BStBl II S. 696) nicht auf andere Sachverhalte, insbesondere nicht auf Mietverträge mit Mietänderungsklauseln, zu übertragen sind. Das bedeutet, dass es bei Einräumung einer Mietänderungsmöglichkeit bei Immobilien-Leasing-Verträgen mit degressiven Leasingraten, z. B. bei einmaliger Zinskonversion, nicht zu einer linearen Verteilung der Leasingraten auf die Grundmietzeit kommt (→ BMF vom 28. 6. 2002 – IV A 6 – S 2170-16/02, DStR 2002 S. 1395).
  → ferner: OFD Frankfurt vom 11. 3. 2008 – S 2170 A – 38 – St 219 (BB 2008, S. 2232), u. a. zu den Themen:
  – degressive Leasingraten
  – Vormieten und Sonderzahlungen
  – Anpassung degressiver Leasingraten wegen Zinskonversion
- **Mobilienleasing**
  Für degressive Raten beim Leasing beweglicher Wirtschaftsgüter des Anlagevermögens ist kein aktiver Rechnungsabgrenzungsposten zu bilden (→ BFH vom 28. 2. 2001 – BStBl II S. 645).

Maklerprovision

Für Maklerprovisionen im Zusammenhang mit dem Abschluss eines Mietvertrages kann kein aktiver Rechnungsabgrenzungsposten gebildet werden (→ BFH vom 19. 6. 1997 – BStBl II S. 808).

Mobilfunkdienstleistungsverträge

Vergünstigungen im Zusammenhang mit dem Abschluss von Mobilfunkdienstleistungsverträgen → BMF vom 20. 6. 2005 (BStBl I S. 801)

Öffentlich Private Partnerschaft – ÖPP – (auch Public Private Partnership – PPP –)

Zum A-Modell → BMF vom 4. 10. 2005 (BStBl I S. 916)

Öffentlich-rechtliche Verpflichtungen

Die Bildung passiver Rechnungsabgrenzungsposten ist nicht auf Fälle beschränkt, in denen Vorleistungen im Rahmen eines gegenseitigen Vertrags erbracht werden (→ BFH vom 26. 6. 1979 –

BStBl II S. 625). Sie kann auch in Fällen geboten sein, in denen die gegenseitigen Verpflichtungen ihre Grundlage im öffentlichen Recht (→ BFH vom 17. 9. 1987 – BStBl 1988 II S. 327) haben.

Urlaubsgeld bei abweichendem Wirtschaftsjahr

Es hängt von den Vereinbarungen der Vertragspartner ab, ob Urlaubsgeld, das bei einem abweichenden Wirtschaftsjahr vor dem Bilanzstichtag für das gesamte Urlaubjahr bezahlt wird, anteilig aktiv abzugrenzen ist (→ BFH vom 6. 4. 1993 – BStBl II S. 709).

Zeitbezogene Gegenleistung

Der Vorleistung des einen Vertragsteils muss eine zeitbezogene Gegenleistung des Vertragspartners gegenüberstehen (→ BFH vom 11. 7. 1973 – BStBl II S. 840 und vom 4. 3. 1976 – BStBl 1977 II S. 380) und der Zeitraum, auf den sich die Vorleistung des einen Vertragsteils bezieht, muss bestimmt sein (→ BFH vom 7. 3. 1973 – BStBl II S. 565).

5.7. Rückstellungen

R 5.7

Bilanzieller Ansatz von Rückstellungen

R 5.7 (1)

(1) ***Die nach*** den handelsrechtlichen Grundsätzen ordnungsmäßiger Buchführung ***gem. § 249 HGB anzusetzenden*** Rückstellungen ***sind auch in der steuerlichen Gewinnermittlung (Steuerbilanz)*** zu bilden**,** soweit ***eine betriebliche Veranlassung besteht und*** steuerliche Sondervorschriften, z. B. § 5 Abs. 2a, 3, 4, 4a, 4b und 6, § 6a EStG und § 50 Abs. 2 Satz 4 und 5 DMBilG, nicht entgegenstehen.

S 2137
Anhang 13

Hinweise

H 5.7 (1)

Abzugsverbot

Besteht für künftigen Aufwand ein steuerliches Abzugsverbot, ist die Bildung einer Rückstellung nicht zulässig (→ BFH vom 9. 6. 1999 – BStBl II S. 656).

Bewertung von Rückstellungen

→ R 6.11

Drohverlust

- ***Optionsprämie***
  → ***H 4.2 (15)***
- ***Teilwertabschreibung***
  Die Teilwertabschreibung hat gegenüber der Drohverlustrückstellung Vorrang. Das Verbot der Rückstellungen für drohende Verluste (§ 5 Abs. 4a EStG) erfasst nur denjenigen Teil des Verlustes, der durch die Teilwertabschreibung nicht verbraucht ist (→ BFH vom 7. 9. 2005 – BStBl 2006 II S. 298).

Eiserne Verpachtung

Zur Gewinnermittlung bei der Verpachtung von Betrieben mit Substanzerhaltungspflicht des Pächters nach §§ 582a, 1048 BGB → BMF vom 21. 2. 2002 (BStBl I S. 262). Anhang 10

ERA-Anpassungsfonds in der Metall- und Elektroindustrie

→ BMF vom 2. 4. 2007 (BStBl I S. 301)

Handelsrechtliches Passivierungswahlrecht

Besteht handelsrechtlich ein Wahlrecht zur Bildung einer Rückstellung (§ 249 Abs. 1 Satz 3 und Abs. 2 HGB), darf die Rückstellung steuerrechtlich nicht gebildet werden (→ BMF vom 25. 8. 1989 – BStBl II S. 893).

Gewinnermittlung nach § 4 Abs. 1 EStG

Die Grundsätze über Rückstellungen gelten sinngemäß bei Gewinnermittlung nach § 4 Abs. 1 EStG (→ 141 Abs. 1 Satz 2 AO und BFH vom 20. 11. 1980 – BStBl 1981 II S. 398).

Rückabwicklung

Für die Bildung von Rückstellungen im Zusammenhang mit Rückgewährschuldverhältnissen ist wie folgt zu differenzieren:

- Ein Verkäufer darf wegen seiner Verpflichtung zur Rückerstattung dann keine Rückstellung bilden, wenn er am Bilanzstichtag mit einem Rücktritt vom Kaufvertrag, bei Verbraucherverträgen mit Widerrufs- oder Rückgaberecht mit dessen Ausübung, nicht rechnen muss; das gilt auch dann, wenn noch vor der Aufstellung der Bilanz der Rücktritt erklärt bzw. das Widerrufs- oder Rückgaberecht ausgeübt wird.
- Ist jedoch bereits am Bilanzstichtag eine Vertragsauflösung durch Erklärung des Rücktritts bzw. Ausübung des Widerrufs- oder Rückgaberechts wahrscheinlich, so ist eine Rückstellung für ungewisse Verbindlichkeiten wegen des Risikos der drohenden Vertragsauflösung zu bilden. Ist der Verkäufer auf Grund eines Rücktrittsrechts bzw. eines Widerrufs- oder Rückgaberechts verpflichtet, die bereits verkaufte und übergebene Sache wieder zurückzunehmen, steht die Vorschrift des § 5 Abs. 4b Satz 1 EStG der Rückstellungsbildung nicht entgegen. Die Rückstellung ist in Höhe der Differenz zwischen dem zurückzugewährenden Kaufpreis und dem Buchwert des veräußerten Wirtschaftsguts zu bilden. Sie neutralisiert damit lediglich den Veräußerungsgewinn.

(→ BMF vom 21. 2. 2002 – BStBl I S. 335).

R 5.7 (2) ***Rückstellungen für*** **ungewisse Verbindlichkeiten**

Grundsätze

(2) Eine Rückstellung für ungewisse Verbindlichkeiten ***ist*** nur ***zu bilden***, wenn

1. es sich um eine Verbindlichkeit gegenüber einem ***anderen*** oder eine öffentlich-rechtliche Verpflichtung handelt,
2. die Verpflichtung vor dem Bilanzstichtag ***wirtschaftlich*** verursacht ist,
3. mit einer Inanspruchnahme aus einer nach ihrer Entstehung oder Höhe ungewissen Verbindlichkeit ernsthaft zu rechnen ist ***und***
4. ***die Aufwendungen in künftigen Wirtschaftsjahren nicht zu Anschaffungs- oder Herstellungskosten für ein Wirtschaftsgut führen.***

R 5.7 (3) ***Verpflichtung gegenüber einem anderen***

(3) [1]Die Bildung einer Rückstellung für ungewisse Verbindlichkeiten setzt – als Abgrenzung zur → Aufwandsrückstellung – eine Verpflichtung gegenüber einem anderen voraus. ***[2]Die Verpflichtung muss den Verpflichteten wirtschaftlich wesentlich belasten. [3]Die Frage, ob eine Verpflichtung den Stpfl. wesentlich belastet, ist nicht nach dem Aufwand für das einzelne Vertragsverhältnis, sondern nach der Bedeutung der Verpflichtung für das Unternehmen zu beurteilen.***

H 5.7 (3)

Hinweise

Abbruch- oder Entfernungsverpflichtung

Besteht eine zivilrechtliche Verpflichtung, ein auf fremden Grund und Boden errichtetes Bauwerk nach Ablauf des Nutzungsverhältnisses abzubrechen oder zu entfernen, ist eine Rückstellung für ungewisse Verbindlichkeiten auch dann zu bilden, wenn ungewiss ist, wann das Nutzungsverhältnis endet (→ BFH vom 28. 3. 2000 – BStBl II S. 612).

Abrechnungsverpflichtung

Für die sich aus § 14 VOB/B ergebende Verpflichtung zur Abrechnung gegenüber dem Besteller ist eine Rückstellung zu bilden (→ BFH vom 25. 2. 1986 – BStBl II S. 788); Entsprechendes gilt für die Abrechnungsverpflichtung nach den allgemeinen Bedingungen für die Gasversorgung/Elektrizitätsversorgung (→ BFH vom 18. 1. 1995 – BStBl II S. 742).

Aufwandsrückstellungen

können in der Steuerbilanz nicht gebildet werden (→ BFH vom 8. 10. 1987 – BStBl 1988 II S. 57, vom 12. 12. 1991 – BStBl 1992 II S. 600 und vom 8. 11. 2000 – BStBl 2001 II S. 570); Ausnahmen → R 5.7 Abs. 11.

Betreuung bereits abgeschlossener Lebensversicherungen

→ Wesentlichkeit

Druckbeihilfen

Beihilfen, die einem Verlag von Autoren für die Veröffentlichung mit der Maßgabe gewährt werden, dass sie bei Erreichen eines bestimmten Buchabsatzes zurückzugewähren sind, erhöhen den Gewinn der Verlags im Zeitpunkt der Veröffentlichung. Für die Rückzahlungsverpflichtung ist eine Rückstellung wegen ungewisser Verbindlichkeiten zu bilden. Gleiches gilt für Druckbeihilfen eines Dritten (→ BFH vom 3. 7. 1997 – BStBl 1998 II S. 244; BMF vom 27. 4. 1998 – BStBl I S. 368).

Faktischer Leistungszwang

Eine Rückstellung für ungewisse Verbindlichkeiten ist nicht nur für Verpflichtungen aus einem am Bilanzstichtag bestehenden Vertrag zu bilden, sondern auch für Verpflichtungen, die sich aus einer Branchenübung ergeben (faktischer Leistungszwang). Dies ist z. B. der Fall, wenn ein Unternehmen von seinen Kunden Zuschüsse zu den Herstellungskosten für Werkzeuge erhält, die es bei der Preisgestaltung für die von ihm mittels dieser Werkzeuge herzustellenden und zu liefernden Produkte preismindernd berücksichtigen muss; die Rückstellung ist über die voraussichtliche Dauer der Lieferverpflichtung aufzulösen (→ BFH vom 29. 11. 2000 – BStBl 2002 II S. 655).

Pfandrückstellungen

- Für die Verpflichtung zur Rückgabe von Pfandgeld sind Rückstellungen zu bilden; deren Höhe richtet sich nach den Umständen des Einzelfalls (→ BMF vom 13. 6. 2005 – BStBl I S. 715).
- → H 5.7 (6)

Produktionsabgabe bei der Zuckerherstellung

Die Verpflichtung zur Zahlung einer Produktionsabgabe bei der Zuckerherstellung ist nicht als Teil der Herstellungskosten für den am Bilanzstichtag produzierten Zucker anzusehen. Auf eine entsprechende Anfrage hat das BMF mit Schreiben vom 18. 6. 1999 – IV C 2 – S 2137 – 66/99 mitgeteilt, dass nach dem Ergebnis der Erörterung mit den obersten Finanzbehörden der Länder die Unternehmen der Zuckerindustrie für die Verpflichtung zur Zahlung der Produktionsabgabe bei der Zuckerherstellung dem Grunde nach Rückstellungen zu bilden haben. Bei der Bewertung dieser Rückstellungen sind die Exporterstattungen, die auf Grund der am Bilanzstichtag abgeschlossenen Verträge über den Export von Zucker künftig zu erwarten sind, mindernd zu berücksichtigen (→ OFD Kiel vom 30. 12. 1999 – DB 2000 S. 697).

Provisionsfortzahlungen an einen Handelsvertreter

Eine Passivierung als Verbindlichkeit oder Rückstellung ist anders als bei einem Ausgleichsanspruch an einen Handelsvertreter (→ H 5.7 (4)) grundsätzlich möglich, wenn die Zahlung unabhängig von aus der ehemaligen Tätigkeit stammenden zukünftigen erheblichen Vorteilen des vertretenen Unternehmens ist und sie nicht für ein Wettbewerbsverbot vorgenommen wird. Steht die Provisionsverpflichtung unter einer aufschiebenden Bedingung, ist die Wahrscheinlichkeit des Eintritts der Bedingung zu prüfen (→ BMF vom 21. 6. 2005 – BStBl I S. 802).

Rückzahlungsverpflichtung

Eine Rückstellung für mögliche Honorar-Rückzahlungsverpflichtungen kann nur gebildet werden, wenn am Bilanzstichtag mehr Gründe für als gegen das Bestehen einer solchen Verpflichtung sprechen. Ein gegen eine dritte Person in einer vergleichbaren Sache ergangenes erstinstanzliches Urteil genügt für sich allein noch nicht, um für das Bestehen einer entsprechenden Verbindlichkeit überwiegende Gründe annehmen zu können (→ BFH vom 19. 10. 2005 – BStBl 2006 II S. 371).

Werkzeugkostenzuschuss

→ Faktischer Leistungszwang

Wesentlichkeit

- Ob für eine Verpflichtung, z. B. eine Abrechnungsverpflichtung, unter dem Gesichtspunkt der Wesentlichkeit eine Rückstellung zu bilden ist, ist nicht nach dem Aufwand für das einzelne Vertragsverhältnis zu beurteilen, sondern nach der Bedeutung der Verpflichtung für das Unternehmen (→ BFH vom 18. 1. 1995 – BStBl II S. 742).
- Für Verpflichtungen zur Nachbesteuerung bereits abgeschlossener Lebensversicherungen können keine Rückstellungen gebildet werden (→ BMF vom 28. 11. 2006 – BStBl I S. 765):

  Der BFH hat mit Urteil vom 28. 7. 2004 (BStBl 2006 II S. 866) entschieden, dass ein Versicherungsvertreter, der vom Versicherungsunternehmen Abschlussprovisionen nicht nur für die Vermittlung von Lebensversicherungen, sondern auch für die weitere Betreuung dieser Verträge erhält, für die Verpflichtungen aus der künftigen Vertragsbetreuung Rückstellungen wegen Erfüllungsrückstand zu bilden hat.

  Nach einer Erörterung mit den obersten Finanzbehörden der Länder sind die Grundsätze dieses Urteils über den entschiedenen Einzelfall hinaus nicht anzuwenden.

  Die Bildung einer Rückstellung setzt eine ungewisse Verbindlichkeit gegenüber einem Dritten voraus, die den Verpflichteten aus wirtschaftlicher Sicht wesentlich belastet. Ob eine Verpflichtung wesentlich ist, ist nicht nach dem Aufwand für das einzelne Vertragsverhältnis, sondern nach der Bedeutung der Verpflichtung für das Unternehmen zu beurteilen (BFH vom 18. 1. 1995 (BStBl II 1995 S. 742).

  Die Nachbetreuung der laufenden Lebensversicherungsverträge stellt für den Versicherungsvertreter keine wirtschaftlich wesentlich belastende Verpflichtung dar. Nach dem Abschluss einer Lebensversicherung werden die fälligen Beiträge regelmäßig per Lastschrift bis zur Auszahlung des Vertrages eingezogen, so dass weitere Betreuungsleistungen nur in Ausnahmefällen zu erwarten sind.

  → ferner: OFD Hannover vom 15. 2. 2006 (juris) zur Frage, in welchem Umfang Aussetzung der Vollziehung gewährt werden könnte.

R 5.7 (4) ***Öffentlich-rechtliche Verpflichtung***

(4) [1]Auch ***eine*** öffentlich-rechtliche Verpflichtung ***kann*** Grundlage für eine Rückstellung ***für ungewisse Verbindlichkeiten*** sein; zur Abgrenzung von nicht zulässigen reinen Aufwandsrückstellungen ist jedoch Voraussetzung, dass die Verpflichtung hinreichend konkretisiert ist, d. h., es muss ein inhaltlich bestimmtes Handeln durch Gesetz oder Verwaltungsakt innerhalb eines ***bestimmbaren*** Zeitraums vorgeschrieben und an die Verletzung der Verpflichtung müssen Sanktionen geknüpft sein. [2]***Ergibt sich eine öffentlich-rechtliche Verpflichtung nicht unmittelbar aus einem Gesetz, sondern setzt sie den Erlass einer behördlichen Verfügung (Verwaltungsakt) voraus, ist eine Rückstellung für ungewisse Verbindlichkeiten erst zu bilden, wenn die zuständige Behörde einen vollziehbaren Verwaltungsakt erlassen hat, der ein bestimmtes Handeln vorschreibt.***

H 5.7 (4)

Hinweise

Öffentliche Leitsätze

Allgemeine öffentliche Leitsätze, z. B. die Verpflichtung der Wohnungsbauunternehmen, im Interesse der Volkswirtschaft die errichteten Wohnungen zu erhalten, rechtfertigen keine Rückstellung (→ BMF vom 26. 5. 1976 – BStBl II S. 622).

Rückstellungen für öffentlich-rechtliche Verpflichtungen sind u. a.

zulässig für:

- ***Verpflichtung zur Aufstellung der Jahresabschlüsse (→ BFH vom 20. 3. 1980 – BStBl II S. 297).***
- ***Verpflichtung zur Buchung laufender Geschäftsvorfälle des Vorjahres (→ BFH vom 25. 3. 1992 – BStBl II S. 1010).***
- ***Gesetzliche Verpflichtung zur Prüfung der Jahresabschlüsse, zur Veröffentlichung des Jahresabschlusses im Bundesanzeiger, zur Erstellung des Lageberichts und zur Erstellung der die Betriebssteuern des abgelaufenen Jahres betreffenden Steuererklärungen (→ BFH vom 23. 7. 1980 – BStBl 1981 II S. 62, 63).***

- ***Verpflichtung zur Aufbewahrung von Geschäftsunterlagen gem. § 257 HGB und § 147 AO (→ BFH vom 19. 8. 2002 – BStBl 2003 II S. 131).***
- ***Verpflichtungen zur Wiederaufbereitung (Recycling) und Entsorgung von Bauschutt (→ BFH vom 25. 3. 2004 – BStBl 2006 II S. 644 und vom 21. 9. 2005 – BStBl 2006 II S. 647). § 5 Abs. 4b EStG ist zu beachten.***

nicht zulässig für:

- ***Verpflichtung zur Durchführung der Hauptversammlung (→ BFH vom 23. 7. 1980 – BStBl 1981 II S. 62).***
- ***Künftige Betriebsprüfungskosten, solange es an einer Prüfungsanordnung fehlt (→ BFH vom 24. 8. 1972 – BStBl 1973 II S. 55).***
- ***Künftige Beitragszahlungen an den Pensionssicherungsverein (→ BFH vom 6. 12. 1995 – BStBl 1996 II S. 406).***
- ***die Verpflichtung zur Erstellung der Einkommensteuererklärung und der Erklärung zur gesonderten und einheitlichen Feststellung des Gewinns einer Personengesellschaft (→ BFH vom 24. 11. 1983 – BStBl 1984 II S. 301).***
- ***Verpflichtung zur Entsorgung eigenen Abfalls (→ BFH vom 8. 11. 2000 – BStBl 2001 II S. 570).***
- ***Anpassungsverpflichtungen – nach der Technischen Anleitung zur Reinhaltung der Luft – TA Luft – (→ BMF vom 21. 1. 2003 – BStBl I S. 125).***

Verfallsanordnung

Bei einer zu erwartenden strafrechtlichen Anordnung des Verfalls des Gewinns aus einer Straftat ist eine Rückstellung für ungewisse Verbindlichkeiten zu bilden, sofern für die künftigen Aufwendungen kein steuerliches Abzugsverbot (z. B. nach § 12 Nr. 4 EStG) besteht und die übrigen Voraussetzungen der Rückstellungsbildung vorliegen (→ BFH vom 6. 4. 2000 – BStBl 2001 II S. 536).

Wirtschaftliche Verursachung **R 5.7 (5)**

(**5**) [1]Rückstellungen für ungewisse Verbindlichkeiten sind erstmals im Jahresabschluss des Wirtschaftsjahres zu bilden, in dem sie wirtschaftlich verursacht sind. [2]Die Annahme einer wirtschaftlichen Verursachung setzt voraus, dass der Tatbestand, an den das Gesetz oder der Vertrag die Verpflichtung knüpft, im Wesentlichen verwirklicht ist. [3]Die Erfüllung der Verpflichtung darf nicht nur an Vergangenes anknüpfen, sondern muss auch Vergangenes abgelten.

Hinweise

H 5.7 (5)

Altersteilzeitverpflichtungen

Zur bilanziellen Berücksichtigung von Altersteilzeitverpflichtungen nach dem Altersteilzeitgesetz (AltTZG) → BMF vom 28. 3. 2007 – BStBl I S. 297) ***unter Berücksichtigung der Änderungen durch BMF vom 11. 3. 2008 (BStBl I S. 496)***. Anhang 5. VI

Arbeitsfreistellung

Rückstellungen für Verpflichtungen zur Gewährung von Vergütungen für die Zeit der Arbeitsfreistellung vor Ausscheiden aus dem Dienstverhältnis und Jahreszusatzleistungen im Jahr des Eintritts des Versorgungsfalls (→ BMF vom 11. 11. 1999 – BStBl I S. 959 und vom 28. 3. 2007 – BStBl I S. 297).

Ausgleichsanspruch eines Handelsvertreters Anhang 5. VI

- Eine Rückstellung für die Verpflichtung zur Zahlung eines Ausgleichs an einen Handelsvertreter nach § 89b HGB ist vor Beendigung des Vertragsverhältnisses nicht zulässig, da wesentliche Voraussetzung für einen solchen Ausgleich ist, dass dem Unternehmer aus der früheren Tätigkeit des Vertreters mit hoher Wahrscheinlichkeit noch nach Beendigung des Vertragsverhältnisses erhebliche Vorteile erwachsen (→ BFH vom 20. 1. 1983 – BStBl II S. 375).
- Zur Abgrenzung gegenüber einer Provisionsfortzahlung → H 5.7 (3) Provisionsfortzahlungen an einen Handelsvertreter

Beihilfen an Pensionäre

Für die Verpflichtung, Pensionären und aktiven Mitarbeitern während der Zeit Ihres Ruhestandes in Krankheits-, Geburts- und Todesfällen Beihilfen zu gewähren, ist eine Rückstellung zu bilden (→ BFH vom 30. 1. 2002 – BStBl 2003 II S. 279).

1. Wurde allerdings die Rückstellung für die Verpflichtung zu Beihilfen an künftige Pensionäre im Krankheits-, Geburts-, oder Todesfall während der Zeit ihres Ruhestands bisher nicht gebildet, darf sie erstmals in der ersten nach der Veröffentlichung des BFH-Urteils vom 30. 1. 2002 (BStBl 2003 II S. 279) aufzustellenden Bilanz gebildet werden (vgl. insoweit zur Frage der Bilanzberichtigung → BFH vom 12. 11. 1992 – BStBl 1993 II S. 392).
2. Bei der Bewertung der Rückstellungen ist zu beachten, dass wie im Fall der Vorinstanz (→ FG Nürnberg vom 18. 4. 2000 – EFG 2000 S. 1306) nicht der Gesamtbetrag der Verpflichtung bei Beginn einzustellen, sondern die Rückstellung ratierlich anzusammeln ist.

→ OFD Hannover vom 6. 6. 2003 – S 2176–113 – StH 2221 / S 2176–77 – StO 221

Bürgschaft

Für eine drohende Inanspruchnahme aus einer Bürgschaftsverpflichtung oder aus einem Garantievertrag ist in der Steuerbilanz nach wie vor eine Rückstellung (für ungewisse Verbindlichkeiten) auszuweisen (→ OFD München vom 12. 4. 2003 – DStR 2002 S. 1303).

Entstandene Verpflichtungen

Rückstellungen für bereits rechtlich entstandene Verpflichtungen sind nur zulässig, wenn ihre wirtschaftliche Verursachung in der Vergangenheit liegt (→ BMF vom 21. 1. 2003 – BStBl I S. 125).

Garantierückstellungen

Garantierückstellungen, mit denen das Risiko künftigen Aufwands durch kostenlose Nacharbeiten oder durch Ersatzlieferungen oder aus Minderungen oder Schadenersatzleistungen wegen Nichterfüllung auf Grund gesetzlicher oder vertraglicher Gewährleistungen erfasst werden soll, können bei Vorliegen der entsprechenden Voraussetzungen als Einzelrückstellungen für die bis zum Tag der Bilanzaufstellung bekanntgewordenen einzelnen Garantiefälle oder als Pauschalrückstellung gebildet werden. Für die Bildung von Pauschalrückstellungen ist Voraussetzung, dass der Kaufmann auf Grund der Erfahrungen in der Vergangenheit mit einer gewissen Wahrscheinlichkeit mit Garantieinanspruchnahmen rechnen muss oder dass sich aus der branchenmäßigen Erfahrung und der individuellen Gestaltung des Betriebs die Wahrscheinlichkeit ergibt, Garantieleistungen erbringen zu müssen (→ BFH vom 30. 6. 1983 – BStBl 1984 II S. 263 und vom 24. 3. 1999 – BStBl 2001 II S. 612).

Jubiläumsrückstellung

Zu den Voraussetzungen für die Bildung einer Rückstellung für Jubiläumszuwendungen → BMF vom ***8. 12. 2008*** (***BStBl I S. 1013***).

– Zur Frage, ob im Rahmen der Bewertung der Jubiläumsrückstellung in der Steuerbilanz auch der vom Arbeitgeber zu tragende hälftige **Beitrag zu den gesetzlichen Sozialabgaben** einzubeziehen ist, hat das BMF wie folgt Stellung genommen:

  Nach dem BMF-Schreiben vom 29. 10. 1993 (BStBl I S. 898) ist eine Jubiläumszuwendung jede Einmalzuwendung in Geld oder Geldeswert an den Arbeitnehmer anlässlich eines Dienstjubiläums, die dieser neben laufendem Arbeitslohn und anderen sonstigen Bezügen erhält. Danach könnte zweifelhaft sein, ob Aufwendungen, die der Arbeitgeber anlässlich eines Dienstjubiläums nicht an den Arbeitnehmer, sondern an einen Dritten zu leisten hat, Bestandteil der Zuwendungen an den Arbeitnehmer sind. Soweit der Arbeitgeber wegen einer Jubiläumszuwendung an den Arbeitnehmer verpflichtet ist, Arbeitgeber-Anteile der gesetzlichen Sozialabgaben an den jeweiligen Träger der sozialen Sicherungssysteme abzuführen (z. B. Beiträge zur gesetzlichen Rentenversicherung nach § 168 Abs. 1 i. V. m. § 173 SGB VI), ist auslösendes Moment der Beitragsverpflichtung die Zuwendung an den Arbeitnehmer. Künftige Leistungen der sozialen Sicherungssysteme an den Arbeitnehmer werden (auch) auf Grund dieser Arbeitgeber-Leistungen erbracht. Bei der hier zu beurteilenden Sachlage ist es gerechtfertigt, den vom Arbeitgeber zu leistenden hälftigen Beitrag zu den gesetzlichen Sozialversicherungssystemen als Teil der Jubiläumszuwendung anzusehen und im Rahmen der Bewertung der Rückstellung zu berücksichtigen (→ BMF vom 13. 11. 1997 – IV B 2 – S 2137–174/97).

– **Geschäftsjubiläumszuwendung**
Hat ein Unternehmer zugesagt, aus Anlass seines Geschäfts- oder Firmenjubiläums an alle Mitarbeiter eine Zuwendung zu zahlen, ist er schon an Bilanzstichtagen vor dem Jubiläum zur Bildung einer Rückstellung verpflichtet. Die Höhe bemisst sich danach, in welchem Umfang die Zuwendungen in Wirtschaftsjahren verursacht sind, die bis zu dem Bilanzstichtag abgelaufen sind. Dies ist nur insoweit der Fall, als die Zuwendungen von der Dauer der Betriebszugehörigkeit der jeweiligen Mitarbeiter abhängt und dieser Teil der Zuwendung anteilig auf den am Bilanzstichtag bereits abgelaufenen Teil der gesamten Betriebszugehörigkeit entfällt (→ BFH vom 29. 11. 2000 – BFH/NV 2001 S. 686).

Nachbetreuungsleistungen bei Hörgeräte-Akustikern

Nachbetreuungsverpflichtungen sind im Zeitpunkt der Veräußerung der Hörhilfen auch wirtschaftlich verursacht (→ BMF vom 12. 10. 2005 – BStBl I S. 953).

Prozesskosten

Bei am Bilanzstichtag noch nicht anhängigen Verfahren/Instanzen fehlt es grundsätzlich an der wirtschaftlichen Verursachung (→ BFH vom 6. 12. 1995 – BStBl 1996 II S. 406).

Urlaubsverpflichtungen

Rückständige Urlaubsverpflichtungen sind in Höhe des Urlaubsentgelts zu passivieren, das der Arbeitgeber hätte aufwenden müssen, wenn er seine Zahlungsverpflichtung bereits am Bilanzstichtag erfüllt hätte (→ BFH vom 6. 12. 1995 – BStBl 1996 II S. 406).

Zinszahlung

Eine Verpflichtung zur Zinszahlung ist am Bilanzstichtag nur insoweit wirtschaftlich verursacht, als damit eine Zeitspanne vor dem Bilanzstichtag abgegolten wird (→ BMF vom 6. 12. 1995 – BStBl 1996 II S. 406).

Zuwendungen aus Anlass eines Geschäfts- oder Firmenjubiläums

Für rechtsverbindlich zugesagte Zuwendungen aus Anlass eines Geschäfts- oder Firmenjubiläums, die sich nach der Dauer der Betriebszugehörigkeit der einzelnen Mitarbeiter bemessen, ist eine Rückstellung in dem Umfang zu bilden, in dem die Anspruchsvoraussetzungen durch die vergangene Betriebszugehörigkeit des jeweiligen Mitarbeiters erfüllt sind. Die Regelung für Zuwendungen aus Anlass eines Dienstjubiläums (§ 5 Abs. 4 EStG) gilt dafür nicht (→ BFH vom 29. 11. 2000 – BStBl 2004 II S. 41).

Wahrscheinlichkeit der Inanspruchnahme **R 5.7 (6)**

(**6**) [1]Rückstellungen für ungewisse Verbindlichkeiten setzen in tatsächlicher Hinsicht voraus, dass die Verbindlichkeiten, die den Rückstellungen zu Grunde liegen, bis zum Bilanzstichtag entstanden sind oder aus Sicht am Bilanzstichtag mit einiger Wahrscheinlichkeit entstehen werden und der Stpfl. spätestens bei Bilanzaufstellung ernsthaft damit rechnen muss, hieraus in Anspruch genommen zu werden. [2]Die Wahrscheinlichkeit der Inanspruchnahme ist auf Grund objektiver, am Bilanzstichtag vorliegender und spätestens bei Aufstellung der Bilanz erkennbarer Tatsachen aus der Sicht eines sorgfältigen und gewissenhaften Kaufmanns zu beurteilen; es müssen mehr Gründe für als gegen die Inanspruchnahme sprechen.

Hinweise

H 5.7 (6)

Allgemeines

Eine Inanspruchnahme ist wahrscheinlich, wenn der Stpfl. nach den Umständen, die am Bilanzstichtag objektiv vorlagen und bis zum Zeitpunkt der Bilanzerstellung bekannt oder erkennbar wurden, ernstlich damit rechnen musste, aus der Verpflichtung in Anspruch genommen zu werden. Er darf im Hinblick auf seine Inanspruchnahme nicht die pessimistischste Alternative wählen; für die Inanspruchnahme müssen mehr Gründe dafür als dagegen sprechen (→ BFH vom 19. 10. 2005 – BStBl 2006 II S. 371).

Entdeckung

Die Wahrscheinlichkeit der Inanspruchnahme ist gegeben, wenn die anspruchsbegründenden Tatsachen bis zum Tag der Bilanzaufstellung entdeckt sind (→ BFH vom 2. 10. 1992 – BStBl 1993 II S. 153).

Hinterzogene Steuern

Hinterzogene Lohnsteuer ist vom Arbeitgeber in dem Zeitpunkt zurückzustellen, in dem er mit seiner Haftungsinanspruchnahme ernsthaft rechnen muss (→ BFH vom 16. 2. 1996 – BStBl II S. 592)

Patronatserklärungen

Die Passivierung von Rückstellungen für Verpflichtungen aus sog. harten Patronatserklärungen setzt voraus, dass die Gefahr der Inanspruchnahme aus der Verpflichtung ernsthaft droht. Eine Inanspruchnahme aus einer konzerninternen Patronatserklärung der Muttergesellschaft für ein Tochterunternehmen droht dann nicht, wenn das Schuldnerunternehmen zwar in der Krise ist, innerhalb des Konzerns ein Schwesterunternehmen aber die erforderliche Liquidität bereitstellt und auf Grund der gesellschaftsrechtlichen Verbundenheit nicht damit zu rechnen ist, dass dieses Schwesterunternehmen Ansprüche gegen die Muttergesellschaft geltend machen wird (→ BFH vom 25. 10. 2006 – BStBl 2007 II S. 384).

Pfandrückstellungen

- Im Rahmen der im Getränkehandel branchenüblichen Abläufe von laufenden Geschäftsbeziehungen kann nur in begründeten Einzelfällen (z. B. wenn die Geschäftsbeziehungen beendet werden oder eine Aufforderung unmittelbar bevorsteht, das gesamte Leergut zu einem bestimmten Termin zurückzugeben) mit der vorzeitigen Inanspruchnahme des Verpflichteten zur Rückgabe des Leergutes gerechnet werden (→ BFH vom 25. 4. 2006 – BStBl II S. 749).
- → H 5.7 (3)

Schadensersatz

- Bei einseitigen Verbindlichkeiten ist die Wahrscheinlichkeit der Inanspruchnahme erst gegeben, wenn der Gläubiger die sich aus ihnen ergebende (mögliche) Berechtigung kennt. Dies gilt auch für öffentlich-rechtliche Verbindlichkeiten (→ BFH vom 19. 10. 1993 – BStBl II S. 891).
- Bei privat-rechtlichen Schadensersatzansprüchen ist entweder die Kenntnis des Gläubigers von den den Schadensersatzanspruch begründenden Umständen oder zumindest eine derartige unmittelbar bevorstehende Kenntniserlangung erforderlich (→ BFH vom 25. 4. 2006 – BStBl II S. 749).

R 5.7 (7) ***Rückstellungen für Erfüllungsrückstand bei schwebenden Geschäften***

Schwebende Geschäfte

(7) [1]Schwebende Geschäfte sind gegenseitige Verträge i. S. d. §§ 320 ff. BGB (z. B. Dauerschuldverhältnisse wie Arbeits- oder Mietverträge), die von den Beteiligten noch nicht voll erfüllt sind. [2]Noch zu erbringende unwesentliche Nebenleistungen stehen der Beendigung des Schwebezustandes nicht entgegen. [3]Verpflichtungen aus schwebenden Geschäften werden nicht passiviert, es sei denn, das Gleichgewicht von Leistung und Gegenleistung ist durch Erfüllungsrückstände gestört; in diesen Fällen sind Rückstellungen für Erfüllungsrückstand auszuweisen.

R 5.7 (8) ***Erfüllungsrückstand***

(8) [1]Ein Erfüllungsrückstand entsteht, wenn ein Vertragspartner seine Leistung erbracht hat, der andere Vertragspartner die entsprechende Gegenleistung jedoch noch schuldet. [2]Eine Fälligkeit der vertraglich noch geschuldeten Leistung zum Bilanzstichtag ist nicht erforderlich. [3]Erfüllungsrückstände eines Vermieters liegen z. B. vor, wenn sich die allgemeine Pflicht zur Erhaltung der vermieteten Sache in der Notwendigkeit einzelner Erhaltungsmaßnahmen konkretisiert hat und der Vermieter die Maßnahmen unterlässt. [4]Die wirtschaftliche Verursachung der Verpflichtung richtet sich nach Absatz 5.

Hinweise

H 5.7 (8)

Erfüllungsrückstand

- Ein Erfüllungsrückstand liegt insbesondere vor, wenn der Schuldner einer Verpflichtung nicht nachgekommen ist, die er im abgelaufenen Wirtschaftsjahr hätte erfüllen müssen (→ BFH vom 3. 12. 1991 – BStBl 1993 II S. 89). Die noch ausstehende Gegenleistung muss eine Vorleistung abgelten und ihr damit synallagmatisch zweckgerichtet und zeitlich zuordenbar sein (→ BFH vom 5. 4. 2006 – BStBl II S. 593).
- Für die Verpflichtung zur Lohnfortzahlung im Krankheitsfall kann keine Rückstellung gebildet werden (→ BFH vom 27. 6. 2001 – BStBl II S. 758).

Einzelfälle

R 5.7 (9)

Leistungen auf Grund eines Sozialplans

(***9***) [1]Rückstellungen für Leistungen auf Grund eines Sozialplans nach den §§ 111, 112 des Betriebsverfassungsgesetzes sind insbesondere unter Beachtung der Grundsätze in den ***Absätzen 5 und 6*** im Allgemeinen ab dem Zeitpunkt zulässig, in dem der Unternehmer den Betriebsrat über die geplante Betriebsänderung nach § 111 Satz 1 des Betriebsverfassungsgesetzes unterrichtet hat. [2]Die Voraussetzungen für die Bildung ***von*** Rückstellung***en für ungewisse Verbindlichkeiten*** liegen am Bilanzstichtag auch vor, wenn der Betriebsrat erst nach dem Bilanzstichtag, aber vor der Aufstellung oder Feststellung der Bilanz unterrichtet wird und der Unternehmer sich bereits vor dem Bilanzstichtag zur Betriebsänderung entschlossen oder schon vor dem Bilanzstichtag eine wirtschaftliche Notwendigkeit bestanden hat, eine zur Aufstellung eines Sozialplans verpflichtende Maßnahme durchzuführen. [3]Soweit vorzeitig betriebliche Pensionsleistungen bei alsbaldigem Ausscheiden infolge der Betriebsänderung erbracht werden, richtet sich die Rückstellungsbildung ausschließlich nach § 6a EStG. [4]Die vorstehenden Grundsätze gelten sinngemäß für Leistungen, die auf Grund einer auf Tarifvertrag oder Betriebsvereinbarung beruhenden vergleichbaren Vereinbarung zu erbringen sind.

Patent-, Urheber- oder ähnliche Schutzrechte

R 5.7 (10)

(***10***) [1]Rückstellungen ***für ungewisse Verbindlichkeiten*** wegen Benutzung einer offengelegten, aber noch nicht patentgeschützten Erfindung sind nur unter den Voraussetzungen zulässig, die nach § 5 Abs. 3 EStG für Rückstellungen wegen Verletzung eines Patentrechts gelten. [2]Das Auflösungsgebot in § 5 Abs. 3 EStG bezieht sich auf alle Rückstellungsbeträge, die wegen der Verletzung ein und desselben Schutzrechts passiviert worden sind. [3]Hat der Stpfl. nach der erstmaligen Bildung der Rückstellung das Schutzrecht weiterhin verletzt und deshalb die Rückstellung in den folgenden Wirtschaftsjahren erhöht, beginnt für die Zuführungsbeträge keine neue Frist. [4]Nach Ablauf der ***Drei-Jahres-Frist*** sind weitere Rückstellungen wegen Verletzung desselben Schutzrechts nicht zulässig, solange Ansprüche nicht geltend gemacht worden sind.

Hinweise

H 5.7 (10)

Patentverletzung

- Die Bildung einer Rückstellung wegen Verletzung fremder Patentrechte nach § 5 Abs. 3 Satz 1 Nr. 2 EStG setzt nicht voraus, dass der Patentinhaber von der Rechtsverletzung Kenntnis erlangt hat.
- Wird ein und dasselbe Schutzrecht in mehreren Jahren verletzt, bestimmt sich der Ablauf der dreijährigen Auflösungsfrist i. S. d. § 5 Abs. 3 Satz 2 EStG nach der erstmaligen Rechtsverletzung.

  (→ BFH vom 9. 2. 2006 – BStBl II S. 517).

Instandhaltung und Abraumbeseitigung

R 5.7 (11)

(11) [1]Die nach den Grundsätzen des § 249 Abs. 1 Satz 2 Nr. 1 HGB gebildete Rückstellung ist auch in der Steuerbilanz anzusetzen. [2]Das Gleiche gilt für die Bildung von Rückstellungen für unterlassene Aufwendungen für Abraumbeseitigungen, die im folgenden Wirtschaftsjahr nachgeholt werden. [3]Bei unterlassener Instandhaltung muss es sich um Erhaltungsarbeiten handeln, Anhang 13

die bis zum Bilanzstichtag bereits erforderlich gewesen wären, aber erst nach dem Bilanzstichtag durchgeführt werden. [4]Soweit nach § 249 Abs. 1 Satz 3 HGB Rückstellungen auch für unterlassene Instandhaltungsaufwendungen zugelassen werden, die nach Ablauf der ***Drei-Monats-Frist*** bis zum Ende des Wirtschaftsjahres nachgeholt werden dürfen (handelsrechtliches Passivierungswahlrecht), sind sie steuerrechtlich nicht zulässig. [5]Rückstellungen für Abraumbeseitigungen auf Grund rechtlicher Verpflichtungen sind nach § 249 Abs. 1 Satz 1 HGB (ungewisse Verbindlichkeit) zu bilden.

H 5.7 (11)

Hinweise

Turnusmäßige Erhaltungsarbeiten

Bei Erhaltungsarbeiten, die erfahrungsgemäß in ungefähr gleichem Umfang und in gleichen Zeitabständen anfallen und turnusgemäß durchgeführt werden, liegt in der Regel keine unterlassene Instandhaltung vor (→ BFH vom 15. 2. 1955 – BStBl III S. 172).

R 5.7 (12) **Kulanzleistungen**

Anhang 13

(12) Rückstellungen nach § 249 Abs. 1 Satz 2 Nr. 2 HGB für Gewährleistungen, die ohne rechtliche Verpflichtungen erbracht werden, sind nur zulässig, wenn sich der Kaufmann den Gewährleistungen aus geschäftlichen Erwägungen nicht entziehen kann.

H 5.7 (12)

Hinweise

Garantierückstellungen

→ ***H 5.7 (5)***

Geschäftliche Erwägungen

Geschäftliche Erwägungen sind anzunehmen, wenn am Bilanzstichtag unter Berücksichtigung des pflichtgemäßen Ermessens des vorsichtigen Kaufmanns damit zu rechnen ist, dass Kulanzleistungen auch in Zukunft bewilligt werden müssen (→ BFH vom 6. 4. 1965 – BStBl III S. 383).

R 5.7 (13) **Auflösung von Rückstellungen**

(13) Rückstellungen ***sind*** aufzulösen, soweit die Gründe hierfür entfallen.

H 5.7 (13)

Hinweise

Auflösung

Rückstellungen sind auch dann aufzulösen, wenn

- nach dem Bilanzstichtag, aber vor der Bilanzerstellung Umstände bekannt werden, die am Bilanzstichtag objektiv vorlagen, aus denen sich ergibt, dass mit einer Inanspruchnahme nicht mehr zu rechnen ist (→ BMF vom 31. 1. 2002 – BStBl II S. 688).
- die Verbindlichkeit trotz weiterbestehender rechtlicher Verpflichtung keine wirtschaftliche Belastung mehr darstellt (→ BMF vom 22. 11. 1988 – BStBl 1989 II S. 359).

Erfolgsneutrale Auflösung

Eine Rückstellung ist erfolgsneutral aufzulösen, wenn der Wegfall der Voraussetzungen für ihre Bildung und Beibehaltung auf Umständen beruht, die als Einlage i. S. d. § 4 Abs. 1 Satz 5 EStG zu beurteilen sind (→ BMF vom 12. 4. 1989 – BStBl II S. 612).

Rechtsmittel

- Eine Rückstellung wegen einer gerichtsanhängigen Schadensersatzverpflichtung ist erst aufzulösen, wenn über die Verpflichtung endgültig und rechtskräftig ablehnend entschieden ist (→ BMF vom 27. 11. 1997 – BStBl 1998 II S. 375).

- Eine Rückstellung ist nicht aufzulösen, wenn der Stpfl. in einer Instanz obsiegt hat, der Prozessgegner gegen diese Entscheidung aber noch ein Rechtsmittel einlegen kann (→ BMF vom 31. 1. 2002 – BStBl II S. 688).
- Ein nach dem Bilanzstichtag, aber vor dem Zeitpunkt der Bilanzaufstellung erfolgter Verzicht des Prozessgegners auf ein Rechtsmittel wirkt nicht auf die Verhältnisse am Bilanzstichtag zurück (→ BMF vom 30. 1. 2002 – BStBl II S. 688).

Schadensersatz

→ Rechtsmittel

Verhandlungen

Wird am Bilanzstichtag über den Wegfall einer Verpflichtung verhandelt, so rechtfertigt dies die Auflösung einer gebildeten Rückstellung grundsätzlich nicht (→ BMF vom 17. 11. 1987 – BStBl 1988 II S. 430).

§ 5a Gewinnermittlung bei Handelsschiffen im internationalen Verkehr

EStG
S 2133a
[1]

(1) [1]An Stelle der Ermittlung des Gewinns nach § 4 Abs. 1 oder § 5 ist bei einem Gewerbebetrieb mit Geschäftsleitung im Inland der Gewinn, soweit er auf den Betrieb von Handelsschiffen im internationalen Verkehr entfällt, auf unwiderruflichen Antrag des Steuerpflichtigen nach der in seinem Betrieb geführten Tonnage zu ermitteln, wenn die Bereederung dieser Handelsschiffe im Inland durchgeführt wird. [2]Der im Wirtschaftsjahr erzielte Gewinn beträgt pro Tag des Betriebs für jedes im internationalen Verkehr betriebene Handelsschiff für jeweils volle 100 Nettotonnen (Nettoraumzahl)

0,92 Euro bei einer Tonnage bis zu 1 000 Nettotonnen,

0,69 Euro für die 1 000 Nettotonnen übersteigende Tonnage bis zu 10 000 Nettotonnen,

0,46 Euro für die 10 000 Nettotonnen übersteigende Tonnage bis zu 25 000 Nettotonnen,

0,23 Euro für die 25 000 Nettotonnen übersteigende Tonnage.

(2) [1]Handelsschiffe werden im internationalen Verkehr betrieben, wenn eigene oder gecharterte Seeschiffe, die im Wirtschaftsjahr überwiegend in einem inländischen Seeschiffsregister eingetragen sind, in diesem Wirtschaftsjahr überwiegend zur Beförderung von Personen oder Gütern im Verkehr mit oder zwischen ausländischen Häfen, innerhalb eines ausländischen Hafens oder zwischen einem ausländischen Hafen und der Hohen See eingesetzt werden. [2]Zum Betrieb von Handelsschiffen im internationalen Verkehr gehören auch ihre Vercharterung, wenn sie vom Vercharterer ausgerüstet worden sind, und die unmittelbar mit ihrem Einsatz oder ihrer Vercharterung zusammenhängenden Neben- und Hilfsgeschäfte einschließlich der Veräußerung der Handelsschiffe und der unmittelbar ihrem Betrieb dienenden Wirtschaftsgüter. [3]Der Einsatz und die Vercharterung von gecharterten Handelsschiffen gilt nur dann als Betrieb von Handelsschiffen im internationalen Verkehr, wenn gleichzeitig eigene oder ausgerüstete Handelsschiffe im internationalen Verkehr betrieben werden. [4]Sind gecharterte Handelsschiffe nicht in einem inländischen Seeschiffsregister eingetragen, gilt Satz 3 unter der weiteren Voraussetzung, dass im Wirtschaftsjahr die Nettotonnage der gecharterten Handelsschiffe das Dreifache der nach den Sätzen 1 und 2 im internationalen Verkehr betriebenen Handelsschiffe nicht übersteigt; für die Berechnung der Nettotonnage sind jeweils die Nettotonnen pro Schiff mit der Anzahl der Betriebstage nach Absatz 1 zu vervielfältigen. [5]Dem Betrieb von Handelsschiffen im internationalen Verkehr ist gleichgestellt, wenn Seeschiffe, die im Wirtschaftsjahr überwiegend in einem inländischen Seeschiffsregister eingetragen sind, in diesem Wirtschaftsjahr überwiegend außerhalb der deutschen Hoheitsgewässer zum Schleppen, Bergen oder zur Aufsuchung von Bodenschätzen eingesetzt werden; die Sätze 2 bis 4 sind sinngemäß anzuwenden. [2]

---

1) Zur Anwendung → § 52 Abs. 15 EStG.

2) ***Absatz 2 Satz 5 wurde durch das Gesetz zur Änderung seeverkehrsrechtlicher, verkehrsrechtlicher und anderer Vorschriften mit Bezug zum Seerecht vom 8. 4. 2008 (BGBl. I S. 706) geändert. Die Angabe „oder zur Vermessung von Energielagerstätten unter dem Meeresboden" wurde gestrichen. Die Neuregelung ist am 18. 4. 2008 in Kraft getreten.***

[1] **(3) [1]Der Antrag auf Anwendung der Gewinnermittlung nach Absatz 1 ist im Wirtschaftsjahr der Anschaffung oder Herstellung des Handelsschiffs (Indienststellung) mit Wirkung ab Beginn dieses Wirtschaftsjahres zu stellen. [2]Vor Indienststellung des Handelsschiffs durch den Betrieb von Handelsschiffen im internationalen Verkehr erwirtschaftete Gewinne sind in diesem Fall nicht zu besteuern; Verluste sind weder ausgleichsfähig noch verrechenbar. [3]Bereits erlassene Steuerbescheide sind insoweit zu ändern. [4]Das gilt auch dann, wenn der Steuerbescheid unanfechtbar geworden ist; die Festsetzungsfrist endet insoweit nicht, bevor die Festsetzungsfrist für den Veranlagungszeitraum abgelaufen ist, in dem der Gewinn erstmals nach Absatz 1 ermittelt wird. [5]Wird der Antrag auf Anwendung der Gewinnermittlung nach Absatz 1 nicht nach Satz 1 im Wirtschaftsjahr der Anschaffung oder Herstellung des Handelsschiffs (Indienststellung) gestellt, kann er erstmals in dem Wirtschaftsjahr gestellt werden, das jeweils nach Ablauf eines Zeitraumes von zehn Jahren, vom Beginn des Jahres der Indienststellung gerechnet, endet. [6]Die Sätze 2 bis 4 sind insoweit nicht anwendbar. [7]Der Steuerpflichtige ist an die Gewinnermittlung nach Absatz 1 vom Beginn des Wirtschaftsjahres an, in dem er den Antrag stellt, zehn Jahre gebunden. [8]Nach Ablauf dieses Zeitraumes kann er den Antrag mit Wirkung für den Beginn jedes folgenden Wirtschaftsjahres bis zum Ende des Jahres unwiderruflich zurücknehmen. [9]An die Gewinnermittlung nach allgemeinen Vorschriften ist der Steuerpflichtige ab dem Beginn des Wirtschaftsjahres, in dem er den Antrag zurücknimmt, zehn Jahre gebunden.**

(4) [1]Zum Schluss des Wirtschaftsjahres, das der erstmaligen Anwendung des Absatzes 1 vorangeht (Übergangsjahr), ist für jedes Wirtschaftsgut, das unmittelbar dem Betrieb von Handelsschiffen im internationalen Verkehr dient, der Unterschiedsbetrag zwischen Buchwert und Teilwert in ein besonderes Verzeichnis aufzunehmen. [2]Der Unterschiedsbetrag ist gesondert und bei Gesellschaften im Sinne des § 15 Abs. 1 Satz 1 Nr. 2 einheitlich festzustellen. [3]Der Unterschiedsbetrag nach Satz 1 ist dem Gewinn hinzuzurechnen:

1. **in den dem letzten Jahr der Anwendung des Absatzes 1 folgenden fünf Wirtschaftsjahren jeweils in Höhe von mindestens einem Fünftel,**
2. **in dem Jahr, in dem das Wirtschaftsgut aus dem Betriebsvermögen ausscheidet oder in dem es nicht mehr unmittelbar dem Betrieb von Handelsschiffen im internationalen Verkehr dient,**
3. **in dem Jahr des Ausscheidens eines Gesellschafters hinsichtlich des auf ihn entfallenden Anteils.**

[4]Die Sätze 1 bis 3 sind entsprechend anzuwenden, wenn der Steuerpflichtige Wirtschaftsgüter des Betriebsvermögens dem Betrieb von Handelsschiffen im internationalen Verkehr zuführt.

(4a) [1]Bei Gesellschaften im Sinne des § 15 Abs. 1 Satz 1 Nr. 2 tritt für die Zwecke dieser Vorschrift an die Stelle des Steuerpflichtigen die Gesellschaft. [2]Der nach Absatz 1 ermittelte Gewinn ist den Gesellschaftern entsprechend ihrem Anteil am Gesellschaftsvermögen zuzurechnen. [3]Vergütungen im Sinne des § 15 Abs. 1 Satz 1 Nr. 2 und Satz 2 sind hinzuzurechnen.

---

1) Absatz 3 wurde durch das HBeglG 2004 neu gefasst und ist i. d. F. des HBeglG 2004 erstmals für das Wirtschaftsjahr anzuwenden, das nach dem 31. 12. 2005 endet. § 5a Abs. 3 Satz 1 EStG in der am 31. 12. 2003 geltenden Fassung ist weiterhin anzuwenden, wenn der Stpfl. im Fall der Anschaffung das Handelsschiff auf Grund eines vor dem 1. 1. 2006 rechtswirksam abgeschlossenen schuldrechtlichen Vertrags oder gleichgestellten Rechtsaktes angeschafft oder im Fall der Herstellung mit der Herstellung des Handelsschiffs vor dem 1. 1. 2006 begonnen hat. In Fällen des Satzes 3 muss der Antrag auf Anwendung des § 5a Abs. 1 EStG spätestens bis zum Ablauf des Wirtschaftsjahres gestellt werden, das vor dem 1. 1. 2008 endet. → § 52 Abs. 15 Satz 2 bis Satz 4 EStG. Die bisherige Fassung lautet:

„(3) [1]Der Antrag auf Anwendung der Gewinnermittlung nach Absatz 1 kann mit Wirkung ab dem jeweiligen Wirtschaftsjahr bis zum Ende des zweiten Wirtschaftsjahres gestellt werden, das auf das Wirtschaftsjahr folgt, in dem der Steuerpflichtige durch den Gewerbebetrieb erstmals Einkünfte aus dem Betrieb von Handelsschiffen im internationalen Verkehr erzielt (Erstjahr). [2]Danach kann ein Antrag in dem Wirtschaftsjahr gestellt werden, das jeweils nach Ablauf eines Zeitraums von zehn Jahren, vom Beginn des Erstjahres gerechnet, endet. [3]Der Steuerpflichtige ist an die Gewinnermittlung nach Absatz 1 vom Beginn des Wirtschaftsjahres an, in dem er den Antrag stellt, zehn Jahre gebunden. [4]Nach Ablauf dieses Zeitraums kann er den Antrag mit Wirkung für den Beginn jedes folgenden Wirtschaftsjahres bis zum Ende dieses Jahres unwiderruflich zurücknehmen. [5]An die Gewinnermittlung nach allgemeinen Vorschriften ist der Steuerpflichtige ab dem Beginn des Wirtschaftsjahres, in dem er den Antrag zurücknimmt, zehn Jahre gebunden."

(5) [1]Gewinne nach Absatz 1 umfassen auch Einkünfte nach § 16. [2]Die §§ 34, 34c Abs. 1 bis 3 und § 35 sind nicht anzuwenden. [3]Rücklagen nach den §§ 6b und 6d sind beim Übergang zur Gewinnermittlung nach Absatz 1 dem Gewinn im Erstjahr hinzuzurechnen; bis zum Übergang in Anspruch genommene Investitionsabzugsbeträge nach § 7g Abs. 1 sind nach Maßgabe des § 7g Abs. 3 rückgängig zu machen. [4]Für die Anwendung des § 15a ist der nach § 4 Abs. 1 oder § 5 ermittelte Gewinn zugrunde zu legen. [1])

(6) In der Bilanz zum Schluss des Wirtschaftsjahres, in dem Absatz 1 letztmalig angewendet wird, ist für jedes Wirtschaftsgut, das unmittelbar dem Betrieb von Handelsschiffen im internationalen Verkehr dient, der Teilwert anzusetzen.

Hinweise

H 5a

Allgemeines

→ BMF vom 12. 6. 2002 (BStBl I S. 614)

Saldierung des Schattengewinns mit verrechenbaren Verlusten aus der Zeit vor der Tonnagebesteuerung

Der während der Tonnagebesteuerung gem. § 5a Abs. 5 Satz 4 EStG im Wege einer Schattenrechnung zu ermittelnde Gewinn ist mit dem aus der Zeit vor der Tonnagebesteuerung entstandenen verrechenbaren Verlust nach § 15a Abs. 2 EStG zu saldieren. Davon unberührt bleibt die Verrechnung auch mit einem hinzuzurechnenden Unterschiedsbetrag nach § 5a Abs. 4 Satz 3 EStG (→ BFH vom 20. 11. 2006 – BStBl 2007 II S. 261).

Sondervergütungen

Die Tarifbegünstigung nach § 32c EStG erfasst auch Sondervergütungen i. S. d. § 5a Abs. 4a Satz 3 i. V. m. § 15 Abs. 1 Satz 1 Nr. 2 EStG (→ BFH vom 6. 7. 2005 – BStBl 2008 II S. 180).[2])

Unterschiedsbetrag

Ist ein aus Anlass des Übergangs zur Tonnagebesteuerung gem. § 5a Abs. 4 EStG gebildeter Unterschiedsbetrag bei seiner Auflösung im Zuge der Betriebsaufgabe nach den §§ 16, 34 EStG steuerbegünstigt?

→ Schl.-Holst. FG vom 25. 6. 2008 (1 K 50018/05) – Rev. – IV R 40/08

§ 5b Elektronische Übermittlung von Bilanzen sowie Gewinn- und Verlustrechnungen

EStG [3])

1) Absatz 5 Satz 3 wurde durch das Unternehmensteuerreformgesetz 2008 geändert und ist erstmals für Wirtschaftsjahre anzuwenden, die nach dem 17. 8. 2007 enden. Soweit Ansparabschreibungen im Sinne von § 7g Abs. 3 EStG in der bis zum 17. 8. 2007 geltenden Fassung zum Zeitpunkt des Übergangs zur Gewinnermittlung nach § 5a Abs. 1 EStG noch nicht gewinnerhöhend aufgelöst worden sind, ist § 5a Abs. 5 Satz 3 EStG in der bis zum 17. 8. 2007 geltenden Fassung weiter anzuwenden → § 52 Abs. 15 Satz 5 und 6 EStG.
Die bisherige Fassung lautet:
„Rücklagen nach den §§ 6b, 6d und 7g sind beim Übergang zur Gewinnermittlung nach Absatz 1 dem Gewinn im Erstjahr hinzuzurechnen."

2) Anm.: Die BFH-Entscheidung müsste gleichermaßen für die Anwendung des § 35 EStG gelten.

3) ***§ 5b EStG wurde durch das Steuerbürokratieabbaugesetz eingefügt und ist erstmals für Wirtschaftsjahre anzuwenden, die nach dem 31. 12. 2010 beginnen (→ § 52 Abs. 15a EStG).***
Anm.: § 5b EStG lautet:
(1) [1]Wird der Gewinn nach § 4 Abs. 1, § 5 oder § 5a ermittelt, so ist der Inhalt der Bilanz sowie der Gewinn- und Verlustrechnung nach amtlich vorgeschriebenem Datensatz durch Datenfernübertragung zu übermitteln. [2]Enthält die Bilanz Ansätze oder Beträge, die den steuerlichen Vorschriften nicht entsprechen, so sind diese Ansätze oder Beträge durch Zusätze oder Anmerkungen den steuerlichen Vorschriften anzupassen und nach amtlich vorgeschriebenem Datensatz durch Datenfernübertragung zu übermitteln. [3]Der Steuerpflichtige kann auch eine den steuerlichen Vorschriften entsprechende Bilanz nach amtlich vorgeschriebenem Datensatz durch Datenfernübertragung übermitteln. [4]§ 150 Abs. 7 der Abgabenordnung gilt entsprechend. [5]Im Fall der Eröffnung des Betriebs sind die Sätze 1 bis 4 für den Inhalt der Eröffnungsbilanz entsprechend anzuwenden.
(2) [1]Auf Antrag kann die Finanzbehörde zur Vermeidung unbilliger Härten auf eine elektronische Übermittlung verzichten. [2]§ 150 Abs. 8 der Abgabenordnung gilt entsprechend.

EStG
S 2170

§ 6 Bewertung

(1) Für die Bewertung der einzelnen Wirtschaftsgüter, die nach § 4 Abs. 1 oder nach § 5 als Betriebsvermögen anzusetzen sind, gilt das Folgende:

S 2171 S 2172 1. [1]Wirtschaftsgüter des Anlagevermögens, die der Abnutzung unterliegen, sind mit den Anschaffungs- oder Herstellungskosten oder dem an deren Stelle tretenden Wert, vermindert um die Absetzungen für Abnutzung, erhöhte Absetzungen, Sonderabschreibungen, Abzüge nach § 6b und ähnliche Abzüge, anzusetzen. [2]Ist der Teilwert auf Grund einer voraussichtlich dauernden Wertminderung niedriger, so kann dieser angesetzt werden. [3]Teilwert ist der Betrag, den ein Erwerber des ganzen Betriebs im Rahmen des Gesamtkaufpreises für das einzelne Wirtschaftsgut ansetzen würde; dabei ist davon auszugehen, dass der Erwerber den Betrieb fortführt. [4]Wirtschaftsgüter, die bereits am Schluss des vorangegangenen Wirtschaftsjahres zum Anlagevermögen des Steuerpflichtigen gehört haben, sind in den folgenden Wirtschaftsjahren gemäß Satz 1 anzusetzen, es sei denn, der Steuerpflichtige weist nach, dass ein niedrigerer Teilwert nach Satz 2 angesetzt werden kann.

1a. [1]Zu den Herstellungskosten eines Gebäudes gehören auch Aufwendungen für Instandsetzungs- und Modernisierungsmaßnahmen, die innerhalb von drei Jahren nach der Anschaffung des Gebäudes durchgeführt werden, wenn die Aufwendungen ohne die Umsatzsteuer 15 Prozent der Anschaffungskosten des Gebäudes übersteigen (anschaffungsnahe Herstellungskosten). [2]Zu diesen Aufwendungen gehören nicht die Aufwendungen für Erweiterungen im Sinne des § 255 Abs. 2 Satz 1 des Handelsgesetzbuchs sowie Aufwendungen für Erhaltungsarbeiten, die jährlich üblicherweise anfallen.

S 2173 S 2174 2. [1]Andere als die in Nummer 1 bezeichneten Wirtschaftsgüter des Betriebs (Grund und Boden, Beteiligungen, Umlaufvermögen) sind mit den Anschaffungs- oder Herstellungskosten oder dem an deren Stelle tretenden Wert, vermindert um Abzüge nach § 6b und ähnliche Abzüge, anzusetzen. [2]Ist der Teilwert (Nummer 1 Satz 3) auf Grund einer voraussichtlich dauernden Wertminderung niedriger, so kann dieser angesetzt werden. [3]Nummer 1 Satz 4 gilt entsprechend.

2a. [1]Steuerpflichtige, die den Gewinn nach § 5 ermitteln, können für den Wertansatz gleichartiger Wirtschaftsgüter des Vorratsvermögens unterstellen, dass die zuletzt angeschafften oder hergestellten Wirtschaftsgüter zuerst verbraucht oder veräußert worden sind, soweit dies den handelsrechtlichen Grundsätzen ordnungsmäßiger Buchführung entspricht. [2]Der Vorratsbestand am Schluss des Wirtschaftsjahres, das der erstmaligen Anwendung der Bewertung nach Satz 1 vorangeht, gilt mit seinem Bilanzansatz als erster Zugang des neuen Wirtschaftsjahres. [3]Von der Verbrauchs- oder Veräußerungsfolge nach Satz 1 kann in den folgenden Wirtschaftsjahren nur mit Zustimmung des Finanzamts abgewichen werden.

S 2175 3. [1]Verbindlichkeiten sind unter sinngemäßer Anwendung der Vorschriften der Nummer 2 anzusetzen und mit einem Zinssatz von 5,5 Prozent abzuzinsen. [2]Ausgenommen von der Abzinsung sind Verbindlichkeiten, deren Laufzeit am Bilanzstichtag weniger als zwölf Monate beträgt, und Verbindlichkeiten, die verzinslich sind oder auf einer Anzahlung oder Vorausleistung beruhen.

3a. Rückstellungen sind höchstens insbesondere unter Berücksichtigung folgender Grundsätze anzusetzen:

a) bei Rückstellungen für gleichartige Verpflichtungen ist auf der Grundlage der Erfahrungen in der Vergangenheit aus der Abwicklung solcher Verpflichtungen die Wahrscheinlichkeit zu berücksichtigen, dass der Steuerpflichtige nur zu einem Teil der Summe dieser Verpflichtungen in Anspruch genommen wird;

b) Rückstellungen für Sachleistungsverpflichtungen sind mit den Einzelkosten und den angemessenen Teilen der notwendigen Gemeinkosten zu bewerten;

c) künftige Vorteile, die mit der Erfüllung der Verpflichtung voraussichtlich verbunden sein werden, sind, soweit sie nicht als Forderung zu aktivieren sind, bei ihrer Bewertung wertmindernd zu berücksichtigen;

d) Rückstellungen für Verpflichtungen, für deren Entstehen im wirtschaftlichen Sinne der laufende Betrieb ursächlich ist, sind zeitanteilig in gleichen Raten anzusammeln. [2]Rückstellungen für gesetzliche Verpflichtungen zur Rücknahme und Verwertung von Erzeugnissen, die vor Inkrafttreten entsprechender gesetzlicher Verpflichtungen in Verkehr gebracht worden sind, sind zeitanteilig in gleichen Raten bis zum Beginn der jeweiligen Erfüllung anzusammeln; Buchstabe e ist insoweit nicht anzuwenden. [3]Rückstellungen für die Verpflichtung, ein Kernkraftwerk stillzulegen, sind ab dem Zeitpunkt der erstmaligen Nutzung bis zum Zeitpunkt, in dem mit der Stilllegung begonnen werden muss, zeitanteilig in gleichen Raten anzusammeln; steht der Zeitpunkt der Stilllegung nicht fest, beträgt der Zeitraum für die Ansammlung 25 Jahre; und

e) **Rückstellungen für Verpflichtungen sind mit einem Zinssatz von 5,5 Prozent abzuzinsen; Nummer 3 Satz 2 ist entsprechend anzuwenden. [2]Für die Abzinsung von Rückstellungen für Sachleistungsverpflichtungen ist der Zeitraum bis zum Beginn der Erfüllung maßgebend. [3]Für die Abzinsung von Rückstellungen für die Verpflichtung, ein Kernkraftwerk stillzulegen, ist der sich aus Buchstabe d Satz 3 ergebende Zeitraum maßgebend.**

4. **[1]Entnahmen des Steuerpflichtigen für sich, für seinen Haushalt oder für andere betriebsfremde Zwecke sind mit dem Teilwert anzusetzen; in den Fällen des § 4 Abs. 1 Satz 3 ist die Entnahme mit dem gemeinen Wert anzusetzen. [2]Die private Nutzung eines Kraftfahrzeugs, das zu mehr als 50 Prozent betrieblich genutzt wird, ist für jeden Kalendermonat mit 1 Prozent des inländischen Listenpreises im Zeitpunkt der Erstzulassung zuzüglich der Kosten für Sonderausstattung einschließlich der Umsatzsteuer anzusetzen. [3]Bei der Ermittlung der Nutzung im Sinne des Satzes 2 gelten die Fahrten zwischen Wohnung und Betriebsstätte und die Familienheimfahrten als betriebliche Nutzung. [4]Die private Nutzung kann abweichend von Satz 2 mit den auf die Privatfahrten entfallenden Aufwendungen angesetzt werden, wenn die für das Kraftfahrzeug insgesamt entstehenden Aufwendungen durch Belege und das Verhältnis der privaten zu den übrigen Fahrten durch ein ordnungsgemäßes Fahrtenbuch nachgewiesen werden. [5]Wird ein Wirtschaftsgut unmittelbar nach seiner Entnahme einer nach § 5 Abs. 1 Nr. 9 des Körperschaftsteuergesetzes von der Körperschaftsteuer befreiten Körperschaft, Personenvereinigung oder Vermögensmasse oder einer juristischen Person des öffentlichen Rechts zur Verwendung für steuerbegünstigte Zwecke im Sinne des § 10b Abs. 1 Satz 1 unentgeltlich überlassen, so kann die Entnahme mit dem Buchwert angesetzt werden. [6]Dies gilt für Zuwendungen im Sinne des § 10b Abs. 1 Satz 3 entsprechend. [7]Die Sätze 5 und 6 gelten nicht für die Entnahme von Nutzungen und Leistungen.** S 2177 [1)]

5. **[1]Einlagen sind mit dem Teilwert für den Zeitpunkt der Zuführung anzusetzen; sie sind jedoch höchstens mit den Anschaffungs- oder Herstellungskosten anzusetzen, wenn das zugeführte Wirtschaftsgut** S 2178 [2)] [3)]

   a) **innerhalb der letzten drei Jahre vor dem Zeitpunkt der Zuführung angeschafft oder hergestellt worden ist oder**

   b) **ein Anteil an einer Kapitalgesellschaft ist und der Steuerpflichtige an der Gesellschaft im Sinne des § 17 Abs. 1 oder 6 beteiligt ist; *§ 17 Abs. 2 Satz 5* gilt entsprechend.**

   [2]Ist die Einlage ein abnutzbares Wirtschaftsgut, so sind die Anschaffungs- oder Herstellungskosten um Absetzungen für Abnutzung zu kürzen, die auf den Zeitraum zwischen der Anschaffung oder Herstellung des Wirtschaftsguts und der Einlage entfallen. [3]Ist die Einlage ein Wirtschaftsgut, das vor der Zuführung aus einem Betriebsvermögen des Steuerpflichtigen entnommen worden ist, so tritt an die Stelle der Anschaffungs- oder Herstellungskosten der Wert, mit dem die Entnahme angesetzt worden ist, und an die Stelle des Zeitpunkts der Anschaffung oder Herstellung der Zeitpunkt der Entnahme.

5a. **In den Fällen des § 4 Abs. 1 Satz 7 zweiter Halbsatz ist das Wirtschaftsgut mit dem gemeinen Wert anzusetzen.**

6. **Bei Eröffnung eines Betriebs ist Nummer 5 entsprechend anzuwenden.** S 2179

7. **Bei entgeltlichem Erwerb eines Betriebs sind die Wirtschaftsgüter mit dem Teilwert, höchstens jedoch mit den Anschaffungs- oder Herstellungskosten anzusetzen.** S 2179

(2) [1]Die Anschaffungs- oder Herstellungskosten oder der nach Absatz 1 Nr. 5 *bis* 6 an deren Stelle tretende Wert von abnutzbaren beweglichen Wirtschaftsgütern des Anlagevermögens, die einer selbständigen Nutzung fähig sind, *sind* im Wirtschaftsjahr der Anschaffung, Herstellung oder Einlage des Wirtschaftsguts oder der Eröffnung des Betriebs in voller Höhe als S 2180 [4)]

---

1) ***Nummer 4 Satz 6 und 7 wurde durch das JStG 2009 durch einen neuen Satz 6 ersetzt. Nummer 4 Satz 6 in der abgedruckten Fassung ist letztmalig für das Wirtschaftsjahr anzuwenden, das vor dem 1. 1. 2009 endet. Nummer 4 Satz 6 i. d. F. des JStG 2009 ist erstmalig für Wirtschaftsjahre, die nach dem 31. 12. 2008 beginnen, anzuwenden → § 52 Abs. 16 Satz 16 und 17 EStG.***

2) Absatz 1 Nr. 5 Satz 1 Buchstabe b wurde durch das JStG 2008 ab VZ 2008 geändert.

3) Durch das Unternehmensteuerreformgesetz 2008 wurde in Absatz 1 Nr. 5 Satz 1 Buchstabe a und b geändert sowie der Buchstabe c eingefügt; die geänderte Fassung ist erstmals auf Einlagen anzuwenden, die nach dem 31. 12. 2008 erfolgen → § 52a Abs. 5 EStG.

   Anm.: Die geänderte Fassung von Absatz 1 Nr. 5 Satz 1 lautet:
   ... anzusetzen, wenn das zugeführte Wirtschaftsgut
   a) innerhalb ...
   b) ein Anteil an einer Kapitalgesellschaft ist ... entsprechend, oder
   c) ein Wirtschaftsgut im Sinne des § 20 Abs. 2 ist.

4) ***In Absatz 2 wurden durch das Unternehmensteuerreformgesetz 2008 Satz 1 geändert sowie Satz 4 und 5 aufgehoben. Die Änderungen sind erstmals bei Wirtschaftsgütern anzuwenden, die nach dem 31. 12. 2007 angeschafft, hergestellt oder in das Betriebsvermögen eingelegt werden → § 52 Abs. 16 Satz 18 EStG.***

Betriebsausgaben *abzusetzen*, wenn die Anschaffungs- oder Herstellungskosten, vermindert um einen darin enthaltenen Vorsteuerbetrag (§ 9b Abs. 1), oder der nach Absatz 1 Nr. 5 bis 6 an deren Stelle tretende Wert für das einzelne Wirtschaftsgut *150 Euro* nicht übersteigen. [2]Ein Wirtschaftsgut ist einer selbständigen Nutzung nicht fähig, wenn es nach seiner betrieblichen Zweckbestimmung nur zusammen mit anderen Wirtschaftsgütern des Anlagevermögens genutzt werden kann und die in den Nutzungszusammenhang eingefügten Wirtschaftsgüter technisch aufeinander abgestimmt sind. [3]Das gilt auch, wenn das Wirtschaftsgut aus dem betrieblichen Nutzungszusammenhang gelöst und in einen anderen betrieblichen Nutzungszusammenhang eingefügt werden kann.

[1] *(2a) [1]Für abnutzbare bewegliche Wirtschaftsgüter des Anlagevermögens, die einer selbständigen Nutzung fähig sind, ist im Wirtschaftsjahr der Anschaffung, Herstellung oder Einlage des Wirtschaftsguts oder der Eröffnung des Betriebs ein Sammelposten zu bilden, wenn die Anschaffungs- oder Herstellungskosten, vermindert um einen darin enthaltenen Vorsteuerbetrag (§ 9b Abs. 1), oder der nach Absatz 1 Nr. 5 bis 6 an deren Stelle tretende Wert für das einzelne Wirtschaftsgut 150 Euro, aber nicht 1000 Euro übersteigen. [2]Der Sammelposten ist im Wirtschaftsjahr der Bildung und den folgenden vier Wirtschaftsjahren mit jeweils einem Fünftel gewinnmindernd aufzulösen. [3]Scheidet ein Wirtschaftsgut im Sinne des Satzes 1 aus dem Betriebsvermögen aus, wird der Sammelposten nicht vermindert.*

(3) [1]Wird ein Betrieb, ein Teilbetrieb oder der Anteil eines Mitunternehmers an einem Betrieb unentgeltlich übertragen, so sind bei der Ermittlung des Gewinns des bisherigen Betriebsinhabers (Mitunternehmers) die Wirtschaftsgüter mit den Werten anzusetzen, die sich nach den Vorschriften über die Gewinnermittlung ergeben; dies gilt auch bei der unentgeltlichen Aufnahme einer natürlichen Person in ein bestehendes Einzelunternehmen sowie bei der unentgeltlichen Übertragung eines Teils eines Mitunternehmeranteils auf eine natürliche Person. [2]Satz 1 ist auch anzuwenden, wenn der bisherige Betriebsinhaber (Mitunternehmer) Wirtschaftgüter, die weiterhin zum Betriebsvermögen derselben Mitunternehmerschaft gehören, nicht überträgt, sofern der Rechtsnachfolger den übernommenen Mitunternehmeranteil über einen Zeitraum von mindestens fünf Jahren nicht veräußert oder aufgibt. [3]Der Rechtsnachfolger ist an diese Werte gebunden.

(4) Wird ein einzelnes Wirtschaftsgut außer in den Fällen der Einlage (§ 4 Abs. 1 Satz 7) unentgeltlich in das Betriebsvermögen eines anderen Steuerpflichtigen übertragen, gilt sein gemeiner Wert für das aufnehmende Betriebsvermögen als Anschaffungskosten.

(5) [1]Wird ein einzelnes Wirtschaftsgut von einem Betriebsvermögen in ein anderes Betriebsvermögen desselben Steuerpflichtigen überführt, ist bei der Überführung der Wert anzusetzen, der sich nach den Vorschriften über die Gewinnermittlung ergibt, sofern die Besteuerung der stillen Reserven sichergestellt ist. [2]Satz 1 gilt auch für die Überführung aus einem eigenen Betriebsvermögen des Steuerpflichtigen in dessen Sonderbetriebsvermögen bei einer Mitunternehmerschaft und umgekehrt sowie für die Überführung zwischen verschiedenen Sonderbetriebsvermögen desselben Steuerpflichtigen bei verschiedenen Mitunternehmerschaften. [3]Satz 1 gilt entsprechend, soweit ein Wirtschaftsgut

1. unentgeltlich oder gegen Gewährung oder Minderung von Gesellschaftsrechten aus einem Betriebsvermögen des Mitunternehmers in das Gesamthandsvermögen einer Mitunternehmerschaft und umgekehrt,
2. unentgeltlich oder gegen Gewährung oder Minderung von Gesellschaftsrechten aus dem Sonderbetriebsvermögen eines Mitunternehmers in das Gesamthandsvermögen derselben Mitunternehmerschaft oder einer anderen Mitunternehmerschaft, an der er beteiligt ist, und umgekehrt oder
3. unentgeltlich zwischen den jeweiligen Sonderbetriebsvermögen verschiedener Mitunternehmer derselben Mitunternehmerschaft

übertragen wird. [4]Wird das nach Satz 3 übertragene Wirtschaftsgut innerhalb einer Sperrfrist veräußert oder entnommen, ist rückwirkend auf den Zeitpunkt der Übertragung der Teilwert anzusetzen, es sei denn, die bis zur Übertragung entstandenen stillen Reserven sind durch Erstellung einer Ergänzungsbilanz dem übertragenden Gesellschafter zugeordnet worden; diese Sperrfrist endet drei Jahre nach Abgabe der Steuererklärung des Übertragenden für den Veranlagungszeitraum, in dem die in Satz 3 bezeichnete Übertragung erfolgt ist. [5]Der Teilwert ist auch anzusetzen, soweit in den Fällen des Satzes 3 der Anteil einer Körperschaft, Personenvereinigung oder Vermögensmasse an dem Wirtschaftsgut unmittelbar oder mittelbar begründet wird oder dieser sich erhöht. [6]Soweit innerhalb von sieben Jahren nach der Übertragung des Wirtschaftsguts nach Satz 3 der Anteil einer Körperschaft, Personenvereinigung oder

[1]) *Absatz 2a wurde durch das Unternehmensteuerreformgesetz 2008 eingefügt und ist erstmals bei Wirtschaftsgütern anzuwenden, die nach dem 31. 12. 2007 angeschafft, hergestellt oder in das Betriebsvermögen eingelegt werden → § 52 Abs. 16 Satz 18 EStG.*

Vermögensmasse an dem übertragenen Wirtschaftsgut aus einem anderen Grund unmittelbar oder mittelbar begründet wird oder dieser sich erhöht, ist rückwirkend auf den Zeitpunkt der Übertragung ebenfalls der Teilwert anzusetzen.

(6) [1]Wird ein einzelnes Wirtschaftsgut im Wege des Tausches übertragen, bemessen sich die Anschaffungskosten nach dem gemeinen Wert des hingegebenen Wirtschaftsguts. [2]Erfolgt die Übertragung im Wege der verdeckten Einlage, erhöhen sich die Anschaffungskosten der Beteiligung an der Kapitalgesellschaft um den Teilwert des eingelegten Wirtschaftsguts. [3]In den Fällen des Absatzes 1 Nr. 5 Satz 1 Buchstabe a erhöhen sich die Anschaffungskosten im Sinne des Satzes 2 um den Einlagewert des Wirtschaftsguts. [4]Absatz 5 bleibt unberührt.

(7) Im Fall des § 4 Abs. 3 sind bei der Bemessung der Absetzungen für Abnutzung oder Substanzverringerung die sich bei Anwendung der Absätze 3 bis 6 ergebenden Werte als Anschaffungskosten zugrunde zu legen.

---

§ 7 EStDV

– weggefallen – S 2179

§ 8 Eigenbetrieblich genutzte Grundstücke von untergeordnetem Wert EStDV

(zu § 4 EStG abgedruckt)

§ 8a EStDV

– weggefallen –

§ 8b Wirtschaftsjahr EStDV

(zu § 4a EStG abgedruckt)

§ 8c Wirtschaftsjahr bei Land- und Forstwirten EStDV

(zu § 4a EStG abgedruckt)

§ 9a Anschaffung, Herstellung EStDV

(zu § 6b EStG abgedruckt)

§§ 10 bis 11d EStDV

(zu § 7 EStG abgedruckt)

6.1. Anlagevermögen und Umlaufvermögen R 6.1

(1) [1]Zum Anlagevermögen gehören die Wirtschaftsgüter, die bestimmt sind, dauernd dem Betrieb zu dienen. [2]Ob ein Wirtschaftsgut zum Anlagevermögen gehört, ergibt sich aus dessen Zweckbestimmung, nicht aus seiner Bilanzierung. [3]Ist die Zweckbestimmung nicht eindeutig feststellbar, kann die Bilanzierung Anhaltspunkt für die Zuordnung zum Anlagevermögen sein. [4]Zum Anlagevermögen können immaterielle Wirtschaftsgüter, Sachanlagen und Finanzanlagen gehören. [5]Zum abnutzbaren Anlagevermögen gehören insbesondere die auf Dauer dem Betrieb gewidmeten Gebäude, technischen Anlagen und Maschinen sowie die Betriebs- und Geschäftsausstattung. [6]Zum nichtabnutzbaren Anlagevermögen gehören insbesondere Grund und Boden, Beteiligungen und andere Finanzanlagen, wenn sie dazu bestimmt sind, dauernd dem Betrieb zu dienen. [7]Ein Wirtschaftsgut des Anlagevermögens, dessen Veräußerung beabsichtigt ist, bleibt so lange Anlagevermögen, wie sich seine bisherige Nutzung nicht ändert, auch wenn bereits vor- S 2173

bereitende Maßnahmen zu seiner Veräußerung getroffen worden sind. [8]Bei Grundstücken des Anlagevermögens, die bis zu ihrer Veräußerung unverändert genutzt werden, ändert somit selbst eine zum Zwecke der Veräußerung vorgenommene Parzellierung des Grund und Bodens oder Aufteilung des Gebäudes in Eigentumswohnungen nicht die Zugehörigkeit zum Anlagevermögen.

(2) Zum Umlaufvermögen gehören die Wirtschaftsgüter, die zur Veräußerung, Verarbeitung oder zum Verbrauch angeschafft oder hergestellt worden sind, insbesondere Roh-, Hilfs- und Betriebsstoffe, Erzeugnisse und Waren, Kassenbestände.

H 6.1

Hinweise

Anlagevermögen

Anhang 13 – Begriff → § 247 Abs. 2 HGB

Anhang 13 – Umfang → Gliederungsschema in § 266 Abs. 2 HGB

Erwerb von Wirtschaftsgütern kurz vor Betriebsveräußerung

Wirtschaftsgüter, die zum Zweck der dauerhaften Einbindung in einen bereits bestehenden Geschäftsbetrieb erworben werden, sind auch dann im Anlagevermögen auszuweisen, wenn die gesamte organisatorische Einheit (Betrieb einschließlich erworbener Wirtschaftsgüter) kurze Zeit später mit der Absicht der Weiterführung veräußert wird (→ BFH vom 10. 8. 2005 – BStBl II S. 58).

Filme

In echter Auftragsproduktion hergestellte Filme sind immaterielle Wirtschaftsgüter des Umlaufvermögens (→ BFH vom 20. 9. 1995 – BStBl 1997 II S. 320).

Geschäfts- *oder* Firmenwert

- Zur bilanzsteuerlichen Behandlung des Geschäfts- ***oder*** Firmenwerts und so genannter firmenwertähnlicher Wirtschaftsgüter → BMF vom 20. 11. 1986 (BStBl I S. 532).
- → H 5.5 (Geschäfts- ***oder*** Firmenwert/Praxiswert)

Gewerblicher Grundstückshandel

Anhang 11 → BMF vom 26. 3. 2004 (BStBl I S. 434) Tz. 33

Grund und Boden eines land- und forstwirtschaftlichen Betriebs

Anhang 11 → BMF vom 26. 3. 2004 (BStBl I S. 434), Tz. 27

Halbfertige Bauten auf fremdem Grund und Boden

- werden als Vorräte dem Umlaufvermögen zugeordnet (→ BFH vom 7. 9. 2005 – BStBl 2006 II S. 298).
- → H 6.7

Leergut in der Getränkeindustrie

ist Anlagevermögen (→ BMF vom 13. 6. 2005 – BStBl I S. 715).

Musterhäuser

rechnen zum Anlagevermögen (→ BFH vom 31. 3. 1977 – BStBl II S. 684).

Praxiswert/Sozietätspraxiswert

→ BFH vom 24. 2. 1994 (BStBl II S. 590).

Auch bei einer **Umqualifizierung** zum Gewerbebetrieb ist ein bei Gründung einer Sozietät aufgedeckter Praxiswert in entsprechender Anwendung von BFH vom 24. 2. 1994 (BStBl II S. 590) ein abnutzbares Wirtschaftsgut, dessen betriebsgewöhnliche Nutzungsdauer typisierend auf 6 bis 10 Jahre zu schätzen ist (→ BFH vom 15. 5. 1997 – HFR 1997 S. 817).

Rohstoff

Zum Begriff des Rohstoffs und seiner Zuordnung zum Umlauf-(Vorrats-)vermögen → BFH vom 2. 12. 1987 (BStBl 1988 II S. 502).

Tiere in land- und forstwirtschaftlich tätigen Betrieben

Bewertung → BMF vom 14. 11. 2001 (BStBl I S. 864)

Umlaufvermögen

Umfang → Gliederungsschema in § 266 Abs. 2 HGB Anhang 13

Vorführ- und Dienstwagen

rechnen zum Anlagevermögen (→ BFH vom 17. 11. 1981 – BStBl 1982 II S. 344).

6.2. Anschaffungskosten

R 6.2

S2171

[1]Wird ein Wirtschaftsgut gegen Übernahme einer → Rentenverpflichtung erworben, kann der als → Anschaffungskosten zu behandelnde Barwert der Rente abweichend von den §§ 12 ff. BewG auch nach versicherungsmathematischen Grundsätzen berechnet werden. [2]***Dagegen sind die Anschaffungskosten eines Wirtschaftsgutes, das mittels Ratenkauf ohne gesonderte Zinsvereinbarung erworben wird, stets mit dem nach §§ 12 ff. BewG ermittelten Barwert im Zeitpunkt der Anschaffung anzusetzen.***

Hinweise

H 6.2

Anschaffungskosten

Begriff und Umfang → § 255 Abs. 1 HGB Anhang 13

Ausländische Währung

- Bei einem Anschaffungsgeschäft in ausländischer Währung ist der Wechselkurs im Anschaffungszeitpunkt für die Berechnung der Anschaffungskosten maßgebend (→ BFH vom 16. 12. 1977 – BStBl 1978 II S. 233).
- Ist der in einer Fremdwährung geleistete Einzahlungsbetrag eines Gesellschafters in die Kapitalrücklage der Gesellschaft, durch den sich die Anschaffungskosten seiner Beteiligung erhöht haben, später an den Gesellschafter zurückzuzahlen und hat sich der – in € – berechnete Wert jenes Betrags inzwischen durch einen Kursverlust der fremden Währung vermindert, entsteht für den Gesellschafter auch dann kein sofort abziehbarer Aufwand, wenn er die Beteiligung im Betriebsvermögen hält. Der Anspruch auf die Rückzahlung ist bei Gewinnermittlung durch Bestandsvergleich mit demjenigen Wert anzusetzen, der sich unter Berücksichtigung des Wechselkurses am Tag der Darlehensgewährung oder – im Fall der dauernden Wertminderung – eines ggf. niedrigeren Kurses am Bilanzstichtag ergibt (→ BFH vom 27. 4. 2000 – BStBl 2001 II S. 168).

Ausschüttung aus dem steuerlichen Einlagekonto i. S. d. § 27 KStG

Die Ausschüttung aus dem Eigenkapital nach § 27 KStG verringert wie eine → Rückzahlung aus Kapitalherabsetzung die Anschaffungskosten der Beteiligung an einer Kapitalgesellschaft

→ BMF vom 4. 6. 2003 (BStBl I S. 366)

→ BFH vom 16. 3. 1994 (BStBl II S. 527) und vom 19. 7. 1994 (BStBl 1995 II S. 362)

Ausschüttungen aus dem steuerlichen Einlagekonto i. S. d. § 27 KStG sind als Beteiligungsertrag zu erfassen, soweit sie den Buchwert übersteigen (→ BFH vom 20. 4. 1999 – BStBl II S. 647).

Beteiligung an Kapitalgesellschaft

Die Anschaffungskosten einer betrieblichen Beteiligung an einer Kapitalgesellschaft umfassen neben den ursprünglichen Anschaffungskosten auch die Nachschüsse sowie alle sonstigen Kapitalzuführungen durch die Gesellschafter, die auf der Ebene der Kapitalgesellschaft zu offenen oder verdeckten Einlagen führen. Sie umschließen – anders als im Bereich des § 17 EStG (→ R 17 Abs. 5) – nicht die Zuführung von Fremdkapital, wie die Gewährung von Darlehen, oder die Bürgschaftsleistungen von Gesellschaftern, auch wenn diese Finanzierungsmaßnahmen kapitalersetzenden Charakter haben; die entsprechende Darlehensforderung ist vielmehr ein eigenständiges Wirtschaftsgut im Betriebsvermögen des Gesellschafters(→ BFH vom 20. 4. 2005 – BStBl II S. 694).

Disagio

Vom Erwerber dem Veräußerer erstattetes Disagio gehört zu den Anschaffungskosten (→ BFH vom 17. 2. 1981 – BStBl II S. 466).

Einlagenrückgewähr

→ Rückzahlung aus Kapitalherabsetzung

→ Ausschüttung aus dem steuerlichen Einlagekonto i. S. d. § 27 KStG

Erbauseinandersetzung und vorweggenommene Erbfolge

Anhang 8 Anschaffungskosten bei Erbauseinandersetzung und vorweggenommener Erbfolge → BMF vom 14. 3. 2006 (BStBl I S. 253) und vom 13. 1. 1993 (BStBl I S. 80) unter Berücksichtigung der Änderungen durch BMF vom 26. 2. 2007 (BStBl I S. 269),

Erbbaurecht

- Zu den Anschaffungskosten des Wirtschaftsguts „Erbbaurecht" gehören auch einmalige Aufwendungen wie Grunderwerbsteuer, Maklerprovision, Notar- und Gerichtsgebühren, jedoch nicht vorausgezahlte oder in einem Einmalbetrag gezahlte Erbbauzinsen (→ BFH vom 4. 6. 1991 – BStBl 1992 II S. 70).[1])
- Beim Erwerb eines „bebauten" Erbbaurechts entfallen die gesamten Anschaffungskosten auf das Gebäude, wenn der Erwerber dem bisherigen Erbbauberechtigten nachweislich ein Entgelt nur für den Gebäudeanteil gezahlt hat, während er gegenüber dem Erbbauverpflichteten (Grundstückseigentümer) nur zur Zahlung des laufenden Erbbauzinses verpflichtet ist (→ BFH vom 15. 11. 1994 – BStBl 1995 II S. 374).
- → H 6.4 (Erschließungs-, Straßenanlieger- und andere auf das Grundstückseigentum bezogene kommunale Beiträge und Beiträge für sonstige Anlagen außerhalb des Grundstücks; Erbbaurecht).

Forderung auf Rückzahlung eines Fremdwährungsdarlehens

In der Bilanz ist der Anspruch auf Rückzahlung eines in Fremdwährung gewährten Darlehens mit demjenigen Wert anzusetzen, der sich unter Berücksichtigung des Wechselkurses am Tag der Darlehensgewährung oder – im Fall der dauernden Wertminderung – eines ggf. niedrigeren Kurses am Bilanzstichtag ergibt (→ BFH vom 27. 4. 2000 – BStBl 2001 II S. 168).

Gemeinkosten

gehören nicht zu den Anschaffungskosten (→ BFH vom 13. 4. 1988 – BStBl II S. 892).

Grunderwerbsteuer beim Wechsel im Gesellschafterbestand (§ 1 Abs. 2a, Abs. 3 GrEStG)

Anschaffungsnebenkosten i. S. d. § 255 Abs. 1 HGB (→ Bayer. LfSt vom 20. 8. 2007 – S 2171-4 St 3203 – BB 2007, S. 2777).

Grundstücke

→ H 6.4

Kapitalherabsetzung

- Rückzahlung aus Kapitalherabsetzung

  Die Rückzahlung aus Kapitalherabsetzung verringert die Anschaffungskosten der Beteiligung an einer Kapitalgesellschaft, soweit die Rückzahlung nicht zu den Einnahmen i. S. d. § 20 Abs. 1 Nr. 2 EStG rechnet (→ BFH vom 29. 6. 1995 – BStBl II S. 725 und BMF vom 4. 6. 2003 – BStBl I S. 366).
- Kapitalherabsetzung durch Einziehung von Aktien

  Bei einer vereinfachten Kapitalherabsetzung durch Einziehung unentgeltlich zur Verfügung gestellter Aktien (§ 237 Abs. 3 Nr. 1, Abs. 4 und 5 AktG) gehen die anteiligen Buchwerte der von einem Aktionär zur Einziehung zur Verfügung gestellten Aktien mit deren Übergabe auf die dem Aktionär verbleibenden Aktien anteilig über, soweit die Einziehung bei diesen Aktien zu einem Zuwachs an Substanz führt. Soweit die Einziehung der von dem Aktionär zur Verfügung gestellten Aktien bei den Aktien anderer Aktionäre zu einem Zuwachs an

[1]) Anm.: → aber BFH vom 23. 9. 2003 – IX R 65/02 –.

Substanz führt, ist der auf die eingezogenen Aktien entfallende anteilige Buchwert von dem Aktionär ergebniswirksam auszubuchen (→ BFH vom 10. 8. 2005 – BStBl 2006 II S. 22).

Mitunternehmeranteil

- Für den Erwerber stellen die Aufwendungen zum Erwerb des Anteils einschließlich eines negativen Kapitalkontos Anschaffungskosten dar; ggf. sind sie oder Teile davon als Ausgleichsposten in der Ergänzungsbilanz des Erwerbers zu berücksichtigen (→ BFH vom 21. 4. 1994 – BStBl II S. 745).
- Ist die Abfindung eines ausscheidenden Gesellschafters geringer als sein Kapitalkonto, sind in der Steuerbilanz in Höhe der Differenz die Buchwerte der bilanzierten Wirtschaftsgüter abzustocken. Buchwerte für Bargeld und Guthaben bei Geldinstituten können infolge des Nominalwertprinzips nicht abgestockt werden. Ist der Differenzbetrag höher als die möglichen Abstockungen, muss im Übrigen ein passiver Ausgleichsposten gebildet werden, der mit künftigen Verlusten zu verrechnen und spätestens bei Beendigung der Beteiligung gewinnerhöhend aufzulösen ist. (→ BFH vom 12. 12. 1996 – BStBl 1998 II S. 180).

Nebenkosten

gehören zu den Anschaffungskosten, soweit sie dem Wirtschaftsgut einzeln zugeordnet werden können (→ BFH vom 13. 10. 1983 – BStBl 1984 II S. 101). Sie können nur dann aktiviert werden, wenn auch die Anschaffungs(haupt)kosten aktiviert werden können (→ BFH vom 19. 6. 1997 – BStBl II S. 808).

Preisnachlass oder Rabatt

Der Preisnachlass, der nicht von dem Verkäufer (Hersteller), sondern von dem Händler (Agent) aus dessen Provision gewährt wird, mindert ebenso wie ein vom Verkäufer gewährter Rabatt die Anschaffungskosten (→ BFH vom 22. 4. 1988 – BStBl II S. 901).

Rentenverpflichtung

Der Barwert einer übernommenen Rentenverpflichtung ist grundsätzlich nach den §§ 12 ff. BewG zu ermitteln (→ BFH vom 31. 1. 1980 – BStBl II S. 491).

→ siehe aber R 6.2

Rückzahlung einer offenen Gewinnausschüttung

→ H 17 (5)

Schuldübernahmen

rechnen zu den Anschaffungskosten (→ BFH vom 31. 5. 1972 – BStBl II S. 696 und vom 2. 10. 1984 – BStBl 1985 II S. 320).

→ Erbauseinandersetzung und vorweggenommene Erbfolge Anhang 8

→ BMF vom 7. 8. 1992 (BStBl I S. 522)

Wird bei dem Erwerb des Anteils an einer vermögensverwaltenden Kommanditgesellschaft das negative Kapitalkonto mit der Verpflichtung übernommen, es mit künftigen Gewinnanteilen zu verrechnen, liegen insoweit erst dann (weitere) Anschaffungskosten vor, wenn solche zur Verrechnung führenden Gewinnanteile entstehen (→ BFH vom 28. 3. 2007 – BFH/NV 2007 S. 1845).

Skonto

Die Anschaffungskosten von Wirtschaftsgütern mindern sich weder im Anschaffungszeitpunkt noch zum nachfolgenden Bilanzstichtag um einen möglichen Skontoabzug, sondern erst im Zeitpunkt seiner tatsächlichen Inanspruchnahme (→ BFH von 27. 2. 1991 – BStBl II S. 456).

Tätigkeitsvergütungen

→ H 15.8 (3)

Vorsteuerbeträge

Zur Behandlung von Vorsteuerbeträgen, die nach dem UStG nicht abgezogen werden können, als Anschaffungskosten → § 9b Abs. 1 EStG.

Waren

Werden die Anschaffungskosten von Waren nach dem Verkaufswertverfahren durch retrograde Berechnung in der Weise ermittelt, dass von den ausgezeichneten Preisen die kalkulierte Handelsspanne abgezogen wird, ist dieses Verfahren nicht zu beanstanden; bei am Bilanzstichtag bereits herabgesetzten Preisen darf jedoch nicht von der ursprünglich kalkulierten Handelsspanne, sondern nur von dem verbleibenden Verkaufsaufschlag ausgegangen werden (→ BFH vom 27. 10. 1983 – BStBl 1984 II S. 35).

Wertaufholung

Die mit dem Steuerentlastungsgesetz 1999/2000/2002 eingeführten Regelungen über das Wertaufholungsgebot beinhalten lediglich eine verfassungsrechtlich unbedenkliche tatbestandliche Rückanknüpfung (→ FG Rheinland-Pfalz vom 20. 8. 2003 – EFG S. 1681 – rkr. –).

Wertaufholungsgebot bei Beteiligungen

Für die Bemessung der Anschaffungskosten einer Beteiligung ist im Rahmen des steuerlichen Wertaufholungsgebotes als Obergrenze auf die historischen Anschaffungskosten der Beteiligung und nicht auf den unter Anwendung des sog. Tauschgutachtens fortgeführten Buchwert abzustellen (→ BFH vom 24. 4. 2007 – BStBl II S. 707).

Wertsicherungsklausel

Die Anschaffungskosten eines gegen Übernahme einer Rentenverpflichtung erworbenen Wirtschaftsguts bleiben unverändert, wenn sich der Barwert der Rentenverpflichtung auf Grund einer Wertsicherungsklausel nachträglich erhöht (→ BFH vom 27. 1. 1998 – BStBl II S. 537).

Zertifizierungsaufwendungen

→ BMF vom 22. 1. 1998 (DB 1998 S. 344); abgedruckt zu H 4.7 (Zertifizierungsaufwendungen)

Zuzahlung des Veräußerers

Zuzahlungen im Rahmen eines Anschaffungsvorgangs führen nicht zum passiven Ausweis „negativer Anschaffungskosten". Vielmehr ist beim Erwerber ein passiver Ausgleichsposten auszuweisen, es sei denn, die Zuzahlung ist als Entgelt für eine gesonderte Leistung des Erwerbers, beispielsweise für eine Übernahme einer Bürgschaft, anzusehen (→ BFH vom 26. 4. 2006 – BStBl II S. 656).

Zwangsversteigerung

Zu den Anschaffungskosten beim Erwerb eines Grundstücks im Zwangsversteigerungsverfahren gehört nicht nur das Gebot nebst den dazugehörigen Kosten, zu denen dem die Zwangsversteigerung betreibenden Grundpfandgläubiger das Grundstück zugeschlagen wird, sondern auch die gemäß § 91 des Zwangsversteigerungsgesetzes erloschenen nachrangigen eigenen Grundpfandrechte des Gläubigers, soweit sie nicht ausgeboten sind, wenn ihr Wert durch den Verkehrswert des ersteigerten Grundstücks gedeckt ist → BFH vom 11. 11. 1987 (BStBl 1988 II S. 424).

R 6.3

6.3. Herstellungskosten

S 2171a

(1) In die Herstellungskosten eines Wirtschaftsgutes sind auch angemessene Teile der notwendigen Materialgemeinkosten und Fertigungsgemeinkosten (→ Absatz 2) sowie der Wertverzehr von Anlagevermögen, soweit er durch die Herstellung des Wirtschaftsgutes veranlasst ist (→ Absatz 3) einzubeziehen.

(2) Zu den Materialgemeinkosten und den Fertigungsgemeinkosten gehören u. a. auch die Aufwendungen für folgende Kostenstellen:

- Lagerhaltung, Transport und Prüfung des Fertigungsmaterials,
- Vorbereitung und Kontrolle der Fertigung,
- Werkzeuglager,
- Betriebsleitung, Raumkosten, Sachversicherungen,
- Unfallstationen und Unfallverhütungseinrichtungen der Fertigungsstätten,

– Lohnbüro, soweit in ihm die Löhne und Gehälter der in der Fertigung tätigen Arbeitnehmer abgerechnet werden.

(3) [1]Als Wertverzehr des Anlagevermögens, soweit er der Fertigung der Erzeugnisse gedient hat, ist grundsätzlich der Betrag anzusetzen, der bei der Bilanzierung des Anlagevermögens als AfA berücksichtigt ist. [2]Es ist nicht zu beanstanden, wenn der Stpfl., der bei der Bilanzierung des ***vor dem 1. 1. 2008 angeschafften oder hergestellten*** beweglichen Anlagevermögens die AfA in fallenden Jahresbeträgen (§ 7 Abs. 2 EStG ***i. d. F. vor dem Unternehmensteuerreformgesetz 2008***) vorgenommen hat, bei der Berechnung der Herstellungskosten der Erzeugnisse die AfA in gleichen Jahresbeträgen (§ 7 Abs. 1 Satz 1 und 2 EStG) berücksichtigt. [3]In diesem Fall muss der Stpfl. jedoch dieses Absetzungsverfahren auch dann bei der Berechnung der Herstellungskosten beibehalten, wenn gegen Ende der Nutzungsdauer die ***AfA*** in fallenden Jahresbeträgen niedriger sind als die ***AfA*** in gleichen Jahresbeträgen. [4]Der Wertverzehr des der Fertigung dienenden Anlagevermögens ist bei der Berechnung der Herstellungskosten der Erzeugnisse auch dann in Höhe der sich nach den Anschaffungs- oder Herstellungskosten des Anlagevermögens ergebenden AfA in gleichen Jahresbeträgen zu berücksichtigen, wenn der Stpfl. Bewertungsfreiheiten, Sonderabschreibungen oder erhöhte Absetzungen in Anspruch genommen und diese nicht in die Herstellungskosten der Erzeugnisse einbezogen hat. ***[5]Der Wertverzehr von Wirtschaftsgütern i. S. d. § 6 Abs. 2 oder 2a EStG darf nicht in die Berechnung der Herstellungskosten der Erzeugnisse einbezogen werden.*** [6]Teilwertabschreibungen auf das Anlagevermögen i. S. d. § 6 Abs. 1 Nr. 1 Satz 2 EStG sind bei der Berechnung der Herstellungskosten der Erzeugnisse nicht zu berücksichtigen.

(4) [1]Das handelsrechtliche→ Bewertungswahlrecht für Kosten der allgemeinen Verwaltung und Aufwendungen für soziale Einrichtungen des Betriebs, für freiwillige soziale Leistungen und für betriebliche Altersversorgung sowie für → Zinsen für Fremdkapital gilt auch für die Steuerbilanz; Voraussetzung für die Berücksichtigung als Teil der Herstellungskosten ist, dass in der Handelsbilanz entsprechend verfahren wird. [2]Zu den Kosten für die allgemeine Verwaltung gehören u. a. die Aufwendungen für Geschäftsleitung, Einkauf und Wareneingang, Betriebsrat, Personalbüro, Nachrichtenwesen, Ausbildungswesen, Rechnungswesen – z. B. Buchführung, Betriebsabrechnung, Statistik und Kalkulation –, Feuerwehr, Werkschutz sowie allgemeine Fürsorge einschließlich Betriebskrankenkasse. [3]Zu den Aufwendungen für soziale Einrichtungen gehören z. B. Aufwendungen für Kantine einschließlich der Essenszuschüsse sowie für Freizeitgestaltung der Arbeitnehmer. [4]Freiwillige soziale Leistungen sind nur Aufwendungen, die nicht arbeitsvertraglich oder tarifvertraglich vereinbart worden sind; hierzu können z. B. Jubiläumsgeschenke, Wohnungs- und andere freiwillige Beihilfen, Weihnachtszuwendungen oder Aufwendungen für die Beteiligung der Arbeitnehmer am Ergebnis des Unternehmens gehören. [5]Aufwendungen für die betriebliche Altersversorgung sind Beiträge zu Direktversicherungen, Zuwendungen an Pensions- und Unterstützungskassen, Pensionsfonds sowie Zuführungen zu Pensionsrückstellungen.

(5) [1]Die Steuern vom Einkommen gehören nicht zu den steuerlich abziehbaren Betriebsausgaben und damit auch nicht zu den Herstellungskosten. [2]***Entsprechendes gilt für die Gewerbesteuer (§ 4 Abs. 5b EStG)***. [3]Die Umsatzsteuer gehört zu den Vertriebskosten, die die Herstellungskosten nicht berühren.

(6) Wird ein Betrieb infolge teilweiser Stilllegung oder mangelnder Aufträge nicht voll ausgenutzt, sind die dadurch verursachten Kosten bei der Berechnung der Herstellungskosten nicht zu berücksichtigen.

(7) Bei am Bilanzstichtag noch nicht fertig gestellten Wirtschaftsgütern (→ halbfertige Arbeiten) ist es für die Aktivierung der Herstellungskosten unerheblich, ob die bis zum Bilanzstichtag angefallenen Aufwendungen bereits zur Entstehung eines als Einzelheit greifbaren Wirtschaftsgutes geführt haben.

Hinweise

H 6.3

Abraumvorrat

Kosten der Schaffung eines Abraumvorrats bei der Mineralgewinnung sind Herstellungskosten (→ BFH vom 23. 11. 1978 – BStBl 1979 II S. 143).

Ausnutzung von Produktionsanlagen

Die nicht volle Ausnutzung von Produktionsanlagen führt nicht zu einer Minderung der in die Herstellungskosten einzubeziehenden Fertigungsgemeinkosten, wenn sich die Schwankung in der Kapazitätsausnutzung aus der Art der Produktion, wie z. B. bei einer Zuckerfabrik als Folge der Abhängigkeit von natürlichen Verhältnissen, ergibt (→ BFH vom 15. 2. 1966 – BStBl III S. 468).

→ R 6.3 Abs. 6

Bewertungswahlrecht

Ein handelsrechtliches Bewertungswahlrecht führt steuerrechtlich zum Ansatz des höchsten nach Handels- und Steuerrecht zulässigen Werts, soweit nicht auch steuerrechtlich ein inhaltsgleiches Wahlrecht besteht (→ BFH vom 21. 10. 1993 – BStBl 1994 II S. 176).

Geldbeschaffungskosten

gehören nicht zu den Herstellungskosten (→ BFH vom 24. 5. 1968 – BStBl II S. 574).

Halbfertige Arbeiten

Bei Wirtschaftsgütern, die am Bilanzstichtag noch nicht fertiggestellt sind, mit deren Herstellung aber bereits begonnen worden ist, sind die bis zum Bilanzstichtag angefallenen Herstellungskosten zu aktivieren, soweit nicht von ihrer Einbeziehung abgesehen werden kann (→ BFH vom 23. 11. 1978 – BStBl 1979 II S. 143).

→ H 6.1 und H 6.7 (Halbfertige Bauten auf fremdem Grund und Boden)

Herstellungskosten

Anhang 13 Begriff und Umfang → § 255 Abs. 2 HGB sowie BFH vom 4. 7. 1990 (BStBl II S. 830).

Kalkulatorische Kosten

Kalkulatorische Kosten sind nicht tatsächlich entstanden und rechnen deshalb **nicht** zu den Herstellungskosten. Das gilt z. B. für:

- **Zinsen für Eigenkapital** (→ BFH vom 30. 6. 1955 – BStBl III S. 238).
- **Wert der eigenen Arbeitsleistung** (fiktiver Unternehmerlohn des Einzelunternehmers → BFH vom 10. 5. 1995 – BStBl II S. 713); nicht dagegen Tätigkeitsvergütung i. S. d. § 15 Abs. 1 Satz 1 Nr. 2 EStG, die dem Gesellschafter von der Gesellschaft im Zusammenhang mit der Herstellung eines Wirtschaftsguts gewährt wird (→ BFH vom 8. 2. 1996 – BStBl II S. 427) → H 6.4 ***(Arbeitsleistung)***.

Leitungsanlagen

→ H 5.5

Vorsteuerbeträge

Zur Behandlung von Vorsteuerbeträgen, die nach dem UStG nicht abgezogen werden können, als Herstellungskosten → § 9b Abs. 1 EStG.

Zertifizierungsaufwendungen

→ BMF vom 22. 1. 1998 (DB 1998 S. 344); abgedruckt zu H 4.7 (Zertifizierungsaufwendungen)

Zinsen für Fremdkapital

Anhang 13 § 255 Abs. 3 HGB sowie R 6.3 Abs. 4

R 6.4

6.4. Aufwendungen im Zusammenhang mit einem Grundstück

S 2171a **Anschaffungsnahe Herstellungskosten**

(1) [1]Zu den Instandsetzungs- und Modernisierungsmaßnahmen i. S. d. § 6 Abs. 1 Nr. 1a EStG gehört auch die Beseitigung versteckter Mängel. [2]Bei teilentgeltlichem Erwerb des Gebäudes können anschaffungsnahe Herstellungskosten nur im Verhältnis zum entgeltlichen Teil des Erwerbsvorgangs gegeben sein.

Kinderspielplatz

(2) [1]Entstehen dem Stpfl. Aufwendungen für die Anlage eines Kinderspielplatzes im Zusammenhang mit der Errichtung eines Wohngebäudes, liegen nur dann Herstellungskosten des Gebäudes vor, wenn die Gemeinde als Eigentümerin den Kinderspielplatz angelegt und dafür Beiträge von den Grundstückseigentümern erhoben hat. [2]In allen anderen Fällen (Errichtung des Spielplatzes auf einem Grundstück des Stpfl. oder als gemeinsamer Spielplatz mit anderen Haus-

eigentümern) entsteht durch die Aufwendungen ein selbständig zu bewertendes Wirtschaftsgut, dessen Nutzungsdauer im allgemeinen mit zehn Jahren angenommen werden kann.

Hinweise

H 6.4

Abgrenzung der selbständigen von den unselbständigen Gebäudeteilen

→ R 4.2 Abs. 5

Abgrenzung von Anschaffungs-, Herstellungskosten und Erhaltungsaufwendungen

→ R 21.1 und → BMF vom 18. 7. 2003 (BStBl I S. 386) Anhang 19

Abbruchkosten

Wird ein Gebäude oder ein Gebäudeteil abgerissen, sind für die steuerrechtliche Behandlung folgende Fälle zu unterscheiden:

1. Der Stpfl. hatte das Gebäude auf einem ihm bereits gehörenden Grundstück errichtet,
2. der Stpfl. hat das Gebäude in der Absicht erworben, es als Gebäude zu nutzen (Erwerb ohne Abbruchabsicht),
3. der Stpfl. hat das Gebäude zum Zweck des Abbruchs erworben (Erwerb mit Abbruchabsicht),
4. der Stpfl. plant den Abbruch eines zum Privatvermögen gehörenden Gebäudes und die Errichtung eines zum Betriebsvermögen gehörenden Gebäudes (Einlage mit Abbruchabsicht),

aber: → Abbruchkosten bei vorheriger Nutzung außerhalb der Einkünfteerzielung.

In den Fällen der Nummern 1 und 2 sind im Jahr des Abbruchs die Abbruchkosten und der Restbuchwert des abgebrochenen Gebäudes sofort abziehbare Betriebsausgaben (zu Nr. 1 → BFH vom 21. 6. 1963 – BStBl III S. 477 und vom 28. 3. 1973 – BStBl II S. 678, zu Nr. 2 → BFH vom 12. 6. 1978 – BStBl II S. 620). Dies gilt auch bei einem in Teilabbruchabsicht erworbenen Gebäude für die Teile, deren Abbruch nicht geplant war. Die darauf entfallenden Abbruchkosten und der anteilige Restbuchwert sind ggf. im Wege der Schätzung zu ermitteln (→ BFH vom 15. 10. 1996 – BStBl 1997 II S. 325).

Im Fall der Nummer 3 gilt Folgendes:

a) War das Gebäude technisch oder wirtschaftlich nicht verbraucht, gehören sein Buchwert und die Abbruchkosten, wenn der Abbruch des Gebäudes mit der Herstellung eines neuen Wirtschaftsguts in einem engen wirtschaftlichen Zusammenhang steht, zu den Herstellungskosten dieses Wirtschaftsguts, sonst zu den Anschaffungskosten des Grund und Bodens (→ BFH vom 4. 12. 1984 – BStBl 1985 II S. 208). Müssen bei einem in Teilabbruchabsicht erworbenen Gebäude umfangreichere Teile als geplant abgerissen werden, gehören die Abbruchkosten und der Restwert des abgerissenen Gebäudes insoweit zu den Herstellungskosten des neuen Gebäudes, als sie auf Gebäudeteile entfallen, die bei Durchführung des im Erwerbszeitpunkt geplanten Umbaus ohnehin hätten entfernt werden sollen. Dieser Anteil ist ggf. im Wege der Schätzung zu ermitteln (→ BFH vom 15. 10. 1996 – BStBl 1997 II S. 325).

b) War das Gebäude im Zeitpunkt des Erwerbs objektiv wertlos, entfällt der volle Anschaffungspreis auf den Grund und Boden (→ BFH vom 15. 2. 1989 – BStBl II S. 604); für die Abbruchkosten gilt Buchstabe a entsprechend.

Wird mit dem Abbruch eines Gebäudes innerhalb von drei Jahren nach dem Erwerb begonnen, spricht der Beweis des ersten Anscheins dafür, dass der Erwerber das Gebäude in der Absicht erworben hat, es abzureißen. Der Stpfl. kann diesen Anscheinsbeweis durch den Gegenbeweis entkräften, z. B. dass es zu dem Abbruch erst auf Grund eines ungewöhnlichen Geschehensablaufs gekommen ist. Damit ist nicht ausgeschlossen, dass in besonders gelagerten Fällen, z. B. bei großen Arrondierungskäufen, auch bei einem Zeitraum von mehr als drei Jahren zwischen Erwerb und Beginn des Abbruchs der Beweis des ersten Anscheins für einen Erwerb in Abbruchabsicht spricht (→ BFH vom 12. 6. 1978 – BStBl II S. 620). Für den Beginn der Dreijahresfrist ist in der Regel der Abschluss des obligatorischen Rechtsgeschäfts maßgebend (→ BFH vom 6. 2. 1979 – BStBl II S. 509).

Im Fall der Nummer 4 gehören der Wert des abgebrochenen Gebäudes und die Abbruchkosten zu den Herstellungskosten des neu zu errichtenden Gebäudes; der Einlagewert des Gebäudes ist nicht schon deshalb mit 0 Euro anzusetzen, weil sein Abbruch beabsichtigt ist (→ BFH vom 9. 2. 1983 – BStBl II S. 451).

Abbruchkosten bei vorheriger Nutzung außerhalb der Einkünfteerzielung

Wurde das abgebrochene Gebäude zuvor zu eigenen Wohnzwecken oder anderen nicht einkommensteuerlich relevanten Zwecken genutzt, stehen die Abbruchkosten und ggf. die Absetzungen für außergewöhnliche Abnutzung ausschließlich im Zusammenhang mit dem Neubau und bilden Herstellungskosten des neuen Gebäudes (→ BFH vom 16. 4. 2002 – BStBl II S. 805).

Ablöse- und Abstandszahlungen

→ Entschädigungs- oder Abfindungszahlungen an Mieter oder Pächter

→ Stellplätze

Aufwendungen zur Ablösung des Erbbaurechts zählen zu den Herstellungskosten des anschließend auf dem Grundstück nach dem Abriss der vorhandenen Bebauung neu errichteten Gebäudes (→ BFH vom 13. 12. 2005 – BStBl 2006 II S. 461).

Abtragung unselbständiger Gebäudeteile

→ Baumängelbeseitigung

Anschaffungskosten des Grund und Bodens

→ Erdarbeiten

→ Erschließungs-, Straßenanlieger- und andere auf das Grundstückseigentum bezogene kommunale Beiträge und Beiträge für sonstige Anlagen außerhalb des Grundstücks

→ Hausanschlusskosten

→ Zwangsräumung

Anhang 19 **Anschaffungsnaher Aufwand**

→ § 6 Abs. 1 Nr. 1a EStG und BMF vom 18. 7. 2003 (BStBl I S. 386)

Fallen im Anschluss an den Erwerb eines Gebäudes höhere Aufwendungen an, ist die Abgrenzung zwischen sofort abzugsfähigen Erhaltungsaufwendungen und nur im Rahmen der AfA abzugsfähigen Anschaffungs- oder Herstellungskosten oftmals schwierig.

Die Frage, was als Anschaffungs- bzw. Herstellungskosten zu beurteilen ist, richtet sich zunächst nach § 255 HGB. Im Anschluss an den Erwerb eines Gebäudes kommen hier folgende Fallgruppen in Betracht:

- Aufwendungen, die zur Herstellung der Funktions- und Betriebsbereitschaft geleistet werden (§ 255 Abs. 1 Satz 1 HGB, Rz. 1–16 von BMF vom 18. 7. 2003
- Aufwendungen, die für eine Erweiterung des Gebäudes verausgabt werden (§ 255 Abs. 2 Satz 1 HGB, Rz. 19–24 von BMF vom 18. 7. 2003) und
- Aufwendungen, die zu einer über den ursprünglichen Zustand hinausgehenden wesentlichen Verbesserung führen (sog. Standarderhebung, § 255 Abs. 2 Satz 1 HGB, Rz. 25–32 von BMF vom 18. 7. 2003).

Den handelsrechtlichen Herstellungskostenbegriff hat der Gesetzgeber mit dem Steueränderungsgesetz 2003 für steuerliche Zwecke um den Tatbestand der „anschaffungsnahen Herstellungskosten" erweitert. Aufwendungen, die nach § 255 HGB nicht zu Anschaffungs- oder Herstellungskosten führen, können für steuerliche Zwecke in Herstellungskosten umqualifiziert werden.

Voraussetzung für eine Umqualifizierung von Instandsetzungs- und Modernisierungsmaßnahmen (Erhaltungsaufwendungen) in Herstellungskosten ist:

1. Es muss sich um die Anschaffung eines Gebäudes handeln; Herstellungsfälle werden durch § 6 Abs. 1 Nr. 1 a EStG nicht erfasst.
2. Die Aufwendungen (ohne Umsatzsteuer) müssen innerhalb von drei Jahren nach Anschaffung des Gebäudes 15 % der ursprünglichen Anschaffungskosten übersteigen. Zu den „Aufwendungen" im Sinne dieser Vorschrift gehören nicht Herstellungskosten für Erweiterungen i. S. d. § 255 Abs. 2 Satz 1 2. Alt. HGB und Kosten für jährlich üblicherweise anfallende Erhaltungsarbeiten (z. B. Heizungswartung). Dagegen sind Kosten für die Herstellung der Funktionsbereitschaft und Kosten, die zu einer über den ursprünglichen Zustand hinausgehenden wesentlichen Verbesserung führen, also für sich Anschaffungs- bzw. Herstellungskosten i. S. d. HGB sind, „Aufwendungen" im Sinne dieser Vorschrift.

Wird ein Gebäude zu unterschiedlichen Zwecken (eigenbetrieblich, fremdbetrieblich, fremde Wohnzwecke, eigene Wohnzwecke) genutzt und sind daher für steuerliche Zwecke mehrere Wirtschaftsgüter anzunehmen (vgl. R 4.2 Abs. 4 EStR 2005), wird die Prüfung der 15 %-Grenze trotzdem für das ganze Gebäude vorgenommen. Erwirbt der Steuerpflichtige dagegen mehrere Eigentumswohnungen/im Teileigentum stehende Räume im gleichen Gebäude, ist die Prüfung für jede Wohnung getrennt vorzunehmen, da jedes Wohnungs-/Teileigentum als selbstständiges Gebäude gilt, vgl. auch § 7 Abs. 5a EStG, R 4.2 Abs. 14.

Sind die entstandenen Kosten nicht höher als 15 % der ursprünglichen Anschaffungskosten oder übersteigen diese Kosten erst nach Ablauf von drei Jahren nach Anschaffung des Gebäudes die 15 %-Grenze, können trotzdem Anschaffungs- oder Herstellungskosten vorliegen. In diesen Fällen ist ausschließlich § 255 HGB als Maßstab für das Vorliegen von Anschaffungs- oder Herstellungskosten heranzuziehen, da die tatbestandsmäßigen Voraussetzungen des § 6 Abs. 1 Nr. 1 a EStG nicht erfüllt sind. Die im BMF-Schreiben (a. a. O.) aufgestellten Kriterien sind zu beachten. Für Aufwendungen, die zu einer über den ursprünglichen Zustand hinausgehenden wesentlichen Verbesserung (Standardhebung) führen, besteht eine 15 %ige Nichtaufgriffsgrenze, vgl. Rz. 38 des BMF-Schreibens (a. a. O).

§ 6 Abs. 1 Nr. 1a EStG ist erstmals auf Baumaßnahmen anzuwenden, mit denen nach dem 31. 12. 2003 begonnen wurde, § 52 Abs. 16 Satz 7 EStG. Hat der Steuerpflichtige im Jahr 2003 (oder in den Vorjahren) ein Gebäude erworben, ist § 6 Abs. 1 Nr. 1a EStG auch in den Folgejahren nicht anwendbar, wenn er mit den Baumaßnahmen bereits vor dem 1. 1. 2004 begonnen hat. Dies folgt aus § 52 Abs. 16 Satz 9 EStG, wonach alle Baumaßnahmen als eine gemeinsame Maßnahme behandelt werden.

Ist bei Bearbeitung der Erklärung aus tatsächlichen Gründen ungewiss, ob es sich um Anschaffungs-/Herstellungskosten oder sofort abzugsfähige Erhaltungsaufwendungen handelt (z. B. weil die 15 %-Grenze noch nicht überschritten wurde), ist der Bescheid vorläufig zu erlassen. Nach Wegfall der Ungewissheit ist der Bescheid zu ändern oder für endgültig zu erklären.

→ OFD Frankfurt vom 31. 1. 2006 – S 2171 a A 2 – St II 2.04 – (DStR 2006 S. 567)

- Sind die vom Kläger für die Renovierung eines entgeltlich erworbenen – betriebsbereiten – Zweifamilienhauses aufgewandten Kosten als anschaffungsnahe Herstellungskosten oder als Aufwendungen für Erhaltungsarbeiten, die jährlich üblicherweise anfallen, einzuordnen?
- Was versteht § 6 Abs. 1 Nr. 1a EStG unter „Erhaltungsarbeiten, die jährlich üblicherweise anfallen"?
- Sind Schönheitsreparaturen auch dann in die 15 Prozent-Grenze des § 6 Abs. 1 Nr. 1a EStG einzubeziehen, wenn sie im Rahmen einer umfassenden Renovierungsmaßnahme anfallen?
- Ist § 6 Abs. 1 Nr. 1a EStG mit § 255 Abs. 2 Satz 1 HGB und mit europäischen Recht unvereinbar?

→ Finanzgericht Baden-Württemberg vom 14. 4. 2008–10 K 120/07 – Rev. – IX R 20/08

Arbeitsleistung

Zu den Herstellungskosten des Gebäudes zählt nicht der Wert der eigenen Arbeitsleistung (→ BFH vom 10. 5. 1995 – BStBl II S. 713).

→ H 6.3 (Kalkulatorische Kosten)

→ Tätigkeitsvergütung

Ausgleichsbeträge nach § 154 BauGB

Die anlässlich einer städtebaulichen Sanierungsmaßnahme zu zahlenden Ausgleichs- oder Ablösungsbeträge sind

- als Anschaffungs- oder Herstellungskosten zu behandeln, wenn das Grundstück in seiner Substanz oder seinem Wesen verändert wird (z. B. bei einer erstmaligen Erschließung oder bei Maßnahmen zur Verbesserung der Bebaubarkeit) oder
- als Werbungskosten/Betriebsausgaben sofort abziehbar, wenn z. B. vorhandene Anlagen ersetzt oder modernisiert werden.

Die Erhöhung des Grundstückswerts allein führt noch nicht zu Anschaffungs-/Herstellungskosten.

Die Aufwendungen sind nur dann als Anschaffungs-/Herstellungskosten zu behandeln, wenn

- die Bodenwerterhöhung 10 % überschreitet und
- die Bodenwerterhöhung auf Verbesserungen der Erschließung und/oder Bebaubarkeit beruht.

→ BMF vom 8. 9. 2003 (BStBl I S. 489) einschließlich Vordruck „Bescheinigung über sanierungsrechtliche Ausgleichs- oder Ablösungsbeträge nach dem Baugesetzbuch (§ 154 BauGB)"

Außenanlagen

Hofbefestigungen und Straßenzufahrt stehen grundsätzlich mit einem Betriebsgebäude in keinem einheitlichen Nutzungs- und Funktionszusammenhang. Die Aufwendungen gehören daher nicht zu den Herstellungskosten des Gebäudes (→ BFH vom 1. 7. 1983 – BStBl II S. 686).

→ Erdarbeiten

→ Gartenanlage

Baumaterial aus Enttrümmerung

Zu den Herstellungskosten des Gebäudes gehört auch der Wert des bei der Enttrümmerung eines kriegszerstörten Gebäudes gewonnenen und wieder verwendeten Baumaterials (→ BFH vom 5. 12. 1963 – BStBl 1964 III S. 299)

Bauplanungskosten

Zu den Herstellungskosten des Gebäudes gehören auch vergebliche Planungskosten, wenn der Stpfl. die ursprüngliche Planung zwar nicht verwirklicht, später aber ein die beabsichtigten Zwecke erfüllendes Gebäude erstellt (→ BFH vom 29. 11. 1983 – BStBl 1984 II S. 303, 306) und den Aufwendungen tatsächlich erbrachte Leistungen gegenüberstehen (→ BFH vom 8. 9. 1998 – BStBl 1999 II S. 20).

→ Honorare

Baumängelbeseitigung

Aufwendungen zur Beseitigung von Baumängeln vor Fertigstellung des Gebäudes (mangelhafte Bauleistungen) gehören zu den Herstellungskosten des Gebäudes (→ BFH vom 31. 3. 1992 – BStBl II S. 805). Das gilt auch dann, wenn sie zwar bei der Herstellung des Gebäudes aufgetreten, aber erst nach seiner Fertigstellung behoben worden sind (→ BFH vom 1. 12. 1987 – BStBl 1988 II S. 431) sowie in den Fällen, in denen noch während der Bauzeit unselbständige Gebäudeteile wieder abgetragen werden müssen (→ BFH vom 30. 8. 1994 – BStBl 1995 II S. 306).

→ H 7.4 (AfaA)

→ Prozesskosten

→ Vorauszahlungen

Bauzeitversicherung

Beiträge für die Bauzeitversicherung gehören nicht zu den Herstellungskosten des Gebäudes. Sie können nach den allgemeinen Grundsätzen als (vorweggenommene) Betriebsausgaben oder Werbungskosten abgezogen werden (→ BFH vom 25. 2. 1976 – BStBl 1980 II S. 294).

Betriebsvorrichtungen

Aufwendungen für das Entfernen von Betriebsvorrichtungen gehören zu den Herstellungskosten des Gebäudes, wenn dieses dadurch wesentlich verbessert wird (→ BFH vom 25. 1. 2006 – BStBl II S. 707).

Dingliche Belastungen

Erwirbt ein Stpfl. ein mit einem dinglichen Nutzungsrecht belastetes Grundstück, führt er seinem Vermögen ein um dieses Nutzungsrecht eingeschränktes Eigentum an diesem Grundstück zu. Dingliche Belastungen begründen keine Verbindlichkeiten, deren Übernahme zu Anschaffungskosten des Grundstücks führt (→ BFH vom 17. 11. 2004 – BStBl 2008 II S. 296).

Anhang 19 **Eigenkapitalvermittlungsprovision**

und andere Gebühren bei geschlossenen Fonds → BMF vom 20. 10. 2003 (BStBl I S. 546).

Einbauküche

Aufwendungen für eine Einbauküche können nur insoweit zu den Herstellungskosten einer Eigentumswohnung gehören, als sie auf die Spüle und den – nach der regionalen Verkehrsauffassung erforderlichen – Kochherd entfallen (→ BFH vom 13. 3. 1990 – BStBl II S. 514).

Einbauten als unselbständige Gebäudeteile

Aufwendungen für Einbauten als unselbständige Gebäudeteile gehören – soweit die unselbständigen Gebäudeteile nicht Betriebsvorrichtungen sind – zu den Herstellungskosten des Gebäudes (→ BFH vom 26. 11. 1973 – BStBl 1974 II S. 132).

Entschädigungs- oder Abfindungszahlungen

an Mieter oder Pächter für vorzeitige Räumung eines Grundstücks zur Errichtung eines Gebäudes gehören zu den Herstellungskosten des neuen Gebäudes (→ BFH vom 9. 2. 1983 – BStBl II S. 451).

Erdarbeiten

- **Buschwerk und Bäume**

  Zu den Herstellungskosten eines Gebäudes oder einer Außenanlage rechnen neben den Aufwendungen für die beim Bau anfallenden üblichen Erdarbeiten auch die Kosten für das Freimachen des Baugeländes von Buschwerk und Bäumen, soweit dies für die Herstellung des Gebäudes und der Außenanlage erforderlich ist (→ BFH vom 26. 8. 1994 – BStBl 1995 II S. 71).
- **Hangabtragung**

  Die beim Bau eines Gebäudes regelmäßig anfallenden Erdarbeiten (Abtragung, Lagerung, Einplanierung bzw. Abtransport des Mutterbodens, der Aushub des Bodens für die Baugrube, seine Lagerung und ggf. sein Abtransport) gehören zu den Herstellungskosten des Gebäudes und der Außenanlage. Aufwendungen, die unmittelbar der erstmaligen oder einer wesentlich verbesserten Nutzung des Wirtschaftsguts Grund und Boden dienen, sind unter der Voraussetzung, dass der Grund und Boden durch diese Maßnahmen eine über seinen ursprünglichen Zustand hinausgehende wesentliche Verbesserung erfährt, nachträgliche Herstellungskosten des Grund und Bodens, ansonsten sofort abziehbare Betriebsausgaben (→ BFH vom 27. 1. 1994 – BStBl II S. 512).

Erschließungs-, Straßenanlieger- und andere auf das Grundstückseigentum bezogene kommunale Beiträge und Beiträge für sonstige Anlagen außerhalb des Grundstücks

- **Ansiedlungsbeitrag**

  Der vom Käufer eines Grundstücks gezahlte Ansiedlungsbeitrag gehört nicht zu den Herstellungskosten des Gebäudes, sondern zu den Anschaffungskosten des Grundstücks (Grund und Boden), wenn die Zahlung dieses Beitrags lediglich in Erfüllung einer Verpflichtung des ausschließlich Grund und Boden betreffenden Kaufvertrags erfolgt ist (→ BFH vom 9. 12. 1965 – BStBl 1966 III S. 191).
- **Erbbaurecht**

  Wird ein Gebäude im Erbbaurecht errichtet und zahlt der Erbbauberechtigte den Erschließungsbeitrag, gehört der Beitrag weder ganz noch teilweise zu den Herstellungskosten des im Erbbaurecht errichteten Gebäudes (→ BFH vom 22. 2. 1967 – BStBl II S. 417).

  → H 5.6 (Erbbaurecht), (Bestimmte Zeit nach dem Abschlussstichtag)

  → H 6.2

  → H 21.2
- **Erstmalige Beiträge, Ersetzung, Modernisierung**

  Beiträge zur Finanzierung erstmaliger Anlagen sind nachträgliche Anschaffungskosten des Grund und Bodens, wenn durch die Baumaßnahmen, für die die Beiträge geleistet worden sind, eine Werterhöhung des Grund und Bodens eintritt, die unabhängig von der Bebauung des Grundstücks und dem Bestand eines auf dem Grundstück errichteten Gebäudes ist, und die Beiträge in einem Sachbezug zum Grundstück stehen. Werden hingegen Erschließungsanlagen ersetzt oder modernisiert, führen Erschließungsbeiträge zu Erhaltungsaufwendungen, es sei denn, das Grundstück wird hierdurch ausnahmsweise in seiner Substanz oder in seinem Wesen verändert (→ BFH vom 22. 3. 1994 – BStBl II S. 842, vom 3. 7. 1997 – BStBl II S. 811 und vom 3. 8. 2005 – BStBl 2006 II S. 369).

  Erhaltungsaufwendungen sind daher

  a) nachträgliche Straßenbaukostenbeiträge für ein bereits durch eine Straße erschlossenes Grundstück, die eine Gemeinde für die bauliche Veränderung des Straßenbelags und des Gehwegs zur Schaffung einer verkehrsberuhigten Zone erhebt (→ BFH vom 22. 3. 1994 – BStBl II S. 842),

  b) die Kanalanschlussgebühren, wenn eine eigene Sickergrube oder Kläranlage ersetzt wird (→ BMF vom 13. 9. 1984 BStBl 1985 II S. 49 und vom 4. 11. 1986, BStBl 1987 II S. 333). Werden durch eine einheitliche Erschließungsmaßnahme bisher als Weideland genutzte Flächen bebaubar, handelt es sich bei den darauf entfallenden Abwasserbeiträgen jedoch um nachträgliche Anschaffungskosten für den Grund und Boden, auch wenn ein Wohngebäude, das mit erschlossen wird, bereits über eine Sickergrube verfügte (→ BFH vom 11. 12. 2003 – BStBl 2004 II S. 282).

- **Flächenbeiträge**

  Ein Flächenbeitrag nach § 58 BauGB kann zu nachträglichen Anschaffungskosten des Grund und Bodens führen, und zwar auch dann, wenn ein förmliches Umlegungsverfahren durch privatrechtliche Vereinbarungen vermieden wurde (→ BFH vom 6. 7. 1989 – BStBl 1990 II S. 126).

- **Privatstraße**

  Aufwendungen des Erwerbers eines Grundstücks für eine von einem Dritten zu errichtenden Privatstraße stellen auch dann Anschaffungskosten eines selbständigen abnutzbaren Wirtschaftsgutes dar, wenn die Straße der erstmaligen Erschließung des Grundstücks dient (→ BFH vom 19. 10. 1999 – BStBl 2000 II S. 257).

- **Zweit- oder Zusatzerschließung**

  Beiträge für die Zweit- oder Zusatzerschließung eines Grundstücks durch eine weitere Straße sind nachträgliche Anschaffungskosten des Grund und Bodens, wenn sich der Wert des Grundstücks auf Grund einer Erweiterung der Nutzbarkeit oder einer günstigeren Lage erhöht. Das gilt auch dann, wenn ein durch einen Privatweg an das öffentliche Straßennetz angebundenes Grundstück zusätzlich durch eine erstmals errichtete öffentliche Straße erschlossen wird (→ BFH vom 12. 1. 1995 – BStBl II S. 632, vom 7. 11. 1995 – BStBl 1996 II S. 89 und 190 und vom 19. 12. 1995 – BStBl 1996 II S. 134). Ansonsten handelt es sich um Erhaltungsaufwendungen.

Fahrtkosten

des Stpfl. zur Baustelle gehören in tatsächlicher Höhe zu den Herstellungskosten (→ BFH vom 10. 5. 1995 – BStBl II S. 713).

Gartenanlage

Die zu einem Gebäude gehörende Gartenanlage ist ein selbständiges Wirtschaftsgut (→ BFH vom 30. 1. 1996 – BStBl 1997 II S. 25).

→ Umzäunung

→ R 21.1 Abs. 3

Gebäude

Begriff → R 7.1 Abs. 5.

Gebäudebestandteile

→ Einbauküche

→ Heizungsanlagen

→ Kassettendecken

→ Waschmaschine

→ R 7.1 Abs. 6

→ H 4.2(5) (unselbständige Gebäudeteile)

Anhang 19 **Generalüberholung**

→ BMF vom 18. 7. 2003 (BStBl I S. 386)

Grunderwerbsteuer

- Aussetzungszinsen für Grunderwerbsteuer gehören nicht zu den Anschaffungskosten (→ BFH vom 25. 7. 1995 – BStBl II S. 835).
- Säumniszuschläge zur Grunderwerbsteuer rechnen zu den Anschaffungskosten des Grundstücks (→ BFH vom 14. 1. 1992 – BStBl II S. 464).

Hausanschlusskosten

- **Anlagen zur Ableitung von Abwässern**

  Der von den Hauseigentümern an die Gemeinde zu zahlende Kanalbaubeitrag (Kanalanschlussgebühr) gehört zu den nachträglichen Anschaffungskosten des Grund und Bodens. Die Aufwendungen der Hauseigentümer für die Herstellung der Zuleitungsanlagen von dem Haus zu dem öffentlichen Kanal (Hausanschlusskosten) einschließlich der so genannten Kanalanstichgebühr gehören dagegen zu den Herstellungskosten des Gebäudes (→ BFH vom 24. 11. 1967 – BStBl 1968 II S. 178).

- **Anschlüsse an Versorgungsnetze** (Strom, Gas, Wasser, Wärme)

  Die Kosten für den Anschluss eines Hauses an Versorgungsnetze gehören zu den Herstellungskosten des Gebäudes (→ BFH vom 15. 1. 1965 – BStBl III S. 226). Werden hingegen vorhandene Anschlüsse ersetzt, handelt es sich um Erhaltungsaufwendungen. Erhaltungsaufwendungen sind auch Aufwendungen für den erstmaligen Anschluss an das Erdgasnetz im Zusammenhang mit der Umstellung einer bereits vorhandenen Heizungsanlage.

Heizungsanlagen

Eine in ein Gebäude eingebaute Heizungsanlage ist regelmäßig als Gebäudebestandteil anzusehen. Für die Annahme einer Betriebsvorrichtung ist es nicht ausreichend, wenn eine Heizungsanlage für einen Betrieb aufgrund brandschutzrechtlicher Bestimmungen oder einfachgesetzlicher Umweltschutzbestimmungen vorgeschrieben ist. Entscheidend ist, ob die Gegenstände von ihrer Funktion her unmittelbar zur Ausübung des Gewerbes benutzt werden (→ BFH vom 7. 9. 2000 – BStBl 2001 II S. 253).

Honorare

Hat der Stpfl. ein zur Erzielung von Einkünften bestimmtes Gebäude geplant, aber nicht errichtet, und muss er deshalb an den Architekten ein gesondertes Honorar für Bauüberwachung und Objektbetreuung zahlen, ohne dass der Architekt solche Leistungen tatsächlich erbracht hat, gehören diese Aufwendungen nicht zu den Herstellungskosten eines später errichteten anderen Gebäudes, sondern sind als Betriebsausgaben/Werbungskosten abziehbar (→ BFH vom 8. 9. 1998 – BStBl 1999 II S. 20).

→ Bauplanungskosten

Instandsetzung

→ BMF vom 18. 7. 2003 (BStBl I S. 386) Anhang 19

Renovierungskosten, die der Veräußerer der Wohnung im Kaufvertrag in Rechnung stellt, sind Bestandteil des Kaufpreises und deshalb Anschaffungskosten der Wohnung (→ BFH vom 17. 12. 1996 – BStBl 1997 II S. 348).

Kassettendecken

Die Aufwendungen für eine abgehängte, mit einer Beleuchtungsanlage versehene Kassettendecke eines Büroraums gehören zu den Herstellungskosten des Gebäudes, weil die Kassettendecke Gebäudebestandteil und nicht Betriebsvorrichtung ist (→ BFH vom 8. 10. 1987 – BStBl 1988 II S. 440).

Modernisierung

→ BMF vom 18. 7. 2003 (BStBl I S. 386) Anhang 19

Prozesskosten

teilen als Folgekosten das rechtliche Schicksal der Aufwendungen, um die gestritten wurde. Gehören die Aufwendungen, um die gestritten wurde zu den Herstellungskosten eines Gebäudes, gilt dies auch für die Prozesskosten (→ BFH vom 1. 12. 1987 – BStBl 1988 II S. 431).

Restitutionsverfahren

Im Restitutionsverfahren nach dem VermG zum Ausgleich von Instandsetzungs- und Modernisierungsaufwendungen an einem rückübertragenen Gebäude geleistete Zahlungen stellen Anschaffungskosten dar (→ BFH vom 11. 1. 2005 – BStBl II S. 477).

Stellplätze

Aufwendungen für die Ablösung der Verpflichtung zur Errichtung von Stellplätzen gehören auch dann zu den Herstellungskosten eines Gebäudes, wenn eine Verpflichtung zur nachträglichen Herstellung von Stellplätzen bei bereits bestehenden baulichen Anlagen abgelöst wird (→ BFH vom 8. 3. 1984 – BStBl II S. 702). Bei (Nutzungs-) Änderung eines Gebäudes gehören sie zu den Herstellungskosten, wenn die zur Änderung führende Baumaßnahme als Herstellung im Sinne von § 255 Abs. 2 HGB anzusehen ist (→ BFH vom 6. 5. 2003 – BStBl II S. 710). Anhang 13

Tätigkeitsvergütung

Zahlt eine Personengesellschaft, die ein Betriebsgebäude errichtet, einem ihrer Gesellschafter für die Bauaufsicht und für die Koordinierung der Handwerkerarbeiten Arbeitslohn, gehört dieser auch dann zu den Herstellungskosten des Gebäudes, wenn es sich um eine Tätigkeitsvergütung i. S. d. § 15 Abs. 1 Satz 1 Nr. 2 EStG handelt (→ BFH vom 8. 2. 1996 – BStBl II S. 427).

→ H 6.3 (Kalkulatorische Kosten)

→ Arbeitsleistung

Umzäunung

Aufwendungen für die Umzäunung eines Mietwohngrundstücks (z. B. Maschendrahtzaun) können in einem einheitlichen Nutzungs- und Funktionszusammenhang mit dem Gebäude stehen und gehören daher in der Regel zu den Gebäudeherstellungskosten (→ BFH vom 15. 12. 1977 – BStBl 1978 II S. 210). Ein solcher Zusammenhang ist bei einem Betriebsgrundstück jedoch im Allgemeinen zu verneinen (→ BFH vom 1. 7. 1983 – BStBl II S. 686). Diese Grundsätze gelten auch für angemessene Aufwendungen für das Anpflanzen von Hecken, Büschen und Bäumen an den Grundstücksgrenzen (lebende Umzäunung) (→ BFH vom 30. 6. 1966 – BStBl III S. 541).

Versorgungsnetz

→ Erschließungs-, Straßenanlieger- und andere auf das Grundstückseigentum bezogene kommunale Beiträge und Beiträge für sonstige Anlagen außerhalb des Grundstücks

→ Hausanschlusskosten

Vorauszahlungen auf Herstellungskosten

für die der Stpfl. infolge Insolvenz des Bauunternehmers keine Bauleistungen erhalten hat und die er auch nicht zurückerlangen kann, gehören nicht zu den Herstellungskosten des Gebäudes, sondern können unter den allgemeinen Voraussetzungen als Betriebsausgaben bzw. Werbungskosten abgezogen werden. Stehen ihnen jedoch Herstellungsleistungen des Bauunternehmers gegenüber, gehören sie zu den Herstellungskosten eines Gebäudes, selbst wenn die Herstellungsleistungen mangelhaft sind (→ BFH vom 31. 3. 1992 – BStBl II S. 805). Vorauszahlungen auf Anschaffungskosten können als Betriebsausgaben oder Werbungskosten abgezogen werden, wenn das Anschaffungsgeschäft nicht zustande gekommen ist und eine Rückzahlung nicht verlangt werden kann (→ BFH vom 28. 6. 2002 – BStBl II S. 758).

→ Baumängelbeseitigung

Wärmerückgewinnungsanlage

Eine Wärmerückgewinnungsanlage ist nicht schon deshalb als Betriebsvorrichtung zu beurteilen, weil es sich bei den Kühlzellen, deren abgegebene Wärme durch die Anlage aufbereitet wird, um eine Betriebsvorrichtung handelt. Eine Betriebsvorrichtung kann jedoch dann vorliegen, wenn die Anlage dem in einem Gebäude ausgeübten Gewerbebetrieb unmittelbar dient und der Zweck, das Gebäude zu beheizen und mit Warmwasser zu versorgen, demgegenüber in den Hintergrund tritt (→ BFH vom 5. 9. 2002 – BStBl II S. 877).

Waschmaschine

Eine Waschmaschine ist kein Gebäudebestandteil, sondern ein selbständiges bewegliches Wirtschaftsgut. Das gilt auch dann, wenn sie auf einem Zementsockel angeschraubt ist und den Mietern gegen Entgelt zur Verfügung steht (→ BFH vom 30. 10. 1970 – BStBl 1971 II S. 95).

Wesentliche Verbesserung

Anhang 19 – → BMF vom 18. 7. 2003 (BStBl I S. 386)

– ***Baumaßnahmen an einem betrieblich genutzten Gebäude oder Gebäudeteil führen zu einer wesentlichen Verbesserung i. S. d. § 255 Abs. 2 Satz 1 Alternative 3 HGB, wenn durch sie eine neue betriebliche Gebrauchs- oder Verwendungsmöglichkeit (→ BFH vom 25. 1. 2006 – BStBl II S. 707) oder eine höherwertige (verbesserte) Nutzbarkeit (→ BFH vom 25. 9. 2007 – BStBl 2008 II S. 218) geschaffen wird.***

Wohnrechtsablösung

Aufwendungen für die Wohnrechtsablösung durch den Miterben führen zu nachträglichen Anschaffungskosten (→ BFH vom 28. 11. 1991 – BStBl 1992 II S. 381 und vom 3. 6. 1992 – BStBl 1993 II S. 98).

Zwangsräumung

Wird ein unbebautes, besetztes Grundstück zwangsweise geräumt, um es anschließend teilweise bebauen und teilweise als Freifläche vermieten zu können, sind die Aufwendungen für die Zwangsräumung, soweit sie die zu bebauende Fläche betreffen, Herstellungskosten der später errichteten Gebäude und, soweit sie die Freifläche betreffen, Anschaffungskosten des Grund und Bodens (→ BFH vom 18. 5. 2004 – BStBl II S. 872).

6.5. Zuschüsse für Anlagegüter **R 6.5**

Begriff des Zuschusses

(1) [1]Ein Zuschuss ist ein Vermögensvorteil, den ein Zuschussgeber zur Förderung eines – zumindest auch – in seinem Interesse liegenden Zwecks dem Zuschussempfänger zuwendet. [2]Fehlt ein Eigeninteresse des Leistenden, liegt kein Zuschuss vor. [3]In der Regel wird ein Zuschuss auch nicht vorliegen, wenn ein unmittelbarer wirtschaftlicher Zusammenhang mit einer Leistung des Zuschussempfängers feststellbar ist. S2171 S2171a

Wahlrecht

(2) [1]Werden Anlagegüter mit Zuschüssen aus öffentlichen oder privaten Mitteln angeschafft oder hergestellt, hat der Stpfl. ein Wahlrecht. [2]Er kann die Zuschüsse als Betriebseinnahmen ansetzen; in diesem Fall werden die Anschaffungs- oder Herstellungskosten der betreffenden Wirtschaftsgüter durch die Zuschüsse nicht berührt. [3]Er kann die Zuschüsse aber auch erfolgsneutral behandeln; in diesem Fall dürfen die Anlagegüter, für die die Zuschüsse gewährt worden sind, nur mit den Anschaffungs- oder Herstellungskosten bewertet werden, die der Stpfl. selbst, also ohne Berücksichtigung der Zuschüsse aufgewendet hat. [4]Voraussetzung für die erfolgsneutrale Behandlung der Zuschüsse ist, dass in der handelsrechtlichen Jahresbilanz entsprechend verfahren wird. [5]Soweit in einem folgenden Wirtschaftsjahr bei einem Wirtschaftsgut in der handelsrechtlichen Jahresbilanz eine nach Satz 3 vorgenommene Bewertung durch eine Zuschreibung rückgängig gemacht wird, erhöht der Betrag der Zuschreibung den Buchwert des Wirtschaftsgutes. S2143 S2172

Nachträglich gewährte Zuschüsse

(3) [1]Werden Zuschüsse, die erfolgsneutral behandelt werden, erst nach der Anschaffung oder Herstellung von Anlagegütern gewährt, sind sie nachträglich von den gebuchten Anschaffungs- oder Herstellungskosten abzusetzen. [2]Ebenso ist zu verfahren, wenn die Anlagen mit Hilfe eines Darlehensangeschafft oder hergestellt worden sind und der nachträglich gewährte Zuschuss auf dieses Darlehen verrechnet oder zur Tilgung des Darlehens verwendet wird.

Im Voraus gewährte Zuschüsse

(4) [1]Werden Zuschüsse gewährt, die erfolgsneutral behandelt werden sollen, wird aber das Anlagegut ganz oder teilweise erst in einem auf die Gewährung des Zuschusses folgenden Wirtschaftsjahr angeschafft oder hergestellt, kann in Höhe der – noch – nicht verwendeten Zuschussbeträge eine steuerfreie Rücklage gebildet werden, die im Wirtschaftsjahr der Anschaffung oder Herstellung auf das Anlagegut zu übertragen ist. [2]Für die Bildung der Rücklage ist Voraussetzung, dass in der handelsrechtlichen Jahresbilanz ein entsprechender Passivposten in mindestens gleicher Höhe ausgewiesen wird.

Hinweise H 6.5

Baukostenzuschüsse bei Energieversorgungsunternehmen

Nicht rückzahlbare Beiträge (Baukostenzuschüsse), die Versorgungsunternehmen dem Kunden als privatem oder gewerblichem Endabnehmer oder dem Weiterverteiler im Zusammenhang mit der Herstellung des Versorgungsanschlusses als Baukostenzuschüsse in Rechnung stellen, sind Zuschüsse im Sinne von R 6.5. Das gilt für von Windkraftanlagenbetreibern gezahlte Baukostenzuschüsse bei Energieversorgungsunternehmen entsprechend (→ BMF vom 27. 5. 2003 – BStBl I S. 361).

Anm.:

- Die Regelung kann erst auf Baukostenzuschüsse angewendet werden, die in Wirtschaftsjahren vereinbart werden, die nach dem 31. 12. 2002 beginnen (→ BMF vom 11. 11. 2003 – IV A 6 – S 2137–52/03).
- Zur Anwendung bei Wasserversorgungsunternehmen und zur Aufstellung der Steuerbilanz → OFD Rheinland vom 3. 3. 2006 (DB 2006, S. 586)

Betriebsunterbrechungsversicherung

Leistungen der Betriebsunterbrechungsversicherung sind keine Zuschüsse

→ BFH vom 29. 4. 1982 (BStBl II S. 591)

→ H 6.6 (1) Entschädigung

Geld- oder Bauleistungen

des Mieters zur Erstellung eines Gebäudes sind keine Zuschüsse, sondern zusätzliches Nutzungsentgelt für die Gebrauchsüberlassung des Grundstücks (→ BFH vom 28. 10. 1980 – BStBl 1981 II S. 161).

Investitionszulagen sind keine Zuschüsse

Anhang 14 → § 12 InvZulG 2007

Investitionszuschüsse bei Einnahmenüberschussrechnung

Erhält ein Stpfl., der seinen Gewinn nach § 4 Abs. 3 EStG ermittelt, für die Anschaffung oder Herstellung bestimmter Wirtschaftsgüter öffentliche Investitionszuschüsse, mindern diese die Anschaffungs- oder Herstellungskosten bereits im Jahr der Bewilligung und nicht im Jahr der Auszahlung. Sofern der Stpfl. den Zuschuss sofort als Betriebseinnahme versteuern will, muss er das entsprechende Wahlrecht ebenfalls im Jahr der Zusage ausüben (→ BFH vom 29. 11. 2007 – BStBl 2008 II S. 561).

Mieterzuschüsse

→ R 21.5 Abs. 3

Nachträglich gewährte Zuschüsse

Zur AfA → R 7.3 Abs. 4

Öffentliche Zuschüsse unter Auflage

→ H 21.5 (Zuschüsse)

Rechnungsabgrenzungsposten

→ H 5.6 (Investitionszuschüsse)

Wahlrecht

Das Wahlrecht, Investitionszuschüsse aus öffentlichen Mitteln nicht als Betriebseinnahmen zu erfassen, sondern von den Anschaffungs- bzw. Herstellungskosten des bezuschussten Wirtschaftsguts abzusetzen (→ R 6.5 Abs. 2), ist rechtens (→ BFH vom 5. 6. 2003 – BStBl II S. 801). Mit der Bildung von Wertberichtigungsposten nach der KHBV übt ein Krankenhausträger das Wahlrecht im Sinne einer Minderung der Anschaffungs- oder Herstellungskosten der mit Fördermitteln angeschafften oder hergestellten Anlagegüter aus (→ BFH vom 26. 11. 1996 – BStBl 1997 II S. 390).

WIR-Prämie

Die Prämie ist kein Zuschuss (→ BFH vom 24. 1. 1996 – BStBl II S. 441).

6.6. Übertragung stiller Reserven bei Ersatzbeschaffung

R 6.6

Allgemeines

R 6.6 (1)

(1) [1]Die Gewinnverwirklichung durch Aufdeckung stiller Reserven kann in bestimmten Fällen der Ersatzbeschaffung vermieden werden. [2]Voraussetzung ist, dass S 2138

1. ein Wirtschaftsgut des Anlage- oder Umlaufvermögens infolge höherer Gewalt oder infolge oder zur Vermeidung eines behördlichen Eingriffs gegen → Entschädigung aus dem Betriebsvermögen ausscheidet,
2. innerhalb einer bestimmten Frist ein funktionsgleiches Wirtschaftsgut (Ersatzwirtschaftsgut) angeschafft oder hergestellt wird, auf dessen Anschaffungs- oder Herstellungskosten die aufgedeckten stillen Reserven übertragen werden, und
3. in dem handelsrechtlichen Jahresabschluss entsprechend verfahren wird.

Hinweise

H 6.6 (1)

Aufdeckung stiller Reserven

Das Unterlassen der Aufdeckung stiller Reserven in bestimmten Fällen der Ersatzbeschaffung ist aus einer einschränkenden Auslegung des Realisationsgrundsatzes herzuleiten; es gibt keinen durchgängigen Gewinnrealisierungszwang für sämtliche Veräußerungsvorgänge (→ BFH vom 14. 11. 1990 – BStBl 1991 II S. 222).

Einlage

Die Einlage eines Wirtschaftsguts in das Betriebsvermögen ist keine Ersatzbeschaffung (→ BFH vom 11. 12. 1984 – BStBl 1985 II S. 250).

Entnahme

Eine Gewinnverwirklichung kann nicht durch Ersatzbeschaffung vermieden werden, wenn ein Wirtschaftsgut durch Entnahme aus dem Betriebsvermögen ausscheidet (→ BFH vom 24. 5. 1973 – BStBl II S. 582).

Entschädigung

- Eine Entschädigung im Sinne von R 6.6 Abs. 1 liegt nur vor, soweit sie für das aus dem Betriebsvermögen ausgeschiedene Wirtschaftsgut als solches und nicht für Schäden gezahlt worden ist, die die Folge des Ausscheidens aus dem Betriebsvermögen sind (z. B. Entschädigungen für künftige Nachteile beim Wiederaufbau, Ertragswertentschädigung für die Beeinträchtigung des verbleibenden Betriebs); ausnahmsweise können auch Zinsen in die Entschädigung im Sinne von R 6.6 Abs. 1 einzubeziehen sein (→ BFH vom 29. 4. 1982 – BStBl II S. 568).
- Leistungen einer Betriebsunterbrechungsversicherung, soweit diese die Mehrkosten für die beschleunigte Wiederbeschaffung eines durch Brand zerstörten Wirtschaftsguts übernimmt, sind Entschädigungen im Sinne von R 6.6 Abs. 1 (→ BFH vom 9. 12. 1982 – BStBl 1983 II S. 371).
- Es ist nicht schädlich, wenn die Entschädigung für das ausgeschiedene Wirtschaftsgut in einem Sachwert besteht, der Privatvermögen wird (→ BFH vom 19. 12. 1972 – BStBl 1973 II S. 297).
- Wird einem vorsteuerabzugsberechtigten Unternehmer anlässlich eines Versicherungsfalls der Wiederbeschaffungswert einschließlich Umsatzsteuer ersetzt, ist auch die Umsatzsteuer Teil der Entschädigung (→ BFH vom 24. 6. 1999 – BStBl II S. 561).

Ersatzwirtschaftsgut

- Ein Ersatzwirtschaftsgut setzt nicht nur ein der Art nach funktionsgleiches Wirtschaftsgut voraus, es muss auch funktionsgleich genutzt werden (→ BFH vom 29. 4. 1999 – BStBl II S. 488).
- Rücklagen für Ersatzbeschaffung können nur gebildet werden, wenn das Ersatzwirtschaftsgut in demselben Betrieb angeschafft oder hergestellt wird, dem auch das entzogene Wirtschaftsgut diente. Das gilt nicht, wenn die durch Enteignung oder höhere Gewalt entstandene Zwangslage zugleich den Fortbestand des bisherigen Betriebes selbst gefährdet oder beeinträchtigt hat (→ BFH vom 22. 1. 2004 – BStBl II S. 421).

R 6.6 (2) **Höhere Gewalt – behördlicher Eingriff**

(2) [1]Höhere Gewalt liegt vor, wenn das Wirtschaftsgut infolge von Elementarereignissen wie z. B. Brand, Sturm oder Überschwemmung sowie durch andere unabwendbare Ereignisse wie z. B. Diebstahl oder unverschuldeten Unfall ausscheidet; eine Mithaftung auf Grund Betriebsgefahr ist unschädlich. [2]Fälle eines behördlichen Eingriffs sind z. B. Maßnahmen zur Enteignung oder Inanspruchnahme für Verteidigungszwecke.

H 6.6 (2)

Hinweise

Behördlicher Eingriff

ist zu **bejahen**

- bei Enteignung (→ BFH vom 14. 11. 1990 – BStBl 1991 II S. 222),
- bei behördlichen Bauverboten (→ BFH vom 17. 10. 1961 – BStBl III S. 566 und vom 6. 5. 1971 – BStBl II S. 664),
- bei behördlich angeordneter Betriebsunterbrechung (→ BFH vom 8. 10. 1975 – BStBl 1976 II S. 186).

ist zu **verneinen**

- bei Ausübung eines Wiederkaufsrechts durch die Gemeinde (→ BFH vom 21. 2. 1978 – BStBl II S. 428),
- bei Aufstellung eines Bebauungsplans, der die bisherige Nutzung des Grundstücks wegen Bestandsschutzes unberührt lässt, selbst wenn dadurch eine sinnvolle Betriebserweiterung oder -umstellung ausgeschlossen wird; bei Veräußerungen zur Durchführung erforderlicher Maßnahmen zur Strukturanpassung kann aber eine Gewinnverwirklichung unter den Voraussetzungen der §§ 6b, 6c EStG vermieden werden (→ BFH vom 14. 11. 1990 – BStBl 1991 II S. 222),
- bei Veräußerung infolge einer wirtschaftlichen Zwangslage, selbst wenn die Unterlassung der Veräußerung unter Berücksichtigung aller Umstände eine wirtschaftliche Fehlmaßnahme gewesen wäre (→ BFH vom 20. 8. 1964 – BStBl III S. 504),
- bei Tausch von Grundstücken oder Veräußerung eines Grundstücks und Erwerb eines Ersatzgrundstücks, wenn lediglich ein gewisses öffentliches Interesse an den Maßnahmen besteht (→ BFH vom 29. 3. 1979 – BStBl II S. 412).

Höhere Gewalt

ist zu **bejahen**

- bei Abriss eines Gebäudes wegen erheblicher, kurze Zeit nach der Fertigstellung auftretender Baumängel (→ BFH vom 18. 9. 1987 – BStBl 1988 II S. 330),
- bei Ausscheiden eines Wirtschaftsgutes infolge eines unverschuldet erlittenen Verkehrsunfalls (→ BFH vom 14. 10. 1999 – BStBl 2001 II S. 130); → auch R 6.6 Abs. 2 Satz 1.

ist zu **verneinen**

- bei Unbrauchbarwerden einer Maschine infolge eines Material- oder Konstruktionsfehlers oder eines Bedienungsfehlers (→ BFH vom 15. 5. 1975 – BStBl II S. 692).

R 6.6 (3) **Übertragung aufgedeckter stiller Reserven**

(3) [1]Bei einem ausgeschiedenen Betriebsgrundstück mit aufstehendem Gebäude können beim Grund und Boden und beim Gebäude aufgedeckte stille Reserven jeweils auf neu angeschafften Grund und Boden oder auf ein neu angeschafftes oder hergestelltes Gebäude übertragen werden. [2]Soweit eine Übertragung der bei dem Grund und Boden aufgedeckten stillen Reserven auf die Anschaffungskosten des erworbenen Grund und Bodens nicht möglich ist, können die stillen Reserven auf die Anschaffungs- oder Herstellungskosten des Gebäudes übertragen werden. [3]Entsprechendes gilt für die bei dem Gebäude aufgedeckten stillen Reserven. [4]Wird bei einem Wirtschaftsgut in dem handelsrechtlichen Jahresabschluss eines Wirtschaftsjahres, das dem Wirtschaftsjahr der Übertragung von aufgedeckten stillen Reserven folgt, die Übertragung durch eine Zuschreibung rückgängig gemacht, erhöht der Betrag der Zuschreibung den Buchwert des Wirtschaftsgutes.

Hinweise

H 6.6 (3)

Buchwert

Wegen des Begriffs Buchwert → R 6b.1 Abs. 3.

Mehrentschädigung

Scheidet ein Wirtschaftsgut gegen Barzahlung und gegen Erhalt eines Ersatzwirtschaftsguts aus dem Betriebsvermögen aus oder wird die für das Ausscheiden eines Wirtschaftsguts erhaltene Entschädigung nicht in voller Höhe zur Beschaffung eines Ersatzwirtschaftsguts verwendet, dürfen die aufgedeckten stillen Reserven nur anteilig auf das Ersatzwirtschaftsgut übertragen werden (→ BFH vom 3. 9. 1957 – BStBl III S. 386).

Beispiel:

Letzter Buchwert des ausgeschiedenen Wirtschaftsguts	30 000 €
Entschädigung oder Gegenleistung für das ausgeschiedene Wirtschaftsgut (Wert des Ersatzwirtschaftsguts zuzüglich der erhaltenen Barzahlung)	50 000 €
Aufgedeckte stille Reserven	20 000 €
Anschaffungs- oder Herstellungskosten des Ersatzwirtschaftsguts	40 000 €
Zu übertragende stille Reserven anteilig $\frac{20000 \times 40000}{50000}$	16 000 €
Das Ersatzwirtschaftsgut wird angesetzt mit (40 000 € – 16 000 € =)	24 000 €
Steuerpflichtiger Gewinn in Höhe der nicht übertragbaren stillen Reserven (20 000 € – 16 000 € =)	4 000 €

Teilwertabschreibung

Eine Teilwertabschreibung auf das Ersatzwirtschaftsgut ist nur möglich, wenn der nach der Übertragung der stillen Reserven verbleibende Betrag höher ist als der Teilwert (→ BFH vom 5. 2. 1981 – BStBl II S. 432).

Übertragung aufgedeckter stiller Reserven

Die zu übertragenden stillen Reserven bemessen sich auch dann nach dem Unterschied zwischen der Entschädigung und dem Buchwert des ausgeschiedenen Wirtschaftsguts, wenn die Entschädigung höher ist als der Teilwert (→ BFH vom 9. 12. 1982 – BStBl 1983 II S. 371).

Vorherige Anschaffung

Die Gewinnverwirklichung wegen eines behördlichen Eingriffs kann auch vermieden werden, wenn das Ersatzwirtschaftsgut vor dem Eingriff angeschafft oder hergestellt wurde. Erforderlich ist jedoch ein ursächlicher Zusammenhang zwischen Veräußerung und Ersatzbeschaffung (→ BFH vom 12. 6. 2001 – BStBl II S. 830).

Rücklage für Ersatzbeschaffung

R 6.6 (4)

(4) [1]Soweit am Schluss des Wirtschaftsjahres, in dem das Wirtschaftsgut aus dem Betriebsvermögen ausgeschieden ist, noch keine Ersatzbeschaffung vorgenommen wurde, kann in Höhe der aufgedeckten stillen Reserven eine steuerfreie Rücklage gebildet werden, wenn zu diesem Zeitpunkt eine Ersatzbeschaffung ernstlich geplant und zu erwarten ist. [2]Die Nachholung der Rücklage für Ersatzbeschaffung in einem späteren Wirtschaftsjahr ist nicht zulässig. [3]Eine Rücklage, die auf Grund des Ausscheidens eines beweglichen Wirtschaftsgutes gebildet wurde, ist am Schluss des ersten auf ihre Bildung folgenden Wirtschaftsjahres gewinnerhöhend aufzulösen, wenn bis dahin ein Ersatzwirtschaftsgut weder angeschafft oder hergestellt noch bestellt worden ist. [4]Die Frist von einem Jahr verdoppelt sich bei einer Rücklage, die auf Grund des Ausscheidens eines Grundstücks oder Gebäudes gebildet wurde. [5]Die Frist von einem oder zwei Jahren kann im Einzelfall angemessen verlängert werden, wenn der Stpfl. glaubhaft macht, dass die Ersatzbeschaffung noch ernstlich geplant und zu erwarten ist, aber aus besonderen Gründen noch nicht durchgeführt werden konnte. [6]Im Zeitpunkt der Ersatzbeschaffung ist die Rücklage durch Übertragung auf die Anschaffungs- oder Herstellungskosten des Ersatzwirtschaftsguts aufzulösen. [7]Absatz 3 gilt entsprechend.

H 6.6 (4)

Hinweise

Betriebsaufgabe/Betriebsveräußerung

Wegen der Besteuerung eines Gewinns aus der Auflösung einer Rücklage für Ersatzbeschaffung anlässlich der Veräußerung oder Aufgabe eines Betriebs → H 16 (9) Rücklage.

R 6.6 (5) **Gewinnermittlung nach § 4 Abs. 3 EStG**

(5) [1]Die vorstehenden Grundsätze gelten bei Gewinnermittlung durch Einnahmenüberschussrechnung sinngemäß. [2]Ist die Entschädigungsleistung höher als der im Zeitpunkt des Ausscheidens noch nicht abgesetzte Teil der Anschaffungs- oder Herstellungskosten, kann der darüber hinausgehende Betrag im Wirtschaftsjahr der Ersatzbeschaffung von den Anschaffungs- oder Herstellungskosten des Ersatzwirtschaftsgutes sofort voll abgesetzt werden. [3]Fließt die Entschädigungsleistung nicht in dem Wirtschaftsjahr zu, in dem der Schaden entstanden ist, ist es aus Billigkeitsgründen nicht zu beanstanden, wenn der Stpfl. den noch nicht abgesetzten Betrag der Anschaffungs- oder Herstellungskosten des ausgeschiedenen Wirtschaftsgutes in dem Wirtschaftsjahr berücksichtigt, in dem die Entschädigung geleistet wird. [4]Wird der Schaden nicht in dem Wirtschaftsjahr beseitigt, in dem er eingetreten ist oder in dem die Entschädigung gezahlt wird, ist es aus Billigkeitsgründen auch nicht zu beanstanden, wenn sowohl der noch nicht abgesetzte Betrag der Anschaffungs- oder Herstellungskosten des ausgeschiedenen Wirtschaftsgutes als auch die Entschädigungsleistung erst in dem Wirtschaftsjahr berücksichtigt werden, in dem der Schaden beseitigt wird. [5]Voraussetzung ist, dass die Anschaffung oder Herstellung eines Ersatzwirtschaftsgutes am Schluss des Wirtschaftsjahrs, in dem der Schadensfall eingetreten ist, ernstlich geplant und zu erwarten ist und das Ersatzwirtschaftsgut bei beweglichen Gegenständen bis zum Schluss des ersten, bei Grundstücken oder Gebäuden bis zum Schluss des zweiten Wirtschaftsjahres, das auf das Wirtschaftsjahr des Eintritts des Schadensfalles folgt, angeschafft oder hergestellt oder bestellt worden ist. [6]Absatz 4 Satz 5 gilt entsprechend.

H 6.6 (5)

Hinweise

Wechsel der Gewinnermittlungsart

Eine Rücklage für Ersatzbeschaffung kann auch fortgeführt werden, wenn der Stpfl. von der Gewinnermittlung durch Betriebsvermögensvergleich zur Einnahmenüberschussrechnung übergeht (→ BFH vom 29. 4. 1999 – BStBl II S. 488).

R 6.6 (6) **Gewinnermittlung nach Durchschnittssätzen**

(6) Wird der Gewinn nach Durchschnittssätzen gem. § 13a EStG ermittelt, sind das zwangsweise Ausscheiden von Wirtschaftsgütern und die damit zusammenhängenden Entschädigungsleistungen auf Antrag nicht zu berücksichtigen, wenn eine Ersatzbeschaffung zeitnah vorgenommen wird; die Fristen in Absatz 4 Satz 3 bis 5 gelten entsprechend.

R 6.6 (7) **Beschädigung**

(7) [1]Erhält der Stpfl. für ein Wirtschaftsgut, das infolge höherer Gewalt oder eines behördlichen Eingriffs beschädigt worden ist, eine Entschädigung, kann in Höhe der Entschädigung eine Rücklage gebildet werden, wenn das Wirtschaftsgut erst in einem späteren Wirtschaftsjahr repariert wird. [2]Die Rücklage ist im Zeitpunkt der Reparatur in voller Höhe aufzulösen. [3]Ist die Reparatur am Ende des zweiten auf die Bildung der Rücklage folgenden Wirtschaftsjahres noch nicht erfolgt, ist die Rücklage zu diesem Zeitpunkt aufzulösen. [4]Absatz 1 Satz 2 Nummer 3 und Absatz 4 Satz 5 gelten entsprechend.

H 6.6 (7)

Hinweise

Beispiel für den Fall der Beschädigung

Beschädigung des Wirtschaftsgutes im Jahr 01, Versicherungsleistung auf Grund der Beschädigung im Jahr 01 50 000 €; Schadensbeseitigung im Jahr 02, Reparaturaufwand 49 000 €.

Rücklage für Ersatzbeschaffung im Jahr 01 (Entschädigung 50 000 €)	50 000 €
Reparaturaufwand im Jahr 02	49 000 €
Erfolgswirksame Rücklagenauflösung im Jahr 02 in voller Höhe	50 000 €
Steuerpflichtiger Gewinn	1 000 €

Gewinnübertragung

Wegen der Gewinne, die bei der Veräußerung bestimmter Anlagegüter entstanden und nach § 6b oder § 6c EStG begünstigt sind, auch → auch R 6b.1 bis R 6c.

6.7. Teilwert

R 6.7

S 2171b

[1]Der Teilwert kann nur im Wege der → Schätzung nach den Verhältnissen des Einzelfalles ermittelt werden. [2]Zur Ermittlung des niedrigeren Teilwerts bestehen → Teilwertvermutungen. [3]Die Teilwertvermutung kann widerlegt werden. [4]Sie ist widerlegt, wenn der Stpfl. anhand konkreter Tatsachen und Umstände darlegt und nachweist, dass die Anschaffung oder Herstellung eines bestimmten Wirtschaftsgutes von Anfang an eine Fehlmaßnahme war, oder dass zwischen dem Zeitpunkt der Anschaffung oder Herstellung und dem maßgeblichen Bilanzstichtag Umstände eingetreten sind, die die Anschaffung oder Herstellung des Wirtschaftsgutes nachträglich zur Fehlmaßnahme werden lassen. [5]Die Teilwertvermutung ist auch widerlegt, wenn der Nachweis erbracht wird, dass die Wiederbeschaffungskosten am Bilanzstichtag niedriger als der vermutete Teilwert sind. [6]Der Nachweis erfordert es, dass die behaupteten Tatsachen objektiv feststellbar sind.

Hinweise

H 6.7

Abbruchabsicht

Bei der Ermittlung des Teilwerts eines Gebäudes ist die Abbruchabsicht nicht zu berücksichtigen (→ BFH vom 7. 12. 1978 – BStBl 1979 II S. 729).

Beteiligung

Zur Bestimmung des Teilwerts einer Beteiligung → BFH vom 7. 11. 1990 (BStBl 1991 II S. 342) und vom 6. 11. 2003 (BStBl 2004 II S. 416).

Duales System Deutschland GmbH; Bewertung von geleisteten Vorauszahlungen und Einlagen

Eine Teilwertabschreibung auf eine Vorauszahlung für künftige Leistungen ist nicht zulässig, wenn der Leistungserbringer nicht offensichtlich überschuldet ist und zudem er seinen Geschäftsbetrieb voraussichtlich beibehalten wird → Fachnachrichten-IDW 10/2005, S. 653 mit Verweis auf Nieders. FG vom 9. 12. 2004 – EFG 2005, S. 1102).

Einlage

Teilwert bei Einlage im Zusammenhang mit einer Betriebseröffnung

→ H 6.12 (Teilwert)

→ BFH vom 29. 4. 1999 (BStBl 2004 II S. 639)

Ersatzteile im Kfz-Handel

→ BFH vom 24. 2. 1994 (BStBl II S. 514):

Grundsätzlich sind Wirtschaftsgüter des Umlaufvermögens, zu denen auch die Ersatzteilvorräte gehören, mit den tatsächlichen Anschaffungs- oder Herstellungskosten anzusetzen; statt der Anschaffungs- oder Herstellungskosten kann der niedrigere Teilwert angesetzt werden (§ 6 Abs. 1 Nr. 2 EStG). Bei Kaufleuten, die den Gewinn nach den handelsrechtlichen Grundsätzen ordnungsmäßiger Buchführung ermitteln, muss der niedrigere Teilwert angesetzt werden (§ 5 Abs. 1 EStG, § 253 Abs. 3 Sätze 1 und 2 HGB). Anhang 13

Der Teilwert von zum Absatz bestimmten Waren und sonstigen Vorräten hängt nicht nur von ihren Wiederbeschaffungskosten, sondern auch von ihrem voraussichtlichen Veräußerungserlös ab. Deckt dieser Preis nicht mehr die Selbstkosten der Waren zuzüglich eines durchschnittlichen Unternehmergewinns, so sind die Anschaffungskosten um den Fehlbetrag zu mindern. Bei Waren und sonstigen Vorräten spricht jedoch nach ständiger Rechtsprechung des BFH zunächst eine Vermutung dafür, dass ihr Teilwert im Zeitpunkt der Anschaffung den Anschaffungskosten, später den Wiederbeschaffungskosten entspricht. Sind die Wiederbeschaffungskosten der Waren nicht gesunken, ist deshalb zu vermuten, dass der Teilwert nicht niedriger als die ursprünglichen Anschaffungskosten ist. Begehrt der Stpfl. den Ansatz des niedrigeren Teilwerts, muss er diese Vermutung entkräften, indem er Umstände darlegt und ggf. beweist, die die behauptete Wertminderung belegen. Er trägt die Feststellungslast für die steuermindernden Tatsachen. Das hat zur Folge, dass eine Bemessung des Teilwerts unter den Anschaffungs- oder Herstellungskosten nicht möglich ist, wenn die von ihm behaupteten Tatsachen nicht feststellbar sind.

Fehlmaßnahme

Eine Fehlmaßnahme liegt unabhängig von der Ertragslage des Betriebs vor, wenn der wirtschaftliche Nutzen der Anschaffung oder Herstellung eines Wirtschaftsgutes bei objektiver Betrachtung deutlich hinter dem für den Erwerb oder die Herstellung getätigten Aufwand zurückbleibt und demgemäß dieser Aufwand so unwirtschaftlich war, dass er von einem gedachten Erwerber des gesamten Betriebs im Kaufpreis nicht honoriert würde (→ BFH vom 20. 5. 1988 – BStBl 1989 II S. 269).

→ Überpreis

Forderungen

- Der Wertberichtigung von Forderungen steht nicht entgegen, dass sie nach dem Tage der Bilanzerstellung (teilweise) erfüllt worden sind und der Gläubiger den Schuldner weiterhin beliefert hat (→ BFH vom 20. 8. 2003 – BStBl II S. 941).
- Bei Forderungen aus Schuldscheindarlehen kann im Allgemeinen aus dem Anstieg der Marktzinsen nicht auf einen unter den Anschaffungskosten liegenden Teilwert geschlossen werden (→ BFH vom 19. 5. 1998 – BStBl 1999 II S 277).
- Gekündigte Darlehensforderungen, bei denen Erlöse nur noch aus der Verwertung der Sicherheiten aber nicht mehr aus Zinszahlungen zu erwarten sind, sind im Rahmen einer Teilwertabschreibung auf den Betrag der voraussichtlichen Erlöse zu vermindern und auf den Zeitpunkt abzuzinsen, zu dem mit dem Eingang der Erlöse zu rechnen ist (→ BFH vom 24. 10. 2006 – BStBl 2007 II S. 469).
- Bei einer eingeschränkten Solvenz des Schuldners eines ungekündigten Darlehens hängt die Abzinsung vom Umfang der noch zu erwartenden Teilleistungen ab (→ BFH vom 24. 10. 2006 – BStBl 2007 II S. 469).

Güterfernverkehrsgenehmigungen

Steuerliche Behandlung entgeltlich erworbener Güterfernverkehrsgenehmigungen; Teilwertabschreibung → BMF vom 12. 3. 1996 (BStBl I S. 372)

Halbfertige Bauten auf fremdem Grund und Boden

- Halbfertige Bauten auf fremdem Grund und Boden sind mit den Herstellungskosten der halbfertigen Arbeiten anzusetzen. Bei der Einbringung ***zum gemeinen Wert*** oder Zwischenwerten nach dem UmwStG gehören zum ***gemeinen Wert*** halbfertiger Arbeiten auch darin enthaltene anteilige Gewinne (→ BFH vom 10. 7. 2002 – BStBl II S. 784).
- Eine → Teilwertabschreibung auf halbfertige Bauten auf fremdem Grund und Boden ist hinsichtlich des gesamten Verlusts aus dem noch nicht abgewickelten Auftrag bis zur Höhe der aktivierten Herstellungskosten zulässig und nicht auf den dem jeweiligen Fertigungsstand entsprechenden Anteil begrenzt. Die Höhe der Teilwertabschreibung ist nach der retrograden Bewertungsmethode (→ H 6.8) zu ermitteln. Eine → Teilwertabschreibung ist regelmäßig nicht zulässig, wenn
  - die Verpflichtung zur Fertigstellung des Bauvorhabens entfallen ist,
  - selbständige Teilleistungen abgenommen werden oder
  - die Aufträge bewusst verlustbringend kalkuliert werden (→ BFH vom 7. 9. 2005 – BStBl 2006 II S. 298); → Verlustprodukte.

→ H 6.1

Investitionszuschüsse

mindern grundsätzlich nicht den Teilwert der bezuschussten Wirtschaftsgüter (→ BFH vom 19. 7. 1995 – BStBl 1996 II S. 28).

Kapitalersetzendes Darlehen

Der Teilwert eines kapitalersetzenden Darlehens, das der Betriebskapitalgesellschaft von der Besitzgesellschaft gewährt worden ist, ist nach denselben Kriterien zu bestimmen, die für die Bewertung der Kapitalanteile gelten (→ BFH vom 6. 11. 2003 – BStBl 2004 II S. 416). Dasselbe gilt für eigenkapitalersetzende Darlehen, die die Gesellschafter der Besitzpersonengesellschaft der von ihnen beherrschten Betriebskapitalgesellschaft gewähren. Die Teilwertabschreibung eines solchen Darlehens kann nicht auf dessen Unverzinslichkeit gestützt werden (→ BFH vom 10. 11. 2005 – BStBl 2006 II S. 618).

Lagervorräte – Wertberichtigung unter dem Gesichtspunkt der Gängigkeit

Es ist die Frage gestellt worden, ob eine Wertberichtigung auf weiterhin benötigte und brauchbare Lagervorräte (Ersatzteile) auf Grund der langen Lagerdauer zulässig ist.

In Übereinstimmung mit dem Bundesministerium der Finanzen und den obersten Finanzbehörden der Länder wird hierzu die Auffassung vertreten, dass Lagervorräte einer Wertberichtigung allein unter dem Gesichtspunkt der geringen Umschlagshäufigkeit nicht zugänglich sind, da den Vorräten unter Teilwertgesichtspunkten kein geringerer Wert beizumessen ist. Eine Wertberichtigung kann danach grundsätzlich nur auf andere, den Teilwert mindernde Umstände wie z. B. technische Überalterung, Beschädigungen u. Ä. gestützt werden (→ OFD Frankfurt vom 17. 7. 1997 – DB 1997 S. 1795).

Land- und forstwirtschaftlich genutzter Grund und Boden

Nach dem BMF-Schreiben vom 25. 2. 2000 (BStBl I S. 372) ist das Tatbestandsmerkmal der dauerhaften Wertminderung in § 6 Abs. 1 Nr. 1 und 2 EStG so zu verstehen, dass ein Wertansatz unterhalb der Bewertungsobergrenze nicht gerechtfertigt ist, wenn lediglich eine auf allgemeine Preisschwankungen gestützte Wertminderung vorliegt (Rdnr. 15). Bei landwirtschaftlich genutzten Grundstücken ist in der Zeit zwischen 1984 und 1994 ein erheblicher Preisrückgang eingetreten. Daraufhin sind zahlreiche Teilwertabschreibungen für den landwirtschaftlichen Grund und Boden vorgenommen worden. Anhang 5

Soweit dieser nachhaltige Preisrückgang noch nicht wieder aufgeholt ist, sind die von 1984 bis 1994 deshalb vorgenommenen Teilwertabschreibungen nach dem Ergebnis der Erörterungen der obersten Finanzbehörden des Bundes und der Länder auf Grund einer dauerhaften Wertminderung vorgenommen worden und von der Finanzverwaltung anzuerkennen. Hat sich der Wert des landwirtschaftlichen Grundstücks, für das eine Teilwertabschreibung vorgenommen worden ist, inzwischen wieder erhöht, so ist diese Werterhöhung vom Wirtschaftsjahr 1998/99 an bis zum Erreichen der Bewertungsobergrenze steuerlich zu erfassen (vgl. Rdnr. 34 des BMF-Schreibens vom 25. 2. 2000).

→ Erlass des Niedersächsischen Finanzministeriums vom 18. 6. 2002 (DB 2002 – S. 1348)

Pauschalwertberichtigung bei Kreditinstituten

→ BMF vom 10. 1. 1994 (BStBl I S. 98)

→ BMF vom 9. 5. 1995 (DStR 1995 S. 1508)

→ BMF vom 26. 11. 1996 (BStBl I S. 1438).

Retrograde Wertermittlung

Bei der retrograden Ermittlung des Teilwerts von Wirtschaftsgütern können nach dem Bilanzstichtag entstehende Selbstkosten nur insoweit berücksichtigt werden, als auch ein gedachter Erwerber sie berechtigterweise geltend machen könnte (→ BFH vom 9. 11. 1994 – BStBl 1995 II S. 336).

→ H 6.8 (Retrograde Bewertungsmethode)

Schätzung

Im Rahmen der Schätzung des Teilwerts gelten die Wiederbeschaffungskosten als Ober- und der Einzelveräußerungspreis als Untergrenze (→ BFH vom 25. 8. 1983 – BStBl 1984 II S. 33).

Entnimmt ein Stpfl. eine zum Betriebsvermögen gehörende Eigentumswohnung, liegt steuerrechtlich die Entnahme zweier Wirtschaftsgüter vor (Grund- und Bodenanteil und Gebäudeanteil). Dies schließt die Anwendung des Vergleichsverfahrens zur Ermittlung des Teilwerts aus. Der Teilwert des Grund- und Bodenanteils und der Teilwert des Gebäudeanteils sind vielmehr getrennt zu ermitteln. Für die Wertermittlung ist das Sachwertverfahren heranzuziehen (→ FG Düsseldorf vom 12. 6. 1997 – EFG 1997 S. 1302).

Teilwertabschreibung

Anhang 5 – Zur Neuregelung der Teilwertabschreibung durch das Steuerentlastungsgesetz 1999/2000/2002 → BMF vom 25. 2. 2000 (BStBl I S. 372).

– Die Teilwertabschreibung hat gegenüber der Drohverlustrückstellung Vorrang. Das Verbot der Rückstellungen für drohende Verluste (→ § 5 Abs. 4a EStG) erfasst nur denjenigen Teil des Verlustes, der durch die Teilwertabschreibung nicht verbraucht ist (→ BFH vom 7. 9. 2005 – BStBl 2006 II S. 298).

– Keine Teilwertabschreibung bei Einnahmenüberschussrechnung (→ BFH vom 21. 6. 2006 – BStBl II S. 712).

– Teilwertabschreibungen auf den Grund und Boden → OFD Frankfurt vom 15. 10. 2003 – S 2230 A – 71 – St II 2.01).

– Teilwertabschreibung: Welche Voraussetzungen gelten für die Annahme einer „voraussichtlich dauernden Wertminderung" i. S. d. § 6 Abs. 1 Nr. 1 Satz 2 EStG, wenn beabsichtigt war, das Wirtschaftsgut des Anlagevermögens, dessen Teilwert gesunken war, innerhalb eines überschaubaren Zeitraums nach dem Bilanzstichtag zu verkaufen?
→ Finanzgericht Münster vom 27. 6. 2008–9 K 3138/06 K,G – Rev. – I R 74/08

Teilwertbegriff

Der Teilwert ist ein ausschließlich objektiver Wert, der von der Marktlage am Bilanzstichtag bestimmt wird; es ist unerheblich, ob die Zusammensetzung und Nutzbarkeit eines Wirtschaftsgutes von besonderen Kenntnissen und Fertigkeiten des Betriebsinhabers abhängt (→ BFH vom 31. 1. 1991 – BStBl II S. 627).

Teilwertvermutungen

1. Im Zeitpunkt des Erwerbs oder der Fertigstellung eines Wirtschaftsgutes entspricht der Teilwert den Anschaffungs- oder Herstellungskosten (→ BFH vom 13. 4. 1988 – BStBl II S. 892; nicht ohne weiteres anwendbar bei Erwerb eines Unternehmens oder Mitunternehmeranteils → BFH vom 6. 7. 1995 – BStBl II S. 831).
2. Bei nicht abnutzbaren Wirtschaftsgütern des Anlagevermögens entspricht der Teilwert auch zu späteren, dem Zeitpunkt der Anschaffung oder Herstellung nachfolgenden Bewertungsstichtagen den Anschaffungs- oder Herstellungskosten (→ BFH vom 21. 7. 1982 – BStBl II S. 758).
3. Bei abnutzbaren Wirtschaftsgütern des Anlagevermögens entspricht der Teilwert zu späteren, dem Zeitpunkt der Anschaffung oder Herstellung nachfolgenden Bewertungsstichtagen den um die lineare AfA verminderten Anschaffungs- oder Herstellungskosten (→ BFH vom 30. 11. 1988 – BStBl 1989 II S. 183).
4. Bei Wirtschaftsgütern des Umlaufvermögens entspricht der Teilwert grundsätzlich den Wiederbeschaffungskosten. Der Teilwert von zum Absatz bestimmten Waren hängt jedoch auch von deren voraussichtlichem Veräußerungserlös (Börsen- oder Marktpreis) ab (→ BFH vom 27. 10. 1983 – BStBl 1984 II S. 35).
5. Der Teilwert einer Beteiligung entspricht im Zeitpunkt ihres Erwerbs den Anschaffungskosten. Für ihren Wert sind nicht nur die Ertragslage und die Ertragsaussichten, sondern auch der Vermögenswert und die funktionale Bedeutung des Beteiligungsunternehmens, insbesondere im Rahmen einer Betriebsaufspaltung, maßgebend (→ BFH vom 6. 11. 2003 – BStBl 2004 II S. 416).

Überpreis

Die → Teilwertvermutung gilt auch bei Zahlung eines Überpreises. Ein beim Erwerb eines Grundstücks gezahlter Überpreis rechtfertigt allein keine Teilwertabschreibung auf den niedrigeren Vergleichswert zu einem späteren Bilanzstichtag. Eine Berufung auf eine → Fehlmaßnahme allein im Hinblick auf die Zahlung eines Überpreises ist ausgeschlossen. Der Überpreis nimmt jedoch an einer aus anderen Gründen gerechtfertigten Teilwertabschreibung in dem Verhältnis teil, das dem gegenüber dem Anschaffungszeitpunkt gesunkenen Vergleichswert entspricht (→ BFH vom 7. 2. 2002 – BStBl I S. 294).

Unrentabler Betrieb

Zur Abschreibung auf den niedrigeren Teilwert bei unrentablem Betrieb → BFH vom 1. 3. 1994 (BStBl II S. 569) und vom 20. 9. 1989 (BStBl 1990 II S. 206)

Verlustprodukte

Eine Teilwertabschreibung ist bei sog. „bewussten Verlustprodukten" jedenfalls dann nicht zulässig, wenn das Unternehmen Gewinne erzielt (→ BFH vom 29. 4. 1999 – BStBl II S. 681).

Vorzugspreise einer Gemeinde

Bei der Ermittlung des Teilwerts eines Grundstücks sind Vorzugspreise, die eine Gemeinde Erwerbern vergleichbarer Grundstücke aus ansiedlungspolitischen Gründen einräumt, nur zu berücksichtigen, wenn die Gemeinde dadurch nachhaltig, über längere Zeit und mit in etwa gleichbleibenden Beträgen in das Marktgeschehen eingreift, so dass zum Bilanzstichtag auch andere Eigentümer ihre Grundstücke nicht teurer verkaufen können (→ BFH vom 8. 9. 1994 – BStBl 1995 II S. 309).

Wertaufholungsgebot

Zur Einführung des Wertaufholungsgebots durch das Steuerentlastungsgesetz 1999/2000/2002 → BMF vom 25. 2. 2000 (BStBl I S. 372). Anhang 5

→ H 6.2 (Wertaufholungsgebot bei Beteiligungen)

Ist die Bewertung landwirtschaftlicher Grundstücke im Hinblick auf das durch das StEntlG 1999/2000/2002 eingeführte Wertaufholungsgebot nach § 6 Abs. 1 Nr. 2 Satz 3 i. V. m. Abs. 1 Nr. 1 Satz 4 EStG verfassungsgemäß? Verstößt die Anwendungsregelung in § 52 Abs. 16 Satz 2 EStG gegen das Rückwirkungsverbot?

→ Schleswig-Holsteinisches FG vom 5. 6. 2007 (5 K 357/02) – Rev. – IV R 37/07

Wiederbeschaffungskosten

umfassen auch die Anschaffungsnebenkosten (→ BFH vom 29. 4. 1999 – BStBl 2004 II S. 639).

Zeitpunkt der Teilwertabschreibung

Eine Teilwertabschreibung kann nur zum Bilanzstichtag und nicht auf einen beliebigen Tag zwischen zwei Bilanzstichtagen vorgenommen werden (BFH vom 5. 2. 1981 – BStBl II S. 432).

6.8. Bewertung des Vorratsvermögens

R 6.8

Niedrigerer Teilwert S 2174

(1) [1]Wirtschaftsgüter des Vorratsvermögens, insbesondere Roh-, Hilfs- und Betriebsstoffe, unfertige und fertige Erzeugnisse sowie Waren, sind nach § 6 Abs. 1 Nr. 2 EStG mit ihren Anschaffungs- oder Herstellungskosten (→ R 6.2 und R 6.3) anzusetzen. [2]Ist der Teilwert (→ R 6.7) am Bilanzstichtag auf Grund einer voraussichtlich dauernden Wertminderung niedriger, kann dieser angesetzt werden. [3]Stpfl., die den Gewinn nach § 5 EStG ermitteln, müssen entsprechend den handelsrechtlichen Grundsätzen (Niederstwertprinzip) den niedrigeren Teilwert (→ Satz 2) ansetzen. [4]Sie können jedoch Wirtschaftsgüter des Vorratsvermögens, die keinen Börsen- oder Marktpreis haben, mit den Anschaffungs- oder Herstellungskosten oder mit einem zwischen diesen Kosten und dem niedrigeren Teilwert liegenden Wert ansetzen, wenn und soweit bei vorsichtiger Beurteilung aller Umstände damit gerechnet werden kann, dass bei einer späteren Veräußerung der angesetzte Wert zuzüglich der Veräußerungskosten zu erlösen ist. [5]Stpfl., die den Gewinn nach § 4 Abs. 1 EStG ermitteln, sind nach § 6 Abs. 1 Nr. 2 EStG berechtigt, ihr Umlaufvermögen mit den Anschaffungs- oder Herstellungskosten auch dann anzusetzen, wenn der Teilwert der Wirtschaftsgüter erheblich und voraussichtlich dauernd unter die Anschaffungs- oder Herstellungskosten gesunken ist.

(2) [1]Der Teilwert von Wirtschaftsgütern des Vorratsvermögens, deren Einkaufspreis am Bilanzstichtag unter die Anschaffungskosten gesunken ist, deckt sich in der Regel mit deren Wiederbeschaffungskosten am Bilanzstichtag, und zwar auch dann, wenn mit einem entsprechenden Rückgang der Verkaufspreise nicht gerechnet zu werden braucht. [2]Bei der Bestimmung des Teilwerts von nicht zum Absatz bestimmten Vorräten (z. B. →Ärztemuster) kommt es nicht darauf an, welcher Einzelveräußerungspreis für das jeweilige Wirtschaftsgut erzielt werden könnte. [3]Sind Wirtschaftsgüter des Vorratsvermögens, die zum Absatz bestimmt sind, durch Lagerung, Änderung des modischen Geschmacks oder aus anderen Gründen im Wert gemindert, ist als niedrige-

rer Teilwert der Betrag anzusetzen, der von dem voraussichtlich erzielbaren Veräußerungserlös nach Abzug des durchschnittlichen Unternehmergewinns und des nach dem Bilanzstichtag noch anfallenden betrieblichen Aufwands verbleibt. [4]Im Regelfall kann davon ausgegangen werden, dass der Teilwert dem Betrag entspricht, der sich nach Kürzung des erzielbaren Verkaufserlöses um den nach dem Bilanzstichtag noch anfallenden Teil des durchschnittlichen Rohgewinnaufschlags ergibt. [5]Soweit es dem Stpfl. auf Grund der tatsächlichen Gegebenheiten des Betriebs, z. B. wegen Fehlens entsprechender Warenwirtschaftssysteme, nicht möglich ist, die für die Ermittlung des Teilwerts nach Satz 3 (sog. → Subtraktionsmethode) notwendigen Daten zu Grunde zu legen, ist es nicht zu beanstanden, wenn der Teilwert nach folgender Formel ermittelt wird (sog. → Formelmethode):

$$X = Z : (1 + Y1 + Y2 \times W).$$

[6]Dabei sind:

X	der zu suchende Teilwert
Z	der erzielbare Verkaufspreis
Y1	der Durchschnittsunternehmergewinnprozentsatz (bezogen auf die Anschaffungskosten)
Y2	der Rohgewinnaufschlagsrest
W	der Prozentsatz an Kosten, der noch nach Abzug des durchschnittlichen Unternehmergewinnprozentsatzes vom Rohgewinnaufschlagssatz nach dem Bilanzstichtag anfällt.

[7]Macht ein Stpfl. für Wertminderungen eine Teilwertabschreibung geltend, muss er die voraussichtliche dauernde Wertminderung nachweisen. [8]Dazu muss er Unterlagen vorlegen, die aus den Verhältnissen seines Betriebs gewonnen sind und die eine sachgemäße Schätzung des Teilwerts ermöglichen. [9]In der Regel sind die tatsächlich erzielten Verkaufspreise für die im Wert geminderten Wirtschaftsgüter in der Weise und in einer so großen Anzahl von Fällen nachzuweisen, dass sich daraus ein repräsentativer Querschnitt für die zu bewertenden Wirtschaftsgüter ergibt und allgemeine Schlussfolgerungen gezogen werden können. [10]Bei Wirtschaftsgütern des Vorratsvermögens, für die ein Börsen- oder Marktpreis besteht, darf dieser nicht überschritten werden, es sei denn, dass der objektive Wert der Wirtschaftsgüter höher ist oder nur vorübergehende, völlig außergewöhnliche Umstände den Börsen- oder Marktpreis beeinflusst haben; der Wertansatz darf jedoch die Anschaffungs- oder Herstellungskosten nicht übersteigen.

Einzelbewertung

(3) [1]Die Wirtschaftsgüter des Vorratsvermögens sind grundsätzlich einzeln zu bewerten. [2]Enthält das Vorratsvermögen am Bilanzstichtag Wirtschaftsgüter, die im Verkehr nach Maß, Zahl oder Gewicht bestimmt werden (vertretbare Wirtschaftsgüter) und bei denen die Anschaffungs- oder Herstellungskosten wegen Schwankungen der Einstandspreise im Laufe des Wirtschaftsjahres im einzelnen nicht mehr einwandfrei feststellbar sind, ist der Wert dieser Wirtschaftsgüter zu schätzen. [3]In diesen Fällen stellt die Durchschnittsbewertung (Bewertung nach dem gewogenen Mittel der im Laufe des Wirtschaftsjahres erworbenen und gegebenenfalls zu Beginn des Wirtschaftsjahres vorhandenen Wirtschaftsgüter) ein zweckentsprechendes Schätzungsverfahren dar.

Gruppenbewertung

(4) [1]Zur Erleichterung der Inventur und der Bewertung können gleichartige Wirtschaftsgüter des Vorratsvermögens jeweils zu einer Gruppe zusammengefasst und mit dem gewogenen Durchschnittswert angesetzt werden. [2]Die Gruppenbildung und → Gruppenbewertung darf nicht gegen die Grundsätze ordnungsmäßiger Buchführung verstoßen. [3]Gleichartige Wirtschaftsgüter brauchen für die Zusammenfassung zu einer Gruppe (→ R 6.9 Abs. 3) nicht gleichwertig zu sein. [4]Es muss jedoch für sie ein Durchschnittswert bekannt sein. [5]Das ist der Fall, wenn bei der Bewertung der gleichartigen Wirtschaftsgüter ein ohne Weiteres feststellbarer, nach den Erfahrungen der betreffenden Branche sachgemäßer Durchschnittswert verwendet wird. [6]Macht der Stpfl. glaubhaft, dass in seinem Betrieb in der Regel die zuletzt beschafften Wirtschaftsgüter zuerst verbraucht oder veräußert werden – das kann sich z. B. aus der Art der Lagerung ergeben –, kann diese Tatsache bei der Ermittlung der Anschaffungs- oder Herstellungskosten berücksichtigt werden. [7]Zur Bewertung nach unterstelltem Verbrauchsfolgeverfahren → R 6.9.

H 6.8

Hinweise

Ärztemuster

Ein als unverkäuflich gekennzeichnetes Ärztemuster ist grundsätzlich mit den Herstellungskosten zu aktivieren (→ BFH vom 30. 1. 1980 – BStBl II S. 327).

Beispiele für die Bewertung von Wirtschaftsgütern des Vorratsvermögens, die durch Lagerung, Änderung des modischen Geschmacks oder aus anderen Gründen im Wert gemindert sind (R 6.8 Abs. 2 ff.)

– Subtraktionsmethode

  Die Anwendung der Subtraktionsmethode setzt voraus, dass aus der Betriebsabrechnung die nach dem Bilanzstichtag bei den einzelnen Kostenarten noch jeweils anfallenden Kosten ersichtlich sind.

  Beispiel

  Der Stpfl. hat einen Warenbestand einer zu bewertenden Gruppe mit Anschaffungskosten von 10 000 €. Der Rohgewinnaufschlagssatz für diese Warengruppe beträgt 100 %. Der noch erzielbare Verkaufspreis beträgt 40 % des ursprünglichen Verkaufspreises (40 % von 20 000 € = 8 000 €). Der durchschnittliche Unternehmergewinn beträgt 5 % des noch erzielbaren Verkaufspreises (= 400 €). Nach dem Bilanzstichtag fallen ausweislich der Betriebsabrechnung noch 70 % der betrieblichen Kosten an. Die betrieblichen Kosten errechnen sich ausgehend von dem ursprünglich geplanten Verkaufspreis (20 000 €), der um die Anschaffungskosten und den durchschnittlichen Unternehmergewinn, bezogen auf den ursprünglichen Verkaufspreis (5 % von 20 000 € = 1 000 €), vermindert wird.

  Niedriger Teilwert = voraussichtlich erzielbarer Verkaufserlös ./. durchschnittlicher Unternehmergewinn ./. des nach dem Bilanzstichtag noch anfallenden betrieblichen Aufwands

  X = 8 000 € ./. 400 € ./. 70 % von 9 000 € (ursprünglicher Verkaufspreis 20 000 € ./. durchschnittlicher Unternehmergewinn 1 000 € ./. Anschaffungskosten 10 000 €)
  X = 8 000 € ./. 400 € ./. 6 300 €
  X = 1 300 €

– Formelmethode

  In den Fällen, in denen der Stpfl. keine Betriebsabrechnung hat, die die für die Ermittlung des Teilwerts nach der Subtraktionsmethode notwendigen Daten liefert, ist es nicht zu beanstanden, die Formelmethode zu Grunde zu legen.

  Beispiel

  Der Stpfl. hat einen Warenbestand einer zu bewertenden Gruppe mit Anschaffungskosten von 10 000 €. Sein durchschnittlicher Rohgewinnaufschlagssatz beträgt 150 % der Anschaffungskosten. Der noch erzielbare Verkaufspreis beträgt 75 % des ursprünglichen Verkaufspreises (75 % von 25 000 € = 18 750 €). Der durchschnittliche Unternehmergewinn beträgt 5 % des ursprünglichen Verkaufspreises, das entspricht 12,5 % der Anschaffungskosten. Die nach dem Bilanzstichtag noch anfallenden betrieblichen Kosten, d. h. der dann noch anfallende Kostenanteil des ursprünglichen Rohgewinnaufschlagsatzes ohne den hierin enthaltenen Gewinnanteil, werden mit 60 % geschätzt.

  X = 18 750 € : (1 + 12,5 % + 137,5 % × 60 %)
  X = 18 750 € : (1 + 0,125 + 0,825)
  X = 18 750 € : 1,95
  X = 9 615 €

Ersatzteile im Kfz-Handel

→ H 6.7

Festwert

Begriff und Zulässigkeit → § 240 Abs. 3 i. V. m. § 256 Satz 2 HGB Anhang 13

Ansatzvoraussetzungen und Bemessung → BMF vom 8. 3. 1993 (BStBl I S. 276). Anhang 5

Bestandsaufnahme und Wertanpassung → R 5.4 ***Abs. 3*** Satz 2 bis 5

→ H 5.4

Der Festwert darf nur der Erleichterung der Inventur und der Bewertung, nicht jedoch dem Ausgleich von Preisschwankungen, insbesondere Preissteigerungen, dienen (→ BFH vom 1. 3. 1955 – BStBl III S. 144 und vom 3. 3. 1955 – BStBl III S. 222).

Gruppenbewertung

→ § 240 Abs. 4 i. V. m. § 256 Satz 2 HGB Anhang 13

Retrograde Bewertungsmethode

Die verlustfreie Bewertung von Waren und sonstigem Vorratsvermögen ist nicht auf die Bewertung großer Warenlager beschränkt, bei denen es technisch schwierig ist, die Wareneinstandspreise im Einzelnen zu ermitteln, sie kann auch bei individualisierbaren Wirtschaftsgütern mit bekannten Anschaffungskosten und selbst dann eine geeignete Methode zur Ermittlung des Teilwerts sein, wenn am Bilanzstichtag der kalkulierte oder der nach den Erfahrungen der Vergangenheit voraussichtlich erzielbare Veräußerungserlös den Anschaffungskosten entspricht oder darunter liegt. Bei der retrograden Bestimmung des Teilwerts sind als Selbstkosten insbesondere die noch anfallenden Verkaufs-, Vertriebs- und Reparaturkosten sowie ggf. auch anteilige betriebliche Fixkosten zu berücksichtigen (→ BFH vom 25. 7. 2000, BStBl 2001 II S. 566).

→ H 6.7 (Retrograde Wertermittlung)

Wertlosigkeit

Wirtschaftsgüter, die wertlos oder so gut wie wertlos sind, dürfen auch von Stpfl., die den Gewinn nach § 4 Abs. 1 EStG ermitteln, nicht mit den Anschaffungs- oder Herstellungskosten ausgewiesen werden (→ BFH vom 1. 12. 1950 – BStBl 1951 III S. 10).

R 6.9

6.9. Bewertung nach unterstellten Verbrauchs- und Veräußerungsfolgen

S 2174

Allgemeines

(1) Andere Bewertungsverfahren mit unterstellter Verbrauchs- oder Veräußerungsfolge als die in § 6 Abs. 1 Nr. 2a EStG genannte Lifo-Methode sind nicht zulässig.

Grundsätze ordnungsmäßiger Buchführung

(2) [1]Die Lifo-Methode muss den handelsrechtlichen Grundsätzen ordnungsmäßiger Buchführung entsprechen. [2]Das bedeutet nicht, dass die Lifo-Methode mit der tatsächlichen Verbrauchs- oder Veräußerungsfolge übereinstimmen muss; sie darf jedoch, wie z. B. bei leicht verderblichen Waren, nicht völlig unvereinbar mit dem betrieblichen Geschehensablauf sein. [3]Die Lifo-Methode muss nicht auf das gesamte Vorratsvermögen angewandt werden. [4]Sie darf auch bei der Bewertung der Materialbestandteile unfertiger oder fertiger Erzeugnisse angewandt werden, wenn der Materialbestandteil dieser Wirtschaftsgüter in der Buchführung getrennt erfasst wird und dies handelsrechtlichen Grundsätzen ordnungsmäßiger Buchführung entspricht.

Gruppenbildung

(3) [1]Für die Anwendung der Lifo-Methode können gleichartige Wirtschaftsgüter zu Gruppen zusammengefasst werden. [2]Zur Beurteilung der Gleichartigkeit sind die kaufmännischen Gepflogenheiten, insbesondere die marktübliche Einteilung in Produktklassen unter Beachtung der Unternehmensstruktur, und die allgemeine Verkehrsanschauung heranzuziehen. [3]Wirtschaftsgüter mit erheblichen Qualitätsunterschieden sind nicht gleichartig. [4]Erhebliche Preisunterschiede sind Anzeichen für Qualitätsunterschiede.

Methoden der Lifo-Bewertung

(4) [1]Die Bewertung nach der Lifo-Methode kann sowohl durch permanente Lifo als auch durch Perioden-Lifo erfolgen. [2]Die permanente Lifo setzt eine laufende mengen- und wertmäßige Erfassung aller Zu- und Abgänge voraus. [3]Bei der Perioden-Lifo wird der Bestand lediglich zum Ende des Wirtschaftsjahres bewertet. [4]Dabei können Mehrbestände mit dem Anfangsbestand zu einem neuen Gesamtbestand zusammengefasst oder als besondere Posten (Layer) ausgewiesen werden. [5]Bei der Wertermittlung für die Mehrbestände ist von den Anschaffungs- oder Herstellungskosten der ersten Lagerzugänge des Wirtschaftsjahres oder von den durchschnittlichen Anschaffungs- oder Herstellungskosten aller Zugänge des Wirtschaftsjahres auszugehen. [6]Minderbestände sind beginnend beim letzten Layer zu kürzen.

Wechsel der Bewertungsmethoden

(5) [1]Von der Lifo-Methode kann in den folgenden Wirtschaftsjahren nur mit Zustimmung des Finanzamts abgewichen werden (§ 6 Abs. 1 Nr. 2a Satz 3 EStG). [2]Der Wechsel der Methodenwahl bei Anwendung der Lifo-Methode (→ Absatz 4) bedarf nicht der Zustimmung des Finanzamts. [3]Der Grundsatz der → Bewertungsstetigkeit ist jedoch zu beachten.

Niedrigerer Teilwert

(6) [1]Das Niederstwertprinzip ist zu beachten (§ 6 Abs. 1 Nr. 2 Satz 2 EStG). [2]Dabei ist der Teilwert der zu einer Gruppe zusammengefassten Wirtschaftsgüter mit dem Wertansatz, der sich nach Anwendung der Lifo-Methode ergibt, zu vergleichen. [3]Hat der Stpfl. Layer gebildet (→ Ab-

satz 4), ist der Wertansatz des einzelnen Layer mit dem Teilwert zu vergleichen und gegebenenfalls gesondert auf den niedrigeren Teilwert abzuschreiben.

Übergang zur Lifo-Methode

(7) Der beim Übergang zur Lifo-Methode vorhandene Warenbestand ist mit dem steuerrechtlich zulässigen Wertansatz fortzuführen, den der Stpfl. in der Handelsbilanz des Wirtschaftsjahres gewählt hat, das dem Wirtschaftsjahr des Übergangs zur Lifo-Methode vorangeht (Ausgangswert).

Hinweise

H 6.9

Bewertungsstetigkeit

→ § 252 Abs. 1 Nr. 6 HGB Anhang 13

Gebrauchtwagen

Keine Anwendung der sog. Lifo-Methode → BFH vom 20. 6. 2000 (BStBl 2001 II S. 636).

Grundsätze ordnungsmäßiger Buchführung

Eine Bewertung nach der sog. Lifo-Methode entspricht nicht den handelsrechtlichen Grundsätzen ordnungsmäßiger Buchführung und ist deshalb auch steuerrechtlich ausgeschlossen, wenn Vorräte mit – absolut betrachtet – hohen Erwerbsaufwendungen in Frage stehen, die Anschaffungskosten ohne Weiteres identifiziert und den einzelnen Vermögensgegenständen angesichts derer individueller Merkmale ohne Schwierigkeiten zugeordnet werden können (→ BFH vom 20. 6. 2000 – BStBl 2001 II S. 636).

- Lifo-Bewertung in der **Weinwirtschaft** → BMF vom 28. 3. 1990 (BStBl I S. 148)
- Lifo-Bewertungsmethode (§ 256 HGB, § 6 Abs. 1 Nr. 2a EStG); Anwendung des Verfahrens auf **Fleisch** → BMF vom 2. 5. 1997 (DB 1997 S. 1251):

  Die Frage der Anwendbarkeit der Lifo-Bewertungsmethode auf Fleisch ist mit den obersten Finanzbehörden der Länder erörtert worden.

  Nach dem Ergebnis der Erörterung ist die Anwendbarkeit dieser Methode als Bewertungsverfahren mit unterstellter Verbrauchs- oder Veräußerungsfolge insbesondere an die Voraussetzung geknüpft, dass sie den handelsrechtlichen GoB entspricht. Zwar bedeutet das nicht, dass die Lifo-Methode mit der tatsächlichen Verbrauchs- oder Veräußerungsfolge übereinstimmen muss; sie darf jedoch auch nicht völlig unvereinbar mit dem betrieblichen Geschehensablauf sein.

  Eine Verbrauchs- oder Veräußerungsfolge, wonach die zuletzt gekauften Waren als erstes verarbeitet und verkauft werden, widerspricht bei leicht verderblichen Waren wie Fleisch dem betrieblichen Geschehensablauf völlig. Dagegen lässt sich auch nicht einwenden, die Haltbarkeit leicht verderblicher Waren und hier insbesondere von Fleisch könne durch moderne Gefriertechniken gesteigert werden. Auch in diesem Fall kann der betriebliche Geschehensablauf nicht i. S. d. Lifo-Methode umgestaltet werden. Vielmehr muss es nach wie vor das Bestreben sein, die älteren Bestände vor den neuen zu verbrauchen oder zu veräußern. Demzufolge weicht die tatsächliche von der unterstellten Verbrauchs- oder Veräußerungsfolge zwingend ab. Deshalb kann die Lifo-Methode auf Fleisch nicht angewendet werden.

6.10. Bewertung von Verbindlichkeiten

R 6.10

– unbesetzt –

Hinweise

H 6.10

Abzinsung

Grundsätze für die Abzinsung von Verbindlichkeiten nach § 6 Abs. 1 Nr. 3 EStG (→ BMF vom 26. 5. 2005 (BStBl I S. 699) Anhang 5

Anschaffungskosten

Anhang 13 Als Anschaffungskosten einer Verbindlichkeit gilt der Nennwert (Rückzahlungsbetrag) der Verbindlichkeit (→ § 253 Abs. 1 Satz 2 HGB und BFH vom 4. 5. 1977 – BStBl II S. 802).

Ein Kreditinstitut darf die mit an Sicherheit grenzender Wahrscheinlichkeit nicht mehr geltend gemachten Sparguthaben nicht mehr passivieren (→ BFH vom 27. 3. 1996 – BStBl II S. 470).

Bearbeitungsgebühren

Gebühren, die ein Schuldner an ein Kreditinstitut für die Übernahme einer Bürgschaft zu zahlen hat, sind auf die Zeit, für die sich das Kreditinstitut vertraglich verbürgt hat, aktiv abzugrenzen (→ BFH vom 19. 1. 1978 – BStBl II S. 262).

Damnum

Darlehensschulden, bei denen der dem Schuldner zugefallene Betrag (Ausgabebetrag) niedriger als der Rückzahlungsbetrag ist, sind mit dem Rückzahlungsbetrag anzusetzen; der Unterschiedsbetrag (Agio, Disagio, Damnum, Abschluss-, Bearbeitungs- oder Verwaltungsgebühren) ist als Rechnungsabgrenzungsposten auf die Laufzeit des Darlehens zu verteilen (→ BFH vom 19. 1. 1978 – BStBl II S. 262).

Eiserne Verpachtung

Anhang 10 Zur Gewinnermittlung bei der Verpachtung von Betrieben mit Substanzerhaltungspflicht des Pächters nach §§ 582a, 1048 BGB → BMF vom 21. 2. 2002 (BStBl I S. 262).

Fremdwährungsverbindlichkeiten

Voraussichtlich dauernde Werterhöhung bei Kursschwankungen unterliegenden Verbindlichkeiten (→ BMF vom 12. 8. 2002 – BStBl I S. 793).

Kreditbedingungen

Eine Verbesserung der allgemeinen Kreditbedingungen seit der Darlehensaufnahme rechtfertigt es nicht, einen bei der Kreditaufnahme aktivierten Rechnungsabgrenzungsposten niedriger anzusetzen (→ BFH vom 20. 11. 1969 – BStBl 1970 II S. 209).

Optionsprämie

→ H 4.2 (15)

Rangrücktrittsvereinbarungen

Zur Passivierung von Verbindlichkeiten bei Vereinbarung eines einfachen oder qualifizierten Rangrücktritts → BMF vom 8. 9. 2006 (BStBl I S. 497)

Rentenverpflichtungen

Anhang 13
- Rentenverpflichtungen sind – vorbehaltlich → R 6a – mit dem Barwert anzusetzen (→ § 253 Abs. 1 Satz 2 HGB und BFH vom 31. 1. 1980 – BStBl II S. 491).
- Ergibt sich bei einer betrieblichen Versorgungsrente aus dem Inhalt der Versorgungszusage, dass eine rechtliche Abhängigkeit zwischen den Pensionszahlungen und der Erzielung von Gewinnen aus dem Betrieb nicht gegeben ist, kann die Passivierung der Rentenverpflichtung nicht mit der Begründung versagt werden, die Rentenzahlungen belasteten die Gewinne späterer Jahre (→ BFH vom 7. 4. 1994 – BStBl II S. 740).

Umschuldung

Im Falle einer Umschuldung ist der bisherige Rechnungsabgrenzungsposten nur dann in voller Höhe aufzulösen, wenn die abgegrenzten Beträge in keinem wirtschaftlichen Zusammenhang mit dem neuen oder veränderten Darlehen stehen (→ BFH vom 13. 3. 1974 – BStBl II S. 359).

Verjährung

Eine Verbindlichkeit ist gewinnerhöhend auszubuchen, wenn anzunehmen ist, dass sich der Schuldner auf deren Verjährung beruft (→ BFH vom 9. 2. 1993 – BStBl II S. 543).

Vermittlungsprovision

Aufwendungen, die dem Darlehensnehmer im Zusammenhang mit der Darlehensaufnahme durch Zahlungen an Dritte entstehen, z. B. Vermittlungsprovisionen, sind Betriebsausgaben des Jahres, in dem sie anfallen (→ BFH vom 4. 5. 1977 – BStBl II S. 802).

Wohnungsbaudarlehen

Abzinsung → BMF vom 23. 8. 1999 (BStBl I S. 818)

Zahlungsunfähigkeit

Der Umstand, dass der Schuldner bei Fälligkeit der Verpflichtung zahlungsunfähig ist, rechtfertigt allein keine gewinnerhöhende Ausbuchung der Verbindlichkeit (→ BFH vom 9. 2. 1993 – BStBl II S. 747).

Zinsfestschreibung

Ist der Zinsfestschreibungszeitraum kürzer als die Darlehenslaufzeit, ist der Rechnungsabgrenzungsposten für ein Disagio, Damnum etc. auf diesen Zeitraum zu verteilen (→ BFH vom 21. 4. 1988 – BStBl 1989 II S. 722).

6.11. Bewertung von Rückstellungen

R 6.11
S 2175

Gegenrechnung von Vorteilen

(1) [1]Die Gegenrechnung setzt voraus, dass am Bilanzstichtag nach den Umständen des jeweiligen Einzelfalles mehr Gründe für als gegen den Eintritt des Vorteils sprechen. [2]Die Möglichkeit, dass künftig wirtschaftliche Vorteile eintreten könnten, genügt für die Gegenrechnung nicht. [3]Bei Rückstellungen, die in einem vor dem 1. 1. 2005 endenden Wirtschaftsjahr gebildet wurden, kann für die Gewinnauswirkung, die sich in einem vor dem 1. 1. 2005 endenden Wirtschaftsjahr aus der erstmaligen Anwendung von Satz 1 ergibt, jeweils in Höhe von neun Zehnteln eine gewinnmindernde Rücklage gebildet werden, die in den folgenden neuen Wirtschaftsjahren jeweils mit mindestens einem Neuntel gewinnerhöhend aufzulösen ist (Auflösungszeitraum); sonstige gewinnwirksame Änderungen der Bewertung der Rückstellung bleiben unberücksichtigt. [4]Satz 3 ist nur anzuwenden, wenn die Gegenrechnung nicht auf einer vertraglichen Vereinbarung beruht. [5]Die Rücklage ist in Übereinstimmung mit der handelsrechtlichen Jahresbilanz zu bilden (§ 5 Abs. 1 Satz 2 EStG), wenn auch in der Handelsbilanz durch Gegenrechnungen ein entsprechend höherer Gewinn ausgewiesen wird. [6]Scheidet eine Rückstellung, für die eine Rücklage nach Satz 3 gebildet wurde, während des Auflösungszeitraums aus dem Betriebsvermögen aus, ist auch die Rücklage zum Ende des Wirtschaftsjahres des Ausscheidens in vollem Umfang gewinnerhöhend aufzulösen.

Ansammlung

(2) [1]In den Fällen, in denen der laufende Betrieb des Unternehmens im wirtschaftlichen Sinne ursächlich für die Entstehung der Verpflichtung ist, ist der Rückstellungsbetrag durch jährliche Zuführungsraten in den Wirtschaftsjahren anzusammeln. [2]Dies ist insbesondere der Fall bei Verpflichtungen zur Erneuerung oder zum Abbruch von Betriebsanlagen. [3]Verpflichtungen, die von Jahr zu Jahr nicht nur im wirtschaftlichen Sinne, sondern tatsächlich zunehmen, sind bezogen auf den am Bilanzstichtag tatsächlich entstandenen Verpflichtungsumfang zu bewerten. [4]Dies ist beispielsweise der Fall bei Verpflichtungen zur Rekultivierung oder zum Auffüllen abgebauter Hohlräume. [5]Die Summe der in früheren Wirtschaftsjahren angesammelten Rückstellungsraten ist am Bilanzstichtag auf das Preisniveau dieses Stichtages anzuheben. [6]Der Aufstockungsbetrag ist der Rückstellung in einem Einmalbetrag zuzuführen; eine gleichmäßige Verteilung auf die einzelnen Jahre bis zur Erfüllung der Verbindlichkeit kommt insoweit nicht in Betracht.

Hinweise

H 6.11

Abzinsung

Anhang 5

Grundsätze für die Abzinsung von Rückstellungen nach § 6 Abs. 1 Nr. 3a Buchstabe e EStG → BMF vom 26. 5. 2005 (BStBl I S. 699).

Altersteilzeitverpflichtungen

Zur Bewertung von Rückstellungen für Altersteilzeitverpflichtungen nach dem Altersteilzeitgesetz (AltTZG) → BMF vom 28. 3. 2007 – BStBl I S. 297) ***unter Berücksichtigung der Änderungen***
Anhang 5. VI ***durch BMF vom 11. 3. 2008 (BStBl I S. 496)***.

Bilanzsteuerliche Behandlung von Modellen der **doppelseitigen Treuhand** zur Insolvenzsicherung von Wertguthaben aus Altersteilzeitvereinbarungen nach dem Altersteilzeitgesetz → OFD Frankfurt vom 1. 12. 2006, S 2137 A – 57 – St 210 (DB 2007 S. 196)

Arbeitsfreistellung

Rückstellungen für Verpflichtungen zur Gewährung von Vergütungen für die Zeit der Arbeitsfreistellung vor Ausscheiden aus dem Dienstverhältnis und Jahreszusatzleistungen im Jahr des Eintritts des Versorgungsfalls (→ BMF vom 11. 11. 1999 – BStBl I S. 959 und vom 28. 3. 2007 – BStBl I S. 297).

Aufbewahrung von Geschäftsunterlagen

Die Rückstellung ist in Höhe des voraussichtlichen Erfüllungsbetrags zu bilden. Hierbei ist zu berücksichtigen, welche Unterlagen tatsächlich aufbewahrungspflichtig sind und wie lange die Aufbewahrungspflicht für die einzelnen Unterlagen noch besteht (→ BFH vom 19. 8. 2002 – BStBl 2003 II S. 131).

Auflösung von Drohverlustrückstellungen

→ BMF vom 23. 12. 1997 (BStBl I S. 1021)

Deponien

Zur Bewertung der Rückstellungen für Aufwendungen zur Stilllegung, Rekultivierung und Nachsorge von Deponien → BMF vom 25. 7. 2005 (BStBl I S. 826)

Eiserne Verpachtung

Anhang 10 Zur Gewinnermittlung bei der Verpachtung von Betrieben mit Substanzerhaltungspflicht des Pächters nach §§ 582a, 1048 BGB → BMF vom 21. 2. 2002 (BStBl I S. 262).

Erdöl- und Erdgasgewinnungswirtschaft, Rückstellungen für Bohrlochverfüllung und Feldesräumung

→ OFD Hannover vom 23. 7. 2004 – BB S. 2072

Gratifikationen

Bei der Rückstellung für die Verpflichtung zur Gewährung einer Gratifikation ist die Fluktuation mindernd zu berücksichtigen (→ BFH vom 7. 7. 1983 – BStBl II S. 753).

Jubiläumsrückstellung

Wegen der Grundsätze bei der Bewertung der Jubiläumsrückstellung → BMF vom 29. 10. 1993 (BStBl I S. 898) und vom 12. 4. 1999 (BStBl I S. 434).

Preisänderungen

Für die Bewertung von Rückstellungen sind die Preisverhältnisse am Bilanzstichtag maßgebend; Preissteigerungen, die bis zum Erfüllungstag noch erwartet werden, dürfen nicht berücksichtigt werden (→ BFH vom 7. 10. 1982 – BStBl 1983 II S. 104).

Rückabwicklung

→ H 5.7 (1)

Rückgriffsansprüche

(Unbestrittene) Rückgriffsansprüche sind bei der Bewertung von Rückstellungen zu berücksichtigen, wenn sie nicht als eigenständige Forderung zu aktivieren sind und derart in einem unmittelbaren Zusammenhang mit der drohenden Inanspruchnahme stehen, dass sie dieser wenigstens teilweise spiegelbildlich entsprechen, sie in rechtlich verbindlicher Weise der Entstehung oder Erfüllung der Verbindlichkeit zwangsläufig nachfolgen und sie vollwertig sind (→ BFH vom 17. 2. 1993 – BStBl II S. 437 und vom 3. 8. 1993 – BStBl 1994 II S. 444).

Rückstellung für herzustellende Betriebsvorrichtung

Für die Verpflichtung zum Einbau eines Fettabscheiders kann der Stpfl. keine Rückstellung bilden, wenn die zukünftigen Aufwendungen dafür Herstellungskosten für ein selbständig bewertbares Wirtschaftsgut (Betriebsvorrichtung) darstellen (→ BFH vom 19. 8. 1998 – BStBl 1999 II S. 18).

Rückstellungen nach § 17 DMBilG

Zur Anwendung des § 6 Abs. 1 Nr. 3a EStG auf Rückstellungen, soweit diese nach § 17 i. V. m. § 50 DMBilG bereits in der steuerlichen Eröffnungsbilanz zum 1. 7. 1990 zu bilden waren → BMF vom 8. 10. 1999 (BStBl I S. 852).

Schadenrückstellungen der Versicherungswirtschaft

→ BMF vom 16. 8. 2000 (BStBl I S. 1218)und vom 12. 7. 2005 (BStBl I S. 819)

Sparprämien

Rückstellungen für die Leistung einer Sparprämie bei Ablauf eines Sparvertrags sind über die Laufzeit des Sparvertrages anzusammeln und abzuzinsen (→ BFH vom 15. 7. 1998 – BStBl II S. 728).

Umweltschutzmaßnahmen

Eine am Bilanzstichtag rechtlich entstandene Verbindlichkeit ist unabhängig vom Zeitpunkt ihrer wirtschaftlichen Verursachung zu passivieren. Aufwand muss nicht in das Jahr verlagert werden, in dem die Erträge erzielt werden, aus denen die Aufwendungen gedeckt werden sollen.

Im Urteilsfall wurde im Rahmen eines Säge- und Spanplattenwerks eine Spänetrocknungsanlage betrieben. Das zuständige Gewerbeaufsichtsamt erließ im Jahr 1988 eine Anordnung, worin aufgegeben wurde, den Spänetrockner bis zum 1. 3. 1991 so umzurüsten, dass bestimmte zahlenmäßig vorgegebene Emissionswerte eingehalten werden. Einem Widerspruch der Klägerin wurde mit Bescheid vom 23. 7. 1991 teilweise dahin abgeholfen, dass die Anforderungen an die Emissionsbegrenzung modifiziert wurden. Ihre Erfüllung sollte eine neu zu errichtende Abgasreinigungsanlage erfordern. Der hierfür erforderliche Antrag sei bis 1. 11. 1991 einzureichen. Die Emissionsbegrenzungen seien spätestens 12 Monate nach Erteilung der Genehmigung einzuhalten.

Das Unternehmen bildete für die genannte Verpflichtung (Anpassungsverpflichtung) in seiner Bilanz für das Wirtschaftsjahr, in dem die Anordnung erlassen worden ist, eine Rückstellung. Dies wurde vom BFH zugelassen (→ BFH vom 27. 6. 2001 – BFH/NV 2001 S. 1334) → aber: BMF vom 21. 1. 2003 – BStBl I S. 125.

Urlaubsverpflichtung

Bei der Ermittlung der Höhe der rückständigen Urlaubsverpflichtung sind das Bruttoarbeitsentgelt, die Arbeitgeberanteile zur Sozialversicherung, das Urlaubsgeld und andere lohnabhängige Nebenkosten zu berücksichtigen. Nicht zu berücksichtigen sind jährlich vereinbarte Sondervergütungen (z. B. Weihnachtsgeld, Tantiemen oder Zuführungen zu Pensions- und Jubiläumsrückstellungen) sowie Gehaltssteigerungen nach dem Bilanzstichtag (→ BFH vom 6. 12. 1995 – BStBl 1996 II S. 406).

Verwendung von Wirtschaftsgütern

Können Wirtschaftsgüter, z. B. Roh-, Hilfs- und Betriebsstoffe oder unfertige Erzeugnisse, die bereits am Bilanzstichtag vorhanden waren, bei der Erfüllung von Sachleistungsverpflichtungen verwendet werden, so sind sie mit ihren Buchwerten zu berücksichtigen (→ BFH vom 26. 6. 1975 – BStBl II S. 700).

Weihnachtsgeld

In einer Rückstellung für zu zahlendes Weihnachtsgeld bei abweichendem Wirtschaftsjahr kann nur der Teil der Vergütung berücksichtigt werden, der bei zeitproportionaler Aufteilung des Weihnachtsgeldes auf die Zeit vom Beginn des Kalenderjahrs bis zum Bilanzstichtag entfällt (→ BFH vom 26. 6. 1980 – BStBl II S. 506).

R 6.12

6.12. Bewertung von Entnahmen und Einlagen

S 2177
S 2178

(1) [1]Bei **Einlage** eines abnutzbaren Wirtschaftsgutes innerhalb von drei Jahren nach der Anschaffung oder Herstellung sind die Anschaffungs- oder Herstellungskosten um AfA nach § 7 EStG, erhöhte Absetzungen sowie etwaige Sonderabschreibungen zu kürzen, die auf den Zeitraum zwischen der Anschaffung oder der Herstellung des Wirtschaftsgutes und der Einlage entfallen. [2]In diesen Fällen sind die Anschaffungs- oder Herstellungskosten auch dann um die AfA nach § 7 EStG zu kürzen, wenn das Wirtschaftsgut nach einer Nutzung außerhalb der Einkunftsarten eingelegt wird.

(2)* [1]*Die einer Entnahme gleichgestellte Entstrickung ist mit dem gemeinen Wert anzusetzen.* [2]*Der gemeine Wert entspricht regelmäßig dem Fremdvergleichspreis.

H 6.12

Hinweise

Bausparvertrag

Einlage eines nicht zugeteilten Bausparvertrags ins Betriebsvermögen höchstens mit den gezahlten Bauspareinlagen einschließlich der aufgelaufenen Guthabenzinsen und der Abschlussgebühren (→ BFH vom 13. 1. 1994 – BStBl II S. 454).

Bodenschatz

Ein im eigenen Grund und Boden entdecktes Kiesvorkommen ist ein materielles Wirtschaftsgut, das bei Zuführung zum Betriebsvermögen mit dem Teilwert zu bewerten ist. Absetzungen für Substanzverringerung dürfen nicht aufwandswirksam vorgenommen werden (→ BFH vom 4. 12. 2006 – BStBl 2007 II S. 588).

Buchwertprivileg

- bei Betriebsaufgabe → R 16 Abs. 2 Satz 7
- zulässig bei Entnahmen im Fall des Übergangs von Sonderbetriebsvermögen auf den Erben, wenn die Gesellschaft auf Grund einer Fortsetzungsklausel mit den bisherigen Gesellschaftern fortgeführt wird (→ BFH vom 5. 2. 2002 – BStBl 2003 II S. 237).

Eigenverbrauch

Pauschbeträge für unentgeltliche Wertabgaben (Sachentnahmen) für das Kalenderjahr 2008 → BMF vom 28. 12. 2007 (BStBl 2008 I S. 3)[1])

Vorbemerkungen

1. Die Pauschbeträge für unentgeltliche Wertabgaben werden durch die zuständigen Finanzbehörden festgesetzt.
2. Sie beruhen auf Erfahrungswerten und bieten dem Steuerpflichtigen die Möglichkeit, die Warenentnahmen monatlich pauschal zu verbuchen. Sie entbinden ihn damit von der Aufzeichnung einer Vielzahl von Einzelentnahmen.
3. Diese Regelung dient der Vereinfachung und lässt keine Zu- und Abschläge wegen individueller persönlicher Ess- oder Trinkgewohnheiten zu. Auch Krankheit oder Urlaub rechtfertigen keine Änderungen der Pauschbeträge.
4. Die Pauschbeträge sind Jahreswerte für eine Person. Für Kinder bis zum vollendeten 2. Lebensjahr entfällt der Ansatz eines Pauschbetrages. Bis zum vollendeten 12. Lebensjahr ist die Hälfte des jeweiligen Wertes anzusetzen. Tabakwaren sind in den Pauschbeträgen nicht enthalten. Soweit diese entnommen werden, sind die Pauschbeträge entsprechend zu erhöhen (Schätzung).
5. Die pauschalen Werte berücksichtigen im jeweiligen Gewerbezweig das allgemein übliche Warensortiment.
6. Bei gemischten Betrieben (Metzgerei oder Bäckerei mit Lebensmittelangebot oder Gastwirtschaft) ist nur der jeweils höhere Pauschbetrag der entsprechenden Gewerbeklasse anzusetzen.

[1]) Anm.: Daten für 2009: → BMF vom 19. 12. 2008 – IV A 4 – S 1547/0 – DOK 2008/0734705 –, BStBl 2009 I S. 1012)

Gewerbezweig	Jahreswert für eine Person ohne Umsatzsteuer		
	ermäßigter Steuersatz EUR	voller Steuersatz EUR	insgesamt EUR
Bäckerei	790	401	1 191
Fleischerei	627	940	1 567
Gast- und Speisewirtschaften			
a) mit Abgabe von kalten Speisen	752	1 128	1 880
b) mit Abgabe von kalten und warmen Speisen	1 040	1 855	2 895
Getränke (Eh.)	0	339	339
Café und Konditorei	802	690	1 492
Milch, Milcherzeugnisse, Fettwaren und Eier (Eh.)	477	63	540
Nahrungs- und Genussmittel (Eh.)	1 090	527	1 617
Obst, Gemüse, Südfrüchte und Kartoffeln (Eh.)	251	188	439

Einlage einer wertgeminderten Beteiligung

→ R 17 Abs. 8

Einlagewert nach vorangegangener Entnahme

Der Einlagewert nach § 6 Abs. 1 Nr. 5 Satz 3 EStG ist auch dann anzusetzen, wenn die vorangegangene Entnahme aus dem Betriebsvermögen steuerfrei gewesen ist (→ BFH vom 20. 4. 2005 – BStBl II S. 698).

Forderungsverzicht eines Gesellschafters

Forderungsverzicht eines Gesellschafters auf seine nicht mehr vollwertige Forderung gegenüber der Kapitalgesellschaft führt dort zu einer **Einlage** in Höhe des Teilwerts der Forderung. Dies gilt auch dann, wenn die entsprechende Verbindlichkeit auf abziehbare Aufwendungen zurückgeht. Der Verzicht des Gesellschafters führt bei ihm zum Zufluss des noch werthaltigen Teils der Forderung (→ BFH vom 9. 6. 1997 – BStBl 1998 II S. 307).

Geringwertiges Wirtschaftsgut

Sind bei Einlage innerhalb von drei Jahren nach der Anschaffung oder Herstellung die Anschaffungs- oder Herstellungskosten während der Zugehörigkeit des Wirtschaftsgutes zum Privatvermögen nach § 9 Abs. 1 Satz 3 Nr. 7 Satz 2 EStG in voller Höhe als Werbungskosten abgesetzt worden, beträgt der Einlagewert 0 € (→ BFH vom 27. 1. 1994 – BStBl II S. 638).

Nutzungen

Die Entnahme von Nutzungen ist mit den tatsächlichen Selbstkosten des Stpfl. zu bewerten (→ BFH vom 24. 5. 1989 – BStBl 1990 II S. 8).

Private Kraftfahrzeugnutzung

→ BMF vom 21. 1. 2002 (BStBl I S. 148 und vom 7. 7. 2006 – BStBl I S. 446) Anhang 10

Fahrtenbuch

→ H 8.1 Lohnsteuer-Handausgabe 2008

Teilwert

- Bei Einlagen im Zusammenhang mit einer Betriebseröffnung entspricht der Teilwert grundsätzlich dem gemeinen Wert der eingelegten Wirtschaftsgüter. Anschaffungsnebenkosten sind dabei zu berücksichtigen (→ BFH vom 29. 4. 1999 – BStBl 2004 II S. 639).
- Ein geschenktes Wirtschaftsgut ist auch dann mit dem Teilwert ins Betriebsvermögen des Beschenkten einzulegen, wenn der Schenker das eingelegte Wirtschaftsgut innerhalb der

letzten drei Jahre vor der Einlage angeschafft, hergestellt oder entnommen hat (→ BFH vom 14. 7. 1993 – BStBl 1994 II S. 15).

Übertragung eines Kommanditanteils unter dem Buchwert des Anteils

Annahme einer Einlage in Höhe der Differenz zwischen fortzuführendem Buchwert und fehlendem oder niedrigerem Erwerbspreis bei privat veranlasster unentgeltlicher oder teilentgeltlicher Übertragung eines Kommanditanteils unter dem Buchwert des Anteils (→ BFH vom 7. 2. 1995 – BStBl II S. 770).

Verdeckte Einlage

- Die Bewertung der verdeckten Einlage einer Beteiligung i. S. d. § 17 Abs. 1 Satz 1 EStG bei der aufnehmenden Kapitalgesellschaft erfolgt mit dem Teilwert (→ BMF vom 2. 11. 1998 – BStBl I S. 1227).
- Anhang 15 Behandlung der Einbringung zum Privatvermögen gehörender Wirtschaftsgüter in das betriebliche Gesamthandsvermögen einer Personengesellschaft → BMF vom 29. 3. 2000 (BStBl I S. 462) und BMF vom 26. 11. 2004 (BStBl I S. 1190).

  Anm.:
  aber: Die Einbringung eines Wirtschaftsguts als Sacheinlage in eine KG ist ertragsteuerrechtlich auch insoweit als Veräußerungsgeschäft anzusehen, als ein Teil des Einbringungswerts in eine Kapitalrücklage eingestellt worden ist (entgegen BMF vom 26. 11. 2004, BStBl I S. 1190) → BFH vom 17. 7. 2008, I R 77/06 (→ BFH-Internetseite).

R 6.13

6.13. Bewertungsfreiheit für geringwertige Wirtschaftsgüter *und Bildung eines Sammelpostens*

S 2180 (1) [1]Die Frage, ob ein Wirtschaftsgut des Anlagevermögens selbständig nutzungsfähig ist, stellt sich regelmäßig für solche Wirtschaftsgüter, die in einem Betrieb zusammen mit anderen Wirtschaftsgütern genutzt werden. [2]Für die Entscheidung in dieser Frage ist maßgeblich auf die betriebliche Zweckbestimmung des Wirtschaftsgutes abzustellen. [3]Hiernach ist ein Wirtschaftsgut des Anlagevermögens einer selbständigen Nutzung nicht fähig, wenn folgende Voraussetzungen kumulativ vorliegen:

1. Das Wirtschaftsgut kann nach seiner betrieblichen Zweckbestimmung nur zusammen mit anderen Wirtschaftsgütern des Anlagevermögens genutzt werden,
2. das Wirtschaftsgut ist mit den anderen Wirtschaftsgütern des Anlagevermögens in einen ausschließlichen betrieblichen Nutzungszusammenhang eingefügt, d. h., es tritt mit den in den Nutzungszusammenhang eingefügten anderen Wirtschaftsgütern des Anlagevermögens nach außen als einheitliches Ganzes in Erscheinung, wobei für die Bestimmung dieses Merkmals im Einzelfall die Festigkeit der Verbindung, ihre technische Gestaltung und ihre Dauer von Bedeutung sein können,
3. das Wirtschaftsgut ist mit den anderen Wirtschaftsgütern des Anlagevermögens technisch abgestimmt.

[4]Dagegen bleiben Wirtschaftsgüter, die zwar in einen betrieblichen Nutzungszusammenhang mit anderen Wirtschaftsgütern eingefügt und technisch aufeinander abgestimmt sind, dennoch selbständig nutzungsfähig, wenn sie nach ihrer betrieblichen Zweckbestimmung auch ohne die anderen Wirtschaftsgüter im Betrieb genutzt werden können (***z. B.*** Müllbehälter eines Müllabfuhrunternehmens). [5]Auch Wirtschaftsgüter, die nach ihrer betrieblichen Zweckbestimmung nur mit anderen Wirtschaftsgütern genutzt werden können, sind selbständig nutzungsfähig, wenn sie nicht in einen Nutzungszusammenhang eingefügt sind, so dass die zusammen nutzbaren Wirtschaftsgüter des Betriebs nach außen nicht als ein einheitliches Ganzes in Erscheinung treten (z. B. Bestecke, Trivialprogramme, Videokassetten). [6]Selbständig nutzungsfähig sind ferner Wirtschaftsgüter, die nach ihrer betrieblichen Zweckbestimmung nur zusammen mit anderen Wirtschaftsgütern genutzt werden können, technisch mit diesen Wirtschaftsgütern aber nicht abgestimmt sind (***z. B.*** Paletten, Einrichtungsgegenstände).

(2) Bei der Beurteilung der Frage, ob die Anschaffungs- oder Herstellungskosten für das einzelne Wirtschaftsgut ***150 Euro oder 1.000 Euro*** nicht übersteigen, ist,

1. wenn von den Anschaffungs- oder Herstellungskosten des Wirtschaftsgutes ein Betrag nach § 6b oder § 6c EStG abgesetzt worden ist, von den nach § 6b Abs. 6 EStG maßgebenden
2. ***wenn die Anschaffungs- oder Herstellungskosten nach § 7g Abs. 2 Satz 2 EStG gewinnmindernd herabgesetzt wurden, von den geminderten***

3. wenn das Wirtschaftsgut mit einem erfolgsneutral behandelten Zuschuss aus öffentlichen oder privaten Mitteln nach R 6.5 angeschafft oder hergestellt worden ist, von den um den Zuschuss gekürzten
4. und wenn von den Anschaffungs- oder Herstellungskosten des Wirtschaftsgutes ein Betrag nach R 6.6 abgesetzt worden ist, von den um diesen Betrag gekürzten

Anschaffungs- oder Herstellungskosten auszugehen.

(3) Stellt ein Stpfl. ein selbständig bewertungsfähiges und selbständig nutzungsfähiges Wirtschaftsgut aus erworbenen Wirtschaftsgütern her, ***muss die Sofortabschreibung gem. § 6 Abs. 2 EStG oder die Einstellung in den Sammelposten gem. § 6 Abs. 2a EStG*** in dem Wirtschaftsjahr ***erfolgen***, in dem das Wirtschaftsgut fertig gestellt worden ist.

(4) [1]Wurden die Anschaffungs- oder Herstellungskosten eines Wirtschaftsguts gem. § 6 Abs. 2 EStG im Jahr der Anschaffung oder Herstellung in voller Höhe als Betriebsausgaben abgesetzt, sind in späteren Wirtschaftsjahren nachträgliche Anschaffungs- oder Herstellungskosten im Jahr ihrer Entstehung ebenfalls in voller Höhe als Betriebsausgaben zu behandeln. [2]Dies gilt unabhängig davon, ob sie zusammen mit den ursprünglichen Anschaffungs- oder Herstellungskosten den Betrag von 150 Euro übersteigen.

(5) [1]Für jedes Wirtschaftsjahr, in dem Anlagegüter i. S. d. § 6 Abs. 2a EStG angeschafft, hergestellt oder in das Betriebsvermögen eingelegt werden, ist ein gesonderter Sammelposten zu bilden. [2]Nachträgliche Anschaffungs- oder Herstellungskosten erhöhen den Sammelposten des Wirtschaftsjahres, in dem die Aufwendungen entstehen. [3]Dies gilt unabhängig davon, ob sie zusammen mit den ursprünglichen Anschaffungs- oder Herstellungskosten den Betrag von 1.000 Euro übersteigen.

(6) [1]Der Sammelposten i. S. d. § 6 Abs. 2a EStG ist kein Wirtschaftsgut, sondern eine Rechengröße und damit beispielsweise einer Teilwertabschreibung nicht zugänglich. [2]Ein Sammelposten i. S. d. § 6 Abs. 2a EStG wird nicht dadurch vermindert, dass ein oder mehrere darin erfasste Wirtschaftsgüter durch Veräußerung oder Entnahme oder auf Grund höherer Gewalt (R 6.6 Abs. 2) aus dem Betriebsvermögen des Stpfl. ausscheiden. [3]Dies gilt auch für Wirtschaftsgüter, die nach § 6 Abs. 3 EStG zusammen mit einem Teilbetrieb übertragen, nach § 6 Abs. 5 EStG in ein anderes Betriebsvermögen überführt oder übertragen oder nach den §§ 20, 24 UmwStG zusammen mit einem Teilbetrieb in eine Kapital- oder Personengesellschaft eingebracht werden."

Hinweise H 6.13

Einlage

Zur Einlage von geringwertigen Wirtschaftsgütern, für die die Bewertungsfreiheit bereits während der Zugehörigkeit zum Privatvermögen in Anspruch genommen wurde → H 6.12 (Geringwertiges Wirtschaftsgut).

Private Mitbenutzung

Hat ein Stpfl. die Anschaffungs- oder Herstellungskosten eines geringwertigen Wirtschaftsgutes im Jahr der Anschaffung oder Herstellung in voller Höhe als Betriebsausgaben abgesetzt, muss er den Teil der Aufwendungen, der dem privaten Nutzungsanteil entspricht, während der Nutzungszeit des Wirtschaftsgutes dem Gewinn jeweils in dem Umfang hinzurechnen, der der tatsächlichen Nutzung in jedem Wirtschaftsjahr entspricht (→ BFH vom 13. 3. 1964 – BStBl III S. 455).

Selbständige Bewertbarkeit bzw. Nutzungsfähigkeit

Die selbständige Nutzungsfähigkeit verbundener oder gemeinsam genutzter Wirtschaftsgüter ist kein Kriterium bei der Beurteilung der selbständigen Bewertbarkeit. Ein selbständig bewertbares Wirtschaftsgut liegt vor, wenn es in seiner Einzelheit von Bedeutung und bei einer Veräußerung greifbar ist. Ob es auch selbständig genutzt werden kann, hängt neben dem Zweck, den zwei oder mehrere bewegliche Sachen gemeinsam zu erfüllen haben, vor allem vom Grad der Festigkeit einer eventuell vorgenommenen Verbindung (§ 93 BGB), dem Zeitraum, auf den eine eventuelle Verbindung oder die gemeinsame Nutzung angelegt sind, sowie dem äußeren Erscheinungsbild ab. Erscheinen die beweglichen Gegenstände danach für sich genommen unvollständig oder erhält ein Gegenstand ohne den oder die anderen gar ein negatives Gepräge, ist regelmäßig von einem einheitlichen Wirtschaftsgut auszugehen; Entsprechendes gilt für Sachen, die in einen unbeweglichen Gegenstand eingebaut werden (→ BFH vom 5. 9. 2002 – BStBl II S. 877).

ABC der selbständig nutzungsfähigen Wirtschaftsgüter

- Ausstellungsgegenstände – einzelne Gegenstände, die zu einer Verkaufsausstellung (z. B. Sanitärausstellung) zusammengefasst sind, es sei denn, einzelne der zu der Ausstellung zusammengefassten Wirtschaftsgüter haben ihre selbständige Bewertbarkeit dadurch verloren, dass sie fest und auf längere Dauer mit anderen Gegenständen verbunden sind und nur in dieser technischen Verbundenheit ihren bestimmungsgemäßen Zweck erfüllen können, z. B. Badewanne und Armaturen (→ BFH vom 9. 8. 2001 – BStBl II S. 842),
- Autotelefon; Mit der Entscheidung, ein Autotelefon stelle auch nach seiner Verbindung mit einem PKW ein selbständig bewertbares Wirtschaftsgut dar, weicht das FG nicht von dem Urteil des BFH vom 28. 9. 1990 – BStBl 1991 II S. 187 ab (→ BFH vom 20. 2. 1997 – BStBl II S. 360),
- Bestecke in Gaststätten, Hotels, Kantinen (→ BFH vom 19. 11. 1953 – BStBl 1954 III S. 18),
- Bibliothek eines Rechtsanwalts (→ BFH vom 17. 5. 1968 – BStBl II S. 566),
- Bücher einer Leih- oder Fachbücherei (→ BFH vom 8. 12. 1967 – BStBl 1968 II S. 149),
- Computer-Software, wenn es sich um Standard-Anwender-Software mit Anschaffungskosten von nicht mehr als 410 € oder um Trivialprogramme handelt (→ BMF vom 20. 1. 1992 – DB 1992 S. 450); → Trivialprogramme,
- Einrichtungsgegenstände in Läden, Werkstätten, Büros, Hotels, Gaststätten u. ä. – auch als Erstausstattung und in einheitlichem Stil (→ BFH vom 29. 7. 1966 – BStBl 1967 III S. 61),
- Fässer/Flaschen (→ BFH vom 1. 7. 1981 – BStBl 1982 II S. 246),
- Fernsehgeräte, die an Hotelbetriebe als Zimmerausstattung vermietet werden (→ FG München vom 25. 10. 1985 – V 212/82 F – BB 1986 S. 435),
- Frisierstuhl (→ FG Berlin vom 30. 10. 1989 – EFG 1990 S. 285),
- Gemälde, abnutzbar (→ BFH vom 23. 4. 1965 – BStBl III S. 382),
- Grundausstattung einer Kfz-Werkstatt mit Spezialwerkzeugen (→ BFH vom 17. 5. 1968 – BStBl II S. 571),
- Instrumentarium eines Arztes, auch als Grundausstattung (→ BFH vom 17. 5. 1968 – BStBl II S. 566),
- Kisten (→ BFH vom 1. 7. 1981 – BStBl 1982 II S. 246),
- Lampen als selbständige Wirtschaftsgüter (Steh-, Tisch- und Hängelampen; → BFH vom 17. 5. 1968 – BStBl II S. 567),
- Leergut (→ BFH vom 1. 7. 1981 – BStBl 1982 II S. 246),
- Legehennen in eiererzeugenden Betrieben (→ BFH vom 30. 4. 1985 – BFH/NV S. 36),
- Leitungsanlagen (→ BMF vom 30. 5. 1997 – BStBl I S. 567),
- Möbel in Hotels und Gaststätten, auch als Erstausstattung (→ BFH vom 17. 5. 1968 – BStBl II S. 566),
- Müllbehälter eines Müllabfuhrunternehmens, auch Systemmüllbehälter,
- Musterbücher und -kollektionen im Tapeten- und Buchhandel (→ BFH vom 25. 11. 1965 – BStBl 1966 III S. 86),
- Notfallkoffer eines Arztes und darin enthaltene Geräte wie Sauerstoffflasche, Beatmungsbeutel, Absauggerät (→ BFH vom 7. 9. 2000 – BStBl 2001 II S. 41),
- Paletten zum Transport und zur Lagerung von Waren (→ BFH vom 9. 12. 1977 – BStBl 1978 II S. 322 und vom 25. 8. 1989 – BStBl 1990 II S. 82),
- Regale, die aus genormten Stahlregalteilen zusammengesetzt und nach ihrer betrieblichen Zweckbestimmung in der Regel auf Dauer in dieser Zusammensetzung genutzt werden (→ BFH vom 26. 7. 1979 – BStBl 1980 II S. 176) sowie Regale, die zu Schrankwänden zusammengesetzt sind (→ BFH vom 9. 8. 2001 – BStBl 2002 II S. 100),
- Ruhebänke als Werbeträger (→ Nieders. FG vom 5. 3. 1983 – EFG 1984 S. 20),
- Schallplatten (→ BFH vom 10. 2. 1995 – BFH/NV 1995 S. 927; zu Disketten und Magnetbändern S. 928),
- Schreibtischkombinationsteile, die nicht fest miteinander verbunden sind, wie z. B. Tisch, Rollcontainer, Computerbeistelltisch (→ BFH vom 21. 7. 1998 – BStBl II S. 789) sowie einzelne Elemente einer aus genormten Teilen zusammengesetzten und verschraubten Schreibtischkom-

bination, es sei denn, das einzelne Element ist aus technischen Gründen (z. B. wegen fehlender Standfestigkeit) nicht selbständig nutzungsfähig (→ BFH vom 9. 8. 2001 – BStBl 2002 II S. 100),
- Schriftenminima in einem Druckereibetrieb (→ BFH vom 18. 11. 1975 – BStBl 1976 II S. 214),
- Spezialbeleuchtungsanlagen in einem Schaufenster (→ BFH vom 5. 3. 1974 – BStBl II S. 353),
- Spinnkannen einer Weberei (→ BFH vom 9. 12. 1977 – BStBl 1978 II S. 322),
- Straßenleuchten (→ BFH vom 28. 3. 1973 – BStBl 1974 II S. 2),
- Tonbandkassetten (→ BFH vom 10. 2. 1995 – BFH/NV 1995 S. 927; zu Disketten und Magnetbändern S. 928),
- Transportkästen in einer Weberei zum Transport von Garnen (→ BFH vom 17. 5. 1968 – BStBl II S. 568),
- Trivialprogramme (→ R 5.5 Abs. 1),
- Videokassetten (→ BFH vom 10. 2. 1995 – BFH/NV 1995 S. 927; zu Disketten und Magnetbändern S. 928),
- Wäsche in Hotels (→ BFH vom 17. 5. 1968 – BStBl II S. 566),
- Zähler (Wasser-, Gas- und Elektrizitätszähler) eines Versorgungsunternehmens,
- Zeitschriftenband – bei einer sich über mehrere Jahrgänge erstreckende Fachschriftensammlung ist jeder Band ein selbständiges Wirtschaftsgut (→ FG Düsseldorf vom 13. 11. 2000 – EFG 2000 S. 113).

ABC der nicht selbständig nutzungsfähigen Wirtschaftsgüter

- Beleuchtungsanlage als Lichtband zur Beleuchtung in Fabrikräumen und Werkhallen (→ BFH vom 5. 10. 1956 – BStBl III S. 376) oder zur Beleuchtung einzelner Stockwerke eines Wohnhauses (→ BFH vom 5. 3. 1974 – BStBl II S. 353),
- Bestuhlung in Kinos und Theatern (→ BFH vom 5. 10. 1966 – BStBl III S. 686),
- Bohrer i. V. m. Werkzeugmaschinen (→ Maschinenwerkzeuge),
- Drehbank mit als Antrieb eingebautem Elektromotor (→ BFH vom 14. 12. 1966 – BStBl 1967 III S. 247),
- Drehstähle i. V. m. Werkzeugmaschinen (→ Maschinenwerkzeuge),
- Elektromotor zum Einzelantrieb einer Maschine, einer Drehbank oder eines Webstuhls (→ BFH vom 16. 12. 1958 – BStBl 1959 III S. 77),
- EDV-Kabel nebst Zubehör zur Vernetzung einer EDV-Anlage: Kabel, die als Verlängerung der Verbindung der Peripheriegeräte mit der Zentraleinheit genutzt werden, sind zwar selbständig bewertungsfähig, nicht jedoch selbständig nutzungsfähig und somit keine geringwertigen Wirtschaftsgüter (→ BFH vom 25. 11. 1999 – BStBl 2002 II S. 233),
- Ersatzteile für Maschinen usw. (→ BFH vom 17. 5. 1968 – BStBl II S. 568),
- Formen (→ BFH vom 9. 3. 1967 – BStBl III S. 283),
- Formplatten (→ BFH vom 30. 3. 1967 – BStBl III S. 302),
- Fräser i. V. m. Werkzeugmaschinen (→ Maschinenwerkzeuge),
- Gerüst- und Schalungsteile sowie Schalungstafeln, die genormt und technisch aufeinander abgestimmt sind (→ BFH vom 29. 7. 1966 – BStBl 1967 III S. 151),
- Kühlkanäle (→ BFH vom 17. 4. 1985 – BStBl 1988 II S. 126),
- Kühlzellen (→ Beispiele für selbständig nutzungsfähige Wirtschaftsgüter, Wärmerückgewinnungsanlage) (→ BFH vom 5. 9. 2002 – BStBl 2002 II S. 877),
- Leuchtstoffröhren (→ Beleuchtungsanlage),
- Lichtbänder (→ Beleuchtungsanlage),
- Lithographien (→ BFH vom 15. 3. 1991 – BStBl II S. 682),
- Maschinenwerkzeuge und -verschleißteile (→ BFH vom 6. 10. 1995 – BStBl 1996 II S. 166),
- Peripheriegeräte einer PC-Anlage; dies gilt nicht für so genannte Kombinationsgeräte und für externe Datenspeicher (→ BFH vom 19. 2. 2004 – BStBl II S. 958),
- Pflanzen von Dauerkulturen (→ BFH vom 30. 11. 1978 – BStBl 1979 II S. 281),
  Zu Fragen der AfA bei Dauerkulturen, Zuordnung zu den beweglichen Wirtschaftsgütern und Zeitpunkt der Fertigstellung → H 44 (Fertigstellung),
- Rebstock (→ BFH vom 30. 11. 1978 – BStBl 1979 II S. 281),

- Regalteile (→ BFH vom 20. 11. 1970 – BStBl 1971 II S. 155; zu Regalen aus genormten Stahlregalteilen Beispiele für selbständig nutzungsfähige Wirtschaftsgüter),
- Sägeblätter in Diamantsägen und -gattern (→ BFH vom 19. 10. 1972 – BStBl 1973 II S. 53),
- Stanzwerkzeuge i. V. m. Werkzeugmaschinen (→ Maschinenwerkzeuge),
- Webstuhlmotor (→ Elektromotor),
- Werkzeuge (→ Maschinenwerkzeuge).

R 6.14

6.14. Unentgeltliche Übertragung von Betrieben, Teilbetrieben und Mitunternehmeranteilen

– unbesetzt –

H 6.14

Hinweise

Anteile an einer Betriebskapitalgesellschaft

sind wesentliche Betriebsgrundlagen i. S. d. funktionalen Betrachtungsweise (→ BFH vom 4. 7. 2007 – BStBl II S. 772).

Beteiligung an einer Kapitalgesellschaft

Eine das gesamte Nennkapital umfassende Beteiligung an einer Kapitalgesellschaft ist kein Teilbetrieb i. S. d. § 6 Abs. 3 EStG (→ BFH vom 20. 7. 2005 – BStBl 2006 II S. 457).

Legal Unbundling

→ H 6.15

Realteilung

Anhang 15.III → BMF vom 28. 2. 2006 (BStBl I S. 228)

Unentgeltliche Übertragung von Mitunternehmeranteilen mit Sonderbetriebsvermögen

Anhang 5 → BMF vom 3. 3. 2005 (BStBl I S. 458)

R 6.15

6.15. Überführung und Übertragung von Einzelwirtschaftsgütern

In den Fällen des § 6 Abs. 5 Satz 4 EStG ist rückwirkend auf den Zeitpunkt der Übertragung der Teilwert auch dann anzusetzen, wenn die bis zur Übertragung entstandenen stillen Reserven durch Erstellung einer Ergänzungsbilanz dem übertragenden Gesellschafter zugeordnet worden sind, durch die Übertragung jedoch keine Änderung des Anteils des übertragenden Gesellschafters an dem übertragenen Wirtschaftsgut eingetreten ist.

H 6.15

Hinweise

Einbringungsmodell

→ OFD Hannover vom 26. 4. 2007, S 2170–109 – StO 222/221 (DStR 2007 S. 1165) – Auszug –:

. . . In diesen Fällen überträgt eine GmbH ihren Immobilienbesitz auf eine KG, bei der sie zu 100 % als Kommanditist beteiligt ist, gegen Gewährung von Gesellschaftsrechten. Die KG verleast die Immobilien an die GmbH, wobei die KG zivilrechtlicher und wirtschaftlicher Eigentümer der Immobilien bleibt. Die aus den abgeschlossenen Leasingverträgen resultierenden Ansprüche auf Leistung der Leasingraten hat die KG an ein Kreditinstitut veräußert (forfaitiert). Der daraus durch die KG vereinnahmte Forfaitierungserlös in Höhe des Verkehrswerts der Grundstücke wird durch die GmbH bereits innerhalb einer Woche nach Übertragung des Immobilienvermögens von der GmbH auf die KG wieder entnommen. . . .

Nach einer Abstimmung auf Bund/Länderebene können bei dieser Fallgestaltung die Immobilien zu Buchwerten gem. § 6 Abs. 5 Satz 3 Nr. 1 EStG auf die KG übertragen werden.

Legal Unbundling

Keine Anwendung des § 6 Abs. 3 Satz 2, des § 6 Abs. 5 Satz 4 bis 6 und des § 16 Abs. 3 Satz 3 und 4 EStG auf Maßnahmen, die in wirtschaftlich engem Zusammenhang mit der rechtlichen oder operationellen Entflechtung nach dem Zweiten Gesetz zur Neuregelung des Energiewirtschaftsgesetzes erfolgen → § 6 Abs. 2 des Zweiten Gesetzes zur Neuregelung des Energiewirtschaftsgesetzes vom 7. 7. 2005 (BGBl. I S. 1970)

Realteilung

→ BMF vom 28. 2. 2006 (BStBl I S. 228) Anhang 15 III

Rückwirkender Teilwertansatz / Anwendung von § 6b EStG

Erfolgte die ursprüngliche Übertragung des Wirtschaftsguts

a) unentgeltlich, ist § 6b EStG nicht anwendbar, weil es am Tatbestandsmerkmal der „Veräußerung" fehlt. § 6 Abs. 5 Satz 4 EStG stellt in diesen Fällen eine bloße Bewertungsvorschrift dar, so dass der aus dem rückwirkenden Teilwertansatz resultierende Gewinn („Bewertungs-Gewinn") nicht einem nach § 6b EStG begünstigten Veräußerungsgewinn gleichgesetzt werden kann.

b) gegen Gewährung von Gesellschaftsrechten, liegt ein tauschähnliches Geschäft und damit eine entgeltliche Übertragung (Veräußerung) vor. Insoweit ist der durch die rückwirkende Teilwertbewertung entstehende Gewinn als Veräußerungsgewinn i. S. d. § 6b EStG zu qualifizieren.

→ OFD Frankfurt vom 14. 4. 2008 – S 2139 A – 2 – St 210 (BB 2008, S. 1784)

Übertragung von Einzelwirtschaftsgütern

- § 6 Abs. 5 Satz 3 EStG erfasst nicht Veräußerungsvorgänge, die nach den allgemeinen Regelungen über Veräußerungsgeschäfte wie zwischen fremden Dritten abgewickelt werden. In diesen Fällen ist das Einzelwirtschaftsgut beim Erwerber gem. § 6 Abs. 1 Nr. 1 und 2 EStG mit den Anschaffungskosten anzusetzen; der Veräußerer erzielt in derselben Höhe einen Veräußerungserlös. Teilentgeltliche Übertragungen sind in eine voll entgeltliche und eine voll unentgeltliche Übertragung aufzuteilen. Der Umfang der Entgeltlichkeit bestimmt sich nach dem Verhältnis des Kaufpreises zum Verkehrswert des übertragenen Wirtschaftsgutes. Soweit Einzelwirtschaftsgüter gegen Übernahme von Verbindlichkeiten übertragen werden, steht dies einer erfolgsneutralen Übertragung entgegen. Die Übernahme von Verbindlichkeiten ist als gesondertes Entgelt anzusehen (→ BMF vom 7. 6. 2001 – BStBl I S. 367, Nr. 3–5 und BFH vom 11. 12. 2001 – BStBl 2002 II S. 420).
- Weitere Erläuterungen durch → OFD Düsseldorf 25. 10. 2004 (DStR 2005 S. 153):

  I. Übertragung eines Wirtschaftsguts aus dem Betriebsvermögen einer Kapitalgesellschaft in das Gesamthandsvermögen einer Personengesellschaft

  1. Überträgt eine Kapitalgesellschaft aus ihrem Betriebsvermögen ein einzelnes Wirtschaftsgut unentgeltlich oder gegen Gewährung von Gesellschaftsrechten in das Gesamthandsvermögen einer Personengesellschaft, an der sie zu 100 % vermögensmäßig beteiligt ist, so ist bei der Übertragung der Wert, der sich nach den Vorschriften über die Gewinnermittlung ergibt, anzusetzen, sofern die Besteuerung der stillen Reserven sichergestellt ist (§ 6 Abs. 5 Satz 3 Nr. 1 EStG). Die Voraussetzungen des § 6 Abs. 5 Satz 5 EStG sind nicht erfüllt. Die Kapitalgesellschaft ist vor der Übertragung Alleineigentümerin des Wirtschaftsguts. Nach der Übertragung in das gesamthänderisch gebundene Betriebsvermögen ist sie an dem Wirtschaftsgut entsprechend ihrem Anteil weiterhin zu 100 % beteiligt. Diese Umwandlung eines unmittelbaren in einen mittelbaren Anteil führt nicht zu einer Begründung oder Erhöhung eines Anteils der Körperschaft an dem übertragenden Wirtschaftsgut i. S. d. § 6 Abs. 5 Satz 5 EStG.
  2. Ist die übertragende Kapitalgesellschaft an der aufnehmenden Personengesellschaft zu weniger als 100 % vermögensmäßig beteiligt ist, ist hat die Übertragung gemäß § 6 Abs. 5 Satz 3 Nr. 1 EStG zumindest insoweit zum Buchwert zu erfolgen, als das Wirtschaftsgut der übertragenden Kapitalgesellschaft nach der Übertragung noch mittelbar zuzurechnen ist.

Beispiel:

Ein Grundstück soll aus dem Betriebsvermögen einer Kapitalgesellschaft in das Gesamthandsvermögen einer Personengesellschaft übertragen werden. Die übertragende Kapitalgesellschaft ist an der aufnehmenden Personengesellschaft nur zu 94 % vermögensmäßig beteiligt. Weitere – zu 6 % vermögensmäßig beteiligte – Gesellschafterin ist eine andere, zum selben Konzernkreis gehörende Kapitalgesellschaft.

Lösung:

Das Grundstück kann nur zu 94 % zum Buchwert übertragen werden, da der übertragenden Kapitalgesellschaft das Grundstück nur insoweit weiterhin mittelbar zuzurechnen ist. Hinsichtlich des 6 %igen Grundstücksanteils, der auf die zweite Kapitalgesellschaft entfällt, sind die stillen Reserven aufzudecken. Dem kann nicht entgegengehalten werden, dass das Grundstück vor und nach der Übertragung zu 100 % nur Kapitalgesellschaften zuzurechnen sei. Der 6 %ige Anteil der zweiten Kapitalgesellschaft ist durch die Übertragung neu begründet worden, was gem. § 6 Abs. 5 Satz 5 EStG zum Ansatz des Teilwerts zwingt.

3. Werden die Anteile an der übertragenden Kapitalgesellschaft innerhalb von sieben Jahren nach der Übertragung eines Einzelwirtschaftsgutes zu Buchwerten in das Gesamthandsvermögen einer Personengesellschaft an eine weitere Kapitalgesellschaft veräußert, liegt kein Fall des § 6 Abs. 5 Satz 6 EStG vor, der zum rückwirkenden Teilwertansatz führt. Bei der Anwendung der Regelung in § 6 Abs. 5 Sätze 5 und 6 EStG ist es zur Vermeidung von Missbräuchen ausreichend, zu prüfen, ob im Kreis der Mitunternehmer – denn nur im Rahmen von Mitunternehmerschaften kommt eine Übertragung nach § 6 Abs. 5 Satz 3 EStG in Betracht – eine Körperschaft entweder unmittelbar oder mittelbar – über eine (weitere) Mitunternehmerschaft – an dem übertragenen Wirtschaftsgut beteiligt ist oder innerhalb der Siebenjahresfrist beteiligt wird. Ist dies zu bejahen, ist für die Übertragung der Teilwert anzusetzen.

Beispiel:

An der AB-KG sind die A-GmbH als Komplementärin (ohne vermögensmäßige Beteiligung) und die B-GmbH als 100 %-ige Kommanditistin beteiligt. Die B-GmbH überträgt zunächst ein in ihrem zivilrechtlichen Eigentum stehendes Wirtschaftsgut unentgeltlich aus ihrem Betriebsvermögen in das Gesamthandsvermögen der AB-KG. Innerhalb der folgenden sieben Jahre werden die Anteile an der B-GmbH zum Verkehrswert an die C-GmbH veräußert.

Lösung:

Die zunächst erfolgte Übertragung des Wirtschaftsguts von der B-GmbH auf die AB-KG ist für sich betrachtet nach § 6 Abs. 5 Satz 3 Nr. 1 EStG zum Buchwert vorzunehmen. Nach der Anteilsveräußerung ist die C-GmbH an der B-GmbH und diese wiederum an der AB-KG beteiligt. Unstreitig ist die B-GmbH an den Wirtschaftsgütern der AB-KG weiterhin mittelbar beteiligt; die Vermittlung erfolgt durch die KG als Personengesellschaft.

Die B-GmbH als Kapitalgesellschaft kann ihrerseits keinen Anteil an den Wirtschaftsgütern der AB-KG an die C-GmbH vermitteln. Durch die Übernahme der Anteile an der B-GmbH wird die C-GmbH nicht selbst Mitunternehmerin oder verdeckte Mitunternehmerin der AB-KG. Denn nach der Rechtsprechung des BFH (BFH vom 28. 10. 1999 – BStBl 2000 II S. 183) entfaltet die (zwischengeschaltete) B-GmbH wegen der rechtlichen Selbständigkeit der GmbH als juristische Person des Privatrechts für die Anwendung des § 6 Abs. 5 Sätze 5 und 6 EStG eine Abschirmwirkung. Es ist somit nicht möglich, die C-GmbH im Wege des Durchgriffs durch die B-GmbH selbst als (verdeckte) Mitunternehmerin zu behandeln (sog. „Durchgriffsverbot durch die GmbH", BFH vom 28. 10. 1999, a. a. O.). Mithin führt die Veräußerung der Anteile an der B-GmbH auf Ebene der C-GmbH nicht zur Begründung oder Erhöhung eines mittelbaren oder unmittelbaren Anteils an dem ursprünglich nach § 6 Abs. 5 Satz 3 Nr. 1 EStG übertragenen Wirtschaftsgut. Ein rückwirkender Teilwertansatz gemäß § 6 Abs. 5 Satz 6 EStG ist nicht vorzunehmen.

II. **Übertragung eines Wirtschaftsguts aus dem Gesamthandsvermögen einer Personengesellschaft in das Vermögen einer Kapitalgesellschaft**

Die unentgeltliche (oder gegen Minderung der Gesellschaftsrechte erfolgte) Übertragung eines Wirtschaftsguts aus dem Gesamthandsvermögen einer GmbH & Co. KG in das Vermögen einer Kapitalgesellschaft, die zu 100 % vermögensmäßig an der GmbH & Co. KG beteiligt ist, hat nach § 6 Abs. 5 Satz 3 Nr. 1 EStG zu Buchwerten zu erfolgen, sofern die Besteuerung der stillen Reserven sichergestellt ist. Durch die Übertragung wandelt sich der gesamthänderisch gebundene Miteigentumsanteil an dem Wirtschaftsgut in Alleineigentum um. Auch die Umwandlung eines mittelbaren in einen unmittelbaren Anteil an dem Wirtschaftsgut führt nicht zu einer Begründung oder Erhöhung eines Anteils einer Körperschaft an dem übertragenen Wirtschaftsgut i. S. d. § 6 Abs. 5 Satz 5 EStG.

III. **Übertragung eines Wirtschaftsguts aus dem Gesamthandsvermögen einer Personengesellschaft in das Gesamthandsvermögen einer anderen Personengesellschaft bei doppel- oder mehrstöckigen Personengesellschaften**

Auch im Fall der Übertragung eines Wirtschaftsguts aus dem Gesamthandsvermögen einer Personengesellschaft in das Gesamthandsvermögen einer anderen Personengesellschaft, an der die Übertragende zu 100 % beteiligt ist, ist gemäß § 6 Abs. 5 Satz 3 Nr. 1 EStG der Wert anzusetzen, der sich nach den Vorschriften über die Gewinnermittlung ergibt, sofern die Besteuerung der stillen Reserven sichergestellt ist.

Beispiel:

An der X GmbH & Co. KG sind die A-GmbH als Komplementärin (zu 5 % vermögensmäßig beteiligt) und die B-GmbH als 95 %-ige Kommanditistin beteiligt. Die X GmbH & Co. KG überträgt ein in ihrem zivilrechtlichen Eigentum stehendes Wirtschaftsgut unentgeltlich (bzw. gegen Gewährung von Gesellschaftsrechten) aus ihrem Betriebsvermögen in das Gesamthandsvermögen der Y GmbH & Co. KG, an der die X GmbH & Co. KG neben der A-GmbH (ohne vermögensmäßige Beteiligung) als alleinige Kommanditistin zu 100 % vermögensmäßig beteiligt ist.

Lösung:

Die Übertragung des Wirtschaftsguts hat gemäß § 6 Abs. 5 Satz 3 Nr. 1 EStG zum Buchwert zu erfolgen, sofern die Besteuerung der stillen Reserven bei der Y GmbH & Co. KG sichergestellt ist. § 6 Abs. 5 Satz 5 EStG findet keine Anwendung, da sich weder der mittelbare Anteil der A-GmbH noch der mittelbare Anteil der B-GmbH an dem nach § 6 Abs. 5 Satz 3 Nr. 1 EStG übertragenen Wirtschaftsgut erhöht.

§ 6a Pensionsrückstellung

EStG
S 2176

(1) Für eine Pensionsverpflichtung darf eine Rückstellung (Pensionsrückstellung) nur gebildet werden, wenn und soweit

1. **der Pensionsberechtigte einen Rechtsanspruch auf einmalige oder laufende Pensionsleistungen hat,**
2. **die Pensionszusage keine Pensionsleistungen in Abhängigkeit von künftigen gewinnabhängigen Bezügen vorsieht und keinen Vorbehalt enthält, dass die Pensionsanwartschaft oder die Pensionsleistung gemindert oder entzogen werden kann, oder ein solcher Vorbehalt sich nur auf Tatbestände erstreckt, bei deren Vorliegen nach allgemeinen Rechtsgrundsätzen unter Beachtung billigen Ermessens eine Minderung oder ein Entzug der Pensionsanwartschaft oder der Pensionsleistung zulässig ist, und**
3. **die Pensionszusage schriftlich erteilt ist; die Pensionszusage muss eindeutige Angaben zu Art, Form, Voraussetzungen und Höhe der in Aussicht gestellten künftigen Leistungen enthalten.**

(2) Eine Pensionsrückstellung darf erstmals gebildet werden

1. **vor Eintritt des Versorgungsfalls für das Wirtschaftsjahr, in dem die Pensionszusage erteilt wird, frühestens jedoch für das Wirtschaftsjahr, bis zu dessen Mitte der Pensionsberechtigte das 28. Lebensjahr vollendet oder für das Wirtschaftsjahr, in dessen Verlauf die Pensionsanwartschaft gemäß den Vorschriften des Betriebsrentengesetzes unverfallbar wird,** [1] [2]
2. **nach Eintritt des Versorgungsfalls für das Wirtschaftsjahr, in dem der Versorgungsfall eintritt.**

(3) [1]Eine Pensionsrückstellung darf höchstens mit dem Teilwert der Pensionsverpflichtung angesetzt werden. [2]Als Teilwert einer Pensionsverpflichtung gilt

---

1) Zur zeitlichen Anwendung von Absatz 2 Nr. 1 → § 52 Abs. 16b EStG.

2) Absatz 2 Nr. 1 wurde durch das Gesetz zur Förderung der zusätzlichen Altersvorsorge und zur Änderung des Dritten Buches Sozialgesetzbuch geändert (Die Wörter „das 28. Lebensjahr vollendet hat" werden jeweils durch die Wörter „das 27. Lebensjahr vollendet hat" ersetzt.). Die geänderte Fassung ist erstmals bei nach dem 31. 12. 2008 zugesagten Leistungen der betrieblichen Altersversorgung anzuwenden, → § 52 Abs. 17 EStG.

[1] 1. vor Beendigung des Dienstverhältnisses des Pensionsberechtigten der Barwert der künftigen Pensionsleistungen am Schluss des Wirtschaftsjahres abzüglich des sich auf denselben Zeitpunkt ergebenden Barwertes betragsmäßig gleichbleibender Jahresbeträge, bei einer Entgeltumwandlung im Sinne von § 1 Abs. 2 des Betriebsrentengesetzes mindestens jedoch der Barwert der gemäß den Vorschriften des Gesetzes zur Verbesserung der betrieblichen Altersversorgung unverfallbaren künftigen Pensionsleistungen am Schluss des Wirtschaftsjahres. [2]Die Jahresbeträge sind so zu bemessen, dass am Beginn des Wirtschaftsjahres, in dem das Dienstverhältnis begonnen hat, ihr Barwert gleich dem Barwert der künftigen Pensionsleistungen ist; die künftigen Pensionsleistungen sind dabei mit dem Betrag anzusetzen, der sich nach den Verhältnissen am Bilanzstichtag ergibt. [3]Es sind die Jahresbeträge zugrunde zu legen, die vom Beginn des Wirtschaftsjahres, in dem das Dienstverhältnis begonnen hat, bis zu dem in der Pensionszusage vorgesehenen Zeitpunkt des Eintritts des Versorgungsfalls rechnungsmäßig aufzubringen sind. [4]Erhöhungen oder Verminderungen der Pensionsleistungen nach dem Schluss des Wirtschaftsjahres, die hinsichtlich des Zeitpunkts ihres Wirksamwerdens oder ihres Umfangs ungewiss sind, sind bei der Berechnung des Barwertes der künftigen Pensionsleistungen und der Jahresbeträge erst zu berücksichtigen, wenn sie eingetreten sind. [5]Wird die Pensionszusage erst nach dem Beginn des Dienstverhältnisses erteilt, so ist die Zwischenzeit für die Berechnung der Jahresbeträge nur insoweit als Wartezeit zu behandeln, als sie in der Pensionszusage als solche bestimmt ist. [2] [6]Hat das Dienstverhältnis schon vor der Vollendung des 28. Lebensjahres des Pensionsberechtigten bestanden, so gilt es als zu Beginn des Wirtschaftsjahres begonnen, bis zu dessen Mitte der Pensionsberechtigte das 28. Lebensjahr vollendet; in diesem Fall gilt für davor liegende Wirtschaftsjahre als Teilwert der Barwert der gemäß den Vorschriften des Betriebsrentengesetzes unverfallbaren künftigen Pensionsleistungen am Schluss des Wirtschaftsjahres,

2. nach Beendigung des Dienstverhältnisses des Pensionsberechtigten unter Aufrechterhaltung seiner Pensionsanwartschaft oder nach Eintritt des Versorgungsfalls der Barwert der künftigen Pensionsleistungen am Schluss des Wirtschaftsjahres; Nummer 1 Satz 4 gilt sinngemäß.

[3]Bei der Berechnung des Teilwertes der Pensionsverpflichtung sind ein Rechnungszinsfuß von 6 Prozent und die anerkannten Regeln der Versicherungsmathematik anzuwenden.

(4) [1]Eine Pensionsrückstellung darf in einem Wirtschaftsjahr höchstens um den Unterschied zwischen dem Teilwert der Pensionsverpflichtung am Schluss des Wirtschaftsjahres und am Schluss des vorangegangenen Wirtschaftsjahres erhöht werden. [2]Soweit der Unterschiedsbetrag auf der erstmaligen Anwendung neuer oder geänderter biometrischer Rechnungsgrundlagen beruht, kann er nur auf mindestens drei Wirtschaftsjahre gleichmäßig verteilt der Pensionsrückstellung zugeführt werden; Entsprechendes gilt beim Wechsel auf andere biometrische Rechnungsgrundlagen. [3]In dem Wirtschaftsjahr, in dem mit der Bildung einer Pensionsrückstellung frühestens begonnen werden darf (Erstjahr), darf die Rückstellung bis zur Höhe des Teilwerts der Pensionsverpflichtung am Schluss des Wirtschaftsjahres gebildet werden; diese Rückstellung kann auf das Erstjahr und die beiden folgenden Wirtschaftsjahre gleichmäßig verteilt werden. [4]Erhöht sich in einem Wirtschaftsjahr gegenüber dem vorangegangenen Wirtschaftsjahr der Barwert der künftigen Pensionsleistungen um mehr als 25 Prozent, so kann die für dieses Wirtschaftsjahr zulässige Erhöhung der Pensionsrückstellung auf dieses Wirtschaftsjahr und die beiden folgenden Wirtschaftsjahre gleichmäßig verteilt werden. [5]Am Schluss des Wirtschaftsjahres, in dem das Dienstverhältnis des Pensionsberechtigten unter Aufrechterhaltung seiner Pensionsanwartschaft endet oder der Versorgungsfall eintritt, darf die Pensionsrückstellung stets bis zur Höhe des Teilwertes der Pensionsverpflichtung gebildet werden; die für dieses Wirtschaftsjahr zulässige Erhöhung der Pensionsrückstellung kann auf dieses Wirtschaftsjahr und die beiden folgenden Wirtschaftsjahre gleichmäßig verteilt werden. [6]Satz 2 gilt in den Fällen der Sätze 3 bis 5 entsprechend.

(5) Die Absätze 3 und 4 gelten entsprechend, wenn der Pensionsberechtigte zu dem Pensionsverpflichteten in einem anderen Rechtsverhältnis als einem Dienstverhältnis steht.

---

1) Zur zeitlichen Anwendung von Absatz 3 Satz 2 Nr. 1 → § 52 Abs. 16b EStG.

2) Absatz 3 Nr. 1 Satz 6 wurde durch das Gesetz zur Förderung der zusätzlichen Altersvorsorge und zur Änderung des Dritten Buches Sozialgesetzbuch geändert (Die Wörter „das 28. Lebensjahr vollendet hat" werden jeweils durch die Wörter „das 27. Lebensjahr vollendet hat" ersetzt.). Die geänderte Fassung ist erstmals bei nach dem 31. 12. 2008 zugesagten Leistungen der betrieblichen Altersversorgung anzuwenden, → § 52 Abs. 17 EStG.

6a. Rückstellungen für Pensionsverpflichtungen

R 6a

Zulässigkeit von Pensionsrückstellungen

R 6a (1) S 2176 Anhang 13

(1) [1]Nach § 249 HGB müssen für unmittelbare Pensionszusagen Rückstellungen in der Handelsbilanz gebildet werden. [2]Entsprechend dem Grundsatz der Maßgeblichkeit der Handelsbilanz hat die handelsrechtliche Passivierungspflicht die Passivierungspflicht für Pensionszusagen in der Steuerbilanz zur Folge, wenn die Voraussetzungen des § 6a Abs. 1 und 2 EStG vorliegen. [3]Für laufende Pensionen und Anwartschaften auf Pensionen, die vor dem 1. 1. 1987 rechtsverbindlich zugesagt worden sind (Altzusagen), gilt nach Artikel 28 des Einführungsgesetzes zum HGB in der durch Gesetz vom 19. 12. 1985 (BGBl. I S. 2355, BStBl 1986 I S. 94) geänderten Fassung weiterhin das handels- und steuerrechtliche Passivierungswahlrecht; insoweit sind die Anweisungen in Abschnitt 41 EStR 1984 mit Ausnahme des Absatzes 24 Satz 5 und 6 weiter anzuwenden. [4]Für die Frage, wann eine Pension oder eine Anwartschaft auf eine Pension rechtsverbindlich zugesagt worden ist, ist die erstmalige, zu einem Rechtsanspruch führende arbeitsrechtliche Verpflichtungserklärung maßgebend. [5]Für Pensionsverpflichtungen, für die der Berechtigte einen Rechtsanspruch auf Grund einer unmittelbaren Zusage nach dem 31. 12. 1986 erworben hat (Neuzusagen), gelten die folgenden Absätze.

Hinweise

H 6a (1)

Abgrenzung bei Arbeitsfreistellung

Eine Zusage, nach der Leistungen fällig werden, ohne dass das Dienstverhältnis formal beendet ist, ist nicht als Zusage auf Leistungen der betrieblichen Altersversorgung anzusehen. Für eine derartige Verpflichtung darf insoweit eine Rückstellung nach § 6a EStG nicht gebildet werden (→ BMF vom 11. 11. 1999 – BStBl I S. 959, RdNr. 2). Anhang 5. VI

Anm.: BMF vom 11. 11. 1999 teilweise geändert durch → BMF vom 28. 3. 2007 – BStBl I S. 297.

Beihilfen an Pensionäre

Die Verpflichtung, Pensionären und aktiven Mitarbeitern während der Zeit ihres Ruhestandes in Krankheits-, Geburts- und Todesfällen Beihilfen zu gewähren, ist keine Pensionsverpflichtung (→ BFH vom 30. 1. 2002 – BStBl 2003 II S. 279).

→ H 5.7 (4)

Einstandspflicht

Die Verpflichtung des Arbeitgebers, wegen des nicht ausreichenden Vermögens einer Unterstützungskasse für den Ausfall von Versorgungsleistungen gegenüber seinen Arbeitnehmern einstehen zu müssen, erfüllt die Voraussetzungen für eine Pensionsrückstellung nicht. Das gilt auch für Versorgungsverpflichtungen des Erwerbers eines Betriebs, auf den die Arbeitsverhältnisse mit den durch die Unterstützungskasse begünstigten Arbeitnehmern nach § 613a BGB übergegangen sind (→ BFH vom 16. 12. 2002 – BStBl 2003 II S. 347).

Hinterbliebenenversorgung für den Lebensgefährten

→ BMF vom 25. 7. 2002 (BStBl I S. 706):

Zusagen auf Leistungen der betrieblichen Altersversorgung; Hinterbliebenenversorgung für die Lebensgefährtin oder den Lebensgefährten

BMF vom 25. 7. 2002 (BStBl I S. 706)

Zur Frage der steuerrechtlichen Anerkennung von Zusagen auf Hinterbliebenenversorgung für den in eheähnlicher Gemeinschaft lebenden Partner des versorgungsberechtigten Arbeitnehmers nehme ich nach Abstimmung mit den obersten Finanzbehörden der Länder wie folgt Stellung:

Aufwendungen für Versorgungszusagen an Arbeitnehmer, die eine Hinterbliebenenversorgung für den in eheähnlicher Gemeinschaft lebenden Partner des Versorgungsberechtigten vorsehen, können nur dann nach Maßgabe von § 4 Abs. 4, § 4c, § 4d oder § 4e EStG als Betriebsausgaben abgezogen werden, wenn die in Aussicht gestellten Leistungen betrieblich veranlasst sind. Die Zusage auf eine Hinterbliebenenversorgung ist als Pensionsrückstellung nach § 6a EStG zu passivieren und darf nur angesetzt werden, wenn die übrigen Voraussetzungen für die Bildung von Rückstellungen (R 31c Abs. 2 EStR[1])) vorliegen.

1) Anm.: jetzt R 5.7 EStR 2005.

Die betriebliche Veranlassung dieser Hinterbliebenenzusagen und die Wahrscheinlichkeit der Inanspruchnahme aus der Verpflichtung ist unter Berücksichtigung der Umstände des jeweiligen Einzelfalls zu prüfen. *Anhaltspunkte* können beispielsweise eine von der Lebenspartnerin oder dem Lebenspartner schriftlich bestätigte Kenntnisnahme der in Aussicht gestellten Versorgungsleistungen, eine zivilrechtliche Unterhaltspflicht des Arbeitnehmers gegenüber dem Lebenspartner oder eine gemeinsame Haushaltsführung sein.

Die versorgungsberechtigte Lebenspartnerin oder der versorgungsberechtigte Lebenspartner muss in der schriftlich erteilten Zusage namentlich mit Anschrift und Geburtsdatum genannt werden.

Pensionsrückstellungen nach § 6a EStG sind entsprechend dem Geschlecht des begünstigten Hinterbliebenen zu bewerten. Soweit der Berechnung die „Richttafeln 1998" von Prof. Klaus Heubeck zu Grunde gelegt werden, hat die Bewertung anhand des Hinterbliebenenbestandes zu erfolgen[1]).

Die Grundsätze zur steuerlichen Anerkennung von Versorgungszusagen gegenüber dem Arbeitgeber nahe stehenden Personen (z. B. beherrschende Gesellschafter-Geschäftsführer, nahe Familienangehörige) bleiben unberührt.

Jahreszusatzleistungen

Anhang 5. VI Für Jahreszusatzleistungen im Jahr des Eintritts des Versorgungsfalls darf eine Rückstellung nach § 6a EStG nicht gebildet werden → BMF vom 11. 11. 1999 (BStBl I S. 959, RdNr. 23).

Anm.: BMF vom 11. 11. 1999 teilweise geändert durch → BMF vom 28. 3. 2007 – BStBl I S. 297.

Neuzusagen

Einzelfragen zur betrieblichen Altersversorgung auf Grund durch das ***BiRiLiG*** geänderten handelsrechtlichen Vorschriften → BMF vom 13. 3. 1987 (BStBl I S. 365).

Nur-Pensionszusagen

Sog. Nur-Pensionszusagen sind unter den Voraussetzungen des § 6a EStG bilanzsteuerrechtlich anzuerkennen (→ BMF vom 16. 6. 2008 – BStBl I S. 681).

Pensionsverpflichtungen innerhalb einer GmbH & Co. KG

Sagt die Komplementär-GmbH einer GmbH & Co. KG ihrem gesellschaftsfremden Geschäftsführer eine Pension zu und kann sie nach dem Gesellschaftsvertrag von der KG Ersatz der Versorgungsleistungen verlangen, ist die bei der GmbH zu bildende Pensionsrückstellung durch einen Aufwendungsersatzanspruch zu neutralisieren. Bei der KG ist eine Rückstellung für ungewisse Verbindlichkeiten zu bilden, deren Höhe sich nach § 6a EStG bestimmt (→ BFH vom 7. 2. 2002 – BStBl 2005 II S. 88).

Personengesellschaft

Anhang 5. VII Bilanzsteuerliche Behandlung von Pensionszusagen einer Personengesellschaft an einen Gesellschafter und dessen Hinterbliebene → BMF vom 29. 1. 2008 (BStBl I S. 317)

Schuldbeitritt

Bilanzsteuerliche Behandlung der Übernahme von Pensionsverpflichtungen gegen Entgelt; Beitritt eines Dritten in eine Pensionsverpflichtung (Schuldbeitritt) → BMF vom 16. 12. 2005 (BStBl I S. 1052).

R 6a (2) **Rechtsverbindliche Verpflichtung**

(2) [1]Eine rechtsverbindliche Pensionsverpflichtung ist z. B. gegeben, wenn sie auf Einzelvertrag, Gesamtzusage (Pensionsordnung), Betriebsvereinbarung, Tarifvertrag oder Besoldungsordnung beruht. [2]Bei Pensionsverpflichtungen, die nicht auf Einzelvertrag beruhen, ist eine besondere Verpflichtungserklärung gegenüber dem einzelnen Berechtigten nicht erforderlich. [3]Ob eine rechtsverbindliche Pensionsverpflichtung vorliegt, ist nach arbeitsrechtlichen Grundsätzen zu beurteilen. [4]Für ausländische Arbeitnehmer sind Pensionsrückstellungen unter den gleichen Voraussetzungen zu bilden wie für inländische Arbeitnehmer.

---

1) zu Heubeck 2005: → BMF vom 16. 12. 2005 (BStBl I S. 1054)

Schädlicher Vorbehalt

R 6a (3)

(3) [1]Ein schädlicher Vorbehalt i. S. d. § 6a Abs. 1 Nr. 2 EStG liegt vor, wenn der Arbeitgeber die Pensionszusage nach freiem Belieben, d. h. nach seinen eigenen Interessen ohne Berücksichtigung der Interessen des Pensionsberechtigten widerrufen kann. [2]Ein Widerruf nach freiem Belieben ist nach dem Urteil des Bundesarbeitsgerichtes (BAG) vom 14. 12. 1956 (BStBl 1959 I S. 258) gegenüber einem noch aktiven Arbeitnehmer im allgemeinen zulässig, wenn die Pensionszusage eine der folgenden Formeln

„freiwillig und ohne Rechtsanspruch",

„jederzeitiger Widerruf vorbehalten",

„ein Rechtsanspruch auf die Leistungen besteht nicht",

„die Leistungen sind unverbindlich"

oder ähnliche Formulierungen enthält, sofern nicht besondere Umstände eine andere Auslegung rechtfertigen. [3]Solche besonderen Umstände liegen nicht schon dann vor, wenn das Unternehmen in der Vergangenheit tatsächlich Pensionszahlungen geleistet oder eine Rückdeckungsversicherung abgeschlossen hat oder Dritten gegenüber eine Verpflichtung zur Zahlung von Pensionen eingegangen ist oder wenn die unter den oben bezeichneten Vorbehalten gegebene Pensionszusage die weitere Bestimmung enthält, dass der Widerruf nur nach „billigem Ermessen" ausgeübt werden darf oder dass im Falle eines Widerrufes die gebildeten Rückstellungen dem Versorgungszweck zu erhalten sind. [4]Vorbehalte der oben bezeichneten Art in einer Pensionszusage schließen danach die Bildung von Rückstellungen für Pensionsanwartschaften aus. [5]Befindet sich der Arbeitnehmer bereits im Ruhestand oder steht er unmittelbar davor, ist der Widerruf von Pensionszusagen, die unter den oben bezeichneten Vorbehalten erteilt worden sind, nach dem BAG-Urteil vom 14. 12. 1956 nicht mehr nach freiem Belieben, sondern nur noch nach billigem Ermessen (→ Absatz 4) zulässig. [6]Enthält eine Pensionszusage die oben bezeichneten allgemeinen Widerrufsvorbehalte, ist die Rückstellungsbildung vorzunehmen, sobald der Arbeitnehmer in den Ruhestand tritt; dies gilt auch hinsichtlich einer etwa zugesagten Hinterbliebenenversorgung.

Hinweise

H 6a (3)

Abfindungsklauseln

Zu schädlichen Abfindungsklauseln in Pensionszusagen → BMF vom 6. 4. 2005 (BStBl I S. 619) und vom 1. 9. 2005 (BStBl I S. 860).

Externe Versorgungsträger

Werden die künftigen Pensionsleistungen aus einer Versorgungszusage voraussichtlich von einem externen Versorgungsträger (z. B. Versorgungskasse) erbracht, scheidet die Bildung einer Rückstellung nach § 6a EStG aus (→ BFH vom 5. 4. 2006 – BStBl II S. 688).

Übertragung auf eine Unterstützungskasse

Ist vereinbart, dass die Pensionsverpflichtung nach Eintritt des Versorgungsfalles auf eine Unterstützungskasse übertragen wird, kann eine Rückstellung nicht gebildet werden (→ BMF vom 2. 7. 1999 – BStBl I S. 594).

Unschädlicher Vorbehalt

R 6a (4)

(4) [1]Ein unschädlicher Vorbehalt i. S. d. § 6a Abs. 1 Nr. 2 EStG liegt vor, wenn der Arbeitgeber den Widerruf der Pensionszusage bei geänderten Verhältnissen nur nach billigem Ermessen (§ 315 BGB), d. h. unter verständiger Abwägung der berechtigten Interessen des Pensionsberechtigten einerseits und des Unternehmens andererseits aussprechen kann. [2]Das gilt in der Regel für die Vorbehalte, die eine Anpassung der zugesagten Pensionen an nicht voraussehbare künftige Entwicklungen oder Ereignisse, insbesondere bei einer wesentlichen Verschlechterung der wirtschaftlichen Lage des Unternehmens, einer wesentlichen Änderung der Sozialversicherungsverhältnisse oder der Vorschriften über die steuerliche Behandlung der Pensionsverpflichtungen oder bei einer Treupflichtverletzung des Arbeitnehmers vorsehen. [3]Danach sind z. B. die folgenden Vorbehalte als unschädlich anzusehen:

1. als allgemeiner Vorbehalt:

   „Die Firma behält sich vor, die Leistungen zu kürzen oder einzustellen, wenn die bei Erteilung der Pensionszusage maßgebenden Verhältnisse sich nachhaltig so wesentlich geändert haben, dass der Firma die Aufrechterhaltung der zugesagten Leistungen auch unter objektiver Beachtung der Belange des Pensionsberechtigten nicht mehr zugemutet werden kann";

2. als spezielle Vorbehalte:

   „Die Firma behält sich vor, die zugesagten Leistungen zu kürzen oder einzustellen, wenn

   a) die wirtschaftliche Lage des Unternehmens sich nachhaltig so wesentlich verschlechtert hat, dass ihm eine Aufrechterhaltung der zugesagten Leistungen nicht mehr zugemutet werden kann, oder

   b) der Personenkreis, die Beiträge, die Leistungen oder das Pensionierungsalter bei der gesetzlichen Sozialversicherung oder anderen Versorgungseinrichtungen mit Rechtsanspruch sich wesentlich ändern, oder

   c) die rechtliche, insbesondere die steuerrechtliche Behandlung der Aufwendungen, die zur planmäßigen Finanzierung der Versorgungsleistungen von der Firma gemacht werden oder gemacht worden sind, sich so wesentlich ändert, dass der Firma die Aufrechterhaltung der zugesagten Leistungen nicht mehr zugemutet werden kann, oder

   d) der Pensionsberechtigte Handlungen begeht, die in grober Weise gegen Treu und Glauben verstoßen oder zu einer fristlosen Entlassung berechtigen würden",

oder inhaltlich ähnliche Formulierungen. [4]Hat der Arbeitnehmer die Möglichkeit, anstelle einer bisher zugesagten Altersversorgung eine Erhöhung seiner laufenden Bezüge zu verlangen, liegt hierin kein schädlicher Vorbehalt.

H 6a (4)

Hinweise

Abfindungsklauseln

Zu unschädlichen Abfindungsklauseln in Pensionszusagen → BMF vom 6. 4. 2005 (BStBl I S. 619) und vom 1. 9. 2005 (BStBl I S. 860).

R 6a (5) **Vorbehalt (Sonderfälle)**

(5) [1]In besonderen Vorbehalten werden oft bestimmte wirtschaftliche Tatbestände bezeichnet, bei deren Eintritt die zugesagten Pensionsleistungen gekürzt oder eingestellt werden können. [2]Es wird z. B. vereinbart, dass die Pensionen gekürzt oder eingestellt werden können, wenn der Umsatz, der Gewinn oder das Kapital eine bestimmte Grenze unterschreiten oder wenn mehrere Verlustjahre vorliegen oder wenn die Pensionsleistungen einen bestimmten Vomhundertsatz der Lohn- und Gehaltssumme überschreiten. [3]Diese Vorbehalte sind nur dann als unschädlich anzusehen, wenn sie in dem Sinne ergänzt werden, es müsse bei den bezeichneten Tatbeständen eine so erhebliche und nachhaltige Beeinträchtigung der Wirtschaftslage des Unternehmens vorliegen, dass es dem Unternehmen nicht mehr zumutbar ist, die Pensionszusage aufrechtzuerhalten, oder dass es aus unternehmerischer Verantwortung geboten erscheint, die Versorgungsleistungen einzuschränken oder einzustellen.

R 6a (6) (6) [1]Der Vorbehalt, dass der Pensionsanspruch erlischt, wenn das Unternehmen veräußert wird oder aus anderen Gründen ein Wechsel des Unternehmers eintritt (sog. Inhaberklausel), ist steuerlich schädlich. [2]Entsprechendes gilt für Vorbehalte oder Vereinbarungen, nach denen die Haftung aus einer Pensionszusage auf das Betriebsvermögen beschränkt wird, es sei denn, es gilt eine gesetzliche Haftungsbeschränkung für alle Verpflichtungen gleichermaßen, wie z. B. bei Kapitalgesellschaften.

H 6a (6)

Hinweise

Gewichtung des Widerrufsvorbehalts

Bei der Beurteilung, ob ein schädlicher oder unschädlicher Vorbehalt vorliegt, ist ein strenger Maßstab anzulegen (→ BFH vom 6. 10. 1967 – BStBl 1968 II S. 90).

R 6a (7)

Schriftform

(7) [1]Für die nach § 6a Abs. 1 Nr. 3 EStG vorgeschriebene Schriftform kommt jede schriftliche Festlegung in Betracht, aus der sich der Pensionsanspruch nach Art und Höhe ergibt, z. B. Einzelvertrag, Gesamtzusage (Pensionsordnung), Betriebsvereinbarung, Tarifvertrag, Gerichtsurteil. [2]Bei Gesamtzusagen ist eine schriftliche Bekanntmachung in geeigneter Form nachzuweisen, z. B. durch ein Protokoll über den Aushang im Betrieb. [3]Die Schriftform muss am Bilanzstichtag vorliegen. [4]Für Pensionsverpflichtungen, die auf betrieblicher Übung oder auf dem → Grundsatz der Gleichbehandlung beruhen, kann wegen der fehlenden Schriftform keine Rückstellung gebildet werden; dies gilt auch dann, wenn arbeitsrechtlich (→ § 1b Abs. 1 Satz 4 Betriebsrentengesetz) eine unverfallbare Anwartschaft besteht, es sei denn, dem Arbeitnehmer ist beim Ausscheiden eine schriftliche Auskunft nach § 2 Abs. 6 Betriebsrentengesetz erteilt worden. [5]Pensionsrückstellungen müssen insoweit vorgenommen werden, als sich die Versorgungsleistungen aus der schriftlichen Festlegung dem Grunde und der Höhe nach ergeben. [6]Zahlungsbelege allein stellen keine solche Festlegung dar.

H 6a (7)

Hinweise

Grundsatz der Gleichbehandlung

Die wegen arbeitsrechtlicher Entscheidungen notwendige Ergänzung einer bestehenden Witwenversorgung um eine Witwerversorgung ist erst wirksam, wenn die Ergänzung schriftlich vorgenommen wurde.

Schriftformerfordernis

- Voraussetzung für die steuerliche Anerkennung einer Pensionsrückstellung nach § 6a EStG ist u. a. eine schriftlich erteilte Pensionszusage. Die Vereinbarung muss neben dem Zusagezeitpunkt eindeutige und präzise Angaben zu Art, Form, Voraussetzungen und Höhe der in Aussicht gestellten künftigen Leistungen enthalten. Sofern es zur eindeutigen Ermittlung der in Aussicht gestellten Leistungen erforderlich ist, sind auch Angaben für die versicherungsmathematische Ermittlung der Höhe der Versorgungsverpflichtung (z. B. anzuwendender Rechnungszinsfuß oder anzuwendende biometrische Ausscheidewahrscheinlichkeiten) schriftlich festzulegen. Sind diese Angaben nicht vorhanden, scheidet die Bildung einer Pensionsrückstellung jedenfalls in der Steuerbilanz aus (→ BMF vom 28. 8. 2001 – BStBl I S. 594).
- Eine schriftliche Pensionszusage liegt auch dann vor, wenn der Verpflichtete eine schriftliche Erklärung mit dem erforderlichen Inhalt abgibt und der Berechtigte die Zusage nach den Regeln des Zivilrechtes (z. B. durch mündliche Erklärung) annimmt (→ BFH vom 27. 4. 2005 – BStBl II S. 702).

R 6a (8)

Beherrschende Gesellschafter-Geschäftsführer von Kapitalgesellschaften

(8) [1]Für die Bildung von Pensionsrückstellungen für beherrschende Gesellschafter-Geschäftsführer von Kapitalgesellschaften ist zu unterstellen, dass die Jahresbeträge nach § 6a Abs. 3 Satz 2 Nr. 1 Satz 3 EStG vom Beginn des Dienstverhältnisses, frühestens vom ***nach Absatz 10 Satz 3 maßgebenden*** Alter, bis zur vertraglich vorgesehenen Altersgrenze, mindestens jedoch bis zum ***folgenden geburtsjahrabhängigen Pensionsalter*** aufzubringen sind.

für Geburtsjahrgänge	Pensionsalter
bis 1952	65
ab 1953 bis 1961	66
ab 1962	67

[2]Als Beginn des Dienstverhältnisses gilt der Eintritt in das Unternehmen als Arbeitnehmer. [3]Das gilt auch dann, wenn der Geschäftsführer die Pensionszusage erst nach Erlangung der beherrschenden Stellung erhalten hat. [4]Absatz 11 Satz 1, 3 bis 6, 8, 9 und 13 bis 15 ist nicht anzuwenden. [4]Für anerkannt schwerbehinderte Menschen kann ***geburtsjahrabhängig*** eine vertragliche Altersgrenze ***wie folgt*** zugrunde gelegt werden:

für Geburtsjahrgänge	Pensionsalter
bis 1952	60
ab 1953 bis 1961	61
ab 1962	62

H 6a (8)

Hinweise

Vorgezogene Altersgrenze

Eine vertraglich vorgesehene Altersgrenze von weniger als 65 Jahren kann für die Berechnung der Pensionsrückstellung nur dann zugrunde gelegt werden, wenn besondere Umstände nachgewiesen werden, die ein niedrigeres Pensionsalter rechtfertigen (→ BFH vom 23. 1. 1991 – BStBl II S. 379).

R 6a (9) **Ehegatten-Arbeitsverhältnisse**

(9) – unbesetzt –

H 6a (9)

Hinweise

Anerkennungsgrundsätze

An den Nachweis der Ernsthaftigkeit von Pensionszusagen an → Arbeitnehmer-Ehegatten sind mit Rücksicht auf die besonderen persönlichen Beziehungen der Vertragspartner strenge Anforderungen zu stellen. Es ist insbesondere zu prüfen, ob die Pensionszusage nach den Umständen des Einzelfalls dem Grunde und der Höhe nach angemessen ist (→ BFH vom 14. 7. 1989 – BStBl II S. 969). Für Pensionszusagen, die im Rahmen eines steuerlich anzuerkennenden Arbeitsverhältnisses dem → Arbeitnehmer-Ehegatten gegeben werden, sind Pensionsrückstellungen zu bilden, wenn

1. eine ernstlich gewollte, klar und eindeutig vereinbarte Verpflichtung vorliegt,
2. die Zusage dem Grunde nach angemessen ist und
3. der Arbeitgeber-Ehegatte auch tatsächlich mit der Inanspruchnahme aus der gegebenen Pensionszusage rechnen muss.

(→ BMF vom 4. 9. 1984 – BStBl I S. 495 und vom 9. 1. 1986 – BStBl I S. 7).

Arbeitnehmer-Ehegatten

Pensionszusagen zwischen Ehegatten, die im Rahmen von steuerlich anzuerkennenden Arbeitsverhältnissen (→ R 4.8) erteilt werden, sind auch steuerlich zu beachten und berechtigen zur Bildung von Pensionsrückstellungen (→ BVerfG vom 22. 7. 1970 – BStBl II S. 652).

Fremdvergleich

Eine betriebliche Veranlassung einer Pensionszusage an einen Arbeitnehmer, der naher Angehöriger des Arbeitgebers ist, ist nicht allein deshalb zu verneinen, weil keine fremden Arbeitnehmer mit vergleichbaren Tätigkeitsmerkmalen im Betrieb beschäftigt werden und auch bei anderen Betrieben gleicher Größenordnung keine vergleichbaren Beschäftigungsverhältnisse ermittelt werden können.

Maßgebend ist eine Gesamtwürdigung aller Umstände des konkreten Einzelfalls (→ BFH vom 18. 12. 2001 – BStBl 2002 II S. 353).

Rückdeckungsversicherung

Prämienzahlungen für eine Rückdeckungsversicherung einer Pensionszusage an den Arbeitnehmer-Ehegatten können als Betriebsausgaben behandelt werden, wenn auch die Pensionszusage als rückstellungsfähig anerkannt werden kann (→ BMF vom 4. 9. 1984 – BStBl I S. 495).

Verpflichtungsumfang

Für die Bildung der Pensionsrückstellung bei Pensionszusagen zwischen Ehegatten in Einzelunternehmen kommt nur eine Zusage auf Alters-, Invaliden- und Waisenrente in Betracht (→ BMF vom 4. 9. 1984 – BStBl I S. 495).

Witwen-Witwerversorgung

Eine Zusage auf Witwen- oder Witwerversorgung ist im Rahmen von Ehegatten-Pensionszusagen in Einzelunternehmen nicht rückstellungsfähig, da hier bei Eintritt des Versorgungsfalls Anspruch und Verpflichtung in einer Person zusammenfallen (→ BMF vom 4. 9. 1984 – BStBl I S. 495); dies gilt auch dann, wenn in der Zusage vereinbart ist, dass sie durch eine mögliche Eheschließung oder Betriebsveräußerung nicht berührt wird.

Höhe der Pensionsrückstellung R 6a (10)

(10) [1]Als Beginn des Dienstverhältnisses ist ein früherer Zeitpunkt als der tatsächliche Dienstantritt zugrunde zu legen (sog. Vordienstzeiten), wenn auf Grund gesetzlicher Vorschriften Zeiten außerhalb des Dienstverhältnisses als Zeiten der Betriebszugehörigkeit gelten, z. B. § 8 Abs. 3 des Soldatenversorgungsgesetzes, § 6 Abs. 2 des Arbeitsplatzschutzgesetzes. [2]***Bei der Ermittlung des Teilwertes einer Pensionsverpflichtung sind folgende Mindestalter zu beachten:***

Erteilung der Pensionszusage	maßgebendes Mindestalter
vor dem 1. 1. 2001	30
nach dem 31. 12. 2000 und vor dem 1. 1. 2009	28
nach dem 31. 1. 2008	27

[3]Ergibt sich durch die Anrechnung von Vordienstzeiten ein fiktiver Dienstbeginn, der vor der Vollendung des ***nach Satz 2 maßgebenden*** Lebensjahres des Berechtigten liegt, gilt das Dienstverhältnis als zu Beginn des Wirtschaftsjahres begonnen, bis zu dessen Mitte der Berechtigte ***dieses Lebensjahr*** vollendet (→ § 6a Abs. 3 Satz 2 Nr. 1 letzter Satz EStG).

Hinweise

H 6a (10)

Betriebsübergang

Für die Anwendung des § 613a BGB ist entscheidend, ob das im Zeitpunkt des Betriebsübergangs bestehende Dienstverhältnis als Arbeitsverhältnis anzusehen ist (→ BFH vom 10. 8. 1994 – BStBl 1995 II S. 250).

Rumpfwirtschaftsjahr

Bei der Ermittlung des Teilwerts einer Pensionsrückstellung gemäß § 6a Abs. 3 Satz 2 Nr. 1 EStG ist, wenn das Dienstverhältnis des Pensionsberechtigten in einem Rumpfwirtschaftsjahr begonnen hat, von dem Beginn des betreffenden Kalenderjahres auszugehen (→ BFH vom 21. 8. 2007 – I R 22/07 –, BFH-Internetseite).

Tatsächlicher Dienstantritt

Bei der Ermittlung des Diensteintrittsalters ist – unabhängig vom Bestehen eines Rumpfwirtschaftsjahres – auf den Beginn des Kalenderjahres des Diensteintritts abzustellen (→ BFH vom 21. 8. 2007 – BStBl 2008 II S. 513). Als Beginn des Dienstverhältnisses ist grundsätzlich der tatsächliche Dienstantritt im Rahmen des bestehenden Dienstverhältnisses anzusehen (→ BFH vom 25. 5. 1988 – BStBl II S. 720); das Dienstverhältnis wird nicht unterbrochen, wenn der Stpfl. auf Grund gesetzlicher Vorschriften in die Pflichten des Dienstverhältnisses eintritt (z. B. § 613a BGB).

Vordienstzeiten

Zur Berücksichtigung von vertraglichen Vordienstzeiten → BMF vom 22. 12. 1997 (BStBl I S. 1020) und → BFH vom 7. 2. 2002 (BStBl 2005 II S. 88).

---

(11) [1]Bei der Ermittlung des Teilwertes der Pensionsanwartschaft ist das vertraglich vereinbarte Pensionsalter zugrunde zu legen (Grundsatz). [2]Der Stpfl. kann für alle oder für einzelne Pensionsverpflichtungen von einem höheren Pensionsalter ausgehen, sofern mit einer Beschäftigung des Arbeitnehmers bis zu diesem Alter gerechnet werden kann (erstes Wahlrecht). [3]Bei der Ermittlung des Teilwertes der Pensionsanwartschaft nach § 6a Abs. 3 EStG kann mit Rücksicht auf § 6 R 6a (11)

Betriebsrentengesetz anstelle des vertraglichen Pensionsalters nach Satz 1 für alle oder für einzelne Pensionsverpflichtungen als Zeitpunkt des Eintritts des Versorgungsfalles der Zeitpunkt der frühestmöglichen Inanspruchnahme der vorzeitigen Altersrente aus der gesetzlichen Rentenversicherung angenommen werden (zweites Wahlrecht). [4]Voraussetzung für die Ausübung des zweiten Wahlrechtes ist, dass in der Pensionszusage festgelegt ist, in welcher Höhe Versorgungsleistungen von diesem Zeitpunkt an gewährt werden. [5]Bei der Ausübung des zweiten Wahlrechtes braucht nicht geprüft zu werden, ob ein Arbeitnehmer die sozialversicherungsrechtlichen Voraussetzungen für die vorzeitige Inanspruchnahme der Altersrente erfüllen wird. [6]***Das zweite Wahlrecht kann unabhängig von der Wahl des Pensionsalters für die Berechnung der unverfallbaren Versorgungsanwartschaften nach § 2 Betriebsrentengesetz ausgeübt werden.*** [7]Das erste Wahlrecht ist in der Bilanz des Wirtschaftsjahres auszuüben, in dem mit der Bildung der Pensionsrückstellung begonnen wird. [8]Das zweite Wahlrecht ist in der Bilanz des Wirtschaftsjahres auszuüben, in dem die Festlegung nach Satz 4 getroffen worden ist. [9]Hat der Stpfl. das zweite Wahlrecht ausgeübt und ändert sich danach der Zeitpunkt der frühestmöglichen Inanspruchnahme der vorzeitigen Altersrente aus der gesetzlichen Rentenversicherung (z. B. Beendigung des Arbeitsverhältnisses), ist die Änderung zum Ende des betreffenden Wirtschaftsjahres zu berücksichtigen; ist in diesem Wirtschaftsjahr die Festlegung nach Satz 4 für den neuen Zeitpunkt nicht getroffen worden, ist das vertragliche Pensionsalter nach Satz 1 bei der Ermittlung des Teilwertes der Pensionsanwartschaft zugrunde zu legen. [10]Die gegenüber einem Berechtigten getroffene Wahl gilt einheitlich für die gesamte Pensionsverpflichtung, einschließlich einer etwaigen Entgeltumwandlung im Sinne von § 1 Abs. 2 Betriebsrentengesetz. [11]Der Rückstellungsbildung kann nur die Pensionsleistung zugrunde gelegt werden, die zusagegemäß bis zu dem Pensionsalter erreichbar ist, für das sich der Stpfl. bei Ausübung der Wahlrechte entscheidet. [12]Setzt der Arbeitnehmer nach Erreichen dieses Alters seine Tätigkeit fort und erhöht sich dadurch sein Ruhegehaltanspruch, ist der Rückstellung in dem betreffenden Wirtschaftsjahr der Unterschiedsbetrag zwischen der nach den vorstehenden Sätzen höchstzulässigen Rückstellung (Soll-Rückstellung) und dem versicherungsmathematischen Barwert der um den Erhöhungsbetrag vermehrten Pensionsleistungen zuzuführen. [13]Hat der Stpfl. bei der Ermittlung des Teilwertes einer Pensionsanwartschaft bereits bisher vom zweiten Wahlrecht Gebrauch gemacht, ist er bei einer Änderung des frühestmöglichen Pensionsalters auf Grund einer gesetzlichen Neuregelung auch künftig an diese Entscheidung gebunden; Satz 4 ist zu beachten. [14]Für die sich wegen der Änderung des frühestmöglichen Pensionsalters ergebende Änderung der Teilwerte der Pensionsanwartschaft gilt das Nachholverbot, das sich aus § 6a Abs. 4 EStG herleitet, nicht. [15]Liegen die in Satz 4 genannten Voraussetzungen für die Anwendung des zweiten Wahlrechtes am Bilanzstichtag nicht vor, ist das vertragliche Pensionsalter nach Satz 1 bei der Ermittlung des Teilwertes der Pensionsanwartschaft zugrunde zu legen.

H 6a (11)

Hinweise

Betriebliche Teilrenten

→ BMF vom 25. 4. 1995 (BStBl I S. 250):

Pensionsalter

Zu den Auswirkungen des RV-Altersgrenzenanpassungsgesetzes vom 20. 4. 2007 (BGBl. I S. 554) auf das bei der Pensionsrückstellungsbewertung maßgebende Pensionsalter → BMF vom 5. 5. 2008 (BStBl I S. 569)

Zweites Wahlrecht

Auswirkungen des Rentenreformgesetzes 1999 vom 16. 12. 1997 (BGBl. I S. 2998) → BMF vom 29. 12. 1997 (BStBl I S. 1023).

R 6a (12) **Entgeltumwandlungen**

(12) [1]Für Pensionsverpflichtungen, die auf nach dem 31. 12. 2000 vereinbarten Entgeltumwandlungen im Sinne von § 1 Abs. 2 Betriebsrentengesetz beruhen, ist vor Vollendung des 28. Lebensjahres des Pensionsberechtigten eine Rückstellung in Höhe des Barwerts der nach den §§ 1 und 2 Betriebsrentengesetz unverfallbaren künftigen Pensionsleistungen zu bilden (§ 6a Abs. 2 Nr. 1 zweite Alternative und § 6a Abs. 3 Satz 2 Nr. 1 Satz 6 zweiter Halbsatz zweite Alternative und § 6a Abs. 3 Satz 2 Nr. 1 Satz 6 zweiter Halbsatz EStG); nach Vollendung des 28. Lebensjahres ***(für nach dem 31. 12. 2008 erstmals erteilte Pensionszusagen: des 27. Lebensjahres)*** des Pensionsberechtigten ist für diese Pensionsverpflichtungen für die Ermittlung des Teilwertes nach § 6a

Abs. 3 Satz 2 Nr. 1 Satz 1 EStG eine Vergleichsrechnung erforderlich. [2]Dabei sind der Wert nach § 6a Abs. 3 Satz 2 Nr. 1 Satz 1 erster Halbsatz EStG und der Barwert der unverfallbaren künftigen Pensionsleistungen zu berechnen; der höhere Wert ist anzusetzen. [3]Bei der Vergleichsrechnung sind die für einen Berechtigten nach dem 31. 12. 2000 vereinbarten Entgeltumwandlungen als Einheit zu behandeln. [4]Die Regelungen des Satzes 1 gelten nicht für Pensionsverpflichtungen, soweit sie auf Grund einer vertraglichen Vereinbarung unverfallbar sind.

Hinweise

H 6a (12)

Übertragung von Pensionszusagen auf Pensionsfonds

Zur Übertragung von Versorgungsverpflichtungen und Versorgungsanwartschaften auf Pensionsfonds nach § 4e Abs. 3 EStG i. V. m. § 3 Nr. 66 EStG → BMF vom 26. 10. 2006 (BStBl I S. 709).

Arbeitgeberwechsel

R 6a (13)

(13) Übernimmt ein Stpfl. in einem Wirtschaftsjahr eine Pensionsverpflichtung gegenüber einem Arbeitnehmer, der bisher in einem anderen Unternehmen tätig gewesen ist, unter gleichzeitiger Übernahme von Vermögenswerten, ist bei der Ermittlung des Teilwertes der Verpflichtung der Jahresbetrag i. S. d. § 6a Abs. 3 Satz 2 Nr. 1 EStG so zu bemessen, dass zu Beginn des Wirtschaftsjahres der Übernahme der Barwert der Jahresbeträge zusammen mit den übernommenen Vermögenswerten gleich dem Barwert der künftigen Pensionsleistungen ist; dabei darf sich kein negativer Jahresbetrag ergeben.

Berücksichtigung von Renten aus der gesetzlichen Rentenversicherung

R 6a (14)

(14) Sieht die Pensionszusage vor, dass die Höhe der betrieblichen Rente in bestimmter Weise von der Höhe der Renten aus der gesetzlichen Rentenversicherung abhängt, darf die Pensionsrückstellung in diesen Fällen nur auf der Grundlage der von dem Unternehmen nach Berücksichtigung der Renten aus der gesetzlichen Rentenversicherung tatsächlich noch selbst zu zahlenden Beträge berechnet werden.

Hinweise

H 6a (14)

Näherungsverfahren

Zur Berücksichtigung von Renten aus der gesetzlichen Rentenversicherung → BMF vom 16. 12. 2005 (BStBl I S. 1056), vom 15. 3. 2007 (BStBl I S. 290) ***und vom 5. 5. 2008 (BStBl I S. 570)***.

Doppelfinanzierung

R 6a (15)

(15) [1]Wenn die gleichen Versorgungsleistungen an denselben Empfängerkreis sowohl über eine Pensions- oder Unterstützungskasse oder einen Pensionsfonds als auch über Pensionsrückstellungen finanziert werden sollen, ist die Bildung einer Pensionsrückstellung nicht zulässig. [2]Eine schädliche Überschneidung liegt dagegen nicht vor, wenn es sich um verschiedene Versorgungsleistungen handelt, z. B. bei der Finanzierung der Invaliditätsrenten über Pensions- oder Unterstützungskassen und der Altersrenten über Pensionsrückstellungen oder der Finanzierung rechtsverbindlich zugesagter Leistungen über Rückstellungen und darüber hinausgehender freiwilliger Leistungen über eine Unterstützungskasse.

Hinweise

H 6a (15)

Überschneidung

Die Bildung von Pensionsrückstellungen und Zuwendungen an Pensions- und Unterstützungskassen schließen sich gegenseitig aus → BFH vom 22. 1. 1958 (BStBl III S. 186).

R 6a (16) **Handelsvertreter**

(16) [1]Sagt der Unternehmer dem selbständigen Handelsvertreter eine Pension zu, muss sich der Handelsvertreter die versprochene Versorgung nach § 89b Abs. 1 Satz 1 Nr. 3 HGB auf seinen Ausgleichsanspruch anrechnen lassen. [2]Die Pensionsverpflichtung des Unternehmers wird also durch die Ausgleichsverpflichtung nicht gemindert, es sei denn, es ist etwas anderes vereinbart.

R 6a (17) **Stichtagsprinzip**

(17) [1]Für die Bildung der Pensionsrückstellung sind die Verhältnisse am Bilanzstichtag maßgebend. [2]Änderungen der Bemessungsgrundlagen, die erst nach dem Bilanzstichtag wirksam werden, sind zu berücksichtigen, wenn sie am Bilanzstichtag bereits feststehen. [3]Danach sind Erhöhungen von Anwartschaften und laufenden Renten, die nach dem Bilanzstichtag eintreten, in die Rückstellungsberechnung zum Bilanzstichtag einzubeziehen, wenn sowohl ihr Ausmaß als auch der Zeitpunkt ihres Eintritts am Bilanzstichtag feststehen. [4]Wird die Höhe der Pension z. B. von Bezugsgrößen der gesetzlichen Rentenversicherungen beeinflusst, sind künftige Änderungen dieser Bezugsgrößen, die am Bilanzstichtag bereits feststehen, z. B. die ab 1.1. des Folgejahres geltende Beitragsbemessungsgrenze, bei der Berechnung der Pensionsrückstellung zum Bilanzstichtag zu berücksichtigen. [5]Die für das Folgejahr geltenden Bezugsgrößen stehen in dem Zeitpunkt fest, in dem die jeweilige Sozialversicherungs-Rechengrößenverordnung im Bundesgesetzblatt verkündet wird.

H 6a (17)

Hinweise

Mehrjährige Gehaltssteigerung (Beispiel):

Ein Arbeitnehmer hat eine Pensionszusage in Höhe von 10 % des letzten vor Eintritt des Versorgungsfalles bezogenen Gehalts. Am 10. 12. 01 wird rechtsverbindlich vereinbart, dass sich das derzeitige Gehalt von 3 000 € mit Wirkung vom 1. 4. 02 auf 3 150 € und mit Wirkung vom 1. 2. 03 auf 3 250 € erhöht. Die dadurch vereinbarten Erhöhungen des Pensionsanspruchs von 15 € monatlich zum 1. 4. 02 und von 10 € monatlich zum 1. 2. 03 sind bereits bei der Rückstellungsberechnung zum 31. 12. 01 zu berücksichtigen.

Steigerungen der Versorgungsansprüche

Fest zugesagte prozentuale Rentenerhöhungen sind bei der Bewertung der Pensionsrückstellung zu berücksichtigen (→ BFH vom 17. 5. 1995 – BStBl 1996 II S. 423); Entsprechendes gilt für zugesagte prozentuale Steigerungen der Rentenanwartschaft (→ BFH vom 25. 10. 1995 – BStBl 1996 II S. 403).

Mögliche künftige ***Anpassungen*** nach § 16 ***Abs. 1*** Betriebsrentengesetz sind nicht rückstellungsfähig (→ BFH vom 6. 12. 1995 – BStBl 1996 II S. 406).

Überversorgung

Zur bilanzsteuerrechtlichen Berücksichtigung von überdurchschnittlich hohen Versorgungsanwartschaften (Überversorgung) → BMF vom 3. 11. 2004 (BStBl I S. 1045) ***und vom 16. 6. 2008 (BStBl I S. 681)***.

Wertpapiergebundene Pensionszusagen

Pensionsrückstellungen können nur insoweit gebildet werden, als der Versorgungsanspruch auf die garantierte Mindestleistung entfällt. Zusätzliche Leistungen, die vom Wert bestimmter Wertpapiere (z. B. Fondsanteile, Aktien) zu einem festgelegten künftigen Zeitpunkt (z. B. Eintritt des Versorgungsfalles) abhängen, sind nicht zu berücksichtigen (→ BMF vom 17. 12. 2002 – BStBl I S. 1397).

→ abgedruckt zu H 6a (24)

R 6a (18) **Inventurerleichterung**

(18) [1]Die Pensionsverpflichtungen sind grundsätzlich auf Grund einer körperlichen Bestandsaufnahme (Feststellung der pensionsberechtigten Personen und der Höhe ihrer Pensions-
Anhang 13 ansprüche) für den Bilanzstichtag zu ermitteln. [2]In Anwendung von § 241 Abs. 3 HGB kann der für die Berechnung der Pensionsrückstellungen maßgebende Personenstand auch auf einen Tag (Inventurstichtag) innerhalb von drei Monaten vor oder zwei Monaten nach dem Bilanzstichtag

aufgenommen werden, wenn sichergestellt ist, dass die Pensionsverpflichtungen für den Bilanzstichtag ordnungsgemäß bewertet werden können. [3]Es ist nicht zu beanstanden, wenn im Falle der Vorverlegung der Bestandsaufnahme bei der Berechnung der Pensionsrückstellungen wie folgt verfahren wird:

1. Die für den Inventurstichtag festgestellten Pensionsverpflichtungen sind bei der Berechnung der Pensionsrückstellungen für den Bilanzstichtag mit ihrem Wert vom Bilanzstichtag anzusetzen.
2. Aus Vereinfachungsgründen können bei der Berechnung der Pensionsrückstellungen für den Bilanzstichtag die folgenden Veränderungen der Pensionsverpflichtungen, die in der Zeit vom Inventurstichtag bis zum Bilanzstichtag eintreten, unberücksichtigt bleiben:
   a) Veränderungen, die auf biologischen Ursachen, z. B. Tod, Invalidität, beruhen;
   b) Veränderungen durch normale Zu- oder Abgänge von pensionsberechtigten Personen oder durch Übergang in eine andere Gehalts- oder Pensionsgruppe, z. B. Beförderung. [2]Außergewöhnliche Veränderungen, z. B. Stilllegung oder Eröffnung eines Teilbetriebs, bei Massenentlassungen oder bei einer wesentlichen Erweiterung des Kreises der pensionsberechtigten Personen, sind bei der Rückstellungsberechnung für den Bilanzstichtag zu berücksichtigen.

   [2]Allgemeine Leistungsänderungen für eine Gruppe von Verpflichtungen, die nicht unter Satz 1 Buchstabe a oder b fallen, sind bei der Rückstellungsberechnung für den Bilanzstichtag mindestens näherungsweise zu berücksichtigen; für den folgenden Bilanzstichtag ist der sich dann ergebende tatsächliche Wert anzusetzen.
3. Soweit Veränderungen der Pensionsverpflichtungen nach Nummer 2 bei der Berechnung der Rückstellungen für den Bilanzstichtag unberücksichtigt bleiben, sind sie zum nächsten Bilanzstichtag bis zur steuerlich zulässigen Höhe zu berücksichtigen.
4. Werden werterhöhende Umstände, die nach Nummer 2 bei der Berechnung der Rückstellungen für den Bilanzstichtag unberücksichtigt bleiben können, dennoch in die Rückstellungsberechnung einbezogen, sind bei der Rückstellungsberechnung auch wertmindernde Umstände, die nach Nummer 2 außer Betracht bleiben können, zu berücksichtigen.
5. Die Nummern 2 bis 4 gelten nicht, wenn bei einem Stpfl. am Inventurstichtag nicht mehr als 20 Pensionsberechtigte vorhanden sind. [2]Sie gelten ferner nicht für Vorstandsmitglieder und Geschäftsführer von Kapitalgesellschaften.

Ausscheiden eines Anwärters

R 6a (19)

(19) [1]Die Rückstellung für Pensionsverpflichtungen gegenüber einer Person, die mit einer unverfallbaren Versorgungsanwartschaft ausgeschieden ist, ist beizubehalten, solange das Unternehmen mit einer späteren Inanspruchnahme zu rechnen hat. [2]Sofern dem Unternehmen nicht bereits vorher bekannt ist, dass Leistungen nicht zu gewähren sind, braucht die Frage, ob mit einer Inanspruchnahme zu rechnen ist, erst nach Erreichen der vertraglich vereinbarten Altersgrenze geprüft zu werden. [3]Steht bis zum Ende des Wirtschaftsjahres, das auf das Wirtschaftsjahr des Erreichens der Altersgrenze folgt, die spätere Inanspruchnahme nicht fest, ist die Rückstellung zu diesem Zeitpunkt aufzulösen.

Hinweise

H 6a (19)

Ablösung der Rente

Bei der Bewertung einer Pensionsverpflichtung kann eine Ablösungsvereinbarung erst berücksichtigt werden, wenn sie feststeht (→ BFH vom 7. 4. 1994 – BStBl II S. 740).

Zuführung zur Pensionsrückstellung

R 6a (20)

Anhang 13

(20) [1]Nach § 249 HGB i. V. m. § 6a Abs. 4 EStG muss in einem Wirtschaftsjahr der Rückstellung der Unterschiedsbetrag zwischen dem Teilwert am Schluss des Wirtschaftsjahres und dem Teilwert am Schluss des vorangegangenen Wirtschaftsjahres zugeführt werden. [2]Die Höhe der Pensionsrückstellung in der Steuerbilanz darf nach dem Grundsatz der Maßgeblichkeit den zulässigen Ansatz in der Handelsbilanz nicht überschreiten. [3]Überschreitet die steuerliche Zuführung in einem Wirtschaftsjahr die in der Handelsbilanz vorgenommene Zuführung, ist sie ***– bei inhaltlich unverändert gebliebener Versorgungsverpflichtung –*** nur zu berücksichtigen, soweit in der Steuerbilanz keine höhere Rückstellung ausgewiesen wird als die in der Handelsbilanz berücksichtigte Rückstellung. [4]Ist in der Handelsbilanz für eine Pensionsverpflichtung zulässigerweise eine

Rückstellung gebildet worden, die niedriger ist als der Teilwert nach § 6a EStG, ist in der Steuerbilanz wegen des Nachholverbots der Unterschiedsbetrag in dem Wirtschaftsjahr nachzuholen, in dem das Dienstverhältnis unter Aufrechterhaltung der Pensionsanwartschaft endet oder in dem der Versorgungsfall eintritt.

H 6a (20)

Hinweise

Nachholverbot

- Ist eine Rückstellung nicht gebildet worden, weil ihr die BFH-Rechtsprechung entgegenstand, so führt die Aufgabe dieser Rechtsprechung nicht dazu, dass für die Zeit bis zur Aufgabe dieser Rechtsprechung das Nachholverbot des § 6a Abs. 4 EStG gilt. Die Rückstellung kann spätestens in dem Jahr, in dem die Rechtsprechung aufgegeben wird, in vollem Umfang nachgeholt werden (→ BFH vom 7. 4. 1994 – BStBl II S. 740).
- Das Nachholverbot ist auch bei Pensionsrückstellungen anzuwenden, die in einem vorangegangenen Wirtschaftsjahr aufgrund einer zulässigen Bewertungsmethode niedriger als möglich bewertet worden sind (→ BFH vom 10. 7. 2002 – BStBl 2003 II S. 936).
- Beruht der fehlende oder fehlerhafte Ansatz einer Pensionsrückstellung auf einem Rechtsirrtum, ist das Nachholverbot anzuwenden. Das gilt unabhängig davon, ob nach den Umständen des jeweiligen Einzelfalles eine willkürliche Gewinnverschiebung anzunehmen ist (→ BMF vom 11. 12. 2003 – BStBl I S. 746).
- ***Das Nachholverbot geht dem Grundsatz des formellen Bilanzzusammenhangs vor (→ BFH vom 13. 2. 2008 – BStBl II S. 673).***

R 6a (21) **Auflösung der Pensionsrückstellung**

(21) [1]Auflösungen oder Teilauflösungen in der Steuerbilanz sind nur insoweit zulässig, als sich
Anhang 13 die Höhe der Pensionsverpflichtung gemindert hat. [2]***Wird die Pensionszusage widerrufen (→ Absätze 3 bis 6), ist die Pensionsrückstellung in der nächstfolgenden Bilanz gewinnerhöhend aufzulösen und ist erst wieder zu passivieren, wenn die Zusage mit unschädlichen Vorbehalten wieder in Kraft gesetzt wird (z. B. durch rechtskräftiges Urteil oder Vergleich).*** [3]Ist die Rückstellung ganz oder teilweise aufgelöst worden, ohne dass sich die Pensionsverpflichtung entsprechend geändert hat, ist die Steuerbilanz insoweit unrichtig. [4]Dieser Fehler ist im Wege der Bilanzberichtigung (→ R 4.4) zu korrigieren. [5]Dabei ist die Rückstellung in Höhe des Betrags anzusetzen, der nicht hätte aufgelöst werden dürfen, höchstens jedoch mit dem Teilwert der Pensionsverpflichtung.

H 6a (21)

Hinweise

Richttafeln 1998

→ BMF vom 31. 12. 1998 (BStBl I S. 1528) und vom 13. 4. 1999 (BStBl I S. 436)

Richttafeln 2005 G

→ BMF vom 16. 12. 2005 (BStBl I S. 1054)

R 6a (22) (22) [1]Nach dem Zeitpunkt des vertraglich vorgesehenen Eintritts des Versorgungsfalles ***oder eines gewählten früheren Zeitpunktes (→ zweites Wahlrecht, Absatz 11 Satz 3)*** ist die Pensionsrückstellung in jedem Wirtschaftsjahr in Höhe des Unterschiedsbetrags zwischen dem versicherungsmathematischen Barwert der künftigen Pensionsleistungen am Schluss des Wirtschaftsjahres und ***der*** am Schluss des vorangegangenen Wirtschaftsjahres ***passivierten Pensionsrückstellung*** gewinnerhöhend aufzulösen; die laufenden Pensionsleistungen sind dabei als Betriebsausgaben abzusetzen. [2]Eine Pensionsrückstellung ist auch dann ***in Höhe des Unterschiedsbetrages nach Satz 1*** aufzulösen, wenn der Pensionsberechtigte nach dem Zeitpunkt des vertraglich vorgesehenen Eintritts des Versorgungsfalles noch weiter gegen Entgelt tätig bleibt („technischer Rentner"), es sei denn, dass bereits die Bildung der Rückstellung auf die Zeit bis zu dem voraussichtlichen Ende der Beschäftigung des Arbeitnehmers verteilt worden ist (→ Absatz 11). [3]Ist für ein Wirtschaftsjahr, das nach dem Zeitpunkt des vertraglich vorgesehenen Eintritts des Versorgungsfalles endet, die am Schluss des vorangegangenen Wirtschaftsjahres ausgewiesene Rückstellung niedriger als der versicherungsmathematische Barwert der künftigen Pensionsleistungen am Schluss des Wirtschaftsjahres, darf die Rückstellung erst von dem Wirtschaftsjahr ab aufgelöst werden, in dem der Barwert der künftigen Pensionsleistungen am Schluss des Wirtschaftsjahres niedriger ist als der am Schluss des vorangegangenen Wirtschaftsjahres ausgewiesene Betrag der Rückstellung. [4]In dem Wirtschaftsjahr, in dem eine bereits laufende Pensionsleistung herabgesetzt wird oder eine Hinterbliebenenrente beginnt, darf eine bisher ausgewiesene Rückstellung, die höher ist als der Barwert, nur bis zur Höhe dieses Barwerts aufgelöst werden.

Rückdeckungsversicherung R 6a (23)

(23) [1]Eine aufschiebend bedingte Abtretung des Rückdeckungsanspruchs an den pensionsberechtigten Arbeitnehmer für den Fall, dass der Pensionsanspruch durch bestimmte Ereignisse gefährdet wird, z. B. bei Insolvenz des Unternehmens, wird – soweit er nicht im Insolvenzfall nach § 9 Abs. 2 Betriebsrentengesetz auf den Träger der Insolvenzsicherung übergeht – erst wirksam, wenn die Bedingung eintritt (§ 158 Abs. 1 BGB). [2]Die Rückdeckungsversicherung behält deshalb bis zum Eintritt der Bedingung ihren bisherigen Charakter bei. [3]Wird durch Eintritt der Bedingung die Abtretung an den Arbeitnehmer wirksam, wird die bisherige Rückdeckungsversicherung zu einer Direktversicherung.

Hinweise

H 6a (23)

Begriff der Rückdeckungsversicherung

Eine Rückdeckungsversicherung liegt vor, wenn

- dem Arbeitnehmer ausreichend bestimmt eine Versorgung aus den Mitteln des Arbeitgebers zugesagt ist,
- zur Gewährleistung der Mittel für die Ausführung dieser Versorgung eine Sicherung geschaffen ist,
- die Sicherung nicht zusätzlich den Belangen des Arbeitnehmers dient, sondern allein oder überwiegend den Belangen des Arbeitgebers zu dienen bestimmt ist.

Das ist gewährleistet, wenn der Arbeitgeber Versicherungsnehmer, alleiniger Prämienzahler und Bezugsberechtigter auf die Versicherungsleistungen ist (→ BFH vom 28. 6. 2001 – BStBl 2002 II S. 724).

Getrennte Bilanzierung

Der Rückdeckungsanspruch einerseits und die Pensionsverpflichtung andererseits stellen unabhängig voneinander zu bilanzierende Wirtschaftsgüter dar (→ BFH vom 25. 2. 2004 – BStBl II S. 654). Eine Saldierung des Rückdeckungsanspruches mit der Pensionsrückstellung ist auch dann nicht zulässig, wenn eine solche nicht passiviert werden muss, weil es sich um eine Altzusage (→ R 6a Abs. 1 Satz 3) handelt (→ BFH vom 28. 6. 2001 – BStBl 2002 II S. 724). Auch bei Rückdeckung in voller Höhe (kongruente Rückdeckung) ist eine Saldierung nicht zulässig (→ BFH vom 25. 2. 2004 – BStBl II S. 654).

Rückdeckungsanspruch

- Ansprüche aus der Rückdeckung von Pensionsverpflichtungen sind als Forderungen grundsätzlich mit ihren Anschaffungskosten anzusetzen. Das sind die bis zum jeweiligen Bilanzstichtag vom Versicherungsnehmer unmittelbar aufgewendeten Sparanteile der Versicherungsprämien (Sparbeiträge) zzgl. der Zinsansprüche sowie der Guthaben aus Überschussbeteiligungen. Hierfür ist das vom Versicherer jeweils nachgewiesene Deckungskapital (Deckungsrückstellung) die Bewertungsgrundlage und der Bewertungsmaßstab. ***Hierzu gehören alle aus dem Versicherungsvertragsverhältnis resultierenden Ansprüche gegen den Versicherer (z. B. Guthaben aus Überschussbeteiligungen, verzinslichen Ansammlungen, Anwartschaft auf Hinterbliebenenleistungen usw.).*** Eine Begrenzung des Bilanzansatzes auf den Betrag der passivierten Pensionsrückstellung ist nicht zulässig (→ BFH vom 25. 2. 2004 – BStBl II S. 654).
- Der Anspruch aus der Rückdeckung einer Zusage auf Hinterbliebenenversorgung ist mit dem vom Versicherer nachgewiesenen Deckungskapital ***(Deckungsrückstellung)*** zu aktivieren (→ BFH vom 9. 8. 2006 – BStBl II S. 762).

Teilwertabschreibung

Eine Teilwertabschreibung von Ansprüchen aus der Rückdeckung von Pensionsverpflichtungen kommt nur in Betracht, wenn besondere Anhaltspunkte vorliegen, die den Abschluss der Rückdeckungsversicherung als geschäftliche Fehlmaßnahme erscheinen lassen. Die Tatsache, dass der Rückkaufswert einer Versicherung das angesammelte Deckungskapital regelmäßig unterschreitet, rechtfertigt keine Teilwertabschreibung auf diesen Wert, solange der Rückkauf nicht beabsichtigt ist oder wenn der Rückkauf mit Rentenbeginn ausgeschlossen ist (→ BFH vom 25. 2. 2004 – BStBl II S. 654).

Vereinfachungsregelung

Wegen einer Vereinfachungsregelung bei der Aktivierung des Rückdeckungsanspruchs → die gleichlautenden Erlasse der obersten Finanzbehörden der Länder im BStBl 1963 II S. 47.

Wertpapiergebundene Pensionszusagen

Betriebliche Altersversorgung;
Rückstellungen nach § 6a EStG bei wertpapiergebundenen Pensionszusagen

BMF vom 17. 12. 2002 (BStBl I S. 1397)

Zur Frage des Ansatzes und der Bewertung von Pensionsrückstellungen nach § 6a EStG für Versorgungszusagen, die neben einem garantierten Mindestbetrag Leistungen vorsehen, die vom Wert bestimmter Wertpapiere zu einem festgelegten Zeitpunkt abhängen (wertpapiergebundene Versorgungszusagen), nehme ich nach Abstimmung mit den obersten Finanzbehörden der Länder wie folgt Stellung:

1. Ansatz und Bewertung der Pensionsrückstellung

   Eine Pensionsrückstellung kann nur gebildet werden, wenn und soweit der Pensionsberechtigte einen Rechtsanspruch auf einmalige oder laufende Pensionsleistungen hat (§ 6a Abs. 1 Nr. 1 EStG). Am Bilanzstichtag ungewisse Erhöhungen oder Verminderungen der Pensionsleistungen können erst berücksichtigt werden, wenn sie eingetreten sind (§ 6a Abs. 3 Satz 2 Nr. 1 Satz 4 EStG).

   Sieht eine Pensionszusage neben einer garantierten Mindestversorgung zusätzliche Leistungen vor, die vom Wert bestimmter Wertpapiere (z. B. Fondsanteile, Aktien) zu einem festgelegten künftigen Zeitpunkt (z. B. Eintritt des Versorgungsfalles) abhängen, besteht insoweit nach den Verhältnissen am Bilanzstichtag kein Rechtsanspruch gem. § 6a Abs. 1 Nr. 1 EStG. Der über die garantierte Mindestleistung hinausgehende Wert der Wertpapiere stellt darüber hinaus eine ungewisse Erhöhung des Pensionsanspruchs im Sinne von § 6a Abs. 3 Satz 2 Nr. 1 Satz 4 EStG dar. Eine Pensionsrückstellung kann folglich nur insoweit gebildet werden, als der Versorgungsanspruch auf die garantierte Mindestleistung entfällt.

2. Getrennte Bilanzierung der Wertpapiere und der Pensionsverpflichtung

   Soweit eine Pensionsverpflichtung durch den Erwerb von Wertpapieren abgesichert wird, kommt eine zusammengefasste Bewertung nicht in Betracht (vgl. R 41 Abs. 24 Satz 1 EStR[1]) zu Rückdeckungsversicherungen). Die Absicherung der Versorgungszusage hat auf die Passivierung der Verpflichtung keinen Einfluss. Maßgebend ist ausschließlich die Bewertung nach § 6a EStG.

EStG
S 2139

§ 6b Übertragung stiller Reserven bei der Veräußerung bestimmter Anlagegüter

[2] **(1) [1]Steuerpflichtige, die**

Grund und Boden,

Aufwuchs auf Grund und Boden mit dem dazugehörigen Grund und Boden, wenn der Aufwuchs zu einem land- und forstwirtschaftlichen Betriebsvermögen gehört, oder

Gebäude oder Binnenschiffe

veräußern, können im Wirtschaftsjahr der Veräußerung von den Anschaffungs- oder Herstellungskosten der in Satz 2 bezeichneten Wirtschaftsgüter, die im Wirtschaftsjahr der Veräußerung oder im vorangegangenen Wirtschaftsjahr angeschafft oder hergestellt worden sind,

1) Jetzt R 6a Abs. 23 EStR 2005.
2) Zur zeitlichen Anwendung von Absatz 1 → § 52 Abs. 18b EStG.

einen Betrag bis zur Höhe des bei der Veräußerung entstandenen Gewinns abziehen. [2]Der Abzug ist zulässig bei den Anschaffungs- oder Herstellungskosten von

1. Grund und Boden,

   soweit der Gewinn bei der Veräußerung von Grund und Boden entstanden ist,

2. Aufwuchs auf Grund und Boden mit dem dazugehörigen Grund und Boden, wenn der Aufwuchs zu einem land- und forstwirtschaftlichen Betriebsvermögen gehört,

   soweit der Gewinn bei der Veräußerung von Grund und Boden oder der Veräußerung von Aufwuchs auf Grund und Boden mit dem dazugehörigen Grund und Boden entstanden ist,

3. Gebäuden,

   soweit der Gewinn bei der Veräußerung von Grund und Boden, von Aufwuchs auf Grund und Boden mit dem dazugehörigen Grund und Boden oder Gebäuden entstanden ist oder

4. Binnenschiffen,

   soweit der Gewinn bei der Veräußerung von Binnenschiffen entstanden ist.

[3]Der Anschaffung oder Herstellung von Gebäuden steht ihre Erweiterung, ihr Ausbau oder ihr Umbau gleich. [4]Der Abzug ist in diesem Fall nur von dem Aufwand für die Erweiterung, den Ausbau oder den Umbau der Gebäude zulässig.

(2) [1]Gewinn im Sinne des Absatzes 1 Satz 1 ist der Betrag, um den der Veräußerungspreis nach Abzug der Veräußerungskosten den Buchwert übersteigt, mit dem das veräußerte Wirtschaftsgut im Zeitpunkt der Veräußerung anzusetzen gewesen wäre. [2]Buchwert ist der Wert, mit dem ein Wirtschaftsgut nach § 6 anzusetzen ist.

(3) [1]Soweit Steuerpflichtige den Abzug nach Absatz 1 nicht vorgenommen haben, können sie im Wirtschaftsjahr der Veräußerung eine den steuerlichen Gewinn mindernde Rücklage bilden. [2]Bis zur Höhe dieser Rücklage können sie von den Anschaffungs- oder Herstellungskosten der in Absatz 1 Satz 2 bezeichneten Wirtschaftsgüter, die in den folgenden vier Wirtschaftsjahren angeschafft oder hergestellt worden sind, im Wirtschaftsjahr ihrer Anschaffung oder Herstellung einen Betrag unter Berücksichtigung der Einschränkungen des Absatzes 1 Satz 2 bis 4 abziehen. [3]Die Frist von vier Jahren verlängert sich bei neu hergestellten Gebäuden auf sechs Jahre, wenn mit ihrer Herstellung vor dem Schluss des vierten auf die Bildung der Rücklage folgenden Wirtschaftsjahres begonnen worden ist. [4]Die Rücklage ist in Höhe des abgezogenen Betrags gewinnerhöhend aufzulösen. [5]Ist eine Rücklage am Schluss des vierten auf ihre Bildung folgenden Wirtschaftsjahres noch vorhanden, so ist sie in diesem Zeitpunkt gewinnerhöhend aufzulösen, soweit nicht ein Abzug von den Herstellungskosten von Gebäuden in Betracht kommt, mit deren Herstellung bis zu diesem Zeitpunkt begonnen worden ist; ist die Rücklage am Schluss des sechsten auf ihre Bildung folgenden Wirtschaftsjahres noch vorhanden, so ist sie in diesem Zeitpunkt gewinnerhöhend aufzulösen.

(4) [1]Voraussetzung für die Anwendung der Absätze 1 und 3 ist, dass

1. der Steuerpflichtige den Gewinn nach § 4 Abs. 1 oder § 5 ermittelt,
2. die veräußerten Wirtschaftsgüter im Zeitpunkt der Veräußerung mindestens sechs Jahre ununterbrochen zum Anlagevermögen einer inländischen Betriebsstätte gehört haben,
3. die angeschafften oder hergestellten Wirtschaftsgüter zum Anlagevermögen einer inländischen Betriebsstätte gehören,
4. der bei der Veräußerung entstandene Gewinn bei der Ermittlung des im Inland steuerpflichtigen Gewinns nicht außer Ansatz bleibt und
5. der Abzug nach Absatz 1 und die Bildung und Auflösung der Rücklage nach Absatz 3 in der Buchführung verfolgt werden können.

[2]Der Abzug nach den Absätzen 1 und 3 ist bei Wirtschaftsgütern, die zu einem land- und forstwirtschaftlichen Betrieb gehören oder der selbständigen Arbeit dienen, nicht zulässig, wenn der Gewinn bei der Veräußerung von Wirtschaftsgütern eines Gewerbebetriebs entstanden ist.

(5) An die Stelle der Anschaffungs- oder Herstellungskosten im Sinne des Absatzes 1 tritt in den Fällen, in denen das Wirtschaftsgut im Wirtschaftsjahr vor der Veräußerung angeschafft oder hergestellt worden ist, der Buchwert am Schluss des Wirtschaftsjahres der Anschaffung oder Herstellung.

(6) [1]Ist ein Betrag nach Absatz 1 oder 3 abgezogen worden, so tritt für die Absetzungen für Abnutzung oder Substanzverringerung oder in den Fällen des § 6 Abs. 2 *und Abs. 2a* im Wirtschaftsjahr des Abzugs der verbleibende Betrag an die Stelle der Anschaffungs- oder Herstel- [1)]

[1)] *Absatz 6 Satz 1 wurde durch das Unternehmensteuerreformgesetz 2008 ab VZ 2008 geändert.*

lungskosten. [2]In den Fällen des § 7 Abs. 4 Satz 1 und Abs. 5 sind die um den Abzugsbetrag nach Absatz 1 oder 3 geminderten Anschaffungs- oder Herstellungskosten maßgebend.

(7) Soweit eine nach Absatz 3 Satz 1 gebildete Rücklage gewinnerhöhend aufgelöst wird, ohne dass ein entsprechender Betrag nach Absatz 3 abgezogen wird, ist der Gewinn des Wirtschaftsjahres, in dem die Rücklage aufgelöst wird, für jedes volle Wirtschaftsjahr, in dem die Rücklage bestanden hat, um 6 vom Hundert des aufgelösten Rücklagenbetrags zu erhöhen.

(8) [1]Werden Wirtschaftsgüter im Sinne des Absatzes 1 zum Zweck der Vorbereitung oder Durchführung von städtebaulichen Sanierungs- oder Entwicklungsmaßnahmen an einen der in Satz 3 bezeichneten Erwerber übertragen, sind die Absätze 1 bis 7 mit der Maßgabe anzuwenden, dass

1. **die Fristen des Absatzes 3 Satz 2, 3 und 5 sich jeweils um drei Jahre verlängern und**
2. **an die Stelle der in Absatz 4 Nr. 2 bezeichneten Frist von sechs Jahren eine Frist von zwei Jahren tritt.**

[2]Erwerber im Sinne des Satzes 1 sind Gebietskörperschaften, Gemeindeverbände, Verbände im Sinne des § 166 Abs. 4 des Baugesetzbuchs, Planungsverbände nach § 205 des Baugesetzbuchs, Sanierungsträger nach § 157 des Baugesetzbuchs, Entwicklungsträger nach § 167 des Baugesetzbuchs sowie Erwerber, die städtebauliche Sanierungsmaßnahmen als Eigentümer selbst durchführen (§ 147 Abs. 2 und § 148 Abs. 1 des Baugesetzbuchs).

(9) Absatz 8 ist nur anzuwenden, wenn die nach Landesrecht zuständige Behörde bescheinigt, dass die Übertragung der Wirtschaftsgüter zum Zweck der Vorbereitung oder Durchführung von städtebaulichen Sanierungs- oder Entwicklungsmaßnahmen an einen der in Absatz 8 Satz 2 bezeichneten Erwerber erfolgt ist.

(10) [1]Steuerpflichtige, die keine Körperschaften, Personenvereinigungen oder Vermögensmassen sind, können Gewinne aus der Veräußerung von Anteilen an Kapitalgesellschaften bis zu einem Betrag von 500000 Euro auf die im Wirtschaftsjahr der Veräußerung oder in den folgenden zwei Wirtschaftsjahren angeschafften Anteile an Kapitalgesellschaften oder angeschafften oder hergestellten abnutzbaren beweglichen Wirtschaftsgüter oder auf die im Wirtschaftsjahr der Veräußerung oder in den folgenden vier Wirtschaftsjahren angeschafften oder hergestellten Gebäude nach Maßgabe der Sätze 2 bis 11 übertragen. [2]Wird der Gewinn im Jahr der Veräußerung auf Gebäude oder abnutzbare bewegliche Wirtschaftsgüter übertragen, so kann ein Betrag bis zur Höhe des bei der Veräußerung entstandenen und nicht nach § 3 Nr. 40 Satz 1 Buchstabe a und b in Verbindung mit § 3c Abs. 2 steuerbefreiten Betrags von den Anschaffungs- oder Herstellungskosten für Gebäude oder abnutzbare bewegliche Wirtschaftsgüter abgezogen werden. [3]Wird der Gewinn im Jahr der Veräußerung auf Anteile an Kapitalgesellschaften übertragen, mindern sich die Anschaffungskosten der Anteile an Kapitalgesellschaften in Höhe des Veräußerungsgewinns einschließlich des nach § 3 Nr. 40 Satz 1 Buchstabe a und b in Verbindung mit § 3c Abs. 2 steuerbefreiten Betrages. [4]Absatz 2, Absatz 4 Satz 1 Nr. 1, 2, 3, 5 und Satz 2 sowie Absatz 5 sind sinngemäß anzuwenden. [5]Soweit Steuerpflichtige den Abzug nach den Sätzen 1 bis 4 nicht vorgenommen haben, können sie eine Rücklage nach Maßgabe des Satzes 1 einschließlich des nach § 3 Nr. 40 Satz 1 Buchstabe a und b in Verbindung mit § 3c Abs. 2 steuerbefreiten Betrages bilden. [6]Bei der Auflösung der Rücklage gelten die Sätze 2 und 3 sinngemäß. [7]Im Fall des Satzes 2 ist die Rücklage in gleicher Höhe um den nach § 3 Nr. 40 Satz 1 Buchstabe a und b in Verbindung mit § 3c Abs. 2 steuerbefreiten Betrag aufzulösen. [8]Ist eine Rücklage am Schluss des vierten auf ihre Bildung folgenden Wirtschaftsjahres noch vorhanden, so ist sie in diesem Zeitpunkt gewinnerhöhend aufzulösen. [9]Soweit der Abzug nach Satz 6 nicht vorgenommen wurde, ist der Gewinn des Wirtschaftsjahres, in dem die Rücklage aufgelöst wird, für jedes volle Wirtschaftsjahr, in dem die Rücklage bestanden hat, um 6 Prozent des nicht nach § 3 Nr. 40 Satz 1 Buchstabe a und b in Verbindung mit § 3c Abs. 2 steuerbefreiten aufgelösten Rücklagenbetrags zu erhöhen. [10]Für die zum Gesamthandsvermögen von Personengesellschaften oder Gemeinschaften gehörenden Anteile an Kapitalgesellschaften gelten die Sätze 1 bis 9 nur, soweit an den Personengesellschaften und Gemeinschaften keine Körperschaften, Personenvereinigungen oder Vermögensmassen beteiligt sind.

EStDV

§ 9a Anschaffung, Herstellung

Jahr der Anschaffung ist das Jahr der Lieferung, Jahr der Herstellung ist das Jahr der Fertigstellung.

6b.1. Ermittlung des Gewinns aus der Veräußerung bestimmter Anlagegüter i. S. d. § 6b EStG

R 6b.1
S 2139

Begriff der Veräußerung

(1) [1]Es ist ohne Bedeutung, ob der Unternehmer das Wirtschaftsgut freiwillig veräußert oder ob die Veräußerung unter Zwang erfolgt, z. B. infolge oder zur Vermeidung eines behördlichen Eingriffs oder im Wege einer Zwangsversteigerung. [2]Die Veräußerung setzt den Übergang eines Wirtschaftsgutes von einer Person auf eine andere voraus. [3]Auch der Tausch von Wirtschaftsgütern ist eine Veräußerung. [4]Die Überführung von Wirtschaftsgütern aus einem Betrieb in einen anderen Betrieb des Stpfl. und die Überführung von Wirtschaftsgütern aus dem Betriebsvermögen in das Privatvermögen sowie das Ausscheiden von Wirtschaftsgütern infolge höherer Gewalt sind keine Veräußerungen. ***[5]In den Fällen des rückwirkenden Teilwertansatzes nach § 6 Abs. 5 Satz 4 EStG ist eine Gewinnübertragung nach § 6b EStG zulässig, wenn die Übertragung des Wirtschaftsgutes entgeltlich (z. B. gegen Gewährung von Gesellschaftsrechten) erfolgt ist.***

Buchwert

(2) [1]Buchwert ist der Wert, der sich für das Wirtschaftsgut im Zeitpunkt seiner Veräußerung ergeben würde, wenn für diesen Zeitpunkt eine Bilanz aufzustellen wäre. [2]Das bedeutet, dass bei abnutzbaren Anlagegütern auch noch AfA nach § 7 EStG, erhöhte Absetzungen sowie etwaige Sonderabschreibungen für den Zeitraum vom letzten Bilanzstichtag bis zum Veräußerungszeitpunkt vorgenommen werden können. [3]Eine Wertaufholung nach § 6 Abs. 1 Nr. 1 Satz 4 oder § 7 Abs. 1 Satz 7 EStG ist vorzunehmen.

Hinweise

H 6b.1

Abbruchkosten

Kosten für den anlässlich einer Veräußerung des Grund und Bodens erfolgten Abbruch eines Gebäudes stellen laufenden Aufwand dar und haben keine Auswirkung auf die Höhe des Veräußerungsgewinns i. S. d. § 6b Abs. 2 EStG (→ BFH vom 27. 2. 1991 – BStBl II S. 628).

Aufwuchs auf Grund und Boden

- Begriff
  Aufwuchs auf dem Grund und Boden sind die Pflanzen, die auf dem Grund und Boden gewachsen und noch darin verwurzelt sind (→ BFH vom 7. 5. 1987 – BStBl II S. 670).
- Veräußerungsvorgänge
  Die Anwendung des § 6b EStG ist auch dann möglich, wenn Aufwuchs auf Grund und Boden und der dazugehörige Grund und Boden in engem sachlichen (wirtschaftlichen) und zeitlichen Zusammenhang an zwei verschiedene Erwerber veräußert werden und die Veräußerungen auf einem einheitlichen Veräußerungsentschluss beruhen (→ BFH vom 7. 5. 1987 – BStBl II S. 670).

Einbringung

Zulässigkeit der Bildung einer Rücklage nach § 6b EStG: Ist Grundbesitz dem Anlagevermögen oder Umlaufvermögen zuzurechnen, wenn ein landwirtschaftlicher Betrieb in eine Personengesellschaft eingebracht wird, deren Geschäftszweck die Bestellung von Erbbaurechten und der Verkauf von Parzellen zur Bebauung ist?

→ FG Münster vom 15. 2. 2005 (6 K 2381/03 F) – Rev. – IV R 22/07

Entnahme

Erwirbt der Stpfl. für die Hingabe eines Wirtschaftsgutes ein Wirtschaftsgut des Privatvermögens oder wird er dafür von einer privaten Schuld befreit, liegt eine nach § 6b EStG nicht begünstigte Entnahme vor (→ BFH vom 23. 6. 1981 – BStBl 1982 II S. 18); siehe aber → Tausch.

Grund und Boden

- Der Begriff „Grund und Boden" umfasst nur den „nackten" Grund und Boden → BFH vom 24. 8. 1989 (BStBl II S. 1016).
- Das Recht, ein Grundstück mit Klärschlamm zu verfüllen, ist kein vom Grund und Boden verselbständigtes Wirtschaftsgut (→ BFH vom 20. 3. 2003 – BStBl II S. 878).

Nicht begünstigte Wirtschaftsgüter

Zum Grund und Boden rechnen nicht

- Gebäude,
- Bodenschätze, soweit sie als Wirtschaftsgut bereits entstanden sind,
- Eigenjagdrechte (→ BMF vom 23. 6. 1999 – BStBl I S. 593),
- grundstücksgleiche Rechte,
- Be- und Entwässerungsanlagen,
- stehendes Holz,
- Obst- und Baumschulanlagen,
- Korbweidenkulturen,
- Rebanlagen,
- Spargelanlagen,
- Feldinventar,
- Rechte, den Grund und Boden zu nutzen (→ BFH vom 24. 8. 1989 – BStBl II S. 1016).

Rückwirkender Teilwertansatz nach § 6 Abs. 5 EStG

Erfolgte die ursprüngliche Übertragung des Wirtschaftsguts

a) unentgeltlich, ist § 6b EStG nicht anwendbar, weil es am Tatbestandsmerkmal der „Veräußerung" fehlt. § 6 Abs. 5 Satz 4 EStG stellt in diesen Fällen eine bloße Bewertungsvorschrift dar, so dass der aus dem rückwirkenden Teilwertansatz resultierende Gewinn („Bewertungs-Gewinn") nicht einem nach § 6b EStG begünstigten Veräußerungsgewinn gleichgesetzt werden kann.

b) gegen Gewährung von Gesellschaftsrechten, liegt ein tauschähnliches Geschäft und damit eine entgeltliche Übertragung (Veräußerung) vor. Insoweit ist der durch die rückwirkende Teilwertbewertung entstehende Gewinn als Veräußerungsgewinn i. S. d. § 6b EStG zu qualifizieren.

→ OFD Frankfurt vom 14. 4. 2008 – S 2139 A – 2 – St 210 (BB 2008, S. 1784)

Tausch

Bei tauschweiser Hingabe eines betrieblichen Wirtschaftsgutes setzt die Inanspruchnahme des § 6b EStG voraus, dass der Anspruch auf das eingetauschte Wirtschaftsgut (zunächst) Betriebsvermögen wird (→ BFH vom 29. 6. 1995 – BStBl 1996 II S. 60); siehe aber → Entnahme.

Umlegungs- und Flurbereinigungsverfahren

Zwischen Grundstücken, die in ein Umlegungs- oder Flurbereinigungsverfahren eingebracht werden und den daraus im Zuteilungswege erlangten Grundstücken besteht Identität, soweit die eingebrachten und erlangten Grundstücke wertgleich sind; eine Gewinnrealisierung nach Tauschgrundsätzen tritt insoweit nicht ein (→ BFH vom 13. 3. 1986 – BStBl II S. 711).

Veräußerung

ist die entgeltliche Übertragung des wirtschaftlichen Eigentums an einem Wirtschaftsgut (→ BFH vom 27. 8. 1992 – BStBl 1993 II S. 225).

Veräußerung aus dem Gesamthandsvermögen

Veräußert eine Personengesellschaft ein Wirtschaftsgut aus dem Gesamthandsvermögen an einen Gesellschafter zu Bedingungen, die bei entgeltlichen Veräußerungen zwischen Fremden üblich sind, und wird das Wirtschaftsgut bei dem Erwerber Privatvermögen, so ist der dabei realisierte Gewinn insgesamt, d. h. auch soweit der Erwerber als Gesellschafter am Vermögen der veräußernden Personengesellschaft beteiligt ist, ein begünstigungsfähiger Veräußerungsgewinn (→ BFH vom 10. 7. 1980 – BStBl 1981 II S. 84).

Zeitpunkt des Übergangs des wirtschaftlichen Eigentums

Das wirtschaftliche Eigentum ist in dem Zeitpunkt übertragen, in dem die Verfügungsmacht (Herrschaftsgewalt) auf den Erwerber übergeht. In diesem Zeitpunkt scheidet das Wirtschaftsgut bestandsmäßig aus dem Betriebsvermögen des veräußernden Stpfl. aus und darf dementsprechend (auch handelsrechtlich) nicht mehr bilanziert werden (→ BFH vom 27. 2. 1986 – BStBl II S. 552).

→ H 4.2 (1) Gewinnrealisierung bei Rücktrittsrecht

6b.2. Übertragung aufgedeckter stiller Reserven und Rücklagenbildung nach § 6b EStG[1]) R 6b.2

Abzug des begünstigten Gewinns

(1) [1]Voraussetzung für den Abzug des begünstigten Gewinns von den Anschaffungs- oder Herstellungskosten eines Wirtschaftsgutes nach § 6b Abs. 1, Abs. 3 oder Abs. 10 EStG ist, dass in der handelsrechtlichen Jahresbilanz entsprechend verfahren wird. [2]Soweit der Abzug in einem der folgenden Wirtschaftsjahre in der handelsrechtlichen Jahresbilanz durch eine Zuschreibung rückgängig gemacht wird, erhöht der Betrag der Zuschreibung den Buchwert des Wirtschaftsgutes (§ 5 Abs. 1 Satz 2 EStG). [3]Nach § 6b Abs. 1 oder Abs. 10 Satz 1 bis 3 EStG kann der Abzug nur in dem Wirtschaftsjahr vorgenommen werden, in dem der begünstigte Gewinn entstanden ist (Veräußerungsjahr). [4]Ist das Wirtschaftsgut in diesem Wirtschaftsjahr angeschafft oder hergestellt worden, ist der Abzug von den gesamten in diesem Wirtschaftsjahr angefallenen Anschaffungs- oder Herstellungskosten vorzunehmen. [5]Dies gilt unabhängig davon, ob das Wirtschaftsgut vor oder nach der Veräußerung angeschafft oder hergestellt worden ist. [6]Ist das Wirtschaftsgut in dem Wirtschaftsjahr angeschafft oder hergestellt worden, das dem Veräußerungsjahr vorangegangen ist, ist der Abzug nach § 6b Abs. 1 EStG von dem Buchwert nach § 6b Abs. 5 EStG vorzunehmen. [7]Sind im Veräußerungsjahr noch nachträgliche Anschaffungs- oder Herstellungskosten angefallen, ist der Abzug von dem um diese Kosten erhöhten Buchwert vorzunehmen. [8]Nach § 6b Abs. 3 oder Abs. 10 EStG kann der Abzug nur in dem Wirtschaftsjahr vorgenommen werden, in dem das Wirtschaftsgut angeschafft oder hergestellt worden ist. [9]Der Abzug ist von den gesamten in diesem Wirtschaftsjahr angefallenen Anschaffungs- oder Herstellungskosten des Wirtschaftsgutes vorzunehmen. [10]Bei nachträglichen Herstellungskosten, die durch die Erweiterung, den Ausbau oder den Umbau eines Gebäudes entstehen, ist der Abzug nach § 6b Abs. 1, 3 oder Abs. 10 EStG unabhängig vom Zeitpunkt der ursprünglichen Anschaffung oder Herstellung dieses Wirtschaftsgutes zulässig. S 2139

Rücklagenbildung

(2) [1]Voraussetzung für die Bildung der Rücklage in der Steuerbilanz ist, dass ein entsprechender Passivposten in der Handelsbilanz ausgewiesen wird (→ § 5 Abs. 1 Satz 2 EStG). [2]Soweit Stpfl. keine Handelsbilanz aufstellen und dazu auch nicht verpflichtet sind, brauchen sie die Rücklage nur in der Steuerbilanz auszuweisen, z. B. Land- und Forstwirte sowie Gesellschafter einer Personengesellschaft, wenn Wirtschaftsgüter veräußert worden sind, die zum Sonderbetriebsvermögen gehören.

(3) [1]Rücklagen nach § 6b Abs. 3 EStG können in der Bilanz in einem Posten zusammengefasst werden. [2]In der Buchführung muss aber im Einzelnen nachgewiesen werden, bei welchen Wirtschaftsgütern der in die Rücklage eingestellte Gewinn entstanden und auf welche Wirtschaftsgüter er übertragen oder wann die Rücklage gewinnerhöhend aufgelöst worden ist.

Rücklagenauflösung

(4) Wird der Gewinn des Stpfl. in einem Wirtschaftsjahr, das in den nach § 6b Abs. 3 oder Abs. 10 EStG maßgebenden Zeitraum fällt, geschätzt, weil keine Bilanz aufgestellt wurde, ist die Rücklage in diesem Wirtschaftsjahr gewinnerhöhend aufzulösen und ein Betrag in Höhe der Rücklage im Rahmen der Gewinnschätzung zu berücksichtigen.

Gewinnzuschlag

(5) [1]Der → Gewinnzuschlag nach § 6b Abs. 7 oder Abs. 10 EStG ist in den Fällen vorzunehmen, in denen ein Abzug von den Anschaffungs- oder Herstellungskosten begünstigter Wirtschaftsgüter nicht oder nur teilweise vorgenommen worden ist und die Rücklage oder der nach Abzug verbleibende Rücklagenbetrag aufgelöst wird. [2]Ein Gewinnzuschlag ist demnach auch vorzunehmen, soweit die Auflösung einer Rücklage vor Ablauf der in § 6b Abs. 3 oder Abs. 10 EStG genannten Fristen erfolgt (vorzeitige Auflösung der Rücklage).

Übertragungsmöglichkeiten

(6) [1]Ein Stpfl. kann den begünstigten Gewinn, der in einem als Einzelunternehmen geführten Betrieb entstanden ist, vorbehaltlich der Regelung in § 6b Abs. 4 Satz 2 EStG auf Wirtschaftsgüter übertragen, die

1) Für Veräußerungen nach dem 31. 12. 1998 und vor dem 1. 1. 2002 gelten die R 41a bis R 41c EStR 1999/EStR 2001.

1. zu demselben oder einem anderen als Einzelunternehmen geführten Betrieb des Stpfl. gehören oder
2. zum Betriebsvermögen einer Personengesellschaft gehören, an der der Stpfl. als Mitunternehmer beteiligt ist, soweit die Wirtschaftsgüter dem Stpfl. als Mitunternehmer zuzurechnen sind.

[2]Ein Stpfl. kann den begünstigten Gewinn aus der Veräußerung eines Wirtschaftsgutes, das zu seinem Sonderbetriebsvermögen bei einer Mitunternehmerschaft gehört, vorbehaltlich der Regelung in § 6b Abs. 4 Satz 2 EStG auf Wirtschaftsgüter übertragen, die

1. zu demselben Sonderbetriebsvermögen des Stpfl. oder zum Sonderbetriebsvermögen des Stpfl. bei einer anderen Personengesellschaft gehören oder
2. zum Gesamthandsvermögen der Personengesellschaft, der das veräußerte Wirtschaftsgut gedient hat, oder zum Gesamthandsvermögen einer anderen Personengesellschaft gehören, soweit die Wirtschaftsgüter dem Stpfl. als Mitunternehmer zuzurechnen sind, oder
3. zu einem als Einzelunternehmen geführten Betrieb des Stpfl. gehören.

[3]Wegen der Rücklage bei Betriebsveräußerung oder -aufgabe → Absatz 10.

(7) Der begünstigte Gewinn aus der Veräußerung eines Wirtschaftsgutes, das zum Gesamthandsvermögen einer Personengesellschaft gehört, kann übertragen werden

1. auf Wirtschaftsgüter, die zum Gesamthandsvermögen der Personengesellschaft gehören,
2. auf Wirtschaftsgüter, die zum Sonderbetriebsvermögen eines Mitunternehmers der Personengesellschaft gehören, aus deren Betriebsvermögen das veräußerte Wirtschaftsgut ausgeschieden ist, soweit der begünstigte Gewinn anteilig auf diesen Mitunternehmer entfällt,
3. vorbehaltlich der Regelung in § 6b Abs. 4 Satz 2 EStG auf Wirtschaftsgüter, die zum Betriebsvermögen eines anderen als Einzelunternehmen geführten Betriebs eines Mitunternehmers gehören, soweit der begünstigte Gewinn anteilig auf diesen Mitunternehmer entfällt,
4. vorbehaltlich der Regelung in § 6b Abs. 4 Satz 2 EStG auf Wirtschaftsgüter, die zum Gesamthandsvermögen einer anderen Personengesellschaft oder zum Sonderbetriebsvermögen des Mitunternehmers bei einer anderen Personengesellschaft gehören, soweit diese Wirtschaftsgüter dem Mitunternehmer der Gesellschaft, aus deren Betriebsvermögen das veräußerte Wirtschaftsgut ausgeschieden ist, zuzurechnen sind und soweit der begünstigte Gewinn anteilig auf diesen Mitunternehmer entfällt.

(8) [1]Wird der begünstigte Gewinn, der bei der Veräußerung eines Wirtschaftsgutes entstanden ist, bei den Anschaffungs- oder Herstellungskosten eines Wirtschaftsgutes eines anderen Betriebs des Stpfl. berücksichtigt, ist er erfolgsneutral dem Kapitalkonto der für den veräußernden Betrieb aufzustellenden Bilanz hinzuzurechnen. [2]Gleichzeitig ist ein Betrag in Höhe des begünstigten Gewinns von den Anschaffungs- oder Herstellungskosten der in dem anderen Betrieb angeschafften oder hergestellten Wirtschaftsgüter erfolgsneutral (zu Lasten des Kapitalkontos) abzusetzen. [3]Eine nach § 6b Abs. 3 oder Abs. 10 EStG gebildete Rücklage kann auf einen anderen Betrieb erst in dem Wirtschaftsjahr übertragen werden, in dem der Abzug von den Anschaffungs- oder Herstellungskosten bei Wirtschaftsgütern des anderen Betriebs vorgenommen wird.

Rücklage bei Änderung der Unternehmensform

(9) [1]Bei der Umwandlung eines Einzelunternehmens in eine Personengesellschaft kann der bisherige Einzelunternehmer eine von ihm gebildete Rücklage in einer Ergänzungsbilanz weiterführen. [2]Wird eine Personengesellschaft in ein Einzelunternehmen umgewandelt, kann der den Betrieb fortführende Gesellschafter eine Rücklage der Gesellschaft insoweit weiterführen, als sie (anteilig) auf ihn entfällt. [3]Bei der Realteilung einer Personengesellschaft unter Fortführung entsprechender Einzelunternehmen kann die Rücklage anteilig in den Einzelunternehmen fortgeführt werden.

Rücklage bei Betriebsveräußerung

(10) [1]Veräußert ein Stpfl. seinen Betrieb, zu dessen Betriebsvermögen eine Rücklage i. S. d. § 6b Abs. 3 EStG gehört, oder bildet er eine solche Rücklage anlässlich der Betriebsveräußerung, kann er die Rücklage noch für die Zeit weiterführen, für die sie ohne Veräußerung des Betriebs zulässig gewesen wäre. [2]Wegen der Übertragungsmöglichkeit Absatz 6 und 7. [3]Wird eine Rücklage, die nicht anlässlich der Betriebsveräußerung gebildet worden ist, weitergeführt, kann für den Veräußerungsgewinn der Freibetrag nach § 16 Abs. 4 EStG und die Tarifermäßigung des § 34 Abs. 1 EStG nur in Anspruch genommen werden, wenn die Rücklage keine stillen Reserven enthält, die bei der Veräußerung einer wesentlichen Grundlage des Betriebs aufgedeckt worden sind. [4]Liegen die Voraussetzungen für die Weiterführung der Rücklage nicht oder nicht mehr vor, ist sie gewinnerhöhend aufzulösen. [5]Wird eine Rücklage allerdings im Rahmen einer Betriebsver-

äußerung aufgelöst, gehört der dabei entstehende Gewinn zum Veräußerungsgewinn. [6]Diese Grundsätze gelten bei der Veräußerung eines Mitunternehmeranteiles, bei der Auflösung einer Personengesellschaft und bei der Aufgabe eines Betriebs entsprechend.

Wechsel der Gewinnermittlungsart

(11) [1]Geht ein Stpfl. während des Zeitraums, für den eine nach § 6b Abs. 3 oder Abs. 10 EStG gebildete Rücklage fortgeführt werden kann, von der Gewinnermittlung nach § 4 Abs. 1 oder § 5 EStG zur Gewinnermittlung nach § 4 Abs. 3 EStG oder nach Durchschnittssätzen (§ 13a EStG) über, gelten für die Fortführung und die Übertragungsmöglichkeiten dieser Rücklage die Vorschriften des § 6c EStG. [2]Geht der Stpfl. von der Gewinnermittlung nach § 4 Abs. 3 EStG oder nach Durchschnittssätzen (§ 13a EStG) zur Gewinnermittlung nach § 4 Abs. 1 oder § 5 EStG über und sind im Zeitpunkt des Wechsels der Gewinnermittlungsart nach § 6c EStG begünstigte Gewinne noch nicht aufzulösen, ist in Höhe der noch nicht übertragenen Gewinne eine Rücklage in der Übergangsbilanz auszuweisen. [3]Für die weitere Behandlung dieser Rücklage gelten die Vorschriften des § 6b EStG.

Gewinne aus der Veräußerung von Anteilen an Kapitalgesellschaften

(12) [1]Für die Berechnung des Höchstbetrages nach § 6b Abs. 10 Satz 1 EStG ist der einzelne Mitunternehmer als Stpfl. anzusehen, mit der Folge, dass der Höchstbetrag von 500 000 Euro für jeden Mitunternehmer zur Anwendung kommt. [2]Dabei ist für die zeitliche Zuordnung der Gewinne bei abweichendem Wirtschaftsjahr auf den VZ abzustellen, dem die entstandenen Gewinne aus der Veräußerung nach § 4a EStG zuzuordnen sind.

(13) [1]Eine Übertragung des Gewinns auf die in dem der Veräußerung vorangegangenen Wirtschaftsjahr angeschafften oder hergestellten Wirtschaftsgüter sieht § 6b Abs. 10 Satz 1 EStG (anders als § 6b Abs. 1 Satz 1 EStG) ausdrücklich nicht vor. [2]Eine Übertragung des Gewinns ist auf die frühestens im gleichen Wirtschaftsjahr angeschafften oder hergestellten Reinvestitionsgüter möglich.

Hinweise

H 6b.2

Anschaffungszeitpunkt

Gehen Besitz, Nutzen und Lasten eines Wirtschaftsgutes erst zum ersten Tag des folgenden Wirtschaftsjahres über, so ist das Wirtschaftsgut erst in diesem Wirtschaftsjahr angeschafft (→ BFH vom 7. 11. 1991 – BStBl 1992 II S. 398).

Anwendung des § 6b Abs. 10 EStG bei Gewinnermittlung nach § 4 Abs. 3 EStG oder nach § 13a EStG

§ 6c Abs. 1 Satz 1 EStG verweist für seinen sachlichen Anwendungsbereich uneingeschränkt auf § 6b EStG. Damit sind auch die durch das UntStFG neu eingefügten Regelungen des § 6b Abs. 10 EStG erfasst.

Eine andere Auslegung widerspräche auch dem Sinn und Zweck der in § 6b Abs. 10 EStG enthaltenen sog. Reinvestitionsrücklage. Die Regelung flankiert die vorgesehenen Erleichterungen von Umstrukturierungen hinsichtlich der Veräußerung von Beteiligungen an Unternehmen in der Rechtsform einer Kapitalgesellschaft. Durch die Neufassung des § 6b Abs. 10 EStG soll die für Investitionen zur Verfügung stehende Liquidität bei Personenunternehmen, insbesondere im mittelständischen Bereich, verbessert werden. Eine Beschränkung des Anwendungsbereichs nur auf bilanzierende Steuerpflichtige ist daher weder gewollt noch aus dem Gesetzeswortlaut ableitbar.

Die Anwendung des § 6c i. V. m. § 6b Abs. 10 EStG ist im Rahmen der Durchschnittssatzgewinnermittlung nach § 13a EStG aus rechtssystematischen Gründen jedoch auf Veräußerungsvorgänge beschränkt, die tatbestandlich unter den Regelungsbereich des § 13a Abs. 6 Satz 1 Nr. 2 EStG fallen.

→ BMF vom 14. 10. 2002 (DB 2003, S. 2513)

Einlage

Die Einlage eines Wirtschaftsgutes in das Betriebsvermögen ist keine Anschaffung i. S. d. § 6b EStG (→ BFH vom 11. 12. 1984 – BStBl 1985 II S. 250).

Gewinnzuschlag

Die Rücklage hat auch dann während des ganzen Wirtschaftsjahres bestanden, wenn sie buchungstechnisch bereits während des laufenden Wirtschaftsjahres aufgelöst worden ist (→ BFH vom 26. 10. 1989 – BStBl 1990 II S. 290).

Beispiel zur Berechnung des Gewinnzuschlags

Ein Stpfl., dessen Wirtschaftsjahr mit dem Kalenderjahr übereinstimmt, veräußert am 1. 2. 01 ein Wirtschaftsgut. Der nach § 6b EStG begünstigte Gewinn beträgt 400 000 €. Der Stpfl. bildet in der Bilanz des Jahres 01 eine Rücklage in Höhe von 400 000 €, die er auch in den Bilanzen der Jahre 02 und 03 ausweist. Am 1. 10. 04 erwirbt er ein begünstigtes Wirtschaftsgut, dessen Anschaffungskosten 300 000 € betragen. Der Stpfl. nimmt einen gewinnmindernden Abzug von 300 000 € vor und löst die gesamte Rücklage gewinnerhöhend auf.

Der Gewinn aus der Auflösung der Rücklage beträgt 400 000 € – davon werden 300 000 € nach § 6b Abs. 3 Satz 4 EStG und 100 000 € nach § 6b Abs. 3 Satz 5 EStG aufgelöst. Bemessungsgrundlage für den Gewinnzuschlag sind 100 000 €. Die Rücklage hat in den Wirtschaftsjahren 01 bis 04 bestanden. Der Gewinnzuschlag ist für jedes volle Wirtschaftsjahr des Bestehens der Rücklage vorzunehmen; das sind die Wirtschaftsjahre 02 bis 04, denn im Wirtschaftsjahr 04 kann die Auflösung der Rücklage erst zum Bilanzabschluss und nicht bereits zum Zeitpunkt der Wiederanlage erfolgen.

Der Gewinnzuschlag beträgt 3 × 6 % von 100 000 € = 18 000 €.

Herstellungsbeginn

Der für die Verlängerung der Auflösungsfrist nach § 6b Abs. 3 Satz 3 EStG maßgebende Herstellungsbeginn kann die Einreichung des Bauantrags sein (→ BFH vom 15. 10. 1981 – BStBl 1982 II S. 63).

Ein vor Einreichung des Bauantrags durchgeführter Gebäudeabbruch zum Zweck der Errichtung eines Neubaus kann als Beginn der Herstellung in Betracht kommen (→ BFH vom 12. 6. 1978 – BStBl II S. 620).

Rücklage bei Betriebsveräußerung

- Gewinne aus der Auflösung von Rücklagen, die nicht im Rahmen eines Gewinns aus einer Betriebsveräußerung oder -aufgabe angefallen sind, sind nicht tarifbegünstigt (→ BFH vom 4. 2. 1982 – BStBl II S. 348).
- Die Zulässigkeit der Rücklage nach § 6b Abs. 3 EStG setzt nicht voraus, dass die Mittel aus der Rücklage für eine Reinvestition noch zur Verfügung stehen und eine konkrete Reinvestitionsabsicht besteht. Es genügt, dass die spätere Übertragung der Rücklage auf ein begünstigtes Reinvestitionsobjekt am Bilanzstichtag objektiv möglich ist (→ BFH vom 12. 12. 2000 – BStBl 2001 II S. 282).

Rücklagenauflösung

Voraussetzung für die Übertragung der Rücklage ist, dass das Gebäude bis zum Schluss des sechsten Wirtschaftsjahres nach Bildung der Rücklage fertiggestellt wird. Die Rücklage kann in diesem Fall zum Ende des vierten auf die Bildung folgenden Wirtschaftsjahres nur noch in der Höhe der noch zu erwartenden Herstellungskosten für das Gebäude beibehalten werden (→ BFH vom 26. 10. 1989 – BStBl 1990 II S. 290).

Rücklagenbildung

Die Rücklage ist in der Bilanz des Wirtschaftsjahres zu bilden, in dem der Veräußerungsgewinn entstanden ist; es handelt sich um die Ausübung eines Bilanzierungswahlrechts (→ BFH vom 30. 3. 1989 – BStBl II S. 560).

Wird der Gewinn vom Finanzamt geschätzt, weil der Stpfl. keine Bilanz erstellt hat, ist die Bildung der Rücklage nicht zulässig (→ BFH vom 24. 1. 1990 – BStBl II S. 426).

Bei Mitunternehmern ist die Entscheidung, ob die Voraussetzungen für die Bildung einer Rücklage vorliegen, im Gewinnfeststellungsverfahren zu treffen (→ BFH vom 25. 7. 1979 – BStBl 1980 II S. 43).

Umgekehrte Maßgeblichkeit

Zur Übertragung einer Rücklage nach § 6b EStG von einer Kapitalgesellschaft auf ein Wirtschaftsgut einer Personengesellschaft, an der die Kapitalgesellschaft beteiligt ist → BMF vom 15. 1. 2008 (BStBl I S. 495).

Auszug:

1. Auflösung der Rücklage bei der Kapitalgesellschaft

   Wird die in der Bilanz der Kapitalgesellschaft gebildete Rücklage bei den Anschaffungs- oder Herstellungskosten eines Wirtschaftsguts der Personengesellschaft, an der die Kapitalgesellschaft beteiligt ist, berücksichtigt, ist bilanzsteuerrechtlich entsprechend den Grundsätzen in R 6b.2 Abs. 8 EStR 2005 zu verfahren. In der Handelsbilanz der Kapitalgesellschaft muss der Sonderposten mit Rücklagenanteil aufgelöst werden, weil die Ausübung dieses steuerlichen Wahlrechtes nicht mehr dargestellt werden kann.

   Da die Beteiligung an einer Personengesellschaft abweichend vom Handelsrecht in der Steuerbilanz der Kapitalgesellschaft kein selbständiges Wirtschaftsgut darstellt, sondern die anteilige Zurechnung der der Personengesellschaft dienenden Wirtschaftsgüter beim Gesellschafter begründet, mindert sich der entsprechende Ansatz in der Steuerbilanz der Kapitalgesellschaft aufgrund der spiegelbildlichen Darstellungsweise (vgl. unter II. 2. Minderung des Kapitalkontos der Kapitalgesellschaft in der Steuerbilanz der Personengesellschaft). Dies gilt unabhängig von der Bewertung der Beteiligung in der Handelsbilanz der Kapitalgesellschaft. Der Grundsatz der umgekehrten Maßgeblichkeit findet insoweit keine Anwendung, da für den Ansatz der Beteiligung an der Personengesellschaft kein steuerliches Wahlrecht im Sinne des § 5 Abs. 1 Satz 2 EStG besteht.

2. Minderung der Anschaffungs-/Herstellungskosten des Wirtschaftsgutes bei der Personengesellschaft (Mitunternehmerschaft)

   Wird der begünstigte Gewinn auf ein Wirtschaftsgut einer Personengesellschaft übertragen, sind die Anschaffungs- oder Herstellungskosten dieses Wirtschaftsgutes zu mindern. Die Übertragung wird durch erfolgsneutrale Absetzung vom Kapitalkonto in der Steuerbilanz der Personengesellschaft abgebildet. Da § 6b EStG eine gesellschafterbezogene Begünstigung darstellt, ist allein das Kapitalkonto in der Steuerbilanz des Mitunternehmers zu mindern, der den begünstigten Gewinn überträgt.

   Die Übertragung der Rücklage stellt die Ausübung eines steuerlichen Wahlrechtes dar. Nach dem Grundsatz der umgekehrten Maßgeblichkeit müssen daher die Anschaffungs- oder Herstellungskosten des Wirtschaftsgutes in der Handelsbilanz der Personengesellschaft entsprechend gemindert werden. Soweit der Abzug in einem der folgenden Wirtschaftjahre in der handelsrechtlichen Jahresbilanz durch eine Zuschreibung rückgängig gemacht wird, erhöht der Betrag der Zuschreibung den Buchwert des Wirtschaftsgutes in der Steuerbilanz (§ 5 Abs. 1 Satz 2 EStG, R 6b.2 Abs. 1 Satz 2 EStR 2005).

Veräußerungspreis

Der Stpfl. kann die Rücklage, die er für den Gewinn aus der Veräußerung eines Wirtschaftsguts gebildet hat, rückwirkend (§ 175 Abs. 1 Satz 1 Nr. 2 AO) aufstocken, wenn sich der Veräußerungspreis in einem späteren VZ erhöht (→ BFH vom 13. 9. 2000 – BStBl 2001 II S. 641).

Wahlrecht eines Mitunternehmers

→ H 4.4

Zeitliche Zuordnung von Gewinnen aus der Veräußerung von Anteilen an Kapitalgesellschaften

Beispiel:

A betreibt ein Einzelunternehmen und ist außerdem als Mitunternehmer zu 50 % an der A-B OHG beteiligt, die gewerbliche Einkünfte erzielt. Im Einzelunternehmen entspricht das Wirtschaftsjahr dem Kalenderjahr. Die OHG hat ein abweichendes Wirtschaftsjahr vom 1.7. bis 30.6.

A veräußert in seinem Einzelunternehmen im Jahr 02 Anteile an Kapitalgesellschaften mit einem Gewinn von 400 000 €. Auch die A-B OHG veräußert Anteile an Kapitalgesellschaften mit einem Gewinn von 400 000 €, wovon 200 000 € anteilig auf A entfallen, im Februar 02 (Variante 1) oder im November 02 (Variante 2).

Rechtsfolgen

Variante 1:

a) Einzelunternehmen:

Der Gewinn aus der Veräußerung (400 000 €) ist dem VZ 02 zuzuordnen.

b) A-B OHG:

Der Gewinn des abweichenden Wirtschaftsjahres 01/02 ist im VZ 02 steuerlich zu erfassen. Aus diesem Grund ist der Gewinn aus der Veräußerung (Gewinnanteil des A: 200 000 €) ebenfalls dem VZ 02 zuzuordnen.

c) Höchstbetrag 500 000 €:

Da dem VZ 02 Gewinne des A aus der Veräußerung von Anteilen an Kapitalgesellschaften in Höhe von insgesamt 600 000 € zuzuordnen sind, kommt bei ihm der Höchstbetrag von 500 000 € zum Tragen. A kann wählen, in welchem Unternehmen er den über den Höchstbetrag hinausgehenden Gewinn von 100 000 € als laufenden Gewinn, der ggf. dem Halbeinkünfteverfahren unterliegt, ansetzt.

Variante 2:

a) Einzelunternehmen:

Der Gewinn aus der Veräußerung (400 000 €) ist dem VZ 02 zuzuordnen.

b) A-B OHG:

Der Gewinn des abweichenden Wirtschaftsjahres 02/03 ist im VZ 03 steuerlich zu erfassen. Aus diesem Grund ist der Gewinn aus der Veräußerung (Gewinnanteil des A: 200 000 €) ebenfalls dem VZ 03 zuzuordnen.

c) Höchstbetrag 500 000 €:

Da die Gewinne des A aus der Veräußerung von Anteilen an Kapitalgesellschaften in Höhe von 400 000 € dem VZ 02 und in Höhe von 200 000 € dem VZ 03 zuzuordnen sind, ist der Höchstbetrag von 500 000 € in keinem der beiden VZ überschritten.

R 6b.3

6b.3. Sechs-Jahres-Frist i. S. d. § 6b Abs. 4 Satz 1 Nr. 2 EStG

S 2139

(1) [1]Zur Frage der Zugehörigkeit eines Wirtschaftsgutes zum Anlagevermögen → R 6.1. [2]Wirtschaftsgüter, die sechs Jahre zum Betriebsvermögen des Stpfl. gehört haben, können in der Regel als Anlagevermögen angesehen werden, es sei denn, dass besondere Gründe vorhanden sind, die einer Zurechnung zum Anlagevermögen entgegenstehen. [3]Hat der Stpfl. mehrere inländische Betriebsstätten oder Betriebe, deren Einkünfte zu verschiedenen Einkunftsarten gehören, ist die Sechs-Jahres-Frist auch dann gewahrt, wenn das veräußerte Wirtschaftsgut innerhalb der letzten sechs Jahre zum Betriebsvermögen verschiedener Betriebe oder Betriebsstätten des Stpfl. gehörte.

(2) Ist ein neues Wirtschaftsgut unter Verwendung von gebrauchten Wirtschaftsgütern hergestellt worden, ist die Voraussetzung des § 6b Abs. 4 Satz 1 Nr. 2 EStG nur erfüllt, wenn seit der Fertigstellung dieses Wirtschaftsgutes sechs Jahre vergangen sind und das Wirtschaftsgut seit dieser Zeit ununterbrochen zum Anlagevermögen einer inländischen Betriebsstätte des veräußernden Stpfl. gehört hat.

(3) [1]Die Dauer der Zugehörigkeit eines Wirtschaftsgutes zum Betriebsvermögen wird durch nachträgliche Herstellungskosten nicht berührt. [2]Das gilt auch dann, wenn es sich bei den nachträglichen Herstellungskosten um Aufwendungen für einen Ausbau, einen Umbau oder eine Erweiterung eines Gebäudes handelt. [3]Entstehen dagegen durch Baumaßnahmen selbständige Gebäudeteile, gilt Absatz 2 entsprechend.

(4) Bei einem Wirtschaftsgut, das an Stelle eines infolge höherer Gewalt oder infolge oder zur Vermeidung eines behördlichen Eingriffs aus dem Betriebsvermögen ausgeschiedenen Wirtschaftsgutes angeschafft oder hergestellt worden ist (Ersatzwirtschaftsgut im Sinne von R 6.6 Abs. 1 Satz 2 Nr. 2), ist die Sechsjahresfrist erfüllt, wenn das zwangsweise ausgeschiedene Wirtschaftsgut und das Ersatzwirtschaftsgut zusammen sechs Jahre zum Anlagevermögen des Stpfl. gehört haben.

(5) Werden beim Übergang eines Betriebs oder Teilbetriebs die Buchwerte fortgeführt, ist für die Berechnung der Sechsjahresfrist des § 6b Abs. 4 Satz 1 Nr. 2 EStG die Besitzzeit des Rechtsvorgängers der Besitzzeit des Rechtsnachfolgers hinzuzurechnen.

(6) [1]Sind Anteile an einer Kapitalgesellschaft durch Kapitalerhöhung aus Gesellschaftsmitteln entstanden, ist der Besitzzeit dieser (neuen) Anteilsrechte die Besitzzeit der (alten) Anteilsrechte hinzuzurechnen, auf die die (neuen) Anteilsrechte entfallen sind. [2]Der Besitzzeit von Bezugsrechten ist die Besitzzeit der (alten) Anteilsrechte hinzuzurechnen, von denen sie abgespalten sind. [3]Anteilsrechte, die bei einer Kapitalerhöhung gegen Leistung einer Einlage erworben worden sind, können jedoch nicht – auch nicht teilweise – als mit den aus den alten Anteilsrechten abgespaltenen Bezugsrechten wirtschaftlich identisch angesehen werden. [4]Sie erfüllen deshalb nur dann die Voraussetzung des § 6b Abs. 4 Satz 1 Nr. 2 EStG, wenn sie selbst mindestens sechs

Jahre ununterbrochen zum Anlagevermögen einer inländischen Betriebsstätte des Stpfl. gehört haben.

Hinweise

H 6b.3

Baulandumlegungen

→ H 6b.1 (Umlegungs- und Flurbereinigungsverfahren)

Erbauseinandersetzung/vorweggenommene Erbfolge

Wegen der Besitzzeitanrechnung im Falle der Erbauseinandersetzung und der vorweggenommenen Erbfolge → BMF vom 14. 3. 2006 (BStBl I S. 253) und → BMF vom 13. 1. 1993 (BStBl I S. 80) unter Berücksichtigung der Änderungen durch BMF vom 26. 2. 2007 (BStBl I S. 269). Anhang 8

---

§ 6c Übertragung stiller Reserven bei der Veräußerung bestimmter Anlagegüter bei der Ermittlung des Gewinns nach § 4 Abs. 3 oder nach Durchschnittssätzen

EStG
S 2139a

(1) [1]§ 6b mit Ausnahme des § 6b Abs. 4 Nr. 1 ist entsprechend anzuwenden, wenn der Gewinn nach § 4 Abs. 3 oder die Einkünfte aus Land- und Forstwirtschaft nach Durchschnittssätzen ermittelt werden. [2]Soweit nach § 6b Abs. 3 eine Rücklage gebildet werden kann, ist ihre Bildung als Betriebsausgabe (Abzug) und ihre Auflösung als Betriebseinnahme (Zuschlag) zu behandeln; der Zeitraum zwischen Abzug und Zuschlag gilt als Zeitraum, in dem die Rücklage bestanden hat.

(2) [1]Voraussetzung für die Anwendung des Absatzes 1 ist, dass die Wirtschaftsgüter, bei denen ein Abzug von den Anschaffungs- oder Herstellungskosten oder von dem Wert nach § 6b Abs. 5 vorgenommen worden ist, in besondere, laufend zu führende Verzeichnisse aufgenommen werden. [2]In den Verzeichnissen sind der Tag der Anschaffung oder Herstellung, die Anschaffungs- oder Herstellungskosten, der Abzug nach § 6b Abs. 1 und 3 in Verbindung mit Absatz 1, die Absetzungen für Abnutzung, die Abschreibungen sowie die Beträge nachzuweisen, die nach § 6b Abs. 3 in Verbindung mit Absatz 1 als Betriebsausgaben (Abzug) oder Betriebseinnahmen (Zuschlag) behandelt worden sind.

6c. Übertragung stiller Reserven bei der Veräußerung bestimmter Anlagegüter bei der Ermittlung des Gewinns nach § 4 Abs. 3 EStG oder nach Durchschnittssätzen

R 6c

(1) [1]Für die Ermittlung des nach § 6c EStG begünstigten Gewinns gilt § 6b Abs. 2 EStG entsprechend. [2]Danach ist bei der Veräußerung eines nach § 6c EStG begünstigten Wirtschaftsgutes ohne Rücksicht auf den Zeitpunkt des Zufließens des Veräußerungspreises als Gewinn der Betrag begünstigt, um den der Veräußerungspreis nach Abzug der Veräußerungskosten die Aufwendungen für das veräußerte Wirtschaftsgut übersteigt, die bis zu seiner Veräußerung noch nicht als Betriebsausgaben abgesetzt worden sind. [3]Der Veräußerungspreis ist also in voller Höhe im Veräußerungszeitpunkt als Betriebseinnahme zu behandeln, auch wenn er nicht gleichzeitig zufließt. [4]Der (früher oder später) tatsächlich zufließende Veräußerungserlös bleibt außer Betracht, wird also nicht als Betriebseinnahme angesetzt. [5]Ein nach § 6c EStG i. V. m. § 6b Abs. 1 Satz 1 EStG vorgenommener Abzug von den Anschaffungs- oder Herstellungskosten begünstigter Investitionen ist als Betriebsausgabe zu behandeln. [6]Soweit der Stpfl. im Jahr der Veräußerung keinen Abzug in Höhe des begünstigten Gewinns von den Anschaffungs- und Herstellungskosten der im Veräußerungsjahr durchgeführten begünstigten Neuinvestitionen und auch keinen Abzug von dem Betrag nach § 6b Abs. 5 EStG der im Vorjahr angeschafften oder hergestellten begünstigten Wirtschaftsgüter vornimmt, kann er im Jahr der Veräußerung eine fiktive Betriebsausgabe absetzen. [7]Diese Betriebsausgabe ist innerhalb des Zeitraums, in dem bei einem buchführenden Stpfl. eine nach § 6b Abs. 3 EStG gebildete Rücklage auf Neuinvestitionen übertragen werden kann (Übertragungsfrist), durch fiktive Betriebseinnahmen in Höhe der Beträge auszugleichen, die nach § 6c EStG i. V. m. § 6b Abs. 3 EStG von den Anschaffungs- oder Herstellungskosten begünstigter Investitionen abgezogen und als Betriebsausgabe behandelt werden. [8]In Höhe des am Ende der Übertragungsfrist verbleibenden Betrags ist eine (sich in vollem Umfang gewinnerhöhend auswirkende) Betriebseinnahme anzusetzen. [9]Soweit nur für einen Teil des Veräußerungsgewinnes § 6c EStG in Anspruch genommen wird, gelten vorstehende Regelungen für den entsprechenden Teil des Veräußerungserlöses bzw. Veräußerungsgewinns. S 2139a

(2) [1]Wird der Gewinn vom Finanzamt geschätzt, ist der Abzug nicht zulässig. [2]Wird der Gewinn des Stpfl. in einem Wirtschaftsjahr, das in den nach § 6b Abs. 3 EStG maßgebenden Zeitraum fällt, geschätzt, so ist ein Zuschlag in Höhe des ursprünglichen Abzugsbetrags vorzunehmen; § 6b Abs. 7 EStG ist zu beachten.

(3) § 6b Abs. 10 EStG ist entsprechend anzuwenden.

H 6c

Hinweise

Anwendung des § 6b Abs. 10 EStG bei Gewinnermittlung nach § 4 Abs. 3 EStG oder nach § 13a EStG

→ H 6b.2

Berechnungsbeispiel

Ein Stpfl., der den Gewinn nach § 4 Abs. 3 EStG ermittelt, hat ein Werkstattgebäude für 15 000 € veräußert, auf das im Veräußerungszeitpunkt noch insgesamt 3 000 € AfA hätten vorgenommen werden können. Die Veräußerungskosten betragen 1 000 €. Der Stpfl. will für den bei der Veräußerung erzielten Gewinn § 6c EStG in Anspruch nehmen. Er nimmt im Veräußerungsjahr für 4 000 € und in den beiden folgenden Wirtschaftsjahren für 1 000 € und 2 000 € nach § 6b Abs. 1 Satz 3 EStG begünstigte Erweiterungen an seinem Ladengebäude vor.

Der Veräußerungserlös gilt ohne Rücksicht darauf, wann er tatsächlich zufließt, als im Veräußerungsjahr vereinnahmt. Entsprechend gelten die Veräußerungskosten als im Veräußerungsjahr verausgabt. Die Veräußerung des Werkstattgebäudes führt deshalb zu einem nach § 6c EStG begünstigten Gewinn von 15 000 € (Veräußerungserlös) – 3 000 € („Restbuchwert") – 1 000 € (Veräußerungskosten) = 11 000 €. Da der Stpfl. im Veräußerungsjahr von den Anschaffungs- oder Herstellungskosten der in diesem Jahr vorgenommenen Neuinvestitionen einen Abzug von 4 000 € vornimmt, liegt in Höhe dieser 4 000 € eine Betriebsausgabe vor, so dass sich von dem Gewinn aus der Veräußerung des Gebäudes nur noch ein Betrag von (11000–4000) = 7 000 € auswirkt. In Höhe dieser 7 000 € kann der Stpfl. im Veräußerungsjahr noch eine fiktive Betriebsausgabe absetzen und damit den bei der Veräußerung entstandenen Gewinn neutralisieren.

In dem auf die Veräußerung folgenden Wirtschaftsjahr nimmt er von den Anschaffungs- oder Herstellungskosten der Neuinvestitionen einen Abzug von 1 000 € vor, der als Betriebsausgabe zu behandeln ist. Er hat infolgedessen eine fiktive Betriebseinnahme von 1 000 € anzusetzen, um den Vorgang zu neutralisieren.

Im zweiten auf die Veräußerung folgenden Wirtschaftsjahr nimmt er von den Anschaffungs- oder Herstellungskosten der Neuinvestitionen einen Abzug von 2 000 € vor, der als Betriebsausgabe zu behandeln ist. Er hat deshalb in diesem Wirtschaftsjahr eine fiktive Betriebseinnahme von 2 000 € anzusetzen, um den Vorgang zu neutralisieren.

Durch die beiden fiktiven Betriebseinnahmen von 1 000 € und 2 000 € ist die fiktive Betriebsausgabe im Jahr der Veräußerung von 7 000 € bis auf einen Betrag von 4 000 € ausgeglichen. In Höhe dieses Betrags hat der Stpfl. spätestens im vierten auf die Veräußerung folgenden Wirtschaftsjahr eine weitere (sich in vollem Umfang gewinnerhöhend auswirkende) fiktive Betriebseinnahme anzusetzen, wenn er nicht bis zum Schluss des vierten auf die Veräußerung folgenden Wirtschaftsjahres mit der Herstellung eines neuen Gebäudes begonnen hat.

Soweit der Stpfl. einen Abzug von den Anschaffungs- oder Herstellungskosten angeschaffter oder hergestellter Wirtschaftsgüter vorgenommen hat, kann er von dem Wirtschaftsgut keine AfA, erhöhte Absetzungen oder Sonderabschreibungen mehr vornehmen.

Wechsel der Gewinnermittlungsart

Zur Behandlung eines nach §§ 6b, 6c EStG begünstigten Gewinns bei Wechsel der Gewinnermittlung → R 6b.2 Abs. 11.

Zeitpunkt der Wahlrechtsausübung

Das Wahlrecht der Gewinnübertragung nach § 6c EStG kann bis zum Eintritt der formellen Bestandskraft der Steuerfestsetzung ausgeübt werden; seine Ausübung ist auch nach Ergehen eines Urteils in der Tatsacheninstanz bis zum Ablauf der Rechtsmittelfrist zulässig. In diesem Fall ist die Steuerfestsetzung in entsprechender Anwendung des § 175 Abs. 1 Satz 1 Nr. 2 AO zu ändern (→ BFH vom 30. 8. 2001 – BStBl 2002 II S. 49).

§ 6d Euroumrechnungsrücklage

EStG
S 2138a

(letztmals abgedruckt in der Handausgabe 2006, da für VZ ab 2007 ohne Bedeutung)

§ 7 Absetzung für Abnutzung oder Substanzverringerung

EStG

S 2190
S 2191

(1) [1]Bei Wirtschaftsgütern, deren Verwendung oder Nutzung durch den Steuerpflichtigen zur Erzielung von Einkünften sich erfahrungsgemäß auf einen Zeitraum von mehr als einem Jahr erstreckt, ist jeweils für ein Jahr der Teil der Anschaffungs- oder Herstellungskosten abzusetzen, der bei gleichmäßiger Verteilung dieser Kosten auf die Gesamtdauer der Verwendung oder Nutzung auf ein Jahr entfällt (Absetzung für Abnutzung in gleichen Jahresbeträgen). [2]Die Absetzung bemisst sich hierbei nach der betriebsgewöhnlichen Nutzungsdauer des Wirtschaftsgutes. [3]Als betriebsgewöhnliche Nutzungsdauer des Geschäfts- oder Firmenwerts eines Gewerbebetriebs oder eines Betriebs der Land- und Forstwirtschaft gilt ein Zeitraum von 15 Jahren. [4]Im Jahr der Anschaffung oder Herstellung des Wirtschaftsguts vermindert sich für dieses Jahr der Absetzungsbetrag nach Satz 1 um jeweils ein Zwölftel für jeden vollen Monat, der dem Monat der Anschaffung oder Herstellung vorangeht. [5]Bei Wirtschaftsgütern, die nach einer Verwendung zur Erzielung von Einkünften im Sinne des § 2 Abs. 1 Nr. 4 bis 7 in ein Betriebsvermögen eingelegt worden sind, mindern sich die Anschaffungs- oder Herstellungskosten um die Absetzungen für Abnutzung oder Substanzverringerung, Sonderabschreibungen oder erhöhte Absetzungen, die bis zum Zeitpunkt der Einlage vorgenommen worden sind. [6]Bei beweglichen Wirtschaftsgütern des Anlagevermögens, bei denen es wirtschaftlich begründet ist, die Absetzung für Abnutzung nach Maßgabe der Leistung des Wirtschaftsgutes vorzunehmen, kann der Steuerpflichtige dieses Verfahren statt der Absetzung für Abnutzung in gleichen Jahresbeträgen anwenden, wenn er den auf das einzelne Jahr entfallenden Umfang der Leistung nachweist. [7]Absetzungen für außergewöhnliche technische oder wirtschaftliche Abnutzung sind zulässig; soweit der Grund hierfür in späteren Wirtschaftsjahren entfällt, ist in den Fällen der Gewinnermittlung nach § 4 Abs. 1 oder nach § 5 eine entsprechende Zuschreibung vorzunehmen.

(2) ***(weggefallen)*** S 2193 [1] [2]

(3) ***(weggefallen)*** S 2194 [3] [4]

(4) [1]Bei Gebäuden sind abweichend von Absatz 1 als Absetzung für Abnutzung die folgenden Beträge bis zur vollen Absetzung abzuziehen: S 2196

---

[1]) Absatz 2 wurde durch das Unternehmensteuerreformgesetz 2008 aufgehoben. § 7 Abs. 2 EStG in der bis zum 31. 12. 2007 geltenden Fassung ist letztmalig anzuwenden für vor dem 1. 1. 2008 angeschaffte oder hergestellte bewegliche Wirtschaftsgüter → § 52 Abs. 21a Satz 3 EStG.

[2]) ***Durch das Gesetz zur Umsetzung steuerrechtlicher Regelungen des Maßnahmenpakets „Beschäftigungssicherung durch Wachstumsstärkung" wurde ein neuer Absatz 2 für Wirtschaftsgüter, die nach dem 31. 12. 2008 und vor dem 1. 1. 2011 angeschafft oder hergestellt worden sind, eingefügt.***

Anm.: Der eingefügte Absatz 2 lautet:
[1]Bei beweglichen Wirtschaftsgütern des Anlagevermögens, die nach dem 31. Dezember 2008 und vor dem 1. Januar 2011 angeschafft oder hergestellt worden sind, kann der Steuerpflichtige statt der Absetzung für Abnutzung in gleichen Jahresbeträgen die Absetzung für Abnutzung in fallenden Jahresbeträgen bemessen. [2]Die Absetzung für Abnutzung in fallenden Jahresbeträgen kann nach einem unveränderlichen Prozentsatz vom jeweiligen Buchwert (Restwert) vorgenommen werden; der dabei anzuwendende Prozentsatz darf höchstens das Zweieinhalbfache des bei der Absetzung für Abnutzung in gleichen Jahresbeträgen in Betracht kommenden Prozentsatzes betragen und 25 Prozent nicht übersteigen. [3]Absatz 1 Satz 4 und § 7a Abs. 8 gelten entsprechend. [4]Bei Wirtschaftsgütern, bei denen die Absetzung für Abnutzung in fallenden Jahresbeträgen bemessen wird, sind Absetzungen für außergewöhnliche technische oder wirtschaftliche Abnutzung nicht zulässig.

[3]) Absatz 3 wurde durch das Unternehmensteuerreformgesetz 2008 aufgehoben. § 7 Abs. 3 EStG in der bis zum 31. 12. 2007 geltenden Fassung ist letztmalig anzuwenden für vor dem 1. 1. 2008 angeschaffte oder hergestellte bewegliche Wirtschaftsgüter → § 52 Abs. 21a Satz 3 EStG.

[4]) ***Durch das Gesetz zur Umsetzung steuerrechtlicher Regelungen des Maßnahmenpakets „Beschäftigungssicherung durch Wachstumsstärkung" wurde ein neuer Absatz 3 für Wirtschaftsgüter, die nach dem 31. 12. 2008 und vor dem 1. 1. 2011 angeschafft oder hergestellt worden sind, eingefügt.***

Anm.: Der eingefügte Absatz 3 lautet:
[1]Der Übergang von der Absetzung für Abnutzung in fallenden Jahresbeträgen zur Absetzung für Abnutzung in gleichen Jahresbeträgen ist zulässig. [2]In diesem Fall bemisst sich die Absetzung für Abnutzung vom Zeitpunkt des Übergangs an nach dem dann noch vorhandenen Restwert und der Restnutzungsdauer des einzelnen Wirtschaftsguts. [3]Der Übergang von der Absetzung für Abnutzung in gleichen Jahresbeträgen zur Absetzung für Abnutzung in fallenden Jahresbeträgen ist nicht zulässig.

1. bei Gebäuden, soweit sie zu einem Betriebsvermögen gehören und nicht Wohnzwecken dienen und für die der Bauantrag nach dem 31. März 1985 gestellt worden ist, jährlich 3 Prozent,
2. bei Gebäuden, soweit sie die Voraussetzungen der Nummer 1 nicht erfüllen und die
   a) nach dem 31. Dezember 1924 fertig gestellt worden sind, jährlich 2 Prozent,
   b) vor dem 1. Januar 1925 fertig gestellt worden sind, jährlich 2,5 Prozent

der Anschaffungs- oder Herstellungskosten; Absatz 1 Satz 5 gilt entsprechend. [2]Beträgt die tatsächliche Nutzungsdauer eines Gebäudes in den Fällen des Satzes 1 Nr. 1 weniger als 33 Jahre, in den Fällen des Satzes 1 Nr. 2 Buchstabe a weniger als 50 Jahre, in den Fällen des Satzes 1 Nr. 2 Buchstabe b weniger als 40 Jahre, so können an Stelle der Absetzungen nach Satz 1 die der tatsächlichen Nutzungsdauer entsprechenden Absetzungen für Abnutzung vorgenommen werden. [3]Absatz 1 letzter Satz bleibt unberührt. [4]Bei Gebäuden im Sinne der Nummer 2 rechtfertigt die für Gebäude im Sinne der Nummer 1 geltende Regelung weder die Anwendung des Absatzes 1 letzter Satz noch den Ansatz des niedrigeren Teilwertes (§ 6 Abs. 1 Nr. 1 Satz 2).

S 2196 (5) [1]Bei im Inland belegenen Gebäuden, die vom Steuerpflichtigen hergestellt oder bis zum Ende des Jahres der Fertigstellung angeschafft worden sind, können abweichend von Absatz 4 als Absetzung für Abnutzung die folgenden Beträge abgezogen werden:

1. bei Gebäuden im Sinne des Absatzes 4 Satz 1 Nr. 1, die vom Steuerpflichtigen auf Grund eines vor dem 1. Januar 1994 gestellten Bauantrags hergestellt oder auf Grund eines vor diesem Zeitpunkt rechtswirksam abgeschlossenen obligatorischen Vertrags angeschafft worden sind,
   - im Jahr der Fertigstellung und in den folgenden 3 Jahren jeweils 10 Prozent,
   - in den darauf folgenden 3 Jahren jeweils 5 Prozent,
   - in den darauf folgenden 18 Jahren jeweils 2,5 Prozent,
2. bei Gebäuden im Sinne des Absatzes 4 Satz 1 Nr. 2, die vom Steuerpflichtigen auf Grund eines vor dem 1. Januar 1995 gestellten Bauantrags hergestellt oder auf Grund eines vor diesem Zeitpunkt rechtswirksam abgeschlossenen obligatorischen Vertrags angeschafft worden sind,
   - im Jahr der Fertigstellung und in den folgenden 7 Jahren jeweils 5 Prozent,
   - in den darauf folgenden 6 Jahren jeweils 2,5 Prozent,
   - in den darauf folgenden 36 Jahren jeweils 1,25 Prozent,
3. bei Gebäuden im Sinne des Absatzes 4 Satz 1 Nr. 2, soweit sie Wohnzwecken dienen, die vom Steuerpflichtigen
   a) auf Grund eines nach dem 28. Februar 1989 und vor dem 1. Januar 1996 gestellten Bauantrags hergestellt oder nach dem 28. Februar 1989 auf Grund eines nach dem 28. Februar 1989 und vor dem 1. Januar 1996 rechtswirksam abgeschlossenen obligatorischen Vertrags angeschafft worden sind,
      - im Jahr der Fertigstellung und in den folgenden 3 Jahren jeweils 7 Prozent,
      - in den darauf folgenden 6 Jahren jeweils 5 Prozent,
      - in den darauf folgenden 6 Jahren jeweils 2 Prozent,
      - in den darauf folgenden 24 Jahren jeweils 1,25 Prozent,
   b) auf Grund eines nach dem 31. Dezember 1995 und vor dem 1. Januar 2004 gestellten Bauantrags hergestellt oder auf Grund eines nach dem 31. Dezember 1995 und vor dem 1. Januar 2004 rechtswirksam abgeschlossenen obligatorischen Vertrags angeschafft worden sind,
      - im Jahr der Fertigstellung und in den folgenden 7 Jahren jeweils 5 Prozent,
      - in den darauf folgenden 6 Jahren jeweils 2,5 Prozent,
      - in den darauf folgenden 36 Jahren jeweils 1,25 Prozent,
   c) auf Grund eines nach dem 31. Dezember 2003 und vor dem 1. Januar 2006 gestellten Bauantrags hergestellt oder auf Grund eines nach dem 31. Dezember 2003 und vor dem 1. Januar 2006 rechtswirksam abgeschlossenen obligatorischen Vertrags angeschafft worden sind,
      - im Jahr der Fertigstellung und in den folgenden 9 Jahren jeweils 4 Prozent,
      - in den darauf folgenden 8 Jahren jeweils 2,5 Prozent,
      - in den darauf folgenden 32 Jahren jeweils 1,25 Prozent,

der Anschaffungs- oder Herstellungskosten. [2]Im Fall der Anschaffung kann Satz 1 nur angewendet werden, wenn der Hersteller für das veräußerte Gebäude weder Absetzungen für

Abnutzung nach Satz 1 vorgenommen noch erhöhte Absetzungen oder Sonderabschreibungen in Anspruch genommen hat. [3]Absatz 1 Satz 4 gilt nicht.

(5a) Die Absätze 4 und 5 sind auf Gebäudeteile, die selbständige unbewegliche Wirtschaftsgüter sind, sowie auf Eigentumswohnungen und auf im Teileigentum stehende Räume entsprechend anzuwenden. S 2196

(6) Bei Bergbauunternehmen, Steinbrüchen und anderen Betrieben, die einen Verbrauch der Substanz mit sich bringen, ist Absatz 1 entsprechend anzuwenden; dabei sind Absetzungen nach Maßgabe des Substanzverzehrs zulässig (Absetzung für Substanzverringerung). S 2195

§ 10 Absetzung für Abnutzung im Fall des § 4 Abs. 3 des Gesetzes

EStDV
S 2190

(1) [1]Bei nicht in dem in Artikel 3 des Einigungsvertrages genannten Gebiet belegenen Gebäuden, die bereits am 21. Juni 1948 zum Betriebsvermögen gehört haben, sind im Fall des § 4 Abs. 3 des Gesetzes für die Bemessung der Absetzung für Abnutzung als Anschaffungs- oder Herstellungskosten höchstens die Werte zugrunde zu legen, die sich bei sinngemäßer Anwendung des § 16 Abs. 1 des D-Markbilanzgesetzes in der im Bundesgesetzblatt Teil III, Gliederungsnummer 4140–1, veröffentlichten bereinigten Fassung ergeben würden. [2]In dem Teil des Landes Berlin, in dem das Grundgesetz bereits vor dem 3. Oktober 1990 galt, tritt an die Stelle des 21. Juni 1948 der 1. April 1949.

(2) Für Gebäude, die zum Betriebsvermögen eines Betriebs oder einer Betriebsstätte im Saarland gehören, gilt Absatz 1 mit der Maßgabe, dass an die Stelle des 21. Juni 1948 der 6. Juli 1959 sowie an die Stelle des § 16 Abs. 1 des D-Markbilanzgesetzes der § 8 Abs. 1 und der § 11 des D-Markbilanzgesetzes für das Saarland in der im Bundesgesetzblatt Teil III, Gliederungsnummer 4140–2, veröffentlichten bereinigten Fassung treten.

§ 10a Bemessung der Absetzungen für Abnutzung oder Substanzverringerung bei nicht zu einem Betriebsvermögen gehörenden Wirtschaftsgütern, die der Steuerpflichtige vor dem 21. Juni 1948 angeschafft oder hergestellt hat

EStDV
S 2190

(1) [1]Bei nicht zu einem Betriebsvermögen gehörenden, nicht in dem in Artikel 3 des Einigungsvertrages genannten Gebiet belegenen Gebäuden, die der Steuerpflichtige vor dem 21. Juni 1948 angeschafft oder hergestellt hat, sind für die Bemessung der Absetzungen für Abnutzung oder Substanzverringerung als Anschaffungs- oder Herstellungskosten der am 21. Juni 1948 maßgebende Einheitswert des Grundstücks, soweit er auf das Gebäude entfällt, zuzüglich der nach dem 20. Juni 1948 aufgewendeten Herstellungskosten zugrunde zu legen. [2]In Reichsmark festgesetzte Einheitswerte sind im Verhältnis von einer Reichsmark zu einer Deutschen Mark umzurechnen.

(2) In dem Teil des Landes Berlin, in dem das Grundgesetz bereits vor dem 3. Oktober 1990 galt, ist Absatz 1 mit der Maßgabe anzuwenden, dass an die Stelle des 21. Juni 1948 der 1. April 1949 und an die Stelle des 20. Juni 1948 der 31. März 1949 treten.

(3) [1]Im Saarland ist Absatz 1 mit der Maßgabe anzuwenden, dass an die Stelle des am 21. Juni 1948 maßgebenden Einheitswerts der letzte in Reichsmark festgesetzte Einheitswert und an die Stelle des 20. Juni 1948 der 19. November 1947 treten. [2]Soweit nach Satz 1 für die Bemessung der Absetzungen für Abnutzung oder Substanzverringerung von Frankenwerten auszugehen ist, sind diese nach dem amtlichen Umrechnungskurs am 6. Juli 1959 in Deutsche Mark umzurechnen.

§§ 11 bis 11b

EStDV

– weggefallen –

§ 11c Absetzung für Abnutzung bei Gebäuden

EStDV
S 2196

(1) [1]Nutzungsdauer eines Gebäudes im Sinne des § 7 Abs. 4 Satz 2 des Gesetzes ist der Zeitraum, in dem ein Gebäude voraussichtlich seiner Zweckbestimmung entsprechend genutzt werden kann. [2]Der Zeitraum der Nutzungsdauer beginnt

1. bei Gebäuden, die der Steuerpflichtige vor dem 21. Juni 1948 angeschafft oder hergestellt hat, mit dem 21. Juni 1948,

2. bei Gebäuden, die der Steuerpflichtige nach dem 20. Juni 1948 hergestellt hat, mit dem Zeitpunkt der Fertigstellung,

3. bei Gebäuden, die der Steuerpflichtige nach dem 20. Juni 1948 angeschafft hat, mit dem Zeitpunkt der Anschaffung.

[3]Für im Land Berlin belegene Gebäude treten an die Stelle des 20. Juni 1948 jeweils der 31. März 1949 und an die Stelle des 21. Juni 1948 jeweils der 1. April 1949. [4]Für im Saarland belegene Gebäude treten an die Stelle des 20. Juni 1948 jeweils der 19. November 1947 und an die Stelle des 21. Juni 1948 jeweils der 20. November 1947; soweit im Saarland belegene Gebäude zu einem Betriebsvermögen gehören, treten an die Stelle des 20. Juni 1948 jeweils der 5. Juli 1959 und an die Stelle des 21. Juni 1948 jeweils der 6. Juli 1959.

(2) [1]Hat der Steuerpflichtige nach § 7 Abs. 4 Satz 3 des Gesetzes bei einem Gebäude eine Absetzung für außergewöhnliche technische oder wirtschaftliche Abnutzung vorgenommen, so bemessen sich die Absetzungen für Abnutzung von dem folgenden Wirtschaftsjahr oder Kalenderjahr an nach den Anschaffungs- oder Herstellungskosten des Gebäudes abzüglich des Betrags der Absetzung für außergewöhnliche technische oder wirtschaftliche Abnutzung. [2]Entsprechendes gilt, wenn der Steuerpflichtige ein zu einem Betriebsvermögen gehörendes Gebäude nach § 6 Abs. 1 Nr. 1 Satz 2 des Gesetzes mit dem niedrigeren Teilwert angesetzt hat. [3]Im Fall der Zuschreibung nach § 7 Abs. 4 Satz 3 des Gesetzes oder der Wertaufholung nach § 4 Satz 3 des Gesetzes oder der Wertaufholung nach § 6 Abs. 1 Nr. 1 Satz 4 des Gesetzes erhöht sich die Bemessungsgrundlage für die Absetzungen für Abnutzung vom dem folgendem Wirtschaftsjahr oder Kalenderjahr an um dem Betrag der Zuschreibung oder Wertaufholung.

EStDV
S 2190

§ 11d Absetzung für Abnutzung oder Substanzverringerung bei nicht zu einem Betriebsvermögen gehörenden Wirtschaftsgütern, die der Steuerpflichtige unentgeltlich erworben hat

(1) [1]Bei den nicht zu einem Betriebsvermögen gehörenden Wirtschaftsgütern, die der Steuerpflichtige unentgeltlich erworben hat, bemessen sich die Absetzungen für Abnutzung nach den Anschaffungs- oder Herstellungskosten des Rechtsvorgängers oder dem Wert, der beim Rechtsvorgänger an deren Stelle getreten ist oder treten würde, wenn dieser noch Eigentümer wäre, zuzüglich der vom Rechtsnachfolger aufgewendeten Herstellungskosten und nach dem Hundertsatz, der für den Rechtsvorgänger maßgebend sein würde, wenn er noch Eigentümer des Wirtschaftsgutes wäre. [2]Absetzungen für Abnutzung durch den Rechtsnachfolger sind nur zulässig, soweit die vom Rechtsvorgänger und vom Rechtsnachfolger zusammen vorgenommenen Absetzungen für Abnutzung, erhöhten Absetzungen und Abschreibungen bei dem Wirtschaftsgut noch nicht zur vollen Absetzung geführt haben. [3]Die Sätze 1 und 2 gelten für die Absetzung für Substanzverringerung und für erhöhte Absetzungen entsprechend.

(2) Bei Bodenschätzen, die der Steuerpflichtige auf einem ihm gehörenden Grundstück entdeckt hat, sind Absetzungen für Substanzverringerung nicht zulässig.

EStDV

§ 15 Erhöhte Absetzungen für Einfamilienhäuser, Zweifamilienhäuser und Eigentumswohnungen

(1) Bauherr ist, wer auf eigene Rechnung und Gefahr ein Gebäude baut oder bauen lässt.

(2) In den Fällen des § 7b des Gesetzes in den vor Inkrafttreten des Gesetzes vom 22. Dezember 1981 (BGBl. I S. 1523) geltenden Fassungen und des § 54 des Gesetzes in der Fassung der Bekanntmachung vom 24. Januar 1984 (BGBl. I S. 113) ist § 15 der Einkommensteuer-Durchführungsverordnung 1979 (BGBl. 1980 I S. 1801), geändert durch die Verordnung vom 11. Juni 1981 (BGBl. I S. 526), weiter anzuwenden.

R 7.1

7.1. Abnutzbare Wirtschaftsgüter

S 2190 **Allgemeines**

(1) AfA ist vorzunehmen für

1. bewegliche Wirtschaftsgüter (§ 7 Abs. 1 Satz 1, 2, 4 bis 7 EStG),
2. immaterielle Wirtschaftsgüter (§ 7 Abs. 1 Satz 1 bis 5 und 7 EStG),
3. → unbewegliche Wirtschaftsgüter, die keine Gebäude oder Gebäudeteile sind (§ 7 Abs. 1 Satz 1, 2, 5 und 7 EStG), und

4. Gebäude und Gebäudeteile (§ 7 Abs. 1 Satz 5 und Abs. 4, 5 und 5a EStG),

die zur Erzielung von Einkünften verwendet werden und einer → wirtschaftlichen oder technischen Abnutzung unterliegen.

→ Bewegliche Wirtschaftsgüter

(2) [1]Bewegliche Wirtschaftsgüter können nur Sachen (§ 90 BGB), Tiere (§ 90a BGB) und Scheinbestandteile (§ 95 BGB) sein. [2]Schiffe und Flugzeuge sind auch dann bewegliche Wirtschaftsgüter, wenn sie im Schiffsregister bzw. in der Luftfahrzeugrolle eingetragen sind.

(3) [1]Betriebsvorrichtungen sind selbständige Wirtschaftsgüter, weil sie nicht in einem einheitlichen Nutzungs- und Funktionszusammenhang mit dem Gebäude stehen. [2]Sie gehören auch dann zu den beweglichen Wirtschaftsgütern, wenn sie wesentliche Bestandteile eines Grundstücks sind.

(4) [1]Scheinbestandteile entstehen, wenn bewegliche Wirtschaftsgüter zu einem vorübergehenden Zweck in ein Gebäude eingefügt werden. [2]Einbauten zu vorübergehenden Zwecken sind auch

1. die vom Stpfl. für seine eigenen Zwecke vorübergehend eingefügten Anlagen,
2. die vom Vermieter oder Verpächter zur Erfüllung besonderer Bedürfnisse des Mieters oder Pächters eingefügten Anlagen, deren Nutzungsdauer nicht länger als die Laufzeit des Vertragsverhältnisses ist.

→ Gebäude und → Gebäudeteile S 2196

(5) [1]Für den Begriff des Gebäudes sind die Abgrenzungsmerkmale des Bewertungsrechts maßgebend. [2]Ein Gebäude ist ein Bauwerk auf eigenem oder fremdem Grund und Boden, das Menschen oder Sachen durch räumliche Umschließung Schutz gegen äußere Einflüsse gewährt, den Aufenthalt von Menschen gestattet, fest mit dem Grund und Boden verbunden, von einiger Beständigkeit und standfest ist.

(6) Zu den selbständigen unbeweglichen Wirtschaftsgütern i. S. d. § 7 Abs. 5a EStG gehören insbesondere Mietereinbauten und -umbauten, die keine Scheinbestandteile oder Betriebsvorrichtungen sind, Ladeneinbauten und ähnliche Einbauten (→ R 4.2 Abs. 3 Satz 3 Nr. 3) sowie sonstige selbständige Gebäudeteile i. S. d. R 4.2 Abs. 3 Satz 3 Nr. 5.

Hinweise

H 7.1

Arzneimittelzulassungen

Eine entgeltlich erworbene Arzneimittelzulassung ist dem Grunde nach ein abnutzbares Wirtschaftsgut (→ BMF vom 12. 7. 1999 – BStBl I S. 686).

Betriebsvorrichtungen

- Zur Abgrenzung von den Betriebsgrundstücken sind die allgemeinen Grundsätze des Bewertungsrechts anzuwenden → § 68 Abs. 2 Nr. 2, § 99 Abs. 1 Nr. 1 BewG; gleich lautende Erlasse der obersten Finanzbehörden der Länder vom 15. 3. 2006 (BStBl I S. 314).
- Vorrichtungen, mit denen das Gewerbe unmittelbar betrieben wird (→ BFH vom 14. 8. 1958 – BStBl III S. 400).
- Nicht ausreichend ist, wenn eine Anlage für einen Gewerbebetrieb lediglich nützlich oder notwendig oder sogar gewerbepolizeilich vorgeschrieben ist (→ BFH vom 15. 2. 1980 – BStBl II S. 409 und vom 11. 12. 1987 – BStBl 1988 II S. 300).
- Beispiele für Betriebsvorrichtungen:
  - Abladevorrichtungen,
  - Autoaufzüge in Parkhäusern,
  - Bäder, die in Kur- oder Krankenhäusern Heilzwecken dienen (→ BFH vom 12. 8. 1982 – BStBl II S. 782),
  - Baustellencontainer zur Verwendung auf wechselnden Einsatzstellen (→ BFH vom 18. 6. 1986 – BStBl II S. 787),
  - Bedienungsvorrichtungen,
  - Befeuchtungs- und Lüftungsanlagen, soweit sie unmittelbar und ausschließlich einem Betriebsvorgang dienen, z. B. zur Möbellagerung (→ BFH vom 7. 3. 1974 – BStBl II S. 429),

- Förderbänder,
- Hofbefestigungen, die speziell auf einen Betrieb ausgerichtet sind (→ BFH vom 19. 2. 1974 – BStBl 1975 II S. 20 und vom 30. 4. 1976 – BStBl II S. 527),
- Klimaanlagen in Chemiefaser- und Tabakfabriken,
- Kühleinrichtungen, die einen nur kurzfristigen Aufenthalt von Menschen ermöglichen (→ BFH vom 30. 1. 1991 – BStBl II S. 618),
- Lastenaufzüge (→ BFH vom 7. 10. 1977 – BStBl 1978 II S. 186),
- Schallschutzeinrichtungen nur ausnahmsweise, wenn infolge starken Lärms ohne sie der reibungslose Betriebsablauf in Frage gestellt wäre (→ BFH vom 23. 3. 1990 – BStBl II S. 751),
- Schaukästen (→ BFH vom 17. 3. 1955 – BStBl III S. 141),
- Schutz- und Sicherungsvorrichtungen,
- Schwimmbecken sowie Zusatzeinrichtungen in Hallen- und Freibädern (→ BFH vom 16. 10. 1980 – BStBl 1981 II S. 228), nicht hingegen in Hotelbetrieben (→ BFH vom 11. 12. 1991 – BStBl 1992 II S. 278),
- Verkaufsautomaten.

Bewegliche Wirtschaftsgüter

Immaterielle Wirtschaftsgüter (→ R 5.5 Abs. 1) gehören nicht zu den beweglichen Wirtschaftsgütern (→ BFH vom 22. 5. 1979 – BStBl II S. 634).

Blockheizkraftwerk

ist regelmäßig keine Betriebsvorrichtung → OFD Hannover vom 31. 1. 2006 (StEd 2006, S. 151)

Domain-Namen

Aufwendungen, die für die Übertragung eines Domain-Namens an den bisherigen Domaininhaber geleistet werden, sind Anschaffungskosten für ein in der Regel nicht abnutzbares immaterielles Wirtschaftsgut (→ BFH vom 19. 10. 2006 – BStBl 2007 II S. 301).

Drittaufwand

→ H 4.7

Eigenaufwand für ein fremdes Wirtschaftsgut

→ H 4.7

Garagen

Garagen, die auf dem Gelände eines großen Mietwohnungskomplexes nachträglich errichtet werden, sind dann als selbständige Wirtschaftsgüter gesondert abzuschreiben, wenn ihre Errichtung nicht Bestandteil der Baugenehmigung für das Mietwohngebäude war und kein enger Zusammenhang zwischen der Nutzung der Wohnungen und der Garagen besteht, weil die Zahl der Garagen hinter der Zahl der Wohnungen deutlich zurückbleibt und die Garagen zum Teil an Dritte vermietet sind (→ BFH 22. 9. 2005 – BStBl 2006 II S. 169).

Gebäude

- Ein Container ist ein Gebäude, wenn er nach seiner individuellen Zweckbestimmung für eine dauernde Nutzung an einem Ort aufgestellt ist und seine Beständigkeit durch die ihm zugedachte Ortsfestigkeit auch im äußeren Erscheinungsbild deutlich wird (→ BFH vom 23. 9. 1988 – BStBl 1989 II S. 113).
- Ein sog. Baustellencontainer ist kein Gebäude, da es an der Ortsfestigkeit fehlt (→ BFH vom 18. 6. 1986 – BStBl II S. 787).
- Bürocontainer, die auf festen Fundamenten ruhen, sind Gebäude (→ BFH vom 25. 4. 1996 – BStBl II S. 613).
- Eine Tankstellenüberdachung mit einer Fläche von mehr als 400 m² ist ein Gebäude (→ BFH vom 28. 9. 2000 – BStBl 2001 II S. 137).

Gebäudeteile

Gebäudeteile sind selbständige Wirtschaftsgüter und deshalb gesondert abzuschreiben, wenn sie mit dem Gebäude nicht in einem einheitlichen Nutzungs- und Funktionszusammenhang stehen (→ BFH vom 26. 11. 1973 – BStBl 1974 II S. 132).

→ R 4.2 Abs. 4

Wird ein teilweise selbst genutztes, teilweise vermietetes Wohngebäude durch einen Anbau erweitert, so entsteht selbst dann kein neues Wirtschaftsgut, wenn sich durch Schaffung von zwei zusätzlichen Wohnungen die vermietete Fläche verdoppelt hat (→ FG Baden-Württemberg, Außensenate Freiburg, vom 9. 8. 1995 – EFG 1995 S. 1008).

Geschäfts-/Firmenwert

Zur Abschreibung des Geschäfts-/Firmenwerts → BMF vom 20. 11. 1986 (BStBl I S. 532).

Mietereinbauten

Mieterein- und -umbauten als unbewegliche Wirtschaftsgüter, die keine Gebäude oder Gebäudeteile sind → BMF vom 15. 1. 1976 (BStBl I S. 66). Zur Höhe der AfA bei Mietereinbauten → H 7.4

Nießbrauch und andere Nutzungsrechte

Zur Abschreibung bei Bestellung eines Nießbrauchs oder eines anderen Nutzungsrechts bei Einkünften aus Vermietung und Verpachtung BMF vom 24. 7. 1998 (BStBl I S. 914) unter Berücksichtigung der Änderungen durch BMF vom 9. 2. 2001 (BStBl I S. 171) und vom 29. 5. 2006 (BStBl I S. 392). Anhang 19

Berücksichtigung von Aufwendungen bei der unentgeltlichen Nutzungsüberlassung von Gebäuden oder Gebäudeteilen (Eigen- und Drittaufwand) → H 4.7 (Drittaufwand, Eigenaufwand für ein fremdes Wirtschaftsgut).

Praxiswert

Zur Abschreibung des Praxiswerts → BFH vom 24. 2. 1994 (BStBl II S. 590).

Scheinbestandteile

Eine Einfügung zu einem vorübergehenden Zweck ist anzunehmen, wenn die Nutzungsdauer der eingefügten beweglichen Wirtschaftsgüter länger als die Nutzungsdauer ist, für die sie eingebaut werden, die eingefügten beweglichen Wirtschaftsgüter auch nach ihrem Ausbau noch einen beachtlichen Wiederverwendungswert repräsentieren und nach den Umständen, insbesondere nach Art und Zweck der Verbindung, damit gerechnet werden kann, dass sie später wieder entfernt werden (→ BFH vom 24. 11. 1970 – BStBl 1971 II S. 157 und vom 4. 12. 1970 – BStBl 1971 II S. 165).

Unbewegliche Wirtschaftsgüter, die keine Gebäude oder Gebäudeteile sind

- Außenanlagen wie Einfriedungen bei Betriebsgrundstücken (→ BFH vom 2. 6. 1971 – BStBl II S. 673),
- Hof- und Platzbefestigungen, Straßenzufahrten und Umzäunungen bei Betriebsgrundstücken (→ BFH vom 1. 7. 1983 – BStBl II S. 686 und vom 10. 10. 1990 – BStBl 1991 II S. 59), wenn sie nicht ausnahmsweise Betriebsvorrichtungen sind (→ BFH vom 30. 4. 1976 – BStBl II S. 527), nicht aber Umzäunungen bei Wohngebäuden, wenn sie in einem einheitlichen Nutzungs- und Funktionszusammenhang mit dem Gebäude stehen (→ BFH vom 30. 6. 1966 – BStBl III S. 541 und vom 15. 12. 1977 – BStBl 1978 II S. 210 sowie → R 21.1 Abs. 3 Satz 1),

Warenzeichen (Marke)

Ein entgeltlich erworbenes Warenzeichen (Marke) ist dem Grunde nach ein abnutzbares Wirtschaftsgut (→ BMF vom 12. 7. 1999 – BStBl I S. 686).

Wirtschaftliche oder technische Abnutzung

- Ständig in Gebrauch befindliche Möbelstücke unterliegen einer technischen Abnutzung, auch wenn die Gegenstände schon 100 Jahre alt sind und im Wert steigen (→ BFH vom 31. 1. 1986 – BStBl II S. 355).
- Gemälde eines anerkannten Meisters sind keine abnutzbaren Wirtschaftsgüter (→ BFH vom 2. 12. 1977 – BStBl 1978 II S. 164).

- Sammlungs- und Anschauungsobjekte sind keine abnutzbaren Wirtschaftsgüter (→ BFH vom 9. 8. 1989 – BStBl 1990 II S. 50).

Wirtschaftsüberlassungsvertrag

Bei Überlassung der Nutzung eines landwirtschaftlichen Betriebs im Rahmen eines sog. Wirtschaftsüberlassungsvertrags steht dem Eigentümer und Nutzungsverpflichteten die AfA für die in seinem Eigentum verbliebenen Wirtschaftsgüter auch weiterhin zu (→ BFH vom 23. 1. 1992 – BStBl 1993 II S. 327 und BMF vom 29. 4. 1993 – BStBl I S. 337).

R 7.2

7.2. Wirtschaftsgebäude, Mietwohnneubauten und andere Gebäude

→ Wohnzwecke

(1) [1]Ein Gebäude dient Wohnzwecken, wenn es dazu bestimmt und geeignet ist, Menschen auf Dauer Aufenthalt und Unterkunft zu ermöglichen. [2]Wohnzwecken dienen auch Wohnungen, die aus besonderen betrieblichen Gründen an Betriebsangehörige überlassen werden, z. B. Wohnungen für den Hausmeister, für das Fachpersonal, für Angehörige der Betriebsfeuerwehr und für andere Personen, auch wenn diese aus betrieblichen Gründen unmittelbar im Werksgelände ständig einsatzbereit sein müssen. [3]Gebäude dienen nicht Wohnzwecken, soweit sie zur vorübergehenden Beherbergung von Personen bestimmt sind, wie z. B. Ferienwohnungen sowie Gemeinschaftsunterkünfte, in denen einzelne Plätze, z. B. für ausländische Flüchtlinge, zur Verfügung gestellt werden.

(2) Zu den Räumen, die Wohnzwecken dienen, gehören z. B.

1. die Wohn- und Schlafräume, Küchen und Nebenräume einer Wohnung,
2. die zur räumlichen Ausstattung einer Wohnung gehörenden Räume, wie Bodenräume, Waschküchen, Kellerräume, Trockenräume, Speicherräume, Vorplätze, Bade- und Duschräume, Fahrrad- und Kinderwagenräume usw., gleichgültig, ob sie zur Benutzung durch den einzelnen oder zur gemeinsamen Benutzung durch alle Hausbewohner bestimmt sind, und
3. die zu einem Wohngebäude gehörenden Garagen.

(3) [1]Räume, die sowohl Wohnzwecken als auch gewerblichen oder beruflichen Zwecken dienen, sind, je nachdem, welchem Zweck sie überwiegend dienen, entweder ganz den Wohnzwecken oder ganz den gewerblichen oder beruflichen Zwecken dienenden Räumen zuzurechnen. [2]Das häusliche Arbeitszimmer des Mieters ist zur Vereinfachung den Wohnzwecken dienenden Räumen zuzurechnen.

Bauantrag

(4) [1]Unter Bauantrag ist das Schreiben zu verstehen, mit dem die landesrechtlich vorgesehene Genehmigung für den beabsichtigten Bau angestrebt wird. [2]Zeitpunkt der Beantragung einer Baugenehmigung ist der Zeitpunkt, zu dem der Bauantrag bei der nach Landesrecht zuständigen Behörde gestellt wird; maßgebend ist regelmäßig der Eingangsstempel dieser Behörde. [3]Das gilt auch dann, wenn die Bauplanung nach Beantragung der Baugenehmigung geändert wird, ohne dass ein neuer Bauantrag erforderlich ist. [4]Ist ein Bauantrag abgelehnt worden und die Baugenehmigung erst auf Grund eines neuen Antrags erteilt worden, ist Zeitpunkt der Antragstellung der Eingang des neuen Bauantrags bei der zuständigen Behörde. [5]Bei baugenehmigungsfreien Bauvorhaben, für die Bauunterlagen einzureichen sind, ist der Zeitpunkt maßgebend, zu dem die Bauunterlagen eingereicht werden. [6]Bei baugenehmigungsfreien Bauvorhaben, für die keine Bauunterlagen einzureichen sind, tritt an die Stelle des Bauantrags der Beginn der Herstellung.

Obligatorischer Vertrag

(5) Ein obligatorischer Vertrag über den Erwerb eines Grundstücks (Kaufvertrag oder Kaufanwartschaftsvertrag) ist zu dem Zeitpunkt rechtswirksam abgeschlossen, zu dem er notariell beurkundet ist.

H 7.2

Hinweise

Bauantrag

Anträge, die die Finanzierung des geplanten Baus betreffen, sowie sog. Bauvoranfragen bei der Baugenehmigungsbehörde sind nicht als Bauanträge anzusehen, weil sie nicht die Erlangung der Baugenehmigung, sondern nur die Klärung von Vorfragen zum Ziel haben (→ BFH vom 28. 3. 1966 – BStBl III S. 454 und vom 7. 3. 1980 – BStBl II S. 411).

Wird die Bauplanung nach Beantragung der Baugenehmigung so grundlegend geändert, dass ein neuer Bauantrag gestellt werden muss, ist Zeitpunkt der Antragstellung der Eingang des neuen Bauantrags bei der zuständigen Behörde (→ BFH vom 28. 9. 1982 – BStBl 1983 II S. 146).

Die Bauanzeige steht einem Bauantrag gleich (→ BFH vom 18. 4. 1990 – BStBl II S. 754).

Obligatorischer Vertrag

Ein obligatorischer Vertrag gilt auch dann in dem Zeitpunkt der notariellen Beurkundung als rechtswirksam abgeschlossen, wenn der Vertrag erst nach Eintritt einer aufschiebenden Bedingung oder nach Ablauf einer Frist wirksam werden soll oder noch einer Genehmigung bedarf; bei einem Vertragsabschluss durch einen Vertreter ohne Vertretungsmacht gilt der obligatorische Vertrag im Zeitpunkt der Abgabe der Genehmigungserklärung durch den Vertretenen als rechtswirksam abgeschlossen (→ BFH vom 2. 2. 1982 – BStBl II S. 390).

Wohnzwecke

- Die Nutzung zu Wohnzwecken setzt die Eignung der betreffenden Räume zur eigenständigen Haushaltsführung und die tatsächliche und rechtliche Sachherrschaft der Bewohner über sie voraus. Die Räume müssen überdies als Mindestausstattung eine Heizung, eine Küche, ein Bad und eine Toilette enthalten. Die überlassenen Wohneinheiten müssen aber nicht notwendig mit einem eigenen Bad/WC oder einer eigenen Küche ausgestattet sein. Das Merkmal „Wohnzwecken dienen" kann auch dann erfüllt sein, wenn die Möglichkeit des Einbaus einer Kochgelegenheit oder die Möglichkeit der Mitbenutzung von Küche und Bad/WC gegeben ist. Die tatsächliche und rechtliche Sachherrschaft über die Räume haben die Bewohner dann, wenn sie die ihnen überlassenen Zimmer abschließen und anderen Personen den Zutritt verwehren können. Auch die Unterbringung in einem Mehrbettzimmer steht der Beurteilung einer Nutzung zu Wohnzwecken nicht entgegen. Unerheblich ist, ob und in welchem Umfang der Bewohner in den Räumen neben dem Wohnen weitere Dienstleistungen in Anspruch nimmt (→ BFH vom 30. 9. 2003 – BStBl II 2004 S. 223 – zum Pflegezimmer; BStBl II 2004 S. 225 – zum betreuten Wohnen; BStBl II 2004 S. 221 und BFH vom 15. 12. 2005 – BStBl 2006 II S. 559 – zum Pflegeheim).
- Wohnungen, deren einzelne Zimmer in der Regel für zwölf Monate an obdachlose Suchtkranke vermietet werden, um sie auf ein selbständiges Wohnen vorzubereiten, dienen Wohnzwecken (→ BFH vom 15. 12. 2005 – BStBl 2006 II S. 561).
- Das häusliche Arbeitszimmer eines Arbeitnehmers im eigenen Haus dient nicht Wohnzwecken (→ BFH vom 30. 6. 1995 – BStBl II S. 598).
- Ein Gebäude, das Ferienwohnungen enthält, die für kürzere Zeiträume an wechselnde Feriengäste vermietet werden, dient nicht Wohnzwecken (→ BFH vom 14. 3. 2000 – BStBl 2001 II S. 66).

Zeitliche Anwendung bei linearer Gebäude-AfA

Für die weitere Anwendung des linearen AfA-Satzes von 4 % bei Wirtschaftsgebäuden (§ 7 Abs. 4 Satz 1 Nr. 1 i. V. m. § 52 Abs. 21b EStG) ist auf den Herstellungsbeginn oder die Anschaffung durch den abschreibungsberechtigten Stpfl. abzustellen.

Bei Personengesellschaften ist der Gesellschafter abschreibungsberechtigter Stpfl. im Sinne der Anwendungsvorschrift. Maßgebend ist danach, ob der betreffende Stpfl. bei Beginn der Herstellung oder bei der Anschaffung durch die Personengesellschaft bereits Gesellschafter ist. Tritt ein Gesellschafter nach dem Herstellungsbeginn oder der Anschaffung der Gesellschaft bei, ist für ihn für die Anwendung des AfA-Satzes auf den Zeitpunkt des Beitritts abzustellen. Erfolgt der Beitritt eines Gesellschafters nach dem 31. 12. 2000, ist insoweit der auf 3 % abgesenkte AfA-Satz maßgebend. Entsprechendes gilt bei Gemeinschaften.

Der Bauantrag fingiert in den Fällen, in denen eine Baugenehmigung erforderlich ist, den Herstellungsbeginn. In den Fällen, in denen der Bauantrag vor dem 1. 1. 2001 gestellt worden ist und ein Erwerber das noch unbebaute Grundstück oder teilfertige Gebäude nach dem 31. 12. 2000 vom Antragsteller erworben hat und das Gebäude auf Grund des vor dem 1. 1. 2001 gestellten Bauantrags fertig stellt, ist deshalb nicht die Stellung des Bauantrags durch den Veräußerer, sondern

- bei Erwerb eines teilfertigen Gebäudes der Abschluss des Kaufvertrags und
- bei Erwerb eines unbebauten Grundstücks der tatsächliche Beginn der Bauarbeiten

jeweils durch den abschreibungsberechtigten Erwerber maßgebend (→ BMF vom 5. 8. 2002 – BStBl I S. 710).

→ Bauantrag

R 7.3

7.3. Bemessungsgrundlage für die AfA

Entgeltlicher Erwerb und Herstellung

(1) [1]Bemessungsgrundlage für die AfA sind grundsätzlich die Anschaffungs- oder Herstellungskosten des Wirtschaftsgutes oder der an deren Stelle tretende Wert, z. B. § 6 Abs. 5 Satz 4 bis 6, § 7a Abs. 9 und § 7b Abs. 1 Satz 2 ***und § 7g Abs. 2 Satz 2*** EStG; §§ 10 und 10a EStDV. [2]Wird ein teilfertiges Gebäude erworben und fertig gestellt, gehören zu den Herstellungskosten die Anschaffungskosten des teilfertigen Gebäudes und die Herstellungskosten zur Fertigstellung des Gebäudes.

→ Fertigstellung von Teilen eines Gebäudes zu verschiedenen Zeitpunkten

(2) Wird bei der Errichtung eines zur unterschiedlichen Nutzung bestimmten Gebäudes zunächst ein zum Betriebsvermögen gehörender Gebäudeteil und danach ein zum Privatvermögen gehörender Gebäudeteil fertig gestellt, hat der Stpfl. ein Wahlrecht, ob er vorerst in die AfA-Bemessungsgrundlage des fertig gestellten Gebäudeteiles die Herstellungskosten des noch nicht fertig gestellten Gebäudeteiles einbezieht oder ob er hierauf verzichtet.

Unentgeltlicher Erwerb

(3) Bei unentgeltlich erworbenen Wirtschaftsgütern sind § 6 Abs. 3 und 4 EStG und § 11d EStDV sowohl im Falle der Gesamtrechtsnachfolge als auch im Falle der Einzelrechtsnachfolge anzuwenden.

Zuschüsse, Übertragung stiller Reserven

(4) [1]Ist dem Stpfl. im Jahr der Anschaffung oder Herstellung eines Wirtschaftsgutes für dieses Wirtschaftsgut ein Zuschuss bewilligt worden, den er nach R 6.5 erfolgsneutral behandelt, oder hat er einen Abzug nach § 6b Abs. 1, 3 oder 10 EStG oder nach R 6.6 vorgenommen, so ist die AfA von den um den Zuschuss oder Abzugsbetrag geminderten Anschaffungs- oder Herstellungskosten zu bemessen. [2]Ist dem Stpfl. der Zuschuss in einem auf das Jahr der Anschaffung oder Herstellung folgenden Wirtschaftsjahr bewilligt worden oder hat er den Abzug zulässigerweise in einem auf das Jahr der Anschaffung oder Herstellung des Wirtschaftsgutes folgenden Wirtschaftsjahr vorgenommen, bemisst sich die weitere AfA in den Fällen des § 7 Abs. 4 Satz 1 und Abs. 5 EStG ebenfalls nach den um den Zuschuss- oder Abzugsbetrag geminderten Anschaffungs- oder Herstellungskosten, in allen anderen Fällen nach dem um den Zuschuss- oder Abzugsbetrag geminderten Buchwert oder Restwert des Wirtschaftsgutes.

→ Nachträgliche Herstellungskosten

(5) [1]Sind nachträgliche Herstellungsarbeiten an einem Wirtschaftsgut so umfassend, dass hierdurch ein anderes Wirtschaftsgut entsteht, ist die weitere AfA nach der Summe aus dem Buchwert oder Restwert des bisherigen Wirtschaftsgutes und nach den nachträglichen Herstellungskosten zu bemessen. [2]Aus Vereinfachungsgründen kann der Stpfl. bei unbeweglichen Wirtschaftsgütern von der Herstellung eines anderen Wirtschaftsgutes ausgehen, wenn der im zeitlichen und sachlichen Zusammenhang mit der Herstellung des Wirtschaftsgutes angefallene Bauaufwand zuzüglich des Werts der Eigenleistung nach überschlägiger Berechnung den Verkehrswert des bisherigen Wirtschaftsgutes übersteigt.[1])

Einlage, → Entnahme, Nutzungsänderung und Übergang zur Buchführung

(6) [1]Wird ein Wirtschaftsgut in ein Betriebsvermögen eingelegt, für das zuvor im Rahmen der Überschusseinkunftsarten i. S. d. § 2 Abs. 1 Satz 1 Nr. 4 bis 7 EStG Absetzungen für Abnutzung oder Substanzverringerung, Sonderabschreibungen oder erhöhte Absetzungen geltend gemacht worden sind, so bemisst sich die weitere AfA nach den fortgeführten Anschaffungs- oder Herstellungskosten (§ 7 Abs. 1 Satz 5 und Abs. 4 Satz 1 EStG). [2]In diesen Fällen darf die Summe der ins-

1) Anm.: Nach R 43 Abs. 5 Satz 2 EStR [nunmehr: R 7.3 Abs. 5 Satz 2] kann bei Baumaßnahmen an einem unbeweglichen Wirtschaftsgut statt von nachträglichen Herstellungsarbeiten von der Herstellung eines anderen Wirtschaftsgutes ausgegangen werden, wenn der im zeitlichen und sachlichen Zusammenhang mit der Herstellung des Wirtschaftsgutes angefallene Bauaufwand zuzüglich des Werts der Eigenleistung nach überschlägiger Berechnung den Verkehrswert des bisherigen Wirtschaftsgutes übersteigt. Dieses Wahlrecht steht nach einem Erlass der Senatsverwaltung für Finanzen Berlin vom 31. 8. 1998 (III D 22 – S 1988–1/97) auch einem Erwerber des sanierten Gebäudes zu. Es ist für das Wahlrecht ohne Bedeutung, ob die Modernisierungs- und Sanierungsmaßnahmen an einem Gebäude vom Veräußerer oder vom Erwerber durchgeführt werden und wie hoch der Anteil des Veräußerers und des Erwerbers an den gesamten Bauaufwendungen ist.

gesamt in Anspruch genommenen Abschreibungen die Anschaffungs- oder Herstellungskosten nicht übersteigen.[1]) [3]§ 6 Abs. 1 Nr. 5 Satz 1 EStG bleibt unberührt (Einlage eines Wirtschaftsgutes). [4]Bei Wirtschaftsgütern, die der Stpfl. aus einem Betriebsvermögen in das Privatvermögen überführt hat, ist die weitere AfA nach dem Teilwert (§ 6 Abs. 1 Nr. 4 Satz 1 EStG) oder gemeinen Wert (§ 16 Abs. 3 Satz 6 bis 8 EStG) zu bemessen, mit dem das Wirtschaftsgut bei der Überführung steuerlich erfasst worden ist. [5]Dagegen bleiben die Anschaffungs- oder Herstellungskosten oder der an deren Stelle tretende Wert des Wirtschaftsgutes für die weitere AfA als Bemessungsgrundlage maßgebend, wenn

1. a) ein Gebäude nach vorhergehender Nutzung zu eigenen Wohnzwecken oder zu fremden Wohnzwecken auf Grund unentgeltlicher Überlassung zur Erzielung von Einkünften i. S. d. § 21 EStG oder

   b) ein bewegliches Wirtschaftsgut nach einer Nutzung außerhalb der Einkunftsarten zur Erzielung von Einkünften i. S. d. § 2 Abs. 1 Satz 1 Nr. 4 bis 7 EStG

   verwendet wird oder

2. ein Wirtschaftsgut nach vorhergehender Gewinnermittlung durch Schätzung oder nach Durchschnittssätzen (§ 13a EStG) bilanziert wird.

Hinweise

H 7.3

Anschaffungskosten

- ***bei Erbauseinandersetzung → BMF vom 14. 3. 2006 (BStBl I S. 253).***
- ***bei Modernisierung von Gebäuden → BMF vom 18. 7. 2003 (BStBl I S. 386).***
- ***bei vorweggenommener Erbfolge → BMF vom 13. 1. 1993 (BStBl I S. 80) unter Berücksichtigung der Änderungen durch BMF vom 26. 2. 2007 (BStBl I S. 269).***
- ***Bei Tieren in land- und forstwirtschaftlich tätigen Betrieben sind die Anschaffungs- oder Herstellungskosten zur Berechnung der AfA um den Schlachtwert zu mindern → BMF vom 14. 11. 2001 (BStBl I S. 864), Rn. 24.***
- ***Bei Schiffen sind die Anschaffungs- oder Herstellungskosten zur Berechnung der AfA um den Schrottwert zu mindern (→ BFH vom 22. 7. 1971 – BStBl II S. 800).***
- ***Aufwendungen für Baumaßnahmen, mit denen der Verkäufer einer Eigentumswohnung oder eine seiner Firmen zeitgleich mit dem Abschluss des Kaufvertrags beauftragt wird, gehören zu den Anschaffungskosten der Eigentumswohnung (→ BFH vom 17. 12. 1996 – BStBl 1997 II S. 348).***
- ***Bei Erwerb einer Eigentumswohnung gehört der im Kaufpreis enthaltene Anteil für das in der Instandhaltungsrückstellung angesammelte Guthaben nicht zu den Anschaffungskosten der Eigentumswohnung (→ BFH vom 9. 10. 1991 – BStBl 1992 II S. 152).***
- ***Zu den Anschaffungskosten gehören auch die Übernahme von Verbindlichkeiten des Veräußerers sowie Aufwendungen des Erwerbers zur Beseitigung bestehende Beschränkung seiner Eigentümerbefugnis i. S. d. § 903 BGB (z. B. Ablösung dinglicher Nutzungsrechte wie Erbbaurecht, Vermächtnisnießbrauch oder Wohnungsrecht) oder Zahlungen aufgrund der Anfechtung des Kaufvertrags durch einen Gläubiger nach § 3 Abs. 2 AnfG (→ BFH vom 17. 4. 2007 – BStBl II S. 956).***
- ***Anschaffungskosten bei Einbringung von Miteigentumsanteilen an Grundstücken in eine vermögensverwaltende Personengesellschaft bemessen sich nach dem gemeinen Wert des hingegebenen Gebäudeteils. Soweit ein Gesellschafter an zwei Gebäuden Anteile (hinzu)erworben hat, ist der gemeine Wert des hingegebenen Gebäudeteils nach dem Verhältnis der gemeinen Werte der erworbenen Anteile aufzuteilen (→ BFH vom 2. 4. 2008 – BStBl II S. 679).***
- ***Bringen die Miteigentümer mehrerer Grundstücke ihre Miteigentumsanteile in eine Personengesellschaft mit Vermietungseinkünften ein, sind keine Anschaffungsvorgänge gegeben, soweit die den Gesellschaftern nach der Übertragung ihrer Miteigentumsanteile nach § 39 Abs. 2 Nr. 2 AO zuzurechnenden Anteile an den Grundstücken ihre bisherigen Miteigentumsanteile nicht übersteigen (→ BFH vom 2. 4. 2008 – BStBl II S. 679).***

1) Anm.: aber: → Bemisst sich nach einer Einlage eines bisher im Privatvermögen vermieteten Gebäudes in ein Betriebsvermögen die weitere AfA nach dem Einlagewert (Teilwert) abzüglich der bereits in Anspruch genommenen AfA oder nach den fortgeführten Anschaffungs- oder Herstellungskosten? → FG Münster vom 21. 3. 2007–8 K 3908/04 F – Rev. VIII R 46/07.

Dachgeschoss

Baumaßnahmen an einem Dachgeschoss → BMF vom 10. 7. 1996 (BStBl I S. 689)

Einlage eines Wirtschaftsgutes

Beispiel:

Ein Gebäude (Anschaffungskosten 1 000 000 €) wurde in den Jahren 01 bis 10 zu Vermietungszwecken genutzt. Die AfA betrug jährlich 2 %. Das Gebäude wird zu Beginn des Jahres 11 in ein Betriebsvermögen eingelegt und zu eigenbetrieblichen Zwecken genutzt. Der Teilwert beträgt 900 000 €. Die AfA-Bemessungsgrundlage bemisst sich nach § 7 Abs. 4 i. V. m. § 7 Abs. 1 Satz 5 EStG wie folgt:

Anschaffungskosten	1 000 000 €
./. AfA 10 Jahre × 2 %	200 000 €
= Bemessungsgrundlage:[1])	800 000 €

Bei einer künftigen AfA von 3 % (= 24 000 €, → R 7.4 Abs. 10 Satz 1 Nr. 1) verbleibt nach Ablauf von 33 Jahren ein Restbuchwert von ***8 000 € (800 000 €*** ./. 792 000 €). Im darauf folgenden Jahr darf nur noch eine AfA in Höhe von 8 000 € vorgenommen werden. Von dem danach verbleibenden Restbuchwert in Höhe von 100 000 € darf keine AfA vorgenommen werden. Bei einer Veräußerung ist dieser Restbuchwert gewinnmindernd zu berücksichtigen. § 6 Abs. 1 Nr. 1 Satz 2 und § 7 Abs. 1 Satz 7 EStG bleiben unberührt.

Fertigstellung von Teilen eines Gebäudes zu verschiedenen Zeitpunkten

Bei der Errichtung eines zur unterschiedlichen Nutzung bestimmten Gebäudes sind die Herstellungskosten des noch nicht fertig gestellten selbständigen Gebäudeteils in die AfA-Bemessungsgrundlage des bereits fertig gestellten Gebäudeteils einzubeziehen (→ BFH vom 9. 8. 1989 – BStBl 1991 II S. 132). Vgl. aber das Wahlrecht nach → R 7.3 Abs. 2.

Kaufpreisaufteilung

- ***Anschaffungskosten eines bebauten Grundstücks sind nicht nach der sog. Restwertmethode, sondern nach dem Verhältnis der Verkehrswerte oder Teilwerte auf den Grund und Boden und auf das Gebäude aufzuteilen (→ BFH vom 10. 10. 2000 – BStBl 2001 II S. 183). Das gilt auch bei der Anschaffung von Eigentumswohnungen; dabei rechtfertigt die eingeschränkte Nutzungs- und Verfügungsmöglichkeit des Wohnungseigentümers hinsichtlich seines Bodenanteils keinen niedrigeren Wertansatz des Bodenanteils (→ BFH vom 15. 1. 1985 – BStBl II S. 252).***
- ***Aufteilung der Anschaffungskosten bei Erwerb eines Gebäudes mit mehreren Wohnungen, von denen eine Wohnung mit einem Wohnrecht belastet ist → BMF vom 24. 7. 1998 (BStBl I S. 914) unter Berücksichtigung der Änderungen durch BMF vom 9. 2. 2001 (BStBl I S. 171), Rz. 50, bestätigt durch → BFH vom 31. 5. 2000 (BStBl 2001 II S. 594).***

Nachträgliche Anschaffungs- oder Herstellungskosten

Anhang 19 Sind für ein Wirtschaftsgut nachträgliche Anschaffungs- oder Herstellungskosten aufgewendet worden, ohne dass hierdurch ein anderes Wirtschaftsgut entstanden ist, bemisst sich die weitere AfA

- in den Fällen des § 7 Abs. 4 Satz 1 und Abs. 5 EStG nach der bisherigen Bemessungsgrundlage zuzüglich der nachträglichen Anschaffungs- oder Herstellungskosten (→ BFH vom 20. 2. 1975 – BStBl II S. 412 und vom 20. 1. 1987 – BStBl II S. 491).
- in den Fällen des § 7 Abs. 1, Abs. 4 Satz 2 ***und § 7 Abs. 2 a. F.*** EStG nach dem Buchwert oder Restwert zuzüglich der nachträglichen Anschaffungs- oder Herstellungskosten (→ BFH vom 25. 11. 1970 – BStBl 1971 II S. 142).
- in den Fällen des § 7 Abs. 1 Satz 5 EStG (Einlage) nach den fortgeführten Anschaffungs- oder Herstellungskosten zuzüglich der nachträglichen Anschaffungs- oder Herstellungskosten.

  Beispiel:

  Ein Gebäude (Anschaffungskosten 1 000 000 €) wurde in den Jahren 01 bis 10 zu Vermietungszwecken genutzt. Die AfA betrug jährlich 2 %. Das Gebäude wird zu Beginn des Jahres 11 in ein Betriebsvermögen eingelegt und zu eigenbetrieblichen Zwecken genutzt. Im Jahr

---

1) Anm.: aber: → Bemisst sich nach einer Einlage eines bisher im Privatvermögen vermieteten Gebäudes in ein Betriebsvermögen die weitere AfA nach dem Einlagewert (Teilwert) abzüglich der bereits in Anspruch genommenen AfA oder nach den fortgeführten Anschaffungs- oder Herstellungskosten? → FG Münster vom 21. 3. 2007 – 8 K 3908/04 F – Rev. VIII R 46/07.

13 fallen nachträgliche Herstellungskosten in Höhe von 100 000 € an. Die AfA-Bemessungsgrundlage bemisst sich nach § 7 Abs. 4 i. V. m. § 7 Abs. 1 Satz 5 EStG wie folgt:

Anschaffungskosten	1 000 000 €
./. AfA 10 Jahre × 2 %	200 000 €
= Bemessungsgrundlage ab dem Jahr 11	800 000 €
AfA in den Jahren 11 und 12 je 3 % = 24 000 €	
+ nachträgliche Herstellungskosten	100 000 €
= Bemessungsgrundlage ab dem Jahr 13	900 000 €
AfA ab dem Jahr 13 ***3 %*** 27 000 €	

- ***Zu den nachträglichen Anschaffungskosten gehören Abwehrkosten zur Befriedung eines den Kaufvertrag nach § 3 Abs. 2 AnfG anfechtenden Gläubigers (→ BFH vom 17. 4. 2007 – BStBl 2007 II S. 956).***

Keine nachträglichen Herstellungskosten, sondern Herstellungskosten für ein anderes Wirtschaftsgut entstehen, wenn das bisherige Wirtschaftsgut im Wesen geändert und so tiefgreifend umgestaltet oder in einem solchen Ausmaß erweitert wird, dass die eingefügten neuen Teile der Gesamtsache das Gepräge geben und die verwendeten Altteile bedeutungs- und wertmäßig untergeordnet erscheinen. Das kann z. B. der Fall sein bei

- einem mit dem Gebäude verschachtelten Anbau (→ BFH vom 25. 1. 2007 – BStBl II S. 586),
- Umbau einer einfachen Scheune in eine Pferdeklinik (→ BFH vom 26. 1. 1978 – BStBl II S. 280),
- Umbau eines alten Gasthofs in eine moderne Gastwirtschaft (→ BFH vom 26. 1. 1978 – BStBl II S. 363),
- Umbau einer Hochdruck-Rotationsmaschine zu einer Flachdruck-(Offset)maschine (→ BFH vom 6. 12. 1991 – BStBl 1992 II S. 452),
- Umgestaltung von Pflanztischen in ein automatisches Tischbewässerungssystem (→ BFH vom 28. 9. 1990 – BStBl 1991 II S. 361),
- Umbau einer Mühle zu einem Wohnhaus (→ BFH vom 31. 3. 1992 – BStBl II S. 808).

Überführung in das Privatvermögen

- Bei der Überführung eines Wirtschaftsguts in das Privatvermögen ist die AfA auch dann nach dem Wert zu bemessen, mit dem das Wirtschaftsgut steuerlich erfasst worden ist, wenn er falsch ermittelt worden ist (→ BMF vom 30. 10. 1992 – BStBl I S. 651),
- Die AfA ist nach den ursprünglichen Anschaffungs- oder Herstellungskosten zu bemessen, wenn bei einer vorangegangenen Überführung eines Wirtschaftsguts in das Privatvermögen der Entnahmegewinn kraft gesetzlicher Regelung außer Ansatz geblieben ist (→ BFH vom 3. 5. 1994 – BStBl II S. 749). Das Gleiche gilt, wenn die Überführung nicht erkannt und in Folge dessen die stillen Reserven nicht erfasst worden sind und steuerliche Konsequenzen nicht mehr gezogen werden können (→ BFH vom 14. 12. 1999 – BStBl 2000 II S. 656),
- Die AfA ist im Fall einer Betriebsaufgabe auch dann nach dem gemeinen Wert zu bemessen, wenn der Gewinn wegen des Freibetrags nach § 16 Abs. 4 EStG steuerfrei ist (→ BFH vom 14. 12. 1999 – BStBl 2000 II S. 656).

7.4. Höhe der AfA

R 7.4

Beginn der AfA

S 2190

(1) [1]AfA ist vorzunehmen, sobald ein Wirtschaftsgut angeschafft oder hergestellt ist. [2]Ein Wirtschaftsgut ist im Zeitpunkt seiner → Lieferung angeschafft. [3]Ist Gegenstand eines Kaufvertrages über ein Wirtschaftsgut auch dessen Montage durch den Verkäufer, ist das Wirtschaftsgut erst mit der Beendigung der Montage geliefert. [4]Wird die Montage durch den Stpfl. oder in dessen Auftrag durch einen Dritten durchgeführt, ist das Wirtschaftsgut bereits bei Übergang der wirtschaftlichen Verfügungsmacht an den Stpfl. geliefert; das zur Investitionszulage ergangene BFH-Urteil vom 2. 9. 1988 (BStBl II S. 1009) ist ertragsteuerrechtlich nicht anzuwenden. [5]Ein Wirtschaftsgut ist zum Zeitpunkt seiner Fertigstellung hergestellt.

AfA im Jahr der Anschaffung, Herstellung oder Einlage

(2) [1]Der auf das Jahr der Anschaffung oder Herstellung entfallende AfA-Betrag vermindert sich zeitanteilig für den Zeitraum, in dem das Wirtschaftsgut nach der Anschaffung oder Herstellung nicht zur Erzielung von Einkünften verwendet wird; dies gilt auch für die AfA nach § 7 Abs. 5 EStG. [2]Bei Wirtschaftsgütern, die im Laufe des Wirtschaftsjahres in das Betriebsvermögen eingelegt werden, gilt § 7 Abs. 1 Satz 4 EStG entsprechend.

Bemessung der AfA nach der → Nutzungsdauer

S 2190 (3) [1]Die AfA ist grundsätzlich so zu bemessen, dass die Anschaffungs- oder Herstellungskosten nach Ablauf der betriebsgewöhnlichen Nutzungsdauer des Wirtschaftsgutes voll abgesetzt sind. [2]Bei einem Gebäude gilt Satz 1 nur, wenn die technischen oder wirtschaftlichen Umstände dafür sprechen, dass die tatsächliche Nutzungsdauer eines Wirtschaftsgebäudes (§ 7 Abs. 4 Satz 1 Nr. 1 EStG) weniger als 33 Jahre (bei Bauantrag/obligatorischem Vertrag nach dem 31. 12. 2000) oder 25 Jahre (bei Bauantrag/obligatorischem Vertrag vor dem 1. 1. 2001) bzw. eines anderen Gebäudes weniger als 50 Jahre (bei vor dem 1. 1. 1925 fertig gestellten Gebäuden weniger als 40 Jahre) beträgt. [3]Satz 2 gilt entsprechend bei Mietereinbauten und -umbauten, die keine Scheinbestandteile oder Betriebsvorrichtungen sind.

S 2190 Bemessung der linearen AfA bei Gebäuden nach typisierten ***Prozentsätzen***

(4) [1]In anderen als den in Absatz 3 Satz 2 und 3 bezeichneten Fällen sind die in § 7 Abs. 4 Satz 1 EStG genannten AfA-Sätze maßgebend. [2]Die Anwendung niedrigerer AfA-Sätze ist ausgeschlossen. [3]Die AfA ist bis zur vollen Absetzung der Anschaffungs- oder Herstellungskosten vorzunehmen.

S 2191 Wahl der AfA-Methode

S 2192
S 2193 (5) ***[1]Anstelle der AfA in gleichen Jahresbeträgen (§ 7 Abs. 1 Satz 1 und 2 EStG)*** kann bei beweglichen Wirtschaftsgütern des Anlagevermögens ***AfA nach Maßgabe der Leistung (§ 7 Abs. 1 Satz 6 EStG)*** vorgenommen werden, ***wenn*** deren Leistung in der Regel erheblich schwankt und deren Verschleiß dementsprechend wesentliche Unterschiede aufweist. [2]Voraussetzung für AfA nach Maßgabe der Leistung ist, dass der auf das einzelne Wirtschaftsjahr entfallende Umfang der Leistung nachgewiesen wird. [3]Der Nachweis kann z. B. bei einer Maschine durch ein die Anzahl der Arbeitsvorgänge registrierendes Zählwerk, einen Betriebsstundenzähler oder bei einem Kraftfahrzeug durch den Kilometerzähler geführt werden.

(6) [1]Die degressive AfA nach § 7 Abs. 5 EStG ist nur mit den in dieser Vorschrift vorgeschriebenen Staffelsätzen zulässig. [2]Besteht ein Gebäude aus sonstigen selbständigen Gebäudeteilen (→ R 4.2 Abs. 3 Satz 3 Nr. 5), sind für die einzelnen Gebäudeteile unterschiedliche AfA-Methoden und AfA-Sätze zulässig.

S 2196 → Wechsel der AfA-Methode bei Gebäuden

(7) [1]Ein Wechsel der AfA-Methode ist bei Gebäuden vorzunehmen, wenn

1. ein Gebäude in einem auf das Jahr der Anschaffung oder Herstellung folgenden Jahr die Voraussetzungen des § 7 Abs. 4 Satz 1 Nr. 1 EStG erstmals erfüllt oder
2. ein Gebäude in einem auf das Jahr der Anschaffung oder Herstellung folgenden Jahr die Voraussetzungen des § 7 Abs. 4 Satz 1 Nr. 1 EStG nicht mehr erfüllt oder
3. ein nach § 7 Abs. 5 Satz 1 Nr. 3 EStG abgeschriebener Mietwohnneubau nicht mehr Wohnzwecken dient.

[2]In den Fällen des Satzes 1 Nr. 1 ist die weitere AfA nach § 7 Abs. 4 Satz 1 Nr. 1 EStG, in den Fällen des Satzes 1 Nr. 2 und 3 ist die weitere AfA nach § 7 Abs. 4 Satz 1 Nr. 2 Buchstabe a EStG zu bemessen[1]).

S 2190 Ende der AfA

(8) [1]Bei Wirtschaftsgütern, die im Laufe eines Wirtschaftsjahres oder Rumpfwirtschaftsjahres veräußert oder aus dem Betriebsvermögen entnommen werden oder nicht mehr zur Erzielung von Einkünften i. S. d. § 2 Abs. 1 Satz 1 Nr. 4 bis 7 EStG dienen, kann für dieses Jahr nur der Teil des auf ein Jahr entfallenden AfA-Betrags abgesetzt werden, der dem Zeitraum zwischen dem Beginn des Jahres und der Veräußerung, Entnahme oder Nutzungsänderung entspricht. [2]Das gilt entsprechend, wenn im Laufe eines Jahres ein Wirtschaftsgebäude künftig Wohnzwecken dient

1) → aber H 7.4 (Degressive AfA bei Nutzungsänderung).

oder ein nach § 7 Abs. 5 Satz 1 Nr. 3 EStG abgeschriebener Mietwohnneubau künftig nicht mehr Wohnzwecken dient.

AfA nach nachträglichen Anschaffungs- oder Herstellungskosten

(9) [1]Bei nachträglichen Herstellungskosten für Wirtschaftsgüter, die nach § 7 Abs. 1 oder Abs. 4 Satz 2 EStG abgeschrieben werden, ist die Restnutzungsdauer unter Berücksichtigung des Zustands des Wirtschaftsgutes im Zeitpunkt der Beendigung der nachträglichen Herstellungsarbeiten neu zu schätzen. [2]In den Fällen des § 7 Abs. 4 Satz 2 EStG ist es aus Vereinfachungsgründen nicht zu beanstanden, wenn die weitere AfA nach dem bisher angewandten ***Prozentsatz*** bemessen wird. [3]Bei der Bemessung der AfA für das Jahr der Entstehung von nachträglichen Anschaffungs- und Herstellungskosten sind diese so zu berücksichtigen, als wären sie zu Beginn des Jahres aufgewendet worden. [4]Ist durch die nachträglichen Herstellungsarbeiten ein anderes Wirtschaftsgut entstanden (→ R 7.3 Abs. 5), ist die weitere AfA nach § 7 Abs. 1 oder Abs. 4 Satz 2 EStG und der voraussichtlichen Nutzungsdauer des anderen Wirtschaftsgutes oder nach § 7 Abs. 4 Satz 1 EStG zu bemessen. [5]Die degressive AfA nach § 7 Abs. 5 EStG ist nur zulässig, wenn das andere Wirtschaftsgut ein Neubau ist.

AfA nach Einlage, Entnahme oder Nutzungsänderung oder nach Übergang zur Buchführung

(10) [1]Nach einer Einlage, Entnahme oder Nutzungsänderung eines Wirtschaftsgutes oder nach Übergang zur Buchführung (→ R 7.3 Abs. 6) ist die weitere AfA wie folgt vorzunehmen:

1. Hat sich die AfA-Bemessungsgrundlage für das Wirtschaftsgut geändert (→ R 7.3 Abs. 6 Sätze 1 bis 4), ist die weitere AfA nach § 7 Abs. 1 oder Abs. 4 Satz 2 EStG und der tatsächlichen künftigen Nutzungsdauer oder nach § 7 Abs. 4 Satz 1 EStG zu bemessen.
2. Bleiben die Anschaffungs- und Herstellungskosten des Wirtschaftsgutes als Bemessungsgrundlage der AfA maßgebend (→ R 7.3 Abs. 6 Satz 5), ist die weitere AfA grundsätzlich nach dem ursprünglich angewandten Absetzungsverfahren zu bemessen. [2]Die AfA kann nur noch bis zu dem Betrag abgezogen werden, der von der Bemessungsgrundlage nach Abzug von AfA, erhöhten Absetzungen und Sonderabschreibungen verbleibt (→ AfA-Volumen). [3]Ist für das Wirtschaftsgut noch nie AfA vorgenommen worden, ist die AfA nach § 7 Abs. 1 oder Abs. 4 Satz 2 EStG und der tatsächlichen gesamten Nutzungsdauer oder nach § 7 Abs. 4 Satz 1 oder Abs. 5 EStG zu bemessen. [4]Nach dem Übergang zur Buchführung oder zur Einkünfteerzielung kann die AfA nur noch bis zu dem Betrag abgezogen werden, der von der Bemessungsgrundlage nach Abzug der Beträge verbleibt, die entsprechend der gewählten AfA-Methode auf den Zeitraum vor dem Übergang entfallen.

[2]Besteht ein Gebäude aus mehreren selbständigen Gebäudeteilen und wird der Nutzungsumfang eines Gebäudeteiles infolge einer Nutzungsänderung des Gebäudes ausgedehnt, bemisst sich die weitere AfA von der neuen Bemessungsgrundlage insoweit nach § 7 Abs. 4 EStG. [3]Das Wahlrecht nach Satz 1 Nr. 2 Satz 3 und 4 bleibt unberührt.

→ Absetzungen für außergewöhnliche technische oder wirtschaftliche Abnutzung bei Gebäuden

(11) [1]Absetzungen für außergewöhnliche technische oder wirtschaftliche Abnutzung (AfaA) sind nach dem Wortlaut des Gesetzes nur bei Gebäuden zulässig, bei denen die AfA nach § 7 Abs. 4 EStG bemessen wird. [2]AfaA sind jedoch auch bei Gebäuden nicht zu beanstanden, bei denen AfA nach § 7 Abs. 5 EStG vorgenommen wird.

Hinweise

H 7.4

AfaA

Wird ein im Privatvermögen gehaltenes Fahrzeug bei einer betrieblich veranlassten Fahrt infolge eines Unfalls beschädigt und nicht repariert, ist die Vermögenseinbuße im Wege der AfaA nach § 7 Abs. 1 Satz 7 EStG gewinnmindernd zu berücksichtigen. Die bei der Bemessung der AfaA zu Grunde zu legenden Anschaffungskosten sind um die (normale) AfA zu kürzen, die der Stpfl. hätte in Anspruch nehmen können, wenn er das Fahrzeug ausschließlich zur Einkünfteerzielung verwendet hätte (→ BFH vom 24. 11. 1994 – BStBl 1995 II S. 318).

AfaA sind grundsätzlich im Jahr des Schadenseintritts, spätestens jedoch im Jahr der Entdeckung des Schadens vorzunehmen (→ BFH vom 1. 12. 1992 – BStBl 1994 II S. 11 und 12). Dies gilt unabhängig von evtl. Ersatzansprüchen gegen eine Versicherung (→ BFH vom 13. 3. 1998 – BStBl II S. 443).

Eine AfaA setzt voraus, dass die wirtschaftliche Nutzbarkeit eines Wirtschaftsgutes durch außergewöhnliche Umstände gesunken ist (→ BFH vom 8. 7. 1980 – BStBl II S. 743).

Baumängel vor Fertigstellung eines Gebäudes rechtfertigen keine AfaA (→ BFH vom 31. 3. 1992 – BStBl II S. 805); auch wenn infolge dieser Baumängel noch in der Bauphase unselbständige Gebäudeteile wieder abgetragen werden (→ BFH vom 30. 8. 1994 – BStBl 1995 II S. 306); dies gilt auch, wenn die Baumängel erst nach der Fertigstellung oder Anschaffung entdeckt werden (→ BFH vom 27. 1. 1993 – BStBl II S. 702 und vom 14. 1. 2004 – BStBl II S. 592).

Eine AfaA ist vorzunehmen, wenn

- ein Gebäude durch Abbruch, Brand oder ähnliche Ereignisse aus dem Betriebsvermögen ausgeschieden ist (→ BFH vom 7. 5. 1969 – BStBl II S. 464),
- bei einem Umbau bestimmte Teile eines Gebäudes ohne vorherige Abbruchabsicht entfernt werden (→ BFH vom 15. 10. 1996 – BStBl 1997 II S. 325) oder
- ein Gebäude abgebrochen wird → H 33a (Abbruchkosten).

Eine AfaA ist nicht vorzunehmen, wenn

- ein zum Privatvermögen gehörendes objektiv technisch oder wirtschaftlich noch nicht verbrauchtes Gebäude abgerissen wird, um ein unbebautes Grundstück veräußern zu können (→ BFH vom 6. 3. 1979 – BStBl II S. 551), oder wenn es in der Absicht eines grundlegenden Umbaus erworben wird (→ BFH vom 4. 12. 1984 – BStBl 1985 II S. 208 und 20. 4. 1993 – BStBl II S. 504).
- im Verfahren nach dem WEG die Nutzung von erworbenen Gebäudeteilen als Wohnung untersagt wird, sich darin ein dem Kaufobjekt von vornherein anhaftender Mangel zeigt und die Parteien des Kaufvertrages die Gewährleistung hinsichtlich der Nutzungsmöglichkeiten der Sache ausgeschlossen haben (→ BFH vom 14. 1. 2004 – BStBl II S. 592).

AfA nach Einlage, Entnahme oder Nutzungsänderung oder nach Übergang zur Buchführung

Beispiele:

1. AfA-Verbrauch bei Umwidmung eines Gebäudes zur Einkünfteerzielung

   Eine im Jahr 01 fertig gestellte und am 1. 12. 01 erworbene Eigentumswohnung wird vom Dezember 01 bis Februar 03 vom Stpfl. selbst bewohnt und ab März 03 vermietet.

   Der Stpfl. hat ab dem Jahr 03 die Wahl zwischen der linearen AfA nach § 7 Abs. 4 Satz 1 Nr. 2 EStG (Fall 1) und der degressiven AfA nach § 7 Abs. 5 Satz 1 Nr. 3 Buchstabe c EStG (Fall 2).

		Fall 1		**Fall 2**
Anschaffungskosten im Jahr 01		300 000 €		300 000 €
AfA-Verbrauch				
im Jahr 01	1/12 von 2 %	500 €	4 %	12 000 €
im Jahr 02	2 %	6 000 €	4 %	12 000 €
im Jahr 03	2/12 von 2 %	1 000 €	2/12 von 4 %	2 000 €
insgesamt		7 500 €		26 000 €
verbleibendes AfA-Volumen		292 500 €		274 500 €
AfA ab Übergang zur Einkünfteerzielung				
im Jahr 03	10/12 von 2 %	5 000 €	10/12 von 4 %	10 000 €
ab Jahr 04	je 2 %	6 000 €		
im Jahr 04 bis 10			je 4 %	12 000 €
im Jahr 11 bis 18			je 2,5 %	7 500 €
ab Jahr 19			je 1,25 %	3 750 €

2. AfA bei Änderung des Nutzungsumfangs eines Gebäudeteils

   Von den gesamten Herstellungskosten in Höhe von 600 000 € eines zum Betriebsvermögen gehörenden Gebäudes, das je zur Hälfte eigenbetrieblichen Zwecken und fremden Wohnzwecken dient, entfallen je 300 000 € auf die beiden selbständigen Gebäudeteile. Der eigenbetrieblich genutzte Gebäudeteil wird nach § 7 Abs. 5 Satz 1 Nr. 1 EStG degressiv, der zu fremden Wohnzwecken genutzte Gebäudeteil nach § 7 Abs. 4 Satz 1 Nr. 2 EStG linear abgeschrieben. Die jährliche AfA beträgt

   a) für den eigenbetrieblich genutzten Gebäudeteil
      10 % von 300 000 € = 30 000 €,

   b) für den zu fremden Wohnzwecken genutzten Gebäudeteil
      2 % von 300 000 € = 6 000 €.

   Vom Beginn des 3. Jahres an wird die eigenbetriebliche Nutzung auf ein Drittel des bisher zu Wohnzwecken genutzten Gebäudeteiles ausgedehnt. Von diesem Zeitpunkt an beträgt die AfA-Bemessungsgrundlage für den eigenbetrieblich genutzten Gebäudeteil 400 000 €, für den zu fremden Wohnzwecken genutzten Gebäudeteil 200 000 €. Für den nunmehr eigenbetrieblich genutzten Teil des bisher zu fremden Wohnzwecken genutzten Gebäudeteiles ist die lineare AfA künftig mit dem höheren AfA-Satz des § 7 Abs. 4 Satz 1 Nr. 1 EStG vorzunehmen. Die AfA beträgt somit im 3. Jahr

a) für den eigenbetrieblich genutzten Gebäudeteil
10 % von 300 000 € = 30 000 €,
+ 3 % von 100 000 € = 3 000 €,

b) für den zu fremden Wohnzwecken genutzten Gebäudeteil
2 % von 200 000 € = 4 000 €.

AfA nach nachträglichen Anschaffungs- oder Herstellungskosten

Beispiele:

1. Degressive AfA nach § 7 Abs. 2 EStG ***a. F.*** bei nachträglichen Herstellungskosten
Für ein im Jahre 01 angeschafftes bewegliches Wirtschaftsgut mit einer betriebsgewöhnlichen Nutzungsdauer von 12 Jahren, für das degressive AfA von (8 $^1/_3$ % × 2 =) 16 $^2/_3$ % vorgenommen worden ist, werden im Jahre 06 nachträgliche Herstellungskosten aufgewendet. Danach beträgt die neu geschätzte Restnutzungsdauer 8 Jahre.

Restwert Ende 05	4 100 €
nachträgliche Herstellungskosten 06	+ 3 900 €
Bemessungsgrundlage ab 06	8 000 €

Die degressive AfA im Jahre 06 beträgt (12,5 % × 2, höchstens jedoch) 20 % von 8 000 €.

2. Lineare AfA nach § 7 Abs. 4 Satz 1 Nr. 2 EStG bei nachträglichen Herstellungskosten
Ein zu Beginn des Jahres 01 angeschafftes Gebäude, für das lineare AfA nach § 7 Abs. 4 Satz 1 Nr. 2 EStG vorgenommen worden ist, wird im Jahre 24 erweitert. Die Restnutzungsdauer beträgt danach noch mindestens 50 Jahre.

Anschaffungskosten im Jahr 01	200 000 €
AfA in den Jahren 01 bis 23: 23 × 2 % = 92 000 €	
nachträgliche Herstellungskosten im Jahr 24	+ 100 000 €
Bemessungsgrundlage ab Jahr 24	300 000 €

Vom Jahr 24 bis zur vollen Absetzung des Betrags von 208 000 € (Restwert 108 000 € zuzüglich nachträglicher Herstellungskosten 100 000 €) beträgt die AfA jährlich 2 % von 300 000 € = 6 000 €.

3. Degressive AfA nach § 7 Abs. 5 EStG bei nachträglichen Herstellungskosten
Ein im Jahr 01 fertig gestelltes Gebäude, für das degressive AfA nach § 7 Abs. 5 Satz 1 Nr. 1 EStG vorgenommen worden ist, wird im Jahr 06 erweitert.

Herstellungskosten im Jahr 01	200 000 €
AfA in den Jahren 01 bis 04: 4 × 10 % = 80 000 €	
AfA im Jahr 05: 1 × 5 % = 10 000 €	
nachträgliche Herstellungskosten im Jahr 06	+ 80 000 €
Bemessungsgrundlage ab Jahr 06	280 000 €

In den Jahren 06 und 07 beträgt die AfA je 5 % = 14 000 €; in den Jahren 08 bis 25 beträgt die AfA je 2,5 % = 7 000 €.

AfA-Volumen

Übergang

- von der Schätzung zur Buchführung

  Die Buchwerte der abnutzbaren Anlagegüter sind, ausgehend von den Anschaffungs- oder Herstellungskosten, vermindert um die übliche AfA zu schätzen; übliche AfA ist die AfA in gleichen Jahresbeträgen nach einer den amtlichen AfA-Tabellen zu entnehmenden Nutzungsdauer. Für den Zeitraum der Schätzung können weder der Stpfl. noch das Finanzamt eine von den amtlichen AfA-Tabellen abweichende Nutzungsdauer geltend machen (→ BFH vom 5. 12. 1985 – BStBl 1986 II S. 390).

- von der Gewinnermittlung nach Durchschnittssätzen zur Buchführung
  - Zur Ermittlung der in die Übergangsbilanz einzustellenden Buchwerte der abnutzbaren Anlagegüter sind die Anschaffungs- oder Herstellungskosten beweglicher Anlagegüter um die übliche AfA zu mindern, die den amtlichen AfA-Tabellen zu entnehmen sind. Das Wesen der Gewinnermittlung nach Durchschnittssätzen schließt Abweichungen von den sich hiernach ergebenden AfA-Sätzen aus (→ BFH vom 12. 12. 1985 – BStBl 1986 II S. 392).
  - Vorhandene geringwertige Wirtschaftsgüter***, die vor dem 1. 1. 2008 angeschafft oder hergestellt worden sind,*** sind in der Übergangsbilanz mit ihren Anschaffungs- oder Herstel-

lungskosten, vermindert um die AfA nach § 7 EStG, anzusetzen, die während der Gewinnermittlung nach Durchschnittssätzen angefallen wäre. Es kann nicht unterstellt werden, dass in dieser Zeit das Wahlrecht gemäß § 6 Abs. 2 EStG ***a. F.*** ausgeübt worden ist (→ BFH vom 17. 3. 1988 – BStBl II S. 770).

- Beim Wechsel von der Gewinnermittlung nach Durchschnittssätzen zum Bestandsvergleich bestimmen sich die in die Übergangsbilanz einzustellenden Buchwerte landwirtschaftlicher Betriebsgebäude nach den Anschaffungs- oder Herstellungskosten, gemindert um die im Zeitpunkt der Errichtung und im Laufe der Nutzung der Gebäude übliche AfA. Die besonderen betrieblichen Verhältnisse sind auch dann unbeachtlich, wenn für diesen Zeitraum amtliche AfA-Tabellen nicht zur Verfügung gestanden haben (→ BFH vom 5. 6. 2003 – BStBl II S. 801).

- Umwidmung eines Wirtschaftsguts in den Bereich der Einkünfteerzielung

  Werden Wirtschaftsgüter des bisher nicht der Einkünfteerzielung dienenden Vermögens umgewidmet und nunmehr zur Erzielung von Überschusseinkünften genutzt, sind die Anschaffungs- oder Herstellungskosten auf die Gesamtnutzungsdauer einschließlich der Zeit vor der Umwidmung zu verteilen. Als Werbungskosten (AfA) ist nur der Teil der Anschaffungs- oder Herstellungskosten abziehbar, der auf die Zeit nach der Umwidmung entfällt. § 6 Abs. 1 Nr. 5 Satz 1 EStG ist nicht entsprechend anwendbar (→ BFH vom 14. 2. 1989 – BStBl II S. 922; → H 6.12 Geringwertiges Wirtschaftsgut).

Degressive AfA nach § 7 Abs. 5 EStG in Erwerbsfällen

§ 7 Abs. 5 Satz 2 EStG schließt die Inanspruchnahme der degressiven AfA nach § 7 Abs. 5 EStG durch den Erwerber nur für das Jahr der Fertigstellung aus. Im folgenden Jahr kann der Erwerber zur degressiven AfA übergehen (→ BFH vom 3. 4. 2001 – BStBl II S. 599).

Entnahme eines Gebäudes

Für ein Gebäude, das **im** Jahr der Fertigstellung aus dem Betriebsvermögen entnommen worden ist, ist die Inanspruchnahme der degressiven AfA nach § 7 Abs. 5 EStG für den Zeitraum der Zugehörigkeit zum Privatvermögen im Jahr der Entnahme ausgeschlossen, wenn für das Gebäude bereits während der Zugehörigkeit zum Betriebsvermögen degressive AfA in Anspruch genommen worden ist. Im folgenden Jahr kann der Stpfl. zur degressiven AfA übergehen (→ BFH vom 3. 4. 2001 – BStBl II S. 599).

Für ein Gebäude, das **nach** dem Jahr der Fertigstellung unter Aufdeckung der stillen Reserven entnommen worden ist, kann die degressive AfA nach § 7 Abs. 5 EStG nicht mehr vorgenommen werden (→ BFH vom 8. 11. 1994 – BStBl 1995 II S. 170).

Fertigstellung

- Ein Wirtschaftsgut ist fertig gestellt, sobald es seiner Zweckbestimmung entsprechend genutzt werden kann (→ BFH vom 20. 2. 1975 – BStBl II S. 412, vom 11. 3. 1975 – BStBl II S. 659 und vom 21. 7. 1989 – BStBl II S. 906).
- Ein Gebäude ist fertig gestellt, wenn die wesentlichen Bauarbeiten abgeschlossen sind und der Bau so weit errichtet ist, dass der Bezug der Wohnungen zumutbar ist oder dass das Gebäude für den Betrieb in all seinen wesentlichen Bereichen nutzbar ist (→ BFH vom 11. 3. 1975 – BStBl II S. 659 und vom 21. 7. 1989 – BStBl II S. 906).
- Ein Gebäude ist nicht fertig gestellt, wenn Türen, Böden und der Innenputz noch fehlen (→ BFH vom 21. 7. 1989 – BStBl II S. 906).
- Auf die Höhe der noch ausstehenden Herstellungskosten im Verhältnis zu den gesamten Herstellungskosten des Gebäudes kommt es nicht an (→ BFH vom 16. 12. 1988 – BStBl 1989 II S. 203).
- Gebäudeteile, die auf Grund ihrer unterschiedlichen Funktion selbständige Wirtschaftsgüter sind, sind fertig gestellt, sobald diese Teile bestimmungsgemäß nutzbar sind (→ BFH vom 9. 8. 1989 – BStBl 1991 II S. 132). Zur AfA-Bemessungsgrundlage R 7.3 Abs. 2.
- Eine Eigentumswohnung ist mit der Bezugsfertigkeit fertig gestellt, auch wenn zu diesem Zeitpunkt zivilrechtlich noch kein Wohneigentum begründet und die Teilungserklärung noch nicht abgegeben worden ist (→ BFH vom 26. 1. 1999 – BStBl II S. 589).
- Gebrauchstiere sind bei der ersten Ingebrauchnahme fertig gestellt (→ BMF vom 14. 11. 2001 – BStBl I S. 864).

- Die bestimmungsgemäße Nutzbarkeit einer Dauerkultur beginnt mit ihrer Ertragsreife (→ BMF vom 17. 9. 1990 – BStBl I S. 420).

Lieferung

Ein Wirtschaftsgut ist geliefert, wenn der Erwerber nach dem Willen der Vertragsparteien darüber wirtschaftlich verfügen kann; das ist in der Regel der Fall, wenn Eigenbesitz, Gefahr, Nutzen und Lasten auf den Erwerber übergehen (→ BFH vom 28. 4. 1977 – BStBl II S. 553).

Liegt der Zeitpunkt des Übergangs eines Wirtschaftsgutes auf den Erwerber im Schnittpunkt von zwei Zeiträumen, so ist das Wirtschaftsgut mit Beginn des zweiten Zeitraums geliefert (→ BFH vom 7. 11. 1991 – BStBl 1992 II S. 398).

Wirtschaftlicher Übergang bei Leasing- und Mietkauf-Verträgen → BMF vom 28. 6. 2001 (BStBl I S. 379), Rz. 144.

Mietereinbauten

- Bei Mietereinbauten und -umbauten, die keine Scheinbestandteile oder Betriebsvorrichtungen sind, bestimmt sich die AfA abweichend von Nr. 10 des BMF-Schreibens vom 15. 1. 1976 (BStBl I S. 66) nach den für Gebäude geltenden Grundsätzen → BFH vom 15. 10. 1996 (BStBl 1997 II S. 533).
- Zur Nutzungsdauer von Ladeneinbauten, Schaufensteranlagen und Gaststätteneinbauten → BMF vom 30. 5. 1996 (BStBl I S. 643).

Miteigentum

Die Miteigentümer einer Grundstücksgemeinschaft können jeweils gesondert bestimmen, ob sie die lineare oder die degressive Gebäude-AfA in Anspruch nehmen wollen (→ Schleswig-Holsteinischen FG vom 3. 3. 2005 – EFG 2005, S. 1026):
Anm.:
Infolge dieser FG-Entscheidung wurde R 44 Abs. 7 EStR 2003 gestrichen.

Nachträgliche Anschaffungs- oder Herstellungskosten

Werden nachträgliche Anschaffungs- oder Herstellungskosten für Wirtschaftsgüter aufgewendet, die nach § 7 Abs. 1 oder Abs. 4 Satz 2 EStG ***oder § 7 Abs. 2 EStG a. F.*** abgeschrieben werden, so bemisst sich die AfA vom Jahr der Entstehung der nachträglichen Anschaffungs- oder Herstellungskosten an nach der Restnutzungsdauer (→ BFH vom 25. 11. 1970 – BStBl 1971 II S. 142).

Werden nachträgliche Anschaffungs- oder Herstellungskosten für Gebäude aufgewendet, die nach § 7 Abs. 4 Satz 1 oder Abs. 5 EStG abgeschrieben werden, so ist der für das Gebäude geltende Vomhundertsatz anzuwenden (→ BFH vom 20. 2. 1975 – BStBl II S. 412 und vom 20. 1. 1987 – BStBl II S. 491).

Wird in den Fällen des § 7 Abs. 4 Satz 1 EStG auf diese Weise die volle Absetzung innerhalb der tatsächlichen Nutzungsdauer nicht erreicht, so kann die AfA vom Zeitpunkt der Beendigung der nachträglichen Herstellungsarbeiten an nach der Restnutzungsdauer des Gebäudes bemessen werden (→ BFH vom 7. 6. 1977 – BStBl II S. 606).

Neubau

Die AfA nach § 7 Abs. 5 EStG kann nur bei Neubauten in Anspruch genommen werden. Bei Umbauten, Ausbauten und Modernisierungsmaßnahmen liegt ein Neubau nicht bereits dann vor, wenn sich dadurch die Zweckbestimmung des Gebäudes ändert. Er entsteht nur, wenn die eingefügten Neubauteile dem Gesamtgebäude das Gepräge geben, so dass es in bautechnischer Hinsicht neu ist. Das ist dann der Fall, wenn die tragenden Gebäudeteile (z. B. Fundamente, tragende Außen- und Innenwände, Geschossdecken und die Dachkonstruktion) in überwiegendem Umfang ersetzt werden (→ BFH vom 25. 5. 2004 – BStBl II S. 783).

Bei Anbauten liegt ein Neubau vor, wenn

- dadurch selbständige Wirtschaftsgüter i. S. d. R 4.2 geschaffen werden oder
- sie mit dem bestehenden Gebäude verschachtelt sind und die Neubauteile dem Gesamtgebäude das Gepräge geben; hierfür sind regelmäßig die Größen- und Wertverhältnisse der Alt- und Neubauteile maßgebend (→ BFH vom 25. 1. 2007 – BStBl II S. 586).

Für Eigentumswohnungen, die durch die rechtliche Umwandlung eines bestehenden Gebäudes geschaffen werden, kann keine AfA nach § 7 Abs. 5 EStG in Anspruch genommen werden (→ BFH vom 24. 11. 1992 – BStBl 1993 II S. 188).

Für neu geschaffene Wohnungen, die in einem einheitlichen Nutzungs- und Funktionszusammenhang mit einer bereits vorhandenen Wohnung stehen, kann keine AfA nach § 7 Abs. 5 EStG in Anspruch genommen werden (→ BFH vom 7. 7. 1998, BStBl II S. 625).

Zur degressiven AfA nach § 7 Abs. 5 EStG bei Baumaßnahmen an einem Dachgeschoss → BMF vom 10. 7. 1996 (BStBl I S. 689).

Nutzungsdauer

Anschaffungs- oder Herstellungskosten eines Wirtschaftsguts sind nur dann nach § 7 EStG zu verteilen, wenn die Nutzungsdauer des Wirtschaftsguts zwölf Monate (Jahreszeitraum im Sinne eines Zeitraums von 365 Tagen) übersteigt (→ BFH vom 26. 8. 1993 – BStBl 1994 II S. 232).

Die Nutzungsdauer eines Wirtschaftsguts entspricht regelmäßig dem Zeitraum, in dem es sich technisch abnutzt. Eine kürzere wirtschaftliche Nutzungsdauer liegt nicht vor, wenn das Wirtschaftsgut zwar nicht mehr entsprechend der ursprünglichen Zweckbestimmung rentabel nutzbar ist, aber noch einen erheblichen Verkaufswert hat (→ BFH vom 19. 11. 1997 – BStBl 1998 II S. 59). Zur Anwendung der amtlichen AfA-Tabellen → BMF vom 6. 12. 2001 (BStBl I S. 860).[1])

Die AfA auf das entgeltlich erworbene immaterielle Wirtschaftsgut „Vertreterrecht" (Ablösung des dem Vorgänger-Vertreter zustehenden Ausgleichsanspruchs durch Vereinbarung mit dem Geschäftsherrn) bemisst sich nach der für den Einzelfall zu bestimmenden betriebsgewöhnlichen Nutzungsdauer. Die Regelung des § 7 Abs. 1 Satz 3 EStG zur betriebsgewöhnlichen Nutzungsdauer des Geschäfts- oder Firmenwerts findet auf das Vertreterrecht keine Anwendung (→ BFH vom 12. 7. 2007 – BStBl II S. 959).

Zur Nutzungsdauer des Geschäfts- und Firmenwerts, des Praxiswerts und so genannter firmenwertähnlicher Wirtschaftsgüter → BMF vom 20. 11. 1986 (BStBl I S. 532) und BMF vom 15. 1. 1995 (BStBl I S. 14). → H 5.5, H 6.1.

Begriff der Nutzungsdauer eines Gebäudes § 11c Abs. 1 EStDV

Keine höhere AfA nach § 7 Abs. 4 EStG Satz 2 EStG wegen kürzerer wirtschaftlicher Nutzungsdauer, wenn **Gebäude in der ehemaligen DDR** bei Nichtrenovierung künftig möglicherweise nicht mehr wirtschaftlich vermietet werden können (→ FG Baden-Württemberg, Außensenate Freiburg vom 29. 3. 2000 – EFG 2000 S. 732).

Die Absicht, ein zunächst noch genutztes Gebäude abzubrechen oder zu veräußern, rechtfertigt es nicht, eine kürzere Nutzungsdauer des Gebäudes zugrunde zu legen (→ BFH vom 15. 12. 1981 – BStBl 1982 II S. 385).

Eine Verkürzung der Nutzungsdauer kann erst angenommen werden, wenn die Gebäudeabbruchvorbereitungen soweit gediehen sind, dass die weitere Nutzung in der bisherigen oder einer anderen Weise so gut wie ausgeschlossen ist (→ BFH vom 8. 7. 1980 – BStBl II S. 743).

Die der tatsächlichen Nutzungsdauer entsprechende AfA kann erst vorgenommen werden, wenn der Zeitpunkt der Nutzungsbeendigung des Gebäudes fest steht, z. B. weil sich der Stpfl. verpflichtet hat, das Gebäude zu einem bestimmten Zeitpunkt abzubrechen (→ BFH vom 22. 8. 1984 – BStBl 1985 II S. 126).

Nutzungsdauer für Ladeneinbauten, Schaufensteranlagen und Gaststätteneinbauten → BMF vom 30. 5. 1996 (BStBl I S. 643).

Rückgängigmachung des Anschaffungsvorgangs

Eine AfA ist nicht zu gewähren, wenn der Anschaffungsvorgang in vollem Umfang rückgängig gemacht wird. Auf den Zeitpunkt der Rückzahlung der Aufwendungen, die als Anschaffungskosten geltend gemacht worden sind, kommt es nicht an (→ BFH vom 19. 12. 2007 – BStBl 2008 II S. 480).

Teil des auf ein Jahr entfallenden AfA-Betrags

Die AfA nach § 7 Abs. 5 EStG ist im Jahr der Anschaffung oder Herstellung eines Gebäudes in Höhe des vollen Jahresbetrags abzuziehen (→ BFH vom 19. 2. 1974 – BStBl II S. 704); aber → R 7.4 Abs. 2 Satz 2.

1) Anm.: Die neuen AfA-Tabellen vom 15. 12. 2000 (BStBl I S. 1532) gelten für Anlagegüter, die nach dem 31. 12. 2000 angeschafft oder hergestellt worden sind.
→ – Neufassung der „Allgemeinen Vorbemerkungen" zu den „AfA-Tabellen" → BMF vom 6. 12. 2001 (BStBl I S. 860),
– AfA-Tabelle für die allgemein verwendbaren Anlagegüter und für den Wirtschaftszweig „Gastgewerbe"; Anpassung an den Euro → BMF vom 14. 12. 2001 (BStBl I S. 861).

Bei Veräußerung eines Gebäudes kann die degressive AfA nach § 7 Abs. 5 EStG nur zeitanteilig abgezogen werden (→ BFH vom 18. 8. 1977 – BStBl II S. 835).

Unterlassene oder überhöhte AfA

– **AfA – Allgemein**

  Ist AfA nach § 7 Abs. 1 oder Abs. 4 Satz 2 EStG ***oder § 7 Abs. 2 EStG a. F.*** unterblieben, so kann sie in der Weise nachgeholt werden, dass die noch nicht abgesetzten Anschaffungs- oder Herstellungskosten (Buchwert) entsprechend der bei dem Wirtschaftsgut angewandten Absetzungsmethode auf die noch verbleibende Restnutzungsdauer verteilt werden (→ BFH vom 21. 2. 1967 – BStBl III S. 386 und vom 3. 7. 1980 – BStBl 1981 II S. 255).

– **Lineare Gebäude-AfA**

  Ist AfA nach § 7 Abs. 4 Satz 1 EStG überhöht vorgenommen worden oder unterblieben und hat sich die tatsächliche Nutzungsdauer des Gebäudes nicht geändert, so sind weiterhin die gesetzlich vorgeschriebenen Vomhundertsätze anzusetzen, dass sich ein anderer Abschreibungszeitraum als von 25, 33, 40 oder 50 Jahren ergibt (→ BFH vom 3. 7. 1984 – BStBl II S. 709, vom 20. 1. 1987 – BStBl II S. 491 und vom 11. 12. 1987 – BStBl 1988 II S. 335).

– **Degressive Gebäude-AfA**

  Ist AfA nach § 7 Abs. 5 EStG überhöht vorgenommen worden, ist die weitere AfA während des verbleibenden Abschreibungszeitraums weiterhin von den ungekürzten Anschaffungs- oder Herstellungskosten vorzunehmen (→ BFH vom 4. 5. 1993 – BStBl II S. 661).

– **Betriebsvermögen**

  Bisher unterlassene AfA kann nicht nachgeholt werden, wenn ein Wirtschaftsgut des notwendigen Betriebsvermögens im Wege der Fehlerberichtigung erstmals als Betriebsvermögen ausgewiesen wird (→ BFH vom 24. 10. 2001 – BStBl 2002 II S. 75).

– **Unberechtigte Steuervorteile**

  AfA, die unterblieben ist, um dadurch unberechtigte Steuervorteile zu erlangen, darf nicht nachgeholt werden (→ BFH vom 3. 7. 1980 – BStBl 1981 II S. 255 und vom 20. 1. 1987 – BStBl II S. 491).

Verlustzuweisungsgesellschaft

Geht eine Verlustzuweisungsgesellschaft nach ihrem Betriebskonzept von einer erheblich längeren Nutzungsdauer eines Wirtschaftsgutes als in den amtlichen AfA-Tabellen angegeben aus und beruht ihre Betriebsführung überwiegend auf diesem Umstand, wird die in ihrem Betriebskonzept zugrunde gelegte Nutzungsdauer angewandt. Unberührt davon bleiben Wirtschaftsgüter, wenn der für die Anschaffung oder Herstellung maßgebliche obligatorische Vertrag oder gleichstehende Rechtsakt vor dem 5. 3. 1999 rechtswirksam abgeschlossen und das Wirtschaftsgut vor dem 1. 1. 2001 angeschafft oder hergestellt wurde (→ BMF vom 15. 6. 1999 – BStBl I S. 543).

Wechsel der AfA-Methode bei Gebäuden

Der Wechsel zwischen den Absetzungsverfahren nach § 7 Abs. 5 EStG sowie zwischen den Absetzungsverfahren nach § 7 Abs. 4 EStG und § 7 Abs. 5 EStG ist unzulässig (→ BFH vom 10. 3. 1987 – BStBl II S. 618).

→ aber: degressive AfA nach § 7 Abs. 5 EStG in Erwerbsfällen.

7.5. Absetzung für Substanzverringerung

R 7.5

S 2195

[1]Absetzungen für Substanzverringerung (AfS) sind beim unentgeltlichen Erwerb eines → Bodenschatzes nur zulässig, soweit der Rechtsvorgänger Anschaffungskosten für ein Wirtschaftsgut aufgewendet hat. [2]AfS sind vorzunehmen, sobald mit dem Abbau des Bodenschatzes begonnen wird. [3]Sie berechnen sich nach dem Verhältnis der im Wirtschaftsjahr geförderten Menge des

Bodenschatzes zur gesamten geschätzten Abbaumenge. [4]AfS, die unterblieben sind, um dadurch unberechtigte Steuervorteile zu erlangen, dürfen nicht nachgeholt werden.

H 7.5

Hinweise

Bodenschatz

- Zu der Frage, wann ein im Eigentum des Grundstückseigentümers stehender Bodenschatz als Wirtschaftsgut entsteht und ob ein solches Wirtschaftsgut dem Betriebs- oder Privatvermögen zuzuordnen ist → BMF vom 7. 10. 1998 (BStBl I S. 1221).
- Bei Bodenschätzen, die ein Stpfl. auf einem ihm gehörenden Grundstück im Privatvermögen entdeckt und in sein (Sonder-)Betriebsvermögen einlegt, sind AfS nicht zulässig (→ BFH vom 4. 12. 2006 – BStBl 2007 II S. 508).

Unterbliebene AfS

Unterbliebene AfS kann in der Weise nachgeholt werden, dass sie in gleichen Beträgen auf die restliche Nutzungsdauer verteilt wird (→ BFH vom 21. 2. 1967 – BStBl III S. 460).

EStG
S 2181

§ 7a Gemeinsame Vorschriften für erhöhte Absetzungen und Sonderabschreibungen

(1) [1]Werden in dem Zeitraum, in dem bei einem Wirtschaftsgut erhöhte Absetzungen oder Sonderabschreibungen in Anspruch genommen werden können (Begünstigungszeitraum), nachträgliche Herstellungskosten aufgewendet, so bemessen sich vom Jahr der Entstehung der nachträglichen Herstellungskosten an bis zum Ende des Begünstigungszeitraums die Absetzungen für Abnutzung, erhöhten Absetzungen und Sonderabschreibungen nach den um die nachträglichen Herstellungskosten erhöhten Anschaffungs- oder Herstellungskosten. [2]Entsprechendes gilt für nachträgliche Anschaffungskosten. [3]Werden im Begünstigungszeitraum die Anschaffungs- oder Herstellungskosten eines Wirtschaftsgutes nachträglich gemindert, so bemessen sich vom Jahr der Minderung an bis zum Ende des Begünstigungszeitraums die Absetzungen für Abnutzung, erhöhten Absetzungen und Sonderabschreibungen nach den geminderten Anschaffungs- oder Herstellungskosten.

(2) [1]Können bei einem Wirtschaftsgut erhöhte Absetzungen oder Sonderabschreibungen bereits für Anzahlungen auf Anschaffungskosten oder für Teilherstellungskosten in Anspruch genommen werden, so sind die Vorschriften über erhöhte Absetzungen und Sonderabschreibungen mit der Maßgabe anzuwenden, dass an die Stelle der Anschaffungs- oder Herstellungskosten die Anzahlungen auf Anschaffungskosten oder die Teilherstellungskosten und an die Stelle des Jahres der Anschaffung oder Herstellung das Jahr der Anzahlung oder Teilherstellung treten. [2]Nach Anschaffung oder Herstellung des Wirtschaftsgutes sind erhöhte Absetzungen oder Sonderabschreibungen nur zulässig, soweit sie nicht bereits für Anzahlungen auf Anschaffungskosten oder für Teilherstellungskosten in Anspruch genommen worden sind. [3]Anzahlungen auf Anschaffungskosten sind im Zeitpunkt der tatsächlichen Zahlung aufgewendet. [4]Werden Anzahlungen auf Anschaffungskosten durch Hingabe eines Wechsels geleistet, so sind sie in dem Zeitpunkt aufgewendet, in dem dem Lieferanten durch Diskontierung oder Einlösung des Wechsels das Geld tatsächlich zufließt. [5]Entsprechendes gilt, wenn an Stelle von Geld ein Scheck hingegeben wird.

(3) Bei Wirtschaftsgütern, bei denen erhöhte Absetzungen in Anspruch genommen werden, müssen in jedem Jahr des Begünstigungszeitraums mindestens Absetzungen in Höhe der Absetzungen für Abnutzung nach § 7 Abs. 1 oder 4 berücksichtigt werden.

(4) Bei Wirtschaftsgütern, bei denen Sonderabschreibungen in Anspruch genommen werden, sind die Absetzungen für Abnutzung nach § 7 Abs. 1 oder 4 vorzunehmen.

(5) Liegen bei einem Wirtschaftsgut die Voraussetzungen für die Inanspruchnahme von erhöhten Absetzungen oder Sonderabschreibungen auf Grund mehrerer Vorschriften vor, so dürfen erhöhte Absetzungen oder Sonderabschreibungen nur auf Grund einer dieser Vorschriften in Anspruch genommen werden.

(6) Erhöhte Absetzungen oder Sonderabschreibungen sind bei der Prüfung, ob die in § 141 Abs. 1 Nr. 4 und 5 der Abgabenordnung bezeichneten Buchführungsgrenzen überschritten sind, nicht zu berücksichtigen.

(7) [1]Ist ein Wirtschaftsgut mehreren Beteiligten zuzurechnen und sind die Voraussetzungen für erhöhte Absetzungen oder Sonderabschreibungen nur bei einzelnen Beteiligten erfüllt, so

dürfen die erhöhten Absetzungen und Sonderabschreibungen nur anteilig für diese Beteiligten vorgenommen werden. [2]Die erhöhten Absetzungen oder Sonderabschreibungen dürfen von den Beteiligten, bei denen die Voraussetzungen dafür erfüllt sind, nur einheitlich vorgenommen werden.

(8) [1]Erhöhte Absetzungen oder Sonderabschreibungen sind bei Wirtschaftsgütern, die zu einem Betriebsvermögen gehören, nur zulässig, wenn sie in ein besonderes, laufend zu führendes Verzeichnis aufgenommen werden, das den Tag der Anschaffung oder Herstellung, die Anschaffungs- oder Herstellungskosten, die betriebsgewöhnliche Nutzungsdauer und die Höhe der jährlichen Absetzungen für Abnutzung, erhöhten Absetzungen und Sonderabschreibungen enthält. [2]Das Verzeichnis braucht nicht geführt zu werden, wenn diese Angaben aus der Buchführung ersichtlich sind.

(9) Sind für ein Wirtschaftsgut Sonderabschreibungen vorgenommen worden, so bemessen sich nach Ablauf des maßgebenden Begünstigungszeitraums die Absetzungen für Abnutzung bei Gebäuden und bei Wirtschaftsgütern im Sinne des § 7 Abs. 5a nach dem Restwert und dem nach § 7 Abs. 4 unter Berücksichtigung der Restnutzungsdauer maßgebenden Prozentsatz, bei anderen Wirtschaftsgütern nach dem Restwert und der Restnutzungsdauer.

7a. Gemeinsame Vorschriften für erhöhte Absetzungen und Sonderabschreibungen R 7a

Allgemeines S 2181

(1) [1]Die Vorschriften des § 7a EStG sind auch auf alle erhöhten Absetzungen und Sonderabschreibungen anzuwenden, die ihre Rechtsgrundlage nicht im Einkommensteuergesetz haben. [2]§ 7a EStG ist nur dann nicht anzuwenden, wenn oder soweit dies in der jeweiligen Vorschrift über die erhöhten Absetzungen oder Sonderabschreibungen ausdrücklich bestimmt ist.

Begünstigungszeitraum

(2) [1]Der Begünstigungszeitraum i. S. d. § 7a Abs. 1 Satz 1 EStG umfasst die in der jeweiligen Vorschrift bestimmte Anzahl von Jahren. [2]Er verkürzt sich bei den Sonderabschreibungen nach § 4 Abs. 3 FördG und bei den erhöhten Absetzungen auf die Jahre, in denen die insgesamt zulässigen Sonderabschreibungen oder erhöhten Absetzungen tatsächlich vorgenommen worden sind. [3]Der Begünstigungszeitraum für Anzahlungen auf Anschaffungskosten und für Teilherstellungskosten endet mit Ablauf des Jahres, das dem Jahr der Anschaffung oder Herstellung oder der Beendigung nachträglicher Herstellungsarbeiten vorangeht. [4]Im Jahr der Anschaffung oder Herstellung beginnt ein neuer Begünstigungszeitraum für die Anschaffungs- oder Herstellungskosten.

Nachträgliche Anschaffungs- oder Herstellungskosten im Begünstigungszeitraum

(3) [1]Nachträgliche Anschaffungs- oder Herstellungskosten i. S. d. § 7a Abs. 1 ***Satz*** 1 und 2 EStG sind im Jahr ihrer Entstehung so zu berücksichtigen, als wären sie zu Beginn des Jahres aufgewendet worden. [2]§ 7a Abs. 1 EStG ist nicht anzuwenden, wenn nachträgliche Herstellungskosten selbständig abgeschrieben werden, z. B. nach den §§ 7h oder 7i EStG oder nach § 4 Abs. 3 FördG, oder wenn nachträgliche Herstellungsarbeiten so umfassend sind, dass hierdurch ein anderes Wirtschaftsgut entsteht (→ R 7.3 Abs. 5).

Minderung der Anschaffungs- oder Herstellungskosten im Begünstigungszeitraum

(4) [1]Nachträgliche Minderungen der Anschaffungs- oder Herstellungskosten i. S. d. § 7a Abs. 1 Satz 3 EStG sind im Jahr der Minderung so zu berücksichtigen, als wäre die Minderung zu Beginn des Jahres eingetreten. [2]Zuschüsse mindern die Bemessungsgrundlage im Jahr der Bewilligung des Zuschusses. [3]Wird ein Zuschuss zurückgezahlt, ist der Rückforderungsbetrag im Jahr des Entstehens der Rückforderungsverpflichtung der bisherigen Bemessungsgrundlage für die AfA, für die erhöhten Absetzungen und für die Sonderabschreibungen hinzuzurechnen und so zu berücksichtigen, als wäre der Betrag zu Beginn des Jahres zurückgefordert worden. [4]Die Sätze 2 und 3 gelten sinngemäß

1. bei Gewinnermittlung durch Betriebsvermögensvergleich oder Einnahmeüberschussrechnung und
2. bei Ermittlung der Einkünfte durch Überschuss der Einnahmen über die Werbungskosten.

Anzahlungen auf Anschaffungskosten

(5) [1]Anzahlungen auf Anschaffungskosten sind Zahlungen, die nach dem rechtswirksamen Abschluss des obligatorischen Vertrages (→ R 7.2 Abs. 5) und vor der Lieferung eines Wirtschaftsgutes auf die endgültigen Anschaffungskosten geleistet werden, soweit sie diese nicht übersteigen. [2]Ohne Bedeutung ist, ob die Zahlungen verzinst werden oder zu einer Kaufpreisminderung führen. [3]Anzahlungen auf die Anschaffungskosten eines bebauten Grundstücks sind jeweils nach dem voraussichtlichen Verhältnis der Verkehrswerte oder Teilwerte auf den Grund und Boden und das Gebäude aufzuteilen. [4]Keine Anzahlungen sind willkürlich geleistete Zahlungen. [5]Zahlungen können auch dann willkürlich sein, wenn sie vertraglich vereinbart sind. [6]Eine Zahlung gilt nicht als willkürlich, wenn das Wirtschaftsgut spätestens im folgenden Jahr geliefert wird. [7]Bei Erwerb eines Gebäudes ist die Willkürlichkeit von Zahlungen auch nicht anzunehmen, soweit im Jahr der Zahlung und im folgenden Kalenderjahr voraussichtlich eine Gegenleistung erbracht wird, die die Anforderung eines Teilbetrags nach § 3 Abs. 2 MaBV rechtfertigen würde. [8]Soweit die Zahlungen willkürlich sind, sind sie in dem Jahr als Anzahlung zu berücksichtigen, das dem Jahr vorausgeht, in dem die Anforderung eines entsprechenden Teilbetrags nach § 3 Abs. 2 MaBV voraussichtlich gerechtfertigt wäre. [9]Keine Anzahlungen sind auch Zahlungen auf ein Treuhand- oder Notaranderkonto sowie Zahlungen, die im Interesse des Stpfl. einem Konto gutgeschrieben werden, über das der Zahlungsempfänger nicht frei verfügen kann. [10]Keine Anzahlungen sind deshalb Zahlungen, die der Stpfl. unter der Bedingung geleistet hat, dass das Konto des Zahlungsempfängers zugunsten des Stpfl. gesperrt ist. [11]Die Anerkennung einer Zahlung als Anzahlung wird jedoch nicht ausgeschlossen, wenn der Stpfl. bedingungslos gezahlt und der Zahlungsempfänger über den Zahlungsbetrag verfügt hat, indem er seine Kaufpreisforderung abgetreten oder das Konto verpfändet hat, z. B. um eine Bankbürgschaft zugunsten des Stpfl. zu erhalten. [12]Dabei ist es ohne Bedeutung, ob die Abtretung oder Verpfändung vor oder nach dem Zeitpunkt der Zahlung wirksam geworden ist.

Teilherstellungskosten

(6) [1]Zu den Teilherstellungskosten eines Gebäudes gehören auch die Aufwendungen für das bis zum Ende des Wirtschaftsjahres auf der Baustelle angelieferte, aber noch nicht verbaute Baumaterial. [2]Unerheblich ist, ob in dem Wirtschaftsjahr bereits Zahlungen für Teilherstellungskosten geleistet sind. [3]Auch bei Teilzahlungen an einen Unternehmer, der beauftragt ist, ein Bauobjekt als Generalunternehmer zu einem Festpreis herzustellen, bemessen sich die AfA, erhöhten Absetzungen und Sonderabschreibungen nur nach den tatsächlich entstandenen Teilherstellungskosten. [4]Soweit sich die Zahlungen am Baufortschritt ausrichten, können sie aus Vereinfachungsgründen als Anhaltspunkt für die Höhe der entstandenen Teilherstellungskosten dienen.

Kumulationsverbot

(7) Das Kumulationsverbot nach § 7a Abs. 5 EStG bezieht sich nicht auf die Fälle, in denen nachträgliche Anschaffungs- oder Herstellungskosten Gegenstand einer eigenen Abschreibungsvergünstigung sind und sowohl für das Wirtschaftsgut in seinem ursprünglichen Zustand als auch für die nachträglichen Anschaffungs- oder Herstellungskosten Abschreibungsvergünstigungen auf Grund verschiedener Vorschriften in Betracht kommen.

Verlustklausel

(8) [1]Die Verlustklausel des § 7a Abs. 6 EStG i. d. F. der Bekanntmachung vom 21. 6. 1979 (BGBl. I S. 721, BStBl I S. 379) ist im Rahmen der Übergangsregelung zu § 15a EStG (§ 52 Abs. 22 und 33 EStG) weiter anzuwenden, und zwar wegen der Betriebsbezogenheit der Verlustklausel auf das gesamte Betriebsergebnis. [2]Im Rahmen dieser Übergangsregelung ist die Verlustklausel bei allen erhöhten Absetzungen und Sonderabschreibungen anzuwenden, die für zu einem Betriebsvermögen gehörende Wirtschaftsgüter in Anspruch genommen werden, soweit die Anwendung der Verlustklausel nicht ausdrücklich eingeschränkt oder ausgeschlossen worden ist.

AfA bei Gebäuden nach Ablauf des Begünstigungszeitraums

(9) [1]Bei Gebäuden, für die Sonderabschreibungen nach § 58 Abs. 1 EStG, nach § 3 ZRFG, nach den §§ 3 und 4 FördG oder nach § 76 EStDV oder erhöhte Absetzungen nach § 14 Abs. 1 oder § 14a Abs. 4 oder § 14d Abs. 1 Nr. 2 oder § 15 Abs. 2 Satz 2 BerlinFG oder nach § 14a BerlinFG 1976 i. d. F. der Bekanntmachung vom 18. 2. 1976 (BGBl. I S. 353, BStBl I S. 102) und den vorherigen Fassungen dieser Vorschrift vorgenommen worden sind, ist die lineare AfA in Anlehnung an § 7 Abs. 4 Satz 1 EStG nach einem um den Begünstigungszeitraum verminderten Abschreibungs-

zeitraum von 25 Jahren, 33 Jahren, 40 Jahren oder 50 Jahren zu bemessen. [2]In den Fällen des § 76 EStDV a. F. ist die Restwertabschreibung höchstens nach dem um den Begünstigungszeitraum verminderten Abschreibungszeitraum von 30 Jahren (§ 76 Abs. 4 Satz 3 EStDV a. F.) zu bemessen. [3]Die Regelung nach Satz 1 gilt nicht, wenn der Restwert nach Ablauf eines Begünstigungszeitraums den Anschaffungs- oder Herstellungskosten des Gebäudes oder dem an deren Stelle tretenden Wert hinzuzurechnen ist (z. B. § 7b Abs. 2 Satz 3, § 7c Abs. 5 Satz 1 EStG, § 82a Abs. 1 Satz 2 EStDV) oder nach einem festen ***Prozentsatz*** abzuschreiben ist (z. B. § 7b Abs. 1 Satz 2 EStG).

AfA bei anderen Wirtschaftsgütern nach Ablauf des Begünstigungszeitraums

(10) [1]Die Restnutzungsdauer des Wirtschaftsgutes ist bei Beginn der Restwertabschreibung neu zu schätzen. [2]Es ist jedoch nicht zu beanstanden, wenn für die weitere Bemessung der AfA die um den Begünstigungszeitraum verminderte ursprüngliche Nutzungsdauer des Wirtschaftsgutes als Restnutzungsdauer zugrunde gelegt wird.

Hinweise

H 7a

Anzahlungen auf Anschaffungskosten

a) Begriff

Vorleistungen, die in Erfüllung eines zu einem späteren Zeitpunkt noch zu vollziehenden Anschaffungsgeschäfts erbracht werden (→ BFH vom 2. 6. 1978 – BStBl II S. 475 und vom 21. 11. 1980 – BStBl 1981 II S. 179).

Keine Anzahlungen auf Anschaffungskosten sind Zahlungen gelegentlich eines Anschaffungsgeschäfts, durch die eine Tilgung der Kaufpreisschuld nicht eintritt (→ BFH vom 4. 3. 1983 – BStBl II S. 509).

Eine Wechselhingabe kann nicht als in Erfüllung eines Anschaffungsgeschäfts erbracht angesehen werden, wenn sie für den Empfänger keinen wirtschaftlichen Wert hat (→ BFH vom 28. 11. 1980 – BStBl 1981 II S. 286).

b) Abschlagszahlungen nach MaBV

Nach § 3 Abs. 2 MaBV in der ab 1. 6. 1997 anzuwendenden Fassung (BGBl. 1997 I S. 272) ist der Bauträger ermächtigt, Abschlagszahlungen entsprechend dem Bauablauf in bis zu sieben Teilbeträgen anzufordern, wobei die Teilbeträge aus den folgenden Prozentsätzen zusammengesetzt werden können:

30 % der Vertragssumme in den Fällen, in denen Eigentum an einem Grundstück übertragen werden soll, oder 20 % der Vertragssumme in den Fällen, in denen ein Erbbaurecht bestellt oder übertragen werden soll, nach Beginn der Erdarbeiten,

von der restlichen Vertragssumme

40 % nach Rohbaufertigstellung, einschließlich Zimmererarbeiten,

8 % für die Herstellung der Dachflächen und Dachrinnen,

3 % für die Rohinstallation der Heizungsanlagen,

3 % für die Rohinstallation der Sanitäranlagen,

3 % für die Rohinstallation der Elektroanlagen,

10 % für den Fenstereinbau, einschließlich der Verglasung,

6 % für den Innenputz, ausgenommen Beiputzarbeiten,

3 % für den Estrich,

4 % für Fliesenarbeiten im Sanitärbereich,

12 % nach Bezugsfertigkeit und Zug um Zug gegen Besitzübergabe,

3 % für die Fassadenarbeiten,

5 % nach vollständiger Fertigstellung.

Über die Teilbeträge nach § 3 Abs. 2 MaBV hinausgehende Zahlungen sind nicht willkürlich, wenn der Bauträger Sicherheit nach § 7 MaBV geleistet hat und keine Anhaltspunkte für eine willkürliche Zahlung gegeben sind (→ BFH vom 14. 1. 2004 – BStBl II S. 750).

c) Zeitpunkt

Anzahlungen sind nicht schon im Zeitpunkt der Diskontierung des Wechsels aufgewendet, wenn der Diskonterlös für die Laufzeit des Wechsels auf einem Festgeldkonto angelegt wird und der Diskontnehmer während der Laufzeit des Wechsels nicht über den Wechselgegenwert verfügen kann (→ BFH vom 30. 10. 1986 – BStBl 1987 II S. 137).

Zeitpunkt der Anzahlung ist grundsätzlich der Zeitpunkt, in dem der Schuldner seiner Bank den Überweisungsauftrag erteilt hat (→ BFH vom 22. 5. 1987 – BStBl II S. 673).

Beispiele:

1. Nachträgliche Anschaffungs- oder Herstellungskosten
An einem im April 01 angeschafften beweglichen Wirtschaftsgut mit einer betriebsgewöhnlichen Nutzungsdauer von 10 Jahren, für das im Jahr 01 die nach § 7g EStG zulässigen Sonderabschreibungen von 20 % und die lineare AfA in Anspruch genommen worden sind, werden nachträgliche Herstellungsarbeiten vorgenommen und im Jahr 05 beendet. Die nachträglichen Herstellungskosten entstehen im Dezember 04 und im Januar 05.

Anschaffungskosten		10 000 €
Abschreibungen 01 bis 03:		
a) 3 × 10 % von 10 000 €		– 3 000 €
b) 20 % von 10 000 €		– 2 000 €
Buchwert 31. 12. 03		5 000 €
nachträgliche Herstellungskosten 04		+ 1 800 €
		6 800 €
Abschreibungen 04:		
a) 10 % von 11 800 €		– 1 180 €
b) 20 % von 11 800 €	2 360 €	
abzüglich bisherige Sonderabschreibungen	2 000 €	– 360 €
Buchwert 31. 12. 04		5 260 €
nachträgliche Herstellungskosten 05		+ 200 €
		5 460 €
Abschreibungen 05:		
a) 10 % von 12 000 €		– 1 200 €
b) 20 % von 12 000 €	2 400 €	
abzüglich bisherige Sonderabschreibungen	2 360 €	– 40 €
Restwert 31. 12. 05		4 220 €

2. Minderung der Anschaffungs- oder Herstellungskosten
An einem Gebäude werden im Jahr 01 Baumaßnahmen i. S. d. § 7i EStG durchgeführt. Im Februar 03 wird ein Zuschuss bewilligt.

Herstellungskosten	100 000 €
Erhöhte Absetzungen 01 bis 02: 2 × 10 % von 100 000 €	– 20 000 €
Buchwert 31. 12. 02	80 000 €
Zuschuss 03	– 40 000 €
	40 000 €
Erhöhte Absetzungen 03 bis 08: 6 × 10 % von 60 000 € =	– 36 000 €
Erhöhte Absetzungen 09 (Rest)	– 4 000 €
Buchwert 31. 12. 09	0 €

3. Rückforderung eines Zuschusses
Sachverhalt wie in Beispiel 2 mit der Ergänzung, dass der Zuschuss im Jahr 04 zurückgefordert wird.

Herstellungskosten	100 000 €
Erhöhte Absetzungen 01 bis 02: 2 × 10 % von 100 000 €	– 20 000 €
Buchwert 31. 12. 02	80 000 €
Zuschuss 03	– 40 000 €
	40 000 €
Erhöhte Absetzungen 03: 10 % von 60 000 €	– 6 000 €
Buchwert 31. 12. 03	34 000 €
Rückforderung Zuschuss 04	+ 40 000 €
	74 000 €
Erhöhte Absetzungen 04 bis 10: 7 × 10 % von 100 000 €	– 70 000 €
Restwert 31. 12. 10	4 000 €

4. AfA bei Gebäuden nach Ablauf des Begünstigungszeitraums
Für ein im Januar 01 hergestelltes Wirtschaftsgebäude sind in den Jahren 01 bis 03 die nach § 4 FördG zulässigen Sonderabschreibungen vorgenommen worden. Nach Ablauf des Begünstigungszeitraums am 31. 12. 05 beträgt die restliche Abschreibungsdauer des Gebäudes noch 20 Jahre.

Herstellungskosten	500 000 €
Abschreibungen 01 bis 03: 3 × 4 % = 12 % =	– 60 000 €
Sonderabschreibungen 50 % =	– 250 000 €
Abschreibungen 04 und 05: 2 × 4 % = 8 % =	– 40 000 €
Restwert 31. 12. 05 = Bemessungsgrundlage ab 06	150 000 €

Vom Jahr 06 an beträgt die AfA jeweils 5 % = 7 500 € jährlich.

Degressive AfA

Die AfA nach § 7 Abs. 5 EStG gehört nicht zu den erhöhten Absetzungen (→ BFH vom 25. 5. 2004 – BStBl II S. 783). § 7a Abs. 4 EStG bezieht sich nur auf die kumulative Inanspruchnahme von Sonderabschreibungen und degressiver AfA in ein und demselben VZ (→ BFH vom 14. 3. 2006 – BStBl II S. 799).

Mehrere Beteiligte

- Sind Wirtschaftsgüter mehreren Beteiligten zuzurechnen, so können erhöhte Absetzungen und Sonderabschreibungen grundsätzlich nur einheitlich von allen Beteiligten in Anspruch genommen werden (→ BMF vom 7. 8. 1986 – BStBl II S. 910).
- → R 21.6 Abs. 1 Satz 3.
- Nur der Gesellschafter, nicht die Personengesellschaft, ist zur Inanspruchnahme der erhöhten Absetzungen berechtigt. Scheidet ein Gesellschafter nach Durchführung der begünstigten Maßnahmen aus der Gesellschaft aus und übernehmen die übrigen Gesellschafter dessen Anteil (Anwachsung), so sind jedem der verbliebenen Gesellschafter nur in Höhe seiner ursprünglichen Beteiligung begünstigte Herstellungskosten zuzurechnen (→ BFH vom 17. 7. 2001 – BStBl II S. 760).
- Übernimmt im Rahmen der Liquidation einer vermögensverwaltenden Personengesellschaft ein Gesellschafter das weitgehend aus einem einzigen Wirtschaftsgut bestehende Gesellschaftsvermögen im Wege der Übertragung von Aktiva und Passiva, liegt hierin keine Anschaffung eines Unternehmens, sondern eine Gesamtrechtsnachfolge des zuletzt verbleibenden Gesellschafters in das Gesellschaftsvermögen der Gesellschaft (→ BFH vom 25. 6. 2002 – BStBl II S. 756).

Teilherstellungskosten

Teilherstellungskosten sind die Aufwendungen, die bis zum Ende des Wirtschaftsjahres durch den Verbrauch von Gütern und die Inanspruchnahme von Diensten für die Herstellung eines Wirtschaftsgutes entstanden sind (→ BFH vom 15. 11. 1985 – BStBl 1986 II S. 367).

Anzahlungen auf Teilherstellungskosten sind nicht begünstigt (→ BFH vom 10. 3. 1982 – BStBl II S. 426).

Verzeichnis

Das nach § 7a Abs. 8 EStG erforderliche Verzeichnis braucht erst im Zeitpunkt der Inanspruchnahme der erhöhten Absetzungen oder Sonderabschreibungen erstellt zu werden (→ BFH vom 9. 8. 1984 – BStBl 1985 II S. 47).

Willkürlich geleistete Zahlungen

Willkürlich geleistete Zahlungen sind keine Anzahlungen (→ BFH vom 3. 2. 1987 – BStBl II S. 492).

---

§ 7b Erhöhte Absetzungen für Einfamilienhäuser, Zweifamilienhäuser und Eigentumswohnungen

EStG
S 2197

(letztmals abgedruckt in der Einkommensteuer Handausgabe 1999)

EStDV

§ 15 Erhöhte Absetzungen für Einfamilienhäuser, Zweifamilienhäuser und Eigentumswohnungen

(zu § 7 EStG abgedruckt)

EStG
S 2197a

§ 7c Erhöhte Absetzungen für Baumaßnahmen an Gebäuden zur Schaffung neuer Mietwohnungen

(letztmals abgedruckt in der Handausgabe 2005)

EStG
S 2182

§ 7d Erhöhte Absetzungen für Wirtschaftsgüter, die dem Umweltschutz dienen

(letztmals abgedruckt in der Handausgabe 2005)

R 7d

7d. Weitergeltung der Anordnungen zu § 7d EStG

(letztmals abgedruckt in der Handausgabe 2005)

EStG

§ 7e

– **weggefallen** –

EStG
S 2183a

§ 7f Bewertungsfreiheit für abnutzbare Wirtschaftsgüter des Anlagevermögens privater Krankenhäuser

(letztmals abgedruckt in der Handausgabe 2005)

R 7f

7 f. Weitergeltung der Anordnungen zu § 7f EStG

(letztmals abgedruckt in der Handausgabe 2005)

EStG [1]

§ 7g Investitionsabzugsbeträge und Sonderabschreibungen zur Förderung kleiner und mittlerer Betriebe

S 2183b **(1) [1]Steuerpflichtige können für die künftige Anschaffung oder Herstellung eines abnutzbaren beweglichen Wirtschaftsguts des Anlagevermögens bis zu 40 Prozent der voraussichtlichen Anschaffungs- oder Herstellungskosten gewinnmindernd abziehen (Investitionsabzugsbetrag). [2]Der Investitionsabzugsbetrag kann nur in Anspruch genommen werden, wenn**

1) § 7g EStG wurde durch das Unternehmensteuerreformgesetz 2008 neu gefasst. Absatz 1 bis 4 und 7 i. d. F. das Unternehmensteuerreformgesetz 2008 sind erstmals für Wirtschaftsjahre anzuwenden, die nach dem 17. 8. 2007 enden. Absatz 5 und 6 i. d. F. des Unternehmensteuerreformgesetzes 2008 sind erstmals bei Wirtschaftsgütern anzuwenden, die nach dem 31. 12. 2007 angeschafft oder hergestellt werden. Bei Ansparabschreibungen, die in vor dem 18. 8. 2007 endenden Wirtschaftsjahren gebildet worden sind, und Wirtschaftsgütern, die vor dem 1. 1. 2008 angeschafft oder hergestellt worden sind, ist § 7g EStG in der bis zum 17. 8. 2007 geltenden Fassung (→ Handausgabe 2007) weiter anzuwenden. Soweit Ansparabschreibungen noch nicht gewinnerhöhend aufgelöst worden sind, vermindert sich der Höchstbetrag von 200.000 Euro nach § 7g Abs. 1 Satz 4 EStG i. d. F. des Unternehmensteuerreformgesetzes 2008 um die noch vorhandenen Ansparabschreibungen. → § 52 Abs. 23 Satz 1 bis 4 EStG.

1. der Betrieb am Schluss des Wirtschaftsjahres, in dem der Abzug vorgenommen wird, die folgenden Größenmerkmale nicht überschreitet:[1]
   a) bei Gewerbebetrieben oder der selbständigen Arbeit dienenden Betrieben, die ihren Gewinn nach § 4 Abs. 1 oder § 5 ermitteln, ein Betriebsvermögen von 235 000 Euro;
   b) bei Betrieben der Land- und Forstwirtschaft einen Wirtschaftswert oder einen Ersatzwirtschaftswert von 125 000 Euro oder
   c) bei Betrieben im Sinne der Buchstaben a und b, die ihren Gewinn nach § 4 Abs. 3 ermitteln, ohne Berücksichtigung des Investitionsabzugsbetrages einen Gewinn von 100 000 Euro;
2. der Steuerpflichtige beabsichtigt, das begünstigte Wirtschaftsgut voraussichtlich
   a) in den dem Wirtschaftsjahr des Abzugs folgenden drei Wirtschaftsjahren anzuschaffen oder herzustellen;
   b) mindestens bis zum Ende des dem Wirtschaftsjahr der Anschaffung oder Herstellung folgenden Wirtschaftsjahres in einer inländischen Betriebsstätte des Betriebs ausschließlich oder fast ausschließlich betrieblich zu nutzen und
3. der Steuerpflichtige das begünstigte Wirtschaftsgut in den beim Finanzamt einzureichenden Unterlagen seiner Funktion nach benennt und die Höhe der voraussichtlichen Anschaffungs- oder Herstellungskosten angibt.

[3]Abzugsbeträge können auch dann in Anspruch genommen werden, wenn dadurch ein Verlust entsteht oder sich erhöht. [4]Die Summe der Beträge, die im Wirtschaftsjahr des Abzugs und in den drei vorangegangenen Wirtschaftsjahren nach Satz 1 insgesamt abgezogen und nicht nach Absatz 2 hinzugerechnet oder nach Absatz 3 oder 4 rückgängig gemacht wurden, darf je Betrieb 200 000 Euro nicht übersteigen.

(2) [1]Im Wirtschaftsjahr der Anschaffung oder Herstellung des begünstigten Wirtschaftsguts ist der für dieses Wirtschaftsgut in Anspruch genommene Investitionsabzugsbetrag in Höhe von 40 Prozent der Anschaffungs- oder Herstellungskosten gewinnerhöhend hinzuzurechnen; die Hinzurechnung darf den nach Absatz 1 abgezogenen Betrag nicht übersteigen. [2]Die Anschaffungs- oder Herstellungskosten des Wirtschaftsguts können in dem in Satz 1 genannten Wirtschaftsjahr um bis zu 40 Prozent, höchstens jedoch um die Hinzurechnung nach Satz 1, gewinnmindernd herabgesetzt werden; die Bemessungsgrundlage für die Absetzungen für Abnutzung, erhöhten Absetzungen und Sonderabschreibungen sowie die Anschaffungs- oder Herstellungskosten im Sinne von § 6 Abs. 2 und 2a verringern sich entsprechend.

(3) [1]Soweit der Investitionsabzugsbetrag nicht bis zum Ende des dritten auf das Wirtschaftsjahr des Abzugs folgenden Wirtschaftsjahres nach Absatz 2 hinzugerechnet wurde, ist der Abzug nach Absatz 1 rückgängig zu machen. [2]Wurde der Gewinn des maßgebenden Wirtschaftsjahres bereits einer Steuerfestsetzung oder einer gesonderten Feststellung zugrunde gelegt, ist der entsprechende Steuer- oder Feststellungsbescheid insoweit zu ändern. [3]Das gilt auch dann, wenn der Steuer- oder Feststellungsbescheid bestandskräftig geworden ist; die Festsetzungsfrist endet insoweit nicht, bevor die Festsetzungsfrist für den Veranlagungszeitraum abgelaufen ist, in dem das dritte auf das Wirtschaftsjahr des Abzugs folgende Wirtschaftsjahr endet.

(4) [1]Wird in den Fällen des Absatzes 2 das Wirtschaftsgut nicht bis zum Ende des dem Wirtschaftsjahr der Anschaffung oder Herstellung folgenden Wirtschaftsjahres in einer inländischen Betriebsstätte des Betriebs ausschließlich oder fast ausschließlich betrieblich genutzt, sind der Abzug nach Absatz 1 sowie die Herabsetzung der Anschaffungs- oder Herstellungskosten, die Verringerung der Bemessungsgrundlage und die Hinzurechnung nach Absatz 2 rückgängig zu machen. [2]Wurden die Gewinne der maßgebenden Wirtschaftsjahre bereits Steuerfestsetzungen oder gesonderten Feststellungen zugrunde gelegt, sind die entsprechenden Steuer- oder Feststellungsbescheide insoweit zu ändern. [3]Das gilt auch dann, wenn die Steuer- oder Feststellungsbescheide bestandskräftig geworden sind; die Festsetzungsfristen enden insoweit nicht, bevor die Festsetzungsfrist für den Veranlagungszeitraum abgelaufen ist, in

---

1) ***Absatz 1 Satz 2 Nr. 1 ist in Wirtschaftsjahren, die nach dem 31. 12. 2008 und vor dem 1. 1. 2011 enden, nach der Maßgabe in § 52 Abs. 23 Satz 5 EStG i. d. F. des Gesetzes zur Umsetzung steuerrechtlicher Regelungen des Maßnahmenpakets „Beschäftigungssicherung durch Wachstumsstärkung" anzuwenden.***

Anm.: Die Maßgabe lautet:
In Wirtschaftsjahren, die nach dem 31. Dezember 2008 und vor dem 1. Januar 2011 enden, ist § 7g Abs. 1 Satz 2 Nr. 1 mit der Maßgabe anzuwenden, dass bei Gewerbebetrieben oder der selbständigen Arbeit dienenden Betrieben, die ihren Gewinn nach § 4 Abs. 1 oder § 5 ermitteln, ein Betriebsvermögen von 335.000 Euro, bei Betrieben der Land- und Forstwirtschaft ein Wirtschaftswert oder Ersatzwirtschaftswert von 175.000 Euro und bei Betrieben, die ihren Gewinn nach § 4 Abs. 3 ermitteln, ohne Berücksichtigung von Investitionsabzugsbeträgen ein Gewinn von 200.000 Euro nicht überschritten wird.

dem die Voraussetzungen des Absatzes 1 Satz 2 Nr. 2 Buchstabe b erstmals nicht mehr vorliegen. [4]§ 233a Abs. 2a der Abgabenordnung ist nicht anzuwenden.

[1]) **(5) Bei abnutzbaren beweglichen Wirtschaftsgütern des Anlagevermögens können unter den Voraussetzungen des Absatzes 6 im Jahr der Anschaffung oder Herstellung und in den vier folgenden Jahren Sonderabschreibungen bis zu insgesamt 20 Prozent der Anschaffungs- oder Herstellungskosten in Anspruch genommen werden.**

(6) Die Sonderabschreibungen nach Absatz 5 können nur in Anspruch genommen werden, wenn

[2]) **1. der Betrieb zum Schluss des Wirtschaftsjahres, das der Anschaffung oder Herstellung vorangeht, die Größenmerkmale des Absatzes 1 Satz 2 Nr. 1 nicht überschreitet, und**

2. das Wirtschaftsgut im Jahr der Anschaffung oder Herstellung und im darauf folgenden Wirtschaftsjahr in einer inländischen Betriebsstätte des Betriebs des Steuerpflichtigen ausschließlich oder fast ausschließlich betrieblich genutzt wird; Absatz 4 gilt entsprechend.

(7) Bei Personengesellschaften und Gemeinschaften sind die Absätze 1 bis 6 mit der Maßgabe anzuwenden, dass an die Stelle des Steuerpflichtigen die Gesellschaft oder die Gemeinschaft tritt.

H 7g (1)

Hinweise

Ansparabschreibungen nach § 7g Abs. 3 bis 8 EStG a. F.

Zu Ansparabschreibungen, die in vor dem 18. 8. 2007 endenden Wirtschaftsjahren gebildet worden sind, → BMF vom 25. 2. 2004 (BStBl I S. 337) unter Berücksichtigung der Änderungen durch BMF vom 30. 10. 2007 (BStBl I S. 790).

EStG
S 2198a

§ 7h Erhöhte Absetzungen bei Gebäuden in Sanierungsgebieten und städtebaulichen Entwicklungsbereichen

[3]) **(1) [1]Bei einem im Inland belegenen Gebäude in einem förmlich festgelegten Sanierungsgebiet oder städtebaulichen Entwicklungsbereich kann der Steuerpflichtige abweichend von § 7 Abs. 4 und 5 im Jahr der Herstellung und in den folgenden sieben Jahren jeweils bis zu 9 Prozent und in den folgenden vier Jahren jeweils bis zu 7 Prozent der Herstellungskosten für Modernisierungs- und Instandsetzungsmaßnahmen im Sinne des § 177 des Baugesetzbuchs absetzen. [2]Satz 1 ist entsprechend anzuwenden auf Herstellungskosten für Maßnahmen, die der Erhaltung, Erneuerung und funktionsgerechten Verwendung eines Gebäudes im Sinne des Satzes 1 dienen, das wegen seiner geschichtlichen, künstlerischen oder städtebaulichen Bedeutung erhalten bleiben soll, und zu deren Durchführung sich der Eigentümer neben bestimmten Modernisierungsmaßnahmen gegenüber der Gemeinde verpflichtet hat. [3]Der Steuerpflichtige kann die erhöhten Absetzungen im Jahr des Abschlusses der Maßnahme und in den folgenden elf Jahren auch für Anschaffungskosten in Anspruch nehmen, die auf Maßnahmen im Sinne der Sätze 1 und 2 entfallen, soweit diese nach dem rechtswirksamen Abschluss eines obligatorischen Erwerbsvertrags oder eines gleichstehenden Rechtsakts durchgeführt worden sind. [4]Die erhöhten Absetzungen können nur in Anspruch genommen werden, soweit die Herstellungs- oder Anschaffungskosten durch Zuschüsse aus Sanierungs- oder Entwicklungsförderungsmitteln nicht gedeckt sind. [5]Nach Ablauf des Begünstigungszeitraums ist ein Restwert den Herstel-**

1) ***Absatz 5 wurde durch das Gesetz zur Umsetzung steuerrechtlicher Regelungen des Maßnahmenpakets „Beschäftigungssicherung durch Wachstumsstärkung" ab VZ 2009 geändert.***
Anm.: Die Änderung lautet:
In § 7g Abs. 5 werden nach dem Wort „Jahren" die Wörter „neben den Absetzungen für Abnutzung nach § 7 Abs. 1 oder Abs. 2" eingefügt.

2) ***Absatz 6 Nr. 1 ist bei Wirtschaftsgütern, die nach dem 31. 12. 2008 und vor dem 1. 1. 2011 angeschafft oder hergestellt werden, nach der Maßgabe in § 52 Abs. 23 Satz 6 EStG i. d. F. des Gesetzes zur Umsetzung steuerrechtlicher Regelungen des Maßnahmenpakets „Beschäftigungssicherung durch Wachstumsstärkung" anzuwenden.***
Anm.: Die Maßgabe lautet:
Bei Wirtschaftsgütern, die nach dem 31. Dezember 2008 und vor dem 1. Januar 2011 angeschafft oder hergestellt werden, ist § 7g Abs. 6 Nr. 1 mit der Maßgabe anzuwenden, dass der Betrieb zum Schluss des Wirtschaftsjahres, das der Anschaffung oder Herstellung vorangeht, die Größenmerkmale des Satzes 5 nicht überschreitet.

3) Zur Anwendung von Absatz 1 Satz 1 und Satz 3 → § 52 Abs. 23a EStG.

lungs- oder Anschaffungskosten des Gebäudes oder dem an deren Stelle tretenden Wert hinzuzurechnen; die weiteren Absetzungen für Abnutzung sind einheitlich für das gesamte Gebäude nach dem sich hiernach ergebenden Betrag und dem für das Gebäude maßgebenden Hundertsatz zu bemessen.

(2) [1]Der Steuerpflichtige kann die erhöhten Absetzungen nur in Anspruch nehmen, wenn er durch eine Bescheinigung der zuständigen Gemeindebehörde die Voraussetzungen des Absatzes 1 für das Gebäude und die Maßnahmen nachweist. [2]Sind ihm Zuschüsse aus Sanierungs- oder Entwicklungsförderungsmitteln gewährt worden, so hat die Bescheinigung auch deren Höhe zu enthalten; werden ihm solche Zuschüsse nach Ausstellung der Bescheinigung gewährt, so ist diese entsprechend zu ändern.

(3) Die Absätze 1 und 2 sind auf Gebäudeteile, die selbständige unbewegliche Wirtschaftsgüter sind, sowie auf Eigentumswohnungen und auf im Teileigentum stehende Räume entsprechend anzuwenden.

7h. Erhöhte Absetzungen nach § 7h EStG von Aufwendungen für bestimmte Maßnahmen an Gebäuden in Sanierungsgebieten und städtebaulichen Entwicklungsbereichen

R 7h

(1) Den Miteigentümern eines Gebäudes stehen erhöhte Absetzungen nach § 7h EStG grundsätzlich im Verhältnis ihrer Eigentumsanteile zu; auf R 21.6 wird hingewiesen.

(2) Wird ein Gebäude, bei dem erhöhte Absetzungen nach § 7h EStG vorgenommen werden, aus dem Betriebsvermögen in das Privatvermögen oder umgekehrt ***überführt***, ist eine sich dabei ergebende Erhöhung oder Minderung der Bemessungsgrundlage dem Teil des Gebäudes zuzuordnen, für den keine erhöhten Absetzungen nach § 7h EStG gewährt werden.

(3) [1]Werden erhöhte Absetzungen nach § 7h EStG in Anspruch genommen, braucht aus Vereinfachungsgründen das Vorliegen der Voraussetzungen nur für den VZ geprüft zu werden, in dem die begünstigten Baumaßnahmen fertiggestellt worden sind. [2]Die Nachholung versehentlich unterlassener erhöhter Absetzungen nach § 7h EStG ist nicht möglich.

(4) [1]Die zuständige Gemeindebehörde nach den länderspezifischen → Bescheinigungsrichtlinien hat zu prüfen,

1. ob das Gebäude in einem förmlich festgelegten Sanierungsgebiet oder städtebaulichen Entwicklungsbereich belegen ist,
2. ob Modernisierungs- und Instandsetzungsmaßnahmen i. S. d. § 177 BauGB oder andere Maßnahmen i. S. d. § 7h Abs. 1 Satz 2 EStG durchgeführt worden sind,
3. in welcher Höhe Aufwendungen, die die vorstehenden Voraussetzungen erfüllen, angefallen sind,
4. inwieweit Zuschüsse aus öffentlichen Mitteln durch eine der für Sanierungsgebiete oder städtebaulichen Entwicklungsbereiche zuständigen Behörde bewilligt worden sind oder nach Ausstellung der Bescheinigung bewilligt werden (Änderung der Bescheinigung).

[2]Die Bescheinigung unterliegt weder in rechtlicher noch in tatsächlicher Hinsicht der Nachprüfung durch die Finanzbehörden. [3]Es handelt sich hierbei um einen Verwaltungsakt in Form eines Grundlagenbescheides, an den die Finanzbehörden im Rahmen des gesetzlich vorgegebenen Umfangs gebunden sind (§ 175 Abs. 1 Satz 1 Nr. 1 AO). [4]Ist jedoch offensichtlich, dass die Bescheinigung für Maßnahmen erteilt worden ist, bei denen die Voraussetzungen nicht vorliegen, hat die Finanzbehörde ein Remonstrationsrecht, d. h. sie kann die Gemeindebehörde zur Überprüfung veranlassen sowie um Rücknahme oder Änderung der Bescheinigung nach Maßgabe des § 48 Abs. 1 VwVfG bitten. [5]Die Gemeindebehörde ist verpflichtet, dem Finanzamt die Rücknahme oder Änderung der Bescheinigung mitzuteilen (§ 4 Mitteilungsverordnung).

(5) Die Finanzbehörden haben zu prüfen,

1. ob die vorgelegte Bescheinigung von der zuständigen Gemeindebehörde ausgestellt worden ist,
2. ob die bescheinigten Aufwendungen steuerrechtlich dem Gebäude i. S. d. § 7h Abs. 1 EStG zuzuordnen sind,
3. ob die bescheinigten Aufwendungen zu den Herstellungskosten oder den nach § 7h Abs. 1 Satz 3 EStG begünstigten Anschaffungskosten, zu den sofort abziehbaren Betriebsausgaben oder Werbungskosten, insbesondere zum Erhaltungsaufwand, oder zu den nicht abziehbaren Ausgaben gehören,
4. ob weitere Zuschüsse für die bescheinigten Aufwendungen gezahlt werden oder worden sind,

5. ob die Aufwendungen bei einer Einkunftsart oder bei einem zu eigenen Wohnzwecken genutzten Gebäude wie Sonderausgaben (→ § 10f EStG) berücksichtigt werden können,
6. in welchem VZ die erhöhten Absetzungen, die Verteilung von Erhaltungsaufwand (→ § 11a EStG) oder der Abzug wie Sonderausgaben (→ § 10f EStG) erstmals in Anspruch genommen werden können.

(6) [1]Eine begünstigte Maßnahme i. S. d. § 7h Abs. 1 Satz 1 EStG liegt auch vor, wenn die Modernisierungs- und Instandhaltungsmaßnahmen auf Grund einer konkreten vertraglichen Vereinbarung zwischen Eigentümer und Gemeinde durchgeführt werden. [2]Die Prüfungs- und Bescheinigungspflicht i. S. d. Absatzes 4 besteht auch in diesen Fällen. [3]Baumaßnahmen, die ohne konkrete vertragliche Vereinbarung auf freiwilliger Grundlage durchgeführt werden, sind von dem Begünstigungstatbestand des § 7h Abs. 1 Satz 1 EStG nicht erfasst.

(7) Für die Begünstigung von Modernisierungs- und Instandsetzungsmaßnahmen i. S. d. § 177 BauGB ist es unschädlich, wenn die zugrunde liegende Sanierungssatzung während oder nach Durchführung der Maßnahmen aufgehoben wird.

H 7h

Hinweise

Bescheinigungsrichtlinien

Übersicht über die Veröffentlichung der länderspezifischen Bescheinigungsrichtlinien → BMF vom 10. 11. 2000 (BStBl I S. 1513) und vom 8. 11. 2004 (BStBl I S. 1049).

Bindungswirkung der Bescheinigung

- Die Bindungswirkung der Bescheinigung umfasst nicht die persönliche Abzugsberechtigung (→ BFH vom 21. 8. 2001 – BStBl 2003 II S. 910).
- Reichweite der Bindungswirkung der Bescheinigung → BMF vom 16. 5. 2007 (BStBl I S. 475)

Personengesellschaft

Erhöhte Absetzungen nach Ausscheiden eines Gesellschafters → H 7a (Mehrere Beteiligte).

Stadtumbaugebiet

Für Maßnahmen an Gebäuden im Stadtumbaugebiet (§§ 171a bis 171d BauGB) können keine erhöhten Absetzungen nach § 7h EStG in Anspruch genommen werden. Für derartige Stadtumbaumaßnahmen darf keine Bescheinigung nach § 7h EStG ausgestellt werden → LfSt Bayern vom 9. 1. 2006 (DB 2006, S. 128).

Verwaltungsverfahrensgesetz

§ 48 VwVfG – Rücknahme eines rechtswidrigen Verwaltungsaktes

(1) [1]Ein rechtswidriger Verwaltungsakt kann, auch nachdem er unanfechtbar geworden ist, ganz oder teilweise mit Wirkung für die Zukunft oder für die Vergangenheit zurückgenommen werden. [2]Ein Verwaltungsakt, der ein Recht oder einen rechtlich erheblichen Vorteil begründet oder bestätigt hat (begünstigender Verwaltungsakt), darf nur unter den Einschränkungen der Absätze 2 bis 4 zurückgenommen werden.

(2) [1]Ein rechtswidriger Verwaltungsakt, der eine einmalige oder laufende Geldleistung oder teilbare Sachleistung gewährt oder hierfür Voraussetzung ist, darf nicht zurückgenommen werden, soweit der Begünstigte auf den Bestand des Verwaltungsaktes vertraut hat und sein Vertrauen unter Abwägung mit dem öffentlichen Interesse an einer Rücknahme schutzwürdig ist. [2]Das Vertrauen ist in der Regel schutzwürdig, wenn der Begünstigte gewährte Leistungen verbraucht oder eine Vermögensdisposition getroffen hat, die er nicht mehr oder nur unter unzumutbaren Nachteilen rückgängig machen kann. [3]Auf Vertrauen kann sich der Begünstigte nicht berufen, wenn er

1. den Verwaltungsakt durch arglistige Täuschung, Drohung oder Bestechung erwirkt hat;
2. den Verwaltungsakt durch Angaben erwirkt hat, die in wesentlicher Beziehung unrichtig oder unvollständig waren;
3. die Rechtswidrigkeit des Verwaltungsaktes kannte oder infolge grober Fahrlässigkeit nicht kannte.

[4]In den Fällen des Satzes 3 wird der Verwaltungsakt in der Regel mit Wirkung für die Vergangenheit zurückgenommen.

(3) [1]Wird ein rechtswidriger Verwaltungsakt, der nicht unter Absatz 2 fällt, zurückgenommen, so hat die Behörde dem Betroffenen auf Antrag den Vermögensnachteil auszugleichen, den die-

ser dadurch erleidet, dass er auf den Bestand des Verwaltungsaktes vertraut hat, soweit sein Vertrauen unter Abwägung mit dem öffentlichen Interesse schutzwürdig ist. [2]Absatz 2 Satz 3 ist anzuwenden. [3]Der Vermögensnachteil ist jedoch nicht über den Betrag des Interesses hinaus zu ersetzen, das der Betroffene an dem Bestand des Verwaltungsaktes hat. [4]Der auszugleichende Vermögensnachteil wird durch die Behörde festgesetzt. [5]Der Anspruch kann nur innerhalb eines Jahres geltend gemacht werden; die Frist beginnt, sobald die Behörde den Betroffenen auf sie hingewiesen hat.

(4) [1]Erhält die Behörde von Tatsachen Kenntnis, welche die Rücknahme eines rechtswidrigen Verwaltungsaktes rechtfertigen, so ist die Rücknahme nur innerhalb eines Jahres seit dem Zeitpunkt der Kenntnisnahme zulässig. [2]Dies gilt nicht im Falle des Absatzes 2 Satz 3 Nr. 1.

(5) Über die Rücknahme entscheidet nach Unanfechtbarkeit des Verwaltungsaktes die nach § 3 zuständige Behörde; dies gilt auch dann, wenn der zurücknehmende Verwaltungsakt von einer anderen Behörde erlassen worden ist.

---

§ 7i Erhöhte Absetzungen bei Baudenkmalen

EStG
S 2198b

(1) [1]Bei einem im Inland belegenen Gebäude, das nach den jeweiligen landesrechtlichen Vorschriften ein Baudenkmal ist, kann der Steuerpflichtige abweichend von § 7 Abs. 4 und 5 im Jahr der Herstellung und in den folgenden sieben Jahren jeweils bis zu 9 Prozent und in den folgenden vier Jahren jeweils bis zu 7 Prozent der Herstellungskosten für Baumaßnahmen, die nach Art und Umfang zur Erhaltung des Gebäudes als Baudenkmal oder zu seiner sinnvollen Nutzung erforderlich sind, absetzen. [2]Eine sinnvolle Nutzung ist nur anzunehmen, wenn das Gebäude in der Weise genutzt wird, dass die Erhaltung der schützenswerten Substanz des Gebäudes auf die Dauer gewährleistet ist. [3]Bei einem im Inland belegenen Gebäudeteil, das nach den jeweiligen landesrechtlichen Vorschriften ein Baudenkmal ist, sind die Sätze 1 und 2 entsprechend anzuwenden. [4]Bei einem im Inland belegenen Gebäude oder Gebäudeteil, das für sich allein nicht die Voraussetzungen für ein Baudenkmal erfüllt, aber Teil einer Gebäudegruppe oder Gesamtanlage ist, die nach den jeweiligen landesrechtlichen Vorschriften als Einheit geschützt ist, kann der Steuerpflichtige die erhöhten Absetzungen von den Herstellungskosten für Baumaßnahmen vornehmen, die nach Art und Umfang zur Erhaltung des schützenswerten äußeren Erscheinungsbildes der Gebäudegruppe oder Gesamtanlage erforderlich sind. [5]Der Steuerpflichtige kann die erhöhten Absetzungen im Jahr des Abschlusses der Baumaßnahme und in den folgenden elf Jahren auch für Anschaffungskosten in Anspruch nehmen, die auf Baumaßnahmen im Sinne der Sätze 1 bis 4 entfallen, soweit diese nach dem rechtswirksamen Abschluss eines obligatorischen Erwerbsvertrages oder eines gleichstehenden Rechtsaktes durchgeführt worden sind. [6]Die Baumaßnahmen müssen in Abstimmung mit der in Absatz 2 bezeichneten Stelle durchgeführt worden sein. [7]Die erhöhten Absetzungen können nur in Anspruch genommen werden, soweit die Herstellungs- oder Anschaffungskosten nicht durch Zuschüsse aus öffentlichen Kassen gedeckt sind. [8]§ 7h Abs. 1 Satz 5 ist entsprechend anzuwenden. [1)]

(2) [1]Der Steuerpflichtige kann die erhöhten Absetzungen nur in Anspruch nehmen, wenn er durch eine Bescheinigung der nach Landesrecht zuständigen oder von der Landesregierung bestimmten Stelle die Voraussetzungen des Absatzes 1 für das Gebäude oder Gebäudeteil und für die Erforderlichkeit der Aufwendungen nachweist. [2]Hat eine der für Denkmalschutz oder Denkmalpflege zuständigen Behörden ihm Zuschüsse gewährt, so hat die Bescheinigung auch deren Höhe zu enthalten; werden ihm solche Zuschüsse nach Ausstellung der Bescheinigung gewährt, so ist diese entsprechend zu ändern.

(3) § 7h Abs. 3 ist entsprechend anzuwenden.

7i. Erhöhte Absetzungen nach § 7i EStG von Aufwendungen für bestimmte Baumaßnahmen an Baudenkmalen

R 7i

(1) R 7h Abs. 1 bis 3 gilt entsprechend.

(2) [1]Die nach Landesrecht zuständige Denkmalbehörde hat zu prüfen und zu bescheinigen,

1. ob das Gebäude oder der Gebäudeteil nach den landesrechtlichen Vorschriften ein Baudenkmal ist,
2. ob die Baumaßnahmen nach Art und Umfang

1) Zur Anwendung von Absatz 1 Satz 1 und Satz 5 → § 52 Abs. 23b EStG.

a) zur Erhaltung des Gebäudes oder Gebäudeteiles als Baudenkmal oder zu seiner sinnvollen Nutzung,
b) bei einem Gebäude, das Teil einer geschützten Gesamtanlage oder Gebäudegruppe ist, zur Erhaltung des schützenswerten äußeren Erscheinungsbildes der Gesamtanlage oder Gebäudegruppe

erforderlich waren,

3. ob die Arbeiten vor Beginn und bei Planungsänderungen vor Beginn der geänderten Vorhaben mit der Bescheinigungsbehörde abgestimmt waren,
4. in welcher Höhe Aufwendungen, die die vorstehenden Voraussetzungen erfüllen, angefallen sind,
5. ob und in welcher Höhe Zuschüsse aus öffentlichen Mitteln durch eine der für den Denkmalschutz oder Denkmalpflege zuständigen Behörden bewilligt worden sind oder nach Ausstellung der Bescheinigung bewilligt werden (Änderung der Bescheinigung).

[2]R 7h Abs. 4 Satz 2 bis 5 gilt entsprechend.

(3) [1]Die Finanzbehörden haben zu prüfen,

1. ob die vorgelegte Bescheinigung von der nach Landesrecht zuständigen oder der von den Landesregierungen bestimmten Behörde ausgestellt worden ist,
2. ob die bescheinigten Aufwendungen zu den Herstellungskosten oder den nach § 7i Abs. 1 Satz 5 EStG begünstigten Anschaffungskosten, zu den sofort abziehbaren Betriebsausgaben oder Werbungskosten, insbesondere zum Erhaltungsaufwand, oder zu den nicht abziehbaren Ausgaben gehören,
3. ob die bescheinigten Aufwendungen steuerrechtlich dem Gebäude oder Gebäudeteil i. S. d. § 7i Abs. 1 EStG zuzurechnen sind,
4. ob weitere Zuschüsse für die bescheinigten Aufwendungen gezahlt werden oder worden sind,
5. ob die Aufwendungen bei einer Einkunftsart oder bei einem zu eigenen Wohnzwecken genutzten Gebäude wie Sonderausgaben (→ § 10f EStG) berücksichtigt werden können,
6. in welchem VZ die erhöhten Absetzungen, die Verteilung von Erhaltungsaufwand (→ § 11b EStG) oder der Abzug wie Sonderausgaben (→ § 10f EStG) erstmals in Anspruch genommen werden können.

[2]Fällt die Eigenschaft als Baudenkmal innerhalb des Begünstigungszeitraums weg, können die erhöhten Absetzungen ab dem Jahr, das auf den Wegfall folgt, nicht weiter in Anspruch genommen werden.

H 7i

Hinweise

Bescheinigungsbehörde

Übersicht über die zuständigen Bescheinigungsbehörden → BMF vom ***6. 1. 2009 (BStBl I S. 39)***.

Bescheinigungsrichtlinien

Übersicht über die Veröffentlichung der länderspezifischen Bescheinigungsrichtlinien → BMF vom 10. 11. 2000 (BStBl I S. 1513) und vom 8. 11. 2004 (BStBl I S. 1049).

Bindungswirkung der Bescheinigung

- Sind die bescheinigten Aufwendungen steuerrechtlich den (nachträglichen) Herstellungskosten eines selbständigen, vom Baudenkmal getrennten Wirtschaftsgutes (z. B. den Außenanlagen, dem Grund und Boden, einer getrennt vom Baudenkmal errichteten Tiefgarage) zuzurechnen, sind die Finanzbehörden nicht an die Bescheinigung gebunden (→ BFH vom 15. 10. 1996 – BStBl 1997 II S. 176). Ob ein zusätzlich errichtetes Bauwerk einen Bestandteil des als Denkmal geschützten Gebäudes oder ein selbständiges neues Gebäude bildet, ist keine denkmalrechtliche, sondern eine steuerrechtliche Frage, die von den Finanzbehörden eigenständig zu prüfen ist (→ BFH vom 14. 1. 2003 – BStBl II S. 916).
- Sind die bescheinigten Aufwendungen den nachträglichen Herstellungskosten des Baudenkmals zuzurechnen, sind die Finanzbehörden an die Bescheinigung auch dann gebunden, wenn diese unzutreffend ist. Das Remonstrationsrecht der Finanzbehörden (→ R 7i Abs. 2 Satz 2) bleibt unberührt (→ BFH vom 5. 11. 1996 – BStBl 1997 II S. 244),
- Die Bindungswirkung der Bescheinigung umfasst nicht die persönliche Abzugsberechtigung (→ BFH vom 6. 3. 2001 – BStBl II S. 796).

- Reichweite der Bindungswirkung der Bescheinigung → BMF vom 16. 5. 2007 (BStBl I S. 475)
- Die Voraussetzungen des § 7i EStG sind nicht erfüllt, wenn die Bescheinigung keine Angaben zur Höhe der begünstigten Aufwendungen enthält (→ BFH vom 11. 6. 2002 – BStBl 2003 II S. 577).
- Vorläufige Bescheinigung (ausgestellt vor dem 1. 1. 2009)

  Bisher sollten die Finanzämter nur die endgültigen Bescheinigungen anerkennen. Diese Verfahrensweise hat zu erheblichen Schwierigkeiten geführt. Insbesondere, die lange Bearbeitungsdauer bei den Bescheinigungsbehörden (2–3 Jahre) hat dazu geführt, dass die Steuerbegünstigung erst Jahre nach der Herstellung bzw. Anschaffung des Objekts gewährt wurde.

  Im Hinblick auf die vorgenannten Schwierigkeiten bitte ich die Verfahrensweise – nach Abstimmung mit den obersten Finanzbehörden des Bundes und der Länder – wie folgt zu ändern:

  Die erhöhten Absetzungen sind bereits dann zu gewähren, wenn der Steuerpflichtige

  - Nachweise zum (geplanten) Kostenansatz durch eine vorläufige Bescheinigung der zuständigen Denkmalbehörde (→ Anlage 2 der Bescheinigungsrichtlinien vom 30. 11. 1992, a. a. O.) erbringt

    und

  - eine Eingangsbestätigung der Bescheinigungsbehörde über den Antrag auf Ausstellung der endgültigen Bescheinigung (mit Benennung der Höhe der nach Abschluss der Baumaßnahmen beantragten Aufwendungen) vorlegt. Anstelle der Eingangsbestätigung ist auch eine Kopie des Antrags auf Erteilung der endgültigen Bescheinigung zulässig.

  Da jedoch die vorläufige Bescheinigung auf der Grundlage der zu erwartenden Kosten (Kostenanschlag) erstellt wurde und die endgültig bescheinigten Aufwendungen hiervon betragsmäßig abweichen können, ist von geltend gemachten Aufwendungen ein Sicherheitsabschlag von 10 % vorzunehmen.

  Die Steuerfestsetzung ist zudem nach § 165 Abs. 1 Satz 1 AO vorläufig durchzuführen. Dies ist insbesondere deshalb erforderlich, weil anderenfalls keine Änderungsmöglichkeit des Steuerbescheides bestehen würde, wenn vom Steuerpflichtigen keine endgültige Bescheinigung vorgelegt wird.

  Ergänzend weise ich auf Folgendes hin:

  In Fällen, in denen die Bescheinigungsbehörde keine vorläufige Bescheinigung, sondern lediglich eine Bestätigung über den Eingang des Antrages auf Erteilung der endgültigen Bescheinigung ausgestellt hat (aus welcher sich auch die Höhe der beantragten Aufwendungen ergibt), kann die beantragte Steuerbegünstigung nach §§ 7i, 10f oder 11b EStG zum gegenwärtigen Zeitpunkt nicht gewährt werden. Insbesondere deshalb nicht, weil nur aufgrund der erteilten Eingangsbestätigung nicht zweifelsfrei sicher gestellt werden kann, dass das nach § 7i Abs. 1 Satz 6 EStG erforderliche Vorabstimmungsverfahren eingehalten worden ist.

  Das Sächsische Staatsministerium der Finanzen hat – damit künftig auch in Sachverhalten, in denen keine vorläufige Bescheinigung vorliegt – das Sächsische Staatsministerium des Innern deshalb gebeten, einen entsprechenden Hinweis zur Einhaltung des nach § 7i Abs. 1 Satz 6 EStG erforderliche Vorabstimmungsverfahrens in die Eingangsbestätigung mit aufzunehmen. Die Antwort des Sächsischen Staatsministeriums des Innern ist für solche Sachverhalte deshalb zunächst abzuwarten. Sobald diese vorliegt, werde ich die Finanzämter hierüber informieren.

  → OFD Chemnitz vom 31. 1. 2005 (StEd 2004 S. 172)
- Reichweite der Bindungswirkung in Bezug auf die Prüfung, ob ein Neubau oder ein bautechnisch neues Gebäude erstellt worden ist → Bayer. Landesamt für Steuern vom 6. 9. 2005 (DB 2005, S. 2437) = eigenständige Prüfung durch das Finanzamt.

Personengesellschaft

Erhöhte Absetzungen nach Ausscheiden eines Gesellschafters → H 7a (Mehrere Beteiligte).

Teilherstellungskosten

Die erhöhten Absetzungen nach § 7i EStG können hinsichtlich einzelner Baumaßnahmen bereits im Jahr des Abschlusses der jeweiligen Maßnahme und nicht erst bei Beendigung der Gesamtbaumaßnahme vorgenommen werden, wenn die einzelne Baumaßnahme von anderen sachlich abgrenzbar und als solche abgeschlossen ist (→ BFH vom 20. 8. 2002 – BStBl 2003 II S. 582).

Veräußerung

Im Jahr der Veräußerung des Baudenkmals kann der Stpfl. die erhöhten Absetzungen mit dem vollen Jahresbetrag in Anspruch nehmen (→ BFH vom 18. 6. 1996 – BStBl II S. 645).

EStG
S 2197b

§ 7k Erhöhte Absetzungen für Wohnungen mit Sozialbindung

(letztmals abgedruckt in der Handausgabe 2005)

4. Überschuss der Einnahmen über die Werbungskosten

EStG

§ 8 Einnahmen

S 2202
S 2332

(1) Einnahmen sind alle Güter, die in Geld oder Geldeswert bestehen und dem Steuerpflichtigen im Rahmen einer der Einkunftsarten des § 2 Abs. 1 Satz 1 Nr. 4 bis 7 zufließen.

S 2334

(2) [1]Einnahmen, die nicht in Geld bestehen (Wohnung, Kost, Waren, Dienstleistungen und sonstige Sachbezüge), sind mit den um übliche Preisnachlässe geminderten üblichen Endpreisen am Abgabeort anzusetzen. [2]Für die private Nutzung eines betrieblichen Kraftfahrzeugs zu privaten Fahrten gilt § 6 Abs. 1 Nr. 4 Satz 2 entsprechend. [3]Kann das Kraftfahrzeug auch für Fahrten zwischen Wohnung und Arbeitsstätte genutzt werden, erhöht sich der Wert in Satz 2 für jeden Kalendermonat um 0,03 Prozent des Listenpreises im Sinne des § 6 Abs. 1 Nr. 4 Satz 2 für jeden Kilometer der Entfernung zwischen Wohnung und Arbeitsstätte. [4]Der Wert nach den Sätzen 2 und 3 kann mit dem auf die private Nutzung und die Nutzung zu Fahrten zwischen Wohnung und Arbeitsstätte entfallenden Teil der gesamten Kraftfahrzeugaufwendungen angesetzt werden, wenn die durch das Kraftfahrzeug insgesamt entstehenden Aufwendungen durch Belege und das Verhältnis der privaten Fahrten und der Fahrten zwischen Wohnung und Arbeitsstätte zu den übrigen Fahrten durch ein ordnungsgemäßes Fahrtenbuch nachgewiesen werden. [5]Die Nutzung des Kraftfahrzeugs zu einer Familienheimfahrt im Rahmen einer doppelten Haushaltsführung ist mit 0,002 Prozent des Listenpreises im Sinne des § 6 Abs. 1 Nr. 4 Satz 2 für jeden Kilometer der Entfernung zwischen dem Ort des eigenen Hausstandes und dem Beschäftigungsort anzusetzen; dies gilt nicht, wenn für diese Fahrt ein Abzug wie Werbungskosten nach § 9 Abs. 2 in Betracht käme; Satz 4 ist sinngemäß anzuwenden. [6]Bei Arbeitnehmern, für deren Sachbezüge durch Rechtsverordnung nach § 17 Abs. 1 Satz 1 Nr. 4 des Vierten Buches Sozialgesetzbuch Werte bestimmt worden sind, sind diese Werte maßgebend. [7]Die Werte nach Satz 6 sind auch bei Steuerpflichtigen anzusetzen, die nicht der gesetzlichen Rentenversicherungspflicht unterliegen. [8]Die oberste Finanzbehörde eines Landes kann mit Zustimmung des Bundesministeriums der Finanzen für weitere Sachbezüge der Arbeitnehmer Durchschnittswerte festsetzen. [9]Sachbezüge, die nach Satz 1 zu bewerten sind, bleiben außer Ansatz, wenn die sich nach Anrechnung der vom Steuerpflichtigen gezahlten Entgelte ergebenden Vorteile insgesamt 44 Euro im Kalendermonat nicht übersteigen.

(3) [1]Erhält ein Arbeitnehmer auf Grund seines Dienstverhältnisses Waren oder Dienstleistungen, die vom Arbeitgeber nicht überwiegend für den Bedarf seiner Arbeitnehmer hergestellt, vertrieben oder erbracht werden und deren Bezug nicht nach § 40 pauschal versteuert wird, so gelten als deren Werte abweichend von Absatz 2 die um 4 Prozent geminderten Endpreise, zu denen der Arbeitgeber oder der dem Abgabeort nächstansässige Abnehmer die Waren oder Dienstleistungen fremden Letztverbrauchern im allgemeinen Geschäftsverkehr anbietet. [2]Die sich nach Abzug der vom Arbeitnehmer gezahlten Entgelte ergebenden Vorteile sind steuerfrei, soweit sie aus dem Dienstverhältnis insgesamt 1080 Euro im Kalenderjahr nicht übersteigen.

EStG
S 2208
S 2350
S 2110–
S 2213

§ 9 Werbungskosten

(1) [1]Werbungskosten sind Aufwendungen zur Erwerbung, Sicherung und Erhaltung der Einnahmen. [2]Sie sind bei der Einkunftsart abzuziehen, bei der sie erwachsen sind. [3]Werbungskosten sind auch

1. **Schuldzinsen und auf besonderen Verpflichtungsgründen beruhende Renten und dauernde Lasten, soweit sie mit einer Einkunftsart in wirtschaftlichem Zusammenhang stehen. [2]Bei Leibrenten kann nur der Anteil abgezogen werden, der sich nach § 22 Nr. 1 Satz 3 Buchstabe a Doppelbuchstabe bb ergibt;**
2. **Steuern vom Grundbesitz, sonstige öffentliche Abgaben und Versicherungsbeiträge, soweit solche Ausgaben sich auf Gebäude oder auf Gegenstände beziehen, die dem Steuerpflichtigen zur Einnahmeerzielung dienen;**
3. **Beiträge zu Berufsständen und sonstigen Berufsverbänden, deren Zweck nicht auf einen wirtschaftlichen Geschäftsbetrieb gerichtet ist;**
4. **(weggefallen)** S 2351
5. **notwendige Mehraufwendungen, die einem Arbeitnehmer wegen einer aus beruflichem Anlass begründeten doppelten Haushaltsführung entstehen, und zwar unabhängig davon, aus welchen Gründen die doppelte Haushaltsführung beibehalten wird. [2]Eine doppelte Haushaltsführung liegt nur vor, wenn der Arbeitnehmer außerhalb des Ortes, in dem er einen eigenen Hausstand unterhält, beschäftigt ist und auch am Beschäftigungsort wohnt.** S 2352
6. **Aufwendungen für Arbeitsmittel, zum Beispiel für Werkzeuge und typische Berufskleidung. [2]Nummer 7 bleibt unberührt;** S 2354
7. **Absetzungen für Abnutzung und für Substanzverringerung und erhöhte Absetzungen. [2]§ 6 Abs. 2 Satz 1 bis 3** ***kann mit der Maßgabe angewendet werden, dass Anschaffungs- oder Herstellungskosten bis zu 410 Euro sofort als Werbungskosten abgesetzt werden können.*** [1])

(2) [1]Keine Werbungskosten sind die Aufwendungen des Arbeitnehmers für die Wege zwischen Wohnung und regelmäßiger Arbeitsstätte und für Familienheimfahrten. [2]Zur Abgeltung erhöhter Aufwendungen für die Wege zwischen Wohnung und regelmäßiger Arbeitsstätte ist ab dem 21. Entfernungskilometer für jeden Arbeitstag, an dem der Arbeitnehmer die Arbeitsstätte aufsucht, für jeden vollen Kilometer der Entfernung eine Entfernungspauschale von 0,30 Euro wie Werbungskosten anzusetzen, höchstens jedoch 4500 Euro im Kalenderjahr; ein höherer Betrag als 4500 Euro ist anzusetzen, soweit der Arbeitnehmer einen eigenen oder ihm zur Nutzung überlassenen Kraftwagen benutzt. [3]Die Entfernungspauschale gilt nicht für Flugstrecken und Strecken mit steuerfreier Sammelbeförderung nach § 3 Nr. 32; in diesen Fällen sind Aufwendungen des Arbeitnehmers wie Werbungskosten anzusetzen, bei Sammelbeförderung der auf Strecken ab dem 21. Entfernungskilometer entfallende Teil. [4]Für die Bestimmung der Entfernung ist die kürzeste Straßenverbindung zwischen Wohnung und Arbeitsstätte maßgebend; eine andere als die kürzeste Straßenverbindung kann zugrunde gelegt werden, wenn diese offensichtlich verkehrsgünstiger ist und vom Arbeitnehmer regelmäßig für die Wege zwischen Wohnung und Arbeitsstätte benutzt wird. [5]Nach § 8 Abs. 3 steuerfreie Sachbezüge für Fahrten zwischen Wohnung und Arbeitsstätte mindern den nach Satz 2 abziehbaren Betrag; ist der Arbeitgeber selbst der Verkehrsträger, ist der Preis anzusetzen, den ein dritter Arbeitgeber an den Verkehrsträger zu entrichten hätte. [6]Hat ein Arbeitnehmer mehrere Wohnungen, so sind die Wege von einer Wohnung, die nicht der Arbeitsstätte am nächsten liegt, nur zu berücksichtigen, wenn sie den Mittelpunkt der Lebensinteressen des Arbeitnehmers bildet und nicht nur gelegentlich aufgesucht wird. [7]Aufwendungen für die Wege vom Beschäftigungsort zum Ort des eigenen Hausstands und zurück (Familienheimfahrten) können jeweils nur für eine Familienheimfahrt wöchentlich wie Werbungskosten abgezogen werden. [8]Zur Abgeltung der Aufwendungen für eine Familienheimfahrt ist eine Entfernungspauschale von 0,30 Euro für jeden vollen Kilometer der Entfernung zwischen dem Ort des eigenen Hausstands und dem Beschäftigungsort anzusetzen; die Sätze 3 bis 5 sind entsprechend anzuwenden. [9]Aufwendungen für Familienheimfahrten mit einem dem Steuerpflichtigen im Rahmen einer Einkunftsart überlassenen Kraftfahrzeug werden nicht berücksichtigt. [10]Durch die Entfernungspauschalen sind sämtliche Aufwendungen abgegolten, die durch die Wege zwischen Wohnung und Arbeitsstätte und durch die Familienheimfahrten veranlasst sind. [11]Behinderte Menschen, [2])

1. **deren Grad der Behinderung mindestens 70 beträgt,**

---

1) Absatz 1 Satz 3 Nr. 7 Satz 2 wurde durch das Unternehmensteuerreformgesetz 2008 geändert und ist erstmals für die im VZ 2008 angeschafften oder hergestellten Wirtschaftsgüter anzuwenden → § 52 Abs. 12 EStG.

2) ***Absatz 2 wurde durch das Steueränderungsgesetz 2007 ab VZ 2007 geändert. → aber: Das BVerfG hat mit Urteil vom 9. 12. 2008 – 2 BvL 1/07 u. a. – (BGBl. I S. 2888) entschieden, dass die mit dem Steueränderungsgesetz 2007 erfolgte Neuregelung der „Pendlerpauschale" mit den Anforderungen des allgemeinen Gleichheitsgrundsatzes des Art. 3 Abs. 1 GG an eine folgerichtige Ausgestaltung einkommensteuerrechtlicher Belastungsentscheidungen nicht vereinbar und verfassungswidrig ist. Der Gesetzgeber ist danach verpflichtet, rückwirkend auf den 1. 1. 2007 die Verfassungswidrigkeit durch Umgestaltung der Rechtslage zu beseitigen.***

2. deren Grad der Behinderung weniger als 70, aber mindestens 50 beträgt und die in ihrer Bewegungsfähigkeit im Straßenverkehr erheblich beeinträchtigt sind,

können an Stelle der Entfernungspauschalen die tatsächlichen Aufwendungen für die Wege zwischen Wohnung und Arbeitsstätte und für die Familienheimfahrten ansetzen. [12]Die Voraussetzungen der Nummern 1 und 2 sind durch amtliche Unterlagen nachzuweisen.

(3) Absatz 1 Satz 3 Nr. 5 und Absatz 2 gelten bei den Einkunftsarten im Sinne des § 2 Abs. 1 Satz 1 Nr. 5 bis 7 entsprechend.

(4) (weggefallen)

[1]) (5) [1]§ 4 Abs. 5 Satz 1 Nr. 1 bis 5, 6b bis 8a, 10 und Abs. 6 sowie § 4f gelten sinngemäß. [2]§ 6 Abs. 1 Nr. 1a gilt entsprechend.

EStG

§ 9a Pauschbeträge für Werbungskosten

S 2214 [1]Für Werbungskosten sind bei der Ermittlung der Einkünfte die folgenden Pauschbeträge abzuziehen, wenn nicht höhere Werbungskosten nachgewiesen werden:

S 2346 1. a) von den Einnahmen aus nichtselbständiger Arbeit vorbehaltlich Buchstabe b:
ein Arbeitnehmer-Pauschbetrag von 920 Euro; daneben sind Aufwendungen nach § 4f gesondert abzuziehen;
b) von den Einnahmen aus nichtselbständiger Arbeit, soweit es sich um Versorgungsbezüge im Sinne des § 19 Abs. 2 handelt:
ein Pauschbetrag von 102 Euro;

[2]) 2. von den Einnahmen aus Kapitalvermögen:
ein Pauschbetrag von 51 Euro;
bei Ehegatten, die nach den §§ 26, 26b zusammen veranlagt werden, erhöht sich dieser Pauschbetrag auf insgesamt 102 Euro;

3. von den Einnahmen im Sinne des § 22 Nr. 1, 1a und 5:
ein Pauschbetrag von insgesamt 102 Euro.

[3]) [2]Der Pauschbetrag nach Satz 1 Nr. 1 Buchstabe b darf nur bis zur Höhe der um den Versorgungsfreibetrag einschließlich des Zuschlags zum Versorgungsfreibetrag (§ 19 Abs. 2) geminderten Einnahmen, die Pauschbeträge nach Satz 1 Nr. 1 Buchstabe a, Nr. 2 und 3 dürfen nur bis zur Höhe der Einnahmen abgezogen werden.

R 9a

9a. Pauschbeträge für Werbungskosten

S 2214 (1) [1]Der in § 9a Satz 1 Nr. 2 EStG ***in der am 31. 12. 2008 geltenden Fassung*** bezeichnete Pauschbetrag von 102 Euro steht den Ehegatten im Falle ihrer Zusammenveranlagung gemeinsam zu. [2]Die Ehegatten können daher in diesem Falle entweder nur den Pauschbetrag von 102 Euro oder nachgewiesene höhere Werbungskosten geltend machen. [3]Es ist nicht zulässig, dass einer der Ehegatten den halben Pauschbetrag und der andere Ehegatte Werbungskosten in nachgewiesener Höhe abzieht. [4]Der Pauschbetrag kann auch dann voll in Anspruch genommen werden, wenn nur einer der Ehegatten Einnahmen aus Kapitalvermögen bezogen hat. [5]Haben beide Ehegatten Einnahmen aus Kapitalvermögen und sind die Einkünfte jedes Ehegatten gesondert zu ermitteln, z. B. für Zwecke des § 24a EStG, so können die Ehegatten den ihnen zustehenden Pauschbetrag beliebig unter sich aufteilen. [6]Für jeden Ehegatten darf jedoch höchstens ein Teilbetrag in Höhe seiner Einnahmen berücksichtigt werden.

---

1) ***Absatz 5 Satz 1 wurde durch das FamLeistG ab VZ 2009 geändert.***
Anm.: Die geänderte Fassung lautet:
§ 4 Abs. 5 Satz 1 Nr. 1 bis 5, 6b bis 8a, 10, 12 und Abs. 6 sowie § 9c Abs. 1 und 3 gelten sinngemäß.

2) ***Satz 1 Nr. 2 wurde durch das Unternehmensteuerreformgesetz 2008 aufgehoben. § 9a EStG in der Fassung des Unternehmensteuerreformgesetzes 2008 ist erstmals ab dem VZ 2009 anzuwenden → § 52a Abs. 6 EStG.***

3) ***Satz 2 wurde durch das Unternehmensteuerreformgesetz 2008 ab VZ 2009 geändert → § 52a Abs. 6 EStG.***
Anm.: Die geänderte Fassung lautet:
Der Pauschbetrag nach Satz 1 Nr. 1 Buchstabe b darf nur bis zur Höhe der um den Versorgungsfreibetrag einschließlich des Zuschlags zum Versorgungsfreibetrag (§ 19 Abs. 2) geminderten Einnahmen, die Pauschbeträge nach Satz 1 Nr. 1 Buchstabe a und Nr. 3 dürfen nur bis zur Höhe der Einnahmen abgezogen werden.

(2) Die Pauschbeträge für Werbungskosten sind nicht zu ermäßigen, wenn die unbeschränkte Steuerpflicht lediglich während eines Teiles des Kalenderjahres bestanden hat.

Hinweise

H 9a

Beschränkt Einkommensteuerpflichtige

Zur Anwendung der Pauschbeträge für Werbungskosten bei beschränkt Einkommensteuerpflichtigen → § 50 Abs. 1 ***Satz 3 bis 5*** EStG

4a. Umsatzsteuerrechtlicher Vorsteuerabzug

§ 9b

EStG

(1) Der Vorsteuerbetrag nach § 15 des Umsatzsteuergesetzes gehört, soweit er bei der Umsatzsteuer abgezogen werden kann, nicht zu den Anschaffungs- oder Herstellungskosten des Wirtschaftsgutes, auf dessen Anschaffung oder Herstellung er entfällt. S 2170

(2) Wird der Vorsteuerabzug nach § 15a des Umsatzsteuergesetzes berichtigt, so sind die Mehrbeträge als Betriebseinnahmen oder Einnahmen, die Minderbeträge als Betriebsausgaben oder Werbungskosten zu behandeln; die Anschaffungs- oder Herstellungskosten bleiben unberührt.

9b. Auswirkungen der Umsatzsteuer auf die Einkommensteuer

R 9b
S 2170

Allgemeines

(1) [1]Soweit ein Vorsteuerbetrag nach § 15 UStG umsatzsteuerrechtlich nicht abgezogen werden darf, ist er den Anschaffungs- oder Herstellungskosten des zugehörigen Wirtschaftsgutes zuzurechnen. [2]Diese Zurechnung gilt sowohl für Wirtschaftsgüter des Anlagevermögens als auch für Wirtschaftsgüter des Umlaufvermögens. [3]In die Herstellungskosten sind die auf den Materialeinsatz und die Gemeinkosten entfallenden nicht abziehbaren Vorsteuerbeträge einzubeziehen.

Wertgrenzen

(2) [1]Für die Frage, ob bei ***Wirtschaftsgütern*** i. S. d. § 6 Abs. 2 ***oder 2a oder § 9 Abs. 1 Satz 3 Nr. 7 Satz 2*** EStG die Grenze von ***150, 1000 oder*** 410 Euro überschritten ***sind***, ist stets von den Anschaffungs- oder Herstellungskosten abzüglich eines darin enthaltenen Vorsteuerbetrags, also von dem reinen Warenpreis ohne Vorsteuer (Nettowert), auszugehen. [2]Ob der Vorsteuerbetrag umsatzsteuerrechtlich abziehbar ist, spielt in diesem Fall keine Rolle. [3]Dagegen sind für die Bemessung der Freigrenze für Geschenke nach § 4 Abs. 5 Satz 1 Nr. 1 EStG die Anschaffungs- oder Herstellungskosten einschließlich eines umsatzsteuerrechtlich nicht abziehbaren Vorsteuerbetrags maßgebend; dabei bleibt § 15 Abs. 1a UStG unberücksichtigt.

Nicht abziehbare Vorsteuerbeträge nach § 15 Abs. 1a UStG

(3) [1]Die nach § 15 Abs. 1a UStG nicht abziehbaren Vorsteuerbeträge unterliegen dem Abzugsverbot des § 12 Nr. 3 EStG. [2]§ 9b EStG findet insoweit keine Anwendung.

Hinweise

H 9b

Freigrenze für Geschenke nach § 4 Abs. 5 Satz 1 Nr. 1 EStG

Beispiele:

Ein Unternehmer erwirbt ein Geschenk, dessen Bruttokaufpreis 40,46 € beträgt (darin enthaltene Vorsteuer 19 % = 6,46 €).

a) Bei Unternehmern mit Umsätzen, die zum Vorsteuerabzug berechtigen, ist für die Bemessung der Freigrenze auf den Nettowarenwert i. H. v. 34 € abzustellen. Die Freigrenze von 35 € wird nicht überschritten.

b) Bei Unternehmern mit Umsätzen, die nicht zum Vorsteuerabzug berechtigen, ist für die Bemessung der Freigrenze auf den Bruttowarenwert abzustellen. Die Freigrenze von 35 € wird überschritten.

Gewinnermittlung nach § 4 Abs. 3 EStG und Ermittlung des Überschusses der Einnahmen über die Werbungskosten

Die vereinnahmten Umsatzsteuerbeträge (für den Umsatz geschuldete Umsatzsteuer und vom Finanzamt erstattete Vorsteuer) gehören im Zeitpunkt ihrer Vereinnahmung zu den Betriebseinnahmen oder Einnahmen, die verausgabten Umsatzsteuerbeträge (gezahlte Vorsteuer und an das Finanzamt abgeführte Umsatzsteuerbeträge) im Zeitpunkt ihrer Verausgabung zu den Betriebsausgaben oder Werbungskosten, es sei denn, dass die Vorsteuerbeträge nach R 9b Abs. 1 den Anschaffungs- oder Herstellungskosten des zugehörigen Wirtschaftsgutes zuzurechnen sind und diese nicht sofort abziehbar sind (BFH vom 29. 6. 1982 – BStBl II S. 755). § 4 Abs. 3 Satz 2 EStG findet insoweit keine Anwendung (BFH vom 19. 2. 1975 – BStBl II S. 441). Hierbei spielt es keine Rolle, ob der Stpfl. zum Vorsteuerabzug berechtigt ist und ob er seine Umsätze nach den allgemeinen umsatzsteuerrechtlichen Vorschriften versteuert oder ob die Umsatzsteuer nach § 19 Abs. 1 UStG nicht erhoben wird.

Irrtümlich erstattete Vorsteuerbeträge

Nicht abziehbare Vorsteuerbeträge sind auch bei zunächst **irrtümlicher Erstattung** Herstellungskosten des Wirtschaftsguts (→ BFH vom 4. 6. 1991 – BStBl II S. 759).

Umsatzsteuerlich fehlgeschlagene Option

Bei umsatzsteuerlich fehlgeschlagener **Option** führt die Rückzahlung der Vorsteuererstattung nicht zu Werbungskosten bei den Einkünften aus Vermietung und Verpachtung (→ BFH vom 13. 11. 1986 – BStBl 1987 II S. 374).

Veräußerung eines Wirtschaftsguts

Zur einkommensteuerlichen Behandlung der auf Grund der **Veräußerung eines Wirtschaftsgutes** nach § 15a UStG (Berichtigung des Vorsteuerabzugs) zurückgezahlten Vorsteuerbeträge → BMF vom 23. 8. 1993 (BStBl I S. 698).

Anwendung des § 9b EStG bei Land- und Forstwirten, die ihre Umsätze nach Durchschnittssätzen (§ 24 UStG) versteuern.

→ OFD Frankfurt vom 22. 3. 2000 (FR 2000 S. 637)

EStG[1]

§ 9c Familienleistungsausgleich

1) § 9c EStG wurde durch das FamLeistG ab VZ 2009 eingefügt.

Anm.: § 9c EStG lautet:

(1) [1]Aufwendungen für Dienstleistungen zur Betreuung eines zum Haushalt des Steuerpflichtigen gehörenden Kindes im Sinne des § 32 Abs. 1, die wegen einer Erwerbstätigkeit des Steuerpflichtigen anfallen, können bei Kindern, die das 14. Lebensjahr noch nicht vollendet haben oder wegen einer vor Vollendung des 25. Lebensjahres eingetretenen körperlichen, geistigen oder seelischen Behinderung außerstande sind, sich selbst zu unterhalten, in Höhe von zwei Dritteln der Aufwendungen, höchstens 4 000 Euro je Kind, bei der Ermittlung der Einkünfte aus Land-und Forstwirtschaft, Gewerbebetrieb oder selbständiger Arbeit wie Betriebsausgaben abgezogen werden. [2]Im Fall des Zusammenlebens der Elternteile gilt Satz 1 nur, wenn beide Elternteile erwerbstätig sind.

(2) [1]Nicht erwerbsbedingte Aufwendungen für Dienstleistungen zur Betreuung eines zum Haushalt des Steuerpflichtigen gehörenden Kindes im Sinne des § 32 Abs. 1 können bei Kindern, die das 14. Lebensjahr noch nicht vollendet haben oder wegen einer vor Vollendung des 25. Lebensjahres eingetretenen körperlichen, geistigen oder seelischen Behinderung außerstande sind, sich selbst zu unterhalten, in Höhe von zwei Dritteln der Aufwendungen, höchstens 4 000 Euro je Kind, als Sonderausgaben abgezogen werden, wenn der Steuerpflichtige sich in Ausbildung befindet,

5. Sonderausgaben S 2220

§ 10 EStG

(1) Sonderausgaben sind die folgenden Aufwendungen, wenn sie weder Betriebsausgaben noch Werbungskosten sind oder wie Betriebsausgaben oder Werbungskosten behandelt werden: S 2221

1. Unterhaltsleistungen an den geschiedenen oder dauernd getrennt lebenden unbeschränkt einkommensteuerpflichtigen Ehegatten, wenn der Geber dies mit Zustimmung des Empfängers beantragt, bis zu 13805 Euro im Kalenderjahr. [2]Der Antrag kann jeweils nur für ein Kalenderjahr gestellt und nicht zurückgenommen werden. [3]Die Zustimmung ist mit Ausnahme der nach § 894 Abs. 1 der Zivilprozessordnung als erteilt geltenden bis auf Widerruf wirksam. [4]Der Widerruf ist vor Beginn des Kalenderjahres, für das die Zustimmung erstmals nicht gelten soll, gegenüber dem Finanzamt zu erklären. [5]Die Sätze 1 bis 4 gelten für Fälle der Nichtigkeit oder der Aufhebung der Ehe entsprechend; S 2221a

1a. auf besonderen Verpflichtungsgründen beruhende, *lebenslange und wiederkehrende Versorgungsleistungen*, die nicht mit Einkünften in wirtschaftlichem Zusammenhang stehen, die bei der Veranlagung außer Betracht bleiben, *wenn der Empfänger unbeschränkt einkommensteuerpflichtig ist. [2]Dies gilt nur für* [1])

a) Versorgungsleistungen im Zusammenhang mit der Übertragung eines Mitunternehmeranteils an einer Personengesellschaft, die eine Tätigkeit im Sinne der §§ 13, 15 Abs. 1 Satz 1 Nr. 1 oder des § 18 Abs. 1 ausübt,

b) Versorgungsleistungen im Zusammenhang mit der Übertragung eines Betriebs oder Teilbetriebs, sowie

c) Versorgungsleistungen im Zusammenhang mit der Übertragung eines mindestens fünfzig Prozent betragenden Anteils an einer Gesellschaft mit beschränkter Haftung, wenn der Übergeber als Geschäftsführer tätig war und der Übernehmer diese Tätigkeit nach der Übertragung übernimmt.

[3]Satz 2 gilt auch für den Teil der Versorgungsleistungen, der auf den Wohnteil eines Betriebs der Land- und Forstwirtschaft entfällt;

1b. Leistungen auf Grund eines schuldrechtlichen Versorgungsausgleichs, soweit die ihnen zu Grunde liegenden Einnahmen beim Ausgleichsverpflichteten der Besteuerung unterliegen;

2. a) Beiträge zu den gesetzlichen Rentenversicherungen oder landwirtschaftlichen Alterskassen sowie zu berufsständischen Versorgungseinrichtungen, die den gesetzlichen Rentenversicherungen vergleichbare Leistungen erbringen;

(Fortsetzung Fußnote 1 von Seite 328)
körperlich, geistig oder seelisch behindert oder krank ist. [2]Erwachsen die Aufwendungen wegen Krankheit des Steuerpflichtigen, muss die Krankheit innerhalb eines zusammenhängenden Zeitraums von mindestens drei Monaten bestanden haben, es sei denn, der Krankheitsfall tritt unmittelbar im Anschluss an eine Erwerbstätigkeit oder Ausbildung ein. [3]Bei zusammenlebenden Eltern ist Satz 1 nur dann anzuwenden, wenn bei beiden Elternteilen die Voraussetzungen nach Satz 1 vorliegen oder ein Elternteil erwerbstätig ist und der andere Elternteil sich in Ausbildung befindet, körperlich, geistig oder seelisch behindert oder krank ist. [4]Aufwendungen für Dienstleistungen zur Betreuung eines zum Haushalt des Steuerpflichtigen gehörenden Kindes im Sinne des § 32 Abs. 1 können bei Kindern, die das dritte Lebensjahr vollendet, das sechste Lebensjahr aber noch nicht vollendet haben, in Höhe von zwei Dritteln der Aufwendungen, höchstens 4 000 Euro je Kind, als Sonderausgaben abgezogen werden, wenn sie weder nach Absatz 1 noch nach Satz 1 zu berücksichtigen sind.

(3) [1]Die Absätze 1 und 2 gelten nicht für Aufwendungen für Unterricht, die Vermittlung besonderer Fähigkeiten sowie für sportliche und andere Freizeitbetätigungen. [2]Ist das zu betreuende Kind nicht nach § 1 Abs. 1 oder Abs. 2 unbeschränkt einkommensteuerpflichtig, ist der in den Absätzen 1 und 2 genannte Betrag zu kürzen, soweit es nach den Verhältnissen im Wohnsitzstaat des Kindes notwendig und angemessen ist. [3]Voraussetzung für den Abzug der Aufwendungen nach den Absätzen 1 und 2 ist, dass der Steuerpflichtige für die Aufwendungen eine Rechnung erhalten hat und die Zahlung auf das Konto des Erbringers der Leistung erfolgt ist.

1) ***Absatz 1 Nr. 1a wurde durch das JStG 2008 geändert und ist auf alle Versorgungsleistungen anzuwenden, die auf nach dem 31. 12. 2007 vereinbarten Vermögensübertragungen beruhen. Für Versorgungsleistungen, die auf vor dem 1. 1. 2008 vereinbarten Vermögensübertragungen beruhen, gilt dies nur, wenn das übertragene Vermögen nur deshalb einen ausreichenden Ertrag bringt, weil ersparte Aufwendungen mit Ausnahme des Nutzungsvorteils eines zu eigenen Zwecken vom Vermögensübernehmer genutzten Grundstücks zu den Erträgen des Vermögens gerechnet werden, → § 52 Abs. 23f EStG. Außerdem wurde Absatz 1 Nr. 1b durch das JStG 2008 ab VZ 2008 eingefügt.***

[1] b) Beiträge des Steuerpflichtigen zum Aufbau einer eigenen kapitalgedeckten Altersversorgung, wenn der Vertrag nur die Zahlung einer monatlichen auf das Leben des Steuerpflichtigen bezogenen lebenslangen Leibrente nicht vor Vollendung des 60. Lebensjahres oder die ergänzende Absicherung des Eintritts der Berufsunfähigkeit (Berufsunfähigkeitsrente), der verminderten Erwerbsfähigkeit (Erwerbsminderungsrente) oder von Hinterbliebenen (Hinterbliebenenrente) vorsieht; Hinterbliebene in diesem Sinne sind der Ehegatte des Steuerpflichtigen und die Kinder, für die er Anspruch auf Kindergeld oder auf einen Freibetrag nach § 32 Abs. 6 hat; der Anspruch auf Waisenrente darf längstens für den Zeitraum bestehen, in dem der Rentenberechtigte die Voraussetzungen für die Berücksichtigung als Kind im Sinne des § 32 erfüllt; die genannten Ansprüche dürfen nicht vererblich, nicht übertragbar, nicht beleihbar, nicht veräußerbar und nicht kapitalisierbar sein und es darf darüber hinaus kein Anspruch auf Auszahlungen bestehen.

[2]Zu den Beiträgen nach Buchstabe a und b ist der nach § 3 Nr. 62 steuerfreie Arbeitgeberanteil zur gesetzlichen Rentenversicherung und ein diesem gleichgestellter steuerfreier Zuschuss des Arbeitgebers hinzuzurechnen. *[3]Beiträge nach § 168 Abs. 1 Nr. 1b oder 1c oder nach § 172 Abs. 3 oder 3a des Sechsten Buches Sozialgesetzbuch werden abweichend von*
[2] *Satz 2 nur auf Antrag des Steuerpflichtigen hinzugerechnet.*

3. a) Beiträge zu Versicherungen gegen Arbeitslosigkeit, zu Erwerbs- und Berufsunfähigkeitsversicherungen, die nicht unter Nummer 2 Satz 1 Buchstabe b fallen, zu Kranken-, Pflege-, Unfall- und Haftpflichtversicherungen sowie zu Risikoversicherungen, die nur für den Todesfall eine Leistung vorsehen;

   b) Beiträge zu Versicherungen im Sinne des § 10 Abs. 1 Nr. 2 Buchstabe b Doppelbuchstabe bb bis dd in der am 31. Dezember 2004 geltenden Fassung, wenn die Laufzeit dieser Versicherungen vor dem 1. Januar 2005 begonnen hat und ein Versicherungsbeitrag bis zum 31. Dezember 2004 entrichtet wurde; § 10 Abs. 1 Nr. 2 Satz 2 bis 6 und Abs. 2 Satz 2 in der am 31. Dezember 2004 geltenden Fassung ist in diesen Fällen weiter anzuwenden.

[3] 4. gezahlte Kirchensteuer;

S 2221b [4] 5. zwei Drittel der Aufwendungen für Dienstleistungen zur Betreuung eines zum Haushalt des Steuerpflichtigen gehörenden Kindes im Sinne des § 32 Abs. 1, welches das dritte Lebensjahr vollendet, das sechste Lebensjahr aber noch nicht vollendet hat, höchstens 4000 Euro je Kind, sofern die Beiträge nicht nach Nummer 8 zu berücksichtigen sind.[2]Satz 1 gilt nicht für Aufwendungen für Unterricht, die Vermittlung besonderer Fähigkeiten sowie für sportliche und andere Freizeitbetätigungen. [3]Ist das zu betreuende Kind nicht nach § 1 Abs. 1 oder Abs. 2 unbeschränkt einkommensteuerpflichtig, ist der in Satz 1 genannte Betrag zu kürzen, soweit es nach den Verhältnissen im Wohnsitzstaat des Kindes notwendig und angemessen ist. [4]Voraussetzung für den Abzug nach Satz 1 ist, dass der Steuerpflichtige *für* die Aufwendungen *eine* Rechnung *erhalten hat*
[5] und die Zahlung auf das Konto des Erbringers der Leistung *erfolgt ist.*

6. (weggefallen)

7. Aufwendungen für die eigene Berufsausbildung bis zu 4000 Euro im Kalenderjahr. [2]Bei Ehegatten, die die Voraussetzungen des § 26 Abs. 1 Satz 1 erfüllen, gilt Satz 1 für jeden Ehegatten. [3]Zu den Aufwendungen im Sinne des Satzes 1 gehören auch Aufwendungen für eine auswärtige Unterbringung. [4]§ 4 Abs. 5 Satz 1 Nr. 5 und 6b, § 9 Abs. 1 Satz 3 Nr. 4 und 5 und Abs. 2 sind bei der Ermittlung der Aufwendungen anzuwenden.

---

1) Absatz 1 Nr. 2 Buchstabe b Satz 1 ist für Vertragsabschlüsse nach dem 31. 12. 2011 mit der Maßgabe anzuwenden, dass die Versicherungsleistung nach Vollendung des 62. Lebensjahres des Stpfl. ausgezahlt wird → § 52 Abs. 36 Satz 9 EStG i. d. F. des RV-Altersgrenzenanpassungsgesetzes (Inkrafttreten 1. 1. 2008).

2) ***Absatz 1 Nr. 2 Satz 3 wurde durch das JStG 2008 ab VZ 2008 eingefügt.***

3) ***Absatz 1 Nr. 4 wurde durch das Unternehmensteuerreformgesetz 2008 geändert und ist erstmals auf Kapitalerträge anzuwenden, die nach dem 31. 12. 2008 zufließen und auf die § 51a Abs. 2b bis 2d EStG anzuwenden ist → § 52a Abs. 7 EStG.***

Anm.: Die geänderte Fassung lautet:

4. gezahlte Kirchensteuer; dies gilt vorbehaltlich § 32d Abs. 2 und 6 nicht für die nach § 51a Abs. 2b bis 2d erhobene Kirchensteuer;

4) ***Absatz 1 Nr. 5 Satz 4 wurde durch das JStG 2008 ab VZ 2008 geändert.***

5) ***Absatz 1 Nr. 5 wurde durch das FamLeistG ab VZ 2009 aufgehoben.***

8. zwei Drittel der Aufwendungen für Dienstleistungen zur Betreuung eines zum Haushalt des Steuerpflichtigen gehörenden Kindes im Sinne des § 32 Abs. 1, welches das 14. Lebensjahr noch nicht vollendet hat oder wegen einer vor Vollendung des 25. Lebensjahres eingetretenen körperlichen, geistigen oder seelischen Behinderung außerstande ist, sich selbst zu unterhalten, höchstens 4000 Euro je Kind, wenn der Steuerpflichtige sich in Ausbildung befindet, körperlich, geistig oder seelisch behindert oder krank ist. [2]Erwachsen die Aufwendungen wegen Krankheit des Steuerpflichtigen, muss die Krankheit innerhalb eines zusammenhängenden Zeitraums von mindestens drei Monaten bestanden haben, es sei denn, der Krankheitsfall tritt unmittelbar im Anschluss an eine Erwerbstätigkeit oder Ausbildung ein. [3]Bei zusammenlebenden Eltern ist Satz 1 nur dann anzuwenden, wenn bei beiden Elternteilen die Voraussetzungen nach Satz 1 vorliegen oder ein Elternteil erwerbstätig ist und der andere Elternteil sich in Ausbildung befindet, körperlich, geistig oder seelisch behindert oder krank ist. [4]Satz 1 gilt nicht für Aufwendungen für Unterricht, die Vermittlung besonderer Fähigkeiten sowie für sportliche und andere Freizeitbetätigungen. [5]Ist das zu betreuende Kind nicht nach § 1 Abs. 1 oder Abs. 2 unbeschränkt einkommensteuerpflichtig, ist der in Satz 1 genannte Betrag zu kürzen, soweit es nach den Verhältnissen im Wohnsitzstaat des Kindes notwendig und angemessen ist. [6]Voraussetzung für den Abzug nach Satz 1 ist, dass der Steuerpflichtige ***für*** die Aufwendungen ***eine*** Rechnung ***erhalten hat*** und die Zahlung auf das Konto des Erbringers der Leistung ***erfolgt ist.*** S 2221b [1)] [2)] [3)]

9. 30 vom Hundert des Entgelts, ***höchstens 5000 Euro,*** das der Steuerpflichtige für ein Kind, für das er Anspruch auf einen Freibetrag nach § 32 Abs. 6 oder auf Kindergeld hat, für den ***dessen*** Besuch einer ***Schule in freier Trägerschaft oder einer überwiegend privat finanzierten Schule*** entrichtet mit Ausnahme des Entgelts für Beherbergung, Betreuung und Verpflegung. ***[2]Voraussetzung ist, dass die Schule in einem Mitgliedstaat der Europäischen Union oder in einem Staat belegen ist, auf den das Abkommen über den Europäischen Wirtschaftsraum Anwendung findet, und die Schule zu einem von dem zuständigen inländischen Ministerium eines Landes, von der Kultusministerkonferenz der Länder oder von einer inländischen Zeugnisanerkennungsstelle anerkannten oder einem inländischen Abschluss an einer öffentlichen Schule als gleichwertig anerkannten allgemein bildenden oder berufsbildenden Schul-, Jahrgangs- oder Berufsabschluss führt. [3]Der Besuch einer anderen Einrichtung, die auf einen Schul-, Jahrgangs- oder Berufsabschluss im Sinne des Satzes 2 ordnungsgemäß vorbereitet, steht einem Schulbesuch im Sinne des Satzes 1 gleich. [4]Der Besuch einer Deutschen Schule im Ausland steht dem Besuch einer solchen Schule gleich, unabhängig von ihrer Belegenheit. [5]Der Höchstbetrag nach Satz 1 wird für jedes Kind, bei dem die Voraussetzungen vorliegen, je Elternpaar nur einmal gewährt.*** [4)]

(2) Voraussetzung für den Abzug der in Absatz 1 Nr. 2 und 3 bezeichneten Beträge (Vorsorgeaufwendungen) ist, dass sie

1. nicht in unmittelbarem wirtschaftlichem Zusammenhang mit steuerfreien Einnahmen stehen,
2. a) an Versicherungsunternehmen, die ihren Sitz oder ihre Geschäftsleitung in einem Mitgliedstaat der Europäischen Gemeinschaft oder einem anderen Vertragsstaat des Europäischen Wirtschaftsraums haben und das Versicherungsgeschäft im Inland betreiben dürfen, und Versicherungsunternehmen, denen die Erlaubnis zum Geschäftsbetrieb im Inland erteilt ist,

   b) an berufsständische Versorgungseinrichtungen,

---

1) ***Absatz 1 Nr. 8 wurde durch das FamLeistG ab VZ 2009 aufgehoben.***

2) In Absatz 1 Nr. 8 Satz 1 wurden durch das Steueränderungsgesetz 2007 ab VZ 2007 die Wörter „vor Vollendung des 27. Lebensjahres" durch die Wörter „vor Vollendung des 25. Lebensjahres" ersetzt. Absatz 1 Nr. 8 i. d. F. des Steueränderungsgesetzes 2007 ist erstmals für Kinder anzuwenden, die im VZ 2007 wegen einer vor Vollendung des 25. Lebensjahres eingetretenen körperlichen, geistigen oder seelischen Behinderung außerstande sind, sich selbst zu unterhalten; für Kinder, die wegen einer vor dem 1. 1. 2007 in der Zeit ab Vollendung des 25. Lebensjahres und vor Vollendung des 27. Lebensjahres eingetretenen körperlichen, geistigen oder seelischen Behinderung außerstande sind, sich selbst zu unterhalten, ist Absatz 1 Nr. 8 weiterhin in der bis zum 31. 12. 2006 gültigen Fassung anzuwenden → § 52 Abs. 24 Satz 2 EStG.

3) ***Absatz 1 Nr. 8 Satz 6 wurde durch das JStG 2008 ab VZ 2008 geändert.***

4) ***Absatz 1 Nr. 9 wurde durch das JStG 2009 ab VZ 2008 neu gefasst (→ § 52 Abs. 24b Satz 1 EStG). Für noch nicht bestandskräftige Steuerfestsetzungen der VZ vor 2008 → § 52 Abs. 24 Satz 2 ff. EStG.***

c) an einen Sozialversicherungsträger oder

d) an einen Anbieter im Sinne des § 80.

[1] geleistet werden.

[2] [3] (3) [1]Vorsorgeaufwendungen nach Absatz 1 Nr. 2 Satz 2 sind bis zu 20000 Euro zu berücksichtigen. [2]Bei zusammenveranlagten Ehegatten verdoppelt sich der Höchstbetrag. [3]Der Höchstbetrag nach Satz 1 oder 2 ist bei Steuerpflichtigen, die

1. *zum Personenkreis des § 10c Abs. 3 Nr. 1 und 2 gehören, oder*

2. *Einkünfte im Sinne des § 22 Nr. 4 erzielen und die ganz oder teilweise ohne eigene Beitragsleistungen einen Anspruch auf Altersversorgung erwerben,*

um den Betrag zu kürzen, der, bezogen auf die Einnahmen aus der Tätigkeit, die die Zugehörigkeit zum genannten Personenkreis begründen, dem Gesamtbeitrag (Arbeitgeber- und Arbeitnehmeranteil) zur allgemeinen Rentenversicherung entspricht. [4]Im Kalenderjahr 2005 sind 60 Prozent der nach den Sätzen 1 bis 3 ermittelten Vorsorgeaufwendungen anzusetzen. [5]Der sich danach ergebende Betrag, vermindert um den nach § 3 Nr. 62 steuerfreien Arbeitgeberanteil zur gesetzlichen Rentenversicherung und einen diesem gleichgestellten steuerfreien Zuschuss des Arbeitgebers, ist als Sonderausgabe abziehbar. [6]Der Prozentsatz in Satz 4 erhöht sich in den folgenden Kalenderjahren bis zum Kalenderjahr 2025 um je 2 Prozentpunkte je Kalenderjahr. [7]*Beiträge nach § 168 Abs. 1 Nr. 1b oder 1c oder nach § 172 Abs. 3 oder 3a des Sechsten Buches Sozialgesetzbuch vermindern den abzieh-*

---

1) *Durch das JStG 2009 wurden die neuen Sätze 2 bis 10 ab VZ 2010 eingefügt.*

Anm.: Die neuen Sätze 2 bis 10 lauten:

Für nach dem 31. Dezember 2009 beginnende Veranlagungszeiträume ist für die Berücksichtigung von Beiträgen im Sinne des Absatzes 1 Nr. 2 Buchstabe b Voraussetzung, dass

1. die Beiträge zugunsten eines Vertrages geleistet wurden, der nach § 5a des Altersvorsorgeverträge-Zertifizierungsgesetzes zertifiziert ist; die Zertifizierung ist Grundlagenbescheid im Sinne des § 171 Abs. 10 der Abgabenordnung,
2. der Steuerpflichtige spätestens bis zum Ablauf des Kalenderjahres, das auf das Beitragsjahr folgt, gegenüber dem Anbieter schriftlich darin eingewilligt hat, dass dieser die im jeweiligen Beitragsjahr zu berücksichtigenden Beiträge unter Angabe der Identifikationsnummer (§ 139b der Abgabenordnung) und der Vertragsdaten an die zentrale Stelle übermittelt. Die Einwilligung gilt auch für folgende Beitragsjahre, es sei denn, der Steuerpflichtige widerruft die Einwilligungserklärung schriftlich gegenüber dem Anbieter; die Einwilligung ist vor Beginn des Kalenderjahres, für das sie erstmals nicht mehr gelten soll, zu widerrufen.

Der Anbieter hat die Daten nach Satz 2 Nr. 2, wenn die Einwilligung des Steuerpflichtigen vorliegt, nach amtlich vorgeschriebenem Datensatz durch Datenfernübertragung an die zentrale Stelle zu übermitteln. Die Übermittlung erfolgt unter Angabe der Vertragsdaten, der Zertifizierungsnummer, des Datums der Einwilligung und der Identifikationsnummer (§ 139b der Abgabenordnung). § 22a Abs. 2 gilt entsprechend. Der Anbieter hat die Daten nach Ablauf des Beitragsjahres bis zum 28. Februar des dem Beitragsjahr folgenden Kalenderjahres zu übermitteln. Wird die Einwilligung nach Ablauf des Beitragsjahres, jedoch innerhalb der in Satz 2 Nr. 2 genannten Frist abgegeben, hat er die Daten bis zum Ende des folgenden Kalendervierteljahres zu übermitteln. Stellt der Anbieter fest, dass die an die zentrale Stelle übermittelten Daten unzutreffend sind oder der zentralen Stelle ein Datensatz übermittelt wurde, obwohl die Voraussetzungen hierfür nicht vorlagen, hat er dies unverzüglich durch Übermittlung eines entsprechenden Datensatzes durch Datenfernübertragung an die zentrale Stelle zu korrigieren. Sind die übermittelten Daten nach Satz 2 Nr. 2 unzutreffend und werden sie daher nach Bekanntgabe des Steuerbescheids vom Anbieter aufgehoben oder korrigiert, kann der Steuerbescheid insoweit geändert werden. Werden die Daten innerhalb der Frist nach Satz 2 Nr. 2 und erstmalig nach Bekanntgabe des Steuerbescheids übermittelt, kann der Steuerbescheid ebenfalls insoweit geändert werden.

2) § 10 Abs. 3 EStG in der für das Kalenderjahr 2004 geltenden Fassung hat folgenden Wortlaut:

„(3) Für Vorsorgeaufwendungen gelten je Kalenderjahr folgende Höchstbeträge:

1. ein Grundhöchstbetrag von 1334 Euro,
im Fall der Zusammenveranlagung von Ehegatten von 2668 Euro;
2. ein Vorwegabzug von 3068 Euro,
im Fall der Zusammenveranlagung von Ehegatten von 6136 Euro.
[2]Diese Beträge sind zu kürzen um 16 vom Hundert der Summe der Einnahmen
a) aus nichtselbständiger Arbeit im Sinne des § 19 ohne Versorgungsbezüge im Sinne des § 19 Abs. 2, wenn für die Zukunftssicherung des Steuerpflichtigen Leistungen im Sinne des § 3 Nr. 62 erbracht werden oder der Steuerpflichtige zum Personenkreis des § 10c Abs. 3 Nr. 1 oder 2 gehört, und
b) aus der Ausübung eines Mandats im Sinne des § 22 Nr. 4;
3. für Beiträge nach Absatz 1 Nr. 2 Buchstabe c ein zusätzlicher Höchstbetrag von 184 Euro für Steuerpflichtige, die nach dem 31. Dezember 1957 geboren sind;
4. Vorsorgeaufwendungen, die die nach den Nummern 1 bis 3 abziehbaren Beträge übersteigen, können zur Hälfte, höchstens bis zu 50 vom Hundert des Grundhöchstbetrags abgezogen werden (hälftiger Höchstbetrag)."

3) ***Absatz 3 Satz 3 wurde durch das JStG 2008 ab VZ 2008 geändert.***

baren Betrag nach Satz 5 nur, wenn der Steuerpflichtige die Hinzurechnung dieser Beiträge zu den Vorsorgeaufwendungen nach § 10 Abs. 1 Nr. 2 Satz 3 beantragt hat. [1]

(4) [1]Vorsorgeaufwendungen im Sinne des Absatzes 1 Nr. 3 können je Kalenderjahr bis 2400 Euro abgezogen werden. [2]Der Höchstbetrag beträgt 1500 Euro bei Steuerpflichtigen, die ganz oder teilweise ohne eigene Aufwendungen einen Anspruch auf vollständige oder teilweise Erstattung oder Übernahme von Krankheitskosten haben oder für deren Krankenversicherung Leistungen im Sinne des *§ 3 Nr. 9, 14, 57 oder 62* erbracht werden. [3]Bei zusammenveranlagten Ehegatten bestimmt sich der gemeinsame Höchstbetrag aus der Summe der jedem Ehegatten unter den Voraussetzungen der Sätze 1 und 2 zustehenden Höchstbeträge. [2]

(4a) [1]Ist in den Kalenderjahren 2005 bis 2019 der Abzug der Vorsorgeaufwendungen nach Absatz 1 Nr. 2 Buchstabe a und Nr. 3 in der für das Kalenderjahr 2004 geltenden Fassung des § 10 Abs. 3 mit folgenden Höchstbeträgen für den Vorwegabzug

Kalenderjahr	Vorwegabzug für den Steuerpflichtigen	Vorwegabzug im Falle der Zusammenveranlagung von Ehegatten
2005	3 068	6 136
2006	3 068	6 136
2007	3 068	6 136
2008	3 068	6 136
2009	3 068	6 136
2010	3 068	6 136
2011	2 700	5 400
2012	2 400	4 800
2013	2 100	4 200
2014	1 800	3 600
2015	1 500	3 000
2016	1 200	2 400
2017	900	1 800
2018	600	1 200
2019	300	600

zuzüglich des Erhöhungsbetrags nach Satz 3 günstiger, ist der sich danach ergebende Betrag anstelle des Abzugs nach Absatz 3 und 4 anzusetzen. [2]Mindestens ist bei Anwendung des Satzes 1 der Betrag anzusetzen, der sich ergeben würde, wenn zusätzlich noch die Vorsorgeaufwendungen nach Absatz 1 Nr. 2 Buchstabe b in die Günstigerprüfung einbezogen werden würden; der Erhöhungsbetrag nach Satz 3 ist nicht hinzuzurechnen. [3]Erhöhungsbetrag sind die Beiträge nach Absatz 1 Nr. 2 Buchstabe b, soweit sie nicht den um die Beiträge nach Absatz 1 Nr. 2 Buchstabe a und den nach § 3 Nr. 62 steuerfreien Arbeitgeberanteil zur gesetzlichen Rentenversicherung und einen diesem gleichgestellten steuerfreien Zuschuss verminderten Höchstbetrag nach Absatz 3 Satz 1 bis 3 überschreiten; Absatz 3 Satz 4 und 6 gilt entsprechend.

(5) Nach Maßgabe einer Rechtsverordnung ist eine Nachversteuerung durchzuführen bei Versicherungen im Sinne des Absatzes 1 Nr. 3 Buchstabe b, wenn die Voraussetzungen für den Sonderausgabenabzug nach Absatz 2 Satz 2 in der am 31. Dezember 2004 geltenden Fassung nicht erfüllt sind.

---

§ 29 Anzeigepflichten bei Versicherungsverträgen

EStDV
S 2220

[1]Bei Versicherungen, deren Laufzeit vor dem 1. Januar 2005 begonnen hat, hat der Sicherungsnehmer nach amtlich vorgeschriebenem Muster dem für die Veranlagung des Versicherungsnehmers nach dem Einkommen zuständigen Finanzamt, bei einem Versicherungsnehmer, der im Inland weder einen Wohnsitz noch seinen gewöhnlichen Aufenthalt hat, dem für die Veranlagung des Sicherungsnehmers zuständigen Finanzamt (§§ 19, 20 der Abgabenordnung) unverzüglich die Fälle anzuzeigen, in denen Ansprüche aus Versicherungsverträgen zur Tilgung oder Sicherung von Darlehen eingesetzt werden. [2]Satz 1 gilt entsprechend für das Versicherungsunterneh-

1) ***Absatz 3 Satz 7 wurde durch das JStG 2008 ab VZ 2008 angefügt.***
2) ***Absatz 4 Satz 2 wurde durch das JStG 2007 ab VZ 2008 geändert. Satz 2 wurde außerdem durch das Kinderförderungsgesetz (Inkrafttreten am 16. 12. 2008) geändert.***

men, wenn der Sicherungsnehmer Wohnsitz, Sitz oder Geschäftsleitung im Ausland hat. [3]Werden Ansprüche aus Versicherungsverträgen von Personen, die im Inland einen Wohnsitz oder ihren gewöhnlichen Aufenthalt haben (§ 1 Abs. 1 des Gesetzes), zur Tilgung oder Sicherung von Darlehen eingesetzt, sind die Sätze 1 und 2 nur anzuwenden, wenn die Darlehen den Betrag von 25565 Euro übersteigen. [4]Der Steuerpflichtige hat dem für seine Veranlagung zuständigen Finanzamt (§ 19 der Abgabenordnung) die Abtretung und die Beleihung unverzüglich anzuzeigen.

EStDV
S 2220

§ 30 Nachversteuerung bei Versicherungsverträgen

[1]Eine Nachversteuerung ist durchzuführen, wenn der Sonderausgabenabzug von Beiträgen nach § 10 Abs. 1 Nr. 3 Buchstabe b des Gesetzes zu versagen ist. [2]Zu diesem Zweck ist die Steuer zu berechnen, die festzusetzen gewesen wäre, wenn der Steuerpflichtige die Beiträge nicht geleistet hätte. [3]Der Unterschied zwischen dieser und der festgesetzten Steuer ist als Nachsteuer zu erheben.

EStDV

§§ 31 bis 44

– weggefallen –

R 10.1

10.1. Sonderausgaben (Allgemeines)

S 2220 Bei Ehegatten, die nach § 26b EStG zusammen zur Einkommensteuer veranlagt werden, kommt es für den Abzug von Sonderausgaben nicht darauf an, ob sie der Ehemann oder die Ehefrau geleistet hat.

H 10.1

Hinweise

Abzugsberechtigte Person

- Es können nur Aufwendungen abgezogen werden, die auf einer eigenen Verpflichtung des Stpfl. beruhen (→ BFH vom 8. 3. 1995 – BStBl II S. 637).
- ***Bei den Sonderausgaben kommt der Abzug von Aufwendungen eines Dritten auch unter dem Gesichtspunkt der Abkürzung des Vertragswegs nicht in Betracht (→ BMF vom 7. 7. 2008 – BStBl I S. 717).***

Abzugshöhe/Abzugszeitpunkt

- Sonderausgaben sind in dem VZ abziehbar, in dem sie geleistet worden sind (§ 11 Abs. 2 EStG). Dies gilt auch, wenn sie der Stpfl. mit Darlehensmitteln bestritten hat (→ BFH vom 15. 3. 1974 – BStBl II S. 513). Sie dürfen nur dann bei der Ermittlung des Einkommens abgezogen werden, wenn der Stpfl. tatsächlich und endgültig wirtschaftlich belastet ist. Steht im Zeitpunkt der Zahlung, ggf. auch im Zeitpunkt der Erstattung noch nicht fest, ob der Stpfl. durch die Zahlung endgültig wirtschaftlich belastet bleibt (z. B. bei Kirchensteuer im Falle der Aufhebung der Vollziehung), sind sie im Jahr des Abflusses abziehbar (→ BFH vom 24. 4. 2002 – BStBl II S. 569).
- → BMF vom 11. 7. 2002 (BStBl I S. 667):

  Werden gezahlte Sonderausgaben in einem späteren VZ an den Stpfl. erstattet, ist der Erstattungsbetrag aus Gründen der Praktikabilität im Erstattungsjahr mit gleichartigen Sonderausgaben zu verrechnen mit der Folge, dass die abziehbaren Sonderausgaben des Erstattungsjahres entsprechend gemindert werden. Ist im Jahr der Erstattung der Sonderausgaben an den Stpfl. ein Ausgleich mit gleichartigen Aufwendungen nicht oder nicht in voller Höhe möglich, so ist der Sonderausgabenabzug des Jahres der Verausgabung insoweit um die nachträgliche Erstattung zu mindern; ein bereits bestandskräftiger Bescheid ist nach § 175 Abs. 1 Satz 1 Nr. 2 AO zu ändern (BFH vom 7. 7. 2004 – BStBl II S. 1058).

  → auch: OFD Frankfurt vom 6. 7. 2005 (DStZ 2005, S. 684).
- Kirchensteuer → H 10.7 (Willkürliche Zahlungen).

Zukunftssicherungsleistungen

Beiträge des Arbeitgebers für die Zukunftssicherung des Arbeitnehmers können als Sonderausgaben des Arbeitnehmers abgezogen werden, es sei denn, dass der Arbeitgeber die Lohnsteuer für diese Beiträge pauschal berechnet und übernommen hat (→ BFH vom 28. 3. 1958 – BStBl III S. 266 und 267).

10.2. Unterhaltsleistungen an den geschiedenen oder dauernd getrennt lebenden Ehegatten R 10.2

(1) Der Antrag nach § 10 Abs. 1 Nr. 1 EStG kann auf einen Teilbetrag der Unterhaltsleistungen beschränkt werden. S 2221a

(2) Die Zustimmung wirkt auch dann bis auf Widerruf, wenn sie im Rahmen eines Vergleichs erteilt wird.

(3) Leistet jemand Unterhalt an mehrere Empfänger, sind die Unterhaltsleistungen an jeden bis ***zum Höchstbetrag*** abziehbar.

Hinweise H 10.2

Allgemeines

- Durch Antrag und Zustimmung werden alle in dem betreffenden VZ geleisteten Unterhaltsaufwendungen zu Sonderausgaben umqualifiziert. Für den Abzug ist es unerheblich, ob es sich um einmalige oder laufende Leistungen bzw. Nachzahlungen oder Vorauszahlungen handelt. Ein Abzug als außergewöhnliche Belastung ist nicht möglich, auch nicht, soweit sie den für das Realsplitting geltenden Höchstbetrag übersteigen (→ BFH vom 7. 11. 2000 – BStBl 2001 II S. 338).
- Antrag und Zustimmung zum begrenzten Realsplitting können nicht – auch nicht übereinstimmend – zurückgenommen oder nachträglich beschränkt werden (→ BFH vom 22. 9. 1999 – BStBl 2000 II S. 218).
- Ein Einkommensteuerbescheid ist nach § 175 Abs. 1 Satz 1 Nr. 2 AO zu ändern, wenn nach Eintritt der Bestandskraft
  - sowohl die Zustimmung erteilt als auch der Antrag nach § 10 Abs. 1 Nr. 1 Satz 1 EStG gestellt werden (→ BFH vom 12. 7. 1989 – BStBl II S. 957) oder
  - der Antrag i. V. m. einer nachträglichen Zustimmungserweiterung ausgedehnt wird (→ BFH vom 28. 6. 2006 – BStBl 2007 II S. 5).
- Die Reduzierung des in der Anlage U zugestimmten Betrages durch den Unterhaltsgeber mit korrespondierender Auswirkung beim Unterhaltsempfänger für einen folgenden VZ ist möglich.

  Der Antrag auf Sonderausgabenabzug ist für jedes Kalenderjahr neu zu stellen. Ein derartiger, mit (vorheriger oder nachträglicher) Zustimmung des Empfängers gestellter Antrag ändert den Rechtscharakter der Ausgaben und bewirkt die Steuerpflicht der Unterhaltleistungen beim Empfänger gem. § 22 Nr. 1a EStG. Diese grundsätzliche Dispositionsfreiheit wird dem Unterhaltsgeber durch die auf Dauer angelegte Zustimmung nicht genommen. Der Geber kann für jedes Kalenderjahr entscheiden, ob er die Unterhaltszahlungen als Sonderausgaben abziehen möchte und wenn ja, in welcher Höhe er dies tun möchte. Dass er die Unterhaltsleistungen bis zur Höhe des in der Zustimmungserklärung enthaltenen Betrags als Sonderausgaben geltend machen könnte, reicht als Besteuerungsgrund i. S. d. § 22 Nr. 1a EStG beim Unterhaltsempfänger aber noch nicht aus. Vielmehr löst erst der für den jeweiligen VZ gestellte Antrag dem Grunde und auch der Höhe nach die Umwandlung von einer nicht steuerbaren in eine steuerbare Unterhaltsleistung aus. Die Wirkung der Zustimmung kann nicht losgelöst vom Antrag des Gebers eintreten.

  Ist jedoch ein Antrag nach § 10 Abs. 1 Nr. 1 EStG für einen Veranlagungszeitraum gestellt worden, kommt es für die Besteuerung beim Unterhaltsempfänger nicht darauf an, ob sich die vom Unterhaltsgeber geltend gemachten Unterhaltsleistungen bei ihm auch tatsächlich steuermindernd auswirken.

  Beispiel:

  Der Unterhaltsgeber füllte für den VZ 01 eine Anlage U aus, durch welche er die Anerkennung von Unterhaltsleistungen in Höhe von 10 000 € als Sonderausgaben beantragte. Tatsächlich hatte er aber 12 000 € gezahlt. Die Unterhaltsempfängerin stimmte dem Antrag des Unterhaltsgebers zu. Für den VZ 01 wurden vom Finanzamt 10 000 € als Sonderausgaben anerkannt.

Für den VZ 02 legte der Unterhaltsgeber seiner ESt-Erklärung die Anlage U bei und beantragte die Anerkennung von nur 6 000 € Unterhaltszahlungen als Sonderausgaben, obwohl die Zustimmung zum Abzug von 10 000 € nicht widerrufen war, und er wiederum tatsächlich 12 000 € gezahlt hatte. Im Abschnitt B „Zustimmung zum Antrag A" kreuzte er an, dass die Zustimmung des Unterhaltsempfängers vom VZ 01 dem Finanzamt bereits vorliegt.

Obwohl der Unterhaltsgeber 10 000 € Unterhaltsleistungen als Sonderausgaben geltend machen könnte, muss die Empfängerin nur 6 000 € Unterhaltsleistungen versteuern, weil der Geber seinen für den VZ 02 erstmaligen Sonderausgabenabzug auf 6 000 € beschränkt hat.

→ OFD Koblenz vom 30. 7. 2007, S 2221a, S 2255 A – St 32 1 (DB 2007 S. 1949)

Erbe

Unterhaltsleistungen, die der Erbe nach § 1586b BGB an den geschiedenen Ehegatten des Erblassers zu erbringen hat, sind nicht als Sonderausgaben abzugsfähig (→ BFH vom 12. 11. 1997 – BStBl 1998 II S. 148).

Nicht unbeschränkt steuerpflichtiger Empfänger

Ist der Empfänger nicht unbeschränkt steuerpflichtig, kann ein Abzug der Unterhaltsleistungen bei Vorliegen der Voraussetzungen des § 1a Abs. 1 Nr. 1 EStG oder auf Grund eines DBA in Betracht kommen. Entsprechende Regelungen gibt es z. B. in den DBA mit Dänemark (BStBl 1996 I S. 1219, 1225), Kanada (BStBl 2002 I S. 505, 521) und den USA (BStBl 1991 I S. 94, 108, ***BGBl. 2006 II S. 1184***) sowie in der mit der Schweiz getroffenen Verständigungsvereinbarung (→ BMF vom 5. 11. 1998 – BStBl I S. 1392).

Rechtsanwaltskosten

Rechtsanwaltskosten, die ein Stpfl. aufwendet, um die Zustimmung seines geschiedenen oder dauernd getrennt lebenden unbeschränkt steuerpflichtigen Ehegatten zum begrenzten Realsplitting zu erlangen, sind keine Unterhaltsleistungen (→ BFH vom 10. 3. 1999 – BStBl II S. 522).

Unterhaltsleistungen

Es ist unerheblich, ob die Unterhaltsleistungen freiwillig oder auf Grund gesetzlicher Unterhaltspflicht erbracht werden. Auch als Unterhalt erbrachte Sachleistungen sind zu berücksichtigen (→ BFH vom 12. 4. 2000 – BStBl 2002 II S. 130).

Nach den Regelungen des § 11 Abs. 2 EStG kann ein Stpfl. dann, wenn das **Sozialamt** für ihn die geschuldeten Unterhaltsleistungen **in Vorleistung erbringt**, den Sonderausgabenabzug erst in dem VZ geltend machen, in dem er seinerseits den auf das Sozialamt übergegangenen Anspruch erfüllt (→ FG Saarland vom 18. 12. 1996 – EFG 1997 S. 657).

Wohnungsüberlassung

Bei unentgeltlicher Wohnraumüberlassung kann der Mietwert als Sonderausgabe abgezogen werden. Befindet sich die überlassene Wohnung im Miteigentum des geschiedenen oder dauernd getrennt lebenden Ehegatten, kann der überlassende Ehegatte neben dem Mietwert seines Miteigentumsanteils auch die von ihm auf Grund der Unterhaltsvereinbarung getragenen verbrauchsunabhängigen Kosten für den Miteigentumsanteil des anderen Ehegatten als Sonderausgabe abziehen (→ BFH vom 12. 4. 2000 – BStBl 2002 II S. 130).

Zur Wohnungsüberlassung an den geschiedenen oder dauernd getrennt lebenden Ehegatten bei Abschluss eines Mietvertrages → H 21.4 (Vermietung an Unterhaltsberechtigte).

Zustimmung

- Die Finanzbehörden sind nicht verpflichtet zu prüfen, ob die Verweigerung der Zustimmung rechtsmissbräuchlich ist (→ BFH vom 25. 7. 1990 – BStBl II S. 1022).
- Im Fall der rechtskräftigen Verurteilung zur Erteilung der Zustimmung (§ 894 Abs. 1 ZPO; → BFH vom 25. 10. 1988 – BStBl 1989 II S. 192) wirkt sie nur für das Kalenderjahr, das Gegenstand des Rechtsstreits war.
- Stimmt der geschiedene oder dauernd getrennt lebende Ehegatte dem der Höhe nach beschränkten Antrag auf Abzug der Unterhaltszahlungen als Sonderausgaben zu, beinhaltet

dies keine der Höhe nach unbeschränkte Zustimmung für die Folgejahre (→ BFH vom 14. 4. 2005 – BStBl II S. 825).

- Der **Widerruf** der Zustimmung muss vor Beginn des Kalenderjahrs, für den er wirksam werden soll, erklärt werden. Er ist gegenüber dem Wohnsitzfinanzamt sowohl des Unterhaltsleistenden als auch des Unterhaltsempfängers möglich. Wird er gegenüber dem Wohnsitzfinanzamt des Unterhaltsempfängers erklärt, ist das Wissen dieser Behörde für die Änderungsbefugnis nach § 173 Abs. 1 Nr. 1 AO des für die Veranlagung des Unterhaltsleistenden zuständigen Finanzamtes ohne Bedeutung (→ BFH vom 2. 7. 2003 – BStBl II S. 803).

Zustimmungserklärung (Anlage U)

- Zur Frage einer Zustimmungserklärung in Form einer blanko unterzeichneten Anlage U für den Sonderausgabenabzug gem. § 10 Abs. 1 Nr. 1 EStG → BFH vom 12. 12. 2007 – XI R 36/05 (→ BFH-Internetseite).

10.3. Renten und dauernde Lasten, *Versorgungsleistungen*

R 10.3

S 2221

(1) Renten und → dauernde Lasten, die mit steuerbefreiten Einkünften, z. B. auf Grund eines DBA, in wirtschaftlichem Zusammenhang stehen, können nicht als Sonderausgaben abgezogen werden.

(2) [1]Renten und dauernde Lasten, die freiwillig oder auf Grund einer freiwillig begründeten Rechtspflicht geleistet werden, sind grundsätzlich nicht als Sonderausgaben abziehbar. [2]Das gilt auch für Zuwendungen an eine gegenüber dem Stpfl. oder seinem Ehegatten gesetzlich unterhaltsberechtigte Person oder an deren Ehegatten (§ 12 Nr. 2 EStG).

Hinweise

H 10.3

Ablösung eines Nießbrauchs oder eines anderen Nutzungsrechts

→ BMF vom 16. 9. 2004 (BStBl I S. 922), Rz. 11 und 18, und vom 24. 7. 1998 (BStBl I S. 914), Tz. 55–67. Anhang 8 Anhang 19

Altenteilsleistung

Der Wert unbarer Altenteilsleistungen ist nach § 1 Abs. 1 der SvEV vom 21. 12. 2006 (BGBl. I S. 3385) in der für den jeweiligen VZ geltenden Fassung zu schätzen (→ BFH vom 18. 12. 1990 – BStBl 1991 II S. 354).

Betriebsübergabe

- Der Übernehmer der Wirtschaftseinheit muss kein potentieller gesetzlicher Erbe sein. Eine Vermögensübergabe gegen steuerrechtlich privilegierte private Versorgungsleistungen ist auch unter Fremden möglich.
- Eine Vermögensübergabe gegen Versorgungsleistungen setzt nicht voraus, dass der Übernehmer des Vermögens einer anderen Generation als der Vermögensübergeber angehört. Die Zugehörigkeit zum Generationsnachfolge-Verbund ist nur erforderlich, wenn andere Personen als der Vermögensübergeber Empfänger der Versorgungsleistungen sind.

→ BFH vom 16. 5. 2001 (→ BFH/NV 2001 S. 1388).

Erbbauzinsen

Erbbauzinsen, die im Zusammenhang mit der Selbstnutzung einer Wohnung im eigenen Haus anfallen, können nicht als dauernde Last abgezogen werden (→ BFH vom 24. 10. 1990 – BStBl 1991 II S. 175).

Rückforderungsanspruch des Schenkers wegen Verarmung

Aufwendungen eines mit einem vermieteten Grundstück Beschenkten, die auf Grund eines Rückforderungsanspruchs des Schenkers wegen Verarmung gem. § 528 Abs. 1 BGB geleistet werden, sind weder als Sonderausgaben gem. § 10 Abs. 1 Nr. 1a EStG noch als Werbungskosten bei den Einkünften aus Vermietung und Verpachtung gem. § 9 Abs. 1 Satz 1 EStG abziehbar (→ BFH vom 19. 12. 2000 – BStBl 2001 II S. 342).

Schuldzinsen

Schuldzinsen zur Finanzierung von als Sonderausgaben abziehbaren privaten Versorgungsleistungen sind nicht als ***Versorgungsleistungen*** abziehbar (→ BFH vom 14. 11. 2001 – BStBl 2002 II S. 413).

Vermögensübergabe gegen Versorgungsleistungen

Anhang 8 → BMF vom 16. 9. 2004 (BStBl I S. 922).

Versorgungsausgleich

Zur Behandlung von Aufwendungen im Rahmen des ehelichen Versorgungsausgleichs als dauernde Last → BMF vom 20. 7. 1981 (BStBl I S. 567).

Zur gesetzlichen Neuregelung durch das JStG 2008 (§ 10 Abs. 1 Nr. 1b EStG) → OFD Frankfurt vom 3. 6. 2008 – S 2221a A – St 218, u. a. mit folgendem Beispiel:

> A erhält eine Leibrente in Höhe von 12 000 € jährlich, die gem. § 22 Nr. 1 Satz 3 Buchst. a Doppelbuchstabe bb EStG mit einem Ertragsanteil von 20 % besteuert wird. A zahlt eine Ausgleichsrente an B in Höhe von 2 000 € jährlich.
>
> A kann 20 % von 2 000 € = 400 € gem. § 10 Abs. 1 Nr. 1b EStG als Sonderausgaben abziehen; B muss diesen Betrag nach § 22 Nr. 1c EStG versteuern.
>
> Würde es sich bei den Altersbezügen des A dagegen um eine nach § 19 EStG steuerpflichtige Betriebsrente handeln, wäre bei A und B jeweils der volle Betrag von 2 000 € anzusetzen.

Vorweggenommene Erbfolge

Anhang 8 Zur ertragsteuerlichen Behandlung der vorweggenommenen Erbfolge → BMF vom 13. 1. 1993 (BStBl I S. 80) unter Berücksichtigung der Änderungen durch BMF vom 26. 2. 2007 (BStBl I S. 269).

R 10.4

10.4. Vorsorgeaufwendungen (Allgemeines)

S 2221 – unbesetzt –

H 10.4

Hinweise

Alterseinkünftegesetz

Anhang 1 Zum Sonderausgabenabzug für Beiträge nach § 10 Abs. 1 Nr. 2 und 3 EStG → BMF vom 30. 1. 2008 (BStBl I S. 390), Rz. 1–67.

Ausländische Versicherungsunternehmen

Verzeichnis der ausländischen Versicherungsunternehmen, denen die Erlaubnis zum Betrieb eines nach § 10 Abs. 1 Nr. 2 EStG begünstigten Versicherungszweigs im Inland erteilt ist, → Anhang 19a Handausgabe 2004.

Berufsständische Versorgungseinrichtungen

Liste der berufsständischen Versorgungseinrichtungen, die den gesetzlichen Rentenversicherungen vergleichbare Leistungen i. S. d. § 10 Abs. 1 Nr. 2 Buchstabe a EStG erbringen → BMF vom 7. 2. 2007 (BStBl I S. 262).

Höchstbeträge

- Die Frage, ob der Stpfl. ganz oder teilweise ohne eigene Beitragsleistungen einen Anspruch auf Altersversorgung erworben hat, ist sowohl für die Kürzung des Vorwegabzugs im Rahmen der Günstigerprüfung (§ 10 Abs. 4a EStG) als auch für die Kürzung des Höchstbetrags nach § 10 Abs. 3 Satz 3 EStG von Bedeutung. Entsprechendes gilt für § 10 Abs. 4 EStG.

  → H 10.11 (Bemessungsgrundlage für die Kürzung des Vorwegabzugs) und (Höchstbetrag nach § 10 Abs. 3 EStG)

- Der Höchstbetrag nach § 10 Abs. 4 EStG ist nicht zu kürzen, wenn der Arbeitgeber zwar Beiträge zur Arbeitslosenversicherung abführt, der Anspruch auf Arbeitslosengeld aber ruht (→ BFH vom 6. 3. 2003 – BStBl 2004 II S. 6).

Nichtabziehbare Vorsorgeaufwendungen

Vorsorgeaufwendungen, die mit steuerfreien Einnahmen in unmittelbarem wirtschaftlichen Zusammenhang stehen, sind nicht abziehbar.

Beispiele:

1. Gesetzliche Arbeitnehmeranteile zur Sozialversicherung, die auf steuerfreien Arbeitslohn entfallen (→ BFH vom 27. 3. 1981 – BStBl II S. 530), z. B. auf Grund einer Freistellung nach einem DBA oder dem Auslandstätigkeitserlass vom 31. 10. 1983 (BStBl I S. 470);
2. Aufwendungen aus Mitteln, die nach ihrer Zweckbestimmung zur Leistung der Vorsorgeaufwendungen dienen, wie
   a) steuerfreie Zuschüsse zur Krankenversicherung der Rentner, z. B. nach § 106 SGB VI (→ H 3.14);
   b) Sonderleistungen, die Wehrpflichtige oder Zivildienstleistende unter bestimmten Voraussetzungen zum Ersatz für Beiträge zu einer Krankenversicherung, Unfallversicherung oder Haftpflichtversicherung erhalten (§ 7 USG, § 78 Abs. 1 Nr. 2 ZDG). Beiträge zu Versicherungen, die mit dem Führen und Halten von Kraftfahrzeugen zusammenhängen, z. B. Kraftfahrzeug-Haftpflichtversicherung, Kraftfahrzeug-Insassenunfallversicherung, werden nach § 7 Abs. 2 Nr. 4 USG nicht ersetzt;
   c) Beiträge zur Alters- und Hinterbliebenenversorgung, die Wehrpflichtigen und Zivildienstleistenden erstattet werden (§ 14a und 14b Arbeitsplatzschutzgesetz, § 78 Abs. 1 Nr. 1 ZDG);
   d) steuerfreie Beträge, die Land- und Forstwirte nach dem Gesetz über die Alterssicherung der Landwirte zur Entlastung von Vorsorgeaufwendungen i. S. d. § 10 Abs. 1 Nr. 2 Buchstabe a EStG erhalten.

10.5. Versicherungsbeiträge

R 10.5

S 2221

[1]Wird ein Kraftfahrzeug teils für berufliche und teils für private Zwecke benutzt, kann der Stpfl. den Teil seiner Aufwendungen für die Kfz-Haftpflichtversicherung, der dem Anteil der privaten Nutzung entspricht, im Rahmen des § 10 EStG als Sonderausgaben abziehen. [2]Werden Aufwendungen für Wege zwischen Wohnung und Arbeitsstätte oder Familienheimfahrten mit eigenem Kraftfahrzeug in Höhe der Entfernungspauschale nach § 9 ***Abs. 2*** EStG abgezogen, können die Aufwendungen für die Kfz-Haftpflichtversicherung zur Vereinfachung in voller Höhe als Sonderausgaben anerkannt werden.

Hinweise

H 10.5

Erbschaftsteuerversicherung

Beiträge sind als Vorsorgeaufwendungen abziehbar.

Hausratversicherung

Beiträge sind keine Sonderausgaben.

Kapitalwahlrecht

Für vor dem 1. 10. 1996 abgeschlossene Verträge ist Abschnitt 88 Abs. 1 Satz 4 EStR 1987 weiter anzuwenden.

Kaskoversicherung

Beiträge sind keine Sonderausgaben.

Krankentagegeldversicherung

Zu den Krankenversicherungen gehört auch die Krankentagegeldversicherung (→ BFH vom 22. 5. 1969 – BStBl II S. 489).

Lebensversicherung (Vertragsabschluss vor dem 1. 1. 2005)

- Allgemeines/Grundsätze
  → BMF vom 22. 8. 2002 (BStBl I S. 827)
- Beiträge zu Lebensversicherungen mit Teilleistungen auf den Erlebensfall vor Ablauf der Mindestvertragsdauer von zwölf Jahren sind auch nicht teilweise als Sonderausgaben abziehbar (→ BFH vom 27. 10. 1987 – BStBl 1988 II S. 132).
- Einsatz von Lebensversicherungen zur Tilgung oder Sicherung von Darlehen → BMF vom 27. 7. 1995 (BStBl I S. 371) unter Berücksichtigung der Änderungen durch BMF vom 25. 3. 2002 (BStBl I S. 476) und vom 15. 6. 2000 (BStBl I S. 1118).
- Die Besicherung eines Darlehens zum Erwerb einer Leibrente mit Ansprüchen aus einer Kapitallebensversicherung stellt eine steuerschädliche Verwendung dar, weil das Leibrentenrecht als Forderung i. S. d. § 10 Abs. 2 Satz 2a EStG zu qualifizieren ist (→ FG Hamburg vom 16. 7. 1999 – EFG 1999 S. 1117).
  → H 4.2 (1) Lebensversicherungen; Zuordnung zum Betriebs- oder Privatvermögen.

Loss-of-Licence-Versicherung

Beiträge zur Berufsunfähigkeitsversicherung eines Flugzeugführers sind regelmäßig Sonderausgaben, keine Werbungskosten (→ BFH vom 13. 4. 1976 – BStBl II S. 599).

Pflegekrankenversicherung

Beiträge sind Sonderausgaben.

Pflegerentenversicherung

Beiträge sind Sonderausgaben.

Rechtsschutzversicherung

Beiträge sind keine Sonderausgaben.

Aufwendungen für eine kombinierte Rechtsschutzversicherung als Werbungskosten bzw. Kosten der privaten Lebensführung → BMF vom 23. 7. 1998, DB 1998 S. 1590).

Sachversicherung

Beiträge sind keine Sonderausgaben.

Unfallversicherung

Zuordnung von Versicherungsbeiträgen zu Werbungskosten oder Sonderausgaben → BMF vom 17. 7. 2000 (BStBl I S. 1204)

Versicherungsbeiträge beim ehelichen Versorgungsausgleich

→ BMF vom 20. 7. 1981 (BStBl I S. 567)

Versorgungsbeiträge Selbständiger

Beiträge, für die eine gesetzliche Leistungspflicht besteht, stellen, auch soweit sie auf die sog. „alte Last" entfallen, regelmäßig keine Betriebsausgaben dar, wenn sie gleichzeitig der eigenen Versorgung oder der Versorgung der Angehörigen dienen (→ BFH vom 13. 4. 1972 – BStBl II S. 728 und 730).

Sie können in diesem Fall als Sonderausgaben im Rahmen des § 10 EStG abgezogen werden.

Vertragseintritt

Wer in den Lebensversicherungsvertrag eines anderen eintritt, kann nur die nach seinem Eintritt fällig werdenden Beiträge als Sonderausgaben abziehen; der Eintritt gilt nicht als neuer Vertragsabschluss (→ BFH vom 9. 5. 1974 – BStBl II S. 633).

Zukunftssicherungsleistungen

→ H 10.1 (Zukunftssicherungsleistungen)

10.6. Nachversteuerung von Versicherungsbeiträgen

R 10.6

[1]Bei einer Nachversteuerung nach § 30 EStDV wird der Steuerbescheid des Kalenderjahres, in dem die Versicherungsbeiträge für Versicherungen i. S. d. § 10 Abs. 1 Nr. 3 Buchstabe b EStG als Sonderausgaben berücksichtigt worden sind, nicht berichtigt. [2]Es ist lediglich festzustellen, welche Steuer für das jeweilige Kalenderjahr festzusetzen gewesen wäre, wenn der Stpfl. die Versicherungsbeiträge nicht geleistet hätte. [3]Der Unterschiedsbetrag zwischen dieser Steuer und der seinerzeit festgesetzten Steuer ist als Nachsteuer für das Kalenderjahr zu erheben, in dem das steuerschädliche Ereignis eingetreten ist.

Hinweise

H 10.6

Nachsteuer

Bei Berechnung der Nachsteuer nach § 10 Abs. 5 EStG findet § 177 AO keine Anwendung; bisher nicht geltend gemachte Aufwendungen können nicht nachgeschoben werden (→ BFH vom 15. 12. 1999 – BStBl 2000 II S. 292).

Nachversteuerung für Versicherungsbeiträge bei Ehegatten im Falle ihrer getrennten Veranlagung

Sind die Ehegatten in einem dem VZ 1990 vorangegangenen Kalenderjahr nach § 26a EStG in der für das betreffende Kalenderjahr geltenden Fassung getrennt veranlagt worden und waren in ihren zusammengerechneten Sonderausgaben mit Ausnahme des Abzugs für den steuerbegünstigten nicht entnommenen Gewinn und des Verlustabzugs Versicherungsbeiträge enthalten, für die eine Nachversteuerung durchzuführen ist, ist nach Abschnitt 109a EStR 1990 zu verfahren.

Veräußerung von Ansprüchen aus Lebensversicherungen

Die Veräußerung von Ansprüchen aus Lebensversicherungen führt weder zu einer Nachversteuerung der als Sonderausgaben abgezogenen Versicherungsbeiträge noch zur Besteuerung eines etwaigen Überschusses des Veräußerungserlöses über die eingezahlten Versicherungsbeiträge (→ BMF vom 22. 8. 2002 – BStBl I S. 827, RdNr. 32).

10.7. Kirchensteuern und Kirchenbeiträge

R 10.7

S 2221

(1) [1]Beiträge der Mitglieder von Religionsgemeinschaften (Kirchenbeiträge), die mindestens in einem Land als Körperschaft des öffentlichen Rechts anerkannt sind, aber während des ganzen Kalenderjahres keine Kirchensteuer erheben, sind aus Billigkeitsgründen wie Kirchensteuern abziehbar. [2]Voraussetzung ist, dass der Stpfl. über die geleisteten Beiträge eine Empfangsbestätigung der Religionsgemeinschaft vorlegt. [3]Der Abzug ist bis zur Höhe der Kirchensteuer zulässig, die in dem betreffenden Land von den als Körperschaften des öffentlichen Rechts anerkannten Religionsgemeinschaften erhoben wird. [4]Bei unterschiedlichen Kirchensteuersätzen ist der höchste Steuersatz maßgebend. [5]Die Sätze 1 bis 4 sind nicht anzuwenden, wenn der Stpfl. gleichzeitig als Mitglied einer öffentlich-rechtlichen Religionsgemeinschaft zur Zahlung von Kirchensteuer verpflichtet ist.

(2) Kirchenbeiträge, die nach Absatz 1 nicht wie Kirchensteuer als Sonderausgaben abgezogen werden, können im Rahmen des § 10b EStG steuerlich berücksichtigt werden.

Hinweise

H 10.7

Beiträge an Religionsgemeinschaften (R 10.7 Abs. 1 Satz 1 bis 3)

Die in R 10.7 Abs. 1 getroffene Regelung stellt eine Billigkeitsmaßnahme (§ 163 AO) dar, die zwingend anzuwenden ist. Der höchstmögliche Abzug beträgt 8 % bzw. 9 % der festgesetzten Einkommensteuer auf das um die Beiträge geminderte z. v. E.; § 51a Abs. 1 und 2 EStG ist anzuwenden (→ BFH vom 10. 10. 2001 – BStBl 2002 II S. 201 und vom 12. 6. 2002 – BStBl 2003 II S. 281).

Kirchensteuererstattung

Folgen der Erstattung von Sonderausgaben in einem späteren Veranlagungszeitraum
→ OFD Frankfurt/M. vom 6. 5. 2003 (DStR 2003 S. 1705)

Kirchensteuern i. S. d. § 10 Abs. 1 Nr. 4 EStG

Sie sind Geldleistungen, die von den als Körperschaften des öffentlichen Rechts anerkannten Religionsgemeinschaften von ihren Mitgliedern auf Grund gesetzlicher Vorschriften erhoben werden. Die Kirchensteuer wird in der Regel als Zuschlagsteuer zur Einkommen- bzw. Lohnsteuer erhoben. Kirchensteuern können aber nach Maßgabe der Gesetze auch erhoben werden als Kirchensteuern vom Einkommen, vom Vermögen, vom Grundbesitz und als Kirchgeld. **Keine Kirchensteuern** sind freiwillige Beiträge, die an öffentlich-rechtliche Religionsgemeinschaften oder andere religiöse Gemeinschaften entrichtet werden.

Willkürliche Zahlungen

Kirchensteuern sind grundsätzlich in dem VZ als Sonderausgabe abzugsfähig, in dem sie tatsächlich entrichtet wurden, soweit es sich nicht um willkürliche, die voraussichtliche Steuerschuld weit übersteigende Zahlungen handelt (→ BFH vom 25. 1. 1963 – BStBl III S. 141).

Zeugen Jehovas

Mit Wirkung vom 13. 6. 2006 ist der Religionsgemeinschaft der Zeugen Jehovas Deutschland e. V. die Rechtsstellung einer Körperschaft des öffentlichen Rechts verliehen worden (ABl Berlin 2006 S. 2428). Beiträge an diese Religionsgemeinschaft sind somit ab dem 13. 6. 2006 entsprechend R 10.7 EStR und H 10.7 EStH als Sonderausgaben nach § 10 Abs. 1 Nr. 4 EStG abziehbar → OFD Koblenz vom 5. 3. 2007, S 2221 A – St 32 3

R 10.8

10.8. *Kinderbetreuungskosten*

– unbesetzt –

H 10.8

Hinweise

Kinderbetreuungskosten

Anhang 14a → ***BMF vom 19. 1. 2007 (BStBl I S. 184)***

R 10.9

10.9. Aufwendungen für die Berufsausbildung

S 2221 Anhang 4 [1]Erhält der Stpfl. zur unmittelbaren Förderung seiner Ausbildung steuerfreie Bezüge, mit denen Aufwendungen i. S. d. § 10 Abs. 1 Nr. 7 EStG abgegolten werden, entfällt insoweit der Sonderausgabenabzug. [2]Das gilt auch dann, wenn die zweckgebundenen steuerfreien Bezüge erst nach Ablauf des betreffenden Kalenderjahres gezahlt werden. [3]Zur Vereinfachung ist eine Kürzung der für den Sonderausgabenabzug in Betracht kommenden Aufwendungen nur dann vorzunehmen, wenn die steuerfreien Bezüge ausschließlich zur Bestreitung der in § 10 Abs. 1 Nr. 7 EStG bezeichneten Aufwendungen bestimmt sind. [4]Gelten die steuerfreien Bezüge dagegen ausschließlich oder teilweise Aufwendungen für den Lebensunterhalt ab – ausgenommen solche für auswärtige Unterbringung –, z. B. Berufsausbildungsbeihilfen nach § 59 SGB III, Leistungen nach den §§ 12 und 13 BAföG, sind die als Sonderausgaben geltend gemachten Berufsausbildungsaufwendungen nicht zu kürzen.

H 10.9

Hinweise

Abzugsverbot

Das Aufteilungs- und Abzugsverbot des § 12 Nr. 1 Satz 2 EStG gilt nicht bei der Aufteilung von Aufwendungen, die einerseits den Einkünften als Betriebsausgaben/Werbungskosten und andererseits den Sonderausgaben zuzuordnen sind (→ BFH vom 22. 6. 1990 – BStBl II S. 901).

Aufwendungen i. S. d. § 10 Abs. 1 Nr. 7 EStG:

– **Arbeitsmittel**

Die für Arbeitsmittel i. S. d. § 9 Abs. 1 Satz 3 Nr. 6 EStG geltenden Vorschriften sind sinngemäß anzuwenden. Schafft ein Stpfl. abnutzbare Wirtschaftsgüter von mehrjähriger Nutzungsdauer an, sind im Rahmen des § 10 Abs. 1 Nr. 7 EStG nur die auf die Nutzungsdauer verteilten Anschaffungskosten als Sonderausgaben abziehbar (→ BFH vom 7. 5. 1993 – BStBl II S. 676).

Die Anschaffungs- oder Herstellungskosten von Arbeitsmitteln einschließlich der Umsatzsteuer können im Jahr ihrer Verausgabung in voller Höhe als Sonderausgaben abgesetzt werden, wenn sie ausschließlich der Umsatzsteuer für das einzelne Arbeitsmittel 410 € nicht übersteigen (→ ***R 9.12 LStR 2008***).

– **häusliches Arbeitszimmer**

  → BMF vom 3. 4. 2007 (BStBl I S. 442) Anhang 10

– **Fachliteratur**

  → BFH vom 28. 11. 1980 (BStBl 1981 II S. 309)

– **Mehraufwand für Verpflegung**

  → BFH vom 3. 12. 1974 (BStBl 1975 II S. 356)

  → ***R 9.6 LStR 2008***

– **Mehraufwand wegen doppelter Haushaltsführung**

  → ***R 9.11 LStR 2008***

– **Wege zwischen Wohnung und Ausbildungsort**

  → ***R 9.10 Abs. 1 LStR 2008***[1])

Ausbildungsdarlehen/Studiendarlehen

- Abzugshöhe/Abzugszeitpunkt → H 10.1
- Aufwendungen zur Tilgung von Ausbildungs-/Studiendarlehen gehören nicht zu den abziehbaren Aufwendungen i. S. d. § 10 Abs. 1 Nr. 7 EStG (→ BFH vom 15. 3. 1974 – BStBl II S. 513).
- Zinsen für ein Ausbildungsdarlehen gehören zu den abziehbaren Aufwendungen, auch wenn sie nach Abschluss der Berufsausbildung gezahlt werden (→ BFH vom 28. 2. 1992 – BStBl II S. 834).
- Ist ein Ausbildungsdarlehen nebst Zuschlag zurückzuzahlen, sind die Aufwendungen für den Zuschlag Ausbildungs- und keine Werbungskosten, wenn damit nachträglich die im Zusammenhang mit der Berufsausbildung gewährten Vorteile abgegolten werden sollen und wenn der Zuschlag nicht weitaus überwiegend als Druckmittel zur Einhaltung der vorvertraglichen Verpflichtung zur Eingehung eines langfristigen Arbeitsverhältnisses dienen soll (→ BFH vom 28. 2. 1992 – BStBl II S. 834).
- Nach Abschluss der Ausbildung geleistete Raten zur **Rückzahlung eines BAföG-Darlehens**, das zur Finanzierung eines Studiums gewährt worden war, sind nicht als Sonderausgaben in Form von Ausbildungskosten abziehbar (→ FG Hamburg vom 9. 12. 1999 – EFG 2000 S. 548).

Auswärtige Unterbringung

Der Begriff der auswärtigen Unterbringung setzt lediglich voraus, dass der Stpfl. eine außerhalb des Ausbildungsorts belegene Wohnung besitzt, die er – abgesehen von seiner Ausbildungszeit – regelmäßig nutzt; auf die Dauer der auswärtigen Unterbringung kommt es nicht an (→ BFH vom 20. 3. 1992 – BStBl II S. 1033).

Beruf

Der angestrebte Beruf muss nicht innerhalb bestimmter bildungspolitischer Zielvorstellungen des Gesetzgebers liegen (→ BFH vom 18. 12. 1987 – BStBl 1988 II S. 494).

Berufsausbildungskosten

Aufwendungen für die erstmalige Berufsausbildung oder ein Erststudium → BMF vom 4. 11. 2005 (BStBl I S. 955) unter Berücksichtigung der Änderungen durch BMF vom 21. 6. 2007 (BStBl I S. 492) Anhang 4

---

1) → ***aber: Das BVerfG hat mit Urteil vom 9. 12. 2008–2 BvL 1/07 u. a. – (BGBl. I S. 2888) entschieden, dass die mit dem Steueränderungsgesetz 2007 erfolgte Neuregelung der „Pendlerpauschale" mit den Anforderungen des allgemeinen Gleichheitsgrundsatzes des Art. 3 Abs. 1 GG an eine folgerichtige Ausgestaltung einkommensteuerrechtlicher Belastungsentscheidungen nicht vereinbar und verfassungswidrig ist. Der Gesetzgeber ist danach verpflichtet, rückwirkend auf den 1. 1. 2007 die Verfassungswidrigkeit durch Umgestaltung der Rechtslage zu beseitigen.***

Deutschkurs

Aufwendungen eines in Deutschland lebenden Ausländers für den Erwerb von Deutschkenntnissen sind nicht als Aufwendungen für die Berufsausbildung abziehbar (→ BFH vom 15. 3. 2007 – BStBl II S. 814).

Erststudium

Sind Aufwendungen für ein Erststudium an einer Fachhochschule nach abgeschlossener Berufsausbildung aufgrund der gesetzlichen Neuregelung ab 1. 1. 2004 nicht mehr als Werbungskosten sondern nur noch als Sonderausgaben abziehbar? Verstößt diese Gesetzesänderung gegen das Rückwirkungsverbot sowie gegen das steuerliche Nettoprinzip und den Gleichheitssatz, wenn die Kosten für ein Zweitstudium oder für eine weitere nicht akademische Berufsausbildung weiterhin vollumfänglich absetzbar sind, während Aufwendungen für ein Erststudium nur begrenzt steuerlich berücksichtigt werden?

→ Niedersächsisches FG vom 7. 11. 2006 (8 K 353/06) – Rev. – VI R 14/07 und FG Rheinland-Pfalz vom 20. 12. 2006 (1 K 2670/05) – Rev. – VI R 6/07

Fort- und Weiterbildung

→ ***R 9.2 LStR 2008***

Habilitation

Aufwendungen eines wissenschaftlichen Assistenten an einer Hochschule für seine Habilitation sind Werbungskosten im Sinne von § 9 EStG (→ BFH vom 7. 8. 1967 – BStBl III S. 778).

Klassenfahrt

Aufwendungen eines Berufsschülers für eine im Rahmen eines Ausbildungsdienstverhältnisses als verbindliche Schulveranstaltung durchgeführte Klassenfahrt sind in der Regel Werbungskosten (→ BFH vom 7. 2. 1992 – BStBl II S. 531).

Sprachkurs im Ausland

Abweichend von der bisherigen BFH-Rechtsprechung kann bei einem Sprachkurs in einem anderen Mitgliedstaat der EU nicht mehr typischerweise unterstellt werden, dass dieser wegen der jeder Auslandsreise innewohnenden touristischen Elemente eher Berührungspunkte zur privaten Lebensführung aufweist als ein Inlandssprachkurs. Für die berufliche Veranlassung reicht aus, wenn der Sprachkurs auf die besonderen beruflichen/betrieblichen Interessen des Stpfl. zugeschnitten ist. Benötigt der Stpfl. zur Ausübung seines Berufes auch allgemeine Kenntnisse einer bestimmten Fremdsprache, ist ein Sprachkurs bereits dann auf die besonderen beruflichen/betrieblichen Interessen des Stpfl. zugeschnitten, wenn der Sprachkurs diese Kenntnisse und Fähigkeiten vermittelt. Die Entscheidung, ob in Bezug auf einen Sprachkurs berufsbedingte Aufwendungen vorliegen, kann nur auf Grund der Würdigung aller Umstände des Einzelfalles getroffen werden. Dies gilt insbesondere, wenn es sich um einen Sprachkurs handelt, der nicht am oder in der Nähe des Wohnorts des Stpfl. stattfindet (→ BFH vom 13. 6. 2002 – BFH/NV 2002 S. 1517).

Studienreisen

→ R 12.2

Umschulung

Aufwendungen für eine Umschulungsmaßnahme, die die Grundlage dafür bildet, von einer Berufs- oder Erwerbsart zu einer anderen überzuwechseln, können vorab entstandene Werbungskosten sein (→ BFH vom 4. 12. 2002 – BStBl 2003 II S. 403).

R 10.10

10.10. Schulgeld

– unbesetzt –

Hinweise

H 10.10

Allgemeines

Ein Schulbesuch, für den Aufwendungen zu berücksichtigen sind, kommt regelmäßig erst mit dem Beginn der öffentlich-rechtlichen Schulpflicht und der Möglichkeit des Zugangs zu öffentlichen Schulen in Betracht (→ BFH vom 16. 11. 2005 – BStBl 2006 II S. 377).

Deutsche Schulen im Ausland

Schulgeld für eine von der ständigen Konferenz der Kultusminister der Länder anerkannte Deutsche Schule im Ausland ist als Sonderausgabe abziehbar. Die Qualifizierung der Schule im Einzelfall ist nicht den Finanzämtern überlassen; diese sind vielmehr an die Entscheidungen der hierfür zuständigen obersten Kultusbehörden der Länder gebunden (→ BFH vom 14. 12. 2004 – BStBl 2005 II S. 518).

Europäische Schulen

Die Europäischen Schulen haben einen Status, der einer staatlich genehmigten Schule entspricht. Das geleistete Schulgeld ist als Sonderausgabe abziehbar (→ BFH vom 5. 4. 2006 – BStBl II S. 682).

Spendenabzug

Zum Spendenabzug von Leistungen der Eltern an gemeinnützige Schulvereine – Schulen in freier Trägerschaft → BMF vom 4. 1. 1991 (BStBl 1992 I S. 266).

10.11. Kürzung des Vorwegabzugs bei der Günstigerprüfung

R 10.11

S 2221

– unbesetzt -

Hinweise

H 10.11

Allgemeines

Ist nach § 10 Abs. 4a EStG in den Kalenderjahren 2005 bis 2019 der Abzug der Vorsorgeaufwendungen nach Absatz 1 Nr. 2 und 3 in der für das Kalenderjahr 2004 geltenden Fassung des § 10 Abs. 3 EStG mit den in § 10 Abs. 4a EStG genannten Höchstbeträgen für den Vorwegabzug günstiger, ist der sich danach ergebende Betrag anstelle des Abzugs nach Absatz 3 und 4 anzusetzen.

§ 10 Abs. 3 EStG in der für das Kalenderjahr 2004 geltenden Fassung lautet:

(3) Für Vorsorgeaufwendungen gelten je Kalenderjahr folgende Höchstbeträge:

1. ein Grundhöchstbetrag von 1 334 Euro,
   im Fall der Zusammenveranlagung von Ehegatten von 2 668 Euro;
2. ein Vorwegabzug von 3 068 Euro,
   im Fall der Zusammenveranlagung von Ehegatten von 6 136 Euro.

   [2]Diese Beträge sind zu kürzen um 16 vom Hundert der Summe der Einnahmen

   a) aus nichtselbständiger Arbeit im Sinne des § 19 ohne Versorgungsbezüge im Sinne des § 19 Abs. 2, wenn für die Zukunftssicherung des Steuerpflichtigen Leistungen im Sinne des § 3 Nr. 62 erbracht werden oder der Steuerpflichtige zum Personenkreis des § 10c Abs. 3 Nr. 1 oder 2 gehört, und

   b) aus der Ausübung eines Mandats im Sinne des § 22 Nr. 4;

3. für Beiträge nach Absatz 1 Nr. 2 Buchstabe c ein zusätzlicher Höchstbetrag von 184 Euro für Steuerpflichtige, die nach dem 31. Dezember 1957 geboren sind;

4. Vorsorgeaufwendungen, die die nach den Nummern 1 bis 3 abziehbaren Beträge übersteigen, können zur Hälfte, höchstens bis zu 50 vom Hundert des Grundhöchstbetrags abgezogen werden (hälftiger Höchstbetrag).

Bemessungsgrundlage für die Kürzung des Vorwegabzugs

– Entlassungsentschädigung

  Zu den Einnahmen aus nichtselbständiger Arbeit, die Bemessungsgrundlage für die Kürzung des Vorwegabzugs für Vorsorgeaufwendungen sind, gehört auch eine vom Arbeitgeber gezahlte Entlassungsentschädigung, für die kein Arbeitgeberbeitrag zu leisten war (→ BFH vom 16. 10. 2002 – BStBl 2003 II S. 343).

- Mehrere Beschäftigungsverhältnisse

  Bei mehreren Beschäftigungsverhältnissen sind für die Kürzung des Vorwegabzugs für Vorsorgeaufwendungen nur die Einnahmen aus den Beschäftigungsverhältnissen zu berücksichtigen, in deren Zusammenhang die Voraussetzungen für eine Kürzung des Vorwegabzugs für Vorsorgeaufwendungen erfüllt sind (→ BFH vom 26. 2. 2004 – BStBl II S. 720).
- Zukunftssicherungsleistungen
- Zum Begriff der Zukunftssicherungsleistungen i. S. d. § 3 Nr. 62 EStG → ***R 3.62 LStR 2008***.
- Die Höhe der vom Arbeitgeber erbrachten Zukunftssicherungsleistungen im Sinne des § 3 Nr. 62 EStG ist für den Umfang der Kürzung des Vorwegabzugs ohne Bedeutung (→ BFH vom 16. 10. 2002 – BStBl 2003 II S. 183).
- Der Vorwegabzug ist auch dann zu kürzen, wenn der Arbeitgeber Zukunftssicherungsleistungen während des VZ nur zeitweise erbringt oder nur Beiträge zur Kranken- und Pflegeversicherung leistet (→ BFH vom 16. 10. 2002 – BStBl 2003 II S. 288).
- Der Vorwegabzug für Vorsorgeaufwendungen ist auch dann zu kürzen, wenn das Anwartschaftsrecht auf Altersversorgung nicht unverfallbar ist oder wirtschaftlich nicht gesichert erscheint. Diese Kürzung ist nicht rückgängig zu machen, wenn eine Pensionszusage in späteren Jahren widerrufen wird (→ BFH vom 28. 7. 2004 – BStBl 2005 II S. 94).
- Zusammenveranlagte Ehegatten

  Bei der Kürzung des zusammenveranlagten Ehegatten gemeinsam zustehenden Vorwegabzugs für Vorsorgeaufwendungen ist in die Bemessungsgrundlage nur der Arbeitslohn desjenigen Ehegatten einzubeziehen, für den Zukunftssicherungsleistungen im Sinne des § 3 Nr. 62 EStG erbracht worden sind oder der zum Personenkreis des § 10c Abs. 3 Nr. 1 oder 2 EStG gehört (→ BFH vom 3. 12. 2003 – BStBl 2004 II S. 709).

Gesellschafter-Geschäftsführer von Kapitalgesellschaften

Anhang 1 → BMF vom 22. 5. 2007 (BStBl I S. 493)

Höchstbetrag nach § 10 Abs. 3 EStG

Der Höchstbetrag ist nicht zu kürzen:

- wenn der Arbeitgeber für die Zukunftssicherung des Stpfl. keine Leistungen i. S. d. Absatzes 3 erbracht hat. Werden später Beiträge für einen bestimmten Zeitraum nachentrichtet, ist dieser Vorgang ein rückwirkendes Ereignis i. S. d. § 175 Abs. 1 Satz 1 Nr. 2 AO; der Höchstbetrag ist zu kürzen (→ BFH vom 21. 1. 2004 – BStBl II S. 650),
- wenn einem Gesellschafter-Geschäftsführer einer GmbH im Anstellungsvertrag ein Anspruch auf Ruhegehalt eingeräumt wird, dessen Art und Höhe erst später per Gesellschafterbeschluss bestimmt werden soll und die GmbH keine Aufwendungen zur Sicherstellung der künftigen Altersversorgung tätigt (→ BFH vom 14. 6. 2000 – BStBl 2001 II S. 28),
- bei Pflichtversicherten nach § 2 Abs. 1 Nr. 11 Angestelltenversicherungsgesetz bzw. nach § 4 SGB VI auf Antrag Pflichtversicherten (→ BFH vom 19. 5. 1999 – BStBl 2001 II S. 64),

Höchstbetrag nach § 10 Abs. 4 EStG (1500/2 400 €)

- bei Ehegatten → OFD Koblenz vom 12. 9. 2006 – S 2221 A – St 32 3 – (juris)
- bei Bezug von Arbeitslohn, der nach einem DBA freigestellt ist → OFD Koblenz vom 27. 6. 2006 – S 2221 A – St 32 3 – (juris)

EStG
S 2222

§ 10a Zusätzliche Altersvorsorge

(1) [1]In der gesetzlichen Rentenversicherung Pflichtversicherte können Altersvorsorgebeiträge (§ 82) zuzüglich der dafür nach Abschnitt XI zustehenden Zulage

in den Veranlagungszeiträumen 2002 und 2003 bis zu	**525 Euro,**
in den Veranlagungszeiträumen 2004 und 2005 bis zu	**1 050 Euro,**
in den Veranlagungszeiträumen 2006 und 2007 bis zu	**1 575 Euro,**
ab dem Veranlagungszeitraum 2008 jährlich bis zu	**2 100 Euro**

als Sonderausgaben abziehen; das Gleiche gilt für

1. Empfänger von Besoldung nach dem Bundesbesoldungsgesetz oder einem Landesbesoldungsgesetz,
2. Empfänger von Amtsbezügen aus einem Amtsverhältnis, deren Versorgungsrecht die entsprechende Anwendung des § 69e Abs. 3 Satz 1 und Abs. 4 des Beamtenversorgungsgesetzes vorsieht, und
3. die nach § 5 Abs. 1 Satz 1 Nr. 2 und 3 des Sechsten Buches Sozialgesetzbuch versicherungsfrei Beschäftigten, die nach § 6 Abs. 1 Satz 1 Nr. 2 oder nach § 230 Abs. 2 Satz 2 des Sechsten Buches Sozialgesetzbuch von der Versicherungspflicht befreiten Beschäftigten, deren Versorgungsrecht die entsprechende Anwendung des § 69e Abs. 3 und 4 des Beamtenversorgungsgesetzes vorsieht,
4. Beamte, Richter, Berufssoldaten und Soldaten auf Zeit, die ohne Besoldung beurlaubt sind, für die Zeit einer Beschäftigung, wenn während der Beurlaubung die Gewährleistung einer Versorgungsanwartschaft unter den Voraussetzungen des § 5 Abs. 1 Satz 1 des Sechsten Buches Sozialgesetzbuch auf diese Beschäftigung erstreckt wird, und
5. Steuerpflichtige im Sinne der Nummern 1 bis 4, die beurlaubt sind oder deshalb keine Besoldung, Amtsbezüge oder Entgelt erhalten, sofern sie eine Anrechnung von Kindererziehungszeiten nach § 56 des Sechsten Buches Sozialgesetzbuch in Anspruch nehmen könnten, wenn die Versicherungsfreiheit in der gesetzlichen Rentenversicherung nicht bestehen würde,

wenn sie spätestens bis zum Ablauf des zweiten Kalenderjahres, das auf das Beitragsjahr (§ 88) folgt, gegenüber der zuständigen Stelle (§ 81a) schriftlich eingewilligt haben, dass diese der zentralen Stelle (§ 81) jährlich mitteilt, dass der Steuerpflichtige zum begünstigten Personenkreis gehört, dass die zuständige Stelle der zentralen Stelle die für die Ermittlung des Mindesteigenbeitrags (§ 86) und die Gewährung der Kinderzulage (§ 85) erforderlichen Daten übermittelt und die zentrale Stelle diese Daten für das Zulageverfahren verwenden darf. [2]Bei der Erteilung der Einwilligung ist der Steuerpflichtige darauf hinzuweisen, dass er die Einwilligung vor Beginn des Kalenderjahres, für das sie erstmals nicht mehr gelten soll, gegenüber der zuständigen Stelle widerrufen kann. [3]Versicherungspflichtige nach dem Gesetz über die Alterssicherung der Landwirte sowie Personen, die wegen Arbeitslosigkeit bei einer inländischen Agentur für Arbeit als Arbeitsuchende gemeldet sind und der Versicherungspflicht in der Rentenversicherung nicht unterliegen, weil sie eine Leistung nach dem Zweiten Buch Sozialgesetzbuch nur wegen des zu berücksichtigenden Einkommens oder Vermögens nicht beziehen, stehen Pflichtversicherten gleich. *[4]Die Sätze 1 und 2 gelten entsprechend für Steuerpflichtige, die nicht zum begünstigten Personenkreis nach Satz 1 oder 3 gehören und eine Rente wegen voller Erwerbsminderung oder Erwerbsunfähigkeit oder eine Versorgung wegen Dienstunfähigkeit aus einem der in Satz 1 oder 3 genannten Alterssicherungssysteme beziehen, wenn unmittelbar vor dem Bezug der entsprechenden Leistungen der Leistungsbezieher einer der in Satz 1 oder 3 genannten begünstigten Personengruppen angehörte; dies gilt nicht, wenn der Steuerpflichtige das 67. Lebensjahr vollendet hat.* [1] *[5]Bei der Ermittlung der dem Steuerpflichtigen zustehenden Zulage nach Satz 1 bleibt die Erhöhung der Grundzulage nach § 84 Satz 2 außer Betracht.* [2]

(1a) [1]Sofern eine Zulagenummer (§ 90 Abs. 1 Satz 2) durch die zentrale Stelle oder eine Versicherungsnummer nach § 147 des Sechsten Buches Sozialgesetzbuch noch nicht vergeben ist, haben die in Absatz 1 Satz 1 Nr. 1 bis 5 genannten Steuerpflichtigen über die zuständige Stelle eine Zulagenummer bei der zentralen Stelle zu beantragen. *[2]Für Empfänger einer Versorgung im Sinne des Absatzes 1 Satz 4 gilt Satz 1 entsprechend.* [3]

(2) [1]Ist der Sonderausgabenabzug nach Absatz 1 für den Steuerpflichtigen günstiger als der Anspruch auf die Zulage nach Abschnitt XI, erhöht sich die unter Berücksichtigung des Sonderausgabenabzugs ermittelte tarifliche Einkommensteuer um den Anspruch auf Zulage. [2]In den anderen Fällen scheidet der Sonderausgabenabzug aus. [3]Die Günstigerprüfung wird von Amts wegen vorgenommen.

(2a) [1]Der Sonderausgabenabzug für nach dem 31. Dezember 2009 beginnende Veranlagungszeiträume setzt voraus, dass der Steuerpflichtige zuvor, spätestens bis zum Ablauf des zweiten Kalenderjahres, das auf das Beitragsjahr folgt, gegenüber dem Anbieter schriftlich darin eingewilligt hat, dass dieser die im jeweiligen Beitragsjahr zu berücksichtigenden Altersvorsorgebeiträge unter Angabe der Identifikationsnummer (§ 139b der Abgabenordnung) an die zentrale Stelle übermittelt. [2]In den Fällen des Absatzes 3 Satz 2 und 3 ist die Einwilligung nach Satz 1 von beiden Ehegatten abzugeben. [3]Die Einwilligung gilt auch für folgende Beitragsjahre, es sei [4]

1) *Absatz 1 Satz 4 wurde durch das EigRentG ab VZ 2008 (→ § 52 Abs. 24c Satz 1 EStG) angefügt und durch das JStG 2009 geändert.*
2) *Absatz 1 Satz 5 wurde durch das Steuerbürokratieabbaugesetz ab VZ 2008 angefügt.*
3) *Absatz 1a Satz 2 wurde durch das EigRentG angefügt.*
4) *Absatz 2a wurde durch das Steuerbürokratieabbaugesetz ab VZ 2008 angefügt.*

denn, der Steuerpflichtige widerruft die Einwilligungserklärung schriftlich gegenüber dem Anbieter. [4]Hat der Zulageberechtigte den Anbieter nach § 89 Abs. 1a bevollmächtigt, gilt die Einwilligung nach Satz 1 als erteilt. [5]Eine Einwilligung nach Satz 1 gilt auch für das jeweilige Beitragsjahr als erteilt, für das dem Anbieter ein Zulageantrag nach § 89 für den mittelbar Zulageberechtigten (§ 79 Satz 2) vorliegt.

(3) [1]Der Abzugsbetrag nach Absatz 1 steht im Fall der Veranlagung von Ehegatten nach § 26 Abs. 1 jedem Ehegatten unter den Voraussetzungen des Absatzes 1 gesondert zu. [2]Gehört nur ein Ehegatte zu dem nach Absatz 1 begünstigten Personenkreis und ist der andere Ehegatte nach § 79 Satz 2 zulageberechtigt, sind bei dem nach Absatz 1 abzugsberechtigten Ehegatten die von beiden Ehegatten geleisteten Altersvorsorgebeiträge und die dafür zustehenden Zulagen bei der Anwendung der Absätze 1 und 2 zu berücksichtigen. [3]Gehören beide Ehegatten zu dem nach Absatz 1 begünstigten Personenkreis und liegt ein Fall der Veranlagung nach § 26 Abs. 1 vor, ist bei der Günstigerprüfung nach Absatz 2 der Anspruch auf Zulage beider Ehegatten anzusetzen.

(4) [1]Im Fall des Absatzes 2 Satz 1 stellt das Finanzamt die über den Zulageanspruch nach Abschnitt XI hinausgehende Steuerermäßigung gesondert fest und teilt diese der zentralen Stelle (§ 81) mit; § 10d Abs. 4 Satz 3 bis 5 gilt entsprechend. [2]Sind Altersvorsorgebeiträge zugunsten von mehreren Verträgen geleistet worden, erfolgt die Zurechnung im Verhältnis der nach Absatz 1 berücksichtigten Altersvorsorgebeiträge. [3]Ehegatten ist der nach Satz 1 festzustellende Betrag auch im Falle der Zusammenveranlagung jeweils getrennt zuzurechnen; die Zurechnung erfolgt im Verhältnis der nach Absatz 1 berücksichtigten Altersvorsorgebeiträge. [4]Werden Altersvorsorgebeiträge nach Absatz 3 Satz 2 berücksichtigt, die der nach § 79 Satz 2 zulageberechtigte Ehegatte zugunsten eines auf seinen Namen lautenden Vertrages geleistet hat, ist die hierauf entfallende Steuerermäßigung dem Vertrag zuzurechnen, zu dessen Gunsten die Altersvorsorgebeiträge geleistet wurden. [5]Die Übermittlung an die zentrale Stelle erfolgt unter Angabe der ***Vertragsnummer und der Identifikationsnummer (§ 139b der Abgabenordnung)*** [1] sowie der Zulage- oder Versicherungsnummer nach § 147 des Sechsten Buches Sozialgesetzbuch.

(5) [1]*Der Steuerpflichtige hat die zu berücksichtigenden Altersvorsorgebeiträge* ***bis zum Veranlagungszeitraum 2009*** [2] *durch eine vom Anbieter auszustellende Bescheinigung nach amtlich vorgeschriebenem Vordruck nachzuweisen.* [2]*Diese Bescheinigung ist auch auszustellen, wenn im Falle* [3] *der mittelbaren Zulageberechtigung (§ 79 Satz 2) keine Altersvorsorgebeiträge geleistet wurden.* [3]*Ist die Bescheinigung unzutreffend und wird sie daher nach Bekanntgabe des Steuerbescheids vom* [4] *Anbieter aufgehoben oder korrigiert, kann der Steuerbescheid insoweit geändert werden.* ***[4]Für nach dem 31. Dezember 2009 beginnende Beitragsjahre hat der Anbieter, soweit die Einwilligung des Steuerpflichtigen nach Absatz 2a vorliegt, die zu berücksichtigenden Altersvorsorgebeiträge nach amtlich vorgeschriebenem Datensatz durch Datenfernübertragung an die zentrale Stelle zu übermitteln. [5]Die Übermittlung erfolgt unter Angabe der Vertragsdaten, des Datums der Einwilligung nach Absatz 2a, der Identifikationsnummer (§ 139b der Abgabenordnung) sowie der Zulage- oder der Versicherungsnummer nach § 147 des Sechsten Buches Sozialgesetzbuch. [6]§ 22a Abs. 2 gilt entsprechend. [7]Die Übermittlung erfolgt auch dann, wenn im Fall der mittelbaren Zulageberechtigung (§ 79 Satz 2) keine Altersvorsorgebeiträge geleistet worden sind. [8]Der Anbieter hat die Daten nach Ablauf des Beitragsjahres bis zum 28. Februar des dem Beitragsjahr folgenden Kalenderjahres zu übermitteln. [9]Wird die Einwilligung nach Ablauf des Beitragsjahres, jedoch innerhalb der in Absatz 2a Satz 1 genannten Frist abgegeben, hat er die Daten bis zum Ende des folgenden Kalendervierteljahres zu übermitteln. [10]Stellt der Anbieter fest, dass***

1. ***die an die zentrale Stelle übermittelten Daten unzutreffend sind oder***
2. ***der zentralen Stelle ein Datensatz übermittelt wurde, obwohl die Voraussetzungen hierfür nicht vorlagen,***

hat er dies unverzüglich durch Übermittlung eines entsprechenden Datensatzes durch Datenfernübertragung an die zentrale Stelle zu korrigieren. [11]Sind die Daten nach Satz 4 unzutreffend und werden sie daher nach Bekanntgabe des Steuerbescheids vom Anbieter aufgehoben oder korrigiert, kann der Steuerbescheid entsprechend geändert werden. [12]Werden die Daten innerhalb der Frist nach Satz 8 und 9 und nach der Bekanntgabe des Steuerbescheids übermittelt,

---

1) ***Absatz 4 Satz 5 wurde durch das Steuerbürokratieabbaugesetz ab VZ 2008 geändert.***

2) ***Absatz 5 Satz 1 wurde durch das Steuerbürokratieabbaugesetz ab VZ 2008 geändert.***

3) Absatz 5 Satz 3 wurde durch das JStG 2008 geändert und ist auch für VZ vor 2008 anzuwenden, soweit
   1. sich dies zugunsten des Stpfl. auswirkt oder
   2. die Steuerfestsetzung bei Inkrafttreten des JStG 2008 vom 20. 12. 2007 (BGBl. I S. 3150) noch nicht unanfechtbar war oder unter dem Vorbehalt der Nachprüfung stand.

   → § 52 Abs. 24c EStG.

4) ***Die Sätze 4 bis 12 wurden durch das Steuerbürokratieabbaugesetz ab VZ 2008 angefügt.***

kann der Steuerbescheid insoweit geändert werden. [13]**Die übrigen Voraussetzungen für den Sonderausgabenabzug nach den Absätzen 1 bis 3 werden im Wege der Datenerhebung und des automatisierten Datenabgleichs nach § 91 überprüft.**

Hinweise

H 10a

Altersvermögensgesetz

Anhang 1

Anhang 1 → BMF vom ***5. 2. 2008*** (***BStBl I S. 420***)

§ 10b Steuerbegünstigte Zwecke

EStG
S 2223
[1])

[1]Zuwendungen (Spenden und Mitgliedsbeiträge) zur Förderung steuerbegünstigter Zwecke im Sinne der §§ 52 bis 54 der Abgabenordnung an eine inländische juristische Person des öffentlichen Rechts oder an eine inländische öffentliche Dienststelle oder an eine nach § 5 Abs. 1 Nr. 9 des Körperschaftsteuergesetzes steuerbefreite Körperschaft, Personenvereinigung oder Vermögensmasse können insgesamt bis zu

1. 20 Prozent des Gesamtbetrags der Einkünfte oder

2. vier Promille der Summe der gesamten Umsätze und der im Kalenderjahr aufgewendeten Löhne und Gehälter

als Sonderausgaben abgezogen werden. [2]***Abziehbar sind auch Mitgliedsbeiträge an Körperschaften, die Kunst und Kultur gemäß § 52 Abs. 2 Nr. 5 der Abgabenordnung fördern, soweit es sich nicht um Mitgliedsbeiträge nach Satz 3 Nr. 2 handelt, auch wenn den Mitgliedern Vergünstigungen gewährt werden.*** [3]**Nicht abziehbar sind Mitgliedsbeiträge an Körperschaften, die** [2])

1. den Sport (§ 52 Abs. 2 Nr. 21 der Abgabenordnung),

2. kulturelle Betätigungen, die in erster Linie der Freizeitgestaltung dienen,

3. die Heimatpflege und Heimatkunde (§ 52 Abs. 2 Nr. 22 der Abgabenordnung) oder

4. Zwecke im Sinne des § 52 Abs. 2 Nr. 23 der Abgabenordnung

fördern. [4]**Abziehbare Zuwendungen, die die Höchstbeträge nach Satz 1 überschreiten oder** ***die den um die Beträge nach § 10 Abs. 3 und 4, § 10c und § 10d verminderten Gesamtbetrag der Einkünfte übersteigen*****, sind im Rahmen der Höchstbeträge in den folgenden Veranlagungszeiträumen als Sonderausgaben abzuziehen.** [5]**§ 10d gilt entsprechend.** [3])

(1a) [1]**Spenden in den Vermögensstock einer Stiftung des öffentlichen Rechts oder einer nach § 5 Abs. 1 Nr. 9 des Körperschaftsteuergesetzes steuerbefreiten Stiftung des privaten Rechts können auf Antrag des Steuerpflichtigen im Veranlagungszeitraum der Zuwendung und in den folgenden neun Veranlagungszeiträumen bis zu einem Gesamtbetrag von 1 Million Euro zusätzlich zu den Höchstbeträgen nach Absatz 1 Satz 1 abgezogen werden.** [2]**Der besondere Abzugsbetrag nach Satz 1 bezieht sich auf den gesamten Zehnjahreszeitraum und kann der Höhe nach innerhalb dieses Zeitraums nur einmal in Anspruch genommen werden.** [3]**§ 10d Abs. 4 gilt entsprechend.**

(2) [1]**Zuwendungen an politische Parteien im Sinne des § 2 des Parteiengesetzes sind bis zur Höhe von insgesamt 1650 Euro und im Falle der Zusammenveranlagung von Ehegatten bis zur Höhe von insgesamt 3300 Euro im Kalenderjahr abzugsfähig.** [2]**Sie können nur insoweit als Sonderausgaben abgezogen werden, als für sie nicht eine Steuerermäßigung nach § 34g gewährt worden ist.**

(3) [1]**Als Zuwendung im Sinne dieser Vorschrift gilt auch die Zuwendung von Wirtschaftsgütern mit Ausnahme von Nutzungen und Leistungen.** [2]**Ist das Wirtschaftsgut unmittelbar vor seiner Zuwendung einem Betriebsvermögen entnommen worden, so darf bei der Ermittlung der Zuwendungshöhe der bei der Entnahme angesetzte Wert nicht überschritten werden.** [3]**In allen übrigen Fällen bestimmt sich die Höhe der Zuwendung nach dem gemeinen Wert des zugewen-**

---

1) Anm.: Zur Neuregelung durch das Gesetz zur weiteren Stärkung des bürgerschaftlichen Engagements → BMF vom 18. 12. 2008 – IV C 4 – S 2223/07/0020, DOK 2008/0731361 –, BStBl I S. 16 Anhang 17a

2) ***Absatz 1 Satz 2 wurde durch das JStG 2009 eingefügt und ist auf Mitgliedsbeiträge anzuwenden, die nach dem 31. 12. 2006 geleistet werden → § 52 Abs. 24c Satz 4 EStG.***

3) ***Absatz 1 Satz 3 wurde durch das JStG 2008 ab VZ 2008 geändert und infolge der Einfügung des neuen Satzes 2 durch das JStG 2009 zu Satz 4.***

[1] **deten Wirtschaftsguts. [4]Aufwendungen zugunsten einer Körperschaft, die zum Empfang steuerlich abziehbarer Zuwendungen berechtigt ist, können nur abgezogen werden, wenn ein Anspruch auf die Erstattung der Aufwendungen durch Vertrag oder Satzung eingeräumt und auf die Erstattung verzichtet worden ist. [5]Der Anspruch darf nicht unter der Bedingung des Verzichts eingeräumt worden sein.**

(4) [1]Der Steuerpflichtige darf auf die Richtigkeit der Bestätigung über Spenden und Mitgliedsbeiträge vertrauen, es sei denn, dass er die Bestätigung durch unlautere Mittel oder falsche Angaben erwirkt hat oder dass ihm die Unrichtigkeit der Bestätigung bekannt oder infolge grober Fahrlässigkeit nicht bekannt war. [2]Wer vorsätzlich oder grob fahrlässig eine unrichtige Bestätigung ausstellt oder wer veranlasst, dass Zuwendungen nicht zu den in der Bestätigung angegebenen steuerbegünstigten Zwecken verwendet werden, haftet für die entgangene
[2] **Steuer. [3]Diese ist mit 30 Prozent des zugewendeten Betrags anzusetzen.**

EStDV
S 2223

§§ 48 und 49 (weggefallen)

EStDV

§ 50 Zuwendungsnachweis

(1) Zuwendungen im Sinne der §§ 10b und 34g des Gesetzes dürfen nur abgezogen werden, wenn sie durch eine Zuwendungsbestätigung nachgewiesen werden, die der Empfänger nach amtlich vorgeschriebenem Vordruck ausgestellt hat.

[3] *(2) [1]Als Nachweis genügt der Bareinzahlungsbeleg oder die Buchungsbestätigung eines Kreditinstituts, wenn*

1. *die Zuwendung zur Hilfe in Katastrophenfällen innerhalb eines Zeitraums, den die obersten Finanzbehörden der Länder im Benehmen mit dem Bundesministerium der Finanzen bestimmen, auf ein für den Katastrophenfall eingerichtetes Sonderkonto einer inländischen juristischen Person des öffentlichen Rechts, einer inländischen öffentlichen Dienststelle oder eines inländischen amtlich anerkannten Verbandes der freien Wohlfahrtspflege einschließlich seiner Mitgliedsorganisationen eingezahlt worden ist oder*

---

1) ***Absatz 3 Satz 3 wurde durch das JStG 2009 ab VZ 2009 durch die neuen Sätze 3 und 4 ersetzt.***
Anm.: Die neuen Sätze 3 und 4 lauten:
Ansonsten bestimmt sich die Höhe der Zuwendung nach dem gemeinen Wert des zugewendeten Wirtschaftsguts, wenn dessen Veräußerung im Zeitpunkt der Zuwendung keinen Besteuerungstatbestand erfüllen würde. In allen übrigen Fällen dürfen bei der Ermittlung der Zuwendungshöhe die fortgeführten Anschaffungs- oder Herstellungskosten nur überschritten werden, soweit eine Gewinnrealisierung stattgefunden hat.

2) ***Durch das JStG 2009 wurden ab VZ 2009 dem Absatz 4 die Sätze 4 und 5 angefügt.***
Anm.: Die neuen Sätze 4 und 5 lauten:
In den Fällen des Satzes 2 zweite Alternative (Veranlasserhaftung) ist vorrangig der Zuwendungsempfänger (inländische juristische Person des öffentlichen Rechts oder inländische öffentliche Dienststelle oder nach § 5 Abs. 1 Nr. 9 des Körperschaftsteuergesetzes steuerbefreite Körperschaft, Personenvereinigung oder Vermögensmasse) in Anspruch zu nehmen; die in diesen Fällen für den Zuwendungsempfänger handelnden natürlichen Personen sind nur in Anspruch zu nehmen, wenn die entgangene Steuer nicht nach § 47 der Abgabenordnung erloschen ist und Vollstreckungsmaßnahmen gegen den Zuwendungsempfänger nicht erfolgreich sind. Die Festsetzungsfrist für Haftungsansprüche nach Satz 2 läuft nicht ab, solange die Festsetzungsfrist für von dem Empfänger der Zuwendung geschuldete Körperschaftsteuer für den Veranlagungszeitraum nicht abgelaufen ist, in dem die unrichtige Bestätigung ausgestellt worden ist oder veranlasst wurde, dass die Zuwendung nicht zu den in der Bestätigung angegebenen steuerbegünstigten Zwecken verwendet worden ist; § 191 Abs. 5 der Abgabenordnung ist nicht anzuwenden.

3) ***Durch das Steuerbürokratieabbaugesetz wurde ab VZ 2009 ein neuer Absatz 1a eingefügt.***
Anm.: Der neue Absatz 1a lautet:
(1a) Der Zuwendende kann den Zuwendungsempfänger bevollmächtigen, die Zuwendungsbestätigung der Finanzbehörde nach amtlich vorgeschriebenem Datensatz durch Datenfernübertragung nach Maßgabe der Steuerdaten-Übermittlungsverordnung zu übermitteln. Der Zuwendende hat dem Zuwendungsempfänger zu diesem Zweck seine Identifikationsnummer (§ 139b der Abgabenordnung) mitzuteilen. Die Vollmacht kann nur mit Wirkung für die Zukunft widerrufen werden. Der Datensatz ist bis zum 28. Februar des Jahres, das auf das Jahr folgt, in dem die Zuwendung geleistet worden ist, an die Finanzbehörde zu übermitteln. Der Zuwendungsempfänger hat dem Zuwendenden die nach Satz 1 übermittelten Daten elektronisch oder auf dessen Wunsch als Ausdruck zur Verfügung zu stellen; in beiden Fällen ist darauf hinzuweisen, dass die Daten der Finanzbehörde übermittelt worden sind.

2. die Zuwendung 200 Euro nicht übersteigt und

a) der Empfänger eine inländische juristische Person des öffentlichen Rechts oder eine inländische öffentliche Dienststelle ist oder

b) der Empfänger eine Körperschaft, Personenvereinigung oder Vermögensmasse im Sinne des § 5 Abs. 1 Nr. 9 des Körperschaftsteuergesetzes ist, wenn der steuerbegünstigte Zweck, für den die Zuwendung verwendet wird, und die Angaben über die Freistellung des Empfängers von der Körperschaftsteuer auf einem von ihm hergestellten Beleg aufgedruckt sind und darauf angegeben ist, ob es sich bei der Zuwendung um eine Spende oder einen Mitgliedsbeitrag handelt oder

c) der Empfänger eine politische Partei im Sinne des § 2 des Parteiengesetzes ist und bei Spenden der Verwendungszweck auf dem vom Empfänger hergestellten Beleg aufgedruckt ist.

[2]Aus der Buchungsbestätigung müssen Name und Kontonummer des Auftraggebers und Empfängers, der Betrag sowie der Buchungstag ersichtlich sein. [3]In den Fällen der Nummer 2 Buchstabe b hat der Zuwendende zusätzlich den vom Zuwendungsempfänger hergestellten Beleg vorzulegen.

(3) Als Nachweis für die Zahlung von Mitgliedsbeiträgen an politische Parteien im Sinne des § 2 des Parteiengesetzes genügt die Vorlage von Bareinzahlungsbelegen, Buchungsbestätigungen oder Beitragsquittungen.

(4) [1]Eine in § 5 Abs. 1 Nr. 9 des Körperschaftsteuergesetzes bezeichnete Körperschaft, Personenvereinigung oder Vermögensmasse hat die Vereinnahmung der Zuwendung und ihre zweckentsprechende Verwendung ordnungsgemäß aufzuzeichnen und ein Doppel der Zuwendungsbestätigung aufzubewahren. [2]Bei Sachzuwendungen und beim Verzicht auf die Erstattung von Aufwand müssen sich aus den Aufzeichnungen auch die Grundlagen für den vom Empfänger bestätigten Wert der Zuwendung ergeben.

10b.1. Ausgaben zur Förderung steuerbegünstigter Zwecke i. S. d. § 10b Abs. 1 und 1a EStG

R 10b.1

Begünstigte Ausgaben

(1) [1]Mitgliedsbeiträge, sonstige Mitgliedsumlagen und Aufnahmegebühren sind nicht abziehbar, wenn die diese Beträge erhebende Einrichtung Zwecke bzw. auch Zwecke verfolgt, die ***in § 10b Abs. 1 Satz 2 EStG genannt*** sind. [2]Zuwendungen, die mit der Auflage geleistet werden, sie an eine bestimmte natürliche Person weiterzugeben, sind nicht abziehbar. [3]Zuwendungen können nur dann abgezogen werden, wenn der Zuwendende endgültig wirtschaftlich belastet ist. [4]Bei Sachzuwendungen aus einem Betriebsvermögen darf zuzüglich zu dem Entnahmewert i. S. d. § 6 Abs. 1 Nr. 4 EStG auch die bei der Entnahme angefallene Umsatzsteuer abgezogen werden.

Durchlaufspenden

(2) [1]Das Durchlaufspendenverfahren ist keine Voraussetzung für die steuerliche Begünstigung von Zuwendungen. [2]Inländische juristische Personen des öffentlichen Rechts, die Gebietskörperschaften sind, und ihre Dienststellen sowie inländische kirchliche juristische Personen des öffentlichen Rechts können jedoch ihnen zugewendete Spenden – nicht aber Mitgliedsbeiträge, sonstige Mitgliedsumlagen und Aufnahmegebühren – an Zuwendungsempfänger i. S. d. ***§ 10b Abs. 1 Satz 1 EStG*** weiterleiten. [3]Die Durchlaufstelle muss die tatsächliche Verfügungsmacht über die Spendenmittel erhalten. [4]Dies geschieht in der Regel (anders insbesondere bei → Sachspenden) durch Buchung auf deren Konto. [5]Die Durchlaufstelle muss die Vereinnahmung der Spenden und ihre Verwendung (Weiterleitung) getrennt und unter Beachtung der haushaltsrechtlichen Vorschriften nachweisen. [6]Vor der Weiterleitung der Spenden an ***eine nach § 5 Abs. 1 Nr. 9 KStG steuerbefreite Körperschaft, Personenvereinigung oder Vermögensmasse*** muss sie prüfen, ob ***die Zuwendungsempfängerin*** wegen Verfolgung gemeinnütziger, mildtätiger oder kirchlicher Zwecke i. S. d. § 5 Abs. 1 Nr. 9 KStG anerkannt oder vorläufig anerkannt worden ist und ob die Verwendung der Spenden für diese Zwecke sichergestellt ist. [7]Die Zuwendungsbestätigung darf nur von der Durchlaufstelle ausgestellt werden.

Nachweis der Zuwendungen

(3) [1]Zuwendungen nach den §§ 10b und 34g EStG sind grundsätzlich durch eine vom Empfänger nach amtlich vorgeschriebenem Vordruck erstellte Zuwendungsbestätigung nachzuweisen.

[2]Die Zuwendungsbestätigung kann auch von einer durch Auftrag zur Entgegennahme von Zahlungen berechtigten Person unterschrieben werden.

Maschinell erstellte Zuwendungsbestätigung

(4) [1]Als Nachweis reicht eine maschinell erstellte Zuwendungsbestätigung ohne eigenhändige Unterschrift einer zeichnungsberechtigten Person aus, wenn der Zuwendungsempfänger die Nutzung eines entsprechenden Verfahrens dem zuständigen Finanzamt angezeigt hat. [2]Mit der Anzeige ist zu bestätigen, dass folgende Voraussetzungen erfüllt sind und eingehalten werden:

1. die Zuwendungsbestätigungen entsprechen dem amtlich vorgeschriebenen Vordruck,
2. die Zuwendungsbestätigungen enthalten die Angabe über die Anzeige an das Finanzamt,
3. eine rechtsverbindliche Unterschrift wird beim Druckvorgang als Faksimile eingeblendet oder es wird beim Druckvorgang eine solche Unterschrift in eingescannter Form verwendet,
4. das Verfahren ist gegen unbefugten Eingriff gesichert,
5. das Buchen der Zahlungen in der Finanzbuchhaltung und das Erstellen der Zuwendungsbestätigungen sind miteinander verbunden sind und die Summen können abgestimmt werden, und
6. Aufbau und Ablauf des bei der Zuwendungsbestätigung angewandten maschinellen Verfahrens sind für die Finanzbehörden innerhalb angemessener Zeit prüfbar (analog § 145 AO); dies setzt eine Dokumentation voraus, die den Anforderungen der Grundsätze ordnungsmäßiger DV-gestützter Buchführungssysteme genügt.

[3]Die Regelung gilt nicht für Sach- und Aufwandsspenden.

Prüfungen

(5) [1]Ist der Empfänger einer Zuwendung eine inländische juristische Person des öffentlichen Rechts, eine inländische öffentliche Dienststelle oder ein inländischer amtlich anerkannter Verband der freien Wohlfahrtspflege einschließlich seiner Mitgliedsorganisationen, kann im Allgemeinen davon ausgegangen werden, dass die Zuwendungen für steuerbegünstigte Zwecke verwendet werden. [2]Das gilt auch dann, wenn der Verwendungszweck im Ausland verwirklicht wird.

H 10b.1

Hinweise

Auflagen

Zahlungen an eine steuerbegünstigte Körperschaft zur Erfüllung einer Auflage nach § 153a StPO oder § 56b StGB sind nicht als Spende abziehbar (→ BFH vom 19. 12. 1990 – BStBl 1991 II S. 234).

Aufwandsspenden

→ BMF vom 7. 6. 1999 (BStBl I S. 591)

Auslandsspenden

Verstößt die ausschließliche Abziehbarkeit von Zuwendungen an inländische juristische Personen des öffentlichen Rechts oder an inländische öffentliche Dienststellen i. S. d. § 49 Nr. 1 EStDV bzw. an steuerbefreite Körperschaften i. S. d. § 49 Nr. 2 EStDV i. V. m. § 5 Abs. 1 Nr. 9 KStG gegen Gemeinschaftsrecht?

→ FG Münster vom 28. 10. 2005 – 11 K 2505/05 E – Rev. BFH X R 46/05 –

Beitrittsspende

Eine anlässlich der Aufnahme in einen Golfclub geleistete Zahlung ist keine Zuwendung i. S. d. § 10b Abs. 1 EStG, wenn derartige Zahlungen von den Neueintretenden anlässlich ihrer Aufnahme erwartet und zumeist auch gezahlt werden (sog. Beitrittsspende). Die geleistete Zahlung ist als → Gegenleistung des Neumitglieds für den Erwerb der Mitgliedschaft und die Nutzungsmöglichkeit der Golfanlagen anzusehen (→ BFH vom 2. 8. 2006 – BStBl 2007 II S. 8).

Durchlaufspendenverfahren

- → BMF vom 2. 6. 2000 (BStBl I S. 592) unter Berücksichtigung der Änderung durch BMF vom 10. 4. 2003 (BStBl I S. 286) und vom 24. 2. 2004 (BStBl I S. 335, ***Tz. 16***).

- Eine Durchlaufspende ist nur dann abziehbar, wenn der Letztempfänger für denjenigen VZ, für den die Spende steuerlich berücksichtigt werden soll, wegen des begünstigten Zwecks von der Körperschaftsteuer befreit ist (→ BFH vom 5. 4. 2006 – BStBl 2007 II S. 450).
- Für den Abzug von **Sachspenden im Rahmen des Durchlaufspendenverfahrens** ist erforderlich, dass der Durchlaufstelle das Eigentum an der Sache verschafft wird. Bei Eigentumserwerb durch Einigung und Übergabeersatz (§§ 930, 931 BGB) ist die körperliche Übergabe der Sache an die Durchlaufstelle nicht erforderlich; es sind aber eindeutige Gestaltungsformen zu wählen, die die tatsächliche Verfügungsfreiheit der Durchlaufstelle über die Sache sicherstellen und eine Überprüfung des Ersterwerbs der Durchlaufstelle und des Zweiterwerbs der begünstigten gemeinnützigen Körperschaft ermöglichen.

Elternleistungen an gemeinnützige Schulvereine (Schulen in freier Trägerschaft) und entsprechende Fördervereine

- Als steuerlich begünstigte Zuwendungen kommen nur freiwillige Leistungen der Eltern in Betracht, die über den festgesetzten Elternbeitrag hinausgehen (→ BMF vom 4. 1. 1991 – BStBl 1992 I S. 266). Setzt ein Schulträger das Schulgeld so niedrig an, dass der normale Betrieb der Schule nur durch die Leistungen der Eltern an einen Förderverein aufrechterhalten werden kann, die dieser satzungsgemäß an den Schulträger abzuführen hat, so handelt es sich bei diesen Leistungen um ein Entgelt, welches im Rahmen eines Leistungsaustausches erbracht wird und nicht um steuerlich begünstigte Zuwendungen (→ BFH vom 12. 8. 1999 – BStBl 2000 II S. 65).
- → § 10 Abs. 1 Nr. 9 EStG

Gebrauchte Kleidung als Sachspende (Abziehbarkeit und Wertermittlung)

Bei gebrauchter Kleidung stellt sich die Frage, ob sie überhaupt noch einen gemeinen Wert (Marktwert) hat. Wird ein solcher geltend gemacht, sind die für eine Schätzung maßgeblichen Faktoren wie Neupreis, Zeitraum zwischen Anschaffung und Weggabe und der tatsächliche Erhaltungszustand durch den Stpfl. nachzuweisen (→ BFH vom 23. 5. 1989 – BStBl II S. 879).

Gegenleistung

- Ein Zuwendungsabzug ist ausgeschlossen, wenn die Ausgaben zur Erlangung einer Gegenleistung des Empfängers erbracht werden. Eine Aufteilung der Zuwendung in ein angemessenes Entgelt und eine den Nutzen übersteigende unentgeltliche Leistung scheidet bei einer einheitlichen Leistung aus. Auch im Fall einer Teilentgeltlichkeit fehlt der Zuwendung insgesamt die geforderte Uneigennützigkeit (→ BFH vom 2. 8. 2006 – BStBl 2007 II S. 8).
- → Beitrittsspende

Gesetz zur weiteren Stärkung des bürgerschaftlichen Engagements

Anwendungsschreiben zu § 10b EStG → BMF vom 18. 12. 2008 – IV C 4 – S 2223/07/0020, DOK 2008/0731361 –, BStBl I S. 16) Anhang 17a

Rückwirkendes Ereignis

Die Erteilung der Zuwendungsbestätigung nach § 50 EStDV ist kein rückwirkendes Ereignis i. S. d. § 175 Abs. 1 Satz 1 Nr. 2 AO (→ § 175 Abs. 2 Satz 2 AO).

Sachspenden

Zur Zuwendungsbestätigung → BMF vom 2. 6. 2000 (BStBl I S. 592) unter Berücksichtigung der Änderung durch BMF vom 10. 4. 2003 (BStBl I S. 286) und BMF vom 24. 2. 2004 (BStBl I S. 335).

Spendenhaftung

Die Ausstellerhaftung nach § 10b Abs. 4 Satz 2 1. Alternative EStG betrifft grundsätzlich den in § 10b Abs. 1 Satz 1 EStG genannten Zuwendungsempfänger (z. B. Kommune, gemeinnütziger Verein). Die Haftung einer natürlichen Person kommt allenfalls dann in Frage, wenn diese Person außerhalb des ihr zugewiesenen Wirkungskreises handelt. Die Ausstellerhaftung setzt Vorsatz oder grobe Fahrlässigkeit voraus. Grobe Fahrlässigkeit liegt z. B. bei einer Kommune vor, wenn nicht geprüft wird, ob der Verein, der die Zuwendung erhält, gemeinnützig ist (→ BFH vom 24. 4. 2002 – BStBl 2003 II S. 128). Unrichtig ist eine Zuwendungsbestätigung, deren Inhalt nicht der objektiven Sach- und Rechtslage entspricht. Das ist z. B. dann der Fall, wenn die Bestätigung Zuwendungen ausweist, die Entgelt für Leistungen sind (→ BFH vom 12. 8. 1999 – BStBl 2000 II S. 65). Bei rückwirkender Aberkennung der Gemeinnützigkeit haftet eine Körperschaft nicht wegen Fehlverwendung, wenn sie die Zuwendung zu dem in der Zuwendungsbestätigung angegebenen begünstigten Zweck verwendet (→ BFH vom 10. 9. 2003 – BStBl 2004 II S. 352).

→ auch: OFD Frankfurt vom 15. 3. 2005 – S 2223 A – 95 – II 1.03 – (StEd 2005, S. 345):

Bei der Haftungsinanspruchnahme nach § 10b Abs. 4 EStG sind die nachfolgenden Grundsätze zu beachten:

1. Haftungsschuldner

Nach § 10b Abs. 4 Satz 2 EStG haftet, wer vorsätzlich oder grob fahrlässig eine unrichtige Bestätigung ausstellt (1. Alternative) oder wer veranlasst, dass Zuwendungen nicht zu den in der Bestätigung angegebenen steuerbegünstigten Zwecken verwendet werden (2. Alternative).

1.1 Steuerbegünstigte Körperschaft i. S. d. §§ 51 ff. AO

Der Aussteller der Bestätigung bzw. der Veranlasser einer Fehlverwendung haftet für die entgangene Steuer. Haftungsschuldner ist daher der Handelnde.

Die Ausstellerhaftung tritt grundsätzlich nur die Körperschaft, da § 50 Abs. 1 EStDV ausdrücklich anordnet, dass Zuwendungsbestätigungen vom Empfänger auszustellen sind. Da als Zuwendungsempfänger nur die in § 49 EStDV genannten Einrichtungen in Betracht kommen, sind diese allein "Aussteller" der Zuwendungsbestätigungen (vgl. BFH-Urteil vom 24. 4. 2002, BStBl 2003 II S. 128). Gegenüber einer natürlichen Person greift die Ausstellerhaftung allenfalls dann ein, wenn die Person außerhalb des ihr zugewiesenen Wirkungskreises gehandelt hat. Auch hinsichtlich der Veranlasserhaftung ist die Körperschaft in Haftung zu nehmen, da durch die Haftung ein Fehlverhalten des Empfängers der Zuwendung im Zusammenhang mit der Spendenverwendung sanktioniert werden soll (BFH-Urteil vom 24. 4. 2002, a. a. O.). Die Haftung ist dabei verschuldensunabhängig und damit in Form einer Gefährdungshaftung ausgestattet.

1.2 Bis 31. 12. 1999: Körperschaft des öffentlichen Rechts als Durchlaufstelle und Aussteller der Spendenbestätigung – *nicht abgedruckt* –

1.3 Körperschaft, die nicht nach §§ 51 ff. AO als steuerbegünstigte Körperschaft anerkannt ist.

Es gelten die zu Tz. 1.1 genannten Grundsätze.

1.4 Sonstige Aussteller unrichtiger Zuwendungsbestätigungen bzw. Veranlasser der Fehlverwendung von Zuwendungen

1.4.1 Natürliche Person:

Ist eine natürliche Person Zuwendungsempfänger und stellt diese die unrichtigen Zuwendungsbestätigungen aus, so ist sie als Haftungsschuldner in Anspruch zu nehmen.

1.4.2 BGB-Gesellschaft/Gemeinschaft:

Ist eine Gesellschaft/Gemeinschaft Zuwendungsempfänger, kommen zwar ein, mehrere oder alle Gesellschafter als Haftungsschuldner in Betracht. Vorrangig solle aber als Haftungsschuldner die handelnde Person in Anspruch genommen werden.

2. Bindung der Haftungsinanspruchnahme an den Vertrauensschutz beim Zuwendenden

Der Haftungstatbestand ist an den Vertrauensschutz beim Zuwendenden gekoppelt. Nach der Gesetzesbegründung (vgl. Gegenäußerung der Bundesregierung zu der Stellungnahme des Bundesrates, BT-Drucksache 11/4305 vom 6. 4. 1989, zu 6. und 9. und Beschlussempfehlung und Bericht des Finanzausschusses (7. Ausschuss), BT-Drucksache 11/5582 vom 7. 11. 1989, zu „Spendenabzug") müssen die Finanzämter bei der Haftungsprüfung stets die Gutgläubigkeit des Zuwendenden prüfen. Obwohl der pauschale Ansatz der Haftungssumme mit 10 % des zugewendeten Betrages gegen eine in jedem Einzelfall zu prüfende Verknüpfung des Haftungstatbestandes mit dem Vertrauensschutz beim Zuwendenden spricht, ist die Haftungsinanspruchnahme von einem bestehenden Vertrauensschutz abhängig.

Die Darlegungs- und Beweislast für die den Vertrauensschutz ausschließenden Gründe hat im Haftungsverfahren der Aussteller der unrichtigen Zuwendungsbestätigung. Der potenzielle Haftungsschuldner hat daher auch die Möglichkeit einzuwenden, dass es, bezogen auf die einzelne Zuwendung, zu keinem Steuerausfall gekommen ist, weil der Zuwendende z. B. den Abzug der Zuwendung bei seiner Steuererklärung nicht begehrt oder weil er den Höchstbetrag nach § 10b Abs. 1 Satz 1 EStG bereits ohne die fragliche Zuwendung ausgeschöpft hatte.

3. Vertrauensschutz beim Zuwendenden

Nach § 10b Abs. 4 Satz 1 EStG darf der Zuwendende auf die Richtigkeit der Bestätigung vertrauen, es sei denn, dass er die Bestätigung durch unlautere Mittel oder falsche Angaben erwirkt hat oder dass ihm die Unrichtigkeit der Bestätigung bekannt oder infolge grober Fahrlässigkeit nicht bekannt war. Widerruft der Aussteller der unrichtigen Zuwendungsbestätigung diese, bevor der Zuwendende seine Steuererklärung einschließlich der unrichtigen Bestätigung beim FA abgegeben hat, kann der Zuwendende nicht mehr auf die Richtigkeit der Bestätigung vertrauen. Da auch bei der Anwendung der Vertrauensschutzregelung § 150 Abs. 2 AO zu beachten ist, wonach die Angaben in der Steuererklärung wahrheitsgemäß nach bestem Wissen und Gewissen zu machen sind, darf der Zuwendende in diesem Fall den Abzug der Zuwendung nicht mehr unter Hinweis auf den Vertrauensschutz beantragen.

Die Bösgläubigkeit des Zuwendenden ist u. a. gegeben, wenn ihm Umstände bekannt sind, die für eine Verwendung der Zuwendung sprechen, die nicht den Unterlagen entspricht, oder wenn der „Zuwendung" eine Gegenleistung gegenübersteht.

4. Umfang der Haftung

Die entgangene Steuer, für die der Haftende in Anspruch genommen wird, ist nach § 10b Abs. 4 Satz 3 EStG mit 40 % des zugewendeten Betrages anzusetzen. Die Festlegung der Haftungshöhe als fester Prozentsatz der Zuwendung erfolgt unabhängig von den tatsächlichen Verhältnissen beim Zuwendenden (soweit dieser Vertrauensschutz genießt). Die Frage, in welchem Umfang sich der Abzug der Zuwendung beim Zuwendenden steuerlich ausgewirkt hat, bleibt ohne Bedeutung für die Haftungsfrage (vgl. Tz. 2). Einzelfallbezogene Ermittlungen des Ausfalls unterbleiben.

Im Falle der Ausstellerhaftung bestimmt sich die Bemessungsgrundlage für die Haftungshöhe nach den Zuwendungen für die eine unrichtige Zuwendungsbestätigung ausgestellt wurde. Im Falle der Veranlasserhaftung bestimmt sie sich nach den fehlverwendeten Zuwendungen.

Mit Urteil vom 10. 9. 2003 (BStBl 2004 II S. 352) hat der BFH entschieden, dass eine Körperschaft nicht nach § 10b Abs. 4 Satz 2 2. Alt. EStG wegen Fehlverwendung haftet, wenn sie die Spenden zwar zu dem in der Spendenbestätigung angegebenen Zweck verwendet, selbst aber nicht als gemeinnützig anerkannt ist. Im Falle der Versagung der Steuerbegünstigung nach §§ 51 ff. AO für abgelaufene VZ ist daher zu prüfen, für welche Zwecke die bestätigten Zuwendungen verwendet wurden. Die Spendenhaftung umfasst in diesen Fällen nur die Zuwendungen, die tatsächlich fehlverwendet, d. h. nicht für die in der Bestätigung angegebenen steuerbegünstigten Zwecke verwendet wurden.

5. Erteilung des Haftungsbescheides

Für die Erteilung des Haftungsbescheides ist § 191 AO zu beachten.

Dem Haftenden ist zunächst rechtliches Gehör zu gewähren (vgl. Tz. 5 der Rdvfg. vom 8. 9. 2003, S 0370 A – 15 – St II 4.03, AO-Kartei, § 191 AO, Karte 1 N). Im Haftungsbescheid sind die Gründe für die Ermessensentscheidung darzustellen. Insbesondere sind, wenn mehrere Personen als Haftende in Betracht kommen, die Erwägungen zu erläutern, warum gerade die in Anspruch genommene/n Person/en unter mehreren zur Haftung ausgewählt und herangezogen wird/werden (vgl. Tz. 6.8.2.2 der Rdvfg. vom 8. 9. 2003, a. a. O.).

Sponsoring

→ BMF vom 18. 2. 1998 (BStBl I S. 212) Anhang 10

Vermächtniszuwendungen

Aufwendungen des Erben zur Erfüllung von Vermächtniszuwendungen an gemeinnützige Einrichtungen sind weder beim Erben (→ BFH vom 22. 9. 1993 – BStBl II S. 874) noch beim Erblasser (→ BFH vom 23. 10. 1996 – BStBl 1997 II S. 239) als Zuwendungen nach § 10b Abs. 1 EStG abziehbar.

Vertrauensschutz

Der Schutz des Vertrauens in die Richtigkeit einer Zuwendungsbestätigung erfasst nicht Gestaltungen, in denen die Bescheinigung zwar inhaltlich unrichtig ist, der in ihr ausgewiesene Sachverhalt aber ohnehin keinen Abzug rechtfertigt (→ BFH vom 5. 4. 2006 – BStBl 2007 II S. 450).

Zeugen Jehovas

Mit Wirkung vom 13. 6. 2006 ist der Religionsgemeinschaft der Zeugen Jehovas Deutschland e. V. die Rechtsstellung einer Körperschaft des öffentlichen Rechts verliehen worden (ABl Berlin 2006 S. 2428). Beiträge an diese Religionsgemeinschaft sind somit ab dem 13. 6. 2006 entsprechend R 10.7 EStR und H 10.7 EStH als Sonderausgaben nach § 10 Abs. 1 Nr. 4 EStG abziehbar → OFD Koblenz vom 5. 3. 2007, S 2221 A – St 32 3

Zuwendungsbestätigung (§ 50 EStDV)

- Die Zuwendungsbestätigung ist eine unverzichtbare sachliche Voraussetzung für den Zuwendungsabzug. Die Bestätigung hat jedoch nur den Zweck einer Beweiserleichterung hinsichtlich der Verwendung der Zuwendung und ist nicht bindend (→ BFH vom 23. 5. 1989 – BStBl II S. 879). Entscheidend ist u. a. der Zweck, der durch die Zuwendung tatsächlich gefördert wird (→ BFH vom 15. 12. 1999 – BStBl 2000 II S. 884 und BMF vom 9. 1. 2001 – BStBl I S. 81). Eine Zuwendungsbestätigung wird vom Finanzamt nicht als Nachweis für den Zuwendungsabzug anerkannt, wenn das Datum des Steuerbescheides/Freistellungsbescheides länger als 5 Jahre bzw. das Datum der vorläufigen Bescheinigung länger als 3 Jahre seit Ausstellung der Bestätigung zurückliegt; dies gilt auch bei Durchlaufspenden (→ BMF vom 15. 12. 1994 – BStBl I S. 884). Eine Aufteilung von Zuwendungen in abziehbare und nichtabziehbare Teile je nach satzungsgemäßer und nichtsatzungsgemäßer anteiliger Verwendung der Zuwendung ist unzulässig (→ BFH vom 7. 11. 1990 – BStBl 1991 II S. 547).
- Zur Zustellung und Verwendung der Zuwendungsbestätigungen:

  → BMF vom 13. 12. 2007 (BStBl 2008 I S. 4) ***und vom 31. 3. 2008 (BStBl I S. 565)***

  → BMF vom 2. 6. 2000 (BStBl I S. 592) unter Berücksichtigung der Änderung durch BMF vom 10. 4. 2003 (BStBl I S. 286) und vom 24. 2. 2004 (BStBl I S. 335)

R 10b.2

10b.2. Zuwendungen an politische Parteien

S 2223 [1]Zuwendungen an politische Parteien sind nur dann abziehbar, wenn die Partei bei Zufluss der Zuwendung als politische Partei i. S. d. § 2 PartG anzusehen ist. [2]Der Stpfl. hat dem Finanzamt die Zuwendungen grundsätzlich durch eine von der Partei nach amtlich vorgeschriebenem Vordruck erstellte Zuwendungsbestätigung nachzuweisen. [3]R 10b.1 Abs. 3 Satz 2 und Abs. 4 gilt entsprechend.

H 10b.2

Hinweise

Parteiengesetz

→ Parteiengesetz vom 31. 1. 1994 (BGBl. I S. 149), ***zuletzt geändert durch*** Artikel 2 des Neunten Gesetzes zur Änderung des Parteiengesetzes vom 22. 12. 2004 (BGBl. I S. 3673).

Zuwendungsbestätigung (§ 50 EStDV)

→ BMF vom 13. 12. 2007 (BStBl 2008 I S. 4)***, vom 31. 3. 2008 (BStBl I S. 565)*** und vom 2. 6. 2000 (BStBl I S. 592) unter Berücksichtigung der Änderung durch BMF vom 10. 4. 2003 (BStBl I S. 286) und vom 24. 2. 2004 (BStBl I S. 335).

R 10b.3

10b.3. Begrenzung des Abzugs der Ausgaben für steuerbegünstigte Zwecke

Alternativgrenze

S 2223 (1) [1]Zu den gesamten Umsätzen i. S. d. § 10b Abs. 1 Satz 1 ***Nr. 2*** EStG gehören außer den steuerbaren Umsätzen i. S. d. § 1 UStG auch nicht steuerbare → Umsätze. ***[2]Der alternative Höchstbetrag wird bei einem*** Mitunternehmer von dem Teil der Summe der gesamten Umsätze und der im Kalenderjahr aufgewendeten Löhne und Gehälter der Personengesellschaft berechnet, der dem Anteil des ***Mitunternehmers*** am Gewinn der Gesellschaft entspricht.

Stiftungen

(2) ***Der besondere Abzugsbetrag nach § 10b Abs. 1a EStG steht bei zusammenveranlagten Ehegatten jedem Ehegatten einzeln zu, wenn beide Ehegatten als Spender auftreten.***

Hinweise

H 10b.3

Höchstbetrag in Organschaftsfällen

- → R 47 Abs. 5 KStR 2004
- Ist ein Stpfl. an einer Personengesellschaft beteiligt, die Organträger einer körperschaftsteuerrechtlichen Organschaft ist, bleibt bei der Berechnung des Höchstbetrags der abziehbaren Zuwendungen nach § 10b Abs. 1 EStG auf Grund des G. d. E. das dem Stpfl. anteilig zuzurechnende Einkommen der Organgesellschaft außer Ansatz (→ BFH vom 23. 1. 2002 – BStBl 2003 II S. 9).

Kreditinstitute

Die Gewährung von Krediten und das Inkasso von Schecks und Wechsel erhöht die „Summe der gesamten Umsätze". Die Erhöhung bemisst sich jedoch nicht nach den Kreditsummen, Schecksummen und Wechselsummen, Bemessungsgrundlage sind vielmehr die Entgelte, die der Stpfl. für die Kreditgewährungen und den Einzug der Schecks und Wechsel erhält (→ BFH vom 4. 12. 1996 – BStBl 1997 II S. 327).

Umsätze

Zur „Summe der gesamten Umsätze" gehören die steuerpflichtigen und die steuerfreien (→ BFH vom 4. 12. 1996 – BStBl 1997 II S. 327) sowie die nicht steuerbaren Umsätze (→ R 10b Abs. 1 Satz 1). Ihre Bemessung richtet sich nach ***dem*** Umsatzsteuerrecht (→ BFH vom 4. 12. 1996 – BStBl 1997 II S. 327).

---

§ 10c Sonderausgaben-Pauschbetrag, Vorsorgepauschale

EStG
S 2224

(1) Für Sonderausgaben nach § 10 Abs. 1 Nr. 1, 1a, 4, 5, 7 bis 9 und nach § 10b wird ein Pauschbetrag von 36 Euro abgezogen (Sonderausgaben-Pauschbetrag), wenn der Stpfl. nicht höhere Aufwendungen nachweist. [1]

(2) [1]Hat der Steuerpflichtige Arbeitslohn bezogen, wird für die Vorsorgeaufwendungen (§ 10 Abs. 1 Nr. 2 und 3) eine Vorsorgepauschale abgezogen, wenn der Steuerpflichtige nicht Aufwendungen nachweist, die zu einem höheren Abzug führen. [2]Die Vorsorgepauschale ist die Summe aus S 2362

1. dem Betrag, der bezogen auf den Arbeitslohn, 50 Prozent des Beitrags in der allgemeinen Rentenversicherung entspricht, und

2. 11 Prozent des Arbeitslohns, jedoch höchstens 1500 Euro.

[3]Arbeitslohn im Sinne der Sätze 1 und 2 ist der um den Versorgungsfreibetrag (§ 19 Abs. 2) und den Altersentlastungsbetrag (§ 24a) verminderte Arbeitslohn. [4]In den Kalenderjahren 2005 bis 2024 ist die Vorsorgepauschale mit der Maßgabe zu ermitteln, dass im Kalenderjahr 2005 der Betrag, der sich nach Satz 2 Nr. 1 ergibt, auf 20 Prozent begrenzt und dieser Prozentsatz in jedem folgenden Kalenderjahr um je 4 Prozentpunkte erhöht wird.

(3) Für Arbeitnehmer, die während des ganzen oder eines Teils des Kalenderjahres

1. in der gesetzlichen Rentenversicherung versicherungsfrei oder auf Antrag des Arbeitgebers von der Versicherungspflicht befreit waren und denen für den Fall ihres Ausscheidens aus der Beschäftigung auf Grund des Beschäftigungsverhältnisses eine lebenslängliche Versorgung oder an deren Stelle eine Abfindung zusteht oder die in der gesetzlichen Rentenversicherung nachzuversichern sind oder

2. nicht der gesetzlichen Rentenversicherungspflicht unterliegen, eine Berufstätigkeit ausgeübt und im Zusammenhang damit auf Grund vertraglicher Vereinbarungen Anwartschaftsrechte auf eine Altersversorgung erworben haben oder [2]

3. Versorgungsbezüge im Sinne des § 19 Abs. 2 Satz 2 Nr. 1 erhalten haben oder

4. Altersrente aus der gesetzlichen Rentenversicherung erhalten haben,

beträgt die Vorsorgepauschale 11 Prozent des Arbeitslohns, jedoch höchstens 1500 Euro.

---

[1]) ***Durch das FamLeistG wurde Absatz 1 ab VZ 2009 geändert.***
Die Änderung lautet:
(1) Für Sonderausgaben nach § 9c und § 10 Abs. 1 Nr. 1, 1a, 4, 7 bis 9 und nach § 10b wird ein Pauschbetrag von 36 Euro abgezogen (Sonderausgaben-Pauschbetrag), wenn der Steuerpflichtige nicht höhere Aufwendungen nachweist.

[2]) Absatz 3 Nr. 2 wurde durch das JStG 2008 ab VZ 2008 geändert.

(4) [1]Im Fall der Zusammenveranlagung von Ehegatten zur Einkommensteuer sind die Absätze 1 bis 3 mit der Maßgabe anzuwenden, dass die Euro-Beträge nach Absatz 1, 2 Satz 2 Nr. 2 sowie Absatz 3 zu verdoppeln sind. [2]Wenn beide Ehegatten Arbeitslohn bezogen haben, ist Absatz 2 Satz 3 auf den Arbeitslohn jedes Ehegatten gesondert anzuwenden und eine Vorsorgepauschale abzuziehen, die sich ergibt aus der Summe

1. **der Beträge, die sich nach Absatz 2 Satz 2 Nr. 1 in Verbindung mit Satz 4 für nicht unter Absatz 3 fallende Ehegatten ergeben, und**
2. **11 Prozent der Summe der Arbeitslöhne beider Ehegatten, höchstens jedoch 3000 Euro.**

[3]Satz 1 gilt auch, wenn die tarifliche Einkommensteuer nach § 32a Abs. 6 zu ermitteln ist.

(5) Soweit in den Kalenderjahren 2005 bis 2019 die Vorsorgepauschale nach der für das Kalenderjahr 2004 geltenden Fassung des § 10c Abs. 2 bis 4 günstiger ist, ist diese mit folgenden Höchstbeträgen anzuwenden:

Kalenderjahr	Betrag nach § 10c Abs. 2 Satz 2 Nr. 1 in Euro	Betrag nach § 10c Abs. 2 Satz 2 Nr. 2 in Euro	Betrag nach § 10c Abs. 2 Satz 2 Nr. 3 in Euro	Betrag nach § 10c Abs. 3 in Euro
2005	3 068	1 334	667	1 134
2006	3 068	1 334	667	1 134
2007	3 068	1 334	667	1 134
2008	3 068	1 334	667	1 134
2009	3 068	1 334	667	1 134
2010	3 068	1 334	667	1 134
2011	2 700	1 334	667	1 134
2012	2 400	1 334	667	1 134
2013	2 100	1 334	667	1 134
2014	1 800	1 334	667	1 134
2015	1 500	1 334	667	1 134
2016	1 200	1 334	667	1 134
2017	900	1 334	667	1 134
2018	600	1 334	667	1 134
2019	300	1 334	667	1 134

R 10c

10c. Berechnung der Vorsorgepauschale bei Ehegatten

S 2224 S 2362 Für die Durchführung der Günstigerprüfung nach § 10c Abs. 5 EStG ist R 114 EStR 2003 weiter anzuwenden.

H 10c

Hinweise

Allgemeines

Anhang 1 Zur Berücksichtigung der Vorsorgepauschale ab VZ 2005 → BMF vom 30. 1. 2008 (BStBl I S. 390;), Rz. 62 ff.

Beispiele

Beispiel zur Berechnung der ungekürzten Vorsorgepauschale:

Zusammen zu veranlagende Ehegatten

Ehemann: rentenversicherungspflichtig, 63 Jahre alt, Arbeitslohn 30 000 €, darin enthaltene Versorgungsbezüge i. S. d. § 19 Abs. 2 Satz 2 Nr. 2 EStG (Werkspension) 5 000 € (Versorgungsbeginn im Januar ***2008***)

Ehefrau: rentenversicherungspflichtig, 60 Jahre alt, Arbeitslohn 9 000 €

1. Ermittlung der Bemessungsgrundlage für die Vorsorgepauschale

	Ehemann	Ehefrau
Arbeitslohn	30 000 €	9 000 €
abzüglich Versorgungsfreibetrag ***35,2*** % von 5 000 € (Höchstbetrag von ***2 640*** € nicht überschritten) =	***– 1 760*** €	
verminderter Arbeitslohn	***28 240*** €	9 000 €
gemeinsame Bemessungsgrundlage	***37 240*** €	

2. Berechnung der Vorsorgepauschale nach § 10c Abs. 4 EStG

	Ehemann		Ehefrau
50 % des Beitrags in der gesetzlichen Rentenversicherung (19,9 % von ***28 240*** € und 19,9 % von 9 000 €)	***2 809,88*** €		895,50 €
hiervon ***32*** % (Begrenzung nach § 10c Abs. 2 Satz 4 EStG)	***899,16*** €		***286,56*** €
zuzüglich 11 % der gemeinsamen Bemessungsgrundlage (= 4087,60 €), höchstens		3 000 €	
Vorsorgepauschale insgesamt, aufgerundet auf den nächsten vollen Euro-Betrag		***4 186*** €	

3. Günstigerprüfung nach § 10c Abs. 5 EStG

	Ehemann		Ehefrau
a) Ermittlung der Bemessungsgrundlage für die Vorsorgepauschale			
Arbeitslohn	30 000 €		9 000 €
abzüglich Versorgungsfreibetrag (§ 19 Abs. 2 EStG a. F.) 40 % von 5 000 € (Höchstbetrag von 3 072 € nicht überschritten) =	– 2 000 €		
verminderter Arbeitslohn	28 000 €		9 000 €
gemeinsame Bemessungsgrundlage		37 000 €	
b) Ermittlung des Ausgangsbetrags: 20 % der gemeinsamen Bemessungsgrundlage		7 400 €	
c) Höchstbetragsbegrenzung			
aa) 2 × 3 068 €		6 136 €	
abzüglich 16 % der gemeinsamen Bemessungsgrundlage (aber kein Negativergebnis)		– 5 920 €	216 €
bb) Ausgangsbetrag		7 400 €	
abzüglich		– 216 €	
		7 184 €	
Höchstbetrag (2 × 1 334 € =)		2 668 €	
der niedrigere Betrag ist anzusetzen:			2 668 €
cc) Ausgangsbetrag		7 400 €	
abzüglich (216 € + 2 668 € =)		– 2 884 €	
		4 516 €	
zur Hälfte		2 258 €	
Höchstbetrag (2 × 667 € =)		1 334 €	
der niedrigere Betrag ist anzusetzen:			1 334 €
Vorsorgepauschale insgesamt, ggf. abgerundet auf den nächsten vollen Euro-Betrag			4 218 €

Ergebnis der Günstigerprüfung:

Die Vorsorgepauschale nach § 10c Abs. 5 EStG i. V. m. § 10c Abs. 2 bis 4 EStG a. F. ist höher als der sich nach § 10c Abs. 2 bis 4 EStG ergebende Betrag, der höhere Betrag von 4 218 € ist anzusetzen.

Beispiel zur Berechnung der gekürzten Vorsorgepauschale:

Zusammen zu veranlagende Ehegatten

Ehemann: 68 Jahre alt (Vollendung des 64. Lebensjahres vor 2005[1])), Arbeitslohn aus einer aktiven Tätigkeit 2 000 €, Bezug von Altersrente aus der gesetzlichen Rentenversicherung (Rentenbeginn in ***2008***[2]))

Ehefrau: 57 Jahre alt, Beamtenbezüge 25 000 €

1. Ermittlung der Bemessungsgrundlage für die Vorsorgepauschale

	Ehemann		Ehefrau
Arbeitslohn	2 000 €		25 000 €
abzüglich Altersentlastungsbetrag (§ 24a EStG a. F.) 40 % von 2 000 € (Höchstbetrag von 1 908 € nicht überschritten) =	– 800 €		
verminderter Arbeitslohn	1 200 €		25 000 €
gemeinsame Bemessungsgrundlage		26 200 €	

1) Prozentsatz und Höchstbetrag des Altersentlastungsbetrags sind vom Geburtsjahr abhängig (→ § 24a Satz 5 EStG)

2) Der Rentenbeginn hat für die Berechnung keine unmittelbare Bedeutung. Die gekürzte Vorsorgepauschale ist auch anzusetzen, wenn nur während eines Teils des Jahres eine Rente bezogen wurde.

	Ehemann		Ehefrau
2. Berechnung der Vorsorgepauschale nach § 10c Abs. 4 EStG			
11 % der gemeinsamen Bemessungsgrundlage (= 2 882 €), höchstens 3 000 €		2 882 €	
Vorsorgepauschale, ggf. aufgerundet auf den nächsten vollen Euro-Betrag		2 882 €	
3. Günstigerprüfung nach § 10c Abs. 5 EStG			
a) Ermittlung der Bemessungsgrundlage für die Vorsorgepauschale	Ehemann		Ehefrau
Arbeitslohn	2 000 €		25 000 €
abzüglich Altersentlastungsbetrag (§ 24a EStG a. F.) 40 % von 2 000 € (Höchstbetrag von 1 908 € nicht überschritten) =	– 800 €		
verminderter Arbeitslohn	1 200 €		25 000 €
gemeinsame Bemessungsgrundlage		26 200 €	
b) Berechnung und Höchstbetragsbegrenzung			
20 % der gemeinsamen Bemessungsgrundlage (= 5 240 €), höchstens (2 × 1 134 € =)		2 268 €	
Vorsorgepauschale, ggf. abgerundet auf den nächsten vollen Euro-Betrag		2 268 €	

Ergebnis der Günstigerprüfung:

Die Vorsorgepauschale nach § 10c Abs. 2 bis 4 EStG ist höher als der sich nach § 10c Abs. 5 EStG i. V. m. § 10c Abs. 2 bis 4 EStG a. F. ergebende Betrag, der höhere Betrag von 2 882 € ist anzusetzen.

Beispiel zur Berechnung der Vorsorgepauschale in Mischfällen:

Zusammen zu veranlagende Ehegatten

Ehemann: Beamter, Arbeitslohn 20 000 €
Ehefrau: rentenversicherungspflichtige Angestellte, Arbeitslohn 15 000 €

	Ehemann		Ehefrau
1. Ermittlung der Bemessungsgrundlage für die Vorsorgepauschale			
Arbeitslohn = Bemessungsgrundlage	20 000 €		15 000 €
gemeinsame Bemessungsgrundlage		35 000 €	
2. Berechnung der Vorsorgepauschale nach § 10c Abs. 4 EStG	Ehemann		Ehefrau
50 % des Beitrags in der gesetzlichen Rentenversicherung der Ehefrau (19,9 % von 15 000 €)			1492,50 €
hiervon ***32*** % (Begrenzung nach § 10c Abs. 2 Satz 4 EStG)			***477,60*** €
zuzüglich 11 % der gemeinsamen Bemessungsgrundlage (= 3 850 €), höchstens		3 000 €	
Vorsorgepauschale insgesamt, aufgerundet auf den nächsten vollen Euro-Betrag		***3478*** €	
3. Günstigerprüfung nach § 10c Abs. 5 EStG erste Alternative			
a) Ermittlung der Ausgangsbeträge			
Ausgangsbetrag für den Ehemann: 20 % der Bemessungsgrundlage (= 4 000 €), weil Person i. S. d. § 10c Abs. 3 EStG höchstens		1 134 €	
Ausgangsbetrag für die Ehefrau: 20 % der Bemessungsgrundlage ohne Höchstbetrag		3 000 €	
Summe der Ausgangsbeträge		4 134 €	
b) Höchstbetragsbegrenzung			
aa) 2 × 3 068 €		6 136 €	
abzüglich 16 % der gemeinsamen Bemessungsgrundlage (aber kein Negativergebnis)		– 5 600 €	536 €
bb) Summe der Ausgangsbeträge		4 134 €	
abzüglich		– 536 €	
		3 598 €	
Höchstbetrag (2 × 1 334 € =)		2 668 €	
der niedrigere Betrag ist anzusetzen:			2 668 €

cc) Summe der Ausgangsbeträge	4 134 €	
abzüglich (536 € + 2 668 € =)	– 3 204 €	
	930 €	
zur Hälfte	465 €	
Höchstbetrag (2 × 667 € =)	1 334 €	
der niedrigere Betrag ist anzusetzen:		465 €
Summe, ggf. abgerundet auf den nächsten vollen Euro-Betrag		3 669 €
zweite Alternative		
a) Ausgangsbetrag für den Ehegatten, der zum Personenkreis des § 10c Abs. 3 EStG gehört: 20 % der Bemessungsgrundlage	4 000 €	
b) Höchstbetrag (2 × 1 134 € =)	2 268 €	
der niedrigere Betrag ist anzusetzen		2 268 €
Vergleich der Alternativen		
Anzusetzen ist das Ergebnis der Alternative, die zu einem höherem Betrag geführt hat:		3 669 €
Vorsorgepauschale, ggf. abgerundet auf den nächsten vollen Euro-Betrag		3 669 €

Ergebnis der Günstigerprüfung:

Die Vorsorgepauschale nach § 10c Abs. 5 EStG i. V. m. § 10c Abs. 2 bis 4 EStG a. F. ist höher als der sich nach § 10c Abs. 2 bis 4 EStG ergebende Betrag, der höhere Betrag von 3 669 € ist anzusetzen.

Gesellschafter-Geschäftsführer von Kapitalgesellschaften

→ BMF vom 22. 5. 2007 (BStBl I S. 493) Anhang 1

Steuerfreie Einnahmen

gehören – auch im Fall der DBA-Freistellung – nicht zur Bemessungsgrundlage der Vorsorgepauschale (→ BFH vom 18. 3. 1983 – BStBl II S. 475).

§ 10d Verlustabzug

EStG
S 2225

(1) [1]Negative Einkünfte, die bei der Ermittlung des Gesamtbetrags der Einkünfte nicht ausgeglichen werden, sind bis zu einem Betrag von 511500 Euro, bei Ehegatten, die nach den §§ 26, 26b zusammenveranlagt werden, bis zu einem Betrag von 1023000 Euro vom Gesamtbetrag der Einkünfte des unmittelbar vorangegangenen Veranlagungszeitraums vorrangig vor Sonderausgaben, außergewöhnlichen Belastungen und sonstigen Abzugsbeträgen abzuziehen (Verlustrücktrag). [2]*Dabei wird der Gesamtbetrag der Einkünfte des unmittelbar vorangegangenen Veranlagungszeitraums um die Begünstigungsbeträge nach § 34a Abs. 3 Satz 1 gemindert.* [1] [3]Ist für den unmittelbar vorangegangenen Veranlagungszeitraum bereits ein Steuerbescheid erlassen worden, so ist er insoweit zu ändern, als der Verlustrücktrag zu gewähren oder zu berichtigen ist. [4]Das gilt auch dann, wenn der Steuerbescheid unanfechtbar geworden ist; die Festsetzungsfrist endet insoweit nicht, bevor die Festsetzungsfrist für den Veranlagungszeitraum abgelaufen ist, in dem die negativen Einkünfte nicht ausgeglichen werden. [5]Auf Antrag des Steuerpflichtigen ist ganz oder teilweise von der Anwendung des Satzes 1 abzusehen. [6]Im Antrag ist die Höhe des Verlustrücktrags anzugeben.

(2) [1]Nicht ausgeglichene negative Einkünfte, die nicht nach Absatz 1 abgezogen worden sind, sind in den folgenden Veranlagungszeiträumen bis zu einem Gesamtbetrag der Einkünfte von 1000000 Euro unbeschränkt, darüber hinaus bis zu 60 Prozent des 1000000 Euro übersteigenden Gesamtbetrags der Einkünfte vorrangig vor Sonderausgaben, außergewöhnlichen Belastungen und sonstigen Abzugsbeträgen abzuziehen (Verlustvortrag). [2]Bei Ehegatten, die nach §§ 26, 26b zusammenveranlagt werden, tritt an die Stelle des Betrags von 1000000 Euro ein Betrag von 2000000 Euro. [3]Der Abzug ist nur insoweit zulässig, als die Verluste nicht nach Absatz 1 abgezogen worden sind und in den vorangegangenen Veranlagungszeiträumen nicht nach Satz 1 und 2 abgezogen werden konnten.

(3) (weggefallen)

1) *Durch das Unternehmensteuerreformgesetz 2008 wurde ein neuer Satz 2 ab VZ 2008 eingefügt.*

(4) [1]Der am Schluss eines Veranlagungszeitraums verbleibende Verlustvortrag ist gesondert festzustellen. [2]Verbleibender Verlustvortrag sind die bei der Ermittlung des Gesamtbetrags der Einkünfte nicht ausgeglichenen negativen Einkünfte, vermindert um die nach Absatz 1 abgezogenen und die nach Absatz 2 abziehbaren Beträge und vermehrt um den auf den Schluss des vorangegangenen Veranlagungszeitraums festgestellten verbleibenden Verlustvortrag. [3]Zuständig für die Feststellung ist das für die Besteuerung zuständige Finanzamt. [4]Feststellungsbescheide sind zu erlassen, aufzuheben oder zu ändern, soweit sich die nach Satz 2 zu berücksichtigenden Beträge ändern und deshalb der entsprechende Steuerbescheid zu erlassen, aufzuheben oder zu ändern ist. [5]Satz 4 ist entsprechend anzuwenden, wenn der Erlass, die Aufhebung oder die Änderung des Steuerbescheids mangels steuerlicher Auswirkungen unterbleibt. [6]Die Feststellungsfrist endet nicht, bevor die Festsetzungsfrist für den Veranlagungszeitraum abgelaufen ist, auf dessen Schluss der verbleibende Verlustvortrag gesondert festzustellen ist; § 181 Abs. 5 der Abgabenordnung ist nur anzuwenden, wenn die zuständige Finanzbehörde die Feststellung des Verlustvortrags pflichtwidrig unterlassen hat. [1)]

R 10d

10d. Verlustabzug

Vornahme des Verlustabzugs nach § 10d EStG

(1) Der Altersentlastungsbetrag (§ 24a EStG), der Freibetrag für Land- und Forstwirte (§ 13 Abs. 3 EStG) und der Entlastungsbetrag für Alleinerziehende (§ 24b EStG) werden bei der Ermittlung des Verlustabzugs nicht berücksichtigt.

Begrenzung des Verlustabzugs

(2) [1]Die Begrenzung des Verlustrücktrags auf 511500 Euro (Höchstbetrag) bezieht sich auf den einzelnen Stpfl., der die negativen Einkünfte erzielt hat. [2]Bei zusammenveranlagten Ehegatten verdoppelt sich der Höchstbetrag auf 1023000 Euro und kann unabhängig davon, wer von beiden Ehegatten die positiven oder die negativen Einkünfte erzielt hat, ausgeschöpft werden. [3]Bei Personengesellschaften und Personengemeinschaften gilt der Höchstbetrag für jeden Beteiligten. [4]Über die Frage, welcher Anteil an den negativen Einkünften der Personengesellschaft oder Personengemeinschaft auf den einzelnen Beteiligten entfällt, ist im Bescheid über die gesonderte und einheitliche Feststellung zu entscheiden. [5]Inwieweit diese anteiligen negativen Einkünfte beim einzelnen Beteiligten nach § 10d EStG abziehbar sind, ist im Rahmen der Einkommensteuerveranlagung zu beurteilen. [6]In Organschaftsfällen (§ 14 KStG) bezieht sich der Höchstbetrag auf den Organträger. [7]Er ist bei diesem auf die Summe der Ergebnisse aller Mitglieder des Organkreises anzuwenden. [8]Ist der Organträger eine Personengesellschaft, ist Satz 3 zu beachten. [9]Die Sätze 1 bis 8 gelten entsprechend bei der Begrenzung des Verlustvortrags.

Wahlrecht

(3) [1]Der Antrag nach § 10d Abs. 1 ***Satz 5*** EStG kann bis zur Bestandskraft des auf Grund des Verlustrücktrags geänderten Steuerbescheids gestellt werden. [2]Wird der Einkommensteuerbescheid des Rücktragsjahres gem. § 10d Abs. 1 ***Satz 3*** EStG geändert, weil sich die Höhe des Verlusts im Entstehungsjahr ändert, kann das Wahlrecht nur im Umfang des Erhöhungsbetrags neu ausgeübt werden.[3]Der Antrag, vom Verlustrücktrag nach § 10d Abs. 1 Satz 1 EStG ganz abzusehen, kann bis zur Bestandskraft des den verbleibenden Verlustvortrag feststellenden Bescheids i. S. d. § 10d Abs. 4 EStG ***widerrufen werden***. [4]Der Antrag nach § 10d Abs. 1 ***Satz 5*** EStG kann der Höhe nach beschränkt werden.

Verfahren bei Arbeitnehmern

(***4***) [1]Soll bei einem Arbeitnehmer ein Verlustabzug berücksichtigt werden, muss er dies beantragen, es sei denn, er wird bereits aus anderen Gründen zur Einkommensteuer veranlagt. [2]Erfolgt für einen VZ keine Veranlagung, kann der in diesem VZ berücksichtigungsfähige Verlustabzug vorbehaltlich Satz 4 nicht in einem anderen VZ geltend gemacht werden.[3]Der auf den Schluss des vorangegangenen VZ festgestellte verbleibende Verlustvortrag ist in diesen Fällen in Höhe der positiven Summe der Einkünfte des VZ, in dem keine Veranlagung erfolgte, ggf. bis auf 0 Euro, zu mindern und gesondert festzustellen. [4]Für den VZ der Verlustentstehung erfolgt jedoch keine Minderung des verbleibenden Verlustvortrags, soweit der Arbeitnehmer nach § 10d Abs. 1 ***Satz 5*** EStG auf den Verlustrücktrag verzichtet hat.

1) Absatz 4 Satz 6 wurde durch das JStG 2007 angefügt. Er gilt für alle am 19. 12. 2006 noch nicht abgelaufenen Feststellungsfristen → § 52 Abs. 25 Satz 5 EStG.

Änderung des Verlustabzugs

(**5**) [1]Der Steuerbescheid für den dem Verlustentstehungsjahr vorangegangenen VZ ist vorbehaltlich eines Antrags nach § 10d Abs. 1 ***Satz 5*** EStG nach § 10d Abs. 1 ***Satz 3*** EStG zu ändern, wenn sich bei der Ermittlung der abziehbaren negativen Einkünfte für das Verlustentstehungsjahr Änderungen ergeben, die zu einem höheren oder niedrigeren Verlustrücktrag führen. [2]Auch in diesen Fällen gilt die Festsetzungsfrist des § 10d Abs. 1 ***Satz 4*** Halbsatz 2 EStG. [3]Wirkt sich die Änderung eines Verlustrücktrags oder -vortrags auf den Verlustvortrag aus, der am Schluss eines VZ verbleibt, sind die betroffenen Feststellungsbescheide i. S. d. § 10d Abs. 4 EStG nach § 10d Abs. 4 Satz 4 EStG zu ändern. [4]Die bestandskräftige Feststellung eines verbleibenden Verlustvortrags kann nur nach § 10d Abs. 4 Satz 4 und 5 EStG geändert werden, wenn der Steuerbescheid, der die in die Feststellung eingeflossenen geänderten Verlustkomponenten enthält, nach den Änderungsvorschriften der AO zumindest dem Grunde nach noch geändert werden könnte.

Zusammenveranlagung von Ehegatten

(**6**) [1]Bei der Berechnung des verbleibenden Verlustabzugs ist zunächst ein Ausgleich mit den anderen Einkünften des Ehegatten vorzunehmen, der die negativen Einkünfte erzielt hat. [2]Verbleibt bei ihm ein negativer Betrag ***bei der Ermittlung des G. d. E.***, ist dieser mit dem positiven Betrag des anderen Ehegatten auszugleichen. [3]Ist ***der G. d. E.*** negativ und wird ***dieser*** nach § 10d Abs. 1 EStG nicht oder nicht in vollem Umfang zurückgetragen, ist der verbleibende Betrag als Verlustvortrag gesondert festzustellen. [4]***Absatz 1 findet entsprechende Anwendung***. [5]Bei dieser Feststellung sind die negativen Einkünfte auf die Ehegatten nach dem Verhältnis aufzuteilen, in dem die auf den einzelnen Ehegatten entfallenden Verluste im VZ der Verlustentstehung zueinander stehen.

Gesonderte Feststellung des verbleibenden Verlustvortrags

(**7**) [1]Bei der gesonderten Feststellung des verbleibenden Verlustvortrags ist eine Unterscheidung nach Einkunftsarten und Einkunftsquellen nur insoweit vorzunehmen, als negative Einkünfte besonderen Verlustverrechnungsbeschränkungen unterliegen. [2]Über die Höhe der im Verlustentstehungsjahr nicht ausgeglichenen negativen Einkünfte wird im Steuerfestsetzungsverfahren für das Verlustrücktragsjahr und hinsichtlich des verbleibenden Verlustvortrags für die dem Verlustentstehungsjahr folgenden VZ im Feststellungsverfahren nach § 10d Abs. 4 EStG bindend entschieden. [3]Der Steuerbescheid des Verlustentstehungsjahres ist daher weder Grundlagenbescheid für den Einkommensteuerbescheid des Verlustrücktragsjahres noch für den Feststellungsbescheid nach § 10d Abs. 4 EStG. [4]Der Feststellungsbescheid nach §§ 10d Abs. 4 EStG ist nach § 182 Abs. 1 AO Grundlagenbescheid für die Einkommensteuerfestsetzung des Folgejahres und für den auf den nachfolgenden Feststellungszeitpunkt zu erlassenden Feststellungsbescheid. [5]Er ist kein Grundlagenbescheid für den Steuerbescheid eines Verlustrücktragsjahres (§ 10d Abs. 1 EStG). [6]Der verbleibende Verlustvortrag ist auf 0 Euro festzustellen, wenn die in dem Verlustentstehungsjahr nicht ausgeglichenen negativen Einkünfte in vollem Umfang zurückgetragen werden. [7]Der verbleibende Verlustvortrag ist auch dann auf 0 Euro festzustellen, wenn ein zum Schluss des vorangegangenen VZ festgestellter verbleibender Verlustvortrag in einem folgenden VZ „aufgebraucht" worden ist.

Hinweise

H 10d

Änderung von Steuerbescheiden infolge Verlustabzug

1. Erneute Ausübung des Wahlrechtes der Veranlagungsart

   Ehegatten können das Wahlrecht der Veranlagungsart (z. B. getrennte Veranlagung) grundsätzlich bis zur Unanfechtbarkeit eines Berichtigungs- oder Änderungsbescheids ausüben und die einmal getroffene Wahl innerhalb dieser Frist frei widerrufen. § 351 Abs. 1 AO kommt insoweit nicht zur Anwendung (→ BFH vom 19. 5. 1999 – BStBl II S. 762).

2. Rechtsfehlerkompensation

   Mit der Gewährung des Verlustrücktrags ist insoweit eine **Durchbrechung der Bestandskraft** des für das Rücktragsjahr ergangenen Steuerbescheids verbunden, als – ausgehend von der bisherigen Steuerfestsetzung und den dafür ermittelten Besteuerungsgrundlagen – die Steuerschuld durch die Berücksichtigung des Verlustabzugs gemindert würde. Innerhalb dieses punktuellen Korrekturspielraums sind zugunsten und zuungunsten des Stpfl. **Rechtsfehler** i. S. d. § 177 AO zu berichtigen (→ BFH vom 27. 9. 1988 – BStBl 1989 II S. 225).

3. **Bindungswirkung einer Verlustfeststellung nach § 10d Abs. 3 EStG:** Ein zum 31.12. des Verlustentstehungsjahrs ergangener Bescheid über die gesonderte Feststellung des verbleibenden Verlustabzugs hat keine Bindungswirkung für die Einkommensteuer-Festsetzung eines Verlustrücktragsjahres.
4. **Korrekturspielraum beim Verlustrücktrag; Widerruf der Wahl der Veranlagungsart:** Ist der Einkommensteuerbescheid wegen Verlustrücktrag zu ändern, so können Ehegatten das Veranlagungswahlrecht grundsätzlich bis zur Unanfechtbarkeit des Änderungsbescheides erneut ausüben und zwar unabhängig von dem durch den Verlustabzug eröffneten Korrekturspielraum (→ FG Baden-Württemberg vom 19. 5. 1999 – EFG 1999 S. 950).

Besondere Verrechnungskreise

Im Rahmen des § 2b, § 15 Abs. 4 Satz 1 und 2 sowie ***Satz*** 3 bis 5 und 6 bis 8, § 22 Nr. 2 ***und 3 sowie*** § 23 EStG gelten gesonderte Verlustverrechnungsbeschränkungen (besondere Verrechnungskreise) → BMF vom 27. 11. 2004 (BStBl I S. 1097).

Feststellungsbescheid

- Auch § 10d Abs. 4 Satz 5 EStG setzt die Änderungsmöglichkeit des Steuerbescheids voraus. Die Vorschrift ist nur anwendbar, wenn die Änderung des zugrundeliegenden Steuerbescheids allein mangels steuerlicher Auswirkung unterbleibt (→ BFH vom 9. 12. 1998 – BStBl 2000 II S. 3).
- Ist der Einspruch gegen den – bisher keinen Verlust ausweisenden – Steuerbescheid mangels Beschwer unzulässig, weil er keine positive Einkommensteuer ausweist und hat das Finanzamt den Stpfl. nicht darauf hingewiesen, dass die Feststellung nach § 10d Abs. 4 EStG innerhalb der Einspruchsfrist beantragt werden kann, muss der Antrag innerhalb eines Jahres nach Bekanntgabe des Steuerbescheids gestellt werden (→ BFH vom 9. 5. 2001 – BStBl 2002 II S. 817).

Feststellungsverjährung

- → BMF vom 30. 11. 2007 (BStBl I S. 825)

  Beispiel *(aus BMF vom 30. 11. 2007)*:

  Der Stpfl. gibt für den VZ 01 eine Einkommensteuererklärung im Jahr 02 ab, die eine negative Summe der Einkünfte (Verlust) ausweist. Das Finanzamt erlässt einen Einkommensteuerbescheid, der eine Einkommensteuer von 0 Euro festsetzt. Der Verlust kann nur teilweise in den vorangegangenen VZ zurückgetragen werden. Eine Feststellung des verbleibenden Verlustvortrags auf das Ende des VZ 01 unterbleibt zunächst.

  Der Verlustfeststellungsbescheid kann auch nach dem 31. 12. 2006 (= Ablauf der allgemeinen Festsetzungs-/Feststellungsfrist) erlassen werden. Das Finanzamt hätte den verbleibenden Verlustvortrag von Amts wegen feststellen müssen. Das Unterlassen der Feststellung eröffnet die Anwendung von § 181 Abs. 5 AO (§ 10d Abs. 4 Satz 6 2. Halbsatz EStG).
- Der Beginn der Feststellungsfrist für einen Verlustfeststellungsbescheid nach § 10d EStG bestimmt sich nach § 170 Abs. 2 Satz 1 Nr. 1, § 181 Abs. 1 Satz 1 AO. § 10d Abs. 4 Satz 6 EStG gilt nach § 52 Abs. 25 Satz 5 EStG nicht, wenn die Feststellungsfrist zum Zeitpunkt des Inkrafttretens des JStG 2007 bereits abgelaufen war; § 181 Abs. 5 AO hemmt nicht den Ablauf der Feststellungsfrist (→ BFH vom 10. 7. 2008 – IX R 90/07).

Insolvenzverfahren (Konkurs-/Vergleichs- und Gesamtvollstreckungsverfahren)

Verluste, die der Stpfl. vor und während des Konkursverfahrens erlitten hat, sind dem Grunde nach in vollem Umfang ausgleichsfähig und nach § 10d EStG abzugsfähig (→ BFH vom 4. 9. 1969 – BStBl II S. 726).

Sanierungsgewinn

Ertragsteuerliche Behandlung von Sanierungsgewinnen; Steuerstundung und Steuererlass aus
Anhang 10 sachlichen Billigkeitsgründen (§§ 163, 222, 227 AO) → BMF vom 27. 3. 2003 (BStBl I S. 240).

Verlustabzug bei Ehegatten

→ § 62d EStDV

Verlustabzug im Erbfall

Der Erbe kann einen vom Erblasser nicht genutzten Verlust nach § 10d EStG nicht bei seiner eigenen Veranlagung geltend machen (→ BFH vom 17. 12. 2007 – BStBl 2008 II S. 608). Die bis-

herige Rechtsprechung des BFH ist weiterhin auf alle Erbfälle anzuwenden, die bis zum Ablauf des Tages der Veröffentlichung des Beschlusses im Bundessteuerblatt (18. 8. 2008) eingetreten sind (→ BMF vom 24. 7. 2008 – BStBl I S. 809).

Verlustfeststellung

- Ein verbleibender Verlustvortrag ist auch dann erstmals gem. § 10d Abs. 4 Satz 1 EStG gesondert festzustellen, wenn der Einkommensteuerbescheid für das Verlustentstehungsjahr zwar bestandskräftig ist, darin aber keine nicht ausgeglichenen negativen Einkünfte berücksichtigt worden sind – Änderung der Rechtsprechung ggü. BFH vom 9. 12. 1998 (BStBl 2000 II S. 3) und vom 9. 5. 2001 (BStBl 2002 II S. 817) – (BFH vom 17. 9. 2008 – IX R 70/06).
- Ist das Finanzamt bei erstmaligem Erlass eines Feststellungsbescheids nach § 10d Abs. 3 Satz 4 und 5 EStG an einen im bestandskräftigen Einkommensteuerbescheid des Verlustentstehungsjahres ausgewiesenen negativen G. d. E. gebunden? → FG Rheinland-Pfalz vom 18. 12. 2007 – 2 K 1618/06 – Rev. – IX R 52/08

Verlustvortragsbegrenzung – Beispiel

Zusammenveranlagte Stpfl. (Verlustvortragsbegrenzung; Auswirkung bei Zusammenveranlagung, Feststellung des verbleibenden Verlustvortrags)

		Ehemann	Ehefrau
Spalte 1	2	3	4
Einkünfte im lfd. VZ aus			
§ 15		1 750 000	1 250 000
§ 22 Nr. 2 i. V. m. § 23		2 500 000	500 000
§ 22 Nr. 3		250 000	250 000
Verbleibender Verlustabzug aus dem vorangegangen VZ			
nach § 10d Abs. 2		6 000 000	2 000 000
§ 22 Nr. 2 i. V. m. § 23		500 000	4 500 000
§ 22 Nr. 3			1 000 000
Berechnung der S. d. E. im lfd. VZ			
§ 15		1 750 000	1 250 000
§ 22 Nr. 2 i. V. m. § 23		2 500 000	500 000
Verlustvortrag aus dem vorangegangenen VZ			
Höchstbetragsberechnung			
S. d. E. § 22 Nr. 2 i. V. m. § 23	3 000 000		
unbeschränkt abziehbar	2 000 000		
Verbleiben	1 000 000		
davon 60 %	600 000		
Höchstbetrag	2 600 000		
Verhältnismäßige Aufteilung			
Ehemann: $\frac{500\,000}{5\,000\,000} \times 2\,600\,000$	260 000		
Ehefrau: $\frac{4\,500\,000}{5\,000\,000} \times 2\,600\,000$	2 340 000		
Verlustvortrag max. in Höhe der positiven Einkünfte		260 000	500 000
Zwischensumme		2 240 000	0
Übertragung Verlustvolumen 2 340 000–500 000	1 840 000	1 840 000	
Einkünfte § 22 Nr. 2 i. V. m. § 23		400 000	0
§ 22 Nr. 3		250 000	250 000

Verlustvortrag aus dem vorangegangenen VZ max. in Höhe der positiven Einkünfte	250 000	250 000
Einkünfte § 22 Nr. 3	0	0
S. d. E.	2 150 000	1 250 000
G. d. E.		3 400 000
Verlustvortrag § 10d		
Berechnung Höchstbetrag		
G. d. E.	3 400 000	
unbeschränkt abziehbar	2 000 000	
Verbleiben	1 400 000	
davon 60 %	840 000	
Höchstbetrag	2 840 000	2 840 000
Verhältnismäßige Aufteilung		
Ehemann:		
$\frac{6000\,000}{8000\,000} \times 2840\,000$	2 130 000	
Ehefrau:		
$\frac{2000\,000}{8000\,000} \times 2840\,000$	710 000	

		Ehemann	Ehefrau
Spalte 1	2	3	4
Berechnung des festzustellenden verbleibenden Verlustvortrags zum 31.12. des lfd. VZ:			
Verlustvortrag zum 31.12. des vorangegangenen VZ		6 000 000	2 000 000
Abzüglich Verlustvortrag in den lfd. VZ		2 130 000	710 000
Verbleibender Verlustvortrag zum 31.12. des lfd. VZ		3 870 000	1 290 000
Verlustvortrag zum 31.12. des vorangegangenen VZ aus § 22 Nr. 2 i. V. m. § 23		500 000	4 500 000
Abzüglich Verlustvortrag in den lfd. VZ		260 000	2 340 000
Verbleibender Verlustvortrag aus § 22 Nr. 2 i. V. m. § 23 zum 31.12. des lfd. VZ		240 000	2 160 000
Verlustvortrag zum 31.12. des vorangegangenen VZ aus § 22 Nr. 3			1 000 000
Abzüglich Verlustvortrag in den lfd. VZ			500 000
Verbleibender Verlustvortrag aus § 22 Nr. 3 zum 31.12. des lfd. VZ			500 000

EStG
S 2225a

§ 10e Steuerbegünstigung der zu eigenen Wohnzwecken genutzten Wohnung im eigenen Haus

(letztmals abgedruckt in der Handausgabe 2005)

EStG
S 2225c [1]

§ 10f Steuerbegünstigung für zu eigenen Wohnzwecken genutzte Baudenkmale und Gebäude in Sanierungsgebieten und städtebaulichen Entwicklungsbereichen

(1) [1]Der Steuerpflichtige kann Aufwendungen an einem eigenen Gebäude im Kalenderjahr des Abschlusses der Baumaßnahme und in den neun folgenden Kalenderjahren jeweils bis zu 9 Prozent wie Sonderausgaben abziehen, wenn die Voraussetzungen des § 7h oder des § 7i vorliegen. [2]Dies gilt nur, soweit er das Gebäude in dem jeweiligen Kalenderjahr zu eigenen Wohnzwecken nutzt und die Aufwendungen nicht in die Bemessungsgrundlage nach § 10e oder dem Eigenheimzulagengesetz einbezogen hat. [3]Für Zeiträume, für die der Steuerpflichtige erhöhte

[1]) Zur Anwendung von Absatz 1 Satz 1 und Absatz 2 Satz 1 → § 52 Abs. 27 EStG.

Absetzungen von Aufwendungen nach § 7h oder § 7i abgezogen hat, kann er für diese Aufwendungen keine Abzugsbeträge nach Satz 1 in Anspruch nehmen. [4]Eine Nutzung zu eigenen Wohnzwecken liegt auch vor, wenn Teile einer zu eigenen Wohnzwecken genutzten Wohnung unentgeltlich zu Wohnzwecken überlassen werden.

(2) [1]Der Steuerpflichtige kann Erhaltungsaufwand, der an einem eigenen Gebäude entsteht und nicht zu den Betriebsausgaben oder Werbungskosten gehört, im Kalenderjahr des Abschlusses der Maßnahme und in den neun folgenden Kalenderjahren jeweils bis zu 9 Prozent wie Sonderausgaben abziehen, wenn die Voraussetzungen des § 11a Abs. 1 in Verbindung mit § 7h Abs. 2 oder des § 11b Satz 1 oder 2 in Verbindung mit § 7i Abs. 1 Satz 2 und Abs. 2 vorliegen. [2]Dies gilt nur, soweit der Steuerpflichtige das Gebäude in dem jeweiligen Kalenderjahr zu eigenen Wohnzwecken nutzt und diese Aufwendungen nicht nach § 10e Abs. 6 oder § 10i abgezogen hat. [3]Soweit der Steuerpflichtige das Gebäude während des Verteilungszeitraums zur Einkunftserzielung nutzt, ist der noch nicht berücksichtigte Teil des Erhaltungsaufwands im Jahr des Übergangs zur Einkunftserzielung wie Sonderausgaben abzuziehen. [4]Absatz 1 Satz 4 ist entsprechend anzuwenden.

(3) [1]Die Abzugsbeträge nach den Absätzen 1 und 2 kann der Steuerpflichtige nur bei einem Gebäude in Anspruch nehmen. [2]Ehegatten, bei denen die Voraussetzungen des § 26 Abs. 1 vorliegen, können die Abzugsbeträge nach den Absätzen 1 und 2 bei insgesamt zwei Gebäuden abziehen. [3]Gebäuden im Sinne der Absätze 1 und 2 stehen Gebäude gleich, für die Abzugsbeträge nach § 52 Abs. 21 Satz 6 in Verbindung mit § 51 Abs. 1 Nr. 2 Buchstabe x oder Buchstabe y des Einkommensteuergesetzes 1987 in der Fassung der Bekanntmachung vom 27. Februar 1987 (BGBl. I S. 657) in Anspruch genommen worden sind; Entsprechendes gilt für Abzugsbeträge nach § 52 Abs. 21 Satz 7.

(4) [1]Sind mehrere Steuerpflichtige Eigentümer eines Gebäudes, so ist Absatz 3 mit der Maßgabe anzuwenden, dass der Anteil des Steuerpflichtigen an einem solchen Gebäude dem Gebäude gleichsteht. [2]Erwirbt ein Miteigentümer, der für seinen Anteil bereits Abzugsbeträge nach Absatz 1 oder Absatz 2 abgezogen hat, einen Anteil an demselben Gebäude hinzu, kann er für danach von ihm durchgeführte Maßnahmen im Sinne der Absätze 1 oder 2 auch die Abzugsbeträge nach den Absätzen 1 und 2 in Anspruch nehmen, die auf den hinzuerworbenen Anteil entfallen. [3]§ 10e Abs. 5 Satz 2 und 3 sowie Abs. 7 ist sinngemäß anzuwenden.

(5) Die Absätze 1 bis 4 sind auf Gebäudeteile, die selbständige unbewegliche Wirtschaftsgüter sind, und auf Eigentumswohnungen entsprechend anzuwenden.

---

10 f. Steuerbegünstigung für zu eigenen Wohnzwecken genutzte Baudenkmale und Gebäude in Sanierungsgebieten und städtebaulichen Entwicklungsbereichen

R 10f

R 7h und R 7i gelten entsprechend.

Hinweise

H 10f

Bescheinigungsbehörde

Übersicht über die zuständigen Bescheinigungsbehörden → BMF vom ***6. 1. 2009*** (***BStBl I S. 39***).

Bescheinigungsrichtlinien

Übersicht über die Veröffentlichung der länderspezifischen Bescheinigungsrichtlinien → BMF vom 10. 11. 2000 (BStBl I S. 1513) und vom 8. 11. 2004 (BStBl I S. 1049).

→ abgedruckt zu H 7h

Reichweite der Bindungswirkung der Bescheinigung

→ BMF vom 16. 5. 2007 (BStBl I S. 475)

Zuschüsse

Im öffentlichen Interesse geleistete Zuschüsse privater Dritter mindern die Aufwendungen für ein zu eigenen Wohnzwecken genutztes Baudenkmal, da der Stpfl. in Höhe der Zuschüsse nicht wirtschaftlich belastet ist. Die Aufwendungen sind deshalb nicht wie Sonderausgaben abziehbar (→ BFH vom 20. 6. 2007 – BStBl II S. 879).

EStG
S 2225d
[1])

§ 10g Steuerbegünstigung für schutzwürdige Kulturgüter, die weder zur Einkunftserzielung noch zu eigenen Wohnzwecken genutzt werden

(1) [1]Der Steuerpflichtige kann Aufwendungen für Herstellungs- und Erhaltungsmaßnahmen an eigenen schutzwürdigen Kulturgütern im Inland, soweit sie öffentliche oder private Zuwendungen oder etwaige aus diesen Kulturgütern erzielte Einnahmen übersteigen, im Kalenderjahr des Abschlusses der Maßnahme und in den neun folgenden Kalenderjahren jeweils bis zu 9 Prozent wie Sonderausgaben abziehen. [2]Kulturgüter im Sinne des Satzes 1 sind

1. **Gebäude oder Gebäudeteile, die nach den jeweiligen landesrechtlichen Vorschriften ein Baudenkmal sind,**
2. **Gebäude oder Gebäudeteile, die für sich allein nicht die Voraussetzungen für ein Baudenkmal erfüllen, aber Teil einer nach den jeweiligen landesrechtlichen Vorschriften als Einheit geschützten Gebäudegruppe oder Gesamtanlage sind,**
3. **gärtnerische, bauliche und sonstige Anlagen, die keine Gebäude oder Gebäudeteile und nach den jeweiligen landesrechtlichen Vorschriften unter Schutz gestellt sind,**
4. **Mobiliar, Kunstgegenstände, Kunstsammlungen, wissenschaftliche Sammlungen, Bibliotheken oder Archive, die sich seit mindestens 20 Jahren im Besitz der Familie des Steuerpflichtigen befinden oder in das Verzeichnis national wertvollen Kulturgutes oder das Verzeichnis national wertvoller Archive eingetragen sind und deren Erhaltung wegen ihrer Bedeutung für Kunst, Geschichte oder Wissenschaft im öffentlichen Interesse liegt,**

wenn sie in einem den Verhältnissen entsprechenden Umfang der wissenschaftlichen Forschung oder der Öffentlichkeit zugänglich gemacht werden, es sei denn, dem Zugang stehen zwingende Gründe des Denkmal- oder Archivschutzes entgegen. [3]Die Maßnahmen müssen nach Maßgabe der geltenden Bestimmungen der Denkmal- und Archivpflege erforderlich und in Abstimmung mit der in Absatz 3 genannten Stelle durchgeführt worden sein; bei Aufwendungen für Herstellungs- und Erhaltungsmaßnahmen an Kulturgütern im Sinne des Satzes 2 Nr. 1 und 2 ist § 7i Abs. 1 Satz 1 bis 4 sinngemäß anzuwenden.

(2) [1]Die Abzugsbeträge nach Absatz 1 Satz 1 kann der Steuerpflichtige nur in Anspruch nehmen, soweit er die schutzwürdigen Kulturgüter im jeweiligen Kalenderjahr weder zur Erzielung von Einkünften im Sinne des § 2 noch Gebäude oder Gebäudeteile zu eigenen Wohnzwecken nutzt und die Aufwendungen nicht nach § 10e Abs. 6, § 10h Satz 3 oder § 10i abgezogen hat. [2]Für Zeiträume, für die der Steuerpflichtige von Aufwendungen Absetzungen für Abnutzung, erhöhte Absetzungen, Sonderabschreibungen oder Beträge nach § 10e Abs. 1 bis 5, den §§ 10f, 10h, 15b des Berlinförderungsgesetzes oder § 7 des Fördergebietsgesetzes abgezogen hat, kann er für diese Aufwendungen keine Abzugsbeträge nach Absatz 1 Satz 1 in Anspruch nehmen; Entsprechendes gilt, wenn der Steuerpflichtige für Aufwendungen die Eigenheimzulage nach dem Eigenheimzulagengesetz in Anspruch genommen hat. [3]Soweit die Kulturgüter während des Zeitraums nach Absatz 1 Satz 1 zur Einkunftserzielung genutzt werden, ist der noch nicht berücksichtigte Teil der Aufwendungen, die auf Erhaltungsarbeiten entfallen, im Jahr des Übergangs zur Einkunftserzielung wie Sonderausgaben abzuziehen.

(3) [1]Der Steuerpflichtige kann den Abzug vornehmen, wenn er durch eine Bescheinigung der nach Landesrecht zuständigen oder von der Landesregierung bestimmten Stelle die Voraussetzungen des Absatzes 1 für das Kulturgut und für die Erforderlichkeit der Aufwendungen nachweist. [2]Hat eine der für Denkmal- oder Archivpflege zuständigen Behörden ihm Zuschüsse gewährt, so hat die Bescheinigung auch deren Höhe zu enthalten; werden ihm solche Zuschüsse nach Ausstellung der Bescheinigung gewährt, so ist diese entsprechend zu ändern.

(4) [1]Die Absätze 1 bis 3 sind auf Gebäudeteile, die selbständige unbewegliche Wirtschaftsgüter sind, sowie auf Eigentumswohnungen und im Teileigentum stehende Räume entsprechend anzuwenden. [2]§ 10e Abs. 7 gilt sinngemäß.

R 10g

10g. Steuerbegünstigung für schutzwürdige Kulturgüter, die weder zur Einkunftserzielung noch zu eigenen Wohnzwecken genutzt werden

S 2225d

(1) [1]Die Bescheinigungsbehörde hat zu prüfen,

1. ob die Maßnahmen
   a) an einem Kulturgut i. S. d. § 10g Abs. 1 Satz 2 EStG durchgeführt worden sind,
   b) erforderlich waren,

---

[1]) Zur Anwendung → § 52 Abs. 27a EStG.

c) in Abstimmung mit der zuständigen Stelle durchgeführt worden sind,
2. in welcher Höhe Aufwendungen, die die vorstehenden Voraussetzungen erfüllen, angefallen sind,
3. inwieweit Zuschüsse aus öffentlichen Mitteln durch eine der für Denkmal- oder Archivpflege zuständigen Behörden bewilligt worden sind oder nach Ausstellung der Bescheinigung bewilligt werden (Änderung der Bescheinigung).

[2]R 7h Abs. 4 Satz 2 bis 5 gilt entsprechend.

(2) Die Finanzbehörden haben zu prüfen,
1. ob die vorgelegte Bescheinigung von der nach Landesrecht zuständigen oder der von der Landesregierung bestimmten Behörde ausgestellt worden ist,
2. ob die bescheinigte Maßnahme an einem Kulturgut durchgeführt worden ist, das im Eigentum des Stpfl. steht,
3. ob das Kulturgut im jeweiligen Kalenderjahr weder zur Erzielung von Einkünfteni. S. d. § 2 EStG genutzt worden ist noch Gebäude oder Gebäudeteile zu eigenen Wohnzwecken genutzt und die Aufwendungen nicht nach § 10e Abs. 6 oder § 10h Satz 3 EStG abgezogen worden sind,
4. inwieweit die Aufwendungen etwaige aus dem Kulturgut erzielte Einnahmen übersteigen,
5. ob die bescheinigten Aufwendungen steuerrechtlich dem Kulturgut i. S. d. § 10g EStG zuzuordnen und keine Anschaffungskosten sind,
6. ob weitere Zuschüsse für die bescheinigten Aufwendungen gezahlt werden oder worden sind,
7. in welchem VZ die Steuerbegünstigung erstmals in Anspruch genommen werden kann.

Hinweise

H 10g

Bescheinigungsbehörde

Übersicht über die zuständigen Bescheinigungsbehörden → BMF vom ***6. 1. 2009*** (***BStBl I S. 39***).

Bescheinigungsrichtlinien

Übersicht über die Veröffentlichung der länderspezifischen Bescheinigungsrichtlinien → BMF vom 10. 11. 2000 (BStBl I S. 1513)

→ abgedruckt zu H 7h

§ 10h Steuerbegünstigung der unentgeltlich zu Wohnzwecken überlassenen Wohnung im eigenen Haus

EStG
S 2225e

(letztmals abgedruckt in der Handausgabe 2005)

§ 10i Vorkostenabzug bei einer nach dem Eigenheimzulagengesetz begünstigten Wohnung

EStG
S 2225f

(letztmals abgedruckt in der Handausgabe 2005)

6. Vereinnahmung und Verausgabung

§ 11

EStG
S 2226

(1) [1]Einnahmen sind innerhalb des Kalenderjahres bezogen, in dem sie dem Steuerpflichtigen zugeflossen sind. [2]Regelmäßig wiederkehrende Einnahmen, die dem Steuerpflichtigen kurze Zeit vor Beginn oder kurze Zeit nach Beendigung des Kalenderjahres, zu dem sie wirtschaftlich gehören, zugeflossen sind, gelten als in diesem Kalenderjahr bezogen. [3]Der Steuerpflichtige kann Einnahmen, die auf einer Nutzungsüberlassung im Sinne des Absatzes 2 Satz 3 beruhen,

insgesamt auf den Zeitraum gleichmäßig verteilen, für den die Vorauszahlung geleistet wird. [3]Für Einnahmen aus nichtselbständiger Arbeit gilt § 38a Abs. 1 Sätze 2 und 3 und § 40 Abs. 3 Satz 2. [4]Die Vorschriften über die Gewinnermittlung (§ 4 Abs. 1, § 5) bleiben unberührt.

(2) [1]Ausgaben sind für das Kalenderjahr abzusetzen, in dem sie geleistet worden sind. [2]Für regelmäßig wiederkehrende Ausgaben gilt Absatz 1 Satz 2 entsprechend. [3]Werden Ausgaben für eine Nutzungsüberlassung von mehr als fünf Jahren im Voraus geleistet, sind sie insgesamt auf den Zeitraum gleichmäßig zu verteilen, für den die Vorauszahlung geleistet wird. [4]Satz 3 ist auf ein Damnum oder Disagio nicht anzuwenden, soweit dieses marktüblich ist. [5]§ 42 der Abgabenordnung bleibt unberührt. [6]Die Vorschriften über die Gewinnermittlung (§ 4 Abs. 1, § 5) bleiben unberührt.

H 11

Hinweise

Allgemeines

Zufluss von Einnahmen erst mit der Erlangung der wirtschaftlichen Verfügungsmacht über ein in Geld oder Geldeswert bestehendes Wirtschaftsgut (→ BFH vom 21. 11. 1989 – BStBl 1990 II S. 310 und vom 8. 10. 1991 – BStBl 1992 II S. 174). **Verfügungsmacht** wird in der Regel erlangt im Zeitpunkt des Eintritts des Leistungserfolges oder der Möglichkeit, den Leistungserfolg herbeizuführen (→ BFH vom 21. 11. 1989 – BStBl 1990 II S. 310). Sie muss nicht endgültig erlangt sein (→ BFH vom 13. 10. 1989 – BStBl 1990 II S. 287).

Kurze Zeit bei regelmäßig wiederkehrenden Einnahmen ist in der Regel ein Zeitraum bis zu zehn Tagen; innerhalb dieses Zeitraums müssen die Zahlungen fällig und geleistet worden sein (→ BFH vom 24. 7. 1986 – BStBl 1987 II S. 16). Auf die Fälligkeit im Jahr der wirtschaftlichen Zugehörigkeit kommt es nicht an (→ BFH vom 23. 9. 1999 – BStBl 2000 II S. 121).

Für den **Abfluss von Ausgaben** gelten diese Grundsätze entsprechend.

Abfluss i. S. d. § 11 Abs. 2 EStG kann sowohl in den Fällen einer Gutschrift des Betrages in den Büchern des Schuldners als auch in Fällen der Novation grundsätzlich nur dann angenommen werden, wenn der Schuldner in dem entsprechenden Zeitpunkt nicht zahlungsfähig war (BFH vom 6. 4. 2000 – BFH/NV 2000 S. 1191).

Arbeitslohn

→ § 38a Abs. 1 Satz 2 und 3 EStG, ***R 38.2 LStR 2008***.

Arbeitnehmer-Aktienoptionen

Wird einem Arbeitnehmer im Rahmen seines Arbeitsverhältnisses ein nicht handelbares Optionsrecht auf den späteren Erwerb von Aktien zu einem bestimmten Übernahmepreis gewährt, so liegt darin zunächst nur die Einräumung einer Chance. Ein geldwerter Vorteil fließt dem Berechtigten erst zu, wenn dieser die Option ausübt und der Kurswert der Aktien den Übernahmepreis übersteigt. Das Optionsrecht wird regelmäßig nicht gewährt, um dadurch in der Vergangenheit erbrachte Leistungen abzugelten, sondern um eine zusätzliche besondere Erfolgsmotivation für die Zukunft zu verschaffen. Soweit die von dem begünstigten Arbeitnehmer in dem Zeitraum zwischen der Gewährung und der Ausübung des Optionsrechts bezogenen Einkünfte aus nichtselbständiger Arbeit wegen einer Auslandstätigkeit nach einem DBA steuerfrei sind, ist deshalb auch der bei Ausübung des Optionsrechts zugeflossene geldwerte Vorteil anteilig steuerfrei. Die Steuerbefreiung wird nicht dadurch ausgeschlossen, dass der Arbeitnehmer das Optionsrecht erst nach Beendigung der Auslandstätigkeit ausübt (→ BFH vom 24. 1. 2001 – BStBl II S. 509).

Arzthonorar

Die Honorare fließen dem Arzt grundsätzlich erst mit Überweisung seines Anteils durch die kassenärztliche Vereinigung zu (→ BFH vom 20. 2. 1964 – BStBl III S. 329).

Die Einnahmen von der **kassenärztlichen Vereinigung** stellen regelmäßig wiederkehrende Einnahmen dar (→ BFH vom 6. 7. 1995 – BStBl 1996 II S. 266).

Honorare von Privatpatienten, die ein Arzt durch eine **privatärztliche Verrechnungsstelle** einziehen lässt, sind dem Arzt bereits mit dem Eingang bei dieser Stelle zugeflossen, da die Leistung an einen Bevollmächtigten ausreicht.

→ auch: OFD Frankfurt vom 3. 3. 2004 – S 2226 A – 86 – St II 2.06 (StEK EStG § 11/70)

Aufrechnung

Die Aufrechnung mit einer fälligen Gegenforderung stellt eine Leistung i. S. d. § 11 Abs. 2 EStG dar (→ BFH vom 19. 4. 1977 – BStBl II S. 601).

Belegschaftsaktien

Zufluss des Vorteils beim Arbeitnehmer im Zeitpunkt des Erwerbs, auch wenn er sich verpflichtet hat, die Aktien für eine bestimmte Zeit nicht weiterzuveräußern (→ BFH vom 16. 11. 1984 – BStBl 1985 II S. 136 und vom 7. 4. 1989 – BStBl II S. 608)

Bundesschatzbriefe Typ B

Zuflusszeitpunkt BMF vom 26. 10. 1992 (BStBl I S. 693), Tz. 3.

Damnum

- Bei **vereinbarungsgemäßer** Einbehaltung eines Damnums bei Auszahlung eines Tilgungsdarlehens ist im Zeitpunkt der Kapitalauszahlung ein Abfluss anzunehmen (→ BFH vom 10. 3. 1970 – BStBl II S. 453). Bei ratenweiser Auszahlung des Darlehens kommt eine entsprechende Aufteilung des Damnums nur in Betracht, wenn keine Vereinbarung der Vertragsparteien über den Abflusszeitpunkt des Damnums vorliegt (→ BFH vom 26. 6. 1975 – BStBl II S. 880).
- Soweit für ein Damnum ein **Tilgungsstreckungsdarlehen** aufgenommen wird, fließt das Damnum mit den Tilgungsraten des Tilgungsstreckungsdarlehens ab (→ BFH vom 26. 11. 1974 – BStBl 1975 II S. 330).
- Ein Damnum, das ein Darlehensschuldner vor Auszahlung eines aufgenommenen Darlehens zahlt, ist im VZ seiner Leistung als Werbungskosten abziehbar, es sei denn, dass die Vorauszahlung des Damnums von keinen sinnvollen wirtschaftlichen Erwägungen getragen wird (→ BFH vom 3. 2. 1987 – BStBl II S. 492). Ist ein Damnum nicht mehr als drei Monate vor Auszahlung der Darlehensvaluta oder einer ins Gewicht fallenden Teilauszahlung des Darlehens (mindestens 30 % der Darlehensvaluta einschließlich Damnum) geleistet worden, kann davon ausgegangen werden, dass ein wirtschaftlich vernünftiger Grund besteht (→ BMF vom 20. 10. 2003 – BStBl I S. 546, RdNr. 15).

Forderungsübergang

Zufluss beim Stpfl., wenn der Betrag beim neuen Gläubiger eingeht (→ BFH vom 16. 3. 1993 – BStBl II S. 507).

Forderungsverzicht eines Gesellschafters

Der Forderungsverzicht eines Gesellschafters auf seine nicht mehr vollwertige Forderung gegenüber der Kapitalgesellschaft führt dort zu einer Einlage in Höhe des Teilwertes der Forderung. Der Verzicht des Gesellschafters führt bei ihm zum Zufluss des noch werthaltigen Teils der Forderung (→ BFH vom 9. 6. 1997 – HFR 1997 S. 839). Dies gilt auch für Darlehen mit kapitalersetzenden Charakter (→ BFH vom 16. 5. 2001 – BStBl 2002 II S. 436).

Gesamtgläubiger

Stehen mehreren Stpfl. als Gesamtgläubigern Einnahmen zu und vereinbaren sie mit dem Schuldner, dass dieser nur an einen bestimmten Gesamtgläubiger leisten soll, so tritt bei jedem der Gesamtgläubiger anteilsmäßig ein Zufluss in dem Zeitpunkt ein, in dem die Einnahmen bei dem bestimmten Gesamtgläubiger eingehen (→ BFH vom 10. 12. 1985 – BStBl 1986 II S. 342).

Gewinnausschüttung

→ H 20.2 (Zuflusszeitpunkt bei Gewinnausschüttungen)

Gutschrift

Zufluss beim Stpfl. im Zeitpunkt der Gutschrift in den Büchern des Verpflichteten (Schuldners), wenn eine eindeutige und unbestrittene Leistungsverpflichtung des Schuldners besteht (diesem also insbesondere kein Leistungsverweigerungsrecht zusteht oder er sich erkennbar auf zivilrechtliche Einwendungen und Einreden gegen die Forderung des Stpfl. nicht berufen will) und der Schuldner in diesem Zeitpunkt zur Zahlung des Betrages in der Lage gewesen wäre, also nicht zahlungsunfähig war (→ BFH vom 10. 7. 2001 – BStBl II S. 646 und vom 30. 10. 2001 – BStBl 2002 II S. 138).

Leasing-Sonderzahlung

Verwendet ein Arbeitnehmer einen geleasten Pkw für berufliche Zwecke und macht er dafür die tatsächlichen Kosten geltend, so gehört eine bei Leasingbeginn zu erbringende Sonderzahlung in Höhe der anteiligen beruflichen Nutzung des Pkw zu den sofort abziehbaren Werbungskosten; es handelt sich bei ihr nicht um Anschaffungskosten des obligatorischen Nutzungsrechts an dem Pkw, die nur in Form von Absetzungen für Abnutzung als Werbungskosten berücksichtigt werden könnten (→ BFH vom 5. 5. 1994 – BStBl II S. 643).

Lohnzufluss bei Aktienoptionen

→ Arbeitnehmer-Aktienoptionen

Notaranderkonto

Die Zahlung auf ein Treuhandkonto führt nur dann zu einem Abfluss im Sinne von § 11 Abs. 2 Satz 1 EStG, wenn das Konto einem anderen als dem Zahlenden als Treugeber i. S. d. § 39 Abs. 2 Nr. 1 Satz 2 AO zuzurechnen ist. Im Fall eines zur Abwicklung eines Grundstückskaufvertrags eingerichteten Notaranderkontos bestimmt sich die Person des Treugebers nach der zwischen den Vertragsparteien getroffenen Hinterlegungsvereinbarung. Soweit darin keine ausdrückliche Regelung getroffen worden ist, ist – jedenfalls bis zum Zeitpunkt der Auszahlungsreife – der Käufer als Treugeber anzusehen (→ Nieders. FG vom 6. 8. 1997 – EFG 1997 S. 1432).

Novation

Vereinbaren Gläubiger und Schuldner, dass der Geldbetrag fortan aus einem anderen Rechtsgrund geschuldet wird (Novation), kann ein Zufluss und gleichzeitiger Wiederabfluss des Geldbetrages beim Gläubiger vorliegen (→ BFH vom 10. 7. 2001 – BStBl II S. 646 und vom 30. 10. 2001 – BStBl 2002 II S. 138).

Nutzungsrechte

Räumt der Arbeitgeber dem Arbeitnehmer im Hinblick auf das Dienstverhältnis unentgeltlich ein Nutzungsrecht an einer Wohnung ein, so fließt dem Arbeitnehmer der geldwerte Vorteil nicht im Zeitpunkt der Bestellung des Nutzungsrechts in Höhe des kapitalisierten Wertes, sondern fortlaufend in Höhe des jeweiligen Nutzungswertes der Wohnung zu (→ BFH vom 26. 5. 1993 – BStBl II S. 686).

Pachtzahlungen in der Land- und Forstwirtschaft

Ermittelt ein Land- und Forstwirt seinen Gewinn nach der Einnahmenüberschussrechnung, so hat er laufende Pachtzahlungen in dem Wirtschaftsjahr zu erfassen, zu dem sie wirtschaftlich gehören, wenn sie kurze Zeit vor Beginn oder nach Ende dieses Wirtschaftsjahres fällig sind und zufließen; auf die Fälligkeit im Jahr der wirtschaftlichen Zugehörigkeit kommt es nicht an (→ BFH vom 23. 9. 1999 – BStBl 2000 II S. 121).

Provisionen

Bei der Einnahmenüberschussrechnung sind Provisionen auch dann zugeflossen, wenn sie auf einem Kautionskonto zur Sicherung von Gegenforderungen des Versicherungsunternehmens gutgeschrieben werden (→ BFH vom 24. 3. 1993 – BStBl II S. 499). Dagegen sind Beträge, die von dem Versicherungsunternehmen einem für den Vertreter gebildeten Stornoreservekonto gutgeschrieben werden, nicht zugeflossen, wenn die Beträge im Zeitpunkt der Gutschrift nicht fällig waren und das Guthaben nicht verzinst wird (→ BFH vom 12. 11. 1997 – BStBl 1998 II S. 252).

Auch wenn feststeht, dass erhaltene Provisionsvorschüsse in späteren Jahren zurückzuzahlen sind, ist bei der der Einnahmenüberschussrechnung ein Zufluss anzunehmen (→ BFH vom 13. 10. 1989 – BStBl 1990 II S. 287).

Scheck

- Der Zufluss erfolgt grundsätzlich mit Entgegennahme. Dies gilt auch dann, wenn die zugrunde liegende Vereinbarung wegen eines gesetzlichen Verbots oder wegen Sittenwidrigkeit nichtig ist (→ BFH vom 20. 3. 2001 – BStBl II S. 482); die sofortige Bankeinlösung darf jedoch nicht durch zivilrechtliche Vereinbarung eingeschränkt sein (→ BFH vom 30. 10. 1980 BStBl 1981 II S. 305).
- Der Abfluss erfolgt grundsätzlich mit Hingabe; für den Bereich der erhöhten Absetzungen und Sonderabschreibungen auf Anzahlungen aber → § 7a Abs. 2 Satz 5 EStG.

- Der Abfluss erfolgt bei Scheckübermittlung mit der Übergabe an die Post bzw. dem Einwurf in den Briefkasten des Zahlungsempfängers (→ BFH vom 24. 9. 1985 – BStBl 1986 II S. 284).

Schneeballsystem

→ H 20.2

Stille Gesellschaft

- Für den Zufluss der Gewinnanteile eines typisch stillen Gesellschafters gilt § 11 EStG; für Zwecke des Kapitalertragsteuerabzugs ist § 44 Abs. 3 EStG maßgeblich (→ BFH vom 28. 11. 1990 – BStBl 1991 II S. 313).
- → H 20.1 (Stiller Gesellschafter)

Überweisung

Abfluss im Zeitpunkt des Eingangs des Überweisungsauftrags bei der Überweisungsbank, wenn das Konto die nötige Deckung aufweist oder ein entsprechender Kreditrahmen vorhanden ist; andernfalls im Zeitpunkt der Lastschrift (→ BFH vom 6. 3. 1997 – BStBl II S. 509).

Umsatzsteuervorauszahlungen/-erstattungen

Umsatzsteuervorauszahlungen sind regelmäßig wiederkehrende Ausgaben. Dies gilt für Umsatzsteuererstattungen entsprechend. Es ist jedoch nicht zu beanstanden, wenn sämtliche Umsatzsteuervorauszahlungen und -erstattungen mit Zahlung oder Gutschrift vor dem 30. 4. 2008 einheitlich nicht als regelmäßig wiederkehrende Ausgaben oder Einnahmen behandelt werden (→ BFH vom 1. 8. 2007 – BStBl 2008 II S. 282 und BMF vom 10. 11. 2008 – BStBl I S. 958).

Verrechnung

→ Aufrechnung

Wechsel

Zufluss mit Einlösung oder Diskontierung des zahlungshalber hingegebenen Wechsels (→ BFH vom 5. 5. 1971 – BStBl II S. 624). Entsprechendes gilt für den Abfluss.

Werbungskosten bei sonstigen Einkünften

→ ***H 22.8*** (Werbungskosten)
→ H 23 (Werbungskosten)

Wirtschaftsjahr

§ 11 EStG ist auch bei abweichendem Wirtschaftsjahr anzuwenden (→ BFH vom 23. 9. 1999 – BStBl 2000 II S. 121).

Zinsen

Zufluss → BMF vom 5. 11. 2002 (BStBl I S. 1346) unter Berücksichtigung der Änderungen durch BMF vom 13. 12. 2005 (BStBl I S. 1051) und vom 12. 1. 2006 (BStBl I S. 101).

- Beim **beherrschenden Gesellschafter** einer Kapitalgesellschaft gelten die Zinsen aus Kapital ersetzenden Darlehen so lange nicht als zugeflossen, als der Gesellschaft ein Leistungsverweigerungsrecht zusteht (→ BFH vom 16. 11. 1993 – BStBl 1994 II S. 632).
- Keine **Zuflussfiktion bei Angehörigenverträgen**

  Für eine solche Fiktion bietet der Gedanke der Abgrenzung zwischen familiären und betrieblich oder beruflich bedingten Leistungen keine Grundlage. Nach der ständigen Rechtsprechung des BFH, nach der ein Arbeitsvertrag zwischen nahen Angehörigen steuerlich nicht anerkannt werden kann, wenn das vereinbarte Entgelt nicht fristgerecht ausgezahlt wird, ist es im Ergebnis nur konsequent, hier ebenfalls auf diese Fiktion zu verzichten und einen Zufluss nicht anzunehmen (→ FG Köln vom 22. 11. 1994 – EFG 1995 S. 419).

  Nach den Vertragsbedingungen fällige und einem – neben dem Bausparkonto geführten – besonderen Bonuskonto gutgeschriebene Zinsboni sind durch Schuldumschaffung (Novation) zugeflossen, auch wenn das Guthaben auf dem Bonuskonto nicht verzinst wird und die Zinsboni bei Kündigung des Bausparvertrags wieder rückwirkend entfallen (→ Nieders. FG vom 17. 7. 2003 – EFG 2003 S. 1772).

EStG
S 2226a

§ 11a Sonderbehandlung von Erhaltungsaufwand bei Gebäuden in Sanierungsgebieten und städtebaulichen Entwicklungsbereichen

(1) [1]Der Steuerpflichtige kann durch Zuschüsse aus Sanierungs- oder Entwicklungsförderungsmitteln nicht gedeckten Erhaltungsaufwand für Maßnahmen im Sinne des § 177 des Baugesetzbuchs an einem im Inland belegenen Gebäude in einem förmlich festgelegten Sanierungsgebiet oder städtebaulichen Entwicklungsbereich auf zwei bis fünf Jahre gleichmäßig verteilen. [2]Satz 1 ist entsprechend anzuwenden auf durch Zuschüsse aus Sanierungs- oder Entwicklungsförderungsmitteln nicht gedeckten Erhaltungsaufwand für Maßnahmen, die der Erhaltung, Erneuerung und funktionsgerechten Verwendung eines Gebäudes im Sinne des Satzes 1 dienen, das wegen seiner geschichtlichen, künstlerischen oder städtebaulichen Bedeutung erhalten bleiben soll, und zu deren Durchführung sich der Eigentümer neben bestimmten Modernisierungsmaßnahmen gegenüber der Gemeinde verpflichtet hat.

(2) [1]Wird das Gebäude während des Verteilungszeitraums veräußert, ist der noch nicht berücksichtigte Teil des Erhaltungsaufwands im Jahr der Veräußerung als Betriebsausgaben oder Werbungskosten abzusetzen. [2]Das Gleiche gilt, wenn ein nicht zu einem Betriebsvermögen gehörendes Gebäude in ein Betriebsvermögen eingebracht oder wenn ein Gebäude aus dem Betriebsvermögen entnommen oder wenn ein Gebäude nicht mehr zur Einkunftserzielung genutzt wird.

(3) Steht das Gebäude im Eigentum mehrerer Personen, ist der in Absatz 1 bezeichnete Erhaltungsaufwand von allen Eigentümern auf den gleichen Zeitraum zu verteilen.

(4) § 7h Abs. 2 und 3 ist entsprechend anzuwenden.

R 11a

11a. Sonderbehandlung von Erhaltungsaufwand bei Gebäuden in Sanierungsgebieten und städtebaulichen Entwicklungsbereichen

R 7h gilt entsprechend.

H 11a

Hinweise

Bescheinigungsrichtlinien

Übersicht über die Veröffentlichung der länderspezifischen Bescheinigungsrichtlinien BMF vom 10. 11. 2000 (BStBl I S. 1513) und vom 8. 11. 2004 (BStBl I S. 1049).

abgedruckt zu → H 7h

Reichweite der Bindungswirkung der Bescheinigung

→ BMF vom 16. 5. 2007 (BStBl I S. 475)

Verteilung von Erhaltungsaufwand

→ R 21.6 (6)

EStG
S 2226a

§ 11b Sonderbehandlung von Erhaltungsaufwand bei Baudenkmalen

[1]Der Steuerpflichtige kann durch Zuschüsse aus öffentlichen Kassen nicht gedeckten Erhaltungsaufwand für ein im Inland belegenes Gebäude oder Gebäudeteil, das nach den jeweiligen landesrechtlichen Vorschriften ein Baudenkmal ist, auf zwei bis fünf Jahre gleichmäßig verteilen, soweit die Aufwendungen nach Art und Umfang zur Erhaltung des Gebäudes oder Gebäudeteils als Baudenkmal oder zu seiner sinnvollen Nutzung erforderlich und die Maßnahmen in Abstimmung mit der in § 7i Abs. 2 bezeichneten Stelle vorgenommen worden sind. [2]Durch Zuschüsse aus öffentlichen Kassen nicht gedeckten Erhaltungsaufwand für ein im Inland belegenes Gebäude oder Gebäudeteil, das für sich allein nicht die Voraussetzungen für ein Baudenkmal erfüllt, aber Teil einer Gebäudegruppe oder Gesamtanlage ist, die nach den jeweiligen landesrechtlichen Vorschriften als Einheit geschützt ist, kann der Steuerpflichtige auf zwei bis fünf Jahre gleichmäßig verteilen, soweit die Aufwendungen nach Art und Umfang zur Erhaltung des schützenswerten äußeren Erscheinungsbildes der Gebäudegruppe oder Gesamtanlage erforderlich und die Maßnahmen in Abstimmung mit der in § 7i Abs. 2 bezeichneten Stelle vorgenommen worden sind. [3]§ 7h Abs. 3 und § 7i Abs. 1 Satz 2 und Abs. 2 sowie § 11a Abs. 2 und 3 sind entsprechend anzuwenden.

11b. Sonderbehandlung von Erhaltungsaufwand bei Baudenkmalen

R 11b

R 7i gilt entsprechend.

Hinweise

H 11b

Bescheinigungsbehörde

Übersicht über die zuständigen Bescheinigungsbehörden → BMF vom ***6. 1. 2009*** (***BStBl I S. 39***).

Bescheinigungsrichtlinien

Übersicht über die Veröffentlichung der länderspezifischen Bescheinigungsrichtlinien → BMF vom 10. 11. 2000 (BStBl I S. 1513) und vom 8. 11. 2004 (BStBl I S. 1049).

abgedruckt zu → H 7h

Reichweite der Bindungswirkung der Bescheinigung

→ BMF vom 16. 5. 2007 (BStBl I S. 475)

Verteilung von Erhaltungsaufwand

→ R 21.6 (6)

---

7. Nicht abzugsfähige Ausgaben

§ 12

EStG
S 2227

Soweit in den §§ 4f, 10 Abs. 1 Nr. 1, 2 bis 5, 7 bis 9, §§ 10a, 10b und den §§ 33 bis 33b nichts anderes bestimmt ist, dürfen weder bei den einzelnen Einkunftsarten noch vom Gesamtbetrag der Einkünfte abgezogen werden [1])

1. **die für den Haushalt des Steuerpflichtigen und für den Unterhalt seiner Familienangehörigen aufgewendeten Beträge. [2]Dazu gehören auch die Aufwendungen für die Lebensführung, die die wirtschaftliche oder gesellschaftliche Stellung des Steuerpflichtigen mit sich bringt, auch wenn sie zur Förderung des Berufs oder der Tätigkeit des Steuerpflichtigen erfolgen;**
2. **freiwillige Zuwendungen, Zuwendungen auf Grund einer freiwillig begründeten Rechtspflicht und Zuwendungen an eine gegenüber dem Steuerpflichtigen oder seinem Ehegatten gesetzlich unterhaltsberechtigte Person oder deren Ehegatten, auch wenn diese Zuwendungen auf einer besonderen Vereinbarung beruhen;**
3. **die Steuern vom Einkommen und sonstige Personensteuern sowie die Umsatzsteuer für Umsätze, die Entnahmen sind, und die Vorsteuerbeträge auf Aufwendungen, für die das Abzugsverbot der Nummer 1 oder des § 4 Abs. 5 Satz 1 Nr. 1 bis 5, 7 oder Abs. 7 gilt; das gilt auch für die auf diese Steuern entfallenden Nebenleistungen;**
4. **in einem Strafverfahren festgesetzte Geldstrafen, sonstige Rechtsfolgen vermögensrechtlicher Art, bei denen der Strafcharakter überwiegt, und Leistungen zur Erfüllung von Auflagen oder Weisungen, soweit die Auflagen oder Weisungen nicht lediglich der Wiedergutmachung des durch die Tat verursachten Schadens dienen;**
5. **Aufwendungen des Steuerpflichtigen für seine erstmalige Berufsausbildung und für ein Erststudium, wenn diese nicht im Rahmen eines Dienstverhältnisses stattfinden.**

---

1) ***Durch das FamLeistG wurde der einleitende Satzteil ab VZ 2009 geändert.***

Anm.: Die Änderung lautet:
Soweit in den §§ 9c, 10 Abs. 1 Nr. 1, 2 bis 4, 7 und 9, §§ 10a, 10b und den §§ 33 bis 33b nichts anderes bestimmt ist, dürfen weder bei den einzelnen Einkunftsarten noch vom Gesamtbetrag der Einkünfte abgezogen werden . . .

R 12.1

12.1. Abgrenzung der Kosten der Lebensführung von den Betriebsausgaben und Werbungskosten

S 2227

[1]Besteht bei Aufwendungen nach § 12 Nr. 1 EStG ein Zusammenhang mit der gewerblichen oder beruflichen Tätigkeit des Stpfl. (gemischte Aufwendungen), sind sie insoweit als Betriebsausgaben oder Werbungskosten abziehbar, als sie betrieblich oder beruflich veranlasst sind und sich dieser Teil nach objektiven Merkmalen und Unterlagen von den Ausgaben, die der privaten Lebensführung gedient haben, leicht und einwandfrei trennen lässt, es sei denn, dass dieser Teil von untergeordneter Bedeutung ist. [2]Der Teil der Aufwendungen, der als Betriebsausgaben oder Werbungskosten zu berücksichtigen ist, kann ggf. geschätzt werden. [3]Lässt sich eine Trennung der Aufwendungen nicht leicht und einwandfrei durchführen oder ist nur schwer erkennbar, ob sie mehr dem Beruf oder mehr der privaten Lebensführung gedient haben, gehört der gesamte Betrag nach § 12 Nr. 1 EStG zu den nichtabzugsfähigen Ausgaben.

H 12.1

Hinweise

Arbeitsessen mit Fachkollegen

- Die Aufwendungen sind keine Werbungskosten (→ BFH vom 8. 11. 1984 – BStBl 1985 II S. 286).
- Anlässlich einer Betriebsfeier im Zusammenhang mit dem **75. Geburtstag des Firmengründers** entstandene Aufwendungen einer KG sind auch dann nicht als Betriebsausgaben abzuziehen, wenn bei einer solchen Gelegenheit die Übernahme der Geschäftsführung der Öffentlichkeit nahe gebracht und die Verbindung zu den Geschäftsfreunden, Berufskollegen sowie von Vertretern von Politik und Wirtschaft aufgenommen oder vertieft werden soll. Eine andere rechtliche Wertung kann möglicherweise eingreifen, wenn auslösende Momente für eine solche Veranstaltung nicht die Ehrung des Jubilars ist (→ BFH vom 27. 2. 1997 – HFR 1997 S. 821).
- Aufwendungen für sog. **Jahresessen** gehören zu den typischen Repräsentationsaufwendungen i. S. d. § 12 Nr. 1 Satz 2 EStG (→ FG München vom 24. 4. 1995 – EFG 1996 S. 93).

Aufteilungs- und Abzugsverbot

→ BFH vom 19. 10. 1970 – BStBl 1971 II S. 17 und 21.

Das Aufteilungs- und Abzugsverbot des § 12 Nr. 1 Satz 2 EStG gilt nicht bei der Aufteilung von Aufwendungen, die einerseits den steuerbaren Einkünften als Betriebsausgaben/Werbungskosten und andererseits den Sonderausgaben zuzuordnen sind (→ BFH vom 22. 6. 1990 – BStBl II S. 901).

Ausbildungs- und Fortbildungsaufwendungen für Kinder

Aufwendungen der Eltern für die Ausbildung oder die berufliche Fortbildung ihrer Kinder gehören grundsätzlich zu den nicht abziehbaren Lebenshaltungskosten (→ BFH vom 29. 10. 1997 – BStBl 1998 II S. 149)

→ H 4.8 (Ausbildungs- und Fortbildungsaufwendungen)

Ausnahme: → § 10 Abs. 1 Nr. 9 EStG

Berufsausbildungskosten

Anhang 4 Aufwendungen für die erstmalige Berufsausbildung oder ein Erststudium → BMF vom 4. 11. 2005 (BStBl I S. 955) unter Berücksichtigung der Änderungen durch BMF vom 21. 6. 2007 (BStBl I S. 492)

Bewirtungskosten

→ § 4 Abs. 5 Satz 1 Nr. 2 EStG

→ R 4.10 Abs. 5 bis 9

Aufwendungen für die Bewirtung von Geschäftsfreunden in der Wohnung des Stpfl. sind regelmäßig in vollem Umfang Kosten der Lebensführung (→ R 4.10 Abs. 6 Satz 8). Das Gleiche gilt für Aufwendungen des Stpfl. für die Bewirtung von Geschäftsfreunden anlässlich seines Geburtstages in einer Gaststätte (→ BFH vom 12. 12. 1991 – BStBl 1992 II S. 524).

- Bewirtungsaufwendungen eines Universitätsprofessors anlässlich seiner **Antrittsvorlesung** vereinen untrennbar berufsbezogene Elemente mit solchen, die dem privaten, gesellschaftlichen Bereich zuzuordnen sind und sind daher keine Werbungskosten (→ FG Baden-Württemberg, Außensenate Freiburg vom 1. 12. 1999 – EFG 2000 S. 311).

- Bewirtungskosten eines Beamten (Sachgebietsleiters eines Finanzamtes) für seine Kollegen (Mitarbeiter) sind keine Werbungskosten (→ FG Baden-Württemberg vom 18. 1. 2000 – EFG 2000 S. 312).

→ Karnevalsveranstaltungen

→ Arbeitsessen mit Fachkollegen

Brille

→ Medizinisch-technische Hilfsmittel und Geräte

Bücher

Aufwendungen eines Publizisten für Bücher allgemeinbildenden Inhalts sind Kosten der Lebensführung (→ BFH vom 21. 5. 1992 – BStBl II S. 1015).

Deutschkurs

Aufwendungen eines in Deutschland lebenden Ausländers für den Erwerb von Deutschkenntnissen sind regelmäßig nichtabziehbare Kosten der Lebensführung (→ BFH vom 15. 3. 2007 – BStBl II S. 814).

Einbürgerungskosten

Aufwendungen für die Einbürgerung sind Kosten der Lebensführung (→ BFH vom 18. 5. 1984 – BStBl II S. 588).

Erbstreitigkeiten

Der Erbfall selbst stellt im Gegensatz zur Erbauseinandersetzung einen einkommensteuerrechtlich irrelevanten privaten Vorgang dar mit der Folge, dass die Aufwendungen für die Verfolgung eigener Rechte in einem Streit über das Erbrecht der Privatvermögenssphäre zuzuordnen sind (→ BFH vom 17. 6. 1999 – BStBl II S. 600).

Führerschein

Aufwendungen für den Erwerb des Führerscheins der Klasse III (nunmehr C1 E) sind grundsätzlich Kosten der Lebensführung (→ BFH vom 5. 8. 1977 – BStBl II S. 834).

Geschenke an Geschäftsfreunde

→ § 4 Abs. 5 Satz 1 Nr. 1 EStG

→ R 4.10 Abs. 2 bis 4

Gesellschaftliche Veranstaltungen

Aufwendungen, die durch die Teilnahme an gesellschaftlichen Veranstaltungen, z. B. eines Berufs-, Fach- oder Wirtschaftsverbandes oder einer Gewerkschaft, entstanden sind, sind stets Kosten der Lebensführung, und zwar auch dann, wenn die gesellschaftlichen Veranstaltungen im Zusammenhang mit einer rein fachlichen oder beruflichen Tagung oder Sitzung standen (→ BFH vom 1. 8. 1968 – BStBl II S. 713).

→ Karnevalsveranstaltungen

→ Kulturelle Veranstaltungen

Hörapparat

→ Medizinisch-technische Hilfsmittel und Geräte

Karnevalsveranstaltungen

Aufwendungen für die Einladung von Geschäftspartnern zu Karnevalsveranstaltungen sind Lebenshaltungskosten (→ BFH vom 29. 3. 1994 – BStBl II S. 843).

Kleidung und Schuhe

Als Kosten der Lebensführung nicht abziehbar, selbst wenn der Stpfl. sie ausschließlich bei der Berufsausübung trägt (→ BFH vom 18. 4. 1991 – BStBl II S. 751).

Ausnahme: typische Berufskleidung → ***R 3.31 LStR 2008*** und ***H 9.12 LStH 2008*** (Berufskleidung)

Körperpflegemittel, Kosmetika

Als Kosten der Lebensführung nicht abziehbar (→ BFH vom 6. 7. 1989 – BStBl 1990 II S. 49).

Kontoführungsgebühren

Pauschale Kontoführungsgebühren sind nach dem Verhältnis beruflich und privat veranlasster Kontenbewegungen aufzuteilen (→ BFH vom 9. 5. 1984 – BStBl II S. 560).

Konzertflügel einer Musiklehrerin

Kann ein Arbeitsmittel i. S. d. § 9 Abs. 1 Satz 3 Nr. 6 EStG sein (→ BFH vom 21. 10. 1988 – BStBl 1989 II S. 356).

Kulturelle Veranstaltungen

Aufwendungen für den Besuch sind regelmäßig keine Werbungskosten, auch wenn dabei berufliche Interessen berührt werden (→ BFH vom 8. 2. 1971 – BStBl II S. 368 betr. Musiklehrerin).

Kunstwerke

Aufwendungen für Kunstwerke zur Ausschmückung eines Arbeits- oder Dienstzimmers sind Kosten der Lebensführung (→ BFH vom 12. 3. 1993 – BStBl II S. 506).

Medizinisch-technische Hilfsmittel und Geräte

Aufwendungen für technische Hilfsmittel zur Behebung körperlicher Mängel können als reine Kosten der Lebensführung nicht abgezogen werden, auch wenn die Behebung des Mangels im beruflichen Interesse liegt.

→ BFH vom 8. 4. 1954 (BStBl III S. 174) – Hörapparat

→ BFH vom 28. 9. 1990 (BStBl 1991 II S. 27) – Bifokalbrille

→ BFH vom 23. 10. 1992 (BStBl 1993 II S. 193) – Sehbrille

Nachschlagewerk

- Allgemeines Nachschlagewerk eines Lehrers ist regelmäßig dem privaten Lebensbereich zuzuordnen (→ BFH vom 29. 4. 1977 – BStBl II S. 716).
- Allgemeines englisches Nachschlagewerk eines Englischlehrers kann Arbeitsmittel i. S. d. § 9 Abs. 1 Satz 3 Nr. 6 EStG sein (→ BFH vom 16. 10. 1981 – BStBl 1982 II S. 67).

Personalcomputer

Eine private Mitbenutzung ist für den vollständigen Betriebsausgaben- bzw. Werbungskostenabzug unschädlich, wenn diese einen Anteil von etwa 10 % nicht übersteigt. Bei einem höheren privaten Nutzungsanteil sind die Kosten eines gemischt genutzten PC aufzuteilen. § 12 Nr. 1 Satz 2 EStG steht einer solchen Aufteilung nicht entgegen (→ BFH vom 19. 2. 2004 – BStBl II S. 958).

Sponsoring

Anhang 10 → BMF vom 18. 2. 1998 (BStBl I S. 212)

Steuerberatungskosten

Zuordnung der Steuerberatungskosten zu den Betriebsausgaben, Werbungskosten oder Kosten der Lebensführung → BMF vom 21. 12. 2007 (BStBl 2008 I S. 256).

Strafverfahren

→ H 12.3 (Kosten des Strafverfahrens***/der Strafverteidigung***)

Tageszeitung

Aufwendungen für den Bezug regionaler wie überregionaler Tageszeitungen gehören zu den unter § 12 Nr. 1 Satz 2 EStG fallenden Lebenshaltungskosten (→ BFH vom 7. 9. 1989 – BStBl 1990 II S. 19).

Telefonanschluss in einer Wohnung

Grund- und Gesprächsgebühren sind Betriebsausgaben oder Werbungskosten, soweit sie auf die beruflich geführten Gespräche entfallen. Der berufliche Anteil ist aus dem – ggf. geschätzten –

Verhältnis der beruflich und der privat geführten Gespräche zu ermitteln (→ BFH vom 21. 11. 1980 – BStBl 1981 II S. 131). Zur Aufteilung der Gebühren → ***R 9.1 Abs. 5 LStR 2008***.

Videorecorder eines Lehrers

Aufwendungen für einen Videorecorder sind regelmäßig Kosten der Lebensführung (→ BFH vom 27. 9. 1991 – BStBl 1992 II S. 195).

12.2. Studienreisen, Fachkongresse

R 12.2

S 2227

[1]Aufwendungen für eine Studienreise oder den Besuch eines Fachkongresses sind Betriebsausgaben/Werbungskosten, wenn die Reise oder Teilnahme an dem Kongress so gut wie ausschließlich betrieblich/beruflich veranlasst ist. [2]Eine betriebliche/berufliche Veranlassung ist anzunehmen, wenn objektiv ein Zusammenhang mit dem Betrieb/Beruf besteht und subjektiv die Aufwendungen zur Förderung des Betriebs/Berufs gemacht werden. [3]Die Befriedigung privater Interessen muss nach dem Anlass der Reise, dem vorgesehenen Programm und der tatsächlichen Durchführung nahezu ausgeschlossen sein. [4]Die Entscheidung, ob betriebs-/berufsbedingte Aufwendungen vorliegen, ist nach Würdigung aller Umstände und Merkmale des Einzelfalles zu treffen.

Hinweise

H 12.2

Abgrenzungsmerkmale

Für betriebs-/berufsbedingte Aufwendungen können z. B. folgende Merkmale sprechen:

- ein homogener Teilnehmerkreis,
- eine straffe und lehrgangsmäßige Organisation,
- ein Programm, das auf die betrieblichen/beruflichen Bedürfnisse und Gegebenheiten der Teilnehmer zugeschnitten ist,
- (bei Arbeitnehmern) die Gewährung von Dienstbefreiung oder Sonderurlaub,
- (bei Arbeitnehmern) Zuschüsse des Arbeitgebers.

Gegen betriebs-/berufsbedingte Aufwendungen können z. B. folgende Merkmale sprechen:

- der Besuch bevorzugter Ziele des Tourismus,
- häufiger Ortswechsel,
- bei kürzeren Veranstaltungen die Einbeziehung vieler Sonn- und Feiertage, die zur freien Verfügung stehen,
- die Mitnahme des Ehegatten oder anderer naher Angehöriger,
- die Verbindung mit einem Privataufenthalt,
- die Reise in den heimischen Kulturkreis,
- entspannende oder kostspielige Beförderung, z. B. Schiffsreise.

Die Merkmale können von Fall zu Fall unterschiedliches Gewicht haben (→ BFH vom 27. 11. 1978 – BStBl 1979 II S. 213).

Ärztefortbildung

Teilnahme ist nicht ganz überwiegend beruflich veranlasst, wenn der Lehrgang nach Programm und Durchführung in nicht unerheblichem Maße die Verfolgung privater Erlebnis- und Erholungsinteressen zulässt.

- Reise in den heimischen Kulturkreis:
  → BFH vom 23. 1. 1997 (BStBl II S. 357).
- Sportmedizin:
  → BFH vom 19. 10. 1989 (BStBl 1990 II S. 134).
  → BFH vom 15. 3. 1990 (BStBl II S. 736).

  Aufwendungen eines Arztes für einen Lehrgang zum Erwerb der Bezeichnung „**Sportmedizin**" sind nicht abzugsfähig, wenn der Lehrgang in der Skihauptsaison in einem bekannten Wintersportort stattfindet und dabei der Wintersport in nicht unbedeutendem Umfang, so wie es üblicherweise auch bei anderen Besuchern des Ortes als Freizeitsport geschah, betrieben wurde. Im Streitfall schloss der Lehrgang im praktischen Teil sowohl den alpinen

Skilauf wie den Skilanglauf ein. Unerheblich war, dass die Skipraxis nach der Weiterbildungsverordnung der Landesärztekammer erforderlich war (→ BFH vom 12. 9. 1995 – BStBl 1996 II S. 158).

- Wintersportort

  → BFH vom 4. 8. 1977 (BStBl II S. 829).

Allgemeinbildende Reise

Dient die Reise der allgemeinen Information über die geographischen, wirtschaftlichen und sonstigen Besonderheiten des besuchten Landes oder der allgemeinen wirtschaftlichen Bildung der Teilnehmer, liegt keine so gut wie ausschließlich betriebliche/berufliche Veranlassung vor.

→ BFH vom 27. 11. 1978 (BStBl 1979 II S. 213) – Grundsatzbeschluss zu Auslandsgruppenreisen

→ BFH vom 23. 10. 1981 (BStBl 1982 II S. 69) – Reise eines Geographielehrers

→ BFH vom 15. 12. 1982 (BStBl 1983 II S. 409) – Gruppenreise von Gewerbetreibenden ins Ausland

→ BFH vom 27. 3. 1991 (BStBl II S. 575) – Gruppenreise eines Hochschulgeographen ins Ausland

→ BFH vom 22. 1. 1993 (BStBl II S. 612) – von Justizbehörden unterstützte und geförderte Gruppenreise von Richtern und Staatsanwälten

→ BFH vom 25. 3. 1993 (BStBl II S. 559) – Teilnahme an einer Gruppenreise mit Schwerpunkt auf allgemeintouristischen Zwecken und nachträgliche Verwertung der Reiseeindrücke

→ BFH vom 30. 4. 1993 (BStBl II S. 674) – Teilnahme an einer Bildungsgruppenreise mit zugewiesenen unwesentlichen Aufgaben der Reiseorganisation

→ BFH vom 21. 8. 1995 (BStBl 1996 II S. 10) – Reise einer Englischlehrerin, Verfolgung allgemeintouristischer Zwecke neben einem Ausflug am Wochenende auch an mehreren Arbeitstagen

→ Aufwendungen einer Englischlehrerin für einen während des Schuljahres abgehaltenen **Lehrerfachkurs in England** mit pädagogischem, methodischem, didaktischem und landeskundlichem Inhalt sind nicht als Werbungskosten abziehbar, wenn dabei private Unternehmungen eine nicht unbedeutende Rolle spielen (→ BFH vom 31. 1. 1997 – BFH/NV 1997 S. 647).

→ Die **Indienreise einer evangelischen Pastorin,** die sich auf mehrere touristisch interessante Orte mit Besichtigung von Sehenswürdigkeiten erstreckt, führt trotz eines Reisekostenzuschusses und teilweiser Arbeitsbefreiung selbst dann nicht zu Werbungskosten, wenn die Reise nach den Vorstellungen der Pastorin nicht touristischen Zwecken dient, sondern dazu, das Leben der christlichen Minderheiten in Indien kennen zu lernen und diese Erkenntnisse in die Gemeindearbeit in Deutschland einzubringen (→ BFH vom 21. 10. 1996 – BFH/NV 1997 S. 469).

→ Aufwendungen für eine Reise, die ein Lehrer zur Vorbereitung einer Klassenfahrt unternimmt, sind jedenfalls dann keine Werbungskosten, wenn sich die Reise nicht von einer regulären, allgemeintouristisch geprägten Reise unterscheidet und wenn auch nicht festgestellt werden kann, in welcher Weise die vor Ort gesammelten Erfahrungen für die spätere Klassenfahrt – konkret – erforderlich gewesen sind (BFH vom 27. 7. 2004 – BFH/NV 2005 S. 42).

Betriebliche/berufliche Reise

- Aufwendungen einer Kunstmalerin für eine Reise in ein beliebtes Urlaubsgebiet sind als Betriebsausgaben abziehbar, wenn sie die Reise unternommen hat, um am Ziel der Reise wegen des dort vorhandenen landschaftlichen oder kulturellen Umfelds in einer ihrem besonderen Malstil entsprechenden Arbeitsweise tätig zu werden, und private Motive für die Reise ausscheiden (→ BFH vom 16. 10. 1986 – BStBl 1987 II S. 208).
- Für eine (Auslands-)Reise kann ein hinreichend konkreter betrieblicher oder beruflicher Anlass auch dann vorliegen, wenn es sich zwar um die Teilnahme an einer Gruppenreise handelt, der Stpfl. aber mit der Organisation und Durchführung einer solchen Reise beauftragt worden ist (→ BFH vom 27. 8. 2002 – BStBl 2003 II S. 369).

Einzelaufwendungen

Ist eine Reise insgesamt nicht betrieblich/beruflich veranlasst, können einzelne zusätzliche Aufwendungen gleichwohl Betriebsausgaben oder Werbungskosten sein. Voraussetzung dafür ist, dass sie von den übrigen Reisekosten sicher und leicht abgrenzbar und ausschließlich betrieblich/beruflich veranlasst sind. Die Kosten sind nicht abziehbar, wenn sie auch entstanden wären, wenn der Stpfl. den betrieblich/beruflich veranlassten Reiseteil nicht durchgeführt hätte. Bei den zusätzlichen Aufwendungen kann es sich z. B. um Kursgebühren, Eintrittsgelder, Fahrtkosten, zusätzliche Übernachtungskosten und Mehraufwendungen für Verpflegung handeln. Die zusätzlichen Übernachtungskosten sowie die Mehraufwendungen für Verpflegung können mit den für Geschäfts-/Dienstreisen geltenden Pauschbeträgen (→ R 39 und R 40 LStR 2005) angesetzt werden.

→ BFH vom 27. 11. 1978 (BStBl 1979 II S. 213) – Grundsatzbeschluss zu Auslandsgruppenreisen

→ BFH vom 18. 10. 1990 (BStBl 1991 II S. 92) – zusätzliche Aufwendungen für Materialsammlung zu einem Fremdsprachen-Schulbuch

→ BFH vom 23. 4. 1992 (BStBl II S. 898) – Fortbildungsveranstaltung und vorangehender Urlaubsaufenthalt

Fachkongresse

– **Ausland**

Bei Fachkongressen im Ausland können Zweifel an der betrieblichen/beruflichen Veranlassung insbesondere dann bestehen, wenn die Veranstaltungen an beliebten Erholungsorten stattfinden. Der Ort einer Fachtagung ist jedoch von geringer Bedeutung, wenn es sich um eine Tagung internationalen Gepräges mit Beteiligung ausländischer Teilnehmer und Dozenten handelt (→ BFH vom 16. 1. 1974 – BStBl II S. 291), es sei denn, den Teilnehmern wird durch die Gestaltung der Tagung gezielt die Möglichkeit eröffnet, die Freizeitangebote dieses Ortes zu nutzen, z. B. durch eine außergewöhnlich lange Mittagspause (→ BFH vom 5. 9. 1990 – BStBl II S. 1059) oder durch einen hohen Freizeitanteil (→ BFH vom 9. 8. 1996 – BStBl 1997 II S. 97 und vom 11. 1. 2007 – BStBl II S. 457). Allerdings kann die steuerliche Berücksichtigung nicht mit der Begründung versagt werden, die Veranstaltung habe in einem Mitgliedstaat der EU stattgefunden. Dies gilt auch für Staaten, auf die das EWR-Abkommen Anwendung findet, und für die Schweiz (→ BMF vom 26. 9. 2003 – BStBl I S. 447).

– **Konkreter Nutzen für den Betrieb**

Die Teilnahme an einem Fachkongress kann betrieblich veranlasst sein, wenn sie nachweislich für den Betrieb von Nutzen ist,

→ BFH vom 23. 11. 1988 (BStBl 1989 II S. 405) – Teilnahme eines Buchhändlers an Tagung der Gesellschaft für Tiefenpsychologie,

→ BFH vom 13. 12. 1984 (BStBl 1985 II S. 325) – aktive Teilnahme eines Gewerbetreibenden an einem Fachkongress.

– **Nachweis der Teilnahme**

Bei betrieblicher/beruflicher Veranlassung sind Aufwendungen für die Teilnahme an einem Kongress nur abziehbar, wenn feststeht, dass der Stpfl. an den Veranstaltungen teilgenommen hat (→ BFH vom 4. 8. 1977 – BStBl II S. 829). An den Nachweis der Teilnahme sind strenge Anforderungen zu stellen; der Nachweis muss sich auf jede Einzelveranstaltung beziehen, braucht jedoch nicht in jedem Fall durch Anwesenheitstestat geführt zu werden (→ BFH vom 13. 2. 1980 – BStBl II S. 386 und vom 11. 1. 2007 – BStBl II S. 457).

– **Schiffsreise**

Wird ein Kongress mit einer Reise verbunden, z. B. sog. schwimmende Kongresse, ist dies in der Regel ein Beweisanzeichen für eine private Mitveranlassung von nicht nur untergeordneter Bedeutung (→ BFH vom 14. 7. 1988 – BStBl 1989 II S. 19).

– → **Vortragstätigkeit**

Incentive-Reisen

→ BMF vom 14. 10. 1996 (BStBl I S. 1192) Anhang 10

Klassenfahrt eines Berufsschülers

Aufwendungen sind regelmäßig Werbungskosten bei den aus dem Ausbildungsverhältnis erzielten Einnahmen aus nichtselbständiger Arbeit (→ BFH vom 7. 2. 1992 – BStBl II S. 531).

Psychologisches Seminar

Aufwendungen eines Industriekaufmanns für die Teilnahme an psychologischen Seminaren können nur dann Werbungskosten und keine Aufwendungen für die Lebensführung sein, wenn in den Seminaren primär auf den konkreten Beruf zugeschnittene psychologische Kenntnisse vermittelt werden und der Teilnehmerkreis des Seminars entsprechend homogen zusammengesetzt ist. Dies gilt auch dann, wenn der Arbeitgeber für die Teilnahme an den Seminaren bezahlten Bildungsurlaub gewährt hat (→ BFH vom 6. 3. 1995 – BStBl II S. 393).

Schulskileiter-Lizenz

Aufwendungen für die Lehrgangsteilnahme können nur bei in der Schule im Fach Sport eingesetzten Lehrerinnen und Lehrern unter eng begrenzten Voraussetzungen als Werbungskosten anerkannt werden (→ BFH vom 26. 8. 1988 – BStBl 1989 II S. 91).

Scientology-Fortbildungskurse

– Bei dem „Effizienztraining" bzw. „Individualtraining zur Verbesserung innerer Organisationsabläufe" lässt sich nicht ausschließen, dass Lehrinhalte der sog. „Scientology-Kirche" vermittelt werden, die wegen ihrer religiös-philosophischen Bezüge die Lebensführung berühren, auch wenn es sich bei der „Scientology-Kirche" nicht um eine Religions- oder Weltanschauungsgemeinschaft handelt (→ FG Hamburg vom 4. 10. 1995 – EFG 1996 S. 136).

– Die Vorlage von Lehrmaterialien in englischer Sprache führt nicht zur Abziehbarkeit geltend gemachter Aufwendungen für das von einer Organisation der Church of Scientology durchgeführte „Executive Training and Councelling Program, the L's" (→ FG Baden-Württemberg vom 20. 3. 1997 – EFG 1997 S. 1098).

Selbsterfahrungsseminar

Die Aufwendungen eines Sozialpädagogen für die Teilnahme an mehrwöchigen Seminaren für Interaktions- und Kommunikationstraining des Zentrums für Selbsterfahrung und Selbstentwicklung „Weißer Lotus Salzburg" (Österreich) sind keine Werbungskosten (→ Nieders. FG vom 4. 6. 1998 – EFG 1998 S. 1510).

Sprachkurse im und Studienreisen ins Ausland

Bei Studienreisen ins Ausland kann gegen die betriebliche/berufliche Veranlassung sprechen, wenn Anlagen und Einrichtungen gleicher Art im Inland oder im näher liegenden Ausland hätten besucht werden können. Das Gleiche gilt für Sprachkurse im Ausland, wenn die Durchführung der Veranstaltung im Inland den gleichen Erfolg hätte haben können (→ BFH vom 31. 7. 1980 – BStBl II S. 746 und vom 22. 7. 1993 – BStBl II S. 787) Allerdings kann die steuerliche Berücksichtigung nicht mit der Begründung versagt werden, die Veranstaltung habe in einem Mitgliedsstaat der EU stattgefunden. Dies gilt auch für Staaten, auf die das EWR-Abkommen Anwendung findet, und für die Schweiz (→ BMF vom 26. 9. 2003 – BStBl I S. 447).

Ein von deutschen und spanischen öffentlichen Institutionen geförderter **Sprachenkurs für deutsche Spanischlehrer in Granada** ist nur insoweit ausschließlich berufsbezogen, als die Unterrichtsstunden sich auf das Auffrischen, Vertiefen und Erweitern der Spanischkenntnisse erstrecken. Wenn sich der Unterricht mit politischen, wirtschaftlichen, geographischen und kulturellen Themen Spaniens befasst und Ausflüge und Besichtigungen durchgeführt werden, sind die Aufwendungen nicht abziehbar (→ BFH vom 8. 11. 1996 – HFR 1997 S. 661).

Aufwendungen für einen **Englischsprachkurs** im Ausland sind dann als Werbungskosten abzugsfähig, wenn ein vergleichbarer Kurs im Inland ebenfalls abzugsfähig wäre (→ FG des Landes Brandenburg vom 20. 6. 2001 – EFG 2001 S. 1188).

Vortragstätigkeit

– Das Halten eines Vortrags ist für sich genommen nicht geeignet, die Teilnahme an einem Fachkongress als unmittelbar beruflich veranlasst anzusehen; eine zusätzliche Dolmetscherfunktion führt zu keiner anderen Beurteilung (→ BFH vom 23. 1. 1997 – BStBl II S. 357).

– Der Besuch eines wissenschaftlichen Fachkongresses in den USA ist dann so gut wie ausschließlich beruflich veranlasst, wenn der Stpfl. eigene wissenschaftliche Erkenntnisse auf dem Kongress präsentiert und die Teilnahme an Tagungen und Kongressen zu seinen vertraglichen Pflichten als wissenschaftlicher Mitarbeiter zählt (→ FG Hamburg vom 29. 6. 2001 – EFG 2001 S. 1423).

R 12.3

12.3. Geldstrafen und ähnliche Rechtsnachteile

S 2227 Aufwendungen i. S. d. § 12 Nr. 4 EStG können auch dann nicht abgezogen werden, wenn die Geldstrafen und ähnlichen Rechtsnachteile außerhalb des Geltungsbereichs des Gesetzes verhängt, angeordnet oder festgesetzt werden, es sei denn, sie widersprechen wesentlichen Grundsätzen der deutschen Rechtsordnung (ordre public).

Hinweise

H 12.3

Abführung von Mehrerlösen

→ R 4.13

Agentenlohn

→ Rechtsfolgen vermögensrechtlicher Art

Bestechungsgelder

→ Rechtsfolgen vermögensrechtlicher Art

Einziehung von Gegenständen

In den Fällen der Anordnung gem. § 74 Abs. 2 Nr. 1 oder § 76a StGB überwiegt der Strafcharakter. Es ist unerheblich, ob die Anordnung neben der Hauptstrafe oder nachträglich nach § 76 StGB oder unter den Voraussetzungen des § 76a StGB selbständig erfolgt ist.

Geldbußen

→ R 4.13

Kosten des Strafverfahrens/der Strafverteidigung

a) Die dem Strafverfahren zugrunde liegende Tat wurde in Ausübung der betrieblichen oder beruflichen Tätigkeit begangen: Kosten sind Betriebsausgaben oder Werbungskosten, da sie weder Strafe noch strafähnliche Rechtsfolge sind (→ BFH vom 19. 2. 1982 – BStBl II S. 467).

b) Die dem Strafverfahren zugrundeliegende Tat beruht auf privaten Gründen oder ist sowohl privat als auch betrieblich (beruflich) veranlasst:

   Aufwendungen sind nicht abziehbare Kosten der Lebensführung. Das gilt auch für Kosten eines Wiederaufnahmeverfahrens nach strafrechtlicher Verurteilung mit disziplinarrechtlichen Folgen (→ BFH vom 13. 12. 1994 – BStBl 1995 II S. 457).

   Bei Strafverteidigungskosten im Fall eines Freispruches oder Verteidigungskosten in einem Bußgeld- oder Ordnungsgeldverfahren im Fall einer förmlichen Einstellung ist § 33 EStG zu prüfen (→ BFH vom 15. 11. 1957 – BStBl 1958 III S. 105).

Leistungen zur Erfüllung von Auflagen oder Weisungen

sind nicht abziehbar

- bei Strafaussetzung zur Bewährung,
- bei Verwarnung mit dem Strafvorbehalt, einen Geldbetrag zugunsten einer gemeinnützigen Einrichtung oder der Staatskasse zu zahlen oder sonst gemeinnützige Leistungen zu erbringen (§ 56b Abs. 2 Satz 1 Nr. 2 und 3, § 59a Abs. 2 StGB),
- bei Einstellung des Verfahrens (§ 153a Abs. 1 Satz 1 Nr. 2 und 3 StPO); Gleiches gilt bei Einstellung des Verfahrens nach dem Jugendgerichtsgesetz und im Gnadenverfahren.

Ordnungsgelder

→ R 4.13

Rechtsfolgen vermögensrechtlicher Art

1. mit überwiegendem Strafcharakter
   - Einziehung von Gegenständen, die – neben der Hauptstrafe oder nachträglich nach § 76 StGB oder unter den Voraussetzungen des § 76a StGB selbständig – in den Fällen des § 74 Abs. 2 Nr. 1 oder § 76a StGB angeordnet oder festgesetzt worden ist.
2. ohne Strafcharakter
   - Verfall von Gegenständen und Verfall von Tatentgelten (§ 73 StGB) dienen in erster Linie dem Ausgleich von rechtswidrig erlangten Vermögensvorteilen (BGH vom 1. 3. 1995 – NJW S. 2235).

Strafverfahren

→ Kosten des Strafverfahrens/der Strafverteidigung

Strafverteidigungskosten

→ Kosten des Strafverfahrens/der Strafverteidigung

Tatentgelte

→ Rechtsfolgen vermögensrechtlicher Art

Verfall von Gegenständen

→ Rechtsfolgen vermögensrechtlicher Art

Verfall von Tatentgelten

→ Rechtsfolgen vermögensrechtlicher Art

Verwarnungsgelder

→ R 4.13

R 12.4

12.4. Nichtabziehbare Steuern und Nebenleistungen

S 2227 – unbesetzt –

H 12.4

Hinweise

Nebenleistungen

Die folgenden Nebenleistungen (§ 3 Abs. 4 AO) sind nicht abziehbar, soweit sie auf die in § 12 Nr. 3 EStG genannten Steuerarten entfallen:

- Aussetzungszinsen (§ 237 AO),
- Gebühren für verbindliche Auskünfte (§ 89 Abs. 3 AO),
- Hinterziehungszinsen (§ 235 AO),
- Kosten bei Inanspruchnahme von Finanzbehörden (§ 178a AO),
- Nachforderungszinsen (§ 233a AO),

  § 12 Nr. 3 EStG schließt den Abzug von Nachzahlungszinsen i. S. d. § 233a AO als Werbungskosten unabhängig davon aus, ob der Stpfl. den nachzuzahlenden Betrag vor der Nachzahlung zur Erzielung von Einkünften aus Kapitalvermögen eingesetzt hat (→ BFH vom 2. 9. 2008 – VIII R 2/07).
- Säumniszuschläge (§ 240 AO),
- Stundungszinsen (§ 234 AO),
- Verspätungszuschläge (§ 152 AO),
- Zuschlag wegen der Nichtvorlage oder Unbrauchbarkeit von Aufzeichnungen (§ 162 Abs. 4 AO),
- Zwangsgelder (§ 329 AO).

Personensteuern

- Einkommensteuer, einschl. ausländische Steuern vom Einkommen, soweit nicht § 34c Abs. 2 oder 3 EStG anzuwenden ist,
- Erbschaftsteuer,
- Kapitalertragsteuer,
- Kirchensteuer,
- Lohnsteuer,
- Solidaritätszuschlag,
- Vermögensteuer.

12.5. Zuwendungen

R 12.5

[1]Spenden und Mitgliedsbeiträge gehören auch dann zu den Kosten der Lebensführung, wenn sie durch betriebliche Erwägungen mit veranlasst werden. [2]Der Stpfl. kann sie nur im Rahmen der §§ 10b, 34g EStG abziehen. S 2223 S 2227

12.6. Wiederkehrende Leistungen

R 12.6

– unbesetzt –

Hinweise

H 12.6

Abgrenzung zwischen Unterhalts- und Versorgungsleistungen

Einkommensteuerrechtliche Behandlung von wiederkehrenden Leistungen im Zusammenhang mit der Übertragung von Privat- oder Betriebsvermögen → BMF vom 16. 9. 2004 (BStBl I S. 922). Anhang 8

Gesetzlich unterhaltsberechtigt

sind alle Personen, die nach bürgerlichem Recht gegen den Stpfl. oder seinen Ehegatten einen gesetzlichen Unterhaltsanspruch haben können. Es kommt nicht darauf an, ob nach den persönlichen Verhältnissen der Beteiligten ein solcher Anspruch tatsächlich besteht (→ BFH vom 8. 9. 1961 – BStBl III S. 535 und vom 31. 10. 1973 – BStBl 1974 II S. 86).

Renten und dauernde Lasten, die freiwillig oder auf Grund einer freiwillig begründeten Rechtspflicht geleistet werden

→ R 10.3 Abs. 2

Unterhaltsleistungen

- an den geschiedenen oder dauernd getrennt lebenden Ehegatten fallen unter das Abzugsverbot des § 12 Nr. 2 EStG.
- die den Rahmen der gesetzlichen Unterhaltspflicht übersteigen, fallen unter das Abzugsverbot des § 12 Nr. 2 EStG (→ BFH vom 10. 4. 1953 – BStBl III S. 157).

Ausnahmen:

→ § 10 Abs. 1 Nr. 1 EStG

→ § 33a Abs. 1 EStG

---

8. Die einzelnen Einkunftsarten

a) Land- und Forstwirtschaft (§ 2 Abs. 1 Satz 1 Nr. 1)

S 2230

§ 13 Einkünfte aus Land- und Forstwirtschaft

EStG
S 2231–S 2234

(1) Einkünfte aus Land- und Forstwirtschaft sind

1. Einkünfte aus dem Betrieb von Landwirtschaft, Forstwirtschaft, Weinbau, Gartenbau und aus allen Betrieben, die Pflanzen und Pflanzenteile mit Hilfe der Naturkräfte gewinnen. [2]Zu diesen Einkünften gehören auch die Einkünfte aus der Tierzucht und Tierhaltung, wenn im Wirtschaftsjahr

für die ersten 20 Hektar	**nicht mehr als 10 Vieheinheiten,**
für die nächsten 10 Hektar	**nicht mehr als 7 Vieheinheiten,**
für die nächsten 20 Hektar	**nicht mehr als 6 Vieheinheiten,**
für die nächsten 50 Hektar	**nicht mehr als 3 Vieheinheiten,**
und für die weitere Fläche	**nicht mehr als 1,5 Vieheinheiten,**

je Hektar der vom Inhaber des Betriebs regelmäßig landwirtschaftlich genutzten Fläche erzeugt oder gehalten werden. [3]Die Tierbestände sind nach dem Futterbedarf in Vieheinheiten umzurechnen. [4]§ 51 Abs. 2 bis 5 des Bewertungsgesetzes ist anzuwenden. [5]Die Einkünfte aus Tierzucht und Tierhaltung einer Gesellschaft, bei der die Gesellschafter als Unternehmer (Mitunternehmer) anzusehen sind, gehören zu den Einkünften im Sinne des Satzes 1, wenn die Voraussetzungen des § 51a des Bewertungsgesetzes erfüllt sind und andere

Einkünfte der Gesellschafter aus dieser Gesellschaft zu den Einkünften aus Land- und Forstwirtschaft gehören;

S 2235 2. Einkünfte aus sonstiger land- und forstwirtschaftlicher Nutzung (§ 62 Bewertungsgesetz);

S 2236 3. Einkünfte aus Jagd, wenn diese mit dem Betrieb einer Landwirtschaft oder einer Forstwirtschaft im Zusammenhang steht;

4. Einkünfte von Hauberg-, Wald-, Forst- und Laubgenossenschaften und ähnlichen Realgemeinden im Sinne des § 3 Abs. 2 des Körperschaftsteuergesetzes.

(2) Zu den Einkünften im Sinne des Absatzes 1 gehören auch

S 2236 1. Einkünfte aus einem land- und forstwirtschaftlichen Nebenbetrieb. [2]Als Nebenbetrieb gilt ein Betrieb, der dem land- und forstwirtschaftlichen Hauptbetrieb zu dienen bestimmt ist;

2. der Nutzungswert der Wohnung des Steuerpflichtigen, wenn die Wohnung die bei Betrieben gleicher Art übliche Größe nicht überschreitet und das Gebäude oder der Gebäudeteil nach den jeweiligen landesrechtlichen Vorschriften ein Baudenkmal ist;

3. die Produktionsaufgaberente nach dem Gesetz zur Förderung der Einstellung der landwirtschaftlichen Erwerbstätigkeit.

S 2238 (3) [1]Die Einkünfte aus Land- und Forstwirtschaft werden bei der Ermittlung des Gesamtbetrags der Einkünfte nur berücksichtigt, soweit sie den Betrag von 670 Euro übersteigen. [2]Satz 1 ist nur anzuwenden, wenn die Summe der Einkünfte 30700 Euro nicht übersteigt. [3]Im Fall der Zusammenveranlagung von Ehegatten verdoppeln sich die Beträge der Sätze 1 und 2.

(4) [1]Absatz 2 Nr. 2 findet nur Anwendung, sofern im Veranlagungszeitraum 1986 bei einem Steuerpflichtigen für die von ihm zu eigenen Wohnzwecken oder zu Wohnzwecken des Altenteilers genutzte Wohnung die Voraussetzungen für die Anwendung des § 13 Abs. 2 Nr. 2 des Einkommensteuergesetzes in der Fassung der Bekanntmachung vom 16. April 1997 (BGBl. I S. 821) vorlagen. [2]Der Steuerpflichtige kann für einen Veranlagungszeitraum nach dem Veranlagungszeitraum 1998 unwiderruflich beantragen, dass Absatz 2 Nr. 2 ab diesem Veranlagungszeitraum nicht mehr angewendet wird. [3]§ 52 Abs. 21 Satz 4 und 6 des Einkommensteuergesetzes in der Fassung der Bekanntmachung vom 16. April 1997 (BGBl. I S. 821) ist entsprechend anzuwenden. [4]Im Fall des Satzes 2 gelten die Wohnung des Steuerpflichtigen und die Altenteilerwohnung sowie der dazugehörende Grund und Boden zu dem Zeitpunkt als entnommen, bis zu dem Absatz 2 Nr. 2 letztmals angewendet wird. [5]Der Entnahmegewinn bleibt außer Ansatz. [6]Werden

1. die Wohnung und der dazugehörende Grund und Boden entnommen oder veräußert, bevor sie nach Satz 4 als entnommen gelten, oder

2. eine vor dem 1. Januar 1987 einem Dritten entgeltlich zur Nutzung überlassene Wohnung und der dazugehörende Grund und Boden für eigene Wohnzwecke oder für Wohnzwecke eines Altenteilers entnommen,

bleibt der Entnahme- oder Veräußerungsgewinn ebenfalls außer Ansatz; Nummer 2 ist nur anzuwenden, soweit nicht Wohnungen vorhanden sind, die Wohnzwecken des Eigentümers des Betriebs oder Wohnzwecken eines Altenteilers dienen und die unter Satz 4 oder unter Nummer 1 fallen.

(5) Wird Grund und Boden dadurch entnommen, dass auf diesem Grund und Boden die Wohnung des Steuerpflichtigen oder eine Altenteilerwohnung errichtet wird, bleibt der Entnahmegewinn außer Ansatz; der Steuerpflichtige kann die Regelung nur für eine zu eigenen Wohnzwecken genutzte Wohnung und für eine Altenteilerwohnung in Anspruch nehmen.

(6) [1]Werden einzelne Wirtschaftsgüter eines land- und forstwirtschaftlichen Betriebs auf einen der gemeinschaftlichen Tierhaltung dienenden Betrieb im Sinne des § 34 Abs. 6a des Bewertungsgesetzes einer Erwerbs- und Wirtschaftsgenossenschaft oder eines Vereins gegen Gewährung von Mitgliedsrechten übertragen, so ist die auf den dabei entstehenden Gewinn entfallende Einkommensteuer auf Antrag in jährlichen Teilbeträgen zu entrichten. [2]Der einzelne Teilbetrag muss mindestens ein Fünftel dieser Steuer betragen.

[1] (7) § 15 Abs. 1 Satz 1 Nr. 2 und Abs. 2 Satz 2 und 3 und §§ 15a und 15b sind entsprechend anzuwenden.

EStDV
S 2232

§ 51 Ermittlung der Einkünfte bei forstwirtschaftlichen Betrieben

(1) Bei forstwirtschaftlichen Betrieben, die nicht zur Buchführung verpflichtet sind und den Gewinn nicht nach § 4 Abs. 1 des Gesetzes ermitteln, kann zur Abgeltung der Betriebsausgaben

1) Zur zeitlichen Anwendung von Absatz 7 → § 52 Abs. 30a EStG

auf Antrag ein Pauschsatz von 65 vom Hundert der Einnahmen aus der Holznutzung abgezogen werden.

(2) Der Pauschsatz zur Abgeltung der Betriebsausgaben beträgt 40 vom Hundert, soweit das Holz auf dem Stamm verkauft wird.

(3) Durch die Anwendung der Pauschsätze der Absätze 1 und 2 sind die Betriebsausgaben im Wirtschaftsjahr der Holznutzung einschließlich der Wiederaufforstungskosten unabhängig von dem Wirtschaftsjahr ihrer Entstehung abgegolten.

(4) Diese Regelung gilt nicht für die Ermittlung des Gewinns aus Waldverkäufen.

13.1. Freibetrag für Land- und Forstwirte

R 13.1

[1]Sind mehrere Personen an dem Betrieb beteiligt (Gesellschaft, Gemeinschaft), steht der Freibetrag jedem der Beteiligten zu. [2]§ 13 Abs. 3 EStG gilt auch für nachträgliche Einkünfte aus Land- und Forstwirtschaft. [3]Der Freibetrag wird auch einem Stpfl. ungeschmälert gewährt, der einen Betrieb der Land- und Forstwirtschaft im Laufe eines VZ übernommen hat oder veräußert bzw. aufgibt. S 2238

Hinweise

H 13.1

Zusammenveranlagung

Alle Einkünfte aus Land- und Forstwirtschaft sind vor Berücksichtigung des Freibetrags nach § 13 Abs. 3 EStG zusammenzurechnen (→ BFH vom 25. 2. 1988 – BStBl II S. 827).

13.2. Abgrenzung der gewerblichen und landwirtschaftlichen Tierzucht und Tierhaltung

R 13.2

Feststellung der Tierbestände

(1) [1]Bei der Feststellung der Tierbestände ist von den regelmäßig und nachhaltig im Wirtschaftsjahr erzeugten und den im Durchschnitt des Wirtschaftsjahres gehaltenen Tieren auszugehen. [2]Als erzeugt gelten Tiere, deren Zugehörigkeit zum Betrieb sich auf eine Mastperiode oder auf einen Zeitraum von weniger als einem Jahr beschränkt und die danach verkauft oder verbraucht werden. [3]Die übrigen Tiere sind mit dem Durchschnittsbestand des Wirtschaftsjahres zu erfassen. [4]Abweichend von den Sätzen 2 und 3 ist bei Mastrindern mit einer Mastdauer von weniger als einem Jahr, bei Kälbern und Jungvieh, bei Schafen unter einem Jahr und bei Damtieren unter einem Jahr stets vom Jahresdurchschnittsbestand auszugehen. [5]Der ermittelte Tierbestand ist zum Zwecke der Abgrenzung der landwirtschaftlichen Tierzucht und Tierhaltung von der gewerblichen in Vieheinheiten (VE) umzurechnen, wobei folgender Umrechnungsschlüssel maßgebend ist: S 2234

1. Für Tiere, die nach dem Durchschnittsbestand zu erfassen sind:

Alpakas:	0,08 VE
Damtiere:	
Damtiere unter 1 Jahr	0,04 VE
Damtiere 1 Jahr und älter	0,08 VE
Geflügel:	
Legehennen (einschließlich einer normalen Aufzucht zur Ergänzung des Bestandes)	0,02 VE
Legehennen aus zugekauften Junghennen	0,0183 VE
Zuchtputen, -enten, -gänse	0,04 VE
Kaninchen:	
Zucht- und Angorakaninchen	0,025 VE
Lamas:	0,10 VE
Pferde:	
Pferde unter drei Jahren und Kleinpferde	0,70 VE
Pferde drei Jahre und älter	1,10 VE
Rindvieh:	
Kälber und Jungvieh unter 1 Jahr (einschließlich Mastkälber, Starterkälber und Fresser)	0,30 VE

Jungvieh 1 bis 2 Jahre alt	0,70 VE
Färsen (älter als 2 Jahre)	1,00 VE
Masttiere (Mastdauer weniger als 1 Jahr)	1,00 VE
Kühe (einschließlich Mutter- und Ammenkühe mit den dazugehörigen Saugkälbern)	1,00 VE
Zuchtbullen, Zugochsen	1,20 VE
Schafe:	
Schafe unter 1 Jahr (einschließlich Mastlämmer)	0,05 VE
Schafe 1 Jahr und älter	0,10 VE
Schweine:	
Zuchtschweine (einschließlich Jungzuchtschweine über etwa 90 kg)	0,33 VE
Strauße:	
Zuchttiere 14 Monate und älter	0,32 VE
Jungtiere/Masttiere unter 14 Monate	0,25 VE
Ziegen:	0,08 VE

2. Für Tiere, die nach ihrer Erzeugung zu erfassen sind:

Geflügel:	
Jungmasthühner	
(bis zu 6 Durchgänge je Jahr – schwere Tiere)	0,0017 VE
(mehr als 6 Durchgänge je Jahr – leichte Tiere)	0,0013 VE
Junghennen	0,0017 VE
Mastenten	0,0033 VE
Mastputen aus selbst erzeugten Jungputen	0,0067 VE
aus zugekauften Jungputen	0,0050 VE
Jungputen (bis etwa 8 Wochen)	0,0017 VE
Mastgänse	0,0067 VE
Kaninchen:	
Mastkaninchen	0,0025 VE
Rindvieh:	
Masttiere (Mastdauer 1 Jahr und mehr)	1,00 VE
Schweine:	
Leichte Ferkel (bis etwa 12 kg)	0,01 VE
Ferkel (über etwa 12 bis etwa 20 kg)	0,02 VE
Schwere Ferkel und leichte Läufer (über etwa 20 bis etwa 30 kg)	0,04 VE
Läufer (über etwa 30 bis etwa 45 kg)	0,06 VE
Schwere Läufer (über etwa 45 bis etwa 60 kg)	0,08 VE
Mastschweine	0,16 VE
Jungzuchtschweine bis etwa 90 kg	0,12 VE

Wenn Schweine aus zugekauften Tieren erzeugt werden, ist dies bei der Umrechnung in VE entsprechend zu berücksichtigen:

Beispiel:

Mastschweine aus zugekauften Läufern 0,16 VE – 0,06 VE = 0,10 VE

Zuordnung

(2) [1]Übersteigt die Zahl der Vieheinheiten nachhaltig den für die maßgebende Fläche angegebenen Höchstsatz, gehört der darüber hinausgehende Tierbestand zur gewerblichen Tierzucht und Tierhaltung. [2]Es kann jedoch ein Zweig des Tierbestandes immer nur im Ganzen zur landwirtschaftlichen oder gewerblichen Tierzucht und Tierhaltung gehören. [3]Hat ein Betrieb einen Tierbestand mit mehreren Zweigen, richtet sich deren Zuordnung nach ihrer Flächenabhängigkeit. [4]Der gewerblichen Tierzucht und Tierhaltung sind zunächst die weniger flächenabhängigen Zweige des Tierbestandes zuzurechnen. [5]Weniger flächenabhängig ist die Erzeugung und Haltung von Schweinen und Geflügel, mehr flächenabhängig die Erzeugung und Haltung von Pferden, Rindvieh und Schafen. [6]Innerhalb der beiden Gruppen der weniger oder mehr flächenabhängigen Tierarten ist jeweils zuerst der → Zweig der gewerblichen Tierzucht und Tierhaltung zuzurechnen, der die größere Zahl von VE hat. [7]Für die Frage, ab wann eine landwirtschaftliche oder eine gewerbliche Tierzucht und Tierhaltung vorliegt, ist → R 15.5 Abs. 2 entsprechend anzuwenden.

Regelmäßig landwirtschaftlich genutzte Fläche (§ 51 Abs. 1a BewG)

(3) [1]Dazu gehören:

– die selbstbewirtschafteten eigenen Flächen

- die selbstbewirtschafteten zugepachteten Flächen
- Flächen, die auf Grund öffentlicher Förderungsprogramme stillgelegt werden.

[2]Nicht dazu gehören:

- Abbauland
- Geringstland
- Unland
- Hof- und Gebäudeflächen
- weinbaulich genutzte Flächen
- forstwirtschaftlich genutzte Flächen.
- innerhalb der gärtnerischen Nutzung die Nutzungsteile Gemüse-, Blumen- und Zierpflanzenbau und Baumschulen.

[3]Mit der Hälfte sind zu berücksichtigen:

- Obstbaulich genutzte Flächen, die so angelegt sind, dass eine regelmäßige landwirtschaftliche Unternutzung stattfindet. [4]Mit einem Viertel sind zu berücksichtigen:
- Almen
- Hutungen.

Gemeinschaftliche Tierhaltung

(4) Die vorstehenden Grundsätze der Absätze 1 bis 3 sind bei gemeinschaftlicher Tierhaltung entsprechend anzuwenden.

Hinweise

H 13.2

GmbH & Co. KG

Erzielt eine GmbH & Co. KG aus gemeinschaftlicher Tierhaltung (Schweinemast) auch dann Einkünfte aus Land- und Forstwirtschaft, wenn die sachlichen aber nicht die personellen Voraussetzungen des § 51a BewG erfüllt sind, weil an der Gesellschaft auch Kapitalgesellschaften beteiligt sind?
→ Thüringer FG vom 20. 9. 2006 (III 496/03) – Rev. – IV R 13/07

Hektarberechnung

Bei der Anwendung des § 13 Abs. 1 Nr. 1 EStG ist der letzte angefangene Hektar anteilig zu berücksichtigen (→ BFH vom 13. 7. 1989 – BStBl II S. 1036).

Pferdehaltung

Die Ausbildung von Pferden zu Renn- und Turnierpferden ist dem Bereich der Land- und Forstwirtschaft zuzurechnen, wenn der Betrieb seiner Größe nach eine ausreichende Futtergrundlage bietet, die Pferde nicht nur ganz kurzfristig dort verbleiben und nach erfolgter Ausbildung an Dritte veräußert werden. Das gilt auch dann, wenn die Tiere nicht im Betrieb selbst aufgezogen, sondern als angerittene Pferde erworben werden (→ BFH vom 31. 3. 2004 – BStBl II S. 742).

Zweige des Tierbestandes bei jeder Tierart

§ 51 Abs. 3 BewG (als Zweig gilt bei jeder Tierart für sich):

- Zugvieh
- Zuchtvieh
- Mastvieh
- übriges Nutzvieh.

Zuchtvieh gilt nur dann als eigener Zweig, wenn die erzeugten Jungtiere überwiegend zum Verkauf bestimmt sind, andernfalls ist es dem Zweig zuzurechnen, dessen Zucht und Haltung es überwiegend dient.

13.3. Land- und forstwirtschaftliches Betriebsvermögen

R 13.3

unbesetzt

H 13.3

Hinweise

Bewertung von Pflanzenbeständen in Baumschulen

→ BMF vom 10. 8. 2006 (BStBl I S. 493).

Der Baumschulerlass beinhaltet eine Schätzung der gem. § 6 Abs. 1 Satz 1 EStG maßgeblichen Anschaffungs- und Herstellungskosten der Pflanzenbestände, gegen deren Anwendung im Hinblick auf die erheblichen Schwierigkeiten bei der Feststellung der tatsächlichen Anschaffungs- und Herstellungskosten keine Bedenken bestehen. Allerdings ergibt sich aus dem subsidiären Charakter einer Schätzung, dass es dem Stpfl. unbenommen bleibt, die tatsächlichen Kosten zu ermitteln und zu bilanzieren. Diese Möglichkeit besteht ungeachtet der Tatsache, dass in die Ermittlung der betriebsindividuellen Anschaffungs- und Herstellungskosten häufig wiederum geschätzte Werte eingehen. Für einjährige Kulturen wie etwa das Feldinventar kann aus Vereinfachungsgründen auf eine Bilanzierung verzichtet werden (→ BFH-Rechtsprechung; Erlass vom 15. 12. 1981[1])). Ob die Kulturzeit mehr als ein Jahr beträgt, hängt nicht von der Aufzucht durch den Stpfl., sondern von der gesamten üblichen Kulturzeit der jeweiligen Pflanze ab. Wollte man auf die Kulturzeit im Betrieb des Stpfl. abstellen, würde der mit dem Verzicht auf eine Aktivierung einjähriger Kulturen verfolgte Vereinfachungszweck durch die entstehenden Abgrenzungs- und Nachweisfragen in sein Gegenteil verkehrt (→ BFH vom 23. 4. 1998 – HFR 1999 S. 12).

Bewertung von Tieren

→ BMF vom 14. 11. 2001 (BStBl I S. 864)

→ H 6.13 Viehvermögen (als geringwertige Wirtschaftsgüter)

Bewertungswahlrecht

Das einmal in Anspruch genommene Wahlrecht bindet den Landwirt grundsätzlich auch für die Zukunft (→ BFH vom 14. 4. 1988 – BStBl II S. 672 und vom 17. 3. 1988 – BStBl II S. 770).

Eiserne Verpachtung

Anhang 10 VIII

Zur Gewinnermittlung bei der Verpachtung von Betrieben mit Substanzerhaltungspflicht des Pächters nach §§ 582a, 1048 BGB → BMF vom 21. 2. 2002 (BStBl I S. 262).

GAP-Reform

Anhang 10 XIII

Zu den ertragsteuerlichen Folgen aus der Umsetzung der auf EU-Ebene beschlossenen Reform der Gemeinsamen Agrarpolitik (GAP) in nationales Recht → BMF vom 25. 6. 2008 (BStBl I S. 682) unter Berücksichtigung der Änderungen durch BMF vom 13. 10. 2008 (BStBl I S. 939)

Milchlieferrecht

→ BMF vom 14. 1. 2003 (BStBl I S. 78).

Übergang zur Buchführung

- Bei Übergang zur Buchführung haben Land- und Forstwirte ein Wahlrecht, ob sie das Vieh in der Übergangsbilanz nach § 6 Abs. 1 EStG mit einzeln ermittelten Anschaffungs-/Herstellungskosten oder mit Durchschnittswerten bewerten, wenn bis zum Zeitpunkt des Übergangs zur Buchführung der Gewinn nach Durchschnittssätzen auf Grund des § 13a EStG ermittelt (→ BFH vom 1. 10. 1992 – BStBl 1993 II S. 284) oder geschätzt worden ist (→ BFH vom 4. 6. 1992 – BStBl 1993 II S. 276).
- Wechselt der Stpfl. zur Gewinnermittlung nach § 4 Abs. 1 EStG, nachdem er von der Gewinnermittlung nach § 13a EStG zur Gewinnermittlung nach § 4 Abs. 3 EStG übergegangen war, ist bei der Bewertung der Tiere die Bewertungsmethode zugrunde zu legen, die beim Wechsel der Gewinnermittlung zu § 4 Abs. 3 EStG angewandt wurde (→ BFH vom 16. 6. 1994 – BStBl II S. 932).

Umlegungsverfahren

Färbt die Betriebsvermögenseigenschaft eines zu einem landwirtschaftlichen Betrieb gehörenden Grundstücks, das in ein Umlegungsverfahren eingebracht wird, auf das im Gegenzug erhaltene Grundstück auch dann und insoweit ab, als das erhaltene Grundstück eine größere Fläche aufweist als das eingebrachte und dafür eine Zuzahlung geleistet werden musste?

→ FG München vom 22. 2. 2005 (13 K 1055/98) – Rev. – IV R 70/06

[1]) Anm.: BMF-Schreiben vom 15. 12. 1981 – BStBl I S. 878.

13.4. Rechtsverhältnisse zwischen Angehörigen in einem landwirtschaftlichen Betrieb R 13.4

– unbesetzt – S 2230

Hinweise H 13.4

Alleinunternehmerschaft

Hat ein Ehegatte sein Nutzungsrecht an seinen eigenen Grundstücken dem anderen Ehegatten auf Grund eines nachgewiesenen Nutzungsüberlassungsvertrags überlassen, kann dies die Alleinunternehmerschaft des anderen Ehegatten begründen (→ BFH vom 14. 8. 1986 – BStBl 1987 II S. 20 und vom 22. 1. 2004 – BStBl II S. 500).

Arbeitsverhältnisse zwischen Angehörigen

→ R 4.8

Familiengesellschaft

Eine Familiengesellschaft ist auch auf dem Gebiet der Land- und Forstwirtschaft grundsätzlich anzuerkennen (→ BFH vom 29. 5. 1956 – BStBl 1956 III S. 246). → R 15.9 ist entsprechend anzuwenden.

Gütergemeinschaft

→ H 4.12
→ H 15.9 (1)

Mitunternehmerschaft ohne vorliegende Vereinbarungen über ein Gesellschaftsverhältnis

Von einer Mitunternehmerschaft zwischen Ehegatten in der Land- und Forstwirtschaft ist auf Grund der besonderen Funktion des Grund und Bodens auch dann auszugehen, wenn kein ausdrücklicher Gesellschaftsvertrag und auch kein der Personengesellschaft vergleichbares Gemeinschaftsverhältnis vorliegt, sofern der land- und forstwirtschaftliche Grundbesitz entweder den Eheleuten gemeinsam oder ein erheblicher Teil jedem Ehegatten zu Alleineigentum oder zu Miteigentum gehört und die Eheleute in der Land- und Forstwirtschaft gemeinsam arbeiten. In solchen Fällen kann die Annahme eines Gesellschaftsverhältnisses in der Regel nur durch den Nachweis widerlegt werden, dass einer der Ehegatten das Nutzungsrecht an seinen eigenen Grundstücken dem anderen Ehegatten durch einen Nutzungsüberlassungsvertrag eingeräumt und damit auf seine Gewinnbeteiligung verzichtet hat (→ BFH vom 14. 8. 1986 – BStBl 1987 II S. 20 und vom 22. 1. 2004 – BStBl II S. 500).

Von einer Mitunternehmerschaft kann ohne vorliegende Vereinbarungen über ein Gesellschaftsverhältnis nicht ausgegangen werden, wenn

- den Ehegatten gemeinsam gehörende Grundstücke für Zwecke einer Baumschule genutzt werden, weil die Erzeugnisse einer Baumschule weder Früchte noch wesentliche Bestandteile des Grundstücks darstellen (→ BFH vom 14. 8. 1986 – BStBl 1987 II S. 23),
- einem Ehegatten der Grund und Boden und dem anderen Ehegatten das Inventar gehört (→ BFH vom 26. 11. 1992 – BStBl 1993 II S. 395),
- ein Ehegatte lediglich auf der familiären Grundlage der ehelichen Lebensgemeinschaft geringfügige Flächen des anderen Ehegatten mitbewirtschaftet (→ BFH vom 2. 2. 1989 – BStBl II S. 504),
- einem Ehegatten der Grund und Boden und dem anderen Ehegatten nur die Hofstelle oder ein Anteil daran gehört (→ BFH vom 27. 1. 1994 – BStBl II S. 462),
- einem Ehegatten der Grund und Boden gehört und der andere Ehegatte ausschließlich Pachtflächen beisteuert (→ BFH vom 7. 10. 1982 – BStBl 1983 II S. 73 und vom 22. 1. 2004 – BStBl II S. 500).
- Eine Mitunternehmerschaft ist ebenfalls zu verneinen, wenn einem Ehegatten der Grund und Boden gehört, während der andere Ehegatte als Käufer land- und forstwirtschaftlicher Flächen und Maschinen sowie als Inhaber von Geschäftskonten auftritt (→ BFH vom 26. 5. 1994 – BFH/NV 1995, S. 114).
- Ist eine landwirtschaftliche Mitunternehmerschaft bei Ehegatten, die Alleineigentümer landwirtschaftlicher Flächen sind, auch ohne Vorliegen eines Gesellschaftsvertrags anzunehmen, weil der Wert der zur Verfügung gestellten Grundstücke eines Ehegatten mehr als

10 % des gemeinen Werts des Betriebs ausmacht und somit nicht mehr von untergeordneter Bedeutung ist?
→ FG Rheinland-Pfalz vom 14. 6. 2006 (1 K 1797/05) – Rev. – IV R 16/07

Nutzungsüberlassungsvertrag zwischen Ehegatten

Alleinunternehmerschaft

Rechtsverhältnisse zwischen Angehörigen

- → R 4.8
- ***Ein nachträglich vor dem Arbeitsgericht mit Erfolg geltend gemachter Vergütungsanspruch wegen fehlgeschlagener Hofübergabe führt im steuerlichen Sinne nicht automatisch zu Einkünften aus nichtselbständiger Arbeit oder Einkünften aus Land- und Forstwirtschaft. Die Zahlungen sind als sonstige Einkünfte i. S. d. § 22 Nr. 3 EStG zu erfassen (→ BFH vom 8. 5. 2008 – BStBl II S. 868).***

Wirtschaftsüberlassungsvertrag

Ein Wirtschaftsüberlassungsvertrag kann auch vorliegen, wenn Nutzung einer anderen Person als dem künftigen Hoferben überlassen wird (→ BFH vom 26. 11. 1992 – BStBl 1993 II S. 395).

→ H 4.8

→ H 7.1

R 13.5

13.5. Ermittlung des Gewinns aus Land- und Forstwirtschaft

Gewinnschätzung

S 2132a S 2163 (1) [1]Bei Land- und Forstwirten, die zur Buchführung verpflichtet sind, aber keine ordnungsmäßigen Bücher führen, ist der Gewinn im Einzelfall zu schätzen. [2]Land- und Forstwirte, die weder zur Buchführung verpflichtet sind noch die Voraussetzungen des § 13a Abs. 1 Satz 1 Nr. 2 bis 4 EStG erfüllen, können den Gewinn entweder nach § 4 Abs. 1 EStG oder nach § 4 Abs. 3 EStG ermitteln. [3]Haben sie keine Bücher i. S. d. § 4 Abs. 1 EStG geführt und auch die Betriebseinnahmen und Betriebsausgaben i. S. d. § 4 Abs. 3 EStG nicht aufgezeichnet, ist der Gewinn nach den Grundsätzen des § 4 Abs. 1 EStG zu schätzen. [4]Richtsätze, die von den Finanzbehörden aufgestellt werden, können dabei als Anhalt dienen.

Wechsel der Gewinnermittlungsart

(2) [1]Geht ein Land- und Forstwirt zur Gewinnermittlung durch Betriebsvermögensvergleich über, ist für die Aufstellung der Übergangsbilanz nach den Grundsätzen in R 4.6 zu verfahren. [2]Bei einem Wechsel der Gewinnermittlung ist zu beachten, dass die Gewinnermittlung nach § 13a Abs. 3 bis 5 EStG in diesem Zusammenhang der nach § 4 Abs. 1 EStG gleichzustellen ist. [3]Beim Übergang von der Gewinnermittlung nach § 13a Abs. 3 bis 5 EStG zur Gewinnermittlung durch Betriebsvermögensvergleich sind die in die Übergangsbilanz einzustellenden Buchwerte der abnutzbaren Anlagegüter zu schätzen. [4]Dazu sind die Anschaffungs- oder Herstellungskosten beweglicher Anlagegüter um die üblichen Absetzungen zu mindern, die den amtlichen → AfA-Tabellen zu entnehmen sind. ***[5]Geringwertige Wirtschaftsgüter i. S. d. § 6 Abs. 2 EStG, die nach dem 31. 12. 2007 angeschafft oder hergestellt worden sind, sind nicht anzusetzen. [6]Der Sammelposten nach § 6 Abs. 2a EStG ist mit dem Wert zu berücksichtigen, der sich bei Gewinnermittlung nach § 4 Abs. 1 EStG ergeben hätte.***

Nichtanwendung der Nutzungswertbesteuerung nach § 13 Abs. 2 Nr. 2 i. V. m. Abs. 4 EStG im Beitrittsgebiet

(3) § 13 Abs. 2 Nr. 2 EStG kommt im Beitrittsgebiet nicht zur Anwendung.

Entnahme nach § 13 Abs. 5 EStG

(4) [1]Die Steuerfreiheit des Entnahmegewinns nach § 13 Abs. 5 EStG kommt bei Land- und Forstwirten auch dann in Betracht, wenn der entsprechende Grund und Boden erst nach dem 31. 12. 1986 Betriebsvermögen geworden ist. [2]§ 13 Abs. 5 EStG findet auch im Beitrittsgebiet Anwendung.

Hinweise

H 13.5

Amtliche AfA-Tabellen

Die besonderen betrieblichen Verhältnisse sind auch dann unbeachtlich, wenn für diesen Zeitraum amtliche AfA-Tabellen nicht mehr zur Verfügung gestanden haben (→ BFH vom 10. 12. 1992 – BStBl 1993 II S. 344).

Anbauverzeichnis

→ § 142 AO

Beteiligung am allgemeinen wirtschaftlichen Verkehr

Die Annahme von Einkünften aus Land- und Forstwirtschaft setzt eine Beteiligung am allgemeinen wirtschaftlichen Verkehr voraus (→ BFH vom 13. 12. 2001 – BStBl 2002 II S. 80).

Betriebsteilung

→ OFD Hannover vom 25. 7. 2008 – S 2230–168 – StO 281

Bodenschatz

→ H 4.2 (1)

Ersatzflächenpool

Einrichtung von Ersatzflächenpools durch Land- und Forstwirte für die Vornahme von Ausgleichsmaßnahmen nach den Naturschutzgesetzen → BMF vom 3. 8. 2004 (BStBl I S. 716).

Jagd-Einkünfte

1. Der notwendige Zusammenhang einer Jagd mit dem Betrieb einer Landwirtschaft oder einer Forstwirtschaft liegt auch dann vor, wenn die Jagd aufgrund eines Jagdpachtvertrages auf Flächen ausgeübt wird, die der Land- und Forstwirt als wirtschaftlicher Eigentümer in einem Umfang nutzt, der den Eigentumsflächen entspricht, die geeignet wären, einen Eigenjagdbezirk gem. § 7 BJagdG zu begründen.
2. Einkünfte aus einer (vom wirtschaftlichen Eigentümer wie vom Inhaber eines Eigenjagdbezirks) zusätzlich zu den eigenen oder „wirtschaftlich eigenen" Flächen hinzugepachteten Jagd stehen nur dann in ausreichendem Zusammenhang mit dem land- oder forstwirtschaftlichen Betrieb, wenn die Zupachtung aus zwingenden öffentlich-rechtlichen Gründen erfolgt oder zur ordnungsgemäßen Bewirtschaftung des land- oder forstwirtschaftlichen Betriebs erforderlich ist oder wenn die zugepachteten Jagdflächen überwiegend eigenbetrieblich genutzt werden.

→ BFH vom 16. 5. 2002 (BStBl II S. 692)

Liebhaberei

- ***bei getrennten Betriebszweigen Landwirtschaft und Forstwirtschaft → BFH vom 13. 12. 1990 (BStBl 1991 II S. 452).***
- bei Pferdezuchtbetrieben → BFH vom 27. 1. 2000 (BStBl II S. 227).
- bei einem als sog. Generationenbetrieb geführten Weinbaubetrieb → BFH vom 24. 8. 2000 (BStBl II S. 674),
- ***Prognosezeitraum bei Pachtbetrieben → BFH vom 11. 10. 2007 (BStBl 2008 II S. 465).***

Schätzung nach Richtsätzen

- Auch bei Gewinnermittlung nach § 4 Abs. 3 EStG berechtigt eine Verletzung der Mitwirkungspflicht zur Schätzung nach Richtsätzen (→ BFH vom 15. 4. 1999 – BStBl 1999 II S. 481).
- Bei einer Richtsatzschätzung können keine individuellen Gewinn mindernden Besonderheiten des Betriebs berücksichtigt werden (→ BFH vom 29. 3. 2001 – BStBl II S. 484).

Wechsel der Gewinnermittlungsart

→ R 4.6

→ H 7.4 (AfA-Volumen)

→ Anlage (zu R 4.6) Anlage

Winzersekt

Behandlung der Herstellung und des Vertriebs von Sekt durch Weinbaubetriebe → BMF vom 18. 11. 1996 (BStBl I S. 1434).

Wohnungen im land- und forstwirtschaftlichen Betriebsvermögen, die unter § 13 Abs. 4 und 5 EStG fallen

- Zum Umfang des zur Wohnung gehörenden Grund und Bodens → BMF vom 4. 6. 1997 (BStBl I S. 630) und vom 13. 1. 1998 (BStBl I S. 129).
- ***Bei Abwahl der Nutzungswertbesteuerung ist für die Frage der steuerfreien Entnahme des Grund und Bodens auf den Nutzungs- und Funktionszusammenhang zum Entnahmezeitpunkt abzustellen. Der Nutzungs- und Funktionszusammenhang mit der Wohnung ist auch dann bereits im Zeitpunkt der Abwahl der Nutzungsbesteuerung gelöst, wenn die Nutzungsänderung der Grundstücksfläche tatsächlich erst nach dem Abwahlzeitpunkt erfolgt, die Kausalkette für die spätere Nutzungsänderung indes schon vor dem Abwahlzeitpunkt unwiderruflich in Gang gesetzt worden ist (→ BFH vom 24. 4. 2008 – BStBl II S. 707).***
- Für die Bestimmung des zur Wohnung gehörenden Grund und Bodens sind die tatsächlichen örtlichen Verhältnisse zum Entnahmezeitpunkt und die zukünftige mögliche Nutzung maßgebend (→ BFH vom 26. 9. 2001 – BStBl II S. 762).
- Der zur Wohnung gehörende Grund und Boden kann auch eine in einiger Entfernung vom Hofgrundstück belegene Gartenfläche umfassen, sofern diese vor und nach der Entnahme des Wohnhauses als Hausgarten genutzt wurde (→ BFH vom 26. 9. 2001 – (BStBl 2002 II S. 78).
- Die Nutzungswertbesteuerung kann rückwirkend abgewählt werden. Eine Altenteilerwohnung und der dazugehörende Grund und Boden gelten zu dem Zeitpunkt als entnommen, bis zu dem der Nutzungswert letztmals angesetzt wurde. Nach dem für die rückwirkende Abwahl der Nutzungswertbesteuerung bestimmten Zeitpunkt kann weder eine Nutzungsänderung noch eine Veräußerung der Wohnung und des dazugehörenden Grund und Bodens einen Einfluss auf die Steuerbefreiung haben (→ BFH vom 6. 11. 2003 – BStBl 2004 II S. 419).
- Ein bilanziertes Grundstück kann nach der Veräußerung dann nicht mehr rückwirkend zu einem vorangegangenen Bilanzstichtag entnommen werden, wenn diese Bilanz erst nach der Veräußerung des Grundstücks aufgestellt wird (→ BFH vom 12. 9. 2002 – BStBl II S. 815).
- Das Entnahmeprivileg des § 13 Abs. 4 Satz 6 Nr. 2 EStG enthält keine Objektbeschränkung. Nach dieser Vorschrift kann sich die steuerfreie Entnahme daher auch auf mehrere an Dritte vermietete Wohnungen beziehen, wenn diese nach der Entnahme als eine Wohnung genutzt werden und die Gesamtfläche dem konkreten Wohnbedarf angemessen ist (→ BFH vom 11. 12. 2003 – BStBl 2004 II S. 277).
- Unabhängig von der Gewinnermittlungsart sind Aufwendungen für Erhaltungsmaßnahmen, die noch vor der Abwahl der Nutzungswertbesteuerung an der zu eigenen Wohnzwecken genutzten Wohnung oder einer Altenteilerwohnung durchgeführt werden, auch dann in vollem Umfang als Betriebsausgaben abziehbar, wenn die Zahlung erst nach Ablauf der Nutzungswertbesteuerung erfolgt (→ BFH vom 13. 2. 2003 – BStBl II S. 837).
- Die Anwendung des § 13 Abs. 4 Satz 6 Nr. 2 EStG erfordert eine auf Dauer angelegte private Nutzung durch den Betriebsinhaber oder den Altenteiler (→ BFH vom 1. 7. 2004 – BStBl II S. 947).
- Erstreckt sich die Denkmaleigenschaft eines der Nutzungswertbesteuerung unterliegenden Gutshauses eines Land- und Forstwirts auch auf im Innern angebrachte Wandmalereien, ist der Aufwand für die Restaurierung der Wandmalereien als Betriebsausgabe abziehbar (→ BFH vom 27. 5. 2004 – BStBl II S. 945).
- Die steuerfreie Entnahme des Grund und Bodens zur Errichtung einer Altenteilerwohnung setzt voraus, dass diese Wohnung nach ihrer Fertigstellung auch tatsächlich von einem Altenteiler genutzt wird (→ BFH vom 13. 10. 2005 – BStBl 2006 II S. 68).

R 13.6

13.6. Buchführung bei Gartenbaubetrieben, Saatzuchtbetrieben, Baumschulen und ähnlichen Betrieben

S 2132a S 2133 S 2163 [1]Auch bei Gartenbaubetrieben, Saatzuchtbetrieben, Baumschulen und ähnlichen Betrieben ist ein Anbauverzeichnis zu führen (§ 142 AO). [2]Ist einer dieser Betriebe ein Gewerbebetrieb i. S. d. § 15 EStG, ist § 142 AO nicht unmittelbar anwendbar. [3]Dennoch hat der Stpfl. Bücher zu führen, die inhaltlich diesem Erfordernis entsprechen. [4]Andernfalls ist die Buchführung nicht so gestaltet, dass sie die zuverlässige Aufzeichnung aller Geschäftsvorfälle und des Vermögens ermöglicht und gewährleistet.

---

§ 13a Ermittlung des Gewinns aus Land- und Forstwirtschaft nach Durchschnittssätzen

EStG
S 2149

(1) [1]Der Gewinn ist für einen Betrieb der Land- und Forstwirtschaft nach den Absätzen 3 bis 6 zu ermitteln, wenn

1. **der Steuerpflichtige nicht auf Grund gesetzlicher Vorschriften verpflichtet ist, Bücher zu führen und regelmäßig Abschlüsse zu machen, und**
2. **die selbst bewirtschaftete Fläche der landwirtschaftlichen Nutzung (§ 34 Abs. 2 Nr. 1 Buchstabe a des Bewertungsgesetzes) ohne Sonderkulturen (§ 52 des Bewertungsgesetzes) nicht 20 Hektar überschreitet und**
3. **die Tierbestände insgesamt 50 Vieheinheiten (Anlage 1 zum Bewertungsgesetz) nicht übersteigen und**
4. **der Wert der selbst bewirtschafteten Sondernutzungen nach Absatz 5 nicht mehr als 2 000 Deutsche Mark je Sondernutzung beträgt.**

[2]Der Gewinn ist letztmalig für das Wirtschaftsjahr nach Durchschnittssätzen zu ermitteln, das nach Bekanntgabe der Mitteilung endet, durch die die Finanzbehörde auf den Beginn der Buchführungspflicht (§ 141 Abs. 2 Abgabenordnung) oder den Wegfall einer anderen Voraussetzung des Satzes 1 hingewiesen hat.

(2) [1]Auf Antrag des Steuerpflichtigen ist für einen Betrieb im Sinne des Absatzes 1 der Gewinn für vier aufeinander folgende Wirtschaftsjahre nicht nach den Absätzen 3 bis 6 zu ermitteln. [2]Wird der Gewinn eines dieser Wirtschaftsjahre durch den Steuerpflichtigen nicht durch Betriebsvermögensvergleich oder durch Vergleich der Betriebseinnahmen mit den Betriebsausgaben ermittelt, ist der Gewinn für den gesamten Zeitraum von vier Wirtschaftsjahren nach den Absätzen 3 bis 6 zu ermitteln. [3]Der Antrag ist bis zur Abgabe der Steuererklärung, jedoch spätestens zwölf Monate nach Ablauf des ersten Wirtschaftsjahres, auf das er sich bezieht, schriftlich zu stellen. [4]Er kann innerhalb dieser Frist zurückgenommen werden.

(3) [1]Durchschnittssatzgewinn ist die Summe aus

1. **dem Grundbetrag (Absatz 4),**
2. **den Zuschlägen für Sondernutzungen (Absatz 5),**
3. **den nach Absatz 6 gesondert zu ermittelnden Gewinnen,**
4. **den vereinnahmten Miet- und Pachtzinsen.**
5. **den vereinnahmten Kapitalerträgen, die sich aus Kapitalanlagen von Veräußerungserlösen im Sinne des Absatzes 6 Satz 1 Nr. 2 ergeben.**

[2]Abzusetzen sind verausgabte Pachtzinsen und diejenigen Schuldzinsen und dauernden Lasten, die Betriebsausgaben sind.[3]Die abzusetzenden Beträge dürfen insgesamt nicht zu einem Verlust führen.

(4) [1]Die Höhe des Grundbetrags richtet sich bei der landwirtschaftlichen Nutzung ohne Sonderkulturen nach dem Hektarwert (§ 40 Abs. 1 Satz 3 des Bewertungsgesetzes) der selbst bewirtschafteten Fläche. [2]Je Hektar der landwirtschaftlichen Nutzung sind anzusetzen

1. **bei einem Hektarwert bis 300 Deutsche Mark — 205 Euro,**
2. **bei einem Hektarwert über 300 Deutsche Mark bis 500 Deutsche Mark — 307 Euro,**
3. **bei einem Hektarwert über 500 Deutsche Mark bis 1 000 Deutsche Mark — 358 Euro,**
4. **bei einem Hektarwert über 1 000 Deutsche Mark bis 1 500 Deutsche Mark — 410 Euro,**
5. **bei einem Hektarwert über 1 500 Deutsche Mark bis 2 000 Deutsche Mark — 461 Euro,**

**6. bei einem Hektarwert
über 2 000 Deutsche Mark 512 Euro.**

(5) [1]Als Sondernutzungen gelten die in § 34 Abs. 2 Nr. 1 Buchstabe b bis e des Bewertungsgesetzes genannten Nutzungen, die in § 34 Abs. 2 Nr. 2 des Bewertungsgesetzes genannten Wirtschaftsgüter, die Nebenbetriebe (§ 34 Abs. 2 Nr. 3 des Bewertungsgesetzes) und die Sonderkulturen (§ 52 des Bewertungsgesetzes). [2]Die Werte der Sondernutzungen sind aus den jeweils zuletzt festgestellten Einheitswerten oder den nach § 125 des Bewertungsgesetzes ermittelten Ersatzwirtschaftswerten abzuleiten. [3]Bei Sondernutzungen, deren Werte jeweils 500 Deutsche Mark übersteigen, ist für jede Sondernutzung ein Zuschlag von 512 Euro zu machen. [4]Satz 3 ist bei der forstwirtschaftlichen Nutzung nicht anzuwenden.

(6) [1]In den Durchschnittssatzgewinn sind über die nach den Absätzen 4 und 5 zu ermittelnden Beträge hinaus auch Gewinne, soweit sie insgesamt 1534 Euro übersteigen, einzubeziehen aus

1. der forstwirtschaftlichen Nutzung,

2. der Veräußerung oder Entnahme von Grund und Boden und Gebäuden sowie der im Zusammenhang mit einer Betriebsumstellung stehenden Veräußerung oder Entnahme von Wirtschaftsgütern des übrigen Anlagevermögens,

3. Dienstleistungen und vergleichbaren Tätigkeiten, sofern diese dem Bereich der Land- und Forstwirtschaft zugerechnet und nicht für andere Betriebe der Land- und Forstwirtschaft erbracht werden,

4. der Auflösung von Rücklagen nach § 6c und von Rücklagen für Ersatzbeschaffung.

[2]Bei der Ermittlung der Gewinne nach den Nummern 1 und 2 ist § 4 Abs. 3 entsprechend anzuwenden. [3]Der Gewinn aus den in Nummer 3 genannten Tätigkeiten beträgt 35 Prozent der Einnahmen.

EStDV

§ 52

S 2197 *(weggefallen)*

R 13a.1

13a.1. Anwendung der Gewinnermittlung nach Durchschnittssätzen

Zugangsvoraussetzungen (§ 13a Abs. 1 EStG)

(1) ***[1]Die Gewinnermittlung nach Durchschnittssätzen ist nur anwendbar, wenn selbst bewirtschaftete Flächen der landwirtschaftlichen Nutzung vorhanden sind.*** [2]Bei der Prüfung, ob die Grenze des § 13a Abs. 1 Satz 1 Nr. 3 EStG überschritten ist, sind → R 13.2 Abs. 1 sowie die Grundsätze von → R 15.5 Abs. 2 zum Strukturwandel entsprechend anzuwenden. [3]Für die Prüfung der Zugangsvoraussetzungen des § 13a Abs. 1 Satz 1 Nr. 2 und Nr. 4 EStG → R 13a.2 Abs. 1 und Abs. 2.

Wegfall der Voraussetzungen zur Gewinnermittlung nach Durchschnittssätzen

(2) [1]Die Mitteilung nach § 13a Abs. 1 Satz 2 EStG soll innerhalb einer Frist von einem Monat vor Beginn des folgenden Wirtschaftsjahres bekanntgegeben werden. [2]Bis zum Beginn dieses Wirtschaftsjahres ist der Gewinn noch nach Durchschnittssätzen zu ermitteln.

Rückkehr zur Gewinnermittlung nach Durchschnittssätzen

(3) [1]Das Wort „letztmalig" in § 13a Abs. 1 Satz 2 EStG bedeutet nicht, dass eine Rückkehr zur Gewinnermittlung nach Durchschnittssätzen zu einem späteren Zeitpunkt ausgeschlossen ist. [2]Der Gewinn ist erneut nach Durchschnittssätzen zu ermitteln, wenn die Voraussetzungen des § 13a Abs. 1 Satz 1 EStG wieder gegeben sind und ein Antrag nach § 13a Abs. 2 EStG nicht gestellt wird. [3]Bestand für den Land- und Forstwirt Buchführungspflicht nach § 141 Abs. 1 AO, ist außerdem zuvor die Feststellung der Finanzbehörde erforderlich, dass die Voraussetzungen für die Buchführungspflicht nach § 141 Abs. 1 AO nicht mehr vorliegen (§ 141 Abs. 2 Satz 2 AO). [4]Bei einem Land- und Forstwirt, der weder buchführungspflichtig ist noch die sonstigen Voraussetzungen des § 13a Abs. 1 Satz 1 EStG erfüllt und dessen Gewinn nach § 4 Abs. 1 oder 3 EStG ermittelt wird, ist der Gewinn bereits ab dem folgenden Wirtschaftsjahr nach Durchschnittssätzen zu ermitteln, wenn bis zum Beginn dieses Wirtschaftsjahres die Voraussetzungen des § 13a Abs. 1 Satz 1 EStG wieder erfüllt sind; § 141 Abs. 2 Satz 2 AO ist nur bei wegfallender Buchführungspflicht anzuwenden. [5]Einer Mitteilung der Finanzbehörde bedarf es insoweit nicht. [6]Ist

eine Mitteilung nach § 13a Abs. 1 Satz 2 EStG über den Wegfall der Voraussetzungen des § 13a Abs. 1 Satz 1 EStG ergangen und liegen bis zum Beginn des auf die Bekanntgabe der Mitteilung folgenden Wirtschaftsjahres die Voraussetzungen für die Gewinnermittlung nach Durchschnittssätzen wieder vor, hat das Finanzamt die Rechtswirkungen dieser Mitteilung zu beseitigen; § 13a EStG ist weiterhin anzuwenden.

Gewinnermittlung auf Grund eines Antrags i. S. d § 13a Abs. 2 EStG

(4) [1]Ein Land- und Forstwirt, der seinen Gewinn auf Antrag nach § 13a Abs. 2 EStG für vier aufeinanderfolgende Wirtschaftsjahre nach § 4 Abs. 1 oder 3 EStG ermittelt, ist damit vorübergehend aus der Gewinnermittlung nach Durchschnittssätzen ausgeschieden. [2]Dabei ist Folgendes zu beachten:

1. Wird innerhalb des Vierjahreszeitraums eine der Buchführungsgrenzen des § 141 Abs. 1 AO überschritten, ist der Land- und Forstwirt rechtzeitig vor Beginn des nächstfolgenden Wirtschaftsjahres auf den Beginn der Buchführungspflicht hinzuweisen.
2. Werden innerhalb des Vierjahreszeitraums die Voraussetzungen des § 13a Abs. 1 Satz 1 Nr. 2 bis 4 EStG nicht mehr erfüllt, ist der Land- und Forstwirt vor Beginn des nächstfolgenden Wirtschaftsjahres darauf hinzuweisen, dass der Gewinn nicht mehr nach Durchschnittssätzen zu ermitteln ist.
3. Ist der Land- und Forstwirt vor Beginn eines Wirtschaftsjahres innerhalb des Vierjahreszeitraums darauf hingewiesen worden, dass der Gewinn nicht mehr nach Durchschnittssätzen zu ermitteln bzw. dass eine der Buchführungsgrenzen überschritten ist, verkürzt sich der Vierjahreszeitraum entsprechend. [2]Die Rechtsfolge des § 13a Abs. 2 Satz 2 EStG tritt nicht ein, wenn der Land- und Forstwirt für den verkürzten Vierjahreszeitraum den Gewinn nach § 4 Abs. 1 oder 3 EStG ermittelt hat.
4. Nach Ablauf des Vierjahreszeitraums ist der Gewinn wieder nach Durchschnittssätzen zu ermitteln, wenn die Voraussetzungen des § 13a Abs. 1 Satz 1 EStG
   a) erfüllt sind und der Land- und Forstwirt von der Möglichkeit der erneuten Ausübung des Wahlrechtes (§ 13a Abs. 2 EStG) keinen Gebrauch macht,
   b) nicht mehr erfüllt sind, der Land- und Forstwirt aber noch nicht zur Buchführung aufgefordert oder darauf hingewiesen worden ist, dass der Gewinn nicht mehr nach Durchschnittssätzen zu ermitteln ist.

Hinweise

H 13a.1

Antrag nach § 13a Abs. 2 EStG

Ob ein derartiger Antrag gestellt wurde, ist notfalls durch Auslegung zu ermitteln.

- Ein wirksamer Antrag liegt vor, wenn eine auf das Wirtschaftsjahr abgestellte vollständige Gewinnermittlung vorgelegt wird (→ BFH vom 4. 6. 1992 – BStBl 1993 II S. 125).
- Der Antrag ist nur wirksam, wenn die vorgelegte Gewinnermittlung durch Einnahmenüberschussrechnung auf tatsächlichen Aufzeichnungen der Betriebseinnahmen und Betriebsausgaben beruht (→ BFH vom 18. 3. 1993 – BStBl II S. 549).
- Kein wirksamer Antrag liegt vor, wenn eine vom Wirtschaftsjahr abweichende Gewinnermittlung für das Kalenderjahr vorgelegt wird (→ BFH vom 28. 1. 1988 – BStBl II S. 532).

Beginn der Buchführungspflicht

Die Finanzverwaltung hat den Stpfl. auf den Beginn der Buchführungspflicht hinzuweisen. Die Bekanntgabe soll mindestens einen Monat vor Beginn der Buchführungspflicht erfolgen, → AEAO zu § 141, Nr. 4.

Betriebsübernahme/Neugründung

Bei der Betriebsübernahme und Neugründung eines land- und forstwirtschaftlichen Betriebs bestimmt sich die Zulässigkeit der Gewinnermittlung nach Durchschnittssätzen ausschließlich nach § 13a Abs. 1 Satz 1 EStG. Die Befugnis und Verpflichtung zur Beibehaltung der Gewinnermittlung nach Durchschnittssätzen geht nicht auf den neuen Betrieb über. In diesen Fällen bedarf es keiner Mitteilung nach § 13a Abs. 1 Satz 2 EStG (→ BFH vom 26. 6. 1986 – BStBl II S. 741 zur Übernahme eines land- und forstwirtschaftlichen Betriebs im Ganzen zur Bewirtschaftung als Eigentümer oder Nutzungsberechtigter) und (→ BFH vom 26. 5. 1994 – BStBl II

S. 891 – zur Einbringung eines land- und forstwirtschaftlichen Betriebs in eine neu gegründete Personengesellschaft).

Buchführungspflicht im Fall der Betriebsübernahme

→ § 141 Abs. 3 AO

Mitteilung nach § 13a Abs. 1 Satz 2 EStG

- Eine Mitteilung ist nicht erforderlich, wenn die Voraussetzungen zur Durchschnittssatzgewinnermittlung auf wissentlich falsche Steuererklärungen zurückzuführen sind. Mit dem Bekanntwerden der tatsächlichen Verhältnisse ist das Finanzamt zur Schätzung des Gewinns befugt, so als habe es rechtzeitig von dem Wegfall der Voraussetzungen der Gewinnermittlung nach Durchschnittssätzen Kenntnis erlangt und eine entsprechende Mitteilung erlassen (→ BFH vom 29. 11. 2001 – BStBl 2002 II S. 147).
- Eine Mitteilung ist auch dann wirksam, wenn sie innerhalb einer Frist von weniger als 1 Monat vor Beginn des maßgebenden Wirtschaftsjahres erfolgt (→ BFH vom 29. 3. 2007 – BStBl II S. 816).

R 13a.2

13a.2. Ermittlung des Gewinns aus Land- und Forstwirtschaft nach Durchschnittssätzen

Ermittlung des Grundbetrags (§ 13a Abs. 4 EStG)

(1) [1]Bei der Ermittlung des Grundbetrags sind alle selbstbewirtschafteten Flächen landwirtschaftlicher Nutzung i. S. d § 34 Abs. 2 Nr. 1 Buchstabe a BewG ohne Sonderkulturen (§ 52 BewG) zu berücksichtigen. [2]Dazu gehören die in R 13.2 Abs. 3 Satz 1 genannten Flächen sowie die auf die landwirtschaftliche Nutzung entfallenden Hof- und Gebäudeflächen, jedoch ohne den zur Wohnung gehörenden Grund und Boden; dies gilt auch, soweit die Flächen als Grundvermögen bewertet wurden. [3]Maßgebend ist der Umfang der selbstbewirtschafteten Fläche zu Beginn des Wirtschaftsjahres. [4]Der Hektarwert ist nach den Vorschriften des BewG zu ermitteln. [5]Aus Vereinfachungsgründen kann als Hektarwert – auch in Fällen der Zupachtung von Einzelflächen – der im Einheitswert des Betriebs enthaltene oder der aus dem Ersatzwirtschaftswert abzuleitende Hektarwert für landwirtschaftliche Nutzungen ohne Sonderkulturen angesetzt werden. [6]Hierbei ist der festgestellte Einheitswert bzw. der im Rahmen der Grundsteuermessbetragsveranlagung ermittelte Ersatzwirtschaftswert heranzuziehen, der auf den letzten Zeitpunkt festgestellt bzw. ermittelt worden ist, der vor dem Beginn des Wirtschaftsjahres liegt oder mit dem Beginn des Wirtschaftsjahres zusammenfällt, für den der Gewinn zu ermitteln ist. [7]Fortschreibungen und Nachfeststellungen, die nach Bestandskraft des Steuerbescheides ergehen, bleiben unberücksichtigt. [8]Werden in den alten Ländern ausschließlich zugepachtete Flächen bewirtschaftet, ist der Hektarwert der größten Fläche maßgebend. [9]Werden im Beitrittsgebiet ausschließlich zugepachtete Flächen bewirtschaftet, gilt Satz 5 entsprechend.

Zuschläge für Sondernutzungen (§ 13a Abs. 5 EStG)

(2) [1]Jede in § 34 Abs. 2 Nr. 1 Buchstabe b bis d BewG genannte Nutzung ist als einzelne Sondernutzung anzusehen. [2]Bei der sonstigen land- und forstwirtschaftlichen Nutzung gilt jede einzelne Nutzungsart als selbständige Sondernutzung. [3]Für die Frage, mit welchem Wert die selbstbewirtschafteten Sondernutzungen aus dem Einheitswert oder aus dem Ersatzwirtschaftswert abzuleiten sind, ist Absatz 1 entsprechend anzuwenden. [4]Für Sondernutzungen, deren Wert 500 DM nicht übersteigt, kommt ein Zuschlag nach § 13a Abs. 5 EStG nicht in Betracht. [5]Beträgt der Wert der Sondernutzung mehr als 2 000 DM und ist der Stpfl. nicht nach § 13a Abs. 1 Satz 2 EStG auf den Wegfall der Voraussetzungen für die Gewinnermittlung nach § 13a EStG hingewiesen worden, ist auch für diese Sondernutzung nur ein Zuschlag von 512 Euro zu machen.

Sondergewinne (§ 13a Abs. 6 EStG)

(3) [1]§ 13a Abs. 6 EStG enthält eine abschließende Aufzählung der zu berücksichtigenden Betriebsvorgänge. [2]In die Gewinnkorrektur aus forstwirtschaftlicher Nutzung sind alle Erträge einzubeziehen, die aus der Nutzung von Flächen der Forstwirtschaft erzielt werden. [3]Die Veräußerung oder Entnahme von Wirtschaftsgütern des übrigen Anlagevermögens umfasst auch immaterielle Wirtschaftsgüter, wie z. B. ein Milchlieferrecht im Zusammenhang mit einer → Betriebsumstellung. [4]Ein Zusammenhang zwischen der Veräußerung eines Wirtschaftsgutes und

einer Betriebsumstellung wird nicht dadurch gelöst, dass das Wirtschaftsgut in einem anderen Wirtschaftsjahr als dem der Betriebsumstellung veräußert wird, um etwa eine günstige Marktsituation auszunutzen. [5]Eine Nutzungsänderung des Wirtschaftsgutes steht einer Erfassung der Gewinnkorrektur nicht entgegen. [6]Als Dienstleistungen und vergleichbare Tätigkeiten, die dem Bereich der Land- und Forstwirtschaft zugerechnet werden, sind die in R 15.5 genannten Tätigkeiten innerhalb der dort genannten Grenzen zu verstehen, wenn sie nicht für andere Betriebe der Land- und Forstwirtschaft erbracht werden. [7]Bei der Nutzungsüberlassung von Wirtschaftsgütern des Betriebsvermögens sind die vereinnahmten Miet- und Pachtzinsen nicht als Gewinnkorrektur nach § 13a Abs. 6 EStG zu erfassen, sondern nach § 13a Abs. 3 Satz 1 Nr. 4 EStG, da es sich insofern nicht um Dienstleistungen und vergleichbare Tätigkeiten handelt, und zwar auch, soweit die Nutzungsüberlassung gegenüber anderen Betrieben der Land- und Forstwirtschaft erbracht wird.[8]Bei der Gewinnermittlung nach § 13a Abs. 6 Satz 3 EStG ist von den Einnahmen einschließlich der Umsatzsteuer auszugehen.

Vereinnahmte Miet- und Pachtzinsen (§ 13a Abs. 3 Satz 1 Nr. 4 EStG)

(4) [1]Als vereinnahmte Miet- und Pachtzinsen sind sämtliche Gegenleistungen für entgeltliche Nutzungsüberlassungen anzusehen. [2]Der Begriff umfasst die Entgelte für die Überlassung von Wirtschaftsgütern des Betriebsvermögens wie z. B. Grund und Boden, Gebäude, Mietwohnungen, bewegliche oder immaterielle Wirtschaftsgüter. [3]Auf die Bezeichnung des Vertrages über eine Nutzungsüberlassung kommt es nicht an. [4]Werden Wirtschaftsgüter des Betriebsvermögens im Zusammenhang mit Dienstleistungen und vergleichbaren Tätigkeiten überlassen und ist die Dienstleistung hierbei nur von untergeordneter Bedeutung, sind die Gewinne daraus als Miet- oder Pachteinnahmen nach § 13a Abs. 3 Satz 1 Nr. 4 EStG und nicht als Sondergewinne nach § 13a Abs. 6 Nr. 3 EStG zu behandeln (→ Absatz 3 Satz 7). [5]Prämien, die für die Stilllegung landwirtschaftlicher Nutzflächen auf Grund öffentlicher Förderungsprogramme gezahlt werden, sind nicht als Miet- und Pachtzinsen anzusehen und deshalb durch den Ansatz des Grundbetrages nach § 13a Abs. 4 EStG abgegolten.

Vereinnahmte Kapitalerträge (§ 13a Abs. 3 Satz 1 Nr. 5 EStG)

(5) Bei Kapitalerträgen kommt ein Abzug von Betriebsausgaben vorbehaltlich des § 13a Abs. 3 Satz 2 EStG nicht in Betracht.

Verausgabte Pachtzinsen, Schuldzinsen und dauernde Lasten (§ 13a Abs. 3 Satz 2 EStG)

(6) [1]Schuldzinsen und dauernde Lasten sind abzugsfähig, soweit sie Betriebsausgaben sind, § 4 Abs. 4a EStG ist nicht zu beachten. [2]Dies gilt auch für auf Sondernutzungen entfallende Beträge. [3]Schuldzinsen, die im Zusammenhang mit einer Wohnung i. S. d. § 13 Abs. 2 Nr. EStG stehen, sind – solange die Nutzungswertbesteuerung fortbesteht – abzusetzen, obwohl der Nutzungswert der Wohnung mit dem Ansatz des Grundbetrags abgegolten ist. [4]Der Abzug von Pachtzinsen, Schuldzinsen und dauernden Lasten darf insgesamt nicht zu einem Verlust führen. [5]Diese Begrenzung des Abzugs bezieht sich auf den gesamten nach den Vorschriften des § 13a EStG zu ermittelnden Gewinn.

Rumpfwirtschaftsjahr/Verlängertes Wirtschaftsjahr

(7) [1]Ist der Gewinn nach § 13a EStG für ein Rumpfwirtschaftsjahr zu ermitteln, sind der Grundbetrag und die Zuschläge für Sondernutzungen nur anteilig anzusetzen. [2]Dies gilt entsprechend, wenn sich das bisherige Wirtschaftsjahr bei Umstellung des Wirtschaftsjahres nach § 8c Abs. 2 Satz 2 oder 3 EStDV verlängert.

Hinweise

H 13a.2

Betriebsumstellung

Eine Betriebsumstellung ist z. B.

- die Umstellung auf viehlose Wirtschaft oder Umstellung von Milchwirtschaft auf Schweinemast (→ BFH vom 15. 2. 1990 – BStBl 1991 II S. 11),
- eine Betriebsverpachtung ohne Aufgabeerklärung (→ BFH vom 27. 2. 1997 – BStBl II S. 512).

Hektarberechnung

→ H 13.2

Liebhaberei

Wird der Gewinn nach Durchschnittssätzen ermittelt, ist diese Gewinnermittlungsart auch für die Beurteilung der Gewinnerzielungsabsicht maßgebend. Ergeben sich bei Gewinnermittlung nach Durchschnittssätzen im Rahmen der Anwendung des § 13a Abs. 6 EStG Verluste, können diese auch eine negative Totalgewinnprognose begründen und somit zur Annahme einer Liebhaberei führen. → BFH vom 6. 3. 2003 (BStBl II S. 702)

Pensionstierhaltung

Entgelte für die Pensionspferdehaltung sind regelmäßig nicht durch den Ansatz des Grundbetrags abgegolten, es sei denn die Leistungen des Landwirts sind hauptsächlich auf die Überlassung der Futtergrundlage beschränkt. Erstrecken sich die Leistungen des Landwirts im Wesentlichen auf die Vermietung des Stallplatzes, können die Einnahmen nach § 13a Abs. 3 Satz 1 Nr. 4 EStG dem Grundbetrag hinzuzurechnen sein. Werden dagegen neben der Überlassung eines Stallplatzes weitere Leistungen (Lieferung von Futter, Einstreu und Medikamenten; Übernahme von Obhutspflichten) erbracht und handelt es sich dabei um eine einheitlich zu beurteilende Gesamtleistung, gehört diese zu den Dienstleistungen und vergleichbaren Tätigkeiten i. S. d. § 13a Abs. 6 Satz 1 Nr. 3 EStG (→ BFH vom 29. 11. 2007 – BStBl 2008 II S. 425).

Schuldzinsen

Zu den Schuldzinsen gehören auch die Nebenkosten der Darlehensaufnahme und sonstige Kreditkosten einschließlich der Geldbeschaffungskosten (→ BFH vom 1. 10. 2002 – BStBl 2003 II S. 399).

Vereinnahmte Miet- und Pachtzinsen

Die nach § 13a Abs. 3 Satz 1 Nr. 4 EStG anzusetzenden Miet- und Pachtzinsen dürfen – vorbehaltlich des § 13a Abs. 3 Satz 2 EStG – nicht um Betriebsausgaben (z. B. Umlage zur Landwirtschaftskammer und Grundsteuer) gemindert werden (→ BFH vom 5. 12. 2002 – BStBl 2003 II S. 345).

Sind bei der Gewinnermittlung nach § 13a EStG die vom Vermieter vereinnahmten Nebenkosten zu den vereinnahmten Mietzinsen nach § 13a Abs. 3 Satz 1 Nr. 4 EStG zu rechnen?
→ FG München vom 31. 7. 2007 (13 K 3258/05) – Rev. – IV R 47/07

EStG
S 2239

§ 14 Veräußerung des Betriebs

[1]Zu den Einkünften aus Land- und Forstwirtschaft gehören auch Gewinne, die bei der Veräußerung eines land- oder forstwirtschaftlichen Betriebs oder Teilbetriebs oder eines Anteiles an einem land- und forstwirtschaftlichen Betriebsvermögen erzielt werden. [2]§ 16 gilt entsprechend mit der Maßgabe, dass der Freibetrag nach § 16 Abs. 4 nicht zu gewähren ist, wenn der Freibetrag nach § 14a Abs. 1 gewährt wird.

R 14

14. Wechsel im Besitz von Betrieben, Teilbetrieben und Betriebsteilen

Veräußerungsgewinn

S 2239 (1) [1]Entschädigungen, die bei der Veräußerung eines Betriebs oder Teilbetriebs im Veräußerungspreis enthalten sind, sind – vorbehaltlich des Absatzes 2 – bei der Ermittlung des steuerpflichtigen Veräußerungsgewinns zugrunde zu legen. [2]Die vertragliche Bezeichnung der einzelnen Teile des Veräußerungspreises ist nicht immer für ihre steuerliche Behandlung entscheidend. [3]Eine Vergütung, die neben dem Kaufpreis für den Grund und Boden für einen optimalen Bodenzustand („Geil und Gare") gezahlt wird, ist z. B. Teil der Vergütung für den Grund und Boden. [4]Auch Land- und Forstwirte, deren Gewinne nach Durchschnittssätzen (§ 13a EStG) zu ermitteln sind, haben den bei der Veräußerung oder Aufgabe des land- und forstwirtschaftlichen Betriebs (Teilbetriebs) sich ergebenden Veräußerungsgewinn i. S. d. § 14 EStG zu versteuern. [5]Bei dem fiktiven Bestandsvergleich (§ 4 Abs. 1 EStG), der für die Berechnung des Veräußerungsgewinns

(§ 14 Satz 1 EStG) eines nichtbuchführenden Landwirts vorzunehmen ist, ist davon auszugehen, dass von Bewertungswahlrechten, z. B. für Vieh und Feldinventar, kein Gebrauch gemacht wurde.

Feldinventar, stehende Ernte

(2) [1]Besondere Anlagen auf oder im Grund und Boden, die zum beweglichen Anlagevermögen oder zum Umlaufvermögen gehören, sind grundsätzlich als eigene Wirtschaftsgüter zu behandeln. [2]Das gilt auch für das Feldinventar und die stehende Ernte. [3]Bei landwirtschaftlichen Betrieben mit jährlicher Fruchtfolge kann jedoch von einer Aktivierung des Feldinventars und der stehenden Ernte aus Billigkeitsgründen abgesehen werden. [4]Ist der Landwirt nach einem Verzicht auf die Bewertung zu einer Aktivierung des Feldinventars und der stehenden Ernte übergegangen, ist er hieran auf Grund der → Bewertungsstetigkeit auch für die Zukunft gebunden. [5]Eine Entschädigung, die bei der Veräußerung oder Aufgabe eines Betriebs oder eines Teilbetriebs für diese Wirtschaftsgüter gezahlt wird, ist in voller Höhe in den Veräußerungserlös einzubeziehen. [6]Beim Übernehmer gehört sie zu den abzugsfähigen Betriebsausgaben des laufenden Wirtschaftsjahres. [7]Der Pächter eines Betriebs mit jährlicher Fruchtfolge kann von der Vereinfachungsregelung, die Kosten der jährlichen eigenen Feldbestellung nicht zu aktivieren, nur dann Gebrauch machen, wenn er auch die vom Verpächter übernommenen Feldbestände nicht aktiviert. [8]Aktiviert er die Kosten des übernommenen Feldinventars, dann muss er diese Aktivierung durch die Aktivierung der jährlich anfallenden Kosten für den Anbau der Feldbestände bis zum Pachtende fortführen und grundsätzlich in gleicher Höhe eine Rückgabeverpflichtung passivieren, wenn er die Verpflichtung übernommen hat, bei Pachtende Feldbestände von gleichem Realwert zurückzuerstatten. [9]Die Fortführung des Aktivpostens „Feldinventar" gilt entsprechend auch für den Fall, dass ein Käufer oder Pächter eines Betriebs das Feldinventar gegen Zahlung einer Entschädigung übernimmt und von der Vereinfachungsregelung keinen Gebrauch macht. [10]Der Verpächter eines land- und forstwirtschaftlichen Betriebs, der auf die Aktivierung des Feldinventars und der stehenden Ernte nach Satz 3 sowie der selbst geschaffenen Vorräte verzichtet hat, kann im Fall der eisernen Verpachtung seines Betriebs von einer Aktivierung der auf Rückgabe dieser Wirtschaftsgüter gerichteten Sachwertforderung absehen. [11]Die Verpachtung führt insoweit zu keiner Gewinnrealisierung.

Teilbetrieb

(3) [1]Die Veräußerung eines land- und forstwirtschaftlichen Teilbetriebs liegt vor, wenn ein organisatorisch mit einer gewissen Selbständigkeit ausgestatteter Teil eines Betriebs der Land- und Forstwirtschaft veräußert wird. [2]Der veräußerte Teilbetrieb muss im Wesentlichen die Möglichkeit bieten, künftig als selbständiger Betrieb geführt werden zu können, auch wenn dies noch einzelne Ergänzungen oder Änderungen bedingen sollte.

Veräußerung forstwirtschaftlicher Betriebe, Teilbetriebe oder einzelner forstwirtschaftlicher Grundstücksflächen

(4) Hinsichtlich des Verkaufserlöses, der auf das stehende Holz entfällt, gilt das Folgende:

1. Gewinne, die bei der Veräußerung oder Aufgabe eines forstwirtschaftlichen Betriebs oder Teilbetriebs für das stehende Holz erzielt werden, sind nach § 14 EStG zu versteuern. [2]Veräußerungsgewinn ist hierbei der Betrag, um den der Veräußerungspreis nach Abzug der Veräußerungskosten den Wert des Betriebsvermögens übersteigt, der nach § 4 Abs. 1 EStG für den Zeitpunkt der Veräußerung ermittelt wird. [3]Ist kein Bestandsvergleich für das stehende Holz vorgenommen worden und hat der Veräußerer den forstwirtschaftlichen Betrieb oder Teilbetrieb schon am 21. 6. 1948[1]) besessen, ist der Gewinn aus der Veräußerung des stehenden Holzes so zu ermitteln, dass dem auf das stehende Holz entfallenden Veräußerungspreis der Betrag gegenübergestellt wird, mit dem das stehende Holz in dem für den 21. 6. 1948[2]) maßgebenden Einheitswert des forstwirtschaftlichen Betriebs oder Teilbetriebs enthalten war. [4]Hat der Veräußerer den forstwirtschaftlichen Betrieb oder Teilbetrieb nach dem 20. 6. 1948[3]) erworben, sind bei der Ermittlung des Veräußerungsgewinns die steuerlich noch nicht berücksichtigten Anschaffungs- oder Erstaufforstungskosten für das stehende Holz dem auf das stehende Holz entfallenden Veräußerungserlös gegenüberzustellen. [5]Bei Veräußerungen im Beitrittsgebiet ist der Buchwert zum 1. 7. 1990 in den Fällen, in denen kein Bestandsvergleich für das stehende Holz vorgenommen wurde, gem. § 52 Abs. 1 DMBilG unter Anwen-

1) Im Saarland: 20. 11. 1947.
2) Im Saarland: 20. 11. 1947.
3) Im Saarland: 19. 11. 1947.

dung der Richtlinien für die Ermittlung und Prüfung des Verkehrswertes von Waldflächen und für Nebenentschädigungen (Waldwertermittlungs-Richtlinien 1991 – WaldR91 – BAnZ 100a vom 5. 6. 1991) zu ermitteln. [6]Die Steuer auf den Veräußerungsgewinn ist nach § 34 Abs. 1 oder auf Antrag nach § 34 Abs. 3 EStG zu berechnen (§ 34 Abs. 2 Nr. 1 EStG).

2. Die auf das stehende Holz entfallenden Einnahmen aus der Veräußerung einzelner forstwirtschaftlicher Grundstücksflächen, die keinen forstwirtschaftlichen Teilbetrieb bilden, gehören zu den laufenden Einnahmen des Wirtschaftsjahres. [2]Für die Ermittlung des Gewinns gelten die Grundsätze des § 4 Abs. 1 EStG. [3]Nummer 1 Satz 3 bis 5 ist entsprechend anzuwenden. [4]Bei den Gewinnen aus der Veräußerung kann es sich um außerordentliche Holznutzungen i. S. d. § 34b Abs. 1 Nr. 1 EStG (→ R 34b.1) handeln, die nach § 34 Abs. 1 EStG tarifbegünstigt sind (§ 34 Abs. 2 Nr. 5 EStG).

Freibetrag

(5) Die Gewährung des Freibetrags nach § 14 Satz 2 i. V. m. § 16 Abs. 4 EStG ist ausgeschlossen, wenn dem Stpfl. für eine Veräußerung oder Aufgabe, die nach dem 31. 12. 1995 erfolgt ist, ein Freibetrag nach § 14 Satz 2, § 16 Abs. 4 oder § 18 Abs. 3 EStG bereits gewährt worden ist.

H 14

Hinweise

Betriebsunterbrechung oder eine Zwangsbetriebsaufgabe

Liegt eine Betriebsunterbrechung oder eine Zwangsbetriebsaufgabe eines landwirtschaftlichen Eigenbetriebs vor, wenn im Wege der vorweggenommenen Erbfolge zunächst nur die landwirtschaftlichen Nutzflächen und erst sechs Jahre später auch die Hofstelle übertragen werden?
→ FG Baden-Württemberg vom 10. 11. 2005 (3 K 293/01) – Rev. – IV R 7/07

Betriebsverkleinerung

Eine Verkleinerung eines land- und forstwirtschaftlichen Betriebs führt nicht zu einer Betriebsaufgabe (→ BFH vom 12. 11. 1992 – BStBl 1993 II S. 430).

Bewertungsstetigkeit

Anhang 13 → § 252 Abs. 1 Nr. 6 HGB

Das in R 14 Abs. 2 eingeräumte Wahlrecht, auf die Aktivierung der Feldbestände zu verzichten, bindet den Landwirt nicht für die Zukunft (→ BFH vom 6. 4. 2000 – BStBl II S. 422).

Kann das bei einem gewerblichen landwirtschaftlichen Betrieb aufgrund des Wahlrechts in R 131 Abs. 2 EStR (jetzt: R 14 Abs. 2 EStR) aktivierte Feldinventar in einem späteren Kalenderjahr erfolgswirksam nicht mehr aktiviert werden?
→ Thüringer FG vom 29. 3. 2007 (IV 203/06) – Rev. – IV R 23/07

Eiserne Verpachtung

Anhang 10 Zur Gewinnermittlung bei der Verpachtung von Betrieben mit Substanzerhaltungspflicht des Pächters nach §§ 582a, 1048 BGB → BMF vom 21. 2. 2002 (BStBl I S. 262).

Körperschaft des öffentlichen Rechts als Erbin

Setzt ein Stpfl. eine Körperschaft des öffentlichen Rechts zur Erbin seines land- und forstwirtschaftlichen Betriebes ein, so führt das im Zeitpunkt des Todes zu einer Betriebsaufgabe in der Person des Erblassers (→ BFH vom 19. 2. 1998 – BStBl II S. 509).

Parzellenweise Verpachtung

→ H 16 (5)

Rückverpachtung

Eine Betriebsveräußerung liegt auch vor, wenn alle wesentlichen Grundlagen eines Betriebs veräußert und sogleich an den Veräußerer zurückverpachtet werden (→ BFH vom 28. 3. 1985 – BStBl II S. 508).

Teilbetrieb

- → R 14 Abs. 3 und 4 sowie → R 16 Abs. 3
- Ein forstwirtschaftlicher Teilbetrieb setzt im Fall der Veräußerung einer Teilfläche eines Nachhaltsbetriebes weder voraus, dass für die veräußerten Flächen bereits ein eigener Betriebsplan sowie eine eigene Betriebsabrechnung vorlagen, noch dass die veräußerte Fläche selbst einen Nachhaltsbetrieb mit unterschiedlichen Holzarten und Altersklassen bildet; es genügt, dass der Erwerber die Teilflächen als selbständiges, lebensfähiges Forstrevier fortführen kann (→ BFH vom 17. 1. 1991 – BStBl II S. 566).

Überschuldungsbetrag

Bei der Ermittlung des Gewinns aus der Aufgabe eines buchmäßig überschuldeten Betriebs, dessen Gewinn zunächst nach § 13a EStG und später nach § 4 Abs. 3 EStG ermittelt wurde, mindert der Überschuldungsbetrag nicht den Aufgabegewinn (→ BFH vom 7. 3. 1996 – BStBl II S. 415).

Verpachtung

Verpächter hat Wahlrecht zwischen Betriebsaufgabe und Fortführung des Betriebs (→ BFH vom 15. 10. 1987 – BStBl 1988 II S. 260 und vom 28. 11. 1991 – BStBl 1992 II S. 521).

→ R 16 Abs. 5

Einkommensteuerliche Behandlung der Verpachtung eines land- und forstwirtschaftlichen Betriebs im Ganzen (→ BMF vom 1. 12. 2000 – BStBl I S. 1556).

Verpächterwahlrecht

→ BMF vom 17. 10. 1994 (BStBl I S. 771)

Die Beendigung einer Betriebsaufspaltung führt nicht zur Betriebsaufgabe bei der Besitzpersonengesellschaft, wenn auch die Voraussetzungen einer Betriebsverpachtung vorlagen (→ BFH vom 23. 4. 1996 – BStBl 1998 II S. 325 und vom 17. 4. 2002 – BStBl II S. 527).

Wirtschaftserschwernisse

→ BMF vom 5. 3. 1992 (BStBl 1992 I S. 187):

1. Gewinnermittlung nach § 4 Abs. 1 EStG
   - Vertragsabschluss vor dem 1. 1. 1993

     der Schuldposten „Wirtschaftserschwernisse" in der Bilanz ist aus Billigkeitsgründen in gleichen Jahresbeträgen, längstens innerhalb von 20 Jahren, aufzulösen.
   - Vertragsabschluss nach dem 31. 12. 1992

     Passiver Rechnungsabgrenzungsposten, Rückstellung oder anderer Schuldposten in der Bilanz ist nicht zulässig.
2. Gewinnermittlung nach § 4 Abs. 3 EStG
   - Vertragsabschluss vor dem 1. 1. 1993

     Eine Verteilung vom Zeitpunkt des Zuflusses auf längstens 20 Jahre wird aus Billigkeitsgründen zugelassen.
   - Vertragsabschluss nach dem 31. 12. 1992

     Entschädigung ist bei Zufluss in voller Höhe als Betriebseinnahme zu erfassen.
3. Gewinnermittlung nach § 13a EStG

   Die Entschädigung ist mit Ansatz des Grundbetrags abgegolten.

---

§ 14a Vergünstigungen bei der Veräußerung bestimmter land- und forstwirtschaftlicher Betriebe

EStG
S 2239a

(letztmals abgedruckt in der Handausgabe 2006, da für VZ ab 2007 ohne Bedeutung)

S 2240

b) Gewerbebetrieb (§ 2 Abs. 1 Satz 1 Nr. 2)

EStG

§ 15 Einkünfte aus Gewerbebetrieb

(1) [1]Einkünfte aus Gewerbebetrieb sind

1. Einkünfte aus gewerblichen Unternehmen. [2]Dazu gehören auch Einkünfte aus gewerblicher Bodenbewirtschaftung, z. B. aus Bergbauunternehmen und aus Betrieben zur Gewinnung von Torf, Steinen und Erden, soweit sie nicht land- oder forstwirtschaftliche Nebenbetriebe sind;

S 2241 2. die Gewinnanteile der Gesellschafter einer Offenen Handelsgesellschaft, einer Kommanditgesellschaft und einer anderen Gesellschaft, bei der der Gesellschafter als Unternehmer (Mitunternehmer) des Betriebs anzusehen ist, und die Vergütungen, die der Gesellschafter von der Gesellschaft für seine Tätigkeit im Dienst der Gesellschaft oder für die Hingabe von Darlehen oder für die Überlassung von Wirtschaftsgütern bezogen hat. [2]Der mittelbar über eine oder mehrere Personengesellschaften beteiligte Gesellschafter steht dem unmittelbar beteiligten Gesellschafter gleich; er ist als Mitunternehmer des Betriebs der Gesellschaft anzusehen, an der er mittelbar beteiligt ist, wenn er und die Personengesellschaften, die seine Beteiligung vermitteln, jeweils als Mitunternehmer der Betriebe der Personengesellschaften anzusehen sind, an denen sie unmittelbar beteiligt sind;

S 2241 3. die Gewinnanteile der persönlich haftenden Gesellschafter einer Kommanditgesellschaft auf Aktien, soweit sie nicht auf Anteile am Grundkapital entfallen, und die Vergütungen, die der persönlich haftende Gesellschafter von der Gesellschaft für seine Tätigkeit im Dienst der Gesellschaft oder für die Hingabe von Darlehen oder für die Überlassung von Wirtschaftsgütern bezogen hat.

[2]Satz 1 Nr. 2 und 3 gilt auch für Vergütungen, die als nachträgliche Einkünfte (§ 24 Nr. 2) bezogen werden. [3]§ 13 Abs. 5 gilt entsprechend, sofern das Grundstück im Veranlagungszeitraum 1986 zu einem gewerblichen Betriebsvermögen gehört hat.

(1a) [1]In den Fällen des § 4 Abs. 1 Satz 4 ist der Gewinn aus einer späteren Veräußerung der Anteile ungeachtet der Bestimmungen eines Abkommens zur Vermeidung der Doppelbesteuerung in der gleichen Art und Weise zu besteuern, wie die Veräußerung dieser Anteile an der Europäischen Gesellschaft oder Europäischen Genossenschaft zu besteuern gewesen wäre, wenn keine Sitzverlegung stattgefunden hätte. [2]Dies gilt auch, wenn später die Anteile verdeckt in eine Kapitalgesellschaft eingelegt werden, die Europäische Gesellschaft oder Europäische Genossenschaft aufgelöst wird oder wenn ihr Kapital herabgesetzt und zurückgezahlt wird oder wenn Beträge aus dem steuerlichen Einlagenkonto im Sinne des § 27 des Körperschaftsteuergesetzes ausgeschüttet oder zurückgezahlt werden.

(2) [1]Eine selbständige nachhaltige Betätigung, die mit der Absicht, Gewinn zu erzielen, unternommen wird und sich als Beteiligung am allgemeinen wirtschaftlichen Verkehr darstellt, ist Gewerbebetrieb, wenn die Betätigung weder als Ausübung von Land- und Forstwirtschaft noch als Ausübung eines freien Berufs noch als eine andere selbständige Arbeit anzusehen ist. [2]Eine durch die Betätigung verursachte Minderung der Steuern vom Einkommen ist kein Gewinn im Sinne des Satzes 1. [3]Ein Gewerbebetrieb liegt, wenn seine Voraussetzungen im Übrigen gegeben sind, auch dann vor, wenn die Gewinnerzielungsabsicht nur ein Nebenzweck ist.

(3) Als Gewerbebetrieb gilt in vollem Umfang die mit Einkünfteerzielungsabsicht unternommene Tätigkeit

[1] 1. einer Offenen Handelsgesellschaft, einer Kommanditgesellschaft oder einer anderen Personengesellschaft, wenn die Gesellschaft auch eine Tätigkeit im Sinne des Absatzes 1 Nr. 1 ausübt oder gewerbliche Einkünfte im Sinne des Absatzes 1 Satz 1 Nr. 2 bezieht,

2. einer Personengesellschaft, die keine Tätigkeit im Sinne des Absatzes 1 Satz 1 Nr. 1 ausübt und bei der ausschließlich eine oder mehrere Kapitalgesellschaften persönlich haftende Gesellschafter sind und nur diese oder Personen, die nicht Gesellschafter sind, zur Geschäftsführung befugt sind (gewerblich geprägte Personengesellschaft). [2]Ist eine gewerblich geprägte Personengesellschaft als persönlich haftender Gesellschafter an einer anderen Personengesellschaft beteiligt, so steht für die Beurteilung, ob die Tätigkeit dieser Personengesellschaft als Gewerbebetrieb gilt, die gewerblich geprägte Personengesellschaft einer Kapitalgesellschaft gleich.

S 2119 (4) [1]Verluste aus gewerblicher Tierzucht oder gewerblicher Tierhaltung dürfen weder mit anderen Einkünften aus Gewerbebetrieb noch mit Einkünften aus anderen Einkunftsarten ausgeglichen werden; sie dürfen auch nicht nach § 10d abgezogen werden. [2]Die Verluste mindern

1) Absatz 3 Nr. 1 ist auch für VZ vor 2006 anzuwenden → § 52 Abs. 32a EStG.

jedoch nach Maßgabe des § 10d die Gewinne, die der Steuerpflichtige in dem unmittelbar vorangegangenen und in den folgenden Wirtschaftsjahren aus gewerblicher Tierzucht oder gewerblicher Tierhaltung erzielt hat oder erzielt. [3]Die Sätze 1 und 2 gelten entsprechend für Verluste aus Termingeschäften, durch die der Steuerpflichtige einen Differenzausgleich oder einen durch den Wert einer veränderlichen Bezugsgröße bestimmten Geldbetrag oder Vorteil erlangt. [4]Satz 3 gilt nicht für die Geschäfte, die zum gewöhnlichen Geschäftsbetrieb bei Kreditinstituten, Finanzdienstleistungsinstituten und Finanzunternehmen im Sinne des Gesetzes über das Kreditwesen gehören oder die der Absicherung von Geschäften des gewöhnlichen Geschäftsbetriebs dienen. [5]Satz 4 gilt nicht, wenn es sich um Geschäfte handelt, die der Absicherung von Aktiengeschäften dienen, bei denen der Veräußerungsgewinn nach § 3 Nr. 40 Satz 1 Buchstabe a und b in Verbindung mit § 3c Abs. 2 teilweise steuerfrei ist, oder die nach § 8b Abs. 2 des Körperschaftsteuergesetzes bei der Ermittlung des Einkommens außer Ansatz bleiben. [6]Verluste aus stillen Gesellschaften, Unterbeteiligungen oder sonstigen Innengesellschaften an Kapitalgesellschaften, bei denen der Gesellschafter oder Beteiligte als Mitunternehmer anzusehen ist, dürfen weder mit Einkünften aus Gewerbebetrieb noch aus anderen Einkunftsarten ausgeglichen werden; sie dürfen auch nicht nach § 10d abgezogen werden. [7]Die Verluste mindern jedoch nach Maßgabe des § 10d die Gewinne, die der Gesellschafter oder Beteiligte in dem unmittelbar vorangegangenen Wirtschaftsjahr oder in den folgenden Wirtschaftsjahren aus derselben stillen Gesellschaft, Unterbeteiligung oder sonstigen Innengesellschaft bezieht. [8]Satz 6 und 7 gelten nicht, soweit der Verlust auf eine natürliche Person als unmittelbar oder mittelbar beteiligter Mitunternehmer entfällt.

15.1. Selbständigkeit

R 15.1

Versicherungsvertreter

(1) [1]Versicherungsvertreter, die Versicherungsverträge selbst vermitteln (sog. Spezialagenten), sind in vollem Umfang als selbständig anzusehen. [2]Das gilt auch dann, wenn sie neben Provisionsbezügen ein mäßiges festes Gehalt bekommen. [3]Soweit ein Spezialagent nebenbei auch Verwaltungsaufgaben und die Einziehung von Prämien oder Beiträgen übernommen hat, sind die Einnahmen daraus als Entgelte für selbständige Nebentätigkeit zu behandeln. [4]Es ist dabei unerheblich, ob sich z. B. Inkassoprovisionen auf Versicherungen beziehen, die der Spezialagent selbst geworben hat, oder auf andere Versicherungen. [5]Versicherungsvertreter, die mit einem eigenen Büro für einen bestimmten Bezirk sowohl den Bestand zu verwalten als auch neue Geschäfte abzuschließen haben und im Wesentlichen auf Provisionsbasis arbeiten, sind in der Regel Gewerbetreibende. S 2240

Hausgewerbetreibende und Heimarbeiter

(2) [1]Hausgewerbetreibende sind im Gegensatz zu Heimarbeitern, deren Tätigkeit als nichtselbständige Arbeit anzusehen ist, selbständige Gewerbetreibende. [2]Die Begriffe des Hausgewerbetreibenden und des Heimarbeiters sind im HAG bestimmt. [3]Wie bei Heimarbeitern ist die Tätigkeit der nach § 1 Abs. 2 Buchstabe a HAG gleichgestellten Personen, „die in der Regel allein oder mit ihren Familienangehörigen in eigener Wohnung oder selbstgewählter Betriebsstätte eine sich in regelmäßigen Arbeitsvorgängen wiederholende Arbeit im Auftrag eines anderen gegen Entgelt ausüben, ohne dass ihre Tätigkeit als gewerblich anzusehen oder dass der Auftraggeber ein Gewerbetreibender oder Zwischenmeister ist", als nichtselbständige Arbeit anzusehen. [4]Dagegen sind die nach § 1 Abs. 2 Buchstaben b bis d HAG gleichgestellten Personen wie Hausgewerbetreibende selbständige Gewerbetreibende. [5]Über die Gleichstellung mit Hausgewerbetreibenden entscheiden nach dem HAG die von den zuständigen Arbeitsbehörden errichteten Heimarbeitsausschüsse. [6]Für die Unterscheidung von Hausgewerbetreibenden und Heimarbeitern ist von dem Gesamtbild des einzelnen Falles auszugehen. [7]Heimarbeiter ist nicht, wer fremde Hilfskräfte beschäftigt oder die Gefahr des Unternehmens, insbesondere auch wegen wertvoller Betriebsmittel, trägt. [8]Auch eine größere Anzahl von Auftraggebern und ein größeres Betriebsvermögen können die Eigenschaft als Hausgewerbetreibender begründen. [9]Die Tatsache der Zahlung von Sozialversicherungsbeiträgen durch den Auftraggeber ist für die Frage, ob ein Gewerbebetrieb vorliegt, ohne Bedeutung.[1])

Sozialversicherungspflicht

(3) Arbeitnehmerähnliche Selbständige i. S. d. § 2 Satz 1 Nr. 9 SGB VI sind steuerlich regelmäßig selbstständig tätig.

---

[1]) Anm.: → RFH vom 14. 9. 1938 (RStBl S. 1141).

H 15.1

Hinweise

Allgemeines

Voraussetzung für die Annahme eines Gewerbebetriebes ist die Selbständigkeit der Tätigkeit, d. h., die Tätigkeit muss auf eigene Rechnung (Unternehmerrisiko) und auf eigene Verantwortung (Unternehmerinitiative) ausgeübt werden (→ BFH vom 27. 9. 1988 – BStBl 1989 II S. 414).

Freie Mitarbeit

Vertraglich vereinbarte freie Mitarbeit kann Arbeitsverhältnis begründen (→ BFH vom 24. 7. 1992 – BStBl 1993 II S. 155).

Generalagent

Bei den sog. Generalagenten kommt eine Aufteilung der Tätigkeit in eine selbständige und in eine nichtselbständige Tätigkeit im Allgemeinen nicht in Betracht. Im Allgemeinen ist der Generalagent ein Gewerbetreibender, wenn er das Risiko seiner Tätigkeit trägt, ein Büro mit eigenen Angestellten unterhält, trotz der bestehenden Weisungsgebundenheit in der Gestaltung seines Büros und seiner Zeiteinteilung weitgehend frei ist, der Erfolg seiner Tätigkeit nicht unerheblich von seiner Tüchtigkeit und Initiative abhängt und ihn die Beteiligten selbst als Handelsvertreter und nicht als Arbeitnehmer bezeichnen (→ BFH vom 3. 10. 1961 – BStBl III S. 567). Dies gilt auch für Generalagenten eines Krankenversicherungsunternehmens (→ BFH vom 13. 4. 1967 – BStBl III S. 398).

Gesamtbeurteilung

Für die Frage, ob ein Stpfl. selbständig oder nichtselbständig tätig ist, kommt es nicht allein auf die vertragliche Bezeichnung, die Art der Tätigkeit oder die Form der Entlohnung an. Entscheidend ist das Gesamtbild der Verhältnisse. Es müssen die für und gegen die Selbständigkeit sprechenden Umstände gegeneinander abgewogen werden; die gewichtigeren Merkmale sind dann für die Gesamtbeurteilung maßgebend (→ BFH vom 12. 10. 1989 – BStBl 1990 II S. 64 und vom 18. 1. 1991 – BStBl II S. 409).

Handelsvertreter

Ein **Handelsvertreter** ist auch dann selbständig tätig, wenn Betriebsvermögen nur in geringem Umfang vorhanden ist (→ BFH vom 31. 10. 1974 – BStBl 1975 II S. 115 und Beschluss des BVerfG vom 25. 10. 1977 – BStBl 1978 II S. 125).

Hausgewerbetreibender

Hausgewerbetreibender ist, „wer in eigener Arbeitsstätte (eigener Wohnung oder Betriebsstätte) mit nicht mehr als zwei fremden Hilfskräften oder Heimarbeitern im Auftrag von Gewerbetreibenden oder Zwischenmeistern Waren herstellt, bearbeitet oder verpackt, wobei er selbst wesentlich am Stück mitarbeitet, jedoch die Verwertung der Arbeitsergebnisse dem unmittelbar oder mittelbar auftraggebenden Gewerbetreibenden überlässt. Beschafft der Hausgewerbetreibende die Roh- und Hilfsstoffe selbst oder arbeitet er vorübergehend unmittelbar für den Absatzmarkt, so wird hierdurch seine Eigenschaft als Hausgewerbetreibender nicht beeinträchtigt" (→ § 2 Abs. 2 HAG).

Zu den fremden Hilfskräften (§ 2 Abs. 6 HAG) des Hausgewerbetreibenden gehören auch als Arbeitnehmer beschäftigte, mit dem Stpfl. in häuslicher Gemeinschaft lebende nahe Angehörige (→ BFH vom 26. 2. 2002 – BFH/NV 2002 S. 995).

Heimarbeiter

Heimarbeiter ist, „wer in selbstgewählter Arbeitsstätte (eigener Wohnung oder selbstgewählter Betriebsstätte) allein oder mit seinen Familienangehörigen im Auftrag von Gewerbetreibenden oder Zwischenmeistern erwerbsmäßig arbeitet, jedoch die Verwertung der Arbeitsergebnisse dem unmittelbar oder mittelbar auftraggebenden Gewerbetreibenden überlässt. Beschafft der Heimarbeiter die Roh- und Hilfsstoffe selbst, so wird hierdurch seine Eigenschaft als Heimarbeiter nicht beeinträchtigt" (→ § 2 Abs. 1 HAG).

Natürliche Personen

Natürliche Personen können z. T. selbständig, z. T. nichtselbständig tätig sein (→ BFH vom 3. 7. 1991 – BStBl II S. 802).

Nebentätigkeit und Aushilfstätigkeit

Zur Abgrenzung zwischen selbständiger und nichtselbständiger Tätigkeit → ***R 19.2 LStR 2008***.

Reisevertreter

Bei einem Reisevertreter ist im Allgemeinen Selbständigkeit anzunehmen, wenn er die typische Tätigkeit eines Handelsvertreters i. S. d. § 84 HGB ausübt, d. h. Geschäfte für ein anderes Unternehmen vermittelt oder abschließt und ein geschäftliches Risiko trägt. Nichtselbständigkeit ist jedoch gegeben, wenn der Reisevertreter in das Unternehmen seines Auftraggebers derart eingegliedert ist, dass er dessen Weisungen zu folgen verpflichtet ist. Ob eine derartige Unterordnung unter den geschäftlichen Willen des Auftraggebers vorliegt, richtet sich nach der von dem Reisevertreter tatsächlich ausgeübten Tätigkeit und der Stellung gegenüber seinem Auftraggeber (→ BFH vom 16. 1. 1952 – BStBl III S. 79). Der Annahme der Nichtselbständigkeit steht nicht ohne weiteres entgegen, dass die Entlohnung nach dem Erfolg der Tätigkeit vorgenommen wird. Hinsichtlich der Bewegungsfreiheit eines Vertreters kommt es bei der Abwägung, ob sie für eine Selbständigkeit oder Nichtselbständigkeit spricht, darauf an, ob das Maß der Bewegungsfreiheit auf der eigenen Machtvollkommenheit des Vertreters beruht oder Ausfluss des Willens des Geschäftsherrn ist (→ BFH vom 7. 12. 1961 – BStBl 1962 III S. 149).

Selbständigkeit

- **Bauhandwerkern** sind bei nebenberuflicher **„Schwarzarbeit"** in der Regel nicht Arbeitnehmer des Bauherrn (→ BFH vom 21. 3. 1975 – BStBl II S. 513).
- Ein früherer **Berufssportler**, der wiederholt entgeltlich bei industriellen Werbeveranstaltungen mitwirkt, ist selbständig tätig (→ BFH vom 3. 11. 1982 – BStBl 1983 II S. 182).
- Ein **Gesellschafter-Geschäftsführer** einer Baubetreuungs-GmbH, der neben dieser Tätigkeit als Makler und Finanzierungsvermittler tätig ist, ist auch insoweit selbständig tätig, als er sich zu Garantieleistungen nicht nur Dritten, sondern auch seiner Gesellschaft gegenüber gesondert verpflichtet und sich solche Dienste gesondert vergüten lässt (→ BFH vom 8. 3. 1989 – BStBl II S. 572).
- Zur Abgrenzung zwischen selbständiger und nichtselbständiger Tätigkeit von Künstlern und verwandten Berufen → BMF vom 5. 10. 1990 (BStBl I S. 638); bei der Beurteilung darf nicht einseitig auf die Verpflichtung zur Teilnahme an Proben abgestellt werden (→ BFH vom 30. 5. 1996 – BStBl II S. 493).
- Ein **Rundfunkermittler** bei im Wesentlichen selbst bestimmtem Umfang der Tätigkeit und bei weitgehend von der Eigeninitiative abhängiger Höhe der Einnahmen → BFH vom 2. 12. 1998 (BStBl 1999 II S. 534).
- Bestimmt ein Rundfunkermittler im Wesentlichen selbst den Umfang der Tätigkeit und sind seine Einnahmen weitgehend von der Eigeninitiative abhängig, ist er selbständig tätig (→ BFH vom 2. 12. 1998 – BStBl 1999 II S. 534).
- Ein Spitzensportler, der Sportgeräte öffentlich deutlich sichtbar benutzt, ist mit dem entgeltlichen Werben selbständig tätig (→ BFH vom 19. 11. 1985 – BStBl 1986 II S. 424).
- ***H 19.0 LStH 2008***

Versicherungsvertreter

Selbständige Versicherungsvertreter üben auch dann eine gewerbliche Tätigkeit aus, wenn sie nur für ein einziges Versicherungsunternehmen tätig sein dürfen (→ BFH vom 26. 10. 1977 – BStBl 1978 II S. 137). → Generalagent

---

15.2. Nachhaltigkeit

R 15.2

S 2240

– unbesetzt –

Hinweise

H 15.2

Einmalige Handlung

Eine einmalige Handlung stellt keine nachhaltige Betätigung dar, wenn sie nicht weitere Tätigkeiten des Stpfl. (zumindest Dulden, Unterlassen) auslöst (→ BFH vom 14. 11. 1963 – BStBl 1964 III S. 139).

→ Wiederholungsabsicht

Mehrzahl selbständiger Handlungen

Nachhaltig sind auch Einzeltätigkeiten, die Teil einer in organisatorischer, technischer und finanzieller Hinsicht aufeinander abgestimmten Gesamttätigkeit sind (→ BFH vom 21. 8. 1985 – BStBl 1986 II S. 88).

Nachhaltigkeit – Einzelfälle

- Bankgeschäft eines **Bankangestellten**, die in fortgesetzter Untreue zu Lasten der Bank getätigt werden, sind nachhaltig (→ BFH vom 3. 7. 1991 – BStBl II S. 802).
- Zur Nachhaltigkeit bei Veräußerung von Grundstücken im Rahmen eines gewerblichen Grundstückshandels bei gewerblichem Grundstückshandel → BMF vom 26. 3. 2004 (BStBl I S. 434).
- → H 18.1 (Nachhaltige Erfindertätigkeit)
- Zu den Voraussetzungen, unter denen der Erwerb eines Wirtschaftsguts **zum Zweck** der späteren **Veräußerung** als nachhaltige Tätigkeit zu beurteilen ist → BFH vom 28. 4. 1977 (BStBl II S. 728) und vom 8. 7. 1982 (BStBl II S. 700).

Wertpapiere

Besteht beim An- und Verkauf festverzinslicher Wertpapiere eine Wiederholungsabsicht, kann die Tätigkeit nachhaltig sein (→ BFH vom 31. 7. 1990 – BStBl 1991 II S. 66 und vom 6. 3. 1991 – BStBl 1991 II S. 66).

Wiederholungsabsicht

Eine Tätigkeit ist nachhaltig, wenn sie auf Wiederholung angelegt ist. Da die Wiederholungsabsicht eine innere Tatsache ist, kommt den tatsächlichen Umständen besondere Bedeutung zu. Das Merkmal der Nachhaltigkeit ist daher bei einer Mehrzahl von gleichartigen Handlungen im Regelfall zu bejahen (→ BFH vom 23. 10. 1987 – BStBl 1988 II S. 293 und vom 12. 7. 1991 – BStBl 1992 II S. 143). Bei **erkennbarer** Wiederholungsabsicht kann bereits eine einmalige Handlung den Beginn einer fortgesetzten Tätigkeit begründen (→ BFH vom 31. 7. 1990 – BStBl 1991 II S. 66).

Zeitdauer

Die Zeitdauer einer Tätigkeit allein lässt nicht auf die Nachhaltigkeit schließen (→ BFH vom 21. 8. 1985 – BStBl 1986 II S. 88).

Zurechnung der Tätigkeit eines Anderen

Bedingen sich die Aktivitäten zweier selbständiger Rechtssubjekte gegenseitig und sind sie derart miteinander verflochten, dass sie nach der Verkehrsanschauung als einheitlich anzusehen sind, können bei der Prüfung der Nachhaltigkeit die Handlungen des Einen dem Anderen zugerechnet werden (→ BFH vom 12. 7. 2007 – BStBl II S. 885).

R 15.3

15.3. Gewinnerzielungsabsicht

S 2240 – unbesetzt –

H 15.3

Hinweise

Abgrenzung der Gewinnerzielungsabsicht zur Liebhaberei

- bei einem Architekten → BFH vom 12. 9. 2002 (BStBl 2003 II S. 85),
- Blockheizkraftwerk → OFD Hannover vom 31. 1. 2006 (StEd 2006, S. 151)
- bei einem Bootshandel mit langjährigen Verlusten → BFH vom 21. 7. 2004 (BStBl II S. 1063),
- bei einem nebenberuflich betriebenen **Computer-Software-Handel** mangelt es auch bei einem Totalverlust nicht stets an der Gewinnerzielungsabsicht (→ FG Düsseldorf vom 19. 1. 1995 – EFG 1995 S. 618),
- bei einem **Erfinder** → BFH vom 14. 3. 1985 (BStBl II S. 424),
- bei Vermietung einer **Ferienwohnung** → BFH vom 5. 5. 1988 (BStBl II S. 778),
- beim Betrieb eines **Gästehauses** → BFH vom 13. 12. 1984 (BStBl 1985 II S. 455),

- bei einem als sog. **Generationenbetrieb** geführten Unternehmen → BFH vom 24. 8. 2000 (BStBl II S. 674),
- bei einem unverändert fortgeführten regelmäßig Verluste bringenden **Großhandelsunternehmen** → BFH vom 19. 11. 1985 (BStBl 1986 II S. 289),
- bei einem **Künstler** → BFH vom 6. 3. 2003 (BStBl II S. 602),
- bei Vercharterung eines **Motorbootes** → BFH vom 28. 8. 1987 (BStBl 1988 II S. 10),
- Wird ein mit Verlust arbeitendes Einzelunternehmen in eine **Personengesellschaft** zu Buchwerten eingebracht, ist die Gewinnerzielungsabsicht der Personengesellschaft nicht nach den Grundsätzen der Neugründung eines Unternehmens, sondern danach zu beurteilen, ob die betriebsspezifisch zu bestimmende Anlaufphase des eingebrachten Betriebs noch anhält und ob die im Anschluss an die Anlaufphase des Einzelunternehmens ergriffenen – und ggf. noch in der Zeit vor der Einbringung begonnenen – Umstrukturierungsmaßnahmen der Personengesellschaft geeignet sind, den Prima-facie-Beweis zugunsten der Gewinnerzielungsabsicht aufrechtzuerhalten. Bei der Frage, ob auf Grund der eingeleiteten Umstrukturierungsmaßnahmen eine Totalgewinnprognose glaubhaft gemacht wurde, sind auch die vor der Einbringung erzielten Verluste zu berücksichtigen (BFH vom 11. 2. 2003 – BFH/NV 2003 S. 1298).
- bei einer **Pferdezucht** → BFH vom 27. 1. 2000 (BStBl II S. 227),
- bei einem hauptberuflich tätigen **Rechtsanwalt** → BFH vom 22. 4. 1998 (BStBl II S. 663) und vom 14. 12. 2004 (BStBl 2005 II S. 392),
- bei Betrieb einer **Reitschule** → BFH vom 15. 11. 1984 (BStBl 1985 II S. 205),
- bei einem **Schriftsteller** → BFH vom 23. 5. 1985 (BStBl II S. 515),
- bei einem **Steuerberater** → BFH vom 31. 5. 2001 (BStBl 2002 II S. 276),
- bei Betrieb eines **Trabrennstalls** → BFH vom 19. 7. 1990 (BStBl 1991 II S. 333).
- bei Vermietung eines **Wohnmobils**
  → FG Baden-Württemberg vom 6. 11. 1997 (DStRE 1998 S. 346).

Anlaufverluste

- Verluste der Anlaufzeit sind steuerlich nicht zu berücksichtigen, wenn die Tätigkeit von Anfang an erkennbar ungeeignet ist, auf Dauer einen Gewinn zu erbringen (→ BFH vom 23. 5. 1985 – BStBl II S. 515 und vom 28. 8. 1987 – BStBl 1988 II S. 10).
- Bei der Totalgewinnprognose ist zu berücksichtigen, dass sich z. B. bei Künstlern und Schriftstellern positive Einkünfte vielfach erst nach einer längeren Anlaufzeit erzielen lassen (→ BFH vom 23. 5. 1985 – BStBl II S. 515 und vom 6. 3. 2004 – BStBl II S. 602).
- Beruht die Entscheidung zur Neugründung eines Gewerbebetriebs im Wesentlichen auf den persönlichen Interessen und Neigungen des Stpfl., sind die entstehenden Verluste nur dann für die Dauer einer betriebsspezifischen Anlaufphase steuerlich zu berücksichtigen, wenn der Stpfl. zu Beginn seiner Tätigkeit ein schlüssiges Betriebskonzept erstellt hat, das ihn zu der Annahme veranlassen durfte, durch die gewerbliche Tätigkeit werde insgesamt ein positives Gesamtergebnis erzielt werden können. Besteht ein solches Betriebskonzept hingegen nicht und war der Betrieb bei objektiver Betrachtung nach seiner Art, nach der Gestaltung der Betriebsführung und nach den gegebenen Ertragsaussichten von vornherein zur Erzielung eines Totalgewinns nicht in der Lage, folgt daraus, dass der Stpfl. die verlustbringende Tätigkeit nur aus im Bereich seiner Lebensführung liegenden persönlichen Gründen oder Neigungen ausgeübt hat (→ BFH vom 23. 5. 2007 – BStBl II S. 874).
- Als betriebsspezifische Anlaufzeit bis zum Erforderlichwerden größerer Korrektur- und Umstrukturierungsmaßnahmen wird ein Zeitraum von weniger als fünf Jahren nur im Ausnahmefall in Betracht kommen. Daneben ist die Dauer der Anlaufphase vor allem vom Gegenstand und von der Art des jeweiligen Betriebs abhängig, so dass sich der Zeitraum, innerhalb dessen das Unterbleiben einer Reaktion auf bereits eingetretene Verluste für sich betrachtet noch nicht als Beweisanzeichen für eine mangelnde Gewinnerzielungsabsicht herangezogen werden kann, nicht allgemeinverbindlich festlegen lässt (→ BFH vom 23. 5. 2007 – BStBl II S. 874).

Betriebszweige

Wird sowohl eine Landwirtschaft als auch eine Forstwirtschaft betrieben, ist die Frage der Gewinnerzielungsabsicht getrennt nach **Betriebszweigen** zu beurteilen (→ BFH vom 13. 12. 1990 – BStBl 1991 II S. 452).

Beweisanzeichen

- **Betriebsführung**

  Beweisanzeichen für das Vorliegen einer Gewinnerzielungsabsicht ist eine Betriebsführung, bei der der Betrieb nach seiner Wesensart und der Art seiner Bewirtschaftung auf die Dauer gesehen dazu geeignet und bestimmt ist, mit Gewinn zu arbeiten. Dies erfordert eine in die Zukunft gerichtete langfristige Beurteilung, wofür die Verhältnisse eines bereits abgelaufenen Zeitraums wichtige Anhaltspunkte bieten können (→ BFH vom 5. 5. 1988 – BStBl II S. 778).
- **Umstrukturierungsmaßnahmen**

  Geeignete Umstrukturierungsmaßnahmen können ein gewichtiges Indiz für das Vorhandensein einer Gewinnerzielungsabsicht darstellen, wenn nach dem damaligen Erkenntnishorizont aus der Sicht eines wirtschaftlich vernünftig denkenden Betriebsinhabers eine hinreichende Wahrscheinlichkeit dafür bestand, dass sie innerhalb eines überschaubaren Zeitraums zum Erreichen der Gewinnzone führen würden (→ BFH vom 21. 7. 2004 – BStBl II S. 1096).
- **Verlustperioden**

  Bei längeren Verlustperioden muss für das Fehlen einer Gewinnerzielungsabsicht aus weiteren Beweisanzeichen die Feststellung möglich sein, dass der Stpfl. die Tätigkeit nur aus den im Bereich seiner Lebensführung liegenden persönlichen Gründen und Neigungen ausübt (→ BFH vom 19. 11. 1985 – BStBl 1986 II S. 289). Fehlende Reaktionen auf bereits eingetretene hohe Verluste und das unveränderte Beibehalten eines verlustbringenden Geschäftskonzepts sind ein gewichtiges Beweisanzeichen für eine fehlende Gewinnerzielungsabsicht. An die Feststellung persönlicher Gründe und Motive, die den Steuerpflichtigen zur Weiterführung seines Unternehmens bewogen haben könnten, sind in diesen Fällen keine hohen Anforderungen zu stellen (→ BFH vom 17. 11. 2004 – BStBl 2005 II S. 336).

Land- und Forstwirtschaft

- ***Betriebszweige: Wird sowohl eine Landwirtschaft als auch eine Forstwirtschaft betrieben, ist die Frage der Gewinnerzielungsabsicht getrennt nach Betriebszweigen zu beurteilen (→ BFH vom 13. 12. 1990 – BStBl 1991 II S. 452).***
- ***Pachtbetrieb: Der Beurteilungszeitraum für die Totalgewinnprognose bei einem landwirtschaftlichen Pachtbetrieb erstreckt sich nur auf die Dauer des Pachtverhältnisses. Dies gilt auch dann, wenn das Pachtverhältnis lediglich eine Vorstufe zu der später geplanten unentgeltlichen Hofübergabe ist (→ BFH vom 11. 10. 2007 – BStBl 2008 II S. 465).***

Personengesellschaft

- gewerblich geprägte Personengesellschaft
  → R 15.8 Abs. 6
- umfassend gewerbliche Personengesellschaft
  → H 15.8 (5) Gewinnerzielungsabsicht

Persönliche Gründe

Im Lebensführungsbereich liegende persönliche Gründe für die Fortführung einer verlustbringenden Tätigkeit

- können sich aus der Befriedigung persönlicher Neigungen oder der Erlangung wirtschaftlicher Vorteile außerhalb der Einkommenssphäre ergeben (→ BFH vom 19. 11. 1985 – BStBl 1986 II S. 289 und vom 31. 5. 2001 – BStBl 2002 II S. 276).
- liegen vor, wenn die Fortführung der verlustbringenden Tätigkeit den Abzug von Gehaltszahlungen an nahe Angehörige ermöglichen soll (→ BFH vom 26. 2. 2004 – BStBl II S. 455),
- können wegen des mit dem ausgeübten Beruf verbundenen Sozialprestiges vorliegen (→ BFH vom 14. 12. 2004 – BStBl 2005 II S. 392).

Selbstkostendeckung

Ohne Gewinnerzielungsabsicht handelt, wer Einnahmen nur erzielt, um seine Selbstkosten zu decken (→ BFH vom 22. 8. 1984 – BStBl 1985 II S. 61).

Totalgewinn

Gewinnerzielungsabsicht ist das Streben nach Betriebsvermögensmehrung in Gestalt eines Totalgewinns. Dabei ist unter dem Begriff „Totalgewinn" bei neu eröffneten Betrieben das positive

Gesamtergebnis des Betriebs von der Gründung bis zur Veräußerung, Aufgabe oder Liquidation zu verstehen. Bei bereits bestehenden Betrieben sind für die Gewinnprognose die in der Vergangenheit erzielten Gewinne ohne Bedeutung. Am Ende einer Berufstätigkeit umfasst der anzustrebende Totalgewinn daher nur die verbleibenden Jahre (→ BFH vom 26. 2. 2004 – BStBl II S. 455). Es kommt auf die Absicht der Gewinnerzielung an, nicht darauf, ob ein Gewinn tatsächlich erzielt worden ist (→ BFH vom 25. 6. 1984 – BStBl II S. 751). Der Aufgabegewinn wird durch Gegenüberstellung des Aufgabe-Anfangsvermögens und des Aufgabe-Endvermögens ermittelt. Da Verbindlichkeiten im Anfangs- und Endvermögen jeweils – mangels stiller Reserven – mit denselben Werten enthalten sind, wirken sie sich auf die Höhe des Aufgabegewinns nicht aus (→ BFH vom 17. 6. 1998 – BStBl II S. 727).

Treu und Glauben

Folgt das Finanzamt der Darstellung des Stpfl., wonach eine Gewinnerzielungsabsicht vorliegt, kann dieser seine Darstellung nicht ohne triftigen Grund als von Anfang an falsch bezeichnen; ein solches Verhalten würde gegen die Grundsätze von Treu und Glauben verstoßen (→ BFH vom 10. 10. 1985 – BStBl 1986 II S. 68).

Verlustzuweisung durch Inanspruchnahme von Bewertungsfreiheiten

Die Vermutung der fehlenden Gewinnerzielungsabsicht gilt auch für eine KG, die ihren Kommanditisten auf Grund der Bewertungsfreiheit des § 6 Abs. 2 EStG Verluste zuweist (→ BFH vom 10. 9. 1991 – BStBl 1992 II S. 328).

Verlustzuweisungsgesellschaft

Bei einer Personengesellschaft, die nach Art ihrer Betriebsführung keinen Totalgewinn erreichen kann und deren Tätigkeit nach der Gestaltung des Gesellschaftsvertrags und seiner tatsächlichen Durchführung allein darauf angelegt ist, ihren Gesellschaftern Steuervorteile dergestalt zu vermitteln, dass durch Verlustzuweisungen andere Einkünfte nicht und die Verlustanteile letztlich nur in Form buchmäßiger Veräußerungsgewinne versteuert werden müssen, liegt der Grund für die Fortführung der verlustbringenden Tätigkeit allein im Lebensführungsbereich der Gesellschafter. Bei derartigen sog. Verlustzuweisungsgesellschaften ist zu vermuten, dass sie zunächst keine Gewinnerzielungsabsicht haben. Bei ihnen liegt in der Regel eine Gewinnerzielungsabsicht erst von dem Zeitpunkt an vor, in dem nach dem Urteil eines ordentlichen Kaufmanns ein Totalgewinn wahrscheinlich erzielt werden kann (→ BFH vom 12. 12. 1995 – BStBl 1996 II S. 219).

Vorläufige Steuerfestsetzung

In Zweifelsfällen ist die Veranlagung gem. § 165 AO vorläufig durchzuführen (→ BFH vom 25. 10. 1989 – BStBl 1990 II S. 278).

Wegfall des negativen Kapitalkontos

→ H 15.8 (1) Nachversteuerung des negativen Kapitalkontos.

Zeitliche Begrenzung der Beteiligung

Die zeitliche Begrenzung der Beteiligung kann eine fehlende Gewinnerwartung bedingen → BFH vom 10. 11. 1977 (BStBl 1978 II S. 15).

15.4. Beteiligung am allgemeinen wirtschaftlichen Verkehr **R 15.4**

– unbesetzt – S 2240

Hinweise H 15.4

Allgemeines

Eine Beteiligung am wirtschaftlichen Verkehr liegt vor, wenn ein Stpfl. mit Gewinnerzielungsabsicht nachhaltig am Leistungs- oder Güteraustausch teilnimmt. Damit werden solche Tätigkeiten aus dem gewerblichen Bereich ausgeklammert, die zwar von einer Gewinnerzielungsabsicht getragen werden, aber nicht auf einen Leistungs- oder Güteraustausch gerichtet sind, z. B. Bettelei. Die Teilnahme am allgemeinen Wirtschaftsverkehr erfordert, dass die Tätigkeit des Stpfl. nach außen hin in Erscheinung tritt, er sich mit ihr an eine – wenn auch begrenzte – Allgemeinheit wendet und damit seinen Willen zu erkennen gibt, ein Gewerbe zu betreiben (→ BFH vom 9. 7. 1986 – BStBl II S. 851).

Einschaltung Dritter

- Der Stpfl. muss nicht in eigener Person am allgemeinen Wirtschaftsverkehr teilnehmen. Es reicht aus, dass eine derartige Teilnahme für seine Rechnung ausgeübt wird (→ BFH vom 31. 7. 1990 – BStBl 1991 II S. 66).
- Eine Beteiligung am allgemeinen wirtschaftlichen Verkehr kann auch dann gegeben sein, wenn der Stpfl. nur ein Geschäft mit einem Dritten tätigt, sich dieser aber in Wirklichkeit und nach außen erkennbar nach Bestimmung des Stpfl. an den allgemeinen Markt wendet (→ BFH vom 13. 12. 1995 – BStBl 1996 II S. 232).

Grundstückshandel

Anhang 11 → BMF vom 26. 3. 2004 (BStBl I S. 434), Tz. 4

Kundenkreis

- Eine Beteiligung am allgemeinen wirtschaftlichen Verkehr kann auch bei einer Tätigkeit für nur einen bestimmten Vertragspartner vorliegen (→ BFH vom 9. 7. 1986 – BStBl II S. 851 und vom 12. 7. 1991 – BStBl 1992 II S. 143), insbesondere wenn die Tätigkeit nach Art und Umfang dem Bild einer unternehmerischen Marktteilnahme entspricht (→ BFH vom 22. 1. 2003 – BStBl II S. 464); dies gilt auch, wenn der Stpfl. vertraglich an Geschäftsbeziehungen zu weiteren Personen gehindert ist (→ BFH vom 15. 12. 1999 – BStBl 2000 II S. 404).
- Eine Beteiligung am allgemeinen wirtschaftlichen Verkehr kann auch vorliegen, wenn Leistungen entgeltlich nur Angehörigen gegenüber erbracht werden (→ BFH vom 13. 12. 2001 – BStBl 2002 II S. 80).

Sittenwidrige Betätigung

Telefonsex führt zu Einkünften aus Gewerbebetrieb (→ BFH vom 23. 2. 2000 – BStBl II S. 610).

Wettbewerbsausschluss

Die Beteiligung am allgemeinen wirtschaftlichen Verkehr kann auch dann bestehen, wenn der Wettbewerb der Gewerbetreibenden untereinander ausgeschlossen ist (→ BFH vom 13. 12. 1963 – BStBl 1964 III S. 99).

R 15.5

15.5. Abgrenzung des Gewerbebetriebs von der Land- und Forstwirtschaft

Allgemeine Grundsätze

(1) [1]Land- und Forstwirtschaft ist die planmäßige Nutzung der natürlichen Kräfte des Bodens zur Erzeugung von Pflanzen und Tieren sowie die Verwertung der dadurch selbstgewonnenen Erzeugnisse. [2]Als Boden i. S. d. Satzes 1 gelten auch Substrate und Wasser. [3]Ob eine land- und forstwirtschaftliche Tätigkeit vorliegt, ist jeweils nach dem Gesamtbild der Verhältnisse zu entscheiden. [4]Liegt eine teils gewerbliche und teils land- und forstwirtschaftliche Betätigung vor, sind beide Betriebe selbst dann getrennt zu beurteilen, wenn eine zufällige, vorübergehende wirtschaftliche Verbindung zwischen ihnen besteht, die ohne Nachteil für diese Betriebe gelöst werden kann. [5]Nur eine über dieses Maß hinausgehende wirtschaftliche Beziehung zwischen beiden Betrieben, d. h. eine planmäßig im Interesse des Hauptbetriebs gewollte Verbindung, kann eine einheitliche Beurteilung verschiedenartiger Betätigungen rechtfertigen. [6]Sie führt zur Annahme eines einheitlichen land- und forstwirtschaftlichen Betriebs, wenn die Land- und Forstwirtschaft dem Unternehmen das Gepräge verleiht, und zur Annahme eines einheitlichen Gewerbebetriebs, wenn das Gewerbe im Vordergrund steht und die land- und forstwirtschaftliche Betätigung nur die untergeordnete Bedeutung einer Hilfstätigkeit hat. [7]Bei in Mitunternehmerschaft (→ R 15.8) geführten Betrieben ist § 15 Abs. 3 Nr. 1 EStG anzuwenden; Tätigkeiten, die die Voraussetzungen der folgenden Vereinfachungsregelungen erfüllen, gelten dabei als land- und forstwirtschaftlich.[8]Bei der Ermittlung der in den folgenden Absätzen aufgeführten Umsatzgrenzen ist von den Betriebseinnahmen (ohne Umsatzsteuer) auszugehen. [9]Soweit es auf den Gesamtumsatz ankommt, ist hierunter die Summe der Betriebseinnahmen (ohne Umsatzsteuer) zu verstehen.

Strukturwandel

(2) [1]Bei einem Strukturwandel vom land- und forstwirtschaftlichen Betrieb zum Gewerbebetrieb beginnt der Gewerbebetrieb in dem Zeitpunkt, in dem die Tätigkeit des land- und forst-

wirtschaftlichen Betriebs dauerhaft umstrukturiert wird. [2]Hiervon ist z. B. auszugehen, wenn dem bisherigen Charakter des Betriebs nicht mehr entsprechende Investitionen vorgenommen, vertragliche Verpflichtungen eingegangen oder Wirtschaftsgüter angeschafft werden, die jeweils dauerhaft dazu führen, dass die in den folgenden Absätzen genannten Grenzen erheblich überschritten werden. [3]In allen übrigen Fällen liegt nach Ablauf eines Zeitraums von drei Jahren ein Gewerbebetrieb vor. [4]Der Dreijahreszeitraum ist objektbezogen und beginnt beim Wechsel des Betriebsinhabers nicht neu. [5]Die vorstehenden Grundsätze gelten für den Strukturwandel vom Gewerbebetrieb zum land- und forstwirtschaftlichen Betrieb entsprechend.

Nebenbetrieb

(3) [1]Ein Nebenbetrieb der Land- und Forstwirtschaft liegt vor, wenn

1. überwiegend im eigenen Hauptbetrieb erzeugte Rohstoffe be- oder verarbeitet werden und die dabei gewonnenen Erzeugnisse überwiegend für den Verkauf bestimmt sind

oder

2. ein Land- und Forstwirt Umsätze aus der Übernahme von Rohstoffen (z. B. organische Abfälle) erzielt, diese be- oder verarbeitet und die dabei gewonnenen Erzeugnisse nahezu ausschließlich im eigenen Betrieb der Land- und Forstwirtschaft verwendet

und

die Erzeugnisse im Rahmen einer ersten Stufe der Be- oder Verarbeitung, die noch dem land- und forstwirtschaftlichen Bereich zuzuordnen ist, hergestellt werden. [2]Die Regelung gilt aus Vereinfachungsgründen auch für Produkte der zweiten (gewerblichen) Verarbeitungsstufe, wenn diese zur Angebotsabrundung im Rahmen der Direktvermarktung eigener land- und forstwirtschaftlicher Produkte abgegeben werden und der Umsatz daraus nicht mehr als 10 300 Euro im Wirtschaftsjahr beträgt. [3]Ein Nebenbetrieb kann auch vorliegen, wenn er ausschließlich von Land- und Forstwirten gemeinschaftlich betrieben wird und nur in deren Hauptbetrieben erzeugte Rohstoffe be- oder verarbeitet werden, oder nur Erzeugnisse gewonnen werden, die ausschließlich in diesen Betrieben verwendet werden. [4]Nebenbetriebe sind auch Substanzbetriebe (Abbauland i. S. d. § 43 BewG), z. B. Sandgruben, Kiesgruben, Torfstiche, wenn die gewonnene Substanz überwiegend im eigenen land- und forstwirtschaftlichen Betrieb verwendet wird. [5]Der Absatz von Eigenerzeugnissen über einen eigenständigen Einzel- oder Großhandelsbetrieb (Absatz 6), die Ausführung von Dienstleistungen (Absätze 7, 9 und 10) und die Ausführung von besonderen Leistungen (Absatz 8) sind kein Nebenbetrieb.

Unmittelbare Verwertung organischer Abfälle

(4) [1]Sofern die Entsorgung organischer Abfälle (z. B. Klärschlamm) im selbst bewirtschafteten land- und forstwirtschaftlichen Betrieb nicht im Rahmen eines Nebenbetriebs i. S. d. Absatzes 3 geschieht, ist sie nur dann der Land- und Forstwirtschaft zuzurechnen, wenn dabei die in Absatz 1 Satz 1 genannten Voraussetzungen im Vordergrund stehen. [2]Das Einsammeln, Abfahren und Sortieren organischer Abfälle, das mit der Ausbringung auf Flächen oder der Verfütterung an Tierbestände des selbst bewirtschafteten land- und forstwirtschaftlichen Betriebs in unmittelbarem sachlichem Zusammenhang steht, ist land- und forstwirtschaftliche Tätigkeit. [3]Andernfalls gelten Absätze 9 und 10.

Zukauf fremder Erzeugnisse

(5) [1]Fremde Erzeugnisse sind nicht solche Erzeugnisse, die im Rahmen des Erzeugungsprozesses im eigenen Betrieb verwendet werden (z. B. Saatgut, Jungpflanzen oder Jungtiere). [2]Als fremde Erzeugnisse gelten solche für die Weiterveräußerung zugekauften betriebstypischen Erzeugnisse, die nicht im eigenen Betrieb im Wege des Erzeugungsprozesses bearbeitet werden, und die nach der Verkehrsauffassung noch als land- und forstwirtschaftliche Produkte zu qualifizieren sind. [3]Dazu gehören auch Handelswaren zur Vervollständigung einer für die Art des Erzeugungsbetriebs üblichen Produktpalette, wie z. B. Töpfe und Erden in einer Gärtnerei, sofern der Einkaufswert dieser Handelswaren 10 % des Gesamtumsatzes nicht übersteigt. [4]Beträgt der Zukauf fremder Erzeugnisse i. S. d. Sätze 2 und 3, aus Vereinfachungsgründen gemessen an deren Einkaufswert, insgesamt bis zu 30 % des Umsatzes, ist grundsätzlich ein Betrieb der Land- und Forstwirtschaft anzuerkennen. [5]Die vorstehende Vereinfachungsregelung findet nur Anwendung, wenn der Umsatzanteil, der auf die Veräußerung der Fremderzeugnisse entfällt, nicht erkennbar überwiegt.

Handelsgeschäft

(6) [1]Werden selbstgewonnene land- und forstwirtschaftliche Erzeugnisse – ohne Be- und Verarbeitung in einem Nebenbetrieb – über ein eigenständiges Handelsgeschäft, z. B. Einzelhan-

delsbetrieb, Ladengeschäft, Großhandelsbetrieb, abgesetzt, ist zu prüfen, ob Erzeugerbetrieb und Handelsgeschäft einen einheitlichen Betrieb oder zwei selbständige Betriebe darstellen. [2]Erzeugerbetrieb und Handelsgeschäft bilden einen einheitlichen Betrieb, wenn

1. die eigenen Erzeugnisse des Betriebs zu mehr als 40 % über das Handelsgeschäft abgesetzt werden

oder

2. die eigenen Erzeugnisse des Betriebs zwar nicht zu mehr als 40 % über das Handelsgeschäft abgesetzt werden, der Wert des Zukaufs fremder Erzeugnisse aber 30 % des Umsatzes des Handelsgeschäfts nicht übersteigt.

[3]Für die Zuordnung zur Land- und Forstwirtschaft oder zum Gewerbe gelten die Grenzen des Absatzes 5. [4]Ein Handelsgeschäft ist selbständiger Gewerbebetrieb, wenn

1. die eigenen Erzeugnisse des Betriebs der Land- und Forstwirtschaft zu nicht mehr als 40 % über das Handelsgeschäft abgesetzt werden, der Wert des Zukaufs fremder Erzeugnisse aber 30 % des Umsatzes des Handelsgeschäftes übersteigt

oder

2. die eigenen Erzeugnisse des Betriebs der Land- und Forstwirtschaft zu mehr als 40 % über das Handelsgeschäft abgesetzt werden, diese jedoch im Verhältnis zur gesamten Absatzmenge des Handelsgeschäftes nur von untergeordneter Bedeutung sind; in diesem Fall ist für die Annahme von zwei selbständigen Betrieben ferner Voraussetzung, dass die Betriebsführung des Erzeugerbetriebs von dem Handelsgeschäft unabhängig ist und beide Betriebe auch nach der Verkehrsauffassung als zwei selbständige Betriebe nach außen auftreten.

[5]Bei Abgabe eigener Erzeugnisse des Betriebs der Land- und Forstwirtschaft an das Handelsgeschäft sind diese ***für die Abgrenzung nach Satz 1 bis 4*** mit dem Abgabepreis des Erzeugerbetriebs an Wiederverkäufer anzusetzen. ***[6]Der Verkauf von Treibstoffen (z. B. Diesel) kann als Nebengeschäft noch der Land- und Forstwirtschaft zugeordnet werden, wenn der Verkauf wirtschaftlich von untergeordneter Bedeutung und im Übrigen nicht nachhaltig und nicht nach Außen erkennbar auf einen Leistungsaustausch gerichtet ist.***

Absatz eigener Erzeugnisse i. V. m. Dienstleistungen

(7) [1]Bei Dienstleistungen (z. B. Grabpflege, Gartengestaltung) im Zusammenhang mit dem Absatz eigener land- und forstwirtschaftlicher Erzeugnisse handelt es sich grundsätzlich um eine gewerbliche Tätigkeit. [2]Soweit im Zusammenhang mit diesen Dienstleistungen die Umsätze aus selbstgewonnenen land- und forstwirtschaftlichen Erzeugnissen überwiegen und der Umsatz aus diesen Dienstleistungen 50 % des Gesamtumsatzes des Betriebs nicht übersteigt, können diese Dienstleistungen aus Vereinfachungsgründen der Land- und Forstwirtschaft zugerechnet werden. [3]Liegt eine gewerbliche Tätigkeit vor, ist zu prüfen, ob Erzeugerbetrieb und Dienstleistungsbetrieb einen einheitlichen Betrieb oder zwei selbständige Betriebe darstellen. [4]Von einem einheitlichen Gewerbebetrieb ist auszugehen, wenn der Umsatz aus Dienstleistungen mehr als 50 % des Gesamtumsatzes beträgt.

Absatz selbsterzeugter Getränke i. V. m. besonderen Leistungen

(8) [1]Der Ausschank von selbsterzeugten Getränken, z. B. Wein, stellt keine Dienstleistung i. S. d. Absatzes 7 Satz 1, sondern lediglich eine Form der Vermarktung dar. [2]Werden daneben jedoch Speisen und zugekaufte Getränke verabreicht, z. B. in einer Besen- oder Straußwirtschaft, liegt insoweit eine besondere Leistung und damit grundsätzlich eine gewerbliche Tätigkeit vor. [3]Übersteigt der Umsatz aus diesen Leistungen jedoch nicht 50 % des Umsatzes der Besen- oder Straußwirtschaft und nicht 51 500 Euro im Wirtschaftsjahr, sind die besonderen Leistungen aus Vereinfachungsgründen der Land- und Forstwirtschaft zuzurechnen. [4]Absatz 7 Sätze 3 und 4 gilt entsprechend.

Verwendung von Wirtschaftsgütern außerhalb des Betriebs

(9) [1]Wenn ein Land- und Forstwirt Wirtschaftsgüter außerbetrieblich verwendet, die er eigens zu diesem Zweck angeschafft hat, liegt ohne weiteres von Anfang an ein Gewerbebetrieb vor. [2]Verwendet ein Land- und Forstwirt Wirtschaftsgüter auch außerhalb seines Betriebs, indem er sie Dritten entgeltlich überlässt oder mit ihnen für Dritte Dienstleistungen verrichtet, stellt diese Betätigung entweder eine land- und forstwirtschaftliche oder eine gewerbliche Tätigkeit dar. [3]Eine gewerbliche Tätigkeit wird typisierend unterstellt, wenn die Wirtschaftsgüter neben der eigenbetrieblichen Nutzung für andere Betriebe der Land- und Forstwirtschaft verwendet werden und die Umsätze daraus mehr als ein Drittel des Gesamtumsatzes oder mehr als 51 500 Euro im Wirtschaftsjahr betragen. [4]Dies gilt bei Nutzungsüberlassungen oder Dienstleistungen, die

nicht für andere Betriebe der Land- und Forstwirtschaft erbracht werden, wenn die Umsätze daraus insgesamt mehr als 10 300 Euro im Wirtschaftsjahr betragen. [5]***Werden diese Grenzen nicht überschritten, ist die Zuordnung zu einem gewerblichen Betriebsvermögen dann erforderlich, wenn der Einsatz für eigenbetriebliche Zwecke einen Umfang von 10 % unterschreitet.*** [6]Als andere Betriebe der Land- und Forstwirtschaft i. S. d. Satzes 3 gelten auch Körperschaften, Vermögensmassen und Personenvereinigungen sowie deren Teilbetriebe, sofern sich deren Betätigung auf die Land- und Forstwirtschaft beschränkt.

Land- und forstwirtschaftliche Dienstleistungen

(10) [1]Sofern ein Land- und Forstwirt Dienstleistungen ohne Verwendung von Wirtschaftsgütern seines Betriebs verrichtet, stellt diese Betätigung entweder eine land- und forstwirtschaftliche oder eine gewerbliche Tätigkeit dar. [2]Eine gewerbliche Tätigkeit ist nicht typisierend zu unterstellen, wenn

1. die Dienstleistungen für andere Betriebe der Land- und Forstwirtschaft erbracht werden und
2. es sich um typisch land- und forstwirtschaftliche Tätigkeiten handelt, und
3. die Umsätze daraus nicht mehr als ein Drittel des Gesamtumsatzes und nicht mehr als 51 500 Euro im Wirtschaftsjahr betragen.

[3]Diese Regelung gilt auch für typisch land- und forstwirtschaftliche Tätigkeiten, die nicht für andere Betriebe der Land- und Forstwirtschaft erbracht werden, wenn die Umsätze nach Satz 2 Nr. 3 insgesamt nicht mehr als 10 300 Euro im Wirtschaftsjahr betragen. [4]Absatz 9 ***Satz 6*** gilt entsprechend. [5]Die Sätze 2 und 3 kommen nicht zur Anwendung, soweit die Betragsgrenzen der Sätze 3 und 4 des Absatzes 9 bereits ausgeschöpft wurden.

Energieerzeugung

(11) [1]Bei der Erzeugung von Energie, z. B. durch Wind-, Solar- oder Wasserkraft, handelt es sich nicht um die planmäßige Nutzung der natürlichen Kräfte des Bodens i. S. d. Absatzes 1 Satz 1. [2]Ein Nebenbetrieb der Land- und Forstwirtschaft ist nicht anzunehmen, weil keine Be- und Verarbeitung von Rohstoffen und damit auch nicht eine nahezu ausschließliche Verwendung der dabei gewonnenen Erzeugnisse im eigenen Betrieb der Land- und Forstwirtschaft erfolgt. [3]Sind Energieerzeugungsanlagen an ein Versorgungsnetz angeschlossen, sind sie einem gewerblichen Betrieb zuzuordnen, wenn die Erzeugung für den eigenen Betrieb nicht überwiegt.

Beherbergung von Fremden

(12) [1]Die Abgrenzung des Gewerbebetriebs gegenüber der Land- und Forstwirtschaft richtet sich bei der Beherbergung von Fremden nach den Grundsätzen von R 15.7. [2]Aus Vereinfachungsgründen ist keine gewerbliche Tätigkeit anzunehmen, wenn weniger als vier Zimmer und weniger als sechs Betten zur Beherbergung von Fremden bereitgehalten werden und keine Hauptmahlzeit gewährt wird.

Hinweise

H 15.5

Baumschulen

R 15.5 Abs. 5 gilt auch für Baumschulbetriebe. In solchen Betrieben ist die Aufzucht von sog. Kostpflanzen üblich. Kostpflanzen sind Pflanzen, die der Baumschulbetrieb aus selbst gestelltem Samen oder selbst gestellten Pflanzen in fremden Betrieben aufziehen lässt. Kostpflanzen sind eigene (nicht fremde) Erzeugnisse, wenn die in Kost gegebenen Sämereien oder Pflanzen in der Verfügungsgewalt des Kostgebers (des Baumschulbetriebs) bleiben und der Kostnehmer (der Betrieb, der die Aufzucht durchführt) die Rücklieferungsverpflichtung gegenüber dem Kostgeber hat. Dabei kommt es nicht darauf an, dass der Kostgeber die hingegebenen Pflanzen im eigenen land- oder forstwirtschaftlichen Betrieb erzeugt hat (→ BFH vom 16. 12. 1976 – BStBl 1977 II S. 272).

BaumSparVerträge

Die einkommensteuerrechtliche Behandlung von Verlusten aus sog. „BaumSparVerträgen" wurde von den obersten Finanzbehörden des Bundes und der Länder erörtert. Hiernach bitte ich zu solchen Verträgen folgende Auffassung zu vertreten.

Danach sind Verluste aus BaumSparVerträgen steuerlich nicht anzuerkennen. Eine Gewinnerzielungsabsicht ist zu verneinen, da die vom BFH (Urteil vom 26. 6. 1985, BStBl II S. 549) geforderte Untergrenze einer jährlichen Gewinnerwartung nicht erreicht werden könne. Der Abschluss von BaumSparVerträgen ist vielmehr der privaten Vermögensebene zuzuordnen. Der Mittelabfluss führt zu Anschaffungskosten, welche keinen steuerlichen Aufwand darstellen. Darüber hinaus ist – wegen fehlender rechtlicher Ansprüche und allenfalls vager Aussagen im Verkaufsprospekt – nicht mit entsprechenden Einnahmen realistisch zu rechnen.

Der Abschluss sog. „BaumSparVerträge" ist somit mangels einer Gewinn- bzw. Überschusserzielungsabsicht in den Bereich einer nicht steuerlich relevanten Betätigung einzuordnen.

→ OFD Koblenz 5. 12. 2006 (LEXinform 5230368)

Bewirtschaftungsvertrag

Ein mit einem Pachtvertrag gekoppelter Bewirtschaftungsvertrag vermittelt dem Verpächter nur dann Einkünfte aus Land- und Forstwirtschaft, wenn die Verträge nach dem Willen der Vertragsparteien auf den Verkauf der Ernte gerichtet sind. Ist hingegen nicht von einem Verkauf der Ernte auszugehen, weil neben einem festen Pachtzins lediglich ein Kostenersatz als Bewirtschaftungsentgelt vereinbart wurde, ist von einem Dienstleistungsvertrag und insofern von gewerblichen Einkünften auszugehen (→ BFH vom 29. 11. 2001 – BStBl 2002 II S. 221).

Biogasanlagen

→ BMF vom 6. 3. 2006 (BStBl I S. 248) sowie vom 29. 6. 2006 (BStBl I S. 417)

Zur Frage des Verzichts auf die Bewertung des Feldinventars nach R 14 Abs. 2 Satz 3 EStR bei Körperschaften, die Land- und Forstwirtschaft betreiben und erzeugte Biomasse in eigenen Biogasanlagen zur Energieerzeugung einsetzen, herausgegeben → OFD Münster vom 2. 7. 2007 (DB 2007 S. 1557)

Dienstleistungen *unter Verwendung von Wirtschaftsgütern*

→ R 15.5 Abs. 9 und BFH vom 14. 12. 2006 (BStBl 2007 II S. 516)

Grundstücksverkäufe

- Zur Frage, unter welchen Voraussetzungen Grundstücksverkäufe eines Landwirts Hilfsgeschäfte eines land- und forstwirtschaftlichen Betriebs und nicht Gegenstand eines selbständigen gewerblichen Unternehmens sind → BFH vom 28. 6. 1984 (BStBl II S. 798). Die Veräußerung land- und forstwirtschaftlich genutzter Grundstücke ist ein Hilfsgeschäft eines land- und forstwirtschaftlichen Betriebs und nicht Gegenstand eines selbständigen gewerblichen Unternehmens. Etwas anderes gilt allerdings dann, wenn der Landwirt wiederholt innerhalb eines überschaubaren Zeitraums land- und forstwirtschaftliche Grundstücke oder Betriebe in Gewinnabsicht veräußert, die er bereits in der Absicht einer Weiterveräußerung erworben hatte (→ BFH vom 28. 6. 1984 – BStBl II S. 798).
- Anhang 11 → BMF vom 26. 3. 2004 (BStBl I S. 434), Tz. 27

Klärschlamm

Ein Landwirt, der auch einen Gewerbebetrieb für Klärschlammtransporte unterhält, erzielt mit den Einnahmen für den Transport und die Ausbringung von Klärschlamm auch insoweit Einkünfte aus Gewerbebetrieb und nicht aus Landwirtschaft, als er den Klärschlamm mit Maschinen des Gewerbebetriebs auf selbstbewirtschafteten Feldern ausbringt (→ BFH vom 8. 11. 2007 – BStBl 2008 II S. 356).

Nebenbetrieb

Ein Nebenbetrieb (R 15.5 Abs. 3) kann auch vorliegen, wenn die von einem Mitunternehmer ausgeübte Tätigkeit dem gemeinsam mit anderen geführten landwirtschaftlichen Hauptbetrieb zu dienen bestimmt ist (→ BFH vom 22. 1. 2004 – BStBl II S. 512).

Reitpferde

Die Entscheidung, ob die mit der Unterhaltung eines Pensionsstalles und der Erteilung von Reitunterricht verbundene Haltung oder Zucht von Pferden einen Gewerbebetrieb oder einen Betrieb der Land- und Forstwirtschaft darstellt, ist nach den Umständen des Einzelfalles zu treffen. Die Pensionsreitpferdehaltung rechnet auch dann zur landwirtschaftlichen Tierhaltung i. S. d. § 13 Abs. 1 Nr. 1 Satz 2 EStG, wenn den Pferdeeinstellern Reitanlagen einschließlich Reithalle zur Verfügung gestellt werden (→ BFH vom 23. 9. 1988 – BStBl 1989 II S. 111). Die Vermietung von Pferden zu Reitzwecken ist bei vorhandener flächenmäßiger Futtergrundlage als landwirtschaftlich anzusehen, wenn keine weiteren ins Gewicht fallenden Leistungen erbracht werden, die nicht der Landwirtschaft zuzurechnen sind (→ BFH vom 24. 1. 1989 – BStBl II S. 416).

Schlossbesichtigung

Gewinne aus Schlossbesichtigung gehören zu den Einkünften aus Gewerbebetrieb (→ BFH vom 7. 8. 1979 – BStBl 1980 II S. 633).

Tierzucht, gewerbliche

- Zur Frage der Abgrenzung der landwirtschaftlichen Tierzucht und Tierhaltung (§ 13 Abs. 1 Nr. 1 EStG) von der **gewerblichen** Tierzucht und Tierhaltung → R 13.2.
- Die Unterhaltung einer Brüterei, in der Küken aus Bruteiern gewonnen und als Eintagsküken weiterveräußert werden, stellt einen Gewerbebetrieb dar, nicht aber eine gewerbliche Tierzucht oder Tierhaltung i. S. d. § 15 Abs. 4 Satz 1 und 2 EStG (→ BFH vom 14. 9. 1989 – BStBl 1990 II S. 152).
- Die Aufzucht und Veräußerung von Hunden ist gewerbliche Tierzucht und Tierhaltung (→ BFH vom 30. 9. 1980 – BStBl 1981 II S. 210).
- Die Züchtung und das Halten von Kleintieren ohne Bezug zur land- und forstwirtschaftlichen Urproduktion stellt ungeachtet einer vorhandenen Futtergrundlage eine gewerbliche Tätigkeit dar (→ BFH vom 16. 12. 2004 – BStBl 2005 II S. 347).
- Die Unterhaltung einer Nerzzucht gehört nicht zum Bereich der land- und forstwirtschaftlichen Urproduktion (→ BFH vom 19. 12. 2002 – BStBl 2003 II S. 507).

Winzersekt

→ BMF vom 18. 11. 1996 (BStBl I S. 1434)

15.6. Abgrenzung des Gewerbebetriebs von der selbständigen Arbeit

R 15.6

S 2240
S 2245

– unbesetzt –

Hinweise

H 15.6

Allgemeines

Die für einen Gewerbebetrieb geltenden positiven Voraussetzungen
- Selbständigkeit (→ R 15.1),
- Nachhaltigkeit (→ H 15.2),
- Gewinnerzielungsabsicht (→ H 15.3),
- Beteiligung am allgemeinen wirtschaftlichen Verkehr (→ H 15.4),

gelten auch für die selbständige Arbeit i. S. d. § 18 Abs. 1 Nr. 1 und 2 EStG. Erfordert die Ausübung eines in § 18 Abs. 1 Nr. 1 EStG genannten Berufes eine gesetzlich vorgeschriebene Berufsausbildung, so übt nur derjenige, der auf Grund dieser Berufsausbildung berechtigt ist, die betreffende Berufsbezeichnung zu führen, diesen Beruf aus (→ BFH vom 1. 10. 1986 – BStBl 1987 II S. 116). Eine sonstige selbständige Tätigkeit i. S. d. § 18 Abs. 1 Nr. 3 EStG wird in der Regel gelegentlich und nur ausnahmsweise nachhaltig ausgeübt (→ BFH vom 28. 6. 2001 – BStBl 2002 II S. 338).

Abgrenzung selbständige Arbeit/Gewerbebetrieb

a) **Beispiele für selbständige Arbeit**

Altenpfleger, soweit keine hauswirtschaftliche Versorgung der Patienten erfolgt (→ BMF vom 22. 10. 2004 – BStBl I S. 1030),

Arbeitsmediziner, es sei denn, der Arzt ist auch auf dem Gebiet der Arbeitssicherheit tätig und die beiden Bereiche können nicht getrennt beurteilt werden (→ BFH vom 11. 4. 2005 – IV B 106/03, NWB Fach 1 (2005), S. 311),

Diätassistent (→ BMF vom 22. 10. 2004 – BStBl I S. 1030),

EDV-Berater übt im Bereich der Systemsoftware regelmäßig eine ingenieurähnliche Tätigkeit aus. Im Bereich der Entwicklung von Anwendersoftware ist die Tätigkeit des EDV-Beraters nur dann als selbständige Tätigkeit zu qualifizieren, wenn er die Entwicklung der Anwendersoftware durch eine klassische ingenieurmäßige Vorgehensweise (Planung, Konstruktion, Überwachung) betreibt und er über eine Ausbildung, die der eines Ingenieurs vergleichbar ist, verfügt (→ BFH vom 4. 5. 2004 – BStBl II S. 989),

Ergotherapeut (→ BMF vom 22. 10. 2004 – BStBl I S. 1030),

Fachkrankenpfleger für Krankenhaushygiene (→ BFH vom 6. 9. 2006 – BStBl 2007 II S. 177),

Hebamme/Entbindungspfleger (→ BMF vom 22. 10. 2004 – BStBl I S. 1030),

Industrie-Designer; auch im Bereich zwischen Kunst und Gewerbe kann gewerblicher Verwendungszweck eine künstlerische Tätigkeit nicht ausschließen (→ BFH vom 14. 12. 1976 – BStBl 1977 II S. 474),

Insolvenzverwalter; Wirtschaftsprüfer/Steuerberater ist als Insolvenzverwalter freiberuflich tätig, wenn diese Tätigkeit isoliert als eine sonstige selbständige Tätigkeit anzusehen ist (→ BFH vom 11. 8. 1994 – BStBl II S. 936), → sonstige selbständige Arbeit (Rechtsanwalt, der als Verwalter im Insolvenzverfahren tätig ist),

Kfz-Sachverständiger, dessen Gutachtertätigkeit mathematisch-technische Kenntnisse voraussetzt, wie sie üblicherweise nur durch eine Berufsausbildung als Ingenieur erlangt werden (→ BFH vom 10. 11. 1988 – BStBl 1989 II S. 198),

Kindererholungsheim; der Betrieb eines Kindererholungsheims kann ausnahmsweise eine freiberufliche Tätigkeit darstellen, wenn die Kinder in erster Linie zum Zweck einer planmäßigen körperlichen, geistigen und sittlichen Erziehung auswärts untergebracht sind und die freiberufliche Tätigkeit der Gesamtleistung des Heimes das Gepräge gibt (→ BFH vom 9. 4. 1975 – BStBl II S. 610),

Kinder- und Jugendlichenpsychotherapeut (→ BMF vom 22. 10. 2004 – BStBl I S. 1030),

Kompasskompensierer auf Seeschiffen (→ BFH vom 14. 11. 1957 – BStBl 1958 III S. 3),

Krankenpfleger/Krankenschwester, soweit keine hauswirtschaftliche Versorgung der Patienten erfolgt (→ BMF vom 22. 10. 2004 – BStBl I S. 1030 und BFH vom 22. 1. 2004 – BStBl II S. 509),

Kunsthandwerker, der von ihm selbst entworfene Gegenstände herstellt (→ BFH vom 26. 9. 1968 – BStBl 1969 II S. 70); handwerkliche und künstlerische Tätigkeit können nebeneinander vorliegen (→ BFH vom 11. 7. 1991 – BStBl II S. 889),

Kulturwissenschaftler

Das Berufsbild und das Tätigkeitsfeld des Kulturwissenschaftlers ist sehr vielschichtig. Der überwiegende Teil der Tätigkeiten kann als freiberufliche wissenschaftliche, schriftstellerische oder unterrichtende Tätigkeit qualifiziert werden. Hierzu gehören insbesondere die Tätigkeiten im Rahmen der Kuratierung bestehender Sammlungen, der konzeptionellen Arbeit an Museen, der Vorbereitungen von Ausstellungen, der wissenschaftlichen Forschungsprojekte und Publikationen, der denkmalpflegerischen Gutachten, Firmen- und Vereinsfestschriften und der Erwachsenenbildung. Es werden jedoch offensichtlich auch gewerbliche Tätigkeiten – wie z. B. die genealogischen Recherchen – ausgeübt. Zudem handelt es sich bei der in der Anfrage übersandten Tätigkeitsbeschreibung nicht um eine abschließende Aufzählung. Es ist daher nicht möglich, die Tätigkeit der Kulturwissenschaftler generell und ausnahmslos als selbstständige Tätigkeit zu qualifizieren, auch wenn der weitaus überwiegende Teil sicherlich freiberufliche Tätigkeiten ausübt. Somit kann nur im jeweiligen Einzelfall bei Würdigung der gesamten Tätigkeit des jeweiligen Kulturwissenschaftlers entschieden werden, ob eine selbstständige oder gewerbliche Tätigkeit vorliegt.

→ OFD Magdeburg vom 18. 7. 2006 – S 2246–37 – St 213 – (DStR 2006 S. 1891)

Logopäde (→ BMF vom 22. 10. 2004 – BStBl I S. 1030),

Masseur (staatlich geprüft), Heilmasseur, soweit dieser nicht lediglich oder überwiegend kosmetische oder Schönheitsmassagen durchführen (→ BMF vom 22. 10. 2004 – BStBl I S. 1030),

Medizinischer Bademeister, soweit dieser auch zur Feststellung des Krankheitsbefunds tätig wird oder persönliche Heilbehandlungen am Körper des Patienten vornimmt (→ BMF vom 22. 10. 2004 – BStBl I S. 1030),

Medizinisch-technischer Assistent (→ BMF vom 22. 10. 2004 – BStBl I S. 1030),

Modeschöpfer; beratende Tätigkeit eines im Übrigen als Künstler anerkannten Modeschöpfers kann künstlerisch sein (→ BFH vom 2. 10. 1968 – BStBl 1969 II S. 138),

Orthoptist (→ BMF vom 22. 10. 2004 – BStBl I S. 1030),

Patentberichterstatter mit wertender Tätigkeit (→ BFH vom 2. 12. 1970 – BStBl 1971 II S. 233),

Podologe/Medizinischer Fußpfleger (→ BMF vom 22. 10. 2004 – BStBl I S. 1030),

Prozessagent (→ RFH vom 7. 12. 1938 – RStBl 1939 S. 215),

Psychologischer Psychotherapeut, Kinder- und Jugendlichenpsychotherapeut (→ BMF vom 22. 10. 2004 – BStBl I S. 1030),

Rettungsassistent (→ BMF vom 22. 10. 2004 – BStBl I S. 1030),

Schiffseichaufnehmer (→ BFH vom 5. 11. 1970 – BStBl 1971 II S. 319),

Synchronsprecher, der bei der Synchronisierung ausländischer Spielfilme mitwirkt (→ BFH vom 3. 8. 1978 – BStBl 1979 II S. 131 und vom 12. 10. 1978 – BStBl 1981 II S. 706),

Tanz- und Unterhaltungsorchester, wenn es einen bestimmten Qualitätsstandard erreicht (→ BFH vom 19. 8. 1982 – BStBl 1983 II S. 7),

Umweltauditor mit einem abgeschlossenen Chemiestudium (→ BFH vom 17. 1. 2007 – BStBl II S. 519),

Werbung; Tätigkeit eines Künstlers im Bereich der Werbung kann künstlerisch sein, wenn sie als eigenschöpferische Leistung zu werten ist (→ BFH vom 11. 7. 1991 – BStBl 1992 II S. 353),

Zahnpraktiker (→ BMF vom 22. 10. 2004 – BStBl I S. 1030),

Zwangsverwalter; die Tätigkeit fällt in der Regel unter § 18 Abs. 1 Nr. 3 EStG (→ BFH 12. 12. 2001 – BStBl 2002 II S. 202); aber → Sonstige selbständige Arbeit

b) **Beispiele für Gewerbebetrieb**

Altenpfleger, soweit auch eine hauswirtschaftliche Versorgung der Patienten erfolgt (→ BMF vom 22. 10. 2004 – BStBl I S. 1030),

Anlageberater/Finanzanalyst (→ BFH vom 2. 9. 1988 – BStBl 1989 II S. 24),

Ärztepropagandist (→ BFH vom 27. 4. 1961 – BStBl III S. 315),

Apotheken-Inventurbüro (→ BFH vom 15. 6. 1965 – BStBl III S. 556),

Apothekenrezeptabrechner (→ BFH vom 28. 3. 1974 – BStBl II S. 515),

Architekt, der bei Ausübung einer beratenden Tätigkeit an der Vermittlung von Geschäftsabschlüssen mittelbar beteiligt ist (→ BFH vom 14. 6. 1984 – BStBl 1985 II S. 15) oder der schlüsselfertige Gebäude errichten lässt; die Gewerblichkeit erstreckt sich in diesem Fall auch auf ggf. erbrachte Ingenieur- oder Architektenleistungen (→ BFH vom 18. 10. 2006 – BStBl 2008 II S. 54 XI R 10/06),

Artist (→ BFH vom 16. 3. 1951 – BStBl III S. 97),

Baubetreuer (Bauberater), die sich lediglich mit der wirtschaftlichen (finanziellen) Betreuung von Bauvorhaben befassen (→ BFH vom 29. 5. 1973 – BStBl 1974 II S. 447 und vom 30. 5. 1973 – BStBl II S. 668),

Bauleiter (→ BFH vom 22. 1. 1988 – BStBl II S. 497 und vom 11. 8. 1999 – BStBl 2000 II S. 31), es sei denn, seine Ausbildung entspricht derjenigen eines Architekten (→ BFH vom 12. 10. 1989 – BStBl 1990 II S. 64) oder eines (Wirtschafts)-Ingenieurs (→ BFH vom 6. 9. 2006 – BStBl 2007 II S. 118),

Belasting-adviseur-NL (→ BMF vom 4. 5. 1998 — DStR 1998 S. 1054),

Beratungsstellenleiter eines Lohnsteuerhilfevereins (→ BFH vom 10. 12. 1987 – BStBl 1988 II S. 273),

Berufsbetreuer i. S. d. §§ 1896 ff. BGB (→ BFH vom 4. 11. 2004 – BStBl 2005 II S. 288)

Berufssportler (→ BFH vom 22. 1. 1964 – BStBl III S. 207),

Bezirksschornsteinfegermeister (→ BFH vom 13. 11. 1996 – BStBl 1997 II S. 295),

Bodybuilding-Studio, wenn unterrichtende Tätigkeit nur die Anfangsphase der Kurse prägt und im Übrigen den Kunden Trainingsgeräte zur freien Verfügung stehen (→ BFH vom 18. 4. 1996 – BStBl II S. 573),

Buchhalter (→ BFH vom 28. 6. 2001 – BStBl 2002 II S. 338),

Buchmacher (→ RFH vom 22. 2. 1939 – RStBl S. 576),

Bühnenvermittler (→ BFH vom 15. 4. 1970 – BStBl II S. 517),

Datenschutzbeauftragter (→ BFH vom 5. 6. 2003 – BStBl II S. 761),

Detektiv (→ RFH vom 15. 7. 1942 – RStBl S. 989),

Dispacheur (→ BFH vom 26. 11. 1992 – BStBl 1993 II S. 235),

Gegen die Heranziehung eines Dispacheurs zur Gewerbesteuer bestehen keine verfassungsrechtlichen Bedenken (→ BVerfG vom 14. 2. 2001 – HFR 2001 S. 496);

EDV-Berater übt keine ingenieurähnliche Tätigkeit aus, wenn er im Bereich der Anwendersoftware die Entwicklung qualifizierter Software nicht durch eine klassische ingenieurmäßige Vorgehensweise (Planung, Konstruktion, Überwachung) betreibt und wenn er keine Ausbildung, die der eines Ingenieurs vergleichbar ist, besitzt (→ BHF vom 4. 5. 2004 – BStBl II S. 989),

Erbensucher (→ BFH vom 24. 2. 1965 – BStBl III S. 263),

Fahrschule, wenn der Inhaber nicht die Fahrlehrererlaubnis besitzt (→ BFH vom 4. 10. 1966 – BStBl III S. 685),

Finanz- und Kreditberater (→ BFH vom 13. 4. 1988 – BStBl II S. 666),

Fitness-Studio; keine unterrichtende Tätigkeit, wenn Kunden im Wesentlichen in Gerätebedienung eingewiesen und Training in Einzelfällen überwacht wird (→ BFH vom 13. 1. 1994 – BStBl II S. 362),

Fotograf, der Werbeaufnahmen macht; Werbeaufnahmen macht auch, wer für Zeitschriften Objekte auswählt und zum Zweck der Ablichtung arrangiert, um die von ihm oder einem anderen Fotografen dann hergestellten Aufnahmen zu veröffentlichen (→ BFH vom 19. 2. 1998 – BStBl II S. 441),

Fotomodell (→ BFH vom 8. 6. 1967 – BStBl III S. 618),

Gutachter auf dem Gebiet der Schätzung von Einrichtungsgegenständen und Kunstwerken (→ BFH vom 22. 6. 1971 – BStBl II S. 749),

Havariesachverständiger (→ BFH vom 22. 6. 1965 – BStBl III S. 593),

Hellseher (→ BFH vom 30. 3. 1976 – BStBl II S. 464),

Hersteller künstlicher Menschenaugen (→ BFH vom 25. 7. 1968 – BStBl II S. 662),

Industriepropagandist (→ RFH vom 25. 3. 1938 – RStBl S. 733), Ingenieure als **Werber für Lieferfirmen** (→ RFH vom 30. 8. 1939 – RStBl 1940 S. 14),

Inventurbüro (→ BFH vom 28. 11. 1968 – BStBl 1969 II S. 164),

Kfz-Sachverständiger ohne Ingenieurexamen, dessen Tätigkeit keine mathematisch-technischen Kenntnisse wie die eines Ingenieurs voraussetzt (→ BFH vom 9. 7. 1992 – BStBl 1993 II S. 100),

Klavierstimmer (→ BFH vom 22. 3. 1990 – BStBl II S. 643),

Konstrukteur, der überwiegend Bewehrungspläne fertigt (→ BFH vom 5. 10. 1989 – BStBl 1990 II S. 73),

Krankenpfleger/Krankenschwester, soweit auch eine hauswirtschaftliche Versorgung der Patienten erfolgt (→ BFH vom 22. 1. 2004 – BStBl II S. 509),

Kükensortierer (→ BFH vom 16. 8. 1955 – BStBl III S. 295),

Künstleragent (→ BFH vom 18. 4. 1972 – BStBl II S. 624),

Makler (→ RFH vom 1. 6. 1938 – RStBl S. 842),

Marktforschungsberater (→ BFH vom 27. 2. 1992 – BStBl II S. 826),

Masseur (staatlich geprüft), **Heilmasseur**, wenn diese lediglich oder überwiegend kosmetische oder Schönheitsmassagen durchführen(→ BMF vom 26. 11. 1970 – BStBl 1971 II S. 249),

Personalberater, der seinen Auftraggebern von ihm ausgesuchte Kandidaten für eine zu besetzende Stelle vermittelt (→ BFH vom 19. 9. 2002 – BStBl 2003 II S. 25),

Pharmaberater(-referent) übt, wirtschaftlich vergleichbar einem Handelsvertreter, eine kaufmännische und damit gewerbliche Tätigkeit aus (→ FG Düsseldorf vom 30. 5. 1996 – EFG 1996 S. 989),

Pilot (→ BFH vom 16. 5. 2002 – BStBl II S. 565),

Probenehmer für Erze, Metalle und Hüttenerzeugnisse (→ BFH vom 14. 11. 1972 – BStBl 1973 II S. 183),

Rechtsbeistand, der mit Genehmigung des Landgerichtspräsidenten Auszüge aus Gerichtsakten für Versicherungsgesellschaften fertigt (→ BFH vom 18. 3. 1970 – BStBl II S. 455),

Restaurator, es sei denn, er beschränkt sich auf die Erstellung von Gutachten und Veröffentlichungen und wird daher wissenschaftlich tätig oder die Tätigkeit betrifft ein Kunstwerk, dessen Beschädigung ein solches Ausmaß aufweist, dass seine Wiederherstellung eine eigenschöpferische Leistung des Restaurators erfordert (→ BFH vom 4. 11. 2004 – BStBl 2005 II S. 362),

Rezeptabrechner für Apotheken (→ BFH vom 28. 3. 1974 – BStBl II S. 515),

Rundfunkermittler, der im Auftrag einer Rundfunkanstalt Schwarzhörer aufspürt (→ BFH vom 2. 12. 1998 – BStBl 1999 II S. 534),

Rundfunksprecher entfaltet in der Regel keine künstlerische Tätigkeit (→ BFH vom 20. 6. 1962 – BStBl III S. 385 und vom 24. 10. 1963 – BStBl III S. 589),

Schadensregulierer im Auftrag einer Versicherungsgesellschaft (→ BFH vom 29. 8. 1961 – BStBl III S. 505),

Schiffssachverständiger, wenn er überwiegend reine Schadensgutachten (im Unterschied zu Gutachten über Schadens- und Unfallursachen) erstellt (→ BFH vom 21. 3. 1996 – BStBl II S. 518),

Schönheitskönigin, die ihren Titel durch entgeltliche, öffentliche Auftritte verwertet, erzielt hierdurch Einkünfte aus Gewerbebetrieb. Zu ihren Betriebseinnahmen gehören auch Preise, die ihr als Siegerin bei weiteren Schönheitskonkurrenzen verliehen werden (→ FG Rheinland-Pfalz vom 19. 7. 1995 – EFG 1996 S. 52),

Spielerberater von Berufsfußballspielern (→ BFH vom 26. 11. 1998 – BStBl 1999 II S. 167),

Stuntman → FG München vom 16. 5. 2002 (EFG 2002 S. 1176),

Treuhänderische Tätigkeit eines Rechtsanwaltes für Bauherrengemeinschaften (→ BFH vom 1. 2. 1990 – BStBl II S. 534), sowie eines Wirtschaftsprüfers bei einem Immobilienfonds (→ BFH vom 18. 10. 2006 – BStBl 2007 II S. 266),

Vereidigter Kursmakler (→ BFH vom 13. 9. 1955 – BStBl III S. 325),

Versicherungsberater (→ BFH vom 16. 10. 1997 – BStBl 1998 II S. 139),

Versicherungsvertreter, selbständiger; übt auch dann eine gewerbliche Tätigkeit aus, wenn er nur für ein einziges Versicherungsunternehmen tätig sein darf (→ BFH vom 26. 10. 1977 – BStBl 1978 II S. 137),

Versteigerer (→ BFH vom 24. 1. 1957 – BStBl III S. 106),

Vortragswerber (→ BFH vom 5. 7. 1956 – BStBl III S. 255),

Werbeberater (→ BFH vom 16. 1. 1974 – BStBl II S. 293),

Wirtschaftswissenschaftler, der sich auf ein eng begrenztes Tätigkeitsgebiet, z. B. die Aufnahme und Bewertung von Warenbeständen in einem bestimmten Wirtschaftszweig, spezialisiert und diese Tätigkeit im Wesentlichen von zahlreichen Hilfskräften in einem unternehmensartig organisierten Großbüro ausführen lässt (→ BFH vom 28. 11. 1968 – BStBl 1969 II S. 164),

Zolldeklarant (→ BFH vom 21. 9. 1989 – BStBl 1990 II S. 153).

Ähnliche Berufe

- Ob ein ähnlicher Beruf vorliegt, ist durch Vergleich mit einem bestimmten Katalogberuf festzustellen (→ BFH vom 5. 7. 1973 – BStBl II S. 730).
- Ein Beruf ist einem der Katalogberufe ähnlich, wenn er in wesentlichen Punkten mit ihm verglichen werden kann. Dazu gehören die Vergleichbarkeit der **Ausbildung** und der beruflichen **Tätigkeit** (→ BFH vom 12. 10. 1989 – BStBl 1990 II S. 64).
- → Autodidakt
- Der Nachweis **ingenieurähnlicher Tätigkeiten** kann nicht durch die Tätigkeit erbracht werden, die auch anhand von Formelsammlungen und praktischen Erfahrungen ausgeübt werden kann (→ BFH vom 11. 7. 1991 – BStBl II S. 878). Demgegenüber werden an die Breite der Tätigkeit geringere Anforderungen gestellt (→ BFH vom 14. 3. 1991 – BStBl II S. 769). Dies gilt nicht für die dem **beratenden Betriebswirt** ähnlichen Berufe; bei diesen muss sich die Beratungstätigkeit wenigstens auf einen betrieblichen Hauptbereich der Betriebswirtschaft beziehen (→ BFH vom 12. 10. 1989 – BStBl 1990 II S. 64).
- Ein **Hochbautechniker** mit den einem Architekten vergleichbaren theoretischen Kenntnissen übt auch in den Veranlagungszeiträumen eine architektenähnliche Tätigkeit aus, in denen er lediglich als Bauleiter tätig wird (→ BFH vom 12. 10. 1989 – BStBl 1990 II S. 64).
- Ist für die Ausübung des Katalogberufes eine **staatliche Erlaubnis** erforderlich, kann die ohne staatliche **Erlaubnis** entfaltete Tätigkeit nicht ähnlich sein (→ BFH vom 13. 2. 2003 – BStBl II S. 721).
- → Heil- und Heilhilfsberufe
- Eine Vergleichbarkeit der Ausbildung erfordert, dass der Tiefe und der Breite nach das Wissen des Kernbereichs des jeweiligen Fachstudiums nachgewiesen wird. Vertiefte Kenntnisse auf einem Teilgebiet des Fachstudiums reichen für eine freiberufliche Tätigkeit nicht aus (→ BFH vom 18. 4. 2007 – BStBl II S. 781).

Autodidakt

Verfügt der Stpfl. nicht über einen entsprechenden Studienabschluss (Autodidakt), muss er eine diesem vergleichbare Tiefe und Breite seiner Vorbildung nachweisen. Da der Nachweis durch Teilnahme an Kursen oder Selbststudium auch den Erfolg der autodidaktischen Ausbildung mit umfasst, ist dieser Beweis regelmäßig schwer zu erbringen (→ BFH vom 14. 3. 1991 – BStBl II S. 769).

- Der Autodidakt kann aber ausnahmsweise den Nachweis der erforderlichen theoretischen Kenntnisse anhand eigener praktischer Arbeiten erbringen. Hierbei ist erforderlich, dass seine Tätigkeit besonders anspruchsvoll ist und nicht nur der Tiefe, sondern auch der Breite nach zumindest das Wissen des Kernbereichs eines Fachstudiums voraussetzt und den Schwerpunkt seiner Arbeit bildet (→ BFH vom 9. 7. 1992 – BStBl II 1993 S. 100). Die praktischen Arbeiten müssen so beschaffen sein, dass aus ihnen auf eine Ausbildung, einen Kenntnisstand und eine Qualifikation geschlossen werden kann, die durch den Kernbereich eines Fachstudiums vermittelt wird (→ BFH vom 11. 8. 1999 – BStBl 2000 II S. 31). Es ist unschädlich, wenn die Kenntnisse in einem Hauptbereich des Fachstudiums unzureichend sind, der Stpfl. jedoch insgesamt eine entsprechende Abschlussprüfung an einer Hochschule, Fachhochschule oder Berufsakademie bestehen würde (→ BFH vom 19. 9. 2002 – BStBl 2003 II S. 27 und vom 28. 8. 2003 – BStBl II S. 919).

- Der Nachweis der erforderlichen theoretischen Kenntnisse kann auch mittels einer Wissensprüfung durch einen Sachverständigen erbracht werden (→ BFH vom 26. 6. 2002 – BStBl II S. 768).
- Ein abgebrochenes Studium reicht zum Nachweis einer autodidaktischen Ausbildung nicht aus (→ BFH vom 4. 5. 2000 – BStBl II S. 616).

Erbauseinandersetzung

Anhang 8 → BMF vom 14. 3. 2006 (BStBl I S. 253).

Erfolgshonorar

Die Vereinbarung eines Erfolgshonorars führt bei Rechtsanwälten nicht zur Umqualifizierung der freiberuflichen in gewerbliche Einkünfte. Dies ergibt sich bereits aus der ergangenen höchstrichterlichen Rechtsprechung (vgl. BFH vom 15. 10. 1981, BStBl 1982 II S. 340). Danach steht der steuerlichen Einordnung der Einnahmen als Einkünfte aus selbstständiger Tätigkeit die – seinerzeit noch standesrechtlich unzulässige – Vereinbarung eines Erfolgshonorars nicht entgegen. Gleiches gilt für Wirtschaftsprüfer, die nach § 55 Abs. 1 i. V. m. § 2 Abs. 3 Nr. 2 WPO eine Vereinbarung schließen, durch welche die Höhe der Vergütung vom Ergebnis ihrer Tätigkeit abhängig gemacht wird (→ OFD Frankfurt vom 25. 1. 2008 – S 2246 A – 32 – St 210).

Erzieherische Tätigkeit

- Eine freiberufliche erzieherische Tätigkeit kann ohne Ablegung einer fachlichen Prüfung ausgeübt werden (→ BFH vom 25. 4. 1974 – BStBl II S. 642). Eine Beratungstätigkeit, die auf Lösung von Problemen in einem bestimmten Teilbereich zwischenmenschlicher Beziehungen gerichtet ist, ist nicht erzieherisch; Voraussetzung jeder erzieherischen Tätigkeit i. S. d. § 18 Abs. 1 Nr. 1 EStG ist, dass die ganze Persönlichkeit geformt wird (→ BFH vom 11. 6. 1997 – BStBl II S. 687).
- Leistet der Stpfl. Erziehungshilfe, indem er die betreuten Kinder zeitweise in seinen Haushalt aufnimmt, erzielt er Einkünfte aus einer freiberuflichen Tätigkeit, wenn die Erziehung der Gesamtheit der Betreuungsleistung das Gepräge gibt (→ BFH vom 2. 10. 2003 – BStBl II 2004 S. 129).

Gemischte Tätigkeit

- **Allgemeines**

  Wird neben einer freiberuflichen eine gewerbliche Tätigkeit ausgeübt, sind die beiden Tätigkeiten steuerlich entweder getrennt oder einheitlich zu behandeln.
- **Getrennte Behandlung**

  Die Tätigkeiten sind zu trennen, sofern dies nach der Verkehrsauffassung möglich ist (→ BFH vom 2. 10. 2003 – BStBl 2004 II S. 363). Betätigt sich eine natürliche Person sowohl gewerblich als auch freiberuflich und besteht zwischen den Tätigkeiten kein sachlicher und wirtschaftlicher Zusammenhang, werden nebeneinander Einkünfte aus Gewerbebetrieb und aus selbständiger Arbeit erzielt. Aber auch wenn zwischen den Betätigungen gewisse sachliche und wirtschaftliche Berührungspunkte bestehen – also eine gemischte Tätigkeit vorliegt –, sind die Betätigungen regelmäßig getrennt zu erfassen (→ BFH vom 11. 7. 1991 – BStBl 1992 II S. 353). Sind die Einkünfte nicht bereits vom Stpfl. getrennt ermittelt worden, muss eine Trennung ggf. im Wege der Schätzung erfolgen (→ BFH vom 18. 1. 1962 – BStBl III S. 131).
- **Einheitliche Behandlung**

  Eine einheitliche Tätigkeit liegt nur vor, wenn die verschiedenen Tätigkeiten derart miteinander verflochten sind, dass sie sich gegenseitig unlösbar bedingen (→ BMF vom 11. 7. 1991 – BStBl. 1992 II S. 413). Schuldet ein Stpfl. seinem Auftraggeber einen einheitlichen Erfolg, ist die zur Durchführung des Auftrags erforderliche Tätigkeit regelmäßig als einheitliche zu beurteilen (→ BFH vom 18. 10. 2006 – BStBl 2008 II S. 54). Werden in einem Betrieb nur gemischte Leistungen erbracht, ist der Betrieb danach zu qualifizieren, welche der einzelnen Tätigkeiten der Gesamttätigkeit das Gepräge gibt (→ BFH vom 2. 10. 2003 – BStBl 2004 II S. 363).

- **Beispiele**
- Der Ankauf und Verkauf von Waren ist grundsätzlich der freiberuflichen Tätigkeit derart wesensfremd, dass er zur Gewerblichkeit führt (→ H 15.8 (5) Einheitliche Gesamtbetätigung; → BFH vom 24. 4. 1997 – BStBl II S. 567).
- Werden von Architekten i. V. m. gewerblichen Grundstücksverkäufen Architektenaufträge jeweils in getrennten Verträgen vereinbart und durchgeführt, liegen zwei getrennte Tätigkeiten vor (→ BFH vom 23. 10. 1975 – BStBl 1976 II S. 152).
- → Heil und Heilhilfsberufe
- Ein Rechtsanwalt, der den Vertriebsunternehmen oder Initiatoren von Bauherren-Modellen Interessenten am Erwerb von Eigentumswohnungen nachweist oder entsprechende Verträge vermittelt, ist insoweit nicht freiberuflich tätig (→ BFH vom 1. 2. 1990 – BStBl II S. 534).
- Ist ein Steuerberater für eine Bauherrengemeinschaft als Treuhänder tätig, können einzelne für die Treugeber erbrachte Leistungen, die zu den typischerweise von Steuerberatern ausgeübten Tätigkeiten gehören, als freiberuflich gewertet werden, wenn sie von den gewerblichen Treuhänderleistungen abgrenzbar sind (→ BFH vom 21. 4. 1994 – BStBl II S. 650). Eine getrennte steuerliche Behandlung ist jedoch nicht möglich, wenn ein Steuerberater, der einem Vertriebsunternehmen Interessenten an den Eigentumswohnungen nachweist oder Verträge über den Erwerb vermittelt, Abnehmer bezüglich der Eigentumswohnungen steuerlich berät; die von Vertriebsunternehmen durch Pauschalhonorar mit vergütete Beratung ist Teil der einheitlichen gewerblichen Betätigung (→ BFH vom 9. 3. 1983 – BStBl 1984 II S. 129).
- Ein Wirtschaftsprüfer übt eine gewerbliche Tätigkeit aus, soweit er als Treuhänder bei einem Immobilienfonds tätig wird (→ BFH vom 18. 10. 2006 – BStBl 2007 II S. 266).

Gesellschaft

- Schließen sich Angehörige eines freien Berufs zu einer Personengesellschaft zusammen, haben die Gesellschafter nur dann freiberufliche Einkünfte, wenn alle Gesellschafter, ggf. auch die Kommanditisten, die Merkmale eines freien Berufs erfüllen. Kein Gesellschafter darf nur kapitalmäßig beteiligt sein oder Tätigkeiten ausüben, die keine freiberuflichen sind (→ BFH vom 11. 6. 1985 – BStBl II S. 584 und vom 9. 10. 1986 – BStBl 1987 II S. 124). Eine Personengesellschaft, die sich aus Angehörigen unterschiedlicher freier Berufe zusammensetzt, ist nicht bereits vom Grundsatz her als gewerbliche Mitunternehmerschaft einzustufen (→ BFH vom 23. 11. 2000 – BStBl 2001 II S. 241). Beratende Bauingenieure können im Rahmen einer GbR, auch wenn sie nur in geringem Umfang tätig werden, eigenverantwortlich tätig sein (→ BFH vom 20. 4. 1989 – BStBl II S. 727). Eine an einer KG als Mitunternehmerin beteiligte GmbH ist selbst dann eine berufsfremde Person, wenn ihre sämtlichen Gesellschafter und ihr Geschäftsführer Angehörige eines freien Berufs sind (→ BFH vom 17. 1. 1980 – BStBl II S. 336 ***und vom 8. 4. 2008 – BStBl II S. 681***).
- Üben Personengesellschaften auch nur zum Teil eine gewerbliche Tätigkeit aus, so ist ihr gesamter Betrieb als gewerblich zu behandeln → R 15.8 (5). Zur steuerrechtlichen Behandlung des Verkaufs von Kontaktlinsen nebst Pflegemitteln, von Mundhygieneartikeln sowie von Tierarzneimitteln durch ärztliche Gemeinschaftspraxen → BMF vom 14. 5. 1997 (BStBl S. 566)[1]). Zur steuerrechtlichen Anerkennung der Ausgliederung der gewerblichen Tätigkeit auf eine personenidentische Gesellschaft (Schwestergesellschaft) → auch BFH vom 19. 2. 1998 (BStBl II S. 603).
- Stellen ein Kameramann und ein Tontechniker als Gesellschafter einer Personengesellschaft für Fernsehanstalten mit Originalton unterlegtes Filmmaterial über aktuelle Ereignisse her, sind sie als Bildberichterstatter freiberuflich i. S. d. § 18 Abs. 1 Nr. 1 EStG tätig (→ BFH vom 20. 12. 2000 – BStBl 2002 II S. 478).
- Bei ärztlichen Gemeinschaftspraxen kommt es in Fällen der **integrierten Versorgung** (§ 140a ff. SGB V) zu einer gewerblichen Infizierung (§ 15 Abs. 3 Nr. 1 EStG), sofern die Geringfügigkeitsgrenze von 1,25 % überschritten ist (→ BMF vom 1. 6. 2006, IV B 2 – S 2240–33/06, DStR 2006, S. 1891).

  Ferner → OFD Frankfurt vom 16. 6. 2008 (DB 2008 S. 2109):

  Zur Zeit werden zwischen den Kostenträgern und der Ärzteschaft verschiedene neue Formen der ärztlichen Leistungserbringung vereinbart.

Das BMF hat in Abstimmung mit den obersten Finanzbehörden der Länder anhand von vorgelegten Musterverträgen geprüft, ob bei den nachfolgend genannten Formen der ärztlichen Leistungserbringung freiberufliche oder gewerbliche Einkünfte erzielt werden. Danach gilt Folgendes:

1. Hausarztzentrierte Versorgung nach § 73b SGB VBei der hausarztzentrierten Versorgung (sog. Hausarztmodell) verpflichtet sich der Versicherte gegenüber seiner Krankenkasse, ambulante fachärztliche Leistungen nur auf Überweisung des von ihm ausgewählten Hausarztes in Anspruch zu nehmen. Der Hausarzt übernimmt damit eine Lotsenfunktion und steuert den Behandlungsprozess. Im Gegenzug gewähren die Krankenkassen ihren Versicherten für die Teilnahme am Hausarztmodell einen finanziellen Bonus, zum Beispiel eine Erstattung der Praxisgebühren.
Der Hausarzt erhält eine Pauschalvergütung für die Beratung und Information der Versicherten bei deren Beitritt zum Hausarztmodell (Einschreibepauschale) sowie eine Pauschale für die Ausgestaltung des hausärztlichen Versorgungsgeschehens (Steuerungspauschale).
In den vorgelegten Musterverträgen waren keine gewerblichen Anteile enthalten. In der Übernahme der Koordination der medizinischen Maßnahmen, d. h. in der Steuerung des Behandlungsprozesses ist keine gewerbliche Tätigkeit zu sehen. Ungeachtet dessen sind derartige Verträge immer im Einzelfall auf das Vorhandensein gewerblicher Anteile zu prüfen.

2. Besondere ambulante Versorgung nach § 73c SGB V
Krankenkassen können mit Ärzten ohne Einschaltung der Kassenärztlichen Vereinigung besondere Versorgungsverträge im Bereich der ambulanten Versorgung abschließen (§ 73c SGB V). Die Möglichkeit der Ausgestaltung von Verträgen über die besondere ambulante Versorgung ist sehr vielfältig (z. B. Verträge über Hautscreening, Herzkrankheiten, Adipositas). Der Vorteil für den Arzt besteht beispielsweise darin, dass die gezahlten Pauschalvergütungen nicht in die Gesamtvergütung bzw. das Budget einfließen.
Aufgrund der vielfältigen vertraglichen Ausgestaltungen ist eine generelle Aussage zur ertragsteuerlichen Behandlung von Verträgen dieser Art nicht möglich. Vielmehr ist im jeweiligen Einzelfall zu prüfen, ob die Verträge auch gewerbliche Tätigkeiten (z. B. Abgabe von Medikamenten, die für die originäre ärztliche Tätigkeit nicht unmittelbar erforderlich sind) umfassen, die ggf. zu einer Umqualifizierung der Einkünfte führen.

3. Integrierte Versorgung nach §§ 140a ff. SGB V
In den Fällen der integrierten Versorgung werden zwischen dem Arzt und der Krankenkasse Verträge abgeschlossen, nach denen die Krankenkasse dem Arzt für die Behandlung der Patienten Fallpauschalen zahlt, die sowohl die medizinische Betreuung als auch die Abgabe von Arzneien und Hilfsmitteln abdecken können. Für die Teilnahme an einem integrierten Versorgungsangebot erhalten die Versicherten meist spezielle Boni (zum Beispiel Wegfall der Krankenhauszuzahlung und der Praxisgebühr). Teilnehmenden Ärzten werden neben den Fallpauschalen teilweise zusätzliche Vergütungen gewährt.
Die Abgabe von Arzneien und Hilfsmitteln im Rahmen der integrierten Versorgung führt nicht zu einer gewerblichen Infektion der Einkünfte, wenn sich die Abgabe von Medikamenten und/oder Hilfsmitteln derart bedingen, dass die Durchführung der ärztlichen Heilbehandlung ansonsten nicht möglich wäre. In diesem Fall ist die Abgabe der Hilfsmittel oder Medikamente als ein unselbstständiger Teil der Heilbehandlung zu beurteilen. Gleiches gilt auch für die Abgabe von Impfstoffen im Rahmen der Durchführung von Impfungen oder für den Einkauf von medizinischem Material zum Zwecke der Heilbehandlung.

4. Anstellung fachfremder oder fachgleicher Ärzte
Beschäftigt ein niedergelassener Arzt einen anderen Arzt, bedient er sich der Mithilfe fachlich vorgebildeter Mitarbeiter. Der niedergelassene Arzt erzielt in diesem Fall nur dann Einkünfte aus freiberuflicher Tätigkeit, wenn er weiterhin leitend und eigenverantwortlich tätig wird. Dies erfordert grundsätzlich eine persönliche Teilnahme des arbeitgebenden Arztes an der praktischen Arbeit des angestellten Arztes in ausreichendem Umfang. Entscheidet der angestellte Arzt hingegen allein und eigenverantwortlich über die medizinische Versorgung der Patienten, erzielt der arbeitgebende Arzt grundsätzlich Einkünfte aus Gewerbebetrieb nach § 15 Abs. 1 Nr. 1 EStG. Insbesondere bei der Anstellung fachfremder Ärzte kann von einer Eigenverantwortlichkeit des Praxisinhabers nicht ausgegangen werden. Maßgebend für eine endgültige Bestimmung der Einkunftsart sind jedoch immer die Gesamtumstände des jeweiligen Einzelfalls.

Weitere Ausnahmen von der gewerblichen Infizierung (→ OFD Münster vom 16. 4. 2007 (DB 2007 S. 1055):

Es kommt auch dann nicht zu einer gewerblichen Infizierung der Einkünfte, wenn sich die Abgabe von Medikamenten und/oder Hilfsmitteln und die ärztliche Tätigkeit derart bedingen und miteinander verflochten sind, dass die Durchführung der ärztlichen Leistung ansonsten nicht möglich wäre.

Kann z. B. der Arzt bei der integrierten Versorgung Augenoperationen nur unter Verwendung von Implantaten (z. B. Linsen) und den für die Operation erforderlichen Medikamenten durchführen, so sind alle Leistungen einheitlich zu beurteilen (insgesamt Heilbehandlung gem. § 18 Abs. 1 Nr. 1 EStG).

Darüber hinaus gilt dieser Grundsatz auch bei der Abgabe von Impfstoffen im Rahmen der Durchführung von Impfungen durch Ärzte (vgl. BMF vom 17. 2. 2000, DStR 2000 S. 730) oder beim Einkauf von Materialien und medizinischen Hilfsmitteln zum Zwecke der Heilbehandlung (vgl. BMF vom 20. 9. 1999).

Heil- und Heilhilfsberufe

- Betreibt ein Arzt ein **Krankenhaus**, so liegt eine freiberufliche Tätigkeit vor, wenn es ein notwendiges Hilfsmittel für die ärztliche Tätigkeit darstellt und aus dem Krankenhaus ein besonderer Gewinn nicht angestrebt wird (→ RFH vom 15. 3. 1939 – RStBl S. 853). Entsprechendes gilt hinsichtlich einer von einem Arzt oder von einem Heilpraktiker, Physiotherapeuten (Krankengymnasten), Heilmasseur betriebenen **medizinischen Badeanstalt** (→ BFH vom 26. 11. 1970 – BStBl 1971 II S. 249).
- Ist eine von einem Arzt betriebene Klinik, ein Kurheim oder Sanatorium ein gewerblicher Betrieb, gehören grundsätzlich auch seine im Rahmen dieses Betriebes erzielten Einnahmen aus ärztlichen Leistungen zu den Einnahmen aus Gewerbebetrieb, wenn ein ganzheitliches Heilverfahren praktiziert wird, für das ein einheitliches Entgelt zu entrichten ist (→ BFH vom 12. 11. 1964 – BStBl III 1965 S. 90). Ein Arzt, der eine Privatklinik betreibt, erzielt jedoch dann gewerbliche Einkünfte aus dem Betrieb der Klinik und freiberufliche Einkünfte aus den von ihm erbrachten stationären ärztlichen Leistungen, wenn die Leistungen der Klinik einerseits und die ärztlichen Leistungen andererseits gesondert abgerechnet werden und sich nicht gegenseitig unlösbar bedingen (→ BFH vom 2. 10. 2003 – BStBl 2004 II S. 363). Das gilt entsprechend, wenn der Betrieb einer medizinischen Badeanstalt als Gewerbebetrieb anzusehen ist.
- Zur Frage der Abgrenzung der freiberuflichen von der gewerblichen Tätigkeit bei der Abgabe von **Impfstoffen** durch Ärzte → BMF vom 17. 2. 2000 (DStR 2000 S. 730):

  Die Abgabe von Impfstoffen im Rahmen der Durchführung von Impfungen durch Ärzte ist unselbständiger Teil der ärztlichen Heilbehandlung. Für diese Beurteilung ist es unbeachtlich, dass der Impfstoff in der Rechnung als gesonderte Position ausgewiesen wird. Hierfür sind folgende Gründe maßgebend:

  Der Stpfl. kann sowohl gewerblich als auch freiberuflich tätig sein und infolgedessen nebeneinander Einkünfte aus Gewerbebetrieb und aus selbständiger Arbeit erzielen, wenn zwischen den Betätigungen kein sachlicher und wirtschaftlicher Zusammenhang besteht. Eine einheitliche Erfassung ist jedoch dann geboten, wenn die Betätigungen sich gegenseitig bedingen und derart miteinander verflochten sind, dass insoweit nach der Verkehrsauffassung ein einheitlicher Betrieb anzunehmen ist. Die steuerliche Einstufung dieses Betriebs hängt davon ab, ob das freiberufliche oder gewerbliche Element vorherrscht (BFH vom 11. 7. 1991 – BStBl 1992 II S. 413). Schuldet ein Stpfl. gegenüber seinem Auftraggeber einen einheitlichen Erfolg, so ist auch die zur Durchführung des Auftrages erforderliche Tätigkeit regelmäßig als einheitliche Tätigkeit zu beurteilen (BFH vom 24. 4. 1997 – BStBl II S. 567).

  Nach dem BMF-Schreiben vom 10. 7. 1969 (BStBl I S. 373) gehören zu den Heilberufen die Tätigkeiten, die Krankheiten vorbeugen sowie Krankheiten, Leiden oder Körperschäden feststellen, heilen oder lindern sollen. Die Verwendung von Impfstoffen steht im engen sachlichen und wirtschaftlichen Zusammenhang mit der Durchführung von Impfungen als Heilbehandlung der gemäß § 18 Abs. 1 Nr. 1 EStG freiberuflich tätigen Ärzte. In diesem Zusammenhang ist die Abgabe der Impfstoffe unselbständiger Teil der Heilbehandlung, auch wenn hierfür ein gesonderter Posten in der Rechnung ausgewiesen wird.

  Demgegenüber ist die Abgabe von Impfstoffen ohne Durchführung der entsprechenden Impfung der freiberuflichen Tätigkeit wesensfremd, so dass insoweit gewerbliche Einkünfte vorliegen (vgl. BFH-Urteil vom 24. 4. 1997 – BStBl 1997 II S. 567).
- Die Einkünfte niedergelassener Ärzte (Gemeinschaftspraxen) aus der entgeltlichen Überlassung **medizinischer Großgeräte** an Krankenhäuser sind nicht als Einkünfte aus Gewerbebetrieb zu behandeln, selbst dann nicht, wenn in dem Nutzungsentgelt ein Gewinnaufschlag enthalten ist. Dies gilt ebenfalls bei einer entgeltlichen Nutzungsüberlassung an nichtbeteiligte Ärzte unter der Voraussetzung, dass keine zusätzlichen Dienstleistungen erbracht werden.
  → OFD Frankfurt vom 17. 5. 2006 (DB 2006, S. 1347)

- **Integrierte Versorgung** → Gesellschaft
- Teilgemeinschaftspraxen

  Ertragsteuerrechtliche Behandlung

  Auf der Grundlage von § 18 Musterberufsordnung für Ärzte (in der ab 1. 4. 2005 gültigen Fassung) können sich Ärzte unterschiedlicher Fachrichtungen – auch beschränkt auf einzelne Leistungen – zu einer Berufsausübungsgemeinschaft, medizinischen Kooperationsgemeinschaft sowie zu Praxisverbünden oder Organisationsgemeinschaften zusammenschließen. Hiernach können Ärzte neben ihren Einzelpraxen oder Gemeinschaftspraxen standortübergreifende interdisziplinäre Teilgemeinschaftspraxen betreiben. Ein Arzt kann ggf. auch mehreren Teilgemeinschaftspraxen angehören.

  Zur einkommensteuerrechtlichen Behandlung derartiger Teilgemeinschaftspraxen ist nach Abstimmung der obersten Finanzbehörden des Bundes und der Länder folgende Auffassung zu vertreten:

  Die standortübergreifenden Teilgemeinschaftspraxen sind als Mitunternehmerschaften zu behandeln, weil die beteiligten Ärzte eine mitunternehmerische Initiative entfalten und mitunternehmerisches Risiko tragen. Es besteht in diesen Fällen auch eine gemeinschaftliche Gewinnerzielungsabsicht auf der Ebene der Partnerschaftsgesellschaft.

  Die Tätigkeit der Ärzte in der Mitunternehmerschaft führt grundsätzlich zu Einkünften aus freiberuflicher Tätigkeit i. S. v. § 18 EStG. Etwas anderes gilt, sofern die Mitunternehmerschaft neben der freiberuflichen Tätigkeit auch eine schädliche gewerbliche Tätigkeit ausübt oder nicht zugelassene Ärzte als Partner beteiligt sind. In diesem Fall ist § 15 Abs. 3 Nr. 1 EStG einschlägig.

  Die beteiligten Ärzte betreiben eine Partnerschaftsgesellschaft, unter der sie den Patienten gegenüber nach außen auftreten. Die erzielten Einnahmen sind zunächst solche der Gesellschaft; die daraus entstehenden Gewinne werden nach einem gesellschaftsvertraglich festgelegten Schlüssel verteilt, der sich an den jeweiligen Gesellschafterbeiträgen des einzelnen Arztes orientiert. Die Nutzung von Personal und Sachmitteln der jeweiligen Einzelpraxis für Zwecke der Teilgemeinschaftspraxis führt entsprechend dem tatsächlichen Nutzungsumfang zu Sonderbetriebsausgaben des einzelnen Arztes.

  Die Leistungen der beteiligten Ärzte stellen nicht – auch nicht teilweise – (gewerbliche) Vermittlungsleistungen gegenüber dem jeweils anderen Arzt oder der Partnerschaftsgesellschaft dar Vielmehr handelt es sich um Gesellschafterbeiträge an die freiberufliche Mitunternehmerschaft.

  Bei der Zuordnung von Wirtschaftsgütern, die im Rahmen der Teilgemeinschaftspraxis genutzt werden, sind folgende drei Fallgruppen zu unterscheiden, weil jedes Wirtschaftsgut nur einheitlich einem Betriebsvermögen zugeordnet werden kann:

  1. Variante:

  Das Wirtschaftsgut wird in vollem Umfang von der Teilgemeinschaftspraxis genutzt.

  In diesen Fällen muss das Wirtschaftsgut nach ständiger höchstrichterlicher Rechtsprechung und Verwaltungsauffassung nach § 15 Abs. 1 Satz 1 Nr. 2 EStG zwingend dem Sonderbetriebsvermögen des betreffenden Mitunternehmers der Teilgemeinschaftspraxis zugeordnet werden.

  2. Variante:

  Das Wirtschaftsgut wird zu mehr als 50 % in der Einzelpraxis genutzt.

  Auf Grund der überwiegenden Nutzung durch die Einzelpraxis des Arztes ist das Wirtschaftsgut insgesamt seiner Einzelpraxis zuzurechnen.

  3. Variante:

  Das Wirtschaftsgut wird zu mehr als 50 % in der Teilgemeinschaftspraxis genutzt.

  Auf Grund der überwiegenden Nutzung durch die Teilgemeinschaftspraxis gehört das Wirtschaftsgut insgesamt zum Sonderbetriebsvermögen des betreffenden Mitunternehmers bei der Gemeinschaftspraxis.

  Bei einer ausnahmsweise genau hälftigen Mitnutzung des Wirtschaftsguts durch beide Praxen kann aus Vereinfachungsgründen der beantragten Zuordnung des Steuerpflichtigen gefolgt werden.

  Abweichend von der nur einheitlichen Zuordnung eines Wirtschaftsguts zu einem Betriebsvermögen sind die durch die Nutzung eines Wirtschaftsguts in mehreren Betriebsvermögen verursachten Aufwendungen jedem betroffenen Betrieb zuzurechnen. Deshalb führen die durch die Nutzung von Sachmitteln und Personal der jeweiligen Einzelpraxis für Zwecke der Teilgemeinschaftspraxis entstehende Aufwendungen einschl. Gemeinkosten und ggf. Finanzierungskosten entsprechend dem tatsächlichen Nutzungsumfang zu Sonderbetriebsausgaben des einzelnen Arztes bei seiner Mitunternehmerschaft. Dies gilt grundsätzlich unabhängig vom Nutzungsumfang für Zwecke der Teilgemeinschaftspraxis.

Können die auf einen derartigen Nutzungsumfang in der Einzelpraxis angefallenen und dort zu kürzenden Aufwendungen nicht ohne weiteres ermittelt werden, sind die in gleicher Höhe als Sonderbetriebsausgaben des einzelnen Arztes bei der Teilgemeinschaftspraxis zu berücksichtigenden Aufwendungen im Wege der Schätzung zu ermitteln.
Die Zuordnung solcher Aufwendungen zu den Sonderbetriebsausgaben hat im Regelfall für den betroffenen Arzt keine einkommensteuerrechtliche Auswirkung, weil sowohl die Aufwandshöhe als auch die Einkunftsart hierdurch nicht berührt werden. In diesem Fall habe ich grundsätzlich keine Bedenken, wenn der vom Steuerpflichtigen vorgenommenen Zuordnung seiner in der Einzelpraxis angefallenen Aufwendungen zu seinen Sonderbetriebsausgaben der Teilgemeinschaftspraxis gefolgt wird, sofern diese nicht offensichtlich unzutreffend ist.
Wegen der besonders engen und starken Verknüpfung der Einzelpraxis des Arztes mit der Beteiligung an der Teilgemeinschaftspraxis gehört seine Beteiligung an dieser Mitunternehmerschaft im Regelfall zum notwendigen Betriebsvermögen seiner Einzelpraxis.
Die vorstehenden Ausführungen gelten für einen Arzt und Mitunternehmer im Umfang des für ihn gültigen allgemeinen Gewinnverteilungsschlüssels bei einer Gemeinschaftspraxis in Bezug auf das Gesamthandsvermögen dieser Praxis sinngemäß, wenn er zwar an einer Teilgemeinschaftspraxis beteiligt ist, aber nicht über eine Einzelpraxis, sondern nur über die Beteiligung an einer Gemeinschaftspraxis verfügt. Eine Gemeinschaftspraxis kann sich nach der Musterberufsordnung der Ärzte nicht an einer Teilgemeinschaftspraxis beteiligen, sondern ausschließlich Ärzte.

- **Tierärzte**, die **Medikamente oder Impfstoffe** gegen Entgelt abgeben, sind gewerblich tätig (→ BFH vom 1. 2. 1979 – BStBl II S. 574 und vom 27. 7. 1978 – BStBl II S. 686 sowie BMF vom 14. 5. 1997 – BStBl I S. 566).
- Der Verkauf von **Kontaktlinsen nebst Pflegemitteln** und von **Mundhygieneartikeln** ist eine gewerbliche Tätigkeit (→ BMF vom 14. 5. 1997 – BStBl I S. 566).[1])
- Soweit Heil- oder Heilhilfsberufe nicht zu den Katalogberufen zählen, ist ein solcher Beruf einem der in § 18 Abs. 1 Nr. 1 Satz 2 EStG genannten **Katalogberufe ähnlich**, wenn das typische Bild des Katalogberufs mit seinen wesentlichen Merkmalen dem Gesamtbild des zu beurteilenden Berufs vergleichbar ist. Dazu gehören die Vergleichbarkeit der jeweils ausgeübten Tätigkeit nach den sie charakterisierenden Merkmalen, die Vergleichbarkeit der Ausbildung und die Vergleichbarkeit der Bedingungen, an die das Gesetz die Ausübung des zu vergleichenden Berufs knüpft.

Abweichend von den vorgenannten Grundsätzen stellt die Zulassung der jeweiligen Stpfl. oder die regelmäßige Zulassung seiner Berufsgruppe nach § 124 Abs. 2 SGB V durch die zuständigen Stellen der gesetzlichen Krankenkassen ein ausreichendes Indiz für das Vorliegen einer dem Katalogberuf des Krankengymnasten ähnlichen Tätigkeit dar. Fehlt es an dieser Zulassung, kann durch ein Gutachten nachgewiesen werden, ob die Ausbildung, die Erlaubnis und die Tätigkeit des Stpfl. mit den Erfordernissen des § 124 Abs. 2 Satz 1 Nr. 1 bis 3 SGB V vergleichbar sind (→ BMF vom 22. 10. 2004 – BStBl I S. 1030).

Künstlerische Tätigkeit

- Eine künstlerische Tätigkeit liegt vor, wenn die Arbeiten nach ihrem Gesamtbild **eigenschöpferisch** sind und über eine hinreichende Beherrschung der Technik hinaus eine bestimmte **künstlerische Gestaltungshöhe** erreichen (→ BFH vom 11. 7. 1991 – BStBl 1992 II S. 353). Dabei ist nicht jedes einzelne von dem Künstler geschaffene Werk für sich, sondern die gesamte von ihm im VZ ausgeübte Tätigkeit zu würdigen (→ BFH vom 11. 7. 1960 – BStBl III S. 453).
- Auch das BVerfG sieht das Wesentliche der künstlerischen Betätigung in der freien schöpferischen Gestaltung, in der Eindrücke, Erfahrungen und Erlebnisse des Künstlers durch das Medium einer bestimmten Formensprache zu unmittelbarer Anschauung gebracht werden (Entscheidungen vom 24. 2. 1971, BVerfGE 30, 173, 188 f.; vom 17. 7. 1984, BVerfGE 67, 213). Für die insoweit zu treffende Entscheidung ist der allgemeinen Verkehrsauffassung besonderes Gewicht beizulegen (→ BFH vom 14. 8. 1980 – BStBl 1981 II S. 21). Zur Frage, ob das Kriterium der künstlerischen Gestaltungshöhe zur Abgrenzung von Kunst und Nichtkunst i. S. d. § 18 Abs. 1 mit Art. 5 Abs. 3 GG vereinbar ist → BFH vom 23. 9. 1998 – BFH/NV 1999 S. 460.
- Im Übrigen ist aber bei der Entscheidung der Frage, ob ein bisher freiberuflich Tätiger Gewerbetreibender wird, nicht auf die möglicherweise besonders gelagerten Umstände eines einzelnen VZ abzustellen, sondern zu prüfen, ob die **allgemeine Tendenz** zur Entwicklung eines Gewerbebetriebes hingeht (→ BFH vom 24. 7. 1969 – BStBl 1970 II S. 86).

[1]) Anm.: Abdruck → H 15.8 (5) (Ärztliche Gemeinschaftspraxen).

- Da die künstlerische Tätigkeit in besonderem Maße **persönlichkeitsbezogen** ist, kann sie als solche nur anerkannt werden, wenn der Künstler auf sämtliche zur Herstellung eines Kunstwerks erforderlichen Tätigkeiten den entscheidenden gestaltenden Einfluss ausübt (→ BFH vom 2. 12. 1980 – BStBl 1981 II S. 170).
- Zum Verfahren bei Vorliegen einander widersprechender **Gutachten** (→ BFH vom 11. 7. 1991 – BStBl II S. 889).
- Die Tätigkeit des Entwerfens von Motiven, die auf spezielle farbige Klebefolien übertragen und mittels dieser Folien auf Kraftfahrzeuge geklebt werden, damit diese sich individuell von anderen Kraftfahrzeugen abheben, ist eine gewerbliche und keine selbständig ausgeübte künstlerische Tätigkeit (→ FG Hamburg vom 8. 6. 1995 – EFG S. 1020).
- Einnahmen eines populären Schauspielers aus der Mitwirkung bei der Herstellung von Werbefotografien sind auch dann den Einkünften aus Gewerbebetrieb zuzurechnen, wenn dieser über die Erfüllung seiner vertraglichen Verpflichtung als Fotomodell hinaus, die Gestaltung der Werbeaufnahmen selbst tatsächlich künstlerisch beeinflussen konnte. Darauf, ob die Werbefotografien als solche den Rang von Kunstwerken beanspruchen können, kommt es in diesem Zusammenhang nicht an (→ BFH vom 15. 10. 1998 – BFH/NV 1999 S. 465).

Laborleistungen

- → BMF vom 31. 1. 2003 (BStBl I S. 170)
- → Mithilfe anderer Personen

Mithilfe anderer Personen

Fachlich vorgebildete Arbeitskräfte sind nicht nur Angestellte, sondern auch Subunternehmer (→ BFH vom 23. 5. 1984 – BStBl II S. 823 und vom 20. 12. 2000 – BStBl 2002 II S. 478). Die Beschäftigung von fachlich vorgebildeten Mitarbeitern steht der Annahme einer freiberuflichen Tätigkeit nicht entgegen, wenn der Berufsträger auf Grund eigener Fachkenntnisse **leitend** tätig wird und auch hinsichtlich der für den Beruf typischen Tätigkeit **eigenverantwortlich** mitwirkt (→ BFH vom 1. 2. 1990 – BStBl II S. 507); im Fall eines Schulleiters genügt es, dass er eigenständig in den Unterricht anderer Lehrkräfte eingreift, indem er die Unterrichtsveranstaltungen mitgestaltet und ihnen damit den **Stempel seiner Persönlichkeit** gibt (→ BFH vom 23. 1. 1986 – BStBl II S. 398). Die leitende und eigenverantwortliche Tätigkeit des Berufsträgers muss sich auf die **Gesamttätigkeit** seiner Berufspraxis erstrecken; es genügt somit nicht, wenn sich die auf persönlichen Fachkenntnissen beruhende Leitung und eigene Verantwortung auf einen Teil der Berufstätigkeit beschränkt (→ BFH vom 5. 12. 1968 – BStBl 1969 II S. 165). Freiberufliche Arbeit leistet der Berufsträger nur, wenn die Ausführung jedes Einzelnen ihm erteilten Auftrags ihm und nicht dem fachlichen Mitarbeiter, den Hilfskräften, den technischen Hilfsmitteln oder dem Unternehmen als Ganzem zuzurechnen ist, wobei in einfachen Fällen eine fachliche Überprüfung der Arbeitsleistung des Mitarbeiters genügt (→ BFH vom 1. 2. 1990 – BStBl II S. 507). Danach ist z. B. in den folgenden Fällen eine **gewerbliche Tätigkeit** anzunehmen:

- Ein Stpfl. unterhält ein **Übersetzungsbüro**, ohne dass er selbst über Kenntnisse in den Sprachen verfügt, auf die sich die Übersetzungstätigkeit erstreckt.
- Ein **Architekt** befasst sich vorwiegend mit der Beschaffung von Aufträgen und lässt die fachliche Arbeit durch Mitarbeiter ausführen.
- Ein **Ingenieur** beschäftigt fachlich vorgebildete Arbeitskräfte und übt mit deren Hilfe eine Beratungstätigkeit auf mehreren Fachgebieten aus, die er nicht beherrscht oder nicht leitend bearbeitet (→ BFH vom 11. 9. 1968 – BStBl II S. 820).

  Betreuen ein selbständig tätiger und ein angestellter Ingenieur jeweils einzelne Aufträge und Projekte eigenverantwortlich und leitend, so ist trotz der gleichartigen Tätigkeit eine – ggf. im Schätzungswege vorzunehmende – Aufteilung der Einkünfte nicht ausgeschlossen mit der Folge, dass die vom Unternehmensinhaber selbst betreuten Aufträge und Projekte der freiberuflichen Tätigkeit zuzuordnen sind, und nur die von dem Angestellten betreuten Aufträge und Projekte zu gewerblichen Einkünften führen (→ BFH vom 8. 10. 2008 – VIII R 53/07).
- Ein Stpfl. betreibt eine **Fahrschule**, besitzt jedoch nicht die Fahrlehrererlaubnis (→ BFH vom 4. 10. 1966 – BStBl III S. 685).
- Ein Stpfl. ist Inhaber einer **Privatschule** und beschäftigt eine Anzahl von Lehrkräften, ohne durch eigenen Unterricht sowie durch das Mitgestalten des von anderen Lehrkräften erteilten Unterrichts eine überwiegend eigenverantwortliche Unterrichtstätigkeit auszuüben (→ BFH vom 6. 11. 1969 – BStBl 1970 II S. 214 und vom 13. 12. 1973 – BStBl 1974 II S. 213); das Gleiche gilt für **Reitunterricht** auf einem Reiterhof → BFH vom 16. 11. 1978 (BStBl 1979 II S. 246).

- Ein **Facharzt für Laboratoriumsmedizin** hat nicht ausreichend Zeit für die persönliche Mitwirkung am einzelnen Untersuchungsauftrag (→ BFH vom 21. 3. 1995 – BStBl II S. 732).
- Ein **Krankenpfleger** überlässt Pflegeleistungen weitgehend seinen Mitarbeitern (→ BFH vom 5. 6. 1997 – BStBl II S. 681).
- Ein **Bildberichterstatter** gibt Aufträge an andere Kameraleute und Tontechniker weiter, ohne insoweit auf die Gestaltung des Filmmaterials Einfluss zu nehmen (→ BFH vom 20. 12. 2000 – BStBl 2002 II S. 478).

Der Berufsträger darf weder die Leitung noch die Verantwortlichkeit einem Geschäftsführer oder Vertreter übertragen. Eine leitende und eigenverantwortliche Tätigkeit ist jedoch dann noch gegeben, wenn ein Berufsträger nur **vorübergehend**, z. B. während einer Erkrankung, eines Urlaubs oder der Zugehörigkeit zu einer gesetzgebenden Körperschaft oder der Mitarbeit in einer Standesorganisation, seine Berufstätigkeit nicht selbst ausüben kann.

Rechts- und wirtschaftsberatende Berufe

- Zu der freien Berufstätigkeit eines Wirtschaftsprüfers, vereidigten Buchprüfers, Steuerberaters, Steuerbevollmächtigten usw. können auch die Prüfungen der laufenden Eintragungen in den Geschäftsbüchern, die Prüfung der Inventur, die Durchführung des Hauptabschlusses und die Aufstellung der Steuererklärungen gehören. Die Bücherführung für andere Personen, z. B. durch einen Steuerberater oder einen Steuerbevollmächtigten, ist ebenfalls grundsätzlich eine freiberufliche Tätigkeit (→ RFH vom 8. 3. 1939 – RStBl S. 577 und BFH vom 12. 9. 1951 – BStBl III S. 197).
- → Gemischte Tätigkeit
- Betreuer

  Aufgrund diverser Einzelfälle ergaben sich hinsichtlich der Einnahmen aus der Betreuertätigkeit eines Rechtsanwalts/Steuerberaters nachstehende Fragen:

  1. Wie ist in der Praxis die Differenzierung eines ehrenamtlichen bzw. beruflich tätigen Betreuers vorzunehmen und welche isolierte ertragsteuerliche Konsequenz ergibt sich daraus?
  2. Wie sind die Einnahmen aus der Betreuertätigkeit eines Steuerpflichtigen neben seinen Einkünften aus selbstständiger Tätigkeit i. S. v. § 18 EStG ertragsteuerlich zu behandeln?

  zu 1.
  Berufsbetreuer ist jemand, der **rechtliche** Betreuungen (§§ 1896 ff. BGB) im Rahmen einer entgeltlichen Berufstätigkeit ausübt. Es ist keine geschützte Berufsbezeichnung, d. h., jedermann kann als Berufsbetreuer tätig werden. Das Vormundschaftsgericht muss in der Bestellung die Betreuung als berufliche Tätigkeit (im Gegensatz zur ehrenamtlichen Bestellung) bezeichnen. Die Berufsmäßigkeit des Betreuers liegt nach § 1836 Abs. 1 BGB i. V. m. § 1 Abs. 1 Vormünder- und Betreuervergütungsgesetz (VBVG) **im Regelfall** vor, wenn
  – von ihm mehr als 10 Betreuungen geführt werden oder
  – sein Zeitaufwand für die Betreuung mindestens 20 Wochenstunden beträgt.
  Wie [. . .] darauf hingewiesen, sind die Einkünfte eines Berufsbetreuers gem. der Entscheidung des BFH vom 4. 11. 2004, BStBl 2005 II S. 288, als Einkünfte aus Gewerbebetrieb i. S. v. § 15 EStG zu qualifizieren, die auch der Gewerbesteuer unterliegen.
  Demgegenüber wird eine Vielzahl von Personen als **ehrenamtliche** Betreuer eingesetzt. Für diese Tätigkeit erhalten sie pro betreute Person i. d. R. eine pauschale Aufwandsentschädigung i. H. v. 323 Euro (§ 1835a Abs. 1 Satz 1 BGB i. V. m. § 22 JVEG). Die Aufwandsentschädigung für die Betreuer gehört bei der **üblicherweise** geringen Anzahl der betreuten Personen (1–3 Personen) im Regelfall zu den **sonstigen Einkünften i. S. d.** § 22 Nr. 3 EStG und ist einkommensteuerpflichtig, wenn sie – ggf. zusammen mit weiteren Einkünften i. S. d. Vorschrift – die Freigrenze von 256 Euro übersteigt. Mit der Gewährung der pauschalen Aufwandsentschädigung entfällt für ehrenamtliche Betreuer die Möglichkeit, Aufwendungsersatz für z. B. Fahrtkosten, Portokosten, Telefongebühren usw. zu verlangen. Es bestehen deshalb keine Bedenken, wenn die mit der ehrenamtlichen Tätigkeit des Betreuers im Zusammenhang stehenden Aufwendungen ohne weiteren Nachweis mit 25 % der jeweiligen pauschalen Aufwandsentschädigung als Werbungskosten berücksichtigt werden.
  Die Konsequenz aus dem **Umkehrschluss des VBVG**, d. h. wird die Berufsmäßigkeit des Betreuers durch das Vormundschaftsgericht nicht getroffen und es läge danach eine ehrenamtliche Betreuertätigkeit vor, hat für die **ertragsteuerliche Qualifizierung** dieser Tätigkeit keine Bedeutung. Danach kann nach dem VBVG ein ehrenamtlicher Betreuer aufgrund des Einzelfalles, z. B. bei der Betreuung einer mehr als nur geringen Anzahl von Personen, ausnahmsweise Einkünfte i. S. v. § 15 EStG haben.

Für aus rheinland-pfälzischen Kassen gezahlte Aufwandsentschädigungen kommt eine Steuerbefreiung nach § 3 Nr. 12 Satz 1 EStG nicht in Betracht. Obwohl im Haushaltsplan des Bundeslandes Rheinland-Pfalz ein Ausgabentitel mit der Bezeichnung „..... Vergütung der Rechtsanwälte bei Prozesskostenhilfe, Entschädigungen für Sachverständige **und sonstige Auslagen in Betreuungssachen**" ausgewiesen ist, rechtfertigt diese Angabe eine Steuerbefreiung nicht (vgl. FG-Urteil Schleswig-Holstein vom 21. 8. 2003, EFG 2003 S. 1595). Der Haushaltsplan hätte eine konkrete Aussage über eine zu zahlende Aufwandsentschädigung für Betreuungsleistungen enthalten müssen. Eine Steuerbefreiung nach § 3 Nr. 12 Satz 2 EStG scheidet ebenfalls aus, da es sich bei der Betreuertätigkeit nicht um öffentliche Dienste handelt.
Die Vorschrift des § 3 Nr. 26 EStG befreit eine Aufwandsentschädigung u. a. eine **nebenberufliche Betreuer-** und **Pflegetätigkeit.** Gemeinsames Merkmal dieser Befreiungsvorschrift ist allerdings die **pädagogische** Ausrichtung (R 17 Abs. 1 Satz 2 LStR 2005), die bei einer Betreuungstätigkeit i. S. v. § 1896 BGB fehlt. Der Betreuer nach § 1896 BGB ist lediglich als ein staatlicher Beistand in Form von **Rechts**fürsorge zu verstehen. Eine persönliche Betreuung **im Sinne von Pflege** findet daher auch nicht oder nur nachrangig statt. Die Steuerbefreiung nach § 3 Nr. 26 EStG für Betreuer i. S. v. § 1896 BGB scheidet infolgedessen aus.
zu 2.
Übt ein Steuerpflichtiger mit Einkünften aus selbstständiger Tätigkeit i. S. v. § 18 EStG – z. B. Rechtsanwalt – daneben eine berufliche Betreuertätigkeit (§ 15 EStG) aus, sind die Einkünfte aus selbstständiger und gewerblicher Tätigkeit grds. getrennt zu behandeln, da nach der Verkehrsauffassung eine Trennung dieser verschiedenen Tätigkeiten möglich ist (BFH-Urteil vom 2. 10. 2003, BStBl 2004 II S. 363). Ein solcher Steuerpflichtiger rechnet zumindest mit dem/den Betreuten ab und er erhält auch von ihm/ihnen oder Dritten seine Einnahmen. Die unterschiedlichen Tätigkeiten bedingen sich daher nicht unlösbar und sind auch nicht so miteinander verflochten, dass der gesamte Betrieb als ein einheitlicher angesehen werden muss (BFH-Urteil vom 18. 1. 1962, BStBl III S. 131). Die Aufwendungen bei Berechnung der einzelnen Einkünfte sind jeweils getrennt nachzuweisen und zu ermitteln (ggf. zu schätzen). Der Steuerpflichtige hat folglich für die beiden unterschiedlichen Einkunftsarten **zwei Gewinnermittlungen** einzureichen. Zu beachten ist hier noch, dass ein Selbstständiger i. S. v. § 18 EStG auch mit seiner Betreuertätigkeit Einkünfte gem. § 22 EStG haben kann.
Ist ein Steuerpflichtiger **Gesellschafter einer freiberuflichen Sozietät** und übt er zusätzlich die Tätigkeit eines Berufsbetreuers aus, ist zuerst zu prüfen, ob die Betreuertätigkeit durch ihn im Rahmen des Gesellschaftsverhältnisses oder eines daneben bestehenden Einzelunternehmens ausgeführt wird. Erbringt der Steuerpflichtige die Betreuungsleistung nicht im Rahmen des Gesellschaftsverhältnisses, ist wie bereits zuvor erläutert, zu verfahren.
Wird dagegen die Leistung des Einzelnen **im Rahmen des Gesellschaftsverhältnisses** erbracht, ist zu entscheiden, ob die Einnahmen aus der Betreuertätigkeit bei der GbR eine gewerbliche Infizierung gem. § 15 Abs. 3 Nr. 1 EStG zur Folge haben. Dies gilt jedenfalls dann, wenn die Einnahmen aus der schädlichen Tätigkeit nicht mehr von äußerst geringem Ausmaß sind. Der BFH hat in einem Urteil vom 11. 8. 1999, BStBl 2000 II S. 229, unter Hinweis auf den verfassungsrechtlichen **Grundsatz der Verhältnismäßigkeit** entschieden, dass jedenfalls bei einem Anteil von 1,25 % der originär gewerblichen Tätigkeit die umqualifizierende Wirkung nicht greift.
→ OFD Koblenz vom 15. 12. 2006 – S 2240 A – St 31 4 – (DB 2007 S. 255)

Schriftstellerische Tätigkeit

- Ein Schriftsteller muss für die Öffentlichkeit schreiben und es muss sich um den Ausdruck eigener Gedanken handeln, mögen sich diese auch auf rein tatsächliche Vorgänge beziehen. Es ist nicht erforderlich, dass das Geschriebene einen wissenschaftlichen oder künstlerischen Inhalt hat. Der Schriftsteller braucht weder Dichter noch Künstler noch Gelehrter zu sein (→ BFH vom 14. 5. 1958 – BStBl III S. 316).
- Die selbständige Entwicklung von Softwarelernprogrammen ist dann eine schriftstellerische Tätigkeit, wenn eigene Gedanken verfasst werden und die Programme für die Öffentlichkeit bestimmt sind (→ BFH vom 10. 9. 1998 – BStBl 1999 II S. 215).
- Das Verfassen von Anleitungen zum Umgang mit technischen Geräten ist eine schriftstellerische Tätigkeit, wenn der auf der Grundlage mitgeteilter Daten erstellte Text als eine eigenständige gedankliche Leistung des Autors erscheint (→ BFH vom 25. 4. 2002 – BStBl II S. 475).

Sonstige selbständige Arbeit

- Eine Tätigkeit ist auch eine sonstige selbständige Arbeit i. S. d. § 18 Abs. 1 Nr. 3 EStG, wenn sie den dort aufgeführten Tätigkeiten (Vollstreckung von Testamenten, Vermögensverwaltung, Tätigkeit als Aufsichtsratsmitglied) ähnlich ist (→ BFH vom 28. 8. 2003 – BStBl 2004 II S. 112).

- Die Tatsache, dass ein Stpfl. „selbständig und eigenverantwortlich" i. S. d. § 18 Abs. 1 Nr. 1 Satz 3 EStG tätig ist, reicht im Rahmen des § 18 Abs. 1 Nr. 3 EStG nicht aus, die Tätigkeit als selbständige zu qualifizieren. Nimmt die sonstige selbständige Tätigkeit einen Umfang an, der die ständige **Beschäftigung mehrerer Angestellter** oder die **Einschaltung von Subunternehmern** erforderlich macht, und werden den genannten Personen nicht nur untergeordnete, insbesondere vorbereitende oder mechanische Aufgaben übertragen, liegt eine gewerbliche Tätigkeit vor (sog. **Vervielfältigungstheorie**, → BFH 12. 12. 2001 – BStBl 2002 II S. 202). In diesen Fällen übt auch der Subunternehmer keine sonstige selbständige Tätigkeit aus (→ BFH vom 28. 4. 2005 – BStBl II S. 611).
- Auch wenn nur **Hilfskräfte** beschäftigt werden, die ausschließlich untergeordnete Arbeiten erledigen, kann der Umfang des Betriebs den gewerblichen Charakter begründen (→ BFH vom 23. 5. 1984 – BStBl II S. 823). Danach üben z. B.
  - **Hausverwalter**, die eine größere Zahl von Gebäuden verwalten und sich zur Erledigung ihrer Arbeiten ständig mehrerer Hilfskräfte bedienen, und
  - **Zwangsverwalter**, die zur Erfüllung ihrer Aufgaben gewerblich tätige Verwaltungsgesellschaften als Erfüllungsgehilfen einschalten, in der Regel eine gewerbliche Tätigkeit aus (→ BFH vom 13. 5. 1966 – BStBl III S. 489). Auch bei einem Rechtsanwalt, der als Verwalter im Insolvenzverfahren tätig ist, liegt unter den Voraussetzungen der Vervielfältigungstheorie eine gewerbliche Tätigkeit vor (→ BFH 12. 12. 2001 – BStBl 2002 II S. 202).
- Auch bei einem **Rechtsanwalt**, der als **Verwalter im Insolvenzverfahren** tätig ist, liegt unter den Voraussetzungen der Vervielfältigungstheorie eine gewerbliche Tätigkeit vor (→ BFH 12. 12. 2001 – BStBl 2002 II S. 202):
- Eine Tätigkeit als **Aufsichtsratsmitglied** i. S. d. § 18 Abs. 1 Nr. 3 EStG übt derjenige aus, der mit der Überwachung der Geschäftsführung einer Gesellschaft beauftragt ist. Dies ist dann nicht der Fall, wenn vom Beauftragten im Wesentlichen Aufgaben der Geschäftsführung wahrgenommen werden (→ BFH vom 28. 8. 2003 – BStBl 2004 II S. 103).

Unterrichtende Tätigkeit

Der Betrieb einer **Unterrichtsanstalt** ist dann als Ausübung eines freien Berufs anzusehen, wenn der Inhaber über entsprechende Fachkenntnisse verfügt und den Betrieb der Schule eigenverantwortlich leitet (→ Mithilfe anderer Personen). Für eine spezifisch individuelle Leistung, wie es die Lehrtätigkeit ist, gelten dabei **besonders enge Maßstäbe** (→ BFH vom 1. 4. 1982 – BStBl II S. 589).

Ein der Schule angeschlossenes **Internat** rechnet zur freiberuflichen Tätigkeit, wenn das Internat ein notwendiges Hilfsmittel für die Schule ist und das Internat keine besondere Gewinnquelle neben der Schule bildet (→ BFH vom 30. 6. 1964 – BStBl III S. 630). Für die Behandlung der beiden Betriebe als gemischte Tätigkeit und ihre getrennte steuerliche Behandlung (→ Gemischte Tätigkeit). Eine freiberufliche erzieherische Tätigkeit kann ohne Ablegung einer fachlichen Prüfung ausgeübt werden (→ BFH vom 25. 4. 1974 – BStBl II S. 642).

Der Betrieb eines **Fitness-Studios** stellt keine unterrichtende Tätigkeit dar, wenn sich die persönliche Betreuung der Kunden im Wesentlichen auf die Einweisung in die Handhabung der Geräte und die Überwachung des Trainings in Einzelfällen beschränkt (→ BFH vom 13. 1. 1994 – BStBl II S. 362). Dies gilt auch bei einem **Bodybuilding-Studio**, wenn die unterrichtende Tätigkeit nur die Anfangsphase der Kurse prägt und im Übrigen den Kunden Trainingsgeräte zur freien Verfügung stehen (→ BFH vom 18. 4. 1996 – BStBl II S. 573).

Der Betrieb einer **Tanzschule** durch eine GbR ist gewerblich, wenn diese auch einen Getränkeverkauf mit Gewinnerzielungsabsicht betreibt (→ BFH vom 18. 5. 1995 – BStBl II S. 718).

Verpachtung nach Erbfall

Das Ableben eines Freiberuflers führt weder zu einer Betriebsaufgabe noch geht das der freiberuflichen Tätigkeit dienende Betriebsvermögen durch den Erbfall in das Privatvermögen der Erben über (→ BFH vom 14. 12. 1993 – BStBl 1994 II S. 922). Die vorübergehende Verpachtung einer freiberuflichen Praxis durch den Erben oder Vermächtnisnehmer führt dann nicht zur Betriebsaufgabe, wenn er im Begriff ist, die für die beabsichtigte Praxisfortführung erforderliche freiberufliche Qualifikation zu erlangen (→ BFH vom 12. 3. 1992 – BStBl 1993 II S. 36).

Wissenschaftliche Tätigkeit

Wissenschaftlich tätig wird nicht nur, wer schöpferische oder forschende Arbeit leistet – reine Wissenschaft –, sondern auch, wer das aus der Forschung hervorgegangene Wissen und Erkennen auf konkrete Vorgänge anwendet – angewandte Wissenschaft. Keine wissenschaftliche

Tätigkeit liegt vor, wenn sie im Wesentlichen in einer praxisorientierten Beratung besteht (→ BFH vom 27. 2. 1992 – BStBl II S. 826).

R 15.7

15.7. Abgrenzung des Gewerbebetriebs von der Vermögensverwaltung

R 15.7 (1)

Allgemeines

S 2240

(1) [1]Die bloße Verwaltung eigenen Vermögens ist regelmäßig keine gewerbliche Tätigkeit. [2]Vermögensverwaltung liegt vor, wenn sich die Betätigung noch als Nutzung von Vermögen im Sinne einer Fruchtziehung aus zu erhaltenden Substanzwerten darstellt und die Ausnutzung substantieller Vermögenswerte durch Umschichtung nicht entscheidend in den Vordergrund tritt. [3]Ein Gewerbebetrieb liegt dagegen vor, wenn eine selbständige nachhaltige Betätigung mit Gewinnabsicht unternommen wird, sich als Beteiligung am allgemeinen wirtschaftlichen Verkehr darstellt und über den Rahmen einer Vermögensverwaltung hinausgeht. [4]Die Verpachtung eines Gewerbebetriebs ist grundsätzlich nicht als Gewerbebetrieb anzusehen → aber R 16 Abs. 5.

H 15.7 (1)

Hinweise

Beginn der Betriebsverpachtung

Verfahren → BFH vom 13. 11. 1963 (BStBl 1964 III S. 124)

→ Oberste Finanzbehörden der Länder (BStBl 1965 II S. 4 ff.)

→ R 16 Abs. 5

Betriebsaufspaltung/Gewerblicher Grundstückshandel

Gehört ein Grundstück zum Betriebsvermögen (Umlaufvermögen) eines gewerblichen Grundstückhandels und wird im Rahmen einer Betriebsaufspaltung als eine wesentliche Betriebsgrundlage an ein Betriebsunternehmen vermietet, wird das Grundstück unter Fortführung des Buchwerts notwendiges Betriebsvermögen (Anlagevermögen) bei dem Besitzunternehmen (→ BFH vom 21. 6. 2001 – BStBl 2002 II S. 537).

Darlehen

Es liegt ein Gewerbebetrieb und nicht private Vermögensverwaltung vor, wenn ein Privatmann unter Einschaltung einer spezialisierten Maklerfirma in einer Vielzahl von Fällen an einen bestimmten Markt Darlehen vergibt und sich hierzu auch refinanziert (→ FG Köln vom 4. 7. 1995 – EFG 1995 S. 1019).

Einkunftsermittlung

Bei im Betriebsvermögen gehaltenen Beteiligungen an vermögensverwaltenden Personengesellschaften → BMF vom 29. 4. 1994 (BStBl I S. 282), vom 27. 12. 1996 (BStBl I S. 1521) und vom 8. 6. 1999 (BStBl I S. 592) und → BFH vom 11. 4. 2005 (BStBl II S. 679).

Gewerblicher Grundstückshandel

Anhang 11

- → BMF vom 26. 3. 2004 (BStBl I S. 434)
- Veräußert der Alleingesellschafter-Geschäftsführer einer GmbH ein von ihm erworbenes unaufgeteiltes Mehrfamilienhaus an die GmbH, die er zur Aufteilung bevollmächtigt und die die entstandenen vier Eigentumswohnungen noch im selben Jahr an verschiedene Erwerber veräußert, könnten die Aktivitäten der GmbH nur dem Anteilseigner zugerechnet werden, wenn die Voraussetzungen eines Gestaltungsmissbrauchs vorliegen. Für einen Gestaltungsmissbrauch kann insbesondere neben weiteren Umständen sprechen, dass die Mittel für den an den Anteilseigner zu entrichtenden Kaufpreis zu einem erheblichen Teil erst aus den Weiterverkaufserlösen zu erbringen sind (→ BHF vom 18. 3. 2004 – BStBl II S. 787).
- In der Einschaltung von nahen Angehörigen in eigene Grundstücksgeschäfte des Stpfl. kann ein Gestaltungsmissbrauch i. S. d. § 42 AO liegen (→ BFH vom 15. 3. 2005 – BStBl II S. 817).

Handel mit Beteiligungen

Die Gründung oder der Erwerb von mehreren GmbHs, die Ausstattung der Gesellschaften mit Güterfernverkehrsgenehmigungen und die anschließende Veräußerung dieser Beteiligungen begründet eine gewerbliche Tätigkeit (→ BFH vom 25. 7. 2001 – BStBl II S. 809).

Handel mit Versicherungen

Erwerb von Risikolebensversicherungen auf dem Zweitmarkt = gewerbliche Betätigung → OFD Frankfurt vom 24. 2. 2006 (DStR 2006, S. 1458)

Teilbetrieb

Die Verpachtung eines Teilbetriebs führt nicht zu Einkünften aus Vermietung und Verpachtung, wenn sie im Rahmen des gesamten Betriebs vorgenommen wird (→ BFH vom 5. 10. 1976 – BStBl 1977 II S. 42).

Venture Capital Fonds/Private Equity Fonds

Zur Abgrenzung der privaten Vermögensverwaltung vom Gewerbebetrieb bei Venture Capital Fonds und Private Equity Fonds → BMF vom 16. 12. 2003 (BStBl 2004 I S. 40 – berichtigt BStBl 2006 I S. 632) unter Berücksichtigung der Änderung (Streichung von Tz. 20 Satz 2) durch BMF vom 21. 3. 2007 (BStBl I S. 302).

weitere Hinweise

→ OFD Magdeburg vom 5. 4. 2006 (DStR 2006, S. 1505)

→ OFD Frankfurt vom 1. 12. 2006, S 2241 A – 67 – St 210 (DB 2007 S. 22)

→ OFD Frankfurt vom 16. 2. 2007, S 2241 A – 67 – St 220 (GmbHR 2007 S. 671)

Vermietung und Verpachtung von Grundvermögen **R 15.7 (2)**

(2) [1]Ein Gewerbebetrieb ist in der Regel gegeben bei der Vermietung von Ausstellungsräumen, Messeständen und bei der ständig wechselnden kurzfristigen Vermietung von Sälen, z. B. für Konzerte.[1]) [2]Die Beherbergung in Gaststätten ist stets ein Gewerbebetrieb.

Hinweise

H 15.7 (2)

Arbeiterwohnheim

Der Betrieb eines Arbeiterwohnheims ist im Allgemeinen als Gewerbebetrieb zu beurteilen (→ BFH vom 18. 1. 1973 – BStBl II S. 561).

Architekten/Bauunternehmer

Die Errichtung von Häusern durch Architekten oder Bauunternehmer zum Zweck späterer Vermietung stellt keine gewerbliche Tätigkeit dar, auch wenn sie in großem Umfang erfolgt und erhebliche Fremdmittel eingesetzt werden (→ BFH vom 12. 3. 1964 – BStBl III S. 364).

Campingplatz

Der Inhaber eines Campingplatzes ist gewerblich tätig, wenn er über die Vermietung der einzelnen Plätze für das Aufstellen von Zelten und Wohnwagen hinaus wesentliche Nebenleistungen erbringt, wie die Zurverfügungstellung sanitärer Anlagen und ihrer Reinigung, die Trinkwasserversorgung, die Stromversorgung für die Gesamtanlage und die einzelnen Standplätze, Abwässer- und Müllbeseitigung, Instandhaltung, Pflege und Überwachung des Platzes (→ BFH vom 6. 10. 1982 – BStBl 1983 II S. 80). Das gilt auch, wenn die Benutzer überwiegend sog. Dauercamper sind (→ BFH vom 27. 1. 1983 – BStBl II S. 426).

Ferienwohnung

Bei Vermietung einer Ferienwohnung ist ein Gewerbebetrieb gegeben, wenn sämtliche der folgenden Voraussetzungen vorliegen:

---

1) Anm.: → BFH vom 25. 10. 1988 (BStBl 1989 II S. 291).

1. Die Wohnung muss für die Führung eines Haushalts voll eingerichtet sein, z. B. Möblierung, Wäsche und Geschirr enthalten. Sie muss in einem reinen Feriengebiet im Verband mit einer Vielzahl gleichartig genutzter Wohnungen liegen, die eine einheitliche Wohnanlage bilden.
2. die Werbung für die kurzfristige Vermietung der Wohnung an laufend wechselnde Mieter und die Verwaltung der Wohnung müssen von einer für die einheitliche Wohnanlage bestehenden Feriendienstorganisation durchgeführt werden.
3. die Wohnung muss jederzeit zur Vermietung bereitgehalten werden, und es muss nach Art der Rezeption eines Hotels laufend Personal anwesend sein, das mit den Feriengästen Mietverträge abschließt und abwickelt und dafür sorgt, dass die Wohnung in einem Ausstattungs-, Erhaltungs- und Reinigungszustand ist und bleibt, der die sofortige Vermietung zulässt (→ BFH vom 25. 6. 1976 – BStBl II S. 728).[1])

Ein Gewerbebetrieb ist auch anzunehmen, wenn eine hotelmäßige Nutzung der Ferienwohnung vorliegt oder die Vermietung nach Art einer Fremdenpension erfolgt. Ausschlaggebend ist, ob wegen der Häufigkeit des Gästewechsels oder im Hinblick auf zusätzlich zur Nutzungsüberlassung erbrachte Leistungen, z. B. Bereitstellung von Wäsche und Mobiliar, Reinigung der Räume, Übernahme sozialer Betreuung, eine Unternehmensorganisation erforderlich ist, wie sie auch in Fremdenpensionen vorkommt (→ BFH vom 28. 6. 1984 – BStBl 1985 II S. 211).

Die Rechtsprechung des IX. Senats des BFH, nach der bei einer ausschließlich an wechselnde Feriengäste vermieteten und in der übrigen Zeit hierfür bereitgehaltenen Ferienwohnung ohne weitere Prüfung von der Überschusserzielungsabsicht des Stpfl. auszugehen ist, betrifft allein Einkünfte aus Vermietung und Verpachtung, nicht aber die gewerbliche Vermietung (→ BFH vom 29. 3. 2007 – BFH/NV 2007, S. 1492).

→ H 4.2 (7)

Fremdenpension

Die Beherbergung in Fremdenpensionen ist stets ein Gewerbebetrieb (→ BFH vom 11. 7. 1984 – BStBl II S. 722).

Gewerblicher Charakter der Vermietungstätigkeit

Um der Tätigkeit der Vermögensverwaltung gewerblichen Charakter zu verleihen, müssen besondere Umstände hinzutreten. Diese können darin bestehen, dass die Verwaltung des Grundbesitzes infolge des ständigen und schnellen Wechsels der Mieter eine Tätigkeit erfordert, die über das bei langfristigen Vermietungen übliche Maß hinausgeht, oder dass der Vermieter zugleich Leistungen erbringt, die eine bloße Vermietungstätigkeit überschreiten. Das entscheidende Merkmal liegt also darin, dass die bloße Vermögensnutzung hinter der Bereitstellung einer einheitlichen gewerblichen Organisation zurücktritt (→ BFH vom 21. 8. 1990 – BStBl 1991 II S. 126).

Parkplatz

Der Betrieb eines Parkplatzes für Kurzparker ist eine gewerbliche Betätigung (→ BFH vom 9. 4. 2003 – BStBl II S. 520).

Tennisplätze

Ein Gewerbebetrieb ist in der Regel bei der Vermietung von Tennisplätzen gegeben (→ BFH vom 25. 10. 1988 – BStBl 1989 II S. 291).

Umfangreicher Grundbesitz

Die Vermietung und Verpachtung von Grundvermögen stellt auch dann eine bloße Vermögensverwaltung dar, wenn der vermietete Grundbesitz sehr umfangreich ist und der Verkehr mit vielen Mietern erhebliche Verwaltungsarbeit erforderlich macht (→ BFH vom 21. 8. 1990 – BStBl 1991 II S. 126) oder die vermieteten Räume gewerblichen Zwecken dienen (→ BFH vom 17. 1. 1961 – BStBl III S. 233).

Untervermietung

Die Untervermietung von kleinen Flächen (Läden, Ständen) stellt keine gewerbliche Betätigung dar, wenn keine besonderen Umstände hinzutreten (→ BFH vom 18. 3. 1964 – BStBl III S. 367).

[1]) Anm.: Bestätigt durch BFH vom 19. 1. 1990 (BStBl II S. 383).

Vermietung möblierter Zimmer

Die Vermietung, auch Untervermietung, möblierter Zimmer ist keine gewerbliche Tätigkeit. An dieser Beurteilung ändert sich auch dann nichts, wenn außer der Nutzungsüberlassung als Nebenleistung die Reinigung der Räume, die Gestellung des Frühstücks und dergleichen besonders erbracht werden. Eine gewerbliche Tätigkeit ist jedoch bei der Überlassung von Wohnraum gegeben, wenn die Nutzung des Vermögens hinter der Bereitstellung einer dem Beherbergungsbetrieb vergleichbaren Organisation zurücktritt (→ BFH vom 11. 7. 1984 – BStBl II S. 722).

Vermietung beweglicher Gegenstände **R 15.7 (3)**

(3) [1]Die Vermietung beweglicher Gegenstände (z. B. PKW, Wohnmobile, Boote) führt grundsätzlich zu sonstigen Einkünften i. S. d. § 22 Nr. 3 EStG, bei in ein öffentliches ***inländisches oder ausländisches*** Register eingetragenen beweglichen Sachen (Schiffe, Flugzeuge) zu Einkünften i. S. d. § 21 Abs. 1 Satz 1 Nr. 1 EStG oder bei Sachinbegriffen zu Einkünften i. S. d. § 21 Abs. 1 Satz 1 Nr. 2 EStG. [2]Eine gewerbliche Tätigkeit liegt vor, wenn im Zusammenhang mit der Vermietung ins Gewicht fallende Sonderleistungen erbracht werden oder der Umfang der Tätigkeit eine unternehmerische Organisation erfordert.

Hinweise

H 15.7 (3)

Austausch vor Ablauf der Nutzungsdauer

Allein aus dem Umstand, dass vermietete bewegliche Wirtschaftsgüter vor Ablauf der gewöhnlichen oder tatsächlichen Nutzungsdauer gegen neuere, funktionstüchtigere Wirtschaftsgüter ausgetauscht werden, kann nicht auf eine gewerbliche Tätigkeit des Vermietungsunternehmens geschlossen werden. Der Bereich der privaten Vermögensverwaltung wird nur dann verlassen, wenn die Gebrauchsüberlassung der vermieteten Gegenstände gegenüber der Veräußerung in den Hintergrund tritt (→ BFH vom 31. 5. 2007 – BStBl II S. 768).

Flugzeug

- Das Vermieten eines in die Luftfahrzeugrolle eingetragenen Flugzeugs ohne Sonderleistungen des Vermieters ist regelmäßig keine gewerbliche Tätigkeit, sondern führt zu Einkünften aus Vermietung und Verpachtung im Sinne von § 21 Abs. 1 Satz 1 Nr. 1 EStG (→ BFH vom 2. 5. 2000 – BStBl II S. 467).
- 1. Erwerb, Vermietung und Veräußerung von in die Luftfahrzeugrolle eingetragenen Flugzeugen sind gewerbliche Tätigkeiten, wenn die Vermietung mit dem An- und Verkauf aufgrund eines einheitlichen Geschäftskonzepts verklammert ist (Abgrenzung zu den BFH-Urteilen vom 2. 5. 2000 IX R 71/96, BStBl II S. 467, und IX R 99/97, BFH/NV 2001 S. 14) .
- 2. Der Gewinn aus der Veräußerung von Wirtschaftsgütern des Anlagevermögens gehört zum gewerbesteuerbaren (laufenden) Gewinn, wenn die Veräußerung Bestandteil eines einheitlichen Geschäftskonzepts der unternehmerischen Tätigkeit ist.

  → BFH vom 26. 6. 2007 – IV R 49/04 – (→ BFH-Internet-Seite)

Wohnmobil

Die Vermietung nur eines Wohnmobils an wechselnde Mieter ist in der Regel keine gewerbliche Tätigkeit (→ BFH vom 12. 11. 1997 – BStBl 1998 II S. 774). Der Erwerb, die Vermietung und Veräußerung von Wohnmobilen sind jedoch gewerblich, wenn die einzelnen Tätigkeiten sich gegenseitig bedingen und derart verflochten sind, dass sie nach der Verkehrsanschauung als einheitlich anzusehen sind (→ BFH vom 22. 1. 2003 – BStBl II S. 464).

Betriebsaufspaltung – Allgemeines **R 15.7 (4)**

(4) – unbesetzt –

H 15.7 (4)

Hinweise

Allgemeines

Eine Betriebsaufspaltung liegt vor, wenn ein Unternehmen (Besitzunternehmen) eine wesentliche Betriebsgrundlage an eine gewerblich tätige Personen- oder Kapitalgesellschaft (Betriebsunternehmen) zur Nutzung überlässt (sachliche Verflechtung) und eine Person oder mehrere Personen zusammen (Personengruppe) sowohl das Besitzunternehmen als auch das Betriebsunternehmen in dem Sinne beherrschen, dass sie in der Lage sind, in beiden Unternehmen einen einheitlichen geschäftlichen Betätigungswillen durchzusetzen (personelle Verflechtung). Liegen die Voraussetzungen einer personellen und sachlichen Verflechtung vor, ist die Vermietung oder Verpachtung keine Vermögensverwaltung mehr, sondern eine gewerbliche Vermietung oder Verpachtung. Das Besitzunternehmen ist Gewerbebetrieb (→ BFH vom 12. 11. 1985 – BStBl 1986 II S. 296).

Betriebsaufspaltung über die Grenze

Verlegt im Falle der Betriebsaufspaltung der Inhaber des Besitzunternehmens seinen Wohnsitz ins Ausland, stellt die Betriebsstätte der Betriebsgesellschaft keine Betriebsstätte des Besitzunternehmens dar. Sofern das Besitzunternehmen nur vom Wohnsitz des Inhabers geführt wird, muss dieser seinen Wohnsitz im Inland haben oder einen ständigen Vertreter i. S. d. § 49 Abs. 1 Nr. 2 EStG bestellt haben. Fehlt es hieran, liegt keine Betriebsaufspaltung über die Grenze vor. Der im Inland belegene und der Betriebsgesellschaft zur Nutzung überlassene Grundbesitz ist dann nicht Betriebsvermögen. Daraus ergibt sich zwangsläufig, dass die Wohnsitzverlegung ins Ausland zur Betriebsaufgabe mit voller Gewinnrealisierung im Betriebsvermögen führt. Gewinnausschüttungen der Betriebsgesellschaft nach der Betriebsaufgabe unterliegen ebenso wie etwaige Zinszahlungen der Betriebsgesellschaft an den früheren Besitzunternehmer nicht dem Betriebsstättenvorbehalt der DBA. Die Einkünfte aus der Verpachtung des Grundstücks unterliegen der beschränkten Einkommensteuerpflicht nach § 49 Abs. 1 Nr. 6 EStG, die durch die DBA aufrechterhalten wird. Gewinne aus der Veräußerung des Grundstücks nach Betriebsaufgabe unterliegen der beschränkten Steuerpflicht nach § 49 Abs. 1 Nr. 8 EStG, die ebenfalls durch die DBA nicht berührt wird.

→ OFD Frankfurt vom 7. 4. 2004 – S 2240 A – 28 – St II 2.02 – (StEK EStG § 15/356)

Buchwertverknüpfung

→ OFD Frankfurt vom 7. 4. 2004 – S 2240 A – 28 – St II 2.02 – (StEK EStG § 15/356) – Auszug –:

3.5 Buchwertverknüpfung

Wird eine Betriebsaufspaltung in der Weise begründet, dass unter Zurückbehaltung der wesentlichen Betriebsgrundlage die Wirtschaftsgüter des Einzelunternehmens in eine Betriebskapitalgesellschaft eingebracht werden, liegt keine Betriebseinbringung i. S. d. § 20 UmwStG vor, da es an der Einbringung eines – kompletten – Betriebs fehlt.

3.5.1 Rechtslage bis 31. 12. 1998 bei Übertragung sowohl auf Betriebskapital- als auch Betriebspersonengesellschaft – *nicht abgedruckt* –

3.5.2 Rechtslage vom 1. 1. 1999 bis 31. 12. 2000 bei Übertragung auf Betriebspersonengesellschaft – *nicht abgedruckt* –

3.5.3 Rechtslage ab 1. 1. 2001 bei Übertragung auf Betriebspersonengesellschaft

Nach der Neufassung des § 6 Abs. 5 Satz 3 EStG durch das StSenkG ist die Übertragung von Einzelwirtschaftsgütern in den dort genannten Fällen zwingend zum Buchwert vorzunehmen. Derartige Fallgestaltungen können auch im Rahmen von Betriebsaufspaltungen vorkommen.

3.5.4 Rechtslage ab 1. 1. 1999 bei Übertragung auf Betriebskapitalgesellschaft

Nach § 6 Abs. 6 Satz 1 EStG ist in Fällen des Tauschs (Übertragung gegen die Gewährung von Gesellschaftsrechten) der gemeine Wert anzusetzen, in den Fällen der verdeckten Einlage kommt nach § 6 Abs. 6 Sätze 2 und 3 EStG der Teilwert bzw. Einlagewert nach § 6 Abs. 1 Nr. 5 Satz 1 EStG zum Tragen.

Bürgschaft für die Betriebskapitalgesellschaft

Eine Bürgschaft, die ein Gesellschafter der Besitzpersonengesellschaft für die Verbindlichkeiten der Betriebskapitalgesellschaft übernimmt, ist durch den Betrieb der Besitzpersonengesellschaft veranlasst und gehört zu seinem negativen Sonderbetriebsvermögen II bei der Besitzpersonengesellschaft, wenn die Übernahme der Bürgschaft nicht zu marktüblichen (fremdüblichen) Bedingungen erfolgt. Die Inanspruchnahme aus einer solchen Bürgschaft führt nicht zu nachträglichen Anschaffungskosten der Anteile an der Betriebskapitalgesellschaft (→ BFH vom 8. 12. 2001 – BStBl 2002 II S. 733).

Darlehen

- Gewähren die Gesellschafter der Betriebskapitalgesellschaft bei deren Gründung ein Darlehen, dessen Laufzeit an die Dauer ihrer Beteiligung an dieser Gesellschaft gebunden ist, so gehört dieses Darlehen zu ihrem notwendigen Sonderbetriebsvermögen II bei der Besitzpersonengesellschaft (→ BFH vom 10. 11. 1994 – BStBl 1995 II S. 452). Dies gilt auch für ein ungesichertes, unkündbares Darlehen der Gesellschafter der Besitzpersonengesellschaft an die Betriebskapitalgesellschaft, für das Zinsen erst zum Ende der Laufzeit des Darlehens gezahlt werden sollen (→ BFH vom 19. 10. 2000 – BStBl 2001 II S. 335).
- Gewährt die Besitzpersonengesellschaft einer Kapitalgesellschaft, die Geschäftspartner der Betriebskapitalgesellschaft ist, ein Darlehen, gehört dieses zum notwendigen Betriebsvermögen der Besitzpersonengesellschaft (→ BFH vom 25. 11. 2004 – BStBl 2005 II S. 354 und vom 20. 4. 2005 – BStBl II S. 692).

Dividendenansprüche

→ H 4.2 (1)

Eigentümergemeinschaft

Vermietet eine Eigentümergemeinschaft, an der der Besitzunternehmer nicht beherrschend beteiligt ist, ein Grundstück an die Betriebskapitalgesellschaft, ist die anteilige Zuordnung des Grundstücks zum Betriebsvermögen des Besitzunternehmens davon abhängig, ob die Vermietung an die Betriebskapitalgesellschaft durch die betrieblichen Interessen des Besitzunternehmens veranlasst ist (→ BFH vom 2. 12. 2004 – BStBl 2005 II S. 340).

Geschäftswert

Werden bei der Begründung einer Betriebsaufspaltung sämtliche Aktiva und Passiva einschließlich der Firma mit Ausnahme des Immobilienvermögens auf die Betriebskapitalgesellschaft übertragen und das vom Besitzunternehmen zurückbehaltene Betriebsgrundstück der Betriebskapitalgesellschaft langfristig zur Nutzung überlassen, geht der im bisherigen (Einzel-) Unternehmen entstandene (originäre) Geschäftswert grundsätzlich auf die Betriebskapitalgesellschaft über (→ BFH vom 16. 6. 2004 – BStBl 2005 II S. 378).

→ auch: OFD Frankfurt vom 7. 4. 2004 – S 2240 A – 28 – St II 2.02 – (StEK EStG § 15/356) – Auszug –:

3.8 Zuordnung des Geschäftswerts

Der Geschäftswert des Besitzunternehmens ist Ausdruck seiner Gewinnchancen, soweit sie nicht in einzelnen Wirtschaftsgütern verkörpert sind, sondern durch den Betrieb eines lebenden Unternehmens gewährleistet erscheinen. Er wird durch besondere für das Unternehmen charakteristische Vorteile (z. B. Ruf, Kundenkreis und Organisation u. s. w.) bestimmt.

Diese Kriterien sind meist beim operativen Geschäft der Betriebsgesellschaft anzusiedeln. Daher ist der Geschäftswert nur dann weiterhin dem Besitzunternehmen zuzurechnen, wenn lediglich das Umlaufvermögen auf die Betriebsgesellschaft übertragen wird, das gesamte Anlagevermögen allerdings bei dem Besitzunternehmen verbleibt (→ BFH vom 14. 1. 1998 – BFHE 185 S. 230).

Wird dagegen nur ein Grundstück zurückbehalten, während Umlauf- und bewegliches Anlagevermögen sowie gewerbliche Schutzrechte auf die Betriebsgesellschaft übertragen werden, folgt der Geschäftswert diesen Wirtschaftsgütern und ist der Betriebsgesellschaft zuzurechnen (→ BFH vom 28. 6. 1989 – BStBl II S. 982).

Auch mit seinem Urteil vom 27. 3. 2001 – BStBl 2002 II S. 771 – hat der BFH klargestellt, dass bei Begründung einer Betriebsaufspaltung der im bisherigen Unternehmen entstandene Geschäftswert auf die neu gegründete Betriebsgesellschaft übergehen kann. Er folgt dabei denjenigen geschäftswertbildenden Faktoren, die durch ihn verkörpert werden. Hierfür kommt beispielsweise auch eine besonders qualifizierte Arbeitnehmerschaft oder eine spezielle betriebliche Organisation in Betracht. Die erforderliche Zuordnung der geschäftswertbildenden Faktoren hängt dabei weitgehend von den tatsächlichen Umständen des jeweiligen Einzelfalls ab.

Gewinnausschüttungen

Gewinnausschüttungen einer Betriebskapitalgesellschaft an das Besitzunternehmen für die Zeit vor der Betriebsaufspaltung sind als Einnahmen aus Gewerbebetrieb zu qualifizieren, wenn der Gewinnverteilungsbeschluss nach Begründung der Betriebsaufspaltung gefasst worden ist (→ BFH vom 14. 9. 1999 – BStBl 2000 II S. 255).

Kapitalerhöhung bei der Betriebskapitalgesellschaft

Wird von dem Besitzunternehmer ein Anteil an der Betriebskapitalgesellschaft gegen Leistung einer Einlage übertragen, die niedriger ist als der Wert des übernommenen Anteils, liegt in Höhe der Differenz zwischen dem Wert des übernommenen Anteils und der geleisteten Einlage eine Entnahme vor (→ BFH vom 16. 4. 1991 – BStBl II S. 832 und vom 17. 11. 2005 – BStBl 2006 II S. 287).

Mitunternehmerische Betriebsaufspaltung

- Das Rechtsinstitut der Betriebsaufspaltung zwischen Schwesterpersonengesellschaften hat Vorrang vor den Rechtsfolgen aus § 15 Abs. 1 Satz 1 Nr. 2 EStG (→ BFH vom 23. 4. 1996 – BStBl 1998 II S. 325 und vom 24. 11. 1998 – BStBl 1999 II S. 483).

  → BMF vom 28. 4. 1998 (BStBl I S. 583) mit Übergangsregelung
- Vermieten die Miteigentümer einer Bruchteilsgemeinschaft ein Grundstück als wesentliche Betriebsgrundlage an eine von ihnen beherrschte Betriebspersonengesellschaft, ist regelmäßig davon auszugehen, dass sich die Miteigentümer zumindest konkludent zu einer GbR (= Besitzpersonengesellschaft) zusammengeschlossen haben (→ BFH vom 18. 8. 2005 – BStBl II S. 830).
- Die Überlassung eines Praxisgrundstücks seitens einer ganz oder teilweise personenidentischen Miteigentümergemeinschaft an eine Freiberufler-GbR begründet keine mitunternehmerische Betriebsaufspaltung (→ BFH vom 10. 11. 2005 – BStBl 2006 II S. 173).
- ***Überlässt eine ansonsten vermögensverwaltende Personengesellschaft Wirtschaftsgüter im Rahmen einer mitunternehmerischen Betriebsaufspaltung, stellen diese für die Dauer der Betriebsaufspaltung Betriebsvermögen der Besitzgesellschaft dar. Sofern auch die Voraussetzungen für Sonderbetriebsvermögen bei der Betriebspersonengesellschaft erfüllt sind, lebt diese Eigenschaft mit Ende der Betriebsaufspaltung durch Wegfall der personellen Verflechtung wieder auf (→ BFH vom 30. 8. 2007 – BStBl 2008 II S. 129).***

Notwendiges Betriebsvermögen

- Notwendiges Betriebsvermögen des Besitzunternehmens können auch Wirtschaftsgüter sein, die keine wesentlichen Betriebsgrundlagen des Betriebsunternehmens darstellen. Allerdings muss ihre Überlassung in einem unmittelbaren wirtschaftlichen Zusammenhang mit der Überlassung wesentlicher Betriebsgrundlagen stehen. Dies gilt auch für Patente und Erfindungen unabhängig davon, ob sie bereits mit Begründung der Betriebsaufspaltung oder zu einem späteren Zeitpunkt überlassen werden (→ BFH vom 23. 9. 1998 – BStBl 1999 II S. 281).
- Gehört ein Grundstück zum Betriebsvermögen (Umlaufvermögen) eines gewerblichen Grundstückshandels und wird es im Rahmen einer Betriebsaufspaltung als eine wesentliche Betriebsgrundlage an ein Betriebsunternehmen vermietet, wird das Grundstück unter Fortführung des Buchwerts notwendiges Betriebsvermögen (Anlagevermögen) bei dem Besitzunternehmen (→ BFH vom 21. 6. 2001 – BStBl 2002 II S. 537).
- → Eigentümergemeinschaft
- Die Anteile des Besitzunternehmers an einer anderen Kapitalgesellschaft, welche intensive und dauerhafte Geschäftsbeziehungen zur Betriebskapitalgesellschaft unterhält, gehören zum notwendigen Betriebsvermögen des Besitzunternehmens. Gewährt der Besitzunternehmer dieser anderen Kapitalgesellschaft zu deren Stützung in der Krise ein kapitalersetzendes Darlehen, gehört der Anspruch auf Rückzahlung grundsätzlich ebenfalls zum notwendigen Betriebsvermögen des Besitzunternehmens (→ BFH vom 20. 4. 2005 – BStBl II S. 692).

Nur-Besitzgesellschafter

Die gewerbliche Tätigkeit des Besitzunternehmens umfasst auch die Anteile und Einkünfte der Personen, die nur am Besitzunternehmen beteiligt sind (→ BFH vom 2. 8. 1972 – BStBl II S. 796).

Pensionsanspruch gegenüber der Betriebskapitalgesellschaft

Die Pensionsanwartschaft des Besitzunternehmers gegenüber der Betriebskapitalgesellschaft, deren Gesellschafter-Geschäftsführer er ist, gehört nicht zu seinem Betriebsvermögen, sondern zum Privatvermögen (→ BFH vom 18. 4. 2002 – BStBl 2003 II S. 149).

Sonderbetriebsvermögen

- Wird ein Wirtschaftsgut im Eigentum eines einzelnen Gesellschafters der Besitzpersonengesellschaft unmittelbar an eine Betriebskapitalgesellschaft verpachtet, kann es Sonderbetriebsvermögen II bei der Besitzpersonengesellschaft darstellen, wenn die Nutzungsüberlassung seitens des Gesellschafters nicht durch betriebliche oder private Interessen des Gesellschafters, sondern primär durch die betrieblichen Interessen der Besitzpersonengesellschaft oder der Betriebskapitalgesellschaft und somit gesellschaftlich veranlasst ist (→ BFH vom 10. 6. 1999 – BStBl II S. 715). Diese Grundsätze gelten nicht, wenn es sich beim Betriebsunternehmen um eine Personengesellschaft handelt, an der der überlassende Gesellschafter beteiligt ist; das überlassene Wirtschaftsgut stellt dann Sonderbetriebsvermögen I des Gesellschafters bei der Betriebspersonengesellschaft dar. Diese Zuordnung geht der als Sonderbetriebsvermögen II bei der Besitzpersonengesellschaft vor (→ BFH vom 18. 8. 2005 – BStBl II S. 830).

- Verpachtet eine Besitzpersonengesellschaft das gesamte Betriebsvermögen an eine Betriebskapitalgesellschaft und wird dabei auch das Betriebsgrundstück, das einigen Gesellschaftern der Besitzpersonengesellschaft gehört, von diesen an die Betriebskapitalgesellschaft vermietet, gehören die Einkünfte aus der Vermietung des Grundstückes zum gewerblichen Steuerbilanzgewinn der Besitzpersonengesellschaft (→ BFH vom 15. 5. 1975 – BStBl II S. 781).
- Das Sonderbetriebsvermögen I umfasst nicht nur die der Betriebspersonengesellschaft bereits tatsächlich zur Nutzung überlassenen, sondern auch die bereits zuvor angeschafften, aber für eine spätere Nutzungsüberlassung endgültig bestimmten Wirtschaftsgüter (→ BFH vom 7. 12. 2000 – BStBl 2001 II S. 316).
- Anteile eines Gesellschafters der Besitzpersonengesellschaft an einer Kapitalgesellschaft, die mit der Betriebskapitalgesellschaft in einer für diese vorteilhaften und nicht nur kurzfristigen Geschäftsbeziehung steht, sind notwendiges Sonderbetriebsvermögen II des Gesellschafters der Besitzpersonengesellschaft (→ BFH vom 25. 11. 2004 – BStBl 2005 II S. 354).
- → Bürgschaft für die Betriebskapitalgesellschaft
- → Darlehen
- → H 4.2 (2) Anteile an Kapitalgesellschaften

Umfassend gewerbliche Besitzpersonengesellschaft

- Die Überlassung von Wirtschaftsgütern an ein Betriebsunternehmen hat zur Folge, dass sämtliche Einkünfte der im Übrigen nicht gewerblich tätigen Besitzpersonengesellschaft solche aus Gewerbebetrieb sind (→ BFH vom 13. 11. 1997 – BStBl 1998 II S. 254).
- Vermieten die Gesellschafter einer Besitz-GbR als Bruchteilseigentümer Wohnungen an fremde Benutzer, so erzielen sie keine gewerblichen Einkünfte, wenn die Wohnungen nicht als (gewillkürtes) Sonderbetriebsvermögen ausgewiesen sind (→ BFH vom 27. 8. 1998 – BStBl 1999 II S. 279).

Wohnungseigentümergemeinschaft

Eine Wohnungseigentümergemeinschaft i. S. d. § 10 WEG erzielt regelmäßig gewerbliche Einkünfte als Besitzunternehmen, wenn die einzelnen Wohnungen aufgrund einer Gebrauchsregelung (§ 15 WEG) an eine personenidentische Betriebskapitalgesellschaft vermietet werden (→ BFH vom 10. 4. 1997 – BStBl II S. 569).

Betriebsaufspaltung – Sachliche Verflechtung

R 15.7 (5)

(5) – unbesetzt –

Hinweise

H 15.7 (5)

Beginn der sachlichen Verflechtung

- ***Für den Beginn der sachlichen Verflechtung ist allein die tatsächliche Überlassung von wesentlichen Betriebsgrundlagen zur Nutzung ausschlaggebend. Es ist ohne Bedeutung, ob die Überlassung (zunächst) unentgeltlich erfolgt oder ob sie auf einer schuldrechtlichen oder dinglichen Grundlage beruht (→ BFH vom 12. 12. 2007 – BStBl 2008 II S. 579).***
- ***Die Bestellung eines Erbbaurechts an einem unbebauten Grundstück führt bereits mit Abschluss des Vertrages zu einer sachlichen Verflechtung, wenn eine Bebauung für die betrieblichen Zwecke des Betriebsunternehmens vorgesehen ist (→ BFH vom 19. 3. 2002 – BStBl II S. 662).***

Eigentum des Besitzunternehmens

Eine sachliche Verflechtung ist auch dann gegeben, wenn verpachtete wesentliche Betriebsgrundlagen nicht im Eigentum des Besitzunternehmens stehen (→ BFH vom 12. 10. 1988 – BStBl 1989 II S. 152).

Erbbaurecht

→ ***Beginn der sachlichen Verflechtung***

Leihe

Auch eine leihweise Überlassung wesentlicher Betriebsgrundlagen kann eine Betriebsaufspaltung begründen (→ BFH vom 24. 4. 1991 – BStBl II S. 713).

Wesentliche Betriebsgrundlage

- **des Betriebsunternehmens**

  Die sachlichen Voraussetzungen einer Betriebsaufspaltung liegen auch dann vor, wenn das überlassene Wirtschaftsgut bei dem Betriebsunternehmen nur eine der wesentlichen Betriebsgrundlagen darstellt (→ BFH vom 21. 5. 1974 – BStBl II S. 613).

- **Betriebszweck/-führung**

  Wesentliche Grundlagen eines Betriebs sind Wirtschaftsgüter vor allem des Anlagevermögens, die zur Erreichung des Betriebszwecks erforderlich sind und ein besonderes wirtschaftliches Gewicht für die Betriebsführung bei dem Betriebsunternehmen haben (→ BFH vom 26. 1. 1989 – BStBl II S. 455 und vom 24. 8. 1989 – BStBl II S. 1014).

- **Büro-/Verwaltungsgebäude**

  Ein Büro- und Verwaltungsgebäude ist jedenfalls dann eine wesentliche Betriebsgrundlage, wenn es die räumliche und funktionale Grundlage für die Geschäftstätigkeit des Betriebsunternehmens bildet (→ BFH vom 23. 5. 2000 – BStBl II S. 621).

- **Einfamilienhaus**

  Als einziges Büro (Sitz der Geschäftsleitung) genutzte Räume in einem Einfamilienhaus stellen auch dann eine wesentliche Betriebsgrundlage dar, wenn sie nicht für Zwecke des Betriebsunternehmens besonders hergerichtet und gestaltet sind. Das gilt jedenfalls dann, wenn der Gebäudeteil nicht die in § 8 EStDV genannten Grenzen unterschreitet (→ BFH vom 13. 7. 2006 – BStBl II S. 804).

- **Ersetzbarkeit**

  Ein Grundstück ist auch dann eine wesentliche Betriebsgrundlage, wenn das Betriebsunternehmen jederzeit am Markt ein für seine Belange gleichwertiges Grundstück mieten oder kaufen kann (→ BFH vom 26. 5. 1993 – BStBl II S. 718).

- **Fabrikationsgrundstücke**

  Grundstücke, die der Fabrikation dienen, gehören regelmäßig zu den wesentlichen Betriebsgrundlagen im Rahmen einer Betriebsaufspaltung (→ BFH vom 12. 9. 1991 – BStBl 1992 II S. 347 und vom 26. 3. 1992 – BStBl II S. 830).

- **Wirtschaftliche Bedeutung**

  Ein Grundstück ist nur dann keine wesentliche Betriebsgrundlage, wenn es für das Betriebsunternehmen lediglich von geringer wirtschaftlicher Bedeutung ist (→ BFH vom 4. 11. 1992 – BStBl 1993 II S. 245).

- **Stille Reserven**

  Ein Wirtschaftsgut ist nicht allein deshalb als wesentliche Betriebsgrundlage im Rahmen einer Betriebsaufspaltung anzusehen, weil in ihm erhebliche stille Reserven ruhen (→ BFH vom 24. 8. 1989 – BStBl II S. 1014).

- **Immaterielle Wirtschaftsgüter**

  Für die Begründung einer Betriebsaufspaltung ist ausreichend, wenn dem Betriebsunternehmen immaterielle Wirtschaftsgüter, z. B. der Firmenname oder Erfindungen, überlassen werden, die dem Besitzunternehmen gehören (→ BFH vom 6. 11. 1991 – BStBl 1992 II S. 415).

- **Serienfabrikate**

  Bei beweglichen Wirtschaftsgütern zählen auch Serienfabrikate zu den wesentlichen Betriebsgrundlagen (→ BFH vom 24. 8. 1989 – BStBl II S. 1014).

- **Systemhalle**
  Eine so genannte Systemhalle kann wesentliche Betriebsgrundlage sein, wenn sie auf die Bedürfnisse des Betriebsunternehmens zugeschnitten ist (→ BFH vom 5. 9. 1991 – BStBl 1992 II S. 349).
- **Werkhalle**
  Verpachtet eine aus Ehegatten bestehende GbR eine Werkhalle mit Büro- und Sozialräumen an eine beteiligungsidentische GmbH zum Betrieb einer Maschinenfabrik, stellt die Halle grundsätzlich eine wesentliche Betriebsgrundlage im Rahmen einer Betriebsaufspaltung dar. Dies gilt selbst dann, wenn die Halle ohne weiteres von einem anderen Unternehmen eines anderen Wirtschaftszweiges genutzt werden und die GmbH die Maschinenfabrik in einer anderen Halle betreiben könnte (→ FG Baden-Württemberg, Freiburg, vom 6. 3. 1996 – EFG 1997 S. 56).

Betriebsaufspaltung – Personelle Verflechtung **R 15.7 (6)**

(6) – unbesetzt –

Hinweise

H 15.7 (6)

Allgemeines

Eine personelle Verflechtung liegt vor, wenn die hinter beiden Unternehmen stehenden Personen einen einheitlichen geschäftlichen Betätigungswillen haben (→ BFH vom 8. 11. 1971 – BStBl 1972 II S. 63).

Beherrschungsidentität

- Ein einheitlicher geschäftlicher Betätigungswille setzt nicht voraus, dass an beiden Unternehmen die gleichen Beteiligungen derselben Personen bestehen (→ BFH vom 8. 11. 1971 – BStBl 1972 II S. 63). Es genügt, dass die Personen, die das Besitzunternehmen tatsächlich beherrschen, in der Lage sind, auch in dem Betriebsunternehmen ihren Willen durchzusetzen (→ BMF vom 7. 10. 2002 – BStBl I S. 1028). Ein einheitlicher geschäftlicher Betätigungswille ist auch bei wechselseitiger Mehrheitsbeteiligung von zwei Personen am Besitzunternehmen und am Betriebsunternehmen anzunehmen (→ BMF vom 24. 2. 2000 – BStBl II S. 417).
- In den Fällen, in denen sämtliche Anteile des Betriebsunternehmens einem einzigen Gesellschafter-Geschäftsführer gehören, kommt es darauf an, ob dieser seinen Willen auch in dem Besitzunternehmen durchsetzen kann (→ BFH vom 5. 2. 1981 – BStBl II S. 376 und vom 11. 11. 1982 – BStBl 1983 II S. 299).
- Die personelle Verflechtung einer GbR mit einer Betriebskapitalgesellschaft ist auch dann gegeben, wenn der Gesellschafter-Geschäftsführer der GbR, der zugleich alleiniger Geschäftsführer der Betriebskapitalgesellschaft ist, zwar von der GbR nicht vom Verbot des Selbstkontrahierens befreit ist, auf Grund seiner beherrschenden Stellung in der Betriebskapitalgesellschaft aber bewirken kann, dass auf Seiten der Betriebskapitalgesellschaft nicht er selbst als deren Vertreter auftritt (→ BFH vom 24. 8. 2006 – BStBl 2007 II S. 165).

Betriebs-AG

Im Verhältnis zu einem Betriebsunternehmen in der Rechtsform der AG kommt es darauf an, ob sich auf Grund der Befugnis, die Mitglieder der geschäftsführenden Organe des Betriebsunternehmens zu bestellen und abzuberufen, in dem Betriebsunternehmen auf Dauer nur ein geschäftlicher Betätigungswille entfalten kann, der vom Vertrauen der das Besitzunternehmen beherrschenden Person getragen ist und demgemäß mit deren geschäftlichen Betätigungswillen grundsätzlich übereinstimmt (→ BFH vom 28. 1. 1982 – BStBl II S. 479).

Einstimmigkeitsabrede

→ BMF vom 7. 10. 2002 (BStBl I S. 1028) mit Übergangsregelung Anhang 15

Faktische Beherrschung

→ BMF vom 7. 10. 2002 (BStBl I S. 1028)

Die Fähigkeit der das Besitzunternehmen beherrschenden Personen, ihren geschäftlichen Betätigungswillen in dem Betriebsunternehmen durchzusetzen, erfordert nicht notwendig einen bestimmten Anteilsbesitz an dem Betriebsunternehmen; sie kann ausnahmsweise auch auf Grund einer durch die Besonderheiten des Einzelfalls bedingten tatsächlichen Machtstellung in dem Betriebsunternehmen gegeben sein (→ BFH vom 16. 6. 1982 – BStBl II S. 662). Faktische Beherrschung ist anzunehmen, wenn der Alleininhaber des Besitzunternehmens und alleinige Geschäftsführer der Betriebskapitalgesellschaft auf Grund tatsächlicher Machtstellung jederzeit in der Lage ist, die Stimmenmehrheit in der Betriebskapitalgesellschaft zu erlangen (→ BFH vom 29. 1. 1997 – BStBl II S. 437).

Keine faktische Beherrschung ist anzunehmen

- bei einer auf Lebenszeit eingeräumten Geschäftsführerstellung in dem Betriebsunternehmen für den Besitzunternehmer (→ BFH vom 26. 7. 1984 – BStBl II S. 714 und vom 26. 10. 1988 – BStBl 1989 II S. 155).
- bei Beteiligung nicht völlig fachunkundiger Gesellschafter an dem Betriebsunternehmen (→ BFH vom 9. 9. 1986 – BStBl 1987 II S. 28 und vom 12. 10. 1988 – BStBl 1989 II S. 152).
- bei einem größeren Darlehensanspruch gegen die Betriebskapitalgesellschaft, wenn der Gläubiger nicht vollständig die Geschäftsführung an sich zieht (→ BFH vom 1. 12. 1989 – BStBl 1990 II S. 500).
- in den Fällen, in denen die das Betriebskapitalgesellschaftbeherrschenden Ehemänner bzw. Ehefrauen bei der Betriebsgesellschaft, deren Anteile von den Ehefrauen bzw. Ehemännern gehalten werden, angestellt sind und vertraglich die Gesellschaftsanteile den Ehefrauen bzw. Ehemännern entzogen werden können, falls das Arbeitsverhältnis des jeweiligen Ehemanns bzw. der jeweiligen Ehefrau beendet wird (→ BFH vom 15. 10. 1998 – BStBl 1999 II S. 445).

Beherrschung ist aber anzunehmen, wenn im Gesellschaftsvertrag einer GbR die Führung der Geschäfte einem Gesellschafter allein übertragen ist, dies gilt auch dann, wenn nach dem Gesellschaftsvertrag die Gesellschafterbeschlüsse einstimmig zu fassen sind (→ BFH vom 1. 7. 2003 – BStBl II S. 757).

Gütergemeinschaft

Gehören sowohl die überlassenen wesentlichen Betriebsgrundlagen als auch die Mehrheit der Anteile an der Betriebskapitalgesellschaft zum Gesamtgut einer ehelichen Gütergemeinschaft, so sind die Voraussetzungen der personellen Verflechtung erfüllt (→ BFH vom 26. 11. 1992 – BStBl 1993 II S. 876 und vom 19. 10. 2006 – IV R 22/02). Die Beteiligung an der Betriebskapitalgesellschaft ist auch dann dem Gesamtgut zuzurechnen, wenn nach dem Gesellschaftsvertrag eine Übertragung von Gesellschaftsanteilen zwar nur mit Genehmigung aller Gesellschafter möglich ist, die Übertragung an einen Ehegatten aber keiner Beschränkung unterliegt (→ BFH vom 19. 10. 2006 IV R 22/02).

Insolvenz des Betriebsunternehmens

Die Eröffnung des Insolvenzverfahrens über das Vermögen des Betriebsunternehmens führt zur Beendigung der personellen Verflechtung und zur Betriebsaufgabe des Besitzunternehmens, wenn nicht das laufende Insolvenzverfahren mit anschließender Fortsetzung des Betriebsunternehmens aufgehoben oder eingestellt wird (→ BFH vom 6. 3. 1997 – BStBl II S. 460).

Interessengegensätze

Ein einheitlicher geschäftlicher Betätigungswille ist nicht anzunehmen, wenn nachgewiesen wird, dass zwischen den an dem Besitzunternehmen und dem Betriebsunternehmen beteiligten Personen tatsächlich Interessengegensätze aufgetreten sind (→ BFH vom 15. 5. 1975 – BStBl II S. 781).

Mehrheit der Stimmrechte

Für die Durchsetzung eines einheitlichen geschäftlichen Betätigungswillens in einem Unternehmen ist in der Regel der Besitz der Mehrheit der Stimmrechte erforderlich (→ BFH vom 28. 11. 1979 – BStBl 1980 II S. 162 und vom 18. 2. 1986 – BStBl II S. 611). Ein Besitzunternehmer beherrscht die Betriebskapitalgesellschaft auch, wenn er zwar über die einfache Stimmrechtsmehrheit und nicht über die im Gesellschaftsvertrag vorgeschriebene qualifizierte Mehrheit verfügt, er aber als Gesellschafter-Geschäftsführer deren Geschäfte des täglichen Lebens beherrscht, sofern ihm die Geschäftsführungsbefugnis nicht gegen seinen Willen entzogen werden kann (→ BFH vom 30. 11. 2005 – BStBl 2006 II S. 415); aber → Faktische Beherrschung.

Mittelbare Beteiligung

- Den maßgeblichen Einfluss auf das Betriebsunternehmen kann einem Gesellschafter auch eine mittelbare Beteiligung gewähren (→ BFH vom 14. 8. 1974 – BStBl 1975 II S. 112, vom 23. 7. 1981 – BStBl 1982 II S. 60 und vom 22. 1. 1988 – BStBl II S. 537).
- Der beherrschende Einfluss auf das Betriebsunternehmen bleibt erhalten, wenn das Betriebsgrundstück einer zwischengeschalteten GmbH zur Weitervermietung an das Betriebsunternehmen überlassen wird (→ BFH vom 28. 11. 2001 – BStBl 2002 II S. 363).

Personengruppentheorie

Für die Beherrschung von Besitz- und Betriebsunternehmen reicht es aus, wenn an beiden Unternehmen mehrere Personen beteiligt sind, die zusammen beide Unternehmen beherrschen. Dies gilt auch für Familienangehörige (→ BFH vom 28. 5. 1991 – BStBl II S. 801).

→ auch: OFD Frankfurt vom 7. 4. 2004 – S 2240 A – 28 – St II 2.02 – (StEK EStG § 15/356) – Auszug –:

2.2.2 Gruppentheorie

2.2.2.1 Beteiligungsidentität

Am deutlichsten tritt der einheitliche geschäftliche Betätigungswille hervor, wenn an beiden Unternehmen dieselben Personen im gleichen Verhältnis beteiligt sind (BFH vom 8. 11. 1971 – BStBl 1972 II S. 63; vom 2. 8. 1972 – BStBl II S. 796; vom 24. 2. 1994 – BStBl II S. 466).

2.2.2.2 Beherrschungsidentität

Sind die Beteiligungsverhältnisse in beiden Gesellschaften nicht identisch und/oder weitere Gesellschafter jeweils nur am Besitz- oder Betriebsunternehmen beteiligt, ist eine personelle Verflechtung auch dann anzunehmen, wenn eine durch gleich gerichtete Interessen verbundene Personengruppe ihren Willen in beiden Unternehmen durchsetzen kann (BFH vom 2. 8. 1972 – BStBl II S. 796; vom 16. 6. 1982 – BStBl II S. 662; vom 24. 2. 1994 – BStBl II S. 466).

Gleich gerichtete Interessen sind unter den o. g. Voraussetzungen stets zu vermuten, da die beteiligten Personen sich in der Regel zur Verfolgung eines bestimmten wirtschaftlichen Zwecks zusammengeschlossen haben (BFH vom 24. 2. 2000 – BStBl II S. 417).

Einer Betriebsaufspaltung stehen Interessenkollisionen nur entgegen, sofern sie auf Grund der Gestaltung der Verträge und der bestehenden wirtschaftlichen Interessenlagen nicht nur möglich, sondern ihr Vorhandensein durch konkrete Tatsachen nachgewiesen wird (z. B. BFH vom 5. 9. 1991 – BStBl 1992 II S. 349; vom 16. 6. 1982 – BStBl II S. 662).

Ausnahmsweise können extrem konträre Beteiligungsverhältnisse, d. h., wenn mehrere Personen für sich an dem einen Unternehmen mit weniger als 50 %, am anderen Unternehmen mit mehr als 50 % beteiligt sind oder umgekehrt, der Annahme gleich gerichteter Interessen in der Personengruppe entgegenstehen, sofern die ungleiche Verteilung der Anteile auch zur Folge hat, dass der eine Beteiligte das Besitzunternehmen und der andere Beteiligte das Betriebsunternehmen jeweils allein beherrschen kann (BFH vom 24. 2. 1994 – BStBl II S. 466; vom 24. 2. 2000 – BStBl II S. 417; vom 12. 10. 1988 – BStBl 1989 II S. 152; FG Schleswig-Holstein vom 28. 6. 2000 – EFG S. 1121).

Stimmrechtsausschluss

- **Allgemeines**

  Sind an der Besitzpersonengesellschaft neben den das Betriebsunternehmen beherrschenden Personen weitere Gesellschafter oder Bruchteilseigentümer beteiligt, so können die auch an dem Betriebsunternehmen beteiligten Personen an der Ausübung des Stimmrechts in der Besitzpersonengesellschaft bei einem Rechtsgeschäft mit dem Betriebsunternehmen ausgeschlossen sein. Eine tatsächliche Beherrschung der Besitzpersonengesellschaft ist dann nicht möglich (→ BFH vom 9. 11. 1983 – BStBl 1984 II S. 212).
- **Tatsächliche Handhabung**

  Eine personelle Verflechtung liegt nicht vor, wenn ein Gesellschafter des Besitzunternehmens von der Ausübung des Stimmrechts in dem Besitzunternehmen bei der Vornahme von Rechtsgeschäften des Besitzunternehmens mit dem Betriebsunternehmen ausgeschlossen ist. Entscheidend ist dabei die tatsächliche Handhabung (→ BFH vom 12. 11. 1985 – BStBl 1986 II S. 296).
- **Betriebskapitalgesellschaft**

  Für die Frage der personellen Verflechtung ist allerdings nicht ausschlaggebend, ob der beherrschende Gesellschafter der Betriebskapitalgesellschaft bei Beschlüssen über Geschäfte mit dem Besitzunternehmen vom ihm zustehenden Stimmrecht ausgeschlossen ist. Sofern nämlich diese Rechtsgeschäfte zur laufenden Geschäftsführung der Betriebskapitalgesellschaft gehören, besteht kein Anlass, hierüber einen Beschluss der Gesellschafterversammlung herbeizuführen (→ BFH vom 26. 01. 1989 – BStBl II S. 455).

Testamentsvollstrecker

- Der einheitliche geschäftliche Betätigungswille der hinter Besitz- und Betriebsunternehmen stehenden Personen kann nicht durch einen Testamentsvollstrecker ersetzt werden (→ BFH vom 13. 12. 1984 – BStBl 1985 II S. 657).
- ***Für die Beurteilung der personellen Verflechtung ist das Handeln eines Testamentsvollstreckers den Erben zuzurechnen (→ BFH vom 5. 6. 2008 – BStBl II S. 858).***

R 15.7 (7)

Betriebsaufspaltung – Zusammenrechnung von Ehegattenanteilen

(7) – unbesetzt –

H 15.7 (7)

Hinweise

Allgemeines

Eine Zusammenrechnung von Ehegattenanteilen kommt grundsätzlich nicht in Betracht, es sei denn, dass zusätzlich zur ehelichen Lebensgemeinschaft ausnahmsweise Beweisanzeichen vorliegen, die für gleichgerichtete wirtschaftliche Interessen der Ehegatten sprechen (→ Beschluss des BVerfG vom 12. 3. 1985 – BStBl II S. 475, BMF vom 18. 11. 1986 – BStBl I S. 537).

Wiesbadener Modell

Ist an dem Besitzunternehmen der eine Ehegatte und an dem Betriebsunternehmen der andere Ehegatte beteiligt, liegt eine Betriebsaufspaltung nicht vor (→ BFH vom 30. 7. 1985 – BStBl 1986 II S. 359 und vom 9. 9. 1986 – BStBl 1987 II S. 28).
→ H 4.8 (Scheidungsklausel)

R 15.7 (8)

Betriebsaufspaltung – Zusammenrechnung der Anteile von Eltern und Kindern

(8) [1]Eine personelle Verflechtung liegt vor, wenn einem Elternteil oder beiden Elternteilen und einem minderjährigen Kind an beiden Unternehmen jeweils zusammen die Mehrheit der Stimmrechte zuzurechnen sind. [2]Ist beiden Elternteilen an einem Unternehmen zusammen die Mehrheit der Stimmrechte zuzurechnen und halten sie nur zusammen mit dem minderjährigen Kind am anderen Unternehmen die Mehrheit der Stimmrechte, liegt, wenn das Vermögenssorgerecht beiden Elternteilen zusteht, grundsätzlich ebenfalls eine personelle Verflechtung vor. [3]Hält nur ein Elternteil an dem einen Unternehmen die Mehrheit der Stimmrechte und hält er zusammen mit dem minderjährigen Kind die Mehrheit der Stimmrechte an dem anderen Unternehmen, liegt grundsätzlich keine personelle Verflechtung vor; auch in diesem Fall kann aber eine personelle Verflechtung anzunehmen sein, wenn das Vermögenssorgerecht allein beim beteiligten Elternteil liegt oder wenn das Vermögenssorgerecht bei beiden Elternteilen liegt und zusätzlich zur ehelichen Lebensgemeinschaft gleichgerichtete wirtschaftliche Interessen der Ehegatten vorliegen. [4]Ist nur einem Elternteil an dem einen Unternehmen die Mehrheit der Stimmrechte zuzurechnen und halten an dem anderen Unternehmen beide Elternteile zusammen mit dem minderjährigen Kind die Mehrheit der Stimmrechte, liegt grundsätzlich keine personelle Verflechtung vor, es sei denn, die Elternanteile können zusammengerechnet werden und das Vermögenssorgerecht steht beiden Elternteilen zu.

H 15.7 (8)

Hinweise

Wegfall der personellen Verflechtung durch Eintritt der Volljährigkeit

→ R 16 Abs. 2 Satz 4 f.

R 15.7 (9)

Wertpapiergeschäfte

(9) – unbesetzt –

Hinweise

H 15.7 (9)

An- und Verkauf von Wertpapieren

- Ob der An- und Verkauf von Wertpapieren als Vermögensverwaltung oder als eine gewerbliche Tätigkeit anzusehen ist, hängt, wenn eine selbständige und nachhaltige, mit Gewinnerzielungsabsicht betriebene Tätigkeit vorliegt, entscheidend davon ab, ob die Tätigkeit sich auch als Beteiligung am allgemeinen wirtschaftlichen Verkehr darstellt. Der fortgesetzte An- und Verkauf von Wertpapieren reicht für sich allein, auch wenn er einen erheblichen Umfang annimmt und sich über einen längeren Zeitraum erstreckt, zur Annahme eines Gewerbebetriebs nicht aus, solange er sich in den gewöhnlichen Formen, wie sie bei Privatleuten die Regel bilden, abspielt (→ BFH vom 19. 2. 1997 - BStBl II S. 399 und vom 29. 10. 1998 - BStBl 1999 II S. 448 und vom 20. 12. 2000 - BStBl 2001 II S. 706).
- Der An- und Verkauf von Optionskontrakten selbst in größerem Umfang begründet im Allgemeinen keinen Gewerbebetrieb. Eine gewerbliche Betätigung setzt jedenfalls voraus, dass der Stpfl. sich wie ein bankentypischer Händler verhält (→ BFH vom 20. 12. 2000 - BStBl 2001 S. 706).
- Der Rahmen einer privaten Vermögensverwaltung wird unabhängig vom Umfang der Beteiligung überschritten, wenn die Wertpapiere nicht nur auf eigene Rechnung, sondern untrennbar damit verbunden in erheblichem Umfang auch für fremde Rechnung erworben und wieder veräußert werden, zur Durchführung der Geschäfte mehrere Banken eingeschaltet werden, die Wertpapiergeschäfte mit Krediten finanziert werden, aus den Geschäften für fremde Rechnung Gewinne erzielt werden sollen und alle Geschäfte eine umfangreiche Tätigkeit erfordern (→ BFH vom 4. 3. 1980 - BStBl II S. 389).
- Der An- und Verkauf von Wertpapieren überschreitet grundsätzlich noch nicht den Rahmen einer privaten Vermögensverwaltung, wenn die entfaltete Tätigkeit dem Bild eines „Wertpapierhandelsunternehmens" i. S. d. § 1 Abs. 3d Satz 2 des KWG bzw. eines „Finanzunternehmens" i. S. d. § 1 Abs. 3 KWG nicht vergleichbar ist. Für ein Wertpapierhandelsunternehmen ist ein Tätigwerden „für andere", vor allem ein Tätigwerden „für fremde Rechnung" kennzeichnend. Finanzunternehmen werden zwar - insoweit nicht anders als private Anleger - für eigene Rechnung tätig, zeichnen sich aber dadurch aus, dass sie den Handel mit institutionellen Partnern betreiben, also nicht lediglich über eine Depotbank am Marktgeschehen teilnehmen (→ BFH vom 30. 7. 2003 - BStBl II 2004 S. 408).

Devisentermingeschäfte/Optionsgeschäfte

Die für Wertpapiergeschäfte maßgebenden Grundsätze für die Abgrenzung zwischen gewerblicher Tätigkeit und privater Vermögensverwaltung gelten auch bei Devisen- und Edelmetall-Termingeschäften in der Art von offenen oder verdeckten Differenzgeschäften (→ BFH vom 6. 12. 1983 - BStBl 1984 II S. 132). Dies gilt ebenso für Optionsgeschäfte (→ BFH vom 19. 2. 1997 - BStBl II S. 399).

→ H 20.2 (Options- und Finanztermingeschäfte)

→ H 4.2 (1) Termin- und Optionsgeschäfte

Kapitalanlage mit Einfluss auf die Geschäftsführung

Zur Annahme eines die Gewerblichkeit begründenden besonderen Umstandes reicht es nicht aus, wenn mit dem Ankauf von Wertpapieren eine Dauerkapitalanlage mit bestimmendem Einfluss auf die Geschäftsführung einer Kapitalgesellschaft gesucht und erreicht wird (→ BFH vom 4. 3. 1980 - BStBl II S. 389).

Pfandbriefe

Auch der An- und Verkauf von Pfandbriefen unter gezielter Ausnutzung eines sog. „grauen" Markts kann eine gewerbliche Tätigkeit begründen (→ BFH vom 2. 4. 1971 - BStBl II S. 620).

Vermögensverwaltung

Zur einkommensteuerrechtlichen Behandlung von Termingeschäften im Bereich der privaten Vermögensverwaltung → BMF vom 27. 11. 2001 (BStBl I S. 986).

Wertpapiergeschäfte eines Bankiers

Betreibt ein Bankier Wertpapiergeschäfte, die üblicherweise in den Bereich seiner Bank fallen, die aber auch im Rahmen einer privaten Vermögensverwaltung getätigt werden können, so sind diese dem betrieblichen Bereich zuzuordnen, wenn sie der Bankier in der Weise abwickelt, dass er häufig wiederkehrend dem Betrieb Mittel entnimmt, Kauf und Verkauf über die Bank abschließt und die Erlöse alsbald wieder dem Betrieb zuführt (→ BFH vom 19. 1. 1977 - BStBl II S. 287).

R 15.8

15.8. Mitunternehmerschaft

R 15.8 (1)

Allgemeines

S 2241

(1) – unbesetzt –

H 15.8 (1)

Hinweise

Allgemeines

Mitunternehmer i. S. d. § 15 Abs. 1 Satz 1 Nr. 2 EStG ist, wer zivilrechtlich Gesellschafter einer Personengesellschaft ist und eine gewisse unternehmerische Initiative entfalten kann sowie unternehmerisches Risiko trägt. Beide Merkmale können jedoch im Einzelfall mehr oder weniger ausgeprägt sein (→ BFH vom 25. 6. 1984 – BStBl II S. 751 und vom 15. 7. 1986 – BStBl II S. 896).

→ Mitunternehmerinitiative

→ Mitunternehmerrisiko

→ Gesellschafter

Ausgleichsanspruch eines Kommanditisten

Ein Ausgleichsanspruch gegen die KG, der einem Kommanditisten zusteht, weil er Schulden der KG beglichen hat, gehört zu dessen Sonderbetriebsvermögen. Ein Verlust wird erst dann realisiert, wenn der Anspruch gegen die KG wertlos wird; dies ist erst im Zeitpunkt der Beendigung der Mitunternehmerstellung, also beim Ausscheiden des Gesellschafters oder bei Beendigung der Gesellschaft der Fall (→ BFH vom 5. 6. 2003 – BStBl II S. 871).

Bürgschaftsinanspruchnahme

→ Ausgleichsanspruch eines Kommanditisten

Büro-/Praxisgemeinschaft

Im Unterschied zu einer Gemeinschaftspraxis (Mitunternehmerschaft) hat eine Büro- und Praxisgemeinschaft lediglich den Zweck, den Beruf in gemeinsamen Praxisräumen auszuüben und bestimmte Kosten von der Praxisgemeinschaft tragen zu lassen und umzulegen. Ein einheitliches Auftreten nach außen genügt nicht, um aus einer Bürogemeinschaft eine Mitunternehmerschaft werden zu lassen. Gleiches gilt für die gemeinsame Beschäftigung von Personal und die gemeinsame Nutzung von Einrichtungsgegenständen. Entscheidend ist, dass bei einer Büro- und Praxisgemeinschaft keine gemeinschaftliche, sondern eine individuelle Gewinnerzielung beabsichtigt ist, und auch der Praxiswert dem einzelnen Beteiligten zugeordnet bleibt (→ BFH vom 14. 4. 2005 – BStBl II S. 752).

Erbengemeinschaft

Eine **Erbengemeinschaft** kann nicht Gesellschafterin einer werbenden Personengesellschaft sein. Jedem Miterben steht deshalb ein seinem Erbteil entsprechender Gesellschaftsanteil zu (→ BFH vom 1. 3. 1994 – BStBl 1995 II S. 241).

Europäische wirtschaftliche Interessenvereinigung (EWIV)

Die EWIV unterliegt nach § 1 des Gesetzes zur Ausführung der EWG-Verordnung über die Europäische wirtschaftliche Interessenvereinigung (EWIV-Ausführungsgesetz vom 14. 4. 1988 – BGBl. I S. 514) den für eine OHG geltenden Rechtsvorschriften. Dies gilt auch für das Steuerrecht.

Gesellschafter

- Ob ein Gesellschafter Mitunternehmer ist, beurteilt sich für alle Personengesellschaften nach gleichen Maßstäben (→ BFH vom 29. 4. 1981 – BStBl II S. 663 und vom 25. 6. 1981 – BStBl II S. 779). In Ausnahmefällen reicht auch eine einem Gesellschafter einer Personengesellschaft wirtschaftlich vergleichbare Stellung aus, z. B. als Beteiligter an einer Erben-, Güter- oder Bruchteilsgemeinschaft, als Beteiligter einer „fehlerhaften Gesellschaft" i. S. d. Zivilrechts oder als Unterbeteiligter (→ BFH vom 25. 6. 1984 – BStBl II S. 751). Auch Gesellschafter einer OHG oder KG erzielen nur dann Einkünfte aus Gewerbebetrieb, wenn sie Mitunternehmer des gewerblichen Unternehmens sind (→ BFH vom 8. 2. 1979 – BStBl II S. 405).
- → Verdeckte Mitunternehmerschaft

Gesellschafterausschluss bei Scheidung

→ Wirtschaftliches Eigentum

Innengesellschaft

- Im Fall einer GbR, die als reine Innengesellschaft ausgestaltet ist, rechtfertigt die Übernahme eines erheblichen unternehmerischen Risikos bereits das Bestehen einer Mitunternehmerschaft (→ BFH vom 19. 2. 1981 – BStBl II S. 602, vom 28. 10. 1981 – BStBl 1982 II S. 186 und vom 9. 10. 1986 – BStBl 1987 II S. 124).
- Der Inhaber eines Betriebs ist regelmäßig schon allein wegen seiner unbeschränkten Außenhaftung und des ihm allein möglichen Auftretens im Rechtsverkehr Mitunternehmer einer Innengesellschaft, die zum Zwecke der stillen Beteiligung an seinem Unternehmen gegründet wurde. Dies gilt auch dann, wenn dem Inhaber des Betriebs im Innenverhältnis neben einem festen Vorabgewinn für seine Tätigkeit keine weitere Gewinnbeteiligung zusteht und die Geschäftsführungsbefugnis weitgehend von der Zustimmung des stillen Beteiligten abhängt (→ BFH vom 10. 5. 2007 – BStBl II S. 927).

Komplementär

- Eine Komplementär-GmbH ist auch dann Mitunternehmerin, wenn sie am Gesellschaftskapital nicht beteiligt ist (→ BFH vom 11. 12. 1986 – BStBl 1987 II S. 553).
- Die Mitunternehmerstellung des Komplementärs wird nicht dadurch ausgeschlossen, dass er weder am Gewinn und Verlust der KG noch an deren Vermögen beteiligt ist (→ BFH vom 25. 4. 2006 – BStBl II S. 595).
- Der Komplementär ist auch dann Mitunternehmer, wenn er keine Kapitaleinlage erbracht hat und im Innenverhältnis (zu dem Kommanditisten) wie ein Angestellter behandelt und von der Haftung freigestellt wird (→ BFH vom 11. 6. 1985 – BStBl 1987 II S. 33 und vom 14. 8. 1986 – BStBl 1987 II S. 60).

Miterben

Gehört zum Nachlass ein Gewerbebetrieb, sind die Miterben Mitunternehmer (→ BFH vom 5. 7. 1990 – BStBl II S. 837 sowie BMF vom 14. 3. 2006 (BStBl I S. 253). Zur Erbengemeinschaft als Gesellschafter → Erbengemeinschaft. Anhang 8

Mitunternehmerinitiative

Mitunternehmerinitiative bedeutet vor allem Teilhabe an den unternehmerischen Entscheidungen, wie sie Gesellschaftern oder diesen vergleichbaren Personen als Geschäftsführern, Prokuristen oder anderen leitenden Angestellten obliegen. Ausreichend ist schon die Möglichkeit zur Ausübung von Gesellschafterrechten, die wenigstens den Stimm-, Kontroll- und Widerspruchsrechten angenähert sind, die einem Kommanditisten nach dem HGB zustehen oder die den gesellschaftsrechtlichen Kontrollrechten nach § 716 Abs. 1 BGB entsprechen (→ BFH vom 25. 6. 1984 – BStBl II S. 751, S. 769). Ein Kommanditist ist beispielsweise dann mangels Mitunternehmerinitiative kein Mitunternehmer, wenn sowohl sein Stimmrecht als auch sein Widerspruchsrecht durch Gesellschaftsvertrag faktisch ausgeschlossen sind (→ BFH vom 11. 10. 1988 – BStBl 1989 II S. 762).

Mitunternehmerrisiko

- Mitunternehmerrisiko trägt im Regelfall, wer am Gewinn und Verlust des Unternehmens und an den **stillen Reserven** einschließlich eines etwaigen Geschäftswerts beteiligt ist (→ BFH vom 25. 6. 1984 – BStBl II S. 751). Je nach den Umständen des Einzelfalls können jedoch auch andere Gesichtspunkte, z. B. eine besonders ausgeprägte unternehmerische Initiative, verbunden mit einem bedeutsamen Beitrag zur Kapitalausstattung des Unternehmens in den Vordergrund treten (→ BFH vom 27. 2. 1980 – BStBl 1981 II S. 210). Eine Vereinbarung über die Beteiligung an den stillen Reserven ist nicht ausschlaggebend, wenn die stillen Reserven für den Gesellschafter keine wesentliche wirtschaftliche Bedeutung haben (→ BFH vom 5. 6. 1986 – BStBl II S. 802). Ein Kommanditist, der nicht an den stillen Reserven einschließlich eines etwaigen Geschäftswerts beteiligt ist und nach dem Gesellschaftsvertrag nur eine übliche Verzinsung seiner Kommanditeinlage erhält, trägt kein Mitunternehmerrisiko und ist deshalb auch dann nicht Mitunternehmer, wenn seine gesellschaftsrechtlichen Mitwirkungsrechte denjenigen eines Kommanditisten entsprechen (→ BMF vom 28. 10. 1999 – BStBl 2000 II S. 183).
- Eine Beteiligung am unternehmerischen Risiko liegt bei beschränkt haftenden Gesellschaftern von Personenhandelsgesellschaften, insbesondere bei Kommanditisten, und bei atypisch

stillen Gesellschaftern nicht vor, wenn wegen der rechtlichen oder tatsächlichen **Befristung** ihrer gesellschaftlichen Beteiligung eine Teilhabe an der von der Gesellschaft beabsichtigten Betriebsvermögensmehrung in Form eines entnahmefähigen laufenden Gewinns oder eines die Einlage übersteigenden Abfindungsguthabens oder eines Gewinns aus der Veräußerung des Gesellschaftsanteils nicht zu erwarten ist (→ BFH vom 25. 6. 1984 – BStBl II S. 751). Die zeitliche Befristung und die fehlende Gewinnerwartung können sich aus den Umständen des Einzelfalls ergeben (→ BFH vom 10. 11. 1977 – BStBl 1978 II S. 15).

Nachversteuerung des negativen Kapitalkontos

Der Betrag des beim Ausscheiden aus der Gesellschaft oder bei Auflösung der Gesellschaft zu versteuernden negativen Kapitalkontos (→ BFH vom 10. 11. 1980 – BStBl 1981 II S. 164) ist kein Gewinn aus einer Betriebsvermögensmehrung. Der beim Wegfall eines negativen Kapitalkontos des Kommanditisten zu erfassende Gewinn erlaubt es deshalb nicht, die Teilnahme an einer Betriebsvermögensmehrung im Sinne einer Beteiligung am unternehmerischen Risiko als gegeben anzusehen (→ BFH vom 25. 6. 1984 – BStBl II S. 751).

→ auch OFD Frankfurt vom 16. 7. 2003 – S 2241 A – 30 – St II 21 (StEd 2003, S. 641):

1. Allgemeines

Der große Senat des BFH hat durch Beschluss vom 10. 11. 1980, GrS 1/79 (BStBl 1981 II S. 164) entschieden, dass

a) einem Kommanditisten, dessen gesellschaftsrechtliche Stellung sich im Innen- und Außenverhältnis nach den Vorschriften des HGB bestimmt, ein Verlustanteil, der nach dem allgemeinen Gewinn- und Verlustverteilungsschlüssel der KG auf ihn entfällt, einkommensteuerrechtlich auch insoweit zuzurechnen ist, als er in einer den einkommensteuerrechtlichen Bilanzierungs- und Bewertungsvorschriften entsprechenden Bilanz der KG zu einem negativen Kapitalkonto des Kommanditisten führen würde,

b) der zu a) erwähnte Grundsatz aber nicht gilt, soweit bei Aufstellung der Bilanz nach den Verhältnissen am Bilanzstichtag feststeht, dass ein Ausgleich des negativen Kapitalkontos mit künftigen Gewinnanteilen des Kommanditisten nicht mehr in Betracht kommt,

c) bei Wegfall eines durch einkommensteuerliche Verlustzurechnung entstandenen negativen Kapitalkontos eines Kommanditisten in Höhe dieses negativen Kapitalkontos ein steuerpflichtiger Gewinn des Kommanditisten entsteht,

d) dieser Gewinn zwar grundsätzlich erst im Zeitpunkt der Betriebsaufgabe oder -veräußerung entsteht (§ 18 EStG), im Einzelfall jedoch ein steuerlich nicht begünstigter laufender Gewinn früher zu erfassen ist, sofern feststeht, dass ein Ausgleich des negativen Kapitalkontos des Kommanditisten mit künftigen Gewinnanteilen nicht mehr in Betracht kommt.

Bei der Anwendung dieser Grundsätze ist folgendes zu beachten:

1.1 Einkommensteuerliche Zurechnung von Verlustanteilen einer KG

Einen Kommanditisten einer gewerblich tätigen oder gewerblich geprägten KG ist der auf ihn entfallende Verlustanteil einkommensteuerlich grundsätzlich auch insoweit zuzurechnen, als dieser in der Steuerbilanz zu einem negativen Kapitalkonto führt oder dieses erhöht, obwohl der Kommanditist in Höhe des negativen Kapitalkontos weder gegenüber den Gläubigern der Gesellschaft haftet noch in anderer Weise rechtlich verpflichtet ist, zusätzlich Einlagen an die KG oder Ausgleichszahlungen an die übrigen Gesellschafter zu leisten. Dies gilt, solange zu erwarten ist, dass künftige Gewinnanteile anfallen werden, die der Kommanditist der KG zur Deckung früherer Verluste belassen muss, die ihm aber gleichwohl einkommensteuerrechtlich als Gewinnanteile zuzurechnen sind. Diese „Verlusthaftung mit künftigen Gewinnanteilen" ist Ausdruck und Teil des Mitunternehmerrisikos.

Die Frage der Zurechnung von Einkünften wird durch die Regelung des § 15a EStG nicht berührt. Im Falle eines Verlustes der KG ist daher in jedem Fall zunächst zu entscheiden, ob einem Kommanditisten nach den unten dargestellten Grundsätzen Verlustanteile aus der Gesellschaftsbilanz noch zugerechnet werden können. Nur soweit eine Verlustzurechnung in Betracht kommt, ist zu prüfen, ob § 15a EStG anzuwenden ist (vgl. H 138d (Allgemeines) EStH 2002[1])).

Über die Zurechnung von Einkünften ist nach den Verhältnissen am jeweiligen Bilanzstichtag zu entscheiden, da im Rahmen des Betriebsvermögensvergleiches die Veränderung des Vermögens der Gesellschaft ermittelt und gleichzeitig bestimmt wird, wenn das Betriebsvermögen

[1]) Anm.: Nunmehr H 15a (Allgemeines)

steuerlich zuzurechnen ist (vgl. BFH vom 11. 2. 1988 – BStBl II S. 825, und vom 9. 2. 1993 – BStBl II S. 747).

Bei der Prüfung, ob nach den Verhältnissen am Bilanzstichtag feststand, dass ein Ausgleich des negativen Kapitalkontos mit künftigen Gewinnanteilen nicht mehr in Betracht kommt und eine Zurechnung von Verlustanteilen an den betreffenden Kommanditisten damit ausscheidet, ist auf die Umstände abzustellen, die den BFH veranlasst haben, die Bildung eines negativen Kapitalkontos zuzulassen. Danach sei, so der Senat, bei einer sonst gutgehenden KG mit stillen Reserven irgendwann zu erwarten, dass die Auflösung der stillen Reserven einen Gewinn der KG und damit auch Gewinnanteile des Kommanditisten bewirke, die dieser zur Auffüllung seines negativen Kapitalkontos zu verwenden habe.

Ein Ausgleich des negativen Kapitalkontos mit künftigen Gewinnanteilen auch ohne Veräußerung oder Aufgabe des Betriebs der KG kann deshalb insbesondere bei Fällen mit folgendem Sachverhalt nicht mehr in Betracht kommen:

- die KG ist erheblich überschuldet
- stille Reserven oder ein Geschäftswert sind nicht oder nicht in ausreichender Höhe vorhanden
- die KG tätigt keine nennenswerten Umsätze mehr
- die KG hat ihre werbende Tätigkeit eingestellt
- Antrag auf Erhöhung des Insolvenzverfahrens
- trotz erheblicher Überschuldung einer GmbH und Co. KG hat der Geschäftsführer pflichtwidrig keinen Antrag auf Eröffnung des Insolvenzverfahrens gestellt (§ 161 Abs. 2 i. V. m. § 130a Abs. 1 HGB)
- ein Antrag auf Eröffnung des Insolvenzverfahrens wurde mangels einer die Verfahrenskosten deckenden Masse abgelehnt (§ 26 Abs. 1 InsO)
- Eröffnung des Insolvenzverfahrens (vgl. hierzu Tz. 2).

Dass künftige Gewinnanteile zum Ausgleich eines negativen Kapitalkontos nicht mehr entstehen, kann im Einzelfall bei vernünftiger kaufmännischer Beurteilung auch bei einer KG, die gesellschaftsrechtlich noch nicht aufgelöst worden ist, feststehen. Umgekehrt schließt aber die gesellschaftsrechtliche Auflösung einer KG keineswegs aus, dass im Rahmen der Liquidation stille Reserven realisiert werden und deshalb noch Gewinne zu erwarten sind.

Die Einstellung der werbenden Tätigkeit ist anzunehmen, wenn das Unternehmen aufgehört hat, seine Dienstleistungen oder Produkte am Markt anzubieten. Keine Bedeutung kommt in diesem Zusammenhang Umsätzen aus dem Verkauf von Wirtschaftsgütern des Anlagevermögens sowie Umsätzen zu, die lediglich geeignet sind zu dokumentieren, dass die Gesellschaft noch existent ist.

Eine rein theoretische, mehr oder weniger spekulative Möglichkeit, eine KG werde durch Fortführung der bisherigen Tätigkeit oder durch Aufnahme einer andersartigen Betätigung wieder Gewinne erzielen, kann die Annahme nicht hindern, dass es insgesamt oder wenigstens für einen Teilbetrag des negativen Kapitalkontos bei vernünftiger kaufmännischer Beurteilung feststeht, dass künftige Gewinnanteile zum Ausgleich des negativen Kapitalkontos nicht mehr in Betracht kommen. Insoweit können dem Kommanditisten laufende Verlustanteile der Gesellschaftsbilanz (einschließlich der Ergebnisse einer Ergänzungsbilanz) selbst dann nicht mehr zugerechnet werden, wenn sich der Kommanditist für Verbindlichkeiten der KG verbürgt hat. Ungeachtet der Bürgschaft entfällt auch für diesen Kommanditisten die Verlusthaftung mit künftigen Gewinnanteilen nach Maßgabe des Gewinn- und Verlustverteilungsschlüssels der KG, die allein der Rechtfertigungsgrund für die einkommensteuerrechtliche Anerkennung eines negativen Kapitalkontos eines Kommanditisten ist (vgl. BFH-Urteil vom 19. 3. 1981, BStBl II S. 570 und Tz. 3, zur steuerlichen Behandlung von Bürgschaften eines Kommanditisten für Verbindlichkeiten der KG s. u. Tz. 3).

Im Einzelnen vgl. hierzu auch die ergänzenden BFH vom 19. 3. 1981 – BStBl II S. 570, vom 26. 3. 1981 – BStBl II S. 572, vom 26. 5. 1981 – BStBl II S. 688 und vom 16. 12. 1981 – BStBl 1982 II S. 474.

Wegen der Zurechnung von Sanierungsgewinnen und deren Auswirkungen auf das negative Kapitalkonto des Kommanditisten wird auf die Rundverfügung vom 20. 5. 2003, S 2140 A – 4 – St II 20 (§ 3 Fach 9 Karte 14 ESt-Kartei) verwiesen.

1.2 Nachversteuerung des negativen Kapitalkontos

Der Gewinn aus dem Wegfall des negativen Kapitalkontos (s. o. Tz. 1 Buchst. c) und d) entsteht grundsätzlich erst im Zeitpunkt der Betriebsaufgabe oder -veräußerung (§ 16 EStG).

Fällt das negative Kapitalkonto im Zuge der Liquidation der Gesellschaft weg, geschieht dies handelsrechtlich zu dem Zeitpunkt, für den die Liquidationsschlussbilanz aufgestellt wird.

Steuerrechtlich ist im Rahmen der Ermittlung des Veräußerungs- bzw. Aufgabegewinns auf den Zeitpunkt abzustellen, zu dem die Gesellschaft ihren Gewerbebetrieb im Ganzen veräußert oder tatsächlich aufgibt. Die zu diesem Zeitpunkt aufzustellende Aufgabebilanz zur Ermittlung des Veräußerungs- bzw. Aufgabegewinns tritt an die Stelle der handelsrechtlichen Liquidationsschlussbilanz (vgl. BFH vom 19. 1. 1993, BStBl II S. 594). In diesen Fällen ist der Gewinn aus dem Wegfall des negativen Kapitalkontos ein begünstigter Veräußerungs- oder Aufgabegewinn (§§ 16 Abs. 1 Nr. 1, 34 EStG).

Ergibt sich dagegen im Einzelfall, dass bereits zu einem Bilanzstichtag vor Aufgabe oder Veräußerung des Betriebs ein Ausgleich des durch Verlustanteile aus der Gesellschaftsbilanz (einschließlich Ergänzungsbilanz) entstandenen negativen Kapitalkontos mit künftigen Gewinnen des Kommanditisten nicht mehr in Betracht kommt, ergibt sich bereits zu diesem Zeitpunkt in Höhe des negativen Kapitalkontos ein laufender, nicht begünstigter Gewinn (vgl. den o. a. Beschluss des Großen Senats des BFH). Den Gewerbeertrag berührt dies in der Summe allerdings nicht, da insoweit dem persönlich haftenden Gesellschafter oder den anderen Kommanditisten, deren positives Kapitalkonto noch nicht aufgezehrt ist, Verlustanteile in gleicher Höhe zuzurechnen sind (vgl. § 52 Abs. 33 Satz 4 EStG). Sind jedoch in dem VZ, in dem die vorzeitige Nachversteuerung des negativen Kapitalkontos erfolgt, auch die Voraussetzungen des § 52 Abs. 33 Satz 3 EStG erfüllt, ist der Gewinn nach §§ 16, 34 EStG begünstigt. § 52 Abs. 33 Satz 4 EStG ist dabei auch anzuwenden, wenn eine KG aufgelöst wird und der Kommanditist sein negatives Kapitalkonto nicht ausgleichen muss (BFH vom 11. 8. 1994 – BStBl 1995 II S. 253).

Soweit allerdings ein negatives Kapitalkonto des Kommanditisten auf Entnahmen zurückzuführen ist, scheidet eine vorzeitige Nachversteuerung aus. In Höhe dieser Entnahmen entsteht jedoch ein Gewinn im Zeitpunkt der Auflösung der KG bzw. des Ausscheidens des Kommanditisten, soweit dieser nicht zu Ausgleichszahlungen verpflichtet ist (vgl. Schmidt, EStG, 22. Auflage, § 16 Rz. 472).

1.3 Nachholung eines zu Unrecht nicht aufgelösten negativen Kapitalkontos eines Kommanditisten

Ist das negative Kapitalkonto eines Kommanditisten nicht zum richtigen Bilanzstichtag aufgelöst worden und die Veranlagung des betroffenen Veranlagungszeitraumes bereits bestandskräftig, so kann die Auflösung im Folgejahr nach den für eine Bilanzberichtigung geltenden Grundsätzen erfolgswirksam nachgeholt werden (H 138d (Auflösung des negativen Kapitalkontos) EStH 2002[1])). Das negative Kapitalkonto ist in diesem Zusammenhang einem Bilanzansatz i. S. d. § 4 Abs. 1 Satz 1 EStG gleichzustellen (vgl. BFH vom 11. 2. 1988 – BStBl II S. 825, vom 10. 12. 1991 – BStBl 1992 II S. 650).

Ist die Gewinnfeststellung des Vorjahres nicht auf Grundlage einer von der KG eingereichten Bilanz, sondern im Wege der Schätzung vorgenommen worden, ist die Verknüpfung zwischen der Schlussbilanz des Vorjahres und der Anfangsbilanz des Folgejahres weiterhin gegeben (vgl. BFH vom 19. 1. 1993, a. a. O.). Auch in diesen Fällen kann deshalb eine bisher zu Unrecht unterbliebene erfolgswirksame Auflösung des negativen Kapitalkontos im Folgejahr nachgeholt werden.

Ist dagegen im Klageverfahren gegen einen Gewinnfeststellungsbescheid lediglich die Höhe des Veräußerungsgewinnes streitig, so kann eine in den Schlussbilanzen der Vorjahre fehlerhaft ausgewiesene Beteiligung der Gesellschafter am Vermögen der Personengesellschaft in der Schlussbilanz des Streitjahres grundsätzlich nicht erfolgswirksam berichtigt werden. Eine Korrektur kommt insoweit nur hinsichtlich solcher Fehler in Betracht, die sich bisher nicht auf die Höhe der festgestellten Gewinne und Gewinnanteile ausgewirkt haben (z. B. Entnahmen und Einlagen), da die Schlussbilanz des Streitjahres Grundlage einer bestandskräftigen Feststellung des laufenden Gewinns und der Anteile der Gesellschafter an diesem Gewinn geworden ist. Die Schlussbilanz des Streitjahres ist insoweit keine „offene Bilanz" im Sinne der Rechtsprechung zum formellen Bilanzzusammenhang (vgl. BFH vom 19. 1. 1993, a. a. O.).

Fehlt es jedoch an einer Feststellung für das vorangegangene Wirtschaftsjahr und kann diese nach Ablauf der Feststellungsfrist auch nicht mehr nachgeholt werden, so ist es nach dem BFH vom 28. 1. 1992 (BStBl II S. 881) nicht möglich, nach den Grundsätzen des Bilanzzusammenhangs an eine – wenn auch fehlerhafte – Schlussbilanz des vorangegangenen Wirtschaftsjahres anzuknüpfen. In diesem Fall ist der Bilanzzusammenhang durchbrochen, so dass die Versteuerung des negativen Kapitalkontos auch nicht mehr nachgeholt werden kann.

1) Anm.: Nunmehr H 15a (Auflösung des negativen Kapitalkontos)

Der sich aus der Richtigstellung der Bilanzansätze für einen Kommanditisten ergebende Gewinn genießt die Steuervergünstigungen, die ihm bei rechtzeitigem Ausweis zugekommen wären (vgl. BFH vom 11. 2. 1988, a. a. O.).

2. Besonderheiten im Insolvenzfall

Auch nach der Eröffnung des Insolvenzverfahrens bleibt eine KG als Handelsgesellschaft bestehen. Durch die Eröffnung des Insolvenzverfahrens über das Vermögen der Gesellschaft wird sie zwar aufgelöst (vgl. § 161 Abs. 2 i. V. m. § 131 Abs. 1 Nr. 3 HGB), aber noch nicht voll beendet. Einkommensteuerrechtlich betreibt eine KG auch während des Abwicklungsstadiums ein gewerbliches Unternehmen i. S. d. § 15 EStG. Dies gilt auch dann, wenn die KG jegliche werbende Tätigkeit eingestellt hat, denn die gewerbliche Tätigkeit i. S. d. § 15 EStG umfasst auch die auf Abwicklung gerichteten Handlungen (vgl. BFH vom 27. 4. 1978 – BStBl 1979 II S. 89, und vom 11. 2. 1988, a. a. O.).

Die während der Abwicklung entstehenden Gewinne und Verluste einer aufgelösten KG sind im Wege des Betriebsvermögensvergleichs nach den Grundsätzen ordnungsgemäßer Buchführung zu ermitteln (§§ 4 Abs. 1, 5 Abs. 1 EStG) und gesondert festzustellen (§ 180 Abs. 1 Nr. 2a AO). Die Durchführung einer gesonderten und einheitlichen Feststellung der Einkünfte aus Gewerbebetrieb wird durch die Insolvenzeröffnung nicht gehindert.

Nach Eröffnung des Insolvenzverfahrens hat der Insolvenzverwalter für die ordnungsgemäße Erfüllung der steuerrechtlichen Buchführungs- und Bilanzierungspflichten zu sorgen (§ 80 Abs. 1 InsO, § 34 Abs. 3 AO). Soweit der Insolvenzverwalter seine Verpflichtung zur Aufstellung entsprechender Bilanzen für die KG nicht nachkommt, sind die festzustellenden Besteuerungsgrundlagen zu schätzen (vgl. Tz. 1.3). Dabei sind die für den Stpfl. maßgeblichen Gewinnermittlungsvorschriften zu beachten. Die Schätzung ist so vorzunehmen, dass sie im Ergebnis einem ordnungsgemäß durchgeführten Bestandsvergleich möglichst nahe kommt (vgl. BFH-Urteil vom 19. 1. 1993, a. a. O., m. w. N.). Dabei ist auch der Anfangs- und Endbestand des Betriebsvermögens schätzungsweise festzustellen und aktenkundig zu dokumentieren.

Nach Eröffnung eines Insolvenzverfahrens muss umgehend geprüft werden, ob eine vorzeitige Nachversteuerung negativer Kapitalkonten erforderlich ist, weil bereits zum Zeitpunkt der Eröffnung des Insolvenzverfahrens feststeht, dass ein Ausgleich des negativen Kapitalkontos mit künftigen Gewinnanteilen des/der Kommanditisten nicht mehr in Betracht kommt. Allerdings ist hiervon nicht ohne weiteres auszugehen (vgl. BFH vom 22. 1. 1985 – BStBl 1986 II S. 136 m. w. N.). Über die Zurechnung von Verlustanteilen und die Auflösung negativer Kapitalkonten beschränkt haftender Gesellschafter ist deshalb auch während eines laufenden Insolvenzverfahrens über das Vermögen einer KG nach den in Tz. 1 dargestellten allgemeinen Grundsätzen zu entscheiden. Sofern keine ausreichenden Unterlagen zur Feststellung und zeitlichen Erfassung des Aufgabegewinns vorliegen, sollten die gesonderten und einheitlichen Feststellungen bis zur abschließenden Sachverhaltsaufklärung unter dem Vorbehalt der Nachprüfung (§ 164 AO) durchgeführt werden.

3. Bürgschaftsübernahme durch Kommanditisten

Die Übernahme einer Bürgschaft durch einen Kommanditisten für Verbindlichkeiten der KG aus betrieblichen Gründen hat keinen Einfluss auf die Höhe des laufenden Gewinns/Verlusts der Gesellschaft. Die Bürgschaftsübernahme führt auch nicht zu Sonderbetriebsausgaben des betreffenden Kommanditisten. Droht die Inanspruchnahme des Kommanditisten aus der Bürgschaft oder wurde er bereits aus der Bürgschaft in Anspruch genommen, kann er in seiner Sonderbilanz keine Rückstellung bilden bzw. keine Verbindlichkeit einstellen (vgl. BFH-Urteil vom 12. 7. 1990 – BStBl 1991 II S. 64, m. w. N.). Die in Erfüllung einer Bürgschaftsverpflichtung geleisteten Zahlungen sind einkommensteuerrechtlich als Kapitaleinlage zu beurteilen. Dies gilt nicht nur für den Fall, dass die Übernahme der Bürgschaft und die Zahlung der Bürgschaftssumme auf dem Gesellschaftsverhältnis beruhende Beitragsleistungen des Kommanditisten darstellen, die während des Bestehens der Gesellschaft keinen Ersatzanspruch des Kommanditisten begründen. Eine Einlage liegt vielmehr auch vor, wenn dem Kommanditisten zivilrechtlich als Folge der Bürgschaftsleistung ein selbständiger, noch nicht erfüllter Ersatzanspruch gegenüber der KG oder den persönlich haftenden Gesellschaftern zusteht. Ein etwaiges Wertloswerden einer solchen Forderung, die zum Sonderbetriebsvermögen des Kommanditisten gehört, wirkt sich nicht schon während des Bestehens, sondern erst mit der Beendigung der Gesellschaft steuerlich aus, vgl. unten Tz. 3.2. Soweit sich aus dem BFH-Urteil vom 19. 1. 1989 (BStBl 1989 II S. 393) etwas anderes ergeben hatte, hält der BFH daran nicht mehr fest (vgl. BFH-Urteil vom 12. 7. 1990, a. a. O.).

3.1 Gewinnermittlung bei vorzeitiger Nachversteuerung des negativen Kapitalkontos

Steht fest, dass ein Ausgleich des negativen Kapitalkontos mit künftigen Gewinnanteilen des Kommanditisten nicht mehr in Betracht kommt, ergibt sich bereits zu diesem Zeitpunkt in Höhe des negativen Kapitalkontos ein laufender, nicht begünstigter Gewinn. Der vorzeitigen Nachversteuerung unterliegt das durch Verlustanteile aus der Gesellschaftsbilanz (einschließlich Ergänzungsbilanz) entstandene negative Kapitalkonto (vgl. Tz. 1.2).

Ein positives Kapitalkonto in der Sonderbilanz des Kommanditisten mindert das vorzeitig nachzuversteuernde negative Kapitalkonto nicht. Dementsprechend können sich auch Bürgschaftszahlungen eines Kommanditisten, die zivilrechtlich keine auf dem Gesellschaftsverhältnis beruhende Beitragsleistungen darstellen, auf die Höhe des vorzeitig nachzuversteuernden negativen Kapitalkontos nicht auswirken, da die aufgrund der Bürgschaftsinanspruchnahme entstehenden Ersatzansprüche des Kommanditisten gegenüber der KG oder den persönlich haftenden Gesellschaftern Sonderbetriebsvermögen darstellen. Die Wertlosigkeit dieser Kapitalkontenteile ist erst bei Beendigung der KG steuerlich zu berücksichtigen. Dementsprechend können auch drohende Bürgschaftsinanspruchnahmen bei der vorzeitigen Nachversteuerung nicht berücksichtigt werden (a. A. Schmidt, EStG, 22. Auflage, § 15a Rz. 20 und FG München, EFG 1992 S. 457).

3.2 Wegfall des negativen Kapitalkontos eines Kommanditisten bei Betriebsveräußerung oder Betriebsaufgabe bzw. Ausscheiden des Kommanditisten

Fällt ein negatives Kapitalkonto eines Kommanditisten bei Betriebsveräußerung oder Betriebsaufgabe weg oder scheidet ein Kommanditist gegen Übernahme eines negativen Kapitalkontos durch den Erwerber aus der Gesellschaft aus, entsteht grundsätzlich zu diesem Zeitpunkt in Höhe des negativen Kapitalkontos ein Veräußerungs- oder Aufgabegewinn. Ein solcher Veräußerungs- oder Aufgabegewinn ist grundsätzlich auch dann zu versteuern, wenn der Kommanditist im Außenverhältnis aufgrund einer Bürgschaftsverpflichtung weiterhin für Verbindlichkeiten der Gesellschaft haftet. Etwas anderes gilt jedoch, wenn der Kommanditist aus der Bürgschaft bereits in Anspruch genommen worden ist, aber noch nicht gezahlt hat, oder wenn er mit einer Inanspruchnahme durch die Gesellschaftsgläubiger ernsthaft rechnen muss und er keine realisierbaren Ausgleichs- und Rückgriffsansprüche hat (vgl. BFH-Urteil vom 12. 7. 1990, a. a. O.).

Der Ermittlung des Aufgabegewinns ist das im Zeitpunkt der Betriebsaufgabe vorhandene Betriebsvermögen zugrunde zu legen, in dem auch künftige Einnahmen und Ausgaben in Gestalt von Forderungen und Verbindlichkeiten zu berücksichtigen sind. Für einen Kommanditisten ist zu diesem Zweck eine Sonderbilanz aufzustellen, für die grundsätzlich die allgemeinen bilanzrechtlichen Vorschriften des EStG gelten (vgl. BFH-Urteil vom 9. 2. 1993 – BStBl II S. 747). In dieser Sonderbilanz muss der Kommanditist eine den Aufgabe-/Veräußerungsgewinn mindernde Rückstellung bilden, wenn ihm in Zusammenhang mit seiner Beteiligung eine Haftungsinanspruchnahme droht und keine realisierbaren Ausgleichs- und Rückgriffsansprüche bestehen. Bürgschaftszahlungen, die der Kommanditist während des Bestehens der Gesellschaft bzw. vor seinem Ausscheiden geleistet hat, wirken sich – soweit kein realisierbarer Ersatzanspruch besteht – ebenfalls erst zu diesem Zeitpunkt gewinnmindernd aus.

Soweit ein Kommanditist im Falle der Beendigung der Gesellschaft aus dem Wegfall des negativen Kapitalkontos wegen der zu berücksichtigenden Bürgschaftsverpflichtung keinen Veräußerungsgewinn zu versteuern hat, ist dem Komplementär gleichwohl ein Verlust in Höhe des weggefallenen negativen Kapitalkontos zuzurechnen, weil dessen Verbindlichkeiten sich trotz der Bürgschaftsverpflichtung/Bürgschaftszahlungen des Kommanditisten nicht vermindern. An die Stelle der weggefallenen Verbindlichkeiten gegenüber den Gesellschaftsgläubigern aufgrund der Zahlung durch den Bürgen tritt in derselben Höhe bei dem Komplementär die Ausgleichsverpflichtung nach § 774 BGB. Darüber hinaus kann sich eine Ausgleichsverpflichtung des Komplementärs aus § 670 BGB ergeben. Ein Gewinn entsteht beim Komplementär erst dann, wenn der Bürge auf seinen Ersatzanspruch verzichtet oder der Ersatzverpflichtete mit einer Inanspruchnahme durch den Bürgen nicht mehr zu rechnen braucht (vgl. BFH-Urteil vom 22. 11. 1988 – BStBl 1989 II S. 359).

Soweit wegen des Bestehens einer Bürgschaftsverpflichtung ein Gewinn aus dem Wegfall eines negativen Kapitalkontos nicht besteuert worden ist, ergeben sich jedoch steuerliche Auswirkungen, wenn der Kommanditist tatsächlich später nicht oder nicht in vollem Umfang Zahlungen zu erbringen hat bzw. er später durch Rückgriff auf die KG, einen ihrer Gesellschafter oder Mitbürgen Ersatz seiner Aufwendungen erlangen kann (vgl. Schmidt, EStG, 22. Auflage, § 16 Rz. 465, 473). In diesem Fall ist der Feststellungsbescheid für das Jahr der Auflösung der KG bzw. des Ausscheidens des Kommanditisten bezüglich des Veräußerungsgewinnes gemäß

§ 175 Abs. 1 Nr. 2 AO zu ändern, da sich aufgrund von Umständen, die nach der Aufgabe/Veräußerung neu hinzugetreten sind, ergeben hat, dass der der Besteuerung zugrunde gelegte Wert des Betriebsvermögens zu niedrig gewesen ist (vgl. Beschluss des Großen Senats des BFH vom 19. 7. 1993 – BStBl 1993 II S. 894). Entsprechendes gilt, wenn der Kommanditist über den bereits gewinnmindernd berücksichtigten Betrag hinaus für Verbindlichkeiten der KG in Anspruch genommen wird.

Sind bei der Ermittlung des Veräußerungs- bzw. Aufgabengewinns eines Kommanditisten Bürgschaftsverpflichtungen und/oder Bürgschaftszahlungen berücksichtigt worden, hat das für die Besteuerung der KG zuständige FA deshalb zu überwachen, ob tatsächlich eine Inanspruchnahme erfolgt bzw. Zahlungen geleistet werden und ob ggf. noch Rückgriffsansprüche realisiert werden konnten. Soweit dem Komplementär (bzw. mehreren Komplementären anteilig) Verluste in Höhe des negativen Kapitalkontos des ausgeschiedenen Kommanditisten zugerechnet wurden, ist ebenfalls zu überwachen, ob dem Komplementär, z. B. durch den Verzicht des Bürgen auf Rückgriffsansprüche, ein Gewinn in entsprechender Höhe zuzurechnen ist (s. o.).

Nießbrauch

Bei Bestellung eines Nießbrauchs am Gesellschaftsanteil bleibt der Nießbrauchsverpflichtete Mitunternehmer (→ BFH vom 1. 3. 1994 – BStBl 1995 II S. 241).

Organgesellschaft

Einer Mitunternehmereigenschaft der Komplementär-GmbH steht nicht entgegen, dass sie Organ des Kommanditisten ist (→ BFH vom 10. 11. 1983 – BStBl 1984 II S. 150).

Partnerschaftsgesellschaft

Zur zivilrechtlichen Rechtsform der Partnerschaftsgesellschaft → Partnerschaftsgesellschaftsgesetz (PartGG) vom 25. 7. 1994 (BGBl. I S. 1744), zuletzt geändert durch Artikel 12 Abs. 12 des Gesetzes über elektronische Handelsregister und Genossenschaftsregister sowie das Unternehmensregister (EHUG) vom 10. 11. 2006 (BGBl. I S. 2553).

Stiller Gesellschafter

Bei einem stillen Gesellschafter ohne Unternehmerinitiative kommt der vermögensrechtlichen Stellung besondere Bedeutung zu (→ BFH vom 25. 6. 1981 – BStBl 1982 II S. 59). Um als Mitunternehmer angesehen werden zu können, muss ein solcher stiller Gesellschafter einen Anspruch auf Beteiligung am tatsächlichen Zuwachs des Gesellschaftsvermögens unter Einschluss der stillen Reserven und eines Geschäftswerts haben (→ BFH vom 27. 5. 1993 – BStBl 1994 II S. 700). Ohne eine Beteiligung an den stillen Reserven kann ein stiller Gesellschafter dann Mitunternehmer sein, wenn der Unternehmer ihm abweichend von der handelsrechtlichen Regelung ermöglicht, wie ein Unternehmer auf das Schicksal des Unternehmens Einfluss zu nehmen (→ BFH vom 28. 1. 1982 – BStBl II S. 389). Beteiligt sich der beherrschende Gesellschafter und alleinige Geschäftsführer einer GmbH an dieser auch noch als stiller Gesellschafter mit einer erheblichen Vermögenseinlage unter Vereinbarung einer hohen Gewinnbeteiligung sowie der Verpflichtung, die Belange bestimmter Geschäftspartner persönlich wahrzunehmen, so handelt es sich um eine atypisch stille Gesellschaft – Mitunternehmerschaft – (→ BFH vom 15. 12. 1992 – BStBl 1994 II S. 702). Gesamthandsvermögen braucht nicht vorhanden zu sein (→ BFH vom 8. 7. 1982 – BStBl II S. 700).

Strohmannverhältnis

Wer in eigenem Namen, aber für Rechnung eines anderen ein Einzelunternehmen führt oder persönlich haftender Gesellschafter einer Personengesellschaft ist, wird, sofern das Treuhandverhältnis den Geschäftspartnern gegenüber nicht offen gelegt wird, regelmäßig allein wegen seiner unbeschränkten Haftung zum (Mit-)Unternehmer. Dies gilt auch dann, wenn er den Weisungen des Treugebers unterliegt und im Innenverhältnis von jeglicher Haftung freigestellt ist (→ BFH vom 4. 11. 2004 – BStBl 2005 II S. 168).

Testamentsvollstreckung

Ein Kommanditist, dessen Kommanditanteil durch Testamentsvollstreckung treuhänderisch verwaltet wird und dessen Gewinnanteile an einen Unterbevollmächtigten herauszugeben sind, ist dennoch Mitunternehmer (→ BFH vom 16. 5. 1995 – BStBl II S. 714).

Treugeber

Bei einem Treuhandverhältnis, dessen Gegenstand die Mitgliedschaft in einer Personengesellschaft ist, müssen die die Mitunternehmerstellung kennzeichnenden Merkmale in der Person des Treugebers vorliegen (→ BFH vom 21. 4. 1988 – BStBl 1989 II S. 722).

Verdeckte Mitunternehmerschaft

- Mitunternehmer kann auch sein, wer nicht als Gesellschafter, sondern z. B. als Arbeitnehmer oder Darlehensgeber bezeichnet ist, wenn die Vertragsbeziehung als Gesellschaftsverhältnis anzusehen ist (→ BFH vom 11. 12. 1980 – BStBl 1981 II S. 310). Allerdings sind die zwischen den Beteiligten bestehenden Rechtsbeziehungen bei der Beurteilung der Gesellschaftereigenschaft sowohl zivil- als auch steuerrechtlich nicht allein nach deren formaler Bezeichnung zu würdigen, sondern nach den von ihnen gewollten Rechtswirkungen und der sich danach ergebenden zutreffenden rechtlichen Einordnung (→ BFH vom 13. 7. 1993 – BStBl 1994 II S. 282).
- Eine Mitunternehmerschaft setzt ein zivilrechtliches Gesellschaftsverhältnis oder ausnahmsweise ein wirtschaftlich vergleichbares Gemeinschaftsverhältnis voraus. Eine Mitunternehmerschaft liegt danach auch vor, wenn mehrere Personen durch gemeinsame Ausübung der Unternehmerinitiative und gemeinsame Übernahme des Unternehmerrisikos auf einen bestimmten Zweck hin tatsächlich zusammenarbeiten. Erforderlich für ein stillschweigend begründetes Gesellschaftsverhältnis ist auch ein entsprechender Verpflichtungswille (→ BFH vom 1. 8. 1996 – BStBl 1997 II S. 272). Mitunternehmerinitiative und -risiko dürfen nicht lediglich auf einzelne Schuldverhältnisse zurückzuführen sein. Die Bündelung von Risiken aus derartigen Austauschverhältnissen unter Vereinbarung angemessener und leistungsbezogener Entgelte begründet noch kein gesellschaftsrechtliches Risiko (→ BFH vom 13. 7. 1993 – BStBl 1994 II S. 282). Tatsächliche Einflussmöglichkeiten allein genügen allerdings nicht (→ BFH vom 2. 9. 1985 – BStBl 1986 II S. 10).
- Das Vorliegen einer verdeckten Mitunternehmerschaft zwischen nahen Angehörigen darf nicht unter Heranziehung eines Fremdvergleichs beurteilt werden (→ BFH vom 8. 11. 1995 – BStBl 1996 II S. 133).
- Der Geschäftsführer der Komplementär-GmbH ist nicht schon auf Grund des bloßen Abschlusses des Geschäftsführervertrages mit der GmbH als verdeckter Mitunternehmer der KG anzusehen (→ BFH vom 1. 8. 1996 – BStBl 1997 II S. 272). Der alleinige Gesellschafter-Geschäftsführer der Komplementär-GmbH ist verdeckter Mitunternehmer der Familien-GmbH & Co. KG, wenn er für die Geschäftsführung unangemessene gewinnabhängige Bezüge erhält und sich – wie bisher als Einzelunternehmer – als Herr des Unternehmens verhält (→ BFH vom 21. 9. 1995 – BStBl 1996 II S. 66).

Vermietung zwischen Schwester-Personengesellschaften

Wirtschaftsgüter, die eine gewerblich tätige oder gewerblich geprägte Personengesellschaft an eine ganz oder teilweise personenidentische Personengesellschaft (Schwestergesellschaft) vermietet, gehören zum Betriebsvermögen der vermietenden Personengesellschaft und nicht zum Sonderbetriebsvermögen bei der nutzenden Personengesellschaft. Dies gilt auch, wenn leistende Gesellschaft eine gewerblich geprägte atypisch stille Gesellschaft ist (→ BFH vom 26. 11. 1996 – BStBl 1998 II S. 328; (→ BMF vom 28. 4. 1998 BStBl I S. 583 mit Übergangsregelung).

Wirtschaftliches Eigentum

Ist in einem Gesellschaftsvertrag vereinbart, dass die Ehefrau im Scheidungsfall aus der Gesellschaft ausgeschlossen werden kann und ihr Ehemann an ihre Stelle tritt, ist der Kommanditanteil der Ehefrau dem Ehemann gemäß § 39 Abs. 2 Nr. 1 Satz 1 AO zuzurechnen (→ BFH vom 26. 6. 1990 – BStBl 1994 II S. 645).

R 15.8 (2) **Mehrstöckige Personengesellschaft**

(2) [1]§ 15 Abs. 1 Satz 1 Nr. 2 EStG ist auch bei mehrstöckigen Personengesellschaften anzuwenden, wenn eine ununterbrochene Mitunternehmerkette besteht. [2]Vergütungen der Untergesellschaft an einen Gesellschafter der Obergesellschaft für Tätigkeiten im Dienste der Untergesellschaft mindern daher den steuerlichen Gewinn der Untergesellschaft nicht; überlässt ein Gesellschafter der Obergesellschaft der Untergesellschaft z. B. ein Grundstück für deren betriebliche Zwecke, ist das Grundstück notwendiges Sonderbetriebsvermögen der Untergesellschaft.

Hinweise

H 15.8 (2)

Unterbeteiligung

Tätigkeitsvergütungen einer OHG an atypisch still Unterbeteiligte eines Gesellschafters gehören nach § 15 Abs. 1 Satz 1 Nr. 2 Satz 2 EStG zu den Einkünften aus Gewerbebetrieb (→ BFH vom 2. 10. 1997 – BStBl 1998 II S. 137).

Gewinnverteilung R 15.8 (3)

(3) – unbesetzt –

Hinweise

H 15.8 (3)

Abfindungen

Abfindungen, die der bei einer KG angestellte Kommanditist aus Anlass der Auflösung seines Dienstverhältnisses bezogen hat, gehören zu den Sondervergütungen i. S. d. § 15 Abs. 1 Satz 1 Nr. 2 EStG (→ BFH vom 23. 4. 1996 – BStBl II S. 515).

Abweichung des Steuerbilanzgewinns vom Handelsbilanzgewinn

Der zwischen Gesellschaftern einer Personengesellschaft vereinbarte Gewinnverteilungsschlüssel bezieht sich grundsätzlich auf den Handelsbilanzgewinn. Weicht dieser vom Steuerbilanzgewinn deshalb ab, weil er durch die Auflösung von Bilanzierungshilfen geringer ist als der Steuerbilanzgewinn, müssen bei der Anwendung des Gewinnverteilungsschlüssels auf den Steuerbilanzgewinn Korrekturen hinsichtlich der Gesellschafter angebracht werden, die bei der Bildung der Bilanzierungshilfe an dem Unternehmen noch nicht beteiligt waren (→ BFH vom 22. 5. 1990 – BStBl II S. 965).

Angemessenheit der Gewinnverteilung bei stiller Beteiligung von anteils- und beteiligungsidentischen Schwesterpersonengesellschaften

Kann ein angemessener Gewinnanteil der stillen Gesellschafterin nicht durch ein konkreten Fremdvergleich ermittelt werden, sind die Grundsätze zu Familienpersonengesellschaften entsprechend anzuwenden. Soweit ihr Gewinnanteil eine angemessene Höhe übersteigt, ist er dem Mitunternehmer zuzurechnen (→ BFH vom 21. 9. 2000 – BStBl 2001 II S. 299).

Ausländische Personengesellschaft

- Die zu § 15 Abs. 1 Satz 1 Nr. 2 EStG entwickelten Gewinnermittlungsgrundsätze gelten auch bei grenzüberschreitenden mitunternehmerischen Beteiligungen (→ BMF vom 24. 3. 1999 – BStBl 2000 II S. 399).
- Für die Beurteilung, ob eine „Gesellschaft" i. S. d. Art. 3 Abs. 1 Buchst. e DBA-USA 1989 vorliegt, ist die Rechtsordnung des Quellenstaates maßgeblich. Die Ausübung des steuerlichen Wahlrechts, in den USA als sog. S-Corporation nicht mit der dortigen Corporate Tax (Körperschaftsteuer) besteuert zu werden, ändert aus deutscher Sicht nichts an der Einordnung als juristische Person (→ BFH vom 20. 8. 2008 – I R 39/07).
- LLC (Limited Liability Company nach US-Recht)

  → BMF vom 19. 3. 2004 (BStBl I S. 411)

  Eine nach dem Recht des Staates Florida gegründete US-amerikanische LLC, die in den USA infolge der Ausübung des dort gegebenen steuerlichen Wahlrechts nicht mit der dortigen Corporate Tax besteuert, sondern wie eine Personengesellschaft behandelt wird, ist nach Art. 4 Abs. 1 Buchst. b DBA-USA 1989 a. F. nur insoweit eine in den USA ansässige und damit abkommensberechtigte Person, als die von der Gesellschaft bezogenen Einkünfte in den USA bei der Gesellschaft oder bei ihren in den USA ansässigen Gesellschaftern wie Einkünfte dort Ansässiger besteuert werden. Das Besteuerungsrecht für Einkünfte, die der inländische Gesellschafter aus der Beteiligung an einer solchen LLC bezieht, gebührt nur dann nach Art. 7 Abs. 1 DBA-USA 1989 a. F. den USA, wenn es sich bei der LLC auch aus deutscher Sicht um eine Personengesellschaft handelt, welche dem Gesellschafter in den USA eine Betriebsstätte vermittelt. Handelt es sich aus deutscher Sicht hingegen um eine Kapitalgesellschaft, gebührt das Besteuerungsrecht für die Einkünfte nach Art. 21 Abs. 1 DBA-USA 1989 a. F. Deutschland; ein vorrangiges Besteuerungsrecht der USA scheidet für diese Einkünfte sowohl nach Art. 7 Abs. 1 als auch nach Art. 10 Abs. 1 DBA-USA 1989 a. F. (→ BFH vom 20. 8. 2008, I R 34/08).

Außerbetrieblich veranlasster Gewinn- und Verlustverteilungsschlüssel

Eine außerbetrieblich veranlasste Änderung des Gewinn- und Verlustverteilungsschlüssels bei einer Personengesellschaft, d. h. eine Änderung, die ihre Erklärung nicht in den Verhältnissen der Gesellschaft findet, ist ertragsteuerlich unbeachtlich (→ BFH vom 23. 8. 1990 – BStBl 1991 II S. 172).

GmbH-Beteiligung

Bei Beteiligung einer Personenhandelsgesellschaft an einer Kapitalgesellschaft gehören die Gewinnausschüttung ebenso wie die anzurechnende Kapitalertragsteuer und der Solidaritätszuschlag zu den Einkünften aus Gewerbebetrieb i. S. d. § 15 Abs. 1 Satz 1 Nr. 2 EStG. Das Anrechnungsguthaben steht den Gesellschaftern (Mitunternehmern) zu. Maßgebend für die Verteilung ist der allgemeine Gewinnverteilungsschlüssel (→ BFH vom 22. 11. 1995 – BStBl 1996 II S. 531).

Kapitalkontenverzinsung

Hat der Gesellschafter ein Verrechnungskonto zu verzinsen, das einen Sollsaldo aufweist und auf der Aktivseite der Gesellschaftsbilanz aufzuführen ist, kann dieses Konto entweder eine Darlehensforderung gegen den Gesellschafter dokumentieren oder aber als (negativer) Bestandteil des Kapitalkontos anzusehen sein. Handelt es sich um einen Bestandteil des Kapitalkontos, dient die Verzinsung allein der zutreffenden Gewinnverteilung und führt nicht zu einer Erhöhung des Gewinns (→ BFH vom 4. 5. 2000 – BStBl 2001 II S. 171).

Mehrgewinne eines ausgeschiedenen Gesellschafters auf Grund späterer Betriebsprüfung

Mehrgewinne, die sich für den ausgeschiedenen Gesellschafter auf Grund einer späteren Betriebsprüfung ergeben, sind ihm nach dem vereinbarten Gewinnverteilungsschlüssel zuzurechnen, sofern die Gesellschaft eine Einheitsbilanz erstellt. Die Zurechnung wird nicht durch die Höhe der Abfindung begrenzt. Kann für ein sich danach ergebendes positives Kapitalkonto keine nachträgliche Abfindung erlangt werden, erleidet der Ausgeschiedene einen Veräußerungsverlust (→ BFH vom 24. 10. 1996 – BStBl 1997 II S. 241).

Nachträgliche Erhöhung des Kapitalkontos eines ausgeschiedenen Kommanditisten

Scheidet ein Kommanditist nach Auffüllung seines negativen Kapitalkontos ohne Abfindung aus der KG aus, ergibt sich aber auf Grund einer späteren Betriebsprüfung ein positives Kapitalkonto, so entsteht für die verbliebenen Gesellschafter in diesem Umfang kein Anwachsungsgewinn. Der Betrag ist von ihnen für Abstockungen auf ihre Anteile an den Wirtschaftsgütern der Gesellschaft zu verwenden (→ BFH vom 24. 10. 1996 – BStBl 1997 II S. 241).

Pensionszusagen

Bilanzsteuerliche Behandlung von Pensionszusagen einer Personengesellschaft an einen Gesellschafter und dessen Hinterbliebene → BMF vom 29. 1. 2008 (BStBl I S. 317).

Rückwirkende Änderung

Eine rückwirkende Änderung der Gewinnverteilung während eines Wirtschaftsjahrs hat keinen Einfluss auf die Zurechnung des bis dahin entstandenen Gewinns oder Verlusts (→ BFH vom 7. 7. 1983 – BStBl 1984 II S. 53).

Tätigkeitsvergütungen

- Haben die Gesellschafter einer Personengesellschaft im Gesellschaftsvertrag vereinbart, dass die Tätigkeitsvergütung als Aufwand behandelt und auch dann gezahlt werden soll, wenn ein Verlust erwirtschaftet wird, ist dies bei tatsächlicher Durchführung der Vereinbarung auch steuerlich mit der Folge anzuerkennen, dass die Vergütung kein Gewinn vorab, sondern eine Sondervergütung i. S. d. § 15 Abs. 1 Satz 1 Nr. 2, 2. Halbsatz EStG ist. Steht die Sondervergütung in Zusammenhang mit der Anschaffung oder Herstellung eines Wirtschaftsguts, gehört sie zu den Anschaffungs- oder Herstellungskosten (→ BFH vom 13. 10. 1998 – BStBl 1999 II S. 284 und vom 23. 1. 2001 – BStBl II S. 621).
- Nicht unter den Begriff der Tätigkeitsvergütung fallen die **Lieferung von Waren** im Rahmen eines Kaufvertrags zwischen dem Gesellschafter und der Gesellschaft oder sonstige zu

fremdüblichen Bedingungen geschlossene Veräußerungsgeschäfte zwischen Gesellschaft und Gesellschafter. Ein derartiges Veräußerungsgeschäft liegt auch vor, wenn der Gesellschafter zur Herbeiführung des der Gesellschaft geschuldeten Erfolgs nicht nur Arbeit zu leisten, sondern auch Waren von nicht untergeordnetem Wert zu liefern hat, z. B. bei einem Werkvertrag (→ BMF vom 28. 10. 1999 – BStBl 2000 II S. 339).

- Das Entgelt, das der Kommanditist einer GmbH & Co. KG für seine Tätigkeit als **Geschäftsführer der Komplementär-GmbH** bezieht, ist als Vergütung i. S. d. § 15 Abs. 1 Satz 1 Nr. 2 EStG zu beurteilen, und zwar auch dann, wenn der Anstellungsvertrag des Geschäftsführer-Gesellschafters nicht mit der KG, sondern der Komplementär-GmbH abgeschlossen wurde. Hat eine Komplementär-GmbH neben ihrer Funktion als Geschäftsführerin der GmbH und Co. KG noch einen eigenen wirtschaftlichen Geschäftsbereich, kann eine Aufteilung der Tätigkeitsvergütung an den Geschäftsführer der Komplementär-GmbH, der gleichzeitig Kommanditist der KG ist, geboten sein (→ BFH vom 6. 7. 1999 – BStBl II S. 720).
- Erbringt ein Kommanditist, der zugleich Alleingesellschafter und Geschäftsführer der Komplementär GmbH und einer Schwester-Kapitalgesellschaft der GmbH & Co. KG ist, über die **zwischengeschaltete Schwester-Kapitalgesellschaft** Dienstleistungen an die KG, sind die hierfür gezahlten Vergütungen als Sonderbetriebseinnahmen des Kommanditisten zu erfassen (→ BFH vom 6. 7. 1999 – BStBl II S. 720).
- Die von einem **Drittunternehmer** geleisteten Zahlungen sind Tätigkeitsvergütungen, wenn die Leistung des Gesellschafters letztlich der Personengesellschaft und nicht dem Drittunternehmen zugute kommen soll, sich hinreichend von der Tätigkeit des Gesellschafters für den übrigen Geschäftsbereich des Drittunternehmens abgrenzen lässt und wenn die Personengesellschaft dem Drittunternehmer die Aufwendungen für die Leistungen an den Gesellschafter ersetzt (→ BFH vom 7. 12. 2004 – BStBl 2005 II S. 390).
- ***Arbeitgeberanteile zur Sozialversicherung eines Mitunternehmers, der sozialversicherungsrechtlich als Arbeitnehmer angesehen wird, gehören – unabhängig davon, ob sie dem Mitunternehmer zufließen – zu den Vergütungen, die er von der Gesellschaft für seine Tätigkeit im Dienste der Gesellschaft bezogen hat (→ BFH vom 30. 8. 2007 – BStBl II S. 942).***

Tod eines Gesellschafters

Ein bei Ableben eines Gesellschafters und Übernahme aller Wirtschaftsgüter der Personengesellschaft durch die verbleibenden Gesellschafter nach R 4.5 Abs. 7 zu ermittelnder Übergangsgewinn ist anteilig dem verstorbenen Gesellschafter zuzurechnen, auch wenn er im Wesentlichen auf der Zurechnung auf die anderen Gesellschafter übergehender Honorarforderungen beruht (→ BFH vom 13. 11. 1997 – BStBl 1998 II S. 290).

Vorabanteile

Wird bei einer KG im Zusammenhang mit einer Erhöhung des Kommanditkapitals der gesellschaftsvertragliche Gewinn- und Verlustverteilungsschlüssel dahin geändert, dass künftige Gewinne oder Verluste in begrenztem Umfang nur auf die Kommanditisten verteilt werden, die weitere Kommanditeinlagen erbringen, oder dass diese Kommanditisten „Vorabanteile" von künftigen Gewinnen oder Verlusten erhalten, ist der neue Gewinn- und Verlustverteilungsschlüssel im Allgemeinen auch der einkommensteuerrechtlichen Gewinn- und Verlustverteilung zu Grunde zu legen (→ BFH vom 7. 7. 1983 – BStBl 1984 II S. 53 und vom 17. 3. 1987 – BStBl II S. 558).

Einkommensteuerliche Behandlung des persönlich haftenden Gesellschafters einer Kommanditgesellschaft auf Aktien **R 15.8 (4)**

(4) – unbesetzt –

Hinweise

H 15.8 (4)

Allgemeines

Der persönlich haftende Gesellschafter einer Kommanditgesellschaft auf Aktien (KGaA) ist nach § 15 Abs. 1 Satz 1 Nr. 3 EStG wie ein Gewerbetreibender zu behandeln. Der von ihm im Rahmen der KGaA erzielte anteilige Gewinn ist ihm einkommensteuerrechtlich unmittelbar zuzurechnen (→ BFH vom 21. 6. 1989 – BStBl II S. 881).

Ausschüttungen

Ausschüttungen auf die Kommanditaktien sind im Zeitpunkt des Zuflusses als Einnahmen aus Kapitalvermögen zu erfassen (→ BFH vom 21. 6. 1989 – BStBl II S. 881).

Ergänzungsbilanz

Der Komplementär einer KGaA ist nicht berechtigt, Anschaffungskosten in Form des beim Erwerb der Anteile geleisteten Aufwands für stille Reserven der KGaA, bspw. bei Grundstücken und beim Firmenwert in einer Ergänzungsbilanz abzuschreiben. Da der Komplementär einer KGaA ebenso wie die Gesellschafter einer Kapitalgesellschaft seine Einkünfte aus einer anderen Quelle bezieht als die Gesellschaft selbst, ist das bei Mitunternehmerschaften anzuwendende Instrument der Ergänzungsbilanz nicht auf die KGaA übertragbar. → FG München vom 10. 7. 2003–5 K 2681/97 – EFG 2003, S. 1691

Gewinnermittlungsart

Der Gewinnanteil des persönlich haftenden Gesellschafters einer KGaA einschließlich seiner Sondervergütungen, Sonderbetriebseinnahmen und Sonderbetriebsausgaben ist durch Betriebsvermögensvergleich zu ermitteln (→ BFH vom 21. 6. 1989 – BStBl II S. 881).

Sonderbetriebsvermögen

Der persönlich haftende Gesellschafter kann wie ein Mitunternehmer (§ 15 Abs. 1 Satz 1 Nr. 2 EStG) Sonderbetriebsvermögen haben. Die ihm gehörenden Kommanditaktien sind weder Betriebsvermögen noch Sonderbetriebsvermögen (→ BFH vom 21. 6. 1989 – BStBl II S. 881).

Wirtschaftsjahr

Das Wirtschaftsjahr stimmt mit dem Wirtschaftsjahr der KGaA überein (→ BFH vom 21. 6. 1989 – BStBl II S. 881).

R 15.8 (5) **Umfassend gewerbliche Personengesellschaft**

(5) [1]Personengesellschaften i. S. d. § 15 Abs. 3 Nr. 1 EStG sind außer der OHG und der KG diejenigen sonstigen Gesellschaften, bei denen die Gesellschafter als Unternehmer (Mitunternehmer) des Gewerbebetriebs anzusehen sind. [2]Auch die Partenreederei und die Unterbeteiligungsgesellschaft sind Personengesellschaften i. S. d. § 15 Abs. 3 Nr. 1 EStG. [3]Die eheliche Gütergemeinschaft ist nicht umfassend gewerblich tätig i. S. d. § 15 Abs. 3 Nr. 1 EStG.

H 15.8 (5)

Hinweise

Ärztliche Gemeinschaftspraxen

→ BMF vom 14. 5. 1997 (BStBl I S. 566) und BFH vom 19. 2. 1998 (BStBl II S. 603)

Steuerrechtliche Behandlung des Verkaufs von Kontaktlinsen nebst Pflegemitteln, von Mundhygieneartikeln sowie von Tierarzneimitteln durch ärztliche Gemeinschaftspraxen

BMF vom 14. 5. 1997 (BStBl I S. 566)

Die selbständig ausgeübte Tätigkeit als Arzt ist eine freiberufliche Tätigkeit i. S. d. § 18 Abs. 1 Nr. 1 EStG. Zu der Frage, ob Einnahmen einer ärztlichen Gemeinschaftspraxis aus der Anpassung und dem Verkauf von Kontaktlinsen, aus dem Verkauf von Pflegemitteln bei Augenärzten, Artikeln zur Mundhygiene bzw. Mundpflege bei Zahnärzten oder Tierarzneimitteln bei Tierärzten zu den Einnahmen aus der freiberuflichen Tätigkeit gehören, wird unter Bezugnahme auf das Ergebnis der Erörterungen mit den obersten Finanzbehörden der Länder wie folgt Stellung genommen:

1. Die Honorare, die ein Augenarzt für das Anpassen von Kontaktlinsen nach einer augenärztlichen Untersuchung erhält, sind den Einnahmen aus der freiberuflichen Tätigkeit zuzuordnen.

2. Der Verkauf von Kontaktlinsen, Pflegemitteln durch Augenärzte, Artikeln zur Mundhygiene bzw. Mundpflege durch Zahnärzte oder Tierarzneimitteln durch Tierärzte ist keine Ausübung der Heilkunde. Die Einnahmen des Arztes hieraus sind deshalb als Einnahmen aus Gewerbebetrieb (§ 15 EStG) zu behandeln.
3. Erzielt eine ärztliche Gemeinschaftspraxis auch Einnahmen aus einer gewerblichen Tätigkeit, gelten die Einkünfte der ärztlichen Gemeinschaftspraxis in vollem Umfang als Einkünfte aus Gewerbebetrieb (sog. Abfärberegelung: § 15 Abs. 3 Nr. 1 EStG). Der Verkauf der in Nr. 2 bezeichneten Gegenstände durch eine ärztliche Gemeinschaftspraxis führt also dazu, dass auch die Einnahmen aus der ärztlichen Tätigkeit als Einnahmen aus Gewerbebetrieb zu behandeln sind.
4. Wird die Beschaffung und der Verkauf der in Nr. 2 bezeichneten Gegenstände jedoch durch eine andere Gesellschaft des bürgerlichen Rechts vorgenommen, tritt die Folge einer Abfärbung nicht ein, und zwar selbst dann nicht, wenn ganz oder teilweise die gleichen Personen an der ärztlichen Gemeinschaftspraxis und der GbR beteiligt sind (→ BFH vom 8. 12. 1994 – BStBl 1996 II S. 264). Die Abfärberegelung ist nämlich auf die ansonsten freiberuflich tätige ärztliche Gemeinschaftspraxis dann nicht anzuwenden, wenn die Beteiligung an der gewerblich tätigen Gesellschaft von einem, mehreren oder allen Gesellschaftern der ärztlichen Gemeinschaftspraxis persönlich oder von einer Schwestergesellschaft der ärztlichen Gemeinschaftspraxis gehalten wird (→ BMF vom 13. 5. 1996 – BStBl I S. 621).

   Die Tätigkeit der gewerblichen GbR muss sich eindeutig von der Tätigkeit der ärztlichen Gemeinschaftspraxis abgrenzen lassen. Dies setzt voraus:

   a) Der Gesellschaftsvertrag muss so gestaltet sein, dass die Gesellschaft wirtschaftlich, organisatorisch und finanziell von der ärztlichen Gemeinschaftspraxis unabhängig ist.
   b) Es sind getrennte Aufzeichnungen oder Bücher zu führen, besondere Bank- und Kassenkonten einzurichten sowie eigene Rechnungsformulare zu verwenden.
   c) Die in Nr. 2 bezeichneten Gegenstände sind getrennt vom Betriebsvermögen der ärztlichen Gemeinschaftspraxis zu lagern. Überwiegend im Zusammenhang mit der Abgabe der in Nr. 2 bezeichneten Gegenstände genutzte Wirtschaftsgüter gehören zum Betriebsvermögen der gewerblichen GbR.
5. Überlässt die ärztliche Gemeinschaftspraxis der gewerblichen GbR für deren Zwecke Personal, Räume oder Einrichtungen usw. gegen Aufwendungsersatz, führt dies bei der ärztlichen Gemeinschaftspraxis mangels Gewinnerzielungsabsicht nicht zu Einkünften aus Gewerbebetrieb. Kann die Höhe dieser Aufwendungen nicht nach dem Verursacherprinzip ermittelt werden, ist es nicht zu beanstanden, wenn sie entsprechend dem Verhältnis der Umsätze beider Gesellschaften zueinander oder nach einem entsprechenden Schlüssel geschätzt werden und der geschätzte Betrag der ärztlichen Gemeinschaftspraxis erstattet wird. Die ärztliche Gemeinschaftspraxis hat einen Aufwendungsersatz durch die GbR im Rahmen ihrer Einkünfte aus selbständiger Arbeit zu erfassen.

Dieses Schreiben tritt an die Stelle des BMF-Schreibens vom 19. 10. 1984 (BStBl I S. 588).

Atypisch stille Gesellschaft

Übt der Inhaber einer Steuerberatungspraxis neben seiner freiberuflichen auch eine gewerbliche Tätigkeit aus, und ist an seinem Unternehmen ein Steuerberater atypisch still beteiligt, so sind gem. § 15 Abs. 3 Nr. 1 EStG sämtliche Einkünfte der Mitunternehmerschaft gewerblich (→ BFH vom 10. 8. 1994 – BStBl 1995 II S. 171).

Betriebsaufspaltung

→ H 15.7 (4) Umfassend gewerbliche Besitzpersonengesellschaft

Einheitliche Gesamtbetätigung

- Eine Umqualifizierung nach § 15 Abs. 3 Nr. 1 EStG kommt nicht in Betracht, wenn eine gemischte Tätigkeit als einheitliche Gesamtbetätigung anzusehen ist. Eine solche Tätigkeit muss vielmehr unabhängig von der „Abfärbetheorie" danach qualifiziert werden, welche Tätigkeit der Gesamtbetätigung das Gepräge gibt (→ BFH vom 24. 4. 1997 – BStBl II S. 567).
- → H 15.6 (Gemischte Tätigkeit).

Erbengemeinschaft

Die Erbengemeinschaft ist nicht umfassend gewerblich tätig i. S. d. § 15 Abs. 3 Nr. 1 EStG (→ BFH vom 23. 10. 1986 – BStBl 1987 II S. 120).

GbR

Die GbR, bei der die Gesellschafter als Mitunternehmer des Betriebs anzusehen sind, ist umfassend gewerblich tätig (→ BFH vom 11. 5. 1989 – BStBl II S. 797).

Geringfügige gewerbliche Tätigkeit

Jedenfalls bei einem Anteil der originär gewerblichen Tätigkeit von 1,25 % der Gesamtumsätze greift die Umqualifizierung des § 15 Abs. 3 Nr. 1 EStG nicht ein (→ BMF vom 11. 8. 1999 – BStBl 2000 II S. 229).

Gewerbesteuerbefreiung

Übt eine Personengesellschaft auch eine gewerbliche Tätigkeit aus, ist die Tätigkeit auch dann infolge der „Abfärberegelung" des § 15 Abs. 3 Nr. 1 EStG insgesamt als gewerblich anzusehen, wenn die gewerbliche Tätigkeit von der Gewerbesteuer befreit ist (→ BFH vom 30. 8. 2001 – BStBl 2002 II S. 152).

Gewerbliche Einkünfte im Sonderbereich des Gesellschafters

Bei einer freiberuflich tätigen Personengesellschaft kommt es nicht zu einer Abfärbung gem. § 15 Abs. 3 Nr. 1 EStG ihrer Einkünfte im Gesamthandsbereich, wenn ein Gesellschafter gewerbliche Einkünfte im Sonderbereich erzielt (→ BFH vom 28. 6. 2006 – BStBl 2007 II S. 378).

Gewinnerzielungsabsicht

Wegen der Einheitlichkeit des Gewerbebetriebs einer Personengesellschaft sind deren gemischte Tätigkeiten zunächst insgesamt als gewerblich einzuordnen. Erst dann ist für jeden selbständigen Tätigkeitsbereich die Gewinnerzielungsabsicht zu prüfen (→ BFH vom 25. 6. 1996 – BStBl 1997 II S. 202).

R 15.8 (6) **Gewerblich geprägte Personengesellschaft**

(6) [1]Eine gewerblich geprägte Personengesellschaft liegt nicht vor, wenn ein nicht persönlich haftender Gesellschafter zur Geschäftsführung befugt ist. [2]Dies gilt unabhängig davon, ob der zur Geschäftsführung befugte Gesellschafter eine natürliche Person oder eine Kapitalgesellschaft ist. [3]Eine gewerbliche Prägung ist selbst dann nicht gegeben, wenn der beschränkt haftende Gesellschafter neben dem persönlich haftenden Gesellschafter zur Geschäftsführung befugt ist. [4]Bei der Frage, ob eine gewerblich geprägte Personengesellschaft Einkünfteerzielungsabsicht hat, sind nach den Regeln zur Ermittlung gewerblicher Gewinne Veräußerungsgewinne in die Prognose über den Totalgewinn einzubeziehen. ***[5]Die Übertragung aller Gesellschaftsanteile an der Komplementär-GmbH in das Gesamthandsvermögen einer nicht gewerblich tätigen Kommanditgesellschaft, bei der die GmbH alleinige Komplementärin ist, führt allein nicht zum Wegfall der gewerblichen Prägung.***

H 15.8 (6)

Hinweise

Atypisch stille Gesellschaft

Die atypisch stille Gesellschaft kann als solche im Sinne von § 15 Abs. 3 Nr. 2 EStG durch den tätigen Gesellschafter gewerblich geprägt sein (→ BFH vom 26. 11. 1996 – BStBl 1998 II S. 328).

Ausländische Kapitalgesellschaft

Eine ausländische Kapitalgesellschaft, die nach ihrem rechtlichen Aufbau und ihrer wirtschaftlichen Gestaltung einer inländischen Kapitalgesellschaft entspricht, ist geeignet, eine Personengesellschaft gewerblich zu prägen (→ BFH vom 14. 3. 2007 – BStBl II S. 924).

GbR

Zur Haftungsbeschränkung bei einer GbR → BMF vom 18. 7. 2000 (BStBl I S. 1198) und vom 28. 8. 2001 (BStBl I S. 614).[1])

[1]) Anm.: → Handausgabe 2001, Anhang 12.

Geschäftsführung

Bei einer GmbH & Co. KG, deren alleinige Geschäftsführerin die Komplementär-GmbH ist, ist der zur Führung der Geschäfte der GmbH berufene Kommanditist nicht wegen dieser Geschäftsführungsbefugnis auch als zur Führung der Geschäfte der KG berufen anzusehen (→ BFH vom 23. 5. 1996 – BStBl II S. 523).

Prägung durch andere Personengesellschaften

Eine selbst originär gewerblich tätige Personengesellschaft kann eine nur eigenes Vermögen verwaltende GbR, an der sie beteiligt ist, gewerblich prägen (→ BFH vom 8. 6. 2000 – BStBl 2001 II S. 162).

15.9. Steuerliche Anerkennung von Familiengesellschaften **R 15.9**

Grundsätze **R 15.9 (1)**

(1) – unbesetzt –

Hinweise H 15.9 (1)

Allgemeines

Die Anerkennung einer OHG, KG, GbR oder atypisch stillen Gesellschaft setzt voraus, dass eine Mitunternehmerschaft vorliegt, der Gesellschaftsvertrag zivilrechtlich wirksam ist und auch verwirklicht wird und dass die tatsächliche Gestaltung der Dinge mit ihrer formellen Gestaltung übereinstimmt, insbesondere die aufgenommenen Familienangehörigen auch volle Gesellschafterrechte genießen (→ BFH vom 8. 8. 1979 – BStBl II S. 768 und vom 3. 5. 1979 – BStBl II S. 515). Einer OHG oder einer KG kann die steuerliche Anerkennung nicht lediglich mit der Begründung versagt werden, dass außerbetriebliche, z. B. steuerliche und familienrechtliche Gesichtspunkte den Abschluss des Gesellschaftsvertrags veranlasst haben (→ BFH vom 22. 8. 1951 – BStBl III S. 181).

Buchwertabfindung

Ein Kommanditist, der vom persönlich haftenden Gesellschafter ohne weiteres zum Buchwert aus der Gesellschaft ausgeschlossen werden kann, ist nicht Mitunternehmer (→ BFH vom 29. 4. 1981 – BStBl II S. 663). Entsprechendes gilt, wenn die für den Fall des jederzeit möglichen Ausschlusses vereinbarte Abfindung nicht auch die **Beteiligung am Firmenwert** umfasst (→ BFH vom 15. 10. 1981 – BStBl 1982 II S. 342).

Gütergemeinschaft

Die eheliche Gütergemeinschaft ist ein den in § 15 Abs. 1 Satz 1 Nr. 2 EStG genannten Gesellschaftsverhältnissen vergleichbares Gemeinschaftsverhältnis und kann damit eine Mitunternehmerschaft begründen (→ BFH vom 16. 2. 1995 – BStBl II S. 592 und vom 18. 8. 2005 – BStBl 2006 II S. 165).
→ H 4.2 (12)

Rückübertragungsverpflichtung

Werden Kommanditanteile schenkweise mit der Maßgabe übertragen, dass der Schenker ihre Rückübertragung jederzeit ohne Angabe von Gründen einseitig veranlassen kann, ist der Beschenkte nicht als Mitunternehmer anzusehen (→ BFH vom 16. 5. 1989 – BStBl II S. 877).

Tatsächliche Gewinnaufteilung

Der Gewinn aus einer Familienpersonengesellschaft ist einem bisher als Alleininhaber tätig gewesenen Gesellschafter zuzurechnen, wenn der Gewinn tatsächlich nicht aufgeteilt, sondern diesem Gesellschafter allein belassen worden ist (→ BFH vom 6. 11. 1964 – BStBl 1965 III S. 52).

Schenkweise begründete Beteiligungen von Kindern **R 15.9 (2)**

(2) [1]Behält ein Elternteil sich bei der unentgeltlichen Einräumung einer Unterbeteiligung an einem Anteil an einer Personengesellschaft das Recht vor, jederzeit eine unentgeltliche

Rückübertragung der Anteile von dem Kind zu verlangen, wird keine Einkunftsquelle auf das Kind übertragen. [2]Gleiches gilt bei schenkweiser Übertragung eines Gesellschaftsanteiles mit Rückübertragungsverpflichtung.[1])

H 15.9 (2)

Hinweise

Allgemeines

Schenkweise von ihren Eltern in eine KG aufgenommene Kinder können nur Mitunternehmer sein, wenn ihnen wenigstens annäherungsweise diejenigen Rechte eingeräumt sind, die einem Kommanditisten nach dem HGB zukommen. Maßstab ist das nach dem HGB für den Kommanditisten vorgesehene Regelstatut (→ BFH vom 24. 7. 1986 – BStBl 1987 II S. 54). Dazu gehören auch die gesetzlichen Regelungen, die im Gesellschaftsvertrag abbedungen werden können (→ BMF vom 5. 10. 1989 – BStBl I S. 378). Entsprechendes gilt für am Gesellschaftsanteil der Eltern unterbeteiligte Kinder (→ BFH vom 24. 7. 1986 – BStBl 1987 II S. 54). Sie sind nicht Mitunternehmer, wenn ihre Rechtsstellung nach dem Gesamtbild zugunsten der Eltern in einer Weise beschränkt ist, wie dies in Gesellschaftsverträgen zwischen Fremden nicht üblich ist (→ BFH vom 8. 2. 1979 – BStBl II S. 405 und vom 3. 5. 1979 – BStBl II S. 515). Die schenkweise begründete Rechtsstellung der Kinder entspricht in diesen Fällen ihrem wirtschaftlichen Gehalt nach häufig dem Versprechen einer erst künftigen Kapitalübertragung (→ BFH vom 8. 2. 1979 – BStBl II S. 405 und vom 3. 5. 1979 – BStBl II S. 515). Die Gewinngutschriften auf die Unterbeteiligung sind deshalb bei dem Elternteil keine Sonderbetriebsausgaben, sondern nichtabzugsfähige Zuwendungen i. S. d. § 12 EStG (→ BFH vom 18. 7. 1974 – BStBl II S. 740). Der schenkweisen Aufnahme steht gleich, wenn den Kindern die Mittel für die Kommanditeinlage darlehensweise unter Bedingungen zur Verfügung gestellt werden, die unter Fremden nicht üblich sind (→ BFH vom 5. 7. 1979 – BStBl II S. 670). Sind die in eine Gesellschaft im Wege der Schenkung aufgenommenen Kinder nach den vorstehenden Grundsätzen nicht als Mitunternehmer anzusehen, können ihnen die vertraglichen Gewinnanteile nicht als eigene Einkünfte aus Gewerbebetrieb zugerechnet werden. In Höhe dieser Gewinnanteile liegt regelmäßig eine nach § 12 EStG unbeachtliche Einkommensverwendung der Eltern vor (→ BFH vom 22. 1. 1970 – BStBl II S. 416).

Alter des Kindes

Bei der Würdigung des Gesamtbildes in Grenzfällen kann für die Anerkennung als Mitunternehmer sprechen, dass die Vertragsgestaltung den objektiven Umständen nach darauf abgestellt ist, die Kinder oder Enkel an das Unternehmen heranzuführen, um dessen Fortbestand zu sichern (→ BFH vom 6. 4. 1979 – BStBl II S. 620). Dies ist nicht der Fall, wenn die Kinder wegen ihres Alters nicht die für eine Heranführung an das Unternehmen erforderliche Reife besitzen (→ BFH vom 5. 7. 1979 – BStBl II S. 670).

Befristete Gesellschafterstellung

Ist die Gesellschafterstellung eines Kindes von vornherein nur befristet – etwa auf die Zeit, in der das Kind vermutlich unterhaltsbedürftig ist und eine persönliche Aktivität als Gesellschafter noch nicht entfalten wird –, kann eine Mitunternehmerschaft nicht anerkannt werden (→ BFH vom 29. 1. 1976 – BStBl II S. 324). Dagegen kann eine Mitunternehmerschaft minderjähriger Kinder, die als Kommanditisten einer Familien-KG im Schenkungswege beteiligt wurden, nicht schon deshalb verneint werden, weil der Vater nach dem Gesellschaftsvertrag berechtigt ist, die Gesellschafterstellung eines Kindes zum Ende des Jahres der Erreichung der Volljährigkeit zu kündigen (→ BFH vom 23. 6. 1976 – BStBl II S. 678).

Kündigung

Die Mitunternehmerstellung eines minderjährigen Kommanditisten kann durch das dem Komplementär eingeräumte Kündigungsrecht beeinträchtigt werden (→ BMF vom 5. 10. 1989 – BStBl I S. 378).

→ Befristete Gesellschafterstellung

Rückfallklausel

Eine Rückfallklausel, nach der die Unterbeteiligung ersatzlos an den Vater zurückfällt, wenn das Kind vor dem Vater stirbt und keine leiblichen ehelichen Abkömmlinge hinterlässt, steht der steuerrechtlichen Anerkennung der Unterbeteiligung nicht entgegen (→ BFH vom 27. 1. 1994 – BStBl II S. 635).

---

[1]) Anm.: → BFH vom 16. 5. 1989 (BStBl II S. 877).

Umdeutung in Darlehensgewährung

Ein zivilrechtlich wirksam abgeschlossener, aber steuerlich nicht anerkannter Gesellschaftsvertrag kann für die steuerliche Beurteilung nicht in einen Darlehensvertrag umgedeutet werden (→ BFH vom 6. 7. 1995 – BStBl 1996 II S. 269).

Unterbeteiligung

Eine Unterbeteiligung am OHG-Anteil des Vaters mit Ausschluss der Unterbeteiligten von stillen Reserven und Firmenwert im Falle der Kündigung durch den Vater sowie Einschränkung der Gewinnentnahme- und Kontrollrechte der Unterbeteiligten kann steuerlich nicht anerkannt werden (→ BFH vom 6. 7. 1995 – BStBl 1996 II S. 269).

Verfügungsbeschränkungen

Behalten sich die Eltern die Verwaltung der Kommanditbeteiligungen der Kinder vor, sind die Kinder nicht Mitunternehmer (→ BFH vom 25. 6. 1981 – BStBl II S. 779). Überlassen Eltern ihren minderjährigen Kindern Anteile am Betriebsvermögen einer von ihnen gebildeten Personengesellschaft unter der Auflage, dass die Kinder über die auf ihre Anteile entfallenden Gewinnanteile nur in dem von den Eltern gebilligten Umfang verfügen dürfen, so liegt eine zur Gewinnverteilung auch auf die Kinder führende Mitunternehmerschaft nicht vor (→ BFH vom 4. 8. 1971 – BStBl 1972 II S. 10). Wird ein nicht mitarbeitendes Kind ohne Einlage als Gesellschafter aufgenommen, so ist es in der Regel im Jahr der Aufnahme kein Mitunternehmer, wenn es sich nur verpflichtet, einen Teil seines künftigen Gewinnanteils zur Bildung eines Kapitalanteils stehenzulassen (→ BFH vom 1. 2. 1973 – BStBl II S. 221). Das gilt auch, wenn das Kind zwar zu einer Bareinlage verpflichtet sein soll, diese aber nur aus einem von den Eltern gewährten und aus dem ersten Gewinnanteil des Kindes wieder getilgten Darlehen leistet (→ BFH vom 1. 2. 1973 – BStBl II S. 526). Ist in dem Gesellschaftsvertrag einer Familienpersonengesellschaft, durch den die minderjährigen Kinder des Hauptgesellschafters als Kommanditisten in die KG aufgenommen werden, bestimmt, dass Beschlüsse in der Gesellschafterversammlung – abweichend vom Einstimmigkeitsprinzip des § 119 Abs. 1 HGB – mit einfacher Mehrheit zu fassen sind, steht diese Vertragsklausel der Anerkennung der Kinder als Mitunternehmer nicht entgegen; eine solche Klausel ist dahin auszulegen, dass sie nur Beschlüsse über die laufenden Geschäfte der KG betrifft (→ BFH vom 7. 11. 2000 – BStBl 2001 II S. 186).

Vormundschaftsgerichtliche Genehmigung

Beteiligt ein Stpfl. sein durch einen Pfleger vertretenes minderjähriges Kind an seinem Unternehmen, hängt die steuerliche Anerkennung des Vertrags auch dann, wenn die Beteiligten nach dem Vertrag gehandelt haben, von der vormundschaftsgerichtlichen Genehmigung ab, die nicht als stillschweigend erteilt angesehen werden kann (→ BFH vom 4. 7. 1968 – BStBl II S. 671). Die zivilrechtliche Rückwirkung der vormundschaftsgerichtlichen Genehmigung eines Vertrags über den Erwerb eines Anteils an einer Personengesellschaft durch einen Minderjährigen kann steuerlich nicht berücksichtigt werden, wenn die vormundschaftsgerichtliche Genehmigung nicht unverzüglich nach Abschluss des Gesellschaftsvertrags beantragt und in angemessener Frist erteilt wird (→ BFH vom 5. 3. 1981 – BStBl II S. 435).

Gewinnverteilung bei Familiengesellschaften **R 15.9 (3)**

(3) [1]Unabhängig von der Anerkennung der Familiengesellschaft als solcher ist zu prüfen, ob auch die von der Gesellschaft vorgenommene Gewinnverteilung steuerlich zu übernehmen ist. [2]Steht die Gewinnverteilung in offensichtlichem Missverhältnis zu den Leistungen der Gesellschafter, kann ein Missbrauch i. S. d. § 42 AO vorliegen.

Hinweise H 15.9 (3)

Allgemeines

Beteiligt ein Stpfl. nicht im Betrieb mitarbeitende nahe Familienangehörige in der Weise als Kommanditisten oder atypisch stille Gesellschafter an einem Betrieb, dass er ihnen Gesellschaftsanteile schenkweise überträgt, so kann mit steuerlicher Wirkung eine Gewinnverteilung nur anerkannt werden, die auf längere Sicht zu einer auch unter Berücksichtigung der gesellschaftsrechtlichen Beteiligung der Mitunternehmer angemessenen Verzinsung des tatsächlichen (gemeinen) Wertes der Gesellschaftsanteile führt (→ BFH vom 29. 5. 1972 – BStBl 1973 II S. 5). Die Gewinnverteilung wird im Allgemeinen dann nicht zu beanstanden sein, wenn der vereinbarte

Gewinnverteilungsschlüssel eine durchschnittliche Rendite von nicht mehr als 15 % des tatsächlichen Wertes der Beteiligung ergibt (→ BFH vom 24. 7. 1986 – BStBl 1987 II S. 54). Ist eine Gewinnverteilung nach den vorstehenden Grundsätzen unangemessen, so ist die Besteuerung so vorzunehmen, als ob eine angemessene Gewinnverteilung getroffen worden wäre (→ BFH vom 29. 3. 1973 – BStBl II S. 650) d. h., Gewinnanteile, die die angemessene Begrenzung übersteigen, sind dann den anderen Gesellschaftern zuzurechnen, sofern nicht auch bei ihnen Begrenzungen zu beachten sind (→ BFH vom 29. 5. 1972 – BStBl 1973 II S. 5). Bei der Beantwortung der Frage, ob eine Gewinnverteilung angemessen ist, ist in der Regel von der durchschnittlichen Rendite eines Zeitraums von fünf Jahren auszugehen. Außerdem sind alle im Zeitpunkt des Vertragsabschlusses bekannten Tatsachen und die sich aus ihnen für die Zukunft ergebenden wahrscheinlichen Entwicklungen zu berücksichtigen (→ BFH vom 29. 5. 1972 – BStBl 1973 II S. 5).

Beteiligung an den stillen Reserven

Ist vertraglich bestimmt, dass der Gesellschafter nicht oder unter bestimmten Voraussetzungen nicht an den stillen Reserven beteiligt sein soll, ist ein Abschlag zu machen; das gilt auch, wenn der Gesellschafter in der Verfügung über seinen Anteil oder in der Befugnis, Gewinn zu entnehmen, beschränkt ist (→ BFH vom 29. 3. 1973 – BStBl II S. 489).

Buchwertabfindung

Behält sich ein Elternteil anlässlich der unentgeltlichen Übertragung eines Gesellschaftsanteils auf die Kinder das Recht vor, das Gesellschaftsverhältnis zu kündigen, das Unternehmen allein fortzuführen und die Kinder mit dem Buchwert ihres festen Kapitalanteils abzufinden, ist bei Prüfung der Angemessenheit des vereinbarten Gewinnverteilungsschlüssels von dem Buchwert des übertragenen Gesellschaftsanteils auszugehen (→ BFH vom 13. 3. 1980 – BStBl II S. 437).

Eigene Mittel

Sind die Geschäftsanteile ganz oder teilweise mit eigenen Mitteln von den aufgenommenen Familienangehörigen erworben worden, bildet die unter Fremden übliche Gestaltung den Maßstab für die Prüfung, ob die Gewinnverteilung angemessen ist (→ BFH vom 4. 6. 1973 – BStBl II S. 866).

Entnahmegewinn bei Schenkung

→ H 4.3 (2–4) Personengesellschaften

Unterbeteiligung

Hat ein Stpfl. seinem Kind eine mitunternehmerschaftliche Unterbeteiligung von 10 % an seinem Kommanditanteil an einer zwischen fremden Personen bestehenden KG geschenkt, dann kann die für die Unterbeteiligung vereinbarte quotale Gewinnbeteiligung (hier: 10 %) auch dann steuerlich anzuerkennen sein, wenn sie zu einem Gewinn des unterbeteiligten Kindes von mehr als 15 % des Wertes der Unterbeteiligung (Allgemeines) führt. Eine Korrektur der vereinbarten quotalen Gewinnbeteiligung ist unzulässig, wenn mit dem Gewinnanteil des Stpfl. an der KG nur die Überlassung des Haftkapitals vergütet wird oder wenn damit zusätzlich nur solche Gesellschafterbeiträge des Stpfl. abgegolten werden, die anteilig auch dem unterbeteiligten Kind zuzurechnen sind (→ BFH vom 9. 10. 2001 – BStBl 2002 II S. 460).

Veränderung der Gewinnverteilung

Eine als angemessen anzusehende Gewinnverteilung bleibt grundsätzlich so lange bestehen, bis eine wesentliche Veränderung der Verhältnisse dergestalt eintritt, dass auch bei einer Mitunternehmerschaft zwischen fremden Personen die Gewinnverteilung geändert würde (→ BFH vom 29. 5. 1972 – BStBl 1973 II S. 5).

Verfügungsbeschränkungen

→ Beteiligung an den stillen Reserven

R 15.9 (4) **Typisch stille Gesellschaft**

(4) – unbesetzt –

Hinweise

H 15.9 (4)

Allgemeines

Kommanditisten, die nicht als Mitunternehmer anzuerkennen sind, können im Innenverhältnis unter Umständen die Stellung von typischen stillen Gesellschaftern erlangt haben (→ BFH vom 29. 4. 1981 – BStBl II S. 663 und vom 6. 7. 1995 (BStBl 1996 II S. 269). Beteiligt ein Stpfl. nahe Angehörige an seinem Unternehmen als stille Gesellschafter, kann diese Beteiligung steuerlich nur anerkannt werden, wenn die Gesellschaftsverträge klar vereinbart, bürgerlich-rechtlich wirksam und ernstlich gewollt sind, tatsächlich durchgeführt werden, wirtschaftlich zu einer Änderung der bisherigen Verhältnisse führen und die Verträge keine Bedingungen enthalten, unter denen fremde Dritte Kapital als stille Einlage nicht zur Verfügung stellen würden (→ BFH vom 8. 3. 1984 – BStBl II S. 623 und vom 31. 5. 1989 – BStBl 1990 II S. 10).

Auszahlung/Gutschrift von Gewinnanteilen

Ein Vertrag über eine stille Gesellschaft zwischen Familienangehörigen ist nur dann durchgeführt, wenn die Gewinnanteile entweder ausbezahlt werden oder im Falle einer Gutschrift eindeutig bis zur Auszahlung jederzeit abrufbar gutgeschrieben bleiben (→ BFH vom 18. 10. 1989 – BStBl 1990 II S. 68).

Verlustbeteiligung

Ist ein schenkweise still beteiligtes minderjähriges Kind nicht am Verlust der Gesellschaft beteiligt, kann eine stille Beteiligung steuerlich nicht anerkannt werden (→ BFH vom 21. 10. 1992 – BStBl 1993 II S. 289); zu Angehörigen BMF vom 1. 12. 1992 (BStBl I S. 729). Anhang 2

Vormundschaftsgerichtliche Genehmigung

Beteiligt ein Stpfl. sein durch einen Pfleger vertretenes minderjähriges Kind an seinem Unternehmen und ist das Kind auch am Verlust beteiligt, so hängt die steuerliche Anerkennung des Vertrags auch dann, wenn die Beteiligten nach dem Vertrag gehandelt haben, von der vormundschaftsgerichtlichen Genehmigung ab, die nicht als stillschweigend erteilt angesehen werden kann (→ BFH vom 4. 7. 1968 – BStBl II S. 671).

Gewinnbeteiligung bei typisch stiller Beteiligung **R 15.9 (5)**

(5) – unbesetzt –

Hinweise

H 15.9 (5)

Allgemeines

Die Höhe der Gewinnbeteiligung wird bei typischer stiller Beteiligung steuerlich nur zugrunde gelegt, soweit sie wirtschaftlich angemessen ist (→ BFH vom 13. 12. 1963 – BStBl 1964 III S. 156).

Eigene Mittel

- Stammt die Kapitalbeteiligung des stillen Gesellschafters nicht aus der Schenkung des Unternehmers, sondern wird sie aus eigenen Mitteln des stillen Gesellschafters geleistet, ist in der Regel eine Gewinnverteilungsabrede angemessen, die im Zeitpunkt der Vereinbarung bei vernünftiger kaufmännischer Beurteilung eine durchschnittliche Rendite von 25 % der → Einlage erwarten lässt, wenn der stille Gesellschafter nicht am Verlust beteiligt ist (→ BFH vom 14. 2. 1973 – BStBl II S. 395).
- Ist der stille Gesellschafter auch am Verlust beteiligt, ist in der Regel ein Satz von bis zu 35 % der Einlage noch angemessen (→ BFH vom 16. 12. 1981 – BStBl 1982 II S. 387).

Einlage

Der tatsächliche Wert einer typischen stillen Beteiligung ist regelmäßig gleich ihrem Nennwert (→ BFH vom 29. 3. 1973 – BStBl II S. 650).

Schenkweise eingeräumte stille Beteiligung

- Stammt die Kapitalbeteiligung des stillen Gesellschafters in vollem Umfang aus einer Schenkung des Unternehmers, ist in der Regel eine Gewinnverteilungsabrede angemessen, die im Zeitpunkt der Vereinbarung bei vernünftiger kaufmännischer Beurteilung eine durchschnittlliche Rendite von 15 % der Einlage erwarten lässt, wenn der Beschenkte am Gewinn und Verlust beteiligt ist; ist eine Beteiligung am Verlust ausgeschlossen, ist bei einem steuerlich anerkannten stillen Gesellschaftsverhältnis in der Regel ein Satz von 12 % der Einlage angemessen (→ BFH vom 29. 3. 1973 – BStBl II S. 650).

Anhang 2 – → BMF vom 1. 12. 1992 (BStBl I S. 729), Rn. 12.

R 15.10

15.10. Verlustabzugsbeschränkungen nach § 15 Abs. 4 EStG

S 2119 Betreibt ein Stpfl. gewerbliche Tierzucht oder Tierhaltung in mehreren selbständigen Betrieben, kann der in einem Betrieb erzielte Gewinn aus gewerblicher Tierzucht oder Tierhaltung mit dem in einem anderen Betrieb des Stpfl. erzielten Verlust aus gewerblicher Tierzucht oder Tierhaltung bis zum Betrag von 0 Euro verrechnet werden.

H 15.10

Hinweise

Abschreibungs- oder Buchverluste

Von § 15 Abs. 4 Satz 1 und 2 EStG werden alle Verluste aus gewerblicher Tierzucht oder gewerblicher Tierhaltung erfasst, nicht nur Abschreibungs- oder Buchverluste (→ BFH vom 5. 2. 1981 – BStBl II S. 359).

Brüterei

Die Unterhaltung einer Brüterei durch einen Gewerbetreibenden stellt keine gewerbliche Tierzucht oder Tierhaltung dar (→ BFH vom 14. 9. 1989 – BStBl 1990 II S. 152).

Ehegatten

Bei der Zusammenveranlagung von Ehegatten sind Verluste aus gewerblicher Tierzucht oder Tierhaltung des einen Ehegatten mit Gewinnen des anderen Ehegatten aus gewerblicher Tierzucht oder Tierhaltung auszugleichen (→ BFH vom 6. 7. 1989 – BStBl II S. 787).

Gemischte Betriebe

Wird in einem einheitlichen Betrieb neben gewerblicher Tierzucht oder gewerblicher Tierhaltung noch eine andere gewerbliche Tätigkeit ausgeübt, darf der Verlust aus der gewerblichen Tierzucht oder Tierhaltung nicht mit einem Gewinn aus der anderen gewerblichen Tätigkeit verrechnet werden (→ BFH vom 21. 9. 1995 – BStBl 1996 II S. 85).

Gewerbliche Tierzucht oder gewerbliche Tierhaltung

ist jede Tierzucht oder Tierhaltung, der nach den Vorschriften des § 13 Abs. 1 EStG i. V. m. §§ 51 und 51a BewG keine ausreichenden landwirtschaftlichen Nutzflächen als Futtergrundlage zur Verfügung stehen (→ BFH vom 12. 8. 1982 – BStBl 1983 II S. 36; → R 13.2).

Landwirtschaftliche Tätigkeit

Wird neben einer Tierzucht oder Tierhaltung, die für sich gesehen als landwirtschaftliche Tätigkeit einzuordnen wäre, eine gewerbliche Tätigkeit ausgeübt, ist § 15 Abs. 4 Satz 1 und 2 EStG nicht anzuwenden. Das gilt auch, wenn die Tierzucht oder Tierhaltung im Rahmen einer Personengesellschaft erfolgt, deren Einkünfte zu den Einkünften aus Gewerbebetrieb gehören, oder sich die Tierzucht oder Tierhaltung als Nebenbetrieb der gewerblichen Tätigkeit darstellt (→ BFH vom 1. 2. 1990 – BStBl 1991 II S. 625).

Lohnmast

§ 15 Abs. 4 Satz 1 und 2 EStG ist auch anzuwenden, soweit der Gewerbetreibende die Tiermast im Wege der Lohnmast auf Auftragnehmer übertragen hat, die ihrerseits Einkünfte aus Land- und Forstwirtschaft beziehen (→ BFH vom 8. 11. 2000 – BStBl 2001 II S. 349).

Nicht ausgeglichene Verluste

Nicht ausgeglichene Verluste aus gewerblicher Tierzucht oder Tierhaltung i. S. d. § 15 Abs. 4 Satz 1 und 2 EStG sind gesondert festzustellen (→ FG Münster vom 2. 5. 1995 – EFG 1995 S. 973).

Pelztierzucht

Das Ausgleichs- und Abzugsverbot für Verluste aus gewerblicher Tierzucht oder gewerblicher Tierhaltung gilt nicht für Verluste aus einer Nerzzucht (→ BFH vom 19. 12. 2002 – BStBl 2003 II S. 507).

Personengesellschaft

→ Landwirtschaftliche Tätigkeit

Verlustabzugsbeschränkung nach § 15 Abs. 4 Satz 6 bis 8 EStG

Zur Behandlung von Verlusten aus atypisch stillen Gesellschaften, Unterbeteiligungen oder sonstigen Innengesellschaften an Kapitalgesellschaften → BMF vom 19. 11. 2008 (BStBl I S. 970)

Verlustvor- und -rücktrag

Zur Anwendung des § 10d EStG im Rahmen des § 15 Abs. 4 Satz 1 und 2 EStG → BMF vom 29. 11. 2004 (BStBl I S. 1097).

Viehmastbetrieb

Betreibt ein Viehhändler neben einer Großschlächterei in erheblichem Umfang auch eine Viehmast, ohne die für eine landwirtschaftliche Betätigung erforderliche Futtergrundlage zu haben, sind die aus der Tierhaltung resultierenden Verluste gem. § 15 Abs. 4 Satz 1 und 2 EStG nicht ausgleichs- und nicht abzugsfähig (→ BFH vom 21. 9. 1995 – BStBl 1996 II S. 85).

§ 15a Verluste bei beschränkter Haftung

EStG
S 2241a

(1) [1]Der einem Kommanditisten zuzurechnende Anteil am Verlust der Kommanditgesellschaft darf weder mit anderen Einkünften aus Gewerbebetrieb noch mit Einkünften aus anderen Einkunftsarten ausgeglichen werden, soweit ein negatives Kapitalkonto des Kommanditisten entsteht oder sich erhöht; er darf insoweit auch nicht nach § 10d abgezogen werden. [2]Haftet der Kommanditist am Bilanzstichtag den Gläubigern der Gesellschaft auf Grund des § 171 Abs. 1 des Handelsgesetzbuchs, so können abweichend von Satz 1 Verluste des Kommanditisten bis zur Höhe des Betrags, um den die im Handelsregister eingetragene Einlage des Kommanditisten seine geleistete Einlage übersteigt, auch ausgeglichen oder abgezogen werden, soweit durch den Verlust ein negatives Kapitalkonto entsteht oder sich erhöht. [3]Satz 2 ist nur anzuwenden, wenn derjenige, dem der Anteil zuzurechnen ist, im Handelsregister eingetragen ist, das Bestehen der Haftung nachgewiesen wird und eine Vermögensminderung auf Grund der Haftung nicht durch Vertrag ausgeschlossen oder nach Art und Weise des Geschäftsbetriebs unwahrscheinlich ist.

(1a) [1]Nachträgliche Einlagen führen weder zu einer nachträglichen Ausgleichs- oder Abzugsfähigkeit eines vorhandenen verrechenbaren Verlustes noch zu einer Ausgleichs- oder Abzugsfähigkeit des dem Kommanditisten zuzurechnenden Anteils am Verlust eines zukünftigen Wirtschaftsjahres, soweit durch den Verlust ein negatives Kapitalkonto des Kommanditisten entsteht oder sich erhöht. [2]Nachträgliche Einlagen im Sinne des Satzes 1 sind Einlagen, die nach Ablauf eines Wirtschaftsjahres geleistet werden, in dem ein nicht ausgleichs- oder abzugsfähiger Verlust im Sinne des Absatzes 1 entstanden oder ein Gewinn im Sinne des Absatzes 3 Satz 1 zugerechnet worden ist. [1)]

(2) [1]Soweit der Verlust nach *den Absätzen 1 und 1a* nicht ausgeglichen oder abgezogen werden darf, mindert er die Gewinne, die dem Kommanditisten in späteren Wirtschaftsjahren aus seiner Beteiligung an der Kommanditgesellschaft zuzurechnen sind. [2]*Der verrechenbare Verlust, der nach Abzug von einem Veräußerungs- oder Aufgabegewinn verbleibt, ist im Zeitpunkt der Veräußerung oder Aufgabe des gesamten Mitunternehmeranteils oder der Betriebsveräußerung oder -aufgabe bis zur Höhe der nachträglichen Einlagen im Sinne des Absatzes 1a ausgleichs- oder abzugsfähig.* [2)]

(3) [1]Soweit ein negatives Kapitalkonto des Kommanditisten durch Entnahmen entsteht oder sich erhöht (Einlageminderung) und soweit nicht auf Grund der Entnahmen eine nach Absatz 1

1) *Absatz 1a wurde durch das JStG 2009 eingefügt und ist erstmals auf Einlagen anzuwenden, die nach dem 24. 12. 2008 getätigt werden → § 52 Abs. 33 Satz 6 EStG.*

2) *Absatz 2 wurde durch das JStG 2009 geändert und ist erstmals auf Einlagen anzuwenden, die nach dem 24. 12. 2008 getätigt werden → § 52 Abs. 33 Satz 6 EStG.*

Satz 2 zu berücksichtigende Haftung besteht oder entsteht, ist dem Kommanditisten der Betrag der Einlageminderung als Gewinn zuzurechnen. [2]Der nach Satz 1 zuzurechnende Betrag darf den Betrag der Anteile am Verlust der Kommanditgesellschaft nicht übersteigen, der im Wirtschaftsjahr der Einlageminderung und in den zehn vorangegangenen Wirtschaftsjahren ausgleichs- oder abzugsfähig gewesen ist. [3]Wird der Haftungsbetrag im Sinne des Absatzes 1 Satz 2 gemindert (Haftungsminderung) und sind im Wirtschaftsjahr der Haftungsminderung und den zehn vorangegangenen Wirtschaftsjahren Verluste nach Absatz 1 Satz 2 ausgleichs- oder abzugsfähig gewesen, so ist dem Kommanditisten der Betrag der Haftungsminderung, vermindert um auf Grund der Haftung tatsächlich geleistete Beträge, als Gewinn zuzurechnen; Satz 2 gilt sinngemäß. [4]Die nach den Sätzen 1 bis 3 zuzurechnenden Beträge mindern die Gewinne, die dem Kommanditisten im Wirtschaftsjahr der Zurechnung oder in späteren Wirtschaftsjahren aus seiner Beteiligung an der Kommanditgesellschaft zuzurechnen sind.

(4) [1]Der nach Absatz 1 nicht ausgleichs- oder abzugsfähige Verlust eines Kommanditisten, vermindert um die nach Absatz 2 abzuziehenden und vermehrt um die nach Absatz 3 hinzuzurechnenden Beträge (verrechenbarer Verlust), ist jährlich gesondert festzustellen. [2]Dabei ist von dem verrechenbaren Verlust des vorangegangenen Wirtschaftsjahres auszugehen. [3]Zuständig für den Erlass des Feststellungsbescheids ist das für die gesonderte Feststellung des Gewinns und Verlustes der Gesellschaft zuständige Finanzamt. [4]Der Feststellungsbescheid kann nur insoweit angegriffen werden, als der verrechenbare Verlust gegenüber dem verrechenbaren Verlust des vorangegangenen Wirtschaftsjahres sich verändert hat. [5]Die gesonderten Feststellungen nach Satz 1 können mit der gesonderten und einheitlichen Feststellung der einkommensteuerpflichtigen und körperschaftsteuerpflichtigen Einkünfte verbunden werden. [6]In diesen Fällen sind die gesonderten Feststellungen des verrechenbaren Verlustes einheitlich durchzuführen.

[1]) (5) Absatz 1 Satz 1, *Absatz 1a, 2 und 3 Satz 1, 2 und 4* sowie Absatz 4 gelten sinngemäß für andere Unternehmer, soweit deren Haftung der eines Kommanditisten vergleichbar ist, insbesondere für

1. stille Gesellschafter einer stillen Gesellschaft im Sinne des § 230 des Handelsgesetzbuchs, bei der der stille Gesellschafter als Unternehmer (Mitunternehmer) anzusehen ist,

2. Gesellschafter einer Gesellschaft im Sinne des Bürgerlichen Gesetzbuchs, bei der der Gesellschafter als Unternehmer (Mitunternehmer) anzusehen ist, soweit die Inanspruchnahme des Gesellschafters für Schulden in Zusammenhang mit dem Betrieb durch Vertrag ausgeschlossen oder nach Art und Weise des Geschäftsbetriebs unwahrscheinlich ist,

3. Gesellschafter einer ausländischen Personengesellschaft, bei der der Gesellschafter als Unternehmer (Mitunternehmer) anzusehen ist, soweit die Haftung des Gesellschafters für Schulden in Zusammenhang mit dem Betrieb der eines Kommanditisten oder eines stillen Gesellschafters entspricht oder soweit die Inanspruchnahme des Gesellschafters für Schulden in Zusammenhang mit dem Betrieb durch Vertrag ausgeschlossen oder nach Art und Weise des Geschäftsbetriebs unwahrscheinlich ist,

4. Unternehmer, soweit Verbindlichkeiten nur in Abhängigkeit von Erlösen oder Gewinnen aus der Nutzung, Veräußerung oder sonstigen Verwertung von Wirtschaftsgütern zu tilgen sind,

5. Mitreeder einer Reederei im Sinne des § 489 des Handelsgesetzbuchs, bei der der Mitreeder als Unternehmer (Mitunternehmer) anzusehen ist, wenn die persönliche Haftung des Mitreeders für die Verbindlichkeiten der Reederei ganz oder teilweise ausgeschlossen oder soweit die Inanspruchnahme des Mitreeders für Verbindlichkeiten der Reederei nach Art und Weise des Geschäftsbetriebs unwahrscheinlich ist.

R 15a

15a. Verluste bei beschränkter Haftung

Zusammentreffen von Einlage- und Haftungsminderung

S 2241a (1) Treffen Einlage- und Haftungsminderung in einem Wirtschaftsjahr zusammen, ist die Einlageminderung vor der Haftungsminderung im Rahmen des § 15a Abs. 3 EStG zu berücksichtigen.

[1]) ***Absatz 5 wurde durch das JStG 2009 geändert und ist erstmals auf Einlagen anzuwenden, die nach dem 24. 12. 2008 getätigt werden → § 52 Abs. 33 Satz 6 EStG.***

Sonderbetriebsvermögen

(2) [1]Verlust, die der Gesellschafter im Bereich seines Sonderbetriebsvermögens erleidet, sind grundsätzlich unbeschränkt ausgleichs- und abzugfähig. [2]Sie sind ausnahmsweise nicht unbeschränkt ausgleichs- und abzugsfähig, wenn sich das Sonderbetriebsvermögen im Gesamthandseigentum einer Gesellschaft, z. B. einer Gesellschaft bürgerlichen Rechts, befindet, bei der für die Verluste der Gesellschafter ihrerseits § 15a EStG gilt.

Außenhaftung des Kommanditisten nach § 15a Abs. 1 *Satz* 2 und 3 EStG

(3) [1]Der erweiterte Verlustausgleich oder -abzug im Jahr der Entstehung des Verlustes bei der KG setzt u. a. voraus, dass derjenige, dem der Anteil zuzurechnen ist und der deshalb den Verlustanteil bei seiner persönlichen Steuerveranlagung ausgleichen oder abziehen will, am Bilanzstichtag namentlich im Handelsregister eingetragen ist. [2]Die Anmeldung zur Eintragung im Handelsregister reicht nicht aus. [3]Dies gilt auch, wenn die Eintragung z. B. wegen Überlastung des Handelsregistergerichts oder wegen firmenrechtlicher Bedenken des Gerichts noch nicht vollzogen ist. [4]Bei Treuhandverhältnissen i. S. d. § 39 AO und bei Unterbeteiligungen, die ein beschränkt haftender Unternehmer einem Dritten an seinem Gesellschaftsanteil einräumt, reicht für den erweiterten Verlustausgleich oder -abzug die Eintragung des Treuhänders oder des Hauptbeteiligten im Handelsregister nicht aus. [5]Der erweiterte Verlustausgleich nach § 15a Abs. 1 Satz 2 und 3 EStG kommt nicht in Betracht, wenn sich die Haftung des Kommanditisten aus § 176 HGB ergibt. [6]Nach der Konzeption des § 15a EStG kann der Kommanditist Verluste insgesamt maximal bis zur Höhe seiner Einlage zuzüglich einer etwaigen überschießenden Außenhaftung nach § 171 Abs. 1 HGB steuerlich geltend machen. [7]Daher darf auch bei einer über mehrere Bilanzstichtage bestehenden Haftung das Verlustausgleichsvolumen nach § 15a Abs. 1 Satz 2 und 3 EStG insgesamt nur einmal in Anspruch genommen werden. [8]Die spätere haftungsbeendende Einlageleistung schafft auch nach Ablauf des Elf-Jahreszeitraums nach § 15a Abs. 3 EStG kein zusätzliches Verlustausgleichspotential. [9]Das Verlustausgleichspotential nach § 15a Abs. 1 Satz 2 und 3 EStG darf auch dann nur einmal in Anspruch genommen werden, wenn die Außenhaftung des Kommanditisten auf Grund von Entnahmen nach § 172 Abs. 4 Satz 2 HGB wieder auflebt.

Verrechenbare Verluste im Veräußerungs- bzw. Liquidationsfall

(4) [1]Bezugsgröße der Steuerbefreiung des § 16 Abs. 4 EStG ist der Veräußerungsgewinn nach der Minderung um die verrechenbaren Verluste. [2]Soweit ein Kommanditist sein negatives Kapitalkonto durch nachträgliche Einlagen wieder ausgleicht, trägt er die für ihn gem. § 15a Abs. 4 EStG festgestellten verrechenbaren Verluste spätestens bei der Liquidation der Gesellschaft bzw. der gänzlichen Veräußerung des Mitunternehmeranteiles auch wirtschaftlich. [3]Deshalb können verrechenbare Verluste, die nach Abzug von einem etwaigen Veräußerungsgewinn verbleiben, im Zeitpunkt der gänzlichen Veräußerung des Mitunternehmeranteiles bzw. der Betriebsaufgabe bis zur Höhe der nachträglichen Einlagen als ausgleichs- oder abzugsfähige Verluste behandelt werden.

Ausländische Verluste

(5) [1]Auf den Anteil am Verlust aus ausländischen Betriebsstätten ist auf Ebene der Gesellschaft § 15a EStG anzuwenden. [2]Ergibt sich nach Anwendung des § 15a EStG ein ausgleichsfähiger Verlust, ist des Weiteren – getrennt nach Staaten – festzustellen, ob und ggf. inwieweit es sich um einen Verlust aus einer aktiven Tätigkeit i. S. d. § 2a Abs. 2 EStG handelt oder um einen Verlust, der den Verlustausgleichsbeschränkungen des § 2a Abs. 1 Satz 1 Nr. 2 EStG unterliegt (Verlust aus passiver Tätigkeit). [3]Soweit ein Verlust aus passiver Tätigkeit vorliegt, ist auf Ebene des Gesellschafters zu prüfen, ob ein Ausgleich mit positiven Einkünften derselben Art aus demselben Staat in Betracht kommt. [4]Die vorstehenden Grundsätze gelten auch für ausländische Personengesellschaften unter den Voraussetzungen des § 15a Abs. 5 Nr. 3 EStG.

Verlustzurechnung nach § 52 Abs. 33 Satz 4 EStG beim Ausscheiden von Kommanditisten

(6) [1]In Höhe der nach § 52 Abs. 33 EStG als Gewinn zuzurechnenden Beträge sind bei den anderen Mitunternehmern unter Berücksichtigung der für die Zurechnung von Verlusten geltenden Grundsätze nach Maßgabe des Einzelfalles Verlustanteile anzusetzen (§ 52 Abs. 33 Satz 4 EStG). [2]Das bedeutet, dass im Falle der Auflösung der Gesellschaft diese Verlustanteile ausschließlich bei den unbeschränkt haftenden Mitunternehmern anzusetzen sind. [3]In den Fällen des Ausscheidens von Mitgesellschaftern ohne Auflösung der Gesellschaft sind bei den Mitunternehmern, auf die der Anteil des Ausscheidenden übergeht, in Höhe der in dem Anteil enthaltenden und auf sie übergehenden stillen Reserven Anschaffungskosten zu aktivieren. [4]In Höhe des

Teilbetrags des negativen Kapitalkontos, der die stillen Reserven einschließlich des Firmenwerts übersteigt, sind bei den Mitunternehmern, auf die der Anteil übergeht, Verlustanteile anzusetzen. [5]Soweit die übernehmenden Mitunternehmer beschränkt haften, ist bei ihnen die Beschränkung des Verlustausgleichs nach § 15a EStG zu beachten.

H 15a

Hinweise

Allgemeines

Die Frage der Zurechnung von Einkünften wird durch die Regelung des § 15a Abs. 1 bis 4 EStG nicht berührt. Verlustanteile, die der Kommanditist nach § 15a Abs. 1 Satz 1 EStG nicht ausgleichen oder abziehen darf, werden diesem nach Maßgabe der vom BFH für die Zurechnung von Einkünften entwickelten Grundsätze zugerechnet (→ BFH vom 10. 11. 1980 – BStBl 1981 II S. 164, vom 19. 3. 1981 – BStBl II S. 570, vom 26. 3. 1981 – BStBl II S. 572, vom 5. 5. 1981 – BStBl II S. 574, vom 26. 5. 1981 – BStBl II S. 668 und 795 und vom 22. 1. 1985 – BStBl 1986 II S. 136). Daher mindern diese Verlustanteile auch die Gewinne, die dem Kommanditisten in späteren Wirtschaftsjahren aus seiner Beteiligung an der Kommanditgesellschaft zuzurechnen sind.

Anwendungsbereich

§ 15a EStG gilt für sämtliche Kommanditgesellschaften, nicht nur für Verlustzuweisungsgesellschaften (→ BFH vom 9. 5. 1996 – BStBl II S. 474).

Auflösung des negativen Kapitalkontos

- Beim Wegfall eines durch Verlustzurechnung entstandenen negativen Kapitalkontos eines Kommanditisten ergibt sich in Höhe dieses negativen Kapitalkontos ein steuerpflichtiger Gewinn des Kommanditisten. Dieser Gewinn entsteht zu dem Zeitpunkt, in dem der Betrieb der KG veräußert oder aufgegeben wird. Soweit jedoch schon früher feststeht, dass ein Ausgleich des negativen Kapitalkontos des Kommanditisten mit künftigen Gewinnanteilen nicht mehr in Betracht kommt, ist dieser Zeitpunkt maßgebend (→ BFH vom 10. 11. 1980 – BStBl 1981 II S. 164). Ist das negative Kapitalkonto des Kommanditisten zu Unrecht nicht aufgelöst worden und die Veranlagung bestandskräftig, kann die Auflösung im Folgejahr nachgeholt werden (→ BFH vom 10. 12. 1991 – BStBl 1992 II S. 650).
- Die Besteuerung des Veräußerungsgewinns aus der Auflösung eines negativen Kapitalkontos ist sachlich unbillig, wenn dieses durch Verluste entstanden ist, für die die Möglichkeit des Verlustabzugs nach § 10d EStG nicht genutzt werden konnte (→ BFH vom 26. 10. 1994 – BStBl 1995 II S. 297), oder durch Verluste aus gewerblicher Tierzucht entstanden ist, die sich wegen § 15 Abs. 4 EStG nicht ausgewirkt haben (→ BFH vom 25. 1. 1996 – BStBl II S. 289).
- Auch bei vorzeitigem Fortfall des negativen Kapitalkontos kann eine überschießende Außenhaftung des Kommanditisten nicht gewinnmindernd berücksichtigt werden (→ BFH vom 26. 9. 1996 – BStBl 1997 II S. 277).

Ausländische Personengesellschaft

Gesondertes Feststellungsverfahren für verrechenbare Verluste nur, wenn an der ausländischen Gesellschaft keine weiteren Steuerinländer beteiligt sind (→ BFH vom 15. 9. 2004 – I R 30/04 – BFH/NV 2005, S. 842)

Beispiele

1. Grundfall

Die eingetragene Hafteinlage des Kommanditisten beträgt 200 000 €.

tatsächlich geleistete Einlage (= KapKto 01. 01. 01)	110 000 €
Verlustanteil des Kommanditisten 01	300 000 €
Kapitalkonto 31. 12. 01	– 190 000 €

Lösung:

ausgleichsfähig	nach § 15a Abs. 1 Satz 1 EStG	110 000 €
	nach § 15a Abs. 1 Sätze 2 und 3 EStG	90 000 €
verrechenbar	nach § 15a Abs. 2 EStG	100 000 €

2. Spätere Rückzahlung der Hafteinlage

Die eingetragene Hafteinlage des Kommanditisten beträgt 200 000 €.

Jahr 01:	tatsächlich geleistete Einlage (= KapKto 01. 01. 01)	100 000 €
	Verlustanteil 01	250 000 €

	Lösung:		
	ausgleichsfähig		
	nach § 15a Abs. 1 Satz 1 EStG		100 000 €
	nach § 15a Abs. 1 Sätze 2 und 3 EStG		100 000 €
	verrechenbar nach § 15a Abs. 2 EStG		50 000 €
Jahr 02:	Resteinzahlung Haftkapital	100 000 €	
	Verlustanteil 02	50 000 €	
	Lösung:		
	ausgleichsfähig (R 15a Abs. 3 Satz 8)		0 €
	verrechenbar nach § 15a Abs. 2 EStG		50 000 €
Jahr 03:	Rückzahlung Kommanditeinlage	60 000 €	
	Verlustanteil 03	40 000 €	
	Lösung:		
	ausgleichsfähig (R 15a Abs. 3 Satz 9)		0 €
	verrechenbar nach § 15a Abs. 2 EStG		40 000 €

Keine Gewinnzurechnung nach § 15a Abs. 3 Satz 1 EStG, weil die Außenhaftung auf Grund der Einlageminderung in Höhe von 60 000 € wieder auflebt.

3. Gewinne und Entnahmen bei vorhandenem verrechenbaren Verlust

Die eingetragene Hafteinlage des Kommanditisten beträgt 200 000 €.

Jahr 01:	tatsächlich geleistete Einlage (= KapKto 01. 01. 01)	200 000 €	
	Verlustanteil 01	220 000 €	
	Kapitalkonto 31. 12. 01	– 20 000 €	
	Lösung:		
	ausgleichsfähig nach § 15a Abs. 1 Satz 1 EStG		200 000 €
	verrechenbar nach § 15a Abs. 2 EStG		20 000 €
Jahr 02:	Entnahme 02	60 000 €	
	Gewinnanteil 02	40 000 €	
	Kapitalkonto 31. 12. 02	– 40 000 €	
	Lösung:		
	zu versteuernder Gewinnanteil:		
	Gewinnanteil (vor § 15a Abs. 2 EStG)	40 000 €	
	abzgl. verrechenbarer Verlust 01	– 20 000 €	
	in 02 zu versteuern		20 000 €
	Gewinnzurechnung nach § 15a Abs. 3 Satz 1 EStG		0 €

Keine Gewinnzurechnung nach § 15a Abs. 3 Satz 1 EStG, weil durch die Einlageminderung in 02 die Außenhaftung des Kommanditisten i. S. d. § 15a Abs. 1 Satz 2 EStG in Höhe von 60 000 € wieder auflebt.

4. Liquidation – § 52 Abs. 33 Satz 3 EStG

Die eingetragene Hafteinlage des Kommanditisten beträgt 200 000 €.

bis zum Zeitpunkt der Liquidation tatsächlich geleistete Einlage		100 000 €
bis zum Zeitpunkt der Liquidation ausgleichsfähige Verluste		200 000 €
negatives Kapitalkonto im Zeitpunkt der Liquidation		– 100 000 €
anteiliger Liquidationsgewinn	a)	50 000 €
	b)	110 000 €

Der Liquidationsgewinn wird zunächst zur Auffüllung des negativen Kapitalkontos verwandt. Im Fall a) braucht der Kommanditist das verbleibende negative Kapitalkonto nicht aufzufüllen, im Fall b) erhält der Kommanditist nach Auffüllung seines negativen Kapitalkontos noch 10 000 € ausbezahlt.

Lösungen:

Fall a)	Liquidationsgewinn	50 000 €
	Wegfall des negativen Kapitalkontos	50 000 €
	Veräußerungsgewinn i. S. d. § 16 EStG	100 000 €
Fall b)	Veräußerungsgewinn i. S. d. § 16 EStG (keine Nachversteuerung des negativen Kapitalkontos, da es durch den Liquidationsgewinn gedeckt ist)	110 000 €

BGB-Innengesellschaft

– Verluste des nicht nach außen auftretenden Gesellschafters einer BGB-Innengesellschaft, die zu einem negativen Kapitalkonto geführt haben, sind nicht ausgleichsfähig, sondern nur nach § 15a EStG verrechenbar. Das gilt auch dann, wenn sich der Gesellschafter gegenüber dem tätigen Gesellschafter zum Verlustausgleich verpflichtet hat (→ BFH vom 10. 7. 2001 – BStBl 2002 II S. 339).

- Die im Interesse des gemeinsamen Unternehmens eingegangenen Verpflichtungen eines BGB-Innengesellschafters gegenüber Gläubigern des Geschäftsinhabers begründen keinen erweiterten Verlustausgleich. Die Inanspruchnahme aus solchen Verpflichtungen ist als Einlage zu behandeln, die für frühere Jahre festgestellte verrechenbare Verluste nicht ausgleichsfähig macht (→ BFH vom 5. 2. 2002 – BStBl II S. 464).

Bürgschaft

- Die Übernahme einer Bürgschaft für Schulden der KG führt beim Kommanditisten jedenfalls dann nicht zu einem erweiterten Verlustausgleich nach § 15a Abs. 1 Satz 2 EStG, wenn sie nicht kapitalersetzenden Charakter hat (→ BFH vom 13. 11. 1997 – BStBl 1998 II S. 109),
- Eine Gewinnzurechnung auf Grund des Wegfalls des negativen Kapitalkontos ist nicht vorzunehmen, wenn der ausscheidende Kommanditist damit rechnen muss, dass er aus einer Bürgschaft für die KG in Anspruch genommen wird (→ BFH vom 12. 7. 1990 – BStBl 1991 II S. 64).

Doppelstöckige Personengesellschaft

§ 15a EStG findet Anwendung (→ BFH vom 7. 10. 2004 – BFH/NV 2005, S. 533).

Einlagen

- Nachträgliche Einlagen lassen festgestellte verrechenbare Verluste früherer VZ unberührt; sie bewirken jedoch den Ausgleich laufender Verluste trotz negativen Kapitalkontos im Wirtschaftsjahr der Einlage (→ BFH vom 14. 12. 1995 – BStBl II 1996 S. 226), soweit im Falle einer haftungsbeendenden Einlageleistung R 15a Abs. 3 Satz 8 nicht entgegensteht.
- Einlagen, die zum Ausgleich eines negativen Kapitalkontos geleistet und im Wirtschaftsjahr der Einlage nicht durch ausgleichsfähige Verluste verbraucht werden, schaffen Verlustausgleichspotenzial für spätere Wirtschaftsjahre (→ BFH vom 26. 6. 2007 – BStBl II S. 934 und BMF vom 19. 11. 2007 – BStBl I S. 823). ***Dies gilt auch für Einlagen eines atypisch stillen Gesellschafters (→ BFH vom 20. 9. 2007 – BStBl 2008 II S. 118).***

Anm.:

1) → Änderung des § 15a EStG durch das JStG 2009

2) → Zur Umsetzung der BFH-Rechtsprechung (Altfälle) → OFD Karlsruhe vom 16. 1. 2008 (BB 2008, S. 823) – Auszug –:

1. Rechtliche Qualität der vorgezogenen Einlage im Wirtschaftsjahr der Einlageleistung

Nachweispflichtig für das Vorliegen von vorgezogenen Einlagen in vorangegangenen Wirtschaftsjahren ist der Steuerpflichtige. Bei der Einlageleistung muss es sich um eine gesellschaftsrechtlich veranlasste Einlage in das Gesamthandsvermögen der Personengesellschaft gehandelt haben. Damit scheiden z. B. Gutschriften auf einem Darlehenskonto sowie Darlehensgewährungen des Gesellschafters an die Personengesellschaft als vorgezogene Einlagen aus.

Die Einlage muss im Wirtschaftsjahr der Einlageleistung zur Verminderung eines negativen Kapitalkontos geleistet worden sein. Ein Korrekturposten ist nur insoweit zu bilden, als die Einlageleistung nicht bereits im Wirtschaftsjahr der Einlage zum Verlustausgleich geführt hat. Hat es sich um eine haftungsbeendende Einlage gehandelt, ist zu berücksichtigen, dass insoweit ein Verlustausgleichsvolumen nicht doppelt in Anspruch genommen werden kann (vgl. R 15a Abs. 3 Satz 8 EStR), so dass in diesen Fällen ein Korrekturposten nicht zu bilden ist. Eines Korrekturpostens bedarf es auch dann nicht, wenn der Kommanditist durch die Einlage Mehrentnahmen zurückführt, in deren Höhe in den vorangegangenen Wirtschaftsjahren die Versteuerung einer Einlagenminderung i. S. d. § 15a Abs. 3 EStG ausgenommen wurde, da insoweit die Rückführung einer Mehrentnahme nicht zum Verlustausgleich verwendet werden kann.

2. Bildung und Fortentwicklung des außerbilanziellen Korrekturpostens

In Höhe der vorgezogenen Einlage ist nach den in Tz. 1 dargelegten Grundsätzen im Wirtschaftsjahr der Einlageleistung ein außerbilanzieller Korrekturposten zu bilden, der zum Verlustausgleich in späteren Wirtschaftsjahren herangezogen werden kann. Der Korrekturposten ist eine unselbstständige Besteuerungsgrundlage und mangels gesetzlicher Grundlage nicht Gegenstand eines Feststellungsverfahrens. Einwendungen gegen die Höhe des Korrekturpostens können nur im Verlustentstehungsjahr erhoben werden, in dem der Korrekturposten zum Verlustausgleich verwendet werden soll.

Die Höhe des Korrekturpostens ist in den nachfolgenden Wirtschaftsjahren anhand der jeweiligen Einflüsse auf das Kapitalkonto i. S. d. § 15a EStG fortzuentwickeln. Insbesondere ist der Korrekturposten dann zu vermindern, wenn der Steuerpflichtige in einem nachfolgenden Wirtschaftsjahr die zuvor getätigte Einlage wieder entnimmt, ohne dass hierdurch eine Gewinnzurechnung nach § 15a Abs. 3 EStG ausgelöst wird. Wird der Korrekturposten in späteren Wirtschaftsjahren zum Verlustausgleich verwendet, so ist insoweit der Korrekturposten zu vermindern.

- Leistet der Kommanditist zusätzlich zu der im Handelsregister eingetragenen Pflichteinlage eine weitere Sacheinlage, kann er im Wege einer negativen Tilgungsbestimmung die Rechtsfolge herbeiführen, dass die Haftungsbefreiung nach § 171 Abs. 1 2. Halbsatz HGB nicht eintritt. Das führt dazu, dass die Einlage nicht mit der eingetragenen Pflichteinlage zu verrechnen ist, sondern im Umfang ihres Wertes die Entstehung oder Erhöhung eines negativen Kapitalkontos verhindert und auf diese Weise nach § 15a Abs. 1 Satz 1 EStG zur Ausgleichs- und Abzugsfähigkeit von Verlusten führt (→ BFH vom 11. 10. 2007 – IV R 38/05 – [Internet-Seite des BFH]).
- Sind freie Einlagen eines Kommanditisten bei noch nicht voll erbrachter Hafteinlage bis zur Höhe der im Handelsregister eingetragenen Hafteinlage als auf diese erbracht anzusehen und wird in diesem Umfang die Außenhaftung nach § 15a Abs. 1 Satz 2 EStG gemindert?
  → FG Hamburg vom 20. 10. 2006 (7 K 151/04) – Rev. – IV R 98/06
- → Verlustübernahme

Einlageminderung

Wird bei Bestehen eines negativen Kapitalkontos eine die Haftsumme übersteigende Pflichteinlage (z. B. ein Agio) entnommen, kommt es insoweit bis zur Höhe der Haftsumme zum Wiederaufleben der nach § 15a Abs. 1 Satz 2 EStG zu berücksichtigenden Haftung, so dass eine Gewinnzurechnung nach § 15a Abs. 3 Satz 1 EStG zu unterbleiben hat (→ BFH vom 6. 3. 2008 – BStBl II S. 676).

Kapitalkonto

- Zum Umfang des Kapitalkontos i. S. d. § 15a Abs. 1 Satz 1 EStG → BMF vom 30. 5. 1997 (BStBl I S. 627). Anhang 18
- Beteiligungskonto/Forderungskonto → BMF vom 30. 5. 1997 (BStBl I S. 627) und BFH vom 23. 1. 2001 (BStBl II S. 621).
- Führt eine KG ein sog. Privatkonto für den Kommanditisten, das allein jederzeit fällige Forderungen des Gesellschafters ausweist, kann nur aufgrund ausdrücklicher und eindeutiger Regelung im Gesellschaftsvertrag angenommen werden, dass das Konto im Fall der Liquidation oder des Ausscheidens des Gesellschafters zur Deckung eines negativen Kapitalkontos herangezogen werden soll (→ BFH vom 26. 6. 2007 – BStBl 2008 II S. 103).
- Finanzplandarlehen sind Darlehen, die nach den vertraglichen Bestimmungen während des Bestehens der Gesellschaft vom Kommanditisten nicht gekündigt werden können und im Fall des Ausscheidens oder der Liquidation der Gesellschaft mit einem evtl. bestehenden negativen Kapitalkonto verrechnet werden. Sie erhöhen das Kapitalkonto i. S. d. § 15a EStG (→ BFH vom 7. 4. 2005 – BStBl II S. 598).

Anm.:
Seit dem BFH-Urteil vom 7. 4. 2005 (BStBl 2005 II S. 598) wurde von Kommanditisten einer GmbH & Co. KG wiederholt die Gewährung eines eigenkapitalersetzenden Darlehens oder Finanzplandarlehens an die KG dargelegt und unter Bezugnahme auf diese höchstrichterliche Entscheidung die Erhöhung des jeweiligen Kapitalkontos im Umfang des Darlehens geltend gemacht. Dieser Auffassung kann nicht gefolgt werden. Etwas anderes gilt nur bei einer mit dem Urteilsfall vergleichbaren Sachlage. Dies wird sich auf Ausnahmefälle beschränken. Im Einzelnen ist in derartigen Fällen von folgenden Grundsätzen auszugehen.

1. Eigenkapitalersetzende Darlehen und Finanzplandarlehen sind Fremdkapital

Gewährt ein Gesellschafter einer GmbH & Co. KG, bei der keine natürliche Person Komplementär ist, der Gesellschaft zu einem Zeitpunkt ein Darlehen, in dem ihr die Gesellschafter als ordentliche Kaufleute Eigenkapital zugeführt hätten, so stellt dieses Darlehen ein sog. **eigenkapitalersetzendes Darlehen i. S. d.** § 172a HGB dar. Zu beachten ist, dass dieses Darlehen trotz dem eigenkapitalersetzenden Charakter **handelsrechtlich Fremdkapital** bleibt und dementsprechend in der Handelsbilanz auszuweisen ist. Nach gefestigter Rechtsprechung des BFH und Auffassung der Finanzverwaltung sind eigenkapitalersetzende Darlehen steuerlich nicht als Kapital i. S. d. § 15 a EStG zu qualifizieren, denn ein solches Darlehen übernimmt nur zeitweise eine Eigenkapitalfunktion (vgl. u. a. BFH vom 28. 3. 2000, BStBl II S. 347).

2. Voraussetzungen eines Finanzplandarlehens

Nach der Rechtsprechung des BGH (BGH-Urteil vom 21. 3. 1988, II ZR 238/87, BB 1988 S. 1084) sind Finanzplandarlehen Gesellschafterleistungen, die planmäßig in die Finanzierung der Gesellschaft einbezogen sind und folgende Merkmale aufweisen:

- günstige Kreditkonditionen,
- Pflicht zur langfristigen Belassung des Kapitals,
- Fehlen einer einseitigen Kündigungsmöglichkeit,
- Rückforderung lediglich als Abfindung oder Liquidationsguthaben und
- Unentbehrlichkeit des Darlehens für die Verwirklichung der gesellschaftsvertraglichen Ziele.

Derartige Darlehen werden auch als **„gesplittete Einlagen"** bezeichnet, wenn sie bei der Gründung der Gesellschaft vertragsgemäß neben den Bareinlagen als weiterer Gesellschafterbeitrag geleistet werden müssen.

3. Ausnahmefall Finanzplandarlehen als Kapital

Nach Auffassung des BFH in seinem Urteil vom 7. 4. 2005 (BStBl II S. 598) stellt ein Finanzplandarlehen bzw. eine gesplittete Einlage dann materielles Eigenkapital – und damit Kapital i. S. d. § 15a Abs. 1 Satz 1 EStG – dar, wenn

- das gewährte Darlehen aufgrund vertraglicher Vereinbarung für die Dauer des Bestehens nicht einseitig durch den Kommanditisten kündbar ist
  und
- das Guthaben bei Ausscheiden des Kommanditisten bzw. Liquidation der KG zunächst mit einem evtl. bestehenden negativen Kapitalkonto zu verrechnen ist.

Dem Urteil ist zu entnehmen, dass der BFH den Zeitpunkt der Verlustverrechnung nicht als maßgeblich ansieht. Damit reicht eine Verlustverrechnung am Ende der Gesellschafterstellung oder Liquidation für die Annahme von Eigenkapital aus. Außerdem stellt der BFH entscheidend auf die fehlende Kündigungsmöglichkeit des Darlehens durch den Gesellschafter ab. Sind die genannten Voraussetzungen nicht erfüllt – und das dürfte in der Praxis der Regelfall sein – handelt es sich bei dem Finanzplandarlehen weiterhin um Fremdkapital, welches bei der Anwendung des § 15a EStG nicht einzubeziehen ist.

Dass allein die Tatsache eines hingegebenen Finanzplandarlehens für die Annahme eines gesamthänderisch gebundenen Kapital(anteil)s nicht ausreicht, ergibt sich auch aus folgenden Formulierungen in dem BFH-Urteil vom 7. 4. 2005, a. a. O.:

„Wenn im Weiteren von „Finanzplandarlehen" die Rede ist, wird vorausgesetzt, dass die vorstehend aufgeführten Voraussetzungen erfüllt sind."

4. Weitere Fallgestaltungen mit Fremdkapitalcharakter

Von den in Tz. 3 aufgeführten Urteilsgrundsätzen sind somit insbesondere folgende Fallgestaltungen mit gesellschaftsvertraglich vereinbarten (Finanzplan-)Darlehen i. S. d. vorstehenden Tz. 1 und 2 nicht betroffen:

a) Fehlende gesellschaftsvertragliche Verrechnung zwischen Darlehenskonto/en und dem negativen Saldo der Kapitalkonten oder eines Kapitalkontos sowohl für die laufenden Verluste als auch für den Auseinandersetzungsanspruch.

b) Die vom Gesellschaftsvertrag ausdrücklich im Fall des Ausscheidens eines Gesellschafters abweichende Auseinandersetzungsvereinbarung mit einer Verrechnung zwischen Kapitalkonten und Darlehenskonto/en. Eine solche einzelvertragliche Vereinbarung berührt den bis zu diesem Zeitpunkt maßgebenden und für die verbleibenden Gesellschafter unverändert (fort-)bestehenden Gesellschaftsvertrag in keinster Weise.

c) Gesellschaftsvertragliche Verrechnung (= Saldierung) zwischen dem/n Darlehenskonto/en und einem positiven Auseinandersetzungsanspruch des Kommanditisten, der sich aus positiven (= Kommanditeinlage) und negativen Summen (= Verlustvortragskonto) von Kapitalkonten ergibt; d. h. zumindest ungekürzter Zahlungsanspruch in Höhe der Darlehenskonten nach der Vertragslage und keine Verrechnung mit einem negativen Kapitalkonto oder dem negativen Saldo der Kapitalkonten in Betracht kommt.

d) Gesellschaftsvertragliche Gewährung eines üblichen Finanzplandarlehens (d. h. ohne Verrechnungsmöglichkeit mit einem negativen Kapitalkonto, siehe das o. a. BFH-Urteil vom 7. 4. 2005, Abschnitt II. Ziff. 3. Buchst. a), a. a. O.), eines kapitalersetzenden Darlehens oder einer gesplitteten Einlage (d. h. vertragsgemäß ist neben einer Bareinlage ein

Darlehen als Gesellschafterbeitrag zu leisten; siehe das o. a. BFH-Urteil vom 7. 4. 2005, a. a. O., m. w. N.). Dies gilt nach dieser höchstrichterlichen Entscheidung unabhängig davon, ob ein derartiges Darlehen aufgrund Vertragslage oder tatsächlicher Handhabung zeitweise eine Eigenkapitalfunktion übernimmt, die es aber verliert, wenn sich die Gesellschaft nachhaltig erholt und so die Kreditwürdigkeit zurückgewinnt.

Weil sich bei derartigen Darlehen die eigenkapitalersetzende Wirkung auf die Gläubiger der KG beschränkt, hat die höchstrichterliche Rechtsprechung die Einordnung solcher Darlehen als Kapitalanteil bisher ausdrücklich abgelehnt (siehe das o a. BFH-Urteil vom 7. 4. 2005, a. a. O., m. w. N.).

5. Umwandlung von Fremdkapital in Eigenkapital

Wird ein bisher als Fremdkapital behandeltes eigenkapitalersetzendes Darlehen oder Finanzplandarlehen des Kommanditisten zutreffenderweise in gesamthänderisch gebundenes Kapital „umgewandelt", ist dies erst im Zeitpunkt des Abschlusses der entsprechenden Vereinbarung wirksam. Eine solche Vereinbarung kann nur dann im aktuellen Wirtschaftsjahr berücksichtigt werden, wenn sie noch vor dem Wirtschaftsjahresende wirksam getroffen wird (BFH-Urteil vom 14. 12. 1995, IV R 106/94, BStBl 1996 II S. 226). Eine rückwirkende Vereinbarung ist – abgesehen von wenigen Tagen – unbeachtlich.

→ OFD Koblenz 15. 1. 2007, S 2241 a A – St 31 1 (DB 2007 S. 546)

- Kapitalersetzende Darlehen sind nicht Teil des Kapitalkontos i. S. d. § 15a EStG (→ BMF vom 30. 5. 1997 – BStBl I S. 627 und BFH vom 28. 3. 2000 – BStBl II S. 347).
- Bei einem als „Darlehenskonto" bezeichneten Konto eines Kommanditisten, das im Rahmen des sog. Vier-Konten-Modells dazu bestimmt ist, die nicht auf dem Rücklagenkonto verbuchten Gewinnanteile aufzunehmen, kann es sich auch dann um ein Kapitalkonto i. S. d. § 15a Abs. 1 Satz 1 EStG handeln, wenn es gewinnunabhängig zu verzinsen ist. Voraussetzung ist allerdings, dass entweder auf diesem Konto die Verluste der Gesellschaft verbucht werden oder dass das Konto im Fall der Liquidation der Gesellschaft oder des Ausscheidens des Gesellschafters mit einem etwa bestehenden negativen Kapitalkonto zu verrechnen ist (→ BFH vom 15. 5. 2008 – BStBl II S. 812).

Saldierung des Schattengewinns mit verrechenbaren Verlusten aus der Zeit vor der Tonnagebesteuerung

Der während der Tonnagebesteuerung gem. § 5a Abs. 5 Satz 4 EStG im Wege einer Schattenrechnung zu ermittelnde Gewinn ist mit dem aus der Zeit vor der Tonnagebesteuerung entstandenen verrechenbaren Verlust nach § 15a Abs. 2 EStG zu saldieren. Davon unberührt bleibt die Verrechnung auch mit einem hinzuzurechnenden Unterschiedsbetrag nach § 5a Abs. 4 Satz 3 EStG (→ BFH vom 20. 11. 2006 – BStBl 2007 II S. 261).

Saldierung von Ergebnissen aus dem Gesellschaftsvermögen mit Ergebnissen aus dem Sonderbetriebsvermögen

Keine Saldierung von Gewinnen und Verlusten aus dem Gesellschaftsvermögen mit Gewinnen und Verlusten aus dem Sonderbetriebsvermögen (→ BMF vom 15. 12. 1993 – BStBl I S. 976 sowie BFH vom 13. 10. 1998 – BStBl 1999 II S. 163). Anhang 18

Sanierungsgewinn

- Ertragsteuerliche Behandlung von Sanierungsgewinnen; Steuerstundung und Steuererlass aus sachlichen Billigkeitsgründen (§§ 163, 222, 227 AO) → BMF vom 27. 3. 2003 (BStBl I S. 240), Rn. 8. Anhang 10
- Soweit der beim Ausscheiden des Kommanditisten bestehende verrechenbare Verlust durch Verrechnung mit dem Aufgabe- oder Veräußerungsgewinn nicht aufgezehrt worden ist, ist er in Höhe des Anteiles an einem Sanierungsgewinn nach § 3 Nr. 66 EStG a. F. in einen ausgleichsfähigen Gewinn umzuqualifizieren (→ BFH vom 16. 5. 2002 – BStBl II S. 748).

Stille Reserven

Bei Anwendung des § 15a EStG sind vorhandene stille Reserven nicht zu berücksichtigen (→ BFH vom 9. 5. 1996 – BStBl II S. 474).

Verlustabzugsbeschränkung nach § 15 Abs. 4 Satz 6 bis 8 EStG

Zum Verhältnis der Verlustabzugsbeschränkung bei Verlusten aus atypisch stillen Gesellschaften, Unterbeteiligungen oder sonstigen Innengesellschaften an Kapitalgesellschaften zu § 15a EStG → BMF vom 19. 11. 2008 (BStBl I S. 970).

Übernahme des negativen Kapitalkontos

In Veräußerungsfällen findet § 52 Abs. 33 EStG keine Anwendung (→ BFH vom 21. 4. 1994 – BStBl II S. 745). Die Übernahme eines negativen Kapitalkontos führt beim eintretenden Kommanditisten auch dann nicht zu einem sofort ausgleichs- oder abzugsfähigen Verlust, wenn es nicht durch stille Reserven im Betriebsvermögen gedeckt ist (→ BFH vom 14. 6. 1994 – BStBl 1995 II S. 246). Entsprechendes gilt, wenn nach dem Gesellschafterwechsel die neu eingetretenen Gesellschafter Einlagen leisten (→ BFH vom 19. 2. 1998 – BStBl 1999 II S. 266). Für den Erwerber stellen die gesamten Aufwendungen zum Erwerb des Anteiles einschließlich des negativen Kapitalkontos Anschaffungskosten dar (→ BFH vom 21. 4. 1994 – BStBl II S. 745). Dies gilt auch, wenn der Kommanditanteil an einen Mitgesellschafter veräußert wird (→ BFH vom 21. 4. 1994 – BStBl II S. 745).

Unentgeltliche Übertragung

Der verrechenbare Verlust des ausscheidenden Gesellschafters einer zweigliedrigen KG geht bei einer unentgeltlichen Übertragung eines Mitunternehmeranteiles auf den das Unternehmen fortführenden Gesellschafter über. Die Zurechnung des verrechenbaren Verlustes hat im Rahmen der gesonderten Feststellung nach § 15a Abs. 4 EStG zu erfolgen (→ BFH vom 10. 3. 1998 – BStBl 1999 II S. 269).

Unwahrscheinlichkeit der Inanspruchnahme bei Gesellschaften mit Einkünften aus Vermietung und Verpachtung

→ BMF vom 30. 6. 1994 (BStBl I S. 355)

Veräußerungsgewinn

Im Veräußerungs- bzw. Liquidationsfall noch verbliebene verrechenbare Verluste mindern einen etwaigen Veräußerungs- bzw. Aufgabegewinn (→ BFH vom 26. 1. 1995 – BStBl II S. 467).

Verfassungsmäßigkeit

- Es bestehen keine ernsthaften Zweifel an der Verfassungsmäßigkeit des § 15a EStG (→ BFH vom 19. 5. 1987 – BStBl 1988 II S. 5 und vom 9. 5. 1996 – BStBl II S. 474).
- Die Beschränkung des erweiterten Verlustausgleichs und Verlustabzugs auf den Fall der Haftung des Kommanditisten nach § 171 Abs. 1 HGB begegnet keinen verfassungsrechtlichen Bedenken (→ BMF vom 14. 12. 1999 – BStBl 2000 II S. 265).

Verlustfeststellung

Wird in der Anlage „ESt 1,2,3 B" zum einheitlichen und gesonderten Gewinnfeststellungsbescheid die Spalte zum Korrekturbetrag nach § 15a Abs. 1, 2 oder 3 EStG von der Finanzbehörde nicht ausgefüllt, kann ohne zusätzliche Anhaltspunkte der Empfänger des Gewinnfeststellungsbescheides unter Berücksichtigung von Treu und Glauben nicht von einer zugleich getroffenen – negativen – einheitlichen und gesonderten Feststellung auch über die Höhe des verrechenbaren Verlustes dieses Feststellungszeitraums ausgehen. (→ BFH vom 11. 7. 2006 – BStBl 2007 II S. 96).

Verlustausgleich

- Der erweiterte Verlustausgleich kommt bei Kommanditisten von Altbetrieben auch in Betracht, wenn ihnen vor 1985 ausgleichsfähige Verluste zugerechnet worden sind, die zu einem negativen Kapitalkonto in Höhe ihres Haftungsbetrags geführt haben (→ BFH vom 26. 8. 1993 – BStBl 1994 II S. 627),
- Der erweiterte Verlustausgleich kommt nicht in Betracht, wenn sich die Haftung des Kommanditisten aus anderen Vorschriften als § 171 Abs. 1 HGB ergibt (→ BMF vom 14. 12. 1999 – BStBl 2000 II S. 265). Kapitalersetzende Darlehen begründen keine Außenhaftung nach § 171 Abs. 1 HGB (→ BMF vom 28. 3. 2000 – BStBl II S. 347).
- Die im Interesse des gemeinsamen Unternehmens eingegangenen Verpflichtungen eines BGB-Innengesellschafters oder eines atypisch stillen Gesellschafters gegenüber Gläubigern des Geschäftsinhabers begründen keinen erweiterten Verlustausgleich (→ BFH vom 5. 2. 2002 – BStBl II S. 464 und BFH vom 11. 3. 2003 – BStBl II S. 705).
- Der erweiterte Verlustausgleich des Kommanditisten mindert sich um den Teil der im Handelsregister eingetragenen Hafteinlage, der der Beteiligung des atypisch still Unterbeteiligten an der Unterbeteiligungsgesellschaft mit dem Kommanditisten entspricht (→ BFH vom 19. 4. 2007 – BStBl II S. 868).

Verlustübernahme

Die bloße Abgabe einer Verlustübernahmeerklärung führt nicht zu einer Erhöhung des Kapitalkontos (→ BFH vom 7. 10. 2004 – BFH/NV 2005, S. 533).

Verlustverrechnung bei Einlageminderung

Der einem Kommanditisten bei einer Einlageminderung als fiktiver Gewinn zuzurechnende Betrag ist nach § 15a Abs. 3 Satz 2 EStG auf den Betrag der Verlustanteile begrenzt, der im Jahr der Einlageminderung und in den zehn vorangegangenen Jahren ausgleichsfähig war. Für die Ermittlung dieses begrenzten Betrags sind die ausgleichsfähigen Verlustanteile mit den Gewinnanteilen zu saldieren, mit denen sie hätten verrechnet werden können, wenn sie nicht ausgleichsfähig, sondern lediglich verrechenbar i. S. d. § 15a Abs. 2 EStG gewesen wären. Hierbei kommt die fiktive Saldierung eines Verlustanteils mit einem Gewinnanteil eines vorangegangenen Jahres nicht in Betracht (→ BFH vom 20. 3. 2003 – BStBl II S. 798).

Verrechenbare Werbungskostenüberschüsse

→ H 20.1 (Stiller Gesellschafter)

→ H 21.2 (Sinngemäße Anwendung des § 15a EStG)

Vertraglicher Haftungsausschluss bei Gesellschaftern mit Einkünften aus Vermietung und Verpachtung

- Trotz vertraglichem Haftungsausschluss liegt keine Haftungsbeschränkung nach § 15a Abs. 5 Nr. 2 EStG vor, wenn ein Teil der Gesellschafter für die Verbindlichkeiten der GbR bürgt und die übrigen Gesellschafter die bürgenden Gesellschafter intern von der Inanspruchnahme aus der Bürgschaft freistellen (→ BFH vom 25. 7. 1995 – BStBl 1996 II S. 128).
- Zur Haftungsbeschränkung bei einer GbR → BMF vom 18. 7. 2000 (BStBl I S. 1198) und vom 28. 8. 2001 (BStBl I S. 614). Anhang 15

Wechsel der Rechtsstellung eines Gesellschafters

- Allein auf Grund des Wechsels der Rechtsstellung eines Kommanditisten in diejenige eines unbeschränkt haftenden Gesellschafters (z. B. auf Grund der Umwandlung der Gesellschaft) ist der für ihn bisher festgestellte verrechenbare Verlust nicht in einen ausgleichsfähigen Verlust umzuqualifizieren (→ BFH vom 14. 10. 2003 – BStBl 2004 II S. 115). Die bisher festgestellten verrechenbaren Verluste können jedoch über den Wortlaut des § 15a Abs. 2 EStG hinaus mit künftigen Gewinnanteilen des Gesellschafters verrechnet werden (→ BFH vom 14. 10. 2003 – BStBl 2004 II S. 115). Findet der Wechsel in die Rechtsstellung eines unbeschränkt haftenden Gesellschafters innerhalb eines Wirtschaftsjahres statt, ist § 15a EStG für das gesamte Wirtschaftsjahr nicht anzuwenden (→ BFH vom 14. 10. 2003 – BStBl 2004 II S. 118).
- Wechselt der Komplementär während des Wirtschaftsjahrs in die Rechtsstellung eines Kommanditisten, ist § 15a EStG für das gesamte Wirtschaftsjahr und damit für den dem Gesellschafter insgesamt zuzurechnenden Anteil am Ergebnis der KG zu beachten (→ BFH vom 14. 10. 2003 – BStBl 2004 II S. 118).
- Der Wechsel der Gesellschafterstellung findet zum Zeitpunkt des entsprechenden Gesellschafterbeschlusses statt. Der Zeitpunkt des Antrages auf Eintragung im Handelsregister ist unmaßgeblich (→ BFH vom 12. 2. 2004 – BStBl II S. 423).

§ 15b Verluste im Zusammenhang mit Steuerstundungsmodellen

EStG [1]

S 2241b

(1) [1]Verluste im Zusammenhang mit einem Steuerstundungsmodell dürfen weder mit Einkünften aus Gewerbebetrieb noch mit Einkünften aus anderen Einkunftsarten ausgeglichen werden; sie dürfen auch nicht nach § 10d abgezogen werden. [2]Die Verluste mindern jedoch die Einkünfte, die der Steuerpflichtige in den folgenden Wirtschaftsjahren aus derselben Einkunftsquelle erzielt. [3]§ 15a ist insoweit nicht anzuwenden.

(2) [1]Ein Steuerstundungsmodell im Sinne des Absatzes 1 liegt vor, wenn aufgrund einer modellhaften Gestaltung steuerliche Vorteile in Form negativer Einkünfte erzielt werden sollen. [2]Dies ist der Fall, wenn dem Steuerpflichtigen auf Grund eines vorgefertigten Konzepts die

1) § 15b EStG wurde durch das Gesetz zur Beschränkung der Verlustverrechnung im Zusammenhang mit Steuerstundungsmodellen eingefügt und ist nur auf Verluste der dort bezeichneten Steuerstundungsmodelle anzuwenden, denen der Stpfl. nach dem 10. 11. 2005 beigetreten ist oder für die nach dem 10. 11. 2005 mit dem Außenvertrieb begonnen wurde → § 52 Abs. 33a EStG.

Möglichkeit geboten werden soll, zumindest in der Anfangsphase der Investition Verluste mit übrigen Einkünften zu verrechnen. [3]Dabei ist es ohne Belang, auf welchen Vorschriften die negativen Einkünfte beruhen.

(3) Absatz 1 ist nur anzuwenden, wenn innerhalb der Anfangsphase das Verhältnis der Summe der prognostizierten Verluste zur Höhe des gezeichneten und nach dem Konzept auch aufzubringenden Kapitals oder bei Einzelinvestoren des eingesetzten Eigenkapitals 10 Prozent übersteigt.

(4) [1]Der nach Absatz 1 nicht ausgleichsfähige Verlust ist jährlich gesondert festzustellen. [2]Dabei ist von dem verrechenbaren Verlust des Vorjahres auszugehen. [3]Der Feststellungsbescheid kann nur insoweit angegriffen werden, als der verrechenbare Verlust gegenüber dem verrechenbaren Verlust des Vorjahres sich verändert hat. [4]Handelt es sich bei dem Steuerstundungsmodell um eine Gesellschaft oder Gemeinschaft im Sinne des § 180 Abs. 1 Nr. 2 Buchstabe a der Abgabenordnung, ist das für die gesonderte und einheitliche Feststellung der einkommensteuerpflichtigen und körperschaftsteuerpflichtigen Einkünfte aus dem Steuerstundungsmodell zuständige Finanzamt für den Erlass des Feststellungsbescheids nach Satz 1 zuständig; anderenfalls ist das Betriebsfinanzamt (§ 18 Abs. 1 Nr. 2 der Abgabenordnung) zuständig. [5]Handelt es sich bei dem Steuerstundungsmodell um eine Gesellschaft oder Gemeinschaft im Sinne des § 180 Abs. 1 Nr. 2 Buchstabe a der Abgabenordnung, können die gesonderten Feststellungen nach Satz 1 mit der gesonderten und einheitlichen Feststellung der einkommensteuerpflichtigen und körperschaftsteuerpflichtigen Einkünfte aus dem Steuerstundungsmodell verbunden werden; in diesen Fällen sind die gesonderten Feststellungen nach Satz 1 einheitlich durchzuführen.

H 15b

Hinweise

Anhang 18

Anwendungsschreiben

→ BMF vom 17. 7. 2007 (BStBl I S. 542)

EStG

§ 16 Veräußerung des Betriebs

(1) [1]Zu den Einkünften aus Gewerbebetrieb gehören auch Gewinne, die erzielt werden bei der Veräußerung

S 2242 1. des ganzen Gewerbebetriebs oder eines Teilbetriebs. [2]Als Teilbetrieb gilt auch die das gesamte Nennkapital umfassende Beteiligung an einer Kapitalgesellschaft; im Fall der Auflösung der Kapitalgesellschaft ist § 17 Abs. 4 Satz 3 sinngemäß anzuwenden;

S 2243 2. des gesamten Anteils eines Gesellschafters, der als Unternehmer (Mitunternehmer) des Betriebs anzusehen ist (§ 15 Abs. 1 Satz 1 Nr. 2);

S 2243 3. des gesamten Anteils eines persönlich haftenden Gesellschafters einer Kommanditgesellschaft auf Aktien (§ 15 Abs. 1 Satz 1 Nr. 3).

[2]Gewinne, die bei der Veräußerung eines Teils eines Anteils im Sinne von Satz 1 Nr. 2 oder 3 erzielt werden, sind laufende Gewinne.

(2) [1]Veräußerungsgewinn im Sinne des Absatzes 1 ist der Betrag, um den der Veräußerungspreis nach Abzug der Veräußerungskosten den Wert des Betriebsvermögens (Absatz 1 Satz 1 Nr. 1) oder den Wert des Anteils am Betriebsvermögen (Absatz 1 Satz 1 Nr. 2 und 3) übersteigt. [2]Der Wert des Betriebsvermögens oder des Anteils ist für den Zeitpunkt der Veräußerung nach § 4 Abs. 1 oder nach § 5 zu ermitteln. [3]Soweit auf der Seite des Veräußerers und auf der Seite des Erwerbers dieselben Personen Unternehmer oder Mitunternehmer sind, gilt der Gewinn insoweit jedoch als laufender Gewinn.

(3) [1]Als Veräußerung gilt auch die Aufgabe des Gewerbebetriebs sowie eines Anteils im Sinne des Absatzes 1 Satz 1 Nr. 2 oder 3. [2]Werden im Zuge der Realteilung einer Mitunternehmerschaft Teilbetriebe, Mitunternehmeranteile oder einzelne Wirtschaftsgüter in das jeweilige Betriebsvermögen der einzelnen Mitunternehmer übertragen, so sind bei der Ermittlung des Gewinns der Mitunternehmerschaft die Wirtschaftsgüter mit den Werten anzusetzen, die sich nach den Vorschriften über die Gewinnermittlung ergeben, sofern die Besteuerung der stillen Reserven sichergestellt ist; der übernehmende Mitunternehmer ist an diese Werte gebunden. [3]Dagegen ist für den jeweiligen Übertragungsvorgang rückwirkend der gemeine Wert anzusetzen, soweit bei einer Realteilung, bei der einzelne Wirtschaftsgüter übertragen worden sind, zum Buchwert übertragener Grund und Boden, übertragene Gebäude oder andere übertragene

wesentliche Betriebsgrundlagen innerhalb einer Sperrfrist nach der Übertragung veräußert oder entnommen werden; diese Sperrfrist endet drei Jahre nach Abgabe der Steuererklärung der Mitunternehmerschaft für den Veranlagungszeitraum der Realteilung. [4]Satz 2 ist bei einer Realteilung, bei der einzelne Wirtschaftsgüter übertragen werden, nicht anzuwenden, soweit die Wirtschaftsgüter unmittelbar oder mittelbar auf eine Körperschaft, Personenvereinigung oder Vermögensmasse übertragen werden; in diesem Fall ist bei der Übertragung der gemeine Wert anzusetzen. [5]Soweit einzelne dem Betrieb gewidmete Wirtschaftsgüter im Rahmen der Aufgabe des Betriebs veräußert werden und soweit auf der Seite des Veräußerers und auf der Seite des Erwerbers dieselben Personen Unternehmer oder Mitunternehmer sind, gilt der Gewinn aus der Aufgabe des Gewerbebetriebs als laufender Gewinn. [6]Werden die einzelnen dem Betrieb gewidmeten Wirtschaftsgüter im Rahmen der Aufgabe des Betriebs veräußert, so sind die Veräußerungspreise anzusetzen. [7]Werden die Wirtschaftsgüter nicht veräußert, so ist der gemeine Wert im Zeitpunkt der Aufgabe anzusetzen. [8]Bei Aufgabe eines Gewerbebetriebs, an dem mehrere Personen beteiligt waren, ist für jeden einzelnen Beteiligten der gemeine Wert der Wirtschaftsgüter anzusetzen, die er bei der Auseinandersetzung erhalten hat.

(4) [1]Hat der Steuerpflichtige das 55. Lebensjahr vollendet oder ist er im sozialversicherungsrechtlichen Sinne dauernd berufsunfähig, so wird der Veräußerungsgewinn auf Antrag zur Einkommensteuer nur herangezogen, soweit er 45000 Euro übersteigt. [2]Der Freibetrag ist dem Steuerpflichtigen nur einmal zu gewähren. [3]Er ermäßigt sich um den Betrag, um den der Veräußerungsgewinn 136000 Euro übersteigt.

(5) Werden bei einer Realteilung, bei der Teilbetriebe auf einzelne Mitunternehmer übertragen werden, Anteile an einer Körperschaft, Personenvereinigung oder Vermögensmasse unmittelbar oder mittelbar von einem nicht von § 8b Abs. 2 des Körperschaftsteuergesetzes begünstigten Steuerpflichtigen auf einen von § 8b Abs. 2 des Körperschaftsteuergesetzes begünstigten Mitunternehmer übertragen, ist abweichend von Absatz 3 Satz 2 rückwirkend auf den Zeitpunkt der Realteilung der gemeine Wert anzusetzen, wenn der übernehmende Mitunternehmer die Anteile innerhalb eines Zeitraums von sieben Jahren nach der Realteilung unmittelbar oder mittelbar veräußert oder durch einen Vorgang nach § 22 Abs. 1 Satz 6 Nr. 1 bis 5 des Umwandlungssteuergesetzes weiter überträgt; § 22 Abs. 2 Satz 3 des Umwandlungssteuergesetzes gilt entsprechend. [1)]

---

16. Veräußerung des gewerblichen Betriebs R 16

Betriebsveräußerung im Ganzen R 16 (1)

(1) [1]Eine Veräußerung des ganzen Gewerbebetriebs liegt vor, wenn der Betrieb mit seinen wesentlichen Grundlagen gegen Entgelt in der Weise auf einen Erwerber übertragen wird, dass der Betrieb als geschäftlicher Organismus fortgeführt werden kann. [2]Nicht erforderlich ist, dass der Erwerber den Betrieb tatsächlich fortführt. S 2242

Hinweise H 16 (1)

Aufgabe der bisherigen Tätigkeit

- Voraussetzung einer Betriebsveräußerung ist, dass der Veräußerer die mit dem veräußerten Betriebsvermögen verbundene Tätigkeit aufgibt (→ BFH vom 12. 6. 1996 – BStBl II S. 527).
- Die gelegentliche Vermittlung von Verträgen durch einen aus dem aktiven Erwerbsleben ausgeschiedenen Versicherungsvertreter kann sich in finanzieller, wirtschaftlicher und organisatorischer Hinsicht grundlegend von dem Gewerbebetrieb, den er als Versicherungsbezirksdirektor unterhalten hat, unterscheiden und steht in diesem Fall einer Betriebsveräußerung nicht entgegen (→ BFH vom 18. 12. 1996 – BStBl 1997 II S. 573).
- Eine Veräußerung i. S. d. § 16 EStG liegt auch dann vor, wenn der Übertragende als selbständiger Unternehmer nach der Veräußerung des (Teil-)Betriebs für den Erwerber tätig wird (→ BFH vom 17. 7. 2008 – X R 40/07).

Berechnung des Veräußerungsgewinns

Bei der Berechnung des Gewinns aus einer Betriebsveräußerung sind vom Erwerber übernommene betriebliche Verpflichtungen, die auf Grund von Rückstellungsverboten in der Steuerbilanz (z. B. für Jubiläumszuwendungen und für drohende Verluste aus schwebenden Geschäf-

---

1) Absatz 5 ist erstmals anzuwenden, wenn die ursprüngliche Übertragung der veräußerten Anteile nach dem 12. 12. 2006 erfolgt ist → § 52 Abs. 34 Satz 7 EStG.

ten) nicht passiviert worden sind, nicht gewinnerhöhend zum Veräußerungspreis hinzuzurechnen (→ BFH vom 17. 10. 2007 – BStBl 2008 II S. 555).

Betriebsfortführung

Werden nicht der Betriebsorganismus, sondern nur wichtige Betriebsmittel übertragen, während der Stpfl. das Unternehmen in derselben oder in einer veränderten Form fortführt, so liegt keine Betriebsveräußerung vor (→ BFH vom 3. 10. 1984 – BStBl 1985 II S. 131).

Anhang 8 **Betriebsübertragung gegen wiederkehrende Leistungen**

→ BMF vom 16. 9. 2004 (BStBl I S. 922).

Fehlende gewerbliche Tätigkeit

Eine Betriebsveräußerung kann auch dann vorliegen, wenn der Veräußerer mit den veräußerten wesentlichen Betriebsgrundlagen die eigentliche Geschäftstätigkeit noch nicht ausgeübt hat (→ BFH vom 7. 11. 1991 – BStBl 1992 II S. 380).

Gewerblich geprägte Personengesellschaft

Besteht die Tätigkeit einer gewerblich geprägten Personengesellschaft sowohl in der Nutzung von Grundbesitz als auch in der Nutzung von Kapitalvermögen, liegt eine nach §§ 16, 34 EStG begünstigte Betriebsveräußerung nur vor, wenn die wesentlichen Grundlagen beider Tätigkeitsbereiche veräußert werden (→ BFH vom 12. 12. 2000 – BStBl 2001 II S. 282).

Gewinnermittlung

Hält der Veräußerer Wirtschaftsgüter, die nicht zu den wesentlichen Betriebsgrundlagen gehören, zurück, um sie später bei sich bietender Gelegenheit zu veräußern, so ist eine Gewinnermittlung auf Grund Betriebsvermögensvergleichs hinsichtlich dieser Wirtschaftsgüter nach der Betriebsveräußerung nicht möglich (→ BFH vom 22. 2. 1978 – BStBl II S. 430).

Maßgeblicher Zeitpunkt

Für die Entscheidung, ob eine Betriebsveräußerung im Ganzen vorliegt, ist auf den Zeitpunkt abzustellen, in dem das wirtschaftliche Eigentum an den veräußerten Wirtschaftsgütern übertragen wird (→ BFH vom 3. 10. 1984 – BStBl 1985 II S. 245).

Personengesellschaft

- Bei einer Personengesellschaft ist es nicht erforderlich, dass die Gesellschafter gleichzeitig mit der Betriebsveräußerung die Auflösung beschließen (→ BFH vom 4. 2. 1982 – BStBl II S. 348).
- Die Veräußerung des gesamten Gewerbebetriebs durch eine Personengesellschaft an einen Gesellschafter ist abzugrenzen von der Veräußerung eines Mitunternehmeranteils. Dabei ist auf die vertraglichen Vereinbarungen abzustellen. Haben die Vertragsparteien den Vertrag tatsächlich wie eine Betriebsveräußerung an den Gesellschafter behandelt, eine Schlussbilanz eingereicht und den Veräußerungsgewinn den Gesellschaftern dem allgemeinen Gewinnverteilungsschlüssel entsprechend zugerechnet, liegt eine Betriebsveräußerung im Ganzen an den Gesellschafter vor (→ BFH vom 20. 2. 2003 – BStBl II S. 700).

Verdeckte Einlage

Zur verdeckten Einlage bei Verkauf eines Betriebes an eine Kapitalgesellschaft → BFH vom 24. 3. 1987 (BStBl II S. 705) und vom 1. 7. 1992 (BStBl 1993 II S. 131).

Ist mit der Veräußerung des Warenbestandes auch der originäre Firmenwert im Wege einer verdeckten Einlage auf die neu gegründete GmbH übergegangen, so dass der Firmenwert als Entnahme mit dem gemeinen Wert in den Gewinn aus der Veräußerung des Einzelunternehmens einzubeziehen ist? Oder handelt es sich wegen der 15-jährigen Verpachtung des Kundenstammes nur um eine Betriebsunterbrechung (Ruhender Gewerbebetrieb)?
→ Niedersächsisches FG vom 10. 5. 2006 (12 K 135/02) – Rev. – III R 40/07

Zurückbehaltene Wirtschaftsgüter

Die Annahme einer Betriebsveräußerung im Ganzen wird nicht dadurch ausgeschlossen, dass der Veräußerer Wirtschaftsgüter, die nicht zu den wesentlichen Betriebsgrundlagen gehören, zurückbehält (→ BFH vom 26. 5. 1993 – BStBl II S. 710). Das gilt auch, wenn einzelne, nicht zu den wesentlichen Betriebsgrundlagen gehörende Wirtschaftsgüter in zeitlichem Zusammenhang mit der Veräußerung in das Privatvermögen überführt oder anderen betriebsfremden Zwecken zugeführt werden (→ BFH vom 24. 3. 1987 – BStBl II S. 705 und vom 29. 10. 1987 – BStBl 1988 II S. 374).

Betriebsaufgabe im Ganzen **R 16 (2)**

(2) [1]Eine Betriebsaufgabe erfordert eine Willensentscheidung oder Handlung des Stpfl., die darauf gerichtet ist, den Betrieb als selbständigen Organismus nicht mehr in seiner bisherigen Form bestehen zu lassen. [2]Der Begriff der Betriebsaufgabe erfordert nicht, dass der bisherige Unternehmer künftig keine unternehmerische Tätigkeit mehr ausübt. [3]Eine Betriebsverlagerung ins Ausland gilt als Betriebsaufgabe, wenn dadurch das inländische Besteuerungsrecht ***ausgeschlossen oder beschränkt wird; § 4g EStG gilt entsprechend***. [4]Liegt eine Betriebsaufgabe deshalb vor, weil bei einer Betriebsaufspaltung die personelle Verflechtung durch Eintritt der Volljährigkeit bisher minderjähriger Kinder wegfällt, wird dem Stpfl. auf Antrag aus Billigkeitsgründen das Wahlrecht zur Fortsetzung der gewerblichen Tätigkeit im Rahmen einer Betriebsverpachtung (→ Absatz 5) auch dann eingeräumt, wenn nicht alle wesentlichen Betriebsgrundlagen an das Betriebsunternehmen verpachtet sind. [5]Wird danach die Betriebsverpachtung nicht als Betriebsaufgabe behandelt, können in diesen Fällen weiterhin die auf einen Betrieb bezogenen Steuervergünstigungen (z. B. Übertragung stiller Reserven nach den §§ 6b und 6c EStG, erhöhte Absetzungen und Sonderabschreibungen) gewährt werden. [6]Eine Betriebsaufgabe liegt auch vor, wenn die Voraussetzungen für eine gewerblich geprägte Personengesellschaft wegfallen. [7]Ist Gegenstand der Verpachtung ein Betrieb im Ganzen, gilt Absatz 5 entsprechend.[8]Im Rahmen einer Betriebsaufgabe kann auch das Buchwertprivileg nach § 6 Abs. 1 Nr. 4 ***Satz 5 und 6*** EStG in Anspruch genommen werden.

Hinweise

H 16 (2)

Allgemeines

Die Aufgabe eines Gewerbebetriebs im Ganzen ist anzunehmen, wenn alle wesentlichen Betriebsgrundlagen innerhalb kurzer Zeit (Zeitraum für die Betriebsaufgabe) und damit in einem einheitlichen Vorgang – nicht nach und nach – entweder in das Privatvermögen überführt oder an verschiedene Erwerber veräußert oder teilweise veräußert und teilweise in das Privatvermögen überführt werden und damit der Betrieb als selbständiger Organismus des Wirtschaftslebens zu bestehen aufhört (→ BFH vom 24. 6. 1976 – BStBl II S. 670, vom 29. 10. 1981 – BStBl 1982 II S. 381 und vom 18. 12. 1990 – BStBl 1991 II S. 512).

Eine Betriebsaufgabe liegt nicht vor,

- wenn die Wirtschaftsgüter nach und nach im Laufe mehrerer Wirtschaftsjahre an Dritte veräußert werden oder in das Privatvermögen überführt werden (→ BFH vom 10. 9. 1957 – BStBl III S. 414),
- ***wenn der Betriebsinhaber den Entschluss zur Betriebsaufgabe lediglich dokumentiert hat. Erforderlich ist darüber hinaus die Umsetzung dieses Entschlusses durch Veräußerung oder Entnahme von wesentlichen Betriebsgrundlagen (→ BFH vom 30. 8. 2007 – BStBl 2008 II S. 113).***

Die Einstellung der gewerblichen Tätigkeit eines Unternehmers ist nur dann als Betriebsaufgabe im Sinne von § 16 Abs. 3 EStG zu beurteilen, wenn sich entweder aus den äußerlich erkennbaren Umständen eindeutig ergibt, dass der Betrieb endgültig aufgegeben werden soll oder der Unternehmer eine eindeutige Erklärung dieses Inhalts gegenüber dem Finanzamt abgibt; Anschluss an BFH vom 28. 9. 1995 – BStBl 1996 II S. 276 (→ BFH vom 16. 12. 1997 – BStBl 1998 II S. 379).

→ Betriebsunterbrechung

→ Betriebsverlegung

→ Strukturwandel

Aufgabegewinn

- Als gemeiner Wert eines Grundstücks in einem Sanierungsgebiet ist der Wert anzusetzen, der nach § 153 Abs. 1 BauGB (früher § 23 Abs. 2 Städtebauförderungsgesetz) Werterhöhungen unberücksichtigt lässt, die lediglich durch die Aussicht auf Sanierung, durch ihre Vorbereitung oder ihre Durchführung eingetreten sind, ohne dass der Stpfl. diese Wertsteigerungen durch eigene Aufwendungen zulässigerweise bewirkt hat – sog. Eingangswert – (→ BFH vom 29. 8. 1996 – BStBl 1997 II S. 317).
- → H 16 (10) Nachträgliche Änderungen des Veräußerungspreises oder des gemeinen Werts
- Wird im Rahmen einer Betriebsaufgabe ein betrieblich genutzter Grundstücksteil in das Privatvermögen überführt, ist zur Ermittlung des Aufgabegewinns der gemeine Wert des gesamten Grundstücks regelmäßig nach dem Nutzflächenverhältnis und nicht nach dem Verhältnis von Ertragswerten aufzuteilen (→ BFH vom 15. 2. 2001 – BStBl 2003 II S. 635).

- Weder handels- noch steuerrechtlich besteht eine Verpflichtung, eine Aufgabebilanz zusätzlich zur letzten Schlussbilanz aufzustellen (→ BFH vom 3. 7. 1991 – BStBl II S. 802).
- ***Beendigung der Nutzungsberechtigung als Miteigentümer** → **H 4.2 (1) Nutzungsrechte/Nutzungsvorteile***

Beendigung einer Betriebsaufspaltung

- Entfallen die tatbestandlichen Voraussetzungen einer Betriebsaufspaltung z. B. durch Wegfall der personellen Verflechtung zwischen Besitzunternehmen und Betriebskapitalgesellschaft, ist dieser Vorgang in der Regel als Betriebsaufgabe des Besitzunternehmens zu beurteilen mit der Folge, dass die im Betriebsvermögen des früheren Besitzunternehmens enthaltenen stillen Reserven aufzulösen sind (→ BFH vom 13. 12. 1983 – BStBl 1984 II S. 474 und vom 15. 12. 1988 – BStBl 1989 II S. 363); aber → R 16 Abs. 2 Satz 4 ff.
- Die Beendigung einer Betriebsaufspaltung führt nicht zur Betriebsaufgabe bei der Besitzpersonengesellschaft, wenn auch die Voraussetzungen einer Betriebsverpachtung vorlagen (→ BMF vom 17. 10. 1994 – BStBl I S. 771 und BFH vom 23. 4. 1996 – BStBl 1998 II S. 325 und vom 17. 4. 2002 – BStBl II S. 527). Die für die Einstellung der werbenden Tätigkeit durch den Unternehmer geltenden Grundsätze (→ Betriebsunterbrechung) sind bei der Beendigung der Betriebsaufspaltung gleichermaßen zu beachten (→ BFH vom 14. 3. 2006 – BStBl II S. 591).
- Wird eine Betriebsaufspaltung dadurch beendet, dass die Betriebs-GmbH auf eine AG verschmolzen und das Besitzunternehmen in die AG eingebracht wird, kann dieser Vorgang gewinnneutral gestaltet werden, wenn das Besitzunternehmen nicht nur wegen der Betriebsaufspaltung gewerblich tätig war. Andernfalls führt die Verschmelzung zur Aufgabe des Gewerbebetriebs mit der Folge, dass dieser nicht mehr zu Buchwerten eingebracht werden kann (→ BFH vom 24. 10. 2000 – BStBl 2001 II S. 321).
- → H 15.7 (6) Insolvenz der Betriebsgesellschaft

Betriebsunterbrechung

- Stellt ein Unternehmer seine gewerbliche Tätigkeit ein, liegt darin nicht notwendigerweise eine Betriebsaufgabe. Die Einstellung kann auch nur als Betriebsunterbrechung zu beurteilen sein, die den Fortbestand des Betriebs unberührt lässt. Die Betriebsunterbrechung kann darin bestehen, dass der Betriebsinhaber die gewerbliche Tätigkeit ruhen lässt oder darin, dass er die wesentlichen Betriebsgrundlagen verpachtet. Gibt er keine Aufgabeerklärung ab, ist davon auszugehen, dass er beabsichtigt, den unterbrochenen Betrieb künftig wieder aufzunehmen, sofern die zurückbehaltenen Wirtschaftsgüter dies ermöglichen (→ BFH vom 22. 9. 2004 – BStBl 2005 II S. 160 und vom 14. 3. 2006 – BStBl II S. 591).
- Eine Betriebsunterbrechung im engeren Sinne und keine Aufgabe des Gewerbebetriebs kann bei dem vormaligen Besitzunternehmen auch dann vorliegen, wenn das Betriebsunternehmen die werbende Geschäftstätigkeit endgültig eingestellt hat (→ BFH vom 14. 3. 2006 – BStBl II S. 591).
- Betriebsaufgabeerklärung → H 16 (5)
- Eine Betriebsunterbrechung, die nicht als Betriebsaufgabe anzusehen ist und deshalb auch nicht zur Aufdeckung der stillen Reserven führt, liegt vor, wenn bei Einstellung der werbenden Tätigkeit die Absicht vorhanden und die Verwirklichung der Absicht nach den äußerlich erkennbaren Umständen wahrscheinlich ist, den Betrieb in gleichartiger oder ähnlicher Weise wieder aufzunehmen, so dass der stillgelegte und der eröffnete Betrieb als identisch anzusehen sind (→ BFH vom 17. 10. 1991 – BStBl 1992 II S. 392). Dies ist nicht der Fall, wenn nach Einstellung der werbenden Tätigkeit keine wesentlichen Betriebsgrundlagen mehr vorhanden sind, die einem später identitätswahrend fortgeführten Betrieb dienen könnten (→ BFH vom 26. 2. 1997 – BStBl II S. 561).
- Betreibt ein Unternehmen, das zuvor auf dem Gebiet des Bauwesens, des Grundstückshandels und der Grundstücksverwaltung tätig war, nur noch Grundstücksverwaltung, ist hierin regelmäßig eine bloße Betriebsunterbrechung zu sehen, solange gegenüber dem Finanzamt nicht die Betriebsaufgabe erklärt wird und die zurückbehaltenen Wirtschaftsgüter jederzeit die Wiederaufnahme des Betriebes erlauben (→ BFH vom 28. 9. 1995 – BStBl 1996 II S. 276).
- → Eröffnung eines neuen Betriebs

Betriebsverlegung

- Keine Betriebsaufgabe, sondern eine Betriebsverlegung liegt vor, wenn der alte und der neue Betrieb bei wirtschaftlicher Betrachtung und unter Berücksichtigung der Verkehrsauffassung wirtschaftlich identisch sind (→ BFH vom 24. 6. 1976 – BStBl II S. 670 und vom 28. 6. 2001 –

BStBl 2003 II S. 124), wovon regelmäßig auszugehen ist, wenn die wesentlichen Betriebsgrundlagen in den neuen Betrieb überführt werden (→ BFH vom 24. 6. 1976 – BStBl II S. 672).

- Überträgt ein Bezirkshändler, der Produkte eines Unternehmens über Beraterinnen im sog. Heimvorführungs-Vertriebssystem verkauft, die Rechte aus seinen Verträgen mit den Beraterinnen entgeltlich auf einen Dritten und erwirbt er gleichzeitig die Rechtspositionen aus den Verträgen eines anderen Bezirkshändlers mit dessen Beraterinnen, um in Fortführung seines bisherigen Bezirkshändlervertrages die Produkte des Unternehmens an einem anderen Ort zu vertreiben, liegt weder eine Betriebsveräußerung noch eine Betriebsaufgabe vor (→ BFH vom 9. 10. 1996 – BStBl 1997 II S. 236).

Buchwertprivileg

Das Buchwertprivileg nach § 6 Abs. 1 Nr. 4 Satz 5 und 6 EStG ist auch zulässig im Fall des Übergangs von Sonderbetriebsvermögen auf den Erben und Überführung ins Privatvermögen im Rahmen eines betriebsaufgabeähnlichen Vorgangs (→ BFH vom 5. 2. 2002 – BStBl 2003 II S. 237).

Eröffnung eines neuen Betriebs

Eine Betriebsaufgabe kann auch dann gegeben sein, wenn der Stpfl. einen neuen Betrieb – auch der gleichen Branche – beginnt, sofern der bisher geführte betriebliche Organismus aufhört zu bestehen und sich der neue Betrieb in finanzieller, wirtschaftlicher und organisatorischer Hinsicht von dem bisherigen Betrieb unterscheidet (→ BFH vom 18. 12. 1996 – BStBl 1997 II S. 573).

→ Betriebsunterbrechung

→ Betriebsverlegung

Gewerblicher Grundstückshandel

Die entgeltliche Bestellung von Erbbaurechten an (allen) zugehörigen Grundstücken führt nicht zur Aufgabe eines gewerblichen Grundstückshandels, sondern stellt lediglich einen Geschäftsvorfall des weiter bestehenden gewerblichen Grundstückshandels dar (→ BFH vom 22. 4. 1998 – BStBl II S. 665).

→ BMF vom 26. 3. 2004 (BStBl I S. 434) – Tz. 35 Anhang 11

Handelsvertreter

Eine Betriebsaufgabe liegt nicht vor, wenn ein Handelsvertreter seine bisherigen Vertretungen beendet, um anschließend eine andere Vertretung zu übernehmen; dies gilt auch für den Fall der erstmaligen Übernahme einer Generalvertretung (→ BFH vom 19. 4. 1966 – BStBl III S. 459).

Insolvenzverfahren

Der Gewerbebetrieb einer Personengesellschaft wird regelmäßig nicht schon mit der Eröffnung des Insolvenzverfahrens über das Gesellschaftsvermögen aufgegeben (→ BFH vom 19. 1. 1993 – BStBl II S. 594).

Körperschaft als Erbin

Erbt eine Körperschaft Betriebsvermögen einer natürlichen Person, ist grundsätzlich § 6 Abs. 3 EStG anwendbar. Dies gilt auch, wenn Erbin eine Körperschaft des öffentlichen Rechts ist, die den übergehenden Betrieb als steuerpflichtigen Betrieb gewerblicher Art i. S. d. § 1 Abs. 1 Nr. 6, § 4 Abs. 1 KStG fortführt (→ BFH vom 19. 2. 1998 – BStBl II S. 509). Für Betriebe der Land- und Forstwirtschaft aber → H 14.1 (Körperschaft des öffentlichen Rechts als Erbin).

Landwirtschaft

- Eine Betriebsaufgabe liegt regelmäßig nicht vor, wenn ein Landwirt seinen auf eigenen Flächen betriebenen Hof an seinen Sohn verpachtet und er diesem zugleich das lebende und tote Inventar schenkt (→ BFH vom 18. 4. 1991 – BStBl II S. 833).
- Die Begründung einer Betriebsaufspaltung durch Vermietung wesentlicher Betriebsgrundlagen an eine GmbH schließt die vorangehende steuerbegünstigte Aufgabe eines land- und forstwirtschaftlichen Betriebs, zu dessen Betriebsvermögen die zur Nutzung überlassenen Wirtschaftsgüter gehörten, nicht aus, wenn der Stpfl. zuvor seine landwirtschaftliche Betätigung beendet hat (→ BFH vom 30. 3. 2006 – BStBl II S. 652).

Liebhaberei

Der Übergang von einem Gewerbebetrieb zu einem einkommensteuerlich unbeachtlichen Liebhabereibetrieb stellt grundsätzlich keine Betriebsaufgabe dar, es sei denn, der Stpfl. erklärt selbst die Betriebsaufgabe (→ BFH vom 29. 10. 1981 – BStBl 1982 II S. 381). Auf den Zeitpunkt des Übergangs zur Liebhaberei ist für jedes Wirtschaftsgut des Anlagevermögens der Unterschiedsbetrag zwischen dem gemeinen Wert und dem Wert, der nach § 4 Abs. 1 oder nach § 5 EStG anzusetzen wäre, gesondert und bei mehreren Beteiligten einheitlich festzustellen (→ § 8 der Verordnung zu § 180 Abs. 2 AO vom 19. 12. 1986 – BStBl 1987 I S. 2, zuletzt geändert durch Gesetz vom 16. 5. 2003 – BStBl I S. 318).

Realteilung

Anhang 15.III → BMF vom 28. 2. 2006 (BStBl I S. 228)

Strukturwandel

Eine Betriebsaufgabe liegt nicht vor, wenn der Betrieb als selbständiger Organismus in dem der inländischen Besteuerung unterliegenden Gebiet weitergeführt wird und die Einkünfte des Stpfl. aus dem Betrieb lediglich in Folge Strukturwandels rechtlich anders eingeordnet werden, weil z. B. ein bisher als gewerblich behandelter Betrieb infolge Einschränkung des Zukaufs oder Erweiterung des Eigenanbaues zu einem land- und forstwirtschaftlichen Betrieb wird (→ BFH vom 10. 2. 1972 – BStBl II S. 455 und vom 26. 4. 1979 – BStBl II S. 732).

Zeitlich gestreckte Betriebsaufgabe

- Bei einer Betriebsaufgabe ist der Wert des Betriebsvermögens wie bei der Betriebsveräußerung durch eine Bilanz zu ermitteln. Diese Bilanz (zu Buchwerten) ist auch bei einer zeitlich gestreckten Betriebsaufgabe einheitlich und umfassend auf einen bestimmten Zeitpunkt zu erstellen. Das ist zweckmäßigerweise der Zeitpunkt der Beendigung der betrieblichen Tätigkeit, zu dem die Schlussbilanz zur Ermittlung des laufenden Gewinns aufzustellen ist. Unabhängig davon bestimmt sich der Zeitpunkt der Gewinnverwirklichung für die einzelnen Aufgabevorgänge (Veräußerung oder Überführung ins Privatvermögen) nach allgemeinen Gewinnrealisierungsgrundsätzen (→ BFH vom 19. 5. 2005 – BStBl II S. 637).
- Anhang 10.XII BMF vom 20. 12. 2005 (BStBl 2006 I S. 7)

Zeitraum für die Betriebsaufgabe

Der Begriff „kurzer Zeitraum" (→ Allgemeines) darf nicht zu eng aufgefasst werden; maßgebender Gesichtspunkt ist, ob man die Aufgabehandlungen wirtschaftlich noch als einen einheitlichen Vorgang werten kann (→ BFH vom 16. 9. 1966 – BStBl 1967 III S. 70 und vom 8. 9. 1976 – BStBl 1977 II S. 66). Bei einem Zeitraum von mehr als 36 Monaten kann nicht mehr von einem wirtschaftlich einheitlichen Vorgang ausgegangen werden (→ BFH vom 26. 4. 2001 – BStBl II S. 798). Die Betriebsaufgabe beginnt mit vom Aufgabeentschluss getragenen Handlungen, die objektiv auf die Auflösung des Betriebs als selbständiger Organismus des Wirtschaftslebens gerichtet sind (→ BFH vom 5. 7. 1984 – BStBl II S. 711). Der Zeitraum für die Betriebsaufgabe endet mit der Veräußerung der letzten wesentlichen Betriebsgrundlage bzw. mit deren Überführung in das Privatvermögen. Es ist nicht auf den Zeitpunkt abzustellen, in dem die stillen Reserven des Betriebs im Wesentlichen oder nahezu vollständig aufgedeckt worden sind (→ BFH vom 26. 5. 1993 – BStBl II S. 710). Der Abwicklungszeitraum kann nicht dadurch abgekürzt werden, dass Wirtschaftsgüter, die bei Aufgabe des Betriebs nicht veräußert worden sind, formell in das Privatvermögen überführt werden, um sie anschließend privat zu veräußern. In solchen Fällen setzt der Stpfl. in der Regel seine unternehmerische Tätigkeit fort (→ BFH vom 12. 12. 2000 – BStBl 2001 II S. 282).

Zwangsweise Betriebsaufgabe

Der Annahme einer Betriebsaufgabe steht nicht entgegen, dass der Stpfl. zur Einstellung des Gewerbebetriebs gezwungen wird; auch Ereignisse, die von außen auf den Betrieb einwirken, können zu einer Betriebsaufgabe führen (→ BFH vom 3. 7. 1991 – BStBl II S. 802).

R 16 (3) **Teilbetriebsveräußerung und Teilbetriebsaufgabe**

(3) [1]Ein Teilbetrieb ist ein mit einer gewissen Selbständigkeit ausgestatteter, organisch geschlossener Teil des Gesamtbetriebs, der für sich betrachtet alle Merkmale eines Betriebs i. S. d. EStG aufweist und für sich lebensfähig ist.[1)] [2]Eine völlig selbständige Organisation mit eigener Buchführung ist nicht erforderlich. [3]Für die Annahme einer Teilbetriebsveräußerung genügt nicht die Möglichkeit einer technischen Aufteilung des Betriebs. [4]Notwendig ist die Eigenständigkeit des Teiles. [5]Ein Stpfl. kann deshalb bestimmte abgegrenzte Tätigkeitsgebiete nicht durch eine

1) Anm.: → BFH vom 1. 2. 1989 (BStBl II S. 458).

organisatorische Verselbständigung und durch gesonderten Vermögens- und Ergebnisausweis zu einem Teilbetrieb machen. [6]Die Veräußerung der Beteiligung an einer Kapitalgesellschaft, die das gesamte Nennkapital der Gesellschaft umfasst, gilt als Veräußerung eines Teilbetriebes (§ 16 Abs. 1 Satz 1 Nr. 1 Satz 2 EStG), wenn die gesamte Beteiligung an der Kapitalgesellschaft zum Betriebsvermögen eines einzelnen Stpfl. oder einer Personengesellschaft gehört und die gesamte Beteiligung im Laufe eines Wirtschaftsjahres veräußert wird. [7]§ 16 Abs. 1 Satz 1 Nr. 1 Satz 2 EStG ist auf den Gewinn aus der Veräußerung einer Beteiligung, die das gesamte Nennkapital einer Kapitalgesellschaft umfasst, auch dann anwendbar, wenn die Beteiligung im Eigentum eines oder mehrerer Mitunternehmer derselben Personengesellschaft stand und steuerlich zum Betriebsvermögen der Personengesellschaft gehörte, [8]§ 16 Abs. 1 Satz 1 Nr. 1 Satz 2 EStG ist nicht anwendbar, wenn die Beteiligung an der Kapitalgesellschaft teilweise auch zum Privatvermögen des Stpfl. gehört.

Hinweise

H 16 (3)

Auflösung stiller Reserven

Werden bei der Einstellung eines Teilbetriebs Wirtschaftsgüter von nicht untergeordneter Bedeutung, in denen erhebliche stille Reserven enthalten sind, als Betriebsvermögen in einen anderen Teilbetrieb desselben Stpfl. übernommen und dürfen deshalb die stillen Reserven nicht aufgelöst werden, so liegt keine Betriebsaufgabe i. S. d. § 16 Abs. 3 EStG vor (→ BFH vom 28. 10. 1964 – BStBl 1965 III S. 88 und vom 30. 10. 1974 – BStBl 1975 II S. 232). Eine Teilbetriebsveräußerung oder -aufgabe liegt ebenfalls nicht vor, wenn bei der Einstellung der Produktion eines Zweigwerks nicht alle wesentlichen stillen Reserven – vor allem die in den Grundstücken enthaltenen – aufgelöst werden (→ BFH vom 26. 9. 1968 – BStBl 1969 II S. 69). Die Zurückbehaltung eines Wirtschaftsgutes steht einer steuerbegünstigten Teilbetriebsveräußerung in der Regel schon dann entgegen, wenn in dem zurückbehaltenen Wirtschaftsgut erhebliche stille Reserven vorhanden sind (→ BFH vom 26. 4. 1979 – BStBl II S. 557). Dies gilt auch dann, wenn das zurückbehaltene Wirtschaftsgut überwiegend von einem noch verbleibenden Restbetrieb genutzt wird (→ BFH vom 13. 2. 1996 – BStBl II S. 409). Eine Teilbetriebsveräußerung oder -aufgabe liegt ferner nicht vor, wenn wesentliche Betriebsgrundlagen, auch wenn sie keine erheblichen stillen Reserven enthalten, in den Hauptbetrieb verbracht werden (→ BFH vom 19. 1. 1983 – BStBl II S. 312).

Beendigung der betrieblichen Tätigkeit

Eine Teilbetriebsveräußerung erfordert nicht, dass der Veräußerer seine gewerblichen Tätigkeiten in vollem Umfang beendet. Es ist ausreichend, wenn er die gewerbliche Tätigkeit aufgibt, die sich auf die veräußerten wesentlichen Betriebsgrundlagen bezieht (→ BFH vom 9. 8. 1989 – BStBl II S. 973). Das Auswechseln der Produktionsmittel unter Fortführung des Tätigkeitsgebiets stellt jedoch keine Teilbetriebsveräußerung dar (→ BFH vom 3. 10. 1984 – BStBl 1985 II S. 245).

Betriebsaufspaltung

Erwirbt die Besitzpersonengesellschaft einen Teil des Betriebs von der Betriebsgesellschaft zurück, um ihn selbst fortzuführen, kann die Grundstücksverwaltung ein Teilbetrieb der bisherigen Besitzgesellschaft sein. Ein von dem zurück erworbenen operativen Betrieb genutztes Grundstück der Besitzgesellschaft wird dann mit dem Rückerwerb wesentliche Betriebsgrundlage dieses Teilbetriebs (→ BFH vom 20. 1. 2005 – BStBl II S. 395). Die Anteile an einer Betriebskapitalgesellschaft sind wesentliche Betriebsgrundlagen des Besitzunternehmens (→ BFH vom 4. 7. 2007 – BStBl II S. 772).

Brauerei

Bei einer Brauerei ist eine von ihr betriebene Gastwirtschaft ein selbständiger Teilbetrieb (→ BFH vom 3. 8. 1966 – BStBl 1967 III S. 47).

Entnahme einer Beteiligung

Die Entnahme einer Beteiligung an einer Kapitalgesellschaft, die das gesamte Nennkapital umfasst, ist als Aufgabe eines Teilbetriebs (Teilbetriebsaufgabe) anzusehen; das gilt auch für die Entnahme aus dem Gesellschaftsvermögen einer Personenhandelsgesellschaft (→ BFH vom 24. 6. 1982 – BStBl II S. 751).

Fahrschule

Bei der Veräußerung einer Niederlassung einer Fahrschule kann es sich um die Veräußerung eines Teilbetriebs handeln (→ BFH vom 24. 8. 1989 – BStBl 1990 II S. 55). Wird ein Betriebsteil einer Fahrschule veräußert, kann dessen Eigenständigkeit nicht allein aus dem Grund verneint werden, dass dem Betriebsteil im Zeitpunkt der Veräußerung nicht mindestens ein Schulungsfahrzeug zugeordnet ist (→ BFH vom 5. 6. 2003 – BStBl II S. 838).

Fertigungsbetrieb

Bei einem Fertigungsbetrieb mit mehreren Produktionszweigen liegen in der Regel keine selbständigen Teilbetriebe vor, wenn für die einzelnen Produktionen wesentliche Maschinen nur für alle Produktionsabteilungen zur Verfügung stehen (→ BFH vom 8. 9. 1971 – BStBl 1972 II S. 118).

Filialen und Zweigniederlassungen

Teilbetriebe können insbesondere Filialen und Zweigniederlassungen sein. Werden Zweigniederlassungen oder Filialen eines Unternehmens veräußert, so ist die Annahme einer Teilbetriebsveräußerung nicht deshalb ausgeschlossen, weil das Unternehmen im Übrigen andernorts weiterhin eine gleichartige gewerbliche Tätigkeit ausübt; erforderlich für die Annahme einer Teilbetriebsveräußerung ist aber, dass das Unternehmen mit der Veräußerung des entsprechenden Betriebsteils einen eigenständigen Kundenkreis aufgibt (→ BFH vom 24. 8. 1989 – BStBl 1990 II S. 55). Eine Einzelhandelsfiliale ist nur dann Teilbetrieb, wenn dem dort beschäftigten leitenden Personal eine Mitwirkung beim Wareneinkauf und bei der Preisgestaltung dieser Filiale eingeräumt ist (→ BFH vom 12. 9. 1979 – BStBl 1980 II S. 51).

Gaststätten

Räumlich getrennte Gaststätten sind in der Regel Teilbetriebe (→ BFH vom 18. 6. 1998 – BStBl II S. 735).

→ Brauerei

Güternah- und Güterfernverkehr

Betreibt ein Stpfl. im Rahmen seines Unternehmens den Güternah- und den Güterfernverkehr oder z. B. ein Reisebüro und die Personenbeförderung mit Omnibussen, so liegen zwei Teilbetriebe nur dann vor, wenn beide Tätigkeitsarten nicht nur als Geschäftszweige des einheitlichen Unternehmens betrieben werden, sondern auch innerhalb dieses einheitlichen Unternehmens mit einer gewissen Selbständigkeit ausgestattet sind (→ BFH vom 20. 2. 1974 – BStBl II S. 357 und vom 27. 6. 1978 – BStBl II S. 672).

Grundstücksverwaltung

Eine Grundstücksverwaltung bildet im Rahmen eines Gewerbebetriebs nur dann einen Teilbetrieb, wenn sie als solche ausnahmsweise auch außerhalb des Gewerbebetriebes gewerblichen Charakter hätte (→ BFH vom 24. 4. 1969 – BStBl II S. 397).

Handelsvertreter

Ein Teilbetrieb kann auch dann vorliegen, wenn der Unternehmensbereich statt von einem Angestellten von einem selbständigen Handelsvertreter geleitet wird (→ BFH vom 2. 8. 1978 – BStBl 1979 II S. 15).

Legal Unbundling

→ H 6.15

Maßgeblicher Zeitpunkt

Ob eine Summe von Wirtschaftsgütern einen Teilbetrieb darstellt, ist nach den tatsächlichen Verhältnissen im Zeitpunkt der Veräußerung zu entscheiden. Dies gilt auch dann, wenn die Wirtschaftsgüter die Eigenschaft als Teile eines Teilbetriebs erst durch die Zerstörung einer wesentlichen Betriebsgrundlage verloren haben (→ BFH vom 16. 7. 1970 – BStBl II S. 738).

Reparaturwerkstätte

War ein Grundstück von vornherein in das Betriebsvermögen eines neu errichteten Vermietungsbetriebs aufgenommen worden, war es zu keinem Zeitpunkt Betriebsvermögen des bisher betriebenen Einzelunternehmens, so dass einer begünstigten Betriebsveräußerung nicht die Zurückbehaltung wesentlicher Betriebsgrundlagen entgegenstehen kann (→ BFH vom 6. 3. 2003 – BFH/NV 2003 S. 1545).

Schiffe

Die Veräußerung eines Schiffes stellt lediglich dann eine Teilbetriebsveräußerung dar, wenn das Schiff die wesentliche Grundlage eines selbständigen Zweigunternehmens bildet und das Zweigunternehmen dabei im Ganzen veräußert wird (→ BFH vom 13. 1. 1966 – BStBl III S. 168).

Sonderbetriebsvermögen

Ein Grundstück, das dem Betrieb einer Personengesellschaft dient, ist nicht schon deshalb ein Teilbetrieb, weil es im Sondereigentum eines Gesellschafters steht (→ BFH vom 12. 4. 1967 – BStBl III S. 419 und vom 5. 4. 1979 – BStBl II S. 554).

Spediteur

Verkauft ein Spediteur, der auch mit eigenen Fernlastzügen das Frachtgeschäft betreibt, seine Fernlastzüge an verschiedene Erwerber und betreut er in der Folgezeit seine bisherigen Kunden über die Spedition unter Einschaltung fremder Frachtführer weiter, so liegt weder eine Teilbetriebsveräußerung noch eine Teilbetriebsaufgabe vor (→ BFH vom 22. 11. 1988 – BStBl 1989 II S. 357).

Spielhalle

Eine Spielhalle, die neben der Aufstellung und Betreuung von Spielautomaten in Gaststätten betrieben wird, kann ein selbständiger Teilbetrieb sein (→ BFH vom 10. 10. 2001 – BFH/NV 2002 S. 336).

Tankstellen

Die einzelnen Tankstellen eines Kraftstoff-Großhandelsunternehmens bilden nicht schon deshalb Teilbetriebe, weil sie von Pächtern betrieben werden (→ BFH vom 13. 2. 1980 – BStBl II S. 498).

Teilbetriebe im Aufbau

Die §§ 16 und 34 EStG sind auch auf im Aufbau befindliche Teilbetriebe anzuwenden, die ihre werbende Tätigkeit noch nicht aufgenommen haben. Ein im Aufbau befindlicher Teilbetrieb liegt erst dann vor, wenn die wesentlichen Betriebsgrundlagen bereits vorhanden sind und bei zielgerechter Weiterverfolgung des Aufbauplans ein selbständig lebensfähiger Organismus zu erwarten ist (→ BFH vom 1. 2. 1989 – BStBl II S. 458).

Teilbetriebsaufgabe

- Die Grundsätze über die Veräußerung eines Teilbetriebs gelten für die Aufgabe eines Teilbetriebs entsprechend (→ BFH vom 15. 7. 1986 – BStBl II S. 896). Die Aufgabe eines Teilbetriebs setzt voraus, dass die Abwicklung ein wirtschaftlich einheitlicher Vorgang ist (→ BFH vom 16. 9. 1966 – BStBl 1967 III S. 70 und vom 8. 9. 1976 – BStBl 1977 II S. 66). Eine Teilbetriebsaufgabe ist nicht anzunehmen, wenn ein bisher als gewerblicher Teilbetrieb geführter land- und forstwirtschaftlicher Besitz aus dem gewerblichen Betriebsvermögen ausgegliedert und als selbständiger Betrieb der Land- und Forstwirtschaft geführt wird, sofern die einkommensteuerliche Erfassung der stillen Reserven gewährleistet ist (→ BFH vom 9. 12. 1986 – BStBl 1987 II S. 342).
- Die Veräußerung aller Grundstücke des im Rahmen einer Betriebsaufspaltung bestehenden grundstücksverwaltenden Teilbetriebs an verschiedene Erwerber stellt eine Aufgabe dieses Teilbetriebs dar. Der dabei erzielte Gewinn ist jedenfalls dann tarifbegünstigt, wenn zeitgleich auch das zuvor in den operativ tätigen Teilbetrieb übergegangene und zu diesem gehörende Grundstück veräußert wird (→ BFH vom 20. 1. 2005 – BStBl II S. 395).

→ Auflösung stiller Reserven

Teilbetriebsveräußerung

Die Anteile an einer Betriebskapitalgesellschaft sind wesentliche Betriebsgrundlagen des Besitzunternehmens. Diese können nicht (quotal) den jeweiligen Teilbetrieben, sondern nur dem Besitzunternehmen insgesamt zugeordnet werden. Werden die Anteile an der Betriebskapitalgesellschaft nicht mitveräußert, kann daher von einer privilegierten Teilbetriebsveräußerung nicht ausgegangen werden (→ BFH vom 4. 7. 2007 – BStBl II S. 772).

Vermietung von Ferienwohnungen

Ein Stpfl., der ein Hotel betreibt und außerdem in einem Appartementhaus Ferienwohnungen vermietet, kann mit der Vermietungstätigkeit die Voraussetzungen eines Teilbetriebs erfüllen (→ BFH vom 23. 11. 1988 – BStBl 1989 II S. 376).

Wohnungsbauunternehmen

Bei einem Wohnungsbauunternehmen, dem Wohnungen in mehreren Städten gehören, und das hiervon seinen in einer Stadt belegenen Grundbesitz veräußert, liegt auch dann nicht die Veräußerung eines Teilbetriebs vor, wenn für den veräußerten Grundbesitz ein hauptamtlicher Verwalter bestellt ist (→ BFH vom 27. 3. 1969 – BStBl II S. 464).

Zurückbehaltene Wirtschaftsgüter

→ Auflösung stiller Reserven

R 16 (4) **Veräußerung und Aufgabe eines Mitunternehmeranteils**

(4) – unbesetzt –

H 16 (4)

Hinweise

Abfindung unter Buchwert

Bleibt beim Ausscheiden eines Gesellschafters die Abfindung hinter dem Buchwert seines Mitunternehmeranteils zurück, wird ein Gewinn von den verbleibenden Gesellschaftern jedenfalls dann nicht erzielt, wenn das Geschäft in vollem Umfang entgeltlich erfolgt ist (→ BFH vom 12. 12. 1996 – BStBl 1998 II S. 180).

Aufnahme eines Gesellschafters in ein Einzelunternehmen

→ BMF vom 21. 8. 2001 (BStBl I S. 543), Tz. 24.01.

Auseinandersetzung einer Zugewinngemeinschaft

Die Grundsätze über die Erbauseinandersetzung eines sog. Mischnachlasses (gewinnneutrale Realteilung) sind nicht auf die Aufteilung gemeinschaftlichen Vermögens bei Beendigung einer ehelichen Zugewinngemeinschaft anzuwenden (→ BFH vom 21. 3. 2002 – BStBl II S. 519).

Betriebsveräußerung an einen Gesellschafter

→ H 16 (1) Personengesellschaft

Buchwertübertragung von wesentlichen Betriebsgrundlagen

Der Gewinn aus der Veräußerung eines Mitunternehmeranteils ist nicht nach §§ 16, 34 EStG begünstigt, wenn auf Grund einheitlicher Planung und in engem zeitlichen Zusammenhang mit der Anteilsveräußerung wesentliche Betriebsgrundlagen der Personengesellschaft ohne Aufdeckung sämtlicher stillen Reserven aus dem Betriebsvermögen der Gesellschaft ausgeschieden sind (→ BFH vom 6. 9. 2000 – BStBl 2001 II S. 229).

Erbauseinandersetzung

Anhang 8 → BMF vom 14. 3. 2006 (BStBl I S. 253)

Ermittlung des Veräußerungsgewinns

- Scheidet ein Gesellschafter durch Veräußerung seiner (gesamten) Beteiligung aus einer Personenhandelsgesellschaft aus, ist der Veräußerungsgewinn oder -verlust der Unterschied zwischen dem Veräußerungspreis und dem Buchwert seiner Beteiligung (→ BFH vom 27. 5. 1981 – BStBl 1982 II S. 211),
- Wird der Teil eines Mitunternehmeranteils veräußert, den der Veräußerer nach und nach zu unterschiedlichen Anschaffungskosten erworben hat, ist der Buchwert des veräußerten Teils des Mitunternehmeranteils im Wege einer Durchschnittsbewertung zu ermitteln (→ BFH vom 13. 2. 1997 – BStBl II S. 535).

Gesellschafterforderungen

Bleibt eine Forderung des Gesellschafters gegenüber der Gesellschaft nach seinem Ausscheiden bestehen, ist der gemeine Wert dieser Forderung bei der Ermittlung des Veräußerungsgewinns wie ein Veräußerungserlös zu behandeln. Verzichtet der Gesellschafter beim Ausscheiden auf die Forderung, ergibt sich keine Gewinnauswirkung (→ BFH vom 12. 12. 1996 – BStBl 1998 II S. 180).

Gesellschaftsrechtliche Befugnisse

Der Verzicht auf die Ausübung gesellschaftsrechtlicher Befugnisse ist keine Veräußerung eines Mitunternehmeranteils (→ BFH vom 6. 11. 1991 – BStBl 1992 II S. 335).

Nachträgliche Erhöhung des Kapitalkontos eines ausgeschiedenen Kommanditisten

→ H 15.8 (3)

Negatives Kapitalkonto

Beim Ausscheiden eines Mitunternehmers unter Übernahme eines negativen Kapitalkontos ohne Abfindungszahlung kann eine entgeltliche oder unentgeltliche Übertragung eines Mitunternehmeranteils vorliegen. Ein Erwerbsverlust entsteht beim übernehmenden Mitunternehmer jedoch nicht (→ BFH vom 10. 3. 1998 – BStBl 1999 II S. 269).

Realteilung

→ BMF vom 28. 2. 2006 (BStBl I S. 228) Anhang 15.III

Sonderbetriebsvermögen

- Die §§ 16, 34 EStG finden bei der Veräußerung oder Aufgabe eines Mitunternehmeranteiles keine Anwendung, wenn gleichzeitig wesentliche Betriebsgrundlagen des Sonderbetriebsvermögens zum Buchwert in ein anderes Betriebs- oder Sonderbetriebsvermögen des Mitunternehmers überführt (→ BFH vom 19. 3. 1991 – BStBl II S. 635 und vom 2. 10. 1997 – BStBl 1998 II S. 104) oder unentgeltlich auf den Erwerber des Mitunternehmeranteils übertragen werden (→ BFH vom 6. 12. 2000 – BStBl 2003 II S. 194).
- Eine nach §§ 16, 34 EStG begünstigte Aufgabe des gesamten Mitunternehmeranteils liegt auch vor, wenn anlässlich der unentgeltlichen Übertragung eines Mitunternehmeranteils ein Wirtschaftsgut des Sonderbetriebsvermögens, das zu den wesentlichen Betriebsgrundlagen gehört, zurückbehalten und in das Privatvermögen überführt wird; zum Mitunternehmeranteil zählt neben dem Anteil am Vermögen der Gesellschaft auch etwaiges Sonderbetriebsvermögen (→ BFH vom 31. 8. 1995 – BStBl II S. 890 und vom 24. 8. 2000 – BStBl 2005 II S. 173 sowie BMF vom 3. 3. 2005 – BStBl I S. 458).
- → R 4.2 Abs. 2

Tausch von Mitunternehmeranteilen

Der Tausch von Mitunternehmeranteilen führt grundsätzlich zur Gewinnrealisierung (→ BFH vom 8. 7. 1992 – BStBl II S. 946).

Tod eines Gesellschafters

Die entgeltliche Übernahme aller Wirtschaftsgüter einer Personengesellschaft durch die verbleibenden Gesellschafter bei Ableben eines Gesellschafters führt zur Veräußerung eines Mitunternehmeranteils. Ein nach R 4.5 Abs. 7 zu ermittelnder Übergangsgewinn ist anteilig dem verstorbenen Gesellschafter zuzurechnen, auch wenn er im Wesentlichen auf der Zurechnung auf die anderen Gesellschafter übergehender Honorarforderungen beruht (→ BFH vom 13. 11. 1997 – BStBl 1998 II S. 290).

Unentgeltliche Übertragung an Dritte

Die unentgeltliche Übertragung eines Mitunternehmeranteils auf einen fremden Dritten führt zu einem Veräußerungsverlust in Höhe des Buchwerts des Kapitalkontos, sofern der Übertragende nicht die Absicht hatte, den Empfänger unentgeltlich zu bereichern (→ BFH vom 26. 6. 2002 – BStBl 2003 II S. 112).

R 16 (5) **Betriebsverpachtung im Ganzen**

(5) [1]Hat der Stpfl. die wesentlichen Betriebsgrundlagen im Ganzen verpachtet und besteht für ihn oder seinen Rechtsnachfolger objektiv die Möglichkeit, den Betrieb später fortzuführen, kann er gleichwohl die Betriebsaufgabe erklären (→ Verpächterwahlrecht). [2]Da es sich bei der Einstellung der werbenden Tätigkeit nach § 16 Abs. 3 EStG grundsätzlich um eine Betriebsaufgabe handelt, sind die Voraussetzungen für die Ausübung des Wahlrechtes eng auszulegen. [3]Die Voraussetzungen für eine Betriebsverpachtung im Ganzen müssen nicht nur zu Beginn der Verpachtung, sondern während der gesamten Dauer des Pachtverhältnisses vorliegen. [4]Der Verpachtung eines Betriebs im Ganzen steht die Verpachtung eines Teilbetriebs gleich. [5]Für die gegenüber dem Finanzamt abzugebende Erklärung zur Aufgabe des Betriebs zu Beginn oder während der Verpachtung ist keine bestimmte Form vorgeschrieben. [6]Die Aufgabe des Betriebs ist für den vom Stpfl. gewählten Zeitpunkt anzuerkennen, wenn die Aufgabeerklärung spätestens drei Monate nach diesem Zeitpunkt abgegeben wird (→ Drei-Monats-Frist). [7]Dies gilt auch, wenn der vom Stpfl. gewählte und innerhalb der Drei-Monats-Frist dem Finanzamt mitgeteilte Aufgabezeitpunkt in einem zurückliegenden Kalenderjahr liegt, für das hinsichtlich der Besteuerung des Aufgabegewinns eine gegenüber dem Kalenderjahr des Zugangs der Betriebsaufgabeerklärung abweichende gesetzliche Regelung zur Anwendung kommt. [8]Nach Übergang eines im Ganzen verpachteten, noch nicht aufgegebenen Betriebs durch Erbfall kann der Erbe selbst innerhalb der Drei-Monats-Frist als Aufgabezeitpunkt frühestens den Zeitpunkt des Betriebsübergangs bestimmen. [9]Gibt ein Stpfl., der seinen Gewerbebetrieb im Ganzen verpachtet hat, keine eindeutige Aufgabeerklärung ab, führt er die Einkünfte aus der Verpachtung in seiner Einkommensteuererklärung jedoch unter den Einkünften aus Vermietung und Verpachtung auf, gilt dies grundsätzlich nicht als Aufgabeerklärung. [10]Das Finanzamt soll jedoch in einem solchen Fall durch Rückfrage bei dem Stpfl. klären, ob er den Betrieb als aufgegeben oder auch während der Verpachtung als fortbestehend ansehen will. [11]Gibt der Stpfl. innerhalb der ihm gesetzten Frist keine eindeutige Aufgabeerklärung ab, ist von einer Fortführung des bisherigen Betriebs auszugehen mit der Folge, dass die Einkünfte als Gewinn aus Gewerbebetrieb zu erfassen sind. [12]Teilt der Stpfl. mit, dass er den Betrieb als aufgegeben ansieht, ist die Abgabe der Einkommensteuererklärung, in der die Einkünfte aus der Verpachtung als Einkünfte aus Vermietung und Verpachtung aufgeführt sind, als Aufgabeerklärung anzusehen. [13]Die Aufgabe des Betriebs ist für den vom Stpfl. gewählten Zeitpunkt anzuerkennen, wenn die Aufgabeerklärung spätestens drei Monate nach diesem Zeitpunkt abgegeben wird; wird die Aufgabeerklärung erst nach Ablauf dieser Frist abgegeben, gilt der Betrieb erst im Zeitpunkt des Eingangs dieser Erklärung beim Finanzamt als aufgegeben. [14]Da die Steuererklärung durchweg nicht innerhalb von drei Monaten nach dem Zeitpunkt beim Finanzamt eingeht, von dem an die Einkünfte aus der Verpachtung als Einkünfte aus Vermietung und Verpachtung erklärt werden, gilt der Betrieb in der Regel im Zeitpunkt des Eingangs der Steuererklärung beim Finanzamt als aufgegeben.

H 16 (5)

Hinweise

Abgrenzung Betriebsverpachtung/Betriebsaufgabe

- Das dem Verpächter gewährte Wahlrecht, ob er ohne Realisierung der stillen Reserven weiter Unternehmer bleiben oder ob er die stillen Reserven realisieren und in Zukunft privater Verpächter sein will, besteht nur dann, wenn eine Betriebsverpachtung und nicht eine Vermietung einzelner Wirtschaftsgüter des Betriebsvermögens vorliegt. Eine Betriebsverpachtung erfordert die Überlassung der wesentlichen Betriebsgrundlagen, so dass bei wirtschaftlicher Betrachtung das bisherige Unternehmen in seinen wesentlichen Grundlagen übergeben wird und deshalb der Verpächter oder sein Rechtsnachfolger bei Beendigung des Vertrags den Betrieb ohne wesentliche Änderung wieder aufnehmen und fortsetzen könnte (→ BFH vom 14. 12. 1993 – BStBl 1994 II S. 922, vom 17. 4. 1997 – BStBl 1998 II S. 388, vom 28. 8. 2003 – BStBl 2004 II S. 10 ***und vom 11. 10. 2007 – BStBl 2008 II S. 220***).
- Der Abschluss eines Pachtvertrags und die mangelnde Erklärung des Stpfl. den Betrieb aufzugeben, verhindern nicht die Betriebsaufgabe, wenn der Betrieb nach den tatsächlichen Umständen eindeutig endgültig aufgegeben wird. Dies gilt auch, wenn der Stpfl. von einer Betriebsfortführung ausgeht und Einkünfte aus Gewerbebetrieb erklärt (→ BFH vom 3. 6. 1997 – BStBl 1998 II S. 373 und vom 16. 12. 1997 – BStBl 1998 II S. 379).
- → Eigenbewirtschaftung

Betriebsaufgabeerklärung

Erklärt der Unternehmer ausdrücklich, den Betrieb endgültig eingestellt zu haben, kann er sich später nicht darauf berufen, diese rechtsgestaltende Erklärung sei wirkungslos, weil ihm nicht bewusst gewesen sei, dass mit der Betriebsaufgabe auch die stillen Reserven des verpachteten Betriebsgrundstücks aufzudecken seien (→ BFH vom 22. 9. 2004 – BStBl 2005 II S. 160).

Betriebsgrundstück als alleinige wesentliche Betriebsgrundlage

Wird nur das Betriebsgrundstück, ggf. i. V. m. Betriebsvorrichtungen verpachtet, liegt nur dann eine Betriebsverpachtung im Ganzen vor, wenn das Grundstück die alleinige wesentliche Betriebsgrundlage darstellt. Dies ist regelmäßig bei Groß- und Einzelhandelsunternehmen sowie bei Hotel- und Gaststättenbetrieben der Fall (→ BFH vom 28. 8. 2003 – BStBl 2004 II S. 10).

Betriebsüberlassungsvertrag

Ein unentgeltlicher Betriebsüberlassungsvertrag steht einem Pachtvertrag gleich (→ BFH vom 7. 8. 1979 – BStBl 1980 II S. 181).

Betriebsvermögen

→ H 4.2 (7) Land- und forstwirtschaftlicher Betrieb

Branchenfremde Verpachtung

Bei einer branchenfremden Verpachtung kommt es nicht zu einer Zwangsbetriebsaufgabe, wenn der Verpächter den Betrieb nach Ablauf des Nutzungsverhältnisses ohne wesentliche Änderung fortführen kann (→ BFH vom 28. 8. 2003 – BStBl 2004 II S. 10).

Drei-Monats-Frist

Die Vereinfachungsregelung in R 16 Abs. 5 Satz 6 kann nicht angewandt werden, wenn erhebliche Wertsteigerungen des Betriebsvermögens zwischen dem gewählten Aufgabezeitpunkt und dem Eingang der Aufgabeerklärung beim Finanzamt eingetreten sind (→ BFH vom 27. 2. 1985 – BStBl II S. 456) und vom 18. 8. 2005 – BStBl 2006 II S. 581).

Eigenbewirtschaftung

Eine Betriebsverpachtung setzt voraus, dass der Betrieb zuvor von dem Verpächter oder im Fall des unentgeltlichen Erwerbs von seinem Rechtsvorgänger selbst bewirtschaftet worden ist (→ BFH vom 20. 4. 1989 – BStBl II S. 863 und BMF vom 23. 11. 1990 – BStBl I S. 770).

Eiserne Verpachtung

Zur Gewinnermittlung bei der Verpachtung von Betrieben mit Substanzerhaltungspflicht des Pächters nach §§ 582a, 1048 BGB → BMF vom 21. 2. 2002 (BStBl I S. 262). Anhang 10

Form und Inhalt der Betriebsaufgabeerklärung

Zu Form und Inhalt der Betriebsaufgabeerklärung → ergänzend BFH vom 15. 10. 1987 (BStBl 1988 II S. 257, 260).

Gaststättenverpachtung

Eine gewerbliche Gaststättenverpachtung wird nicht bereits deshalb zum „Gaststättenhandel", weil innerhalb von fünf Jahren mehr als drei der verpachteten Gaststätten verkauft werden; für die verbleibenden Teilbetriebe erlischt das Verpächterwahlrecht nicht (→ BFH vom 18. 6. 1998 – BStBl II S. 735).

Gemeinsames Eigentum von Pächter und Verpächter an wesentlichen Betriebsgrundlagen

Die Fortführung eines Betriebes im Wege der Betriebsverpachtung ist grundsätzlich nicht möglich, wenn wesentliche Betriebsgegenstände von einem Miteigentümer an einen anderen Miteigentümer verpachtet werden und der Betrieb vor der Verpachtung vom Verpächter und Pächter gemeinsam (z. B. in der Rechtsform einer GbR) geführt worden ist (→ BFH vom 22. 5. 1990 – BStBl II S. 780).

Geschäftswert

Wird zu Beginn oder während der Verpachtung des Gewerbebetriebs die Betriebsaufgabe erklärt, ist bei der Ermittlung des Aufgabegewinns weder ein originärer noch ein derivativer Geschäftswert anzusetzen. Der Geschäftswert ist dann zur Versteuerung heranzuziehen, wenn bei einer späteren Veräußerung des Unternehmens ein Entgelt für ihn geleistet wird (→ BFH vom 30. 1. 2002 – BStBl II S. 387).

Mitunternehmer

Die Fortführung eines Betriebs im Wege der Verpachtung ist auch dann möglich, wenn ein Gesellschafter bei der Beendigung einer gewerblich tätigen Personengesellschaft wesentliche Betriebsgegenstände behält und an einen früheren Mitgesellschafter verpachtet (→ BFH vom 14. 12. 1978 – BStBl 1979 II S. 300).

Parzellenweise Verpachtung

Die parzellenweise Verpachtung der Grundstücke eines land- und forstwirtschaftlichen Betriebs steht der Annahme einer Betriebsverpachtung nicht grundsätzlich entgegen (→ BFH vom 28. 11. 1991 – BStBl 1992 II S. 521).

Personengesellschaft

Das Verpächterwahlrecht kann bei Personengesellschaften nur einheitlich ausgeübt werden (→ BFH vom 17. 4. 1997 – BStBl 1998 II S. 388).

Produktionsunternehmen

Wird bei Verpachtung eines Produktionsunternehmens der gesamte, umfangreiche Maschinenpark veräußert, hat unbeschadet einer möglichen kurzfristigen Wiederbeschaffbarkeit einzelner Produktionsmaschinen der Verpächter jedenfalls eine wesentliche Betriebsgrundlage nicht zur Nutzung überlassen, so dass die übrigen Wirtschaftsgüter zwangsweise entnommen werden und eine Betriebsaufgabe vorliegt (→ BFH vom 17. 4. 1997 – BStBl 1998 II S. 388).

Rechtsnachfolger

Im Fall des unentgeltlichen Erwerbs eines verpachteten Betriebs hat der Rechtsnachfolger des Verpächters das Wahlrecht, das erworbene Betriebsvermögen während der Verpachtung fortzuführen (→ BFH vom 17. 10. 1991 – BStBl 1992 II S. 392).

Umgestaltung wesentlicher Betriebsgrundlagen

- Werden anlässlich der Verpachtung eines Gewerbebetriebs die wesentlichen Betriebsgrundlagen so umgestaltet, dass sie nicht mehr in der bisherigen Form genutzt werden können, entfällt grundsätzlich die Möglichkeit, das Betriebsvermögen fortzuführen; damit entfällt auch die Möglichkeit der Betriebsverpachtung (→ BFH vom 15. 10. 1987 – BStBl 1988 II S. 257, 260).

  → Branchenfremde Verpachtung
- Veräußerungen und Entnahmen von Grundstücken berühren das Fortbestehen eines im Ganzen verpachteten land- und forstwirtschaftlichen Betriebs nur dann, wenn die im Eigentum des Verpächters verbleibenden Flächen nicht mehr ausreichen, um nach Beendigung des Pachtverhältnisses einen land- und forstwirtschaftlichen Betrieb zu bilden. Das Schicksal der Wirtschaftsgebäude ist für die Annahme einer Zwangsbetriebsaufgabe unerheblich (→ BMF vom 1. 12. 2000 – BStBl I S. 1556). Ein verpachteter landwirtschaftlicher Betrieb wird nicht mit der Folge einer Zwangsbetriebsaufgabe dadurch zerschlagen, dass der Verpächter nach einem Brandschaden die mitverpachteten Wirtschaftsgebäude nicht wieder aufbaut, sondern die landwirtschaftlichen Nutzflächen nach Auflösung der ursprünglichen Pachtverträge erneut verpachtet und die Hofstelle veräußert (→ BFH vom 26. 6. 2003 – BStBl II S. 755).

  Anm.:
  Im Anschluss an → BFH vom 26. 6. 2003 – BStBl II S. 755 → auch BFH vom 20. 1. 2005 (HFR 2005, S. 959): Umbau und Vermietung von Stallgebäuden für Zwecke einer Schreinerei führt auch dann nicht zur Zwangsbetriebsaufgabe, wenn die Viehhaltung aufgegeben wird.

Verpächterwahlrecht

- Zweifelsfragen im Zusammenhang mit der Ausübung des Verpächterwahlrechts → BMF vom 17. 10. 1994 (BStBl I S. 771).
- Verpachtet der Besitzunternehmer alle wesentlichen Betriebsgrundlagen nach Beendigung einer echten Betriebsaufspaltung durch Wegfall der personellen Verflechtung an das bisherige Betriebsunternehmen, steht ihm das nach ständiger Rechtsprechung des BFH bei der Betriebsverpachtung im Ganzen eröffnete Verpächterwahlrecht zu.

  → BFH vom 15. 3. 2005 – X R 2/02 – (BFH/NV 2005, S. 1292)

Wesentliche Betriebsgrundlagen

- ***Wesentliche Betriebsgrundlagen*** sind jedenfalls die Wirtschaftsgüter, die zur Erreichung des Betriebszwecks erforderlich sind und denen ein besonderes wirtschaftliches Gewicht für die Betriebsführung zukommt (→ BFH vom 17. 4. 1997 – BStBl 1998 II S. 388). ***Dabei ist maßgeblich auf die sachlichen Erfordernisse des Betriebs abzustellen – sog. funktionale Betrachtungsweise (→ BFH vom 11. 10. 2007 – BStBl 2008 II S. 220).*** Für diese Beurteilung kommt es auf die Verhältnisse des verpachtenden, nicht auf diejenigen des pachtenden Unternehmens an (→ BFH vom 28. 8. 2003 – BStBl 2004 II S. 10).
- ***Bei einem Autohaus (Handel mit Neu- und Gebrauchtfahrzeugen einschließlich angeschlossenem Werkstattservice) sind das speziell für dessen Betrieb hergerichtete Betriebsgrundstück samt Gebäuden und Aufbauten sowie die fest mit dem Grund und Boden verbundenen Betriebsvorrichtungen im Regelfall die alleinigen wesentlichen Betriebsgrundlagen. Demgegenüber gehören die beweglichen Anlagegüter, insbesondere die Werkzeuge und Geräte, regelmäßig auch dann nicht zu den wesentlichen Betriebsgrundlagen, wenn diese im Hinblick auf die Größe des Autohauses ein nicht unbeträchtliches Ausmaß einnehmen (→ BFH vom 11. 10. 2007 – BStBl 2008 II S. 220).***

→ Produktionsunternehmen

- Die Grundsätze, die die neuere Rechtsprechung des BFH zum Begriff der wesentlichen Betriebsgrundlage im Rahmen der Betriebsaufspaltung entwickelt hat (→ H 15.7 (5) „Wesentliche Betriebsgrundlage"), gelten auch im Bereich der Betriebsveräußerung und -aufgabe (→ BFH vom 10. 11. 2005 – BStBl 2006 II S. 176).

Unentgeltliche Betriebsübertragung **R 16 (6)**

(6) – unbesetzt–

Hinweise

H 16 (6)

Anwachsung

Fallgruppe 1: Der austretende Gesellschafter ist am Vermögen der zweigliedrigen Personengesellschaft nicht beteiligt.
→ kein Fall des § 6 Abs. 3 EStG; aber Fortführung der Buchwerte mangels Anschaffungsvorgangs.

Fallgruppe 2: Der austretende Gesellschafter ist am Vermögen der zweigliedrigen Personengesellschaft beteiligt.
→ keine Betriebsaufgabe oder Aufgabe des Mitunternehmeranteils; entsprechend dem jeweils zu Grunde liegenden Rechtsgrund der Übertragung liegt entweder eine entgeltliche oder unentgeltliche Übertragung eines Mitunternehmeranteils vor.

→ OFD Berlin vom 19. 7. 2002 – St 122 – S 2241–2/02 (DB 2002 S. 1966)

Betriebsaufgabe

Werden nicht die wesentlichen Grundlagen eines Betriebs oder Teilbetriebs, sondern nur Teile des Betriebsvermögens unentgeltlich übertragen, während der andere Teil der Wirtschaftsgüter in das Privatvermögen übernommen wird, so liegt eine Betriebsaufgabe vor. Der tariflich begünstigte Veräußerungsgewinn ist in diesem Fall der Unterschiedsbetrag zwischen den Buchwerten und den gemeinen Werten sowohl der unentgeltlich übertragenen als auch der in das Privatvermögen übernommenen Wirtschaftsgüter, vermindert um etwaige Veräußerungskosten (→ BFH vom 27. 7. 1961 – BStBl III S. 514).

Erbauseinandersetzung

Zur Annahme einer unentgeltlichen Betriebsübertragung mit der Folge der Anwendung des § 6 Abs. 3 EStG im Zusammenhang mit einer Erbauseinandersetzung → BMF vom 14. 3. 2006 (BStBl I S. 253). Anhang 8

Körperschaft als Erbin

→ H 16 (2)

Nießbrauch

Anhang 8 Unentgeltlichkeit liegt auch vor, wenn sich der Übertragende den Nießbrauch an dem Betrieb vorbehält (→ BMF vom 13. 1. 1993 – BStBl I S. 80 – Tz. 24 i. V. m. Tz. 10).

Übertragung der wesentlichen Betriebsgrundlagen

Für die unentgeltliche Übertragung eines Betriebs oder Teilbetriebs ist Voraussetzung, dass mindestens die wesentlichen Grundlagen des Betriebs oder Teilbetriebs unentgeltlich übertragen worden sind (→ BFH vom 7. 8. 1979 – BStBl 1980 II S. 181). Die wesentlichen Betriebsgrundlagen müssen durch einen einheitlichen Übertragungsakt auf den Erwerber überführt werden; eine in mehrere, zeitlich aufeinanderfolgende Einzelakte aufgespaltene Gesamtübertragung kann nur dann als einheitlicher Übertragungsakt angesehen werden, wenn sie auf einem einheitlichen Willensentschluss beruht und zwischen den einzelnen Übertragungsvorgängen ein zeitlicher und sachlicher Zusammenhang besteht (→ BFH vom 12. 4. 1989 – BStBl II S. 653).

Übertragung zwischen Ehegatten

Die Übertragung eines Betriebs zwischen Ehegatten auf Grund eines Vermögensauseinandersetzungsvertrages im Zusammenhang mit der Beendigung einer Zugewinngemeinschaft ist ein entgeltliches Geschäft (→ BFH vom 31. 7. 2002 – BStBl 2003 II S. 282).

Unentgeltliche Übertragung eines Mitunternehmeranteils

Anhang 5
- Zweifelsfragen im Zusammenhang mit der unentgeltlichen Übertragung von Mitunternehmeranteilen mit Sonderbetriebsvermögen sowie Anteilen von Mitunternehmeranteilen mit Sonderbetriebsvermögen → BMF vom 3. 3. 2005 (BStBl I S. 458)
- Überträgt ein Vater einen Kommanditanteil unentgeltlich auf seine Kinder und wird der Anteil alsbald von den Kindern an Dritte veräußert, kann in der Person des Vaters ein Aufgabegewinn entstehen (→ BFH vom 15. 7. 1986 – BStBl II S. 896).

Verdeckte Einlage

Keine unentgeltliche Betriebsübertragung liegt bei verdeckter Einlage eines Einzelunternehmens in eine GmbH vor (→ BFH vom 18. 12. 1990 – BStBl 1991 II S. 512 und → BMF vom 3. 3. 2005 – BStBl I S. 458, Tz. 2).

Vorweggenommene Erbfolge

Anhang 8 Zur Betriebsübertragung im Rahmen der vorweggenommenen Erbfolge → BMF vom 13. 1. 1993 (BStBl I S. 80) unter Berücksichtigung der Änderungen durch BMF vom 26. 2. 2007 (BStBl I S. 269) und vom 16. 9. 2004 (BStBl I S. 922).

Zurückbehaltene Wirtschaftsgüter

Werden die wesentlichen Grundlagen eines Betriebs, eines Teilbetriebs oder eines Mitunternehmeranteils unentgeltlich übertragen und behält der Stpfl. Wirtschaftsgüter zurück, die innerhalb eines kurzen Zeitraums veräußert oder in das Privatvermögen überführt werden, so ist die teilweise Aufdeckung der stillen Reserven nicht steuerbegünstigt (→ BFH vom 19. 2. 1981 – BStBl II S. 566).

→ Betriebsaufgabe

R 16 (7) **Teilentgeltliche Betriebsübertragung**

(7) – unbesetzt –

H 16 (7)

Hinweise

Veräußerungsgewinn

Bei der teilentgeltlichen Veräußerung eines Betriebs, Teilbetriebs, Mitunternehmeranteils oder des Anteils eines persönlich haftenden Gesellschafters einer Kommanditgesellschaft auf Aktien ist der Vorgang nicht in ein voll entgeltliches und ein voll unentgeltliches Geschäft aufzuteilen. Der Veräußerungsgewinn i. S. d. § 16 Abs. 2 EStG ist vielmehr durch Gegenüberstellung des Entgelts und des Wertes des Betriebsvermögens oder des Wertes des Anteils am Betriebsvermögen zu ermitteln (→ BFH vom 10. 7. 1986 – BStBl II S. 811 sowie BMF vom 13. 1. 1993 – BStBl I S. 80) unter Berücksichtigung der Änderungen durch BMF vom 26. 2. 2007 (BStBl I S. 269). Anhang 8

Negatives Kapitalkonto

Bei einer teilentgeltlichen Betriebsübertragung im Wege der vorweggenommenen Erbfolge ist der Veräußerungsgewinn auch dann gem. § 16 Abs. 2 EStG zu ermitteln, wenn das Kapitalkonto negativ ist (→ BMF vom 13. 1. 1993 – BStBl I S. 80 unter Berücksichtigung der Änderungen durch BMF vom 26. 2. 2007 (BStBl I S. 269) sowie BFH vom 16. 12. 1992 – BStBl 1993 II S. 436). Anhang 8

Begriff der wesentlichen Betriebsgrundlage R 16 (8)

(8) – unbesetzt –

Hinweise

H 16 (8)

Begriff der wesentlichen Betriebsgrundlage

Ob ein Wirtschaftsgut zu den wesentlichen Betriebsgrundlagen gehört, ist nach der funktional-quantitativen Betrachtungsweise zu entscheiden. Zu den wesentlichen Betriebsgrundlagen gehören in der Regel auch Wirtschaftsgüter, die funktional gesehen für den Betrieb, Teilbetrieb oder Mitunternehmeranteil nicht erforderlich sind, in denen aber erhebliche stille Reserven gebunden sind (→ BFH vom 2. 10. 1997 – BStBl 1998 II S. 104, BMF vom 16. 8. 2000 – BStBl I S. 1253 und BFH vom 10. 11. 2005 – BStBl 2006 II S. 176).

Gebäude/Gebäudeteile

- Bei einem Möbelhändler ist z. B. das Grundstück, in dem sich die Ausstellungs- und Lagerräume befinden, die wesentliche Betriebsgrundlage (→ BFH vom 4. 11. 1965 – BStBl 1966 III S. 49 und vom 7. 8. 1990 – BStBl 1991 II S. 336).
- Das Gleiche gilt für ein Grundstück, das zum Zweck des Betriebs einer Bäckerei und Konditorei sowie eines Cafe-Restaurants und Hotels besonders gestaltet ist (→ BFH vom 7. 8. 1979 – BStBl 1980 II S. 181).
- Das Dachgeschoss eines mehrstöckigen Hauses ist eine funktional wesentliche Betriebsgrundlage, wenn es zusammen mit den übrigen Geschossen einheitlich für den Betrieb genutzt wird (→ BFH vom 14. 2. 2007 – BStBl II S. 524).

Immaterielle Wirtschaftsgüter

Wesentliche Betriebsgrundlagen können auch immaterielle Wirtschaftsgüter sein (→ BFH vom 9. 10. 1996 – BStBl 1997 II S. 236).

Maschinen und Einrichtungsgegenstände

Maschinen und Einrichtungsgegenstände rechnen zu den wesentlichen Betriebsgrundlagen, soweit sie für die Fortführung des Betriebs unentbehrlich oder nicht jederzeit ersetzbar sind (→ BFH vom 19. 1. 1983 – BStBl II S. 312).

Produktionsunternehmen

Bei einem Produktionsunternehmen gehören zu den wesentlichen Betriebsgrundlagen die für die Produktion bestimmten und auf die Produktion abgestellten Betriebsgrundstücke und Betriebsvorrichtungen (→ BFH vom 12. 9. 1991 – BStBl 1992 II S. 347).

Umlaufvermögen

Wirtschaftsgüter des Umlaufvermögens, die ihrem Zweck nach zur Veräußerung oder zum Verbrauch bestimmt sind, bilden allein regelmäßig nicht die wesentliche Grundlage eines Betriebs. Nach den Umständen des Einzelfalles können Waren bei bestimmten Betrieben jedoch zu den wesentlichen Grundlagen des Betriebs gehören (→ BFH vom 24. 6. 1976 – BStBl II S. 672).

Abgrenzung des Veräußerungs- bzw. Aufgabegewinns vom laufenden Gewinn R 16 (9)

(9) – unbesetzt –

H 16 (9)

Hinweise

Abfindung eines Pensionsanspruchs

Wird der gegenüber einer Personengesellschaft bestehende Pensionsanspruch eines Gesellschafters anlässlich der Aufgabe des Betriebs der Gesellschaft abgefunden, mindert sich hierdurch der Aufgabegewinn der Gesellschaft; beim Gesellschafter stellt die Abfindung eine Sondervergütung dar, die seinen Anteil am Aufgabegewinn erhöht (→ BFH vom 20. 1. 2005 – BStBl II S. 559).

Abwicklungsgewinne

Gewinne, die während und nach der Aufgabe eines Betriebs aus normalen Geschäften und ihrer Abwicklung anfallen, gehören nicht zu dem begünstigten Aufgabegewinn (→ BFH vom 25. 6. 1970 – BStBl II S. 719).

Aufgabegewinn bei Veräußerung von Wirtschaftsgütern

Bei gleichzeitiger Veräußerung von Wirtschaftsgütern im Rahmen einer Betriebsaufgabe entsteht der Aufgabegewinn mit Übertragung des wirtschaftlichen Eigentums an den Wirtschaftsgütern (→ BFH vom 17. 10. 1991 – BStBl 1992 II S. 392).

Betriebseinbringung

- Geht anlässlich der Einbringung eines Mitunternehmeranteils in eine Kapitalgesellschaft nach § 20 UmwStG bisheriges Sonderbetriebsvermögen eines Gesellschafters in dessen Privatvermögen über, so ist das **Sonderbetriebsvermögen** mit dem gemeinen Wert nach § 16 Abs. 3 Satz 7 EStG anzusetzen und durch Vergleich mit dessen Buchwert der sich ergebende Veräußerungsgewinn zu ermitteln (→ BFH vom 28. 4. 1988 – BStBl II S. 829).
- Bei Einbringung eines Betriebs zu Buchwerten in eine Personengesellschaft ist der Gewinn aus der Überführung eines nicht zu den wesentlichen Betriebsgrundlagen gehörenden Wirtschaftsguts in das Privatvermögen kein begünstigter Veräußerungsgewinn (→ BFH vom 29. 10. 1987 – BStBl 1988 II S. 374).
- Zur Einbringung eines Einzelunternehmers mit Zuzahlung → BMF vom 25. 3. 1998 (BStBl I S. 268) unter Berücksichtigung der Änderungen durch BMF vom 21. 8. 2001 (BStBl I S. 543).

Gaststättenverpachtung

Eine gewerbliche Gaststättenverpachtung wird nicht bereits deshalb zum „Gaststättenhandel", weil innerhalb von fünf Jahren mehr als drei der verpachteten Gaststätten verkauft werden; die Veräußerung jeder Gaststätte stellt daher eine Teilbetriebsveräußerung dar (→ BFH vom 18. 6. 1998 – BStBl II S. 735).

Gewerblicher Grundstückshandel

Anhang 11 Der Gewinn aus gewerblichem Grundstückshandel gehört zum laufenden Gewinn aus normalen Geschäften, auch wenn der gesamte Grundstücksbestand (Umlaufvermögen) in einem einheitlichen Vorgang veräußert wird (→ BFH vom 25. 1. 1995 – BStBl II S. 388 und BMF vom 26. 3. 2004 – BStBl I S. 434, Tz. 35). Entsprechendes gilt für die Veräußerung eines Mitunternehmeranteils jedenfalls dann, wenn zum Betriebsvermögen der Personengesellschaft nahezu ausschließlich Grundstücke des Umlaufvermögens gehören (→ BFH vom 14. 12. 2006 – BStBl 2007 II S. 777).

Anm.:
Satz 1 gilt auch, wenn die Veräußerung mit einer Betriebsaufgabe zusammentrifft und hiermit zugleich eine zunächst bestehende Bebauungsabsicht aufgegeben wird (→ BFH vom 5. 7. 2005 – BStBl 2006 II S. 160).

Handelsvertreter

Zum laufenden Gewinn gehören der Ausgleichsanspruch des selbständigen Handelsvertreters nach § 89b HGB (→ BFH vom 5. 12. 1968 – BStBl 1969 II S. 196) sowie die Ausgleichszahlungen an Kommissionsagenten in entsprechender Anwendung des § 89b HGB (→ BFH vom 19. 2. 1987 – BStBl II S. 570). Dies gilt auch, wenn der Anspruch auf Ausgleichsleistung durch den Tod des Handelsvertreters entstanden ist und der Erbe den Betrieb aufgibt (→ BFH vom 9. 2. 1983 – BStBl II S. 271). Zahlungen des nachfolgenden Handelsvertreters an seinen Vorgänger sind als laufender Gewinn zu behandeln (→ BFH vom 25. 7. 1990 – BStBl 1991 II S. 218).

Mitunternehmeranteil

Veräußert der Gesellschafter einer Personengesellschaft seinen Mitunternehmeranteil an einen Mitgesellschafter und entnimmt er im Einverständnis mit dem Erwerber und den Mitgesellschaftern vor der Übertragung des Gesellschaftsanteils bestimmte Wirtschaftsgüter des Gesellschaftsvermögens, so gehört der daraus entstehende Entnahmegewinn zum begünstigten Veräußerungsgewinn (→ BFH vom 24. 8. 1989 – BStBl 1990 II S. 132).

Negatives Betriebsvermögen

Bei der Ermittlung des Gewinns aus der Aufgabe eines buchmäßig überschuldeten Betriebs mindert der Überschuldungsbetrag nicht den Aufgabegewinn (→ BFH vom 7. 3. 1996 – BStBl II S. 415).

Organschaft

Ist Organträger eine natürliche Person oder eine Personengesellschaft, stellen die Gewinne aus der Veräußerung von Teilbetrieben der Organgesellschaft keine Gewinne i. S. d. § 16 EStG dar (→ BFH vom 22. 1. 2004 – BStBl II S. 515).

Personengesellschaft

- Hat eine Personengesellschaft ihren Betrieb veräußert, so ist der Anteil eines Gesellschafters am Veräußerungsgewinn auch dann tarifbegünstigt, wenn ein anderer Gesellschafter § 6b EStG in Anspruch genommen hat (→ BFH vom 30. 3. 1989 – BStBl II S. 558).
- Hinsichtlich der **Übertragung** von Teilen der **Festkapitalkonten** verschiedener Gesellschafter einer Personenhandelsgesellschaft auf einen neu eintretenden Gesellschafter bei gleichzeitiger Übertragung von Anteilen an den Sonderkonten → BFH vom 27. 5. 1981 (BStBl 1982 II S. 211).

Räumungsverkauf

Der Gewinn aus einem Räumungsverkauf gehört nicht zu dem begünstigten Aufgabegewinn (→ BFH vom 29. 11. 1988 – BStBl 1989 II S. 602).

Rekultivierungsrückstellung

Wird eine vom Betriebserwerber nicht übernommene Rekultivierungsrückstellung nach der Betriebsveräußerung aufgelöst, handelt es sich um ein auf den Veranlagungszeitraum der Betriebsveräußerung rückwirkendes Ereignis (→ FG Münster vom 4. 10. 1994 – EFG 1995 S. 439).

Rücklage

Zum Veräußerungsgewinn gehören auch Gewinne, die sich bei der Veräußerung eines Betriebs aus der Auflösung von steuerfreien Rücklagen, z. B. Rücklage für Ersatzbeschaffung, Rücklage nach § 6b EStG, ergeben (→ BFH vom 25. 6. 1975 – BStBl II S. 848 und vom 17. 10. 1991 – BStBl 1992 II S. 392). Die spätere Auflösung einer anlässlich der Betriebsveräußerung gebildeten Rücklage nach § 6b EStG ist jedoch kein Veräußerungsgewinn (→ BFH vom 4. 2. 1982 – BStBl II S. 348). Zur Behandlung des Gewinns aus der Auflösung einer Ansparrücklage i. S. d. § 7g Abs. 3 bis 8 EStG → BMF vom 25. 2. 2004 (BStBl I S. 337), RdNr. 30 und 65.

Rückstellung

Der Gewinn aus der Auflösung einer Rückstellung ist nicht zum Veräußerungsgewinn zu rechnen, wenn die Auflösung der Rückstellung und die Betriebsveräußerung in keinem rechtlichen oder ursächlichen, sondern lediglich in einem gewissen zeitlichen Zusammenhang miteinander stehen (→ BFH vom 15. 11. 1979 – BStBl 1980 II S. 150).

Sachwertabfindung

- Werden zur Tilgung einer Abfindungsschuld gegenüber einem ausgeschiedenen Mitunternehmer Wirtschaftsgüter veräußert, ist der dabei entstehende Gewinn als laufender Gewinn zu behandeln (→ BFH vom 28. 11. 1989 – BStBl 1990 II S. 561),
- Die für die Sachwertabfindung geltenden Grundsätze sind auch anzuwenden, wenn die ausscheidenden Gesellschafter einer Personengesellschaft durch Abtretung einer noch nicht realisierten Forderung aus einem Grundstückskaufvertrag abgefunden werden (→ BFH vom 23. 11. 1995 – BStBl 1996 II S. 194).
- Zur Abgrenzung der Realteilung i. S. d. § 16 Abs. 3 Satz 2 ff. EStG von der Sachwertabfindung → BMF vom 28. 2. 2006 (BStBl I S. 228), Abschnitt II.

Selbsterzeugte Waren

Gewinne aus der Veräußerung von selbsterzeugten Waren an Handelsvertreter, die bisher den Verkauf der Erzeugnisse an Einzelhändler nur vermittelt haben, können zum begünstigten Aufgabegewinn gehören (→ BFH vom 1. 12. 1988 – BStBl 1989 II S. 368).

Teilbetriebsveräußerung

Wird im zeitlichen Zusammenhang mit einer Teilbetriebsveräußerung ein wirtschaftlich nicht dem Teilbetrieb dienender Grundstücksteil in das Privatvermögen überführt, so gehört der bei diesem Entnahmevorgang verwirklichte Gewinn nicht zum Veräußerungsgewinn nach § 16 EStG (→ BFH vom 18. 4. 1973 – BStBl II S. 700).

Umlaufvermögen

Gewinne aus der Veräußerung von Umlaufvermögen gehören zum Aufgabegewinn, wenn die Veräußerung nicht den Charakter einer normalen gewerblichen Tätigkeit hat, sondern die Waren z. B. an frühere Lieferanten veräußert werden (→ BFH vom 2. 7. 1981 – BStBl II S. 798).

Verbindlichkeiten

Der Erlass einer Verbindlichkeit, die bei Betriebsaufgabe oder -veräußerung im Betriebsvermögen verbleibt, erhöht den Gewinn i. S. d. § 16 EStG. Wird die Verbindlichkeit nachträglich erlassen, so ist dieser Gewinn rückwirkend zu erhöhen (→ BFH vom 6. 3. 1997 – BStBl II S. 509).

Versicherungsleistungen

Entschließt sich der Unternehmer nach einem Brandschaden wegen der Betriebszerstörung zur Betriebsaufgabe, gehört der Gewinn aus der Realisierung der stillen Reserven, der dadurch entsteht, dass die auf die Anlagegüter entfallenden Versicherungsleistungen die Buchwerte übersteigen, zum Aufgabegewinn (→ BFH vom 11. 3. 1982 – BStBl II S. 707).

Wettbewerbsverbot

Kommt der Verpflichtung zum Wettbewerbsverbot keine eigenständige wirtschaftliche Bedeutung zu, so gehört das dafür gezahlte Entgelt zum Veräußerungsgewinn nach § 16 Abs. 1 EStG (→ BFH vom 23. 2. 1999 – BStBl II S. 590).

R 16 (10) **Veräußerungspreis**

(10) – unbesetzt –

H 16 (10)

Hinweise

Bürgschaft

- Die Inanspruchnahme aus einer Bürgschaft führt zu den Veräußerungs-(Aufgabe-)kosten, wenn die Übernahme der Bürgschaft durch die Betriebsaufgabe veranlasst ist.
- Die nachträgliche Veränderung der Veräußerungs-(Aufgabe-)kosten durch die Inanspruchnahme aus einer Bürgschaft ist zum Zeitpunkt der Betriebsaufgabe zu berücksichtigen. Hierzu sind bestandskräftige Feststellungsbescheide gem. § 175 Abs. 1 Satz 1 Nr. 2 AO zu ändern.

(→ BFH vom 6. 3. 2008 – BFH/NV 2008, S. 1311)

Forderungsausfall

Scheidet ein Kommanditist aus einer KG aus und bleibt sein bisheriges Gesellschafterdarlehen bestehen, so ist, wenn diese Forderung später wertlos wird, sein Veräußerungs- bzw. Aufgabegewinn mit steuerlicher Wirkung für die Vergangenheit gemindert (→ BFH vom 14. 12. 1994 – BStBl 1995 II S. 465).

Nachträgliche Änderungen des Veräußerungspreises oder des gemeinen Werts

- Ein später auftretender **Altlastenverdacht** mindert nicht den gemeinen Wert eines Grundstücks im Zeitpunkt der Aufgabe (→ BFH vom 1. 4. 1998 – BStBl II S. 569).
- Die **Herabsetzung des Kaufpreises** für einen Betrieb aufgrund von Einwendungen des Käufers gegen die Rechtswirksamkeit des Kaufvertrages ist ein rückwirkendes Ereignis, das zur Ände-

rung des Steuerbescheides führt, dem der nach dem ursprünglich vereinbarten Kaufpreis ermittelte Veräußerungsgewinn zugrunde liegt (→ BFH vom 23. 6. 1988 – BStBl 1989 II S. 41).

- Wird bei der Veräußerung eines Wirtschaftsguts im Rahmen einer Betriebsaufgabe eine **nachträgliche Kaufpreiserhöhung** vereinbart, erhöht die spätere Nachzahlung den steuerbegünstigten Aufgabegewinn im Kalenderjahr der Betriebsaufgabe (→ BFH vom 31. 8. 2006 – BStBl II S. 906).
- Die Zahlung von **Schadensersatzleistungen** für betriebliche Schäden nach Betriebsaufgabe beeinflusst die Höhe des Aufgabegewinns, weil sie ein rückwirkendes Ereignis auf den Zeitpunkt der Betriebsaufgabe darstellt (→ BFH vom 10. 2. 1994 – BStBl II S. 564).
- Die **spätere vergleichsweise Festlegung eines strittigen Veräußerungspreises** ist auf den Zeitpunkt der Realisierung des Veräußerungsgewinns zurückzubeziehen (→ BFH vom 26. 7. 1984 – BStBl II S. 786).
- Wird ein Grundstück im Rahmen einer Betriebsaufgabe veräußert und zu einem späteren Zeitpunkt der **Kaufpreis** aus Gründen, die im Kaufvertrag angelegt waren, **gemindert**, ist der tatsächlich erzielte Veräußerungserlös bei der Ermittlung des Aufgabegewinnes zu berücksichtigen. Gleiches gilt, wenn der **ursprüngliche Kaufvertrag aufgehoben** und das Grundstück zu einem geringeren Preis an neue Erwerber veräußert wird (→ BFH vom 12. 10. 2005 – BStBl 2006 II S. 307).
- Wird die **gestundete Kaufpreisforderung** für die Veräußerung eines Gewerbebetriebs in einem späteren Veranlagungszeitraum ganz oder teilweise **uneinbringlich**, so stellt dies ein Ereignis mit steuerlicher Rückwirkung auf den Zeitpunkt der Veräußerung dar (→ BFH vom 19. 7. 1993 – BStBl II S. 897).
- Hält der Erwerber eines Gewerbebetriebs seine Zusage, den Veräußerer von der **Haftung** für alle vom Erwerber übernommenen Betriebsschulden **freizustellen**, nicht ein und wird der Veräußerer deshalb in einem späteren VZ aus einem als Sicherheit für diese Betriebsschulden bestellten Grundpfandrecht in Anspruch genommen, so liegt ein Ereignis mit steuerlicher Rückwirkung auf den Zeitpunkt der Veräußerung vor (→ BFH vom 19. 7. 1993 – BStBl II S. 894).
- Der **Tod des Rentenberechtigten** ist bei der Veräußerung gegen abgekürzte Leibrente und bei sog. Sofortversteuerung des Veräußerungsgewinns kein rückwirkendes Ereignis (→ BFH vom 19. 8. 1999 – BStBl 2000 II S. 179).

Schuldenübernahme durch Erwerber

Teil des Veräußerungspreises ist auch eine Verpflichtung des Erwerbers, den Veräußerer von einer privaten Schuld gegenüber einem Dritten oder von einer betrieblichen, zu Recht nicht bilanzierten Schuld, z. B. einer betrieblichen Versorgungsverpflichtung, durch befreiende Schuldübernahme oder durch Schuldbeitritt mit befreiender Wirkung, im Innenverhältnis freizustellen. Gleiches gilt für die Verpflichtung zur Freistellung von einer dinglichen Last, die ihrem Rechtsinhalt nach einer rein schuldrechtlichen Verpflichtung gleichwertig ist, z. B. Übernahme einer Nießbrauchslast (→ BFH vom 12. 1. 1983 – BStBl II S. 595).

Betriebsveräußerung gegen wiederkehrende Bezüge **R 16 (11)**

(11) [1]Veräußert ein Stpfl. seinen Betrieb gegen eine Leibrente, hat er ein Wahlrecht. [2]Er kann den bei der Veräußerung entstandenen Gewinn sofort versteuern. [3]In diesem Fall ist § 16 EStG anzuwenden. [4]Veräußerungsgewinn ist der Unterschiedsbetrag zwischen dem nach den Vorschriften des BewG ermittelten Barwert der Rente, vermindert um etwaige Veräußerungskosten des Stpfl., und dem Buchwert des steuerlichen Kapitalkontos im Zeitpunkt der Veräußerung des Betriebs. [5]Die in den Rentenzahlungen enthaltenen Ertragsanteile sind sonstige Einkünfte i. S. d. § 22 Nr. 1 Satz 3 Buchstabe a Doppelbuchstabe bb EStG. [6]Der Stpfl. kann stattdessen die Rentenzahlungen als nachträgliche Betriebseinnahmen i. S. d. § 15 i. V. m. § 24 Nr. 2 EStG behandeln. [7]In diesem Fall entsteht ein Gewinn, wenn der Kapitalanteil der wiederkehrenden Leistungen das steuerliche Kapitalkonto des Veräußerers zuzüglich etwaiger Veräußerungskosten des Veräußerers übersteigt; der in den wiederkehrenden Leistungen enthaltene Zinsanteil stellt bereits im Zeitpunkt des Zuflusses nachträgliche Betriebseinnahmen dar. [8]Für Veräußerungen, die vor dem 1. 1. 2004 erfolgt sind, gilt R 139 Abs. 11 EStR 2001[1]). [9]Die Sätze 1 bis 8 gelten sinngemäß, wenn

[1]) Anmerkung:
Die entsprechenden Regelungen in den EStR 2001 lauten:
[7]In diesem Fall entsteht ein Gewinn, wenn die Rentenzahlung das steuerliche Kapitalkonto des Veräußerers zuzüglich etwaiger Veräußerungskosten des Veräußerers übersteigen.

ein Betrieb gegen einen festen Barpreis und eine Leibrente veräußert wird; das Wahlrecht bezieht sich jedoch nicht auf den durch den festen Barpreis realisierten Teil des Veräußerungsgewinns. [10]Bei der Ermittlung des Barwerts der wiederkehrenden Bezüge ist von einem Zinssatz von 5,5 % auszugehen, wenn nicht vertraglich ein anderer Satz vereinbart ist.

H 16 (11)

Hinweise

Betriebsveräußerung gegen wiederkehrende Bezüge und festes Entgelt

Wird ein Betrieb gegen wiederkehrende Bezüge und ein festes Entgelt veräußert, besteht das Wahlrecht hinsichtlich der wiederkehrenden Bezüge auch dann, wenn sie von dritter Seite erbracht werden (→ BFH vom 7. 11. 1991 – BStBl 1992 II S. 457).

Freibetrag

Der Freibetrag des § 16 Abs. 4 EStG und die Steuerbegünstigung nach § 34 EStG sind nicht zu gewähren, wenn bei der Veräußerung gegen wiederkehrende Bezüge die Zahlungen beim Veräußerer als laufende nachträgliche Einkünfte aus Gewerbebetrieb i. S. d. § 15 i. V. m. § 24 Nr. 2 EStG behandelt werden (→ BFH vom 21. 12. 1988 – BStBl 1989 II S. 409). Wird ein Betrieb gegen festen Kaufpreis und Leibrente veräußert, so ist für die Ermittlung des Freibetrags nach § 16 Abs. 4 EStG nicht allein auf den durch den festen Barpreis realisierten Veräußerungsgewinn abzustellen, sondern auch der Kapitalwert der Rente als Teil des Veräußerungspreises zu berücksichtigen (→ BFH vom 17. 8. 1967 – BStBl 1968 II S. 75). Der Freibetrag kann jedoch höchstens in Höhe des durch den festen Kaufpreis realisierten Teil des Veräußerungsgewinns gewährt werden (→ BFH vom 21. 12. 1988 – BStBl 1989 II S. 409).

Halbeinkünfteverfahren

Anhang 10 Anwendung bei der Zuflussbesteuerung → BMF vom 3. 8. 2004 (BStBl I S. 1187).

Gewinn- oder umsatzabhängiger Kaufpreis

Wird ein Betrieb, Teilbetrieb oder Mitunternehmeranteil gegen einen gewinnabhängigen oder umsatzabhängigen Kaufpreis veräußert, ist das Entgelt zwingend als laufende nachträgliche Betriebseinnahme im Jahr des Zuflusses in der Höhe zu versteuern, in der die Summe der Kaufpreiszahlungen das – ggf. um Einmalleistungen gekürzte – Schlusskapitalkonto zuzüglich der Veräußerungskosten überschreitet (→ BFH vom 14. 5. 2002 – BStBl II S. 532).

Kaufpreisstundung

Eine gestundete Kaufpreisforderung ist bei der Ermittlung des Veräußerungsgewinns mit dem gemeinen Wert anzusetzen (→ BFH vom 19. 1. 1978 – BStBl II S. 295).

Ratenzahlungen

Veräußert ein Stpfl. seinen Betrieb gegen einen in Raten zu zahlenden Kaufpreis, so sind die Grundsätze der → R 16 Abs. 11 Satz 1 bis 9 mit der Maßgabe anzuwenden, dass an die Stelle des nach den Vorschriften des Bewertungsgesetzes ermittelten Barwerts der Rente der Barwert der Raten tritt, wenn die Raten während eines mehr als zehn Jahre dauernden Zeitraums zu zahlen sind und die Ratenvereinbarung sowie die sonstige Ausgestaltung des Vertrags eindeutig die Absicht des Veräußerers zum Ausdruck bringen, sich eine Versorgung zu verschaffen (→ BFH vom 23. 1. 1964 – BStBl III S. 239 und vom 12. 6. 1968 – BStBl II S. 653).

Tod des Rentenberechtigten

Der Tod des Rentenberechtigten ist bei der Veräußerung gegen abgekürzte Leibrente und bei sog. Sofortversteuerung des Veräußerungsgewinns kein rückwirkendes Ereignis (→ BFH vom 19. 8. 1999 – BStBl 2000 II S. 179).

Zeitrente

Das Wahlrecht zwischen einer tarifbegünstigten Sofortbesteuerung eines Veräußerungsgewinns und einer nicht tarifbegünstigten Besteuerung nachträglicher Einkünfte aus Gewerbebetrieb besteht auch bei der Veräußerung gegen eine Zeitrente mit einer langen, nicht mehr überschaubaren Laufzeit, wenn sie auch mit dem Nebenzweck vereinbart ist, dem Veräußerer langfristig eine etwaige zusätzliche Versorgung zu schaffen (→ BFH vom 26. 7. 1984 – BStBl II S. 829).

Zuflussbesteuerung

→ BMF vom 3. 8. 2004 (BStBl I S. 1187) Anhang 10

Veräußerungskosten **R 16 (12)**

(12) – unbesetzt –

Hinweise

H 16 (12)

Gewerbesteuer

Die aus der Veräußerung einer Beteiligung an einer Kapitalgesellschaft i. S. d. § 16 Abs. 1 Satz 1 Nr. 1 EStG entstehende gewerbesteuerliche Mehrbelastung gehört nicht zu den Veräußerungskosten (→ BFH vom 27. 10. 1977 – BStBl 1978 II S. 100).

Rentenverpflichtung

Die Leistungen zur Ablösung einer freiwillig begründeten Rentenverpflichtung i. S. d. § 12 Nr. 2 EStG sind keine Veräußerungskosten (→ BFH vom 20. 6. 2007 – BStBl 2008 II S. 99).

Veräußerungskosten

Veräußerungskosten mindern auch dann den Veräußerungsgewinn, wenn sie in einem VZ vor der Veräußerung entstanden sind (→ BFH vom 6. 10. 1993 – BStBl 1994 II S. 287).

Vorfälligkeitsentschädigung

Eine Vorfälligkeitsentschädigung, die zu zahlen ist, weil im Rahmen einer Betriebsveräußerung ein betrieblicher Kredit vorzeitig abgelöst wird, gehört jedenfalls dann zu den Veräußerungskosten, wenn der Veräußerungserlös zur Tilgung der Schulden ausreicht (→ BFH vom 25. 1. 2000 – BStBl II S. 458).

Gewährung des Freibetrags **R 16 (13)**

(13) [1]Über die Gewährung des Freibetrags wird bei der Veranlagung zur Einkommensteuer entschieden. [2]Dies gilt auch im Falle der Veräußerung eines Mitunternehmeranteiles; in diesem Fall ist im Verfahren zur gesonderten und einheitlichen Gewinnfeststellung nur die Höhe des auf den Gesellschafter entfallenden Veräußerungsgewinns festzustellen. [3]Veräußert eine Personengesellschaft, bei der die Gesellschafter als Mitunternehmer anzusehen sind, ihren ganzen Gewerbebetrieb, steht den einzelnen Mitunternehmern für ihren Anteil am Veräußerungsgewinn nach Maßgabe ihrer persönlichen Verhältnisse der Freibetrag in voller Höhe zu. [4]Der Freibetrag ist dem Stpfl. nur einmal zu gewähren; nicht verbrauchte Teile des Freibetrags können nicht bei einer anderen Veräußerung in Anspruch genommen werden. [5]Die Gewährung des Freibetrags nach § 16 Abs. 4 EStG ist ausgeschlossen, wenn dem Stpfl. für eine Veräußerung oder Aufgabe, die nach dem 31. 12. 1995 erfolgt ist, ein Freibetrag nach § 14 Satz 2, § 16 Abs. 4 oder § 18 Abs. 3 EStG bereits gewährt worden ist.[6]Wird der zum Betriebsvermögen eines Einzelunternehmers gehörende Mitunternehmeranteil im Zusammenhang mit der Veräußerung des Einzelunternehmens veräußert, so ist die Anwendbarkeit des § 16 Abs. 4 EStG für beide Vorgänge getrennt zu prüfen. [7]Liegen hinsichtlich beider Vorgänge die Voraussetzungen des § 16 Abs. 4 EStG vor, kann der Stpfl. den Abzug des Freibetrags entweder bei der Veräußerung des Einzelunternehmens oder bei der Veräußerung des Mitunternehmeranteils beantragen. ***[8]Die Veräußerung eines Anteils an einer Mitunternehmerschaft (Obergesellschaft), zu deren Betriebsvermögen die Beteiligung an einer anderen Mitunternehmerschaft gehört (mehrstöckige Personengesellschaft), stellt für die Anwendbarkeit des § 16 Abs. 4 EStG einen einheitlich zu beurteilenden Veräußerungsvorgang dar.*** [9]In den Fällen des § 16 Abs. 2 Satz 3 und Abs. 3 Satz 5 EStG ist für den Teil des Veräußerungsgewinns, der nicht als laufender Gewinn gilt, der volle Freibetrag zu gewähren; der Veräußerungsgewinn, der als laufender Gewinn gilt, ist bei der Kürzung des Freibetrags nach § 16 Abs. 4 Satz 3 EStG nicht zu berücksichtigen. [10]Umfasst der Veräußerungsgewinn auch einen Gewinn aus der Veräußerung von Anteilen an Körperschaften, Personenvereinigungen oder Vermögensmassen, ist für die Berechnung des Freibetrags der nach § 3 Nr. 40 Satz 1 Buchstabe b i. V. m. § 3c Abs. 2 EStG steuerfrei bleibende Teil nicht zu berücksichtigen.

H 16 (13)

Hinweise

Veräußerung des ganzen Mitunternehmeranteils an der Obergesellschaft

Nach einer zwischen den obersten Finanzbehörden des Bundes und der Länder abgestimmten Auffassung ist die Veräußerung des ganzen Anteils an einer Mitunternehmerschaft, zu deren Betriebsvermögen die Beteiligung an einer anderen Mitunternehmerschaft gehört (sog. doppelstöckige Personengesellschaft), als einheitlicher Veräußerungsvorgang zu behandeln, für den insgesamt, soweit die Voraussetzungen im Übrigen erfüllt sind, § 16 Abs. 4 und § 34 Abs. 3 EStG Anwendung findet.

. . .

Mit dem Veräußerungspreis abgegoltene stille Reserven sind, soweit sie anteilig auf Wirtschaftsgüter des Betriebsvermögens der Untergesellschaft entfallen, in einer Ergänzungsbilanz für den Erwerber bei der Untergesellschaft – neben ggf. bereits bestehenden Ergänzungsbilanzen für die Obergesellschaft, für andere Mitunternehmer der Untergesellschaft oder andere Mitunternehmer der Obergesellschaft – zu berücksichtigen.

Veräußerung eines ganzen Mitunternehmeranteils, der zum Betriebsvermögen eines Einzelunternehmers gehört

Wird im Zusammenhang mit der Veräußerung eines Einzelunternehmens ein zu dessen Betriebsvermögen gehörender Mitunternehmeranteil veräußert, handelt es sich um zwei getrennt voneinander zu beurteilende Rechtsakte. Die Anwendbarkeit des § 16 Abs. 4 EStG ist daher für jeden Vorgang gesondert zu prüfen. Liegen hinsichtlich beider Vorgänge die Voraussetzungen des § 16 Abs. 4 EStG vor, kann der Stpfl. den Abzug des Freibetrags entweder bei der Veräußerung des Einzelunternehmens oder bei der Veräußerung des Mitunternehmeranteiles beantragen (R 16 Abs. 13 Satz 6 und 7 EStR 2005).
Entsprechendes gilt für die Anwendung des § 34 Abs. 3 EStG (R 34.5 Abs. 2 Satz 3 EStR 2005).

Veräußerung eines ganzen Mitunternehmeranteils, zu dessen Sonderbetriebsvermögen ein Anteil an einer anderen Mitunternehmerschaft gehört

Die für den Einzelunternehmer dargestellten Grundsätze gelten entsprechend bei der Veräußerung des gesamten Mitunternehmeranteils, wenn ein Anteil an einer anderen Mitunternehmerschaft, der zum Sonderbetriebsvermögen des veräußernden Mitunternehmers gehört, mitveräußert wird.

→ OFD Koblenz 15. 3. 2007, S 2243 A – St 31 3 – (StB 2007 S. 249)

Freibetrag

- Aufteilung des Freibetrages und Gewährung der Tarifermäßigung bei Betriebsaufgaben über zwei Kalenderjahre,
- Freibetrag bei teilentgeltlicher Veräußerung im Wege der vorweggenommenen Erbfolge,
- Vollendung der Altersgrenze in § 16 Abs. 4 und § 34 Abs. 3 EStG nach Beendigung der Betriebsaufgabe oder -veräußerung, aber vor Ablauf des VZ der Betriebsaufgabe oder -veräußerung,

Anhang 10.XII. → BMF vom 20. 12. 2005 (BStBl 2006 I S. 7)

Halbeinkünfteverfahren

Beispiel:

A veräußert sein Einzelunternehmen. Der Veräußerungserlös beträgt 200 000 €, der Buchwert des Kapitalkontos 70 000 €. Im Betriebsvermögen befindet sich eine Beteiligung an einer GmbH, deren Buchwert 20 000 € beträgt. Der auf die GmbH-Beteiligung entfallende Anteil am Veräußerungserlös beträgt 50 000 €.

Der aus der Veräußerung des GmbH-Anteils erzielte Gewinn ist nach § 3 Nr. 40 Satz 1 Buchstabe b, § 3c Abs. 2 EStG in Höhe von (25 000 € ./. 10 000 € =) 15 000 € steuerpflichtig. Der übrige Veräußerungsgewinn beträgt (150 000 € ./. 50 000 € =) 100 000 €. Der Freibetrag nach § 16 Abs. 4 EStG ist entsprechend den Anteilen der Gewinne, die dem ermäßigten Steuersatz unterliegen, und der Gewinne, die im Halbeinkünfteverfahren zu versteuern sind, am Gesamtgewinn aufzuteilen.

	Insgesamt zu besteuern	Ermäßigt zu besteuern	Halbeinkünfteverfahren
Veräußerungsgewinn nach § 16 EStG	115 000 €	100 000 €	15 000 €
Freibetrag nach § 16 Abs. 4 EStG	45 000 €	39 130 €	5 870 €
Steuerpflichtig	70 000 €	60 870 €	9 130 €

Dauernde Berufsunfähigkeit R 16 (14)

(14) [1]Zum Nachweis der dauernden Berufsunfähigkeit reicht die Vorlage eines Bescheides des Rentenversicherungsträgers aus, wonach die Berufsunfähigkeit oder Erwerbsunfähigkeit i. S. d. gesetzlichen Rentenversicherung vorliegt. [2]***Der Nachweis kann auch durch eine amtsärztliche Bescheinigung oder durch die Leistungspflicht einer privaten Versicherungsgesellschaft, wenn deren Versicherungsbedingungen an einen Grad der Berufsunfähigkeit von mindestens 50 % oder an eine Minderung der Erwerbsfähigkeit wegen Krankheit oder Behinderung auf weniger als sechs Stunden täglich anknüpfen, erbracht werden.***

Hinweise

H 16 (14)

Berufsunfähigkeit im sozialversicherungsrechtlichen Sinne

Berufsunfähig sind Versicherte, deren Erwerbsfähigkeit wegen Krankheit oder Behinderung im Vergleich zur Erwerbsfähigkeit von körperlich, geistig und seelisch gesunden Versicherten mit ähnlicher Ausbildung und gleichwertigen Kenntnissen und Fähigkeiten auf weniger als sechs Stunden gesunken ist (§ 240 Abs. 2 SGB VI).

Erbfolge

Wird ein im Erbwege übergegangener Betrieb von dem Erben aufgegeben, müssen die Voraussetzungen für die Gewährung des Freibetrags nach § 16 Abs. 4 EStG in der Person des Erben erfüllt sein (→ BFH vom 19. 5. 1981 – BStBl II S. 665).

§ 17 Veräußerung von Anteilen an Kapitalgesellschaften

EStG
S 2244

(1) [1]Zu den Einkünften aus Gewerbebetrieb gehört auch der Gewinn aus der Veräußerung von Anteilen an einer Kapitalgesellschaft, wenn der Veräußerer innerhalb der letzten fünf Jahre am Kapital der Gesellschaft unmittelbar oder mittelbar zu mindestens 1 Prozent beteiligt war. [2]Die verdeckte Einlage von Anteilen an einer Kapitalgesellschaft in eine Kapitalgesellschaft steht der Veräußerung der Anteile gleich. [3]Anteile an einer Kapitalgesellschaft sind Aktien, Anteile an einer Gesellschaft mit beschränkter Haftung, Genussscheine oder ähnliche Beteiligungen und Anwartschaften auf solche Beteiligungen. [4]Hat der Veräußerer den veräußerten Anteil innerhalb der letzten fünf Jahre vor der Veräußerung unentgeltlich erworben, so gilt Satz 1 entsprechend, wenn der Veräußerer zwar nicht selbst, aber der Rechtsvorgänger oder, sofern der Anteil nacheinander unentgeltlich übertragen worden ist, einer der Rechtsvorgänger innerhalb der letzten fünf Jahre im Sinne von Satz 1 beteiligt war.

(2) [1]Veräußerungsgewinn im Sinne des Absatzes 1 ist der Betrag, um den der Veräußerungspreis nach Abzug der Veräußerungskosten die Anschaffungskosten übersteigt. [2]In den Fällen des Absatzes 1 Satz 2 tritt an die Stelle des Veräußerungspreises der Anteile ihr gemeiner Wert. [3]Weist der Veräußerer nach, dass ihm die Anteile bereits im Zeitpunkt der Begründung der unbeschränkten Steuerpflicht nach § 1 Abs. 1 zuzurechnen waren und dass der bis zu diesem Zeitpunkt entstandene Vermögenszuwachs auf Grund gesetzlicher Bestimmungen des Wegzugsstaats im Wegzugsstaat einer der Steuer nach § 6 des Außensteuergesetzes vergleichbaren Steuer unterlegen hat, tritt an die Stelle der Anschaffungskosten der Wert, den der Wegzugsstaat bei der Berechnung der der Steuer nach § 6 des Außensteuergesetzes vergleichbaren Steuer angesetzt hat, höchstens jedoch der gemeine Wert. [4]Satz 3 ist in den Fällen des § 6 Abs. 3 des Außensteuergesetzes nicht anzuwenden. [5]Hat der Veräußerer den veräußerten Anteil unentgeltlich erworben, so sind als Anschaffungskosten des Anteils die Anschaffungskosten des Rechtsvorgängers maßgebend, der den Anteil zuletzt entgeltlich erworben hat. [6]Ein Veräußerungsverlust ist nicht zu berücksichtigen, soweit er auf Anteile entfällt,

a) die der Steuerpflichtige innerhalb der letzten fünf Jahre unentgeltlich erworben hatte. [2]Dies gilt nicht, soweit der Rechtsvorgänger an Stelle des Steuerpflichtigen den Veräußerungsverlust hätte geltend machen können;

b) die entgeltlich erworben worden sind und nicht innerhalb der gesamten letzten fünf Jahre zu einer Beteiligung des Steuerpflichtigen im Sinne von Absatz 1 Satz 1 gehört haben. [2]Dies gilt nicht für innerhalb der letzten fünf Jahre erworbene Anteile, deren Erwerb zur Begründung einer Beteiligung des Steuerpflichtigen im Sinne von Absatz 1 Satz 1 geführt hat oder die nach Begründung der Beteiligung im Sinne von Absatz 1 Satz 1 erworben worden sind.

(3) [1]Der Veräußerungsgewinn wird zur Einkommensteuer nur herangezogen, soweit er den Teil von 9060 Euro übersteigt, der dem veräußerten Anteil an der Kapitalgesellschaft entspricht. [2]Der Freibetrag ermäßigt sich um den Betrag, um den der Veräußerungsgewinn den Teil von 36100 Euro übersteigt, der dem veräußerten Anteil an der Kapitalgesellschaft entspricht.[1])

(4) [1]Als Veräußerung im Sinne des Absatzes 1 gilt auch die Auflösung einer Kapitalgesellschaft, die Kapitalherabsetzung, wenn das Kapital zurückgezahlt wird, und die Ausschüttung oder Zurückzahlung von Beträgen aus dem steuerlichen Einlagenkonto im Sinne des § 27 des Körperschaftsteuergesetzes. [2]In diesen Fällen ist als Veräußerungspreis der gemeine Wert des dem Steuerpflichtigen zugeteilten oder zurückgezahlten Vermögens der Kapitalgesellschaft anzusehen. [3]Satz 1 gilt nicht, soweit die Bezüge nach § 20 Abs. 1 Nr. 1 oder 2 zu den Einnahmen aus Kapitalvermögen gehören.

(5) [1]Die Beschränkung oder der Ausschluss des Besteuerungsrechts der Bundesrepublik Deutschland hinsichtlich des Gewinns aus der Veräußerung der Anteile an einer Kapitalgesellschaft im Fall der Verlegung des Sitzes oder des Orts der Geschäftsleitung der Kapitalgesellschaft in einen anderen Staat stehen der Veräußerung der Anteile zum gemeinen Wert gleich. [2]Dies gilt nicht in den Fällen der Sitzverlegung einer Europäischen Gesellschaft nach Artikel 8 der Verordnung (EG) Nr. 2157/2001 und der Sitzverlegung einer anderen Kapitalgesellschaft in einen anderen Mitgliedstaat der Europäischen Union. [3]In diesen Fällen ist der Gewinn aus einer späteren Veräußerung der Anteile ungeachtet der Bestimmungen eines Abkommens zur Vermeidung der Doppelbesteuerung in der gleichen Art und Weise zu besteuern, wie die Veräußerung dieser Anteile zu besteuern gewesen wäre, wenn keine Sitzverlegung stattgefunden hätte. [4]§ 15 Abs. 1a Satz 2 ist entsprechend anzuwenden.

(6) Als Anteile im Sinne des Absatzes 1 Satz 1 gelten auch Anteile an Kapitalgesellschaften, an denen der Veräußerer innerhalb der letzten fünf Jahre am Kapital der Gesellschaft nicht unmittelbar oder mittelbar zu mindestens 1 Prozent beteiligt war, wenn

1. die Anteile auf Grund eines Einbringungsvorgangs im Sinne des Umwandlungssteuergesetzes, bei dem nicht der gemeine Wert zum Ansatz kam, erworben wurden und
2. zum Einbringungszeitpunkt für die eingebrachten Anteile die Voraussetzungen von Absatz 1 Satz 1 erfüllt waren oder die Anteile auf einer Sacheinlage im Sinne von § 20 Abs. 1 des Umwandlungssteuergesetzes vom 7. Dezember 2006 (BGBl. I S. 2782, 2791) in der jeweils geltenden Fassung beruhen.

(7) Als Anteile im Sinne des Absatzes 1 Satz 1 gelten auch Anteile an einer Genossenschaft einschließlich der Europäischen Genossenschaft.

EStDV

§ 53 Anschaffungskosten bestimmter Anteile an Kapitalgesellschaften

[1]Bei Anteilen an einer Kapitalgesellschaft, die vor dem 21. Juni 1948 erworben worden sind, sind als Anschaffungskosten im Sinne des § 17 Abs. 2 des Gesetzes die endgültigen Höchstwerte

---

1) → *§ 20 des Gesetzes zur Förderung von Wagniskapitalbeteiligungen (Wagniskapitalbeteiligungsgesetz – WKBG),* → *Artikel 1 des Gesetzes zur Modernisierung der Rahmenbedingungen für Kapitalbeteiligungen (MoRaKG) vom 12. 8. 2008 (BGBl. I S. 1672):*
[1]Abweichend von § 17 Abs. 3 des Einkommensteuergesetzes wird der Veräußerungsgewinn aus der Veräußerung von Anteilen an einer Zielgesellschaft zur Einkommensteuer nur herangezogen, soweit er den Anteil von 200.000 Euro, der dem veräußerten Anteil an der Zielgesellschaft entspricht, übersteigt, wenn der Steuerpflichtige zum Zeitpunkt der Veräußerung innerhalb der letzten fünf Jahre unmittelbar zu mindestens 3 Prozent, höchstens jedoch zu 25 Prozent und für längstens zehn Jahre an dieser Zielgesellschaft beteiligt war. [2]Zielgesellschaften im Sinne des Satzes 1 sind solche im Sinne von § 2 Abs. 3, mit der Maßgabe, dass in § 2 Abs. 3 die Angabe „eine Wagniskapitalbeteiligungsgesellschaft" durch die Angabe „den Steuerpflichtigen" ersetzt wird. [3]Der Freibetrag ermäßigt sich um den Betrag, um den der Veräußerungsgewinn den Teil von 800.000 Euro übersteigt, der dem veräußerten Anteil an der Kapitalgesellschaft entspricht. [4]Die Sätze 1 bis 3 sind auf Veräußerungen von Anteilen an Zielgesellschaften nach dem 1. Januar 2008 anzuwenden.

zugrunde zu legen, mit denen die Anteile in eine steuerliche Eröffnungsbilanz in Deutscher Mark auf den 21. Juni 1948 hätten eingestellt werden können; bei Anteilen, die am 21. Juni 1948 als Auslandsvermögen beschlagnahmt waren, ist bei Veräußerung vor der Rückgabe der Veräußerungserlös und bei Veräußerung nach der Rückgabe der Wert im Zeitpunkt der Rückgabe als Anschaffungskosten maßgebend. [2]Im Land Berlin tritt an die Stelle des 21. Juni 1948 jeweils der 1. April 1949; im Saarland tritt an die Stelle des 21. Juni 1948 für die in § 43 Abs. 1 Ziff. 1 Ziff. 1 des Gesetzes über die Einführung des deutschen Rechts auf dem Gebiete der Steuern, Zölle und Finanzmonopole im Saarland vom 30. Juni 1959 (BGBl. I S. 339) bezeichneten Personen jeweils der 6. Juli 1959.

§ 54 Übersendung von Urkunden durch die Notare[1]) EStDV

(1) [1]Die Notare übersenden dem in § 20 der Abgabenordnung bezeichneten Finanzamt eine beglaubigte Abschrift aller auf Grund gesetzlicher Vorschrift aufgenommenen oder beglaubigten Urkunden, die die Gründung, Kapitalerhöhung oder -herabsetzung, Umwandlung oder Auflösung von Kapitalgesellschaften oder die Verfügung über Anteile an Kapitalgesellschaften zum Gegenstand haben. [2]Gleiches gilt für Dokumente, die im Rahmen einer Anmeldung einer inländischen Zweigniederlassung einer Kapitalgesellschaft mit Sitz im Ausland zur Eintragung in das Handelsregister diesem zu übersenden sind.[2])

(2) [1]Die Abschrift ist binnen zwei Wochen, von der Aufnahme oder Beglaubigung der Urkunde ab gerechnet, einzureichen. [2]Sie soll mit der Steuernummer gekennzeichnet sein, mit der die Kapitalgesellschaft bei dem Finanzamt geführt wird. [3]Die Absendung der Urkunde ist auf der zurückbehaltenen Urschrift der Urkunde beziehungsweise auf einer zurückbehaltenen Abschrift zu vermerken.

(3) Den Beteiligten dürfen die Urschrift, eine Ausfertigung oder beglaubigte Abschrift der Urkunde erst ausgehändigt werden, wenn die Abschrift der Urkunde an das Finanzamt abgesandt ist.

(4) Im Fall der Verfügung über Anteile an Kapitalgesellschaften durch einen Anteilseigner, der nicht nach § 1 Abs. 1 des Gesetzes unbeschränkt steuerpflichtig ist, ist zusätzlich bei dem Finanzamt Anzeige zu erstatten, das bei Beendigung einer zuvor bestehenden unbeschränkten Steuerpflicht des Anteilseigners oder bei unentgeltlichem Erwerb dessen Rechtsvorgängers nach § 19 der Abgabenordnung für die Besteuerung des Anteilseigners zuständig war.

---

17. Veräußerung von Anteilen an einer Kapitalgesellschaft *oder Genossenschaft* R 17

Abgrenzung des Anwendungsbereichs gegenüber anderen Vorschriften R 17 (1)

(1) [1]§ 17 EStG gilt nicht für die Veräußerung von Anteilen an einer Kapitalgesellschaft, die zu einem Betriebsvermögen gehören. [2]In diesem Fall ist der Gewinn ist nach § 4 oder § 5 EStG zu ermitteln. S 2244

Hinweise H 17 (1)

Handel mit Beteiligungen

→ H 15.7 (1)

Beteiligung R 17 (2)

(2) [1]Eine Beteiligung i. S. d. § 17 Abs. 1 Satz 1 EStG liegt vor, wenn der Stpfl. nominell zu mindestens 1 % am Nennkapital der Kapitalgesellschaft beteiligt ist oder innerhalb der letzten fünf Jahre vor der Veräußerung beteiligt war. ***[2]In den Fällen des § 17 Abs. 6 EStG (Erwerb der Anteile durch Sacheinlage oder durch Einbringung von Anteilen/Anteilstausch i. S. d. § 17 Abs. 1 Satz 1 EStG) führt auch eine nominelle Beteiligung von weniger als 1 % am Nennkapital zur Anwendung von § 17 Abs. 1 Satz 1 EStG.***

1) Anm.: Zum Umfang der Mitteilungspflicht der Notare nach § 54 EStDV → BMF vom 14. 3. 1997 (DStR 1997, S. 822).

2) Absatz 1 Satz 2 wurde durch das JStG 2008 angefügt und ist erstmals für Vorgänge nach dem 31. 12. 2007 anzuwenden, → § 84 Abs. 3b Satz 1 EStDV.

H 17 (2)

Hinweise

Ähnliche Beteiligungen

Die Einlage eines stillen Gesellschafters ist selbst dann keine „ähnliche Beteiligung" im Sinne von § 17 Abs. 1 Satz 3 EStG, wenn sie kapitalersetzenden Charakter hat (→ BFH vom 28. 5. 1997 – BStBl II S. 724).

Anteile im Betriebsvermögen

Im Betriebsvermögen gehaltene Anteile zählen bei der Ermittlung der Beteiligungshöhe mit (→ BFH vom 10. 11. 1992 – BStBl 1994 II S. 222).

Anwartschaftsrechte

Anwartschaften (Bezugsrechte) bleiben bei der Ermittlung der Höhe der Beteiligung grundsätzlich außer Betracht (→ BFH vom 14. 3. 2006 – BStBl II S. 746).

Ausländische Kapitalgesellschaft

§ 17 EStG gilt auch für Anteile an einer ausländischen Kapitalgesellschaft, wenn die ausländische Gesellschaft mit einer deutschen AG oder GmbH vergleichbar ist (→ BFH vom 21. 10. 1999 – BStBl 2000 II S. 424).

Durchgangserwerb

Ein Anteil, der bereits vor seinem Erwerb an einen Dritten abgetreten wird, erhöht die Beteiligung (→ BFH vom 16. 5. 1995 – BStBl II S. 870):

Die Vorausverfügung über ein Vollrecht durch einen Nichtberechtigten im Sinne von § 185 Abs. 2 Satz 1 BGB führt sowohl zivil- als auch steuerrechtlich zu einem zur Begründung einer Beteiligung i. S. d. § 17 Abs. 1 Satz 1 EStG ausreichenden Durchgangserwerb für eine sog. juristische Sekunde.

Eigene Anteile

Werden von der **Kapitalgesellschaft eigene Anteile** gehalten, ist bei der Entscheidung, ob ein Stpfl. i. S. d. § 17 Abs. 1 Satz 1 EStG beteiligt ist, von dem um die eigenen Anteile der Kapitalgesellschaft verminderten Nennkapital auszugehen (→ BFH vom 24. 9. 1970 – BStBl 1971 II S. 89).

Einbringungsgeborene Anteile aus Umwandlungen vor dem 13. 12. 2006

- Zur steuerlichen Behandlung von Gewinnen aus der Veräußerung von einbringungsgeborenen Anteilen → § 21 UmwStG in der am 21. 5. 2003 geltenden Fassung ***(UmwStG a. F.)*** i. V. m. § 27 Abs. 3 Nr. 3 UmwStG; BMF vom 25. 3. 1998 (BStBl I S. 268) unter Berücksichtigung der Änderungen durch BMF vom 21. 8. 2001 (BStBl I S. 543), (Tz. 21.01 bis 21.16).
- ***Einbringungsgeborene Anteile an einer Kapitalgesellschaft, die durch einen Antrag nach § 21 Abs. 2 Satz 1 Nr. 1 UmwStG a. F. entstrickt wurden, unterfallen der Besteuerung gem. § 17 Abs. 1 EStG. Veräußerungsgewinn nach § 17 Abs. 2 EStG in Bezug auf derartige Anteile ist der Betrag, um den der Veräußerungspreis den gemeinen Wert der Anteile (§ 21 Abs. 2 Satz 2 UmwStG a. F.) übersteigt (→ BFH vom 24. 6. 2008 – BStBl II S. 872).***

Fünfjahreszeitraum

- Das Tatbestandsmerkmal der Beteiligungshöhe „innerhalb der letzten fünf Jahre" i. S. d. § 17 Abs. 1 EStG ist nicht für jeden abgeschlossenen VZ nach der jeweils geltenden Beteiligungsgrenze i. S. d. § 17 Abs. 1 Satz 1 EStG zu bestimmen, sondern richtet sich nach der im Jahr der Veräußerung geltenden Beteiligungsgrenze (→ BFH vom 1. 3. 2005 – BStBl II S. 436).
- Der Gewinn aus der Veräußerung einer Beteiligung von weniger als 1 % ist auch dann nach § 17 Abs. 1 Satz 1 EStG zu erfassen, wenn der Gesellschafter die Beteiligung erst neu erworben hat, nachdem er zuvor innerhalb des Fünfjahreszeitraums eine Beteiligung von mindestens 1 % insgesamt veräußert hat und mithin vorübergehend überhaupt nicht an der Kapitalgesellschaft beteiligt war (→ BFH vom 20. 4. 1999 – BStBl II S. 650).
- Maßgeblich für die Berechnung des Fünfjahreszeitraums ist der Übergang des wirtschaftlichen und nicht des zivilrechtlichen Eigentums (→ BFH vom 17. 2. 2004 – BStBl II S. 651).
- Verzichtet ein Gesellschafter zugunsten eines Mitgesellschafters unentgeltlich auf die Teilnahme an einer Kapitalerhöhung mit der Folge, dass seine bisher über der Beteiligungsgrenze liegende Beteiligung unterhalb der Beteiligungsgrenze liegt, beginnt der Lauf der

Fünfjahresfrist grundsätzlich mit der Eintragung der Kapitalerhöhung im Handelsregister (→ BFH vom 14. 3. 2006 – BStBl II S. 746).

Genussrechte

Eine „Beteiligung am Kapital der Gesellschaft" i. S. d. § 17 EStG liegt bei eingeräumten Genussrechten nicht schon dann vor, wenn diese eine Gewinnbeteiligung gewähren, sondern nur, wenn sie auch eine Beteiligung am Liquidationserlös der Gesellschaft vorsehen. Die Vereinbarung, dass das Genussrechtskapital erst nach der Befriedigung der übrigen Gesellschaftsgläubiger zurückzuzahlen ist (sog. Nachrangvereinbarung), verleiht dem Genussrecht noch keinen Beteiligungscharakter (→ BFH vom 14. 6. 2005 – BStBl II S. 861).

Gesamthandsvermögen

- Bei ***der*** Veräußerung einer **Beteiligung, die sich im *Gesamthandsvermögen (z. B. einer vermögensverwaltenden Personengesellschaft, Erbengemeinschaft)*** befindet, ist für die Frage, ob eine Beteiligung i. S. d. § 17 Abs. 1 Satz 1 EStG vorliegt, nicht auf die ***Gesellschaft oder*** Gemeinschaft als solche, sondern auf die einzelnen Mitglieder abzustellen, da die Beteiligung nach § 39 Abs. 2 Nr. 2 AO den einzelnen Mitgliedern zuzurechnen ist ***– sog. Bruchteilsbetrachtung*** (→ BFH vom 7. 4. 1976 – BStBl II S. 557 und vom 9. 5. 2000 – BStBl II S. 686).
- Die Veräußerung von ***Anteilen an einer Gesellschaft oder Gemeinschaft***, die ***ihrerseits*** eine Beteiligung an einer Kapitalgesellschaft hält, fällt unter § 17 EStG, ***wenn eine Beteiligung i. S. d. § 17 Abs. 1 Satz 1 EStG vorliegt. Hierbei ist nicht auf die Gesellschaft oder Gemeinschaft als solche, sondern auf das veräußernde Mitglied abzustellen, da die Beteiligung nach § 39 Abs. 2 Nr. 2 AO den einzelnen Mitgliedern zuzurechnen ist – sog. Bruchteilsbetrachtung*** (→ BFH vom 13. 7. 1999 – **BStBl II S. 820 *und vom 9. 5. 2000 – BStBl II S. 686***).

Kapitalersetzende Maßnahmen

Kapitalersetzende Maßnahmen erhöhen den Anteil nicht (→ BFH vom 19. 5. 1992 – BStBl II S. 902).

Kurzfristige Beteiligung

Eine Beteiligung i. S. d. § 17 Abs. 1 Satz 1 EStG liegt bereits dann vor, wenn der Veräußerer oder bei unentgeltlichem Erwerb sein Rechtsvorgänger innerhalb des maßgebenden Fünfjahreszeitraums nur **kurzfristig** zu mindestens 1 % unmittelbar oder mittelbar an der Gesellschaft beteiligt war (→ BFH vom 5. 10. 1976 – BStBl 1977 II S. 198). Auch Anteile, die der Stpfl. noch am Tage des **unentgeltlichen Erwerbs** veräußert, zählen mit (→ BFH vom 7. 7. 1992 – BStBl 1993 II S. 331).

Maßgeblicher Zeitpunkt der Beteiligung

§ 17 EStG setzt nicht voraus, dass der Gesellschafter bis zur Veräußerung der Beteiligung i. S. d. Absatzes 1 Satz 1 EStG am Kapital der Gesellschaft beteiligt bleibt. Die Steuerverhaftung tritt auch hinsichtlich solcher Anteile ein, die der Gesellschafter in einem Zeitpunkt erwirbt, in dem er nicht mehr i. S. d. § 17 Abs. 1 Satz 1 EStG beteiligt war; es genügt, dass er einmal während des 5-Jahreszeitraums i. S. d. § 17 Abs. 1 Satz 1 EStG beteiligt war (→ BFH vom 24. 4. 1997 – BFH/NV 1998 S. 100).

Missbrauch

- Eine Beteiligung i. S. d. § 17 Abs. 1 Satz 1 EStG kann auch dann vorliegen, wenn der Veräußerer zwar formal nicht zu mindestens 1 % an der Kapitalgesellschaft beteiligt war, die Gestaltung der Beteiligungsverhältnisse jedoch **einen Missbrauch der Gestaltungsmöglichkeiten i. S. d. § 42 AO darstellt** (→ BFH vom 27. 1. 1977 – BStBl II S. 754).
- **Anteilsrotation**

  → BMF vom 3. 2. 1998 (BStBl I S. 207),

  → BFH vom 18. 7. 2001 (BFHE 196, 128),

  → BFH vom 23. 8. 2000 (BStBl 2001 II S. 260).

Mittelbare Beteiligung

- Besteht **neben einer unmittelbaren eine mittelbare Beteiligung** an der Gesellschaft, liegt eine Beteiligung i. S. d. § 17 Abs. 1 Satz 1 EStG vor, wenn die Zusammenrechnung eine Beteiligung von mindestens 1 % ergibt, unabhängig davon, ob der Stpfl. die die mittelbare Beteiligung vermittelnde Kapitalgesellschaft beherrscht oder nicht (→ BFH vom 28. 6. 1978 – BStBl II S. 590 und vom 12. 6. 1980 – BStBl II S. 646),

- Der Gesellschafter einer Kapitalgesellschaft ist auch dann Beteiligter i. S. d. § 17 Abs. 1 Satz 1 EStG, wenn sich die Anteilsquote von mindestens 1 % erst durch – anteilige – Hinzurechnung von **Beteiligungen an der Kapitalgesellschaft ergibt, welche unmittelbar oder mittelbar von einer Personenhandelsgesellschaft gehalten werden**, an welcher der Gesellschafter der Kapitalgesellschaft als Mitunternehmer beteiligt ist (→ BFH vom 10. 2. 1982 – BStBl II S. 392).
- ***Die Übernahme einer eigenkapitalersetzenden Bürgschaft für eine Gesellschaft durch einen nur mittelbar beteiligten Anteilseigner stellt keine nachträglichen Anschaffungskosten der unmittelbaren Beteiligung i. S. d. § 17 EStG dar (→ BFH vom 4. 3. 2008 – BStBl II S. 575).***

Nominelle Beteiligung

Die für die Anwendung des § 17 EStG maßgebliche Höhe einer Beteiligung ist bei einer GmbH aus den Geschäftsanteilen zu berechnen. Dies gilt auch, wenn in der GmbH-Satzung die Stimmrechte oder die Verteilung des Gewinns und des Liquidationserlöses abweichend von §§ 29, 72 GmbHG geregelt sind (→ BFH vom 25. 11. 1997 – BStBl 1998 II S. 257 und vom 14. 3. 2006 – BStBl II S. 746).

Optionsrecht

Die Veräußerung einer Anwartschaft i. S. d. § 17 Abs. 1 Satz 3 EStG liegt vor, wenn eine schuldrechtliche Option auf den Erwerb einer Beteiligung (Call-Option) veräußert wird, die die wirtschaftliche Verwertung des bei der Kapitalgesellschaft eingetretenen Zuwachses an Vermögenssubstanz ermöglicht (→ BFH vom 19. 12. 2007 – BStBl 2008 II S. 475).

Rückwirkende Schenkung

Entsteht durch den **Erwerb weiterer Anteile** eine Beteiligung von mindestens 1 %, so kann diese nicht dadurch beseitigt werden, dass die erworbenen Anteile rückwirkend verschenkt werden (→ BFH vom 18. 9. 1984 – BStBl 1985 II S. 55).

Unentgeltlicher Hinzuerwerb

Eine Beteiligung von weniger als 1 % wird nicht dadurch insgesamt zu einer Beteiligung i. S. d. § 17 Abs. 1 Satz 1 EStG, dass der Stpfl. einzelne Geschäftsanteile davon unentgeltlich von einem Beteiligten erworben hat, der eine Beteiligung von mindestens 1 % gehalten hat oder noch hält (→ BFH vom 29. 7. 1997 – BStBl II S. 727).

R 17 (3)

Unentgeltlicher Erwerb von Anteilen oder Anwartschaften

(3) Überlässt der i. S. d. § 17 Abs. 1 Satz 1 EStG beteiligte Anteilseigner einem Dritten unentgeltlich das Bezugsrecht aus einer Kapitalerhöhung (Anwartschaft i. S. d. § 17 Abs. 1 Satz 3 EStG), sind die vom Dritten erworbenen Anteile teilweise nach § 17 Abs. 1 Satz 4 EStG steuerverhaftet (Unentgeltlicher Anwartschaftserwerb).

H 17 (3)

Hinweise

Unentgeltlicher Anwartschaftserwerb

Beispiel:

Alleingesellschafter A hat seine GmbH-Anteile für 80 000 € erworben. Der gemeine Wert der Anteile beträgt 400 000 €. Die GmbH erhöht ihr Stammkapital von 100 000 € auf 120 000 €. A ermöglicht seinem Sohn S, die neu ausgegebenen Anteile von nominal 20 000 € gegen Bareinlage von 50 000 € zu erwerben. Die neuen Anteile des S haben einen gemeinen Wert von 20 000 € : 120 000 € × (400 000 € + 50 000 €) = 75 000 € und sind zu (75 000 € – 50 000 €) : 75 000 € = 33,33 % unentgeltlich und zu 66,67 % entgeltlich erworben worden. Auf den unentgeltlich erworbenen Teil ist § 17 Abs. 1 Satz 1 und 4 EStG anzuwenden. Auf diesen Teil entfallen Anschaffungskosten des Rechtsvorgängers A i. S. d. § 17 Abs. 2 Satz 5 EStG in Höhe von 80 000 € × 25 000 € : 400 000 € = 5 000 €. Die verbleibenden Anschaffungskosten des A sind entsprechend auf 75 000 € zu kürzen (→ BFH vom 6. 12. 1968 – BStBl 1969 II S. 105).

Vorbehaltsnießbrauch

→ H 17 (4)

Veräußerung von Anteilen **R 17 (4)**

(4) Die Ausübung von Bezugsrechten durch die Altaktionäre bei Kapitalerhöhungen gegen Einlage ist keine Veräußerung i. S. d. § 17 Abs. 1 EStG.

Hinweise

H 17 (4)

Allgemeines

- Veräußerung i. S. d. § 17 Abs. 1 EStG ist die entgeltliche Übertragung des rechtlichen oder zumindest des wirtschaftlichen Eigentums an einer Beteiligung auf einen anderen Rechtsträger (→ BFH vom 11. 7. 2006 – BStBl 2007 II S. 296).
- → Wirtschaftliches Eigentum

Beendigung der unbeschränkten Steuerpflicht und gleichgestellte Sachverhalte mit Auslandsbezug

→ § 6 AStG

Bezugsrechte

- Veräußert ein i. S. d. § 17 Abs. 1 Satz 1 EStG Beteiligter ihm auf Grund seiner Anteile zustehende **Bezugsrechte auf weitere Beteiligungsrechte**, liegt auch insoweit eine Veräußerung i. S. d. § 17 Abs. 1 Satz 1 EStG vor (→ BFH vom 20. 2. 1975 – BStBl II S. 505 und vom 19. 4. 2005 – BStBl II S. 762).
- Wird das **Stammkapital** einer GmbH **erhöht** und das Bezugsrecht einem Nichtgesellschafter gegen Zahlung eines Ausgleichs für die auf den neuen Geschäftsanteil übergehenden stillen Reserven eingeräumt, kann dies die Veräußerung eines Anteils an einer GmbH (Anwartschaft auf eine solche Beteiligung) sein. Wird dieser Ausgleich in Form eines Agios in die GmbH eingezahlt und in engem zeitlichem Zusammenhang damit wieder an die Altgesellschafter ausgezahlt, kann ein Missbrauch rechtlicher Gestaltungsmöglichkeiten (§ 42 AO) vorliegen. Die Zahlung an die Altgesellschafter ist dann als Entgelt für die Einräumung des Bezugsrechts zu behandeln (→ BFH vom 13. 10. 1992 – BStBl 1993 II S. 477).

Einziehung

Ein Verlust nach § 17 EStG aus der Einziehung eines GmbH-Anteils nach § 34 GmbHG ist frühestens mit deren zivilrechtlicher Wirksamkeit zu berücksichtigen (→ BFH vom 22. 7. 2008 – BStBl II S. 927).

Rückübertragung

- Eine Rückübertragung auf Grund einer vor Kaufpreiszahlung geschlossenen Rücktrittsvereinbarung ist als Ereignis mit steuerlicher Rückwirkung auf den Zeitpunkt der Veräußerung der Beteiligung zurückzubeziehen (→ BFH vom 21. 12. 1993 – BStBl 1994 II S. 648).
- Der Abschluss eines außergerichtlichen Vergleiches, mit dem die Vertragsparteien den Rechtsstreit über den Eintritt einer im Kaufvertrag vereinbarten auflösenden Bedingung beilegen, ist ein Ereignis mit steuerlicher Rückwirkung auf den Zeitpunkt der Veräußerung (→ BFH vom 19. 8. 2003 – BStBl 2004 II S. 107).
- Ohne derartige Vereinbarungen stellt die Rückübertragung eine erneute Veräußerung dar (→ BFH vom 21. 10. 1999 – BStBl 2000 II S. 424).

Tausch

Beim Tausch von Anteilen an Kapitalgesellschaften sind Anteile, die der Tauschpartner im Gegenzug hingibt, nach dem gemeinen Wert (§ 9 BewG) zu bemessen. Eine Veräußerungsbeschränkung ist bei der Bewertung zu berücksichtigen, wenn sie im Wirtschaftsgut selbst gründet und für alle Verfügungsberechtigten gilt (→ BFH vom 28. 10. 2008 – IX R 96/07).

Teilentgeltliche Übertragung

Die Übertragung von Anteilen an einer Kapitalgesellschaft bei einer Beteiligung von mindestens 1 % im Wege einer gemischten Schenkung ist nach dem Verhältnis der tatsächlichen Gegenleistung zum Verkehrswert der übertragenen Anteile in eine voll entgeltliche Anteilsübertragung (Veräußerung i. S. d. § 17 Abs. 1 Satz 1 und Abs. 2 Satz 1 EStG) und eine voll unentgeltliche Anteilsübertragung (i. S. d. § 17 Abs. 1 Satz 4 und Abs. 2 Satz 5 EStG) aufzuteilen (→ BFH vom 17. 7. 1980 – BStBl 1981 II S. 11).

Umwandlung nach ausländischem Recht

Als Auflösung i. S. d. § 17 Abs. 4 EStG ist die Umwandlung einer ausländischen Kapitalgesellschaft in eine Personengesellschaft anzusehen, wenn das maßgebende ausländische Recht in der Umwandlung eine Auflösung sieht (→ BFH vom 22. 2. 1989 – BStBl II S. 794).

Vereinbarungstreuhand

Der Verlust aus der entgeltlichen Übertragung einer Beteiligung i. S. d. § 17 Abs. 1 Satz 1 EStG im Wege einer Vereinbarungstreuhand ist steuerrechtlich nur zu berücksichtigen, wenn die Beteiligung nach der Vereinbarung künftig fremdnützig für den Treugeber gehalten werden soll und die tatsächliche Durchführung der Vereinbarung vom Veräußerer nachgewiesen wird. Bei der Prüfung, ob ein Treuhandverhältnis tatsächlich gegeben ist, ist ein strenger Maßstab anzulegen (→ BFH vom 15. 7. 1997 – BStBl 1998 II S. 152).

Vorbehaltsnießbrauch

Die Übertragung von Anteilen an Kapitalgesellschaften im Wege der vorweggenommenen Erbfolge unter Vorbehalt eines Nießbrauchsrechts stellt keine Veräußerung i. S. d. § 17 Abs. 1 EStG dar. Dies gilt auch dann, wenn das Nießbrauchsrecht später abgelöst wird und der Nießbraucher für seinen Verzicht eine Abstandszahlung erhält, sofern der Verzicht auf einer neuen Entwicklung der Verhältnisse beruht (→ BFH vom 14. 6. 2005 – BStBl 2006 II S. 15).

Wertloser Anteil

Als Veräußerung kann auch die Übertragung eines wertlosen GmbH-Anteils angesehen werden (→ BFH vom 5. 3. 1991 – BStBl II S. 630 und vom 18. 8. 1992 – BStBl 1993 II S. 34).

Wirtschaftliches Eigentum

- Der Übergang des wirtschaftlichen Eigentums an einem Kapitalgesellschaftsanteil ist nach § 39 AO zu beurteilen (→ BFH vom 17. 2. 2004 – BStBl II S. 651). Dies gilt auch anlässlich der Begründung von Unterbeteiligungsrechten an dem Anteil (→ BFH vom 18. 5. 2005 – BStBl II S. 857).
- Bei dem Verkauf einer Beteiligung geht das wirtschaftliche Eigentum jedenfalls dann über, wenn der Käufer des Anteils auf Grund eines (bürgerlich-rechtlichen) Rechtsgeschäfts bereits eine rechtlich geschützte, auf den Erwerb des Rechts gerichtete Position erworben hat, die ihm gegen seinen Willen nicht mehr entzogen werden kann, und die mit dem Anteil verbundenen wesentlichen Rechte sowie das Risiko der Wertminderung und die Chance einer Wertsteigerung auf ihn übergegangen sind. Diese Voraussetzungen müssen nicht in vollem Umfang erfüllt sein; entscheidend ist das Gesamtbild der Verhältnisse (→ BFH vom 11. 7. 2006 – BStBl 2007 II S. 296).
- Bei dem Verkauf des Geschäftsanteils an einer GmbH ist regelmäßig erforderlich, dass dem Erwerber das Gewinnbezugsrecht und das Stimmrecht eingeräumt werden. Für den Übergang des Stimmrechts ist ausreichend, dass der Veräußerer verpflichtet ist, bei der Stimmabgabe die Interessen des Erwerbers wahrzunehmen (→ BFH vom 17. 2. 2004 – BStBl II S. 651).
- Auch eine kurze Haltezeit kann wirtschaftliches Eigentum begründen, wenn dem Stpfl. der in der Zeit seiner Inhaberschaft erwirtschaftete Erfolg (einschließlich eines Substanzwertzuwachses) zusteht (→ BFH vom 18. 5. 2005 – BStBl II S. 857).
- Erwerbspositionen können die Annahme wirtschaftlichen Eigentums nur begründen, wenn nach dem typischen und für die wirtschaftliche Beurteilung maßgeblichen Geschehensablaufs tatsächlich mit einer Ausübung des Optionsrechts gerechnet werden kann. Hierauf kommt es nicht an, wenn nicht nur dem Käufer ein Ankaufsrecht, sondern auch dem Verkäufer ein Andienungsrecht im Überschneidungsbereich der vereinbarten Optionszeiträume zum selben Optionspreis eingeräumt wird (sog. wechselseitige Option oder Doppeloption) (→ BFH vom 11. 7. 2006 – BStBl 2007 II S. 296).
- Erwerbsoptionen können die Annahme wirtschaftlichen Eigentums nur begründen, wenn nach dem typischen und für die wirtschaftliche Beurteilung maßgeblichen Geschehensablauf tatsächlich mit einer Ausübung des Optionsrechts gerechnet werden kann (→ BFH vom 4. 7. 2007 – BStBl II S. 937). Hierauf kommt es nicht an, wenn nicht nur dem Käufer ein Ankaufsrecht, sondern auch dem Verkäufer ein Andienungsrecht im Überschneidungsbereich der vereinbarten Optionszeiträume zum selben Optionspreis eingeräumt wird (sog. wechselseitige Option oder Doppeloption) (→ BFH vom 11. 7. 2006 – BStBl 2007 II S. 296).

Anschaffungskosten der Anteile R 17 (5)

(5) [1]Eine Kapitalerhöhung aus Gesellschaftsmitteln erhöht die Anschaffungskosten der Beteiligung nicht. [2]Die Anschaffungskosten sind nach dem Verhältnis der Nennbeträge auf die vor der Kapitalerhöhung erworbenen Anteile und die neuen Anteile zu verteilen (→ § 3 Kapitalerhöhungssteuergesetz). ***[3]Für Anteile i. S. d. § 17 Abs. 1 EStG, die sich in Girosammelverwahrung befinden, sind die Anschaffungskosten der veräußerten Anteile nicht nach dem Fifo-Verfahren, sondern nach den durchschnittlichen Anschaffungskosten sämtlicher Anteile derselben Art zu bestimmen.***

Hinweise

H 17 (5)

Absenkung der Beteiligungsgrenze

Bei der Ermittlung des Veräußerungsgewinns sind als Anschaffungskosten die historischen Anschaffungskosten und nicht der gemeine Wert der Anteile zum Zeitpunkt der Absenkung der Wesentlichkeitsgrenze anzusetzen (→ BFH vom 1. 3. 2005 – BStBl II S. 398).

Allgemeines

→ R 6.2

Bezugsrechte/Gratisaktien

- Das anlässlich einer Kapitalerhöhung entstehende konkrete Bezugsrecht auf neue Aktien führt zu einer Abspaltung der im Geschäftsanteil verkörperten Substanz und damit auch zu einer Abspaltung eines Teils der ursprünglichen Anschaffungskosten für die Altanteile; dieser Teil ist dem Bezugsrecht zuzuordnen (→ BFH vom 19. 4. 2005 – BStBl II S. 762).
- Werden Kapitalgesellschaftsanteile im Anschluss an eine mit der Gewährung von kostenlosen Bezugsrechten oder von Gratisaktien verbundene Kapitalerhöhung veräußert, sind die ursprünglichen Anschaffungskosten der Kapitalgesellschaftsanteile um den auf die Bezugsrechte oder die Gratisaktien entfallenden Betrag nach der Gesamtwertmethode zu kürzen (→ BFH vom 19. 12. 2000 – BStBl 2001 II S. 345).

Bürgschaft

- Hat der Gesellschafter eine Bürgschaft für eine Verbindlichkeit der Gesellschaft übernommen und wird er daraus in Anspruch genommen, ohne eine gleichwertige Rückgriffsforderung gegen die Gesellschaft zu erwerben, entstehen dem Gesellschafter nachträgliche Anschaffungskosten in Gestalt verdeckter Einlagen, wenn die Übernahme der Bürgschaft ihre Ursache im Gesellschaftsverhältnis hat. Eine Veranlassung durch das Gesellschaftsverhältnis ist nur gegeben, soweit die Übernahme der Bürgschaft eigenkapitalersetzenden Charakter hat. Die Veranlassung durch das Gesellschaftsverhältnis kann nicht allein aus der Unentgeltlichkeit einer Bürgschaftsübernahme gefolgert werden.

  Die Höhe der **nachträglichen Anschaffungskosten** ist bei Bürgschaftsinanspruchnahme nach den Grundsätzen zur Berücksichtigung von → Kapitalersetzenden Darlehen zu bemessen.

  Nachträgliche Anschaffungskosten in Höhe des Nennwerts der Rückgriffsforderung liegen danach vor bei
  - Bürgschaften, die erst in der Krise übernommen werden,
  - krisenbestimmten Bürgschaften und
  - Finanzplanbürgschaften.

  Handelt es sich hingegen um eine Bürgschaft, die bereits vor der Krise eingegangen wurde und nicht krisenbestimmt war, so kann die Rückgriffsforderung des Gesellschafter-Bürgen gegen die Gesellschaft nur entsprechend ihrer Werthaltigkeit zum Zeitpunkt des Kriseneintritts angesetzt werden (→ BFH vom 6. 7. 1999 – BStBl II S. 817).
- Auch eine Zahlung für die Freistellung von einer Bürgschaftsverpflichtung kann unter Umständen zu den Anschaffungskosten der Beteiligung gehören (→ BFH vom 2. 10. 1984 – BStBl 1985 II S. 320).
- Die Bürgschaftsverpflichtung eines zahlungsunfähigen Gesellschafters erhöht nicht die Anschaffungskosten seiner Beteiligung (→ BFH vom 8. 4. 1998 – BStBl II S. 660).
- ***Die Inanspruchnahme eines Aktionärs aus einer Bürgschaft für die AG, an der er nicht unternehmerisch beteiligt ist (regelmäßig bei einem Aktienbesitz bis zu 25 %), führt nicht zu nachträglichen Anschaffungskosten der Beteiligung, da die Bürgschaft keinen eigenkapitalersetzenden Charakter besitzt (→ BFH vom 2. 4. 2008 – BStBl II S. 706).***

Weitere Erläuterungen → OFD Frankfurt vom 21. 7. 2008 – S 2244 A – 99 – St 215

- → Drittaufwand

Drittaufwand

- Wird einer GmbH durch einen nahen Angehörigen eines Gesellschafters ein Darlehen gewährt und kann die GmbH das Darlehen wegen Vermögenslosigkeit nicht zurückzahlen, kann der Wertverlust der Darlehensforderung bei der Ermittlung des Auflösungsgewinns des Gesellschafters nicht als nachträgliche Anschaffungskosten der Beteiligung berücksichtigt werden. Gesondert zu prüfen ist, ob dem Gesellschafter das Darlehen nach den Regeln des Eigenkapitalersatzrechts unmittelbar zuzurechnen ist (→ BFH vom 12. 12. 2000 – BStBl 2001 II S. 286).
- Die Inanspruchnahme des Ehegatten des Alleingesellschafters einer GmbH aus der Bürgschaft für ein der Gesellschaft in einer wirtschaftlichen Krise durch eine Bank gewährtes Darlehen erhöht die Anschaffungskosten der Beteiligung des Gesellschafters, soweit dieser verpflichtet ist, dem Ehegatten die Aufwendungen zu ersetzen (→ BFH vom 12. 12. 2000 – BStBl 2001 II S. 385).
- Hat eine GmbH I, die vom Ehemann der Mehrheitsgesellschafterin einer weiteren GmbH (GmbH II) beherrscht wird, der GmbH II als „Darlehen" bezeichnete Beträge überlassen, die bei dem beherrschenden Gesellschafter der GmbH I als verdeckte Gewinnausschüttung besteuert worden sind, erhöht die Gewährung des „Darlehens" als mittelbare verdeckte Einlage die Anschaffungskosten der Mehrheitsgesellschafterin der GmbH II auf ihre Beteiligung (→ BFH vom 12. 12. 2000 – BStBl 2001 II S. 234).

Girosammelverwahrung

Die Fifo-Methode kann bei Entwicklung der Einkünfte nach § 17 EStG für die Fälle der Girosammelverwahrung nicht entsprechend angewandt werden (→ OFD Frankfurt vom 6. 6. 2006 – DStR 2006, S. 1891).

Haftungsinanspruchnahme

Führt die Inanspruchnahme eines Gesellschafter-Geschäftsführers als Haftender für Gesellschaftsschulden zu nachträglichen Anschaffungskosten auf die Beteiligung, entsteht ein Verlust aus der Auflösung der Kapitalgesellschaft regelmäßig erst mit Abschluss des Insolvenzverfahrens über das Vermögen der Gesellschaft (→ BFH vom 21. 1. 2004 – BFH/NV 2004 S. 947).

Kapitalerhöhung gegen Einlage

Eine Kapitalerhöhung gegen Einlage führt bei den bereits bestehenden Anteilen zu einer Substanzabspaltung mit der Folge, dass Anschaffungskosten der Altanteile im Wege der Gesamtwertmethode teilweise den Bezugsrechten bzw. den neuen Anteilen zuzuordnen sind (→ BFH vom 21. 1. 1999 – BStBl II S. 638).

Kapitalersetzende Darlehen

- Zur Berücksichtigung kapitalersetzender Darlehen als nachträgliche Anschaffungskosten → BMF vom 8. 6. 1999 (BStBl I S. 545) und BFH vom 13. 7. 1999 (BStBl II S. 724).

Darlehensverlust eines wesentlich i. S. d. § 17 EStG beteiligten Gesellschafters als nachträgliche Anschaffungskosten der Beteiligung gemäß § 17 Abs. 2 EStG

BMF vom 8. 6. 1999 (BStBl I S. 545)
IV C 2 – S 2244 – 12/99

Der VIII. Senat des Bundesfinanzhofs hat in jüngster Zeit in mehreren Urteilen zur Höhe der nachträglichen Anschaffungskosten gemäß § 17 Abs. 2 EStG in den Fällen des Darlehensverlustes eines wesentlich i. S. d. § 17 EStG beteiligten Gesellschafters Stellung genommen (Urteile vom 24. 4. 1997 – VIII R 16/94 – BStBl 1999 II S. 339 und – VIII R 23/93 – BStBl 1999 II S. 342, vom 4. 11. 1997 – VIII R 18/94 – BStBl 1999 II S. 344 sowie vom 10. 11. 1998 – VIII R 6/96 – BStBl 1999 II S. 348).

Nach den in diesen Urteilen zum Ausdruck kommenden Rechtsgrundsätzen gehören zu den Anschaffungskosten einer wesentlichen Beteiligung i. S. d. § 17 EStG auch nachträgliche Aufwendungen auf die Beteiligung, wenn sie durch das Gesellschaftsverhältnis veranlasst und weder Werbungskosten bei den Einkünften aus Kapitalvermögen noch Veräußerungskosten sind. Danach zählt zu diesen Aufwendungen auch die Wertminderung des Rückzahlungsanspruchs aus einem der Gesellschaft gewährten Darlehen. Nach Auffassung des BFH muss der Begriff der nachträglichen Anschaffungskosten in § 17 EStG weit ausgelegt werden, damit das die Einkommensbesteuerung beherrschende Nettoprinzip im Anwendungsbereich dieser Norm ausreichend wirksam werden kann. Dem durch die Beteiligung veranlassten Ertrag ist der durch sie veranlasste Aufwand gegenüberzustellen. Als nachträgliche Anschaffungskosten i. S. d. § 17 EStG kommen deshalb nicht nur Aufwendungen in Betracht, die auf der Ebene der Gesellschaft als Nachschüsse oder verdeckte Einlagen zu werten sind, sondern auch sonstige, durch das Gesellschaftsverhältnis veranlasste Aufwendungen des Gesellschafters, sofern diese nicht Werbungskosten bei den Einkünften aus Kapitalvermögen oder Veräußerungskosten i. S. von § 17 Abs. 2 EStG sind.

Ein Darlehen ist nach Auffassung des BFH durch das Gesellschaftsverhältnis u. a. dann veranlasst, wenn im Zeitpunkt seiner Gewährung oder Weitergewährung die Gesellschaft entweder konkursreif ist oder wenn die Konkursreife zwar noch nicht eingetreten ist, die Rückzahlung des Darlehens aber angesichts der finanziellen Situation der Gesellschaft in dem Maße gefährdet ist, dass ein ordentlicher Kaufmann das Risiko einer Kreditgewährung zu denselben Bedingungen wie der Gesellschafter nicht mehr eingegangen wäre (sog. Krise). Nach Auffassung des BFH ist dies im Anschluss an die Rechtsprechung des Bundesgerichtshofs (BGH) zu kapitalersetzenden Gesellschafterdarlehen danach zu beurteilen, ob die Gesellschaft unter den bestehenden Verhältnissen von einem Dritten noch einen Kredit zu marktüblichen Bedingungen erhalten hätte.

Was im Fall der Hingabe des Darlehens in der Krise der Gesellschaft gilt, gilt nach Auffassung des BFH auch bei einem der Gesellschaft v o r der Krise gewährten Darlehen, wenn der Gesellschafter das Darlehen stehenlässt, obwohl er es hätte abziehen können und es angesichts der veränderten finanziellen Situation der Gesellschaft absehbar war, dass die Rückzahlung gefährdet sein wird.

Im Einzelnen unterscheidet der BFH für die Frage des Umfangs nachträglicher Anschaffungskosten vier Fallgruppen:

a) **Hingabe des Darlehens in der Krise**
Im Falle der Hingabe des Darlehens in der Krise ist nach Auffassung des BFH für die Höhe der Anschaffungskosten dessen Nennwert maßgeblich.

b) **Stehengelassene Darlehen**
Im Falle eines stehengelassenen Darlehens ist grundsätzlich der gemeine Wert in dem Zeitpunkt maßgeblich, in dem es der Gesellschafter mit Rücksicht auf das Gesellschaftsverhältnis nicht abzieht; dies kann ein Wert erheblich unter dem Nennwert des Darlehens, im Einzelfall sogar ein Wert von 0 DM sein.

c) **Krisenbestimmte Darlehen**
Auf die Prüfung, wann die Krise eingetreten ist und wann der Gesellschafter hiervon Kenntnis erlangt hat, kann nach Auffassung des BFH verzichtet werden, wenn der Gesellschafter schon in einem früheren Zeitpunkt mit bindender Wirkung gegenüber der Gesellschaft oder den Gesellschaftsgläubigern erklärt, dass er das Darlehen auch in der Krise stehenlassen werde (sog. „krisenbestimmtes" Darlehen). Das gilt jedenfalls dann, wenn die Erklärung im Rahmen einer vertraglichen Vereinbarung abgegeben wurde. Denn zu einer solchen Erklärung wäre ein Darlehensgeber, der nicht auch Gesellschafter ist, mit Rücksicht auf das ihm bei Gefährdung des Rückzahlungsanspruchs regelmäßig zustehende außerordentliche Kündigungsrecht im allgemeinen nicht bereit. Fällt der Gesellschafter bei Auflösung der Gesellschaft mit einem solchen „krisenbestimmten" Darlehen aus, führt das im Allgemeinen zu nachträglichen Anschaffungskosten auf die Beteiligung in Höhe des Nennwerts des Darlehens. Das beruht nach Auffassung des BFH auf der Erwägung, dass bei den „krisenbestimmten" Darlehen die Bindung bereits mit dem Verzicht auf eine ordentliche und außerordentliche Kündigung im Zeitpunkt der Krise eintritt und deshalb der Verlust des Darlehens auf diesem Verzicht und nicht nur auf den später eintretenden gesetzlichen Rechtsfolgen der Krise beruht, womit sich diese Fallgruppe wesentlich von derjenigen der „stehengelassenen" Darlehen unterscheidet.

d) **Finanzplandarlehen**
Auf die Prüfung, wann die Krise der Gesellschaft eingetreten ist und wann die Gesellschafter hiervon Kenntnis erlangt haben, kann nach Auffassung des BFH außer bei einem auf Krisenfinanzierung hin angelegten Darlehen auch bei einem Darlehen verzichtet werden, das von vornherein in die Finanzplanung der Gesellschaft in der Weise einbezogen ist, dass die zur Aufnahme der Geschäfte erforderliche Kapitalausstattung der Gesellschaft durch eine Kombination von Eigen- und Fremdfinanzierung erreicht werden soll. Solche von den Gesellschaftern gewährten „finanzplanmäßigen" Kredite zur Finanzierung des Unternehmenszwecks (sog. Finanzplandarlehen) sind nach Gesellschaftsrecht den Einlagen gleichgestellt. Liegt ein in diesem Sinne krisenunabhängiges Finanzplandarlehen vor, ist es nach Auffassung des BFH nicht nur von vornherein – also

mit seiner Hingabe – gesellschaftsrechtlich als Haftkapital gebunden; es ist auch für die einkommensteuerrechtliche Beurteilung davon auszugehen, dass es mit Rücksicht auf das Gesellschaftsverhältnis gewährt wurde. Dementsprechend erhöhen sich im Falle seines Verlustes die Anschaffungskosten der Beteiligung nicht nur in Höhe seines Wertes im Zeitpunkt der Krise, sondern in Höhe seines Wertes im Zeitpunkt der Gründung der Gesellschaft, also seines Nennwertes.

Unter Bezugnahme auf das Ergebnis der Erörterung mit den obersten Finanzbehörden der Länder gilt für die Anwendung der Rechtsgrundsätze der o. g. BFH-Urteile Folgendes:

Die Rechtsgrundsätze der genannten BFH-Urteile sind in allen offenen Fällen anzuwenden. Das BMF-Schreiben vom 14. 4. 1994 (BStBl I S. 257) wird aufgehoben.

- Die Wertminderung von Ansprüchen des Gesellschafters aus kapitalersetzenden Darlehen, die vor der Begründung der Beteiligung i. S. d. § 17 Abs. 1 EStG gewährt wurden, führt nur insoweit zu nachträglichen Anschaffungskosten, als die Wertminderung nach Begründung einer solchen Beteiligung eingetreten ist. Wertminderungen aus kapitalersetzenden Darlehen, die erst nach Begründung der Beteiligung i. S. d. § 17 Abs. 1 Satz 1 EStG gewährt wurden, sind dagegen in vollem Umfang als nachträgliche Anschaffungskosten zu berücksichtigen. Gleiches gilt für Rückgriffsforderungen aus kapitalersetzenden Bürgschaften (→ BFH vom 20. 4. 2004 – BStBl II S. 556).
- ***Der Ausfall eines Darlehens, das ein Aktionär der AG gewährt hat, an der er nicht unternehmerisch beteiligt ist (regelmäßig bei einem Aktienbesitz bis zu 25 %), führt nicht zu nachträglichen Anschaffungskosten der Beteiligung, da das Darlehen keinen eigenkapitalersetzenden Charakter besitzt (→ BFH vom 2. 4. 2008 – BStBl II S. 706).***
- → Drittaufwand
- Zwerganteilsprivileg, Sanierungsprivileg

  Der BFH orientiert sich in seinen Entscheidungen zur Berücksichtigung von eigenkapitalersetzenden Darlehen und Bürgschaften als nachträgliche Anschaffungskosten bei § 17 EStG strikt am Zivilrecht. Daher haben die nachstehenden Besonderheiten des Eigenkapitalersatzrechts im GmbHG und die Regelungen im Aktienrecht durch die Herabsetzung der Beteiligungsgrenze auf mindestens 10 % ab dem 1. 1. 1999 und auf mindestens 1 % ab dem in § 52 Abs. 34a EStG aufgeführten zeitlichen Anwendungsrahmen Auswirkungen auf die Beurteilung des Entstehens von nachträglichen Anschaffungskosten bei einer wesentlichen Beteiligung.

  → OFD Frankfurt vom 21. 8. 2006, S 2244 A – 37 – St 215 (DB 2006 S. 2152)

Kapitalrücklage

Die Einzahlung eines Gesellschafters in die Kapitalrücklage einer Gesellschaft, die dem deutschen Handelsrecht unterliegt, ist eine Einlage in das Gesellschaftsvermögen und erhöht die Anschaffungskosten seiner Beteiligung. Ist die empfangende Gesellschaft eine ausländische, ist nach dem jeweiligen ausländischen Handelsrecht zu beurteilen, ob die Einzahlung in die Kapitalrücklage die Anschaffungskosten der Beteiligung an der Gesellschaft erhöht oder zur Entstehung eines selbstständigen Wirtschaftsguts „Beteiligung an der Kapitalrücklage" führt (→ BFH vom 27. 4. 2000 – BStBl 2001 II S. 168).

Liquidation

Anwendung von § 17 EStG im Liquidationsfall → OFD Magdeburg vom 30. 3. 2006 (DB 2006, S. 1248)

Rückbeziehung von Anschaffungskosten

Fallen nach der Veräußerung der Beteiligung noch Aufwendungen an, die nachträgliche Anschaffungskosten der Beteiligung sind, so sind sie nach § 175 Abs. 1 Satz 1 Nr. 2 AO zu dem Veräußerungszeitpunkt zu berücksichtigen (→ BFH vom 2. 10. 1984 – BStBl 1985 II S. 428).

Wehrt ein Gesellschafter-Geschäftsführer einer GmbH, der keinen Anstellungsvertrag und keinen Lohnanspruch hat, Zahlungs- oder Haftungsansprüche der GmbH durch Zahlungen an die GmbH ab, sind diese Zahlungen nachträgliche Anschaffungskosten seines Anteils an der GmbH (→ FG Baden-Württemberg, Stuttgart, vom 11. 5. 1995 – EFG 1995 S. 1024).

Rückzahlung aus Kapitalherabsetzung

Setzt die Körperschaft ihr Nennkapital zum Zweck der Kapitalrückzahlung herab (§ 222 AktG, § 58 GmbHG), so mindern die Rückzahlungsbeträge, soweit sie nicht Einnahmen i. S. d. § 20

Abs. 1 Nr. 2 EStG sind, nachträglich die Anschaffungskosten der Anteile (→ BFH vom 29. 6. 1995 – BStBl II S. 725).

Rückzahlung einer offenen Gewinnausschüttung

Die Rückzahlung einer offenen Gewinnausschüttung führt zu nachträglichen Anschaffungskosten der Beteiligung (→ BFH vom 29. 8. 2000 – BStBl 2001 II S. 173).

Verdeckte Einlage

- Begriff → H 4.3 (1)
- Zu den Anschaffungskosten i. S. d. § 17 Abs. 2 Satz 1 EStG gehören neben dem Anschaffungspreis der Anteile auch **weitere in Bezug auf die Anteile getätigte Aufwendungen**, wenn sie durch das Gesellschaftsverhältnis veranlasst und weder Werbungskosten noch Veräußerungskosten sind, wie z. B. Aufwendungen, die als verdeckte Einlagen zur Werterhöhung der Anteile beigetragen haben (→ BFH vom 12. 2. 1980 – BStBl II S. 494),
- Zu den Anschaffungskosten i. S. d. § 17 Abs. 2 Satz 1 EStG gehört auch der gemeine Wert von Anteilen i. S. d. § 17 EStG, die verdeckt in eine Kapitalgesellschaft, an der nunmehr eine Beteiligung i. S. d. § 17 Abs. 1 Satz 1 EStG besteht, eingebracht worden sind. Dies gilt auch dann, wenn die verdeckte Einlage vor dem 1. 1. 1992 erfolgt ist (→ BFH vom 18. 12. 2001 – BStBl 2002 II S. 460).
- → Drittaufwand

Wahlrecht bei teilweiser Veräußerung von GmbH-Anteilen

Wird die Beteiligung nicht insgesamt veräußert und wurden die **Anteile zu verschiedenen Zeitpunkten und zu verschiedenen Preisen erworben**, kann der Stpfl. bestimmen, welche Anteile oder Teile davon er veräußert. Für die Ermittlung des Veräußerungsgewinns (-verlustes) sind die tatsächlichen Anschaffungskosten dieser Anteile maßgebend (→ BFH vom 10. 10. 1978 – BStBl 1979 II S. 77).

Veräußerungskosten **R 17 (6)**

(6) Veräußerungskosten i. S. d. § 17 Abs. 2 EStG ***sind alle durch das Veräußerungsgeschäft veranlassten Aufwendungen***.

Hinweise

H 17 (6)

Fehlgeschlagene Veräußerung

Die Kosten der fehlgeschlagenen Veräußerung einer Beteiligung i. S. d. § 17 Abs. 1 Satz 1 EStG können weder als Veräußerungskosten nach § 17 Abs. 2 Satz 1 EStG noch als Werbungskosten bei den Einkünften aus Kapitalvermögen berücksichtigt werden (→ BFH vom 17. 4. 1997 – BStBl 1998 II S. 102).

Veräußerungsgewinn **R 17 (7)**

(7) [1]Für eine in Fremdwährung angeschaffte oder veräußerte Beteiligung i. S. d. § 17 Abs. 1 Satz 1 EStG sind die Anschaffungskosten, der Veräußerungspreis und die Veräußerungskosten jeweils im Zeitpunkt ihrer Entstehung aus der Fremdwährung in Euro umzurechnen. [2]Wird eine Beteiligung i. S. d. § 17 Abs. 1 Satz 1 EStG gegen eine Leibrente oder gegen einen in Raten zu zahlenden Kaufpreis veräußert, gilt R 16 Abs. 11 entsprechend mit der Maßgabe, dass der Ertrags- oder Zinsanteil nach § 22 Nr. 1 Satz 3 Buchstabe a Doppelbuchstabe bb oder § 20 Abs. 1 Nr. 7 EStG zu erfassen ist.

Hinweise

H 17 (7)

Aktien als Veräußerungsentgelt

Wird eine Beteiligung i. S. d. § 17 Abs. 1 Satz 1 EStG veräußert und erhält der Veräußerer als Entgelt börsengängige Aktien, so bestimmt sich der Veräußerungspreis i. S. d. § 17 Abs. 2 Satz 1

EStG nach dem Kurswert der erlangten Aktien im Zeitpunkt der Veräußerung. Das gilt auch dann, wenn der Veräußerer der Beteiligung sich persönlich verpflichtet hat, die erlangten Aktien fünf Jahre nicht zu veräußern (→ BFH vom 17. 10. 1974 – BStBl 1975 II S. 58).

Auflösung und Kapitalherabsetzung

- Der Zeitpunkt der Gewinnverwirklichung ist bei einer Auflösung mit anschließender Liquidation normalerweise der Zeitpunkt des Abschlusses der Liquidation; erst dann steht fest, ob und in welcher Höhe der Gesellschafter mit einer Zuteilung und Rückzahlung von Vermögen der Gesellschaft rechnen kann, und ferner, welche nachträglichen Anschaffungskosten der Beteiligung anfallen und welche Veräußerungskosten/Auflösungskosten der Gesellschafter persönlich zu tragen hat. Ausnahmsweise kann der Zeitpunkt, in dem der Veräußerungsverlust realisiert ist, schon vor Abschluss der Liquidation liegen, wenn mit einer wesentlichen Änderung des bereits feststehenden Verlustes nicht mehr zu rechnen ist (→ BFH vom 25. 1. 2000 – BStBl II S. 343). Bei der Prüfung, ob mit einer Auskehrung von Gesellschaftsvermögen an den Gesellschafter und mit einer wesentlichen Änderung der durch die Beteiligung veranlassten Aufwendungen nicht mehr zu rechnen ist, sind auch Sachverhalte zu berücksichtigen, die die Kapitalgesellschaft oder den Gesellschafter – wenn er Kaufmann wäre – zur Bildung einer Rückstellung verpflichten würde (→ BFH vom 27. 11. 2001 – BStBl 2002 II S. 731).
- Ohne unstreitige greifbare Anhaltspunkte für eine Vermögenslosigkeit der Gesellschaft nach den vorstehenden Grundsätzen oder einen Auflösungsbeschluss der Gesellschafter entsteht ein Auflösungsverlust erst zum Zeitpunkt der Löschung der Gesellschaft im Handelsregister (→ BFH vom 21. 1. 2004 – BStBl II S. 551).
- Rückzahlung aus Kapitalherabsetzung → H 6.2, H 17 (5)

Aufteilung des Veräußerungspreises

Bei rechtlich, wirtschaftlich und zeitlich verbundenen Erwerben von Aktienpaketen durch denselben Erwerber zu unterschiedlichen Entgelten muss der Veräußerungspreis für das einzelne Paket für steuerliche Zwecke abweichend von der zivilrechtlichen Vereinbarung aufgeteilt werden, wenn sich keine kaufmännisch nachvollziehbaren Gründe für die unterschiedliche Preisgestaltung erkennen lassen (→ BFH vom 4. 7. 2007 – BStBl II S. 937).

Fehlgeschlagene Gründung

Im Zusammenhang mit der fehlgeschlagenen Gründung einer Kapitalgesellschaft entstandene Kosten können jedenfalls dann nicht als Liquidationsverlust i. S. d. § 17 Abs. 4 EStG abgezogen werden, wenn lediglich eine Vorgründungsgesellschaft bestanden hat (→ BFH vom 20. 4. 2004 – BStBl II S. 597).

Kapitalerhöhung

Erwirbt ein Anteilseigner, nachdem der Umfang seiner Beteiligung auf unter 1 % gesunken ist, bei einer Kapitalerhöhung weitere Geschäftsanteile hinzu, ohne dass sich der %-Satz seiner Beteiligung ändert, dann ist auch der auf diese Anteile entfallende Veräußerungsgewinn gemäß § 17 EStG zu erfassen (→ BFH vom 10. 11. 1992 – BStBl 1994 II S. 222).

Rückkaufsrecht

Die Vereinbarung eines Rückkaufrechts steht der Annahme eines Veräußerungsgeschäfts nicht entgegen. Zum Veräußerungspreis gehört auch der wirtschaftliche Vorteil eines Rückkaufsrechts mit wertmäßig beschränktem Abfindungsanspruch (→ BFH vom 7. 3. 1995 – BStBl II S. 693).

Stichtagsbewertung

Der Veräußerungsgewinn i. S. d. § 17 Abs. 2 EStG entsteht im Zeitpunkt der Veräußerung. Bei der Ermittlung des Veräußerungsgewinns ist für alle beeinflussenden Faktoren eine Stichtagsbewertung auf den Zeitpunkt der Veräußerung vorzunehmen. Das Zuflussprinzip des § 11 EStG gilt insoweit nicht (→ BFH vom 12. 2. 1980 – BStBl II S. 494).

Veräußerung gegen wiederkehrende Leistungen

Anhang 8
- → BMF vom 3. 8. 2004 (BStBl I S. 1187)
- → ferner: OFD Hannover vom 20. 5. 2008 – S 2244-96 – StO 243 – (BB 2008, S. 1944):

  Bei der Veräußerung von Anteilen an Kapitalgesellschaften i. S. d. § 17 EStG vor dem 1. 1. 2009 gegen wiederkehrende Leistungen, bei denen der Stpfl. die Zuflussbesteuerung gewählt hat, vgl. BMF vom 3. 8. 2004, BStBl I S. 1187, unterliegt der zu versteuernde Gewinn auch in den VZ 2009 und später dem Halbeinkünfteverfahren.

Bei der Beurteilung, ob für einen Veräußerungsgewinn i. S. d. § 17 EStG das Halbeinkünfteverfahren oder das Teileinkünfteverfahren anzuwenden ist, ist maßgebend auf den Veräußerungszeitpunkt und nicht auf den Zeitpunkt des Zuflusses der wiederkehrenden Leistungen abzustellen.

Veräußerungsverlust

War der Stpfl. nicht während der gesamten letzten fünf Jahre i. S. d. § 17 Abs. 1 Satz 1 EStG beteiligt, ist ein Veräußerungsverlust nach § 17 Abs. 2 Satz 6 Buchstabe b EStG nur insoweit anteilig zu berücksichtigen, als er auf die im Fünfjahreszeitraum erworbenen Anteile entfällt, deren Erwerb zu einer Beteiligung i. S. d. § 17 Abs. 1 Satz 1 EStG geführt hat (→ BFH vom 20. 4. 2004 – BStBl II S. 556).

Zur Berücksichtigung von kapitalersetzenden Darlehen in diesem Fall → H 17 (5) Kapitalersetzende Darlehen.

Wettbewerbsverbot

Wird im Zusammenhang mit der Veräußerung einer Beteiligung i. S. d. § 17 Abs. 1 Satz 1 EStG an einer Kapitalgesellschaft ein Wettbewerbsverbot mit eigener wirtschaftlicher Bedeutung vereinbart, gehört die Entschädigung für das Wettbewerbsverbot nicht zu dem Veräußerungspreis i. S. d. § 17 Abs. 2 Satz 1 EStG (→ BFH vom 21. 9. 1982 – BStBl 1983 II S. 289).

Einlage einer wertgeminderten Beteiligung **R 17 (8)**

(8) Aus Gründen sachlicher Billigkeit ist in Fällen, in denen eine Beteiligung i. S. d. § 17 Abs. 1 Satz 1 EStG aus einem Privatvermögen in ein Betriebsvermögen eingelegt wird und der Teilwert der Beteiligung im Zeitpunkt der Einlage unter die Anschaffungskosten gesunken ist, der Unterschiedsbetrag zwischen den Anschaffungskosten und dem niedrigeren Teilwert im Zeitpunkt der Einlage festzuhalten und im Zeitpunkt des Ausscheidens der Beteiligung aus dem Betriebsvermögen für Zwecke der Einkommensteuer ***nach Maßgabe des § 3c Abs. 2 EStG*** gewinnmindernd zu berücksichtigen, wenn

a) im Zeitpunkt des Ausscheidens der Beteiligung aus dem Betriebsvermögen ***§ 17 Abs. 2 Satz 6 EStG*** einer Verlustberücksichtigung nicht entgegenstehen würde und

b) es sich nicht um einen mit einem Sperrbetrag nach § 50c EStG i. d. F. des Gesetzes vom 24. 3. 1999 (Steuerentlastungsgesetz 1999/2000/2002, BGBl. I S. 402) belasteten Anteil handelt, bei dem die vor der Einlage in das Betriebsvermögen eingetretene Wertminderung ausschüttungsbedingt ist.

Hinweise

H 17 (8)

Einlage einer wertgeminderten Beteiligung

– Bei Einbringung einer wertgeminderten Beteiligung i. S. d. § 17 Abs. 1 Satz 1 EStG aus dem Privatvermögen in das betriebliche Gesamthandsvermögen einer Personengesellschaft gegen Gewährung von Gesellschaftsrechten entsteht ein Veräußerungsverlust, der im Zeitpunkt der Einbringung nach Maßgabe des § 17 Abs. 2 Satz 6 EStG zu berücksichtigen ist. → R 17 Abs. 8 findet keine Anwendung (→ BMF vom 29. 3. 2000 – BStBl I S. 462 und BMF vom 26. 11. 2004 – BStBl I S. 1190). Anhang 15

– In Fällen der Einlage einer wertgeminderten Beteiligung i. S. d. § 17 Abs. 1 Satz 1 EStG in ein Einzelunternehmen desselben Stpfl. oder in das Sonderbetriebsvermögen desselben Stpfl. bei einer Mitunternehmerschaft sind R 17 Abs. 8 sowie das BMF-Schreiben vom 5. 12. 1996 (BStBl I S. 1500) weiterhin anzuwenden. Gleiches gilt für die Übertragung in das betriebliche Gesamthandsvermögen einer Personengesellschaft, soweit dem Einbringenden keine oder nur teilweise Gesellschaftsrechte gewährt werden (→ BMF vom 29. 3. 2000 – BStBl I S. 462 und BMF vom 26. 11. 2004 – BStBl I S. 1190). Anhang 15

Anm.: Verwaltungsauffassung bestätigt durch BFH vom 5. 6. 2008 – IV R 73/05 – (BStBl II S. 965)

R 17 (9) **Freibetrag**

(9) Für die Berechnung des Freibetrags ist der nach § 3 Nr. 40 Satz 1 Buchstabe c i. V. m. § 3c Abs. 2 EStG steuerfrei bleibende Teil des Veräußerungsgewinns nicht zu berücksichtigen.

S 2245

c) Selbständige Arbeit (§ 2 Abs. 1 Satz 1 Nr. 3)

EStG

§ 18

(1) Einkünfte aus selbständiger Arbeit sind

S 2246 **1. Einkünfte aus freiberuflicher Tätigkeit. [2]Zu der freiberuflichen Tätigkeit gehören die selbständig ausgeübte wissenschaftliche, künstlerische, schriftstellerische, unterrichtende oder erzieherische Tätigkeit, die selbständige Berufstätigkeit der Ärzte, Zahnärzte, Tierärzte, Rechtsanwälte, Notare, Patentanwälte, Vermessungsingenieure, Ingenieure, Architekten, Handelschemiker, Wirtschaftsprüfer, Steuerberater, beratenden Volks- und Betriebswirte, vereidigten Buchprüfer, Steuerbevollmächtigten, Heilpraktiker, Dentisten, Krankengymnasten, Journalisten, Bildberichterstatter, Dolmetscher, Übersetzer, Lotsen und ähnlicher Berufe. [3]Ein Angehöriger eines freien Berufs im Sinne der Sätze 1 und 2 ist auch dann freiberuflich tätig, wenn er sich der Mithilfe fachlich vorgebildeter Arbeitskräfte bedient; Voraussetzung ist, dass er auf Grund eigener Fachkenntnisse leitend und eigenverantwortlich tätig wird. [4]Eine Vertretung im Fall vorübergehender Verhinderung steht der Annahme einer leitenden und eigenverantwortlichen Tätigkeit nicht entgegen;**

S 2247 **2. Einkünfte der Einnehmer einer staatlichen Lotterie, wenn sie nicht Einkünfte aus Gewerbebetrieb sind;**

S 2248 **3. Einkünfte aus sonstiger selbständiger Arbeit, z. B. Vergütungen für die Vollstreckung von Testamenten, für Vermögensverwaltung und für die Tätigkeit als Aufsichtsratsmitglied;**

S 2248a **4. Einkünfte, die ein Beteiligter an einer vermögensverwaltenden Gesellschaft oder Gemeinschaft, deren Zweck im Erwerb, Halten und in der Veräußerung von Anteilen an Kapitalgesellschaften besteht, als Vergütung für Leistungen zur Förderung des Gesellschafts- oder Gemeinschaftszwecks erzielt, wenn der Anspruch auf die Vergütung unter der Voraussetzung eingeräumt worden ist, dass die Gesellschafter oder Gemeinschafter ihr eingezahltes Kapital vollständig zurückerhalten haben; § 15 Abs. 3 ist nicht anzuwenden.**

(2) Einkünfte nach Absatz 1 sind auch dann steuerpflichtig, wenn es sich nur um eine vorübergehende Tätigkeit handelt.

S 2249 **(3) Zu den Einkünften aus selbständiger Arbeit gehört auch der Gewinn, der bei der Veräußerung des Vermögens oder eines selbständigen Teils des Vermögens oder eines Anteils am Vermögen erzielt wird, das der selbständigen Arbeit dient. § 16 Abs. 1 Satz 1 Nr. 1 und 2 und Abs. 1 Satz 2 sowie Abs. 2 bis 4 gilt entsprechend.**

[1]) **(4) [1]§ 13 Abs. 5 gilt entsprechend, sofern das Grundstück im Veranlagungszeitraum 1986 zu einem der selbständigen Arbeit dienenden Betriebsvermögen gehört hat. [2]§ 15 Abs. 1 Satz 1 Nr. 2, Abs. 1a, Abs. 2 Satz 2 und 3 und §§ 15a und 15b sind entsprechend anzuwenden.**

R 18.1

18.1. Abgrenzung der selbständigen Arbeit gegenüber anderen Einkunftsarten

S 2246
S 2247
S 2248

Ärzte

(1) Die Vergütungen der Betriebsärzte, der Knappschaftsärzte, der nicht voll beschäftigten Hilfsärzte bei den Gesundheitsämtern, der Vertragsärzte und der Vertragstierärzte der Bundeswehr und anderer Vertragsärzte in ähnlichen Fällen gehören zu den Einkünften aus selbständiger Arbeit, unabhängig davon, ob neben der vertraglichen Tätigkeit eine eigene Praxis ausgeübt wird, es sei denn, dass besondere Umstände vorliegen, die für die Annahme einer nichtselbständigen Tätigkeit sprechen.

[1]) Zur zeitlichen Anwendung → § 52 Abs. 34b EStG.

Erfinder

(2) [1]Planmäßige Erfindertätigkeit ist in der Regel freie Berufstätigkeit i. S. d. § 18 Abs. 1 Nr. 1 EStG, soweit die Erfindertätigkeit nicht im Rahmen eines Betriebs der Land- und Forstwirtschaft oder eines Gewerbebetriebs ausgeübt wird. [2]Wird die Erfindertätigkeit im Rahmen eines Arbeitsverhältnisses ausgeübt, dann ist der Arbeitnehmer als freier Erfinder zu behandeln, soweit er die Erfindung außerhalb seines Arbeitsverhältnisses verwertet. [3]Eine Verwertung außerhalb des Arbeitsverhältnisses ist auch anzunehmen, wenn ein Arbeitnehmer eine frei gewordene Diensterfindung seinem Arbeitgeber zur Auswertung überlässt, sofern der Verzicht des Arbeitgebers nicht als Verstoß gegen § 42 AO anzusehen ist.

Hinweise

H 18.1

Allgemeines

→ H 15.1 (Selbständigkeit)

→ ***H 19.0 LStH 2008***

→ ***R 19.2 LStR 2008***

Beispiele für selbständige Nebentätigkeit

- Beamter als Vortragender an einer Hochschule, Volkshochschule, Verwaltungsakademie oder bei Vortragsreihen ohne festen Lehrplan.
- Rechtsanwalt als Honorarprofessor ohne Lehrauftrag.

Die Einkünfte aus einer solchen Tätigkeit gehören in der Regel zu den Einkünften aus selbständiger Arbeit i. S. d. § 18 Abs. 1 Nr. 1 EStG (→ BFH vom 4. 10. 1984 – BStBl 1985 II S. 51).

Betriebsaufspaltung

Keine mitunternehmerische Betriebsaufspaltung bei Überlassung eines Betriebsgrundstücks seitens einer ganz der teilweisen gesellschafteridentischen Miteigentümergemeinschaft an eine Freiberufler-Sozietät (→ BFH vom 10. 11. 2005 – BStBl 2006 II S. 173).

Gewinnerzielungsabsicht

Verluste über einen längeren Zeitraum sind für sich allein noch kein ausreichendes Beweisanzeichen für fehlende Gewinnerzielungsabsicht (→ BFH vom 14. 3. 1985 – BStBl II S. 424).

Lehrtätigkeit

Die nebenberufliche Lehrtätigkeit von Handwerksmeistern an Berufs- und Meisterschulen ist in der Regel als Ausübung eines freien Berufs anzusehen, wenn sich die Lehrtätigkeit ohne besondere Schwierigkeit von der Haupttätigkeit trennen lässt.

→ auch BFH vom 27. 1. 1955 – BStBl III S. 229

Nachhaltige Erfindertätigkeit

- Keine Zufallserfindung, sondern eine planmäßige (nachhaltige) Erfindertätigkeit liegt vor, wenn es nach einem spontan geborenen Gedanken weiterer Tätigkeiten bedarf, um die Erfindung bis zur Verwertungsreife zu entwickeln (→ BFH vom 18. 6. 1998 – BStBl II S. 567).
- Liegt eine Zufallserfindung vor, führt allein die Anmeldung der Erfindung zum Patent noch nicht zu einer nachhaltigen Tätigkeit (→ BFH vom 10. 9. 2003 – BStBl 2004 II S. 218).

Patentveräußerung gegen Leibrente

a) durch **Erben** des Erfinders:

Veräußert der Erbe die vom Erblasser als freiberuflichem Erfinder entwickelten Patente gegen Leibrente, so ist die Rente, sobald sie den Buchwert der Patente übersteigt, als laufende Betriebseinnahme und nicht als private Veräußerungsrente nur mit dem Ertragsanteil zu versteuern, es sei denn, dass die Patente durch eindeutige Entnahme vor der Veräußerung in das Privatvermögen überführt worden waren (→ BFH vom 7. 10. 1965 – BStBl III S. 666).

b) bei anschließender Wohnsitzverlegung ins **Ausland**:

Laufende Rentenzahlungen können als nachträglich erzielte Einkünfte aus selbständiger Arbeit im Inland steuerpflichtig sein (→ BFH vom 28. 3. 1984 – BStBl II S. 664).

Prüfungstätigkeit

als Nebentätigkeit ist i. d. R. als Ausübung eines freien Berufs anzusehen (→ BFH vom 14.3. und 2. 4. 1958 – BStBl III S. 255, 293).

Wiederholungshonorare / Erlösbeteiligungen

Bei Wiederholungshonoraren und Erlösbeteiligungen, die an ausübende Künstler von Hörfunk- oder Fernsehproduktionen als Nutzungsentgelte für die Übertragung originärer urheberrechtlicher Verwertungsrechte gezahlt werden, handelt es sich nicht um Arbeitslohn, sondern um Einkünfte i. S. d. § 18 EStG (→ BFH vom 26. 7. 2006 – BStBl II S. 917).

R 18.2

18.2. Betriebsvermögen

– unbesetzt –

H 18.2

Hinweise

Aufzeichnungspflicht

Eine Aufzeichnungspflicht von Angehörigen der freien Berufe kann sich z. B. ergeben aus:

- ***§ 4 Abs. 3 Satz 5 EStG***,
- § 6c EStG bei Gewinnen aus der Veräußerung bestimmter Anlagegüter,
- § 7a Abs. 8 EStG bei erhöhten Absetzungen und Sonderabschreibungen,
- § 41 EStG, Aufzeichnungspflichten beim Lohnsteuerabzug,
- § 22 UStG,
- §§ 294, 295 Abs. 1 SGB V i. V. m. dem Bundesmantelvertrag-Ärzte für Praxisgebühr (→ BMF vom 25. 5. 2004 – BStBl I S. 526).

Betriebsausgabenpauschale

Betriebsausgabenpauschale bei hauptberuflicher selbständiger, schriftstellerischer oder journalistischer Tätigkeit, aus wissenschaftlicher, künstlerischer und schriftstellerischer Nebentätigkeit sowie aus nebenamtlicher Lehr- und Prüfungstätigkeit:

Es ist nicht zu beanstanden, wenn bei der Ermittlung der vorbezeichneten Einkünfte die Betriebsausgaben wie folgt pauschaliert werden:

a) bei hauptberuflicher selbständiger schriftstellerischer oder journalistischer Tätigkeit auf 30 % der Betriebseinnahmen aus dieser Tätigkeit, höchstens jedoch 2 455 € jährlich,

b) bei wissenschaftlicher, künstlerischer oder schriftstellerischer Nebentätigkeit (auch Vortrags- oder nebenberufliche Lehr- und Prüfungstätigkeit), soweit es sich nicht um eine Tätigkeit i. S. d. § 3 Nr. 26 EStG handelt, auf 25 % der Betriebseinnahmen aus dieser Tätigkeit, höchstens jedoch 614 € jährlich. Der Höchstbetrag von 614 € kann für alle Nebentätigkeiten, die unter die Vereinfachungsregelung fallen, nur einmal gewährt werden.

Es bleibt den Stpfl. unbenommen, etwaige höhere Betriebsausgaben nachzuweisen.

(→ BMF vom 21. 1. 1994 – BStBl I S. 112).

Betriebsvermögen

Ein Wirtschaftsgut kann nur dann zum freiberuflichen Betriebsvermögen gehören, wenn zwischen dem Betrieb oder Beruf und dem Wirtschaftsgut eine objektive Beziehung besteht; das Wirtschaftsgut muss bestimmt und geeignet sein, dem Betrieb zu dienen bzw. ihn zu fördern. Wirtschaftsgüter, die der freiberuflichen Tätigkeit wesensfremd sind und bei denen eine sachliche Beziehung zum Betrieb fehlt, sind kein Betriebsvermögen (→ BFH vom 14. 11. 1985 – BStBl 1986 II S. 182). Der Umfang des Betriebsvermögens wird durch die Erfordernisse des Berufs begrenzt; ein bilanzierender Angehöriger der freien Berufe kann nicht in demselben Umfang gewillkürtes Betriebsvermögen bilden wie ein Gewerbetreibender Geldgeschäfte (→ BFH vom 24. 8. 1989 – BStBl 1990 II S. 17).

→ Geldgeschäfte

Buchführung

Werden freiwillig Bücher geführt und regelmäßig Abschlüsse gemacht, ist der Gewinn nach § 4 Abs. 1 EStG zu ermitteln. Ein nicht buchführungspflichtiger Stpfl., der nur Aufzeichnungen über Einnahmen und Ausgaben fertigt, kann nicht verlangen, dass sein Gewinn nach § 4 Abs. 1 EStG ermittelt wird (→ BFH vom 2. 3. 1978 – BStBl II S. 431). Zur Gewinnermittlung → R 4.1 bis R 4.7.

Bürgschaft

Bürgschaftsaufwendungen eines Freiberuflers können ausnahmsweise Betriebsausgaben darstellen, wenn ein Zusammenhang mit anderen Einkünften ausscheidet und nachgewiesen wird, dass die Bürgschaftszusage ausschließlich aus betrieblichen Gründen erteilt wurde (→ BFH vom 24. 8. 1989 – BStBl 1990 II S. 17).

Geldgeschäfte

Geldgeschäfte (Darlehensgewährung, Beteiligungserwerb etc.) sind bei Angehörigen der freien Berufe in der Regel nicht betrieblich veranlasst, weil sie nicht dem Berufsbild eines freien Berufes entsprechen (→ BFH vom 24. 2. 2000 – BStBl II S. 297). Ein Geldgeschäft ist nicht dem Betriebsvermögen eines Freiberuflers zuzuordnen, wenn es ein eigenes wirtschaftliches Gewicht hat. Dies ist auf Grund einer Abwägung der nach außen erkennbaren Motive zu beantworten. Ein eigenes wirtschaftliches Gewicht ist anzunehmen, wenn bei einem Geldgeschäft die Gewinnung eines Auftraggebers lediglich ein erwünschter Nebeneffekt ist. Dagegen ist ein eigenes wirtschaftliches Gewicht zu verneinen, wenn das Geschäft ohne die Aussicht auf neue Aufträge nicht zustande gekommen wäre (→ BFH vom 31. 5. 2001 – BStBl II S. 828).

Dem Betriebsvermögen eines Freiberuflers **kann zugeordnet** werden:

- die Darlehnsforderung eines Steuerberaters, wenn das Darlehen zur Rettung von Honorarforderungen gewährt wurde (→ BFH vom 22. 4. 1980 – BStBl II S. 571).
- die Beteiligung eines Baustatikers an einer Wohnungsbau-AG (→ BFH vom 23. 11. 1978 – BStBl 1979 II S. 109).
- die Beteiligung eines Architekten an einer Bauträgergesellschaft, sofern dies unerlässliche Voraussetzung für die freiberufliche Tätigkeit ist (→ BFH vom 14. 1. 1982 – BStBl II S. 345).
- die Beteiligung eines Mediziners, der Ideen und Rezepturen für medizinische Präparate entwickelt, an einer Kapitalgesellschaft, die diese Präparate als Lizenznehmerin vermarktet (→ BFH vom 26. 4. 2001 – BStBl II S. 798).
- → Bürgschaft.

Dem Betriebsvermögen eines Freiberuflers **kann nicht zugeordnet** werden:

- ein Geldgeschäft, das ein Rechtsanwalt, Notar oder Steuerberater tätigt, um einen Mandanten neu zu gewinnen oder zu erhalten (→ BFH vom 22. 1. 1981 – BStBl II S. 564),
- eine Beteiligung, die ein Steuerberater zusammen mit einem Mandanten auf dessen Veranlassung an einer Kapitalgesellschaft eingeht, deren Unternehmensgegenstand der freiberuflichen Betätigung wesensfremd ist, und die eigenes wirtschaftliches Gewicht hat (→ BFH vom 23. 5. 1985 – BStBl II S. 517),
- eine Lebensversicherung, die ein Rechtsanwalt als Versicherungsnehmer und Versicherungsempfänger im Erlebensfall auf sein Leben oder das seines Sozius abschließt (→ BFH vom 21. 5. 1987 – BStBl II S. 710).

Leibrente

Eine Leibrente als Gegenleistung für anwaltliche Betreuung ist den Einkünften aus freiberuflicher Tätigkeit zuzurechnen (→ BFH vom 26. 3. 1987 – BStBl II S. 597).

Versorgungskasse

Besondere Zuschläge für einen Fürsorgefonds sind Betriebsausgaben, wenn die berufstätigen Ärzte keinerlei Rechte auf Leistungen aus dem Fürsorgefonds haben. Beiträge an die berufsständische Versorgungskasse zur Erlangung einer späteren Altersversorgung oder anderer Versorgungsansprüche sind Sonderausgaben (→ BFH vom 13. 4. 1972 – BStBl II S. 728). Wegen der Behandlung als Sonderausgaben → H 10.5 (Versorgungsbeiträge Selbständiger).

R 18.3

18.3. Veräußerungsgewinn nach § 18 Abs. 3 EStG

Allgemeines

(1) Bei einer Veräußerung oder Aufgabe i. S. d. § 18 Abs. 3 EStG gelten die Ausführungen in R 16 entsprechend.

Einbringung

(2) Bei Einbringung einer freiberuflichen Praxis in eine Personengesellschaft ist § 24 UmwStG anzuwenden.

Aufgabe

(3) Eine Aufgabe einer selbständigen Tätigkeit ist dann anzunehmen, wenn sie der betreffende Stpfl. mit dem Entschluss einstellt, die Tätigkeit weder fortzusetzen noch das dazugehörende Vermögen an Dritte zu übertragen.

Freibetrag

(4) Die Gewährung des Freibetrags nach § 18 Abs. 3 i. V. m. § 16 Abs. 4 EStG ist ausgeschlossen, wenn dem Stpfl. für eine Veräußerung oder Aufgabe, die nach dem 31. 12. 1995 erfolgt ist, ein Freibetrag nach § 14 Satz 2, § 16 Abs. 4 oder § 18 Abs. 3 EStG bereits gewährt worden ist.

H 18.3

Hinweise

Einbringungsgewinn

– Bei einer Einbringung nach § 24 UmwStG besteht die Möglichkeit der steuerbegünstigten Auflösung sämtlicher stiller Reserven auch dann, wenn der Einbringende und die aufnehmende Gesellschaft ihren Gewinn nach § 4 Abs. 3 EStG ermitteln. Die steuerliche Begünstigung des Einbringungsgewinns setzt voraus, dass der Einbringungsgewinn auf der Grundlage einer Einbringungs- und einer Eröffnungsbilanz ermittelt worden ist (→ BFH vom 5. 4. 1984 – BStBl II S. 518 und vom 18. 10. 1999 – BStBl 2000 II S. 123); → auch R 4.5 Abs. 6 Satz 2.
– Zur entgeltlichen Aufnahme eines Sozius in eine freiberufliche Einzelpraxis → BMF vom 21. 8. 2001 (BStBl I S. 543), Tz. 24.10.

Gesellschaftereintritt in bestehende freiberufliche Sozietät

§ 24 UmwStG umfasst auch die Aufnahme weiterer Gesellschafter (→ BFH vom 23. 5. 1985 – BStBl II S. 695).

Veräußerung

1. **Einzelunternehmen**
   a) **Veräußerung** i. S. d. des § 18 Abs. 3 EStG

      Eine **Veräußerung** i. S. d. des § 18 Abs. 3 EStG **liegt vor,**

      wenn die für die Ausübung wesentlichen wirtschaftlichen Grundlagen, insbesondere die immateriellen Wirtschaftsgüter wie Mandantenstamm und Praxiswert, entgeltlich auf einen anderen übertragen werden. Die freiberufliche Tätigkeit in dem bisherigen örtlichen Wirkungskreis muss wenigstens für eine gewisse Zeit eingestellt werden. Unschädlich ist es, wenn der Veräußerer nach der Veräußerung frühere Mandanten auf Rechnung und im Namen des Erwerbers berät oder eine nichtselbständige Tätigkeit in der Praxis des Erwerbers ausübt (→ BFH vom 18. 5. 1994 – BStBl II S. 925). Ebenfalls unschädlich ist auch die Fortführung einer freiberuflichen Tätigkeit in geringem Umfang, wenn die darauf entfallenden Umsätze in den letzten drei Jahren weniger als 10 % der gesamten Einnahmen ausmachten (→ BFH vom 7. 11. 1991 – BStBl 1992 II S. 457 und vom 29. 10. 1992 – BStBl 1993 II S. 182).
   b) Eine **Veräußerung** i. S. d. des § 18 Abs. 3 EStG **liegt nicht vor**, wenn
      – ein Steuerberater von seiner einheitlichen Praxis den Teil veräußert, der lediglich in der Erledigung von Buchführungsarbeiten bestanden hat (→ BFH vom 14. 5. 1970 – BStBl II S. 566),
      – ein Steuerbevollmächtigter, der am selben Ort in einem einheitlichen örtlichen Wirkungskreis, jedoch in organisatorisch getrennten Büros, eine landwirtschaftliche Buchstelle und eine Steuerpraxis für Gewerbetreibende betreibt, die Steuerpraxis für Gewerbetreibende veräußert (→ BFH vom 27. 4. 1978 – BStBl II S. 562),

- ein unheilbar erkrankter Ingenieur aus diesem Grund sein technisches Spezialwissen und seine Berufserfahrung entgeltlich auf seinen einzigen Kunden überträgt (→ BFH vom 26. 4. 1995 – BStBl 1996 II S. 4).

2. **Mitunternehmeranteil**

Wird der gesamte Mitunternehmeranteil an einer freiberuflich tätigen Personengesellschaft veräußert, muss die Tätigkeit im bisherigen Wirkungskreis für eine gewisse Zeit eingestellt werden (→ BFH vom 23. 1. 1997 – BStBl II S. 498).

3. **Teilbetrieb**

- Eine begünstigte Teilbetriebsveräußerung setzt neben der Ausübung mehrerer ihrer Art nach verschiedener Tätigkeiten auch eine organisatorische Selbständigkeit der Teilbetriebe voraus. Ist ein Arzt als Allgemeinmediziner und auf arbeitsmedizinischem Gebiet tätig, übt er zwei verschiedene Tätigkeiten aus. Die Veräußerung eines dieser Praxisteile stellt eine tarifbegünstigte Teilpraxisveräußerung dar, sofern den Praxisteilen die notwendige organisatorische Selbständigkeit zukommt (→ BFH vom 4. 11. 2004 – BStBl 2005 II S. 208).
- Keine Teilbetriebsveräußerung bei Veräußerung der „Großtierpraxis" und Rückbehalt der „Kleintierpraxis" (→ BFH vom 29. 10. 1992 – BStBl 1993 II S. 182).

Verpachtung

- Beim Tod des Freiberuflers führt die vorübergehende Verpachtung einer freiberuflichen Praxis durch den Erben oder Vermächtnisnehmer bei fehlender Betriebsaufgabeerklärung nicht zur Betriebsaufgabe, wenn der Rechtsnachfolger in Begriff ist, die für die beabsichtigte Praxisfortführung erforderliche freiberufliche Qualifikation zu erlangen (→ BFH vom 12. 3. 1992 – BStBl 1993 II S. 36).
- H 18.1 (Betriebsaufspaltung)

d) Nichtselbständige Arbeit (§ 2 Abs. 1 Satz 1 Nr. 4) S 2245

§ 19 EStG

(1) [1]Zu den Einkünften aus nichtselbständiger Arbeit gehören S 2203

1. **Gehälter, Löhne, Gratifikationen, Tantiemen und andere Bezüge und Vorteile für eine Beschäftigung im öffentlichen oder privaten Dienst;** S 2330–S 2345
2. **Wartegelder, Ruhegelder, Witwen- und Waisengelder und andere Bezüge und Vorteile aus früheren Dienstleistungen;**
3. **laufende Beiträge und laufende Zuwendungen des Arbeitgebers aus einem bestehenden Dienstverhältnis an einen Pensionsfonds, eine Pensionskasse oder für eine Direktversicherung für eine betriebliche Altersversorgung. [2]Zu den Einkünften aus nichtselbständiger Arbeit gehören auch Sonderzahlungen, die der Arbeitgeber neben den laufenden Beiträgen und Zuwendungen an eine solche Versorgungseinrichtung leistet, mit Ausnahme der Zahlungen des Arbeitgebers zur Erfüllung der Solvabilitätsvorschriften nach den §§ 53c und 114 des Versicherungsaufsichtsgesetzes, Zahlungen des Arbeitgebers in der Rentenbezugszeit nach § 112 Abs. 1a des Versicherungsaufsichtsgesetzes oder Sanierungsgelder; Sonderzahlungen des Arbeitgebers sind insbesondere Zahlungen an eine Pensionskasse anlässlich**
   a) **seines Ausscheidens aus einer nicht im Wege der Kapitaldeckung finanzierten betrieblichen Altersversorgung oder**
   b) **des Wechsels von einer nicht im Wege der Kapitaldeckung zu einer anderen nicht im Wege der Kapitaldeckung finanzierten betrieblichen Altersversorgung.**

   [3]Von Sonderzahlungen im Sinne des Satzes 2 Buchstabe b ist bei laufenden und wiederkehrenden Zahlungen entsprechend dem periodischen Bedarf nur auszugehen, soweit die Bemessung der Zahlungsverpflichtungen des Arbeitgebers in das Versorgungssystem nach dem Wechsel die Bemessung der Zahlungsverpflichtung zum Zeitpunkt des Wechsels übersteigt. [4]Sanierungsgelder sind Sonderzahlungen des Arbeitgebers an eine Pensionskasse anlässlich der Systemumstellung einer nicht im Wege der Kapitaldeckung finanzierten betrieblichen Altersversorgung auf der Finanzierungs- oder Leistungsseite, die der Finanzierung der zum Zeitpunkt der Umstellung bestehenden Versorgungsverpflichtungen oder Versorgungsanwartschaften dienen; bei laufenden und wiederkehrenden Zahlungen entsprechend dem periodischen Bedarf ist nur von Sanierungsgeldern auszugehen, soweit die Bemessung der Zahlungsverpflichtungen des Arbeitgebers in das Versorgungssystem nach

der Systemumstellung die Bemessung der Zahlungsverpflichtung zum Zeitpunkt der Systemumstellung übersteigt.

[2]Es ist gleichgültig, ob es sich um laufende oder um einmalige Bezüge handelt und ob ein Rechtsanspruch auf sie besteht.

S 2345 (2) [1]Von Versorgungsbezügen bleiben ein nach einem Prozentsatz ermittelter, auf einen Höchstbetrag begrenzter Betrag (Versorgungsfreibetrag) und ein Zuschlag zum Versorgungsfreibetrag steuerfrei. [2]Versorgungsbezüge sind

1. das Ruhegehalt, Witwen- oder Waisengeld, der Unterhaltsbeitrag oder ein gleichartiger Bezug
   a) auf Grund beamtenrechtlicher oder entsprechender gesetzlicher Vorschriften,
   b) nach beamtenrechtlichen Grundsätzen von Körperschaften, Anstalten oder Stiftungen des öffentlichen Rechts oder öffentlich-rechtlichen Verbänden von Körperschaften

   oder
2. in anderen Fällen Bezüge und Vorteile aus früheren Dienstleistungen wegen Erreichens einer Altersgrenze, verminderter Erwerbsfähigkeit oder Hinterbliebenenbezüge; Bezüge wegen Erreichens einer Altersgrenze gelten erst dann als Versorgungsbezüge, wenn der Steuerpflichtige das 63. Lebensjahr oder, wenn er schwerbehindert ist, das 60. Lebensjahr vollendet hat.

[3]Der maßgebende Prozentsatz, der Höchstbetrag des Versorgungsfreibetrags und der Zuschlag zum Versorgungsfreibetrag sind der nachstehenden Tabelle zu entnehmen:

Jahr des Versorgungsbeginns	Versorgungsfreibetrag		Zuschlag zum Versorgungsfreibetrag in Euro
	in % der Versorgungsbezüge	Höchstbetrag in Euro	
bis 2005	40,0	3 000	900
ab 2006	38,4	2 880	864
2007	36,8	2 760	828
2008	35.2	2 640	792
2009	33,6	2 520	756
2010	32,0	2 400	720
2011	30,4	2 280	684
2012	28,8	2 160	648
2013	27,2	2 040	612
2014	25,6	1 920	576
2015	24,0	1 800	540
2016	22,4	1 680	504
2017	20,8	1 560	468
2018	19,2	1 440	432
2019	17,6	1 320	396
2020	16,0	1 200	360
2021	15,2	1 140	342
2022	14,4	1 080	324
2023	13,6	1 020	306
2024	12,8	960	288
2025	12,0	900	270
2026	11,2	840	252
2027	10,4	780	234
2028	9,6	720	216
2029	8,8	660	198
2030	8,0	600	180
2031	7,2	540	162
2032	6,4	480	144
2033	5,6	420	126
2034	4,8	360	108
2035	4,0	300	90
2036	3,2	240	72
2037	2,4	180	54
2038	1,6	120	36
2039	0,8	60	18
2040	0,0	0	0

[4]Bemessungsgrundlage für den Versorgungsfreibetrag ist

a) bei Versorgungsbeginn vor 2005
das Zwölffache des Versorgungsbezugs für Januar 2005,

b) bei Versorgungsbeginn ab 2005
das Zwölffache des Versorgungsbezugs für den ersten vollen Monat,

jeweils zuzüglich voraussichtlicher Sonderzahlungen im Kalenderjahr, auf die zu diesem Zeitpunkt ein Rechtsanspruch besteht. [5]Der Zuschlag zum Versorgungsfreibetrag darf nur bis zur Höhe der um den Versorgungsfreibetrag geminderten Bemessungsgrundlage berücksichtigt werden. [6]Bei mehreren Versorgungsbezügen mit unterschiedlichem Bezugsbeginn bestimmen sich der insgesamt berücksichtigungsfähige Höchstbetrag des Versorgungsfreibetrags und der Zuschlag zum Versorgungsfreibetrag nach dem Jahr des Beginns des ersten Versorgungsbezugs. [7]Folgt ein Hinterbliebenenbezug einem Versorgungsbezug, bestimmen sich der Prozentsatz, der Höchstbetrag des Versorgungsfreibetrags und der Zuschlag zum Versorgungsfreibetrag für den Hinterbliebenenbezug nach dem Jahr des Beginns des Versorgungsbezugs. [8]Der nach den Sätzen 3 bis 7 berechnete Versorgungsfreibetrag und Zuschlag zum Versorgungsfreibetrag gelten für die gesamte Laufzeit des Versorgungsbezugs. [9]Regelmäßige Anpassungen des Versorgungsbezugs führen nicht zu einer Neuberechnung. [10]Abweichend hiervon sind der Versorgungsfreibetrag und der Zuschlag zum Versorgungsfreibetrag neu zu berechnen, wenn sich der Versorgungsbezug wegen Anwendung von Anrechnungs-, Ruhens-, Erhöhungs- oder Kürzungsregelungen erhöht oder vermindert. [11]In diesen Fällen sind die Sätze 3 bis 7 mit dem geänderten Versorgungsbezug als Bemessungsgrundlage im Sinne des Satzes 4 anzuwenden; im Kalenderjahr der Änderung sind der höchste Versorgungsfreibetrag und Zuschlag zum Versorgungsfreibetrag maßgebend. [12]Für jeden vollen Kalendermonat, für den keine Versorgungsbezüge gezahlt werden, ermäßigen sich der Versorgungsfreibetrag und der Zuschlag zum Versorgungsfreibetrag in diesem Kalenderjahr um je ein Zwölftel.

§ 19a Überlassung von Vermögensbeteiligungen an Arbeitnehmer

EStG
S 2347

(1) Erhält ein Arbeitnehmer im Rahmen eines gegenwärtigen Dienstverhältnisses unentgeltlich oder verbilligt Sachbezüge in Form von Vermögensbeteiligungen im Sinne des § 2 Abs. 1 Nr. 1 und Abs. 2 bis 5 des Fünften Vermögensbildungsgesetzes in der Fassung des Gesetzes vom 19. Dezember 2000 (BGBl. I S. 1790), so ist der Vorteil steuerfrei, soweit er nicht höher als der halbe Wert der Vermögensbeteiligung (Absatz 2) ist und insgesamt 135 Euro im Kalenderjahr nicht übersteigt.

(2) [1]Als Wert der Vermögensbeteiligung ist der gemeine Wert anzusetzen. [2]Werden einem Arbeitnehmer Vermögensbeteiligungen im Sinne des § 2 Abs. 1 Nr. 1 Buchstaben a, b und f des Fünften Vermögensbildungsgesetzes überlassen, die am Tag der Beschlussfassung über die Überlassung an einer deutschen Börse zum regulierten Markt zugelassen sind, so werden diese mit dem niedrigsten an diesem Tag für sie im regulierten Markt notierten Kurs angesetzt, wenn am Tag der Überlassung nicht mehr als neun Monate seit dem Tag der Beschlussfassung über die Überlassung vergangen sind. [3]Liegt am Tag der Beschlussfassung über die Überlassung eine Notierung nicht vor, so werden diese Vermögensbeteiligungen mit dem letzten innerhalb von 30 Tagen vor diesem Tag im regulierten Markt notierten Kurs angesetzt. [4]Die Sätze 2 und 3 gelten entsprechend für Vermögensbeteiligungen im Sinne des § 2 Abs. 1 Nr. 1 Buchstaben a, b und f des Fünften Vermögensbildungsgesetzes, die im Inland in den Freiverkehr einbezogen sind oder in einem anderen Staat des Europäischen Wirtschaftsraums zum Handel an einem geregelten Markt im Sinne des Artikels 1 Nr. 13 der Richtlinie 93/22/EWG des Rates vom 10. Mai 1993 über Wertpapierdienstleistungen (ABl. EG Nr. L 141 S. 27) zugelassen sind. [5]Sind am Tag der Überlassung von Vermögensbeteiligungen im Sinne des § 2 Abs. 1 Nr. 1 Buchstaben a, b und f des Fünften Vermögensbildungsgesetzes mehr als neun Monate seit dem Tag der Beschlussfassung über die Überlassung vergangen, so tritt an die Stelle des Tages der Beschlussfassung über die Überlassung im Sinne der Sätze 2 bis 4 der Tag der Überlassung. [6]Der Wert von Vermögensbeteiligungen im Sinne des § 2 Abs. 1 Nr. 1 Buchstabe c des Fünften Vermögensbildungsgesetzes wird mit dem Ausgabepreis am Tag der Überlassung angesetzt. [7]Der Wert von Vermögensbeteiligungen im Sinne des § 2 Abs. 1 Nr. 1 Buchstaben g, i, k und l des Fünften Vermögensbildungsgesetzes wird mit dem Nennbetrag angesetzt, wenn nicht besondere Umstände einen höheren oder niedrigeren Wert begründen.

S 2245

e) Kapitalvermögen (§ 2 Abs. 1 Satz 1 Nr. 5)

EStG [1]

§ 20

S 2204

(1) Zu den Einkünften aus Kapitalvermögen gehören

1. Gewinnanteile (Dividenden), Ausbeuten und sonstige Bezüge aus Aktien, Genussrechten, mit denen das Recht am Gewinn und Liquidationserlös einer Kapitalgesellschaft verbunden ist, aus Anteilen an Gesellschaften mit beschränkter Haftung, an Erwerbs- und Wirtschaftsgenossenschaften sowie an bergbautreibenden Vereinigungen, die die Rechte einer juristischen Person haben. [2]Zu den sonstigen Bezügen gehören auch verdeckte Gewinnausschüttungen. [3]Die Bezüge gehören nicht zu den Einnahmen, soweit sie aus Ausschüttungen einer Körperschaft stammen, für die Beträge aus dem steuerlichen Einlagekonto im Sinne des § 27 des Körperschaftsteuergesetzes als verwendet gelten. [4]Als sonstige Bezüge gelten auch Einnahmen, die an Stelle der Bezüge im Sinne des Satzes 1 von einem anderen als dem Anteilseigner nach Absatz 2a bezogen werden, wenn die Aktien mit Dividendenberechtigung erworben, aber ohne Dividendenanspruch geliefert werden;

2. Bezüge, die nach der Auflösung einer Körperschaft oder Personenvereinigung im Sinne der Nummer 1 anfallen und die nicht in der Rückzahlung von Nennkapital bestehen; Nummer 1 Satz 3 gilt entsprechend. [2]Gleiches gilt für Bezüge, die auf Grund einer Kapitalherabsetzung oder nach der Auflösung einer unbeschränkt steuerpflichtigen Körperschaft oder Personenvereinigung im Sinne der Nummer 1 anfallen und die als Gewinnausschüttung im Sinne des § 28 Abs. 2 Satz 2 und 4 des Körperschaftsteuergesetzes gelten;

3. (weggefallen)

4. Einnahmen aus der Beteiligung an einem Handelsgewerbe als stiller Gesellschafter und aus partiarischen Darlehen, es sei denn, dass der Gesellschafter oder Darlehensgeber als Mitunternehmer anzusehen ist. [2]Auf Anteile des stillen Gesellschafters am Verlust des Betriebes sind § 15 Abs. 4 Satz 6 bis 8 und § 15a sinngemäß anzuwenden;

5. Zinsen aus Hypotheken und Grundschulden und Renten aus Rentenschulden. [2]Bei Tilgungshypotheken und Tilgungsgrundschulden ist nur der Teil der Zahlungen anzusetzen, der als Zins auf den jeweiligen Kapitalrest entfällt;

6. [2] der Unterschiedsbetrag zwischen der Versicherungsleistung und der Summe der auf sie entrichteten Beiträge (Erträge) im Erlebensfall oder bei Rückkauf des Vertrags bei Rentenversicherungen mit Kapitalwahlrecht, soweit nicht die lebenslange Rentenzahlung gewählt und erbracht wird, und bei Kapitalversicherungen mit Sparanteil, wenn der Vertrag nach dem 31. Dezember 2004 abgeschlossen worden ist. [2]Wird die Versicherungsleistung nach Vollendung des 60. Lebensjahres des Steuerpflichtigen und nach Ablauf von zwölf Jahren seit dem Vertragsabschluss ausgezahlt, ist die Hälfte des Unterschiedsbetrages anzusetzen. [3] [3]Die Sätze 1 und 2 sind auf Erträge aus fondsgebundenen Lebensversicherungen, auf Erträge im Erlebensfall bei Rentenversicherungen ohne Kapitalwahlrecht, soweit keine lebenslange Rentenzahlung vereinbart und erbracht wird, und auf Erträge bei Rückkauf des Vertrages bei Rentenversicherungen ohne Kapitalwahlrecht entsprechend anzuwenden; [4]

7. Erträge aus sonstigen Kapitalforderungen jeder Art, wenn die Rückzahlung des Kapitalvermögens oder ein Entgelt für die Überlassung des Kapitalvermögens zur Nutzung zugesagt oder gewährt worden ist, auch wenn die Höhe des Entgelts von einem ungewissen Ereignis abhängt. [2]Dies gilt unabhängig von der Bezeichnung und der zivilrechtlichen Ausgestaltung der Kapitalanlage;

8. Diskontbeträge von Wechseln und Anweisungen einschließlich der Schatzwechsel,

---

1) § 20 EStG wurde durch das Unternehmensteuerreformgesetz 2008 (grundsätzlich) und durch das JStG 2009 geändert; zur zeitlichen Anwendung der geänderten Fassung → § 52a EStG.
Anm.: § 20 EStG in der Fassung des Unternehmensteuerreformgesetzes 2008 ***unter Berücksichtigung der Änderungen durch das JStG 2009*** ist im Anschluss an die für 2008 geltende Fassung (→ S. 528) abgedruckt.

2) Absatz 1 Nr. 6 Satz 1 wurde durch das JStG 2007 geändert. Die geänderte Fassung ist auf Erträge aus Versicherungsverträgen, die nach dem 31. 12. 2004 abgeschlossen werden, anzuwenden → § 52 Abs. 36 Satz 7 EStG.

3) Absatz 1 Nr. 6 Satz 2 ist für Vertragsabschlüsse nach dem 31. 12. 2011 mit der Maßgabe anzuwenden, dass die Versicherungsleistung nach Vollendung des 62. Lebensjahres des Stpfl. ausgezahlt wird → § 52 Abs. 36 Satz 9 EStG i. d. F. des RV-Altersgrenzenanpassungsgesetzes (Inkrafttreten 1. 1. 2008).

4) Absatz 1 Nr. 6 Satz 3 wurde durch das JStG 2007 geändert. Die geänderte Fassung ist erstmals anzuwenden auf Versicherungsleistungen im Erlebensfall bei Versicherungsverträgen, die nach dem 31. 12. 2006 abgeschlossen werden, und auf Versicherungsleistungen bei Rückkauf eines Vertrages nach dem 31. 12. 2006 → § 52 Abs. 36 Satz 8 EStG.

9. Einnahmen aus Leistungen einer nicht von der Körperschaftsteuer befreiten Körperschaft, Personenvereinigung oder Vermögensmasse im Sinne des § 1 Abs. 1 Nr. 3 bis 5 des Körperschaftsteuergesetzes, die Gewinnausschüttungen im Sinne der Nummer 1 wirtschaftlich vergleichbar sind, soweit sie nicht bereits zu den Einnahmen im Sinne der Nummer 1 gehören; Nummer 1 Satz 2, 3 und Nummer 2 gelten entsprechend; [1]

10. a) Leistungen eines nicht von der Körperschaftsteuer befreiten Betriebs gewerblicher Art im Sinne des § 4 des Körperschaftsteuergesetzes mit eigener Rechtspersönlichkeit, die zu mit Gewinnausschüttungen im Sinne der Nummer 1 Satz 1 wirtschaftlich vergleichbaren Einnahmen führen; Nummer 1 Satz 2, 3 und Nummer 2 gelten entsprechend; S 2706a [2]

    b) der nicht den Rücklagen zugeführte Gewinn und verdeckte Gewinnausschüttungen eines nicht von der Körperschaftsteuer befreiten Betriebs gewerblicher Art im Sinne des § 4 des Körperschaftsteuergesetzes ohne eigene Rechtspersönlichkeit, der den Gewinn durch Betriebsvermögensvergleich ermittelt oder Umsätze einschließlich der steuerfreien Umsätze, ausgenommen die Umsätze nach § 4 Nr. 8 bis 10 des Umsatzsteuergesetzes, von mehr als 350 000 Euro im Kalenderjahr oder einen Gewinn von mehr als 30 000 Euro im Wirtschaftsjahr hat, sowie der Gewinn im Sinne des § 22 Abs. 4 des Umwandlungssteuergesetzes. [2]Die Auflösung der Rücklagen zu Zwecken außerhalb des Betriebs gewerblicher Art führt zu einem Gewinn im Sinne des Satzes 1; in Fällen der Einbringung nach dem Sechsten und des Formwechsels nach dem Achten Teil des Umwandlungssteuergesetzes gelten die Rücklagen als aufgelöst. [3]Bei dem Geschäft der Veranstaltung von Werbesendungen der inländischen öffentlich-rechtlichen Rundfunkanstalten gelten drei Viertel des Einkommens im Sinne des § 8 Abs. 1 Satz 2 des Körperschaftsteuergesetzes als Gewinn im Sinne des Satzes 1. [4]Die Sätze 1 und 2 sind bei wirtschaftlichen Geschäftsbetrieben der von der Körperschaftsteuer befreiten Körperschaften, Personenvereinigungen oder Vermögensmassen entsprechend anzuwenden. [5]Nummer 1 Satz 3 gilt entsprechend.

(2) [1]Zu den Einkünften aus Kapitalvermögen gehören auch

1. besondere Entgelte oder Vorteile, die neben den in den Absätzen 1 und 2 bezeichneten Einnahmen oder an deren Stelle gewährt werden;
2. Einnahmen aus der Veräußerung
   a) von Dividendenscheinen und sonstigen Ansprüchen durch den Inhaber des Stammrechts, wenn die dazugehörigen Aktien oder sonstigen Anteile nicht mitveräußert werden. [2]Diese Besteuerung tritt an die Stelle der Besteuerung nach Absatz 1;
   b) von Zinsscheinen und Zinsforderungen durch den Inhaber oder ehemaligen Inhaber der Schuldverschreibung, wenn die dazugehörigen Schuldverschreibungen nicht mitveräußert werden. [2]Entsprechendes gilt für die Einlösung von Zinsscheinen und Zinsforderungen durch den ehemaligen Inhaber der Schuldverschreibung;
3. Einnahmen aus der Veräußerung von Zinsscheinen und Zinsforderungen, wenn die dazugehörigen Schuldverschreibungen mitveräußert werden und das Entgelt für die auf den Zeitraum bis zur Veräußerung der Schuldverschreibung entfallenden Zinsen des laufenden Zinszahlungszeitraums (Stückzinsen) besonders in Rechnung gestellt ist;
4. Einnahmen aus der Veräußerung oder Abtretung von
   a) abgezinsten oder aufgezinsten Schuldverschreibungen, Schuldbuchforderungen und sonstigen Kapitalforderungen durch den ersten und jeden weiteren Erwerber,
   b) Schuldverschreibungen, Schuldbuchforderungen und sonstigen Kapitalforderungen ohne Zinsscheine und Zinsforderungen oder von Zinsscheinen und Zinsforderungen ohne Schuldverschreibungen, Schuldbuchforderungen und sonstige Kapitalforderungen durch den zweiten und jeden weiteren Erwerber zu einem abgezinsten oder aufgezinsten Preis,
   c) Schuldverschreibungen, Schuldbuchforderungen und sonstigen Kapitalforderungen mit Zinsscheinen oder Zinsforderungen, wenn Stückzinsen nicht besonders in Rechnung gestellt werden oder bei denen die Höhe der Erträge von einem ungewissen Ereignis abhängt,
   d) Schuldverschreibungen, Schuldbuchforderungen und sonstigen Kapitalforderungen mit Zinsscheinen oder Zinsforderungen, bei denen Kapitalerträge in unterschiedlicher Höhe oder für unterschiedlich lange Zeiträume gezahlt werden, [3]

---

1) Zur zeitlichen Anwendung von Absatz 1 Nr. 9 → § 52 Abs. 37 EStG.
2) Zur zeitlichen Anwendung von Absatz 1 Nr. 10 → § 52 Abs. 37a EStG.
3) Zur zeitlichen Anwendung von Absatz 2 Satz 1 Nr. 4 Satz 2 und 4 → § 52 Abs. 37b EStG.

soweit sie der rechnerisch auf die Besitzzeit entfallenden Emissionsrendite entsprechen. [2]Haben die Wertpapiere und Kapitalforderungen keine Emissionsrendite oder weist der Steuerpflichtige sie nicht nach, gilt der Unterschied zwischen dem Entgelt für den Erwerb und den Einnahmen aus der Veräußerung, Abtretung oder Einlösung als Kapitalertrag; bei Wertpapieren und Kapitalforderungen in einer ausländischen Währung ist der Unterschied in dieser Währung zu ermitteln. [3]Die Besteuerung der Zinsen und Stückzinsen nach Absatz 1 Nr. 7 und Satz 1 Nr. 3 bleibt unberührt; die danach der Einkommensteuer unterliegenden, dem Veräußerer bereits zugeflossenen Kapitalerträge aus den Wertpapieren und Kapitalforderungen sind bei der Besteuerung nach der Emissionsrendite abzuziehen. [4]Die Sätze 1 bis 3 gelten für die Einlösung der Wertpapiere und Kapitalforderungen bei deren Endfälligkeit entsprechend. [5]Die Sätze 1 bis 4 sind nicht auf Zinsen aus Gewinnobligationen und Genussrechten im Sinne des § 43 Abs. 1 Satz 1 Nr. 2 anzuwenden.

[2]Die Nummern 2 und 3 gelten sinngemäß für die Einnahmen aus der Abtretung von Dividenden- oder Zinsansprüchen oder sonstigen Ansprüchen im Sinne der Nummer 2, wenn die dazugehörigen Anteilsrechte oder Schuldverschreibungen nicht in einzelnen Wertpapieren verbrieft sind. [3]Satz 2 gilt auch bei der Abtretung von Zinsansprüchen aus Schuldbuchforderungen, die in ein öffentliches Schuldbuch eingetragen sind.

(2a) [1]Einkünfte aus Kapitalvermögen im Sinne des Absatzes 1 Nr. 1 und 2 erzielt der Anteilseigner. [2]Anteilseigner ist derjenige, dem nach § 39 der Abgabenordnung die Anteile an dem Kapitalvermögen im Sinne des Absatzes 1 Nr. 1 im Zeitpunkt des Gewinnverteilungsbeschlusses zuzurechnen sind. [3]Sind einem Nießbraucher oder Pfandgläubiger die Einnahmen im Sinne des Absatzes 1 Nr. 1 oder 2 zuzurechnen, gilt er als Anteilseigner.

(2b) [1]§ 15b ist sinngemäß anzuwenden. [2]Ein vorgefertigtes Konzept im Sinne des § 15b Abs. 2 Satz 2 liegt auch vor, wenn die positiven Einkünfte nicht der tariflichen Einkommensteuer unterliegen.

(3) Soweit Einkünfte der in den Absätzen 1 und 2 bezeichneten Art zu den Einkünften aus Land- und Forstwirtschaft, aus Gewerbebetrieb, aus selbständiger Arbeit oder aus Vermietung und Verpachtung gehören, sind sie diesen Einkünften zuzurechnen.

S 2216 S 2210 **(4) [1]Bei der Ermittlung der Einkünfte aus Kapitalvermögen ist nach Abzug der Werbungskosten ein Betrag von 750 Euro abzuziehen (Sparer-Freibetrag). [2]Ehegatten, die zusammen veranlagt werden, wird ein gemeinsamer Sparer-Freibetrag von 1500 Euro gewährt. [3]Der gemeinsame Sparer-Freibetrag ist bei der Einkunftsermittlung bei jedem Ehegatten je zur Hälfte abzuziehen; sind die um die Werbungskosten geminderten Kapitalerträge eines Ehegatten niedriger als 750 Euro, so ist der anteilige Sparer-Freibetrag insoweit, als er die um die Werbungskosten geminderten Kapitalerträge dieses Ehegatten übersteigt, beim anderen Ehegatten abzuziehen. [4]Der Sparer-Freibetrag und der gemeinsame Sparer-Freibetrag dürfen nicht höher sein als die um die Werbungskosten einschließlich einer abzuziehenden ausländischen Steuer geminderten Kapitalerträge.**

Anm.: § 20 EStG i. d. F. des Unternehmensteuerreformgesetzes 2008 und unter Berücksichtigung der Änderungen durch das JStG 2009 lautet:

(1) Zu den Einkünften aus Kapitalvermögen gehören

1. Gewinnanteile (Dividenden), Ausbeuten und sonstige Bezüge aus Aktien, Genussrechten, mit denen das Recht am Gewinn und Liquidationserlös einer Kapitalgesellschaft verbunden ist, aus Anteilen an Gesellschaften mit beschränkter Haftung, an Erwerbs- und Wirtschaftsgenossenschaften sowie an bergbautreibenden Vereinigungen, die die Rechte einer juristischen Person haben. [2]Zu den sonstigen Bezügen gehören auch verdeckte Gewinnausschüttungen. [3]Die Bezüge gehören nicht zu den Einnahmen, soweit sie aus Ausschüttungen einer Körperschaft stammen, für die Beträge aus dem steuerlichen Einlagekonto im Sinne des § 27 des Körperschaftsteuergesetzes als verwendet gelten. [4]Als sonstige Bezüge gelten auch Einnahmen, die an Stelle der Bezüge im Sinne des Satzes 1 von einem anderen als dem Anteilseigner nach *Absatz* 5 bezogen werden, wenn die Aktien mit Dividendenberechtigung erworben, aber ohne Dividendenanspruch geliefert werden;
2. Bezüge, die nach der Auflösung einer Körperschaft oder Personenvereinigung im Sinne der Nummer 1 anfallen und die nicht in der Rückzahlung von Nennkapital bestehen; Nummer 1 Satz 3 gilt entsprechend. [2]Gleiches gilt für Bezüge, die auf Grund einer Kapitalherabsetzung oder nach der Auflösung einer unbeschränkt steuerpflichtigen Körperschaft oder Personenvereinigung im Sinne der Nummer 1 anfallen und die als Gewinnausschüttung im Sinne des § 28 Abs. 2 Satz 2 und 4 des Körperschaftsteuergesetzes gelten;
3. (weggefallen)
4. Einnahmen aus der Beteiligung an einem Handelsgewerbe als stiller Gesellschafter und aus partiarischen Darlehen, es sei denn, dass der Gesellschafter oder Darlehensgeber als Mit-

unternehmer anzusehen ist. [2]Auf Anteile des stillen Gesellschafters am Verlust des Betriebes sind § 15 Abs. 4 Satz 6 bis 8 und § 15a sinngemäß anzuwenden;

5. Zinsen aus Hypotheken und Grundschulden und Renten aus Rentenschulden. [2]Bei Tilgungshypotheken und Tilgungsgrundschulden ist nur der Teil der Zahlungen anzusetzen, der als Zins auf den jeweiligen Kapitalrest entfällt;

6. der Unterschiedsbetrag zwischen der Versicherungsleistung und der Summe der auf sie entrichteten Beiträge (Erträge) im Erlebensfall oder bei Rückkauf des Vertrags bei Rentenversicherungen mit Kapitalwahlrecht, soweit nicht die lebenslange Rentenzahlung gewählt und erbracht wird, und bei Kapitalversicherungen mit Sparanteil, wenn der Vertrag nach dem 31. Dezember 2004 abgeschlossen worden ist. [2]Wird die Versicherungsleistung nach Vollendung des 60. Lebensjahres des Steuerpflichtigen und nach Ablauf von zwölf Jahren seit dem Vertragsabschluss ausgezahlt, ist die Hälfte des Unterschiedsbetrages anzusetzen. [3]*Bei entgeltlichem Erwerb des Anspruchs auf die Versicherungsleistung treten die Anschaffungskosten an die Stelle der vor dem Erwerb entrichteten Beiträge.* [4]Die Sätze 1 *und* 3 sind auf Erträge aus fondsgebundenen Lebensversicherungen, auf Erträge im Erlebensfall bei Rentenversicherungen ohne Kapitalwahlrecht, soweit keine lebenslange Rentenzahlung vereinbart und erbracht wird, und auf Erträge bei Rückkauf des Vertrages bei Rentenversicherungen ohne Kapitalwahlrecht entsprechend anzuwenden. [5]Ist in einem Versicherungsvertrag eine gesonderte Verwaltung von speziell für diesen Vertrag zusammengestellten Kapitalanlagen vereinbart, die nicht auf öffentlich vertriebene Investmentfondsanteile oder Anlagen, die die Entwicklung eines veröffentlichten Indexes abbilden, beschränkt ist, und kann der wirtschaftlich Berechtigte unmittelbar oder mittelbar über die Veräußerung der Vermögensgegenstände und die Wiederanlage der Erlöse bestimmen (vermögensverwaltender Versicherungsvertrag), sind die dem Versicherungsunternehmen zufließenden Erträge dem wirtschaftlich Berechtigten aus dem Versicherungsvertrag zuzurechnen; Sätze 1 bis 4 sind nicht anzuwenden. [6]Satz 2 ist nicht anzuwenden, wenn
   a) in einem Kapitallebensversicherungsvertrag mit vereinbarter laufender Beitragszahlung in mindestens gleichbleibender Höhe bis zum Zeitpunkt des Erlebensfalls die vereinbarte Leistung bei Eintritt des versicherten Risikos weniger als 50 Prozent der Summe der für die gesamte Vertragsdauer zu zahlenden Beiträge beträgt und
   b) bei einem Kapitallebensversicherungsvertrag die vereinbarte Leistung bei Eintritt des versicherten Risikos das Deckungskapital oder den Zeitwert der Versicherung spätestens fünf Jahre nach Vertragsabschluss nicht um mindestens 10 Prozent des Deckungskapitals, des Zeitwerts oder der Summe der gezahlten Beiträge übersteigt. [2]Dieser Prozentsatz darf bis zum Ende der Vertragslaufzeit in jährlich gleichen Schritten auf Null sinken;

7. Erträge aus sonstigen Kapitalforderungen jeder Art, wenn die Rückzahlung des Kapitalvermögens oder ein Entgelt für die Überlassung des Kapitalvermögens zur Nutzung zugesagt oder *geleistet* worden ist, auch wenn die Höhe *der Rückzahlung oder* des Entgelts von einem ungewissen Ereignis abhängt. [2]Dies gilt unabhängig von der Bezeichnung und der zivilrechtlichen Ausgestaltung der Kapitalanlage;

8. Diskontbeträge von Wechseln und Anweisungen einschließlich der Schatzwechsel.

9. Einnahmen aus Leistungen einer nicht von der Körperschaftsteuer befreiten Körperschaft, Personenvereinigung oder Vermögensmasse im Sinne des § 1 Abs. 1 Nr. 3 bis 5 des Körperschaftsteuergesetzes, die Gewinnausschüttungen im Sinne der Nummer 1 wirtschaftlich vergleichbar sind, soweit sie nicht bereits zu den Einnahmen im Sinne der Nummer 1 gehören; Nummer 1 Satz 2, 3 und Nummer 2 gelten entsprechend;

10. a) Leistungen eines nicht von der Körperschaftsteuer befreiten Betriebs gewerblicher Art im Sinne des § 4 des Körperschaftsteuergesetzes mit eigener Rechtspersönlichkeit, die zu mit Gewinnausschüttungen im Sinne der Nummer 1 Satz 1 wirtschaftlich vergleichbaren Einnahmen führen; Nummer 1 Satz 2, 3 und Nummer 2 gelten entsprechend;
    b) der nicht den Rücklagen zugeführte Gewinn und verdeckte Gewinnausschüttungen eines nicht von der Körperschaftsteuer befreiten Betriebs gewerblicher Art im Sinne des § 4 des Körperschaftsteuergesetzes ohne eigene Rechtspersönlichkeit, der den Gewinn durch Betriebsvermögensvergleich ermittelt oder Umsätze einschließlich der steuerfreien Umsätze, ausgenommen die Umsätze nach § 4 Nr. 8 bis 10 des Umsatzsteuergesetzes, von mehr als 350.000 Euro im Kalenderjahr oder einen Gewinn von mehr als 30.000 Euro im Wirtschaftsjahr hat, sowie der Gewinn im Sinne des § 22 Abs. 4 des Umwandlungssteuergesetzes. [2]Die Auflösung der Rücklagen zu Zwecken außerhalb des Betriebs gewerblicher Art führt zu einem Gewinn im Sinne des Satzes 1; in Fällen der Einbringung nach dem Sechsten und des Formwechsels nach dem Achten Teil des Umwandlungssteuergesetzes

gelten die Rücklagen als aufgelöst. [3]Bei dem Geschäft der Veranstaltung von Werbesendungen der inländischen öffentlich-rechtlichen Rundfunkanstalten gelten drei Viertel des Einkommens im Sinne des § 8 Abs. 1 Satz 3 des Körperschaftsteuergesetzes als Gewinn im Sinne des Satzes 1. [4]Die Sätze 1 und 2 sind bei wirtschaftlichen Geschäftbetrieben der von der Körperschaftsteuer befreiten Körperschaften, Personenvereinigungen oder Vermögensmassen entsprechend anzuwenden. [5]Nummer 1 Satz 3 gilt entsprechend;

11. *Stillhalterprämien, die für die Einräumung von Optionen vereinnahmt werden; schließt der Stillhalter ein Glattstellungsgeschäft ab, mindern sich die Einnahmen aus den Stillhalterprämien um die im Glattstellungsgeschäft gezahlten Prämien.*

(2) [1]Zu den Einkünften aus Kapitalvermögen gehören auch

1. *der Gewinn aus der Veräußerung von Anteilen an einer Körperschaft im Sinne des Absatzes 1 Nr. 1. [2]Anteile an einer Körperschaft sind auch Genussrechte im Sinne des Absatzes 1 Nr. 1, den Anteilen im Sinne des Absatzes 1 Nr. 1 ähnliche Beteiligungen und Anwartschaften auf Anteile im Sinne des Absatzes 1 Nr. 1;*
2. *der Gewinn aus der Veräußerung*
   a) von Dividendenscheinen und sonstigen Ansprüchen durch den Inhaber des Stammrechts, wenn die dazugehörigen Aktien oder sonstigen Anteile nicht mitveräußert werden. [2]Diese Besteuerung tritt an die Stelle der Besteuerung nach Absatz 1;
   b) von Zinsscheinen und Zinsforderungen durch den Inhaber oder ehemaligen Inhaber der Schuldverschreibung, wenn die dazugehörigen Schuldverschreibungen nicht mitveräußert werden. [2]Entsprechendes gilt für die Einlösung von Zinsscheinen und Zinsforderungen durch den ehemaligen Inhaber der Schuldverschreibung.

   [2]Satz 1 gilt sinngemäß für die Einnahmen aus der Abtretung von Dividenden- oder Zinsansprüchen oder sonstigen Ansprüchen im Sinne des Satzes 1, wenn die dazugehörigen Anteilsrechte oder Schuldverschreibungen nicht in einzelnen Wertpapieren verbrieft sind. [3]Satz 2 gilt auch bei der Abtretung von Zinsansprüchen aus Schuldbuchforderungen, die in ein öffentliches Schuldbuch eingetragen sind;
3. *der Gewinn*
   a) bei Termingeschäften, durch die der Steuerpflichtige einen Differenzausgleich oder einen durch den Wert einer veränderlichen Bezugsgröße bestimmten Geldbetrag oder Vorteil erlangt;
   b) aus der Veräußerung eines als Termingeschäft ausgestalteten Finanzinstruments;
4. *der Gewinn aus der Veräußerung von Wirtschaftsgütern, die Erträge im Sinne des Absatzes 1 Nr. 4 erzielen;*
5. *der Gewinn aus der Übertragung von Rechten im Sinne des Absatzes 1 Nr. 5;*
6. *der Gewinn aus der Veräußerung von Ansprüchen auf eine Versicherungsleistung im Sinne des Absatzes 1 Nr. 6. [2]Das Versicherungsunternehmen hat nach Kenntniserlangung von einer Veräußerung unverzüglich Mitteilung an das für den Steuerpflichtigen zuständige Finanzamt zu machen und auf Verlangen des Steuerpflichtigen eine Bescheinigung über die Höhe der entrichteten Beiträge im Zeitpunkt der Veräußerung zu erteilen;*
7. *der Gewinn aus der Veräußerung von sonstigen Kapitalforderungen jeder Art im Sinne des Absatzes 1 Nr. 7;*
8. *der Gewinn aus der Übertragung oder Aufgabe einer die Einnahmen im Sinne des Absatzes 1 Nr. 9 vermittelnden Rechtsposition.*

[2]Als Veräußerung im Sinne des Satzes 1 gilt auch die Einlösung, Rückzahlung, Abtretung oder verdeckte Einlage in eine Kapitalgesellschaft; in den Fällen von Satz 1 Nr. 4 gilt auch die Vereinnahmung eines Auseinandersetzungsguthabens als Veräußerung. [3]Die Anschaffung oder Veräußerung einer unmittelbaren oder mittelbaren Beteiligung an einer Personengesellschaft gilt als Anschaffung oder Veräußerung der anteiligen Wirtschaftsgüter.

(3) Zu den Einkünften aus Kapitalvermögen gehören auch besondere Entgelte oder Vorteile, die neben den in den Absätzen 1 und 2 bezeichneten Einnahmen oder an deren Stelle gewährt werden.

(4) [1]Gewinn im Sinne des Absatzes 2 ist der Unterschied zwischen den Einnahmen aus der Veräußerung nach Abzug der Aufwendungen, die im unmittelbaren sachlichen Zusammenhang mit dem Veräußerungsgeschäft stehen, und den Anschaffungskosten; bei nicht in Euro getätigten Geschäften sind die Einnahmen im Zeitpunkt der Veräußerung und die Anschaffungskosten im Zeitpunkt der Anschaffung in Euro umzurechnen. [2]In den Fällen der verdeckten Einlage tritt an die Stelle der Einnahmen aus der Veräußerung der Wirtschaftsgüter ihr gemeiner Wert; der Gewinn ist für das Kalenderjahr der verdeckten Einlage anzusetzen. [3]Ist ein Wirtschaftsgut im

Sinne des Absatzes 2 in das Privatvermögen durch Entnahme oder Betriebsaufgabe überführt worden, tritt an die Stelle der Anschaffungskosten der nach § 6 Abs. 1 Nr. 4 oder § 16 Abs. 3 angesetzte Wert. [4]In den Fällen des Absatzes 2 Satz 1 Nr. 6 gelten die entrichteten Beiträge im Sinne des Absatzes 1 Nr. 6 Satz 1 als Anschaffungskosten; ist ein entgeltlicher Erwerb vorausgegangen, gelten auch die nach dem Erwerb entrichteten Beiträge als Anschaffungskosten. [5]Gewinn bei einem Termingeschäft ist der Differenzausgleich oder der durch den Wert einer veränderlichen Bezugsgröße bestimmte Geldbetrag oder Vorteil abzüglich der Aufwendungen, die im unmittelbaren sachlichen Zusammenhang mit dem Termingeschäft stehen. [6]Bei unentgeltlichem Erwerb sind dem Einzelrechtsnachfolger für Zwecke dieser Vorschrift die Anschaffung, die Überführung des Wirtschaftsguts in das Privatvermögen, der Erwerb eines Rechts aus Termingeschäften oder die Beiträge im Sinne des Absatzes 1 Nr. 6 Satz 1 durch den Rechtsvorgänger zuzurechnen. [7]Bei vertretbaren Wertpapieren, die einem Verwahrer zur Sammelverwahrung im Sinne des § 5 des Depotgesetzes in der Fassung der Bekanntmachung vom 11. Januar 1995 (BGBl. I S. 34), das zuletzt durch Artikel 4 des Gesetzes vom 5. April 2004 (BGBl. I S. 502) geändert worden ist, in der jeweils geltenden Fassung anvertraut worden sind, ist zu unterstellen, dass die zuerst angeschafften Wertpapiere zuerst veräußert wurden.

(4a) [1]Werden Anteile an einer Körperschaft, Vermögensmasse oder Personenvereinigung, die weder ihre Geschäftsleitung noch ihren Sitz im Inland hat, gegen Anteile an einer anderen Körperschaft, Vermögensmasse oder Personenvereinigung, die weder ihre Geschäftsleitung noch ihren Sitz im Inland hat, getauscht und wird der Tausch auf Grund gesellschaftsrechtlicher Maßnahmen vollzogen, die von den beteiligten Unternehmen ausgehen, treten abweichend von Absatz 2 Satz 1 und § 13 Abs. 2 des Umwandlungssteuergesetzes die übernommenen Anteile steuerlich an die Stelle der bisherigen Anteile, wenn das Recht der Bundesrepublik Deutschland hinsichtlich der Besteuerung des Gewinns aus der Veräußerung der erhaltenen Anteile nicht ausgeschlossen oder beschränkt ist oder die Mitgliedstaaten der Europäischen Union bei einer Verschmelzung Artikel 8 der Richtlinie 90/434/EWG anzuwenden haben; in diesem Fall ist der Gewinn aus einer späteren Veräußerung der erworbenen Anteile ungeachtet der Bestimmungen eines Abkommens zur Vermeidung der Doppelbesteuerung in der gleichen Art und Weise zu besteuern, wie die Veräußerung der Anteile an der übertragenden Körperschaft zu besteuern wäre, und § 15 Abs. 1a Satz 2 entsprechend anzuwenden. [2]Erhält der Steuerpflichtige in den Fällen des Satzes 1 zusätzlich zu den Anteilen eine Gegenleistung, gilt diese als Ertrag im Sinne des Absatzes 1 Nr. 1. [3]Besitzt bei sonstigen Kapitalforderungen im Sinne des Absatzes 1 Nr. 7 der Inhaber das Recht, bei Fälligkeit anstelle der Rückzahlung des Nominalbetrags vom Emittenten die Lieferung einer vorher festgelegten Anzahl von Wertpapieren zu verlangen oder besitzt der Emittent das Recht, bei Fälligkeit dem Inhaber anstelle der Rückzahlung des Nominalbetrags eine vorher festgelegte Anzahl von Wertpapieren anzudienen und machen der Inhaber der Forderung oder der Emittent von diesem Recht Gebrauch, ist abweichend von Absatz 4 Satz 1 das Entgelt für den Erwerb der Forderung als Veräußerungspreis der Forderung und als Anschaffungskosten der erhaltenen Wertpapiere anzusetzen. [4]Werden Bezugsrechte veräußert oder ausgeübt, die nach § 186 des Aktiengesetzes, § 55 des Gesetzes betreffend die Gesellschaften mit beschränkter Haftung oder eines vergleichbaren ausländischen Rechts einen Anspruch auf Abschluss eines Zeichnungsvertrags begründen, wird der Teil der Anschaffungskosten der Altanteile, der auf das Bezugsrecht entfällt, bei der Ermittlung des Gewinns nach Absatz 4 Satz 1 mit 0 Euro angesetzt. [5]Werden einem Steuerpflichtigen Anteile im Sinne des Absatzes 2 Satz 1 Nr. 1 zugeteilt, ohne dass dieser eine gesonderte Gegenleistung zu entrichten hat, werden der Ertrag und die Anschaffungskosten dieser Anteile mit 0 Euro angesetzt, wenn die Voraussetzungen der Sätze 3 und 4 nicht vorliegen und die Ermittlung der Höhe des Kapitalertrags nicht möglich ist. [6]Soweit es auf die steuerliche Wirksamkeit einer Kapitalmaßnahme im Sinne der vorstehenden Sätze 1 bis 5 ankommt, ist auf den Zeitpunkt der Einbuchung in das Depot des Steuerpflichtigen abzustellen.

(5) [1]Einkünfte aus Kapitalvermögen im Sinne des Absatzes 1 Nr. 1 und 2 erzielt der Anteilseigner. [2]Anteilseigner ist derjenige, dem nach § 39 der Abgabenordnung die Anteile an dem Kapitalvermögen im Sinne des Absatzes 1 Nr. 1 im Zeitpunkt des Gewinnverteilungsbeschlusses zuzurechnen sind. [3]Sind einem Nießbraucher oder Pfandgläubiger die Einnahmen im Sinne des Absatzes 1 Nr. 1 oder 2 zuzurechnen, gilt er als Anteilseigner.

(6) [1]Verbleibende positive Einkünfte aus Kapitalvermögen sind nach der Verrechnung im Sinne des § 43a Abs. 3 zunächst mit Verlusten aus privaten Veräußerungsgeschäften nach Maßgabe des § 23 Abs. 3 Satz 9 und 10 zu verrechnen. [2]Verluste aus Kapitalvermögen dürfen nicht mit Einkünften aus anderen Einkunftsarten ausgeglichen werden; sie dürfen auch nicht nach § 10d abgezogen werden. [3]Die Verluste mindern jedoch die Einkünfte, die der Steuerpflichtige in den folgenden Veranlagungszeiträumen aus Kapitalvermögen erzielt. [4]§ 10d Abs. 4 ist sinngemäß anzuwenden. [5]Verluste aus Kapitalvermögen im Sinne des Absatzes 2 Satz 1 Nr. 1 Satz 1, die aus der Veräußerung von Aktien entstehen, dürfen nur mit Gewinnen aus Kapitalvermögen

im Sinne des Absatzes 2 Satz 1 Nr. 1 Satz 1, die aus der Veräußerung von Aktien entstehen, ausgeglichen werden; die Sätze 3 und 4 gelten sinngemäß. [6]Verluste aus Kapitalvermögen, die der Kapitalertragsteuer unterliegen, dürfen nur verrechnet werden oder mindern die Einkünfte, die der Steuerpflichtige in den folgenden Veranlagungszeiträumen aus Kapitalvermögen erzielt, wenn eine Bescheinigung im Sinne des § 43a Abs. 3 Satz 4 vorliegt.

(7) [1]§ 15b ist sinngemäß anzuwenden. [2]Ein vorgefertigtes Konzept im Sinne des § 15b Abs. 2 Satz 2 liegt auch vor, wenn die positiven Einkünfte nicht der tariflichen Einkommensteuer unterliegen.

(8) [1]Soweit Einkünfte der in den Absätzen 1, 2 und 3 bezeichneten Art zu den Einkünften aus Land- und Forstwirtschaft, aus Gewerbebetrieb, aus selbständiger Arbeit oder aus Vermietung und Verpachtung gehören, sind sie diesen Einkünften zuzurechnen. [2]Absatz 4a findet insoweit keine Anwendung.

(9) [1]Bei der Ermittlung der Einkünfte aus Kapitalvermögen ist als Werbungskosten ein Betrag von 801 Euro abzuziehen (Sparer-Pauschbetrag). [2]Ehegatten, die zusammen veranlagt werden, wird ein gemeinsamer Sparer-Pauschbetrag von 1602 Euro gewährt. [3]Der gemeinsame Sparer-Pauschbetrag ist bei der Einkunftsermittlung bei jedem Ehegatten je zur Hälfte abzuziehen; sind die Kapitalerträge eines Ehegatten niedriger als 801 Euro, so ist der anteilige Sparer-Pauschbetrag insoweit, als er die Kapitalerträge dieses Ehegatten übersteigt, bei dem anderen Ehegatten abzuziehen. [4]Der Sparer-Pauschbetrag und der gemeinsame Sparer-Pauschbetrag dürfen nicht höher sein als die nach Maßgabe des Absatzes 6 verrechneten Kapitalerträge.

R 20.1

20.1. Werbungskosten bei Einkünften aus Kapitalvermögen

S 2210 (1) [1]Aufwendungen sind, auch wenn sie gleichzeitig der Sicherung und Erhaltung des Kapitalstamms dienen, insoweit als Werbungskosten zu berücksichtigen, als sie zum Erwerb, Sicherung und Erhaltung von Kapitaleinnahmen dienen. [2]Aufwendungen, die auf Vermögen entfallen, das nicht zur Erzielung von Kapitaleinkünften angelegt ist oder bei dem Kapitalerträge nicht mehr zu erwarten sind, können nicht als Werbungskosten berücksichtigt werden.

(2) [1]Nach den allgemeinen Grundsätzen können u. a. Bankspesen für die Depotverwaltung, Gebühren, Fachliteratur, Reisekosten zur Hauptversammlung, Verfahrensauslagen und Rechtsanwaltskosten als Werbungskosten berücksichtigt werden. [2]Zum Abzug ausländischer Steuern wie Werbungskosten → R 34c.

(3) Absatz 1 und 2 gelten ab VZ 2009 vorbehaltlich des § 2 Abs. 2 Satz 2 EStG.

H 20.1

Hinweise

Abschlussgebühr

Abschlussgebühren für einen Bausparvertrag ***sind*** Werbungskosten bei den Einkünften aus Kapitalvermögen, wenn der Abschluss des Bausparvertrags in keinem engen zeitlichen und wirtschaftlichen Zusammenhang mit der Verwirklichung eines Bauvorhabens steht und wenn auf Dauer gesehen ein Überschuss aus Zinsgutschriften erwartet werden kann (→ BFH vom 24. 7. 1990 – BStBl II S. 975).

Anschaffungs- und Veräußerungskosten

- Anschaffungskosten und Anschaffungsnebenkosten sowie die durch die Veräußerung von Wirtschaftsgütern veranlassten Veräußerungskosten gehören nicht zu den Werbungskosten (→ BFH vom 25. 1. 1957 – BStBl III S. 75, vom 15. 9. 1961 – BStBl III S. 547 und vom 27. 6. 1989 – BStBl II S. 934).
- → H 17 (6) Fehlgeschlagene Veräußerung

Ausgabeaufgeld

Ein beim Erwerb einer stillen Beteiligung an den Geschäftsinhaber entrichtetes Ausgabeaufgeld gehört zu den Anschaffungskosten der stillen Beteiligung (→ BFH vom 23. 11. 2000 – BStBl 2001 II S. 24).

Betreuervergütung

Vergütungen für einen ausschließlich zur Vermögenssorge bestellten Betreuer stellen Werbungskosten bei den mit dem verwalteten Vermögen erzielten Einkünften dar, sofern die Tätigkeit des Betreuers weder einer kurzfristigen Abwicklung des Vermögens noch der Verwaltung ertraglosen Vermögens dient (→ BFH vom 14. 9. 1999 – BStBl 2000 II S. 69).

Fahrtkosten

Erbringt ein i. S. d. § 17 Abs. 1 Satz 1 EStG beteiligter Gesellschafter einer ***Kapitalgesellschaft*** an deren Sitz unentgeltlich Dienstleistungen für die ***Kapitalgesellschaft***, bevor deren Auflösung beschlossen worden ist, sind seine Aufwendungen für die Fahrten dorthin in der Regel Werbungskosten bei seinen Einkünften aus Kapitalvermögen und keine nachträglichen Anschaffungskosten seiner Beteiligung (→ BFH vom 2. 5. 2001 – BStBl II S. 668).

Gründungskosten

Kosten im Zusammenhang mit der fehlgeschlagenen Gründung einer Kapitalgesellschaft sind nicht als Werbungskosten abziehbar (→ BFH vom 20. 4. 2004 – BStBl II S. 597).

Halbeinkünfteverfahren

Zur Aufteilung von Werbungskosten → BMF vom 12. 6. 2002 (BStBl I S. 647). Anhang 12

Schuldzinsen

- Schuldzinsen, die für einen zum Erwerb von **Wertpapieren** aufgenommenen Kredit gezahlt werden, sind dann keine Werbungskosten, wenn bei der Anschaffung oder dem Halten der Kapitalanlage nicht die Absicht zur Erzielung von Überschüssen, sondern die Absicht zur Realisierung von Wertsteigerungen der Kapitalanlage im Vordergrund steht oder auf Dauer gesehen ein Überschuss der Einnahmen über die Ausgaben nicht erwartet werden kann (→ BFH vom 21. 7. 1981 – BStBl 1982 II S. 36, 37, 40 und vom 23. 3. 1982 – BStBl II S. 463 und vom 8. 7. 2006 – BStBl II S. 937). Bei der Beurteilung ist grundsätzlich auf jede einzelne Kapitalanlage abzustellen; die nach den einzelnen Kapitalanlagen getrennte Erfassung von Einnahmen und Werbungskosten macht regelmäßig eine Aufteilung der Schuldzinsen erforderlich (→ BFH vom 24. 3. 1992 – BStBl 1993 II S. 18).
- Schuldzinsen für mit Kredit erworbene **Wirtschaftsgüter** können nach der Umwidmung des Darlehens (ggf. nur anteilig) Werbungskosten bei den Einkünften aus Kapitalvermögen sein (→ BFH vom 1. 10. 1996 – BStBl 1997 II S. 424, 454 und vom 24. 4. 1997 – BStBl II S. 682).
- Wegen des Abzugs von Schuldzinsen für einen Kredit zum Erwerb einer **Beteiligung** i. S. d. § 17 EStG → BFH vom 8. 10. 1985 (BStBl 1986 II S. 596). Nach Insolvenz, Liquidation oder Löschung einer Kapitalgesellschaft anfallende Schuldzinsen eines Gesellschafters können nicht als nachträgliche Werbungskosten abgesetzt werden (→ BFH vom 28. 5. 1997 – BStBl II S. 724 und vom 21. 1. 2004 – BStBl II S. 551).
- Soweit eine Kapitalforderung durch Rückzahlungen des Schuldners getilgt worden ist, können die Schuldzinsen, die durch einen **Refinanzierungskredit** verursacht werden, grundsätzlich nicht mehr als Werbungskosten berücksichtigt werden (→ BFH vom 1. 10. 1996 – BStBl 1997 II S. 424).
- Schuldzinsen für die **Refinanzierung eines teilentgeltlich gewährten Darlehens** sind nur zu dem Bruchteil abziehbar, zu dem das Darlehen entgeltlich gewährt worden ist (→ BFH vom 25. 7. 2000 – BStBl 2001 II S. 698).
- Wird ein **Einzelunternehmen gegen Gewährung von Gesellschaftsanteilen in eine GmbH eingebracht** und behält der Einbringende betrieblich begründete Verbindlichkeiten zurück, so können die auf die zurückbehaltenen Schulden entfallenden und gezahlten Zinsen Werbungskosten bei den Einkünften aus den erlangten GmbH-Anteilen sein (→ BFH vom 7. 7. 1998 – BStBl 1999 II S. 209).
- Wird ein Darlehensbetrag dem Konto des Stpfl. gutgeschrieben und am selben Tag für eine Anlage als Festgeld wieder abgebucht, so ist – unabhängig vom Saldo des Kontos – auf Grund der betragsmäßigen Übereinstimmung des gutgeschriebenen und des abgebuchten Betrages und des engen zeitlichen Zusammenhangs erwiesen, dass der **Darlehensbetrag zur Anlage als Festgeld** verwendet worden ist (→ BFH vom 25. 1. 2001 – BStBl II S. 573).
- Zinsaufwendungen wegen der **Fremdfinanzierung von Beiträgen zu einer Lebensversicherung**, die nicht zu Einnahmen i. S. d. § 20 Abs. 1 Nr. 6 EStG führt, können nicht als Werbungskosten berücksichtigt werden (→ BFH vom 25. 7. 2000 – BStBl 2001 II S. 698).
- Überlässt der Gesellschafter einer Kapitalgesellschaft dieser ein refinanziertes Darlehen zu marktüblichen Konditionen, so sind die **Refinanzierungszinsen** auch dann nicht als Werbungskosten bei § 20 EStG abziehbar, wenn die von der Kapitalgesellschaft dem Gesellschafter geschuldeten Zinsen wegen Liquiditätsproblemen nicht geleistet werden (→ FG Münster vom 22. 8. 2001 – EFG 2001 S. 1552).
- Werden in einem **einheitlichen Erwerbsvorgang festverzinsliche Wertpapiere teils mit Eigenmitteln, teils mit Kredit** angeschafft, ist die Kapitalanlage nicht in einen eigen- und

einen fremdfinanzierten Anteil aufzuteilen. Bei der Prüfung der Einkünfteerzielungsabsicht sind die Schuldzinsen in vollem Umfang anzusetzen. Übersteigen auf Dauer die gesamten Zinseinnahmen die gesamten Zinsaufwendungen, steht die Einkünfteerzielung gegenüber der steuerfreien Vermögensmehrung im Vordergrund (→ BFH vom 8. 7. 2003 – BStBl II S. 937).

- Schuldzinsen für Darlehen, mit denen ein Arbeitnehmer den **Erwerb von Gesellschaftsanteilen** an seiner Arbeitgeberin finanziert, um damit die arbeitsvertragliche Voraussetzung für die Erlangung einer höher dotierten Position zu erfüllen, gehören regelmäßig zu den Werbungskosten bei den Einkünften aus Kapitalvermögen (→ BFH vom 5. 4. 2006 – BStBl II S. 654).

Sinngemäße Anwendung des § 15a EStG

- ***Erst wenn die Gesellschaft endgültig von einer Schuld befreit wird, handelt es sich im Falle der Übernahme einer Gesellschaftsschuld durch den stillen Gesellschafter um die allein maßgebliche „geleistete Einlage" i. S. d. § 15a Abs. 1 Satz 1 EStG. Eine erst später erteilte Genehmigung einer Schuldübernahme durch den Gläubiger wirkt steuerrechtlich nicht auf den Zeitpunkt zurück, in dem der stille Gesellschafter sich dazu verpflichtet hatte (→ BFH vom 16. 10. 2007 – BStBl 2008 II S. 126).***
- ***→ H 21.2***

Stiller Gesellschafter

- Die Vereinbarung einer Beteiligung des stillen Gesellschafters am Gewinn des Geschäftsinhabers gilt im Zweifel auch für seine Beteiligung am Verlust. Der Verlustanteil ist dem stillen Gesellschafter nicht nur bis zum Verbrauch seiner Einlage, sondern auch in Höhe seines negativen Einlagekontos zuzurechnen. Spätere Gewinne sind gem. § 15a EStG zunächst mit den auf diesem Konto ausgewiesenen Verlusten zu verrechnen (→ BFH vom 23. 7. 2002 – BStBl II S. 858).
- Ein an einer GmbH typisch still beteiligter Gesellschafter kann seinen Anteil an dem laufenden Verlust der GmbH nur dann als Werbungskosten abziehen, wenn der Verlustanteil im Jahresabschluss der GmbH festgestellt oder vom Finanzamt geschätzt und von der Kapitaleinlage des stillen Gesellschafters abgebucht worden ist (→ BFH vom 28. 5. 1997 – BStBl II S. 724 ***und vom 16. 10. 2007 – BStBl 2008 II S. 126***). Die Abbuchung als Voraussetzung für die Verlustberücksichtigung entfällt jedoch, soweit durch den Verlustanteil ein negatives Einlagekonto entsteht. Der Verlustanteil entsteht mit seiner Berechnung nach § 232 Abs. 1 HGB auf der Grundlage des Jahresabschlusses des Geschäftsinhabers (→ BFH vom 23. 7. 2002 – BStBl II S. 858).
- ***Zur Behandlung von Verlusten aus stillen Gesellschaften an Kapitalgesellschaften → BMF vom 19. 11. 2008 (BStBl I S. 970).***
- → Ausgabeaufgeld

Verwalterentgelt

Das von Wertsteigerungen des Vermögens abhängige Verwalterentgelt ist nicht als Werbungskosten abziehbar (→ BFH vom 15. 12. 1987 – BStBl 1989 II S. 16).

→ auch: OFD Düsseldorf vom 28. 10. 2004 (DStR 2005, S. 329):

I. Vermögensverwaltungsverträge

Aufgrund eines Vermögensverwaltungsvertrags soll das Finanzvermögen des Kunden professionell, dauerhaft und zielorientiert verwaltet werden. Als Vermögensverwalter treten in der Praxis insbesondere Kreditinstitute und freie Vermögensverwalter auf. Der Vermögensverwalter überwacht in erster Linie die Zusammensetzung des Vermögensbereichs nach der gewünschten Zielrichtung (Rendite, Substanzsicherung, Wertzuwachs). Somit ist seine Tätigkeit auch auf die Anschaffung/Veräußerung (Umschichtung) von Vermögensgegenständen ausgerichtet.

Das Honorar wird entweder mit einem bestimmten v. H.- oder v. T.-Satz des Vermögenswert berechnet (in den meisten Fällen 0,1–3 % p. a.) oder es wird ein pauschales Festhonorar vereinbart. Es können auch erfolgsabhängige Honorare vereinbart werden. Zusätzlich fallen bei jeder Transaktion weitere umsatz- bzw. stückabhängige Kosten (z. B. Bankspesen, Provisionen, Maklercourtage) an. In einigen Vermögensverwaltungsverträgen ist geregelt, dass die Transaktionskosten nicht gesondert berechnet werden. Stattdessen erhöht sich die prozentuale bzw. pauschale Gebühr.

II. Steuerliche Behandlung der Vermögensverwaltungsgebühren

Vermögensverwaltungsgebühren können grundsätzlich Werbungskosten bei den Einkünften aus Kapitalvermögen darstellen.

Bemisst sich die Gebühr ausschließlich nach den nicht steuerbaren Wertsteigerungen des verwalteten Vermögens, ist der Werbungskostenabzug nicht möglich. Das gilt auch dann, wenn aus den Anlagegegenständen zugleich Einnahmen nach § 20 EStG erzielt werden (BFH vom 15. 12. 1987 – BStBl 1989 II S. 16). Soweit neben einer vom Vermögen abhängigen pauschalen Gebühr zusätzlich eine erfolgsabhängige Vergütung zu zahlen ist, die sich nach der Wertentwicklung des Vermögens richtet, ist diese „Gewinnbeteiligung" aus den o. g. Gründen nicht den Werbungskosten aus Kapitalvermögen zuzuordnen.

Hat der Stpfl. keinen allgemein gehaltenen Vermögensverwaltungsauftrag, sondern konkrete Weisungen erteilt, nach denen die Realisierung von steuerpflichtigen Erträgen nicht im Vordergrund steht, sondern die Realisierung (nicht steuerbarer) Wertsteigerungen, sind die Vermögensverwaltungsgebühren allenfalls anteilig zu berücksichtigen (offen gelassen in BFH vom 4. 5. 1993 – BStBl II S. 832). Auch wenn in einem solchen Fall jede Kapitalanlage steuerpflichtige Erträge abwirft, sind die Gebühren im Verhältnis der steuerpflichtigen Erträge zu den nicht steuerbaren Wertzuwächsen aufzuteilen.

Bei der steuerlichen Einordnung der Vermögensverwaltungsgebühren sind darüber hinaus folgende Grundsätze zu beachten:

1. Ausgliederung von Anschaffungsnebenkosten/Veräußerungskosten

Soweit mit der Vermögensverwaltungsgebühr auch Transaktionskosten (insbes. Provisionen und Spesen) abgegolten werden (vgl. I.), sind diese nicht den Werbungskosten bei den Einkünften aus Kapitalvermögen zuzuordnen. Es handelt sich insoweit um Anschaffungsneben- und Veräußerungskosten, welche ggf. im Rahmen des § 23 EStG zu berücksichtigen sind.

Beispiel:

Der Anleger kann bei Abschluss des Vermögensverwaltungsvertrags zwischen zwei Vertragsvarianten wählen:

- pauschale Gebühr von 1,5 % des Depotwerts, welche sämtliche Transaktionskosten umfasst
- pauschale Gebühr von 1 % des Depotwerts; zusätzlich werden alle Transaktionskosten nach den aktuellen Gebührensätzen berechnet

Lösung:

Wählt der Anleger die pauschale Gebühr von 1,5 %, so kann davon ausgegangen werden, dass es sich bei 1/3 der Gebühr um Anschaffungs- oder Veräußerungsnebenkosten handelt. Diese sind ggf. bei den Einkünften gem. § 23 EStG zu berücksichtigen und stellen keine Werbungskosten bei den Einkünften aus Kapitalvermögen dar.

Ergibt sich der Anteil an Transaktionskosten nicht wie vorstehend dargelegt anhand der vorgelegten Unterlagen, ist dieser im Wege einer Schätzung (§ 162 AO) zu ermitteln. Eine Kürzung um 1/3 der Aufwendungen ist nach den bisherigen Erfahrungen der Praxis in diesen Fällen ermessensgerecht.

2. Unterscheidung von ertraglosen und ertragbringenden Kapitalanlagen

Nach (ggf. pauschaler) Aussonderung der Anschaffungsneben- und Veräußerungskosten sind die verbleibenden Aufwendungen auf die im Depot befindlichen verschiedenen ertraglosen und ertragbringenden Kapitalanlagen aufzuteilen.

Hierzu ist regelmäßig die Vorlage des Depotauszugs erforderlich. Die Erträgnisaufstellung alleine kann nicht zugrunde gelegt werden, da in dieser i. d. R. nur die Erträge (= ertragbringende Kapitalanlagen) aufgelistet sind.

Ertraglose Kapitalanlagen

Hierbei handelt es sich um Kapitalanlagen, mit denen keine Erträge nach § 20 EStG sondern ausschließlich Wertsteigerungen im Vermögensstamm erzielt werden sollen. Die hiermit zusammenhängenden Aufwendungen stellen keine Werbungskosten aus Kapitalvermögen dar, ggf. findet § 23 EStG Anwendung.

Ertraglose Kapitalanlagen sind insbesondere

- Zertifikate aller Art (Index-; Aktien-; Renten-, Discountzertifikate), sofern diese nicht ausnahmsweise die Rückzahlung des Kapitals (teilweise) garantieren (Garantiezertifikate = Einkünfte aus Kapitalvermögen nach § 20 Abs. 2 Satz 1 Nr. 4 EStG; Hinweis auf RdNr. 48 von BMF vom 27. 11. 2001 – BStBl I S. 986).
- Optionen, Optionsscheine

- Aktien von nicht ausschüttenden Kapitalgesellschaften (Anmerkung: Eine ertraglose Aktie liegt nicht alleine deshalb vor, weil eine grds. ausschüttende Gesellschaft nicht jährlich ausschüttet.)
- Edelmetalle
- Devisen

Ertragbringende Kapitalanlagen

Die Aufwendungen in Zusammenhang mit ertragbringenden Kapitalanlagen können Werbungskosten aus § 20 EStG darstellen. Bei ertragbringenden Kapitalanlagen werden mit dem Kapitalstamm Erträge aus § 20 EStG erwirtschaftet (z. B. Aktien von i. d. R. ausschüttenden Gesellschaften, GmbH-Anteile, Rentenpapiere oder Finanzinnovationen (z. B. Zero-Bonds)).

Die Aufteilung der Aufwendungen auf die ertraglosen und ertragbringenden Kapitalanlagen kann grds. nach dem Verhältnis der Börsenwerte zum Abrechnungsstichtag erfolgen. Aus Vereinfachungsgründen ist es (z. B. bei quartalsweiser Abrechnung) ausreichend, das Verhältnis der Börsenwerte zum 31.12. zu Grunde zu legen.

Beispiel:

Das Depot des Anlegers B setzt sich am 1. 12. 03 aus folgenden Vermögenswerten zusammen:

Festverzinslichen	500 000 €
Aktien	200 000 €
Anteilsscheine an einem Wertpapierfonds	50 000 €
Discountzertifikate	100 000 €
Index- und Aktienzertifikate (ohne Kapitalgarantie)	150 000 €
Summe	1000 000 €

Die Bank berechnet zum 1.12. eine Vermögensverwaltungsgebühr von 1,0 % des Depotwertes zzgl. 16 % USt (11 600 EUR).

Lösung:

Hinsichtlich der Discount-, Index- und Aktienzertifikate liegen ertraglose Kapitalanlagen vor. Die hiermit zusammenhängenden Gebühren (11 600 EUR × 25 % = 2900 EUR) stellen keine Werbungskosten aus Kapitalvermögen dar; ggf. kommt eine Berücksichtigung im Rahmen des § 23 EStG in Betracht.

3. Ertragbringende Kapitalanlagen mit unterschiedlichen Einkunftsarten

Mit ertragbringenden Kapitalanlagen können sowohl steuerpflichtige Einnahmen nach § 20 und § 23 EStG als auch Einnahmen auf der nicht steuerbaren Vermögensebene erzielt werden. Sofern mit diesen Kapitalanlagen unterschiedliche Einkunftsarten verwirklicht werden (§§ 20 und 23 EStG), müssen die damit zusammenhängenden laufenden Aufwendungen auf die jeweiligen Einkunftsarten aufgeteilt werden.

Mit der Vermögensverwaltungsgebühr wird die Leistung zur Bestandsverwaltung (z. B. Überwachung von Dividenden- und Zinszahlungen, Teilnahme an Hauptversammlungen) und zur Umschichtung des Vermögens (Entscheidung über An- und Verkäufe; Entscheidung, die Kapitalanlage zu halten mit der Absicht, spätere Wertsteigerungen zu realisieren) vergütet.

Die nach Anwendung der Nr. 1 und 2 verbleibende Vermögensverwaltungsgebühr kann daher auf diese beiden Tätigkeitsschwerpunkte aufgeteilt werden, wobei aufgrund von Erfahrungen in der Praxis eine Aufteilung im Verhältnis 50: 50 erfolgen kann.

- Soweit die Leistungen mit der Bestandsverwaltung zusammenhängen, liegen grds. Werbungskosten aus § 20 EStG vor.
- Der Anteil „Umschichtung" ist nach den Verkaufspreisen für steuerpflichtige private Veräußerungsgeschäfte und für nicht steuerbare Umschichtungen aufzuteilen. Die insoweit auf die Einkünfte aus § 23 EStG entfallenden Aufwendungen sind den Werbungskosten aus § 23 EStG zuzuordnen. Die Umschichtungskosten, die mit nicht steuerbaren Veräußerungen zusammenhängen, stellen regelmäßig Werbungskosten aus § 20 EStG dar (BFH vom 4. 5. 1993 –BStBl II S. 832; BFH vom 8. 7. 2003 – BStBl II S. 937).

Beispiel:

Vermögensverwaltungsgebühr	100 000 €
Einnahmen	
– Kapitalvermögen:	200 000 €
– Verluste § 23 Abs. 1 Nr. 2 EStG: (Veräußerungspreise 1000 000 €; AK 1100 000 €)	100 000 €
– nicht steuerbare Vermögensmehrungen: (Veräußerungspreise 1500 000 €; AK 1000 000 €)	500 000 €

Das Depot enthält ausschließlich ertragbringende Kapitalanlagen.

Lösung:

	WK § 20 EStG	WK § 23 EStG
Bestandsverwaltung (50 %)	50 000 €	
Umschichtung (50 %)	(50000 × 15/25) 30 000 €	(50000 × 10/25) 20 000 €
Summe	80 000 €	20 000 €

Sofern ein anderer wirtschaftlich gerechtfertigter Aufteilungsmaßstab in Betracht kommt oder nachgewiesen bzw. glaubhaft gemacht wird, bestehen keine Bedenken, diesen Aufteilungsmaßstab anzusetzen.

4. Halbeinkünfteverfahren

Erst nach den o. g. Berechnungen sind die Auswirkungen des Halbeinkünfteverfahrens zu berücksichtigen (Hinweis auf BMF vom 12. 6. 2002 – BStBl II S. 647). Anhang 12

5. Überschusserzielungsabsicht

Bei den nunmehr verbleibenden Aufwendungen handelt es sich dem Grunde nach um Werbungskosten bei den Einkünften aus Kapitalvermögen. Ergibt sich ein Überhang der Werbungskosten über die Einnahmen, ist ggf. die Überschusserzielungsabsicht zu prüfen.

III. Anzufordernde Unterlagen/Beweislastregelungen

Die zutreffende steuerliche Behandlung der Vermögensverwaltungsgebühr setzt die Mitwirkung des Stpfl. voraus. Da er eine steuermindernde Tatsache geltend macht, obliegt ihm die Beweislast, dass die Gebühr die Voraussetzungen für den Werbungskostenabzug dem Grunde und der Höhe nach erfüllt. Der Stpfl. ist daher zur Vorlage folgender Unterlagen aufzufordern:

- Vermögensverwaltungsvertrag
- differenzierte Depotaufstellung
- Hinweise in der Depotaufstellung, welche Art von Erträgen die einzelnen Kapitalanlagen abwerfen
- Auflistung der Veräußerungsgeschäfte getrennt nach steuerpflichtigen Veräußerungsgeschäften (§ 23 Abs. 1 EStG) und nicht steuerbaren Geschäften.
- leicht nachvollziehbare Berechnung des abzugsfähigen Teils der Gebühr.

Kommt der Stpfl. seinen Mitwirkungspflichten nicht oder nur unzureichend nach, ist die abzugsfähige Gebühr zu schätzen (§ 162 AO).

Vorfälligkeitsentschädigung

Eine durch die Veräußerung von Grundstücken veranlasste Vorfälligkeitsentschädigung ist dem Vorgang der Veräußerung zuzurechnen und auch dann nicht als Werbungskosten bei den Einkünften aus Kapitalvermögen abziehbar, wenn die verbleibenden Mittel als Kapitalanlage verwendet werden (→ BFH vom 6. 12. 2005 – BStBl 2006 II S. 265).

Zusammenhang mit Kapitaleinnahmen

Bei der Ermittlung von Einkünften aus Kapitalvermögen sind grundsätzlich nur solche Aufwendungen als Werbungskosten anzusehen, die mit den einzelnen Einnahmen unmittelbar zusammenhängen (→ BFH vom 28. 8. 1952 – BStBl III S. 265). Ein unmittelbarer Zusammenhang mit den Kapitaleinnahmen ist bei Aufwendungen für die einzelne Kapitalanlage und bei Aufwendungen für die Gesamtheit der Kapitalanlagen (allgemeine Verwaltungskosten) insoweit gegeben, als sie zur Erwerbung, Sicherung und Erhaltung der Kapitaleinnahmen dienen.

20.2. Einnahmen aus Kapitalvermögen

R 20.2

S 2204
S 2226

[1]Auf Erträge aus Versicherungen auf den Erlebens- oder Todesfall ist bei Verträgen, die vor dem 1. 1. 2005 abgeschlossen worden sind, R 154 EStR 2003 weiter anzuwenden. [2]***R 154 Satz 4 Buchstabe a EStR 2003 gilt nicht für Zinsen, die nach Ablauf der Mindestlaufzeit von 12 Jahren bei Weiterführung des Versicherungsvertrages gezahlt werden.***

Hinweise

H 20.2

Abgezinste Optionsanleihe

Eine Optionsanleihe ist nur dann ein abgezinstes Wertpapier i. S. d. § 20 Abs. 2 Satz 1 Nr. 4 Satz 1 Buchstabe a EStG, wenn die Anleihebedingungen der Emittentin keine Regelungen enthalten, die darauf schließen lassen, dass der Ausgabepreis ausschließlich für die Schuldverschreibung aufgewendet worden ist (→ BFH vom 1. 7. 2003 – BStBl II S. 883).

Abtretung

Zur Zurechnung von Zinsen bei Abtretung einer verzinslichen Forderung → BFH vom 8. 7. 1998 (BStBl 1999 II S. 123).

Alterseinkünftegesetz

Anhang 14b Neuregelung der Besteuerung der Erträge aus kapitalbildenden Lebens- und Rentenversicherungen mit Kapitalwahlrecht → BMF vom 22. 12. 2005 (BStBl 2006 I S. 92).

Betriebsaufspaltung

→ H 15.7 (4) Gewinnausschüttungen

Bezugsrechte

- Die Veräußerung des Bezugsrechts führt zu keiner Einnahme aus der Veräußerung sonstiger Ansprüche durch den Anteilseigner nach § 20 Abs. 2 Satz 1 Nr. 2 Buchstabe a EStG (→ BFH vom 22. 5. 2003 – BStBl II S. 712).
- → H 23

Bonusaktien

- Die Zuteilung von Bonusaktien nach Ablauf der Haltefrist ist ein sonstiger Bezug i. S. d. § 20 Abs. 1 Nr. 1 i. V. m. § 20 Abs. 2 Satz 1 Nr. 1 EStG.
- Für den Zufluss von Bonusaktien ist auf die Depoteinbuchung beim Stpfl. abzustellen, die Höhe der Einnahmen aus der Zuteilung von Bonusaktien bestimmt sich aus dem niedrigsten Kurswert der Aktie (einschließlich XETRA-Handel) am Zuflusstag.

(→ BFH vom 7. 12. 2004 – BStBl 2005 II S. 468)

Anm.:
Vorstehende – zum 2. Börsengang der Deutschen Telekom AG ergangene – BFH-Entscheidung ist auch auf den 3. Börsengang der Deutschen Telekom AG anzuwenden (→ OFD Düsseldorf vom 2. 11. 2005 – NWB Fach 1 (2005), S. 387 und OFD Magdeburg vom 7. 4. 2006 – StEd 206, S. 443).

***Darlehensverhältnisse* zwischen Angehörigen**

→ H 4.8

Einlagenrückgewähr

- Rückgewähr von Einlagen durch eine unbeschränkt steuerpflichtige Körperschaft; bilanzsteuerrechtliche Behandlung beim Empfänger → BMF vom 9. 1. 1987 (BStBl I S. 171).
- Der aus dem steuerlichen Einlagekonto i. S. d. § 27 KStG stammende Gewinnanteil ist beim Gesellschafter gemäß § 20 Abs. 1 Nr. 1 Satz 3 EStG als nicht steuerbare Einnahme zu behandeln. Im Bereich der Gewinneinkünfte ist der Buchwert der Beteiligung um die aus dem steuerlichen Einlagekonto i. S. d. § 27 KStG finanzierte Ausschüttung zu verringern (→ BFH vom 7. 11. 1990 – BStBl 1991 II S. 177).
- Zu den Einkünften aus Kapitalvermögen gehören Ausschüttungen, die aus dem steuerlichen Einlagekonto i. S. d. § 27 KStG finanziert sind, auch dann nicht, wenn der Stpfl. an der ausschüttenden Körperschaft gem. § 17 EStG beteiligt ist. Ob Ausschüttungen in diesem Sinne vorliegen, bestimmt sich nach dem gemäß § 27 Abs. 2 KStG gesondert festgestellten steuerlichen Einlagekonto der Körperschaft. Der Teil der Ausschüttung einer Körperschaft, der aus dem steuerlichen Einlagekonto i. S. d. § 27 KStG finanziert ist, führt zu einer Minderung der Anschaffungskosten der Beteiligung i. S. d. § 17 EStG (→ BFH vom 19. 7. 1994 – BStBl 1995 II S. 362); aber § 17 Abs. 4 EStG.
- Zur Bescheinigung der Leistungen, die als Abgang auf dem steuerlichen Einlagekonto zu berücksichtigen sind, durch die Kapitalgesellschaft → § 27 Abs. 3 KStG.

Erstattungszinsen nach § 233a AO

Aus Gründen sachlicher Härte sind auf Antrag Erstattungszinsen i. S. d. § 233a AO nach § 163 AO nicht in die Steuerbemessungsgrundlage einzubeziehen, soweit ihnen nicht abziehbare Nachforderungszinsen gegenüberstehen, die auf ein- und demselben Ereignis beruhen (→ BMF vom 5. 10. 2000 – BStBl I S. 1508):

Aus Gründen sachlicher Härte sind auf Antrag Erstattungszinsen i. S. d. § 233a AO nach § 163 AO nicht in die Steuerbemessungsgrundlage einzubeziehen, soweit ihnen nicht abziehbare Nachforderungszinsen gegenüberstehen, die auf ein- und demselben Ereignis beruhen. Dabei sind die Erstattungszinsen und die diesen gegenüberstehenden Nachforderungszinsen auf den Betrag der jeweils tatsächlich festgelegten Zinsen begrenzt. Der Antrag ist bei dem für die Personensteuer örtlich zuständigen Finanzamt zu stellen.

Ereignis in diesem Sinn ist der einzelne Vorgang, der Ansprüche aus dem Steuerschuldverhältnis für unterschiedliche Veranlagungszeiträume im engen zeitlichen und sachlichen Zusammenhang erhöht oder vermindert (z. B. Erhöhung des Warenbestands eines Jahres/Erhöhung des Wareneinsatzes im Folgejahr).

Beispiel 1 (sachliche Unbilligkeit liegt vor):

Eine Betriebsprüfung in 09 umfasst die VZ bis einschließlich 04.

VZ 04

Erhöhung des Warenbestands = Gewinnerhöhung um	100,00
ESt 04	+ 50,00
Nachforderungszinsen: Zinslauf 1. 4. 06 bis 31. 12. 09 (45 volle Monate × 0,5 % = 22,5 %)	11,25

VZ 05

Erhöhung des Wareneinsatzes = Gewinnminderung um	100,00
ESt 05	– 50,00
Erstattungszinsen: Zinslauf 1. 4. 07 bis 31. 12. 09 (33 volle Monate × 0,5 % = 16,5 %)	8,25

Die Erstattungszinsen i. H. v. 8,25 sind auf Antrag nicht zu versteuern, weil ihnen nicht abziehbare Nachforderungszinsen gegenüber stehen, die auf ein- und demselben Ereignis beruhen.

Beispiel 2 (sachliche Unbilligkeit liegt nicht vor):

Eine Betriebsprüfung in 09 umfasst die VZ bis einschließlich 05.

VZ 04

Nichtanerkennung einer Teilwertabschreibung = Gewinnerhöhung um	100,00
ESt 04	+ 50,00
Nachforderungszinsen: Zinslauf 1. 4. 06 bis 31. 12. 09 (45 volle Monate × 0,5 % = 22,5 %)	11,25

VZ 05

Zusätzliche Betriebsausgaben = Gewinnminderung um	100,00
ESt 05	– 50,00
Erstattungszinsen: Zinslauf 1. 4. 07 bis 31. 12. 09 (33 volle Monate × 0,5 % = 16,5 %)	8,25

Ein Verzicht auf die Versteuerung der Erstattungszinsen i. H. v. 8,25 kommt nicht in Betracht, weil Nachforderungs- und Erstattungszinsen auf unterschiedlichen Ereignissen beruhen.

Die nach § 163 AO außer Ansatz zu lassenden Erstattungszinsen sind im Bedarfsfall sachgerecht zu schätzen.

Die Folgerungen aus dieser Billigkeitsregelung sind nach Abschn. 38 Abs. 4 GewStR 1998 auch für die Ermittlung des Gewerbeertrags zu ziehen.

Erträge aus Lebensversicherungen (Vertragsabschluss vor dem 1. 1. 2005)

- → BMF vom 31. 8. 1979 (BStBl I S. 592) zur steuerlichen Behandlung der rechnungsmäßigen und außerrechnungsmäßigen Zinsen aus Lebensversicherungen.
- → BMF vom 13. 11. 1985 (BStBl I S. 661) zum Näherungsverfahren zur Berechnung der rechnungsmäßigen und außerrechnungsmäßigen Zinsen.
- → BMF vom 27. 7. 1995 (BStBl I S. 371) unter Berücksichtigung der Änderungen durch BMF vom 25. 3. 2002 (BStBl I S. 476) zur gesonderten Feststellung der Steuerpflicht von Zinsen aus einer Lebensversicherung.
- → BMF vom 15. 6. 2000 (BStBl I S. 1118) zu Finanzierungen unter Einsatz von Lebensversicherungsverträgen (Policendarlehen).

- Zinsen aus einer vor dem 1. 1. 2005 abgeschlossenen Kapitallebensversicherung, die nach Ablauf eines Zeitraums von mehr als 12 Jahren nach Vertragsabschluss bei Weiterführung gezahlt werden, sind in entsprechender Anwendung des § 20 Abs. 1 Nr. 6 Satz 2 EStG in der am 31. 12. 2004 geltenden Fassung steuerfrei (→ BFH vom 12. 10. 2005 – BStBl 2006 II S. 251).
- Die Steuerbefreiung in § 20 Abs. 1 Nr. 6 Satz 2 EStG in der am 31. 12. 2004 geltenden Fassung für Zinsen aus Lebensversicherungen ist nicht an die Voraussetzungen des Sonderausgabenabzugs für die Versicherungsbeiträge geknüpft. Es ist daher unschädlich, wenn der ausländischen Lebensversicherungsgesellschaft die Erlaubnis zum Betrieb eines nach § 10 Abs. 2 Satz 1 Nr. 2 Buchstabe a EStG in der am 31. 12. 2004 geltenden Fassung begünstigten Versicherungszweigs im Inland nicht erteilt worden ist (→ BFH vom 1. 3. 2005 – BStBl 2006 II S. 365).

Erträge aus Lebensversicherungen (Vertragsabschluss nach dem 31. 12. 2004)

Anhang 14b → BMF vom 22. 12. 2005 (BStBl 2006 I S. 92) zur Neuregelung der Besteuerung der Erträge aus nach § 20 Abs. 1 Nr. 6 EStG steuerpflichtigen Versicherungen durch das Alterseinkünftegesetz.

Ferienwohnung

Überlässt eine AG satzungsgemäß ihren Aktionären Ferienwohnungen zur zeitlich vorübergehenden Nutzung nach Maßgabe eines Wohnberechtigungspunktesystems, erzielt der Aktionär mit der Nutzung Kapitalerträge (→ BFH vom 16. 12. 1992 – BStBl 1993 II S. 399).

Festverzinsliche Anleihen und Schuldverschreibungen mit Vorschaltkupons

→ BMF vom 29. 5. 1995 (BStBl I S. 283)

Finanzinnovationen

- ***→ BMF vom 27. 11. 2001 (BStBl I S. 986) unter Berücksichtigung der Änderungen durch BMF vom 17. 6. 2008 (BStBl I S. 715)***
- → BMF vom 18. 7. 2007 (BStBl I S. 548)

Freianteile

- Neue Anteile auf Grund der Umwandlung von Rücklagen in Nennkapital (§§ 1, 7 KapErhStG) → BMF vom 25. 10. 2004 (BStBl I S. 1034), Rz. 20.
- Entspricht die von einer Kapitalgesellschaft durchgeführte Erhöhung des Nennkapitals aus Rücklagen nicht den Vorschriften des KapErhStG, ist der Erwerb der neuen Anteile steuerpflichtig (→ BFH vom 27. 3. 1979 – BStBl II S. 560 ***und → BMF vom 25. 10. 2004 (BStBl I S. 1034), Rz. 23***),
- Einnahmen aus Kapitalvermögen nach § 20 Abs. 1 Nr. 1 EStG liegen auch vor, wenn Freiaktien einer niederländischen AG entsprechend einem vereinbarten Wahlrecht die Bardividende ersetzen. Der Wert der Freiaktien ist mindestens in Höhe der Bardividende anzusetzen (→ BFH vom 14. 2. 2006 – BStBl II S. 520).

Gleitzinsanleihen

→ Finanzinnovationen

Hochzins- und Umtauschanleihen

- → BMF vom 25. 10. 2004 (BStBl I S. 1034), Rzn. 5–12
- Hochzinsanleihen sind Schuldverschreibungen mit einem regelmäßig über dem Marktzins liegenden Zinssatz und einem Wahlrecht des Emittenten zur Rückzahlung des Kapitals oder der Übertragung einer vorher festgelegten Anzahl von Aktien. Umtauschanleihen sind Schuldverschreibungen mit festem, unter dem marktüblichen Zins im Zeitpunkt der Emission liegenden Zinssatz und einem Wahlrecht des Gläubigers zur Kapitalrückzahlung oder Übertragung einer vorher festgelegten Anzahl von Aktien.
- Hochzinsanleihen und Umtauschanleihen sind Kapitalforderungen, bei denen die Höhe der Erträge von einem ungewissen Ereignis abhängt (§ 20 Abs. 1 Nr. 7 und Abs. 2 Satz 1 Nr. 4 Satz 1 Buchstabe c EStG). Denn im Zeitpunkt des Erwerbs steht noch nicht fest, ob das Wahlrecht zur Übertragung von Aktien ausgeübt wird und in welchem Umfang dem Stpfl. Erträge zufließen werden. Da die Anleihen keine Emissionsrendite haben, ist als Kapitalertrag der Unterschiedsbetrag zwischen dem Entgelt für den Erwerb und den Einnahmen aus der Veräußerung, Abtretung oder Einlösung (sog. Marktrendite) der Besteuerung zu Grunde zu

legen (§ 20 Abs. 2 Satz 1 Nr. 4 Satz 2 EStG). Dies gilt auch für Fälle der Einlösung durch Ersterwerber.

(→ BMF vom 2. 3. 2001 – BStBl I S. 206).

Hochzins-Anleihen mit Rückzahlungswahlrecht des Emittenten

→ BMF vom 7. 10. 1999 (StEd 1999 S. 807)

Investmentanteile

→ BMF vom 2. 6. 2005 (BStBl I S. 728)

Jahresbescheinigung

→ BMF vom 31. 8. 2004 (BStBl I S. 854) unter Berücksichtigung der Änderungen durch BMF vom 9. 11. 2005 (BStBl I S. 958), vom 6. 9. 2006 (BStBl I S. 508) und vom 24. 9. 2007 (BStBl I S. 705).

Ergänzend → BMF vom 23. 11. 2004 (DB 2005, S. 18).

Kapitalanlagemodelle

Zur Frage, ob und in welchem Umfang aus verschiedenen Kapitalanlagemodellen Einkünfte aus Kapitalvermögen i. S. d. § 20 Abs. 1 Nr. 7 und Abs. 2 EStG erzielt werden → BMF vom 30. 4. 1993 (BStBl I S. 343).

Kurzläufer

Zur Anwendung des BMF-Schreibens vom 24. 11. 1986 (BStBl I S. 539) auf sog. Kurzläufer → OFD Köln vom 8. 6. 1999 (FR 1999, S. 1083).

Nießbrauch

→ BFH vom 14. 12. 1976 (BStBl 1977 II S. 115) und vom 28. 1. 1992 (BStBl II S. 605) sowie BMF vom 23. 11. 1983 (BStBl I S. 508).

Nullkupon-Anleihen und andere Kapitalanlageformen

- → BMF vom 24. 1. 1985 (BStBl I S. 77) und vom 1. 3. 1991 (BStBl I S. 422)
- ***Zur*** Behandlung von Emissionsdisagio, Emissionsdiskont und umlaufbedingtem Unterschiedsbetrag zwischen Marktpreis und höherem Nennwert → BMF vom 24. 11. 1986 (BStBl I S. 539).

Options- und Finanztermingeschäfte

Einkommensteuerrechtliche Behandlung von Termingeschäften im Bereich der privaten Vermögensverwaltung → BMF vom 27. 11. 2001 (BStBl I S. 986) ***unter Berücksichtigung der Änderungen durch BMF vom 17. 6. 2008 (BStBl I S. 715)***.

Partiarisches Darlehen

Zur steuerlichen Behandlung von Einnahmen aus partiarischen Darlehen nach den deutschen DBA → BMF vom 16. 11. 1987 (BStBl I S. 740).

Rentennachzahlung

Von der Bundesversicherungsanstalt für Angestellte im Zusammenhang mit Rentennachzahlungen gezahlte Zinsen gem. § 44 Abs. 1 SGB I unterliegen der Steuerpflicht nach § 20 Abs. 1 Nr. 7 EStG. Dass mit der Zinszahlung Nachteile ausgeglichen werden sollen, die der Berechtigte durch die verspätete Zahlung der Sozialleistungen erleidet, steht dem nicht entgegen (→ BFH vom 13. 11. 2007 – BStBl 2008 II S. 292).

Rückgängigmachung einer Gewinnausschüttung

Die Gewinnausschüttung einer Kapitalgesellschaft bleibt bei dem Gesellschafter auch dann eine Einnahme aus Kapitalvermögen, wenn der Gewinnverteilungsbeschluss auf Grund eines Rückforderungsanspruchs der Gesellschaft rückgängig gemacht werden kann oder aufgehoben wird (→ BFH vom 1. 3. 1977 – BStBl II S. 545). Das gilt auch bei einer Verpflichtung zur Rückzahlung einer offenen Gewinnausschüttung; die Rückzahlung stellt keine negative Einnahme dar (→ BFH vom 29. 8. 2000 – BStBl 2001 II S. 173).

Schenkung unter Auflage

Wird ein geschenkter Geldbetrag entsprechend der Auflage des Schenkers vom Beschenkten angelegt, erzielt dieser hieraus auch dann Einkünfte aus Kapitalvermögen, wenn er die Erträge entsprechend einer weiteren Auflage weiterzuleiten hat (→ BFH vom 26. 11. 1997 – BStBl 1998 II S. 190).

Schneeballsystem

- Beteiligt sich ein Kapitalanleger an einem sog. Schneeballsystem, mit dem ihm vorgetäuscht wird, in seinem Auftrag und für seine Rechnung würden Geschäfte auf dem Kapitalmarkt getätigt, ist der vom Kapitalanleger angenommene Sachverhalt der Besteuerung zugrunde zu legen.
- Bei der Entscheidung, ob Einkünfte aus Kapitalvermögen oder privaten Veräußerungsgeschäften erzielt werden, ist darauf abzustellen, wie sich das jeweilige Rechtsgeschäft aus Sicht des Kapitalanlegers bei objektiver Betrachtungsweise darstellt

(→ BFH vom 14. 12. 2004 – BStBl 2005 II S. 739 und S. 746).

Anm.: auch BFH vom 28. 10. 2008 – VIII R 36/04

Schuldverschreibungen des Entschädigungsfonds nach dem Entschädigungs- und Ausgleichsleistungsgesetz

→ BMF vom 9. 10. 1998 (BStBl I S. 1226) und vom 2. 10. 2001 (BStBl I S. 779)

Stiftung

Unter § 20 Abs. 1 Nr. 9 EStG fallen alle wiederkehrenden oder einmaligen Leistungen einer Stiftung, die von den Beschluss fassenden Stiftungsgremien aus den Erträgen der Stiftung an den Stifter, seine Angehörigen oder deren Abkömmlinge ausgekehrt werden. Dies gilt auch, wenn die Leistungen anlässlich der Auflösung der Stiftung erbracht werden (→ BMF vom 27. 6. 2006 – BStBl I S. 417).

Stiller Gesellschafter

- Zu den Einnahmen aus Kapitalvermögen gehören auch alle Vorteile, die ein typischer stiller Gesellschafter als Gegenleistung für die Überlassung der Einlage erhält, z. B. Bezüge auf Grund von Wertsicherungsklauseln oder von Kursgarantien, ein Damnum und ein Aufgeld. Dazu gehört auch ein im Fall der Veräußerung der stillen Beteiligung über den Betrag der Einlage hinaus erzielter Mehrerlös, soweit dieser auf einen Anteil am Gewinn eines bereits abgelaufenen Wirtschaftsjahrs entfällt (→ BFH vom 11. 2. 1981 – BStBl II S. 465) oder soweit er ein anders bemessenes Entgelt für die Überlassung der Einlage darstellt (→ BFH vom 14. 2. 1984 – BStBl II S. 580).
- Gewinnanteile aus einer stillen Beteiligung, die zur Wiederauffüllung einer durch Verluste geminderten Einlage dienen, sind Einnahmen aus Kapitalvermögen (→ BFH vom 24. 1. 1990 – BStBl 1991 II S. 147); bei negativem Einlagekonto → H 20.1.
- Auch der Mehrheitsgesellschafter einer ***Kapitalgesellschaft*** kann daneben typisch stiller Gesellschafter der ***Kapitalgesellschaft*** sein, dessen Gewinnanteil zu den Einnahmen aus Kapitalvermögen gehört (→ BFH vom 21. 6. 1983 – BStBl II S. 563).
- § 20 Abs. 1 Nr. 4 EStG ist auf Gewinnanteile aus typischen Unterbeteiligungen entsprechend anzuwenden (→ BFH vom 28. 11. 1990 – BStBl 1991 II S. 313).
- ***Für die Annahme einer stillen Gesellschaft können – vor allem in Grenzfällen – von den Vertragsparteien gewählte Formulierungen indizielle Bedeutung haben; entscheidend ist, was die Vertragsparteien wirtschaftlich gewollt haben und ob der – unter Heranziehung aller Umstände zu ermittelnde – Vertragswille auf die Merkmale einer (stillen) Gesellschaft gerichtet ist. Dabei darf der für eine stille Gesellschaft erforderliche gemeinsame Zweck der Gesellschafter nicht mit deren Motiven für ihre Beteiligung vermengt werden. Dass Kapitalanleger und Fondsgesellschaft beide das Ziel verfolgen, durch Handel an internationalen Finanzterminmärkten mittelfristig einen Kapitalzuwachs zu erreichen, reicht für die Annahme eines gemeinsamen Zwecks nicht aus. Ein gemeinsamer Zweck verlangt zwischen Anleger und Anlagegesellschaft ein substantielles „Mehr“ als die bloße Kapitalhingabe und dessen Verwendung (→ BFH vom 8. 4. 2008 – BStBl II S. 852).***

Stückzinsen

Werden festverzinsliche Wertpapiere im Laufe eines Zinszahlungszeitraums mit dem laufenden Zinsschein veräußert, hat der Erwerber dem Veräußerer in der Regel den Zinsbetrag zu vergüten, der auf die Zeit seit dem Beginn des laufenden Zinszahlungszeitraums bis zur Veräußerung entfällt. Diese Zinsen heißen „Stückzinsen". Sie werden nach dem Zinsfuß, mit dem das Wertpapier zu verzinsen ist, besonders berechnet und vergütet. Für die Behandlung der Stückzinsen bei Privatpersonen gilt nach § 20 Abs. 2 EStG Folgendes:

1. Der Veräußerer hat die besonders in Rechnung gestellten und vereinnahmten Stückzinsen als Einkünfte aus Kapitalvermögen zu versteuern; Zinsen aus im Erbgang unentgeltlich erworbenen festverzinslichen Wertpapieren sind auch insoweit, als sie auf den Zeitraum bis zum Tode des Erblassers entfallen, dem Erben zuzurechnen (→ BFH vom 11. 8. 1971 – BStBl 1972 II S. 55).
2. Beim Erwerber der Wertpapiere sind die von ihm entrichteten Stückzinsen im VZ des Abflusses negative Einnahmen aus Kapitalvermögen; dies gilt jedoch gem. § 42 AO nicht, wenn bereits im Zeitpunkt des am Jahresende erfolgten Erwerbs feststeht, dass bis zur Veräußerung zu Beginn des Folgejahres unter Einbeziehung der Vermögensebene ein Verlust eintreten wird und sich dieses Wertpapiergeschäft deshalb nur im Falle seiner steuerlichen Anerkennung auf Grund der Freibetragsregelung in § 20 Abs. 4 EStG für den Stpfl. vorteilhaft auswirken würde (→ BFH vom 27. 7. 1999 – BStBl II S. 769).

Diese Regelung gilt nur, wenn Wertpapiere veräußert werden, bei denen Stückzinsen besonders zu berechnen sind und tatsächlich berechnet werden. Ein Stpfl., der Wertpapiere erwirbt, bei denen sich der erwartete Ertrag im Kurswert der Wertpapiere ausdrückt (z. B. Aktien), darf nicht den Mehrpreis als Werbungskosten absetzen, den er wegen der erwarteten Dividende entrichtet hat.

Wegen der Berücksichtigung von gezahlten Stückzinsen bei Personenverschiedenheit von Käufer und Depotinhaber → BMF vom 15. 3. 1994 (BStBl I S. 230).

Umtauschanleihen

→ BMF vom 2. 3. 2001 (BStBl I S. 206)

Unverzinsliche Kaufpreisraten

Ein Zinsanteil ist auch in unverzinslichen Forderungen enthalten, deren Laufzeit mehr als ein Jahr beträgt und die zu einem bestimmten Zeitpunkt fällig werden (→ BFH vom 21. 10. 1980 – BStBl 1981 II S. 160). Dies gilt auch dann, wenn die Vertragsparteien eine Verzinsung ausdrücklich ausgeschlossen haben (→ BFH vom 25. 6. 1974 – BStBl 1975 II S. 431).

Veräußerung von Ansprüchen aus Lebensversicherungen

führt nicht zur Besteuerung eines etwaigen Überschusses des Veräußerungserlöses über die eingezahlten Versicherungsbeiträge (→ BMF vom 22. 8. 2002 – BStBl I S. 827, RdNr. 32).

Verdeckte Gewinnausschüttung an nahestehende Personen

Die der nahestehenden Person zugeflossene verdeckte Gewinnausschüttung ist stets dem Gesellschafter als Einnahme zuzurechnen (→ BMF vom 20. 5. 1999 – BStBl I S. 514).

Zinsen auf Einlagen der Arbeitnehmer von Kreditinstituten

→ BMF vom 2. 3. 1990 (BStBl I S. 141)

Zahlungseinstellung des Emittenten

Zur Behandlung der Einnahmen aus der Veräußerung oder Abtretung einer Kapitalanlage bei vorübergehender oder endgültiger Zahlungseinstellung des Emittenten → BMF vom 14. 7. 2004 (BStBl I S. 611).

Zuflusszeitpunkt bei Gewinnausschüttungen

- **Grundsatz**

  Einnahmen aus Kapitalvermögen sind zugeflossen, sobald der Stpfl. über sie wirtschaftlich verfügen kann (→ BFH vom 8. 10. 1991 – BStBl 1992 II S. 174). Gewinnausschüttungen sind dem Gesellschafter schon dann zugeflossen, wenn sie ihm z. B. auf einem Verrechnungskonto bei der leistungsfähigen Kapitalgesellschaft gutgeschrieben worden sind, über das der Gesellschafter verfügen kann, oder wenn der Gesellschafter aus eigenem Interesse (z. B. bei einer Novation) seine Gewinnanteile in der Gesellschaft belässt (→ BFH vom 14. 2. 1984 – BStBl II S. 480).

– **Beherrschender Gesellschafter/Alleingesellschafter**

Gewinnausschüttungen an den beherrschenden Gesellschafter oder an den Alleingesellschafter einer zahlungsfähigen Kapitalgesellschaft sind diesen in der Regel auch dann zum Zeitpunkt der Beschlussfassung über die Gewinnverwendung i. S. d. § 11 Abs. 1 Satz 1 EStG zugeflossen, wenn die Gesellschafterversammlung eine spätere Fälligkeit des Auszahlungsanspruchs beschlossen hat (→ BFH vom 17. 11. 1998 – BStBl 1999 II S. 223).

– **Verschiebung des Auszahlungstags**

Zur Frage des Zeitpunkts des Zuflusses bei Verschiebung des Auszahlungstags, wenn eine Kapitalgesellschaft von mehreren Personen gemeinsam beherrscht wird oder die Satzung Bestimmungen über Gewinnabhebungen oder Auszahlungen zu einem späteren Zeitpunkt als dem Gewinnverteilungsbeschluss enthält → BFH vom 21. 10. 1981 (BStBl 1982 II S. 139).

Zurechnung von Zinszahlungen für minderjährige Kinder

Zinszahlungen aufgrund von Ansprüchen minderjähriger Kinder sind den Eltern zuzurechnen, wenn der Darlehensnehmer die Zinsen durch einen Barscheck bezahlt, der auf den Namen der Mutter ausgestellt ist, dieser übergeben wird und wenn der Barscheck auch Zinszahlungen an die Mutter umfasst (→ FG Baden-Württemberg vom 9. 2. 1995 – EFG 1995 S. 803).

R 20.3

20.3. Sparer-Freibetrag *(bis einschl. VZ 2008)*

S 2116

(1) [1]Der einem Ehegatten zustehende, aber durch von ihm bezogene Kapitaleinkünfte nicht ausgefüllte anteilige Sparer-Freibetrag ist im Fall der Zusammenveranlagung bei dem anderen Ehegatten zu berücksichtigen. [2]Der Sparer-Freibetrag darf bei den Einkünften aus Kapitalvermögen nicht zu negativen Einkünften führen oder diese erhöhen. [3]Der gemeinsame Sparer-Freibetrag ist zusammenveranlagten Ehegatten auch dann zu gewähren, wenn nur ein Ehegatte positive Einkünfte aus Kapitalvermögen in dieser Höhe erzielt hat, die Ehegatten insgesamt aber einen Verlust aus Kapitalvermögen erlitten haben.

(2) Vor Abzug des Sparer-Freibetrags sind die Werbungskosten, gegebenenfalls ein Werbungskosten-Pauschbetrag (§ 9a Satz 1 Nr. 2 EStG) zu berücksichtigen.

S 2245

f) Vermietung und Verpachtung (§ 2 Abs. 1 Satz 1 Nr. 6)

EStG
S 2253
S 2205
S 2211
S 2217

§ 21

(1) [1]Einkünfte aus Vermietung und Verpachtung sind

1. **Einkünfte aus Vermietung und Verpachtung von unbeweglichem Vermögen, insbesondere von Grundstücken, Gebäuden, Gebäudeteilen, Schiffen, die in ein Schiffsregister eingetragen sind, und Rechten, die den Vorschriften des bürgerlichen Rechts über Grundstücke unterliegen (z. B. Erbbaurecht, Mineralgewinnungsrecht);**
2. **Einkünfte aus Vermietung und Verpachtung von Sachinbegriffen, insbesondere von beweglichem Betriebsvermögen;**
3. **Einkünfte aus zeitlich begrenzter Überlassung von Rechten, insbesondere von schriftstellerischen, künstlerischen und gewerblichen Urheberrechten, von gewerblichen Erfahrungen und von Gerechtigkeiten und Gefällen;**
4. **Einkünfte aus der Veräußerung von Miet- und Pachtzinsforderungen, auch dann, wenn die Einkünfte im Veräußerungspreis von Grundstücken enthalten sind und die Miet- oder Pachtzinsen sich auf einen Zeitraum beziehen, in dem der Veräußerer noch Besitzer war.**

S 2253b [1]

[2]§§ 15a und 15b sind sinngemäß anzuwenden.

(2) Beträgt das Entgelt für die Überlassung einer Wohnung zu Wohnzwecken weniger als 56 Prozent der ortsüblichen Marktmiete, so ist die Nutzungsüberlassung in einen entgeltlichen und einen unentgeltlichen Teil aufzuteilen.

(3) Einkünfte der in den Absätzen 1 und 2 bezeichneten Art sind Einkünften aus anderen Einkunftsarten zuzurechnen, soweit sie zu diesen gehören.

---

1) Zur zeitlichen Anwendung von Absatz 1 Satz 2 → § 52 Abs. 37e EStG:

§ 82a Erhöhte Absetzungen von Herstellungskosten und Sonderbehandlung von Erhaltungsaufwand für bestimmte Anlagen und Einrichtungen bei Gebäuden

EStDV
S 2198

(1) [1]Der Steuerpflichtige kann von den Herstellungskosten

1. *für Maßnahmen, die für den Anschluss eines im Inland belegenen Gebäudes an eine Fernwärmeversorgung einschließlich der Anbindung an das Heizsystem erforderlich sind, wenn die Fernwärmeversorgung überwiegend aus Anlagen der Kraft-Wärme-Kopplung, zur Verbrennung von Müll oder zur Verwertung von Abwärme gespeist wird,*
2. *für den Einbau von Wärmepumpenanlagen, Solaranlagen und Anlagen zur Wärmerückgewinnung in einem im Inland belegenen Gebäude einschließlich der Anbindung an das Heizsystem,*
3. *für die Errichtung von Windkraftanlagen, wenn die mit diesen Anlagen erzeugte Energie überwiegend entweder unmittelbar oder durch Verrechnung mit Elektrizitätsbezügen des Steuerpflichtigen von einem Elektrizitätsversorgungsunternehmen zur Versorgung eines im Inland belegenen Gebäudes des Steuerpflichtigen verwendet wird, einschließlich der Anbindung an das Versorgungssystem des Gebäudes,*
4. *für die Errichtung von Anlagen zur Gewinnung von Gas, das aus pflanzlichen oder tierischen Abfallstoffen durch Gärung unter Sauerstoffabschluss entsteht, wenn dieses Gas zur Beheizung eines im Inland belegenen Gebäudes des Steuerpflichtigen oder zur Warmwasserbereitung in einem solchen Gebäude des Steuerpflichtigen verwendet wird, einschließlich der Anbindung an das Versorgungssystem des Gebäudes,*
5. *für den Einbau einer Warmwasseranlage zur Versorgung von mehr als einer Zapfstelle und einer zentralen Heizungsanlage oder bei einer zentralen Heizungs- und Warmwasseranlage für den Einbau eines Heizkessels, eines Brenners, einer zentralen Steuerungseinrichtung, einer Wärmeabgabeeinrichtung und eine Änderung der Abgasanlage in einem im Inland belegenen Gebäude oder in einer im Inland belegenen Eigentumswohnung, wenn mit der Maßnahme nicht vor Ablauf von zehn Jahren seit Fertigstellung dieses Gebäudes begonnen worden ist,*

an Stelle der nach § 7 Abs. 4 oder 5 oder § 7b des Gesetzes zu bemessenden Absetzungen für Abnutzung im Jahr der Herstellung und in den folgenden neun Jahren jeweils bis zu 10 vom Hundert absetzen.[2]Nach Ablauf dieser zehn Jahre ist ein etwa noch vorhandener Restwert den Anschaffungs- oder Herstellungskosten des Gebäudes oder dem an deren Stelle tretenden Wert hinzuzurechnen; die weiteren Absetzungen für Abnutzung sind einheitlich für das gesamte Gebäude nach dem sich hiernach ergebenden Betrag und dem für das Gebäude maßgebenden Hundertsatz zu bemessen. [3]Voraussetzung für die Inanspruchnahme der erhöhten Absetzungen ist, dass das Gebäude in den Fällen der Nummer 1 vor dem 1. Juli 1983 fertiggestellt worden ist; die Voraussetzung entfällt, wenn der Anschluss nicht schon im Zusammenhang mit der Errichtung des Gebäudes möglich war.

(2) Die erhöhten Absetzungen können nicht vorgenommen werden, wenn für dieselbe Maßnahme eine Investitionszulage gewährt wird.

(3) [1]Sind die Aufwendungen für eine Maßnahme im Sinne des Absatzes 1 Erhaltungsaufwand und entstehen sie bei einer zu eigenen Wohnzwecken genutzten Wohnung im eigenen Haus, deren Nutzungswert nicht mehr besteuert wird, und liegen in den Fällen des Absatzes 1 Nr. 1 die Voraussetzungen des Absatzes 1 Satz 3 vor, können die Aufwendungen wie Sonderausgaben abgezogen werden; sie sind auf das Jahr, in dem die Arbeiten abgeschlossen worden sind, und die neun folgenden Jahre gleichmäßig zu verteilen. [2]Entsprechendes gilt bei Aufwendungen zur Anschaffung neuer Einzelöfen für eine Wohnung, wenn keine zentrale Heizungsanlage vorhanden ist und die Wohnung seit mindestens zehn Jahren fertiggestellt ist. [3]§ 82b Abs. 2 und 3 gilt entsprechend.

§ 82b Behandlung größeren Erhaltungsaufwands bei Wohngebäuden

EStDV

(1) [1]Der Steuerpflichtige kann größere Aufwendungen für die Erhaltung von Gebäuden, die im Zeitpunkt der Leistung des Erhaltungsaufwands nicht zu einem Betriebsvermögen gehören und überwiegend Wohnzwecken dienen, abweichend von § 11 Abs. 2 des Gesetzes auf zwei bis fünf Jahre gleichmäßig verteilen. [2]Ein Gebäude dient überwiegend Wohnzwecken, wenn die Grundfläche der Wohnzwecken dienenden Räume des Gebäudes mehr als die Hälfte der gesamten Nutzfläche beträgt. [3]Zum Gebäude gehörende Garagen sind ohne Rücksicht auf ihre tatsächliche Nutzung als Wohnzwecken dienend zu behandeln, soweit in ihnen nicht mehr als ein Personenkraftwagen für jede in dem Gebäude befindliche Wohnung untergestellt werden kann. [4]Räume S 2211

für die Unterstellung weiterer Kraftwagen sind stets als nicht Wohnzwecken dienend zu behandeln.

(2) [1]Wird das Gebäude während des Verteilungszeitraums veräußert, ist der noch nicht berücksichtigte Teil des Erhaltungsaufwands im Jahr der Veräußerung als Werbungskosten abzusetzen. [2]Das Gleiche gilt, wenn ein Gebäude in ein Betriebsvermögen eingebracht oder nicht mehr zur Einkunftserzielung genutzt wird.

(3) Steht das Gebäude im Eigentum mehrerer Personen, so ist der in Absatz 1 bezeichnete Erhaltungsaufwand von allen Eigentümern auf den gleichen Zeitraum zu verteilen.

EStDV

§ 82c bis 82e

(weggefallen)

EStDV

§ 82f Bewertungsfreiheit für Handelsschiffe, für Schiffe, die der Seefischerei dienen, und für Luftfahrzeuge

(zu § 51 abgedruckt)

EStDV
S 2198a

§ 82g Erhöhte Absetzungen von Herstellungskosten für bestimmte Baumaßnahmen

[1]Der Steuerpflichtige kann von den durch Zuschüsse aus Sanierungs- oder Entwicklungsförderungsmitteln nicht gedeckten Herstellungskosten für Modernisierungs- und Instandsetzungsmaßnahmen im Sinne des § 177 des Baugesetzbuchs sowie für Maßnahmen, die der Erhaltung, Erneuerung und funktionsgerechten Verwendung eines Gebäudes dienen, das wegen seiner geschichtlichen, künstlerischen oder städtebaulichen Bedeutung erhalten bleiben soll, und zu deren Durchführung sich der Eigentümer neben bestimmten Modernisierungsmaßnahmen gegenüber der Gemeinde verpflichtet hat, die für Gebäude in einem förmlich festgelegten Sanierungsgebiet oder städtebaulichen Entwicklungsbereich aufgewendet worden sind, an Stelle der nach § 7 Abs. 4 oder 5 oder § 7b des Gesetzes zu bemessenden Absetzungen für Abnutzung im Jahr der Herstellung und in den neun folgenden Jahren jeweils bis zu 10 vom Hundert absetzen. [2]§ 82a Abs. 1 Satz 2 gilt entsprechend. [3]Satz 1 ist anzuwenden, wenn der Steuerpflichtige eine Bescheinigung der zuständigen Gemeindebehörde vorlegt, dass er Baumaßnahmen im Sinne des Satzes 1 durchgeführt hat; sind ihm Zuschüsse aus Sanierungs- oder Entwicklungsförderungsmitteln gewährt worden, so hat die Bescheinigung auch deren Höhe zu enthalten.

EStDV

§ 82h

(weggefallen)

EStDV

§ 82i Erhöhte Absetzungen von Herstellungskosten bei Baudenkmälern

S 2198b *(1) [1]Bei einem Gebäude, das nach den jeweiligen landesrechtlichen Vorschriften ein Baudenkmal ist, kann der Steuerpflichtige von den Herstellungskosten für Baumaßnahmen, die nach Art und Umfang zur Erhaltung des Gebäudes als Baudenkmal und zu seiner sinnvollen Nutzung erforderlich sind und die nach Abstimmung mit der in Absatz 2 bezeichneten Stelle durchgeführt worden sind, an Stelle der nach § 7 Abs. 4 des Gesetzes zu bemessenden Absetzungen für Abnutzung im Jahr der Herstellung und in den neun folgenden Jahren jeweils bis zu 10 vom Hundert absetzen. [2]Eine sinnvolle Nutzung ist nur anzunehmen, wenn das Gebäude in der Weise genutzt wird, dass die Erhaltung der schützenswerten Substanz des Gebäudes auf die Dauer gewährleistet ist. [3]Bei einem Gebäudeteil, der nach den jeweiligen landesrechtlichen Vorschriften ein Baudenkmal ist, sind die Sätze 1 und 2 entsprechend anzuwenden. [4]Bei einem Gebäude, das für sich allein nicht die Voraussetzungen für ein Baudenkmal erfüllt, aber Teil einer Gebäudegruppe oder Gesamtanlage ist, die nach den jeweiligen landesrechtlichen Vorschriften als Einheit geschützt ist, können die erhöhten Absetzungen von den Herstellungskosten der Gebäudeteile und Maßnahmen vorgenommen werden, die nach Art und Umfang zur Erhaltung des schützenswerten Erscheinungsbildes der Gruppe oder Anlage erforderlich sind. [5]§ 82a Abs. 1 Satz 2 gilt entsprechend.*

(2) Die erhöhten Absetzungen können nur in Anspruch genommen werden, wenn der Steuerpflichtige die Voraussetzungen des Absatzes 1 für das Gebäude oder den Gebäudeteil und für die

Erforderlichkeit der Herstellungskosten durch eine Bescheinigung der nach Landesrecht zuständigen oder von der Landesregierung bestimmten Stelle nachweist.

21.1. Erhaltungsaufwand und Herstellungsaufwand

R 21.1

S 2211

(1) [1]Aufwendungen für die Erneuerung von bereits vorhandenen Teilen, Einrichtungen oder Anlagen sind regelmäßig Erhaltungsaufwand. [2]Zum Erhaltungsaufwand gehören z. B. Aufwendungen für den Einbau messtechnischer Anlagen zur verbrauchsabhängigen Abrechnung von Heiz- und Wasserkosten oder für den Einbau einer privaten Breitbandanlage und einmalige Gebühren für den Anschluss privater Breitbandanlagen an das öffentliche Breitbandnetz bei bestehenden Gebäuden.

(2) [1]Nach der Fertigstellung des Gebäudes ist → Herstellungsaufwand anzunehmen, wenn Aufwendungen durch den Verbrauch von Gütern und die Inanspruchnahme von Diensten für die Erweiterung oder für die über den ursprünglichen Zustand hinausgehende wesentliche Verbesserung eines Gebäudes entstehen (→ § 255 Abs. 2 Satz 1 HGB).[2]Betragen die Aufwendungen nach Fertigstellung eines Gebäudes für die einzelne Baumaßnahme nicht mehr als 4 000 Euro (Rechnungsbetrag ohne Umsatzsteuer) je Gebäude, ist auf Antrag dieser Aufwand stets als Erhaltungsaufwand zu behandeln. [3]Auf Aufwendungen, die der endgültigen Fertigstellung eines neu errichteten Gebäudes dienen, ist die Vereinfachungsregelung jedoch nicht anzuwenden. Anhang 13

(3) [1]Kosten für die gärtnerische Gestaltung der Grundstücksfläche bei einem Wohngebäude gehören nur zu den Herstellungskosten des Gebäudes, soweit diese Kosten für das Anpflanzen von Hecken, Büschen und Bäumen an den Grundstücksgrenzen („lebende Umzäunung") entstanden sind. [2]Im Übrigen bildet die bepflanzte Gartenanlage ein selbständiges Wirtschaftsgut. [3]Bei Gartenanlagen, die die Mieter mitbenutzen dürfen, und bei Vorgärten sind die Herstellungskosten der gärtnerischen Anlage gleichmäßig auf deren regelmäßig 10 Jahre betragende Nutzungsdauer zu verteilen. [4]Aufwendungen für die Instandhaltung der Gartenanlagen können sofort abgezogen werden. [5]Absatz 3 Satz 2 ist sinngemäß anzuwenden. [6]Soweit Aufwendungen für den Nutzgarten des Eigentümers und für Gartenanlagen, die die Mieter nicht nutzen dürfen, entstehen, gehören sie zu den nach § 12 Nr. 1 EStG nicht abziehbaren Kosten (grundsätzlich Aufteilung nach der Zahl der zur Nutzung befugten Mietparteien). [7]Auf die in Nutzgärten befindlichen Anlagen sind die allgemeinen Grundsätze anzuwenden.

(4) Die Merkmale zur Abgrenzung von Erhaltungs- und Herstellungsaufwand bei Gebäuden gelten bei selbständigen Gebäudeteilen (hierzu → R 4.2 Abs. 4 und Abs. 5) entsprechend.

(5) [1]Werden Teile der Wohnung oder des Gebäudes zu eigenen Wohnzwecken genutzt, sind die Herstellungs- und Anschaffungskosten sowie die Erhaltungsaufwendungen um den Teil der Aufwendungen zu kürzen, der nach objektiven Merkmalen und Unterlagen leicht und einwandfrei dem selbst genutzten Teil zugeordnet werden kann. [2]Soweit sich die Aufwendungen nicht eindeutig zuordnen lassen, sind sie um den Teil, der auf eigene Wohnzwecke entfällt, nach dem Verhältnis der Nutzflächen zu kürzen.

(6) [1]Bei der Verteilung von Erhaltungsaufwand nach § 82b EStDV kann für die in dem jeweiligen VZ geleisteten Erhaltungsaufwendungen ein besonderer Verteilungszeitraum gebildet werden. [2]Wird das Eigentum an einem Gebäude unentgeltlich auf einen anderen übertragen, kann der Rechtsnachfolger Erhaltungsaufwand noch in dem von seinem Rechtsvorgänger gewählten restlichen Verteilungszeitraum geltend machen. [3]Dabei ist der Teil des Erhaltungsaufwands, der auf den VZ des Eigentumswechsels entfällt, entsprechend der Besitzdauer auf den Rechtsvorgänger und den Rechtsnachfolger aufzuteilen.

Hinweise

H 21.1

Abgrenzung von Anschaffungs-, Herstellungskosten und Erhaltungsaufwendungen

- bei Instandsetzung und Modernisierung von Gebäuden → BMF vom 18. 7. 2003 (BStBl I S. 386), Anhang 19
- Instandsetzungs- und Modernisierungsaufwendungen für ein Gebäude sind nicht allein deshalb als Herstellungskosten zu beurteilen, weil das Gebäude wegen Abnutzung und Verwahrlosung nicht mehr vermietbar ist, sondern nur bei schweren Substanzschäden an den für die Nutzbarkeit als Bau und die Nutzungsdauer des Gebäudes bestimmenden Teilen (→ BFH vom 13. 10. 1998 – BStBl 1999 II S. 282),
- ***Bei der Prüfung, ob Herstellungsaufwand vorliegt, darf nicht auf das gesamte Gebäude abgestellt werden, sondern nur auf den entsprechenden Gebäudeteil, wenn das Gebäude in***

unterschiedlicher Weise genutzt wird und deshalb mehrere Wirtschaftsgüter umfasst (→ BFH vom 25. 9. 2007 – BStBl 2008 II S. 218).

Anschaffungsnaher Herstellungsaufwand

Anhang 19 → BMF vom 18. 7. 2003 (BStBl I S. 386)

Erhaltungsaufwand

Anhang 19
- Bei Instandsetzung und Modernisierung von Gebäuden → BMF vom 18. 7. 2003 (BStBl I S. 386),
- → H 21.2.

Herstellungsaufwand nach Fertigstellung

Anhang 19
- → BMF vom 18. 7. 2003 (BStBl I S. 386),
- Zu den Besonderheiten bei Teileigentum → BFH vom 19. 9. 1995 (BStBl 1996 II S. 131).

Verteilung des Erhaltungsaufwands nach § 82b EStDV

- Keine Übertragung des Anteils eines Jahres auf ein anderes Jahr (→ BFH vom 26. 10. 1977 – BStBl 1978 II S. 367),
- Größere Erhaltungsaufwendungen, die das Finanzamt im Jahr ihrer Entstehung bestandskräftig zu Unrecht als Herstellungskosten behandelt hat, können gleichmäßig anteilig auf die Folgejahre verteilt werden. Der auf das Jahr der Entstehung entfallende Anteil der Aufwendungen bleibt dabei unberücksichtigt. Die AfA-Bemessungsgrundlage ist insoweit für die Folgejahre zu korrigieren (→ BFH vom 27. 10. 1992 – BStBl 1993 II S. 591),
- Die Ausübung des Wahlrechts ist auch nach Eintritt der Festsetzungsverjährung für das Aufwandsentstehungsjahr möglich. Aufwendungen, die auf VZ entfallen, für die die Festsetzungsverjährung bereits eingetreten ist, dürfen dabei nicht abgezogen werden (→ BFH vom 27. 10. 1992 – BStBl 1993 II S. 589). Dies gilt auch, wenn die Erhaltungsaufwendungen im Entstehungsjahr zu Unrecht als Herstellungskosten und in Form der AfA berücksichtigt worden sind (→ BFH vom 24. 11. 1992 – BStBl 1993 II S. 593).

R 21.2

21.2. Einnahmen und Werbungskosten

(1) [1]Werden Teile einer selbst genutzten Eigentumswohnung, eines selbst genutzten Einfamilienhauses oder insgesamt selbst genutzten anderen Hauses vorübergehend vermietet und übersteigen die Einnahmen hieraus nicht 520 Euro im VZ, kann im Einverständnis mit dem Stpfl. aus Vereinfachungsgründen von der Besteuerung der Einkünfte abgesehen werden. [2]Satz 1 ist bei vorübergehender Untervermietung von Teilen einer angemieteten Wohnung, die im Übrigen selbst genutzt wird, entsprechend anzuwenden.

(2) Zinsen, die Beteiligte einer Wohnungseigentümergemeinschaft aus der Anlage der Instandhaltungsrücklage erzielen, gehören zu den Einkünften aus Kapitalvermögen.

(3) Die Berücksichtigung von Werbungskosten aus Vermietung und Verpachtung kommt auch dann in Betracht, wenn aus dem Objekt im VZ noch keine Einnahmen erzielt werden, z. B. bei einem vorübergehend leer stehenden Gebäude.

(4) [1]Die Tätigkeit eines Stpfl. zur Erzielung von Einkünften aus Vermietung und Verpachtung besteht im Wesentlichen in der Verwaltung seines Grundbesitzes. [2]Bei nicht umfangreichem Grundbesitz erfordert diese Verwaltung in der Regel keine besonderen Einrichtungen, z. B. Büro, sondern erfolgt von der Wohnung des Stpfl. aus. [3]Regelmäßige Tätigkeitsstätte ist dann die Wohnung des Stpfl. [4]Aufwendungen für derartige gelegentliche Fahrten ***zu dem vermieteten Grundstück*** sind Werbungskosten i. S. d. § 9 Abs. 1 Satz 1 EStG.

H 21.2

Hinweise

Bauherrenmodell

Anhang 19
- Zur Abgrenzung zwischen Werbungskosten, Anschaffungskosten und Herstellungskosten BMF vom 20. 10. 2003 (BStBl I S. 546),
- → Fonds, geschlossene,

- Schuldzinsen, die auf die Zeit zwischen Kündigung und Auseinandersetzung im Zusammenhang mit einer Beteiligung an einer Bauherrengemeinschaft entfallen, sind Werbungskosten, selbst wenn Einnahmen noch nicht erzielt worden sind (→ BFH vom 4. 3. 1997 – BStBl II S. 610).

Drittaufwand

→ H 4.7

Eigenaufwand für ein fremdes Wirtschaftsgut

→ H 4.7

Einkünfteerzielungsabsicht

→ BMF vom 8. 10. 2004 – BStBl I S. 933) Anhang 19

Einnahmen

- Zahlungen, die wegen **übermäßiger Beanspruchung, vertragswidriger Vernachlässigung oder Vorenthaltung einer Miet- oder Pachtsache** geleistet werden (→ BFH vom 22. 4. 1966 – BStBl III S. 395, vom 29. 11. 1968 – BStBl 1969 II S. 184 und vom 5. 5. 1971 – BStBl II S. 624),
- Guthabenzinsen aus einem **Bausparvertrag**, die in einem engen zeitlichen Zusammenhang mit einem der Einkunftserzielungsabsicht dienenden Grundstück stehen (→ BFH vom 9. 11. 1982 – BStBl 1983 II S. 172 und BMF vom 28. 2. 1990 – BStBl I S. 124),
- **Abstandszahlungen** eines Mietinteressenten an Vermieter **für Entlassung aus Vormietvertrag** (→ BFH vom 21. 8. 1990 – BStBl 1991 II S. 76).
- Von einem Kreditinstitut oder einem Dritten (z. B. Erwerber) **erstattete Damnumbeträge**, die als Werbungskosten abgezogen worden sind (→ BFH vom 22. 9. 1994 – BStBl 1995 II S. 118). **Keine Einnahmen** aus Vermietung und Verpachtung liegen vor, wenn das Damnum **nur einen unselbständigen Rechnungsposten für die Bemessung einer Vorfälligkeitsentschädigung** darstellt (→ BFH vom 19. 2. 2002 – BStBl 2003 II S. 126).
- **Umlagen und Nebenentgelte**, die der Vermieter für die Nebenkosten oder Betriebskosten erhebt (→ BFH vom 14. 12. 1999 – BStBl 2000 II S. 197).
- **Vermietet ein Arbeitnehmer** ein in seinem Haus oder seiner Wohnung gelegenes, **von ihm genutztes Büro an seinen Arbeitgeber**, erzielt er daraus nur dann Einkünfte aus Vermietung und Verpachtung, wenn die Nutzung des Büros im vorrangigen Interesse seines Arbeitgebers erfolgt; in den übrigen Fällen ist die „Mietzahlung" als Arbeitslohn zu versteuern (→ BMF vom 13. 12. 2005 – BStBl 2006 I S. 4).
- Mietzahlungen des Arbeitgebers für eine vom Arbeitnehmer **an den Arbeitgeber vermietete Garage**, in der ein Dienstwagen untergestellt wird (→ BFH vom 7. 6. 2002 – BStBl II S. 829).
- **Öffentliche Fördermittel** (Zuschüsse oder nicht rückzahlbare Darlehen), die ein Bauherr im Rahmen des sog. Dritten Förderungsweges für Belegungs- und Mietpreisbindungen erhält (→ BFH vom 14. 10. 2003 – BStBl 2004 II S. 14).
- **Entgelte für die Inanspruchnahme** eines Grundstücks im Zuge baulicher Maßnahmen **auf dem Nachbargrundstück**, selbst wenn das Grundstück mit einem zu eigenen Wohnzwecken genutzten Gebäude bebaut ist (→ BFH vom 2. 3. 2004 – BStBl II S. 507).
- Mietentgelte, die der **Restitutionsberechtigte** vom Verfügungsberechtigten nach § 7 Abs. 7 Satz 2 VermG erlangt (→ BFH vom 11. 1. 2005 – BStBl II S. 450).

Erbbaurecht

- Der Erbbauzins für ein Erbbaurecht an einem privaten Grundstück gehört zu den Einnahmen aus Vermietung und Verpachtung (→ BFH vom 20. 9. 2006 – BStBl 2007 II S. 112).
- Vom Erbbauberechtigten neben Erbbauzins gezahlte Erschließungsbeiträge fließen dem Erbbauverpflichteten erst bei Realisierung des Wertzuwachses zu (→ BFH vom 21. 11. 1989 – BStBl 1990 II S. 310). Der Erbbauberechtigte kann die von ihm gezahlten Erschließungskosten nur verteilt über die Laufzeit des Erbbaurechtes als Werbungskosten abziehen (→ BMF vom 16. 12. 1991 – BStBl I S. 1011).
- Vom Erbbauberechtigten in einem Betrag gezahlte Erbbauzinsen sind Anschaffungskosten des Erbbaurechts. Beim Erbbauverpflichteten stellen sie im Jahr des Zuflusses Einnahmen aus Vermietung und Verpachtung dar, die längstens auf zehn Jahre verteilt zu versteuern sind (→ BMF vom 10. 12. 1996 – BStBl I S. 1440). Anhang 19

– Geht das vom Erbbauberechtigten in Ausübung des Erbbaurechts errichtete Gebäude nach Beendigung des Erbbaurechts entsprechend den Bestimmungen des Erbbaurechtsvertrages entschädigungslos auf den Erbbauverpflichteten über, führt dies beim Erbbauverpflichteten zu einer zusätzlichen Vergütung für die vorangegangene Nutzungsüberlassung (→ BFH vom 11. 12. 2003 – BStBl 2004 II S. 353).

Erhaltungsaufwand

– Erhaltungsaufwendungen nach Beendigung der Vermietung und vor Beginn der Selbstnutzung sind grundsätzlich keine Werbungskosten. Ein Abzug kommt ausnahmsweise in Betracht, soweit sie mit Mitteln der einbehaltenen und als Einnahme erfassten Mieterkaution finanziert werden, oder wenn sie zur Beseitigung eines Schadens gemacht werden, der die mit dem gewöhnlichen Gebrauch der Mietsache verbundene Abnutzung deutlich übersteigt, insbesondere eines mutwillig vom Mieter verursachten Schadens (→ BFH vom 11. 7. 2000 – BStBl 2001 II S. 784),

– Aufwendungen für Erhaltungsmaßnahmen, die noch während der Vermietungszeit an einem anschließend selbstgenutzten Gebäude durchgeführt werden, sind grundsätzlich als Werbungskosten abziehbar (→ BFH vom 10. 10. 2000 – BStBl 2001 II S. 787). Sie sind ausnahmsweise dann nicht als Werbungskosten abziehbar, wenn die Maßnahmen für die Selbstnutzung bestimmt sind und in die Vermietungszeit vorverlagert werden. Dies trifft insbesondere dann zu, wenn sie bei bereits gekündigtem Mietverhältnis objektiv nicht zur Wiederherstellung oder Bewahrung der Mieträume und des Gebäudes erforderlich sind (→ BMF vom 26. 11. 2001 – BStBl I S. 868),

– Zur Abgrenzung zwischen Erhaltungs- und Herstellungsaufwendungen → R 21.1 und R 6.4.

Ferienwohnung

Anhang 19 → BMF vom 8. 10. 2004 (BStBl I S. 933).

→ BFH vom 19. 8. 2008 – IX R 39/07.

Finanzierungskosten

– Die **dingliche Belastung** von Grundstücken mit Hypotheken oder Grundschulden begründet für sich allein keinen wirtschaftlichen Zusammenhang des Darlehens mit den Einkünften aus Vermietung und Verpachtung. Maßgebend ist vielmehr der tatsächliche Verwendungszweck. Schuldzinsen für ein durch eine Hypothek auf einem weiteren Grundstück gesichertes Darlehen sind daher bei dem Grundstück zu berücksichtigen, für das das Darlehen verwendet wurde (→ BFH vom 6. 10. 2004 – BStBl 2005 II S. 324). Nimmt der Stpfl. ein Darlehen auf, um Grundschulden, die er als Sicherheit für fremde Schulden bestellt hat, abzulösen, sind die für dieses Darlehen aufgewendeten Zinsen und Kreditkosten nicht als Werbungskosten bei seinen Einkünften aus Vermietung und Verpachtung abziehbar (→ BFH vom 29. 7. 1997 – BStBl II S. 772),

– Unterlässt es der Stpfl., einen **allgemeinen Betriebskredit** nach Aufgabe seines Betriebes durch Veräußerung eines früheren Betriebsgrundstücks zu tilgen und vermietet er stattdessen das Grundstück vermögensverwaltend, wird die Verbindlichkeit bis zur Höhe des Grundstückswertes Privatvermögen. Die darauf entfallenden Schuldzinsen sind als Werbungskosten bei den Einkünften aus Vermietung und Verpachtung abziehbar (→ BFH vom 19. 8. 1998 – BStBl 1999 II S. 353). Gleiches gilt, wenn der allgemeine Betriebskredit durch ein neues Darlehen abgelöst wird (→ BFH vom 25. 1. 2001 – BStBl II S. 573),

– Finanzierungskosten für ein **unbebautes Grundstück**, sind als vorab entstandene Werbungskosten abziehbar, wenn ein wirtschaftlicher Zusammenhang mit der späteren Bebauung und Vermietung des Gebäudes besteht (→ BFH vom 8. 2. 1983 – BStBl II S. 554). Ein solcher wirtschaftlicher Zusammenhang ist auch bei Erwerb von **Bauerwartungsland** nicht ausgeschlossen, wenn der Stpfl. damit rechnen kann, dass er das Grundstück in absehbarer Zeit bebauen darf und er seine erkennbare Bauabsicht nachhaltig zu verwirklichen versucht (→ BFH vom 4. 6. 1991 – BStBl II S. 761),

Anhang 19 – Zum Schuldzinsenabzug bei einem Darlehen für die Herstellung oder Anschaffung eines **teilweise vermieteten und teilweise selbstgenutzten** Gebäudes (→ BMF vom 16. 4. 2004 – BStBl I S. 464),

– Wird ein zur Finanzierung eines vermieteten Grundstücks aufgenommenes Darlehen unter Zahlung einer **Vorfälligkeitsentschädigung** getilgt, das Grundstück jedoch weiterhin zur Vermietung genutzt, ist die Vorfälligkeitsentschädigung als Werbungskosten bei den Einkünften aus Vermietung und Verpachtung abziehbar. Steht die Vorfälligkeitsentschädigung dagegen mit der Veräußerung des Grundstücks im Zusammenhang, kommt ein Abzug als Werbungskosten bei den Einkünften aus Vermietung und Verpachtung selbst dann nicht in Betracht, wenn mit dem abgelösten Darlehen sofort abziehbare Aufwendungen finanziert worden sind oder wenn mit dem Veräußerungserlös eine andere Einkunftsquelle (z. B. ein anderes Mietobjekt) begründet wird; → H 20.1 (Vorfälligkeitsentschädigung) (→ BFH vom 6. 12. 2005 – BStBl 2006 II S. 265),

- Schuldzinsen, die auf die Zeit **nach Beendigung der Nutzung** zur Erzielung von Einkünften aus Vermietung und Verpachtung entfallen, sind nicht als Werbungskosten abziehbar, wenn die Kreditmittel der **Finanzierung von Anschaffungs- oder Herstellungskosten** gedient haben (→ BFH vom 16. 9. 1999 – BStBl 2001 II S. 528),
- Schuldzinsen, die nach **Zwangsversteigerung** eines zuvor vermieteten Grundstücks entstehen, weil der Versteigerungserlös nicht zur Tilgung des zur Finanzierung der Anschaffungs- oder Herstellungskosten aufgenommenen Kredits ausreicht, sind nicht als Werbungskosten abziehbar (→ BFH vom 12. 11. 1991 – BStBl 1992 II S. 289),
- **Nach Aufgabe der Vermietungstätigkeit** gezahlte Schuldzinsen für Kreditmittel, die zur **Finanzierung sofort abziehbarer Werbungskosten** während der Vermietungsphase verwendet worden sind, sind als nachträgliche Werbungskosten bei den Einkünften aus Vermietung und Verpachtung zu berücksichtigen. Es kommt nicht darauf an, ob ein etwaiger Veräußerungserlös zur Schuldentilgung ausgereicht hätte (→ BMF vom 3. 5. 2006 – BStBl I S. 363). Anhang 19
- Zu den Schuldzinsen gehören auch die **Nebenkosten der Darlehensaufnahme** und sonstige Kreditkosten einschließlich der Geldbeschaffungskosten. Danach sind auch **Notargebühren** zur Besicherung eines Darlehens (→ BFH vom 1. 10. 2002 – BStBl 2003 II S. 399) oder **Abschlussgebühren** eines Bausparvertrags, der bestimmungsgemäß der Ablösung eines Finanzierungsdarlehens zum Erwerb einer vermieteten Immobilien dient (→ BFH vom 1. 10. 2002 – BStBl 2003 II S. 398) als Werbungskosten abziehbare Schuldzinsen,
- **Damnum** oder **Zinsbegrenzungsprämie** können im Zeitpunkt der Zahlung als Werbungskosten abgezogen werden, soweit § 42 AO dem nicht entgegensteht (→ BMF vom 19. 4. 2000 – BStBl I S. 484). Dem Veräußerer erstattete Damnumbeträge gehören beim Erwerber zu den Anschaffungskosten und sind nicht als Werbungskosten abziehbar (→ BMF vom 17. 2. 1981 – BStBl II S. 466),
- Nehmen **Ehegatten gemeinsam ein gesamtschuldnerisches Darlehen** zur Finanzierung eines vermieteten Gebäudes auf, das einem von ihnen gehört, sind die Schuldzinsen in vollem Umfang als Werbungskosten bei den Einkünften aus Vermietung und Verpachtung des Eigentümerehegatten abziehbar, gleichgültig aus wessen Mitteln sie gezahlt werden (→ BFH vom 2. 12. 1999 – BStBl 2000 II S. 310),
- Nehmen Eheleute gemeinsam ein gesamtschuldnerisches Darlehen zur Finanzierung eines vermieteten Gebäudes auf, das einem von ihnen gehört, so werden die Zins- und Tilgungsleistungen des Nichteigentümer-Ehegatten dem Eigentümer-Ehegatten mit der Folge zugerechnet, dass ihm auch der Wert dieser Leistungen zufließt – Weiterentwicklung des BFH-Urteils vom 2. 12. 1999 (BStBl 2000 II S. 310) – (BFH vom 19. 8. 2008 – IX R 78/07).
- Nimmt ein **Ehegatte allein ein Darlehen** zur Finanzierung eines vermieten Gebäudes auf, das dem anderen Ehegatten gehört, sind die vom Nichteigentümerehegatten gezahlten Schuldzinsen nicht abziehbar. Dies gilt selbst dann, wenn der Eigentümerehegatte für das Darlehen eine selbstschuldnerische Bürgschaft übernimmt und die auf seinem Gebäude lastenden Grundpfandrechte als Sicherheit einsetzt. Die Schuldzinsen können jedoch abgezogen werden, wenn der Eigentümerehegatte sie aus eigenen Mitteln bezahlt, zum Beispiel wenn er seine Mieteinnahmen mit der Maßgabe auf das Konto des anderen Ehegatten überweist, dass dieser daraus die Schuldzinsen entrichten soll (→ BFH vom 2. 12. 1999 – BStBl 2000 II S. 310 und S. 312),
- Sind **Darlehen** zur Finanzierung eines vermieteten Gebäudes, das einem Ehegatten gehört, **teils von den Eheleuten gemeinschaftlich, teils allein vom Nichteigentümerehegatten** aufgenommen worden und wird der Zahlungsverkehr für die Immobilie insgesamt über ein Konto des Nichteigentümerehegatten abgewickelt, werden aus den vom Eigentümerehegatten auf dieses Konto geleiteten eigenen Mitteln (hier: Mieteinnahmen) vorrangig die laufenden Aufwendungen für die Immobilie und die Schuldzinsen für die gemeinschaftlich aufgenommenen Darlehen abgedeckt. Nur soweit die eingesetzten Eigenmittel (Mieteinnahmen) des Eigentümerehegatten darüber hinaus auch die allein vom Nichteigentümerehegatten geschuldeten Zinsen abzudecken vermögen, sind diese Zinsen als Werbungskosten des Eigentümerehegatten abziehbar (→ BFH vom 4. 9. 2000 – BStBl 2001 II S. 785),
- Wird eine durch ein Darlehen finanzierte Immobilie **veräußert** und unter Aufrechterhaltung des Darlehens nur ein Teil des Verkaufserlöses dazu verwendet, durch die Anschaffung einer anderen Immobilie Einkünfte aus Vermietung und Verpachtung zu erzielen, können aus dem **fortgeführten Darlehen** nicht mehr an Schuldzinsen als Werbungskosten abgezogen werden

als dem Anteil der Anschaffungskosten der neuen Immobilie an dem gesamten Verkaufserlös entspricht (→ BFH vom 8. 4. 2003 – BStBl II S. 706).

- Schuldzinsen, die der Erwerber eines zum Vermieten bestimmten Grundstücks vereinbarungsgemäß für den **Zeitraum nach dem Übergang von Besitz, Nutzen, Lasten und Gefahren** bis zur später eintretenden Fälligkeit des Kaufpreises an den Veräußerer zahlt, sind als Werbungskosten abziehbar (→ BFH vom 27. 7. 2004 – BStBl II S. 1002).
- Wird ein als Darlehen empfangener Geldbetrag nicht zur Begleichung von Aufwendungen im Zusammenhang mit der Vermietungstätigkeit genutzt, sondern in einen **Cash-Pool** eingebracht, aus dem später die Kosten bestritten werden, sind die Schuldzinsen nicht als Werbungskosten abziehbar (→ BFH vom 29. 3. 2007 – BStBl II S. 645).

Fonds, geschlossene

Anhang 19
- Zur Abgrenzung zwischen Werbungskosten, Anschaffungskosten und Herstellungskosten → BMF vom 20. 10. 2003 (BStBl I S. 546).
- Provisionsrückzahlungen, die der Eigenkapitalvermittler Fondsgesellschaftern gewährt, mindern die Anschaffungskosten der Immobilie, weil die Provisionszahlungen zu den Anschaffungskosten gehören (→ BFH vom 26. 2. 2002 – BStBl II S. 796).

Negative Einnahmen

Mietentgelte, die der Verfügungsberechtigte nach § 7 Abs. 7 Satz 2 VermG an den Restitutionsberechtigten herausgibt, sind im Jahr des Abflusses negative Einnahmen (→ BFH vom 11. 1. 2005 – BStBl II S. 456).

Nießbrauch und andere Nutzungsrechte

Anhang 19
Zur einkommensteuerrechtlichen Behandlung des Nießbrauchs und anderer Nutzungsrechte bei Einkünften aus Vermietung und Verpachtung → BMF vom 24. 7. 1998 (BStBl I S. 914) unter Berücksichtigung der Änderungen durch BMF vom 9. 2. 2001 (BStBl I S. 171) und vom 29. 5. 2006 (BStBl I S. 392).

Sinngemäße Anwendung des § 15a EStG

- Zur Haftung und zur Unwahrscheinlichkeit der Inanspruchnahme eines Gesellschafters einer GbR mit Einkünften aus Vermietung und Verpachtung → BMF vom 30. 6. 1994 (BStBl I S. 355),
- Bei der Ermittlung des Ausgangswertes für die Höhe der verrechenbaren Werbungskostenüberschüsse gem. § 15a Abs. 4 Satz 1 i. V. m. § 21 Abs. 1 Satz 2 EStG der Gesellschafter einer KG mit positiven Einkünften aus Kapitalvermögen und negativen Einkünften aus Vermietung und Verpachtung sind die Einkünfte aus Kapitalvermögen einzubeziehen (→ BFH vom 15. 10. 1996 – BStBl 1997 II S. 250).

  –Wird bei dem Erwerb des Anteils an einer vermögensverwaltenden Kommanditgesellschaft das negative Kapitalkonto mit der Verpflichtung übernommen, es mit künftigen Gewinnanteilen zu verrechnen, liegen insoweit erst dann (weitere) Anschaffungskosten vor, wenn solche zur Verrechnung führenden Gewinnanteile entstehen (→ BFH vom 28. 3. 2007 – BFH/NV 2007 S. 1845).

Treuhandverhältnisse

- Zur Zurechnung von Einkünften aus Vermietung und Verpachtung bei Treuhandverhältnissen → BMF vom 1. 9. 1994 (BStBl I S. 604),
- Zur sinngemäßen Anwendung von § 15a Abs. 5 Nr. 2 EStG bei Treuhandverhältnissen → BFH vom 25. 7. 1995 (BStBl 1996 II S. 128).

Werbungskosten

- Abfindungszahlungen an den Mieter stellen Werbungskosten bei den Einkünften aus Vermietung und Verpachtung dar, wenn durch die Entfernung des bisherigen Mieters eine neue Nutzung ermöglicht werden soll. Unerheblich ist dabei, ob der Vermieter schon bei Erwerb des Vermietungsobjekts die Abbruchabsicht des neuen Nutzers kennt (→ FG Hamburg vom 7. 4. 1999 – DStRE 1999 S. 832).
- Die Abbruch- und Aufräumkosten für ein Gebäude, das ein Stpfl. zunächst zur Erzielung von Vermietungseinkünften nutzt, das dann aber wirtschaftlich und technisch verbraucht ist, sind auch dann als (nachträgliche) Werbungskosten abziehbar, wenn das Grundstück in

Zukunft nicht mehr zur Einkunftserzielung, sondern vom Eigentümer selber genutzt wird (→ BFH vom 31. 3. 1998 – BFH/NV 1998 S. 1212).

- Wer Aufwendungen für seine zunächst selbst bewohnte, anschließend leer stehende und noch nicht vermietete Wohnung als vorab entstandene Werbungskosten geltend macht, muss seinen endgültigen Entschluss, diese Wohnung zu vermieten, durch ernsthafte und nachhaltige Vermietungsbemühungen belegen. Die Ernsthaftigkeit und Nachhaltigkeit der Vermietungsbemühungen dienen als Belege (Beweisanzeichen) für die Einkünfteerzielungsabsicht, deren Feststellung und Würdigung im Wesentlichen dem Finanzgericht als Tatsacheninstanz obliegt (→ BFH vom 28. 10. 2008 – IX R 1/07).
- → Erhaltungsaufwand
- → Finanzierungskosten
- Die nach dem WEG an den Verwalter gezahlten Beiträge zur Instandhaltungsrücklage sind erst bei Verausgabung der Beträge für Erhaltungsmaßnahmen als Werbungskosten abziehbar (→ BFH vom 26. 1. 1988 – BStBl II S. 577),
- Als **dauernde Last** zu beurteilende wiederkehrende Leistungen zum Erwerb eines zum Vermieten bestimmten Grundstücks führen nur in Höhe des in ihnen enthaltenen **Zinsanteils** zu sofort abziehbaren Werbungskosten; in Höhe des Barwerts der dauernden Last liegen Anschaffungskosten vor, die, soweit der Barwert auf das Gebäude entfällt, in Form von AfA als Werbungskosten abziehbar sind (→ BFH vom 9. 2. 1994 – BStBl 1995 II S. 47),
- **Aussetzungszinsen für Grunderwerbsteuer** eines zur Erzielung von Mieteinkünften dienenden Gebäudes gehören zu den sofort abzugsfähigen Werbungskosten (→ BFH vom 25. 7. 1995 – BStBl II S. 835),
- Ein gesondertes Honorar für tatsächlich **nicht erbrachte Architektenleistung** gehört nicht zu den Herstellungskosten eines später errichteten anderen Gebäudes, sondern ist als Werbungskosten abziehbar (→ BFH vom 8. 9. 1998 – BStBl 1999 II S. 20).
- Reparaturen, die mit Mitteln einer einbehaltenen Kaution durchgeführt werden, führen grundsätzlich zu Werbungskosten (→ BFH vom 11. 7. 2000 – BStBl 2001 II S. 784),
- **Vergütungen** für einen ausschließlich zur Vermögenssorge bestellten **Betreuer** stellen Werbungskosten bei den mit dem verwalteten Vermögen erzielten Einkünften dar, sofern die Tätigkeit des Betreuers weder einer kurzfristigen Abwicklung des Vermögens noch der Verwaltung ertraglosen Vermögens dient (→ BFH vom 14. 9. 1999 – BStBl 2000 II S. 69).
- → Zweitwohnungssteuer.
- Auch nach Aufgabe der Einkünfteerzielungsabsicht können vorab entstandene **vergebliche Werbungskosten** abziehbar sein, wenn sie getätigt worden sind, um sich aus einer gescheiterten Investition zu lösen und so die Höhe der vergeblich aufgewendeten Kosten zu begrenzen (→ BFH vom 15. 11. 2005 – BStBl 2006 II S. 258 und vom 7. 6. 2006 – BStBl II S. 803),
- ***Aufwendungen für ein Schadstoff-Gutachten, das der Feststellung der durch einen Mieter verursachten Bodenverunreinigungen dient, können als Werbungskosten abziehbar sein (→ BFH vom 17. 7. 2007 – BStBl II S. 941).***

Keine Werbungskosten

- Aufwendungen zur **Schadensbeseitigung**, zu denen sich der Verkäufer im Kaufvertrag über sein Mietwohngrundstück verpflichtet hat (→ BFH vom 23. 1. 1990 – BStBl II S. 465),
- Zahlungen anteiliger Grundstückserträge an den geschiedenen Ehegatten auf Grund eines **Scheidungsfolgevergleichs** zur Regelung des Zugewinnausgleichs (→ BFH vom 8. 12. 1992 – BStBl 1993 II S. 434),
- **Veruntreute Geldbeträge** durch einen Miteigentümer (→ BFH vom 20. 12. 1994 – BStBl 1995 II S. 534),
- Aufwendungen für die **geplante** Veräußerung eines Grundstücks, auch wenn das Grundstück tatsächlich weiterhin vermietet wird (→ BFH vom 19. 12. 1995 – BStBl 1996 II S. 198),
- Aufwendungen, die auf eine Zeit entfallen, in der der Stpfl. die Absicht hatte, die angeschaffte oder hergestellte Wohnung **selbst zu beziehen**, auch wenn er sich anschließend zu deren Vermietung entschlossen hat (→ BFH vom 23. 7. 1997 – BStBl 1998 II S. 15),
- Aufwendungen eines mit einem vermieteten Grundstück Beschenkten, die auf Grund eines **Rückforderungsanspruchs** des Schenkers wegen Verarmung gem. § 528 Abs. 1 BGB geleistet werden (→ BFH vom 19. 12. 2000 – BStBl 2001 II S. 342),
- Aufwendungen, die allein oder ganz überwiegend durch die **Veräußerung** des Mietwohnobjekts veranlasst oder die im Rahmen einer Grundstücksveräußerung für vom Verkäufer zu erbringende Reparaturen angefallen sind; dies gilt auch dann, wenn die betreffenden Arbei-

ten noch während der Vermietungszeit durchgeführt werden (→ BFH vom 14. 12. 2004 – BStBl 2005 II S. 343),

- im **Restitutionsverfahren** nach dem VermG zum Ausgleich von Instandsetzungs- und Modernisierungsaufwendungen an einem rückübertragenen Gebäude geleistete Zahlungen (→ BFH vom 11. 1. 2005 – BStBl II S. 477),
- **Abstandszahlungen** an den Mieter zur vorzeitigen Räumung der Wohnung, wenn der Vermieter deren Nutzung zu eigenen Wohnzwecken beabsichtigt (→ BFH vom 7. 7. 2005 – BStBl II S. 760),
- Aufwendungen für die im Treppenhaus eines vermieteten Mehrfamilienhauses vom Vermieter aufgehängten Bilder (→ FG Schleswig-Holstein vom 22. 3. 1995 – EFG 1995 S. 880),
- Besteht an einer Wohnung eines Mietwohngrundstücks ein Wohnrecht, kann der Eigentümer die Aufwendungen (einschl. AfA) für dieses Grundstück insoweit nicht als Werbungskosten bei seinen Einkünften aus Vermietung und Verpachtung abziehen, als sie nach dem Verhältnis der jeweiligen Nutzflächen auf die mit dem Wohnrecht belastete Wohnung entfallen (→ BFH vom 22. 2. 1994 – BFH/NV S. 709),
- Es ist nicht ernstlich zweifelhaft, dass die Aufwendungen für ein unbebautes Grundstück vom Abzug als vorweggenommene Werbungskosten ausgeschlossen sind, wenn zwar wiederholt Anträge auf Verlängerung der Baugenehmigung gestellt wurden, aber nicht substantiiert konkrete Verhandlungen über die Bebauung des 15 Jahre zuvor angeschafften Grundstücks dargetan werden (→ Baden-Württemberg, Stuttgart vom 15. 4. 1995 – EFG 1995 S. 880),
- Von der Gemeinde (wenn auch erst nach Jahren) aufgrund einer Satzungsänderung vom Grundstückseigentümer nachgeforderte Erschließungsbeiträge sind nachträgliche Anschaffungskosten für den Grund und Boden, wenn die Gemeinde lediglich den Berechnungsmaßstab geändert hat, die Beitragspflicht als solche ihren Grund aber nach wie vor in einer erstmaligen Erschließungsmaßnahme hat (→ BFH vom 3. 7. 1997 – BStBl II S. 811),
- Aufwendungen für Schönheitsreparaturen und zur Beseitigung kleinerer Schäden und Abnutzungserscheinungen, die der Stpfl. an einer bisher vermieteten Wohnung vor deren eigenen Nutzung durchführt, sind grundsätzlich keine Werbungskosten bei den Einkünften aus Vermietung und Verpachtung (→ BFH vom 11. 7. 2000 – BStBl 2001 II S. 784).
- ***Verluste aus Optionsgeschäften, auch dann nicht, wenn Mieteinnahmen dazu verwendet werden, die Optionsgeschäfte durchzuführen und beabsichtigt ist, die angelegten Beträge wiederum für Zwecke der Vermietung zu verwenden (→ BFH vom 18. 9. 2007 – BStBl 2008 II S. 26).***

Verrechenbare Werbungskostenüberschüsse

Bei der Ermittlung des Ausgangswertes für die Höhe der verrechenbaren Werbungskostenüberschüsse gem. § 15a Abs. 4 Satz 1 i. V. m. § 21 Abs. 1 Satz 2 EStG der Gesellschafter einer KG mit positiven Einkünften aus Kapitalvermögen und negativen Einkünften aus Vermietung und Verpachtung sind die Einkünfte aus Kapitalvermögen einzubeziehen (→ BFH vom 15. 10. 1996 – BStBl 1997 II S. 250).

Zweitwohnungssteuer

Die Zweitwohnungssteuer ist mit dem auf die Vermietung der Wohnung an wechselnde Feriengäste entfallenden zeitlichen Anteil als Werbungskosten abziehbar (→ BFH vom 15. 10. 2002 – BStBl 2003 II S. 287).

R 21.3

21.3. Verbilligt überlassene Wohnung

[1]In den Fällen des § 21 Abs. 2 EStG ist von der ortsüblichen Marktmiete für Wohnungen vergleichbarer Art, Lage und Ausstattung auszugehen. [2]Die ortsübliche Marktmiete umfasst die ortsübliche Kaltmiete zuzüglich der nach der Zweiten Berechnungsverordnung umlagefähigen Kosten.

H 21.3

Hinweise

Einkünfteerzielungsabsicht bei verbilligter Überlassung einer Wohnung

Anhang 19 → BMF vom 8. 10. 2004 (BStBl I S. 933)

Gewinneinkünfte

- § 21 Abs. 2 EStG ist auf Gewinneinkünfte nicht entsprechend anzuwenden (→ BFH vom 29. 4. 1999 – BStBl II S. 652).
- → H 4.7 (Teilentgeltliche Überlassung)

Ortsübliche Miete

Aus Vereinfachungsgründen können die Grundsätze des BFH-Urteils vom 17. 8. 2005 (BStBl 2006 II S. 71) auch auf die verbilligte Vermietung von Wohnungen nach § 21 Abs. 2 EStG übertragen werden. Im Regelfall ist der Ansatz eines Werts innerhalb der Mietpreisspanne also nicht zu beanstanden, auch wenn es der niedrigste Wert ist (→ OFD Rheinland vom 17. 12. 2007 – DB 2008, S. 91).

Überlassung an fremde Dritte

Die Nutzungsüberlassung ist in den Fällen des § 21 Abs. 2 EStG selbst dann in einen entgeltlichen und einen unentgeltlichen Teil aufzuteilen, wenn die Wohnung einem fremden Dritten überlassen wird und der Stpfl. aus vertraglichen oder tatsächlichen Gründen gehindert ist, das vereinbarte Entgelt zu erhöhen (→ BFH vom 28. 1. 1997 – BStBl II S. 605).

21.4. Miet- und Pachtverträge zwischen Angehörigen und Partnern einer nichtehelichen Lebensgemeinschaft

R 21.4

Die für die steuerliche Beurteilung von Verträgen zwischen Ehegatten geltenden Grundsätze können nicht auf Verträge zwischen Partnern einer nichtehelichen Lebensgemeinschaft – ausgenommen eingetragene Lebenspartnerschaften – übertragen werden,[1]) es sei denn, dass der Vertrag die gemeinsam genutzte Wohnung betrifft.

Hinweise

H 21.4

Fremdvergleich

Im Rahmen des Fremdvergleichs (→ H 4.8) schließt nicht jede Abweichung vom Üblichen notwendigerweise die steuerliche Anerkennung aus. Voraussetzung ist aber, dass die Hauptpflichten der Mietvertragsparteien wie Überlassen einer konkret bestimmten Mietsache und Höhe der zu entrichtenden Miete stets klar und eindeutig vereinbart sowie entsprechend dem Vereinbarten durchgeführt werden. Diese Anforderungen sind auch an nachträgliche Vertragsänderungen zu stellen (→ BFH vom 20. 10. 1997 – BStBl 1998 II S. 106). Die steuerliche Anerkennung des Mietverhältnisses ist danach **nicht allein dadurch ausgeschlossen**, dass

- die Mieterin, nachdem der Vermieter sein Konto aufgelöst hat, die Miete wie mündlich vereinbart vorschüssig bar bezahlt (→ BFH vom 7. 5. 1996 – BStBl 1997 II S. 196),
- keine schriftliche Vereinbarung hinsichtlich der Nebenkosten getroffen worden ist und z. B. der Umfang der auf die Wohnung entfallenden Nebenkosten unter Berücksichtigung der sonstigen Pflichten unbedeutend ist (→ BFH vom 21. 10. 1997 – BStBl 1998 II S. 108 und vom 17. 2. 1998 – BStBl II S. 349),
- ein Mietvertrag mit einem Angehörigen nach seinem Inhalt oder in seiner Durchführung Mängel aufweist, die auch bei einem mit einem Fremden abgeschlossenen Mietverhältnis aufgetreten sind (→ BFH vom 28. 6. 2002 – BStBl II S. 699),
- ein Ehegatte dem anderen seine an dessen Beschäftigungsort belegene und im Rahmen einer doppelten Haushaltsführung genutzte Wohnung zu fremdüblichen Bedingungen vermietet (→ BFH vom 11. 3. 2003 – BStBl II S. 627),
- eine verbilligte Vermietung vorliegt (→ BFH vom 22. 7. 2003 – BStBl II S. 806).

Das Mietverhältnis ist jedoch steuerlich **nicht anzuerkennen**, wenn

- die Mietzahlungen entgegen der vertraglichen Vereinbarung nicht regelmäßig, sondern in einem späteren Jahr in einem Betrag gezahlt werden (→ BFH vom 19. 6. 1991 – BStBl 1992 II S. 75),
- nicht feststeht, dass die gezahlte Miete tatsächlich endgültig aus dem Vermögen des Mieters in das des Vermieters gelangt. Ein Beweisanzeichen dafür kann sich insbesondere daraus

---

[1]) Anm.: → BFH vom 14. 4. 1988 (BStBl II S. 670).

ergeben, dass der Mieter wirtschaftlich nicht oder nur schwer in der Lage ist, die Miete aufzubringen (→ BFH vom 28. 1. 1997 – BStBl II S. 655),

- eine Einliegerwohnung zur Betreuung eines Kleinkindes an die Großeltern vermietet wird, die am selben Ort weiterhin über eine größere Wohnung verfügen (→ BFH vom 14. 1. 1992 – BStBl II S. 549),
- Wohnräume im Haus der Eltern, die keine abgeschlossene Wohnung bilden, an volljährige unterhaltsberechtigte Kinder vermietet werden (→ BFH vom 16. 1. 2003 – BStBl II S. 301).

Nichteheliche Lebensgemeinschaft

Keine einkommensteuerliche Anerkennung eines Mietverhältnisses zwischen Partnern einer nichtehelichen Lebensgemeinschaft über eine gemeinsam bewohnte Wohnung (→ BFH vom 30. 1. 1996 – BStBl II S. 359).

Sicherungsnießbrauch

Die gleichzeitige Vereinbarung eines Nießbrauchs und eines Mietvertrages steht der steuerlichen Anerkennung des Mietverhältnisses jedenfalls dann nicht entgegen, wenn das dingliche Nutzungsrecht lediglich zur Sicherung des Mietverhältnisses vereinbart und nicht tatsächlich ausgeübt wird (→ BFH vom 3. 2. 1998 – BStBl II S. 539).

Vermietung an Angehörige nach Grundstücksübertragung

Eine rechtsmissbräuchliche Gestaltung bei Mietverträgen unter Angehörigen liegt nicht vor, wenn der Mieter

- vor Abschluss des Mietvertrags das Grundstück gegen wiederkehrende Leistungen auf den Vermieter übertragen hat (→ BFH vom 10. 12. 2003 – BStBl 2004 II S. 643),
- auf das im Zusammenhang mit der Grundstücksübertragung eingeräumte unentgeltliche Wohnungsrecht verzichtet und stattdessen mit dem neuen Eigentümer einen Mietvertrag abgeschlossen hat (→ BFH vom 17. 12. 2003 – BStBl 2004 II S. 646).

Das Mietverhältnis ist jedoch wegen rechtsmissbräuchlicher Gestaltung steuerlich nicht anzuerkennen, wenn

- ein im Zusammenhang mit einer Grundstücksübertragung eingeräumtes unentgeltliches Wohnungsrecht gegen Vereinbarung einer dauernden Last aufgehoben und gleichzeitig ein Mietverhältnis mit einem Mietzins in Höhe der dauernden Last vereinbart wird (→ BFH vom 17. 12. 2003 – BStBl 2004 II S. 648).

→ Fremdvergleich

Vermietung an Unterhaltsberechtigte

Mietverträge mit Angehörigen sind nicht bereits deshalb rechtsmissbräuchlich, weil der Stpfl. dem Angehörigen gegenüber unterhaltsverpflichtet ist und die Miete aus den geleisteten Unterhaltszahlungen erbracht wird. Nicht rechtsmissbräuchlich ist daher ein Mietverhältnis mit:

- der unterhaltsberechtigten Mutter (→ BFH vom 19. 12. 1995 – BStBl 1997 II S. 52),
- der volljährigen Tochter und deren Ehemann (→ BFH vom 28. 1. 1997 – BStBl II S. 599),
- dem geschiedenen oder dauernd getrennt lebenden Ehegatten, wenn die Miete mit dem geschuldeten Barunterhalt verrechnet wird (→ BFH vom 16. 1. 1996 – BStBl II S. 214); wird dagegen eine Wohnung auf Grund einer Unterhaltsvereinbarung zu Wohnzwecken überlassen und dadurch der Anspruch des Unterhaltsberechtigten auf Barunterhalt vermindert, liegt kein Mietverhältnis vor (→ BFH vom 17. 3. 1992 – BStBl II S. 1009); zum Abzug des Mietwerts als Sonderausgabe i. S. d. § 10 Abs. 1 Nr. 1 EStG → H 10.2 (Wohnungsüberlassung),
- unterhaltsberechtigten Kindern, auch wenn das Kind die Miete durch Verrechnung mit dem Barunterhalt der Eltern zahlt (→ BFH vom 19. 10. 1999 – BStBl 2000 II S. 223 und S. 224) oder die Miete aus einer einmaligen Geldschenkung der Eltern bestreitet (→ BFH vom 28. 3. 1995 – BStBl 1996 II S. 59). Das Mietverhältnis ist allerdings nicht anzuerkennen, wenn Eltern und Kinder noch eine Haushaltsgemeinschaft bilden (→ BFH vom 19. 10. 1999 – BStBl 2000 II S. 224).
- einem Kind, wenn das Kind in der Lage ist, aus seinen Mitteln die Miete zu entrichten, daneben aber auf Unterhaltszahlungen der Eltern angewiesen ist (→ BFH vom 17. 12. 2002 – BFH/NV 2003 S. 611).

Vorbehaltsnießbrauch

Ist das mit dem Vorbehaltsnießbrauch belastete Grundstück vermietet, erzielt der Nießbraucher Einkünfte aus Vermietung und Verpachtung. Dies gilt auch, wenn der Nießbraucher das Grundstück dem Grundstückseigentümer entgeltlich zur Nutzung überlässt (→ BMF vom 24. 7. 1998 – BStBl I S. 914, unter Berücksichtigung der Änderungen durch BMF vom 9. 2. 2001 – BStBl I S. 171 – Rdnr. 41). Anhang 19

Wechselseitige Vermietung

Keine einkommensteuerliche Berücksichtigung, wenn planmäßig in etwa gleichwertige Wohnungen von Angehörigen angeschafft bzw. in Wohnungseigentum umgewandelt werden, um sie sogleich wieder dem anderen zu vermieten (→ BFH vom 19. 6. 1991 – BStBl II S. 904 und vom 25. 1. 1994 – BStBl II S. 738). Überträgt dagegen der Alleineigentümer von zwei Eigentumswohnungen einem nahen Angehörigen nicht die an diesen vermietete, sondern die von ihm selbstgenutzte Wohnung, stellt das gleichzeitig für diese Wohnung abgeschlossene Mietverhältnis mit dem nahen Angehörigen keinen Gestaltungsmissbrauch i. S. d. § 42 AO dar (→ BFH vom 12. 9. 1995 – BStBl 1996 II S. 158).

21.5. Behandlung von Zuschüssen

R 21.5

S 2205

(1) [1]Zuschüsse zur Finanzierung von Baumaßnahmen aus öffentlichen oder privaten Mitteln, die keine Mieterzuschüsse sind (z. B. Zuschuss einer Flughafengesellschaft für den Einbau von Lärmschutzfenstern), gehören grundsätzlich nicht zu den Einnahmen aus Vermietung und Verpachtung. [2]Handelt es sich bei den bezuschussten Aufwendungen um Herstellungskosten, sind ab dem Jahr der Bewilligung die AfA, die erhöhten Absetzungen oder die Sonderabschreibungen nach den um den Zuschuss verminderten Herstellungskosten zu bemessen; → R 7.3 Abs. 4 Satz 2 und → R 7a Abs. 4. [3]Das gilt auch bei Zufluss des Zuschusses in mehreren Jahren. [4]Wird der Zuschuss zurückgezahlt, sind vom Jahr des Entstehens der Rückzahlungsverpflichtung an die AfA oder die erhöhten Absetzungen oder die Sonderabschreibungen von der um den Rückzahlungsbetrag erhöhten Bemessungsgrundlage vorzunehmen. [5]Handelt es sich bei den bezuschussten Aufwendungen um Erhaltungsaufwendungen oder Schuldzinsen, sind diese nur vermindert um den Zuschuss als Werbungskosten abziehbar. [6]Fällt die Zahlung des Zuschusses und der Abzug als Werbungskosten nicht in einen VZ, rechnet der Zuschuss im Jahr der Zahlung zu den Einnahmen aus Vermietung und Verpachtung. [7]Wählt der Stpfl. eine gleichmäßige Verteilung nach §§ 11a, 11b EStG oder § 82b EStDV, mindern die gezahlten Zuschüsse im Jahr des Zuflusses die zu verteilenden Erhaltungsaufwendungen. [8]Der verbleibende Betrag ist gleichmäßig auf den verbleibenden Abzugszeitraum zu verteilen. [9]Soweit der Zuschuss die noch nicht berücksichtigten Erhaltungsaufwendungen übersteigt oder wird er erst nach Ablauf des Verteilungszeitraums gezahlt, rechnet der Zuschuss zu den Einnahmen aus Vermietung und Verpachtung. [10]Hat der Stpfl. die Zuschüsse zurückgezahlt, sind sie im Jahr der Rückzahlung als Werbungskosten abzuziehen.

(2) Abweichend von Absatz 1 handelt es sich bei Zuschüssen, die keine Mieterzuschüsse sind, im Kalenderjahr des Zuflusses um Einnahmen aus Vermietung und Verpachtung, wenn sie eine Gegenleistung für die Gebrauchsüberlassung des Grundstücks darstellen (z. B. Zuschuss als Gegenleistung für eine Mietpreisbindung oder Nutzung durch einen bestimmten Personenkreis); § 11 Abs. 1 Satz 3 EStG ist zu beachten.

(3) [1]Vereinbaren die Parteien eines Mietverhältnisses eine Beteiligung des Mieters an den Kosten der Herstellung des Gebäudes oder der Mieträume oder lässt der Mieter die Mieträume auf seine Kosten wieder herrichten und einigt er sich mit dem Vermieter, dass die Kosten ganz oder teilweise verrechnet werden, entsteht dem Mieter ein Rückzahlungsanspruch, der in der Regel durch Anrechnung des vom Mieter aufgewandten Betrags (Mieterzuschuss) auf den Mietzins wie eine Mietvorauszahlung befriedigt wird. [2]Für Mieterzuschüsse ist § 11 Abs. 1 Satz 3 EStG zu beachten. [3]Als vereinnahmte Miete ist dabei jeweils die tatsächlich gezahlte Miete zuzüglich des anteiligen Vorauszahlungsbetrags anzusetzen. [4]Satz 3 gilt nur für die vereinnahmte Nettomiete, nicht für vereinnahmte Umsatzsteuerbeträge. [5]Die AfA nach § 7 EStG und die erhöhten Absetzungen oder Sonderabschreibungen sind von den gesamten Herstellungskosten (eigene Aufwendungen des Vermieters zuzüglich Mieterzuschüsse) zu berechnen. [6]Hat ein Mieter Kosten getragen, die als Erhaltungsaufwand zu behandeln sind, sind aus Vereinfachungsgründen nur die eigenen Kosten des Vermieters als Werbungskosten zu berücksichtigen. [7]Wird ein Gebäude während des Verteilungszeitraums veräußert, in ein Betriebsvermögen eingebracht oder nicht mehr zur Erzielung von Einkünften i. S. d. § 2 Abs. 1 Satz 1 Nr. 4 bis 7 EStG genutzt, ist der noch nicht

als Mieteinnahme berücksichtigte Teil der Mietvorauszahlung in dem betreffenden VZ als Einnahme bei den Einkünften aus Vermietung und Verpachtung anzusetzen. [8]In Veräußerungsfällen erhöhen sich seine Mieteinnahmen insoweit nicht, als unberücksichtigte Zuschussteile durch entsprechende Minderung des Kaufpreises und Übernahme der Verpflichtung gegenüber den Mietern auf den Käufer übergegangen sind.[1])

(4) Entfallen Zuschüsse auf eine eigengenutzte oder unentgeltlich an Dritte überlassene Wohnung, gilt Folgendes:

1. Handelt es sich bei den bezuschussten Aufwendungen um Herstellungs- oder Anschaffungskosten, für die der Stpfl. die Steuerbegünstigung nach § 10f Abs. 1 EStG oder § 7 FördG, die Eigenheimzulage oder die Investitionszulage nach § 4 InvZulG 1999 in Anspruch nimmt, gilt Absatz 1 Satz 2 bis 4 entsprechend.
2. Handelt es sich bei den bezuschussten Aufwendungen um Erhaltungsaufwand, für den der Stpfl. die Steuerbegünstigung nach § 10f Abs. 2 EStG oder § 7 FördG oder die Investitionszulage nach § 4 InvZulG 1999 in Anspruch nimmt, gilt Absatz 1 Satz 5 und 10 entsprechend.

H 21.5

Hinweise

Zuschüsse

- Zuschüsse, die eine Gemeinde für die Durchführung bestimmter Maßnahmen, die der Erhaltung, Erneuerung und funktionsgerechten Verwendung des Gebäudes dienen, unabhängig von der Nutzung des Gebäudes gewährt, mindern die Herstellungskosten und sind nicht als Einnahmen aus Vermietung und Verpachtung zu behandeln. Die Herstellungskosten sind auch dann um einen Zuschuss zu kürzen, wenn der Stpfl. im Vorjahr einen Zuschuss als Einnahme behandelt hatte (→ BFH vom 26. 3. 1991 – BStBl 1992 II S. 999).
- ***Der Zuschuss einer Gemeinde*** zum Bau einer Tiefgarage ohne Vereinbarung einer Mietpreisbindung oder Nutzung durch bestimmte Personen mindert die Herstellungskosten. Die mit dem Zuschuss verbundene Verpflichtung, die Tiefgarage der Öffentlichkeit gegen Entgelt zur Verfügung zu stellen, ist keine Gegenleistung des Empfängers (→ BFH vom 23. 3. 1995 – BStBl II S. 702).
- Öffentliche Fördermittel (Zuschüsse oder nicht rückzahlbare Darlehen), die ein Bauherr im Rahmen des sog. Dritten Förderungswegs für Belegungs- und Mietpreisbindungen erhält, sind im Zuflussjahr Einnahmen aus Vermietung und Verpachtung (→ BFH vom 14. 10. 2003 – BStBl 2004 II S. 14).

R 21.6

21.6. Miteigentum und Gesamthand

[1]Die Einnahmen und Werbungskosten sind den Miteigentümern grundsätzlich nach dem Verhältnis der nach bürgerlichem Recht anzusetzenden Anteile zuzurechnen. [2]Haben die Miteigentümer abweichende Vereinbarungen getroffen, sind diese maßgebend, wenn sie bürgerlichrechtlich wirksam sind und hierfür wirtschaftlich vernünftige Gründe vorliegen, die grundstücksbezogen sind. [3]AfA oder erhöhte Absetzungen und Sonderabschreibungen können nur demjenigen Miteigentümer zugerechnet werden, der die Anschaffungs- oder Herstellungskosten getragen hat.

H 21.6

Hinweise

Abweichende Zurechnung

- Treffen Angehörige als Miteigentümer eine vom zivilrechtlichen Beteiligungsverhältnis abweichende Vereinbarung über die Verteilung der Einnahmen und Ausgaben, ist diese steuerrechtlich nur beachtlich, wenn sie in Gestaltung und Durchführung dem zwischen fremden Dritten Üblichen entspricht; Korrekturmöglichkeit einer unzutreffenden Verteilung im gerichtlichen Verfahren auch dann noch, wenn Gesamtüberschuss bestandskräftig festgestellt ist, weil lediglich die Verteilung des festgestellten Überschusses angefochten wurde (→ BFH vom 31. 3. 1992 – BStBl II S. 890).

[1]) Anm.: → BFH vom 28. 6. 1977 (BStBl 1978 II S. 91).

- Trägt der Gesellschafter einer GbR deren Werbungskosten über den seiner Beteiligung entsprechenden Anteil hinaus, sind ihm diese Aufwendungen im Rahmen der einheitlichen und gesonderten Feststellung der Einkünfte aus Vermietung und Verpachtung der Gesellschaft ausnahmsweise dann allein zuzurechnen, wenn insoweit weder eine Zuwendung an Mitgesellschafter beabsichtigt ist noch gegen diese ein durchsetzbarer Ausgleichsanspruch besteht (→ BFH vom 23. 11. 2004 – BStBl 2005 II S. 454).
- Die familienrechtliche Unterhaltspflicht eines Miteigentümers gegenüber anderen Miteigentümern ist für die einkommensteuerrechtliche Zuordnung der Einkünfte unbeachtlich (→ BFH vom 22. 3. 1994 – BFH/NV 1995 S. 16).
- Erzielen Miteigentümer eines Wohn- und Geschäftshauses aus der gemeinsamen Vermietung einer Wohnung gemeinschaftlich Einkünfte aus Vermietung und Verpachtung, so sind diese unabhängig davon, ob und in welchem Umfang die Miteigentümer die übrigen Räumlichkeiten des Hauses jeweils selbst nutzen, den Miteigentümern grundsätzlich entsprechend ihren Miteigentumsanteilen zuzurechnen und gesondert und einheitlich festzustellen (→ BMF vom 26. 1. 1999 – BStBl II S. 360).

Einbringung von Miteigentumsanteilen

→ H 7.3 (Anschaffungskosten)

Mietverhältnis zwischen GbR und Gesellschafter

Der Mietvertrag zwischen einer GbR und einem Gesellschafter ist steuerrechtlich nicht anzuerkennen, soweit diesem das Grundstück nach § 39 Abs. 2 Nr. 2 AO anteilig zuzurechnen ist (→ BFH vom 18. 5. 2004 – BStBl II S. 898).

Miteigentum

A und B sind zu je ½ Miteigentümer eines Hauses mit drei gleich großen Wohnungen. Wohnung 1 vermietet die Gemeinschaft an B zu Wohnzwecken, Wohnung 2 überlassen A und B ihren Eltern unentgeltlich zu Wohnzwecken, Wohnung 3 wird an Dritte vermietet.

Hinsichtlich Wohnung 3 ist davon auszugehen, dass A und B diese gemeinschaftlich vermieten (→ BFH vom 26. 1. 1999 – BStBl II S. 360). Auch Wohnung 2 nutzen A und B durch die unentgeltliche Überlassung an die Eltern gemeinschaftlich. Die Nutzung von Wohnung 1 durch B zu eigenen Wohnzwecken führt nicht zum vorrangigen „Verbrauch" seines Miteigentumsanteils. Bei gemeinschaftlichem Bruchteilseigentum wird die Sache selbst weder real noch ideell geteilt; geteilt wird nur die Rechtszuständigkeit am gemeinschaftlichen Gegenstand. Dementsprechend ist nicht das Gebäude, sondern – im Rahmen einer Vereinbarung nach § 745 Abs. 1 BGB – das Nutzungsrecht am Gebäude zwischen A und B aufgeteilt worden. A hat B – abweichend von § 743 Abs. 2 BGB – einen weiter gehenden Gebrauch der gemeinschaftlichen Sache eingeräumt. Hierfür stünde A ein Entschädigungsanspruch aus § 745 Abs. 2 BGB zu. Stattdessen hat er zugunsten von B gegen Entgelt auf sein Mitgebrauchsrecht verzichtet und B die Wohnung 1 zur Alleinnutzung überlassen. A erzielt insoweit Einkünfte aus Vermietung und Verpachtung (→ BFH vom 18. 5. 2004 – BStBl II S. 929).

Anm.:

Die OFD Münster hat mit Vfg. vom 21. 1. 2005 (DStR 2005, S. 380) das vorstehend abgedruckte Beispiel in Bezug auf die Einkünfteermittlung und die Eigenheimzulagenberechtigung wie folgt ergänzt:

- Die Geschwister A und B sind zu je 1/2 Miteigentümer eines Hauses. In dem Haus befinden sich drei Wohnungen mit je 60 m² Wohnfläche. Die Anschaffungskosten i. H. v. 380 000 € (Anteil Grund und Boden: 80 000 €) wurden von A und B entsprechend ihren Miteigentumsanteilen getragen. Die Wohnungen werden wie folgt genutzt:

  EG: Vermietung durch die Grundstücksgemeinschaft an B zu eigenen Wohnzwecken

  I. OG: Unentgeltliche Überlassung an die Eltern von A und B zu eigenen Wohnzwecken

  II. OG: Vermietung durch die Grundstücksgemeinschaft an einen fremden Dritten
- Die Miete für das EG und das II. OG beträgt mit Umlagen je 500 € mtl., auf das gesamte Haus entfallen Aufwendungen (ohne AfA) i. H. v. 9 000 €.

Ermittlung der Einkünfte aus Vermietung und Verpachtung:

Einnahmen:	A	B	Summe
– EG: 1/2 von 500 € × 12 (Zurechnung nur bei A)	3 000 €	–	3 000 €
– I. OG:	–	–	–
– II. OG: 500 € × 12	3 000 €	3 000 €	6 000 €
Summe Einnahmen:	6 000 €	3 000 €	9 000 €
Werbungskosten			
– AfA EG: 2 % von 100 000 € = 2 000 €, Ansatz nur bei A zu 1/2	1 000 €	–	1 000 €
– AfA I. OG: kein Ansatz mangels Einkunftserzielungsabsicht	–	–	–
– AfA II. OG: 2 % von 100 000 € = 2 000 €, Ansatz bei A und B zu je 1/2	1 000 €	1 000 €	2 000 €
– Sonstige WK EG: 1/3 von 9 000 €, Ansatz nur bei A zu 1/2	1 500 €	–	1 500 €
– Sonstige WK I. OG: 1/3 von 9 000 €, kein Ansatz	–	–	–
– Sonstige WK II. OG: 1/3 von 9 000 €, Ansatz bei A und B zu je 1/2	1 500 €	1 500 €	3 000 €
Summe der Werbungskosten	5 000 €	2 500 €	7 500 €
Einkünfte aus Vermietung und Verpachtung	1 000 €	500 €	1 500 €

Unterbeteiligung an einer Personengesellschaft

Ein Unterbeteiligter an einer Personengesellschaft erzielt dann keine Einkünfte aus Vermietung und Verpachtung, wenn er nicht nach außen als Vermieter in Erscheinung tritt und der Hauptbeteiligte ihn nur auf schuldrechtlicher Grundlage am Einnahmeüberschuss und am Auseinandersetzungsguthaben beteiligt sowie ihm nur in bestimmten Gesellschaftsangelegenheiten Mitwirkungsrechte einräumt (→ BFH vom 17. 12. 1996 – BStBl 1997 II S. 406).

Verfahren bei der Geltendmachung von negativen Einkünften aus der Beteiligung an Verlustzuweisungsgesellschaften und vergleichbaren Modellen

→ BMF vom 13. 7. 1992 (BStBl I S. 404) und vom 28. 6. 1994 (BStBl I S. 420).

Zebra-Gesellschaft

Hält ein Gesellschafter einer vermögensverwaltenden Gesellschaft seine Beteiligung im Betriebsvermögen (sog. Zebragesellschaft), werden die ihm zuzurechnenden Beteiligungseinkünfte erst auf Ebene des Gesellschafters – nicht bereits auf der Ebene der vermögensverwaltenden Gesellschaft – in betriebliche Einkünfte umqualifiziert (→ BFH vom 11. 4. 2005 – BStBl II S. 679).

R 21.7

21.7. Substanzausbeuterecht

S 2253 – unbesetzt –

H 21.7

Hinweise

Abgrenzung Pacht-/Kaufvertrag

- Ein Kaufvertrag über die im Boden befindlichen Mineralien oder sonstigen Bestandteile kann grundsätzlich nur angenommen werden, wenn der Grund und Boden mitveräußert wird oder die einmalige Lieferung einer fest begrenzten Menge von Bodenbestandteilen Gegenstand des Vertrages ist (→ BFH vom 19. 7. 1994 – BStBl II S. 846),
- Einnahmen aus Vermietung und Verpachtung sind:
  - Entgelte für die Ausbeute von Bodenschätzen (→ BFH vom 21. 7. 1993 – BStBl 1994 II S. 231 und vom 4. 12. 2006 – BStBl 2007 II S. 508),
  - Entgelt für die Überlassung eines Grundstücks, wenn dieses zwar bürgerlich-rechtlich übereignet wird, die Vertragsparteien aber die Rückübertragung nach Beendigung der Ausbeute vereinbaren (→ BFH vom 5. 10. 1973 – BStBl 1974 II S. 130); dies gilt auch bei

zusätzlicher Vereinbarung einer Steuerklausel, wenn diese dem Finanzamt nicht rechtzeitig offenbart wird (→ BFH vom 24. 11. 1992 – BStBl 1993 II S. 296),

- Entgelt aus dem Verkauf eines bodenschatzführenden Grundstücks, wenn die Auslegung der Bestimmungen des Kaufvertrags ergibt oder aus außerhalb des Vertrags liegenden Umständen zu ersehen ist, dass die Vertragsparteien keine dauerhafte Eigentumsübertragung, sondern eine zeitlich begrenzte Überlassung zur Substanzausbeute anstreben (→ BFH vom 21. 7. 1993 – BStBl 1994 II S. 231).

Entschädigungen

Neben Förderzinsen zum Abbau von Bodenschätzen gezahlte Entschädigungen für entgangene/entgehende Einnahmen sind keine Einnahmen aus Vermietung und Verpachtung, sondern Betriebseinnahmen, wenn die Flächen im Betriebsvermögen bleiben (→ BFH vom 15. 3. 1994 – BStBl II S. 840).

Wertminderung des Grund und Bodens

Wird die Substanz bislang land- und forstwirtschaftlich genutzten Grund und Bodens durch den Abbau eines Bodenvorkommens zerstört oder wesentlich beeinträchtigt, steht die Verlustausschlussklausel des § 55 Abs. 6 EStG der Berücksichtigung der Wertminderung als Werbungskosten bei den Einkünften aus Vermietung und Verpachtung entgegen (→ BFH vom 16. 10. 1997 – BStBl 1998 II S. 185).

---

g) Sonstige Einkünfte (§ 2 Abs. 1 Satz 1 Nr. 7)

S 2245

§ 22 Arten der sonstigen Einkünfte

EStG
S 2206
S 2212
S 2218
S 2255

Sonstige Einkünfte sind

1. **Einkünfte aus wiederkehrenden Bezügen, soweit sie nicht zu den in § 2 Abs. 1 Nr. 1 bis 6 bezeichneten Einkunftsarten gehören; § 15b ist sinngemäß anzuwenden. [2]Werden die Bezüge freiwillig oder auf Grund einer freiwillig begründeten Rechtspflicht oder einer gesetzlich unterhaltsberechtigten Person gewährt, so sind sie nicht dem Empfänger zuzurechnen, wenn der Geber unbeschränkt einkommensteuerpflichtig oder unbeschränkt körperschaftsteuerpflichtig ist; dem Empfänger sind dagegen zuzurechnen** [1])

   a) **Bezüge, die von einer unbeschränkt steuerpflichtigen Körperschaft, Personenvereinigung oder Vermögensmasse außerhalb der Erfüllung steuerbegünstigter Zwecke im Sinne der §§ 52 bis 54 der Abgabenordnung gewährt werden, und**

   b) **Bezüge im Sinne des § 1 der Verordnung über die Steuerbegünstigung von Stiftungen, die an die Stelle von Familienfideikommissen getreten sind, in der im Bundesgesetzblatt Teil III, Gliederungsnummer 611-4-3, veröffentlichten bereinigten Fassung.**

   [3]Zu den in Satz 1 bezeichneten Einkünften gehören auch

   a) **Leibrenten und andere Leistungen,**

      aa) **die aus den gesetzlichen Rentenversicherungen, den landwirtschaftlichen Alterskassen, den berufsständischen Versorgungseinrichtungen und aus Rentenversicherungen im Sinne des § 10 Abs. 1 Nr. 2 Buchstabe b erbracht werden, soweit sie jeweils der Besteuerung unterliegen. [2]Bemessungsgrundlage für den der Besteuerung unterliegenden Anteil ist der Jahresbetrag der Rente. [3]Der der Besteuerung unterliegende Anteil ist nach dem Jahr des Rentenbeginns und dem in diesem Jahr maßgebenden Prozentsatz aus der nachstehenden Tabelle zu entnehmen:**

---

1) ***Nummer 1 Satz 2 wurde durch das JStG 2009 ab VZ 2009 geändert.***
Anm.: Die Änderung lautet:
Im ersten Halbsatz werden nach dem Wort „zuzurechnen" das Komma und die anschließenden Wörter „wenn der Geber unbeschränkt einkommensteuerpflichtig oder unbeschränkt körperschaftsteuerpflichtig ist" gestrichen.
Im zweiten Halbsatz wird Buchstabe a wie folgt gefasst:
a) Bezüge, die von einer Körperschaft, Personenvereinigung oder Vermögensmasse außerhalb der Erfüllung steuerbegünstigter Zwecke im Sinne der §§ 52 bis 54 der Abgabenordnung gewährt werden, und

Jahr des Rentenbeginns	Besteuerungsanteil in %
bis 2005	50
ab 2006	52
2007	54
2008	56
2009	58
2010	60
2011	62
2012	64
2013	66
2014	68
2015	70
2016	72
2017	74
2018	76
2019	78
2020	80
2021	81
2022	82
2023	83
2024	84
2025	85
2026	86
2027	87
2028	88
2029	89
2030	90
2031	91
2032	92
2033	93
2034	94
2035	95
2036	96
2037	97
2038	98
2039	99
2040	100

[4]Der Unterschiedsbetrag zwischen dem Jahresbetrag der Rente und dem der Besteuerung unterliegenden Anteil der Rente ist der steuerfreie Teil der Rente. [5]Dieser gilt ab dem Jahr, das dem Jahr des Rentenbeginns folgt, für die gesamte Laufzeit des Rentenbezugs. [6]Abweichend hiervon ist der steuerfreie Teil der Rente bei einer Veränderung des Jahresbetrags der Rente in dem Verhältnis anzupassen, in dem der veränderte Jahresbetrag der Rente zum Jahresbetrag der Rente steht, der der Ermittlung des steuerfreien Teils der Rente zugrunde liegt. [7]Regelmäßige Anpassungen des Jahresbetrags der Rente führen nicht zu einer Neuberechnung und bleiben bei einer Neuberechnung außer Betracht. [8]Folgen nach dem 31. Dezember 2004 Renten aus derselben Versicherung einander nach, gilt für die spätere Rente Satz 3 mit der Maßgabe, dass sich der Prozentsatz nach dem Jahr richtet, das sich ergibt, wenn die Laufzeit der vorhergehenden Renten von dem Jahr des Beginns der späteren Rente abgezogen wird; der Prozentsatz kann jedoch nicht niedriger bemessen werden als der für das Jahr 2005;

bb) die nicht solche im Sinne des Doppelbuchstaben aa sind und bei denen in den einzelnen Bezügen Einkünfte aus Erträgen des Rentenrechts enthalten sind. [2]Dies gilt auf Antrag auch für Leibrenten und andere Leistungen, soweit diese auf bis zum 31. Dezember 2004 geleisteten Beiträgen beruhen, welche oberhalb des Betrags des Höchstbeitrags zur gesetzlichen Rentenversicherung gezahlt wurden; der Steuerpflichtige muss nachweisen, dass der Betrag des Höchstbeitrags mindestens zehn Jahre überschritten wurde. [3]Als Ertrag des Rentenrechts gilt für die gesamte Dauer des Rentenbezugs der Unterschiedsbetrag zwischen dem Jahresbetrag der Rente und dem Betrag, der sich bei gleichmäßiger Verteilung des Kapitalwerts der Rente auf ihre voraussichtliche Laufzeit ergibt; dabei ist der Kapitalwert nach dieser Laufzeit zu berechnen. [4]Der Ertrag des Rentenrechts (Ertragsanteil) ist aus der nachstehenden Tabelle zu entnehmen:

Bei Beginn der Rente vollendetes Lebensjahr des Rentenberechtigten	Ertragsanteil in %
0 bis 1	59
2 bis 3	58
4 bis 5	57
6 bis 8	56
9 bis 10	55
11 bis 12	54
13 bis 14	53
15 bis 16	52
17 bis 18	51
19 bis 20	50
21 bis 22	49
23 bis 24	48
25 bis 26	47
27	46
28 bis 29	45
30 bis 31	44
32	43
33 bis 34	42
35	41
36 bis 37	40
38	39
39 bis 40	38
41	37
42	36
43 bis 44	35
45	34
46 bis 47	33
48	32
49	31
50	30
51 bis 52	29
53	28
54	27
55 bis 56	26
57	25
58	24
59	23
60 bis 61	22
62	21
63	20
64	19
65 bis 66	18
67	17
68	16
69 bis 70	15
71	14
72 bis 73	13
74	12
75	11
76 bis 77	10
78 bis 79	9
80	8
81 bis 82	7
83 bis 84	6
85 bis 87	5
88 bis 91	4
92 bis 93	3
94 bis 96	2
ab 97	1

[5]Die Ermittlung des Ertrags aus Leibrenten, die vor dem 1. Januar 1955 zu laufen begonnen haben, und aus Renten, deren Dauer von der Lebenszeit mehrerer Personen oder einer anderen Person als des Rentenberechtigten abhängt, sowie aus Leibrenten, die auf eine bestimmte Zeit beschränkt sind, wird durch eine Rechtsverordnung bestimmt;

b) Einkünfte aus Zuschüssen und sonstigen Vorteilen, die als wiederkehrende Bezüge gewährt werden;

S 2256 1a. Einkünfte aus Unterhaltsleistungen, soweit sie nach § 10 Abs. 1 Nr. 1 vom Geber abgezogen werden können;

1) *1b Einkünfte aus Versorgungsleistungen, soweit sie beim Zahlungsverpflichteten nach § 10 Abs. 1 Nr. 1a als Sonderausgaben abgezogen werden können;*

1c. Einkünfte aus Leistungen auf Grund eines schuldrechtlichen Versorgungsausgleichs, soweit sie beim Ausgleichsverpflichteten nach § 10 Abs. 1 Nr. 1b als Sonderausgaben abgezogen werden können;

2. Einkünfte aus privaten Veräußerungsgeschäften im Sinne des § 23;

S 2257 3. Einkünfte aus Leistungen, soweit sie weder zu anderen Einkunftsarten (§ 2 Abs. 1 Satz 1 Nr. 1 bis 6) noch zu den Einkünften im Sinne der Nummern 1, 1a, 2 oder 4 gehören, z. B. Einkünfte aus gelegentlichen Vermittlungen und aus der Vermietung beweglicher Gegenstände. [2]Solche Einkünfte sind nicht einkommensteuerpflichtig, wenn sie weniger als 256 Euro im Kalenderjahr betragen haben. [3]Übersteigen die Werbungskosten die Einnahmen, so darf der übersteigende Betrag bei Ermittlung des Einkommens nicht ausgeglichen wer-
2) den; er darf auch nicht nach § 10d abgezogen werden. [4]Die Verluste mindern jedoch nach Maßgabe des § 10d die Einkünfte, die der Steuerpflichtige in dem unmittelbar vorangegangenen Veranlagungszeitraum oder in den folgenden Veranlagungszeiträumen aus Leistun-
3) gen im Sinne des Satzes 1 erzielt hat oder erzielt; § 10d Abs. 4 gilt entsprechend;

S 2257a 4. Entschädigungen, Amtszulagen, Zuschüsse zu Kranken- und Pflegeversicherungsbeiträgen, Übergangsgelder, Überbrückungsgelder, Sterbegelder, Versorgungsabfindungen, Versorgungsbezüge, die auf Grund des Abgeordnetengesetzes oder des Europaabgeordnetengesetzes, sowie vergleichbare Bezüge, die auf Grund der entsprechenden Gesetze der Länder gezahlt werden. [2]Werden zur Abgeltung des durch das Mandat veranlassten Aufwandes Aufwandsentschädigungen gezahlt, so dürfen die durch das Mandat veranlassten Aufwendungen nicht als Werbungskosten abgezogen werden. [3]Wahlkampfkosten zur Erlangung eines Mandats im Bundestag, im Europäischen Parlament oder im Parlament eines Landes dürfen nicht als Werbungskosten abgezogen werden. [4]Es gelten entsprechend

a) für Nachversicherungsbeiträge auf Grund gesetzlicher Verpflichtung nach den Abgeordnetengesetzen im Sinne des Satzes 1 und für Zuschüsse zu Kranken- und Pflegeversicherungsbeiträgen § 3 Nr. 62,

b) für Versorgungsbezüge § 19 Abs. 2 nur bezüglich des Versorgungsfreibetrags; beim Zusammentreffen mit Versorgungsbezügen im Sinne des § 19 Abs. 2 Satz 2 bleibt jedoch insgesamt höchstens ein Betrag in Höhe des Versorgungsfreibetrags nach § 19 Abs. 2 Satz 3 im Veranlagungszeitraum steuerfrei,

S 2257b c) für das Übergangsgeld, das in einer Summe gezahlt wird, und für die Versorgungsabfin-
4) dung § 34 Abs. 1.

1) ***Nummern 1b und 1c wurde durch das JStG 2008 ab VZ 2008 eingefügt.***

2) Nummer 3 Satz 4 ist auch in den Fällen anzuwenden, in denen am 1. 1. 2007 die Feststellungsfrist noch nicht abgelaufen ist → § 52 Abs. 38 Satz 3 EStG.

3) ***Durch das JStG 2009 wurden die neuen Sätze 5 und 6 ab VZ 2009 angefügt.***

Anm.: Die neuen Sätze lauten:
Verluste aus Leistungen im Sinne des § 22 Nr. 3 in der bis zum 31. Dezember 2008 anzuwendenden Fassung können abweichend von Satz 3 auch mit Einkünften aus Kapitalvermögen im Sinne des § 20 Abs. 1 Nr. 11 ausgeglichen werden. Sie mindern abweichend von Satz 4 nach Maßgabe des § 10d auch die Einkünfte, die der Steuerpflichtige in den folgenden Veranlagungszeiträumen aus § 20 Abs. 1 Nr. 11 erzielt;

4) ***Durch das JStG 2009 wurde ein neuer Buchstabe d ab VZ 2009 angefügt.***

Anm.: Der neue Buchstabe d lautet:
d) für die Gemeinschaftssteuer, die auf die Entschädigungen, das Übergangsgeld, das Ruhegehalt und die Hinterbliebenenversorgung auf Grund des Abgeordnetenstatuts des Europäischen Parlaments von der Europäischen Union erhoben wird, § 34c Abs. 1; dabei sind die im ersten Halbsatz genannten Einkünfte für die entsprechende Anwendung des § 34c Abs. 1 wie ausländische Einkünfte und die Gemeinschaftssteuer wie eine der deutschen Einkommensteuer entsprechende ausländische Steuer zu behandeln;

5. **Leistungen aus Altersvorsorgeverträgen, Pensionsfonds, Pensionskassen und Direktversicherungen. [2]Soweit die Leistungen nicht auf Beiträgen, auf die § 3 Nr. 63, § 10a oder Abschnitt XI angewendet wurden, nicht auf Zulagen im Sinne des Abschnitts XI, *nicht auf Zahlungen im Sinne des § 92a Abs. 2 Satz 4 Nr. 1 und des § 92a Abs. 3 Satz 9 Nr. 2*, nicht auf steuerfreien Leistungen nach § 3 Nr. 66 und nicht auf Ansprüchen beruhen, die durch steuerfreie Zuwendungen nach § 3 Nr. 56 erworben wurden,** [1]
   a) **ist bei lebenslangen Renten sowie bei Berufsunfähigkeits-, Erwerbsminderungs- und Hinterbliebenenrenten Nummer 1 Satz 3 Buchstabe a entsprechend anzuwenden,**
   b) **ist bei Leistungen aus Versicherungsverträgen, Pensionsfonds, Pensionskassen und Direktversicherungen, die nicht solche nach Buchstabe a sind, § 20 Abs. 1 Nr. 6 in der jeweils für den Vertrag geltenden Fassung entsprechend anzuwenden,**
   c) **unterliegt bei anderen Leistungen der Unterschiedsbetrag zwischen der Leistung und der Summe der auf sie entrichteten Beiträge der Besteuerung; § 20 Abs. 1 Nr. 6 Satz 2 gilt entsprechend.**

   [3]In den Fällen des § 93 Abs. 1 Satz 1 und 2 gilt das ausgezahlte geförderte Altersvorsorgevermögen nach Abzug der Zulagen im Sinne des Abschnitts XI als Leistung im Sinne des Satzes 2. *[4]Als Leistung im Sinne des Satzes 1 gilt auch der Verminderungsbetrag nach § 92a Abs. 2 Satz 5 und der Auflösungsbetrag nach § 92a Abs. 3 Satz 5. [5]Der Auflösungsbetrag nach § 92a Abs. 2 Satz 6 wird zu 70 Prozent als Leistung nach Satz 1 erfasst. [6]Tritt nach dem Beginn der Auszahlungsphase der Fall des § 92a Abs. 3 Satz 1 ein, dann ist*
   a) innerhalb eines Zeitraums bis zum zehnten Jahr nach dem Beginn der Auszahlungsphase das Eineinhalbfache
   b) innerhalb eines Zeitraums zwischen dem zehnten und 20. Jahr nach dem Beginn der Auszahlungsphase das Einfache

   des nach Satz 5 noch nicht erfassten Auflösungsbetrags als Leistung nach Satz 1 zu erfassen; § 92a Abs. 3 Satz 9 gilt entsprechend mit der Maßgabe, dass als noch nicht zurückgeführter Betrag im Wohnförderkonto der noch nicht erfasste Auflösungsbetrag gilt.* [7]Bei erstmaligem Bezug von Leistungen, in den Fällen des § 93 Abs. 1 sowie bei Änderung der im Kalenderjahr auszuzahlenden Leistung hat der Anbieter (§ 80) nach Ablauf des Kalenderjahres dem Steuerpflichtigen nach amtlich vorgeschriebenem Vordruck den Betrag der im abgelaufenen Kalenderjahr zugeflossenen Leistungen im Sinne der Sätze 1 *bis 6* je gesondert mitzuteilen. *[8]In den Fällen des § 92a Abs. 2 Satz 10 erster Halbsatz erhält der Steuerpflichtige die Angaben nach Satz 7 von der zentralen Stelle (§ 81). [2]

---

§ 55 Ermittlung des Ertrags aus Leibrenten in besonderen Fällen

EStDV
S 2255

(1) Der Ertrag des Rentenrechts ist in den folgenden Fällen auf Grund der in § 22 Nr. 1 Satz 3 Buchstabe a Doppelbuchstabe bb des Gesetzes aufgeführten Tabelle zu ermitteln:

1. *bei Leibrenten, die vor dem 1. Januar 1955 zu laufen begonnen haben. [2]Dabei ist das vor dem 1. Januar 1955 vollendete Lebensjahr des Rentenberechtigten maßgebend;*
2. *bei Leibrenten, deren Dauer von der Lebenszeit einer anderen Person als des Rentenberechtigten abhängt. [2]Dabei ist das bei Beginn der Rente, im Fall der Nummer 1 das vor dem 1. Januar 1955 vollendete Lebensjahr dieser Person maßgebend;*
3. *bei Leibrenten, deren Dauer von der Lebenszeit mehrerer Personen abhängt. [2]Dabei ist das bei Beginn der Rente, im Fall der Nummer 1 das vor dem 1. Januar 1955 vollendete Lebensjahr der ältesten Person maßgebend, wenn das Rentenrecht mit dem Tod des zuerst Sterbenden erlischt, und das Lebensjahr der jüngsten Person, wenn das Rentenrecht mit dem Tod des zuletzt Sterbenden erlischt.*

(2) [1]Der Ertrag der Leibrenten, die auf eine bestimmte Zeit beschränkt sind (abgekürzte Leibrenten), ist nach der Lebenserwartung unter Berücksichtigung der zeitlichen Begrenzung zu ermitteln. [2]Der Ertragsanteil ist aus der nachstehenden Tabelle zu entnehmen. [3]Absatz 1 ist entsprechend anzuwenden.

---

1) ***Nummer 5 wurde durch das EigRentG (Inkrafttreten am 1. 8. 2008) geändert (Satz 2 geändert; Satz 4 neu gefasst; Sätze 5 und 6 eingefügt; Satz 7 geändert; Satz 8 angefügt).***
Anm.: Weitere Erläuterungen → H 92a (Wohnriester)

2) ***Durch das JStG 2009 wurde ein neuer Satz 9 ab VZ 2009 angefügt.***
Anm.: Der neue Satz 9 lautet:
Werden dem Steuerpflichtigen Abschluss- und Vertriebskosten eines Altersvorsorgevertrages erstattet, gilt der Erstattungsbetrag als Leistung im Sinne des Satzes 1.

Beschränkung der Laufzeit der Rente auf . . . Jahre ab Beginn des Rentenbezugs (ab 1. Januar 1955, falls die Rente vor diesem Zeitpunkt zu laufen begonnen hat)	*Der Ertragsanteil beträgt vorbehaltlich der Spalte 3 . . . v. H.*	*Der Ertragsanteil ist der Tabelle in § 22 Nr. 1 Satz 3 Buchstabe a Doppelbuchstabe bb des Gesetzes zu entnehmen, wenn der Rentenberechtigte zu Beginn des Rentenbezugs (vor dem 1. Januar 1955, falls die Rente vor diesem Zeitpunkt zu laufen begonnen hat) das . . . te Lebensjahr vollendet hatte*
1	2	3
1	0	entfällt
2	1	entfällt
3	2	97
4	4	92
5	5	88
6	7	83
7	8	81
8	9	80
9	10	78
10	12	75
11	13	74
12	14	72
13	15	71
14–15	16	69
16–17	18	67
18	19	65
19	20	64
20	21	63
21	22	62
22	23	60
23	24	59
24	25	58
25	26	57
26	27	55
27	28	54
28	29	53
29–30	30	51
31	31	50
32	32	49
33	33	48
34	34	46
35–36	35	45
37	36	43
38	37	42
39	38	41
40–41	39	39
42	40	38
43–44	41	36
45	42	35
46–47	43	33
48	44	32
49–50	45	30
51–52	46	28
53	47	27
54–55	48	25
56–57	49	23
58–59	50	21
60–61	51	19
62–63	52	17
64–65	53	15
66–67	54	13
68–69	55	11

Beschränkung der Laufzeit der Rente auf ... Jahre ab Beginn des Rentenbezugs (ab 1. Januar 1955, falls die Rente vor diesem Zeitpunkt zu laufen begonnen hat)	*Der Ertragsanteil beträgt vorbehaltlich der Spalte 3 ... v. H.*	*Der Ertragsanteil ist der Tabelle in § 22 Nr. 1 Satz 3 Buchstabe a Doppelbuchstabe bb des Gesetzes zu entnehmen, wenn der Rentenberechtigte zu Beginn des Rentenbezugs (vor dem 1. Januar 1955, falls die Rente vor diesem Zeitpunkt zu laufen begonnen hat) das ... te Lebensjahr vollendet hatte*
1	2	3
70–71	*56*	*9*
72–74	*57*	*6*
75–76	*58*	*4*
77–79	*59*	*2*
ab 80	*Der Ertragsanteil ist immer der Tabelle in § 22 Nr. 1 Satz 3 Buchstabe a Doppelbuchstabe bb des Gesetzes zu entnehmen.*	

22.1. Besteuerung von wiederkehrenden Bezügen mit Ausnahme der Leibrenten

R 22.1

(1) [1]Wiederkehrende Bezüge sind als sonstige Einkünfte nach § 22 Nr. 1 Satz 1 EStG zu erfassen, wenn sie nicht zu anderen Einkunftsarten gehören und soweit sie sich bei wirtschaftlicher Betrachtung nicht als Kapitalrückzahlungen, z. B. Kaufpreisraten, darstellen. [2]Wiederkehrende Bezüge setzen voraus, dass sie auf einem einheitlichen Entschluss oder einem einheitlichen Rechtsgrund beruhen und mit einer gewissen Regelmäßigkeit wiederkehren. [3]Sie brauchen jedoch nicht stets in derselben Höhe geleistet zu werden. [4]Deshalb können Studienzuschüsse, die für einige Jahre gewährt werden, wiederkehrende Bezüge sein; → R 22.2. S 2255

(2) [1]Wiederkehrende Zuschüsse und sonstige Vorteile sind entsprechend der Regelung in § 12 Nr. 2 EStG und § 22 Nr. 1 Satz 2 EStG entweder vom Geber oder vom Empfänger zu versteuern. [2]Soweit die Bezüge nicht auf Grund des § 3 EStG steuerfrei bleiben, sind sie vom Empfänger als wiederkehrende Bezüge zu versteuern, wenn sie der unbeschränkt steuerpflichtige Geber als Betriebsausgaben oder Werbungskosten abziehen kann.[1])

Hinweise

H 22.1

Realsplitting

Unterhaltsleistungen, die ein unbeschränkt Stpfl. von seinem nicht unbeschränkt steuerpflichtigen geschiedenen oder dauernd getrennt lebenden Ehegatten erhält, sind nicht steuerbar (→ BFH vom 31. 3. 2004 – BStBl II S. 1047).

Stiftung

→ H 20.2

Vermögensübertragung

Einkommensteuerrechtliche Behandlung von wiederkehrenden Bezügen im Zusammenhang mit der Übertragung von Privat- oder Betriebsvermögen → BMF vom 16. 9. 2004 (BStBl I S. 922). Anhang 8

Versorgungsausgleich

Zur Behandlung von Einnahmen im Rahmen des ehelichen Versorgungsausgleichs → BMF vom 20. 7. 1981 (BStBl I S. 567).

Wiederkehrende Bezüge

Wiederkehrende Bezüge sind:

– Schadensersatzrenten, die auf Grund des § 844 Abs. 2 BGB für den Verlust von Unterhaltsansprüchen gewährt werden (→ BFH vom 19. 10. 1978 – BStBl 1979 II S. 133 und BMF vom 8. 11. 1995 – BStBl I S. 705),

1) Anm.: → BFH vom 27. 11. 1959 (BStBl 1960 III S. 65).

Steuerbarkeit von Schadensersatzrenten BFH-Urteil vom 25. 10. 1994 (BStBl 1995 II S. 121)

BMF vom 8. 11. 1995 (BStBl I S. 705)

IV B 3 – S 2255–22/95

Nach dem o. a. BFH-Urteil unterliegen Schadensersatzrenten nur in den Fällen der Einkommensteuer, in denen Ersatz für andere, bereits steuerbare Einkünfte geleistet wird. Danach sind Schadensersatzrenten zum Ausgleich vermehrter Bedürfnisse nach § 843 Abs. 1 2. Alt. BGB, die bei Verletzung höchstpersönlicher Güter im Bereich der privaten Vermögenssphäre geleistet werden (sog. Mehrbedarfsrenten), weder als Leibrenten, noch als sonstige wiederkehrende Bezüge nach § 22 Nr. 1 EStG steuerbar, obwohl sie ihrer äußeren Form nach wiederkehrende Leistungen sind.

Unter Bezugnahme auf das Ergebnis der Erörterungen mit den obersten Finanzbehörden der Länder sind die Grundsätze des o. a. BFH-Urteils auch auf die Zahlung von Schmerzensgeldrenten nach § 847 BGB anzuwenden. Ebenso wie die Mehrbedarfsrente ist die Schmerzensgeldrente Ersatz für den durch die Verletzung höchstpersönlicher Güter eingetretenen Schaden. Der Geschädigte soll durch das Schmerzensgeld in die Lage versetzt werden, sich Erleichterungen und Annehmlichkeiten an Stelle derer zu verschaffen, deren Genuss ihm durch die Verletzung unmöglich gemacht wurde. Die Schmerzensgeldrente erhöht die wirtschaftliche Leistungsfähigkeit des Empfängers demnach ebensowenig wie die lediglich zum Ausgleich für verletzungsbedingt entstandene zusätzliche Bedürfnisse gezahlten Ersatzleistungen nach § 843 Abs. 1 2. Alt. BGB.

In den einzelnen Rentenleistungen einer Schmerzensgeldrente ist auch kein steuerpflichtiger Zinsanteil enthalten. Der Schmerzensgeldanspruch wird anders als der Anspruch auf Mehrbedarfsrente regelmäßig kapitalisiert. Wird die Schmerzensgeldleistung ausnahmsweise in Form einer Rente erbracht, sollen hierdurch insbesondere dauernde Nachteile ausgeglichen werden, deren zukünftige Entwicklung noch nicht absehbar ist. Treten künftig weitere, bisher noch nicht erkenn- und voraussehbare Leiden auf, ist eine Anpassung der Rente nach den konkreten Umständen des Einzelfalls möglich. Insoweit kann ebenso wie bei den Mehrbedarfsrenten i. S. d. § 843 BGB jede einzelne Zahlung als Schadensersatzleistung angesehen werden.

Dagegen ist an der Auffassung festzuhalten, dass Schadensersatzrenten, die auf der Rechtsgrundlage der §§ 844 Abs. 2, 845 BGB für den Verlust von Unterhaltsansprüchen oder von gesetzlich geschuldeten Diensten gezahlt werden, mit ihrem vollen Betrag nach § 22 Nr. 1 Satz 1 EStG zu besteuern sind (→ BFH-Urteil vom 10. 10. 1978, BStBl 1979 II S. 133). Schadensersatzleistungen nach §§ 844 Abs. 2, 845 BGB erhöhen die wirtschaftliche Leistungsfähigkeit des Empfängers, da sie ausschließlich dazu dienen, die durch das Schadensereignis entfallene wirtschaftliche Absicherung des Empfängers wiederherzustellen. Es bleibt in diesen Fällen bei dem für Unterhaltsrenten in § 22 Nr. 1 Satz 2 EStG bestimmten Korrespondenzprinzip, wonach wiederkehrende Bezüge beim Verpflichteten und beim Empfänger einheitlich zu beurteilen sind.

Diese Regelung ist in allen noch offenen Fällen anzuwenden.

- Zeitrenten, die unentgeltlich erworben sind (→ BFH vom 10. 10. 1963 – BStBl III S. 584 und vom 25. 11. 1980 – BStBl 1981 II S. 358),
- im Rahmen eines Versicherungsvertrages gegen Einmalzahlung an den Versicherungsnehmer neben Rentenzahlungen zusätzlich jährlich ausgekehrte Überschussanteile (→ FG Niedersachsen vom 16. 4. 1996 – EFG 1996 S. 978).

Wiederkehrende Bezüge sind nicht:

- Bezüge, die sich zwar wiederholen, bei denen aber die einzelne Leistung jeweils von einer neuen Entschlussfassung oder Vereinbarung abhängig ist (→ BFH vom 20. 7. 1971 – BStBl 1972 II S. 170),
- Schadensersatzrenten zum Ausgleich vermehrter Bedürfnisse; sog. Mehrbedarfsrenten nach § 843 Abs. 1, 2. Alternative BGB (→ BFH vom 25. 10. 1994 – BStBl 1995 II S. 121 und BMF vom 8. 11. 1995 – BStBl I S. 705),[1])
- Schmerzensgeldrenten nach § 847 BGB (→ BMF vom 8. 11. 1995 – BStBl I S. 705),[1])
- wiederkehrende Leistungen in schwankender Höhe, die ein pflichtteilsberechtigter Erbe aufgrund letztwilliger Verfügung des Erblassers vom Erben unter Anrechnung auf seinen Pflicht-

1) Anm.: Abdruck siehe oben.

teil für die Dauer von 15 Jahren erhält; sie sind mit ihrem Zinsanteil steuerbar (→ BFH vom 26. 11. 1992 – BStBl 1993 II S. 298),

- der Höhe nach begrenzte laufende Zahlungen an Stelle eines Einmalbetrages bei Verzicht des zur gesetzlichen Erbfolge Berufenen auf künftigen Erb- und Pflichtteil (→ BFH vom 20. 10. 1999 – BStBl 2000 II S. 82).

Vorweggenommene Erbfolge

- → BMF vom 16. 9. 2004 (BStBl I S. 922). Anhang 8
- Ein gesamtberechtigter Ehegatte versteuert ihm zufließende Altenteilsleistungen anlässlich einer vorweggenommenen Erbfolge im Regelfall auch dann nach § 22 Nr. 1 Satz 1 EStG, wenn er nicht Eigentümer des übergebenen Vermögens war. Der Abzugsbetrag nach § 24a EStG und der Pauschbetrag nach § 9a Satz 1 Nr. 3 EStG kann jedem Ehegatten gewährt werden, wenn er Einkünfte aus wiederkehrenden Bezügen hat (→ BFH vom 22. 9. 1993 – BStBl 1994 II S. 107).

22.2. Wiederkehrende Bezüge bei ausländischen Studenten und Schülern R 22.2

[1]Unterhalts-, Schul- und Studiengelder, die freiwillig oder auf Grund einer freiwillig begründeten Rechtspflicht oder an gesetzlich unterhaltsberechtigte Personen gewährt werden, unterliegen der Einkommensteuer, wenn der Geber nicht unbeschränkt steuerpflichtig ist (§ 22 Nr. 1 Satz 2 EStG). [2]Erhalten jedoch ausländische Studenten oder Schüler, die im Inland wohnen oder sich dort aufhalten und die eine deutsche Hochschule oder andere Lehranstalt besuchen, oder ausländische Praktikanten von ihren im Ausland ansässigen Angehörigen Unterhalts-, Schul- oder Studiengelder, sind diese Bezüge – soweit sie nicht bereits auf Grund eines DBA von der inländischen Besteuerung ausgenommen sind – aus Billigkeitsgründen nicht zur Einkommensteuer heranzuziehen, wenn die Empfänger nur zu Zwecken ihrer Ausbildung oder Fortbildung im Inland wohnen oder sich dort aufhalten und auf die Bezüge überwiegend angewiesen sind.

Hinweise H 22.2

Unterhaltszahlungen

Unterhaltszahlungen, die von einem beschränkt steuerpflichtigen Geber geleistet werden, sind auch dann Einkünfte aus wiederkehrenden Bezügen, wenn sie aus inländischen Einkünften geleistet werden (→ BFH vom 27. 9. 1973 – BStBl 1974 II S. 101).

22.3. Besteuerung von Leibrenten und anderen Leistungen i. S. d. § 22 Nr. 1 Satz 3 Buchstabe a Doppelbuchstabe aa EStG R 22.3

(1) [1]Eine Leibrente kann vorliegen, wenn die Bemessungsgrundlage für die Bezüge keinen oder nur unbedeutenden Schwankungen unterliegt. [2]Veränderungen in der absoluten Höhe, die sich deswegen ergeben, weil die Bezüge aus gleichmäßigen Sachleistungen bestehen, stehen der Annahme einer Leibrente nicht entgegen.

(2) [1]Ist die Höhe einer Rente von mehreren selbständigen Voraussetzungen abhängig, kann einkommensteuerrechtlich eine lebenslängliche Leibrente erst ab dem Zeitpunkt angenommen werden, in dem die Voraussetzung für eine fortlaufende Gewährung der Rente in gleichmäßiger Höhe bis zum Lebensende des Berechtigten erstmals vorliegt. [2]Wird die Rente schon vor diesem Zeitpunkt zeitlich begrenzt nach einer anderen Voraussetzung oder in geringerer Höhe voraussetzungslos gewährt, handelt es sich um eine abgekürzte Leibrente.

Hinweise H 22.3

Allgemeines

Der Besteuerung nach § 22 Nr. 1 Satz 3 Buchstabe a Doppelbuchstabe aa EStG unterliegen Leibrenten und andere Leistungen aus den gesetzlichen Rentenversicherungen, den landwirtschaftlichen Alterskassen, den berufsständischen Versorgungseinrichtungen und aus Rentenversicherungen i. S. d. § 10 Abs. 1 Nr. 2 Buchstabe b EStG. Für die Besteuerung ist eine Unterscheidung dieser Leistungen zwischen Leibrente, abgekürzter Leibrente und Einmalzahlungen nur bei

Anwendung der Öffnungsklausel von Bedeutung. Zu Einzelheiten zur Besteuerung → BMF vom 30. 1. 2008 (BStBl I S. 390), insbesondere Rz. 88 bis 132.

Begriff der Leibrente

- Der Begriff der Leibrente i. S. d. § 22 Nr. 1 Satz 3 Buchstabe a EStG ist ein vom bürgerlichen Recht (§§ 759 ff. BGB) abweichender steuerrechtlicher Begriff. Er setzt gleich bleibende Bezüge voraus, die für die Dauer der Lebenszeit einer Bezugsperson gezahlt werden. Sie sind insoweit steuerbar, als darin Einkünfte aus den Erträgen des Rentenrechts enthalten sind (→ BFH vom 15. 7. 1991 – BStBl 1992 II S. 78).

- Aus dem Erfordernis der Gleichmäßigkeit ergibt sich, dass eine Leibrente ferner nicht gegeben ist, wenn die Bezüge von einer wesentlich schwankenden Größe abhängen, z. B. vom Umsatz oder Gewinn eines Unternehmens; das gilt auch dann, wenn die Bezüge sich nach einem festen Prozentsatz oder einem bestimmten Verteilungsschlüssel bemessen (→ BFH vom 10. 10. 1963 – BStBl III S. 592, vom 27. 5. 1964 – BStBl III S. 475 und vom 25. 11. 1966 – BStBl 1967 III S. 178).
- Die Vereinbarung von Wertsicherungsklauseln oder so genannten Währungsklauseln, die nur der Anpassung der Kaufkraft an geänderte Verhältnisse dienen sollen, schließen die Annahme einer Leibrente nicht aus (→ BFH vom 2. 12. 1966 – BStBl 1967 III S. 179 und vom 11. 8. 1967 – BStBl III S. 699). Unter diesem Gesichtspunkt liegt eine Leibrente auch dann vor, wenn ihre Höhe jeweils von der für Sozialversicherungsrenten maßgebenden Bemessungsgrundlage abhängt (→ BFH vom 30. 11. 1967 – BStBl 1968 II S. 262). Ist auf die wertgesicherte Leibrente eine andere – wenn auch in unterschiedlicher Weise – wertgesicherte Leibrente anzurechnen, hat die Differenz zwischen beiden Renten ebenfalls Leibrentencharakter (→ BFH vom 5. 12. 1980 – BStBl 1981 II S. 265).

- Eine grundsätzlich auf Lebensdauer einer Person zu entrichtende Rente bleibt eine Leibrente auch dann, wenn sie unter bestimmten Voraussetzungen, z. B. Wiederverheiratung, früher endet (→ BFH vom 5. 12. 1980 – BStBl 1981 II S. 265).
- Durch die Einräumung eines lebenslänglichen Wohnrechts und die Versorgung mit elektrischem Strom und Heizung wird eine Leibrente nicht begründet (→ BFH vom 2. 12. 1966 – BStBl 1967 III S. 243 und vom 12. 9. 1969 – BStBl II S. 706).

Nachzahlung

Die Besteuerung von Rentennachzahlungen richtet sich nach der im Zuflusszeitpunkt (§ 11 Abs. 1 Satz 1 und 2 EStG) geltenden Fassung des § 22 Nr. 1 Satz 3 Buchst. a EStG. Dies bedeutet für Rentennachzahlungen aus der gesetzlichen Rentenversicherung, die ab 2005 erfolgen, die Besteuerung mit dem Besteuerungsanteil, auch wenn die Zahlungen für Zeiträume vor 2005 erfolgen.

→ OFD Frankfurt vom 4. 8. 2006 (DB 2006, S. 1925)

Öffnungsklausel

Soweit die Leistungen auf vor dem 1. 1. 2005 gezahlten Beiträgen oberhalb des Betrags des Höchstbeitrags zur gesetzlichen Rentenversicherung beruhen und der Höchstbeitrag bis zum 31. 12. 2004 in mindestens 10 Jahren überschritten wurde, unterliegt dieser Teil der Leistung auf Antrag auch weiterhin der Besteuerung mit dem Ertragsanteil. Nur in diesen Fällen ist es daher auch künftig von Bedeutung, ob es sich bei der Leistung um eine Leibrente (z. B. eine Altersrente), um eine abgekürzter Leibrente (z. B. eine Erwerbesminderungsrente oder eine kleine Witwenrente) oder um eine Einmalzahlung handelt. Für diesen Teil der Leistung ist R 22.4 zu beachten. Bei Witwen-/ Witwerrenten gilt insoweit R 167 Abs. 8 und 9 EStR 2003. Zu Einzelheiten zur Anwendung der Öffnungsklausel → BMF vom 30. 1. 2008 (BStBl I S. 390), Rz. 133–159.

Werbungskosten

Einkommensteuerrechtliche Behandlung von Beratungs-, Prozess- und ähnlichen Kosten im Zusammenhang mit Rentenansprüchen → BMF vom 20. 11. 1997 (BStBl 1998 I S. 126).

22.4. Besteuerung von Leibrenten i. S. d. § 22 Nr. 1 Satz 3 Buchstabe a Doppelbuchstabe bb EStG

R 22.4

Erhöhung der Rente

(1) [1]Bei einer Erhöhung der Rente ist, falls auch das Rentenrecht eine zusätzliche Werterhöhung erfährt, der Erhöhungsbetrag als selbständige Rente anzusehen, für die der Ertragsanteil vom Zeitpunkt der Erhöhung an gesondert zu ermitteln ist; dabei ist unerheblich, ob die Erhöhung von vornherein vereinbart war oder erst im Laufe des Rentenbezugs vereinbart wird. ***[2]Ist eine Erhöhung der Rentenzahlung durch eine Überschussbeteiligung von vornherein im Rentenrecht vorgesehen, sind die der Überschussbeteiligung dienenden Erhöhungsbeträge Erträge dieses Rentenrechts; es tritt insoweit keine Werterhöhung des Rentenrechts ein.*** [3]Eine neue Rente ist ***auch*** nicht anzunehmen, soweit die Erhöhung in zeitlichem Zusammenhang mit einer vorangegangenen Herabsetzung steht oder wenn die Rente lediglich den gestiegenen Lebenshaltungskosten angepasst wird (Wertsicherungsklausel).

Herabsetzung der Rente

(2) Wird die Rente herabgesetzt, sind die folgenden Fälle zu unterscheiden:

1. Wird von vornherein eine spätere Herabsetzung vereinbart, ist zunächst der Ertragsanteil des Grundbetrags der Rente zu ermitteln, d. h. des Betrags, auf den die Rente später ermäßigt wird. [2]Diesen Ertragsanteil muss der Berechtigte während der gesamten Laufzeit versteuern, da er den Grundbetrag bis zu seinem Tod erhält. [3]Außerdem hat er bis zum Zeitpunkt der Herabsetzung den Ertragsanteil des über den Grundbetrag hinausgehenden Rententeiles zu versteuern. [4]Dieser Teil der Rente ist eine abgekürzte Leibrente (§ 55 Abs. 2 EStDV), die längstens bis zum Zeitpunkt der Herabsetzung läuft.
2. Wird die Herabsetzung während des Rentenbezugs vereinbart und sofort wirksam, bleibt der Ertragsanteil unverändert.
3. Wird die Herabsetzung während des Rentenbezugs mit der Maßgabe vereinbart, dass sie erst zu einem späteren Zeitpunkt wirksam wird, bleibt der Ertragsanteil bis zum Zeitpunkt der Vereinbarung unverändert. [2]Von diesem Zeitpunkt an ist Nummer 1 entsprechend anzuwenden. [3]Dabei sind jedoch das zu Beginn des Rentenbezugs vollendete Lebensjahr des Rentenberechtigten und insoweit, als die Rente eine abgekürzte Leibrente (§ 55 Abs. 2 EStDV) ist, die beschränkte Laufzeit ab Beginn des Rentenbezugs zugrunde zu legen.

Besonderheit bei der Ermittlung des Ertragsanteiles

(3) Setzt der Beginn des Rentenbezugs die Vollendung eines bestimmten Lebensjahres der Person voraus, von deren Lebenszeit die Dauer der Rente abhängt, und wird die Rente schon vom Beginn des Monats an gewährt, in dem die Person das bestimmte Lebensjahr vollendet hat, ist dieses Lebensjahr bei der Ermittlung des Ertragsanteiles nach § 22 Nr. 1 Satz 3 Buchstabe a Doppelbuchstabe bb EStG zugrunde zu legen.

Abrundung der Laufzeit abgekürzter Leibrenten

(4) Bemisst sich bei einer abgekürzten Leibrente die beschränkte Laufzeit nicht auf volle Jahre, ist bei Anwendung der in § 55 Abs. 2 EStDV aufgeführten Tabelle die Laufzeit aus Vereinfachungsgründen auf volle Jahre abzurunden.

Besonderheiten bei Renten wegen teilweiser oder voller Erwerbsminderung

(5) [1]Bei Renten wegen verminderter Erwerbsfähigkeit handelt es sich regelmäßig um abgekürzte Leibrenten. [2]Für die Bemessung der Laufzeit kommt es auf die vertraglichen Vereinbarungen oder die gesetzlichen Regelungen an. [3]Ist danach der Wegfall oder die Umwandlung in eine Altersrente nicht bei Erreichen eines bestimmten Alters vorgesehen, sondern von anderen Umständen – z. B. Bezug von Altersrente aus der gesetzlichen Rentenversicherung – abhängig, ist grundsätzlich davon auszugehen, dass der Wegfall oder die Umwandlung in die Altersrente mit Vollendung des 65. Lebensjahres erfolgt. [4]Legt der Bezieher einer Rente wegen verminderter Erwerbsfähigkeit jedoch schlüssig dar, dass der Wegfall oder die Umwandlung vor der Vollendung des 65. Lebensjahres erfolgen wird, ist auf Antrag auf den früheren Umwandlungszeitpunkt abzustellen; einer nach § 165 AO vorläufigen Steuerfestsetzung bedarf es insoweit nicht. [5]Entfällt eine Rente wegen verminderter Erwerbsfähigkeit vor Vollendung des 65. Lebensjahres oder wird sie vor diesem Zeitpunkt in eine vorzeitige Altersrente umgewandelt, ist die Laufzeit bis zum Wegfall oder zum Umwandlungszeitpunkt maßgebend.

Besonderheiten bei Witwen-/Witwerrenten

(6) R 167 Abs. 8 und 9 EStR 2003 gilt bei Anwendung des § 22 Nr. 1 Satz 3 Buchstabe a Doppelbuchstabe bb Satz 2 EStG entsprechend.

Begriff der Leibrente

(7) R 22.3 gilt sinngemäß.

H 22.4

Hinweise

Beginn der Rente

Unter Beginn der Rente (Kopfleiste der in § 22 Nr. 1 Satz 3 Buchstabe a Doppelbuchstabe bb EStG aufgeführten Tabelle) ist bei Renten auf Grund von privater Versicherungsverträgen der Zeitpunkt zu verstehen, ab dem von dem an versicherungsrechtlich die Rente zu laufen beginnt; auch bei Rentennachzahlungen ist unter „Beginn der Rente" der Zeitpunkt zu verstehen, in dem der Rentenanspruch entstanden ist. Auf den Zeitpunkt des Rentenantrags oder der Zahlung kommt es nicht an (→ BFH vom 6. 4. 1976 – BStBl II S. 452). Die Verjährung einzelner Rentenansprüche hat auf den „Beginn der Rente" keinen Einfluss (→ BFH vom 30. 9. 1980 – BStBl 1981 II S. 155).

Begriff der Leibrente

→ H 22.3

Bezüge aus einer ehemaligen Tätigkeit

- Bezüge, die nach § 24 Nr. 2 EStG zu den Gewinneinkünften rechnen oder die Arbeitslohn sind, sind nicht Leibrenten i. S. d. § 22 Nr. 1 Satz 3 Buchstabe a EStG; hierzu gehören z. B. betriebliche Versorgungsrenten aus einer ehemaligen Tätigkeit im Sinne des § 24 Nr. 2 EStG (→ BFH vom 10. 10. 1963 – BStBl III S. 592).
- Zur Abgrenzung bei Ruhegehaltszahlungen an ehemalige NATO-Bedienstete → BFH vom 22. 11. 2006 (BStBl 2007 II S. 402)

Ertragsanteil einer Leibrente

Beispiel:

Einem Ehepaar wird gemeinsam eine lebenslängliche Rente von 24 000 € jährlich mit der Maßgabe gewährt, dass sie beim Ableben des zuerst Sterbenden auf 15 000 € jährlich ermäßigt wird. Der Ehemann ist zu Beginn des Rentenbezugs 55, die Ehefrau 50 Jahre alt.

Es sind zu versteuern

a) bis zum Tod des zuletzt Sterbenden der Ertragsanteil des Sockelbetrags von 15 000 €. Dabei ist nach § 55 Abs. 1 Nr. 3 EStDV das Lebensalter der jüngsten Person, mithin der Ehefrau, zu Grunde zu legen. Der Ertragsanteil beträgt

   30 % von 15 000 € = 4 500 € (§ 22 Nr. 1 Satz 3 Buchstabe a Doppelbuchstabe bb EStG);

b) außerdem bis zum Tod des zuerst Sterbenden der Ertragsanteil des über den Sockelbetrag hinausgehenden Rententeils von 9 000 €. Dabei ist nach § 55 Abs. 1 Nr. 3 EStDV das Lebensalter der ältesten Person, mithin des Ehemanns, zu Grunde zu legen. Der Ertragsanteil beträgt

   26 % von 9 000 € = 2 340 € (§ 22 Nr. 1 Satz 3 Buchstabe a Doppelbuchstabe bb EStG).

Der jährliche Ertragsanteil beläuft sich somit auf (4 500 € + 2 340 € =) 6 840 €.

Bei der Ermittlung des Ertragsanteils einer lebenslänglichen Leibrente ist – vorbehaltlich des § 55 Abs. 1 Nr. 1 EStDV – von dem bei Beginn der Rente vollendeten Lebensjahr auszugehen (Kopfleiste der in § 22 Nr. 1 Satz 3 Buchstabe a Doppelbuchstabe bb EStG aufgeführten Tabelle).

Ist die Dauer einer Leibrente von der Lebenszeit mehrerer Personen abhängig, ist der Ertragsanteil nach § 55 Abs. 1 Nr. 3 EStDV zu ermitteln. Das gilt auch, wenn die Rente mehreren Personen, z. B. Ehegatten, gemeinsam mit der Maßgabe zusteht, dass sie beim Ableben des zuerst Sterbenden herabgesetzt wird. In diesem Fall ist bei der Ermittlung des Grundbetrags der Rente, d. h. des Betrags, auf den sie später ermäßigt wird, das Lebensjahr der jüngsten Person zugrunde zu legen. Für den Ertragsanteil des über den Grundbetrag hinausgehenden Rententeils ist das Lebensjahr der ältesten Person maßgebend.

Steht die Rente nur einer Person zu, z. B. dem Ehemann, und erhält eine andere Person, z. B. die Ehefrau, nur für den Fall eine Rente, dass sie die erste Person überlebt, so liegen zwei Renten vor, von denen die letzte aufschiebend bedingt ist. Der Ertragsanteil für diese Rente ist erst von dem Zeitpunkt an zu versteuern, in dem die Bedingung eintritt.

Fremdfinanzierte Rentenversicherung gegen Einmalbeitrag

- Zur Überschussprognose einer fremdfinanzierten Rentenversicherung gegen Einmalbeitrag → BFH vom 15. 12. 1999 (BStBl 2000 II S. 267), vom 16. 9. 2004 (BStBl 2006 II S. 228 und S. 234), vom 17. 8. 2005 (BStBl 2006 II S. 248), vom 20. 6. 2006 (BStBl II S. 870) und vom 22. 11. 2006 (BStBl 2007 II S. 390).
- Zur Höhe der auf die Kreditvermittlung entfallenden Provision → BFH vom 30. 10. 2001 (BStBl 2006 II S. 223) und vom 16. 9. 2004 (BStBl 2006 II S. 238).

Anm.: Zu Vermittlungsgebühren → auch OFD Münster 26. 4. 2007, S 2255 (DB 2007, S. 1716):
Da auch die übrigen Verfahren (VIII R 108/03, X R 13/04, X R 34/04, VIII B 8/03 und X R 11/04) erledigt sind, kann die Bearbeitung der bisher ruhenden Rechtsbehelfsverfahren wieder aufgenommen werden. Ich bitte weiterhin den als Werbungskosten abzugsfähigen Anteil der Vermittlungsgebühren regelmäßig auf 2 % des Darlehensbetrages zu beschränken.

Herabsetzung der Rente

Beispiele:

1. Die spätere Herabsetzung wird von vornherein vereinbart.

   A gewährt dem B eine lebenslängliche Rente von 8 000 € jährlich mit der Maßgabe, dass sie nach Ablauf von acht Jahren auf 5 000 € jährlich ermäßigt wird. B ist zu Beginn des Rentenbezugs 50 Jahre alt.

   B hat zu versteuern

   a) während der gesamten Dauer des Rentenbezugs – nach Abzug von Werbungskosten – den Ertragsanteil des Grundbetrags. Der Ertragsanteil beträgt nach der in § 22 Nr. 1 Satz 3 Buchstabe a Doppelbuchstabe bb EStG aufgeführten Tabelle 30 % von 5 000 € = 1 500 €;

   b) außerdem in den ersten acht Jahren den Ertragsanteil des über den Grundbetrag hinausgehenden Rententeils von 3 000 €. Dieser Teil der Rente ist eine abgekürzte Leibrente mit einer beschränkten Laufzeit von acht Jahren; der Ertragsanteil beträgt nach der in § 55 Abs. 2 EStDV aufgeführten Tabelle 9 % von 3 000 € = 270 €.

   Der jährliche Ertragsanteil beläuft sich somit für die ersten acht Jahre ab Rentenbeginn auf (1 500 € + 270 € =) 1 770 €.

2. Die spätere Herabsetzung wird erst während des Rentenbezugs vereinbart.

   A gewährt dem B ab 1. 1. 04 eine lebenslängliche Rente von jährlich 9 000 €. Am 1. 1. 06 wird vereinbart, dass die Rente vom 1. 1. 10 an auf jährlich 6 000 € herabgesetzt wird. B ist zu Beginn des Rentenbezugs 50 Jahre alt. Im VZ 05 beträgt der Ertragsanteil 30 % von 9 000 € = 2 700 € (§ 22 Nr. 1 Satz 3 Buchstabe a Doppelbuchstabe bb EStG).

   Ab 1. 1. 06 hat B zu versteuern

   a) während der gesamten weiteren Laufzeit des Rentenbezugs den Ertragsanteil des Sockelbetrags der Rente von 6 000 €. Der Ertragsanteil beträgt unter Zugrundelegung des Lebensalters zu Beginn des Rentenbezugs nach der in § 22 Nr. 1 Satz 3 Buchstabe a Doppelbuchstabe bb EStG aufgeführten Tabelle ab VZ 06: 30 % von 6 000 € = 1 800 €;

   b) außerdem bis zum 31. 12. 09 den Ertragsanteil des über den Sockelbetrag hinausgehenden Rententeils von 3 000 €. Dieser Teil der Rente ist eine abgekürzte Leibrente mit einer beschränkten Laufzeit von sechs Jahren; der Ertragsanteil beträgt nach der in § 55 Abs. 2 EStDV aufgeführten Tabelle 7 % von 3 000 € = 210 €.

   Der jährliche Ertragsanteil beläuft sich somit für die VZ 06 bis 09 auf (1 800 € + 210 € =) 2 010 €.

Kapitalabfindung

Wird eine Leibrente durch eine Kapitalabfindung abgelöst, unterliegt diese nicht der Besteuerung nach § 22 Nr. 1 Satz 3 Buchstabe a Doppelbuchstabe bb EStG (→ BFH vom 23. 4. 1958 – BStBl III S. 277).

Leibrente, abgekürzt

- Abgekürzte Leibrenten sind Leibrenten, die auf eine bestimmte Zeit beschränkt sind und deren Ertragsanteil nach § 55 Abs. 2 EStDV bestimmt wird. Ist das Rentenrecht ohne Gegenleistung begründet worden (z. B. bei Vermächtnisrenten, nicht aber bei Waisenrenten aus Versicherungen), muss – vorbehaltlich R 22.4 Abs. 1 – die zeitliche Befristung, vom Beginn der Rente an gerechnet, regelmäßig einen Zeitraum von mindestens zehn Jahren umfassen; siehe aber auch → Renten wegen verminderter Erwerbsfähigkeit. Hierzu und hinsichtlich des Unterschieds von Zeitrenten und abgekürzten Leibrenten → BFH vom 7. 8. 1959 (BStBl III S. 463).
- Abgekürzte Leibrenten erlöschen, wenn die Person, von deren Lebenszeit sie abhängen, vor Ablauf der zeitlichen Begrenzung stirbt. Überlebt die Person die zeitliche Begrenzung, so endet die abgekürzte Leibrente mit ihrem Zeitablauf.

NATO-Bedienstete

Ruhegehaltszahlungen an ehemalige NATO-Bedienstete sind grundsätzlich Einkünfte aus nichtselbständiger Arbeit (→ BMF vom 3. 8. 1998 – BStBl I S. 1042 und → BFH vom 22. 11. 2006 – BStBl 2007 II S. 402).

Renten wegen verminderter Erwerbsfähigkeit

Bei Renten wegen teilweiser oder voller Erwerbsminderung, wegen Berufs- oder Erwerbsunfähigkeit handelt es sich stets um abgekürzte Leibrenten. Der Ertragsanteil bemisst sich grundsätzlich nach der Zeitspanne zwischen dem Eintritt des Versicherungsfalles (Begründung der Erwerbsminderung) und dem voraussichtlichen Leistungsende (z. B. Erreichen einer Altersgrenze oder Beginn der Altersrente bei einer kombinierten Rentenversicherung). Steht der Anspruch auf Rentengewährung unter der auflösenden Bedingung des Wegfalls der Erwerbsminderung und lässt der Versicherer das Fortbestehen der Erwerbsminderung in mehr oder minder regelmäßigen Abständen prüfen, wird hierdurch die zu berücksichtigende voraussichtliche Laufzeit nicht berührt. Wird eine Rente wegen desselben Versicherungsfalles mehrfach hintereinander auf Zeit bewilligt und schließen sich die Bezugszeiten unmittelbar aneinander an, so liegt eine einzige abgekürzte Leibrente vor, deren voraussichtliche Laufzeit unter Berücksichtigung der jeweiligen Verlängerung und des ursprünglichen Beginns für jeden VZ neu zu bestimmen ist (→ BFH vom 22. 1. 1991 – BStBl II S. 686).

Überschussbeteiligung

Wird neben der garantierten Rente aus einer Rentenversicherung eine Überschussbeteiligung geleistet, ist der Überschussanteil zusammen mit der garantierten Rente als einheitlicher Rentenbezug zu beurteilen (→ BMF vom 26. 11. 1998 – BStBl I S. 1508 und vom 22. 12. 2005 – BStBl 2006 I S. 92).

Vermögensübertragung

Auch unentgeltlich erworbene Leibrenten fallen unter § 22 Nr. 1 Satz 3 Buchstabe a Doppelbuchstabe bb EStG. Das gilt dann, wenn der Empfänger sie aus Anlass des unentgeltlichen Übergangs eines gewerblichen Betriebs erworben hat, da diese Bezüge ebenfalls Renten im Sinne des § 22 Nr. 1 Satz 3 Buchstabe a Doppelbuchstabe bb EStG sind (→ BFH vom 30. 11. 1967 – BStBl 1968 II S. 263).Zur einkommensteuerrechtlichen Behandlung von wiederkehrenden Bezügen im Zusam-
Anhang 8 menhang mit der Übertragung von Privat- oder Betriebsvermögen → BMF vom 16. 9. 2004 (BStBl I S. 922).

Versorgungs- und Versicherungsrenten aus einer Zusatzversorgung

Von der Versorgungsanstalt des Bundes und der Länder (VBL) und vergleichbaren Zusatzversorgungseinrichtungen geleistete Versorgungs- und Versicherungsrenten für Versicherte und Hinterbliebene stellen grundsätzlich lebenslängliche Leibrenten dar. Werden sie neben einer Rente wegen verminderter Erwerbsfähigkeit aus der gesetzlichen Rentenversicherung gezahlt, sind sie als abgekürzte Leibrenten zu behandeln (→ BFH vom 4. 10. 1990 – BStBl 1991 II S. 89). Soweit die Leistungen auf gefördertem Kapital i. S. d. § 22 Nr. 5 Satz 1 EStG beruhen, unterliegen sie der vollständig nachgelagerten Besteuerung (→ BMF vom ***5. 2. 2008 – BStBl I S. 420***).

Werbungskosten

→ H 22.3

Wertsicherungsklausel

→ H 22.3 (Begriff der Leibrente)

Zeitrente

→ ***H 22.3 (Wiederkehrende Bezüge)***

Zinsen auf Rentennachzahlung

Von der Bundesversicherungsanstalt für Angestellte im Zusammenhang mit Rentennachzahlungen gezahlte Zinsen gem. § 44 Abs. 1 SGB I unterliegen der Steuerpflicht nach § 20 Abs. 1 Nr. 7 EStG. Dass mit der Zinszahlung Nachteile ausgeglichen werden sollen, die der Berechtigte durch die verspätete Zahlung der Sozialleistungen erleidet, steht dem nicht entgegen (→ BFH vom 13. 11. 2007 – BStBl 2008 II S. 292).

22.5. Renten nach § 2 Abs. 2 der 32. DV zum Umstellungsgesetz (UGDV) R 22.5

Beträge, die nach § 2 Abs. 2 der 32. UGDV[1]) i. V. m. § 1 der Anordnung der Versicherungsaufsichtsbehörden über die Zahlung von Todesfall- und Invaliditätsversicherungssummen vom 15. 11. 1949[2]) unter der Bezeichnung „Renten" gezahlt werden, gehören nicht zu den wiederkehrenden Bezügen i. S. d. § 22 Nr. 1 EStG und sind deshalb nicht einkommensteuerpflichtig.

22.6. Versorgungsleistungen R 22.6

– unbesetzt –

22.7. Leistungen auf Grund eines schuldrechtlichen Versorgungsausgleichs R 22.7

– unbesetzt –

22.8. Besteuerung von Leistungen i. S. d. § 22 Nr. 3 EStG R 22.8

Haben beide zusammenveranlagten Ehegatten Einkünfte i. S. d. § 22 Nr. 3 EStG bezogen, ist bei jedem Ehegatten die in dieser Vorschrift bezeichnete Freigrenze – höchstens jedoch bis zur Höhe seiner Einkünfte i. S. d. § 22 Nr. 3 EStG – zu berücksichtigen.

Hinweise H 22.8

Allgemeines

Leistung i. S. d. § 22 Nr. 3 EStG ist jedes Tun, Dulden oder Unterlassen, das Gegenstand eines entgeltlichen Vertrags sein kann und das eine Gegenleistung auslöst (→ BFH vom 21. 9. 2004 – BStBl 2005 II S. 44 ***und vom 8. 5. 2008 – BStBl II S. 868***), sofern es sich nicht um Veräußerungsvorgänge oder veräußerungsähnliche Vorgänge im privaten Bereich handelt, bei denen ein Entgelt dafür erbracht wird, dass ein Vermögenswert in seiner Substanz endgültig aufgegeben wird (→ BFH vom 28. 11. 1984 – BStBl 1985 II S. 264 und vom 10. 9. 2003 – BStBl 2004 II S. 218).

Für das Vorliegen einer Leistung i. S. d. § 22 Nr. 3 EStG kommt es entscheidend darauf an, ob die Gegenleistung (das Entgelt) durch das Verhalten des Stpfl. ausgelöst wird. Allerdings setzt § 22 Nr. 3 EStG wie die übrigen Einkunftsarten die allgemeinen Merkmale der Einkünfteerzielung voraus. Der Leistende muss aber nicht bereits beim Erbringen seiner Leistung eine Gegenleistung erwarten. Für die Steuerbarkeit ist ausreichend, dass er eine im wirtschaftlichen Zusammenhang mit seinem Tun, Dulden oder Unterlassen gewährte Gegenleistung als solche annimmt (→ BFH vom 21. 9. 2004 – BStBl 2005 II S. 44).

1) StuZBl 1949 S. 327.
2) Veröffentlichungen des Zonenamtes des Reichsaufsichtsamtes für das Versicherungswesen in Abw. 1949 S. 118.

Einnahmen aus Leistungen i. S. d. § 22 Nr. 3 EStG sind:

- Bindungsentgelt (Stillhalterprämie), das beim Wertpapieroptionsgeschäft dem Optionsgeber gezahlt wird (→ BFH vom 17. 4. 2007 – BStBl II S. 608),
- Einmalige Bürgschaftsprovision (→ BFH vom 22. 1. 1965 – BStBl III S. 313),
- Entgelt für ein freiwilliges Einsammeln und Verwerten leerer Flaschen (→ BFH vom 6. 6. 1973 – BStBl II S. 727),
- Entgelt für eine Beschränkung der Grundstücksnutzung (→ BFH vom 9. 4. 1965 – BStBl III S. 361 und vom 26. 8. 1975 – BStBl 1976 II S. 62),
- Entgelt für die Einräumung eines Vorkaufsrechts (→ BFH vom 30. 8. 1966 – BStBl 1967 III S. 69 und vom 10. 12. 1985 – BStBl 1986 II S. 340); bei späterer Anrechnung des Entgelts auf den Kaufpreis entfällt der Tatbestand des § 22 Nr. 3 EStG rückwirkend nach § 175 Abs. 1 Satz 1 Nr. 2 AO (→ BFH vom 10. 8. 1994 – BStBl 1995 II S. 57),
- Entgelt für den Verzicht auf Einhaltung des gesetzlich vorgeschriebenen Grenzabstands eines auf dem Nachbargrundstück errichteten Gebäudes (→ BFH vom 5. 8. 1976 – BStBl 1977 II S. 26),
- Entgelt für die Abgabe eines zeitlich befristeten Kaufangebots über ein Grundstück (→ BFH vom 26. 4. 1977 – BStBl II S. 631),
- Entgelt für den Verzicht des Inhabers eines eingetragenen Warenzeichens auf seine Abwehrrechte (→ BFH vom 25. 9. 1979 – BStBl 1980 II S. 114),
- Entgelt für ein vertraglich vereinbartes umfassendes Wettbewerbsverbot (→ BFH vom 12. 6. 1996 – BStBl II S. 516 und vom 23. 2. 1999 – BStBl II S. 590),
- Entgelt für eine Vereinbarung, das Bauvorhaben des Zahlenden zu dulden (→ BFH vom 26. 10. 1982 – BStBl 1983 II S. 404),
- Entgelt für die regelmäßige Mitnahme eines Arbeitskollegen auf der Fahrt zwischen Wohnung und Arbeitsstätte (→ BFH vom 15. 3. 1994 – BStBl II S. 516),
- Honorare eines Probanden für wissenschaftliche Untersuchungen (→ FG Rheinland-Pfalz vom 19. 3. 1996 – EFG 1996 S. 979),
- Vergütungen für die Rücknahme des Widerspruchs gegen den Bau und Betrieb eines Kraftwerks (→ BFH vom 12. 11. 1985 – BStBl 1986 II S. 890),
- Entgelt für die Duldung der Nutzung von Teileigentum zum Betrieb eines Spielsalons an einen benachbarten Wohnungseigentümer (→ BFH vom 21. 11. 1997 – BStBl 1998 II S. 133),
- Eigenprovisionen, wenn sie aus einmaligem Anlass und für die Vermittlung von Eigenverträgen gezahlt werden (→ BFH vom 27. 5. 1998 – BStBl II S. 619),
- Entgelt für die zeitweise Vermietung eines Wohnmobils an wechselnde Mieter (→ BFH vom 12. 11. 1997 – BStBl 1998 II S. 774); zur gewerblichen Wohnmobilvermietung → H 15.7 (3) Wohnmobil,
- Bestechungsgelder, die einem Arbeitnehmer von Dritten gezahlt worden sind (→ BFH vom 26. 1. 2000 – BStBl II S. 396),
- Provision für die Bereitschaft, mit seinen Beziehungen einem Dritten bei einer geschäftlichen Transaktion behilflich zu sein (→ BFH vom 20. 4. 2004 – BStBl II S. 1072),
- Belohnung für einen „werthaltigen Tipp" (Hinweis auf die Möglichkeit einer Rechtsposition) durch Beteiligung am Erfolg bei Verwirklichung (→ BFH vom 26. 10. 2004 – BStBl 2005 II S. 167),
- ***Fernseh-Preisgelder, wenn der Auftritt des Kandidaten und das gewonnene Preisgeld in einem gegenseitigen Leistungsverhältnis stehen (→ BMF vom 30. 5. 2008 – BStBl I S. 645).***
- ***Nachträglich wegen fehlgeschlagener Hofübergabe geltend gemachte Vergütungen für geleistete Dienste (→ BFH vom 8. 5. 2008 – BStBl II S. 868).***

Keine Einnahmen aus Leistungen i. S. d. § 22 Nr. 3 EStG sind:

- Abfindungen an den Mieter einer Wohnung, soweit er sie für vermögenswerte Einschränkungen seiner Mietposition erhält (→ BFH vom 5. 8. 1976 – BStBl 1977 II S. 27),
- Entgeltliche Abtretungen von Rückkaufsrechten an Grundstücken (→ BFH vom 14. 11. 1978 – BStBl 1979 II S. 298),
- Entschädigung für eine faktische Bausperre (→ BFH vom 12. 9. 1985 – BStBl 1986 II S. 252),
- Gewinne aus Errichtung und Veräußerung von Kaufeigenheimen, auch wenn die Eigenheime bereits vor Errichtung verkauft worden sind (→ BFH vom 1. 12. 1989 – BStBl 1990 II S. 1054),
- Streikunterstützungen (→ BFH vom 24. 10. 1990 – BStBl 1991 II S. 337),

- Verzicht auf ein testamentarisch vermachtes obligatorisches Wohnrecht gegen Entgelt im privaten Bereich (→ BFH vom 9. 8. 1990 – BStBl II S. 1026),
- Vereinbarung wertmindernder Beschränkung des Grundstückseigentums gegen Entgelt zur Vermeidung eines ansonsten zulässigen Enteignungsverfahrens (→ BFH vom 17. 5. 1995 – BStBl II S. 640),
- Zahlungen von einem pflegebedürftigen Angehörigen für seine Pflege im Rahmen des familiären Zusammenlebens (→ BFH vom 14. 9. 1999 – BStBl II S. 776),
- Entgelte aus der Vermietung eines in die Luftfahrzeugrolle eingetragenen Flugzeugs (→ BFH vom 2. 5. 2000 – BStBl II S. 467); → H 15.7 (3) Flugzeug,
- Entgelte aus Telefonsex (→ BFH vom 23. 2. 2000 – BStBl II S. 610); → H 15.4 (Sittenwidrige Betätigung).
- Entgelte für den Verzicht auf ein dingliches Recht (Aufhebung einer eingetragenen Dienstbarkeit alten Rechts) eines Grundstückseigentümers am Nachbargrundstück (→ BFH vom 19. 12. 2000 – BStBl 2001 II S. 391),
- Erlöse aus der Veräußerung einer Zufallserfindung (→ BFH vom 10. 9. 2003 – BStBl 2004 II S. 218),
- Entgelte für die Inanspruchnahme eines Grundstücks im Zuge baulicher Maßnahmen auf dem Nachbargrundstück (→ BFH vom 2. 3. 2004 – BStBl II S. 507); → aber H 21.2 (Einnahmen),
- An den Versicherungsnehmer weitergeleitete Versicherungsprovisionen des Versicherungsvertreters (→ BFH vom 2. 3. 2004 – BStBl II S. 506),
- Entgelte für Verzicht auf Nachbarrechte im Zusammenhang mit der Veräußerung des betreffenden Grundstücks (→ BFH vom 18. 5. 2004 – BStBl II S. 874),
- Provision an den Erwerber eines Grundstücks, wenn der Provision keine eigene Leistung des Erwerbers gegenüber steht (→ BFH vom 16. 3. 2004 – BStBl II S. 1046),
- Reugeld wegen Rücktritts vom Kaufvertrag z. B. über ein Grundstück des Privatvermögens (→ BFH vom 24. 8. 2006 – BStBl 2007 II S. 44).
- Entgelt für Zustimmung des Gesellschafters einer GbR zur Veräußerung des Grundstücks der GbR (→ BFH vom 22. 4. 2008 – IX R 19/07 [Internet-Seite des BFH])

Optionskombinationen

Bei einer Optionskombination ist jedes Optionsgeschäft für sich zu beurteilen.

- Aufwendungen für ein fehlgeschlagenes Optionsgeschäft können nicht als Werbungskosten von den Einnahmen aus einem anderen Optionsgeschäft abgezogen werden (→ BFH vom 28. 11. 1990 – BStBl 1991 II S. 300 und BMF vom 27. 11. 2001 – BStBl 2002 I S. 986)***, Rz. 9 und Rz. 28***.
- Erwirbt jemand an der EUREX (früher: Deutsche Terminbörse) Optionsrechte und stellt er sie innerhalb der Veräußerungsfrist durch ein Gegengeschäft glatt, verwirklicht er in Höhe der Differenz zwischen der bei Abschluss des Eröffnungsgeschäfts gezahlten und der bei Abschluss des Gegengeschäfts vereinnahmten Optionsprämien den Steuertatbestand des § 23 Abs. 1 Satz 1 Nr. 2 EStG (→ BFH vom 29. 6. 2004 – BStBl II S. 995).

Rückzahlung von Einnahmen

Die Rückzahlung von Einnahmen i. S. d. § 22 Nr. 3 EStG in einem späteren VZ ist im Abflusszeitpunkt in voller Höhe steuermindernd zu berücksichtigen. Das Verlustausgleichsverbot und Verlustabzugsverbot des § 22 Nr. 3 Satz 3 EStG steht nicht entgegen (→ BFH vom 26. 1. 2000 – BStBl II S. 396).

Verlustvor- und -rücktrag

Zur Anwendung des § 10d EStG im Rahmen des § 22 Nr. 3 EStG → BMF vom 29. 11. 2004 (BStBl I S. 1097).

Werbungskosten

Der vom Stillhalter einer Kaufoption auf den DAX an den Optionsberechtigten gezahlte Barausgleich (cash-settlement) ist nicht als Werbungskosten bei den Einkünften gem. § 22 Nr. 3 EStG abziehbar (→ BFH vom 13. 2. 2008 – BStBl II S. 522).

Zeitpunkt des Werbungskostenabzugs

Werbungskosten sind bei den Einkünften aus einmaligen (sonstigen) Leistungen auch dann im Jahre des Zuflusses der Einnahme abziehbar, wenn sie vor diesem Jahr angefallen sind oder nach diesem Jahr mit Sicherheit anfallen werden. Entstehen künftig Werbungskosten, die im Zuflussjahr noch nicht sicher vorhersehbar waren, ist die Veranlagung des Zuflussjahres gemäß § 175 Abs. 1 Satz 1 Nr. 2 AO zu ändern (→ BFH vom 3. 6. 1992 – BStBl II S. 1017).

R 22.9

22.9. Besteuerung von Bezügen i. S. d. § 22 Nr. 4 EStG

S 2257a

[1]§ 22 Nr. 4 EStG umfasst nur solche Leistungen, die auf Grund des Abgeordnetengesetzes, des Europaabgeordnetengesetzes oder der entsprechenden Gesetze der Länder gewährt werden. [2]Leistungen, die außerhalb dieser Gesetze erbracht werden, z. B. Zahlungen der Fraktionen, unterliegen hingegen den allgemeinen Grundsätzen steuerlicher Beurteilung. [3]Gesondert gezahlte Tage- oder Sitzungsgelder ***sind nur dann nach § 3 Nr. 12 EStG steuerfrei, wenn sie nach bundes- oder landesrechtlicher Regelung als Aufwandsentschädigung gezahlt werden***.

H 22.9

Hinweise

Werbungskosten

Soweit ein Abgeordneter zur Abgeltung von durch das Mandat veranlassten Aufwendungen eine nach § 3 Nr. 12 EStG steuerfreie Aufwandsentschädigung erhält, schließt dies nach § 22 Nr. 4 Satz 2 EStG den Abzug jeglicher mandatsbedingter Aufwendungen, auch von Sonderbeiträgen an eine Partei, als Werbungskosten aus (→ BFH vom 29. 3. 1983 – BStBl II S. 601, vom 3. 12. 1987 – BStBl 1988 II S. 266, vom 8. 12. 1987 – BStBl 1988 II S. 433 und vom 23. 1. 1991 – BStBl II S. 396). Derzeit werden nur in Nordrhein-Westfalen und Schleswig-Holstein keine steuerfreien Aufwandsentschädigungen gezahlt.

Kosten eines erfolglosen Wahlkampfes dürfen nach § 22 Nr. 4 Satz 3 EStG nicht als Werbungskosten abgezogen werden (→ BFH vom 8. 12. 1987 – BStBl 1988 II S. 435).

R 22.10

22.10. Besteuerung von Bezügen i. S. d. § 22 Nr. 5 EStG

– unbesetzt –

H 22.10

Hinweise

Besteuerung von Leistungen nach § 22 Nr. 5 EStG

Anhang 1 → BMF vom ***5. 2. 2008 (BStBl I S. 420)***

Mitteilung über steuerpflichtige Leistungen aus einem Altersvorsorgevertrag oder aus der betrieblichen Altersversorgung

Amtlicher Vordruck → BMF vom 11. 7. 2007 (BStBl I S. 537)

EStG
S 2257c

§ 22a Rentenbezugsmitteilungen an die zentrale Stelle

[1] [2] **(1) [1]Die Träger der gesetzlichen Rentenversicherung, der Gesamtverband der landwirtschaftlichen Alterskassen für die Träger der Alterssicherung der Landwirte, die berufsständischen Versorgungseinrichtungen, die Pensionskassen, die Pensionsfonds, die Versicherungsunternehmen, die Unternehmen, die Verträge im Sinne des § 10 Abs. 1 Nr. 2 Buchstabe b anbieten, und die Anbieter im Sinne des § 80 (Mitteilungspflichtige) haben der zentralen Stelle (§ 81) bis zum 1. März des Jahres, das auf das Jahr folgt, in dem eine Leibrente oder andere Leistung**

1) Zum Zeitpunkt der erstmaligen Übermittlung von Rentenbezugsmitteilungen → § 52 Abs. 38a EStG.

2) ***Absatz 1 Satz 1 wurde durch Artikel 8 Abs. 4 des Gesetzes zur Modernisierung des Rechts der landwirtschaftlichen Sozialversicherung (LSVMG) ab VZ 2009 geändert.***

Anm.: Die Änderung lautet:
Die Angabe „Gesamtverband der landwirtschaftlichen Alterskassen" wird durch die Angabe „Spitzenverband der landwirtschaftlichen Sozialversicherung" ersetzt.

nach § 22 Nr. 1 Satz 3 Buchstabe a und § 22 Nr. 5 einem Leistungsempfänger zugeflossen ist, folgende Daten zu übermitteln (Rentenbezugsmitteilung):

1. **Identifikationsnummer (§ 139b der Abgabenordnung), Familienname, Vorname und Geburtsdatum des Leistungsempfängers;**
2. **je gesondert den Betrag der Leibrenten und anderen Leistungen im Sinne des § 22 Nr. 1 Satz 3 Buchstabe a Doppelbuchstabe aa, bb Satz 4 und Doppelbuchstabe bb Satz 5 in Verbindung mit § 55 Abs. 2 der Einkommensteuer-Durchführungsverordnung sowie im Sinne des § 22 Nr. 5. [2]Der im Betrag der Rente enthaltene Teil, der ausschließlich auf einer Anpassung der Rente beruht, ist gesondert mitzuteilen;** [1]
3. **Zeitpunkt des Beginns und des Endes des jeweiligen Leistungsbezugs; folgen nach dem 31. Dezember 2004 Renten aus derselben Versicherung einander nach, ist auch die Laufzeit der vorhergehenden Renten mitzuteilen;**
4. **Bezeichnung und Anschrift des Mitteilungspflichtigen.**

[2]Die Datenübermittlung hat nach amtlich vorgeschriebenem Datensatz durch Datenfernübertragung zu erfolgen. [3]Im Übrigen ist § 150 Abs. 6 der Abgabenordnung entsprechend anzuwenden.

(2) [1]Der Leistungsempfänger hat dem Mitteilungspflichtigen seine Identifikationsnummer mitzuteilen. [2]Teilt der Leistungsempfänger die Identifikationsnummer dem Mitteilungspflichtigen trotz Aufforderung nicht mit, übermittelt das Bundesamt für Finanzen dem Mitteilungspflichtigen auf dessen Anfrage die Identifikationsnummer des Leistungsempfängers; weitere Daten dürfen nicht übermittelt werden. [3]In der Anfrage dürfen nur die in § 139b Abs. 3 der Abgabenordnung genannten Daten des Leistungsempfängers angegeben werden, soweit sie dem Mitteilungspflichtigen bekannt sind. *[4]Die Anfrage des Mitteilungspflichtigen und die Antwort des Bundeszentralamtes für Steuern sind über die zentrale Stelle zu übermitteln. [5]Die zentrale Stelle führt eine ausschließlich automatisierte Prüfung der ihr übermittelten Daten daraufhin durch, ob sie vollständig und schlüssig sind und ob das vorgeschriebene Datenformat verwendet worden ist. [6]Sie speichert die Daten des Leistungsempfängers nur für Zwecke dieser Prüfung bis zur Übermittlung an das Bundeszentralamt für Steuern oder an den Mitteilungspflichtigen. [7]Die Daten sind für die Übermittlung zwischen der zentralen Stelle und dem Bundeszentralamt für Steuern zu verschlüsseln.* [8]Für die Anfrage gilt Absatz 1 Satz 2 und 3 entsprechend. [9]Der Mitteilungspflichtige darf die Identifikationsnummer nur verwenden, soweit dies für die Erfüllung der Mitteilungspflicht nach Absatz 1 Satz 1 erforderlich ist. [2]

(3) Der Mitteilungspflichtige hat den Leistungsempfänger jeweils darüber zu unterrichten, dass die Leistung der zentralen Stelle mitgeteilt wird.

[3]

Hinweise

H 22a

Anwendungsschreiben

→ BMF vom 25. 1. 2008 (BStBl I S. 390), Rz. 160 ff. Anhang 1

Erstmalige Übermittlung

→ BfF vom 5. 12. 2005 (BStBl I S. 1029)

---

1) ***Absatz 1 Satz 1 Nr. 2 wurde durch das JStG 2008 ab VZ 2008 geändert.***

2) ***Absatz 2 Satz 4 bis 7 wurde durch das JStG 2008 ab VZ 2008 eingefügt. Satz 4 und 5 (in der Zählweise des JStG 2007) wurden Satz 8 und 9.***

3) ***Absatz 4 wurde durch das JStG 2009 ab VZ 2009 angefügt.***

Anm.: Der neue Absatz 4 lautet:

(4) Die zentrale Stelle (§ 81) kann bei den Mitteilungspflichtigen ermitteln, ob sie ihre Pflichten nach Absatz 1 Satz 1 erfüllt haben. Die §§ 193 bis 203 der Abgabenordnung gelten sinngemäß. Auf Verlangen der zentralen Stelle haben die Mitteilungspflichtigen ihre Unterlagen, soweit sie im Ausland geführt und aufbewahrt werden, verfügbar zu machen.

EStG
S 2256

§ 23 Private Veräußerungsgeschäfte

(1) [1]Private Veräußerungsgeschäfte (§ 22 Nr. 2) sind

1. **Veräußerungsgeschäfte bei Grundstücken und Rechten, die den Vorschriften des bürgerlichen Rechts über Grundstücke unterliegen (z. B. Erbbaurecht, Mineralgewinnungsrecht), bei denen der Zeitraum zwischen Anschaffung und Veräußerung nicht mehr als zehn Jahre beträgt. [2]Gebäude und Außenanlagen sind einzubeziehen, soweit sie innerhalb dieses Zeitraums errichtet, ausgebaut oder erweitert werden; dies gilt entsprechend für Gebäudeteile, die selbständige unbewegliche Wirtschaftsgüter sind, sowie für Eigentumswohnungen und im Teileigentum stehende Räume. [3]Ausgenommen sind Wirtschaftsgüter, die im Zeitraum zwischen Anschaffung oder Fertigstellung und Veräußerung ausschließlich zu eigenen Wohnzwecken oder im Jahr der Veräußerung und in den beiden vorangegangenen Jahren zu eigenen Wohnzwecken genutzt wurden;**

[1] 2. **Veräußerungsgeschäfte bei anderen Wirtschaftsgütern, insbesondere bei Wertpapieren, bei denen der Zeitraum zwischen Anschaffung und Veräußerung nicht mehr als ein Jahr beträgt; [2]Bei vertretbaren Wertpapieren, die einem Verwahrer zur Sammelverwahrung im Sinne des § 5 des Depotgesetzes anvertraut worden sind, ist zu unterstellen, dass die zuerst angeschafften Wertpapiere zuerst veräußert wurden. [3]Entsprechendes gilt bei Anschaffung und Veräußerung mehrerer gleichartiger Fremdwährungsbeträge;**

[2] 3. **Veräußerungsgeschäfte, bei denen die Veräußerung der Wirtschaftsgüter früher erfolgt als der Erwerb;**

[3] 4. **Termingeschäfte, durch die der Steuerpflichtige einen Differenzausgleich oder einen durch den Wert einer veränderlichen Bezugsgröße bestimmten Geldbetrag oder Vorteil erlangt, sofern der Zeitraum zwischen Erwerb und Beendigung des Rechts auf einen Differenzausgleich, Geldbetrag oder Vorteil nicht mehr als ein Jahr beträgt. [2]Zertifikate, die Aktien vertreten, und Optionsscheine gelten als Termingeschäfte im Sinne des Satzes 1.**

[2]Als Anschaffung gilt auch die Überführung eines Wirtschaftsguts in das Privatvermögen des Steuerpflichtigen durch Entnahme oder Betriebsaufgabe. [3]Bei unentgeltlichem Erwerb ist dem Einzelrechtsnachfolger für Zwecke dieser Vorschrift die Anschaffung, die Überführung des Wirtschaftsguts in das Privatvermögen oder der Erwerb eines Rechts aus Termingeschäften durch den Rechtsvorgänger zuzurechnen. [4]Die Anschaffung oder Veräußerung einer unmittelbaren oder mittelbaren Beteiligung an einer Personengesellschaft gilt als Anschaffung oder Veräußerung der anteiligen Wirtschaftsgüter. [5]Als Veräußerung im Sinne des Satzes 1 Nr. 1 gilt auch [4]

1. **die Einlage eines Wirtschaftsguts in das Betriebsvermögen, wenn die Veräußerung aus dem Betriebsvermögen innerhalb eines Zeitraums von zehn Jahren seit Anschaffung des Wirtschaftsguts erfolgt, und**
2. **die verdeckte Einlage in eine Kapitalgesellschaft.**

(2) [1]Einkünfte aus privaten Veräußerungsgeschäften der in Absatz 1 bezeichneten Art sind den Einkünften aus anderen Einkunftsarten zuzurechnen, soweit sie zu diesen gehören. [2]§ 17 ist nicht anzuwenden, wenn die Voraussetzungen des Absatzes 1 Satz 1 Nr. 2 vorliegen. [5]

1) Absatz 1 Satz 1 Nr. 2 wurde durch das Unternehmensteuerreformgesetz 2008 geändert und ist in der geänderten Fassung erstmals auf Veräußerungsgeschäfte anzuwenden, bei denen die Wirtschaftsgüter nach dem 31. 12. 2008 auf Grund eines nach diesem Zeitpunkt rechtswirksam abgeschlossenen obligatorischen Vertrags oder gleichstehenden Rechtsakts angeschafft wurden → § 52a Abs. 11 Satz 3 EStG.

Anm.: Absatz 1 Satz 1 Nr. 2 in der geänderten Fassung lautet:

2. Veräußerungsgeschäfte bei anderen Wirtschaftsgütern, bei denen der Zeitraum zwischen Anschaffung und Veräußerung nicht mehr als ein Jahr beträgt. [2]Bei Wirtschaftsgütern im Sinne von Nummer 2 Satz 1, aus deren Nutzung als Einkunftsquelle zumindest in einem Kalenderjahr Einkünfte erzielt werden, erhöht sich der Zeitraum auf zehn Jahre.

2) Absatz 1 Satz 1 Nr. 3 wurde durch das Unternehmensteuerreformgesetz 2008 aufgehoben. Absatz 1 Satz 1 Nr. 3 in der am 1. 1. 1999 geltenden Fassung ist letztmals auf Veräußerungsgeschäfte anzuwenden, bei denen die Veräußerung auf einem vor dem 1. 1. 2009 rechtswirksam abgeschlossenen obligatorischen Vertrag oder gleichstehenden Rechtsakt beruht → § 52a Abs. 11 Satz 5 EStG.

3) Absatz 1 Satz 1 Nr. 4 wurde durch das Unternehmensteuerreformgesetz 2008 aufgehoben. Absatz 1 Satz 1 Nr. 4 ist auf Termingeschäfte anzuwenden, bei denen der Erwerb des Rechts auf einen Differenzausgleich, Geldbetrag oder Vorteil nach dem 31. 12. 1998 und vor dem 1. 1. 2009 erfolgt → § 52a Abs. 11 Satz 6 EStG.

4) Absatz 1 Satz 3 wurde durch das Unternehmensteuerreformgesetz 2008 geändert. Hinsichtlich der zeitlichen Anwendung → Fußnote zu Absatz 1 Satz 1 Nr. 4.

Anm.: Absatz 1 Satz 3 in der geänderten Fassung lautet:

Bei unentgeltlichem Erwerb ist dem Einzelrechtsnachfolger für Zwecke dieser Vorschrift die Anschaffung, oder die Überführung des Wirtschaftsguts in das Privatvermögen durch den Rechtsvorgänger zuzurechnen.

5) Absatz 2 Satz 2 wurde durch das Unternehmensteuerreformgesetz 2008 ab VZ 2009 aufgehoben.

***(3)** [1]Gewinn oder Verlust aus Veräußerungsgeschäften nach Absatz 1 ist der Unterschied zwischen Veräußerungspreis einerseits und den Anschaffungs- oder Herstellungskosten und den Werbungskosten andererseits. [2]In den Fällen des Absatzes 1 Satz 5 Nr. 1 tritt an die Stelle des Veräußerungspreises der für den Zeitpunkt der Einlage nach § 6 Abs. 1 Nr. 5 angesetzte Wert, in den Fällen des Absatzes 1 Satz 5 Nr. 2 der gemeine Wert. [3]In den Fällen des Absatzes 1 Satz 2 tritt an die Stelle der Anschaffungs- oder Herstellungskosten der nach § 6 Abs. 1 Nr. 4 oder § 16 Abs. 3 angesetzte Wert. [4]Die Anschaffungs- oder Herstellungskosten mindern sich um Absetzungen für Abnutzung, erhöhte Absetzungen und Sonderabschreibungen, soweit sie bei der Ermittlung der Einkünfte im Sinne des § 2 Abs. 1 Satz 1 Nr. 4 bis 6 abgezogen worden sind. [5]Gewinne bleiben steuerfrei, wenn der aus den privaten Veräußerungsgeschäften erzielte Gesamtgewinn im Kalenderjahr weniger als 600 Euro betragen hat. [6]In den Fällen des Absatzes 1 Satz 5 Nr. 1 sind Gewinne oder Verluste für das Kalenderjahr, in dem der Preis für die Veräußerung aus dem Betriebsvermögen zugeflossen ist, in den Fällen des Absatzes 1 Satz 5 Nr. 2 für das Kalenderjahr der verdeckten Einlage anzusetzen. [7]Verluste dürfen nur bis zur Höhe des Gewinns, den der Steuerpflichtige im gleichen Kalenderjahr aus privaten Veräußerungsgeschäften erzielt hat, ausgeglichen werden; sie dürfen nicht nach § 10d abgezogen werden. [8]Die Verluste mindern jedoch nach Maßgabe des § 10d die Einkünfte, die der Steuerpflichtige in dem unmittelbar vorangegangenen Veranlagungszeitraum oder in den folgenden Veranlagungszeiträumen aus privaten Veräußerungsgeschäften nach Absatz 1 erzielt hat oder erzielt; § 10d Abs. 4 gilt entsprechend. [9]Verluste aus privaten Veräußerungsgeschäften im Sinne des § 23 in der bis zum 31. Dezember 2008 anzuwendenden Fassung können abweichend von Satz 7 auch mit Einkünften aus Kapitalvermögen im Sinne des § 20 Abs. 2 in der Fassung des Artikels 1 des Gesetzes vom 14. August 2007 (BGBl. I S. 1912) ausgeglichen werden. [10]Sie mindern abweichend von Satz 8 nach Maßgabe des § 10d auch die Einkünfte, die der Steuerpflichtige in den folgenden Veranlagungszeiträumen aus § 20 Abs. 2 in der Fassung des Artikels 1 des Gesetzes vom 14. August 2007 (BGBl. I S. 1912) erzielt.** [1)]

---

23. Private Veräußerungsgeschäfte

Hinweise

H 23

Anschaffung

Zu Anschaffungen im Rahmen der vorweggenommenen Erbfolge und bei Erbauseinandersetzung → BMF vom 13. 1. 1993 (BStBl I S. 80) unter Berücksichtigung der Änderungen durch BMF vom 26. 2. 2007 (BStBl I S. 269) und vom 14. 3. 2006 (BStBl I S. 253). Anhang 8

→ Enteignung

Anschaffung ist auch

- bei Zuteilung eines Grundstücks gegen Zuzahlung eines Geldbetrages im Rahmen eines Umlegungsverfahrens nur insoweit gegeben, als die Zuzahlung für eine den Sollanspruch (§ 56 Abs. 1 Satz 1 BauGB) nicht unwesentlich übersteigende Mehrzuteilung zu leisten ist (→ BFH vom 29. 3. 1995 – HFR 1995 S. 581),
- die Abgabe eines Meistgebots in einer Zwangsversteigerung (→ BFH vom 27. 8. 1997 – BStBl 1998 II S. 135),
- der Erwerb auf Grund eines Ergänzungsvertrags, wenn damit erstmalig ein Anspruch auf Übertragung eines Miteigentumsanteils rechtswirksam entsteht (→ BFH vom 17. 12. 1997 – BStBl 1998 II S. 343),
- der Erhalt kostenloser Bezugsrechte oder von Gratisaktien im Rahmen einer Kapitalerhöhung (→ BFH vom 19. 12. 2000 – BStBl 2001 II S. 345); zum Anschaffungszeitpunkt → Bezugsrecht,
- der entgeltliche Erwerb eines Anspruchs auf Rückübertragung eines Grundstücks nach dem VermG (Restitutionsanspruch) (→ BFH vom 13. 12. 2005 – BStBl 2006 II S. 513).

---

1) ***Absatz 3 wurde durch das Unternehmensteuerreformgesetz 2008 ab VZ 2008 neu gefasst. Absatz 3 Satz 8 ist auch in den Fällen anzuwenden, in denen am 1. 1. 2007 die Feststellungsfrist noch nicht abgelaufen ist → § 52 Abs. 39 Satz 7 EStG.***

Keine Anschaffung ist

- der unentgeltliche Erwerb eines Wirtschaftsguts, z. B. durch Erbschaft, Vermächtnis oder Schenkung (→ BFH vom 4. 7. 1950 – BStBl 1951 III S. 237, vom 22. 9. 1987 – BStBl 1988 II S. 250 und vom 12. 7. 1988 – BStBl II S. 942, → Veräußerungsfrist),
- der Erwerb kraft Gesetzes oder eines auf Grund gesetzlicher Vorschriften ergangenen Hoheitsaktes (→ BFH vom 19. 4. 1977 – BStBl II S. 712),
- die Rückübertragung von enteignetem Grundbesitz oder dessen Rückgabe nach Aufhebung der staatlichen Verwaltung auf Grund des VermG in der Fassung der Bekanntmachung vom 21. 12. 1998 (BGBl. I S. 4026, § 52 Abs. 2 Satz 2 D-Markbilanzgesetz i. d. F. vom 28. 7. 1994 – DMBilG – BGBl. I S. 1842); → hierzu auch BMF vom 11. 1. 1993 – BStBl I S. 18,
- der Umtausch von Wertpapieren mit variablem Zins (Floating-Rate-Notes) in festverzinsliche Schuldverschreibungen (Bonds), wenn Emittent, Inhaber, Nennbetrag und Laufzeit unverändert bleiben, das Umtauschrecht zum Bezug der festverzinslichen Schuldverschreibungen bereits mit dem Kauf der variabel verzinslichen Wertpapiere erworben wird und im Fall eines Umtauschs diese gelöscht und die festverzinslichen Wertpapiere neu ausgegeben werden (→ BFH vom 30. 11. 1999 – BStBl 2000 II S. 262 ***und BFH vom 2. 4. 2008 – BStBl II S. 679***),
- die Einbringung von Grundstücken durch Bruchteilseigentümer zu unveränderten Anteilen in eine personenidentische GbR mit Vermietungseinkünften (→ BFH vom 6. 10. 2004 – BStBl 2005 II S. 324).
- der Erwerb von bundeseigenen Mauer- und Grenzgrundstücken durch den ehemaligen Eigentümer oder dessen Rechtsnachfolger (§ 2 Abs. 2 des Gesetzes über den Verkauf von Mauer- und Grenzgrundstücken an die früheren Eigentümer – Mauergrundstücksgesetz – vom 15. 7. 1996 – BGBl. I S. 980, BStBl I S. 1120).

Anschaffungskosten

Der Begriff „Anschaffungskosten" in § 23 Abs. 3 Satz 1 EStG ist mit dem Begriff der Anschaffungskosten in § 6 Abs. 1 Nr. 1 und 2 EStG identisch. Werden innerhalb der Veräußerungsfrist Kapitalgesellschaftsanteile im Anschluss an eine mit der Gewährung von kostenlosen → Bezugsrechten oder von Gratisaktien verbundene Kapitalerhöhung veräußert, sind im Rahmen der Gewinnermittlung nach § 23 Abs. 3 Satz 1 EStG die ursprünglichen Anschaffungskosten der Kapitalgesellschaftsanteile um den auf die → Bezugsrechte oder die Gratisaktien entfallenden Betrag nach der Gesamtwertmethode zu kürzen (→ BFH vom 19. 12. 2000 – BStBl 2001 II S. 345).

Bezugsrechte

- Zur Veräußerung und Ausübung von Bezugsrechten → BMF vom 20. 12. 2005 (BStBl 2006 I S. 8)
- → H 3.40

Das Halbeinkünfteverfahren erfasst auch die Veräußerung eines durch Kapitalerhöhung entstandenen Bezugsrechts → BFH vom 27. 10. 2005 (BStBl 2006 II S. 171).

Bonusaktien der Deutschen Telekom AG (DTAG)

→ H 20.2 (Bonusaktien)

Container-Leasing

→ OFD Rheinland vom 20. 3. 2007, S 2257 – 1000 – St 221 (DB 2007 S. 829)

Enteignung

Veräußert ein Stpfl. zur Abwendung einer unmittelbar drohenden Enteignung ein Grundstück und erwirbt er in diesem Zusammenhang ein Ersatzgrundstück, liegt hierin keine Veräußerung und Anschaffung i. S. d. § 23 EStG (→ BFH vom 29. 6. 1962 – BStBl III S. 387 und vom 16. 1. 1973 – BStBl II S. 445). Veräußertes und angeschafftes Grundstück bilden in diesem Fall für die Anwendung des § 23 EStG eine Einheit. Für die Berechnung der Veräußerungsfrist ist daher nicht der Tag der Anschaffung des Ersatzgrundstücks, sondern der Tag maßgebend, zu dem das veräußerte Grundstück angeschafft wurde (→ BFH vom 5. 5. 1961 – BStBl III S. 385). Ersetzt der Stpfl. im Zusammenhang mit der drohenden Enteignung einer Teilfläche auch die nicht unmittelbar betroffenen Grundstücksteile, handelt es sich insoweit um eine Anschaffung und Veräußerung i. S. d. § 23 EStG (→ BFH vom 7. 12. 1976 – BStBl 1977 II S. 209).

Entnahme aus einem Betriebsvermögen

§ 23 Abs. 1 Satz 2 und 3 EStG i. d. F. des StEntlG 1999/2000/2002 vom 24. 3. 1999 (BGBl I S. 402) ist auf Entnahmen vor dem 1. 1. 1999 nicht anzuwenden (gegen BMF vom 5. 10. 2000, BStBl I S. 1383, Tz. 1) → BFH vom 18. 10. 2006 (BStBl 2007 II S. 179).

Erbanteilsübertragung

Erwirbt ein Miterbe entgeltlich den Erbteil eines anderen Miterben, entstehen ihm insoweit Anschaffungskosten für ein zum Nachlass gehörendes Grundstück, die dazu führen, dass der Gewinn aus der Veräußerung dieses Grundstücks nach § 23 EStG steuerbar ist, wenn es innerhalb der Veräußerungsfrist, die mit dem Erwerb des Erbteils beginnt, veräußert wird → BFH vom 20. 4. 2004 (BStBl II S. 987).

Freigrenze

- Haben beide zusammenveranlagten Ehegatten Veräußerungsgewinne erzielt, steht jedem Ehegatten die Freigrenze des § 23 Abs. 3 EStG – höchstens jedoch bis zur Höhe seines Gesamtgewinns aus privaten Veräußerungsgeschäften – zu (→ BVerfG vom 21. 2. 1961 – BStBl I S. 55).
- → BMF vom 5. 10. 2000 (BStBl I S. 1383), Rz. 41 und vom 25. 10. 2004 (BStBl I S. 1034), Rz. 52. Anhang 16

Fremdwährungsguthaben

→ BMF vom 25. 10. 2004 (BStBl I S. 1034), Rz. 42 ff.

Fristberechnung

→ Veräußerungsfrist

Grundstücksgeschäfte

Zweifelsfragen bei der Besteuerung privater Grundstücksgeschäfte → BMF vom 5. 10. 2000 (BStBl I S. 1383) unter Berücksichtigung der Änderungen durch → BMF vom 7. 2. 2007 (BStBl I S. 262) Anhang 16

Identisches Wirtschaftsgut

- Ein privates Veräußerungsgeschäft ist auch anzunehmen, wenn ein unbebautes Grundstück parzelliert und eine Parzelle innerhalb der Veräußerungsfrist veräußert wird (→ BFH vom 19. 7. 1983 – BStBl 1984 II S. 26).
- → Enteignung
- → Sammeldepot

Jahresbescheinigung

- → BMF vom 31. 8. 2004 (BStBl I S. 854) unter Berücksichtigung der Änderungen durch BMF vom 9. 11. 2005 (BStBl I S. 958), vom 6. 9. 2006 (BStBl I S. 508) und vom 24. 9. 2007 (BStBl I S. 705).
- Ergänzend: → BMF vom 23. 11. 2004 (DB 2005 S. 18).

Sammeldepot

- → BMF vom 25. 10. 2004 (BStBl I S. 1034), Rz. 45 ff.
- Bei der Girosammelverwahrung verliert der Wertpapierinhaber das Einzeleigentum an bestimmten Wertpapieren und wird stattdessen Bruchteilseigentümer an allen Papieren einer Art und Gattung, die gemeinsam im Girosammeldepot verwahrt werden (§§ 5 ff. des Depotgesetzes [DepotG]).

  Rechtslage ab Veranlagungszeitraum 2005 (Fifo-Methode)

  Für Wertpapiere in Girosammelverwahrung schreibt das Gesetz eine Verwendungsreihenfolge bei privaten Veräußerungsgeschäften vor. § 23 Abs. 1 Satz 1 Nr. 2 Satz 2 EStG fingiert, dass die zuerst angeschafften Wertpapiere auch zuerst veräußert werden (sog. Fifo-Methode).

  Der Vorteil der Fifo-Methode liegt – gemessen an der alten Rechtslage – in der einfachen Ermittlung der realisierten Einkünfte. So werden jedem Veräußerungsgeschäft sowohl zeitlich als auch betragsmäßig ein oder mehrere Anschaffungsgeschäfte eindeutig zugeordnet. Dies erleichtert die Entscheidung darüber, ob die Veräußerung innerhalb der Spekulationsfrist (steuerpflichtig) oder außerhalb (nicht steuerbar) liegt. Im Fall der Steuerpflicht sind die feststehenden Anschaffungskosten aus den zugeordneten Erwerben zu berücksichtigen.

Beispiel:

Der Stpfl. B erwirbt im Lauf der Jahre 2005 und 2006 folgende Aktien der X-AG:

Anschaffungsdatum	Anzahl	Anschaffungs-kosten/Stück
1. 11. 2005	100	100,00 €
1. 2. 2006	40	90,00 €
1. 8. 2006	30	100,00 €
1. 12. 2006	30	110,00 €

Am 10. 1. 2007 veräußert B 150 Stück dieser Aktien zu einem Preis von je 150,00 €.

Nach der Fifo-Methode gelten zuerst die am 1. 11. 2005 angeschafften Aktien als veräußert, und zwar vorliegend außerhalb der Spekulationsfrist. Danach folgen nacheinander bis zur Stückzahl der verkauften Aktien die am 1. 2. 2006 und am 1. 8. 2006 erworbenen Aktien, die innerhalb der Spekulationsfrist steuerpflichtig veräußert wurden.

Veräußerungserlös	22 500 €
davon Veräußerungserlös von 100 Aktien nicht steuerbar	– 15 000 €
abzgl. Anschaffungskosten der am 1. 2. 2006 erworbenen 40 Stk.	– 3 600 €
abzgl. Anschaffungskosten der am 1. 8. 2006 erworbenen 10 Stk.	– 1 000 €
zu versteuernde Einkünfte aus § 23 EStG	2 900 €

OFD Frankfurt vom 2. 5. 2005, S 2256 A – 1 – St II 2.08 (FR 2005 S. 661)

Schneeballsystem

→ H 20.2 (Schneeballsystem)

Schuldzinsen

→ Werbungskosten

Spekulationsabsicht

Für das Entstehen der Steuerpflicht ist es unerheblich, ob der Stpfl. in spekulativer Absicht gehandelt hat (→ Beschluss des BVerfG vom 9. 7. 1969 – BStBl 1970 II S. 156 und BFH vom 2. 5. 2000 – BStBl II S. 469).

Stille Gesellschaft

In der Kündigung einer typischen stillen Gesellschaft und der Vereinnahmung des Auseinandersetzungsguthabens liegt keine entgeltliche Veräußerung i. S. d. § 23 EStG → BFH vom 18. 10. 2006 –(BStBl 2007 II S. 258).

Termingeschäfte

- Einkommensteuerrechtliche Behandlung von Termingeschäften im Bereich der privaten Vermögensverwaltung → BMF vom 27. 11. 2001 (BStBl I S. 986) ***unter Berücksichtigung der Änderungen durch BMF vom 17. 6. 2008 (BStBl I S. 715)***.
- § 23 Abs. 1 Satz 1 Nr. 4 EStG betrifft bei Termingeschäften nur Optionen, die der Berechtigte erwirbt. Einnahmen aus Optionen, die der Berechtigte einräumt, sind Einnahmen i. S. d. § 22 Nr. 3 EStG (→ BFH vom 17. 4. 2007 – BStBl II S. 608).
- ***Der Verfall einer Option ist kein Termingeschäft i. S. d. § 23 Abs. 1 Satz 1 Nr. 4 EStG (→ BFH vom 19. 12. 2007 – BStBl 2008 II S. 519).***

→ Verfassungsmäßigkeit

Veräußerung

→ Enteignung

Als Veräußerung i. S. d. § 23 Abs. 1 EStG ist auch anzusehen

- unter besonderen Umständen die Abgabe eines bindenden Angebots (→ BFH vom 23. 9. 1966 – BStBl 1967 III S. 73, vom 7. 8. 1970 – BStBl II S. 806 und vom 19. 10. 1971 – BStBl 1972 II S. 452).

- der Abschluss eines bürgerlich-rechtlich wirksamen, beide Vertragsparteien bindenden Vorvertrags (→ BFH vom 13. 12. 1983 - BStBl 1984 II S. 311).
- unter den Voraussetzungen des § 41 Abs. 1 AO der Abschluss eines unvollständig beurkundeten und deswegen nach den §§ 313 Satz 1 BGB, 125 HGB formunwirksamen Kaufvertrags (→ BFH vom 15. 12. 1993 - BStBl 1994 II S. 687).
- die Übertragung aus dem Privatvermögen eines Gesellschafters in das betriebliche Gesamthandsvermögen einer Personengesellschaft gegen Gewährung von Gesellschaftsrechten (→ BMF vom 29. 3. 2000 - BStBl I S. 462 und BMF vom 26. 11. 2004 - BStBl I S. 1190).
- das Glattstellen eines Optionsrechts an der EUREX (früher: Deutsche Terminbörse) durch ein Gegengeschäft innerhalb der Veräußerungsfrist (→ BFH vom 29. 6. 2004 - BStBl II S. 995).
- die Veräußerung des rückübertragenen Grundstücks bei entgeltlichem Erwerb des Restitutionsanspruchs nach dem VermG (→ BFH vom 13. 12. 2005 - BStBl 2006 II S. 513).
- die Ausübung von Bezugsrechten → BMF vom 20. 12. 2005 (BStBl 2006 I S. 8).

Keine Veräußerung ist

- die Rückabwicklung eines Anschaffungsgeschäfts wegen irreparabler Vertragsstörungen (→ BFH vom 27. 6. 2006 - BStBl 2007 II S. 162).
- die Kündigung einer typischen stillen Gesellschaft und die Vereinnahmung des Auseinandersetzungsguthabens (→ BFH vom 18. 10. 2006 - BStBl 2007 II S. 258).

Veräußerungsfrist

- → Enteignung
- Die **nachträgliche Genehmigung** eines zunächst schwebend unwirksamen Vertrags durch einen der Vertragspartner wirkt für die Fristberechnung nicht auf den Zeitpunkt der Vornahme des Rechtsgeschäfts zurück (→ BFH vom 2. 10. 2001 - BStBl 2002 II S. 10).
- Bei Veräußerung eines im Wege der **Gesamtrechtsnachfolge** erworbenen Wirtschaftsguts ist bei der Berechnung der Veräußerungsfrist von dem Zeitpunkt des entgeltlichen Erwerbs durch den Rechtsvorgänger auszugehen (→ BFH vom 12. 7. 1988 - BStBl II S. 942). Das Gleiche gilt auch für ein im Wege der unentgeltlichen Einzelrechtsnachfolge erworbenes Wirtschaftsgut § 23 Abs. 1 Satz 3 EStG.
- Für die Berechnung der Veräußerungsfrist des § 23 Abs. 1 EStG ist grundsätzlich das der → Anschaffung oder → Veräußerung zu Grunde liegende **obligatorische Geschäft** maßgebend (→ BFH vom 15. 12. 1993 - BStBl 1994 II S. 687),
- → Sammeldepot

Veräußerungspreis

- Wird infolge von Meinungsverschiedenheiten über die Formgültigkeit des innerhalb der Veräußerungsfrist abgeschlossenen Grundstückskaufvertrages der Kaufpreis erhöht, kann der erhöhte Kaufpreis auch dann Veräußerungspreis im Sinne von § 23 Abs. 3 Satz 1 EStG sein, wenn die Erhöhung nach Ablauf der Veräußerungsfrist vereinbart und beurkundet wird (→ BFH vom 15. 12. 1993 - BStBl 1994 II S. 687).
- Zum Veräußerungspreis gehört auch das Entgelt für den Verzicht auf Nachbarrechte im Zusammenhang mit der Veräußerung des betreffenden Grundstücks (→ BFH vom 18. 5. 2004 - BStBl II S. 874).

Verfassungsmäßigkeit

- Die Besteuerung von Einkünften aus privaten Veräußerungsgeschäften i. S. d. § 23 Abs. 1 Satz 1 Nr. 2 EStG i. d. F. ab 1999 ist verfassungsgemäß (→ BFH vom 29. 11. 2005 - BStBl 2006 II S. 178).
- Die Beschränkung des Verlustausgleichs bei privaten Veräußerungsgeschäften durch § 23 Abs. 3 Satz 8 EStG ist verfassungsgemäß (→ BFH vom 18. 10. 2006 - BStBl 2007 II S. 259).

Verlustvor- und -rücktrag

Zur Anwendung des § 10d EStG im Rahmen des § 23 EStG → BMF vom 29. 11. 2004 (BStBl I S. 1097).

Währungsverlust

Sind Verluste aus Kursdifferenzen bei Fremdwährungsdarlehen (hier: Kursverluste, die die Kläger durch Rückführung ihrer Fremdwährungsdarlehen erlitten haben) als Verluste aus privaten Veräußerungsgeschäften gem. § 23 EStG berücksichtigungsfähig (Darlehensaufnahme als Anschaffung eines Wirtschaftsguts und Darlehenstilgung als Veräußerung desselben i. S. d. § 23 Abs. 1 Satz 1 Nr. 2 EStG)?

→ FG Rheinland-Pfalz vom 15. 5. 2007 (3 K 1667/04) – Rev. – IX R 38/07

Werbungskosten

Werbungskosten sind grundsätzlich alle durch ein Veräußerungsgeschäft i. S. d. § 23 EStG veranlassten Aufwendungen (z. B. Schuldzinsen), die weder zu den (nachträglichen) Anschaffungs- oder Herstellungskosten des veräußerten Wirtschaftsguts gehören, einer vorrangigen Einkunftsart zuzuordnen sind noch wegen privater Nutzung unter das Abzugsverbot des § 12 EStG fallen. Planungsaufwendungen zur Baureifmachung eines unbebauten Grundstücks (Baugenehmigungsgebühren, Architektenhonorare) können als Werbungskosten im Rahmen der Ermittlung des Veräußerungsgewinns abziehbar sein, wenn von Anfang an Veräußerungsabsicht bestanden hat (→ BFH vom 12. 12. 1996 – BStBl 1997 II S. 603). Abziehbar können z. B. auch Erhaltungsaufwendungen sein, soweit sie allein oder ganz überwiegend durch die Veräußerung des Mietobjekts veranlasst sind (→ BFH vom 14. 12. 2004 – BStBl 2005 II S. 343).

Durch ein privates Veräußerungsgeschäft veranlasste Werbungskosten sind nach § 23 Abs. 3 EStG – abweichend vom Abflussprinzip des § 11 Abs. 2 EStG – in dem Kalenderjahr zu berücksichtigen, in dem der Verkaufserlös zufließt (→ BFH vom 17. 7. 1991 – BStBl II S. 916). Fließt der Verkaufserlös in mehreren VZ zu, sind sämtliche Werbungskosten zunächst mit dem im ersten Zuflussjahr erhaltenen Teilerlös und ein etwa verbleibender Werbungskostenüberschuss mit den in den Folgejahren erhaltenen Teilerlösen zu verrechnen (→ BFH vom 3. 6. 1992 – BStBl II S. 1017).

Wird ein Gebäude, das zu eigenen Wohnzwecken genutzt werden sollte, vor dem Selbstbezug und innerhalb der Veräußerungsfrist wieder veräußert, mindern nur solche Grundstücksaufwendungen den Veräußerungsgewinn, die auf die Zeit entfallen, in der der Stpfl. bereits zum Verkauf des Objekts entschlossen war (→ BFH vom 16. 6. 2004 – BStBl 2005 II S. 91).

Durch die Verpflichtung zur lastenfreien Veräußerung von Grundbesitz veranlasste Vorfälligkeitsentschädigungen sind als Werbungskosten zu berücksichtigen (→ BFH vom 6. 12. 2005 – BStBl 2006 II S. 265).

Wertpapiergeschäfte

Zweifelsfragen bei der Besteuerung privater Veräußerungsgeschäfte nach § 23 Abs. 1 Satz 1 Nr. 2 EStG → BMF vom 25. 10. 2004 (BStBl I S. 1034)

Wiederkehrende Leistungen

Zur Ermittlung des Gewinns bei Veräußerungsgeschäften gegen wiederkehrende Leistungen
Anhang 8 und bei der Umschichtung von existenzsichernden Wirtschaftseinheiten → BMF vom 16. 9. 2004 (BStBl I S. 922), Rz. 28–31 und 68.

Zugewinnausgleich

Fragen zur einkommensteuerlichen Behandlung von Eigentumsübertragungen bei Ehescheidungen im Rahmen des Zugewinnausgleichs unter Berücksichtigung von § 23 EStG liegt regelmäßig folgender Beispielssachverhalt zugrunde:

> Das Ehepaar A und B lebt im gesetzlichen Güterstand der Zugewinngemeinschaft (§ 1363 ff. BGB) Der Ehemann A erwarb im Jahr 1997 für (umgerechnet) 100 000 € ein Grundstück zum alleinigen Eigentum, das von ihm seither vermietet wurde. Die Ehe wurde im Jahr 2005 geschieden. Der geschiedenen Ehefrau B stand daraufhin ein Zugewinnausgleichsanspruch gegen A i. H. v. 250 000 € zu. Zur Abgeltung dieses Anspruchs übertrug ihr A das Grundstück, das im Übertragungszeitpunkt einen Verkehrswert von 250 000 € hatte.

Der Zugewinnausgleichsanspruch i. S. d. § 1378 BGB ist eine auf Geld gerichtete persönliche Forderung an den geschiedenen Ehegatten. Im oben genannten Beispielsfall erfüllte A diese (Geld-)Forderung der B, indem er ihr an Erfüllungs Statt (§ 364 BGB) das Grundstück übertrug.

Wird ein Grundstück von dem Eigentümer (= Steuerpflichtiger) an einen Dritten zur Tilgung einer dem Dritten – gleich aus welchem Rechtsgrund – zustehenden Geldforderung an Erfüllungs Statt übereignet, handelt es sich dabei um ein Veräußerungsgeschäft durch den Steuerpflichtigen; bei dem Dritten liegt ein entsprechendes Anschaffungsgeschäft vor. Veräußerungserlös bzw. Anschaffungskosten ist der Forderungsbetrag, der mit der Übertragung des Grundstücks an Erfüllungs Statt abgegolten wurde.

Mithin hat A das Grundstück innerhalb von zehn Jahren nach dessen Erwerb im Jahr 1997 wieder veräußert, so dass hier ein privates Veräußerungsgeschäft i. S. d. § 23 Abs. 1 Satz 1 Nr. 1 EStG vorliegt. Gründe für ein Absehen von der Besteuerung gibt es nicht (vgl. § 23 Abs. 1 Satz 1 Nr. 1 Satz 3 EStG).

Der von A zu versteuernde Gewinn beträgt:

Veräußerungserlös	250 000 €
Anschaffungskosten	./.100 000 €
Gewinn aus § 23 EStG	= 150 000 €

Abwandlung I des Beispielssachverhalts:

Die geschiedene Ehefrau B hat einen Zugewinnausgleichsanspruch in Höhe von 250 000 €. Das vom geschiedenen Ehemann A im Jahr 1997 für 100 000 € angeschaffte Grundstück hat im Jahr 2005 einen Verkehrswert von 300 000 €. A und B vereinbaren deshalb neben der Grundstücksübertragung, dass die 50 000 €, um die der Grundstückswert den Zugewinnausgleichsanspruch übersteigt, mit Unterhaltsforderungen der B an A verrechnet werden.

Lösung:

Hier werden zwei unterschiedliche Forderungen der B erfüllt: Zum einen der Zugewinnausgleichsanspruch i. H. v. 250 000 € und zum anderen eine Unterhaltsforderung i. H. v. 50 000 €. A veräußert damit das Grundstück für 300 000 €.

Der von A zu versteuernde Gewinn beträgt:

Veräußerungserlös	300 000 €
Anschaffungskosten	./. 100 000 €
Gewinn aus § 23 EStG	= 200 000 €

Gleichzeitig kann A die durch die Grundstücksübertragung abgegoltenen Unterhaltsforderungen der B im Veranlagungszeitraum der Grundstücksübertragung grundsätzlich als Sonderausgaben i. S. d. § 10 Abs. 1 Nr. 1 EStG abziehen, wenn die rechtlichen Voraussetzungen erfüllt sind. Ich bitte jedoch zu beachten, dass ein Abzug hier nur in Höhe des in § 10 Abs. 1 Nr. 1 Satz 1 EStG genannten Höchstbetrages möglich ist. Dies gilt auch dann, wenn Unterhaltsforderungen mehrerer Jahre verrechnet wurden; hier ist aufgrund § 11 Abs. 2 EStG ein Sonderausgabenabzug nur im Verrechnungsjahr mit dem in § 10 Abs. 1 Nr. 1 Satz 1 EStG genannten Höchstbetrages möglich.

Abwandlung II des Beispielssachverhalts:

Die geschiedene Ehefrau B hat einen Zugewinnausgleichsanspruch in Höhe von 250 000 €. Das vom geschiedenen Ehemann A im Jahr 1997 für 100 000 € angeschaffte Grundstück hat im Jahr 2005 einen Verkehrswert von 300 000 €. A überträgt das Grundstück an B an Erfüllungs Statt. Eine Verrechnung der 50 000 €, um die der Grundstückswert den Zugewinnausgleichsanspruch übersteigt, mit Unterhaltsforderungen der B an A findet nicht statt.

Lösung:

Um eine Forderung der B in Höhe von 250 000 € zu erfüllen, überträgt ihr A ein Grundstück im Wert von 300 000 € an Erfüllungs Statt. Da die ausgeglichene Forderung wertmäßig unterhalb des Grundstückswertes liegt, handelt es sich um ein teilentgeltliches Geschäft. A hat an B insgesamt 5/6 (= 250/300) des Grundstücks entgeltlich veräußert, da er insofern das Grundstück an Erfüllungs Statt an B übertragen hat (Abgeltung des Zugewinnausgleichsanspruchs in Höhe von 250 000 €). In Höhe der übersteigenden 50 000 € (= 1/6 des Grundstücks) hat A das Grundstück unentgeltlich an B übertragen. Der von A zu versteuernde Gewinn beträgt:

Veräußerungserlös 300 000 € × 5/6 =	250 000 €
Anschaffungskosten 100 000 € × 5/6	./. 83 333 €
Gewinn aus § 23 EStG	= 166 667 €

Im Gegenzug schafft B das Grundstück zu 5/6 entgeltlich an (Anschaffungskosten in Höhe von 250 000 €) und übernimmt das Grundstück zu 1/6 unentgeltlich von A (Fortführung der Anschaffungskosten des A i. H. v. 100 000 € × 1/6 = 16 667 €). Nur in Höhe des entgeltlich erworbenen Anteils beginnt für B eine neue zehnjährige Veräußerungsfrist i. S. d. § 23 Abs. 1 Satz 1 Nr. 1 Satz 1 EStG; bezüglich des unentgeltlich erworbenen Grundstücksanteils gilt § 23 Abs. 1 Satz 3 EStG.

h) Gemeinsame Vorschriften

EStG
S 2258

§ 24

Zu den Einkünften im Sinne des § 2 Abs. 1 gehören auch

1. **Entschädigungen, die gewährt worden sind**
   a) **als Ersatz für entgangene oder entgehende Einnahmen oder**
   b) **für die Aufgabe oder Nichtausübung einer Tätigkeit, für die Aufgabe einer Gewinnbeteiligung oder einer Anwartschaft auf eine solche;**
   c) **als Ausgleichszahlungen an Handelsvertreter nach § 89b des Handelsgesetzbuchs;**
2. **Einkünfte aus einer ehemaligen Tätigkeit im Sinne des § 2 Abs. 1 Satz 1 Nr. 1 bis 4 oder aus einem früheren Rechtsverhältnis im Sinne des § 2 Abs. 1 Satz 1 Nr. 5 bis 7, und zwar auch dann, wenn sie dem Steuerpflichtigen als Rechtsnachfolger zufließen;**
3. **Nutzungsvergütungen für die Inanspruchnahme von Grundstücken für öffentliche Zwecke sowie Zinsen auf solche Nutzungsvergütungen und auf Entschädigungen, die mit der Inanspruchnahme von Grundstücken für öffentliche Zwecke zusammenhängen.**

R 24.1

24.1. Begriff der Entschädigung i. S. d. § 24 Nr. 1 EStG

S 2258

Der Entschädigungsbegriff des § 24 Nr. 1 EStG setzt in seiner zu Buchstabe a und b gleichmäßig geltenden Bedeutung voraus, dass der Stpfl. infolge einer Beeinträchtigung der durch die einzelne Vorschrift geschützten Güter einen finanziellen Schaden erlitten hat und die Zahlung unmittelbar dazu bestimmt ist, diesen Schaden auszugleichen.

H 24.1

Hinweise

Abzugsfähige Aufwendungen

Bei der Ermittlung der Entschädigung i. S. d. § 24 Nr. 1 EStG sind von den Bruttoentschädigungen nur die damit in unmittelbarem Zusammenhang stehenden Betriebsausgaben oder Werbungskosten abzuziehen (→ BFH vom 26. 8. 2004 – BStBl 2005 II S. 215).

Allgemeines

- § 24 EStG schafft keinen neuen Besteuerungstatbestand, sondern weist die in ihm genannten Einnahmen nur der Einkunftsart zu, zu der die entgangenen oder künftig entgehenden Einnahmen gehört hätten, wenn sie erzielt worden wären (→ BFH vom 12. 6. 1996 – BStBl II S. 516).
- Wegen einer anstelle der Rückübertragung von enteignetem Grundbesitz gezahlten Entschädigung nach dem VermG vom 23. 9. 1990 i. d. F. vom 3. 8. 1992 → BMF vom 11. 1. 1993 (BStBl I S. 18).

Ausgleichszahlungen an Handelsvertreter

- Ausgleichszahlungen an Handelsvertreter nach § 89b HGB gehören auch dann zu den Entschädigungen i. S. d. § 24 Nr. 1 Buchstabe c EStG, wenn sie zeitlich mit der Aufgabe der gewerblichen Tätigkeit zusammenfallen (→ BFH vom 5. 12. 1968 – BStBl 1969 II S. 196).
- Ausgleichszahlungen an andere Kaufleute als Handelsvertreter, z. B. Kommissionsagenten oder Vertragshändler, sind wie Ausgleichszahlungen an Handelsvertreter zu behandeln, wenn sie in entsprechender Anwendung des § 89b HGB geleistet werden (→ BFH vom 12. 10. 1999 – BStBl 2000 II S. 220).
- Ausgleichszahlungen i. S. d. § 89 HGB gehören nicht zu den Entschädigungen nach § 24 Nr. 1 Buchstabe c EStG, wenn ein Nachfolgevertreter aufgrund eines selbständigen Vertrags mit seinem Vorgänger dessen Handelsvertretung oder Teile davon entgeltlich erwirbt. Ein selbständiger Vertrag liegt aber nicht vor, wenn der Nachfolger es übernimmt, die vertretenen Firmen von Ausgleichsansprüchen freizustellen (→ BFH vom 31. 5. 1972 – BStBl II S. 899 und vom 25. 7. 1990 – BStBl 1991 II S. 218).

Entschädigung i. S. d. § 24 Nr. 1 Buchstabe a EStG

Die Entschädigung i. S. d. § 24 Nr. 1 Buchstabe a EStG muss als Ersatz für unmittelbar entgangene oder entgehende konkrete Einnahmen gezahlt werden (→ BFH vom 9. 7. 1992 – BStBl 1993 II S. 27).

Für den Begriff der Entschädigung nach § 24 Nr. 1 Buchstabe a EStG ist nicht entscheidend, ob das zur Entschädigung führende Ereignis ohne oder gegen den Willen des Stpfl. eingetreten ist. Eine Entschädigung i. S. d. § 24 Nr. 1 Buchstabe a EStG kann vielmehr auch vorliegen, wenn der Stpfl. bei dem zum Einnahmeausfall führenden Ereignis selbst mitgewirkt hat. Ist dies der Fall, muss der Stpfl. bei Aufgabe seiner Rechte aber unter erheblichem wirtschaftlichen, rechtlichen oder tatsächlichen Druck gehandelt haben; keinesfalls darf er das Schaden stiftende Ereignis aus eigenem Antrieb herbeigeführt haben. Der Begriff des Entgehens schließt freiwilliges Mitwirken oder gar die Verwirklichung eines eigenen Strebens aus (→ BFH vom 20. 7. 1978 – BStBl 1979 II S. 9, vom 16. 4. 1980 – BStBl II S. 393 und vom 9. 7. 1992 – BStBl 1993 II S. 27 und vom 4. 9. 2002 – BStBl 2003 II S. 177).

Die an die Stelle der Einnahmen tretende Ersatzleistung nach § 24 Nr. 1 Buchstabe a EStG muss auf einer **neuen** Rechts- oder Billigkeitsgrundlage beruhen. Zahlungen, die zur Erfüllung eines Anspruchs geleistet werden, sind keine Entschädigungen i. S. d. § 24 Nr. 1 Buchstabe a EStG, wenn die vertragliche Grundlage bestehen geblieben ist und sich nur die Zahlungsmodalität geändert hat (→ BFH vom 25. 8. 1993 – BStBl 1994 II S. 167, vom 10. 10. 2001 – BStBl 2002 II S. 181 und vom 6. 3. 2002 – BStBl II S. 516).

Entschädigungen nach § 24 Nr. 1 Buchstabe a EStG:

- Abfindung wegen **Auflösung eines Dienstverhältnisses**, wenn Arbeitgeber die Beendigung veranlasst hat (→ BFH vom 20. 10. 1978 – BStBl 1979 II S. 176 und vom 22. 1. 1988 – BStBl II S. 525); hierzu gehören auch Vorruhestandsgelder, die auf Grund eines Manteltarifvertrags vereinbart werden (→ BFH vom 16. 6. 2004 – BStBl II S. 1055),
- Abstandszahlung eines **Mietinteressenten** für die Entlassung aus einem Vormietvertrag (→ BFH vom 21. 8. 1990 – BStBl 1991 II S. 76),
- Aufwandsersatz, soweit er über den Ersatz von Aufwendungen hinaus auch den **Ersatz von ausgefallenen steuerbaren Einnahmen** bezweckt (→ BFH vom 26. 2. 1988 – BStBl II S. 615),
- Abfindung anlässlich der **Liquidation** einer Gesellschaft an einen Gesellschafter-Geschäftsführer, wenn auch ein gesellschaftsfremder Unternehmer im Hinblick auf die wirtschaftliche Situation der Gesellschaft die Liquidation beschlossen hätte (→ BFH vom 4. 9. 2002 – BStBl 2003 II S. 177),
- Abfindung, die der Gesellschafter-Geschäftsführer, der seine GmbH-Anteile veräußert, für den **Verzicht auf seine Pensionsansprüche** gegen die GmbH erhält, falls der Käufer den Erwerb des Unternehmens von der Nichtübernahme der Pensionsverpflichtung abhängig macht (→ BFH vom 10. 4. 2003 – BStBl 2003 II S. 748). Entsprechendes gilt für eine Entschädigung für die durch den Erwerber veranlasste Aufgabe der Geschäftsführertätigkeit (→ BFH vom 13. 8. 2003 – BStBl 2004 II S. 106),
- Abfindung wegen Auflösung eines Dienstverhältnisses, auch wenn bereits bei Beginn des Dienstverhältnisses ein Ersatzanspruch für den Fall der betriebsbedingten Kündigung oder Nichtverlängerung des Dienstverhältnisses vereinbart wird (→ BFH vom 10. 9. 2003 – BStBl 2004 II S. 349),
- Schadensersatz infolge einer schuldhaft verweigerten Wiedereinstellung (→ BFH vom 6. 7. 2005 – BStBl 2006 II S. 55),
- Leistungen wegen einer Körperverletzung nur insoweit, als sie den Verdienstausfall ersetzen (→ BFH vom 21. 1. 2004 – BStBl II S. 716),
- Mietentgelte, die der Restitutionsberechtigte vom Verfügungsberechtigten nach § 7 Abs. 7 Satz 2 VermG erlangt (→ BFH vom 11. 1. 2005 – BStBl II S. 450).

Keine Entschädigungen nach § 24 Nr. 1 Buchstabe a EStG:

- Abfindung, die bei Abschluss oder während des Arbeitsverhältnisses für den Verlust späterer **Pensionsansprüche** infolge Kündigung vereinbart wird (→ BFH vom 6. 3. 2002 – BStBl II S. 516),
- Abfindung zur Ablösung eines Versorgungsanspruchs des Gesellschafter-Geschäftsführers bei fortbestehendem Arbeitsverhältnis (→ BFH vom 7. 3. 1995 – BFH/NV 1995 S. 961),
- Abfindung, die bei Fortsetzung des Arbeitnehmerverhältnisses für **Verzicht auf Tantiemeanspruch** gezahlt wird (→ BFH vom 10. 10. 2001 – BStBl 2002 II S. 347),
- Abfindung nach vorausgegangener freiwilliger **Umwandlung zukünftiger Pensionsansprüche** (→ BFH vom 6. 3. 2002 – BStBl II S. 516),

- Entgelt für den Verzicht auf ein testamentarisch vermachtes **obligatorisches Wohnrecht** (→ BFH vom 9. 8. 1990 – BStBl II S. 1026),
- **Pensionsabfindung**, wenn der Arbeitnehmer nach Eheschließung zur Herstellung der ehelichen Lebensgemeinschaft gekündigt hat (→ BFH vom 21. 6. 1990 – BStBl II S. 1020),
- **Prozess- und Verzugszinsen** (→ BFH vom 25. 10. 1994 – BStBl 1995 II S. 121),
- **Streikunterstützung** (→ BFH vom 24. 10. 1990 – BStBl 1991 II S. 337),
- Zahlung einer Vertragspartei, die diese wegen einer **Vertragsstörung** im Rahmen des Erfüllungsinteresses leistet, und zwar einschließlich der Zahlung für den **entgangenen Gewinn** i. S. d. § 252 BGB. Dies gilt unabhängig davon, ob der Stpfl. das Erfüllungsinteresse im Rahmen des bestehenden und verletzten Vertrags durchsetzt oder zur Abgeltung seiner vertraglichen Ansprüche einer ergänzenden vertraglichen Regelung in Form eines Vergleichs zustimmt (→ BFH vom 27. 7. 1978 – BStBl 1979 II S. 66, 69, 71, vom 3. 7. 1986 – BStBl II S. 806, vom 18. 9. 1986 – BStBl 1987 II S. 25 und vom 5. 10. 1989 – BStBl 1990 II S. 155),
- Zahlung für das Überspannen von Grundstücken mit **Hochspannungsfreileitungen** (→ BFH vom 19. 4. 1994 – BStBl II S. 640),
- Zahlung an Arbeitnehmer, wenn das zugrunde liegende Arbeitsverhältnis (z. B. bei Betriebsübergang nach § 613a BGB) nicht beendet wird (→ BFH vom 10. 10. 2001 – BStBl 2002 II S. 181).
- Erlös für die Übertragung von Zuckerrübenlieferrechten eines Landwirtes (→ BFH vom 28. 2. 2002 – BStBl II S. 658).

Entschädigungen i. S. d. § 24 Nr. 1 Buchstabe b EStG

§ 24 Nr. 1 Buchstabe b EStG erfasst Entschädigungen, die als Gegenleistung für den Verzicht auf eine mögliche Einkunftserzielung gezahlt werden. Eine Entschädigung i. S. d. § 24 Nr. 1 Buchstabe b EStG liegt auch vor, wenn die Tätigkeit mit Willen oder mit Zustimmung des Arbeitnehmers aufgegeben wird. Der Ersatzanspruch muss nicht auf einer neuen Rechts- oder Billigkeitsgrundlage beruhen. Die Entschädigung für die Nichtausübung einer Tätigkeit kann auch als Hauptleistungspflicht vereinbart werden (→ BFH vom 12. 6. 1996 – BStBl II S. 516).

Entschädigungen nach § 24 Nr. 1 Buchstabe b EStG:

- Abfindungszahlung, wenn der Stpfl. von einem ihm tarifvertraglich eingeräumten **Optionsrecht**, gegen Abfindung aus dem Arbeitsverhältnis auszuscheiden, Gebrauch macht (→ BFH vom 8. 8. 1986 – BStBl 1987 II S. 106),
- Entgelt für ein im Arbeitsvertrag vereinbartes **Wettbewerbsverbot** (→ BFH vom 13. 2. 1987 – BStBl II S. 386 und vom 16. 3. 1993 – BStBl II S. 497),
- Entgelt für ein **umfassendes Wettbewerbsverbot**, das im Zusammenhang mit der Beendigung eines Arbeitsverhältnisses vereinbart worden ist (→ BFH vom 12. 6. 1996 – BStBl II S. 516),
- Entgelt für ein **umfassendes Wettbewerbsverbot** auch dann, wenn die dadurch untersagten Tätigkeiten verschiedenen Einkunftsarten zuzuordnen sind (→ BFH vom 23. 2. 1999 – BStBl II S. 590),
- Abfindung, die ein angestellter **Versicherungsvertreter** von seinem Arbeitgeber für den Verzicht auf eine mögliche künftige Einkunftserzielung durch die Verkleinerung seines Bezirks erhält (→ BFH vom 23. 1. 2001 – BStBl II S. 541).

Keine Entschädigung nach § 24 Nr. 1 Buchstabe b EStG:

- Abfindung an Arbeitnehmer für die **Aufgabe eines gewinnabhängigen Tantiemeanspruchs** (→ BFH vom 10. 10. 2001 – BStBl 2002 II S. 347).
- Erlös für die **Übertragung von Zuckerrübenlieferrechten** eines Landwirtes (→ BFH vom 28. 2. 2002 – BStBl II S. 658).

Inanspruchnahme von Grundstücken für öffentliche Zwecke i. S. d. § 24 Nr. 3 EStG

Eine „Inanspruchnahme von Grundstücken für öffentliche Zwecke" i. S. d. § 24 Nr. 3 EStG setzt voraus, dass sich ein öffentlich-rechtlicher Funktionsträger das Grundstück unter Einsatz oder Androhung von Hoheitsmitteln (etwa eines Enteignungsverfahrens) beschafft. Die auf Grund eines Zwangsversteigerungsverfahrens von der öffentlichen Hand als Ersteherin gezahlten sog. Bargebotszinsen stellen keine „Zinsen auf Entschädigungen" i. S. d. § 24 Nr. 3 EStG dar. (→ BFH vom 28. 4. 1998 – BStBl II S. 560).

Steuerbegünstigung nach § 34 Abs. 1 Satz 1 EStG

Wegen der Frage, unter welchen Voraussetzungen Entschädigungen i. S. d. § 24 Nr. 1 EStG der Steuerbegünstigung nach § 34 Abs. 1 Satz 1 EStG unterliegen → R 34.3.

24.2. Nachträgliche Einkünfte

R 24.2

(1) [1]Einkünfte aus einer ehemaligen Tätigkeit liegen vor, wenn sie in wirtschaftlichem Zusammenhang mit der ehemaligen Tätigkeit stehen, insbesondere ein Entgelt für die im Rahmen der ehemaligen Tätigkeit erbrachten Leistungen darstellen. [2]Bezahlt ein Mitunternehmer nach Auflösung der Gesellschaft aus seinem Vermögen betrieblich begründete Schulden eines anderen Gesellschafters, hat er einen nachträglichen gewerblichen Verlust, soweit er seine Ausgleichsforderung nicht verwirklichen kann.

(2) § 24 Nr. 2 EStG ist auch anzuwenden, wenn die nachträglichen Einkünfte einem Rechtsnachfolger zufließen.

Hinweise

H 24.2

Ermittlung der nachträglichen Einkünfte

Nach der Betriebsveräußerung oder Betriebsaufgabe anfallende nachträgliche Einkünfte sind in sinngemäßer Anwendung der Vorschriften des § 4 Abs. 3 EStG zu ermitteln (→ BFH vom 22. 2. 1978 – BStBl II S. 430).

Nachträgliche Einnahmen sind:

- Ratenweise gezahltes Auseinandersetzungsguthaben in Höhe des Unterschiedsbetrags zwischen Nennbetrag und Auszahlungsbetrag der Rate, wenn ein aus einer Personengesellschaft ausgeschiedener Gesellschafter verlangen darf, dass alljährlich die Rate nach dem jeweiligen Preis eines Sachwertes bemessen wird (→ BFH vom 16. 7. 1964 – BStBl III S. 622).
- Versorgungsrenten, die auf früherer gewerblicher oder freiberuflicher Tätigkeit des Stpfl. oder seines Rechtsvorgängers beruhen (→ BFH vom 10. 10. 1963 – BStBl III S. 592).

Nachträgliche Betriebsausgaben/Werbungskosten sind:

- Betriebssteuern, wenn bei Gewinnermittlung nach § 4 Abs. 3 EStG auf den Zeitpunkt der Betriebsaufgabe keine Schlussbilanz erstellt wurde, und dies nicht zur Erlangung ungerechtfertigter Steuervorteile geschah (→ BFH vom 13. 5. 1980 – BStBl II S. 692).
- Schuldzinsen für Verbindlichkeiten, die bis zur Vollbeendigung eines Gewerbebetriebs trotz Verwertung des Aktivvermögens nicht abgedeckt werden, auch wenn die Verbindlichkeiten durch Grundpfandrechte an einem privaten Grundstück gesichert sind oder eine Umschuldung durchgeführt worden ist (→ BFH vom 11. 12. 1980 – BStBl 1981 II S. 460, 461 und 462).
- Schuldzinsen für während des Bestehens des Betriebs entstandene und bei Betriebsveräußerung zurückbehaltene Verbindlichkeiten, soweit der Veräußerungserlös und der Verwertungserlös aus zurückbehaltenen Aktivwerten nicht zur Schuldentilgung ausreicht; darüber hinaus Schuldzinsen auch dann noch und so lange, als der Schuldentilgung Auszahlungshindernisse hinsichtlich des Veräußerungserlöses, Verwertungshindernisse hinsichtlich der zurückbehaltenen Aktivwerte oder Rückzahlungshindernisse hinsichtlich der früheren Betriebsschulden entgegenstehen (→ BFH vom 19. 1. 1982 – BStBl II S. 321, vom 27. 11. 1984 – BStBl 1985 II S. 323 und vom 12. 11. 1997 – BStBl 1998 II S. 144); bei Personengesellschaften → H 4.2 (15) Betriebsaufgabe oder -veräußerung im Ganzen.
- Schuldzinsen für betrieblich begründete Verbindlichkeiten nach Übergang des Betriebs zur Liebhaberei, wenn und soweit die zugrunde liegenden Verbindlichkeiten nicht durch eine mögliche Verwertung von Aktivvermögen beglichen werden können (→ BFH vom 15. 5. 2002 – BStBl II S. 809 und vom 31. 7. 2002 – BStBl 2003 II S. 282).
- Zinsanteile von Rentenzahlungen, wenn der Rentenberechtigte einer mit den Erlösen aus der Betriebsaufgabe möglichen Ablösung der betrieblich veranlassten Rentenverpflichtung nicht zustimmt (→ BFH vom 22. 9. 1999 – BStBl 2000 II S. 120).
- Nach Aufgabe der Vermietungstätigkeit gezahlte Schuldzinsen für Kreditmittel, die zur Finanzierung sofort abziehbarer Werbungskosten während der Vermietungsphase verwendet

worden sind. Es kommt nicht darauf an, ob ein etwaiger Veräußerungserlös zur Schuldentilgung ausgereicht hätte (→ BMF vom 3. 5. 2006 – BStBl I S. 363).

sind **nicht:**

- Schuldzinsen, soweit es der Stpfl. bei Aufgabe eines Gewerbebetriebes unterlässt, vorhandene Aktiva zur Tilgung der Schulden einzusetzen (→ BFH vom 11. 12. 1980 – BStBl 1981 II S. 463 und vom 21. 11. 1989 – BStBl 1990 II S. 213), diese Schuldzinsen können jedoch Werbungskosten bei einer anderen Einkunftsart sein (→ BFH vom 19. 8. 1998 – BStBl 1999 II S. 353 und vom 28. 3. 2007 – BStBl II S. 642, → H 21.2 – Finanzierungskosten –). Bei Personengesellschaften → H 4.2 (15) Betriebsaufgabe oder -veräußerung im Ganzen.
- Schuldzinsen für vom übertragenden Gesellschafter bei Veräußerung eines Gesellschaftsanteils mit befreiender Wirkung gegenüber der Gesellschaft und dem eintretendem Gesellschafter übernommene Gesellschaftsschulden (→ BFH vom 28. 1. 1981 – BStBl II S. 464).
- Anhang 19 Schuldzinsen, die auf die Zeit nach Beendigung der Nutzung zur Erzielung von Einkünften aus Vermietung und Verpachtung entfallen, wenn die Kreditmittel der Finanzierung von Anschaffungs- oder Herstellungskosten gedient haben (→ BFH vom 16. 9. 1999 – BStBl 2001 II S. 528).
- Schuldzinsen, die noch nach der Zwangsversteigerung eines zuvor vermieteten Gebäudes entstehen, weil der Veräußerungserlös nicht zur Tilgung der ursprünglichen Kredite ausreicht (→ BFH vom 12. 11. 1991 – BStBl 1992 II S. 289).
- Schuldzinsen, die auf Zeit nach Veräußerung einer im Privatvermögen gehaltenen Beteiligung i. S. d. § 17 Abs. 1 Satz 1 EStG entfallen (→ BFH vom 9. 8. 1983 – BStBl 1984 II S. 29).
- Schuldzinsen für Verbindlichkeiten, die nicht während des Bestehens des Betriebs entstanden, sondern Folge der Aufgabe oder Veräußerung des Betriebs sind (→ BFH vom 12. 11. 1997 – BStBl 1998 II S. 144).

Rechtsnachfolger

- Der Begriff des Rechtsnachfolgers umfasst sowohl den bürgerlich-rechtlichen Einzel- oder Gesamtrechtsnachfolger als auch denjenigen, dem z. B. aufgrund eines von einem Gewerbetreibenden abgeschlossenen Vertrags zugunsten Dritter (§ 328 BGB) Einnahmen zufließen, die auf der gewerblichen Betätigung beruhen (→ BFH vom 25. 3. 1976 – BStBl II S. 487).
- Fließen nachträgliche Einkünfte dem Rechtsnachfolger zu, so sind sie nach den in seiner Person liegenden Besteuerungsmerkmalen zu versteuern (→ BFH vom 29. 7. 1960 – BStBl III S. 404).
- Nachträglich zugeflossene Rentenzahlungen werden dem Erben auch dann als nachträgliche Einkünfte zugerechnet, wenn sie vom Testamentsvollstrecker zur Erfüllung von Vermächtnissen verwendet werden (→ BFH vom 24. 1. 1996 – BStBl II S. 287).

EStG
S 2265

§ 24a Altersentlastungsbetrag

[1]Der Altersentlastungsbetrag ist bis zu einem Höchstbetrag im Kalenderjahr ein nach einem Prozentsatz ermittelter Betrag des Arbeitslohns und der positiven Summe der Einkünfte, die [1]) **nicht solche aus nichtselbständiger Arbeit sind. [2]*Bei der Bemessung des Betrags bleiben außer Betracht:***

1. Versorgungsbezüge im Sinne des § 19 Abs. 2;

2. Einkünfte aus Leibrenten im Sinne des § 22 Nr. 1 Satz 3 Buchstabe a;

3. Einkünfte im Sinne des § 22 Nr. 4 Satz 4 Buchstabe b;

4. Einkünfte im Sinne des § 22 Nr. 5 Satz 1, soweit § 52 Abs. 34c anzuwenden ist;

5. Einkünfte im Sinne des § 22 Nr. 5 Satz 2 Buchstabe a.

[3]Der Altersentlastungsbetrag wird einem Steuerpflichtigen gewährt, der vor dem Beginn des Kalenderjahres, in dem er sein Einkommen bezogen hat, das 64. Lebensjahr vollendet hatte. [4]Im Fall der Zusammenveranlagung von Ehegatten zur Einkommensteuer sind die Sätze 1 bis 3 für jeden Ehegatten gesondert anzuwenden. [5]Der maßgebende Prozentsatz und der Höchstbetrag des Altersentlastungsbetrags sind der nachstehenden Tabelle zu entnehmen:

---

1) Satz 2 wurde durch das JStG 2008 ab VZ 2008 geändert.

Das auf die Vollendung des 64. Lebensjahres folgende Kalenderjahr	Altersentlastungsbetrag	
	in % der Einkünfte	Höchstbetrag in Euro
2005	40,0	1 900
2006	38,4	1 824
2007	36,8	1 748
2008	35,2	1 672
2009	33,6	1 596
2010	32,0	1 520
2011	30,4	1 444
2012	28,8	1 368
2013	27,2	1 292
2014	25,6	1 216
2015	24,0	1 140
2016	22,4	1 064
2017	20,8	988
2018	19,2	912
2019	17,6	836
2020	16,0	760
2021	15,2	722
2022	14,4	684
2023	13,6	646
2024	12,8	608
2025	12,0	570
2026	11,2	532
2027	10,4	494
2028	9,6	456
2029	8,8	418
2030	8,0	380
2031	7,2	342
2032	6,4	304
2033	5,6	266
2034	4,8	228
2035	4,0	190
2036	3,2	152
2037	2,4	114
2038	1,6	76
2039	0,8	38
2040	0,0	0

24a. Altersentlastungsbetrag R 24a

Allgemeines

(1) [1]Bei der Berechnung des Altersentlastungsbetrags sind Einkünfte aus Land- und Forstwirtschaft nicht um den Freibetrag nach § 13 Abs. 3 EStG zu kürzen. [2]Sind in den Einkünften neben Leibrenten auch andere wiederkehrende Bezüge i. S. d. § 22 Nr. 1 EStG enthalten, ist der Werbungskosten-Pauschbetrag nach § 9a Satz 1 Nr. 3 EStG von den der Besteuerung nach § 22 Nr. 1 Satz 3 EStG unterliegenden Teilen der Leibrenten abzuziehen, soweit er diese nicht übersteigt. [3]Der Altersentlastungsbetrag ist auf den nächsten vollen Euro-Beträge aufzurunden. S 2265

Berechnung bei Anwendung anderer Vorschriften

(2) Ist der Altersentlastungsbetrag außer vom Arbeitslohn noch von weiteren Einkünften zu berechnen und muss er für die Anwendung weiterer Vorschriften, z. B. § 10c Abs. 2 Satz 3 EStG, von bestimmten Beträgen abgezogen werden, ist davon auszugehen, dass er zunächst vom Arbeitslohn berechnet worden ist.

H 24a

Hinweise

Altersentlastungsbetrag bei Ehegatten

Im Fall der Zusammenveranlagung von Ehegatten ist der Altersentlastungsbetrag jedem Ehegatten, der die altersmäßigen Voraussetzungen erfüllt, nach Maßgabe der von ihm bezogenen Einkünfte zu gewähren (→ BFH vom 22. 9. 1993 – BStBl 1994 II S. 107).

Berechnung des Altersentlastungsbetrags

Der Altersentlastungsbetrag ist von der Summe der Einkünfte zur Ermittlung des Gesamtbetrags der Einkünfte abzuziehen (→ R 2).

Beispiel 1:

Der Stpfl. hat im VZ 2004 das 64. Lebensjahr vollendet. Im VZ ***2008*** wurden erzielt:

Arbeitslohn	14 000 €
darin enthalten:	
Versorgungsbezüge in Höhe von	6 000 €
Einkünfte aus Kapitalvermögen	500 €
Einkünfte aus Vermietung und Verpachtung	– 1 500 €

Der Altersentlastungsbetrag beträgt 40 % des Arbeitslohns (14 000 € – 6 000 € = 8 000 €), das sind 3 200 €, höchstens jedoch 1 900 €. Die Einkünfte aus Kapitalvermögen und aus Vermietung und Verpachtung werden für die Berechnung des Altersentlastungsbetrags nicht berücksichtigt, weil ihre Summe negativ ist (– 1 500 € + 500 € = – 1 000 €).

Beispiel 2:

Wie Beispiel 1, jedoch hat der Stpfl. im VZ 2006 das 64. Lebensjahr vollendet.

Der Altersentlastungsbetrag beträgt ***35,2 % des Arbeitslohnes (14 000 € abzüglich Versorgungsbezüge 6 000 € = 8 000 €), das sind 2 816 €, höchstens jedoch 1 672 €***.

Einkünfte, die bei der Bemessung des Altersentlastungsbetrags außer Betracht bleiben

→ BMF vom 23. 5. 2007 (BStBl I S. 486)

Lohnsteuerabzug

Die Berechnung des Altersentlastungsbetrags beim Lohnsteuerabzug hat keine Auswirkung auf die Berechnung im Veranlagungsverfahren (→ R 39b.4 Abs. 3 LStR 2008).

EStG
S 2265a

§ 24b Entlastungsbetrag für Alleinerziehende

(1) [1]Alleinstehende Steuerpflichtige können einen Entlastungsbetrag in Höhe von 1308 Euro im Kalenderjahr von der Summe der Einkünfte abziehen, wenn zu ihrem Haushalt mindestens ein Kind gehört, für das ihnen ein Freibetrag nach § 32 Abs. 6 oder Kindergeld zusteht. [2]Die Zugehörigkeit zum Haushalt ist anzunehmen, wenn das Kind in der Wohnung des allein stehenden Steuerpflichtigen gemeldet ist. [3]Ist das Kind bei mehreren Steuerpflichtigen gemeldet, steht der Entlastungsbetrag nach Satz 1 demjenigen Alleinstehenden zu, der die Voraussetzungen auf Auszahlung des Kindergeldes nach § 64 Abs. 2 Satz 1 erfüllt oder erfüllen würde in Fällen, in denen nur ein Anspruch auf einen Freibetrag nach § 32 Abs. 6 besteht.

(2) [1]Als alleinstehend im Sinne des Absatzes 1 sind Steuerpflichtige, die nicht die Voraussetzungen für die Anwendung des Splitting-Verfahrens (§ 26 Abs. 1) erfüllen oder verwitwet sind und keine Haushaltsgemeinschaft mit einer anderen volljährigen Person bilden, es sei denn, für diese steht ihnen ein Freibetrag nach § 32 Abs. 6 oder Kindergeld zu oder es handelt sich um ein Kind im Sinne des § 63 Abs. 1 Satz 1, das einen Dienst nach § 32 Abs. 5 Satz 1 Nr. 1 und 2 leistet oder eine Tätigkeit nach § 32 Abs. 5 Satz 1 Nr. 3 ausübt. [2]Ist die andere Person mit Haupt- oder Nebenwohnsitz in der Wohnung des Steuerpflichtigen gemeldet, wird vermutet, dass sie mit dem Steuerpflichtigen gemeinsam wirtschaftet (Haushaltsgemeinschaft). [3]Diese Vermutung ist widerlegbar, es sei denn der Steuerpflichtige und die andere Person leben in einer eheähnlichen Gemeinschaft oder in einer eingetragenen Lebenspartnerschaft.

(3) Für jeden vollen Kalendermonat, in dem die Voraussetzungen des Absatzes 1 nicht vorgelegen haben, ermäßigt sich der Entlastungsbetrag um ein Zwölftel.

Hinweise

H 24b

Anwendungsschreiben

→ BMF vom 29. 10. 2004 (BStBl I S. 1042) Anhang 7

Haushaltsgemeinschaft

Lebensführung mit volljährigen Kindern im eigenen Einfamilienhaus: Verletzt § 24b EStG Art. 6 GG soweit er auch Haushaltsgemeinschaften mit volljährigen Kindern als schädlich normiert (faktischer Geschwisterunterhalt)?

→ FG Hamburg vom 10. 11. 2006 (1 K 240/05) – Rev. – III R 104/06

Mehrere Haushalte

Ist, soweit das Kind in mehreren Haushalten gleichermaßen aufgenommen wurde, der Entlastungsbetrag für Alleinerziehende gem. § 24b EStG nach § 64 Abs. 2 Satz 2 EStG analog dem Steuerpflichtigen zu gewähren, der übereinstimmend als Kindergeldberechtigter bestimmt wurde?

→ FG Köln vom 14. 8. 2008 – 15 K 1468/07 – Rev – III R 79/08

§ 24c Jahresbescheinigung über Kapitalerträge und Veräußerungsgewinne aus Finanzanlagen

EStG
S 2252a
[1]

Kreditinstitute oder Finanzdienstleistungsinstitute, die nach § 45a zur Ausstellung von Steuerbescheinigungen berechtigt sind, sowie Wertpapierhandelsunternehmen und Wertpapierhandelsbanken haben dem Gläubiger der Kapitalerträge oder dem Hinterleger der Wertpapiere für alle bei ihnen geführten Wertpapierdepots und Konten eine zusammenfassende Jahresbescheinigung nach amtlich vorgeschriebenem Muster auszustellen, die die für die Besteuerung nach den §§ 20 und 23 Abs. 1 Satz 1 Nr. 2 bis 4 erforderlichen Angaben enthält.

Hinweise

H 24c

Allgemeines

Die von den Kreditinstituten zu erteilende Jahresbescheinigung ist ausschließlich als Hilfestellung für die Stpfl. beim Ausfüllen der Steuererklärungsformulare gedacht. Es kann aber zumindest ein hinreichender Anlass für weitere Ermittlungen sein, wenn die Jahresbescheinigung auf berechtigtes Verlangen des Finanzamts nicht vorgelegt wird (→ BFH vom 7. 9. 2005 – BStBl 2006 II S. 61).

Jahresbescheinigung

→ BMF vom 31. 8. 2004 (BStBl I S. 854) unter Berücksichtigung der Änderungen durch BMF vom 9. 11. 2005 (BStBl I S. 958), vom 6. 9. 2006 (BStBl I S. 508) und vom 24. 9. 2007 (BStBl I S. 705).

III. Veranlagung

§ 25 Veranlagungszeitraum, Steuererklärungspflicht

EStG
S 2260
S 2261
[2]

(1) Die Einkommensteuer wird nach Ablauf des Kalenderjahres (Veranlagungszeitraum) nach dem Einkommen veranlagt, das der Steuerpflichtige in diesem Veranlagungszeitraum bezogen hat, soweit nicht nach § 46 eine Veranlagung unterbleibt.

1) § 24c EStG wurde durch das Unternehmensteuerreformgesetz 2008 aufgehoben und ist letztmals für den VZ 2008 anzuwenden → § 52a Abs. 12 EStG.

2) Absatz 1 wurde durch das Unternehmensteuerreformgesetz 2008 ab VZ 2009 geändert.
Anm.: Absatz 1 i. d. F. des Unternehmensteuerreformgesetzes 2008 lautet:
Die Einkommensteuer wird nach Ablauf des Kalenderjahres (Veranlagungszeitraum) nach dem Einkommen veranlagt, das der Steuerpflichtige in diesem Veranlagungszeitraum bezogen hat, soweit nicht nach § 43 Abs. 5 und § 46 eine Veranlagung unterbleibt.

(2) (weggefallen)

(3) [1]Der Steuerpflichtige hat für den abgelaufenen Veranlagungszeitraum eine Einkommensteuererklärung abzugeben. [2]Ehegatten haben für den Fall der Zusammenveranlagung (§ 26b) eine gemeinsame Einkommensteuererklärung abzugeben. [3]Wählt einer der Ehegatten die getrennte Veranlagung (§ 26a) oder wählen beide Ehegatten die besondere Veranlagung für den Veranlagungszeitraum der Eheschließung (§ 26c), hat jeder der Ehegatten eine Einkommensteuererklärung abzugeben. [4]Der Steuerpflichtige hat die Einkommensteuererklärung eigenhändig zu unterschreiben. [5]Eine gemeinsame Einkommensteuererklärung ist von beiden Ehegatten eigenhändig zu unterschreiben.

[1])

EStDV
S 2261

§ 56 Steuererklärungspflicht[2])

[1]Unbeschränkt Steuerpflichtige haben eine jährliche Einkommensteuererklärung für das abgelaufene Kalenderjahr (Veranlagungszeitraum) in den folgenden Fällen abzugeben:

1. *Ehegatten, bei denen im Veranlagungszeitraum die Voraussetzungen des § 26 Abs. 1 des Gesetzes vorgelegen haben und von denen keiner die getrennte Veranlagung nach § 26a des Gesetzes oder die besondere Veranlagung nach § 26c des Gesetzes wählt,*
   a) *wenn keiner der Ehegatten Einkünfte aus nichtselbständiger Arbeit, von denen ein Steuerabzug vorgenommen worden ist, bezogen und der Gesamtbetrag der Einkünfte mehr als 15329 Euro betragen hat,*
   b) *wenn mindestens einer der Ehegatten Einkünfte aus nichtselbständiger Arbeit, von denen ein Steuerabzug vorgenommen worden ist, bezogen hat und eine Veranlagung nach § 46 Abs. 2 Nr. 1 bis 7 des Gesetzes in Betracht kommt,*
   c) *wenn eine Veranlagung nach § 46 Abs. 2a[3]) des Gesetzes in Betracht kommt;*
2. *Personen, bei denen im Veranlagungszeitraum die Voraussetzungen des § 26 Abs. 1 des Gesetzes nicht vorgelegen haben,*
   a) *wenn der Gesamtbetrag der Einkünfte mehr als 7664 Euro betragen hat und darin keine Einkünfte aus nichtselbständiger Arbeit, von denen ein Steuerabzug vorgenommen worden ist, enthalten sind,*
   b) *wenn in dem Gesamtbetrag der Einkünfte Einkünfte aus nichtselbständiger Arbeit, von denen ein Steuerabzug vorgenommen worden ist, enthalten sind und eine Veranlagung nach § 46 Abs. 2 Nr. 1 bis 6 und 7 Buchstabe b des Gesetzes in Betracht kommt,*
   c) *wenn eine Veranlagung nach § 46 Abs. 2a[4]) des Gesetzes in Betracht kommt.*

[2]Eine Steuererklärung ist außerdem abzugeben, wenn zum Schluss des vorangegangenen Veranlagungszeitraums ein verbleibender Verlustabzug festgestellt worden ist.

EStDV

§§ 57 bis 59

– weggefallen –

---

1) ***Durch das Steuerbürokratieabbaugesetz wurde ein Absatz 4 angefügt; dieser ist erstmals für Einkommensteuererklärungen anzuwenden, die für den VZ 2011 abzugeben sind → § 52 Abs. 39 EStG.***
Anm.: Der neue Absatz 4 lautet:
(4) Die Erklärung nach Absatz 3 ist nach amtlich vorgeschriebenem Datensatz durch Datenfernübertragung zu übermitteln, wenn Einkünfte nach § 2 Abs. 1 Satz 1 Nr. 1 bis 3 erzielt werden und es sich nicht um einen der Veranlagungsfälle gemäß § 46 Abs. 2 Nr. 2 bis 8 handelt. Auf Antrag kann die Finanzbehörde zur Vermeidung unbilliger Härten auf eine Übermittlung durch Datenfernübertragung verzichten.

2) § 56 EStDV wurde durch das Gesetz zur Sicherung von Beschäftigung und Stabilität in Deutschland wie folgt geändert:
1. In Nummer 1a wird die Angabe „15 329 Euro" durch die Wörter „das Zweifache des Grundfreibetrages nach § 32a Absatz 1 Satz 2 Nummer 1 des Gesetzes in der jeweiligen Fassung" ersetzt.
2. In Nummer 2a werden die Wörter „mehr als 7 664 Euro betragen hat" durch die Wörter „den Grundfreibetrag nach § 32a Absatz 1 Satz 2 Nummer 1 des Gesetzes in der jeweils geltenden Fassung überstiegen hat" ersetzt.

3) § 46 Abs. 2a EStG wurde durch das StÄndG 2003 aufgehoben.

4) § 46 Abs. 2a EStG wurde durch das StÄndG 2003 aufgehoben.

§ 60 Unterlagen zur Steuererklärung

EStDV
S 2260

[1]) (1) [1]Wird der Gewinn nach § 4 Abs. 1, § 5 oder § 5a des Gesetzes ermittelt, so ist der Steuererklärung eine Abschrift der Bilanz, die auf dem Zahlenwerk der Buchführung beruht, im Fall der Eröffnung des Betriebs auch eine Abschrift der Eröffnungsbilanz beizufügen. [2]Werden Bücher geführt, die den Grundsätzen der doppelten Buchführung entsprechen, ist eine Gewinn- und Verlustrechnung beizufügen.

(2) [1]Enthält die Bilanz Ansätze oder Beträge, die den steuerlichen Vorschriften nicht entsprechen, so sind diese Ansätze oder Beträge durch Zusätze oder Anmerkungen den steuerlichen Vorschriften anzupassen. [2]Der Steuerpflichtige kann auch eine den steuerlichen Vorschriften entsprechende Bilanz (Steuerbilanz) beifügen.

(3) [1]Liegt ein Anhang, ein Lagebericht oder ein Prüfungsbericht vor, so ist eine Abschrift der Steuererklärung beizufügen. [2]Bei der Gewinnermittlung nach § 5a des Gesetzes ist das besondere Verzeichnis nach § 5a Abs. 4 des Gesetzes der Steuererklärung beizufügen.

[2]) (4) Wird der Gewinn nach § 4 Abs. 3 des Gesetzes durch den Überschuss der Betriebseinnahmen über die Betriebsausgaben ermittelt, ist der Steuererklärung eine Gewinnermittlung nach amtlich vorgeschriebenem Vordruck beizufügen.[3])

---

25. Verfahren bei der getrennten Veranlagung von Ehegatten nach § 26a EStG

R 25

S 2260
S 2263

[1]Hat ein Ehegatte nach § 26 Abs. 2 Satz 1 EStG die getrennte Veranlagung gewählt, so ist für jeden Ehegatten eine Veranlagung durchzuführen, auch wenn sich jeweils eine Steuerschuld von 0 Euro ergibt. [2]Der bei einer Zusammenveranlagung der Ehegatten in Betracht kommende Betrag der außergewöhnlichen Belastungen ist grundsätzlich von dem Finanzamt zu ermitteln, das für die Veranlagung des Ehemannes zuständig ist.

Hinweise

H 25

Härteregelung

Die Härteregelung des § 46 Abs. 3 und 5 EStG gilt auch bei Arbeitnehmern, die nach § 25 EStG zu veranlagen sind (→ BFH vom 10. 1. 1992 – BStBl II S. 720).

Unterzeichnung durch einen Bevollmächtigten

Kehrt ein ausländischer Arbeitnehmer auf Dauer in sein Heimatland zurück, kann dessen Einkommensteuer-Erklärung ausnahmsweise durch einen Bevollmächtigten unter Offenlegung des Vertretungsverhältnisses unterzeichnet werden (→ BFH vom 10. 4. 2002 – BStBl II S. 455).

---

1) ***Absatz 1 wurde durch das Steuerbürokratieabbaugesetz geändert und ist erstmals für Wirtschaftsjahre (Gewinnermittlungszeiträume) anzuwenden, die nach dem 31. 12. 2010 beginnen (→ § 84 Abs. 3d EStDV).***
Anm.: Absatz 1 in der Neufassung lautet:
Der Steuererklärung ist eine Abschrift der Bilanz, die auf dem Zahlenwerk der Buchführung beruht, im Fall der Eröffnung des Betriebs auch eine Abschrift der Eröffnungsbilanz beizufügen, wenn der Gewinn nach § 4 Abs. 1, § 5 oder § 5a des Gesetzes ermittelt und auf eine elektronische Übermittlung nach § 5b Abs. 2 des Gesetzes verzichtet wird. Werden Bücher geführt, die den Grundsätzen der doppelten Buchführung entsprechen, ist eine Gewinn- und Verlustrechnung beizufügen.

2) ***Absatz 4 wurde durch das Steuerbürokratieabbaugesetz geändert und ist erstmals für Wirtschaftsjahre (Gewinnermittlungszeiträume) anzuwenden, die nach dem 31. 12. 2010 beginnen (→ § 84 Abs. 3d EStDV).***
Anm.: Absatz 1 in der Neufassung lautet:
Wird der Gewinn nach § 4 Abs. 3 des Gesetzes durch den Überschuss der Betriebseinnahmen über die Betriebsausgaben ermittelt, ist die Einnahmen-Überschussrechnung nach amtlich vorgeschriebenem Datensatz durch Datenfernübertragung zu übermitteln. Auf Antrag kann die Finanzbehörde zur Vermeidung unbilliger Härten auf eine elektronische Übermittlung verzichten; in diesem Fall ist der Steuererklärung eine Gewinnermittlung nach amtlich vorgeschriebenem Vordruck beizufügen. § 150 Abs. 7 und 8 der Abgabenordnung gilt entsprechend.

3) Vordruck Einnahmenüberschussrechnung 2008 (→ BMF vom 5. 9. 2008 – BStBl I S. 862).

EStG
S 2262

§ 26 Veranlagung von Ehegatten

(1) [1]Ehegatten, die beide unbeschränkt einkommensteuerpflichtig im Sinne des § 1 Abs. 1 oder 2 oder des § 1a sind und nicht dauernd getrennt leben und bei denen diese Voraussetzungen zu Beginn des Veranlagungszeitraums vorgelegen haben oder im Laufe des Veranlagungszeitraums eingetreten sind, können zwischen getrennter Veranlagung (§ 26a) und Zusammenveranlagung (§ 26b) wählen; für den Veranlagungszeitraum der Eheschließung können sie stattdessen die besondere Veranlagung nach § 26c wählen. [2]Eine Ehe, die im Laufe des Veranlagungszeitraums aufgelöst worden ist, bleibt für die Anwendung des Satzes 1 unberücksichtigt, wenn einer der Ehegatten in demselben Veranlagungszeitraum wieder geheiratet hat und bei ihm und dem neuen Ehegatten die Voraussetzungen des Satzes 1 ebenfalls vorliegen. [3]Satz 2 gilt nicht, wenn eine Ehe durch Tod aufgelöst worden ist und die Ehegatten der neuen Ehe die besondere Veranlagung nach § 26c wählen.

(2) [1]Ehegatten werden getrennt veranlagt, wenn einer der Ehegatten getrennte Veranlagung wählt. [2]Ehegatten werden zusammen veranlagt oder – für den Veranlagungszeitraum der Eheschließung – nach § 26c veranlagt, wenn beide Ehegatten die betreffende Veranlagungsart wählen. [3]Die zur Ausübung der Wahl erforderlichen Erklärungen sind beim Finanzamt schriftlich oder zu Protokoll abzugeben.

(3) Werden die nach Absatz 2 erforderlichen Erklärungen nicht abgegeben, so wird unterstellt, dass die Ehegatten die Zusammenveranlagung wählen.

R 26

26. Voraussetzungen für die Anwendung des § 26 EStG

Nicht dauernd getrennt lebend

S 2262–S 2264

(1) [1]Bei der Frage, ob Ehegatten als dauernd getrennt lebend anzusehen sind, wird einer auf Dauer herbeigeführten räumlichen Trennung regelmäßig eine besondere Bedeutung zukommen. [2]Die eheliche Lebens- und Wirtschaftsgemeinschaft ist jedoch im Allgemeinen nicht aufgehoben, wenn sich die Ehegatten nur vorübergehend räumlich trennen, z. B. bei einem beruflich bedingten Auslandsaufenthalt eines der Ehegatten. [3]Sogar in Fällen, in denen die Ehegatten infolge zwingender äußerer Umstände für eine nicht absehbare Zeit räumlich voneinander getrennt leben müssen, z. B. infolge Krankheit oder Verbüßung einer Freiheitsstrafe, kann die eheliche Lebens- und Wirtschaftsgemeinschaft noch weiterbestehen, wenn die Ehegatten die erkennbare Absicht haben, die eheliche Verbindung in dem noch möglichen Rahmen aufrechtzuerhalten und nach dem Wegfall der Hindernisse die volle eheliche Gemeinschaft wiederherzustellen. [4]Ehegatten, von denen einer vermisst ist, sind im Allgemeinen nicht als dauernd getrennt lebend anzusehen.

Veranlagungswahlrecht in Sonderfällen

(2) [1]War der Stpfl. im Laufe des VZ zweimal verheiratet und haben jeweils die Voraussetzungen des § 26 Abs. 1 Satz 1 EStG vorgelegen, besteht ein Veranlagungswahlrecht für die aufgelöste Ehe nur, wenn die Auflösung durch Tod erfolgt ist und die Ehegatten der nachfolgenden Ehe die besondere Veranlagung nach § 26c EStG wählen (§ 26 Abs. 1 Satz 2 und 3 EStG). [2]Sind die Voraussetzungen des § 26 Abs. 1 Satz 1 EStG für die letzte Ehe nicht erfüllt, besteht für die aufgelöste Ehe ein Veranlagungswahlrecht nur dann nicht, wenn der andere Ehegatte dieser Ehe im VZ ebenfalls wieder geheiratet hat und bei ihm und seinem neuen Ehegatten die Voraussetzungen des § 26 Abs. 1 Satz 1 EStG vorliegen (§ 26 Abs. 1 Satz 2 EStG).

Wahl der getrennten Veranlagung oder Zusammenveranlagung

(3) [1]Widerruft ein Ehegatte im Zuge der Veranlagung die von ihm oder von beiden Ehegatten abgegebene Erklärung über die Wahl der getrennten Veranlagung, ist die bestandskräftige Veranlagung des anderen Ehegatten nach § 175 Abs. 1 Satz 1 Nr. 2 AO aufzuheben, da die Vorschriften des § 26 Abs. 1 EStG hinsichtlich der Besteuerung beider Ehegatten nur einheitlich angewendet werden können. [2]Haben beide Ehegatten eine Erklärung über die Wahl der getrennten Veranlagung abgegeben, müssen beide Ehegatten ihre Erklärung widerrufen. [3]Hat nur einer der Ehegatten eine Erklärung abgegeben, ist der Widerruf dieses Ehegatten nur wirksam, wenn der andere Ehegatte nicht widerspricht. [4]Der einseitige Antrag eines Ehegatten auf getrennte Veranlagung ist rechtsunwirksam, wenn dieser Ehegatte im VZ keine positiven oder negativen Einkünfte erzielt hat oder wenn seine positiven Einkünfte so gering sind, dass weder eine Einkommensteuer festzusetzen ist noch die Einkünfte einem Steuerabzug zu unterwerfen waren, und zwar selbst dann, wenn dem anderen Ehegatten eine Steuerstraftat zur Last gelegt wird.

Wahl der besonderen Veranlagung für den VZ der Eheschließung

(4) [1]Die besondere Veranlagung für den VZ der Eheschließung (§ 26c EStG) setzt voraus, dass beide Ehegatten eine ausdrückliche Erklärung über die Wahl dieser Veranlagungsart abgeben. [2]Geschieht das nicht, so werden die Ehegatten zusammen veranlagt, falls nicht einer der Ehegatten die getrennte Veranlagung wählt (§ 26 Abs. 3 EStG). [3]Absatz 3 Satz 2 gilt entsprechend. [4]Ist im Falle der besonderen Veranlagung nach § 26c EStG die Veranlagung eines der Ehegatten bereits bestandskräftig und wird im Zuge der Veranlagung des anderen Ehegatten von diesem die Wahl widerrufen, sind, falls dieser Ehegatte die getrennte Veranlagung wählt, die Ehegatten getrennt zu veranlagen oder, falls keine Erklärung über die Wahl der getrennten Veranlagung abgegeben wird, zusammen zu veranlagen (§ 26 Abs. 3 EStG); die bestandskräftige Veranlagung des einen Ehegatten ist nach § 175 Abs. 1 Satz 1 Nr. 2 AO aufzuheben.

Zurechnung gemeinsamer Einkünfte

(5) Gemeinsame Einkünfte der Ehegatten, z. B. aus einer Gesamthandsgesellschaft oder Gesamthandsgemeinschaft sind jedem Ehegatten, falls keine andere Aufteilung in Betracht kommt, zur Hälfte zuzurechnen.

Hinweise

H 26

Allgemeines

Welche Personen **Ehegatten** i. S. d. § 26 Abs. 1 Satz 1 EStG sind, bestimmt sich **nach bürgerlichem Recht** (→ BFH vom 21. 6. 1957 – BStBl III S. 300). **Bei Ausländern** sind die materiell-rechtlichen Voraussetzungen für jeden Beteiligten nach den Gesetzen des Staates zu beurteilen, dem er angehört. Die Anwendung eines ausländischen Gesetzes ist jedoch ausgeschlossen, wenn es gegen die guten Sitten oder den Zweck eines deutschen Gesetzes verstoßen würde (→ BFH vom 6. 12. 1985 – BStBl 1986 II S. 390). Haben ausländische Staatsangehörige, von denen einer außerdem die deutsche Staatsangehörigkeit besitzt, im Inland eine Ehe geschlossen, die zwar nach dem gemeinsamen Heimatrecht, nicht aber nach deutschem Recht gültig ist, so handelt es sich nicht um Ehegatten i. S. d. § 26 Abs. 1 Satz 1 EStG (→ BFH vom 17. 4. 1998 – BStBl II S. 473). Eine Ehe ist bei **Scheidung oder Aufhebung** nach § 1564 BGB, § 29 Ehegesetz erst mit Rechtskraft des Urteils aufgelöst; diese Regelung ist auch für das Einkommensteuerrecht maßgebend (→ BFH vom 9. 3. 1973 – BStBl II S. 487). Wird eine Ehe **für nichtig erklärt** (§ 23 Ehegesetz), so ist sie einkommensteuerrechtlich bis zur Rechtskraft der Nichtigerklärung wie eine gültige Ehe zu behandeln. Ein Stpfl., dessen Ehegatte **verschollen oder vermisst ist**, gilt als verheiratet. Bei Kriegsgefangenen oder Verschollenen kann in der Regel ferner davon ausgegangen werden, dass sie vor Eintritt der Kriegsgefangenschaft oder Verschollenheit einen Wohnsitz im Inland gehabt haben (→ BFH vom 3. 3. 1978 – BStBl II S. 372). Wird ein verschollener Ehegatte **für tot erklärt**, so gilt der Stpfl. vom Tag der Rechtskraft des Todeserklärungsbeschlusses an als verwitwet (→ § 49 AO, BFH vom 24. 8. 1956 – BStBl III S. 310).

Ehegatte im Ausland

→ § 1a Abs. 1 Nr. 2 EStG

Die Antragsveranlagung einer Person mit inländischen Einkünften i. S. d. § 49 EStG nach § 1 Abs. 3 EStG ermöglicht im Grundsatz keine Zusammenveranlagung mit ihrem ebenfalls im Ausland wohnenden Ehegatten, wenn dieser selbst nicht unbeschränkt einkommensteuerpflichtig ist (→ BFH vom 22. 2. 2006 – BStBl 2007 II S. 106).

Ehegatte ohne Einkünfte

Stellt ein Ehegatte, der keine Einkünfte erzielt hat, einen Antrag auf getrennte Veranlagung, ist dieser selbst dann unbeachtlich, wenn dem anderen Ehegatten eine Steuerstraftat zur Last gelegt wird. Im Fall eines solchen Antrags sind die Ehegatten nach § 26 Abs. 3 EStG zusammen zu veranlagen, wenn der andere Ehegatte dies beantragt hat (→ BFH vom 10. 1. 1992 – BStBl II S. 297).

Eingetragene Lebenspartnerschaft

Eingetragene Lebenspartner werden nicht wie Ehegatten nach § 26 EStG veranlagt (→ BFH vom 26. 1. 2006 – BStBl II S. 515 und vom 20. 7. 2006 – BStBl II S. 883).

Getrenntleben

Ein dauerndes Getrenntleben ist anzunehmen, wenn die zum Wesen der Ehe gehörende Lebens- und Wirtschaftsgemeinschaft nach dem Gesamtbild der Verhältnisse auf die Dauer nicht mehr besteht. Dabei ist unter Lebensgemeinschaft die räumliche, persönliche und geistige Gemeinschaft der Ehegatten, unter Wirtschaftsgemeinschaft die gemeinsame Erledigung der die Ehegatten gemeinsam berührenden wirtschaftlichen Fragen ihres Zusammenlebens zu verstehen (→ BFH vom 15. 6. 1973 – BStBl II S. 640).

In der Regel sind die Angaben der Ehegatten, sie lebten nicht dauernd getrennt, anzuerkennen, es sei denn, dass die äußeren Umstände das Bestehen einer ehelichen Lebens- und Wirtschaftsgemeinschaft fraglich erscheinen lassen (→ BFH vom 5. 10. 1966 – BStBl 1967 III S. 84 und 110). In einem Scheidungsverfahren zum Getrenntleben getroffene Feststellungen (§ 1565 BGB) sind für die steuerliche Beurteilung nicht unbedingt bindend (→ BFH vom 13. 12. 1985 – BStBl 1986 II S. 486).

Tod eines Ehegatten

Die Wahl der Veranlagungsart ist auch nach dem Tod eines Ehegatten für das Jahr des Todes möglich, wobei an die Stelle des Verstorbenen dessen Erben treten. Falls die zur Wahl erforderlichen Erklärungen nicht abgegeben werden, wird nach § 26 Abs. 3 EStG unterstellt, dass eine Zusammenveranlagung gewählt wird, wenn der Erbe Kenntnis von seiner Erbenstellung und den steuerlichen Vorgängen des Erblassers hat. Bis zur Ermittlung des Erben ist grundsätzlich getrennt zu veranlagen (→ BFH vom 21. 6. 2007 – BStBl II S. 770).

Wahl der Veranlagungsart

Die zur Ausübung der Wahl auf getrennte Veranlagung erforderliche Erklärung kann grundsätzlich noch im Rechtsbehelfsverfahren mit Ausnahme des Revisionsverfahrens und, soweit es nach der AO zulässig ist, im Rahmen der Änderung von Steuerbescheiden abgegeben oder widerrufen werden (→ BFH vom 28. 8. 1981 – BStBl 1982 II S. 156 und vom 25. 6. 1993 – BStBl II S. 824). Ein Widerruf der einmal getroffenen Wahl kann jedoch nach den Grundsätzen von Treu und Glauben unzulässig sein (→ BFH vom 8. 3. 1973 – BStBl II S. 625). Auf die Ausübung des Wahlrechts nach § 26 Abs. 1 Satz 1 EStG findet die Anfechtungsbeschränkung des § 351 Abs. 1 AO keine Anwendung (→ BFH vom 25. 6. 1993 – BStBl II S. 824 und vom 19. 5. 1999 – BStBl II S. 762). Die Wahl der Veranlagungsart durch die Ehegatten löst nur die Rechtsfolgen der §§ 26a bis 26c EStG aus, lässt im Übrigen aber die Besteuerungsgrundlagen unberührt (→ BFH vom 3. 3. 2005 – BStBl II S. 564). Die erneute Ausübung des Wahlrechts bei Erlass eines Einkommensteueränderungsbescheids wird gegenstandslos, wenn der Änderungsbescheid wieder aufgehoben wird (→ BFH vom 24. 5. 1991 – BStBl 1992 II S. 123). Das Wahlrecht wird nicht eingeschränkt, wenn der die getrennte Veranlagung wählende Ehegatte die Antragsfrist nach § 46 Abs. 2 Nr. 8 Satz 2 EStG versäumt hat und der andere Ehegatte von Amts wegen zu veranlagen war (→ BFH vom 30. 11. 1990 – BStBl 1991 II S. 451).

Widerruf der Veranlagungsart

- Das Wahlrecht zwischen der getrennten Veranlagung und der Zusammenveranlagung können Ehegatten auch noch bis zur Unanfechtbarkeit eines Berichtigungs- oder Änderungsbescheids ausüben und die einmal getroffene Wahl innerhalb dieser Frist frei widerrufen. Eine Ausnahme gilt nur für den Fall, dass die Rechtsausübung willkürlich erscheint, z. B. wenn der die getrennte Veranlagung wählende Ehegatte keine eigenen Einkünfte hat oder wenn diese so gering sind, dass sie weder einem Steuerabzug unterlegen haben noch zur Einkommensteuerveranlagung führen können.

  Entscheidet sich einer der Ehegatten nach einer bereits durchgeführten Zusammenveranlagung zulässigerweise für die getrennte Veranlagung, ist auch für den anderen Ehegatten eine getrennte Veranlagung durchzuführen, selbst wenn der Zusammenveranlagungsbescheid ihm gegenüber bestandskräftig geworden und die Festsetzungsfrist abgelaufen ist. Der Antrag auf getrennte Veranlagung stellt für die Veranlagung des anderen Ehegatten ein rückwirkendes Ereignis i. S. d. § 175 Abs. 1 Satz 1 Nr. 2 AO dar.

  (→ BFH vom 28. 7. 2005 – BStBl II S. 865)
- Beantragen Ehegatten innerhalb der Frist für einen Einspruch gegen den Zusammenveranlagungsbescheid die getrennte Veranlagung oder die besondere Veranlagung im Jahr der Eheschließung, ist das Finanzamt bei der daraufhin für jeden durchzuführenden getrennten oder besonderen Veranlagung an die tatsächliche und rechtliche Beurteilung der Besteuerungsgrundlagen im Zusammenveranlagungsbescheid gebunden (→ BFH vom 3. 3. 2005 – BStBl II S. 564).
- Sagt das Finanzamt in der mündlichen Verhandlung im Wege tatsächlicher Verständigung zu, den angefochtenen Einkommensteuerbescheid unter Ansatz geringerer gewerblicher Einkünfte zu ändern und wird daraufhin übereinstimmend der Rechtsstreit in der Haupt-

sache für erledigt erklärt, ist der Kläger nicht gehindert, bis zur formellen Bestandskraft des Änderungsbescheids statt der bisherigen Zusammenveranlagung die getrennte Veranlagung zu wählen (→ BFH vom 24. 1. 2002 – BStBl 2002 II S. 408).

§ 26a Getrennte Veranlagung von Ehegatten

EStG
S 2263

(1) [1]Bei getrennter Veranlagung von Ehegatten in den in § 26 bezeichneten Fällen sind jedem Ehegatten die von ihm bezogenen Einkünfte zuzurechnen. [2]Einkünfte eines Ehegatten sind nicht allein deshalb zum Teil dem anderen Ehegatten zuzurechnen, weil dieser bei der Erzielung der Einkünfte mitgewirkt hat.

(2) [1]Sonderausgaben nach § 10 Abs. 1 Nr. 5 und 8 und außergewöhnliche Belastungen (§§ 33 bis 33b) werden in Höhe des bei einer Zusammenveranlagung der Ehegatten in Betracht kommenden Betrags bei beiden Veranlagungen jeweils zur Hälfte abgezogen, wenn die Ehegatten nicht gemeinsam eine andere Aufteilung beantragen. [2]Die nach § 33b Abs. 5 übertragbaren Pauschbeträge stehen den Ehegatten insgesamt nur einmal zu; sie werden jedem Ehegatten zur Hälfte gewährt. [3]Die nach § 34f zu gewährende Steuerermäßigung steht den Ehegatten in dem Verhältnis zu, in dem sie erhöhte Absetzungen nach § 7b oder Abzugsbeträge nach § 10e Abs. 1 bis 5 oder nach § 15b des Berlinförderungsgesetzes in Anspruch nehmen. [4]Die nach § 35a zu gewährende Steuerermäßigung steht den Ehegatten jeweils zur Hälfte zu, wenn die Ehegatten nicht gemeinsam eine andere Aufteilung beantragen. [1])

(3) Die Anwendung des § 10d für den Fall des Übergangs von der getrennten Veranlagung zur Zusammenveranlagung und von der Zusammenveranlagung zur getrennten Veranlagung, wenn bei beiden Ehegatten nicht ausgeglichene Verluste vorliegen, wird durch Rechtsverordnung der Bundesregierung mit Zustimmung des Bundesrates geregelt.

§ 61 Antrag auf anderweitige Verteilung der außergewöhnlichen Belastungen im Fall des § 26a des Gesetzes

EStDV
S 2263

[1]Der Antrag auf anderweitige Verteilung der als außergewöhnliche Belastungen vom Gesamtbetrag der Einkünfte abzuziehenden Beträge (§ 26a Abs. 2 des Gesetzes) kann nur von beiden Ehegatten gemeinsam gestellt werden. [2]Kann der Antrag nicht gemeinsam gestellt werden, weil einer der Ehegatten dazu aus zwingenden Gründen nicht in der Lage ist, so kann das Finanzamt den Antrag des anderen Ehegatten als genügend ansehen.

§§ 62 bis 62c

EStDV

– weggefallen –

§ 62d Anwendung des § 10d des Gesetzes bei der Veranlagung von Ehegatten

EStDV
S 2263

(1) [1]Im Fall der getrennten Veranlagung von Ehegatten (§ 26a des Gesetzes) kann der Steuerpflichtige den Verlustabzug nach § 10d des Gesetzes auch für Verluste derjenigen Veranlagungszeiträume geltend machen, in denen die Ehegatten nach § 26b des Gesetzes zusammen oder nach § 26c des Gesetzes besonders veranlagt worden sind. [2]Der Verlustabzug kann in diesem Fall nur für Verluste geltend gemacht werden, die der getrennt veranlagte Ehegatte erlitten hat.

S 2263

(2) [1]Im Fall der Zusammenveranlagung von Ehegatten (§ 26b des Gesetzes) kann der Steuerpflichtige den Verlustabzug nach § 10d des Gesetzes auch für Verluste derjenigen Veranlagungszeiträume geltend machen, in denen die Ehegatten nach § 26a des Gesetzes getrennt oder nach § 26c des Gesetzes besonders veranlagt worden sind. [2]Im Fall der Zusammenveranlagung von Ehegatten (§ 26b des Gesetzes) in einem Veranlagungszeitraum, in den negative Einkünfte nach § 10d Abs. 1 des Gesetzes zurückgetragen werden, sind nach Anwendung des § 10d Abs. 1 des Gesetzes verbleibende negative Einkünfte für den Verlustvortrag nach ;1 des Gesetzes verbleibende negative Einkünfte für den Verlustvortrag nach § 10d Abs. 2 des Gesetzes in Veranlagungszeiträume, in denen eine Zusammenveranlagung nicht stattfindet, auf die Ehegatten nach

1) ***Absatz 2 wurde durch das FamLeistG ab VZ 2009 geändert.***
Anm.: Die Änderung lautet:
In § 26a Abs. 2 Satz 1 wird die Angabe „§ 10 Abs. 1 Nr. 5 und 8" durch die Angabe „§ 9c" ersetzt.

dem Verhältnis aufzuteilen, in dem die auf den einzelnen Ehegatten entfallenden Verluste im Veranlagungszeitraum der Verlustentstehung zueinander stehen.

R 26a

26a. Getrennte Veranlagung von Ehegatten nach § 26a EStG

Sonderausgaben

S 2263 (1) Im Falle der getrennten Veranlagung werden die als Sonderausgaben (§§ 10 bis 10b EStG) abzuziehenden Beträge ***– mit Ausnahme der → Kinderbetreuungskosten i. S. d. § 10 Abs. 1 Nr. 5 oder 8 EStG –*** bei dem Ehegatten berücksichtigt, der sie auf Grund einer eigenen Verpflichtung selbst geleistet hat oder für dessen Rechnung sie im abgekürzten Zahlungsweg entrichtet wurden (→ R 10.1).

Außergewöhnliche Belastungen

(2) [1]Die als außergewöhnliche Belastungen (§§ 33 ***bis 33b*** EStG abzuziehenden Beträge werden zunächst für die Ehegatten einheitlich nach den für die Zusammenveranlagung geltenden Grundsätzen ermittelt. [2]Die einheitlich ermittelten Beträge werden grundsätzlich je zur Hälfte oder in einem gemeinsam beantragten anderen Aufteilungsverhältnis bei der Veranlagung jedes Ehegatten abgezogen. [3]Abweichend hiervon sind jedoch die nach § 33b Abs. 5 EStG auf die Ehegatten zu übertragenden Pauschbeträge für behinderte Menschen und Hinterbliebene stets bei jedem Ehegatten zur Hälfte anzusetzen (§ 26a Abs. 2 EStG). [4]Der Antrag auf anderweitige Aufteilung (§ 26a Abs. 2 Satz 1 und Satz 4 EStG, § 61 EStDV) kann noch im Rechtsbehelfsverfahren mit Ausnahme des Revisionsverfahrens und, soweit es nach den Vorschriften der Abgabenordnung zulässig ist, im Rahmen der Änderung von Steuerbescheiden gestellt, geändert oder widerrufen werden; für den Widerruf genügt die Erklärung eines der Ehegatten. [5]Die bestandskräftige Veranlagung des anderen Ehegatten ist in diesen Fällen nach § 175 Abs. 1 Satz 1 Nr. 2 AO zu ändern, da die Vorschriften des § 26 Abs. 1 EStG hinsichtlich der Besteuerung beider Ehegatten nur einheitlich angewendet werden können.

H 26a

Hinweise

Abzüge nach den §§ 10f *und* 10g EStG

Die wie Sonderausgaben abzuziehenden Beträge nach den §§ 10f ***und*** 10g EStG stehen dem Ehegatten zu, der Eigentümer des Gebäudes ist. Sind Ehegatten Miteigentümer, stehen ihnen diese Beträge im Verhältnis ihrer Eigentumsanteile zu.

Gütergemeinschaft

- Zur Frage der einkommensteuerrechtlichen Wirkung des Güterstands der allgemeinen Gütergemeinschaft zwischen Ehegatten → BFH-Gutachten vom 18. 2. 1959 (BStBl III S. 263),
- Gewerbebetrieb als Gesamtgut der in Gütergemeinschaft lebenden Ehegatten → H 15.9 (1) Gütergemeinschaft,
- Kein Gesellschaftsverhältnis, wenn die persönliche Arbeitsleistung eines Ehegatten in den Vordergrund tritt und im Betrieb kein nennenswertes ins Gesamtgut fallendes Kapital eingesetzt wird (→ BFH vom 20. 3. 1980 – BStBl II S. 634),
- Übertragung einer im gemeinsamen Ehegatteneigentum stehenden forstwirtschaftlich genutzten Fläche in das Alleineigentum eines Ehegatten → H 4.2 (12) Gütergemeinschaft,
- Ist die einkommensteuerrechtliche Auswirkung der Gütergemeinschaft zwischen Ehegatten streitig, ist hierüber im Verfahren der gesonderten und einheitlichen Feststellung (§§ 179, 180 AO) zu befinden (→ BFH vom 23. 6. 1971 – BStBl II S. 730).

Kinderbetreuungskosten

→ BMF vom 19. 1. 2007 (BStBl I S. 184), Rdnr. 33

Zugewinngemeinschaft

Jeder Ehegatte bezieht – wie bei der Gütertrennung – die Nutzungen seines Vermögens selbst (→ §§ 1363 ff. BGB).

§ 26b Zusammenveranlagung von Ehegatten

EStG
S 2264

Bei der Zusammenveranlagung von Ehegatten werden die Einkünfte, die die Ehegatten erzielt haben, zusammengerechnet, den Ehegatten gemeinsam zugerechnet und, soweit nichts anderes vorgeschrieben ist, die Ehegatten sodann gemeinsam als Steuerpflichtiger behandelt.

---

§ 62d Anwendung des § 10d des Gesetzes bei der Veranlagung von Ehegatten

EStDV
S 2263

(zu § 26a EStG abgedruckt)

26b. Zusammenveranlagung von Ehegatten nach § 26b EStG

R 26b

Gesonderte Ermittlung der Einkünfte

(1) [1]Die Zusammenveranlagung nach § 26b EStG führt zwar zu einer Zusammenrechnung, nicht aber zu einer einheitlichen Ermittlung der Einkünfte der Ehegatten. [2]Wegen des Verlustabzugs nach § 10d EStG wird auf § 62d Abs. 2 EStDV und R 10d ***Abs. 6*** hingewiesen. S 2264

Feststellung gemeinsamer Einkünfte

(2) Gemeinsame Einkünfte zusammenzuveranlagender Ehegatten sind grundsätzlich gesondert und einheitlich festzustellen (§ 180 Abs. 1 Nr. 2 Buchstabe a und § 179 Abs. 2 AO), sofern es sich nicht um Fälle geringer Bedeutung handelt (§ 180 Abs. 3 AO).

Hinweise

H 26b

Feststellung gemeinsamer Einkünfte

Bei Ehegatten ist eine gesonderte und einheitliche Feststellung von Einkünften jedenfalls dann durchzuführen, wenn ein für die Besteuerung erhebliches Merkmal streitig ist, so auch, wenn zweifelhaft ist, ob Einkünfte vorliegen, an denen ggf. die Eheleute beteiligt sind (→ BFH vom 17. 5. 1995 – BStBl II S. 640). Dies ist nicht erforderlich bei Fällen von geringer Bedeutung. Solche Fälle sind beispielsweise bei Mieteinkünften von zusammenzuveranlagenden Ehegatten (→ BFH vom 20. 1. 1976 – BStBl II S. 305) und bei dem gemeinschaftlich erzielten Gewinn von zusammenzuveranlagenden Landwirts-Ehegatten (→ BFH vom 4. 7. 1985 – BStBl II S. 576) gegeben, wenn die Einkünfte verhältnismäßig einfach zu ermitteln sind und die Aufteilung feststeht.

Gesonderte Ermittlung der Einkünfte

Bei der Zusammenveranlagung nach § 26b EStG sind ebenso wie bei der getrennten Veranlagung nach § 26a EStG für jeden Ehegatten die von ihm bezogenen Einkünfte gesondert zu ermitteln (→ BFH vom 25. 2. 1988 – BStBl II S. 827).

Lebenspartnerschaft

Partner einer eingetragenen Lebenspartnerschaft haben keinen Anspruch auf Durchführung einer Zusammenveranlagung zur Einkommensteuer unter Anwendung des Splittingtarifs → BFH vom 26. 1. 2006 – (BStBl II S. 515).

---

§ 26c Besondere Veranlagung für den Veranlagungszeitraum der Eheschließung

EStG
S 2264a

(1) [1]Bei besonderer Veranlagung für den Veranlagungszeitraum der Eheschließung werden Ehegatten so behandelt, als ob sie diese Ehe nicht geschlossen hätten. [2]§ 12 Nr. 2 bleibt unberührt. [3]§ 26a Abs. 1 gilt sinngemäß.

(2) Bei der besonderen Veranlagung ist das Verfahren nach § 32a Abs. 5 anzuwenden, wenn der zu veranlagende Ehegatte zu Beginn des Veranlagungszeitraums verwitwet war und bei ihm die Voraussetzungen des § 32a Abs. 6 Nr. 1 vorgelegen hatten.

EStDV

§ 63

(weggefallen)

H 26c

Hinweise

Folgen der besonderen Veranlagung

Das Abzugsverbot für **Zuwendungen** an eine gegenüber dem Stpfl. oder seinem Ehegatten gesetzlich unterhaltsberechtigte Person oder deren Ehegatten, z. B. Zuwendungen des Ehemannes an die Mutter seiner Ehefrau, gilt auch bei der besonderen Veranlagung (§ 26c Abs. 1 Satz 2, § 12 Nr. 2 EStG).

Veranlagungswahlrecht bei Wiederheirat im VZ

→ R 26 Abs. 2 Satz 1

EStG

§ 27

(weggefallen)

EStG
S 2266

§ 28 Besteuerung bei fortgesetzter Gütergemeinschaft

Bei fortgesetzter Gütergemeinschaft gelten Einkünfte, die in das Gesamtgut fallen, als Einkünfte des überlebenden Ehegatten, wenn dieser unbeschränkt steuerpflichtig ist.

EStG

§§ 29 bis 30

(weggefallen)

IV. Tarif

EStG
S 2280

§ 31 Familienleistungsausgleich

[1]Die steuerliche Freistellung eines Einkommensbetrags in Höhe des Existenzminimums eines Kindes einschließlich der Bedarfe für Betreuung und Erziehung oder Ausbildung wird im gesamten Veranlagungszeitraum durch die Freibeträge nach § 32 Abs. 6 oder durch Kindergeld nach Abschnitt X bewirkt. [2]Soweit das Kindergeld dafür nicht erforderlich ist, dient es der Förderung der Familie. [3]Im laufenden Kalenderjahr wird Kindergeld als Steuervergütung monatlich gezahlt. [4]Bewirkt der Anspruch auf Kindergeld für den gesamten Veranlagungszeitraum die nach Satz 1 gebotene steuerliche Freistellung nicht vollständig und werden deshalb bei der Veranlagung zur Einkommensteuer die Freibeträge nach § 32 Abs. 6 vom Einkommen abgezogen, erhöht sich die unter Abzug dieser Freibeträge ermittelte tarifliche Einkommensteuer um den Anspruch auf Kindergeld für den gesamten Veranlagungszeitraum; bei nicht zusammenveranlagten Eltern wird der Kindergeldanspruch im Umfang des Kinderfreibetrags angesetzt. [5]Satz 4 gilt entsprechend für mit dem Kindergeld vergleichbare Leistungen nach § 65. [6]Besteht nach ausländischem Recht Anspruch auf Leistungen für Kinder, wird dieser insoweit nicht berücksichtigt, als er das inländische Kindergeld übersteigt.

R 31

31. Prüfung der Steuerfreistellung

S 2280 **Günstigerprüfung**

(1) [1]Bei der Veranlagung zur Einkommensteuer ist getrennt für jedes einzelne Kind, beginnend mit dem ältesten Kind, von Amts wegen zu prüfen, ob die Freibeträge nach § 32 Abs. 6 EStG abzuziehen sind. [2]Dies ist der Fall, wenn der Anspruch auf Kindergeld die individuelle steuerliche Wirkung der Freibeträge nicht ausgleichen kann. [3]Der Prüfung ist das z. v. E. zu Grunde zu legen; bei der Prüfung der Steuerfreistellung für ein jüngeres Kind sind die Freibeträge nach § 32 Abs. 6 EStG für die älteren Kinder nur zu berücksichtigen, wenn bei diesen der Anspruch auf Kinder-

geld nicht ausgereicht hat. [4]Dem Kindergeld vergleichbare Leistungen i. S. d. § 65 Abs. 1 Satz 1 EStG oder auf Grund über- oder zwischenstaatlicher Rechtsvorschriften sind wie Ansprüche auf Kindergeld bis zur Höhe der Beträge nach § 66 EStG zu berücksichtigen.

Anspruch auf Kindergeld

(2) [1]Bei der Prüfung der Steuerfreistellung ist auf das für den jeweiligen VZ zustehende Kindergeld oder die vergleichbare Leistung abzustellen, unabhängig davon, ob ein Antrag gestellt wurde oder eine Zahlung erfolgt ist. [2]Auch ein Anspruch auf Kindergeld, dessen Festsetzung aus verfahrensrechtlichen Gründen nicht erfolgt ist, ist zu berücksichtigen.

Zurechnung des Kindergelds/zivilrechtlicher Ausgleich

(3) [1]Der Anspruch auf Kindergeld ist demjenigen zuzurechnen, der für das Kind Anspruch auf einen Kinderfreibetrag nach § 32 Abs. 6 EStG hat, auch wenn das Kindergeld an das Kind selbst oder einen Dritten (z. B. einen Träger von Sozialleistungen) ausgezahlt wird. [2]Der Anspruch auf Kindergeld ist grundsätzlich beiden Elternteilen jeweils zur Hälfte zuzurechnen; dies gilt unabhängig davon, ob ein barunterhaltspflichtiger Elternteil Kindergeld über den zivilrechtlichen Ausgleich von seinen Unterhaltszahlungen abzieht oder ein zivilrechtlicher Ausgleich nicht in Anspruch genommen wird. [3]In den Fällen des § 32 Abs. 6 Satz 3 EStG und in den Fällen der Übertragung des Kinderfreibetrags (§ 32 Abs. 6 Satz 6, 1. Alternative EStG) ist dem Stpfl. der gesamte Anspruch auf Kindergeld zuzurechnen. [4]Wird für ein Kind lediglich der Freibetrag für den Betreuungs- und Erziehungs- oder Ausbildungsbedarf übertragen (§ 32 Abs. 6 Satz 6, 2. Alternative EStG), bleibt die Zurechnung des Anspruchs auf Kindergeld hiervon unberührt.

Abstimmung zwischen Finanzämtern und Familienkassen

(4) [1]Kommen die Freibeträge für Kinder zum Abzug, hat das Finanzamt die Veranlagung grundsätzlich unter Berücksichtigung des Anspruchs auf Kindergeld durchzuführen.[2]Ergeben sich durch den Vortrag des Stpfl. begründete Zweifel am Bestehen eines Anspruchs auf Kindergeld, ist die Familienkasse zu beteiligen.[3]Wird von der Familienkasse bescheinigt, dass ein Anspruch auf Kindergeld besteht, übernimmt das Finanzamt grundsätzlich die Entscheidung der Familienkasse über die Berücksichtigung des Kindes. [4]Zweifel an der Richtigkeit der Entscheidung der einen Stelle (Finanzamt oder Familienkasse) oder eine abweichende Auffassung sind der Stelle, welche die Entscheidung getroffen hat, mitzuteilen. [5]Diese teilt der anderen Stelle mit, ob sie den Zweifeln Rechnung trägt bzw. ob sie sich der abweichenden Auffassung anschließt. [6]Kann im Einzelfall kein Einvernehmen erzielt werden, haben das Finanzamt und die Familienkasse der jeweils vorgesetzten Behörde zu berichten. [7]Bis zur Klärung der Streitfrage ist die Festsetzung unter dem Vorbehalt der Nachprüfung durchzuführen.

Nachträgliche Änderung der Anspruchsvoraussetzungen

(5) [1]Wird nachträglich bekannt, dass ein Anspruch auf Kindergeld tatsächlich nicht in der bisher angenommenen Höhe bestanden hat, kommt eine Änderung des Steuerbescheids nach § 173 AO in Betracht. [2]Wird der Anspruch auf Kindergeld nachträglich bejaht oder verneint, ist der Steuerbescheid, sofern sich eine Änderung der Steuerfestsetzung ergibt, auf Grund dieses rückwirkenden Ereignisses nach § 175 Abs. 1 Satz 1 Nr. 2 AO zu ändern.

Hinweise

H 31

Anspruch auf Kindergeld

→ DA-FamEStG 68.4 (BStBl 2004 I S. 811)

Über- und zwischenstaatliche Rechtsvorschriften

Über- und zwischenstaatliche Rechtsvorschriften im Sinne von R 31 Abs. 1 Satz 4 sind insbesondere folgende Regelungen:

- Verordnung (EWG) Nr. 1408/71 des Rates über die Anwendung der Systeme der sozialen Sicherheit auf Arbeitnehmer und Selbständige sowie deren Familienangehörige, die innerhalb der Gemeinschaft zu- und abwandern i. d. F. der Bekanntmachung vom 30. 1. 1997 (ABl. EG Nr. L 28 vom 30. 1. 1997, S. 4), zuletzt geändert durch VO (EG) Nr. 1992/2006 vom 18. 12. 2006 (ABl. EG Nr. L 392 vom 30. 12. 2006, S. 1);
- Verordnung (EWG) Nr. 574/72 des Rates über die Durchführung der Verordnung (EWG) 1408/71 über die Anwendung der Systeme der sozialen Sicherheit auf Arbeitnehmer und Selbständige sowie deren Familienangehörige, die innerhalb der Gemeinschaft zu- und

abwandern i. d. F. der Bekanntmachung vom 30. 1. 1997 (ABl. EG Nr. L 28 vom 30. 1. 1997, S. 102), zuletzt geändert durch VO (EG) Nr. 311/2007 des Rates vom 19. 3. 2007 (ABl. EG Nr. L 82 vom 23. 3. 2007, S. 6);

- Abkommen über den Europäischen Wirtschaftsraum (EWR-Abkommen vom 2. 5. 1992 (BGBl. 1993 II S. 226) i. d. F. des Anpassungsprotokolls vom 17. 3. 1993 (BGBl. II S. 1294);
- Abkommen zwischen der Europäischen Gemeinschaft und ihren Mitgliedstaaten einerseits und der Schweizerischen Eidgenossenschaft andererseits über die Freizügigkeit vom 21. 6. 1999 (BGBl. 2001 II S. 810), in Kraft getreten am 1. 6. 2002 (BGBl. II S. 1692). Nach diesem Abkommen gelten die gemeinschaftsrechtlichen Koordinierungsvorschriften (Verordnungen (EWG) Nr. 1408/71 und 574/72) auch im Verhältnis zur Schweiz.

Auf Grund der vorstehenden Regelungen besteht grundsätzlich vorrangig ein Anspruch im Beschäftigungsstaat. Wenn die ausländische Familienleistung geringer ist und der andere Elternteil dem deutschen Recht der sozialen Sicherheit unterliegt, besteht Anspruch auf einen Unterschiedsbetrag zum Kindergeld in Deutschland.

- Bosnien und Herzegowina
  → Serbien und Montenegro
- Kroatien
  → Serbien und Montenegro
- Marokko
  Abkommen zwischen der Bundesrepublik Deutschland und dem Königreich Marokko über Kindergeld vom 25. 3. 1981 (BGBl. 1995 II S. 634 ff.) i. d. F. des Zusatzabkommens vom 22. 11. 1991 (BGBl. 1995 II S. 640), beide in Kraft getreten am 1. 8. 1996 (BGBl. II S. 1455);
- Mazedonien
  → Serbien und Montenegro
- Serbien und Montenegro (bis 4. 2. 2003 Jugoslawien)
  Abkommen zwischen der Bundesrepublik Deutschland und der Sozialistischen Föderativen Republik Jugoslawien über Soziale Sicherheit vom 12. 10. 1968 (BGBl. 1969 II S. 1437) in Kraft getreten am 1. 9. 1996 (BGBl. II S. 1568) i. d. F. des Änderungsabkommens vom 30. 9. 1974 (BGBl. 1975 II S. 389) in Kraft getreten am 1. 1. 1975 (BGBl. II S. 916).
  Das vorgenannte Abkommen gilt im Verhältnis zu Bosnien und Herzegowina und der Bundesrepublik Jugoslawien (seit 4. 2. 2003 Serbien und Montenegro) uneingeschränkt fort, nicht jedoch im Verhältnis zur Republik Kroatien, zur Republik Slowenien und zur Republik Mazedonien;
- Slowenien
  → Serbien und Montenegro
- Türkei
  Abkommen zwischen der Bundesrepublik Deutschland und der Republik Türkei über Soziale Sicherheit vom 30. 4. 1964 (BGBl. 1965 II S. 1169 ff.) in Kraft getreten am 1. 11. 1965 (BGBl. II S. 1588) i. d. F. des Zusatzabkommens vom 2. 11. 1984 zur Änderung des Abkommens (BGBl. 1986 II S. 1040 ff.) in Kraft getreten am 1. 4. 1987 (BGBl. II S. 188);
- Tunesien
  Abkommen zwischen der Bundesrepublik Deutschland und der Tunesischen Republik über Kindergeld vom 20. 9. 1991 (BGBl. 1995 II S. 642 ff.) in Kraft getreten am 1. 8. 1996 (BGBl. II S. 2522).

Vergleichbare ausländische Leistungen

- Höhe des Kindergelds in einzelnen Abkommensstaaten

Angaben in Euro je Monat	1. Kind	2. Kind	3. Kind	4. Kind	5. Kind	6. Kind	ab 7. Kind
Bosnien und Herzegowina	5,11	12,78	30,68	30,68	35,79	35,79	35,79
Marokko	5,11	12,78	12,78	12,78	12,78	12,78	–
Serbien und Montenegro	5,11	12,78	30,68	30,68	35,79	35,79	35,79
Türkei	5,11	12,78	30,68	30,68	35,79	35.79	35,79
Tunesien	5,11	12,78	12,78	12,78	–	–	–

- Übersicht über vergleichbare ausländische Leistungen → BfF vom 14. 2. 2002 (BStBl I S. 241)

Zivilrechtlicher Ausgleich

- Verzichtet der zum Barunterhalt verpflichtete Elternteil durch gerichtlichen oder außergerichtlichen Vergleich auf die Anrechnung des hälftigen Kindergeldes auf den Kindesunterhalt, ist sein zivilrechtlicher Ausgleichsanspruch gleichwohl in die Vergleichsberechnung des § 31 EStG einzubeziehen (→ BFH vom 16. 3. 2004 – BStBl 2005 II S. 332). Sieht das Zivilrecht eines anderen Staates nicht vor, dass das Kindergeld die Unterhaltszahlung an das Kind mindert, ist der für das Kind bestehende Kindergeldanspruch dennoch bei der Vergleichsberechnung nach § 31 EStG anzusetzen (→ BFH vom 13. 8. 2002 – BStBl II S. 867).

Zurechnung des Kindergelds

Bei der Prüfung der Steuerfreistellung ist der gesamte Anspruch auf Kindergeld dem vollen Kinderfreibetrag gegenüberzustellen, wenn der halbe Kinderfreibetrag auf den betreuenden Elternteil übertragen wurde, weil der andere Elternteil seiner Unterhaltsverpflichtung gegenüber dem Kind nicht nachkam (→ BFH vom 16. 3. 2004 – BStBl 2005 II S. 594).

---

§ 32 Kinder, Freibeträge für Kinder

EStG
S 2282

(1) Kinder sind

1. **im ersten Grad mit dem Steuerpflichtigen verwandte Kinder,**
2. **Pflegekinder (Personen, mit denen der Steuerpflichtige durch ein familienähnliches, auf längere Dauer berechnetes Band verbunden ist, sofern er sie nicht zu Erwerbszwecken in seinen Haushalt aufgenommen hat und das Obhuts- und Pflegeverhältnis zu den Eltern nicht mehr besteht).**

(2) [1]Besteht bei einem angenommenen Kind das Kindschaftsverhältnis zu den leiblichen Eltern weiter, ist es vorrangig als angenommenes Kind zu berücksichtigen. [2]Ist ein im ersten Grad mit dem Steuerpflichtigen verwandtes Kind zugleich ein Pflegekind, ist es vorrangig als Pflegekind zu berücksichtigen.

(3) Ein Kind wird in dem Kalendermonat, in dem es lebend geboren wurde, und in jedem folgenden Kalendermonat, zu dessen Beginn es das 18. Lebensjahr noch nicht vollendet hat, berücksichtigt.

(4) [1]Ein Kind, das das 18. Lebensjahr vollendet hat, wird berücksichtigt, wenn es

1. **noch nicht das 21. Lebensjahr vollendet hat, nicht in einem Beschäftigungsverhältnis steht und bei einer Agentur für Arbeit im Inland als Arbeitsuchender gemeldet ist oder**
2. **noch nicht das 25. Lebensjahr vollendet hat und** [1)]
   a) **für einen Beruf ausgebildet wird oder**
   b) **sich in einer Übergangszeit von höchstens vier Monaten befindet, die zwischen zwei Ausbildungsabschnitten oder zwischen einem Ausbildungsabschnitt und der Ableistung des gesetzlichen Wehr- oder Zivildienstes, einer vom Wehr- oder Zivildienst befreienden Tätigkeit als Entwicklungshelfer oder als Dienstleistender im Ausland nach § 14b des Zivildienstgesetzes oder der Ableistung eines freiwilligen Dienstes im Sinne des Buchstaben d liegt, oder**
   c) **eine Berufsausbildung mangels Ausbildungsplatzes nicht beginnen oder fortsetzen kann oder**
   d) **ein freiwilliges soziales Jahr *oder* ein freiwilliges ökologisches Jahr im Sinne des *Jugendfreiwilligendienstegesetzes oder einen Freiwilligendienst im Sinne des Beschlusses Nr. 1719/2006/EG des Europäischen Parlaments und des Rates vom 15. November 2006 zur Einführung des Programms „Jugend in Aktion" (ABl. EU Nr. L 327 S. 30) oder einen anderen Dienst im Ausland im Sinne von § 14b des Zivildienstgesetzes oder einen entwicklungspolitischen Freiwilligendienst „weltwärts" im Sinne der Richtlinie des Bundesministeriums für wirtschaftliche Zusammenarbeit und Entwicklung vom 1. August 2007 (BAnz. 2008 S. 1297) leistet oder*** [2)]

1) Zur Anwendung von Absatz 4 Satz 1 Nr. 2: Kinder, die im Jahr 2006 das 24. Lebensjahr vollendeten (also Kinder, die nach dem 1. 1. 1982 und vor dem 2. 1. 1983 geboren sind) werden bis zur Vollendung ihres 26. Lebensjahres berücksichtigt. Kinder, die im Jahr 2006 bereits das 25. oder 26. Lebensjahr vollendeten (also Kinder, die nach dem 1. 1. 1980 und vor dem 2. 1. 1982 geboren sind) werden wie bisher bis zur Vollendung des 27. Lebensjahres berücksichtigt (→ § 52 Abs. 40 Satz 4 EStG).

2) ***Absatz 4 Satz 1 Nr. 2 Buchstabe d wurde durch das Gesetz zur Förderung von Jugendfreiwilligendiensten vom 16. 5. 2008 (BGBl. I S. 842) geändert. Zur zeitlichen Anwendung → § 52 Abs. 40 Satz 4 und 5 EStG.***

[1] 3. wegen körperlicher, geistiger oder seelischer Behinderung außerstande ist, sich selbst zu unterhalten; Voraussetzung ist, dass die Behinderung vor Vollendung des 25. Lebensjahres eingetreten ist.

[2]Nach Satz 1 Nr. 1 und 2 wird ein Kind nur berücksichtigt, wenn es Einkünfte und Bezüge, die zur Bestreitung des Unterhalts oder der Berufsausbildung bestimmt oder geeignet sind, von nicht mehr als 7680 Euro im Kalenderjahr hat. [3]Dieser Betrag ist zu kürzen, soweit es nach den Verhältnissen im Wohnsitzstaat des Kindes notwendig und angemessen ist. [4]Zu den Bezügen gehören auch steuerfreie Gewinne nach den §§ 14, 16 Abs. 4, § 17 Abs. 3 und § 18 Abs. 3, die nach § 19 Abs. 2 und § 20 Abs. 4 steuerfrei bleibenden Einkünfte sowie Sonderabschreibungen und erhöhte Absetzungen, soweit sie die höchstmöglichen Absetzungen für Abnutzung nach [2] § 7 übersteigen. [5]Bezüge, die für besondere Ausbildungszwecke bestimmt sind, bleiben hierbei außer Ansatz; Entsprechendes gilt für Einkünfte, soweit sie für solche Zwecke verwendet werden. [6]Liegen die Voraussetzungen nach Satz 1 Nr. 1 oder 2 nur in einem Teil des Kalendermonats vor, sind Einkünfte und Bezüge nur insoweit anzusetzen, als sie auf diesen Teil entfallen. [7]Für jeden Kalendermonat, in dem die Voraussetzungen nach Satz 1 Nr. 1 oder 2 an keinem Tag vorliegen, ermäßigt sich der Betrag nach Satz 2 oder 3 um ein Zwölftel. [8]Einkünfte und Bezüge des Kindes, die auf diese Kalendermonate entfallen, bleiben außer Ansatz. [9]Ein Verzicht auf Teile der zustehenden Einkünfte und Bezüge steht der Anwendung der Sätze 2, 3 und 7 nicht entgegen. [10]Nicht auf Euro lautende Beträge sind entsprechend dem für Ende September des Jahres vor dem Veranlagungszeitraum von der Europäischen Zentralbank bekannt gegebenen Referenzkurs umzurechnen.

[3] (5) [1]In den Fällen des Absatzes 4 Satz 1 Nr. 1 oder Nr. 2 Buchstabe a und b wird ein Kind, das

1. den gesetzlichen Grundwehrdienst oder Zivildienst geleistet hat, oder
2. sich an Stelle des gesetzlichen Grundwehrdienstes freiwillig für die Dauer von nicht mehr als drei Jahren zum Wehrdienst verpflichtet hat, oder
3. eine vom gesetzlichen Grundwehrdienst oder Zivildienst befreiende Tätigkeit als Entwicklungshelfer im Sinne des § 1 Abs. 1 des Entwicklungshelfer-Gesetzes ausgeübt hat,

für einen der Dauer dieser Dienste oder der Tätigkeit entsprechenden Zeitraum, höchstens für die Dauer des inländischen gesetzlichen Grundwehrdienstes oder bei anerkannten Kriegsdienstverweigerern für die Dauer des inländischen gesetzlichen Zivildienstes, über das 21. oder 25. Lebensjahr hinaus berücksichtigt. [2]Wird der gesetzliche Grundwehrdienst oder Zivildienst in einem Mitgliedstaat der Europäischen Union oder einem Staat, auf den das Abkommen über den Europäischen Wirtschaftsraum Anwendung findet, geleistet, so ist die Dauer dieses Dienstes maßgebend. [3]Absatz 4 Satz 2 bis 7 gilt entsprechend.

S 2282a [4] (6) [1]Bei der Veranlagung zur Einkommensteuer wird für jedes zu berücksichtigende Kind des Steuerpflichtigen ein Freibetrag von 1824 Euro für das sächliche Existenzminimum des Kindes (Kinderfreibetrag) sowie ein Freibetrag von 1080 Euro für den Betreuungs- und Erziehungs- oder Ausbildungsbedarf des Kindes vom Einkommen abgezogen. [2]Bei Ehegatten, die nach den §§ 26, 26b zusammen zur Einkommensteuer veranlagt werden, verdoppeln sich die Beträge nach Satz 1, wenn das Kind zu beiden Ehegatten in einem Kindschaftsverhältnis steht. [3]Die Beträge nach Satz 2 stehen dem Steuerpflichtigen auch dann zu, wenn

1. der andere Elternteil verstorben oder nicht unbeschränkt einkommensteuerpflichtig ist oder

---

1) Zur Anwendung von Absatz 4 Satz 1 Nr. 3: Kinder, die vor dem 1. 1. 2007 in der Zeit ab ihrem 25. Geburtstag und vor ihrem 27. Geburtstag eine Behinderung erlitten haben, deretwegen sie außerstande sind, sich selbst zu unterhalten, werden bei Vorliegen der materiell-rechtlichen Voraussetzungen auch im VZ 2007 und darüber hinaus berücksichtigt (→ § 52 Abs. 40 Satz 5 EStG).

2) ***Absatz 4 Satz 4 wurde durch das Unternehmensteuerreformgesetz 2008 geändert und ist in der geänderten Fassung erstmals ab VZ 2009 anzuwenden → § 52a Abs. 14 EStG.***

Anm.: Absatz 4 Satz 4 i. d. F. des Unternehmensteuerreformgesetzes 2008 lautet:
Zu den Bezügen gehören auch steuerfreie Gewinne nach den §§ 14, 16 Abs. 4, § 17 Abs. 3 und § 18 Abs. 3, die nach § 19 Abs. 2 steuerfrei bleibenden Einkünfte sowie Sonderabschreibungen und erhöhte Absetzungen, soweit sie die höchstmöglichen Absetzungen für Abnutzung nach § 7 übersteigen.

3) Absatz 5 Satz 1 wurde durch das Steueränderungsgesetz 2007 geändert; Es gilt folgende Übergangsregelung für sog. Verlängerungstatbestände: Kinder, die im Jahr 2006 das 24. Lebensjahr vollendeten (also Kinder, die nach dem 1. 1. 1982 und vor dem 2. 1. 1983 geboren sind) und einen der genannten Dienste absolviert haben, werden über die Vollendung ihres 26. Lebensjahres hinaus berücksichtigt. Kinder, die im Jahr 2006 bereits das 25., 26. oder 27. Lebensjahr vollendeten (also Kinder, die nach dem 1. 1. 1979 und vor dem 2. 1. 1982 geboren sind) und einen der genannten Dienste absolviert haben, werden wie bisher über die Vollendung des 27. Lebensjahres hinaus berücksichtigt (→ § 52 Abs. 40 Satz 6 EStG).

4) ***Absatz 6 Satz 1 wurde durch das FamLeistG ab VZ 2009 geändert.***

Anm.: Die Änderung lautet:
In § 32 Abs. 6 Satz 1 wird die Zahl „1824" durch die Zahl „1932" ersetzt.

2. der Steuerpflichtige allein das Kind angenommen hat oder das Kind nur zu ihm in einem Pflegekindschaftsverhältnis steht.

[4]Für ein nicht nach § 1 Abs. 1 oder 2 unbeschränkt einkommensteuerpflichtiges Kind können die Beträge nach den Sätzen 1 bis 3 nur abgezogen werden, soweit sie nach den Verhältnissen seines Wohnsitzstaates notwendig und angemessen sind. [5]Für jeden Kalendermonat, in dem die Voraussetzungen für einen Freibetrag nach den Sätzen 1 bis 4 nicht vorliegen, ermäßigen sich die dort genannten Beträge um ein Zwölftel. [6]Abweichend von Satz 1 wird bei einem unbeschränkt einkommensteuerpflichtigen Elternpaar, bei dem die Voraussetzungen des § 26 Abs. 1 Satz 1 nicht vorliegen, auf Antrag eines Elternteils der dem anderen Elternteil zustehende Kinderfreibetrag auf ihn übertragen, wenn er, nicht jedoch der andere Elternteil, seiner Unterhaltspflicht gegenüber dem Kind für das Kalenderjahr im Wesentlichen nachkommt; bei minderjährigen Kindern wird der dem Elternteil, in dessen Wohnung das Kind nicht gemeldet ist, zustehende Freibetrag für den Betreuungs- und Erziehungs- oder Ausbildungsbedarf auf Antrag des anderen Elternteils auf diesen übertragen. [7]Die den Eltern nach den Sätzen 1 bis 6 zustehenden Freibeträge können auf Antrag auch auf einen Stiefelternteil oder Großelternteil übertragen werden, wenn dieser das Kind in seinen Haushalt aufgenommen hat; dies kann auch mit Zustimmung des berechtigten Elternteils geschehen, die nur für künftige Kalenderjahre widerrufen werden kann.

32.1. Im ersten Grad mit dem Stpfl. verwandte Kinder **R 32.1**

– unbesetzt – S 2282

Hinweise H 32.1

Anerkennung der Vaterschaft

Die Anerkennung der Vaterschaft begründet den gesetzlichen Vaterschaftstatbestand des § 1592 Nr. 2 BGB und bestätigt das zwischen dem Kind und seinem Vater von der Geburt an bestehende echte Verwandtschaftsverhältnis i. S. d. § 32 Abs. 1 Nr. 1 EStG. Bestandskräftige Einkommensteuerbescheide sind nach § 175 Abs. 1 Satz 1 Nr. 2 AO zu ändern und kindbedingte Steuervorteile zu berücksichtigen (→ BFH vom 28. 7. 2005 – BStBl 2008 II S. 350).

Annahme als Kind

Die Annahme als Kind wird vom Vormundschaftsgericht ausgesprochen (§ 1752 Abs. 1, § 1768 Abs. 1 BGB) und erst durch die Zustellung des betreffenden Beschlusses rechtswirksam (§ 56e Satz 2 FGG).

Gemeinschaftsrechtliche Koordinierungsvorschriften

Kindergeld nach dem EStG ist eine Familienleistung i. S. d. Art. 4 Abs. 1 Buchst. h der Verordnung (EWG) Nr. 1408/71 des Rates über die Anwendung der Systeme der sozialen Sicherheit auf Arbeitnehmer und Selbständige sowie deren Familienangehörige, die innerhalb der Gemeinschaft zu- und abwandern – ABl. EG Nr. L 28 vom 30. 1. 1997, S. 4, zuletzt geändert in der Fassung vom 30. 1. 1997 VO/EG) Nr. 1399/1999 des Rates vom 29. 4. 1999 – ABl. EG Nr. L 164 vom 30. 6. 1999, S. 1 (→ BFH vom 13. 8. 2002 – BFH/NV 2002 S. 1588).

Verwandtschaft im ersten Grad

Kinder, die im ersten Grad mit dem Stpfl. verwandt sind (§ 32 Abs. 1 Nr. 1 EStG), sind dessen Kinder einschließlich angenommener Kinder. Mit der Annahme eines minderjährigen Kindes erlischt das Verwandtschaftsverhältnis zu seinen Eltern, bei Annahme des Kindes des Ehegatten nur das Verwandtschaftsverhältnis zum anderen Elternteil (§ 1755 BGB). Die Annahme eines Volljährigen als Kind lässt bestehende Verwandtschaftsverhältnisse grundsätzlich unberührt (§ 1770 Abs. 2 BGB), es sei denn, dass durch Beschluss des Vormundschaftsgerichtes die Wirkungen der Annahme eines Minderjährigen als Kind eintreten (§ 1772 BGB).

R 32.2

32.2. Pflegekinder

Pflegekindschaftsverhältnis

S 2282 (1) [1]Ein Pflegekindschaftsverhältnis (§ 32 Abs. 1 Nr. 2 EStG) setzt voraus, dass das Kind im Haushalt der Pflegeeltern sein Zuhause hat und diese zu dem Kind in einer familienähnlichen, auf längere Dauer angelegten Beziehung wie zu einem eigenen Kind stehen, z. B., wenn der Stpfl. ein Kind im Rahmen von Hilfe zur Erziehung in Vollzeitpflege (§§ 27, 33 SGB VIII) oder im Rahmen von Eingliederungshilfe (§ 35a Abs. 2 Nr. 3 SGB VIII) in seinen Haushalt aufnimmt, sofern das Pflegeverhältnis auf Dauer angelegt ist. [2]Hieran fehlt es, wenn ein Kind von vornherein nur für eine begrenzte Zeit im Haushalt des Stpfl. Aufnahme findet. [3]Kinder, die mit dem Ziel der Annahme vom Stpfl. in Pflege genommen werden (§ 1744 BGB), sind regelmäßig Pflegekinder. [4]Zu Erwerbszwecken in den Haushalt aufgenommen sind z. B. Kostkinder. [5]Hat der Stpfl. mehr als sechs Kinder in seinem Haushalt aufgenommen, spricht eine Vermutung dafür, dass es sich um Kostkinder handelt.

Kein Obhuts- und Pflegeverhältnis zu den leiblichen Eltern

(2) [1]Voraussetzung für ein Pflegekindschaftsverhältnis zum Stpfl. ist, dass das Obhuts- und Pflegeverhältnis zu den leiblichen Eltern nicht mehr besteht, d. h. die familiären Bindungen zu diesen auf Dauer aufgegeben sind. [2]Gelegentliche Besuchskontakte allein stehen dem nicht entgegen.

Altersunterschied

(3) [1]Ein Altersunterschied wie zwischen Eltern und Kindern braucht nicht unbedingt zu bestehen. [2]Dies gilt auch, wenn das zu betreuende Geschwister von Kind an wegen Behinderung pflegebedürftig war und das betreuende Geschwister die Stelle der Eltern, z. B. nach deren Tod, einnimmt. [3]Ist das zu betreuende Geschwister dagegen erst im Erwachsenenalter pflegebedürftig geworden, wird im Allgemeinen ein dem Eltern-Kind-Verhältnis ähnliches Pflegeverhältnis nicht mehr begründet werden können.

H 32.2

Hinweise

Haushaltsaufnahme nicht zu Erwerbszwecken

→ DA-FamEStG 63.2.2.3 Abs. 1 (BStBl 2004 I S. 759)

Kinderhaus

In einem erwerbsmäßig betriebenen Heim (Kinderhaus) untergebrachte Kinder sind keine Pflegekinder (→ BFH vom 23. 9. 1998 – BStBl 1999 II S. 133).

Obhuts- und Pflegeverhältnis

- Ein Pflegekindschaftsverhältnis kann auch zu jüngeren Geschwistern, z. B. Waisen, gegeben sein (→ BFH vom 5. 8. 1977 – BStBl II S. 832).
- Ein Pflegekindschaftsverhältnis kann nicht anerkannt werden, wenn der Stpfl. nicht nur mit dem Kind, sondern auch mit einem Elternteil des Kindes in häuslicher Gemeinschaft lebt, und zwar selbst dann nicht, wenn der Elternteil durch eine Schul- oder Berufsausbildung in der Obhut und Pflege des Kindes beeinträchtigt ist (→ BFH vom 9. 3. 1989 – BStBl II S. 680).
- Ein zwischen einem allein erziehenden Elternteil und seinem Kind im Kleinkindalter begründetes Obhuts- und Pflegeverhältnis wird durch die vorübergehende Abwesenheit des Elternteils nicht unterbrochen (→ BFH vom12. 6. 1991 – BStBl 1992 II S. 20).
- In der Regel kann angenommen werden, dass ein Obhuts- und Pflegeverhältnis zwischen einem allein erziehenden Elternteil und seinem bei Pflegeeltern lebenden, noch nicht schulpflichtigen Kind nicht mehr besteht, wenn der Elternteil mindestens ein Jahr lang keine für die Wahrung des Obhuts- und Pflegeverhältnisses ausreichenden Kontakte zu dem Kind hat (→ BFH vom 20. 1. 1995 – BStBl II S. 582).
- Haben nach Aufnahme durch die Pflegeeltern noch schulpflichtige Kinder über zwei Jahre und länger keine ausreichenden Kontakte zu ihren leiblichen Eltern mehr, so reicht dies in der Regel aus, einen Abbruch des Obhuts- und Pflegeverhältnisses zwischen den Kindern und ihren leiblichen Eltern anzunehmen (→ BFH vom 7. 9. 1995 – BStBl 1996 II S. 63).

32.3. Allgemeines zur Berücksichtigung von Kindern

R 32.3

S 2282

[1]Ein Kind wird vom Beginn des Monats an, in dem die Anspruchsvoraussetzungen erfüllt sind, berücksichtigt. [2]Entsprechend endet die Berücksichtigung mit Ablauf des Monats, in dem die Anspruchsvoraussetzungen wegfallen (Monatsprinzip). [3]Eine Berücksichtigung außerhalb des Zeitraums der unbeschränkten Steuerpflicht der Eltern ist – auch in den Fällen des § 2 Abs. 7 Satz 3 EStG – nicht möglich. [4]Ein vermisstes Kind ist bis zur Vollendung des 18. Lebensjahres zu berücksichtigen.

Hinweise

H 32.3

Berücksichtigung in Sonderfällen

Die Berücksichtigung eines Kindes wird nicht dadurch ausgeschlossen, dass ein minderjähriges Kind eigene Einkünfte und Bezüge hat (→ BFH vom 1. 3. 2000 – BStBl II S. 459) oder das Kind nicht zum Haushalt des Stpfl. gehört, ausgenommen Pflegekinder (→ R 32.2 Abs. 1). Die Berücksichtigung endet grundsätzlich am Ende des Monats der Eheschließung eines volljährigen Kindes, es sei denn, das Einkommen des Ehegatten ist so gering, dass dieser zum Unterhalt des Kindes nicht in der Lage ist (z. B. Studentenehe) und die Eltern deshalb weiterhin für das Kind aufkommen müssen (→ BFH vom 2. 3. 2000 – BStBl II S. 522) ***– sog. Mangelfall. Ein Mangelfall ist anzunehmen, wenn die Einkünfte und Bezüge des Kindes einschließlich der Unterhaltsleistungen des Ehegatten niedriger sind als das steuerrechtliche – dem Jahresgrenzbetrag des § 32 Abs. 4 Satz 2 EStG entsprechende – Existenzminimum (→ BFH vom 19. 4. 2007 – BStBl 2008 II S. 756)***. Entsprechendes gilt für

- verheiratete Kinder, die dauernd getrennt leben,
- geschiedene Kinder,
- in einer eingetragenen Lebenspartnerschaft lebende Kinder (auch im Fall des dauernden Getrenntlebens und nach Aufhebung der Lebenspartnerschaft),
- Kinder, die einen Anspruch auf Unterhalt nach § 1615l BGB gegen den Vater bzw. gegen die Mutter ihres Kindes haben

(→ DA-FamEStG 63.1.1 Absatz 5 und 6 – BStBl 2004 I S. 757 und BStBl 2005 I S. 669).

Der Unterhaltsanspruch der Mutter eines nichtehelichen Kindes gegenüber dem Vater ihres Kindes nach § 1615l BGB geht der Verpflichtung der Eltern der Kindsmutter vor. Die Berücksichtigung der Kindsmutter bei ihren Eltern als Kind entfällt daher aus Anlass der Geburt des Enkelkindes, es sei denn, der Kindsvater ist zum Unterhalt nicht in der Lage (→ BFH vom 19. 5. 2004 – BStBl II S. 943).

§ 1615l BGB abgedruckt zu → H 33a.1 (Unterhaltsanspruch der Mutter bzw. des Vaters eines nichtehelichen Kindes)

Lebend geborenes Kind

Für die Frage, ob ein Kind lebend geboren wurde (§ 32 Abs. 3 EStG), ist im Zweifel das Geburtenregister maßgebend.

Vermisste Kinder

→ DA-FamEStG 63.1.1 Absatz 4 (BStBl 2004 I S. 757).

32.4. Kinder, die Arbeit suchen

R 32.4

– unbesetzt –

Hinweise

H 32.4

Kinder, die Arbeit suchen

→ DA-FamEStG 63.3.1 (BStBl 2004 I S. 760)

R 32.5

32.5. Kinder, die für einen Beruf ausgebildet werden

S 2282

[1]Ein behindertes Kind befindet sich auch dann in der Berufsausbildung, wenn es durch gezielte Maßnahmen auf eine – wenn auch einfache – Erwerbstätigkeit vorbereitet wird, die nicht spezifische Fähigkeiten oder Fertigkeiten erfordert. [2]Unter diesem Gesichtspunkt kann z. B. auch der Besuch einer Behindertenschule, einer Heimsonderschule, das Arbeitstraining in einer Anlernwerkstatt oder die Förderung im Berufsbildungsbereich einer Werkstatt für behinderte Menschen eine Berufsausbildung darstellen. [3]Die Ausbildung des behinderten Kindes ist abgeschlossen, wenn ihm eine seinen Fähigkeiten angemessene Beschäftigung möglich ist. [4]Eine Bescheinigung der besuchten Einrichtung kann einen Anhaltspunkt für die Beurteilung geben.

H 32.5

Hinweise

Abbruch der Berufsausbildung

Keine Berufsausbildung, wenn das Kind nach Abbruch einer kaufmännischen Lehre im elterlichen Betrieb im Außendienst beschäftigt wird (→ BFH vom 8. 11. 1972 – BStBl 1973 II S. 141).

Allgemeines

Als Berufsausbildung ist die Ausbildung für einen künftigen Beruf zu verstehen. In der Berufsausbildung befindet sich, wer sein Berufsziel noch nicht erreicht hat, sich aber ernstlich darauf vorbereitet (→ BFH vom 9. 6. 1999 – BStBl II S. 706). Dem steht nicht entgegen, dass das Kind auf Grund der Art der jeweiligen Ausbildungsmaßnahme die Möglichkeit der Erzielung eigener Einkünfte erlangt (→ BFH vom 16. 4. 2002 – BStBl II S. 523).

Beginn und Ende der Berufsausbildung

- Das Referendariat im Anschluss an die erste juristische Staatsprüfung gehört zur Berufsausbildung (→ BFH vom 10. 2. 2000 – BStBl II S. 398).
- Ein Kind befindet sich nicht in Ausbildung, wenn es sich zwar an einer Universität immatrikuliert, aber tatsächlich das Studium noch nicht aufgenommen hat und vorerst weiter einer Vollzeiterwerbstätigkeit nachgeht (→ BFH vom 23. 11. 2001 – BStBl 2002 II S. 484).
- Ein Universitätsstudium ist in dem Zeitpunkt abgeschlossen, in dem eine nach dem einschlägigen Prüfungsrecht zur Feststellung des Studienerfolgs vorgesehene Prüfungsentscheidung ergangen ist oder ein Prüfungskandidat von der vorgesehenen Möglichkeit, sich von weiteren Prüfungsabschnitten befreien zu lassen, Gebrauch gemacht hat (→ BFH vom 21. 1. 1999 – BStBl II S. 141). Die Berufsausbildung endet bereits vor Bekanntgabe des Prüfungsergebnisses, wenn das Kind nach Erbringung aller Prüfungsleistungen eine Vollzeiterwerbstätigkeit aufnimmt (→ BFH vom 24. 5. 2000 – BStBl II S. 473).
- Ende der Berufsausbildung mit bestandenem Examen? Kindergeld für den Sohn, der nach erfolgreichem Hochschulabschluss mangels Anstellung immatrikuliert geblieben ist und sich berufsspezifische Kenntnisse aneignete (entgegen DA-FamEStG 63.3.2.3 Abs. 1 Satz 3)?
  → FG München vom 19. 7. 2007–5 K 1353/06 – Rev. III R 80/08
- → DA-FamEStG 63.3.2.6 (BStBl 2004 I S. 764–766, BStBl 2004 I S. 1193).

Einweisung in die Aufgaben des künftigen Betriebsinhabers

Keine Berufsausbildung, wenn das Kind nach Abschluss seiner kaufmännischen Ausbildung in die Aufgaben eines künftigen Betriebsinhabers im elterlichen Betrieb eingewiesen wird (→ BFH vom 2. 8. 1968 – BStBl II S. 777).

Erneute Berufsausbildung

Im Rahmen der Altersgrenze des § 32 Abs. 4 Satz 1 i. V. m. Abs. 5 EStG ist eine Berufsausbildung ungeachtet dessen zu berücksichtigen, ob es sich um die erste oder eine weitere Ausbildung handelt bzw. ob eine zusätzliche Ausbildungsmaßnahme einer beruflichen Qualifizierung oder einem anderen Beruf dient (→ BFH vom 20. 7. 2000 – BStBl 2001 II S. 107).

Ferienzeit

Die Ferienzeit zwischen zwei Ausbildungsabschnitten gehört zur Berufsausbildung, nicht aber die Übergangszeit zwischen dem Abschluss der Berufsausbildung und dem Berufsantritt sowie die Probezeit bei erstmaligem Berufsantritt (→ BFH vom 31. 1. 1964 – BStBl III S. 300).

Freiwillige Maßnahmen

Der Vorbereitung auf ein Berufsziel und damit der Berufsausbildung dienen alle Maßnahmen, bei denen es sich um den Erwerb von Kenntnissen, Fähigkeiten und Erfahrungen handelt, die als Grundlagen für die Ausübung des angestrebten Berufs geeignet sind, und zwar unabhängig davon, ob die Ausbildungsmaßnahmen in einer Ausbildungsordnung oder Studienordnung vorgeschrieben sind (→ BFH vom 9. 6. 1999 – BStBl II S. 701).

Praktikum

Das Anwaltspraktikum eines Jurastudenten ist Berufsausbildung, auch wenn es weder gesetzlich noch durch die Studienordnung vorgeschrieben ist (→ BFH vom 9. 6. 1999 – BStBl II S. 713).

Zur Berufsausbildung eines Studenten der Anglistik, der einen Abschluss in diesem Studiengang anstrebt, gehört auch ein Auslandspraktikum als Fremdsprachenassistent an einer Schule in Großbritannien während eines Urlaubssemesters → BFH vom 14. 1. 2000 (BStBl II S. 199).

Ein Kind, das ein Studium aufnehmen will, befindet sich nicht in Berufsausbildung, wenn es als Fremdsprachenassistentin an einer Schule in Frankreich Deutschunterricht erteilt und diese Tätigkeit für das angestrebte Studium nicht förderlich ist (→ BFH vom 15. 7. 2003 – BStBl II S. 843).

Promotion

Zur Berufsausbildung gehört auch die Vorbereitung auf eine Promotion, wenn diese im Anschluss an das Studium ernsthaft und nachhaltig durchgeführt wird (→ BFH vom 9. 6. 1999 – BStBl II S. 708).

Schulbesuch

Zur Berufsausbildung gehört auch der Besuch von Allgemeinwissen vermittelnden Schulen wie Grund-, Haupt- und Oberschulen sowie von Fach- und Hochschulen. Auch der Besuch eines Colleges in den USA kann zur Berufsausbildung zählen (→ BFH vom 9. 6. 1999 – BStBl II S. 705).

Soldat auf Zeit

Ein Soldat auf Zeit (12 Jahre), der zum Offizier ausgebildet wird, befindet sich in Berufsausbildung (→ BFH vom 16. 4. 2002 – BStBl II S. 523); Gleiches gilt für die Ausbildung zum Unteroffizier (→ BFH vom 15. 7. 2003 – BStBl 2007 II S. 247).

Sprachaufenthalt im Ausland

- In einer Ausbildungs- oder Studienordnung vorgeschriebener oder empfohlener Sprachaufenthalt im Ausland ist in der Regel Berufsausbildung eines Kindes (→ BFH vom 9. 6. 1999 – BStBl II S. 710).
- Der Erwerb von Sprachkenntnissen im Rahmen von Au-pair-Verhältnissen kann Berufsausbildung sein (→ BFH vom 9. 6. 1999 – BStBl II S. 701 und S. 710), ein Geschichtskurs von wöchentlich 2 ½ Zeitstunden im Rahmen eines Au-pair-Verhältnisses ist keine Berufsausbildung des Kindes (→ BFH vom 19. 2. 2002 – BStBl II S. 469). Der Erwerb von Sprachkenntnissen ohne theoretisch-systematischen Sprachunterricht ist keine Berufsausbildung (→ BFH vom 15. 7. 2003 – BStBl II S. 843).
- Eine Ausbildungsmaßnahme braucht Zeit und Arbeitskraft des Kindes nicht überwiegend in Anspruch zu nehmen. Ein Sprachunterricht von wöchentlich 10 Unterrichtsstunden zuzüglich Zeit für Vor- und Nachbereitung sowie für praktische Anwendung der Fremdsprache kann deshalb Berufsausbildung sein (→ BFH vom 9. 6. 1999 – BStBl II S. 710). Eine geringere Stundenzahl kann im Einzelfall unschädlich sein, wenn der Unterricht der üblichen Vorbereitung auf einen anerkannten Prüfungsabschluss dient und das Kind den Prüfungsabschluss anstrebt (→ BFH vom 9. 6. 1999 – BStBl II S. 710).

Umfang der zeitlichen Inanspruchnahme durch die Berufsausbildung

→ Sprachaufenthalt im Ausland

Unterbrechungszeiten

- Zur Berufsausbildung zählen Unterbrechungszeiten wegen Erkrankung oder Mutterschaft, nicht jedoch Unterbrechungszeiten wegen der Betreuung eines eigenen Kindes (→ BFH vom 15. 7. 2003 – BStBl II S. 848).
- Ist für den Zeitraum eines Urlaubssemesters der Besuch von Vorlesungen und der Erwerb von Leistungsnachweisen nach hochschulrechtlichen Bestimmungen untersagt, sind für diesen

Zeitraum die Voraussetzungen einer Berufsausbildung nicht erfüllt (→ BFH vom 13. 7. 2004 – BStBl II S. 999).

- → DA-FamEStG 63.3.2.6 und 63.3.2.7 (BStBl 2004 I S. 764 und 766).

Vollzeiterwerbstätigkeit

Ein Kind, das nach dem Abschluss einer allgemeinbildenden Schulausbildung bis zum Beginn einer berufsqualifizierenden Ausbildung eine vorübergehende Vollzeiterwerbstätigkeit aufnimmt, ist für die vollen Monate der Erwerbstätigkeit nicht als Kind zu berücksichtigen (→ BFH vom 15. 9. 2005 – BStBl 2006 II S. 305).

→ Beginn und Ende der Berufsausbildung

Volontariat

Eine Volontärtätigkeit, die ausbildungswillige Kinder vor Annahme einer voll bezahlten Beschäftigung gegen geringe Entlohnung absolvieren, ist grundsätzlich als Berufsausbildung anzuerkennen, wenn das Volontariat der Erlangung der angestrebten beruflichen Qualifikation dient und somit der Ausbildungscharakter im Vordergrund steht (→ BFH vom 9. 6. 1999 – BStBl II S. 706).

Zivildienst

Ein Kind, das neben dem Zivildienst ernsthaft und nachhaltig ein Studium betreibt, befindet sich in Berufsausbildung (→ BFH vom 14. 5. 2002 – BStBl II S. 807).

R 32.6

32.6. Kinder, die sich in einer Übergangszeit befinden

S 2282 – unbesetzt –

H 32.6

Hinweise

Entwicklungshelfer

- → Gesetz vom 18. 6. 1969 (BGBl. I S. 549 – Entwicklungshelfer-Gesetz), zuletzt geändert durch Artikel 35 des Gesetzes vom 24. 12. 2003 (BGBl. I S. 2954).
- Entwicklungshelfer sind deutsche Personen, die nach Vollendung des 18. Lebensjahres und auf Grund einer Verpflichtung für zwei Jahre gegenüber einem anerkannten Träger des Entwicklungsdienstes Tätigkeiten in Entwicklungsländern ohne Erwerbsabsicht ausüben (→ § 1 Entwicklungshelfergesetz). Als Träger des Entwicklungsdienstes sind anerkannt:
  a) Deutscher Entwicklungsdienst, Gemeinnützige Gesellschaft mbH (DED), Bonn,
  b) Arbeitsgemeinschaft für Entwicklungshilfe e. V. (AGEH), Köln,
  c) Dienste in Übersee Gemeinnützige Gesellschaft mbH (DÜ) beim Evangelischen Entwicklungsdienst (EED), Bonn,
  d) Eirene, Internationaler Christlicher Friedensdienst e. V., Neuwied,
  e) Weltfriedensdienst e. V., Berlin.
  f) Christliche Fachkräfte International e. V. (CFI), Stuttgart.
  g) Forum Ziviler Friedensdienst e. V. (forum ZFD), Bonn

Gesetzlicher Wehrdienst

Darunter ist auch ein freiwilliger Wehrdienst bis zu drei Jahren zu verstehen → BSG vom 26. 7. 1977 – Entscheidungen des Bundessozialgerichts Band 44 S. 197.

Übergangszeit nach § 32 Abs. 4 Satz 1 Nr. 2 Buchst. b EStG

- ***Eine Übergangszeit liegt vor, wenn der nächste Ausbildungsabschnitt in dem Monat nach Ablauf des vierten vollen Kalendermonats, in dem sich das Kind nicht in Ausbildung befunden hat, beginnt (→ BFH vom 15. 7. 2003 – BStBl II S. 847).***

  Beispiel:

  Der erste Ausbildungsabschnitt endet im Monat Juli. Der zweite Ausbildungsabschnitt muss spätestens im Dezember beginnen.

- ***Die Vier-Monats-Frist gilt für jede Übergangszeit zwischen zwei Ausbildungsabschnitten bzw. für die Zeit zwischen Ausbildungsabschluss und Beginn des gesetzlichen Wehrdienstes (→ BFH vom 25. 1. 2007 - BStBl 2008 II S. 664).***

Vollzeiterwerbstätigkeit

Ein Kind befindet sich für die vollen Kalendermonate der Erwerbstätigkeit nicht in einer Übergangszeit zwischen zwei Ausbildungsabschnitten, wenn es nach dem Abschluss einer

- allgemeinbildenden Schulausbildung bis zum Beginn einer berufsqualifizierenden Ausbildung eine vorübergehende Vollzeiterwerbstätigkeit aufnimmt (→ BFH vom 15. 9. 2005 – BStBl 2006 II S. 305),
- berufsqualifizierenden Ausbildung vollzeiterwerbstätig ist; dies gilt auch, wenn es nachfolgend eine weitere Ausbildung beginnt (→ BFH vom 19. 10. 2001 – BStBl 2002 II S. 481).

Dies gilt nicht, wenn die gesamten Einkünfte und Bezüge des Kindes den (anteiligen) Jahresgrenzbetrag nicht übersteigen (→ BFH vom 16. 11. 2006 - BStBl 2008 II S. 56).

Zivildienstgesetz

Zivildienstgesetz i. d. F. der Bekanntmachung vom 17. 5. 2005 (BGBl. I S. 1346), zuletzt geändert durch ***Artikel 13 des Gesetzes zur Änderung wehrrechtlicher und anderer Vorschriften vom 31. 7. 2008 (BGBl. I S. 1629).***

32.7. Kinder, die mangels Ausbildungsplatz ihre Berufsausbildung nicht beginnen oder fortsetzen können

R 32.7

Allgemeines

(1) [1]Grundsätzlich ist jeder Ausbildungswunsch des Kindes anzuerkennen, es sei denn, dass seine Verwirklichung wegen der persönlichen Verhältnisse des Kindes ausgeschlossen erscheint. [2]Dies gilt auch dann, wenn das Kind bereits eine abgeschlossene Ausbildung in einem anderen Beruf besitzt. [3]Das Finanzamt kann verlangen, dass der Stpfl. die ernsthaften Bemühungen des Kindes um einen Ausbildungsplatz durch geeignete Unterlagen nachweist oder zumindest glaubhaft macht.

Ausbildungsplätze

(2) Ausbildungsplätze sind neben betrieblichen und überbetrieblichen insbesondere solche an Fach- und Hochschulen sowie Stellen, an denen eine in der Ausbildungs- oder Prüfungsordnung vorgeschriebene praktische Tätigkeit abzuleisten ist.

→ Ernsthafte Bemühungen um einen Ausbildungsplatz

(3) [1]Für die Berücksichtigung eines Kindes ohne Ausbildungsplatz ist Voraussetzung, dass es dem Kind trotz ernsthafter Bemühungen nicht gelungenist, seine Berufsausbildung (→ R 32.5) zu beginnen oder fortzusetzen. [2]Als Nachweis der ernsthaften Bemühungen kommen z. B. Bescheinigungen der Agentur für Arbeit über die Meldung des Kindes als Bewerber um eine berufliche Ausbildungsstelle, Unterlagen über eine Bewerbung bei der Zentralen Vergabestelle von Studienplätzen, Bewerbungsschreiben unmittelbar an Ausbildungsstellen sowie deren Zwischennachricht oder Ablehnung in Betracht.

(4) [1]Die Berücksichtigung eines Kindes ohne Ausbildungsplatz ist ausgeschlossen, wenn es sich wegen Kindesbetreuung nicht um einen Ausbildungsplatz bemüht. [2]Eine Berücksichtigung ist dagegen möglich, wenn das Kind infolge Erkrankung oder wegen eines Beschäftigungsverbots nach den §§ 3 und 6 Mutterschutzgesetz daran gehindert ist, seine Berufsausbildung zu beginnen oder fortzusetzen.

Hinweise

H 32.7

Ernsthafte Bemühungen um einen Ausbildungsplatz

Die Vermutung, dass das Kind keine weitere Berufsausbildung anstrebt, kann durch Nachweis eines sicheren Ausbildungsplatzes für das folgende Kalenderjahr widerlegt werden (→ BFH vom 7. 8. 1992 – BStBl 1993 II S. 103).

Kinder ohne Ausbildungsplatz

- Ein Mangel eines Ausbildungsplatzes liegt sowohl in Fällen vor, in denen das Kind noch keinen Ausbildungsplatz gefunden hat, als auch dann, wenn ihm ein solcher bereits zugesagt wurde, es diesen aber aus schul-, studien- oder betriebsorganisatorischen Gründen erst zu einem späteren Zeitpunkt antreten kann (→ BFH vom 15. 7. 2003 – BStBl II S. 845).

→ – DA-FamEStG 63.3.4 (BStBl 2004 I S. 767).

Kinderbetreuung

Fehlender Wille zur Berufsausbildung bei Kinderbetreuung? Zumutbarkeit fortgesetzter Bemühungen um einen Ausbildungsplatz nicht während der Zeit des Mutterschutzes (vgl. DA-FamEStG 63.3.2.7 Abs. 3 Satz 1), aber während der anschließenden Kinderbetreuungszeit?

→ FG Köln vom 25. 9. 2008 – 10 K 64/08 – Rev. – III R 83/08

Möglichkeit der Aufnahme einer Ausbildung

Kein Mangel eines Ausbildungsplatzes liegt vor, wenn das Kind die objektiven Anforderungen an den angestrebten Ausbildungsplatz nicht erfüllt oder wenn es im Falle des Bereitstehens eines Ausbildungsplatzes aus anderen Gründen am Antritt gehindert ist, z. B. wenn es im Ausland arbeitsvertraglich gebunden ist (→ BFH vom 15. 7. 2003 – BStBl II S. 843).

Vollzeiterwerbstätigkeit

Ein Kind, das nach dem Abschluss einer

- allgemeinbildenden Schulausbildung bis zum Beginn einer berufsqualifizierenden Ausbildung oder
- berufsqualifizierenden Ausbildung und dem Beginn einer weiteren Ausbildung

vollzeiterwerbstätig ist, ist für die vollen Kalendermonate der Erwerbstätigkeit kein Kind, das seine Berufsausbildung mangels Ausbildungsplatzes nicht fortsetzen kann (→ BFH vom 19. 10. 2001 – BStBl 2002 II S. 481 und BFH vom 15. 9. 2005 – BStBl 2006 II S. 305). ***Dies gilt nicht, wenn die gesamten Einkünfte und Bezüge des Kindes den (anteiligen) Jahresgrenzbetrag nicht übersteigen (→ BFH vom 16. 11. 2006 – BStBl 2008 II S. 56).***

R 32.8

32.8. Kinder, die ein freiwilliges soziales oder ökologisches Jahr oder freiwillige Dienste leisten

S 2282 – unbesetzt –

H 32.8

Hinweise

Anderer Dienst im Ausland im Sinne von § 14b Zivildienstgesetz

→ Zivildienstgesetz i. d. F. der Bekanntmachung vom 17. 5. 2005 (BGBl. I S. 1346), zuletzt geändert durch ***Artikel 13 des Gesetzes zur Änderung wehrrechtlicher und anderer Vorschriften vom 31. 7. 2008 (BGBl. I S. 1629)***.

Freiwilliges ökologisches Jahr

→ Gesetz zur Förderung eines freiwilligen ökologischen Jahres in der Fassung der Bekanntmachung vom 15. 7. 2002 (BGBl. I S. 2600), geändert durch Artikel 19 des Gesetzes vom 9. 12. 2004 (BGBl. I S. 3242)***; ab 1. 6. 2008 → Jugendfreiwilligendienstegesetz vom 16. 5. 2008 (BGBl. I S. 842)***.

→ DA-FamEStG 63.3.5 (BStBl 2004 I S. 769).

Freiwilliges soziales Jahr

→ Gesetz zur Förderung eines freiwilligen sozialen Jahres in der Fassung der Bekanntmachung vom 15. 7. 2002 (BGBl. I S. 2596), geändert durch Artikel 18 des Gesetzes vom 9. 12. 2004 (BGBl. I S. 3242)***; ab 1. 6. 2008 → Jugendfreiwilligendienstegesetz vom 16. 5. 2008 (BGBl. I S. 842)***.

→ DA-FamEStG 63.3.5 (BStBl 2004 I S. 769).

32.9. Kinder, die wegen körperlicher, geistiger oder seelischer Behinderung außerstande sind, sich selbst zu unterhalten

R 32.9

Behinderte Kinder

(1) [1]Als Kinder, die wegen körperlicher, geistiger oder seelischer Behinderung außerstande sind, sich selbst zu unterhalten, kommen insbesondere Kinder in Betracht, deren Schwerbehinderung (§ 2 Abs. 2 SGB IX) festgestellt ist oder die einem schwer behinderten Menschen gleichgestellt sind (§ 2 Abs. 3 SGB IX). [2]Ein Kind, das wegen seiner Behinderung außerstande ist, sich selbst zu unterhalten, kann bei Vorliegen der sonstigen Voraussetzungen über das ***25. Lebensjahr*** hinaus ohne altersmäßige Begrenzung berücksichtigt werden. [3]***Eine Berücksichtigung setzt voraus, dass die Behinderung, deretwegen das Kind nicht in der Lage ist, sich selbst zu unterhalten, vor Vollendung des 25. Lebensjahres eingetreten ist.*** [4]***Ein Kind kann auch berücksichtigt werden, wenn diese Behinderung bereits vor dem 1. 1. 2007 und vor Vollendung des 27. Lebensjahres eingetreten ist (§ 52 Abs. 40 Satz 5 EStG).*** S 2282

→ Außerstande sein, sich selbst zu unterhalten

(2) [1]Ob das Kind wegen seiner Behinderung außerstande ist, sich selbst zu unterhalten, ist nach den Gesamtumständen des Einzelfalles zu beurteilen. [2]Dabei kommt es nicht nur auf die Unfähigkeit des Kindes an, durch eigene Erwerbstätigkeit seinen gesamten notwendigen Lebensbedarf zu bestreiten, sondern auch darauf, ob dem Kind hierfür andere Einkünfte oder Bezüge zur Verfügung stehen. [3]R 32.10 gilt entsprechend. [4]Bezieht das Kind weder Einkünfte aus einer eigenen Erwerbstätigkeit noch Lohnersatzleistungen, kann grundsätzlich von der Unfähigkeit zur Ausübung einer Erwerbstätigkeit ausgegangen werden. [5]Dies gilt jedoch nicht, wenn nicht die Behinderung, sondern offensichtlich andere Gründe, z. B. die Arbeitsmarktlage, ursächlich dafür sind, dass das Kind eine eigene Erwerbstätigkeit nicht ausüben kann. [6]Ein über ***25 Jahre*** altes Kind, das wegen seiner Behinderung noch in Schul- oder Berufsausbildung steht, ist in jedem Fall als unfähig zur Ausübung einer Erwerbstätigkeit anzusehen.

Unschädliche Einkünfte und Bezüge des behinderten Kindes

(3) Übersteigen die Einkünfte und Bezüge des Kindes nicht den Grenzbetrag des § 32 Abs. 4 Satz 2 EStG, ist davon auszugehen, dass das Kind außerstande ist, sich selbst zu unterhalten.

Hinweise

H 32.9

Altersgrenze

Die Altersgrenze, innerhalb derer die Behinderung eingetreten sein muss, ist nicht aufgrund entsprechender Anwendung des § 32 Abs. 5 Satz 1 EStG z. B. um den Zeitraum des vom Kind in früheren Jahren geleisteten Grundwehrdienstes zu verlängern (→ BFH vom 2. 6. 2005 – BStBl II S. 756).

Außerstande sein, sich selbst zu unterhalten

- Ein volljähriges behindertes Kind ist außerstande, sich selbst zu unterhalten, wenn es mit seinen eigenen Mitteln seinen gesamten notwendigen Lebensbedarf, bestehend aus allgemeinem Lebensbedarf (Grundbedarf) und individuellem behinderungsbedingtem Mehrbedarf, nicht decken kann; Vermögen des Kindes bleibt unberücksichtigt (→ BFH vom 19. 8. 2002 – BStBl 2003 II S. 88 und 91). Die Ursächlichkeit der Behinderung hierfür ist grundsätzlich anzunehmen, wenn der Grad der Behinderung mindestens 50 beträgt und besondere Umstände hinzutreten, auf Grund derer eine Erwerbstätigkeit unter den üblichen Bedingungen des Arbeitsmarktes ausgeschlossen erscheint, oder im Ausweis über die Eigenschaft als schwerbehinderter Mensch das Merkmal „H" (hilflos) eingetragen ist. Der Grundbedarf bemisst sich in Höhe eines Betrages nach § 32 Abs. 4 Satz 2 EStG. Ohne Einzelnachweis ist ein behinderungsbedingter Mehrbedarf in Höhe des maßgeblichen Pauschbetrags für behinderte Menschen (§ 33b Abs. 3 EStG) zu berücksichtigen. Daneben sind auch ein Pflegebedarf in Höhe des gezahlten Pflegegeldes sowie Fahrtkosten des Kindes (→ H 33 Fahrtkosten behinderter Menschen) als behinderungsbedingter Mehrbedarf anzusetzen (→ BFH vom 15. 10. 1999 – BStBl 2000 II S. 72, 75 und 79 und vom 14. 12. 2001 – BStBl 2002 II S. 486). Dies gilt auch für persönliche Betreuungsleistungen der Eltern, soweit sie über die durch das Pflegegeld abgedeckte Grundpflege und hauswirtschaftliche Verrichtungen hinausgehen und nach amtsärztlicher Bescheinigung unbedingt erforderlich sind; die Betreuungsleistungen sind mit 8 Euro pro Stunde zu bewerten (DA-FamEStG 63.3.6.3.2 Abs. 3 – BStBl 2004 I S. 773).

- Ein volljähriges behindertes Kind ist außerstande, sich selbst zu unterhalten, wenn es im Rahmen der Eingliederungshilfe vollstationär untergebracht ist und daneben ausschließlich Pflegegeld bezieht (→ BFH vom 15. 10. 1999 – BStBl 2000 II S. 75).
- Bei einem vollstationär untergebrachten behinderten Kind stellt ein Betrag in Höhe der Eingliederungshilfe nur mit Ausnahme des nach der SachBezVO (ab 1. 1. 2007: SvEV vom 21. 12. 2006 – BGBl. I S. 3385) zu ermittelnden Wertes der Verpflegung behinderungsbedingten Mehrbedarf dar (→ BFH vom 24. 5. 2000 – BStBl II S. 580). In solchen Fällen kann behinderungsbedingter Mehrbedarf nicht zusätzlich pauschal in Höhe des Pauschbetrags für behinderte Menschen (§ 33b Abs. 3 EStG) angesetzt werden (→ BFH vom 15. 10. 1999 – BStBl 2000 II S. 75,79).
- Übersteigen die Einkünfte und Bezüge nicht den Betrag nach § 32 Abs. 4 Satz 2 EStG zuzüglich behinderungsbedingtem Mehrbedarf, kann die Berücksichtigung der Freibeträge nach § 32 Abs. 6 EStG nicht mit der Begründung versagt werden, die Behinderung stehe einer normalen Berufsausbildung nicht im Wege (→ BFH vom 14. 12. 2001 – BStBl 2002 II S. 486).
- Bei der Prüfung, ob ein volljähriges Kind, welches das 27. Lebensjahr (jetzt 25. Lebensjahr) vollendet hat, behinderungsbedingt außerstande ist, sich selbst zu unterhalten, ist auf den Kalendermonat abzustellen. Sonderzuwendungen, die nicht monatlich anfallen und einmalige Einnahmen sind auf einen angemessenen Zeitraum aufzuteilen und monatlich mit einem entsprechenden Teilbetrag anzusetzen. Jährlich anfallende Einnahmen wie Weihnachts- oder Urlaubsgeld sind auf den Zuflussmonat und die nachfolgenden elf Monate aufzuteilen (→ BFH vom 24. 8. 2004 – BStBl 2007 II S. 248).

Beispiele:

A. Im Haushalt eines Stpfl. lebt dessen 29-jähriger Sohn, der durch einen Unfall im Alter von 21 Jahren schwerbehindert wurde (Grad der Behinderung 100, gesundheitliche Merkzeichen „G" und „H"). Er arbeitet tagsüber in einer Werkstatt für behinderte Menschen (WfB). Hierfür erhält er ein monatliches Arbeitsentgelt von 75 €. Die Kosten für die Beschäftigung in der WfB von monatlich 1 250 € und die Fahrtkosten für den arbeitstäglichen Transport zur WfB von monatlich 100 € trägt der Sozialhilfeträger im Rahmen der Eingliederungshilfe. Der Sohn bezieht daneben Rente wegen voller Erwerbsminderung aus der gesetzlichen Rentenversicherung von monatlich 300 €, wovon nach Abzug eines Eigenanteils zur gesetzlichen Kranken- und Pflegeversicherung der Rentner in Höhe von 20 € noch 280 € ausgezahlt werden. Außerdem erhält er eine private Rente von monatlich 270 €. Der Besteuerungs- bzw. der Ertragsanteil der Renten beträgt 50 % und 49 %. Der Stpfl. macht einen Aufwand für Fahrten (3000 km im Jahr) glaubhaft, für die kein Kostenersatz geleistet wird. Der Sohn beansprucht freies Mittagessen in der Werkstatt. Er hat keinen Anspruch auf Pflegegeld.

Ermittlung des gesamten notwendigen Lebensbedarfs für den VZ ***2008***:		
Grundbedarf (§ 32 Abs. 4 Satz 2 EStG)		7 680 €
Behinderungsbedingter Mehrbedarf:		
Kosten der Beschäftigung in der WfB (1 200 € × 12)	15 000 €	
im Grundbedarf enthaltene Verpflegung, ermittelt nach SvEV (80 € × 12)	– 960 €	
	14 040 €	
Fahrtbedarf (WfB – Elternhaus), (100 € × 12)	1 200 €	
darüber hinaus bestehender Fahrtbedarf (3 000 km × 0,30 €)	900 €	
pauschaler behinderungsbedingter Mehrbedarf in Höhe des Pauschbetrags für behinderte Menschen (§ 33b Abs. 3 EStG)	3 700 €	19 840 €
Gesamter notwendiger Lebensbedarf		27 520 €
Ermittlung der eigenen Mittel des Kindes:		
Einkünfte:		
Keine Einkünfte aus nichtselbständiger Arbeit, da das Arbeitsentgelt (75 € × 12 = 900 €) nicht den Arbeitnehmer-Pauschbetrag nach § 9a EStG übersteigt.		
Besteuerungsanteil der Rente wegen voller Erwerbsminderung (50 % von 3 360 €)	1 680 €	
(Anmerkung: Sozialversicherungsbeiträge bleiben für die Berechnung der eigenen Mittel unberücksichtigt, → DA-FamEStG 63.3.6.3.2 Abs. 1 i. V. m. DA 63.4.2.5 Abs. 3 S. 4 ff.)		
Ertragsanteil der privaten Rente (49 % von 3 240 €)	1 587 €	
Werbungskosten-Pauschbetrag	– 102 €	3 165 €

Bezüge:		
Rente wegen voller Erwerbsminderung, soweit Besteuerungsanteil übersteigend	1 680 €	
Private Rente, soweit Ertragsanteil übersteigend	1 653 €	
Eingliederungshilfe	15 000 €	
Fahrtkostenübernahme durch Sozialhilfeträger	1 200 €	
Kostenpauschale (→ ***R 32.10 Abs. 4 Satz 1***)	– 180 €	19 353 €
Summe der eigenen Mittel		22 518 €

Der Sohn verfügt nicht über die für die Bestreitung seines notwendigen Lebensbedarfs erforderlichen Mittel; Er ist außerstande, sich selbst zu unterhalten und deshalb steuerlich zu berücksichtigen.

B. Die 25-jährige Tochter (Grad der Behinderung 100, gesundheitliches Merkzeichen „H") eines Stpfl. ist vollstationär in einer Einrichtung für behinderte Menschen untergebracht. An Wochenenden und während ihres Urlaubs hält sie sich im Haushalt des Stpfl. auf. Die Kosten der Unterbringung in der Einrichtung (Eingliederungshilfe) von jährlich 30 000 € tragen der Sozialhilfeträger im Rahmen der Eingliederungshilfe in Höhe von 26 928 € und die Pflegeversicherung in Höhe von 3 072 €. Der Sozialhilfeträger zahlt der Tochter ferner ein monatliches Taschengeld von 100 € und eine monatliche Bekleidungspauschale von 50 € und wendet für die Fahrten zwischen Elternhaus und Einrichtung jährlich 600 € auf. Für die Zeit des Aufenthalts im elterlichen Haushalt erhält die Tochter ein monatliches Pflegegeld von 205 €. In diesen Zeiträumen erbringen die Eltern durchschnittlich monatlich 10 Stunden persönlicher Betreuungsleistungen, die vom Pflegegeld nicht abgedeckt und nach amtsärztlicher Bescheinigung unbedingt erforderlich sind. Sie leisten einen monatlichen Kostenbeitrag an den Sozialhilfeträger von 26 €.

Ermittlung des gesamten notwendigen Lebensbedarfs für den VZ ***2008***:		
Grundbedarf (§ 32 Abs. 4 Satz 2 EStG)		7 680 €
Behinderungsbedingter Mehrbedarf:	30 000 €	
Kosten des Platzes in der Einrichtung		
Im Grundbedarf enthaltene Verpflegung, ermittelt nach der SvEV (205 € × 12)	– 2 460 €	
	27 540 €	
Fahrtbedarf (Einrichtung – Elternhaus)	600 €	
Vom Pflegegeld abgedeckter Pflegebedarf (205 € × 12)	2 460 €	
Betreuungsleistungen der Eltern (10 Stunden × 12 × 8 €)	960 €	31 560 €
Gesamter notwendiger Lebensbedarf:		39 240 €
Ermittlung der eigenen Mittel des Kindes:		
Eingliederungshilfe (Kostenbeitrag in Höhe von 12 × 26 € ist abgezogen)		26 616 €
Leistung nach § 43a SGB XI (Abgeltung der Pflege in vollstationären Einrichtungen der Behindertenhilfe)		3 072 €
Taschengeld (100 € × 12)		1 200 €
Bekleidungspauschale (50 € × 12)		600 €
Fahrtkostenübernahme durch Sozialhilfeträger		600 €
Pflegegeld (205 € × 12)		2 460 €
		34 548 €
Kostenpauschale (→ ***R 32.10 Abs. 4 Satz 1***)		– 180 €
Summe der eigenen Mittel		34 368 €

Ein pauschaler behinderungsbedingter Mehraufwand in Höhe des Pauschbetrags für behinderte Menschen nach § 33b Abs. 3 EStG kann nicht zusätzlich angesetzt werden, weil der Ansatz der Kosten bei vollstationärer Unterbringung einem Einzelnachweis entspricht.

Die Tochter ist außerstande, sich selbst zu unterhalten. Es kommen die Freibeträge gemäß § 32 Abs. 6 Satz 1 EStG zum Abzug.

Begleitperson

- → H 33
- → DA-FamEStG 63.3.6.3.2 Abs. 3 (BStBl 2004 I S. 773).

Nachweis der Behinderung

Der Nachweis der Behinderung kann

- bei einer Behinderung, deren Grad auf mindestens 50 festgestellt ist, durch einen Ausweis nach dem SGB IX oder durch einen Bescheid der für die Durchführung des BVG zuständigen Behörde bzw.
- bei einer Behinderung, deren Grad auf weniger als 50 aber mindestens 25 festgestellt ist, durch eine Bescheinigung der für die Durchführung des BVG zuständigen Behörde aufgrund eines Feststellungsbescheides nach § 69 Abs. 1 SGB IX oder,
- wenn dem Stpfl. wegen seiner Behinderung nach den gesetzlichen Vorschriften Renten oder andere laufende Bezüge zustehen, durch den Rentenbescheid oder den die anderen laufenden Bezüge nachweisenden Bescheid

sowie unabhängig davon auch in anderer Form, z. B. durch Bescheinigung bzw. Zeugnis des behandelnden Arztes oder ärztliches Gutachten erbracht werden (→ BFH vom 16. 4. 2002 – BStBl II S. 738).

Suchtkrankheiten

Suchtkrankheiten können Behinderungen darstellen (→ BFH vom 16. 4. 2002 - BStBl II S. 738).

R 32.10

32.10. Einkünfte und Bezüge des Kindes

Einkünfte

(1) [1]Einkünfte sind stets in vollem Umfang zu berücksichtigen, also auch soweit sie zur Bestreitung des Unterhalts nicht zur Verfügung stehen oder die Verfügungsbefugnis beschränkt ist. [2]Dies gilt nicht für ***Einkünfte, die durch unvermeidbare → Versicherungsbeiträge des Kindes gebunden sind.*** ***[3]Bei einer privaten Krankenversicherung ist nicht zu prüfen, ob der Versicherungsumfang die Mindestvorsorge für den Krankheitsfall nach sozialhilferechtlichen Vorschriften (§§ 47 ff. SGB XII) übersteigt; dies gilt nicht für Ergänzungstarife oder für eine Zusatzkrankenversicherung***.

Bezüge

(2) [1]Bezüge im Sinne von § 32 Abs. 4 Satz 2 EStG sind alle Einnahmen in Geld oder Geldeswert, die nicht im Rahmen der einkommensteuerrechtlichen Einkunftsermittlung erfasst werden. [2]Zu diesen Bezügen gehören insbesondere:

1. die nicht der Besteuerung unterliegenden Teile der Leistungen (§ 22 Nr. 1 Satz 3 Buchstabe a Doppelbuchstabe aa EStG) und die Teile von Leibrenten, die den Ertragsanteil nach § 22 Nr. 1 Satz 3 Buchstabe a Doppelbuchstabe bb EStG übersteigen,
2. Einkünfte und Leistungen, soweit sie dem Progressionsvorbehalt unterliegen (→ R 32b) ***mit Ausnahme des an Kinder wegen der Geburt eines Kindes gezahlten Elterngeldes nach dem Bundeselterngeld- und Elternzeitgesetz – BEEG – vom 5. 12. 2006 (BGBl. I S. 2748) in Höhe der Mindestbeträge von monatlich 300 Euro (§ 2 Abs. 5 BEEG) bzw. 150 Euro (§ 6 Satz 2 BEEG); bei Mehrlingsgeburten entsprechend vervielfacht nach Zahl der in einem Monat oder Teil des Monats lebenden Kinder***,
3. Renten nach § 3 Nr. 1 Buchstabe a EStG, Bezüge nach § 3 Nr. 2b, 3, 6, 27, 58 EStG und nach § 3b EStG, Bezüge nach § 3 Nr. 44 EStG, soweit sie zur Bestreitung des Lebensunterhalts dienen, sowie Bezüge nach § 3 Nr. 5 und 11 EStG mit Ausnahme der Heilfürsorge, der steuerfreien Beihilfen in Krankheits-, Geburts- und Todesfällen i. S. d. Beihilfevorschriften des Bundes und der Länder ***und der Beitragsermäßigungen und Prämienrückzahlungen eines Trägers der gesetzlichen Krankenversicherung für nicht in Anspruch genommene Beihilfeleistungen, soweit diese die → Versicherungsbeiträge des Kindes gemindert haben***,
4. die nach § 3 Nr. 40 und 40a EStG steuerfrei bleibenden Beträge abzüglich der damit in Zusammenhang stehenden Aufwendungen i. S. d. § 3c EStG,
5. pauschal besteuerte Bezüge nach § 40a EStG,
6. Unterhaltsleistungen des geschiedenen oder dauernd getrennt lebenden Ehegatten, soweit nicht als sonstige Einkünfte i. S. d. § 22 Nr. 1a EStG erfasst,
7. Zuschüsse eines Trägers der gesetzlichen Rentenversicherung zu den Aufwendungen eines Rentners für seine ***Krankenversicherung***.

(3) [1]Nicht anzusetzen sind Bezüge, die für besondere Ausbildungszwecke bestimmt sind. [2]Dies sind insbesondere Leistungen für

- ***Studiengebühren und Reisekosten bei einem Auslandsstudium***
- ***Wechselkursausgleich bei einem Auslandsstudium (Auslandszuschlag),***

- ***Auslandskrankenversicherung bei einem Auslandsstudium,***
- ***Reisekosten bei einem Freiwilligendienst i. S. d. Gesetzes zur Förderung von Jugendfreiwilligendiensten sowie***
- ***das Büchergeld von Ausbildungshilfen gewährenden Förderungseinrichtungen.***

Kostenpauschale für Bezüge

(*4*) [1]Bei der Feststellung der anzurechnenden Bezüge sind aus Vereinfachungsgründen insgesamt 180 Euro im Kalenderjahr abzuziehen, wenn nicht höhere Aufwendungen, die im Zusammenhang mit dem Zufluss der entsprechenden Einnahmen stehen, nachgewiesen oder glaubhaft gemacht werden. [2]Ein solcher Zusammenhang ist z. B. bei Kosten eines Rechtsstreits zur Erlangung der Bezüge und bei Kontoführungskosten gegeben.

Hinweise

H 32.10

Anrechnung eigener Bezüge

- **Eigene Bezüge**

  Bezüge sind alle Einnahmen in Geld oder Geldeswert, die nicht im Rahmen der einkommensteuerrechtlichen Einkunftsermittlung erfasst werden, also nicht besteuerbare sowie durch besondere Vorschriften, z. B. § 3 EStG, für steuerfrei erklärte Einnahmen, sowie nach §§ 40, 40a EStG pauschal versteuerter Arbeitslohn (→ BFH vom 6. 4. 1990 – BStBl II S. 885). Anrechenbar sind nur solche Bezüge, die zur Bestreitung des Unterhalts oder der Berufsausbildung bestimmt oder geeignet sind.

  Zu den anrechenbaren Bezügen gehören nach DA-FamEStG 63.4.2.3 Absatz 2 – BStBl 2004 I S. 778 – und Rechtsprechung des BFH neben den in → R 32.10 Abs. 2 genannten insbesondere:

  1. Leistungen nach dem BVG mit Ausnahme der Leistungen, die zur Abdeckung des durch den Körperschaden verursachten Mehrbedarfs (z. B. Grundrente, Schwerstbeschädigtenzulage, Pflegezulage) dienen.
  2. Leistungen nach § 60 des Infektionsschutzgesetzes (Impfschadenrente), die in entsprechender Anwendung der Vorschriften des BVG zustehen, soweit sie im Fall einer Versorgungsberechtigung nach dem BVG als Einnahmen anzusehen wären.

  2a. Renten aus der gesetzlichen Unfallversicherung, der Kapitalanteil einer Rente aus der gesetzlichen Rentenversicherung und in diesen enthaltene Beitragsanteile zur Kranken- und Pflegeversicherung (→ BFH vom 14. 11. 2000 – BStBl 2001 II S. 489).

  3. Leistungen zur Sicherstellung des Unterhalts nach Maßgabe des SGB XII (z. B. Hilfe zum Lebensunterhalt, Eingliederungshilfe) oder des SGB VIII – Kinder- und Jugendhilfe – (Unterkunft in sozialpädagogisch begleiteten Wohnformen, § 13 Abs. 3; Unterbringung zur Erfüllung der Schulpflicht, § 21 Satz 2; Hilfen für junge Volljährige, § 41 Abs. 2 i. V. m. § 39), wenn von einer Rückforderung bei gesetzlich Unterhaltsverpflichteten abgesehen worden ist (→ BFH vom 14. 6. 1996 – BStBl 1997 II S. 173 sowie vom 26. 11. 2003 – BStBl 2004 II S. 588 und vom 2. 8. 1974 – BStBl 1975 II S. 139). Die genannten Leistungen sind jedoch dann nicht als Bezug anzurechnen, wenn das Kindergeld nach § 74 Abs. 2 EStG an den entsprechenden Sozialleistungsträger abgezweigt wird, dieser einen Erstattungsanspruch nach § 74 Abs. 3 EStG geltend macht oder – zur Vereinfachung – das Kindergeld auf seine Leistung anrechnet (→ DA-FamEStG 63.4.2.3 Abs. 2 Satz 1 Nr. 8 – BStBl 2004 I S. 778),
  4. Wehrsold, die Sachbezüge, das Weihnachtsgeld (DA-FamEStG 63.4.2.3 Abs. 2 Nr. 10 – BStBl 2004 I S. 778) und das Entlassungsgeld von Wehrdienst- und Zivildienstleistenden (→ BFH vom 14. 5. 2002 – BStBl II S. 746). Zu der Frage, auf welchen Zeitraum das Entlassungsgeld entfällt, → Aufteilung der eigenen Einkünfte und Bezüge.
  5. Verdienstausfallentschädigung nach § 13 Abs. 1 USG.
  6. Ausgezahlte Arbeitnehmer-Sparzulage nach dem 5. VermBG und ausgezahlte Wohnungsbauprämie nach dem WoPG.
  7. Zur Berücksichtigung verheirateter Kinder und von Kindern in einer eingetragenen Lebenspartnerschaft → H 32.3 (Berücksichtigung in Sonderfällen). Unterhaltsleistungen des Ehegatten eines verheirateten Kindes (grundsätzlich in Höhe der Hälfte des verfügbaren Einkommens dieses Ehegatten, wobei diesem mindestens das steuerliche Existenzminimum verbleiben muss); entsprechendes gilt für Kinder in einer eingetragenen Lebenspartnerschaft; Einzelheiten zur Berechnung → DA-FamEStG 63.4.2.5 (BStBl 2004 I S. 780).
  8. Ausbildungshilfen (DA-FamEStG 63.4.2.6 – BStBl 2004 I S. 783).

9. Sachbezüge (z. B. freie Unterkunft und Verpflegung) und Taschengeld im Rahmen von Au-pair-Verhältnissen im Ausland (→ BFH vom 22. 5. 2002 – BStBl II S. 695).

– **Nicht anrechenbare eigene Bezüge**

Nicht anzurechnen sind Bezüge, die der unterhaltenen Person zweckgebunden wegen eines nach Art und Höhe über das Übliche hinausgehenden besonderen und außergewöhnlichen Bedarfs zufließen (→ BFH vom 22. 7. 1988 – BStBl II S. 830 und S. 939).

Zu den nicht anrechenbaren eigenen Bezügen gehören nach DA-FamEStG 63.4.2.3 Absatz 3 – BStBl 2004 I S. 779 – insbesondere:

1. nach § 3 Nr. 12, 13, 16 und Nr. 26 EStG steuerfreie Einnahmen,
2. nach § 3 Nr. 30, 31 und 32 EStG steuerfrei ersetzte Werbungskosten und nach § 40 Abs. 2 Satz 2 EStG pauschal versteuerte Ersatzleistungen,
3. Unterhaltsleistungen der Eltern und freiwillige Leistungen der Personen, bei denen das Kind berücksichtigt werden kann (→ BFH vom 21. 7. 1961 – BStBl III S. 437),
4. Erziehungsgeld nach dem BErzGG oder landesrechtlichen Vorschriften (§ 3 Nr. 67 EStG),
5. Mutterschaftsgeld für die Zeit nach der Entbindung, soweit es auf das Erziehungsgeld angerechnet worden ist,
6. im Rahmen der Sozialhilfe geleistete Beträge für Krankenhilfe (§ 48 SGB XII) (→ BFH vom 22. 7. 1988 – BStBl II S. 830),
7. Leistungen der Pflegeversicherung (§ 3 Nr. 1 Buchstabe a EStG),
8. Leistungen, die nach bundes- oder landesgesetzlichen Vorschriften gewährt werden, um einen Mehrbedarf zu decken, der durch einen Körperschaden verursacht ist (z. B. Pflegegeld bzw. -zulage aus der Unfallversicherung, nach § 35 BVG oder nach § 63 SGB XII, Ersatz der Mehrkosten für den Kleider- und Wäscheverschleiß) sowie die Sozialhilfeleistungen im Rahmen der Altenhilfe nach § 71 Abs. 2 Nr. 4 SGB XII, z. B. so genannte Telefonhilfe (→ BFH vom 22. 7. 1988 – BStBl II S. 830 und 939),
9. Leistungen, die dem Träger einer Bildungsmaßnahme (Ausbildung, Weiterbildung, Rehabilitation) nach dem SGB III oder entsprechenden anderen Sozialleistungsvorschriften unmittelbar als Kostenerstattung für die Ausbildungsleistung zufließen (→ DA-FamEStG 63.4.2.6 Abs. 3 (BStBl 2004 I S. 783),
10. Leistungen, die wegen individuellen Sonderbedarfs gewährt werden und deshalb nicht zur Bestreitung des Unterhalts oder der Berufsausbildung bestimmt oder geeignet sind, im Einzelnen → DA-FamEStG 63.4.2.6 Abs. 4 (BStBl 2004 I S. 783),
11. Leistungen nach § 3 Nr. 69 EStG und dem Gesetz über die humanitäre Hilfe für durch Blutprodukte HIV-infizierte Personen (HIV-Hilfegesetz – HIVHG) vom 24. 7. 1995; → BMF vom 27. 12. 1994 (BStBl I S. 886),
12. Renten nach dem Gesetz über die Errichtung einer Stiftung „Hilfswerk für behinderte Kinder" (Conterganschäden),
13. Geldzuwendungen von dritter Seite, die zur Kapitalanlage bestimmt sind (→ BFH vom 28. 1. 2004 – BStBl II S. 555).

Ein etwaiger Wohnwert einer Heimunterbringung gehört grundsätzlich zum behinderungsbedingten Mehrbedarf eines behinderten Kindes und stellt deshalb keinen anzusetzenden Bezug dar (→ BFH vom 24. 5. 2000 – BStBl II S. 580).

Aufteilung der eigenen Einkünfte und Bezüge

Auf welchen Monat Einkünfte und Bezüge entfallen, ist innerhalb des Kalenderjahrs nicht nach dem Zuflusszeitpunkt, sondern nach der wirtschaftlichen Zurechnung zu bestimmen. Laufender Arbeitslohn ist regelmäßig dem Monat zuzuordnen, für den er gezahlt wird. Sonderzuwendungen (z. B. Urlaubsgeld, Weihnachtsgeld), die in Monaten zufließen, in denen an allen Tagen die Voraussetzungen des § 32 Abs. 4 Satz 1 Nr. 1 oder 2 EStG vorliegen, sind dem Berücksichtigungszeitraum zuzuordnen, soweit sie diesem auch wirtschaftlich zuzurechnen sind (→ BFH vom 1. 3. 2000 – BStBl II S. 459 und vom 12. 4. 2000 – BStBl II S. 464).

Beispiel 1:

Ein zu Beginn des VZ volljähriges Kind wechselt im Juli von der Berufsausbildung in die Berufsausübung. Es erhält im Juni Urlaubsgeld und im Dezember Weihnachtsgeld.

Das Urlaubsgeld ist in voller Höhe dem Ausbildungszeitraum zuzuordnen; das Weihnachtsgeld bleibt in voller Höhe unberücksichtigt.

Beispiel 2:

Ein Kind befindet sich während des gesamten VZ in Berufsausbildung und vollendet im Juni das 18. Lebensjahr. Es erhält Urlaubsgeld und Weihnachtsgeld.

Die Sonderzuwendungen sind zu 6/12 zu berücksichtigen.

Werden für den Jahresabschnitt der Berücksichtigung keine höheren Werbungskosten geltend gemacht, ist der auf diese Monate zeitanteilig entfallende Arbeitnehmer-Pauschbetrag anzusetzen (→ BFH vom 12. 4. 2000 – BStBl II S. 464); er ist auf die Monate des VZ aufzuteilen, in denen Einnahmen aus nichtselbständiger Arbeit erzielt werden (→ BFH vom 1. 7. 2003 – BStBl II S. 759).

Beispiel 3:

Ein 20-jähriges Kind befindet sich von Januar bis Mai in einem Beschäftigungsverhältnis, ist im Juni und Juli arbeitslos und beginnt im August eine Berufsausbildung. Es bezieht während des Beschäftigungsverhältnisses und während der Berufsausbildung Einkünfte aus nichtselbständiger Arbeit (insgesamt zehn Monate). In den Monaten der Arbeitslosigkeit erhält es ausschließlich Arbeitslosengeld.

Das Kind erfüllt von Juni bis Dezember die Voraussetzungen des § 32 Abs. 4 Satz 1 Nr. 1 bzw. Nr. 2 Buchst. a EStG. Innerhalb dieses Zeitraums ist der Arbeitnehmer-Pauschbetrag für die Monate August bis Dezember mit je einem Zehntel anzusetzen.

Das Entlassungsgeld von Wehr- und Zivildienstleistenden entfällt im Zuflussjahr auf die Zeit nach Beendigung des Dienstes (→ BFH vom 14. 5. 2002 – BStBl II S. 746). Zur Aufteilung sonstiger Einkünfte und Bezüge sowie der übrigen Pauschbeträge nach § 9a EStG und der Kostenpauschale nach ***R 32.10 Abs. 4 Satz 1*** gilt R 33a.4 Abs. 2 Satz 1 Nr. 1, zur Aufteilung anderer Einkünfte gilt R 33a.4 Abs. 2 Satz 1 Nr. 2 entsprechend. Zu einer anderen wirtschaftlich gerechtfertigten Aufteilung → R 33a.4 Abs. 2 Satz 2.

Beispiel für die Anrechnung

→ H 33a.1 (Anrechnung eigener Einkünfte und Bezüge)

Besondere Ausbildungskosten

Der Grenzbetrag nach § 32 Abs. 4 Satz 2 EStG umfasst die Kosten für die Lebensführung eines Kindes, nicht dagegen einen Ausbildungsmehrbedarf (besondere Ausbildungskosten). Besondere Ausbildungskosten eines Kindes sind Aufwendungen, die bei einer Einkünfteermittlung – bei Außerachtlassung des § 12 Nr. 5 EStG – dem Grunde und der Höhe nach als Werbungskosten abzuziehen wären. Sie sind gemäß § 32 Abs. 4 Satz 5 EStG von den Einkünften und Bezügen eines Kindes unabhängig davon abzuziehen, ob sie durch Einkünfte oder Bezüge finanziert werden (→ BFH vom 14. 11. 2000 – BStBl 2001 II S. 491).

- Besondere Ausbildungskosten sind insbesondere Aufwendungen für
  - Wege zwischen Wohnung und Ausbildungsstätte (→ BFH vom 14. 11. 2000 – BStBl 2001 II S. 489),
  - Wege zwischen dem Ausbildungsort und der Wohnung, die den Mittelpunkt der Lebensinteressen bildet (→ BFH vom 25. 7. 2001 – BStBl 2002 II S. 12),
  - Bücher, die bei der Ausbildung benötigt werden (→ BFH vom 14. 11. 2000 – BStBl 2001 II S. 489),
  - Arbeitsmittel und für Studiengebühren (→ BFH vom 14. 11. 2000 – BStBl 2001 II S. 491),
  - ein Auslandsstudium (→ BFH vom 14. 11. 2000 – BStBl 2001 II S. 495).
- Keine besonderen Ausbildungskosten sind
  - Aufwendungen für eine auswärtige Unterbringung (→ BFH vom 14. 11. 2000 – BStBl 2001 II S. 489),
  - Mehraufwendungen für Unterkunft und Verpflegung im Ausland (→ BFH vom 14. 11. 2000 – BStBl 2001 II S. 495),
  - Versicherungsbeiträge des Kindes.

Zunächst ist festzustellen, welche finanziellen Mittel (Einkünfte und Bezüge) das Kind hat, von denen die Lebensführung oder die Berufsausbildung bestritten werden kann (§ 32 Abs. 4 Satz 5 EStG). Sodann sind besondere Ausbildungskosten nach § 32 Abs. 4 Satz 3 EStG zu ermitteln und von der Summe der Einkünfte und Bezüge abzuziehen (→ BFH vom 14. 11. 2000 – BStBl 2001 II S. 491), soweit sie nicht bereits im Rahmen der Ermittlung der Einkünfte und Bezüge nach § 32 Abs. 4 Satz 2 EStG abgezogen worden sind.

Einkünfte

- Negative Einkünfte eines Kindes sind mit dessen Bezügen zu verrechnen (→ BFH vom 20. 7. 2000 – BStBl 2001 II S. 107).
- Zu den Einkünften eines Kindes gehören
  - der Ertragsanteil einer Waisenrente abzüglich Werbungskostenpauschbetrag nach § 9a Satz 1 Nr. 3 EStG (→ BFH vom 14. 11. 2000 – BStBl 2001 II S. 489).
  - vermögenswirksame Leistungen i. S. d. VermBG (→ BFH vom 11. 12. 2001 – BStBl 2002 II S. 684).
- Ein Verlustabzug nach § 10d EStG mindert nicht die Einkünfte eines Kindes (→ BFH vom 24. 8. 2001 – BStBl 2002 II S. 250).
- DA-FamEStG 63.4.2.1 (BStBl 2004 I S. 775, BStBl 2005 I S. 800) und DA-FamEStG 63.4.2.8 (BStBl 2005 I S. 800)).

Einkünfte und Bezüge eines anderen Kalenderjahres

Bei der Ermittlung der Einkünfte und Bezüge werden Zuflüsse und Abflüsse nur berücksichtigt, wenn sie in dem zu beurteilenden Kalenderjahr anfallen. So bleiben beispielsweise die spätere Rückforderung von BAföG-Zuschüssen (→ BFH vom 11. 12. 2001 – BStBl 2002 II S. 205) oder Rentennachzahlungen in späteren Jahren (→ BFH vom 16. 4. 2002 – BStBl II S. 525) bei der Ermittlung der Einkünfte und Bezüge des laufenden VZ unberücksichtigt.

Höhe der anzurechnenden Bezüge

→ R 32.10 Abs. 2 ***bis 4***

Sozialversicherungsbeiträge

→ Versicherungsbeiträge des Kindes

Steuern

Einbehaltene Lohn- und Kirchensteuer mindern nicht die Einkünfte und Bezüge eines Kindes (→ BFH vom 26. 9. 2007 – BStBl 2008 II S. 738).

Umrechnungskurse

→ ***BZSt vom 12. 3. 2008 (BStBl I S. 497):***

Zur Umrechnung nicht auf Euro lautender Einkünfte und Bezüge gemäß § 32 Abs. 4 Satz 10 EStG werden in der folgenden Übersicht die Referenzkurse der Europäischen Zentralbank sowie weitere Kurse gemäß der Devisenkursstatistik der Deutschen Bundesbank mit Stand Ende September 2007 veröffentlicht.

Umrechnungskurse für verschiedene Länder

Stand: 30. 9. 2007

Land	Währungseinheit	1 Euro =
Ägypten	Ägyptisches Pfund	7,9874 EGP
Albanien	Lek	123,08 ALL
Algerien	Algerischer Dinar	96,0051 DZD
Argentinien	Argentinischer Peso	4,46415 ARS
Armenien	Dram	476,15 AMD
Australien	Australischer Dollar	1,6073 AUD
Belarus	Belarus-Rubel	3038,58 BYR
Bosnien und Herzegowina	Konvertible Mark (KM)	1,9558 BAM
Brasilien	Real	2,62286 BRL
Bulgarien	Lew	1,9558 BGN
China	Renminbi Yuan	10,6429 CNY
Dänemark	Dänische Krone	7,4544 DKK
Estland	Estnische Krone	15,6466 EEK
Georgien	Lari	2,3487 GEL
Gibraltar	Gibraltar-Pfund	0,69680 GIP
Großbritannien und Nordirland	Pfund Sterling	0,69680 GBP
Hongkong, Sonderverwaltungsregion	Hongkong-Dollar	11,0055 HKD
Island	Isländische Krone	87,87 ISK
Israel	Neuer Schekel	5,6898 ILS

Land	Währungseinheit	1 Euro =
Japan	Yen	163,55 JPY
Jordanien	Jordan-Dinar	1,011105 JOD
Kanada	Kanadischer Dollar	1,4122 CAD
Kasachstan	Tenge	171,38 KZT
Kirgisistan	Kirgisistan-Som	52,3012 KGS
Korea, Republik	Won	1297,59 KRW
Kroatien	Kuna	7,2773 HRK
Lettland	Lats	0,7038 LVL
Litauen	Litas	3,4528 LTL
Malta	Maltesische Lira	0,4293 MTL
Marokko	Dirham	11,289 MAD
Mazedonien	Denar	61,1940 MKD
Moldau, Republik	Moldau-Leu	16,2871 MDL
Neuseeland	Neuseeland-Dollar	1,8737 NZD
Norwegen	Norwegische Krone	7,7185 NOK
Polen	Zloty	3,7730 PLN
Rumänien	Leu	3,3441 RON
Russische Föderation	Rubel	35,3490 RUB
Schweden	Schwedische Krone	9,2147 SEK
Schweiz	Schweizer Franken	1,6601 CHF
Serbien	Serbischer Dinar	78,8606 CSD
Singapur	Singapur-Dollar	2,1066 SGD
Slowakei	Slowakische Krone	33,877 SKK
Sri Lanka	Sri-Lanka-Rupie	160,645 LKR
Südafrika	Rand	9,7562 ZAR
Thailand	Thai Baht	45,063 THB
Tschechische Republik	Tschechische Krone	27,532 CZK
Türkei	Türkisches Pfund/Türkische Lira	1,7159 TRY
Tunesien	Tunesischer Dinar	1,7657 TND
Ukraine	Griwna	716,0900 UAH
Ungarn	Forint	250,69 HUF
Usbekistan	Usbekistan-Sum	1778,79 UZS
Vereinigte Staaten	US-Dollar	1,4179 USD
Zypern	Zypern-Pfund	0,58420 CYP

Verhältnisse im Wohnsitzstaat

Die nach § 32 Abs. 4 Satz 3 EStG maßgeblichen Beträge sind auf der Grundlage der Ländergruppeneinteilung (→ ***BMF vom 9. 9. 2008 – BStBl I S. 936***) zu ermitteln. Bei Kindern mit Wohnsitz in EU-Staaten ist der Grenzbetrag nicht im Hinblick auf die Verhältnisse im Wohnsitzstaat zu kürzen; § 32 Abs. 4 Satz 3 EStG kommt bei EU-Staaten nicht zur Anwendung (→ BfF vom 25. 5. 2004 – BStBl I S. 510). Anhang 2

Versicherungsbeiträge des Kindes

Bei der Prüfung, ob der Jahresgrenzbetrag nach § 32 Abs. 4 Satz 2 EStG überschritten ist, sind bei der Ermittlung der Bemessungsgrundlage von den Einkünften und Bezügen des Kindes

abzuziehen

- Pflichtbeiträge zur gesetzlichen Sozialversicherung (→ BMF vom 18. 11. 2005 – BStBl I S. 1027),
- Beiträge des Kindes zu einer freiwilligen gesetzlichen Kranken- und Pflegeversicherung (→ BFH vom 16. 11. 2006 – BStBl 2007 II S. 527),
- Beiträge des Kindes zu einer privaten Kranken- und Pflegeversicherung, mit denen der von der Beihilfe nicht freigestellte Teil der beihilfefähigen Aufwendungen für ambulante, stationäre und zahnärztliche Behandlung abgedeckt wird (→ BFH vom 14. 12. 2006 – BStBl 2007 II S. 530)**,**
- ***unvermeidbare Beiträge des Kindes zu einer privaten Krankenversicherung, die eine Mindestvorsorge für den Krankheitsfall nach sozialhilferechtlichen Vorschriften (§§ 47 ff. SGB XII) ermöglichen (→ BFH vom 26. 9. 2007 – BStBl 2008 II S. 738).***

Nicht abzuziehen sind

- ***andere Versicherungsbeiträge, die als Sonderausgaben des Kindes in Betracht kommen (z. B. Beiträge zu einer privaten Zusatzkrankenversicherung oder zu einer Kfz-Haftpflichtversicherung) (→ BFH vom 14. 11. 2000 – BStBl 2001 II S. 489 und vom 26. 9. 2007 – BStBl 2008 II S. 738),***
- ***Beiträge des Kindes für eine private Rentenversicherung, wenn sich das Kind in Ausbildung befindet und in der gesetzlichen Rentenversicherung pflichtversichert ist (→ BFH vom 26. 9. 2007 – BStBl 2008 II S. 738).***

Verzicht auf Einkünfte und Bezüge

Ein Verzicht auf Teile der zustehenden Einkünfte im Sinne von § 32 Abs. 4 Satz 9 EStG liegt vor, wenn ein Kind mit dem Ziel der Erhaltung der steuerlichen Berücksichtigung Vereinbarungen trifft, die ursächlich dafür sind, dass ein Anspruch auf Weihnachtsgeld nicht geltend gemacht werden kann, der ohne diese Vereinbarung bestanden hätte (→ BFH vom 11. 3. 2003 – BStBl II S. 746).

Vollendung des 18. Lebensjahres

Vollendet ein Kind im Laufe des VZ das 18. Lebensjahr, bleiben Einkünfte und Bezüge des Kindes bis einschließlich des Monats der Vollendung des 18. Lebensjahres auch dann unberücksichtigt, wenn in den Folgemonaten die Voraussetzungen des § 32 Abs. 4 Satz 1 Nr. 1 oder 2 EStG vorliegen (→ BFH vom 1. 3. 2000 – BStBl II S. 459).

R 32.11

32.11. Verlängerungstatbestände bei Arbeit suchenden Kindern und Kindern in Berufsausbildung

S 2282 [1]Kalendermonate der Ableistung eines Dienstes im Sinne von § 32 Abs. 5 EStG, in denen auch die Voraussetzungen des § 32 Abs. 4 Satz 1 Nr. 1 oder Nr. 2 Buchstabe a oder b EStG vorgelegen haben, führen nicht zu einer Berücksichtigung über das 21. ***Lebensjahr*** bzw. ***das 25./26./***27. Lebensjahr ***(→ § 52 Abs. 40 Satz 6 EStG)*** hinaus. [2]Dies gilt auch, wenn das Kind für diese Kalendermonate nicht zu berücksichtigen war, weil seine Einkünfte und Bezüge die maßgebliche Grenze des § 32 Abs. 4 Satz 2 EStG überschritten hatten.

H 32.11

Hinweise

Dienste im Ausland

Gesetzlicher Grundwehrdienst oder → gesetzlicher Zivildienst ist auch ein entsprechender Dienst im Ausland, wenn er auf Grund einer gesetzlichen Dienstpflicht geleistet wird (→ BFH vom 29. 4. 1960 – BStBl III S. 268).

Entwicklungshelfer-Gesetz

→ H 32.6

Wehrpflichtgesetz

Wehrpflichtgesetz in der Fassung der Bekanntmachung vom ***16. 9. 2008 (BGBl. I S. 1886)***.

Zivildienst

Der gesetzliche Zivildienst ist der Zivildienst von anerkannten Kriegsdienstverweigerern (Zivildienstgesetz in der Fassung der Bekanntmachung vom 17. 5. 2005 (BGBl. I S. 1346), zuletzt geändert durch ***Artikel 13 des Gesetzes zur Änderung wehrrechtlicher und anderer Vorschriften vom 31. 7. 2008 (BGBl. I S. 1629)***.

R 32.12

32.12. Höhe der Freibeträge für Kinder in Sonderfällen

S 2282 Einem Stpfl., der die vollen Freibeträge für Kinder erhält, weil der andere Elternteil verstorben ist (§ 32 Abs. 6 Satz 3 EStG), werden Stpfl. in Fällen gleichgestellt, in denen

1. der Wohnsitz oder gewöhnliche Aufenthalt des anderen Elternteiles nicht zu ermitteln ist **oder**
2. der Vater des Kindes amtlich nicht feststellbar ist.

32.13. Übertragung der Freibeträge für Kinder

R 32.13

S 2282

Barunterhaltsverpflichtung

(1) [1]Bei dauernd getrennt lebenden oder geschiedenen Ehegatten sowie bei Eltern eines nichtehelichen Kindes ist der Elternteil, in dessen Obhut das Kind sich nicht befindet, grundsätzlich zur Leistung von Barunterhalt verpflichtet. [2]Wenn die Höhe nicht durch gerichtliche Entscheidung, Verpflichtungserklärung, Vergleich oder anderweitig durch Vertrag festgelegt ist, können dafür die von den Oberlandesgerichten als Leitlinien aufgestellten Unterhaltstabellen, z. B. „Düsseldorfer Tabelle", einen Anhalt geben.

Der Unterhaltsverpflichtung im Wesentlichen nachkommen

(2) [1]Ein Elternteil kommt seiner Barunterhaltsverpflichtung gegenüber dem Kind im Wesentlichen nach, wenn er sie mindestens zu 75 % erfüllt. [2]Der Elternteil, in dessen Obhut das Kind sich befindet, erfüllt seine Unterhaltsverpflichtung in der Regel durch die Pflege und Erziehung des Kindes (§ 1606 Abs. 3 BGB).

Maßgebender Verpflichtungszeitraum

(3) [1]Hat aus Gründen, die in der Person des Kindes liegen, oder wegen des Todes des Elternteiles die Unterhaltsverpflichtung nicht während des ganzen Kalenderjahres bestanden, ist für die Frage, inwieweit sie erfüllt worden ist, nur auf den Verpflichtungszeitraum abzustellen. [2]Wird ein Elternteil erst im Laufe des Kalenderjahres zur Unterhaltszahlung verpflichtet, ist für die Prüfung, ob er seiner Barunterhaltsverpflichtung gegenüber dem Kind zu mindestens 75 % nachgekommen ist, nur der Zeitraum zu Grunde zu legen, für den der Elternteil zur Unterhaltsleistung verpflichtet wurde. [3]Im Übrigen kommt es nicht darauf an, ob die unbeschränkte Steuerpflicht des Kindes oder der Eltern während des ganzen Kalenderjahres bestanden hat.

Verfahren

(4) [1]Wird die Übertragung der dem anderen Elternteil zustehenden Freibeträge für Kinder beantragt, weil dieser seiner Unterhaltsverpflichtung gegenüber dem Kind für das Kalenderjahr nicht im Wesentlichen nachgekommen ist, muss der Antragsteller die Voraussetzungen dafür darlegen. [2]Die Übertragung des Kinderfreibetrags führt stets auch zur Übertragung des Freibetrags für den Betreuungs- und Erziehungs- oder Ausbildungsbedarf. [3]Der betreuende Elternteil kann auch beantragen, dass der dem anderen Elternteil, in dessen Wohnung das minderjährige Kind nicht gemeldet ist, zustehende Freibetrag für den Betreuungs- und Erziehungs- oder Ausbildungsbedarf auf ihn übertragen wird. [4]In Zweifelsfällen ist dem anderen Elternteil Gelegenheit zu geben, sich zum Sachverhalt zu äußern (§ 91 AO). [5]In dem Kalenderjahr, in dem das Kind das 18. Lebensjahr vollendet, ist eine Übertragung des Freibetrags für den Betreuungs- und Erziehungs- oder Ausbildungsbedarf nur für den Teil des Kalenderjahres möglich, in dem das Kind noch minderjährig ist.[6]Werden die Freibeträge für Kinder bei einer Veranlagung auf den Stpfl. übertragen, teilt das Finanzamt dies dem für den anderen Elternteil zuständigen Finanzamt mit. [7]Ist der andere Elternteil bereits veranlagt, ist die Änderung der Steuerfestsetzung, sofern sie nicht nach § 164 Abs. 2 Satz 1 oder § 165 Abs. 2 AO vorgenommen werden kann, nach § 175 Abs. 1 Satz 1 Nr. 2 AO durchzuführen. [8]Beantragt der andere Elternteil eine Herabsetzung der gegen ihn festgesetzten Steuer mit der Begründung, die Voraussetzungen für die Übertragung der Freibeträge für Kinder auf den Stpfl. lägen nicht vor, ist der Stpfl. unter den Voraussetzungen des § 174 Abs. 4 und 5 AO zu dem Verfahren hinzuzuziehen. [9]Obsiegt der andere Elternteil, kommt die Änderung der Steuerfestsetzung beim Stpfl. nach § 174 Abs. 4 AO in Betracht. [10]Dem Finanzamt des Stpfl. ist zu diesem Zweck die getroffene Entscheidung mitzuteilen.

Hinweise

H 32.13

Beispiele zu R 32.13 Abs. 3

A. Das Kind beendet im Juni seine Berufsausbildung und steht ab September in einem Arbeitsverhältnis. Seitdem kann es sich selbst unterhalten. Der zum Barunterhalt verpflichtete Elternteil ist seiner Verpflichtung nur für die Zeit bis einschließlich Juni nachgekommen. Er hat seine für 8 Monate bestehende Unterhaltsverpflichtung für 6 Monate, also zu 75 % erfüllt.

B. Der Elternteil, der bisher seiner Unterhaltsverpflichtung durch Pflege und Erziehung des Kindes voll nachgekommen ist, verzieht im August ins Ausland und leistet von da an keinen Unterhalt mehr. Er hat seine Unterhaltsverpflichtung, bezogen auf das Kalenderjahr, nicht mindestens zu 75 % erfüllt.

Beurteilungszeitraum

Bei der Beurteilung der Frage, ob ein Elternteil seiner Unterhaltsverpflichtung gegenüber einem Kind nachgekommen ist, ist nicht auf den Zeitpunkt abzustellen, in dem der Unterhalt gezahlt worden ist, sondern auf den Zeitraum, für den der Unterhalt bestimmt ist (→ BFH vom 11. 12. 1992 – BStBl 1993 II S. 397).

Fehlende Unterhaltsverpflichtung

Ist ein Elternteil nicht zur Leistung von Unterhalt verpflichtet, kann der ihm zustehende Kinderfreibetrag nicht auf den anderen Elternteil übertragen werden (→ BFH vom 25. 7. 1997 – BStBl 1998 II S. 329)

Freistellung von der Unterhaltsverpflichtung

Stellt ein Elternteil den anderen Elternteil von der Unterhaltsverpflichtung gegenüber einem gemeinsamen Kind gegen ein Entgelt frei, das den geschätzten Unterhaltsansprüchen des Kindes entspricht, behält der freigestellte Elternteil den Anspruch auf den (halben) Kinderfreibetrag (→ BFH vom 25. 1. 1996 – BStBl 1997 II S. 21).

Konkrete Unterhaltsverpflichtung

Kommt ein Elternteil seiner konkret-individuellen Unterhaltsverpflichtung nach, ist vom Halbteilungsgrundsatz auch dann nicht abzuweichen, wenn diese Verpflichtung im Verhältnis zum Unterhaltsbedarf des Kindes oder zur Unterhaltszahlung des anderen Elternteils gering ist (→ BFH vom 25. 7. 1997 – BStBl 1998 II S. 433).

Das gilt auch in Fällen, in denen sich eine nur geringe Unterhaltsverpflichtung aus einem Urteil eines Gerichts der ehemaligen Deutschen Demokratischen Republik ergibt (→ BFH vom 25. 7. 1997 – BStBl 1998 II S. 435)

Steuerrechtliche Folgewirkungen der Übertragung

Infolge der Übertragung der Freibeträge für Kinder auf einen Stiefelternteil oder die Großeltern können sich bei den kindbedingten Steuerentlastungen, die vom Erhalt eines Freibetrags nach § 32 Abs. 6 EStG abhängen, Änderungen ergeben. Solche Folgeänderungen können zum Beispiel eintreten beim Entlastungsbetrag für Alleinerziehende (§ 24b EStG), beim Prozentsatz der zumutbaren Belastung (§ 33 Abs. 3 EStG), beim Freibetrag nach § 33a Abs. 2 EStG und bei der Übertragung des dem Kind zustehenden Behinderten- oder Hinterbliebenen-Pauschbetrags (§ 33b Abs. 5 EStG).

Übertragung im Lohnsteuerabzugsverfahren

→ ***R 39.2 Abs. 9 LStR 2008***

EStG
S 2283

§ 32a Einkommensteuertarif

[1] [2] [3] **(1) [1]Die tarifliche Einkommensteuer bemisst sich nach dem zu versteuernden Einkommen. [2]Sie beträgt vorbehaltlich der §§ 32b, 34, *34a*, 34b und 34c jeweils in Euro für zu versteuernde Einkommen**

---

1) Anm.: Die Einkommensteuer-Grund- und Splittingtabellen 2008 ergeben sich aus Abschnitt D (am Ende dieser Handausgabe abgedruckt S. 1285).

2) Absatz 1 Satz 2 wurde durch das Unternehmensteuerreformgesetz 2008 ab VZ 2008 geändert → § 52 Abs. 1 EStG.

3) § 32a Abs. 1 wurde durch das Gesetz zur Sicherung von Beschäftigung und Stabilität in Deutschland für den VZ 2009 (VZ ab 2010 → § 52 Abs. 41 EStG) wie folgt gefasst:
(1) [1]Die tarifliche Einkommensteuer bemisst sich nach dem zu versteuernden Einkommen. [2]Sie beträgt vorbehaltlich der §§ 32b, 32d, 34, 34a, 34b und 34c jeweils in Euro für zu versteuernde Einkommen
1. bis 7834 Euro (Grundfreibetrag):
   0;
2. von 7835 Euro bis 13139 Euro:
   $(939{,}68 \cdot y + 1400) \cdot y$;
3. von 13140 Euro bis 52551 Euro:
   $(228{,}74 \cdot z + 2397) \cdot z + 1007$;
4. von 52552 Euro bis 250400 Euro:
   $0{,}42 \cdot x - 8\,064$;

1. **bis 7 664 Euro (Grundfreibetrag):**
   0;
2. **von 7 665 Euro bis 12 739 Euro:**
   (883,74 · y + 1 500) · y;
3. **von 12 740 Euro bis 52 151 Euro:**
   (228,74 · z + 2 397) · z + 989;
4. **von 52 152 Euro bis 250 000 Euro:**
   0,42 · × – 7 914;
5. **von 250 001 Euro an:**
   0,45 · × – 15 414.

[3]„y" ist ein Zehntausendstel des 7664 Euro übersteigenden Teils des auf einen vollen Euro-Betrag abgerundeten zu versteuernden Einkommens. [4]„z" ist ein Zehntausendstel des 12 739 Euro übersteigenden Teils des auf einen vollen Euro-Betrag abgerundeten zu versteuernden Einkommens. [5]„x" ist das auf einen vollen Euro-Betrag abgerundete zu versteuernde Einkommen. [6]Der sich ergebende Steuerbetrag ist auf den nächsten vollen Euro-Betrag abzurunden.

(2) (weggefallen).

(3) (weggefallen)

(4) (weggefallen)

(5) Bei Ehegatten, die nach den §§ 26, 26b zusammen zur Einkommensteuer veranlagt werden, beträgt die tarifliche Einkommensteuer vorbehaltlich der §§ 32b, 34, *34a*, 34b und 34c das Zweifache des Steuerbetrags, der sich für die Hälfte ihres gemeinsam zu versteuernden Einkommens nach Absatz 1 ergibt (Splitting-Verfahren). [1)]

(6) [1]Das Verfahren nach Absatz 5 ist auch anzuwenden zur Berechnung der tariflichen Einkommensteuer für das zu versteuernde Einkommen

1. **bei einem verwitweten Steuerpflichtigen für den Veranlagungszeitraum, der dem Kalenderjahr folgt, in dem der Ehegatte verstorben ist, wenn der Steuerpflichtige und sein verstorbener Ehegatte im Zeitpunkt seines Todes die Voraussetzungen des § 26 Abs. 1 Satz 1 erfüllt haben,**
2. **bei einem Steuerpflichtigen, dessen Ehe in dem Kalenderjahr, in dem er sein Einkommen bezogen hat, aufgelöst worden ist, wenn in diesem Kalenderjahr**
   a) **der Steuerpflichtige und sein bisheriger Ehegatte die Voraussetzungen des § 26 Abs. 1 Satz 1 erfüllt haben,**
   b) **der bisherige Ehegatte wieder geheiratet hat und**
   c) **der bisherige Ehegatte und dessen neuer Ehegatte ebenfalls die Voraussetzungen des § 26 Abs. 1 Satz 1 erfüllen.**

   [2]Dies gilt nicht, wenn eine Ehe durch Tod aufgelöst worden ist und die Ehegatten der neuen Ehe die besondere Veranlagung nach § 26c wählen.

[2]Voraussetzung für die Anwendung des Satzes 1 ist, dass der Steuerpflichtige nicht nach den §§ 26, 26a getrennt zur Einkommensteuer veranlagt wird.

Hinweise

H 32a

Auflösung der Ehe (außer durch Tod) und Wiederheirat eines Ehegatten

Ist eine Ehe, für die die Voraussetzungen des § 26 Abs. 1 EStG vorgelegen haben, im VZ durch Aufhebung oder Scheidung aufgelöst worden und ist der Stpfl. im selben VZ eine neue Ehe eingegangen, für die die Voraussetzungen des § 26 Abs. 1 Satz 1 EStG ebenfalls vorliegen, so kann nach § 26 Abs. 1 Satz 2 EStG für die aufgelöste Ehe das Wahlrecht zwischen getrennter Veranlagung (§ 26a EStG) und Zusammenveranlagung (§ 26b EStG) nicht ausgeübt werden. Der andere Ehegatte, der nicht wieder geheiratet hat, ist mit dem von ihm bezogenen Einkommen nach dem

(Fortsetzung Fußnote 3 von Seite 628)

5. von 250401 Euro an:
   0,45 · × – 15576.

[3]„y" ist ein Zehntausendstel des 7834 Euro übersteigenden Teils des auf einen vollen Euro-Betrag abgerundeten zu versteuernden Einkommens. [4]„z" ist ein Zehntausendstel des 13139 Euro übersteigenden Teils des auf einen vollen Euro-Betrag abgerundeten zu versteuernden Einkommens. [5]„x" ist das auf einen vollen Euro-Betrag abgerundete zu versteuernde Einkommen. [6]Der sich ergebende Steuerbetrag ist auf den nächsten vollen Euro-Betrag abzurunden.

1) ***Absatz 5 wurde durch das Unternehmensteuerreformgesetz 2008 ab VZ 2008 geändert → § 52 Abs. 1 EStG.***

Splitting-Verfahren zu besteuern (§ 32a Abs. 6 Satz 1 Nr. 2 EStG). Der Auflösung einer Ehe durch Aufhebung oder Scheidung steht die Nichtigerklärung einer Ehe gleich (→ H 26 – Allgemeines).

Auflösung einer Ehe

Ist eine Ehe, die der Stpfl. im VZ des Todes des früheren Ehegatten geschlossen hat, im selben VZ wieder aufgelöst worden, so ist er für den folgenden VZ auch dann wieder nach § 32a Abs. 6 Satz 1 Nr. 1 EStG als Verwitweter zu behandeln, wenn die Ehe in anderer Weise als durch Tod aufgelöst worden ist (→ BFH vom 9. 6. 1965 – BStBl III S. 590).

Dauerndes Getrenntleben im Todeszeitpunkt

Die Einkommensteuer eines verwitweten Stpfl. ist in dem VZ, der dem VZ des Todes folgt, nur dann nach dem Splittingtarif festzusetzen, wenn er und sein verstorbener Ehegatte im Zeitpunkt des Todes nicht dauernd getrennt gelebt haben (→ BFH vom 27. 02. 1998 – BStBl II S. 350)

Todeserklärung eines verschollenen Ehegatten

→ H 26 (Allgemeines)

Veranlagung der alten Ehe bei Wiederheirat

Ist eine Ehe, für die die Voraussetzungen des § 26 Abs. 1 EStG vorgelegen haben, im VZ durch Tod eines Ehegatten aufgelöst worden und hat der überlebende Ehegatte noch im selben VZ eine neue Ehe geschlossen, für die die Voraussetzungen des § 26 Abs. 1 Satz 1 EStG ebenfalls vorliegen, so kann für die aufgelöste Ehe das Wahlrecht zwischen getrennter Veranlagung (§ 26a EStG) und Zusammenveranlagung (§ 26b EStG) nur dann ausgeübt werden, wenn für die neue Ehe die besondere Veranlagung nach § 26c EStG gewählt worden ist (§ 26 Abs. 1 Satz 2 und 3 EStG). Ist dies nicht geschehen, so ist für das z. v. E. des verstorbenen Ehegatten das Splitting-Verfahren anzuwenden (§ 32a Abs. 6 Satz 1 Nr. 2 EStG).

Veranlagung der neuen Ehe bei Wiederheirat

Geht der verwitwete Stpfl. im VZ, der dem VZ des Todes des früheren Ehegatten folgt, eine neue Ehe ein, so findet § 32a Abs. 6 Satz 1 Nr. 1 EStG nur dann Anwendung, wenn für die neue Ehe die besondere Veranlagung nach § 26c EStG gewählt worden ist oder die Voraussetzungen des § 26 Abs. 1 EStG nicht vorgelegen haben.

EStG
S 2295

§ 32b Progressionsvorbehalt

(1) Hat ein zeitweise oder während des gesamten Veranlagungszeitraums unbeschränkt Steuerpflichtiger oder ein beschränkt Steuerpflichtiger, auf den § 50 Abs. 5 Satz 2 Nr. 2 Anwendung findet,

1. a) Arbeitslosengeld, Teilarbeitslosengeld, Zuschüsse zum Arbeitsentgelt, Kurzarbeitergeld, Winterausfallgeld, Insolvenzgeld, Arbeitslosenhilfe, Übergangsgeld, Altersübergangsgeld, Altersübergangsgeld-Ausgleichsbetrag, Unterhaltsgeld als Zuschuss, Eingliederungshilfe nach dem Dritten Buch Sozialgesetzbuch oder dem Arbeitsförderungsgesetz, das aus dem Europäischen Sozialfonds finanzierte Unterhaltsgeld sowie Leistungen nach § 10 des Dritten Buches Sozialgesetzbuch, die dem Lebensunterhalt dienen; Insolvenzgeld, das nach § 188 Abs. 1 des Dritten Buches Sozialgesetzbuch einem Dritten zusteht, ist dem Arbeitnehmer zuzurechnen,

[1] **b) Krankengeld, Mutterschaftsgeld, Verletztengeld, Übergangsgeld oder vergleichbare Lohnersatzleistungen nach dem Fünften, Sechsten oder Siebten Buch Sozialgesetzbuch, *der Reichsversicherungsordnung,* dem Gesetz über die Krankenversicherung der Landwirte oder dem Zweiten Gesetz über die Krankenversicherung der Landwirte,**

[2] **c) Mutterschaftsgeld, Zuschuss zum Mutterschaftsgeld, die Sonderunterstützung nach dem Mutterschutzgesetz sowie den Zuschuss nach § 4a der Mutterschutzverordnung oder einer entsprechenden Landesregelung,**

d) Arbeitslosenbeihilfe oder Arbeitslosenhilfe nach dem Soldatenversorgungsgesetz,

---

1) ***Absatz 1 Satz 1 Buchstabe b wurde durch das JStG 2008 ab VZ 2008 geändert.***

2) In Absatz 1 Nr. 1 Buchstabe c) wird durch das Dienstrechtsneuordnungsgesetz die Angabe „Zuschuss nach § 4a der Mutterschutzverordnung oder einer entsprechenden Landesregelung" durch die Wörter „Zuschuss bei Beschäftigungsverboten für die Zeit vor oder nach einer Entbindung sowie für den Entbindungstag während einer Elternzeit nach beamtenrechtlichen Vorschriften" ab VZ 2009 ersetzt.

e) Entschädigungen für Verdienstausfall nach dem Infektionsschutzgesetz vom 20. Juli 2000 (BGBl. I S. 1045),

f) Versorgungskrankengeld oder Übergangsgeld nach dem Bundesversorgungsgesetz,

g) nach § 3 Nr. 28 steuerfreie Aufstockungsbeträge oder Zuschläge,

h) Verdienstausfallentschädigung nach dem Unterhaltssicherungsgesetz,

i) *(weggefallen)* [1]

j) Elterngeld nach dem Bundeselterngeld- und Elternzeitgesetz oder

2. ausländische Einkünfte, die im Veranlagungszeitraum nicht der deutschen Einkommensteuer unterlegen haben; dies gilt nur für Fälle der zeitweisen unbeschränkten Steuerpflicht einschließlich der in § 2 Abs. 7 Satz 3 geregelten Fälle; ausgenommen sind Einkünfte, die nach einem sonstigen zwischenstaatlichen Übereinkommen im Sinne der Nummer 4 steuerfrei sind und die nach diesem Übereinkommen nicht unter dem Vorbehalt der Einbeziehung bei der Berechnung der Einkommensteuer stehen,

3. Einkünfte, die nach einem Abkommen zur Vermeidung der Doppelbesteuerung steuerfrei sind,

4. Einkünfte, die nach einem sonstigen zwischenstaatlichen Übereinkommen unter dem Vorbehalt der Einbeziehung bei der Berechnung der Einkommensteuer steuerfrei sind,

5. Einkünfte, die bei Anwendung von § 1 Abs. 3 oder § 1a oder § 50 Abs. 5 Satz 2 Nr. 2 im Veranlagungszeitraum bei der Ermittlung des zu versteuernden Einkommens unberücksichtigt bleiben, weil sie nicht der deutschen Einkommensteuer oder einem Steuerabzug unterliegen; ausgenommen sind Einkünfte, die nach einem sonstigen zwischenstaatlichen Übereinkommen im Sinne der Nummer 4 steuerfrei sind und die nach diesem Übereinkommen nicht unter dem Vorbehalt der Einbeziehung bei der Berechnung der Einkommensteuer stehen, [2]

bezogen, so ist auf das nach § 32a Abs. 1 zu versteuernde Einkommen ein besonderer Steuersatz anzuwenden. [2]*Satz 1 Nr. 3 gilt nicht für Einkünfte* [3]

1. aus einer anderen als in einem Drittstaat belegenen land- und forstwirtschaftlichen Betriebsstätte,

2. aus einer anderen als in einem Drittstaat belegenen gewerblichen Betriebsstätte, die nicht die Voraussetzungen des § 2a Abs. 2 Satz 1 erfüllt,

3. aus der Vermietung oder der Verpachtung von unbeweglichem Vermögen oder von Sachinbegriffen, wenn diese in einem anderen Staat als in einem Drittstaat belegen sind, oder

4. aus der entgeltlichen Überlassung von Schiffen, sofern diese ausschließlich oder fast ausschließlich in einem anderen als einem Drittstaat eingesetzt worden sind, es sei denn, es handelt sich um Handelsschiffe, die

a) von einem Vercharterer ausgerüstet überlassen, oder

b) an in einem anderen als in einem Drittstaat ansässige Ausrüster, die die Voraussetzungen des § 510 Abs. 1 des Handelsgesetzbuchs erfüllen, überlassen, oder

c) insgesamt nur vorübergehend an in einem Drittstaat ansässige Ausrüster, die die Voraussetzungen des § 510 Abs. 1 des Handelsgesetzbuchs erfüllen, überlassen

worden sind, oder

5. aus dem Ansatz des niedrigeren Teilwerts oder der Übertragung eines zu einem Betriebsvermögen gehörenden Wirtschaftsguts im Sinne der Nummern 3 und 4.

[3]*§ 2a Abs. 2a gilt entsprechend.*

(1a) Als unmittelbar von einem unbeschränkt Steuerpflichtigen bezogene ausländische Einkünfte im Sinne des Absatzes 1 Nr. 3 gelten auch die ausländischen Einkünfte, die eine Organgesellschaft im Sinne des § 14 oder des § 17 des Körperschaftsteuergesetzes bezogen hat und die nach einem Abkommen zur Vermeidung der Doppelbesteuerung steuerfrei sind, in dem Verhältnis, in dem dem unbeschränkt Steuerpflichtigen das Einkommen der Organgesellschaft bezogen auf das gesamte Einkommen der Organgesellschaft im Veranlagungszeitraum zugerechnet wird.

---

1) *Absatz 1 Satz 1 Buchstabe i wurde durch das JStG 2008 ab VZ 2008 aufgehoben.*

2) *Absatz 1 Nr. 5 wurde durch das JStG 2008 geändert und ist in der geänderten Fassung bei Staatsangehörigen eines Mitgliedstaates der Europäischen Union oder eines Staates, auf den das Abkommen über den Europäischen Wirtschaftsraum anwendbar ist, die im Hoheitsgebiet eines dieser Staaten ihren Wohnsitz oder gewöhnlichen Aufenthalt haben, auf Antrag auch für VZ vor 2008 anzuwenden, soweit Steuerbescheide noch nicht bestandskräftig sind, → § 52 Abs. 43a EStG.*

3) *Absatz 1 Satz 2 und 3 wurde durch das JStG 2009 angefügt und ist erstmals für den VZ 2008 anzuwenden.*

(2) Der besondere Steuersatz nach Absatz 1 ist der Steuersatz, der sich ergibt, wenn bei der Berechnung der Einkommensteuer das nach § 32a Abs. 1 zu versteuernde Einkommen vermehrt oder vermindert wird um

1. **im Fall des Absatzes 1 Nr. 1 die Summe der Leistungen nach Abzug des Arbeitnehmer-Pauschbetrags (§ 9a Satz 1 Nr. 1), soweit er nicht bei der Ermittlung der Einkünfte aus nichtselbständiger Arbeit abziehbar ist;**
2. **im Fall des Absatzes 1 Nr. 2 bis 5 die dort bezeichneten Einkünfte, ausgenommen die darin enthaltenen außerordentlichen Einkünfte, wobei die darin enthaltenen außerordentlichen Einkünfte mit einem Fünftel zu berücksichtigen sind. [2]Bei der Ermittlung der Einkünfte im Fall des Absatzes 1 Nr. 2 bis 5**
   a) **ist der Arbeitnehmer-Pauschbetrag (§ 9a Satz 1 Nr. 1 Buchstabe a) abzuziehen, soweit er nicht bei der Ermittlung der Einkünfte aus nichtselbständiger Arbeit abziehbar ist;**
   b) **sind Werbungskosten nur insoweit abzuziehen, als sie zusammen mit den bei der Ermittlung der Einkünfte aus nichtselbständiger Arbeit abziehbaren Werbungskosten den Arbeitnehmer-Pauschbetrag (§ 9a Satz 1 Nr. 1 Buchstabe a) übersteigen.**

[1]) **[2]Ist der für die Berechnung des besonderen Steuersatzes maßgebende Betrag höher als 250000 Euro und sind im zu versteuernden Einkommen Einkünfte im Sinne des § 2 Abs. 1 Satz 1 Nr. 1 bis 3 enthalten, ist für den Anteil dieser Einkünfte am zu versteuernden Einkommen der Steuersatz im Sinne des Satzes 1 nach § 32a mit der Maßgabe zu berechnen, dass in Absatz 1 Satz 2 die Angabe „§ 32b" und die Nummer 5 entfallen sowie die Nummer 4 in folgender Fassung anzuwenden ist:**

„4. von 52.152 Euro an: 0,42 • x – 7.914."

[3]Für die Bemessung des Anteils im Sinne des Satzes 2 gilt § 32c Abs. 1 Satz 2 und 3 entsprechend.

[2]) **(3) [1]Die Träger der Sozialleistungen im Sinne des Absatzes 1 Nr. 1 haben** ***die Daten über die im Kalenderjahr gewährten Leistungen sowie die Dauer des Leistungszeitraums für jeden Empfänger bis zum 28. Februar des Folgejahres nach amtlich vorgeschriebenem Datensatz durch amtlich bestimmte Datenfernübertragung zu übermitteln, soweit die Leistungen nicht auf der Lohnsteuerbescheinigung (§ 41b Abs. 1 Satz 2 Nr. 5) auszuweisen sind; § 41b Abs. 2 und § 22a Abs. 2 gelten entsprechend. [2]Der Empfänger der Leistungen ist entsprechend zu informieren und*** **auf die steuerliche Behandlung dieser Leistungen und seine Steuererklärungspflicht hinzuweisen.** ***[3]In den Fällen des § 188 Abs. 1 des Dritten Buches Sozialgesetzbuch ist Empfänger des an Dritte ausgezahlten Insolvenzgeldes der Arbeitnehmer, der seinen Arbeitsentgeltanspruch übertragen hat.***

[3]) **(4)** ***(weggefallen)***

R 32b

32b. Progressionsvorbehalt

S 2295 **Allgemeines**

(1) [1]Entgelt-, Lohn- oder Einkommensersatzleistungen der gesetzlichen Krankenkassen unterliegen auch insoweit dem Progressionsvorbehalt nach § 32b Abs. 1 Nr. 1 Buchstabe b EStG, als sie freiwillig Versicherten gewährt werden. [2]Beim Übergangsgeld , das behinderten oder von Behinderung bedrohten Menschen nach den §§ 45 bis 52 SGB IX gewährt wird, handelt es sich um steuerfreie Leistungen nach dem SGB III, SGB VI, SGB VII oder dem Bundesversorgungsgesetz, die dem Progressionsvorbehalt unterliegen. [3]Leistungen nach der Berufskrankheitenverordnung sowie das Krankentagegeld aus einer privaten Krankenversicherung und Leistungen zur Sicherung des Lebensunterhalts und zur Eingliederung in Arbeit nach dem SGB II (sog. Arbeitslosengeld II)gehören nicht zu den Entgelt-, Lohn- oder Einkommensersatzleistungen, die dem Progressionsvorbehalt unterliegen.

(2) [1]In den Progressionsvorbehalt sind die Entgelt-, Lohn- und Einkommensersatzleistungen mit den Beträgen einzubeziehen, die als Leistungsbeträge nach den einschlägigen Leistungsgesetzen festgestellt werden. [2]Kürzungen dieser Leistungsbeträge, die sich im Falle der Abtre-

1) Dem Absatz 2 wurden durch das JStG 2007 die Sätze 2 und 3 angefügt; diese sind nur für den VZ 2007 anzuwenden → § 52 Abs. 43a Satz 1 EStG.

2) ***Absatz 3 wurde durch das JStG 2008 neu gefasst.***
Abweichend davon kann das Bundesministerium der Finanzen den Zeitpunkt der erstmaligen Übermittlung der Mitteilungen durch ein im BStBl zu veröffentlichendes Schreiben mitteilen. Bis zu diesem Zeitpunkt sind § 32b Abs. 3 und 4 in der am 20. 12. 2003 geltenden Fassung weiter anzuwenden → ***§ 52 Abs. 43a Satz 4 und 5 EStG***.

3) Absatz 4 wurde durch das JStG 2008 aufgehoben. Zur zeitlichen Anwendung → ***§ 52 Abs. 43a Satz 4 und 5 EStG***.

tung oder durch den Abzug von Versichertenanteilen an den Beiträgen zur Rentenversicherung, Arbeitslosenversicherung und ggf. zur Kranken- und Pflegeversicherung ergeben, bleiben unberücksichtigt. [3]Der bei der Ermittlung der Einkünfte aus nichtselbständiger Arbeit nicht ausgeschöpfte Arbeitnehmer-Pauschbetrag ist auch von Entgelt-, Lohn- und Einkommensersatzleistungen abzuziehen.

Rückzahlung von Entgelt-, Lohn- oder Einkommensersatzleistungen

(3) [1]Werden die in § 32b Abs. 1 Nr. 1 EStG bezeichneten Entgelt-, Lohn- oder Einkommensersatzleistungen zurückgezahlt, sind sie von den im selben Kalenderjahr bezogenen Leistungsbeträgen abzusetzen, unabhängig davon, ob die zurückgezahlten Beträge im Kalenderjahr ihres Bezugs dem Progressionsvorbehalt unterlegen haben. [2]Ergibt sich durch die Absetzung ein negativer Betrag, weil die Rückzahlungen höher sind als die im selben Kalenderjahr empfangenen Beträge oder weil den zurückgezahlten keine empfangenen Beträge gegenüberstehen, ist auch der negative Betrag bei der Ermittlung des besonderen Steuersatzes nach § 32b EStG zu berücksichtigen (negativer Progressionsvorbehalt). [3]Aus Vereinfachungsgründen bestehen keine Bedenken, zurückgezahlte Beträge dem Kalenderjahr zuzurechnen, in dem der Rückforderungsbescheid ausgestellt worden ist. [4]Beantragt der Stpfl., die zurückgezahlten Beträge dem Kalenderjahr zuzurechnen, in dem sie tatsächlich abgeflossen sind, hat er den Zeitpunkt des tatsächlichen Abflusses anhand von Unterlagen, z. B. Aufhebungs-/Erstattungsbescheide oder Zahlungsbelege, nachzuweisen oder glaubhaft zu machen.

Rückwirkender Wegfall von Entgelt-, Lohn- oder Einkommensersatzleistungen

(4) Fällt wegen der rückwirkenden Zubilligung einer Rente der Anspruch auf Sozialleistungen (z. B. Kranken- oder Arbeitslosengeld)rückwirkend ganz oder teilweise weg, ist dies am Beispiel des Krankengeldessteuerlich wie folgt zu behandeln:

1. Soweit der Krankenkasse ein Erstattungsanspruch nach § 103 SGB X gegenüber dem Rentenversicherungsträger zusteht, ist das bisher gezahlte Krankengeld als Rentenzahlung anzusehen und nach § 22 Nr. 1 Satz 3 Buchstabe a EStG der Besteuerung zu unterwerfen. [2]Das Krankengeld unterliegt insoweit nicht dem Progressionsvorbehalt nach § 32b EStG.
2. Gezahlte und die Rentenleistung übersteigende Krankengeldbeträge i. S. d. § 50 Abs. 1 Satz 2 SGB V sind als Krankengeld nach § 3 Nr. 1 Buchstabe a EStG steuerfrei; § 32b EStG ist anzuwenden. [2]Entsprechendes gilt für das Krankengeld, das vom Empfänger infolge rückwirkender Zubilligung einer Rente aus einer ausländischen gesetzlichen Rentenversicherung nach § 50 Abs. 1 Satz 3 SGB V an die Krankenkasse zurückzuzahlen ist.
3. Soweit die nachträgliche Feststellung des Rentenanspruchs auf VZ zurückwirkt, für die Steuerbescheide bereits ergangen sind, sind diese Steuerbescheide nach § 175 Abs. 1 Satz 1 Nr. 2 AO zu ändern.

Fehlende Entgelt-, Lohn- oder Einkommensersatzleistungen

(5) [1]Hat ein Arbeitnehmer trotz Arbeitslosigkeit kein Arbeitslosengeld erhalten, weil ein entsprechender Antrag abgelehnt worden ist, kann dies durch die Vorlage des Ablehnungsbescheids nachgewiesen werden; hat der Arbeitnehmer keinen Antrag gestellt, kann dies durch die Vorlage der vom Arbeitgeber nach § 312 SGB III ausgestellten Arbeitsbescheinigung im Original belegt werden. [2]Kann ein Arbeitnehmer weder durch geeignete Unterlagen nachweisen noch in sonstiger Weise glaubhaft machen, dass er keine Entgelt-, Lohn- oder Einkommensersatzleistungen erhalten hat, kann das Finanzamt bei der für den Arbeitnehmer zuständigen Agentur für Arbeit (§ 327 SGB III) eine Bescheinigung darüber anfordern (Negativbescheinigung).

Hinweise

H 32b

Allgemeines

Ist für Einkünfte nach § 32b Abs. 1 EStG der Progressionsvorbehalt zu beachten, ist wie folgt zu verfahren:

1. Ermittlung des nach § 32a Abs. 1 EStG maßgebenden z. v. E.
2. Dem z. v. E. werden für die Berechnung des besonderen Steuersatzes die Entgelt-, Lohn- oder Einkommensersatzleistungen (§ 32b Abs. 1 Nr. 1 EStG) sowie die unter § 32b Abs. 1 Nr. 2 bis 5 EStG fallenden Einkünfte im Jahr ihrer Entstehung hinzugerechnet oder von ihm abgezogen. Der sich danach ergebende besondere Steuersatz ist auf das nach § 32a Abs. 1 EStG ermittelte z. v. E. anzuwenden.

Beispiele:

Fall	A	B
z. v. E. (§ 2 Abs. 5 EStG)	20 000 €	20 000 €
Fall A Arbeitslosengeld	5 000 €	
oder		
Fall B zurückgezahltes Arbeitslosengeld		– 1 500 €
Für die Berechnung des Steuersatzes maßgebendes z. v. E.	25 000 €	18 500 €
Steuer nach Splittingtarif	1 864 €	520 €
besonderer (= durchschnittlicher) Steuersatz	7,4560 %	2,8108 %
Die Anwendung des besonderen Steuersatzes auf das z. v. E. ergibt als Steuer	1 491 €	562 €

Ein Verlustabzug (§ 10d EStG) ist bei der Ermittlung des besonderen Steuersatzes nach § 32b Abs. 1 EStG nicht zu berücksichtigen.

Anwendung auf Lohnersatzleistungen

Der Progressionsvorbehalt für Lohnersatzleistungen ist verfassungsgemäß (Kammerbeschluss des BVerfG vom 3. 5. 1995 – BStBl II S. 758).

Anwendung bei Stpfl. mit Einkünften aus nichtselbständiger Arbeit

→ R 46.2

Ausländische Einkünfte

Die Höhe ist nach dem deutschen Steuerrecht zu ermitteln (→ BFH vom 22. 5. 1991 – BStBl 1992 II S. 94). Die steuerfreien ausländischen Einkünfte aus nichtselbständiger Arbeit i. S. d. § 32b Abs. 1 Nr. 2 bis 5 EStG sind als Überschuss der Einnahmen über die Werbungskosten zu berechnen. Dabei sind die tatsächlich angefallenen Werbungskosten bzw. der Arbeitnehmer-Pauschbetrag nach Maßgabe des § 32b Abs. 2 Satz 1 Nr. 2 Satz 2 EStG zu berücksichtigen.

Beispiel für Einkünfte aus nichtselbständiger Arbeit:

Der inländische stpfl. Arbeitslohn beträgt 20 000 €; die Werbungskosten betragen 500 €. Der nach DBA/Auslandstätigkeitserlass unter Progressionsvorbehalt steuerfreie Arbeitslohn beträgt 10 000 €; im Zusammenhang mit der Erzielung des steuerfreien Arbeitslohns sind Werbungskosten in Höhe von 400 € tatsächlich angefallen.

Inländischer steuerpflichtiger Arbeitslohn	20 000 €
./. Arbeitnehmer-Pauschbetrag (§ 9a Abs. 1 Satz 1 Nr. 1a EStG)	./. 920 €
steuerpflichtige Einkünfte gem. § 19 EStG	19 080 €
Ausländische Progressionseinnahmen	10 000 €
./. Arbeitnehmer-Pauschbetrag	0 €
maßgebende Progressionseinkünfte (§ 32b Abs. 2 Satz 1 Nr. 2 Satz 2 EStG)	10 000 €

Ausländische Personengesellschaft

Nach einem DBA freigestellte Einkünfte aus der Beteiligung an einer ausländischen Personengesellschaft unterliegen auch dann dem Progressionsvorbehalt, wenn die ausländische Personengesellschaft in dem anderen Vertragsstaat als juristische Person besteuert wird (→ BFH vom 4. 4. 2007 – BStBl II S. 521).

Ausländische Verluste

1. Durch ausländische Verluste kann der Steuersatz auf Null sinken (→ BFH vom 25. 5. 1970 – BStBl II S. 660).
2. Ausländische Verluste i. S. d. § 2a EStG werden nur nach Maßgabe des § 2a EStG berücksichtigt (→ BFH vom 17. 11. 1999 – BStBl 2000 II S. 605).

EU-Tagegeld

Zur steuerlichen Behandlung des von Organen der EU gezahlten Tagegeldes → BMF vom 12. 4. 2006 (BStBl I S. 340).

Grundfreibetrag

Es begegnet keinen verfassungsrechtlichen Bedenken, dass wegen der in § 32a Abs. 1 Satz 2 EStG angeordneten vorrangigen Anwendung des Progressionsvorbehalts des § 32b EStG auch ein z. v. E. unterhalb des Grundfreibetrags der Einkommensteuer unterliegt (→ BFH vom 9. 8. 2001 – BStBl II S. 778).

Leistungen der gesetzlichen Krankenkasse

für eine Ersatzkraft im Rahmen der Haushaltshilfe an nahe Angehörige (§ 38 Abs. 4 Satz 2 SGB V) unterliegen nicht dem Progressionsvorbehalt (→ BFH vom 17. 6. 2005 – BStBl 2006 II S. 17).

Anm.:

OFD Magdeburg 16. 5. 2006, S 2295-43 – St 223 (StEd 2006 S. 526)

Der BFH hat mit Urteil vom 17. 6. 2005 entschieden, dass Leistungen der gesetzlichen Krankenkasse für eine Ersatzkraft im Rahmen der Haushaltshilfe für nahe Angehörige (§ 38 Abs. 4 Satz 2 SGB V) nicht dem Progressionsvorbehalt nach § 32b EStG unterliegen. Nach der Entscheidung des BFH ist Versicherter i. S. d. § 38 Abs. 4 Satz 2 SGB V nur, wer selbst an der Weiterführung seines Haushalts gehindert ist und deshalb Haushaltshilfe in Anspruch nimmt.

Der BFH führt aus, nur diesem Versicherten gegenüber erbringe die gesetzliche Krankenkasse ihre Leistungen. Auch die Erstattung des Verdienstausfalls Hilfe leistender naher Angehöriger erfolge daher sozialversicherungsrechtlich ausschließlich gegenüber dem Versicherten, an den die Hilfeleistung erbracht worden sei. Daraus folge, dass die Erstattung des Verdienstausfalls durch die Krankenkasse weder beim Versicherten noch beim Hilfe leistenden Angehörigen zum Bezug einer Lohnersatzleistung i. S. d. § 32 b Abs. 1 Nr. 1 b EStG führe.

Dem Angehörigen könne die aufgrund des Versicherungsverhältnisses erbrachte Leistung nicht als eigene Einnahme zugeordnet werden. Für den Versicherten als Zahlungsempfänger stelle die Erstattungsleistung keinen Lohnersatz dar, weil sie nicht an die Stelle eines eigenen Lohnanspruchs aus einem Dienstverhältnis trete.

Das BMF sprach sich für eine allgemeine Anwendung des Urteils aus. Die Grundsätze des Urteils müssen deshalb auch auf folgende Fälle angewandt werden, da die Rechtsgrundlage jeweils vergleichbar ist:

- Verdienstausfall bei häuslicher Krankenpflege nach § 37 Abs. 4 SGB V, sofern es sich um Verwandte und Verschwägerte bis zum zweiten Grad oder die Ehepartner handelt, und Mitaufnahme einer Begleitperson zur stationären Behandlung aus medizinischen Gründen nach § 11 Abs. 3 SGB V,
- Verdienstausfall an Lebend-Organ-Spender und an Begleitpersonen, die aus medizinischen Gründen zur stationären Behandlung mit aufgenommen werden,
- Verdienstausfall im Falle der Gewährung häuslicher Pflege nach § 198 RVO bzw. Haushaltshilfe nach § 199 RVO bei Schwangerschaft und Mutterschutz.

Steuerfreiheit einer Leibrente

Ist eine Leibrente sowohl nach einem DBA als auch nach § 3 Nr. 6 EStG steuerfrei, unterliegt sie nicht dem Progressionsvorbehalt (→ BFH vom 22. 1. 1997 – BStBl II S. 358).

Überbrückungsgeld

Das Überbrückungsgeld ist als Lohnersatzleistung steuerfrei (§ 3 Nr. 2 EStG). Durch das Kleinunternehmerförderungsgesetz vom 31. 7. 2003 (BStBl I S. 398) unterliegt das Überbrückungsgeld nach dem SGB III seit 1. 1. 2003 nicht (mehr) dem Progressionsvorbehalt nach § 32b Abs. 1 EStG. Einige Finanzämter hatten berichtet, dass in den Bewilligungsbescheiden zumindest einiger Agenturen für Arbeit weiterhin Hinweise enthalten sind, wonach das Überbrückungsgeld bei der Ermittlung des Steuersatzes zu berücksichtigen sei (Progressionsvorbehalt). Aus diesem Grund werden die Bürger auch zu Unrecht auf eine vermeintliche Verpflichtung zur Abgabe einer Einkommensteuererklärung hingewiesen. Das BMF hat zwischenzeitlich die Bundesagentur für Arbeit gebeten, für eine entsprechende Änderung der Hinweise in den Bewilligungsbescheiden der Agenturen für Arbeit Sorge zu tragen.

Zwischenzeitlich sind Fälle bekannt geworden, in denen das Überbrückungsgeld aufgrund des fehlerhaften Hinweises im Bewilligungsbescheid in der Einkommensteuererklärung angegeben und bei der Veranlagung erklärungsgemäß dem Progressionsvorbehalt unterworfen worden ist. Soweit betroffene Steuerpflichtige nach Bestandskraft des Einkommensteuerbescheides beantragen, den Steuerbescheid zu ändern, kann dem Antrag mangels Änderungsvorschrift nicht entsprochen werden. Nach einem Beschluss auf Bundesebene sind aber die zu hoch festgesetzten Steuern aus sachlichen Billigkeitsgründen nach § 227 AO zu erlassen. Dieses gilt auch in Fällen, in denen die Einkommensteuerveranlagung zu einer Erstattung geführt hat,
→ OFD Münster vom 20. 2. 2007, StEK EStG § 32 b/104.

Zeitweise unbeschränkte Steuerpflicht

- Besteht wegen Zu- oder Wegzugs nur zeitweise die unbeschränkte Steuerpflicht, sind die außerhalb der unbeschränkten Steuerpflicht im Kalenderjahr erzielten Einkünfte im Wege des Progressionsvorbehalts zu berücksichtigen, wenn diese nicht der beschränkten Steuerpflicht unterliegen (→ BFH vom 15. 5. 2002 – BStBl II S. 660, vom 19. 12. 2001 – BStBl 2003 II S. 302 und vom 19. 11. 2003 – BStBl 2004 II S. 549).
- Vorab entstandene Werbungskosten im Zusammenhang mit einer beabsichtigten Tätigkeit im Ausland sind beim Progressionsvorbehalt zu berücksichtigen, wenn dies nicht durch ein Doppelbesteuerungsabkommen ausgeschlossen wird (→ BFH vom 20. 9. 2006 – BStBl 2007 II S. 756).

Zusammentreffen von Progressionseinkünften und Tarifermäßigung nach § 34 Abs. 1 EStG

→ H 34.2 (Berechnungsbeispiele), Beispiel 4

EStG [1]

§ 32c Tarifbegrenzung bei Gewinneinkünften

(abgedruckt in der Handausgabe 2007, da für VZ ab 2008 ohne Bedeutung)

EStG [2]

§ 32d Gesonderter Steuertarif für Einkünfte aus Kapitalvermögen

***(1)** [1]Die Einkommensteuer für Einkünfte aus Kapitalvermögen, die nicht unter § 20 Abs. 8 fallen, beträgt 25 Prozent. [2]Die Steuer nach Satz 1 vermindert sich um die nach Maßgabe des Absatzes 5 anrechenbaren ausländischen Steuern. [3]Im Fall der Kirchensteuerpflicht ermäßigt sich die Steuer nach den Sätzen 1 und 2 um 25 Prozent der auf die Kapitalerträge entfallenden Kirchensteuer. [4]Die Einkommensteuer beträgt damit*

$$\frac{e - 4q}{4 + k}$$

[5]Dabei sind „e“ die nach den Vorschriften des § 20 ermittelten Einkünfte, „q“ die nach Maßgabe des Absatzes 5 anrechenbare ausländische Steuer und „k“ der für die Kirchensteuer erhebende Religionsgesellschaft (Religionsgemeinschaft) geltende Kirchensteuersatz.

***(2)** Absatz 1 gilt nicht*

1. *für Kapitalerträge im Sinne des § 20 Abs. 1 Nr. 4 und 7 sowie Abs. 2 Satz 1 Nr. 4 und 7,*
   a) *wenn Gläubiger und Schuldner einander nahe stehende Personen sind,*
   b) *wenn sie von einer Kapitalgesellschaft oder Genossenschaft an einen Anteilseigner gezahlt werden, der zu mindestens 10 Prozent an der Gesellschaft oder Genossenschaft beteiligt ist. [2]Dies gilt auch, wenn der Gläubiger der Kapitalerträge eine dem Anteilseigner nahe stehende Person ist, oder*
   c) *soweit ein Dritter die Kapitalerträge schuldet und diese Kapitalanlage im Zusammenhang mit einer Kapitalüberlassung an einen Betrieb des Gläubigers steht. [2]Dies gilt entsprechend, wenn Kapital überlassen wird*
      aa) *an eine dem Gläubiger der Kapitalerträge nahestehende Person oder*
      bb) *an eine Personengesellschaft, bei der der Gläubiger der Kapitalerträge oder eine diesem nahestehende Person als Mitunternehmer beteiligt ist oder*
      cc) *an eine Kapitalgesellschaft oder Genossenschaft, an der der Gläubiger der Kapitalerträge oder eine diesem nahestehende Person zu mindestens 10 Prozent beteiligt ist,*

   sofern der Dritte auf den Gläubiger oder eine diesem nahestehende Person zurückgreifen kann. [3]Ein Zusammenhang ist anzunehmen, wenn die Kapitalanlage und die Kapitalüberlassung auf einem einheitlichen Plan beruhen. [4]Hiervon ist insbesondere dann

---

1) § 32c EStG wurde durch das Steueränderungsgesetz 2007 eingefügt und ein Absatz 4 durch das JStG 2007 angefügt. § 32c EStG i. d. F. des JStG 2007 ist nur für den VZ 2007 anzuwenden → § 52 Abs. 44 EStG.

2) ***§ 32d EStG wurde durch das Unternehmensteuerreformgesetz 2008 eingefügt und durch das JStG 2008 sowie das JStG 2009 geändert; die Vorschrift ist erstmals für den VZ 2009 anzuwenden → § 52a Abs. 15 EStG.***

Anm.: Im Interesse einer besseren Lesbarkeit wird der Gesetzestext – obgleich erst ab VZ 2009 geltend – nicht in einer Fußnote dargestellt.

auszugehen, wenn die Kapitalüberlassung in engem zeitlichen Zusammenhang mit einer Kapitalanlage steht oder die jeweiligen Zinsvereinbarungen miteinander verknüpft sind. [5]Von einem Zusammenhang ist jedoch nicht auszugehen, wenn die Zinsvereinbarungen marktüblich sind oder die Anwendung des Absatzes 1 beim Steuerpflichtigen zu keinem Belastungsvorteil führt. [6]Die Sätze 1 bis 5 gelten sinngemäß, wenn das überlassene Kapital vom Gläubiger der Kapitalerträge für die Erzielung von Einkünften im Sinne des § 2 Abs. 1 Satz 1 Nr. 4, 6 und 7 eingesetzt wird.

[2]Insoweit findet § 20 Abs. 6 und 9 keine Anwendung;

2. *für Kapitalerträge im Sinne des § 20 Abs. 1 Nr. 6 Satz 2. [2]Insoweit findet § 20 Abs. 6 keine Anwendung.*

3. *auf Antrag für Kapitalerträge im Sinne des § 20 Abs. 1 Nr. 1 und 2 aus einer Beteiligung an einer Kapitalgesellschaft, wenn der Steuerpflichtige im Veranlagungszeitraum, für den der Antrag erstmals gestellt wird, unmittelbar oder mittelbar*

   a) *zu mindestens 25 Prozent an der Kapitalgesellschaft beteiligt ist oder*

   b) *zu mindestens 1 Prozent an der Kapitalgesellschaft beteiligt und beruflich für diese tätig ist.*

   [2]Insoweit finden § 3 Nr. 40 Satz 2 und § 20 Abs. 6 und 9 keine Anwendung. [3]Der Antrag gilt für die jeweilige Beteiligung erstmals für den Veranlagungszeitraum, für den er gestellt worden ist. [4]Er ist spätestens zusammen mit der Einkommensteuererklärung für den jeweiligen Veranlagungszeitraum zu stellen und gilt, solange er nicht widerrufen wird, auch für die folgenden vier Veranlagungszeiträume, ohne dass die Antragsvoraussetzungen erneut zu belegen sind. [5]Die Widerrufserklärung muss dem Finanzamt spätestens mit der Steuererklärung für den Veranlagungszeitraum zugehen, für den die Sätze 1 bis 4 erstmals nicht mehr angewandt werden sollen. [6]Nach einem Widerruf ist ein erneuter Antrag des Steuerpflichtigen für diese Beteiligung an der Kapitalgesellschaft nicht mehr zulässig.

(3) [1]Steuerpflichtige Kapitalerträge, die nicht der Kapitalertragsteuer unterlegen haben, hat der Steuerpflichtige in seiner Einkommensteuererklärung anzugeben. [2]Für diese Kapitalerträge erhöht sich die tarifliche Einkommensteuer um den nach Absatz 1 ermittelten Betrag.

(4) Der Steuerpflichtige kann mit der Einkommensteuererklärung für Kapitalerträge, die der Kapitalertragsteuer unterlegen haben, eine Steuerfestsetzung entsprechend Absatz 3 Satz 2 insbesondere in Fällen eines nicht vollständig ausgeschöpften Sparer-Pauschbetrags, einer Anwendung der Ersatzbemessungsgrundlage nach § 43a Abs. 2 Satz 7, eines noch nicht im Rahmen des § 43a Abs. 3 berücksichtigten Verlusts, eines Verlustvortrags nach § 20 Abs. 6 und noch nicht berücksichtigter ausländischer Steuern, zur Überprüfung des Steuereinbehalts dem Grund oder der Höhe nach oder zur Anwendung von Absatz 1 Satz 3 beantragen.

(5) [1]In den Fällen der Absätze 3 und 4 ist bei unbeschränkt Steuerpflichtigen, die mit ausländischen Kapitalerträgen in dem Staat, aus dem die Kapitalerträge stammen, zu einer der deutschen Einkommensteuer entsprechenden Steuer herangezogen werden, die auf ausländische Kapitalerträge festgesetzte und gezahlte und um einen entstandenen Ermäßigungsanspruch gekürzte ausländische Steuer, jedoch höchstens 25 Prozent ausländische Steuer auf den einzelnen Kapitalertrag, auf die deutsche Steuer anzurechnen. [2]Soweit in einem Abkommen zur Vermeidung der Doppelbesteuerung die Anrechnung einer ausländischen Steuer einschließlich einer als gezahlt geltenden Steuer auf die deutsche Steuer vorgesehen ist, gilt Satz 1 entsprechend. [3]Die ausländischen Steuern sind nur bis zur Höhe der auf die im jeweiligen Veranlagungszeitraum bezogenen Kapitalerträge im Sinne des Satzes 1 entfallenden deutschen Steuer anzurechnen.

(6) [1]Auf Antrag des Steuerpflichtigen werden anstelle der Anwendung der Absätze 1, 3 und 4 die nach § 20 ermittelten Kapitaleinkünfte den Einkünften im Sinne des § 2 hinzugerechnet und der tariflichen Einkommensteuer unterworfen, wenn dies zu einer niedrigeren Einkommensteuer führt (Günstigerprüfung). [2]Absatz 5 ist mit der Maßgabe anzuwenden, dass die nach dieser Vorschrift ermittelten ausländischen Steuern auf die zusätzliche tarifliche Einkommensteuer anzurechnen sind, die auf die hinzugerechneten Kapitaleinkünfte entfällt. [3]Der Antrag kann für den jeweiligen Veranlagungszeitraum nur einheitlich für sämtliche Kapitalerträge gestellt werden. [4]Bei zusammenveranlagten Ehegatten kann der Antrag nur für sämtliche Kapitalerträge beider Ehegatten gestellt werden.

EStG
S 2284

§ 33 Außergewöhnliche Belastungen

(1) Erwachsen einem Steuerpflichtigen zwangsläufig größere Aufwendungen als der überwiegenden Mehrzahl der Steuerpflichtigen gleicher Einkommensverhältnisse, gleicher Vermögensverhältnisse und gleichen Familienstands (außergewöhnliche Belastung), so wird auf Antrag die Einkommensteuer dadurch ermäßigt, dass der Teil der Aufwendungen, der die dem Steuerpflichtigen zumutbare Belastung (Absatz 3) übersteigt, vom Gesamtbetrag der Einkünfte abgezogen wird.

[1] **(2) [1]Aufwendungen erwachsen dem Steuerpflichtigen zwangsläufig, wenn er sich ihnen aus rechtlichen, tatsächlichen oder sittlichen Gründen nicht entziehen kann und soweit die Aufwendungen den Umständen nach notwendig sind und einen angemessenen Betrag nicht übersteigen. [2]Aufwendungen, die zu den Betriebsausgaben, Werbungskosten oder Sonderausgaben gehören oder unter § 4f oder § 9 Abs. 5 fallen, bleiben dabei außer Betracht; das gilt für Aufwendungen im Sinne des § 10 Abs. 1 Nr. 7 und 9 nur insoweit, als sie als Sonderausgaben abgezogen werden können. [3]Aufwendungen, die durch Diätverpflegung entstehen, können nicht als außergewöhnliche Belastung berücksichtigt werden.**

(3) [1]Die zumutbare Belastung beträgt

bei einem Gesamtbetrag der Einkünfte	bis 15 340 Euro	über 15 340 Euro bis 51 130 Euro	über 51 130 Euro
1. bei Steuerpflichtigen, die keine Kinder haben und bei denen die Einkommensteuer			
a) nach § 32a Abs. 1,	5	6	7
b) nach § 32a Abs. 5 oder 6 (Splitting-Verfahren) zu berechnen ist;	4	5	6
2. bei Steuerpflichtigen mit			
a) einem Kind oder zwei Kindern,	2	3	4
b) drei oder mehr Kindern	1	1	2
	Prozent des Gesamtbetrags der Einkünfte.		

[2]Als Kinder des Steuerpflichtigen zählen die, für die er Anspruch auf einen Freibetrag nach § 32 Abs. 6 oder Kindergeld hat.

EStDV
S 2284

§ 64 Mitwirkung der Gesundheitsbehörden beim Nachweis des Gesundheitszustandes für steuerliche Zwecke

Die zuständigen Gesundheitsbehörden haben auf Verlangen des Steuerpflichtigen die für steuerliche Zwecke erforderlichen Gesundheitszeugnisse, Gutachten oder Bescheinigungen auszustellen.

R 33.1

33.1. Außergewöhnliche Belastungen allgemeiner Art

S 2284

[1]§ 33 EStG setzt eine Belastung des Stpfl. auf Grund außergewöhnlicher und dem Grunde und der Höhe nach zwangsläufiger Aufwendungen voraus. [2]Der Stpfl. ist belastet, wenn ein Ereignis in seiner persönlichen Lebenssphäre ihn zu Ausgaben zwingt, die er selbst endgültig zu tragen hat. [3]Die Belastung tritt mit der Verausgabung ein. [4]Zwangsläufigkeit dem Grunde nach wird in der Regel auf Aufwendungen des Stpfl. für sich selbst oder für Angehörige i. S. d. § 15 AO beschränkt sein. [5]Aufwendungen für andere Personen können diese Voraussetzung nur ausnahmsweise erfüllen (sittliche Pflicht).

1) ***Absatz 2 Satz 2 wurde durch das FamLeistG ab VZ 2009 geändert.***
Anm.: Die Änderung lautet:
In § 33 Abs. 2 Satz 2 wird die Angabe „§ 4f oder § 9 Abs. 5" durch die Angabe „§ 9 Abs. 5 oder § 9c" ersetzt.

33.2. Aufwendungen für existentiell notwendige Gegenstände R 33.2

Aufwendungen zur Wiederbeschaffung oder Schadensbeseitigung können im Rahmen des Notwendigen und Angemessenen unter folgenden Voraussetzungen als außergewöhnliche Belastung berücksichtigt werden:.

1. Sie müssen einen existentiell notwendigen Gegenstand betreffen – dies sind Wohnung, Hausrat und Kleidung, nicht aber z. B. ein PKW ***oder*** eine Garage.
2. Der Verlust oder die Beschädigung muss durch ein unabwendbares Ereignis wie Brand, Hochwasser, Kriegseinwirkung, Vertreibung, politische Verfolgung verursacht sein, oder von dem Gegenstand muss eine → Gesundheitsgefährdung ausgehen, die beseitigt werden muss und die nicht auf Verschulden des Stpfl. oder seines Mieters oder auf einen Baumangel zurückzuführen ist (z. B. bei Schimmelpilzbildung).
3. Dem Stpfl. müssen tatsächlich finanzielle Aufwendungen entstanden sein; ein bloßer Schadenseintritt reicht zur Annahme von Aufwendungen nicht aus.
4. Die Aufwendungen müssen ihrer Höhe nach notwendig und angemessen sein und werden nur berücksichtigt, soweit sie den Wert des Gegenstandes im Vergleich zu vorher nicht übersteigen.
5. Nur der endgültig verlorene Aufwand kann berücksichtigt werden, d. h. die Aufwendungen sind um einen etwa nach Schadenseintritt noch vorhandenen Restwert zu kürzen.
6. Der Stpfl. muss glaubhaft darlegen, dass er den Schaden nicht verschuldet hat und dass realisierbare Ersatzansprüche gegen Dritte nicht bestehen.
7. Ein Abzug scheidet aus, sofern der Stpfl. zumutbare Schutzmaßnahmen unterlassen oder eine allgemein zugängliche und übliche Versicherungsmöglichkeit nicht wahrgenommen hat.
8. Das schädigende Ereignis darf nicht länger als drei Jahre zurückliegen, bei Baumaßnahmen muss mit der Wiederherstellung oder Schadensbeseitigung innerhalb von drei Jahren nach dem schädigenden Ereignis begonnen worden sein.

33.3. Aufwendungen wegen Pflegebedürftigkeit ***und erheblich eingeschränkter Alltagskompetenz*** R 33.3

Voraussetzungen und Nachweis

(1) [1]Zu dem begünstigten Personenkreis zählen pflegebedürftige Personen, bei denen mindestens ein Schweregrad der Pflegebedürftigkeit i. S. d. §§ 14, 15 SGB XI besteht ***und Personen, bei denen eine erhebliche Einschränkung der Alltagskompetenz nach § 45a SGB XI festgestellt wurde***. [2]Der Nachweis ist durch eine Bescheinigung (z. B. Leistungsbescheid oder -mitteilung) der sozialen Pflegekasse oder des privaten Versicherungsunternehmens, das die private Pflegeversicherung durchführt, oder nach § 65 Abs. 2 EStDV zu führen. ***[3]Pflegekosten von Personen, die nicht zu dem nach Satz 1 begünstigten Personenkreis zählen und ambulant gepflegt werden, können ohne weiteren Nachweis auch dann als außergewöhnliche Belastungen berücksichtigt werden, wenn sie von einem anerkannten Pflegedienst nach § 89 SGB XI gesondert in Rechnung gestellt worden sind.***

Eigene Pflegeaufwendungen

(2) [1]Zu den Aufwendungen infolge Pflegebedürftigkeit ***und erheblich eingeschränkter Alltagskompetenz*** zählen sowohl Kosten für die Beschäftigung einer ambulanten Pflegekraft und/oder die Inanspruchnahme von Pflegediensten***, von Einrichtungen der Tages- oder Nachtpflege, der Kurzzeitpflege oder von nach Landesrecht anerkannten niedrigschwelligen Betreuungsangeboten*** als auch Aufwendungen zur Unterbringung in einem Heim. [2]Wird bei einer Heimunterbringung wegen Pflegebedürftigkeit der private Haushalt aufgelöst, ist die Haushaltsersparnis mit dem in § 33a Abs. 1 Satz 1 EStG genannten Höchstbetrag der abziehbaren Aufwendungen anzusetzen. [3]Liegen die Voraussetzungen nur während eines Teiles des Kalenderjahres vor, sind die anteiligen Beträge anzusetzen ($^1/_{360}$ pro Tag, $^1/_{12}$ pro Monat). [4]Nimmt der Stpfl. wegen seiner pflegebedingten Aufwendungen den Abzug nach § 33 EStG in Anspruch, sind die Gesamtkosten um den auf hauswirtschaftliche Dienstleistungen entfallenden Anteil zu kürzen, der zur Vereinfachung in Höhe des Abzugsbetrags nach § 33a Abs. 3 EStG anzusetzen ist. S 2284

Konkurrenz zu § 33a Abs. 3 EStG

(3) Nimmt der Stpfl. wegen seiner behinderungsbedingten Aufwendungen einen Pauschbetrag nach § 33b Abs. 3 EStG in Anspruch, kann er daneben Folgendes geltend machen:

- bei Heimunterbringung zusätzlich den Abzugsbetrag für Heimbewohner nach § 33a Abs. 3 Satz 2 Nr. 2 EStG oder
- bei ambulanter Pflege, wenn in den Aufwendungen solche für hauswirtschaftliche Dienstleistungen enthalten sind, den Abzug wegen der Beschäftigung einer Hilfe im Haushalt nach § 33a Abs. 3 Satz 1 Nr. 2 EStG.

Konkurrenz zu § 33b EStG

(4) [1]Die Inanspruchnahme ***eines*** Pauschbetrags nach § 33b Abs. 3 EStG schließt die Berücksichtigung ***von Aufwendungen nach Absatz 2*** im Rahmen des § 33 EStG aus. [2]Dies gilt auch dann, wenn es sich um das pflegebedürftige Kind eines Stpfl. handelt und der Stpfl. den Pauschbetrag auf sich hat übertragen lassen.

Pflegeaufwendungen für Dritte

(5) Hat der pflegebedürftige Dritte im Hinblick auf sein Alter oder eine etwaige Bedürftigkeit dem Stpfl. Vermögenswerte zugewendet, z. B. ein Hausgrundstück, kommt ein Abzug der Pflegeaufwendungen nur in der Höhe in Betracht, wie die Aufwendungen den Wert des hingegebenen Vermögens übersteigen.[1])

R 33.4

33.4. Aufwendungen wegen Krankheit, Behinderung und Tod

Nachweis

S 2284 (1) [1]Der Nachweis der Zwangsläufigkeit, Notwendigkeit und Angemessenheit von Aufwendungen im Krankheitsfall ist zu führen

- durch Verordnung eines **Arztes** oder **Heilpraktikers** für Arznei-, Heil- und Hilfsmittel (→ §§ 2, 23, 31 bis 33 SGB V); bei einer andauernden Erkrankung mit anhaltendem Verbrauch bestimmter Arznei-, Heil- und Hilfsmittel reicht die einmalige Vorlage einer Verordnung. [2]Wurde die Notwendigkeit einer Sehhilfe durch einen Augenarzt festgestellt, genügt die Folgerefraktionsbestimmung durch einen Augenoptiker. [3]Als Nachweis der angefallenen Krankheitsaufwendungen kann auch die Vorlage der Erstattungsmitteilungen der privaten Krankenversicherung oder der Beihilfebescheide einer Behörde ausreichen. [4]Diese Erleichterung entbindet den Stpfl. aber nicht von der Verpflichtung, in Einzelfällen die Zwangsläufigkeit, Notwendigkeit und Angemessenheit nicht erstatteter Aufwendungen dem Finanzamt auf Verlangen nachzuweisen,
- durch **amtsärztliches** Attest **vor** Kauf oder Behandlung
  - für Bade- und Heilkuren; bei Vorsorgekuren muss auch die Gefahr einer durch die Kur abzuwendenden Krankheit, bei Klimakuren der medizinisch angezeigte Kurort und die voraussichtliche Kurdauer bescheinigt werden,
  - für psychotherapeutische Behandlungen***; die Fortführung einer Behandlung nach Ablauf der Bezuschussung durch die Krankenkasse steht einem Behandlungsbeginn gleich***,
  - für den Krankheitswert einer Legasthenie oder einer anderen Behinderung eines Kindes, der die auswärtige Unterbringung für eine medizinische Behandlung erfordert,
  - für die Notwendigkeit der Betreuung alter oder hilfloser Stpfl. durch eine → Begleitperson, sofern sich diese nicht bereits aus dem Ausweis nach dem SGB IX ergibt,
  - für medizinische Hilfsmittel, die als allgemeine Gebrauchsgegenstände des täglichen Lebens anzusehen sind → § 33 Abs. 1 SGB V,
  - für wissenschaftlich nicht anerkannte Behandlungsmethoden, wie Frisch- und Trockenzellenbehandlungen, Sauerstoff-, Chelat- und Eigenbluttherapie;

  dem amtsärztlichen Attest stehen ärztliche Bescheinigungen eines Medizinischen Dienstes der Krankenversicherung (MDK, → § 275 SGB V) gleich; bei Pflichtversicherten die Bescheinigung der Versicherungsanstalt, bei öffentlich Bediensteten die Bescheinigung von Beihilfestellen in Behörden, wenn offensichtlich die Notwendigkeit der Kur im Rahmen der Bewilligung von Zuschüssen oder Beihilfen anerkannt worden ist,
- durch Attest des behandelnden Krankenhausarztes für Aufwendungen für Besuchsfahrten zu in einem Krankenhaus für längere Zeit liegenden Ehegatten oder Kind des Stpfl., wenn das Attest bestätigt, dass gerade der Besuch des Stpfl. zur Linderung oder Heilung einer bestimmten Krankheit entscheidend beitragen kann.

1) Anm.: → BFH vom 12. 11. 1996 (BStBl 1997 II S. 387).

[2]Bei Aufwendungen für eine Augen-Laser-Operation ist die Vorlage eines amtsärztlichen Attests nicht erforderlich.

Privatschulbesuch

(2) [1]Ist ein Kind ausschließlich wegen einer Behinderung im Interesse einer angemessenen Berufsausbildung auf den Besuch einer Privatschule (Sonderschule oder allgemeine Schule in privater Trägerschaft) mit individueller Förderung angewiesen, weil eine geeignete öffentliche Schule oder eine den schulgeldfreien Besuch ermöglichende geeignete Privatschule nicht zur Verfügung steht oder nicht in zumutbarer Weise erreichbar ist, ist das Schulgeld dem Grunde nach als außergewöhnliche Belastung nach § 33 EStG – neben einem auf den Stpfl. übertragbaren Pauschbetrag für behinderte Menschen – zu berücksichtigen. [2]Der Nachweis, dass der Besuch der Privatschule erforderlich ist, muss durch eine Bestätigung der zuständigen obersten Landeskultusbehörde oder der von ihr bestimmten Stelle geführt werden.

Kur

(3) [1]Kosten für Kuren im Ausland sind in der Regel nur bis zur Höhe der Aufwendungen anzuerkennen, die in einem dem Heilzweck entsprechenden inländischen Kurort entstehen würden. [2]Verpflegungsmehraufwendungen anlässlich einer Kur können nur in tatsächlicher Höhe nach Abzug der Haushaltsersparnis von 1/5 der Aufwendungen berücksichtigt werden.

Aufwendungen behinderter Menschen für Verkehrsmittel

(4) Macht ein gehbehinderter Stpfl. neben den Aufwendungen für Privatfahrten mit dem eigenen Pkw auch solche für andere Verkehrsmittel (z. B. für Taxis) geltend, ist die als noch angemessen anzusehende jährliche Fahrleistung von 3000 km (beim G d B von mindestens 80 oder GdB von mindestens 70 und Merkzeichen G) – bzw. von 15000 km (bei Merkzeichen aG, Bl oder H) – entsprechend zu kürzen.

Hinweise

H 33.1–33.4

Abzugsberechtigte Person

Bei den außergewöhnlichen Belastungen kommt der Abzug von Aufwendungen eines Dritten auch unter dem Gesichtspunkt der Abkürzung des Vertragswegs nicht in Betracht (→ BMF vom 7. 7. 2008 – BStBl I S. 717).

Adoption

- Aufwendungen im Zusammenhang mit einer Adoption sind nicht zwangsläufig (→ BFH vom 13. 3. 1987 – BStBl II S. 495 und vom 20. 3. 1987 – BStBl II S. 596).
- Adoptionskosten unfreiwillig kinderloser Eltern sind auch unter Berücksichtigung der neueren Rechtsprechung des BFH zur Berücksichtigungsfähigkeit von Aufwendungen für eine homologe künstliche Befruchtung nicht als außergewöhnliche Belastungen im Sinne von § 33 Abs. 1 EStG anzuerkennen (→ FG Hamburg vom 8. 6. 1999 – EFG 1999 S. 1132).

Asbestbeseitigung

→ Gesundheitsgefährdung

→ Formaldehydschaden

Asyl

Die Anerkennung als Asylberechtigter lässt nicht ohne weiteres auf ein unabwendbares Ereignis für den Verlust von Hausrat und Kleidung schließen (→ BFH vom 26. 4. 1991 – BStBl II S. 755).

Aufenthaltsrecht

Prozesskosten, die durch ein verwaltungsgerichtliches Verfahren zur Erlangung eines dauerhaften Aufenthaltsrechts des ausländischen Partners entstanden sind, sind nicht als außergewöhnliche Belastung abziehbar (→ BFH vom 20. 4. 2006 – BStBl 2007 II S. 41).

Auflagen

Aufwendungen zur Erfüllung von Auflagen und Weisungen sind bei einer Einstellung des Strafverfahrens nach § 153a Abs. 2 StPO nicht als außergewöhnliche Belastung zu berücksichtigen (→ BFH vom 19. 12. 1995 – BStBl 1996 II S. 197).

Aussiedlung und Übersiedlung

Bei Übersiedlung bzw. Aussiedlung nach diesem Zeitpunkt können die Aufwendungen für die Wiederbeschaffung von Hausrat und Kleidung nicht als außergewöhnliche Belastung anerkannt werden, es sei denn, es wird im Einzelfall ein unabwendbares Ereignis glaubhaft gemacht (→ BMF vom 25. 4. 1990 – BStBl I S. 222).

Außergewöhnlich

Außergewöhnlich sind Aufwendungen, wenn sie nicht nur der Höhe, sondern auch ihrer Art und dem Grunde nach außerhalb des Üblichen liegen und insofern nur einer Minderheit entstehen. Die typischen Aufwendungen der Lebensführung sind aus dem Anwendungsbereich des § 33 EStG ungeachtet ihrer Höhe im Einzelfall ausgeschlossen (→ BFH vom 29. 9. 1989 – BStBl 1990 II S. 418, vom 19. 5. 1995 – BStBl II S. 774, vom 22. 10. 1996 – BStBl 1997 II S. 558 und vom 12. 11. 1996 – BStBl 1997 II S. 387.

Aussteuer

Aufwendungen für die Aussteuer einer heiratenden Tochter sind regelmäßig nicht als zwangsläufig anzusehen. Dies gilt auch dann, wenn die Eltern ihrer Tochter keine Berufsausbildung gewährt haben (→ BFH vom 3. 6. 1987 – BStBl II S. 779).

Auswärtige Unterbringung

Aufwendungen von Eltern für die auswärtige Unterbringung eines Kindes sind außergewöhnliche Belastungen, wenn

- ein an Asthma erkranktes Kind in einem Schulinternat untergebracht ist, der Aufenthalt aus klimatischen Gründen zur Heilung oder Linderung der Krankheit nachweislich unabdingbar notwendig ist und der Schulbesuch nur anlässlich dieser Heilbehandlung gleichsam nebenbei und nachrangig erfolgt (→ BFH vom 26. 6. 1992 – BStBl 1993 II S. 212).
- im Fall der Unterbringung eines verhaltensauffälligen Jugendlichen in einer sozialtherapeutischen Wohngruppe durch ein vorher ausgestelltes amts- oder vertrauensärztliches Gutachten nachgewiesen wurde, dass die Verhaltensauffälligkeit krankheitsbedingt und die Unterbringung medizinisch notwendig ist (→ BFH vom 21. 4. 2005 – BStBl II S. 602).

→ auch Legasthenie

Ayur-Veda-Behandlung

Aufwendungen für eine Ayur-Veda-Behandlung können nur dann als außergewöhnliche Belastung berücksichtigt werden, wenn die medizinische Notwendigkeit dieser Behandlung durch ein vor ihrem Beginn erstelltes amtsärztliches Attest nachgewiesen ist (→ BFH vom 1. 2. 2001 – BStBl II S. 543).

Begleitperson

Mehraufwendungen, die einem körperbehinderten Stpfl., der auf ständige Begleitung angewiesen ist, anlässlich einer Urlaubsreise durch Kosten für Fahrten, Unterbringung und Verpflegung der Begleitperson entstehen, können in angemessener Höhe neben dem Pauschbetrag für behinderte Menschen berücksichtigt werden. Die Notwendigkeit einer Begleitperson kann sich aus einem amtsärztlichen Gutachten oder aus den Feststellungen in dem Ausweis nach dem SGB IX, z. B. dem Vermerk „Die Notwendigkeit ständiger Begleitung ist nachgewiesen", ergeben (→ BFH vom 4. 7. 2002 – BStBl II S. 765).

Behindertengerechte Ausstattung

Mehraufwendungen wegen der behindertengerechten Gestaltung eines für den eigenen Wohnbedarf errichteten Hauses können nur dann außergewöhnliche Belastungen sein, wenn sich solche Aufwendungen ausnahmsweise anhand eindeutiger und objektiver, von ungewissen zukünftigen Ereignissen unabhängiger Kriterien von den Aufwendungen unterscheiden lassen, durch die der Stpfl. seinen Wohnbedürfnissen Rechnung trägt, und wenn ausgeschlossen ist, dass die durch diese Aufwendungen geschaffenen Einrichtungen jemals wertbildende Faktoren für das Haus darstellen können; wenn also eindeutig „verlorener Aufwand" vorliegt. Die Ausstattung eines Einfamilienhauses mit einem Fahrstuhl und eine behindertengerechte Bauausführung (wie der Einbau breiter Türen, eines großen Bades etc.) führen daher grundsätzlich nicht zu außergewöhnlichen Belastungen. Dies gilt auch dann, wenn die Umgestaltung erst später vorgenommen wurde und das Gebäude bereits vor Eintritt der Behinderung von dem Stpfl. als Familienwohnung genutzt worden ist. Demgegenüber können Aufwendungen für medizinische Hilfsmittel im engeren Sinne, z. B. für einen Treppenschräglift, außergewöhnliche Belastungen darstellen (→ BFH vom 10. 10. 1996 – BStBl 1997 II S. 491 und vom 6. 2. 1997 – BStBl II S. 607).

Bestattungskosten

eines nahen Angehörigen sind regelmäßig als außergewöhnliche Belastung zu berücksichtigen, soweit sie nicht aus dem Nachlass bestritten werden können und auch nicht durch Ersatzleistungen gedeckt sind (→ BFH vom 8. 9. 1961 – BStBl 1962 III S. 31, vom 19. 10. 1990 – BStBl 1991 II S. 140, vom 17. 6. 1994 – BStBl II S. 754 und vom 22. 2. 1996 – BStBl II S. 413). Leistungen aus einer Sterbegeldversicherung oder aus einer Lebensversicherung, die dem Stpfl. anlässlich des Todes eines nahen Angehörigen außerhalb des Nachlasses zufließen, sind auf die als außergewöhnliche Belastung anzuerkennenden Kosten anzurechnen (→ BFH vom 19. 10. 1990 – BStBl 1991 II S. 140 und vom 22. 2. 1996 – BStBl II S. 413).

Zu den außergewöhnlichen Belastungen gehören nur solche Aufwendungen, die unmittelbar mit der eigentlichen Bestattung zusammenhängen. Nur mittelbar mit einer Bestattung zusammenhängende Kosten werden mangels Zwangsläufigkeit nicht als außergewöhnliche Belastung anerkannt. Zu diesen mittelbaren Kosten gehören z. B.:

- Aufwendungen für die Bewirtung von Trauergästen (→ BFH vom 17. 9. 1987 – BStBl 1988 II S. 130),
- Aufwendungen für die Trauerkleidung (→ BFH vom 12. 8. 1966 – BStBl 1967 III S. 364),
- Reisekosten für die Teilnahme an einer Bestattung eines nahen Angehörigen (→ BFH vom 17. 6. 1994 – BStBl II S. 754).

Betreuervergütung

Vergütungen für einen ausschließlich zur Vermögenssorge bestellten Betreuer stellen keine außergewöhnlichen Belastungen, sondern Betriebsausgaben bzw. Werbungskosten bei den mit dem verwalteten Vermögen erzielten Einkünften dar, sofern die Tätigkeit des Betreuers weder einer kurzfristigen Abwicklung des Vermögens noch der Verwaltung ertraglosen Vermögens dient (→ BFH vom 14. 9. 1999 – BStBl 2000 II S. 69).

Betriebsausgaben, Werbungskosten, Sonderausgaben

Aufwendungen, die zu den Betriebsausgaben, Werbungskosten oder Sonderausgaben gehören, sind auch dann keine außergewöhnlichen Belastungen, wenn sie sich steuerlich tatsächlich nicht ausgewirkt haben (→ BFH vom 29. 11. 1991 – BStBl 1992 II S. 290 und 293). Entsprechendes gilt für Aufwendungen, die unter § 4f oder § 9 Abs. 5 EStG fallen. Ausnahmen: § 10 Abs. 1 Nr. 7 und 9 EStG

Betrug

Durch Betrug veranlasste vergebliche Zahlungen für einen Grundstückskauf sind nicht zwangsläufig (→ BFH vom 19. 5. 1995 – BStBl II S. 774).

Darlehen

Werden die Ausgaben über Darlehen finanziert, tritt die Belastung bereits im Zeitpunkt der Verausgabung ein (→ BFH vom 10. 6. 1988 – BStBl II S. 814).

→ Verausgabung

Darlehenstilgung nach dem BAföG

Die Rückzahlung eines Darlehens nach dem BAföG ist keine außergewöhnliche Belastung i. S. d. § 33 Abs. 1 EStG (→ FG Münster vom 11. 6. 1996 – EFG 1996 S. 1224).

Diätverpflegung

Aufwendungen, die durch Diätverpflegung entstehen, sind von der Berücksichtigung als außergewöhnliche Belastung auch dann ausgeschlossen, wenn die Diätverpflegung an die Stelle einer sonst erforderlichen medikamentösen Behandlung tritt (→ BFH vom 21. 6. 2007 – BStBl II S. 880).

Eigene Pflegeaufwendungen

- Ob die Pflegebedürftigkeit bereits vor Beginn des Heimaufenthalts oder erst später eingetreten ist, ist ohne Bedeutung (→ BMF vom 20. 1. 2003 – BStBl I S. 89).
- Werden die Aufwendungen des Stpfl. für seine behinderungsbedingte Unterbringung in einem Altenwohnheim als außergewöhnliche Belastung nach § 33 EStG berücksichtigt, steht dem Steuerpflichtigen daneben der Behinderten-Pauschbetrag nach § 33b Abs. 3 Satz 3 EStG nicht zu (→ BFH vom 4. 11. 2004 – BStBl 2005 II S. 271).

Eltern-Kind-Verhältnis

Aufwendungen des nichtsorgeberechtigten Elternteils zur Kontaktpflege sind nicht außergewöhnlich (→ ***BFH vom 27. 9. 2007 – BStBl 2008 II S. 287***).

Anm.:
s. a. BFH vom 27. 9. 2007 – III R 28/05 (BFH-Internetseite)

Ergänzungspflegervergütung

Wird für einen Minderjährigen im Zusammenhang mit einer Erbauseinandersetzung die Anordnung einer Ergänzungspflegschaft erforderlich, sind die Aufwendungen hierfür nicht als außergewöhnliche Belastungen zu berücksichtigen (→ BFH vom 14. 9. 1999 – BStBl 2000 II S. 69).

Erpressungsgelder

Erpressungsgelder sind keine außergewöhnlichen Belastungen, wenn der Erpressungsgrund selbst und ohne Zwang geschaffen worden ist (→ BFH vom 18. 3. 2004 – BStBl II S. 867).

Ersatz von dritter Seite

Ersatz und Unterstützungen von dritter Seite zum Ausgleich der Belastung sind von den berücksichtigungsfähigen Aufwendungen abzusetzen, es sei denn, die vertragsgemäße Erstattung führt zu steuerpflichtigen Einnahmen beim Stpfl. (→ BFH vom 14. 3. 1975 – BStBl II S. 632 und vom 6. 5. 1994 – BStBl 1995 II S. 104). Die Ersatzleistungen sind auch dann abzusetzen, wenn sie erst in einem späteren Kalenderjahr gezahlt werden, der Stpfl. aber bereits in dem Kalenderjahr, in dem die Belastung eingetreten ist, mit der Zahlung rechnen konnte (→ BFH vom 21. 8. 1974 – BStBl 1975 II S. 14). Werden Ersatzansprüche gegen Dritte nicht geltend gemacht, entfällt die Zwangsläufigkeit, wobei die Zumutbarkeit Umfang und Intensität der erforderlichen Rechtsverfolgung bestimmt (→ BFH vom 20. 9. 1991 – BStBl 1992 II S. 137 und vom 18. 6. 1997 – BStBl II S. 805). ***Der Abzug von*** Aufwendungen nach § 33 EStG ist ferner ausgeschlossen, wenn der Stpfl. eine allgemein zugängliche und übliche Versicherungsmöglichkeit nicht wahrgenommen hat (→ BFH vom 6. 5. 1994 – BStBl 1995 II S. 104). Dies gilt auch, wenn lebensnotwendige Vermögensgegenstände, wie Hausrat und Kleidung wiederbeschafft werden müssen (→ BFH vom 26. 6. 2003 – BStBl 2004 II S. 47).

- **Hausratversicherung**

  Anzurechnende Leistungen aus einer Hausratversicherung sind nicht aufzuteilen in einen Betrag, der auf allgemein notwendigen und angemessenen Hausrat entfällt, und in einen solchen, der die Wiederbeschaffung von Gegenständen und Kleidungsstücken gehobenen Anspruchs ermöglichen soll (→ BFH vom 30. 6. 1999 – BStBl II S. 766).
- **Krankenhaustagegeldversicherungen**

  Bis zur Höhe der durch einen Krankenhausaufenthalt verursachten Kosten sind die Leistungen abzusetzen, nicht aber Leistungen aus einer Krankentagegeldversicherung (→ BFH vom 22. 10. 1971 – BStBl 1972 II S. 177).

Fahrtkosten, allgemein

Unumgängliche Fahrtkosten, die dem Grunde nach als außergewöhnliche Belastung zu berücksichtigen sind, sind bei Benutzung eines Pkw nur in Höhe der Kosten für die Benutzung eines öffentlichen Verkehrsmittels abziehbar, es sei denn, es bestand keine zumutbare öffentliche Verkehrsverbindung (→ BFH vom 3. 12. 1998 – BStBl 1999 II S. 227).

→ Fahrtkosten behinderter Menschen

→ Familienheimfahrten

→ Kur

→ Mittagsheimfahrt

→ Pflegeaufwendungen für Dritte
→ Zwischenheimfahrten

Fahrtkosten behinderter Menschen

Kraftfahrzeugkosten bei behinderter Menschen können im Rahmen der Angemessenheit neben den Pauschbeträgen nur wie folgt berücksichtigt werden (→ BMF vom 29. 4. 1996 – BStBl I S. 446 und vom 21. 11. 2001 – BStBl I S. 868):

1. **Bei geh- und stehbehinderten Stpfl. (GdB von mindestens 80 oder GdB von mindestens 70 und Merkzeichen G):**

   Aufwendungen für durch die Behinderung veranlasste unvermeidbare Fahrten sind als außergewöhnliche Belastung anzuerkennen, soweit sie nachgewiesen oder glaubhaft gemacht werden und angemessen sind.

   Aus Vereinfachungsgründen kann im Allgemeinen ein Aufwand für Fahrten bis zu 3 000 km im Jahr als angemessen angesehen werden.

2. **Bei außergewöhnlich gehbehinderten Steuerpflichtigen (Merkzeichen aG), blinden (Merkzeichen Bl) und hilflosen Menschen (Merkzeichen H):**

   In den Grenzen der Angemessenheit dürfen nicht nur die Aufwendungen für durch die Behinderung veranlasste unvermeidbare Fahrten, sondern auch für Freizeit-, Erholungs- und Besuchsfahrten abgezogen werden. Die tatsächliche Fahrleistung ist nachzuweisen oder glaubhaft zu machen. Eine Fahrleistung von mehr als 15 000 km im Jahr liegt in aller Regel nicht mehr im Rahmen des Angemessenen (→ BFH vom 2. 10. 1992 – BStBl 1993 II S. 286). Die Begrenzung auf jährlich 15 000 km gilt ausnahmsweise nicht, wenn die Fahrleistung durch eine berufsqualifizierende Ausbildung bedingt ist, die nach der Art und Schwere der Behinderung nur durch den Einsatz eines Pkw durchgeführt werden kann. In diesem Fall können weitere rein private Fahrten nur noch bis zu 5000 km jährlich berücksichtigt werden (→ BFH vom 13. 12. 2001 – BStBl 2002 II S. 198).

3. Ein höherer Aufwand als 0,30 €/km ist unangemessen und darf deshalb im Rahmen des § 33 EStG nicht berücksichtigt werden (→ BFH vom 19. 5. 2004 – BStBl II 2005 S. 23). Das gilt auch dann, wenn sich der höhere Aufwand wegen einer nur geringen Jahresfahrleistung ergibt (→ BFH vom 18. 12. 2003 – BStBl 2004 II S. 453).

Die Kosten können auch berücksichtigt werden, wenn sie nicht beim behinderten Menschen selbst, sondern bei einem Stpfl. entstanden sind, auf den der Behinderten-Pauschbetrag nach § 33b Abs. 5 EStG übertragen worden ist; das gilt jedoch nur für solche Fahrten, an denen der behinderte Mensch selbst teilgenommen hat (→ BFH vom 1. 8. 1975 – BStBl II S. 825).

Familienheimfahrten

Aufwendungen verheirateter Wehrpflichtiger für Familienheimfahrten ***sind keine*** außergewöhnliche Belastung (→ BFH vom 5. 12. 1969 – BStBl 1970 II S. 210).

Fehlbelegungsabgabe

Mit dem Beschluss vom 26. 3. 1996–2 BvR 1810/95 – hat die 1. Kammer des Zweiten Senats des BVerfG die Verfassungsbeschwerde gegen ein Urteil des Hessischen Finanzgerichts nicht zur Entscheidung angenommen, durch welches das Gericht festgestellt hatte, die Fehlbelegungsgabe erfülle nicht die nach § 10b EStG an eine Spende zu stellenden Anforderungen und stelle auch keine außergewöhnliche Belastung i. S. d. § 33 EStG dar.

Formaldehydemission

→ Gesundheitsgefährdung

Freiwillige Ablösungen

von laufenden Kosten für die Anstaltsunterbringung eines pflegebedürftigen Kindes sind nicht zwangsläufig (→ BFH vom 14. 11. 1980 – BStBl 1981 II S. 130).

Gegenwert

Die Erlangung eines Gegenwerts schließt insoweit die Belastung des Stpfl. aus. Ein Gegenwert ***liegt vor***, wenn der betreffende Gegenstand oder die bestellte Leistung eine gewisse Marktfähigkeit besitzen, die in einem bestimmten Verkehrswert zum Ausdruck kommt (→ BFH vom 4. 3. 1983 – BStBl II S. 378 und vom 29. 11. 1991 – BStBl 1992 II S. 290). Bei der Beseitigung eingetretener Schäden an einem Vermögensgegenstand, der für den Stpfl. von existenziell wichtiger

Bedeutung ist, ergibt sich ein Gegenwert nur hinsichtlich von Wertverbesserungen, nicht jedoch hinsichtlich des verlorenen Aufwandes (→ BFH vom 6. 5. 1994 – BStBl 1995 II S. 104).

Gesundheitsgefährdung

Geht von einem Gegenstand des existenznotwendigen Bedarfs eine konkrete Gesundheitsgefährdung aus, die beseitigt werden muss (z. B. asbesthaltige Außenfassade des Hauses), sind die Sanierungskosten und die Kosten für eine ordnungsgemäße Entsorgung des Schadstoffs aus tatsächlichen Gründen zwangsläufig entstanden. Die Sanierung muss im Zeitpunkt ihrer Durchführung unerlässlich sein. Die Gesundheitsgefährdung ist durch ein vor Durchführung der Maßnahme von einer zuständigen amtlichen technischen Stelle erstelltes Gutachten nachzuweisen (→ BFH vom 9. 8. 2001 – BStBl 2002 II S. 240).

Gutachter

Ergibt sich aus Gutachten die Zwangsläufigkeit von Aufwendungen gem. § 33 Abs. 2 EStG, können auch die Aufwendungen für das Gutachten berücksichtigt werden (→ BFH vom 23. 5. 2002 – BStBl II S. 592).

Haushaltsersparnis

Wird bei einer Heimunterbringung wegen Pflegebedürftigkeit der private Haushalt aufgelöst, können nur die über die üblichen Kosten der Unterhaltung eines Haushalts hinausgehenden Aufwendungen als außergewöhnliche Belastung berücksichtigt werden (→ BFH vom 22. 8. 1980 – BStBl 1981 II S. 23 und vom 29. 9. 1989 – BStBl 1990 II S. 418). Kosten der Unterbringung in einem Krankenhaus können regelmäßig ohne Kürzung um eine Haushaltsersparnis als außergewöhnliche Belastung anerkannt werden.

Heimunterbringung erwachsener behinderter Menschen

Zur Berücksichtigung der Aufwendungen von Eltern erwachsener behinderter Menschen in vollstationärer Heimunterbringung als außergewöhnliche Belastung → BMF vom 14. 4. 2003 (BStBl I S. 360).

Kapitalabfindung von Unterhaltsansprüchen

Der Abzug einer vergleichsweise vereinbarten Kapitalabfindung zur Abgeltung sämtlicher möglicherweise in der Vergangenheit entstandener und künftiger Unterhaltsansprüche eines geschiedenen Ehegatten scheidet in aller Regel wegen fehlender Zwangsläufigkeit aus (→ BFH vom 26. 2. 1998 – BStBl II S. 605).

Krankenhaustagegeldversicherung

Die Leistungen sind von den berücksichtigungsfähigen Aufwendungen abzusetzen (→ BFH vom 22. 10. 1971 – BStBl 1972 II S. 177).

Krankentagegeldversicherung

Die Leistungen sind – im Gegensatz zu Leistungen aus einer Krankenhaustagegeldversicherung – kein Ersatz für Krankenhauskosten (→ BFH vom 22. 10. 1971 – BStBl 1972 II S. 177).

Krankenversicherungsbeiträge

Da Krankenversicherungsbeiträge ihrer Art nach Sonderausgaben sind, können sie auch bei an sich beihilfeberechtigten Angehörigen des öffentlichen Dienstes nicht als außergewöhnliche Belastung berücksichtigt werden, wenn der Stpfl. wegen seines von Kindheit an bestehenden Leidens keine Aufnahme in eine private Krankenversicherung gefunden hat (→ BFH vom 29. 11. 1991 – BStBl 1992 II S. 293).

Krankheitskosten für Unterhaltsberechtigte

Für einen Unterhaltsberechtigten aufgewendete Krankheitskosten können beim Unterhaltspflichtigen insoweit als außergewöhnliche Belastung anerkannt werden, als der Unterhaltsberechtigte nicht in der Lage ist, die Krankheitskosten selbst zu tragen (→ BFH vom 11. 7. 1990 – BStBl 1991 II S. 62).

Künstliche Befruchtung

Aufwendungen für eine künstliche Befruchtung, die einem Ehepaar zu einem gemeinsamen Kind verhelfen soll, das wegen Empfängnisunfähigkeit der Ehefrau sonst von ihrem Ehemann nicht gezeugt werden könnte (homologe künstliche Befruchtung), können außergewöhnliche

Belastungen sein (→ BFH vom 18. 6. 1997 – BStBl II S. 805). Dies gilt auch für ein nicht verheiratetes Paar, wenn die Richtlinien der ärztlichen Berufsordnungen beachtet werden; insbesondere eine fest gefügte Partnerschaft vorliegt und der Mann die Vaterschaft anerkennen wird (→ BFH vom 10. 5. 2007 – BStBl II S. 871).

Aufwendungen im Zusammenhang mit

- der Befruchtung von Eizellen einer empfängnisfähigen aber mit einem zeugungsunfähigen Mann verheirateten Frau mit dem Samen eines Dritten (heterologe künstliche Befruchtung) (→ BFH vom 18. 5. 1999 – BStBl II S. 761).
- einer künstlichen Befruchtung nach vorangegangener freiwilliger Sterilisation (→ BFH vom 3. 3. 2005 – BStBl II S. 566).

sind keine außergewöhnlichen Belastungen.

ergänzend: → BFH vom 21. 2. 2008 – III R 30/07 (→ BFH-Internetseite)

Kur

Kosten für eine Kurreise können als außergewöhnliche Belastung nur ***abgezogen*** werden, wenn ***die Kurreise*** zur Heilung oder Linderung einer Krankheit nachweislich notwendig ist und eine andere Behandlung nicht oder kaum erfolgversprechend erscheint (→ BFH vom 12. 6. 1991 – BStBl II S. 763).

- **Nachweis**

  Von dem Erfordernis eines vor Kurantritt ausgestellten amtsärztlichen oder vergleichbaren Zeugnisses kann ausnahmsweise abgesehen werden, wenn feststeht, dass eine gesetzliche Krankenkasse die Notwendigkeitsprüfung vorgenommen und positiv beschieden hat. Davon kann in der Regel ausgegangen werden, wenn die Krankenkasse einen Zuschuss zu den Kurkosten für Unterkunft und Verpflegung gewährt hat (BFH vom 30. 6. 1995 – BStBl II S. 614). Der Zuschuss einer Krankenversicherung zu Arzt-, Arznei- und Kurmittelkosten ersetzt den Nachweis der Kurbedürftigkeit nicht.

  Die Notwendigkeit der Überprüfung und Befürwortung einer Kurmaßnahme durch den medizinischen Dienst der Krankenversicherung entfällt in den Fällen, in denen eine solche Prüfung nach Entscheidung der Spitzenverbände der Krankenkassen nach Indikation und Personenkreis nicht nötig erscheint. Nicht erstattete Aufwendungen des Stpfl. für solche Kuraufwendungen sind als außergewöhnliche Belastung anzuerkennen (→ FG Rheinland-Pfalz vom 12. 9. 1996 – DStRE 1997 S. 674).

- **Kinderkuren**

  Bei Heilkuren von Kindern ist es zusätzlich erforderlich, dass das Kind während der Kur in einem Kinderheim untergebracht ist, es sei denn, aus der vor dem Kurantritt erteilten amtsärztlichen Bescheinigung ergibt sich, dass und warum der Kurerfolg bei einer Unterbringung außerhalb eines Kinderheimes gewährleistet ist (→ BFH vom 12. 6. 1991 – BStBl II S. 763 und vom 2. 4. 1998 – BStBl II S. 613).

- **Erholungsurlaub/Abgrenzung zur Kur**

  Im Regelfall ist zur Abgrenzung einer Kur vom Erholungsurlaub ärztliche Überwachung zu fordern. Gegen die Annahme einer Heilkur kann auch die Unterbringung in einem Hotel oder Privatquartier anstatt in einem Sanatorium und die Vermittlung durch ein Reisebüro sprechen (→ BFH vom 12. 6. 1991 – BStBl II S. 763).

- **ärztliche Überwachung**

  Die Aufwendungen sind grundsätzlich nicht zwangsläufig, wenn sich der Stpfl. ***nicht*** in ärztliche Behandlung ***begibt***. Eine Klimakur kann unter besonderen Umständen zwangsläufig sein, selbst wenn ihre Durchführung nicht unter ärztlicher Kontrolle steht (→ BFH vom 12. 6. 1991 – BStBl II S. 763), z. B. bei Neurodermitis oder Psoriasis (Schuppenflechte), wenn sie medizinisch notwendig ist.

- **Fahrtkosten**

  Als Fahrtkosten zum Kurort sind grundsätzlich die Kosten der öffentlichen Verkehrsmittel anzusetzen (→ BFH vom 12. 6. 1991 – BStBl II S. 763). Die eigenen Kfz-Kosten können nur ausnahmsweise berücksichtigt werden, wenn besondere persönliche Verhältnisse dies erfordern (→ BFH vom 30. 6. 1967 – BStBl III S. 655).

  Aufwendungen für Besuchsfahrten zu in Kur befindlichen Angehörigen sind keine außergewöhnliche Belastung (→ BFH vom 16. 5. 1975 – BStBl II S. 536).

- **Nachkur**

  Nachkuren in einem typischen Erholungsort sind ***auch dann nicht abziehbar***, wenn sie ärztlich verordnet sind; ***dies gilt*** erst recht, wenn die Nachkur nicht unter einer ständigen ärztlichen Aufsicht in einer besonderen Kranken- oder Genesungsanstalt durchgeführt wird (→ BFH vom 4. 10. 1968 – BStBl 1969 II S. 179).

- **Begleitperson**

  Der Abzug von Kosten einer Begleitperson während einer medizinisch indizierten Kur als außergewöhnliche Belastung setzt grundsätzlich voraus, dass die krankheits- oder altersbedingte Notwendigkeit der Begleitung durch ein vor Reiseantritt eingeholtes amtsärztliches Gutachten oder eine andere, diesem gleichzustellende Bescheinigung nachgewiesen wird (→ BFH vom 17. 12. 1997 – BStBl 1998 II S. 298). Die Notwendigkeit einer Begleitperson kann sich aus einem amtsärztlichen Gutachten oder aus den Feststellungen in dem Ausweis nach dem SGB IX, z. B. dem Vermerk „Die Notwendigkeit ständiger Begleitung ist nachgewiesen", ergeben (→ BFH vom 4. 7. 2002 – BStBl II S. 765).

Mediation

Nach den BFH-Urteilen vom 30. 6. 2005 (BStBl 2006 II S. 491 und 492) können Kosten, die durch eine Familienmediation im Ehescheidungsverfahren entstehen, nicht mehr als außergewöhnliche Belastungen nach § 33 EStG berücksichtigt werden. Diese Kosten entstehen dem Stpfl. nach der Rechtsprechung des BFH nicht zwangsläufig, weil in einem Mediationsverfahren lediglich Regelungen über Familiensachen außerhalb des Zwangsverbundes nach § 623 Abs. 1 Satz 3 ZPO vereinbart werden.

→ OFD Hannover vom 11. 5. 2007, S 2284–189 – StO 213 (DB 2007 S. 1438)

Legasthenie

Für die Anerkennung der Aufwendungen für die Behandlung eines an Legasthenie leidenden Kindes ist ein vor Beginn der Maßnahme ausgestelltes amtsärztliches Attest erforderlich, nach dem die Lese- und Rechtschreibschwäche Krankheitswert hat. Diesen Nachweis können Bescheinigungen eines Schulaufsichtsamtes oder eines einschlägig tätigen Universitätsprofessors nicht ersetzen (→ BFH vom 7. 6. 2000 – BStBl 2001 II S. 94). Bei einer auswärtigen Unterbringung eines Kindes mit Lese- und Rechtschreibschwäche muss das Attest ferner die Feststellung enthalten, dass die auswärtige Unterbringung für eine medizinische Behandlung erforderlich ist (→ BFH vom 18. 4. 1990 – BStBl II S. 962 – ablehnend – und vom 26. 6. 1992 – BStBl 1993 II S. 278).

Medizinische Fachliteratur

Aufwendungen eines Stpfl. für medizinische Fachliteratur sind auch dann nicht als außergewöhnliche Belastungen zu berücksichtigen, wenn die Literatur dazu dient, die Entscheidung für eine bestimmte Therapie oder für die Behandlung durch einen bestimmten Arzt zu treffen (→ BFH vom 6. 4. 1990 – BStBl II S. 958, BFH vom 24. 10. 1995 – BStBl 1996 II S. 88).

Medizinische Hilfsmittel

Die Zwangsläufigkeit der Anschaffung medizinischer Hilfsmittel, die sowohl von Kranken zur Linderung ihres Leidens als auch von Gesunden zur Steigerung des Lebenskomforts angeschafft werden, ist durch Vorlage eines vor dem Kauf erstellten amtsärztlichen Attestes nachzuweisen (→ BFH vom 9. 8. 1991 – BStBl II S. 920).

→ R 33.4 Abs. 1

Mittagsheimfahrt

Aufwendungen für Mittagsheimfahrten stellen keine außergewöhnliche Belastung dar, auch wenn die Fahrten wegen des Gesundheitszustands oder einer Behinderung des Stpfl. angebracht oder erforderlich sind (→ BFH vom 4. 7. 1975 – BStBl II S. 738).

Pflegeaufwendungen

Ob die Pflegebedürftigkeit bereits vor Beginn des Heimaufenthalts oder erst später eingetreten ist, ist ohne Bedeutung (→ BMF vom 20. 1. 2003 – BStBl I S. 89).

Pflegeaufwendungen für Dritte

Pflegeaufwendungen (z. B. Kosten für die Unterbringung in einem Pflegeheim), die dem Stpfl. infolge der Pflegebedürftigkeit einer Person erwachsen, der gegenüber der Stpfl. zum Unterhalt verpflichtet ist (z. B. seine Eltern oder Kinder), können grundsätzlich als außergewöhnliche Belastungen abgezogen werden, sofern die tatsächlich angefallenen Pflegekosten von den reinen Unterbringungskosten abgegrenzt werden können (→ BFH vom 12. 11. 1996 – BStBl 1997 II S. 387). Zur Berücksichtigung von besonderem Unterhaltsbedarf einer unterhaltenen Person (z. B. wegen Pflegebedürftigkeit) neben typischen Unterhaltsaufwendungen → BMF vom 2. 12. 2002

Anhang 3

(BStBl I S. 1389). Aufwendungen, die einem Stpfl. für die krankheitsbedingte Unterbringung eines Angehörigen in einem Heim entstehen, stellen als Krankheitskosten eine außergewöhnliche Belastung i. S. d. § 33 EStG dar. Ob die Pflegebedürftigkeit bereits vor Beginn des Heimaufenthalts oder erst später eingetreten ist, ist ohne Bedeutung (→ BMF vom 20. 1. 2003 – BStBl I S. 89). Abziehbar sind neben den Pflegekosten auch die im Vergleich zu den Kosten der normalen Haushaltsführung entstandenen Mehrkosten für Unterbringung und Verpflegung (→ BFH vom 24. 2. 2000 – BStBl II S. 294).

– **Fahrtkosten**

  Aufwendungen für Fahrten, um einen kranken Angehörigen, der im eigenen Haushalt lebt, zu betreuen und zu versorgen, können unter besonderen Umständen außergewöhnliche Belastungen sein. Die Fahrten dürfen nicht lediglich der allgemeinen Pflege verwandtschaftlicher Beziehungen dienen (→ BFH vom 6. 4. 1990 – BStBl II S. 958 und vom 22. 10. 1996 – BStBl 1997 II S. 558).

– **Übertragung des gesamten sicheren Vermögens**

  → R 33.3 Abs. 5
  Aufwendungen für die Unterbringung und Pflege eines bedürftigen Angehörigen sind nicht als außergewöhnliche Belastung zu berücksichtigen, soweit der Stpfl. von dem Angehörigen dessen gesamtes sicheres Vermögen in einem Zeitpunkt übernommen hat, als dieser sich bereits im Rentenalter befand (→ BFH vom 12. 11. 1996 – BStBl 1997 II S. 387).

– **Zwangsläufigkeit bei persönlicher Pflege**

  Aufwendungen, die durch die persönliche Pflege eines nahen Angehörigen entstehen, sind nur dann außergewöhnliche Belastungen, wenn die Übernahme der Pflege unter Berücksichtigung der näheren Umstände des Einzelfalls aus rechtlichen oder sittlichen Gründen i. S. d. § 33 Abs. 2 EStG zwangsläufig ist. Allein das Bestehen eines nahen Verwandtschaftsverhältnisses reicht für die Anwendung des § 33 EStG nicht aus. Bei der erforderlichen Gesamtbewertung der Umstände des Einzelfalls sind u. a. der Umfang der erforderlichen Pflegeleistungen und die Höhe der für den Stpfl. entstehenden Aufwendungen zu berücksichtigen (→ BFH vom 22. 10. 1996 – BStBl 1997 II S. 558).

Praxisgebühr

Bei der Praxisgebühr handelt es sich um zusätzliche Krankheitskosten und damit um außergewöhnliche Belastungen i. S. d. § 33 EStG

→ OFD Frankfurt vom 15. 11. 2004, S 2284 A – 53 – St II 2.06, DB 2004 S. 2782).

Privatschule

Aufwendungen für den Schulbesuch eines Kindes werden durch die Vorschriften des Familienleistungsausgleichs und § 33a Abs. 2 EStG abgegolten und können daher grundsätzlich nur dann außergewöhnliche Belastungen sein, wenn es sich bei diesen Aufwendungen um unmittelbare Krankheitskosten handelt (→ BFH vom 17. 4. 1997 – BStBl II S. 752).

Außergewöhnliche Belastungen liegen nicht vor, wenn ein Kind ausländischer Eltern, die sich nur vorübergehend im Inland aufhalten, eine fremdsprachliche Schule besucht (→ BFH vom 23. 11. 2000 – BStBl 2001 II S. 132).

Prozesskosten

sind grundsätzlich nicht als außergewöhnliche Belastungen zu berücksichtigen. Ein Abzug kommt ausnahmsweise in Betracht, wenn der Stpfl. ohne den Rechtsstreit Gefahr liefe, seine Existenzgrundlage zu verlieren und seine lebensnotwendigen Bedürfnisse in dem üblichen Rahmen nicht mehr befriedigen zu können (→ BFH vom 20. 4. 2006 – BStBl 2007 II S. 41).

→ Aufenthaltsrecht

→ Scheidung

→ Studienplatz

→ Umgangsrecht

→ Vaterschaftsfeststellungsprozess

→ Zivilprozess

Psychotherapie

Bei psychotherapeutischer Behandlung ist nach Ablauf der Zeit der Bezuschussung durch die Krankenkasse für den Nachweis der Zwangsläufigkeit der Aufwendungen ein amtsärztliches Attest erforderlich (→ OFD Frankfurt vom 19. 7. 2006 – DB 2006, S. 1702).

Rechtliche Pflicht

Zahlungen in Erfüllung rechtsgeschäftlicher Verpflichtungen erwachsen regelmäßig nicht zwangsläufig. Unter rechtliche Gründe im Sinne von § 33 Abs. 2 EStG fallen danach nur solche rechtlichen Verpflichtungen, die der Stpfl. nicht selbst gesetzt hat (→ BFH vom 18. 7. 1986 – BStBl II S. 745 und vom 19. 5. 1995 – BStBl II S. 774).

→ Kapitalabfindung von Unterhaltsansprüchen

Regresszahlungen

Regresszahlungen des Vaters eines nichtehelichen Kindes gem. § 1615b BGB für vom Ehemann der Mutter des Kindes (Scheinvater) gewährten Unterhalt sind nicht als außergewöhnliche Belastung abzugsfähig, wenn in den VZ der Unterhaltsgewährung durch den Scheinvater für das Kind ein Anspruch auf Kindergeld oder ein Anspruch auf einen Kinderfreibetrag bestand (→ FG Baden-Württemberg, Freiburg, vom 16. 2. 1995 – EFG 1995 S. 892).

Rentenversicherungsbeiträge

→ Sittliche Pflicht

Schadensersatzleistungen

können zwangsläufig sein, wenn der Stpfl. bei der Schädigung nicht vorsätzlich oder grob fahrlässig gehandelt hat (→ BFH vom 3. 6. 1982 – BStBl II S. 749).

Scheidung

Die unmittelbaren und unvermeidbaren Kosten des Scheidungsprozesses sind als zwangsläufig erwachsen anzusehen. Dies sind die Prozesskosten für die Scheidung und den Versorgungsausgleich (sog. Zwangsverbund, § 623 Abs. 1 ZPO). Aufwendungen für die Auseinandersetzung gemeinsamen Vermögens anlässlich einer Scheidung sind dagegen nicht als außergewöhnliche Belastung zu berücksichtigen, unabhängig davon, ob die Eheleute die Vermögensverteilung selbst regeln oder die Entscheidung dem Familiengericht übertragen (→ BFH vom 30. 6. 2005 – BStBl 2006 II S. 491, 492).

Schuldzinsen

Schuldzinsen und andere mit einem Kredit in Zusammenhang stehende Aufwendungen können nur dann eine außergewöhnliche Belastung bilden, wenn die Schuldaufnahme durch Ausgaben veranlasst ist, die ihrerseits eine außergewöhnliche Belastung darstellen (→ BFH vom 29. 7. 1997 – BStBl II S. 772).

Sittliche Pflicht

Eine die Zwangsläufigkeit von Aufwendungen begründende sittliche Pflicht ist nur dann zu bejahen, wenn diese so unabdingbar auftritt, dass sie ähnlich einer Rechtspflicht von außen her als eine Forderung oder zumindest Erwartung der Gesellschaft derart auf den Stpfl. einwirkt, dass ihre Erfüllung als eine selbstverständliche Handlung erwartet und die Missachtung dieser Erwartung als moralisch anstößig empfunden wird, wenn das Unterlassen der Aufwendungen also Sanktionen im sittlich-moralischen Bereich oder auf gesellschaftlicher Ebene zur Folge haben kann (→ BFH vom 27. 10. 1989 – BStBl 1990 II S. 294 und vom 22. 10. 1996 – BStBl 1997 II S. 558). Die sittliche Pflicht gilt nur für unabdingbar notwendige Aufwendungen (→ BFH vom 12. 12. 2002 – BStBl 2003 II S. 299). Bei der Entscheidung ist auf alle Umstände des Einzelfalls, insbesondere die persönlichen Beziehungen zwischen den Beteiligten, ihre Einkommens- und Vermögensverhältnisse sowie die konkrete Lebenssituation, bei der Übernahme einer Schuld auch auf den Inhalt des Schuldverhältnisses abzustellen (→ BFH vom 24. 7. 1987 – BStBl II S. 715).

Die allgemeine sittliche Pflicht, in Not geratenen Menschen zu helfen, kann allein die Zwangsläufigkeit nicht begründen (→ BFH vom 8. 4. 1954 – BStBl III S. 188).

Zwangsläufigkeit kann vorliegen, wenn das Kind des Erblassers als Alleinerbe Nachlassverbindlichkeiten erfüllt, die auf existentiellen Bedürfnissen seines in Armut verstorbenen Elternteils unmittelbar vor oder im Zusammenhang mit dessen Tod beruhen (→ BFH vom 24. 7. 1987 – BStBl II S. 715).

Nachzahlungen zur Rentenversicherung eines Elternteils sind nicht aus sittlichen Gründen zwangsläufig, wenn auch ohne die daraus entstehenden Rentenansprüche der Lebensunterhalt des Elternteils sichergestellt ist (→ BFH vom 7. 3. 2002 – BStBl II S. 473).

Spielsucht

Aufwendungen zur Bekämpfung einer Spielsucht sind außergewöhnliche Belastungen, wenn sie medizinisch indiziert sind. Zum Nachweis der medizinischen Notwendigkeit einer Teilnahme an Gruppentreffen suchtgefährdeter Menschen ist grundsätzlich die Vorlage eines vor Beginn der Maßnahme ausgestellten amtsärztlichen oder vertrauensärztlichen Zeugnisses erforderlich (→ BFH vom 21. 7. 1998 – BFH/NV 1999 S. 300).

Sport

Aufwendungen für die Ausübung eines Sports sind keine außergewöhnlichen Belastungen, es sei denn, er wird nach genauer Einzelverordnung und unter ärztlicher Verantwortung oder einer entsprechend zugelassenen Person zur Heilung oder Linderung einer Krankheit oder eines Gebrechens ausgeübt; die Erforderlichkeit ist durch eine im Vorhinein ausgestellte amts- oder vertrauensärztliche Bescheinigung nachzuweisen (→ BFH vom 14. 8. 1997 – BStBl II S. 732).

Sterilisation

Aufwendungen für die Wiederherstellung der Zeugungsfähigkeit nach einer selbst veranlassten Sterilisation sind keine außergewöhnliche Belastung, da es an der Zwangsläufigkeit für diese Aufwendungen fehlt (→ FG Köln vom 1. 12. 1994 – EFG 1995 S. 718).

Strafverfahren

Strafverteidigungskosten sind keine außergewöhnlichen Belastungen bei

- Einstellung des Strafverfahrens nach § 153a StPO (→ BFH vom 19. 12. 1995 – BStBl 1996 II S. 197),
- Übernahme der Strafverteidigungskosten für ein volljähriges KInd, das eine persönlich und wirtschaftlich unabhängige Lebensstellung erreicht hat (→ BFH vom 30. 10. 2003 – BStBl 2004 II S. 267),

Übernehmen Eltern für ihre in einem Strafverfahren verurteilten Kinder die Gerichtskosten, sind diese grundsätzlich nicht als außergewöhnliche Belastung abziehbar (→ BFH vom 30. 10. 2003 – BStBl 2004 II S. 267). ***Aufwendungen, die bei einem Freispruch nicht von der Staatskasse übernommen werden, weil sie die notwendigen Auslagen des Stpfl. übersteigen, sind mangels Zwangsläufigkeit keine außergewöhnlichen Belastungen (→ BFH vom 18. 10. 2007 – BStBl 2008 II S. 223).***

Studienplatz

Prozesskosten der Eltern zur Erlangung eines Studienplatzes für ihr Kind in einem Numerus-clausus-Fach sind nicht nach § 33 EStG abziehbar; (→ BFH vom 9. 11. 1984 – BStBl 1985 II S. 135).

Toupet

Aufwendungen für ein Haarteil (sog. Toupet) können nur dann als außergewöhnliche Belastung anerkannt werden, wenn eine krankheitsbedingte Notwendigkeit der Anschaffung durch ein vor dem Kauf ausgestelltes Attest eines Amts- oder Vertrauensarztes nachgewiesen wird und der Stpfl. vor der Geltendmachung der Aufwendungen als außergewöhnliche Belastung ihre Erstattung ohne Erfolg bei seiner Krankenkasse oder Beihilfestelle schriftlich geltend gemacht hat (→ FG Baden-Württemberg, Freiburg, vom 4. 9. 1998 – EFG 1998 S. 1589).

Trinkgelder

Trinkgelder, die im Zusammenhang mit einer ärztlich angeordneten Behandlung hingegeben werden, sind nicht als außergewöhnliche Belastung i. S. d. § 33 EStG zu berücksichtigen (→ BFH vom 30. 10. 2003 – BStBl 2004 II S. 270).

Trunksucht

Aufwendungen, die einem Stpfl. durch den Besuch einer Gruppe der Anonymen Alkoholiker entstehen, sind als außergewöhnliche Belastung zu berücksichtigen, wenn die Teilnahme an den Gruppentreffen als therapeutische Maßnahme zur Heilung von Trunksucht medizinisch indiziert ist. Der Nachweis dieser Voraussetzungen ist durch ein vor Beginn der Therapie ausgestelltes amtsärztliches Zeugnis zu erbringen, das auch die voraussichtliche Dauer der empfohlenen Teilnahme an der Gruppentherapie enthält (→ BFH vom 13. 2. 1987 – BStBl II S. 427).

Umgangsrecht

Die Übernahme eines Prozesskostenrisikos kann unter engen Voraussetzungen als zwangsläufig anzusehen sein, wenn ein Rechtsstreit einen für den Stpfl. existentiell wichtigen Bereich berührt (→ BFH vom 9. 5. 1996 – BStBl II S. 596), beispielsweise bei Streitigkeiten über das Umgangsrecht der Eltern mit ihren Kindern (→ BFH vom 4. 12. 2001 – BStBl 2002 II S. 382).

Umschulungskosten

Kosten für eine Zweitausbildung sind dann nicht berücksichtigungsfähig, wenn die Erstausbildung nicht endgültig ihren wirtschaftlichen Wert verloren hat (→ BFH vom 28. 8. 1997 – BStBl 1998 II S. 183).

Umzug

Umzugskosten sind unabhängig von der Art der Wohnungskündigung durch den Mieter oder Vermieter in der Regel nicht außergewöhnlich (→ BFH vom 28. 2. 1975 – BStBl II S. 482 und vom 23. 6. 1978 – BStBl II S. 526).

Unterbringung eines nahen Angehörigen in einem Heim

→ BMF vom 2. 12. 2002 (BStBl I S. 1389)

Unterhaltsverpflichtung

→ Kapitalabfindung von Unterhaltsansprüchen

→ Pflegeaufwendungen für Dritte

Urlaubsreise

Aufwendungen für die Wiederbeschaffung von Kleidungsstücken, die dem Stpfl. auf einer Urlaubsreise entwendet wurden, können regelmäßig nicht als außergewöhnliche Belastung angesehen werden, weil üblicherweise ein notwendiger Mindestbestand an Kleidung noch vorhanden ist (→ BFH vom 3. 9. 1976 – BStBl II S. 712).

Vaterschaftsfeststellungsprozess

Wird ein Stpfl. auf Feststellung der Vaterschaft und Zahlung des Regelunterhaltes verklagt, sind die ihm auferlegten Prozesskosten zwangsläufig, wenn er ernsthafte Zweifel an seiner Vaterschaft substantiiert dargelegt sowie schlüssige Beweise angeboten hat und wenn sein Verteidigungsvorbringen bei objektiver Betrachtung Erfolg versprechend schien. Ist der Nachweis der Vaterschaft im Verlauf eines Vaterschaftsfeststellungsprozesses mit hinreichender Wahrscheinlichkeit – etwa durch ein Sachverständigengutachten – geführt, sind Prozesskosten, die auf einer Fortsetzung des Prozesses beruhen, nicht mehr zwangsläufig (→ BFH vom 18. 3. 2004 – BStBl II S. 726).

Verausgabung

Aus dem Zusammenhang der Vorschriften des § 33 Abs. 1 EStG und des § 11 Abs. 2 Satz 1 EStG folgt, dass außergewöhnliche Belastungen für das Kalenderjahr anzusetzen sind, in dem die Aufwendungen tatsächlich geleistet worden sind (→ BFH vom 30. 7. 1982 – BStBl II S. 744 und vom 10. 6. 1988 – BStBl II S. 814).

→ Darlehen

→ Ersatz von dritter Seite

Vermögensebene

Auch Kosten zur Beseitigung von Schäden an einem Vermögensgegenstand können Aufwendungen im Sinne von § 33 EStG sein, wenn der Vermögensgegenstand für den Stpfl. von existentiell wichtiger Bedeutung ist. Eine Berücksichtigung nach § 33 EStG scheidet aus, wenn Anhaltspunkte für ein Verschulden des Stpfl. erkennbar oder Ersatzansprüche gegen Dritte gegeben sind oder wenn der Stpfl. eine allgemein zugängliche und übliche Versicherungsmöglichkeit nicht wahrgenommen hat (→ BFH vom 6. 5. 1994 – BStBl 1995 II S. 104). Dies gilt auch, wenn lebensnotwendige Vermögensgegenstände, wie Hausrat und Kleidung wiederbeschafft werden müssen (→ BFH vom 26. 6. 2003 – BStBl 2004 II S. 47).

→ R 33.2

Verschulden

Ein eigenes (ursächliches) Verschulden des Stpfl. schließt die Berücksichtigung von Aufwendungen zur Wiederherstellung von Vermögensgegenständen nach § 33 EStG aus (→ BFH vom 6. 5. 1994 – BStBl 1995 II S. 104).

→ Vermögensebene

Versicherung

Eine Berücksichtigung von Aufwendungen zur Wiederherstellung von Vermögensgegenständen nach § 33 EStG scheidet aus, wenn der Stpfl. eine allgemein zugängliche und übliche Versicherungsmöglichkeit nicht wahrgenommen hat (→ BFH vom 6. 5. 1994 – BStBl 1995 II S. 104). Dies gilt auch, wenn lebensnotwendige Vermögensgegenstände, wie Hausrat und Kleidung wiederbeschafft werden müssen (→ BFH vom 26. 6. 2003 – BStBl 2004 II S. 47).

→ Ersatz von dritter Seite

→ Vermögensebene

→ Bestattungskosten

Wohngemeinschaft

Nicht erstattete Kosten für die behinderungsbedingte Unterbringung eines jüngeren Menschen in einer betreuten Wohngemeinschaft können außergewöhnliche Belastungen sein. Werden die übrigen Kosten vom Sozialhilfeträger übernommen, braucht die Notwendigkeit der Unterbringung nicht anhand eines amtsärztlichen Attestes nachgewiesen zu werden (→ BFH vom 23. 5. 2002 – BStBl II S. 567).

Zinsen

Zinsen für ein Darlehen können ebenfalls zu den außergewöhnlichen Belastungen zählen, soweit die Darlehensaufnahme selbst zwangsläufig erfolgt ist (→ BFH vom 6. 4. 1990 – BStBl II S. 958); sie sind im Jahr der Verausgabung abzuziehen.

Zivilprozess

Kosten anderer Zivilprozesse als Scheidungsprozesse erwachsen regelmäßig nicht zwangsläufig, unabhängig davon, ob der Stpfl. Kläger oder Beklagter ist (→ BFH vom 18. 7. 1986 – BStBl II S. 745).

→ Umgangsrecht

→ Vaterschaftsfeststellungsprozess

Zwischenheimfahrten

Fahrtkosten aus Anlass von Zwischenheimfahrten können als sog. mittelbare Krankheitskosten nicht berücksichtigt werden. Dies gilt nicht für Kosten der Zwischenheimfahrten einer Begleitperson, die ein krankes, behandlungsbedürftiges Kind, das altersbedingt einer Begleitperson bedarf, zum Zwecke einer amtsärztlich bescheinigten Heilbehandlung von mehrstündiger Dauer gefahren und wieder abgeholt hat, wenn es der Begleitperson nicht zugemutet werden kann, die Behandlung abzuwarten (→ BFH vom 3. 12. 1998 – BStBl 1999 II S. 227).

---

§ 33a Außergewöhnliche Belastung in besonderen Fällen

EStG
S 2285

(1) [1]Erwachsen einem Steuerpflichtigen Aufwendungen für den Unterhalt und eine etwaige Berufsausbildung einer dem Steuerpflichtigen oder seinem Ehegatten gegenüber gesetzlich unterhaltsberechtigten Person, so wird auf Antrag die Einkommensteuer dadurch ermäßigt, dass die Aufwendungen bis zu 7680 Euro im Kalenderjahr vom Gesamtbetrag der Einkünfte abgezogen werden. [2]Der gesetzlich unterhaltsberechtigten Person gleichgestellt ist eine Person, wenn bei ihr zum Unterhalt bestimmte inländische öffentliche Mittel mit Rücksicht auf die Unterhaltsleistungen des Steuerpflichtigen gekürzt werden. [3]Voraussetzung ist, dass weder der Steuerpflichtige noch eine andere Person Anspruch auf einen Freibetrag nach § 32 Abs. 6 oder auf

Kindergeld für die unterhaltene Person hat und die unterhaltene Person kein oder nur ein geringes Vermögen besitzt. [4]Hat die unterhaltene Person andere Einkünfte oder Bezüge im Sinne des § 32 Abs. 4 Satz 2 und 4, so vermindert sich der Betrag von 7680 Euro um den Betrag, um den diese Einkünfte und Bezüge den Betrag von 624 Euro im Kalenderjahr übersteigen, sowie um die von der unterhaltenen Person als Ausbildungshilfe aus öffentlichen Mitteln oder von Förderungseinrichtungen, die hierfür öffentliche Mittel erhalten, bezogenen Zuschüsse. [5]Ist die unterhaltene Person nicht unbeschränkt einkommensteuerpflichtig, so können die Aufwendungen nur abgezogen werden, soweit sie nach den Verhältnissen des Wohnsitzstaates der unterhaltenen Person notwendig und angemessen sind, höchstens jedoch der Betrag, der sich nach den Sätzen 1 bis 4 ergibt; ob der Steuerpflichtige zum Unterhalt gesetzlich verpflichtet ist, ist nach inländischen Maßstäben zu beurteilen. [6]Werden die Aufwendungen für eine unterhaltene Person von mehreren Steuerpflichtigen getragen, so wird bei jedem der Teil des sich hiernach ergebenden Betrags abgezogen, der seinem Anteil am Gesamtbetrag der Leistungen entspricht.

S 2288 (2) [1]Zur Abgeltung des Sonderbedarfs eines sich in Berufsausbildung befindenden, auswärtig untergebrachten, volljährigen Kindes, für das Anspruch auf einen Freibetrag nach § 32 Abs. 6 oder Kindergeld besteht, kann der Steuerpflichtige einen Freibetrag in Höhe von 924 Euro je Kalenderjahr vom Gesamtbetrag der Einkünfte abziehen. [2]Dieser Freibetrag vermindert sich um die eigenen Einkünfte und Bezüge im Sinne des § 32 Abs. 4 Satz 2 und 4 des Kindes, soweit diese 1848 Euro im Kalenderjahr übersteigen, sowie um die von dem Kind als Ausbildungshilfe aus öffentlichen Mitteln oder von Förderungseinrichtungen, die hierfür öffentliche Mittel erhalten, bezogenen Zuschüsse. [3]Für ein nicht unbeschränkt einkommensteuerpflichtiges Kind mindern sich die vorstehenden Beträge nach Maßgabe des Absatzes 1 Satz 5. [4]Erfüllen mehrere Steuerpflichtige für dasselbe Kind die Voraussetzungen nach Satz 1, so kann der Freibetrag insgesamt nur einmal abgezogen werden. [5]Jedem Elternteil steht grundsätzlich die Hälfte des Abzugsbetrags nach den Sätzen 1 bis 3 zu. [6]Auf gemeinsamen Antrag der Eltern ist eine andere Aufteilung möglich.

S 2285a [1] (3) [1]Erwachsen einem Steuerpflichtigen Aufwendungen durch die Beschäftigung einer Hilfe im Haushalt, so können sie bis zu den folgenden Höchstbeträgen vom Gesamtbetrag der Einkünfte abgezogen werden:

1. 624 Euro im Kalenderjahr, wenn
   a) der Steuerpflichtige oder sein nicht dauernd getrennt lebender Ehegatte das 60. Lebensjahr vollendet hat oder
   b) wegen Krankheit des Steuerpflichtigen oder seines nicht dauernd getrennt lebenden Ehegatten oder eines zu seinem Haushalt gehörigen Kindes, für das er oder sein nicht dauernd getrennt lebender Ehegatte Anspruch auf einen Freibetrag nach § 32 Abs. 6 oder auf Kindergeld hat, oder einer anderen zu seinem Haushalt gehörigen unterhaltenen Person, für die eine Ermäßigung nach Absatz 1 gewährt wird, die Beschäftigung einer Hilfe im Haushalt erforderlich ist,
2. 924 Euro im Kalenderjahr, wenn eine der in Nummer 1 Buchstabe b genannten Personen hilflos im Sinne des § 33b oder schwer behindert ist.

[2]Erwachsen einem Steuerpflichtigen wegen der Unterbringung in einem Heim oder zur dauernden Pflege Aufwendungen, die Kosten für Dienstleistungen enthalten, die mit denen einer Hilfe im Haushalt vergleichbar sind, so können sie bis zu den folgenden Höchstbeträgen vom Gesamtbetrag der Einkünfte abgezogen werden:

1. 624 Euro, wenn der Steuerpflichtige oder sein nicht dauernd getrennt lebender Ehegatte in einem Heim untergebracht ist, ohne pflegebedürftig zu sein,
2. 924 Euro, wenn die Unterbringung zur dauernden Pflege erfolgt.

[3]Die jeweiligen Höchstbeträge der Sätze 1 und 2 können auch bei Ehegatten, bei denen die Voraussetzungen des § 26 Abs. 1 vorliegen, insgesamt nur einmal abgezogen werden, es sei denn, die Ehegatten sind wegen Pflegebedürftigkeit eines der Ehegatten an einer gemeinsamen Haushaltsführung gehindert.

[2] (4) [1]Für jeden vollen Kalendermonat, in dem die in den Absätzen 1 bis 3 bezeichneten Voraussetzungen nicht vorgelegen haben, ermäßigen sich die dort bezeichneten Beträge um je ein Zwölftel. [2]Eigene Einkünfte und Bezüge der unterhaltenen Person oder des Kindes, die auf diese Kalendermonate entfallen, vermindern die nach Satz 1 ermäßigten Höchstbeträge und

1) *Absatz 3 wurde durch das FamLeistG ab VZ 2009 aufgehoben.*

2) *Der bisherige Absatz 4 wurde durch das FamLeistG ab VZ 2009 Absatz 3. Außerdem wurde Satz 1 geändert.*

Anm.: Die Änderung lautet:
Im neuen Absatz 3 Satz 1 wird die Angabe „in den Absätzen 1 bis 3" durch die Angabe „in den Absätzen 1 und 2" ersetzt.

Freibeträge nicht. [3]Als Ausbildungshilfe bezogene Zuschüsse mindern nur die zeitanteiligen Höchstbeträge und Freibeträge der Kalendermonate, für die die Zuschüsse bestimmt sind.

(5) In den Fällen der Absätze 1 bis 3 kann wegen der in diesen Vorschriften bezeichneten Aufwendungen der Steuerpflichtige eine Steuerermäßigung nach § 33 nicht in Anspruch nehmen. [1)]

33a.1. Aufwendungen für den Unterhalt und eine etwaige Berufsausbildung

R 33a.1

Gesetzlich unterhaltsberechtigte Person

S 2285

(1) Gesetzlich unterhaltsberechtigt sind Personen, denen gegenüber der Stpfl. nach dem BGB ***oder dem LPartG*** unterhaltsverpflichtet ist. [2]Die Tatsache, dass der Stpfl. nur nachrangig verpflichtet ist, steht dem Abzug tatsächlich geleisteter Unterhaltsaufwendungen nicht entgegen. [3]Für den Abzug reicht es aus, dass die unterhaltsberechtigte Person dem Grunde nach gesetzlich unterhaltsberechtigt (z. B. verwandt in gerader Linie) und bedürftig ist. [4]Eine Prüfung, ob im Einzelfall tatsächlich ein Unterhaltsanspruch besteht, ist ***aus Gründen der Verwaltungsvereinfachung*** nicht erforderlich***, wenn die unterstützte Person unbeschränkt steuerpflichtig sowie dem Grunde nach (potenziell) unterhaltsberechtigt ist, tatsächlich Unterhalt erhält und alle übrigen Voraussetzungen des § 33a Abs. 1 EStG vorliegen; insoweit wird die Bedürftigkeit der unterstützten Person typisierend unterstellt***. [5]Gehört die unterhaltsberechtigte Person zum Haushalt des Stpfl., kann regelmäßig davon ausgegangen werden, dass ihm dafür Unterhaltsaufwendungen in Höhe des maßgeblichen Höchstbetrags erwachsen.

Nur ein geringes Vermögen

(2) [1]Die zu unterhaltende Person muss zunächst ihre Arbeitskraft und ihr eigenes Vermögen, wenn es nicht geringfügig ist, einsetzen und verwerten. ***[2]Hinsichtlich des vorrangigen Einsatzes und Verwertung der eigenen Arbeitskraft ist Absatz 1 Satz 4 entsprechend anzuwenden.*** [3]Als geringfügig kann in der Regel ein Vermögen bis zu einem gemeinen Wert (Verkehrswert) von 15500 Euro angesehen werden. [4]Dabei bleiben außer Betracht:

1. Vermögensgegenstände, deren Veräußerung offensichtlich eine Verschleuderung bedeuten würde,
2. Vermögensgegenstände, die einen besonderen persönlichen Wert, z. B. Erinnerungswert, für den Unterhaltsempfänger haben oder zu seinem Hausrat gehören, und ein angemessenes Hausgrundstück im Sinne von § 90 Abs. 2 Nr. 8 SGB XII, wenn der Unterhaltsempfänger das Hausgrundstück allein oder zusammen mit Angehörigen bewohnt, denen es nach seinem Tode weiter als Wohnung dienen soll.

Opfergrenze, Ländergruppeneinteilung

(3) [1]Die → Opfergrenze ist unabhängig davon zu beachten, ob die unterhaltene Person im Inland oder im Ausland lebt. [2]Die nach § 33a Abs. 1 Satz 5 EStG maßgeblichen Beträge sind anhand der → Ländergruppeneinteilung zu ermitteln. Anhang 2

Hinweise

H 33a.1

Allgemeines zum Abzug von Unterhaltsaufwendungen

Abziehbare Aufwendungen i. S. d. § 33a Abs. 1 Satz 1 EStG sind solche für den typischen Unterhalt, d. h. die üblichen für den laufenden Lebensunterhalt bestimmten Leistungen, sowie Aufwendungen für eine Berufsausbildung. Dazu können auch gelegentliche oder einmalige Leistungen gehören. Diese dürfen aber regelmäßig nicht als Unterhaltsleistungen für Vormonate und auch nicht zur Deckung des Unterhaltsbedarfs für das Folgejahr berücksichtigt werden (→ BFH vom 13. 2. 1987 – BStBl II S. 341). Den Aufwendungen für den typischen Unterhalt sind auch Krankenversicherungsbeiträge, deren Zahlung der Stpfl. übernommen hat, zuzurechnen (→ BFH vom 31. 10. 1973 – BStBl 1974 II S. 86). Eine Kapitalabfindung, mit der eine Unterhaltsverpflichtung abgelöst wird, kann nur im Rahmen des § 33a Abs. 1 EStG berücksichtigt werden (→ BFH vom 2. 12. 1960 – BStBl 1961 III S. 76 und vom 22. 1. 1971 – BStBl II S. 325).

---

1) ***Der bisherige Absatz 5 wurde durch das FamLeistG ab VZ 2009 Absatz 3. Außerdem wurde Satz 1 geändert.***

Anm.: Die Änderung lautet:
Im neuen Absatz 4 wird die Angabe „der Absätze 1 bis 3" durch die Angabe „der Absätze 1 und 2" ersetzt.

Abgrenzung zu § 33 EStG

Anhang 3

Erwachsen dem Stpfl. außer Aufwendungen für den typischen Unterhalt und eine Berufsausbildung Aufwendungen für einen besonderen Unterhaltsbedarf der unterhaltenen Person, z. B. Krankheitskosten, so kommt dafür eine Steuerermäßigung nach § 33 EStG in Betracht (→ BFH vom 22. 7. 1988 – BStBl II S. 830; BMF vom 2. 12. 2002 – BStBl I S. 1389). Zur Berücksichtigung von Aufwendungen wegen Pflegebedürftigkeit ***und erheblich eingeschränkter Alltagskompetenz*** → R 33.3, von Aufwendungen im Krankheits- oder Sterbefall → R 33.4 und von Aufwendungen für die Wiederbeschaffung von Hausrat oder Kleidung → R 33.2.

Anrechnung eigener Einkünfte und Bezüge

- **Allgemeines**

  Leistungen des Stpfl., die neben Unterhaltsleistungen aus einem anderen Rechtsgrund (z. B. Erbauseinandersetzungsvertrag) erbracht werden, gehören zu den ***anzurechnenden*** Einkünften und Bezügen der unterhaltenen Person (→ BFH vom 17. 10. 1980 – BStBl 1981 II S. 158).
- **Eigene Einkünfte**

  → R 32.10 Abs. 1
- **Eigene Bezüge**

  → R 32.10 Abs. 2, → H 32.10 (Anrechnung eigener Bezüge)
- **Ausbildungshilfen**

  → H 32.10 (Anrechnung eigener Bezüge) Nr. 8

  Ausbildungshilfen der Agentur für Arbeit mindern nur dann den Höchstbetrag des § 33a Abs. 1 EStG bei den Eltern, wenn sie Leistungen abdecken, zu denen die Eltern gesetzlich verpflichtet sind. Eltern sind beispielsweise nicht verpflichtet, ihrem Kind eine zweite Ausbildung zu finanzieren, der sich das Kind nachträglich nach Beendigung der ersten Ausbildung unterziehen will. Erhält das Kind in diesem Fall Ausbildungshilfen zur Finanzierung von Lehrgangsgebühren, Fahrtkosten oder Arbeitskleidung, sind diese nicht auf den Höchstbetrag anzurechnen (→ BFH vom 4. 12. 2001 – BStBl 2002 II S. 195). Der Anspruch auf kindergeldähnliche Leistungen nach ausländischem Recht steht dem Kindergeldanspruch gleich (→ BFH vom 4. 12. 2003 – BStBl 2004 II S. 275).
- Versicherungsbeiträge

  Zum Abzug von Versicherungsbeiträgen bei der Ermittlung der anrechenbaren Einkünfte der unterhaltenen Person nach § 33a Abs. 1 Satz 4 EStG → ***R 32.10 Abs. 1***.
- Zusammenfassendes **Beispiel für die Anrechnung:**

  Ein Stpfl. unterhält im Kalenderjahr seinen Vater. Dieser erhält seit Januar 2004 Versorgungsbezüge i. S. d. § 19 Abs. 2 EStG von jährlich 2 400 € und eine Leibrente von jährlich 3 000 €. Außerdem bezieht er im Kalenderjahr ein steuerfreies Wohngeld von 700 €.

Ungekürzter Höchstbetrag				7 680 €
Einkünfte des Vaters				
Versorgungsbezüge		2 400 €		
Versorgungs-Freibetrag				
(40 % von 2 400 € =)	960 €			
Zuschlag zum Versorgungsfreibetrag	900 €	1 962 €		
Werbungskosten-Pauschbetrag	102 €			
Einkünfte i. S. d. § 19 EStG		438 €	438 €	
Leibrente		3 000 €		
hiervon Besteuerungsanteil 50 %		1 500 €		
Werbungskosten-Pauschbetrag		– 102 €		
Einkünfte i. S. d. § 22 EStG		1 398 €	1 398 €	
Summe der Einkünfte			1 836 €	
Bezüge des Vaters				
Steuerlich nicht erfasster Teil der Rente		1 500 €		
Nach § 19 Abs. 2 EStG steuerfrei bleibende Einkünfte		1 860 €		
Steuerfreies Wohngeld		700 €		
		4 060 €		
Kostenpauschale		– 180 €		
Bezüge		3 880 €	3 880 €	
Summe der Einkünfte und Bezüge des Vaters			5 716 €	
anrechnungsfreier Betrag			– 624 €	
anzurechnende Einkünfte und Bezüge			5 092 €	– 5 092 €
gekürzter Höchstbetrag				2 588 €

Eingetragene Lebenspartnerschaft

Unterhaltsleistungen an den eingetragenen Lebenspartner können im Rahmen des § 33a Abs. 1 EStG berücksichtigt werden. Die gesetzliche Unterhaltsverpflichtung ergibt sich aus § 5 LPartG (→ BFH vom 20. 7. 2006 – BStBl II S. 883).

Geringes Vermögen („Schonvermögen")

Nicht gering kann auch Vermögen sein, das keine anzurechnenden Einkünfte abwirft; Vermögen ist auch dann zu berücksichtigen, wenn es die unterhaltene Person für ihren künftigen Unterhalt benötigt (→ BFH vom 14. 8. 1997 – BStBl 1998 II S. 241). Für die Entscheidung, ob ein Vermögen gering ist, ist immer der Verkehrswert abzüglich der darauf entfallenden Verbindlichkeiten maßgebend (→ BFH vom 12. 12. 2002 – BStBl 2003 II S. 655). Ein angemessenes Hausgrundstück i. S. d. § 90 Abs. 2 Nr. 8 SGB XII bleibt außer Betracht (→ R 33a.1 Abs. 2).

§ 90 Abs. 2 Nr. 8 SGB XII hat folgenden Wortlaut

„Einzusetzendes Vermögen

[1]Die Sozialhilfe darf nicht abhängig gemacht werden vom Einsatz oder von der Verwertung eines angemessenen Hausgrundstücks, das von der nachfragenden Person oder einer anderen in den § 19 Abs. 1 bis 3 genannten Person allein oder zusammen mit Angehörigen ganz oder teilweise bewohnt wird und nach ihrem Tod von ihren Angehörigen bewohnt werden soll. [2]Die Angemessenheit bestimmt sich nach der Zahl der Bewohner, dem Wohnbedarf (zum Beispiel behinderter, blinder oder pflegebedürftiger Menschen), der Grundstücksgröße, der Hausgröße, dem Zuschnitt und der Ausstattung des Wohngebäudes sowie dem Wert des Grundstücks einschließlich des Wohngebäudes."

Geschiedene oder dauernd getrennt lebende Ehegatten

Durch Antrag und Zustimmung nach § 10 Abs. 1 Nr. 1 EStG werden alle in dem betreffenden VZ geleisteten Unterhaltsaufwendungen zu Sonderausgaben umqualifiziert. Ein Abzug als außergewöhnliche Belastung ist nicht möglich, auch nicht, soweit sie den für das Realsplitting geltenden Höchstbetrag übersteigen (→ BFH vom 7. 11. 2000 – BStBl 2001 II S. 338). Sind für das Kalenderjahr der Trennung oder Scheidung die Vorschriften über die Ehegattenbesteuerung (§§ 26 bis 26b, § 32a Abs. 5 EStG) anzuwenden, dann können Aufwendungen für den Unterhalt des dauernd getrennt lebenden oder geschiedenen Ehegatten nicht nach § 33a Abs. 1 abgezogen werden (→ BFH vom 31. 5. 1989 – BStBl II S. 658).

Gleichgestellte Person

→ BMF vom 28. 3. 2003 (BStBl I S. 243) Anhang 4

Haushaltsgemeinschaft

Lebt der Unterhaltsberechtigte mit bedürftigen Angehörigen in einer Haushaltsgemeinschaft und wird seine Rente bei der Berechnung der Sozialhilfe als Einkommen der Haushaltsgemeinschaft angerechnet, ist die Rente nur anteilig auf den Höchstbetrag des § 33a Abs. 1 Satz 1 EStG anzurechnen. In diesem Fall sind die Rente und die Sozialhilfe nach Köpfen aufzuteilen (→ BFH vom 19. 6. 2002 – BStBl II S. 753).

Heimunterbringung

→ Personen in einem Altenheim oder Altenwohnheim

Ländergruppeneinteilung

→ ***BMF vom 9. 9. 2008*** (***BStBl I S. 936***) Anhang 2

Opfergrenze

Unterhaltsleistungen dürfen im Allgemeinen nur insoweit als außergewöhnliche Belastung anerkannt werden, als sie in einem angemessenen Verhältnis zum Nettoeinkommen des Leistenden stehen und diesem nach Abzug der Unterhaltsleistungen noch die angemessenen Mittel zur Bestreitung des Lebensbedarfs für sich sowie gegebenenfalls für seine Ehefrau und seine Kinder verbleiben – sog. Opfergrenze (→ BFH vom 4. 4. 1986 – BStBl II S. 852 und vom 27. 9. 1991 – BStBl 1992 II S. 35). Wegen der Berechnung der Opfergrenze → BMF vom 9. 2. 2006 (BStBl I S. 217), Rz. 34–37. Der Arbeitnehmer-Pauschbetrag ist auch dann anzusetzen, wenn der Stpfl. keine Werbungskosten hatte (→ BFH vom 11. 12. 1997 – BStBl 1998 II S. 292). Anhang 3

Personen in einem Altenheim oder Altenwohnheim

Zu den Aufwendungen für den typischen Unterhalt gehören grundsätzlich auch Kosten der Unterbringung in einem Altenheim oder Altenwohnheim (→ BFH vom 29. 9. 1989 – BStBl 1990 II S. 418).

Personen im Ausland

Anhänge 2, 3

- Unterhaltsaufwendungen für den nicht dauernd getrennt lebenden Ehegatten sind nur dann nach § 33a Abs. 1 EStG abziehbar, wenn der unterhaltene Ehegatte nicht unbeschränkt steuerpflichtig ist. Zur steuerlichen Behandlung von Unterhaltsaufwendungen für Personen im Ausland, insbesondere zur Höhe der nach § 33a Abs. 1 Satz 5 EStG notwendigen und angemessenen Aufwendungen, zur Aufteilung von Unterhaltsbeträgen, die einheitlich an mehrere Unterhaltsberechtigte geleistet werden, zur Anwendung des § 33a Abs. 4 EStG und zu den Anforderungen an den Nachweis und die Glaubhaftmachung → BMF vom 9. 2. 2006 (BStBl I S. 217), sowie zur Ländergruppeneinteilung → ***BMF vom 9. 9. 2008*** (***BStBl I S. 936***).
- Ob Personen im Ausland gesetzlich unterhaltsberechtigt sind, ist nach inländischem Recht zu beurteilen. Unterhaltsleistungen an nach den Vorschriften des BGB nicht unterhaltsberechtigte Angehörige in der Seitenlinie sind auch dann nicht abziehbar, wenn der Stpfl. nach ausländischem Recht zu deren Unterhalt verpflichtet ist. Die Beschränkung des Abzugs auf Unterhaltsleistungen an nach inländischem Recht unterhaltsberechtigte Personen verstößt weder gegen Art. 3 Abs. 1 GG noch gegen Europarecht (→ BFH vom 4. 7. 2002 – BStBl II S. 760).
- Der abziehbare Unterhaltshöchstbetrag für Unterhaltsempfänger mit Wohnsitz im Ausland richtet sich auch dann nach den Verhältnissen des Wohnsitzstaates, wenn sich die Unterhaltsberechtigten vorübergehend zu Besuchen im Inland aufhalten. Nicht nachgewiesene Aufwendungen anlässlich solcher Besuche können in Höhe des inländischen existenznotwendigen Bedarfs je Tag geschätzt werden (→ BFH vom 5. 6. 2003 – BStBl II S. 714).

Unterhalt für mehrere Personen

Unterhält der Stpfl. mehrere Personen, die einen gemeinsamen Haushalt führen, so ist der nach § 33a Abs. 1 EStG abziehbare Betrag grundsätzlich für jede unterhaltsberechtigte oder gleichgestellte Person getrennt zu ermitteln. Der insgesamt nachgewiesene Zahlungsbetrag ist unterschiedslos nach Köpfen aufzuteilen (→ BFH vom 12. 11. 1993 – BStBl 1994 II S. 731). Handelt es sich bei den unterhaltenen Personen um in Haushaltsgemeinschaft lebende Ehegatten, z. B. Eltern, sind die Einkünfte und Bezüge zunächst für jeden Ehegatten gesondert festzustellen und sodann zusammenzurechnen. Die zusammengerechneten Einkünfte und Bezüge sind um 1 248 € (zweimal 624 €) zu kürzen. Der verbleibende Betrag ist von der Summe der beiden Höchstbeträge abzuziehen (→ BFH vom 15. 11. 1991 – BStBl 1992 II S. 245).

Unterstützen Eltern ihr Kind und dessen Ehepartner sind zur Ermittlung der abziehbaren Unterhaltsleistungen, die Unterhaltszahlungen auf beide je zur Hälfte aufzuteilen. Die auf den Ehepartner des Kindes entfallenden Unterhaltszahlungen können mangels gesetzlicher Unterhaltsverpflichtung nicht steuermindernd berücksichtigt werden. Die auf das Kind entfallenden Unterhaltszahlungen sind bis zur Höhe der Differenz zwischen dem Höchstbetrag nach § 33a Abs. 1 Satz 1 EStG und den eigenen anrechenbaren Einkünften abzüglich des anrechnungsfreien Betrags abziehbar (→ BFH vom 22. 9. 2004 – BFH/NV 2005 S. 523).

Unterhaltsanspruch der Mutter bzw. des Vaters eines nichtehelichen Kindes

§ 1615l BGB:

(1) [1]Der Vater hat der Mutter für die Dauer von sechs Wochen vor und acht Wochen nach der Geburt des Kindes Unterhalt zu gewähren. [2]Dies gilt auch hinsichtlich der Kosten, die infolge der Schwangerschaft oder der Entbindung außerhalb dieses Zeitraums entstehen.

(2) [1]Soweit die Mutter einer Erwerbstätigkeit nicht nachgeht, weil sie infolge der Schwangerschaft oder einer durch die Schwangerschaft oder die Entbindung verursachten Krankheit dazu außerstande ist, ist der Vater verpflichtet, ihr über die in Absatz 1 Satz 1 bezeichnete Zeit hinaus Unterhalt zu gewähren. [2]Das Gleiche gilt, soweit von der Mutter wegen der Pflege oder Erziehung des Kindes eine Erwerbstätigkeit nicht erwartet werden kann. [3]Die Unterhaltspflicht beginnt frühestens vier Monate vor der Geburt; und besteht für mindestens drei Jahre nach der Geburt. [4]Sie verlängert sich, solange und soweit dies der Billigkeit entspricht. [5]Dabei sind insbesondere die Belange des Kindes und die bestehenden Möglichkeiten der Kinderbetreuung zu berücksichtigen.

(3) [1]Die Vorschriften über die Unterhaltspflicht zwischen Verwandten sind entsprechend anzuwenden. [2]Die Verpflichtung des Vaters geht der Verpflichtung der Verwandten der Mutter vor. [3]§ 1613 Abs. 2 gilt entsprechend. [4]Der Anspruch erlischt nicht mit dem Tod des Vaters.

(4) [1]Wenn der Vater das Kind betreut, steht ihm der Anspruch nach Absatz 2 Satz 2 gegen die Mutter zu. [2]In diesem Falle gilt Absatz 3 entsprechend.

Der gesetzliche Unterhaltsanspruch der Mutter eines nichtehelichen Kindes gegenüber dem Kindsvater nach § 1615l BGB ist vorrangig gegenüber der Unterhaltsverpflichtung ihrer Eltern mit der Folge, dass für die Kindsmutter der Anspruch ihrer Eltern auf Kindergeld oder Freibeträge für Kinder erlischt und für die Unterhaltsleistungen des Kindsvaters an sie eine Berücksichtigung nach § 33a Abs. 1 EStG in Betracht kommt (→ BFH vom 19. 5. 2004 – BStBl II S. 943).

Unterhaltsberechtigung

- Dem Grunde nach gesetzlich unterhaltsberechtigt sind insbesondere die in den §§ 1601, 1606, 1608 BGB genannten Personen (Ehegatte und in gerader Linie verwandte Angehörige wie z. B. Kinder, Enkel und Eltern). Eine gesetzliche Unterhaltspflicht kann sich zudem aus den Folgen einer Trennung oder Scheidung von Ehegatten ergeben (§§ 1361, 1569 BGB).
- ***Die Vereinfachungsregelung in R 33a Abs. 1 Satz 4 EStR*** gilt nicht bei Auslandssachverhalten (→ BMF vom 9. 2. 2006 – BStBl I S. 217, Rz. 8 und 9). Anhang 3

→ auch OFD Münster vom 15. 1. 2007 (DB 2007 S. 197):

Unterhaltsleistungen können nach § 33a Abs. 1 EStG als außergewöhnliche Belastungen berücksichtigt werden, wenn die unterstützte Person gesetzlich unterhaltsberechtigt und bedürftig ist. Bei der Prüfung der Bedürftigkeit wurde bislang gem. R 33a.1 Abs. 2 Satz 1 EStR gefordert, dass die unterhaltene Person zunächst ihre Arbeitskraft einzusetzen hatte (sog. Erwerbsobliegenheit). Der BFH hat entgegen dieser Verwaltungsauffassung mit Urteil vom 18. 5. 2006 (BStBl 2007 II S. 108) entschieden, dass bei unbeschränkt steuerpflichtigen Personen, die dem Grund nach gesetzlich unterhaltsberechtigt sind, die sog. Erwerbsobliegenheit nicht mehr zu prüfen ist. Liegen die weiteren Voraussetzungen des § 33a Abs. 1 EStG vor, ist die Bedürftigkeit der unterstützten Person typisierend zu unterstellen. Dieses Urteil ist bisher noch nicht veröffentlicht. Es bestehen aber keine Bedenken, das Urteil in allen offenen Fällen anzuwenden. Anhängige Rechtsbehelfsverfahren können entsprechend erledigt werden.

Zu beachten ist allerdings, dass das Einbringen der eigenen Arbeitsleistung nur dann nicht zu prüfen ist, wenn die unterstützte Person im Inland wohnt. Bei unbeschränkt steuerpflichtigen Personen wird die Abziehbarkeit der Unterhaltsaufwendungen nach Auffassung des BFH innerhalb der Höchstbeträge des § 33a Abs. 1 EStG steuerrechtlich nur begrenzt durch die Berücksichtigung von eigenem Vermögen und die Anrechnung von eigenen Einkünften und Bezügen. Ist die unterstützte Person dagegen nicht unbeschränkt einkommensteuerpflichtig, kommt es nach wie vor darauf an, ob die Unterhaltsleistungen notwendig und angemessen sind. Bei Personen im erwerbsfähigen Alter im Ausland ist davon auszugehen, dass sie ihren Lebensunterhalt durch eigene Arbeit verdienen. Für diesen Personenkreis sind daher grundsätzlich keine Unterhaltsaufwendungen anzuerkennen (→ BMF vom 9. 2. 2006 – BStBl I S. 217).

33a.2. Freibetrag zur Abgeltung des Sonderbedarfs eines sich in Berufsausbildung befindenden, auswärtig untergebrachten, volljährigen Kindes R 33a.2

Allgemeines

[1]Den Freibetrag nach § 33a Abs. 2 EStG kann nur erhalten, wer für das in Berufsausbildung befindliche Kind ***einen Anspruch auf*** einen Freibetrag nach § 32 Abs. 6 EStG oder Kindergeld ***hat***. [2]Der Freibetrag nach § 33a Abs. 2 EStG kommt daher für Kinder i. S. d. § 63 Abs. 1 EStG in Betracht. ***[3]Wegen des Begriffs der Berufsausbildung → R 32.5.*** S 2288

Auswärtige Unterbringung

(3) [1]Eine auswärtige Unterbringung i. S. d. § 33a Abs. 2 Satz 1 EStG liegt vor, wenn ein Kind außerhalb des Haushalts der Eltern wohnt. [2]Dies ist nur anzunehmen, wenn für das Kind außerhalb des Haushalts der Eltern eine Wohnung ständig bereitgehalten und das Kind auch außerhalb des elterlichen Haushalts verpflegt wird. [3]Seine Unterbringung muss darauf angelegt sein, die räumliche Selbständigkeit des Kindes während seiner ganzen Ausbildung, z. B. eines Studiums, oder eines bestimmten Ausbildungsabschnitts, z. B. eines Studiensemesters oder -trimesters,

zu gewährleisten. [4]Voraussetzung ist, dass die auswärtige Unterbringung auf eine gewisse Dauer angelegt ist. [5]Auf die Gründe für die auswärtige Unterbringung kommt es nicht an.

H 33a.2

Hinweise

Anrechnung eigener Einkünfte und Bezüge

- → R 32.10
- Ausbildungshilfen aus öffentlichen Kassen sind in voller Höhe anzurechnen. Eine Verrechnung mit negativen Einkünften ist nicht zulässig (→ BFH vom 7. 3. 2002 – BStBl II S. 802)
- Zum Abzug von Versicherungsbeiträgen bei der Ermittlung der anrechenbaren Einkünfte nach § 33a Abs. 2 Satz 2 EStG → ***R 32.10 Abs. 1***.
- ***Erhält das während des gesamten Kalenderjahres studierende Kind unterschiedlich hohe Zuschüsse als Ausbildungshilfe, ist der Freibetrag nach § 33a Abs. 2 EStG für die Anrechnung der Zuschüsse aufzuteilen. Die Zuschüsse mindern nach § 33a Abs. 4 Satz 3 EStG jeweils nur die zeitanteiligen Freibeträge der Kalendermonate, für welche die Zuschüsse bestimmt sind. Nach dem BAföG geleistete Zuschüsse für ein Auslandsstudium sind grundsätzlich auf den Freibetrag nach § 33a Abs. 2 Satz 2 EStG anzurechnen, soweit sie auf den Grundbedarf entfallen (→ BFH vom 18. 5. 2006 – BStBl 2008 II S. 354).***

Aufwendungen für die Berufsausbildung

Aufwendungen des Stpfl. für die Ausbildung eines Kindes sind den Kalendermonaten zuzurechnen, die sie wirtschaftlich betreffen. Erstreckt sich das Studium einschließlich der unterrichts- und vorlesungsfreien Zeit über den ganzen VZ, kann davon ausgegangen werden, dass beim Stpfl. in jedem Monat Aufwendungen anfallen (→ BFH vom 22. 3. 1996 – BStBl 1997 II S. 30). Aufwendungen des Stpfl. für die Berufsausbildung eines Kindes i. S. d. § 33a Abs. 2 EStG sind nicht gegeben, wenn das Kind die Aufwendungen aus eigenem Vermögen bestreitet; das ist auch der Fall, wenn ein Kapitalvermögen von den Eltern mit der Auflage geschenkt worden ist, den Lebensunterhalt und die Ausbildungskosten aus den anfallenden Zinsen zu tragen (→ BFH vom 23. 2. 1994 – BStBl II S. 694).

Auswärtige Unterbringung

- **Asthma**

  Keine auswärtige Unterbringung des Kindes wegen Asthma (→ BFH vom 26. 6. 1992 – BStBl 1993 II S. 212),
- **Getrennte Haushalte beider Elternteile**

  Auswärtige Unterbringung liegt nur vor, wenn das Kind aus den Haushalten beider Elternteile ausgegliedert ist (→ BFH vom 5. 2. 1988 – BStBl II S. 579),
- **Haushalt des Kindes in Eigentumswohnung des Stpfl.**

  Auswärtige Unterbringung liegt vor, wenn das Kind in einer Eigentumswohnung des Stpfl. einen selbständigen Haushalt führt (→ BFH vom 26. 1. 1994 – BStBl II S. 544 und vom 25. 1. 1995 – BStBl II S. 378). Ein Freibetrag gem. § 33a Abs. 2 EStG wegen auswärtiger Unterbringung ist ausgeschlossen, wenn die nach dem EigZulG begünstigte Wohnung als Teil eines elterlichen Haushalts anzusehen ist (→ BMF vom 21. 12. 2004 (BStBl I S. 305).
- **Klassenfahrt**

  Keine auswärtige Unterbringung, da es an der erforderlichen Dauer fehlt (→ BFH vom 5. 11. 1982 – BStBl 1983 II S. 109),
- **Legasthenie**

  Werden Aufwendungen für ein an Legasthenie leidendes Kind als außergewöhnliche Belastung i. S. d. § 33 EStG berücksichtigt (→ H 33 – Legasthenie), ist daneben ein Freibetrag nach § 33a Abs. 2 EStG wegen auswärtiger Unterbringung des Kindes nicht möglich (→ BFH vom 26. 6. 1992 – BStBl 1993 II S. 278),
- **Praktikum**

  Keine auswärtige Unterbringung bei Ableistung eines Praktikums außerhalb der Hochschule, wenn das Kind nur dazu vorübergehend auswärtig untergebracht ist (→ BFH vom 20. 5. 1994 – BStBl II S. 699),
- **Sprachkurs**

  Keine auswärtige Unterbringung bei dreiwöchigem Sprachkurs (→ BFH vom 29. 9. 1989 – BStBl 1990 II S. 62),

– **Verheiratetes Kind**
Auswärtige Unterbringung liegt vor, wenn ein verheiratetes Kind mit seinem Ehegatten eine eigene Wohnung bezogen hat (→ BFH vom 8. 2. 1974 – BStBl II S. 299).

Freiwilliges soziales Jahr

Die Tätigkeit im Rahmen eines freiwilligen sozialen Jahres ist grundsätzlich nicht als Berufsausbildung zu beurteilen (→ BFH vom 24. 6. 2004 – BStBl 2006 II S. 294).

Ländergruppeneinteilung

→ ***BMF vom 9. 9. 2008*** (***BStBl I S. 936***) Anhang 2

Zuschüsse

Zu den ohne anrechnungsfreien Betrag anzurechnenden Zuschüssen gehören z. B. die als Zuschuss gewährten Leistungen nach dem BAföG, nach dem SGB III gewährte Berufsausbildungsbeihilfen und Ausbildungsgelder sowie Stipendien aus öffentlichen Mitteln. Dagegen sind Stipendien aus dem ERASMUS/SOKRATES-Programm der EU nicht anzurechnen, da die Stipendien nicht die üblichen Unterhaltsaufwendungen, sondern allein die anfallenden Mehrkosten eines Auslandsstudiums (teilweise) abdecken (→ BFH vom 17. 10. 2001 – BStBl 2002 II S. 793).

33a.3. Aufwendungen für eine Hilfe im Haushalt oder für vergleichbare Dienstleistungen (§ 33a Abs. 3 EStG) R 33a.3

(1) Kinder oder andere unterhaltene Personen i. S. d. § 33a Abs. 3 Satz 1 Nr. 2 EStG gehören zum Haushalt des Stpfl., wenn sie bei einheitlicher Wirtschaftsführung unter Leitung des Stpfl. dessen Wohnung teilen oder sich mit seiner Einwilligung außerhalb seiner Wohnung zu anderen als Erwerbszwecken, insbesondere zur Erziehung, Ausbildung oder Erholung im Inland oder Ausland aufhalten. S 2285

(2) Wird wegen Krankheit, Hilflosigkeit oder schwerer Behinderung einer zum Haushalt des Stpfl. gehörenden Person, die weder sein Ehegatte noch sein Kind ist, eine Hilfe im Haushalt beschäftigt, so sind die Aufwendungen im Rahmen der Höchstbeträge neben dem nach § 33a Abs. 1 EStG abziehbaren Betrag für den Unterhalt dieser Person zu berücksichtigen.

Hinweise H 33a.3

Angehörige

Bei Vorliegen eines ernsthaften Arbeits- oder Dienstverhältnisses wie unter Fremden kann auch die Beschäftigung einer nahe stehenden Person als Hilfe im Haushalt anerkannt werden, sofern sie nicht zum Haushalt des Stpfl. gehört (→ BFH vom 6. 10. 1961 – BStBl III S. 549).

Heim

Heime i. S. d. § 33a Abs. 3 Satz 2 EStG sind Altenheime, Altenwohnheime, Pflegeheime und gleichartige Einrichtungen (→ § 1 Heimgesetz – BGBl. 2001 I S. 2970).

Hilfe im Haushalt

Eine Hilfe im Haushalt kann auch nur stundenweise im Haushalt beschäftigt und muss nicht im Rahmen eines Arbeitsverhältnisses tätig sein (→ BFH vom 19. 1. 1979 – BStBl II S. 326).

→ Unternehmen

Mehrfachgewährung

Der Höchstbetrag darf auch dann nur einmal abgezogen werden, wenn zwei Haushaltsangehörige schwer körperbehindert sind und deshalb zwei Hilfen im Haushalt beschäftigt werden (→ BFH vom 25. 9. 1992 – BStBl 1993 II S. 106).

Nichteheliche Lebensgemeinschaft

Der Partner einer nichtehelichen Lebensgemeinschaft, der vereinbarungsgemäß den gemeinsamen Haushalt führt, kann grundsätzlich nicht als Haushaltshilfe i. S. d. § 33a EStG anerkannt werden (→ BMF vom 14. 3. 1990 – BStBl I S. 147). Dies gilt auch, wenn zum Haushalt der nichtehelichen Partner ein gemeinsames Kind gehört (→ BFH vom 6. 11. 1997 – BStBl 1998 II S. 187).

Dagegen können Aufwendungen für die Beschäftigung des Partners einer nichtehelichen Lebensgemeinschaft als Hilfe im Haushalt nach § 33a Abs. 3 Satz 1 Nr. 2 EStG anerkannt werden, wenn der Stpfl. schwer behindert (GdB mindestens 50) ist (→ BMF vom 13. 9. 2001 – BStBl I S. 615).

Schwere Behinderung

Eine schwere Behinderung i. S. d. § 33a Abs. 3 Satz 1 Nr. 2 EStG liegt vor, wenn der GdB wenigstens 50 beträgt → § 2 Abs. 2 SGB IX; zum Nachweis → § 65 EStDV.

Unternehmen

Auch Aufwendungen, die dem Stpfl. durch die Beauftragung eines Unternehmens mit häuslichen Arbeiten erwachsen, wie sie eine Hilfe im Haushalt verrichtet, können anerkannt werden (→ BFH vom 19. 1. 1979 – BStBl II S. 326).

Wäscherei

Eine Wäscherei, bei der der Stpfl. seine Wäsche reinigen lässt, ist nicht im häuslichen Bereich wie eine Hilfe im Haushalt tätig (→ BFH vom 30. 3. 1982 – BStBl II S. 399).

R 33a.4

33a.4. Zeitanteilige Ermäßigung nach § 33a Abs. 4 EStG

S 2285

Ansatz bei unterschiedlicher Höhe des Höchstbetrags nach § 33a Abs. 1 EStG oder des Freibetrags nach § 33a Abs. 2 EStG

(1) Ist in einem Kalenderjahr der Höchstbetrag nach § 33a Abs. 1 EStG oder der Freibetrag nach § 33a Abs. 2 EStG in unterschiedlicher Höhe anzusetzen, z. B. bei Anwendung der Ländergruppeneinteilung für einen Teil des Kalenderjahres, wird für den Monat, in dem die geänderten Voraussetzungen eintreten, der jeweils höhere Betrag angesetzt.

Aufteilung der eigenen Einkünfte und Bezüge

(2) [1]Der Jahresbetrag der eigenen Einkünfte und Bezüge ist für die Anwendung des § 33a Abs. 4 Satz 2 EStG wie folgt auf die Zeiten innerhalb und außerhalb des Unterhalts- oder Ausbildungszeitraums aufzuteilen:

1. Einkünfte aus nichtselbständiger Arbeit, sonstige Einkünfte sowie Bezüge nach dem Verhältnis der in den jeweiligen Zeiträumen zugeflossenen Einnahmen; die Grundsätze des § 11 Abs. 1 EStG gelten entsprechend; Pauschbeträge nach § 9a EStG und die Kostenpauschale nach R 32.10 ***Abs. 4*** Satz 1 sind hierbei zeitanteilig anzusetzen;
2. andere Einkünfte auf jeden Monat des Kalenderjahres mit einem Zwölftel.

[2]Der Stpfl. kann jedoch nachweisen, dass eine andere Aufteilung wirtschaftlich gerechtfertigt ist, wie es z. B. der Fall ist, wenn bei Einkünften aus selbständiger Arbeit die Tätigkeit erst im Laufe des Jahres aufgenommen wird oder wenn bei Einkünften aus nichtselbständiger Arbeit im Unterhalts- oder Ausbildungszeitraum höhere Werbungskosten angefallen sind als bei verhältnismäßiger bzw. zeitanteiliger Aufteilung darauf entfallen würden.

H 33a.4

Hinweise

Allgemeines

Der Höchstbetrag für den Abzug von Unterhaltsaufwendungen (§ 33a Abs. 1 EStG), der Freibetrag nach § 33a Abs. 2 EStG, der Abzugsbetrag wegen zwangsläufiger Aufwendungen für die Beschäftigung einer Hilfe im Haushalt und für die Unterbringung in einem Heim oder zur dauernden Pflege (§ 33a Abs. 3 EStG) sowie die anrechnungsfreien Beträge nach § 33a Abs. 1 Satz 4 und Abs. 2 Satz 2 EStG ermäßigen sich für jeden vollen Kalendermonat, in dem die Voraussetzungen für die Anwendung der betreffenden Vorschrift nicht vorgelegen haben, um je ein Zwölftel (§ 33a Abs. 4 Satz 1 EStG). Erstreckt sich das Studium eines Kindes einschließlich der unterrichts- und vorlesungsfreien Zeit über den ganzen VZ, kann davon ausgegangen werden, dass beim Stpfl. in jedem Monat Aufwendungen anfallen, so dass § 33a Abs. 4 Satz 1 EStG nicht zur Anwendung kommt (→ BFH vom 22. 3. 1996 – BStBl 1997 II S. 30). Eigene Einkünfte und Bezüge der unterhaltenen Person oder des in Berufsausbildung befindlichen Kindes sind nur anzurechnen, soweit sie auf den Unterhalts- oder Ausbildungszeitraum entfallen (§ 33a Abs. 4 Satz 2 EStG). Leisten Eltern Unterhalt an ihren Sohn nur während der Dauer seines Wehrdienstes, unterbleibt die Anrechnung des Entlassungsgeldes nach § 9 des Wehrsoldgesetzes, da es auf die Zeit nach

Beendigung des Grundwehrdienstes entfällt (→ BFH vom 26. 4. 1991 – BStBl II S. 716). Befindet sich ein Kind, das während des gesamten Kalenderjahrs Arbeitslohn bezogen hat, nur einige Monate in Berufsausbildung, ist der Arbeitnehmer-Pauschbetrag zeitanteilig anzusetzen (→ BFH vom 7. 11. 2000 – BStBl 2001 II S. 702).

Beispiele für die Aufteilung eigener Einkünfte und Bezüge auf die Zeiten innerhalb und außerhalb des Unterhalts- oder Ausbildungszeitraums:

A. Der Stpfl. unterhält seine allein stehende im Inland lebende Mutter vom 15. April bis 15. September (Unterhaltszeitraum) mit insgesamt 3 000 €. Die Mutter bezieht ganzjährig eine monatliche Rente von 200 € (Ertragsanteil 25 %). Außerdem hat sie im Kalenderjahr Einkünfte aus Vermietung und Verpachtung in Höhe von 1 050 €.

Höchstbetrag für das Kalenderjahr 7 680 € (§ 33a Abs. 1 EStG)			
anteiliger Höchstbetrag für April bis September (6/12 von 7 680 € =)			3 840 €
Eigene Einkünfte der Mutter im Unterhaltszeitraum:			
Einkünfte aus Leibrenten			
steuerpflichtiger Ertragsanteil 25 % von 2 400 € =	600 €		
abzgl. Werbungskosten-Pauschbetrag (§ 9a Satz 1 Nr. 3 EStG)	– 102 €		
Einkünfte	498 €		
auf den Unterhaltszeitraum entfallen 6/12 von 498 €		249 €	
Einkünfte aus Vermietung und Verpachtung	1 050 €		
auf den Unterhaltszeitraum entfallen 6/12		525 €	
Summe der Einkünfte im Unterhaltszeitraum		774 €	
Eigene Bezüge der Mutter im Unterhaltszeitraum:			
steuerlich nicht erfasster Teil der Rente	1 800 €		
abzüglich Kostenpauschale	– 180 €		
verbleibende Bezüge	1 620 €		
auf den Unterhaltszeitraum entfallen 6/12		810 €	
Summe der eigenen Einkünfte und Bezüge im Unterhaltszeitraum		1 584 €	
abzüglich anteiliger anrechnungsfreier Betrag (6/12 von 624 € =)		– 312 €	
anzurechnende Einkünfte und Bezüge		1 272 €	–1 272 €
abzuziehender Betrag			2 568 €

B. Ein Stpfl. unterhält sein Kind, das den gesetzlichen Grundwehrdienst geleistet hat, bis zum Abschluss der Berufsausbildung im November mit 5 500 €. Das Kind ist auswärtig untergebracht und bezieht für die Zeit von Januar bis November eine private Ausbildungshilfe von insgesamt 550 €. Der Verlängerungszeitraum nach § 32 Abs. 5 EStG endet im Februar.

a) Für die Monate Januar und Februar erfolgt eine Berücksichtigung nach § 32 Abs. 5 EStG (Kindergeld oder Freibeträge nach § 32 Abs. 6 EStG).

b) Für die Monate Januar und Februar besteht außerdem ein Anspruch auf einen Freibetrag nach § 33a Abs. 2 EStG

anteiliger Freibetrag für Januar und Februar (2/12 von 924 € =)	154 €
der anteilige Ausbildungszuschuss ist geringer als der anteilige anrechnungsfreie Betrag (2/12 von 1 848 € = 308 €), deshalb abzuziehender Freibetrag nach § 33a Abs. 2 EStG	154 €

c) Für die Monate März bis November kommt ein Anspruch auf Steuerermäßigung nach § 33a Abs. 1 EStG in Betracht:

anteiliger Höchstbetrag für März bis November (9/12 von 7 680 € =)		5 760 €
anzurechnende Bezüge des Kindes als Bezug anzurechnender Ausbildungszuschuss für März bis November	450 €	
abzüglich Kostenpauschale (9/11 von 180 €)	– 147 €	
verbleibende Bezüge	303 €	
anteiliger anrechnungsfreier Betrag 9/12 von 624 €	– 468 €	
anzurechnende Bezüge	0 €	0 €
abzuziehender Betrag		5 760 €

C. Ein über 18 Jahre altes Kind des Stpfl., für das er Kindergeld/Freibeträge nach § 32 Abs. 6 EStG erhält, befindet sich bis zum 30.9. in Berufsausbildung und ist auswärtig untergebracht. Dem Kind fließt im Kalenderjahr Arbeitslohn von 4 500 € zu, davon 1 750 € in den Ausbildungsmonaten. Die anfallenden Werbungskosten übersteigen nicht den Arbeitnehmer-Pauschbetrag. Außerdem bezieht das Kind für den Ausbildungszeitraum als Ausbildungshilfe einen Zuschuss aus öffentlichen Mitteln von 450 €.

Freibetrag nach § 33a Abs. 2 EStG für das Kalenderjahr			924 €
anteiliger Freibetrag für Januar bis September (9/12 von 924 € =)			693 €
Arbeitslohn des Kindes in den Ausbildungsmonaten		1 750 €	
abzüglich Arbeitnehmer-Pauschbetrag (zeitanteilig für 9 Monate)		– 690 €	
Einkünfte aus nichtselbständiger Arbeit in den Ausbildungsmonaten		1 060 €	
abzüglich anrechnungsfreier Betrag (9/12 von 1 848 € =)		– 1 386 €	
anzurechnende Einkünfte		0 €	
Ausbildungszuschuss des Kindes für Januar bis September	450 €		
abzüglich Kostenpauschale	– 180 €		
anzurechnende Bezüge	270 €	270 €	
anzurechnende Einkünfte und Bezüge		270 €	– 270 €
abzuziehender Betrag			423 €

Besonderheiten bei Zuschüssen

Als Ausbildungshilfe bezogene Zuschüsse jeglicher Art, z. B. Stipendien für ein Auslandsstudium aus öffentlichen oder aus privaten Mitteln, mindern die zeitanteiligen Höchstbeträge und Freibeträge nur der Kalendermonate, für die die Zuschüsse bestimmt sind (§ 33a Abs. 4 Satz 3 EStG). Liegen bei der unterhaltenen Person oder dem in Berufsausbildung befindlichen Kind sowohl eigene Einkünfte und Bezüge als auch Zuschüsse vor, die als Ausbildungshilfe nur für einen Teil des Unterhalts- oder Ausbildungszeitraums bestimmt sind, dann sind zunächst die eigenen Einkünfte und Bezüge anzurechnen und sodann die Zuschüsse zeitanteilig entsprechend ihrer Zweckbestimmung.

Beispiel:

Ein über 18 Jahre altes Kind des Stpfl. befindet sich während des ganzen Kalenderjahrs in Berufsausbildung und ist auswärtig untergebracht. Ihm fließt in den Monaten Januar bis Juni Arbeitslohn von 3 400 € zu, die Werbungskosten übersteigen nicht den Arbeitnehmer-Pauschbetrag. Für die Monate Juli bis Dezember bezieht es ein Auslandsstipendium aus öffentlichen Mitteln von 3 000 €.

Freibetrag nach § 33a Abs. 2 EStG für das Kalenderjahr			924 €
Arbeitslohn		3 400 €	
abzüglich Arbeitnehmer-Pauschbetrag		– 920 €	
Einkünfte aus nichtselbständiger Arbeit		2 480 €	
anrechnungsfreier Betrag		– 1 848 €	
anzurechnende Einkünfte		632 €	– 632 €
verminderter Freibetrag nach § 33a Abs. 2 EStG			292 €
anteiliger verminderter Freibetrag nach § 33a Abs. 2 EStG für Januar bis Juni			146 €
Juli bis Dezember		146 €	
Ausbildungszuschuss (Auslandsstipendium)	3 000 €		
abzüglich Kostenpauschale	– 180 €		
anzurechnende Bezüge	2 820 €	– 2 820 €	0 €
abzuziehender Freibetrag nach § 33a Abs. 2 EStG			146 €

EStG
S 2286

§ 33b Pauschbeträge für behinderte Menschen, Hinterbliebene und Pflegepersonen

[1]) **(1)** [1]**Wegen der** ***Aufwendungen für die Hilfe bei den gewöhnlichen und regelmäßig wiederkehrenden Verrichtungen des täglichen Lebens, für die Pflege sowie für einen erhöhten Wäschebedarf können behinderte Menschen unter den Voraussetzungen des Absatzes 2 anstelle*** **einer Steuerermäßigung nach § 33 einen Pauschbetrag nach Absatz 3 geltend machen (Behinderten-Pauschbetrag).** [2]***Das Wahlrecht kann für die genannten Aufwendungen im jeweiligen Veranlagungszeitraum nur einheitlich ausgeübt werden.***

(2) Die Pauschbeträge erhalten

1. behinderte Menschen, deren Grad der Behinderung auf mindestens 50 festgestellt ist;

1) ***Absatz 1 wurde durch das JStG 2008 ab VZ 2008 neu gefasst.***

2. behinderte Menschen, deren Grad der Behinderung auf weniger als 50, aber mindestens auf 25 festgestellt ist, wenn
   a) dem behinderten Menschen wegen seiner Behinderung nach gesetzlichen Vorschriften Renten oder andere laufende Bezüge zustehen, und zwar auch dann, wenn das Recht auf die Bezüge ruht oder der Anspruch auf die Bezüge durch Zahlung eines Kapitals abgefunden worden ist, oder
   b) die Behinderung zu einer dauernden Einbuße der körperlichen Beweglichkeit geführt hat oder auf einer typischen Berufskrankheit beruht.

(3) [1]Die Höhe des Pauschbetrags richtet sich nach dem dauernden Grad der Behinderung. [2]Als Pauschbeträge werden gewährt bei einem Grad der Behinderung

von 25 und 30	310 Euro,
von 35 und 40	430 Euro,
von 45 und 50	570 Euro,
von 55 und 60	720 Euro,
von 65 und 70	890 Euro,
von 75 und 80	1 060 Euro,
von 85 und 90	1 230 Euro,
von 95 und 100	1 420 Euro.

[3]Für behinderte Menschen, die hilflos im Sinne des Absatzes 6 sind, und für Blinde erhöht sich der Pauschbetrag auf 3700 Euro.

(4) [1]Personen, denen laufende Hinterbliebenenbezüge bewilligt worden sind, erhalten auf Antrag einen Pauschbetrag von 370 Euro (Hinterbliebenen-Pauschbetrag), wenn die Hinterbliebenenbezüge geleistet werden

1. nach dem Bundesversorgungsgesetz oder einem anderen Gesetz, das die Vorschriften des Bundesversorgungsgesetzes über Hinterbliebenenbezüge für entsprechend anwendbar erklärt, oder
2. nach den Vorschriften über die gesetzliche Unfallversicherung oder
3. nach den beamtenrechtlichen Vorschriften an Hinterbliebene eines an den Folgen eines Dienstunfalls verstorbenen Beamten oder
4. nach den Vorschriften des Bundesentschädigungsgesetzes über die Entschädigung für Schäden an Leben, Körper oder Gesundheit.

[2]Der Pauschbetrag wird auch dann gewährt, wenn das Recht auf die Bezüge ruht oder der Anspruch auf die Bezüge durch Zahlung eines Kapitals abgefunden worden ist.

(5) [1]Steht der Behinderten-Pauschbetrag oder der Hinterbliebenen-Pauschbetrag einem Kind zu, für das der Steuerpflichtige Anspruch auf einen Freibetrag nach § 32 Abs. 6 oder auf Kindergeld hat, so wird der Pauschbetrag auf Antrag auf den Steuerpflichtigen übertragen, wenn ihn das Kind nicht in Anspruch nimmt. [2]Dabei ist der Pauschbetrag grundsätzlich auf beide Elternteile je zur Hälfte aufzuteilen. [3]Auf gemeinsamen Antrag der Eltern ist eine andere Aufteilung möglich. [4]In diesen Fällen besteht für Aufwendungen, für die der Behinderten-Pauschbetrag gilt, kein Anspruch auf eine Steuerermäßigung nach § 33.

(6) [1]Wegen der außergewöhnlichen Belastungen, die einem Steuerpflichtigen durch die Pflege einer Person erwachsen, die nicht nur vorübergehend hilflos ist, kann er an Stelle einer Steuerermäßigung nach § 33 einen Pauschbetrag von 924 Euro im Kalenderjahr geltend machen (Pflege-Pauschbetrag), wenn er dafür keine Einnahmen erhält. [2]Zu diesen Einnahmen zählt unabhängig von der Verwendung nicht das von den Eltern eines behinderten Kindes für dieses Kind empfangene Pflegegeld. [3]Hilflos im Sinne des Satzes 1 ist eine Person, wenn sie für eine Reihe von häufig und regelmäßig wiederkehrenden Verrichtungen zur Sicherung ihrer persönlichen Existenz im Ablauf eines jeden Tages fremder Hilfe dauernd bedarf. [4]Diese Voraussetzungen sind auch erfüllt, wenn die Hilfe in Form einer Überwachung oder einer Anleitung zu den in Satz 2 genannten Verrichtungen erforderlich ist oder wenn die Hilfe zwar nicht dauernd geleistet werden muss, jedoch eine ständige Bereitschaft zur Hilfeleistung erforderlich ist. [5]Voraussetzung ist, dass der Steuerpflichtige die Pflege im Inland entweder in seiner Wohnung oder in der Wohnung des Pflegebedürftigen persönlich durchführt. [6]Wird ein Pflegebedürftiger von mehreren Steuerpflichtigen im Veranlagungszeitraum gepflegt, wird der Pauschbetrag nach der Zahl der Pflegepersonen, bei denen die Voraussetzungen der Sätze 1 bis 4 vorliegen, geteilt.

(7) Die Bundesregierung wird ermächtigt, durch Rechtsverordnung mit Zustimmung des Bundesrates zu bestimmen, wie nachzuweisen ist, dass die Voraussetzungen für die Inanspruchnahme der Pauschbeträge vorliegen.

EStDV
S 2286

§ 65 Nachweis der Behinderung

(1) Den Nachweis einer Behinderung hat der Steuerpflichtige zu erbringen:

1. *Bei einer Behinderung, deren Grad auf mindestens 50 festgestellt ist, durch Vorlage eines Ausweises nach dem Neunten Buch Sozialgesetzbuch oder eines Bescheides der für die Durchführung des Bundesversorgungsgesetzes zuständigen Behörde,*
2. *bei einer Behinderung, deren Grad auf weniger als 50, aber mindestens 25 festgestellt ist,*
   a) *durch eine Bescheinigung der für die Durchführung des Bundesversorgungsgesetzes zuständigen Behörde auf Grund eines Feststellungsbescheids nach § 69 Abs. 1 des Neunten Buches Sozialgesetzbuch, die eine Äußerung darüber enthält, ob die Behinderung zu einer dauernden Einbuße der körperlichen Beweglichkeit geführt hat oder auf einer typischen Berufskrankheit beruht, oder,*
   b) *wenn ihm wegen seiner Behinderung nach den gesetzlichen Vorschriften Renten oder andere laufende Bezüge zustehen, durch den Rentenbescheid oder den die anderen laufenden Bezüge nachweisenden Bescheid.*

(2) [1]Die gesundheitlichen Merkmale „blind" und „hilflos" hat der Steuerpflichtige durch einen Ausweis nach dem Neunten Buch Sozialgesetzbuch, der mit den Merkzeichen „Bl" oder „H" gekennzeichnet ist, oder durch einen Bescheid der für die Durchführung des Bundesversorgungsgesetzes zuständigen Behörde, der die entsprechenden Feststellungen enthält, nachzuweisen. [2]Dem Merkzeichen „H" steht die Einstufung als Schwerstpflegebedürftiger in Pflegestufe III nach dem Elften Buch Sozialgesetzbuch, dem Zwölften Buch Sozialgesetzbuch oder diesen entsprechenden gesetzlichen Bestimmungen gleich; dies ist durch Vorlage des entsprechenden Bescheides nachzuweisen.

(3) Der Steuerpflichtige hat die Unterlagen nach den Absätzen 1 und 2 zusammen mit seiner Steuererklärung oder seinem Antrag auf Lohnsteuerermäßigung der Finanzbehörde vorzulegen.

(4) [1]Ist der behinderte Mensch verstorben und kann sein Rechtsnachfolger die Unterlagen nach den Absätzen 1 und 2 nicht vorlegen, so genügt zum Nachweis eine gutachtliche Stellungnahme von Seiten der für die Durchführung des Bundesversorgungsgesetzes zuständigen Behörde. [2]Diese Stellungnahme hat die Finanzbehörde einzuholen.

R 33b

33b. Pauschbeträge für behinderte Menschen, Hinterbliebene und Pflegepersonen

S 2286

(1) ***[1]Ein*** Pauschbetrag für behinderte Menschen, ***der*** Hinterbliebenen-Pauschbetrag und ***der*** Pflege-Pauschbetrag können mehrfach gewährt werden, wenn mehrere Personen die Voraussetzungen erfüllen (z. B. Stpfl., Ehegatte, Kind), oder wenn eine Person die Voraussetzungen für verschiedene Pauschbeträge erfüllt. ***[2]Mit dem Pauschbetrag für behinderte Menschen werden die laufenden und typischen Aufwendungen für die Hilfe bei den gewöhnlichen und regelmäßig wiederkehrenden Verrichtungen des täglichen Lebens, für die Pflege sowie für einen erhöhten Wäschebedarf abgegolten. [3]Es handelt sich um Aufwendungen, die behinderten Menschen erfahrungsgemäß durch ihre Krankheit bzw. Behinderung entstehen und deren alleinige behinderungsbedingte Veranlassung nur schwer nachzuweisen ist. [4]Alle übrigen behinderungsbedingten Aufwendungen (z. B. Operationskosten sowie Heilbehandlungen, Kuren, Arznei- und Arztkosten, → Fahrtkosten) können daneben als außergewöhnliche Belastung nach § 33 EStG berücksichtigt werden.***

(2) Hat ein Kind Anspruch auf einen Pauschbetrag nach § 33b EStG, können andere Personen, auf die der Pauschbetrag für behinderte Menschen nicht übertragen worden ist, wegen der behinderungsbedingten Aufwendungen keine Steuerermäßigung nach § 33 EStG in Anspruch nehmen.

(3) Eine Übertragung des Pauschbetrages für behinderte Menschen auf die Eltern eines Kindes mit Wohnsitz oder gewöhnlichem Aufenthalt im Ausland ist nur möglich, wenn das Kind als unbeschränkt steuerpflichtig behandelt wird (insbesondere § 1 Abs. 3 Satz 2, 2. Halbsatz EStG ist zu beachten).

(4) Ein Stpfl. führt die Pflege auch dann noch persönlich durch, wenn er sich zur Unterstützung zeitweise einer ambulanten Pflegekraft bedient.

(5) § 33b Abs. 6 Satz 6 EStG gilt auch, wenn nur ein Stpfl. den Pflege-Pauschbetrag tatsächlich in Anspruch nimmt.

(6) Der Pflege-Pauschbetrag nach § 33b Abs. 6 EStG kann neben dem nach § 33b Abs. 5 EStG vom Kind auf die Eltern übertragenen Pauschbetrag für behinderte Menschen in Anspruch genommen werden.

(7) [1]Bei Beginn, Änderung oder Wegfall der Behinderung im Laufe eines Kalenderjahres ist stets der Pauschbetrag nach dem höchsten Grad zu gewähren, der im Kalenderjahr festgestellt war. [2]Eine Zwölftelung ist nicht vorzunehmen. [3]Dies gilt auch für den Hinterbliebenen- und Pflege-Pauschbetrag.

Hinweise

H 33b

Allgemeines und Nachweis

Zur Behinderung i. S. d. § 33b EStG → § 69 SGB IX, zur Hilflosigkeit § 33b Abs. 6 EStG, zur Pflegebedürftigkeit → ***R 33.3 Abs. 1***.

Der Nachweis für die Voraussetzungen eines Pauschbetrages ist gem. § 65 EStDV zu führen (zum Pflege-Pauschbetrag → BFH vom 20. 2. 2003 – BStBl II S. 476).

Zum Nachweis der Behinderung von in Deutschland nicht steuerpflichtigen Kindern → BMF vom 8. 8. 1997 (BStBl I S. 1016).

Nachweis der Behinderung von in Deutschland nicht steuerpflichtigen Kindern bei Übertragung des Behinderten-Pauschbetrags nach § 33b Abs. 5 EStG

BMF vom 8. 8. 1997 (BStBl I S. 1016)

IV B 1 – S 2286–60/97

Im Einvernehmen mit den obersten Finanzbehörden der Länder gilt ab Veranlagungszeitraum 1996 in Ergänzung zu R 194 Abs. 3 EStR 1996 [Anm.: jetzt R 33c Abs. 4 EStR 2005] für den Nachweis der Behinderung von in Deutschland nicht steuerpflichtigen Kindern Folgendes:

Das in einem EU/EWR-Mitgliedstaat ansässige behinderte Kind bzw. sein Erziehungsberechtigter kann sich an das zuständige Auslandsversorgungsamt wenden und im förmlichen Verfahren nach § 4 Abs. 1 SchwbG [Anm.: jetzt § 69 SGB IX] einen Antrag auf Feststellung über das Vorliegen einer Behinderung und den Grad der Behinderung stellen. Das Versorgungsamt wird den Antragsteller auffordern, ärztliche Befundberichte zu übersenden, wonach das Versorgungsamt den Grad der Behinderung bestimmen kann. Daraufhin wird dem Behinderten ein Feststellungsbescheid erteilt, der gegenüber dem deutschen Finanzamt, bei dem der steuerpflichtige Elternteil steuerlich geführt wird, als Nachweis dient.

Für jedes Land gibt es ein zuständiges Auslandsversorgungsamt. Die Zuständigkeit der Auslandsversorgungsämter ist durch die Auslandszuständigkeitsverordnung (AuslZuStV) vom 28. 5. 1991 (BGBl. I S. 1204) geregelt.

An die für die Gewährung des Pauschbetrags für behinderte Menschen und des Pflege-Pauschbetrags vorzulegenden Bescheinigungen, Ausweise oder Bescheide sind die Finanzbehörden gebunden (→ BFH vom 5. 2. 1988 – BStBl II S. 436). Bei den Nachweisen nach § 65 Abs. 1 Nr. 2 Buchstabe b EStDV kann es sich z. B. um Rentenbescheide des Versorgungsamtes oder eines Trägers der gesetzlichen Unfallversicherung oder bei Beamten, die Unfallruhegeld beziehen, um einen entsprechenden Bescheid ihrer Behörde handeln. Der Rentenbescheid eines Trägers der gesetzlichen Rentenversicherung der Arbeiter und Angestellten genügt nicht (→ BFH vom 25. 4. 1968 – BStBl II S. 606).

Verwaltungsakte, die die Voraussetzungen für die Inanspruchnahme der Pauschbeträge feststellen (→ § 65 EStDV), sind Grundlagenbescheide i. S. d. § 171 Abs. 10 und § 175 Abs. 1 Satz 1 Nr. 1 AO (→ BMF vom 5. 2. 1988 – BStBl II S. 436).

Auf Grund eines solchen Bescheides ist ggf. eine Änderung früherer Steuerfestsetzungen hinsichtlich der Anwendung des § 33b EStG nach § 175 Abs. 1 Satz 1 Nr. 1 AO unabhängig davon vorzunehmen, ob ein Antrag i. S. d. § 33b Abs. 1 EStG für den Besteuerungszeitraum dem Grunde nach bereits gestellt worden ist. Die Änderung ist für alle Kalenderjahre vorzunehmen, auf die sich der Grundlagenbescheid erstreckt (→ BFH vom 22. 2. 1991 – BStBl II S. 717 und vom 13. 12. 1985 – BStBl 1986 II S. 245).

Einen Pauschbetrag von 3 700 € können behinderte Menschen unabhängig vom Grad der Behinderung erhalten, in deren Ausweis das Merkzeichen „Bl" oder „H" (→ § 69 Abs. 5 SGB IX) eingetragen ist.

Begleitperson

→ H 33

Fahrtkosten

Kraftfahrzeugkosten behinderter Menschen können im Rahmen der Angemessenheit neben den Pauschbeträgen nach § 33b EStG berücksichtigt werden.

→ H 33 (Fahrtkosten behinderter Menschen)

Führerscheinkosten

Führerscheinkosten für ein schwer geh- und stehbehindertes Kind können neben den Pauschbeträgen nach § 33 EStG berücksichtigt werden (→ BFH vom 26. 3. 1993 – BStBl II S. 749).

Heilkur

Aufwendungen für eine Heilkur können nach § 33 EStG neben den Pauschbeträgen geltend gemacht werden (→ BFH vom 11. 12. 1987 – BStBl 1988 II S. 275).

→ R 33.4 Abs. 1 und 3

→ H 33 (Kur)

Hilfe im Haushalt

Die Höchstbeträge nach § 33a Abs. 3 EStG können neben den Pauschbeträgen nach § 33b EStG gewährt werden.

Hinterbliebenen-Pauschbetrag

Zu den Gesetzen, die das BVG für entsprechend anwendbar erklären (§ 33b Abs. 4 Nr. 1 EStG), gehören:

- das Soldatenversorgungsgesetz (→ § 80),
- das Zivildienstgesetz (→ § 47),
- das Häftlingshilfegesetz (→ §§ 4 und 5),
- das Gesetz über die Unterhaltsbeihilfe für Angehörige von Kriegsgefangenen (→ § 3),
- das Gesetz über die Bundespolizei (→ § 59 Abs. 1 i. V. m. dem Soldatenversorgungsgesetz),
- das Gesetz über das Zivilschutzkorps (→ § 46 i. V. m. dem Soldatenversorgungsgesetz),
- das Gesetz zur Regelung der Rechtsverhältnisse der unter Artikel 131 GG fallenden Personen (→ §§ 66, 66a),
- das Gesetz zur Einführung des Bundesversorgungsgesetzes im Saarland (→ § 5 Abs. 1),
- das Infektionsschutzgesetz (→ § 63),
- das Gesetz über die Entschädigung für Opfer von Gewalttaten (→ § 1 Abs. 1).

Pflegebedürftigkeit

→ R 33.3 ***Abs. 1***

Pflege-Pauschbetrag

- Eine sittliche Verpflichtung zur Pflege ist anzuerkennen, wenn eine enge persönliche Beziehung zu der gepflegten Person besteht (→ BFH vom 29. 8. 1996 – BStBl 1997 II S. 199).
- Der Pflege-Pauschbetrag nach § 33b Abs. 6 EStG ist nicht nach der Zahl der Personen aufzuteilen, welche bei ihrer Einkommensteuerveranlagung die Berücksichtigung eines Pflege-Pauschbetrages begehren, sondern nach der Zahl der Stpfl., welche eine hilflose Person in ihrer Wohnung oder in der Wohnung des Pflegebedürftigen tatsächlich persönlich gepflegt haben (→ BFH vom 14. 10. 1997 – BStBl 1998 II S. 20).
- Abgesehen von der Pflege durch Eltern (§ 33b Abs. 6 Satz 2 EStG) schließen Einnahmen der Pflegeperson für die Pflege unabhängig von ihrer Höhe die Gewährung des Pflege-Pauschbetrags aus. Hierzu gehört grundsätzlich auch das weitergeleitete Pflegegeld. Der Ausschluss von der Gewährung des Pflege-Pauschbetrags gilt nicht, wenn das Pflegegeld lediglich treuhänderisch für den Pflegebedürftigen verwaltet wird und damit ausschließlich Aufwendungen des Pflegebedürftigen bestritten werden. In diesem Falle muss die Pflegeperson die konkrete Verwendung des Pflegegeldes nachweisen und ggf. nachträglich noch eine Vermögenstrennung durchführen (→ BFH vom 3. 3. 2002 – BStBl II S. 417).
- s. a. BFH vom 17. 7. 2008 – III R 98/06 (→ BFH-Internetseite)

Schulgeld

Schulgeld für den Privatschulbesuch des behinderten Kindes → H 33 (Privatschule) und R 33.4 Abs. 2.

Übertragung des Pauschbetrags von einem im Ausland lebenden Kind

Der Pauschbetrag nach § 33b Abs. 3 EStG für ein behindertes Kind kann nicht nach § 33b Abs. 5 EStG auf einen im Inland unbeschränkt steuerpflichtigen Elternteil übertragen werden, wenn das Kind im Ausland außerhalb eines EU/EWR-Mitgliedstaates seinen Wohnsitz oder gewöhnlichen Aufenthalt hat und im Inland keine eigenen Einkünfte erzielt (→ BFH vom 2. 6. 2005 – BStBl II S. 828; → auch R 33b Abs. 3).

Weiterleitung des Pflegegeldes

→ OFD Düsseldorf vom 8. 3. 2004 (DB 2004 S. 958)

§ 33c (weggefallen)

EStG
S 2288a

§ 34 Außerordentliche Einkünfte

EStG
S 2290 [1]

(1) [1]Sind in dem zu versteuernden Einkommen außerordentliche Einkünfte enthalten, so ist die auf alle im Veranlagungszeitraum bezogenen außerordentlichen Einkünfte entfallende Einkommensteuer nach den Sätzen 2 bis 4 zu berechnen. [2]Die für die außerordentlichen Einkünfte anzusetzende Einkommensteuer beträgt das Fünffache des Unterschiedsbetrags zwischen der Einkommensteuer für das um diese Einkünfte verminderte zu versteuernde Einkommen (verbleibendes zu versteuerndes Einkommen) und der Einkommensteuer für das verbleibende zu versteuernde Einkommen zuzüglich eines Fünftels dieser Einkünfte. [3]Ist das verbleibende zu versteuernde Einkommen negativ und das zu versteuernde Einkommen positiv, so beträgt die Einkommensteuer das Fünffache der auf ein Fünftel des zu versteuernden Einkommens entfallenden Einkommensteuer. [4]Die Sätze 1 bis 3 gelten nicht für außerordentliche Einkünfte im Sinne des Absatzes 2 Nr. 1, wenn der Steuerpflichtige auf diese Einkünfte ganz oder teilweise § 6b oder § 6c anwendet.

(2) Als außerordentliche Einkünfte kommen nur in Betracht:

1. **Veräußerungsgewinne im Sinne der §§ 14, 14a Abs. 1, der §§ 16 und 18 Abs. 3 mit Ausnahme des steuerpflichtigen Teils der Veräußerungsgewinne, die nach § 3 Nr. 40 Buchstabe b in Verbindung mit § 3c Abs. 2 teilweise steuerbefreit sind;**
2. **Entschädigungen im Sinne des § 24 Nr. 1;**
3. **Nutzungsvergütungen und Zinsen im Sinne des § 24 Nr. 3, soweit sie für einen Zeitraum von mehr als drei Jahren nachgezahlt werden;**
4. **Vergütungen für mehrjährige Tätigkeiten; mehrjährig ist eine Tätigkeit, soweit sie sich über mindestens zwei Veranlagungszeiträume erstreckt und einen Zeitraum von mehr als zwölf Monaten umfasst;**
5. **Einkünfte aus außerordentlichen Holznutzungen im Sinne des § 34b Abs. 1 Nr. 1.**

(3) [1]Sind in dem zu versteuernden Einkommen außerordentliche Einkünfte im Sinne des Absatzes 2 Nr. 1 enthalten, so kann auf Antrag abweichend von Absatz 1 die auf den Teil dieser außerordentlichen Einkünfte, der den Betrag von insgesamt 5 Millionen Euro nicht übersteigt, entfallende Einkommensteuer nach einem ermäßigten Steuersatz bemessen werden, wenn der Steuerpflichtige das 55. Lebensjahr vollendet hat oder wenn er im sozialversicherungsrechtlichen Sinne dauernd berufsunfähig ist. [2]Der ermäßigte Steuersatz beträgt 56 Prozent des durchschnittlichen Steuersatzes, der sich ergäbe, wenn die tarifliche Einkommensteuer nach dem gesamten zu versteuernden Einkommen zuzüglich der dem Progressionsvorbehalt unterliegenden Einkünfte zu bemessen wäre, mindestens jedoch 16 Prozent. [3]Auf das um die in Satz 1 genannten Einkünfte verminderte zu versteuernde Einkommen (verbleibendes zu versteuern- [2]

[1]) Zur zeitlichen Anwendung → § 52 Abs. 47 EStG.

[2]) Absatz 3 Satz 2 ist ab dem VZ 2005 mit der Maßgabe anzuwenden, dass an die Stelle der Angabe „16 Prozent" die Angabe „15 Prozent" tritt → § 52 Abs. 47 Satz 6 EStG.

des Einkommen) sind vorbehaltlich des Absatzes 1 die allgemeinen Tarifvorschriften anzuwenden. [4]Die Ermäßigung nach den Sätzen 1 bis 3 kann der Steuerpflichtige nur einmal im Leben in Anspruch nehmen. [5]Erzielt der Steuerpflichtige in einem Veranlagungszeitraum mehr als einen Veräußerungs- oder Aufgabegewinn im Sinne des Satzes 1, kann er die Ermäßigung nach den Sätzen 1 bis 3 nur für einen Veräußerungs- oder Aufgabegewinn beantragen. [6]Absatz 1 Satz 4 ist entsprechend anzuwenden.

R 34.1

34.1. Umfang der steuerbegünstigten Einkünfte

S 2290

(1) [1]§ 34 Abs. 1 EStG ist grundsätzlich bei allen Einkunftsarten anwendbar. [2]§ 34 Abs. 3 EStG ist nur auf Einkünfte i. S. d. § 34 Abs. 2 Nr. 1 EStG anzuwenden. [3]Die von der S. d. E., dem G. d. E. und dem Einkommen abzuziehenden Beträge sind zunächst bei den nicht nach § 34 EStG begünstigten Einkünften zu berücksichtigen. [4]Liegen die Voraussetzungen für die Steuerermäßigung nach § 34 Abs. 1 EStG und § 34 Abs. 3 EStG nebeneinander vor, ist eine Verrechnung der noch nicht abgezogenen Beträge mit den außerordentlichen Einkünften in der Reihenfolge vorzunehmen, dass sie zu dem für den Stpfl. günstigsten Ergebnis führt. [5]Sind in dem Einkommen Einkünfte aus Land- und Forstwirtschaft enthalten und bestehen diese zum Teil aus außerordentlichen Einkünften, die nach § 34 EStG ermäßigt zu besteuern sind, ist hinsichtlich der Anwendung dieser Vorschrift der Freibetrag nach § 13 Abs. 3 EStG zunächst von den nicht nach § 34 EStG begünstigten Einkünften aus Land- und Forstwirtschaft abzuziehen. ***[6]Wird für einen Gewinn i. S. d. § 34 Abs. 2 Nr. 1 EStG die Tarifbegünstigung nach § 34a EStG in Anspruch genommen, scheidet die Anwendung des § 34 Abs. 3 EStG aus.***

(2) Tarifbegünstigte Veräußerungsgewinne i. S. d. §§ 14 und 14a Abs. 1, der §§ 16 und 18 Abs. 3 EStG liegen grundsätzlich nur vor, wenn die stillen Reserven in einem einheitlichen wirtschaftlichen Vorgang aufgedeckt werden.

(3) [1]Die gesamten außerordentlichen Einkünfte sind grundsätzlich bis zur Höhe des z. v. E. tarifbegünstigt. [2]In Fällen, in denen Verluste zu verrechnen sind, sind die vorrangig anzuwendenden besonderen Verlustverrechnungsbeschränkungen (z. B. § 2a Abs. 1, § 2b ***i. V. m. § 52 Abs. 4, § 15 Abs. 4, § 15b*** EStG) zu beachten.

(4) [1]Veräußerungskosten sind bei der Ermittlung des tarifbegünstigten Veräußerungsgewinns erst im Zeitpunkt des Entstehens des Veräußerungsgewinns zu berücksichtigen, auch wenn sie bereits im VZ vor dem Entstehen des Veräußerungsgewinns angefallen sind. [2]Die übrigen außerordentlichen Einkünfte unterliegen der Tarifvergünstigung in dem VZ, in dem sie nach den allgemeinen Grundsätzen vereinnahmt werden, nur insoweit, als nicht in früheren VZ mit diesen Einkünften unmittelbar zusammenhängende Betriebsausgaben bzw. Werbungskosten die Einkünfte des Stpfl. gemindert haben.

H 34.1

Hinweise

Arbeitnehmer-Pauschbetrag

Der Arbeitnehmer-Pauschbetrag ist bei der Ermittlung der nach § 34 EStG begünstigten außerordentlichen Einkünfte aus nichtselbständiger Tätigkeit nur insoweit abzuziehen, als tariflich voll zu besteuernde Einnahmen dieser Einkunftsart dafür nicht mehr zur Verfügung stehen (→ BFH vom 29. 10. 1998 – BStBl 1999 II S. 588).

Betriebsaufgabegewinn in mehreren VZ

Erstreckt sich eine Betriebsaufgabe über zwei Kalenderjahre und fällt der Aufgabegewinn daher in zwei VZ an, kann die Tarifermäßigung nach § 34 Abs. 3 EStG für diesen Gewinn auf Antrag in beiden VZ gewährt werden. Der Höchstbetrag von fünf Millionen Euro ist dabei aber insgesamt nur einmal zu gewähren (→ BMF vom 20. 12. 2005 – BStBl 2006 I S. 7).

Betriebsveräußerung

a) Gewerbebetrieb: → R 16

b) Betrieb der Land- und Forstwirtschaft:

   Veräußert ein Land- und Forstwirt seinen Betrieb und pachtet er diesen unmittelbar nach der Veräußerung zurück, ist auf den Veräußerungsgewinn i. S. d. § 14 EStG § 34 Abs. 1 oder 3 EStG anzuwenden (→ BFH vom 28. 3. 1985 – BStBl II S. 508).

Freibetrag nach § 16 Abs. 4 EStG

→ H 16 (13) Freibetrag und H 16 (13) Halbeinkünfteverfahren

Geschäftswert

Wird für den bei der erklärten Betriebsaufgabe nicht in das Privatvermögen zu überführenden Geschäftswert (→ H 16 (5) Geschäftswert) später ein Erlös erzielt, ist der Gewinn nicht nach § 34 EStG begünstigt (→ BFH vom 30. 1. 2002 – BStBl II S. 387).

Nicht entnommene Gewinne

Sind sowohl die Voraussetzungen für eine Tarifbegünstigung nach § 34a EStG als auch die Voraussetzungen für eine Begünstigung nach § 34 Abs. 1 EStG erfüllt, kann der Stpfl. wählen, welche Begünstigung er in Anspruch nehmen will (→ BMF vom 11. 8. 2008 – BStBl I S. 838, Rn. 6).

34.2. Steuerberechnung unter Berücksichtigung der Tarifermäßigung

R 34.2

(1) [1]Für Zwecke der Steuerberechnung nach § 34 Abs. 1 EStG ist zunächst für ***den VZ***, in dem die außerordentlichen Einkünfte erzielt worden sind, die ***Einkommensteuer*** zu ermitteln, die sich ergibt, wenn die in dem z. v. E. enthaltenen außerordentlichen Einkünfte nicht in die Bemessungsgrundlage einbezogen werden. [2]Sodann ist in einer Vergleichsberechnung die Einkommensteuer zu errechnen, die sich unter Einbeziehung eines Fünftels der außerordentlichen Einkünfte ergibt. [3]Bei diesen nach den allgemeinen Tarifvorschriften vorzunehmenden Berechnungen sind dem Progressionsvorbehalt (§ 32b EStG) unterliegende Einkünfte zu berücksichtigen. [4]Der Unterschiedsbetrag zwischen beiden Steuerbeträgen ist zu verfünffachen und der sich so ergebende Steuerbetrag der nach Satz 1 ermittelten Einkommensteuer hinzuzurechnen.

(2) [1]Sind in dem z. v. E. auch Einkünfte enthalten, die nach § 34 Abs. 3 oder § 34b Abs. 3 EStG ermäßigten Steuersätzen unterliegen, ist die jeweilige Tarifermäßigung unter Berücksichtigung der jeweils anderen Tarifermäßigung zu berechnen. ***[2]Einkünfte, die nach § 34a Abs. 1 EStG mit einem besonderen Steuersatz versteuert werden, bleiben bei der Berechnung der Tarifermäßigung nach § 34 Abs. 1 EStG unberücksichtigt.***

Hinweise

H 34.2

Berechnungsbeispiele

Beispiel 1

Berechnung der Einkommensteuer nach § 34 Abs. 1 EStG

Der Stpfl., der Einkünfte aus Gewerbebetrieb und Vermietung und Verpachtung (einschließlich Entschädigung i. S. d. § 34 EStG) hat, und seine Ehefrau werden zusammen veranlagt. Es sind die folgenden Einkünfte und Sonderausgaben anzusetzen:

Einkünfte aus Gewerbebetrieb		45 000 €
Einkünfte aus Vermietung und Verpachtung		
– laufende Einkünfte		+ 5 350 €
– Einkünfte aus Entschädigung i. S. d. § 34 Abs. 2 Nr. 2 EStG		+ 25 000 €
G. d. E.		75 350 €
Sonderausgaben		– 3 200 €
Einkommen		72 150 €
z. v. E.		72 150 €
z. v. E.	72 150 €	
abzüglich Einkünfte i. S. d. § 34 Abs. 2 Nr. 2 EStG	– 25 000 €	
verbleibendes z. v. E.	47 150 €	
darauf entfallender Steuerbetrag		7 708 €
verbleibendes z. v. E.	47 150 €	
zuzüglich 1/5 der Einkünfte i. S. d. § 34 Abs. 2 Nr. 2 EStG	+ 5 000 €	
	52 150 €	
darauf entfallender Steuerbetrag	9 184 €	
abzüglich Steuerbetrag auf das verbleibende z. v. E.	– 7 708 €	
Unterschiedsbetrag	1 476 €	
multipliziert mit Faktor 5	7 380 €	7 380 €
tarifliche Einkommensteuer		**15 088 €**

Beispiel 2

Berechnung der Einkommensteuer nach § 34 Abs. 1 EStG bei negativem verbleibenden zu versteuernden Einkommen

Der Stpfl., der Einkünfte aus Gewerbebetrieb hat, und seine Ehefrau werden zusammen veranlagt. Die Voraussetzungen des § 34 Abs. 3 und § 16 Abs. 4 EStG liegen nicht vor. Es sind die folgenden Einkünfte und Sonderausgaben anzusetzen:

Einkünfte aus Gewerbebetrieb, laufender Gewinn	+ 5 350 €	
Veräußerungsgewinn (§ 16 EStG)	+ 225 000 €	230 350 €
Einkünfte aus Vermietung und Verpachtung		– 45 000 €
G. d. E.		185 350 €
Sonderausgaben		– 3 200 €
Einkommen/z. v. E.		182 150 €
Höhe der Einkünfte i. S. d. § 34 Abs. 2 EStG, die nach § 34 Abs. 1 EStG besteuert werden können; max. aber bis zur Höhe des z. v. E.		182 150 €
z. v. E.	182 150 €	
abzgl. Einkünfte i. S. d. § 34 Abs. 2 EStG	– 185 350 €	
verbleibendes z. v. E.	– 3 200 €	
Damit ist das gesamte z. v. E. in Höhe von 182 150 € gem. § 34 EStG tarifbegünstigt.		
1/5 des z. v. E. (§ 34 Abs. 1 Satz 3 EStG)	36 430 €	
darauf entfallender Steuerbetrag	4 740 €	
multipliziert mit Faktor 5	23 700 €	
tarifliche Einkommensteuer		**23 700 €**

Beispiel 3

Berechnung der Einkommensteuer nach § 34 Abs. 1 EStG mit Einkünften, die dem Progressionsvorbehalt unterliegen

(Entsprechende Anwendung des BFH-Urteils vom 18. 5. 1994 – BStBl II S. 845)

Der Stpfl. hat Einkünfte aus nichtselbständiger Arbeit und aus Vermietung und Verpachtung (einschließlich einer Entschädigung i. S. d. § 34 EStG). Es sind folgende Einkünfte und Sonderausgaben anzusetzen:

Einkünfte aus nichtselbständiger Arbeit		10 000 €
Einkünfte aus Vermietung und Verpachtung		
– laufende Einkünfte		+ 60 000 €
– Einkünfte aus Entschädigung i. S. d. § 34 Abs. 2 Nr. 2 EStG		+ 30 000 €
G. d. E.		100 000 €
Sonderausgaben		– 3 200 €
Einkommen/z. v. E.		96 800 €
Arbeitslosengeld		20 000 €
z. v. E.	96 800 €	
abzüglich Einkünfte i. S. d. § 34 Abs. 2 Nr. 2 EStG	– 30 000 €	
verbleibendes z. v. E.	66 800 €	
zuzüglich Arbeitslosengeld § 32b Abs. 2 EStG	+ 20 000 €	
für die Berechnung des Steuersatzes gem. § 32b Abs. 2 EStG maßgebendes verbleibendes z. v. E.	86 800 €	
Steuer nach Grundtarif	28 542 €	
besonderer (= durchschnittlicher) Steuersatz § 32b Abs. 2 EStG	32,8824 %	
Steuerbetrag auf verbleibendes z. v. E. (66 800 €) unter Berücksichtigung des Progressionsvorbehalts		21 965 €
verbleibendes z. v. E.	66 800 €	
zuzüglich 1/5 der Einkünfte i. S. d. § 34 EStG	+ 6 000 €	
	72 800 €	
zuzüglich Arbeitslosengeld § 32b Abs. 2 EStG	+ 20 000 €	
für die Berechnung des Steuersatzes gem. § 32b Abs. 2 EStG maßgebendes z. v. E. mit 1/5 der außerordentlichen Einkünfte	92 800 €	
Steuer nach Grundtarif	31 062 €	
besonderer (= durchschnittlicher) Steuersatz § 32b Abs. 2 EStG	33,4719 %	
Steuerbetrag auf z. v. E. mit 1/5 der außerordentlichen Einkünfte (72 800 €) unter Berücksichtigung des Progressionsvorbehalts	24 367 €	
abzüglich Steuerbetrag auf das verbleibende z. v. E.	– 21 965 €	
Unterschiedsbetrag	2 402 €	
multipliziert mit Faktor 5	12 010 €	12 010 €
tarifliche Einkommensteuer		**33 975 €**

Beispiel 4:

Berechnung der Einkommensteuer nach § 34 Abs. 1 EStG bei negativem verbleibenden z. v. E. und Einkünften, die dem Progressionsvorbehalt unterliegen

Der Stpfl. hat Einkünfte aus nichtselbständiger Arbeit und aus Vermietung und Verpachtung (einschließlich einer Entschädigung i. S. d. § 34 EStG). Es sind folgende Einkünfte und Sonderausgaben anzusetzen:

Einkünfte aus nichtselbständiger Arbeit		10 000 €
Einkünfte aus Vermietung und Verpachtung		
laufende Einkünfte		– 20 000 €
Einkünfte aus Entschädigung i. S. d. § 34 Abs. 2 Nr. 2 EStG		+ 30 000 €
G. d. E.		20 000 €
Sonderausgaben		– 5 000 €
Einkommen / z. v. E.		15 000 €
Höhe der Einkünfte i. S. d. § 34 Abs. 2 EStG, die nach § 34 Abs. 1 besteuert werden können, maximal bis zur Höhe des z. v. E.		15 000 €
z. v. E.	15 000 €	
abzüglich Einkünfte i. S. d. § 34 Abs. 2 EStG	– 30 000 €	
verbleibendes z. v. E.	– 15 000 €	
Damit ist das gesamte z. v. E. in Höhe von 15.000 € gem. § 34 EStG tarifbegünstigt.		
1/5 des z. v. E. (§ 34 Abs. 1 Satz 3 EStG)		3 000 €
Arbeitslosengeld	40 000 €	
abzüglich negatives verbleibendes z. v. E.	– 15 000 €	
dem Progressionsvorbehalt unterliegende Bezüge werden nur insoweit berücksichtigt, als sie das negative verbleibende z. v. E. übersteigen	25 000 €	+ 25 000 €
für die Berechnung des Steuersatzes gem. § 32b Abs. 2 EStG maßgebendes verbleibendes z. v. E.		28 000 €
Steuer nach Grundtarif	5 179 €	
besonderer (= durchschnittlicher) Steuersatz	18,4964 %	
Steuerbetrag auf 1/5 des z. v. E. (3 000 €)	554 €	
multipliziert mit Faktor 5	2 770 €	
tarifliche Einkommensteuer		2 770 €

Beispiel 5

Berechnung der Einkommensteuer bei Zusammentreffen der Vergünstigungen nach § 34 Abs. 1 EStG und § 34 Abs. 3 EStG

Der Stpfl., der Einkünfte aus Gewerbebetrieb hat, und seine Ehefrau werden zusammenveranlagt. Im Zeitpunkt der Betriebsveräußerung hatte der Stpfl. das 55. Lebensjahr vollendet. Es sind die folgenden Einkünfte und Sonderausgaben anzusetzen:

Einkünfte aus Gewerbebetrieb (laufender Gewinn)		25 000 €
Veräußerungsgewinn (§ 16 EStG)	120 000 €	
davon bleiben nach § 16 Abs. 4 EStG steuerfrei	– 45 000 €	+ 75 000 €
Einkünfte, die Vergütung für eine mehrjährige Tätigkeit sind		+100 000 €
Einkünfte aus Vermietung und Verpachtung		+ 3 500 €
G. d. E.		203 500 €
Sonderausgaben		– 3 200 €
Einkommen/ z. v. E.		**200 300 €**

1. Steuerberechnung nach § 34 Abs. 1 EStG

1.1 Ermittlung des Steuerbetrags ohne Einkünfte nach § 34 Abs. 1 EStG

z. v. E.		200 300 €	
abzüglich Einkünfte nach § 34 Abs. 1 EStG		–100 000 €	100 300 €
(darauf entfallender Steuerbetrag =	26 314 €)		
abzgl. Einkünfte nach § 34 Abs. 3 EStG			– 75 000 €
			25 300 €
darauf entfallender Steuerbetrag	1 934 €		

Für das z. v. E. ohne Einkünfte nach § 34 Abs. 1 EStG würde sich eine Einkommensteuer nach Splittingtarif von 26 314 € ergeben. Sie entspricht einem durchschnittlichen Steuersatz von 26,2352 %. Der ermäßigte Steuersatz beträgt mithin 56 % von

26,2352 % = 14,6917 %. Der ermäßigte Steuersatz ist geringer als der mindestens anzusetzende Steuersatz in Höhe von 15 % (§ 34 Abs. 3 Satz 2 EStG). Daher ist der Mindeststeuersatz maßgeblich.

Mit dem ermäßigten Steuersatz gemäß § 34 Abs. 3 EStG zu versteuern: 15 % von 75 000 € = 11 250 €

Steuerbetrag nach § 34 Abs. 3 EStG (ohne Einkünfte nach § 34 Abs. 1 EStG)	11 250 €
zuzüglich Steuerbetrag von 25 300 € (= z. v. E. ohne Einkünfte nach § 34 Abs. 1 EStG und § 34 Abs. 3 EStG)	+ 1 934 €
Steuerbetrag ohne Einkünfte aus § 34 Abs. 1 EStG	13 184 €

1.2 Ermittlung des Steuerbetrags mit 1/5 der Einkünfte nach § 34 Abs. 1 EStG

z. v. E.		200 300 €
abzüglich Einkünfte nach § 34 Abs. 1 EStG		–100 000 €
zuzüglich 1/5 der Einkünfte nach § 34 Abs. 1 EStG		+ 20 000 €
(darauf entfallender Steuerbetrag =	36 444 €)	120 300 €
abzüglich Einkünfte nach § 34 Abs. 3 EStG		– 75 000 €
		45 300 €
darauf entfallender Steuerbetrag	7 178 €	

Für das z. v. E. ohne die Einkünfte nach § 34 Abs. 1 EStG zuzüglich 1/5 der Einkünfte nach § 34 Abs. 1 EStG würde sich eine Einkommensteuer nach Splittingtarif von 34 698 € ergeben. Sie entspricht einem durchschnittlichen Steuersatz von 28,8428 %. Der ermäßigte Steuersatz beträgt mithin 56 % von 28,8428 % = 16,1519 %. Der ermäßigte Steuersatz ist höher als der mindestens anzusetzende Steuersatz in Höhe von 15 % (§ 34 Abs. 3 Satz 2 EStG). Daher ist der Mindeststeuersatz nicht maßgeblich. Mit dem ermäßigten Steuersatz zu versteuern: 16,1519 % von 75 000 € = 12 113 €.

Steuerbetrag nach § 34 Abs. 3 EStG (unter Berücksichtigung von 1/5 der Einkünfte nach § 34 Abs. 1 EStG)	12 113 €
zuzüglich Steuerbetrag von 45 300 € (=z. v. E. ohne Einkünfte nach § 34 Abs. 3 und § 34 Abs. 1 EStG mit 1/5 der Einkünfte nach § 34 Abs. 1 EStG)	+ 7 178 €
Steuerbetrag mit 1/5 der Einkünfte nach § 34 Abs. 1 EStG	19 291 €

1.3 Ermittlung des Unterschiedsbetrages nach § 34 Abs. 1 EStG

Steuerbetrag mit 1/5 der Einkünfte nach § 34 Abs. 1 EStG	19 291 €
abzgl. Steuerbetrag ohne Einkünfte nach § 34 Abs. 1 EStG (→ Nr. 1.1)	– 13 184 €
Unterschiedsbetrag	6 107 €
verfünffachter Unterschiedsbetrag nach § 34 Abs. 1 EStG	30 535 €

2. Steuerberechnung nach § 34 Abs. 3 EStG

z. v. E.	200 300 €	
abzüglich Einkünfte nach § 34 Abs. 1 EStG	– 100 000 €	
	– 100 300 €	
Steuerbetrag von 100 300 €		26 314 €
zuzüglich verfünffachter Unterschiedsbetrag nach § 34 Abs. 1 EStG (→ Nr. 1.3)		+ 30 535 €
Summe		56 849 €

Ermittlung des ermäßigten Steuersatzes nach Splittingtarif auf der Grundlage des z. v. E.

56 849 €/200 300 = 28,3819 %

Der ermäßigte Steuersatz beträgt mithin 56 % von 28,3819 % = 15,8938 %. Der ermäßigte Steuersatz ist höher als der mindestens anzusetzende Steuersatz in Höhe von 15 % (§ 34 Abs. 3 Satz 2 EStG). Daher ist der Mindeststeuersatz nicht maßgeblich. Mit dem ermäßigten Steuersatz zu versteuern: 15,8938 % von 75 000 € = 11 920 €.

Steuerbetrag nach § 34 Abs. 3 EStG	11 920 €

3. Berechnung der gesamten Einkommensteuer

nach dem Splittingtarif entfallen auf das z. v. E. ohne begünstigte Einkünfte (→ Nr. 1.1)	1 934 €
verfünffachter Unterschiedsbetrag nach § 34 Abs. 1 EStG (→ Nr. 1.3)	30 535 €
Steuer nach § 34 Abs. 3 EStG (→ Nr. 2)	11 920 €
tarifliche Einkommensteuer	**44 389 €**

Negativer Progressionsvorbehalt

Unterliegen Einkünfte sowohl der Tarifermäßigung des § 34 Abs. 1 EStG als auch dem negativen Progressionsvorbehalt des § 32b EStG, ist eine integrierte Steuerberechnung nach dem Günstigkeitsprinzip vorzunehmen. Danach sind die Ermäßigungsvorschriften in der Reihenfolge anzuwenden, die zu einer geringeren Steuerbelastung führt, als dies bei ausschließlicher Anwendung des negativen Progressionsvorbehalts der Fall wäre (→ BFH vom 15. 11. 2007 – BStBl 2008 II S. 375).

34.3. Besondere Voraussetzungen für die Anwendung des § 34 Abs. 1 EStG

R 34.3

(1) Entschädigungen i. S. d. § 24 Nr. 1 EStG sind nach § 34 Abs. 1 i. V. m. Abs. 2 Nr. 2 EStG nur begünstigt, wenn es sich um außerordentliche Einkünfte handelt; dabei kommt es nicht darauf an, im Rahmen welcher Einkunftsart sie angefallen sind. S 2290 S 2258

(2) [1]Die Nachzahlung von Nutzungsvergütungen und Zinsen i. S. d. § 34 Abs. 2 Nr. 3 EStG muss einen Zeitraum von mehr als 36 Monaten umfassen. [2]Es genügt nicht, dass sie auf drei Kalenderjahre entfällt.

(3) [1]Bei Anwendung des § 34 Abs. 1 i. V. m. Abs. 2 Nr. 5 EStG auf außerordentliche Holznutzungen i. S. d. § 34b Abs. 1 Nr. 1 EStG ist von einer Zusammenballung der Einkünfte auszugehen, wenn kein Bestandsvergleich für das stehende Holz vorgenommen wurde. [2]Die Aktivierung der Anschaffungs- oder Herstellungskosten ist für sich allein noch kein Bestandsvergleich.

Hinweise

H 34.3

Entlassungsentschädigungen

- → BMF vom 24. 5. 2004 (BStBl I S. 505, berichtigt BStBl I S. 633)
- Die Rückzahlung einer Abfindung ist auch dann im Abflussjahr zu berücksichtigen, wenn die Abfindung im Zuflussjahr begünstigt besteuert worden ist. Eine Lohnrückzahlung ist regelmäßig kein rückwirkendes Ereignis, das zur Änderung des Einkommensteuerbescheides des Zuflussjahres berechtigt (→ BFH vom 4. 5. 2006 – BStBl II S. 911).

Entschädigung i. S. d. § 24 Nr. 1 EStG

→ R 24.1

Entschädigung in zwei VZ

- Außerordentliche Einkünfte i. S. d. § 34 Abs. 2 Nr. 2 EStG sind (nur) gegeben, wenn die zu begünstigenden Einkünfte in einem VZ zu erfassen sind (→ BFH vom 21. 3. 1996 – BStBl II S. 416 und vom 14. 5. 2003 – BStBl II S. 881). Die Tarifermäßigung nach § 34 Abs. 1 EStG kann aber unter besonderen Umständen ausnahmsweise auch dann in Betracht kommen, wenn die Entschädigung nicht in einem Kalenderjahr zufließt, sondern sich auf zwei Kalenderjahre verteilt. Voraussetzung ist jedoch stets, dass die Zahlung der Entschädigung von vornherein in einer Summe vorgesehen war und nur wegen ihrer ungewöhnlichen Höhe und der besonderen Verhältnisse des Zahlungspflichtigen auf zwei Jahre verteilt wurde oder wenn der Entschädigungsempfänger – bar aller Existenzmittel – dringend auf den baldigen Bezug einer Vorauszahlung angewiesen war (→ BFH vom 2. 9. 1992 – BStBl 1993 II S. 831).
- Bei Land- und Forstwirten mit einem vom Kalenderjahr abweichenden Wirtschaftsjahr ist die Tarifermäßigung ausgeschlossen, wenn sich die außerordentlichen Einkünfte aufgrund der Aufteilungsvorschrift des § 4a Abs. 2 Nr. 1 Satz 1 EStG auf mehr als zwei VZ verteilen (→ BFH vom 4. 4. 1968 – BStBl II S. 411).
- Planwidriger Zufluss
  → BMF vom 24. 5. 2004 (BStBl I S. 505, berichtigt BStBl I S. 633), Rz. 17–20
- Die Steuerbegünstigung einer Entlassungsentschädigung entfällt nicht rückwirkend, wenn der Arbeitgeber nachträglich einen weiteren Abfindungsbetrag zahlt, ohne hierzu aufgrund der ursprünglichen Entschädigungsvereinbarung verpflichtet zu sein (→ FG Münster vom 14. 11. 1997 – EFG 1998 S. 470, rkr., Rev. wurde zurückgenommen).
- Die Ablösung wiederkehrender Bezüge aus einer Betriebs- oder Anteilsveräußerung durch eine Einmalzahlung kann als Veräußerungserlös auch dann tarifbegünstigt sein, wenn im Jahr der Betriebs- oder Anteilsveräußerung eine Einmalzahlung tarifbegünstigt versteuert worden ist, diese aber im Verhältnis zum Ablösebetrag als geringfügig (im Urteilsfall weniger als 1 %) anzusehen ist (→ BFH vom 14. 1. 2004 – BStBl II S. 493).

Nutzungsvergütungen i. S. d. § 24 Nr. 3 EStG

- Werden Nutzungsvergütungen oder Zinsen i. S. d. § 24 Nr. 3 EStG für einen Zeitraum von mehr als drei Jahren nachgezahlt, ist der gesamte Nachzahlungsbetrag nach § 34 Abs. 2 Nr. 3 i. V. m. Absatz 1 EStG begünstigt. Nicht begünstigt sind Nutzungsvergütungen, die in einem Einmalbetrag für einen drei Jahre übersteigenden Nutzungszeitraum gezahlt werden und von denen ein Teilbetrag auf einen Nachzahlungszeitraum von weniger als drei Jahren und die im Übrigen auf den zukünftigen Nutzungszeitraum entfallen (→ BFH vom 19. 4. 1994 – BStBl II S. 640).
- Die auf Grund eines Zwangsversteigerungsverfahrens von der öffentlichen Hand als Ersteherin gezahlten sog. Bargebotszinsen stellen keine „Zinsen auf Entschädigungen" im Sinne von § 24 Nr. 3 EStG dar (→ BFH vom 28. 4. 1998 – BStBl II S. 560).

Vorabentschädigungen

Teilzahlungen, die ein Handelsvertreter entsprechend seinen abgeschlossenen Geschäften laufend vorweg auf seine künftige Wettbewerbsentschädigung (§ 90a HGB) und auf seinen künftigen Ausgleichsanspruch (§ 89b HGB) erhält, führen in den jeweiligen Veranlagungszeiträumen zu keiner → Zusammenballung von Einkünften und lösen deshalb auch nicht die Tarifermäßigung nach § 34 Abs. 1 EStG aus (→ BFH vom 20. 7. 1988 – BStBl II S. 936).

Zinsen i. S. d. § 24 Nr. 3 EStG

→ Nutzungsvergütungen

Zusammenballung von Einkünften

- Eine Entschädigung ist nur dann tarifbegünstigt, wenn sie zu einer Zusammenballung von Einkünften innerhalb eines VZ führt (→ BFH vom 4. 3. 1998 – BStBl II S. 787).

  → BMF vom 18. 11. 1997, (BStBl I S. 973)

  → BMF vom 24. 5. 2004 (BStBl I S. 505, berichtigt BStBl I S. 633), Rz. 9–16
- Erhält ein Stpfl. wegen der Körperverletzung durch einen Dritten auf Grund von mehreren gesonderten und unterschiedliche Zeiträume betreffenden Vereinbarungen mit dessen Versicherung Entschädigungen als Ersatz für entgangene und entgehende Einnahmen, steht der Zufluss der einzelnen Entschädigungen in verschiedenen VZ der tarifbegünstigten Besteuerung jeder dieser Entschädigungen nicht entgegen (→ BFH vom 21. 1. 2004 – BStBl II S. 716).

R 34.4

34.4. Anwendung des § 34 Abs. 1 EStG auf Einkünfte aus der Vergütung für eine mehrjährige Tätigkeit (§ 34 Abs. 2 Nr. 4 EStG)

Allgemeines

S 2290 (1) [1]§ 34 Abs. 2 Nr. 4 i. V. m. Abs. 1 EStG gilt grundsätzlich für alle Einkunftsarten. [2]§ 34 Abs. 1 EStG ist auch auf Nachzahlungen von Ruhegehaltsbezügen und von Renten i. S. d. § 22 Nr. 1 EStG***, einschließlich der nachgezahlten Erhöhungsbeträge für den laufenden VZ*** anwendbar. [3]Voraussetzung für die Anwendung ist, dass auf Grund der Einkunftsermittlungsvorschriften eine → Zusammenballung von Einkünften eintritt, die bei Einkünften aus nichtselbständiger Arbeit auf wirtschaftlich vernünftigen Gründen beruht und bei anderen Einkünften nicht dem vertragsgemäßen oder dem typischen Ablauf entspricht.

Einkünfte aus nichtselbständiger Arbeit

(2) Bei Einkünften aus nichtselbständiger Arbeit kommt es nicht darauf an, dass die Vergütung für eine abgrenzbare Sondertätigkeit gezahlt wird, dass auf sie ein Rechtsanspruch besteht oder dass sie eine zwangsläufige Zusammenballung von Einnahmen darstellt.

Ermittlung der Einkünfte

(***3***) [1]Bei der Ermittlung der dem § 34 Abs. 2 Nr. 4 i. V. m. Abs. 1 EStG unterliegenden Einkünfte gilt R 34.1 Abs. 4 entsprechend. [2]Handelt es sich sowohl bei den laufenden Einnahmen als auch bei den außerordentlichen Bezügen um Versorgungsbezüge i. S. d. § 19 Abs. 2 EStG, können im Kalenderjahr des Zuflusses die Freibeträge für Versorgungsbezüge nach § 19 Abs. 2 EStG nur einmal abgezogen werden; sie sind zunächst bei den nicht nach § 34 EStG begünstigten Einkünften zu berücksichtigen. [3]Nur insoweit nicht verbrauchte Freibeträge für Versorgungsbezüge sind bei den nach § 34 EStG begünstigten Einkünften abzuziehen. [4]Entsprechend ist bei anderen Einkunftsarten zu verfahren, bei denen ein im Rahmen der Einkünfteermittlung anzusetzender Freibetrag ***oder Pauschbetrag*** abzuziehen ist. [5]Werden außerordentliche Einkünfte aus nichtselbständiger Arbeit neben laufenden Einkünften dieser Art bezogen, ist bei den Einnahmen der Arbeitnehmer-Pauschbetrag oder der Pauschbetrag nach § 9a Satz 1 Nr. 1 Buchstabe b EStG insgesamt nur einmal abzuziehen, wenn insgesamt keine höheren Werbungskosten nachgewiesen werden. [6]In anderen Fällen sind die auf die jeweiligen Einnahmen entfallenden tatsächlichen Werbungskosten bei diesen Einnahmen zu berücksichtigen.

Hinweise

H 34.4

Arbeitslohn für mehrere Jahre

Die Anwendung des § 34 Abs. 2 Nr. 4 i. V. m. § 34 Abs. 1 EStG setzt nicht voraus, dass der Arbeitnehmer die Arbeitsleistung erbringt; es genügt, dass der Arbeitslohn für mehrere Jahre gezahlt worden ist (→ BFH vom 17. 7. 1970 – BStBl II S. 683).

Außerordentliche Einkünfte i. S. d. § 34 Abs. 2 Nr. 4 i. V. m. § 34 Abs. 1 EStG

1. § 34 Abs. 2 Nr. 4 i. V. m. § 34 Abs. 1 EStG ist z. B. anzuwenden, wenn
   - eine Lohnzahlung für eine Zeit, die vor dem Kalenderjahr liegt, deshalb nachträglich geleistet wird, weil der Arbeitgeber Lohnbeträge zu Unrecht einbehalten oder mangels flüssiger Mittel nicht in der festgelegten Höhe ausgezahlt hat (→ BFH vom 17. 7. 1970 – BStBl II S. 683).
   - der Arbeitgeber Prämien mehrerer Kalenderjahre für eine Versorgung oder für eine Unfallversicherung des Arbeitnehmers deshalb voraus- oder nachzahlt, weil er dadurch günstigere Prämiensätze erzielt oder weil die Zusammenfassung satzungsgemäßen Bestimmungen einer Versorgungseinrichtung entspricht.
   - dem Stpfl. Tantiemen für mehrere Jahre in einem Kalenderjahr zusammengeballt zufließen (→ BFH vom 11. 6. 1970 – BStBl II S. 639).
   - dem Stpfl. Zahlungen, die zur Abfindung von Pensionsanwartschaften geleistet werden, zufließen. Dem Zufluss steht nicht entgegen, dass der Ablösungsbetrag nicht an den Stpfl., sondern an einen Dritten gezahlt worden ist (→ BFH vom 12. 4. 2007 – BStBl II S. 581).
2. § 34 Abs. 2 Nr. 4 i. V. m. § 34 Abs. 1 EStG ist z. B. nicht anzuwenden bei zwischen Arbeitgeber und Arbeitnehmer vereinbarten und regelmäßig ausgezahlten gewinnabhängigen Tantiemen, deren Höhe erst nach Ablauf des Wirtschaftsjahrs festgestellt werden kann; es handelt sich hierbei nicht um die Abgeltung einer mehrjährigen Tätigkeit (→ BFH vom 30. 8. 1966 – BStBl III S. 545).
3. § 34 Abs. 2 Nr. 4 i. V. m. § 34 Abs. 1 EStG kann in besonders gelagerten Ausnahmefällen anzuwenden sein, wenn die Vergütung für eine mehrjährige nichtselbständige Tätigkeit dem Stpfl. aus wirtschaftlich vernünftigen Gründen nicht in einem Kalenderjahr, sondern in zwei Kalenderjahren in Teilbeträgen zusammengeballt ausgezahlt wird (→ BFH vom 16. 9. 1966 – BStBl 1967 III S. 2).

→ Vergütung für eine mehrjährige Tätigkeit

Gewinneinkünfte

Die Annahme außerordentlicher Einkünfte i. S. d. § 34 Abs. 2 Nr. 4 EStG setzt voraus, dass die Vergütung für mehrjährige Tätigkeiten eine Progressionswirkung typischerweise erwarten lässt. Dies kann bei Einkünften i. S. d. § 2 Abs. 2 Satz 1 Nr. 1 EStG dann der Fall sein, wenn

- ***der Stpfl. sich während mehrerer Jahre ausschließlich einer bestimmten Sache gewidmet und die Vergütung dafür in einem einzigen Veranlagungszeitraum erhalten hat oder***
- ***eine sich über mehrere Jahre erstreckende Sondertätigkeit, die von der übrigen Tätigkeit des Stpfl. ausreichend abgrenzbar ist und nicht zum regelmäßigen Gewinnbetrieb gehört, in einem einzigen Veranlagungszeitraum entlohnt wird oder***
- ***der Stpfl. für eine mehrjährige Tätigkeit eine Nachzahlung in einem Betrag aufgrund einer vorausgegangenen rechtlichen Auseinandersetzung erhalten hat***

(→ BFH vom 14. 12. 2006 – BStBl 2007 II S. 180) oder

- ***eine einmalige Sonderzahlung für langjährige Dienste auf Grund einer arbeitnehmerähnlichen Stellung geleistet wird (→ BFH vom 7. 7. 2004 – BStBl 2005 II S. 276).***

Jubiläumszuwendungen

Zuwendungen, die ohne Rücksicht auf die Dauer der Betriebszugehörigkeit lediglich aus Anlass eines Firmenjubiläums erfolgen, erfüllen die Voraussetzungen von → § 34 Abs. 2 Nr. 4 EStG nicht (→ BFH vom 3. 7. 1987 – BStBl II S. 820).

Nachzahlung von Versorgungsbezügen

§ 34 Abs. 2 Nr. 4 i. V. m. § 34 Abs. 1 EStG ist auch auf Nachzahlungen anwendbar, die als Ruhegehalt für eine ehemalige Arbeitnehmertätigkeit gezahlt werden (→ BFH vom 28. 2. 1958 – BStBl III S. 169).

Tantiemen

→ außerordentliche Einkünfte i. S. d. § 34 Abs. 2 Nr. 4 i. V. m. § 34 Abs. 1 EStG

Verbesserungsvorschläge

Die einem Arbeitnehmer gewährte Prämie für einen Verbesserungsvorschlag stellt keine Entlohnung für eine mehrjährige Tätigkeit i. S. d. § 34 Abs. 2 Nr. 4 i. V. m. § 34 Abs. 1 EStG dar, wenn sie nicht nach dem Zeitaufwand des Arbeitnehmers, sondern ausschließlich nach der Kostenersparnis des Arbeitgebers in einem bestimmten künftigen Zeitraum berechnet wird (→ BFH vom 16. 12. 1996 – BStBl 1997 II S. 222).

Vergütung für eine mehrjährige Tätigkeit

Die Anwendung von § 34 Abs. 2 Nr. 4 i. V. m. § 34 Abs. 1 EStG ist nicht dadurch ausgeschlossen, dass die Vergütungen für eine mehr als mehrjährige Tätigkeit während eines Kalenderjahrs in mehreren Teilbeträgen gezahlt werden (→ BFH vom 11. 6. 1970 – BStBl II S. 639).

Versorgungsbezüge

→ Nachzahlung von Versorgungsbezügen

Zusammenballung von Einkünften

Eine Zusammenballung von Einkünften ist nicht anzunehmen, wenn die Vertragsparteien die Vergütung bereits durch ins Gewicht fallende Teilzahlungen auf mehrere Kalenderjahre verteilt haben (→ BFH vom 10. 2. 1972 – BStBl II S. 529).

R 34.5

34.5. Anwendung der Tarifermäßigung nach § 34 Abs. 3 EStG

Berechnung

(1) [1]Für das gesamte z. v. E. i. S. d. § 32a Abs. 1 EStG – also einschließlich der außerordentlichen Einkünfte, soweit sie zur Einkommensteuer heranzuziehen sind – ist der Steuerbetrag nach den allgemeinen Tarifvorschriften zu ermitteln. [2]Aus dem Verhältnis des sich ergebenden Steuerbetrags zu dem gerundeten z. v. E. ergibt sich der durchschnittliche Steuersatz, der auf vier Dezimalstellen abzurunden ist. [3]56 % dieses durchschnittlichen Steuersatzes, mindestens 15 %, ist der anzuwendende ermäßigte Steuersatz.

Beschränkung auf einen Veräußerungsgewinn

(2) [1]Die Ermäßigung nach § 34 Abs. 3 Satz 1 bis 3 EStG kann der Stpfl. nur einmal im Leben in Anspruch nehmen, selbst dann, wenn der Stpfl. mehrere Veräußerungs- oder Aufgabegewinne innerhalb eines VZ erzielt. [2]Dabei ist die Inanspruchnahme einer Steuerermäßigung nach § 34 EStG in VZ vor dem 1. 1. 2001 unbeachtlich (§ 52 Abs. 47 Satz 7 EStG). [3]Wird der zum Betriebsvermögen eines Einzelunternehmers gehörende Mitunternehmeranteil im Zusammenhang mit der Veräußerung des Einzelunternehmens veräußert, ist die Anwendbarkeit des § 34 Abs. 3 EStG für beide Vorgänge getrennt zu prüfen. [4]Liegen hinsichtlich beider Vorgänge die Voraussetzungen des § 34 Abs. 3 EStG vor, kann der Stpfl. die ermäßigte Besteuerung nach § 34 Abs. 3 EStG entweder für die Veräußerung des Einzelunternehmens oder für die Veräußerung des Mitunternehmeranteiles beantragen. [5]***Die Veräußerung eines Anteils an einer Mitunternehmerschaft (Obergesellschaft), zu deren Betriebsvermögen die Beteiligung an einer anderen Mitunternehmerschaft gehört (mehrstöckige Personengesellschaft), stellt für die Anwendbarkeit des § 34 Abs. 3 EStG einen einheitlich zu beurteilenden Veräußerungsvorgang dar.***

Nachweis der dauernden Berufsunfähigkeit

(3) R 16 Abs. 14 gilt entsprechend.

Hinweise

H 34.5

Beispiel

→ H 34.2 Berechnungsbeispiele, Beispiel 5

§ 34a Begünstigung der nicht entnommenen Gewinne

EStG [1)]

***(1)** [1]Sind in dem zu versteuernden Einkommen nicht entnommene Gewinne aus Land- und Forstwirtschaft, Gewerbebetrieb oder selbständiger Arbeit (§ 2 Abs. 1 Satz 1 Nr. 1 bis 3) im Sinne des Absatzes 2 enthalten, ist die Einkommensteuer für diese Gewinne auf Antrag des Steuerpflichtigen ganz oder teilweise mit einem Steuersatz von 28,25 Prozent zu berechnen; dies gilt nicht, soweit für die Gewinne der Freibetrag nach § 16 Abs. 4 oder die Steuerermäßigung nach § 34 Abs. 3 in Anspruch genommen wird oder es sich um Gewinne im Sinne des § 18 Abs. 1 Nr. 4 handelt. [2]Der Antrag nach Satz 1 ist für jeden Betrieb oder Mitunternehmeranteil für jeden Veranlagungszeitraum gesondert bei dem für die Einkommensbesteuerung zuständigen Finanzamt zu stellen. [3]Bei Mitunternehmeranteilen kann der Steuerpflichtige den Antrag nur stellen, wenn sein Anteil am nach § 4 Abs. 1 Satz 1 oder § 5 ermittelten Gewinn mehr als 10 Prozent beträgt oder 10 000 Euro übersteigt. [4]Der Antrag kann bis zur Unanfechtbarkeit des Einkommensteuerbescheids für den nächsten Veranlagungszeitraum vom Steuerpflichtigen ganz oder teilweise zurückgenommen werden; der Einkommensteuerbescheid ist entsprechend zu ändern. [5]Die Festsetzungsfrist endet insoweit nicht, bevor die Festsetzungsfrist für den nächsten Veranlagungszeitraum abgelaufen ist.*

***(2)** Der nicht entnommene Gewinn des Betriebs oder Mitunternehmeranteils ist der nach § 4 Abs. 1 Satz 1 oder § 5 ermittelte Gewinn vermindert um den positiven Saldo der Entnahmen und Einlagen des Wirtschaftsjahres.*

***(3)** [1]Der Begünstigungsbetrag ist der im Veranlagungszeitraum nach Absatz 1 Satz 1 auf Antrag begünstigte Gewinn. [2]Der Begünstigungsbetrag des Veranlagungszeitraums, vermindert um die darauf entfallende Steuerbelastung nach Absatz 1 und den darauf entfallenden Solidaritätszuschlag, vermehrt um den nachversteuerungspflichtigen Betrag des Vorjahres und den auf diesen Betrieb oder Mitunternehmeranteil nach Absatz 5 übertragenen nachversteuerungspflichtigen Betrag, vermindert um den Nachversteuerungsbetrag im Sinne des Absatzes 4 und den auf einen anderen Betrieb oder Mitunternehmeranteil nach Absatz 5 übertragenen nachversteuerungspflichtigen Betrag, ist der nachversteuerungspflichtige Betrag des Betriebs oder Mitunternehmeranteils zum Ende des Veranlagungszeitraums. [3]Dieser ist für jeden Betrieb oder Mitunternehmeranteil jährlich gesondert festzustellen.*

***(4)** [1]Übersteigt der positive Saldo der Entnahmen und Einlagen des Wirtschaftsjahres bei einem Betrieb oder Mitunternehmeranteil den nach § 4 Abs. 1 Satz 1 oder § 5 ermittelten Gewinn (Nachversteuerungsbetrag), ist vorbehaltlich Absatz 5 eine Nachversteuerung durchzuführen, soweit zum Ende des vorangegangenen Veranlagungszeitraums ein nachversteuerungspflichtiger Betrag nach Absatz 3 festgestellt wurde. [2]Die Einkommensteuer auf den Nachversteuerungsbetrag beträgt 25 Prozent. [3]Der Nachversteuerungsbetrag ist um die Beträge, die für die Erbschaftsteuer (Schenkungsteuer) anlässlich der Übertragung des Betriebs oder Mitunternehmeranteils entnommen wurden, zu vermindern.*

***(5)** [1]Die Übertragung oder Überführung eines Wirtschaftsguts nach § 6 Abs. 5 Satz 1 bis 3 führt unter den Voraussetzungen des Absatzes 4 zur Nachversteuerung. [2]Eine Nachversteuerung findet nicht statt, wenn der Steuerpflichtige beantragt, den nachversteuerungspflichtigen Betrag in Höhe des Buchwerts des übertragenen oder überführten Wirtschaftsguts, höchstens jedoch in Höhe des Nachversteuerungsbetrags, den die Übertragung oder Überführung des Wirtschaftsguts ausgelöst hätte, auf den anderen Betrieb oder Mitunternehmeranteil zu übertragen.*

***(6)** [1]Eine Nachversteuerung des nachversteuerungspflichtigen Betrags nach Absatz 4 ist durchzuführen*

1. *in den Fällen der Betriebsveräußerung oder -aufgabe im Sinne der §§ 14, 16 Abs. 1 und 3 sowie des § 18 Abs. 3,*
2. *in den Fällen der Einbringung eines Betriebs oder Mitunternehmeranteils in eine Kapitalgesellschaft oder eine Genossenschaft sowie in den Fällen des Formwechsels einer Personengesellschaft in eine Kapitalgesellschaft oder Genossenschaft,*
3. *wenn der Gewinn nicht mehr nach § 4 Abs. 1 Satz 1 oder § 5 ermittelt wird oder*

1) *§ 34a EStG wurde durch das Unternehmensteuerreformgesetz 2008 ab VZ 2008 eingefügt und durch das JStG 2009 geändert. § 34a EStG ist erstmals für den VZ 2008 anzuwenden → § 52 Abs. 48 EStG.*

4. wenn der Steuerpflichtige dies beantragt.

[2]In den Fällen der Nummern 1 und 2 ist die nach Absatz 4 geschuldete Einkommensteuer auf Antrag des Steuerpflichtigen oder seines Rechtsnachfolgers in regelmäßigen Teilbeträgen für einen Zeitraum von höchstens zehn Jahren seit Eintritt der ersten Fälligkeit zinslos zu stunden, wenn ihre alsbaldige Einziehung mit erheblichen Härten für den Steuerpflichtigen verbunden wäre.

(7) [1]In den Fällen der unentgeltlichen Übertragung eines Betriebs oder Mitunternehmeranteils nach § 6 Abs. 3 hat der Rechtsnachfolger den nachversteuerungspflichtigen Betrag fortzuführen. [2]In den Fällen der Einbringung eines Betriebs oder Mitunternehmeranteils zu Buchwerten nach § 24 des Umwandlungssteuergesetzes geht der für den eingebrachten Betrieb oder Mitunternehmeranteil festgestellte nachversteuerungspflichtige Betrag auf den neuen Mitunternehmeranteil über.

(8) Negative Einkünfte dürfen nicht mit ermäßigt besteuerten Gewinnen im Sinne von Absatz 1 Satz 1 ausgeglichen werden; sie dürfen insoweit auch nicht nach § 10d abgezogen werden.

(9) [1]Zuständig für den Erlass der Feststellungsbescheide über den nachversteuerungspflichtigen Betrag ist das für die Einkommensbesteuerung zuständige Finanzamt. [2]Die Feststellungsbescheide können nur insoweit angegriffen werden, als sich der nachversteuerungspflichtige Betrag gegenüber dem nachversteuerungspflichtigen Betrag des Vorjahres verändert hat. [3]Die gesonderten Feststellungen nach Satz 1 können mit dem Einkommensteuerbescheid verbunden werden.

(10) [1]Sind Einkünfte aus Land- und Forstwirtschaft, Gewerbebetrieb oder selbständiger Arbeit nach § 180 Abs. 1 Nr. 2 Buchstabe a oder b der Abgabenordnung gesondert festzustellen, können auch die Höhe der Entnahmen und Einlagen sowie weitere für die Tarifermittlung nach den Absätzen 1 bis 7 erforderliche Besteuerungsgrundlagen gesondert festgestellt werden. [2]Zuständig für die gesonderten Feststellungen nach Satz 1 ist das Finanzamt, das für die gesonderten Feststellungen nach § 180 Abs. 1 Nr. 2 der Abgabenordnung zuständig ist. [3]Die gesonderten Feststellungen nach Satz 1 können mit der Feststellung nach § 180 Abs. 1 Nr. 2 der Abgabenordnung verbunden werden. [4]Die Feststellungsfrist für die gesonderte Feststellung nach Satz 1 endet nicht vor Ablauf der Feststellungsfrist für die Feststellung nach § 180 Abs. 1 Nr. 2 der Abgabenordnung.

(11) [1]Der Bescheid über die gesonderte Feststellung des nachversteuerungspflichtigen Betrags ist zu erlassen, aufzuheben oder zu ändern, soweit der Steuerpflichtige einen Antrag nach Absatz 1 stellt oder diesen ganz oder teilweise zurücknimmt und sich die Besteuerungsgrundlagen im Einkommensteuerbescheid ändern. [2]Dies gilt entsprechend, wenn der Erlass, die Aufhebung oder Änderung des Einkommensteuerbescheids mangels steuerlicher Auswirkunge unterbleibt. [3]Die Feststellungsfrist endet nicht, bevor die Festsetzungsfrist für den Veranlagungszeitraum abgelaufen ist, auf dessen Schluss der nachversteuerungspflichtige Betrag des Betriebs oder Mitunternehmeranteils gesondert festzustellen ist.

H 34a

Hinweise

Allgemeines

Anhang 17b → *BMF vom 11. 8. 2008 (BStBl I S. 838)*

EStG
S 2291
[1])

§ 34b *Steuersätze bei außerordentlichen Einkünften* aus Forstwirtschaft

(1) *Zu den außerordentlichen Einkünften aus Holznutzungen gehören:*

1. *Einkünfte aus Holznutzungen, die aus wirtschaftlichen Gründen erfolgt sind (außerordentliche Holznutzungen). [2]Sie liegen nur insoweit vor, als die gesamte Holznutzung abzüglich der Holznutzung infolge höherer Gewalt den Nutzungssatz (Absatz 4 Nr. 1) übersteigt. [3]Bei der Berechnung der zu begünstigenden außerordentlichen Holznutzungen des laufenden Wirtschaftsjahres sind die eingesparten Nutzungen der letzten drei Wirtschaftsjahre in Abzug zu bringen. [4]Die Differenz zwischen Nutzungssatz und geringerer tatsächlicher Nutzung eines Wirtschaftsjahres stellt die eingesparte Nutzung dar;*
2. *Einkünfte aus Holznutzungen* infolge höherer Gewalt (Kalamitätsnutzungen). [2]*Sie* sind durch Eis-, Schnee-, Windbruch oder Windwurf, Erdbeben, Bergrutsch, Insektenfraß, Brand oder *durch Naturereignisse mit vergleichbaren Folgen* verursacht. [3]*Hierzu gehören* nicht die Schäden, die in der Forstwirtschaft regelmäßig entstehen.

(2) Bei der Ermittlung der außerordentlichen Einkünfte aus *Holznutzungen* sind

1) *§ 34b EStG wurde durch das JStG 2008 ab VZ 2008 neu gefasst.*

1. **die persönlichen und sachlichen Verwaltungskosten, Grundsteuer und Zwangsbeiträge, soweit sie zu den festen Betriebsausgaben gehören, bei den Einnahmen aus ordentlichen Holznutzungen und Holznutzungen infolge höherer Gewalt, die innerhalb des Nutzungssatzes (Absatz 4 Nr. 1) anfallen, zu berücksichtigen. [2]Sie sind entsprechend der Höhe der Einnahmen aus den bezeichneten Holznutzungen auf diese zu verteilen;**
2. **die anderen Betriebsausgaben entsprechend der Höhe der Einnahmen aus allen Holznutzungsarten auf diese zu verteilen.**

(3) [1]Die Einkommensteuer bemisst sich

1. **für die zu begünstigenden außerordentlichen Holznutzungen im Sinne des Absatzes 1 Nr. 1 nach *§ 34 Abs. 1*;**
2. ***für die Kalamitätsnutzungen im Sinne des Absatzes 1 Nr. 2,* soweit sie den Nutzungssatz (Absatz 4 Nr. 1) übersteigen, nach der Hälfte des durchschnittlichen Steuersatzes, der sich ergäbe, wenn die tarifliche Einkommensteuer nach dem gesamten zu versteuernden Einkommen zuzüglich der dem Progressionsvorbehalt unterliegenden Einkünfte zu bemessen wäre;**
3. ***für Kalamitätsnutzungen im Sinne des Absatzes 1 Nr. 2,* soweit sie den doppelten Nutzungssatz übersteigen, nach dem halben Steuersatz der Nummer 1.**

[2]Treffen verschiedene Holznutzungsarten innerhalb eines Wirtschaftsjahres zusammen, sind diese auf die Kalamitätsnutzungen und auf die übrigen Holznutzungen aufzuteilen. [3]Sind die übrigen Holznutzungen nicht geringer als der Nutzungssatz, sind die ermäßigten Steuersätze des Satzes 1 *Nr. 2 und 3* auf die gesamten Kalamitätsnutzungen anzuwenden. [4]Sind die übrigen Holznutzungen geringer als der Nutzungssatz, ergibt sich ein Restbetrag, um den die Kalamitätsnutzungen zu mindern sind. [5]Die ermäßigten Steuersätze des Satzes 1 *Nr. 2 und 3* finden in diesem Falle nur Anwendung auf die Einkünfte aus den geminderten Kalamitätsnutzungen.

(4) Außerordentliche Einkünfte aus *Holznutzungen* sind nur unter den folgenden Voraussetzungen anzuerkennen:

1. **auf Grund eines amtlich anerkannten Betriebsgutachtens oder durch ein Betriebswerk muss periodisch für zehn Jahre ein Nutzungssatz festgesetzt sein. [2]Dieser muss den Nutzungen entsprechen, die unter Berücksichtigung der vollen Ertragsfähigkeit des Waldes in Festmetern nachhaltig erzielbar sind;**
2. **die in einem Wirtschaftsjahr erzielten verschiedenen Nutzungen müssen mengenmäßig nachgewiesen werden;**
3. **Schäden infolge höherer Gewalt müssen unverzüglich nach Feststellung des Schadensfalls dem zuständigen Finanzamt mitgeteilt werden.**

---

§ 68 Betriebsgutachten, Betriebswerk, Nutzungssatz

EStDV
S 2291

(1) [1]Das amtlich anerkannte Betriebsgutachten oder das Betriebswerk, das der erstmaligen Festsetzung des Nutzungssatzes zugrunde zu legen ist, muss vorbehaltlich des Absatzes 2 spätestens auf den Anfang des drittletzten Wirtschaftsjahrs aufgestellt worden sein, das dem Wirtschaftsjahr vorangegangen ist, in dem die nach § 34b des Gesetzes zu begünstigenden Holznutzungen angefallen sind. [2]Der Zeitraum von zehn Wirtschaftsjahren, für den der Nutzungssatz maßgebend ist, beginnt mit dem Wirtschaftsjahr, auf dessen Anfang das Betriebsgutachten oder Betriebswerk aufgestellt worden ist.

(2) [1]Bei aussetzenden forstwirtschaftlichen Betrieben genügt es, wenn das Betriebsgutachten oder Betriebswerk auf den Anfang des Wirtschaftsjahrs aufgestellt wird, in dem die nach § 34b des Gesetzes zu begünstigenden Holznutzungen angefallen sind. [2]Der Zeitraum von zehn Jahren, für den der Nutzungssatz maßgebend ist, beginnt mit dem Wirtschaftsjahr, auf dessen Anfang das Betriebsgutachten oder Betriebswerk aufgestellt worden ist.

(3) [1]Ein Betriebsgutachten im Sinne des § 34b Abs. 4 Nr. 1 des Gesetzes ist amtlich anerkannt, wenn die Anerkennung von einer Behörde oder einer Körperschaft des öffentlichen Rechts des Landes, in dem der forstwirtschaftliche Betrieb belegen ist, ausgesprochen wird. [2]Die Länder bestimmen, welche Behörden oder Körperschaften des öffentlichen Rechts diese Anerkennung auszusprechen haben.

34b.1 Holznutzungen

R 34b.1

Außerordentliche Holznutzungen

S 2291

(1) [1]Wirtschaftliche Gründe i. S. d. § 34b Abs. 1 Nr. 1 EStG sind volks- oder staatswirtschaftliche oder privatwirtschaftliche Gründe des Stpfl. [2]Eine Nutzung geschieht aus volks- oder staatswirt-

schaftlichen Gründen, wenn sie z. B. durch gesetzlichen oder behördlichen Zwang veranlasst worden ist.[1]) [3]Ein Zwang kann dabei schon angenommen werden, wenn der Stpfl. nach den Umständen des Falles der Ansicht sein kann, dass er im Falle der Verweigerung des Verkaufs ein behördliches Enteignungsverfahren zu erwarten habe. [4]Werden Waldgrundstücke enteignet oder unter dem Zwang einer drohenden Enteignung veräußert, handelt es sich bei dem mitveräußerten Holzbestand um eine Holznutzung aus wirtschaftlichen Gründen.

Nachgeholte Nutzungen i. S. d. § 34b Abs. 1 Nr. 1 EStG

(2) Nachgeholte Nutzungen sind mit Ausnahme der Holznutzungen infolge höherer Gewalt die in einem Wirtschaftsjahr über den Nutzungssatz hinausgehenden Nutzungen (Übernutzungen), um die die Nutzungen in den drei vorangegangenen Wirtschaftsjahren jeweils niedriger als der Nutzungssatz waren (eingesparte Nutzungen).

(3) Eingesparte Nutzungen können nur durch nachgeholte Nutzungen, niemals aber durch außerordentliche Holznutzungen und durch Holznutzungen infolge höherer Gewalt ausgeglichen werden.

(4) Für die Berechnung der Übernutzung des laufenden Wirtschaftsjahres gilt der Nutzungssatz des laufenden Wirtschaftsjahres; für die Berechnung der eingesparten Nutzungen der letzten drei Jahre gilt der Nutzungssatz, der für diese drei Jahre jeweils maßgebend war.

Eingesparte Nutzungen in Fällen des § 68 Abs. 2 EStDV

(5) [1]Bei der Ermittlung der eingesparten Nutzungen der letzten drei vorangegangenen Wirtschaftsjahre ist in den Fällen des § 68 Abs. 2 EStDV von dem erstmals aufgestellten Nutzungssatz, gekürzt um 10 %, auszugehen. [2]Hat der Stpfl. jedoch ein Betriebsgutachten oder Betriebswerk auf den Anfang des drittletzten Wirtschaftsjahres aufgestellt, ist bei der Ermittlung der eingesparten Nutzungen der nach diesem Betriebsgutachten oder Betriebswerk festgesetzte Nutzungssatz maßgebend.

Holznutzungen infolge höherer Gewalt (Kalamitätsnutzungen) i. S. d. § 34b Abs. 1 Nr. 2 EStG

(6) [1]Ob eine Holznutzung infolge höherer Gewalt im Wirtschaftsjahr des Eintritts des Naturereignisses oder in einem späteren Wirtschaftsjahr erfolgt, ist ohne Bedeutung. [2]Zu den begünstigten Holznutzungen infolge höherer Gewalt zählen nicht Schadensfälle von einzelnen Bäumen, z. B. Dürrhölzer, Schaden durch Blitzschlag, soweit sie sich im Rahmen der regelmäßigen natürlichen Abgänge halten.

(7) [1]Bei vorzeitigen Holznutzungen auf Grund von Schäden durch militärische Übungen sind dieselben Steuersätze wie für Holznutzungen infolge höherer Gewalt anzuwenden. [2]Ersatzleistungen für Schäden, die sich beseitigen lassen, z. B. Schäden an Wegen und Jungpflanzungen, sind nach R 6.6 zu behandeln.

Nutzungssatz

(8) [1]Der Nutzungssatz i. S. d. § 34b Abs. 4 Nr. 1 EStG ist eine steuerliche Bemessungsgrundlage. [2]Er muss den Nutzungen entsprechen, die unter Berücksichtigung der vollen jährlichen Ertragsfähigkeit des Waldes in Festmetern objektiv nachhaltig erzielbar sind. [3]Maßgebend für die Bemessung des Nutzungssatzes sind nicht die Nutzungen, die nach dem Willen des Betriebsinhabers in einem Zeitraum von 10 Jahren erzielt werden sollen (subjektiver Hiebsatz), sondern die Nutzungen, die unter Berücksichtigung der vollen Ertragsfähigkeit nachhaltig erzielt werden können (objektive Nutzungsmöglichkeit). [4]Aus diesem Grunde kann sich der Hiebsatz der Forsteinrichtung von dem Nutzungssatz unterscheiden.

H 34b.1

Hinweise

Außerordentliche Holznutzungen

→ § 34b Abs. 1 Nr. 1 EStG

Es ist unerheblich, ob sie in Nachhaltsbetrieben oder in aussetzenden Betrieben anfallen.

Sie können auch bei der Veräußerung von forstwirtschaftlichen Betrieben, Teilbetrieben oder einzelner forstwirtschaftlicher Grundstücksflächen vorliegen (→ R 14 Abs. 4).

1) Anm.: → RFH vom 23. 8. 1939 (RStBl S. 1056).

Baum-Bestand

- Als Wirtschaftsgut ist beim stehenden Holz der einzelne Bestand als kleinste forstliche Planungs- und Bewirtschaftungseinheit anzusehen, sofern dieser eine für die Annahme eines selbständigen Wirtschaftsguts ausreichende Größe von in der Regel mindestens 1 Hektar hat.
- Der Bestand zählt zum nicht abnutzbaren Anlagevermögen des Forstbetriebes.

→ BFH vom 5. 6. 2008 – IV R 50/07 – (BStBl II S. 968)

Forstschäden-Ausgleichsgesetz

→ Forstschäden-Ausgleichsgesetz;

Gesetz vom 26. 8. 1985 (BGBl. I S. 1757, BStBl I S. 592), zuletzt geändert durch Artikel 18 des JStG 2009.

Höhere Gewalt

Außerordentliche Holznutzungen infolge gesetzlicher oder behördlicher Anordnungen gehören nicht zu den Holznutzungen infolge höherer Gewalt (→ RFH vom 23. 8. 1939 – RStBl S. 1056).

Kalamitätsfolgehiebe

Muss ein nach einem Naturereignis stehengebliebener Bestand nach forstwirtschaftlichen Grundsätzen eingeschlagen werden (sog. Kalamitätsfolgehiebe), werden die daraus anfallenden Nutzungen steuerlich nur als Kalamitätsnutzungen begünstigt, wenn sie nicht in die planmäßige Holznutzung der nächsten Jahre einbezogen werden können, insbesondere aber, wenn nicht hiebreife Bestände eingeschlagen werden müssen (→ BFH vom 11. 4. 1961 – BStBl III S. 276).

Nachgeholte / *Eingesparte* Nutzungen

Beispiele zu R 34b.1 Abs. 3 und 4:

A. Nutzungssatz 10 000 fm

Gesamtnutzung des laufenden Wirtschaftsjahres 14 000 fm

Gesamtnutzung in den drei vorangegangenen Wirtschaftsjahren:

1. Wirtschaftsjahr 8 000 fm
2. Wirtschaftsjahr 15 000 fm
(die Übernutzung ist aus wirtschaftlichen Gründen erfolgt)
3. Wirtschaftsjahr 7 000 fm.

Von den Übernutzungen des 2. Wirtschaftsjahres waren auf Grund des § 34b Abs. 1 Nr. 1 Satz 3 EStG 2 000 fm als nachgeholte Nutzungen zu erfassen. Die restlichen 3 000 fm waren als außerordentliche Holznutzungen zu begünstigen und können deshalb nicht mit den im 3. Wirtschaftsjahr eingesparten Nutzungen ausgeglichen werden. Es verbleiben demnach aus den letzten drei Wirtschaftsjahren an eingesparten Nutzungen 3 000 fm. Um diese 3 000 fm eingesparte Nutzungen ist die Übernutzung des laufenden Wirtschaftsjahres von (Gesamtnutzung 14 000 fm – Nutzungssatz 10 000 fm =) 4 000 fm zu kürzen. Im laufenden Wirtschaftsjahr sind also 3 000 fm der Übernutzung als nachgeholte Nutzung anzusehen und 1 000 fm als außerordentliche Holznutzung zu versteuern. Wegen der Berechnung beim Zusammentreffen der verschiedenen Holznutzungsarten.

B. In den ersten beiden Wirtschaftsjahren betrug der Nutzungssatz 8 000 fm. Er wurde zu Beginn des 3. Wirtschaftsjahres auf 10 000 fm neu festgesetzt.

Für die Berechnung der Übernutzung im 4. Wirtschaftsjahr und für die Berechnung der eingesparten Nutzung im 3. Wirtschaftsjahr gilt der Nutzungssatz von 10 000 fm. Für die Berechnung der eingesparten Nutzungen in den beiden ersten Wirtschaftsjahren gilt der Nutzungssatz von 8 000 fm.

Nutzungssatz

→ § 34b Abs. 4 Nr. 1 EStG

→ R 34b.1 Abs. 8

→ R 34b.2 Abs. 2

Privatwirtschaftliche Gründe

Eine Nutzung ist aus privatwirtschaftlichen Gründen erfolgt, wenn sie der Stpfl. zur Erhaltung und Vermehrung seines Vermögens und nicht allein zur Erlangung steuerlicher Vorteile vornimmt. Dabei spielt es keine Rolle, ob sich Einkünfte i. S. d. EStG ergeben oder ob andere Vermögensbestandteile vorhanden sind (→ BFH vom 11. 11. 1993 – BStBl 1994 II S. 629).

Rotfäule

kann nur insoweit zu einer Holznutzung infolge höherer Gewalt führen, als sie einen Schaden verursacht, der die Summe der im forstwirtschaftlichen Betrieb des Stpfl. regelmäßig und üblich anfallenden Schäden mengenmäßig in erheblichem Umfang übersteigt (→ BFH vom 10. 10. 1963 – BStBl 1964 III S. 119).

→ Erlasse der obersten Finanzbehörden der Länder vom 15. 6. 1967 (BStBl II S. 197)

Stehendes Holz

- Als Wirtschaftsgut ist beim stehenden Holz der in einem selbständigen Nutzungs- und Funktionszusammenhang stehende Baumbestand anzusehen, der sich durch geographische Faktoren, die Holzartzusammensetzung oder die Altersklassenzusammensetzung deutlich von den übrigen Holzbeständen abgrenzt und regelmäßig eine Mindestgröße von einem Hektar umfasst.
- Ist für den Forstbetrieb ein amtlich anerkanntes Betriebsgutachten oder Betriebswerk erstellt worden, kann regelmäßig für die Bestimmung des Wirtschaftsguts an die darin ausgewiesene kleinste Planungs- und Bewirtschaftungseinheit, den Bestand, angeknüpft werden, soweit dieser die Mindestgröße von einem Hektar umfasst. – 3. Der Bestand zählt zum nicht abnutzbaren Anlagevermögen des Forstbetriebs.

→ BFH vom 5. 6. 2008 – IV R 67/05 – (BStBl II S. 960)

Zusammentreffen der verschiedenen Holznutzungsarten

Beispiele:

A. Kalamitätsnutzungen und übrige Holznutzungen übersteigen zusammen den Nutzungssatz

Nutzungssatz	10 000 fm
Gesamtnutzung	15 000 fm

(davon 7 000 fm infolge höherer Gewalt)

Die Holznutzungsarten sind wie folgt zu ermitteln:

Gesamtnutzung	15 000 fm
davon infolge höherer Gewalt	– 7 000 fm
übrige Holznutzungen	8 000 fm
Nutzungssatz	10 000 fm
übrige Holznutzungen	– 8 000 fm
Restbetrag	2 000 fm
Holznutzungen infolge höherer Gewalt	7 000 fm
Begünstigt sind nach § 34b Abs. 3 Nr. 1 EStG	5 000 fm

B. Begrenzung begünstigter Holznutzungen durch eingesparte Nutzungen i. S. d. § 34b Abs. 1 Satz 1 Nr. 1 Satz 3 EStG

Nutzungssatz	10 000 fm
Gesamtnutzung	17 000 fm

(davon – 2 000 fm Holznutzungen infolge höherer Gewalt

– 3 500 fm außerordentliche Holznutzungen)

Gesamtnutzung in den drei vorangegangenen Wirtschaftsjahren:

im 1. Wirtschaftsjahr:	8 000 fm
Im 2. Wirtschaftsjahr:	12 000 fm (davon 4 500 fm infolge höherer Gewalt)
im 3. Wirtschaftsjahr:	9 000 fm

Die Holznutzungsarten sind wie folgt zu ermitteln:

Gesamtnutzung		17 000 fm
davon infolge höherer Gewalt (begünstigt nach § 34b Abs. 3 Nr. 1 EStG)		– 2 000 fm
		15 000 fm
Nutzungssatz		– 10 000 fm
verbleibende Übernutzung		5 000 fm

Berechnung der eingesparten Nutzungen:

1. Wirtschaftsjahr:		8 000 fm
2. Wirtschaftsjahr insgesamt:	12 000 fm	

Abzüglich			
Holznutzungen infolge höherer Gewalt	4 500 fm		
darauf entfallender Teil des Nutzungssatzes			
(10 000 fm – 7 500 fm = 2 500 fm)	– 2 500 fm		
	2 000 fm	– 2 000 fm	
		10 000 fm	10 000 fm
3. Wirtschaftsjahr:			9 000 fm

Unter Berücksichtigung des Nutzungssatzes von 10 000 fm ergeben sich eingesparte Nutzungen:

im 1. Wirtschaftsjahr (10 000 fm – 8 000 fm)	2 000 fm
im 2. Wirtschaftsjahr (10 000 fm – 10 000 fm)	0 fm
im 3. Wirtschaftsjahr (10 000 fm – 9 000 fm)	1 000 fm
eingesparte Nutzungen i. S. d. § 34b Abs. 1 Nr. 1 Satz 3 EStG	3 000 fm
verbleibende Übernutzung	5 000 fm
eingesparte Nutzungen	– 3 000 fm
verbleiben (maximales Begünstigungsvolumen i. S. d. § 34b Abs. 1 Nr. 1 EStG)	2 000 fm
außerordentliche Holznutzungen insgesamt	3 500 fm
begünstigt sind nach § 34b Abs. 1 Nr. 1 i. V. m. § 34 Abs. 2 Nr. 5 EStG maximal	2 000 fm

Die verbleibenden 1500 fm außerordentliche Holznutzungen sind nicht begünstigt.

34b.2 Voraussetzungen für die Anwendung der Vergünstigungen des § 34b EStG

R 34b.2

S 2291

Allgemeines

(1) [1]Die Anschaffungs- oder Herstellungskosten eines Waldes müssen dann und in dem Maße zum Abzug zugelassen werden, als der Gewinn durch Abholzung oder Weiterverkauf des stehenden Holzes realisiert wird. [2]Sind in Wirtschaftsjahren, die vor dem 1. 1. 1999 begonnen haben, die Anschaffungs- oder Herstellungskosten jährlich um 3 % entsprechend R 212 Abs. 1 EStR 1999 gemindert worden, ist für den Abzug von den verminderten Anschaffungs- oder Herstellungskosten auszugehen. [3]Es muss sich dabei um wesentliche Teile des aktivierten Waldes handeln, nicht um das Herausschlagen einzelner Bäume, weil der Wald steuerlich nicht als die Summe einzelner Bäume, sondern als wirtschaftlich zusammenhängende Einheit anzusehen ist. [4]Wiederaufforstungskosten stellen – im Gegensatz zu aktivierungspflichtigen Anschaffungs- oder Erstaufforstungskosten – im Allgemeinen sofort abzugsfähige Betriebsausgaben dar.

Betriebsgutachten

(2) [1]Die amtliche Anerkennung schließt eine Prüfung durch das Finanzamt nicht aus. [2]Aus Vereinfachungsgründen soll bei Betrieben mit weniger als 30 Hektar forstwirtschaftlich genutzter Fläche, für die nicht bereits aus anderen Gründen ein amtlich anerkanntes Betriebsgutachten vorliegt, auf die Festsetzung eines Nutzungssatzes durch ein amtlich anerkanntes Betriebsgutachten verzichtet werden. [3]In diesen Fällen ist bei der Anwendung des § 34b EStG ein Nutzungssatz (→ R 34b.1 Abs. 8) von 4,5 fm ohne Rinde je Hektar zugrunde zu legen.

Nutzungsnachweis

(3) Für den Nutzungsnachweis nach § 34b Abs. 4 Nr. 2 EStG genügt es, die Holznutzungen infolge höherer Gewalt von den übrigen Nutzungen zu trennen.

Aktivierung

(4) Von der Aktivierung eingeschlagenen und unverkauften Kalamitätsholzes kann nach § 4a des Forstschäden-Ausgleichsgesetzes ganz oder teilweise abgesehen werden.

Schätzung

(5) [1]Sind aus der Buchführung Merkmale, die für die Anwendung des § 34b EStG von Bedeutung sind, nicht klar ersichtlich, sind diese im Wege der Schätzung zu ermitteln. [2]Entsprechendes gilt bei nichtbuchführenden Land- und Forstwirten.

Unverzügliche Mitteilung

(6) Die Mitteilung über Schäden infolge höherer Gewalt darf nicht deshalb verzögert werden, weil der Schaden dem Umfang und der Höhe nach noch nicht feststeht.

H 34b.2

Hinweise

Anschaffungs- und Herstellungskosten

Aktivierungspflichtig sind Waldanschaffungskosten und Erstaufforstungskosten (→ BFH vom 19. 12. 1962 – BStBl 1963 III S. 357).

Kahlschlag

Wird ein erworbener Holzbestand durch Kahlschlag verringert, so mindern die anteiligen Anschaffungskosten den Erlös aus der Veräußerung des Holzes (→ BFH vom 10. 11. 1994 – BStBl 1995 II S. 779).

R 34b.3

34b.3 Berechnung der Einkünfte aus außerordentlichen Holznutzungen, nachgeholten Nutzungen und Holznutzungen infolge höherer Gewalt

S 2291

(1) [1]Bei der Aufteilung der Erlöse aus den einzelnen Holznutzungsarten ist nicht von den Reinerlösen, sondern von den Roherlösen auszugehen. [2]Die Roherlöse aus den nachgeholten Nutzungen und den außerordentlichen Holznutzungen sind in der Regel mit dem Durchschnittsfestmeterpreis des Gesamteinschlags zu berechnen. [3]Weist der Stpfl. nach, dass er die über den Nutzungssatz hinausgehende Holznutzung ausschließlich in der Endnutzung geführt hat und hat er in der Buchführung eine einwandfreie Trennung von End- und Vornutzung nach Masse und Wert vorgenommen, kann der Durchschnittsfestmeterpreis der Endnutzung unterstellt werden. [4]Sind in dem Gesamteinschlag Holznutzungen infolge höherer Gewalt enthalten, ist der Erlös aus diesen Holznutzungen vorher abzusetzen.

(2) [1]Die Roherlöse der innerhalb des Nutzungssatzes anfallenden Holznutzungen sind um die persönlichen und sachlichen Verwaltungskosten, Grundsteuer und Zwangsbeiträge, soweit sie zu den festen Betriebsausgaben gehören, zu kürzen. [2]Fallen innerhalb des Nutzungssatzes neben den ordentlichen Nutzungen auch Holznutzungen infolge höherer Gewalt an, sind die bezeichneten Betriebsausgaben in dem Verhältnis aufzuteilen, in dem innerhalb des Nutzungssatzes die Roherlöse dieser beiden Nutzungen zueinander stehen. [3]Bei Anwendung der Betriebsausgabenpauschale nach § 51 EStDV oder § 4 Forstschäden-Ausgleichsgesetz ist der Pauschsatz von den Einnahmen aus der jeweiligen Holznutzung abzuziehen.

(3) [1]Alle übrigen in Absatz 2 nicht bezeichneten Betriebsausgaben, auch die Zuführungen zur Rücklage nach § 3 Forstschäden-Ausgleichsgesetz, sind anteilmäßig auf die einzelnen Nutzungsarten aufzuteilen. [2]Das gilt bei Holznutzungen infolge höherer Gewalt auch insoweit, als diese innerhalb und außerhalb des Nutzungssatzes anfallen.

H 34b.3

Hinweise

Beispiel:

A. (zu R 34b.3 Abs. 1)

		Roherlös	
		im Ganzen	je fm
Nutzungssatz	4000 fm		
Gesamteinschlag im Wirtschaftsjahr (ohne Holznutzung infolge höherer Gewalt)	6000 fm	180 000 €	30 €

Demnach beträgt der Roherlös aus den über den Nutzungssatz hinausgehenden Holznutzungen:

(6000 fm – 4000 fm =) 2000 fm × 30 € = 60 000 €.

B. (zu R 34b.3 Abs. 1)

Die über den Nutzungssatz hinausgehende Holznutzung ist nachweisbar in der Endnutzung geführt; End- und Vornutzung sind nach Masse und Wert in den Büchern getrennt.

		Roherlös	
		im Ganzen	je fm
Nutzungssatz	4 000 fm		
Gesamteinschlag im Wirtschaftsjahr (ohne Holznutzung infolge höherer Gewalt)	6 000 fm	180 000 €	30 €
Vornutzung	– 1 000 fm	– 15 000 €	15 €
Endnutzung	5 000 fm	165 000 €	33 €

Demnach beträgt der Roherlös aus den über den Nutzungssatz hinausgehenden Holznutzungen:

(6 000 fm – 4 000 fm =) 2 000 fm × 33 € = 66 000 €.

C. (zu R 34b.3 Abs. 3)

		Gesamtbetrag	davon entfallen auf		
			ordentliche Holznutzungen	außerordentliche Holznutzungen	Holznutzungen infolge höherer Gewalt
	€	€	€	€	€
Roherlös		150 000	100 000	30 000	20 000
Betriebsausgaben	70 000	– 70 000			
davon Betriebsausgaben im Sinne des § 34b Abs. 2 Nr. 1 EStG	25 000		– 25 000		
Die übrigen Betriebsausgaben (§ 34b Abs. 2 Nr. 2 EStG) in Höhe von	45 000				
sind im Verhältnis 100 000 : 30 000 : 20 000 aufzuteilen			– 30 000	– 9 000	– 6 000
Gewinn		80 000	45 000	21 000	14 000

D. (zu R 34b.3 Abs. 3)

		Gesamtbetrag	davon entfallen auf		
			ordentliche Holznutzungen	Holznutzungen infolge höherer Gewalt, die	
				a) innerhalb des Nutzungssatzes anfallen	b) außerhalb des Nutzungssatzes anfallen
	€	€	€	€	€
Roherlös		150 000	80 000	20 000	50 000
Betriebsausgaben	70 000	– 70 000			
davon Betriebsausgaben im Sinne des § 34b Abs. 2 Nr. 1 EStG	25 000				
Sie sind aufzuteilen im Verhältnis 80 000 : 20 000			– 20 000	– 5 000	
Die übrigen Betriebsausgaben (§ 34b Abs. 2 Nr. 2 EStG) in Höhe von	45 000				
sind aufzuteilen im Verhältnis 80 000 : 20 000 : 50 000			– 24 000	– 6 000	– 15 000
Gewinn		80 000	36 000	9 000	35 000

Feste Betriebsausgaben

1. Persönliche Verwaltungskosten

   Dazu gehören z. B. das Gehalt des ständig angestellten Försters und die Gehälter der Angestellten eines Verwaltungsbüros, soweit sie für den forstwirtschaftlichen Betrieb tätig sind.

2. Sachliche Verwaltungskosten

   Dazu gehören z. B. Ausgaben für das Verwaltungsbüro (Licht, Heizung, Papier u. ä.).

   Dazu gehören z. B. nicht Kultur- und Wegebaukosten.

R 34b.4

34b.4 Umfang der steuerbegünstigten Einkünfte

S 2291

[1]Die Gewinne aus außerordentlichen Holznutzungen (→ R 34.1 Abs. 4 Satz 2) und aus Kalamitätsnutzungen unterliegen nur insoweit einer Steuervergünstigung, als nicht in früheren VZ mit diesen Holznutzungen unmittelbar zusammenhängende Betriebsausgaben die Einkünfte des Stpfl. gemindert haben. [2]Treffen steuerbegünstigte Kalamitätsnutzungen i. S. d. § 34b Abs. 3 EStG mit außerordentlichen Einkünften i. S. d. § 34 Abs. 2 EStG zusammen und übersteigen diese Einkünfte das zu versteuernde Einkommen, sind die von der Summe der Einkünfte, dem Gesamtbetrag der Einkünfte und dem Einkommen abzuziehenden Beträge zunächst bei den nicht nach § 34 EStG begünstigten Einkünften, danach bei den nach § 34 Abs. 1 EStG begünstigten Einkünften und danach bei den nach § 34 Abs. 3 EStG begünstigten Einkünften zu berücksichtigen, wenn der Stpfl. keine andere Zuordnung beantragt; der Freibetrag nach § 13 Abs. 3 EStG darf dabei nur von Einkünften aus Land- und Forstwirtschaft abgezogen werden.

R 34b.5

34b.5 Höhe der Steuersätze

S 2291

[1]Für das gesamte z. v. E. i. S. d. § 32a Abs. 1 EStG – also einschließlich der Einkünfte aus Kalamitätsnutzungen – ist der Steuerbetrag nach den allgemeinen Tarifvorschriften zu ermitteln. [2]Aus dem Verhältnis des sich ergebenden Steuerbetrags zu dem gesamten z. v. E. ergibt sich der durchschnittliche Steuersatz, der auf vier Dezimalstellen abzurunden ist. [3]Die Hälfte bzw. ein Viertel dieses durchschnittlichen Steuersatzes ist der anzuwendende ermäßigte Steuersatz nach § 34b Abs. 3 EStG.

V. Steuerermäßigungen

1. Steuerermäßigung bei ausländischen Einkünften

EStG
S 2293

§ 34c

Anhang 7 [1])

(1) [1]Bei unbeschränkt Steuerpflichtigen, die mit ausländischen Einkünften in dem Staat, aus dem die Einkünfte stammen, zu einer der deutschen Einkommensteuer entsprechenden Steuer herangezogen werden, ist die festgesetzte und gezahlte und um einen entstandenen Ermäßigungsanspruch gekürzte ausländische Steuer auf die deutsche Einkommensteuer anzurechnen, die auf die Einkünfte aus diesem Staat entfällt. [2]Die auf diese ausländischen Einkünfte entfallende deutsche Einkommensteuer ist in der Weise zu ermitteln, dass die sich bei der Veranla-

---

1) ***Absatz 1 Satz 1 bis 3 wurde durch das JStG 2009 ab VZ 2009 (→ § 52 Abs. 49 Satz 1 EStG) geändert.***

Anm.: Die geänderte Fassung der Sätze 1 bis 3 lautet:
[1]Bei unbeschränkt Steuerpflichtigen, die mit ausländischen Einkünften in dem Staat, aus dem die Einkünfte stammen, zu einer der deutschen Einkommensteuer entsprechenden Steuer herangezogen werden, ist die festgesetzte und gezahlte und um einen entstandenen Ermäßigungsanspruch gekürzte ausländische Steuer auf die deutsche Einkommensteuer anzurechnen, die auf die Einkünfte aus diesem Staat entfällt; das gilt nicht für Einkünfte aus Kapitalvermögen, auf die § 32d Abs. 1 und 3 bis 6 anzuwenden ist. [2]Die auf die ausländischen Einkünfte nach Satz 1 erster Halbsatz entfallende deutsche Einkommensteuer ist in der Weise zu ermitteln, dass die sich bei der Veranlagung des zu versteuernden Einkommens, einschließlich der ausländischen Einkünfte, nach den §§ 32a, 32b, 34, 34a und 34b ergebende deutsche Einkommensteuer im Verhältnis dieser ausländischen Einkünfte zur Summe der Einkünfte aufgeteilt wird. [3]Bei der Ermittlung des zu versteuernden Einkommens, der Summe der Einkünfte und der ausländischen Einkünfte sind die Einkünfte nach Satz 1 zweiter Halbsatz nicht zu berücksichtigen; bei der Ermittlung der ausländischen Einkünfte sind die ausländischen Einkünfte nicht zu berücksichtigen, die in dem Staat, aus dem sie stammen, nach dessen Recht nicht besteuert werden.

gung des zu versteuernden Einkommens, einschließlich der ausländischen Einkünfte, nach den §§ 32a, 32b, 32c, 34, *34a* und 34b ergebende deutsche Einkommensteuer im Verhältnis dieser ausländischen Einkünfte zur Summe der Einkünfte aufgeteilt wird. [3]Bei der Ermittlung der ausländischen Einkünfte sind die ausländischen Einkünfte nicht zu berücksichtigen, die in dem Staat, aus dem sie stammen, nach dessen Recht nicht besteuert werden. [4]Gehören ausländische Einkünfte der in § 34d Nr. 3, 4, 6, 7, und 8 Buchstabe c genannten Art zum Gewinn eines inländischen Betriebes, sind bei ihrer Ermittlung Betriebsausgaben und Betriebsvermögensminderungen abzuziehen, die mit den diesen Einkünften zugrunde liegenden Einnahmen in wirtschaftlichem Zusammenhang stehen. [5]Die ausländischen Steuern sind nur insoweit anzurechnen, als sie auf die im Veranlagungszeitraum bezogenen Einkünfte entfallen. [1)]

(2) Statt der Anrechnung (Absatz 1) ist die ausländische Steuer auf Antrag bei der Ermittlung der Einkünfte abzuziehen, soweit sie auf ausländische Einkünfte entfällt, die nicht steuerfrei sind. S 2293a

(3) Bei unbeschränkt Steuerpflichtigen, bei denen eine ausländische Steuer vom Einkommen nach Absatz 1 nicht angerechnet werden kann, weil die Steuer nicht der deutschen Einkommensteuer entspricht oder nicht in dem Staat erhoben wird, aus dem die Einkünfte stammen, oder weil keine ausländischen Einkünfte vorliegen, ist die festgesetzte und gezahlte und um einen entstandenen Ermäßigungsanspruch gekürzte ausländische Steuer bei der Ermittlung der Einkünfte abzuziehen, soweit sie auf Einkünfte entfällt, die der deutschen Einkommensteuer unterliegen. S 2293a

(4) (weggefallen) S 2293

(5) Die obersten Finanzbehörden der Länder oder die von ihnen beauftragten Finanzbehörden können mit Zustimmung des Bundesministeriums der Finanzen die auf ausländische Einkünfte entfallende deutsche Einkommensteuer ganz oder zum Teil erlassen oder in einem Pauschbetrag festsetzen, wenn es aus volkswirtschaftlichen Gründen zweckmäßig ist oder die Anwendung des Absatzes 1 besonders schwierig ist. S 2293

(6) [1]Die Absätze 1 bis 3 sind vorbehaltlich der Sätze 2 bis 6 nicht anzuwenden, wenn die Einkünfte aus einem ausländischen Staat stammen, mit dem ein Abkommen zur Vermeidung der Doppelbesteuerung besteht. [2]Soweit in einem Abkommen zur Vermeidung der Doppelbesteuerung die Anrechnung einer ausländischen Steuer auf die deutsche Einkommensteuer vorgesehen ist, sind Absatz 1 Sätze 2 bis 5 und Absatz 2 entsprechend auf die nach dem Abkommen anzurechnende ausländische Steuer anzuwenden; bei nach dem Abkommen als gezahlt geltenden ausländischen Steuerbeträgen sind Absatz 1 Satz 3 und Absatz 2 nicht anzuwenden. [2)] [3]Absatz 1 Satz 3 gilt auch dann entsprechend, wenn die Einkünfte in dem ausländischen Staat nach dem Abkommen zur Vermeidung der Doppelbesteuerung mit diesem Staat nicht besteuert werden können. [4]Bezieht sich ein Abkommen zur Vermeidung der Doppelbesteuerung nicht auf eine Steuer vom Einkommen dieses Staates, so sind die Absätze 1 und 2 entsprechend anzuwenden. [5]In den Fällen des § 50d Abs. 9 sind die Absätze 1 bis 3 und Satz 6 entsprechend anzuwenden. [3)] [6]Absatz 3 ist anzuwenden, wenn der Staat, mit dem ein Abkommen zur Vermeidung der Doppelbesteuerung besteht, Einkünfte besteuert, die nicht aus diesem Staat stammen, es sei denn, die Besteuerung hat ihre Ursache in einer Gestaltung, für die wirtschaftliche oder sonst beachtliche Gründe fehlen, oder das Abkommen gestattet dem Staat die Besteuerung dieser Einkünfte. S 2293 S 2293a

(7) Durch Rechtsverordnung können Vorschriften erlassen werden über S 2293 S 2293a

1. die Anrechnung ausländischer Steuern, wenn die ausländischen Einkünfte aus mehreren fremden Staaten stammen,
2. den Nachweis über die Höhe der festgesetzten und gezahlten ausländischen Steuern,
3. die Berücksichtigung ausländischer Steuern, die nachträglich erhoben oder zurückgezahlt werden.

---

1) ***Absatz 1 Satz 2 wurde durch das Unternehmensteuerreformgesetz 2008 und durch das JStG 2008 ab VZ 2008 geändert → § 52 Abs. 49 Satz 2 EStG.***

2) ***Absatz 6 Satz 2 wurde durch das JStG 2009 ab VZ 2009 (→ § 52 Abs. 49 Satz 1 EStG) geändert.***

Anm.: Die geänderte Fassung des Satzes 2 lautet:
Soweit in einem Abkommen zur Vermeidung der Doppelbesteuerung die Anrechnung einer ausländischen Steuer auf die deutsche Einkommensteuer vorgesehen ist, sind Absatz 1 Satz 2 bis 5 und Absatz 2 entsprechend auf die nach dem Abkommen anzurechnende ausländische Steuer anzuwenden; das gilt nicht für Einkünfte, auf die § 32d Abs. 1 und 3 bis 6 anzuwenden ist; bei nach dem Abkommen als gezahlt geltenden ausländischen Steuerbeträgen sind Absatz 1 Satz 3 und Absatz 2 nicht anzuwenden.

3) Absatz 6 Satz 5 i. V. m. Satz 1 in der abgedruckten Fassung ist für alle VZ anzuwenden, soweit Steuerbescheide noch nicht bestandskräftig sind → § 52 Abs. 49 ***Satz 3*** EStG.

EStDV
S 2293

§ 68a Einkünfte aus mehreren ausländischen Staaten

[1]Die für die Einkünfte aus einem ausländischen Staat festgesetzte und gezahlte und keinem Ermäßigungsanspruch mehr unterliegende ausländische Steuer ist nur bis zur Höhe der deutschen Steuer anzurechnen, die auf die Einkünfte aus diesem ausländischen Staat entfällt. [2]Stammen die Einkünfte aus mehreren ausländischen Staaten, so sind die Höchstbeträge der anrechenbaren ausländischen Steuern für jeden einzelnen ausländischen Staat gesondert zu berechnen.

EStDV
S 2293

§ 68b Nachweis über die Höhe der ausländischen Einkünfte und Steuern

[1]Der Steuerpflichtige hat den Nachweis über die Höhe der ausländischen Einkünfte und über die Festsetzung und Zahlung der ausländischen Steuern durch Vorlage entsprechender Urkunden (z. B. Steuerbescheid, Quittung über die Zahlung) zu führen. [2]Sind diese Urkunden in einer fremden Sprache abgefasst, so kann eine beglaubigte Übersetzung in die deutsche Sprache verlangt werden.

EStDV

§ 69

S 2293 *– weggefallen –*

R 34c

34c. Anrechnung und Abzug ausländischer Steuern

Umrechnung ausländischer Steuern

S 2293 S 2293a (1) [1]Die nach § 34c Abs. 1 und Abs. 6 EStG auf die deutsche Einkommensteuer anzurechnende oder nach § 34c Abs. 2, 3 und 6 EStG bei der Ermittlung der Einkünfte abzuziehende ausländische Steuer ist auf der Grundlage der von der Europäischen Zentralbank täglich veröffentlichten Euro-Referenzkurse umzurechnen. [2]Zur Vereinfachung ist die Umrechnung dieser Währungen auch zu den Umsatzsteuer-Umrechnungskursen zulässig, die monatlich im Bundessteuerblatt Teil I veröffentlicht werden.

Zu berücksichtigende ausländische Steuer

(2) [1]Entfällt eine zu berücksichtigende ausländische Steuer auf negative ausländische Einkünfte, die unter die Verlustausgleichsbeschränkung des § 2a Abs. 1 EStG fallen, oder auf die durch die spätere Verrechnung gekürzten positiven ausländischen Einkünfte, ist sie im Rahmen des Höchstbetrags (→ Absatz 3) nach § 34c Abs. 1 EStG anzurechnen oder auf Antrag nach § 34c Abs. 2 EStG bei der Ermittlung der Einkünfte abzuziehen. [2]Bei Abzug erhöhen sich die – im VZ nicht ausgleichsfähigen – negativen ausländischen Einkünfte. [3]Die ***nach § 34c Abs. 1 und 6 anzurechnende*** ausländische Steuer ist nicht zu kürzen, wenn die entsprechenden Einnahmen nach § 3 Nr. 40 EStG ***teilweise steuerfrei*** sind.

H 34c (1–2)

Hinweise

Anrechnung ausländischer Steuern bei Bestehen von DBA

→ H 34c (5) (Anrechnung)

Festsetzung ausländischer Steuern

Keine fehlende Festsetzung i. S. d. § 34c Abs. 1 EStG bei einer Anmeldungssteuer. Anrechnung solcher Steuern hängt von einer hinreichend klaren Bescheinigung des Anmeldenden über die Höhe der für den Stpfl. abgeführten Steuer ab (→ BFH vom 5. 2. 1992 – BStBl II S. 607).

Nichtanrechenbare ausländische Steuern

→ § 34c Abs. 3 EStG

Anhang 6 **Verzeichnis ausländischer Steuern in Nicht-DBA-Staaten, die der deutschen Einkommensteuer entsprechen**

→ Anhang 12 die Entsprechung nicht aufgeführter ausländischer Steuern mit der deutschen Einkommensteuer wird erforderlichenfalls vom Bundesministerium der Finanzen festgestellt.

Hongkong Income Tax

Seit dem Steuerjahr 2003/2004 unterliegen die in der Sonderverwaltungszone Hongkong erzielten Gewinne von Kapitalgesellschaften einer Gewinnsteuer („Profit Tax") von 17,5 %. Eine Quellensteuer wird auf die Ausschüttungen (Dividenden) nicht erhoben.

Bei der beantragten Anrechnung der "Hongkong Income Tax" handelt es sich nach Auffassung des BZSt um die Gewinnsteuer („Profit Tax") der Kapitalgesellschaft, die keine Quellensteuerbelastung für den Anteilseigner darstellt. Eine Anrechnung (§ 34c Abs. 1 EStG) sowie ein Abzug (§ 34c Abs. 2 EStG) der ausgewiesenen „Hongkong Income Tax" kommen daher nicht in Betracht.

→ OFD Koblenz vom 15. 3. 2007, S 2293 A – St 33 3 (StEK EStG § 34 c/204)

Ermittlung des Höchstbetrags für die Steueranrechnung

(3) [1]Bei der Ermittlung des Höchstbetrags nach § 34c Abs. 1 Satz 2 EStG bleiben ausländische Einkünfte, die nach § 34c Abs. 5 EStG pauschal besteuert werden, und die Pauschsteuer außer Betracht. [2]Ebenfalls nicht zu berücksichtigen sind nach § 34c Abs. 1 Satz 3 EStG die ausländischen Einkünfte, die in dem Staat, aus dem sie stammen, nach dessen Recht nicht besteuert werden. [3]Die ausländischen Einkünfte sind für die deutsche Besteuerung unabhängig von der Einkünfteermittlung im Ausland nach den Vorschriften des deutschen Einkommensteuerrechts zu ermitteln. [4]Dabei sind alle Betriebsausgaben und Werbungskosten zu berücksichtigen, die mit den im Ausland erzielten Einnahmen in wirtschaftlichem Zusammenhang stehen. [5]Die § 3 Nr. 40 und § 3c Abs. 2 EStG sind zu beachten. [6]Der Sparer-Freibetrag ***(§ 20 Abs. 4 EStG in der am 31. 12. 2008 geltenden Fassung) bzw. der Sparer-Pauschbetrag (§ 20 Abs. 9 EStG in der ab 1. 1. 2009 geltenden Fassung)*** wird insoweit abgezogen, als er auf die ausländischen Einkünfte (jeweils getrennt nach Staaten) entfällt. [7]Bei zusammenveranlagten Ehegatten (→ § 26b EStG) ist für die Ermittlung des Höchstbetrags eine einheitliche Summe der Einkünfte zu bilden. [8]Haben zusammenveranlagte Ehegatten ausländische Einkünfte aus demselben Staat bezogen, sind für die nach § 68a EStDV für jeden einzelnen ausländischen Staat gesondert durchzuführende Höchstbetragsberechnung der anrechenbaren ausländischen Steuern die Einkünfte und anrechenbare Steuern der Ehegatten aus diesem Staat zusammenzurechnen.

Hinweise

H 34c (3)

Anrechnung (bei)

- **abweichender ausländischer Bemessungsgrundlage**

  Keinen Einfluss auf die Höchstbetragsberechnung, wenn Einkünfteidentität dem Grunde nach besteht (→ BFH vom 2. 2. 1994, Leitsatz 8 – BStBl II S. 727),
- **abweichender ausländischer Steuerperiode möglich** → BFH vom 4. 6. 1991 (BStBl 1992 II S. 187),
- **schweizerischer Steuern bei sog. Pränumerando-Besteuerung** mit Vergangenheitsbemessung → BFH vom 31. 7. 1991 (BStBl II S. 922),
- **schweizerischer Abzugssteuern bei Grenzgängern**

  § 34c EStG nicht einschlägig. Die Anrechnung erfolgt in diesen Fällen entsprechend § 36 EStG (→ Artikel 15a Abs. 3 DBA Schweiz).

Ermittlung des Höchstbetrags für die Steueranrechnung

Beispiel 1:

Ein verheirateter Stpfl., der im Jahr 2005 das 65. Lebensjahr vollendet hatte, hat im Jahr ***2008***

Einkünfte aus Gewerbebetrieb	100 000 €
andere Einkünfte	5 300 €
Sonderausgaben und Freibeträge	6 140 €

In den Einkünften aus Gewerbebetrieb sind Darlehenszinsen von einem ausländischen Schuldner im Betrag von 20 000 € enthalten, für die im Ausland eine Einkommensteuer von 2 500 € gezahlt werden musste. Nach Abzug der hierauf entfallenden Betriebsausgaben einschließlich Refinanzierungskosten betragen die ausländischen Einkünfte 6 500 €. Die auf die ausländischen Einkünfte entfallende anteilige deutsche Einkommensteuer ist wie folgt zu ermitteln:

S. d. E. (100 000 € + 5 300 € =)	105 300 €
Altersentlastungsbetrag	– 1 908 €
G. d. E.	103 392 €

Sonderausgaben und Freibeträge	– 6 140 €
z. v. E.	97 260 €
Einkommensteuer nach dem Splittingtarif	25 076 €
anteilige Steuer = 25 076 × 6 500 : 105 300 = 1 547,90 € (aufgerundet)	1 548 €

Nur bis zu diesem Betrag kann die ausländische Steuer angerechnet werden.

Beispiel 2:

Ein lediger Stpfl. hat im VZ ***2008***

Einkünfte aus im Inland ausgeübter nichtselbstständiger Arbeit		100 000 €
Inländische Einnahmen aus Kapitalvermögen	300 €	
Ausländische Einnahmen aus Kapitalvermögen	300 €	
Werbungskostenpauschbetrag	– 51 €	
Sparerfreibetrag	– 549 €	0 €

Eine Anrechnung der auf den ausländischen Kapitalerträgen lastenden ausländischen Steuern ist nicht zulässig, weil die Einkünfte aus Kapitalvermögen 0 € betragen.

Beispiel 3:

Ein lediger Stpfl., 35 Jahre alt, hat im VZ ***2008*** Einkünfte aus einem inländischen Gewerbebetrieb	100 000 €		
Einkünfte aus einer im Staat A (kein DBA) belegenen Betriebsstätte	10 000 €	110 000 €	
Inländische Einnahmen aus Kapitalvermögen	1 200 €		
Ausländische Einnahmen aus Kapitalvermögen (Staat A)	2 000 €		
Den ausländischen Kapitaleinnahmen zuordenbare Werbungskosten	– 2 500 €	– 500 €	
Sparerfreibetrag		– 700 €	0 €
G. d. E.	110 000 €		
Sonderausgaben und Freibeträge	– 10 000 €		
z. v. E	100 000 €		
Einkommensteuer nach dem Grundtarif	34 086 €		
Einkünfte aus Staat A			
aus Gewerbebetrieb	10 000 €		
aus Kapitalvermögen	– 500 €		
anteilige Steuer	9 500 €		
= 34 086 × 9 500 : 110 000			
= 2 943,79 € (aufgerundet)	2 944 €		

Nur bis zu diesem Betrag kann die ausländische Steuer angerechnet werden.

Negative ausländische Einkünfte

Bei der Ermittlung des Höchstbetrags ist § 2a Abs. 1 und 2 EStG sowohl im Jahr des Entstehens von Verlusten als auch in den Jahren späterer Verrechnung zu beachten.

Quellensteuerhöchstsätze bei ausländischen Einnahmen aus Dividenden, Zinsen und Lizenzgebühren unbeschränkt steuerpflichtiger natürlicher Personen

→ OFD Nürnberg 26. 8. 2004, S 1300–247/St 32:

Angegeben ist die maximal anrechenbare ausländische Quellensteuer des Bruttobetrages in %, in Klammern darunter (eine ggf. stattdessen anrechenbare fiktive Quellensteuer).

DBA-Staat	Dividenden	Zinsen	Lizenzgebühren
Ägypten	15[1]) (fiktiv: maximal 15)	15 (fiktiv: maximal 15)	15 oder 25
Argentinien	15 (fiktiv: 20)	10 oder 15 (fiktiv: 15)	15 oder unbegrenzt (fiktiv:20)[2])
Armenien	Fortgeltung DBA UdSSR (siehe dort)		
Aserbaidschan	Fortgeltung DBA UdSSR (siehe dort)		

1) Ggf. 20 % der Nettodividende nach Art. 10 Abs. 3 des DBA.
2) Nur bei bestimmten Lizenzgebühren.

DBA-Staat	Dividenden	Zinsen	Lizenzgebühren
Australien	15	10	10
Bangladesch	15 (fiktiv: 15)	10 (fiktiv: 15)	10 (fiktiv: 15)
Belarus (Weißrussland)	Fortgeltung DBA UdSSR (siehe dort)		
Belgien	15	15	0
Bolivien	15	15 (fiktiv: 20)	15 (fiktiv: 20)
Bosnien/ Herzegowina	Fortgeltung DBA Jugoslawien (siehe dort)		
Brasilien	15 (fiktiv: 20)	15 (fiktiv: 20)	15 oder 25 (fiktiv: 20)[1])
Bulgarien	15	0	5
Ceylon	siehe Sri Lanka		
China[2])	10 (fiktiv: 10)	15 (fiktiv: 15)	7 oder 10 (fiktiv: 15)
Côte d'Ivoire	15 oder 18 (fiktiv: 15)	15 (fiktiv: 15)	10
Dänemark	15	0	0
Ecuador	15 bzw. unbegrenzt	10 oder 15 (fiktiv: 20)	15 (fiktiv: 20)
Elfenbeinküste	siehe Côte d'Ivoire		
Estland	15	0 oder 10	5 oder 10
Finnland	15	0	0 oder 5
Frankreich (bis 2001)	0[3])	0	0
(ab 2002)[4])	15	0	0
Georgien	Fortgeltung DBA UdSSR (siehe dort)		
Griechenland	25[5])	10 (fiktiv: 10)	0
Großbritannien	siehe Vereinigtes Königreich		
Indien	10	10 (fiktiv: 10)[6])	10
Indonesien	15	10 (fiktiv: 10)	15 oder 10[7])
Iran	20 (fiktiv: max. 20)	15	10 (fiktiv: max. 10)
Irland	unbegrenzt (fiktiv: 18 der Netto-dividende)	0	0
Island	15	0	0
Israel	25 (fiktiv: max. 25)	15 (fiktiv: max. 15)	0 oder 5
Italien	15	0 oder 10	0 bzw. 5
Jamaika	15 (fiktiv: max. 15)	10 oder 12,5 (fiktiv: max. in gleicher Höhe)	10 (fiktiv: max. 10)
Japan	15	10	10
Jugoslawien	0[8])	0	10
Kanada (bis 2000)	15	0 oder 15	0 oder 10
(ab 2001)[9])	15	0 oder 10	0 oder 10
Kasachstan	15	0 oder 10	10

1) Nur bei bestimmten Lizenzgebühren.
Anm.: Das DBA ist zwischenzeitlich gekündigt worden.
2) Das DBA mit der Volksrepublik China gilt nicht für Hongkong, Macau und Taiwan.
3) Wegen der französischen Steuergutschrift „Avoir fiscal" bis inkl. VZ 2001 vgl. Tz. 3 in Anhang 1.
4) Zusatzabkommen von 20. 12. 2001, BStBl 2002 I S. 891.
5) Vgl. aber das BMF-Schreiben vom 16. 12. 1993 (BStBl 1994 I S. 3).
6) Die fiktive Steueranrechnung wird letztmalig im Jahr 2008 gewährt.
7) Für technische Dienstleistungen: 7,5 %.
8) Dividenden sind als „Andere Einkünfte" nach Art. 22 des DBA zu qualifizieren. Abweichende Verständigungsvereinbarungen mit Kroatien und Slowenien: siehe dortige Fußnoten.
9) Revisionsabkommen vom 19. 4. 2001, BStBl 2002 I S. 505.

DBA-Staat	Dividenden	Zinsen	Lizenzgebühren
Kenia	15 (fiktiv: max. 15)	15 (fiktiv: 15)[1]	15 (fiktiv: 20)
Kirgisistan	Fortgeltung DBA UdSSR (siehe dort)		
Korea (bis 2002)[2]	15 (fiktiv: max. 20)	10 oder 15 (fiktiv: max. 20)	10 oder 15 (fiktiv: max. 20)
(ab 2003)[3]	15 (fiktiv: 15)[4]	0 oder 10 (fiktiv: in gleicher Höhe) 15	2 oder 10 (fiktiv: in gleicher Höhe) 15
Kroatien	Fortgeltung DBA Jugoslawien (siehe dort)[5]		
Kuwait	15	0	10
Lettland	15	0 oder 10	5 oder 10
Liberia	15	10 oder 20 (fiktiv: 10)	10 oder 20 (fiktiv: 10)[6]
Litauen	15	0 oder 10	5 oder 10
Luxemburg	15	0	5
Malaysia	0 (fiktiv: 18)	0 oder 15 (fiktiv: max. 15)	0 oder 10 oder unbegrenzt (fiktiv: max. 10)[7]
Malta (bis 2001)	0 (fiktiv: 20) (früher 22,5)[8][9]	10 (fiktiv: max. 10)	0 oder 10 (fiktiv: max. in gleicher Höhe)
(ab 2002)[10]	0 (fiktiv: 20)[11]	0	0
Marokko	15 (fiktiv: 15)	10 (fiktiv: 10 oder 15)	10
Mauritius	15 (fiktiv: max. 15)	0 oder unbegrenzt	15
Mazedonien	Fortgeltung DBA Jugoslawien (siehe dort)		
Mexiko	15 (fiktiv: 10)	10 oder 15	10 (fiktiv: 15)
Moldau (Moldawien)	Fortgeltung DBA UdSSR (siehe dort)		
Mongolei	10 (fiktiv: 10)	10 (fiktiv: 10)	10 (fiktiv: 10)
Namibia	15	0	10
Neuseeland	15	10	10
Niederlande	15	0	0
Norwegen	15	0	0
Österreich (bis 2002)	15	unbegrenzt	0
(ab 2003)[12]	15	0	0
Pakistan	15	10 oder 20	10
Philippinen	15 (fiktiv: 20)	10 oder 15 (fiktiv: 15)	10 oder 15 (fiktiv: 20)
Polen	15	0	0
Portugal	15 (fiktiv: 15)	10 oder 15 (fiktiv: 15)	10 (fiktiv: 15)
Rumänien (bis 2003)	15	10	10
(ab 2004)[13]	15	3	3
Russische Föderation	15	0	0

1) Tz. 2.3.1 des BMF-Schreibens vom 12. 5. 1998, BStBl 1998 I S. 554, ist überholt.
2) Das Abkommen mit der Republik Korea gilt nicht für Nordkorea.
3) Revisionsabkommen vom 10. 3. 2000, BStBl 2003 I S. 24.
4) Ab dem Jahr 2004 entfällt die fiktive Quellensteueranrechnung.
5) Bei Dividenden beachte das BMF-Schreiben vom 16. 6. 2001, BStBl 2001 I S. 366.
6) Nur bei bestimmten Lizenzgebühren.
7) Nur bei bestimmten Lizenzgebühren.
8) In den Fällen des Artikel 10 Abs. 4 Buchstabe b des DBA.
9) Vgl. den koordinierten Ländererlass 23. 11. 1976, DStR 1977 S. 16.
10) Revisionsabkommen vom 8. 3. 2001, BStBl 2002 I S. 76.
11) In Fällen des Artikel 10 Abs. 3 Buchstabe b des DBA (vgl. Artikel 23 Abs. 1 Buchst. c des DBA). Die fiktive Steueranrechnung wird letztmals im VZ 2011 gewährt.
12) Revisionsabkommen vom 24. 8. 2000, BStBl 2002 I S. 584.
13) Revisionsabkommen vom 4. 7. 2001, BStBl 2004 I S. 273.

DBA-Staat	Dividenden	Zinsen	Lizenzgebühren
Sambia	15	10	10
Schweden	15	0	0
Schweiz	15	0	0
Serbien und Montenegro	Fortgeltung DBA Jugoslawien (siehe dort)		
Simbabwe	20	10	7,5 (fiktiv: 10)
Singapur	15	10 (fiktiv: 10)	0 oder unbegrenzt (fiktiv: 10)[1]
Slowakei	Fortgeltung DBA Tschechoslowakei (siehe dort)		
Slowenien	Fortgeltung DBA Jugoslawien (siehe dort)[2]		
Sowjetunion	siehe UdSSR		
Spanien	15	10	5
Sri Lanka	15 (fiktiv: max. 20)	10 (fiktiv: max. 15)	10 (fiktiv: max. 20)
Südafrika	15	10	0
Südkorea	siehe Korea		
Tadschikistan	Fortgeltung DBA UdSSR (siehe dort)		
Thailand	20	10 oder 25	5 oder 15
Trinidad/Tobago	20 (fiktiv: max. 20)	15 (fiktiv: max. 15)	0 oder 10 (fiktiv: max. in gleicher Höhe)[3]
Tschechien	Fortgeltung DBA Tschechoslowakei (siehe dort)		
Tschechoslowakei	15	0	5
Türkei	20 (fiktiv: max. 10)	15 bzw. 0 (fiktiv: max. 10)[4]	10 (fiktiv: max. 10)
Tunesien	15 (fiktiv: 15)	10 (fiktiv: 10)	10 oder 15 (fiktiv: in gleicher Höhe)
Turkmenistan	Fortgeltung DBA UdSSR (siehe dort)		
UdSSR (GUS)	15	0 oder 5	0
Ukraine	10	2 oder 5	0 oder 5
Ungarn	15	0	0
Uruguay	15	15 (fiktiv: 20)	10 oder 15 (fiktiv: 20)
USA	siehe Vereinigte Staaten		
Usbekistan (ab 2001)	Fortgeltung DBA UdSSR (siehe dort)		
(ab 2002)[5]	15	5	3 oder 5
Venezuela	15 (fiktiv: 15)[30]	5 (fiktiv: 5)[6]	5 (fiktiv: 5)[30]
Vereinigte Arab. Emirate	15	0	0
Vereinigtes Königreich	15[7]	0	0
Vereinigte Staaten	15	0	0
Vietnam	15 (fiktiv: 10)[8]	5 (fiktiv: 5)[33]	7,5 oder 10 (fiktiv: 10)[33]
Weißrussland (Belarus)	Fortgeltung DBA UdSSR (siehe dort)		
Zypern	15 (fiktiv: 15)	10 (fiktiv: 10)	0 bzw. 5

1) Nur bei bestimmten Lizenzgebühren.
2) Bei Dividenden beachte das BMF-Schreiben vom 21. 3. 1997, BStBl 1997 I S. 724.
3) Nur bei bestimmten Lizenzgebühren.
4) Vgl. Tz. 2.2.2 des BMF-Schreibens vom 12. 5. 1998, BStBl 1998 I S. 554.
5) Abkommen vom 7. 9. 1999, BStBl 2001 I S. 765.
6) Die fiktive Steueranrechnung wird längstens bis 19. 8. 2007 gewährt.
7) Eine Quellensteuer auf Dividenden wird derzeit nicht erhoben.
8) Die fiktive Steueranrechnung wird längstens bis 27. 12. 2006 gewährt.

Anmerkungen

1. Die vorstehende Übersicht enthält die nach den jeweiligen DBA geltenden Normalsätze, z. B. für Dividenden aus Streubesitzanteilen. Zahlreiche DBA enthalten in Sonderfällen abweichende Regelungen, beispielsweise ermäßigte Quellensteuersätze für Schachteldividenden oder für Zinsen aus Bank-, Unternehmens-, Lieferanten- oder Ausrüstungsdarlehen. Auch für Zinsen aus stillen Gesellschaften existieren vereinzelt Sonderregelungen. Im Zweifelsfall sollte deshalb der Text des jeweiligen DBA bzw. der dazu gehörigen Denkschrift, Protokolle und Notenwechsel hinzugezogen werden.
2. Für Dividenden, Zinsen und Lizenzgebühren enthalten die DBA regelmäßig einen Betriebsstättenvorbehalt, wenn die Einkunftsquelle tatsächlich einer dort gelegenen Betriebsstätte (bzw. festen Einrichtung) zuzurechnen ist. Das Besteuerungsrecht des Quellenstaates und die Methode zur Vermeidung der Doppelbesteuerung durch den Ansässigkeitsstaat richten sich in diesen Fällen nach den für Unternehmensgewinne (bzw. für selbstständige Arbeit) geltenden Artikeln.
3. DBA-Änderungen ab dem Jahr 2000 sind durch Angabe der bisherigen und der neuen Abkommensregelungen berücksichtigt (betr. Frankreich, Kanada, Korea, Malta, Österreich, Usbekistan und Rumänien).
4. Soweit ein Quellensteuersatz mit 0 angegeben ist, hat der Ansässigkeitsstaat das alleinige Besteuerungsrecht. Eine Anrechnung oder ein Abzug ausländischer Quellensteuer kommt in diesen Fällen nicht in Betracht.
5. Wegen der Voraussetzungen für die Anrechnung fiktiver Quellensteuern vgl. die Ausführungen in → Anhang 1 des Leitfadens und → BMF vom 12. 5. 1998, BStBl 1996 I S. 554. Soweit in der Übersicht die fiktive Quellensteuer mit dem Zusatz „maximal" angegeben ist, bedeutet dies, dass grundsätzlich nur diejenige Steuer angerechnet werden kann, die nach dem Recht des ausländischen Staates ohne eine dort gewährte nationale Steuerermäßigung oder -befreiung zu zahlen wäre. Der „Maximalsatz" stellt folglich die Obergrenze der fiktiven Anrechnung dar. Nach Tz. 2.3 des o. g. BMF-Schreibens kann regelmäßig davon ausgegangen werden, dass der ausländische allgemeine Steuersatz höher ist, als der angegebene fiktive Quellensteuersatz, d. h. der angegebene „Maximalsatz" kann insoweit ohne weitere Prüfung angerechnet werden.
6. Für Lizenzgebühren existieren in einigen DBA verschiedene Quellensteuersätze. Eine kurze Erläuterung zu den unterschiedlichen Steuersätzen findet sich in dem vom Bundesamt für Finanzen mit Datum vom 9. 10. 2002, BStBl 2002 I S. 916, veröffentlichten Merkblatt zum Entlastungsverfahren nach § 50d EStG. Die dortigen Ausführungen betreffen allerdings den umgekehrten Fall, dass ein beschränkt Stpfl. inländische Einkünfte erzielt (deutsches Besteuerungsrecht). Das Merkblatt enthält deshalb keinen Hinweis auf die in einigen DBA vereinbarten fiktiven Quellensteuersätze.

Sparer-Freibetrag

Maßstab für die Aufteilung des Sparer-Freibetrags (→ R 34c Abs. 3 Satz 5) ist das Verhältnis der ausländischen zu den inländischen Einnahmen abzüglich der Werbungskosten (→ BFH vom 16. 5. 2001 – BStBl II S. 710).

Bei Kapitalerträgen aus anderen EU-Staaten unterhalb des deutschen Sparerfreibetrags werden die ausländischen Quellensteuern nach § 34c EStG nicht auf die deutsche Einkommensteuer angerechnet, während bei inländischen Kapitalerträgen die Anrechnung der deutschen Kapitalertragsteuer nach § 36 Abs. 2 EStG unabhängig vom Sparerfreibetrag vorgenommen wird (→ FG Köln vom 11. 7. 2002 – EFG 2002 S. 1391).

Antragsgebundener Abzug ausländischer Steuern

(4) [1]Das Antragsrecht auf Abzug ausländischer Steuern bei der Ermittlung der Einkünfte nach § 34c Abs. 2 EStG muss für die gesamten Einkünfte und Steuern aus demselben Staat einheitlich ausgeübt werden. [2]Zusammenveranlagte Ehegatten müssen das Antragsrecht nach § 34c Abs. 2 EStG für ausländische Steuern auf Einkünfte aus demselben Staat nicht einheitlich ausüben. [3]Werden Einkünfte gesondert festgestellt, ist über den Steuerabzug im Feststellungsverfahren zu entscheiden. [4]Der Antrag ist grundsätzlich in der Feststellungserklärung zu stellen. [5]In Fällen der gesonderten und einheitlichen Feststellung kann jeder Beteiligte einen Antrag stellen. [6]Hat ein Stpfl. in einem VZ neben den festzustellenden Einkünften andere ausländische Einkünfte aus demselben Staat als Einzelperson und/oder als Beteiligter bezogen, ist die Ausübung oder Nichtausübung des Antragsrechts in der zuerst beim zuständigen Finanzamt eingegangenen Feststel-

lungs- oder Steuererklärung maßgebend. [7]Der Antrag kann noch im Rechtsbehelfsverfahren mit Ausnahme des Revisionsverfahrens und, soweit es nach der AO zulässig ist, im Rahmen der Änderung von Steuerbescheiden nachgeholt oder zurückgenommen werden. [8]***Die abzuziehende ausländische Steuer ist zu kürzen, soweit die entsprechenden Einnahmen nach § 3 Nr. 40 EStG teilweise steuerfrei sind.***

Bestehen von DBA

(5) Sieht ein DBA die Anrechnung ausländischer Steuern vor, kann dennoch auf Antrag der nach innerstaatlichem Recht wahlweise eingeräumte Abzug der ausländischen Steuern bei der Ermittlung der Einkünfte beansprucht werden.

Hinweise

H 34c (5)

Allgemeines / Doppelbesteuerungsabkommen

Stand der DBA → Anhang 6

Anhang 6

Anrechnung

Die nach einem DBA anzurechnende ausländische Steuer (§ 34c Abs. 6 Satz 2 EStG) ergibt sich grundsätzlich aus den Vorschriften des jeweiligen DBA. Nach diesen Vorschriften ist regelmäßig die in Übereinstimmung mit dem Abkommen erhobene und nicht zu erstattende ausländische Steuer anzurechnen. Bei Dividenden, Zinsen und Lizenzgebühren sind das hiernach die nach den vereinbarten Quellensteuersätzen erhobenen Quellensteuern, die der ausländische Staat als Quellenstaat auf diese Einkünfte erheben darf. Nur diese Steuern sind in Übereinstimmung mit dem jeweiligen Abkommen erhoben und nicht zu erstatten. Dies gilt auch dann, wenn eine darüber hinausgehende ausländische Steuer wegen Ablaufs der Erstattungsfrist im ausländischen Staat nicht mehr erstattet werden kann (→ BFH vom 15. 3. 1995 – BStBl II S. 580).

Anrechnung ausländischer Steuern bei Zinseinkünften unter Berücksichtigung von Stückzinsen

→ BMF vom 8. 10. 1996 (BStBl I S. 1190)

Fiktive Quellensteuer

Nachweis über das Vorliegen der Voraussetzungen für die Anrechnung fiktiver Quellensteuern bei ausländischen Zinseinkünften nach DBA → BMF vom 12. 5. 1998 (BStBl I S. 554).

Gestaltungsmissbrauch

§ 42 AO steht der Anwendung des § 34c Abs. 3 EStG jedenfalls dann nicht entgegen, wenn der den Steuerabzug begehrende unbeschränkt steuerpflichtige Gesellschafter einer ausländischen Domizilgesellschaft ausländische Steuern vom Einkommen gezahlt hat, die auf ihm nach § 42 AO zugerechnete Einkünfte der Gesellschaft erhoben wurden (→ BFH vom 1. 4. 2003 – BStBl II S. 869).

Hinweise

H 34c (6)

Pauschalierung

- Pauschalierung der Einkommensteuer für ausländische Einkünfte gem. § 34c Abs. 5 EStG → BMF vom 10. 4. 1984 (BStBl I S. 252)
- Steuerliche Behandlung von Arbeitnehmereinkünften bei Auslandstätigkeiten (Auslandstätigkeitserlass) → BMF vom 31. 10. 1983 (BStBl I S. 470)

EStG
S 2293

§ 34d Ausländische Einkünfte

Ausländische Einkünfte im Sinne des § 34c Abs. 1 bis 5 sind

1. **Einkünfte aus einer in einem ausländischen Staat betriebenen Land- und Forstwirtschaft (§§ 13 und 14) und Einkünfte der in den Nummern 3, 4, 6, 7 und 8 Buchstabe c genannten Art, soweit sie zu den Einkünften aus Land- und Forstwirtschaft gehören;**
2. **Einkünfte aus Gewerbebetrieb (§§ 15 und 16),**
   a) **die durch eine in einem ausländischen Staat belegene Betriebsstätte oder durch einen in einem ausländischen Staat tätigen ständigen Vertreter erzielt werden, und Einkünfte der in den Nummern 3, 4, 6, 7 und 8 Buchstabe c genannten Art, soweit sie zu den Einkünften aus Gewerbebetrieb gehören,**
   b) **die aus Bürgschafts- und Avalprovisionen erzielt werden, wenn der Schuldner Wohnsitz, Geschäftsleitung oder Sitz in einem ausländischen Staat hat, oder**
   c) **die durch den Betrieb eigener oder gecharterter Seeschiffe oder Luftfahrzeuge aus Beförderungen zwischen ausländischen oder von ausländischen zu inländischen Häfen erzielt werden, einschließlich der Einkünfte aus anderen mit solchen Beförderungen zusammenhängenden, sich auf das Ausland erstreckenden Beförderungsleistungen;**
3. **Einkünfte aus selbständiger Arbeit (§ 18), die in einem ausländischen Staat ausgeübt oder verwertet wird oder worden ist, und Einkünfte der in den Nummern 4, 6, 7 und 8 Buchstabe c genannten Art, soweit sie zu den Einkünften aus selbständiger Arbeit gehören;**
4. **Einkünfte aus der Veräußerung von**
   a) **Wirtschaftsgütern, die zum Anlagevermögen eines Betriebs gehören, wenn die Wirtschaftsgüter in einem ausländischen Staat belegen sind,**
   b) **Anteilen an Kapitalgesellschaften, wenn die Gesellschaft Geschäftsleitung oder Sitz in einem ausländischen Staat hat;**
5. **Einkünfte aus nichtselbständiger Arbeit (§ 19), die in einem ausländischen Staat ausgeübt oder, ohne im Inland ausgeübt zu werden oder worden zu sein, in einem ausländischen Staat verwertet wird oder worden ist, und Einkünfte, die von ausländischen öffentlichen Kassen mit Rücksicht auf ein gegenwärtiges oder früheres Dienstverhältnis gewährt werden. [2]Einkünfte, die von inländischen öffentlichen Kassen einschließlich der Kassen der Deutschen Bundesbahn und der Deutschen Bundesbank mit Rücksicht auf ein gegenwärtiges oder früheres Dienstverhältnis gewährt werden, gelten auch dann als inländische Einkünfte, wenn die Tätigkeit in einem ausländischen Staat ausgeübt wird oder worden ist;**
6. **Einkünfte aus Kapitalvermögen (§ 20), wenn der Schuldner Wohnsitz, Geschäftsleitung oder Sitz in einem ausländischen Staat hat oder das Kapitalvermögen durch ausländischen Grundbesitz gesichert ist;**
7. **Einkünfte aus Vermietung und Verpachtung (§ 21), soweit das unbewegliche Vermögen oder die Sachinbegriffe in einem ausländischen Staat belegen oder die Rechte zur Nutzung in einem ausländischen Staat überlassen worden sind;**
8. **sonstige Einkünfte im Sinne des § 22, wenn**
   a) **der zur Leistung der wiederkehrenden Bezüge Verpflichtete Wohnsitz, Geschäftsleitung oder Sitz in einem ausländischen Staat hat,**
   b) **bei privaten Veräußerungsgeschäften die veräußerten Wirtschaftsgüter in einem ausländischen Staat belegen sind,**
   c) **bei Einkünften aus Leistungen einschließlich der Einkünfte aus Leistungen im Sinne des § 49 Abs. 1 Nr. 9 der zur Vergütung der Leistung Verpflichtete Wohnsitz, Geschäftsleitung oder Sitz in einem ausländischen Staat hat.**

H 34d

Hinweise

Ausländische Einkünfte aus Gewerbebetrieb, die durch eine in einem ausländischen Staat belegene Betriebsstätte erzielt worden sind, liegen auch dann vor, wenn der Stpfl. im Zeitpunkt der steuerlichen Erfassung dieser Einkünfte die Betriebsstätte nicht mehr unterhält. Voraussetzung ist, dass die betriebliche Leistung, die den nachträglichen Einkünften zugrunde liegt, von der ausländischen Betriebsstätte während der Zeit ihres Bestehens erbracht worden ist.

→ § 34d Nr. 2 Buchstabe a EStG

→ BFH vom 15. 7. 1964 (BStBl III S. 551)

→ BFH vom 12. 10. 1978 (BStBl 1979 II S. 64)

→ BFH vom 16. 7. 1969 (BStBl 1970 II S. 56); dieses Urteil ist nur i. S. d. vorzitierten Rechtsprechung zu verstehen.

2. Steuerermäßigung bei Einkünften aus Land- und Forstwirtschaft

§ 34e

EStG S 2293b

(letztmals abgedruckt in der Handausgabe 2000)

2 a. Steuerermäßigung für Steuerpflichtige mit Kindern bei Inanspruchnahme erhöhter Absetzungen für Wohngebäude oder der Steuerbegünstigungen für eigengenutztes Wohneigentum

§ 34f

EStG S 2293c

(letztmals abgedruckt in der Handausgabe 2005)

34 f. Weitergeltung der Anordnungen zu § 34f EStG

R 34f S 2293c

(letztmals abgedruckt in der Handausgabe 2005)

2b. Steuerermäßigung bei Zuwendungen an politische Parteien und an unabhängige Wählervereinigungen

§ 34g

EStG S 2293d

[1]Die tarifliche Einkommensteuer, vermindert um die sonstigen Steuerermäßigungen, mit Ausnahme des § 34f Abs. 3, ermäßigt sich bei Zuwendungen an

1. **politische Parteien im Sinne des § 2 des Parteiengesetzes und**
2. **Vereine ohne Parteicharakter, wenn**
   a) **der Zweck des Vereins ausschließlich darauf gerichtet ist, durch Teilnahme mit eigenen Wahlvorschlägen an Wahlen auf Bundes-, Landes- oder Kommunalebene bei der politischen Willensbildung mitzuwirken, und**
   b) **der Verein auf Bundes-, Landes- oder Kommunalebene bei der jeweils letzten Wahl wenigstens ein Mandat errungen oder der zuständigen Wahlbehörde oder dem zuständigen Wahlorgan angezeigt hat, dass er mit eigenen Wahlvorschlägen auf Bundes-, Landes- oder Kommunalebene an der jeweils nächsten Wahl teilnehmen will.**

   [2]Nimmt der Verein an der jeweils nächsten Wahl nicht teil, wird die Ermäßigung nur für die bis zum Wahltag an ihn geleisteten Beiträge und Spenden gewährt. [3]Die Ermäßigung für Beiträge und Spenden an den Verein wird erst wieder gewährt, wenn er sich mit eigenen Wahlvorschlägen an einer Wahl beteiligt hat. [4]Die Ermäßigung wird in diesem Falle nur für Beiträge und Spenden gewährt, die nach Beginn des Jahres, in dem die Wahl stattfindet, geleistet werden.

[2]Die Ermäßigung beträgt 50 Prozent der Ausgaben, höchstens jeweils 825 Euro für Ausgaben nach den Nummern 1 und 2, im Falle der Zusammenveranlagung von Ehegatten höchstens jeweils 1650 Euro. [3]§ 10b Abs. 3 und 4 gilt entsprechend.

H 34g

Hinweise

Nachweis von Zuwendungen an politische Parteien

→ BMF vom 13. 12. 2007 (BStBl I 2008 I S. 4), ***vom 31. 3. 2008 (BStBl I S. 565)*** und vom 2. 6. 2000 (BStBl I S. 592) unter Berücksichtigung der Änderung durch BMF vom 10. 4. 2003 (BStBl I S. 286) und vom 24. 2. 2004 (BStBl I S. 335).

Zuwendungen an unabhängige Wählervereinigungen

→ BMF vom 16. 6. 1989 (BStBl I S. 239):

Durch das Gesetz zur steuerlichen Begünstigung von Zuwendungen an unabhängige Wählervereinigungen vom 25. 7. 1988 (BStBl I S. 397) ist § 34g EStG ausgeweitet worden. Wie für Zuwendungen an politische Parteien wird nach § 34g Nr. 2 EStG auch für Mitgliedsbeiträge und Spenden an unabhängige Wählervereinigungen, die bestimmte Voraussetzungen erfüllen, eine Tarifermäßigung von 50 % der Ausgaben, höchstens 600 DM[1]) bzw. 1 200 DM[2]) im Falle der Zusammenveranlagung von Ehegatten, gewährt. Die Vorschrift gilt nach Artikel 4 Nr. 11c des Haushaltsbegleitgesetzes 1989 (BStBl I S. 19) rückwirkend ab 1984.

Unter Bezugnahme auf das Ergebnis der Erörterungen mit den obersten Finanzbehörden der Länder gilt für die Anwendung der Vorschrift Folgendes:

1. Die Höchstbeträge von 600 DM[1]) und 1 200 DM[2]) im Falle der Zusammenveranlagung von Ehegatten gelten für Mitgliedsbeiträge und Spenden (Zuwendungen) an politische Parteien nach § 34g Nr. 1 EStG und für Zuwendungen an unabhängige Wählervereinigungen nach § 34g Nr. 2 EStG gesondert und nebeneinander.

   Als Ausgabe gilt auch die Zuwendung von Wirtschaftsgütern mit Ausnahme von Nutzungen und Leistungen. Zur Bewertung von Sachzuwendungen wird auf § 10b Abs. 3 EStG hingewiesen.

2. Die Tarifermäßigung nach § 34g Nr. 2 EStG wird nur für Mitgliedsbeiträge und Spenden an unabhängige Wählervereinigungen in der Rechtsform des eingetragenen oder des nichtrechtsfähigen Vereins gewährt. Ein Sonderausgabenabzug nach § 10b Abs. 2 EStG ist nicht möglich. Der Zweck einer unabhängigen Wählervereinigung ist auch dann als ausschließlich auf die in § 34g Nr. 2 Buchstabe a EStG genannten politischen Zwecke gerichtet anzusehen, wenn sie gesellige Veranstaltungen durchführt, die im Vergleich zu ihrer politischen Tätigkeit von untergeordneter Bedeutung sind, und wenn eine etwaige wirtschaftliche Betätigung ihre politische Tätigkeit nicht überwiegt. Ihr Zweck ist dagegen zum Beispiel nicht ausschließlich auf die politische Tätigkeit gerichtet, wenn sie neben dem politischen Zweck einen anderen Satzungszweck zum Beispiel gemeinnütziger oder wirtschaftlicher Art hat.

3. Die nach § 34g Nr. 2 Buchstabe b EStG ggf. erforderliche Anzeige gegenüber der zuständigen Wahlbehörde oder dem zuständigen Wahlorgan kann formlos in der Zeit vom ersten Tag nach der letzten Wahl bis zu dem Tag erfolgen, an dem die Anmeldefrist für die nächste Wahl abläuft. Die Anzeige kann der zuständigen Wahlbehörde oder dem zuständigen Wahlorgan bereits mehrere Jahre vor der nächsten Wahl zugehen. Sie muss ihr spätestens am Ende des Jahres vorliegen, für das eine Tarifermäßigung für Zuwendungen an die unabhängige Wählervereinigung beantragt wird. Spendenbestätigungen dürfen erst ausgestellt werden, wenn die Anzeige tatsächlich erfolgt ist.

4. Nach § 34g Satz 3 EStG wird die Steuerermäßigung für Beiträge und Spenden an eine unabhängige Wählervereinigung, die an der jeweils nächsten Wahl nicht teilgenommen hat, erst wieder gewährt, wenn sie sich mit eigenen Wahlvorschlägen an einer Wahl beteiligt hat. Diese einschränkende Regelung gilt nur für Beiträge und Spenden an unabhängige Wählervereinigungen, die der zuständigen Wahlbehörde vor einer früheren Wahl ihre Teilnahme angekündigt und sich dann entgegen dieser Mitteilung nicht an der Wahl beteiligt haben. Sie gilt nicht für unabhängige Wählervereinigungen, die sich an einer früheren Wahl zwar nicht beteiligt, eine Beteiligung an dieser Wahl aber auch nicht angezeigt haben.

   Beispiele:

   a) Der neugegründete Verein A teilt der zuständigen Wahlbehörde im Jahr 01 mit, dass er an der nächsten Kommunalwahl am 20. 5. 03 teilnehmen will. Er nimmt an dieser Wahl jedoch nicht teil, ebenso nicht an der folgenden Wahl im Jahr 08. Im Jahr 09 teilt er der Wahlbehörde mit, dass er an der nächsten Wahl am 5. 4. 13 teilnehmen will. An dieser Wahl nimmt er dann auch tatsächlich teil.

1) Ab 2002 825 Euro.
2) Ab 2002 1 650 Euro.

Die Steuerermäßigung nach § 34g Nr. 2 EStG kann gewährt werden für Beiträge und Spenden, die in der Zeit vom 1. 1. 01 bis zum 20. 5. 03 und vom 1. 1. 13 bis zum 5. 4. 13 an den Verein geleistet worden sind. In der Zeit vom 21. 5. 03 bis zum 31. 12. 12 geleistete Beiträge und Spenden sind nicht begünstigt. Nach dem 5. 4. 13 geleistete Beiträge und Spenden sind begünstigt, wenn der Verein bei der Wahl am 5. 4. 13 ein Mandat errungen hat oder noch im Jahr 13 anzeigt, dass er an der nächsten Wahl teilnehmen will.

b) Der Verein B ist in der Wahlperiode 1 mit einem Mandat im Stadtrat vertreten. An der Wahl für die Wahlperiode 2 am 15. 10. 05 nimmt er nicht teil. Er hatte eine Teilnahme auch nicht angekündigt. Am 20. 11. 05 teilt er der zuständigen Wahlbehörde mit, dass er an der Wahl für die Wahlperiode 3 am 9. 9. 10 teilnehmen will.

Die Steuerermäßigung kann für alle bis zum 9. 9. 10 an den Verein geleisteten Beiträge und Spenden gewährt werden. Nach diesem Termin geleistete Beiträge und Spenden sind nur begünstigt, wenn der Verein an der Wahl am 9. 9. 10 teilgenommen hat.

c) Der Verein C wird im Jahr 01 gegründet. An der nächsten Kommunalwahl am 10. 2. 03 nimmt er nicht teil. Er hatte eine Teilnahme an dieser Wahl auch nicht angekündigt. Am 11. 2. 03 teilt er der zuständigen Wahlbehörde mit, dass er an der nächsten Wahl am 15. 3. 08 teilnehmen will.

Die Steuerermäßigung kann für Beiträge und Spenden gewährt werden, die ab dem 1. 1. 03 an den Verein geleistet worden sind. Nach dem 15. 3. 08 geleistete Beiträge und Spenden sind nur begünstigt, wenn der Verein tatsächlich an der Wahl am 15. 3. 08 teilgenommen hat und entweder erfolgreich war (mindestens ein Mandat) oder bei erfolgloser Teilnahme der zuständigen Wahlbehörde mitteilt, dass er auch an der folgenden Wahl teilnehmen will.

5. Eine Teilnahme an einer Wahl liegt nur vor, wenn die Wähler die Möglichkeit haben, die Wählervereinigung zu wählen. Der Wahlvorschlag der Wählervereinigung muss also auf dem Stimmzettel enthalten sein.

6. Der Steuerpflichtige hat dem Finanzamt durch eine Spendenbestätigung der unabhängigen Wählervereinigung nachzuweisen, dass alle Voraussetzungen des § 34g EStG für die Gewährung der Tarifermäßigung erfüllt sind.[1])

---

3. Steuerermäßigung bei Einkünften aus Gewerbebetrieb

§ 35

EStG [2])

(1) Die tarifliche Einkommensteuer, vermindert um die sonstigen Steuerermäßigungen mit Ausnahme der §§ 34f, 34g *und 35a*, ermäßigt sich, soweit sie anteilig auf im zu versteuernden Einkommen enthaltene gewerbliche Einkünfte entfällt *(Ermäßigungshöchstbetrag)*, [3])

1. bei Einkünften aus gewerblichen Unternehmen im Sinne des § 15 Abs. 1 Satz 1 Nr. 1 um das *3,8fache* des jeweils für den dem Veranlagungszeitraum entsprechenden Erhebungszeitraum nach § 14 des Gewerbesteuergesetzes für das Unternehmen festgesetzten Steuermessbetrags (Gewerbesteuer-Messbetrag); Absatz 2 Satz 5 ist entsprechend anzuwenden;

2. bei Einkünften aus Gewerbebetrieb als Mitunternehmer im Sinne des § 15 Abs. 1 Satz 1 Nr. 2 *oder als persönlich haftender Gesellschafter einer Kommanditgesellschaft auf Aktien im Sinne des § 15 Abs. 1 Satz 1 Nr. 3* um das *3,8fache* des jeweils für den dem Veranlagungszeitraum entsprechenden Erhebungszeitraum festgesetzten anteiligen Gewerbesteuer-Messbetrags.

[2]Der Ermäßigungshöchstbetrag ist wie folgt zu ermitteln:

$$\frac{\text{Summe der positiven gewerblichen Einkünfte}}{\text{Summe aller positiven Einkünfte)}} \times \text{geminderte tarifliche Steuer}$$

[3]Gewerbliche Einkünfte im Sinne der Sätze 1 und 2 sind die der Gewerbesteuer unterliegenden Gewinne und Gewinnanteile, soweit sie nicht nach anderen Vorschriften von der Steuerermäßi-

---

1) BMF vom 13. 12. 2007 (BStBl 2008 I S. 4), ***vom 31. 3. 2008 (BStBl I S. 565)*** und vom 2. 6. 2000 (BStBl I S. 592) unter Berücksichtigung der Änderung durch BMF vom 10. 4. 2003 (BStBl I S. 286) und vom 24. 2. 2004 (BStBl I S. 335).

2) Zur erstmaligen Anwendung → § 52 Abs. 50a EStG.

3) ***Absatz 1 wurde durch das Unternehmensteuerreformgesetz 2008, das JStG 2008 und das JStG 2009 ab VZ 2008 geändert.***

gung nach § 35 ausgenommen sind. [4]Geminderte tarifliche Steuer ist die tarifliche Steuer nach Abzug von Beträgen auf Grund der Anwendung zwischenstaatlicher Abkommen und nach Anrechnung der ausländischen Steuern nach § 34c Abs. 1 und 6 dieses Gesetzes und § 12 des Außensteuergesetzes. [5]Der Abzug des Steuerermäßigungsbetrags ist auf die tatsächlich zu zahlende Gewerbesteuer beschränkt.

[1] (2) [1]Bei Mitunternehmerschaften im Sinne des § 15 Abs. 1 Satz 1 Nr. 2 *oder bei Kommanditgesellschaften auf Aktien im Sinne des § 15 Abs. 1 Satz 1 Nr. 3* ist der Betrag des Gewerbesteuer-Messbetrags und der auf die einzelnen Mitunternehmer *oder auf die persönlich haftenden Gesellschafter* entfallende Anteil gesondert und einheitlich festzustellen. [2]Der Anteil eines Mitunternehmers am Gewerbesteuer-Messbetrag richtet sich nach seinem Anteil am Gewinn der Mitunternehmerschaft nach Maßgabe des allgemeinen Gewinnverteilungsschlüssels; Vorabgewinnanteile sind nicht zu berücksichtigen. [3]Wenn auf Grund der Bestimmungen in einem Abkommen zur Vermeidung der Doppelbesteuerung bei der Festsetzung des Gewerbesteuer-Messbetrags für eine Mitunternehmerschaft nur der auf einen Teil der Mitunternehmer entfallende anteilige Gewerbeertrag berücksichtigt wird, ist der Gewerbesteuer-Messbetrag nach Maßgabe des allgemeinen Gewinnverteilungsschlüssels in voller Höhe auf diese Mitunternehmer entsprechend ihrer Anteile am Gewerbeertrag der Mitunternehmerschaft aufzuteilen. [4]Der anteilige Gewerbesteuer-Messbetrag ist als Prozentsatz mit zwei Nachkommastellen gerundet zu ermitteln. [5]Bei der Feststellung nach Satz 1 sind anteilige Gewerbesteuer-Messbeträge, die aus einer Beteiligung an einer Mitunternehmerschaft stammen, einzubeziehen.

(3) [1]Zuständig für die gesonderte Feststellung nach Absatz 2 ist das für die gesonderte Feststellung der Einkünfte zuständige Finanzamt. [2]Für die Ermittlung der Steuerermäßigung nach Absatz 1 sind die Festsetzung des Gewerbesteuer-Messbetrags, die Feststellung des Anteils an dem festzusetzenden Gewerbesteuer-Messbetrag nach Absatz 2 Satz 1 *und die Festsetzung der*
[2] *Gewerbesteuer* Grundlagenbescheide. [3]Für die Ermittlung des anteiligen Gewerbesteuer-Messbetrags nach Absatz 2 sind die Festsetzung des Gewerbesteuer-Messbetrags und die Festsetzung des anteiligen Gewerbesteuer-Messbetrags aus der Beteiligung an einer Mitunternehmerschaft Grundlagenbescheide.

[3] *(4) Für die Aufteilung und die Feststellung der tatsächlich zu zahlenden Gewerbesteuer bei Mitunternehmerschaften im Sinne des § 15 Abs. 1 Satz 1 Nr. 2 und bei Kommanditgesellschaften auf Aktien im Sinne des § 15 Abs. 1 Satz 1 Nr. 3 gelten die Absätze 2 und 3 entsprechend.*

R 35

35. Steuerermäßigung bei Einkünften aus Gewerbebetrieb

[1]Der Ermäßigungshöchstbetrag nach § 35 Abs. 1 Satz 2 EStG bildet neben der tatsächlich zu zahlenden Gewerbesteuer die absolute Obergrenze für die Gewährung der Steuerermäßigung. [2]Der Ermäßigungshöchstbetrag wird durch die Formel:

$$\frac{\text{Summe der positiven gewerblichen Einkünfte} \times \text{geminderte tarifliche Steuer}}{\text{Summe aller positiven Einkünfte}}$$

ermittelt. Innerhalb der unterschiedlichen Einkunftsarten werden nur die positiven Einkünfte berücksichtigt.

Beispiel:

Einkünfte aus Gewerbebetrieb 1, § 15 EStG	*+ 100 000 €*
Einkünfte aus Gewerbebetrieb 2, § 15 EStG	*– 50 000 €*
Einkünfte aus selbständiger Arbeit 1, § 18 EStG	*– 50 000 €*
Einkünfte aus selbständiger Arbeit 2, § 18 EStG	*+ 40 000 €*
Einkünfte Vermietung und Verpachtung, § 21 EStG	*+ 10 000 €*

Der Quotient für die Ermittlung des Ermäßigungshöchstbetrags berechnet sich wie folgt:

$$\frac{\text{100 000 (Einkünfte Gewerbebetrieb 1)}}{\text{150 000 (Einkünfte Gewerbebetrieb 1 + Einkünfte selbständige Arbeit 2 + Einkünfte Vermietung und Verpachtung)}}$$

1) *Absatz 2 Satz 1 wurde durch das Unternehmensteuerreformgesetz 2008 ab VZ 2008 geändert.*
2) *Absatz 3 Satz 2 wurde durch das Unternehmensteuerreformgesetz 2008 ab VZ 2008 geändert.*
3) *Absatz 4 wurde durch das Unternehmensteuerreformgesetz ab VZ 2008 angefügt.*

Hinweise

H 35

Allgemeines

→ BMF vom 19. 9. 2007 (BStBl I S. 701) Anhang 9

4. Steuerermäßigung bei Aufwendungen für haushaltsnahe Beschäftigungsverhältnisse und für die Inanspruchnahme haushaltsnaher Dienstleistungen

§ 35a Steuerermäßigung bei Aufwendungen für haushaltsnahe Beschäftigungsverhältnisse und für die Inanspruchnahme haushaltsnaher Dienstleistungen

EStG S 2296b [1])

(1) [1]Für haushaltsnahe Beschäftigungsverhältnisse, die in einem *in der Europäischen Union oder dem Europäischen Wirtschaftsraum liegenden* Haushalt des Steuerpflichtigen ausgeübt werden, ermäßigt sich die tarifliche Einkommensteuer, vermindert um die sonstigen Steuerermäßigungen, auf Antrag um [2])

1. **10 Prozent, höchstens 510 Euro, bei geringfügiger Beschäftigung im Sinne des § 8a des Vierten Buches Sozialgesetzbuch,**
2. **12 Prozent, höchstens 2400 Euro, bei anderen haushaltsnahen Beschäftigungsverhältnissen, für die auf Grund der Beschäftigungsverhältnisse Pflichtbeiträge zur gesetzlichen Sozialversicherung entrichtet werden und die keine geringfügige Beschäftigung im Sinne des § 8 Abs. 1 Nr. 1 des Vierten Buches Sozialgesetzbuch darstellen,**

der Aufwendungen des Steuerpflichtigen, die nicht Betriebsausgaben oder Werbungskosten darstellen oder unter die §§ 4f, 9 Abs. 5, § 10 Abs. 1 Nr. 5 oder Nr. 8 fallen und soweit sie nicht

---

1) ***§ 35a EStG wurde durch das Gesetz zur Umsetzung steuerrechtlicher Regelungen des Maßnahmenpakets „Beschäftigungssicherung durch Wachstumsstärkung" (Inkrafttreten am 1. 1. 2009) geändert und durch das FamLeistG neugefasst. Die Änderung bzw. die Neufassung ist erstmals für im VZ 2009 geleistete Aufwendungen anzuwenden, soweit die den Aufwendungen zu Grunde liegenden Leistungen nach dem 31. 12. 2008 erbracht worden sind → § 52 Abs. 50b Satz 4 EStG.***

Anm.: Die Neufassung lautet:

(1) Für haushaltsnahe Beschäftigungsverhältnisse, bei denen es sich um eine geringfügige Beschäftigung im Sinne des § 8a des Vierten Buches Sozialgesetzbuch handelt, ermäßigt sich die tarifliche Einkommensteuer, vermindert um die sonstigen Steuerermäßigungen, auf Antrag um 20 Prozent, höchstens 510 Euro, der Aufwendungen des Steuerpflichtigen.

(2) Für andere als in Absatz 1 aufgeführte haushaltsnahe Beschäftigungsverhältnisse oder für die Inanspruchnahme von haushaltsnahen Dienstleistungen, die nicht Dienstleistungen nach Absatz 3 sind, ermäßigt sich die tarifliche Einkommensteuer, vermindert um die sonstigen Steuerermäßigungen, auf Antrag um 20 Prozent, höchstens 4 000 Euro, der Aufwendungen des Steuerpflichtigen. Die Steuerermäßigung kann auch in Anspruch genommen werden für die Inanspruchnahme von Pflege- und Betreuungsleistungen sowie für Aufwendungen, die einem Steuerpflichtigen wegen der Unterbringung in einem Heim oder zur dauernden Pflege erwachsen, soweit darin Kosten für Dienstleistungen enthalten sind, die mit denen einer Hilfe im Haushalt vergleichbar sind.

(3) Für die Inanspruchnahme von Handwerkerleistungen für Renovierungs-, Erhaltungs- und Modernisierungsmaßnahmen, mit Ausnahme der nach dem CO_2-Gebäudesanierungsprogramm der KfW Förderbank geförderten Maßnahmen, ermäßigt sich die tarifliche Einkommensteuer, vermindert um die sonstigen Steuerermäßigungen, auf Antrag um 20 Prozent, höchstens 1 200 Euro, der Aufwendungen des Steuerpflichtigen.

(4) Die Steuerermäßigung nach den Absätzen 1 bis 3 kann nur in Anspruch genommen werden, wenn das Beschäftigungsverhältnis, die Dienstleistung oder die Handwerkerleistung in einem in der Europäischen Union oder dem Europäischen Wirtschaftsraum liegenden Haushalt des Steuerpflichtigen oder – bei Pflege-und Betreuungsleistungen – der gepflegten oder betreuten Person ausgeübt oder erbracht wird. In den Fällen des Absatzes 2 Satz 2 zweiter Halbsatz ist Voraussetzung, dass das Heim oder der Ort der dauernden Pflege in der Europäischen Union oder dem Europäischen Wirtschaftsraum liegt.

(5) Die Steuerermäßigungen nach den Absätzen 1 bis 3 können nur in Anspruch genommen werden, soweit die Aufwendungen nicht Betriebsausgaben oder Werbungskosten darstellen oder unter § 9c fallen und soweit sie nicht als außergewöhnliche Belastung berücksichtigt worden sind. Der Abzug von der tariflichen Einkommensteuer nach den Absätzen 2 und 3 gilt nur für Arbeitskosten. Voraussetzung für die Inanspruchnahme der Steuerermäßigung für haushaltsnahe Dienstleistungen nach Absatz 2 oder für Handwerkerleistungen nach Absatz 3 ist, dass der Steuerpflichtige für die Aufwendungen eine Rechnung erhalten hat und die Zahlung auf das Konto des Erbringers der Leistung erfolgt ist. Leben zwei Alleinstehende in einem Haushalt zusammen, können sie die Höchstbeträge nach den Absätzen 1 bis 3 insgesamt jeweils nur einmal in Anspruch nehmen.

2) ***Absatz 1 Satz 1 wurde durch das JStG 2008 ab VZ 2008 geändert.***

als außergewöhnliche Belastung berücksichtigt worden sind. [2]Für jeden Kalendermonat, in dem die Voraussetzungen nach Satz 1 nicht vorgelegen haben, ermäßigen sich die dort genannten Höchstbeträge um ein Zwölftel.

[1]) (2) [1]Für die Inanspruchnahme von haushaltsnahen Dienstleistungen, die nicht Dienstleistungen nach Satz 2 sind und in einem *in der Europäischen Union oder dem Europäischen Wirtschaftsraum liegenden* Haushalt des Steuerpflichtigen erbracht werden, ermäßigt sich die tarifliche Einkommensteuer, vermindert um die sonstigen Steuerermäßigungen, auf Antrag um 20 Prozent, höchstens 600 Euro, der Aufwendungen des Steuerpflichtigen; dieser Betrag erhöht sich für die Inanspruchnahme von Pflege- und Betreuungsleistungen für Personen, bei denen ein Schweregrad der Pflegebedürftigkeit im Sinne des § 14 des Elften Buches Sozialgesetzbuch besteht oder die Leistungen der Pflegeversicherung beziehen, die in einem *in der Europäischen Union oder dem Europäischen Wirtschaftsraum liegenden* Haushalt des Steuerpflichtigen oder im Haushalt der vorstehend genannten gepflegten oder betreuten Person erbracht werden, auf 1200 Euro. [2]Für die Inanspruchnahme von Handwerkerleistungen für Renovierungs-, Erhaltungs- und Modernisierungsmaßnahmen, die in einem *in der Europäischen Union oder dem Europäischen Wirtschaftsraum liegenden* Haushalt des Steuerpflichtigen erbracht werden, mit Ausnahme der nach dem CO_2-Gebäudesanierungsprogramm der KfW Förderbank geförderten Maßnahmen, ermäßigt sich die tarifliche Einkommensteuer, vermindert um die sonstigen Steuerermäßigungen, auf Antrag um 20 Prozent, höchstens 600 Euro, der Aufwendungen des Steuerpflichtigen. [3]Der Abzug von der tariflichen Einkommensteuer nach den Sätzen 1 und 2 gilt nur für Arbeitskosten und nur für Aufwendungen, die nicht Betriebsausgaben, Werbungskosten oder Aufwendungen für eine geringfügige Beschäftigung im Sinne des § 8 des Vierten Buches Sozialgesetzbuch darstellen oder unter die §§ 4f, 9 Abs. 5, § 10 Abs. 1 Nr. 5 oder Nr. 8 fallen und soweit sie nicht als Sonderausgaben oder außergewöhnliche Belastung berücksichtigt worden sind. [4]In den Fällen des Absatzes 1 ist die Inanspruchnahme der Steuerermäßigungen nach den Sätzen 1 und 2 ausgeschlossen. [5]Voraussetzung für die Steuerermäßigungen nach den Sätzen 1 und 2 ist, dass der Steuerpflichtige *für* die Aufwendungen *eine* Rechnung *erhalten hat* und die Zahlung auf das Konto des Erbringers der haushaltsnahen Dienstleistung, der Handwerkerleistung oder der Pflege- oder Betreuungsleistung *erfolgt ist*. [2])

(3) Leben zwei Alleinstehende in einem Haushalt zusammen, können sie die Höchstbeträge nach den Absätzen 1 und 2 insgesamt jeweils nur einmal in Anspruch nehmen.

H 35a

Hinweise

Anwendungsschreiben

Anhang 13a → BMF vom 26. 10. 2007 (BStBl I S. 783)

EStG

5. Steuerermäßigung bei Belastung mit Erbschaftsteuer

[3])

§ 35b Steuerermäßigung bei Belastung mit Erbschaftsteuer

---

[1]Sind bei der Ermittlung des Einkommens Einkünfte berücksichtigt worden, die im Veranlagungszeitraum oder in den vorangegangenen vier Veranlagungszeiträumen als Erwerb von Todes wegen der Erbschaftsteuer unterlegen haben, so wird auf Antrag die um sonstige Steuerermäßigungen gekürzte tarifliche Einkommensteuer, die auf diese Einkünfte entfällt, um den in Satz 2 bestimmten Prozentsatz ermäßigt. [2]Der Prozentsatz bestimmt sich nach dem Verhältnis, in dem die festgesetzte Erbschaftsteuer zu dem Betrag steht, der sich ergibt, wenn dem steuerpflichtigen Erwerb (§ 10 Abs. 1 des Erbschaftsteuer- und Schenkungsteuergesetzes) die Freibeträge nach §§ 16 und 17 und der steuerfreie Betrag nach § 5 des Erbschaftsteuer- und Schenkungsteuergesetzes hinzugerechnet werden. [3]Die Sätze 1 und 2 gelten nicht, soweit Erbschaftsteuer nach § 10 Abs. 1 Nr. 1a abgezogen wird.

1) *Absatz 2 Satz 1 und 2 wurde durch das JStG 2008 ab VZ 2008 geändert.*
2) *Absatz 2 Satz 5 wurde durch das JStG 2008 ab VZ 2008 neu gefasst.*
3) *§ 35b EStG wurde durch das ErbStRG ab VZ 2009 eingefügt; zur zeitlichen Anwendung → § 52 Abs. 50c EStG.*
Anm.: Im Interesse einer besseren Lesbarkeit wird die neue Vorschrift nicht als Fußnote abgedruckt.

VI. Steuererhebung

1. Erhebung der Einkommensteuer

§ 36 Entstehung und Tilgung der Einkommensteuer

EStG
S 2298

(1) Die Einkommensteuer entsteht, soweit in diesem Gesetz nichts anderes bestimmt ist, mit Ablauf des Veranlagungszeitraums.

(2) Auf die Einkommensteuer werden angerechnet:

1. die für den Veranlagungszeitraum entrichteten Einkommensteuer-Vorauszahlungen (§ 37);

2. die durch Steuerabzug erhobene Einkommensteuer, soweit sie auf die bei der Veranlagung erfassten Einkünfte oder auf die nach § 3 Nr. 40 dieses Gesetzes oder nach § 8b Abs. 1 und 6 Satz 2 des Körperschaftsteuergesetzes bei der Ermittlung des Einkommens außer Ansatz bleibenden Bezüge entfällt und nicht die Erstattung beantragt oder durchgeführt worden ist. [2]Die durch Steuerabzug erhobene Einkommensteuer wird nicht angerechnet, wenn die in § 45a Abs. 2 oder 3 bezeichnete Bescheinigung nicht vorgelegt worden ist. [3]In den Fällen des § 8b Abs. 6 Satz 2 des Körperschaftsteuergesetzes ist es für die Anrechnung ausreichend, wenn die Bescheinigung nach § 45a Abs. 2 und 3 vorgelegt wird, die dem Gläubiger der Kapitalerträge ausgestellt worden ist.

(3) [1]Die Steuerbeträge nach Absatz 2 Nr. 2 sind auf volle Euro aufzurunden. [2]Bei den durch Steuerabzug erhobenen Steuern ist jeweils die Summe der Beträge einer einzelnen Abzugsteuer aufzurunden. [1)]

(4) [1]Wenn sich nach der Abrechnung ein Überschuss zuungunsten des Steuerpflichtigen ergibt, hat der Steuerpflichtige (Steuerschuldner) diesen Betrag, soweit er den fällig gewordenen, aber nicht entrichteten Einkommensteuer-Vorauszahlungen entspricht, sofort, im Übrigen innerhalb eines Monats nach Bekanntgabe des Steuerbescheids zu entrichten (Abschlusszahlung). [2]Wenn sich nach der Abrechnung ein Überschuss zugunsten des Steuerpflichtigen ergibt, wird dieser dem Steuerpflichtigen nach Bekanntgabe des Steuerbescheids ausgezahlt. [3]Bei Ehegatten, die nach den §§ 26, 26b zusammen zur Einkommensteuer veranlagt worden sind, wirkt die Auszahlung an einen Ehegatten auch für und gegen den anderen Ehegatten.

---

36. Anrechnung von Steuervorauszahlungen und von Steuerabzugsbeträgen

R 36

[1]Die Anrechnung von Kapitalertragsteuer setzt voraus, dass die der Anrechnung zugrunde liegenden Einnahmen bei der Veranlagung erfasst werden und der Anteilseigner die in § 45a Abs. 2 oder 3 EStG bezeichnete Bescheinigung im Original vorlegt. [2]Ob die Einnahmen im Rahmen der Einkünfte aus Kapitalvermögen anfallen oder bei einer anderen Einkunftsart, ist für die Anrechnung unerheblich. [3]Bei der Bilanzierung abgezinster Kapitalforderungen erfolgt die Anrechnung der Kapitalertragsteuer stets im Erhebungsjahr, auch wenn die der Anrechnung zugrunde liegenden Einnahmen ganz oder teilweise bereits in früheren Jahren zu erfassen waren.

S 2298
S 2299b
S 2204

Hinweise

H 36

Abtretung

Der Anspruch auf die Anrechnung von Steuerabzugsbeträgen kann nicht abgetreten werden. Abgetreten werden kann nur der Anspruch auf Erstattung von überzahlter Einkommensteuer, der sich durch den Anrechnungsbetrag ergibt. Der Erstattungsanspruch entsteht wie die zu veranlagende Einkommensteuer mit Ablauf des VZ. Die Abtretung wird erst wirksam, wenn sie der Gläubiger nach diesem Zeitpunkt der zuständigen Finanzbehörde anzeigt (§ 46 Abs. 2 AO).

Anrechnung

1. Änderungen

   Die Vorschriften über die Aufhebung oder Änderung von Steuerfestsetzungen können – auch wenn im Einkommensteuerbescheid die Steuerfestsetzung und die Anrechnung technisch zusammengefasst sind – nicht auf die Anrechnung angewendet werden. Die Korrektur der Anrechnung richtet sich nach §§ 129 bis 131 AO. Zum Erlass eines Abrechnungsbescheides → § 218 Abs. 2 AO.

---

1) ***Absatz 3 Satz 1 wurde durch das JStG 2008 ab VZ 2008 geändert.***

Die Anrechnung von Steuerabzugsbeträgen und Steuervorauszahlungen ist ein Verwaltungsakt mit Bindungswirkung. Diese Bindungswirkung muss auch beim Erlass eines Abrechnungsbescheids nach § 218 Abs. 2 AO beachtet werden. Deshalb kann im Rahmen eines Abrechnungsbescheides die Steueranrechnung zugunsten oder zuungunsten des Stpfl. nur dann geändert werden, wenn eine der Voraussetzungen der §§ 129–131 AO gegeben ist (→ BMF vom 15. 4. 1997 – BStBl 1997 II S. 787).

2. bei Veranlagung

Die Anrechnung von Steuerabzugsbeträgen ist unzulässig, soweit die Erstattung beantragt oder durchgeführt worden ist (§ 36 Abs. 2 Nr. 2 EStG).

Durch einen bestandskräftig abgelehnten Antrag auf Erstattung von Kapitalertragsteuer wird die Anrechnung von Kapitalertragsteuer bei der Veranlagung zur Einkommensteuer nicht ausgeschlossen.

3. Teil der Steuererhebung

Die Anrechnung von Steuervorauszahlungen (§ 36 Abs. 2 Nr. 1 EStG) und von erhobenen Steuerabzugsbeträgen (§ 36 Abs. 2 Nr. 2 EStG) auf die Einkommensteuer ist Teil der Steuererhebung (→ BFH vom 14. 11. 1984 – BStBl 1985 II S. 216).

Personengesellschaft

→ H 15.8 (3) GmbH-Beteiligung

EStG
S 2297

§ 37 Einkommensteuer-Vorauszahlung

(1) [1]Der Steuerpflichtige hat am 10. März, 10. Juni, 10. September und 10. Dezember Vorauszahlungen auf die Einkommensteuer zu entrichten, die er für den laufenden Veranlagungszeitraum voraussichtlich schulden wird. [2]Die Einkommensteuer-Vorauszahlung entsteht jeweils mit Beginn des Kalendervierteljahres, in dem die Vorauszahlungen zu entrichten sind, oder, wenn die Steuerpflicht erst im Laufe des Kalendervierteljahres begründet wird, mit Begründung der Steuerpflicht.

[1]) **(2) [1]Die Oberfinanzdirektionen können für Steuerpflichtige, die überwiegend Einkünfte aus Land- und Forstwirtschaft erzielen, von Absatz 1 Satz 1 abweichende Vorauszahlungszeitpunkte bestimmen. [2]Das Gleiche gilt für Steuerpflichtige, die überwiegend Einkünfte oder Einkunftsteile aus nichtselbständiger Arbeit erzielen, die der Lohnsteuer nicht unterliegen.**

(3) [1]Das Finanzamt setzt die Vorauszahlungen durch Vorauszahlungsbescheid fest. [2]Die Vorauszahlungen bemessen sich grundsätzlich nach der Einkommensteuer, die sich nach [2]) Anrechnung der Steuerabzugsbeträge und der Körperschaftsteuer (§ 36 Abs. 2 Nr. 2 und 3) bei [3]) der letzten Veranlagung ergeben hat. [3]Das Finanzamt kann bis zum Ablauf des auf den Veranlagungszeitraum folgenden 15. Kalendermonats die Vorauszahlungen an die Einkommensteuer anpassen, die sich für den Veranlagungszeitraum voraussichtlich ergeben wird; dieser Zeitraum verlängert sich auf 21 Monate, wenn die Einkünfte aus Land- und Forstwirtschaft bei der [4]) erstmaligen Steuerfestsetzung die anderen Einkünfte voraussichtlich überwiegen werden. [4]Bei der Anwendung der Sätze 2 und 3 bleiben Aufwendungen im Sinne des § 10 Abs. 1 Nr. 1, 1a, *1b*, 4, 5, 7 bis 9, der §§ 10b und 33 sowie die abziehbaren Beträge nach § 33a, wenn die Aufwendun- [5]) gen und abziehbaren Beträge insgesamt 600 Euro nicht übersteigen, außer Ansatz. [5]*Die Steu-* [6]) *erermäßigung nach § 34a bleibt außer Ansatz.* [6]Bei der Anwendung der Sätze 2 und 3 bleibt der Sonderausgabenabzug nach § 10a Abs. 1 außer Ansatz. [7]Außer Ansatz bleiben bis zur Anschaffung oder Fertigstellung der Objekte im Sinne des § 10e Abs. 1 und 2 und § 10h auch die Auf-

1) ***Absatz 2 wurde durch das JStG 2009 ab VZ 2009 aufgehoben → § 52 Abs. 1 EStG.***

2) § 36 Abs. 2 Nr. 3 EStG wurde durch das StSenkG aufgehoben.

3) ***Absatz 3 Satz 2 wurde durch das JStG 2009 ab VZ 2009 neu gefasst → § 52 Abs. 1 EStG.***

Anm.: Die Änderung lautet:
Die Vorauszahlungen bemessen sich grundsätzlich nach der Einkommensteuer, die sich nach Anrechnung der Steuerabzugsbeträge (§ 36 Abs. 2 Nr. 2) bei der letzten Veranlagung ergeben hat.

4) ***Durch das JStG 2008 wurde der bisherige Absatz 3 Satz 4 ab 2008 aufgehoben.***

5) ***Absatz 3 Satz 5 i. d. F. des Unternehmensteuerreformgesetzes 2008 (umbenannt durch das JStG 2008 in Satz 4) wurde durch das JStG 2008 ab VZ 2008 geändert. Dieser Satz wurde durch das FamLeistG ab VZ 2009 geändert.***

Anm.: Die Änderung lautet:
In § 37 Abs. 3 Satz 4 wird die Angabe „§ 10 Abs. 1 Nr. 1, 1a, 1b, 4, 5, 7 bis 9" durch die Angabe „§ 9c Abs. 2 und 3, des § 10 Abs. 1 Nr. 1, 1a, 1b, 4, 7 und 9" ersetzt.

6) ***Durch das Unternehmensteuerreformgesetz 2008 wurde ein neuer Satz 5 (in der Zählweise des JStG 2008) ab VZ 2008 eingefügt.***

wendungen, die nach § 10e Abs. 6 und § 10h Satz 3 wie Sonderausgaben abgezogen werden; Entsprechendes gilt auch für Aufwendungen, die nach § 10i für nach dem Eigenheimzulagengesetz begünstigte Objekte wie Sonderausgaben abgezogen werden. [8]Negative Einkünfte aus der Vermietung oder Verpachtung eines Gebäudes im Sinne des § 21 Abs. 1 Satz 1 Nr. 1 werden bei der Festsetzung der Vorauszahlungen nur für Kalenderjahre berücksichtigt, die nach der Anschaffung oder Fertigstellung dieses Gebäudes beginnen. [9]Wird ein Gebäude vor dem Kalenderjahr seiner Fertigstellung angeschafft, tritt an die Stelle der Anschaffung die Fertigstellung. [10]Satz 8 gilt nicht für negative Einkünfte aus der Vermietung oder Verpachtung eines Gebäudes, für das erhöhte Absetzungen nach den §§ 14a, 14c oder 14d des Berlinförderungsgesetzes oder Sonderabschreibungen nach § 4 des Fördergebietsgesetzes in Anspruch genommen werden. [11]Satz 8 gilt für negative Einkünfte aus der Vermietung oder Verpachtung eines anderen Vermögensgegenstandes im Sinne des § 21 Abs. 1 Satz 1 Nr. 1 bis 3 entsprechend mit der Maßgabe, dass an die Stelle der Anschaffung oder Fertigstellung die Aufnahme der Nutzung durch den Steuerpflichtigen tritt. [12]In den Fällen des § 31, in denen die gebotene steuerliche Freistellung eines Einkommensbetrags in Höhe des Existenzminimums eines Kindes durch das Kindergeld nicht in vollem Umfang bewirkt wird, bleiben bei der Anwendung der Sätze 2 und 3 Freibeträge nach § 32 Abs. 6 und zu verrechnendes Kindergeld außer Ansatz.

(4) [1]Bei einer nachträglichen Erhöhung der Vorauszahlungen ist die letzte Vorauszahlung für den Veranlagungszeitraum anzupassen. [2]Der Erhöhungsbetrag ist innerhalb eines Monats nach Bekanntgabe des Vorauszahlungsbescheids zu entrichten.

(5) [1]Vorauszahlungen sind nur festzusetzen, wenn sie mindestens 200 Euro im Kalenderjahr und mindestens 50 Euro für einen Vorauszahlungszeitpunkt betragen. [2]Festgesetzte Vorauszahlungen sind nur zu erhöhen, wenn sich der Erhöhungsbetrag im Fall des Absatzes 3 Satz 2 bis 5 für einen Vorauszahlungszeitpunkt auf mindestens 50 Euro, im Fall des Absatzes 4 auf mindestens 2500 Euro beläuft. [1)]

---

37. Einkommensteuer-Vorauszahlung

R 37

Bei der getrennten Veranlagung von Ehegatten nach § 26a EStG ist für die Ermittlung der 600-Euro-Grenze in § 37 Abs. 3 EStG die Summe der für beide Ehegatten in Betracht kommenden Aufwendungen und abziehbaren Beträge zugrunde zu legen. S 2297

Hinweise

H 37

Anpassung von Vorauszahlungen

Eine Anpassung ist auch dann noch möglich, wenn eine Einkommensteuererklärung für den abgelaufenen VZ bereits abgegeben worden ist (→ BFH vom 27. 9. 1976 – BStBl 1977 II S. 33).

Erhöhung von Vorauszahlungen

Im Falle der Erhöhung einer Vorauszahlung zum nächsten Vorauszahlungstermin des laufenden Kalenderjahrs gilt die Monatsfrist des § 37 Abs. 4 Satz 2 EStG nicht (→ BFH vom 22. 8. 1974 – BStBl 1975 II S. 15 und vom 25. 6. 1981 – BStBl 1982 II S. 105).

Verfahren bei der Geltendmachung von negativen Einkünften aus der Beteiligung an Verlustzuweisungsgesellschaften und vergleichbaren Modellen

→ BMF vom 13. 7. 1992 (BStBl I S. 404) und vom 28. 6. 1994 (BStBl I S. 420).

Vorauszahlungen bei Arbeitnehmern

Die Festsetzung von Einkommensteuer-Vorauszahlungen ist auch dann zulässig, wenn der Stpfl. ausschließlich Einkünfte aus nichtselbständiger Arbeit erzielt, die dem Lohnsteuerabzug unterliegen (→ BFH vom 20. 12. 2004 – BStBl 2005 II S. 358).

---

1) ***Absatz 5 wurde durch das JStG 2009 ab VZ 2009 geändert → § 52 Abs. 1 EStG.***
Anm.: Die Änderung lautet: Absatz 5 wird wie folgt geändert:
a) In Satz 1 wird die Zahl „200" durch die Zahl „400" und die Zahl „50" durch die Zahl „100" ersetzt.
b) In Satz 2 wird die Zahl „50" durch die Zahl „100" und die Zahl „2 500" durch die Zahl „5 000" ersetzt.

EStG
S 2297a

§ 37a Pauschalierung der Einkommensteuer durch Dritte

(1) [1]Das Finanzamt kann auf Antrag zulassen, dass das Unternehmen, das Sachprämien im Sinne des § 3 Nr. 38 gewährt, die Einkommensteuer für den Teil der Prämien, der nicht steuerfrei ist, pauschal erhebt. [2]Bemessungsgrundlage der pauschalen Einkommensteuer ist der gesamte Wert der Prämien, die den im Inland ansässigen Steuerpflichtigen zufließen. [3]Der Pauschsteuersatz beträgt 2,25 Prozent.

(2) [1]Auf die pauschale Einkommensteuer ist § 40 Abs. 3 sinngemäß anzuwenden. [2]Das Unternehmen hat die Prämienempfänger von der Steuerübernahme zu unterrichten.

(3) [1]Über den Antrag entscheidet das Betriebsstättenfinanzamt des Unternehmens (§ 41a Abs. 1 Satz 1 Nr. 1). [2]Hat das Unternehmen mehrere Betriebsstättenfinanzämter, so ist das Finanzamt der Betriebsstätte zuständig, in der die für die pauschale Besteuerung maßgebenden Prämien ermittelt werden. [3]Die Genehmigung zur Pauschalierung wird mit Wirkung für die Zukunft erteilt und kann zeitlich befristet werden; sie erstreckt sich auf alle im Geltungszeitraum ausgeschütteten Prämien.

(4) Die pauschale Einkommensteuer gilt als Lohnsteuer und ist von dem Unternehmen in der Lohnsteuer-Anmeldung der Betriebsstätte im Sinne des Absatzes 3 anzumelden und spätestens am zehnten Tag nach Ablauf des für die Betriebsstätte maßgebenden Lohnsteuer-Anmeldungszeitraums an das Betriebsstättenfinanzamt abzuführen.

EStG

§ 37b Pauschalierung der Einkommensteuer bei Sachzuwendungen

(1) [1]Steuerpflichtige können die Einkommensteuer einheitlich für alle innerhalb eines Wirtschaftsjahres gewährten

1. **betrieblich veranlassten Zuwendungen, die zusätzlich zur ohnehin vereinbarten Leistung oder Gegenleistung erbracht werden, und**
2. **Geschenke im Sinne des § 4 Abs. 5 Satz 1 Nr. 1,**

die nicht in Geld bestehen, mit einem Pauschsteuersatz von 30 Prozent erheben. [2]Bemessungsgrundlage der pauschalen Einkommensteuer sind die Aufwendungen des Steuerpflichtigen einschließlich Umsatzsteuer; bei Zuwendungen an Arbeitnehmer verbundener Unternehmen ist Bemessungsgrundlage mindestens der sich nach § 8 Abs. 3 Satz 1 ergebende Wert. [3]Die Pauschalierung ist ausgeschlossen,

1. **soweit die Aufwendungen je Empfänger und Wirtschaftsjahr oder**
2. **wenn die Aufwendungen für die einzelne Zuwendung den Betrag von 10 000 Euro übersteigen.**

(2) [1]Absatz 1 gilt auch für betrieblich veranlasste Zuwendungen an Arbeitnehmer des Steuerpflichtigen, soweit sie nicht in Geld bestehen und zusätzlich zum ohnehin geschuldeten Arbeitslohn erbracht werden. [2]In den Fällen des § 8 Abs. 2 Satz 2 bis 8, Abs. 3, § 19a sowie § 40 Abs. 2 ist Absatz 1 nicht anzuwenden; Entsprechendes gilt, soweit die Zuwendungen nach § 40 Abs. 1 pauschaliert worden sind. [3]§ 37a Abs. 1 bleibt unberührt.

(3) [1]Die pauschal besteuerten Sachzuwendungen bleiben bei der Ermittlung der Einkünfte des Empfängers außer Ansatz. [2]Auf die pauschale Einkommensteuer ist § 40 Abs. 3 sinngemäß anzuwenden. [3]Der Steuerpflichtige hat den Empfänger von der Steuerübernahme zu unterrichten.

(4) [1]Die pauschale Einkommensteuer gilt als Lohnsteuer und ist von dem die Sachzuwendung gewährenden Steuerpflichtigen in der Lohnsteuer-Anmeldung der Betriebsstätte nach § 41 Abs. 2 anzumelden und spätestens am zehnten Tag nach Ablauf des für die Betriebsstätte maßgebenden Lohnsteuer-Anmeldungszeitraums an das Betriebsstättenfinanzamt abzuführen. [2]Hat der Steuerpflichtige mehrere Betriebsstätten im Sinne des Satzes 1, so ist das Finanzamt der Betriebsstätte zuständig, in der die für die pauschale Besteuerung maßgebenden Sachbezüge ermittelt werden.

H 37b

Hinweise

Allgemeines

Anhang 15a

Zur Pauschalierung der Einkommensteuer bei Sachzuwendungen → BMF vom 29. 4. 2008 (BStBl I S. 566)

Kirchensteuer

→ Gleich lautende Erlasse der obersten Finanzbehörden der Länder vom 28. 12. 2006 (BStBl 2007 I S. 76):

Steuerpflichtige, die Sachzuwendungen nach Maßgabe des § 37b EStG gewähren, können die darauf entfallende Einkommensteuer mit einem Pauschsteuersatz von 30 % abgeltend erheben. Die pauschale Einkommensteuer gilt als Lohnsteuer und ist von dem die Sachzuwendung gewährenden Steuerpflichtigen in der Lohnsteuer-Anmeldung anzugeben und an das Betriebsstättenfinanzamt abzuführen. In gleicher Weise ist auch hinsichtlich der zu entrichtenden Kirchensteuer zu verfahren. Bei der Erhebung der Kirchensteuer kann der Steuerpflichtige zwischen einem vereinfachten Verfahren und einem Nachweisverfahren wählen. Diese Wahl kann für jeden Lohnsteuer-Anmeldungszeitraum unterschiedlich getroffen werden. Im Einzelnen gilt Folgendes:

1. Entscheidet sich der Steuerpflichtige für die Vereinfachungsregelung, hat er für sämtliche Empfänger von Zuwendungen Kirchensteuer zu entrichten. Dabei ist ein ermäßigter Steuersatz anzuwenden, der in pauschaler Weise dem Umstand Rechnung trägt, dass nicht alle Empfänger Angehörige einer steuererhebenden Religionsgemeinschaft sind. Die im vereinfachten Verfahren ermittelten Kirchensteuern sind in der Lohnsteuer-Anmeldung bei Kennzahl 47 gesondert anzugeben. Die Aufteilung auf die steuererhebenden Religionsgemeinschaften wird von der Finanzverwaltung übernommen.
2. a) Macht der Steuerpflichtige Gebrauch von der ihm zustehenden Nachweismöglichkeit, dass einzelne Empfänger keiner steuererhebenden Religionsgemeinschaft angehören, kann er hinsichtlich dieser Empfänger von der Entrichtung der auf die pauschale Einkommensteuer entfallenden Kirchensteuer absehen; für die übrigen Empfänger ist der allgemeine Kirchensteuersatz anzuwenden.

   b) Als Nachweis über das Religionsbekenntnis bzw. die Nichtzugehörigkeit zu einer steuererhebenden Religionsgemeinschaft genügt eine Erklärung nach beigefügtem Muster. Die Erklärung des Empfängers muss vom Steuerpflichtigen aufbewahrt werden. Bei Arbeitnehmern des Steuerpflichtigen ist die Religionszugehörigkeit anhand des in den Lohnkonten aufzuzeichnenden Religionsbekenntnisses zu ermitteln.

   c) Kann der Steuerpflichtige bei einzelnen Empfängern die Religionszugehörigkeit nicht ermitteln, kann er aus Vereinfachungsgründen die gesamte pauschale Einkommensteuer im Verhältnis der kirchensteuerpflichtigen zu den nicht kirchensteuerpflichtigen Empfängern aufteilen; der auf die kirchensteuerpflichtigen Empfänger entfallende Anteil ist Bemessungsgrundlage für die Anwendung des allgemeinen Kirchensteuersatzes. Die so ermittelte Kirchensteuer ist im Verhältnis der Konfessions- bzw. Religionszugehörigkeit der kirchensteuerpflichtigen Empfänger aufzuteilen. Die im Nachweisverfahren ermittelten Kirchensteuern sind in der Lohnsteuer-Anmeldung unter der jeweiligen Kirchensteuer-Kennzahl (z. B. 61, 62) anzugeben.
3. Die Höhe der Kirchensteuersätze ergibt sich sowohl bei Anwendung der Vereinfachungsregelung (Nr. 1) als auch im Nachweisverfahren (Nr. 2) aus den Kirchensteuerbeschlüssen der steuererhebenden Religionsgemeinschaften. Die in den jeweiligen Ländern geltenden Regelungen werden für jedes Kalenderjahr im BStBl I veröffentlicht.
4. Dieser Erlass ist erstmals für Sachzuwendungen anzuwenden, die nach dem 31. 12. 2006 gewährt werden.

---

2. Steuerabzug vom Arbeitslohn (Lohnsteuer) (§§ 38-42f)

§ 38 Erhebung der Lohnsteuer

EStG
S 2360

(1) [1]Bei Einkünften aus nichtselbständiger Arbeit wird die Einkommensteuer durch Abzug vom Arbeitslohn erhoben (Lohnsteuer), soweit der Arbeitslohn von einem Arbeitgeber gezahlt wird, der

1. **im Inland einen Wohnsitz, seinen gewöhnlichen Aufenthalt, seine Geschäftsleitung, seinen Sitz, eine Betriebsstätte oder einen ständigen Vertreter im Sinne der §§ 8 bis 13 der Abgabenordnung hat (inländischer Arbeitgeber) oder**
2. **einem Dritten (Entleiher) Arbeitnehmer gewerbsmäßig zur Arbeitsleistung im Inland überlässt, ohne inländischer Arbeitgeber zu sein (ausländischer Verleiher).**

[2]Inländischer Arbeitgeber im Sinne des Satzes 1 ist in den Fällen der Arbeitnehmerentsendung auch das in Deutschland ansässige aufnehmende Unternehmen, das den Arbeitslohn für die ihm geleistete Arbeit wirtschaftlich trägt; Voraussetzung hierfür ist nicht, dass das Unternehmen dem Arbeitnehmer den Arbeitslohn im eigenen Namen und für eigene Rechnung auszahlt. [3]Der Lohnsteuer unterliegt auch der im Rahmen des Dienstverhältnisses von einem Dritten gewährte Arbeitslohn, wenn der Arbeitgeber weiß oder erkennen kann, dass derartige Vergütungen erbracht werden; dies ist insbesondere anzunehmen, wenn Arbeitgeber und Dritter verbundene Unternehmen im Sinne von § 15 des Aktiengesetzes sind.

(2) [1]Der Arbeitnehmer ist Schuldner der Lohnsteuer. [2]Die Lohnsteuer entsteht in dem Zeitpunkt, in dem der Arbeitslohn dem Arbeitnehmer zufließt.

(3) [1]Der Arbeitgeber hat die Lohnsteuer für Rechnung des Arbeitnehmers bei jeder Lohnzahlung vom Arbeitslohn einzubehalten. [2]Bei juristischen Personen des öffentlichen Rechts hat die öffentliche Kasse, die den Arbeitslohn zahlt, die Pflichten des Arbeitgebers.[1)]

(3a) [1]Soweit sich aus einem Dienstverhältnis oder einem früheren Dienstverhältnis tarifvertragliche Ansprüche des Arbeitnehmers auf Arbeitslohn unmittelbar gegen einen Dritten mit Wohnsitz, Geschäftsleitung oder Sitz im Inland richten und von diesem durch die Zahlung von Geld erfüllt werden, hat der Dritte die Pflichten des Arbeitgebers. [2]In anderen Fällen kann das Finanzamt zulassen, dass ein Dritter mit Wohnsitz, Geschäftsleitung oder Sitz im Inland die Pflichten des Arbeitgebers im eigenen Namen erfüllt. [3]Voraussetzung ist, dass der Dritte

1. sich hierzu gegenüber dem Arbeitgeber verpflichtet hat,
2. den Lohn auszahlt oder er nur Arbeitgeberpflichten für von ihm vermittelte Arbeitnehmer übernimmt und
3. die Steuererhebung nicht beeinträchtigt wird.

[4]Die Zustimmung erteilt das Betriebsstättenfinanzamt des Dritten auf dessen Antrag im Einvernehmen mit dem Betriebsstättenfinanzamt des Arbeitgebers; sie darf mit Nebenbestimmungen versehen werden, die die ordnungsgemäße Steuererhebung sicherstellen und die Überprüfung des Lohnsteuerabzugs nach § 42f erleichtern sollen. [5]Die Zustimmung kann mit Wirkung für die Zukunft widerrufen werden. [6]In den Fällen der Sätze 1 und 2 sind die das Lohnsteuerverfahren betreffenden Vorschriften mit der Maßgabe anzuwenden, dass an die Stelle des Arbeitgebers der Dritte tritt; der Arbeitgeber ist von seinen Pflichten befreit, soweit der Dritte diese Pflichten erfüllt hat. [7]Erfüllt der Dritte die Pflichten des Arbeitgebers, kann er den Arbeitslohn, der einem Arbeitnehmer in demselben Lohnabrechnungszeitraum aus mehreren Dienstverhältnissen zufließt, für die Lohnsteuerermittlung und in der Lohnsteuerbescheinigung zusammenrechnen.

(4) [1]Wenn der vom Arbeitgeber geschuldete Barlohn zur Deckung der Lohnsteuer nicht ausreicht, hat der Arbeitnehmer dem Arbeitgeber den Fehlbetrag zur Verfügung zu stellen oder der Arbeitgeber einen entsprechenden Teil der anderen Bezüge des Arbeitnehmers zurückzubehalten. [2]Soweit der Arbeitnehmer seiner Verpflichtung nicht nachkommt und der Arbeitgeber den Fehlbetrag nicht durch Zurückbehaltung von anderen Bezügen des Arbeitnehmers aufbringen kann, hat der Arbeitgeber dies dem Betriebsstättenfinanzamt (§ 41a Abs. 1 Satz 1 Nr. 1) anzuzeigen. [3]Der Arbeitnehmer hat dem Arbeitgeber die von einem Dritten gewährten Bezüge (Absatz 1 Satz 2) am Ende des jeweiligen Lohnzahlungszeitraums anzugeben; wenn der Arbeitnehmer keine Angabe oder eine erkennbar unrichtige Angabe macht, hat der Arbeitgeber dies dem Betriebsstättenfinanzamt anzuzeigen. [4]Das Finanzamt hat die zu wenig erhobene Lohnsteuer vom Arbeitnehmer nachzufordern.

EStG
S 2360

§ 38a Höhe der Lohnsteuer

(1) [1]Die Jahreslohnsteuer bemisst sich nach dem Arbeitslohn, den der Arbeitnehmer im Kalenderjahr bezieht (Jahresarbeitslohn). [2]Laufender Arbeitslohn gilt in dem Kalenderjahr als bezogen, in dem der Lohnzahlungszeitraum endet; in den Fällen des § 39b Abs. 5 Satz 1 tritt der Lohnabrechnungszeitraum an die Stelle des Lohnzahlungszeitraums. [3]Arbeitslohn, der nicht als laufender Arbeitslohn gezahlt wird (sonstige Bezüge), wird in dem Kalenderjahr bezogen, in dem er dem Arbeitnehmer zufließt.

---

1) ***Durch das JStG 2009 wurde ein neuer Satz 3 ab VZ 2009 angefügt → § 52 Abs. 1 EStG.***
Anm.: Der neue Satz 3 lautet:
In den Fällen der nach § 7f Abs. 1 Satz 1 Nr. 2 des Vierten Buches Sozialgesetzbuch an die Deutsche Rentenversicherung Bund übertragenen Wertguthaben hat die Deutsche Rentenversicherung Bund bei Inanspruchnahme des Wertguthabens die Pflichten des Arbeitgebers.

(2) Die Jahreslohnsteuer wird nach dem Jahresarbeitslohn so bemessen, dass sie der Einkommensteuer entspricht, die der Arbeitnehmer schuldet, wenn er ausschließlich Einkünfte aus nichtselbständiger Arbeit erzielt.

(3) [1]Vom laufenden Arbeitslohn wird die Lohnsteuer jeweils mit dem auf den Lohnzahlungszeitraum fallenden Teilbetrag der Jahreslohnsteuer erhoben, die sich bei Umrechnung des laufenden Arbeitslohns auf einen Jahresarbeitslohn ergibt. [2]Von sonstigen Bezügen wird die Lohnsteuer mit dem Betrag erhoben, der zusammen mit der Lohnsteuer für den laufenden Arbeitslohn des Kalenderjahres und für etwa im Kalenderjahr bereits gezahlte sonstige Bezüge die voraussichtliche Jahreslohnsteuer ergibt.

(4) Bei der Ermittlung der Lohnsteuer werden die Besteuerungsgrundlagen des Einzelfalls durch die Einreihung der Arbeitnehmer in Steuerklassen (§ 38b) und Ausstellung von entsprechenden Lohnsteuerkarten (§ 39) sowie Feststellung von Freibeträgen und Hinzurechnungsbeträgen (§ 39a) berücksichtigt.

§ 38b Lohnsteuerklassen

EStG
S 2361

[1]Für die Durchführung des Lohnsteuerabzugs werden unbeschränkt einkommensteuerpflichtige Arbeitnehmer in Steuerklassen eingereiht. [2]Dabei gilt Folgendes:

1. In die Steuerklasse I gehören Arbeitnehmer, die
   a) ledig sind,
   b) verheiratet, verwitwet oder geschieden sind und bei denen die Voraussetzungen für die Steuerklasse III oder IV nicht erfüllt sind;
2. in die Steuerklasse II gehören die unter Nummer 1 bezeichneten Arbeitnehmer, wenn bei ihnen der Entlastungsbetrag für Alleinerziehende (§ 24b) zu berücksichtigen ist;
3. in die Steuerklasse III gehören Arbeitnehmer,
   a) die verheiratet sind, wenn beide Ehegatten unbeschränkt einkommensteuerpflichtig sind und nicht dauernd getrennt leben und
      aa) der Ehegatte des Arbeitnehmers keinen Arbeitslohn bezieht oder
      bb) der Ehegatte des Arbeitnehmers auf Antrag beider Ehegatten in die Steuerklasse V eingereiht wird,
   b) die verwitwet sind, wenn sie und ihr verstorbener Ehegatte im Zeitpunkt seines Todes unbeschränkt einkommensteuerpflichtig waren und in diesem Zeitpunkt nicht dauernd getrennt gelebt haben, für das Kalenderjahr, das dem Kalenderjahr folgt, in dem der Ehegatte verstorben ist,
   c) deren Ehe aufgelöst worden ist, wenn
      aa) im Kalenderjahr der Auflösung der Ehe beide Ehegatten unbeschränkt einkommensteuerpflichtig waren und nicht dauernd getrennt gelebt haben und
      bb) der andere Ehegatte wieder geheiratet hat, von seinem neuen Ehegatten nicht dauernd getrennt lebt und er und sein neuer Ehegatte unbeschränkt einkommensteuerpflichtig sind,

   für das Kalenderjahr, in dem die Ehe aufgelöst worden ist;
4. in die Steuerklasse IV gehören Arbeitnehmer, die verheiratet sind, wenn beide Ehegatten unbeschränkt einkommensteuerpflichtig sind und nicht dauernd getrennt leben und der Ehegatte des Arbeitnehmers ebenfalls Arbeitslohn bezieht;
5. in die Steuerklasse V gehören die unter Nummer 4 bezeichneten Arbeitnehmer, wenn der Ehegatte des Arbeitnehmers auf Antrag beider Ehegatten in die Steuerklasse III eingereiht wird;
6. die Steuerklasse VI gilt bei Arbeitnehmern, die nebeneinander von mehreren Arbeitgebern Arbeitslohn beziehen, für die Einbehaltung der Lohnsteuer vom Arbeitslohn aus dem zweiten und weiteren Dienstverhältnis.

[3]Als unbeschränkt einkommensteuerpflichtig im Sinne der Nummern 3 und 4 gelten nur Personen, die die Voraussetzungen des § 1 Abs. 1 oder 2 oder des § 1a erfüllen.

EStG

§ 39 Lohnsteuerkarte

S 2363 [1] (1) [1]Die Gemeinden haben den nach § 1 Abs. 1 unbeschränkt einkommensteuerpflichtigen Arbeitnehmern für jedes Kalenderjahr unentgeltlich eine Lohnsteuerkarte nach amtlich vorgeschriebenem Muster auszustellen und zu übermitteln, ***letztmalig für das Kalenderjahr 2010.*** [2]Steht ein Arbeitnehmer nebeneinander bei mehreren Arbeitgebern in einem Dienstverhältnis, so hat die Gemeinde eine entsprechende Anzahl Lohnsteuerkarten unentgeltlich auszustellen und zu übermitteln. [3]Wenn eine Lohnsteuerkarte verlorengegangen, unbrauchbar geworden oder zerstört worden ist, hat die Gemeinde eine Ersatz-Lohnsteuerkarte auszustellen. [4]Hierfür kann die ausstellende Gemeinde von dem Arbeitnehmer eine Gebühr bis 5 Euro erheben; das Verwaltungskostengesetz ist anzuwenden. [5]Die Gemeinde hat die Ausstellung einer Ersatz-Lohnsteuerkarte dem für den Arbeitnehmer örtlich zuständigen Finanzamt unverzüglich mitzuteilen.

S 2363 (2) [1]Für die Ausstellung der Lohnsteuerkarte ist die Gemeinde örtlich zuständig, in deren Bezirk der Arbeitnehmer am 20. September des dem Kalenderjahr, für das die Lohnsteuerkarte gilt, vorangehenden Jahres oder erstmals nach diesem Stichtag seine Hauptwohnung oder in Ermangelung einer Wohnung seinen gewöhnlichen Aufenthalt hatte. [2]Bei verheirateten Arbeitnehmern gilt als Hauptwohnung die Hauptwohnung der Familie oder in Ermangelung einer solchen die Hauptwohnung des älteren Ehegatten, wenn beide Ehegatten unbeschränkt einkommensteuerpflichtig sind und nicht dauernd getrennt leben.

S 2364 (3) [1]Die Gemeinde hat auf der Lohnsteuerkarte insbesondere einzutragen:

1. die Steuerklasse (§ 38b) in Buchstaben,
2. die Zahl der Kinderfreibeträge bei den Steuerklassen I bis IV, und zwar für jedes nach § 1 Abs. 1 unbeschränkt einkommensteuerpflichtige Kind im Sinne des § 32 Abs. 1 Nr. 1 und Abs. 3
   a) den Zähler 0,5, wenn dem Arbeitnehmer der Kinderfreibetrag nach § 32 Abs. 6 Satz 1 zusteht, oder
   b) den Zähler 1, wenn dem Arbeitnehmer der Kinderfreibetrag zusteht, weil
      aa) die Voraussetzungen des § 32 Abs. 6 Satz 2 vorliegen,
      bb) der andere Elternteil vor dem Beginn des Kalenderjahres verstorben ist (§ 32 Abs. 6 Satz 3 Nr. 1) oder
      [2] cc) der Arbeitnehmer allein das Kind angenommen hat (§ 32 Abs. 6 Satz 3 Nr. 2).

[2]Für die Eintragung der Steuerklasse III ist das Finanzamt zuständig, wenn der Ehegatte des Arbeitnehmers nach § 1a Abs. 1 Nr. 2 als unbeschränkt einkommensteuerpflichtig zu behandeln ist.

S 2363 (3a) [1]Soweit dem Arbeitnehmer Kinderfreibeträge nach § 32 Abs. 1 bis 6 zustehen, die nicht nach Absatz 3 von der Gemeinde auf der Lohnsteuerkarte einzutragen sind, ist vorbehaltlich des § 39a Abs. 1 Nr. 6 die auf der Lohnsteuerkarte eingetragene Zahl der Kinderfreibeträge sowie im Falle des § 38b Nr. 2 die Steuerklasse vom Finanzamt auf Antrag zu ändern. [2]Das Finanzamt kann auf nähere Angaben des Arbeitnehmers verzichten, wenn der Arbeitnehmer höchstens die auf seiner Lohnsteuerkarte für das vorangegangene Kalenderjahr eingetragene Zahl der Kinderfreibeträge beantragt und versichert, dass sich die maßgebenden Verhältnisse nicht wesentlich geändert haben. [3]In den Fällen des § 32 Abs. 6 Satz 6 gelten die Sätze 1 und 2 nur, wenn nach den tatsächlichen Verhältnissen zu erwarten ist, dass die Voraussetzungen auch im Laufe des Kalenderjahres bestehen bleiben. [4]Der Antrag kann nur nach amtlich vorgeschriebenem Vordruck gestellt werden.

S 2364 (3b) [1]Für die Eintragungen nach den Absätzen 3 und 3a sind die Verhältnisse zu Beginn des Kalenderjahres maßgebend, für das die Lohnsteuerkarte gilt. [2]Auf Antrag des Arbeitnehmers kann eine für ihn ungünstigere Steuerklasse oder Zahl der Kinderfreibeträge auf der Lohnsteuerkarte eingetragen werden. [3]In den Fällen der Steuerklassen III und IV sind bei der Eintragung der Zahl der Kinderfreibeträge auch Kinder des Ehegatten zu berücksichtigen. [4]Die Eintragungen sind die gesonderte Feststellung von Besteuerungsgrundlagen im Sinne des § 179 Abs. 1 der Abgabenordnung, die unter dem Vorbehalt der Nachprüfung steht. [5]Den Eintragungen braucht eine Belehrung über den zulässigen Rechtsbehelf nicht beigefügt zu werden.

S 2364 (4) [1]Der Arbeitnehmer ist verpflichtet, die Eintragung der Steuerklasse und der Zahl der Kinderfreibeträge auf der Lohnsteuerkarte umgehend ändern zu lassen, wenn die Eintragung auf der Lohnsteuerkarte von den Verhältnissen zu Beginn des Kalenderjahres zugunsten des

1) ***Absatz 1 Satz 1 wurde durch das JStG 2008 geändert.***

2) ***Absatz 3 Satz 1 Nr. 3 wurde durch das JStG 2008 für die Jahre 2009 und 2010 angefügt. Diese Fassung lautet:***

„3. auf den Lohnsteuerkarten für 2009 und 2010 die Identifikationsnummer (§ 139b der Abgabenordnung) des Arbeitnehmers."

Arbeitnehmers abweicht oder in den Fällen, in denen die Steuerklasse II bescheinigt ist, die Voraussetzungen für die Berücksichtigung des Entlastungsbetrags für Alleinerziehende (§ 24b) im Laufe des Kalenderjahres entfallen; dies gilt nicht, wenn eine Änderung als Folge einer nach Absatz 3a Satz 3 durchgeführten Übertragung des Kinderfreibetrags in Betracht kommt. [2]Die Änderung von Eintragungen im Sinne des Absatzes 3 ist bei der Gemeinde, die Änderung von Eintragungen im Sinne des Absatzes 3a beim Finanzamt zu beantragen. [3]Kommt der Arbeitnehmer seiner Verpflichtung nicht nach, so hat die Gemeinde oder das Finanzamt die Eintragung von Amts wegen zu ändern; der Arbeitnehmer hat die Lohnsteuerkarte der Gemeinde oder dem Finanzamt auf Verlangen vorzulegen. [4]Unterbleibt die Änderung der Eintragung, hat das Finanzamt zu wenig erhobene Lohnsteuer vom Arbeitnehmer nachzufordern, wenn diese 10 Euro übersteigt; hierzu hat die Gemeinde dem Finanzamt die Fälle mitzuteilen, in denen eine von ihr vorzunehmende Änderung unterblieben ist.

(5) [1]Treten bei einem Arbeitnehmer im Laufe des Kalenderjahres, für das die Lohnsteuerkarte gilt, die Voraussetzungen für eine ihm günstigere Steuerklasse oder höhere Zahl der Kinderfreibeträge ein, so kann der Arbeitnehmer bis zum 30. November bei der Gemeinde, in den Fällen des Absatzes 3a beim Finanzamt die Änderung der Eintragung beantragen. [2]Die Änderung ist mit Wirkung von dem Tage an vorzunehmen, an dem erstmals die Voraussetzungen für die Änderung vorlagen. [3]Ehegatten, die beide in einem Dienstverhältnis stehen, können im Laufe des Kalenderjahres einmal, spätestens bis zum 30. November, bei der Gemeinde beantragen, die auf ihren Lohnsteuerkarten eingetragenen Steuerklassen in andere nach § 38b Satz 2 Nr. 3 bis 5 in Betracht kommende Steuerklassen zu ändern. [4]Die Gemeinde hat die Änderung mit Wirkung vom Beginn des auf die Antragstellung folgenden Kalendermonats an vorzunehmen. S 2364

(5a) [1]Ist ein Arbeitnehmer, für den eine Lohnsteuerkarte ausgestellt worden ist, zu Beginn des Kalenderjahres beschränkt einkommensteuerpflichtig oder im Laufe des Kalenderjahres beschränkt einkommensteuerpflichtig geworden, hat er dies dem Finanzamt unter Vorlage der Lohnsteuerkarte unverzüglich anzuzeigen. [2]Das Finanzamt hat die Lohnsteuerkarte vom Zeitpunkt des Eintritts der beschränkten Einkommensteuerpflicht an ungültig zu machen. [3]Absatz 3b Satz 4 und 5 gilt sinngemäß. [4]Unterbleibt die Anzeige, hat das Finanzamt zu wenig erhobene Lohnsteuer vom Arbeitnehmer nachzufordern, wenn diese 10 Euro übersteigt. S 2364

(6) [1]Die Gemeinden sind insoweit, als sie Lohnsteuerkarten auszustellen, Eintragungen auf den Lohnsteuerkarten vorzunehmen und zu ändern haben, örtliche Landesfinanzbehörden. [2]Sie sind insoweit verpflichtet, den Anweisungen des örtlich zuständigen Finanzamts nachzukommen. [3]Das Finanzamt kann erforderlichenfalls Verwaltungsakte, für die eine Gemeinde sachlich zuständig ist, selbst erlassen. [4]Der Arbeitnehmer, der Arbeitgeber oder andere Personen dürfen die Eintragung auf der Lohnsteuerkarte nicht ändern oder ergänzen. S 2364

§ 39a Freibetrag und Hinzurechnungsbetrag

EStG S 2365 [1])

(1) Auf der Lohnsteuerkarte wird als vom Arbeitslohn abzuziehender Freibetrag die Summe der folgenden Beträge eingetragen:

1. Werbungskosten, die bei den Einkünften aus nichtselbständiger Arbeit anfallen, soweit sie den Arbeitnehmer-Pauschbetrag (§ 9a Satz 1 Nr. 1 Buchstabe a) oder bei Versorgungsbezügen den Pauschbetrag (§ 9a Satz 1 Nr. 1 Buchstabe b) übersteigen,
2. Sonderausgaben im Sinne des § 10 Abs. 1 Nr. 1, 1a, *1b*, 4, 5, 7 bis 9 und des § 10b, soweit sie den Sonderausgaben-Pauschbetrag von 36 Euro übersteigen, [2])
3. der Betrag, der nach den §§ 33, 33a und 33b Abs. 6 wegen außergewöhnlicher Belastungen zu gewähren ist,
4. die Pauschbeträge für behinderte Menschen und Hinterbliebene (§ 33b Abs. 1 bis 5),
5. die folgenden Beträge, wie sie nach § 37 Abs. 3 bei der Festsetzung von Einkommensteuer-Vorauszahlungen zu berücksichtigen sind:
   a) die Beträge, die nach § 10d Abs. 2, §§ 10e, 10f, 10g, 10h, 10i, nach § 15b des Berlinförderungsgesetzes oder nach § 7 des Fördergebietsgesetzes abgezogen werden können,
   b) die negative Summe der Einkünfte im Sinne des § 2 Abs. 1 Satz 1 Nr. 1 bis 3, 6 und 7 und der negativen Einkünfte im Sinne des § 2 Abs. 1 Satz 1 Nr. 5,
   c) das Vierfache der Steuerermäßigung nach den §§ 34f und 35a,

[1]) In Absatz 1 Nr. 2, Abs. 2 Satz 4 und Abs. 3 Satz 2 wird durch das FamLeistG ab VZ 2009 jeweils die Angabe „§ 10 Abs. 1 Nr. 1, 1a, 1b, 4, 5, 7 bis 9" durch die Angabe „§ 9c Abs. 2 und 3 und des § 10 Abs. 1 Nr. 1, 1a, 1b, 4, 7 und 9" ersetzt.

[2]) ***Absatz 1 Nr. 2 wurde durch das JStG 2008 ab VZ 2008 geändert.***

6. die Freibeträge nach § 32 Abs. 6 für jedes Kind im Sinne des § 32 Abs. 1 bis 4, für das kein Anspruch auf Kindergeld besteht. [2]Soweit für diese Kinder Kinderfreibeträge nach § 39 Abs. 3 auf der Lohnsteuerkarte eingetragen worden sind, ist die eingetragene Zahl der Kinderfreibeträge entsprechend zu vermindern,

[1]) 7. ein Betrag auf der Lohnsteuerkarte für ein zweites oder weiteres Dienstverhältnis insgesamt bis zur Höhe des auf volle Euro abgerundeten zu versteuernden Jahresbetrags nach § 39b Abs. 2 ***Satz 5***, bis zu dem nach der Steuerklasse des Arbeitnehmers, die für den Lohnsteuerabzug vom Arbeitslohn aus dem ersten Dienstverhältnis anzuwenden ist, Lohnsteuer nicht zu erheben ist. [2]Voraussetzung ist, dass der Jahresarbeitslohn aus dem ersten Dienstverhältnis den nach Satz 1 maßgebenden Eingangsbetrag unterschreitet und dass in Höhe des Betrags zugleich auf der Lohnsteuerkarte für das erste Dienstverhältnis ein dem Arbeitslohn hinzuzurechnender Betrag (Hinzurechnungsbetrag) eingetragen wird. [3]Soll auf der Lohnsteuerkarte für das erste Dienstverhältnis auch ein Freibetrag nach den Nummern 1 bis 6 eingetragen werden, so ist nur der diesen Freibetrag übersteigende Betrag als Hinzurechnungsbetrag einzutragen; ist der Freibetrag höher als der Hinzurechnungsbetrag, so ist nur der den Hinzurechnungsbetrag übersteigende Freibetrag einzutragen,

8. der Entlastungsbetrag für Alleinerziehende (§ 24b) bei Verwitweten, die nicht in Steuerklasse II gehören.

(2) [1]Die Gemeinde hat nach Anweisung des Finanzamts die Pauschbeträge für behinderte Menschen und Hinterbliebene bei der Ausstellung der Lohnsteuerkarten von Amts wegen einzutragen; dabei ist der Freibetrag durch Aufteilung in Monatsfreibeträge, erforderlichenfalls Wochen- und Tagesfreibeträge, jeweils auf das Kalenderjahr gleichmäßig zu verteilen. [2]Der Arbeitnehmer kann beim Finanzamt die Eintragung des nach Absatz 1 insgesamt in Betracht kommenden Freibetrags beantragen. [3]Der Antrag kann nur nach amtlich vorgeschriebenem Vordruck bis zum 30. November des Kalenderjahres gestellt werden, für das die Lohnsteuerkarte gilt. [2]) [4]Der Antrag ist hinsichtlich eines Freibetrags aus der Summe der nach Absatz 1 Nr. 1 bis 3 und 8 in Betracht kommenden Aufwendungen und Beträge unzulässig, wenn die Aufwendungen im Sinne des § 9, soweit sie den Arbeitnehmer-Pauschbetrag übersteigen, die Aufwendungen im Sinne des § 10 Abs. 1 Nr. 1, 1a, ***1b***, 4, 5, 7 bis 9, der §§ 10b und 33 sowie die abziehbaren Beträge nach den §§ 33a und 33b Abs. 6 insgesamt 600 Euro nicht übersteigen. [5]Das Finanzamt kann auf nähere Angaben des Arbeitnehmers verzichten, wenn der Arbeitnehmer höchstens den auf seiner Lohnsteuerkarte für das vorangegangene Kalenderjahr eingetragenen Freibetrag beantragt und versichert, dass sich die maßgebenden Verhältnisse nicht wesentlich geändert haben. [6]Das Finanzamt hat den Freibetrag durch Aufteilung in Monatsfreibeträge, erforderlichenfalls Wochen- und Tagesfreibeträge, jeweils auf die der Antragstellung folgenden Monate des Kalenderjahres gleichmäßig zu verteilen. [7]Abweichend hiervon darf ein Freibetrag, der im Monat Januar eines Kalenderjahrs beantragt wird, mit Wirkung vom 1. Januar dieses Kalenderjahres an eingetragen werden. [8]Die Sätze 5 bis 7 gelten für den Hinzurechnungsbetrag nach Absatz 1 Nr. 7 entsprechend.

(3) [1]Für Ehegatten, die beide unbeschränkt einkommensteuerpflichtig sind und nicht dauernd getrennt leben, ist jeweils die Summe der nach Absatz 1 Nr. 2 bis 5 und 8 in Betracht kommenden Beträge gemeinsam zu ermitteln; der in Absatz 1 Nr. 2 genannte Betrag ist zu verdoppeln. [3]) [2]Für die Anwendung des Absatzes 2 Satz 4 ist die Summe der für beide Ehegatten in Betracht kommenden Aufwendungen im Sinne des § 9, soweit sie jeweils den Arbeitnehmer-Pauschbetrag übersteigen, und der Aufwendungen im Sinne des § 10 Abs. 1 Nr. 1, 1a, ***1b***, 4, 5, 7 bis 9, der §§ 10b und 33 sowie der abziehbaren Beträge nach §§ 24b, 33a und 33b Abs. 6 maßgebend. [3]Die nach Satz 1 ermittelte Summe ist je zur Hälfte auf die Ehegatten aufzuteilen, wenn für jeden Ehegatten eine Lohnsteuerkarte ausgeschrieben worden ist und die Ehegatten keine andere Aufteilung beantragen. [4]Für einen Arbeitnehmer, dessen Ehe in dem Kalenderjahr, für das die Lohnsteuerkarte gilt, aufgelöst worden ist und dessen bisheriger Ehegatte in demselben Kalenderjahr wieder geheiratet hat, sind die nach Absatz 1 in Betracht kommenden Beträge ausschließlich auf Grund der in seiner Person erfüllten Voraussetzungen zu ermitteln. [5]Satz 1 zweiter Halbsatz ist auch anzuwenden, wenn die tarifliche Einkommensteuer nach § 32a Abs. 6 zu ermitteln ist.

(4) [1]Die Eintragung eines Freibetrags oder eines Hinzurechnungsbetrags auf der Lohnsteuerkarte ist die gesonderte Feststellung einer Besteuerungsgrundlage im Sinne des § 179 Abs. 1 der Abgabenordnung, die unter dem Vorbehalt der Nachprüfung steht. [2]Der Eintragung braucht eine Belehrung über den zulässigen Rechtsbehelf nicht beigefügt zu werden. [3]Ein mit einer Belehrung über den zulässigen Rechtsbehelf versehener schriftlicher Bescheid ist jedoch

1) ***Absatz 1 Nr. 7 Satz 1 wurde durch das JStG 2008 ab VZ 2008 geändert.***
2) ***Absatz 2 Satz 4 wurde durch das JStG 2008 ab VZ 2008 geändert.***
3) ***Absatz 3 Satz 2 wurde durch das JStG 2008 ab VZ 2008 geändert.***

zu erteilen, wenn dem Antrag des Arbeitnehmers nicht in vollem Umfang entsprochen wird. [4]§ 153 Abs. 2 der Abgabenordnung ist nicht anzuwenden.

(5) Ist zu wenig Lohnsteuer erhoben worden, weil auf der Lohnsteuerkarte ein Freibetrag unzutreffend eingetragen worden ist, hat das Finanzamt den Fehlbetrag vom Arbeitnehmer nachzufordern, wenn er 10 Euro übersteigt.

(6) (weggefallen)

§ 39b Durchführung des Lohnsteuerabzugs für unbeschränkt einkommensteuerpflichtige Arbeitnehmer

EStG
S 2366

(1) [1]Für die Durchführung des Lohnsteuerabzugs hat der unbeschränkt einkommensteuerpflichtige Arbeitnehmer seinem Arbeitgeber vor Beginn des Kalenderjahres oder beim Eintritt in das Dienstverhältnis eine Lohnsteuerkarte vorzulegen. [2]Der Arbeitgeber hat die Lohnsteuerkarte während des Dienstverhältnisses aufzubewahren. [3]Er hat sie dem Arbeitnehmer während des Kalenderjahres zur Vorlage beim Finanzamt oder bei der Gemeinde vorübergehend zu überlassen sowie innerhalb angemessener Frist nach Beendigung des Dienstverhältnisses herauszugeben. [4]Der Arbeitgeber darf die auf der Lohnsteuerkarte eingetragenen Merkmale nur für die Einbehaltung der Lohnsteuer verwerten; er darf sie ohne Zustimmung des Arbeitnehmers nur offenbaren, soweit dies gesetzlich zugelassen ist.

S 2367 [1])

(2) [1]Für die Einbehaltung der Lohnsteuer vom laufenden Arbeitslohn hat der Arbeitgeber die Höhe des laufenden Arbeitslohns *im* Lohnzahlungszeitraum festzustellen *und auf einen Jahresarbeitslohn hochzurechnen. [2]Der Arbeitslohn eines monatlichen Lohnzahlungszeitraums ist mit zwölf, der Arbeitslohn eines wöchentlichen Lohnzahlungszeitraums mit 360/7 und der Arbeitslohn eines täglichen Lohnzahlungszeitraums mit 360 zu vervielfältigen. [3]Von dem hochgerechneten Jahresarbeitslohn sind ein etwaiger Versorgungsfreibetrag (§ 19 Abs. 2) und Altersentlastungsbetrag (§ 24a) abzuziehen. [4]Außerdem ist der hochgerechnete Jahresarbeitslohn um einen etwaigen auf der Lohnsteuerkarte des Arbeitnehmers für den Lohnzahlungszeitraum eingetragenen Freibetrag (§ 39a Abs. 1) oder Hinzurechnungsbetrag (§ 39a Abs. 1 Nr. 7), vervielfältigt unter sinngemäßer Anwendung von Satz 2, zu vermindern oder zu erhöhen. [5]Der so verminderte oder erhöhte hochgerechnete Jahresarbeitslohn, vermindert um*

1. den Arbeitnehmer-Pauschbetrag (§ 9a Satz 1 Nr. 1Buchstabe a) oder bei Versorgungsbezügen den Pauschbetrag (§ 9a Satz 1 Nr. 1 Buchstabe b) *und den Zuschlag zum Versorgungsfreibetrag (§ 19 Abs. 2)* in den Steuerklassen I bis V,
2. den Sonderausgaben-Pauschbetrag (§ 10c Abs. 1) in den Steuerklassen I, II und IV und den verdoppelten Sonderausgaben-Pauschbetrag in der Steuerklasse III,
3. die Vorsorgepauschale
   a) in den Steuerklassen I, II und IV nach Maßgabe des § 10c Abs. 2 oder Abs. 3, jeweils in Verbindung mit § 10c Abs. 5,
   b) in der Steuerklasse III nach Maßgabe des § 10c Abs. 2 oder Abs. 3, jeweils in Verbindung mit § 10c Abs. 4 Satz 1 und Abs. 5;
4. den Entlastungsbetrag für Alleinerziehende (§ 24b) in der Steuerklasse II,

ergibt den zu versteuernden Jahresbetrag. [6]Für den zu versteuernden Jahresbetrag ist die Jahreslohnsteuer in den Steuerklassen I, II und IV nach § 32a Abs. 1 bis 3 sowie in der Steuerklasse III nach § 32a Abs. 5 zu berechnen. [7]In den Steuerklassen V und VI ist die Jahreslohnsteuer zu berechnen, die sich aus dem Zweifachen des Unterschiedsbetrags zwischen dem Steuerbetrag für das Eineinviertelfache und dem Steuerbetrag für das Dreiviertelfache des zu versteuernden Jahresbetrags nach § 32a Abs. 1 ergibt; die Jahreslohnsteuer beträgt jedoch mindestens 15 Prozent des Jahresbetrags, für den 9144 Euro übersteigenden Teil des Jahresbetrags höchstens 42 Prozent und für den 25812 Euro übersteigenden Teil des zu versteuernden Jahresbetrags jeweils 42 Prozent sowie für den 200000 Euro übersteigenden Teil des zu versteuernden Jahresbetrags jeweils 45 Prozent. [8]Für die Lohnsteuerberechnung ist die auf der Lohnsteuerkarte eingetragene Steuerklasse maßgebend.[9]Die monatliche Lohnsteuer ist 1/12, die wöchentliche [2])

1) ***Absatz 2 Satz 1 bis 6 wurde durch das JStG 2008 ab VZ 2008 geändert (neue Sätze 1 bis 5).***

2) Absatz 2 Satz 7 zweiter Halbsatz wurde durch das Gesetz zur Sicherung von Beschäftigung und Stabilität in Deutschland für 2009 (ab 2010 → § 52 Abs. 51 EStG) geändert. Die geänderte Fassung lautet:
die Jahreslohnsteuer beträgt jedoch mindestens 14 Prozent des Jahresbetrags, für den 9225 Euro übersteigenden Teil des Jahresbetrags höchstens 42 Prozent und für den 26276 Euro übersteigenden Teil des zu versteuernden Jahresbetrags jeweils 42 Prozent sowie für den 200320 Euro übersteigenden Teil des zu versteuernden Jahresbetrags jeweils 45 Prozent.

[1] Lohnsteuer sind 7/360 und die tägliche Lohnsteuer ist 1/360 der Jahreslohnsteuer. [10]Bruchteile eines Cents, die sich bei der Berechnung nach den Sätzen *2 und 9* ergeben, bleiben jeweils außer Ansatz. [11]Die auf den Lohnzahlungszeitraum entfallende Lohnsteuer ist vom Arbeitslohn einzubehalten. [12]Die Oberfinanzdirektion kann allgemein oder auf Antrag des Arbeitgebers ein Verfahren zulassen, durch das die Lohnsteuer unter den Voraussetzungen des § 42b Abs. 1 nach dem voraussichtlichen Jahresarbeitslohn ermittelt wird, wenn gewährleistet ist, dass die zutreffende Jahreslohnsteuer (§ 38a Abs. 2) nicht unterschritten wird.

S 2368 [2] (3) [1]Für die Einbehaltung der Lohnsteuer von einem sonstigen Bezug hat der Arbeitgeber den voraussichtlichen Jahresarbeitslohn ohne den sonstigen Bezug festzustellen. [2]Hat der Arbeitnehmer Lohnsteuerbescheinigungen aus früheren Dienstverhältnissen des Kalenderjahres nicht vorgelegt, so ist bei der Ermittlung des voraussichtlichen Jahresarbeitslohns der Arbeitslohn für Beschäftigungszeiten bei früheren Arbeitgebern mit dem Betrag anzusetzen, der sich ergibt, wenn der laufende Arbeitslohn im Monat der Zahlung des sonstigen Bezugs entsprechend der Beschäftigungsdauer bei früheren Arbeitgebern hochgerechnet wird. [3]*Der voraussichtliche Jahresarbeitslohn ist um den Versorgungsfreibetrag (§ 19 Abs. 2) und den Altersentlastungsbetrag (§ 24a), wenn die Voraussetzungen für den Abzug dieser Beträge jeweils erfüllt sind, sowie nach Maßgabe der Eintragungen auf der Lohnsteuerkarte um einen etwaigen Jahresfreibetrag zu vermindern und um einen etwaigen Jahreshinzurechnungsbetrag zu erhöhen.* [4]*Für den so ermittelten Jahresarbeitslohn (maßgebender Jahresarbeitslohn) ist die Lohnsteuer nach Maßgabe des Absatzes 2 Satz 5 bis 7 zu ermitteln.* [5]*Außerdem ist die Jahreslohnsteuer für den maßgebenden Jahresarbeitslohn unter Einbeziehung des sonstigen Bezugs zu ermitteln.* [6]*Dabei ist der sonstige Bezug, soweit es sich nicht um einen sonstigen Bezug im Sinne des Satzes 9 handelt, um den Versorgungsfreibetrag und den Altersentlastungsbetrag zu vermindern, wenn die Voraussetzungen für den Abzug dieser Beträge jeweils erfüllt sind und soweit sie nicht bei der Steuerberechnung für den maßgebenden Jahresarbeitslohn berücksichtigt worden sind.* [7]Für die Lohnsteuerberechnung ist die auf der Lohnsteuerkarte eingetragene Steuerklasse maßgebend. [8]Der Unterschiedsbetrag zwischen den ermittelten Jahreslohnsteuerbeträgen ist die Lohnsteuer, die vom sonstigen Bezug einzubehalten ist. [9]Die Lohnsteuer ist bei einem sonstigen Bezug im Sinne des § 34 Abs. 1 und 2 Nr. 2 und 4 in der Weise zu ermäßigen, dass der sonstige Bezug bei der Anwendung des Satzes 5 mit einem Fünftel anzusetzen und der Unterschiedsbetrag im Sinne des Satzes 8 zu verfünffachen ist; § 34 Abs. 1 Satz 3 ist sinngemäß anzuwenden.

(4) (weggefallen)

(5) [1]Wenn der Arbeitgeber für den Lohnzahlungszeitraum lediglich Abschlagszahlungen leistet und eine Lohnabrechnung für einen längeren Zeitraum (Lohnabrechnungszeitraum) vornimmt, kann er den Lohnabrechnungszeitraum als Lohnzahlungszeitraum behandeln und die Lohnsteuer abweichend von § 38 Abs. 3 bei der Lohnabrechnung einbehalten. [2]Satz 1 gilt nicht, wenn der Lohnabrechnungszeitraum fünf Wochen übersteigt oder die Lohnabrechnung nicht innerhalb von drei Wochen nach dessen Ablauf erfolgt. [3]Das Betriebsstättenfinanzamt kann anordnen, dass die Lohnsteuer von den Abschlagszahlungen einzubehalten ist, wenn die Erhebung der Lohnsteuer sonst nicht gesichert erscheint. [4]Wenn wegen einer besonderen Entlohnungsart weder ein Lohnzahlungszeitraum noch ein Lohnabrechnungszeitraum festgestellt werden kann, gilt als Lohnzahlungszeitraum die Summe der tatsächlichen Arbeitstage oder Arbeitswochen.

(6) [1]Ist nach einem Abkommen zur Vermeidung der Doppelbesteuerung der von einem Arbeitgeber (§ 38) gezahlte Arbeitslohn von der Lohnsteuer freizustellen, so erteilt das Betriebsstättenfinanzamt auf Antrag des Arbeitnehmers oder des Arbeitgebers eine entsprechende Bescheinigung. [2]Der Arbeitgeber hat diese Bescheinigung als Beleg zum Lohnkonto (§ 41 Abs. 1) aufzubewahren.

(7) (aufgehoben)

(8) Das Bundesministerium der Finanzen hat im Einvernehmen mit den obersten Finanzbehörden der Länder auf der Grundlage der Absätze 2 und 3 einen Programmablaufplan für die maschinelle Berechnung der Lohnsteuer aufzustellen und bekannt zu machen.

[1]) *Absatz 2 Satz 10 wurde durch das JStG 2008 ab VZ 2008 geändert.*
[2]) *Absatz 3 Satz 3 bis 6 wurde durch das JStG 2008 ab VZ 2008 neu gefasst.*

§ 39c Durchführung des Lohnsteuerabzugs ohne Lohnsteuerkarte

EStG
S 2366

(1) [1]Solange der unbeschränkt einkommensteuerpflichtige Arbeitnehmer dem Arbeitgeber eine Lohnsteuerkarte schuldhaft nicht vorlegt oder die Rückgabe der ihm ausgehändigten Lohnsteuerkarte schuldhaft verzögert, hat der Arbeitgeber die Lohnsteuer nach der Steuerklasse VI zu ermitteln. [2]Weist der Arbeitnehmer nach, dass er die Nichtvorlage oder verzögerte Rückgabe der Lohnsteuerkarte nicht zu vertreten hat, so hat der Arbeitgeber für die Lohnsteuerberechnung die ihm bekannten Familienverhältnisse des Arbeitnehmers zugrunde zu legen.

(2) [1]Der Arbeitgeber kann die Lohnsteuer von dem Arbeitslohn für den Monat Januar eines Kalenderjahres abweichend von Absatz 1 auf Grund der Eintragungen auf der Lohnsteuerkarte für das vorhergehende Kalenderjahr ermitteln, wenn der Arbeitnehmer eine Lohnsteuerkarte für das neue Kalenderjahr bis zur Lohnabrechnung nicht vorgelegt hat. [2]Nach Vorlage der Lohnsteuerkarte ist die Lohnsteuerermittlung für den Monat Januar zu überprüfen und erforderlichenfalls zu ändern. [3]Legt der Arbeitnehmer bis zum 31. März keine Lohnsteuerkarte vor, ist nachträglich Absatz 1 anzuwenden. [4]Die zu wenig oder zu viel einbehaltene Lohnsteuer ist jeweils bei der nächsten Lohnabrechnung auszugleichen.

(3) [1]Für Arbeitnehmer, die nach § 1 Abs. 2 unbeschränkt einkommensteuerpflichtig sind, hat der Arbeitgeber die Lohnsteuer unabhängig von einer Lohnsteuerkarte zu ermitteln. [2]Dabei ist die Steuerklasse maßgebend, die nach § 39 Abs. 3 bis 5 auf einer Lohnsteuerkarte des Arbeitnehmers einzutragen wäre. [3]Auf Antrag des Arbeitnehmers erteilt das Betriebsstättenfinanzamt (§ 41a Abs. 1 Satz 1 Nr. 1) über die maßgebende Steuerklasse, die Zahl der Kinderfreibeträge und einen etwa in Betracht kommenden Freibetrag oder Hinzurechnungsbetrag (§ 39a) eine Bescheinigung, für die die Vorschriften über die Eintragung auf der Lohnsteuerkarte sinngemäß anzuwenden sind.

(4) [1]Arbeitnehmer, die nach § 1 Abs. 3 als unbeschränkt einkommensteuerpflichtig behandelt werden, haben ihrem Arbeitgeber vor Beginn des Kalenderjahres oder beim Eintritt in das Dienstverhältnis eine Bescheinigung vorzulegen. [2]Die Bescheinigung wird auf Antrag des Arbeitnehmers vom Betriebsstättenfinanzamt (§ 41a Abs. 1 Satz 1 Nr. 1) des Arbeitgebers erteilt. [3]In die Bescheinigung, für die die Vorschriften über die Eintragung auf der Lohnsteuerkarte sinngemäß anzuwenden sind, trägt das Finanzamt die maßgebende Steuerklasse, die Zahl der Kinderfreibeträge und einen etwa in Betracht kommenden Freibetrag oder Hinzurechnungsbetrag (§ 39a) ein. [4]Ist der Arbeitnehmer gleichzeitig bei mehreren inländischen Arbeitgebern tätig, ist für die Erteilung jeder weiteren Beschäftigung das Betriebsstättenfinanzamt zuständig, das die erste Bescheinigung ausgestellt hat. [5]Bei Ehegatten, die beide Arbeitslohn von einem inländischen Arbeitgeber beziehen, ist für die Erteilung der Bescheinigungen das Betriebsstättenfinanzamt des älteren Ehegatten zuständig.

(5) In den Fällen des § 38 Abs. 3a Satz 1 kann der Dritte die Lohnsteuer für einen sonstigen Bezug mit 20 Prozent unabhängig von einer Lohnsteuerkarte ermitteln, wenn der maßgebende Jahresarbeitslohn nach § 39b Abs. 3 zuzüglich des sonstigen Bezugs 10000 Euro nicht übersteigt; bei der Feststellung des maßgebenden Jahresarbeitslohns sind nur die Lohnzahlungen des Dritten zu berücksichtigen.

§ 39d Durchführung des Lohnsteuerabzugs für beschränkt einkommensteuerpflichtige Arbeitnehmer

EStG
S 2369

(1) [1]Für die Durchführung des Lohnsteuerabzugs werden beschränkt einkommensteuerpflichtige Arbeitnehmer in die Steuerklasse I eingereiht. [2]§ 38b Satz 2 Nr. 6 ist anzuwenden. [3]Das Betriebsstättenfinanzamt (§ 41a Abs. 1 Satz 1 Nr. 1) erteilt auf Antrag des Arbeitnehmers über die maßgebende Steuerklasse eine Bescheinigung, für die die Vorschriften über die Eintragungen auf der Lohnsteuerkarte mit der Maßgabe sinngemäß anzuwenden sind, dass der Arbeitnehmer eine Änderung der Bescheinigung bis zum Ablauf des Kalenderjahres, für das sie gilt, beim Finanzamt beantragen kann.

(2) [1]In die nach Absatz 1 zu erteilende Bescheinigung trägt das Finanzamt für einen Arbeitnehmer, bei dem § 50 Abs. 1 Satz 5 anzuwenden ist, auf Antrag Folgendes ein: [1]

[1] ***Absatz 2 Satz 1 wurde durch das JStG 2009 ab VZ 2009 geändert → § 52 Abs. 1 EStG.***
Anm.: Die Änderung lautet:
In Absatz 2 Satz 1 vor Nummer 1 wird die Angabe „§ 50 Abs. 1 Satz 5" durch die Angabe „§ 50 Abs. 1 Satz 4" ersetzt.

1. Werbungskosten, die bei den Einkünften aus nichtselbständiger Arbeit anfallen (§ 9), soweit sie den Arbeitnehmer-Pauschbetrag (§ 9a Satz 1 Nr. 1 Buchstabe a) oder bei Versorgungsbezügen den Pauschbetrag (§ 9a Satz 1 Nr. 1 Buchstabe b) übersteigen,
2. Sonderausgaben im Sinne des § 10b, soweit sie den Sonderausgaben-Pauschbetrag (§ 10c Abs. 1) übersteigen, und die wie Sonderausgaben abziehbaren Beträge nach § 10e oder § 10i, jedoch erst nach Fertigstellung oder Anschaffung des begünstigten Objekts oder nach Fertigstellung der begünstigten Maßnahme,
3. den Freibetrag oder den Hinzurechnungsbetrag nach § 39a Abs. 1 Nr. 7.

[2]Der Antrag kann nur nach amtlich vorgeschriebenem Vordruck bis zum Ablauf des Kalenderjahres gestellt werden, für das die Bescheinigung gilt. [3]Das Finanzamt hat die Summe der eingetragenen Beträge durch Aufteilung in Monatsbeträge, erforderlichenfalls Wochen- und Tagesbeträge, jeweils auf die voraussichtliche Dauer des Dienstverhältnisses im Kalenderjahr gleichmäßig zu verteilen. [4]§ 39a Abs. 4 und 5 ist sinngemäß anzuwenden.

(3) [1]Der Arbeitnehmer hat die nach Absatz 1 erteilte Bescheinigung seinem Arbeitgeber vor Beginn des Kalenderjahres oder beim Eintritt in das Dienstverhältnis vorzulegen. [2]Der Arbeitgeber hat die Bescheinigung aufzubewahren. [3]§ 39b Abs. 1 Satz 3 und 4 gilt sinngemäß. [4]Der Arbeitgeber hat im Übrigen den Lohnsteuerabzug nach Maßgabe des § 39b Abs. 2 bis 6, des § 39c Abs. 1, 2 und 5 und des § 41c durchzuführen; dabei tritt die nach Absatz 1 erteilte Bescheinigung an die Stelle der Lohnsteuerkarte. [5]Auf Verlangen des beschränkt einkommensteuerpflichtigen Arbeitnehmers hat der Arbeitgeber bei Beendigung des Dienstverhältnisses oder am Ende des Kalenderjahres eine Lohnsteuerbescheinigung zu übermitteln oder auszustellen; § 41b ist sinngemäß anzuwenden.

EStG [1]

§ 39e Elektronische Lohnsteuerabzugsmerkmale

(1) Das Finanzamt teilt die nach den §§ 39 bis 39d sowie nach § 39f von ihm festzustellenden Lohnsteuerabzugsmerkmale dem Bundeszentralamt für Steuern zum Zweck der Bereitstellung für den automatisierten Abruf durch den Arbeitgeber mit.

(2) [1]Für jeden Steuerpflichtigen speichert das Bundeszentralamt für Steuern zum Zweck der Bereitstellung automatisiert abrufbarer Lohnsteuerabzugsmerkmale für den Arbeitgeber folgende Daten zu den in § 139b Abs. 3 der Abgabenordnung genannten Daten hinzu:

1. *rechtliche Zugehörigkeit zu einer steuererhebenden Religionsgemeinschaft sowie Datum des Eintritts und Austritts,*
2. *melderechtlicher Familienstand und bei Verheirateten die Identifikationsnummer des Ehegatten,*
3. *Kinder mit ihrer Identifikationsnummer und soweit bekannt die Rechtsstellung und Zuordnung der Kinder zu den Eltern sowie die Identifikationsnummer des anderen Elternteiles,*
4. *Familienstand für die Bereitstellung von elektronischen Lohnsteuerabzugsmerkmalen und gewählte Steuerklassen (§ 38b), Zahl der Lohnsteuerkarten und beantragte ungünstigere Steuerklasse und Angaben zu Kinderfreibeträgen (§ 39), Freibetrag und Hinzurechnungsbetrag (§§ 39a, 39d), Faktor (§ 39f), amtlicher Gemeindeschlüssel der Wohnsitzgemeinde.*

[2]Die nach Landesrecht für das Meldewesen zuständigen Behörden (Meldebehörden) haben dem Bundeszentralamt für Steuern unter Angabe der Identifikationsnummer die in Satz 1 Nr. 1 bis 3 bezeichneten Daten und deren Änderungen im Melderegister mitzuteilen, in den Fällen der Nummer 3 bis das Kind das 18. Lebensjahr vollendet hat.

(3) [1]Das Bundeszentralamt für Steuern hält die Identifikationsnummer, den Tag der Geburt, Merkmale für den Kirchensteuerabzug und folgende Lohnsteuerabzugsmerkmale des Arbeitnehmers zum unentgeltlichen automatisierten Abruf durch den Arbeitgeber nach amtlich vorgeschriebenem Datensatz bereit: Steuerklasse (§ 38b) in Zahlen, die Zahl der Kinderfreibeträge (§ 39), Freibetrag und Hinzurechnungsbetrag (§§ 39a, 39d) sowie den Faktor (§ 39f). [2]Bezieht ein Arbeitnehmer nebeneinander von mehreren Arbeitgebern Arbeitslohn, so sind für jedes weitere Dienstverhältnis elektronische Lohnsteuerabzugsmerkmale zu bilden. [3]Das Bundeszentralamt für Steuern führt die elektronischen Lohnsteuerabzugsmerkmale des Arbeitnehmers zum

[1]) § 39e EStG wurde durch das JStG 2008 eingefügt und durch das JStG 2009 sowie das Steuerbürokratieabbaugesetzgesetz geändert. Zur zeitlichen Anwendung → Absatz 9 bis 11. Die abgedruckte Fassung enthält bereits die Änderungen durch das JStG 2009 sowie das Steuerbürokratieabbaugesetzgesetz.

Anm.: Im Interesse einer besseren Lesbarkeit wird der Gesetzestext – obgleich noch nicht für den VZ 2008 relevant – nicht in einer Fußnote dargestellt.

Zweck ihrer Bereitstellung nach Satz 1 mit der Wirtschafts-Identifikationsnummer (§ 139c der Abgabenordnung) des Arbeitgebers zusammen.

(4) [1]Der Arbeitnehmer hat seinem Arbeitgeber bei Eintritt in das Dienstverhältnis zum Zweck des Abrufs der Lohnsteuerabzugsmerkmale seine Identifikationsnummer sowie den Tag seiner Geburt mitzuteilen. [2]Der Arbeitgeber hat bei Beginn des Dienstverhältnisses die Lohnsteuerabzugsmerkmale für den Arbeitnehmer beim Bundeszentralamt für Steuern durch Datenfernübertragung abzurufen und sie in das Lohnkonto für den Arbeitnehmer zu übernehmen. [3]Zur Plausibilitätsprüfung der Identifikationsnummer hält das Bundeszentralamt für Steuern für den Arbeitgeber entsprechende Regeln zum Abruf bereit. [4]Für den Abruf der Lohnsteuerabzugsmerkmale hat sich der Arbeitgeber zu authentifizieren und seine Wirtschafts-Identifikationsnummer sowie die Identifikationsnummer und den Tag der Geburt des Arbeitnehmers mitzuteilen. [5]Der Arbeitgeber hat die Beendigung des Dienstverhältnisses unverzüglich dem Bundeszentralamt für Steuern mitzuteilen. [6]Beauftragt der Arbeitgeber einen Dritten mit der Durchführung des Lohnsteuerabzugs, hat sich der Dritte für den Datenabruf zu authentifizieren und zusätzlich seine Wirtschafts-Identifikationsnummer mitzuteilen.

(5) [1]Auf die elektronischen Lohnsteuerabzugsmerkmale sind die für die Lohnsteuerkarte geltenden Schutzvorschriften entsprechend anzuwenden. [2]Wer Lohnsteuerabzugsmerkmale vorsätzlich oder leichtfertig für andere Zwecke als die Durchführung des Lohn- und Kirchensteuerabzugs verwendet, handelt ordnungswidrig; § 50f Abs. 2 ist anzuwenden.

(6) Die abgerufenen Lohnsteuerabzugsmerkmale sind vom Arbeitgeber für die Durchführung des Lohnsteuerabzugs des Arbeitnehmers anzuwenden bis ihm das Bundeszentralamt für Steuern geänderte Lohnsteuerabzugsmerkmale zum Abruf bereitstellt und die Bereitstellung mitteilt oder der Arbeitgeber dem Bundeszentralamt für Steuern die Beendigung des Dienstverhältnisses anzeigt.

(7) [1]Die elektronischen Lohnsteuerabzugsmerkmale werden erstmals für die Durchführung des Lohnsteuerabzugs gebildet. [2]Der Steuerpflichtige kann beim Wohnsitzfinanzamt (§ 19 der Abgabenordnung) beantragen, dass für ihn keine elektronischen Lohnsteuerabzugsmerkmale mehr gebildet werden. [3]Erstmalig gebildete oder geänderte elektronische Lohnsteuerabzugsmerkmale sind dem Arbeitnehmer auf Antrag mitzuteilen oder elektronisch bereitzustellen. [4]Werden dem Arbeitnehmer elektronische Lohnsteuerabzugsmerkmale bekannt, die zu seinen Gunsten von den tatsächlichen Verhältnissen abweichen, so ist er verpflichtet, sie ändern zu lassen.

(8) [1]Auf Antrag des Arbeitgebers kann das Betriebsstättenfinanzamt zur Vermeidung unbilliger Härten zulassen, dass der Arbeitgeber nicht am Abrufverfahren teilnimmt. [2]Dem Antrag eines Arbeitgebers ohne maschinelle Lohnabrechnung, der ausschließlich Arbeitnehmer im Rahmen einer geringfügigen Beschäftigung in seinem Privathaushalt im Sinne des § 8a des Vierten Buches Sozialgesetzbuch beschäftigt, ist stattzugeben. [3]Der Arbeitgeber hat dem Antrag unter Angabe seiner Wirtschafts-Identifikationsnummer ein Verzeichnis der beschäftigten Arbeitnehmer mit Angabe der jeweiligen Identifikationsnummer und des Geburtsdatums des Arbeitnehmers beizufügen. [4]Der Antrag ist nach amtlich vorgeschriebenem Vordruck zu stellen. [5]Das Betriebsstättenfinanzamt übermittelt dem Arbeitgeber für die Durchführung des Lohnsteuerabzugs für ein Kalenderjahr eine arbeitgeberbezogene Bescheinigung mit den Lohnsteuerabzugsmerkmalen für den Arbeitnehmer. [6]Absatz 5 ist entsprechend anzuwenden.

(9) [1]Die elektronischen Lohnsteuerabzugsmerkmale sind für die Durchführung des Lohnsteuerabzugs ab 2011 anzuwenden. [2]Die Gemeinden haben die Lohnsteuerkarte nach § 39 letztmals für das Kalenderjahr 2010 auszustellen und zu übermitteln. [3]Auf den Lohnsteuerkarten für 2009 und 2010 ist zusätzlich die Identifikationsnummer des Arbeitnehmers einzutragen. [4]Das Bundeszentralamt für Steuern errichtet unverzüglich die Datei der elektronischen Lohnsteuerabzugsmerkmale und das Verfahren für den Abruf durch den Arbeitgeber zum Zweck der Durchführung des Lohnsteuerabzugs ab 2011. [5]Die Meldebehörden übermitteln die Daten gemäß Absatz 2 dem Bundeszentralamt für Steuern in dem mit ihm abzustimmenden Verfahren und zur Einführung der elektronischen Lohnsteuerabzugsmerkmale für jeden Steuerpflichtigen unter Angabe der Identifikationsnummer die im Melderegister gespeicherten Daten nach Absatz 2 Satz 1 Nr. 1 bis 3 sowie die in § 2 Abs. 2 Nr. 2 Melderechtsrahmengesetz in der Fassung der Bekanntmachung vom 19. April 2002 (BGBl. I S. 1342), zuletzt geändert durch Artikel 26b des Gesetzes vom 20. Dezember 2007 (BGBl. I S. 3150), in der jeweils geltenden Fassung, bezeichneten Daten; für die Datenübermittlung zur Einführung der elektronischen Lohnsteuerabzugsmerkmale gilt § 39 Abs. 6 entsprechend. [6]Für die Datenübermittlung gilt § 6 Abs. 2a Zweite Bundesmeldedatenübermittlungsverordnung vom 31. Juli 1995 (BGBl. I S. 1011), zuletzt geändert durch Artikel 19 des Gesetzes vom 20. Dezember 2007 (BGBl. I S. 3150), in der jeweils geltenden Fassung, entsprechend. [7]Das Bundesministerium der Finanzen kann im Einvernehmen mit dem Bundesministerium des Innern und den obersten Finanzbehörden der Länder Beginn und Zeitpunkt der erstmaligen Übermittlung nach Absatz 2 sowie den Beginn und die

Frist für die Datenübermittlung nach Satz 5 durch ein im Bundessteuerblatt zu veröffentlichendes Schreiben mitteilen.

(10) [1]Das Bundesministerium der Finanzen kann den Zeitpunkt des erstmaligen Datenabrufs durch den Arbeitgeber durch ein im Bundessteuerblatt zu veröffentlichendes Schreiben mitteilen. [2]Zur Prüfung und zum Nachweis der Funktionsfähigkeit der Verfahren zur Bildung, Speicherung und Übermittlung, Änderung, Bereitstellung sowie zum Abruf der elektronischen Lohnsteuerabzugsmerkmale können die elektronischen Lohnsteuerabzugsmerkmale vor 2010 gebildet, gespeichert und genutzt werden. [3]Zur Erprobung der in Satz 2 genannten Verfahren können das Bundeszentralamt für Steuern und die an der Erprobung teilnehmenden Arbeitgeber die Regelungen der Absätze 1 bis 6 und Absatz 7 Satz 1 im Kalenderjahr 2010 anwenden. [4]Das Bundesministerium der Finanzen hat auf die Möglichkeit der Erprobung des Verfahrens der elektronischen Lohnsteuerabzugsmerkmale durch ein im Bundessteuerblatt zu veröffentlichendes Schreiben hinzuweisen. [5]Das Bundeszentralamt für Steuern kann mit Zustimmung des Bundesministeriums der Finanzen die an der Erprobung teilnehmenden Arbeitgeber auswählen. [6]Ist bei der Erprobung oder dem Einsatz des Verfahrens der elektronischen Lohnsteuerabzugsmerkmale die Wirtschafts-Identifikationsnummer noch nicht oder nicht vollständig eingeführt, tritt die Umsatzsteuer-Identifikationsnummer (§ 27a des Umsatzsteuergesetzes) an die Stelle der Wirtschafts-Identifikationsnummer.

(11) Die beim Bundeszentralamt für Steuern nach Absatz 2 Satz 1 gespeicherten Daten können auch zur Prüfung und Durchführung der Einkommensbesteuerung (§ 2) des Steuerpflichtigen für Veranlagungszeiträume ab 2005 verwendet werden.

EStG [1)]

§ 39f Faktorverfahren anstelle Steuerklassenkombination III/V

(1) [1]Bei Ehegatten, die in die Steuerklasse IV gehören (§ 38b Satz 2 Nr. 4), hat das Finanzamt auf Antrag beider Ehegatten nach § 39a anstelle der Steuerklassenkombination III/V (§ 38b Satz 2 Nr. 5) auf der Lohnsteuerkarte jeweils die Steuerklasse IV in Verbindung mit einem Faktor zur Ermittlung der Lohnsteuer einzutragen, wenn der Faktor kleiner als 1 ist. [2]Der Faktor ist Y : X und vom Finanzamt mit drei Nachkommastellen ohne Rundung zu berechnen. [3]„Y" ist die voraussichtliche Einkommensteuer für beide Ehegatten nach dem Splittingverfahren (§ 32a Abs. 5) unter Berücksichtigung der in § 39b Abs. 2 genannten Abzugsbeträge. [4]„X" ist die Summe der voraussichtlichen Lohnsteuer bei Anwendung der Steuerklasse IV für jeden Ehegatten. [5]In die Bemessungsgrundlage für Y werden jeweils neben den Jahresarbeitslöhnen der ersten Dienstverhältnisse zusätzlich nur Beträge einbezogen, die nach § 39a Abs. 1 Nr. 1 bis 6 als Freibetrag auf der Lohnsteuerkarte eingetragen werden könnten; Freibeträge werden neben dem Faktor nicht eingetragen. [6]In den Fällen des § 39a Abs. 1 Nr. 7 sind bei der Ermittlung von Y und X die Hinzurechnungsbeträge zu berücksichtigen; die Hinzurechnungsbeträge sind zusätzlich auf der Lohnsteuerkarte für das erste Dienstverhältnis einzutragen. [7]Arbeitslöhne aus zweiten und weiteren Dienstverhältnissen (Steuerklasse VI) sind im Faktorverfahren nicht zu berücksichtigen.

(2) Für die Einbehaltung der Lohnsteuer vom Arbeitslohn hat der Arbeitgeber Steuerklasse IV und den Faktor anzuwenden.

(3) [1]§ 39 Abs. 5 Satz 3 und 4 gilt sinngemäß. [2]§ 39a ist anzuwenden mit der Maßgabe, dass ein Antrag nach amtlich vorgeschriebenem Vordruck (§ 39a Abs. 2) nur erforderlich ist, wenn bei der Faktorermittlung zugleich Beträge nach § 39a Abs. 1 Nr. 1 bis 6 berücksichtigt werden sollen.

(4) Das Faktorverfahren ist im Programmablaufplan für die maschinelle Berechnung der Lohnsteuer (§ 39b Abs. 8) zu berücksichtigen.

---

1) § 39f EStG wurde durch das JStG 2009 eingefügt und ist erstmals für den Lohnsteuerabzug 2009 anzuwenden (→ § 52 Abs. 52 EStG).

Anm.: Im Interesse einer besseren Lesbarkeit wird der Gesetzestext – obgleich noch nicht für den VZ 2008 relevant – nicht in einer Fußnote dargestellt.

§ 40 Pauschalierung der Lohnsteuer in besonderen Fällen

EStG

(1) [1]Das Betriebsstättenfinanzamt (§ 41a Abs. 1 Satz 1 Nr. 1) kann auf Antrag des Arbeitgebers zulassen, dass die Lohnsteuer mit einem unter Berücksichtigung der Vorschriften des § 38a zu ermittelnden Pauschsteuersatz erhoben wird, soweit S 2370

1. von dem Arbeitgeber sonstige Bezüge in einer größeren Zahl von Fällen gewährt werden oder
2. in einer größeren Zahl von Fällen Lohnsteuer nachzuerheben ist, weil der Arbeitgeber die Lohnsteuer nicht vorschriftsmäßig einbehalten hat.

[2]Bei der Ermittlung des Pauschsteuersatzes ist zu berücksichtigen, dass die in Absatz 3 vorgeschriebene Übernahme der pauschalen Lohnsteuer durch den Arbeitgeber für den Arbeitnehmer eine in Geldeswert bestehende Einnahme im Sinne des § 8 Abs. 1 darstellt (Nettosteuersatz). [3]Die Pauschalierung ist in den Fällen des Satzes 1 Nr. 1 ausgeschlossen, soweit der Arbeitgeber einem Arbeitnehmer sonstige Bezüge von mehr als 1000 Euro im Kalenderjahr gewährt. [4]Der Arbeitgeber hat dem Antrag eine Berechnung beizufügen, aus der sich der durchschnittliche Steuersatz unter Zugrundelegung der durchschnittlichen Jahresarbeitslöhne und der durchschnittlichen Jahreslohnsteuer in jeder Steuerklasse für diejenigen Arbeitnehmer ergibt, denen die Bezüge gewährt werden sollen oder gewährt worden sind.

(2) [1]Abweichend von Absatz 1 kann der Arbeitgeber die Lohnsteuer mit einem Pauschsteuersatz von 25 Prozent erheben, soweit er S 2371

1. arbeitstäglich Mahlzeiten im Betrieb an die Arbeitnehmer unentgeltlich oder verbilligt abgibt oder Barzuschüsse an ein anderes Unternehmen leistet, das arbeitstäglich Mahlzeiten an die Arbeitnehmer unentgeltlich oder verbilligt abgibt. [2]Voraussetzung ist, dass die Mahlzeiten nicht als Lohnbestandteile vereinbart sind,
2. Arbeitslohn aus Anlass von Betriebsveranstaltungen zahlt,
3. Erholungsbeihilfen gewährt, wenn diese zusammen mit Erholungsbeihilfen, die in demselben Kalenderjahr früher gewährt worden sind, 156 Euro für den Arbeitnehmer, 104 Euro für dessen Ehegatten und 52 Euro für jedes Kind nicht übersteigen und der Arbeitgeber sicherstellt, dass die Beihilfen zu Erholungszwecken verwendet werden,
4. Vergütungen für Verpflegungsmehraufwendungen anlässlich einer Tätigkeit im Sinne des § 4 Abs. 5 Satz 1 Nr. 5 Satz 2 bis 4 zahlt, soweit diese die dort bezeichneten Pauschbeträge um nicht mehr als 100 Prozent übersteigen,
5. den Arbeitnehmern zusätzlich zum ohnehin geschuldeten Arbeitslohn unentgeltlich oder verbilligt Personalcomputer übereignet; das gilt auch für Zubehör und Internetzugang. [2]Das Gleiche gilt für Zuschüsse des Arbeitgebers, die zusätzlich zum ohnehin geschuldeten Arbeitslohn zu den Aufwendungen des Arbeitnehmers für die Internetnutzung gezahlt werden.

[2]Der Arbeitgeber kann die Lohnsteuer mit einem Pauschsteuersatz von 15 Prozent für Sachbezüge in Form der unentgeltlichen oder verbilligten Beförderung eines Arbeitnehmers zwischen Wohnung und Arbeitsstätte und für zusätzlich zum ohnehin geschuldeten Arbeitslohn geleistete Zuschüsse zu den Aufwendungen des Arbeitnehmers für Fahrten zwischen Wohnung und Arbeitsstätte erheben, soweit diese Bezüge den Betrag nicht übersteigen, den der Arbeitnehmer nach § 9 Abs. 2 wie Werbungskosten geltend machen könnte, wenn die Bezüge nicht pauschal besteuert würden. [3]Die nach Satz 2 pauschal besteuerten Bezüge mindern die nach § 9 Abs. 2 abziehbaren Beträge; sie bleiben bei der Anwendung des § 40a Abs. 1 bis 4 außer Ansatz.

(3) [1]Der Arbeitgeber hat die pauschale Lohnsteuer zu übernehmen. [2]Er ist Schuldner der pauschalen Lohnsteuer; auf den Arbeitnehmer abgewälzte pauschale Lohnsteuer gilt als zugeflossener Arbeitslohn und mindert nicht die Bemessungsgrundlage. [3]Der pauschal besteuerte Arbeitslohn und die pauschale Lohnsteuer bleiben bei einer Veranlagung zur Einkommensteuer und beim Lohnsteuer-Jahresausgleich außer Ansatz. [4]Die pauschale Lohnsteuer ist weder auf die Einkommensteuer noch auf die Jahreslohnsteuer anzurechnen.

§ 40a Pauschalierung der Lohnsteuer für Teilzeitbeschäftigte und geringfügig Beschäftigte

EStG
S 2372

(1) [1]Der Arbeitgeber kann unter Verzicht auf die Vorlage einer Lohnsteuerkarte bei Arbeitnehmern, die nur kurzfristig beschäftigt werden, die Lohnsteuer mit einem Pauschsteuersatz von 25 Prozent des Arbeitslohns erheben. [2]Eine kurzfristige Beschäftigung liegt vor, wenn der Arbeitnehmer bei dem Arbeitgeber gelegentlich, nicht regelmäßig wiederkehrend beschäftigt wird, die Dauer der Beschäftigung 18 zusammenhängende Arbeitstage nicht übersteigt und

1. der Arbeitslohn während der Beschäftigungsdauer 62 Euro durchschnittlich je Arbeitstag nicht übersteigt oder
2. die Beschäftigung zu einem unvorhersehbaren Zeitpunkt sofort erforderlich wird.

(2) Der Arbeitgeber kann unter Verzicht auf die Vorlage einer Lohnsteuerkarte die Lohnsteuer einschließlich Solidaritätszuschlag und Kirchensteuern (einheitliche Pauschsteuer) für das Arbeitsentgelt aus geringfügigen Beschäftigungen im Sinne des § 8 Abs. 1 Nr. 1 oder des § 8a des Vierten Buches Sozialgesetzbuch, für das er Beiträge nach § 168 Abs. 1 Nr. 1b oder 1c (geringfügig versicherungspflichtig Beschäftigte) oder nach § 172 Abs. 3 oder 3a (versicherungsfrei geringfügig Beschäftigte) des Sechsten Buches Sozialgesetzbuch zu entrichten hat, mit einem einheitlichen Pauschsteuersatz in Höhe von insgesamt 2 Prozent des Arbeitsentgelts erheben.

(2a) Hat der Arbeitgeber in den Fällen des Absatzes 2 keine Beiträge nach § 168 Abs. 1 Nr. 1b oder 1c oder nach § 172 Abs. 3 oder 3a des Sechsten Buches Sozialgesetzbuch zu entrichten, kann er unter Verzicht auf die Vorlage einer Lohnsteuerkarte die Lohnsteuer mit einem Pauschsteuersatz in Höhe von 20 Prozent des Arbeitsentgelts erheben.

(3) [1]Abweichend von den Absätzen 1 und 2a kann der Arbeitgeber unter Verzicht auf die Vorlage einer Lohnsteuerkarte bei Aushilfskräften, die in Betrieben der Land- und Forstwirtschaft im Sinne des § 13 Abs. 1 Nr. 1 bis 4 ausschließlich mit typisch land- oder forstwirtschaftlichen Arbeiten beschäftigt werden, die Lohnsteuer mit einem Pauschsteuersatz von 5 Prozent des Arbeitslohns erheben. [2]Aushilfskräfte im Sinne dieser Vorschrift sind Personen, die für die Ausführung und für die Dauer von Arbeiten, die nicht ganzjährig anfallen, beschäftigt werden; eine Beschäftigung mit anderen land- und forstwirtschaftlichen Arbeiten ist unschädlich, wenn deren Dauer 25 Prozent der Gesamtbeschäftigungsdauer nicht überschreitet. [3]Aushilfskräfte sind nicht Arbeitnehmer, die zu den land- und forstwirtschaftlichen Fachkräften gehören oder die der Arbeitgeber mehr als 180 Tage im Kalenderjahr beschäftigt.

(4) Die Pauschalierungen nach den Absätzen 1 und 3 sind unzulässig

1. bei Arbeitnehmern, deren Arbeitslohn während der Beschäftigungsdauer durchschnittlich je Arbeitsstunde 12 Euro übersteigt,
2. bei Arbeitnehmern, die für eine andere Beschäftigung von demselben Arbeitgeber Arbeitslohn beziehen, der nach den §§ 39b bis 39d dem Lohnsteuerabzug unterworfen wird.

(5) Auf die Pauschalierungen nach den Absätzen 1 bis 3 ist § 40 Abs. 3 anzuwenden.

(6) [1]Für die Erhebung der einheitlichen Pauschsteuer nach Absatz 2 ist die Deutsche Rentenversicherung Knappschaft-Bahn-See/Verwaltungsstelle Cottbus zuständig. [2]Die Regelungen zum Steuerabzug vom Arbeitslohn sind entsprechend anzuwenden. [3]Für die Anmeldung, Abführung und Vollstreckung der einheitlichen Pauschsteuer gelten dabei die Regelungen für die Beiträge nach § 168 Abs. 1 Nr. 1b oder 1c oder nach § 172 Abs. 3 oder 3a des Sechsten Buches Sozialgesetzbuch. [4]Die Deutsche Rentenversicherung Knappschaft-Bahn-See/Verwaltungsstelle Cottbus hat die einheitliche Pauschsteuer auf die erhebungsberechtigten Körperschaften aufzuteilen; dabei entfallen aus Vereinfachungsgründen 90 Prozent der einheitlichen Pauschsteuer auf die Lohnsteuer, 5 Prozent auf den Solidaritätszuschlag und 5 Prozent auf die Kirchensteuern. [5]Die erhebungsberechtigten Kirchen haben sich auf eine Aufteilung des Kirchensteueranteils zu verständigen und diesen der Deutsche Rentenversicherung Knappschaft-Bahn-See/Verwaltungsstelle Cottbus mitzuteilen. [6]Die Deutsche Rentenversicherung Knappschaft-Bahn-See/Verwaltungsstelle Cottbus ist berechtigt, die einheitliche Pauschsteuer nach Absatz 2 zusammen mit den Sozialversicherungsbeiträgen beim Arbeitgeber einzuziehen.

EStG
S 2373

§ 40b Pauschalierung der Lohnsteuer bei bestimmten Zukunftssicherungsleistungen

(1) Der Arbeitgeber kann die Lohnsteuer von den Zuwendungen zum Aufbau einer nicht kapitalgedeckten betrieblichen Altersversorgung an eine Pensionskasse mit einem Pauschsteuersatz von 20 Prozent der Zuwendungen erheben.

(2) [1]Absatz 1 gilt nicht, soweit die zu besteuernden Beiträge und Zuwendungen des Arbeitgebers für den Arbeitnehmer 1752 Euro im Kalenderjahr übersteigen oder nicht aus seinem ersten Dienstverhältnis bezogen werden. [2]Sind mehrere Arbeitnehmer gemeinsam in der Pensionskasse versichert, so gilt als Zuwendung für den einzelnen Arbeitnehmer der Teilbetrag, der sich bei einer Aufteilung der gesamten Zuwendungen durch die Zahl der begünstigten Arbeitnehmer ergibt, wenn dieser Teilbetrag 1752 Euro nicht übersteigt; hierbei sind Arbeitnehmer, für die Zuwendungen von mehr als 2148 Euro im Kalenderjahr geleistet werden, nicht einzubeziehen. [3]Für Zuwendungen, die der Arbeitgeber für den Arbeitnehmer aus Anlass der Beendi-

gung des Dienstverhältnisses erbracht hat, vervielfältigt sich der Betrag von 1752 Euro mit der Anzahl der Kalenderjahre, in denen das Dienstverhältnis des Arbeitnehmers zu dem Arbeitgeber bestanden hat; in diesem Fall ist Satz 2 nicht anzuwenden. [4]Der vervielfältigte Betrag vermindert sich um die nach Absatz 1 pauschal besteuerten Zuwendungen, die der Arbeitgeber in dem Kalenderjahr, in dem das Dienstverhältnis beendet wird, und in den sechs vorangegangenen Kalenderjahren erbracht hat.

(3) Von den Beiträgen für eine Unfallversicherung des Arbeitnehmers kann der Arbeitgeber die Lohnsteuer mit einem Pauschsteuersatz von 20 Prozent der Beiträge erheben, wenn mehrere Arbeitnehmer gemeinsam in einem Unfallversicherungsvertrag versichert sind und der Teilbetrag, der sich bei einer Aufteilung der gesamten Beiträge nach Abzug der Versicherungsteuer durch die Zahl der begünstigten Arbeitnehmer ergibt, 62 Euro im Kalenderjahr nicht übersteigt.

(4) In den Fällen des § 19 Abs. 1 Satz 1 Nr. 3 Satz 2 hat der Arbeitgeber die Lohnsteuer mit einem Pauschsteuersatz in Höhe von 15 Prozent der Sonderzahlungen zu erheben.

(5) [1]§ 40 Abs. 3 ist anzuwenden. [2]Die Anwendung des § 40 Abs. 1 Satz 1 Nr. 1 auf Bezüge im Sinne des Absatzes 1, des Absatzes 3 und des Absatzes 4 ist ausgeschlossen.

§ 41 Aufzeichnungspflichten beim Lohnsteuerabzug

EStG

(1) [1]Der Arbeitgeber hat am Ort der Betriebsstätte (Absatz 2) für jeden Arbeitnehmer und jedes Kalenderjahr ein Lohnkonto zu führen. [2]In das Lohnkonto sind die für den Lohnsteuerabzug und die Lohnsteuerzerlegung erforderlichen Merkmale aus der Lohnsteuerkarte oder aus einer entsprechenden Bescheinigung zu übernehmen. [3]Bei jeder Lohnzahlung für das Kalenderjahr, für das das Lohnkonto gilt, sind im Lohnkonto die Art und Höhe des gezahlten Arbeitslohns einschließlich der steuerfreien Bezüge sowie die einbehaltene oder übernommene Lohnsteuer einzutragen; an die Stelle der Lohnzahlung tritt in den Fällen des § 39b Abs. 5 Satz 1 die Lohnabrechnung. [4]Ist die einbehaltene oder übernommene Lohnsteuer unter Berücksichtigung der Vorsorgepauschale nach § 10c Abs. 3 ermittelt worden, so ist dies durch Eintragung des Großbuchstabens B zu vermerken. [5]Ferner sind das Kurzarbeitergeld, das Schlechtwettergeld, das Winterausfallgeld, der Zuschuss zum Mutterschaftsgeld nach dem Mutterschutzgesetz, der Zuschuss nach § 4a der Mutterschutzverordnung oder einer entsprechenden Landesregelung, die Entschädigungen für Verdienstausfall nach dem Infektionsschutzgesetz vom 20. Juli 2000 (BGBl. I S. 1045) sowie die nach § 3 Nr. 28 steuerfreien Aufstockungsbeträge oder Zuschläge einzutragen. [6]Ist während der Dauer des Dienstverhältnisses in anderen Fällen als in denen des Satzes 5 der Anspruch auf Arbeitslohn für mindestens fünf aufeinander folgende Arbeitstage im Wesentlichen weggefallen, so ist dies jeweils durch Eintragung des Großbuchstabens U zu vermerken. [7]Hat der Arbeitgeber die Lohnsteuer von einem sonstigen Bezug im ersten Dienstverhältnis berechnet und ist dabei der Arbeitslohn aus früheren Dienstverhältnissen des Kalenderjahres außer Betracht geblieben, so ist dies durch Eintragung des Großbuchstabens S zu vermerken. [8]Die Bundesregierung wird ermächtigt, durch Rechtsverordnung mit Zustimmung des Bundesrates vorzuschreiben, welche Einzelangaben im Lohnkonto aufzuzeichnen sind. [9]Dabei können für Arbeitnehmer mit geringem Arbeitslohn und für die Fälle der §§ 40 bis 40b Aufzeichnungserleichterungen sowie für steuerfreie Bezüge Aufzeichnungen außerhalb des Lohnkontos zugelassen werden. [10]Dabei können für Arbeitnehmer mit geringem Arbeitslohn und für die Fälle der §§ 40 bis 40b Aufzeichnungserleichterungen sowie für steuerfreie Bezüge Aufzeichnungen außerhalb des Lohnkontos zugelassen werden. [11]Die Lohnkonten sind bis zum Ablauf des sechsten Kalenderjahres, das auf die zuletzt eingetragene Lohnzahlung folgt, aufzubewahren. [1])

(2) [1]Betriebsstätte ist der Betrieb oder Teil des Betriebs des Arbeitgebers, in dem der für die Durchführung des Lohnsteuerabzugs maßgebende Arbeitslohn ermittelt wird. [2]Wird der maßgebende Arbeitslohn nicht in dem Betrieb oder einem Teil des Betriebs des Arbeitgebers oder nicht im Inland ermittelt, so gilt als Betriebsstätte der Mittelpunkt der geschäftlichen Leitung des Arbeitgebers im Inland; im Falle des § 38 Abs. 1 Satz 1 Nr. 2 gilt als Betriebsstätte der Ort im Inland, an dem die Arbeitsleistung ganz oder vorwiegend stattfindet. [3]Als Betriebsstätte gilt auch der inländische Heimathafen deutscher Handelsschiffe, wenn die Reederei im Inland keine Niederlassung hat. S 2376

[1]) In Absatz 1 Satz 5 wird durch das Dienstrechtsneuordnungsgesetz die Angabe „Zuschuss nach § 4a der Mutterschutzverordnung oder einer entsprechenden Landesregelung" durch die Wörter „Zuschuss bei Beschäftigungsverboten für die Zeit vor oder nach einer Entbindung sowie für den Entbindungstag während einer Elternzeit nach beamtenrechtlichen Vorschriften" ab VZ 2009 ersetzt.

EStG
S 2377

§ 41a Anmeldung und Abführung der Lohnsteuer

(1) [1]Der Arbeitgeber hat spätestens am zehnten Tag nach Ablauf eines jeden Lohnsteuer-Anmeldungszeitraums

1. dem Finanzamt, in dessen Bezirk sich die Betriebsstätte (§ 41 Abs. 2) befindet (Betriebsstättenfinanzamt), eine Steuererklärung einzureichen, in der er die Summen der im Lohnsteuer-Anmeldungszeitraum einzubehaltenden und zu übernehmenden Lohnsteuer angibt (Lohnsteuer-Anmeldung),
2. die im Lohnsteuer-Anmeldungszeitraum insgesamt einbehaltene und übernommene Lohnsteuer an das Betriebsstättenfinanzamt abzuführen.

1) [2]Die Lohnsteuer-Anmeldung ist nach amtlich vorgeschriebenem Vordruck auf elektronischem Weg nach Maßgabe der Steuerdaten-Übermittlungsverordnung zu übermitteln. [3]Auf Antrag kann das Finanzamt zur Vermeidung von unbilligen Härten auf eine elektronische Übermittlung verzichten; in diesem Fall ist die Lohnsteuer-Anmeldung vom Arbeitgeber oder von einer zu seiner Vertretung berechtigten Person zu unterschreiben.[4]Der Arbeitgeber wird von der Verpflichtung zur Abgabe weiterer Lohnsteuer-Anmeldungen befreit, wenn er Arbeitnehmer, für die er Lohnsteuer einzubehalten oder zu übernehmen hat, nicht mehr beschäftigt und das dem Finanzamt mitteilt.

(2) [1]Lohnsteuer-Anmeldungszeitraum ist grundsätzlich der Kalendermonat. [2]Lohnsteuer-Anmeldungszeitraum ist das Kalendervierteljahr, wenn die abzuführende Lohnsteuer für das vorangegangene Kalenderjahr mehr als 800 Euro, aber nicht mehr als 3000 Euro betragen hat; Lohnsteuer-Anmeldungszeitraum ist das Kalenderjahr, wenn die abzuführende Lohnsteuer für
2) das vorangegangene Kalenderjahr nicht mehr als 800 Euro betragen hat. [3]Hat die Betriebsstätte nicht während des ganzen vorangegangenen Kalenderjahres bestanden, so ist die für das vorangegangene Kalenderjahr abzuführende Lohnsteuer für die Feststellung des Lohnsteuer-Anmeldungszeitraums auf einen Jahresbetrag umzurechnen. [4]Wenn die Betriebsstätte im vorangegangenen Kalenderjahr noch nicht bestanden hat, ist die auf einen Jahresbetrag umgerechnete für den ersten vollen Kalendermonat nach der Eröffnung der Betriebsstätte abzuführende Lohnsteuer maßgebend.

(3) [1]Die oberste Finanzbehörde des Landes kann bestimmen, dass die Lohnsteuer nicht dem Betriebsstättenfinanzamt, sondern einer anderen öffentlichen Kasse anzumelden und an diese abzuführen ist; die Kasse erhält insoweit die Stellung einer Landesfinanzbehörde. [2]Das Betriebsstättenfinanzamt oder die zuständige andere öffentliche Kasse können anordnen, dass die Lohnsteuer abweichend von dem nach Absatz 1 maßgebenden Zeitpunkt anzumelden und abzuführen ist, wenn die Abführung der Lohnsteuer nicht gesichert erscheint.

(4) [1]Arbeitgeber, die eigene oder gecharterte Handelsschiffe betreiben, dürfen vom Gesamtbetrag der anzumeldenden und abzuführenden Lohnsteuer einen Betrag von 40 Prozent der Lohnsteuer der auf solchen Schiffen in einem zusammenhängenden Arbeitsverhältnis von mehr als 183 Tagen beschäftigten Besatzungsmitglieder abziehen und einbehalten. [2]Die Handelsschiffe müssen in einem inländischen Seeschiffsregister eingetragen sein, die deutsche Flagge führen und zur Beförderung von Personen oder Gütern im Verkehr mit oder zwischen ausländischen Häfen, innerhalb eines ausländischen Hafens oder zwischen einem ausländischen Hafen und der Hohen See betrieben werden. [3]Die Sätze 1 und 2 sind entsprechend anzuwenden, wenn Seeschiffe im Wirtschaftsjahr überwiegend außerhalb der deutschen Hoheitsgewässer zum Schleppen, Bergen oder zur Aufsuchung von Bodenschätzen oder zur Vermessung von Energielagerstätten unter dem Meeresboden eingesetzt werden. [4]Ist für den Lohnsteuerabzug die Lohnsteuer nach der Steuerklasse V oder VI zu ermitteln, so bemisst sich der Betrag nach Satz 1 nach der Lohnsteuer der Steuerklasse I.

---

1) ***Absatz 1 Satz 2 und 3 wurde durch das Steuerbürokratieabbaugesetz neu gefasst; die Neufassung ist erstmals für den Lohnsteuerabzug 2009 anzuwenden.***
Anm.: Die Neufassung lautet:
Die Lohnsteuer-Anmeldung ist nach amtlich vorgeschriebenem Datensatz durch Datenfernübertragung nach Maßgabe der Steuerdaten-Übermittlungsverordnung zu übermitteln. Auf Antrag kann das Finanzamt zur Vermeidung unbilliger Härten auf eine elektronische Übermittlung verzichten; in diesem Fall ist die Lohnsteuer-Anmeldung nach amtlich vorgeschriebenem Vordruck abzugeben und vom Arbeitgeber oder von einer zu seiner Vertretung berechtigten Person zu unterschreiben.

2) ***Absatz 2 Satz 2 wurde durch das Steuerbürokratieabbaugesetz neu gefasst; die Neufassung ist erstmals für den Lohnsteuerabzug 2009 anzuwenden.***
Anm.: Die Neufassung lautet:
Lohnsteuer-Anmeldungszeitraum ist das Kalendervierteljahr, wenn die abzuführende Lohnsteuer für das vorangegangene Kalenderjahr mehr als 1000 Euro, aber nicht mehr als 4000 Euro betragen hat; Lohnsteuer-Anmeldungszeitraum ist das Kalenderjahr, wenn die abzuführende Lohnsteuer für das vorangegangene Kalenderjahr nicht mehr als 1000 Euro betragen hat.

§ 41b Abschluss des Lohnsteuerabzugs

EStG
S 2378

(1) [1]Bei Beendigung eines Dienstverhältnisses oder am Ende des Kalenderjahres hat der Arbeitgeber das Lohnkonto des Arbeitnehmers abzuschließen. [2]Auf Grund der Eintragungen im Lohnkonto hat der Arbeitgeber spätestens bis zum 28. Februar des Folgejahres nach amtlich vorgeschriebenem Datensatz *auf elektronischem Weg nach Maßgabe der Steuerdaten-Übermittlungsverordnung vom 28. Januar 2003 (BGBl. I S. 139), zuletzt geändert durch Artikel 1 der Verordnung vom 20. Dezember 2006 (BGBl. I S. 3380), in der jeweils geltenden Fassung,* insbesondere folgende Angaben zu übermitteln (elektronische Lohnsteuerbescheinigung): 1)

1. Name, Vorname, Geburtsdatum und Anschrift des Arbeitnehmers, die auf der Lohnsteuerkarte oder der entsprechenden Bescheinigung eingetragenen Besteuerungsmerkmale, den amtlichen Schlüssel der Gemeinde, die die Lohnsteuerkarte ausgestellt hat, die Bezeichnung und die Nummer des Finanzamts, an das die Lohnsteuer abgeführt worden ist, sowie die Steuernummer des Arbeitgebers,
2. die Dauer des Dienstverhältnisses während des Kalenderjahres sowie die Anzahl der nach § 41 Abs. 1 Satz 6 vermerkten Großbuchstaben U,
3. die Art und Höhe des gezahlten Arbeitslohns sowie den nach § 41 Abs. 1 Satz 7 vermerkten Großbuchstaben S,
4. die einbehaltene Lohnsteuer, den Solidaritätszuschlag und die Kirchensteuer sowie zusätzlich den Großbuchstaben B, wenn der Arbeitnehmer für einen abgelaufenen Lohnzahlungszeitraum oder Lohnabrechnungszeitraum des Kalenderjahres unter Berücksichtigung der Vorsorgepauschale nach § 10c Abs. 3 zu besteuern war,
5. das Kurzarbeitergeld, das Schlechtwettergeld, das Winterausfallgeld, den Zuschuss zum Mutterschaftsgeld, die Entschädigungen für Verdienstausfall nach dem Infektionsschutzgesetz vom 20. Juli 2000 (BGBl. I S. 1045), zuletzt geändert durch Artikel 11 § 3 des Gesetzes vom 6. August 2002 (BGBl. I S. 3082), in der jeweils geltenden Fassung, sowie die nach § 3 Nr. 28 steuerfreien Aufstockungsbeträge oder Zuschläge,
6. die auf die Entfernungspauschale anzurechnenden steuerfreien Arbeitgeberleistungen für Fahrten zwischen Wohnung und Arbeitsstätte,
7. die pauschal besteuerten Arbeitgeberleistungen für Fahrten zwischen Wohnung und Arbeitsstätte,
8. *(aufgehoben)* 2)
9. für die steuerfreie Sammelbeförderung nach § 3 Nr. 32 den Großbuchstaben F,
10. die nach § 3 Nr. 13 und 16 steuerfrei gezahlten Verpflegungszuschüsse und Vergütungen bei doppelter Haushaltsführung,
11. Beiträge zu den gesetzlichen Rentenversicherungen und an berufsständische Versorgungseinrichtungen, getrennt nach Arbeitgeber- und Arbeitnehmeranteil,
12. die nach § 3 Nr. 62 gezahlten Zuschüsse zur Kranken- und Pflegeversicherung,
13. den Arbeitnehmeranteil am Gesamtsozialversicherungsbeitrag ohne den Arbeitnehmeranteil an den Beiträgen nach Nummer 11 und die Zuschüsse nach Nummer 12.

[3]Der Arbeitgeber hat dem Arbeitnehmer einen nach amtlich vorgeschriebenem Muster gefertigten Ausdruck der elektronischen Lohnsteuerbescheinigung mit Angabe des lohnsteuerlichen Ordnungsmerkmals (Absatz 2) auszuhändigen oder elektronisch bereitzustellen. [4]Wenn das Dienstverhältnis vor Ablauf des Kalenderjahres beendet wird, hat der Arbeitgeber dem Arbeitnehmer die Lohnsteuerkarte auszuhändigen. [5]Nach Ablauf des Kalenderjahres darf der Arbeitgeber die Lohnsteuerkarte nur aushändigen, wenn sie eine Lohnsteuerbescheinigung enthält und der Arbeitnehmer zur Einkommensteuer veranlagt wird. [6]Dem Arbeitnehmer nicht ausgehändigte Lohnsteuerkarten ohne Lohnsteuerbescheinigungen kann der Arbeitgeber vernichten; nicht ausgehändigte Lohnsteuerkarten mit Lohnsteuerbescheinigungen hat er dem Betriebsstättenfinanzamt einzureichen.

(2) [1]Für die *Datenübermittlung nach Absatz 1 Satz 2*hat der Arbeitgeber aus dem Namen, Vornamen und Geburtsdatum des Arbeitnehmers ein Ordnungsmerkmal nach amtlich festgelegter Regel für den Arbeitnehmer zu bilden und zu verwenden. [2]Das lohnsteuerliche Ordnungsmerkmal darf nur erhoben, gebildet, verarbeitet oder genutzt werden für die Zuordnung der elektronischen Lohnsteuerbescheinigung oder sonstiger für das Besteuerungsverfahren erforderlicher Daten zu einem bestimmten Steuerpflichtigen und für Zwecke des Besteuerungsverfahrens. 3)

---

1) *Absatz 1 Satz 2 wurde durch das JStG 2008 ab VZ 2008 geändert.*
2) *Absatz 1 Satz 2 Nr. 8 wurde durch das JStG 2008 ab VZ 2008 aufgehoben.*
3) *Absatz 2 Satz 1 wurde durch das JStG 2008 ab VZ 2008 geändert. Außerdem wurden die Sätze 3 und 4 angefügt.*

[3]Nach Vergabe der Identifikationsnummer (§ 139b der Abgabenordnung) hat der Arbeitgeber für die Datenübermittlung anstelle des lohnsteuerlichen Ordnungsmerkmals die Identifikationsnummer des Arbeitnehmers zu verwenden. [4]Das Bundesministerium der Finanzen teilt den Zeitpunkt der erstmaligen Verwendung durch ein im Bundessteuerblatt zu veröffentlichendes Schreiben mit.

(3) [1]Ein Arbeitgeber ohne maschinelle Lohnabrechnung, der ausschließlich Arbeitnehmer im Rahmen einer geringfügigen Beschäftigung in seinem Privathaushalt im Sinne des § 8a des Vierten Buches Sozialgesetzbuch beschäftigt und keine elektronische Lohnsteuerbescheinigung erteilt, hat an Stelle der elektronischen Lohnsteuerbescheinigung eine entsprechende Lohnsteuerbescheinigung auf der Lohnsteuerkarte des Arbeitnehmers zu erteilen. [2]Liegt dem Arbeitgeber eine Lohnsteuerkarte des Arbeitnehmers nicht vor, hat er die Lohnsteuerbescheinigung nach amtlich vorgeschriebenem Muster zu erteilen. [3]Der Arbeitgeber hat dem Arbeitnehmer die Lohnsteuerbescheinigung auszuhändigen, wenn das Dienstverhältnis vor Ablauf des Kalenderjahres beendet wird oder der Arbeitnehmer zur Einkommensteuer veranlagt wird. [4]In den übrigen Fällen hat der Arbeitgeber die Lohnsteuerbescheinigung dem Betriebsstättenfinanzamt einzureichen.

(4) Die Absätze 1 bis 3 gelten nicht für Arbeitnehmer, soweit sie Arbeitslohn bezogen haben, der nach den §§ 40 bis 40b pauschal besteuert worden ist.

EStG
S 2379

§ 41c Änderung des Lohnsteuerabzugs

[1]) **(1) Der Arbeitgeber ist berechtigt, bei der jeweils nächstfolgenden Lohnzahlung bisher erhobene Lohnsteuer zu erstatten oder noch nicht erhobene Lohnsteuer nachträglich einzubehalten,**

1. **wenn ihm der Arbeitnehmer eine Lohnsteuerkarte mit Eintragungen vorlegt, die auf einen Zeitpunkt vor Vorlage der Lohnsteuerkarte zurückwirken, oder**
2. **wenn er erkennt, dass er die Lohnsteuer bisher nicht vorschriftsmäßig einbehalten hat; dies gilt auch bei rückwirkender Gesetzesänderung.**

(2) [1]Die zu erstattende Lohnsteuer ist dem Betrag zu entnehmen, den der Arbeitgeber für seine Arbeitnehmer insgesamt an Lohnsteuer einbehalten oder übernommen hat. [2]Wenn die zu erstattende Lohnsteuer aus dem Betrag nicht gedeckt werden kann, der insgesamt an Lohnsteuer einzubehalten oder zu übernehmen ist, wird der Fehlbetrag dem Arbeitgeber auf Antrag vom Betriebsstättenfinanzamt ersetzt.

(3) [1]Nach Ablauf des Kalenderjahres oder, wenn das Dienstverhältnis vor Ablauf des Kalenderjahres endet, nach Beendigung des Dienstverhältnisses, ist die Änderung des Lohnsteuerabzugs nur bis zur Übermittlung oder Ausschreibung der Lohnsteuerbescheinigung zulässig. [2]Bei Änderung des Lohnsteuerabzugs nach Ablauf des Kalenderjahres ist die nachträglich einzubehaltende Lohnsteuer nach dem Jahresarbeitslohn zu ermitteln. [3]Eine Erstattung von Lohnsteuer ist nach Ablauf des Kalenderjahres nur im Wege des Lohnsteuer-Jahresausgleichs nach § 42b zulässig.

[2]) **(4) [1]Der Arbeitgeber hat die Fälle, in denen er von seiner Berechtigung zur nachträglichen Einbehaltung von Lohnsteuer nach Absatz 1 keinen Gebrauch macht oder die Lohnsteuer nicht nachträglich einbehalten werden kann, weil**

1. **Eintragungen auf der Lohnsteuerkarte eines Arbeitnehmers, die nach Beginn des Dienstverhältnisses vorgenommen worden sind, auf einen Zeitpunkt vor Beginn des Dienstverhältnisses zurückwirken,**
2. **der Arbeitnehmer vom Arbeitgeber Arbeitslohn nicht mehr bezieht oder**
3. **der Arbeitgeber nach Ablauf des Kalenderjahres bereits die Lohnsteuerbescheinigung übermittelt oder ausgeschrieben hat,**

dem Betriebsstättenfinanzamt unverzüglich anzuzeigen. [2]Das Finanzamt hat die zu wenig erhobene Lohnsteuer vom Arbeitnehmer nachzufordern, wenn der nachzufordernde Betrag 10 Euro übersteigt. [3]§ 42d bleibt unberührt.

---

1) Durch das Gesetz zur Sicherung von Beschäftigung und Stabilität in Deutschland wurde dem Absatz 1 ab VZ 2009 folgender Satz angefügt:
In den Fällen des Satzes 1 Nummer 2 ist der Arbeitgeber jedoch verpflichtet, wenn ihm dies wirtschaftlich zumutbar ist.

2) Durch das Gesetz zur Sicherung von Beschäftigung und Stabilität in Deutschland wurde in Absatz 4 Satz 1 der Satzteil vor Nummer 1 ab VZ 2009 wie folgt gefasst:
Der Arbeitgeber hat die Fälle, in denen er die Lohnsteuer nach Absatz 1 nicht nachträglich einbehält oder die Lohnsteuer nicht nachträglich einbehalten kann, weil

§§ 42 und 42a

EStG

(weggefallen)

§ 42b Lohnsteuer-Jahresausgleich durch den Arbeitgeber

EStG
S 2381

(1) [1]Der Arbeitgeber ist berechtigt, seinen unbeschränkt einkommensteuerpflichtigen Arbeitnehmern, die während des abgelaufenen Kalenderjahres (Ausgleichsjahr) ständig in einem Dienstverhältnis gestanden haben, die für das Ausgleichsjahr einbehaltene Lohnsteuer insoweit zu erstatten, als sie die auf den Jahresarbeitslohn entfallende Jahreslohnsteuer übersteigt (Lohnsteuer-Jahresausgleich). [2]Er ist zur Durchführung des Lohnsteuer-Jahresausgleichs verpflichtet, wenn er am 31. Dezember des Ausgleichsjahres mindestens zehn Arbeitnehmer beschäftigt. [3]Voraussetzung für den Lohnsteuer-Jahresausgleich ist, dass dem Arbeitgeber die Lohnsteuerkarte und Lohnsteuerbescheinigungen aus etwaigen vorangegangenen Dienstverhältnissen vorliegen. [4]Der Arbeitgeber darf den Lohnsteuer-Jahresausgleich nicht durchführen, wenn

1. der Arbeitnehmer es beantragt oder
2. der Arbeitnehmer für das Ausgleichsjahr oder für einen Teil des Ausgleichsjahres nach den Steuerklassen V oder VI zu besteuern war oder
3. der Arbeitnehmer für einen Teil des Ausgleichsjahres nach den Steuerklassen II, III oder IV zu besteuern war oder

3a. bei der Lohnsteuerberechnung ein Freibetrag oder Hinzurechnungsbetrag zu berücksichtigen war oder [1)]

4. der Arbeitnehmer im Ausgleichsjahr Kurzarbeitergeld, Schlechtwettergeld, Winterausfallgeld, Zuschuss zum Mutterschaftsgeld nach dem Mutterschutzgesetz, Zuschuss nach § 4a der Mutterschutzverordnung oder einer entsprechenden Landesregelung, Entschädigungen für Verdienstausfall nach dem Infektionsschutzgesetz vom 20. Juli 2000 (BGBl. I S. 1045), oder nach § 3 Nr. 28 steuerfreie Aufstockungsbeträge oder Zuschläge bezogen hat oder [2)]

4a. die Anzahl der im Lohnkonto oder in der Lohnsteuerbescheinigung eingetragenen Großbuchstaben U mindestens eins beträgt oder

5. der Arbeitnehmer im Ausgleichsjahr unter Berücksichtigung der Vorsorgepauschale nach § 10c Abs. 2 und der Vorsorgepauschale nach § 10c Abs. 3 zu besteuern war oder
6. der Arbeitnehmer im Ausgleichsjahr ausländische Einkünfte aus nichtselbständiger Arbeit bezogen hat, die nach einem Abkommen zur Vermeidung der Doppelbesteuerung oder unter Progressionsvorbehalt nach § 34c Abs. 5 von der Lohnsteuer freigestellt waren.

(2) [1]Für den Lohnsteuer-Jahresausgleich hat der Arbeitgeber den Jahresarbeitslohn aus dem zu ihm bestehenden Dienstverhältnis und nach den Lohnsteuerbescheinigungen aus etwaigen vorangegangenen Dienstverhältnissen festzustellen. [2]Dabei bleiben Bezüge im Sinne des § 34 Abs. 1 und 2 Nr. 2 und 4 außer Ansatz, wenn der Arbeitnehmer nicht jeweils die Einbeziehung in den Lohnsteuer-Jahresausgleich beantragt. [3]Vom Jahresarbeitslohn sind der etwa in Betracht kommende Versorgungsfreibetrag und Zuschlag zum Versorgungsfreibetrag und der etwa in Betracht kommende Altersentlastungsbetrag abzuziehen. [4]Für den so geminderten Jahresarbeitslohn ist nach Maßgabe der auf der Lohnsteuerkarte zuletzt eingetragenen Steuerklasse die Jahreslohnsteuer nach § 39b Abs. 2 Satz 6 und 7 zu ermitteln. [5]Den Betrag, um den die sich hiernach ergebende Jahreslohnsteuer die Lohnsteuer unterschreitet, die von dem zugrunde gelegten Jahresarbeitslohn insgesamt erhoben worden ist, hat der Arbeitgeber dem Arbeitnehmer zu erstatten. [6]Bei der Ermittlung der insgesamt erhobenen Lohnsteuer ist die Lohnsteuer auszuscheiden, die von den nach Satz 2 außer Ansatz gebliebenen Bezügen einbehalten worden ist.

(3) [1]Der Arbeitgeber darf den Lohnsteuer-Jahresausgleich frühestens bei der Lohnabrechnung für den letzten im Ausgleichsjahr endenden Lohnzahlungszeitraum, spätestens bei der Lohnabrechnung für den letzten Lohnzahlungszeitraum, der im Monat März des dem Ausgleichsjahr folgenden Kalenderjahres endet, durchführen. [2]Die zu erstattende Lohnsteuer ist

---

1) ***Durch das JStG 2009 wurde eine neue Nummer 3b ab VZ 2009 eingefügt.***
Anm.: Die neue Nummer 3b lautet:
3b. das Faktorverfahren angewandt wurde oder

2) In Absatz 1 Satz 5 wird durch das Dienstrechtsneuordnungsgesetz die Angabe „Zuschuss nach § 4a der Mutterschutzverordnung oder einer entsprechenden Landesregelung" durch die Wörter „Zuschuss bei Beschäftigungsverboten für die Zeit vor oder nach einer Entbindung sowie für den Entbindungstag während einer Elternzeit nach beamtenrechtlichen Vorschriften" ab VZ 2009 ersetzt.

dem Betrag zu entnehmen, den der Arbeitgeber für seine Arbeitnehmer für den Lohnzahlungszeitraum insgesamt an Lohnsteuer erhoben hat. [3]§ 41c Abs. 2 Satz 2 ist anzuwenden.

(4) [1]Der Arbeitgeber hat im Lohnkonto für das Ausgleichsjahr den Inhalt etwaiger Lohnsteuerbescheinigungen aus vorangegangenen Dienstverhältnissen des Arbeitnehmers einzutragen. [2]Im Lohnkonto für das Ausgleichsjahr ist die im Lohnsteuer-Jahresausgleich erstattete Lohnsteuer gesondert einzutragen. [3]In der Lohnsteuerbescheinigung für das Ausgleichsjahr ist der sich nach Verrechnung der erhobenen Lohnsteuer mit der erstatteten Lohnsteuer ergebende Betrag als erhobene Lohnsteuer einzutragen.

EStG

§ 42c

(weggefallen)

EStG
S 2383

§ 42d Haftung des Arbeitgebers und Haftung bei Arbeitnehmerüberlassung

(1) Der Arbeitgeber haftet

1. für die Lohnsteuer, die er einzubehalten und abzuführen hat,
2. für die Lohnsteuer, die er beim Lohnsteuer-Jahresausgleich zu Unrecht erstattet hat,
3. für die Einkommensteuer (Lohnsteuer), die auf Grund fehlerhafter Angaben im Lohnkonto oder in der Lohnsteuerbescheinigung verkürzt wird,
4. für die Lohnsteuer, die in den Fällen des § 38 Abs. 3a der Dritte zu übernehmen hat.

(2) Der Arbeitgeber haftet nicht, soweit Lohnsteuer nach § 39 Abs. 4 oder § 39a Abs. 5 nachzufordern ist und in den vom Arbeitgeber angezeigten Fällen des § 38 Abs. 4 Satz 2 und 3 und des § 41c Abs. 4.

(3) [1]Soweit die Haftung des Arbeitgebers reicht, sind der Arbeitgeber und der Arbeitnehmer Gesamtschuldner. [2]Das Betriebsstättenfinanzamt kann die Steuerschuld oder Haftungsschuld nach pflichtgemäßem Ermessen gegenüber jedem Gesamtschuldner geltend machen. [3]Der Arbeitgeber kann auch dann in Anspruch genommen werden, wenn der Arbeitnehmer zur Einkommensteuer veranlagt wird. [4]Der Arbeitnehmer kann im Rahmen der Gesamtschuldnerschaft nur in Anspruch genommen werden,

1. wenn der Arbeitgeber die Lohnsteuer nicht vorschriftsmäßig vom Arbeitslohn einbehalten hat,
2. wenn der Arbeitnehmer weiß, dass der Arbeitgeber die einbehaltene Lohnsteuer nicht vorschriftsmäßig angemeldet hat. [2]Dies gilt nicht, wenn der Arbeitnehmer den Sachverhalt dem Finanzamt unverzüglich mitgeteilt hat.

(4) [1]Für die Inanspruchnahme des Arbeitgebers bedarf es keines Haftungsbescheids und keines Leistungsgebots, soweit der Arbeitgeber

1. die einzubehaltende Lohnsteuer angemeldet hat oder
2. nach Abschluss einer Lohnsteuer-Außenprüfung seine Zahlungsverpflichtung schriftlich anerkennt.

[2]Satz 1 gilt entsprechend für die Nachforderung zu übernehmender pauschaler Lohnsteuer.

(5) Von der Geltendmachung der Steuernachforderung oder Haftungsforderung ist abzusehen, wenn diese insgesamt 10 Euro nicht übersteigt.

S 2384 (6) [1]Soweit einem Dritten (Entleiher) Arbeitnehmer gewerbsmäßig zur Arbeitsleistung überlassen werden, haftet er mit Ausnahme der Fälle, in denen eine Arbeitnehmerüberlassung nach § 1 Abs. 3 des Arbeitnehmerüberlassungsgesetzes vorliegt, neben dem Arbeitgeber [2]Der Entleiher haftet nicht, wenn der Überlassung eine Erlaubnis nach § 1 des Arbeitnehmerüberlassungsgesetzes in der Fassung der Bekanntmachung vom 3. Februar 1995 (BGBl. I S. 158), das zuletzt [1] durch Artikel 11 Nr. 21 des Gesetzes vom 30. Juli 2004 (BGBl. I S. 1950) geändert worden ist, in der jeweils geltenden Fassung zugrunde liegt und soweit er nachweist, dass er den nach § 51 Abs. 1 Nr. 2 Buchstabe d vorgesehenen Mitwirkungspflichten nachgekommen ist. [3]Der Entleiher haftet ferner nicht, wenn er über das Vorliegen einer Arbeitnehmerüberlassung ohne Verschulden irrte. [4]Die Haftung beschränkt sich auf die Lohnsteuer für die Zeit, für die ihm der Arbeitnehmer überlassen worden ist. [5]Soweit die Haftung des Entleihers reicht, sind der Arbeit-

[1]) § 1 Abs. 2 des AÜG wurde durch das Gesetz zur Änderung des Aufenthaltsgesetzes vom 14. 3. 2005 (BGBl. I S. 721) geändert.

geber, der Entleiher und der Arbeitnehmer Gesamtschuldner. [6]Der Entleiher darf auf Zahlung nur in Anspruch genommen werden, soweit die Vollstreckung in das inländische bewegliche Vermögen des Arbeitgebers fehlgeschlagen ist oder keinen Erfolg verspricht; § 219 Satz 2 der Abgabenordnung ist entsprechend anzuwenden. [7]Ist durch die Umstände der Arbeitnehmerüberlassung die Lohnsteuer schwer zu ermitteln, so ist die Haftungsschuld mit 15 Prozent des zwischen Verleiher und Entleiher vereinbarten Entgelts ohne Umsatzsteuer anzunehmen, solange der Entleiher nicht glaubhaft macht, dass die Lohnsteuer, für die er haftet, niedriger ist. [8]Die Absätze 1 bis 5 sind entsprechend anzuwenden. [9]Die Zuständigkeit des Finanzamts richtet sich nach dem Ort der Betriebsstätte des Verleihers.

(7) Soweit der Entleiher Arbeitgeber ist, haftet der Verleiher wie ein Entleiher nach Absatz 6.

(8) [1]Das Finanzamt kann hinsichtlich der Lohnsteuer der Leiharbeitnehmer anordnen, dass der Entleiher einen bestimmten Teil des mit dem Verleiher vereinbarten Entgelts einzubehalten und abzuführen hat, wenn dies zur Sicherung des Steueranspruchs notwendig ist; Absatz 6 Satz 4 ist anzuwenden. [2]Der Verwaltungsakt kann auch mündlich erlassen werden. [3]Die Höhe des einzubehaltenden und abzuführenden Teils des Entgelts bedarf keiner Begründung, wenn der in Absatz 6 Satz 7 genannte Prozentsatz nicht überschritten wird.

(9) [1]Der Arbeitgeber haftet auch dann, wenn ein Dritter nach § 38 Abs. 3a dessen Pflichten trägt. [2]In diesen Fällen haftet der Dritte neben dem Arbeitgeber. [3]Soweit die Haftung des Dritten reicht, sind der Arbeitgeber, der Dritte und der Arbeitnehmer Gesamtschuldner. [4]Absatz 3 Satz 2 bis 4 ist anzuwenden; Absatz 4 gilt auch für die Inanspruchnahme des Dritten. [5]Im Fall des § 38 Abs. 3a Satz 2 beschränkt sich die Haftung des Dritten auf die Lohnsteuer, die für die Zeit zu erheben ist, für die er sich gegenüber dem Arbeitgeber zur Vornahme des Lohnsteuerabzugs verpflichtet hat; der maßgebende Zeitraum endet nicht, bevor der Dritte seinem Betriebsstättenfinanzamt die Beendigung seiner Verpflichtung gegenüber dem Arbeitgeber angezeigt hat. [6]In den Fällen des § 38 Abs. 3a Satz 7 ist als Haftungsschuld der Betrag zu ermitteln, um den die Lohnsteuer, die für den gesamten Arbeitslohn des Lohnzahlungszeitraums zu berechnen und einzubehalten ist, die insgesamt tatsächlich einbehaltene Lohnsteuer übersteigt. [7]Betrifft die Haftungsschuld mehrere Arbeitgeber, so ist sie bei fehlerhafter Lohnsteuerberechnung nach dem Verhältnis der Arbeitslöhne und für nachträglich zu erfassende Arbeitslohnbeträge nach dem Verhältnis dieser Beträge auf die Arbeitgeber aufzuteilen. [8]In den Fällen des § 38 Abs. 3a ist das Betriebsstättenfinanzamt des Dritten für die Geltendmachung der Steuer- oder Haftungsschuld zuständig.

§ 42e Anrufungsauskunft

EStG
S 2388

[1]Das Betriebsstättenfinanzamt hat auf Anfrage eines Beteiligten darüber Auskunft zu geben, ob und inwieweit im einzelnen Falle die Vorschriften über die Lohnsteuer anzuwenden sind. [2]Sind für einen Arbeitgeber mehrere Betriebsstättenfinanzämter zuständig, so erteilt das Finanzamt die Auskunft, in dessen Bezirk sich die Geschäftsleitung (§ 10 der Abgabenordnung) des Arbeitgebers im Inland befindet. [3]Ist dieses Finanzamt kein Betriebsstättenfinanzamt, so ist das Finanzamt zuständig, in dessen Bezirk sich die Betriebsstätte mit den meisten Arbeitnehmern befindet. [4]In den Fällen der Sätze 2 und 3 hat der Arbeitgeber sämtliche Betriebsstättenfinanzämter, das Finanzamt der Geschäftsleitung und erforderlichenfalls die Betriebsstätte mit den meisten Arbeitnehmern anzugeben sowie zu erklären, für welche Betriebsstätten die Auskunft von Bedeutung ist.

§ 42f Lohnsteuer-Außenprüfung

EStG [1])

(1) Für die Außenprüfung der Einbehaltung oder Übernahme und Abführung der Lohnsteuer ist das Betriebsstättenfinanzamt zuständig. S 2386

(2) [1]Für die Mitwirkungspflicht des Arbeitgebers bei der Außenprüfung gilt § 200 der Abgabenordnung. [2]Darüber hinaus haben die Arbeitnehmer des Arbeitgebers dem mit der Prüfung Beauftragten jede gewünschte Auskunft über Art und Höhe ihrer Einnahmen zu geben und auf Verlangen die etwa in ihrem Besitz befindlichen Lohnsteuerkarten sowie die Belege über

1) ***Absatz 4 wurde durch das Steuerbürokratieabbaugesetz angefügt und ist erstmals anzuwenden für VZ 2010.***
Anm.: Die Einfügung von Abs. 4 lautet:
(4) Auf Verlangen des Arbeitgebers können die Außenprüfung und die Prüfungen durch die Träger der Rentenversicherung (§ 28p des Vierten Buches Sozialgesetzbuch) zur gleichen Zeit durchgeführt werden.

bereits entrichtete Lohnsteuer vorzulegen. [3]Dies gilt auch für Personen, bei denen es streitig ist, ob sie Arbeitnehmer des Arbeitgebers sind oder waren.

(3) [1]In den Fällen des § 38 Abs. 3a ist für die Außenprüfung das Betriebsstättenfinanzamt des Dritten zuständig; § 195 Satz 2 der Abgabenordnung bleibt unberührt. [2]Die Außenprüfung ist auch beim Arbeitgeber zulässig; dessen Mitwirkungspflichten bleiben neben den Pflichten des Dritten bestehen.

3. Steuerabzug vom Kapitalertrag (Kapitalertragsteuer)

EStG
S 2400
[1])

§ 43 Kapitalerträge mit Steuerabzug

(1) [1]Bei den folgenden inländischen und in den Fällen der Nummer 7 Buchstabe a und Nummer 8 sowie Satz 2 auch ausländischen Kapitalerträgen wird die Einkommensteuer durch Abzug vom Kapitalertrag (Kapitalertragsteuer) erhoben:

1. Kapitalerträgen im Sinne des § 20 Abs. 1 Nr. 1 und 2. [2]Entsprechendes gilt für Kapitalerträge im Sinne des § 20 Abs. 2 Satz 1 Nr. 2 Buchstabe a und Satz 2;
2. Zinsen aus Teilschuldverschreibungen, bei denen neben der festen Verzinsung ein Recht auf Umtausch in Gesellschaftsanteile (Wandelanleihen) oder eine Zusatzverzinsung, die sich nach der Höhe der Gewinnausschüttungen des Schuldners richtet (Gewinnobligationen), eingeräumt ist, und Zinsen aus Genussrechten, die nicht in § 20 Abs. 1 Nr. 1 genannt sind. [2]Zu den Gewinnobligationen gehören nicht solche Teilschuldverschreibungen, bei denen der Zinsfuß nur vorübergehend herabgesetzt und gleichzeitig eine von dem jeweiligen Gewinnergebnis des Unternehmens abhängige Zusatzverzinsung bis zur Höhe des ursprünglichen Zinsfußes festgelegt worden ist. [3]Zu den Kapitalerträgen im Sinne des Satzes 1 gehören nicht die Bundesbankgenussrechte im Sinne des § 3 Abs. 1 des Gesetzes über die Liquidation der Deutschen Reichsbank und der Deutschen Golddiskontbank in der im Bundesgesetzblatt Teil III, Gliederungsnummer 7620-6, veröffentlichten bereinigten Fassung, das zuletzt durch das Gesetz vom 17. Dezember 1975 (BGBl. I S. 3123) geändert worden ist;
3. Einnahmen aus der Beteiligung an einem Handelsgewerbe als stiller Gesellschafter und Zinsen aus partiarischen Darlehen (§ 20 Abs. 1 Nr. 4);
4. Kapitalerträgen im Sinne des § 20 Abs. 1 Nr. 6. [2]Der Steuerabzug vom Kapitalertrag ist in den Fällen des § 20 Abs. 1 Nr. 6 Satz 4 in der am 31. Dezember 2004 geltenden Fassung nur vorzunehmen, wenn das Versicherungsunternehmen auf Grund einer Mitteilung des Finanzamts weiß oder infolge der Verletzung eigener Anzeigeverpflichtung nicht weiß, dass die Kapitalerträge nach dieser Vorschrift zu den Einkünften aus Kapitalvermögen gehören;
5. (weggefallen)
6. (weggefallen)
7. Kapitalerträgen im Sinne des § 20 Abs. 1 Nr. 7 außer bei Kapitalerträgen im Sinne der Nummer 2, wenn
   a) es sich um Zinsen aus Anleihen und Forderungen handelt, die in ein öffentliches Schuldbuch oder in ein ausländisches Register eingetragen oder über die Sammelurkunden im Sinne des § 9a des Depotgesetzes oder Teilschuldverschreibungen ausgegeben sind;
   b) der Schuldner der nicht in Buchstabe a genannten Kapitalerträge ein inländisches Kreditinstitut oder ein inländisches Finanzdienstleistungsinstitut im Sinne des Gesetzes über das Kreditwesen ist. [2]Kreditinstitut in diesem Sinne ist auch die Kreditanstalt für Wiederaufbau, eine Bausparkasse, ein Versicherungsunternehmen für Erträge aus Kapitalanlagen, die mit Einlagegeschäften bei Kreditinstituten vergleichbar sind, die Deutsche Postbank AG, die Deutsche Bundesbank bei Geschäften mit jedermann einschließlich ihrer Betriebsangehörigen im Sinne der §§ 22 und 25 des Gesetzes über die Deutsche Bundesbank und eine inländische Zweigstelle eines ausländischen Kreditinstituts

1) § 43 EStG wurde durch das Unternehmensteuerreformgesetz 2008 geändert und ist in der geänderten Fassung erstmals auf Kapitalerträge anzuwenden, die dem Gläubiger nach dem 31. 12. 2008 zufließen → § 52a Abs. 1 EStG.

Anm.: Im Interesse einer besseren Lesbarkeit ist die Neufassung des § 43 EStG (einschl. der Änderungen durch das JStG 2009) nicht in der Fußnote, sondern auf der Seite 731 abgedruckt.

oder eines ausländischen Finanzdienstleistungsinstituts im Sinne der §§ 53 und 53b des Gesetzes über das Kreditwesen, nicht aber eine ausländische Zweigstelle eines inländischen Kreditinstituts oder eines inländischen Finanzdienstleistungsinstituts. [3]Die inländische Zweigstelle gilt an Stelle des ausländischen Kreditinstituts oder des ausländischen Finanzdienstleistungsinstituts als Schuldner der Kapitalerträge. [4]Der Steuerabzug muss nicht vorgenommen werden, wenn

aa) auch der Gläubiger der Kapitalerträge ein inländisches Kreditinstitut oder ein inländisches Finanzdienstleistungsinstitut im Sinne des Gesetzes über das Kreditwesen einschließlich der inländischen Zweigstelle eines ausländischen Kreditinstituts oder eines ausländischen Finanzdienstleistungsinstituts im Sinne der §§ 53 und 53b des Gesetzes über das Kreditwesen, eine Bausparkasse, die Deutsche Postbank AG, die Deutsche Bundesbank oder die Kreditanstalt für Wiederaufbau ist,

bb) es sich um Kapitalerträge aus Sichteinlagen handelt, für die kein höherer Zins oder Bonus als 1 Prozent gezahlt wird,

cc) es sich um Kapitalerträge aus Guthaben bei einer Bausparkasse auf Grund eines Bausparvertrages handelt und wenn für den Steuerpflichtigen im Kalenderjahr der Gutschrift oder im Kalenderjahr vor der Gutschrift dieser Kapitalerträge für Aufwendungen an die Bausparkasse eine Arbeitnehmer-Sparzulage oder eine Wohnungsbauprämie festgesetzt oder von der Bausparkasse ermittelt worden ist oder für die Guthaben kein höherer Zins oder Bonus als 1 Prozent gezahlt wird,

dd) die Kapitalerträge bei den einzelnen Guthaben im Kalenderjahr nur einmal gutgeschrieben werden und 10 Euro nicht übersteigen;

7a. Kapitalerträgen im Sinne des § 20 Abs. 1 Nr. 9;

7b. Kapitalerträgen im Sinne des § 20 Abs. 1 Nr. 10 Buchstabe a;

7c. Kapitalerträgen im Sinne des § 20 Abs. 1 Nr. 10 Buchstabe b;

8. Kapitalerträgen im Sinne des § 20 Abs. 2 Satz 1 Nr. 2 Buchstabe b und Nummern 3 und 4 außer bei Zinsen aus Wandelanleihen im Sinne der Nummer 2. [2]Bei der Veräußerung von Kapitalforderungen im Sinne der Nummer 7 Buchstabe b gilt Nummer 7 Buchstabe b Doppelbuchstabe aa entsprechend.

[2]Dem Steuerabzug unterliegen auch Kapitalerträge im Sinne des § 20 Abs. 2 Satz 1 Nr. 1, die neben den in den Nummern 1 bis 8 bezeichneten Kapitalerträgen oder an deren Stelle gewährt werden. [3]Der Steuerabzug ist ungeachtet des § 3 Nr. 40 und des § 8b des Körperschaftsteuergesetzes vorzunehmen.

(2) Der Steuerabzug ist außer in den Fällen des Absatzes 1 Satz 1 Nr. 7c nicht vorzunehmen, wenn Gläubiger und Schuldner der Kapitalerträge (Schuldner) oder die auszahlende Stelle im Zeitpunkt des Zufließens dieselbe Person sind. S 2402

(3) [1]Kapitalerträge sind inländische, wenn der Schuldner Wohnsitz, Geschäftsleitung oder Sitz im Inland hat. [2]Kapitalerträge im Sinne des Absatzes 1 Satz 1 Nr. 1 Satz 2 sind inländische, wenn der Schuldner der veräußerten Ansprüche die Voraussetzungen des Satzes 1 erfüllt. [3]Kapitalerträge im Sinne des § 20 Abs. 1 Nr. 1 Satz 4 sind inländische, wenn der Emittent der Aktien Geschäftsleitung oder Sitz im Inland hat.

(4) Der Steuerabzug ist auch dann vorzunehmen, wenn die Kapitalerträge beim Gläubiger zu den Einkünften aus Land- und Forstwirtschaft, aus Gewerbebetrieb, aus selbständiger Arbeit oder aus Vermietung und Verpachtung gehören.

Anm.:
Nachfolgend ist § 43 EStG i. d. F. des Unternehmensteuerreformgesetzes 2008 unter Berücksichtigung der Änderungen durch das JStG 2009 abgedruckt:

§ 43 Kapitalerträge mit Steuerabzug

(1) [1]Bei den folgenden inländischen und in den Fällen der Nummern 6, 7 Buchstabe a und Nummern 8 bis 12 sowie Satz 2 auch ausländischen Kapitalerträgen wird die Einkommensteuer durch Abzug vom Kapitalertrag (Kapitalertragsteuer) erhoben:

1. Kapitalerträgen im Sinne des § 20 Abs. 1 Nr. 1 und 2. [2]Entsprechendes gilt für Kapitalerträge im Sinne des § 20 Abs. 2 Satz 1 Nr. 2 Buchstabe a und Nr. 2 Satz 2;
2. Zinsen aus Teilschuldverschreibungen, bei denen neben der festen Verzinsung ein Recht auf Umtausch in Gesellschaftsanteile (Wandelanleihen) oder eine Zusatzverzinsung, die sich nach der Höhe der Gewinnausschüttungen des Schuldners richtet (Gewinnobligatio-

nen), eingeräumt ist, und Zinsen aus Genussrechten, die nicht in § 20 Abs. 1 Nr. 1 genannt sind. [2]Zu den Gewinnobligationen gehören nicht solche Teilschuldverschreibungen, bei denen der Zinsfuß nur vorübergehend herabgesetzt und gleichzeitig eine von dem jeweiligen Gewinnergebnis des Unternehmens abhängige Zusatzverzinsung bis zur Höhe des ursprünglichen Zinsfußes festgelegt worden ist. [3]Zu den Kapitalerträgen im Sinne des Satzes 1 gehören nicht die Bundesbankgenussrechte im Sinne des § 3 Abs. 1 des Gesetzes über die Liquidation der Deutschen Reichsbank und der Deutschen Golddiskontbank in der im Bundesgesetzblatt Teil III, Gliederungsnummer 7620-6, veröffentlichten bereinigten Fassung, zuletzt geändert durch das Gesetz vom 17. Dezember 1975 (BGBl. I S. 3123);

3. Kapitalerträgen im Sinne des § 20 Abs. 1 Nr. 4;
4. Kapitalerträgen im Sinne des § 20 Abs. 1 Nr. 6; § 20 Abs. 1 Nr. 6 Satz 2 und 3 in der am 1. Januar 2008 anzuwendenden Fassung bleiben für Zwecke der Kapitalertragsteuer unberücksichtigt. [2]Der Steuerabzug vom Kapitalertrag ist in den Fällen des § 20 Abs. 1 Nr. 6 Satz 4 in der am 31. Dezember 2004 geltenden Fassung nur vorzunehmen, wenn das Versicherungsunternehmen auf Grund einer Mitteilung des Finanzamts weiß oder infolge der Verletzung eigener Anzeigeverpflichtungen nicht weiß, dass die Kapitalerträge nach dieser Vorschrift zu den Einkünften aus Kapitalvermögen gehören;
5. (weggefallen)

   S 2405
6. ausländischen Kapitalerträgen im Sinne der Nummer 1;
7. Kapitalerträgen im Sinne des § 20 Abs. 1 Nr. 7, außer bei Kapitalerträgen im Sinne der Nummer 2, wenn
   a) es sich um Zinsen aus Anleihen und Forderungen handelt, die in ein öffentliches Schuldbuch oder in ein ausländisches Register eingetragen oder über die Sammelurkunden im Sinne des § 9a des Depotgesetzes oder Teilschuldverschreibungen ausgegeben sind;
   b) der Schuldner der nicht in Buchstabe a genannten Kapitalerträge ein inländisches Kreditinstitut oder ein inländisches Finanzdienstleistungsinstitut im Sinne des Gesetzes über das Kreditwesen ist. [2]Kreditinstitut in diesem Sinne ist auch die Kreditanstalt für Wiederaufbau, eine Bausparkasse, ein Versicherungsunternehmen für Erträge aus Kapitalanlagen, die mit Einlagegeschäften bei Kreditinstituten vergleichbar sind, die Deutsche Postbank AG, die Deutsche Bundesbank bei Geschäften mit jedermann einschließlich ihrer Betriebsangehörigen im Sinne der §§ 22 und 25 des Gesetzes über die Deutsche Bundesbank und eine inländische Zweigstelle eines ausländischen Kreditinstituts oder eines ausländischen Finanzdienstleistungsinstituts im Sinne der §§ 53 und 53b des Gesetzes über das Kreditwesen, nicht aber eine ausländische Zweigstelle eines inländischen Kreditinstituts oder eines inländischen Finanzdienstleistungsinstituts. [3]Die inländische Zweigstelle gilt an Stelle des ausländischen Kreditinstituts oder des ausländischen Finanzdienstleistungsinstituts als Schuldner der Kapitalerträge.

7a. Kapitalerträgen im Sinne des § 20 Abs. 1 Nr. 9;

7b. Kapitalerträgen im Sinne des § 20 Abs. 1 Nr. 10 Buchstabe a;

7c. Kapitalerträgen im Sinne des § 20 Abs. 1 Nr. 10 Buchstabe b;

8. Kapitalerträgen im Sinne des § 20 Abs. 1 Nr. 11;
9. Kapitalerträgen im Sinne des § 20 Abs. 2 Satz 1 Nr. 1 Satz 1 und 2;
10. Kapitalerträgen im Sinne des § 20 Abs. 2 Satz 1 Nr. 2 Buchstabe b und Nr. 7;
11. Kapitalerträgen im Sinne des § 20 Abs. 2 Satz 1 Nr. 3;
12. Kapitalerträgen im Sinne des § 20 Abs. 2 Satz 1 Nr. 8.

[2]Dem Steuerabzug unterliegen auch Kapitalerträge im Sinne des § 20 Abs. 3, die neben den in den Nummern 1 bis 12 bezeichneten Kapitalerträgen oder an deren Stelle gewährt werden. [3]Der Steuerabzug ist ungeachtet des § 3 Nr. 40 und des § 8b des Körperschaftsteuergesetzes vorzunehmen. [4]Für Zwecke des Kapitalertragsteuerabzugs gilt die Übertragung eines von einer auszahlenden Stelle verwahrten oder verwalteten Wirtschaftsguts im Sinne des § 20 Abs. 2 auf einen anderen Gläubiger als Veräußerung des Wirtschaftsguts. [5]Satz 4 gilt nicht, wenn der Steuerpflichtige der auszahlenden Stelle mitteilt, dass es sich um eine unentgeltliche Übertragung handelt. [6]Die auszahlende Stelle hat dies dem für sie zuständigen Betriebsstättenfinanzamt anzuzeigen.

(1a) [1]Abweichend von § 13 des Umwandlungssteuergesetzes treten für Zwecke des Kapitalertragsteuerabzugs die Anteile an der übernehmenden Körperschaft steuerlich an die Stelle der Anteile an der übertragenden Körperschaft. [2]Abweichend von § 21 des Umwandlungssteuergesetzes gelten die eingebrachten Anteile zum Zwecke des Kapitalertragsteuerabzugs als mit dem Wert der Anschaffungsdaten veräußert.

(2) [1]Der Steuerabzug ist außer in den Fällen des Absatzes 1 Satz 1 Nr. 7c nicht vorzunehmen, wenn Gläubiger und Schuldner der Kapitalerträge (Schuldner) oder die auszahlende Stelle im Zeitpunkt des Zufließens dieselbe Person sind. [2]Der Steuerabzug ist außerdem nicht vorzunehmen, wenn in den Fällen des Absatzes 1 Satz 1 Nr. 6, 7 und 8 bis 12 Gläubiger der Kapitalerträge ein inländisches Kreditinstitut oder inländisches Finanzdienstleistungsinstitut nach Absatz 1 Satz 1 Nr. 7 Buchstabe b oder eine inländische Kapitalanlagegesellschaft ist. [3]Bei Kapitalerträgen im Sinne des Absatzes 1 Satz 1 Nr. 6 und 8 bis 12 ist ebenfalls kein Steuerabzug vorzunehmen, wenn

1. eine unbeschränkt steuerpflichtige Körperschaft, Personenvereinigung oder Vermögensmasse, die nicht unter Satz 2 oder § 44a Abs. 4 Satz 1 fällt, Gläubigerin der Kapitalerträge ist, oder
2. die Kapitalerträge Betriebseinnahmen eines inländischen Betriebs sind und der Gläubiger der Kapitalerträge dies gegenüber der auszahlenden Stelle nach amtlich vorgeschriebenem Vordruck erklärt; dies gilt entsprechend für Kapitalerträge aus Options- und Termingeschäften im Sinne des Absatzes 1 Satz 1 Nr. 8 und 11, wenn sie zu den Einkünften aus Vermietung und Verpachtung gehören.

[4]Im Fall des § 1 Abs. 1 Nr. 4 und 5 des Körperschaftsteuergesetzes ist Satz 3 Nr. 1 nur anzuwenden, wenn die Körperschaft, Personenvereinigung oder Vermögensmasse durch eine Bescheinigung des für sie zuständigen Finanzamts ihre Zugehörigkeit zu dieser Gruppe von Steuerpflichtigen nachweist. [5]Die Bescheinigung ist unter dem Vorbehalt des Widerrufs auszustellen.

[6]Die Fälle des Satzes 3 Nr. 2 hat die auszahlende Stelle gesondert aufzuzeichnen und die Erklärung der Zugehörigkeit der Kapitalerträge zu den Betriebseinnahmen oder zu den Einnahmen aus Vermietung und Verpachtung zehn Jahre aufzubewahren; die Frist beginnt mit dem Schluss des Kalenderjahres, in dem die Erklärung zugegangen ist. [7]Die auszahlende Stelle hat in den Fällen des Satzes 3 Nr. 2 daneben die Konto- oder Depotbezeichnung oder die sonstige Kennzeichnung des Geschäftsvorgangs, Vor- und Zunamen des Gläubigers sowie die Identifikationsnummer nach § 139b der Abgabenordnung bzw. bei Personenmehrheit den Firmennamen und die zugehörige Steuernummer nach amtlich vorgeschriebenem Datensatz zu speichern und durch Datenfernübertragung zu übermitteln. [8]Das Bundesministerium der Finanzen wird den Empfänger der Datenlieferungen sowie den Zeitpunkt der erstmaligen Übermittlung durch ein im Bundessteuerblatt zu veröffentlichendes Schreiben mitteilen.

(3) [1]Kapitalerträge im Sinne des Absatzes 1 Satz 1 Nr. 1 Satz 1 sowie Nr. 2 bis 4 sind inländische, wenn der Schuldner Wohnsitz, Geschäftsleitung oder Sitz im Inland hat; Kapitalerträge im Sinne des Absatzes 1 Satz 1 Nr. 4 sind auch dann inländische, wenn der Schuldner eine Niederlassung im Sinne des § 106, § 110a oder § 110d des Versicherungsaufsichtsgesetzes im Inland hat. [2]Kapitalerträge im Sinne des Absatzes 1 Satz 1 Nr. 1 Satz 2 sind inländische, wenn der Schuldner der veräußerten Ansprüche die Voraussetzungen des Satzes 1 erfüllt. [3]Kapitalerträge im Sinne des § 20 Abs. 1 Nr. 1 Satz 4 sind inländische, wenn der Emittent der Aktien Geschäftsleitung oder Sitz im Inland hat. [4]Kapitalerträge im Sinne des Absatzes 1 Satz 1 Nr. 6 sind ausländische, wenn weder die Voraussetzungen nach Satz 1 noch nach Satz 2 vorliegen.

(4) Der Steuerabzug ist auch dann vorzunehmen, wenn die Kapitalerträge beim Gläubiger zu den Einkünften aus Land- und Forstwirtschaft, aus Gewerbebetrieb, aus selbständiger Arbeit oder aus Vermietung und Verpachtung gehören.

(5) [1]Für Kapitalerträge im Sinne des § 20, die der Kapitalertragsteuer unterlegen haben, ist die Einkommensteuer mit dem Steuerabzug abgegolten, soweit nicht der Gläubiger nach § 44 Abs. 1 Satz 7 bis 9 und Abs. 5 in Anspruch genommen werden kann. [2]Dies gilt nicht in Fällen des § 32d Abs. 2 und für Kapitalerträge, die zu den Einkünften aus Land- und Forstwirtschaft, aus Gewerbebetrieb, aus selbständiger Arbeit oder aus Vermietung und Verpachtung gehören. [3]Auf Antrag des Gläubigers werden Kapitalerträge im Sinne des Satzes 1 in die besondere Besteuerung von Kapitalerträgen nach § 32d einbezogen.

Hinweise

H 43

Allgemeines

Einzelfragen bei Entrichtung, Abstandnahme und Erstattung von Kapitalertragsteuer → BMF vom 5. 11. 2002 (BStBl I S. 1346) unter Berücksichtigung der Änderungen durch BMF vom 13. 12. 2005 (BStBl I S. 1051) und vom 12. 1. 2006 (BStBl I S. 101).

Finanzinnovationen

→ BMF vom 18. 7. 2007 (BStBl I S. 548)

Insolvenz

Der Zinsabschlag ist auch bei dem Gläubiger von Kapitalerträgen vorzunehmen, der in Insolvenz gefallen ist (→ BFH vom 20. 12. 1995 – BStBl 1996 II S. 308).

Partiarisches Darlehen

Die für die Nutzungsüberlassung eines partiarischen Darlehens gezahlte erfolgsabhängige Vergütung kann gewinn- aber auch umsatzabhängig sein. Eine solche Vergütung unterfällt dem Begriff „Zinsen" i. S. d. § 43 Abs. 1 Satz 1 Nr. 3 EStG (→ BFH vom 13. 9. 2000 – BStBl 2001 II S. 67).

Rückzahlung einer Dividende

→ H 44b.1

Typische Unterbeteiligung

Der Gewinnanteil aus einer typischen Unterbeteiligung unterliegt der Kapitalertragsteuer. Der Zeitpunkt des Zuflusses bestimmt sich für die Zwecke der Kapitalertragsteuer nach dem vertraglich bestimmten Tag der Auszahlung (§ 44 Abs. 2 und 3 EStG) (→ BFH vom 28. 11. 1990 – BStBl 1991 II S. 313).

EStG

S 2406 [1]

§ 43a Bemessung der Kapitalertragsteuer

(1) Die Kapitalertragsteuer beträgt

1. **in den Fällen des § 43 Abs. 1 Satz 1 Nr. 1:**
   20 Prozent des Kapitalertrags, wenn der Gläubiger die Kapitalertragsteuer trägt,
   25 Prozent des tatsächlich ausgezahlten Betrags, wenn der Schuldner die Kapitalertragsteuer übernimmt;
2. **in den Fällen des § 43 Abs. 1 Satz 1 Nr. 2 bis 4:**
   25 Prozent des Kapitalertrags, wenn der Gläubiger die Kapitalertragsteuer trägt,
   33 1/3 Prozent des tatsächlich ausgezahlten Betrags, wenn der Schuldner die Kapitalertragsteuer übernimmt;
3. **in den Fällen des § 43 Abs. 1 Satz 1 Nr. 7 und 8 sowie Satz 2:**
   30 Prozent des Kapitalertrags (Zinsabschlag), wenn der Gläubiger die Kapitalertragsteuer trägt,
   42,85 Prozent des tatsächlich ausgezahlten Betrags, wenn der Schuldner die Kapitalertragsteuer übernimmt;
   in den Fällen des § 44 Abs. 1 Satz 4 Nr. 1 Buchstabe a Doppelbuchstabe bb erhöhen sich der Prozentsatz von 30 auf 35 und der Prozentsatz von 42,85 auf 53,84;
4. **in den Fällen des § 43 Abs. 1 Satz 1 Nr. 7a:**
   20 Prozent des Kapitalertrags, wenn der Gläubiger die Kapitalertragsteuer trägt,
   25 Prozent des tatsächlich ausgezahlten Betrags, wenn der Schuldner die Kapitalertragsteuer übernimmt;
5. **in den Fällen des § 43 Abs. 1 Satz 1 Nr. 7b:**
   10 Prozent des Kapitalertrags, wenn der Gläubiger die Kapitalertragsteuer trägt,
   11 $\frac{1}{9}$ Prozent des tatsächlich ausgezahlten Betrags, wenn der Schuldner die Kapitalertragsteuer übernimmt;
6. **in den Fällen des § 43 Abs. 1 Satz 1 Nr. 7c:**
   10 Prozent des Kapitalertrags.

(2) [1]Dem Steuerabzug unterliegen die vollen Kapitalerträge ohne jeden Abzug. [2]In den Fällen des § 20 Abs. 2 Satz 1 Nr. 4 bemisst sich der Steuerabzug nach dem Unterschied zwischen dem Entgelt für den Erwerb und den Einnahmen aus der Veräußerung oder Einlösung der Wert-

---

1) § 43a EStG wurde durch das Unternehmensteuerreformgesetz 2008 geändert und ist in der geänderten Fassung erstmals auf Kapitalerträge anzuwenden, die dem Gläubiger nach dem 31. 12. 2008 zufließen → § 52a Abs. 1 EStG.

Anm.: Im Interesse einer besseren Lesbarkeit ist die Neufassung des § 43a EStG (einschl. der Änderungen durch das JStG 2009) nicht in der Fußnote, sondern auf der Seite 735 abgedruckt.

papiere und Kapitalforderungen, wenn sie von der die Kapitalerträge auszahlenden Stelle erworben oder veräußert und seitdem verwahrt oder verwaltet worden sind. [3]Ist dies nicht der Falle, bemisst sich der Steuerabzug nach 30 Prozent der Einnahmen aus der Veräußerung oder Einlösung der Wertpapiere und Kapitalforderungen. [4]Hat die auszahlende Stelle die Wertpapiere und Kapitalforderungen vor dem 1. Januar 1994 erworben oder veräußert und seitdem verwahrt oder verwaltet, kann sie den Steuerabzug nach 30 Prozent der Einnahmen aus der Veräußerung oder Einlösung der Wertpapiere und Kapitalforderungen bemessen. [5]Die Sätze 3 und 4 gelten auch in den Fällen der Einlösung durch den Ersterwerber. [6]Abweichend von den Sätzen 2 bis 5 bemisst sich der Steuerabzug bei Kapitalerträgen aus nicht für einen marktmäßigen Handel bestimmten schuldbuchfähigen Wertpapieren des Bundes und der Länder oder bei Kapitalerträgen im Sinne des § 43 Abs. 1 Satz 1 Nr. 7 Buchstabe b aus nicht in Inhaber- oder Orderschuldverschreibungen verbrieften Kapitalforderungen nach dem vollen Kapitalertrag ohne jeden Abzug. [7]Bei Wertpapieren und Kapitalforderungen in einer ausländischen Währung ist der Unterschied im Sinne des Satzes 2 in der ausländischen Währung zu ermitteln

(3) [1]Von Kapitalerträgen im Sinne des § 43 Abs. 1 Satz 1 Nr. 7 Buchstabe a und Nr. 8 sowie Satz 2 kann die auszahlende Stelle Stückzinsen, die ihr der Gläubiger im Kalenderjahr des Zuflusses der Kapitalerträge gezahlt hat, bis zur Höhe der Kapitalerträge abziehen. [2]Dies gilt nicht in den Fällen des § 44 Abs. 1 Satz 4 Nr. 1 Buchstabe a Doppelbuchstabe bb.

(4) [1]Die Absätze 2 und 3 Satz 1 gelten entsprechend für die das Bundesschuldbuch führende Stelle oder eine Landesschuldenverwaltung als auszahlende Stelle, im Falle des Absatzes 3 Satz 1 jedoch nur, wenn die Wertpapiere oder Forderungen von einem Kreditinstitut oder einem Finanzdienstleistungsinstitut mit der Maßgabe der Verwahrung und Verwaltung durch die das Bundesschuldbuch führende Stelle oder eine Landesschuldenverwaltung erworben worden sind. [2]Das Kreditinstitut oder das Finanzdienstleistungsinstitut hat der das Bundesschuldbuch führenden Stelle oder einer Landesschuldenverwaltung zusammen mit den im Schuldbuch einzutragenden Wertpapieren und Forderungen den Erwerbszeitpunkt und den Betrag der gezahlten Stückzinsen sowie in Fällen des Absatzes 2 Satz 2 bis 5 den Erwerbspreis der für einen marktmäßigen Handel bestimmten schuldbuchfähigen Wertpapiere des Bundes oder der Länder und außerdem mitzuteilen, dass es diese Wertpapiere und Forderungen erworben oder veräußert und seitdem verwahrt oder verwaltet hat.

Nachfolgend ist § 43a EStG i. d. F. des Unternehmensteuerreformgesetzes 2008 unter Berücksichtigung der Änderungen durch das JStG 2009 abgedruckt:

§ 43a Bemessung der Kapitalertragsteuer

(1) [1]Die Kapitalertragsteuer beträgt

1. in den Fällen des § 43 Abs. 1 Satz 1 Nr. 1 bis 4, 6 bis 7a und 8 bis 12 sowie Satz 2:
   25 Prozent des Kapitalertrags;
2. in den Fällen des § 43 Abs. 1 Satz 1 Nr. 7b und 7c:
   15 Prozent des Kapitalertrags.

[2]Im Fall einer Kirchensteuerpflicht ermäßigt sich die Kapitalertragsteuer um 25 Prozent der auf die Kapitalerträge entfallenden Kirchensteuer. [3]§ 32d Abs. 1 Satz 4 und 5 gilt entsprechend.

(2) [1]Dem Steuerabzug unterliegen die vollen Kapitalerträge ohne jeden Abzug. [2]In den Fällen des § 43 Abs. 1 Satz 1 Nr. 9 bis 12 bemisst sich der Steuerabzug nach § 20 Abs. 4 und Abs. 4a, wenn die Wirtschaftsgüter von der die Kapitalerträge auszahlenden Stelle erworben oder veräußert und seitdem verwahrt oder verwaltet worden sind. [3]Überträgt der Steuerpflichtige die Wirtschaftsgüter auf ein anderes Depot, hat die abgebende inländische auszahlende Stelle der übernehmenden inländischen auszahlenden Stelle die Anschaffungsdaten mitzuteilen. [4]Satz 3 gilt in den Fällen des § 43 Abs. 1 Satz 5 entsprechend. [5]Handelt es sich bei der abgebenden auszahlenden Stelle um ein Kreditinstitut oder Finanzdienstleistungsinstitut mit Sitz in einem anderen Mitgliedstaat der Europäischen Gemeinschaft, in einem anderen Vertragsstaat des EWR-Abkommens vom 3. Januar 1994 (ABl. EG Nr. L 1 S. 3) in der jeweils geltenden Fassung oder in einem anderen Vertragsstaat nach Artikel 17 Abs. 2 Ziffer i der Richtlinie 2003/48/EG vom 3. Juni 2003 im Bereich der Besteuerung von Zinserträgen (ABl. EU Nr. L 157 S. 38), kann der Steuerpflichtige den Nachweis nur durch eine Bescheinigung des ausländischen Instituts führen; dies gilt entsprechend für eine in diesem Gebiet belegene Zweigstelle eines inländischen Kreditinstituts oder Finanzdienstleistungsinstituts. [6]In allen anderen Fällen ist ein Nachweis der Anschaffungsdaten nicht zulässig. [7]Sind die Anschaffungsdaten nicht nachgewiesen,

bemisst sich der Steuerabzug nach 30 Prozent der Einnahmen aus der Veräußerung oder Einlösung der Wirtschaftsgüter. [8]In den Fällen des § 43 Abs. 1 Satz 4 gelten der Börsenpreis zum Zeitpunkt der Übertragung zuzüglich Stückzinsen als Einnahmen aus der Veräußerung und die mit dem Depotübertrag verbundenen Kosten als Veräußerungskosten im Sinne des § 20 Abs. 4 Satz 1. [9]§ 19a Abs. 2 Satz 2 gilt entsprechend. [10]Liegt ein Börsenpreis nicht vor, bemisst sich die Steuer nach 30 Prozent der Anschaffungskosten. [11]Die übernehmende auszahlende Stelle hat als Anschaffungskosten den von der abgebenden Stelle angesetzten Börsenpreis anzusetzen und die bei der Übertragung als Einnahmen aus der Veräußerung angesetzten Stückzinsen nach Absatz 3 zu berücksichtigen. [12]§ 19a Abs. 2 Satz 2 gilt entsprechend. [13]Liegt ein Börsenpreis nicht vor, bemisst sich der Steuerabzug nach 30 Prozent der Einnahmen aus der Veräußerung oder Einlösung der Wirtschaftsgüter. [14]Hat die auszahlende Stelle die Wirtschaftsgüter vor dem 1. Januar 1994 erworben oder veräußert und seitdem verwahrt oder verwaltet, kann sie den Steuerabzug nach 30 Prozent der Einnahmen aus der Veräußerung oder Einlösung der Wertpapiere und Kapitalforderungen bemessen. [15]Abweichend von den Sätzen 2 bis 14 bemisst sich der Steuerabzug bei Kapitalerträgen aus nicht für einen marktmäßigen Handel bestimmten schuldbuchfähigen Wertpapieren des Bundes und der Länder oder bei Kapitalerträgen im Sinne des § 43 Abs. 1 Satz 1 Nr. 7 Buchstabe b aus nicht in Inhaber- oder Orderschuldverschreibungen verbrieften Kapitalforderungen nach dem vollen Kapitalertrag ohne jeden Abzug.

(3) [1]Die auszahlende Stelle hat ausländische Steuern auf Kapitalerträge nach Maßgabe des § 32d Abs. 5 zu berücksichtigen. [2]Sie hat unter Berücksichtigung des § 20 Abs. 6 Satz 5 im Kalenderjahr negative Kapitalerträge einschließlich gezahlter Stückzinsen bis zur Höhe der positiven Kapitalerträge auszugleichen; liegt ein gemeinsamer Freistellungsauftrag im Sinne des § 44a Abs. 2 Satz 1 Nr. 1 in Verbindung mit § 20 Abs. 9 Satz 2 vor, erfolgt ein gemeinsamer Ausgleich. [3]Der nicht ausgeglichene Verlust ist auf das nächste Kalenderjahr zu übertragen. [4]Auf Verlangen des Gläubigers der Kapitalerträge hat sie über die Höhe eines nicht ausgeglichenen Verlusts eine Bescheinigung nach amtlich vorgeschriebenem Muster zu erteilen; der Verlustübertrag entfällt in diesem Fall. [5]Der unwiderrufliche Antrag auf Erteilung der Bescheinigung muss bis zum 15. Dezember des laufenden Jahres der auszahlenden Stelle zugehen. [6]Überträgt der Gläubiger der Kapitalerträge seine im Depot befindlichen Wirtschaftsgüter vollständig auf ein anderes Depot, hat die abgebende auszahlende Stelle der übernehmenden auszahlenden Stelle auf Verlangen des Gläubigers der Kapitalerträge die Höhe des nicht ausgeglichenen Verlusts mitzuteilen; eine Bescheinigung nach Satz 4 darf in diesem Fall nicht erteilt werden. [7]Die vorstehenden Sätze gelten nicht in den Fällen des § 20 Abs. 8 und des § 44 Abs. 1 Satz 4 Nr. 1 Buchstabe a Doppelbuchstabe bb sowie bei Körperschaften, Personenvereinigungen oder Vermögensmassen.

(4) [1]Die Absätze 2 und 3 gelten entsprechend für die das Bundesschuldbuch führende Stelle oder eine Landesschuldenverwaltung als auszahlende Stelle. [2]Werden die Wertpapiere oder Forderungen von einem Kreditinstitut oder einem Finanzdienstleistungsinstitut mit der Maßgabe der Verwahrung und Verwaltung durch die das Bundesschuldbuch führende Stelle oder eine Landesschuldenverwaltung erworben, hat das Kreditinstitut oder das Finanzdienstleistungsinstitut der das Bundesschuldbuch führenden Stelle oder einer Landesschuldenverwaltung zusammen mit den im Schuldbuch einzutragenden Wertpapieren und Forderungen den Erwerbszeitpunkt und die Anschaffungsdaten sowie in Fällen des Absatzes 2 den Erwerbspreis der für einen marktmäßigen Handel bestimmten schuldbuchfähigen Wertpapiere des Bundes oder der Länder und außerdem mitzuteilen, dass es diese Wertpapiere und Forderungen erworben oder veräußert und seitdem verwahrt oder verwaltet hat.

EStG

§ 43b Bemessung der Kapitalertragsteuer bei bestimmten Gesellschaften

(1) [1]Auf Antrag wird die Kapitalertragsteuer für Kapitalerträge im Sinne des § 20 Abs. 1 Nr. 1, die einer Muttergesellschaft, die weder ihren Sitz noch ihre Geschäftsleitung im Inland hat, oder einer in einem anderen Mitgliedstaat der Europäischen Union gelegenen Betriebsstätte dieser Muttergesellschaft, aus Ausschüttungen einer Tochtergesellschaft zufließen, nicht erhoben. [2]Satz 1 gilt auch für Ausschüttungen einer Tochtergesellschaft, die einer in einem anderen Mitgliedstaat der Europäischen Union gelegenen Betriebsstätte einer unbeschränkt steuerpflichtigen Muttergesellschaft zufließen. [3]Ein Zufluss an die Betriebsstätte liegt nur vor, wenn die Beteiligung an einer Tochtergesellschaft tatsächlich zu dem Betriebsvermögen der Betriebsstätte gehört. [4]Sätze 1 bis 3 gelten nicht für Kapitalerträge im Sinne des § 20 Abs. 1 Nr. 1, die anlässlich der Liquidation oder Umwandlung einer Tochtergesellschaft zufließen.

(2) [1]Muttergesellschaft im Sinne des Absatzes 1 ist jede Gesellschaft, die die in der Anlage 2 zu diesem Gesetz bezeichneten Voraussetzungen erfüllt und nach Artikel 3 Abs. 1 Buchstabe a der Richtlinie 90/435/EWG des Rates vom 23. Juli 1990 über das gemeinsame Steuersystem der Mutter- und Tochtergesellschaften verschiedener Mitgliedstaaten (ABl. EG Nr. L 225 S. 6, Nr. L 266 S. 20, 1997 Nr. L 16 S. 98), zuletzt geändert durch Richtlinie 2006/98/EG des Rates vom 20. November 2006 (ABl. EU Nr. L 363 S. 129), im Zeitpunkt der Entstehung der Kapitalertragsteuer gemäß § 44 Abs. 1 Satz 2 nachweislich mindestens zu 15 Prozent unmittelbar am Kapital der Tochtergesellschaft (Mindestbeteiligung) beteiligt ist. [2]Ist die Mindestbeteiligung zu diesem Zeitpunkt nicht erfüllt, ist der Zeitpunkt des Gewinnverteilungsbeschlusses maßgeblich. [3]Tochtergesellschaft im Sinne des Absatzes 1 sowie des Satzes 1 ist jede unbeschränkt steuerpflichtige Gesellschaft, die die in der Anlage 2 zu diesem Gesetz und in Artikel 3 Abs. 1 Buchstabe b der Richtlinie 90/435/EWG bezeichneten Voraussetzungen erfüllt. [4]Weitere Voraussetzung ist, dass die Beteiligung nachweislich ununterbrochen zwölf Monate besteht. [5]Wird dieser Beteiligungszeitraum nach dem Zeitpunkt der Entstehung der Kapitalertragsteuer gemäß § 44 Abs. 1 Satz 2 vollendet, ist die einbehaltene und abgeführte Kapitalertragsteuer nach § 50d Abs. 1 Satz 2 zu erstatten; das Freistellungsverfahren nach § 50d Abs. 2 ist ausgeschlossen. [1)]

(2a) Betriebsstätte im Sinne der Absätze 1 und 2 ist eine feste Geschäftseinrichtung in einem anderen Mitgliedstaat der Europäischen Union, durch die die Tätigkeit der Muttergesellschaft ganz oder teilweise ausgeübt wird, wenn das Besteuerungsrecht für die Gewinne dieser Geschäftseinrichtung nach dem jeweils geltenden Abkommen zur Vermeidung der Doppelbesteuerung dem Staat, in dem sie gelegen ist, zugewiesen wird und diese Gewinne in diesem Staat der Besteuerung unterliegen.

(3) Absatz 1 in Verbindung mit Absatz 2 gilt auch, wenn die Beteiligung der Muttergesellschaft am Kapital der Tochtergesellschaft mindestens 10 Prozent beträgt, und der Staat, in dem die Muttergesellschaft nach einem mit einem anderen Mitgliedstaat der Europäischen Union abgeschlossenen Abkommen zur Vermeidung der Doppelbesteuerung als ansässig gilt, dieser Gesellschaft für Ausschüttungen der Tochtergesellschaft eine Steuerbefreiung oder eine Anrechnung der deutschen Körperschaftsteuer auf die Steuer der Muttergesellschaft gewährt und seinerseits Ausschüttungen an eine unbeschränkt steuerpflichtige Muttergesellschaft ab der gleichen Beteiligungshöhe von der Kapitalertragsteuer befreit. [2)]

Anlage 2
(zu § 43b)[3])

Gesellschaften im Sinne der Richtlinie 90/435/EWG

Gesellschaft im Sinne der genannten Richtlinie ist jede Gesellschaft, die

1. eine der aufgeführten Formen aufweist:
   a) die nach der Verordnung (EG) Nr. 2157/2001 des Rates vom 8. Oktober 2001 über das Statut der Europäischen Gesellschaft (SE) (ABl. EG Nr. L 294 S. 1), zuletzt geändert durch die Verordnung (EG) Nr. 1791/2006 des Rates vom 20. November 2006 (ABl. EU Nr. L 363 S. 1) und der Richtlinie 2001/86/EG des Rates vom 8. Oktober 2001 zur Ergänzung des Statuts der Europäischen Gesellschaft hinsichtlich der Beteiligung der Arbeitnehmer (ABl. EU Nr. L 294 S. 22) gegründeten Gesellschaften sowie die nach der Verordnung (EG) Nr. 1435/2003 des Rates vom 22. Juli 2003 über das Statut der Europäischen Genossenschaft (SCE) (ABl. EU Nr. L 207 S. 1, 2007 Nr. L 49 S. 35) und nach der Richtlinie 2003/72/EG des Rates vom 22. Juli 2003 zur Ergänzung des Statuts der Europäischen Genossenschaft hinsichtlich der Beteiligung der Arbeitnehmer (ABl. EU Nr. L 207 S. 25) gegründeten Genossenschaften;
   b) Gesellschaften belgischen Rechts mit der Bezeichnung „société anonyme" / „naamloze vennootschap", „société en commandite par actions" / „commanditaire vennootschap op aandelen", „société privée à responsabilité limitée" / „besloten vennootschap met beperkte aansprakelijkheid", „société coopérative à responsabilité limitée" / „coöperatieve vennootschap met beperkte aansprakelijkheid", „société coopérative à responsabi-

---

1) Absatz 2 Satz 1 wurde durch das JStG 2008 geändert (Inkrafttreten mit Wirkung vom 1. 1. 2007, → Art. 28 Abs. 3 JStG 2008) und ist auf Ausschüttungen, die nach dem 31. 12. 2006 und vor dem 1. 1. 2009 zufließen, anzuwenden. Für Ausschüttungen, die nach dem 31. 12. 2008 zufließen → § 52 Abs. 55c EStG.

2) Letztmalige Anwendung des Absatzes 3 auf Ausschüttungen, die vor dem 1. 1. 2009 zugeflossen sind → § 52 Abs. 55d EStG.

3) Die Anlage 2 wurde durch das JStG 2008 geändert und ist auf Ausschüttungen i. S. d. § 43b EStG anzuwenden, die nach dem 31. 12. 2006 zufließen, → § 52 Abs. 55a EStG.

lité illimitée" / „coöperatieve vennootschap met onbeperkte aansprakelijkheid", „société en nom collectif" / „vennootschap onder firma", „société en commandite simple" / „gewone commanditaire vennootschap", öffentliche Unternehmen, die eine der genannten Rechtsformen angenommen haben, und andere nach belgischem Recht gegründete Gesellschaften, die der belgischen Körperschaftsteuer unterliegen;

c) Gesellschaften bulgarischen Rechts mit der Bezeichnung „събирателното дружество", „командитното дружество", „дружеството с ограничена отговорност", „акционерното дружество", „командитното дружество с акции", „неперсонифицирано дружество", „кооперации", „кооперативни съюзи", „държавни предприятия", die nach bulgarischem Recht gegründet wurden und gewerbliche Tätigkeiten ausüben;

d) Gesellschaften tschechischen Rechts mit der Bezeichnung „akciová společnost", „společnost s ručením omezeným";

e) Gesellschaften dänischen Rechts mit der Bezeichnung „aktieselskab" oder „anpartsselskab". Weitere nach dem Körperschaftsteuergesetz steuerpflichtige Gesellschaften, soweit ihr steuerbarer Gewinn nach den allgemeinen steuerrechtlichen Bestimmungen für die „aktieselskaber" ermittelt und besteuert wird;

f) Gesellschaften deutschen Rechts mit der Bezeichnung „Aktiengesellschaft", „Kommanditgesellschaft auf Aktien", „Gesellschaft mit beschränkter Haftung", „Versicherungsverein auf Gegenseitigkeit", „Erwerbs- und Wirtschaftsgenossenschaft", „Betrieb gewerblicher Art von juristischen Personen des öffentlichen Rechts", und andere nach deutschem Recht gegründete Gesellschaften, die der deutschen Körperschaftsteuer unterliegen;

g) Gesellschaften estnischen Rechts mit der Bezeichnung „täisühing", „usaldusühing", „osaühing", „aktsiaselts", „tulundusühistu";

h) Gesellschaften griechischen Rechts mit der Bezeichnung „ανώνυμη εταιρεία", „εταιρεία περιορισμένης ευθύνης (Ε.Π.Ε.)" und andere nach griechischem Recht gegründete Gesellschaften, die der griechischen Körperschaftsteuer unterliegen;

i) Gesellschaften spanischen Rechts mit der Bezeichnung „sociedad anónima", „sociedad comanditaria por acciones", „sociedad de responsabilidad limitada", die öffentlich-rechtlichen Körperschaften, deren Tätigkeit unter das Privatrecht fällt. Andere nach spanischem Recht gegründete Körperschaften, die der spanischen Körperschaftsteuer („impuesto sobre sociedades") unterliegen;

j) Gesellschaften französischen Rechts mit der Bezeichnung „société anonyme", „société en commandite par actions", „société à responsabilité limitée", „sociétés par actions simplifiées", „sociétés d'assurances mutuelles", „caisses d'épargne et de prévoyance", „sociétés civiles", die automatisch der Körperschaftsteuer unterliegen, „coopératives", „unions de coopératives", die öffentlichen Industrie- und Handelsbetriebe und -unternehmen und andere nach französischem Recht gegründete Gesellschaften, die der französischen Körperschaftsteuer unterliegen;

k) nach irischem Recht gegründete oder eingetragene Gesellschaften, gemäß dem Industrial and Provident Societies Act eingetragene Körperschaften, gemäß dem Building Societies Act gegründete „building societies" und „trustee savings banks" im Sinne des Trustee Savings Banks Act von 1989;

l) Gesellschaften italienischen Rechts mit der Bezeichnung „società per azioni", „società in accomandita per azioni", „società a responsibilità limitata", „società cooperative", „società di mutua assicurazione" sowie öffentliche und private Körperschaften, deren Tätigkeit ganz oder überwiegend handelsgewerblicher Art ist;

m) Gesellschaften zyprischen Rechts mit der Bezeichnung „εταιρείες" im Sinne der Einkommensteuergesetze;

n) Gesellschaften lettischen Rechts mit der Bezeichnung „akciju sabiedrība", „sabiedrība ar ierobežotu atbildību";

o) Gesellschaften litauischen Rechts;

p) Gesellschaften luxemburgischen Rechts mit der Bezeichnung „société anonyme", „société en commandite par actions", „société à responsabilité limitée", „société coopérative", „société coopérative organisée comme une société anonyme", „association d'assurances mutuelles", „association d'épargne-pension", „entreprise de nature commerciale, industrielle ou minière de l'Etat, des communes, des syndicats de communes, des établissements publics et des autres personnes morales de droit public" sowie andere nach luxemburgischem Recht gegründete Gesellschaften, die der luxemburgischen Körperschaftsteuer unterliegen;

q) Gesellschaften ungarischen Rechts mit der Bezeichnung „közkereseti társaság", „betéti társaság", „közös vállalat", „korlátolt felelösségü társaság", „részvénytársaság", „egyesülés", „szövetkezet";

r) Gesellschaften maltesischen Rechts mit der Bezeichnung „Kumpaniji ta' Responsabilita' Limitata", „Soċjetajiet en commandite li l-kapital tagħhom maqsum f'azzjonijiet";

s) Gesellschaften niederländischen Rechts mit der Bezeichnung „naamloze vennootschap", „besloten vennootschap met beperkte aansprakelijkheid", „Open commanditaire vennootschap", „Coöperatie", „onderlinge waarborgmaatschappij", „Fonds voor gemene rekening", „vereniging op coöperatieve grondslag", „vereniging welke op onderlinge grondslag als verzekeraar of kredietinstelling optreedt" und andere nach niederländischem Recht gegründete Gesellschaften, die der niederländischen Körperschaftsteuer unterliegen;

t) Gesellschaften österreichischen Rechts mit der Bezeichnung „Aktiengesellschaft", „Gesellschaft mit beschränkter Haftung", „Versicherungsvereine auf Gegenseitigkeit", „Erwerbs- und Wirtschaftsgenossenschaften", „Betriebe gewerblicher Art von Körperschaften des öffentlichen Rechts", „Sparkassen" und andere nach österreichischem Recht gegründete Gesellschaften, die der österreichischen Körperschaftsteuer unterliegen;

u) Gesellschaften polnischen Rechts mit der Bezeichnung „spółka akcyjna", „spółka z ograniczoną odpowiedzialnością";

v) die nach portugiesischem Recht gegründeten Handelsgesellschaften oder zivilrechtlichen Handelsgesellschaften, Genossenschaften und öffentlichen Unternehmen;

w) Gesellschaften rumänischen Rechts mit der Bezeichnung „societăţi pe acţiuni", „societăţi în comandită pe acţiuni", „societăţi cu răspundere limitată";

x) Gesellschaften slowenischen Rechts mit der Bezeichnung „delniška družba", „komanditna družba", „družba z omejeno odgovornostjo";

y) Gesellschaften slowakischen Rechts mit der Bezeichnung „akciová spoločnosť", „spoločnosť s ručením obmedzeným", „komanditná spoločnosť";

z) Gesellschaften finnischen Rechts mit der Bezeichnung „osakeyhtiö" / „aktiebolag", „osuuskunta" / „andelslag", „säästöpankki" / „sparbank" und „vakuutusyhtiö" / „försäkringsbolag";

aa) Gesellschaften schwedischen Rechts mit der Bezeichnung „aktiebolag", „försäkringsaktiebolag", „ekonomiska föreningar", „sparbanker", „ömsesidiga försäkringsbolag";

ab) nach dem Recht des Vereinigten Königreichs gegründete Gesellschaften."

2. nach dem Steuerrecht eines Mitgliedstaats in Bezug auf den steuerlichen Wohnsitz als in diesem Staat ansässig und auf Grund eines mit einem dritten Staat geschlossenen Doppelbesteuerungsabkommens in Bezug auf den steuerlichen Wohnsitz nicht als außerhalb der Gemeinschaft ansässig betrachtet wird und

3. ohne Wahlmöglichkeit einer der nachstehenden Steuern
   - vennootschapsbelasting/impôt des sociétés in Belgien,
   - selskabsskat in Dänemark,
   - Körperschaftsteuer in Deutschland,
   - Yhteisöjen tulovero/inkomstskatten för samfund in Finnland,
   - φόρς εισδήματς νμικών προσώπων κερδσκπικύ χαρακτήρα in Griechenland,
   - impuesto sobre sociedades in Spanien,
   - impôt sur les sociétés in Frankreich,
   - corporation tax in Irland,
   - imposta sul reddito delle persone giuridiche in Italien,
   - impôt sur le revenu des collectivités in Luxemburg,
   - vennootschapsbelasting in den Niederlanden,
   - Körperschaftsteuer in Österreich,
   - imposto sobre o rendimento das pessoas colectivas in Portugal,
   - Statlig inkomstskatt in Schweden,
   - corporation tax im Vereinigten Königreich,
   - Daň z příjmů právnických in der Tschechischen Republik,
   - Tulumaks in Estland,
   - Φόρς Εισδήματς in Zypern,

- uzņēmumu ienākuma nodoklis in Lettland,
- Pelno mokestis in Litauen,
- Társasági adó, osztalékadó in Ungarn,
- Taxxa fuq l-income in Malta,
- Podatek dochodowy od osób prawnych in Polen,
- Davek od dobička pravnih oseb in Slowenien,
- daň z príjmov právnických osôb in der Slowakei,
- корпоративен данък in Bulgarien,
- impozit pe profit in Rumänien

oder irgendeiner Steuer, die eine dieser Steuern ersetzt, unterliegt, ohne davon befreit zu sein.

H 43b

Hinweise

Merkblatt

zur Entlastung von deutscher Kapitalertragsteuer von Dividenden und Bestimmten anderen Kapitalerträgen gemäß § 44d EStG a. F. (§ 43b EStG n. F.), den DBA oder sonstigen zwischenstaatlichen Abkommen vom 1. 3. 1994 (BStBl I S. 203).

Zuständige Behörde

Zuständige Behörde für die Durchführung des Erstattungs- oder Freistellungsverfahrens ist das BZSt, 53221 Bonn.

EStG

§ 44 Entrichtung der Kapitalertragsteuer

S 2407 [1])

(1) [1]Schuldner der Kapitalertragsteuer ist in den Fällen des § 43 Abs. 1 Satz 1 Nr. 1 bis 7b und 8 sowie Satz 2 der Gläubiger der Kapitalerträge. [2]Die Kapitalertragsteuer entsteht in dem

---

[1]) ***Absatz 1 wurde durch das Unternehmensteuerreformgesetz 2008 geändert und ist in der geänderten Fassung erstmals auf Kapitalerträge anzuwenden, die dem Gläubiger nach dem 31. 12. 2008 zufließen → § 52a Abs. 1 EStG. Außerdem wurde Absatz 1 Satz 4 Nr. 1 Buchstabe b durch das JStG 2008 ab 2009 geändert.***

Anm.: Die geänderte Fassung lautet:

(1) [1]Schuldner der Kapitalertragsteuer ist in den Fällen des § 43 Abs. 1 Satz 1 Nr. 1 bis 7b und 8 bis 12 sowie Satz 2 der Gläubiger der Kapitalerträge. [2]Die Kapitalertragsteuer entsteht in dem Zeitpunkt, in dem die Kapitalerträge dem Gläubiger zufließen. [3]In diesem Zeitpunkt haben in den Fällen des § 43 Abs. 1 Satz 1 Nr. 1 bis 4 sowie 7a und 7b der Schuldner der Kapitalerträge, jedoch in den Fällen des § 43 Abs. 1 Satz 1 Nr. 1 Satz 2 die für den Verkäufer der Wertpapiere den Verkaufsauftrag ausführende Stelle im Sinne des Satzes 4 Nr. 1 und in den Fällen des § 20 Abs. 1 Nr. 1 Satz 4 das für den Verkäufer der Aktien den Verkaufsauftrag ausführende inländische Kreditinstitut oder Finanzdienstleistungsinstitut im Sinne des § 43 Abs. 1 Satz 1 Nr. 7 Buchstabe b (den Verkaufsauftrag ausführende Stelle), und in den Fällen des § 43 Abs. 1 Satz 1 Nr. 6, 7 und 8 bis 12 sowie Satz 2 die die Kapitalerträge auszahlende Stelle den Steuerabzug für Rechnung des Gläubigers der Kapitalerträge vorzunehmen. [4]Die die Kapitalerträge auszahlende Stelle ist

1. in den Fällen des § 43 Abs. 1 Satz 1 Nr. 6, 7 Buchstabe a und Nr. 8 bis 12 sowie Satz 2
   a) das inländische Kreditinstitut oder das inländische Finanzdienstleistungsinstitut im Sinne des § 43 Abs. 1 Satz 1 Nr. 7 Buchstabe b, das inländische Wertpapierhandelsunternehmen oder die inländische Wertpapierhandelsbank,
      aa) das die Teilschuldverschreibungen, die Anteile an einer Sammelschuldbuchforderung, die Wertrechte oder, die Zinsscheine oder sonstigen Wirtschaftsgüter verwahrt oder verwaltet und die Kapitalerträge auszahlt oder gutschreibt oder in den Fällen des § 43 Abs. 1 Satz 1 Nr. 11 die Kapitalerträge auszahlt oder gutschreibt,,
      bb) das die Kapitalerträge gegen Aushändigung der Zinsscheine oder der Teilschuldverschreibungen einem anderen als einem ausländischen Kreditinstitut oder einem ausländischen Finanzdienstleistungsinstitut auszahlt oder gutschreibt;
   b) der Schuldner der Kapitalerträge in den Fällen des § 43 Abs. 1 Satz 1 Nr. 7 Buchstabe a und Nr. 10 unter den Voraussetzungen des Buchstabens a, wenn kein inländisches Kreditinstitut oder kein inländisches Finanzdienstleistungsinstitut die die Kapitalerträge auszahlende Stelle ist;
2. in den Fällen des § 43 Abs. 1 Satz 1 Nr. 7 Buchstabe b das inländische Kreditinstitut oder das inländische Finanzdienstleistungsinstitut, das die Kapitalerträge als Schuldner auszahlt oder gutschreibt.

[5]Die innerhalb eines Kalendermonats einbehaltene Steuer ist jeweils bis zum zehnten des folgenden Monats an das Finanzamt abzuführen, das für die Besteuerung

Zeitpunkt, in dem die Kapitalerträge dem Gläubiger zufließen. [3]In diesem Zeitpunkt haben in den Fällen des § 43 Abs. 1 Satz 1 Nr. 1 bis 4 sowie 7a und 7b der Schuldner der Kapitalerträge, in den Fällen des § 20 Abs. 1 Nr. 1 Satz 4 jedoch das für den Verkäufer der Aktien den Verkaufsauftrag ausführende inländische Kreditinstitut oder Finanzdienstleistungsinstitut im Sinne des § 43 Abs. 1 Satz 1 Nr. 7 Buchstabe b (den Verkaufsauftrag ausführende Stelle), und in den Fällen des § 43 Abs. 1 Satz 1 Nr. 7 und 8 sowie Satz 2 die die Kapitalerträge auszahlende Stelle den Steuerabzug für Rechnung des Gläubigers der Kapitalerträge vorzunehmen. [4]Die die Kapitalerträge auszahlende Stelle ist

1. **in den Fällen des § 43 Abs. 1 Satz 1 Nr. 7 Buchstabe a und Nummer 8 sowie Satz 2**
   a) **das inländische Kreditinstitut oder das inländische Finanzdienstleistungsinstitut im Sinne des § 43 Abs. 1 Satz 1 Nr. 7 Buchstabe b,**
      aa) **das die Teilschuldverschreibungen, die Anteile an einer Sammelschuldbuchforderung, die Wertrechte oder die Zinsscheine verwahrt oder verwaltet und die Kapitalerträge auszahlt oder gutschreibt,**
      bb) **das die Kapitalerträge gegen Aushändigung der Zinsscheine oder der Teilschuldverschreibungen einem anderen als einem ausländischen Kreditinstitut oder einem ausländischen Finanzdienstleistungsinstitut auszahlt oder gutschreibt;**
   b) **der Schuldner der Kapitalerträge in den Fällen des Buchstabens a, wenn kein inländisches Kreditinstitut oder kein inländisches Finanzdienstleistungsinstitut die die Kapitalerträge auszahlende Stelle ist;**
2. **in den Fällen des § 43 Abs. 1 Satz 1 Nr. 7 Buchstabe b das inländische Kreditinstitut oder das inländische Finanzdienstleistungsinstitut, das die Kapitalerträge als Schuldner auszahlt oder gutschreibt.**

[5]Die innerhalb eines Kalendermonats einbehaltene Steuer ist jeweils bis zum 10. des folgenden Monats an das Finanzamt abzuführen, das für die Besteuerung

1. **des Schuldners der Kapitalerträge,**
2. **der den Verkaufsauftrag ausführenden Stelle oder**
3. **der die Kapitalerträge auszahlenden Stelle**

nach dem Einkommen zuständig ist; bei Kapitalerträgen im Sinne des § 43 Abs. 1 Satz 1 Nr. 1 ist die einbehaltene Steuer, soweit es sich nicht um Kapitalerträge im Sinne des § 20 Abs. 1 Nr. 1 Satz 4 handelt, in dem Zeitpunkt abzuführen, in dem die Kapitalerträge dem Gläubiger zufließen. [6]Dabei sind die Kapitalertragsteuer und der Zinsabschlag, die zu demselben Zeitpunkt abzuführen sind, jeweils auf den nächsten vollen Euro-Betrag abzurunden. [7]Wenn Kapitalerträge ganz oder teilweise nicht in Geld bestehen (§ 8 Abs. 2) und der in Geld geleistete Kapitalertrag nicht zur Deckung der Kapitalertragsteuer ausreicht, hat der Gläubiger der Kapitalerträge dem zum Steuerabzug Verpflichteten den Fehlbetrag zur Verfügung zu stellen. [8]Soweit der Gläubiger seiner Verpflichtung nicht nachkommt, hat der zum Steuerabzug Verpflichtete dies dem für ihn zuständigen Betriebsstättenfinanzamt anzuzeigen. [9]Das Finanzamt hat die zu wenig erhobene Kapitalertragsteuer vom Gläubiger der Kapitalerträge nachzufordern.

(2) [1]Gewinnanteile (Dividenden) und andere Kapitalerträge, deren Ausschüttung von einer Körperschaft beschlossen wird, fließen dem Gläubiger der Kapitalerträge an dem Tag zu (Absatz 1), der im Beschluss als Tag der Auszahlung bestimmt worden ist. [2]Ist die Ausschüttung nur festgesetzt, ohne dass über den Zeitpunkt der Auszahlung ein Beschluss gefasst worden ist, so S 2408 [2])

(Fortsetzung Fußnote 1 von Seite 740)

1. des Schuldners der Kapitalerträge,
2. der den Verkaufsauftrag ausführenden Stelle oder
3. der die Kapitalerträge auszahlenden Stelle

nach dem Einkommen zuständig ist; bei Kapitalerträgen im Sinne des § 43 Abs. 1 Satz 1 Nr. 1 ist die einbehaltene Steuer, soweit es sich nicht um Kapitalerträge im Sinne des § 20 Abs. 1 Nr. 1 Satz 4 handelt, in dem Zeitpunkt abzuführen, in dem die Kapitalerträge dem Gläubiger zufließen. [6]Dabei ist die Kapitalertragsteuer, die zu demselben Zeitpunkt abzuführen ist, jeweils auf den nächsten vollen Eurobetrag abzurunden. [7]Wenn Kapitalerträge ganz oder teilweise nicht in Geld bestehen (§ 8 Abs. 2) und der in Geld geleistete Kapitalertrag nicht zur Deckung der Kapitalertragsteuer ausreicht, hat der Gläubiger der Kapitalerträge dem zum Steuerabzug Verpflichteten den Fehlbetrag zur Verfügung zu stellen. [8]Soweit der Gläubiger seiner Verpflichtung nicht nachkommt, hat der zum Steuerabzug Verpflichtete dies dem für ihn zuständigen Betriebsstättenfinanzamt anzuzeigen. [9]Das Finanzamt hat die zu wenig erhobene Kapitalertragsteuer vom Gläubiger der Kapitalerträge nachzufordern.

2) ***Absatz 2 Satz 1 wurde durch das Unternehmensteuerreformgesetz 2008 ab VZ 2009 geändert.***

Anm.: Die geänderte Fassung lautet:
Gewinnanteile (Dividenden) und andere Kapitalerträge im Sinne des § 43 Abs. 1 Satz 1 Nr. 1, deren Ausschüttung von einer Körperschaft beschlossen wird, fließen dem Gläubiger der Kapitalerträge an dem Tag zu (Absatz 1), der im Beschluss als Tag der Auszahlung bestimmt worden ist.

gilt als Zeitpunkt des Zufließens der Tag nach der Beschlussfassung. [3]Für Kapitalerträge im Sinne des § 20 Abs. 1 Nr. 1 Satz 4 gelten diese Zuflusszeitpunkte entsprechend.

S 2408 **(3) [1]Ist bei Einnahmen aus der Beteiligung an einem Handelsgewerbe als stiller Gesellschafter in dem Beteiligungsvertrag über den Zeitpunkt der Ausschüttung keine Vereinbarung getroffen, so gilt der Kapitalertrag am Tag nach der Aufstellung der Bilanz oder einer sonstigen Feststellung des Gewinnanteils des stillen Gesellschafters, spätestens jedoch sechs Monate nach Ablauf des Wirtschaftsjahres, für das der Kapitalertrag ausgeschüttet oder gutgeschrieben werden soll, als zugeflossen. [2]Bei Zinsen aus partiarischen Darlehen gilt Satz 1 entsprechend.**

S 2408 **(4) Haben Gläubiger und Schuldner der Kapitalerträge vor dem Zufließen ausdrücklich Stundung des Kapitalertrags vereinbart, weil der Schuldner vorübergehend zur Zahlung nicht in der Lage ist, so ist der Steuerabzug erst mit Ablauf der Stundungsfrist vorzunehmen.**

S 2409 **(5) [1]Die Schuldner der Kapitalerträge oder die die Kapitalerträge auszahlenden Stellen haften für die Kapitalertragsteuer, die sie einzubehalten und abzuführen haben, es sei denn, sie weisen nach, dass sie die ihnen auferlegten Pflichten weder vorsätzlich noch grob fahrlässig verletzt haben. [2]Der Gläubiger der Kapitalerträge wird nur in Anspruch genommen, wenn**

1. **der Schuldner, die den Verkaufsauftrag ausführende Stelle oder die die Kapitalerträge auszahlende Stelle die Kapitalerträge nicht vorschriftsmäßig gekürzt hat,**
2. **der Gläubiger weiß, dass der Schuldner, die den Verkaufsauftrag ausführende Stelle oder die die Kapitalerträge auszahlende Stelle die einbehaltene Kapitalertragsteuer nicht vorschriftsmäßig abgeführt hat, und dies dem Finanzamt nicht unverzüglich mitteilt oder**
3. **das die Kapitalerträge auszahlende inländische Kreditinstitut oder das inländische Finanzdienstleistungsinstitut die Kapitalerträge zu Unrecht ohne Abzug der Kapitalertragsteuer ausgezahlt hat.**

[3]Für die Inanspruchnahme des Schuldners der Kapitalerträge, der den Verkaufsauftrag ausführende Stelle und der die Kapitalerträge auszahlenden Stelle bedarf es keines Haftungsbescheids, soweit der Schuldner, die den Verkaufsauftrag ausführende Stelle oder die die Kapitalerträge auszahlende Stelle die einbehaltene Kapitalertragsteuer richtig angemeldet hat oder soweit sie ihre Zahlungsverpflichtungen gegenüber dem Finanzamt oder dem Prüfungsbeamten des Finanzamts schriftlich anerkennen.

S 2408 [1]) **(6) [1]In den Fällen des § 43 Abs. 1 Satz 1 Nr. 7c gilt die juristische Person des öffentlichen Rechts und die von der Körperschaftsteuer befreite Körperschaft, Personenvereinigung oder Vermögensmasse als Gläubiger und der Betrieb gewerblicher Art und der wirtschaftliche Geschäftsbetrieb als Schuldner der Kapitalerträge. [2]Die Kapitalertragsteuer entsteht, auch soweit sie auf verdeckte Gewinnausschüttungen entfällt, die im abgelaufenen Wirtschaftsjahr vorgenommen worden sind, im Zeitpunkt der Bilanzerstellung; sie entsteht spätestens acht Monate nach Ablauf des Wirtschaftsjahres; in den Fällen des § 20 Abs. 1 Nr. 10 Buchstabe b Satz 2 am Tag nach der Beschlussfassung über die Verwendung und in den Fällen des § 22 Abs. 4 des Umwandlungssteuergesetzes am Tag nach der Veräußerung. [3]Die Kapitalertragsteuer entsteht in den Fällen des § 20 Abs. 1 Nr. 10 Buchstabe b Satz 3 zum Ende des Wirtschaftsjahres. [4]Die Absätze 1 bis 4 und 5 Satz 2 sind entsprechend anzuwenden. [5]Der Schuldner der Kapitalerträge haftet für die Kapitalertragsteuer, soweit sie auf verdeckte Gewinnausschüttungen und auf Veräußerungen im Sinne des § 22 Abs. 4 des Umwandlungssteuergesetzes entfällt.**

[2]) **(7) [1]In den Fällen des § 14 Abs. 3 des Körperschaftsteuergesetzes entsteht die Kapitalertragsteuer in dem Zeitpunkt der Feststellung der Handelsbilanz der Organgesellschaft; sie entsteht spätestens acht Monate nach Ablauf des Wirtschaftsjahrs der Organgesellschaft. [2]Die entstandene Kapitalertragsteuer ist an dem auf den Entstehungszeitpunkt nachfolgenden Werktag an das Finanzamt abzuführen, das für die Besteuerung der Organgesellschaft nach dem Einkommen zuständig ist. [3]Im Übrigen sind die Absätze 1 bis 4 entsprechend anzuwenden.**

H 44

Hinweise

Allgemeines

Einzelfragen bei Entrichtung, Abstandnahme und Erstattung von Kapitalertragsteuer → BMF vom 5. 11. 2002 (BStBl I S. 1346) unter Berücksichtigung der Änderungen durch BMF vom 13. 12. 2005 (BStBl I S. 1051) und vom 12. 1. 2006 (BStBl I S. 101).

1) Absatz 6 Satz 2 und 5 sind für Anteile, die bereits am 12. 12. 2006 einbringungsgeboren waren, in der am 12. 12. 2006 geltenden Fassung weiter anzuwenden → § 52 Abs. 55e Satz 2 EStG.

2) Zur zeitlichen Anwendung von Absatz 7 → BMF vom 5. 4. 2005 (BStBl I S. 617).

Zuflusszeitpunkt

Eine Dividende gilt auch dann gem. § 44 Abs. 2 Satz 2 EStG als am Tag nach dem Gewinnausschüttungsbeschluss zugeflossen, wenn dieser bestimmt, die Ausschüttung solle nach einem bestimmten Tag erfolgen (→ BFH vom 20. 12. 2006 – BStBl 2007 II S. 616).

§ 44a Abstandnahme vom Steuerabzug

EStG
S 2404

(1) Bei Kapitalerträgen im Sinne des § 43 Abs. 1 Satz 1 Nr. 3, 4, 7 und 8 sowie Satz 2, die einem unbeschränkt einkommensteuerpflichtigen Gläubiger zufließen, ist der Steuerabzug nicht vorzunehmen, [1)]

1. **soweit die Kapitalerträge zusammen mit den Kapitalerträgen, für die die Kapitalertragsteuer nach § 44b zu erstatten ist, den Sparer-Freibetrag nach § 20 Abs. 4 und den Werbungskosten-Pauschbetrag nach § 9a Satz 1 Nr. 2 nicht übersteigen,** [2)]
2. **wenn anzunehmen ist, dass für ihn eine Veranlagung zur Einkommensteuer nicht in Betracht kommt.** [3)]

(2) [1]Voraussetzung für die Abstandnahme vom Steuerabzug nach Absatz 1 ist, dass dem nach § 44 Abs. 1 zum Steuerabzug Verpflichteten

1. **in den Fällen des Absatzes 1 Nr. 1 ein Freistellungsauftrag des Gläubigers der Kapitalerträge nach amtlich vorgeschriebenem Vordruck oder** [4)]
2. **in den Fällen des Absatzes 1 Nr. 2 eine Nichtveranlagungs-Bescheinigung des für den Gläubiger zuständigen Wohnsitzfinanzamts**

vorliegt. [2]In den Fällen des Satzes 1 Nr. 2 ist die Bescheinigung unter dem Vorbehalt des Widerrufs auszustellen. [3]Ihre Geltungsdauer darf höchstens drei Jahre betragen und muss am Schluss eines Kalenderjahres enden. [4]Fordert das Finanzamt die Bescheinigung zurück oder erkennt der Gläubiger, dass die Voraussetzungen für ihre Erteilung weggefallen sind, so hat er dem Finanzamt die Bescheinigung zurückzugeben.

(3) Der nach § 44 Abs. 1 zum Steuerabzug Verpflichtete hat in seinen Unterlagen das Finanzamt, das die Bescheinigung erteilt hat, den Tag der Ausstellung der Bescheinigung und die in der Bescheinigung angegebene Steuer- und Listennummer zu vermerken sowie die Freistellungsaufträge aufzubewahren.

(4) [1]Ist der Gläubiger S 2405 [5)]

---

1) ***Absatz 1 wurde durch das Unternehmensteuerreformgesetz 2008 geändert und ist in der geänderten Fassung erstmals auf Kapitalerträge anzuwenden, die dem Gläubiger nach dem 31. 12. 2008 zufließen → § 52a Abs. 1 EStG.***

Anm.: Die geänderte Fassung lautet:
(1) Bei Kapitalerträgen im Sinne des § 43 Abs. 1 Satz 1 Nr. 3, 4, 6, 7 und 8 bis 12 sowie Satz 2, die einem unbeschränkt einkommensteuerpflichtigen Gläubiger zufließen, ist der Steuerabzug nicht vorzunehmen,
1. soweit die Kapitalerträge zusammen mit den Kapitalerträgen, für die die Kapitalertragsteuer nach § 44b zu erstatten ist, den Sparer-Pauschbetrag nach § 20 Abs. 9 nicht übersteigen,
2. wenn anzunehmen ist, dass für ihn eine Veranlagung zur Einkommensteuer nicht in Betracht kommt.

2) Zur Anwendung des Absatzes 1 Nr. 1 auf Kapitalerträge, die nach dem 31. 12. 2006 zufließen → § 52 Abs. 55f EStG.

3) ***Absatz 1 Nr. 2 wurde durch das JStG 2009 neu gefasst und ist erstmals auf Kapitalerträge anzuwenden, die dem Gläubiger nach dem 31. 12. 2008 zufließen → § 52a Abs. 1 EStG.***

Anm.: Die Neufassung lautet:
2. wenn anzunehmen ist, dass auch für Fälle der Günstigerprüfung nach § 32d Abs. 6 keine Steuer entsteht.

4) Zur Anwendung des Absatzes 2 Satz 1 Nr. 1 auf Kapitalerträge, die nach dem 31. 12. 2006 zufließen → § 52 Abs. 55f EStG.

5) ***Absatz 4 Satz 1 wurde durch das Unternehmensteuerreformgesetz 2008 geändert und ist in der geänderten Fassung erstmals auf Kapitalerträge anzuwenden, die dem Gläubiger nach dem 31. 12. 2008 zufließen → § 52a Abs. 1 EStG.***

Anm.: Die geänderte Fassung lautet:
(4) Ist der Gläubiger
1. eine von der Körperschaftsteuer befreite inländische Körperschaft, Personenvereinigung oder Vermögensmasse oder
2. eine inländische juristische Person des öffentlichen Rechts,
so ist der Steuerabzug bei Kapitalerträgen im Sinne des § 43 Abs. 1 Satz 1 Nr. 4, 6, 7 und 8 bis 12 sowie Satz 2 nicht vorzunehmen.

1. eine von der Körperschaftsteuer befreite inländische Körperschaft, Personenvereinigung oder Vermögensmasse oder

2. eine inländische juristische Person des öffentlichen Rechts,

so ist der Steuerabzug bei Kapitalerträgen im Sinne des § 43 Abs. 1 Satz 1 Nr. 4, 7 und 8 sowie Satz 2 nicht vorzunehmen. [2]Dies gilt auch, wenn es sich bei den Kapitalerträgen um Bezüge im Sinne des § 20 Abs. 1 Nr. 1 und 2 handelt, die der Gläubiger von einer von der Körperschaftsteuer befreiten Körperschaft bezieht. [3]Voraussetzung ist, dass der Gläubiger dem Schuldner oder dem die Kapitalerträge auszahlenden inländischen Kreditinstitut oder inländischen Finanzdienstleistungsinstitut durch eine Bescheinigung des für seine Geschäftsleitung oder seinen Sitz zuständigen Finanzamts nachweist, dass er eine Körperschaft, Personenvereinigung oder Vermögensmasse im Sinne des Satzes 1 Nr. 1 oder 2 ist. [4]Absatz 2 Satz 2 bis 4 und Absatz 3 gelten entsprechend. [5]Die in Satz 3 bezeichnete Bescheinigung wird nicht erteilt, wenn die Kapitalerträge in den Fällen des Satzes 1 Nr. 1 in einem wirtschaftlichen Geschäftsbetrieb anfallen, für den die Befreiung von Körperschaftsteuer ausgeschlossen ist, oder wenn sie in den Fällen des Satzes 1 Nr. 2 in einem nicht von der Körperschaftsteuer befreiten Betrieb gewerblicher Art anfallen.

[1]) (5) [1]Bei Kapitalerträgen im Sinne des § 43 Abs. 1 Satz 1 Nr. 7 und 8 sowie Satz 2, die einem unbeschränkt oder beschränkt einkommensteuerpflichtigen Gläubiger zufließen, ist der Steuerabzug nicht vorzunehmen, wenn die Kapitalerträge Betriebseinnahmen des Gläubigers sind und die Kapitalertragsteuer und die anrechenbare Körperschaftsteuer bei ihm auf Grund der Art seiner Geschäfte auf Dauer höher wären als die gesamte festzusetzende Einkommensteuer oder Körperschaftsteuer. [2]Dies ist durch eine Bescheinigung des für den Gläubiger zuständigen Finanzamts nachzuweisen. [3]Die Bescheinigung ist unter dem Vorbehalt des Widerrufs auszustellen.

[2]) (6) [1]Voraussetzung für die Abstandnahme vom Steuerabzug nach den Absätzen 1, 4 und 5 bei Kapitalerträgen im Sinne des § 43 Abs. 1 Satz 1 Nr. 7 und 8 sowie Satz 2 ist, dass die Teilschuldverschreibungen, die Anteile an der Sammelschuldbuchforderung, die Wertrechte oder die Einlagen und Guthaben im Zeitpunkt des Zufließens der Einnahmen unter dem Namen des Gläubigers der Kapitalerträge bei der die Kapitalerträge auszahlenden Stelle verwahrt oder verwaltet werden. [2]Ist dies nicht der Falle, ist die Bescheinigung nach § 45a Abs. 2 durch einen entsprechenden Hinweis zu kennzeichnen.

(7) [1]Ist der Gläubiger eine inländische

1) ***Absatz 5 Satz 1 wurde durch das Unternehmensteuerreformgesetz 2008 geändert und die Sätze 4 und 5 angefügt. Absatz 5 wurde zudem durch das JStG 2009 neu gefasst. Absatz 5 ist erstmals auf Kapitalerträge anzuwenden, die dem Gläubiger nach dem 31. 12. 2008 zufließen → § 52a Abs. 1 EStG.***

Anm.: Die Neufassung lautet:

(5) [1]Bei Kapitalerträgen im Sinne des § 43 Abs. 1 Satz 1 Nr. 6, 7 und 8 bis 12 sowie Satz 2, die einem unbeschränkt oder beschränkt einkommensteuerpflichtigen Gläubiger zufließen, ist der Steuerabzug nicht vorzunehmen, wenn die Kapitalerträge Betriebseinnahmen des Gläubigers sind und die Kapitalertragsteuer bei ihm auf Grund der Art seiner Geschäfte auf Dauer höher wäre als die gesamte festzusetzende Einkommensteuer oder Körperschaftsteuer. [2]Ist der Gläubiger ein Lebens- oder Krankenversicherungsunternehmen als Organgesellschaft, ist für die Anwendung des Satzes 1 eine bestehende Organschaft im Sinne des § 14 des Körperschaftsteuergesetzes nicht zu berücksichtigen, wenn die beim Organträger anzurechnende Kapitalertragsteuer, einschließlich der Kapitalertragsteuer des Lebens- oder Krankenversicherungsunternehmens, die auf Grund von § 19 Abs. 5 des Körperschaftsteuergesetzes anzurechnen wäre, höher wäre, als die gesamte festzusetzende Körperschaftsteuer. [3]Für die Prüfung der Voraussetzung des Satzes 2 ist auf die Verhältnisse der dem Antrag auf Erteilung einer Bescheinigung im Sinne des Satzes 4 vorangehenden drei Veranlagungszeiträume abzustellen. [4]Die Voraussetzung des Satzes 1 ist durch eine Bescheinigung des für den Gläubiger zuständigen Finanzamts nachzuweisen. [5]Die Bescheinigung ist unter dem Vorbehalt des Widerrufs auszustellen. [6]Die Voraussetzung des Satzes 2 ist gegenüber dem für den Gläubiger zuständigen Finanzamt durch eine Bescheinigung des für den Organträger zuständigen Finanzamts nachzuweisen.

2) ***Absatz 6 Satz 1 wurde durch das Unternehmensteuerreformgesetz 2008 geändert und ist in der geänderten Fassung erstmals auf Kapitalerträge anzuwenden, die dem Gläubiger nach dem 31. 12. 2008 zufließen → § 52a Abs. 1 EStG.***

Anm.: Die geänderte Fassung lautet:

(6) [1]Voraussetzung für die Abstandnahme vom Steuerabzug nach den Absätzen 1, 4 und 5 bei Kapitalerträgen im Sinne des § 43 Abs. 1 Satz 1 Nr. 6, 7 und 8 bis 12 sowie Satz 2 ist, dass die Teilschuldverschreibungen, die Anteile an der Sammelschuldbuchforderung, die Wertrechte, die Einlagen und Guthaben oder sonstigen Wirtschaftsgüter im Zeitpunkt des Zufließens der Einnahmen unter dem Namen des Gläubigers der Kapitalerträge bei der die Kapitalerträge auszahlenden Stelle verwahrt oder verwaltet werden. [2]Ist dies nicht der Fall, ist die Bescheinigung nach § 45a Abs. 2 durch einen entsprechenden Hinweis zu kennzeichnen.

1. Körperschaft, Personenvereinigung oder Vermögensmasse im Sinne des § 5 Abs. 1 Nr. 9 des Körperschaftsteuergesetzes oder

2. Stiftung des öffentlichen Rechts, die ausschließlich und unmittelbar gemeinnützigen oder mildtätigen Zwecken dient, oder

3. juristische Person des öffentlichen Rechts, die ausschließlich und unmittelbar kirchlichen Zwecken dient,

so ist der Steuerabzug bei Kapitalerträgen im Sinne des § 43 Abs. 1 Satz 1 Nr. 7a bis 7c nicht vorzunehmen. [2]Der Steuerabzug vom Kapitalertrag ist außerdem nicht vorzunehmen bei Kapitalerträgen im Sinne des § 43 Abs. 1 Satz 1 Nr. 1, soweit es sich um Erträge aus Anteilen an Gesellschaften mit beschränkter Haftung, Namensaktien nicht börsenorientierter Aktiengesellschaften und Anteilen an Erwerbs- und Wirtschaftsgenossenschaften sowie aus Genussrechten handelt, und bei Kapitalerträgen im Sinne des § 43 Abs. 1 Satz 1 Nr. 2 und Nr. 3; Voraussetzung für die Abstandnahme bei Kapitalerträgen aus Genussrechten im Sinne des § 43 Abs. 1 Satz 1 Nr. 1 und Kapitalerträgen im Sinne des § 43 Abs. 1 Satz 1 Nr. 2 ist, dass die die Kapitalerträge auszahlende Stelle nicht Sammelantragsberechtigter im Sinne des § 45b ist. [3]Bei allen übrigen Kapitalerträgen nach § 43 Abs. 1 Satz 1 Nr. 1 und 2 ist § 45b sinngemäß anzuwenden. [4]Voraussetzung für die Anwendung der Sätze 1 und 2 ist, dass der Gläubiger durch eine Bescheinigung des für seine Geschäftsleitung oder seinen Sitz zuständigen Finanzamts nachweist, dass er eine Körperschaft, Personenvereinigung oder Vermögensmasse nach Satz 1 ist. [5]Absatz 4 gilt entsprechend.

(8) [1]Ist der Gläubiger [1)]

1. eine nach § 5 Abs. 1 mit Ausnahme der Nummer 9 des Körperschaftsteuergesetzes oder nach anderen Gesetzen von der Körperschaftsteuer befreite Körperschaft, Personenvereinigung oder Vermögensmasse oder

2. eine inländische juristische Person des öffentlichen Rechts, die nicht in Absatz 7 bezeichnet ist,

so ist der Steuerabzug bei Kapitalerträgen aus Anteilen im Sinne des § 43 Abs. 1 Satz 1 Nr. 1, soweit es sich um Erträge aus Anteilen an Gesellschaften mit beschränkter Haftung, Namensaktien nicht börsennotierter Aktiengesellschaften und Erwerbs- und Wirtschaftsgenossenschaften handelt, sowie von Erträgen aus Genussrechten im Sinne des § 43 Abs. 1 Satz 1 Nr. 1 *und Kapitalerträgen im Sinne des § 43 Abs. 1 Satz 1 Nr. 2 und 3* unter der Voraussetzung, dass die die Kapitalerträge auszahlende Stelle nicht Sammelantragsberechtigter nach § 45b ist, und bei Kapitalerträgen im Sinne des § 43 Abs. 1 Satz 1 Nr. 7a nur *in Höhe von drei Fünfteln* vorzunehmen. [2]Bei allen übrigen Kapitalerträgen nach § 43 Abs. 1 Satz 1 Nr. 1 ist § 45b in Verbindung mit Satz 1 sinngemäß anzuwenden (Erstattung der Hälfte der gesetzlich in § 43a vorgeschriebenen Kapitalertragsteuer). [3]Voraussetzung für die Anwendung des Satzes 1 ist, dass der Gläubiger durch eine Bescheinigung des für seine Geschäftsleitung oder seinen Sitz zuständigen Finanzamts nachweist, dass er eine Körperschaft, Personenvereinigung oder Vermögensmasse im Sinne des Satzes 1 ist. [4]Absatz 4 gilt entsprechend. [2)]

---

1) ***Absatz 8 Satz 1 und 2 wurde durch das Unternehmensteuerreformgesetz 2008 geändert und ist erstmals auf Kapitalerträge anzuwenden, die dem Gläubiger nach dem 31. 12. 2007 zufließen. Absatz 8 Satz 2 wurde zudem durch das JStG 2009 ab VZ 2009 geändert. Zur zeitlichen Anwendung, insbesondere für Kapitalerträge, die nach dem 31. 12. 2007 und vor dem 1. 1. 2009 zufließen → § 52a Abs. 16 Satz 3 und 4 EStG: Für Kapitalerträge i. S. d. § 43 Abs. 1 Satz 1 Nr. 1 EStG, die nach dem 31. 12. 2007 und vor dem 1. 1. 2009 zufließen, ist § 44a Abs. 8 Satz 1 und 2 EStG mit der Maßgabe anzuwenden, dass an die Stelle der Wörter „drei Fünftel" die Wörter „drei Viertel" und an die Stelle der Wörter „zwei Fünftel" die Wörter „ein Viertel" treten.***

Anm.: Die ab 2009 geltende Änderung von Absatz 8 Satz 2 lautet:
In Absatz 8 Satz 2 wird die Angabe „§ 43 Abs. 1 Satz 1 Nr. 1" durch die Angabe „§ 43 Abs. 1 Satz 1 Nr. 1 bis 3" ersetzt.

2) ***Absatz 9 wurde durch das Unternehmensteuerreformgesetz 2008 angefügt und durch das JStG 2009 geändert; Absatz 9 ist erstmals auf Kapitalerträge anzuwenden, die dem Gläubiger nach dem 31. 12. 2008 zufließen → § 52a Abs. 16 Satz 5 EStG.***

Anm.: Der neue Absatz 9 lautet:

(9) [1]Ist der Gläubiger der Kapitalerträge im Sinne des § 43 Abs. 1 Satz 1 Nr. 1 bis 4 eine beschränkt steuerpflichtige Körperschaft im Sinne des § 2 Nr. 1 des Körperschaftsteuergesetzes, so werden zwei Fünftel der einbehaltenen und abgeführten Kapitalertragsteuer erstattet. [2]§ 50d Abs. 1 Satz 3 bis 9, Abs. 3 und 4 ist entsprechend anzuwenden. [3]Der Anspruch auf eine weitergehende Freistellung und Erstattung nach § 50d Abs. 1 in Verbindung mit § 43b oder nach einem Abkommen zur Vermeidung der Doppelbesteuerung bleibt unberührt. [4]Verfahren nach den vorstehenden Sätzen und nach § 50d Abs. 1 soll das Bundeszentralamt für Steuern verbinden.

H 44a

Hinweise

Allgemeines

Einzelfragen bei Entrichtung, Abstandnahme und Erstattung von Kapitalertragsteuer → BMF vom 5. 11. 2002 (BStBl I S. 1346) unter Berücksichtigung der Änderungen durch BMF vom 13. 12. 2005 (BStBl I S. 1051) und vom 12. 1. 2006 (BStBl I S. 101).

Freistellungsauftrag

Muster des amtlich vorgeschriebenen Vordrucks für Zeiträume ab 2007 → BMF vom 4. 8. 2006 (BStBl I S. 335).

Genossenschaften

Zinsabschlag ist bei einer eingetragenen Genossenschaft auch dann zu erheben, wenn die Kapitalertragsteuer auf Dauer höher wäre als die festzusetzende Körperschaftsteuer, weil die Genossenschaft ihre Geschäftsüberschüsse an ihre Mitglieder rückvergütet (→ BFH vom 10. 7. 1996 – BStBl 1997 II S. 38).

Insolvenz

- Im Insolvenzverfahren über das Vermögen einer Personengesellschaft kann dem Insolvenzverwalter keine NV-Bescheinigung erteilt werden (→ BFH vom 9. 11. 1994 – BStBl 1995 II S. 255).
- Der Zinsabschlag gem. § 43 Abs. 1 EStG ist auch bei dem Gläubiger von Kapitalerträgen vorzunehmen, der in Insolvenz gefallen ist und bei dem wegen hoher Verlustvorträge die Kapitalertragsteuer auf Dauer höher wäre als die gesamte festzusetzende Einkommensteuer (sog. Überzahler). Eine solche Überzahlung beruht nicht auf Grund der „Art seiner Geschäfte" im Sinne von § 44a Abs. 5 EStG. Bei einem solchen Gläubiger von Kapitalerträgen kann deshalb auch nicht aus Gründen sachlicher Billigkeit vom Zinsabschlag abgesehen werden (→ BFH vom 20. 12. 1995 – BStBl 1996 II S. 308).

Kommunale Unternehmen

Der Zinsabschlag ist auch bei einem kommunalen Unternehmen (z. B. Abwasserentsorgungsunternehmen) vorzunehmen, bei dem die Kapitalertragsteuer auf Dauer höher als die gesamte festzusetzende Körperschaftsteuer ist (→ BFH vom 29. 3. 2000 – BStBl II S. 496).

Verlustvortrag/Verfassungsmäßigkeit

Zinsabschlag ist auch dann zu erheben, wenn wegen hoher Verlustvorträge die Kapitalertragsteuer höher ist als die festzusetzende Einkommensteuer, § 44a Abs. 5 EStG ist verfassungsgemäß (→ BFH vom 20. 12. 1995 – BStBl 1996 II S. 199).

EStG
S 2410

§ 44b Erstattung der Kapitalertragsteuer

[1] **(1) [1]Bei Kapitalerträgen im Sinne des § 43 Abs. 1 Satz 1 Nr. 1 und 2, die einem unbeschränkt einkommensteuerpflichtigen und in den Fällen des § 44a Abs. 5 auch einem beschränkt einkommensteuerpflichtigen Gläubiger zufließen, wird auf Antrag die einbehaltene und abgeführte Kapitalertragsteuer unter den Voraussetzungen des § 44a Abs. 1, 2 und 5 in dem dort bestimmten Umfang unter Berücksichtigung des § 3 Nr. 40 Buchstabe d, e und f erstattet. [2]Dem Antrag auf Erstattung sind**

a) der Freistellungsauftrag nach § 44a Abs. 2 Satz 1 Nr. 1 oder die Nichtveranlagungs-Bescheinigung nach § 44a Abs. 2 Satz 1 Nr. 2 sowie eine Steuerbescheinigung nach § 45a Abs. 3 oder

---

[1]) ***Absatz 1 Satz 1 wurde durch das Unternehmensteuerreformgesetz 2008 und durch das JStG 2009 geändert und ist in der geänderten Fassung erstmals auf Kapitalerträge anzuwenden, die dem Gläubiger nach dem 31. 12. 2008 zufließen → § 52a Abs. 1 EStG.***

Anm.: Die geänderte Fassung lautet:
Bei Kapitalerträgen im Sinne des § 43 Abs. 1 Satz 1 Nr. 1 und 2, die einem unbeschränkt einkommensteuerpflichtigen und in den Fällen des § 44a Abs. 5 auch einem beschränkt einkommensteuerpflichtigen Gläubiger zufließen, wird auf Antrag die einbehaltene und abgeführte Kapitalertragsteuer unter den Voraussetzungen des § 44a Abs. 1 Nr. 2, Abs. 2 Satz 1 Nr. 2 und Abs. 5 in dem dort bestimmten Umfang erstattet.

b) die Bescheinigung nach § 44a Abs. 5 sowie eine Steuerbescheinigung nach § 45a Abs. 2 oder Abs. 3 beizufügen.

(2) [1]Für die Erstattung ist das Bundeszentralamt für Steuern zuständig. [2]Der Antrag ist nach amtlich vorgeschriebenem Muster zu stellen und zu unterschreiben.

(3) [1]Die Antragsfrist endet am 31. Dezember des Jahres, das dem Kalenderjahr folgt, in dem die Einnahmen zugeflossen sind. [2]Die Frist kann nicht verlängert werden.

(4) Die Erstattung ist ausgeschlossen, wenn [1])

1. die Erstattung nach § 45c beantragt oder durchgeführt worden ist,

2. die vorgeschriebene Steuerbescheinigungen nicht vorgelegt oder durch einen Hinweis nach § 44a Abs. 6 Satz 2 gekennzeichnet worden sind.

(5) [1]Ist Kapitalertragsteuer einbehalten und abgeführt worden, obwohl eine Verpflichtung hierzu nicht bestand, oder hat der Gläubiger im Fall des § 44a dem nach § 44 Abs. 1 zum Steuerabzug Verpflichteten den Freistellungsauftrag oder die Nichtveranlagungs-Bescheinigung oder die Bescheinigungen nach § 44a Abs. 4 oder 5 erst in einem Zeitpunkt vorgelegt, in dem die Kapitalertragsteuer bereits abgeführt war, so ist auf Antrag des nach § 44 Abs. 1 zum Steuerabzug Verpflichteten die Steueranmeldung (§ 45a Abs. 1) insoweit zu ändern; stattdessen kann der zum Steuerabzug Verpflichtete bei der folgenden Steueranmeldung die abzuführende Kapitalertragsteuer entsprechend kürzen. [2]Erstattungsberechtigt ist der Antragsteller.

44b.1. Erstattung von Kapitalertragsteuer durch das *Bundeszentralamt für Steuern* nach den §§ 44b und 45b EStG R 44b.1

Liegen die Voraussetzungen für die Erstattung von Kapitalertragsteuer durch das ***Bundeszentralamt für Steuern*** nach den §§ 44b und 45b EStG vor, kann der Anteilseigner wählen, ob er die Erstattung im Rahmen S 2410

1. eines Einzelantrags (→ R 44b.2) oder
2. eines Sammelantragsverfahrens (→ R 45b)

beansprucht.

Hinweise H 44b.1

Allgemeines

Einzelfragen bei Entrichtung, Abstandnahme und Erstattung von Kapitalertragsteuer → BMF vom 5. 11. 2002 (BStBl I S. 1346) unter Berücksichtigung der Änderungen durch BMF vom 13. 12. 2005 (BStBl I S. 1051) und vom 12. 1. 2006 (BStBl I S. 101).

Erstattung des Zinsabschlags

Erstattung des Zinsabschlags von Erträgen einer juristischen Person des öffentlichen Rechts aus Kapital auf Treuhandkonten → BMF vom 1. 3. 1993 (BStBl I S. 276).

Rückzahlung einer Dividende

Werden steuerpflichtige Kapitalerträge auf Grund einer tatsächlichen oder rechtlichen Verpflichtung in einem späteren Jahr zurückgezahlt, berührt die Rückzahlung den ursprünglichen Zufluss nicht. Eine Erstattung/Verrechnung der Kapitalertragsteuer, die von der ursprünglichen Dividende einbehalten und abgeführt worden ist, kommt deshalb nicht in Betracht (→ BFH vom 13. 11. 1985 – BStBl 1986 II S. 193).

44b.2. Einzelantrag beim *Bundeszentralamt für Steuern* (§ 44b EStG) R 44b.2

(1) Voraussetzungen für die Erstattung:

1. Dem auf amtlichen Vordruck zu stellenden Antrag ist das Original

---

[1]) ***Absatz 4 wurde durch das Unternehmensteuerreformgesetz 2008 geändert und ist in der geänderten Fassung erstmals auf Kapitalerträge anzuwenden, die dem Gläubiger nach dem 31. 12. 2008 zufließen → § 52a Abs. 1 EStG.***

Anm.: Die geänderte Fassung lautet:

(4) Die Erstattung ist ausgeschlossen, wenn die vorgeschriebenen Steuerbescheinigungen nicht vorgelegt oder durch einen Hinweis nach § 44a Abs. 6 Satz 2 gekennzeichnet worden sind.

- der vom zuständigen Wohnsitzfinanzamt ausgestellten Nichtveranlagungs-(NV-) Bescheinigung oder
- des Freistellungsauftrags oder der Bescheinigung i. S. d. § 44a Abs. 5 Satz 2 EStG

beizufügen.

2. Der Anteilseigner weist die Höhe der anrechenbaren Kapitalertragsteuer durch die Urschrift der Steuerbescheinigung oder durch eine als solche gekennzeichnete Ersatzbescheinigung eines inländischen Kreditinstituts nach (§ 45a Abs. 2 und 3 EStG). [2]Wird für Ehegatten ein gemeinschaftliches Depot unterhalten, ist es unter den Voraussetzungen des § 26 EStG nicht zu beanstanden, wenn die Bescheinigung auf den Namen beider Ehegatten lautet.

(2) [1]Eine NV-Bescheinigung ist nicht zu erteilen, wenn der Anteilseigner voraussichtlich vom Amts wegen oder auf Antrag zur Einkommensteuer veranlagt wird. [2]Das gilt auch, wenn die Veranlagung voraussichtlich nicht zur Festsetzung einer Steuer führt. [3]Im Falle der Eheschließung hat der Anteilseigner eine vorher auf seinen Namen ausgestellte NV-Bescheinigung an das Finanzamt auch dann zurückzugeben, wenn die Geltungsdauer noch nicht abgelaufen ist. [4]Das Finanzamt hat auf Antrag eine neue NV-Bescheinigung auszustellen, wenn anzunehmen ist, dass für den unbeschränkt steuerpflichtigen Anteilseigner und seinen Ehegatten auch nach der Eheschließung eine Veranlagung zur Einkommensteuer nicht in Betracht kommt; bei Veranlagung auf Antrag gilt Satz 1 entsprechend. [5]Für Kapitalerträge, die nach einem Erbfall zugeflossen sind, berechtigt eine auf den Namen des Erblassers ausgestellte NV-Bescheinigung nicht zur Erstattung der Kapitalertragsteuer an die Erben.

(3) Für die Erstattung von Kapitalertragsteuer bei Kapitalerträgen i. S. d. § 43 Abs. 1 Satz 1 Nr. 2 EStG gelten die Absätze 1 und 2 entsprechend.

EStG

§ 44c – weggefallen –

EStG
S 2410

§ 45 Ausschluss der Erstattung von Kapitalertragsteuer

[1]In den Fällen, in denen die Dividende an einen anderen als an den Anteilseigner ausgezahlt wird, ist die Erstattung von Kapitalertragsteuer an den Zahlungsempfänger ausgeschlossen. [2]Satz 1 gilt nicht für den Erwerber eines Dividendenscheins in den Fällen des § 20 Abs. 2 Satz 1 Nr. 2 Buchstabe a. [3]In den Fällen des § 20 Abs. 2 Satz 1 Nr. 2 Buchstabe b ist die Erstattung von Kapitalertragsteuer an den Erwerber von Zinsscheinen nach § 37 Abs. 2 der Abgabenordnung ausgeschlossen.

EStG
S 2401

§ 45a Anmeldung und Bescheinigung der Kapitalertragsteuer

[1]) **(1) [1]Die Anmeldung der einbehaltenen Kapitalertragsteuer ist dem Finanzamt innerhalb der in § 44 Abs. 1 oder Abs. 7 festgesetzten Frist nach amtlich vorgeschriebenem Vordruck einzureichen. [2]Satz 1 gilt entsprechend, wenn ein Steuerabzug nicht oder nicht in voller Höhe vorzunehmen ist. [3]Der Grund für die Nichtabführung ist anzugeben. [4]Die Anmeldung ist mit der Versicherung zu versehen, dass die Angaben vollständig und richtig sind. [5]Die Anmeldung ist von dem Schuldner, der den Verkaufsauftrag ausführenden Stelle, der auszahlenden Stelle oder einer vertretungsberechtigten Person zu unterschreiben.**

---

1) ***Absatz 1 wurde durch das JStG 2008 ab VZ 2009 geändert.***

Anm.: Die geänderte Fassung lautet:

(1) [1]Die Anmeldung der einbehaltenen Kapitalertragsteuer ist dem Finanzamt innerhalb der in § 44 Abs. 1 oder Abs. 7 bestimmten Frist nach amtlich vorgeschriebenem Vordruck auf elektronischem Weg nach Maßgabe der Steuerdaten-Übermittlungsverordnung zu übermitteln. [2]Satz 1 gilt entsprechend, wenn ein Steuerabzug nicht oder nicht in voller Höhe vorzunehmen ist. [3]Der Grund für die Nichtabführung ist anzugeben. [4]Auf Antrag kann das Finanzamt zur Vermeidung unbilliger Härten auf eine elektronische Übermittlung verzichten; in diesem Fall ist die Kapitalertragsteuer-Anmeldung von dem Schuldner, der den Verkaufsauftrag ausführenden Stelle, der auszahlenden Stelle oder einer vertretungsberechtigten Person zu unterschreiben.

(2) [1]In den Fällen des § 43 Abs. 1 Satz 1 bis 4, 7a und 7b sind der Schuldner der Kapitalerträge und in den Fällen des § 43 Abs. 1 Satz 1 Nr. 7 und 8 sowie Satz 2 die die Kapitalerträge auszahlende Stelle vorbehaltlich der Absätze 3 und 4 verpflichtet, dem Gläubiger der Kapitalerträge auf Verlangen die folgenden Angaben nach amtlich vorgeschriebenem Muster zu bescheinigen: [1])

1. **den Namen und die Anschrift des Gläubigers;**
2. **die Art und Höhe der Kapitalerträge unabhängig von der Vornahme eines Steuerabzugs;**
3. **den Zahlungstag;**
4. **den Betrag der § 36 Abs. 2 Nr. 2 anrechenbaren Kapitalertragsteuer getrennt nach**
   a) **Kapitalertragsteuer im Sinne des § 43a Abs. 1 Nr. 1 und 2,**
   b) **Kapitalertragsteuer im Sinne des § 43a Abs. 1 Nr. 3 (Zinsabschlag) und**
   c) **Kapitalertragsteuer im Sinne des § 43a Abs. 1 Nr. 4 und 5;**
5. **das Finanzamt, an das die Steuer abgeführt worden ist.**

[2]Bei Kapitalerträgen im Sinne des § 43 Abs. 1 Satz 1 Nr. 2 bis 4, 7 bis 7b und 8 sowie Satz 2 ist außerdem die Zeit anzugeben, für welche die Kapitalerträge gezahlt worden sind. [3]Die Bescheinigung braucht nicht unterschrieben zu werden, wenn sie in einem maschinellen Verfahren ausgedruckt worden ist und den Aussteller erkennen lässt. [4]Ist die auszahlende Stelle nicht Schuldner der Kapitalerträge, hat sie zusätzlich den Namen und die Anschrift des Schuldners der Kapitalerträge anzugeben. [5]§ 44a Abs. 6 gilt sinngemäß; über die zu kennzeichnenden Bescheinigungen haben die genannten Institute und Unternehmen Aufzeichnungen zu führen. [6]Diese müssen einen Hinweis auf den Buchungsbeleg über die Auszahlung an den Empfänger der Bescheinigung enthalten.

(3) [1]Werden die Kapitalerträge für Rechnung des Schuldners durch ein inländisches Kreditinstitut oder ein inländisches Finanzdienstleistungsinstitut gezahlt, so hat an Stelle des Schuldners das Kreditinstitut oder das Finanzdienstleistungsinstitut die Bescheinigung zu erteilen. [2]Aus der Bescheinigung des Kreditinstituts oder des Finanzdienstleistungsinstituts muss auch der Schuldner hervorgehen, für den die Kapitalerträge gezahlt werden; die Angabe des Finanzamts, an das die Kapitalertragsteuer abgeführt worden ist, kann unterbleiben. [3]Die Sätze 1 und 2 gelten in den Fällen des § 20 Abs. 1 Nr. 1 Satz 4 entsprechend; der Emittent der Aktien gilt insoweit als Schuldner der Kapitalerträge. [2])

(4) [1]Eine Bescheinigung nach Absatz 2 oder Absatz 3 ist nicht zu erteilen, wenn in Vertretung des Gläubigers ein Antrag auf Erstattung der Kapitalertragsteuer nach den §§ 44b und 45c gestellt worden ist oder gestellt wird. [2]Satz 1 gilt entsprechend, wenn nach § 44a Abs. 8 Satz 1 der Steuerabzug nur hälftig vorgenommen worden ist. [3])

---

1) ***Absatz 2 wurde durch das Unternehmensteuerreformgesetz 2008 geändert und ist in der geänderten Fassung erstmals auf Kapitalerträge anzuwenden, die dem Gläubiger nach dem 31. 12. 2008 zufließen → § 52a Abs. 1 EStG.***

Anm.: Die geänderte Fassung lautet:

(2) [1]In den Fällen des § 43 Abs. 1 Satz 1 Nr. 1 bis 4, 7a und 7b sind der Schuldner der Kapitalerträge und in den Fällen des § 43 Abs. 1 Satz 1 Nr. 6, 7 und 8 bis 12 sowie Satz 2 die die Kapitalerträge auszahlende Stelle vorbehaltlich des Absatzes 3 verpflichtet, dem Gläubiger der Kapitalerträge auf Verlangen auszustellen, die die nach § 32d erforderlichen Angaben enthält. [2]§ 44a Abs. 6 gilt sinngemäß; über die zu kennzeichnenden Bescheinigungen haben die genannten Institute und Unternehmen Aufzeichnungen zu führen. [3]Diese müssen einen Hinweis auf den Buchungsbeleg über die Auszahlung an den Empfänger der Bescheinigung enthalten.

2) ***Absatz 3 wurde durch das Unternehmensteuerreformgesetz 2008 geändert und ist in der geänderten Fassung erstmals auf Kapitalerträge anzuwenden, die dem Gläubiger nach dem 31. 12. 2008 zufließen → § 52a Abs. 1 EStG.***

Anm.: Die geänderte Fassung lautet:

(3) [1]Werden Kapitalerträge für Rechnung des Schuldners durch ein inländisches Kreditinstitut oder ein inländisches Finanzdienstleistungsinstitut gezahlt, so hat an Stelle des Schuldners das Kreditinstitut oder das Finanzdienstleistungsinstitut die Bescheinigung zu erteilen. [2]Satz 1 gilt in den Fällen des § 20 Abs. 1 Nr. 1 Satz 4 entsprechend; der Emittent der Aktien gilt insoweit als Schuldner der Kapitalerträge.

3) ***Absatz 4 wurde durch das Unternehmensteuerreformgesetz 2008 und durch das JStG 2008 geändert und ist in der geänderten Fassung erstmals auf Kapitalerträge anzuwenden, die dem Gläubiger nach dem 31. 12. 2008 zufließen → § 52a Abs. 1 EStG.***

Anm.: Die geänderte Fassung lautet:

(4) [1]Eine Bescheinigung nach Absatz 2 oder Absatz 3 ist auch zu erteilen, wenn in Vertretung des Gläubigers ein Antrag auf Erstattung der Kapitalertragsteuer nach § 44b gestellt worden ist oder gestellt wird. [2]Satz 1 gilt entsprechend, wenn nach § 44a Abs. 8 Satz 1 der Steuerabzug nur nicht in voller Höhe vorgenommen worden ist.

(5) [1]Eine Ersatzbescheinigung darf nur ausgestellt werden, wenn die Urschrift nach den Angaben des Gläubigers abhanden gekommen oder vernichtet ist. [2]Die Ersatzbescheinigung muss als solche gekennzeichnet sein. [3]Über die Ausstellung von Ersatzbescheinigungen hat der Aussteller Aufzeichnungen zu führen.

(6) [1]Eine Bescheinigung, die den Absätzen 2 bis 5 nicht entspricht, hat der Aussteller zurückzufordern und durch eine berichtigte Bescheinigung zu ersetzen. [2]Die berichtigte Bescheinigung ist als solche zu kennzeichnen. [3]Wird die zurückgeforderte Bescheinigung nicht innerhalb eines Monats nach Zusendung der berichtigten Bescheinigung an den Aussteller zurückgegeben, hat der Aussteller das nach seinen Unterlagen für den Empfänger zuständige Finanzamt schriftlich zu benachrichtigen.

(7) [1]Der Aussteller einer Bescheinigung, die den Absätzen 2 bis 5 nicht entspricht, haftet für die auf Grund der Bescheinigung verkürzten Steuern oder zu Unrecht gewährten Steuervorteile. [2]Ist die Bescheinigung nach Absatz 3 durch ein inländisches Kreditinstitut oder ein inländisches Finanzdienstleistungsinstitut auszustellen, so haftet der Schuldner auch, wenn er zum Zweck der Bescheinigung unrichtige Angaben macht. [3]Der Aussteller haftet nicht

1. in den Fällen des Satzes 2,
2. wenn er die ihm nach Absatz 6 obliegenden Verpflichtungen erfüllt hat.

H 45a

Hinweise

Steuerbescheinigung

- Muster Dividenden → BMF vom 20. 2. 2001 (BStBl I S. 235).
- Muster sonstige Kapitalerträge → BMF vom 24. 7. 2001 (BStBl I S. 514).
- Ausstellung von Steuerbescheinigungen → BMF vom 5. 11. 2002 (BStBl I S. 1338).

EStG

§ 45b Erstattung von Kapitalertragsteuer aufgrund von Sammelanträgen

(1) [1]Wird in den Fällen des § 44b Abs. 1 der Antrag auf Erstattung von Kapitalertragsteuer in Vertretung des Anteilseigners durch ein inländisches Kreditinstitut oder eine inländische Zweigniederlassung eines der in § 53b Abs. 1 oder 7 des Gesetzes über das Kreditwesen genannten Institute oder Unternehmen gestellt, so kann von der Übersendung des Freistellungsauftrags nach § 44a Abs. 2 Satz 1 Nr. 1, der Nichtveranlagungs-Bescheinigung nach § 44a Abs. 2 Satz 1 Nr. 2 oder der Bescheinigung nach § 44a Abs. 5 sowie der Steuerbescheinigung nach § 45a Abs. 2 oder 3 abgesehen werden, wenn das inländische Kreditinstitut oder die inländische Zweigniederlassung eines der in § 53b Abs. 1 oder 7 des Gesetzes über das Kreditwesen genannten Institute oder Unternehmen versichert, dass

[1]) 1. eine Bescheinigung im Sinne des § 45a Abs. 2 oder 3 nicht ausgestellt oder als ungültig gekennzeichnet oder nach den Angaben des Gläubigers der Kapitalerträge abhanden gekommen oder vernichtet ist,

2. die Wertpapiere oder die Kapitalforderungen im Zeitpunkt des Zufließens der Einnahmen in einem auf den Namen des Gläubigers lautenden Wertpapierdepot bei dem inländischen Kreditinstitut oder bei der inländischen Zweigniederlassung eines der in § 53b Abs. 1 oder 7 des Gesetzes über das Kreditwesen genannten Institute oder Unternehmen verzeichnet waren,

[2]) 3. ein Freistellungsauftrag nach § 44a Abs. 2 Satz 1 Nr. 1 oder eine Nichtveranlagungs-Bescheinigung nach § 44a Abs. 2 Satz 1 Nr. 2 oder eine Bescheinigung nach § 44a Abs. 5 vorliegt und

---

1) ***Absatz 1 Satz 1 Nr. 1 wurde durch das Unternehmensteuerreformgesetz 2008 geändert und ist erstmals auf Kapitalerträge anzuwenden, die dem Gläubiger nach dem 31. 12. 2008 zufließen → § 52a Abs. 1 EStG.***

Anm.: Die Neufassung lautet:
1. eine Bescheinigung im Sinne des § 45a Abs. 2 oder 3 als ungültig gekennzeichnet oder nach den Angaben des Gläubigers der Kapitalerträge abhanden gekommen oder vernichtet ist,

2) ***Absatz 1 Satz 1 Nr. 3 wurde durch das JStG 2009 geändert und ist erstmals auf Kapitalerträge anzuwenden, die dem Gläubiger nach dem 31. 12. 2008 zufließen → § 52a Abs. 1 EStG.***

Anm.: Die Änderung lautet:
In § 45b Abs. 1 Satz 1 werden die Angabe „des Freistellungsauftrags nach § 44a Abs. 2 Satz 1

4. die Angaben in dem Antrag wahrheitsgemäß nach bestem Wissen und Gewissen gemacht worden sind.

[2]Über Anträge, in denen ein inländisches Kreditinstitut oder eine inländische Zweigniederlassung eines der in § 53b Abs. 1 oder 7 des Gesetzes über das Kreditwesen genannten Institute oder Unternehmen versichert, dass die Bescheinigung im Sinne des § 45a Abs. 2 oder 3 als ungültig gekennzeichnet oder nach den Angaben des Anteilseigners abhanden gekommen oder vernichtet ist, haben die Kreditinstitute und Zweigniederlassungen eines der in § 53b Abs. 1 oder 7 des Gesetzes über das Kreditwesen genannten Institute oder Unternehmen Aufzeichnungen zu führen.

(2) [1]Absatz 1 gilt entsprechend für Anträge, die

1. eine Kapitalgesellschaft in Vertretung ihrer Arbeitnehmer stellt, soweit es sich um Einnahmen aus Anteilen handelt, die den Arbeitnehmern von der Kapitalgesellschaft überlassen worden sind und von ihr, einem inländischen Kreditinstitut oder einer inländischen Zweigniederlassung eines der in § 53b Abs. 1 oder 7 des Gesetzes über das Kreditwesen genannten Institute oder Unternehmen verwahrt werden;

2. der von einer Kapitalgesellschaft bestellte Treuhänder in Vertretung der Arbeitnehmer dieser Kapitalgesellschaft stellt, soweit es sich um Einnahmen aus Anteilen handelt, die den Arbeitnehmern von der Kapitalgesellschaft überlassen worden sind und von dem Treuhänder, einem inländischen Kreditinstitut oder einer inländischen Zweigniederlassung eines der in § 53b Abs. 1 oder 7 des Gesetzes über das Kreditwesen genannten Institute oder Unternehmen verwahrt werden;

3. eine Erwerbs- oder Wirtschaftsgenossenschaft in Vertretung ihrer Mitglieder stellt, soweit es sich um Einnahmen aus Anteilen an dieser Genossenschaft handelt und nicht die Abstandnahme gemäß § 44a Abs. 8 durchgeführt wurde.

[2]Den Arbeitnehmern im Sinne des Satzes 1 Nr. 1 und 2 stehen Arbeitnehmer eines mit der Kapitalgesellschaft verbundenen Unternehmens (§ 15 des Aktiengesetzes) sowie frühere Arbeitnehmer der Kapitalgesellschaft oder eines mit ihr verbundenen Unternehmens gleich. [3]Den von der Kapitalgesellschaft überlassenen Anteilen stehen Aktien gleich, die den Arbeitnehmern bei einer Kapitalerhöhung auf Grund ihres Bezugsrechts aus den von der Kapitalgesellschaft überlassenen Aktien zugeteilt worden sind oder die den Arbeitnehmern auf Grund einer Kapitalerhöhung aus Gesellschaftsmitteln gehören.

(2a) [1]Sammelanträge auf volle oder hälftige Erstattung können auch Gesamthandsgemeinschaften für ihre Mitglieder im Sinne von § 44a Abs. 7 und 8 stellen. [2]Absatz 1 ist entsprechend anzuwenden.

(3) [1]Erkennt der Vertreter des Gläubigers der Kapitalerträge vor Ablauf der Festsetzungsfrist im Sinne der §§ 169 bis 171 der Abgabenordnung, dass die Erstattung ganz oder teilweise zu Unrecht festgesetzt worden ist, so hat er dies dem Bundeszentralamt für Steuern anzuzeigen. [2]Das Bundeszentralamt für Steuern hat die zu Unrecht erstatteten Beträge von dem Gläubiger zurückzufordern, für den sie festgesetzt worden sind. [3]Der Vertreter des Gläubigers haftet für die zurückzuzahlenden Beträge.

(4) [1]§ 44b Abs. 1 bis 4 gilt entsprechend. [2]Die Antragsfrist gilt als gewahrt, wenn der Gläubiger die beantragende Stelle bis zu dem in § 44b Abs. 3 bezeichneten Zeitpunkt schriftlich mit der Antragstellung beauftragt hat.

(5) Die Vollmacht, den Antrag auf Erstattung von Kapitalertragsteuer zu stellen, ermächtigt zum Empfang der Steuerstattung.

45b. Sammelantrag beim *Bundeszentralamt für Steuern* R 45b

(1) [1]Der Anteilseigner muss den Sammelantragsteller zu seiner Vertretung bevollmächtigt haben. [2]Der Nachweis einer Vollmacht ist nur zu verlangen, wenn begründete Zweifel an der Vertretungsmacht bestehen. [3]Abweichend von § 80 Abs. 1 Satz 2 AO ermächtigt bei einem Sammelantrag auf Erstattung von Kapitalertragsteuer die für die Antragstellung erteilte Vollmacht auch zum Empfang der Steuererstattungen.

(2) Die Anweisungen in → R 44b.2 gelten für den Sammelantrag mit folgenden Abweichungen:

1. Beauftragt der Anteilseigner einen in § 45b EStG genannten Vertreter, einen Sammelantrag beim ***Bundeszentralamt für Steuern*** zu stellen, hat er dem Vertreter das Original der NV-Bescheinigung, des Freistellungsauftrags oder der Bescheinigung i. S. d. § 44a Abs. 5 Satz 2, Abs. 7 Satz 4 oder Abs. 8 Satz 3 EStG vorzulegen.

2. In den Sammelantrag auf Erstattung von Kapitalertragsteuer dürfen auch Einnahmen einbezogen werden, für die der Anteilseigner die Ausstellung einer Jahressteuerbescheinigung beantragt hat, wenn der Vertreter des Anteilseigners versichert, dass eine Steuerbescheinigung über zu erstattende Kapitalertragsteuer nicht erteilt worden ist. [2]Das Gleiche gilt für Einnahmen, für die dem Anteilseigner eine Steuerbescheinigung ausgestellt worden ist, wenn der Vertreter des Anteilseigners versichert, dass die Bescheinigung als ungültig gekennzeichnet oder nach den Angaben des Anteilseigners abhanden gekommen oder vernichtet ist.

(3) Für die Erstattung von Kapitalertragsteuer bei Kapitalerträgen i. S. d. § 43 Abs. 1 Satz 1 Nr. 2 EStG gelten die Absätze 1 und 2 entsprechend.

H 45b

Hinweise

Sammelantragsverfahren nach § 45b EStG

– Sammelanträge sind grundsätzlich elektronisch zu übermitteln. Für die elektronische Übermittlung gilt die Steuerdaten-Übermittlungs-Verordnung (StDÜV) vom 28. 1. 2003 (BGBl I S. 139), zuletzt geändert durch Artikel 1 der Verordnung vom 20. 12. 2006 (BGBl I S. 3380).
– Zur Anwendung → BMF vom 15. 1. 2007 (BStBl I S. 95).

EStG
S 2410
[1])

§ 45c Erstattung von Kapitalertragsteuer in Sonderfällen

(1) [1]In Fällen des § 45b Abs. 2 wird die Kapitalertragsteuer an den dort bezeichneten Vertreter unabhängig davon erstattet, ob für den Gläubiger der Kapitalerträge eine Veranlagung in Betracht kommt oder ob eine Nichtveranlagungs-Bescheinigung nach § 44a Abs. 2 Satz 1 Nr. 2 vorgelegt wird, wenn der Vertreter sich in einem Sammelantrag bereit erklärt hat, den Erstattungsbetrag für den Gläubiger entgegenzunehmen. [2]Die Erstattung nach Satz 1 wird nur für Gläubiger gewährt, deren Bezüge im Sinne des § 20 Abs. 1 Nr. 1 und 2 im Wirtschaftsjahr 51 Euro nicht überstiegen haben.

(2) [1]Werden in den Fällen des § 45b Abs. 2 Satz 1 Nr. 1 oder 2 die Anteile von einem inländischen Kreditinstitut oder einer inländischen Zweigniederlassung eines der in § 53b Abs. 1 oder 7 des Gesetzes über das Kreditwesen genannten Institute oder Unternehmen in einem Wertpapierdepot verwahrt, das auf den Namen des Gläubigers lautet, setzt die Erstattung nach Absatz 1 zusätzlich voraus:

1. **Das inländische Kreditinstitut oder die inländische Zweigniederlassung eines der in § 53b Abs. 1 oder 7 des Gesetzes über das Kreditwesen genannten Institute oder Unternehmen hat die Überlassung der Anteile durch die Kapitalgesellschaft an den Gläubiger kenntlich gemacht;**
2. **es handelt sich nicht um Aktien, die den Arbeitnehmern bei einer Kapitalerhöhung auf Grund ihres Bezugsrechts aus den von der Kapitalgesellschaft überlassenen Aktien zugeteilt worden sind oder die den Arbeitnehmern auf Grund einer Kapitalerhöhung aus Gesellschaftsmitteln gehören;**
3. **der Gläubiger hat dem inländischen Kreditinstitut oder der inländischen Zweigniederlassung eines der in § 53b Abs. 1 oder 7 des Gesetzes über das Kreditwesen genannten Institute oder Unternehmen für das Wertpapierdepot eine Nichtveranlagungs-Bescheinigung nach § 44a Abs. 2 Satz 1 Nr. 2 nicht vorgelegt und**
4. **die Kapitalgesellschaft versichert, dass**
   a) **die Bezüge aus den von ihr insgesamt überlassenen Anteilen bei keinem der Gläubiger den Betrag von 51 Euro überstiegen haben können und**
   b) **das inländische Kreditinstitut oder die inländische Zweigniederlassung eines der in § 53b Abs. 1 oder 7 des Gesetzes über das Kreditwesen genannten Institute oder Unternehmen schriftlich erklärt hat, dass die in den Nummern 1 bis 3 bezeichneten Voraussetzungen erfüllt sind.**

[2]Ist die in Satz 1 Nr. 4 Buchstabe b bezeichnete Erklärung des inländischen Kreditinstituts oder der inländischen Zweigniederlassung eines der in § 53b Abs. 1 oder 7 des Gesetzes über das Kreditwesen genannten Institute oder Unternehmen unrichtig, haften diese für die auf Grund der Erklärung zu Unrecht gewährten Steuervorteile.

---

1) *§ 45c EStG wurde durch das Unternehmensteuerreformgesetz 2008 aufgehoben. Zur zeitlichen Anwendung → § 52a Abs. 1 EStG.*

(3) [1]Das Finanzamt kann einer unbeschränkt steuerpflichtigen Körperschaft auch in anderen als den in § 45b Abs. 2 bezeichneten Fällen gestatten, in Vertretung ihrer unbeschränkt steuerpflichtigen Gläubiger einen Sammelantrag auf Erstattung von Kapitalertragsteuer zu stellen, wenn

1. **die Zahl der Gläubiger, für die der Sammelantrag gestellt werden soll, besonders groß ist,**
2. **die Körperschaft den Gewinn ohne Einschaltung eines inländischen Kreditinstituts oder einer inländischen Zweigniederlassung eines der in § 53b Abs. 1 oder 7 des Gesetzes über das Kreditwesen genannten Institute oder Unternehmen an die Gläubiger ausgeschüttet hat und**
3. **im Übrigen die Voraussetzungen des Absatzes 1 erfüllt sind.**

[2]In diesen Fällen ist nicht erforderlich, dass die Anteile von einer der in § 45b bezeichneten Stellen verwahrt werden.

(4) [1]Für die Erstattung ist das Finanzamt zuständig, dem die Besteuerung des Einkommens des Vertreters obliegt. [2]Das Finanzamt kann die Erstattung an Auflagen binden, die die steuerliche Erfassung der Kapitalerträge sichern sollen. [3]Im Übrigen ist § 45b sinngemäß anzuwenden.

(5) [1]Ist der Gläubiger von Kapitalerträgen im Sinne des § 43 Abs. 1 Satz 1 Nr. 2 ein unbeschränkt einkommensteuerpflichtiger Arbeitnehmer und beruhen die Kapitalerträge auf Teilschuldverschreibungen, die ihm von seinem gegenwärtigen oder früheren Arbeitgeber überlassen worden sind, so wird die Kapitalertragsteuer unter entsprechender Anwendung der Absätze 1 bis 4 an den Arbeitgeber oder an einen von ihm bestellten Treuhänder erstattet, wenn der Arbeitgeber oder Treuhänder in Vertretung des Gläubigers sich in einem Sammelantrag bereit erklärt hat, den Erstattungsbetrag für den Gläubiger entgegenzunehmen. [2]Die Erstattung wird nur für die Gläubiger gewährt, deren Kapitalerträge im Sinne des Satzes 1 allein oder, in den Fällen des Absatzes 1, zusammen mit den dort bezeichneten Kapitalerträgen im Wirtschaftsjahr 51 Euro nicht überstiegen haben.

45c. Erstattung von Kapitalertragsteuer durch das Finanzamt im vereinfachten Verfahren – *letztmalig anzuwenden auf Kapitalerträge, die vor dem 1. 1. 2009 zugeflossen sind (§ 52a Abs. 1 EStG)* – R 45c

(1) → R 45b gilt entsprechend.

(2) [1]Übersteigen die Kapitalerträge i. S. d. § 20 Abs. 1 Nr. 1 und 2 sowie des § 43 Abs. 1 Satz 1 Nr. 2 EStG des Anteilseigners oder Gläubigers den Betrag von 51 Euro im Wirtschaftsjahr der Zahlung, ist die Erstattung in dem vereinfachten Verfahren ausgeschlossen. [2]In diesen Fällen kommt nur das Sammelantragsverfahren beim ***Bundeszentralamt für Steuern*** nach § 45b EStG unter den dort genannten Voraussetzungen in Betrag (→ R 45b).

(3) [1]Der Betrag von 51 Euro bezieht sich bei Kapitalerträgen aus Belegschafts- und Genossenschaftsanteilen auf die dem Anteilseigner oder Gläubiger im Wirtschaftsjahr der ausschüttenden Körperschaft zugeflossenen Kapitalerträge. [2]Für die Frage, ob die Grenze von 51 Euro überschritten ist, kommt es nur auf die Kapitalerträge an, die der Anteilseigner/Gläubiger von der Körperschaft bezogen hat, die den Sammelantrag stellt oder durch einen Treuhänder stellen lässt. [3]Kapitalerträge, die dem Anteilseigner oder Gläubiger von anderen Körperschaften zufließen, sind für die Ermittlung der 51-Euro-Grenze nicht zu berücksichtigen.

(4) [1]Der Bescheid über die zu erstattende Kapitalertragsteuer ist dem Sammelantragsteller bekannt zu geben. [2]Die Bekanntgabe erfolgt mit Wirkung für und gegen alle vertretenen Anteilseigner/Gläubiger. [3]Die Rechtsbehelfsbefugnis gegen den dem Sammelantragsteller bekannt gegebenen Bescheid steht diesem sowie den vertretenen Anteilseignern oder Gläubigern zu.

(5) [1]War die Erstattung zu niedrig, ist dem Sammelantragsteller ein geänderter Bescheid zu erteilen. [2]Der Bescheid über die Rückforderung zu Unrecht gezahlter Erstattungsbeträge ist nicht an den Sammelantragsteller, sondern an den vertretenen Anteilseigner oder Gläubiger zu richten (§ 45c Abs. 4 Satz 3 i. V. m. § 45b Abs. 3 EStG).

Hinweise H 45c

Aufrechnung

1. Gegen den Anspruch auf die zu erstattende Kapitalertragsteuer kann das Finanzamt mit Steuerforderungen gegen die einzelnen Anteilseigner/Gläubiger, nicht dagegen mit Steuerforderungen gegen den Sammelantragsteller, aufrechnen.

2. Der Sammelantragsteller kann nicht mit der an ihn auszuzahlenden Kapitalertragsteuer-Erstattung gegen die Ansprüche des Finanzamts auf Abführung der Kapitalertragsteuer aufrechnen, da die nach § 226 AO i. V. m. § 387 BGB erforderliche Aufrechnungslage nicht gegeben ist.
3. → BFH vom 3. 5. 1961 (BStBl III S. 296).

Form und Frist des Sammelantrags

→ § 45b Abs. 4 EStG
→ § 45c Abs. 4 und 5 EStG

Haftung des Sammelantragstellers

→ § 45b Abs. 3 Satz 3 EStG
→ § 219 AO

Keine NV-Bescheinigung

Die Vorlage einer NV-Bescheinigung ist in dem vereinfachten Verfahren nach § 45c EStG nicht erforderlich.

Sammelantragsverfahren nach § 45c Abs. 3 EStG

Die Regelung ist in erster Linie für Aktiengesellschaften bestimmt, die durch Umwandlung aus einer früheren Erwerbs- oder Wirtschaftsgenossenschaft hervorgegangen sind. Die Zulassung zum Sammelantragsverfahren wird nicht dadurch ausgeschlossen, dass die ausschüttende Körperschaft den Gewinnanteil durch einen Überweisungsauftrag auszahlt.

Vertretungsmacht

→ R 45b Abs. 1 und 2

EStG
S 2409a

§ 45d Mitteilungen an das Bundeszentralamt für Steuern

(1) [1]Wer nach § 44 Abs. 1 dieses Gesetzes und § 7 des Investmentsteuergesetzes zum Steuerabzug verpflichtet ist oder auf Grund von Sammelanträgen nach § 45b Abs. 1 und 2 die Erstattung von Kapitalertragsteuer beantragt, hat dem Bundeszentralamt für Steuern bis zum 31. Mai des Jahres, das auf das Jahr folgt, in dem die Kapitalerträge den Gläubigern zufließen, folgende Daten zu übermitteln:

1. Vor- und Zunamen sowie das Geburtsdatum der Person – gegebenenfalls auch des Ehegatten –, die den Freistellungsauftrag erteilt hat (Auftraggeber),

2. Anschrift des Auftraggebers,

[1]) **3. bei den Kapitalerträgen, für die ein Freistellungsauftrag erteilt worden ist,**

a) die Zinsen und ähnlichen Kapitalerträge, bei denen vom Steuerabzug Abstand genommen worden ist,

b) die Dividenden und ähnlichen Kapitalerträge, bei denen die Erstattung von Kapitalertragsteuer und die Vergütung von Körperschaftsteuer beim Bundeszentralamt für Steuern beantragt worden ist,

c) die Kapitalerträge im Sinne des § 43 Abs. 1 Nr. 2, bei denen die Erstattung von Kapitalertragsteuer beim Bundeszentralamt für Steuern beantragt worden ist,

d) die Hälfte der Dividenden und ähnlichen Kapitalerträge, bei denen nach § 44b Abs. 1 in der Fassung des Gesetzes vom 23. Oktober 2000 (BGBl. I S. 1433) die Erstattung von Kapitalertragsteuer beim Bundeszentralamt für Steuern beantragt worden ist,

4. Namen und Anschrift des Empfängers des Freistellungsauftrags.

---

1) ***Absatz 1 Satz 1 Nr. 3 wurde durch das Unternehmensteuerreformgesetz 2008 geändert und ist in der geänderten Fassung erstmals auf Kapitalerträge anzuwenden, die dem Gläubiger nach dem 31. 12. 2008 zufließen → § 52a Abs. 1 EStG.***

Anm.: Die Neufassung lautet:
3. bei den Kapitalerträgen, für die ein Freistellungsauftrag erteilt worden ist,
a) die Kapitalerträge, bei denen vom Steuerabzug Abstand genommen worden ist,
b) die Kapitalerträge, bei denen die Erstattung von Kapitalertragsteuer beim Bundeszentralamt für Steuern beantragt worden ist,

[2]Die Datenübermittlung hat nach amtlich vorgeschriebenem Datensatz auf amtlich vorgeschriebenen maschinell verwertbaren Datenträgern zu erfolgen. [3]Im Übrigen findet § 150 Abs. 6 der Abgabenordnung entsprechende Anwendung. [4]Das Bundeszentralamt für Steuern kann auf Antrag eine Übermittlung nach amtlich vorgeschriebenem Vordruck zulassen, wenn eine Übermittlung nach Satz 2 eine unbillige Härte mit sich bringen würde.

(2) [1]Das Bundeszentralamt für Steuern darf den Sozialleistungsträgern die Daten nach Absatz 1 mitteilen, soweit dies zur Überprüfung des bei der Sozialleistung zu berücksichtigenden Einkommens oder Vermögens erforderlich ist oder der Betroffene zustimmt. [2]Für Zwecke des Satzes 1 ist das Bundeszentralamt für Steuern berechtigt, die ihm von den Sozialleistungsträgern übermittelten Daten mit den vorhandenen Daten nach Absatz 1 im Wege des automatisierten Datenabgleichs zu überprüfen und das Ergebnis den Sozialleistungsträgern mitzuteilen. [1)]

§ 45e Ermächtigung für Zinsinformationsverordnung

EStG

[1]Die Bundesregierung wird ermächtigt, durch Rechtsverordnung mit Zustimmung des Bundesrates die Richtlinie 2003/48/EG des Rates vom 3. Juni 2003 (Abl. EU Nr. L 157 S. 38) in der jeweils geltenden Fassung im Bereich der Besteuerung von Zinserträgen umzusetzen. [2]§ 45d Abs. 1 Satz 2 bis 4 und Abs. 2 sind entsprechend anzuwenden.

Hinweise

H 45e

Einführungsschreiben zur Zinsinformationsverordnung

→ ***BMF vom 30. 1. 2008 (BStBl I S. 320)***

Zinsinformationsverordnung vom 26. 1. 2004

→ BGBl. I S. 128 (BStBl I S. 297), zuletzt geändert durch die Zweite Verordnung zur Änderung der Zinsinformationsverordnung vom 5. 11. 2007 (BGBl. I S. 2562).

4. Veranlagung von Steuerpflichtigen mit steuerabzugspflichtigen Einkünften

§ 46 Veranlagung bei Bezug von Einkünften aus nichtselbständiger Arbeit

EStG
S 2270

(1) (weggefallen)

(2) Besteht das Einkommen ganz oder teilweise aus Einkünften aus nichtselbständiger Arbeit, von denen ein Steuerabzug vorgenommen worden ist, so wird eine Veranlagung nur durchgeführt,

1) ***Durch das JStG 2009 wurde ein Absatz 3 angefügt.***
Anm.: Der neue Absatz 3 lautet:
(3) Ein inländischer Versicherungsvermittler im Sinne des § 59 Abs. 1 des Versicherungsvertragsgesetzes hat bis zum 30. März des Folgejahres das Zustandekommen eines Vertrages im Sinne des § 20 Abs. 1 Nr. 6 zwischen einer im Inland ansässigen Person und einem Versicherungsunternehmen mit Sitz und Geschäftsleitung im Ausland gegenüber dem Bundeszentralamt für Steuern mitzuteilen; dies gilt nicht, wenn das Versicherungsunternehmen eine Niederlassung im Inland hat oder das Versicherungsunternehmen dem Bundeszentralamt für Steuern bis zu diesem Zeitpunkt das Zustandekommen eines Vertrages angezeigt und den Versicherungsvermittler hierüber in Kenntnis gesetzt hat. Folgende Daten sind zu übermitteln:
1. Vor- und Zunamen sowie das Geburtsdatum, Anschrift und Steueridentifikationsnummer des Versicherungsnehmers,
2. Vertragsnummer oder sonstige Kennzeichnung des Vertrages,
3. Versicherungssumme und Laufzeit,
4. Angabe, ob es sich um einen konventionellen, einen fondsgebundenen oder einen vermögensverwaltenden Versicherungsvertrag handelt.

Die Regelungen des Absatzes 1 Satz 2 bis 4 sind entsprechend anzuwenden.

[1] 1. wenn die positive Summe der einkommensteuerpflichtigen Einkünfte, die nicht dem Steuerabzug vom Arbeitslohn zu unterwerfen waren, vermindert um die darauf entfallenden Beträge nach § 13 Abs. 3 und § 24a, oder die positive Summe der Einkünfte und Leistungen, die dem Progressionsvorbehalt unterliegen, jeweils mehr als 410 Euro beträgt;

2. wenn der Steuerpflichtige nebeneinander von mehreren Arbeitgebern Arbeitslohn bezogen hat; das gilt nicht, soweit nach § 38 Abs. 3a Satz 7 Arbeitslohn von mehreren Arbeitgebern für den Lohnsteuerabzug zusammengerechnet worden ist;

3. wenn für einen Steuerpflichtigen, der zu dem Personenkreis des § 10c Abs. 3 gehört, die Lohnsteuer im Veranlagungszeitraum oder für einen Teil des Veranlagungszeitraums nach den Steuerklassen I bis IV unter Berücksichtigung der Vorsorgepauschale nach § 10c Abs. 2 zu erheben war;

[2] 3a. wenn von Ehegatten, die nach den §§ 26, 26b zusammen zur Einkommensteuer zu veranlagen sind, beide Arbeitslohn bezogen haben und einer für den Veranlagungszeitraum oder einen Teil davon nach der Steuerklasse V oder VI besteuert worden ist;

4. wenn auf der Lohnsteuerkarte eines Steuerpflichtigen ein Freibetrag im Sinne des § 39a Abs. 1 Nr. 1 bis 3, 5 oder 6 eingetragen worden ist; dasselbe gilt für einen Steuerpflichtigen, der zum Personenkreis des § 1 Abs. 2 gehört, wenn diese Eintragungen auf einer Bescheinigung nach § 39c erfolgt sind;

4a. wenn bei einem Elternpaar, bei dem die Voraussetzungen des § 26 Abs. 1 Satz 1 nicht vorliegen,

   a) (weggefallen)

   b) (weggefallen)

   c) (weggefallen)

   d) im Falle des § 33a Abs. 2 Satz 6 das Elternpaar gemeinsam eine Aufteilung des Abzugsbetrags in einem anderen Verhältnis als je zur Hälfte beantragt oder

   e) im Falle des § 33b Abs. 5 Satz 3 das Elternpaar gemeinsam eine Aufteilung des Pauschbetrags für behinderte Menschen oder des Pauschbetrags für Hinterbliebene in einem anderen Verhältnis als je zur Hälfte beantragt.

   [2]Die Veranlagungspflicht besteht für jeden Elternteil, der Einkünfte aus nichtselbständiger Arbeit bezogen hat;

5. wenn bei einem Steuerpflichtigen die Lohnsteuer für einen sonstigen Bezug im Sinne des § 34 Abs. 1 und 2 Nr. 2 und 4 nach § 39b Abs. 3 Satz 9 oder für einen sonstigen Bezug nach § 39c Abs. 5 ermittelt wurde;

5a. wenn der Arbeitgeber die Lohnsteuer von einem sonstigen Bezug berechnet hat und dabei der Arbeitslohn aus früheren Dienstverhältnissen des Kalenderjahres außer Betracht geblieben ist (§ 39b Abs. 3 Satz 2, § 41 Abs. 1 Satz 7, Großbuchstabe S);

6. wenn die Ehe des Arbeitnehmers im Veranlagungszeitraum durch Tod, Scheidung oder Aufhebung aufgelöst worden ist und er oder sein Ehegatte der aufgelösten Ehe im Veranlagungszeitraum wieder geheiratet hat;

7. wenn

   a) für einen unbeschränkt Steuerpflichtigen im Sinne des § 1 Abs. 1 auf der Lohnsteuerkarte ein Ehegatte im Sinne des § 1a Abs. 1 Nr. 2 berücksichtigt worden ist oder

   b) für einen Steuerpflichtigen, der zum Personenkreis des § 1 Abs. 3 oder des § 1a gehört, das Betriebsstättenfinanzamt eine Bescheinigung nach § 39c Abs. 4 erteilt hat; dieses Finanzamt ist dann auch für die Veranlagung zuständig;

[3] 8. wenn die Veranlagung beantragt wird, insbesondere zur Anrechnung von Lohnsteuer auf die Einkommensteuer. [2]Der Antrag ist durch Abgabe einer Einkommensteuererklärung zu stellen.

(2a) (weggefallen)

(3) [1]In den Fällen des Absatzes 2 ist ein Betrag in Höhe der einkommensteuerpflichtigen Einkünfte, von denen der Steuerabzug vom Arbeitslohn nicht vorgenommen worden ist, vom

---

[1]) Absatz 2 Nr. 1 wurde durch das JStG 2007 geändert und ist auch auf VZ vor 2006 anzuwenden → § 52 Abs. 55j Satz 1 EStG.

[2]) Absatz 2 Nr. 1 wurde durch das JStG 2007 geändert und ist auch auf VZ vor 2006 anzuwenden → § 52 Abs. 55j Satz 1 EStG.

[3]) ***Absatz 2 Nr. 3a wurde durch das JStG 2009 ab VZ 2009 geändert.***

Anm.: Die Änderung lautet:
In § 46 Abs. 2 Nr. 3a werden die Wörter „besteuert worden ist" durch die Wörter „besteuert oder bei Steuerklasse IV der Faktor (§ 39f) eingetragen worden ist" ersetzt.

Einkommen abzuziehen, wenn diese Einkünfte insgesamt nicht mehr als 410 Euro betragen. [2]Der Betrag nach Satz 1 vermindert sich um den Altersentlastungsbetrag, soweit dieser *den unter Verwendung des nach § 24a Satz 5 maßgebenden Prozentsatzes zu ermittelnden Anteil* des Arbeitslohns mit Ausnahme der Versorgungsbezüge im Sinne des § 19 Abs. 2 übersteigt, und um den nach § 13 Abs. 3 zu berücksichtigenden Betrag. [1)]

(4) [1]Kommt nach Absatz 2 eine Veranlagung zur Einkommensteuer nicht in Betracht, so gilt die Einkommensteuer, die auf die Einkünfte aus nichtselbständiger Arbeit entfällt, für den Steuerpflichtigen durch den Lohnsteuerabzug als abgegolten, soweit er nicht für zu wenig erhobene Lohnsteuer in Anspruch genommen werden kann. [2]§ 42b bleibt unberührt.

(5) Durch Rechtsverordnung kann in den Fällen des Absatzes 2 Nr. 1, in denen die einkommensteuerpflichtigen Einkünfte, von denen der Steuerabzug vom Arbeitslohn nicht vorgenommen worden ist, den Betrag von 410 Euro übersteigen, die Besteuerung so gemildert werden, dass auf die volle Besteuerung dieser Einkünfte stufenweise übergeleitet wird.

---

§ 70 Ausgleich von Härten in bestimmten Fällen

EStDV
S 2270

[1]Betragen in den Fällen des § 46 Abs. 2 Nr. 1 bis 7 des Gesetzes die einkommensteuerpflichtigen Einkünfte, von denen der Steuerabzug vom Arbeitslohn nicht vorgenommen worden ist, insgesamt mehr als 410 Euro, so ist vom Einkommen der Betrag abzuziehen, um den die bezeichneten Einkünfte, vermindert um den auf sie entfallenden Altersentlastungsbetrag (§ 24a des Gesetzes) und den nach § 13 Abs. 3 des Gesetzes zu berücksichtigenden Betrag, niedriger als 820 Euro sind (Härteausgleichsbetrag). [2]Der Härteausgleichsbetrag darf nicht höher sein als die nach Satz 1 verminderten Einkünfte.

46.1. Veranlagung nach § 46 Abs. 2 Nr. 2 EStG

R 46.1
S 2270

§ 46 Abs. 2 Nr. 2 EStG gilt auch für die Fälle, in denen der Stpfl. rechtlich in nur einem Dienstverhältnis steht, die Bezüge aber von verschiedenen öffentlichen Kassen ausgezahlt und gesondert nach Maßgabe der jeweiligen Lohnsteuerkarte dem Steuerabzug unterworfen worden sind.

46.2. Veranlagung nach § 46 Abs. 2 Nr. 8 EStG

R 46.2
S 2270

(1) Die Vorschrift des § 46 Abs. 2 Nr. 8 EStG ist nur anwendbar, wenn der Arbeitnehmer nicht bereits nach den Vorschriften des § 46 Abs. 2 Nr. 1 bis 7 EStG zu veranlagen ist.

(2) ***[1]Der Antrag ist innerhalb der allgemeinen Festsetzungsfrist von vier Jahren zu stellen. [2]Die Anlaufhemmung nach § 170 Abs. 2 Satz 1 Nr. 1 AO ist wegen fehlender Erklärungspflicht regelmäßig nicht anwendbar, es sei denn, der Stpfl. ist zur Abgabe einer Einkommensteuererklärung aufgefordert worden.***

(3) Sollen ausländische Verluste, die nach einem DBA bei der Ermittlung des z. v. E. (§ 2 Abs. 5 EStG) außer Ansatz geblieben sind, zur Anwendung des negativen Progressionsvorbehalts berücksichtigt werden, ist auf Antrag eine Veranlagung durchzuführen.

(4) [1]Hat ein Arbeitnehmer im VZ zeitweise nicht in einem Dienstverhältnis gestanden, so kann die Dauer der Nichtbeschäftigung z. B. durch eine entsprechende Bescheinigung des der Agentur für Arbeit, wie einen Bewilligungsbescheid über das Arbeitslosengeld oder eine Bewilligung von Leistungen nach dem SGB III, belegt werden. [2]Kann ein Arbeitnehmer Zeiten der Nichtbeschäftigung durch geeignete Unterlagen nicht nachweisen oder in sonstiger Weise glaubhaft machen, ist dies kein Grund, die Antragsveranlagung nicht durchzuführen. [3]Ob und in welcher Höhe außer dem auf der Lohnsteuerbescheinigung ausgewiesenen Arbeitslohn weiterer Arbeitslohn zu berücksichtigen ist, hängt von dem im Einzelfall ermittelten Sachverhalt ab. [4]Für dessen Beurteilung gelten die Grundsätze der freien Beweiswürdigung.

Hinweise

H 46.2

Abtretung/Verpfändung

- zur Abtretung bzw. Verpfändung des Erstattungsanspruchs → § 46 AO sowie AEAO zu § 46
- zum Entstehen des Erstattungsanspruchs → § 38 AO i. V. m. § 36 Abs. 1 EStG

---

1) ***Absatz 3 Satz 2 wurde durch das JStG 2008 ab VZ 2008 geändert.***

Pfändung des Erstattungsanspruchs aus der Antragsveranlagung

→ § 46 Abs. 6 AO sowie AEAO zu § 46

Rechtswirksamer Antrag

- Ein Antrag auf Veranlagung zur Einkommensteuer ist nur dann rechtswirksam gestellt, wenn der amtlich vorgeschriebene Vordruck verwendet wird, dieser innerhalb der ***allgemeinen Festsetzungsfrist*** beim Finanzamt eingeht und bis dahin auch vom Arbeitnehmer eigenhändig unterschrieben ist (→ BFH vom 10. 10. 1986 – BStBl 1987 II S. 77). Eine Einkommensteuererklärung ist auch dann „nach amtlich vorgeschriebenem Vordruck" abgegeben, wenn ein – auch einseitig – privat gedruckter oder fotokopierter Vordruck verwendet wird, der dem amtlichen Muster entspricht (→ BFH vom 22. 5. 2006 – BStBl II S. 912).
- Der Antrag muss so erschöpfend ausgefüllt sein, dass das Veranlagungsverfahren in Gang gesetzt werden kann; dazu sind mindestens die üblichen Personalangaben sowie Angaben über den Bruttojahresarbeitslohn und über die einbehaltene Lohnsteuer erforderlich (→ BFH vom 15. 3. 1974 – BStBl II S. 590).
- Der Pfändungsgläubiger eines Einkommensteuererstattungsanspruchs ist nicht berechtigt, durch Abgabe einer von ihm selbst oder seinem Bevollmächtigten für den Vollstreckungsschuldner ausgefertigten und unterschriebenen Einkommensteuererklärung für diesen die Veranlagung zur Einkommensteuer i. S. d. § 46 Abs. 2 Nr. 8 EStG zu beantragen (→ BFH vom 18. 8. 1998 – BStBl 1999 II S. 84).

Schätzungsbescheid

Für die Durchführung des Veranlagungsverfahrens bedarf es keines Antrags des Stpfl., wenn das Finanzamt das Veranlagungsverfahren von sich aus bereits durchgeführt und einen Schätzungsbescheid unter dem Vorbehalt der Nachprüfung erlassen hat. Dies gilt jedenfalls dann, wenn bei Erlass des Steuerbescheids aus der insoweit maßgeblichen Sicht des Finanzamts die Voraussetzungen für eine Veranlagung von Amts wegen vorlagen (→ BFH vom 22. 5. 2006 – BStBl II S. 912).

R 46.3

46.3. Härteausgleich

– unbesetzt –

H 46.3

Hinweise

Abhängigkeit der Veranlagung vom Härteausgleich

Eine Veranlagung ist unabhängig vom Härteausgleich nach § 46 Abs. 3 EStG durchzuführen, auch wenn dieser im Ergebnis zu einem Betrag unter 410 Euro führt (→ BFH vom 2. 12. 1971 – BStBl 1972 II S. 278).

Allgemeines

Bestehen die einkommensteuerpflichtigen Einkünfte, die nicht der Lohnsteuer zu unterwerfen waren, sowohl aus positiven Einkünften als auch aus negativen Einkünften (Verlusten), so wird ein Härteausgleich nur gewährt, wenn die Summe dieser Einkünfte abzüglich der darauf entfallenden Beträge nach § 13 Abs. 3 und § 24a EStG einen positiven Einkunftsbetrag von nicht mehr als 410 Euro bzw. 820 Euro ergibt. Das gilt auch in den Fällen der Zusammenveranlagung von Ehegatten, in denen der eine Ehegatte positive und der andere Ehegatte negative Einkünfte, die nicht der Lohnsteuer zu unterwerfen waren, bezogen hat, und im Falle der Veranlagung nach § 46 Abs. 2 Nr. 4 EStG (→ BFH vom 24. 4. 1961 – BStBl III S. 310).

Beispiel:

Ein Arbeitnehmer, der im Jahr 2005 das 65. Lebensjahr vollendet hatte und auf dessen Lohnsteuerkarte ein Freibetrag i. S. d. § 39a Abs. 1 Nr. 5 EStG eingetragen worden ist, hat neben seinen Einkünften aus nichtselbständiger Arbeit (Ruhegeld) in ***2008*** folgende Einkünfte bezogen:

Gewinn aus Land- und Forstwirtschaft	2 000 €
Verlust aus Vermietung und Verpachtung	– 300 €
positive Summe dieser Einkünfte	1 700 €

Prüfung des Veranlagungsgrundes nach § 46 Abs. 2 Nr. 1 EStG:		
Summe der einkommensteuerpflichtigen Einkünfte, die nicht dem Steuerabzug vom Arbeitslohn unterlagen		1 700 €
Abzug nach § 13 Abs. 3 EStG	670 €	
Altersentlastungsbetrag nach § 24a EStG (40 % aus 1 700 €=)	+ 680 €	– 1 350 €
		350 €

Die Voraussetzungen nach § 46 Abs. 2 Nr. 1 EStG sind nicht gegeben; der Arbeitnehmer ist nach § 46 Abs. 2 Nr. 4 EStG zu veranlagen.

Betrag der einkommensteuerpflichtigen (Neben-)Einkünfte	1 700 €
Abzug nach § 13 Abs. 3 EStG	– 670 €
Altersentlastungsbetrag nach § 24a EStG	– 680 €
Vom Einkommen abziehbarer Betrag	350 €

Anwendung der §§ 34, 34b EStG

Würden Einkünfte, die nicht der Lohnsteuer zu unterwerfen waren, auf Grund eines Härteausgleichsbetrags in gleicher Höhe unversteuert bleiben, ist für die Anwendung dieser Ermäßigungsvorschriften kein Raum (→ BFH vom 29. 5. 1963 – BStBl III S. 379 und vom 2. 12. 1971 – BStBl 1972 II S. 278).

Lohnersatzleistung

Der Härteausgleich nach § 46 Abs. 3 EStG ist nicht auf dem Progressionsvorbehalt unterliegende Lohnersatzleistungen anzuwenden (→ BFH vom 5. 5. 1994 – BStBl II S. 654).

§ 47

EStG

(weggefallen)

VII. Steuerabzug bei Bauleistungen

§ 48 Steuerabzug

EStG

(1) [1]Erbringt jemand im Inland eine Bauleistung (Leistender) an einen Unternehmer im Sinne des § 2 des Umsatzsteuergesetzes oder an eine juristische Person des öffentlichen Rechts (Leistungsempfänger), ist der Leistungsempfänger verpflichtet, von der Gegenleistung einen Steuerabzug in Höhe von 15 Prozent für Rechnung des Leistenden vorzunehmen. [2]Vermietet der Leistungsempfänger Wohnungen, so ist Satz 1 nicht auf Bauleistungen für diese Wohnungen anzuwenden, wenn er nicht mehr als zwei Wohnungen vermietet. [3]Bauleistungen sind alle Leistungen, die der Herstellung, Instandsetzung, Instandhaltung, Änderung oder Beseitigung von Bauwerken dienen. [4]Als Leistender gilt auch derjenige, der über eine Leistung abrechnet, ohne sie erbracht zu haben.

(2) [1]Der Steuerabzug muss nicht vorgenommen werden, wenn der Leistende dem Leistungsempfänger eine im Zeitpunkt der Gegenleistung gültige Freistellungsbescheinigung nach § 48b Abs. 1 Satz 1 vorlegt oder die Gegenleistung im laufenden Kalenderjahr den folgenden Betrag voraussichtlich nicht übersteigen wird.

1. 15 000 Euro, wenn der Leistungsempfänger ausschließlich steuerfreie Umsätze nach § 4 Nr. 12 Satz 1 des Umsatzsteuergesetzes ausführt,

2. 5 000 Euro in den übrigen Fällen.

[2]Für die Ermittlung des Betrags sind die für denselben Leistungsempfänger erbrachten und voraussichtlich zu erbringenden Bauleistungen zusammenzurechnen.

(3) Gegenleistung im Sinne des Absatzes 1 ist das Entgelt zuzüglich Umsatzsteuer.

(4) Wenn der Leistungsempfänger den Steuerabzugsbetrag angemeldet und abgeführt hat,

1. ist § 160 Abs. 1 Satz 1 der Abgabenordnung nicht anzuwenden,

2. sind § 42d Abs. 6 und 8 und § 50a Abs. 7 nicht anzuwenden.

H 48

Hinweise

Steuerabzug bei Bauleistungen

→ BMF vom 27. 12. 2002 (BStBl I S. 1399) unter Berücksichtigung der Änderungen durch BMF vom 4. 9. 2003 (BStBl I S. 431)

EStG

§ 48a Verfahren

(1) [1]Der Leistungsempfänger hat bis zum 10. Tag nach Ablauf des Monats, in dem die Gegenleistung im Sinne des § 48 erbracht wird, eine Anmeldung nach amtlich vorgeschriebenem Vordruck abzugeben, in der er den Steuerabzug für den Anmeldungszeitraum selbst zu berechnen hat. [2]Der Abzugsbetrag ist am 10. Tag nach Ablauf des Anmeldungszeitraums fällig und an das für den Leistenden zuständige Finanzamt für Rechnung des Leistenden abzuführen. [3]Die Anmeldung des Abzugsbetrages steht einer Steueranmeldung gleich.

(2) Der Leistungsempfänger hat mit dem Leistenden unter Angabe

1. **des Namens und der Anschrift des Leistenden,**
2. **des Rechnungsbetrages, des Rechnungsdatums und des Zahlungstags,**
3. **der Höhe des Steuerabzugs und**
4. **des Finanzamts, bei dem der Abzugsbetrag angemeldet worden ist,**

über den Steuerabzug abzurechnen.

(3) [1]Der Leistungsempfänger haftet für einen nicht oder zu niedrig abgeführten Abzugsbetrag. [2]Der Leistungsempfänger haftet nicht, wenn ihm im Zeitpunkt der Gegenleistung eine Freistellungsbescheinigung (§ 48b) vorgelegen hat, auf deren Rechtmäßigkeit er vertrauen konnte. [3]Er darf insbesondere dann nicht auf eine Freistellungsbescheinigung vertrauen, wenn diese durch unlautere Mittel oder durch falsche Angaben erwirkt wurde und ihm dies bekannt oder infolge grober Fahrlässigkeit nicht bekannt war. [4]Den Haftungsbescheid erlässt das für den Leistenden zuständige Finanzamt.

(4) § 50b gilt entsprechend.

EStG

§ 48b Freistellungsbescheinigung

(1) [1]Auf Antrag des Leistenden hat das für ihn zuständige Finanzamt, wenn der zu sichernde Steueranspruch nicht gefährdet erscheint und ein inländischer Empfangsbevollmächtigter bestellt ist, eine Bescheinigung nach amtlich vorgeschriebenen Vordruck zu erteilen, die den Leistungsempfänger von der Pflicht zum Steuerabzug befreit. [2]Eine Gefährdung kommt insbesondere dann in Betracht, wenn der Leistende

1. **Anzeigepflichten nach § 138 der Abgabenordnung nicht erfüllt,**
2. **seiner Auskunfts- und Mitwirkungspflicht nach § 90 der Abgabenordnung nicht nachkommt,**
3. **den Nachweis der steuerlichen Ansässigkeit durch Bescheinigung der zuständigen ausländischen Steuerbehörde nicht erbringt.**

(2) Eine Bescheinigung soll erteilt werden, wenn der Leistende glaubhaft macht, dass keine zu sichernden Steueransprüche bestehen.

(3) In der Bescheinigung sind anzugeben:

1. **Name, Anschrift und Steuernummer des Leistenden,**
2. **Geltungsdauer der Bescheinigung,**
3. **Umfang der Freistellung sowie der Leistungsempfänger, wenn sie nur für bestimmte Bauleistungen gilt,**
4. **das ausstellende Finanzamt.**

(4) Wird eine Freistellungsbescheinigung aufgehoben, die nur für bestimmte Bauleistungen gilt, ist dies den betroffenen Leistungsempfängern mitzuteilen.

(5) Wenn eine Freistellungsbescheinigung vorliegt, gilt § 48 Abs. 4 entsprechend.

(6) [1]Das Bundeszentralamt für Steuern erteilt dem Leistungsempfänger im Sinne des § 48 Abs. 1 Satz 1 im Wege einer elektronischen Abfrage Auskunft über die beim Bundeszentralamt für Steuern gespeicherten Freistellungsbescheinigungen. [2]Mit dem Antrag auf die Erteilung

einer Freistellungsbescheinigung stimmt der Antragsteller zu, dass seine Daten nach § 48b Abs. 3 beim Bundeszentralamt für Steuern gespeichert werden und dass über die gespeicherten Daten an die Leistungsempfänger Auskunft gegeben wird.

§ 48c Anrechnung

EStG

(1) [1]Soweit der Abzugsbetrag einbehalten und angemeldet worden ist, wird er auf vom Leistenden zu entrichtende Steuern nacheinander wie folgt angerechnet

1. die nach § 41a Abs. 1 einbehaltene und angemeldete Lohnsteuer,
2. die Vorauszahlungen auf die Einkommen- oder Körperschaftsteuer,
3. die Einkommen- oder Körperschaftsteuer des Besteuerungs- oder Veranlagungszeitraums, in dem die Leistung erbracht worden ist, und
4. die vom Leistenden im Sinne der §§ 48, 48a anzumeldenden und abzuführenden Abzugsbeträge.

[2]Die Anrechnung nach Satz 1 Nr. 2 kann nur für Vorauszahlungszeiträume innerhalb des Besteuerungs- oder Veranlagungszeitraums erfolgen, in dem die Leistung erbracht worden ist. [3]Die Anrechnung nach Satz 1 Nr. 2 darf nicht zu einer Erstattung führen.

(2) [1]Auf Antrag des Leistenden erstattet das nach § 20a Abs. 1 der Abgabenordnung zuständige Finanzamt den Abzugsbetrag. [2]Die Erstattung setzt voraus, dass der Leistende nicht zur Abgabe von Lohnsteueranmeldungen verpflichtet ist und eine Veranlagung zur Einkommen- oder Körperschaftsteuer nicht in Betracht kommt oder der Leistende glaubhaft macht, dass im Veranlagungszeitraum keine zu sichernden Steueransprüche entstehen werden. [3]Der Antrag ist nach amtlich vorgeschriebenen Muster bis zum Ablauf des zweiten Kalenderjahres zu stellen, das auf das Jahr folgt, in dem der Abzugsbetrag angemeldet worden ist; weitergehende Fristen nach einem Abkommen zur Vermeidung der Doppelbesteuerung bleiben unberührt.

(3) Das Finanzamt kann die Anrechnung ablehnen, soweit der angemeldete Abzugsbetrag nicht abgeführt worden ist und Anlass zu der Annahme besteht, dass ein Missbrauch vorliegt.

§ 48d Besonderheiten im Falle von Doppelbesteuerungsabkommen

EStG

(1) [1]Können Einkünfte, die dem Steuerabzug nach § 48 unterliegen, nach einem Abkommen zur Vermeidung der Doppelbesteuerung nicht besteuert werden, so sind die Vorschriften über die Einbehaltung, Abführung und Anmeldung der Steuer durch den Schuldner der Gegenleistung ungeachtet des Abkommens anzuwenden. [2]Unberührt bleibt der Anspruch des Gläubigers der Gegenleistung auf Erstattung der einbehaltenen und abgeführten Steuer. [3]Der Anspruch ist durch Antrag nach § 48c Absatz 2 geltend zu machen. [4]Der Gläubiger der Gegenleistung hat durch eine Bestätigung der für ihn zuständigen Steuerbehörde des anderen Staates nachzuweisen, dass er dort ansässig ist. [5]§ 48b gilt entsprechend. [6]Der Leistungsempfänger kann sich im Haftungsverfahren nicht auf die Rechte des Gläubigers aus dem Abkommen berufen.

(2) Unbeschadet des § 5 Abs. 1 Nr. 2 des Finanzverwaltungsgesetzes liegt die Zuständigkeit für Entlastungsmaßnahmen nach Absatz 1 bei dem nach § 20a der Abgabenordnung zuständigen Finanzamt.

VIII. Besteuerung beschränkt Steuerpflichtiger

§ 49 Beschränkt steuerpflichtige Einkünfte

EStG
S 2300

(1) Inländische Einkünfte im Sinne der beschränkten Einkommensteuerpflicht (§ 1 Abs. 4) sind

1. Einkünfte aus einer im Inland betriebenen Land- und Forstwirtschaft (§§ 13, 14);
2. Einkünfte aus Gewerbebetrieb (§§ 15 bis 17),
   a) für den im Inland eine Betriebsstätte unterhalten wird oder ein ständiger Vertreter bestellt ist,
   b) die durch den Betrieb eigener oder gecharterter Seeschiffe oder Luftfahrzeuge aus Beförderungen zwischen inländischen und von inländischen zu ausländischen Häfen

erzielt werden, einschließlich der Einkünfte aus anderen mit solchen Beförderungen zusammenhängenden, sich auf das Inland erstreckenden Beförderungsleistungen,

c) die von einem Unternehmen im Rahmen einer internationalen Betriebsgemeinschaft oder eines Pool-Abkommens, bei denen ein Unternehmen mit Sitz oder Geschäftsleitung im Inland die Beförderung durchführt, aus Beförderungen und Beförderungsleistungen nach Buchstabe b erzielt werden,

[1]) d) die, soweit sie nicht zu den Einkünften im Sinne der Nummern 3 und 4 gehören, durch im Inland ausgeübte oder verwertete künstlerische, sportliche, artistische oder ähnliche Darbietungen erzielt werden, einschließlich der Einkünfte aus anderen mit diesen Leistungen zusammenhängenden Leistungen, unabhängig davon, wem die Einnahmen zufließen,

e) die unter den Voraussetzungen des § 17 erzielt werden, wenn es sich um Anteile an einer Kapitalgesellschaft handelt,

aa) die ihren Sitz oder ihre Geschäftsleitung im Inland hat

oder

bb) bei deren Erwerb aufgrund eines Antrags nach § 13 Abs. 2 oder § 21 Abs. 2 Satz 3 Nr. 2 des Umwandlungssteuergesetzes nicht der gemeine Wert der eingebrachten Anteile angesetzt worden ist oder auf die § 17 Abs. 5 Satz 2 anzuwenden war, oder

[2]) f) die, soweit sie nicht zu den Einkünften im Sinne des Buchstaben a gehören, durch Veräußerung von inländischem unbeweglichen Vermögen, von Sachinbegriffen oder Rechten, die im Inland belegen oder in ein inländisches öffentliches Buch oder Register eingetragen sind oder deren Verwertung in einer inländischen Betriebsstätte oder anderen Einrichtung erfolgt, erzielt werden. [2]Als Einkünfte aus Gewerbebetrieb gelten auch die Einkünfte aus Tätigkeiten im Sinne dieses Buchstabens, die von einer Körperschaft im Sinne des § 2 Nr. 1 des Körperschaftsteuergesetzes erzielt werden, die mit einer Kapitalgesellschaft oder sonstigen juristischen Person im Sinne des § 1 Abs. 1 Nr. 1 bis 3 des Körperschaftsteuergesetzes vergleichbar ist;

3. Einkünfte aus selbständiger Arbeit (§ 18), die im Inland ausgeübt oder verwertet wird oder worden ist, oder für die im Inland eine feste Einrichtung oder eine Betriebsstätte unterhalten wird;

4. Einkünfte aus nichtselbständiger Arbeit (§ 19), die

a) im Inland ausgeübt oder verwertet wird oder worden ist,

b) aus inländischen öffentlichen Kassen einschließlich der Kassen des Bundeseisenbahnvermögens und der Deutschen Bundesbank mit Rücksicht auf ein gegenwärtiges oder früheres Dienstverhältnis gewährt werden, ohne dass ein Zahlungsanspruch gegenüber der inländischen öffentlichen Kasse bestehen muss,

c) als Vergütung für eine Tätigkeit als Geschäftsführer, Prokurist oder Vorstandsmitglied einer Gesellschaft mit Geschäftsleitung im Inland bezogen werden,

d) als Entschädigung im Sinne des § 24 Nr. 1 für die Auflösung eines Dienstverhältnisses gezahlt werden, soweit die für die zuvor ausgeübte Tätigkeit bezogenen Einkünfte der inländischen Besteuerung unterlegen haben;

e) an Bord eines im internationalen Luftverkehr eingesetzten Luftfahrzeugs ausgeübt wird, das von einem Unternehmen mit Geschäftsleitung im Inland betrieben wird;

---

1) ***Absatz 1 Nr. 1 Buchstabe d wurde durch das JStG 2009 ab VZ 2009 geändert.***

Anm.: Die Änderung lautet:
In Buchstabe d werden die Wörter „künstlerische, sportliche, artistische oder ähnliche Darbietungen" durch die Wörter „künstlerische, sportliche, artistische, unterhaltende oder ähnliche Darbietungen" ersetzt.

2) ***Absatz 1 Nr. 1 Buchstabe f wurde durch das JStG 2009 ab VZ 2009 neu gefasst.***

Anm.: Die Neufassung lautet:
f) die, soweit sie nicht zu den Einkünften im Sinne des Buchstaben a gehören, durch
aa) Vermietung und Verpachtung oder
bb) Veräußerung
von inländischem unbeweglichen Vermögen, von Sachinbegriffen oder Rechten, die im Inland belegen oder in ein inländisches öffentliches Buch oder Register eingetragen sind oder deren Verwertung in einer inländischen Betriebsstätte oder anderen Einrichtung erfolgt, erzielt werden. Als Einkünfte aus Gewerbebetrieb gelten auch die Einkünfte aus Tätigkeiten im Sinne dieses Buchstaben, die von einer Körperschaft im Sinne des § 2 Nr. 1 des Körperschaftsteuergesetzes erzielt werden, die mit einer Kapitalgesellschaft oder sonstigen juristischen Person im Sinne des § 1 Abs. 1 Nr. 1 bis 3 des Körperschaftsteuergesetzes vergleichbar ist;

5. Einkünfte aus Kapitalvermögen im Sinne des

   a) § 20 Abs. 1 Nr. 1 mit Ausnahme der Erträge aus Investmentanteilen im Sinne des § 2 des Investmentsteuergesetzes, Nr. 2, 4, 6 und 9, wenn der Schuldner Wohnsitz, Geschäftsleitung oder Sitz im Inland hat oder wenn es sich um Fälle des § 44 Abs. 1 Satz 4 Nr. 1 Buchstabe a Doppelbuchstabe bb dieses Gesetzes handelt; dies gilt auch für Erträge aus Wandelanleihen und Gewinnobligationen;

   b) § 20 Abs. 1 Nr. 1 in Verbindung mit §§ 2 und 7 des Investmentsteuergesetzes

      aa) bei Erträgen im Sinne des § 7 Abs. 3 des Investmentsteuergesetzes,

      bb) bei Erträgen im Sinne des § 7 Abs. 1, 2 und 4 des Investmentsteuergesetzes, wenn es sich um Fälle des § 44 Abs. 1 Satz 4 Nr. 1 Buchstabe a Doppelbuchstabe bb dieses Gesetzes handelt,

   c) § 20 Abs. 1 Nr. 5 und 7, wenn

      aa) das Kapitalvermögen durch inländischen Grundbesitz, durch inländische Rechte, die den Vorschriften des bürgerlichen Rechts über Grundstücke unterliegen, oder durch Schiffe, die in ein inländisches Schiffsregister eingetragen sind, unmittelbar oder mittelbar gesichert ist. [2]Ausgenommen sind Zinsen aus Anleihen und Forderungen, die in ein öffentliches Schuldbuch eingetragen oder über die Sammelurkunden im Sinne des § 9a des Depotgesetzes oder Teilschuldverschreibungen ausgegeben sind, oder

      bb) das Kapitalvermögen aus Genussrechten besteht, die nicht in § 20 Abs. 1 Nr. 1 genannt sind, oder

      cc) Kapitalerträge im Sinne des § 43 Abs. 1 Satz 1 Nr. 7 Buchstabe a und Nr. 8 sowie Satz 2 von einem Schuldner oder von einem inländischen Kreditinstitut oder einem inländischen Finanzdienstleistungsinstitut im Sinne des § 43 Abs. 1 Satz 1 Nr. 7 Buchstabe b gegen Aushändigung der Zinsscheine einem anderen als einem ausländischen Kreditinstitut oder einem ausländischen Finanzdienstleistungsinstitut ausgezahlt oder gutgeschrieben werden und die Teilschuldverschreibungen nicht von dem Schuldner, dem inländischen Kreditinstitut oder dem inländischen Finanzdienstleistungsinstitut verwahrt werden. [1)]

   [2]§ 20 Abs. 2 gilt entsprechend; [2)]

6. Einkünfte aus Vermietung und Verpachtung (§ 21), wenn das unbewegliche Vermögen, die Sachinbegriffe oder Rechte im Inland belegen oder in ein inländisches öffentliches Buch oder Register eingetragen sind oder in einer inländischen Betriebsstätte oder in einer anderen Einrichtung verwertet werden; [3)]

---

1) ***Absatz 1 Nr. 5 Satz 1 Buchstabe c Doppelbuchstabe cc wurde durch das Unternehmensteuerreformgesetz 2008 in Buchstabe d umbenannt und geändert. Buchstabe d wurde außerdem durch das JStG 2009 geändert. Die geänderte Fassung ist erstmals auf Kapitalerträge anzuwenden, die nach dem 31. 12. 2008 zufließen → § 52a Abs. 17 EStG.***

Anm.: Die geänderte Fassung lautet:

d) § 43 Abs. 1 Satz 1 Nr. 7 Buchstabe a, Nr. 9 und 10 sowie Satz 2, wenn sie von einem Schuldner oder von einem inländischen Kreditinstitut oder einem inländischen Finanzdienstleistungsinstitut im Sinne des § 43 Abs. 1 Satz 1 Nr. 7 Buchstabe b einem anderen als einem ausländischen Kreditinstitut oder einem ausländischen Finanzdienstleistungsinstitut

   aa) gegen Aushändigung der Zinsscheine ausgezahlt oder gutgeschrieben werden und die Teilschuldverschreibungen nicht von dem Schuldner, dem inländischen Kreditinstitut oder dem inländischen Finanzdienstleistungsinstitut verwahrt werden, oder

   bb) gegen Übergabe der Wertpapiere ausgezahlt oder gutgeschrieben werden und diese vom Kreditinstitut weder verwahrt noch verwaltet werden.

2) ***Absatz 1 Nr. 5 Satz 2 wurde durch das Unternehmensteuerreformgesetz 2008 geändert und ist in der geänderten Fassung erstmals auf Kapitalerträge anzuwenden, die nach dem 31. 12. 2008 zu fließen*** → § 52a Abs. 17 EStG.

Anm.: Die geänderte Fassung lautet:
§ 20 Abs. 3 gilt entsprechend;

3) ***Absatz 1 Nr. 6 wurde durch das JStG 2009 ab VZ 2009 geändert.***

Anm.: Die Änderung lautet:
In Nummer 6 werden nach dem Klammerzusatz „(§ 21)" ein Komma sowie die Wörter „soweit sie nicht zu den Einkünften im Sinne der Nummern 1 bis 5 gehören" eingefügt.

[1] 7. **sonstige Einkünfte im Sinne des § 22 Nr. 1 Satz 3 Buchstabe a Doppelbuchstabe aa, die von den inländischen gesetzlichen Rentenversicherungsträgern, den inländischen landwirtschaftlichen Alterskassen, den inländischen berufsständischen Versorgungseinrichtungen, den inländischen Versicherungsunternehmen oder sonstigen inländischen Zahlstellen gewährt werden;**

[2] 8. **sonstige Einkünfte im Sinne des § 22 Nr. 2, soweit es sich um private Veräußerungsgeschäfte handelt, mit**

a) **inländischen Grundstücken,**

b) **inländischen Rechten, die den Vorschriften des bürgerlichen Rechts über Grundstücke unterliegen, oder**

c) **Anteilen an Kapitalgesellschaften**

aa) **mit Geschäftsleitung oder Sitz im Inland oder**

bb) **bei deren Erwerb aufgrund eines Antrages nach § 13 Abs. 2 oder § 21 Abs. 2 Satz 3 Nr. 2 des Umwandlungssteuergesetzes nicht der gemeine Wert der eingebrachten Anteile angesetzt worden ist oder auf die § 17 Abs. 5 Satz 2 anzuwenden war**

bei Beteiligung im Sinne des § 17 Abs. 1 oder Abs. 6;

8a. **sonstige Einkünfte im Sinne des § 22 Nr. 4;**

[3] 9. **sonstige Einkünfte im Sinne des § 22 Nr. 3, auch wenn sie bei Anwendung dieser Vorschrift einer anderen Einkunftsart zuzurechnen wären, soweit es sich um Einkünfte aus der Nutzung beweglicher Sachen im Inland oder aus der Überlassung der Nutzung oder des Rechts auf Nutzung von gewerblichen, technischen, wissenschaftlichen und ähnlichen Erfahrungen, Kenntnissen und Fertigkeiten, z. B. Plänen, Mustern und Verfahren, handelt, die im Inland genutzt werden oder worden sind; dies gilt nicht, soweit es sich um steuerpflichtige Einkünfte im Sinne der Nummern 1 bis 8 handelt.**

[4]

---

1) Anm.: → auch Einkommensteuer-Zuständigkeitsverordnung vom 2. 1. 2009 (BGBl. I S. 3):
§ 1 Für die Besteuerung nach dem Einkommen von Personen, die nach § 1 Abs. 4 EStG beschränkt einkommensteuerpflichtig sind und ausschließlich mit Einkünften im Sinne des § 49 Abs. 1 Nr. 7 und 10 EStG zu veranlagen sind, ist das Finanzamt Neubrandenburg örtlich zuständig. Das Finanzamt Neubrandenburg ist ebenfalls zuständig in den Fällen des § 19 Abs. 6 Satz 2 AO.
§ 2 Diese Verordnung ist erstmals für den VZ 2005 und letztmals für den VZ 2013 anzuwenden.
§ 3 Diese Verordnung tritt mit Wirkung vom 1. 1. 2009 in Kraft.

2) ***Absatz 1 Nr. 8 wurde durch das Unternehmensteuerreformgesetz 2008 geändert und ist in der geänderten Fassung erstmals auf Kapitalerträge anzuwenden, die nach dem 31. 12. 2008 zufließen → § 52a Abs. 17 EStG.***
Anm.: Die geänderte Fassung lautet:
8. sonstige Einkünfte im Sinne des § 22 Nr. 2, soweit es sich um private Veräußerungsgeschäfte handelt, mit
a) inländischen Grundstücken oder
b) inländischen Rechten, die den Vorschriften des bürgerlichen Rechts über Grundstücke unterliegen;

3) ***Absatz 1 Nr. 9 wurde durch das JStG 2009 ab VZ 2009 neu gefasst.***
(1) Anm.: Die Neufassung lautet:
9. sonstige Einkünfte im Sinne des § 22 Nr. 3, auch wenn sie bei Anwendung dieser Vorschrift einer anderen Einkunftsart zuzurechnen wären, soweit es sich um Einkünfte aus inländischen unterhaltenden Darbietungen, aus der Nutzung beweglicher Sachen im Inland oder aus der Überlassung der Nutzung oder des Rechts auf Nutzung von gewerblichen, technischen, wissenschaftlichen und ähnlichen Erfahrungen, Kenntnissen und Fertigkeiten, zum Beispiel Plänen, Mustern und Verfahren, handelt, die im Inland genutzt werden oder worden sind; dies gilt nicht, soweit es sich um steuerpflichtige Einkünfte im Sinne der Nummern 1 bis 8 handelt;
(2) Anm.: ferner → EStZustV:
§ 1 Für die Besteuerung nach dem Einkommen von Personen, die nach § 1 Abs. 4 EStG beschränkt einkommensteuerpflichtig sind und ausschließlich mit Einkünften im Sinne des § 49 Abs. 1 Nr. 7 und 10 EStG zu veranlagen sind, ist das Finanzamt Neubrandenburg örtlich zuständig. Das Finanzamt Neubrandenburg ist ebenfalls zuständig in den Fällen des § 19 Abs. 6 Satz 2 AO.
§ 2 Diese Verordnung ist erstmals für den VZ 2005 und letztmals für den VZ 2013 anzuwenden.
§ 3 Diese Verordnung tritt mit Wirkung vom 1. 1. 2009 in Kraft.

4) ***Durch das JStG 2009 wurde ab VZ 2009 eine neue Nummer 10 angefügt.***
Anm.: Die neue Nummer 10 lautet:
10. sonstige Einkünfte im Sinne des § 22 Nr. 5 Satz 1, soweit die Leistungen auf Beiträgen, auf die § 3 Nr. 63 angewendet wurde, steuerfreien Leistungen nach § 3 Nr. 66 oder steuerfreien Zuwendungen nach § 3 Nr. 56 beruhen.

(2) Im Ausland gegebene Besteuerungsmerkmale bleiben außer Betracht, soweit bei ihrer Berücksichtigung inländische Einkünfte im Sinne des Absatzes 1 nicht angenommen werden könnten.

(3) [1]Bei Schifffahrt- und Luftfahrtunternehmen sind die Einkünfte im Sinne des Absatzes 1 Nr. 2 Buchstabe b mit 5 Prozent der für diese Beförderungsleistungen vereinbarten Entgelte anzusetzen. [2]Das gilt auch, wenn solche Einkünfte durch eine inländische Betriebsstätte oder einen inländischen ständigen Vertreter erzielt werden (Absatz 1 Nr. 2 Buchstabe a). [3]Das gilt nicht in den Fällen des Absatzes 1 Nr. 2 Buchstabe c oder soweit das deutsche Besteuerungsrecht nach einem Abkommen zur Vermeidung der Doppelbesteuerung ohne Begrenzung des Steuersatzes aufrechterhalten bleibt. S 1302

(4) [1]Abweichend von Absatz 1 Nr. 2 sind Einkünfte steuerfrei, die ein beschränkt Steuerpflichtiger mit Wohnsitz oder gewöhnlichem Aufenthalt in einem ausländischen Staat durch den Betrieb eigener oder gecharterter Schiffe oder Luftfahrzeuge aus einem Unternehmen bezieht, dessen Geschäftsleitung sich in dem ausländischen Staat befindet. [2]Voraussetzung für die Steuerbefreiung ist, dass dieser ausländische Staat Steuerpflichtigen mit Wohnsitz oder gewöhnlichem Aufenthalt im Geltungsbereich dieses Gesetzes eine entsprechende Steuerbefreiung für derartige Einkünfte gewährt und dass das Bundesministerium für Verkehr, Bau- und Stadtentwicklung die Steuerbefreiung nach Satz 1 für verkehrspolitisch unbedenklich erklärt hat.

49.1. Beschränkte Steuerpflicht bei Einkünften aus Gewerbebetrieb R 49.1

(1) [1]Einkünfte aus Gewerbebetrieb unterliegen nach § 49 Abs. 1 Nr. 2 Buchstabe a EStG auch dann der beschränkten ***Steuerpflicht***, wenn im Inland keine Betriebsstätte unterhalten wird, sondern nur ein ständiger Vertreter für den Gewerbebetrieb bestellt ist (§ 13 AO). [2]Ist der ständige Vertreter ein Kommissionär oder Makler, der Geschäftsbeziehungen für das ausländische Unternehmen im Rahmen seiner ordentlichen Geschäftstätigkeit unterhält, und ist die Besteuerung des ausländischen Unternehmens nicht durch ein DBA geregelt, sind die Einkünfte des ausländischen Unternehmens insoweit nicht der Besteuerung zu unterwerfen. [3]Das gilt auch, wenn der ständige Vertreter ein Handelsvertreter (§ 84 HGB) ist, der weder eine allgemeine Vollmacht zu Vertragsverhandlungen und Vertragsabschlüssen für das ausländische Unternehmen besitzt noch über ein Warenlager dieses Unternehmens verfügt, von dem er regelmäßig Bestellungen für das Unternehmen ausführt. S 2300 Anhang 6

(2) [1]Auf Einkünfte, die ein beschränkt Stpfl. durch den Betrieb eigener oder gecharterter Schiffe oder Luftfahrzeuge aus einem Unternehmen bezieht, dessen Geschäftsleitung sich in einem ausländischen Staat befindet, sind die Sätze 2 und 3 des Absatzes 1 nicht anzuwenden. [2]Einkünfte aus Gewerbebetrieb, die ein Unternehmen im Rahmen einer internationalen Betriebsgemeinschaft oder eines Pool-Abkommens erzielt, unterliegen nach § 49 Abs. 1 Nr. 2 Buchstabe c EStG der beschränkten Steuerpflicht auch, wenn das die Beförderung durchführende Unternehmen mit Sitz oder Geschäftsleitung im Inland nicht als ständiger Vertreter des ausländischen Beteiligten anzusehen ist. S 1302

(3) Bei gewerblichen Einkünften, die durch im Inland ausgeübte oder verwertete künstlerische, sportliche, artistische oder ähnliche Darbietungen erzielt werden, kommt es für die Begründung der beschränkten Steuerpflicht nicht darauf an, ob im Inland eine Betriebsstätte unterhalten wird oder ein ständiger Vertreter bestellt worden ist und ob die Einnahmen dem Darbietenden, dem die Darbietung Verwertenden oder einem Dritten zufließen.

(4) [1]Hat der Stpfl. im Falle des § 49 Abs. 1 Nr. 2 Buchstabe e EStG wegen Verlegung des Wohnsitzes in das Ausland den Vermögenszuwachs der Beteiligung i. S. d. § 17 Abs. 1 Satz 1 EStG nach § 6 AStG versteuert, ist dieser Vermögenszuwachs vom tatsächlich erzielten Veräußerungsgewinn abzusetzen (§ 6 Abs. 1 Satz 5 AStG). [2] Ein sich dabei ergebender Verlust ist bei der Ermittlung der Summe der zu veranlagenden inländischen Einkünfte auszugleichen.

Hinweise H 49.1

Anteilsveräußerung mit Verlust nach Wegzug ins EU-/EWR-Ausland

→ § 6 Abs. 6 AStG.

Beschränkt steuerpflichtige inländische Einkünfte aus Gewerbebetrieb bei Verpachtung

liegen vor, solange der Verpächter für seinen Gewerbebetrieb im Inland einen ständigen Vertreter, gegebenenfalls den Pächter seines Betriebs, bestellt hat und während dieser Zeit weder eine

Betriebsaufgabe erklärt noch den Betrieb veräußert (→ BFH vom 13. 11. 1963 – BStBl 1964 III S. 124 und vom 12. 4. 1978 – BStBl II S. 494).

Besteuerung beschränkt steuerpflichtiger Einkünfte nach § 49 Abs. 1 Nr. 2 Buchstabe d EStG

→ BMF vom 23. 1. 1996 (BStBl I S. 89)

→ R 49.1 Abs. 3

Nachträgliche Einkünfte aus Gewerbebetrieb im Zusammenhang mit einer inländischen Betriebsstätte

→ H 34d sinngemäß

Schiff- und Luftfahrt

Pauschalierung der Einkünfte → § 49 Abs. 3 EStG

Steuerfreiheit der Einkünfte bei Gegenseitigkeit mit ausländischem Staat → § 49 Abs. 4 EStG

Anhang 6 → BMF vom 22. 1. 2009 (BStBl I S. 355) mit Verzeichnis der Staaten, die eine dem § 49 Abs. 4 EStG entsprechende Steuerbefreiung gewähren; Gegenseitigkeit wird erforderlichenfalls vom BMF festgestellt.

Ständiger Vertreter

kann auch ein inländischer Gewerbetreibender sein, der die Tätigkeit im Rahmen eines eigenen Gewerbebetriebs ausübt (→ BFH vom 28. 6. 1972 – BStBl II S. 785).

Zweifelsfragen zur Besteuerung der Einkünfte aus der Veräußerung von Grundstücken durch beschränkt Stpfl. nach § 49 Abs. 1 Nr. 2 Buchstabe f EStG

→ BMF vom 15. 12. 1994 (BStBl I S. 883).

Der Ermittlung des Veräußerungsgewinns für vor 1994 angeschaffte Grundstücke ist der Teilwert des Wirtschaftsguts zum 1. 1. 1994 abzüglich der ab dem 1. 1. 1994 vorgenommenen AfA zugrunde zu legen; die Wertbegrenzung auf die Anschaffungs- oder Herstellungskosten gem. § 6 Abs. 1 Nr. 5 Satz 1 Halbsatz 2 Buchstabe a EStG ist nicht anzuwenden (→ BFH vom 22. 8. 2006 – BStBl 2007 II S. 163).

R 49.2

49.2. Beschränkte Steuerpflicht bei Einkünften aus selbständiger Arbeit

S 2300 [1]Zur Ausübung einer selbständigen Tätigkeit gehört z. B. die inländische Vortragstätigkeit durch eine im Ausland ansässige Person. [2]Eine Verwertung einer selbständigen Tätigkeit im Inland liegt z. B. vor, wenn ein beschränkt steuerpflichtiger Erfinder sein Patent einem inländischen Betrieb überlässt oder wenn ein beschränkt steuerpflichtiger Schriftsteller sein Urheberrecht an einem Werk auf ein inländisches Unternehmen überträgt.

H 49.2

Hinweise

Ausüben einer selbständigen Tätigkeit

setzt das persönliche Tätigwerden im Inland voraus (→ BFH vom 12. 11. 1986 – BStBl 1987 II S. 372).

Beschränkt steuerpflichtige inländische Einkünfte eines im Ausland ansässigen Textdichters

→ BFH vom 28. 2. 1973 (BStBl II S. 660)

→ BFH vom 20. 7. 1988 (BStBl 1989 II S. 87)

R 49.3

49.3. Bedeutung der Besteuerungsmerkmale im Ausland bei beschränkter Steuerpflicht

S 2300 (1) [1]Nach § 49 Abs. 2 EStG sind bei der Feststellung, ob inländische Einkünfte i. S. d. beschränkten Steuerpflicht vorliegen, die im Ausland gegebenen Besteuerungsmerkmale insoweit außer Betracht zu lassen, als bei ihrer Berücksichtigung steuerpflichtige inländische Einkünfte nicht angenommen werden könnten (isolierende Betrachtungsweise). [2]Danach unterliegen z. B. Einkünfte, die unter den Voraussetzungen des § 17 EStG aus der Veräußerung des

Anteiles an einer Kapitalgesellschaft erzielt werden, auch dann der beschränkten Steuerpflicht (§ 49 Abs. 1 Nr. 2 Buchstabe e EStG), wenn der Anteil in einem ausländischen Betriebsvermögen gehalten wird.

(2) Vergütungen für die Überlassung der Nutzung oder des Rechts auf Nutzung von gewerblichem Know-how, die weder Betriebseinnahmen eines inländischen Betriebs sind noch zu den Einkünften i. S. d. § 49 Abs. 1 Nr. 1 bis 8 EStG gehören, sind als sonstige Einkünfte i. S. d. § 49 Abs. 1 Nr. 9 EStG beschränkt steuerpflichtig.

(3) [1]Wird für verschiedenartige Leistungen eine einheitliche Vergütung gewährt, z. B. für Leistungen i. S. d. § 49 Abs. 1 Nr. 3 oder 9 EStG, ist die Vergütung nach dem Verhältnis der einzelnen Leistungen aufzuteilen. [2]Ist eine Trennung nicht ohne besondere Schwierigkeit möglich, kann die Gesamtvergütung zur Vereinfachung den sonstigen Einkünften i. S. d. § 49 Abs. 1 Nr. 9 EStG zugeordnet werden.

---

§ 50 Sondervorschriften für beschränkt Steuerpflichtige

EStG
S 2301
1)

(1) [1]Beschränkt Steuerpflichtige dürfen Betriebsausgaben (§ 4 Abs. 4 bis 8) oder Werbungskosten (§ 9) nur insoweit abziehen, als sie mit inländischen Einkünften in wirtschaftlichem Zusammenhang stehen. [2]§ 10d ist nur anzuwenden, wenn Verluste in wirtschaftlichem Zusammenhang mit inländischen Einkünften stehen und sich aus Unterlagen ergeben, die im Inland aufbewahrt werden. [3]Die §§ 4f, 9 Abs. 5 Satz 1, soweit er § 4f für anwendbar erklärt, die §§ 9a, 10, 10a, 10c, 16 Abs. 4, 20 Abs. 4, §§ 24a, 24b, 32, 32a Abs. 6, §§ 33, 33a und 33b sind nicht anzuwenden. [4]Abweichend von Satz 4 sind bei beschränkt steuerpflichtigen Arbeitnehmern, die Einkünfte aus nichtselbständiger Arbeit im Sinne des § 49 Abs. 1 Nr. 4 beziehen, § 9a Satz 1 Nr. 1, § 10c Abs. 1 mit der Möglichkeit, die tatsächlichen Aufwendungen im Sinne des § 10b nachzuweisen, sowie § 10c Abs. 2 und Abs. 3, jeweils in Verbindung mit § 10c Abs. 5, ohne Möglichkeit, die tatsächlichen Aufwendungen nachzuweisen, anzuwenden. [5]Die Jahres- und Monatsbeträge der Pauschalen nach § 9a Satz 1 Nr. 1 und § 10c Abs. 1 und § 10c Abs. 2 und Abs. 3, jeweils in Verbindung mit § 10c Abs. 5, ermäßigen sich zeitanteilig, wenn Einkünfte im Sinne des § 49 Abs. 1 Nr. 4 nicht während eines vollen Kalenderjahres oder Kalendermonats zugeflossen sind. 2) 3)

(2) [1]Bei Einkünften, die dem Steuerabzug unterliegen, und bei Einkünften im Sinne des § 20 Abs. 1 Nr. 5 und 7 ist für beschränkt Steuerpflichtige ein Ausgleich mit Verlusten aus anderen Einkunftsarten nicht zulässig. [2]Einkünfte im Sinne des Satzes 1 dürfen bei einem Verlustabzug (§ 10d) nicht berücksichtigt werden.

(3) [1]Die Einkommensteuer bemisst sich bei beschränkt Steuerpflichtigen, die veranlagt werden, nach § 32a Abs. 1. [2]Die Einkommensteuer beträgt mindestens 25 Prozent des Einkommens; dies gilt nicht in den Fällen des Absatzes 1 *Satz 4*. 4)

(4) (weggefallen)

(5) [1]Die Einkommensteuer für Einkünfte, die dem Steuerabzug vom Arbeitslohn oder vom Kapitalertrag oder dem Steuerabzug auf Grund des § 50a unterliegen, gilt bei beschränkt Steu-

1) ***§ 50 EStG wurde durch das JStG 2009 ab VZ 2009 (→ § 52 Abs. 1 EStG) neu gefasst. Zur zeitlichen Anwendung der bisherigen Fassung → § 52 Abs. 58 EStG:***
- ***§ 50 Abs. 1 EStG i. d. F. des Gesetzes vom 20. 12. 2007 (BGBl. I S. 3150) ist bei Staatsangehörigen eines EU-/EWR-Mitgliedstaates, die im Hoheitsgebiet eines dieser Staaten ihren Wohnsitz oder gewöhnlichen Aufenthalt haben, auf Antrag auch für VZ vor 2008 anzuwenden, soweit Steuerbescheide noch nicht bestandskräftig sind.***
- ***§ 50 Abs. 5 Satz 2 Nr. 3 EStG i. d. F. der Bekanntmachung vom 19. 10. 2002 (BGBl. I S. 4210, 2003 I S. 179) ist letztmals anzuwenden auf Vergütungen, die vor dem 1. 1. 2009 zufließen.***

Außerdem wurde Absatz 1 Satz 3 durch das FamLeistG (Inkrafttreten am 2. 1. 2009) geändert.

Anm.: Im Interesse einer besseren Lesbarkeit ist die Neufassung des § 50 EStG (einschl. der Änderungen durch das FamLeistG) nicht in der Fußnote, sondern auf der Seite 768 abgedruckt.

2) Absatz 1 wurde durch das JStG 2008 geändert und ist i. d. F. des JStG 2008 bei Staatsangehörigen eines Mitgliedstaates der Europäischen Union oder eines Staates, auf den das Abkommen über den Europäischen Wirtschaftsraum anwendbar ist, die im Hoheitsgebiet eines dieser Staaten ihren Wohnsitz oder gewöhnlichen Aufenthalt haben, auf Antrag auch für Veranlagungszeiträume vor 2008 anzuwenden, soweit Steuerbescheide noch nicht bestandskräftig sind, → § 52 Abs. 58 EStG.

3) Absatz 1 Satz 3 wurde durch das Unternehmensteuerreformgesetz 2008 ab VZ 2009 geändert.

Anm.: Die geänderte Fassung lautet:
„Die §§ 4f, 9 Abs. 5 Satz 1, soweit er § 4f für anwendbar erklärt, die §§ 9a, 10, 10a, 10c, 16 Abs. 4, §§ 24a, 24b, 32, 32a Abs. 6, §§ 33, 33a und 33b sind nicht anzuwenden."

4) ***Absatz 3 Satz 2 wurde durch das JStG 2008 geändert.***

erpflichtigen durch den Steuerabzug als abgegolten. [2]Satz 1 gilt nicht, wenn die Einkünfte Betriebseinnahmen eines inländischen Betriebes sind oder

1. **nachträglich festgestellt wird, dass die Voraussetzungen der unbeschränkten Einkommensteuerpflicht im Sinne des § 1 Abs. 2 oder 3 oder des § 1a nicht vorgelegen haben; § 39 Abs. 5a ist sinngemäß anzuwenden;**
2. **ein beschränkt steuerpflichtiger Arbeitnehmer, der Einkünfte aus nichtselbständiger Arbeit im Sinne des § 49 Abs. 1 Nr. 4 bezieht und Staatsangehöriger eines Mitgliedstaates der Europäischen Union oder eines Staates ist, auf den das Abkommen über den Europäischen Wirtschaftsraum Anwendung findet, und im Hoheitsgebiet eines dieser Staaten seinen Wohnsitz oder gewöhnlichen Aufenthalt hat, eine Veranlagung zur Einkommensteuer beantragt. [2]In diesem Falle wird eine Veranlagung durch das Betriebsstättenfinanzamt, das die Bescheinigung nach § 39d Abs. 1 Satz 3 erteilt hat, nach § 46 Abs. 2 Nr. 8 durchgeführt. [3]Bei mehreren Betriebsstättenfinanzämtern ist das Betriebsstättenfinanzamt zuständig, in dessen Bezirk der Arbeitnehmer zuletzt beschäftigt war. [4]Bei Arbeitnehmern mit Steuerklasse VI ist das Betriebsstättenfinanzamt zuständig, in dessen Bezirk der Arbeitnehmer zuletzt unter Anwendung der Steuerklasse I beschäftigt war. [5]Absatz 1 Satz 6 ist nicht anzuwenden. [6]Einkünfte, die dem Steuerabzug vom Kapitalertrag oder dem Steuerabzug auf Grund des § 50a unterliegen, werden nur im Rahmen des § 32b berücksichtigt; oder**
3. **ein beschränkt Steuerpflichtiger, dessen Einnahmen dem Steuerabzug nach § 50a Abs. 4 Nr. 1 oder 2 unterliegen, die völlige oder teilweise Erstattung der einbehaltenen und abgeführten Steuer beantragt. [2]Die Erstattung setzt voraus, dass die mit diesen Einnahmen in unmittelbarem wirtschaftlichen Zusammenhang stehenden Betriebsausgaben oder Werbungskosten höher sind als die Hälfte der Einnahmen. [3]Die Steuer wird erstattet, soweit sie 50 Prozent des Unterschiedsbetrags zwischen den Einnahmen und mit diesen in unmittelbarem wirtschaftlichen Zusammenhang stehenden Betriebsausgaben oder Werbungskosten übersteigt, im Fall einer Veranstaltungsreihe erst nach deren Abschluss. [4]Der Antrag ist bis zum Ablauf des Kalenderjahres, das dem Kalenderjahr des Zuflusses der Vergütung folgt, nach amtlich vorgeschriebenem Muster beim Bundeszentralamt für Steuern zu stellen und zu unterschreiben; die Bescheinigung nach § 50a Abs. 5 Satz 7 ist beizufügen. [5]Über den Inhalt des Erstattungsantrags und den Erstattungsbetrag kann das Bundeszentralamt für Steuern dem Wohnsitzstaat des beschränkt Steuerpflichtigen Auskunft geben. [6]Abweichend von § 117 Abs. 4 der Abgabenordnung ist eine Anhörung des Beteiligten nicht erforderlich. [7]Mit dem Erstattungsantrag gilt die Zustimmung zur Auskunft an den Wohnsitzstaat als erteilt. [8]Das Bundeszentralamt für Steuern erlässt über den Steuererstattungsbetrag einen Steuerbescheid.**

(6) § 34c Abs. 1 bis 3 ist bei Einkünften aus Land- und Forstwirtschaft, Gewerbebetrieb oder selbständiger Arbeit, für die im Inland ein Betrieb unterhalten wird, entsprechend anzuwenden, soweit darin nicht Einkünfte aus einem ausländischen Staat enthalten sind, mit denen der beschränkt Steuerpflichtige dort in einem der unbeschränkten Steuerpflicht ähnlichen Umfang zu einer Steuer vom Einkommen herangezogen wird.

S 2302 **(7) Die obersten Finanzbehörden der Länder oder die von ihnen beauftragten Finanzbehörden können mit Zustimmung des Bundesministeriums der Finanzen die Einkommensteuer bei beschränkt Steuerpflichtigen ganz oder zum Teil erlassen oder in einem Pauschbetrag festsetzen, wenn es aus volkswirtschaftlichen Gründen zweckmäßig ist oder eine gesonderte Berechnung der Einkünfte besonders schwierig ist.**

Anm.:
Nachfolgend ist § 50 EStG i. d. F. des JStG 2009 unter Berücksichtigung der Änderungen durch das FamLeistG abgedruckt:

§ 50 Sondervorschriften für beschränkt Steuerpflichtige

(1) [1]Beschränkt Steuerpflichtige dürfen Betriebsausgaben (§ 4 Abs. 4 bis 8) oder Werbungskosten (§ 9) nur insoweit abziehen, als sie mit inländischen Einkünften in wirtschaftlichem Zusammenhang stehen. [2]§ 32a Abs. 1 ist mit der Maßgabe anzuwenden, dass das zu versteuernde Einkommen um den Grundfreibetrag des § 32a Abs. 1 Satz 2 Nr. 1 erhöht wird; dies gilt nicht für Arbeitnehmer, die Einkünfte aus nichtselbständiger Arbeit im Sinne des § 49 Abs. 1 Nr. 4 beziehen. [3]§ 9 Abs. 5 Satz 1, soweit er § 9c Abs. 1 und 3 für anwendbar erklärt, § 9c, die §§ 10, 10a, 10c, 16 Abs. 4, die §§ 24b, 32, 32a Abs. 6, die §§ 33, 33a und 33b und 35a sind nicht anzuwenden. [4]Bei Arbeitnehmern, die Einkünfte aus nichtselbständiger Arbeit im Sinne des § 49 Abs. 1 Nr. 4 beziehen, sind abweichend von Satz 3 anzuwenden:

1. § 10c Abs. 1 mit der Möglichkeit, die tatsächlichen Aufwendungen im Sinne des § 10b nachzuweisen, sowie
2. § 10c Abs. 2 und 3, jeweils in Verbindung mit § 10c Abs. 5, ohne Möglichkeit, die tatsächlichen Aufwendungen nachzuweisen.

[5]Die Jahres- und Monatsbeträge der Pauschalen nach § 9a Satz 1 Nr. 1 und § 10c Abs. 1 und § 10c Abs. 2 und 3, jeweils in Verbindung mit § 10c Abs. 5, ermäßigen sich zeitanteilig, wenn Einkünfte im Sinne des § 49 Abs. 1 Nr. 4 nicht während eines vollen Kalenderjahres oder Kalendermonats zugeflossen sind.

(2) [1]Die Einkommensteuer für Einkünfte, die dem Steuerabzug vom Arbeitslohn oder vom Kapitalertrag oder dem Steuerabzug auf Grund des § 50a unterliegen, gilt bei beschränkt Steuerpflichtigen durch den Steuerabzug als abgegolten. [2]Satz 1 gilt nicht

1. für Einkünfte eines inländischen Betriebs;
2. wenn nachträglich festgestellt wird, dass die Voraussetzungen der unbeschränkten Einkommensteuerpflicht im Sinne des § 1 Abs. 2 oder Abs. 3 oder des § 1a nicht vorgelegen haben; § 39 Abs. 5a ist sinngemäß anzuwenden;
3. in Fällen des § 2 Abs. 7 Satz 3;
4. für Einkünfte aus nichtselbständiger Arbeit im Sinne des § 49 Abs. 1 Nr. 4,
   a) wenn auf Grund des § 39d Abs. 2 eine Eintragung auf der Bescheinigung im Sinne des § 39d Abs. 1 Satz 3 erfolgt ist oder
   b) wenn die Veranlagung zur Einkommensteuer beantragt wird (§ 46 Abs. 2 Nr. 8);
5. für Einkünfte im Sinne des § 50a Abs. 1 Nr. 1, 2 und 4, wenn die Veranlagung zur Einkommensteuer beantragt wird.

[3]In den Fällen des Satzes 2 Nr. 4 erfolgt die Veranlagung durch das Betriebsstättenfinanzamt, das die Bescheinigung nach § 39d Abs. 1 Satz 3 erteilt hat. [4]Bei mehreren Betriebsstättenfinanzämtern ist das Betriebsstättenfinanzamt zuständig, in dessen Bezirk der Arbeitnehmer zuletzt beschäftigt war. [5]Bei Arbeitnehmern mit Steuerklasse VI ist das Betriebsstättenfinanzamt zuständig, in dessen Bezirk der Arbeitnehmer zuletzt unter Anwendung der Steuerklasse I beschäftigt war. [6]Ist keine Bescheinigung nach § 39d Abs. 1 Satz 3 erteilt worden, ist das Betriebsstättenfinanzamt zuständig, in dessen Bezirk der Arbeitnehmer zuletzt beschäftigt war. [7]Satz 2 Nr. 4 Buchstabe b und Nr. 5 gilt nur für Staatsangehörige eines Mitgliedstaats der Europäischen Union oder eines anderen Staates, auf den das Abkommen über den Europäischen Wirtschaftsraum Anwendung findet, die im Hoheitsgebiet eines dieser Staaten ihren Wohnsitz oder gewöhnlichen Aufenthalt haben.

(3) § 34c Abs. 1 bis 3 ist bei Einkünften aus Land- und Forstwirtschaft, Gewerbebetrieb oder selbständiger Arbeit, für die im Inland ein Betrieb unterhalten wird, entsprechend anzuwenden, soweit darin nicht Einkünfte aus einem ausländischen Staat enthalten sind, mit denen der beschränkt Steuerpflichtige dort in einem der unbeschränkten Steuerpflicht ähnlichen Umfang zu einer Steuer vom Einkommen herangezogen wird.

(4) Die obersten Finanzbehörden der Länder oder die von ihnen beauftragten Finanzbehörden können mit Zustimmung des Bundesministeriums der Finanzen die Einkommensteuer bei beschränkt Steuerpflichtigen ganz oder zum Teil erlassen oder in einem Pauschbetrag festsetzen, wenn dies im besonderen öffentlichen Interesse liegt; ein besonderes öffentliches Interesse besteht insbesondere

1. im Zusammenhang mit der inländischen Veranstaltung international bedeutsamer kultureller und sportlicher Ereignisse, um deren Ausrichtung ein internationaler Wettbewerb stattfindet, oder
2. im Zusammenhang mit dem inländischen Auftritt einer ausländischen Kulturvereinigung, wenn ihr Auftritt wesentlich aus öffentlichen Mitteln gefördert wird.

---

§ 73 **EStDV**

– weggefallen –

50.1. Verlustabzug im Rahmen der beschränkten Steuerpflicht **R 50.1**

[1]Macht ein beschränkt steuerpflichtiger Staatsangehöriger eines Mitgliedstaates der EU oder eines EWR-Staates einen Verlustabzug nach § 10d EStG geltend und ergeben sich die Verluste

aus Unterlagen, die in einem anderen Mitgliedstaat der EU oder des EWR aufbewahrt werden, ist zur EG-vertragskonformen Auslegung des § 50 Abs. 1 Satz 2 EStG von einer rückwirkenden Bewilligung einer Aufbewahrungserleichterung auszugehen. [2]Die Aufbewahrung der Unterlagen in einem anderen EU/EWR-Mitgliedstaat führt in diesem Falle nicht zur Versagung des Verlustabzuges. [3]Der beschränkt Stpfl. muss aber klar und eindeutig die von ihm geltend gemachten Verluste nach dem im fraglichen Wirtschaftsjahr einschlägigen deutschen Recht über die Berechnung der Einkünfte belegen.

R 50.2

50.2. Bemessungsgrundlage für die Einkommensteuer und Steuerermäßigung für ausländische Steuern

S 2301 Anhang 6

[1]§ 50 Abs. 6 EStG ist auch im Verhältnis zu Staaten anzuwenden, mit denen ein DBA besteht. [2]Es ist in diesem Fall grundsätzlich davon auszugehen, dass Ertragsteuern, für die das DBA gilt, der deutschen Einkommensteuer entsprechen. [3]Bei der Ermittlung des Höchstbetrags für Zwecke der Steueranrechnung (→ R 34c) sind in die Summe der Einkünfte nur die Einkünfte einzubeziehen, die im Wege der Veranlagung besteuert werden. [4]Der Mindeststeuersatz des § 50 Abs. 3 Satz 2 EStG kann als Folge der Steueranrechnung unterschritten werden.

H 50.2

Hinweise

Anwendung des § 50 Abs. 5 Satz 2 Nr. 2 EStG

→ BMF vom 30. 12. 1996 (BStBl I S. 1506)

Anwendung des § 50 Abs. 6 EStG

→ R 34c gilt entsprechend.

Ausländische Kulturvereinigungen

- ***Zu Billigkeitsmaßnahmen nach § 50 Abs. 7 EStG bei ausländischen Kulturvereinigungen*** →BMF vom 20. 7. 1983 (BStBl I S. 382) ***– sog. Kulturorchestererlass –*** und BMF vom 30. 5. 1995 (BStBl I S. 336)
- ***Als „solistisch besetztes Ensemble" i. S. d. Tz. 4 des sog. Kulturorchestererlasses ist eine Formation jedenfalls dann anzusehen, wenn bei den einzelnen Veranstaltungen nicht mehr als fünf Mitglieder auftreten und die ihnen abverlangte künstlerische Gestaltungshöhe mit derjenigen eines Solisten vergleichbar ist (→ BFH vom 7. 3. 2007 – BStBl 2008 II S. 186).***

→ weitere Hinweise bei H 50a „Ausländische Kulturvereinigungen"

Europäische Vereinswettbewerbe von Mannschaftssportarten

→ BMF vom 20. 3. 2008 (BStBl I S. 538)

Mindeststeuersatz

- Der Mindeststeuersatz des § 50 Abs. 3 Satz 2 EStG findet bei EU-/EWR-Staatsangehörigen nur Anwendung, wenn die sich dadurch ergebende Steuer nicht höher als die Steuer ist, die sich aus der Anwendung des Steuertarifs des § 32a Abs. 1 EStG auf das Einkommen des beschränkt Steuerpflichtigen zuzüglich eines Betrags in Höhe des Grundfreibetrags ergeben würde (→ BMF vom 10. 9. 2004 – BStBl I S. 860).
- Der Mindeststeuersatz von 25 % kann nach Maßgabe des § 50 Abs. 1 EStG unter den Voraussetzungen der §§ 34 und 34b EStG unterschritten werden (→ BFH vom 5. 7. 1967 – BStBl III S. 654).
- Beim Zusammentreffen von laufenden und außerordentlichen Einkünften i. S. d. §§ 34, 34b EStG ist die Einkommensteuer in zwei Teilbeträgen zu ermitteln. Dabei ist der Mindeststeuersatz, ggfs. in der sich durch die Vergleichsberechnung des BMF-Schreibens vom 10. 9. 2004 (BStBl I S. 860) ergebenden Modifikation, nur bei der Berechnung der Einkommensteuer hinsichtlich des verbleibenden zu versteuernden Einkommens anzuwenden. Bei der Ermittlung der auf die außerordentlichen Einkünfte entfallenden Steuer findet der Mindeststeuersatz des § 50 Abs. 3 Satz 2 EStG keine Anwendung.

  Beispiel:

  Ein beschränkt Stpfl. mit Wohnsitz in einem Mitgliedstaat der EU hat im VZ ***2008*** erzielt:

Einkünfte aus Vermietung und Verpachtung (§ 49 Abs. 1 Nr. 6 EStG)	2 249 €
Entschädigung (§ 49 Abs. 1 Nr. 4d EStG) i. S. d. § 34 EStG	53 369 €

Ermittlung der festzusetzenden Einkommensteuer:

1. laufende Einkünfte ohne Anwendung des § 34 EStG — 2 249 €
   a) Mindeststeuer (§ 50 Abs. 3 Satz 2 EStG)
   25 % von 2 249 € = — 562 €
   b) Steuer gem. BMF vom 10. 9. 2004 (BStBl I S. 860)
   Einkünfte zuzüglich Grundfreibetrag: 2 249 € + 7 664 € = 9 913 €
   Steuer gem. Grundtarif (§ 32a Abs. 1 EStG) = — 382 €

   Die niedrigere Steuer i. H. v. 382 € ist anzusetzen.
2. außerordentliche Einkünfte i. S. d. § 34 EStG
   Einkommensteuer auf das verbleibende z. v. E. (2 249 €) nach § 32a Abs. 1 EStG — 0 €

Berechnung des Unterschiedsbetrags i. S. d. § 34 Abs. 1 EStG
53 369 € × 1/5 = 10 673 €
2 249 € + 10 673 € = 12 922 €
Steuer gemäß Grundtarif auf 12 922 € — 1 032 €
Unterschiedsbetrag 1 032 € – 0 € = 1 032 €
verfünffachter Unterschiedsbetrag 1 032 € × 5 = — 5 160 €
Festzusetzende Einkommensteuer 382 € + 5 160 € = — 5 542 €

Steuererstattung nach § 50 Abs. 5 Satz 2 Nr. 3 EStG

- Antrag – Amtliches Muster → BMF vom 19. 12. 1996 (BStBl I S. 1500).
- Vereinfachtes Steuererstattungsverfahren bei beschränkt Steuerpflichtigen mit Einkünften, die dem Steuerabzug nach § 50a Abs. 4 Satz 1 Nr. 1 und 2 EStG unterliegen – Umsetzung des EuGH-Urteils vom 12. 6. 2003 – C-234/01 (Gerritse) – → BMF vom 3. 11. 2003 (BStBl I S. 553).

Wechsel zwischen beschränkter und unbeschränkter Steuerpflicht

→ § 2 Abs. 7 Satz 3 EStG

---

§ 50a Steuerabzug bei beschränkt Steuerpflichtigen

EStG S 2303 [1)]

(1) Bei beschränkt steuerpflichtigen Mitgliedern des Aufsichtsrats (Verwaltungsrats) von inländischen Aktiengesellschaften, Kommanditgesellschaften auf Aktien, Berggewerkschaften, Gesellschaften mit beschränkter Haftung und sonstigen Kapitalgesellschaften, Genossenschaften und Personenvereinigungen des privaten und des öffentlichen Rechts, bei denen die Gesellschafter nicht als Unternehmer (Mitunternehmer) anzusehen sind, unterliegen die Vergütungen jeder Art, die ihnen von den genannten Unternehmungen für die Überwachung der Geschäftsführung gewährt werden (Aufsichtsratsvergütungen), dem Steuerabzug (Aufsichtsratsteuer). S 2412

(2) Die Aufsichtsratsteuer beträgt 30 Prozent der Aufsichtsratsvergütungen. S 2412

(3) [1]Dem Steuerabzug unterliegt der volle Betrag der Aufsichtsratsvergütung ohne jeden Abzug. [2]Werden Reisekosten (Tagegelder und Fahrtauslagen) besonders gewährt, so gehören sie zu den Aufsichtsratsvergütungen nur insoweit, als sie die tatsächlichen Auslagen übersteigen. S 2412

(4) [1]Die Einkommensteuer wird bei beschränkt Steuerpflichtigen im Wege des Steuerabzugs erhoben S 2411

1. **bei Einkünften, die durch im Inland ausgeübte oder verwertete künstlerische, sportliche, artistische oder ähnliche Darbietungen erzielt werden, einschließlich der Einkünfte aus anderen mit diesen Leistungen zusammenhängenden Leistungen, unabhängig davon, wem die Einnahmen zufließen (§ 49 Abs. 1 Nr. 2 Buchstabe d),**
2. **bei Einkünften aus der Ausübung oder Verwertung einer Tätigkeit als Künstler, Berufssportler, Schriftsteller, Journalist oder Bildberichterstatter einschließlich solcher Tätigkeiten für den Rundfunk oder Fernsehfunk (§ 49 Abs. 1 Nr. 2 bis 4), es sei denn, es handelt sich um Einkünfte aus nichtselbständiger Arbeit, die dem Steuerabzug vom Arbeitslohn nach § 38 Abs. 1 Satz 1 Nr. 1 unterliegen,**

---

1) ***§ 50a EStG wurde durch das JStG 2009 neu gefasst und ist erstmals anzuwenden auf Vergütungen, die nach dem 31. 12. 2008 zufließen → § 52 Abs. 58a EStG.***
Anm.: Im Interesse einer besseren Lesbarkeit ist die Neufassung des § 50a EStG nicht in der Fußnote, sondern auf der Seite 773 abgedruckt.

3. bei Einkünften, die aus Vergütungen für die Nutzung beweglicher Sachen oder für die Überlassung der Nutzung oder des Rechts auf Nutzung von Rechten, insbesondere von Urheberrechten und gewerblichen Schutzrechten, von gewerblichen, technischen, wissenschaftlichen und ähnlichen Erfahrungen, Kenntnissen und Fertigkeiten, z. B. Plänen, Mustern und Verfahren, herrühren (§ 49 Abs. 1 Nr. 2, 3, 6 und 9); das Gleiche gilt für die Veräußerung von Rechten im Sinne des § 49 Abs. 1 Nr. 2 Buchstabe f mit Ausnahme von Emissionsberechtigungen im Rahmen des europäischen und internationalen Emissionshandels.

[2]Dem Steuerabzug unterliegt der volle Betrag der Einnahmen einschließlich der Beträge im Sinne des § 3 Nr. 13 und 16. [3]Abzüge, z. B. für Betriebsausgaben, Werbungskosten, Sonderausgaben und Steuern sind nicht zulässig. [4]Der Steuerabzug beträgt 20 Prozent der Einnahmen, *bei beschränkt steuerpflichtigen Körperschaften im Sinne des § 2 des Körperschaftsteuergesetzes* [1] *15 Prozent.* [5]Bei im Inland ausgeübten künstlerischen, sportlichen, artistischen oder ähnlichen Darbietungen beträgt er bei Einnahmen

1. bis 250 Euro
   0 Prozent;
2. über 250 Euro bis 500 Euro
   10 Prozent der gesamten Einnahmen;
3. über 500 Euro bis 1000 Euro
   15 Prozent der gesamten Einnahmen;
4. über 1000 Euro
   20 Prozent der gesamten Einnahmen.

[2] *[6]Satz 5 Nr. 4 gilt nicht bei beschränkt steuerpflichtigen Körperschaften im Sinne des § 2 des Körperschaftsteuergesetzes.*

S 2411 S 2412 (5) [1]Die Steuer entsteht in dem Zeitpunkt, in dem die Aufsichtsratsvergütungen (Absatz 1) oder die Vergütungen (Absatz 4) dem Gläubiger der Aufsichtsratsvergütungen oder der Vergütungen zufließen. [2]In diesem Zeitpunkt hat der Schuldner der Aufsichtsratsvergütungen oder der Vergütungen den Steuerabzug für Rechnung des beschränkt steuerpflichtigen Gläubigers (Steuerschuldner) vorzunehmen. [3]Er hat die innerhalb eines Kalendervierteljahres einbehaltene Steuer jeweils bis zum 10. des dem Kalendervierteljahr folgenden Monats an das für ihn zuständige Finanzamt abzuführen. [4]Der beschränkt Steuerpflichtige ist beim Steuerabzug von Aufsichtsratsvergütungen oder von Vergütungen Steuerschuldner. [5]Der Schuldner der Aufsichtsratsvergütungen oder der Vergütungen haftet aber für die Einbehaltung und Abführung der Steuer. [6]Der Steuerschuldner wird nur in Anspruch genommen,

1. wenn der Schuldner der Aufsichtsratsvergütung oder der Vergütungen diese nicht vorschriftsmäßig gekürzt hat oder
2. wenn der beschränkt steuerpflichtige Gläubiger weiß, dass der Schuldner die einbehaltene Steuer nicht vorschriftsmäßig abgeführt hat, und dies dem Finanzamt nicht unverzüglich mitteilt.

[7]Der Schuldner der Vergütungen ist verpflichtet, dem beschränkt steuerpflichtigen Gläubiger auf Verlangen die folgenden Angaben nach amtlich vorgeschriebenem Muster zu bescheinigen:

1. den Namen und die Anschrift des beschränkt steuerpflichtigen Gläubigers;
2. die Art der Tätigkeit und Höhe der Vergütung in Euro;
3. den Zahlungstag;
4. den Betrag der einbehaltenen und abgeführten Steuer nach § 50a Abs. 4;
5. das Finanzamt, an das die Steuer abgeführt worden ist.

(6) Durch Rechtsverordnung kann bestimmt werden, dass bei Vergütungen für die Nutzung oder das Recht auf Nutzung von Urheberrechten (Absatz 4 Nr. 3), wenn die Vergütungen nicht unmittelbar an den Gläubiger, sondern an einen Beauftragten geleistet werden, an Stelle des Schuldners der Vergütung der Beauftragte die Steuer einzubehalten und abzuführen hat und für die Einbehaltung und Abführung haftet.

(7) [1]Das Finanzamt des Vergütungsgläubigers kann anordnen, dass der Schuldner der Vergütung für Rechnung des beschränkt steuerpflichtigen Gläubigers (Steuerschuldner) die Einkommensteuer von beschränkt steuerpflichtigen Einkünften, soweit diese nicht bereits dem Steuerabzug unterliegen, im Wege des Steuerabzugs einzubehalten und abzuführen hat, wenn dies

1) *Durch das Unternehmensteuerreformgesetz 2008 wurde ab VZ 2008 (→ § 52 Abs. 1 EStG) Absatz 4 Satz 4 geändert.*

2) *Durch das Unternehmensteuerreformgesetz 2008 wurde ab VZ 2008 (→ § 52 Abs. 1 EStG) ein Satz 6 angefügt.*

zur Sicherung des Steueranspruchs zweckmäßig ist. [2]Der Steuerabzug beträgt 25 Prozent der gesamten Einnahmen, *bei beschränkt steuerpflichtigen Körperschaften im Sinne des § 2 des Körperschaftsteuergesetzes 15 Prozent der gesamten Einnahmen*, wenn der beschränkt steuerpflichtige Gläubiger nicht glaubhaft macht, dass die voraussichtlich geschuldete Steuer niedriger ist. [3]Absatz 5 gilt entsprechend mit der Maßgabe, dass die Steuer bei dem Finanzamt anzumelden und abzuführen ist, das den Steuerabzug angeordnet hat. [4]§ 50 Abs. 5 Satz 1 ist nicht anzuwenden. [1)]

Anm.:
Nachfolgend ist § 50a EStG i. d. F. des JStG 2009 abgedruckt:

§ 50a Steuerabzug bei beschränkt Steuerpflichtigen

(1) Die Einkommensteuer wird bei beschränkt Steuerpflichtigen im Wege des Steuerabzugs erhoben

1. bei Einkünften, die durch im Inland ausgeübte künstlerische, sportliche, artistische, unterhaltende oder ähnliche Darbietungen erzielt werden, einschließlich der Einkünfte aus anderen mit diesen Leistungen zusammenhängenden Leistungen, unabhängig davon, wem die Einkünfte zufließen (§ 49 Abs. 1 Nr. 2 bis 4 und Nr. 9), es sei denn, es handelt sich um Einkünfte aus nichtselbständiger Arbeit, die bereits dem Steuerabzug vom Arbeitslohn nach § 38 Abs. 1 Satz 1 Nr. 1 unterliegen,
2. bei Einkünften aus der inländischen Verwertung von Darbietungen im Sinne der Nummer 1 (§ 49 Abs. 1 Nr. 2 bis 4 und 6),
3. bei Einkünften, die aus Vergütungen für die Überlassung der Nutzung oder des Rechts auf Nutzung von Rechten, insbesondere von Urheberrechten und gewerblichen Schutzrechten, von gewerblichen, technischen, wissenschaftlichen und ähnlichen Erfahrungen, Kenntnissen und Fertigkeiten, zum Beispiel Plänen, Mustern und Verfahren, herrühren (§ 49 Abs. 1 Nr. 2, 3, 6 und 9),
4. bei Einkünften, die Mitgliedern des Aufsichtsrats, Verwaltungsrats, Grubenvorstands oder anderen mit der Überwachung der Geschäftsführung von Körperschaften, Personenvereinigungen und Vermögensmassen im Sinne des § 1 des Körperschaftsteuergesetzes beauftragten Personen sowie von anderen inländischen Personenvereinigungen des privaten und öffentlichen Rechts, bei denen die Gesellschafter nicht als Unternehmer (Mitunternehmer) anzusehen sind, für die Überwachung der Geschäftsführung gewährt werden (§ 49 Abs. 1 Nr. 3).

(2) [1]Der Steuerabzug beträgt 15 Prozent, in den Fällen des Absatzes 1 Nr. 4 beträgt er 30 Prozent der gesamten Einnahmen. [2]Vom Schuldner der Vergütung ersetzte oder übernommene Reisekosten gehören nur insoweit zu den Einnahmen, als die Fahrt- und Übernachtungsauslagen die tatsächlichen Kosten und die Vergütungen für Verpflegungsmehraufwand die Pauschbeträge nach § 4 Abs. 5 Satz 1 Nr. 5 übersteigen. [3]Bei Einkünften im Sinne des Absatzes 1 Nr. 1 wird ein Steuerabzug nicht erhoben, wenn die Einnahmen je Darbietung 250 Euro nicht übersteigen.

(3) [1]Der Schuldner der Vergütung kann von den Einnahmen in den Fällen des Absatzes 1 Nr. 1, 2 und 4 mit ihnen in unmittelbarem wirtschaftlichen Zusammenhang stehende Betriebsausgaben oder Werbungskosten abziehen, die ihm ein beschränkt Steuerpflichtiger in einer für das Finanzamt nachprüfbaren Form nachgewiesen hat oder die vom Schuldner der Vergütung übernommen worden sind. [2]Das gilt nur, wenn der beschränkt Steuerpflichtige Staatsangehöriger eines Mitgliedstaats der Europäischen Union oder eines anderen Staates ist, auf den das Abkommen über den Europäischen Wirtschaftsraum Anwendung findet, und im Hoheitsgebiet eines dieser Staaten seinen Wohnsitz oder gewöhnlichen Aufenthalt hat. [3]Es gilt entsprechend bei einer beschränkt steuerpflichtigen Körperschaft, Personenvereinigung oder Vermögensmasse im Sinne des § 32 Abs. 4 des Körperschaftsteuergesetzes. [4]In diesen Fällen beträgt der Steuerabzug von den nach Abzug der Betriebsausgaben oder Werbungskosten verbleibenden Einnahmen (Nettoeinnahmen), wenn

1. Gläubiger der Vergütung eine natürliche Person ist, 30 Prozent,
2. Gläubiger der Vergütung eine Körperschaft, Personenvereinigung oder Vermögensmasse ist, 15 Prozent.

(4) [1]Hat der Gläubiger einer Vergütung seinerseits Steuern für Rechnung eines anderen beschränkt steuerpflichtigen Gläubigers einzubehalten (zweite Stufe), kann er vom Steuerabzug

1) ***Absatz 7 Satz 2 wurde durch das Unternehmensteuerreformgesetz 2008 ab VZ 2008 (→ § 52 Abs. 1 EStG) geändert.***

absehen, wenn seine Einnahmen bereits dem Steuerabzug nach Absatz 2 unterlegen haben. [2]Wenn der Schuldner der Vergütung auf zweiter Stufe Betriebsausgaben oder Werbungskosten nach Absatz 3 geltend macht, die Veranlagung nach § 50 Abs. 2 Satz 2 Nr. 5 beantragt oder die Erstattung der Abzugsteuer nach § 50d Abs. 1 oder einer anderen Vorschrift beantragt, hat er die sich nach Absatz 2 oder Absatz 3 ergebende Steuer zu diesem Zeitpunkt zu entrichten; Absatz 5 gilt entsprechend.

(5) [1]Die Steuer entsteht in dem Zeitpunkt, in dem die Vergütung dem Gläubiger der Aufsichtsratsvergütungen oder der Vergütungen zufließen. [2]In diesem Zeitpunkt hat der Schuldner der Vergütung den Steuerabzug für Rechnung des beschränkt steuerpflichtigen Gläubigers (Steuerschuldner) vorzunehmen. [3]Er hat die innerhalb eines Kalendervierteljahres einbehaltene Steuer jeweils bis zum zehnten des dem Kalendervierteljahr folgenden Monats an das für ihn zuständige Finanzamt abzuführen. [4]Der Schuldner der Vergütung haftet für die Einbehaltung und Abführung der Steuer. [5]Der Steuerschuldner kann in Anspruch genommen werden, wenn der Schuldner der Vergütung den Steuerabzug nicht vorschriftsmäßig vorgenommen hat.

[6]Der Schuldner der Vergütung ist verpflichtet, dem Gläubiger auf Verlangen die folgenden Angaben nach amtlich vorgeschriebenem Muster zu bescheinigen:

1. den Namen und die Anschrift des Gläubigers;
2. die Art der Tätigkeit und Höhe der Vergütung in Euro;
3. den Zahlungstag;
4. den Betrag der einbehaltenen und abgeführten Steuer nach Absatz 2 oder Absatz 3,
5. das Finanzamt, an das die Steuer abgeführt worden ist.

(6) Die Bundesregierung kann durch Rechtsverordnung mit Zustimmung des Bundesrates bestimmen, dass bei Vergütungen für die Nutzung oder das Recht auf Nutzung von Urheberrechten (Absatz 1 Nr. 3), die nicht unmittelbar an den Gläubiger, sondern an einen Beauftragten geleistet werden, anstelle des Schuldners der Vergütung der Beauftragte die Steuer einzubehalten und abzuführen hat und für die Einbehaltung und Abführung haftet.

(7) [1]Das Finanzamt des Vergütungsgläubigers kann anordnen, dass der Schuldner der Vergütung für Rechnung des Gläubigers (Steuerschuldner) die Einkommensteuer von beschränkt steuerpflichtigen Einkünften, soweit diese nicht bereits dem Steuerabzug unterliegen, im Wege des Steuerabzugs einzubehalten und abzuführen hat, wenn dies zur Sicherung des Steueranspruchs zweckmäßig ist. [2]Der Steuerabzug beträgt 25 Prozent der gesamten Einnahmen, bei beschränkt steuerpflichtigen Körperschaften im Sinne des § 2 des Körperschaftsteuergesetzes 15 Prozent der gesamten Einnahmen, wenn der beschränkt steuerpflichtige Gläubiger nicht glaubhaft macht, dass die voraussichtlich geschuldete Steuer niedriger ist. [3]Absatz 5 gilt entsprechend mit der Maßgabe, dass die Steuer bei dem Finanzamt anzumelden und abzuführen ist, das den Steuerabzug angeordnet hat. [4]§ 50 Abs. 2 Satz 1 ist nicht anzuwenden.

EStDV
S 2303
S 2412

§ 73a Begriffsbestimmungen[1])

(1) Inländisch im Sinne des § 50a Abs. 1 des Gesetzes sind solche Unternehmen, die ihre Geschäftsleitung oder ihren Sitz im Geltungsbereich des Gesetzes haben.

(2) Urheberrechte im Sinne des § 50a Abs. 4 Nr. 3 des Gesetzes sind Rechte, die nach Maßgabe des Urheberrechtsgesetzes vom 9. September 1965 (BGBl. I S. 1273) geschützt sind.

1) ***§ 73a EStDV wurde durch das JStG 2009 neu gefasst und ist erstmals anzuwenden auf Vergütungen, die nach dem 31. 12. 2008 zufließen → § 84 Abs. 3h EStDV.***

Anm.: Die Neufassung lautet:

(1) Inländisch im Sinne des § 50a Abs. 1 Nr. 4 des Gesetzes sind solche Personenvereinigungen, die ihre Geschäftsleitung oder ihren Sitz im Geltungsbereich des Gesetzes haben.

(2) Urheberrechte im Sinne des § 50a Abs. 1 Nr. 3 des Gesetzes sind Rechte, die nach Maßgabe des Urheberrechtsgesetzes vom 9. September 1965 (BGBl. I S. 1273), zuletzt geändert durch das Gesetz vom 7. Dezember 2008 (BGBl. I S. 2349), in der jeweils geltenden Fassung geschützt sind.

(3) Gewerbliche Schutzrechte im Sinne des § 50a Abs. 1 Nr. 3 des Gesetzes sind Rechte, die nach Maßgabe des Geschmacksmustergesetzes vom 12. März 2004 (BGBl. I S. 390), zuletzt geändert durch Artikel 7 des Gesetzes vom 7. Juli 2008 (BGBl. I S. 1191), des Patentgesetzes in der Fassung der Bekanntmachung vom 16. Dezember 1980 (BGBl. 1981 I S. 1), zuletzt geändert durch Artikel 2 des Gesetzes vom 7. Juli 2008 (BGBl. I S. 1191), des Gebrauchsmustergesetzes in der Fassung der Bekanntmachung vom 28. August 1986 (BGBl. I S. 1455), zuletzt geändert durch Artikel 3 des Gesetzes vom 7. Juli 2008 (BGBl. I S. 1191) und des Markengesetzes vom 25. Oktober 1994 (BGBl. I S. 3082; 1995 I S. 156), zuletzt geändert durch Artikel 4 des Gesetzes vom 7. Juli 2008 (BGBl. I S. 1191), in der jeweils geltenden Fassung geschützt sind.

(3) Gewerbliche Schutzrechte im Sinne des § 50a Abs. 4 Nr. 3 des Gesetzes sind Rechte, die nach Maßgabe des Geschmacksmustergesetzes, des Patentgesetzes in der Fassung der Bekanntmachung vom 2. Januar 1968 ;4 Nr. 3 des Gesetzes sind Rechte, die nach Maßgabe des Geschmacksmustergesetzes, des Patentgesetzes in der Fassung der Bekanntmachung vom 2. Januar 1968 (BGBl. I S. 1, 2), des Gebrauchsmustergesetzes in der Fassung der Bekanntmachung vom 2. Januar 1968 (BGBl. I S. 1, 24) und des Markengesetzes vom 25. Oktober 1994 (BGBl. I S. 3082) geschützt sind.

§ 73b

EStDV

– weggefallen –

§ 73c Zeitpunkt des Zufließens im Sinne des § 50a Abs. 5 Satz 1 des Gesetzes[1])

EStDV
S 2303
S 2411
S 2412

Die Aufsichtsratsvergütungen oder die Vergütungen im Sinne des § 50a Abs. 4 des Gesetzes fließen dem Gläubiger zu

1. *im Falle der Zahlung, Verrechnung oder Gutschrift:*
   bei Zahlung, Verrechnung oder Gutschrift;
2. *im Falle der Hinausschiebung der Zahlung wegen vorübergehender Zahlungsunfähigkeit des Schuldners:*
   bei Zahlung, Verrechnung oder Gutschrift;
3. *im Falle der Gewährung von Vorschüssen:*
   bei Zahlung, Verrechnung oder Gutschrift der Vorschüsse.

§ 73d Aufzeichnungen, Steueraufsicht[2])

EStDV
S 2303
S 2411
S 2412

[3]) *(1) [1]Der Schuldner der Aufsichtsratsvergütungen oder der Vergütungen im Sinne des § 50a Abs. 4 des Gesetzes (Schuldner) hat besondere Aufzeichnungen zu führen. [2]Aus den Aufzeichnungen müssen ersichtlich sein*

1. *Name und Wohnung des beschränkt steuerpflichtigen Gläubigers (Steuerschuldners),*
2. *Höhe der Aufsichtsratsvergütungen oder der Vergütungen in Euro,*
3. *Tag, an dem die Aufsichtsratsvergütungen oder die Vergütungen dem Steuerschuldner zugeflossen sind,*
4. *Höhe und Zeitpunkt der Abführung der einbehaltenen Steuer.*

---

1) ***§ 73c EStDV wurde durch das JStG 2009 geändert und ist erstmals anzuwenden auf Vergütungen, die nach dem 31. 12. 2008 zufließen → § 84 Abs. 3h EStDV.***
Anm.: Die Änderung lautet:
In § 73c werden im einleitenden Satzteil die Wörter „Aufsichtsratsvergütungen oder die" gestrichen sowie die Angabe „§ 50 Abs. 4 des Gesetzes" durch die Angabe „§ 50a Abs. 1 des Gesetzes" ersetzt.

2) ***Die Überschrift zu § 73d EStDV wurde durch das JStG 2009 geändert und ist erstmals anzuwenden auf Vergütungen, die nach dem 31. 12. 2008 zufließen → § 84 Abs. 3h EStDV.***
Anm.: Die Änderung lautet:
Die Überschrift wird wie folgt gefasst:
„§ 73d
Aufzeichnungen, Aufbewahrungspflichten, Steueraufsicht"

3) ***Absatz 1 wurde durch das JStG 2009 neu gefasst und ist erstmals anzuwenden auf Vergütungen, die nach dem 31. 12. 2008 zufließen → § 84 Abs. 3h EStDV.***
Anm.: Die Neufassung lautet:
(1) Der Schuldner der Vergütungen im Sinne des § 50a Abs. 1 des Gesetzes (Schuldner) hat besondere Aufzeichnungen zu führen. Aus den Aufzeichnungen müssen ersichtlich sein:
1. Name und Wohnung des beschränkt steuerpflichtigen Gläubigers (Steuerschuldners),
2. Höhe der Vergütungen in Euro,
3. Höhe und Art der von der Bemessungsgrundlage des Steuerabzugs abgezogenen Betriebsausgaben oder Werbungskosten,
4. Tag, an dem die Vergütungen dem Steuerschuldner zugeflossen sind,
5. Höhe und Zeitpunkt der Abführung der einbehaltenen Steuer.
Er hat in Fällen des § 50a Abs. 3 des Gesetzes die von der Bemessungsgrundlage des Steuerabzugs abgezogenen Betriebsausgaben oder Werbungskosten und die Staatsangehörigkeit des beschränkt steuerpflichtigen Gläubigers in einer für das Finanzamt nachprüfbaren Form zu dokumentieren.

(2) Bei der Veranlagung des Schuldners zur Einkommensteuer (Körperschaftsteuer) und bei Außenprüfungen, die bei dem Schuldner vorgenommen werden, ist auch zu prüfen, ob die Steuern ordnungsmäßig einbehalten und abgeführt worden sind.

EStDV
S 2303
S 2411
S 2412

§ 73e Einbehaltung, Abführung und Anmeldung der Aufsichtsratsteuer und der Steuer von Vergütungen im Sinne des § 50a Abs. 4 und 7 des Gesetzes (§ 50a Abs. 5 des Gesetzes)[1])

[1]Der Schuldner hat die innerhalb eines Kalendervierteljahrs einbehaltene Aufsichtsratsteuer oder die Steuer von Vergütungen im Sinne des § 50a Abs. 4 des Gesetzes unter der Bezeichnung „Steuerabzug von Aufsichtsratsvergütungen" oder „Steuerabzug von Vergütungen im Sinne des § 50a Abs. 4 des Einkommensteuergesetzes" jeweils bis zum 10. des dem Kalendervierteljahr folgenden Monats an das für seine Besteuerung nach dem Einkommen zuständige Finanzamt (Finanzkasse) abzuführen; ist der Schuldner keine Körperschaft und stimmen Betriebs- und Wohnsitzfinanzamt nicht überein, so ist die einbehaltene Steuer an das Betriebsfinanzamt abzuführen. [2]Bis zum gleichen Zeitpunkt hat der Schuldner dem nach Satz 1 zuständigen Finanzamt eine Steueranmeldung über den Gläubiger und die Höhe der Aufsichtsratsvergütungen oder der Vergütungen im Sinne des § 50a Abs. 4 des Gesetzes und die Höhe des Steuerabzugs zu übersenden. [3]Satz 2 gilt entsprechend, wenn ein Steuerabzug auf Grund eines Abkommens zur Vermeidung der Doppelbesteuerung nicht oder nicht in voller Höhe vorzunehmen ist. [4]Die Steueranmeldung muss vom Schuldner oder von einem zu seiner Vertretung Berechtigten unterschrieben sein. [5]Ist es zweifelhaft, ob der Gläubiger beschränkt oder unbeschränkt steuerpflichtig ist, so darf der Schuldner die Einbehaltung der Steuer nur dann unterlassen, wenn der Gläubiger durch eine Bescheinigung des nach den abgabenrechtlichen Vorschriften für die Besteuerung seines Einkommens zuständigen Finanzamts nachweist, dass er unbeschränkt steuerpflichtig ist. [6]Die Sätze 1, 2 und 4 gelten entsprechend für die Steuer nach § 50a Abs. 7 des Gesetzes mit der Maßgabe, dass die Steuer an das Finanzamt abzuführen und bei dem Finanzamt anzumelden ist, das den Steuerabzug angeordnet hat.

1) ***§ 73e EStDV wurde durch das JStG 2009 neu gefasst und ist erstmals anzuwenden auf Vergütungen, die nach dem 31. 12. 2008 zufließen → § 84 Abs. 3h EStDV.***

Anm.: Die Neufassung lautet:

§ 73e Einbehaltung, Abführung und Anmeldung der Steuer von Vergütungen im Sinne des § 50a Abs. 1 und 7 des Gesetzes (§ 50a Abs. 5 des Gesetzes)

Der Schuldner hat die innerhalb eines Kalendervierteljahrs einbehaltene Steuer von Vergütungen im Sinne des § 50a Abs. 1 des Gesetzes unter der Bezeichnung „Steuerabzug von Vergütungen im Sinne des § 50a Abs. 1 des Einkommensteuergesetzes" jeweils bis zum zehnten des dem Kalendervierteljahr folgenden Monats an das für seine Besteuerung nach dem Einkommen zuständige Finanzamt (Finanzkasse) abzuführen; stimmen Betriebs- und Wohnsitzfinanzamt nicht überein, so ist die einbehaltene Steuer an das Betriebsfinanzamt abzuführen. Bis zum gleichen Zeitpunkt hat der Schuldner dem nach Satz 1 zuständigen Finanzamt eine Steueranmeldung über den Gläubiger, die Höhe der Vergütungen im Sinne des § 50a Abs. 1 des Gesetzes, die Höhe und Art der von der Bemessungsgrundlage des Steuerabzugs abgezogenen Betriebsausgaben oder Werbungskosten und die Höhe des Steuerabzugs zu übersenden. Satz 2 gilt entsprechend, wenn ein Steuerabzug auf Grund der Vorschrift des § 50a Abs. 2 Satz 3 oder Abs. 4 Satz 1 des Gesetzes nicht vorzunehmen ist oder auf Grund eines Abkommens zur Vermeidung der Doppelbesteuerung nicht oder nicht in voller Höhe vorzunehmen ist. Die Steueranmeldung ist nach amtlich vorgeschriebenem Vordruck auf elektronischem Weg zu übermitteln, nach Maßgabe der Steuerdaten-Übermittlungsverordnung vom 28. Januar 2003 (BGBl. I S. 139), geändert durch Verordnung vom 20. Dezember 2006 (BGBl. I S. 3380), in der jeweils geltenden Fassung. Auf Antrag kann das Finanzamt zur Vermeidung unbilliger Härten auf eine elektronische Übermittlung verzichten; in diesem Fall ist die Steueranmeldung vom Schuldner oder von einem zu seiner Vertretung Berechtigten zu unterschreiben. Ist es zweifelhaft, ob der Gläubiger beschränkt oder unbeschränkt steuerpflichtig ist, so darf der Schuldner die Einbehaltung der Steuer nur dann unterlassen, wenn der Gläubiger durch eine Bescheinigung des nach den abgabenrechtlichen Vorschriften für die Besteuerung seines Einkommens zuständigen Finanzamts nachweist, dass er unbeschränkt steuerpflichtig ist. Die Sätze 1, 2, 4 und 5 gelten entsprechend für die Steuer nach § 50a Abs. 7 des Gesetzes mit der Maßgabe, dass die Steuer an das Finanzamt abzuführen und bei dem Finanzamt anzumelden ist, das den Steuerabzug angeordnet hat.

§ 73f Steuerabzug in den Fällen des § 50a Abs. 6 des Gesetzes

EStDV
S 2303
S 2411

[1]) [1]Der Schuldner der Vergütungen für die Nutzung oder das Recht auf Nutzung von Urheberrechten im Sinne des § 50a Abs. 4 Nr. 3 des Gesetzes braucht den Steuerabzug nicht vorzunehmen, wenn er diese Vergütungen auf Grund eines Übereinkommens nicht an den beschränkt steuerpflichtigen Gläubiger (Steuerschuldner), sondern an die Gesellschaft für musikalische Aufführungs- und mechanische Vervielfältigungsrechte (Gema) oder an einen anderen Rechtsträger abführt und die obersten Finanzbehörden der Länder mit Zustimmung des Bundesministeriums der Finanzen einwilligen, dass dieser andere Rechtsträger an die Stelle des Schuldners tritt. [2]In diesem Falle hat die Gema oder der andere Rechtsträger den Steuerabzug vorzunehmen; § 50a Abs. 5 des Gesetzes sowie die §§ 73d und 73e gelten entsprechend.

§ 73g Haftungsbescheid

EStDV
S 2303
S 2411
S 2412

(1) Ist die Steuer nicht ordnungsmäßig einbehalten oder abgeführt, so hat das Finanzamt die Steuer von dem Schuldner, in den Fällen des § 73f von dem dort bezeichneten Rechtsträger, durch Haftungsbescheid oder von dem Steuerschuldner durch Steuerbescheid anzufordern.

(2) Der Zustellung des Haftungsbescheids an den Schuldner bedarf es nicht, wenn der Schuldner die einbehaltene Steuer dem Finanzamt ordnungsmäßig angemeldet hat (§ 73e) oder wenn er vor dem Finanzamt oder einem Prüfungsbeamten des Finanzamts seine Verpflichtung zur Zahlung der Steuer schriftlich anerkannt hat.

50a.1. Steuerabzug bei Lizenzgebühren, Vergütungen für die Nutzung von Urheberrechten und bei Veräußerungen von Schutzrechten usw.

R 50a.1

S 2303

[1]Lizenzgebühren für die Verwertung gewerblicher Schutzrechte und Vergütungen für die Nutzung von Urheberrechten, deren Empfänger im Inland weder einen Wohnsitz noch ihren gewöhnlichen Aufenthalt haben, unterliegen nach § 49 Abs. 1 Nr. 6 EStG der beschränkten ***Steuerpflicht***, wenn die Patente in die deutsche Patentrolle eingetragen sind oder wenn die gewerblichen Erfindungen oder Urheberrechte in einer inländischen Betriebsstätte oder in einer anderen Einrichtung verwertet werden. [2]Als andere Einrichtungen sind öffentlich-rechtliche Rundfunkanstalten anzusehen, soweit sie sich in dem durch Gesetz oder Staatsvertrag bestimmten Rahmen mit der Weitergabe von Informationen in Wort und Bild beschäftigen und damit hoheitliche Aufgaben wahrnehmen, ***so dass*** sie nicht der Körperschaftsteuer unterliegen und damit auch keine Betriebsstätte begründen. [3]In den übrigen Fällen ergibt sich die beschränkte Steuerpflicht für Lizenzgebühren aus § 49 Abs. 1 Nr. 2 Buchstabe a oder Nr. 9 EStG. [4]Dem Steuerabzug unterliegen auch Lizenzgebühren, die den Einkünften aus selbständiger Arbeit zuzurechnen sind (§ 49 Abs. 1 Nr. 3 EStG).

Hinweise

H 50a.1

Kundenadressen

Einkünfte aus der Überlassung von Kundenadressen zur Nutzung im Inland fallen auch dann nicht gem. § 49 Abs. 1 Nr. 9 EStG unter die beschränkte Steuerpflicht, wenn die Adressen vom ausländischen Überlassenden nach Informationen über das Konsumverhalten der betreffenden Kunden selektiert wurden. Es handelt sich nicht um die Nutzungsüberlassung von Know-how, sondern von Datenbeständen (→ BFH vom 13. 11. 2002 – BStBl 2003 II S. 249).

Rechteüberlassung

Die entgeltliche Überlassung eines Rechts führt zu inländischen Einkünften, wenn die Rechteverwertung Teil einer gewerblichen oder selbständigen Tätigkeit im Inland (§ 49 Abs. 1 Nr. 2 Buchstabe a oder Nr. 3 EStG) ist oder die Überlassung zeitlich begrenzt zum Zwecke der Verwertung in einer inländischen Betriebsstätte oder anderen inländischen Einrichtung erfolgt (§ 49 Abs. 1 Nr. 6 EStG). Dies gilt auch dann, wenn das Recht vom originären beschränkt steuerpflichtigen Inhaber selbst überlassen wird, wie z. B. bei der Überlassung der Persönlichkeitsrechte eines Sportlers durch diesen selbst im Rahmen einer Werbekampagne (→ BMF vom 2. 8. 2005 – BStBl I S. 844).

---

1) ***§ 73f Satz 1 EStDV wurde durch das JStG 2009 geändert und ist erstmals anzuwenden auf Vergütungen, die nach dem 31. 12. 2008 zufließen → § 84 Abs. 3h EStDV.***
Anm.: Die Änderung lautet:
In § 73f Satz 1 werden die Wörter „Nutzung oder das Recht auf Nutzung von Urheberrechten im Sinne des § 50a Abs. 4 Nr. 3 des Gesetzes" durch die Wörter „Nutzung oder das Recht auf Nutzung von Urheberrechten im Sinne des § 50a Abs. 1 Nr. 3 des Gesetzes" ersetzt.

Spezialwissen

Auch ein rechtlich nicht geschütztes technisches Spezialwissen, wie es in § 49 Abs. 1 Nr. 9 EStG aufgeführt ist, kann wie eine Erfindung zu behandeln sein, wenn sein Wert etwa dadurch greifbar ist, dass es in Lizenzverträgen zur Nutzung weitergegeben werden kann (→ BFH vom 26. 10. 2004 – BStBl 2005 II S. 167).

R 50a.2

50a.2. Berechnung des Steuerabzugs nach § 50a EStG in besonderen Fällen

S 2303 – unbesetzt –

H 50a.2

Hinweise

Abzugsteuer bei künstlerischen, sportlichen, artistischen oder ähnlichen Darbietungen gem. § 50a Abs. 4 EStG

- → BMF vom 23. 1. 1996 (BStBl I S. 89) – allgemein
- → BMF vom 1. 8. 2002 (BStBl I S. 709) – zum gestaffelten Steuerabzug bei künstlerischen, sportlichen, artistischen oder ähnlichen Darbietungen und zur Auswirkung der Regelungen des § 13b UStG auf die Bemessungsgrundlage für den Steuerabzug nach § 50a Abs. 4 Satz 2 EStG.
- → BMF vom 5. 4. 2007 (BStBl I S. 449) – zur Berücksichtigung von Betriebsausgaben oder Werbungskosten beim Steuerabzug – Umsetzung des EuGH-Urteils vom 3. 10. 2006 – C-290/04 (Scorpio).
- ***Zur Haftung eines im Ausland ansässigen Vergütungsschuldners gem. § 50a Abs. 5 EStG auf der sog. zweiten Ebene → BFH vom 22. 8. 2007 (BStBl 2008 II S. 190).***
- Es ist derzeit nicht ernstlich zweifelhaft, dass der Steuerabzug nach § 50a Abs. 4 EStG unter Beachtung der Grundsätze, die der EuGH in seinen Urteilen vom 3. 10. 2006 Rs. C-290/04 „FKP Scorpio Konzertproduktionen GmbH" und vom 15. 2. 2007 Rs. C-345/04 „Centro Equestre da Lezíria Grande Lda." (IStR 2007, S. 212) für die Jahre 1993 und 1996 aufgestellt hat, trotz des zwischenzeitlichen Inkrafttretens der EG-Beitreibungsrichtlinie 2001/44/EG vom 15. 6. 2001 (ABl EG Nr. L 175, 17) auch im Jahr 2007 mit Gemeinschaftsrecht in Einklang steht
  → BFH vom 29. 11. 2007 – I B 181/07 – (BFH-Internetseite)

Auslandskorrespondenten

→ BMF vom 13. 3. 1998 (BStBl I S. 351)

Ausländische Kulturvereinigungen

- → BMF vom 20. 7. 1983 (BStBl I S. 382) und BMF vom 30. 5. 1995 (BStBl I S. 336)
- → Die ESt-Referatsleiter des Bundes und der Länder haben folgende Einzelfragen zum sog. Kulturorchestererlass (BMF vom 20. 7. 1983 – BStBl I S. 382, ergänzt durch BMF vom 30. 5. 1995 – BStBl I S. 336) erörtert:

1. Nach dem Erlass sind ausländische Kulturvereinigungen nach § 50 Abs. 7 EStG von der deutschen Einkommensteuer freizustellen, wenn ihr Auftritt im Inland wesentlich aus öffentlichen Mitteln gefördert wird. Als öffentliche Mittel sind alle Leistungen aus öffentlichen Kassen zu behandeln, die unmittelbar für einen Auftritt oder mehrere Auftritte einer ausländischen Kulturvereinigung im Inland gewährt werden.
   a) Eine Förderung aus öffentlichen Mitteln i. S. dieses Erlasses liegt auch dann vor, wenn der Regiebetrieb einer öffentlich-rechtlichen Körperschaft, der keine eigene Rechtspersönlichkeit hat und dessen Haushalt Teil des Gemeindehaushalts ist, als Veranstalter Zahlungen an eine ausländische Kulturvereinigung leistet.
   b) Beiträge, die aus einem öffentlichen Haushalt z. B. an eine gemeinnützige Körperschaft geleistet werden, die diese ihrerseits an eine Kulturvereinigung weiterleitet, sind nach dem Kulturorchestererlass keine öffentlichen Mittel; eine Steuerfreiheit kommt bei einer „institutionellen Förderung" nicht in Betracht. Für eine Steuerbegünstigung muss sich die Förderung stets auf den konkreten Auftritt einer bestimmten ausländischen Kulturvereinigung beziehen. Ein solcher „Projektzuschuss" bzw. „Veranstaltungszuschuss" setzt keine unmittelbare Zahlung aus dem öffentlichen Haushalt an die Kulturvereinigung voraus; er liegt auch dann vor, wenn die Leistungen aus dem öffentlichen Haushalt

an die gemeinnützige Körperschaft unter der Auflage geleistet werden, sie an die Künstlervereinigung weiterzuleiten („durchlaufender Posten").

2. Nach dem Erlass ist eine wesentliche Förderung aus öffentlichen Mitteln anzunehmen, wenn sie (mindestens) ein Drittel der Kosten des Auftritts im Inland deckt. Der Erlass ist auch dann anzuwenden, wenn aus öffentlichen Mitteln nicht nur die Kosten des Auftritts, sondern auch eine Gage gezahlt wird. Die Gage gehört zu den Kosten des Auftritts.
3. Bei Solisten und solistisch besetzten Ensembles kommt eine Steuerfreistellung nicht in Betracht (Rn. 4 des Erlasses). Eine Abgrenzung zwischen Kulturvereinigung und solistisch besetzten Ensembles kann nicht typisierend allein auf Grund der Anzahl der Künstler erfolgen; entscheidend sind vielmehr die Umstände des Einzelfalles.

   Bei Jazz-Ensembles ist grundsätzlich von Kulturvereinigungen auszugehen[1]).

→ OFD München vom 11. 4. 2000 (DStR 2000 S. 1009)

Doppelbesteuerungsabkommen

Nach § 50d Abs. 1 Satz 1 EStG sind die Vorschriften über die Einbehaltung, Abführung und Anmeldung der Steuer durch den Schuldner der Vergütung nach § 50a EStG ungeachtet eines DBA anzuwenden, wenn Einkünfte nach dem Abkommen nicht oder nur nach einem niedrigeren Steuersatz besteuert werden können (→ BFH vom 13. 7. 1994 – BStBl 1995 II S. 129).

Sicherungseinbehalt nach § 50a Abs. 7 EStG

- Allgemeines → BMF vom 2. 8. 2002 (BStBl I S. 710)
- Sperrwirkung gem. § 48 Abs. 4 EStG → BMF vom 27. 12. 2002 (BStBl I S. 1399) unter Berücksichtigung der Änderungen durch BMF vom 4. 9. 2003 (BStBl I S. 437); Tz. 96 ff.

Steueranmeldung

- Im Falle einer Aussetzung (Aufhebung) der Vollziehung dürfen ausgesetzte Steuerbeträge nur an den Vergütungsschuldner und nicht an den Vergütungsgläubiger erstattet werden (→ BFH vom 13. 8. 1997 BStBl II S. 700).
- ***Zu Inhalt und Wirkungen einer Steueranmeldung gem. § 73e EStDV und die gemeinschaftsrechtskonforme Anwendung des § 50a Abs. 4 Satz 2 und 3 EStG → BFH vom 7. 11. 2007 (BStBl 2008 II S. 228).***

Steuerbescheinigung nach § 50a Abs. 5 Satz 7 EStG

Amtliches Muster → BMF vom 9. 10. 2002 (BStBl I S. 909, 919).

Steuererstattung nach § 50 Abs. 5 Satz 2 Nr. 3 EStG

→ H 50.2

Übersicht

Übernimmt der Schuldner der Vergütung die Steuer nach § 50a EStG und den Solidaritätszuschlag (sog. Nettovereinbarung), ergibt sich zur Ermittlung der Abzugsteuer folgender Berechnungssatz in %, der auf die jeweilige Netto-Vergütung anzuwenden ist:

Bei einer Netto-Vergütung in € Zufluss nach dem 31. 12. 2002	Berechnungssatz für die Steuer nach § 50a Abs. 4 EStG in % der Netto-Vergütung	Berechnungssatz für den Solidaritätszuschlag in % der Netto-Vergütung
bis 250,00	0,00	0,00
bis 447,27	11,18	0,61
bis 841,75	17,82	0,98
mehr als 841,75	25,35	1,39

1) Anm.: Hinweis auf BFH vom 7. 3. 2007, I R 98/05 (→ Internet):
Haben ausländische Künstler Einkünfte aus Auftritten im Inland erzielt, so ist die hierdurch ausgelöste Einkommensteuer nicht gemäß § 50 Abs. 7 EStG zu erlassen, wenn die Auftritte im Rahmen eines solistisch besetzten Ensembles erzielt worden sind. Als „solistisch besetztes Ensemble" in diesem Sinne ist eine Formation jedenfalls dann anzusehen, wenn bei den einzelnen Veranstaltungen nicht mehr als fünf Mitglieder auftreten und die ihnen abverlangte künstlerische Gestaltungshöhe mit derjenigen eines Solisten vergleichbar ist.

Beispiel 1 (Brutto-Vereinbarung):

Mit dem ausländischen Künstler B wird für einen einzelnen Auftritt eine Vergütung in Höhe von 510,00 € vereinbart.

Die Vergütung übersteigt 500,00 €. Es sind einzubehalten:

ESt (15 % von 510 €)	76,50 €
SolZ (5,5 % von 76,50 €)	4,21 €
Der Auszahlungsbetrag beträgt	429,29 €

Beispiel 2 (Netto-Vereinbarung):

Mit dem ausländischen Künstler B wird für einen einzelnen Auftritt eine Netto-Vergütung in Höhe von 510,00 € vereinbart.

Die Vergütung übersteigt 447,27 €.

Der Auszahlungsbetrag an den Künstler beträgt 510,00 €
zusätzlich hat der Vergütungsschuldner an das Finanzamt abzuführen:

ESt (17,82 % von 510 €)	90,88 €
SolZ (0,98 % von 510 €)	5,00 €

Zuständigkeit

Örtlich zuständig für den Erlass eines Nachforderungsbescheides gem. § 73g Abs. 1 EStDV gegen den Vergütungsgläubiger (Steuerschuldner) ist das für die Besteuerung des Vergütungsschuldners nach dem Einkommen zuständige Finanzamt (§ 73e Satz 1 EStDV).

IX. Sonstige Vorschriften, Bußgeld-, Ermächtigungs- und Schlussvorschriften

EStG
S 2304

§ 50b

Prüfungsrecht

S 2409 [1]

[1]Die Finanzbehörden sind berechtigt, Verhältnisse, die für die Anrechnung oder Vergütung von Körperschaftsteuer, für die Anrechnung oder Erstattung von Kapitalertragsteuer, für die Nichtvornahme des Steuerabzugs, für die Ausstellung der Jahresbescheinigung nach § 24c oder für die Mitteilungen an das Bundeszentralamt für Steuern nach § 45e von Bedeutung sind oder der Aufklärung bedürfen, bei den am Verfahren Beteiligten zu prüfen. [2]Die §§ 193 bis 203 der Abgabenordnung gelten sinngemäß.

EStG [2]

§ 50c

(weggefallen)

R 50c

50c. Wertminderung von Anteilen durch Gewinnausschüttungen

S 2189

In Fällen, in denen gem. § 52 Abs. 59 EStG ab dem VZ 2001 noch § 50c EStG i. d. F. des Gesetzes vom 24. 3. 1999 (Steuerentlastungsgesetz 1999/2000/2002, BGBl. I S. 402) anzuwenden ist, gilt R 227d EStR 1999 weiter.[3])

1) § 50b EStG in der abgedruckten Fassung ist erstmals für Jahresbescheinigungen anzuwenden, die nach dem 31. 12. 2004 ausgestellt werden → § 52 Abs. 58c EStG.
2) Durch das StSenkG wurde § 50c EStG aufgehoben. Zur zeitlichen Anwendung → § 52 Abs. 59 EStG.
3) Anhang 15 der Handausgabe 2001.

§ 50d Besonderheiten im Falle von Doppelbesteuerungsabkommen und der §§ 43b und 50g

EStG

S 2411 [1]

(1) [1]Können Einkünfte, die dem Steuerabzug vom Kapitalertrag oder dem Steuerabzug auf Grund des § 50a unterliegen, nach §§ 43b, 50g oder nach einem Abkommen zur Vermeidung der Doppelbesteuerung nicht oder nur nach einem niedrigeren Steuersatz besteuert werden, so sind die Vorschriften über die Einbehaltung, Abführung und Anmeldung der Steuer durch den Schuldner der Kapitalerträge oder Vergütungen im Sinne des § 50a ungeachtet der §§ 43b und 50g sowie des Abkommens anzuwenden. [2]Unberührt bleibt der Anspruch des Gläubigers der Kapitalerträge oder Vergütungen auf völlige oder teilweise Erstattung der einbehaltenen und abgeführten oder auf Grund Haftungsbescheid oder Nachforderungsbescheid entrichteten Steuer. [3]Die Erstattung erfolgt auf Antrag des Gläubigers der Kapitalerträge oder Vergütungen auf der Grundlage eines Freistellungsbescheids; der Antrag ist nach amtlich vorgeschriebenem Vordruck bei dem Bundeszentralamt für Steuern zu stellen. [4]Der zu erstattende Betrag wird nach Bekanntgabe des Freistellungsbescheids ausgezahlt. [5]Hat der Gläubiger der Vergütungen im Sinne des § 50a nach § 50a Abs. 5 Steuern für Rechnung beschränkt steuerpflichtiger Gläubiger einzubehalten, kann die Auszahlung des Erstattungsanspruchs davon abhängig gemacht werden, dass er die Zahlung der von ihm einzubehaltenden Steuer nachweist, hierfür Sicherheit leistet oder unwiderruflich die Zustimmung zur Verrechnung seines Erstattungsanspruchs mit seiner Steuerzahlungsschuld erklärt. [6]Das Bundeszentralamt für Steuern kann zulassen, dass Anträge auf maschinell verwertbaren Datenträgern gestellt werden. [7]Die Frist für den Antrag auf Erstattung beträgt vier Jahre nach Ablauf des Kalenderjahres, in dem die Kapitalerträge oder Vergütungen bezogen worden sind. [8]Die Frist nach Satz 7 endet nicht vor Ablauf von sechs Monaten nach dem Zeitpunkt der Entrichtung der Steuer. [9]Für die Erstattung der Kapitalertragsteuer gilt § 45 entsprechend. [10]Der Schuldner der Kapitalerträge oder Vergütungen kann sich vorbehaltlich des Absatzes 2 nicht auf die Rechte des Gläubigers aus dem Abkommen berufen.

(1a) [1]Der nach Absatz 1 in Verbindung mit § 50g zu erstattende Betrag ist zu verzinsen. [2]Der Zinslauf beginnt zwölf Monate nach Ablauf des Monats, in dem der Antrag auf Erstattung und alle für die Entscheidung erforderlichen Nachweise vorliegen, frühestens am Tag der Entrichtung der Steuer durch den Schuldner der Kapitalerträge oder Vergütungen. [3]Er endet mit Ablauf des Tages, an dem der Freistellungsbescheid wirksam wird. [4]Wird der Freistellungsbescheid aufgehoben, geändert oder nach § 129 der Abgabenordnung berichtigt, ist eine bisherige Zinsfestsetzung zu ändern. [5]§ 233a Abs. 5 der Abgabenordnung gilt sinngemäß. [6]Für die Höhe und Berechnung der Zinsen gilt § 238 der Abgabenordnung. [7]Auf die Festsetzung der Zinsen ist § 239 der Abgabenordnung sinngemäß anzuwenden. [8]Die Vorschriften dieses Absatzes sind nicht anzuwenden, wenn der Steuerabzug keine abgeltende Wirkung hat (§ 50 Abs. 5). [2]

(2) [1]In den Fällen der §§ 43b, § 50a Abs. 4, § 50g kann der Schuldner der Kapitalerträge oder Vergütungen den Steuerabzug nach Maßgabe des § 43b oder § 50g oder des Abkommens unterlassen oder nach einem niedrigeren Steuersatz vornehmen, wenn das Bundeszentralamt für Steuern dem Gläubiger auf Grund eines vom ihm nach amtlich vorgeschriebenem Vordruck gestellten Antrags unter Vorbehalt des Widerrufs bescheinigt, dass die Voraussetzungen dafür vorliegen (Freistellung im Steuerabzugsverfahren); dies gilt auch bei Kapitalerträgen, die einer nach einem Abkommen zur Vermeidung der Doppelbesteuerung im anderen Vertragsstaat ansässigen Kapitalgesellschaft, die am Nennkapital einer unbeschränkt steuerpflichtigen Kapitalgesellschaft im Sinne des § 1 Abs. 1 Nr. 1 des Körperschaftsteuergesetzes zu mindestens einem Zehntel unmittelbar beteiligt ist und im Staat ihrer Ansässigkeit den Steuern vom Einkommen oder Gewinn unterliegt, ohne davon befreit zu sein, von der unbeschränkt steuer- [3]

1) ***Absatz 1 Satz 1 wurde durch das JStG 2009 geändert und ist erstmals auf Vergütungen anzuwenden, die nach dem 31. 12. 2008 zufließen → § 52 Abs. 59a Satz 7 EStG.***

Anm.: Die Änderung lautet:
In Absatz 1 Satz 1 werden die Wörter „durch den Schuldner der Kapitalerträge oder Vergütungen im Sinne des § 50a" gestrichen.

2) ***Absatz 1a Satz 1 wurde durch das JStG 2009 geändert und ist erstmals auf Vergütungen anzuwenden, die nach dem 31. 12. 2008 zufließen → § 52 Abs. 59a Satz 7 EStG.***

Anm.: Die Änderung lautet:
In Absatz 1a Satz 8 wird der Klammerzusatz „(§ 50 Abs. 5)" durch den Klammerzusatz „(§ 50 Abs. 2)" ersetzt.

3) ***Absatz 2 wurde durch das JStG 2009 geändert und ist erstmals auf Vergütungen anzuwenden, die nach dem 31. 12. 2008 zufließen → § 52 Abs. 59a Satz 7 EStG.***

Anm.: Die Änderungen lauten:
1) In Satz 1 erster Halbsatz wird die Angabe „§ 50a Abs. 4" durch die Angabe „§ 50a Abs. 1" ersetzt.
2) In Satz 3 wird die Angabe „§ 50a Abs. 4" durch die Angabe „§ 50a Abs. 1" ersetzt.

pflichtigen Kapitalgesellschaft zufließen. [2]Die Freistellung kann unter dem Vorbehalt des Widerrufs erteilt und von Auflagen oder Bedingungen abhängig gemacht werden. [3]Sie kann in den Fällen des § 50a Abs. 4 von der Bedingung abhängig gemacht werden, dass die Erfüllung der Verpflichtungen nach § 50a Abs. 5 nachgewiesen werden, soweit die Vergütungen an andere beschränkt Steuerpflichtige weitergeleitet werden. [4]Die Geltungsdauer der Bescheinigung nach Satz 1 beginnt frühestens an dem Tag, an dem der Antrag beim Bundeszentralamt für Steuern eingeht; sie beträgt mindestens ein Jahr und darf drei Jahre nicht überschreiten; der Gläubiger der Kapitalerträge oder der Vergütungen ist verpflichtet, den Wegfall der Voraussetzungen für die Freistellung unverzüglich dem Bundesamt für Finanzen mitzuteilen. [5]Voraussetzung für die Abstandnahme vom Steuerabzug ist, dass dem Schuldner der Kapitalerträge oder Vergütungen die Bescheinigung nach Satz 1 vorliegt. [6]Über den Antrag ist innerhalb von drei Monaten zu entscheiden. [7]Die Frist beginnt mit der Vorlage aller für die Entscheidung erforderlichen Nachweise. [8]Bestehende Anmeldeverpflichtungen bleiben unberührt.

(3) [1]Eine ausländische Gesellschaft hat keinen Anspruch auf völlige oder teilweise Entlastung nach Absatz 1 oder Absatz 2, soweit Personen an ihr beteiligt sind, denen die Erstattung oder Freistellung nicht zustände, wenn sie die Einkünfte unmittelbar erzielten, und

1. für die Einschaltung der ausländischen Gesellschaft wirtschaftliche oder sonst beachtliche Gründe fehlen oder
2. die ausländische Gesellschaft nicht mehr als 10 Prozent ihrer gesamten Bruttoerträge des betreffenden Wirtschaftsjahres aus eigener Wirtschaftstätigkeit erzielt oder
3. die ausländische Gesellschaft nicht mit einem für ihren Geschäftszweck angemessen eingerichteten Geschäftsbetrieb am allgemeinen wirtschaftlichen Verkehr teilnimmt.

[2]Maßgebend sind ausschließlich die Verhältnisse der ausländischen Gesellschaft; organisatorische, wirtschaftliche oder sonst beachtliche Merkmale der Unternehmen, die der ausländischen Gesellschaft nahe stehen (§ 1 Abs. 2 des Außensteuergesetzes), bleiben außer Betracht. [3]An einer eigenen Wirtschaftstätigkeit fehlt es, soweit die ausländische Gesellschaft ihre Bruttoerträge aus der Verwaltung von Wirtschaftsgütern erzielt oder ihre wesentlichen Geschäftstätigkeiten auf Dritte überträgt. [4]Die Sätze 1 bis 3 sind nicht anzuwenden, wenn mit der Hauptgattung der Aktien der ausländischen Gesellschaft ein wesentlicher und regelmäßiger Handel an einer anerkannten Börse stattfindet oder für die ausländische Gesellschaft die Vorschriften des Investmentsteuergesetzes gelten.

(4) [1]Der Gläubiger der Kapitalerträge oder Vergütungen im Sinne des § 50a hat nach amtlich vorgeschriebenem Vordruck durch eine Bestätigung der für ihn zuständigen Steuerbehörde des anderen Staates nachzuweisen, dass er dort ansässig ist oder die Voraussetzungen des § 50g Abs. 3 Nr. 5 Buchstabe c erfüllt sind. [2]Das Bundesministerium der Finanzen kann im Einvernehmen mit den obersten Finanzbehörden der Länder erleichterte Verfahren oder vereinfachte Nachweise zulassen.

[1]) (5) [1]Abweichend von Absatz 2 kann das Bundeszentralamt für Steuern in den Fällen des § 50a Abs. 4 Satz 1 Nr. 2 und 3 den Schuldner der Vergütung auf Antrag allgemein ermächtigen, den Steuerabzug zu unterlassen oder nach einem niedrigeren Steuersatz vorzunehmen (Kontrollmeldeverfahren). [2]Die Ermächtigung kann in Fällen geringer steuerlicher Bedeutung erteilt und mit Auflagen verbunden werden. [3]Einer Bestätigung nach Absatz 4 Satz 1 bedarf es im Kontrollmeldeverfahren nicht. [4]Inhalt der Auflage kann die Angabe des Namens, des Wohnortes oder des Ortes des Sitzes oder der Geschäftsleitung des Schuldners und des Gläubigers, der Art der Vergütung, des Bruttobetrags und des Zeitpunkts der Zahlungen sowie des einbehaltenen Steuerbetrags sein. [5]Mit dem Antrag auf Teilnahme am Kontrollmeldeverfahren gilt die Zustimmung des Gläubigers und des Schuldners zur Weiterleitung der Angaben des Schuldners an den Wohnsitz- oder Sitzstaat des Gläubigers als erteilt. [6]Die Ermächtigung ist als Beleg aufzubewahren. [7]Absatz 2 Satz 8 gilt entsprechend.

(6) Soweit Absatz 2 nicht anwendbar ist, gilt Absatz 5 auch für Kapitalerträge im Sinne des § 43 Abs. 1 Satz 1 Nr. 1 und 4, wenn sich im Zeitpunkt der Zahlung des Kapitalertrags der Anspruch auf Besteuerung nach einem niedrigeren Steuersatz ohne nähere Ermittlungen feststellen lässt.

(7) Werden Einkünfte im Sinne des § 49 Abs. 1 Nr. 4 aus einer Kasse einer juristischen Person des öffentlichen Rechts im Sinne der Vorschrift eines Abkommens zur Vermeidung der Doppelbesteuerung über den öffentlichen Dienst gewährt, so ist diese Vorschrift bei Bestehen eines Dienstverhältnisses mit einer anderen Person in der Weise auszulegen, dass die Vergütungen

[1]) ***Absatz 5 Satz 1 wurde durch das JStG 2009 geändert und ist erstmals auf Vergütungen anzuwenden, die nach dem 31. 12. 2008 zufließen → § 52 Abs. 59a Satz 7 EStG.***

Anm.: Die Änderung lautet:
In Absatz 5 wird die Angabe „§ 50a Abs. 4 Satz 1 Nr. 2 und 3" durch die Angabe „§ 50a Abs. 1 Nr. 3" ersetzt.

für der erstgenannten Person geleistete Dienste gezahlt werden, wenn sie ganz oder im Wesentlichen aus öffentlichen Mitteln aufgebracht werden.

(8) [1]Sind Einkünfte eines unbeschränkt Steuerpflichtigen aus nichtselbständiger Arbeit (§ 19) nach einem Abkommen zur Vermeidung der Doppelbesteuerung von der Bemessungsgrundlage der deutschen Steuer auszunehmen, wird die Freistellung bei der Veranlagung ungeachtet des Abkommens nur gewährt, soweit der Steuerpflichtige nachweist, dass der Staat, dem nach dem Abkommen das Besteuerungsrecht zusteht, auf dieses Besteuerungsrecht verzichtet hat oder dass die in diesem Staat auf die Einkünfte festgesetzten Steuern entrichtet wurden. [2]Wird ein solcher Nachweis erst geführt, nachdem die Einkünfte in eine Veranlagung zur Einkommensteuer einbezogen wurden, ist der Steuerbescheid insoweit zu ändern. [3]§ 175 Abs. 1 Satz 2 der Abgabenordnung ist entsprechend anzuwenden.

(9) [1]Sind Einkünfte eines unbeschränkt Steuerpflichtigen nach einem Abkommen zur Vermeidung der Doppelbesteuerung von der Bemessungsgrundlage der deutschen Steuer auszunehmen, so wird die Freistellung der Einkünfte ungeachtet des Abkommens nicht gewährt, wenn [1])

1. **der andere Staat die Bestimmungen des Abkommens so anwendet, dass die Einkünfte in diesem Staat von der Besteuerung auszunehmen sind oder nur zu einem durch das Abkommen begrenzten Steuersatz besteuert werden können, oder**
2. **die Einkünfte in dem anderen Staat nur deshalb nicht steuerpflichtig sind, weil sie von einer Person bezogen werden, die in diesem Staat nicht auf Grund ihres Wohnsitzes, ständigen Aufenthalts, des Ortes ihrer Geschäftsleitung, des Sitzes oder eines ähnlichen Merkmals unbeschränkt steuerpflichtig ist.**

[2]Nummer 2 gilt nicht für Dividenden, die nach einem Abkommen zur Vermeidung der Doppelbesteuerung von der Bemessungsgrundlage der deutschen Steuer auszunehmen sind, es sei denn, die Dividenden sind bei der Ermittlung des Gewinns der ausschüttenden Gesellschaft abgezogen worden. [3]Bestimmungen eines Abkommens zur Vermeidung der Doppelbesteuerung, die die Freistellung von Einkünften in einem weitergehenden Umfang einschränken, sowie Absatz 8 und § 20 Abs. 2 *des Außensteuergesetzes* bleiben unberührt. [2])

(10) [1]Sind auf Vergütungen im Sinne des § 15 Abs. 1 Satz 1 Nr. 2 Satz 1 zweiter Halbsatz und Nr. 3 zweiter Halbsatz die Vorschriften eines Abkommens zur Vermeidung der Doppelbesteuerung anzuwenden und enthält das Abkommen keine solche Vergütungen betreffende ausdrückliche Regelung, gelten diese Vergütungen für Zwecke der Anwendung des Abkommens ausschließlich als Unternehmensgewinne. [2]Absatz 9 Nr. 1 bleibt unberührt. [3])

Hinweise

H 50d

Entlastung von deutscher Abzugsteuer gem. § 50a Abs. 4 EStG bei künstlerischer, sportlicher Tätigkeit oder ähnlichen Darbietungen

→ BMF vom 23. 1. 1996 (BStBl I S. 89)

Entlastungsberechtigung ausländischer Gesellschaften

Anwendung des § 50d Abs. 3 EStG → BMF vom 3. 4. 2007 (BStBl I S. 446)

Freistellungsverfahren nach § 50d EStG

Das in § 50d EStG vorgesehene Freistellungsverfahren verstößt nicht gegen Völkerrecht und geht § 155 Abs. 1 Satz 3 AO vor (→ BFH vom 21. 5. 1997 – BFH/NV 1997 S. 760).

Gestaltungsmissbrauch

Werden im Inland erzielte Einnahmen zur Vermeidung inländischer Steuer durch eine ausländische Kapitalgesellschaft „durchgeleitet", kann ein Missbrauch rechtlicher Gestaltungsmöglichkeiten auch dann vorliegen, wenn der Staat, in dem die Kapitalgesellschaft ihren Sitz hat, kein sog. Niedrigbesteuerungsland ist (→ BFH vom 29. 10. 1997 – BStBl 1998 II S. 235).

---

1) Absatz 9 Satz 1 Nr. 1 ist für alle VZ anzuwenden, soweit Steuerbescheide noch nicht bestandskräftig sind → § 52 Abs. 59a Satz 6 EStG.

2) Absatz 9 Satz 3 wurde durch das JStG 2008 geändert.

3) ***Absatz 10 wurde durch das JStG 2009 angefügt und ist in allen Fällen anzuwenden, in denen die Einkommen- und Körperschaftsteuer noch nicht bestandskräftig festgesetzt ist. → § 52 Abs. 59a Satz 8 EStG.***

Körperschaftsteuervergütung

Eine Vergütung von Körperschaftsteuer gem. § 52 KStG a. F. gehört zu den „Dividenden" i. S. d. Art. 10 DBA-Schweiz, → BFH vom 25. 2. 2004 (BStBl II S. 740).

Kontrollmeldeverfahren auf Grund von DBA

→ BMF vom 18. 12. 2002 (BStBl I S. 1386)

Merkblatt des BMF

zur Entlastung von

- deutscher Abzugsteuer gem. § 50a Abs. 4 EStG auf Grund von DBA vom 7. 5. 2002 (BStBl I S. 521),
- deutscher Kapitalertragsteuer von Dividenden und bestimmten anderen Kapitalerträgen gem. § 44d EStG a. F. (§ 43b EStG n. F.), den DBA oder sonstigen zwischenstaatlichen Abkommen vom 1. 3. 1994 (BStBl I S. 203).

Merkblatt des *BZSt*

zur Entlastung vom Steuerabzug im Sinne von § 50a Abs. 4 EStG auf Grund von DBA

- bei Vergütungen an ausländische Künstler und Sportler vom 9. 10. 2002 (BStBl I S. 904),
- bei Lizenzgebühren und ähnlichen Vergütungen vom 9. 10. 2002 (BStBl I S. 916).

Das ***BZSt*** bietet aktuelle Fassungen seiner Merkblätter sowie die Bestellung von Antragsvordrucken im Internet an (www.bzst.de).

Anhang 6 **Merkblatt zur Steuerfreistellung ausländischer Einkünfte gem. § 50 d Abs. 8 EStG**

→ BMF vom 21. 7. 2005 (BStBl I S. 821)

Zuständige Behörde

Zuständige Behörde für das Erstattungs-, Freistellungs- und Kontrollmeldeverfahren ist das BZSt, 53221 Bonn.

EStG

§ 50e Bußgeldvorschriften; Nichtverfolgung von Steuerstraftaten bei geringfügiger Beschäftigung in Privathaushalten

S 2411 [1] **(1) [1]Ordnungswidrig handelt, wer vorsätzlich oder leichtfertig entgegen § 45d Abs. 1 Satz 1, der nach § 45e erlassenen Rechtsverordnung oder den unmittelbar geltenden Verträgen mit den in Artikel 17 der Richtlinie 2003/48/EG genannten Staaten und Gebieten eine Mitteilung nicht, nicht richtig, nicht vollständig oder nicht rechtzeitig abgibt. [2]Die Ordnungswidrigkeit kann mit einer Geldbuße bis zu fünftausend Euro geahndet werden.**

(2) [1]Liegen die Voraussetzungen des § 40a Abs. 2 vor, werden Steuerstraftaten (§§ 369 bis 376 der Abgabenordnung) als solche nicht verfolgt, wenn der Arbeitgeber in den Fällen des § 8a des Vierten Buches Sozialgesetzbuch entgegen § 41a Abs. 1 Nr. 1, auch in Verbindung mit Abs. 2 und 3 und § 51a, und § 40a Abs. 6 Satz 3 dieses Gesetzes in Verbindung mit § 26a Abs. 7 Satz 1 des Vierten Buches Sozialgesetzbuch für das Arbeitsentgelt die Lohnsteuer-Anmeldung und die Anmeldung der einheitlichen Pauschalsteuer nicht oder nicht rechtzeitig durchführt und dadurch Steuern verkürzt oder für sich oder einen anderen nicht gerechtfertigte Steuervorteile erlangt. [2]Die Freistellung von der Verfolgung nach Satz 1 gilt auch für den Arbeitnehmer einer in Satz 1 genannten Beschäftigung, der die Finanzbehörde pflichtwidrig über steuerlich erhebliche Tatsachen aus dieser Beschäftigung in Unkenntnis lässt. [3]Die Bußgeldvorschriften der §§ 377 bis 384 der Abgabenordnung bleiben mit der Maßgabe anwendbar, dass § 378 der Abgabenordnung auch bei vorsätzlichem Handeln anwendbar ist.

1) ***Absatz 1 Satz 1 wurde durch das JStG 2009 geändert.***
Anm.: Die Änderung lautet:
In § 50e Abs. 1 Satz 1 wird nach der Angabe „Ordnungswidrig handelt, wer vorsätzlich oder leichtfertig entgegen § 45d Abs. 1 Satz 1," die Angabe „§ 45d Abs. 3 Satz 1," eingefügt.

§ 50f Bußgeldvorschriften

EStG

(1) Ordnungswidrig handelt, wer vorsätzlich oder leichtfertig entgegen § 22a Abs. 2 *Satz 9* die Identifikationsnummer für andere als die dort genannten Zwecke verwendet. S 2411

(2) Die Ordnungswidrigkeit kann mit einer Geldbuße bis zu zehntausend Euro geahndet werden.

§ 50g Entlastung vom Steuerabzug bei Zahlungen von Zinsen und Lizenzgebühren zwischen verbundenen Unternehmen verschiedener Mitgliedstaaten der Europäischen Union

EStG

(1) [1]Auf Antrag werden die Kapitalertragsteuer für Zinsen und die Steuer auf Grund des § 50a für Lizenzgebühren, die von einem Unternehmen der Bundesrepublik Deutschland oder einer dort gelegenen Betriebsstätte eines Unternehmens eines anderen Mitgliedstaates der Europäischen Union als Schuldner an ein Unternehmen eines anderen Mitgliedstaates der Europäischen Union oder an eine in einem anderen Mitgliedstaat der Europäischen Union gelegenen Betriebsstätte eines Unternehmens eines Mitgliedstaates der Europäischen Union als Gläubiger gezahlt werden, nicht erhoben. [2]Erfolgt die Besteuerung durch Veranlagung, werden die Zinsen und Lizenzgebühren bei der Ermittlung der Einkünfte nicht erfasst. [3]Voraussetzung für die Anwendung der Sätze 1 und 2 ist, dass der Gläubiger der Zinsen oder Lizenzgebühren ein mit dem Schuldner verbundenes Unternehmen oder dessen Betriebsstätte ist. [4]Die Sätze 1 bis 3 sind nicht anzuwenden, wenn die Zinsen oder Lizenzgebühren an eine Betriebsstätte eines Unternehmens eines Mitgliedstaates der Europäischen Union als Gläubiger gezahlt werden, die in einem Staat außerhalb der Europäischen Union oder im Inland gelegen ist und in der die Tätigkeit des Unternehmens ganz oder teilweise ausgeübt wird. S 2411

(2) Absatz 1 ist nicht anzuwenden auf die Zahlung von

1. Zinsen,
   a) die nach deutschem Recht als Gewinnausschüttung behandelt werden (§ 20 Abs. 1 Nr. 1 Satz 2), oder
   b) die auf Forderungen beruhen, die einen Anspruch auf Beteiligung am Gewinn des Schuldner begründen;
2. Zinsen oder Lizenzgebühren, die den Betrag übersteigen, den der Schuldner und der Gläubiger ohne besondere Beziehungen, die zwischen den beiden oder einem von ihnen und einem Dritten auf Grund von Absatz 3 Nr. 5 Buchstabe b bestehen, vereinbart hätten.

(3) Für die Anwendung der Absätze 1 und 2 gelten die folgende Begriffsbestimmungen und Beschränkungen:

1. Der Gläubiger muss der Nutzungsberechtigte sein. Nutzungsberechtigter ist
   a) ein Unternehmen, wenn es die Einkünfte im Sinne von § 2 Abs. 1 erzielt;
   b) eine Betriebsstätte, wenn
      aa) die Forderung, das Recht oder der Gebrauch von Informationen, auf Grund derer/dessen Zahlungen von Zinsen oder Lizenzgebühren geleistet werden, tatsächlich zu der Betriebsstätte gehören und
      bb) die Zahlungen der Zinsen oder Lizenzgebühren Einkünfte darstellen, auf Grund derer die Gewinne der Betriebsstätte in dem Mitgliedstaat der Europäischen Union, in dem sie gelegen ist, zu einer der in Nummer 5 Buchstabe a Doppelbuchstabe cc genannten Steuer beziehungsweise im Fall Belgiens dem „impôt des non-résidents / belasting der nietverblijfhouders" beziehungsweise im Fall Spaniens dem „Impuesto sobre la Renta de no Residentes" beziehungsweise zu einer mit diesen Steuern identischen oder weitgehend ähnlichen Steuer herangezogen werden, die nach dem jeweiligen Zeitpunkt des Inkrafttretens der Richtlinie 2003/49/EG des Rates vom 3. Juni 2003 über eine gemeinsame Steuerregelung für Zahlungen von Zinsen und Lizenzgebühren zwischen verbundenen Unternehmen verschiedener Mitgliedstaaten (ABl. EU Nr. L 157 S. 49), zuletzt geändert durch die Richtlinie 2006/98/EG des Rates vom 20. November 2006 (ABl. EU Nr. L 363 S. 129), anstelle der bestehenden Steuern oder ergänzend zu ihnen eingeführt wird.
2. Eine Betriebsstätte gilt nur dann als Schuldner der Zinsen oder Lizenzgebühren, wenn die Zahlung bei der Ermittlung des Gewinns der Betriebsstätte eine steuerlich abzugsfähige Betriebsausgabe ist.

3. Gilt eine Betriebsstätte eines Unternehmens eines Mitgliedstaates der Europäischen Union als Schuldner oder Gläubiger von Zinsen oder Lizenzgebühren, so wird kein anderer Teil des Unternehmens als Schuldner oder Gläubiger der Zinsen oder Lizenzgebühren angesehen.

4. Im Sinne des Absatzes 1 sind

   a) „Zinsen" Einkünfte aus Forderungen jeder Art, auch wenn die Forderungen durch Pfandrechte an Grundstücken gesichert sind, insbesondere Einkünfte aus öffentlichen Anleihen und aus Obligationen einschließlich der damit verbundenen Aufgelder und der Gewinne aus Losanleihen; Zuschläge für verspätete Zahlung und die Rückzahlung von Kapital gelten nicht als Zinsen;

   b) „Lizenzgebühren" Vergütungen jeder Art, die für die Nutzung oder für das Recht auf Nutzung von Urheberrechten an literarischen, künstlerischen oder wissenschaftlichen Werken, einschließlich kinematografischer Filme und Software, von Patenten, Marken, Mustern oder Modellen, Plänen, geheimen Formeln oder Verfahren oder für die Mitteilung gewerblicher, kaufmännischer oder wissenschaftlicher Erfahrungen gezahlt werden; Zahlungen für die Nutzung oder das Recht auf Nutzung gewerblicher, kaufmännischer oder wissenschaftlicher Ausrüstungen gelten als Lizenzgebühren.

5. Die Ausdrücke „Unternehmen eines Mitgliedstaates der Europäischen Union", „verbundenes Unternehmen" und „Betriebsstätte" bedeuten:

   a) „Unternehmen eines Mitgliedstaates der Europäischen Union" jedes Unternehmen, das

      aa) eine der in Anlage 3 Nr. 1 zu diesem Gesetz aufgeführten Rechtsformen aufweist und

      bb) nach dem Steuerrecht eines Mitgliedstaates in diesem Mitgliedstaat ansässig ist und nicht nach einem zwischen dem betreffenden Staat und einem Staat außerhalb der Europäischen Union geschlossenen Abkommen zur Vermeidung der Doppelbesteuerung von Einkünften für steuerliche Zwecke als außerhalb der Gemeinschaft ansässig gilt und

      cc) einer der in Anlage 3 Nr. 2 zu diesem Gesetz aufgeführten Steuern unterliegt und nicht von ihr befreit ist. Entsprechendes gilt für eine mit diesen Steuern identische oder weitgehend ähnliche Steuer, die nach dem jeweiligen Zeitpunkt des Inkrafttretens der Richtlinie 2003/49/EG des Rates vom 3. Juni 2003 (ABl. EU Nr. L 157 S. 49), zuletzt geändert durch die Richtlinie 2006/98/EG des Rates vom 20. November 2006 (ABl. EU Nr. L 363 S. 129), anstelle der bestehenden Steuern oder ergänzend zu ihnen eingeführt wird.

      [2]Ein Unternehmen ist im Sinne von Doppelbuchstabe bb in einem Mitgliedstaat der Europäischen Union ansässig, wenn es der unbeschränkten Steuerpflicht im Inland oder einer vergleichbaren Besteuerung in einem anderen Mitgliedstaat der Europäischen Union nach dessen Rechtsvorschriften unterliegt.

   b) „Verbundenes Unternehmen" jedes Unternehmen, das dadurch mit einem zweiten Unternehmen verbunden ist, dass

      aa) das erste Unternehmen unmittelbar mindestens zu 25 Prozent an dem Kapital des zweiten Unternehmens beteiligt ist oder

      bb) das zweite Unternehmen unmittelbar mindestens zu 25 Prozent an dem Kapital des ersten Unternehmens beteiligt ist oder

      cc) ein drittes Unternehmen unmittelbar mindestens zu 25 Prozent an dem Kapital des ersten Unternehmens und dem Kapital des zweiten Unternehmens beteiligt ist.

      [2]Die Beteiligungen dürfen nur zwischen Unternehmen bestehen, die in einem Mitgliedstaat der Europäischen Union ansässig sind.

   c) „Betriebsstätte" eine feste Geschäftseinrichtung in einem Mitgliedstaat der Europäischen Union, in der die Tätigkeit eines Unternehmens eines anderen Mitgliedstaates der Europäischen Union ganz oder teilweise ausgeübt wird.

6. (weggefallen)

(4) [1]Die Entlastung nach Absatz 1 ist zu versagen oder zu entziehen, wenn der hauptsächliche Beweggrund oder einer der hauptsächlichen Beweggründe für Geschäftsvorfälle die Steuervermeidung oder der Missbrauch sind. [2]§ 50d Abs. 3 bleibt unberührt.

(5) Entlastungen von der Kapitalertragsteuer für Zinsen und der Steuer auf Grund des § 50a nach einem Abkommen zur Vermeidung der Doppelbesteuerung, die weiter gehen als die nach Absatz 1 gewährten, werden durch Absatz 1 nicht eingeschränkt.

(6) [1]Ist im Fall des Absatzes 1 Satz 1 eines der Unternehmen ein Unternehmen der Schweizerischen Eidgenossenschaft oder ist eine in der Schweizerischen Eidgenossenschaft gelegene Betriebsstätte eines Unternehmens eines anderen Mitgliedstaats der Europäischen Union Gläubiger der Zinsen oder Lizenzgebühren, gelten die Absätze 1 bis 5 entsprechend mit der Maßgabe, dass die Schweizerische Eidgenossenschaft insoweit einem Mitgliedstaat der Europäischen Union gleichgestellt ist. [2]Absatz 3 Nr. 5 Buchstabe a gilt entsprechend mit der Maßgabe, dass ein Unternehmen der Schweizerischen Eidgenossenschaft jedes Unternehmen ist, das

1. eine der folgenden Rechtsformen aufweist:
   - Aktiengesellschaft/ société anonyme/ società anonima;
   - Gesellschaft mit beschränkter Haftung/ société à responsabilité limitée/ società a responsabilità limitata;
   - Kommanditaktiengesellschaft/ société en commandite par actions/ società in accomandita per azioni, und
2. nach dem Steuerrecht der Schweizerischen Eidgenossenschaft dort ansässig ist und nicht nach einem zwischen der Schweizerischen Eidgenossenschaft und einem Staat außerhalb der Europäischen Union geschlossenen Abkommen zur Vermeidung der Doppelbesteuerung von Einkünften für steuerliche Zwecke als außerhalb der Gemeinschaft oder der Schweizerischen Eidgenossenschaft ansässig gilt, und
3. unbeschränkt der schweizerischen Körperschaftsteuer unterliegt, ohne von ihr befreit zu sein.

Anlage 3 (zu § 50g)
– auf nach dem 31. Dezember 2006 erfolgende Zahlungen anzuwenden –

1. Unternehmen im Sinne von § 50g Abs. 3 Nr. 5 Buchstabe a Doppelbuchstabe aa sind:

   a) Gesellschaften belgischen Rechts mit der Bezeichnung:

   „naamloze vennootschap" / „société anonyme", „commanditaire vennootschap op aandelen" / „société en commandite par actions", „besloten vennootschap met beperkte aansprakelijkheid" / „société privée à responsabilité limitée" sowie öffentlich-rechtliche Körperschaften, deren Tätigkeit unter das Privatrecht fällt;

   b) Gesellschaften dänischen Rechts mit der Bezeichnung:

   „aktieselskab" und „anpartsselskab";

   c) Gesellschaften deutschen Rechts mit der Bezeichnung:

   „Aktiengesellschaft", „Kommanditgesellschaft auf Aktien" und „Gesellschaft mit beschränkter Haftung";

   d) Gesellschaften griechischen Rechts mit der Bezeichnung:

   „ανώνυμη εταιρία";

   e) Gesellschaften spanischen Rechts mit der Bezeichnung:

   „sociedad anónima", „sociedad comanditaria por acciones", „sociedad de responsabilidad limitada" sowie öffentlich-rechtliche Körperschaften, deren Tätigkeit unter das Privatrecht fällt;

   f) Gesellschaften französischen Rechts mit der Bezeichnung:

   „société anonyme", „société en commandite par actions", „société à responsabilité limitée" sowie die staatlichen Industrie- und Handelsbetriebe und -unternehmen;

   g) Gesellschaften irischen Rechts mit der Bezeichnung:

   „public companies limited by shares or by guarantee", „private companies limited by shares or by guarantee", gemäß den „Industrial and Provident Societies Acts" eingetragene Einrichtungen oder gemäß den „Building Societies Acts" eingetragene „building societies";

   h) Gesellschaften italienischen Rechts mit der Bezeichnung:

   „società per azioni", „società in accomandita per azioni", „società a responsabilità limitata" sowie staatliche und private Industrie- und Handelsunternehmen;

i) Gesellschaften luxemburgischen Rechts mit der Bezeichnung:

„société anonyme“, „société en commandite par actions“ und „société à responsabilité limitée“;

j) Gesellschaften niederländischen Rechts mit der Bezeichnung:

„naamloze vennootschap“ und „besloten vennootschap met beperkte aansprakelijkheid“;

k) Gesellschaften österreichischen Rechts mit der Bezeichnung:

„Aktiengesellschaft“ und „Gesellschaft mit beschränkter Haftung“;

l) Gesellschaften portugiesischen Rechts in Form von Handelsgesellschaften oder zivilrechtlichen Handelsgesellschaften sowie Genossenschaften und öffentliche Unternehmen;

m) Gesellschaften finnischen Rechts mit der Bezeichnung:

„osakeyhtiö/aktiebolag“, „osuuskunta/andelslag“, „säästöpankki/sparbank“ und „vakuutusyhtiö/försäkringsbolag“;

n) Gesellschaften schwedischen Rechts mit der Bezeichnung:

„aktiebolag“ und „försäkringsaktiebolag“;

o) nach dem Recht des Vereinigten Königreichs gegründete Gesellschaften;

p) Gesellschaften tschechischen Rechts mit der Bezeichnung:

„akciová společnost“, „společnost s ručením omezeným“, „veřejná obchodní společnost“, „komanditní společnost“, und „družstvo“;

q) Gesellschaften estnischen Rechts mit der Bezeichnung:

„täisühing“, „usaldusühing“, „osaühing“, „aktsiaselts“ und „tulundusühistu“;

r) Gesellschaften zyprischen Rechts, die nach dem Gesellschaftsrecht als Gesellschaften bezeichnet werden, Körperschaften des öffentlichen Rechts und sonstige Körperschaften, die als Gesellschaft im Sinne der Einkommensteuergesetze gelten;

s) Gesellschaften lettischen Rechts mit der Bezeichnung:

„akciju sabiedrība“ und „sabiedrība ar ierobežotu atbildību“;

t) nach dem Recht Litauens gegründete Gesellschaften;

u) Gesellschaften ungarischen Rechts mit der Bezeichnung:

„közkereseti társaság“, „betéti társaság“, „közös vállalat“, „korlátolt felelősségű társaság“, „részvénytársaság“, „egyesülés“, „közhasznú társaság“ und „szövetkezet“;

v) Gesellschaften maltesischen Rechts mit der Bezeichnung:

„Kumpaniji ta' Responsabilita' Limitata“ und „Soċjetajiet in akkomandita li l-kapital tagħhom maqsum f'azzjonijiet“;

w) Gesellschaften polnischen Rechts mit der Bezeichnung:

„spółka akcyjna“ und „spółka z ograniczoną odpowiedzialnością“;

x) Gesellschaften slowenischen Rechts mit der Bezeichnung:

„delniška družba“, „komanditna delniška družba“, „komanditna družba“, „družba z omejeno odgovornostjo“ und „družba z neomejeno odgovornostjo“;

y) Gesellschaften slowakischen Rechts mit der Bezeichnung:

„akciová spoločnos“, „spoločnosť s ručením obmedzeným“, „komanditná spoločnos“, „verejná obchodná spoločnos“ und „družstvo“;

aa) Gesellschaften bulgarischen Rechts mit der Bezeichnung:

„събирателното дружество“, „командитното дружество“, „дружеството с ограничена отговорност“, „акционерното дружество“, „командитното дружество с акции“, „кооперации“, „кооперативни съюзи“, „държавни предприятия“, die nach bulgarischem Recht gegründet wurden und gewerbliche Tätigkeiten ausüben;

ab) Gesellschaften rumänischen Rechts mit der Bezeichnung:

„societăţi pe acţiuni“, „societăţi în comandită pe acţiuni“, „societăţi cu răspundere limitată“.

2. Steuern im Sinne von § 50g Abs. 3 Nr. 5 Buchstabe a Doppelbuchstabe cc sind:

– impôt des sociétés/vennootschapsbelasting in Belgien,

– selskabsskat in Dänemark,

- Körperschaftsteuer in Deutschland,
- Φόρος εισδήματς νμικών προσώπων in Griechenland,
- impuesto sobre sociedades in Spanien,
- impôt sur les sociétés in Frankreich,
- corporation tax in Irland,
- imposta sul reddito delle persone giuridiche in Italien,
- impôt sur le revenu des collectivités in Luxemburg,
- vennootschapsbelasting in den Niederlanden,
- Körperschaftsteuer in Österreich,
- imposto sobre o rendimento da pessoas colectivas in Portugal,
- yhteisöjen tulovero/inkomstskatten för samfund in Finnland,
- statlig inkomstskatt in Schweden,
- corporation tax im Vereinigten Königreich,
- Daň z příjmů právnických osob in der Tschechischen Republik,
- Tulumaks in Estland,
- φόρος εισδήματς in Zypern,
- Uzņēmumu ienākuma nodoklis in Lettland,
- Pelno mokestis in Litauen,
- Társasági adó in Ungarn,
- Taxxa fuq l-income in Malta,
- Podatek dochodowy od osób prawnych in Polen,
- Davek od dobička pravnih oseb in Slowenien,
- Daň z príjmov právnických osôb in der Slowakei,
- корпоративен данък; in Bulgarien,
- impozit pe profit, impozitul pe veniturile obţinute din România de nerezidenţi in Rumänien.

§ 50h Bestätigung für Zwecke der Entlastung von Quellensteuern in einem anderen Mitgliedstaat der Europäischen Union oder der Schweizerischen Eidgenossenschaft

EStG

Auf Antrag hat das Finanzamt, das für die Besteuerung eines Unternehmens der Bundesrepublik Deutschland oder einer dort gelegenen Betriebsstätte eines Unternehmens eines anderen Mitgliedstaats der Europäischen Union im Sinne des § 50g Abs. 3 Nr. 5 oder eines Unternehmens der Schweizerischen Eidgenossenschaft im Sinne des § 50g Abs. 6 Satz 2 zuständig ist, für die Entlastung von der Quellensteuer dieses Staats auf Zinsen oder Lizenzgebühren im Sinne des § 50g zu bescheinigen, dass das empfangende Unternehmen steuerlich im Inland ansässig ist oder die Betriebsstätte im Inland gelegen ist.

§ 51 Ermächtigungen

EStG

(1) Die Bundesregierung wird ermächtigt, mit Zustimmung des Bundesrates

1. zur Durchführung dieses Gesetzes Rechtsverordnungen zu erlassen, soweit dies zur Wahrung der Gleichmäßigkeit bei der Besteuerung, zur Beseitigung von Unbilligkeiten in Härtefällen, zur Steuerfreistellung des Existenzminimums oder zur Vereinfachung des Besteuerungsverfahrens erforderlich ist, und zwar:
   a) über die Abgrenzung der Steuerpflicht, die Beschränkung der Steuererklärungspflicht auf die Fälle, in denen eine Veranlagung in Betracht kommt, und über die den Einkommensteuererklärungen beizufügenden Unterlagen und über die Beistandspflichten Dritter,
   b) über die Ermittlung der Einkünfte und die Feststellung des Einkommens einschließlich der abzugsfähigen Beträge,

c) über die Höhe von besonderen Betriebsausgaben-Pauschbeträgen für Gruppen von Betrieben, bei denen hinsichtlich der Besteuerungsgrundlagen annähernd gleiche Verhältnisse vorliegen, wenn der Steuerpflichtige Einkünfte aus Gewerbebetrieb (§ 15) oder selbständiger Arbeit (§ 18) erzielt, in Höhe eines Prozentsatzes der Umsätze im Sinne des § 1 Abs. 1 Nr. 1 des Umsatzsteuergesetzes; Umsätze aus der Veräußerung von Wirtschaftsgütern des Anlagevermögens sind nicht zu berücksichtigen. [2]Einen besonderen Betriebsausgaben-Pauschbetrag dürfen nur Steuerpflichtige in Anspruch nehmen, die ihren Gewinn durch Einnahme-Überschussrechnung nach § 4 Abs. 3 ermitteln. [3]Bei der Festlegung der Höhe des besonderen Betriebsausgaben-Pauschbetrags ist der Zuordnung der Betriebe entsprechend der Klassifikation der Wirtschaftszweige, Fassung für Steuerstatistiken, Rechnung zu tragen. [4]Bei der Ermittlung der besonderen Betriebsausgaben-Pauschbeträge sind alle Betriebsausgaben mit Ausnahme der an das Finanzamt gezahlten Umsatzsteuer zu berücksichtigen. [5]Bei der Veräußerung oder Entnahme von Wirtschaftsgütern des Anlagevermögens sind die Anschaffungs- oder Herstellungskosten vermindert um die Absetzungen für Abnutzung nach § 7 Abs. 1 oder 4 sowie die Veräußerungskosten neben dem besonderen Betriebsausgaben-Pauschbetrag abzugsfähig. [6]Der Steuerpflichtige kann im folgenden Veranlagungszeitraum zur Ermittlung der tatsächlichen Betriebsausgaben übergehen. [7]Wechselt der Steuerpflichtige zur Ermittlung der tatsächlichen Betriebsausgaben, sind die abnutzbaren Wirtschaftsgüter des Anlagevermögens mit ihren Anschaffungs- oder Herstellungskosten, vermindert um die Absetzungen für Abnutzungen nach § 7 Abs. 1 oder 4, in ein laufend zu führendes Verzeichnis aufzunehmen. [8]§ 4 Abs. 3 Satz 5 bleibt unberührt. [9]Nach dem Wechsel zur Ermittlung der tatsächlichen Betriebsausgaben ist eine erneute Inanspruchnahme des besonderen Betriebsausgaben-Pauschbetrags erst nach Ablauf der folgenden vier Veranlagungszeiträume zulässig; die §§ 140, 141 der Abgabenordnung bleiben unberührt;

d) über die Veranlagung, die Anwendung der Tarifvorschriften und die Regelung der Steuerentrichtung einschließlich der Steuerabzüge,

e) über die Besteuerung der beschränkt Steuerpflichtigen einschließlich eines Steuerabzugs;

2. Vorschriften durch Rechtsverordnung zu erlassen

a) über die sich aus der Aufhebung oder Änderung von Vorschriften dieses Gesetzes ergebenden Rechtsfolgen, soweit dies zur Wahrung der Gleichmäßigkeit bei der Besteuerung oder zur Beseitigung von Unbilligkeiten in Härtefällen erforderlich ist;

b) (weggefallen)

c) über den Nachweis von Zuwendungen im Sinne des § 10b;

d) über Verfahren, die in den Fällen des § 38 Abs. 1 Satz 1 Nr. 2 den Steueranspruch der Bundesrepublik Deutschland sichern oder die sicherstellen, dass bei Befreiungen im Ausland ansässiger Leiharbeitnehmer von der Steuer der Bundesrepublik Deutschland auf Grund von Abkommen zur Vermeidung der Doppelbesteuerung die ordnungsgemäße Besteuerung im Ausland gewährleistet ist. [2]Hierzu kann nach Maßgabe zwischenstaatlicher Regelungen bestimmt werden, dass

aa) der Entleiher in dem hierzu notwendigen Umfang an derartigen Verfahren mitwirkt,

bb) er sich im Haftungsverfahren nicht auf die Freistellungsbestimmungen des Abkommens berufen kann, wenn er seine Mitwirkungspflichten verletzt;

e) bis m) (weggefallen)

S 2185 n) über Sonderabschreibungen

aa) im Tiefbaubetrieb des Steinkohlen-, Pechkohlen-, Braunkohlen- und Erzbergbaues bei Wirtschaftsgütern des Anlagevermögens unter Tage und bei bestimmten mit dem Grubenbetrieb unter Tage in unmittelbarem Zusammenhang stehenden, der Förderung, Seilfahrt, Wasserhaltung und Wetterführung sowie der Aufbereitung des Minerals dienenden Wirtschaftsgütern des Anlagevermögens über Tage, soweit die Wirtschaftsgüter

für die Errichtung von neuen Förderschachtanlagen, auch in Form von Anschlussschachtanlagen,

für die Errichtung neuer Schächte sowie die Erweiterung des Grubengebäudes und den durch Wasserzuflüsse aus stillliegenden Anlagen bedingten Ausbau der Wasserhaltung bestehender Schachtanlagen, für Rationalisierungsmaßnahmen in der Hauptschacht-, Blindschacht-, Strecken- und Abbauförderung, im Streckenvortrieb, in der Gewinnung, Versatzwirtschaft, Seilfahrt, Wetterführung und Wasserhaltung sowie in der Aufbereitung,

für die Zusammenfassung von mehreren Förderschachtanlagen zu einer einheitlichen Förderschachtanlage und

für den Wiederaufschluss stillliegender Grubenfelder und Feldesteile,

bb) im Tagebaubetrieb des Braunkohlen- und Erzbergbaues bei bestimmten Wirtschaftsgütern des beweglichen Anlagevermögens (Grubenaufschluss, Entwässerungsanlagen, Großgeräte sowie Einrichtungen des Grubenrettungswesens und der ersten Hilfe und im Erzbergbau auch Aufbereitungsanlagen), die

für die Erschließung neuer Tagebaue, auch in Form von Anschlusstagebauen, für Rationalisierungsmaßnahmen bei laufenden Tagebauen,

beim Übergang zum Tieftagebau für die Freilegung und Gewinnung der Lagerstätte und

für die Wiederinbetriebnahme stillgelegter Tagebaue

von Steuerpflichtigen, die den Gewinn nach § 5 ermitteln, vor dem 1. Januar 1990 angeschafft oder hergestellt werden. [2]Die Sonderabschreibungen können bereits für Anzahlungen auf Anschaffungskosten und für Teilherstellungskosten zugelassen werden. [3]Hat der Steuerpflichtige vor dem 1. Januar 1990 die Wirtschaftsgüter bestellt oder mit ihrer Herstellung begonnen, so können die Sonderabschreibungen auch für nach dem 31. Dezember 1989 und vor dem 1. Januar 1991 angeschaffte oder hergestellte Wirtschaftsgüter sowie für vor dem 1. Januar 1991 geleistete Anzahlungen auf Anschaffungskosten und entstandene Teilherstellungskosten in Anspruch genommen werden. [4]Voraussetzung für die Inanspruchnahme der Sonderabschreibungen ist, dass die Förderungswürdigkeit der bezeichneten Vorhaben von der obersten Landesbehörde für Wirtschaft im Einvernehmen mit dem Bundesministerium für Wirtschaft und Technologie bescheinigt worden ist. [5]Die Sonderabschreibungen können im Wirtschaftsjahr der Anschaffung oder Herstellung und in den vier folgenden Wirtschaftsjahren in Anspruch genommen werden, und zwar bei beweglichen Wirtschaftsgütern des Anlagevermögens bis zu insgesamt 50 Prozent, bei unbeweglichen Wirtschaftsgütern des Anlagevermögens bis zu insgesamt 30 Prozent der Anschaffungs- oder Herstellungskosten. [6]Bei den begünstigten Vorhaben im Tagebaubetrieb des Braunkohlen- und Erzbergbaues kann außerdem zugelassen werden, dass die vor dem 1. Januar 1991 aufgewendeten Kosten für den Vorabraum bis zu 50 Prozent als sofort abzugsfähige Betriebsausgaben behandelt werden;

o) (weggefallen)

p) über die Bemessung der Absetzungen für Abnutzung oder Substanzverringerung bei nicht zu einem Betriebsvermögen gehörenden Wirtschaftsgütern, die vor dem 21. Juni 1948 angeschafft oder hergestellt oder die unentgeltlich erworben sind. [2]Hierbei kann bestimmt werden, dass die Absetzungen für Abnutzung oder Substanzverringerung nicht nach den Anschaffungs- oder Herstellungskosten, sondern nach Hilfswerten (am 21. Juni 1948 maßgebender Einheitswert, Anschaffungs- oder Herstellungskosten des Rechtsvorgängers abzüglich der von ihm vorgenommenen Absetzungen, fiktive Anschaffungskosten an einem noch zu bestimmenden Stichtag) zu bemessen sind. [3]Zur Vermeidung von Härten kann zugelassen werden, dass an Stelle der Absetzungen für Abnutzung, die nach dem am 21. Juni 1948 maßgebenden Einheitswert zu bemessen sind, der Betrag abgezogen wird, der für das Wirtschaftsgut in dem Veranlagungszeitraum 1947 als Absetzung für Abnutzung geltend gemacht werden konnte. [4]Für das Land Berlin tritt in den Sätzen 1 bis 3 an die Stelle des 21. Juni 1948 jeweils der 1. April 1949; S 2190

q) über erhöhte Absetzungen bei Herstellungskosten S 2198

aa) für Maßnahmen, die für den Anschluss eines im Inland belegenen Gebäudes an eine Fernwärmeversorgung einschließlich der Anbindung an das Heizsystem erforderlich sind, wenn die Fernwärmeversorgung überwiegend aus Anlagen der Kraft-Wärme-Kopplung, zur Verbrennung von Müll oder zur Verwertung von Abwärme gespeist wird,

bb) für den Einbau von Wärmepumpenanlagen, Solaranlagen und Anlagen zur Wärmerückgewinnung in einem im Inland belegenen Gebäude einschließlich der Anbindung an das Heizsystem,

cc) für die Errichtung von Windkraftanlagen, wenn die mit diesen Anlagen erzeugte Energie überwiegend entweder unmittelbar oder durch Verrechnung mit Elektrizitätsbezügen des Steuerpflichtigen von einem Elektrizitätsversorgungsunternehmen zur Versorgung eines im Inland belegenen Gebäudes des Steuerpflichtigen verwendet wird, einschließlich der Anbindung an das Versorgungssystem des Gebäudes,

dd) für die Errichtung von Anlagen zur Gewinnung von Gas, das aus pflanzlichen oder tierischen Abfallstoffen durch Gärung unter Sauerstoffabschluss entsteht, wenn dieses Gas zur Beheizung eines im Inland belegenen Gebäudes des Steuerpflichtigen oder zur Warmwasserbereitung in einem solchen Gebäude des Steuerpflichtigen verwendet wird, einschließlich der Anbindung an das Versorgungssystem des Gebäudes,

ee) für den Einbau einer Warmwasseranlage zur Versorgung von mehr als einer Zapfstelle und einer zentralen Heizungsanlage oder bei einer zentralen Heizungs- und Warmwasseranlage für den Einbau eines Heizkessels, eines Brenners, einer zentralen Steuerungseinrichtung, einer Wärmeabgabeeinrichtung und eine Änderung der Abgasanlage in einem im Inland belegenen Gebäude oder in einer im Inland belegenen Eigentumswohnung, wenn mit dem Einbau nicht vor Ablauf von zehn Jahren seit Fertigstellung dieses Gebäudes begonnen worden ist und der Einbau nach dem 30. Juni 1985 fertig gestellt worden ist; Entsprechendes gilt bei Anschaffungskosten für neue Einzelöfen, wenn keine Zentralheizung vorhanden ist.

[2]Voraussetzung für die Gewährung der erhöhten Absetzungen ist, dass die Maßnahmen vor dem 1. Januar 1992 fertig gestellt worden sind; in den Fällen des Satzes 1 Doppelbuchstabe aa müssen die Gebäude vor dem 1. Juli 1983 fertig gestellt worden sein, es sei denn, dass der Anschluss nicht schon im Zusammenhang mit der Errichtung des Gebäudes möglich war. [3]Die erhöhten Absetzungen dürfen jährlich 10 Prozent der Aufwendungen nicht übersteigen. [4]Sie dürfen nicht gewährt werden, wenn für dieselbe Maßnahme eine Investitionszulage in Anspruch genommen wird. [5]Sind die Aufwendungen Erhaltungsaufwand und entstehen sie bei einer zu eigenen Wohnzwecken genutzten Wohnung im eigenen Haus, für die der Nutzungswert nicht mehr besteuert wird, und liegen in den Fällen des Satzes 1 Doppelbuchstabe aa die Voraussetzungen des Satzes 2 zweiter Halbsatz vor, so kann der Abzug dieser Aufwendungen wie Sonderausgaben mit gleichmäßiger Verteilung auf das Kalenderjahr, in dem die Arbeiten abgeschlossen worden sind, und die neun folgenden Kalenderjahre zugelassen werden, wenn die Maßnahme vor dem 1. Januar 1992 abgeschlossen worden ist;

S 2211 r) nach denen Steuerpflichtige größere Aufwendungen

aa) für die Erhaltung von nicht zu einem Betriebsvermögen gehörenden Gebäuden, die überwiegend Wohnzwecken dienen,

bb) zur Erhaltung eines Gebäudes in einem förmlich festgelegten Sanierungsgebiet oder städtebaulichen Entwicklungsbereich, die für Maßnahmen im Sinne des § 177 des Baugesetzbuchs sowie für bestimmte Maßnahmen, die der Erhaltung, Erneuerung und funktionsgerechten Verwendung eines Gebäudes dienen, das wegen seiner geschichtlichen, künstlerischen oder städtebaulichen Bedeutung erhalten bleiben soll, und zu deren Durchführung sich der Eigentümer neben bestimmten Modernisierungsmaßnahmen gegenüber der Gemeinde verpflichtet hat, aufgewendet worden sind,

cc) zur Erhaltung von Gebäuden, die nach den jeweiligen landesrechtlichen Vorschriften Baudenkmale sind, soweit die Aufwendungen nach Art und Umfang zur Erhaltung des Gebäudes als Baudenkmal und zu seiner sinnvollen Nutzung erforderlich sind,

auf zwei bis fünf Jahre gleichmäßig verteilen können. [2]In den Fällen der Doppelbuchstaben bb und cc ist Voraussetzung, dass der Erhaltungsaufwand vor dem 1. Januar 1990 entstanden ist. [3]In den Fällen von Doppelbuchstabe cc sind die Denkmaleigenschaft des Gebäudes und die Voraussetzung, dass die Aufwendungen nach Art und Umfang zur Erhaltung des Gebäudes als Baudenkmal und zu seiner sinnvollen Nutzung erforderlich sind, durch eine Bescheinigung der nach Landesrecht zuständigen oder von der Landesregierung bestimmten Stelle nachzuweisen;

S 2185 s) nach denen bei Anschaffung oder Herstellung von abnutzbaren beweglichen und bei Herstellung von abnutzbaren unbeweglichen Wirtschaftsgütern des Anlagevermögens auf Antrag ein Abzug von der Einkommensteuer für den Veranlagungszeitraum der Anschaffung oder Herstellung bis zur Höhe von 7,5 Prozent der Anschaffungs- oder Herstellungskosten dieser Wirtschaftsgüter vorgenommen werden kann, wenn eine Störung des gesamtwirtschaftlichen Gleichgewichts eingetreten ist oder sich abzeichnet, die eine nachhaltige Verringerung der Umsätze oder der Beschäftigung zur Folge hatte oder erwarten lässt, insbesondere bei einem erheblichen Rückgang der Nachfrage nach

Investitionsgütern oder Bauleistungen. [2]Bei der Bemessung des von der Einkommensteuer abzugsfähigen Betrags dürfen nur berücksichtigt werden

aa) die Anschaffungs- oder Herstellungskosten von beweglichen Wirtschaftsgütern, die innerhalb eines jeweils festzusetzenden Zeitraums, der ein Jahr nicht übersteigen darf (Begünstigungszeitraum), angeschafft oder hergestellt werden,

bb) die Anschaffungs- oder Herstellungskosten von beweglichen Wirtschaftsgütern, die innerhalb des Begünstigungszeitraums bestellt und angezahlt werden oder mit deren Herstellung innerhalb des Begünstigungszeitraums begonnen wird, wenn sie innerhalb eines Jahres, bei Schiffen innerhalb zweier Jahre, nach Ablauf des Begünstigungszeitraums geliefert oder fertig gestellt werden. [2]Soweit bewegliche Wirtschaftsgüter im Sinne des Satzes 1 mit Ausnahme von Schiffen nach Ablauf eines Jahres, aber vor Ablauf zweier Jahre nach dem Ende des Begünstigungszeitraums geliefert oder fertig gestellt werden, dürfen bei Bemessung des Abzugs von der Einkommensteuer die bis zum Ablauf eines Jahres nach dem Ende des Begünstigungszeitraums aufgewendeten Anzahlungen und Teilherstellungskosten berücksichtigt werden,

cc) die Herstellungskosten von Gebäuden, bei denen innerhalb des Begünstigungszeitraums der Antrag auf Baugenehmigung gestellt wird, wenn sie bis zum Ablauf von zwei Jahren nach dem Ende des Begünstigungszeitraums fertig gestellt werden;

dabei scheiden geringwertige Wirtschaftsgüter im Sinne des § 6 Abs. 2 und Wirtschaftsgüter, die in gebrauchtem Zustand erworben werden, aus. [3]Von der Begünstigung können außerdem Wirtschaftsgüter ausgeschlossen werden, für die Sonderabschreibungen, erhöhte Absetzungen oder die Investitionszulage nach § 19 des Berlinförderungsgesetzes in Anspruch genommen werden. [4]In den Fällen des Satzes 2 Doppelbuchstabe bb und cc können bei Bemessung des von der Einkommensteuer abzugsfähigen Betrags bereits die im Begünstigungszeitraum, im Falle des Satzes 2 Doppelbuchstabe bb Satz 2 auch die bis zum Ablauf eines Jahres nach dem Ende des Begünstigungszeitraums aufgewendeten Anzahlungen und Teilherstellungskosten berücksichtigt werden; der Abzug von der Einkommensteuer kann insoweit schon für den Veranlagungszeitraum vorgenommen werden, in dem die Anzahlungen oder Teilherstellungskosten aufgewendet worden sind. [5]Übersteigt der von der Einkommensteuer abzugsfähige Betrag die für den Veranlagungszeitraum der Anschaffung oder Herstellung geschuldete Einkommensteuer, so kann der übersteigende Betrag von der Einkommensteuer für den darauf folgenden Veranlagungszeitraum abgezogen werden. [6]Entsprechendes gilt, wenn in den Fällen des Satzes 2 Doppelbuchstabe bb und cc der Abzug von der Einkommensteuer bereits für Anzahlungen oder Teilherstellungskosten geltend gemacht wird. [7]Der Abzug von der Einkommensteuer darf jedoch die für den Veranlagungszeitraum der Anschaffung oder Herstellung und den folgenden Veranlagungszeitraum insgesamt zu entrichtende Einkommensteuer nicht übersteigen. [8]In den Fällen des Satzes 2 Doppelbuchstabe bb Satz 2 gilt dies mit der Maßgabe, dass an die Stelle des Veranlagungszeitraums der Anschaffung oder Herstellung der Veranlagungszeitraum tritt, in dem zuletzt Anzahlungen oder Teilherstellungskosten aufgewendet worden sind. [9]Werden begünstigte Wirtschaftsgüter von Gesellschaften im Sinne des § 15 Abs. 1 Satz 1 Nr. 2 und 3 angeschafft oder hergestellt, so ist der abzugsfähige Betrag nach dem Verhältnis der Gewinnanteile einschließlich der Vergütungen aufzuteilen. [10]Die Anschaffungs- oder Herstellungskosten der Wirtschaftsgüter, die bei Bemessung des von der Einkommensteuer abzugsfähigen Betrags berücksichtigt worden sind, werden durch den Abzug von der Einkommensteuer nicht gemindert. [11]Rechtsverordnungen auf Grund dieser Ermächtigung bedürfen der Zustimmung des Bundestages. [12]Die Zustimmung gilt als erteilt, wenn der Bundestag nicht binnen vier Wochen nach Eingang der Vorlage der Bundesregierung die Zustimmung verweigert hat;

t) (weggefallen)

u) über Sonderabschreibungen bei abnutzbaren Wirtschaftsgütern des Anlagevermögens, die der Forschung oder Entwicklung dienen und nach dem 18. Mai 1983 und vor dem 1. Januar 1990 angeschafft oder hergestellt werden. [2]Voraussetzung für die Inanspruchnahme der Sonderabschreibungen ist, dass die beweglichen Wirtschaftsgüter ausschließlich und die unbeweglichen Wirtschaftsgüter zu mehr als 33¹/₃ Prozent der Forschung oder Entwicklung dienen. [3]Die Sonderabschreibungen können auch für Ausbauten und Erweiterungen an bestehenden Gebäuden, Gebäudeteilen, Eigentumswohnungen oder im Teileigentum stehenden Räumen zugelassen werden, wenn die ausgebauten oder neu hergestellten Gebäudeteile zu mehr als 33¹/₃ Prozent der Forschung oder Entwicklung dienen. [4]Die Wirtschaftsgüter dienen der Forschung oder Entwicklung, wenn sie verwendet werden S 2185 aa) zur Gewinnung von neuen wissenschaftlichen oder technischen Erkenntnissen und Erfahrungen allgemeiner Art (Grundlagenforschung) oder

bb) zur Neuentwicklung von Erzeugnissen oder Herstellungsverfahren oder

cc) zur Weiterentwicklung von Erzeugnissen oder Herstellungsverfahren, soweit wesentliche Änderungen dieser Erzeugnisse oder Verfahren entwickelt werden.

[5]Die Sonderabschreibungen können im Wirtschaftsjahr der Anschaffung oder Herstellung und in den vier folgenden Wirtschaftsjahren in Anspruch genommen werden, und zwar

aa) bei beweglichen Wirtschaftsgütern des Anlagevermögens bis zu insgesamt 40 Prozent,

bb) bei unbeweglichen Wirtschaftsgütern des Anlagevermögens, die zu mehr als $66\frac{2}{3}$ Prozent der Forschung oder Entwicklung dienen, bis zu insgesamt 15 Prozent, die nicht zu mehr als $66\frac{2}{3}$ Prozent, aber zu mehr als $33\frac{1}{3}$ Prozent der Forschung oder Entwicklung dienen, bis zu insgesamt 10 Prozent,

cc) bei Ausbauten und Erweiterungen an bestehenden Gebäuden, Gebäudeteilen, Eigentumswohnungen oder im Teileigentum stehenden Räumen, wenn die ausgebauten oder neu hergestellten Gebäudeteile zu mehr als $66\frac{2}{3}$ Prozent der Forschung oder Entwicklung dienen, bis zu insgesamt 15 Prozent, zu nicht mehr als $66\frac{2}{3}$ Prozent, aber zu mehr als $33\frac{1}{3}$ Prozent der Forschung oder Entwicklung dienen, bis zu insgesamt 10 Prozent

der Anschaffungs- oder Herstellungskosten. [6]Sie können bereits für Anzahlungen auf Anschaffungskosten und für Teilherstellungskosten zugelassen werden. [7]Die Sonderabschreibungen sind nur unter der Bedingung zuzulassen, dass die Wirtschaftsgüter und die ausgebauten oder neu hergestellten Gebäudeteile mindestens drei Jahre nach ihrer Anschaffung oder Herstellung in dem erforderlichen Umfang der Forschung oder Entwicklung in einer inländischen Betriebsstätte des Steuerpflichtigen dienen;

v) (weggefallen)

S 2185 w) über Sonderabschreibungen bei Handelsschiffen, die auf Grund eines vor dem 25. April 1996 abgeschlossenen Schiffbauvertrags hergestellt, in einem inländischen Seeschiffsregister eingetragen und vor dem 1. Januar 1999 von Steuerpflichtigen angeschafft oder hergestellt worden sind, die den Gewinn nach § 5 ermitteln. [2]Im Falle der Anschaffung eines Handelsschiffes ist weitere Voraussetzung, dass das Schiff vor dem 1. Januar 1996 in ungebrauchtem Zustand vom Hersteller oder nach dem 31. Dezember 1995 auf Grund eines vor dem 25. April 1996 abgeschlossenen Kaufvertrags bis zum Ablauf des vierten auf das Jahr der Fertigstellung folgenden Jahres erworben worden ist. [3]Bei Steuerpflichtigen, die in eine Gesellschaft im Sinne des § 15 Abs. 1 Satz 1 Nr. 2 und Abs. 3 nach Abschluss des Schiffbauvertrags (Unterzeichnung des Hauptvertrags) eingetreten sind, dürfen Sonderabschreibungen nur zugelassen werden, wenn sie der Gesellschaft vor dem 1. Januar 1999 beitreten. [4]Die Sonderabschreibungen können im Wirtschaftsjahr der Anschaffung oder Herstellung und in den vier folgenden Wirtschaftsjahren bis zu insgesamt 40 Prozent der Anschaffungs- oder Herstellungskosten in Anspruch genommen werden. [5]Sie können bereits für Anzahlungen auf Anschaffungskosten und für Teilherstellungskosten zugelassen werden. [6]Die Sonderabschreibungen sind nur unter der Bedingung zuzulassen, dass die Handelsschiffe innerhalb eines Zeitraums von acht Jahren nach ihrer Anschaffung oder Herstellung nicht veräußert werden; für Anteile an einem Handelsschiff gilt dies entsprechend. [7]Die Sätze 1 bis 6 gelten für Schiffe, die der Seefischerei dienen, entsprechend. [8]Für Luftfahrzeuge, die vom Steuerpflichtigen hergestellt oder in ungebrauchtem Zustand vom Hersteller erworben worden sind und die zur gewerbsmäßigen Beförderung von Personen oder Sachen im internationalen Luftverkehr oder zur Verwendung zu sonstigen gewerblichen Zwecken im Ausland bestimmt sind, gelten die Sätze 1 bis 4 und 6 mit der Maßgabe entsprechend, dass an die Stelle der Eintragung in ein inländisches Seeschiffsregister die Eintragung in die deutsche Luftfahrzeugrolle, an die Stelle des Höchstsatzes von 40 Prozent ein Höchstsatz von 30 Prozent und bei der Vorschrift des Satzes 6 an die Stelle des Zeitraums von acht Jahren ein Zeitraum von sechs Jahren treten;

S 2198a x) über erhöhte Absetzungen bei Herstellungskosten für Modernisierungs- und Instandsetzungsmaßnahmen im Sinne des § 177 des Baugesetzbuchs sowie für bestimmte Maßnahmen, die der Erhaltung, Erneuerung und funktionsgerechten Verwendung eines Gebäudes dienen, das wegen seiner geschichtlichen, künstlerischen oder städtebaulichen Bedeutung erhalten bleiben soll, und zu deren Durchführung sich der Eigentümer neben bestimmten Modernisierungsmaßnahmen gegenüber der Gemeinde verpflichtet hat, die für Gebäude in einem förmlich festgelegten Sanierungsgebiet oder städtebaulichen Entwicklungsbereich aufgewendet worden sind; Voraussetzung ist, dass die Maßnahmen vor dem 1. Januar 1991 abgeschlossen worden sind. [2]Die erhöhten Absetzungen dürfen jährlich 10 Prozent der Aufwendungen nicht übersteigen;

y) über erhöhte Absetzungen für Herstellungskosten an Gebäuden, die nach den jeweiligen landesrechtlichen Vorschriften Baudenkmale sind, soweit die Aufwendungen nach Art und Umfang zur Erhaltung des Gebäudes als Baudenkmal und zu seiner sinnvollen Nutzung erforderlich sind; Voraussetzung ist, dass die Maßnahmen vor dem 1. Januar 1991 abgeschlossen worden sind. [2]Die Denkmaleigenschaft des Gebäudes und die Voraussetzung, dass die Aufwendungen nach Art und Umfang zur Erhaltung des Gebäudes als Baudenkmal und zu seiner sinnvollen Nutzung erforderlich sind, sind durch eine Bescheinigung der nach Landesrecht zuständigen oder von der Landesregierung bestimmten Stelle nachzuweisen. [3]Die erhöhten Absetzungen dürfen jährlich 10 Prozent der Aufwendungen nicht übersteigen; S 2198b

3. die in § 4a Abs. 1 Satz 2 Nr. 1, § 10 Abs. 5, § 22 Nr. 1 Satz 3 Buchstabe a, § 26a Abs. 3, § 34c Abs. 7, § 46 Abs. 5 und § 50a Abs. 6 vorgesehenen Rechtsverordnungen zu erlassen.

(2) [1]Die Bundesregierung wird ermächtigt, durch Rechtsverordnung Vorschriften zu erlassen, nach denen die Inanspruchnahme von Sonderabschreibungen und erhöhten Absetzungen sowie die Bemessung der Absetzung für Abnutzung in fallenden Jahresbeträgen ganz oder teilweise ausgeschlossen werden können, wenn eine Störung des gesamtwirtschaftlichen Gleichgewichts eingetreten ist oder sich abzeichnet, die erhebliche Preissteigerungen mit sich gebracht hat oder erwarten lässt, insbesondere, wenn die Inlandsnachfrage nach Investitionsgütern oder Bauleistungen das Angebot wesentlich übersteigt. [2]Die Inanspruchnahme von Sonderabschreibungen und erhöhten Absetzungen sowie die Bemessung der Absetzung für Abnutzung in fallenden Jahresbeträgen darf nur ausgeschlossen werden S 1987

1. für bewegliche Wirtschaftsgüter, die innerhalb eines jeweils festzusetzenden Zeitraums, der frühestens mit dem Tage beginnt, an dem die Bundesregierung ihren Beschluss über die Verordnung bekannt gibt, und der ein Jahr nicht übersteigen darf, angeschafft oder hergestellt werden. [2]Für bewegliche Wirtschaftsgüter, die vor Beginn dieses Zeitraums bestellt und angezahlt worden sind oder mit deren Herstellung vor Beginn dieses Zeitraums angefangen worden ist, darf jedoch die Inanspruchnahme von Sonderabschreibungen und erhöhten Absetzungen sowie die Bemessung der Absetzung für Abnutzung in fallenden Jahresbeträgen nicht ausgeschlossen werden;
2. für bewegliche Wirtschaftsgüter und für Gebäude, die in dem in Nummer 1 bezeichneten Zeitraum bestellt werden oder mit deren Herstellung in diesem Zeitraum begonnen wird. [2]Als Beginn der Herstellung gilt bei Gebäuden der Zeitpunkt, in dem der Antrag auf Baugenehmigung gestellt wird.

[3]Rechtsverordnungen auf Grund dieser Ermächtigung bedürfen der Zustimmung des Bundestages und des Bundesrates. [4]Die Zustimmung gilt als erteilt, wenn der Bundesrat nicht binnen drei Wochen, der Bundestag nicht binnen vier Wochen nach Eingang der Vorlage der Bundesregierung die Zustimmung verweigert hat.

(3) [1]Die Bundesregierung wird ermächtigt, durch Rechtsverordnung mit Zustimmung des Bundesrates Vorschriften zu erlassen, nach denen die Einkommensteuer einschließlich des Steuerabzugs vom Arbeitslohn, des Steuerabzugs vom Kapitalertrag und des Steuerabzugs bei beschränkt Steuerpflichtigen

1. um höchstens 10 Prozent herabgesetzt werden kann. [2]Der Zeitraum, für den die Herabsetzung gilt, darf ein Jahr nicht übersteigen; er soll sich mit dem Kalenderjahr decken. [3]Voraussetzung ist, dass eine Störung des gesamtwirtschaftlichen Gleichgewichts eingetreten ist oder sich abzeichnet, die eine nachhaltige Verringerung der Umsätze oder der Beschäftigung zur Folge hatte oder erwarten lässt, insbesondere bei einem erheblichen Rückgang der Nachfrage nach Investitionsgütern und Bauleistungen oder Verbrauchsgütern;
2. um höchstens 10 Prozent erhöht werden kann. [2]Der Zeitraum, für den die Erhöhung gilt, darf ein Jahr nicht übersteigen; er soll sich mit dem Kalenderjahr decken. [3]Voraussetzung ist, dass eine Störung des gesamtwirtschaftlichen Gleichgewichts eingetreten ist oder sich abzeichnet, die erhebliche Preissteigerungen mit sich gebracht hat oder erwarten lässt, insbesondere, wenn die Nachfrage nach Investitionsgütern und Bauleistungen oder Verbrauchsgütern das Angebot wesentlich übersteigt.

[2]Rechtsverordnungen auf Grund dieser Ermächtigung bedürfen der Zustimmung des Bundestages.

(4) Das Bundesministerium der Finanzen wird ermächtigt,

1. im Einvernehmen mit den obersten Finanzbehörden der Länder die Vordrucke für
   a) (weggefallen)

[1] b) (weggefallen)

c) die Erklärungen zur Einkommensbesteuerung, die in § 39 Abs. 3a Satz 4 und § 39a Abs. 2 vorgesehenen Anträge,

d) die Lohnsteuer-Anmeldung (§ 41a Abs. 1),

e) die Anmeldung der Kapitalertragsteuer (§ 45a Abs. 1) und den Freistellungsauftrag nach § 44a Abs. 2 Satz 1 Nr. 1,

f) die Anmeldung des Abzugsbetrags (§ 48a),

g) die Erteilung der Freistellungsbescheinigung § 48b),

h) die Anmeldung der Abzugsteuer (§ 50a),

i) die Entlastung von der Kapitalertragsteuer und vom Steuerabzug nach § 50a auf Grund von Abkommen zur Vermeidung der Doppelbesteuerung

[2] und die Muster der Lohnsteuerkarte (§ 39), der Bescheinigungen nach den §§ 39c und 39d, des Ausdrucks der elektronischen Lohnsteuerbescheinigung (§ 41b Abs. 1), das Muster der Lohnsteuerbescheinigung nach § 41b Abs. 3 Satz 2, der Anträge auf Erteilung einer Bescheinigung nach den §§ 39c und 39d, der in § 45a Abs. 2 und 3 und § 50a Abs. 5 Satz 7 vorgesehenen Bescheinigungen und des Erstattungsantrags nach § 50 Abs. 5 Satz 2 Nr. 3 zu bestimmen;

1a. im Einvernehmen mit den obersten Finanzbehörden der Länder auf der Basis der §§ 32a und 39b einen Programmablaufplan für die Herstellung von Lohnsteuertabellen zur manuellen Berechnung der Lohnsteuer aufzustellen und bekannt zu machen. [2]Der Lohnstufenabstand beträgt bei den Jahrestabellen 36. [3]Die in den Tabellenstufen auszuweisende Lohnsteuer ist aus der Obergrenze der Tabellenstufen zu berechnen und muss an der Obergrenze mit der maschinell berechneten Lohnsteuer übereinstimmen. [4]Die Monats-, Wochen- und Tagestabellen sind aus den Jahrestabellen abzuleiten;

[3]

2. den Wortlaut dieses Gesetzes und der zu diesem Gesetz erlassenen Rechtsverordnungen in der jeweils geltenden Fassung satzweise nummeriert mit neuem Datum und in neuer Paragraphenfolge bekannt zu machen und dabei Unstimmigkeiten im Wortlaut zu beseitigen.

EStDV

§§ 74 bis 80

– weggefallen –

EStDV
S 2185

§ 81 Bewertungsfreiheit für bestimmte Wirtschaftsgüter des Anlagevermögens im Kohlen- und Erzbergbau

(1) [1]Steuerpflichtige, die den Gewinn nach § 5 des Gesetzes ermitteln, können bei abnutzbaren Wirtschaftsgütern des Anlagevermögens, bei denen die in den Absätzen 2 und 3 bezeichneten

---

1) ***Absatz 4 Nr. 1 Buchstabe b und c wurde durch das JStG 2009 ab VZ 2009 neu gefasst.***
Anm.: Die Neufassung lautet:
b) die Erklärungen zur Einkommensbesteuerung,
c) die Anträge nach § 39 Abs. 3a sowie die Anträge nach § 39a Abs. 2, in dessen Vordrucke der Antrag nach § 39f einzubeziehen ist,

2) ***Der Satzteil nach Buchstabe i wurde durch das JStG 2008 ab VZ 2008 geändert. Er wurde außerdem durch das JStG 2009 ab VZ 2009 geändert.***
Anm.: Die Änderung lautet:
1) Das Komma nach den Wörtern „Anträge auf Erteilung einer Bescheinigung nach den §§ 39c und 39d" wird durch das Wort „und" ersetzt.
2) Die Wörter „und des Erstattungsantrags nach § 50 Abs. 5 Satz 2 Nr. 3" werden gestrichen.

3) ***In Absatz 4 wurde durch das Steuerbürokratieabbaugesetz die Nummern 1b und 1c eingefügt.***
Anm.: Die neuen Nummern lauten:
1b. im Einvernehmen mit den obersten Finanzbehörden der Länder den Mindestumfang der nach § 5b elektronisch zu übermittelnden Bilanz und Gewinn- und Verlustrechnung zu bestimmen;
1c. durch Rechtsverordnung zur Durchführung dieses Gesetzes mit Zustimmung des Bundesrates Vorschriften über einen von dem vorgesehenen erstmaligen Anwendungszeitpunkt gemäß § 52 Abs. 15a in der Fassung des Artikels 1 des Gesetzes vom 20. Dezember 2008 (BGBl. I S. 2580) abweichenden späteren Anwendungszeitpunkt zu erlassen, wenn bis zum 31. Dezember 2010 erkennbar ist, dass die technischen oder organisatorischen Voraussetzungen für eine Umsetzung der in § 5b Abs. 1 in der Fassung des Artikels 1 des Gesetzes vom 20. Dezember 2008 (BGBl. I S. 2580) vorgesehenen Verpflichtung nicht ausreichen.

Voraussetzungen vorliegen, im Wirtschaftsjahr der Anschaffung oder Herstellung und in den vier folgenden Wirtschaftsjahren Sonderabschreibungen vornehmen, und zwar

1. *bei beweglichen Wirtschaftsgütern des Anlagevermögens bis zur Höhe von insgesamt 50 vom Hundert,*
2. *bei unbeweglichen Wirtschaftsgütern des Anlagevermögens bis zur Höhe von insgesamt 30 vom Hundert*

der Anschaffungs- oder Herstellungskosten. [2] § 9a gilt entsprechend.

(2) Voraussetzung für die Anwendung des Absatzes 1 ist,

1. *dass die Wirtschaftsgüter*
   - *a) im Tiefbaubetrieb des Steinkohlen-, Pechkohlen-, Braunkohlen- und Erzbergbaues*
     - *aa) für die Errichtung von neuen Förderschachtanlagen, auch in der Form von Anschlussschachtanlagen,*
     - *bb) für die Errichtung neuer Schächte sowie die Erweiterung des Grubengebäudes und den durch Wasserzuflüsse aus stillliegenden Anlagen bedingten Ausbau der Wasserhaltung bestehender Schachtanlagen,*
     - *cc) für Rationalisierungsmaßnahmen in der Hauptschacht-, Blindschacht-, Strecken- und Abbauförderung, im Streckenvortrieb, in der Gewinnung, Versatzwirtschaft, Seilfahrt, Wetterführung und Wasserhaltung sowie in der Aufbereitung,*
     - *dd) für die Zusammenfassung von mehreren Förderschachtanlagen zu einer einheitlichen Förderschachtanlage oder*
     - *ee) für den Wiederaufschluss stillliegender Grubenfelder und Feldesteile,*
   - *b) im Tagebaubetrieb des Braunkohlen- und Erzbergbaues*
     - *aa) für die Erschließung neuer Tagebaue, auch in Form von Anschlusstagebauen,*
     - *bb) für Rationalisierungsmaßnahmen bei laufenden Tagebauen,*
     - *cc) beim Übergang zum Tieftagebau für die Freilegung und Gewinnung der Lagerstätte oder*
     - *dd) für die Wiederinbetriebnahme stillgelegter Tagebaue*

   angeschafft oder hergestellt werden und
2. *dass die Förderungswürdigkeit dieser Vorhaben von der obersten Landesbehörde oder der von ihr bestimmten Stelle im Einvernehmen mit dem Bundesministerium für Wirtschaft und Technologie bescheinigt worden ist.*

(3) Die Abschreibungen nach Absatz 1 können nur in Anspruch genommen werden

1. *in den Fällen des Absatzes 2 Nr. 1 Buchstabe a bei Wirtschaftsgütern des Anlagevermögens unter Tage und bei den in der Anlage 5 zu dieser Verordnung bezeichneten Wirtschaftsgütern des Anlagevermögens über Tage,*
2. *in den Fällen des Absatzes 2 Nr. 1 Buchstabe b bei den in der Anlage 6 zu dieser Verordnung bezeichneten Wirtschaftsgütern des beweglichen Anlagevermögens.*

(4) Die Abschreibungen nach Absatz 1 können in Anspruch genommen werden bei im Geltungsbereich dieser Verordnung ausschließlich des in Artikel 3 des Einigungsvertrages genannten Gebiets

1. *vor dem 1. Januar 1990 angeschafften oder hergestellten Wirtschaftsgütern,*
2. *a) nach dem 31. Dezember 1989 und vor dem 1. Januar 1991 angeschafften oder hergestellten Wirtschaftsgütern,*

   b) vor dem 1. Januar 1991 geleisteten Anzahlungen auf Anschaffungskosten und entstandenen Teilherstellungskosten,

   wenn der Steuerpflichtige vor dem 1. Januar 1990 die Wirtschaftsgüter bestellt oder mit ihrer Herstellung begonnen hat.

(5) Bei den in Absatz 2 Nr. 1 Buchstabe b bezeichneten Vorhaben können die vor dem 1. Januar 1990 im Geltungsbereich dieser Verordnung ausschließlich des in Artikel 3 des Einigungsvertrages genannten Gebiets aufgewendeten Kosten für den Vorabraum bis zu 50 vom Hundert als sofort abzugsfähige Betriebsausgaben behandelt werden.

Anlage 5 zur Einkommensteuer-Durchführungsverordnung (zu § 81 Abs. 3 Nr. 1 EStDV)

Verzeichnis der Wirtschaftsgüter des Anlagevermögens über Tage im Sinne des § 81 Abs. 3 Nr. 1

Die Bewertungsfreiheit des § 81 kann im Tiefbaubetrieb des Steinkohlen-, Pechkohlen-, Braunkohlen- und Erzbergbaues für die Wirtschaftsgüter des Anlagevermögens über Tage in Anspruch genommen werden, die zu den folgenden, mit dem Grubenbetrieb unter Tage in unmittelbarem Zusammenhang stehenden, der Förderung, Seilfahrt, Wasserhaltung und Wetterführung sowie der Aufbereitung des Minerals dienenden Anlagen und Einrichtungen gehören:

1. *Förderanlagen und -einrichtungen einschließlich Schachthalle, Hängebank, Wagenumlauf und Verladeeinrichtungen sowie Anlagen der Berge- und Grubenholzwirtschaft,*
2. *Anlagen und Einrichtungen der Wetterwirtschaft und Wasserhaltung,*
3. *Waschkauen sowie Einrichtungen der Grubenlampenwirtschaft, des Grubenrettungswesens und der Ersten Hilfe,*
4. *Sieberei, Wäsche und sonstige Aufbereitungsanlagen; im Erzbergbau alle der Aufbereitung dienenden Anlagen sowie die Anlagen zum Rösten von Eisenerzen, wenn die Anlagen nicht zu einem Hüttenbetrieb gehören.*

Anlage 6 zur Einkommensteuer-Durchführungsverordnung (zu § 81 Abs. 3 Nr. 2 EStDV)

Verzeichnis der Wirtschaftsgüter des beweglichen Anlagevermögens im Sinne des § 81 Abs. 3 Nr. 2

Die Bewertungsfreiheit des § 81 kann im Tagebaubetrieb des Braunkohlen- und Erzbergbaues für die folgenden Wirtschaftsgüter des beweglichen Anlagevermögens in Anspruch genommen werden:

1. *Grubenaufschluss,*
2. *Entwässerungsanlagen,*
3. *Großgeräte, die der Lösung, Bewegung und Verkippung der Abraummassen sowie der Förderung und Bewegung des Minerals dienen, soweit sie wegen ihrer besonderen, die Ablagerungs- und Größenverhältnisse des Tagebaubetriebs berücksichtigenden Konstruktion nur für diesen Tagebaubetrieb oder anschließend für andere begünstigte Tagebaubetriebe verwendet werden; hierzu gehören auch Spezialabraum- und -kohlenwagen einschließlich der dafür erforderlichen Lokomotiven sowie Transportbandanlagen mit den Auf- und Übergaben und den dazugehörigen Bunkereinrichtungen mit Ausnahme der Rohkohlenbunker in Kraftwerken, Brikettfabriken oder Versandanlagen, wenn die Wirtschaftsgüter die Voraussetzungen des ersten Halbsatzes erfüllen,*
4. *Einrichtungen des Grubenrettungswesens und der Ersten Hilfe,*
5. *Wirtschaftsgüter, die zu den Aufbereitungsanlagen im Erzbergbau gehören, wenn die Aufbereitungsanlagen nicht zu einem Hüttenbetrieb gehören.*

EStDV

§ 82

– weggefallen –

EStDV

§ 82a Erhöhte Absetzungen von Herstellungskosten und Sonderbehandlung von Erhaltungsaufwand für bestimmte Anlagen und Einrichtungen bei Gebäuden

(zu § 21 EStG abgedruckt)

EStDV

§ 82b Behandlung größeren Erhaltungsaufwands bei Wohngebäuden

(zu § 21 EStG abgedruckt)

§§ 82c bis 82e

EStDV

– weggefallen –

§ 82f Bewertungsfreiheit für Handelsschiffe, für Schiffe, die der Seefischerei dienen, und für Luftfahrzeuge

EStDV
S 2185

(1) [1]Steuerpflichtige, die den Gewinn nach § 5 des Gesetzes ermitteln, können bei Handelsschiffen, die in einem inländischen Seeschiffsregister eingetragen sind, im Wirtschaftsjahr der Anschaffung oder Herstellung und in den vier folgenden Wirtschaftsjahren Sonderabschreibungen bis zu insgesamt 40 vom Hundert der Anschaffungs- oder Herstellungskosten vornehmen. [2]§ 9a gilt entsprechend.

(2) Im Falle der Anschaffung eines Handelsschiffs ist Absatz 1 nur anzuwenden, wenn das Handelsschiff vor dem 1. Januar 1996 in ungebrauchtem Zustand vom Hersteller oder nach dem 31. Dezember 1995 bis zum Ablauf des vierten auf das Jahr der Fertigstellung folgenden Jahres erworben worden ist.

(3) [1]Die Inanspruchnahme der Abschreibungen nach Absatz 1 ist nur unter der Bedingung zulässig, dass die Handelsschiffe innerhalb eines Zeitraums von acht Jahren nach ihrer Anschaffung oder Herstellung nicht veräußert werden. [2]Für Anteile an Handelsschiffen gilt dies entsprechend.

(4) Die Abschreibungen nach Absatz 1 können bereits für Anzahlungen auf Anschaffungskosten und für Teilherstellungskosten in Anspruch genommen werden.

(5) [1]Die Abschreibungen nach Absatz 1 können nur in Anspruch genommen werden, wenn das Handelsschiff vor dem 1. Januar 1999 angeschafft oder hergestellt wird und der Kaufvertrag oder Bauvertrag vor dem 25. April 1996 abgeschlossen worden ist. [2]Bei Steuerpflichtigen, die in eine Gesellschaft im Sinne des § 15 Abs. 1 Nr. 2 und Abs. 3 des Einkommensteuergesetzes nach Abschluss des Schiffbauvertrags (Unterzeichnung des Hauptvertrags) eintreten, sind Sonderabschreibungen nur zulässig, wenn sie der Gesellschaft vor dem 1. Januar 1999 beitreten.

(6) [1]Die Absätze 1 bis 5 gelten für Schiffe, die der Seefischerei dienen, entsprechend. [2]Für Luftfahrzeuge, die vom Steuerpflichtigen hergestellt oder in ungebrauchtem Zustand vom Hersteller erworben worden sind und die zur gewerbsmäßigen Beförderung von Personen oder Sachen im internationalen Luftverkehr oder zur Verwendung zu sonstigen gewerblichen Zwecken im Ausland bestimmt sind, gelten die Absätze 1 und 3 bis 5 mit der Maßgabe entsprechend, dass an die Stelle der Eintragung in ein inländisches Seeschiffsregister die Eintragung in die deutsche Luftfahrzeugrolle, an die Stelle des Höchstsatzes von 40 vom Hundert ein Höchstsatz von 30 vom Hundert und bei der Vorschrift des Absatzes 3 an die Stelle des Zeitraums von acht Jahren ein Zeitraum von sechs Jahren treten.

§ 82g Erhöhte Absetzungen von Herstellungskosten für bestimmte Baumaßnahmen

EStDV

(zu § 21 EStG abgedruckt)

§ 82h

EStDV

– weggefallen –

§ 82i Erhöhte Absetzungen von Herstellungskosten bei Baudenkmälern

EStDV

(zu § 21 EStG abgedruckt)

§ 83

EStDV

– weggefallen –

EStG

§ 51a Festsetzung und Erhebung von Zuschlagsteuern

S 2444 **(1) Auf die Festsetzung und Erhebung von Steuern, die nach der Einkommensteuer bemessen werden (Zuschlagsteuern), sind die Vorschriften dieses Gesetzes entsprechend anzuwenden.**

(2) [1]Bemessungsgrundlage ist die Einkommensteuer, die abweichend von § 2 Abs. 6 unter Berücksichtigung von Freibeträgen nach § 32 Abs. 6 in allen Fällen des § 32 festzusetzen wäre. [2]Zur Ermittlung der Einkommensteuer im Sinne des Satzes 1 ist das zu versteuernde Einkommen um die nach § 3 Nr. 40 steuerfreien Beträge zu erhöhen und um die nach § 3c Abs. 2 nicht abziehbaren Beträge zu mindern. [3]§ 35 ist bei der Ermittlung der festzusetzenden Einkommensteuer nach Satz 1 nicht anzuwenden.

[1]) **(2a) [1]Vorbehaltlich des § 40a Abs. 2 in der Fassung des Gesetzes vom 23. Dezember 2002 (BGBl. I S. 4621) ist beim Steuerabzug vom Arbeitslohn Bemessungsgrundlage die Lohnsteuer; beim Steuerabzug vom laufenden Arbeitslohn und beim Jahresausgleich ist die Lohnsteuer maßgebend, die sich ergibt, wenn der nach § 39b Abs. 2 *Satz 5* zu versteuernde Jahresbetrag für die Steuerklassen I, II und III um den Kinderfreibetrag von 3648 Euro sowie den Freibetrag für den Betreuungs- und Erziehungs- oder Ausbildungsbedarf von 2160 Euro und für die Steuerklasse IV um den Kinderfreibetrag von 1824 Euro sowie den Freibetrag für den Betreuungs- und Erziehungs- oder Ausbildungsbedarf von 1080 Euro für jedes Kind vermindert wird, für das eine Kürzung der Freibeträge für Kinder nach § 32 Abs. 6 Satz 4 nicht in Betracht kommt. [2]Bei der Anwendung des § 39b für die Ermittlung der Zuschlagsteuern ist die auf der Lohnsteuerkarte eingetragene Zahl der Kinderfreibeträge maßgebend.** [2])

[3])

---

[1]) ***Absatz 2a Satz 1 wurde durch das JStG 2008 ab VZ 2008 geändert.***

[2]) ***Durch das JStG 2009 wurde dem Absatz 2a ein Satz 3 ab VZ 2009 angefügt.***

Anm.: Der neue Satz 3 lautet:

Bei Anwendung des § 39f ist beim Steuerabzug vom laufenden Arbeitslohn die Lohnsteuer maßgebend, die sich bei Anwendung des nach § 39f Abs. 1 ermittelten Faktors auf den nach Satz 1 und 2 ermittelten Betrag ergibt.

[3]) ***Durch das Unternehmensteuerreformgesetz 2008 wurden die Absätze 2b bis 2e eingefügt und durch das JStG 2009 zum Teil geändert. Die Absätze 2b bis 2d sind erstmals auf nach dem 31. 12. 2008 zufließende Kapitalerträge anzuwenden → § 52a Abs. 18 EStG.***

Anm.: Die Absätze 2b bis 2e i. d. F. des JStG 2009 lauten:

(2b) Wird die Einkommensteuer nach § 43 Abs. 1 durch Abzug vom Kapitalertrag (Kapitalertragsteuer) erhoben, wird die darauf entfallende Kirchensteuer nach dem Kirchensteuersatz der Religionsgemeinschaft, der der Kirchensteuerpflichtige angehört, als Zuschlag zur Kapitalertragsteuer erhoben.

(2c) [1]Der zur Vornahme des Steuerabzugs verpflichtete Schuldner der Kapitalerträge oder die auszahlende Stelle im Sinne des § 44 Abs. 1 Satz 3 oder in den Fällen des Satzes 2 die Person oder Stelle, die die Auszahlung an den Gläubiger vornimmt, hat die auf die Kapitalertragsteuer nach Absatz 2b entfallende Kirchensteuer auf schriftlichen Antrag des Kirchensteuerpflichtigen hin einzubehalten (Kirchensteuerabzugsverpflichteter). [2]Zahlt der Abzugsverpflichtete die Kapitalerträge nicht unmittelbar an den Gläubiger aus, ist Kirchensteuerabzugsverpflichteter die Person oder Stelle, die die Auszahlung für die Rechnung des Schuldners an den Gläubiger vornimmt; in diesem Fall hat der Kirchensteuerabzugsverpflichtete zunächst die vom Schuldner der Kapitalerträge erhobene Kapitalertragsteuer gemäß § 43a Abs. 1 Satz 3 in Verbindung mit § 32d Abs. 1 Satz 4 und 5 zu ermäßigen und im Rahmen seiner Steueranmeldung nach § 45a Abs. 1 die abzuführende Kapitalertragsteuer entsprechend zu kürzen. [3]Der Antrag nach Satz 1 kann nicht auf Teilbeträge des Kapitalertrags eingeschränkt werden; er kann nicht rückwirkend widerrufen werden. [4]Der Antrag hat die Religionsangehörigkeit des Steuerpflichtigen zu benennen. [5]Der Kirchensteuerabzugsverpflichtete hat den Kirchensteuerabzug getrennt nach Religionsangehörigkeiten an das für ihn zuständige Finanzamt abzuführen. [6]Der abgeführte Steuerabzug ist an die Religionsgemeinschaft weiterzuleiten. § 44 Abs. 5 ist mit der Maßgabe anzuwenden, dass der Haftungsbescheid von dem für den Kirchensteuerabzugsverpflichteten zuständigen Finanzamt erlassen wird. [7]Satz 6 gilt entsprechend. [8]§ 45a Abs. 2 ist mit der Maßgabe anzuwenden, dass auch die Religionsgemeinschaft angegeben wird. [9]Sind an den Kapitalerträgen mehrere Personen beteiligt, kann der Antrag nach Satz 1 nur gestellt werden, wenn es sich um Ehegatten handelt oder alle Beteiligten derselben Religionsgemeinschaft angehören. [10]Sind an den Kapitalerträgen Ehegatten beteiligt, haben diese für den Antrag nach Satz 1 übereinstimmend zu erklären, in welchem Verhältnis der auf jeden Ehegatten entfallende Anteil der Kapitalerträge zu diesen Erträgen steht. [11]Die Kapitalerträge sind entsprechend diesem Verhältnis aufzuteilen und die Kirchensteuer ist einzubehalten, soweit ein Anteil einem kirchensteuerpflichtigen Ehegatten zuzuordnen ist. [12]Wird das Verhältnis nicht erklärt, wird der Anteil nach dem auf ihn entfallenden Kopfteil ermittelt. [13]Der Kirchensteuerabzugsverpflichtete darf die durch den Kirchensteuerabzug erlangten Daten nur für den Kirchensteuerabzug verwenden; für andere Zwecke darf er sie nur verwenden, soweit der Kirchensteuerpflichtige zustimmt oder dies gesetzlich zugelassen ist.

(2d) [1]Wird die nach Absatz 2b zu erhebende Kirchensteuer nicht nach Absatz 2c als Kirchensteuerabzug vom Kirchensteuerabzugsverpflichteten einbehalten, wird sie nach Ablauf des Kalenderjahres nach dem Kapitalertragsteuerbetrag veranlagt, der sich ergibt, wenn die Steuer auf Kapital-

(3) Ist die Einkommensteuer für Einkünfte, die dem Steuerabzug unterliegen, durch den Steuerabzug abgegolten oder werden solche Einkünfte bei der Veranlagung zur Einkommensteuer oder beim Lohnsteuer-Jahresausgleich nicht erfasst, gilt dies für die Zuschlagsteuer entsprechend.

(4) [1]Die Vorauszahlungen auf Zuschlagsteuern sind gleichzeitig mit den festgesetzten Vorauszahlungen auf die Einkommensteuer zu entrichten; § 37 Abs. 5 ist nicht anzuwenden. [2]Solange ein Bescheid über die Vorauszahlungen auf Zuschlagsteuern nicht erteilt worden ist, sind die Vorauszahlungen ohne besondere Aufforderung nach Maßgabe der für die Zuschlagsteuern geltenden Vorschriften zu entrichten. [3]§ 240 Abs. 1 Satz 3 der Abgabenordnung ist insoweit nicht anzuwenden; § 254 Abs. 2 der Abgabenordnung gilt insoweit sinngemäß.

(5) [1]Mit einem Rechtsbehelf gegen die Zuschlagsteuer kann weder die Bemessungsgrundlage noch die Höhe des zu versteuernden Einkommens angegriffen werden. [2]Wird die Bemessungsgrundlage geändert, ändert sich die Zuschlagsteuer entsprechend.

[4]

H 51a

Hinweise

Kirchensteuer-Übersicht *2008*

Bundesland	KiSt-Satz %	Kappung des zu versteuernden Einkommens[1] %		KiSt-Satz bei pausch. Lst[2] %	Besonderes Kirchgeld in glaubensverschiedener Ehe €
Baden-Württemberg	8	ev. Württemberg 2,75	ev. Baden; kath. Diözesen 3,5	6,5	96–3 600[3]
		(auf Antrag)			
Bayern	8	–		7	96–3 600[3]
Berlin	9	3		5	96–3 600
Brandenburg	9	3		5	96–3 600
Bremen	9	3,5		7	96–3 600
Bremerhaven	9	3,5		7	96–3 600
Hamburg	9	3		4	96–3 600
Hessen	9	ev- Kirchen 3,5	kath. Diözesen 4	7	96–3 600
		(auf Antrag)			
Mecklenburg-Vorpommern	9	ev. Mecklenburg –; ev. Pommern 3,5 a. A.	kath. Bistum HH 3	5	96–3 600

(Fortsetzung Fußnote 3 von Seite 800)
erträge nach § 32d Abs. 1 Satz 4 und 5 errechnet wird; wenn Kirchensteuer als Kirchensteuerabzug nach Absatz 2c erhoben wurde, wird eine Veranlagung auf Antrag des Steuerpflichtigen durchgeführt. [2]Der Abzugsverpflichtete hat dem Kirchensteuerpflichtigen auf dessen Verlangen hin eine Bescheinigung über die einbehaltene Kapitalertragsteuer zu erteilen. [3]Der Kirchensteuerpflichtige hat die erhobene Kapitalertragsteuer zu erklären und die Bescheinigung nach Satz 2 oder nach § 45a Abs. 2 oder 3 vorzulegen.

(2e) [1]Die Auswirkungen der Absätze 2c bis 2d werden unter Beteiligung von Vertretern von Kirchensteuern erhebenden Religionsgemeinschaften und weiteren Sachverständigen durch die Bundesregierung mit dem Ziel überprüft, einen umfassenden verpflichtenden Quellensteuerabzug auf der Grundlage eines elektronischen Informationssystems, das den Abzugsverpflichteten Auskunft über die Zugehörigkeit zu einer Kirchensteuer erhebenden Religionsgemeinschaft gibt, einzuführen. [2]Die Bundesregierung unterrichtet den Bundestag bis spätestens zum 30. Juni 2010 über das Ergebnis.

4) ***Absatz 6 wurde durch das Unternehmensteuerreformgesetz 2008 angefügt und ist erstmals auf nach dem 31. 12. 2008 zufließende Kapitalerträge anzuwenden → § 52a Abs. 1 EStG.***

Anm.: Der Absatz 6 i. d. F. des Unternehmensteuerreformgesetzes 2008 lautet:

(6) Die Absätze 1 bis 5 gelten für die Kirchensteuern nach Maßgabe landesrechtlicher Vorschriften.

Bundesland	KiSt-Satz %	Kappung des zu versteuernden Einkommens[1] %		KiSt-Satz bei pausch. Lst[2] %	Besonderes Kirchgeld in glaubens-verschiedener Ehe €
Niedersachsen	9	3,5		6	96–3 600
Nordrheim-Westfalen	9	ev. Kirchen 3,5[4]	kath. Diözesen 4	7	96–3 600[3]
		(auf Antrag)			
Rheinland-Pfalz	9	ev. Kirchen 3,5	kath. Diözesen 4	7	96–3 600
		(auf Antrag)			
Saarland	9	ev. Kirchen 3,5	kath. Diözesen 4	7	96–3 600
		(auf Antrag)			
Sachsen	9	3,5		5	96–3 600
Sachsen-Anhalt	9	3,5		5	96–3 600
Schleswig-Holstein	9	3		6	96–3 600
Thüringen	9	3,5		5	96–3 600

[1] In Mecklenburg-Vorpommern 3 % für das Erzbistum Hamburg; die Pommersche Ev. Kirche emäßigt die Kirchensteuer auf 3,5 % auf Antrag aus Billigkeitsgründen; Ev.-Luth. Landeskirche Mecklenburg keine Kappung (auch in Brandenburg). Für die Ev.-Lutherische Landeskirche Hannover auf dem Gebiet von Hamburg 3,5 %.

[2] Der ermäßigte KiSt-Pauschsatz gilt im vereinfachten Verfahren, wenn der AG nicht den Nachweis der Kirchenzugehörigkeit führt. Die KiSt auf pauschale LSt wird ab 2007 gesondert in der LSt-Anmeldung erfasst (Zeile 24 des Vordrucks). Sie wird in einer Summe eingetragen; die Aufteilung auf die kirchensteuererhebenden Körperschaften wird von der Finanzverwaltung vorgenommen.

[3] Nur ev.

[4] Lippische Ev. Landeskirche 3,5 % ab VZ 2007

Mindestbetrags-Kirchensteuer

	jährlich in Euro	monatlich in Euro	wöchentlich in Euro	täglich in Euro
Baden-Württemberg	3,60	0,30	0,07	0,01
Hamburg	3,60	0,30	0,07	0,00
Hessen	1,80	0,15	0,04	0,01
Mecklenburg-Vorpommern[2]	3,60	0,30	0,07	0,01
Niedersachsen	3,60	0,30	0,07	0,01
Sachsen[1]	3,60	0,30	0,07	0,01
Sachsen-Anhalt[1]	3,60	0,30	0,07	0,01
Schleswig-Holstein	3,60	0,30	0,07	0,00
Thüringen	3,60	0,30	0,07	0,01

[1] Nur ev.

[2] Für das Erzbistum Berlin und Hamburg: 0,00 € täglich.

Nachrichtlich: Ab 2009 wird eine Mindestbetrags-Kirchensteuer als Kirchensteuer auf Kapitalertragsteuer nicht erhoben. In Baden-Württemberg wird diese Steuerart vollständig abgeschafft.

Besonderes Kirchengeld in glaubensverschiedener Ehe

Stufe	Bemessungsgrundlage (Gemeinsam zu versteuerndes Einkommen nach § 2 Abs. 5 EStG) EURO	jährliches besonderes Kirchgeld EURO
1	30 000–37 499	96
2	37 500–49 999	156
3	50 000–62 499	276
4	62 500–74 999	396
5	75 000–87 499	540
6	87 500–99 999	696
7	100 000–124 999	840
8	125 000–149 999	1 200
9	150 000–174 999	1 560
10	175 000–199 999	1 860
11	200 000–249 999	2 200
12	250 000–299 999	2 940
13	300 000 und mehr	3 600

Kirchensteuersätze und Kappungsmöglichkeiten *2008*

Bundesland	KiSt-Satz %	Kappung des zu versteuernden Einkommens %	KiSt-Satz bei pauschaler Lohnsteuer %	Aufteilung ev:kath. %	Besonderes Kirchgeld in glaubenverschiedener Ehe €
Baden-Württemberg	8	3,5 (auf Antrag)	6,5	50:50[1])	96–3 600[2])
Bayern	8	–	7	30:70	96–3 600[3])
Berlin	9	3	5	70:30	96–3 600
Brandenburg	9	3 [3]))	5	70:30	96–3 600
Bremen	9	3,5	7	80:20	96–3 600[3])
Bremerhaven	9	3,5	7	90:10	96–3 600[3])
Hamburg	9	3[4]))	4	70:29,5[5]))	96–3 600
Hessen	9	3,5 (auf Antrag)	7	50:50[2])	96–3 600
Mecklenburg-Vorpommern	9	3 [6]))	5	90:10	96–3 600
Niedersachsen	9[7]))	3,5[8]))	6	73:27	96–3 600[3])
Nordrhein-Westfalen	9	3,5 / 4[9])) (auf Antrag)	7	50:50[2])	96–3 600[3])
Rheinland-Pfalz	9	3,5 (auf Antrag)[10]))	7	50:50[2])	96–3 600
Saarland	9	3,5 (auf Antrag) [10])	7	25:75	96–3 600
Sachsen	9	3,5	5	85:15	96–3 600
Sachsen-Anhalt	9	3,5	5	73:27	96–3 600
Schleswig-Holstein	9[11]))	3	6	85:15	96–3 600
Thüringen	9	3,5	5	73:27	96–3 600

1) Örtlich verschieden
2) Nur ev. Kirche
3) Ev.-ref. Kirche in Hamburg: keine Kappung
4) Ev.-ref. Kirche in Hamburg: keine Kappung
5) Jüdische Gemeinde 0,5 %
6) Nur kath. Kirche
7) Ev.-ref. Kirchen Bückeburg und Stadthagen: 7 %
8) Z. T. 3 %, z. T. auf Antrag
9) Ev./kath.; Alt-kath.: keine Kappung
10) Z. T. keine Kappung (z. B. Bistum Trier)
11) Ev.-ref. Kirche Lübeck verwaltet KiSt selbst

EStG
S 2259

§ 52 Anwendungsvorschriften

[1] (1) [1] Diese Fassung des Gesetzes ist, soweit in den folgenden Absätzen und § 52a nichts anderes bestimmt ist, erstmals für den Veranlagungszeitraum *2009* anzuwenden. [2]Beim Steuerabzug vom Arbeitslohn gilt Satz 1 mit der Maßgabe, dass diese Fassung erstmals auf den laufenden Arbeitslohn anzuwenden ist, der für einen nach dem 31. Dezember *2008* endenden Lohnzahlungszeitraum gezahlt wird, und auf sonstige Bezüge, die nach dem 31. Dezember *2008* zufließen.

[2] (1a) § 1 Abs. 3 Satz 4 in der Fassung des Artikels 1 des Gesetzes vom 20. Dezember 2007 (BGBl. I S. 3150) ist für Staatsangehörige eines Mitgliedstaates der Europäischen Union oder eines Staates, auf den das Abkommen über den Europäischen Wirtschaftsraum anwendbar ist, auf Antrag auch für Veranlagungszeiträume vor 2008 anzuwenden, soweit Steuerbescheide noch nicht bestandskräftig sind.

(2) § 1a Abs. 1 ist für Staatsangehörige eines Mitgliedstaates der Europäischen Union auf Antrag auch für Veranlagungszeiträume vor 1996 anzuwenden, soweit Steuerbescheide noch nicht bestandskräftig sind; für Staatsangehörige und für das Hoheitsgebiet Finnlands, Islands, Norwegens, Österreichs und Schwedens gilt dies ab dem Veranlagungszeitraum 1994.

[3] (2a) (weggefallen)

[4] (3) [1]§ 2a Abs. 1 Satz 1 Nr. 6 Buchstabe b in der Fassung der Bekanntmachung vom 22. Dezember 1999 (BGBl. I S. 2601) ist erstmals auf negative Einkünfte eines Steuerpflichtigen anzuwenden, die er aus einer entgeltlichen Überlassung von Schiffen auf Grund eines nach dem 31. Dezember 1999 rechtswirksam abgeschlossenen obligatorischen Vertrags oder gleichstehenden Rechtsakts erzielt. *[2]§ 2a Abs. 1 bis 2a in der Fassung des Artikels 1 des Gesetzes vom 19. Dezember 2008 (BGBl. I S. 2794) ist in allen Fällen anzuwenden, in denen die Steuer noch nicht bestandskräftig festgesetzt ist. [3]Für negative Einkünfte im Sinne des § 2a Abs. 1 und 2, die vor der ab dem 24. Dezember 2008 geltenden Fassung nach § 2a Abs. 1 Satz 5 bestandskräftig gesondert festgestellt wurden, ist § 2a Abs. 1 Satz 3 bis 5 in der vor dem 24. Dezember 2008 geltenden Fassung weiter anzuwenden.* [4]§ 2a Abs. 3 und 4 in der Fassung der Bekanntmachung vom 16. April 1997 (BGBl. I S. 821) ist letztmals für den Veranlagungszeitraum 1998 anzuwenden. [5]§ 2a Abs. 3 Satz 3, 5 und 6 in der Fassung der Bekanntmachung vom 16. April 1997 (BGBl. I S. 821) ist für Veranlagungszeiträume ab 1999 weiter anzuwenden, soweit sich ein positiver Betrag im Sinne des § 2a Abs. 3 Satz 3 ergibt oder soweit eine in einem ausländischen Staat belegene Betriebsstätte im Sinne des § 2a Abs. 4 in der Fassung des *Satzes 8* in eine Kapitalgesellschaft umgewandelt, übertragen oder aufgegeben wird. [6]Insoweit ist in § 2a Abs. 3 Satz 5 letzter Halbsatz die Bezeichnung „§ 10d Abs. 3" durch „§ 10d Abs. 4" zu ersetzen. [7]§ 2a Abs. 4 ist für die Veranlagungszeiträume 1999 bis 2005 in der folgenden Fassung anzuwenden:

„(4) Wird eine in einem ausländischen Staat belegene Betriebsstätte

1. in eine Kapitalgesellschaft umgewandelt oder
2. entgeltlich oder unentgeltlich übertragen oder
3. aufgegeben, jedoch die ursprünglich von der Betriebsstätte ausgeübte Geschäftstätigkeit ganz oder teilweise von einer Gesellschaft, an der der inländische Steuerpflichtige zu mindestens 10 vom Hundert unmittelbar oder mittelbar beteiligt ist, oder von einer ihm nahestehenden Person im Sinne des § 1 Abs. 2 des Außensteuergesetzes in der Fassung der Bekanntmachung vom 20. Dezember 1996 (BGBl. I S. 2049) fortgeführt,

so ist ein nach Absatz 3 Satz 1 und 2 abgezogener Verlust, soweit er nach Absatz 3 Satz 3 nicht wieder hinzugerechnet worden ist oder nicht noch hinzuzurechnen ist, im Veranlagungszeitraum der Umwandlung, Übertragung oder Aufgabe in entsprechender Anwendung des Absatzes 3 Satz 3 dem Gesamtbetrag der Einkünfte hinzuzurechnen."

[8]§ 2a Abs. 4 ist für Veranlagungszeiträume ab 2006 in der folgenden Fassung anzuwenden:

„(4) Wird eine in einem ausländischen Staat belegene Betriebsstätte

1. in eine Kapitalgesellschaft umgewandelt oder
2. entgeltlich oder unentgeltlich übertragen oder
3. aufgegeben, jedoch die ursprünglich von der Betriebsstätte ausgeübte Geschäftstätigkeit ganz oder teilweise von einer Gesellschaft, an der der inländische Steuerpflichtige zu mindestens 10 Prozent unmittelbar oder mittelbar beteiligt ist, oder von einer ihm nahe stehenden Person im Sinne des § 1 Abs. 2 des Außensteuergesetzes fortgeführt,

---

1) *Absatz 1 wurde durch das JStG 2009 (Inkrafttreten: 01. 01. 2009) geändert.*
2) *Absatz 1a wurde durch das JStG 2008 eingefügt.*
3) *Absatz 2a wurde durch das Unternehmensteuerreformgesetz 2008 aufgehoben.*
4) *Absatz 3 wurde durch das JStG 2009 (Inkrafttreten 25. 12. 2008) geändert.*

so ist ein nach Absatz 3 Satz 1 und 2 abgezogener Verlust, soweit er nach Absatz 3 Satz 3 nicht wieder hinzugerechnet worden ist oder nicht noch hinzuzurechnen ist, im Veranlagungszeitraum der Umwandlung, Übertragung oder Aufgabe in entsprechender Anwendung des Absatzes 3 Satz 3 dem Gesamtbetrag der Einkünfte hinzuzurechnen. [2]Satz 1 gilt entsprechend bei Beendigung der unbeschränkten Einkommensteuerpflicht (§ 1 Abs. 1) durch Aufgabe des Wohnsitzes oder des gewöhnlichen Aufenthalts oder bei Beendigung der unbeschränkten Körperschaftsteuerpflicht (§ 1 Abs. 1 des Körperschaftsteuergesetzes) durch Verlegung des Sitzes oder des Orts der Geschäftsleitung sowie bei unbeschränkter Einkommensteuerpflicht (§ 1 Abs. 1) oder unbeschränkter Körperschaftsteuerpflicht (§ 1 Abs. 1 des Körperschaftsteuergesetzes) bei Beendigung der Ansässigkeit im Inland auf Grund der Bestimmungen eines Abkommens zur Vermeidung der Doppelbesteuerung."

(4) § 2b in der Fassung der Bekanntmachung vom 19. Oktober 2002 (BGBl. I S. 4210, 2003 I S. 179) ist weiterhin für Einkünfte aus einer Einkunftsquelle im Sinne des § 2b anzuwenden, die der Steuerpflichtige nach dem 4. März 1999 und vor dem 11. November 2005 rechtswirksam erworben oder begründet hat.

(4a) [1]§ 3 Nr. 9 in der bis zum 31. Dezember 2005 geltenden Fassung ist weiter anzuwenden für vor dem 1. Januar 2006 entstandene Ansprüche der Arbeitnehmer auf Abfindungen oder für Abfindungen wegen einer vor dem 1. Januar 2006 getroffenen Gerichtsentscheidung oder einer am 31. Dezember 2005 anhängigen Klage, soweit die Abfindungen dem Arbeitnehmer vor dem 1. Januar 2008 zufließen. [2]*Gleiches gilt für Abfindungen auf Grund eines vor dem 1. Januar 2006 abgeschlossenen Sozialplans, wenn die Arbeitnehmer in dem zugrunde liegenden und vor dem 1. Januar 2006 vereinbarten Interessenausgleich namentlich bezeichnet worden sind (§ 1 Abs. 5 Satz 1 des Kündigungsschutzgesetzes sowie § 125 der Insolvenzordnung in der jeweils am 31. Dezember 2005 geltenden Fassung); ist eine Abfindung in einem vor dem 25. Dezember 2008 ergangenen Steuerbescheid als steuerpflichtige Einnahme berücksichtigt worden, ist dieser Bescheid insoweit auf Antrag des Arbeitnehmers zu ändern.* [3]§ 3 Nr. 10 in der bis zum 31. Dezember 2005 geltenden Fassung ist weiter anzuwenden für Entlassungen vor dem 1. Januar 2006, soweit die Übergangsgelder und Übergangsbeihilfen dem Arbeitnehmer vor dem 1. Januar 2008 zufließen, und für an Soldatinnen auf Zeit und Soldaten auf Zeit gezahlte Übergangsbeihilfen, wenn das Dienstverhältnis vor dem 1. Januar 2006 begründet wurde. [1]

(4b) § 3 Nr. 26 und 26a in der Fassung des Artikels 1 des Gesetzes vom 19. Dezember 2008 (BGBl. I S. 2794) sind in allen Fällen anzuwenden, in denen die Steuer noch nicht bestandskräftig festgesetzt ist. [2]

(4c) § 3 Nr. 34 in der Fassung des Artikels 1 des Gesetzes vom 19. Dezember 2008 (BGBl. I S. 2794) ist erstmals auf Leistungen des Arbeitgebers im Kalenderjahr 2008 anzuwenden. [3]

(4d) [1]§ 3 Nr. 40 ist erstmals anzuwenden für [4]

1. Gewinnausschüttungen, auf die bei der ausschüttenden Körperschaft der nach Artikel 3 des Gesetzes vom 23. Oktober 2000 (BGBl. I S. 1433) aufgehobene Vierte Teil des Körperschaftsteuergesetzes nicht mehr anzuwenden ist; für die übrigen in § 3 Nr. 40 genannten Erträge im Sinne des § 20 gilt Entsprechendes;
2. Erträge im Sinne des § 3 Nr. 40 Satz 1 Buchstabe a, b, c und j nach Ablauf des ersten Wirtschaftsjahres der Gesellschaft, an der die Anteile bestehen, für das das Körperschaftsteuergesetz in der Fassung des Artikels 3 des Gesetzes vom 23. Oktober 2000 (BGBl. I S. 1433) erstmals anzuwenden ist.

[2]§ 3 Nr. 40 Satz 3 und 4 in der am 12. Dezember 2006 geltenden Fassung ist für Anteile, die einbringungsgeboren im Sinne des § 21 des Umwandlungssteuergesetzes in der am 12. Dezember 2006 geltenden Fassung sind, weiter anzuwenden. [3]§ 3 Nr. 40 Satz 1 Buchstabe d in der Fassung des Artikels 1 des Gesetzes vom 13. Dezember 2006 (BGBl. I S. 2878) ist erstmals auf Bezüge im Sinne des § 20 Abs. 1 Nr. 1 und auf Einnahmen im Sinne des § 20 Abs. 1 Nr. 9 anzuwenden, die nach dem 18. Dezember 2006 zugeflossen sind.

(4e) [1]§ 3 Nr. 40a in der Fassung des Gesetzes vom 30. Juli 2004 (BGBl. I S. 2013) ist auf Vergütungen im Sinne des § 18 Abs. 1 Nr. 4 anzuwenden, wenn die vermögensverwaltende Gesellschaft oder Gemeinschaft nach dem 31. März 2002 und vor dem 1. Januar 2009 gegründet worden ist oder soweit die Vergütungen in Zusammenhang mit der Veräußerung von Anteilen an [5]

1) *Absatz 4a Satz 2 wurde durch das JStG 2009 (Inkrafttreten 1. 1. 2006) eingefügt und Satz 3: (Inkrafttreten 01. 01. 2009) geändert.*
2) *Absatz 4b wurde durch das JStG 2009 (Inkrafttreten: 25. 12. 2008) eingefügt.*
3) *Absatz 4c wurde durch das JStG 2009 (Inkrafttreten: 25. 12. 2008) eingefügt.*
4) *Absatz 4b wurde durch das JStG 2009 (Inkrafttreten: 25. 12. 2008) zu Absatz 4d.*
5) *Absatz 4c wurde durch das Gesetz zur Modernisierung der Rahmenbedingungen für Kapitalbeteiligungen (MoRaKG) (Inkrafttreten 19. 8. 2008) neu gefasst und durch das JStG 2009 (Inkrafttreten 25. 12. 2008) zu Absatz 4e.*

Kapitalgesellschaften stehen, die nach dem 7. November 2003 und vor dem 1. Januar 2009 erworben worden sind. [2]§ 3 Nr. 40a in der Fassung des Artikels 3 des Gesetzes vom 12. August 2008 (BGBl. I S. 1672) ist erstmals auf Vergütungen im Sinne des § 18 Abs. 1 Nr. 4 anzuwenden, wenn die vermögensverwaltende Gesellschaft oder Gemeinschaft nach dem 31. Dezember 2008 gegründet worden ist.

[1]) *(4f)* § 3 Nr. 41 ist erstmals auf Gewinnausschüttungen oder Gewinne aus der Veräußerung eines Anteils an einer ausländischen Kapitalgesellschaft sowie aus deren Auflösung oder Herabsetzung ihres Kapitals anzuwenden, wenn auf die Ausschüttung oder auf die Gewinne aus der Veräußerung § 3 Nr. 40 Buchstabe a, b, c und d des Einkommensteuergesetzes in der Fassung des Artikels 3 des Gesetzes vom 23. Oktober 2000 (BGBl. I S. 1433) anwendbar wäre.

[2]) (5) *(weggefallen)*

(6) [1]§ 3 Nr. 63 ist bei Beiträgen für eine Direktversicherung nicht anzuwenden, wenn die entsprechende Versorgungszusage vor dem 1. Januar 2005 erteilt wurde und der Arbeitnehmer gegenüber dem Arbeitgeber für diese Beiträge auf die Anwendung des § 3 Nr. 63 verzichtet hat. [2]Der Verzicht gilt für die Dauer des Dienstverhältnisses; er ist bis zum 30. Juni 2005 oder bei einem späteren Arbeitgeberwechsel bis zur ersten Beitragsleistung zu erklären. [3]§ 3 Nr. 63 Satz 3 und 4 ist nicht anzuwenden, wenn § 40b Abs. 1 und 2 in der am 31. Dezember 2004 geltenden Fassung angewendet wird.

(7) § 3 Nr. 65 in der Fassung des Artikels 1 des Gesetzes vom 13. Dezember 2006 (BGBl. I S. 2878) ist in allen Fällen anzuwenden, in denen die Einkommensteuer noch nicht bestandskräftig festgesetzt ist.

(8) (weggefallen)

(8a) [1] § 3c Abs. 2 ist erstmals auf Aufwendungen anzuwenden, die mit Erträgen im wirtschaftlichen Zusammenhang stehen, auf die § 3 Nr. 40 erstmals anzuwenden ist. [2]§ 3c Abs. 2 Satz 3 und 4 in der am 12. Dezember 2006 geltenden Fassung ist für Anteile, die einbringungsgeboren im Sinne des § 21 des Umwandlungssteuergesetzes in der am 12. Dezember 2006 geltenden Fassung sind, weiter anzuwenden.

(8b) § 4 Abs. 1 in der Fassung des Artikels 1 des Gesetzes vom 7. Dezember 2006 (BGBl. I S. 2782) ist erstmals für nach dem 31. Dezember 2005 endende Wirtschaftsjahre anzuwenden.

(9) § 4 Abs. 2 Satz 2 in der Fassung des Gesetzes vom 22. Dezember 1999 (BGBl. I S. 2601) ist auch für Veranlagungszeiträume vor 1999 anzuwenden.

(10) [1]§ 4 Abs. 3 Satz 4 ist nicht anzuwenden, soweit die Anschaffungs- oder Herstellungskosten vor dem 1. Januar 1971 als Betriebsausgaben abgesetzt worden sind. [2]§ 4 Abs. 3 Satz 4 und 5 in der Fassung des Artikels 1 des Gesetzes vom 28. April 2006 (BGBl. I S. 1095) ist erstmals für Wirtschaftsgüter anzuwenden, die nach dem 5. Mai 2006 angeschafft, hergestellt oder in das Betriebsvermögen eingelegt werden. [3]Die Anschaffungs- oder Herstellungskosten für nicht abnutzbare Wirtschaftsgüter des Anlagevermögens, die vor dem 5. Mai 2006 angeschafft, hergestellt oder in das Betriebsvermögens eingelegt wurden, sind erst im Zeitpunkt des Zuflusses des Veräußerungserlöses oder im Zeitpunkt der Entnahme als Betriebsausgaben zu berücksichtigen.

(11) [1]§ 4 Abs. 4a in der Fassung des Gesetzes vom 22. Dezember 1999 (BGBl. I S. 2601) ist erstmals für das Wirtschaftsjahr anzuwenden, das nach dem 31. Dezember 1998 endet. [2]Über- und Unterentnahmen vorangegangener Wirtschaftsjahre bleiben unberücksichtigt. [3]Bei vor dem 1. Januar 1999 eröffneten Betrieben sind im Falle der Betriebsaufgabe bei der Überführung von Wirtschaftsgütern aus dem Betriebsvermögen in das Privatvermögen die Buchwerte nicht als Entnahme anzusetzen; im Falle der Betriebsveräußerung ist nur der Veräußerungsgewinn als Entnahme anzusetzen. [4]Die Aufzeichnungspflichten im Sinne des § 4 Abs. 4a Satz 7 sind erstmals ab dem 1. Januar 2000 zu erfüllen.

(12) [1]§ 4 Abs. 5 Satz 1 Nr. 1 Satz 2 in der Fassung des Artikels 9 des Gesetzes vom 29. Dezember 2003 (BGBl. I S. 3076) ist erstmals für Wirtschaftsjahre anzuwenden, die nach dem 31. Dezember 2003 beginnen. [2]§ 4 Abs. 5 Satz 1 Nr. 2 Satz 1 in der Fassung des Artikels 9 des Gesetzes vom 29. Dezember 2003 (BGBl. I S. 3076) ist erstmals für Wirtschaftsjahre anzuwenden, die nach dem 31. Dezember 2003 beginnen. [3]§ 4 Abs. 5 Satz 1 Nr. 6 Satz 3 in der Fassung des Artikels 1 des Gesetzes vom 28. April 2006 (BGBl. I S. 1095) ist erstmals für Wirtschaftsjahre anzuwenden,

1) ***Absatz 4d wurde durch das JStG 2009 (Inkrafttreten 25. 12. 2008) zu Absatz 4 f.***

2) ***Absatz 5 wurde durch das JStG 2008 (Inkrafttreten: 29. 12. 2007) aufgehoben.***
Anm.: Der aufgehobene Absatz 5 lautete:
§ 3 Nr. 56 in der Fassung des Artikels 1 des Gesetzes vom 13. Dezember 2006 (BGBl. I S. 2878) ist erstmals auf laufende Zuwendungen des Arbeitgebers anzuwenden, die für einen nach dem 31. Dezember 2007 endenden Lohnzahlungszeitraum gezahlt werden und auf Zuwendungen in Form eines sonstigen Bezuges, die nach dem 31. Dezember 2007 geleistet werden.

die nach dem 31. Dezember 2005 beginnen. [4]§ 4 Abs. 5 Satz 1 Nr. 6a in der Fassung der Bekanntmachung vom 19. Oktober 2002 (BGBl. I S. 4210) ist letztmals für den Veranlagungszeitraum 2002 anzuwenden. [5]In den Fällen, in denen die Einkommensteuer für die Veranlagungszeiträume bis einschließlich 2002 noch nicht formell bestandskräftig oder hinsichtlich der Aufwendungen für eine betrieblich veranlasste doppelte Haushaltsführung vorläufig festgesetzt ist, ist § 9 Abs. 1 Satz 3 Nr. 5 in der Fassung des Artikels 1 des Gesetzes vom 15. Dezember 2003 (BGBl. I S. 2645) anzuwenden; dies gilt auch für unter dem Vorbehalt der Nachprüfung ergangene Einkommensteuerbescheide für Veranlagungszeiträume bis einschließlich 2002, soweit nicht bereits Festsetzungsverjährung eingetreten ist. [6]§ 4 Abs. 5 Satz 1 Nr. 11 in der Fassung des Artikels 1 des Gesetzes vom 28. Dezember 2003 (BGBl. I S. 2840) ist erstmals für das Wirtschaftsjahr anzuwenden, das nach dem 31. Dezember 2003 endet. [7]§ 4 Abs. 5b in der Fassung des Artikels 1 des Gesetzes vom 14. August 2007 (BGBl. I S. 1912) gilt erstmals für Gewerbesteuer, die für Erhebungszeiträume festgesetzt wird, die nach dem 31. Dezember 2007 enden. [1)]

(12a) ***[1]§ 4d Abs. 1 Satz 1 Nr. 1 Satz 1 Buchstabe b Satz 1 in der Fassung des Artikels 1 des Gesetzes vom 19. Dezember 2008 (BGBl. I S. 2794) ist erstmals für das Wirtschaftsjahr anzuwenden, das nach dem 31. Dezember 2007 endet.*** [2]§ 4d Abs. 1 Satz 1 Nr. 1 Satz 1 in der Fassung des Artikels 5 Nr. 1 des Gesetzes vom 10. Dezember 2007 (BGBl. I S. 2838) ist erstmals bei nach dem 31. Dezember 2008 zugesagten Leistungen der betrieblichen Altersversorgung anzuwenden. [2)]

(12b) § 4e in der Fassung des Artikels 6 des Gesetzes vom 26. Juni 2001 (BGBl. I S. 1310) ist erstmals für das Wirtschaftsjahr anzuwenden, das nach dem 31. Dezember 2001 endet.

(12c) 1§ 4f ist erstmals für im Veranlagungszeitraum 2006 geleistete Aufwendungen anzuwenden, soweit die den Aufwendungen zu Grunde liegenden Leistungen nach dem 31. Dezember 2005 erbracht worden sind. 2§ 4f Satz 1 in der Fassung des Artikels 1 des Gesetzes vom 19. Juli 2006 (BGBl. I S. 1652) ist erstmals für Kinder anzuwenden, die im Veranlagungszeitraum 2007 wegen einer vor Vollendung des 25. Lebensjahres eingetretenen körperlichen, geistigen oder seelischen Behinderung außerstande sind, sich selbst zu unterhalten; für Kinder, die wegen einer vor dem 1. Januar 2007 in der Zeit ab Vollendung des 25. Lebensjahres und vor Vollendung des 27. Lebensjahres eingetretenen körperlichen, geistigen oder seelischen Behinderung außerstande sind, sich selbst zu unterhalten, ist § 4f Satz 1 weiterhin in der bis zum 31. Dezember 2006 gültigen Fassung anzuwenden. [3)]

(12d) [1]§ 4h in der Fassung des Artikels 1 des Gesetzes vom 14. August 2007 (BGBl. I S. 1912) ist erstmals für Wirtschaftsjahre anzuwenden, die nach dem 25. Mai 2007 beginnen und nicht vor dem 1. Januar 2008 enden. ***[2]§ 4h Abs. 5 Satz 3 in der Fassung des Artikels 1 des Gesetzes vom 19. Dezember 2008 (BGBl. I S. 2794) ist erstmals auf schädliche Beteiligungserwerbe nach dem 28. November 2008 anzuwenden, deren sämtliche Erwerbe und gleichgestellte Rechtsakte nach dem 28. November 2008 stattfinden.*** [4)]

(13) [1]§ 5 Abs. 4a ist erstmals für das Wirtschaftsjahr anzuwenden, das nach dem 31. Dezember 1996 endet. [2]Rückstellungen für drohende Verluste aus schwebenden Geschäften, die am Schluss des letzten vor dem 1. Januar 1997 endenden Wirtschaftsjahres zulässigerweise gebildet worden sind, sind in den Schlussbilanzen des ersten nach dem 31. Dezember 1996 endenden Wirtschaftsjahres und der fünf folgenden Wirtschaftsjahre mit mindestens 25 Prozent im ersten und jeweils mindestens 15 Prozent im zweiten bis sechsten Wirtschaftsjahr gewinnerhöhend aufzulösen.

(14) Soweit Rückstellungen für Aufwendungen, die Anschaffungs- oder Herstellungskosten für ein Wirtschaftsgut sind, in der Vergangenheit gebildet worden sind, sind sie in dem ersten Veranlagungszeitraum, dessen Veranlagung noch nicht bestandskräftig ist, in vollem Umfang aufzulösen.

(15) [1]Für Gewerbebetriebe, in denen der Steuerpflichtige vor dem 1. Januar 1999 bereits Einkünfte aus dem Betrieb von Handelsschiffen im internationalen Verkehr erzielt hat, kann der Antrag nach § 5a Abs. 3 Satz 1 auf Anwendung der Gewinnermittlung nach § 5a Abs. 1 in dem Wirtschaftsjahr, das nach dem 31. Dezember 1998 endet, oder in einem der beiden folgenden Wirtschaftsjahre gestellt werden (Erstjahr). [2]§ 5a Abs. 3 in der Fassung des Artikels 9 des Gesetzes vom 29. Dezember 2003 (BGBl. I S. 3076) ist erstmals für das Wirtschaftsjahr anzuwenden, das nach dem 31. Dezember 2005 endet. [3]§ 5a Abs. 3 Satz 1 in der am 31. Dezember 2003 geltenden Fassung ist weiterhin anzuwenden, wenn der Steuerpflichtige im Fall der Anschaf-

1) ***Absatz 12 Satz 7 wurde durch das Unternehmensteuerreformgesetz 2008 angefügt.***

2) ***Absatz 12a wurde durch das Gesetz zur Förderung der zusätzlichen Altersvorsorge und zur Änderung des Dritten Buches Sozialgesetzbuch neu gefasst und durch das JStG 2009 (Inkrafttreten 25. 12. 2008 geändert) geändert.***

3) ***Absatz 12c wurde durch das FamLeistG (Inkrafttreten 1. 1. 2009) ab VZ 2009 aufgehoben.***

4) ***Absatz 12d wurde durch das Unternehmensteuerreformgesetz 2008 (Inkrafttreten: 18. 08. 2007) eingefügt und durch das JStG 2009 (Inkrafttreten: 25. 12. 2008) geändert.***

fung das Handelsschiff auf Grund eines vor dem 1. Januar 2006 rechtswirksam abgeschlossenen schuldrechtlichen Vertrags oder gleichgestellten Rechtsaktes angeschafft oder im Fall der Herstellung mit der Herstellung des Handelsschiffs vor dem 1. Januar 2006 begonnen hat. [4]In Fällen des Satzes 3 muss der Antrag auf Anwendung des § 5a Abs. 1 spätestens bis zum Ablauf des Wirtschaftsjahres gestellt werden, das vor dem 1. Januar 2008 endet.[1] *[5]§ 5a Abs. 5 Satz 3 in der Fassung des Artikels 1 des Gesetzes vom 14. August 2007 (BGBl. I S. 1912) ist erstmals für Wirtschaftsjahre anzuwenden, die nach dem 17. August 2007 enden. [6]Soweit Ansparabschreibungen im Sinne von § 7g Abs. 3 in der bis zum 17. August 2007 geltenden Fassung zum Zeitpunkt des Übergangs zur Gewinnermittlung nach § 5a Abs. 1 noch nicht gewinnerhöhend aufgelöst worden sind, ist § 5a Abs. 5 Satz 3 in der bis zum 17. August 2007 geltenden Fassung weiter anzuwenden.*

[2] *(15a) § 5b in der Fassung des Artikels 1 des Gesetzes vom 20. Dezember 2008 (BGBl. I S. 2850) ist erstmals für Wirtschaftsjahre anzuwenden, die nach dem 31. Dezember 2010 beginnen.*

(16) [1]§ 6 Abs. 1 in der Fassung des Artikels 1 des Gesetzes vom 7. Dezember 2006 (BGBl. I S. 2782) ist erstmals für nach dem 31. Dezember 2005 endende Wirtschaftsjahre anzuwenden. [2]§ 6 Abs. 1 in der Fassung des Gesetzes vom 24. März 1999 (BGBl. I S. 402) ist erstmals für das erste nach dem 31. Dezember 1998 endende Wirtschaftsjahr (Erstjahr) anzuwenden. [3]In Höhe von vier Fünftel des im Erstjahr durch die Anwendung des § 6 Abs. 1 Nr. 1 und 2 in der Fassung des Gesetzes vom 24. März 1999 (BGBl. I S. 402) entstehenden Gewinns kann im Erstjahr eine den steuerlichen Gewinn mindernde Rücklage gebildet werden, die in den dem Erstjahr folgenden vier Wirtschaftsjahren jeweils mit mindestens einem Viertel gewinnerhöhend aufzulösen ist (Auflösungszeitraum). [4]Scheidet ein der Regelung nach den Sätzen 1 bis 3 unterliegendes Wirtschaftsgut im Auflösungszeitraum ganz oder teilweise aus, ist im Wirtschaftsjahr des Ausscheidens der für das Wirtschaftsgut verbleibende Teil der Rücklage nach Satz 3 in vollem Umfang oder teilweise gewinnerhöhend aufzulösen. [5]Soweit ein der Regelung nach den Sätzen 1 bis 3 unterliegendes Wirtschaftsgut im Auflösungszeitraum erneut auf den niedrigeren Teilwert abgeschrieben wird, ist der für das Wirtschaftsgut verbleibende Teil der Rücklage nach Satz 3 in Höhe der Abschreibung gewinnerhöhend aufzulösen. [6]§ 3 Nr. 40 Satz 1 Buchstabe a Satz 2 in der Fassung des Gesetzes vom 23. Oktober 2000 (BGBl. I S. 1433) und § 8b Abs. 2 Satz 2 des Körperschaftsteuergesetzes in der Fassung des Gesetzes vom 23. Oktober 2000 (BGBl. I S. 1433) sind in den Fällen der Sätze 3 bis 5 entsprechend anzuwenden. [7]§ 6 Abs. 1 Nr. 1a in der Fassung des Artikels 1 des Gesetzes vom 15. Dezember 2003 (BGBl. I S. 2645) ist erstmals für Baumaßnahmen anzuwenden, mit denen nach dem 31. Dezember 2003 begonnen wird. [8]Als Beginn gilt bei Baumaßnahmen, für die eine Baugenehmigung erforderlich ist, der Zeitpunkt, in dem der Bauantrag gestellt wird, bei baugenehmigungsfreien Bauvorhaben, für die Bauunterlagen einzureichen sind, der Zeitpunkt, in dem die Bauunterlagen eingereicht werden. [9]Sämtliche Baumaßnahmen im Sinne des § 6 Abs. 1 Nr. 1a Satz 1 an einem Objekt gelten als eine Baumaßnahme im Sinne des Satzes 7. [10]§ 6 Abs. 1 Nr. 3 in der Fassung des Gesetzes vom 24. März 1999 (BGBl. I S. 402) ist auch für Verbindlichkeiten, die bereits zum Ende eines vor dem 1. Januar 1999 endenden Wirtschaftsjahres angesetzt worden sind, anzuwenden. [11]Für den Gewinn, der sich aus der erstmaligen Anwendung des § 6 Abs. 1 Nr. 3 bei den in Satz 10 genannten Verbindlichkeiten ergibt, kann jeweils in Höhe von neun Zehntel eine den Gewinn mindernde Rücklage gebildet werden, die in den folgenden neun Wirtschaftsjahren jeweils mit mindestens einem Neuntel gewinnerhöhend aufzulösen ist (Auflösungszeitraum); scheidet die Verbindlichkeit während des Auflösungszeitraumes aus dem Betriebsvermögen aus, ist die Rücklage zum Ende des Wirtschaftsjahres des Ausscheidens in vollem Umfang gewinnerhöhend aufzulösen. [12]§ 6 Abs. 1 Nr. 3a in der Fassung des Gesetzes vom 24. März 1999 (BGBl. I S. 402) ist auch auf Rückstellungen, die bereits zum Ende eines vor dem 1. Januar 1999 endenden Wirtschaftsjahres gebildet worden sind, anzuwenden. [13]Steht am Schluss des Erstjahres der Zeitpunkt des Beginns der Stilllegung des Kernkraftwerkes nicht fest, sind bisher gebildete Rückstellungen bis zu dem Betrag gewinnerhöhend aufzulösen, der sich bei Anwendung des § 6 Abs. 1 Nr. 3a Buchstabe d Satz 2 und Buchstabe e Satz 3 in der Fassung des Gesetzes vom 24. März 1999 (BGBl. I S. 402) ergibt. [14]Satz 11 ist für die in Satz 12 genannten Rückstellungen entsprechend anzuwenden. [15]§ 6 Abs. 1 Nr. 4 Satz 2 in der Fassung des Artikels 1 des Gesetzes vom 28. April 2006 (BGBl. I S. 1095) ist erstmals für Wirtschaftsjahre anzuwenden, die nach dem 31. Dezember 2005 beginnen. *[16]§ 6 Abs. 1 Nr. 4 Satz 6 in der am 24. Dezember 2008 geltenden Fassung ist letztmalig für das Wirtschaftsjahr anzuwenden, das vor dem 1. Januar 2009 endet. [17]§ 6 Abs. 1 Nr. 4 Satz 6 in der Fassung des Artikels 1 des Gesetzes vom 19. Dezember 2008 (BGBl. I S. 2794) ist erstmalig für Wirtschaftsjahre, die nach dem 31. Dezember 2008 beginnen,*

1) *Absatz 15 Satz 5 und 6 wurde durch das Unternehmensteuerreformgesetz 2008 (Inkrafttreten 18. 8. 2007) angefügt.*

2) *Absatz 15a wurde durch das Steuerbürokratieabbaugesetz (Inkrafttreten 25. 12. 2008) eingefügt.*

anzuwenden. [18]§ 6 Abs. 2 und 2a in der Fassung des Artikels 1 des Gesetzes vom 14. August 2007 (BGBl. I S. 1912) sind erstmals bei Wirtschaftsgütern anzuwenden, die nach dem 31. Dezember 2007 angeschafft, hergestellt oder in das Betriebsvermögen eingelegt werden. [19]§ 6 Abs. 6 Satz 2 und 3 ist erstmals für Einlagen anzuwenden, die nach dem 31. Dezember 1998 vorgenommen werden. [1)]

(16a) [1]§ 6 Abs. 5 Satz 3 bis 5 in der Fassung des Gesetzes vom 20. Dezember 2001 (BGBl. I S. 3858) ist erstmals auf Übertragungsvorgänge nach dem 31. Dezember 2000 anzuwenden. [2]§ 6 Abs. 5 Satz 6 in der Fassung des Gesetzes vom 20. Dezember 2001 (BGBl. I S. 3858) ist erstmals auf Anteilsbegründungen und Anteilserhöhungen nach dem 31. Dezember 2000 anzuwenden.

(16b) § 6a Abs. 2 Nr. 1 erste Alternative und Abs. 3 Satz 2 Nr. 1 Satz 6 erster Halbsatz in der Fassung des Artikels 6 des Gesetzes vom 26. Juni 2001 (BGBl. I S. 1310) ist bei Pensionsverpflichtungen gegenüber Berechtigten anzuwenden, denen der Pensionsverpflichtete erstmals eine Pensionszusage nach dem 31. Dezember 2000 erteilt hat; § 6a Abs. 2 Nr. 1 zweite Alternative sowie § 6a Abs. 3 Satz 2 Nr. 1 Satz 1 und § 6a Abs. 3 Satz 2 Nr. 1 Satz 6 zweiter Halbsatz sind bei Pensionsverpflichtungen anzuwenden, die auf einer nach dem 31. Dezember 2000 vereinbarten Entgeltumwandlung im Sinne von § 1 Abs. 2 des Betriebsrentengesetzes beruhen.

(17) § 6a Abs. 2 Nr. 1 und Abs. 3 Satz 2 Nr. 1 Satz 6 in der Fassung des Artikels 5 Nr. 2 des Gesetzes vom 10. Dezember 2007 (BGBl. I S. 2838) sind erstmals bei nach dem 31. Dezember 2008 erteilten Pensionszusagen anzuwenden. [2)]

(18) [1]§ 6b in der Fassung des Gesetzes vom 24. März 1999 (BGBl. I S. 402) ist erstmals auf Veräußerungen anzuwenden, die nach dem 31. Dezember 1998 vorgenommen werden. [2]Für Veräußerungen, die vor diesem Zeitpunkt vorgenommen worden sind, ist § 6b in der im Veräußerungszeitpunkt geltenden Fassung weiter anzuwenden.

(18a) [1]§ 6b in der Fassung des Artikels 1 des Gesetzes vom 20. Dezember 2001 (BGBl. I S. 3858) ist erstmals auf Veräußerungen anzuwenden, die nach dem 31. Dezember 2001 vorgenommen werden. [2]Für Veräußerungen, die vor diesem Zeitpunkt vorgenommen worden sind, ist § 6b in der im Veräußerungszeitpunkt geltenden Fassung weiter anzuwenden.

(18b) [1]§ 6b in der Fassung des Artikels 1 des Gesetzes vom 26. April 2006 (BGBl. I S. 1091) ist erstmals auf Veräußerungen nach dem 31. Dezember 2005 und letztmals auf Veräußerungen vor dem 1. Januar 2011 anzuwenden. [2]Für Veräußerungen, die vor diesem Zeitpunkt vorgenommen werden, ist § 6b in der im Veräußerungszeitpunkt geltenden Fassung weiter anzuwenden. [3]§ 6b Abs. 10 Satz 11 in der am 12. Dezember 2006 geltenden Fassung ist für Anteile, die einbringungsgeboren im Sinne des § 21 des Umwandlungssteuergesetzes in der am 12. Dezember 2006 geltenden Fassung sind, weiter anzuwenden.

(19) [1]§ 6c in der Fassung des Gesetzes vom 24. März 1999 (BGBl. I S. 402) ist erstmals auf Veräußerungen anzuwenden, die nach dem 31. Dezember 1998 vorgenommen werden. [2]Für Veräußerungen, die vor diesem Zeitpunkt vorgenommen worden sind, ist § 6c in der im Veräußerungszeitpunkt geltenden Fassung weiter anzuwenden.

(20) § 6d ist erstmals für das Wirtschaftsjahr anzuwenden, das nach dem 31. Dezember 1998 endet.

(21) [1]§ 7 Abs. 1 Satz 4 in der Fassung des Gesetzes vom 24. März 1999 (BGBl. I S. 402) ist erstmals für Einlagen anzuwenden, die nach dem 31. Dezember 1998 vorgenommen werden. [2]§ 7 Abs. 1 Satz 6 in der Fassung des Gesetzes vom 24. März 1999 (BGBl. I S. 402) ist erstmals für das nach dem 31. Dezember 1998 endende Wirtschaftsjahr anzuwenden. [3]§ 7 Abs. 1 Satz 4 in der Fassung des Artikels 9 des Gesetzes vom 29. Dezember 2003 (BGBl. I S. 3076) ist erstmals bei Wirtschaftsgütern anzuwenden, die nach dem 31. Dezember 2003 angeschafft oder hergestellt worden sind.

(21a) [1]§ 7 Abs. 2 Satz 2 in der Fassung des Gesetzes vom 23. Oktober 2000 (BGBl. I S. 1433) ist erstmals bei Wirtschaftsgütern anzuwenden, die nach dem 31. Dezember 2000 angeschafft oder hergestellt worden sind. [2]Bei Wirtschaftsgütern, die vor dem 1. Januar 2001 angeschafft oder hergestellt worden sind, ist § 7 Abs. 2 Satz 2 des Einkommensteuergesetzes in der Fassung des Gesetzes vom 22. Dezember 1999 (BGBl. I S. 2601) weiter anzuwenden. [3]§ 7 Abs. 2 und 3 in der bis zum 31. Dezember 2007 geltenden Fassung ist letztmalig anzuwenden für vor dem 1. Januar 2008 angeschaffte oder hergestellte bewegliche Wirtschaftsgüter.

(21b) [1]Bei Gebäuden, soweit sie zu einem Betriebsvermögen gehören und nicht Wohnzwecken dienen, ist § 7 Abs. 4 Satz 1 und 2 in der Fassung des Gesetzes vom 22. Dezember 1999

1) *Absatz 16 Satz 17 wurde durch das Unternehmensteuerreformgesetz 2008 (Inkrafttreten 18. 08. 2007) neu gefasst. Außerdem wurden die Sätze 16ff. durch das JStG 2009 (Inkrafttreten 25. 12. 2008) geändert.*

2) *Absatz 17 wurde durch das Gesetz zur Förderung der zusätzlichen Altersvorsorge und zur Änderung des Dritten Buches Sozialgesetzbuch (Inkrafttreten 1. 1. 2009) neu gefasst.*

(BGBl. I S. 2601) weiter anzuwenden, wenn der Steuerpflichtige im Falle der Herstellung vor dem 1. Januar 2001 mit der Herstellung des Gebäudes begonnen hat oder im Falle der Anschaffung das Objekt auf Grund eines vor dem 1. Januar 2001 rechtswirksam abgeschlossenen obligatorischen Vertrags oder gleichstehenden Rechtsakts angeschafft hat. [2]Als Beginn der Herstellung gilt bei Gebäuden, für die eine Baugenehmigung erforderlich ist, der Zeitpunkt, in dem der Bauantrag gestellt wird; bei baugenehmigungsfreien Gebäuden, für die Bauunterlagen einzureichen sind, der Zeitpunkt, in dem die Bauunterlagen eingereicht werden.

(22) § 7a Abs. 6 des Einkommensteuergesetzes 1979 in der Fassung der Bekanntmachung vom 21. Juni 1979 (BGBl. I S. 721) ist letztmals für das Wirtschaftsjahr anzuwenden, das dem Wirtschaftsjahr vorangeht, für das § 15a erstmals anzuwenden ist.

[1] (23) [1]§ 7g Abs. 1 bis 4 und 7 in der Fassung des Artikels 1 des Gesetzes vom 14. August 2007 (BGBl. I S. 1912) ist erstmals für Wirtschaftsjahre anzuwenden, die nach dem 17. August 2007 enden. [2]§ 7g Abs. 5 und 6 in der Fassung des Artikels 1 des Gesetzes vom 14. August 2007 (BGBl. I S. 1912) ist erstmals bei Wirtschaftsgütern anzuwenden, die nach dem 31. Dezember 2007 angeschafft oder hergestellt werden. [3]*Bei Ansparabschreibungen, die in vor dem 18. August 2007 endenden Wirtschaftsjahren gebildet worden sind, und Wirtschaftsgütern, die vor dem 1. Januar 2008 angeschafft oder hergestellt worden sind, ist § 7g in der bis zum 17. August 2007 geltenden Fassung weiter anzuwenden.* [4]*Soweit Ansparabschreibungen noch nicht gewinnerhöhend aufgelöst worden sind, vermindert sich der Höchstbetrag von 200 000 Euro nach § 7g Abs. 1 Satz 4 in der Fassung des Artikels 1 des Gesetzes vom 14. August 2007 (BGBl. I S. 1912) um die noch vorhandenen Ansparabschreibungen.* [5]*In Wirtschaftsjahren, die nach dem 31. Dezember 2008 und vor dem 1. Januar 2011 enden, ist § 7g Abs. 1 Satz 2 Nr. 1 mit der Maßgabe anzuwenden, dass bei Gewerbetrieben oder der selbständigen Arbeit dienenden Betrieben, die ihren Gewinn nach § 4 Abs. 1 oder § 5 ermitteln, ein Betriebsvermögen von 335 000 Euro, bei Betrieben der Land- und Forstwirtschaft ein Wirtschaftswert oder Ersatzwirtschaftswert von 175 000 Euro und bei Betrieben, die ihren Gewinn nach § 4 Abs. 3 ermitteln, ohne Berücksichtigung von Investitionsabzugsbeträgen ein Gewinn von 200“000 Euro nicht überschritten wird.* [6]*Bei Wirtschaftsgütern, die nach dem 31. Dezember 2008 und vor dem 1. Januar 2011 angeschafft oder hergestellt werden, ist § 7g Abs. 6 Nr. 1 mit der Maßgabe anzuwenden, dass der Betrieb zum Schluss des Wirtschaftsjahres, das der Anschaffung oder Herstellung vorangeht, die Größenmerkmale des Satzes 5 nicht überschreitet.*

(23a) [1]§ 7h Abs. 1 Satz 1 und 3 in der Fassung des Artikels 9 des Gesetzes vom 29. Dezember 2003 (BGBl. I S. 3076) sind erstmals für Modernisierungs- und Instandsetzungsmaßnahmen anzuwenden, mit denen nach dem 31. Dezember 2003 begonnen wird. [2]Als Beginn gilt bei Baumaßnahmen, für die eine Baugenehmigung erforderlich ist, der Zeitpunkt, in dem der Bauantrag gestellt wird, bei baugenehmigungsfreien Bauvorhaben, für die Bauunterlagen einzureichen sind, der Zeitpunkt, in dem die Bauunterlagen eingereicht werden.

(23b) [1]§ 7i Abs. 1 Satz 1 und 5 in der Fassung des Artikels 9 des Gesetzes vom 29. Dezember 2003 (BGBl. I S. 3076) sind erstmals für Baumaßnahmen anzuwenden, mit denen nach dem 31. Dezember 2003 begonnen wird. [2]Als Beginn gilt bei Baumaßnahmen, für die eine Baugenehmigung erforderlich ist, der Zeitpunkt, in dem der Bauantrag gestellt wird, bei baugenehmigungsfreien Bauvorhaben, für die Bauunterlagen einzureichen sind, der Zeitpunkt, in dem die Bauunterlagen eingereicht werden.

(23c) [1]§ 9 Abs. 5 in der Fassung des Gesetzes vom 22. Dezember 1999 (BGBl. I S. 2601) ist erstmals ab dem Veranlagungszeitraum 1999 anzuwenden. [2]Für die Anwendung des § 9 Abs. 5 Satz 2 in der Fassung des Artikels 1 des Gesetzes vom 15. Dezember 2003 (BGBl. I S. 2645) gilt
[2] Absatz 16 Satz 7 bis 9 entsprechend. [3]§ 9 Abs. 5 Satz 1 in der Fassung des Artikels 1 des Gesetzes vom 26. April 2006 (BGBl. I S. 1091) ist erstmals für im Veranlagungszeitraum 2006 geleistete Aufwendungen anzuwenden, soweit die den Aufwendungen zu Grunde liegenden Leistungen nach dem 31. Dezember 2005 erbracht worden sind.

(23d) § 9 Abs. 1 Satz 3 Nr. 5 in der Fassung des Artikels 1 des Gesetzes vom 15. Dezember 2003 (BGBl. I S. 2645) ist erstmals ab dem Veranlagungszeitraum 2003 anzuwenden und in Fällen, in denen die Einkommensteuer noch nicht formell bestandskräftig oder hinsichtlich der Aufwendungen für eine beruflich veranlasste doppelte Haushaltsführung vorläufig festgesetzt ist.

---

1) *Absatz 21a Satz 3 und 4 wurde durch das Unternehmensteuerreformgesetz 2008 (Inkrafttreten 18. 8. 2007) angefügt. Die Sätze 5 und 6 wurden durch das Gesetz zur Umsetzung steuerrechtlicher Regelungen des Maßnahmenpakets „Beschäftigungssicherung durch Wachstumsstärkung" (Inkrafttreten 1. 1. 2009) angefügt.*

2) *Absatz 23c Satz 3 wurde durch das FamLeistG (Inkrafttreten 1. 1. 2009) ab VZ 2009 aufgehoben.*

(23e) § 9 Abs. 1 Satz 3 Nr. 7 Satz 2 in der Fassung des Artikels 1 des Gesetzes vom 14. August 2007 (BGBl. I S. 1912) ist erstmals für die im Veranlagungszeitraum 2008 angeschafften oder hergestellten Wirtschaftsgüter anzuwenden. [1]

(23f) § 9c in der Fassung des Artikels 1 des Gesetzes vom 22. Dezember 2008 (BGBl. I S. 2955) gilt auch für Kinder, die wegen einer vor dem 1. Januar 2007 in der Zeit ab Vollendung des 25. Lebensjahres und vor Vollendung des 27. Lebensjahres eingetretenen körperlichen, geistigen oder seelischen Behinderung außerstande sind, sich selbst zu unterhalten. [2]

(23g) [1]§ 10 Abs. 1 Nr. 1a in der Fassung des Artikels 1 des Gesetzes vom 20. Dezember 2007 (BGBl. I S. 3150) ist auf alle Versorgungsleistungen anzuwenden, die auf nach dem 31. Dezember 2007 vereinbarten Vermögensübertragungen beruhen. [2]Für Versorgungsleistungen, die auf vor dem 1. Januar 2008 vereinbarten Vermögensübertragungen beruhen, gilt dies nur, wenn das übertragene Vermögen nur deshalb einen ausreichenden Ertrag bringt, weil ersparte Aufwendungen mit Ausnahme des Nutzungsvorteils eines zu eigenen Zwecken vom Vermögensübernehmer genutzten Grundstücks zu den Erträgen des Vermögens gerechnet werden. [3]

(24) [1]§ 10 Abs. 1 Nr. 2 Buchstabe b Satz 1 *ist für Vertragsabschlüsse nach dem 31. Dezember 2011 mit der Maßgabe anzuwenden, dass der Vertrag die Zahlung der Leibrente nicht vor Vollendung des 62. Lebensjahres vorsehen darf. [2]Für Verträge im Sinne des § 10 Abs. 1 Nr. 2 Buchstabe b, die vor dem 1. Januar 2010 abgeschlossen wurden, gilt für die Anwendung des § 10 Abs. 2 Satz 2 und 3, dass* [4]

1. *eine Einwilligung nach § 10 Abs. 2 Satz 2 Nr. 2 zur Datenübermittlung als erteilt gilt, wenn der Anbieter den Steuerpflichtigen schriftlich darüber informiert, dass er vom Vorliegen einer Einwilligung ausgeht und die Daten nach § 10 Abs. 2 Satz 3 an die zentrale Stelle übermitteln wird, wenn der Steuerpflichtige dem nicht innerhalb einer Frist von vier Wochen nach Erhalt der schriftlichen Information des Anbieters widerspricht;*
2. *der Anbieter, wenn die nach § 10 Abs. 2 Satz 2 Nr. 2 erforderliche Einwilligung des Steuerpflichtigen vorliegt, die für die Übermittlung des Datensatzes nach § 10 Abs. 2 Satz 3 erforderliche Identifikationsnummer (§ 139b der Abgabenordnung) des Steuerpflichtigen abweichend von § 22a Abs. 2 Satz 1 und 2 beim Bundeszentralamt für Steuern erheben kann. [2]Das Bundeszentralamt für Steuern teilt dem Anbieter die Identifikationsnummer des Steuerpflichtigen mit, sofern die übermittelten Daten mit den nach § 139b Abs. 3 der Abgabenordnung beim Bundeszentralamt für Steuern gespeicherten Daten übereinstimmen. [3]Stimmen die Daten nicht überein, findet § 22a Abs. 2 Satz 1 und 2 Anwendung.*

(24a) [1]§ 10 Abs. 1 Nr. 5 und 8 in der Fassung des Artikels 1 des Gesetzes vom 26. April 2006 (BGBl. I S. 1091) ist erstmals für im Veranlagungszeitraum 2006 geleistete Aufwendungen anzuwenden, soweit die den Aufwendungen zu Grunde liegenden Leistungen nach dem 31. Dezember 2005 erbracht worden sind. [2]§ 10 Abs. 1 Nr. 8 in der Fassung des Artikels 1 des Gesetzes vom 19. Juli 2006 (BGBl. I S. 1652) ist erstmals für Kinder anzuwenden, die im Veranlagungszeitraum 2007 wegen einer vor Vollendung des 25. Lebensjahres eingetretenen körperlichen, geistigen oder seelischen Behinderung außerstande sind, sich selbst zu unterhalten; für Kinder, die wegen einer vor dem 1. Januar 2007 in der Zeit ab Vollendung des 25. Lebensjahres und vor Vollendung des 27. Lebensjahres eingetretenen körperlichen, geistigen oder seelischen Behinderung außerstande sind, sich selbst zu unterhalten, ist § 10 Abs. 1 Nr. 8 weiterhin in der bis zum 31. Dezember 2006 gültigen Fassung anzuwenden. [5]

(24b) [1]§ 10 Abs. 1 Nr. 9 in der Fassung des Artikels 1 des Gesetzes vom 19. Dezember 2008 (BGBl. I S. 2794) ist erstmals für den Veranlagungszeitraum 2008 anzuwenden. [6]

[2]Für Schulgeldzahlungen an Schulen in freier Trägerschaft oder an überwiegend privat finanzierte Schulen, die in einem anderen Mitgliedstaat der Europäischen Union oder in einem Staat belegen sind, auf den das Abkommen über den Europäischen Wirtschaftsraum Anwendung findet, und die zu einem von dem zuständigen inländischen Ministerium eines Landes, von der Kultusministerkonferenz der Länder oder von einer inländischen Zeugnisanerkennungsstelle anerkannten oder einem inländischen Abschluss an einer öffentlichen Schule als gleichwertig anerkannten allgemein bildenden oder berufsbildenden Schul-, Jahrgangs- oder Berufsabschluss führen, gilt § 10 Abs. 1 Nr. 9 in der Fassung des Artikels 1 Nr. 7 Buchstabe a Doppelbuchstabe cc des Gesetzes vom 13. Dezember 2006 (BGBl. I S. 2878) für noch nicht bestandskräftige Steuerfestsetzungen der Veranlagungszeiträume vor 2008 mit der Maßgabe, dass es

1) *Absatz 23e wurde durch das Unternehmensteuerreformgesetz 2008 (Inkrafttreten 18. 8. 2007) eingefügt.*
2) *Absatz 23f wurde durch das FamLeistG (Inkrafttreten 1. 1. 2009) eingefügt.*
3) *Absatz 23g (ursprünglich Absatz 23e) wurde durch das JStG 2008 (Inkrafttreten 29. 12. 2007) eingefügt.*
4) *Absatz 24 Satz 2 wurde das JStG 2009 (Inkrafttreten 25. 12. 2008) angefügt.*
5) *Absatz 24a wurde durch das FamLeistG (Inkrafttreten 1. 1. 2009) ab VZ 2009 aufgehoben.*
6) *Absatz 24b Satz 1 (Inkrafttreten 1. 1. 2008) und Satz 2 (Inkrafttreten 25. 12. 2008) wurde durch das JStG 2009 angefügt.*

sich nicht um eine gemäß Artikel 7 Abs. 4 des Grundgesetzes staatlich genehmigte oder nach Landesrecht erlaubte Ersatzschule oder eine nach Landesrecht anerkannte allgemein bildende Ergänzungsschule handeln muss.

[1] *(24c) [1]§ 10a Abs. 1 Satz 4 in der Fassung des Artikels 1 des Gesetzes vom 19. Dezember 2008 (BGBl. I S. 2794) sowie § 81a Satz 1 Nr. 5 und § 86 Abs. 1 Satz 2 Nr. 4 in der Fassung des Artikels 1 des Gesetzes vom 29. Juli 2008 (BGBl. I S. 1509) sind erstmals für den Veranlagungszeitraum 2008 anzuwenden. [2]Für Altersvorsorgeverträge, die vor dem 1. Januar 2008 abgeschlossen wurden, gilt für die Anwendung des § 92a Abs. 1 Satz 1, dass für die Veranlagungszeiträume 2008 und 2009 der Altersvorsorge-Eigenheimbetrag mindestens 10000 Euro betragen muss.*

[2] *(24d)* [1]§ 10a Abs. 5 Satz 3 in der Fassung des Artikels 1 des Gesetzes vom 20. Dezember 2007 (BGBl. I S. 3150) ist auch für Veranlagungszeiträume vor 2008 anzuwenden, soweit

1. sich dies zugunsten des Steuerpflichtigen auswirkt oder
2. die Steuerfestsetzung bei Inkrafttreten des Jahressteuergesetzes 2008 vom 20. Dezember 2007 (BGBl. I S. 3150) noch nicht unanfechtbar war oder unter dem Vorbehalt der Nachprüfung stand.

[2]Für Verträge, auf die bereits vor dem 1. Januar 2010 Altersvorsorgebeiträge im Sinne des § 82 eingezahlt wurden, kann der Anbieter (§ 80), wenn die nach § 10a Abs. 2a erforderliche Einwilligung des Steuerpflichtigen vorliegt, die für die Übermittlung des Datensatzes nach § 10a Abs. 5 Satz 4 in der Fassung des Artikels 1 des Gesetzes vom 20. Dezember 2008 (BGBl. I S. 2850) erforderliche Identifikationsnummer (§ 139b der Abgabenordnung) des Steuerpflichtigen abweichend von § 22a Abs. 2 Satz 1 und 2 beim Bundeszentralamt für Steuern erheben. [3]Das Bundeszentralamt für Steuern teilt dem Anbieter die Identifikationsnummer des Steuerpflichtigen mit, sofern die übermittelten Daten mit den nach § 139b Abs. 3 der Abgabenordnung beim Bundeszentralamt für Steuern gespeicherten Daten übereinstimmen. [4]Stimmen die Daten nicht überein, findet § 22a Abs. 2 Satz 1 und 2 Anwendung.

(24e) [1]§ 10b Abs. 1 Satz 3 und Abs. 1a in der Fassung des Gesetzes vom 14. Juli 2000 (BGBl. I S. 1034) sind auf Zuwendungen anzuwenden, die nach dem 31. Dezember 1999 geleistet werden. [3] [2]§ 10b Abs. 1 und 1a in der Fassung des Artikels 1 des Gesetzes vom 10. Oktober 2007 (BGBl. I S. 2332) sind auf Zuwendungen anzuwenden, die nach dem 31. Dezember 2006 geleistet werden. [3]Für Zuwendungen, die im Veranlagungszeitraum 2007 geleistet werden, gilt auf Antrag des Steuerpflichtigen § 10b Abs. 1 in der am 26. Juli 2000 geltenden Fassung. *[4]§ 10b Abs. 1 Satz 2 in der Fassung des Artikels 1 des Gesetzes vom 19. Dezember 2008 (BGBl. I S. 2794) ist auf Mitgliedsbeiträge anzuwenden, die nach dem 31. Dezember 2006 geleistet werden.*

(25) [1]Auf den am Schluss des Veranlagungszeitraums 1998 festgestellten verbleibenden Verlustabzug ist § 10d in der Fassung des Gesetzes vom 16. April 1997 (BGBl. I S. 821) anzuwenden. [2]Satz 1 ist letztmals für den Veranlagungszeitraum 2003 anzuwenden. [3]§ 10d in der Fassung des Artikels 1 des Gesetzes vom 22. Dezember 2003 (BGBl. I S. 2840) ist erstmals für den Veranlagungszeitraum 2004 anzuwenden. [4]Auf den Verlustrücktrag aus dem Veranlagungszeitraum 2004 in den Veranlagungszeitraum 2003 ist § 10d Abs. 1 in der für den Veranlagungszeitraum 2004 geltenden Fassung anzuwenden. [5]§ 10d Abs. 4 Satz 6 in der Fassung des Artikels 1 des Gesetzes vom 13. Dezember 2006 (BGBl. I S. 2878) gilt für alle bei Inkrafttreten dieses Gesetzes noch nicht abgelaufenen Feststellungsfristen.

(26) [1]Für nach dem 31. Dezember 1986 und vor dem 1. Januar 1991 hergestellte oder angeschaffte Wohnungen im eigenen Haus oder Eigentumswohnungen sowie in diesem Zeitraum fertig gestellte Ausbauten oder Erweiterungen ist § 10e des Einkommensteuergesetzes 1990 in der Fassung der Bekanntmachung vom 7. September 1990 (BGBl. I S. 1898) weiter anzuwenden. [2]Für nach dem 31. Dezember 1990 hergestellte oder angeschaffte Wohnungen im eigenen Haus oder Eigentumswohnungen sowie in diesem Zeitraum fertig gestellte Ausbauten oder Erweiterungen ist § 10e des Einkommensteuergesetzes in der durch Gesetz vom 24. Juni 1991 (BGBl. I S. 1322) geänderten Fassung weiter anzuwenden. [3]Abweichend von Satz 2 ist § 10e Abs. 1 bis 5 und 6 bis 7 in der durch Gesetz vom 25. Februar 1992 (BGBl. I S. 297) geänderten Fassung erstmals für den Veranlagungszeitraum 1991 bei Objekten im Sinne des § 10e Abs. 1 und 2 anzu-

---

1) *Absatz 24c wurde (als Absatz 24b) durch das EigRentG (Inkrafttreten 1. 8. 2008) angefügt und durch das JStG 2009 zu Absatz 24c (Inkrafttreten 25. 12. 2008).. Außerdem wurde Satz 1 durch das JStG 2009 (Inkrafttreten 25. 12. 2008) geändert.*

2) *Absatz 24d wurde (ursprünglich Absatz 24b) durch das EigRentG (Inkrafttreten 1. 8. 2008) zu Absatz 24c und durch das JStG 2009 (Inkrafttreten 25. 12. 2008) zu Absatz 24d. Die Sätze 2 bis 4 wurden durch das Steuerbürokratieabbaugesetz (Inkrafttreten 25. 12. 2008) angefügt.*

3) *Absatz 24e (ursprünglich Absatz 24c) wurde durch das EigRentG (Inkrafttreten 1. 8. 2008) zu Absatz 24d und durch das JStG 2009 (Inkrafttreten 25. 12. 2008) zu Absatz 24e. Satz 4 wurde durch das JStG 2009 (Inkrafttreten 1. 1. 2007) angefügt.*

wenden, wenn im Falle der Herstellung der Steuerpflichtige nach dem 30. September 1991 den Bauantrag gestellt oder mit der Herstellung begonnen hat oder im Falle der Anschaffung der Steuerpflichtige das Objekt nach dem 30. September 1991 auf Grund eines nach diesem Zeitpunkt rechtswirksam abgeschlossenen obligatorischen Vertrags oder gleichstehenden Rechtsakts angeschafft hat oder mit der Herstellung des Objekts nach dem 30. September 1991 begonnen worden ist. [4]§ 10e Abs. 5a ist erstmals bei in § 10e Abs. 1 und 2 bezeichneten Objekten anzuwenden, wenn im Falle der Herstellung der Steuerpflichtige den Bauantrag nach dem 31. Dezember 1991 gestellt oder, falls ein solcher nicht erforderlich ist, mit der Herstellung nach diesem Zeitpunkt begonnen hat, oder im Falle der Anschaffung der Steuerpflichtige das Objekt auf Grund eines nach dem 31. Dezember 1991 rechtswirksam abgeschlossenen obligatorischen Vertrags oder gleichstehenden Rechtsakts angeschafft hat. [5]§ 10e Abs. 1 Satz 4 in der Fassung des Gesetzes vom 23. Juni 1993 (BGBl. I S. 944) und Abs. 6 Satz 3 in der Fassung des Gesetzes vom 21. Dezember 1993 (BGBl. I S. 2310) ist erstmals anzuwenden, wenn der Steuerpflichtige das Objekt auf Grund eines nach dem 31. Dezember 1993 rechtswirksam abgeschlossenen obligatorischen Vertrags oder gleichstehenden Rechtsakts angeschafft hat. [6]§ 10e ist letztmals anzuwenden, wenn der Steuerpflichtige im Falle der Herstellung vor dem 1. Januar 1996 mit der Herstellung des Objekts begonnen hat oder im Falle der Anschaffung das Objekt auf Grund eines vor dem 1. Januar 1996 rechtswirksam abgeschlossenen obligatorischen Vertrags oder gleichstehenden Rechtsakts angeschafft hat. [7]Als Beginn der Herstellung gilt bei Objekten, für die eine Baugenehmigung erforderlich ist, der Zeitpunkt, in dem der Bauantrag gestellt wird; bei baugenehmigungsfreien Objekten, für die Bauunterlagen einzureichen sind, der Zeitpunkt, in dem die Bauunterlagen eingereicht werden.

(27) [1]§ 10f Abs. 1 Satz 1 in der Fassung des Artikels 9 des Gesetzes vom 29. Dezember 2003 (BGBl. I S. 3076) ist erstmals für Baumaßnahmen anzuwenden, die nach dem 31. Dezember 2003 begonnen wurden. [2]Als Beginn gilt bei Baumaßnahmen, für die eine Baugenehmigung erforderlich ist, der Zeitpunkt, in dem der Bauantrag gestellt wird, bei baugenehmigungsfreien Bauvorhaben, für die Bauunterlagen einzureichen sind, der Zeitpunkt, in dem die Bauunterlagen eingereicht werden. [3]§ 10f Abs. 2 Satz 1 in der Fassung des Artikels 9 des Gesetzes vom 29. Dezember 2003 (BGBl. I S. 3076) ist erstmals auf Erhaltungsaufwand anzuwenden, der nach dem 31. Dezember 2003 entstanden ist.

(27a) [1]§ 10g in der Fassung des Artikels 9 des Gesetzes vom 29. Dezember 2003 (BGBl. I S. 3076) ist erstmals auf Aufwendungen anzuwenden, die auf nach dem 31. Dezember 2003 begonnene Herstellungs- und Erhaltungsmaßnahmen entfallen. [2]Als Beginn gilt bei Baumaßnahmen, für die eine Baugenehmigung erforderlich ist, der Zeitpunkt, in dem der Bauantrag gestellt wird, bei baugenehmigungsfreien Bauvorhaben, für die Bauunterlagen einzureichen sind, der Zeitpunkt, in dem die Bauunterlagen eingereicht werden.

(28) [1]§ 10h ist letztmals anzuwenden, wenn der Steuerpflichtige vor dem 1. Januar 1996 mit der Herstellung begonnen hat. [2]Als Beginn der Herstellung gilt bei Baumaßnahmen, für die eine Baugenehmigung erforderlich ist, der Zeitpunkt, in dem der Bauantrag gestellt wird; bei baugenehmigungsfreien Baumaßnahmen, für die Bauunterlagen einzureichen sind, der Zeitpunkt, in dem die Bauunterlagen eingereicht werden.

(29) [1]§ 10i in der Fassung der Bekanntmachung vom 16. April 1997 (BGBl. I S. 821) ist letztmals anzuwenden, wenn der Steuerpflichtige im Falle der Herstellung vor dem 1. Januar 1999 mit der Herstellung des Objekts begonnen hat oder im Falle der Anschaffung das Objekt auf Grund eines vor dem 1. Januar 1999 rechtswirksam abgeschlossenen obligatorischen Vertrags oder gleichstehenden Rechtsakts angeschafft hat. [2]Als Beginn der Herstellung gilt bei Objekten, für die eine Baugenehmigung erforderlich ist, der Zeitpunkt, in dem der Bauantrag gestellt wird; bei baugenehmigungsfreien Objekten, für die Bauunterlagen einzureichen sind, der Zeitpunkt, in dem die Bauunterlagen eingereicht werden.

(30) [1]§ 11 Abs. 1 Satz 3 und Abs. 2 Satz 3 in der Fassung des Artikels 1 des Gesetzes vom 9. Dezember 2004 (BGBl. I S. 3310) sind im Hinblick auf Erbbauzinsen und andere Entgelte für die Nutzung eines Grundstücks erstmals für Vorauszahlungen anzuwenden, die nach dem 31. Dezember 2003 geleistet wurden. [2]§ 11 Abs. 2 Satz 4 in der Fassung des Artikels 1 des Gesetzes vom 13. Dezember 2006 (BGBl. I S. 2878) ist erstmals auf ein Damnum oder Disagio im Zusammenhang mit einem Kredit für ein Grundstück anzuwenden, das nach dem 31. Dezember 2003 geleistet wurde, in anderen Fällen für ein Damnum oder Disagio, das nach dem 31. Dezember 2004 geleistet wurde.

(30a) [1]Für die Anwendung des § 13 Abs. 7 in der Fassung des Artikels 1 des Gesetzes vom 22. Dezember 2005 (BGBl. I S. 3683) gilt Absatz 33a entsprechend. [2]§ 13 Abs. 7, § 15 Abs. 1a sowie § 18 Abs. 4 Satz 2 in der Fassung des Artikels 1 des Gesetzes vom 7. Dezember 2006 (BGBl. I S. 2782) sind erstmals für nach dem 31. Dezember 2005 endende Wirtschaftsjahre anzuwenden.

(31) [1]§ 13a in der Fassung des Gesetzes vom 19. Dezember 2000 (BGBl. I S. 1790) ist erstmals für das Wirtschaftsjahr anzuwenden, das nach dem 31. Dezember 2001 endet. [2]§ 13a in der Fassung des Gesetzes vom 20. Dezember 2001 (BGBl. I S. 3794) ist erstmals für Wirtschaftsjahre anzuwenden, die nach dem 31. Dezember 2001 beginnen.

(32) § 14a in der Fassung des Gesetzes vom 19. Dezember 2000 (BGBl. I S. 1790) ist erstmals für das Wirtschaftsjahr anzuwenden, das nach dem 31. Dezember 2001 endet.

(32a) § 15 Abs. 3 Nr. 1 in der Fassung des Artikels 1 des Gesetzes vom 13. Dezember 2006 (BGBl. I S. 2878) ist auch für Veranlagungszeiträume vor 2006 anzuwenden.

(32b) § 15 Abs. 4 Satz 3 bis 5 ist erstmals auf Verluste anzuwenden, die nach Ablauf des ersten Wirtschaftsjahres der Gesellschaft, auf deren Anteile sich die in § 15 Abs. 4 Satz 4 bezeichneten Geschäfte beziehen, entstehen, für das das Körperschaftsteuergesetz in der Fassung des Artikels 3 des Gesetzes vom 23. Oktober 2000 (BGBl. I S. 1433) erstmals anzuwenden ist.

(33) [1]§ 15a ist nicht auf Verluste anzuwenden, soweit sie

1. durch Sonderabschreibungen nach § 82f der Einkommensteuer-Durchführungsverordnung,
2. durch Absetzungen für Abnutzung in fallenden Jahresbeträgen nach § 7 Abs. 2 von den Herstellungskosten oder von den Anschaffungskosten von in ungebrauchtem Zustand vom Hersteller erworbenen Seeschiffen, die in einem inländischen Seeschiffsregister eingetragen sind,

entstehen; Nummer 1 gilt nur bei Schiffen, deren Anschaffungs- oder Herstellungskosten zu mindestens 30 Prozent durch Mittel finanziert werden, die weder unmittelbar noch mittelbar in wirtschaftlichem Zusammenhang mit der Aufnahme von Krediten durch den Gewerbebetrieb stehen, zu dessen Betriebsvermögen das Schiff gehört. [2]§ 15a ist in diesen Fällen erstmals anzuwenden auf Verluste, die in nach dem 31. Dezember 1999 beginnenden Wirtschaftsjahren entstehen, wenn der Schiffbauvertrag vor dem 25. April 1996 abgeschlossen worden ist und der Gesellschafter der Gesellschaft vor dem 1. Januar 1999 beigetreten ist; soweit Verluste, die in dem Betrieb der Gesellschaft entstehen und nach Satz 1 oder nach § 15a Abs. 1 Satz 1 ausgleichsfähig oder abzugsfähig sind, zusammen das Eineinviertelfache der insgesamt geleisteten Einlage übersteigen, ist § 15a auf Verluste anzuwenden, die in nach dem 31. Dezember 1994 beginnenden Wirtschaftsjahren entstehen. [3]Scheidet ein Kommanditist oder ein anderer Mitunternehmer, dessen Haftung der eines Kommanditisten vergleichbar ist und dessen Kapitalkonto in der Steuerbilanz der Gesellschaft auf Grund von ausgleichs- oder abzugsfähigen Verlusten negativ geworden ist, aus der Gesellschaft aus oder wird in einem solchen Falle die Gesellschaft aufgelöst, so gilt der Betrag, den der Mitunternehmer nicht ausgleichen muss, als Veräußerungsgewinn im Sinne des § 16. [4]In Höhe der nach Satz 3 als Gewinn zuzurechnenden Beträge sind bei den anderen Mitunternehmern unter Berücksichtigung der für die Zurechnung von Verlusten geltenden Grundsätze Verlustanteile anzusetzen. [5]Bei der Anwendung des § 15a Abs. 3 sind nur Verluste zu berücksichtigen, auf die § 15a Abs. 1 anzuwenden ist. *[6]§ 15a Abs. 1a, 2 Satz 1 und Abs. 5 in der Fassung des Artikels 1 des Gesetzes vom 19. Dezember 2008 (BGBl. I S. 2794) sind erstmals auf Einlagen anzuwenden, die nach dem 24. Dezember 2008 getätigt werden.* [1)]

(33a) [1]§ 15b in der Fassung des Artikels 1 des Gesetzes vom 22. Dezember 2005 (BGBl. I S. 3683) ist nur auf Verluste der dort bezeichneten Steuerstundungsmodelle anzuwenden, denen der Steuerpflichtige nach dem 10. November 2005 beigetreten ist oder für die nach dem 10. November 2005 mit dem Außenvertrieb begonnen wurde. [2]Der Außenvertrieb beginnt in dem Zeitpunkt, in dem die Voraussetzungen für die Veräußerung der konkret bestimmbaren Fondsanteile erfüllt sind und die Gesellschaft selbst oder über ein Vertriebsunternehmen mit Außenwirkung an den Markt herangetreten ist. [3]Dem Beginn des Außenvertriebs stehen der Beschluss von Kapitalerhöhungen und die Reinvestition von Erlösen in neue Projekte gleich. [4]Besteht das Steuerstundungsmodell nicht im Erwerb eines Anteils an einem geschlossenen Fonds, ist § 15b in der Fassung des Artikels 1 des Gesetzes vom 22. Dezember 2005 (BGBl. I S. 3683) anzuwenden, wenn die Investition nach dem 10. November 2005 rechtsverbindlich getätigt wurde.

(34) [1]§ 16 Abs. 1 in der Fassung des Artikels 1 des Gesetzes vom 20. Dezember 2001 (BGBl. I S. 3858) ist erstmals auf Veräußerungen anzuwenden, die nach dem 31. Dezember 2001 erfolgen. [2]§ 16 Abs. 2 Satz 3 und Abs. 3 Satz 2 in der Fassung der Bekanntmachung vom 16. April 1997 (BGBl. I S. 821) ist erstmals auf Veräußerungen anzuwenden, die nach dem 31. Dezember 1993 erfolgen. [3]§ 16 Abs. 3 Satz 1 und 2 in der Fassung des Gesetzes vom 24. März 1999 (BGBl. I S. 402) ist erstmals auf Veräußerungen und Realteilungen anzuwenden, die nach dem 31. Dezember 1998 erfolgen. [4]§ 16 Abs. 3 Satz 2 bis 4 in der Fassung des Gesetzes vom 20. Dezember 2001 (BGBl. I S. 3858) ist erstmals auf Realteilungen nach dem 31. Dezember 2000 anzuwenden.

1) *Satz 6 wurde durch das JStG 2009 (Inkrafttreten 25. 12. 2008) angefügt.*

[5]§ 16 Abs. 4 in der Fassung der Bekanntmachung vom 16. April 1997 (BGBl. I S. 821) ist erstmals auf Veräußerungen anzuwenden, die nach dem 31. Dezember 1995 erfolgen; hat der Steuerpflichtige bereits für Veräußerungen vor dem 1. Januar 1996 Veräußerungsfreibeträge in Anspruch genommen, bleiben diese unberücksichtigt. [6]§ 16 Abs. 4 in der Fassung des Gesetzes vom 23. Oktober 2000 (BGBl. I S. 1433) ist erstmals auf Veräußerungen und Realteilungen anzuwenden, die nach dem 31. Dezember 2000 erfolgen. [7]§ 16 Abs. 5 in der Fassung des Gesetzes vom 7. Dezember 2006 (BGBl. I S. 2782) ist erstmals anzuwenden, wenn die ursprüngliche Übertragung der veräußerten Anteile nach dem 12. Dezember 2006 erfolgt ist.

(34a) [1]§ 17 in der Fassung des Artikels 1 des Gesetzes vom 23. Oktober 2000 (BGBl. I S. 1433) ist, soweit Anteile an unbeschränkt körperschaftsteuerpflichtigen Gesellschaften veräußert werden, erstmals auf Veräußerungen anzuwenden, die nach Ablauf des ersten Wirtschaftsjahres der Gesellschaft, deren Anteile veräußert werden, vorgenommen werden, für das das Körperschaftsteuergesetz in der Fassung des Artikels 3 des Gesetzes vom 23. Oktober 2000 (BGBl. I S. 1433) erstmals anzuwenden ist; für Veräußerungen, die vor diesem Zeitpunkt vorgenommen werden, ist § 17 in der Fassung des Gesetzes vom 22. Dezember 1999 (BGBl. I S. 2601) anzuwenden. [2]§ 17 Abs. 2 Satz 4 in der Fassung des Gesetzes vom 24. März 1999 (BGBl. I S. 402) ist auch für Veranlagungszeiträume vor 1999 anzuwenden.

(34b) Für die Anwendung des § 18 Abs. 4 Satz 2 in der Fassung des Artikels 1 des Gesetzes vom 22. Dezember 2005 (BGBl. I S. 3683) gilt Absatz 33a entsprechend.

(34c) Wird eine Versorgungsverpflichtung nach § 3 Nr. 66 auf einen Pensionsfonds übertragen und hat der Steuerpflichtige bereits vor dieser Übertragung Leistungen auf Grund dieser Versorgungsverpflichtung erhalten, so sind insoweit auf die Leistungen aus dem Pensionsfonds im Sinne des § 22 Nr. 5 Satz 1 die Beträge nach § 9a Satz 1 Nr. 1 und § 19 Abs. 2 entsprechend anzuwenden; § 9a Satz 1 Nr. 3 ist nicht anzuwenden.

(35) (weggefallen)

(36) [1]§ 20 Abs. 1 Nr. 1 bis 3 in der Fassung des Gesetzes vom 24. März 1999 (BGBl. I S. 402) ist letztmals anzuwenden für Ausschüttungen, für die der Vierte Teil des Körperschaftsteuergesetzes nach § 34 Abs. 10a des Körperschaftsteuergesetzes in der Fassung des Artikels 3 des Gesetzes vom 23. Oktober 2000 (BGBl. I S. 1433) letztmals anzuwenden ist. [2]§ 20 Abs. 1 Nr. 1 und 2 in der Fassung des Gesetzes vom 23. Oktober 2000 (BGBl. I S. 1433) ist erstmals für Erträge anzuwenden, für die Satz 1 nicht gilt. [3]§ 20 Abs. 1 Nr. 6 in der Fassung des Gesetzes vom 7. September 1990 (BGBl. I S. 1898) ist erstmals auf nach dem 31. Dezember 1974 zugeflossene Zinsen aus Versicherungsverträgen anzuwenden, die nach dem 31. Dezember 1973 abgeschlossen worden sind. [4]§ 20 Abs. 1 Nr. 6 in der Fassung des Gesetzes vom 20. Dezember 1996 (BGBl. I S. 2049) ist erstmals auf Zinsen aus Versicherungsverträgen anzuwenden, bei denen die Ansprüche nach dem 31. Dezember 1996 entgeltlich erworben worden sind. [5]Für Kapitalerträge aus Versicherungsverträgen, die vor dem 1. Januar 2005 abgeschlossen werden, ist § 20 Abs. 1 Nr. 6 in der am 31. Dezember 2004 geltenden Fassung mit der Maßgabe weiterhin anzuwenden, dass in Satz 3 die Angabe „§ 10 Abs. 1 Buchstabe b Satz 5" durch die Angabe „§ 10 Abs. 1 Nr. 2 Buchstabe b Satz 6" ersetzt wird. [6]§ 20 Abs. 1 Nr. 1 Satz 4, § 43 Abs. 3, § 44 Abs. 1, 2 und 5 und § 45a Abs. 1 und 3 in der Fassung des Artikels 1 des Gesetzes vom 13. Dezember 2006 (BGBl. I S. 2878) sind erstmals auf Verkäufe anzuwenden, die nach dem 31. Dezember 2006 getätigt werden. [7]§ 20 Abs. 1 Nr. 6 Satz 1 in der Fassung des Artikels 1 des Gesetzes vom 13. Dezember 2006 (BGBl. I S. 2878) ist auf Erträge aus Versicherungsverträgen, die nach dem 31. Dezember 2004 abgeschlossen werden, anzuwenden. [8]§ 20 Abs. 1 Nr. 6 Satz 3 in der Fassung des Artikels 1 des Gesetzes vom 13. Dezember 2006 (BGBl. I S. 2878) ist erstmals anzuwenden auf Versicherungsleistungen im Erlebensfall bei Versicherungsverträgen, die nach dem 31. Dezember 2006 abgeschlossen werden, und auf Versicherungsleistungen bei Rückkauf eines Vertrages nach dem 31. Dezember 2006. [9]§ 20 Abs. 1 Nr. 6 Satz 2 ist für Vertragsabschlüsse nach dem 31. Dezember [1)] 2011 mit der Maßgabe anzuwenden, dass die Versicherungsleistung nach Vollendung des 62. Lebensjahres des Steuerpflichtigen ausgezahlt wird. ***[10]§ 20 Abs. 1 Nr. 6 Satz 5 in der Fassung*** [2)] ***des Artikels 1 des Gesetzes vom 19. Dezember 2008 (BGBl. I S. 2794) ist für alle Kapitalerträge anzuwenden, die dem Versicherungsunternehmen nach dem 31. Dezember 2008 zufließen. [11]§ 20 Abs. 1 Nr. 6 Satz 6 in der Fassung des Artikels 1 des Gesetzes vom 19. Dezember 2008 (BGBl. I S. 2794) ist für alle Versicherungsverträge anzuwenden, die nach dem 31. März 2009 abgeschlossen werden oder bei denen die erstmalige Beitragsleistung nach dem 31. März 2009 erfolgt.***

(36a) Für die Anwendung des § 20 Abs. 1 Nr. 4 Satz 2 in der Fassung des Artikels 1 des Geset- [3)] zes vom 22. Dezember 2005 (BGBl. I S. 3683) gilt Absatz 33a entsprechend.

---

1) ***Absatz 36 Satz 9 wurde durch Artikel 10 des RV-Altersgrenzenanpassungsgesetzes vom 20. 4. 2007 (Inkrafttreten 1. 1. 2008) angefügt.***

2) ***Absatz 36 Satz 10 und 11 wurde durch das JStG 2009 (Inkrafttreten 25. 12. 2008) angefügt.***

3) → § 52 Abs. 37d EStG.

(37) § 20 Abs. 1 Nr. 9 ist erstmals auf Einnahmen anzuwenden, die nach Ablauf des ersten Wirtschaftsjahres der Körperschaft, Personenvereinigung oder Vermögensmasse im Sinne von § 1 Abs. 1 Nr. 3 bis 5 des Körperschaftsteuergesetzes erzielt werden, für das das Körperschaftsteuergesetz in der Fassung des Artikels 3 des Gesetzes vom 23. Oktober 2000 (BGBl. I S. 1433) erstmals anzuwenden ist.

(37a) [1]§ 20 Abs. 1 Nr. 10 Buchstabe a ist erstmals auf Leistungen anzuwenden, die nach Ablauf des ersten Wirtschaftsjahres des Betriebs gewerblicher Art mit eigener Rechtspersönlichkeit erzielt werden, für das das Körperschaftsteuergesetz in der Fassung des Artikels 3 des Gesetzes vom 23. Oktober 2000 (BGBl. I S. 1433) erstmals anzuwenden ist. [2]§ 20 Abs. 1 Nr. 10 Buchstabe b ist erstmals auf Gewinne anzuwenden, die nach Ablauf des ersten Wirtschaftsjahres des Betriebs gewerblicher Art ohne eigene Rechtspersönlichkeit oder des wirtschaftlichen Geschäftsbetriebs erzielt werden, für das das Körperschaftsteuergesetz in der Fassung des Artikels 3 des Gesetzes vom 23. Oktober 2000 (BGBl. I S. 1433) erstmals anzuwenden ist. [3]§ 20 Abs. 1 Nr. 10 Buchstabe b Satz 3 ist erstmals für den Veranlagungszeitraum 2001 anzuwenden. [4]§ 20 Abs. 1 Nr. 10 Buchstabe b Satz 1 in der Fassung des Artikels 1 des Gesetzes vom 31. Juli 2003 (BGBl. I S. 1550) ist erstmals ab dem Veranlagungszeitraum 2004 anzuwenden. [5]§ 20 Abs. 1 Nr. 10 Buchstabe b Satz 1 in der am 12. Dezember 2006 geltenden Fassung ist für Anteile, die einbringungsgeboren im Sinne des § 21 des Umwandlungssteuergesetzes in der am 12. Dezember 2006 geltenden Fassung sind, weiter anzuwenden. [6]§ 20 Abs. 1 Nr. 10 Buchstabe b Satz 2 zweiter Halbsatz in der Fassung des Artikels 1 des Gesetzes vom 7. Dezember 2006 (BGBl. I S. 2782) ist erstmals auf Einbringungen oder Formwechsel anzuwenden, für die das Umwandlungssteuergesetz in der Fassung des Artikels 6 des Gesetzes vom 7. Dezember 2006 (BGBl. I S. 2782) anzuwenden ist. [7]§ 20 Abs. 1 Nr. 10 Buchstabe b Satz 2 zweiter Halbsatz ist auf Einbringungen oder Formwechsel, für die das Umwandlungssteuergesetz in der Fassung des Artikels 6 des Gesetzes vom 7. Dezember 2006 (BGBl. I S. 2782) noch nicht anzuwenden ist, in der folgenden Fassung anzuwenden:

„in Fällen der Einbringung nach dem Achten und des Formwechsels nach dem Zehnten Teil des Umwandlungssteuergesetzes gelten die Rücklagen als aufgelöst."

[1]) *[8]§ 20 Abs. 1 Nr. 10 Buchstabe b Satz 3 in der Fassung des Artikels 1 des Gesetzes vom 19. Dezember 2008 (BGBl. I S. 2794) ist erstmals für den Veranlagungszeitraum 2009 anzuwenden.*

(37b) § 20 Abs. 2 Satz 1 Nr. 4 Sätze 2 und 4 in der Fassung des Gesetzes vom 20. Dezember 2001 (BGBl. I S. 3794) ist für alle Veranlagungszeiträume anzuwenden, soweit Steuerbescheide noch nicht bestandskräftig sind.

(37c) § 20 Abs. 2a Satz 1 in der Fassung des Gesetzes vom 24. März 1999 (BGBl. I S. 402) ist letztmals anzuwenden für Ausschüttungen, für die der Vierte Teil des Körperschaftsteuergesetzes nach § 34 Abs. 10a des Körperschaftsteuergesetzes in der Fassung des Artikels 3 des Gesetzes vom 23. Oktober 2000 (BGBl. I S. 1433) letztmals anzuwenden ist.

(37d) [1]§ 20 Abs. 1 Nr. 4 Satz 2 und Abs. 2b in der Fassung des Artikels 1 des Gesetzes vom 13. Dezember 2006 (BGBl. I S. 2878) ist erstmals für den Veranlagungszeitraum 2006 anzuwenden. [2]Absatz 33a gilt entsprechend.

(37e) Für die Anwendung des § 21 Abs. 1 Satz 2 in der Fassung des Artikels 1 des Gesetzes vom 22. Dezember 2005 (BGBl. I S. 3683) gilt Absatz 33a entsprechend.

(38) [1]§ 22 Nr. 1 Satz 2 ist erstmals auf Bezüge anzuwenden, die nach Ablauf des Wirtschaftsjahres der Körperschaft, Personenvereinigung oder Vermögensmasse erzielt werden, die die Bezüge gewährt, für das das Körperschaftsteuergesetz in der Fassung der Bekanntmachung vom 22. April 1999 (BGBl. I S. 817), zuletzt geändert durch Artikel 4 des Gesetzes vom 14. Juli 2000 (BGBl. I S. 1034), letztmalig anzuwenden ist. [2]Für die Anwendung des § 22 Nr. 1 Satz 1 zweiter Halbsatz in der Fassung des Artikels 1 des Gesetzes vom 22. Dezember 2005 (BGBl. I S. 3683) gilt Absatz 33a entsprechen. [3]§ 22 Nr. 3 Satz 4 zweiter Halbsatz in der Fassung des Artikels 1 des Gesetzes vom 13. Dezember 2006 (BGBl. I S. 2878) ist auch in den Fällen anzuwenden, in denen am 1. Januar 2007 die Feststellungsfrist noch nicht abgelaufen ist.

[2]) (38a) [1]Abweichend von § 22a Abs. 1 Satz 1 kann das Bundeszentralamt für Steuern den Zeitpunkt der erstmaligen Übermittlung von Rentenbezugsmitteilungen durch ein im Bundessteuerblatt zu veröffentlichendes Schreiben mitteilen. [2]Der Mitteilungspflichtige nach § 22a Abs. 1 kann die Identifikationsnummer (§ 139b der Abgabenordnung) eines Leistungsempfängers, dem in den Jahren 2005 bis 2008 Leistungen zugeflossen sind, abweichend von § 22a Abs. 2 Satz 1 und 2 beim Bundeszentralamt für Steuern erheben. [3]Das Bundeszentralamt für Steuern teilt dem Mitteilungspflichtigen die Identifikationsnummer des Leistungsempfängers mit, sofern die übermittelten Daten mit den nach § 139b Abs. 3 der Abgabenordnung beim Bundes-

---

[1]) *Absatz 37a Satz 8 wurde durch das JStG 2009 (Inkrafttreten 25. 12. 2008) angefügt.*

[2]) *Absatz 38a Satz 1 wurde durch das JStG 2008 geändert. Außerdem wurden die Sätze 2 bis 4 angefügt.*

zentralamt für Steuern gespeicherten Daten übereinstimmen. [4]Stimmen die Daten nicht überein, findet § 22a Abs. 2 Satz 1 und 2 Anwendung.

(39) *§ 25 Abs. 4 in der Fassung des Artikels 1 des Gesetzes 20. Dezember 2008 (BGBl. I S. 2850) ist erstmals für Einkommensteuererklärungen anzuwenden, die für den Veranlagungszeitraum 2011 abzugeben sind.* [1)]

(39a) (weggefallen) [2)]

(40) [1]§ 32 Abs. 1 Nr. 2 in der Fassung des Artikels 1 des Gesetzes vom 15. Dezember 2003 (BGBl. I S. 2645) ist in allen Fällen anzuwenden, in denen die Einkommensteuer noch nicht bestandskräftig festgesetzt ist. [2]§ 32 Abs. 4 Satz 1 Nr. 2 Buchstabe d ist für den Veranlagungszeitraum 2000 in der folgenden Fassung anzuwenden:

„d) ein freiwilliges soziales Jahr im Sinne des Gesetzes zur Förderung eines freiwilligen sozialen Jahres, ein freiwilliges ökologisches Jahr im Sinne des Gesetzes zur Förderung eines freiwilligen ökologischen Jahres oder einen Freiwilligendienst im Sinne des Beschlusses Nr. 1686/98/EG des Europäischen Parlaments und des Rates vom 20. Juli 1998 zur Einführung des gemeinschaftlichen Aktionsprogramms „Europäischer Freiwilligendienst für junge Menschen" (ABl. EG Nr. L 214 S. 1) oder des Beschlusses Nr. 1031/2000/EG des Europäischen Parlaments und des Rates vom 13. April 2000 zur Einführung des gemeinschaftlichen Aktionsprogramms „Jugend" (ABl. EG Nr. L 117 S. 1) leistet oder"

[3]§ 32 Abs. 4 Satz 1 Nr. 2 Buchstabe d in der Fassung dieses Gesetzes ist erstmals für den Veranlagungszeitraum 2001 anzuwenden. *[4]§ 32 Abs. 4 Satz 1 Nr. 2 Buchstabe d in der Fassung des Artikels 2 Abs. 5 Buchstabe a des Gesetzes vom 16. Mai 2008 (BGBl. I S. 842) ist auf Freiwilligendienste im Sinne des Beschlusses Nr. 1719/ 2006/EG des Europäischen Parlaments und des Rates vom 15. November 2006 zur Einführung des Programms „Jugend in Aktion" (ABl. EU Nr. L 327 S. 30), die ab dem 1. Januar 2007 begonnen wurden, ab dem Veranlagungszeitraum 2007 anzuwenden. [5]Die Regelungen des § 32 Abs. 4 Satz 1 Nr. 2 Buchstabe d in der bis zum 31. Dezember 2007 anzuwendenden Fassung sind, bezogen auf die Ableistung eines freiwilligen sozialen Jahres im Sinne des Gesetzes zur Förderung eines freiwilligen sozialen Jahres oder eines freiwilligen ökologischen Jahres im Sinne des Gesetzes zur Förderung eines freiwilligen ökologischen Jahres auch über den 31. Dezember 2007 hinaus anzuwenden, soweit die vorstehend genannten freiwilligen Jahre vor dem 1. Juni 2008 vereinbart oder begonnen wurden und über den 31. Mai 2008 hinausgehen und die Beteiligten nicht die Anwendung der Vorschriften des Jugendfreiwilligendienstegesetzes vereinbaren.* [6]§ 32 Abs. 4 Satz 1 Nr. 2 in der Fassung des Artikels 1 des Gesetzes vom 19. Juli 2006 (BGBl. I S. 1652) ist für Kinder, die im Veranlagungszeitraum 2006 das 24. Lebensjahr vollendeten, mit der Maßgabe anzuwenden, dass an die Stelle der Angabe „noch nicht das 25. Lebensjahr vollendet hat" die Angabe „noch nicht das 26. Lebensjahr vollendet hat" tritt; für Kinder, die im Veranlagungszeitraum 2006 das 25. oder 26. Lebensjahr vollendeten, ist § 32 Abs. 4 Satz 1 Nr. 2 weiterhin in der bis zum 31. Dezember 2006 geltenden Fassung anzuwenden. [7]§ 32 Abs. 4 Satz 1 Nr. 3 in der Fassung des Artikels 1 des Gesetzes vom 19. Juli 2006 (BGBl. I S. 1652) ist erstmals für Kinder anzuwenden, die im Veranlagungszeitraum 2007 wegen einer vor Vollendung des 25. Lebensjahres eingetretenen körperlichen, geistigen oder seelischen Behinderung außerstande sind, sich selbst zu unterhalten; für Kinder, die wegen einer vor dem 1. Januar 2007 in der Zeit ab der Vollendung des 25. Lebensjahres und vor Vollendung des 27. Lebensjahres eingetretenen körperlichen, geistigen oder seelischen Behinderung außerstande sind, sich selbst zu unterhalten, ist § 32 Abs. 4 Satz 1 Nr. 3 weiterhin in der bis zum 31. Dezember 2006 geltenden Fassung anzuwenden. [8]§ 32 Abs. 5 Satz 1 in der Fassung des Artikels 1 des Gesetzes vom 19. Juli 2006 (BGBl. I S. 1652) ist für Kinder, die im Veranlagungszeitraum 2006 das 24. Lebensjahr vollendeten, mit der Maßgabe anzuwenden, dass an die Stelle der Angabe „über das 21. oder 25. Lebensjahr hinaus" die Angabe „über das 21. oder 26. Lebensjahr hinaus" tritt; für Kinder, die im Veranlagungszeitraum 2006 das 25., 26. oder 27. Lebensjahr vollendeten, ist § 32 Abs. 5 Satz 1 weiterhin in der bis zum 31. Dezember 2006 geltenden Fassung anzuwenden. [9]Für die nach § 10 Abs. 1 Nr. 2 Buchstabe b und §§ 10a, 82 begünstigten Verträge, die vor dem 1. Januar 2007 abgeschlossen wurden, gelten für das Vorliegen einer begünstigten Hinterbliebenenversorgung die Altersgrenzen des § 32 in der

---

1) *1) Absatz 39 wurde durch das Unternehmensteuerreformgesetz 2008 aufgehoben. Der aufgehobene Absatz 39 bezieht sich auf § 23 EStG in der Fassung vor Änderung durch das Unternehmensteuerreformgesetz 2008.*
2) Absatz 39 wurde durch das Steuerbürokratieabbaugesetz (Inkrafttreten 1. 1. 2009) eingefügt.

2) *Absatz 39a wurde durch das Unternehmensteuerreformgesetz 2008 aufgehoben. Der aufgehobene Absatz 39a bezieht sich auf § 24c EStG, der durch das Unternehmensteuerreformgesetz 2008 aufgehoben worden ist.*

3) *Absatz 40 Satz 4 und 5 wurden durch das Gesetz zur Förderung von Jugendfreiwilligendiensten vom 16. 5. 2008 (Inkrafttreten 1. 6. 2008) eingefügt.*

bis zum 31. Dezember 2006 geltenden Fassung. [10]Dies gilt entsprechend für die Anwendung des § 93 Abs. 1 Satz 3 Buchstabe b.

(40a) (weggefallen)

[1]) **(41) (weggefallen)**

(42) (weggefallen)

(43) (weggefallen)

[2]) **(43a) [1]§ 32b Abs. 1 Nr. 5 in der Fassung des Artikels 1 des Gesetzes vom 20. Dezember 2007 (BGBl. I S. 3150) ist bei Staatsangehörigen eines Mitgliedstaates der Europäischen Union oder eines Staates, auf den das Abkommen über den Europäischen Wirtschaftsraum anwendbar ist, die im Hoheitsgebiet eines dieser Staaten ihren Wohnsitz oder gewöhnlichen Aufenthalt haben, auf Antrag auch für Veranlagungszeiträume vor 2008 anzuwenden, soweit Steuerbescheide noch nicht bestandskräftig sind.** ***[2]§ 32b Abs. 1 Satz 2 und 3 in der Fassung des Artikels 1 des Gesetzes vom 19. Dezember 2008 (BGBl. I S. 2794) ist erstmals für den Veranlagungszeitraum 2008 anzuwenden. [3]§ 32b Abs. 2 Satz 2 und 3 in der Fassung des Artikels 1 des Gesetzes vom 13. Dezember 2006 (BGBl. I S. 2878) ist letztmals für den Veranlagungszeitraum 2007 anzuwenden.*** **[4]Abweichend von § 32b Abs. 3 kann das Bundesministerium der Finanzen den Zeitpunkt der erstmaligen Übermittlung der Mitteilungen durch ein im Bundessteuerblatt zu veröffentlichendes Schreiben mitteilen. [5]Bis zu diesem Zeitpunkt sind § 32b Abs. 3 und 4 in der am 20. Dezember 2003 geltenden Fassung weiter anzuwenden.** ***[6]Der Träger der Sozialleistungen nach § 32b Abs. 1 Nr. 1 darf die Identifikationsnummer (§ 139b der Abgabenordnung) eines Leistungsempfängers, dem im Kalenderjahr vor dem Zeitpunkt der erstmaligen Übermittlung Leistungen zugeflossen sind, abweichend von § 22a Abs. 2 Satz 1 und 2 beim Bundeszentralamt für Steuern erheben. [7]Das Bundeszentralamt für Steuern teilt dem Träger der Sozialleistungen die Identifikationsnummer des Leistungsempfängers mit, sofern die ihm vom Träger der Sozialleistungen übermittelten Daten mit den nach § 139b Abs. 3 der Abgabenordnung beim Bundeszentralamt für Steuern gespeicherten Daten übereinstimmen. [8]Stimmen die Daten nicht überein, findet § 22a Abs. 2 Satz 1 und 2 Anwendung. [9]Die Anfrage des Trägers der Sozialleistungen und die Antwort des Bundeszentralamtes für Steuern sind über die zentrale Stelle (§ 81) zu übermitteln. [10]Die zentrale Stelle führt eine ausschließlich automatisierte Prüfung der ihr übermittelten Daten daraufhin durch, ob sie vollständig und schlüssig sind und ob das vorgeschriebene Datenformat verwendet worden ist.***

(44) § 32c in der Fassung des Artikels 1 des Gesetzes vom 13. Dezember 2006 (BGBl. I S. 2878) ist letztmals für den Veranlagungszeitraum 2007 anzuwenden.

(45) (weggefallen)

(46) (weggefallen)

(46a) § 33b Abs. 6 in der Fassung des Artikels 1 des Gesetzes vom 9. Dezember 2004 (BGBl. I S. 3310) ist in allen Fällen anzuwenden, in denen die Einkommensteuer noch nicht bestandskräftig festgesetzt ist.

---

[1]) Durch das Gesetz zur Sicherung von Beschäftigung und Stabilität in Deutschland wurde folgender Absatz 41 eingefügt:
„(41) § 32a Absatz 1 ist ab dem Veranlagungszeitraum 2010 in der folgenden Fassung anzuwenden:
(1) [1]Die tarifliche Einkommensteuer bemisst sich nach dem zu versteuernden Einkommen. [2]Sie beträgt vorbehaltlich der §§ 32b, 32d, 34, 34a, 34b und 34c jeweils in Euro für zu versteuernde Einkommen
1. bis 8 004 Euro (Grundfreibetrag):
0;
2. von 8 005 Euro bis 13 469 Euro:
(912,17 · y + 1 400) · y;
3. von 13 470 Euro bis 52 881 Euro:
(228,74 · z + 2 397) · z + 1 038;
4. von 52 882 Euro bis 250 730 Euro:
0,42 · x – 8 172;
5. von 250 731 Euro an:
0,45 · x – 15 694.
[3]„y" ist ein Zehntausendstel des 8 004 Euro übersteigenden Teils des auf einen vollen Euro-Betrag abgerundeten zu versteuernden Einkommens. [4]„z" ist ein Zehntausendstel des 13 469 Euro übersteigenden Teils des auf einen vollen Euro-Betrag abgerundeten zu versteuernden Einkommens. [5]„x" ist das auf einen vollen Euro-Betrag abgerundete zu versteuernde Einkommen. [6]Der sich ergebende Steuerbetrag ist auf den nächsten vollen Euro-Betrag abzurunden.

[2]) ***1) Absatz 43a wurde durch das JStG 2008 neu gefasst.***
2) Dem Absatz 43a wurden durch das JStG 2009 die Sätze 2 (Inkrafttreten 1. 1. 2008) und 3 (Inkrafttreten 29. 12. 2007) eingefügt.
3) Dem Absatz 43a wurden durch das Steuerbürokratieabbaugesetz (Inkrafttreten 1. 1. 2009) die Sätze 6 bis 10 angefügt.

(47) [1]§ 34 Abs. 1 Satz 1 in der Fassung des Gesetzes vom 23. Oktober 2000 (BGBl. I S. 1433) ist erstmals für den Veranlagungszeitraum 1999 anzuwenden. [2]Auf § 34 Abs. 2 Nr. 1 in der Fassung des Gesetzes vom 23. Oktober 2000 (BGBl. I S. 1433) ist Absatz 4a in der Fassung des Gesetzes vom 23. Oktober 2000 (BGBl. I S. 1433) entsprechend anzuwenden. [3]Satz 2 gilt nicht für die Anwendung des § 34 Abs. 3 in der Fassung des Gesetzes vom 19. Dezember 2000 (BGBl. I S. 1812). [4]In den Fällen, in denen nach dem 31. Dezember eines Jahres mit zulässiger steuerlicher Rückwirkung eine Vermögensübertragung nach dem Umwandlungssteuergesetz erfolgt oder ein Veräußerungsgewinn im Sinne des § 34 Abs. 2 Nr. 1 in der Fassung des Gesetzes vom 23. Oktober 2000 (BGBl. I S. 1433) erzielt wird, gelten die außerordentlichen Einkünfte als nach dem 31. Dezember dieses Jahres erzielt. [5]§ 34 Abs. 3 Satz 1 in der Fassung des Gesetzes vom 19. Dezember 2000 (BGBl. I S. 1812) ist ab dem Veranlagungszeitraum 2002 mit der Maßgabe anzuwenden, dass an die Stelle der Angabe „10 Millionen Deutsche Mark" die Angabe „5 Millionen Euro" tritt. [6]§ 34 Abs. 3 Satz 2 in der Fassung des Artikels 9 des Gesetzes vom 29. Dezember 2003 (BGBl. I S. 3076) ist erstmals für den Veranlagungszeitraum 2004 und ab dem Veranlagungszeitraum 2005 mit der Maßgabe anzuwenden, dass an die Stelle der Angabe „16 Prozent" die Angabe „15 Prozent" tritt. [7]Für die Anwendung des § 34 Abs. 3 Satz 4 in der Fassung des Gesetzes vom 19. Dezember 2000 (BGBl. I S. 1812) ist die Inanspruchnahme einer Steuerermäßigung nach § 34 in Veranlagungszeiträumen vor dem 1. Januar 2001 unbeachtlich.

(48) § 34a in der Fassung des *Artikels 1 des Gesetzes vom 19. Dezember 2008 (BGBl. I S. 2794)* ist erstmals für den Veranlagungszeitraum 2008 anzuwenden. [1)]

(49) *[1]§ 34c Abs. 1 Satz 1 bis 3 sowie § 34c Abs. 6 Satz 2 in der Fassung des Artikels 1 des Gesetzes vom 19. Dezember 2008 (BGBl. I S. 2794) sind erstmals für den Veranlagungszeitraum 2009 anzuwenden. [2]§ 34c Abs. 1 Satz 2 ist für den Veranlagungszeitraum 2008 in der folgenden Fassung anzuwenden:* [2)]

„Die auf diese ausländischen Einkünfte entfallende deutsche Einkommensteuer ist in der Weise zu ermitteln, dass die sich bei der Veranlagung des zu versteuernden Einkommens, einschließlich der ausländischen Einkünfte, nach den §§ 32a, 32b, 34, 34a und 34b ergebende deutsche Einkommensteuer im Verhältnis dieser ausländischen Einkünfte zur Summe der Einkünfte aufgeteilt wird."

[3]§ 34c Abs. 6 Satz 5 in Verbindung mit Satz 1 in der Fassung des Artikels 1 des Gesetzes vom 13. Dezember 2006 (BGBl. I S. 2878) ist für alle Veranlagungszeiträume anzuwenden, soweit Steuerbescheide noch nicht bestandskräftig sind.

(50) [1]§ 34f Abs. 3 und 4 Satz 2 in der Fassung des Gesetzes vom 25. Februar 1992 (BGBl. I S. 297) ist erstmals anzuwenden bei Inanspruchnahme der Steuerbegünstigung nach § 10e Abs. 1 bis 5 in der Fassung des Gesetzes vom 25. Februar 1992 (BGBl. I S. 297). [2]§ 34f Abs. 4 Satz 1 ist erstmals anzuwenden bei Inanspruchnahme der Steuerbegünstigung nach § 10e Abs. 1 bis 5 oder nach § 15b des Berlinförderungsgesetzes für nach dem 31. Dezember 1991 hergestellte oder angeschaffte Objekte.

(50a) [1]§ 35 in der Fassung des *Artikels 1 des Gesetzes vom 19. Dezember 2008 (BGBl. I S. 2794)* ist erstmals für den Veranlagungszeitraum 2008 anzuwenden. *[2]Gewerbesteuer-Messbeträge, die Erhebungszeiträumen zuzuordnen sind, die vor dem 1. Januar 2008 enden, sind abweichend von § 35 Abs. 1 Satz 1 nur mit dem 1,8-fachen des Gewerbesteuer-Messbetrags zu berücksichtigen.* [3)]

(50b) [1]§ 35a in der Fassung des Gesetzes vom 23. Dezember 2002 (BGBl. I S. 4621) ist erstmals für im Veranlagungszeitraum 2003 geleistete Aufwendungen anzuwenden, soweit die den Aufwendungen zu Grunde liegenden Leistungen nach dem 31. Dezember 2002 erbracht worden sind. [2]§ 35a in der Fassung des Artikels 1 des Gesetzes vom 13. Dezember 2006 (BGBl. I S. 2878) ist erstmals für im Veranlagungszeitraum 2006 geleistete Aufwendungen anzuwenden, soweit die den Aufwendungen zu Grunde liegenden Leistungen nach dem 31. Dezember 2005 erbracht worden sind. [3]§ 35a Abs. 1 Satz 1 und Abs. 2 Satz 1 und 2 in der Fassung des Artikels 1 des Gesetzes vom 20. Dezember 2007 (BGBl. I S. 3150) ist in allen Fällen anzuwenden, in denen die Einkommensteuer noch nicht bestandskräftig festgesetzt ist. *[4]§ 35a in der Fassung des Artikels 1 des Gesetzes vom 21. Dezember 2008 (BGBl. I S. 2896) ist erstmals anzuwenden bei Aufwendungen, die im Veranlagungszeitraum 2009 geleistet und deren zu Grunde liegende Leistungen nach dem 31. Dezember 2008 erbracht worden sind. [5]§ 35a in der Fassung des Artikels 1 des Gesetzes vom 22. Dezember (BGBl. I S. 2955) ist erstmals für im Veranlagungszeitraum 2009* [4)]

1) *Absatz 48 wurde durch das Unternehmensteuerreformgesetz 2008 eingefügt und durch das JStG 2009 (Inkrafttreten 25. 12. 2008) geändert.*
2) *Absatz 49 wurde durch das JStG 2009 (Inkrafttreten 25. 12. 2008) neu gefasst.*
3) *Absatz 50a wurde durch das JStG 2009 (Inkrafttreten 25. 12. 2008) neu gefasst.*
4) *1) Satz 3 wurde durch das JStG 2008 angefügt.*
2) Satz 4 wurde durch das FamLeistG (Inkrafttreten am 1. 1. 2009) angefügt.

geleistete Aufwendungen anzuwenden, soweit die den Aufwendungen zu Grunde liegenden Leistungen nach dem 31. Dezember 2008 erbracht worden sind.[1])

[2]) *(50c) § 35b in der Fassung des Artikels 5 des Gesetzes vom 24. Dezember 2008 (BGBl. I S. 3018) ist erstmals für den Veranlagungszeitraum 2009 anzuwenden, wenn der Erbfall nach dem 31. Dezember 2008 eingetreten ist.*

[3]) *(50d)* [1]§ 36 Abs. 2 Nr. 2 und 3 und Abs. 3 Satz 1 in der Fassung des Gesetzes vom 24. März 1999 (BGBl. I S. 402) ist letztmals anzuwenden für Ausschüttungen, für die der Vierte Teil des Körperschaftsteuergesetzes nach § 34 Abs. 10a des Körperschaftsteuergesetzes in der Fassung des Artikels 3 des Gesetzes vom 23. Oktober 2000 (BGBl. I S. 1433) letztmals anzuwenden ist. [2]§ 36 Abs. 2 Nr. 2 und Abs. 3 Satz 1 in der Fassung des Gesetzes vom 23. Oktober 2000 (BGBl. I S. 1433) ist erstmals für Erträge anzuwenden, für die Satz 1 nicht gilt.

[4]) *(50e)* Die §§ 36a bis 36e in der Fassung des Gesetzes vom 24. März 1999 (BGBl. I S. 402) sind letztmals anzuwenden für Ausschüttungen, für die der Vierte Teil des Körperschaftsteuergesetzes nach § 34 Abs. 10a des Körperschaftsteuergesetzes in der Fassung des Artikels 3 des Gesetzes vom 23. Oktober 2000 (BGBl. I S. 1433) letztmals anzuwenden ist.

[5]) (51) [1]§ 38b Satz 2 Nr. 2 in der Fassung des Artikels 9 des Gesetzes vom 29. Dezember 2003 (BGBl. I S. 3076) gilt erstmals für die Ausstellung der Lohnsteuerkarten 2004. [2]Für die Ausstellung der Lohnsteuerkarten 2005 von Amts wegen ist § 38b Abs. 2 Satz 2 Nr. 2 in der Fassung des Artikels 9 des Gesetzes vom 29. Dezember 2003 (BGBl. I S. 3076) mit der Maßgabe anzuwenden, dass die Lohnsteuerklasse II nur in den Fällen bescheinigt wird, in denen der Arbeitnehmer gegenüber der Gemeinde schriftlich vor dem 20. September 2004 versichert, dass die Voraussetzungen für die Berücksichtigung des Entlastungsbetrags für Alleinerziehende (§ 24b) vorliegen und ihm seine Verpflichtung bekannt ist, die Eintragung der Steuerklasse umgehend ändern zu lassen (§ 39 Abs. 4 Satz 1), wenn diese Voraussetzungen wegfallen. [3]Hat ein Arbeitnehmer, auf dessen Lohnsteuerkarte 2004 die Steuerklasse II bescheinigt worden ist, eine Versicherung nach Satz 2 gegenüber der Gemeinde nicht abgegeben, so hat die Gemeinde dies dem Finanzamt mitzuteilen.

[6]) (52) *§ 39f in der Fassung des Artikels 1 des Gesetzes vom 19. Dezember 2008 (BGBl. I S. 2794) ist erstmals für den Lohnsteuerabzug 2010 anzuwenden.*

(52a) [1]§ 40b Abs. 1 und 2 in der am 31. Dezember 2004 geltenden Fassung ist weiter anzuwenden auf Beiträge für eine Direktversicherung des Arbeitnehmers und Zuwendungen an eine Pensionskasse, die auf Grund einer Versorgungszusage geleistet werden, die vor dem 1. Januar 2005 erteilt wurde. [2]Sofern die Beiträge für eine Direktversicherung die Voraussetzungen des § 3 Nr. 63 erfüllen, gilt dies nur, wenn der Arbeitnehmer nach Absatz 6 gegenüber dem Arbeitgeber für diese Beiträge auf die Anwendung des § 3 Nr. 63 verzichtet hat. [3]§ 40b Abs. 4 in der Fassung des Artikels 1 des Gesetzes vom 13. Dezember 2006 (BGBl. I S. 2878) ist erstmals anzuwenden auf Sonderzahlungen, die nach dem 23. August 2006 gezahlt werden.

[7]) *(52b) § 41b Abs. 1 Satz 2 Satzteil vor Nummer 1 in der Fassung des Artikels 1 des Gesetzes vom 20. Dezember 2007 (BGBl. I S. 3150) ist erstmals anzuwenden für Lohnsteuerbescheinigungen von laufendem Arbeitslohn, der für einen nach dem 31. Dezember 2008 endenden Lohnzahlungszeitraum gezahlt wird, und von sonstigen Bezügen, die nach dem 31. Dezember 2008 zufließen.*

(52c) (weggefallen)

(53) [1]Die §§ 43 bis 45c in der Fassung des Gesetzes vom 22. Dezember 1999 (BGBl. I S. 2601) sind letztmals anzuwenden für Ausschüttungen, für die der Vierte Teil des Körperschaftsteuergesetzes nach § 34 Abs. 10a des Körperschaftsteuergesetzes in der Fassung des Artikels 3 des Gesetzes vom 23. Oktober 2000 (BGBl. I S. 1433) letztmals anzuwenden ist. [2]Die §§ 43 bis 45c in der Fassung des Artikels 1 des Gesetzes vom 23. Oktober 2000 (BGBl. I S. 1433), dieses wiederum geändert durch Artikel 2 des Gesetzes vom 19. Dezember 2000 (BGBl. I S. 1812), sind auf

1) *Absatz 50b Satz 4 wurde durch das Gesetz zur Umsetzung steuerrechtlicher Regelungen des Maßnahmenpakets „Beschäftigungssicherung durch Wachstumsstärkung" (Inkrafttreten 1. 1. 2009) eingefügt. Absatz 50b Satz 5 wurde durch das FamLeistG (Inkrafttreten 1. 1. 2009) angefügt.*

2) *Absatz 50c wurde durch das ErbStRG eingefügt.*

3) *Der bisherige Absatz 50c wurde durch das ErbStRG (Inkrafttreten 1. 1. 2009) zu Absatz 50d.*

4) *Der bisherige Absatz 50d wurde durch das ErbStRG (Inkrafttreten 1. 1. 2009) zu Absatz 50e.*

5) Durch das Gesetz zur Sicherung von Beschäftigung und Stabilität in Deutschland wurde Absatz 51 wie folgt gefasst:
„(51) § 39b Absatz 2 Satz 7 zweiter Halbsatz ist auf den laufenden Arbeitslohn, der für einen nach dem 31. Dezember 2009 endenden Lohnzahlungszeitraum gezahlt wird, und auf sonstige Bezüge, die nach dem 31. Dezember 2009 zufließen, mit der Maßgabe anzuwenden, dass die Zahl „9 225" durch die Zahl „9 429", die Zahl „26 276" durch die Zahl „26 441" und die Zahl „200 320" durch die Zahl „200 584" ersetzt werden.

6) *Absatz 52 wurde durch das JStG 2009 (Inkrafttreten 25. 12. 2008) eingefügt.*

7) *Absatz 52b wurde durch das JStG 2008 neu gefasst.*

Kapitalerträge anzuwenden, für die Satz 1 nicht gilt. [3]§ 44 Abs. 6 Satz 3 in der Fassung des Gesetzes vom 20. Dezember 2001 (BGBl. I S. 3858) ist erstmals für den Veranlagungszeitraum 2001 anzuwenden. [4]§ 45d Abs. 1 Satz 1 in der Fassung des Gesetzes vom 20. Dezember 2001 (BGBl. I S. 3794) ist für Mitteilungen auf Grund der Steuerabzugspflicht nach § 18a des Auslandinvestment-Gesetzes auf Kapitalerträge anzuwenden, die den Gläubigern nach dem 31. Dezember 2001 zufließen. [5]§ 44 Abs. 6 in der Fassung des Artikels 1 des Gesetzes vom 13. Dezember 2006 (BGBl. I S. 2878) ist erstmals für Kapitalerträge anzuwenden, für die Satz 1 nicht gilt.

(53a) [1]§ 43 Abs. 1 Satz 1 Nr. 1 Satz 2 und Abs. 3 Satz 2 sind erstmals auf Entgelte anzuwenden, die nach dem 31. Dezember 2004 zufließen, es sei denn, die Veräußerung ist vor dem 29. Juli 2004 erfolgt. [2]§ 43 Abs. 1 Satz 1 Nr. 7 Buchstabe b Satz 2 in der Fassung des Artikels 1 des Gesetzes vom 13. Dezember 2006 (BGBl. I S. 2878) ist erstmals auf Verträge anzuwenden, die nach dem 31. Dezember 2006 abgeschlossen werden.

(54) Bei der Veräußerung oder Einlösung von Wertpapieren und Kapitalforderungen, die von der das Bundesschuldbuch führenden Stelle oder einer Landesschuldenverwaltung verwahrt oder verwaltet werden können, bemisst sich der Steuerabzug nach den bis zum 31. Dezember 1993 geltenden Vorschriften, wenn sie vor dem 1. Januar 1994 emittiert worden sind; dies gilt nicht für besonders in Rechnung gestellte Stückzinsen.

(55) § 43a Abs. 2 Satz 7 ist erstmals auf Erträge aus Wertpapieren und Kapitalforderungen anzuwenden, die nach dem 31. Dezember 2001 erworben worden sind.

(55a) Die Anlage 2 (zu § 43b) in der Fassung des Artikels 1 des Gesetzes vom 20. Dezember 2007 (BGBl. I S. 3150) ist auf Ausschüttungen im Sinne des § 43b anzuwenden, die nach dem 31. Dezember 2006 zufließen. [1)]

(55b) (weggefallen) [2)]

(55c) § 43b Abs. 2 Satz 1 ist auf Ausschüttungen, die nach dem 31. Dezember 2008 zufließen, mit der Maßgabe anzuwenden, dass an die Stelle der Angabe „15 Prozent" die Angabe „10 Prozent" tritt.

(55d) § 43b Abs. 3 ist letztmals auf Ausschüttungen anzuwenden, die vor dem 1. Januar 2009 zugeflossen sind.

(55e) [1]§ 44 Abs. 1 Satz 5 in der Fassung des Gesetzes vom 21. Juli 2004 (BGBl. I S. 1753) ist erstmals auf Ausschüttungen anzuwenden, die nach dem 31. Dezember 2004 erfolgen. [2]§ 44 Abs. 6 Satz 2 und 5 in der am 12. Dezember 2006 geltenden Fassung sind für Anteile, die einbringungsgeboren im Sinne des § 21 des Umwandlungssteuergesetzes in der am 12. Dezember 2006 geltenden Fassung sind, weiter anzuwenden.

(55f) Für die Anwendung des § 44a Abs. 1 Nr. 1 und Abs. 2 Satz 1 Nr. 1 auf Kapitalerträge, die nach dem 31. Dezember 2006 zufließen, gilt Folgendes:

> „[1]Ist ein Freistellungsauftrag vor dem 1. Januar 2007 unter Beachtung des § 20 Abs. 4 in der bis dahin geltenden Fassung erteilt worden, darf der nach § 44 Abs. 1 zum Steuerabzug Verpflichtete den angegebenen Freistellungsbetrag nur zu 56,37 Prozent berücksichtigen. [2]Sind in dem Freistellungsauftrag der gesamte Sparer-Freibetrag nach § 20 Abs. 4 in der Fassung des Artikels 1 des Gesetzes vom 19. Juli 2006 (BGBl. I S. 1652) und der gesamte Werbungskosten-Pauschbetrag nach § 9a Satz 1 Nr. 2 in der Fassung des Artikels 1 des Gesetzes vom 19. Juli 2006 (BGBl. I S. 1652) angegeben, ist der Werbungskosten-Pauschbetrag in voller Höhe zu berücksichtigen."

(55g) [1]§ 44a Abs. 7 und 8 in der Fassung des Artikels 1 des Gesetzes vom 15. Dezember 2003 (BGBl. I S. 2645) ist erstmals für Ausschüttungen anzuwenden, die nach dem 31. Dezember 2003 erfolgen. [2]Für Ausschüttungen, die vor dem 1. Januar 2004 erfolgen, sind § 44a Abs. 7 und § 44c in der Fassung der Bekanntmachung vom 19. Oktober 2002 (BGBl. I S. 4210, 2003 I S. 179) weiterhin anzuwenden. [3]§ 44a Abs. 7 und 8 in der Fassung des Artikels 1 des Gesetzes vom 9. Dezember 2004 (BGBl. I S. 3310) und § 45b Abs. 2a sind erstmals auf Ausschüttungen anzuwenden, die nach dem 31. Dezember 2004 erfolgen.

(55h) § 44b Abs. 1 Satz 2 in der Fassung des Artikels 1 des Gesetzes vom 13. Dezember 2006 (BGBl. I S. 2878) ist erstmals auf Kapitalerträge anzuwenden, die nach dem 31. Dezember 2006 zufließen.

(55i) § 45a Abs. 4 Satz 2 in der Fassung des Artikels 1 des Gesetzes vom 13. Dezember 2006 (BGBl. I S. 2878) ist erstmals ab dem 1. Januar 2007 anzuwenden.

(55j) [1]§ 46 Abs. 2 Nr. 1 in der Fassung des Artikels 1 des Gesetzes vom 13. Dezember 2006 (BGBl. I S. 2878) ist auch auf Veranlagungszeiträume vor 2006 anzuwenden. [2]§ 46 Abs. 2 Nr. 8 in [3)]

1) *Absatz 55a wurde durch das JStG 2008 geändert.*
2) *Absatz 55b wurde durch das JStG 2008 aufgehoben.*
3) *Absatz 55j Satz 2 wurde durch das JStG 2008 angefügt.*

der Fassung des Artikels 1 des Gesetzes vom 20. Dezember 2007 (BGBl. I S. 3150) ist erstmals für den Veranlagungszeitraum 2005 anzuwenden und in Fällen, in denen am 28. Dezember 2007 über einen Antrag auf Veranlagung zur Einkommensteuer noch nicht bestandskräftig entschieden ist.

(56) § 48 in der Fassung des Gesetzes vom 30. August 2001 (BGBl. I S. 2267) ist erstmals auf Gegenleistungen anzuwenden, die nach dem 31. Dezember 2001 erbracht werden.

(57) § 49 Abs. 1 Nr. 2 Buchstaben e und f sowie Nummer 8 in der Fassung des Gesetzes vom 7. Dezember 2006 (BGBl. I S. 2782) ist erstmals für den Veranlagungszeitraum 2006 anzuwenden.

(57a) [1]§ 49 Abs. 1 Nr. 5 Buchstabe a in der Fassung des Gesetzes vom 22. Dezember 1999 (BGBl. I S. 2601) ist letztmals anzuwenden für Ausschüttungen, für die der Vierte Teil des Körperschaftsteuergesetzes nach § 34 Abs. 10a des Körperschaftsteuergesetzes in der Fassung des Artikels 3 des Gesetzes vom 23. Oktober 2000 (BGBl. I S. 1433) letztmals anzuwenden ist. [2]§ 49 Abs. 1 Nr. 5 Buchstabe a in der Fassung des Gesetzes vom 23. Oktober 2000 (BGBl. I S. 1433) ist erstmals für Kapitalerträge anzuwenden, für die Satz 1 nicht gilt. [3]§ 49 Abs. 1 Nr. 5 Buchstabe b in der Fassung des Gesetzes vom 22. Dezember 1999 (BGBl. I S. 2601) ist letztmals anzuwenden für Ausschüttungen, für die der Vierte Teil des Körperschaftsteuergesetzes nach § 34 Abs. 10a des Körperschaftsteuergesetzes in der Fassung des Artikels 3 des Gesetzes vom 23. Oktober 2000 (BGBl. I S. 1433) letztmals anzuwenden ist. [4]Für die Anwendung des § 49 Abs. 1 Nr. 5 Buchstabe a in der Fassung des Gesetzes vom 20. Dezember 2001 (BGBl. I S. 3794) gelten bei Kapitalerträgen, die nach dem 31. Dezember 2000 zufließen, die Sätze 1 und 2 entsprechend. [5]§ 49 Abs. 1 Nr. 5 Buchstabe a und b in der Fassung des Gesetzes vom 9. Dezember 2004 (BGBl. I S. 3310) ist erstmals auf Kapitalerträge, die nach dem 31. Dezember 2003 zufließen, anzuwenden.

[1]) (58) [1]§ 50 Abs. 1 in der Fassung des Artikels 1 des Gesetzes vom 20. Dezember 2007 (BGBl. I S. 3150) ist bei Staatsangehörigen eines Mitgliedstaates der Europäischen Union oder eines Staates, auf den das Abkommen über den Europäischen Wirtschaftsraum anwendbar ist, die im Hoheitsgebiet eines dieser Staaten ihren Wohnsitz oder gewöhnlichen Aufenthalt haben, auf Antrag auch für Veranlagungszeiträume vor 2008 anzuwenden, soweit Steuerbescheide noch nicht bestandskräftig sind. *[2]§ 50 Abs. 5 Satz 2 Nr. 3 in der Fassung der Bekanntmachung vom 19. Oktober 2002 (BGBl. I S. 4210; 2003 I S. 179) ist letztmals anzuwenden auf Vergütungen, die vor dem 1. Januar 2009 zufließen.*

[2]) (58a) *§ 50a in der Fassung des Artikels 1 des Gesetzes vom 19. Dezember 2008 (BGBl. I S. 2794) ist erstmals auf Vergütungen anzuwenden, die nach dem 31. Dezember 2008 zufließen.*

(58b) § 50a Abs. 7 Satz 3 in der Fassung des Gesetzes vom 20. Dezember 2001 (BGBl. I S. 3794) ist erstmals auf Vergütungen anzuwenden, für die der Steuerabzug nach dem 22. Dezember 2001 angeordnet worden ist.

(58c) § 50b in der Fassung des Artikels 1 des Gesetzes vom 13. Dezember 2006 (BGBl. I S. 2878) ist erstmals anzuwenden für Jahresbescheinigungen, die nach dem 31. Dezember 2004 ausgestellt werden.

(59) § 50c in der Fassung des Gesetzes vom 24. März 1999 (BGBl. I S. 402) ist weiter anzuwenden, wenn für die Anteile vor Ablauf des ersten Wirtschaftsjahres, für das das Körperschaftsteuergesetz in der Fassung des Artikels 3 des Gesetzes vom 23. Oktober 2000 (BGBl. I S. 1433) erstmals anzuwenden ist, ein Sperrbetrag zu bilden war.

(59a) [1]§ 50d in der Fassung des Gesetzes vom 22. Dezember 1999 (BGBl. I S. 2601) ist letztmals anzuwenden für Ausschüttungen, für die der Vierte Teil des Körperschaftsteuergesetzes nach § 34 Abs. 10a des Körperschaftsteuergesetzes in der Fassung des Artikels 3 des Gesetzes vom 23. Oktober 2000 (BGBl. I S. 1433) letztmals anzuwenden ist. [2]§ 50d in der Fassung des Gesetzes vom 23. Oktober 2000 (BGBl. I S. 1433) ist erstmals auf Kapitalerträge anzuwenden, für die Satz 1 nicht gilt. [3]§ 50d in der Fassung des Gesetzes vom 20. Dezember 2001 (BGBl. I S. 3794) ist ab 1. Januar 2002 anzuwenden; für Anträge auf die Erteilung von Freistellungsbescheinigungen, die bis zum 31. Dezember 2001 gestellt worden sind, ist § 50d Abs. 2 Satz 4 nicht anzuwenden. [4]§ 50d Abs. 1 in der Fassung des Artikels 1 des Gesetzes vom 15. Dezember 2003 (BGBl. I S. 2645) ist ab 1. Januar 2002 anzuwenden. [5]§ 50d Abs. 1, 1a, 2 und 4 in der Fassung des Gesetzes vom 2. Dezember 2004 (BGBl. I S. 3112) ist erstmals auf Zahlungen anzuwenden, die nach dem 31. Dezember 2003 erfolgen. [6]§ 50d Abs. 9 Satz 1 Nr. 1 in der Fassung des Artikels 1 des Gesetzes vom 13. Dezember 2006 (BGBl. I S. 2878) ist für alle Veranlagungszeiträume anzuwenden,

---

1) *Absatz 58 wurde durch das JStG 2008 neu gefasst. Satz 2 wurde durch das JStG 2009 (Inkrafttreten 25. 12. 2008)angefügt.*

2) *Absatz 58a wurde durch das JStG 2008 eingefügt und durch das JStG 2009 (Inkrafttreten 25. 12. 2008) neu gefasst.*

soweit Steuerbescheide noch nicht bestandskräftig sind. [7]***§ 50d Abs. 1, 1a, 2 und 5 in der Fassung des Artikels 1 des Gesetzes vom 19. Dezember 2008 (BGBl. I S. 2794) ist erstmals auf Vergütungen anzuwenden, die nach dem 31. Dezember 2008 zufließen.*** [8]***§ 50d Abs. 10 in der Fassung des Artikels 1 des Gesetzes vom 19. Dezember 2008 (BGBl. I S. 2794) ist in allen Fällen anzuwenden, in denen die Einkommen- und Körperschaftsteuer noch nicht bestandskräftig festgesetzt ist.*** [1)]

(59b) Die Anlage 3 (zu § 50g) in der Fassung des Artikels 1 des Gesetzes vom 20. Dezember 2007 (BGBl. I S. 3150) ist auf Zahlungen anzuwenden, die nach dem 31. Dezember 2006 erfolgen. [2)]

(59c) § 51 Abs. 4 Nr. 1 in der Fassung des Gesetzes vom 24. März 1999 (BGBl. I S. 402) ist letztmals anzuwenden für Ausschüttungen, für die der Vierte Teil des Körperschaftsteuergesetzes nach § 34 Abs. 10a des Körperschaftsteuergesetzes in der Fassung des Artikels 3 des Gesetzes vom 23. Oktober 2000 (BGBl. I S. 1433) letztmals anzuwenden ist.

(59d) [1]§ 52 Abs. 8 in der Fassung des Artikels 1 Nr. 59 des Jahressteuergesetzes 1996 vom 11. Oktober 1995 (BGBl. I S. 1250) ist nicht anzuwenden. [2]§ 52 Abs. 8 in der Fassung des Artikels 8 Nr. 5 des Dritten Finanzmarktförderungsgesetzes vom 24. März 1998 (BGBl. I S. 529) ist in folgender Fassung anzuwenden:

„(8) § 6b Abs. 1 Satz 2 Nr. 5 und Abs. 4 Satz 1 Nr. 2 ist erstmals auf Veräußerungen anzuwenden, die nach dem Inkrafttreten des Artikels 7 des Dritten Finanzmarktförderungsgesetzes vorgenommen werden."

(60) § 55 in der Fassung des Gesetzes vom 24. März 1999 (BGBl. I S. 402) ist auch für Veranlagungszeiträume vor 1999 anzuwenden.

(61) Die §§ 62 und 65 in der Fassung des Gesetzes vom 16. Dezember 1997 (BGBl. I S. 2970) sind erstmals für den Veranlagungszeitraum 1998 anzuwenden.

(61a) [1]§ 62 Abs. 2 in der Fassung des Gesetzes vom 30. Juli 2004 (BGBl. I S. 1950) ist erstmals für den Veranlagungszeitraum 2005 anzuwenden. [2]§ 62 Abs. 2 in der Fassung des Artikels 2 Nr. 2 des Gesetzes vom 13. Dezember 2006 (BGBl. I S. 2915) ist in allen Fällen anzuwenden, in denen das Kindergeld noch nicht bestandskräftig festgesetzt ist.

(62) § 66 Abs. 3 in der Fassung der Bekanntmachung vom 16. April 1997 (BGBl. I S. 821) ist letztmals für das Kalenderjahr 1997 anzuwenden, so dass Kindergeld auf einen nach dem 31. Dezember 1997 gestellten Antrag rückwirkend längstens bis einschließlich Juli 1997 gezahlt werden kann.

(63) § 73 in der Fassung der Bekanntmachung vom 16. April 1997 (BGBl. I S. 821) ist weiter für Kindergeld anzuwenden, das der private Arbeitgeber für Zeiträume vor dem 1. Januar 1999 auszuzahlen hat.

(64) § 86 in der Fassung des Gesetzes vom 15. Januar 2003 ist erstmals für den Veranlagungszeitraum 2002 anzuwenden.

(65) [1]§ 91 Abs. 1 Satz 4 in der Fassung des Artikels 1 des Gesetzes vom 20. Dezember 2007 (BGBl. I S. 3150) ist ab Veranlagungszeitraum 2002 anzuwenden. [2]***§ 91 Abs. 1 Satz 1 in der Fassung des Artikels 1 des Gesetzes vom 19. Dezember 2008 (BGBl. I S. 2794) ist bis zum 31. Dezember 2008 mit der Maßgabe anzuwenden, dass die Wörter „Spitzenverband der landwirtschaftlichen Sozialversicherung" durch die Wörter „Gesamtverband der landwirtschaftlichen Alterskassen" zu ersetzen sind.*** [3)]

§ 84 Anwendungsvorschriften

EStDV
S 2259

[4)] *(1) Die vorstehende Fassung dieser Verordnung ist, soweit in den folgenden Absätzen nichts anderes bestimmt ist, erstmals für den Veranlagungszeitraum **2009** anzuwenden.*

(1a) § 7 der Einkommensteuer-Durchführungsverordnung 1997 in der Fassung der Bekanntmachung vom 18. Juni 1997 (BGBl. I S. 1558) ist letztmals für das Wirtschaftsjahr anzuwenden, das vor dem 1. Januar 1999 endet.

(1b) Die §§ 8 und 8a der Einkommensteuer-Durchführungsverordnung 1986 in der Fassung der Bekanntmachung vom 24. Juli 1986 (BGBl. I S. 1239) sind letztmals für das Wirtschaftsjahr anzuwenden, das vor dem 1. Januar 1990 endet.

---

1) ***Absatz 59a Satz 7 und 8 wurde durch das JStG 2009 (Inkrafttreten 25. 12. 2008) angefügt.***
2) Absatz 59b wurde durch das JStG 2008 neu gefasst.
3) ***Absatz 65 wurde durch das JStG 2008 neu gefasst. Satz 2 wurde durch das JStG 2009 (Inkrafttreten 25. 12. 2008) angefügt.***
4) ***Absatz 1 wurde durch das JStG 2009 geändert.***

(2) [1]§ 8c Abs. 1 und 2 Satz 3 in der Fassung dieser Verordnung ist erstmals für Wirtschaftsjahre anzuwenden, die nach dem 31. August 1993 beginnen. [2]§ 8c Abs. 2 Satz 1 und 2 ist erstmals für Wirtschaftsjahre anzuwenden, die nach dem 30. Juni 1990 beginnen. [3]Für Wirtschaftsjahre, die vor dem 1. Mai 1984 begonnen haben, ist § 8c Abs. 1 und 2 der Einkommensteuer-Durchführungsverordnung 1981 in der Fassung der Bekanntmachung vom 23. Juni 1982 (BGBl. I S. 700) weiter anzuwenden.

(2a) § 11c Abs. 2 Satz 3 ist erstmals für das nach dem 31. Dezember 1998 endende Wirtschaftsjahr anzuwenden.

(2b) § 29 Abs. 1 ist auch für Veranlagungszeiträume vor 1996 anzuwenden, soweit die Fälle, in denen Ansprüche aus Versicherungsverträgen nach dem 13. Februar 1992 zur Tilgung oder Sicherung von Darlehen eingesetzt wurden, noch nicht angezeigt worden sind.

(3) § 29 Abs. 3 bis 6, §§ 31 und 32 sind in der vor dem 1. Januar 1996 geltenden Fassung für vor diesem Zeitpunkt an Bausparkassen geleistete Beiträge letztmals für den Veranlagungszeitraum 2005 anzuwenden.

(3a) §§ 48, 49 und 50 sowie Anlage 1 in der Fassung der Verordnung vom 10. Dezember 1999 (BGBl. I S. 2413) sind erstmals für den Veranlagungszeitraum 2000 anzuwenden.

[1]) *(3b) [1]§ 54 Abs. 1 Satz 2 in der Fassung des Artikels 1a des Gesetzes* **vom 20. Dezember 2007 (BGBl. I S. 3150) ist erstmals für Vorgänge nach dem 31. Dezember 2007 anzuwenden.** *[2]§ 54 Abs. 4 in der Fassung des Artikels 2 des Gesetzes vom 7. Dezember 2006 (BGBl. I S. 2782) ist erstmals auf Verfügungen über Anteile an Kapitalgesellschaften anzuwenden, die nach dem 31. Dezember 2006 beurkundet werden.*

(3c) § 56 in der Fassung des Artikels 10 in der Fassung des Artikels 10 des Gesetzes vom 29. Dezember 2003 (BGBl. I S. 3076) ist erstmals für den Veranlagungszeitraum 2004 anzuwenden.

[2]) *(3d)* **§ 60 Abs. 1 und 4 in der Fassung des Artikels 2 des Gesetzes vom 20. Dezember 2008 (BGBl. I S. 2850) ist erstmals für Wirtschaftsjahre (Gewinnermittlungszeiträume) anzuwenden, die nach dem 31. Dezember 2010 beginnen.**

(3e) § 62d Abs. 2 Satz 2 in der Fassung des Artikels 2 in der Fassung des Artikels 2 des Gesetzes vom 22. Dezember 2003 (BGBl. I S. 2840) ist erstmals auf Verluste anzuwenden, die aus dem Veranlagungszeitraum 2004 in den Veranlagungszeitraum 2003 zurückgetragen werden.

(3f) § 65 in der durch Gesetz vom 11. Oktober 1995 (BGBl. I S. 1250) geänderten Fassung ist erstmals für den Veranlagungszeitraum 1995 anzuwenden.

(3g) § 70 in der Fassung des Gesetzes vom 19. Dezember 2000 (BGBl. I S. 1790) ist erstmals ab dem Veranlagungszeitraum 2002 anzuwenden.

[3]) *(3h)* **[1]Die §§ 73a, 73c, 73d Abs. 1 sowie die §§ 73e und 73f Satz 1 in der Fassung des Artikels 2 des Gesetzes vom 19. Dezember 2008 (BGBl. I S. 2794) sind erstmals auf Vergütungen anzuwenden, die nach dem 31. Dezember 2008 zufließen. [2]Abweichend von Satz 1 ist § 73e Satz 4 und 5 in der Fassung des Artikels 2 des Gesetzes vom 19. Dezember 2008 (BGBl. I S. 2794) erstmals auf Vergütungen anzuwenden, die nach dem 31. Dezember 2009 zufließen. [3]§ 73e Satz 4 in der Fassung der Bekanntmachung vom 10. Mai 2000 (BGBl. I S. 717) ist letztmals auf Vergütungen anzuwenden, die vor dem 1. Januar 2010 zufließen.**

(3i) § 80 der Einkommensteuer-Durchführungsverordnung 1997 in der Fassung der Bekanntmachung vom 18. Juni 1997 (BGBl. I S. 1558) ist letztmals für das Wirtschaftsjahr anzuwenden, das vor dem 1. Januar 1999 endet.

(4) [1]§ 82a ist auf Tatbestände anzuwenden, die in dem in Artikel 3 des Einigungsvertrages genannten Gebiet nach dem 31. Dezember 1990 und vor dem 1. Januar 1992 verwirklicht worden sind. [2]Auf Tatbestände, die im Geltungsbereich dieser Verordnung ausschließlich des in Artikel 3 des Einigungsvertrages genannten Gebiets verwirklicht worden sind, ist

1. *§ 82a Abs. 1 und 2 bei Herstellungskosten für Einbauten von Anlagen und Einrichtungen im Sinne von dessen Absatz 1 Nr. 1 bis 5 anzuwenden, die nach dem 30. Juni 1985 und vor dem 1. Januar 1992 fertiggestellt worden sind,*
2. *§ 82a Abs. 3 Satz 1 ab dem Veranlagungszeitraum 1987 bei Erhaltungsaufwand für Arbeiten anzuwenden, die vor dem 1. Januar 1992 abgeschlossen worden sind,*
3. *§ 82a Abs. 3 Satz 2 ab dem Veranlagungszeitraum 1987 bei Aufwendungen für Einzelöfen anzuwenden, die vor dem 1. Januar 1992 angeschafft worden sind,*

---

1) **Absatz 3b Satz 1 wurde durch das JStG 2008 eingefügt.**
2) **Absatz 3d wurde durch das Steuerbürokratieabbaugesetz neu gefasst.**
3) **Absatz 3h wurde durch das JStG 2009 neu gefasst.**

4. *§ 82a Abs. 3 Satz 1 in der Fassung der Bekanntmachung vom 24. Juli 1986 für Veranlagungszeiträume vor 1987 bei Erhaltungsaufwand für Arbeiten anzuwenden, die nach dem 30. Juni 1985 abgeschlossen worden sind,*

5. *§ 82a Abs. 3 Satz 2 in der Fassung der Bekanntmachung vom 24. Juli 1986 für Veranlagungszeiträume vor 1987 bei Aufwendungen für Einzelöfen anzuwenden, die nach dem 30. Juni 1985 angeschafft worden sind,*

6. *§ 82a bei Aufwendungen für vor dem 1. Juli 1985 fertiggestellte Anlagen und Einrichtungen in den vor diesem Zeitpunkt geltenden Fassungen weiter anzuwenden.*

(4a) [1]§ 82b der Einkommensteuer-Durchführungsverordnung 1997 in der Fassung der Bekanntmachung vom 18. Juni 1997 (BGBl. I S. 1558) ist letztmals auf Erhaltungsaufwand anzuwenden, der vor dem 1. Januar 1999 entstanden ist. [2]§ 82b in der Fassung des Artikels 10 in der Fassung des Artikels 10 des Gesetzes vom 29. Dezember 2003 (BGBl. I S. 3076) ist erstmals auf Erhaltungsaufwand anzuwenden, der nach dem 31. Dezember 2003 entstanden ist.

(4b) § 82d der Einkommensteuer-Durchführungsverordnung 1986 ist auf Wirtschaftsgüter sowie auf ausgebaute und neu hergestellte Gebäudeteile anzuwenden, die im Geltungsbereich dieser Verordnung ausschließlich des in Artikel 3 des Einigungsvertrages genannten Gebiets nach dem 18. Mai 1983 und vor dem 1. Januar 1990 hergestellt oder angeschafft worden sind.

(5) § 82f Abs. 5 und 7 Satz 1 der Einkommensteuer-Durchführungsverordnung 1979 in der Fassung der Bekanntmachung vom 24. September 1980 (BGBl. I S. 1801) ist letztmals für das Wirtschaftsjahr anzuwenden, das dem Wirtschaftsjahr vorangeht, für das § 15a des Gesetzes erstmals anzuwenden ist.

(6) [1]§ 82g ist auf Maßnahmen anzuwenden, die nach dem 30. Juni 1987 und vor dem 1. Januar 1991 in dem Geltungsbereich dieser Verordnung ausschließlich des in Artikel 3 des Einigungsvertrages genannten Gebiets abgeschlossen worden sind. [2]Auf Maßnahmen, die vor dem 1. Juli 1987 in dem Geltungsbereich dieser Verordnung ausschließlich des in Artikel 3 des Einigungsvertrages genannten Gebiets abgeschlossen worden sind, ist § 82g in der vor diesem Zeitpunkt geltenden Fassung weiter anzuwenden.

(7) [1]§ 82h in der durch die Verordnung vom 19. Dezember 1988 (BGBl. I S. 2301) geänderten Fassung ist erstmals auf Maßnahmen, die nach dem 30. Juni 1987 in dem Geltungsbereich dieser Verordnung ausschließlich des in Artikel 3 des Einigungsvertrages genannten Gebiets abgeschlossen worden sind, und letztmals auf Erhaltungsaufwand, der vor dem 1. Januar 1990 in dem Geltungsbereich dieser Verordnung ausschließlich des in Artikel 3 des Einigungsvertrages genannten Gebiets entstanden ist, mit der Maßgabe anzuwenden, dass der noch nicht berücksichtigte Teil des Erhaltungsaufwands in dem Jahr, in dem das Gebäude letztmals zur Einkunftserzielung genutzt wird, als Betriebsausgaben oder Werbungskosten abzusetzen ist. [2]Auf Maßnahmen, die vor dem 1. Juli 1987 in dem Geltungsbereich dieser Verordnung ausschließlich des in Artikel 3 des Einigungsvertrages genannten Gebiets abgeschlossen worden sind, ist § 82h in der vor diesem Zeitpunkt geltenden Fassung weiter anzuwenden.

(8) § 82i ist auf Herstellungskosten für Baumaßnahmen anzuwenden, die nach dem 31. Dezember 1977 und vor dem 1. Januar 1991 in dem Geltungsbereich dieser Verordnung ausschließlich des in Artikel 3 des Einigungsvertrages genannten Gebiets abgeschlossen worden sind.

(9) § 82k der Einkommensteuer-Durchführungsverordnung 1986 ist auf Erhaltungsaufwand, der vor dem 1. Januar 1990 in dem Geltungsbereich dieser Verordnung ausschließlich des in Artikel 3 des Einigungsvertrages genannten Gebiets entstanden ist, mit der Maßgabe anzuwenden, dass der noch nicht berücksichtigte Teil des Erhaltungsaufwands in dem Jahr, in dem das Gebäude letztmals zur Einkunftserzielung genutzt wird, als Betriebsausgaben oder Werbungskosten abzusetzen ist.

(10) [1]In Anlage 3 (zu § 80 Abs. 1) ist die Nummer 26 erstmals für das Wirtschaftsjahr anzuwenden, das nach dem 31. Dezember 1990 beginnt. [2]Für Wirtschaftsjahre, die vor dem 1. Januar 1991 beginnen, ist die Nummer 26 in Anlage 3 in der vor diesem Zeitpunkt geltenden Fassung anzuwenden.

§ 85 **EStDV**

– gegenstandslos –

EStG
S 2259
[1])

§ 52a Anwendungsvorschriften zur Einführung einer Abgeltungsteuer auf Kapitalerträge und Veräußerungsgewinne

(1) Beim Steuerabzug vom Kapitalertrag ist diese Fassung des Gesetzes erstmals auf Kapitalerträge anzuwenden, die dem Gläubiger nach dem 31. Dezember 2008 zufließen, soweit in den folgenden Absätzen nichts anderes bestimmt ist.

(2) § 2 Abs. 2 und 5a bis 6 in der Fassung des Artikels 1 des Gesetzes vom 14. August 2007 (BGBl. I S. 1912) ist erstmals ab dem Veranlagungszeitraum 2009 anzuwenden.

(3) [1]§ 3 Nr. 40 Satz 1 und 2 in der Fassung des Artikels 1 des Gesetzes vom 14. August 2007 (BGBl. I S. 1912) ist erstmals ab dem Veranlagungszeitraum 2009 anzuwenden. [2]Abweichend von Satz 1 ist § 3 Nr. 40 in der bis zum 31. Dezember 2008 anzuwendenden Fassung bei Veräußerungsgeschäften, bei denen § 23 Abs. 1 Satz 1 Nr. 2 in der bis zum 31. Dezember 2008 anzuwendenden Fassung nach dem 31. Dezember 2008 Anwendung findet, weiterhin anzuwenden.

(4) [1]§ 3c Abs. 2 Satz 1 in der Fassung des Artikels 1 des Gesetzes vom 14. August 2007 (BGBl. I S. 1912) ist erstmals ab dem Veranlagungszeitraum 2009 anzuwenden. [2]Abweichend von Satz 1 ist § 3c Abs. 2 Satz 1 in der bis zum 31. Dezember 2008 anzuwendenden Fassung bei Veräußerungsgeschäften, bei denen § 23 Abs. 1 Satz 1 Nr. 2 in der bis zum 31. Dezember 2008 anzuwendenden Fassung nach dem 31. Dezember 2008 Anwendung findet, weiterhin anzuwenden.

(5) § 6 Abs. 1 Nr. 5 Satz 1 Buchstabe c in der Fassung des Artikels 1 des Gesetzes vom 14. August 2007 (BGBl. I S. 1912) ist auf Einlagen anzuwenden, die nach dem 31. Dezember 2008 erfolgen.

(6) § 9a in der Fassung des Artikels 1 des Gesetzes vom 14. August 2007 (BGBl. I S. 1912) ist erstmals ab dem Veranlagungszeitraum 2009 anzuwenden.

(7) § 10 Abs. 1 Nr. 4 in der Fassung des Artikels 1 des Gesetzes vom 14. August 2007 (BGBl. I S. 1912) ist erstmals auf Kapitalerträge anzuwenden, die nach dem 31. Dezember 2008 zufließen und auf die § 51a Abs. 2b bis 2d anzuwenden ist.

(8) § 20 Abs. 1 Nr. 7 in der Fassung des Artikels 1 des Gesetzes vom 14. August 2007 (BGBl. I S. 1912) ist vorbehaltlich der Regelungen in Absatz 10 Satz 6 bis 8 erstmals auf Kapitalerträge anzuwenden, die dem Gläubiger nach dem 31. Dezember 2008 zufließen.

(9) § 20 Abs. 1 Nr. 11 in der Fassung des Artikels 1 des Gesetzes vom 14. August 2007 (BGBl. I S. 1912) ist erstmals auf nach dem 31. Dezember 2008 zufließende Stillhalterprämien anzuwenden.

[2]) (10) [1]§ 20 Abs. 2 Satz 1 Nr. 1 in der Fassung des Artikels 1 des Gesetzes vom 14. August 2007 (BGBl. I S. 1912) ist erstmals auf Gewinne aus der Veräußerung von Anteilen anzuwenden, die nach dem 31. Dezember 2008 erworben werden. [2]§ 20 Abs. 2 Satz 1 Nr. 2 in der Fassung des Artikels 1 des Gesetzes vom 14. August 2007 (BGBl. I S. 1912) ist erstmals auf Veräußerungen nach dem 31. Dezember 2008 anzuwenden. [3]§ 20 Abs. 2 Satz 1 Nr. 3 in der Fassung des Artikels 1 des Gesetzes vom 14. August 2007 (BGBl. I S. 1912) ist erstmals auf Gewinne aus Termingeschäften anzuwenden, bei denen der Rechtserwerb nach dem 31. Dezember 2008 erfolgt. [4]§ 20 Abs. 2 Satz 1 Nr. 4, 5 und 8 in der Fassung des Artikels 1 des Gesetzes vom 14. August 2007 (BGBl. I S. 1912) ist erstmals auf Gewinne anzuwenden, bei denen die zugrunde liegenden Wirtschaftsgüter, Rechte oder Rechtspositionen nach dem 31. Dezember 2008 erworben oder geschaffen werden. [5]§ 20 Abs. 2 Satz 1 Nr. 6 in der Fassung des Artikels 1 des Gesetzes vom 14. August 2007 (BGBl. I S. 1912) ist erstmals auf die Veräußerung von Ansprüchen nach dem 31. Dezember 2008 anzuwenden, bei denen der Versicherungsvertrag nach dem 31. Dezember 2004 abgeschlossen wurde; dies gilt auch für Versicherungsverträge, die vor dem 1. Januar 2005 abgeschlossen wurden, sofern bei einem Rückkauf zum Veräußerungszeitpunkt die Erträge nach § 20 Abs. 1 Nr. 6 in der am 31. Dezember 2004 geltenden Fassung steuerpflichtig wären. [6]§ 20 Abs. 2 Satz 1 Nr. 7 in der Fassung des Artikels 1 des Gesetzes vom 14. August 2007 (BGBl. I S. 1912) ist erstmals auf nach dem 31. Dezember 2008 zufließende Kapitalerträge aus der Veräußerung sonstiger Kapitalforderungen anzuwenden. [7]Für Kapitalerträge aus Kapitalforderungen, die zum Zeitpunkt des vor dem 1. Januar 2009 erfolgten Erwerbs zwar Kapitalforderungen im Sinne des § 20 Abs. 1 Nr. 7 in der am 31. Dezember 2008 anzuwendenden Fassung, aber nicht Kapitalforderungen im Sinne des § 20 Abs. 2 Satz 1 Nr. 4 in der am 31. Dezember 2008 anzuwendenden Fassung sind, ist § 20 Abs. 2 Satz 1 Nr. 7 nicht anzuwenden***; Kapitalforderungen im Sinne des § 20 Abs. 2 Satz 1 Nr. 4 in der am 31. Dezember 2008 anzuwendenden Fassung liegen auch vor, wenn die Rückzahlung nur teilweise garantiert ist oder wenn eine Trennung zwischen Ertrags- und Vermögensebene möglich erscheint***. [8]Bei Kapitalforderungen, die zwar nicht die Voraussetzungen von § 20 Abs. 1 Nr. 7 in der am 31. Dezember 2008 anzuwendenden Fassung, aber die Voraussetzungen von § 20 Abs. 1 Nr. 7 in der Fassung des Artikels 1

1) ***§ 52a EStG wurde durch das Unternehmensteuerreformgesetz 2008 eingefügt. Die Absätze 15 und 16 wurden durch das JStG 2008 geändert.***

2) ***Absatz 10 Satz 7 und 10 wurden durch das JStG 2009 geändert.***

des Gesetzes vom 14. August 2007 (BGBl. I S. 1912) erfüllen, ist § 20 Abs. 2 Satz 1 Nr. 7 in Verbindung mit § 20 Abs. 1 Nr. 7 vorbehaltlich der Regelung in Absatz 11 Satz 4 und 6 auf alle nach dem 30. Juni 2009 zufließenden Kapitalerträge anzuwenden, es sei denn, die Kapitalforderung wurde vor dem 15. März 2007 angeschafft. [9]§ 20 Abs. 2 Satz 2 und 3 in der Fassung des Artikels 1 des Gesetzes vom 14. August 2007 (BGBl. I S. 1912) ist erstmals auf Veräußerungen, Einlösungen, Abtretungen oder verdeckte Einlagen nach dem 31. Dezember 2008 anzuwenden. [10]§ 20 Abs. 3 bis 9 in der Fassung des *Artikels 1 des Gesetzes vom 19. Dezember 2008 (BGBl. I S. 2794)* ist erstmals auf nach dem 31. Dezember 2008 zufließende Kapitalerträge anzuwenden.

(10a) § 22 Nr. 3 Satz 5 und 6 in der Fassung des Artikels 1 des Gesetzes vom 19. Dezember 2008 (BGBl. I S. 2794) ist letztmals für den Veranlagungszeitraum 2013 anzuwenden. [1)]

(11) [1]§ 23 Abs. 1 Satz 1 Nr. 1 in der am 1. Januar 2000 geltenden Fassung und § 23 Abs. 1 Satz 1 Nr. 2 und 3 in der am 1. Januar 1999 geltenden Fassung sind auf Veräußerungsgeschäfte anzuwenden, bei denen die Veräußerung auf einem nach dem 31. Dezember 1998 rechtswirksam abgeschlossenen obligatorischen Vertrag oder gleichstehenden Rechtsakt beruht. [2]§ 23 Abs. 1 Satz 1 Nr. 2 Satz 2 und 3 in der am 16. Dezember 2004 geltenden Fassung ist erstmals für den Veranlagungszeitraum 2005 anzuwenden. [3]§ 23 Abs. 1 Satz 1 Nr. 2 in der Fassung des Artikels 1 des Gesetzes vom 14. August 2007 (BGBl. I S. 1912) ist erstmals auf Veräußerungsgeschäfte anzuwenden, bei denen die Wirtschaftsgüter nach dem 31. Dezember 2008 auf Grund eines nach diesem Zeitpunkt rechtswirksam abgeschlossenen obligatorischen Vertrags oder gleichstehenden Rechtsakts angeschafft wurden. [4]§ 23 Abs. 1 Satz 1 Nr. 2 in der am 1. Januar 1999 geltenden Fassung ist letztmals auf Veräußerungsgeschäfte anzuwenden, bei denen die Wirtschaftsgüter vor dem 1. Januar 2009 erworben wurden. [5]§ 23 Abs. 1 Satz 1 Nr. 3 in der am 1. Januar 1999 geltenden Fassung ist letztmals auf Veräußerungsgeschäfte anzuwenden, bei denen die Veräußerung auf einem vor dem 1. Januar 2009 rechtswirksam abgeschlossenen obligatorischen Vertrag oder gleichstehenden Rechtsakt beruht. [6]§ 23 Abs. 1 Satz 1 Nr. 4 ist auf Termingeschäfte anzuwenden, bei denen der Erwerb des Rechts auf einen Differenzausgleich, Geldbetrag oder Vorteil nach dem 31. Dezember 1998 und vor dem 1. Januar 2009 erfolgt. [7]§ 23 Abs. 1 Satz 5 ist erstmals für Einlagen und verdeckte Einlagen anzuwenden, die nach dem 31. Dezember 1999 vorgenommen werden. [8]§ 23 Abs. 3 Satz 4 *in der Fassung des Gesetzes vom 22. Dezember 1999 (BGBl. I S. 2601)* ist auf Veräußerungsgeschäfte anzuwenden, bei denen der Steuerpflichtige das Wirtschaftsgut nach dem 31. Juli 1995 *und vor dem 1. Januar 2009* anschafft *oder nach dem 31. Dezember 1998 und vor dem 1. Januar 2009 fertig stellt; § 23 Abs. 3 Satz 4 in der Fassung des Artikels 1 des Gesetzes vom 19. Dezember 2008 (BGBl. I S. 2794) ist auf Veräußerungsgeschäfte anzuwenden, bei denen der Steuerpflichtige das Wirtschaftsgut nach dem 31. Dezember 2008 anschafft oder fertig stellt.* [9]§ 23 Abs. 1 Satz 2 und 3 sowie § 23 Abs. 3 Satz 3 in der am 12. Dezember 2006 geltenden Fassung sind für Anteile, die einbringungsgeboren im Sinne des § 21 des Umwandlungssteuergesetzes in der am 12. Dezember 2006 geltenden Fassung sind, weiter anzuwenden. [10]§ 23 Abs. 3 Satz 9 zweiter Halbsatz in der Fassung des Artikels 1 des Gesetzes vom 13. Dezember 2006 (BGBl. I S. 2878) ist auch in den Fällen anzuwenden, in denen am 1. Januar 2007 die Feststellungsfrist noch nicht abgelaufen ist. [11]§ 23 Abs. 3 Satz 9 und 10 in der Fassung des Artikels 1 des Gesetzes vom 14. August 2007 (BGBl. I S. 1912) ist letztmals für den Veranlagungszeitraum 2013 anzuwenden. [2)]

(12) § 24c ist letztmals für den Veranlagungszeitraum 2008 anzuwenden.

(13) § 25 Abs. 1 in der Fassung des Artikels 1 des Gesetzes vom 14. August 2007 (BGBl. I S. 1912) ist erstmals für den Veranlagungszeitraum 2009 anzuwenden.

(14) § 32 Abs. 4 Satz 4 in der Fassung des Artikels 1 des Gesetzes vom 14. August 2007 (BGBl. I S. 1912) ist erstmals ab dem Veranlagungszeitraum 2009 anzuwenden.

(15) § 32d in der Fassung des *Artikels 1 des Gesetzes vom 19. Dezember 2008 (BGBl. I S. 2794)* ist erstmals für den Veranlagungszeitraum 2009 anzuwenden. [3)]

(16) *[1]§ 43 Abs. 3 Satz 1, zweiter Halbsatz in der Fassung des Artikels 1 des Gesetzes vom 19. Dezember 2008 (BGBl. I S. 2794) ist erstmals für Kapitalerträge anzuwenden, die dem Gläubiger nach dem 31. Dezember 2009 zufließen. [2]§ 43a Abs. 3 Satz 2 in der Fassung des Artikels 1 des Gesetzes vom 19. Dezember 2008 (BGBl. I S. 2794) ist erstmals für Kapitalerträge anzuwenden, die dem Gläubiger nach dem 31. Dezember 2009 zufließen.* [3]§ 44a Abs. 8 Satz 1 in der Fassung des Artikels 1 des Gesetzes vom 14. August 2007 (BGBl. I S. 1912) *und Satz 2 in der Fassung des Artikels 1 des Gesetzes vom 19. Dezember 2008 (BGBl. I S. 2794) sind* erstmals auf Kapitalerträge anzuwenden, die dem Gläubiger nach dem 31. Dezember 2007 zufließen. [4]Für Kapitalerträge im Sinne des § 43 Abs. 1 Satz 1 Nr. 1, die nach dem 31. Dezember 2007 und vor [4)]

1) Absatz 10a wurde durch das JStG 2009 eingefügt.
2) Absatz 11 Satz 8 wurde durch das JStG 2009 geändert.
3) Absatz 15 wurde durch das JStG 2009 geändert.
4) Absatz 16 wurde durch das JStG 2009 geändert.

dem 1. Januar 2009 zufließen, ist er mit der Maßgabe anzuwenden, dass an die Stelle der Wörter „drei Fünftel" die Wörter „drei Viertel" und an die Stelle der Wörter „zwei Fünftel" die Wörter „ein Viertel" treten. [5]§ 44a Abs. 9 in der Fassung des Artikels 1 des Gesetzes vom *19. Dezember 2008 (BGBl. I S. 2794)* ist erstmals auf Kapitalerträge anzuwenden, die dem Gläubiger nach dem 31. Dezember 2008 zufließen. *[6]§ 44b Abs. 1 Satz 1 in der Fassung des Artikels 1 des Gesetzes vom 19. Dezember 2008 (BGBl. I S. 2794) ist erstmals für Kapitalerträge anzuwenden, die dem Gläubiger nach dem 31. Dezember 2009 zufließen.* [7]§ 45a Abs. 4 Satz 2 in der Fassung des Artikels 1 des Gesetzes vom 20. Dezember 2007 (BGBl. I S. 3150) ist erstmals auf Kapitalerträge anzuwenden, die dem Gläubiger nach dem 31. Dezember 2007 zufließen. *[8]§ 45b Abs. 1 Satz 1 in der Fassung des Artikels 1 des Gesetzes vom 19. Dezember 2008 (BGBl. I S. 2794) ist erstmals für Kapitalerträge anzuwenden, die dem Gläubiger nach dem 31. Dezember 2009 zufließen. [9]§ 45d Abs. 3 ist für Versicherungsverträge anzuwenden, die nach dem 31. Dezember 2008 abgeschlossen werden; die erstmalige Übermittlung hat bis zum 30. März 2011 zu erfolgen.*

(17) § 49 Abs. 1 Nr. 5 Satz 1 Buchstabe d, Satz 2 und Nr. 8 in der Fassung des Artikels 1 des Gesetzes vom 14. August 2007 (BGBl. I S. 1912) sind erstmals auf Kapitalerträge anzuwenden, die nach dem 31. Dezember 2008 zufließen.

(18) § 51a Abs. 2b bis 2d in der Fassung des Artikels 1 des Gesetzes vom 14. August 2007 (BGBl. I S. 1912) ist erstmals auf nach dem 31. Dezember 2008 zufließende Kapitalerträge anzuwenden.

EStG
S 2282a

§ 53 Sondervorschrift zur Steuerfreistellung des Existenzminimums eines Kindes in den Veranlagungszeiträumen 1983 bis 1995

[1]In den Veranlagungszeiträumen 1983 bis 1995 sind in Fällen, in denen die Einkommensteuer noch nicht formell bestandskräftig oder hinsichtlich der Höhe der Kinderfreibeträge vorläufig festgesetzt ist, für jedes bei der Festsetzung berücksichtigte Kind folgende Beträge als Existenzminimum des Kindes steuerfrei zu belassen:

1983	3 732 Deutsche Mark,
1984	3 864 Deutsche Mark,
1985	3 924 Deutsche Mark,
1986	4 296 Deutsche Mark,
1987	4 416 Deutsche Mark,
1988	4 572 Deutsche Mark,
1989	4 752 Deutsche Mark,
1990	5 076 Deutsche Mark,
1991	5 388 Deutsche Mark,
1992	5 676 Deutsche Mark,
1993	5 940 Deutsche Mark,
1994	6 096 Deutsche Mark,
1995	6 168 Deutsche Mark.

[2]Im Übrigen ist § 32 in der für den jeweiligen Veranlagungszeitraum geltenden Fassung anzuwenden. [3]Für die Prüfung, ob die nach Satz 1 und 2 gebotene Steuerfreistellung bereits erfolgt ist, ist das dem Steuerpflichtigen im jeweiligen Veranlagungszeitraum zustehende Kindergeld mit dem auf das bisherige zu versteuernde Einkommen des Steuerpflichtigen in demselben Veranlagungszeitraum anzuwendenden Grenzsteuersatz in einen Freibetrag umzurechnen; dies gilt auch dann, soweit das Kindergeld dem Steuerpflichtigen im Wege eines zivilrechtlichen Ausgleichs zusteht. [4]Die Umrechnung des zustehenden Kindergeldes ist entsprechend dem Umfang der bisher abgezogenen Kinderfreibeträge vorzunehmen. [5]Bei einem unbeschränkt einkommensteuerpflichtigen Elternpaar, bei dem die Voraussetzungen des § 26 Abs. 1 Satz 1 nicht vorliegen, ist eine Änderung der bisherigen Inanspruchnahme des Kinderfreibetrags unzulässig. [6]Erreicht die Summe aus dem bei der bisherigen Einkommensteuerfestsetzung abgezogenen Kinderfreibetrag und dem nach Satz 3 und 4 berechneten Freibetrag nicht den nach Satz 1 und 2 für den jeweiligen Veranlagungszeitraum maßgeblichen Betrag, ist der Unterschiedsbetrag vom bisherigen zu versteuernden Einkommen abzuziehen und die Einkommensteuer neu festzusetzen. [7]Im Zweifel hat der Steuerpflichtige die Voraussetzungen durch Vorlage entsprechender Unterlagen nachzuweisen.

EStG

§ 54

(weggefallen)

§ 55 Schlussvorschriften (Sondervorschriften für die Gewinnermittlung nach § 4 oder nach Durchschnittssätzen bei vor dem 1. Juli 1970 angeschafftem Grund und Boden)

EStG
S 2188

(1) [1]Bei Steuerpflichtigen, deren Gewinn für das Wirtschaftsjahr, in das der 30. Juni 1970 fällt, nicht nach § 5 zu ermitteln ist, gilt bei Grund und Boden, der mit Ablauf des 30. Juni 1970 zu ihrem Anlagevermögen gehört hat, als Anschaffungs- oder Herstellungskosten (§ 4 Abs. 3 Satz 4 und § 6 Abs. 1 Nr. 2 Satz 1) das Zweifache des nach den Absätzen 2 bis 4 zu ermittelnden Ausgangsbetrags. [2]Zum Grund und Boden im Sinne des Satzes 1 gehören nicht die mit ihm in Zusammenhang stehenden Wirtschaftsgüter und Nutzungsbefugnisse.

(2) [1]Bei der Ermittlung des Ausgangsbetrags des zum land- und forstwirtschaftlichen Vermögen (§ 33 Abs. 1 Satz 1 des Bewertungsgesetzes in der Fassung der Bekanntmachung vom 10. Dezember 1965 – BGBl. I S. 1861 –, zuletzt geändert durch das Bewertungsänderungsgesetz 1971 vom 27. Juli 1971 – BGBl. I S. 1157) gehörenden Grund und Bodens ist seine Zuordnung zu den Nutzungen und Wirtschaftsgütern (§ 34 Abs. 2 des Bewertungsgesetzes) am 1. Juli 1970 maßgebend; dabei sind die Hof- und Gebäudeflächen sowie die Hausgärten im Sinne des § 40 Abs. 3 des Bewertungsgesetzes nicht in die einzelne Nutzung einzubeziehen. [2]Es sind anzusetzen:

1. Bei Flächen, die nach dem Bodenschätzungsgesetz *vom 20. Dezember 2007 (BGBl. I S. 3150, 3176) in der jeweils geltenden Fassung* zu schätzen sind, für jedes katastermäßig abgegrenzte Flurstück der Betrag in Deutscher Mark, der sich ergibt, wenn die für das Flurstück am 1. Juli 1970 im amtlichen Verzeichnis nach § 2 Abs. 2 der Grundbuchordnung (Liegenschaftskataster) ausgewiesene Ertragsmesszahl vervierfacht wird. [2]Abweichend von Satz 1 sind für Flächen der Nutzungsteile [1)]
   a) Hopfen, Spargel, Gemüsebau und Obstbau — 2,05 Euro je Quadratmeter,
   b) Blumen- und Zierpflanzenbau sowie Baumschulen — 2,56 Euro je Quadratmeter

   anzusetzen, wenn der Steuerpflichtige dem Finanzamt gegenüber bis zum 30. Juni 1972 eine Erklärung über die Größe, Lage und Nutzung der betreffenden Flächen abgibt,
2. für Flächen der forstwirtschaftlichen Nutzung je Quadratmeter 0,51 Euro,
3. für Flächen der weinbaulichen Nutzung der Betrag, der sich unter Berücksichtigung der maßgebenden Lagenvergleichszahl (Vergleichszahl der einzelnen Weinbaulage, § 39 Abs. 1 Satz 3 und § 57 des Bewertungsgesetzes), die für ausbauende Betriebsweise mit Fassweinerzeugung anzusetzen ist, aus der nachstehenden Tabelle ergibt:

Lagenvergleichszahl	Ausgangsbetrag je Quadratmeter in Euro
bis 20	1,28
21 bis 30	1,79
31 bis 40	2,56
41 bis 50	3,58
51 bis 60	4,09
61 bis 70	4,60
71 bis 100	5,11
über 100	6,39

4. für Flächen der sonstigen land- und forstwirtschaftlichen Nutzung, auf die Nummer 1 keine Anwendung findet,
   je Quadratmeter 0,51 Euro,
5. für Hofflächen, Gebäudeflächen und Hausgärten im Sinne des § 40 Abs. 3 des Bewertungsgesetzes
   je Quadratmeter 2,56 Euro,
6. für Flächen des Geringstlandes
   je Quadratmeter 0,13 Euro,
7. für Flächen des Abbaulandes
   je Quadratmeter 0,26 Euro,
8. für Flächen des Unlandes
   je Quadratmeter 0,05 Euro.

1) *Absatz 2 Satz 2 Nr. 1 Satz 1 wurde durch das JStG 2008 ab VZ 2008 geändert.*

(3) [1]Lag am 1. Juli 1970 kein Liegenschaftskataster vor, in dem Ertragsmesszahlen ausgewiesen sind, so ist der Ausgangsbetrag in sinngemäßer Anwendung des Absatzes 2 Satz 2 Nr. 1 Satz 1 auf der Grundlage der durchschnittlichen Ertragsmesszahl der landwirtschaftlichen Nutzung eines Betriebs zu ermitteln, die die Grundlage für die Hauptfeststellung des Einheitswerts auf den 1. Januar 1964 bildet. [2]Absatz 2 Satz 2 Nr. 1 Satz 2 bleibt unberührt.

(4) Bei nicht zum land- und forstwirtschaftlichen Vermögen gehörendem Grund und Boden ist als Ausgangsbetrag anzusetzen:

1. **Für unbebaute Grundstücke der auf den 1. Januar 1964 festgestellte Einheitswert. [2]Wird auf den 1. Januar 1964 kein Einheitswert festgestellt oder hat sich der Bestand des Grundstücks nach dem 1. Januar 1964 und vor dem 1. Juli 1970 verändert, so ist der Wert maßgebend, der sich ergeben würde, wenn das Grundstück nach seinem Bestand vom 1. Juli 1970 und nach den Wertverhältnissen vom 1. Januar 1964 zu bewerten wäre;**
2. **für bebaute Grundstücke der Wert, der sich nach Nummer 1 ergeben würde, wenn das Grundstück unbebaut wäre.**

(5) [1]Weist der Steuerpflichtige nach, dass der Teilwert für Grund und Boden im Sinne des Absatzes 1 am 1. Juli 1970 höher ist als das Zweifache des Ausgangsbetrags, so ist auf Antrag des Steuerpflichtigen der Teilwert als Anschaffungs- oder Herstellungskosten anzusetzen. [2]Der Antrag ist bis zum 31. Dezember 1975 bei dem Finanzamt zu stellen, das für die Ermittlung des Gewinns aus dem Betrieb zuständig ist. [3]Der Teilwert ist gesondert festzustellen. [4]Vor dem 1. Januar 1974 braucht diese Feststellung nur zu erfolgen, wenn ein berechtigtes Interesse des Steuerpflichtigen gegeben ist. [5]Die Vorschriften der Abgabenordnung und der Finanzgerichtsordnung über die gesonderte Feststellung von Besteuerungsgrundlagen gelten entsprechend.

(6) [1]Verluste, die bei der Veräußerung oder Entnahme von Grund und Boden im Sinne des Absatzes 1 entstehen, dürfen bei der Ermittlung des Gewinns in Höhe des Betrags nicht berücksichtigt werden, um den der ausschließlich auf den Grund und Boden entfallende Veräußerungspreis oder der an dessen Stelle tretende Wert nach Abzug der Veräußerungskosten unter dem Zweifachen des Ausgangsbetrags liegt. [2]Entsprechendes gilt bei Anwendung des § 6 Abs. 1 Nr. 2 Satz 2.

(7) Grund und Boden, der nach § 4 Abs. 1 Satz 5 des Einkommensteuergesetzes 1969 nicht anzusetzen war, ist wie eine Einlage zu behandeln; er ist dabei mit dem nach Absatz 1 oder 5 maßgebenden Wert anzusetzen.

R 55

55. Bodengewinnbesteuerung

S 2188 Zu den Wirtschaftsgütern und Nutzungsbefugnissen nach § 55 Abs. 1 Satz 2 EStG gehören insbesondere Milchlieferrechte, Zuckerrübenlieferrechte, Weinanbaurechte, Bodenschätze und Eigenjagdrechte.

H 55

Hinweise

Abschreibung auf den niedrigeren Teilwert

Abschreibung auf den niedrigeren Teilwert ist bei Grund und Boden, der mit dem Zweifachen des Ausgangsbetrags als Einlage anzusetzen war, auch dann ausgeschlossen, wenn für die Minderung des Werts des Grund und Bodens eine Entschädigung gezahlt und diese als Betriebseinnahme erfasst wird (→ BFH vom 10. 8. 1978 – BStBl 1979 II S. 103).

Ein außer Betracht bleibender Veräußerungs- oder Entnahmeverlust kann nicht im Wege der Teilwertabschreibung vorweggenommen werden (→ BFH vom 16. 10. 1997 – BStBl 1998 II S. 185).

Ausschlussfrist

Versäumt ein Land- und Forstwirt es, rechtzeitig vor Ablauf der Ausschlussfrist die Feststellung des höheren Teilwerts nach § 55 Abs. 5 EStG zu beantragen, und ist auch die Wiedereinsetzung in den vorigen Stand wegen Ablaufs der Jahresfrist nicht mehr möglich, kann er aus Billigkeitsgründen nicht so gestellt werden, als hätte das Finanzamt den höheren Teilwert festgestellt (→ BFH vom 26. 5. 1994 – BStBl II S. 833).

Bodengewinnbesteuerung

Zu Fragen der Bodengewinnbesteuerung → BMWF vom 29. 2. 1972 (BStBl I S. 102) – Tz. 1 bis 6 und 9 bis 13.[1])

Milchlieferrecht

Bewertung von mit land- und forstwirtschaftlichem Grund und Boden im Zusammenhang stehenden Milchlieferrechten → BMF vom 14. 1. 2003 (BStBl I S. 78).

Ergänzende Hinweise → OFD Karlsruhe vom 20. 2. 2004 – S 2134 A – St 317 – StEK EStG § 55/41

Ist die Verlustausschlussklausel des § 55 Abs. 6 EStG auf die Milchquote als Gesamtmenge oder flurstücksbezogen anzuwenden? Wie hat die Berechnung der schätzungsweisen Ableitung des Buchwerts des Milchlieferrechts aus dem Wert des Grund und Bodens gem. BMF vom 14. 1. 2003 (BStBl I S. 78) zu erfolgen?

→ Schleswig-Holsteinisches FG vom 7. 5. 2008–5 K 78/06 – Rev. – IV R 30/08

Verlustausschlussklausel

- Verlustausschlussklausel des § 55 Abs. 6 EStG zwingt bei Hinzuerwerb eines Miteigentumsanteils dazu, für den neu erworbenen Anteil als Buchwert die Anschaffungskosten getrennt von dem schon bisher diesem Miteigentümer gehörenden Anteil anzusetzen; gilt entsprechend bei Gesamthandseigentum. Bei einer **späteren Veräußerung** dieser Grundstücksflächen ist der **Veräußerungsgewinn** für beide Buchwerte gesondert zu ermitteln (→ BFH vom 8. 8. 1985 – BStBl 1986 II S. 6),
- Für die Anwendung des § 55 Abs. 6 EStG ist unerheblich, auf welchen Umständen der Veräußerungsverlust oder Entnahmeverlust oder die Teilwertabschreibung des Grund und Bodens beruhen. Demgemäß sind vom Abzugsverbot auch Wertminderungen betroffen, die nicht auf eine Veränderung der Preisverhältnisse, sondern auf tatsächliche Veränderungen am Grundstück zurückgehen. Überlässt ein Landwirt einem Dritten das Recht, ein Sandvorkommen – das in einem bisher landwirtschaftlich genutzten und weiterhin zum Betriebsvermögen rechnenden Grundstück vorhanden ist – abzubauen, so vollzieht sich die Nutzung des Sandvorkommens im Privatbereich und der Landwirt erzielt hieraus Einkünfte aus Vermietung und Verpachtung. Die von den Einnahmen aus dem Sandvorkommen abzuziehenden Werbungskosten können auch das Betriebsvermögen des Landwirts betreffen. Die dadurch bewirkte Vermögensminderung kann jedoch, weil nicht betrieblich veranlasst, den betrieblichen Gewinn nicht mindern. Ihr ist deswegen eine gewinnerhöhende Entnahme gegenüberzustellen. Die Höhe der Entnahme legt insoweit den Umfang der Werbungskosten bei den Einkünften aus Vermietung und Verpachtung fest (→ BFH vom 16. 10. 1997 – BStBl 1998 II S. 185).

Zuckerrübenlieferrecht

→ BFH vom 11. 9. 2003 – BFH/NV 2004, S. 617 – und vom 15. 4. 2004 – BFH/NV, S. 1393 –

---

§ 56 Sondervorschriften für Steuerpflichtige in dem in Artikel 3 des Einigungsvertrags genannten Gebiet

EStG
S 2259a

Bei Steuerpflichtigen, die am 31. Dezember 1990 einen Wohnsitz oder ihren gewöhnlichen Aufenthalt in dem in Artikel 3 des Einigungsvertrages genannten Gebiet und im Jahre 1990 keinen Wohnsitz oder gewöhnlichen Aufenthalt im bisherigen Geltungsbereich dieses Gesetzes hatten, gilt Folgendes:

1. **§ 7 Abs. 5 ist auf Gebäude anzuwenden, die in dem in Artikel 3 des Einigungsvertrages genannten Gebiet nach dem 31. Dezember 1990 angeschafft oder hergestellt worden sind.**
2. **(weggefallen)**

[1]) Anm.: Tz. 13 überholt durch BFH vom 10. 8. 1978 (BStBl 1979 II S. 103).

EStG
S 2259b

§ 57 Besondere Anwendungsregeln aus Anlass der Herstellung der Einheit Deutschlands

(1) Die §§ 7c, 7f, 7g, 7k und 10e dieses Gesetzes, die §§ 76, 78, 82a und 82f der Einkommensteuer-Durchführungsverordnung sowie die §§ 7 und 12 Abs. 3 des Schutzbaugesetzes sind auf Tatbestände anzuwenden, die in dem in Artikel 3 des Einigungsvertrages genannten Gebiet nach dem 31. Dezember 1990 verwirklicht worden sind.

(2) Die §§ 7b und 7d dieses Gesetzes sowie die §§ 81, 82d, 82g und 82i der Einkommensteuer-Durchführungsverordnung sind nicht auf Tatbestände anzuwenden, die in dem in Artikel 3 des Einigungsvertrages genannten Gebiet verwirklicht worden sind.

(3) Bei der Anwendung des § 7g Abs. 2 Nr. 1 und des § 14a Abs. 1 ist in dem in Artikel 3 des Einigungsvertrages genannten Gebiet anstatt vom maßgebenden Einheitswert des Betriebs der Land- und Forstwirtschaft und den darin ausgewiesenen Werten vom Ersatzwirtschaftswert nach § 125 des Bewertungsgesetzes auszugehen.

(4) [1]§ 10d Abs. 1 ist mit der Maßgabe anzuwenden, dass der Sonderausgabenabzug erstmals von dem für die zweite Hälfte des Veranlagungszeitraums 1990 ermittelten Gesamtbetrag der Einkünfte vorzunehmen ist. [2]§ 10d Abs. 2 und 3 ist auch für Verluste anzuwenden, die in dem in Artikel 3 des Einigungsvertrages genannten Gebiet im Veranlagungszeitraum 1990 entstanden sind.

(5) § 22 Nr. 4 ist auf vergleichbare Bezüge anzuwenden, die auf Grund des Gesetzes über Rechtsverhältnisse der Abgeordneten der Volkskammer der Deutschen Demokratischen Republik vom 31. Mai 1990 (GBl. I Nr. 30 S. 274) gezahlt worden sind.

(6) § 34f Abs. 3 Satz 3 ist erstmals auf die in dem in Artikel 3 des Einigungsvertrags genannten Gebiet für die zweite Hälfte des Veranlagungszeitraums 1990 festgesetzte Einkommensteuer anzuwenden.

EStG
S 2259c

§ 58 Weitere Anwendung von Rechtsvorschriften, die vor Herstellung der Einheit Deutschlands in dem in Artikel 3 des Einigungsvertrages genannten Gebiet gegolten haben

(1) Die Vorschriften über Sonderabschreibungen nach § 3 Abs. 1 des Steueränderungsgesetzes vom 6. März 1990 (GBl. I Nr. 17 S. 136) in Verbindung mit § 7 der Durchführungsbestimmung zum Gesetz zur Änderung der Rechtsvorschriften über die Einkommen-, Körperschaft- und Vermögensteuer – Steueränderungsgesetz – vom 16. März 1990 (GBl. I Nr. 21 S. 195) sind auf Wirtschaftsgüter weiter anzuwenden, die nach dem 31. Dezember 1989 und vor dem 1. Januar 1991 in dem in Artikel 3 des Einigungsvertrages genannten Gebiet angeschafft oder hergestellt worden sind.

(2) [1]Rücklagen nach § 3 Abs. 2 des Steueränderungsgesetzes vom 6. März 1990 (GBl. I Nr. 17 S. 136) in Verbindung mit § 8 der Durchführungsbestimmung zum Gesetz zur Änderung der Rechtsvorschriften über die Einkommen-, Körperschaft- und Vermögensteuer – Steueränderungsgesetz – vom 16. März 1990 (GBl. I Nr. 21 S. 195) dürfen, soweit sie zum 31. Dezember 1990 zulässigerweise gebildet worden sind, auch nach diesem Zeitpunkt fortgeführt werden. [2]Sie sind spätestens im Veranlagungszeitraum 1995 gewinn- oder sonst einkünfteerhöhend aufzulösen. [3]Sind vor dieser Auflösung begünstigte Wirtschaftsgüter angeschafft oder hergestellt worden, sind die in die Rücklage eingestellten Beträge von den Anschaffungs- oder Herstellungskosten abzuziehen; die Rücklage ist in Höhe des abgezogenen Betrags im Veranlagungszeitraum der Anschaffung oder Herstellung gewinn- oder sonst einkünfteerhöhend aufzulösen.

(3) Die Vorschrift über den Steuerabzugsbetrag nach § 9 Abs. 1 der Durchführungsbestimmung zum Gesetz zur Änderung der Rechtsvorschriften über die Einkommen-, Körperschaft- und Vermögensteuer – Steueränderungsgesetz – vom 16. März 1990 (GBl. I Nr. 21 S. 195) ist für Steuerpflichtige weiter anzuwenden, die vor dem 1. Januar 1991 in dem in Artikel 3 des Einigungsvertrages genannten Gebiet eine Betriebsstätte begründet haben, wenn sie von dem Tag der Begründung der Betriebsstätte an zwei Jahre lang die Tätigkeit ausüben, die Gegenstand der Betriebsstätte ist.

EStG

§§ 59 bis 61

(weggefallen)

X. Kindergeld

§ 62 Ansprüchsberechtigte

EStG
S 2470

(1) Für Kinder im Sinne des § 63 hat Anspruch auf Kindergeld nach diesem Gesetz, wer

1. im Inland einen Wohnsitz oder seinen gewöhnlichen Aufenthalt hat oder

2. ohne Wohnsitz oder gewöhnlichen Aufenthalt im Inland

a) nach § 1 Abs. 2 unbeschränkt einkommensteuerpflichtig ist oder

b) nach § 1 Abs. 3 als unbeschränkt einkommensteuerpflichtig behandelt wird.

(2) Ein nicht freizügigkeitsberechtigter Ausländer erhält Kindergeld nur, wenn er [1])

1. eine Niederlassungserlaubnis besitzt,

2. eine Aufenthaltserlaubnis besitzt, die zur Ausübung einer Erwerbstätigkeit berechtigt oder berechtigt hat, es sei denn, die Aufenthaltserlaubnis wurde

a) nach § 16 oder § 17 des Aufenthaltsgesetzes erteilt,

b) nach § 18 Abs. 2 des Aufenthaltsgesetzes erteilt und die Zustimmung der Bundesagentur für Arbeit darf nach der Beschäftigungsverordnung nur für einen bestimmten Höchstzeitraum erteilt werden,

c) nach § 23 Abs. 1 des Aufenthaltsgesetzes wegen eines Krieges in seinem Heimatland oder nach den §§ 23a, 24, 25 Abs. 3 bis 5 des Aufenthaltsgesetzes erteilt

oder

3. eine in Nummer 2 Buchstabe c genannte Aufenthaltserlaubnis besitzt und

a) sich seit mindestens drei Jahren rechtmäßig, gestattet oder geduldet im Bundesgebiet aufhält und

b) im Bundesgebiet berechtigt erwerbstätig ist, laufende Geldleistungen nach dem Dritten Buch Sozialgesetzbuch bezieht oder Elternzeit in Anspruch nimmt.

Hinweise

H 62

Anspruchsberechtigung

→ DA-FamEStG 62.1–62.7 (BStBl 2004 I S. 749–754, BStBl 2007 I S. 489)

Ausländer

DA-FamEStG 62.4 (***BStBl 2008 I S. 642***)

---

§ 63 Kinder

EStG
S 2471

(1) [1]Als Kinder werden berücksichtigt

1. Kinder im Sinne des § 32 Abs. 1,

2. vom Berechtigten in seinen Haushalt aufgenommene Kinder seines Ehegatten,

3. vom Berechtigten in seinen Haushalt aufgenommene Enkel.

[2]§ 32 Abs. 3 bis 5 gilt entsprechend. [3]Kinder, die weder einen Wohnsitz noch ihren gewöhnlichen Aufenthalt im Inland, in einem Mitgliedstaat der Europäischen Union oder in einem Staat, auf den das Abkommen über den Europäischen Wirtschaftsraum Anwendung findet, haben, werden nicht berücksichtigt, es sei denn, sie leben im Haushalt eines Berechtigten im Sinne des § 62 Abs. 1 Nr. 2 Buchstabe a. [4]Kinder im Sinne von § 2 Abs. 4 Satz 2 des Bundeskindergeldgesetzes werden nicht berücksichtigt.

(2) Die Bundesregierung wird ermächtigt, durch Rechtsverordnung, die nicht der Zustimmung des Bundesrates bedarf, zu bestimmen, dass einem Berechtigten, der im Inland erwerbstätig ist oder sonst seine hauptsächlichen Einkünfte erzielt, für seine in Absatz 1 Satz 3 erster Halbsatz bezeichneten Kinder Kindergeld ganz oder teilweise zu leisten ist, soweit dies mit Rücksicht auf die durchschnittlichen Lebenshaltungskosten für Kinder in deren Wohnsitzstaat und auf die dort gewährten, dem Kindergeld vergleichbaren Leistungen geboten ist.

---

1) Absatz 2 ist in allen Fällen anzuwenden, in denen das Kindergeld noch nicht bestandskräftig festgesetzt ist → § 52 Abs. 61a Satz 2 EStG.

H 63

Hinweise

Anwendung des Abkommens über den Europäischen Wirtschaftsraum

→ DA-FamEStG 62.4.3 (***BStBl 2008 I S. 644***)

Berücksichtigung von Kindern

→ R 32.1 – R 32.11

→ DA-FamEStG 63.1–63.5 (BStBl 2004 I S. 757–791) ***unter Berücksichtigung der Änderungen zur Vollzeiterwerbstätigkeit → BZSt vom 4. 7. 2008 (BStBl I S. 716).***

Territoriale Voraussetzungen

→ DA-FamEStG 63.6.1 (BStBl 2004 I S. 792)

Die territorialen Voraussetzungen gelten nicht, wenn die Voraussetzungen nach einem zwischenstaatlichen Abkommen über die Soziale Sicherheit → H 31 (Über- und zwischenstaatliche Rechtsvorschriften) erfüllt sind → DA-FamEStG 63.6.2 Abs. 2 (BStBl 2004 I S. 793).

EStG
S 2472

§ 64 Zusammentreffen mehrerer Ansprüche

(1) Für jedes Kind wird nur einem Berechtigten Kindergeld gezahlt.

(2) [1]Bei mehreren Berechtigten wird das Kindergeld demjenigen gezahlt, der das Kind in seinen Haushalt aufgenommen hat. [2]Ist ein Kind in den gemeinsamen Haushalt von Eltern, einem Elternteil und dessen Ehegatten, Pflegeeltern oder Großeltern aufgenommen worden, so bestimmen diese untereinander den Berechtigten. [3]Wird eine Bestimmung nicht getroffen, so bestimmt das *Familiengericht* auf Antrag den Berechtigten.[1) 4]Den Antrag kann stellen, wer ein berechtigtes Interesse an der Zahlung des Kindergeldes hat. [5]Lebt ein Kind im gemeinsamen Haushalt von Eltern und Großeltern, so wird das Kindergeld vorrangig einem Elternteil gezahlt; es wird an einen Großelternteil gezahlt, wenn der Elternteil gegenüber der zuständigen Stelle auf seinen Vorrang schriftlich verzichtet hat.

(3) [1]Ist das Kind nicht in den Haushalt eines Berechtigten aufgenommen, so erhält das Kindergeld derjenige, der dem Kind eine Unterhaltsrente zahlt. [2]Zahlen mehrere Berechtigte dem Kind Unterhaltsrenten, so erhält das Kindergeld derjenige, der dem Kind die höchste Unterhaltsrente zahlt. [3]Werden gleich hohe Unterhaltsrenten gezahlt oder zahlt keiner der Berechtigten dem Kind Unterhalt, so bestimmen die Berechtigten untereinander, wer das Kindergeld erhalten soll. [4]Wird eine Bestimmung nicht getroffen, so gilt Absatz 2 Satz 3 und 4 entsprechend.

H 64

Hinweise

Haushaltsaufnahme

→ DA-FamEStG 63.2.2.2 (BStBl 2004 I S. 759)

Zusammentreffen mehrerer Ansprüche

DA-FamEStG 64.1–64.4 (BStBl 2004 I S. 794–797)

EStG
S 2473

§ 65 Andere Leistungen für Kinder

(1) [1]Kindergeld wird nicht für ein Kind gezahlt, für das eine der folgenden Leistungen zu zahlen ist oder bei entsprechender Antragstellung zu zahlen wäre:

1. **Kinderzulagen aus der gesetzlichen Unfallversicherung oder Kinderzuschüsse aus den gesetzlichen Rentenversicherungen,**
2. **Leistungen für Kinder, die im Ausland gewährt werden und dem Kindergeld oder einer der unter Nummer 1 genannten Leistungen vergleichbar sind,**

---

1) ***Absatz 2 Satz 3 wurde durch das Gesetz zur Reform des Verfahrens in Familiensachen und in den Angelegenheiten der freiwilligen Gerichtsbarkeit (FGG-Reformgesetz – FGG-RG) ab 1. 9. 2008 (Inkrafttreten) geändert.***

3. **Leistungen für Kinder, die von einer zwischen- oder überstaatlichen Einrichtung gewährt werden und dem Kindergeld vergleichbar sind.**

[2]Soweit es für die Anwendung von Vorschriften dieses Gesetzes auf den Erhalt von Kindergeld ankommt, stehen die Leistungen nach Satz 1 dem Kindergeld gleich. [3]Steht ein Berechtigter in einem Versicherungspflichtverhältnis zur Bundesagentur für Arbeit nach § 24 des Dritten Buches Sozialgesetzbuch oder ist er versicherungsfrei nach § 28 Nr. 1 des Dritten Buches Sozialgesetzbuch oder steht er im Inland in einem öffentlich-rechtlichen Dienst- oder Amtsverhältnis, so wird sein Anspruch auf Kindergeld für ein Kind nicht nach Satz 1 Nr. 3 mit Rücksicht darauf ausgeschlossen, dass sein Ehegatte als Beamter, Ruhestandsbeamter oder sonstiger Bediensteter der Europäischen Gemeinschaften für das Kind Anspruch auf Kinderzulage hat.

(2) Ist in den Fällen des Absatzes 1 Satz 1 Nr. 1 der Bruttobetrag der anderen Leistung niedriger als das Kindergeld nach § 66, wird Kindergeld in Höhe des Unterschiedsbetrags gezahlt, wenn er mindestens 5 Euro beträgt.

Hinweise

H 65

Leistungen, die den Kindergeldanspruch ausschließen

→ DA-FamEStG 65.1 (BStBl 2004 I S. 798–799).

Teilkindergeld

→ DA-FamEStG 65.2 (BStBl 2004 I S. 800)

Vergleichbare ausländische Leistungen

- → BfF vom 12. 2. 2002 (BStBl I S. 241).
- Österreichisches Kindergeld ist mit dem deutschen Kindergeld vergleichbar (→ BFH vom 13. 8. 2002 – BFH/NV 2002 S. 1661).

§ 66 Höhe des Kindergeldes, Zahlungszeitraum

EStG
S 2474

(1) Das Kindergeld beträgt für erste, zweite und dritte Kinder jeweils 154 Euro und für das vierte und jedes weitere Kind jeweils 179 Euro monatlich. [1] [2]

(2) Das Kindergeld wird monatlich vom Beginn des Monats an gezahlt, in dem die Anspruchsvoraussetzungen erfüllt sind, bis zum Ende des Monats, in dem die Anspruchsvoraussetzungen wegfallen.

Hinweise

H 66

Anspruchszeitraum

→ DA-FamEStG 66.2 (BStBl 2004 I S. 801)

Höhe des Kindergeldes

→ DA-FamEStG 66.1 (BStBl 2004 I S. 801)

Zählkinder

Beispiel:

Ein Berechtigter hat aus einer früheren Beziehung drei Kinder, für die die Mutter das Kindergeld erhält. Diese Kinder werden bei dem Berechtigten, der aus seiner jetzigen Beziehung ein weiteres Kind hat, als Zählkinder berücksichtigt. Somit erhält er für sein jüngstes (also sein viertes) Kind Kindergeld in Höhe von 179 €.

1) ***Absatz 1 wurde durch das FamLeistG ab VZ 2009 neu gefasst.***
Anm.: Die Neufassung lautet:
(1) Das Kindergeld beträgt monatlich für erste und zweite Kinder jeweils 164 Euro, für dritte Kinder 170 Euro und für das vierte und jedes weitere Kind jeweils 195 Euro.

2) Durch das Gesetz zur Sicherung von Beschäftigung und Stabilität in Deutschland wurde dem Absatz 1 folgender Satz angefügt:
Darüber hinaus wird für jedes Kind, für das im Kalenderjahr 2009 mindestens für einen Kalendermonat ein Anspruch auf Kindergeld besteht, für das Kalenderjahr 2009 ein Einmalbetrag in Höhe von 100 Euro gezahlt.

EStG
S 2475

§ 67 Antrag

[1]Das Kindergeld ist bei der zuständigen Familienkasse schriftlich zu beantragen. [2]Den Antrag kann außer dem Berechtigten auch stellen, wer ein berechtigtes Interesse an der Leistung des Kindergeldes hat.

H 67

Hinweise

Antragstellung

→ DA-FamEStG 67.2 (BStBl 2004 I S. 802)

Auskunfts- und Beratungspflicht der Familienkassen

→ DA-FamEStG 67.1 (BStBl 2004 I S. 802)

Kinder über 18 Jahre

→ DA-FamEStG 67.4 (BStBl 2004 I S. 805)

Mitwirkungspflichten

→ § 68 EStG

→ DA-FamEStG 67.6 (BStBl 2004 I S. 806)

Zuständigkeit

Dem ***BZSt*** obliegt die Durchführung des Familienleistungsausgleichs nach Maßgabe des § 31 EStG. Die Bundesagentur für Arbeit stellt dem ***BZSt*** zur Durchführung dieser Aufgaben ihre Dienststellen als Familienkassen zur Verfügung; die Fachaufsicht obliegt dem ***BZSt*** (§ 5 Abs. 1 Nr. 11 FVG).

EStG
S 2476

§ 68 Besondere Mitwirkungspflichten

(1) [1]Wer Kindergeld beantragt oder erhält, hat Änderungen in den Verhältnissen, die für die Leistung erheblich sind oder über die im Zusammenhang mit der Leistung Erklärungen abgegeben worden sind, unverzüglich der zuständigen Familienkasse mitzuteilen. [2]Ein Kind, das das 18. Lebensjahr vollendet hat, ist auf Verlangen der Familienkasse verpflichtet, an der Aufklärung des für die Kindergeldzahlung maßgebenden Sachverhalts mitzuwirken; § 101 der Abgabenordnung findet insoweit keine Anwendung.

[1]) **(2) Soweit es zur Durchführung des § 63 erforderlich ist, hat der jeweilige Arbeitgeber der in dieser Vorschrift bezeichneten Personen der Familienkasse auf Verlangen eine Bescheinigung über den Arbeitslohn, einbehaltene Steuern und Sozialabgaben sowie den auf der Lohnsteuerkarte eingetragenen Freibetrag auszustellen.**

(3) Auf Antrag des Berechtigten erteilt die das Kindergeld auszahlende Stelle eine Bescheinigung über das für das Kalenderjahr ausgezahlte Kindergeld.

(4) Die Familienkassen dürfen den die Bezüge im öffentlichen Dienst anweisenden Stellen Auskunft über den für die jeweilige Kindergeldzahlung maßgebenden Sachverhalt erteilen.

H 68

Hinweise

Bescheinigung über zustehendes Kindergeld

→ DA-FamEStG 68.4 (BStBl I 2004 I S. 811)

1) ***Absatz 2 wurde durch das JStG 2009 ab VZ 2009 aufgehoben.***

§ 69 Überprüfung des Fortbestehens von Anspruchsvoraussetzungen durch Meldedaten-Übermittlung

EStG
S 2477

Die Meldebehörden übermitteln in regelmäßigen Abständen den Familienkassen nach Maßgabe einer auf Grund des § 20 Abs. 1 des Melderechtsrahmengesetzes zu erlassenden Rechtsverordnung die in § 18 Abs. 1 des Melderechtsrahmengesetzes genannten Daten aller Einwohner, zu deren Person im Melderegister Daten von minderjährigen Kindern gespeichert sind, und dieser Kinder, soweit die Daten nach ihrer Art für die Prüfung der Rechtmäßigkeit des Bezuges von Kindergeld geeignet sind.

Hinweise

H 69

Meldedatenabgleich

→ DA-FamEStG 69 (BStBl 2004 I S. 813)

---

§ 70 Festsetzung und Zahlung des Kindergeldes

EStG
S 2478

(1) Das Kindergeld nach § 62 wird von den Familienkassen durch Bescheid festgesetzt und ausgezahlt.

(2) Soweit in den Verhältnissen, die für den Anspruch auf Kindergeld erheblich sind, Änderungen eintreten, ist die Festsetzung des Kindergeldes mit Wirkung vom Zeitpunkt der Änderung der Verhältnisse aufzuheben oder zu ändern. [1])

(3) [1]Materielle Fehler der letzten Festsetzung können durch Neufestsetzung oder durch Aufhebung der Festsetzung beseitigt werden. [2]Neu festgesetzt oder aufgehoben wird mit Wirkung ab dem auf die Bekanntgabe der Neufestsetzung oder der Aufhebung der Festsetzung folgenden Monat. [3]Bei der Neufestsetzung oder Aufhebung der Festsetzung nach Satz 1 ist § 176 der Abgabenordnung entsprechend anzuwenden; dies gilt nicht für Monate, die nach der Verkündung der maßgeblichen Entscheidung eines obersten Gerichtshofes des Bundes beginnen.

(4) Eine Kindergeldfestsetzung ist aufzuheben oder zu ändern, wenn nachträglich bekannt wird, dass die Einkünfte und Bezüge des Kindes den Grenzbetrag nach § 32 Abs. 4 über- oder unterschreiten.

---

§ 71 (weggefallen)

EStG
S 2478

---

§ 72 Festsetzung und Zahlung des Kindergeldes an Angehörige des öffentlichen Dienstes

EStG
S 2479

(1) [1]Steht Personen, die

1. **in einem öffentlich-rechtlichen Dienst-, Amts- oder Ausbildungsverhältnis stehen, mit Ausnahme der Ehrenbeamten, oder**
2. **Versorgungsbezüge nach beamten- oder soldatenrechtlichen Vorschriften oder Grundsätzen erhalten oder**
3. **Arbeitnehmer des Bundes, eines Landes, einer Gemeinde, eines Gemeindeverbandes oder einer sonstigen Körperschaft, einer Anstalt oder einer Stiftung des öffentlichen Rechts sind, einschließlich der zu ihrer Berufsausbildung Beschäftigten,**

Kindergeld nach Maßgabe dieses Gesetzes zu, wird es von den Körperschaften, Anstalten oder Stiftungen des öffentlichen Rechts festgesetzt und ausgezahlt. [2]Die genannten juristischen Personen sind insoweit Familienkasse.

---

[1]) ***Durch das FamLeistG wurde ab VZ 2009 ein Satz 2 angefügt.***
Anm.: Der neue Satz 2 lautet:
Ist die Änderung einer Kindergeldfestsetzung nur wegen einer Anhebung der in § 66 Abs. 1 genannten Kindergeldbeträge erforderlich, kann von der Erteilung eines schriftlichen Änderungsbescheides abgesehen werden.

(2) Der Deutschen Post AG, der Deutschen Postbank AG und der Deutschen Telekom AG obliegt die Durchführung dieses Gesetzes für ihre jeweiligen Beamten und Versorgungsempfänger in Anwendung des Absatzes 1.

(3) Absatz 1 gilt nicht für Personen, die ihre Bezüge oder Arbeitsentgelt

1. von einem Dienstherrn oder Arbeitgeber im Bereich der Religionsgesellschaften des öffentlichen Rechts oder
2. von einem Spitzenverband der Freien Wohlfahrtspflege, einem diesem unmittelbar oder mittelbar angeschlossenen Mitgliedsverband oder einer einem solchen Verband angeschlossenen Einrichtung oder Anstalt

erhalten.

(4) Die Absätze 1 und 2 gelten nicht für Personen, die voraussichtlich nicht länger als sechs Monate in den Kreis der in Absatz 1 Satz 1 Nr. 1 bis 3 und Absatz 2 Bezeichneten eintreten.

(5) Obliegt mehreren Rechtsträgern die Zahlung von Bezügen oder Arbeitsentgelt (Absatz 1 Satz 1) gegenüber einem Berechtigten, so ist für die Durchführung dieses Gesetzes zuständig:

1. bei Zusammentreffen von Versorgungsbezügen mit anderen Bezügen oder Arbeitsentgelt der Rechtsträger, dem die Zahlung der anderen Bezüge oder des Arbeitsentgelts obliegt;
2. bei Zusammentreffen mehrerer Versorgungsbezüge der Rechtsträger, dem die Zahlung der neuen Versorgungsbezüge im Sinne der beamtenrechtlichen Ruhensvorschriften obliegt;
3. bei Zusammentreffen von Arbeitsentgelt (Absatz 1 Satz 1 Nr. 3) mit Bezügen aus einem der in Absatz 1 Satz 1 Nr. 1 bezeichneten Rechtsverhältnisse der Rechtsträger, dem die Zahlung dieser Bezüge obliegt;
4. bei Zusammentreffen mehrerer Arbeitsentgelte (Absatz 1 Satz 1 Nr. 3) der Rechtsträger, dem die Zahlung des höheren Arbeitsentgelts obliegt oder – falls die Arbeitsentgelte gleich hoch sind – der Rechtsträger, zu dem das zuerst begründete Arbeitsverhältnis besteht.

(6) [1]Scheidet ein Berechtigter im Laufe eines Monats aus dem Kreis der in Absatz 1 Satz 1 Nr. 1 bis 3 Bezeichneten aus oder tritt er im Laufe eines Monats in diesen Kreis ein, so wird das Kindergeld für diesen Monat von der Stelle gezahlt, die bis zum Ausscheiden oder Eintritt des Berechtigten zuständig war. [2]Dies gilt nicht, soweit die Zahlung von Kindergeld für ein Kind in Betracht kommt, das erst nach dem Ausscheiden oder Eintritt bei dem Berechtigten nach § 63 zu berücksichtigen ist. [3]Ist in einem Fall des Satzes 1 das Kindergeld bereits für einen folgenden Monat gezahlt worden, so muss der für diesen Monat Berechtigte die Zahlung gegen sich gelten lassen.

(7) [1]In den Abrechnungen der Bezüge und des Arbeitsentgelts ist das Kindergeld gesondert auszuweisen, wenn es zusammen mit den Bezügen oder dem Arbeitsentgelt ausgezahlt wird. [2]Der Rechtsträger hat die Summe des von ihm für alle Berechtigten ausgezahlten Kindergeldes dem Betrag, den er insgesamt an Lohnsteuer einzubehalten hat, zu entnehmen und bei der nächsten Lohnsteuer-Anmeldung gesondert abzusetzen. [3]Übersteigt das insgesamt ausgezahlte Kindergeld den Betrag, der insgesamt an Lohnsteuer abzuführen ist, so wird der übersteigende Betrag dem Rechtsträger auf Antrag von dem Finanzamt, an das die Lohnsteuer abzuführen ist, aus den Einnahmen der Lohnsteuer ersetzt.

(8) [1]Abweichend von Absatz 1 Satz 1 werden Kindergeldansprüche auf Grund über- oder zwischenstaatlicher Rechtsvorschriften durch die Familienkassen der Bundesagentur für Arbeit festgesetzt und ausgezahlt. [2]Dies gilt auch für Fälle, in denen Kindergeldansprüche sowohl nach Maßgabe dieses Gesetzes als auch auf Grund über- oder zwischenstaatlicher Rechtsvorschriften bestehen.

H 72

Hinweise

Festsetzung und Zahlung des Kindergeldes an Angehörige des öffentlichen Dienstes

→ DA-FamEStG 72.1–72.4 (BStBl 2004 I S. 820–823)

EStG
S 2480

§ 73

(weggefallen)

§ 74 Zahlung des Kindergeldes in Sonderfällen

EStG
S 2486

(1) [1]Das für ein Kind festgesetzte Kindergeld nach § 66 Abs. 1 kann an das Kind ausgezahlt werden, wenn der Kindergeldberechtigte ihm gegenüber seiner gesetzlichen Unterhaltspflicht nicht nachkommt. [2]Kindergeld kann an Kinder, die bei der Festsetzung des Kindergeldes berücksichtigt werden, bis zur Höhe des Betrages, der sich bei entsprechender Anwendung des § 76 ergibt, ausgezahlt werden. [3]Dies gilt auch, wenn der Kindergeldberechtigte mangels Leistungsfähigkeit nicht unterhaltspflichtig ist oder nur Unterhalt in Höhe eines Betrages zu leisten braucht, der geringer ist als das für die Auszahlung in Betracht kommende Kindergeld. [4]Die Auszahlung kann auch an die Person oder Stelle erfolgen, die dem Kind Unterhalt gewährt.

(2) Für Erstattungsansprüche der Träger von Sozialleistungen gegen die Familienkasse gelten die §§ 102 bis 109 und 111 bis 113 des Zehnten Buches Sozialgesetzbuch entsprechend.

Hinweise

H 74

Zahlung des Kindergeldes in Sonderfällen

→ DA-FamEStG 74.1–74.3 (BStBl 2004 I S. 825–828)

§ 75 Aufrechnung

EStG
S 2487

(1) Mit Ansprüchen auf Rückzahlung von Kindergeld kann die Familienkasse gegen Ansprüche auf laufendes Kindergeld bis zu deren Hälfte aufrechnen, wenn der Leistungsberechtigte nicht nachweist, dass er dadurch hilfebedürftig im Sinne der Vorschriften des Zwölften Buches Sozialgesetzbuch über die Hilfe zum Lebensunterhalt oder im Sinne der Vorschriften des Zweiten Buches Sozialgesetzbuch über die Leistungen zur Sicherung des Lebensunterhalts wird.

(2) Absatz 1 gilt für die Aufrechnung eines Anspruchs auf Erstattung von Kindergeld gegen einen späteren Kindergeldanspruch eines mit dem Erstattungspflichtigen in Haushaltsgemeinschaft lebenden Berechtigten entsprechend, soweit es sich um laufendes Kindergeld für ein Kind handelt, das bei beiden berücksichtigt werden kann oder konnte.

Hinweise

H 75

Aufrechnung

→ DA-FamEStG 75.1–75.3 (BStBl 2004 I S. 829–830)

§ 76 Pfändung

EStG
S 2487

[1]Der Anspruch auf Kindergeld kann nur wegen gesetzlicher Unterhaltsansprüche eines Kindes, das bei der Festsetzung des Kindergeldes berücksichtigt wird, gepfändet werden. [2]Für die Höhe des pfändbaren Betrages gilt:

1. **Gehört das unterhaltsberechtigte Kind zum Kreis der Kinder, für die dem Leistungsberechtigten Kindergeld gezahlt wird, so ist eine Pfändung bis zu dem Betrag möglich, der bei gleichmäßiger Verteilung des Kindergeldes auf jedes dieser Kinder entfällt. [2]Ist das Kindergeld durch die Berücksichtigung eines weiteren Kindes erhöht, für das einer dritten Person Kindergeld oder dieser oder dem Leistungsberechtigten eine andere Geldleistung für Kinder zusteht, so bleibt der Erhöhungsbetrag bei der Bestimmung des pfändbaren Betrages des Kindergeldes nach Satz 1 außer Betracht.**
2. **Der Erhöhungsbetrag nach Nummer 1 Satz 2 ist zugunsten jedes bei der Festsetzung des Kindergeldes berücksichtigten unterhaltsberechtigten Kindes zu dem Anteil pfändbar, der sich bei gleichmäßiger Verteilung auf alle Kinder, die bei der Festsetzung des Kindergeldes zugunsten des Leistungsberechtigten berücksichtigt werden, ergibt.**

H 76

Hinweise

Pfändung

→ DA-FamEStG 76.1–76.5 (BStBl 2004 I S. 831–833)

EStG
S 2487

§ 76a Kontenpfändung und Pfändung von Bargeld

(1) [1]Wird Kindergeld auf das Konto des Berechtigten oder in den Fällen des § 74 Abs. 1 Satz 1 bis 3 bzw. § 76 auf das Konto des Kindes bei einem Geldinstitut überwiesen, ist die Forderung, die durch die Gutschrift entsteht, für die Dauer von sieben Tagen seit der Gutschrift der Überweisung unpfändbar. [2]Eine Pfändung des Guthabens gilt als mit der Maßgabe ausgesprochen, dass sie das Guthaben in Höhe der in Satz 1 bezeichneten Forderung während der sieben Tage nicht erfasst.

(2) [1]Das Geldinstitut ist dem Schuldner innerhalb der sieben Tage zur Leistung aus dem nach Absatz 1 Satz 2 von der Pfändung nicht erfassten Guthaben nur soweit verpflichtet, als der Schuldner nachweist oder als dem Geldinstitut sonst bekannt ist, dass das Guthaben von der Pfändung nicht erfasst ist. [2]Soweit das Geldinstitut hiernach geleistet hat, gilt Absatz 1 Satz 2 nicht.

(3) [1]Eine Leistung, die das Geldinstitut innerhalb der sieben Tage aus dem nach Absatz 1 Satz 2 von der Pfändung nicht erfassten Guthaben an den Gläubiger bewirkt, ist dem Schuldner gegenüber unwirksam. [2]Das gilt auch für eine Hinterlegung.

(4) Bei Empfängern laufender Kindergeldleistungen sind die in Absatz 1 genannten Forderungen nach Ablauf von sieben Tagen seit der Gutschrift sowie Bargeld insoweit nicht der Pfändung unterworfen, als ihr Betrag dem unpfändbaren Teil der Leistungen für die Zeit von der Pfändung bis zum nächsten Zahlungstermin entspricht.

EStG
S 2488

§ 77 Erstattung von Kosten im Vorverfahren

(1) [1]Soweit der Einspruch gegen die Kindergeldfestsetzung erfolgreich ist, hat die Familienkasse demjenigen, der den Einspruch erhoben hat, die zur zweckentsprechenden Rechtsverfolgung oder Rechtsverteidigung notwendigen Aufwendungen zu erstatten. [2]Dies gilt auch, wenn der Einspruch nur deshalb keinen Erfolg hat, weil die Verletzung einer Verfahrens- oder Formvorschrift nach § 126 der Abgabenordnung unbeachtlich ist. [3]Aufwendungen, die durch das Verschulden eines Erstattungsberechtigten entstanden sind, hat dieser selbst zu tragen; das Verschulden eines Vertreters ist dem Vertretenen zuzurechnen.

(2) Die Gebühren und Auslagen eines Bevollmächtigten oder Beistandes, der nach den Vorschriften des Steuerberatungsgesetzes zur geschäftsmäßigen Hilfeleistung in Steuersachen befugt ist, sind erstattungsfähig, wenn dessen Zuziehung notwendig war.

(3) [1]Die Familienkasse setzt auf Antrag den Betrag der zu erstattenden Aufwendungen fest. [2]Die Kostenentscheidung bestimmt auch, ob die Zuziehung eines Bevollmächtigten oder Beistandes im Sinne des Absatzes 2 notwendig war.

H 77

Hinweise

Dienstanweisung

zur Durchführung von Rechtsbehelfsverfahren im Zusammenhang mit dem steuerlichen Familienleistungsausgleich nach dem X. Abschnitt des EStG.

→ BStBl 2000 I S. 761

EStG
S 2489

§ 78 Übergangsregelungen

(1) bis (4) (weggefallen)

(5) [1]Abweichend von § 64 Abs. 2 und 3 steht Berechtigten, die für Dezember 1990 für ihre Kinder Kindergeld in dem in Artikel 3 des Einigungsvertrages genannten Gebiet bezogen haben, das Kindergeld für diese Kinder auch für die folgende Zeit zu, solange sie ihren Wohnsitz oder

gewöhnlichen Aufenthalt in diesem Gebiet beibehalten und die Kinder die Voraussetzungen ihrer Berücksichtigung weiterhin erfüllen. [2]§ 64 Abs. 2 und 3 ist insoweit erst für die Zeit vom Beginn des Monats an anzuwenden, in dem ein hierauf gerichteter Antrag bei der zuständigen Stelle eingegangen ist; der hiernach Berechtigte muss die nach Satz 1 geleisteten Zahlungen gegen sich gelten lassen.

Hinweise

H 78

Sonderregelung für Berechtigte in den neuen Bundesländern

→ DA-FamEStG 78.2 (BStBl 2004 I S. 835)

XI. Altersvorsorgezulage

§ 79 Zulageberechtigte

EStG
S 2490

[1]Nach § 10a Abs. 1 begünstigte unbeschränkt steuerpflichtige Personen haben Anspruch auf eine Altersvorsorgezulage (Zulage). [2]Liegen bei Ehegatten die Voraussetzungen des § 26 Abs. 1 vor und ist nur ein Ehegatte nach Satz 1 begünstigt, so ist auch der andere Ehegatte zulageberechtigt, wenn ein auf seinen Namen lautender Altersvorsorgevertrag besteht.

Hinweise

H 79

Altersvermögensgesetz

→ ***BMF vom 5. 2. 2008 (BStBl I S. 420)*** Anhang 1

§ 80 Anbieter

EStG
S 2490

Anbieter im Sinne dieses Gesetzes sind Anbieter von Altersvorsorgeverträgen gemäß § 1 Abs. 2 des Altersvorsorgeverträge-Zertifizierungsgesetzes sowie die in § 82 Abs. 2 genannten Versorgungseinrichtungen.

§ 81 Zentrale Stelle

EStG
S 2490

Zentrale Stelle im Sinne dieses Gesetzes ist die Deutsche Rentenversicherung Bund.

§ 81a Zuständige Stelle

EStG
S 2490

[1]Zuständige Stelle ist bei einem

1. **Empfänger von Besoldung nach dem Bundesbesoldungsgesetz oder einem Landesbesoldungsgesetz die die Besoldung anordnende Stelle,**
2. **Empfänger von Amtsbezügen im Sinne des § 10a Abs. 1 Satz 1 Nr. 2 die die Amtsbezüge anordnende Stelle,**
3. **versicherungsfrei Beschäftigten sowie bei einem von der Versicherungspflicht befreiten Beschäftigten im Sinne des § 10a Abs. 1 Satz 1 Nr. 3 der die Versorgung gewährleistende Arbeitgeber der rentenversicherungsfreien Beschäftigung,** [1]
4. **Beamten, Richter, Berufssoldaten und Soldaten auf Zeit im Sinne des § 10a Abs. 1 Satz 1 Nr. 4 der zur Zahlung des Arbeitsentgelts verpflichtete Arbeitgeber *und*** [2]

1) *Satz 1 Nr. 3 wurde durch das EigRentG ab VZ 2008 (→ § 52 Abs. 24c EStG) geändert.*
2) *Satz 1 Nr. 4 wurde durch das EigRentG ab VZ 2008 (→ § 52 Abs. 24c EStG) geändert.*

[1] *5. Empfänger einer Versorgung im Sinne des § 10a Abs. 1 Satz 4 die die Versorgung anordnende Stelle.*

[2]Für die in § 10a Abs. 1 Satz 1 Nr. 5 genannten Steuerpflichtigen gilt Satz 1 entsprechend.

EStG
S 2491

§ 82 Altersvorsorgebeiträge

[2] (1) [1]Geförderte Altersvorsorgebeiträge sind im Rahmen der in § 10a genannten Grenzen

1. Beiträge,
2. Tilgungsleistungen,

die der Zulageberechtigte (§ 79) zugunsten eines auf seinen Namen lautenden Vertrags leistet, der nach § 5 des Altersvorsorgeverträge-Zertifizierungsgesetzes zertifiziert ist. [2]Die Zertifizierung ist Grundlagenbescheid im Sinne des § 171 Abs. 10 der Abgabenordnung. *[3]Als Tilgungsleistungen gelten auch Beiträge, die zugunsten eines Altersvorsorgevertrags im Sinne des § 1 Abs. 1a Satz 1 Nr. 3 des Altersvorsorgeverträge-Zertifizierungsgesetzes erbracht wurden und die zur Tilgung eines im Rahmen des Altersvorsorgevertrags abgeschlossenen Darlehens abgetreten wurden. [4]Im Fall der Übertragung von gefördertem Altersvorsorgevermögen nach § 1 Abs. 1 Satz 1 Nr. 10 Buchstabe b des Altersvorsorgeverträge-Zertifizierungsgesetzes in einen Altersvorsorgevertrag im Sinne des § 1 Abs. 1a Satz 1 Nr. 3 des Altersvorsorgeverträge-Zertifizierungsgesetzes gelten die Beiträge nach Satz 1 Nr. 1 ab dem Zeitpunkt der Übertragung als Tilgungsleistungen nach Satz 3; eine erneute Förderung nach § 10a oder Abschnitt XI erfolgt insoweit nicht. [5]Tilgungsleistungen nach Satz 1 und Satz 3 werden nur berücksichtigt, wenn das zugrunde liegende Darlehen für eine nach dem 31. Dezember 2007 vorgenommene wohnungswirtschaftliche Verwendung im Sinne des § 92a Abs. 1 Satz 1 eingesetzt wurde.*

(2) [1]Zu den Altersvorsorgebeiträgen gehören auch

a) die aus dem individuell versteuerten Arbeitslohn des Arbeitnehmers geleisteten Beiträge an einen Pensionsfonds, eine Pensionskasse oder eine Direktversicherung zum Aufbau einer kapitalgedeckten betrieblichen Altersversorgung und

b) Beiträge des Arbeitnehmers und des ausgeschiedenen Arbeitnehmers, die dieser im Fall der zunächst durch Entgeltumwandlung (§ 1a des Betriebsrentengesetzes) finanzierten und nach § 3 Nr. 63 oder § 10a und diesem Abschnitt geförderten kapitalgedeckten betrieblichen Altersversorgung nach Maßgabe des § 1a Abs. 4 und § 1b Abs. 5 Satz 1 Nr. 2 des Betriebsrentengesetzes selbst erbringt,

wenn eine Auszahlung der zugesagten Altersversorgungsleistung in Form einer Rente oder eines Auszahlungsplans (§ 1 Abs. 1 Satz 1 Nr. 4 des Altersvorsorgeverträge-Zertifizierungsgesetzes) vorgesehen ist. [2]§§ 3 und 4 des Betriebsrentengesetzes stehen dem vorbehaltlich des § 93 nicht entgegen.

(3) Zu den Altersvorsorgebeiträgen gehören auch die Beitragsanteile, die zur Absicherung der verminderten Erwerbsfähigkeit des Zulageberechtigten und zur Hinterbliebenenversorgung verwendet werden, wenn in der Leistungsphase die Auszahlung in Form einer Rente erfolgt.

(4) Nicht zu den Altersvorsorgebeiträgen zählen

[3] 1. Aufwendungen, die vermögenswirksame Leistungen nach dem Fünften Vermögensbildungsgesetz in der Fassung der Bekanntmachung vom 4. März 1994 (BGBl. I S. 406), zuletzt geändert durch Artikel 19 des Gesetzes vom 29. Dezember 2003 (BGBl. I S. 3076), in der jeweils geltenden Fassung darstellen,
2. prämienbegünstigte Aufwendungen nach dem Wohnungsbau-Prämiengesetz in der Fassung der Bekanntmachung vom 30. Oktober 1997 (BGBl. I S. 2678), *zuletzt geändert durch Artikel 5 des Gesetzes vom 29. Juli 2008 (BGBl. I S. 1509)*, in der jeweils geltenden Fassung,
3. Aufwendungen, die im Rahmen des § 10 als Sonderausgaben geltend gemacht werden, oder

[4] 4. *Zahlungen* nach § 92a Abs. 2 *Satz 4 Nr. 1 und Abs. 3 Satz 9 Nr. 2.*

1) *Satz 1 Nr. 5 wurde durch das EigRentG ab VZ 2008 (→ § 52 Abs. 24c EStG) angefügt.*
2) *Absatz 1 Satz 1 wurde durch das EigRentG (Inkrafttreten 1. 8. 2008) geändert. Außerdem wurden die Sätze 3 bis 5 angefügt.*
3) *Absatz 4 Nr. 1 wurde durch das EigRentG (Inkrafttreten 1. 8. 2008) geändert.*
4) *Absatz 4 Nr. 4 wurde durch das EigRentG (Inkrafttreten 1. 8. 2008) neu gefasst.*

§ 83 Altersvorsorgezulage

EStG
S 2492

In Abhängigkeit von den geleisteten Altersvorsorgebeiträgen wird eine Zulage gezahlt, die sich aus einer Grundzulage (§ 84) und einer Kinderzulage (§ 85) zusammensetzt.

§ 84 Grundzulage

EStG
S 2492

[1]Jeder Zulageberechtigte erhält eine Grundzulage; diese beträgt

in den Jahren 2002 und 2003	**38 Euro,**
in den Jahren 2004 und 2005	**76 Euro,**
in den Jahren 2006 und 2007	**114 Euro,**
ab dem Jahr 2008 jährlich	**154 Euro.**

[2]Für Zulageberechtigte nach § 79 Satz 1, die zu Beginn des Beitragsjahrs (§ 88) das 25. Lebensjahr noch nicht vollendet haben, erhöht sich die Grundzulage nach Satz 1 um einmalig 200 Euro. [3]Die Erhöhung nach Satz 2 ist für das erste nach dem 31. Dezember 2007 beginnende Beitragsjahr zu gewähren, für das eine Altersvorsorgezulage beantragt wird. [1)]

§ 85 Kinderzulage

EStG
S 2492

(1) [1]Die Kinderzulage beträgt für jedes Kind, für das dem Zulageberechtigten Kindergeld ausgezahlt wird,

in den Jahren 2002 und 2003	**46 Euro,**
in den Jahren 2004 und 2005	**92 Euro,**
in den Jahren 2006 und 2007	**138 Euro,**
ab dem Jahr 2008 jährlich	**185 Euro.**

[2]Für ein nach dem 31. Dezember 2007 geborenes Kind erhöht sich die Kinderzulage nach Satz 1 auf 300 Euro. **[3]Der Anspruch auf Kinderzulage entfällt für den Veranlagungszeitraum, für den das Kindergeld insgesamt zurückgefordert wird. [4]Erhalten mehrere Zulageberechtigte für dasselbe Kind Kindergeld, steht die Kinderzulage demjenigen zu, dem für den ersten Anspruchszeitraum (§ 66 Abs. 2) im Kalenderjahr Kindergeld ausgezahlt worden ist.** [2)]

(2) [1]Bei Eltern, die die Voraussetzungen des § 26 Abs. 1 erfüllen, wird die Kinderzulage der Mutter zugeordnet, auf Antrag beider Eltern dem Vater. [2]Der Antrag kann für ein abgelaufenes Beitragsjahr nicht zurückgenommen werden.

§ 86 Mindesteigenbeitrag

EStG
S 2492

(1) [1]Die Zulage nach den §§ 84 und 85 wird gekürzt, wenn der Zulageberechtigte nicht den Mindesteigenbeitrag leistet. [2]Dieser beträgt

in den Jahren 2002 und 2003	**1 Prozent,**
in den Jahren 2004 und 2005	**2 Prozent,**
in den Jahren 2006 und 2007	**3 Prozent,**
ab dem Jahr 2008 jährlich	**4 Prozent**

der Summe der in dem dem Kalenderjahr vorangegangenen Kalenderjahr

1. **erzielten beitragspflichtigen Einnahmen im Sinne des Sechsten Buches Sozialgesetzbuch,**
2. **bezogenen Besoldung und Amtsbezüge,** [3)]
3. **in den Fällen des § 10a Abs. 1 Satz 1 Nr. 3 und Nr. 4 erzielten Einnahmen, die beitragspflichtig wären, wenn die Versicherungsfreiheit in der gesetzlichen Rentenversicherung nicht bestehen würde** ***und*** [4)]
4. ***bezogenen Rente wegen voller Erwerbsminderung oder Erwerbsunfähigkeit oder bezogenen Versorgungsbezüge wegen Dienstunfähigkeit in den Fällen des § 10a Abs. 1 Satz 4,*** [5)]

---

1) *Die Sätze 2 und 3 wurden durch das EigRentG (Inkrafttreten am 1. 8. 2008) angefügt.*
2) *Absatz 1 Satz 2 wurde durch das Gesetz zur Förderung der zusätzlichen Altersvorsorge und zur Änderung des Dritten Buches Sozialgesetzbuch eingefügt. Die Änderung tritt am 1. 1. 2008 in Kraft.*
3) *Absatz 1 Satz 2 Nr. 2 wurde durch das EigRentG (Inkrafttreten 1. 8. 2008) geändert.*
4) *Absatz 1 Satz 2 Nr. 3 wurde durch das EigRentG (Inkrafttreten 1. 8. 2008) geändert.*
5) *Absatz 1 Satz 2 Nr. 4 wurde durch das EigRentG ab VZ 2008 (→ § 52 Abs. 24c EStG) angefügt.*

jedoch nicht mehr als die in § 10a Abs. 1 Satz 1 genannten Beträge, vermindert um die Zulage nach den §§ 84 und 85; gehört der Ehegatte zum Personenkreis nach § 79 Satz 2, berechnet sich der Mindesteigenbeitrag des nach § 79 Satz 1 Begünstigten unter Berücksichtigung der den Ehegatten insgesamt zustehenden Zulagen. [3]Auslandsbezogene Bestandteile nach den §§ 52 ff. des Bundesbesoldungsgesetzes oder entsprechender Regelungen eines Landesbesoldungsgesetzes bleiben unberücksichtigt. [4]Als Sockelbetrag sind ab dem Jahr 2005 jährlich 60 Euro zu leisten. [5]Ist der Sockelbetrag höher als der Mindesteigenbeitrag nach Satz 2, so ist der Sockelbetrag als Mindesteigenbeitrag zu leisten. [6]Die Kürzung der Zulage ermittelt sich nach dem Verhältnis der Altersvorsorgebeiträge zum Mindesteigenbeitrag.

(2) [1]Ein nach § 79 Satz 2 begünstigter Ehegatte hat Anspruch auf eine ungekürzte Zulage, wenn der zum begünstigten Personenkreis nach § 79 Satz 1 gehörende Ehegatte seinen geförderten Mindesteigenbeitrag unter Berücksichtigung der den Ehegatten insgesamt zustehenden Zulagen erbracht hat. [2]Werden bei einer in der gesetzlichen Rentenversicherung pflichtversicherten Person beitragspflichtige Einnahmen zu Grunde gelegt, die höher sind als das tatsächlich erzielte Entgelt, die Entgeltersatzleistung oder der nach § 19 des Zweiten Buches Sozialgesetzbuch als Arbeitslosengeld II ausgezahlte Betrag, ist das tatsächlich erzielte Entgelt, der Zahlbetrag der Entgeltersatzleistung oder der nach § 19 des Zweiten Buches Sozialgesetzbuch als Arbeitslosengeld II ausgezahlte Betrag für die Berechnung des Mindesteigenbeitrags zu berücksichtigen. [3]Satz 2 gilt auch in den Fällen, in denen im vorangegangenen Jahr keine beitragspflichtigen Einnahmen oder kein tatsächliches Entgelt erzielt worden ist.

(3) [1]Für Versicherungspflichtige nach dem Gesetz über die Alterssicherung der Landwirte ist Absatz 1 mit der Maßgabe anzuwenden, dass auch die Einkünfte aus Land- und Forstwirtschaft im Sinne des § 13 des zweiten dem Beitragsjahr vorangegangenen Veranlagungszeitraums als beitragspflichtige Einnahmen des vorangegangenen Kalenderjahres gelten. [2]Negative Einkünfte im Sinne des Satzes 1 bleiben unberücksichtigt, wenn weitere nach Absatz 1 oder Absatz 2 zu berücksichtigende Einnahmen erzielt werden.

(4) Wird nach Ablauf des Beitragsjahres festgestellt, dass die Voraussetzungen für die Gewährung einer Kinderzulage nicht vorgelegen haben, ändert sich dadurch die Berechnung des Mindesteigenbeitrags für dieses Beitragsjahr nicht.

EStG
S 2493

§ 87 Zusammentreffen mehrerer Verträge

(1) [1]Zahlt der nach § 79 Satz 1 Zulageberechtigte Altersvorsorgebeiträge zugunsten mehrerer Verträge, so wird die Zulage nur für zwei dieser Verträge gewährt. [2]Der insgesamt nach § 86 zu leistende Mindesteigenbeitrag muss zugunsten dieser Verträge geleistet worden sein. [3]Die Zulage ist entsprechend dem Verhältnis der auf diese Verträge geleisteten Beiträge zu verteilen.

(2) [1]Der nach § 79 Satz 2 Zulageberechtigte kann die Zulage für das jeweilige Beitragsjahr nicht auf mehrere Altersvorsorgeverträge verteilen. [2]Es ist nur der Altersvorsorgevertrag begünstigt, für den zuerst die Zulage beantragt wird.

EStG
S 2493

§ 88 Entstehung des Anspruchs auf Zulage

Der Anspruch auf die Zulage entsteht mit Ablauf des Kalenderjahres, in dem die Altersvorsorgebeiträge geleistet worden sind (Beitragsjahr).

EStG
S 2493

§ 89 Antrag

(1) [1]Der Zulageberechtigte hat den Antrag auf Zulage nach amtlich vorgeschriebenem Vordruck bis zum Ablauf des zweiten Kalenderjahres, das auf das Beitragsjahr (§ 88) folgt, bei dem Anbieter seines Vertrages einzureichen. [2]Hat der Zulageberechtigte im Beitragsjahr Altersvorsorgebeiträge für mehrere Verträge gezahlt, so hat er mit dem Zulageantrag zu bestimmen, auf welche Verträge die Zulage überwiesen werden soll. [3]Beantragt der Zulageberechtigte die Zulage für mehr als zwei Verträge, so wird die Zulage nur für die zwei Verträge mit den höchsten Altersvorsorgebeiträgen gewährt. [4]Sofern eine Zulagenummer (§ 90 Abs. 1 Satz 2) durch die zentrale Stelle (§ 81) oder eine Versicherungsnummer nach § 147 des Sechsten Buches Sozialgesetzbuch für den nach § 79 Satz 2 berechtigten Ehegatten noch nicht vergeben ist, hat dieser über seinen Anbieter eine Zulagenummer bei der zentralen Stelle zu beantragen.

[5]Der Antragsteller ist verpflichtet, dem Anbieter unverzüglich eine Änderung der Verhältnisse mitzuteilen, die zu einer Minderung oder zum Wegfall des Zulageanspruchs führt.

(1a) [1]Der Zulageberechtigte kann den Anbieter seines Vertrages schriftlich bevollmächtigen, für ihn abweichend von Absatz 1 die Zulage für jedes Beitragsjahr zu beantragen. [2]Absatz 1 Satz 5 gilt mit Ausnahme der Mitteilung geänderter beitragspflichtiger Einnahmen entsprechend. [3]Ein Widerruf der Vollmacht ist bis zum Ablauf des Beitragsjahres, für das der Anbieter keinen Antrag auf Zulage stellen soll, gegenüber dem Anbieter zu erklären.

(2) [1]Der Anbieter ist verpflichtet,

a) die Vertragsdaten,

b) die Versicherungsnummer nach § 147 des Sechsten Buches Sozialgesetzbuch oder die Zulagenummer des Zulageberechtigten und dessen Ehegatten, oder einen Antrag auf Vergabe einer Zulagenummer eines nach § 79 Satz 2 berechtigten Ehegatten,

c) die vom Zulageberechtigten mitgeteilten Angaben zur Ermittlung des Mindesteigenbeitrags (§ 86),

d) die für die Gewährung der Kinderzulage erforderlichen Daten,

e) die Höhe der geleisteten Altersvorsorgebeiträge und

f) das Vorliegen einer nach Absatz 1a erteilten Vollmacht

als die für die Ermittlung und Überprüfung des Zulageanspruchs und Durchführung des Zulageverfahrens erforderlichen Daten zu erfassen. [2]Er hat die Daten der bei ihm im Laufe eines Kalendervierteljahres eingegangenen Anträge bis zum Ende des folgenden Monats nach amtlich vorgeschriebenem Datensatz durch amtlich bestimmte Datenfernübertragung an die zentrale Stelle zu übermitteln. [3]Dies gilt auch im Fall des Absatzes 1 Satz 5. [1)]

(3) [1]Ist der Anbieter nach Absatz 1a Satz 1 bevollmächtigt worden, hat er der zentralen Stelle die nach Absatz 2 Satz 1 erforderlichen Angaben für jedes Kalenderjahr bis zum Ablauf des auf das Beitragsjahr folgenden Kalenderjahrs zu übermitteln. [2]Liegt die Bevollmächtigung erst nach dem im Satz 1 genannten Meldetermin vor, hat der Anbieter die Angaben bis zum Ende des folgenden Kalendervierteljahres nach der Bevollmächtigung, spätestens jedoch bis zum Ablauf der in Absatz 1 Satz 1 genannten Antragsfrist, zu übermitteln. [3]Absatz 2 Satz 2 und 3 gilt sinngemäß.

§ 90 Verfahren

EStG
S 2494

(1) [1]Die zentrale Stelle ermittelt auf Grund der von ihr erhobenen oder der ihr übermittelten Daten, ob und in welcher Höhe ein Zulageanspruch nach Maßgabe dieses Gesetzes oder nach einer aufgrund dieses Gesetzes erlassenen Rechtsverordnung besteht. [2]Soweit der zuständige Träger der Rentenversicherung keine Versicherungsnummer vergeben hat, vergibt die zentrale Stelle zur Erfüllung der ihr nach diesem Abschnitt zugewiesenen Aufgaben eine Zulagenummer. [3]Die zentrale Stelle teilt im Falle eines Antrags nach § 10a Abs. 1a der zuständigen Stelle, im Falle eines Antrags nach § 89 Abs. 1 Satz 4 dem Anbieter die Zulagenummer mit; von dort wird sie an den Antragsteller weitergeleitet.

(2) [1]Die zentrale Stelle veranlasst die Auszahlung an den Anbieter zugunsten der Zulageberechtigten durch die zuständige Kasse. [2]Ein gesonderter Zulagenbescheid ergeht vorbehaltlich des Absatzes 4 nicht. [3]Der Anbieter hat die erhaltenen Zulagen unverzüglich den begünstigten Verträgen gutzuschreiben. [4]Zulagen, die nach Beginn der Auszahlungsphase für das Altersvorsorgevermögen von der zentralen Stelle an den Anbieter überwiesen werden, können vom Anbieter an den Anleger ausgezahlt werden. [5]Besteht kein Zulageanspruch, so teilt die zentrale Stelle dies dem Anbieter durch Datensatz mit. [6]Die zentrale Stelle teilt dem Anbieter die Altersvorsorgebeiträge im Sinne des § 82, auf die § 10a oder dieser Abschnitt angewendet wurde, durch Datensatz mit.

(3) [1]Erkennt die zentrale Stelle nachträglich, dass der Zulageanspruch ganz oder teilweise nicht besteht oder weggefallen ist, so hat sie zu Unrecht gutgeschriebene oder ausgezahlte Zulagen zurückzufordern und dies dem Anbieter durch Datensatz mitzuteilen. [2]Bei bestehendem Vertragsverhältnis hat der Anbieter das Konto zu belasten. [3]Die ihm im Kalendervierteljahr mitgeteilten Rückforderungsbeträge hat er bis zum zehnten Tag des dem Kalendervierteljahr folgenden Monats in einem Betrag bei der zentralen Stelle anzumelden und an diese abzuführen. [4]Die Anmeldung nach Satz 3 ist nach amtlich vorgeschriebenem Vordruck abzugeben. [5]Sie gilt als Steueranmeldung im Sinne der Abgabenordnung.

1) *Absatz 2 Satz 2 wurde durch das JStG 2008 ab VZ 2008 geändert.*

(4) [1]Eine Festsetzung der Zulage erfolgt nur auf besonderen Antrag der Zulageberechtigten. [2]Der Antrag ist schriftlich innerhalb eines Jahres nach Erteilung der Bescheinigung nach § 92 durch den Anbieter vom Antragsteller an den Anbieter zu richten. [3]Der Anbieter leitet den Antrag der zentralen Stelle zur Festsetzung zu. [4]Er hat dem Antrag eine Stellungnahme und die zur Festsetzung erforderlichen Unterlagen beizufügen. [5]Die zentrale Stelle teilt die Festsetzung auch dem Anbieter mit. [6]Im Übrigen gilt Absatz 3 entsprechend.

H 90

Hinweise

Vordruckmuster

Bekanntmachung des Vordruckmusters für die Anmeldung nach § 90 Abs. 3 EStG → BMF vom 15. 11. 2005 (BStBl I S. 1017)

EStG

§ 90a (weggefallen)

EStG
S 2495

§ 91 Datenabgleich

[1]) (1) [1]Für die Berechnung und Überprüfung der Zulage sowie die Überprüfung des Vorliegens der Voraussetzungen des Sonderausgabenabzugs nach § 10a übermitteln die Träger der gesetzlichen Rentenversicherung, die Bundesagentur für Arbeit, die Meldebehörden, die Familienkassen und die Finanzämter der zentralen Stelle auf Anforderung die bei ihnen vorhandenen Daten nach § 89 Abs. 2 durch Datenfernübertragung; für Zwecke der Berechnung des Mindesteigenbeitrags für ein Beitragsjahr darf die zentrale Stelle bei den Trägern der gesetzlichen Rentenversicherung die beitragspflichtigen Einnahmen *sowie in den Fällen des § 10a Abs. 1 Satz 4 die Höhe der bezogenen Rente wegen voller Erwerbsminderung oder Erwerbsunfähigkeit* erheben, sofern diese nicht vom Anbieter nach § 89 übermittelt worden sind. [2]Für Zwecke der Überprüfung nach Satz 1 darf die zentrale Stelle die ihr übermittelten Daten mit den ihr nach § 89 Abs. 2 übermittelten Daten automatisiert abgleichen. [3]Führt die Überprüfung zu einer Änderung der ermittelten oder festgesetzten Zulage, ist dies dem Anbieter mitzuteilen. [4]*Ergibt die* Überprüfung *eine Abweichung von dem in der Steuerfestsetzung berücksichtigten* Sonderausgabenabzug nach § 10a oder *der gesonderten* Feststellung nach § 10a Abs. 4, ist dies dem Finanzamt mitzuteilen*; die Steuerfestsetzung oder die gesonderte Feststellung ist insoweit zu ändern*.

[2]) (2) [1]Die zuständige Stelle hat der zentralen Stelle die Daten nach § 10a Abs. 1 Satz 1 zweiter Halbsatz bis zum 31. März des dem Beitragsjahr folgenden Kalenderjahres durch Datenfernübertragung zu übermitteln. [2]Liegt die Einwilligung nach § 10a Abs. 1 Satz 1 zweiter Halbsatz erst nach dem im Satz 1 genannten Meldetermin vor, hat die zuständige Stelle die Daten spätestens bis zum Ende des folgenden Kalendervierteljahres nach Erteilung der Einwilligung nach Maßgabe von Satz 1 zu übermitteln.

EStG
S 2495
[3])

§ 92 Bescheinigung

[1]Der Anbieter hat dem Zulageberechtigten jährlich eine Bescheinigung nach amtlich vorgeschriebenem Vordruck zu erteilen über

1) *Absatz 1 Satz 1 und 4 wurde durch das JStG 2008 ab VZ 2008 geändert. Außerdem wurde Satz 1 durch das EigRentG (Inkrafttreten am 1. 8. 2008) geändert.*
2) *Absatz 2 Satz 1 wurde durch das JStG 2008 ab VZ 2008 geändert.*
3) *§ 92 EStG wurde durch das EigRentG (Inkrafttreten am 1. 8. 2008) und durch das Steuerbürokratieabbaugesetz wird Nr. 7 für VZ ab 2009 neu eingefügt.*
Anm.: Die Nr. 7 lautet: 7. die Bestätigung der durch den Anbieter erfolgten Datenübermittlung an die zentrale Stelle im Fall des § 10a Abs. 5 Satz 4. [2]In den Fällen des § 92a Abs. 2 Satz 10 erster Halbsatz bedarf es keiner jährlichen Bescheinigung, wenn zu Satz 1 Nr. 1 und 2 keine Angaben erforderlich sind, sich zu Satz 1 Nr. 3 bis 5 keine Änderungen gegenüber der zuletzt erteilten Bescheinigung ergeben und der Anbieter dem Zulageberechtigten eine Bescheinigung ausgestellt hat, in der der jährliche Stand des Wohnförderkontos bis zum Beginn der vereinbarten Auszahlungsphase ausgewiesen wurde. [3]Der Anbieter kann dem Zulageberechtigten mit dessen Einverständnis die Bescheinigung auch elektronisch bereitstellen.

1. die Höhe der im abgelaufenen Beitragsjahr geleisteten Altersvorsorgebeiträge *(Beiträge und Tilgungsleistungen)*,
2. die im abgelaufenen Beitragsjahr getroffenen, aufgehobenen oder geänderten Ermittlungsergebnisse (§ 90),
3. die Summe der bis zum Ende des abgelaufenen Beitragjahres dem Vertrag gutgeschriebenen Zulagen,
4. die Summe der bis zum Ende des abgelaufenen Beitragsjahres geleisteten Altersvorsorgebeiträge *(Beiträge und Tilgungsleistungen)*,
5. den Stand des Altersvorsorgevermögens,
6. *den Stand des Wohnförderkontos (§ 92a Abs. 2 Satz 1) und*

§ 92a Verwendung für eine *selbst genutzte Wohnung*

EStG
S 2496
[1])

(1) [1]Der Zulageberechtigte kann das in einem Altersvorsorgevertrag gebildete und nach § 10a oder diesem Abschnitt geförderte Kapital bis zu 75 Prozent oder zu 100 Prozent wie folgt verwenden (Altersvorsorge-Eigenheimbetrag):

1. *bis zum Beginn der Auszahlungsphase unmittelbar für die Anschaffung oder Herstellung einer Wohnung oder*
2. *zu Beginn der Auszahlungsphase zur Entschuldung einer Wohnung oder*
3. *für den Erwerb von Geschäftsanteilen (Pflichtanteilen) an einer eingetragenen Genossenschaft für die Selbstnutzung einer Genossenschaftswohnung.*

[2]Eine nach Satz 1 begünstigte Wohnung ist

1. *eine Wohnung in einem eigenen Haus oder*
2. *eine eigene Eigentumswohnung oder*
3. *eine Genossenschaftswohnung einer eingetragenen Genossenschaft,*

wenn diese Wohnung im Inland belegen ist und die Hauptwohnung oder den Mittelpunkt der Lebensinteressen des Zulageberechtigten darstellt. [3]Der Altersvorsorge-Eigenheimbetrag nach Satz 1 gilt nicht als Leistung aus einem Altersvorsorgevertrag, die dem Zulageberechtigten im Zeitpunkt der Auszahlung zufließt. [4]Der Anschaffung einer zu eigenen Wohnzwecken genutzten Wohnung steht die Anschaffung eines eigentumsähnlichen oder lebenslangen Dauerwohnrechts nach § 33 des Wohnungseigentumsgesetzes gleich, soweit Vereinbarungen nach § 39 des Wohnungseigentumsgesetzes getroffen werden.

(2) [1]Der Altersvorsorge-Eigenheimbetrag, die Tilgungsleistungen im Sinne des § 82 Abs. 1 Satz 1 Nr. 2 und die hierfür gewährten Zulagen sind vom jeweiligen Anbieter gesondert zu erfassen (Wohnförderkonto). [2]Beiträge, die nach § 82 Abs. 1 Satz 3 wie Tilgungsleistungen behandelt wurden, sind im Zeitpunkt der unmittelbaren Darlehenstilgung einschließlich der zur Tilgung eingesetzten Zulagen und Erträge in das Wohnförderkonto aufzunehmen; dies gilt nicht, wenn Absatz 3 Satz 8 anzuwenden ist. [3]Nach Ablauf eines Beitragsjahres, letztmals für das Beitragsjahr des Beginns der Auszahlungsphase, ist der sich aus dem Wohnförderkonto ergebende Gesamtbetrag um 2 Prozent zu erhöhen. [4]Das Wohnförderkonto ist zu vermindern um

1. *Zahlungen des Zulageberechtigten auf einen auf seinen Namen lautenden zertifizierten Altersvorsorgevertrag nach § 1 Abs. 1 des Altersvorsorgeverträge-Zertifizierungsgesetzes zur Minderung der in das Wohnförderkonto eingestellten Beträge; erfolgt die Einzahlung nicht beim Anbieter, der das Wohnförderkonto führt, hat der Zulageberechtigte dies den Anbietern, in den Fällen des Satzes 10 erster Halbsatz auch der zentralen Stelle mitzuteilen,*
2. *den Verminderungsbetrag nach Satz 5.*

[5]Verminderungsbetrag ist der sich mit Ablauf des Kalenderjahres des Beginns der Auszahlungsphase ergebende Stand des Wohnförderkontos dividiert durch die Anzahl der Jahre bis zur Vollendung des 85. Lebensjahres des Zulageberechtigten; als Beginn der Auszahlungsphase gilt der vom Zulageberechtigten und Anbieter vereinbarte Zeitpunkt, der zwischen der Vollendung des 60. Lebensjahres und des 68. Lebensjahres des Zulageberechtigten liegen muss; ist ein Auszahlungszeitpunkt nicht vereinbart, so gilt die Vollendung des 67. Lebensjahres als Beginn der Auszahlungsphase. [6]Anstelle einer Verminderung nach Satz 5 kann der Zulageberechtigte

[1]) *§ 92a EStG wurde durch das EigRentG (Inkrafttreten 1. 8. 2008) neu gefasst und durch das JStG 2009 sowie das Steuerbürokratieabbaugesetz geändert.*
Für Altersvorsorgeverträge, die vor dem 1. 1. 2008 abgeschlossen wurden, gilt für die Anwendung des § 92a Abs. 1 Satz 1 EStG, dass für die VZ 2008 und 2009 der Altersvorsorge-Eigenheimbetrag mindestens 10000 Euro betragen muss → § 52 Abs. 24c Satz 2 EStG.

zu Beginn der Auszahlungsphase von seinem Anbieter, in den Fällen des Satzes 10 erster Halbsatz von der zentralen Stelle die Auflösung des Wohnförderkontos verlangen (Auflösungsbetrag). [7]Der Anbieter hat bei Einstellung in das Wohnförderkonto die Beträge nach Satz 2 und Satz 4 Nr. 1 und zu Beginn der Auszahlungsphase den vertraglich vorgesehenen Beginn der Auszahlungsphase sowie ein Verlangen nach Satz 6 der zentralen Stelle nach amtlich vorgeschriebenem Datensatz durch Datenfernübertragung mitzuteilen. [8]Wird gefördertes Altersvorsorgevermögen nach § 93 Abs. 2 Satz 1 von einem Anbieter auf einen anderen auf den Namen des Zulageberechtigten lautenden Altersvorsorgevertrag übertragen und wird für den Zulageberechtigten zugleich ein Wohnförderkonto geführt, so ist das Wohnförderkonto beim Anbieter des bisherigen Vertrags zu schließen und vom Anbieter des neuen Altersvorsorgevertrags fortzuführen. [9]Dies gilt entsprechend bei Übertragungen nach § 93 Abs. 1 Satz 4 Buchstabe c und § 93 Abs. 1a. [10]Wurde die Geschäftsbeziehung im Hinblick auf den jeweiligen Altersvorsorgevertrag zwischen dem Zulageberechtigten und dem Anbieter beendet, weil das angesparte Kapital vollständig aus dem Altersvorsorgevertrag entnommen oder das gewährte Darlehen vollständig getilgt wurde, wird das Wohnförderkonto bei diesem Anbieter geschlossen und von der zentralen Stelle weitergeführt; erfolgt eine Zahlung nach Satz 4 Nr. 1 oder nach Abs. 3 Satz 9 Nr. 2 wird das Wohnförderkonto vom Zeitpunkt der Einzahlung vom Anbieter, bei dem die Einzahlung erfolgt, weitergeführt. [11]Der Zulageberechtigte kann abweichend von Satz 10 bestimmen, dass das Wohnförderkonto nicht von der zentralen Stelle weitergeführt, sondern mit dem Wohnförderkonto eines weiteren Anbieters, der ebenfalls ein Wohnförderkonto für den Zulageberechtigten führt, zusammengeführt wird. [12]Der Zulageberechtigte hat dies beiden Anbietern schriftlich mitzuteilen. [13]In den Fällen des Satzes 10 erster Halbsatz teilt der Anbieter dem Zulageberechtigten die beabsichtigte Übertragung des Wohnförderkontos auf die zentrale Stelle mit. [14]Erhält der Anbieter innerhalb von vier Wochen nach Übersendung der Mitteilung nach Satz 13 keine Mitteilung des Zulageberechtigten nach Satz 12, teilt der Anbieter der zentralen Stelle nach amtlich vorgeschriebenem Datensatz durch amtlich bestimmte Datenfernübertragung den Stand des Wohnförderkontos und den Zeitpunkt der Beendigung der Geschäftsbeziehung mit. [15]In den Fällen des Satzes 11 hat der Anbieter die Mitteilung des Satzes 14 ergänzt um die Angaben zu dem neuen Anbieter der zentralen Stelle zu übermitteln. [16]In den Fällen des Satzes 10 zweiter Halbsatz teilt die zentrale Stelle dem Anbieter nach amtlich vorgeschriebenem Datensatz durch amtlich bestimmte Datenfernübertragung den Stand des Wohnförderkontos mit.

(3) [1]Nutzt der Zulageberechtigte die Wohnung im Sinne des Absatzes 1 Satz 2, für die ein Altersvorsorge-Eigenheimbetrag verwendet oder für die eine Tilgungsförderung im Sinne des § 82 Abs. 1 in Anspruch genommen worden ist, nicht nur vorübergehend nicht mehr zu eigenen Wohnzwecken, hat er dies dem Anbieter, in der Auszahlungsphase der zentralen Stelle, unter Angabe des Zeitpunkts der Aufgabe der Selbstnutzung mitzuteilen; eine Aufgabe der Selbstnutzung liegt auch vor, soweit der Zulageberechtigte das Eigentum an der Wohnung aufgibt. [2]In den Fällen des Absatzes 2 Satz 10 erster Halbsatz besteht die Mitteilungspflicht auch in der Zeit bis zum Beginn der Auszahlungsphase gegenüber der zentralen Stelle. [3]Die Mitteilungspflicht gilt entsprechend für den Rechtsnachfolger der begünstigten Wohnung, wenn der Zulageberechtigte stirbt. [4]Die Anzeigepflicht entfällt, wenn das Wohnförderkonto vollständig zurückgeführt worden ist. [5]Im Falle des Satzes 1 gelten bei einem bestehenden Wohnförderkonto die erfassten Beträge als Leistungen aus einem Altersvorsorgevertrag, die dem Zulageberechtigten im Zeitpunkt der Aufgabe zufließen; das Wohnförderkonto ist aufzulösen (Auflösungsbetrag). [6]Verstirbt der Zulageberechtigte, ist der Auflösungsbetrag ihm noch zuzurechnen. [7]Der Anbieter hat den Auflösungsbetrag der zentralen Stelle nach amtlich vorgeschriebenem Datensatz durch Datenfernübertragung unter Angabe des Zeitpunkts der Aufgabe mitzuteilen. [8]Wurde im Falle des Satzes 1 eine Tilgungsförderung nach § 82 Abs. 1 Satz 3 in Anspruch genommen und erfolgte keine Einstellung in das Wohnförderkonto nach Absatz 2 Satz 2, gelten die Tilgungsleistungen sowie die darauf entfallenden Zulagen und Erträge als gefördertes Altersvorsorgevermögen. [9]Die Sätze 5 und 6 sind nicht anzuwenden, wenn

1. *der Zulageberechtigte einen Betrag in Höhe des noch nicht zurückgeführten Betrags im Wohnförderkonto innerhalb eines Jahres vor und von vier Jahren nach Ablauf des Veranlagungszeitraums, in dem er die Wohnung letztmals zu eigenen Wohnzwecken genutzt hat, für eine weitere Wohnung im Sinne des Absatzes 1 Satz 2 verwendet,*
2. *der Zulageberechtigte einen Betrag in Höhe des noch nicht zurückgeführten Betrags im Wohnförderkonto innerhalb eines Jahres nach Ablauf des Veranlagungszeitraums, in dem er die Wohnung letztmals zu eigenen Wohnzwecken genutzt hat, auf einen auf seinen Namen lautenden zertifizierten Altersvorsorgevertrag zahlt; Absatz 2 Satz 4 Nr. 1 und Satz 7 sind entsprechend anzuwenden,*
3. *der Ehegatte des verstorbenen Zulageberechtigten innerhalb eines Jahres Eigentümer der Wohnung wird, er sie zu eigenen Wohnzwecken nutzt und die Ehegatten im Zeitpunkt des*

Todes des Zulageberechtigten die Voraussetzungen des § 26 Abs. 1 erfüllt haben; in diesem Fall führt der Anbieter das Wohnförderkonto für den überlebenden Ehegatten fort und teilt dies der zentralen Stelle mit, oder

4. die Ehewohnung auf Grund einer richterlichen Entscheidung nach § 1361b des Bürgerlichen Gesetzbuchs oder nach der Verordnung über die Behandlung der Ehewohnung und des Hausrats dem anderen Ehegatten zugewiesen wird.

[10]In den Fällen des Satzes 9 Nr. 1 und 2 hat der Zulageberechtigte dem Anbieter, in den Fällen des Absatzes 2 Satz 10 erster Halbsatz und in der Auszahlungsphase der zentralen Stelle, die Reinvestitionsabsicht und den Zeitpunkt der Reinvestition oder die Aufgabe der Reinvestitionsabsicht mitzuteilen; in den Fällen des Satzes 9 Nr. 3 und 4 gelten die Sätze 1 bis 8 und Satz 9 Nr. 1 und 2 entsprechend für den Ehegatten, wenn er die Wohnung nicht nur vorübergehend nicht mehr zu eigenen Wohnzwecken nutzt. [11]Satz 5 ist mit der Maßgabe anzuwenden, dass der Eingang der Mitteilung der aufgegebenen Reinvestitionsabsicht als Zeitpunkt der Aufgabe gilt.

(4) [1]Absatz 3 ist auf Antrag des Steuerpflichtigen nicht anzuwenden, wenn er

1. die Wohnung im Sinne des Absatzes 1 Satz 2 auf Grund eines beruflich bedingten Umzugs für die Dauer der beruflich bedingten Abwesenheit nicht selbst nutzt; wird während dieser Zeit mit einer anderen Person ein Nutzungsrecht für diese Wohnung vereinbart, ist diese Vereinbarung von vorneherein entsprechend zu befristen,

2. beabsichtigt, die Selbstnutzung wieder aufzunehmen und

3. die Selbstnutzung spätestens mit der Vollendung seines 67. Lebensjahres des Steuerpflichtigen aufnimmt.

[2]Der Steuerpflichtige hat den Antrag bei der zentralen Stelle zu stellen und dabei die notwendigen Nachweise zu erbringen. [3]Die zentrale Stelle erteilt dem Steuerpflichtigen einen Bescheid über die Bewilligung des Antrags. [4]Entfällt eine der in Satz 1 genannten Voraussetzungen, ist Absatz 3 mit der Maßgabe anzuwenden, dass bei einem Wegfall der Voraussetzung nach Satz 1 Nr. 1 als Zeitpunkt der Aufgabe der Zeitpunkt des Wegfalls der Voraussetzung und bei einem Wegfall der Voraussetzung nach Satz 1 Nr. 2 oder Nr. 3 der Eingang der Mitteilung des Steuerpflichtigen nach Absatz 3 als Zeitpunkt der Aufgabe gilt, spätestens jedoch die Vollendung des 67. Lebensjahres des Steuerpflichtigen.

Hinweise

H 92a

„Wohnriester"

OFD Hannover vom 15. 9. 2008 – S 2496-1 – StO 235 (StEd 2008, S. 698) – Auszug –:

... Die Änderungen durch das EigRentG gelten grundsätzlich erstmals für den VZ 2008 (§ 52 Abs. 24c EStG), wenn im Folgenden nichts Gegenteiliges dazu ausgeführt wird. Das für die Riester-Förderung maßgebliche BMF-Schreiben vom 5. 2. 2008 (→ BStBl 2008 I S. 420) wird aufgrund der obigen gesetzlichen Neuregelung zurzeit überarbeitet. Die folgenden Ausführungen dienen daher der Vorabinformation. Anhang 1

I. Verbesserte Einbeziehung der Wohnimmobilie in die Riester-Rente

1. Erweiterung des Kreises der begünstigten Anlageprodukte

Im EigRentG wird der Kreis derjenigen Anlageprodukte erweitert, die dem Grunde nach zertifizierungsfähig sind. So können

- der Erwerb weiterer, über die Pflichtanteile hinausgehende Geschäftsanteile an einer in das Genossenschaftsregister eingetragenen Genossenschaft für eine vom Förderberechtigten selbstgenutzten Genossenschaftswohnung,
- Darlehensverträge (reiner Darlehensvertrag, Kombination Sparvertrag mit Darlehensoption, Vorfinanzierungsdarlehen) für die Bildung selbstgenutzten Wohneigentums sowie
- Bausparverträge

unter bestimmten Bedingungen in Form von Altersvorsorgeverträgen abgeschlossen werden. Die Zertifizierung derartiger Verträge und Vertragsmuster kann jedoch frühestens zum 1. 11. 2008 erfolgen (§ 14 Abs. 3 AltZertG). Vor diesem Datum gibt es somit keine begünstigten Anlageverträge.

2. Einführung der Förderung von Tilgungsleistungen

Durch das EigRentG werden nunmehr Darlehenstilgungen zugunsten eines zertifizierten Altersvorsorgevertrages als Altersvorsorgebeiträge, wie die bisherigen Sparbeiträge, steuerlich gefördert. Voraussetzung für die Förderung ist, dass das Darlehen für eine nach dem 31. 12. 2007 vorgenommene wohnungswirtschaftliche Verwendung i. S. d. § 92a Abs. 1 Satz 1 EStG genutzt wird (§ 82 Abs. 1 EStG). Nicht begünstigt sind Finanzierungen von Immobilien, die vor dem 1. 1. 2008 angeschafft oder hergestellt wurden.

Eine Förderung der Darlehenszinsen ist durch das Gesetz nicht vorgesehen.

Werden somit Tilgungsleistungen in Höhe von mindestens 4 % der maßgebenden Einnahmen (maximal 2 100 € abzüglich Zulage) in den Altersvorsorgevertrag mit Darlehenskomponente eingezahlt, wird dem Zulageberechtigten die ungekürzte Grundzulage i.H.v. 154 € und ggf. Kinderzulagen von 185 € für vor dem 1. 1. 2008 geborene Kinder bzw. von 300 € für ab dem 1. 1. 2008 geborene Kinder gewährt. Die Altersvorsorgezulage wird von der Zulagenstelle an den Anbieter überwiesen, der diese dem betreffenden Darlehensvertrag gutzuschreiben hat. Die Zulagenzahlung fungiert damit als Sondertilgung, d. h. in diesem Umfang reduziert sich die Darlehensschuld des Zulageberechtigten.

Wie bei Sparbeiträgen wird auf Antrag des Zulageberechtigten auch geprüft, ob der Sonderausgabenabzug für die entsprechenden Tilgungsleistungen einschließlich des Zulageanspruchs (bis maximal 2 100 €) für den Zulageberechtigten günstiger ist als der Zulageanspruch (§ 10a EStG). Ist dies der Fall, erhält der Zulageberechtigte noch einen über die Zulage hinausgehenden Steuervorteil im Rahmen seiner Einkommensteuerveranlagung.

3. Verbesserung der Entnahmemöglichkeiten von gefördertem Altersvorsorgevermögen

Das EigRentG ermöglicht dem Anleger nunmehr, entweder bis zu 75 % oder 100 % des gebildeten und steuerlich geförderten Kapitals eines Altersvorsorgevertrages für eine begünstigte Wohnung zu entnehmen (§ 92a EStG). Ein Mindestentnahmebetrag i.H.v. bisher 10 000 € bzw. ein maximaler Entnahmebetrag i.H.v. 50 000 € sind nach der Neuregelung nicht mehr vorgesehen. Die bisherige Rückzahlungspflicht des entnommenen Altersvorsorgevermögens besteht künftig ebenfalls nicht mehr.

Für den Entnahmebetrag (Altersvorsorge-Eigenheimbetrag) sieht der Gesetzgeber drei verschiedene Verwendungsarten vor:

- bis zum Beginn der Auszahlungsphase unmittelbar für die Anschaffung oder Herstellung einer Wohnung (§ 92a Abs. 1 Satz 1 Nr. 1 EStG),
- zu Beginn der Auszahlungsphase zur Entschuldung einer Wohnung (§ 92a Abs. 1 Satz 1 Nr. 2 EStG) und
- ohne zeitliche Beschränkung jederzeit für den Erwerb von Geschäftsanteilen (Pflichtanteilen) an einer eingetragenen Genossenschaft für die Selbstnutzung einer Genossenschaftswohnung (§ 92a Abs. 1 Satz 1 Nr. 3 EStG).

Die neuen Entnahmeregelungen gelten grundsätzlich rückwirkend zum 1. 1. 2008 und sind auch für bestehende Riesterverträge anzuwenden. Allerdings gilt für Altersvorsorgeverträge, die bereits vor dem 1. 1. 2008 abgeschlossen wurden, für die Veranlagungszeiträume 2008 und 2009 noch die bisherige Mindestentnahmegrenze von 10 000 € (§ 52 Abs. 24c Satz 2 EStG).

4. Nachgelagerte Besteuerung

Die geförderten Tilgungsbeiträge, die hierfür gewährten Zulagen sowie der entnommene Altersvorsorge-Eigenheimbetrag werden in einem sog. Wohnförderkonto erfasst (§ 92a Abs. 2 Satz 1 EStG). Das Wohnförderkonto dient der Erfassung des in der Immobilie gebundenen steuerlich geförderten Kapitals. Dieser Wert ist die Grundlage für die spätere nachgelagerte Besteuerung. Als Ausgleich für die vorzeitige Nutzung des Altersvorsorgekapitals und zur Gleichstellung mit anderen Riester-Produkten wird der in das Wohnförderkonto eingestellte Betrag in der Ansparphase um jährlich 2 % erhöht (§ 92a Abs. 2 Satz 3 EStG). In der Auszahlungsphase erfolgt jedoch keine zweiprozentige Erhöhung mehr.

Zu Beginn der Auszahlungsphase wird der Saldo des Wohnförderkontos entweder als Einmalbetrag mit 30 % Abschlag (§ 22 Nr. 5 Satz 5 i. V. m. § 92a Abs. 2 Satz 6 EStG) oder verteilt bis zum 85. Lebensjahr besteuert (§ 22 Nr. 5 Satz 4 i. V. m. § 92a Abs. 2 Satz 4 Nr. 2 und Satz 5 EStG).

5. Schädliche Verwendung – Aufgabe der Selbstnutzung

Wird die Selbstnutzung der geförderten Wohnung aufgegeben, handelt es sich grundsätzlich um eine schädliche Verwendung. Der Zulageberechtigte hat die Aufgabe der Selbstnutzung demjenigen anzuzeigen, der das Wohnförderkonto führt (§ 92a Abs. 3 Satz 1 und 2 EStG). Das ist i. d. R. der Anbieter, bei dem der Zulagenberechtigte einen Altersvorsorgevertrag abgeschlossen hat. In diesen Fällen erfolgt eine unmittelbare Besteuerung des Stands des Wohnförderkontos (§ 22 Nr. 5 Satz 4 i. V. m. § 92a Abs. 3 Satz 5 EStG). Die steuerlichen Folgen der schädlichen Verwendung in der Auszahlungsphase sind wiederum besonders geregelt, auf die Darstellung wird hier vorerst verzichtet.

II. Verfahren

1. Beantragung des Altersvorsorge-Eigenheimbetrags

Der Zulageberechtigte muss den Altersvorsorge-Eigenheimbetrag bei der Zulagenstelle beantragen und dabei die notwendigen Nachweise erbringen (z. B. Kaufvertrag, Rechnung über die Herstellungskosten). Die Zulagenstelle teilt dann dem Zulageberechtigten per Bescheid und den betroffenen Anbietern per Datensatz mit, welche Beträge förderunschädlich entnommen werden können (§ 92b Abs. 1 Satz 1 bis 3 EStG). Hat der Anbieter den Datensatz von der Zulagenstelle erhalten, darf er den darin genannten Betrag an den Zulageberechtigten auszahlen (§ 92b Abs. 2 Satz 1 EStG). Danach teilt der Anbieter der Zulagenstelle die Daten mit, die diese für eine eventuelle gesonderte Feststellung des Stands des Wohnförderkontos benötigt (siehe unter II. 4.).

2. Tilgungsförderung

Will der Zulageberechtigte die Tilgungsförderung in Anspruch nehmen, hat er gegenüber seinem Anbieter die wohnungswirtschaftliche Verwendung nachzuweisen. Für die geleisteten Tilgungsbeträge beantragt der Anbieter für den Zulageberechtigten per Datensatz die Altervorsorgezulage. Außerdem stellt er die für die Einkommensteuerveranlagung erforderliche Bescheinigung nach § 10 a Abs. 5 EStG aus. Die geförderten Beträge werden in das Wohnförderkonto eingestellt.

3. Führen des Wohnförderkontos

Das Wohnförderkonto wird grundsätzlich bei dem Anbieter geführt, bei dem der Zulageberechtigte einen Altersvorsorgevertrag abgeschlossen hat, der für wohnungswirtschaftliche Zwecke verwendet wird (vgl. I. 5). Dieser Anbieter muss die Bescheinigung nach § 22 Nr. 5 Satz 7 (bisher Satz 5) EStG ausstellen sowie die für das Rentenbezugsmitteilungsverfahren erforderlichen Daten nach § 22a EStG an die zentrale Stelle übermitteln. Die bereits nach geltendem Recht jährlich auszustellende Bescheinigung nach § 92 EStG ist um den Stand des Wohnförderkontos zu ergänzen.

4. Gesonderte Feststellung

Die Zulagenstelle stellt den Stand des Wohnförderkontos von Amts wegen gesondert fest, wenn das Wohnförderkonto, z. B. bei einem Anbieterwechsel, übertragen und bevor der Stand des Wohnförderkontos für die Durchführung der nachgelagerten Besteuerung herangezogen wird (§ 92b Abs. 3 Satz 1 EStG). Auf Antrag des Zulageberechtigten erfolgt die gesonderte Feststellung des Stands des Wohnförderkontos auch zu jedem anderen Zeitpunkt (§ 92b Abs. 3 Satz 4 EStG). Bei Einsetzen der Besteuerung setzt die Zulagenstelle außerdem den zu versteuernden Betrag gesondert fest.

§ 92b Verfahren bei Verwendung für eine *selbst genutzte Wohnung*

EStG S 2496 [1]

(1) [1]Der Zulageberechtigte hat die Verwendung des Kapitals nach § 92a Abs. 1 Satz 1 bei der zentralen Stelle zu beantragen und dabei die notwendigen Nachweise zu erbringen. [2]Er hat zu bestimmen, aus welchen Altersvorsorgeverträgen welche Beträge ausgezahlt werden sollen. [3]Die zentrale Stelle teilt dem Zulageberechtigten durch Bescheid und den Anbietern der in Satz 2 genannten Altersvorsorgeverträge nach amtlich vorgeschriebenem Datensatz durch Datenfernübertragung mit, welche Beträge förderunschädlich ausgezahlt werden können.

(2) [1]Die Anbieter der in Absatz 1 Satz 2 genannten Altersvorsorgeverträge dürfen den Altersvorsorge-Eigenheimbetrag auszahlen, sobald sie die Mitteilung nach Absatz 1 Satz 3 erhalten haben. [2]Sie haben der zentralen Stelle nach amtlich vorgeschriebenem Datensatz durch Datenfernübertragung Folgendes anzuzeigen:

1. den Auszahlungszeitpunkt und den Auszahlungsbetrag,

2. die Summe der bis zum Auszahlungszeitpunkt dem Altersvorsorgevertrag gutgeschriebenen Zulagen,

3. die Summe der bis zum Auszahlungszeitpunkt geleisteten Altersvorsorgebeiträge und

4. den Stand des geförderten Altersvorsorgevermögens im Zeitpunkt der Auszahlung.

(3) [1]Die zentrale Stelle stellt zu Beginn der Auszahlungsphase und in den Fällen des § 92a Abs. 2 Satz 8 bis 11 sowie Abs. 3 Satz 5 den Stand des Wohnförderkontos, soweit für die

1) ***§ 92b EStG wurde durch das EigRentG (Inkrafttreten am 1. 8. 2008) neu gefasst.***

Besteuerung erforderlich den Verminderungsbetrag und den Auflösungsbetrag von Amts wegen gesondert fest. [2]Die zentrale Stelle teilt die Feststellung dem Zulageberechtigten durch Bescheid und dem Anbieter nach amtlich vorgeschriebenem Datensatz durch Datenfernübertragung mit. [3]Der Anbieter hat auf Anforderung der zentralen Stelle die zur Feststellung erforderlichen Unterlagen vorzulegen. [4]Auf Antrag des Zulageberechtigten stellt die zentrale Stelle den Stand des Wohnförderkontos gesondert fest. [5]§ 90 Abs. 4 Satz 2 bis 5 gilt entsprechend.

EStG
S 2497

§ 93 Schädliche Verwendung

[1]) (1) [1]Wird gefördertes Altersvorsorgevermögen nicht unter den in § 1 Abs. 1 Satz 1 Nr. 4 und 10 Buchstabe c des Altersvorsorgeverträge-Zertifizierungsgesetzes oder § 1 Abs. 1 Satz 1 Nr. 4, 5 und 10 Buchstabe c des Altersvorsorgeverträge-Zertifizierungsgesetzes in der bis zum 31. Dezember 2004 geltenden Fassung genannten Voraussetzungen an den Zulageberechtigten ausgezahlt (schädliche Verwendung), sind die auf das ausgezahlte geförderte Altersvorsorgevermögen entfallenden Zulagen und die nach § 10a Abs. 4 gesondert festgestellten Beträge (Rückzahlungsbetrag) zurückzuzahlen. [2]Dies gilt auch bei einer Auszahlung nach Beginn der Auszahlungsphase (*§ 1 Abs. 1 Nr. 2* des Altersvorsorgeverträge-Zertifizierungsgesetzes) und bei Auszahlungen im Falle des Todes des Zulageberechtigten. [3]*Hat der Zulageberechtigte Zahlungen im Sinne des § 92a Abs. 2 Satz 4 Nr. 1 oder § 92a Abs. 3 Satz 9 Nr. 2 geleistet, dann handelt es sich bei dem hierauf beruhenden Altersvorsorgevermögen um gefördertes Altersvorsorgevermögen im Sinne des Satzes 1, der Rückzahlungsbetrag bestimmt sich insoweit nach der für die in das Wohnförderkonto eingestellten Beträge gewährten Förderung.* [4]Eine Rückzahlungsverpflichtung besteht nicht für den Teil der Zulagen und der Steuerermäßigung,

a) der auf nach § 1 Abs. 1 Satz 1 Nr. 2des Altersvorsorgeverträge-Zertifizierungsgesetzes angespartes gefördertes Altersvorsorgevermögen entfällt, wenn es in Form einer Hinterbliebenenrente an die dort genannten Hinterbliebenen ausgezahlt wird; dies gilt auch für Leistungen im Sinne des § 82 Abs. 3 an Hinterbliebene des Steuerpflichtigen;

b) der den Beitragsanteilen zuzuordnen ist, die für die zusätzliche Absicherung der verminderten Erwerbsfähigkeit und eine zusätzliche Hinterbliebenenabsicherung ohne Kapitalbildung verwendet worden sind;

c) der auf gefördertes Altersvorsorgevermögen entfällt, das im Falle des Todes des Zulageberechtigten auf einen auf den Namen des Ehegatten lautenden Altersvorsorgevertrag übertragen wird, wenn die Ehegatten im Zeitpunkt des Todes des Zulageberechtigten die Voraussetzungen des § 26 Abs. 1 erfüllt haben;

d) der auf den Altersvorsorge-Eigenheimbetrag entfällt.

(1a) [1]Die Verpflichtung nach Absatz 1 Satz 1 entfällt auch, soweit im Rahmen der Regelung der Scheidungsfolgen eine Übertragung des geförderten Altersvorsorgevermögens auf einen Altersvorsorgevertrag des ausgleichsberechtigten Ehegatten erfolgt, zu Lasten des geförderten Vertrags mit einem öffentlich-rechtlichen Versorgungsträger für den ausgleichsberechtigten Ehegatten Rentenanwartschaften in der gesetzlichen Rentenversicherung begründet werden oder das Kapital aus einem geförderten Vertrag entnommen und von dem ausgleichsberechtigten Ehegatten unmittelbar auf einen auf seinen Namen lautenden Altersvorsorgevertrag eingezahlt wird. [2]Einer Übertragung steht die Abtretung des geförderten Altersvorsorgevermögens im Rahmen der Regelung der Scheidungsfolgen gleich. [3]Wird von dem berechtigten früheren Ehegatten dieses Altersvorsorgevermögen schädlich verwendet, gilt Absatz 1 Satz 1 sinngemäß für die darin enthaltenen Zulagen und die anteilig nach § 10a Abs. 4 gesondert festgestellten Beträge.

(2) [1]Die Übertragung von gefördertem Altersvorsorgevermögen auf einen anderen auf den Namen des Zulageberechtigten lautenden Altersvorsorgevertrag (§ 1 Abs. 1 Satz 1 Nr. 10 Buchstabe b des Altersvorsorgeverträge-Zertifizierungsgesetzes) stellt keine schädliche Verwendung dar. [2]Dies gilt sinngemäß in den Fällen des § 4 Abs. 2 und 3 des Betriebsrentengesetzes, wenn das geförderte Altersvorsorgevermögen auf eine der in § 82 Abs. 2 Buchstabe a genannten Einrichtungen der betrieblichen Altersversorgung zum Aufbau einer kapitalgedeckten betrieblichen Altersversorgung übertragen und eine lebenslange Altersversorgung im Sinne des § 1 Abs. 1 Satz 1 Nr. 4 des Altersvorsorgeverträge-Zertifizierungsgesetzes oder § 1 Abs. 1 Satz 1 Nr. 4 und 5 des Altersvorsorgeverträge-Zertifizierungsgesetzes in der bis zum 31. Dezember 2004 geltenden Fassung vorgesehen wird. [3]In den übrigen Fällen der Abfindung von

[1]) *Durch das EigRentG (Inkrafttreten am 1. 8. 2008) wurde Absatz 1 wie folgt geändert:*
– Änderung von Satz 2,
– Einfügung von Satz 3 und
– Einfügung von Satz 4 Buchstabe d.

Anwartschaften der betrieblichen Altersversorgung gilt dies, soweit das geförderte Altersvorsorgevermögen zugunsten eines auf den Namen des Zulageberechtigten lautenden Altersvorsorgevertrages geleistet wird.

(3) [1]Auszahlungen zur Abfindung einer Kleinbetragsrente zu Beginn der Auszahlungsphase gelten nicht als schädliche Verwendung. [2]Eine Kleinbetragsrente ist eine Rente, die bei gleichmäßiger Verrentung des gesamten zu Beginn der Auszahlungsphase zur Verfügung stehenden Kapitals eine monatliche Rente ergibt, die 1 Prozent der monatlichen Bezugsgröße nach § 18 des Vierten Buches Sozialgesetzbuch nicht übersteigt. [3]Bei der Berechnung dieses Betrages sind alle bei einem Anbieter bestehenden Verträge des Zulageberechtigten insgesamt zu berücksichtigen, auf die nach diesem Abschnitt geförderte Altersvorsorgebeiträge geleistet wurden.

§ 94 Verfahren bei schädlicher Verwendung

EStG
S 2497

(1) [1]In den Fällen des § 93 Abs. 1 hat der Anbieter der zentralen Stelle vor der Auszahlung des geförderten Altersvorsorgevermögens die schädliche Verwendung nach amtlich vorgeschriebenem Datensatz durch amtlich bestimmte Datenfernübertragung anzuzeigen. [2]Die zentrale Stelle ermittelt den Rückzahlungsbetrag und teilt diesen dem Anbieter durch Datensatz mit. [3]Der Anbieter hat den Rückzahlungsbetrag einzubehalten, mit der nächsten Anmeldung nach § 90 Abs. 3 anzumelden und an die zentrale Stelle abzuführen. [4]Der Anbieter hat die einbehaltenen und abgeführten Beträge sowie die dem Vertrag bis zur schädlichen Verwendung gutgeschriebenen Erträge dem Zulageberechtigten nach amtlich vorgeschriebenem Vordruck zu bescheinigen und der zentralen Stelle nach amtlich vorgeschriebenem Datensatz durch amtlich bestimmte Datenfernübertragung mitzuteilen ***und diese Beträge sowie die dem Vertrag bis zur schädlichen Verwendung gutgeschriebenen Erträge dem Zulageberechtigten zu bescheinigen***. [5]Die zentrale Stelle unterrichtet das für den Zulageberechtigten zuständige Finanzamt. [6]In den Fällen des § 93 Abs. 3 ***gilt Satz 1*** entsprechend. [1)]

(2) [1]Eine Festsetzung des Rückzahlungsbetrags erfolgt durch die zentrale Stelle auf besonderen Antrag des Zulageberechtigten oder sofern die Rückzahlung nach Absatz 1 ganz oder teilweise nicht möglich oder nicht erfolgt ist. [2]§ 90 Abs. 4 Satz 2 bis 6 gilt entsprechend. [3]Im Rückforderungsbescheid sind auf den Rückzahlungsbetrag die vom Anbieter bereits einbehaltenen und abgeführten Beträge nach Maßgabe der Bescheinigung nach Absatz 1 Satz 4 anzurechnen. [4]Der Zulageberechtigte hat den verbleibenden Rückzahlungsbetrag innerhalb eines Monats nach Bekanntgabe des Rückforderungsbescheids an die zuständige Kasse zu entrichten. [5]Die Frist für die Festsetzung des Rückzahlungsbetrags beträgt vier Jahre und beginnt mit Ablauf des Kalenderjahres, in dem die Auszahlung im Sinne des § 93 Abs. 1 erfolgt ist.

§ 95 Beendigung der unbeschränkten Einkommensteuerpflicht des Zulageberechtigten

EStG
S 2498

(1) Endet die unbeschränkte Steuerpflicht des Zulageberechtigten durch Aufgabe des inländischen Wohnsitzes oder gewöhnlichen Aufenthalts oder wird für das Beitragsjahr kein Antrag nach § 1 Abs. 3 gestellt, gelten die §§ 93 und 94 entsprechend.

(2) [1]Auf Antrag des Zulageberechtigten ist der Rückzahlungsbetrag (§ 93 Abs. 1 Satz 1) zunächst bis zum Beginn der Auszahlung (§ 1 Abs. 1 Nr. 2 des Altersvorsorgeverträge-Zertifizierungsgesetzes) zu stunden. [2]Die Stundung ist zu verlängern, wenn der Rückzahlungsbetrag mit mindestens 15 Prozent der Leistungen aus dem Altersvorsorgevertrag getilgt wird. [3]Stundungszinsen werden nicht erhoben. [4]Die Stundung endet, wenn das geförderte Altersvorsorgevermögen nicht unter den in § 1 Abs. 1 Satz 1 Nr. 4 des Altersvorsorgeverträge-Zertifizierungsgesetzes genannten Voraussetzungen an den Zulageberechtigten ausgezahlt wird. [5]Der Stundungsantrag ist über den Anbieter an die zentrale Stelle zu richten. [6]Die zentrale Stelle teilt ihre Entscheidung auch dem Anbieter mit.

(3) [1]Wird in den Fällen des Absatzes 1 die unbeschränkte Steuerpflicht erneut begründet oder der Antrag nach § 1 Abs. 3 gestellt, ist bei Stundung des Rückzahlungsbetrags dieser von der zentralen Stelle zu erlassen. [2]Wird die unbeschränkte Steuerpflicht des Zulageberechtigten [2)] nach einer Entsendung im Sinne des § 4 des Vierten Buches Sozialgesetzbuch oder nach über-

1) ***Absatz 1 wurde durch das JStG 2008 ab VZ 2008 geändert.***

2) In Absatz 3 Satz 1 wird durch das Dienstrechtsneuordnungsgesetz nach der Angabe „§ 123a des Beamtenrahmengesetzes" die Angabe „oder § 29 des Bundesbeamtengesetzes" eingefügt.

staatlichem oder zwischenstaatlichem Recht oder nach einer Zuweisung im Sinne des § 123a des Beamtenrechtsrahmengesetzes erneut begründet, ist die Zulage für die Kalenderjahre der Entsendung unter den Voraussetzungen der §§ 79 bis 87 und 89 zu gewähren.[1] [3]Die Zulagen sind nach amtlich vorgeschriebenem Vordruck bis zum Ablauf des zweiten Kalenderjahres zu beantragen, das auf das Kalenderjahr folgt, in dem letztmals keine unbeschränkte Steuerpflicht bestand.

EStG
S 2499

§ 96 Anwendung der Abgabenordnung, allgemeine Vorschriften

(1) [1]Auf die Zulagen und die Rückzahlungsbeträge sind die für Steuervergütungen geltenden Vorschriften der Abgabenordnung entsprechend anzuwenden. [2]Dies gilt nicht für § 163 der Abgabenordnung.

(2) [1]Der Anbieter haftet als Gesamtschuldner neben dem Zulageempfänger für die Zulagen und die nach § 10a Abs. 4 gesondert festgestellten Beträge, die wegen seiner vorsätzlichen oder grob fahrlässigen Pflichtverletzung zu Unrecht gezahlt, nicht einbehalten oder nicht zurückgezahlt worden sind. [2]Für die Inanspruchnahme des Anbieters ist die zentrale Stelle zuständig.

(3) Die zentrale Stelle hat auf Anfrage des Anbieters Auskunft über die Anwendung des Abschnitts XI zu geben.

(4) [1]Die zentrale Stelle kann beim Anbieter ermitteln, ob er seine Pflichten erfüllt hat. [2]Die §§ 193 bis 203 der Abgabenordnung gelten sinngemäß. [3]Auf Verlangen der zentralen Stelle hat der Anbieter ihr Unterlagen, soweit sie im Ausland geführt und aufbewahrt werden, verfügbar zu machen.

(5) Der Anbieter erhält vom Bund oder den Ländern keinen Ersatz für die ihm aus diesem Verfahren entstehenden Kosten.

(6) [1]Der Anbieter darf die im Zulageverfahren bekannt gewordenen Verhältnisse der Beteiligten nur für das Verfahren verwerten. [2]Er darf sie ohne Zustimmung der Beteiligten nur offenbaren, soweit dies gesetzlich zugelassen ist.

(7) [1]Für die Zulage gelten die Strafvorschriften des § 370 Abs. 1 bis 4, der §§ 371, 375 Abs. 1 und des § 376 sowie die Bußgeldvorschriften der §§ 378, 379 Abs. 1 und 4 und der §§ 383 und 384 der Abgabenordnung entsprechend. [2]Für das Strafverfahren wegen einer Straftat nach Satz 1 sowie der Begünstigung einer Person, die eine solche Tat begangen hat, gelten die §§ 385 bis 408, für das Bußgeldverfahren wegen einer Ordnungswidrigkeit nach Satz 1 die §§ 409 bis 412 der Abgabenordnung entsprechend.

EStG
S 2499

§ 97 Übertragbarkeit

[1]Das nach § 10a oder Abschnitt XI geförderte Altersvorsorgevermögen einschließlich seiner Erträge, die geförderten laufenden Altersvorsorgebeiträge und der Anspruch auf die Zulage sind nicht übertragbar. [2]§ 93 Abs. 1a und § 4 des Betriebsrentengesetzes bleiben unberührt.

EStG
S 2499

§ 98 Rechtsweg

In öffentlich-rechtlichen Streitigkeiten über die aufgrund des Abschnitts XI ergehenden Verwaltungsakte ist der Finanzrechtsweg gegeben.

EStG
S 2499

§ 99 Ermächtigung

(1) Das Bundesministerium der Finanzen wird ermächtigt, die Vordrucke für die Anträge nach den §§ 89 und 95 Abs. 3 Satz 3, für die Anmeldung nach § 90 Abs. 3 und für die in den §§ 92 und 94 Abs. 1 Satz 4 vorgesehenen Bescheinigungen und im Einvernehmen mit den obersten Finanzbehörden der Länder die Vordrucke für die nach § 10a Abs. 5 Satz 1 und § 22 Nr. 5

[1] Anm.: Absatz 3 Satz 2 wurde durch das Gesetz zur Regelung des Statusrechts der Beamtinnen und Beamten in den Ländern vom 17. 6. 2008 (BGBl. I S. 1010) – Inkrafttreten am 1. 4. 2009 – geändert. Nach dem Wort „Beamtenrechtsrahmengesetzes“ wurden die Wörter „oder des § 20 des Beamtenstatusgesetzes“ eingefügt.

Satz 7 vorgesehenen Bescheinigungen und den Inhalt und Aufbau der für die Durchführung des Zulageverfahrens zu übermittelnden Datensätze zu bestimmen. [1]

(2) [1]Das Bundesministerium der Finanzen wird ermächtigt, im Einvernehmen mit dem Bundesministerium für Arbeit und Soziales und dem Bundesministerium des Innern durch Rechtsverordnung mit Zustimmung des Bundesrates Vorschriften zur Durchführung dieses Gesetzes über das Verfahren für die Ermittlung, Festsetzung, Auszahlung, Rückzahlung und Rückforderung der Zulage sowie die Rückzahlung und Rückforderung der nach § 10a Abs. 4 festgestellten Beträge zu erlassen. [2]Hierzu gehören insbesondere

1. Vorschriften über Aufzeichnungs-, Aufbewahrungs-, Bescheinigungs- und Anzeigepflichten des Anbieters,
2. Grundsätze des vorgesehenen Datenaustausches zwischen den Anbietern, der zentralen Stelle, den Trägern der gesetzlichen Rentenversicherung, der Bundesagentur für Arbeit, den Meldebehörden, den Familienkassen, den zuständigen Stellen und den Finanzämtern und
3. Vorschriften über Mitteilungspflichten, die für die Erteilung der Bescheinigungen nach § 22 Nr. 5 *Satz 7* und § 92 erforderlich sind. [2]

1) *Absatz 1 wurde durch das EigRentG (Inkrafttreten am 1. 8. 2008) geändert.*
2) *Absatz 2 Satz 2 Nr. 3 wurde durch das EigRentG (Inkrafttreten am 1. 8. 2008) geändert.*

B.
Anlage zu den Einkommensteuer-Richtlinien 2005

Anlage (zu R 4.6)

Übersicht
über die Berichtigung des Gewinns bei Wechsel der Gewinnermittlungsart

Übergang	Berichtigung des Gewinns im ersten Jahr nach dem Übergang:
1. von der Einnahmenüberschussrechnung zum Bestandvergleich, zur Durchschnittssatzgewinnermittlung oder zur Richtsatzschätzung	Der Gewinn des ersten Jahres ist insbesondere um die folgenden Hinzurechnungen und Abrechnungen zu berichtigen: + Warenbestand + Warenforderungsanfangsbestand + Sonstige Forderungen – Warenschuldenanfangsbestand + Anfangsbilanzwert (Anschaffungskosten) der nicht abnutzbaren Wirtschaftsgüter des Anlagevermögens (mit Ausnahme des Grund und Bodens), soweit diese während der Dauer der Einnahmenüberschussrechnung angeschafft und ihre Anschaffungskosten vor dem 1. 1. 1971 als Betriebsausgaben abgesetzt wurden, ohne dass ein Zuschlag nach § 4 Abs. 3 Satz 2 EStG in den vor dem Steuerneuordnungsgesetz geltenden Fassungen gemacht wurde.
2. vom Bestandsvergleich, von der Durchschnittssatzgewinnermittlung oder von der Richtsatzschätzung zur Einnahmenüberschussrechnung	Der Überschuss der Betriebseinnahmen ***über*** die Betriebsausgaben sind im ersten Jahr insbesondere um die folgenden Hinzurechnungen und Abrechnungen zu berichtigen: + Warenschuldenbestand des Vorjahrs – Warenendbestand des Vorjahrs – Warenforderungsbestand des Vorjahrs – Sonstige Forderungen. Sind in früheren Jahren Korrektivposten gebildet und nicht oder noch nicht in voller Höhe aufgelöst worden, ist dies bei Hinzurechnung des Unterschiedsbetrags zu berücksichtigen; noch nicht aufgelöste Zuschläge vermindern, noch nicht aufgelöste Abschläge erhöhen den Unterschiedsbetrag.

Bei der Anwendung der vorstehenden Übersicht ist Folgendes zu beachten:

- Die vorstehende Übersicht ist nicht erschöpfend. Beim Wechsel der Gewinnermittlungsart sind auch andere als die oben bezeichneten Positionen durch Zu- und Abrechnungen zu berücksichtigen. Das gilt insbesondere für die Rechnungsabgrenzungsposten, z. B. im Voraus gezahlte Miete und im Voraus vereinnahmte Zinsen, sowie für Rückstellungen, z. B. für Gewerbesteuer des abgelaufenen Wirtschaftsjahrs.
- ***Die Zu- und Abrechnungen unterbleiben für Wirtschaftsgüter des Umlaufvermögens und Schulden für Wirtschaftsgüter des Umlaufvermögens, die von § 4 Abs. 3 Satz 4 EStG erfasst werden. Zur zeitlichen Anwendung dieser Regelung → § 52 Abs. 10 Satz 2 und 3 EStG.***

C.

Anhänge

Übersicht

I. Steuerliche Förderung der privaten Altersvorsorge und betrieblichen Altersversorgung

BMF vom 20. 1. 2009 (BStBl I S. 273)[1])

$$\frac{\text{IV C 3 – S 2496/08/10011}}{\text{IV C 5 – S 2333/07/0003}} \text{ – 2009/0032144}$$

Zur steuerlichen Förderung der privaten Altersvorsorge und betrieblichen Altersversorgung nehme ich im Einvernehmen mit den obersten Finanzbehörden der Länder wie folgt Stellung:

Für die Inanspruchnahme des Sonderausgabenabzugs nach § 10a EStG wird, was die Prüfungskompetenz der Finanzämter betrifft, vorab auf § 10a Abs. 5 Satz 3 EStG hingewiesen, wonach die in der Bescheinigung des Anbieters mitgeteilten übrigen Voraussetzungen für den Sonderausgabenabzug nach § 10a Abs. 1 bis 3 EStG im Wege des automatisierten Datenabgleichs nach § 91 EStG durch die zentrale Stelle (Zentrale Zulagenstelle für Altersvermögen – ZfA –) überprüft werden.

Inhaltsübersicht

1) Änderungen sind durch Fettdruck hervorgehoben.

A. Private Altersvorsorge

I. Förderung durch Zulage und Sonderausgabenabzug

1. Begünstigter Personenkreis

a) Allgemeines

1 Als begünstigte Person kommt nur in Betracht, wer der unbeschränkten Einkommensteuerpflicht (§ 1 Abs. 1 bis 3 EStG) unterliegt. Dies gilt für den Sonderausgabenabzug nach § 10a EStG (§ 50 Abs. 1 Satz 3 EStG) ebenso wie für die Zulageförderung nach Abschnitt XI EStG (§ 79 EStG).

2 Die persönlichen Voraussetzungen müssen im jeweiligen Beitragsjahr (Veranlagungszeitraum) zumindest während eines Teils des Jahres vorgelegen haben. Für Altersvorsorgebeiträge zugunsten eines Vertrags, aus dem Altersvorsorgeleistungen fließen und die nach Beginn der Auszahlungsphase geleistet wurden, kommt eine steuerliche Förderung nach § 10a oder Abschnitt XI EStG nicht mehr in Betracht.

b) Unmittelbar begünstigte Personen

aa) Pflichtversicherte in der gesetzlichen Rentenversicherung (§ 10a Abs. 1 Satz 1 Halbsatz 1 EStG) und Pflichtversicherte nach dem Gesetz über die Alterssicherung der Landwirte (§ 10a Abs. 1 Satz 3 EStG)

3 In der gesetzlichen Rentenversicherung pflichtversichert ist, wer nach §§ 1 bis 4, 229, 229a und 230 des Sechsten Buches Sozialgesetzbuch (SGB VI) der Versicherungspflicht unterliegt. Hierzu gehört der in der Anlage 1 Abschnitt A aufgeführte Personenkreis. Allein die Zahlung von Pflichtbeiträgen zur gesetzlichen Rentenversicherung ohne Vorliegen einer Versicherungspflicht, beispielsweise von dritter Seite aufgrund eines Forderungsüberganges (Regressierung) wegen eines Schadensersatzanspruchs (§ 119 des Zehnten Buches Sozialgesetzbuch – SGB X –), begründet nicht die Zugehörigkeit zu dem nach § 10a Abs. 1 Satz 1 EStG begünstigten Personenkreis.

4 ***nicht belegt***

5 Pflichtversicherte nach dem Gesetz über die Alterssicherung der Landwirte gehören, soweit sie nicht als Pflichtversicherte der gesetzlichen Rentenversicherung ohnehin bereits anspruchs-

berechtigt sind, in dieser Eigenschaft ebenfalls zum begünstigten Personenkreis. Darunter fallen insbesondere die in Anlage 1 Abschnitt B aufgeführten Personen.

bb) Empfänger von Besoldung und diesen gleichgestellte Personen (§ 10a Abs. 1 Satz 1 Halbsatz 2 EStG)

Zum begünstigten Personenkreis nach § 10a Abs. 1 Satz 1 Halbsatz 2 EStG gehören: 6

- Empfänger von Besoldung nach dem Bundesbesoldungsgesetz – BBesG – oder einem entsprechenden Landesbesoldungsgesetz (§ 10a Abs. 1 Satz 1 Halbsatz 2 Nr. 1 EStG),
- Empfänger von Amtsbezügen aus einem Amtsverhältnis, deren Versorgungsrecht die entsprechende Anwendung des § 69e Abs. 3 und 4 des Beamtenversorgungsgesetzes – BeamtVG – vorsieht (§ 10a Abs. 1 Satz 1 Halbsatz 2 Nr. 2 EStG),

die nach § 5 Abs. 1 Satz 1 Nr. 2 und 3 SGB VI versicherungsfrei Beschäftigten und die nach § 6 Abs. 1 Satz 1 Nr. 2 SGB VI oder nach § 230 Abs. 2 Satz 2 SGB VI von der Versicherungspflicht befreiten Beschäftigten, deren Versorgungsrecht die entsprechende Anwendung des § 69e Abs. 3 und 4 BeamtVG vorsieht (§ 10a Abs. 1 Satz 1 Halbsatz 2 Nr. 3 EStG),

Beamte, Richter, Berufssoldaten und Soldaten auf Zeit, die ohne Besoldung beurlaubt sind, für die Zeit einer Beschäftigung, wenn während der Beurlaubung die Gewährleistung einer Versorgungsanwartschaft unter den Voraussetzungen des § 5 Abs. 1 Satz 1 SGB VI auf diese Beschäftigung erstreckt wird (§ 10a Abs. 1 Satz 1 Halbsatz 2 Nr. 4 EStG) und

Steuerpflichtige im Sinne von § 10a Abs. 1 Satz 1 Nr. 1 bis 4 EStG, die beurlaubt sind und deshalb keine Besoldung, Amtsbezüge oder Entgelt erhalten, sofern sie eine Anrechnung von Kindererziehungszeiten nach § 56 SGB VI in Anspruch nehmen könnten, wenn die Versicherungsfreiheit in der gesetzlichen Rentenversicherung nicht bestehen würde (§ 10a Abs. 1 Satz 1 Halbsatz 2 Nr. 5 EStG). Der formale Grund für die Beurlaubung ist insoweit ohne Bedeutung.

Einzelheiten ergeben sich aus der Anlage 2 zu diesem Schreiben.

Neben den vorstehend genannten Voraussetzungen ist für die steuerliche Förderung die schriftliche Einwilligung zur Weitergabe der für einen maschinellen Datenabgleich notwendigen Daten von der zuständigen Stelle (§ 81a EStG) an die ZfA erforderlich. **Die Einwilligung ist** spätestens bis zum Ablauf des zweiten Kalenderjahres, das auf das Beitragsjahr folgt, gegenüber der zuständigen Stelle zu erteilen. Die zuständigen Stellen haben die Daten nach § 10a Abs. 1 Satz 1 EStG zeitnah – spätestens bis zum Ende des folgenden Kalendervierteljahres – nach Vorlage der Einwilligung an die **ZfA** zu übermitteln (§ 91 Abs. 2 EStG). **Wechselt die zuständige Stelle, muss gegenüber der neuen zuständigen Stelle eine Einwilligung abgegeben werden.** 7

Auch der Gesamtrechtsnachfolger (z. B. Witwe, Witwer) kann die Einwilligung innerhalb der Frist für den Verstorbenen/die Verstorbene nachholen.

Wenn ein Angehöriger dieses Personenkreises keine Sozialversicherungsnummer hat, muss über die zuständige Stelle eine Zulagenummer bei der ZfA beantragt werden (§ 10a Abs. 1a EStG).

cc) Pflichtversicherten gleichstehende Personen

Nach § 10a Abs. 1 Satz 3 EStG stehen den Pflichtversicherten der gesetzlichen Rentenversicherung Personen gleich, die wegen Arbeitslosigkeit bei einer inländischen Agentur für Arbeit als Arbeitssuchende gemeldet sind und der Versicherungspflicht in der Rentenversicherung nicht unterliegen, weil sie eine Leistung nach dem Zweiten Buch Sozialgesetzbuch nur wegen des zu berücksichtigenden Einkommens oder Vermögens nicht beziehen. Wird eine Leistung nicht gezahlt, weil sich der Arbeitslose nicht bei einer Agentur für Arbeit als Arbeitssuchender gemeldet hat, besteht keine Förderberechtigung nach § 10a Abs. 1 Satz 3 EStG. 8

dd) Pflichtversicherte in einer ausländischen gesetzlichen Rentenversicherung

Zum begünstigten Personenkreis gehören auch unbeschränkt einkommensteuerpflichtige Personen, die einer ausländischen gesetzlichen Rentenversicherungspflicht unterliegen, soweit diese mit der Pflichtversicherung in der deutschen gesetzlichen Rentenversicherung vergleichbar ist. Das gilt ebenso für den Fall der Arbeitslosigkeit, wenn die Pflichtversicherung in der ausländischen gesetzlichen Rentenversicherung fortbesteht. In sämtlichen ausländischen Rentenversicherungssystemen der Anrainerstaaten der Bundesrepublik Deutschland bestehen derartige Pflichtversicherungen, in die sog. „Grenzgänger" einbezogen sind. Grenzgänger in diesem Sinne ist jeder Arbeitnehmer, der seine Berufstätigkeit, die durch entsprechende Unterlagen nachzuweisen ist, im Gebiet eines Staates ausübt und im Gebiet eines anderen Staates wohnt, in das er in der Regel täglich, mindestens aber einmal wöchentlich zurückkehrt. 9

ee) Sonderfall: Beschäftigte internationaler Institutionen

10 Unbeschränkt einkommensteuerpflichtige Bedienstete der Europäischen Gemeinschaften (Beamte und sonstige Bedienstete) sind grundsätzlich wie Pflichtversicherte in einer ausländischen gesetzlichen Rentenversicherung zu behandeln. Sie gehören daher zu dem nach § 10a Abs. 1 Satz 1 Halbsatz 1 EStG begünstigten Personenkreis. Dies gilt entsprechend insbesondere für die Beschäftigten der Europäischen Patentorganisation (EPO) sowie Koordinierten Organisationen (Europäische Weltraumorganisation [ESA] / Europarat / Nordatlantikvertragsorganisation [NATO] / Organisation für wirtschaftliche Zusammenarbeit und Entwicklung [OECD] / Westeuropäische Union [WEU] / Europäisches Zentrum für mittelfristige Wettervorhersage [EZMW, engl. ECWMF]).

11 Handelt es sich hingegen um Pflichtversicherte in der inländischen gesetzlichen Rentenversicherung, die von ihrem Arbeitgeber entsendet werden (vgl. Rz. 171), ergibt sich die Zugehörigkeit zu einer begünstigten Personengruppe aus § 10a Abs. 1 Satz 1 Halbsatz 1 EStG, wenn eine unbeschränkte Einkommensteuerpflicht vorliegt.

12 Beamte, denen im dienstlichen oder öffentlichen Interesse vorübergehend eine Tätigkeit bei einer öffentlichen Einrichtung außerhalb der Bundesrepublik Deutschland zugewiesen wurde (§ 123a BRRG) und die in ihrem bisherigen Alterssicherungssystem verbleiben, gehören zu der nach § 10a Abs. 1 Satz 1 Nr. 1 EStG begünstigten Personengruppe, sofern eine unbeschränkte Einkommensteuerpflicht vorliegt.

ff) Bezieher einer Rente wegen voller Erwerbsminderung oder Erwerbsunfähigkeit oder einer Versorgung wegen Dienstunfähigkeit (§ 10a Abs. 1 Satz 4 EStG)

12a **Zum begünstigten Personenkreis nach § 10a Abs. 1 Satz 4 EStG gehören unbeschränkt einkommensteuerpflichtige Personen, die nicht nach § 10a Abs. 1 Satz 1 oder 3 EStG begünstigt sind und eine Rente wegen voller Erwerbsminderung oder Erwerbsunfähigkeit oder eine Versorgung wegen Dienstunfähigkeit aus einem der in § 10a Abs. 1 Satz 1 oder 3 EStG genannten Alterssicherungssysteme beziehen, wenn sie unmittelbar vor dem Bezug der Leistung einer in § 10a Abs. 1 Satz 1 oder 3 EStG genannten Personengruppe angehörten. Eine vorangegangene Zugehörigkeit zu einer begünstigten Personengruppe ist auch anzunehmen, wenn eine Förderberechtigung nur wegen des Fehlens der Einwilligung (Rz. 7) nicht bestand. Voraussetzung für die Inanspruchnahme der steuerlichen Förderung bei Beziehern einer Versorgung wegen Dienstunfähigkeit ist die Erteilung einer Einwilligungserklärung (Rz. 7). Zum begünstigten Personenkreis gehören auch Bezieher einer Rente wegen voller Erwerbsminderung oder Erwerbsunfähigkeit oder einer Versorgung wegen Dienstunfähigkeit, deren Rente/Versorgung vor dem 1. Januar 2002 begonnen hat.**

12b **Ein tatsächlicher Bezug der Rente wegen voller Erwerbsminderung oder Erwerbsunfähigkeit oder Versorgung wegen Dienstunfähigkeit ist nicht erforderlich, wenn ein Anspruch dem Grunde nach besteht (einschließlich Antragstellung), aber die Rente oder Versorgung aufgrund von Anrechnungsvorschriften (z. B. §§ 93 Abs. 1 SGB VI, 53 ff. BeamtVG) nicht geleistet wird.**

12c **Zum anspruchsbegründenden Leistungsbezug zählt auch eine Rente wegen voller Erwerbsminderung oder Erwerbsunfähigkeit, die aus der Pflichtversicherung in einer ausländischen gesetzlichen Rentenversicherung gezahlt wird, soweit diese mit der Pflichtversicherung in der deutschen gesetzlichen Rentenversicherung vergleichbar ist. Vom Vorliegen der Vergleichbarkeit kann insbesondere dann ausgegangen werden, wenn der Steuerpflichtige vor dem Bezug dieser Leistung aufgrund der Pflichtversicherung in dieser ausländischen Rentenversicherung dem begünstigten Personenkreis nach § 10a Abs. 1 Satz 1 EStG angehörte.**

12d **Gehörte der Empfänger einer Versorgung wegen Dienstunfähigkeit vor Beginn der Versorgung zum begünstigten Personenkreis und wechselt die zuständige Stelle (§ 81a EStG) wegen des Versorgungsbezugs, muss er gegenüber der die Versorgung anordnenden Stelle seine Einwilligung (vgl. Rz. 7) erklären.**

12e **Bei den Personen nach § 10a Abs. 1 Satz 4 EStG ist der unmittelbare zeitliche Zusammenhang gegeben, wenn im Veranlagungszeitraum vor dem Eintritt der vollen Erwerbsminderung/Erwerbsunfähigkeit oder Dienstunfähigkeit eine Zugehörigkeit zur Personengruppe nach § 10a Abs. 1 Sätze 1 und 3 EStG bestand.**

12f **Die Begünstigung nach § 10a Abs. 1 Satz 4 EStG endet, wenn die anspruchsbegründende Leistung wegfällt oder in eine Altersrente umgestellt wird, spätestens jedoch mit der Vollendung des 67. Lebensjahres des Steuerpflichtigen. Rz. 2 findet Anwendung.**

gg) Nicht unmittelbar begünstigte Personen

Nicht unmittelbar begünstigt sind insbesondere die in Anlage 1 Abschnitt C aufgeführten Personengruppen. 13

c) Mittelbar zulageberechtigte Personen

Bei Ehegatten, bei denen die Voraussetzungen des § 26 Abs. 1 EStG vorliegen und von denen nur ein Ehegatte unmittelbar zulageberechtigt ist, ist auch der andere Ehegatte (mittelbar) zulageberechtigt, wenn beide Ehegatten jeweils einen auf ihren Namen lautenden, nach § 5 des Altersvorsorgeverträge-Zertifizierungsgesetzes (AltZertG) zertifizierten Vertrag (Altersvorsorgevertrag) abgeschlossen haben oder der unmittelbar zulageberechtigte Ehegatte über eine förderbare Versorgung im Sinne des § 82 Abs. 2 EStG bei einer Pensionskasse, einem Pensionsfonds oder über eine nach § 82 Abs. 2 EStG förderbare Direktversicherung verfügt und der andere Ehegatte einen auf seinen Namen lautenden, nach § 5 AltZertG zertifizierten Vertrag abgeschlossen hat. Eigene Altersvorsorgebeiträge müssen nur von dem unmittelbar zulageberechtigten Ehegatten, nicht jedoch von dem mittelbar zulageberechtigten Ehegatten erbracht werden (vgl. Rz. 59 ff.). Zum Sonderausgabenabzug nach § 10a EStG vgl. Rz. 67. Im Hinblick auf die Beantragung einer Zulagenummer wird auf § 89 Abs. 1 Satz 4 EStG verwiesen. 14

Die mittelbare Zulageberechtigung entfällt, wenn der mittelbar Zulageberechtigte unmittelbar zulageberechtigt wird, der unmittelbar zulageberechtigte Ehegatte nicht mehr zum zulageberechtigten Personenkreis gehört oder die Ehegatten nicht mehr die Voraussetzungen des § 26 Abs. 1 EStG erfüllen. Fließen dem mittelbar zulageberechtigten Ehegatten Leistungen aus einem Altersvorsorgevertrag zu, kann er für diesen Vertrag keine Zulage mehr beanspruchen. 15

Ein mittelbar zulageberechtigter Ehegatte verliert im Falle der Auflösung der Ehe – auch wenn die Ehegatten nicht bereits während des ganzen Jahres getrennt gelebt haben – bereits für das Jahr der Auflösung der Ehe seine Zulageberechtigung, wenn der unmittelbar Zulageberechtigte im selben Jahr wieder geheiratet hat und bei ihm und dem neuen Ehegatten die Voraussetzungen des § 26 Abs. 1 EStG vorliegen. 16

Bei eingetragenen Lebenspartnerschaften kommt eine mittelbare Zulageberechtigung nicht in Betracht. 17

2. Altersvorsorgebeiträge (§ 82 EStG)

a) Private Altersvorsorgebeiträge

Altersvorsorgebeiträge im Sinne des § 82 Abs. 1 EStG sind die zugunsten eines **auf den Namen des Zulageberechtigten lautenden** nach § 5 AltZertG zertifizierten Vertrags (Altersvorsorgevertrag) geleisteten Beiträge **und Tilgungsleistungen**. Die dem Vertrag gutgeschriebenen **oder zur Tilgung eingesetzten** Zulagen stellen – anders als im AltZertG – keine Altersvorsorgebeiträge dar und sind daher selbst nicht zulagefähig. **Beiträge zugunsten von Verträgen, bei denen mehrere Personen Vertragspartner sind, sind nicht begünstigt. Dies gilt auch für Verträge, die von Ehegatten gemeinsam abgeschlossen werden. Der Notwendigkeit zum Abschluss eigenständiger Verträge steht jedoch nicht entgegen, wenn eine dritte Person oder der Ehegatte für das im Rahmen eines zertifizierten Altersvorsorgevertrages aufgenommene Darlehen mithaftet.** 18

Altersvorsorgebeiträge nach § 82 Abs. 1 Satz 1 Nr. 2 EStG sind die zugunsten eines auf den Namen des Zulageberechtigten lautenden Altersvorsorgevertrages geleisteten Tilgungen für ein Darlehen, das der Zulageberechtigte für die Anschaffung oder Herstellung einer Wohnung im Sinne des § 92a Abs. 1 Satz 1 EStG nach dem 31. Dezember 2007 eingesetzt hat, vgl. hierzu Rz. 158 bis 161a. Dies gilt auch, wenn das für eine entsprechende Verwendung nach Satz 1 aufgenommene Darlehen später auf einen zertifizierten Altersvorsorgevertrag in Form eines Darlehensvertrages umgeschuldet wird; auch mehrfache Umschuldungen sind in diesen Fällen möglich. Es kommt nicht darauf an, ob das abgelöste Darlehen im Rahmen eines zertifizierten Altersvorsorgevertrags gewährt worden ist und ob der Zulageberechtigte alleiniger oder gemeinschaftlicher Darlehensnehmer des abgelösten Darlehens war. Die für die Tilgungsleistungen gezahlten Zulagen sind unmittelbar für die Tilgung des jeweiligen Darlehens zu verwenden. Bei Beiträgen zugunsten mehrerer Altersvorsorgeverträge vgl. Rz. 87, 88. Der Zulageberechtigte muss die vertragsgemäße Verwendung des Darlehens gegenüber seinem Anbieter nachweisen. Der Anbieter hat solange ganz oder teilweise von nicht ordnungsgemäß verwendeten Darlehensbeträgen auszugehen, bis die ordnungsgemäße Verwendung nachgewiesen ist. 18a

Setzt sich ein Altersvorsorgevertrag aus einer Vertragsgestaltung im Sinne des § 1 Abs. 1 AltZertG und einem Rechtsanspruch auf Gewährung eines Darlehens zusammen (§ 1 Abs. 1a Satz 1 18b

Nr. 2 AltZertG), handelt es sich bei den geleisteten Beiträgen für den Vertragsteil, der nach § 1 Abs. 1 AltZertG ausgestaltet ist, um Altersvorsorgebeiträge nach § 82 Abs. 1 Satz 1 Nr. 1 EStG und bei den zur Tilgung des Darlehens geleisteten Zahlungen um Altersvorsorgebeiträge nach § 82 Abs. 1 Satz 1 Nr. 2 EStG.

18c **Handelt es sich um Zahlungen zugunsten eines zertifizierten Altersvorsorgevertrages nach § 1 Abs. 1a Satz 1 Nr. 3 AltZertG, ist zu differenzieren: Zahlungen, die unmittelbar für die Tilgung des Darlehens eingesetzt werden, sind Tilgungsleistungen nach § 82 Abs. 1 Satz 1 Nr. 2 EStG. Wird mit den vom Zulageberechtigten geleisteten Zahlungen jedoch zunächst Altersvorsorgevermögen gebildet, welches zu einem späteren Zeitpunkt zur Tilgung des Darlehens eingesetzt wird und ist dies bereits bei Vertragsabschluss unwiderruflich vereinbart worden, dann gelten die geleisteten Zahlungen bereits im Zahlungszeitpunkt als Tilgungsleistungen nach § 82 Abs. 1 Satz 3 EStG.**

18d **Der in der zu zahlenden Kreditrate enthaltene Zinsanteil sowie die anfallenden Kosten und Gebühren sind keine Altersvorsorgebeiträge und damit nicht im Rahmen des § 10a/Abschnitt XI EStG begünstigt. Die Förderung bezieht sich nur auf den in der gezahlten Kreditrate enthaltenen Tilgungsanteil.**

18e **Wird gefördertes Altersvorsorgevermögen von einem Altersvorsorgevertrag im Sinne des § 1 Abs. 1 oder Abs. 1a Satz 1 Nr. 2 AltZertG in einen Altersvorsorgevertrag im Sinne des § 1 Abs. 1a Satz 1 Nr. 3 AltZertG übertragen (§ 1 Abs. 1 Nr. 10 Buchstabe b AltZertG), sind ab dem Zeitpunkt der Übertragung des angesparten Kapitals die damit übertragenen und bereits geförderten Beiträge nicht mehr Beiträge im Sinne des § 82 Abs. 1 Satz 1 Nr. 1 EStG, sondern bereits geförderte Tilgungsleistungen nach § 82 Abs. 1 Satz 3 EStG.**

b) Beiträge im Rahmen der betrieblichen Altersversorgung

19 Auf die Ausführungen in Rz. 204 ff. und 229 ff. wird hingewiesen.

c) Beiträge, die über den Mindesteigenbeitrag hinausgehen

20 Auch Beiträge, die über den Mindesteigenbeitrag hinausgehen, sind Altersvorsorgebeiträge. Zum Begriff der Überzahlung wird auf Rz. 102 verwiesen.

21 Sieht der Altersvorsorgevertrag allerdings eine vertragliche Begrenzung auf einen festgelegten Höchstbetrag vor (z. B. den Betrag nach § 10a EStG oder den nach § 86 EStG erforderlichen Mindesteigenbeitrag zuzüglich Zulageanspruch), handelt es sich bei Zahlungen, die darüber hinausgehen, um zivilrechtlich nicht geschuldete Beträge, hinsichtlich derer dem Anleger ein Rückerstattungsanspruch gegen den Anbieter zusteht. Diese Beträge stellen grundsätzlich keine Altersvorsorgebeiträge im Sinne des § 82 Abs. 1 EStG dar (Ausnahme vgl. Rz. 103). Der Anbieter darf diese Beträge daher nicht in seine Bescheinigung nach § 10a Abs. 5 Satz 1 EStG aufnehmen.

3. Zulage

a) Grundzulage

21a **Jeder unmittelbar Zulageberechtigte erhält auf Antrag für seine im abgelaufenen Beitragsjahr gezahlten Altersvorsorgebeiträge eine Grundzulage. Für die Zulagengewährung bei mittelbar zulageberechtigten Ehegatten sind die Rz. 14 bis 17 zu beachten. Die Grundzulage beträgt ab dem Jahr 2008 jährlich 154 €.**

21b **Für unmittelbar Zulageberechtigte, die das 25. Lebensjahr noch nicht vollendet haben, erhöht sich die Grundzulage einmalig um einen Betrag von 200 € (sog. Berufseinsteiger-Bonus). Für die Erhöhung ist kein gesonderter Antrag erforderlich. Die erhöhte Grundzulage ist einmalig für das erste nach dem 31. Dezember 2007 beginnende Beitragsjahr zu zahlen, für das der Zulageberechtigte die Altersvorsorgezulage beantragt, wenn er zu Beginn des betreffenden Beitragsjahres das 25. Lebensjahr noch nicht vollendet hat. Das Datum des Vertragsabschlusses ist insoweit unerheblich. Für die Berechnung des Mindesteigenbeitrages ist in dem ersten Beitragsjahr, in dem die Voraussetzungen für die Gewährung des Erhöhungsbetrages vorliegen, die erhöhte Grundzulage zu berücksichtigen. Erbringt der Zulageberechtigte nicht den erforderlichen Mindesteigenbeitrag (§ 86 Abs. 1 EStG), erfolgt eine entsprechende Kürzung der Altersvorsorgezulage und damit auch des in der erhöhten Grundzulage enthaltenen einmalig zu gewährenden Erhöhungsbetrages (vgl. Rz. 61). Eine Nachholungsmöglichkeit des gekürzten Erhöhungsbetrages in späteren Beitragsjahren gibt es nicht.**

b) Kinderzulage

aa) Allgemeines

Anspruch auf Kinderzulage besteht für jedes Kind, für das für mindestens einen Monat des Beitragsjahres Kindergeld an den Zulageberechtigten ausgezahlt worden ist. **Die Kinderzulage beträgt ab dem Jahr 2008 für jedes vor dem 1. Januar 2008 geborene Kind 185 € und für jedes nach dem 31. Dezember 2007 geborene Kind 300 € jährlich.** Auf den Zeitpunkt der Auszahlung kommt es nicht an. Anspruch auf Kinderzulage besteht für ein Beitragsjahr auch dann, wenn das Kindergeld für dieses Jahr erst in einem späteren Kalenderjahr rückwirkend gezahlt wurde. Wird ein Kind z. B. am Ende des Beitragsjahres geboren, so besteht der Anspruch auf Kinderzulage für das gesamte Jahr, auch wenn das Kindergeld für Dezember regelmäßig erst im nachfolgenden Kalenderjahr ausgezahlt wird. 22

Wird einem anderen als dem Kindergeldberechtigten, z. B. einer Behörde, das Kindergeld ausgezahlt (§ 74 EStG), ist die Festsetzung des Kindergelds für die Zulageberechtigung maßgebend. 23

Beispiel: 24

Für den kindergeldberechtigten Vater wird Kindergeld festgesetzt. Wegen der Unterbringung des Kindes in einem Heim stellt das Jugendamt einen Antrag auf Abzweigung des Kindergelds, dem stattgegeben wird. Das Kindergeld wird nicht an den Vater, sondern an das Jugendamt ausgezahlt.

Anspruch auf Kinderzulage hat in diesem Fall der Vater.

Dem Kindergeld gleich stehen andere Leistungen für Kinder im Sinne des § 65 Abs. 1 Satz 1 EStG (§ 65 Abs. 1 Satz 2 EStG). Zu den mit dem Kindergeld vergleichbaren Leistungen im Sinne des § 65 Abs. 1 Satz 1 Nr. 2 EStG wird auf das Schreiben des Bundesamtes für Finanzen vom 5. August 2004, BStBl I S. 742 verwiesen. 25

bb) Kinderzulageberechtigung bei Eltern, die die Voraussetzungen des § 26 Abs. 1 EStG erfüllen

Steht ein Kind zu **beiden** Ehegatten, die die Voraussetzungen des § 26 Abs. 1 EStG erfüllen, in einem Kindschaftsverhältnis (§ 32 Abs. 1 EStG), erhält grundsätzlich die Mutter die Kinderzulage. Die Eltern können gemeinsam für das jeweilige Beitragsjahr beantragen, dass der Vater die Zulage erhält. In beiden Fällen kommt es nicht darauf an, welchem Elternteil das Kindergeld ausgezahlt wurde. Die Übertragung der Kinderzulage muss auch in den Fällen beantragt werden, in denen die Mutter keinen Anspruch auf Altersvorsorgezulage hat, weil sie beispielsweise keinen Altersvorsorgevertrag abgeschlossen hat. Eine Übertragungsmöglichkeit besteht nicht, wenn das Kind nur zu einem der Ehegatten in einem Kindschaftsverhältnis steht (vgl. Rz. 30). 26

Der Antrag kann 27

- für jedes einzelne Kind gestellt werden,
- nach Eingang beim Anbieter nicht mehr widerrufen werden.

Hat der Vater seinem Anbieter eine Vollmacht (vgl. Rz. 169) zur formlosen Antragstellung erteilt, kann der Antrag auf Übertragung der Kinderzulage von der Mutter auf ihn auch für die Folgejahre bis auf Widerruf erteilt werden. Der Antrag kann vor Ende des **Beitragsjahres**, für das er erstmals nicht mehr gelten soll, gegenüber dem Anbieter des Vaters widerrufen werden. 28

cc) Kinderzulageberechtigung in anderen Fällen

Erfüllen Eltern nicht die Voraussetzungen des § 26 Abs. 1 EStG, z. B. Alleinerziehende, erhält der Elternteil die Kinderzulage, dem das Kindergeld für das Kind ausgezahlt wird (§ 85 Abs. 1 Satz 1 EStG). Eine Übertragung der Kinderzulage nach § 85 Abs. 2 EStG ist in diesen Fällen nicht möglich. Dies gilt auch, wenn derjenige Elternteil, dem das Kindergeld ausgezahlt wird, keine Grundzulage erhält. 29

Sind nicht beide Ehegatten Eltern des Kindes, ist eine Übertragung der Kinderzulage nach § 85 Abs. 2 EStG nicht zulässig. Erhält beispielsweise ein Zulageberechtigter Kindergeld für ein in seinen Haushalt aufgenommenes Kind seines Ehegatten (§ 63 Abs. 1 Satz 1 Nr. 2 EStG), steht nur ihm die Kinderzulage nach § 85 Abs. 1 EStG zu. 30

Erhält ein Großelternteil nach § 64 Abs. 2 EStG das Kindergeld, steht nur ihm die Kinderzulage zu. 31

Wird das Kindergeld dem Kind selbst ausgezahlt, haben die Eltern keinen Anspruch auf die Kinderzulage für dieses Kind. Dem Kind selbst steht in diesem Fall die Kinderzulage nur zu, soweit es auch eine Grundzulage erhält. 32

dd) Wechsel des Kindergeldempfängers im Laufe des Beitragsjahrs

33 Wurde während des Beitragsjahrs mehreren Zulageberechtigten für unterschiedliche Zeiträume Kindergeld ausgezahlt, hat gem. § 85 Abs. 1 Satz **4** EStG grundsätzlich derjenige den Anspruch auf die Kinderzulage, dem für den zeitlich frühesten Anspruchszeitraum im Beitragsjahr Kindergeld ausgezahlt wurde. Dies gilt nicht bei einem Wechsel zwischen Elternteilen, die die Voraussetzungen des § 26 Abs. 1 EStG erfüllen.

34 Beispiel:

Das Kind lebt mit den Großeltern und der unverheirateten Mutter in einem gemeinsamen Haushalt. Ein Großelternteil erhält das Kindergeld für die Monate Januar bis Mai 2007. Ab Juni 2007 erhält die Mutter das Kindergeld.

Die Kinderzulage steht dem zulageberechtigten Großelternteil zu, da dieser im Jahr 2007 den zeitlich ersten Kindergeldanspruch besaß.

35 Hat der Kindergeldberechtigte keinen Kindergeldantrag gestellt, erhält aber vom Finanzamt den Kinderfreibetrag nach § 32 Abs. 6 Satz 1 EStG, besteht nach § 85 Abs. 1 Satz 1 EStG kein Anspruch auf die Kinderzulage.

ee) Kindergeldrückforderung

36 Stellt sich zu einem späteren Zeitpunkt heraus, dass das gesamte Kindergeld im Beitragsjahr zu Unrecht ausgezahlt wurde **und wird das Kindergeld dahingehend insgesamt zurückgefordert**, entfällt der Anspruch auf die Zulage gem. § 85 Abs. 1 Satz 3 EStG. Darf dieses zu Unrecht ausgezahlte Kindergeld aus verfahrensrechtlichen Gründen nicht zurückgefordert werden, bleibt der Anspruch auf die Zulage für das entsprechende Beitragsjahr bestehen. Wird Kindergeld teilweise zu Unrecht ausgezahlt und später für diese Monate zurückgezahlt, bleibt der Anspruch auf Zulage für das entsprechende Beitragsjahr ebenfalls bestehen; allerdings ist in diesen Fällen Rz. 33 zu beachten.

c) Mindesteigenbeitrag

aa) Allgemeines

37 Die Altersvorsorgezulage wird nur dann in voller Höhe gewährt, wenn der Berechtigte einen bestimmten Mindesteigenbeitrag zugunsten der begünstigten – maximal zwei – Verträge erbracht hat (§§ 86, 87 EStG).

38 Der Mindesteigenbeitrag ermittelt sich wie folgt:

in den Veranlagungszeiträumen 2002 und 2003	1 % der maßgebenden Einnahmen maximal 525 € abzüglich der Zulage
in den Veranlagungszeiträumen 2004 und 2005	2 % der maßgebenden Einnahmen maximal 1 050 € abzüglich der Zulage
in den Veranlagungszeiträumen 2006 und 2007	3 % der maßgebenden Einnahmen maximal 1 575 € abzüglich der Zulage
ab dem Veranlagungszeitraum 2008 jährlich	4 % der maßgebenden Einnahmen maximal 2 100 € abzüglich der Zulage

39 Der Mindesteigenbeitrag gem. Rz. 38 ist – auch bei Beiträgen zugunsten von Verträgen, die vor dem 1. Januar 2005 abgeschlossen wurden – mit dem Sockelbetrag nach § 86 Abs. 1 Satz 4 EStG zu vergleichen. Dieser beträgt ab dem Beitragsjahr 2005 jährlich einheitlich 60 €. Die Altersvorsorgezulage wird nicht gekürzt, wenn der Berechtigte in dem maßgebenden Beitragsjahr den höheren der beiden Beträge als Eigenbeitrag zugunsten der begünstigten – maximal zwei – Verträge eingezahlt hat. Zu den Besonderheiten bei Ehegatten vgl. Rz. 56 ff.

40 Hat der Zulageberechtigte in dem dem Beitragsjahr vorangegangenen Kalenderjahr keine maßgebenden Einnahmen (vgl. Rz. 45) erzielt, ist als Mindesteigenbeitrag immer der Sockelbetrag zugrunde zu legen.

41 Beispiel 1:

A, ledig, Sitz des Arbeitgebers in Bremen, keine Kinder, zahlt zugunsten seines Altersvorsorgevertrags im Jahr 2008 eigene Beiträge von 1 946 € ein. Im Jahr 2007 hatte er beitragspflichtige Einnahmen i.H.v. 53 000 €. Die beitragspflichtigen Einnahmen des A überschreiten nicht die Beitragsbemessungsgrenze in der allgemeinen Rentenversicherung (West) für das Kalenderjahr 2007.

Beitragspflichtige Einnahmen	53 000 €
4 %	2 120 €
höchstens	2 100 €
anzusetzen	2 100 €
abzüglich Zulage	154 €
Mindesteigenbeitrag (§ 86 Abs. 1 Satz 2 EStG)	1 946 €
Sockelbetrag (§ 86 Abs. 1 Satz 4 EStG)	60 €
maßgebend (§ 86 Abs. 1 Satz 5 EStG)	1 946 €

Da A den Mindesteigenbeitrag erbracht hat, wird die Zulage von 154 € nicht gekürzt.

Abwandlung des Beispiels 1 in Rz. 41: 42

A erhält zudem Kinderzulage für seine in den Jahren 2004 und 2005 geborenen Kinder.

Beitragspflichtige Einnahmen	53 000 €
4 %	2 120 €
höchstens	2 100 €
anzusetzen	2 100 €
abzüglich Zulage (154 € + 2 × 185 €)	524 €
Mindesteigenbeitrag (§ 86 Abs. 1 Satz 2 EStG)	1 576 €
Sockelbetrag (§ 86 Abs. 1 Satz 4 EStG)	60 €
maßgebend (§ 86 Abs. 1 Satz 5 EStG)	1 576 €

Die von A geleisteten Beiträge übersteigen den Mindesteigenbeitrag. Die Zulage wird nicht gekürzt.

Beispiel 2: 43

B werden in der gesetzlichen Rentenversicherung für das Jahr 2008 Kindererziehungszeiten (§ 56 SGB VI) angerechnet. Sie hat zwei Kinder, die in den Jahren 2006 und 2007 geboren worden sind, und zahlt zugunsten ihres Altersvorsorgevertrags im Jahr 2008 eigene Beiträge i.H.v. 30 € ein. Im Jahr 2008 hat sie keine beitragspflichtigen Einnahmen erzielt, 2007 erzielte sie aus einer geringfügigen (rentenversicherungspflichtigen) Beschäftigung beitragspflichtige Einnahmen i.H.v. insgesamt 4 800 €. Außerdem erhielt sie im Jahr 2007 Elterngeld i.H.v. 300 € (keine beitragspflichtigen Einnahmen, vgl. Rz. 53).

Elterngeld (kein Ansatz)	0 €
Beitragspflichtige Einnahmen	4 800 €
4 %	192 €
höchstens	2 100 €
anzusetzen	192 €
abzüglich Zulage (154 € + 2 × 185 €)	524 €
Mindesteigenbeitrag (§ 86 Abs. 1 Satz 2 EStG)	0 €
Sockelbetrag (§ 86 Abs. 1 Satz 4 EStG)	60 €
maßgebend (§ 86 Abs. 1 Satz 5 EStG)	60 €
geleisteter Eigenbeitrag	30 €
Kürzungsfaktor (Eigenbeitrag ÷ Mindesteigenbeitrag × 100)	50 %

Da B den Mindesteigenbeitrag (in Höhe des Sockelbetrages) nur zu 50 % geleistet hat, wird die Zulage von insgesamt 524 € um 50 % gekürzt, so dass eine Zulage i.H.v. 262 € gewährt wird.

44 Für die Berechnung der Zulagehöhe sowie des erforderlichen Mindesteigenbeitrags wird u. a. von der ZfA auf der Internetseite www.deutsche-rentenversicherung.de ein Zulagerechner zur Verfügung gestellt.

bb) Berechnungsgrundlagen

45 Maßgebend für den individuell zu ermittelnden Mindesteigenbeitrag (Rz. 38) ist die Summe der in dem dem Beitragsjahr vorangegangenen Kalenderjahr erzielten beitragspflichtigen Einnahmen im Sinne des SGB VI, der bezogenen Besoldung und Amtsbezüge, in den Fällen des § 10a Abs. 1 Satz 1 Halbsatz 2 Nr. 3 und 4 EStG der erzielten Einnahmen, die beitragspflichtig gewesen wären, wenn die Versicherungsfreiheit in der gesetzlichen Rentenversicherung nicht bestanden hätte **und der bezogenen Bruttorente wegen voller Erwerbsminderung oder Erwerbsunfähigkeit oder bezogenen Versorgungsbezüge wegen Dienstunfähigkeit** (maßgebende Einnahmen). Die entsprechenden Beträge sind auf volle Euro abzurunden, dies gilt auch für die Ermittlung des Mindesteigenbeitrags.

Zu Besonderheiten siehe Rz. 54 ff.

(1) Beitragspflichtige Einnahmen

46 Als „beitragspflichtige Einnahmen" im Sinne des SGB VI ist nur der Teil des Arbeitsentgelts zu erfassen, der die jeweils gültige Beitragsbemessungsgrenze nicht übersteigt. Insoweit ist auf diejenigen Einnahmen abzustellen, die im Rahmen des sozialrechtlichen Meldeverfahrens den Trägern der gesetzlichen Rentenversicherung gemeldet werden.

47 Die beitragspflichtigen Einnahmen ergeben sich

- bei Arbeitnehmern und Beziehern von Vorruhestandsgeld aus der Durchschrift der „Meldung zur Sozialversicherung nach der DEÜV" (Arbeitsentgelte) und
- bei rentenversicherungspflichtigen Selbständigen aus der vom Rentenversicherungsträger erstellten Bescheinigung.

48 Als beitragspflichtige Einnahmen bei dem in Rz. 9 beschriebenen Personenkreis sind die Einnahmen aus der nichtselbständigen Tätigkeit zu berücksichtigen, die die Zugehörigkeit zum Personenkreis nach § 10a Abs. 1 EStG begründen; Freistellungen nach dem jeweiligen DBA sind bei der Bestimmung der beitragspflichtigen Einnahmen unbeachtlich.

48a **Bei der Ermittlung der nach § 86 EStG maßgebenden Einnahmen ist auf die in dem dem Beitragsjahr vorangegangenen Kalenderjahr erzielten beitragspflichtigen Einnahmen im Sinne des SGB VI abzustellen. Dabei handelt es sich um diejenigen Einnahmen, die im Rahmen des sozialversicherungsrechtlichen Meldeverfahrens den Trägern der gesetzlichen Sozialversicherung gemeldet wurden. Für die Zuordnung der erzielten beitragspflichtigen Einnahmen zu den einzelnen Beitragsjahren ist auf die sozialversicherungsrechtlichen Wertungen abzustellen. Dies gilt auch, wenn der Steuerpflichtige in einem Beitragsjahr beitragspflichtige Einnahmen erzielt, die sozialversicherungsrechtlich einem von der tatsächlichen Zahlung abweichenden Jahr zuzurechnen sind.**

(2) Besoldung und Amtsbezüge

49 Die Besoldung und die Amtsbezüge ergeben sich aus den Besoldungsmitteilungen bzw. den Mitteilungen über die Amtsbezüge der die Besoldung bzw. die Amtsbezüge anordnenden Stelle. **Für die Bestimmung der maßgeblichen Besoldung ist auf die in dem betreffenden Kalenderjahr zugeflossene Besoldung/Amtsbezüge entsprechend der Besoldungsmitteilung/Mitteilung über die Amtsbezüge abzustellen.**

50 Zur Besoldung gehören u. a. das Grundgehalt, Leistungsbezüge an Hochschulen, der Familienzuschlag, Zulagen und Vergütungen (§ 1 Abs. 2 Nr. 1 bis 5 BBesG), ferner Anwärterbezüge, jährliche Sonderzahlungen, vermögenswirksame Leistungen, das jährliche Urlaubsgeld (§ 1 Abs. 3 Nr. 1 bis 4 BBesG), der Altersteilzeitzuschlag (§ 1 ATZV i. V. m. § 6 Abs. 2 BBesG) und die Sachbezüge (§ 10 BBesG), nicht hingegen Auslandsdienstbezüge im Sinne des § 52 ff. BBesG.

51 Die Höhe der Amtsbezüge richtet sich nach den jeweiligen bundes- oder landesrechtlichen Vorschriften.

(3) Land- und Forstwirte

52 Bei einem Land- und Forstwirt, der nach dem Gesetz über die Alterssicherung der Landwirte pflichtversichert ist, ist für die Berechnung des Mindesteigenbeitrags auf die Einkünfte im Sinne

des § 13 EStG des zweiten dem Beitragsjahr vorangegangenen Veranlagungszeitraums abzustellen (§ 86 Abs. 3 EStG). Ist dieser Land- und Forstwirt neben seiner land- und forstwirtschaftlichen Tätigkeit auch als Arbeitnehmer tätig und in der gesetzlichen Rentenversicherung pflichtversichert, sind die beitragspflichtigen Einnahmen des Vorjahres und die positiven Einkünfte im Sinne des § 13 EStG des zweiten dem Beitragsjahr vorangegangenen Veranlagungszeitraums zusammenzurechnen. Eine Saldierung mit negativen Einkünften im Sinne des § 13 EStG erfolgt nicht.

(4) Bezieher einer Rente wegen voller Erwerbsminderung/Erwerbsunfähigkeit oder einer Versorgung wegen Dienstunfähigkeit

Der Bruttorentenbetrag ist der Jahresbetrag der Rente vor Abzug der einbehaltenen eigenen Beitragsanteile zur Kranken- und Pflegeversicherung. Nicht diesem Betrag hinzuzurechnen sind Zuschüsse zur Krankenversicherung. Leistungsbestandteile, wie z. B. der Auffüllbetrag nach § 315a SGB VI oder der Rentenzuschlag nach § 319a SGB VI sowie Steigerungsbeträge aus der Höherversicherung nach § 269 SGB VI zählen zum Bruttorentenbetrag. Es sind nur die Rentenzahlungen für die Mindesteigenbeitragsberechnung zu berücksichtigen, die zur unmittelbaren Zulageberechtigung führen. Private Renten oder Leistungen der betrieblichen Altersversorgung bleiben unberücksichtigt. 52a

Hat der Bezieher einer Rente wegen voller Erwerbsminderung/Erwerbsunfähigkeit oder einer Versorgung wegen Dienstunfähigkeit im maßgeblichen Bemessungszeitraum (auch) Einnahmen nach § 86 Abs. 1 Satz 2 Nr. 1 bis 3 EStG bezogen, sind diese Einnahmen bei der Mindesteigenbeitragsberechnung mit zu berücksichtigen. 52b

Beispiel: 52c

A erhält im April 2008 den Bescheid, mit dem ihm die Deutsche Rentenversicherung rückwirkend ab dem 1. Oktober 2007 eine Rente wegen voller Erwerbsminderung bewilligt. Das Krankengeld, das ihm bis zum Beginn der laufenden Rentenzahlung noch bis zum 31. Mai 2008 von seiner gesetzlichen Krankenkasse gezahlt wird, wird aufgrund deren Erstattungsanspruchs mit der Rentennachzahlung verrechnet.

In dem Beitragsjahr 2007, in das der Beginn der rückwirkend bewilligten Rente fällt, gehörte A noch aufgrund des Bezugs von Entgeltersatzleistungen zum begünstigten Personenkreis nach § 10a Abs. 1 Satz 1 EStG. Als Bemessungsgrundlage für den für 2007 zu zahlenden Mindesteigenbeitrag wäre hier entweder die in 2006 berücksichtigten beitragspflichtigen Einnahmen oder das ggf. niedrigere tatsächlich bezogene Krankengeld heranzuziehen – vgl. Rz. 55.

Ab Beginn des Beitragsjahres 2008 liegt der Tatbestand des Leistungsbezuges vor, aus dem sich die Zugehörigkeit zum begünstigten Personenkreis nach § 10a Abs. 1 Satz 4 EStG begründet. Die Bemessungsgrundlage für den im Kalenderjahr 2008 zu leistenden Mindesteigenbeitrag bildet damit die Rente, die am 1. Oktober 2007 begonnen hat, und das im Zeitraum vom 1. Januar bis zum 30. September 2007 bezogene Krankengeld.

(5) Elterngeld

Das Elterngeld ist keine maßgebende Einnahme im Sinne des § 86 EStG. Eine Berücksichtigung im Rahmen der Mindesteigenbeitragsberechnung scheidet daher aus. 53

(6) Sonderfälle

In der gesetzlichen Rentenversicherung werden für bestimmte pflichtversicherte Personen abweichend vom tatsächlich erzielten Entgelt (§ 14 SGB IV) oder von der Entgeltersatzleistung andere Beträge als beitragspflichtige Einnahmen berücksichtigt. Beispielhaft sind folgende Personen zu nennen: 54

- zu ihrer Berufsausbildung Beschäftigte,
- behinderte Menschen, die in Einrichtungen der Jugendhilfe oder in anerkannten Werkstätten für behinderte Menschen beschäftigt werden,
- Personen, die für eine Erwerbstätigkeit befähigt werden sollen,
- Bezieher von Kurzarbeiter- oder Winterausfallgeld,
- Beschäftigte, die in einem Altersteilzeitarbeitsverhältnis stehen,
- Bezieher von Vorruhestandsgeld, Krankengeld, Arbeitslosengeld, Unterhaltsgeld, Übergangsgeld, Verletztengeld oder Versorgungskrankengeld,
- als wehr- oder zivildienstleistende Versicherte,

- Versicherte, die für Zeiten der Arbeitsunfähigkeit oder Rehabilitation ohne Anspruch auf Krankengeld versichert sind,
- Personen, die einen Pflegebedürftigen nicht erwerbsmäßig wenigstens 14 Stunden in der Woche in seiner häuslichen Umgebung pflegen,
- Bezieher von Arbeitslosengeld II.

55 Sind die rentenrechtlich berücksichtigten beitragspflichtigen Einnahmen in den genannten Fallgestaltungen höher als das tatsächlich erzielte Entgelt, der Zahlbetrag der Entgeltersatzleistung (z. B. das Arbeitslosengeld oder Krankengeld) oder der als Arbeitslosengeld II ausgezahlte Betrag, dann sind die tatsächlichen Einnahmen anstelle der rentenrechtlich berücksichtigten Einnahmen für die Berechnung des individuellen Mindesteigenbeitrags zugrunde zu legen. Bei Altersteilzeitarbeit ist das aufgrund der abgesenkten Arbeitszeit erzielte Arbeitsentgelt – ohne Aufstockungs- und Unterschiedsbetrag – maßgebend.

cc) Besonderheiten bei Ehegatten, die die Voraussetzungen des § 26 Abs. 1 EStG erfüllen

56 Gehören beide Ehegatten zum unmittelbar begünstigten Personenkreis, ist für jeden Ehegatten anhand seiner jeweiligen maßgebenden Einnahmen (Rz. 45 bis 53) ein eigener Mindesteigenbeitrag nach Maßgabe der Rz. 38 und 40 zu berechnen.

57 Die Grundsätze zur Zuordnung der Kinderzulage (Rz. 29 ff.) gelten auch für die Ermittlung des Mindesteigenbeitrags.

58 Ist nur ein Ehegatte unmittelbar und der andere mittelbar begünstigt, ist die Mindesteigenbeitragsberechnung nur für den unmittelbar begünstigten Ehegatten durchzuführen. Berechnungsgrundlage sind seine Einnahmen im Sinne der Rz. 45 bis 53. Der sich nach Anwendung des maßgebenden Prozentsatzes ergebende Betrag ist um die den Ehegatten insgesamt zustehenden Zulagen zu vermindern.

59 Hat der unmittelbar begünstigte Ehegatte den erforderlichen geförderten Mindesteigenbeitrag zugunsten seines Altersvorsorgevertrags oder einer förderbaren Versorgung im Sinne des § 82 Abs. 2 EStG bei einer Pensionskasse, einem Pensionsfonds oder einer nach § 82 Abs. 2 EStG förderbaren Direktversicherung erbracht, erhält auch der Ehegatte mit dem mittelbaren Zulageanspruch die Altersvorsorgezulage ungekürzt. Es ist nicht erforderlich, dass er neben der Zulage eigene Beiträge zugunsten seines Altersvorsorgevertrags leistet.

60 Beispiel:

A und B sind verheiratet und haben drei Kinder, die in den Jahren 1995, 1997 und 2000 geboren wurden. A erzielt sozialversicherungspflichtige Einkünfte bei einem Arbeitgeber mit Sitz in Bremen. Im Jahr 2007 betragen seine beitragspflichtigen Einnahmen 53 000 €.
B erzielt keine Einkünfte und hat für das Beitragsjahr auch keinen Anspruch auf Kindererziehungszeiten mehr. B ist nur mittelbar zulageberechtigt. Beide haben in 2008 einen eigenen Altersvorsorgevertrag abgeschlossen. A zahlt einen eigenen jährlichen Beitrag von 1 237 € zugunsten seines Vertrags ein. B erbringt keine eigenen Beiträge; es fließen nur die ihr zustehende Grundzulage und die Kinderzulagen für drei Kinder auf ihren Vertrag.

Mindesteigenbeitragsberechnung für A:

Beitragspflichtige Einnahmen	53 000 €
4 %	2 120 €
höchstens	2 100 €
anzusetzen	2 100 €
abzüglich Zulage (2 × 154 € + 3 × 185 €)	863 €
Mindesteigenbeitrag (§ 86 Abs. 1 Satz 2 EStG)	1 237 €
Sockelbetrag (§ 86 Abs. 1 Satz 4 EStG)	60 €
maßgebend (§ 86 Abs. 1 Satz 5 EStG)	1 237 €

Beide Ehegatten haben Anspruch auf die volle Zulage, da A seinen Mindesteigenbeitrag von 1 237 € erbracht hat, der sich auch unter Berücksichtigung der B zustehenden Kinder- und Grundzulage errechnet.

dd) Kürzung der Zulage

61 Erbringt der unmittelbar Begünstigte in einem Beitragsjahr nicht den erforderlichen Mindesteigenbeitrag, ist die für dieses Beitragsjahr zustehende Altersvorsorgezulage (Grundzulage und Kinderzulage) nach dem Verhältnis der geleisteten Altersvorsorgebeiträge zum erforderlichen Mindesteigenbeitrag zu kürzen. Ist der Ehegatte nur mittelbar zulageberechtigt, gilt dieser Kürzungsmaßstab auch für ihn, unabhängig davon, ob er eigene Beiträge zugunsten seines Vertrags geleistet hat (§ 86 Abs. 2 Satz 1 EStG).

62 Beispiel:

Wie Beispiel in Rz. 60, allerdings haben A und B im Beitragsjahr 2008 zugunsten ihrer Verträge jeweils folgende Beiträge geleistet:

A	1 100 €
B	200 €

Mindesteigenbeitragsberechnung für A:

Beitragspflichtige Einnahmen	53 000 €
4 %	2 120 €
höchstens	2 100 €
anzusetzen	2 100 €
abzüglich Zulage (2 × 154 € + 3 × 185 €)	863 €
Mindesteigenbeitrag (§ 86 Abs. 1 Satz 2 EStG)	1 237 €
Sockelbetrag (§ 86 Abs. 1 Satz 4 EStG)	60 €
maßgebend (§ 86 Abs. 1 Satz 5 EStG)	1 237 €
tatsächlich geleisteter Eigenbeitrag	1 100 €

dies entspricht 88,92 % des Mindesteigenbeitrags (1 100 ÷ 1 237 × 100 = 88,92)

Zulageanspruch A:

88,92 % von 154 €	136,94 €

Zulageanspruch B:

88,92 % von 709 € (154 € + 3 × 185 €)	630,44 €
Zulageansprüche insgesamt	767,38 €

Die eigenen Beiträge von B haben keine Auswirkung auf die Berechnung der Zulageansprüche, können aber von A im Rahmen seines Sonderausgabenabzugs nach § 10a Abs. 1 EStG (vgl. Rz. 67) geltend gemacht werden (1 100 € + 200 € + Zulagen A und B 767,38 € = 2 067,38 €).

4. Sonderausgabenabzug

63 Neben der Zulageförderung nach Abschnitt XI EStG können die zum begünstigten Personenkreis gehörenden Steuerpflichtigen ihre Aufwendungen für eine zusätzliche Altersvorsorge bis zu bestimmten Höchstbeträgen als Sonderausgaben geltend machen (§ 10a Abs. 1 EStG).

64 Zu den abziehbaren Sonderausgaben gehören die im Veranlagungszeitraum geleisteten Altersvorsorgebeiträge (siehe Rz. 18 und Rz. 229 ff.). Außerdem ist die dem Steuerpflichtigen zustehende Altersvorsorgezulage (Grund- und Kinderzulage) zu berücksichtigen. Hierbei ist abweichend von § 11 Abs. 2 EStG der für das Beitragsjahr (= Kalenderjahr) entstandene Anspruch auf Zulage für die Höhe des Sonderausgabenabzugs maßgebend (§ 10a Abs. 1 Satz 1 EStG). Ob und wann die Zulage dem begünstigten Vertrag gutgeschrieben wird, ist unerheblich. **Bei der Ermittlung des nach § 10a Abs. 1 anzusetzenden Anspruchs auf Zulage ist der Erhöhungsbetrag nach § 84 Satz 2 und 3 EStG nicht zu berücksichtigen.**

65 Die Höhe der Altersvorsorgebeiträge hat der Steuerpflichtige **bis zum Veranlagungszeitraum 2009** durch eine Bescheinigung des Anbieters nach amtlich vorgeschriebenem Vordruck nachzuweisen (§ 10a Abs. 5 Satz 1 EStG). Die übrigen Tatbestandsvoraussetzungen für die Inanspruchnahme des Sonderausgabenabzugs nach § 10a EStG werden grundsätzlich im Wege des

Datenabgleichs nach § 91 EStG durch die ZfA überprüft. Eine gesonderte Prüfung durch die Finanzämter erfolgt grundsätzlich nicht.

65a **Ab dem Veranlagungszeitraum 2010 ist die Höhe der vom Steuerpflichtigen geleisteten Altersvorsorgebeiträge durch einen entsprechenden Datensatz des Anbieters nachzuweisen. Hierzu hat der Steuerpflichtige gegenüber dem Anbieter schriftlich darin einzuwilligen, dass dieser die im jeweiligen Beitragsjahr zu berücksichtigenden Altersvorsorgebeiträge unter Angabe der steuerlichen Identifikationsnummer (§ 139b AO) an die ZfA übermittelt. Die Einwilligung muss dem Anbieter spätestens bis zum Ablauf des zweiten Kalenderjahres, das auf das Beitragsjahr folgt, vorliegen. Die Einwilligung gilt auch für folgende Beitragsjahre, wenn der Steuerpflichtige sie nicht gegenüber seinem Anbieter schriftlich widerruft. Sind beide Ehegatten unmittelbar zulageberechtigt oder ist ein Ehegatte unmittelbar zulageberechtigt und ein Ehegatte mittelbar berechtigt, müssen beide Ehegatten die Einwilligungserklärung abgeben. Die Einwilligung gilt auch ohne gesonderte Erklärung als erteilt, wenn**

der Zulageberechtigte seinen Anbieter bevollmächtigt hat, für ihn den Zulageantrag zu stellen (Rz. 168),

dem Anbieter für das betreffende Beitragsjahr ein Zulageantrag des mittelbar Zulageberechtigten vorliegt.

Bei Vorliegen der Einwilligung hat der Anbieter die nach § 10a Abs. 5 EStG erforderlichen Daten an die ZfA zu übermitteln und den Zulageberechtigten über die erfolgte Datenübermittlung in der Bescheinigung nach § 92 EStG zu informieren.

a) Umfang des Sonderausgabenabzugs bei Ehegatten

66 Für Ehegatten, bei denen die Voraussetzungen des § 26 Abs. 1 EStG vorliegen und die beide unmittelbar begünstigt sind, ist die Begrenzung auf den Höchstbetrag nach § 10a Abs. 1 EStG jeweils gesondert vorzunehmen. Ein nicht ausgeschöpfter Höchstbetrag eines Ehegatten kann dabei nicht auf den anderen Ehegatten übertragen werden.

67 Ist nur ein Ehegatte nach § 10a Abs. 1 EStG unmittelbar begünstigt, kommt ein Sonderausgabenabzug bis zu der in § 10a Abs. 1 EStG genannten Höhe grundsätzlich nur für seine Altersvorsorgebeiträge sowie die beiden Ehegatten zustehenden Zulagen in Betracht. Der Höchstbetrag verdoppelt sich auch dann nicht, wenn der andere Ehegatte mittelbar zulageberechtigt ist. Hat der andere Ehegatte, ohne selbst unmittelbar zulageberechtigt zu sein, einen eigenen Altersvorsorgevertrag abgeschlossen, können die zugunsten dieses Vertrags geleisteten Altersvorsorgebeiträge beim Sonderausgabenabzug des unmittelbar zulageberechtigten Ehegatten berücksichtigt werden, wenn der Höchstbetrag durch die vom unmittelbar Zulageberechtigten geleisteten Altersvorsorgebeiträge sowie die zu berücksichtigenden Zulagen nicht ausgeschöpft wird. Auf das Beispiel in Rz. 62 wird hingewiesen. Der mittelbar Begünstigte hat, auch wenn er keine Altersvorsorgebeiträge erbracht hat, die vom Anbieter ausgestellte Bescheinigung beizufügen (§ 10a Abs. 5 Satz 2 EStG).

b) Günstigerprüfung

68 Ein Sonderausgabenabzug nach § 10a Abs. 1 EStG wird nur gewährt, wenn er für den Steuerpflichtigen einkommensteuerlich günstiger ist als der Anspruch auf Zulage nach Abschnitt XI EStG (§ 10a Abs. 2 Satz 1 und 2 EStG). Bei der Veranlagung zur Einkommensteuer wird diese Prüfung von Amts wegen vorgenommen. Voraussetzung hierfür ist allerdings, dass der Steuerpflichtige den Sonderausgabenabzug nach § 10a Abs. 1 EStG im Rahmen seiner Einkommensteuererklärung beantragt und die nach § 10a Abs. 5 Satz 1 EStG erforderliche Bescheinigung beigefügt hat. **Anstelle der Vorlage der Bescheinigung nach § 10a Abs. 5 hat der Steuerpflichtige ab dem Veranlagungszeitraum 2010 gegenüber seinem Anbieter in die Datenübermittlung nach § 10a Abs. 2a Satz 1 EStG einzuwilligen; der Nachweis über die Höhe der geleisteten Beiträge erfolgt dann durch den entsprechenden Datensatz des Anbieters.**

68a Bei der Günstigerprüfung wird stets auf den sich nach den erklärten Angaben ergebenden Zulageanspruch abgestellt. Daher ist es für die Höhe des im Rahmen des Sonderausgabenabzugs zu berücksichtigenden Zulageanspruchs unerheblich, ob ein Zulageantrag gestellt worden ist. **Der Erhöhungsbetrag nach § 84 Satz 2 und 3 EStG bleibt bei der Ermittlung der dem Steuerpflichtigen zustehenden Zulage außer Betracht.**

69 Ist eine bereits erteilte Bescheinigung nach § 10a Abs. 5 Satz 1 EStG materiell unzutreffend (z. B. weil der der Bescheinigung zugrunde liegende tatsächliche Geldfluss von den bescheinigten Werten abweicht) und wurde aufgrund dieser falschen Bescheinigung bereits eine bestandskräftige Steuerfestsetzung durchgeführt, ist nach der Korrektur oder Berichtigung der Anbieter-

bescheinigung in der Regel (siehe insoweit Rz. 70) eine Änderung der Einkommensteuerfestsetzung nach § 10a Abs. 5 Satz 3 EStG vorzunehmen.

Rz. 69 gilt ab dem Beitragsjahr 2010 entsprechend für die Datenübermittlung nach § 10a EStG. Der Steuerbescheid kann dann auch geändert werden, wenn die Daten nach Bekanntgabe des Steuerbescheids, aber innerhalb der in § 10a EStG benannten Fristen übermittelt werden. 69a

§ 10a Abs. 5 Satz 3 EStG ist auch für Veranlagungszeiträume vor 2008 anzuwenden, soweit sich dies zugunsten des Steuerpflichtigen auswirkt oder die Steuerfestsetzung bei Inkrafttreten des Jahressteuergesetzes 2008 noch nicht unanfechtbar war oder unter dem Vorbehalt der Nachprüfung stand (§ 52 Abs. 24a EStG). 70

§ 10a Abs. 5 Satz 3 EStG ist nicht anzuwenden, wenn nach einer bestandskräftigen Einkommensteuerfestsetzung für den betreffenden Veranlagungszeitraum erstmals eine Anbieterbescheinigung vorgelegt wird. In diesen Fällen gelten die allgemeinen Regelungen der Abgabenordnung. 71

aa) Anrechnung des Zulageanspruchs

Erfolgt aufgrund der Günstigerprüfung ein Sonderausgabenabzug, erhöht sich die unter Berücksichtigung des Sonderausgabenabzugs ermittelte tarifliche Einkommensteuer um den Anspruch auf Zulage (§ 10a Abs. 2 EStG i. V. m. § 2 Abs. 6 Satz 2 EStG). Durch diese Hinzurechnung wird erreicht, dass dem Steuerpflichtigen im Rahmen der Einkommensteuerveranlagung nur die über den Zulageanspruch hinausgehende Steuerermäßigung gewährt wird. **Der Erhöhungsbetrag nach § 84 Satz 2 und 3 EStG bleibt bei der Ermittlung der dem Steuerpflichtigen zustehenden Zulage außer Betracht.** Um die volle Förderung sicherzustellen, muss stets die Zulage beantragt werden. Über die zusätzliche Steuerermäßigung kann der Steuerpflichtige verfügen; sie wird nicht Bestandteil des Altersvorsorgevermögens. Die Zulage verbleibt auch dann auf dem Altersvorsorgevertrag, wenn die Günstigerprüfung ergibt, dass der Sonderausgabenabzug für den Steuerpflichtigen günstiger ist. 72

bb) Ehegatten

Wird bei einer Zusammenveranlagung von Ehegatten der Sonderausgabenabzug beantragt, gilt für die Günstigerprüfung Folgendes: 73

Ist nur ein Ehegatte unmittelbar begünstigt und hat der andere Ehegatte keinen Altersvorsorgevertrag abgeschlossen, wird die Steuerermäßigung für die Aufwendungen nach § 10a Abs. 1 EStG des berechtigten Ehegatten mit seinem Zulageanspruch verglichen. 74

Ist nur ein Ehegatte unmittelbar begünstigt und hat der andere Ehegatte einen Anspruch auf Altersvorsorgezulage aufgrund seiner mittelbaren Zulageberechtigung nach § 79 Satz 2 EStG, wird die Steuerermäßigung für die im Rahmen des § 10a Abs. 1 EStG berücksichtigten Aufwendungen beider Ehegatten einschließlich der hierfür zustehenden Zulagen mit dem den Ehegatten insgesamt zustehenden Zulageanspruch verglichen (§ 10a Abs. 3 Satz 2 i. V. m. Abs. 2 EStG; vgl. auch das Beispiel in Rz. 79). 75

Haben beide unmittelbar begünstigten Ehegatten Altersvorsorgebeiträge geleistet, wird die Steuerermäßigung für die Summe der für jeden Ehegatten nach § 10a Abs. 1 EStG anzusetzenden Aufwendungen mit dem den Ehegatten insgesamt zustehenden Zulageanspruch verglichen (§ 10a Abs. 3 Satz 1 i. V. m. Abs. 2 EStG; vgl. auch das Beispiel in Rz. 78). Auch wenn nur für die von einem Ehegatten geleisteten Altersvorsorgebeiträge ein Sonderausgabenabzug nach § 10a Abs. 1 EStG beantragt wird, wird bei der Ermittlung der über den Zulageanspruch hinausgehenden Steuerermäßigung die den beiden Ehegatten zustehende Zulage berücksichtigt (§ 10a Abs. 3 Satz 3 EStG). 76

Im Fall der getrennten Veranlagung nach § 26a EStG oder der besonderen Veranlagung nach § 26c EStG ist Rz. 74 oder 75 entsprechend anzuwenden; sind beide Ehegatten unmittelbar begünstigt, erfolgt die Günstigerprüfung für jeden Ehegatten wie bei einer Einzelveranlagung. Es wird daher nur der den jeweiligen Ehegatten zustehende Zulageanspruch angesetzt. 77

Beispiel: 78

Ehegatten, die beide unmittelbar begünstigt sind, haben im Jahr 2008 ein zu versteuerndes Einkommen i.H.v. 150 000 € (ohne Sonderausgabenabzug nach § 10a EStG). Darin sind Einkünfte aus unterschiedlichen Einkunftsarten enthalten. Sie haben mit den Beiträgen i.H.v. 2 300 € (Ehemann) / 900 € (Ehefrau) zugunsten ihrer Verträge mehr als die erforderlichen Mindesteigenbeiträge gezahlt und daher für das Beitragsjahr 2008 jeweils einen Zulageanspruch von 154 €.

Ehemann		Ehefrau	
Eigenbeitrag	2 300 €	Eigenbeitrag	900 €
davon gefördert		davon gefördert	
höchstens (2 100 € – 154 €)	1 946 €	höchstens (2 100 € – 154 €)	1 946 €
gefördert somit	1 946 €	gefördert somit	900 €
Abziehbare Sonderausgaben (1 946 € + 154 € =)	2 100 €	Abziehbare Sonderausgaben (900 € + 154 € =)	1 054 €

zu versteuerndes Einkommen (bisher)	150 000 €
abzüglich Sonderausgaben Ehemann	2 100 €
abzüglich Sonderausgaben Ehefrau	1 054 €
	3 154 €
zu versteuerndes Einkommen (neu)	146 846 €
Einkommensteuer auf 150 000 €	47 172 €
Einkommensteuer auf 146 846 €	45 846 €
Differenz	1 326 €
abzüglich Zulageansprüche insgesamt (2 × 154 €)	308 €
zusätzliche Steuerermäßigung insgesamt	1 018 €

Der Sonderausgabenabzug nach § 10a EStG ergibt für die Ehegatten eine zusätzliche Steuerermäßigung i.H.v. 1 018 €. Zur Zurechnung der auf den einzelnen Ehegatten entfallenden Steuerermäßigung vgl. Rz. 85.

79 **Beispiel:**

Ehegatten haben im Jahr 2008 ein zu versteuerndes Einkommen i.H.v. 150 000 € (ohne Sonderausgabenabzug nach § 10a EStG). Darin sind Einkünfte aus unterschiedlichen Einkunftsarten enthalten. Nur der Ehemann ist unmittelbar begünstigt; er hat den erforderlichen Mindesteigenbeitrag erbracht. Seine Ehefrau hat einen eigenen Altersvorsorgevertrag abgeschlossen und ist daher mittelbar zulageberechtigt. Sie haben Beiträge i.H.v. 1 700 € (Ehemann) bzw. 250 € (Ehefrau) zugunsten ihrer Verträge gezahlt und – da sie den erforderlichen Mindesteigenbeitrag geleistet haben – für das Beitragsjahr 2008 jeweils einen Zulageanspruch von 154 €.

Ehemann		Ehefrau	
Eigenbeitrag	1 700 €	Eigenbeitrag	250 €
davon gefördert	1 700 €		
durch den unmittelbar Zulageberechtigten ausgeschöpftes Abzugsvolumen:			
Eigenbeitrag des Ehemanns	1 700 €		
Zulageanspruch Ehemann	154 €		
Zulageanspruch Ehefrau	154 €		
ausgeschöpft somit	2 008 €		
Abzugsvolumen insgesamt	2 100 €		
noch nicht ausgeschöpft	92 €	förderbar	92 €
Abziehbare Sonderausgaben der Ehegatten insgesamt: (1 700 € + 92 € + 154 € + 154 € =)	2 100 €		

zu versteuerndes Einkommen (bisher)	150 000 €
abzüglich Sonderausgaben Ehemann	2 100 €
zu versteuerndes Einkommen (neu)	147 900 €
Steuer auf 150 000 €	47 172 €
Steuer auf 147 900 €	46 290 €
Differenz	882 €
abzüglich Zulageansprüche insgesamt (2 × 154 €)	308 €
zusätzliche Steuerermäßigung insgesamt	574 €

Der Sonderausgabenabzug nach § 10a EStG ergibt für die Ehegatten eine zusätzliche Steuerermäßigung i.H.v. 574 €. Zur Zurechnung der auf den einzelnen Ehegatten entfallenden Steuerermäßigung vgl. Rz. 86.

c) Gesonderte Feststellung der zusätzlichen Steuerermäßigung

Eine gesonderte Feststellung der zusätzlichen Steuerermäßigung nach § 10a Abs. 4 Satz 1 EStG ist nur durchzuführen, wenn der Sonderausgabenabzug nach § 10a Abs. 1 EStG günstiger ist als der Zulageanspruch nach Abschnitt XI EStG. Das Wohnsitzfinanzamt stellt in diesen Fällen die über den Zulageanspruch hinausgehende Steuerermäßigung fest und teilt sie der ZfA mit. Wirkt sich eine Änderung der Einkommensteuerfestsetzung auf die Höhe der Steuerermäßigung aus, ist die Feststellung nach § 10a Abs. 4 Satz 1 i. V. m. § 10d Abs. 4 Satz 4 EStG ebenfalls zu ändern. 80

Ehegatten, bei denen die Voraussetzungen des § 26 Abs. 1 EStG vorliegen, ist die über den Zulageanspruch hinausgehende Steuerermäßigung – unabhängig von der gewählten Veranlagungsart – jeweils getrennt zuzurechnen (§ 10a Abs. 4 Satz 3 EStG). Hierbei gilt Folgendes: 81

Gehören beide Ehegatten zu dem nach § 10a Abs. 1 EStG begünstigten Personenkreis, ist die über den Zulageanspruch hinausgehende Steuerermäßigung jeweils getrennt zuzurechnen (§ 10a Abs. 4 Satz 3 EStG). Die Zurechnung erfolgt im Verhältnis der als Sonderausgaben berücksichtigten Altersvorsorgebeiträge (geförderte Eigenbeiträge; § 10a Abs. 4 Satz 3 Halbsatz 2 EStG). 82

Gehört nur ein Ehegatte zu dem nach § 10a Abs. 1 EStG begünstigten Personenkreis und ist der andere Ehegatte nicht nach § 79 Satz 2 EStG zulageberechtigt, weil er keinen eigenen Altersvorsorgevertrag abgeschlossen hat, ist die Steuerermäßigung dem Ehegatten zuzurechnen, der zum unmittelbar begünstigten Personenkreis gehört. 83

Gehört nur ein Ehegatte zu dem nach § 10a Abs. 1 EStG begünstigten Personenkreis und ist der andere Ehegatte nach § 79 Satz 2 EStG zulageberechtigt, ist die Steuerermäßigung den Ehegatten getrennt zuzurechnen. Die Zurechnung erfolgt im Verhältnis der als Sonderausgaben berücksichtigten Altersvorsorgebeiträge (geförderte Eigenbeiträge; § 10a Abs. 4 Satz 3 und 4 EStG). 84

Fortführung des Beispiels aus Rz. 78: 85

Die zusätzliche Steuerermäßigung von 1 018 € ist den Ehegatten für die gesonderte Feststellung nach § 10a Abs. 4 Satz 2 EStG getrennt zuzurechnen. Aufteilungsmaßstab hierfür sind die nach § 10a Abs. 1 EStG berücksichtigten Eigenbeiträge.

Zusätzliche Steuerermäßigung insgesamt		1 018,00 €
davon Ehemann	(1 946 € ÷ 2 846 € × 100 = 68,38 %)	696,11 €
davon Ehefrau	(900 € ÷ 2 846 € × 100 = 31,62 %)	321,89 €

Diese Beträge und die Zuordnung zu den jeweiligen Verträgen sind nach § 10a Abs. 4 EStG gesondert festzustellen und der ZfA **als den jeweiligen Verträgen zugehörig** mitzuteilen.

Fortführung des Beispiels aus Rz. 79: 86

Die zusätzliche Steuerermäßigung von 574 € ist den Ehegatten für die gesonderte Feststellung nach § 10a Abs. 4 Satz 4 EStG getrennt zuzurechnen. Aufteilungsmaßstab hierfür ist das Verhältnis der Eigenbeiträge des unmittelbar zulageberechtigten Ehegatten zu den wegen der Nichtausschöpfung des Höchstbetrags berücksichtigten Eigenbeiträgen des mittelbar zulageberechtigten Ehegatten.

Zusätzliche Steuerermäßigung insgesamt		574,00 €
davon Ehemann	(1 700 € ÷ 1 792 € × 100 = 94,86 %)	544,50 €
davon Ehefrau	(92 € ÷ 1 792 € × 100 = 5,14 %)	29,50 €

Diese Beträge und die Zuordnung zu den jeweiligen Verträgen sind nach § 10a Abs. 4 EStG gesondert festzustellen und der ZfA als den jeweiligen Verträgen zugehörig mitzuteilen.

5. Zusammentreffen mehrerer Verträge

a) Altersvorsorgezulage

Die Altersvorsorgezulage wird bei einem unmittelbar Zulageberechtigten höchstens für zwei Verträge gewährt (§ 87 Abs. 1 Satz 1 EStG). Der Zulageberechtigte kann im Zulageantrag jährlich neu bestimmen, für welche Verträge die Zulage gewährt werden soll (§ 89 Abs. 1 Satz 2 EStG). 87

Wurde nicht der gesamte nach § 86 EStG erforderliche Mindesteigenbeitrag zugunsten dieser Verträge geleistet, wird die Zulage entsprechend gekürzt (§ 86 Abs. 1 Satz 6 EStG). Die zu gewährende Zulage wird entsprechend dem Verhältnis der zugunsten dieser beiden Verträge geleisteten Altersvorsorgebeiträge verteilt. Es steht dem Zulageberechtigten allerdings frei, auch wenn er mehrere Verträge abgeschlossen hat, die Förderung nur für einen Vertrag in Anspruch zu nehmen.

88 Erfolgt bei mehreren Verträgen keine Bestimmung oder wird die Zulage für mehr als zwei Verträge beantragt, wird die Zulage nur für die zwei Verträge gewährt, für die im Beitragsjahr die höchsten Altersvorsorgebeiträge geleistet wurden (§ 89 Abs. 1 Satz 3 EStG).

89 **Beispiel:**

Der Zulageberechtigte zahlt im Jahr 2008 800 €, 800 € und 325 € zugunsten von drei verschiedenen Altersvorsorgeverträgen (ohne Zulage). Sein Mindesteigenbeitrag beträgt 1 461 €.

Der Zulageberechtigte beantragt die Zulage für die Verträge 1 und 2:

	Vertrag 1	Vertrag 2	Vertrag 3
Beiträge	800 €	800 €	325 €
Zulage	77 € (800 € ÷ 1 600 € × 154 €)	77 € (800 € ÷ 1 600 € × 154 €)	-

Er erhält die ungekürzte Zulage von 154 €, da zugunsten der Verträge 1 und 2 in der Summe der erforderliche Mindesteigenbeitrag geleistet worden ist.

90 Abwandlung:

Wie oben, der Zulageberechtigte zahlt die Beiträge (ohne Zulage) jedoch i.H.v. 650 €, 650 € und 325 € zugunsten von drei verschiedenen Altersvorsorgeverträgen.

Weil der Zulageberechtigte mit den Einzahlungen zugunsten der zwei Verträge, für die die Zulage beantragt wird, nicht den Mindesteigenbeitrag von 1 461 € erreicht, wird die Zulage von 154 € im Verhältnis der Altersvorsorgebeiträge zum Mindesteigenbeitrag gekürzt (§ 86 Abs. 1 Satz 6 EStG). Die Zulage beträgt 154 € x 1 300 € ÷ 1 461 € = 137,03 €, sie wird den Verträgen 1 und 2 mit jeweils 68,52 € gutgeschrieben:

	Vertrag 1	Vertrag 2	Vertrag 3
Beiträge	650 €	650 €	325 €
Zulage	68,52 € (650 € ÷ 1 300 € × 137,03 €)	68,52 € (650 € ÷ 1 300 € × 137,03 €)	-

91 Der nach § 79 Satz 2 EStG mittelbar Zulageberechtigte kann die Zulage für das jeweilige Beitragsjahr nicht auf mehrere Verträge verteilen (§ 87 Abs. 2 EStG). Es ist nur der Vertrag begünstigt, für den zuerst die Zulage beantragt wird.

b) Sonderausgabenabzug

92 Für den Sonderausgabenabzug nach § 10a Abs. 1 EStG ist keine Begrenzung der Anzahl der zu berücksichtigenden Verträge vorgesehen. Der Steuerpflichtige kann im Rahmen des Höchstbetrags nach § 10a Abs. 1 Satz 1 EStG auch Altersvorsorgebeiträge für Verträge geltend machen, für die keine Zulage beantragt wurde oder aufgrund des § 87 Abs. 1 EStG keine Zulage gewährt wird. In dem Umfang, in dem eine Berücksichtigung nach § 10a EStG erfolgt, gelten die Beiträge als steuerlich gefördert. Die Zurechnung der über den Zulageanspruch nach Abschnitt XI EStG hinausgehenden Steuerermäßigung erfolgt hierbei im Verhältnis der berücksichtigten Altersvorsorgebeiträge (§ 10a Abs. 4 Satz 2 EStG).

93 Beispiel:

Der Steuerpflichtige zahlt im Jahr 2008 insgesamt 2 400 € Beiträge (ohne Zulage von 154 €) auf vier verschiedene Altersvorsorgeverträge ein (800 €, 800 €, 400 €, 400 €). Sein Mindesteigenbeitrag beträgt 1 461 €. Die Zulage wird für die beiden Verträge mit je 800 € Beitragsleistung beantragt. Die zusätzliche Steuerermäßigung für den Sonderausgabenabzug nach § 10a Abs. 1 EStG beträgt 270 €.

Die Steuerermäßigung ist den vier Verträgen wie folgt zuzurechnen:

	Vertrag 1	Vertrag 2	Vertrag 3	Vertrag 4
Beiträge	800 €	800 €	400 €	400 €
Zulage	77 €	77 €	-	-
Zusätzliche Steuerermäßigung	90 € (800 € ÷ 2 400 € × 270 €)	90 € (800 € ÷ 2 400 € × 270 €)	45 € (400 € ÷ 2 400 € × 270 €)	45 € (400 € ÷ 2 400 € × 270 €)

Obwohl die Altersvorsorgebeiträge für die Verträge 3 und 4 sich nicht auf die Zulagegewährung auswirken (§ 87 Abs. 1 Satz 1 EStG), gehören die auf diese Beiträge entfallenden Leistungen aus diesen Verträgen in der Auszahlungsphase ebenfalls zu den sonstigen Einkünften nach § 22 Nr. 5 Satz 1 EStG, soweit sie als Sonderausgaben berücksichtigt wurden. In folgender Höhe sind die Beiträge steuerlich begünstigt worden:

Sonderausgabenhöchstbetrag abzüglich Zulage im Verhältnis zu den geleisteten Beiträgen (2 100 € – 154 € = 1 946 € 1 946 € ÷ 2 400 € × 100 = 81,08 %)	648,64 € (81,08 % von 800 €)	648,64 € (81,08 % von 800 €)	324,32 € (81,08 % von 400 €)	324,32 € (81,08 % von 400 €)
Zulage	77 €	77 €	-	-
bei den einzelnen Verträgen sind somit die folgenden Einzahlungen steuerlich begünstigt (725,64 € + 725,64 € + 324,32 € + 324,32 € = 2099,92 €)	725,64 €	725,64 €	324,32 €	324,32 €

II. Nachgelagerte Besteuerung nach § 22 Nr. 5 EStG

1. Allgemeines

§ 22 Nr. 5 EStG ist anzuwenden auf Leistungen aus Altersvorsorgeverträgen im Sinne des § 82 Abs. 1 EStG sowie auf Leistungen aus Pensionsfonds, Pensionskassen und Direktversicherungen. Korrespondierend mit der Freistellung der Beiträge, Zahlungen, Erträge und Wertsteigerungen von steuerlichen Belastungen in der Ansparphase werden die Leistungen erst in der Auszahlungsphase besteuert (nachgelagerte Besteuerung; zu Ausnahmen vgl. Rz. 116 ff.), und zwar auch dann, wenn zugunsten des Vertrags ausschließlich Beiträge geleistet wurden, die nicht nach § 10a oder Abschnitt XI EStG gefördert worden sind. § 22 Nr. 5 EStG ist gegenüber anderen Vorschriften des EStG und des InvStG eine vorrangige Spezialvorschrift. Dies bedeutet auch, dass die ab dem 1. Januar 2009 geltende Abgeltungsteuer in diesen Fällen keine Anwendung findet. 94

Während der Ansparphase erfolgt bei zertifizierten Altersvorsorgeverträgen keine Besteuerung von Erträgen und Wertsteigerungen. Dies gilt unabhängig davon, ob oder in welchem Umfang die Altersvorsorgebeiträge nach § 10a oder Abschnitt XI EStG gefördert wurden. Die Zuflussfiktion, wonach bei thesaurierenden Fonds ein jährlicher Zufluss der nicht zur Kostendeckung oder Ausschüttung verwendeten Einnahmen und Gewinne anzunehmen ist, findet im Zusammenhang mit Altersvorsorgeverträgen keine Anwendung (§ 2 Abs. 1 Satz 2 InvStG, § 14 Abs. 5 Satz 2 InvStG). Laufende Erträge ausschüttender Fonds, die wieder angelegt werden, werden in der Ansparphase nicht besteuert. 95

Die Regelungen über die Erhebung der Kapitalertragsteuer sind nicht anzuwenden. In der Ansparphase fallen keine kapitalertragsteuerpflichtigen Kapitalerträge an; die Leistungen in der Auszahlungsphase unterliegen nach § 22 Nr. 5 EStG der Besteuerung im Rahmen der Einkommensteuerveranlagung, so dass auch in der Auszahlungsphase kein Kapitalertragsteuerabzug vorzunehmen ist. Da es sich um Einkünfte nach § 22 Nr. 5 EStG handelt, ist kein Sparer-Freibetrag nach § 20 Abs. 4 EStG (ab 2009: Sparer-Pauschbetrag nach § 20 Abs. 9 EStG) anzusetzen. Der Pauschbetrag für Werbungskosten bestimmt sich nach § 9a Satz 1 Nr. 3 EStG. 96

Der Umfang der Besteuerung der Leistungen in der Auszahlungsphase richtet sich danach, inwieweit die Beiträge in der Ansparphase steuerfrei gestellt (§ 3 Nr. 63 und 66 EStG), nach § 10a 97 oder Abschnitt XI EStG (Sonderausgabenabzug und Altersvorsorgezulage) gefördert worden sind oder durch steuerfreie Zuwendungen nach § 3 Nr. 56 EStG erworben wurden. Dies gilt auch für Leistungen aus einer ergänzenden Absicherung der verminderten Erwerbsfähigkeit oder Dienstunfähigkeit und einer zusätzlichen Absicherung der Hinterbliebenen. Dabei ist von einer einheitlichen Behandlung der Beitragskomponenten für Alter und Zusatzrisiken auszugehen.

98 Zu den Einzelheiten zur Besteuerung der Leistungen aus Pensionsfonds, Pensionskassen und Direktversicherungen vgl. Rz. 268 ff.

2. Abgrenzung der geförderten und der nicht geförderten Beiträge

a) Geförderte Beiträge

99 Zu den geförderten Beiträgen gehören die geleisteten Eigenbeiträge zuzüglich der für das Beitragsjahr zustehenden Altersvorsorgezulage, soweit sie den Höchstbetrag nach § 10a EStG nicht übersteigen, mindestens jedoch die gewährten Zulagen und die geleisteten Sockelbeträge im Sinne des § 86 Abs. 1 Satz 4 EStG. Zu den im Rahmen der betrieblichen Altersversorgung im Sinne des § 22 Nr. 5 EStG geförderten Beiträgen vgl. Rz. 183 ff.

100 Soweit Altersvorsorgebeiträge zugunsten eines zertifizierten Altersvorsorgevertrags, für den keine Zulage beantragt wird oder der als weiterer Vertrag nicht mehr zulagebegünstigt ist (§ 87 Abs. 1 Satz 1 EStG), als Sonderausgaben im Sinne des § 10a EStG berücksichtigt werden, gehören die Beiträge ebenfalls zu den geförderten Beiträgen.

101 Bei einem mittelbar zulageberechtigten Ehegatten gehören die im Rahmen des Sonderausgabenabzugs nach § 10a Abs. 1 EStG berücksichtigten Altersvorsorgebeiträge (vgl. Rz. 67, 79, 84) und die für dieses Beitragsjahr zustehende Altersvorsorgezulage zu den geförderten Beiträgen.

b) Nicht geförderte Beiträge

102 Zu den nicht geförderten Beiträgen gehören Beträge,

- die zugunsten eines zertifizierten Altersvorsorgevertrags in einem Beitragsjahr eingezahlt werden, in dem der Anleger nicht zum begünstigten Personenkreis gehört,
- für die er keine Altersvorsorgezulage und keinen steuerlichen Vorteil aus dem Sonderausgabenabzug nach § 10a EStG erhalten hat oder
- die den Höchstbetrag nach § 10a EStG abzüglich der individuell für das Beitragsjahr zustehenden Zulage übersteigen („Überzahlungen"), sofern es sich nicht um den Sockelbetrag handelt.

103 Sieht der zertifizierte Altersvorsorgevertrag vertraglich die Begrenzung auf einen festgelegten Höchstbetrag (z. B. den Betrag nach § 10a EStG oder den nach § 86 EStG erforderlichen Mindesteigenbeitrag zuzüglich Zulageanspruch) vor, handelt es sich bei Zahlungen, die darüber hinausgehen, um zivilrechtlich nicht geschuldete Beträge. Der Anleger kann sie entweder nach den allgemeinen zivilrechtlichen Vorschriften vom Anbieter zurückfordern oder in Folgejahren mit geschuldeten Beiträgen verrechnen lassen. In diesem Fall sind sie für das Jahr der Verrechnung als Altersvorsorgebeiträge zu behandeln.

3. Leistungen, die ausschließlich auf geförderten Altersvorsorgebeiträgen beruhen (§ 22 Nr. 5 Satz 1 EStG)

104 Die Leistungen in der Auszahlungsphase unterliegen in vollem Umfang der Besteuerung nach § 22 Nr. 5 Satz 1 EStG, wenn die gesamten Altersvorsorgebeiträge in der Ansparphase nach § 10a oder Abschnitt XI EStG gefördert worden sind. Dies gilt auch, soweit die Leistungen auf gutgeschriebenen Zulagen sowie den erzielten Erträgen und Wertsteigerungen beruhen.

105 **Beispiel:**

Der Steuerpflichtige hat über 25 Jahre einschließlich der Zulagen immer genau die förderbaren Höchstbeiträge zugunsten eines begünstigten Altersvorsorgevertrags eingezahlt. Er erhält ab Vollendung des 65. Lebensjahres eine monatliche Rente i.H.v. 500 €.

Die Rentenzahlung ist mit 12 × 500 € = 6 000 € im Rahmen der Einkommensteuerveranlagung nach § 22 Nr. 5 Satz 1 EStG voll steuerpflichtig.

4. Leistungen, die zum Teil auf geförderten, zum Teil auf nicht geförderten Altersvorsorgebeiträgen beruhen (§ 22 Nr. 5 Satz 1 und 2 EStG)

Hat der Steuerpflichtige in der Ansparphase sowohl geförderte als auch nicht geförderte Beiträge zugunsten des Vertrags geleistet, sind die Leistungen in der Auszahlungsphase aufzuteilen. 106

Soweit die Altersvorsorgebeiträge nach § 10a oder Abschnitt XI EStG gefördert worden sind, sind die Leistungen nach § 22 Nr. 5 Satz 1 EStG voll zu besteuern. Insoweit gilt Rz. 104 entsprechend. 107

Aufteilungsfälle liegen z. B. vor, wenn 108

- ein Vertrag, der die Voraussetzungen des AltZertG bisher nicht erfüllt hat, in einen zertifizierten Altersvorsorgevertrag umgewandelt worden ist (§ 1 Abs. 1 AltZertG),
- ein zertifizierter Altersvorsorgevertrag nicht in der gesamten Ansparphase gefördert worden ist, weil z. B. in einigen Jahren die persönlichen Fördervoraussetzungen nicht vorgelegen haben, aber weiterhin Beiträge eingezahlt worden sind,
- der Begünstigte höhere Beiträge eingezahlt hat, als im einzelnen Beitragsjahr nach § 10a EStG begünstigt waren.

Für die Frage des Aufteilungsmaßstabs sind die Grundsätze des BMF-Schreibens vom 11. November 2004, BStBl I S. 1061 anzuwenden. **Beiträge, die nach dem 31. Dezember 2001 zugunsten eines zertifizierten Altersvorsorgevertrages geleistet wurden, sind danach getrennt aufzuzeichnen und die sich daraus ergebenden Leistungen einschließlich zugeteilter Erträge getrennt zu ermitteln. Dabei scheidet die Anwendung eines beitragsproportionalen Verfahrens für einen längeren Zeitraum – mehr als zwei Beitragsjahre – zur Ermittlung der sich aus den entsprechenden Beiträgen ergebenden Leistungen und Erträge aus.**

Die Besteuerung von Leistungen, die auf nicht geförderten Beiträgen beruhen, richtet sich nach der Art der Leistung. Es werden insoweit drei Gruppen unterschieden: 109

- Leistungen in Form einer lebenslangen Rente oder einer Berufsunfähigkeits-, Erwerbsminderungs- und Hinterbliebenenrente, § 22 Nr. 5 Satz 2 Buchstabe a EStG (Rz. 110)
- andere Leistungen aus Altersvorsorgeverträgen (zertifizierten Versicherungsverträgen), Pensionsfonds, Pensionskassen und Direktversicherungen, § 22 Nr. 5 Satz 2 Buchstabe b EStG (Rz. 111)
- übrige Leistungen, § 22 Nr. 5 Satz 2 Buchstabe c EStG (Rz. 112).

Soweit es sich um eine lebenslange Rente oder eine Berufsunfähigkeits-, Erwerbsminderungs- und Hinterbliebenenrente handelt, die auf nicht geförderten Beiträgen beruht, erfolgt die Besteuerung nach § 22 Nr. 5 Satz 2 Buchstabe a i. V. m. § 22 Nr. 1 Satz 3 Buchstabe a Doppelbuchstabe bb EStG mit dem entsprechenden Ertragsanteil. Werden neben einer Grundrente Überschussbeteiligungen in Form einer Bonusrente gezahlt, so ist der gesamte Auszahlungsbetrag mit einem einheitlichen Ertragsanteil der Besteuerung zu unterwerfen. R 22.4 Abs. 1 Satz 1 EStR 2005 ist in diesen Fällen nicht einschlägig, da mit der Überschussbeteiligung in Form einer Bonusrente kein neues Rentenrecht begründet wird. In der Mitteilung nach § 22 Nr. 5 EStG ist der Betrag von Grund- und Bonusrente in einer Summe auszuweisen. 110

Wird auf nicht geförderten Beiträgen beruhendes Kapital aus einem zertifizierten Versicherungsvertrag ausgezahlt, ist nach § 22 Nr. 5 Satz 2 Buchstabe b EStG die Regelung des § 20 Abs. 1 Nr. 6 EStG in der für den zugrunde liegenden Vertrag geltenden Fassung entsprechend anzuwenden. Erfolgt bei einem vor dem 1. Januar 2005 abgeschlossenen Versicherungsvertrag die Kapitalauszahlung erst nach Ablauf von 12 Jahren seit Vertragsabschluss und erfüllt der Vertrag die weiteren Voraussetzungen des § 10 Abs. 1 Nr. 2 EStG in der am 31. Dezember 2004 geltenden Fassung, unterliegt die Kapitalauszahlung insgesamt nicht der Besteuerung (§ 52 Abs. 36 Satz 5 EStG). Liegen die genannten Voraussetzungen nicht vor, unterliegen die rechnungsmäßigen und außerrechnungsmäßigen Zinsen der Besteuerung (§ 52 Abs. 36 Satz 5 EStG). Bei einem nach dem 31. Dezember 2004 abgeschlossenen Versicherungsvertrag, der die Voraussetzungen des § 20 Abs. 1 Nr. 6 EStG erfüllt, unterliegt bei Kapitalauszahlungen der Unterschiedsbetrag zwischen der Versicherungsleistung und der Summe der auf sie entrichteten Beiträge der Besteuerung. Erfolgt die Auszahlung erst nach Vollendung des 60. Lebensjahres des Steuerpflichtigen und hat der Vertrag im Zeitpunkt der Auszahlung mindestens 12 Jahre bestanden, ist nur die Hälfte dieses Unterschiedsbetrags der Besteuerung zu Grunde zu legen. Für nach dem 31. Dezember 2011 abgeschlossene Verträge ist grundsätzlich auf die Vollendung des 62. Lebensjahres abzustellen. 111

Erhält der Steuerpflichtige in der Auszahlungsphase gleich bleibende oder steigende monatliche (Teil-)Raten, variable Teilraten oder eine Kapitalauszahlung, auf die § 22 Nr. 5 Satz 2 Buchstabe b EStG nicht anzuwenden ist (z. B. Teilkapitalauszahlung aus einem Altersvorsorgevertrag in der Form eines zertifizierten Bank- oder Fondssparplans), gilt § 22 Nr. 5 Satz 2 Buchstabe c EStG. Zu 112 versteuern ist der Unterschiedsbetrag zwischen der ausgezahlten Leistung und den auf sie entrichteten Beiträgen. Erfolgt die Auszahlung der Leistung nach Vollendung des 60. Lebensjahres des Leistungsempfängers und hatte der Vertrag eine Laufzeit von mehr als 12 Jahren, ist nur die Hälfte des Unterschiedsbetrags zu versteuern. Für nach dem 31. Dezember 2011 abgeschlossene Verträge ist grundsätzlich auf die Vollendung des 62. Lebensjahres abzustellen. Für die Berechnung des Unterschiedsbetrags ist das BMF-Schreiben vom 22. Dezember 2005, BStBl I 2006 S. 92 entsprechend anzuwenden.

113 **Beispiel:**

A (geb. im Januar 1961) hat einen Altervorsorgevertrag abgeschlossen und zugunsten dieses Vertrages ausschließlich geförderte Beiträge eingezahlt (§ 10a EStG/Abschnitt XI EStG). Der Vertrag sieht vor, dass 10 % der geleisteten Beiträge zur Absicherung der verminderten Erwerbsfähigkeit eingesetzt werden.

Im Januar 2020 wird A vermindert erwerbsfähig und erhält aus dem Altersvorsorgevertrag eine Erwerbsminderungsrente i.H.v. 100 € monatlich ausgezahlt. Die Zahlung der Erwerbsminderungsrente steht unter der auflösenden Bedingung des Wegfalls der Erwerbsminderung. Der Versicherer hat sich vorbehalten, die Voraussetzungen für die Rentengewährung alle zwei Jahre zu überprüfen. Diese Rente endet mit Ablauf des Jahres 2025. Ab dem Jahr 2026 erhält A aus dem Vertrag eine Altersrente i.H.v. monatlich 150 €.

Die Erwerbsminderungsrente ist im Jahr 2020 i.H.v. 1 200 € (12 × 100 €) im Rahmen der Einkünfte aus § 22 Nr. 5 Satz 1 EStG zu erfassen. Dies gilt entsprechend für die Jahre 2021 bis 2025. Ab dem Jahr 2026 erfolgt eine Erfassung der Altersrente i.H.v. 1 800 € (12 × 150 €) nach § 22 Nr. 5 Satz 1 EStG.

Abwandlung:

A leistet ab dem Jahr 2008 einen jährlichen Beitrag i.H.v. insgesamt 1 000 €. Er ist in den Jahren 2008 bis 2017 (10 Jahre) unmittelbar förderberechtigt. Die von ihm geleisteten Beiträge werden nach § 10a EStG/Abschnitt XI EStG gefördert. Im Jahr 2018 und 2019 ist er hingegen nicht förderberechtigt. Er zahlt in den Jahren jedoch – trotz der fehlenden Förderung – weiterhin einen jährlichen Beitrag i.H.v. 1 000 €. Ende des Jahres 2019 beträgt das von A geförderte Altersvorsorgevermögen 15 000 €. Das Gesamtvermögen beläuft sich auf 18 000 €.

Die Erwerbsminderungsrente ist im Jahr 2020 i.H.v. 1 000 € (1 200 € × 15/18) im Rahmen der Einkünfte aus § 22 Nr. 5 Satz 1 EStG zu erfassen. Die verbleibenden 200 € sind nach § 22 Nr. 5 Satz 2 Buchstabe a EStG i. V. m. § 22 Nr. 1 Satz 3 Buchstabe a Doppelbuchstabe bb Satz 5 EStG i. V. m. § 55 EStDV mit einem Ertragsanteil i.H.v. 7 % (bemessen nach einer voraussichtlichen Laufzeit von 6 Jahren) steuerlich zu erfassen. Der Ertragsanteil bemisst sich grundsätzlich nach der Zeitspanne zwischen dem Eintritt des Versicherungsfalles (Begründung der Erwerbsminderung) und dem voraussichtlichen Leistungsende (hier: Erreichen der für die Hauptversicherung vereinbarten Altersgrenze). Steht der Anspruch auf Rentengewährung unter der auflösenden Bedingung des Wegfalls der Erwerbsminderung und lässt der Versicherer das Fortbestehen der Erwerbsminderung in mehr oder minder regelmäßigen Abständen prüfen, wird hierdurch die zu berücksichtigende voraussichtliche Laufzeit nicht berührt. Ab dem Jahr 2026 erfolgt eine Erfassung der Altersrente i.H.v. 1 500 € (1 800 € × 15/18) nach § 22 Nr. 5 Satz 1 EStG. Der verbleibende Rentenbetrag i.H.v. 300 € wird mit dem vom Alter des Rentenberechtigten bei Beginn der Altersrente abhängigen Ertragsanteil nach § 22 Nr. 5 Satz 2 Buchstabe a EStG i. V. m. § 22 Nr. 1 Satz 3 Buchstabe a Doppelbuchstabe bb EStG erfasst.

5. Leistungen, die ausschließlich auf nicht geförderten Altersvorsorgebeiträgen beruhen

114 Hat der Steuerpflichtige in der Ansparphase ausschließlich nicht geförderte Beiträge zugunsten eines zertifizierten Altersvorsorgevertrags eingezahlt, gelten für die gesamte Auszahlungsleistung die Ausführungen in Rz. 109 bis 113.

6. Wohnförderkonto

114a **Das im Wohneigentum gebundene steuerlich geförderte Altersvorsorgekapital wird nach § 22 Nr. 5 EStG nachgelagert besteuert und zu diesem Zweck in einem Wohnförderkonto erfasst. In diesem hat der Anbieter die geförderten Tilgungsbeiträge (vgl. Rz. 18a – 18e), die hierfür gewährten Zulagen sowie den entnommenen Altersvorsorge-Eigenheimbetrag vertragsbezogen zu erfassen. Die Tilgungsleistungen für ein zur wohnungswirtschaftlichen Verwendung in Anspruch genommenes Darlehen sind in das Wohnförderkonto einzustellen, sobald die Meldung der ZfA über die Steuerverstrickung dieser Tilgungsleistungen (§ 90 Abs. 2 Satz 6 EStG) dem Anbieter vorliegt. Die Zulagen für Tilgungsleistungen sind spätestens in das Wohnförderkonto einzustellen, wenn sie dem Altersvorsorgevertrag gutgeschrieben wurden. Zulagen für**

Tilgungsleistungen, die erst nach der vollständigen Tilgung des Darlehens, für das die Tilgungsleistungen gezahlt wurden, ausgezahlt werden, müssen vom Anbieter unmittelbar an den Zulageberechtigten weitergereicht werden. Diese Zulagen sind aber dennoch im Wohnförderkonto zu erfassen. Die Erfassung erfolgt durch die ZfA, wenn diese das Wohnförderkonto führt, Rz. 181a bleibt unberührt. Zulagen für Tilgungsleistungen, die erst nach Beginn der Auszahlungsphase beantragt werden, müssen vom Anbieter an den Anleger weitergereicht werden; der Anbieter hat diesen Betrag als Leistung nach § 22 Nr. 5 Satz 1 EStG zu behandeln. Sie sind nicht im Wohnförderkonto zu erfassen. Zahlungen, die nach § 82 Abs. 1 Satz 3 EStG als Tilgungsleistungen gelten (Rz. 18c und 18e), werden erst im Zeitpunkt der tatsächlichen Darlehenstilgung einschließlich der zur Tilgung eingesetzten Zulagen und Erträge in das Wohnförderkonto eingestellt (§ 92a Abs. 2 Satz 2 EStG). Dies gilt nicht, wenn vor diesem Zeitpunkt die Selbstnutzung der geförderten Wohnung aufgegeben wurde. In diesem Fall sind die als Tilgungsleistungen behandelten Zahlungen (§ 82 Abs. 1 Satz 3 EStG), die dafür gewährten Zulagen und die entsprechenden Erträge als gefördertes Altersvorsorgevermögen zu behandeln.

Der sich aus dem Wohnförderkonto ergebende Gesamtbetrag ist in der Ansparphase jährlich um 2 Prozent zu erhöhen. Diese Erhöhung erfolgt – unabhängig vom Zeitpunkt der Einstellung der entsprechenden Beträge ins Wohnförderkonto – nach Ablauf des jeweiligen Beitragsjahres; letztmals ist sie im Zeitpunkt des Beginns der Auszahlungsphase vorzunehmen. 114b

Beispiel: 114c

Der am 5. Februar 1970 geborene Zulageberechtigte hat in seinem zertifizierten Darlehensvertrag mit dem Anbieter vereinbart, dass die Auszahlungsphase am 1. Februar 2035 beginnt. Das Darlehen wurde im Jahr 2033 vollständig getilgt und das Wohnförderkonto auf die ZfA übertragen. Der Gesamtbetrag des Wohnförderkontos am 31. Dezember 2034 beträgt nach der Erhöhung um zwei Prozent 30 000 €.

Das Wohnförderkonto wird letztmals zum 1. Februar 2035 für 2035 um zwei Prozent auf 30 600 € erhöht. Im Fall der jährlichen Teilauflösung (Rz. 114 m) ist dieser Betrag in den Veranlagungszeiträumen 2035 bis 2055 in Höhe von 1/21 von 30 600 € = 1 457,14 € zu versteuern. Wählt der Zulageberechtigte die Auflösung des Wohnförderkontos (Rz. 114p) werden im Veranlagungszeitraum 2035 70 Prozent von 30 600 € = 21 420 € versteuert.

Das Wohnförderkonto ist vom Anbieter vertragsbezogen zu führen. Wird die Geschäftsbeziehung zwischen dem Zulageberechtigten und dem Anbieter im Hinblick auf den betreffenden Altersvorsorgevertrag durch eine vollständige Entnahme des angesparten Kapitals oder eine vollständige Tilgung des gewährten Darlehens beendet, wird das betreffende Wohnförderkonto von dem Anbieter geschlossen und auf die ZfA (§ 92a Abs. 2 Satz 10 Halbsatz 1 EStG), einen anderen Anbieter oder beim selben Anbieter auf einen anderen Vertrag (§ 92a Abs. 2 Satz 11 EStG) übertragen. 114d

Vor einer Übertragung des geschlossenen Wohnförderkontos auf die ZfA hat der Anbieter dem Zulageberechtigten die beabsichtigte Übertragung des Wohnförderkontos mitzuteilen. Der Zulageberechtigte kann bis spätestens vier Wochen nach Übersendung des Schreibens gegenüber dem Anbieter schriftlich bestimmen, dass das Wohnförderkonto nicht auf die ZfA übertragen werden soll, sondern mit einem Wohnförderkonto desselben oder eines anderen Anbieters zusammen zu führen ist. In der Mitteilung nach Satz 1 hat der Anbieter über die Wahlmöglichkeiten und den Tag des Fristablaufs (Eingang beim Anbieter) zu informieren. Bestimmt der Zulageberechtigte die Übertragung auf einen anderen Anbieter, so hat er den Anbieter, auf den das Wohnförderkonto übertragen werden soll, genau zu bezeichnen, die entsprechenden Vertragsdaten anzugeben und auch diesen Anbieter zu informieren. 114e

Erteilt der Zulageberechtigte eine entsprechende Weisung, hat der bisherige Anbieter das Wohnförderkonto auf den vom Zulageberechtigten bestimmten Anbieter unter Angabe des Stands des Wohnförderkontos und des Zeitpunkts der Beendigung der Geschäftsbeziehung zu übertragen (§ 92a Abs. 2 Satz 15 EStG i. V. m. § 11 Abs. 3 Satz 4 AltvDV). Der bisherige Anbieter hat dies der ZfA ergänzt um Angaben zu dem neuen Anbieter mitzuteilen (§ 92a Abs. 2 Satz 15 EStG). Für das übertragene Wohnförderkonto ist ab dem Zeitpunkt der Zusammenführung der Beginn der Auszahlungsphase des aufnehmenden Vertrags maßgebend. 114f

Bestimmt der Zulageberechtigte eine Zusammenführung des Wohnförderkontos mit einem beim selben Anbieter geführten Wohnförderkonto, hat der Anbieter dies der ZfA mitzuteilen unter Angabe 114g

- des Stands des Wohnförderkontos,
- des Zeitpunktes der Beendigung der Geschäftsbeziehung bezogen auf den bisherigen Vertrag und

– der Vertragsdaten des Wohnförderkontos, in das er die Beträge des bisherigen Wohnförderkontos eingestellt hat.

114h **Erhält der Anbieter innerhalb von vier Wochen nach Übersendung der Mitteilung keine Weisung des Zulageberechtigten, hat er der ZfA mit der Übertragung des Wohnförderkontos dessen Stand und den Zeitpunkt der Beendigung der Geschäftsbeziehung mitzuteilen (§ 92a Abs. 2 Satz 14 EStG).**

114i **Das Wohnförderkonto wird vermindert um Zahlungen des Zulageberechtigten, die dieser – soweit Vertragsvereinbarungen nicht entgegen stehen – auf einen auf seinen Namen lautenden Altersvorsorgevertrag zur Minderung der in das Wohnförderkonto eingestellten Beträge leistet. Die zur Minderung des Wohnförderkontos geleisteten Beträge sind keine Altersvorsorgebeiträge (§ 82 Abs. 4 Nr. 4 EStG); insoweit kann keine erneute Förderung beansprucht werden. Sie stellen jedoch gefördertes Altersvorsorgevermögen dar, welches im Fall einer schädlichen Verwendung bei der Berechnung des Rückzahlungsbetrages (§ 94 EStG) zu berücksichtigen ist. Hierbei bestimmt sich der Rückzahlungsbetrag nach der Förderung, die für die in das Wohnförderkonto eingestellten und durch die Zahlung getilgten Beträge gewährt wurde.**

114j **Beispiel:**

Der Stand des Wohnförderkontos des Zulageberechtigten beträgt 10 000 €. Dieser Betrag setzt sich aus eingestellten Zulagen (4 000 €), Tilgungsleistungen (5 000 €) und dem Erhöhungsbetrag (1 000 €) zusammen. Neben den Zulagen hat der Zulageberechtigte noch einen über die Zulage hinausgehenden Steuervorteil (§ 10a EStG) in Höhe von 800 € erhalten.

Der Zulageberechtigte entscheidet sich, Einzahlungen auf einen zertifizierten Altersvorsorgevertrag zur Minderung seines Wohnförderkontos in Höhe von 5 000 € vorzunehmen. Auf dem Wohnförderkonto verbleiben somit 5 000 €. Auf dem neu abgeschlossenen Altersvorsorgevertrag gehen in den nächsten 10 Jahren keine zusätzlichen Einzahlungen ein. Das angesparte Altersvorsorgevermögen einschließlich der Erträge beläuft sich nach 10 Jahren auf insgesamt 6 100 €. Jetzt verwendet der Zulageberechtigte das geförderte Altersvorsorgevermögen schädlich.

Zur Auszahlung gelangen:

Altersvorsorgevermögen	6 100 €
abzüglich Zulagen	2 000 €
abzüglich Steuervorteil	400 €
=	3 700 €
Betrag nach § 22 Nr. 5 Satz 3 EStG	
Altersvorsorgevermögen	6 100 €
abzüglich Zulagen	2 000 €
=	4 100 €
Auf diesen Betrag ist § 22 Nr. 5 Satz 2 Buchst. c EStG anzuwenden.	
maßgebender Betrag	4 100 €
abzüglich eingezahlte Beträge (Tilgungsleistungen)	2 500 €
=	1 600 €

Nach § 22 Nr. 5 Satz 2 Buchst. c EStG sind 1 600 € zu versteuern.

Das Wohnförderkonto bleibt von der schädlichen Verwendung unberührt.

114k **Der Zulageberechtigte kann die Zahlung zur Minderung der in das Wohnförderkonto eingestellten Beträge auch an einen anderen Anbieter leisten als an den, der das Wohnförderkonto führt. In diesem Fall hat er beide Anbieter über diese Zahlungen zu informieren. Damit soll sichergestellt werden, dass das Wohnförderkonto entsprechend vermindert wird und die Zahlungen nicht als Altersvorsorgebeiträge behandelt werden.**

114l **Führt die ZfA das Wohnförderkonto, hat der Zulageberechtigte neben dem Anbieter auch die ZfA zu informieren. In diesem Fall wird das Wohnförderkonto ab dem Zeitpunkt der Einzahlung von dem Anbieter, bei dem die Einzahlung erfolgt, weitergeführt. Dies gilt entsprechend für Zahlungen nach § 92a Abs. 3 Satz 9 Nr. 2 EStG (Einzahlung der in das Wohnförderkonto eingestellten Beträge bei Aufgabe der Selbstnutzung).**

Eine weitere Verminderung des Wohnförderkontos erfolgt durch den jährlichen Verminderungsbetrag (§ 92a Abs. 2 Satz 5 EStG), der nachgelagert besteuert wird (§ 22 Nr. 5 Satz 4 EStG). Dieser Betrag stellt eine jährliche Teilauflösung des Wohnförderkontos dar. Er ergibt sich, indem zu Beginn der Auszahlungsphase der im Wohnförderkonto eingestellte Gesamtbetrag einschließlich des darin enthaltenen Erhöhungsbetrages zu gleichen Teilen auf die Jahre bis zur Vollendung des 85. Lebensjahres verteilt wird (vgl. auch Beispiel unter Rz. 114c). 114m

Der Beginn der Auszahlungsphase ergibt sich grundsätzlich aus den vertraglichen Vereinbarungen. Er muss zwischen der Vollendung des 60. und des 68. Lebensjahres des Zulageberechtigten liegen (§ 92a Abs. 2 Satz 5 EStG). Der vereinbarte Zeitpunkt kann zwischen Anbieter und Zulageberechtigtem einvernehmlich bis zu Beginn der Auszahlungsphase geändert werden. Wird das Wohnförderkonto von der ZfA geführt (Rz. 114d), ist eine Änderung des Auszahlungsbeginns nicht möglich. Soweit der Vertrag keine anders lautende Vereinbarung enthält, gilt als Beginn der Auszahlungsphase die Vollendung des 67. Lebensjahres. 114n

Gibt der Zulageberechtigte die Selbstnutzung der geförderten Wohnung nicht nur vorübergehend auf (Rz. 162), ist das Wohnförderkonto aufzulösen. Dies gilt auch für den Fall der Aufgabe der Reinvestitionsabsicht im Sinne des § 92a Abs. 3 Satz 9 Nr. 1 und 2 in Verbindung mit Satz 10 EStG (vgl. Abschnitt IV). Gleiches gilt, wenn der Zulageberechtigte in der Auszahlungsphase stirbt und das Wohnförderkonto noch nicht vollständig zurückgeführt worden ist. Der Auflösungsbetrag (§ 92a Abs. 3 Satz 5 EStG) gilt im Zeitpunkt der Aufgabe der Selbstnutzung als Leistung im Sinne des § 22 Nr. 5 Satz 1 EStG (§ 22 Nr. 5 Satz 4 EStG). Im Falle des Todes des Zulageberechtigten ist der Auflösungsbetrag noch dem Erblasser zuzurechnen, so dass in dessen letzter Einkommensteuererklärung die nachgelagerte Besteuerung vorgenommen wird. 114o

Anstelle der sukzessiven Besteuerung durch Verminderung des Wohnförderkontos kann der Steuerpflichtige die einmalige Besteuerung wählen. Hierfür kann er verlangen, dass das Wohnförderkonto zu Beginn der Auszahlungsphase vollständig aufgelöst wird. Der Antrag ist beim Anbieter oder der ZfA, wenn diese das Wohnförderkonto führt, spätestens zu Beginn der Auszahlungsphase zu stellen. Ein späterer Antrag ist unbeachtlich. Im Fall eines wirksamen Antrages wird der Auflösungsbetrag (§ 92a Abs. 2 Satz 6 EStG) als der im Wohnförderkonto eingestellte Gesamtbetrag einschließlich des darin enthaltenen Erhöhungsbetrages zu 70 Prozent der Besteuerung unterworfen (§ 22 Nr. 5 Satz 5 EStG). 114p

Gibt der Zulageberechtigte die Selbstnutzung der geförderten Wohnung nach der Einmalbesteuerung innerhalb einer Frist von 20 Jahren nicht nur vorübergehend auf, ist der bisher noch nicht besteuerte Betrag gestaffelt nach der Haltedauer im Zeitpunkt der Aufgabe der Selbstnutzung eineinhalbfach (innerhalb eines Zeitraums von zehn Jahren ab Beginn der Auszahlungsphase) oder einfach (in den nachfolgenden zehn Jahren) mit dem individuellen Steuersatz der Besteuerung zu unterwerfen (§ 22 Nr. 5 Satz 6 EStG). Der Tod des Zulageberechtigten führt hingegen nicht zu einer nachgelagerten Besteuerung des noch nicht erfassten Betrages. 114q

Beispiel: 114r

Der Zulageberechtigte bestimmt zum Beginn der Auszahlungsphase, die am 1. Juli 2034 beginnt, die Auflösung des Wohnförderkontos. Bei einer Aufgabe der Selbstnutzung in der Zeit vom 1. Juli 2034 bis einschließlich 30. Juni 2044 ist der bisher noch nicht besteuerte Betrag mit dem Eineinhalbfachen der Besteuerung zu unterwerfen, in der Zeit vom 1. Juli 2044 bis einschließlich 30. Juni 2054 mit dem Einfachen.

7. Nachträgliche Änderung der Vertragsbedingungen

Erfüllt ein Altersvorsorgevertrag aufgrund nachträglicher Änderungen nicht mehr die Zertifizierungskriterien nach dem AltZertG, gilt im Zeitpunkt der Vertragsänderung das Altersvorsorgevermögen als zugeflossen. Wird bei einem Altersvorsorgevertrag nach § 1 Abs. 1a AltZertG das Darlehen nicht wohnungswirtschaftlich im Sinne des § 92a Abs. 1 Satz 1 EStG verwendet, erfolgt kein Zufluss, soweit das Altersvorsorgevermögen zuvor auf einen weiteren zertifizierten Vertrag übertragen wird. 114s

Soweit ungefördertes Altersvorsorgevermögen zufließt, gelten die Ausführungen in Rz. 109 bis 113. Soweit gefördertes Altersvorsorgevermögen zufließt, finden die Regelungen der schädlichen Verwendung Anwendung (vgl. Rz. 132 ff.). 114t

8. Provisionserstattungen bei geförderten Altersvorsorgeverträgen

Abschluss- und Vertriebskosten eines Altersvorsorgevertrages, die dem Steuerpflichtigen erstattet werden, unterliegen der Besteuerung nach § 22 Nr. 5 Satz 9 EStG unabhängig davon, 114u

ob der Erstattungsbetrag auf den Altersvorsorgevertrag eingezahlt oder an den Steuerpflichtigen ausgezahlt wird.

9. Bescheinigungspflicht des Anbieters

115 Nach § 22 Nr. 5 Satz **7** EStG hat der Anbieter beim erstmaligen Bezug von Leistungen sowie bei Änderung der im Kalenderjahr auszuzahlenden Leistungen dem Steuerpflichtigen nach amtlich vorgeschriebenem Vordruck den Betrag der im abgelaufenen Kalenderjahr zugeflossenen Leistungen zu bescheinigen. In dieser Bescheinigung sind die Leistungen entsprechend den Grundsätzen in Rz. 106 bis 114u gesondert auszuweisen.

III. Schädliche Verwendung von Altersvorsorgevermögen

1. Allgemeines

116 Nach den Regelungen des AltZertG darf Altersvorsorgevermögen nur wie folgt ausgezahlt werden:

frühestens

mit Vollendung des 60. Lebensjahres (bei nach dem 31. Dezember 2011 abgeschlossenen Verträgen grundsätzlich mit Vollendung des 62. Lebensjahres – § 14 Abs. **2** AltZertG)
oder

mit Beginn der Altersrente
- aus der gesetzlichen Rentenversicherung

oder
- nach dem Gesetz über die Alterssicherung der Landwirte

oder

mit Beginn einer Versorgung nach beamten- oder soldatenversorgungsrechtlichen Regelungen wegen Erreichens der Altersgrenze

in monatlichen Leistungen in Form

einer lebenslangen gleich bleibenden oder steigenden monatlichen Leibrente (§ 1 Abs. 1 Satz 1 Nr. 2 und 4 **Buchstabe a** AltZertG)
oder

eines Auszahlungsplans mit gleich bleibenden oder steigenden Raten und unmittelbar anschließender lebenslanger Teilkapitalverrentung **spätestens** ab dem 85. Lebensjahr **des Zulageberechtigten** (§ 1 Abs. 1 Satz 1 Nr. 4 **Buchstabe a** AltZertG)
oder

einer lebenslangen Verminderung des monatlichen Nutzungsentgeltes für eine vom Zulageberechtigten selbst genutzte Genossenschaftswohnung (§ 1 Abs. 1 Satz 1 Nr. 4 Buchstabe b AltZertG)
oder

einer zeitlich befristeten Verminderung des monatlichen Nutzungsentgeltes für eine vom Zulageberechtigten selbst genutzte Genossenschaftswohnung mit einer anschließenden Teilkapitalverrentung ab spätestens dem 85. Lebensjahr des Zulageberechtigten (§ 1 Abs. 1 Satz 1 Nr. 4 Buchstabe b AltZertG)
oder

einer Hinterbliebenenrente (§ 1 Abs. 1 Satz 1 Nr. 2 AltZertG)
oder

einer Rente wegen verminderter Erwerbsfähigkeit oder Dienstunfähigkeit (§ 1 Abs. 1 Satz 1 Nr. 2 AltZertG)

außerhalb der monatlichen Leistungen

in Form eines zusammengefassten Auszahlungsbetrags i.H.v. bis zu 12 Monatsleistungen (§ 1 Abs. 1 Satz 1 Nr. 4 AltZertG; dies gilt auch bei einer Hinterbliebenen- oder Erwerbsminderungsrente)
oder

die in der Auszahlungsphase angefallenen Zinsen und Erträge (§ 1 Abs. 1 Satz 1 Nr. 4 AltZertG)
oder

in Form einer Auszahlung zur Abfindung einer Kleinbetragsrente im Sinne des § 93 Abs. 3 EStG (§ 1 Abs. 1 Satz 1 Nr. 4 AltZertG; dies gilt auch bei einer Hinterbliebenen- oder Erwerbsminderungsrente); vgl. Rz. 118
oder

in Form einer einmaligen Teilkapitalauszahlung von bis zu 30 % des zu Beginn der Auszahlungsphase zur Verfügung stehenden Kapitals (§ 1 Abs. 1 Satz 1 Nr. 4 AltZertG); vgl. Rz. 127
oder

wenn der Vertrag im Verlauf der Ansparphase gekündigt und das gebildete geförderte Kapital auf einen anderen auf den Namen des Zulageberechtigten lautenden Altersvorsorgevertrag übertragen wird (§ 1 Abs. 1 Satz 1 Nr. 10 Buchstabe b AltZertG)
oder

wenn im Falle des Todes des Zulageberechtigten das geförderte Altersvorsorgevermögen auf einen auf den Namen des Ehegatten lautenden Altersvorsorgevertrag übertragen wird, wenn die Ehegatten im Zeitpunkt des Todes des Zulageberechtigten die Voraussetzungen des § 26 Abs. 1 EStG erfüllt haben
oder

im Verlauf der Ansparphase als Altersvorsorge-Eigenheimbetrag im Sinne des § 92a EStG (§ 1 Abs. 1 Satz 1 Nr. 10 Buchstabe c AltZertG).

Soweit der Vertrag Leistungen für den Fall der Erwerbsminderung oder eine Hinterbliebenenrente im Sinne des § 1 Abs. 1 Satz 1 Nr. 4 AltZertG vorsieht, dürfen diese im Versicherungsfall schon vor Erreichen der Altersgrenze zur Auszahlung kommen. 117

Eine Kleinbetragsrente nach § 93 Abs. 3 EStG liegt vor, wenn bei gleichmäßiger Verteilung des zu Beginn der Auszahlungsphase zur Verfügung stehenden geförderten Kapitals – einschließlich einer eventuellen Teilkapitalauszahlung – der Wert von 1 % der monatlichen Bezugsgröße (West) nach § 18 SGB IV nicht überschritten wird. Die monatliche Bezugsgröße zum 1. Januar 2008 beträgt 2 485 €, so dass im Jahr 2008 eine Kleinbetragsrente bei einem monatlichen Rentenbetrag von nicht mehr als 24,85 € vorliegt. Das geförderte Altersvorsorgevermögen von sämtlichen Verträgen bei einem Anbieter ist für die Berechnung zusammenzufassen. 118

Bestehen bei einem Anbieter mehrere Verträge, aus denen sich unterschiedliche Auszahlungstermine ergeben, liegt eine Kleinbetragsrente vor, wenn alle für die Altersversorgung zur Auszahlung kommenden Leistungen, die auf geförderten Altersvorsorgebeiträgen beruhen, den Wert von 1 % der monatlichen Bezugsgröße nach § 18 SGB IV nicht übersteigen. Stichtag für die Berechnung, ob die Voraussetzungen für das Vorliegen einer Kleinbetragsrente gegeben sind, ist der Tag des Beginns der Auszahlungsphase für den abzufindenden Vertrag. Bei Beginn der Auszahlung aus dem ersten Vertrag ist zu prognostizieren und festzuhalten, in welcher Höhe zukünftig Leistungen monatlich anfallen würden. Wird der Höchstwert nicht überschritten, liegen insgesamt Kleinbetragsrenten vor, die unschädlich abgefunden werden können. Wird der Höchstwert bei Auszahlung der weiteren Leistungen dennoch überschritten, z. B. wegen günstiger Konditionen am Kapitalmarkt, verbleibt es für die bereits abgefundenen Verträge bei der ursprünglichen Prognose; eine schädliche Verwendung tritt insoweit nicht ein. Für den bei Feststellung der Überschreitung des Höchstwerts zur Auszahlung anstehenden und alle weiteren Verträge mit späterem Auszahlungsbeginn kommt eine Abfindung nicht mehr in Betracht. 119

Für die Zusammenfassung (§ 93 Abs. 3 Satz 3 EStG) ist auf die sich aus der entsprechenden Absicherung des jeweiligen biometrischen Risikos ergebende Leistung abzustellen, wenn für dieses Risiko ein eigenes Deckungskapital gebildet wurde. Für die Prüfung, ob eine Kleinbetragsrente vorliegt, erfolgt die Zusammenfassung getrennt nach dem jeweils abgesicherten Risiko und dem jeweiligen Deckungskapital. In die Prüfung, ob eine Kleinbetragsrente vorliegt, sind nur die Leistungen einzubeziehen, die für den entsprechenden Versicherungsfall zur Auszahlung kommen. Eine nachträgliche Verschiebung von Deckungskapital mit dem Ziel, das Vorliegen der Voraussetzungen für eine Kleinbetragsrente herbeizuführen, ist nicht zulässig. 120

Für die Abfindung einer Altersrente kann eine solche Betrachtung erst zu Beginn der Auszahlungsphase dieser Rente vorgenommen werden. Dementsprechend ist die Auszahlung der Abfindung einer Kleinbetragsrente aus der Altersrente bereits vor Beginn der Auszahlungsphase eine schädliche Verwendung im Sinne des § 93 EStG. Bei Leistungen für den Fall der Erwerbsminderung oder bei Hinterbliebenenrenten im Sinne des § 1 Abs. 1 Satz 1 Nr. 4 AltZertG ist für den Beginn der Auszahlungsphase Rz. 117 zu beachten. 121

122 Geht nach der Auszahlung der Kleinbetragsrentenabfindung beim Anbieter eine Zulagenzahlung für den Anleger ein, hat dies keinen Einfluss auf das Vorliegen einer Kleinbetragsrente. Diese Zulage gehörte im Zeitpunkt des Beginns der Auszahlungsphase noch nicht zum zur Verfügung stehenden Altersvorsorgevermögen und ist daher nicht in die Berechnung des Höchstbetrages für die Kleinbetragsrentenabfindung einzubeziehen.

123 Die Zulage kann im Fall einer abgefundenen Altersrente vom Anbieter unmittelbar an den Zulageberechtigten weitergereicht werden. Sie ist in diesem Fall nicht in die Bescheinigung nach § 92 EStG als dem Vertrag gutgeschriebene Zulage aufzunehmen.

124 Zulagen, die nach der Auszahlung der Kleinbetragsrentenabfindung wegen Erwerbsminderung beim Anbieter eingehen, sind dem Altersvorsorgevertrag für die Alters- und ggf. Hinterbliebenenabsicherung gutzuschreiben und nicht unmittelbar an den Zulageberechtigten weiterzureichen.

125 Wird eine Hinterbliebenenrente aus einer zusätzlichen Hinterbliebenenrisikoabsicherung ohne Kapitalbildung gezahlt oder als Kleinbetragsrente abgefunden, darf eine nach dem Beginn der Auszahlungsphase für diese Hinterbliebenenrisikorente ermittelte Zulage nicht mehr an den/die Hinterbliebenen ausgezahlt werden. Sie fällt dem bisherigen Altersvorsorgekapital zu.

126 Etwas anderes gilt für den Teil der Zulagen, der auf nach § 1 Abs. 1 Nr. 2 AltZertG angespartes gefördertes Altersvorsorgevermögen entfällt, das in Form einer Hinterbliebenenrente oder Abfindung einer Hinterbliebenenkleinbetragsrente an die in § 1 Abs. 1 Nr. 2 AltZertG genannten Hinterbliebenen ausgezahlt wird (d. h., für die Hinterbliebenenrente wird das bei Risikoeintritt vorhandene Kapital eingesetzt). Dieser Teil der Zulagen darf nach Beginn der Auszahlungsphase der Hinterbliebenenrente(n) an den/die Hinterbliebenen weitergereicht werden.

127 Die Entnahme des Teilkapitalbetrags von bis zu 30 % des zur Verfügung stehenden Kapitals aus dem Vertrag hat zu Beginn der Auszahlungsphase zu erfolgen. Eine Verteilung über mehrere Auszahlungszeitpunkte ist nicht möglich.

128 Soweit gefördertes Altersvorsorgevermögen nicht diesen gesetzlichen Regelungen entsprechend ausgezahlt wird, liegt eine schädliche Verwendung (§ 93 EStG) vor.

128a **Erfolgt die Auszahlung des geförderten Altersvorsorgevermögens abweichend von den in Rz. 116 aufgeführten Möglichkeiten in Raten, z. B. als Rentenzahlung im Rahmen einer vereinbarten Rentengarantiezeit im Falle des Todes des Zulageberechtigten, so stellt jede Teilauszahlung eine anteilige schädliche Verwendung dar.**

129 Wird nicht gefördertes Altersvorsorgevermögen (zur Abgrenzung von geförderten und nicht geförderten Beiträgen vgl. Rz. 99 ff.) abweichend von den in Rz. 116 aufgeführten Möglichkeiten verwendet, liegt keine schädliche Verwendung vor (Rz. 149 f.).

130 Die Übertragung von gefördertem Altersvorsorgevermögen auf einen anderen auf den Namen des Zulageberechtigten lautenden Altersvorsorgevertrag oder im Falle des Todes des Zulageberechtigten auf einen auf den Namen des Ehegatten lautenden Altersvorsorgevertrag führt nicht zu steuerpflichtigen Einnahmen. Dies gilt auch für das gleichzeitig mit übertragene nicht geförderte Altersvorsorgevermögen.

2. Auszahlung von gefördertem Altersvorsorgevermögen

a) Möglichkeiten der schädlichen Verwendung

131 Eine schädliche Verwendung von gefördertem Altersvorsorgevermögen liegt beispielsweise in folgenden Fällen vor:

- (Teil-)Kapitalauszahlung aus einem geförderten Altersvorsorgevertrag an den Zulageberechtigten während der Ansparphase oder nach Beginn der Auszahlungsphase (§ 93 Abs. 1 Satz 1 und 2 EStG), soweit das Kapital nicht als Altersvorsorge-Eigenheimbetrag (§ 1 Abs. 1 Satz 1 Nr. 10 Buchstabe c AltZertG i. V. m. § 93 Abs. 1 Satz 1 EStG), im Rahmen einer Rente oder eines Auszahlungsplans im Sinne des § 1 Abs. 1 Satz 1 Nr. 4 AltZertG oder als Abfindung einer Kleinbetragsrente ausgezahlt wird; zu Heilungsmöglichkeiten im Fall der Ehescheidung vgl. § 93 Abs. 1a EStG;
- Weiterzahlung der Raten oder Renten aus gefördertem Altersvorsorgevermögen an die Erben im Fall des Todes des Zulageberechtigten nach Beginn der Auszahlungsphase (§ 93 Abs. 1 Satz 2 EStG), sofern es sich nicht um eine Hinterbliebenenversorgung im Sinne des § 1 Abs. 1 Satz 1 Nr. 2 AltZertG handelt (§ 93 Abs. 1 Satz 3 Buchstabe a EStG); zu Heilungsmöglichkeiten für den überlebenden Ehegatten vgl. Rz. 145 ff.;

– (Teil-)Kapitalauszahlung aus gefördertem Altersvorsorgevermögen im Fall des Todes des Zulageberechtigten an die Erben (§ 93 Abs. 1 Satz **2** EStG; zu Heilungsmöglichkeiten für den überlebenden Ehegatten vgl. Rz. 145 ff.).

b) Folgen der schädlichen Verwendung

aa) Rückzahlung der Förderung

Liegt eine schädliche Verwendung von gefördertem Altersvorsorgevermögen vor, sind die darauf entfallenden während der Ansparphase gewährten Altersvorsorgezulagen und die nach § 10a Abs. 4 EStG gesondert festgestellten Steuerermäßigungen zurückzuzahlen (Rückzahlungsbetrag § 94 Abs. 1 EStG; vgl. Beispiel in Rz. 141). Der Anbieter darf Kosten und Gebühren, die durch die schädliche Verwendung entstehen (z. B. Kosten für die Vertragsbeendigung), nicht mit diesem Rückzahlungsbetrag verrechnen. 132

Wurde für ein Beitragsjahr bereits eine Zulage zugunsten eines Vertrages ausgezahlt, dessen steuerlich gefördertes Altersvorsorgevermögen anschließend schädlich verwendet wird, und gehen während der Antragsfrist noch weitere Zulageanträge für zugunsten anderer Verträge geleistete Beiträge ein, so werden neben dem Antrag zu dem zwischenzeitlich schädlich verwendeten Vertrag alle für dieses Beitragsjahr eingehenden rechtswirksamen Zulageanträge in die Zulageermittlung nach den Verteilungsvorschriften gem. §§ 87 Abs. 1 und 89 Abs. 1 Satz 3 EStG einbezogen. 133

Eine Rückzahlungsverpflichtung besteht nicht für den Teil der Zulagen, der auf nach § 1 Abs. 1 Nr. 2 AltZertG angespartes gefördertes Altersvorsorgevermögen entfällt, wenn es in Form einer Hinterbliebenenrente an die dort genannten Hinterbliebenen ausgezahlt wird. Dies gilt auch für den entsprechenden Teil der Steuerermäßigung. 134

Im Fall der schädlichen Verwendung besteht ebenfalls keine Rückzahlungsverpflichtung für den Teil der Zulagen oder der Steuerermäßigung, der den Beitragsanteilen zuzuordnen ist, die für die Absicherung der verminderten Erwerbsfähigkeit und einer zusätzlichen Hinterbliebenenabsicherung ohne Kapitalbildung eingesetzt worden sind. 135

Für den Fall der schädlichen Verwendung sowie für die Beitragszusage nach § 1 Abs. 1 Nr. 3 AltZertG ist zu beachten, dass nach dem Beginn der Auszahlungsphase einer Rente wegen Erwerbsminderung oder einer Abfindung einer Kleinbetragsrente wegen Erwerbsminderung keine Beitragsanteile mehr der Absicherung der verminderten Erwerbsfähigkeit zuzuordnen sind. 136

Eine Rückzahlungsverpflichtung entfällt ebenfalls, soweit im Rahmen der Regelung der Scheidungsfolgen eine Übertragung oder Abtretung des geförderten Altersvorsorgevermögens auf einen Altersvorsorgevertrag des ausgleichsberechtigten Ehegatten, eine Übertragung zu Lasten des geförderten Vertrages mit einem öffentlich-rechtlichen Versorgungsträger für den ausgleichsberechtigten Ehegatten Rentenanwartschaften in der gesetzlichen Rentenversicherung begründet werden oder das Kapital aus einem geförderten Vertrag entnommen und von dem ausgleichsberechtigten Ehegatten unmittelbar auf einen auf seinen Namen lautenden Altersvorsorgevertrag eingezahlt wird. Eine unmittelbare Einzahlung liegt nur bei direkter Überweisung durch den bisherigen Anbieter vor. Die Rückzahlungsverpflichtung tritt aber seitens des ausgleichsberechtigten früheren Ehegatten ein, wenn er dieses Altersvorsorgevermögen später schädlich verwendet. Im Falle der Begründung einer Rentenanwartschaft in der gesetzlichen Rentenversicherung kann eine schädliche Verwendung allerdings nicht eintreten. 137

Die Rückforderung erfolgt sowohl für die Zulagen als auch für die gesondert festgestellten Steuerermäßigungen durch die ZfA. Die Rückforderung zieht keine Änderung von Einkommensteuer- oder Feststellungsbescheiden im Sinne des § 10a Abs. 4 EStG nach sich. 138

Verstirbt der Zulageberechtigte und wird steuerlich gefördertes Altersvorsorgevermögen schädlich verwendet (Rz. 131), hat die Rückzahlung (Rz. 132) vor der Auszahlung des Altervorsorgevermögens an die Erben oder Vermächtnisnehmer zu erfolgen. 139

bb) Besteuerung nach § 22 Nr. 5 Satz 3 EStG

§ 22 Nr. 5 Satz **3** EStG regelt die Besteuerung in den Fällen, in denen das ausgezahlte geförderte Altersvorsorgevermögen steuerschädlich verwendet wird (§ 93 EStG). Der Umfang der steuerlichen Erfassung richtet sich insoweit nach der Art der ausgezahlten Leistung (§ 22 Nr. 5 Satz 2 EStG). Hierbei sind Rz. 109 bis 114 zu beachten. Als ausgezahlte Leistung im Sinne des § 22 Nr. 5 Satz 2 EStG gilt das geförderte Altersvorsorgevermögen nach Abzug der Zulagen im Sinne des Abschnitts XI EStG. Die insoweit nach § 10a Abs. 4 EStG gesondert festgestellten, zurückgezahlten Beträge sind nicht in Abzug zu bringen. 140

141 **Beispiel:**

Der 50-jährige Steuerpflichtige hat zugunsten eines Altersvorsorgevertrags ausschließlich geförderte Beiträge (insgesamt 38 000 €) eingezahlt. Zum Zeitpunkt der schädlichen Verwendung (Kapitalauszahlung aus einem zertifizierten Banksparplan) beträgt das Altersvorsorgevermögen 55 000 €. Dem Altersvorsorgevertrag wurden Zulagen i.H.v. insgesamt 3 080 € gutgeschrieben. Die Steuerermäßigungen nach § 10a EStG wurden i.H.v. 5 000 € festgestellt.

Zur Auszahlung gelangen:

Altersvorsorgevermögen	55 000 €
abzüglich Zulagen	3 080 €
abzüglich Steuervorteil	5 000 €
=	46 920 €
Betrag nach § 22 Nr. 5 Satz 3 EStG	
Altersvorsorgevermögen	55 000 €
abzüglich Zulagen	3 080 €
=	51 920 €
Auf diesen Betrag ist § 22 Nr. 5 Satz 2 Buchstabe c EStG anzuwenden.	
maßgebender Betrag	51 920 €
abzüglich Eigenbeiträge	38 000 €
	13 920 €

Nach § 22 Nr. 5 Satz 2 Buchstabe c EStG sind 13 920 € zu versteuern.

142 Verstirbt der Zulageberechtigte und wird steuerlich gefördertes Altersvorsorgevermögen außerhalb einer zulässigen Hinterbliebenenabsicherung an die Erben ausgezahlt, sind die bis zum Todestag entstandenen Erträge dem Erblasser zuzurechnen. Die nach dem Todeszeitpunkt entstehenden Erträge sind von den Erben zu versteuern.

143 Abwandlung des Beispiels zu Rz. 141.

Der 60-jährige Steuerpflichtige hat zugunsten eines Altersvorsorgevertrags (zertifizierter Banksparplan) ausschließlich geförderte Beiträge (insgesamt 38 000 €) eingezahlt. Dem Altersvorsorgevertrag wurden Zulagen i.H.v. insgesamt 3 080 € gutgeschrieben. Die Steuerermäßigungen nach § 10a EStG wurden i.H.v. 5 000 € festgestellt. Bevor die Auszahlung beginnt, verstirbt er. Im Zeitpunkt seines Todes beträgt das angesparte Altersvorsorgevermögen 55 000 €. Bis es im Wege der Einmalkapitalauszahlung zur Auszahlung des Altersvorsorgevermögens an die Tochter kommt, beträgt das Vermögen 55 500 €.

Zur Auszahlung gelangen:

Altersvorsorgevermögen	55 500 €
abzüglich Zulagen	3 080 €
abzüglich Steuervorteil	5 000 €
=	47 420 €
Betrag nach § 22 Nr. 5 Satz 3 EStG beim Steuerpflichtigen	
Altersvorsorgevermögen im Todeszeitpunkt	55 000 €
abzüglich Zulagen	3 080 €
=	51 920 €
Auf diesen Betrag ist § 22 Nr. 5 Satz 2 Buchstabe c EStG anzuwenden.	
maßgebender Betrag	51 920 €
abzüglich Eigenbeiträge	38 000 €
Unterschiedsbetrag	13 920 €
davon zu versteuern 50 %	6 960 €

Nach § 22 Nr. 5 Satz 2 Buchstabe c EStG sind beim Steuerpflichtigen 6 960 € zu versteuern.

Bei der Tochter unterliegen 500 € der Besteuerung nach § 22 Nr. 5 Satz 3 i. V. m. Satz 2 Buchstabe c EStG.

Die als Einkünfte nach § 22 Nr. 5 Satz 3 EStG i. V. m. § 22 Nr. 5 Satz 2 EStG zu besteuernden Beträge muss der Anbieter gem. § 94 Abs. 1 Satz 4 EStG dem Zulageberechtigten bescheinigen und im Wege des Rentenbezugsmitteilungsverfahrens (§ 22a EStG) mitteilen. Ergeben sich insoweit steuerpflichtige Einkünfte nach § 22 Nr. 5 Satz 3 EStG für einen anderen Leistungsempfänger (z. B. Erben), ist für diesen eine entsprechende Rentenbezugsmitteilung der ZfA zu übermitteln. 144

c) Übertragung begünstigten Altersvorsorgevermögens auf den überlebenden Ehegatten

Haben die Ehegatten im Zeitpunkt des Todes des Zulageberechtigten die Voraussetzungen für eine Ehegatten-Veranlagung nach § 26 Abs. 1 EStG erfüllt, treten die Folgen der schädlichen Verwendung nicht ein, wenn das geförderte Altersvorsorgevermögen des verstorbenen Ehegatten zugunsten eines auf den Namen des überlebenden Ehegatten lautenden zertifizierten Altersvorsorgevertrags übertragen wird (§ 93 Abs. 1 Satz 3 Buchstabe c EStG). Eine solche Übertragung kann beispielsweise durch Abtretung eines Auszahlungsanspruchs erfolgen. Es ist unerheblich, ob der Vertrag des überlebenden Ehegatten bereits bestand oder im Zuge der Kapitalübertragung neu abgeschlossen wird und ob der überlebende Ehegatte selbst zum begünstigten Personenkreis gehört oder nicht. Die Auszahlung von Leistungen aus diesem Altersvorsorgevertrag richtet sich nach § 1 Abs. 1 AltZertG. 145

Hat der verstorbene Ehegatte einen Altersvorsorgevertrag mit einer Rentengarantiezeit abgeschlossen, treten die Folgen einer schädlichen Verwendung auch dann nicht ein, wenn die jeweiligen Rentengarantieleistungen fortlaufend mit dem jeweiligen Auszahlungsanspruch und nicht kapitalisiert unmittelbar zugunsten eines zertifizierten Altersvorsorgevertrags des überlebenden Ehegatten übertragen werden. Im Fall der Kapitalisierung des Auszahlungsanspruchs gilt Rz. 145 entsprechend. 146

Steht das Altersvorsorgevermögen nicht dem überlebenden Ehegatten allein zu, sondern beispielsweise einer aus dem überlebenden Ehegatten und den Kindern bestehenden Erbengemeinschaft, treten ebenfalls die in Rz. 145 genannten Rechtsfolgen ein, wenn das gesamte geförderte Altersvorsorgevermögen zugunsten eines auf den Namen des überlebenden Ehegatten lautenden zertifizierten Altersvorsorgevertrags übertragen wird. Es ist unschädlich, wenn die übrigen Erben für den über die Erbquote des überlebenden Ehegatten hinausgehenden Kapitalanteil einen Ausgleich erhalten. Satz 1 und 2 gelten entsprechend, wenn Rentengarantieleistungen im Sinne der Rz. 146 der Erbengemeinschaft zustehen und diese unmittelbar mit dem jeweiligen Auszahlungsanspruch zugunsten eines zertifizierten Altersvorsorgevertrags des überlebenden Ehegatten übertragen werden. 147

Die Verwendung des geförderten geerbten Altersvorsorgevermögens zur Begleichung der durch den Erbfall entstehenden Erbschaftsteuer stellt auch beim überlebenden Ehegatten eine schädliche Verwendung dar. 148

3. Auszahlung von nicht gefördertem Altersvorsorgevermögen

Die Auszahlung von Altersvorsorgevermögen, das aus nicht geförderten Beiträgen (vgl. Rz. 102 ff.) stammt, stellt keine schädliche Verwendung im Sinne von § 93 EStG dar. Bei Teilauszahlungen aus einem zertifizierten Altersvorsorgevertrag gilt das nicht geförderte Kapital als zuerst ausgezahlt (Meistbegünstigung). 149

Beispiel: 150

A, ledig, hat (ab 2008) über 20 Jahre jährlich (einschließlich der Grundzulage von 154 €) 2 100 € geförderte Beiträge zugunsten eines Fondssparplans eingezahlt. Zusätzlich hat er jährlich 500 € nicht geförderte Beiträge geleistet. Zusätzlich zur Zulage von 3 080 € hat A über die gesamte Ansparphase insgesamt einen – gesondert festgestellten – Steuervorteil i.H.v. 12 500 € erhalten (§ 10a EStG). Am 31. Dezember 2027 beträgt das Kapital, das aus nicht geförderten Beiträgen besteht, 14 000 €. A entnimmt einen Betrag von 12 000 €.

Nach Rz. 149 ist davon auszugehen, dass A das nicht geförderte Altersvorsorgevermögen entnommen hat. Aus diesem Grund kommt es nicht zur Rückforderung der gewährten Zulagen und Steuerermäßigungen. Allerdings hat A nach § 22 Nr. 5 Satz 2 Buchstabe c EStG den Unterschiedsbetrag zwischen der Leistung (Auszahlung) und der Summe der auf sie entrichteten Beiträge zu versteuern.

4. Beendigung der unbeschränkten Steuerpflicht

151 In den Fällen der Beendigung der unbeschränkten Einkommensteuerpflicht treten grundsätzlich die Folgen der schädlichen Verwendung ein, unabhängig davon, ob es zur Auszahlung aus dem Altersvorsorgevertrag kommt oder nicht. Eine Beendigung der unbeschränkten Einkommensteuerpflicht nach Satz 1 liegt nicht vor, wenn der Steuerpflichtige weiterhin auf Antrag der unbeschränkten Einkommensteuerpflicht unterliegt (§ 1 Abs. 3 EStG).

152 Auf Antrag des Zulageberechtigten wird der Rückzahlungsbetrag (Zulagen und Steuerermäßigungen) allerdings bis zum Beginn der Auszahlungsphase gestundet, wenn keine vorzeitige Auszahlung von gefördertem Altersvorsorgevermögen erfolgt (§ 95 Abs. 2 EStG). Bei Beginn der Auszahlungsphase ist die Stundung auf Antrag des Zulageberechtigten zu verlängern, wenn der Rückzahlungsbetrag mit mindestens 15 % der Leistungen aus dem Altersvorsorgevertrag getilgt wird. Eine Stundung kann innerhalb eines Jahres nach Erteilung der Bescheinigung nach § 92 EStG für das Jahr, in dem die Voraussetzungen des § 95 Abs. 1 EStG eingetreten sind, beim Anbieter beantragt werden. Beantragt der Zulageberechtigte eine Stundung innerhalb der Jahresfrist, aber erst nach Zahlung des Rückzahlungsbetrages, ist ein Bescheid über die Stundung eines Rückzahlungsbetrages zu erlassen und der maschinell einbehaltene und abgeführte Rückzahlungsbetrag rückabzuwickeln.

153 **Beispiel:**

Aufgabe des inländischen Wohnsitzes am 31. 12. 2008
Beginn der Auszahlungsphase am 1. 2. 2010
Das Altersvorsorgevermögen wird nicht vorzeitig ausgezahlt.
Summe der zurückzuzahlenden Zulagen und Steuervorteile: 1 500 €
Monatliche Leistung aus dem Altersvorsorgevertrag ab 1. 2. 2010: 100 €
Der Rückzahlungsbetrag i.H.v. 1 500 € ist bis zum 1. Februar 2010 (zins- und tilgungsfrei) zu stunden. Die Stundung ist zu verlängern, wenn der Rückzahlungsbetrag vom 1. Februar 2010 an mit 15 € pro Monat getilgt wird.

154 Rz. 152 ist sinngemäß anzuwenden, wenn die unbeschränkte Einkommensteuerpflicht des Zulageberechtigten nach Beginn der Auszahlungsphase endet.

IV. Altersvorsorge-Eigenheimbetrag und Tilgungsförderung für eine wohnungswirtschaftliche Verwendung

1. Allgemeines

155 Die Auszahlung eines Altersvorsorge-Eigenheimbetrages ist nur aus einem zertifizierten Altersvorsorgevertrag **und die Tilgungsförderung nur bei Zahlung von Tilgungsleistungen auf einen zertifizierten Altersvorsorgevertrag** möglich. Für den Bereich der betrieblichen Altersversorgung **sind** diese **Möglichkeiten** gesetzlich nicht vorgesehen. Dies gilt auch, wenn das Altersvorsorgevermögen aus Beiträgen im Sinne des § 82 Abs. 2 EStG gebildet worden ist.

156 **Die Einschränkung der Entnahmemöglichkeit nach § 92a Abs. 1 Satz 1 EStG (bis zu 75 Prozent oder zu 100 Prozent) sowie die für vor dem 1. Januar 2008 abgeschlossene Verträge geltende Übergangsregelung für die Jahre 2008 und 2009 (mindestens 10 000 €)** bezieht sich nur auf das nach § 10a oder Abschnitt XI EStG geförderte Altersvorsorgevermögen einschließlich der erwirtschafteten Erträge, Wertsteigerungen und Zulagen. **Der Altersvorsorgevertrag darf vorsehen, dass nur eine vollständige Auszahlung des gebildeten Kapitals für eine Verwendung im Sinne des § 92a EStG verlangt werden kann. Nicht gefördertes Kapital kann unbegrenzt ausgezahlt werden, wenn der Vertrag dies zulässt; insoweit sind die in der Auszahlung enthaltenen Erträge im Rahmen des § 22 Nr. 5 Satz 2 EStG zu besteuern.**

2. Zulageberechtigter als Entnahmeberechtigter

156a **Entnahmeberechtigt im Sinne des § 92a Abs. 1 Satz 1 EStG sind unbeschränkt steuerpflichtige Personen, die in einem Altersvorsorgevertrag Altersvorsorgevermögen gebildet haben, das nach § 10a oder Abschnitt XI EStG gefördert wurde. Eine Zulageberechtigung nach § 79 EStG muss im Zeitpunkt der Entnahme und der wohnungswirtschaftlichen Verwendung nicht bestehen.**

3. Entnehmbare Beträge

156b **Der Altersvorsorge-Eigenheimbetrag oder die Summe der Altersvorsorge-Eigenheimbeträge darf die Herstellungs- oder Anschaffungskosten der Wohnung inklusive der Anschaffungsnebenkosten (z. B. Notargebühren, Grunderwerbsteuer) zuzüglich der Anschaffungskosten für den dazugehörenden Grund und Boden nicht überschreiten (vgl. Rz. 158a).**

Hat der Zulageberechtigte mehrere Altersvorsorgeverträge, kann er die Entnahmemöglichkeit für jeden dieser Verträge nutzen. Dabei muss der Zeitpunkt der Entnahme aus den einzelnen Verträgen nicht identisch sein. Es ist auch eine mehrmalige Entnahme aus demselben Vertrag zulässig. Jede Entnahme muss jedoch unmittelbar mit einer wohnungswirtschaftlichen Verwendung nach § 92a Abs. 1 Satz 1 EStG zusammenhängen. 156c

Hat der Zulageberechtigte 100 Prozent des geförderten Altersvorsorgevermögens entnommen, gehören auch die Zulagen, die nach erfolgter Entnahme für die entnommenen Beiträge noch auf den Altersvorsorgevertrag ausgezahlt werden, zum entnehmbaren Betrag. Dies gilt auch dann, wenn die Auszahlung dieser Zulagen nicht mehr im unmittelbar zeitlichen Zusammenhang mit der wohnungswirtschaftlichen Verwendung steht. 156d

4. Begünstigte Verwendung (§ 92a Abs. 1 EStG)

Für den Altersvorsorge-Eigenheimbetrag sieht der Gesetzgeber drei verschiedene Verwendungsarten vor: 157

- bis zum Beginn der Auszahlungsphase unmittelbar für die Anschaffung oder Herstellung einer Wohnung (§ 92a Abs. 1 Satz 1 Nr. 1 EStG)
- zu Beginn der Auszahlungsphase zur Entschuldung einer Wohnung (§ 92a Abs. 1 Satz 1 Nr. 2 EStG) und
- ohne zeitliche Beschränkung jederzeit für den Erwerb von Geschäftsanteilen (Pflichtanteilen) an einer eingetragenen Genossenschaft für die Selbstnutzung einer Genossenschaftswohnung (§ 92a Abs. 1 Satz 1 Nr. 3 EStG).

Andere Verwendungsarten sieht das Gesetz nicht vor.

a) Unmittelbare Anschaffung oder Herstellung

Der Entnahmevorgang und die Anschaffung/Herstellung der Wohnung müssen in einem unmittelbaren zeitlichen Zusammenhang erfolgen. Davon ist auszugehen, wenn innerhalb von einem Monat vor Antragstellung bei der ZfA und bis zwölf Monate nach Auszahlung entsprechende Aufwendungen für die Anschaffung/Herstellung entstanden sind. Aufwendungen, für die der Zulageberechtigte bereits eine vertragsmäßige Verwendung im Sinne des WoPG erklärt hat, bleiben unberücksichtigt. 157a

Der Antrag nach § 92b Abs. 1 EStG ist unter Vorlage der notwendigen Nachweise vom Zulageberechtigten bei der ZfA zu stellen. Der Zulageberechtigte kann den Anbieter hierzu bevollmächtigen. Im Rahmen eines einheitlichen Vertrages nach § 1 Abs. 1a AltZertG ist nicht zu beanstanden, wenn der Anbieter die für die Prüfung der Entnahmevoraussetzungen erforderlichen Daten an die ZfA übermittelt und das Vorliegen der den Daten zugrunde liegenden Nachweise bestätigt. 157b

b) Entschuldung

Eine weitere begünstigte Verwendung für den Altersvorsorge-Eigenheimbetrag ist die Ablösung eines für die Anschaffung oder Herstellung der selbst genutzten Wohnung eingesetzten Darlehens (Entschuldung); auf den Anschaffungs-/Herstellungszeitpunkt kommt es insoweit nicht an. Eine Entschuldung ist nur zu Beginn der Auszahlungsphase möglich. Zu diesem Zeitpunkt muss eine Selbstnutzung vorliegen, eine vorangegangene Vermietung ist unerheblich. Der Beginn der Auszahlungsphase und damit der Entnahmemöglichkeit bestimmt sich aus dem Altersvorsorgevertrag, aus dem die Entnahme erfolgen soll. Im Zeitpunkt der Entnahme für die Entschuldung beginnt gleichzeitig die Besteuerung des entsprechenden Wohnförderkontos. Rz. 157b Satz 1 und 2 gelten entsprechend. 157c

c) Genossenschaftsanteile

Eine weitere begünstigte Verwendung für den Altersvorsorge-Eigenheimbetrag ist – ohne zeitliche Beschränkung – der Erwerb von Geschäftsanteilen (Pflichtanteilen) an einer eingetragenen Genossenschaft für die Selbstnutzung einer Genossenschaftswohnung (§ 92a Abs. 1 Satz 1 Nr. 3 EStG). Der Pflichtanteil ist der Anteil, den der Zulageberechtigte erwerben muss, um eine Genossenschaftswohnung selbst beziehen zu können. Hiervon abzugrenzen ist der Erwerb von weiteren Geschäftsanteilen an einer eingetragenen Genossenschaft. 157d

Die Wohnungsgenossenschaft muss in diesen Fällen nicht die im AltZertG genannten Voraussetzungen für das Anbieten von Altersvorsorgeverträgen erfüllen, da eine entsprechende 157e

Bezugnahme in § 92a Abs. 1 Satz 1 Nr. 3 EStG fehlt. Erforderlich ist lediglich, dass es sich um eine in das Genossenschaftsregister eingetragene Genossenschaft handelt.

157f **Rz. 157b Satz 1 und 2 gelten entsprechend.**

5. Begünstigte Wohnung

158 **Als begünstigte Wohnung zählt**

- **eine Wohnung in einem eigenen Haus (dies kann auch ein Mehrfamilienhaus sein),**
- **eine eigene Eigentumswohnung,**
- **eine Genossenschaftswohnung einer in das Genossenschaftsregister eingetragenen Genossenschaft oder**
- **ein eigentumsähnliches oder lebenslanges Dauerwohnrecht.**

Die Wohnung muss in Deutschland liegen, mit Beginn der Selbstnutzung die Hauptwohnung oder den Mittelpunkt der Lebensinteressen des Zulageberechtigten darstellen. Nicht begünstigt sind somit Ferien- oder Wochenendwohnungen.

158a **Der Zulageberechtigte muss wirtschaftlicher Eigentümer (§ 39 Abs. 2 Nr. 1 Satz 1 AO) der begünstigten Wohnung sein. Er muss nicht Alleineigentümer der Wohnung werden, ein Miteigentumsanteil ist grundsätzlich ausreichend. Die Höhe des Eigentumsanteils ist insoweit von nachrangiger Bedeutung. Der Entnahmebetrag darf jedoch die Anschaffungs-/Herstellungskosten des Miteigentumsanteils nicht übersteigen.**

158b **Im Fall der Entschuldung gilt Rz. 158a sinngemäß mit der Maßgabe, dass der Entnahmebetrag auf die Höhe der auf den Miteigentumsanteil entfallenden originären Anschaffungs-/Herstellungskosten beschränkt ist. Sind Ehegatten gesamtschuldnerische Darlehensnehmer, kann der Zulageberechtigte das Darlehen bis zur Höhe seiner anteiligen Anschaffungs-/Herstellungskosten ablösen.**

158c **Der Erwerb eines eigentumsähnlichen (unbefristeten und vererbbaren) oder lebenslangen (befristeten und nicht vererbbaren) Dauerwohnrechts nach § 33 Wohneigentumsgesetz wird bei der Verwendung des Altersvorsorge-Eigenheimbetrags dem Wohneigentum gleichgestellt. Voraussetzung hierfür ist, dass Vereinbarungen im Sinne des § 39 Wohnungseigentumsgesetz getroffen werden, die den Fortbestand des Dauerwohnrechts auch im Falle einer Zwangsversteigerung sicherstellen.**

158d **Für den Begriff der Wohnung gelten die bewertungsrechtlichen Abgrenzungsmerkmale, die nach der Rechtsprechung des Bundesfinanzhofs, insbesondere zur Abgeschlossenheit und zum eigenen Zugang, maßgebend sind. Auf die Art des Gebäudes, in dem sich die Wohnung befindet, kommt es nicht an.**

6. Anschaffung oder Herstellung

159 **Es gelten die allgemeinen einkommensteuerlichen Grundsätze zur Anschaffung oder Herstellung.**

7. Selbstnutzung

160 **Eine Wohnung wird nur zu Wohnzwecken genutzt, wenn sie tatsächlich bewohnt wird. Der Zulageberechtigte muss nicht Alleinnutzer der Wohnung sein. Ein Ehegatte nutzt eine ihm gehörende Wohnung, die er zusammen mit dem anderen Ehegatten bewohnt, auch dann zu eigenen Wohnzwecken, wenn der andere Ehegatte ein Wohnrecht an der gesamten Wohnung hat. Eine Nutzung zu eigenen Wohnzwecken liegt regelmäßig auch vor, wenn die Wohnung in der Form des betreuten Wohnens genutzt wird.**

161 Eine Wohnung im eigenen Haus oder eine Eigentumswohnung dient nicht eigenen Wohnzwecken, wenn sie in vollem Umfang betrieblich oder beruflich genutzt oder unentgeltlich überlassen wird. Die unentgeltliche Überlassung an Angehörige im Sinne des § 15 AO dient ebenfalls nicht den eigenen Wohnzwecken des Zulageberechtigten.

161a **Dient die Wohnung teilweise beruflichen oder betrieblichen Zwecken, liegt insoweit keine Nutzung zu eigenen Wohnzwecken vor.**

8. Aufgabe der Selbstnutzung der eigenen Wohnung

162 **Die Auflösung des Wohnförderkontos und Besteuerung des Auflösungsbetrags erfolgt, wenn der Zulageberechtigte die Selbstnutzung der geförderten Wohnung nicht nur vorübergehend**

oder das Eigentum an der geförderten Wohnung vollständig aufgibt. Bei anteiliger Aufgabe des Eigentums erfolgt die Auflösung des Wohnförderkontos und die Besteuerung des Auflösungsbetrags, soweit der Stand des Wohnförderkontos die auf den verbleibenden Miteigentumsanteil entfallenden originären Anschaffungs-/Herstellungskosten übersteigt. Von einer nur vorübergehenden Aufgabe der Selbstnutzung kann nach Würdigung des Einzelfalls bei einem Zeitraum von bis zu einem Jahr ausgegangen werden.

Sofern das Wohnförderkonto noch nicht vollständig zurückgeführt ist, hat der Zulageberechtigte dem Anbieter, der das Wohnförderkonto führt, unverzüglich den Zeitpunkt der Aufgabe der Selbstnutzung oder des Eigentumsübergangs mitzuteilen. Führt die ZfA das Wohnförderkonto, hat der Zulageberechtigte die ZfA direkt zu informieren. Im Fall des Todes des Zulageberechtigten besteht diese Mitteilungspflicht für den Rechtsnachfolger. 163

Eine Auflösung des Wohnförderkontos in den Fällen der Rz. 162 unterbleibt, 164

a) wenn der Zulageberechtigte einen Betrag in Höhe des Stands des Wohnförderkontos innerhalb eines Jahres vor und von vier Jahren nach Ablauf des Veranlagungszeitraums, in dem die Nutzung zu eigenen Wohnzwecken aufgegeben wurde, für eine weitere förderbare Wohnung verwendet (§ 92a Abs. 3 Satz 9 Nr. 1 EStG). In diesem Fall hat der Zulageberechtigte dem Anbieter seine Absicht, in eine weitere selbst genutzte eigene Wohnimmobilie zu investieren, mitzuteilen; führt die ZfA das Wohnförderkonto, so hat er die ZfA zu informieren. Gibt er die Reinvestitionsabsicht auf, erfolgt zu diesem Zeitpunkt die Auflösung des Wohnförderkontos und Besteuerung des Auflösungsbetrags;

b) wenn der Zulageberechtigte innerhalb eines Jahres nach Ablauf des Veranlagungszeitraums, in dem die Nutzung zu eigenen Wohnzwecken aufgegeben wurde, einen Betrag in Höhe des Stands des Wohnförderkontos auf einen auf seinen Namen lautenden Altersvorsorgevertrag zahlt (§ 92a Abs. 3 Satz 9 Nr. 2 EStG). In diesem Fall hat der Zulageberechtigte dem Anbieter seine Absicht, in einen Altersvorsorgevertrag zu investieren, mitzuteilen. Besteht dieser Altersvorsorgevertrag nicht bei dem Anbieter, der das Wohnförderkonto führt, so hat der Zulageberechtigte beide Anbieter darüber zu informieren, dass er eine Zahlung nach § 92a Abs. 3 Satz 9 Nr. 2 EStG vorgenommen hat; führt die ZfA das Wohnförderkonto, so hat er auch die ZfA zu informieren. Gibt er die Reinvestitionsabsicht auf, erfolgt zu diesem Zeitpunkt die Auflösung des Wohnförderkontos und Besteuerung des Auflösungsbetrags;

c) wenn der Ehegatte des verstorbenen Zulageberechtigten innerhalb eines Jahres Eigentümer der geförderten Wohnung wird und diese zu eigenen Wohnzwecken nutzt; hierbei müssen die Ehegatten im Zeitpunkt des Todes des Zulageberechtigten die Voraussetzungen des § 26 Abs. 1 EStG erfüllt haben (§ 92a Abs. 3 Satz 9 Nr. 3 EStG). In diesem Fall wird das Wohnförderkonto aus dem Vertrag des verstorbenen Zulageberechtigten für den überlebenden Ehegatten weitergeführt; dies gilt auch in der Auszahlungsphase, solange das Wohnförderkonto noch nicht vollständig zurückgeführt wurde; einer Übertragung auf einen Vertrag des Ehegatten bedarf es nicht;

c) solange die Ehewohnung aufgrund einer richterlichen Entscheidung nach § 1361b BGB oder nach der Verordnung über die Behandlung der Ehewohnung und des Hausrats dem Ehegatten des Zulageberechtigten zugewiesen und von diesem selbst genutzt wird (§ 92a Abs. 3 Satz 9 Nr. 4 EStG). Hierbei wird das Wohnförderkonto grundsätzlich für den Zulageberechtigten weitergeführt;

e) wenn der Zulageberechtigte krankheits- oder pflegebedingt die Wohnung nicht mehr bewohnt, sofern er Eigentümer dieser Wohnung bleibt, sie ihm weiterhin zur Selbstnutzung zur Verfügung steht und sie nicht von Dritten, mit Ausnahme seines Ehegatten, genutzt wird;

f) auf Antrag des Zulageberechtigten – in den Fällen des Buchstaben c des überlebenden Ehegatten – bei der ZfA, wenn er die eigene Wohnung aufgrund eines beruflich bedingten Umzugs für die Dauer der beruflich bedingten Abwesenheit nicht mehr selbst nutzt und beabsichtigt, die Selbstnutzung wieder aufzunehmen. Die Selbstnutzung muss bei Beendigung der beruflich bedingten Abwesenheit, spätestens mit der Vollendung des 67. Lebensjahres des Zulageberechtigten – in den Fällen des Buchstaben c des überlebenden Ehegatten – wieder aufgenommen werden. Wird während der beruflich bedingten Abwesenheit mit einer anderen Person ein Nutzungsrecht vereinbart, muss die Vereinbarung von vorneherein entsprechend befristet werden (§ 92a Abs. 4 EStG). Gibt der Zulageberechtigte – in den Fällen des Buchstaben c der überlebende Ehegatte – seine Absicht, die Selbstnutzung wieder aufzunehmen, auf oder hat er die Selbstnutzung bis zur Vollendung seines 67. Lebensjahres nicht wieder aufgenommen, erfolgt die Auflösung des Wohnförderkontos und Besteuerung des Auflösungsbetrags. Dies gilt auch für den Fall, dass die Selbstnutzung nach einem Wegfall der berufsbedingten Abwesenheitsgründe nicht wieder aufgenommen wird.

V. Sonstiges

1. Pfändungsschutz (§ 97 EStG)

165 Gem. § 97 EStG sind das geförderte Altersvorsorgevermögen einschließlich der hierauf entfallenden Erträge und Wertzuwächse, die geförderten laufenden Altersvorsorgebeiträge und der Anspruch auf Zulage nicht übertragbar. Dieses Vermögen ist daher unpfändbar; dies gilt auch für den Fall einer Verbraucherinsolvenz (§ 851 Abs. 1 Zivilprozessordnung – ZPO – sowie §§ 4 und 304 ff. InsO). Der Pfändungsschutz erstreckt sich nicht auf Kapital, das auf nicht geförderten Beiträgen (vgl. Rz. 102 f.) einschließlich der hierauf entfallenden Erträge und Wertzuwächse beruht **und auch nicht auf das in einer Immobilie gebundene geförderte Vermögen**. Der Pfändung des steuerlich nicht geförderten Altersvorsorgevermögens steht ein vertragliches Abtretungs- und Übertragungsverbot nicht entgegen. Im Fall einer Pfändung tritt insoweit keine schädliche Verwendung im Sinne des § 93 EStG ein.

165a **Der Einsatz des geförderten Altersvorsorgevermögens zur Tilgung des Darlehens, zur Verpfändung, zur Sicherungsabtretung und zur Aufrechnung bei Altersvorsorgeverträgen nach § 1 Abs. 1a Satz 1 Nr. 3 AltZertG stellt keine Übertragung im Sinne des § 97 EStG dar. Das Übertragungsverbot des § 97 EStG findet auf gefördertes Altersvorsorgevermögen, das im Rahmen eines Altersvorsorgevertrages nach § 1 Abs. 1a Satz 1 Nr. 3 AltZertG gebildet wurde, im Verhältnis der Vertragspartner untereinander keine Anwendung. Da es sich um einen einheitlichen Vertrag handeln muss, erfolgt lediglich eine Umbuchung innerhalb des Vertrages.**

166 Die in der Auszahlungsphase an den Vertragsinhaber zu leistenden Beträge unterliegen nicht dem Pfändungsschutz nach § 97 EStG. Insoweit sind ausschließlich die zivilrechtlichen Regelungen (z. B. §§ 850 ff. ZPO) maßgeblich.

2. Verfahrensfragen

a) Zulageantrag

167 Die Zulage wird nur auf Antrag gewährt. Ein rechtswirksamer Antrag setzt nach § 89 Abs. 1 EStG voraus, dass der Steuerpflichtige die Altersvorsorgezulage nach amtlich vorgeschriebenem Vordruck beantragt. Der Vordruck muss innerhalb der Antragsfrist des § 89 Abs. 1 Satz 1 EStG beim Anbieter eingehen und bis dahin vom Antragsteller eigenhändig unterschrieben sein. Zudem muss erkennbar sein, wer Antragsteller ist; dies setzt voraus, dass die üblichen Personaldaten angegeben werden. Dem Antrag muss ferner entnommen werden können, dass eine Grundzulage und ggf. auch eine Kinderzulage vom Steuerpflichtigen beantragt werden.

167a **Ist bei Tilgungsleistungen eines unmittelbar Zulageberechtigten aus Sicht des Anbieters die wohnungswirtschaftliche Verwendung nicht gegeben, hat er dennoch den Antrag auf Zulage an die ZfA weiterzuleiten und die Altersvorsorgebeiträge insoweit mit 0 € zu übermitteln.**

168 Ab 1. Januar 2005 hat der Zulageberechtigte die Möglichkeit, dem jeweiligen Anbieter eine schriftliche Vollmacht zu erteilen, für ihn den Antrag – bis auf Widerruf – zu stellen. Die Vollmacht kann im Rahmen des Zulageantrags oder formlos erteilt werden und ist auch für zurückliegende Beitragsjahre, für die noch kein Zulageantrag gestellt worden ist, möglich.

169 Die Antragsfrist endet mit Ablauf des zweiten Kalenderjahres nach Ablauf des Beitragsjahres. Maßgebend ist der Zeitpunkt, in dem der Zulageantrag beim Anbieter eingeht (§ 89 Abs. 1 EStG). Hat der Zulageberechtigte dem Anbieter seines Vertrages eine schriftliche Vollmacht zur formlosen Antragstellung erteilt (§ 89 Abs. 1a EStG), gilt als Antragseingang die Erstellung des Datensatzes durch den Anbieter.

170 § 95 Abs. 3 Satz 2 EStG ermöglicht es dem unmittelbar Zulageberechtigten für die Kalenderjahre der Entsendung rückwirkend die Zulage für alle Beitragsjahre der Entsendung bei Vorliegen der dort genannten Voraussetzungen zu beantragen. Die Frist beginnt mit der erneuten Begründung der unbeschränkten Steuerpflicht und endet mit dem 31. Dezember des zweiten auf die erneute Begründung folgenden Kalenderjahres. Dies bedeutet, dass dem unmittelbar Zulageberechtigten mindestens zwei volle Kalenderjahre für die Antragstellung zur Verfügung stehen.

171 Eine Entsendung liegt vor, wenn sich ein Beschäftigter, der bisher in der Bundesrepublik Deutschland gewohnt, ggf. auch gearbeitet hat, auf Weisung seines Arbeitgebers mit Sitz in der Bundesrepublik Deutschland in das Ausland begibt, um dort eine Beschäftigung unmittelbar für Zwecke des Arbeitgebers auszuüben. Vor Beginn des Auslandseinsatzes muss feststehen, dass der Arbeitnehmer nach dem Ende des Auslandseinsatzes vom entsendenden Arbeitgeber weiterbeschäftigt wird. Außerdem muss die Entsendung infolge der Eigenart der Beschäftigung oder vertraglich im Voraus zeitlich begrenzt sein. Eine zeitlich befristete Auslandstätigkeit, die nicht die Entsendekriterien erfüllt, sondern aufgrund einer Versetzung oder Delegierung ausgeübt

wurde, wird einer Entsendung gleichgestellt, sofern während dieser Tätigkeit eine Pflichtversicherung in der deutschen gesetzlichen Rentenversicherung besteht. Gleiches gilt bei einer Zuweisung, wenn Beamten vorübergehend eine ihrem Amt entsprechende Tätigkeit bei einer öffentlichen Einrichtung außerhalb der Bundesrepublik Deutschland zugewiesen wird.

Der Zulageberechtigte kann grundsätzlich auf Angaben zu den beitragspflichtigen Einnahmen **und zur Höhe seiner Bruttorente** im Zulageantrag verzichten. In diesen Fällen darf die ZfA die Angaben bei den Trägern der gesetzlichen Rentenversicherung erheben. Dies gilt nicht, wenn der Zulageberechtigte nicht der deutschen Rentenversicherung unterliegt oder wenn er Einkünfte aus Land- und Forstwirtschaft hat. **Für die Bezieher einer Rente wegen voller Erwerbsminderung nach dem Gesetz über die Alterssicherung der Landwirte darf die ZfA bei fehlender Angabe im Zulageantrag die Höhe der Bruttorente beim Gesamtverband der landwirtschaftlichen Alterskassen erheben. An die Stelle des Gesamtverbands tritt ab 1. Januar 2009 der Spitzenverband der landwirtschaftlichen Sozialversicherung.** Sind die der gesetzlichen Rentenversicherung zugrunde liegenden beitragspflichtigen Einnahmen höher als das tatsächlich erzielte Entgelt oder ein Zahlbetrag von Entgeltersatzleistungen des Zulageberechtigten (siehe Rz. 54 ff.), sollte dies im Zulageantrag angegeben werden. Andernfalls werden die höheren – beim Rentenversicherungsträger erhobenen – beitragspflichtigen Einnahmen der Mindesteigenbeitragsberechnung zugrunde gelegt. Bei einem Begünstigten nach § 10a Abs. 1 Satz 1 Halbsatz 2 EStG werden die erforderlichen Daten von den zuständigen Stellen an die ZfA übermittelt. 172

Zur Durchführung des Verfahrens ist es erforderlich, dass der Anleger dem Anbieter die Änderungen der folgenden Verhältnisse mitteilt: 173

1. Änderung der Art der Zulageberechtigung (mittelbar/unmittelbar),
2. Änderung des Familienstandes,
3. Änderung der Daten zur Ermittlung des Mindesteigenbeitrages, sofern diese im Antrag angegeben worden sind (z. B. tatsächliches Entgelt),
4. Wegfall des Kindergeldes für ein Kind, für das eine Kinderzulage beantragt wird,
5. Änderung der Zuordnung der Kinder.

In seinem eigenen Interesse sollte der Anleger darüber hinaus auch die Änderungen der folgenden Tatbestände anzeigen:

1. Änderung bei der Verteilung der Zulage auf mehrere Verträge,
2. Änderung des beruflichen Status (z. B. Beamter wird Angestellter oder umgekehrt),
3. Erhöhung der Anzahl der Kinder für die eine Kinderzulage beantragt werden soll,
4. Änderungen der zuständigen Familienkasse und der Kindergeldnummer.

b) Festsetzungsfrist

Die reguläre Frist für die Berechnung bzw. Festsetzung der Altersvorsorgezulage beträgt vier-Jahre (§ 169 Abs. 2 Satz 1 Nr. 2 AO) und beginnt mit Ablauf des Jahres, in dem sie entstanden ist, d. h. mit Ablauf des Beitragsjahres (§ 88 EStG i. V. m. § 170 Abs. 1 AO). 174

Die Festsetzungsfrist für die Rückforderung der Zulage nach § 90 Abs. 3 EStG sowie für die Aufhebung, Änderung oder Berichtigung der Zulagefestsetzung nach einer Festsetzung im Sinne des § 90 Abs. 4 EStG beginnt nach § 170 Abs. 3 AO nicht vor Ablauf des Jahres, in dem der Antrag nach § 89 EStG gestellt worden ist. 175

Beispiel: 176

Der Zulageantrag für das Beitragsjahr 2002 geht im Jahr 2004 beim Anbieter ein und wird von diesem im Dezember 2004 per Datenübertragung an die ZfA übermittelt. Die ZfA ermittelt die Zulage und überweist sie im Jahr 2005 an den Anbieter. Im Rahmen des Datenabgleichs stellt die ZfA im Jahr 2008 fest, dass der Anleger nicht zum begünstigten Personenkreis gehört. Sie teilt dies dem Anbieter noch im gleichen Jahr mit und fordert gem. § 90 Abs. 3 EStG die gewährte Zulage zurück.

Nach § 170 Abs. 3 AO beginnt die Festsetzungsfrist für die Rückforderung nach § 90 Abs. 3 EStG mit Ablauf des Jahres 2004. Damit endet die vierjährige Festsetzungsfrist mit Ablauf des Jahres 2008. Die ZfA hat folglich den Rückforderungsanspruch vor Ablauf der Festsetzungsfrist geltend gemacht.

Die Festsetzungsfrist endet frühestens in dem Zeitpunkt, in dem über den Zulageantrag unanfechtbar entschieden worden ist (§ 171 Abs. 3 AO). Maßgebend ist der Zeitpunkt, in dem die Bescheinigung des Anbieters nach § 92 EStG dem Zulageberechtigten zugegangen ist. 177

178 Korrigiert die ZfA die Berechnung der Zulage nach § 90 Abs. 3 EStG, hat die erneute Bescheinigung nach § 92 EStG über das korrigierte Ergebnis keine Auswirkung auf die Festsetzungsfrist.

179 Beantragt der Zulageberechtigte die förmliche Festsetzung der Zulage nach § 90 Abs. 4 EStG, tritt insoweit eine weitere Ablaufhemmung nach § 171 Abs. 3 AO ein. Geht dieser Antrag innerhalb der Jahresfrist des § 90 Abs. 4 EStG beim Anbieter ein, gilt § 171 Abs. 3a Satz 1 zweiter Halbsatz AO entsprechend.

c) Bescheinigungs- und Informationspflichten des Anbieters

180 Hat der Anleger im abgelaufenen Beitragsjahr Altersvorsorgebeiträge auf den Vertrag eingezahlt oder wurde der Anbieter von der ZfA über die Ermittlungsergebnisse im abgelaufenen Beitragsjahr informiert oder hat sich im abgelaufenen Beitragsjahr der Stand des Altersvorsorgevermögens **oder der Stand des Wohnförderkontos** geändert, ist der Anbieter verpflichtet, dem Anleger eine Bescheinigung nach § 92 EStG auszustellen. Dies gilt auch nach einer vollständigen schädlichen Verwendung (§ 93 Abs. 1 EStG), nach Beendigung der unbeschränkten Steuerpflicht, nach Abfindung einer Kleinbetragsrente nach § 93 Abs. 3 EStG und in der Auszahlungsphase.

181 Bei der Ermittlung des Standes des Altersvorsorgevermögens ist auch der Wert des in eine aufschiebend bedingte bzw. sofort beginnende Rentenversicherung investierten Kapitals mit in die Bescheinigung aufzunehmen. Bezogen auf den Teil des Altersvorsorgevermögens, der in eine aufschiebende oder sofort beginnende Rentenversicherung investiert worden ist, ist das von der Versicherung jährlich neu errechnete Deckungskapital der Rentenversicherung mit einzubeziehen.

181a **Die jährliche Bescheinigungspflicht nach § 92 EStG entfällt für den Anbieter, wenn die ZfA das Wohnförderkonto weiterführt, weil die Geschäftsbeziehung zwischen dem Anbieter und dem Zulageberechtigten im Hinblick auf den jeweiligen Altersvorsorgevertrag beendet wurde und der Anbieter in dem Fall eine Bescheinigung ausgestellt hat, in der der Stand des Wohnförderkontos getrennt nach den einzelnen Jahren bis zum vereinbarten Beginn der Auszahlungsphase ausgewiesen wird. Dies gilt jedoch nur, wenn für das abgelaufene Beitragsjahr keine geleisteten Altersvorsorgebeiträge des Zulageberechtigten und keine Ermittlungsergebnisse der ZfA zu bescheinigen sind. Darüber hinaus dürfen sich gegenüber der zuletzt erteilten Bescheinigung weder zur Summe der bis zum Ende des abgelaufenen Beitragsjahres dem Vertrag gutgeschriebenen Zulagen und der geleisteten Altersvorsorgebeiträge noch zum Stand des Altersvorsorgevermögens Änderungen ergeben haben.**

182 Die jährliche Information nach § 7 Abs. 4 AltZertG hat zu erfolgen, solange der Vertrag besteht, d. h. auch in der Auszahlungsphase. Auch wenn das gebildete Kapital oder ein Teil davon für eine sofort beginnende oder für eine aufgeschobene Rente (Teilkapitalverrentung ab dem vollendeten 85. Lebensjahr) an ein Versicherungsunternehmen übertragen worden ist, besteht die Informationspflicht des Anbieters wegen der Einheitlichkeit des Vertrages fort. Er muss sich in diesem Fall die Daten, die er für die Erfüllung seiner Informationspflichten benötigt, von dem Versicherungsunternehmen mitteilen lassen.

B. Betriebliche Altersversorgung[1])

– nicht abgedruckt –

C. Anwendungsregelung

295 Dieses Schreiben ist mit Wirkung ab 1. Januar 2008 anzuwenden.

296 Bei Versorgungszusagen, die vor dem 1. Januar 2005 erteilt wurden (Altzusagen, vgl. Rz. 245 ff.), ist es nicht zu beanstanden, wenn in den Versorgungsordnungen in Abweichung von Rz. 183 ff. die Möglichkeit einer Elternrente oder der Beitragserstattung einschließlich der gutgeschriebenen Erträge an die in Rz. 186 genannten Personen im Fall des Versterbens vor Erreichen der Altersgrenze und in Abweichung von Rz. 211 lediglich für die zugesagte Altersversorgung, nicht aber für die Hinterbliebenen- oder Invaliditätsversorgung die Auszahlung in Form einer Rente oder eines Auszahlungsplans vorgesehen ist. Dagegen sind Versorgungszusagen, die nach dem 31. Dezember 2004 (Neuzusagen, vgl. Rz. 245 ff.) aufgrund von Versorgungsordnungen erteilt werden, die die Voraussetzungen dieses Schreibens nicht erfüllen, aus steuerlicher Sicht nicht mehr als betriebliche Altersversorgung anzuerkennen und eine steuerliche Förderung ist hierfür nicht mehr möglich. Im Fall der nach § 40b EStG a. F. pauschal besteuerten (Alt-)Direkt-

1) Anm.: Teil B wird in der Lohnsteuer Handausgabe 2010 abgedruckt.

versicherungen gilt nach Rz. 187 weiterhin keine Begrenzung bezüglich des Kreises der Bezugsberechtigten.

Das BMF-Schreiben vom 17. November 2004 – IV C 4 – S 2222 – 177/04 / IV C 5 – S 2333 – 269/04 –, BStBl I S. 1065 wird mit Wirkung ab 1. Januar 2008 aufgehoben. **Das BMF-Schreiben vom 5. Februar 2008 – IV C 8 – S 2222/07/0003 IV C 5 – S 2333/07/0003 (DOK 2008/0022798) –, BStBl I S. 420 wird aufgehoben.** 297

Das Vordruckmuster für die Anmeldung nach § 90 Abs. 3 i. V. m. § 90a Abs. 2 und 3 EStG (BStBl I 2003 S. 362) wird mit Wirkung ab 1. Januar 2007 aufgehoben. 298

Anlage 1

Pflichtversicherte in der gesetzlichen Rentenversicherung (§ 10a Abs. 1 Satz 1 Halbsatz 1 EStG) und Pflichtversicherte nach dem Gesetz über die Alterssicherung der Landwirte (§ 10a Abs. 1 Satz 3 EStG) / Nicht begünstigter Personenkreis

A. Pflichtversicherte in der gesetzlichen Rentenversicherung (§ 10a Abs. 1 Satz 1 Halbsatz 1 EStG)

1. Personen, die gegen Arbeitsentgelt oder zu ihrer Berufsausbildung beschäftigt sind (§ 1 Satz 1 Nr. 1 des Sechsten Buches Sozialgesetzbuch – SGB VI –).

   Hierzu gehören auch geringfügig beschäftigte Personen im Sinne des § 8 Abs. 1 Nr. 1 des Vierten Buches Sozialgesetzbuch (SGB IV), die auf die Versicherungsfreiheit verzichtet haben und den pauschalen Arbeitgeberbeitrag zur gesetzlichen Rentenversicherung auf den vollen Beitragssatz aufstocken.

   Auch während des Bezuges von Kurzarbeitergeld (bis zum 31. Dezember 2006 auch Winterausfallgeld) nach dem Dritten Buch Sozialgesetzbuch (SGB III) besteht die Versicherungspflicht fort.
2. Behinderte Menschen, die in anerkannten Werkstätten für behinderte Menschen oder in Blindenwerkstätten im Sinne des § 143 SGB IX oder für diese Einrichtungen in Heimarbeit tätig sind (§ 1 Satz 1 Nr. 2 Buchstabe a SGB VI).
3. Behinderte Menschen, die in Anstalten, Heimen oder gleichartigen Einrichtungen in gewisser Regelmäßigkeit eine Leistung erbringen, die einem Fünftel der Leistung eines vollerwerbsfähigen Beschäftigten in gleichartiger Beschäftigung entspricht; hierzu zählen auch Dienstleistungen für den Träger der Einrichtung (§ 1 Satz 1 Nr. 2 Buchstabe b SGB VI).
4. Personen, die in Einrichtungen der Jugendhilfe oder in Berufsbildungswerken oder ähnlichen Einrichtungen für behinderte Menschen für eine Erwerbstätigkeit befähigt werden sollen (§ 1 Satz 1 Nr. 3 SGB VI).
5. Auszubildende, die in einer außerbetrieblichen Einrichtung im Rahmen eines Berufsausbildungsvertrags nach dem Berufsbildungsgesetz ausgebildet werden (§ 1 Satz 1 Nr. 3a SGB VI).
6. Mitglieder geistlicher Genossenschaften, Diakonissen und Angehörige ähnlicher Gemeinschaften während ihres Dienstes für die Gemeinschaft und während der Zeit ihrer außerschulischen Ausbildung (§ 1 Satz 1 Nr. 4 SGB VI).
7. Schwestern vom Deutschen Roten Kreuz.
8. Helfer im freiwilligen sozialen Jahr.
9. Helfer im freiwilligen ökologischen Jahr.
10. Heimarbeiter.
11. Seeleute (Mitglieder der Schiffsbesatzung von Binnenschiffen oder deutschen Seeschiffen).
12. Bezieher von Ausgleichsgeld nach dem Gesetz zur Förderung der Einstellung der landwirtschaftlichen Erwerbstätigkeit.
13. Selbständig tätige Lehrer und Erzieher, die im Zusammenhang mit ihrer selbständigen Tätigkeit keinen versicherungspflichtigen Arbeitnehmer beschäftigen (§ 2 Satz 1 Nr. 1 SGB VI).
14. Pflegepersonen, die in der Kranken-, Wochen-, Säuglings- oder Kinderpflege tätig sind und im Zusammenhang mit ihrer selbständigen Tätigkeit keinen versicherungspflichtigen Arbeitnehmer beschäftigen (§ 2 Satz 1 Nr. 2 SGB VI).
15. Selbständig tätige Hebammen und Entbindungspfleger (§ 2 Satz 1 Nr. 3 SGB VI).
16. Selbständig tätige Seelotsen der Reviere im Sinne des Gesetzes über das Seelotswesen (§ 2 Satz 1 Nr. 4 SGB VI).

17. Selbständige Künstler und Publizisten (§ 2 Satz 1 Nr. 5 SGB VI), wenn sie die künstlerische oder publizistische Tätigkeit erwerbsmäßig und nicht nur vorübergehend ausüben und im Zusammenhang mit der künstlerischen oder publizistischen Tätigkeit nicht mehr als einen Arbeitnehmer beschäftigen, es sei denn, die Beschäftigung erfolgt zur Berufsausbildung oder ist geringfügig im Sinne des § 8 SGB IV.
18. Selbständig tätige Hausgewerbetreibende (§ 2 Satz 1 Nr. 6 SGB VI).
19. Selbständig tätige Küstenschiffer und Küstenfischer, die zur Besatzung ihres Fahrzeuges gehören oder als Küstenfischer ohne Fahrzeug fischen und regelmäßig nicht mehr als vier versicherungspflichtige Arbeitnehmer beschäftigen (§ 2 Satz 1 Nr. 7 SGB VI).
20. Gewerbetreibende, die in die Handwerksrolle eingetragen sind und in ihrer Person die für die Eintragung in die Handwerksrolle erforderlichen Voraussetzungen erfüllen, wobei Handwerksbetriebe im Sinne der §§ 2 und 3 der Handwerksordnung sowie Betriebsfortführungen aufgrund von § 4 der Handwerksordnung außer Betracht bleiben; ist eine Personengesellschaft in die Handwerksrolle eingetragen, gilt als Gewerbetreibender, wer als Gesellschafter in seiner Person die Voraussetzungen für die Eintragung in die Handwerksrolle erfüllt (§ 2 Satz 1 Nr. 8 SGB VI).
21. Personen, die im Zusammenhang mit ihrer selbständigen Tätigkeit regelmäßig keinen versicherungspflichtigen Arbeitnehmer beschäftigen und auf Dauer und im Wesentlichen nur für einen Auftraggeber tätig sind; bei Gesellschaftern gelten als Auftraggeber die Auftraggeber der Gesellschaft (§ 2 Satz 1 Nr. 9 SGB VI).
22. Selbständig tätige Personen für die Dauer des Bezugs eines Zuschusses nach § 421l SGB III (Existenzgründungszuschuss; ab 1. Januar 2003) (§ 2 Satz 1 Nr. 10 SGB VI).

Versicherungspflichtig sind ferner Personen in der Zeit,

23. für die ihnen Kindererziehungszeiten anzurechnen sind (§ 3 Satz 1 Nr. 1 SGB VI).

    Versicherungspflicht wegen Kindererziehung besteht für die ersten 36 Kalendermonate nach dem Geburtsmonat des Kindes (§ 56 Abs. 5 SGB VI). Werden innerhalb des 36-Kalendermonatszeitraumes mehrere Kinder erzogen (z. B. bei Mehrlingsgeburten), verlängert sich die Zeit der Versicherung um die Anzahl an Kalendermonaten, in denen gleichzeitig mehrere Kinder erzogen werden.
24. in der sie einen Pflegebedürftigen im Sinne des § 14 SGB XI nicht erwerbsmäßig wenigstens 14 Stunden wöchentlich in seiner häuslichen Umgebung pflegen, wenn der Pflegebedürftige Anspruch auf Leistungen aus der sozialen oder einer privaten Pflegeversicherung hat (nicht erwerbsmäßig tätige Pflegepersonen – § 3 Satz 1 Nr. 1a SGB VI).
25. in der sie aufgrund gesetzlicher Pflicht Wehrdienst oder Zivildienst leisten (§ 3 Satz 1 Nr. 2 SGB VI); bis zum 29. April 2005 trat eine Versicherungspflicht nur ein, wenn der Wehr- oder Zivildienst mehr als drei Tage dauerte.
26. für die sie von einem Leistungsträger Krankengeld, Verletztengeld, Versorgungskrankengeld, Übergangsgeld, Unterhaltsgeld (bis 31. Dezember 2004), Arbeitslosengeld oder Arbeitslosenhilfe (bis 31. Dezember 2004) beziehen, wenn sie im letzten Jahr vor Beginn der Leistung zuletzt versicherungspflichtig waren (§ 3 Satz 1 Nr. 3 SGB VI).
27. für die sie ab 1. Januar 2005 von den jeweils zuständigen Trägern nach dem Sozialgesetzbuch Zweites Buch (SGB II) Arbeitslosengeld II beziehen; dies gilt nicht für Empfänger der Leistung,
    a) die Arbeitslosengeld II nur darlehensweise oder
    b) nur Leistungen nach § 23 Abs. 3 Satz 1 SGB II beziehen oder
    c) die aufgrund von § 2 Abs. 1a BAföG keinen Anspruch auf Ausbildungsförderung haben oder
    d) deren Bedarf sich nach § 12 Abs. 1 Nr. 1 BAföG oder nach § 66 Abs. 1 Satz 1 SGB III bemisst oder
    e) die versicherungspflichtig beschäftigt oder versicherungspflichtig selbständig tätig sind oder eine Leistung beziehen, wegen der sie nach § 3 Satz 1 Nr. 3 SGB VI versicherungspflichtig sind (für Zeiten ab 1. Januar 2007).
28. für die sie Vorruhestandsgeld beziehen, wenn sie unmittelbar vor Beginn der Leistung versicherungspflichtig waren (§ 3 Satz 1 Nr. 4 SGB VI).

Nach Übergangsrecht im SGB VI bleiben in dieser Beschäftigung oder Tätigkeit weiterhin versicherungspflichtig:

29. Handwerker, die am 31. Dezember 2003 versicherungspflichtig waren und in dieser Tätigkeit versicherungspflichtig bleiben (§ 229 Abs. 2a SGB VI).

30. Personen, die am 31. Dezember 1991 im Beitrittsgebiet als Selbständige versicherungspflichtig waren, und nicht ab 1. Januar 1992 nach §§ 1 bis 3 SGB VI versicherungspflichtig geworden sind und keine Beendigung der Versicherungspflicht beantragt haben (§ 229a Abs. 1 SGB VI).
31. Personen, die am 31. Dezember 1991 als Beschäftigte von Körperschaften, Anstalten oder Stiftungen des öffentlichen Rechts oder ihrer Verbände versicherungspflichtig waren (§ 230 Abs. 2 Nr. 1 SGB VI).
32. Personen, die am 31. Dezember 1991 als satzungsgemäße Mitglieder geistlicher Genossenschaften, Diakonissen oder Angehörige ähnlicher Gemeinschaften versicherungspflichtig waren (§ 230 Abs. 2 Nr. 2 SGB VI).
33. Nach dem Recht ab 1. April 2003 geringfügig Beschäftigte oder selbständig Tätige, die nach dem bis 31. März 2003 geltenden Recht versicherungspflichtig waren, wenn sie nicht die Befreiung von der Versicherungspflicht beantragt haben (§ 229 Abs. 6 SGB VI).
34. Personen, die im Anschluss an den Bezug von Arbeitslosenhilfe Unterhaltsgeld beziehen, für die Dauer des Bezugs von Unterhaltsgeld (§ 229 Abs. 8 SGB VI) (ab 1. Januar 2005).

Auf Antrag sind versicherungspflichtig:

35. Entwicklungshelfer, die Entwicklungsdienst oder Vorbereitungsdienst leisten (§ 4 Abs. 1 Satz 1 Nr. 1 SGB VI).
36. Deutsche, die für eine begrenzte Zeit im Ausland beschäftigt sind (§ 4 Abs. 1 Satz 1 Nr. 2 SGB VI).
37. Personen, die für eine begrenzte Zeit im Ausland beschäftigt sind und die Staatsangehörigkeit eines EU-Mitgliedstaates haben, wenn sie die allgemeine Wartezeit von fünf Jahren erfüllt haben und nicht nach den Rechtsvorschriften des EU-Mitgliedstaates pflicht- oder freiwillig versichert sind (§ 4 Abs. 1 Satz 1 Nr. 3 SGB VI).
38. Personen, die nicht nur vorübergehend selbständig tätig sind, wenn sie die Versicherungspflicht innerhalb von fünf Jahren nach der Aufnahme der selbständigen Tätigkeit oder dem Ende der Versicherungspflicht aufgrund dieser Tätigkeit beantragen (§ 4 Abs. 2 SGB VI).
39. Personen, die Krankengeld, Verletztengeld, Versorgungskrankengeld, Übergangsgeld, Unterhaltsgeld (bis 31. Dezember 2004), Arbeitslosengeld oder Arbeitslosenhilfe (bis 31. Dezember 2004) beziehen, aber im letzten Jahr vor Beginn der Leistung nicht versicherungspflichtig waren (§ 4 Abs. 3 Satz 1 Nr. 1 SGB VI).
40. Personen, die nur deshalb keinen Anspruch auf Krankengeld haben, weil sie nicht in der gesetzlichen Krankenversicherung versichert sind oder in der gesetzlichen Krankenversicherung ohne Anspruch auf Krankengeld versichert sind, u. a. für die Zeit der Arbeitsunfähigkeit, wenn sie im letzten Jahr vor Beginn der Arbeitsunfähigkeit zuletzt versicherungspflichtig waren, längstens jedoch für 18 Monate (§ 4 Abs. 3 Satz 1 Nr. 2 SGB VI).

B. Pflichtversicherte nach dem Gesetz über die Alterssicherung der Landwirte (§ 10a Abs. 1 Satz 3 EStG)

Hierzu gehören insbesondere

1. versicherungspflichtige Landwirte,
2. versicherungspflichtige Ehegatten von Landwirten,
3. versicherungspflichtige mitarbeitende Familienangehörige,
4. ehemalige Landwirte, die nach Übergangsrecht weiterhin unabhängig von einer Tätigkeit als Landwirt oder mitarbeitender Familienangehöriger versicherungspflichtig sind.

C. Nicht begünstigter Personenkreis

Nicht zum Kreis der zulageberechtigten Personen gehören:

1. Freiwillig Versicherte in der gesetzlichen Rentenversicherung (vgl. §§ 7, 232 SGB VI)
2. Von der Versicherungspflicht in der gesetzlichen Rentenversicherung befreite Personen für die Zeit der Befreiung; das sind insbesondere
   a) Angestellte und selbständig Tätige für die Beschäftigung oder selbständige Tätigkeit, wegen der sie aufgrund einer durch Gesetz angeordneten oder auf Gesetz beruhenden Verpflichtung Mitglied einer öffentlich-rechtlichen Versicherungseinrichtung oder Versorgungseinrichtung ihrer Berufsgruppe (berufsständische Versorgungseinrichtung für z. B. Ärzte, Architekten, Rechtsanwälte) und zugleich kraft gesetzlicher Verpflichtung Mitglied einer berufsständischen Kammer sind. Für die Befreiung sind weitere Voraussetzungen zu erfüllen (§ 6 Abs. 1 Satz 1 Nr. 1 SGB VI),

b) Gewerbetreibende im Handwerksbetrieb, wenn für sie mindestens 18 Jahre lang Pflichtbeiträge gezahlt worden sind, ausgenommen Bezirksschornsteinfeger (§ 6 Abs. 1 Satz 1 Nr. 4 SGB VI),

c) Lehrer und Erzieher an nichtöffentlichen Schulen oder Anstalten (private Ersatzschulen) (§ 6 Abs. 1 Satz 1 Nr. 2 SGB VI),

d) Selbständige mit einem Auftraggeber als sog. Existenzgründer (§ 6 Abs. 1a SGB VI),

e) ab 1. Januar 2005 Bezieher von Arbeitslosengeld II, wenn sie im letzten Kalendermonat vor dem Bezug von Arbeitslosengeld II nicht versichert waren und weitere Voraussetzungen erfüllen (§ 6 Abs. 1b SGB VI),

f) Personen, die am 31. Dezember 1991 von der Versicherungspflicht befreit waren (§ 231 Abs. 1 SGB VI),

g) Selbständige mit einem Auftraggeber, die bereits vor dem 1. Januar 1999 diese Tätigkeit ausübten und weitere Voraussetzungen erfüllen (§ 231 Abs. 5 SGB VI),

h) Selbständige (z. B. Lehrer, Erzieher, Pflegepersonen), die bereits am 31. Dezember 1998 nach §§ 2 Satz 1 Nr. 1 bis 3, 229a Abs. 1 SGB VI versicherungspflichtig waren und weitere Voraussetzungen erfüllen (§ 231 Abs. 6 SGB VI),

i) unter bestimmten Voraussetzungen deutsche Seeleute, die auf einem Seeschiff beschäftigt sind, das nicht berechtigt ist, die Bundesflagge zu führen (§ 231 Abs. 7 SGB VI),

j) selbständig Tätige, die am 31. Dezember 1991 im Beitrittsgebiet aufgrund eines Versicherungsvertrages von der Versicherungspflicht befreit waren, es sei denn sie haben bis zum 31. Dezember 1994 erklärt, dass die Befreiung von der Versicherungspflicht enden soll (§ 231a SGB VI).

3. In der gesetzlichen Rentenversicherung versicherungsfreie Personen; das sind insbesondere

a) geringfügig Beschäftigte, die den Arbeitgeberbeitrag i.H.v. 15 % (bis zum 30. Juni 2006: 12 %) zur Rentenversicherung nicht durch eigene Beiträge aufstocken (§ 5 Abs. 2 Nr. 1 SGB VI i. V. m. §§ 8 Abs. 1, 8a SGB IV), dies gilt nicht für Personen, die im Rahmen betrieblicher Berufsbildung, nach dem Gesetz zur Förderung eines freiwilligen sozialen Jahres, nach dem Gesetz zur Förderung eines freiwilligen ökologischen Jahres oder nach § 1 Satz 1 Nr. 2 bis 4 SGB VI beschäftigt sind oder von der Möglichkeit einer stufenweisen Wiederaufnahme einer nicht geringfügigen Tätigkeit Gebrauch machen,

b) selbständig Tätige, die wegen der Geringfügigkeit der Tätigkeit versicherungsfrei sind (§ 5 Abs. 2 Nr. 2 SGB VI i. V. m. § 8 Abs. 3 SGB IV),

c) Personen, die eine geringfügige nicht erwerbsmäßige Pflegetätigkeit ausüben (§ 5 Abs. 2 Satz 1 Nr. 3 SGB VI),

d) Personen, die während der Dauer eines Studiums als ordentliche Studierende einer Fachschule oder Hochschule ein Praktikum ableisten, das in ihrer Studienordnung oder Prüfungsordnung vorgeschrieben ist (§ 5 Abs. 3 SGB VI),

e) Bezieher einer Vollrente wegen Alters (§ 5 Abs. 4 Nr. 1 SGB VI),

f) Personen, die nach beamtenrechtlichen Vorschriften oder Grundsätzen oder entsprechenden kirchenrechtlichen Regelungen oder einer berufsständischen Versorgungseinrichtung eine Versorgung nach Erreichen einer Altersgrenze beziehen oder die in der Gemeinschaft übliche Versorgung im Alter erhalten (§ 5 Abs. 4 Nr. 2 SGB VI),

g) Personen, die bis zum Erreichen der Regelaltersgrenze nicht in der gesetzlichen Rentenversicherung versichert waren oder nach Erreichen der Regelaltersgrenze eine Beitragserstattung aus ihrer Versicherung bei der gesetzlichen Rentenversicherung erhalten haben (§ 5 Abs. 4 Nr. 3 SGB VI),

h) Polizeivollzugsbeamte auf Widerruf, Handwerker, Mitglieder der Pensionskasse deutscher Einsenbahnen und Straßenbahnen sowie Versorgungsbezieher, die am 31. Dezember 1991 versicherungsfrei waren (§ 230 Abs. 1 SGB VI),

4. Ohne Vorliegen von Versicherungspflicht in der gesetzlichen Rentenversicherung

a) selbständig Tätige,

b) Handwerker, die am 31. Dezember 1991 nicht versicherungspflichtig waren (§ 229 Abs. 2 SGB VI),

c) Vorstandsmitglieder von Aktiengesellschaften in der Beschäftigung als Vorstand und weiteren Beschäftigungen in Konzernunternehmen (§ 1 Satz 4 SGB VI). Bis zum 31. Dezember 2003 waren Vorstandsmitglieder von Aktiengesellschaften in allen Beschäftigungen, d. h. auch außerhalb des Konzerns nicht versicherungspflichtig. Seit dem 1. Januar 2004 besteht in Nebenbeschäftigungen nur dann keine Versicherungspflicht, wenn die Nebenbeschäftigung bereits am 6. November 2003 ausgeübt wurde (§ 229 Abs. 1a SGB VI),

d) Mitglieder des Deutschen Bundestages, der Landtage sowie des Europäischen Parlaments.

Anlage 2

Begünstigter Personenkreis nach § 10a Abs. 1 Satz 1 Halbsatz 2 EStG

1. Empfänger von Besoldung nach dem Bundesbesoldungsgesetz oder einem entsprechenden Landesbesoldungsgesetz (§ 10a Abs. 1 Satz 1 Halbsatz 2 Nr. 1 EStG), insbesondere:

   a) Bundesbeamte, Beamte der Länder, der Gemeinden, der Gemeindeverbände sowie der sonstigen der Aufsicht eines Landes unterstehenden Körperschaften, Anstalten und Stiftungen des öffentlichen Rechts; hierzu gehören nicht die Ehrenbeamten,

   b) Richter des Bundes und der Länder; hierzu gehören nicht die ehrenamtlichen Richter,

   c) Berufssoldaten und Soldaten auf Zeit.

2. Empfänger von Amtsbezügen aus einem Amtsverhältnis (§ 10a Abs. 1 Satz 1 Halbsatz 2 Nr. 2 EStG)

   In einem öffentlich-rechtlichen Amtsverhältnis stehen z. B. die Mitglieder der Regierung des Bundes oder eines Landes (z. B. § 1 Bundesministergesetz) sowie die Parlamentarischen Staatssekretäre auf Bundes- und Landesebene (z. B. § 1 Abs. 3 des Gesetzes über die Rechtsverhältnisse der Parlamentarischen Staatssekretäre).

3. Sonstige Beschäftigte von Körperschaften, Anstalten oder Stiftungen des öffentlichen Rechts, deren Verbänden einschließlich der Spitzenverbände oder ihrer Arbeitsgemeinschaften (§ 10a Abs. 1 Satz 1 Halbsatz 2 Nr. 3 EStG), wenn ihnen nach beamtenrechtlichen Vorschriften oder Grundsätzen oder entsprechenden kirchenrechtlichen Regelungen Anwartschaft auf Versorgung bei verminderter Erwerbsfähigkeit und im Alter sowie auf Hinterbliebenenversorgung gewährleistet und die Gewährleistung gesichert ist, u. a. rentenversicherungsfreie Kirchenbeamte und Geistliche in öffentlich-rechtlichen Dienstverhältnissen.

4. Satzungsmäßige Mitglieder geistlicher Genossenschaften, Diakonissen oder Angehörige ähnlicher Gemeinschaften (§ 10a Abs. 1 Satz 1 Halbsatz 2 Nr. 3 EStG), wenn ihnen nach den Regeln der Gemeinschaft Anwartschaft auf die in der Gemeinschaft übliche Versorgung bei verminderter Erwerbsfähigkeit und im Alter gewährleistet und die Gewährleistung gesichert ist.

5. Lehrer oder Erzieher, die an nichtöffentlichen Schulen oder Anstalten beschäftigt sind (§ 10a Abs. 1 Satz 1 Halbsatz 2 Nr. 3 EStG), wenn ihnen nach beamtenrechtlichen Vorschriften oder Grundsätzen oder entsprechenden kirchenrechtlichen Regelungen Anwartschaft auf Versorgung bei verminderter Erwerbsfähigkeit und im Alter sowie auf Hinterbliebenenversorgung gewährleistet und die Gewährleistung gesichert ist.

6. Beamte, Richter, Berufssoldaten und Soldaten auf Zeit, die ohne Besoldung beurlaubt sind, für die Zeit einer Beschäftigung, wenn während der Beurlaubung die Gewährleistung einer Versorgungsanwartschaft unter den Voraussetzungen des § 5 Abs. 1 Satz 1 SGB VI auf diese Beschäftigung erstreckt wird (§ 10a Abs. 1 Satz 1 Halbsatz 2 Nr. 4 EStG).

7. Steuerpflichtige im Sinne der oben unter Ziffer 1. bis 6. aufgeführten, die beurlaubt sind und deshalb keine Besoldung, Amtsbezüge oder Entgelt erhalten, sofern sie eine Anrechnung von Kindererziehungszeiten nach § 56 SGB VI (d. h. im Sinne der gesetzlichen Rentenversicherung) in Anspruch nehmen könnten, wenn die Versicherungsfreiheit in der gesetzlichen Rentenversicherung nicht bestehen würde.

In den Fällen der Nummern 2 bis 5 muss das Versorgungsrecht jedoch die Absenkung des Versorgungsniveaus in entsprechender Anwendung des § 69e Abs. 3 Satz 1 und Abs. 4 des Beamtenversorgungsgesetzes vorsehen.

II. Gesetz zur Neuordnung der einkommensteuerrechtlichen Behandlung von Altersvorsorgeaufwendungen und Altersbezügen – Alterseinkünftegesetz (AltEinkG) – mit Änderungen durch die Jahressteuergesetze 2007 und 2008 (JStG 2007/JStG 2008); Aktualisierung des Schreibens des Bundesministeriums der Finanzen vom 24. Februar 2005 (BStBl I S. 429)

BMF vom 30. 1. 2008 (BStBl I S. 390)

IV C 8 – S 2222/07/0003
IV C 5 – S 2345/08/0001

unter Berücksichtigung der Aktualisierung durch BMF vom 18. 9. 2008 (BStBl I S. 887)

Zum Sonderausgabenabzug für Beiträge nach § 10 Abs. 1 und zur Besteuerung von Versorgungsbezügen nach § 19 Abs. 2 sowie von Einkünften nach § 22 Nr. 1 Satz 3 Buchstabe a des Einkommensteuergesetzes (EStG) gilt im Einvernehmen mit den obersten Finanzbehörden der Länder Folgendes:

Inhaltsübersicht Randziffer

A. Abzug von Altersvorsorgeaufwendungen – § 10 EStG –

I. Sonderausgabenabzug für Beiträge nach § 10 Abs. 1 Nr. 2 EStG

1. Begünstigte Beiträge

a) Beiträge im Sinne des § 10 Abs. 1 Nr. 2 Buchstabe a EStG

aa) Beiträge zu den gesetzlichen Rentenversicherungen

1 Als Beiträge zur gesetzlichen Rentenversicherung sind Beiträge an folgende Träger der gesetzlichen Rentenversicherung zu berücksichtigen:

- Deutsche Rentenversicherung Bund
- Deutsche Rentenversicherung Knappschaft-Bahn-See
- Deutsche Rentenversicherung Regionalträger.

2 Die Beiträge können wie folgt erbracht und nachgewiesen werden:

Art der Beitragsleistung	Nachweis durch
Pflichtbeiträge aufgrund einer abhängigen Beschäftigung einschließlich des nach § 3 Nr. 62 EStG steuerfreien Arbeitgeberanteils	Lohnsteuerbescheinigung
Pflichtbeiträge aufgrund einer selbstständigen Tätigkeit (mit Ausnahme von selbstständigen Künstlern und Publizisten)	Beitragsbescheinigung des Rentenversicherungsträgers
freiwillige Beiträge	Beitragsbescheinigung des Rentenversicherungsträgers
Nachzahlung von freiwilligen Beiträgen	Beitragsbescheinigung des Rentenversicherungsträgers
freiwillige Zahlung von Beiträgen zum Ausgleich einer Rentenminderung (bei vorzeitiger Inanspruchnahme einer Altersrente) § 187a des Sechsten Buches Sozialgesetzbuch – SGB VI -	Beitragsbescheinigung des Rentenversicherungsträgers
freiwillige Zahlung von Beiträgen zum **Auffüllen von Rentenanwartschaften, die durch einen Versorgungsausgleich gemindert worden sind** § 187 SGB VI	Besondere Beitragsbescheinigung des Rentenversicherungsträgers
Abfindung von Anwartschaften auf betriebliche Altersversorgung § 187b SGB VI	Besondere Beitragsbescheinigung des Rentenversicherungsträgers

3 Bei selbständigen Künstlern und Publizisten, die nach Maßgabe des Künstlersozialversicherungsgesetzes versicherungspflichtig sind, ist als Beitrag zur gesetzlichen Rentenversicherung der von diesen entrichtete Beitrag an die Künstlersozialkasse zu berücksichtigen. Die Künstlersozialkasse fungiert als Einzugsstelle und nicht als Träger der gesetzlichen Rentenversicherung. Der Beitrag des Versicherungspflichtigen stellt den hälftigen Gesamtbeitrag dar. Der andere Teil wird in der Regel von der Künstlersozialkasse aufgebracht und setzt sich aus der Künstlersozialabgabe und einem Zuschuss des Bundes zusammen. Der von der Künstlersozialkasse gezahlte Beitragsanteil ist bei der Ermittlung der nach § 10 Abs. 1 Nr. 2 EStG zu berücksichtigenden Aufwendungen nicht anzusetzen.

4 Zu den Beiträgen zur gesetzlichen Rentenversicherung gehören auch Beiträge an ausländische gesetzliche Rentenversicherungsträger. Der Beitrag eines inländischen Arbeitgebers, den dieser an eine ausländische Rentenversicherung zahlt, ist dem Arbeitnehmer zuzurechnen, wenn die

Abführung auf vertraglicher und nicht auf gesetzlicher Grundlage erfolgte (BFH vom 18. Mai 2004, BStBl II S. 1014). Die Anwendung des § 3 Nr. 62 EStG kommt in diesen Fällen nicht in Betracht.

bb) Beiträge zu den landwirtschaftlichen Alterskassen

In der Alterssicherung der Landwirte können der Landwirt, sein Ehegatte oder in bestimmten Fällen mitarbeitende Familienangehörige versichert sein. Beiträge zu den landwirtschaftlichen Alterskassen können, soweit sie zum Aufbau einer eigenen Altersversorgung führen, von dem zur Zahlung Verpflichteten als Beiträge i. S. d. § 10 Abs. 1 Nr. 2 Buchstabe a EStG geltend gemacht werden. Werden dem Versicherungspflichtigen aufgrund des Gesetzes zur Alterssicherung der Landwirte Beitragszuschüsse gewährt, mindern diese die nach § 10 Abs. 1 Nr. 2 Buchstabe a EStG anzusetzenden Beiträge. 5

cc) Beiträge zu berufsständischen Versorgungseinrichtungen

Bei berufsständischen Versorgungseinrichtungen im steuerlichen Sinne handelt es sich um öffentlich-rechtliche Versicherungs- oder Versorgungseinrichtungen für Beschäftigte und selbständig tätige Angehörige der kammerfähigen freien Berufe, die den gesetzlichen Rentenversicherungen vergleichbare Leistungen erbringen. Die Mitgliedschaft in der berufsständischen Versorgungseinrichtung tritt aufgrund einer gesetzlichen Verpflichtung bei Aufnahme der betreffenden Berufstätigkeit ein. Die Mitgliedschaft in einer berufsständischen Versorgungseinrichtung führt in den in § 6 Abs. 1 SGB VI genannten Fallgestaltungen auf Antrag zu einer Befreiung von der gesetzlichen Rentenversicherungspflicht. 6

Welche berufsständischen Versorgungseinrichtungen diese Voraussetzung erfüllen, wird **jeweils** durch gesondertes BMF-Schreiben bekannt gegeben. 7

b) Beiträge im Sinne des § 10 Abs. 1 Nr. 2 Buchstabe b EStG

aa) Allgemeines

Eigene Beiträge (H 10.1 [abzugsberechtigte Person] der Einkommensteuer-Hinweise 2007 – EStH 2007 –) zum Aufbau einer eigenen kapitalgedeckten Altersversorgung liegen vor, wenn Personenidentität zwischen dem Beitragszahler, der versicherten Person und dem Leistungsempfänger besteht (bei Ehegatten siehe R 10.1 der Einkommensteuer-Richtlinien 2005 – EStR 2005 –). Im Fall einer ergänzenden Hinterbliebenenabsicherung ist insoweit ein abweichender Leistungsempfänger zulässig. 8

Die Beiträge können als Sonderausgaben berücksichtigt werden, wenn die Laufzeit **des Vertrages** nach dem 31. Dezember 2004 beginnt (zu **Versicherungs**verträgen mit einem Beginn der Laufzeit und mindestens einer Beitragsleistung vor dem 1. Januar 2005 vgl. Rz. 51) und der Vertrag nur die Zahlung einer monatlichen, **gleich bleibenden oder steigenden,** lebenslangen Leibrente vorsieht, die nicht vor Vollendung des 60. Lebensjahres des Steuerpflichtigen beginnt **(bei nach dem 31. Dezember 2011 abgeschlossenen Verträgen ist regelmäßig die Vollendung des 62. Lebensjahres maßgebend).** 9

Ein Auszahlungsplan erfüllt dieses Kriterium nicht. Bei einem Auszahlungsplan wird nur ein bestimmtes zu Beginn der Auszahlungsphase vorhandenes Kapital über eine gewisse Laufzeit verteilt. Nach Laufzeitende ist das Kapital aufgebraucht, so dass die Zahlungen dann enden. Insoweit ist eine lebenslange Auszahlung nicht gewährleistet. Eine andere Wertung ergibt sich auch nicht durch eine Kombination eines Auszahlungsplans mit einer sich anschließenden Teilkapitalverrentung. Begrifflich ist die „Teilverrentung" zwar eine Leibrente, allerdings wird der Auszahlungsplan durch die Verknüpfung mit einer Rente nicht selbst zu einer Leibrente. 10

Ein planmäßiges Sinken der Rentenhöhe ist nicht zulässig. Geringfügige Schwankungen in der Rentenhöhe, sofern diese Schwankungen auf in einzelnen Jahren unterschiedlich hohen Überschussanteilen in der Auszahlungsphase beruhen, die für die ab Beginn der Auszahlung garantierten Rentenleistungen gewährt werden, sind unschädlich. D. h. der auf Basis des zu Beginn der Auszahlungsphase garantierten Kapitals zuzügl. der unwiderruflich zugeteilten Überschüsse zu errechnende Rentenbetrag darf während der gesamten Auszahlungsphase nicht unterschritten werden. Ein Anlageprodukt, bei dem dem Anleger lediglich eine Rente zugesichert wird, die unter diesen Rentenbetrag sinken kann, erfüllt demnach nicht die an eine Leibrente i. S. d. § 10 Abs. 1 Nr. 2 Buchstabe b EStG zu stellenden steuerlichen Voraussetzungen. 11

Eine Auszahlung durch die regelmäßige Gutschrift einer gleich bleibenden oder steigenden Anzahl von Investmentanteilen sowie die Auszahlung von regelmäßigen Raten im Rahmen 12

eines Auszahlungsplans sind keine lebenslange Leibrente i. S. d. § 10 Abs. 1 Nr. 2 Buchstabe b EStG.

13 In der vertraglichen Vereinbarung muss geregelt sein, dass die Ansprüche aus dem Vertrag nicht vererblich, nicht übertragbar, nicht beleihbar, nicht veräußerbar und nicht kapitalisierbar sind.

bb) Absicherung von Berufsunfähigkeit, verminderter Erwerbsfähigkeit und Hinterbliebenen

14 Ergänzend können der Eintritt der Berufsunfähigkeit, der verminderten Erwerbsfähigkeit oder auch Hinterbliebene abgesichert werden, wenn die Zahlung einer Rente vorgesehen ist. Im Hinblick auf die entfallende Versorgungsbedürftigkeit, z. B. bei Ende der Erwerbsminderung durch Wegfall der Voraussetzungen für den Bezug (insbesondere bei Verbesserung der Gesundheitssituation oder Erreichen der Altersgrenze), ist es nicht zu beanstanden, wenn eine Rente zeitlich befristet ist. Ebenso ist es unschädlich, wenn der Vertrag bei Eintritt der Berufsunfähigkeit oder der verminderten Erwerbsfähigkeit anstelle oder ergänzend zu einer Rentenzahlung eine Beitragsfreistellung vorsieht.

15 Die ergänzende Absicherung des Eintritts der Berufsunfähigkeit, der verminderten Erwerbsfähigkeit und von Hinterbliebenen ist nur dann unschädlich, wenn mehr als 50 % der Beiträge auf die eigene Altersversorgung des Steuerpflichtigen entfallen. **Für das Verhältnis der Beitragsanteile zueinander ist regelmäßig auf den konkret vom Steuerpflichtigen zu zahlenden (Gesamt-)Beitrag abzustellen. Dabei dürfen die Überschussanteile aus den entsprechenden Risiken die darauf entfallenden Beiträge mindern.**

16 Sieht der Basisrentenvertrag vor, dass der Steuerpflichtige bei Eintritt der Berufsunfähigkeit oder einer verminderten Erwerbsfähigkeit von der Verpflichtung zur Beitragszahlung für diesen Vertrag – vollständig oder teilweise – freigestellt wird, sind die insoweit auf die Absicherung dieses Risikos entfallenden Beitragsanteile der Altersvorsorge zuzuordnen. Das gilt jedoch nur, wenn sie der Finanzierung der vertraglich vereinbarten lebenslangen Leibrente i. S. d. § 10 Abs. 1 Nr. 2 Buchstabe b EStG dienen und aus diesen Beitragsanteilen keine Leistungen wegen Berufsunfähigkeit oder verminderter Erwerbsfähigkeit gezahlt werden, d. h. es wird lediglich der Anspruch auf eine Altersversorgung weiter aufgebaut. Eine Zuordnung zur Altersvorsorge kann jedoch nicht vorgenommen werden, wenn der Steuerpflichtige vertragsgemäß wählen kann, ob er eine Rente wegen Berufsunfähigkeit oder verminderter Erwerbsfähigkeit erhält oder die Beitragsfreistellung in Anspruch nimmt.

17 Sieht der Basisrentenvertrag vor, dass der Steuerpflichtige eine Altersrente und nach seinem Tode der überlebende Ehepartner seinerseits eine lebenslange Leibrente i. S. d. § 10 Abs. 1 Nr. 2 Buchstabe b EStG (insbesondere nicht vor Vollendung seines 60. bzw. 62. Lebensjahres für Verträge die nach dem 31. Dezember 2011 abgeschlossen wurden) erhält, handelt es sich nicht um eine ergänzende Hinterbliebenenabsicherung, sondern insgesamt um eine Altersvorsorge. Der Beitrag ist deshalb in vollem Umfang der Altersvorsorge zuzurechnen. Erfüllt dagegen die zugesagte Rente für den hinterbliebenen Ehegatten nicht die Voraussetzungen des § 10 Abs. 1 Nr. 2 Buchstabe b EStG (insbesondere im Hinblick auf das Mindestalter für den Beginn der Rentenzahlung), liegt eine ergänzende Hinterbliebenenabsicherung vor. Die Beitragsanteile, die nach versicherungsmathematischen Grundsätzen auf das Risiko der Rentenzahlung an den hinterbliebenen Ehegatten entfallen, sind daher der ergänzenden Hinterbliebenenabsicherung zuzuordnen.

18 Wird die Hinterbliebenenversorgung ausschließlich aus dem bei Tod des Steuerpflichtigen vorhandenen Altersvorsorge-(Rest-)kapitals finanziert, handelt es sich bei der Hinterbliebenenabsicherung nicht um eine Risikoabsicherung und der Beitrag ist insoweit der Altersvorsorge zuzurechnen. Das gilt auch, wenn der Steuerpflichtige eine entsprechend gestaltete Absicherung des Ehegatten als besondere Komponente im Rahmen seines (einheitlichen) Basisrentenvertrages hinzu- oder später wieder abwählen kann (z. B. bei Scheidung, Wiederheirat etc.).

19 Sowohl die Altersversorgung als auch die ergänzenden Absicherungen müssen in einem einheitlichen Vertrag geregelt sein. Andernfalls handelt es sich nicht um ergänzende Absicherungen zu einem Basisrentenvertrag, sondern um eigenständige Versicherungen. In diesem Fall sind die Aufwendungen hierfür unter den Voraussetzungen des § 10 Abs. 1 Nr. 3 EStG als sonstige Vorsorgeaufwendungen zu berücksichtigen (Rz. 50 ff.).

20 Bei einem Basisrentenvertrag auf Grundlage von Investmentfonds kann der Einschluss einer ergänzenden Absicherung des Eintritts der Berufsunfähigkeit, der verminderten Erwerbsfähigkeit oder einer zusätzlichen Hinterbliebenenrente im Wege eines einheitlichen Vertrags zugunsten Dritter gem. §§ 328 ff. BGB erfolgen. Hierbei ist die Kapitalanlagegesellschaft Versicherungsnehmer, während der Steuerpflichtige die versicherte Person ist und den eigentlichen (Renten-)Anspruch gegen das entsprechende Versicherungsunternehmen erhält. Dies wird im Fall der Vereinbarung einer Berufsunfähigkeits- bzw. Erwerbsunfähigkeitsrente in den Vertrags-

bedingungen durch Abtretung des Bezugsrechts an den Steuerpflichtigen ermöglicht. Im Falle der Vereinbarung einer zusätzlichen Hinterbliebenenrente erfolgt die Abtretung des Bezugsrechts an den privilegierten Hinterbliebenen. Die Kapitalanlagegesellschaft leitet die Beiträge des Steuerpflichtigen, soweit sie für die ergänzende Absicherung bestimmt sind, an den Versicherer weiter.

Zu den Hinterbliebenen, die zusätzlich abgesichert werden können, gehören nur der Ehegatte des Steuerpflichtigen und Kinder i. S. d. § 32 EStG. Der Anspruch auf Waisenrente ist dabei auf den Zeitraum zu begrenzen, in dem das Kind die Voraussetzungen des § 32 EStG erfüllt. Es ist nicht zu beanstanden, wenn die Waisenrente auch für den Zeitraum gezahlt wird, in dem das Kind nur die Voraussetzungen nach § 32 Abs. 4 Satz 1 EStG erfüllt. Für die vor dem 1. Januar 2007 abgeschlossenen Verträge gilt für das Vorliegen einer begünstigten Hinterbliebenenversorgung die Altersgrenze des § 32 EStG in der bis zum 31. Dezember 2006 geltenden Fassung (§ 52 Abs. 40 Satz 7 EStG). In diesen Fällen können z. B. Kinder in Berufsausbildung in der Regel bis zur Vollendung des 27. Lebensjahres berücksichtigt werden. 21

cc) Weitere Vertragsvoraussetzungen

Für die Anerkennung als Beiträge zur eigenen kapitalgedeckten Altersversorgung i. S. d. § 10 Abs. 1 Nr. 2 Buchstabe b EStG müssen die Ansprüche aus dem Vertrag folgende weitere Voraussetzungen erfüllen: 22

- Nichtvererblichkeit:

  Es darf nach den Vertragsbedingungen nicht zu einer Auszahlung an die Erben kommen; im Todesfall kommt das vorhandene Vermögen der Versichertengemeinschaft **bzw. der Gemeinschaft der verbleibenden Vorsorgesparer** zugute. Die Nichtvererblichkeit wird z. B. nicht ausgeschlossen durch gesetzlich zugelassene Hinterbliebenenleistungen im Rahmen der ergänzenden Hinterbliebenenabsicherung (Rz. 15 ff.) und durch Rentenzahlungen für die Zeit bis zum Ablauf des Todesmonats an die Erben.
  Im Rahmen von Fondsprodukten (Publikumsfonds) kann die Nichtvererblichkeit dadurch sichergestellt werden, dass keine erbrechtlich relevanten Vermögenswerte aufgrund des Basisrentenvertrages beim Steuerpflichtigen vorhanden sind. Diese Voraussetzung kann entweder über eine auflösend bedingte Ausgestaltung des schuldrechtlichen Leistungsanspruchs („Treuhandlösung") oder im Wege spezieller Sondervermögen erfüllt werden, deren Vertragsbedingungen vorsehen, dass im Falle des Todes des Anlegers dessen Anteile zugunsten des Sondervermögens eingezogen werden („Fondslösung"). Ebenso kann diese Voraussetzung durch eine vertragliche Vereinbarung zwischen dem Anbieter und dem Steuerpflichtigen erfüllt werden, nach der im Falle des Todes des Steuerpflichtigen der Gegenwert seiner Fondsanteile der Sparergemeinschaft zugute kommt („vertragliche Lösung").
  Für die bei einem fondsbasierten Basis-/Rürup-Rentenprodukt im Rahmen der „vertraglichen Lösung" anfallenden „Sterblichkeitsgewinne" sowie für den Einzug der Anteile am Sondervermögen und die anschließende Verteilung bei der „Treuhandlösung" fällt mit Blick auf die persönlichen Freibeträge der Erwerber keine Erbschaftsteuer an.
- Nichtübertragbarkeit:

  Der Vertrag darf keine Übertragung der Ansprüche des Leistungsempfängers auf eine andere Person vorsehen z. B. im Wege der Schenkung; die Pfändbarkeit nach den Vorschriften der ZPO steht dem nicht entgegen. Die Übertragbarkeit zur Regelung von Scheidungsfolgen ist unschädlich. Der Vertrag darf zulassen, dass die Ansprüche des Leistungsempfängers aus dem Vertrag unmittelbar auf einen Vertrag auch bei einem anderen Unternehmen übertragen werden, sofern der neue Vertrag die Voraussetzungen des § 10 Abs. 1 Nr. 2 Buchstabe b EStG ebenfalls erfüllt.
- Nichtbeleihbarkeit:

  Es muss vertraglich ausgeschlossen sein, dass die Ansprüche z. B. sicherungshalber abgetreten oder verpfändet werden können.
- Nichtveräußerbarkeit:

  Der Vertrag muss so gestaltet sein, dass die Ansprüche nicht an einen Dritten veräußert werden können.
- Nichtkapitalisierbarkeit:

  Es darf vertraglich kein Recht auf Kapitalisierung des Rentenanspruchs vorgesehen sein mit Ausnahme der Abfindung einer Kleinbetragsrente in Anlehnung an § 93 Abs. 3 Satz 2 und 3 EStG. **Die Abfindungsmöglichkeit besteht erst mit dem Beginn der Auszahlungsphase, frühestens mit Vollendung des 60. Lebensjahres des Leistungsempfängers (bei nach dem**

31. Dezember 2011 abgeschlossenen Verträgen ist grundsätzlich die Vollendung des 62. Lebensjahres maßgebend, vgl. Rz. 9).

23 Zu den nach § 10 Abs. 1 Nr. 2 Buchstabe b EStG begünstigten Beiträgen können auch Beiträge gehören, die im Rahmen der betrieblichen Altersversorgung erbracht werden (rein arbeitgeberfinanzierte und durch Entgeltumwandlung finanzierte Beiträge sowie Eigenbeiträge). Nicht zu berücksichtigen sind steuerfreie Beiträge, pauschal besteuerte Beiträge (H 10.1 [Zukunftssicherungsleistungen] EStH 2007) und Beiträge, die aufgrund einer Altzusage geleistet werden **(vgl. Rz. 245 ff. und 270 des BMF-Schreiben vom 5. Februar 2008, BStBl I S. 420).**

24 Werden Beiträge zugunsten von Vorsorgeverträgen geleistet, die u. a. folgende Möglichkeiten vorsehen, liegen keine Beiträge i. S. d. § 10 Abs. 1 Nr. 2 Buchstabe b EStG vor:

- Kapitalwahlrecht,
- Anspruch bzw. Optionsrecht auf (Teil-) Auszahlung nach Eintritt des Versorgungsfalls,
- Zahlung eines Sterbegeldes,
- Abfindung einer Rente – Abfindungsansprüche und Beitragsrückerstattungen im Fall einer Kündigung des Vertrags; dies gilt nicht für gesetzliche Abfindungsansprüche (z. B. § 3 BetrAVG) oder die Abfindung einer Kleinbetragsrente (vgl. Rz. 22).

c) Zusammenhang mit steuerfreien Einnahmen

25 Voraussetzung für die Berücksichtigung von Vorsorgeaufwendungen i. S. d. § 10 Abs. 1 Nr. 2 EStG ist, dass sie nicht in unmittelbarem wirtschaftlichen Zusammenhang mit steuerfreien Einnahmen stehen. Beiträge – z. B. zur gesetzlichen Rentenversicherung – in unmittelbarem wirtschaftlichen Zusammenhang mit steuerfreiem Arbeitslohn (z. B. nach dem Auslandstätigkeitserlass, aufgrund eines Doppelbesteuerungsabkommens oder aufgrund des zusätzlichen Höchstbetrags von 1 800 € nach § 3 Nr. 63 Satz 3 EStG) sind nicht als Sonderausgaben abziehbar. **Dies gilt nicht, wenn Arbeitslohn nicht zum Zufluss von Arbeitslohn führt, jedoch beitragspflichtig ist (z. B. Umwandlung zugunsten einer Direktzusage oberhalb von 4 % der Beitragsbemessungsgrenze in der allgemeinen Rentenversicherung; § 115 des Vierten Buches Sozialgesetzbuch – SGB IV –).** Die Hinzurechnung des nach § 3 Nr. 62 EStG steuerfreien Arbeitgeberanteils oder eines gleichgestellten steuerfreien Zuschusses des Arbeitgebers nach § 10 Abs. 1 Nr. 2 Satz 2 EStG bleibt hiervon unberührt; dies gilt nicht, soweit der steuerfreie Arbeitgeberanteil auf steuerfreien Arbeitslohn entfällt.

d) Beitragsempfänger

26 Zu den Beitragsempfängern i. S. d. § 10 Abs. 2 Nr. 2 Buchstabe a EStG gehören auch Pensionsfonds, die wie Versicherungsunternehmen den aufsichtsrechtlichen Regelungen des Versicherungsaufsichtsgesetzes unterliegen **und – seit 1. Januar 2006 – Anbieter i. S. d. § 80 EStG. Die Produktvoraussetzungen für das Vorliegen einer Basisrente (§ 10 Abs. 1 Nr. 2 Buchstabe b EStG) werden dadurch nicht erweitert.**

2. Ermittlung des Abzugsbetrags nach § 10 Abs. 3 EStG

a) Höchstbetrag

27 Die begünstigten Beiträge sind nach § 10 Abs. 3 EStG bis zu 20 000 € als Sonderausgaben abziehbar. Im Falle der Zusammenveranlagung von Ehegatten verdoppelt sich der Betrag auf 40 000 € – unabhängig davon, wer von den Ehegatten die begünstigten Beiträge entrichtet hat.

b) Kürzung des Höchstbetrags nach § 10 Abs. 3 Satz 3 EStG

28 Der Höchstbetrag ist bei einem Steuerpflichtigen, der zum Personenkreis des § 10c Abs. 3 Nr. 1 oder 2 EStG gehört, um den Betrag zu kürzen, der dem Gesamtbeitrag (Arbeitgeber- und Arbeitnehmeranteil) zur allgemeinen Rentenversicherung entspricht. Der Gesamtbeitrag ist dabei anhand der Einnahmen aus der Tätigkeit zu ermitteln, die die Zugehörigkeit zum genannten Personenkreis begründen.

29 Eine Kürzung des Höchstbetrags ist auch bei einem Steuerpflichtigen vorzunehmen, der Einkünfte i. S. d. § 22 Nr. 4 EStG erzielt und der ganz oder teilweise ohne eigene Beitragsleistungen einen Anspruch auf Altersversorgung erwirbt.

30 Für die Berechnung des Kürzungsbetrages ist auf den zu Beginn des jeweiligen Kalenderjahres geltenden Beitragssatz in der allgemeinen Rentenversicherung abzustellen.

aa) Kürzung des Höchstbetrags beim Personenkreis des § 10 c Abs. 3 Nr. 1 EStG

Zum Personenkreis des § 10 c Abs. 3 Nr. 1 EStG gehören insbesondere 31

- Beamte, Richter, Berufssoldaten, Soldaten auf Zeit, Amtsträger,
- Arbeitnehmer, die nach § 5 Abs. 1 Nr. 2 und 3 SGB VI oder § 230 SGB VI versicherungsfrei sind (z. B. Beschäftigte bei Trägern der Sozialversicherung, Geistliche der als öffentlich-rechtliche Körperschaften anerkannten Religionsgemeinschaften),
- Arbeitnehmer, die auf Antrag des Arbeitgebers von der gesetzlichen Rentenversicherungspflicht befreit worden sind, z. B. eine Lehrkraft an nicht öffentlichen Schulen, bei der eine Altersversorgung nach beamtenrechtlichen oder entsprechenden kirchenrechtlichen Grundsätzen gewährleistet ist.

Der Höchstbetrag nach § 10 Abs. 3 Satz 1 EStG ist um einen fiktiven Gesamtbeitrag zur allgemeinen Rentenversicherung zu kürzen. Bemessungsgrundlage für den Kürzungsbetrag sind die erzielten steuerpflichtigen Einnahmen aus der Tätigkeit, die die Zugehörigkeit zum Personenkreis des § 10c Abs. 3 Nr. 1 EStG begründen, höchstens bis zum Betrag der Beitragsbemessungsgrenze in der allgemeinen Rentenversicherung. 32

Es ist unerheblich, ob die Zahlungen insgesamt beitragspflichtig gewesen wären, wenn Versicherungspflicht in der gesetzlichen Rentenversicherung bestanden hätte. Aus Vereinfachungsgründen ist einheitlich auf die Beitragsbemessungsgrenze (Ost) in der allgemeinen Rentenversicherung abzustellen. 33

bb) Kürzung des Höchstbetrags beim Personenkreis des § 10 c Abs. 3 Nr. 2 EStG

Zum Personenkreis des § 10c Abs. 3 Nr. 2 EStG gehören **Arbeitnehmer, die während des ganzen oder eines Teils des Kalenderjahres nicht der gesetzlichen Rentenversicherungspflicht unterliegen und** denen eine betriebliche Altersversorgung zugesagt worden ist. **Hierzu gehören insbesondere beherrschende Gesellschafter-Geschäftsführer einer GmbH oder Vorstandsmitglieder einer Aktiengesellschaft. Die Höhe der Versorgungszusage und die Art der Finanzierung sind für die Zugehörigkeit zum Personenkreis des § 10c Abs. 3 Nr. 2 EStG unbeachtlich.** 34

Für Veranlagungszeiträume von 2005 bis 2007 wird hinsichtlich der Zugehörigkeit zum Personenkreis des § 10c Abs. 3 Nr. 2 EStG danach differenziert, ob das Anwartschaftsrecht ganz oder teilweise ohne eigene Beitragsleistung bzw. durch nach § 3 Nr. 63 EStG steuerfreie Beiträge aufgebaut wurde; siehe hierzu BMF-Schreiben vom 22. Mai 2007, BStBl I S. 493. 35

Kommt eine Kürzung des Höchstbetrages nach § 10 Abs. 3 Satz 3 EStG in Betracht, gelten die Rz. 32 Satz 2 und 3 und Rz. 33 entsprechend. 36

cc) Kürzung des Höchstbetrags bei Steuerpflichtigen mit Einkünften im Sinne des § 22 Nr. 4 EStG

Zu den Steuerpflichtigen, die Einkünfte i. S. d. § 22 Nr. 4 EStG beziehen, gehören insbesondere 37

- Bundestagsabgeordnete,
- Landtagsabgeordnete,
- Abgeordnete des Europaparlaments.

Nicht zu diesem Personenkreis gehören z. B. 38

- ehrenamtliche Mitglieder kommunaler Vertretungen,
- kommunale Wahlbeamte wie Landräte und Bürgermeister.

Eine Kürzung des Höchstbetrags nach § 10 Abs. 3 Satz 3 EStG ist jedoch nur vorzunehmen, wenn der Steuerpflichtige zum genannten Personenkreis gehört und ganz oder teilweise ohne eigene Beitragsleistung einen Anspruch auf Altersversorgung nach dem Abgeordnetengesetz, dem Europaabgeordnetengesetz oder entsprechenden Gesetzen der Länder erwirbt. 39

Bemessungsgrundlage für den Kürzungsbetrag sind die Einnahmen i. S. d. § 22 Nr. 4 EStG, soweit sie die Zugehörigkeit zum Personenkreis im Sinne der Rz. 39 begründen, höchstens der Betrag der Beitragsbemessungsgrenze in der allgemeinen Rentenversicherung. Aus Vereinfachungsgründen ist einheitlich auf die Beitragsbemessungsgrenze (Ost) in der allgemeinen Rentenversicherung abzustellen. 40

c) Kürzung des Höchstbetrags bei Ehegatten

Bei Ehegatten ist für jeden Ehegatten gesondert zu prüfen, ob und ggf. in welcher Höhe der gemeinsame Höchstbetrag von 40 000 € zu kürzen ist (Rz. 28 ff.). 41

d) Übergangsregelung (2005 bis 2024)

42 den Übergangszeitraum von 2005 bis 2024 sind die nach den Rz. 1 bis 23 und 26 bis 41 zu berücksichtigenden Aufwendungen mit dem sich aus § 10 Abs. 3 Satz 4 und 6 EStG ergebenden **Prozentsatz** anzusetzen:

Jahr	Prozentsatz
2005	60
2006	62
2007	64
2008	66
2009	68
2010	70
2011	72
2012	74
2013	76
2014	78
2015	80
2016	82
2017	84
2018	86
2019	88
2020	90
2021	92
2022	94
2023	96
2024	98
ab 2025	100

e) Kürzung des Abzugsbetrags bei Arbeitnehmern nach § 10 Abs. 3 Satz 5 EStG

43 Bei Arbeitnehmern, die steuerfreie Arbeitgeberleistungen nach § 3 Nr. 62 EStG oder diesen gleichgestellte steuerfreie Zuschüsse des Arbeitgebers erhalten haben, ist der sich nach der Rz. 42 ergebende Abzugsbetrag um diese Beträge zu kürzen (nicht jedoch unter 0 €). Haben beide Ehegatten steuerfreie Arbeitgeberleistungen erhalten, ist der Abzugsbetrag um beide Beträge zu kürzen.

Beispiele

44 Bei der Berechnung der Beispiele wurde ein Beitragssatz zur allgemeinen Rentenversicherung (RV) i. H v. **19,9 %** unterstellt.

45 **Beispiel 1:**

Ein lediger Arbeitnehmer zahlt im Jahr **2008** einen Arbeitnehmeranteil zur allgemeinen Rentenversicherung i. H v. 4 000 €. Zusätzlich wird ein steuerfreier Arbeitgeberanteil in gleicher Höhe gezahlt. Daneben hat der Arbeitnehmer noch eine Leibrentenversicherung i. S. d. § 10 Abs. 1 Nr. 2 Buchstabe b EStG abgeschlossen und dort Beiträge i. H v. 3 000 € eingezahlt.i. S. d.

Im Jahr **2008** können Altersvorsorgeaufwendungen i. H. v. **3 260** € als Sonderausgaben nach § 10 Abs. 1 Nr. 2 i. V. m. Abs. 3 EStG abgezogen werden:

Arbeitnehmerbeitrag	4 000 €	
Arbeitgeberbeitrag	4 000 €	
Leibrentenversicherung	3 000 €	
insgesamt	11 000 €	
Höchstbetrag	20 000 €	
66 % des geringeren Betrages		7 260 €
abzügl. steuerfreier Arbeitgeberanteil		4 000 €
verbleibender Betrag		3 260 €

Zusammen mit dem steuerfreien Arbeitgeberbeitrag werden damit Altersvorsorgeaufwendungen i. H. v. **7260** € von der Besteuerung freigestellt. Dies entspricht **66** % der insgesamt geleisteten Beiträge.

46 **Beispiel 2:**

Ein lediger Beamter zahlt 3 000 € in eine begünstigte Leibrentenversicherung i. S. d. § 10 Abs. 1 Nr. 2 Buchstabe b EStG, um zusätzlich zu seinem Pensionsanspruch eine Altersversorgung zu erwerben. Seine Einnahmen aus dem Beamtenverhältnis betragen **40 202** €.

Im Jahr **2008** können Altersvorsorgeaufwendungen i. H. v. **1 980 €** als Sonderausgaben abgezogen werden:

Leibrentenversicherung		3 000 €
Höchstbetrag	20 000 €	
abzügl. fiktiver Gesamtbeitrag RV		
(**40 202 €** × **19,9** % =)	8 000 €	
gekürzter Höchstbetrag		12 000 €
66 % des geringeren Betrages		**1 980 €**

Auch bei diesem Steuerpflichtigen werden 66 % der Beiträge von der Besteuerung freigestellt.

Beispiel 3: 47

Die Eheleute A und B zahlen im Jahr **2008** jeweils 8 000 € für eine Leibrentenversicherung i. S. d. § 10 Abs. 1 Nr. 2 Buchstabe b EStG. A ist im Jahr **2008** als selbständiger Steuerberater tätig und zahlt darüber hinaus 15 000 € in die berufsständische Versorgungseinrichtung der Steuerberater, die der gesetzlichen Rentenversicherung vergleichbare Leistungen erbringt. B ist Beamtin ohne eigene Aufwendungen für ihre künftige Pension. Ihre Einnahmen aus dem Beamtenverhältnis betragen **40 202 €**.

Im Jahr **2008** können Altersvorsorgeaufwendungen i. H. v. **20460 €** als Sonderausgaben abgezogen werden:

berufsständische Versorgungseinrichtung	15 000 €	
Leibrentenversicherung	16 000 €	
insgesamt		31 000 €
Höchstbetrag	40 000 €	
abzügl. fiktiver Gesamtbeitrag RV		
(**40 202 €** × **19,9** % =)	8 000 €	
gekürzter Höchstbetrag		32 000 €
66 % des geringeren Betrages		**20 460 €**

Die Beiträge nach § 168 Abs. 1 Nr. 1b oder 1c SGB VI (geringfügig versicherungspflichtig Beschäftigte) oder nach § 172 Abs. 3 oder 3a SGB VI (versicherungsfrei geringfügig Beschäftigte) vermindern den abziehbaren Betrag nur, wenn der Steuerpflichtige die Hinzurechnung dieser Beiträge zu den Vorsorgeaufwendungen nach § 10 Abs. 1 Nr. 2 Satz 3 EStG beantragt hat. Dies gilt, obwohl der Arbeitgeberbeitrag nach § 3 Nr. 62 EStG steuerfrei ist. 48

Für Veranlagungszeiträume vor 2008 erfolgt hingegen eine Hinzurechnung und Kürzung unabhängig davon, ob der Beitrag in einer Lohnsteuerbescheinigung ausgewiesen wird oder ob eine Pauschalbesteuerung nach § 40a EStG erfolgt ist. Im Fall der Zusammenveranlagung von Ehegatten ist dieses Verfahren entsprechend anzuwenden. Eine Einzelbetrachtung der Ehegatten ist nicht vorzunehmen. Der bei den Ehegatten insgesamt zu berücksichtigende Abzugsbetrag für Altersvorsorgeaufwendungen ist folglich um die Summe der für einen oder beide Ehegatten erbrachten steuerfreien Arbeitgeberleistungen nach § 3 Nr. 62 EStG oder diesen gleichgestellten steuerfreien Zuschüsse des Arbeitgebers zu mindern; das Ergebnis dieser Berechnung darf 0 € nicht unterschreiten. 49

II. Sonderausgabenabzug für Beiträge nach § 10 Abs. 1 Nr. 3 EStG

1. Begünstigte Beiträge

Begünstigt sind nach § 10 Abs. 1 Nr. 3 Buchstabe a EStG Beiträge zu 50

- Versicherungen gegen Arbeitslosigkeit (gesetzliche Beiträge an die Bundesagentur für Arbeit und Beiträge zu privaten Versicherungen),
- Erwerbs- und Berufsunfähigkeitsversicherungen, die nicht Bestandteil einer Versicherung i. S. d. § 10 Abs. 1 Nr. 2 Buchstabe b EStG sind; dies gilt auch für Beitragsbestandteile von kapitalbildenden Lebensversicherungen im Sinne des § 20 Abs. 1 Nr. 6 EStG, die bei der Ermittlung des steuerpflichtigen Ertrags nicht abgezogen werden dürfen,
- gesetzlichen oder privaten Kranken- und Pflegeversicherungen,
- Unfallversicherungen, wenn es sich nicht um eine Unfallversicherung mit garantierter Beitragsrückzahlung handelt, die insgesamt als Rentenversicherung oder Kapitalversicherung behandelt wird,
- Haftpflichtversicherungen,
- Lebensversicherungen, die nur für den Todesfall eine Leistung vorsehen (Risikolebensversicherungen).

Rz. 25 gilt entsprechend.

51 Begünstigt sind nach § 10 Abs. 1 Nr. 3 Buchstabe b EStG Beiträge zu

- Rentenversicherungen i. S. d. § 10 Abs. 1 Nr. 2 Buchstabe b EStG,
- Rentenversicherungen ohne Kapitalwahlrecht, die die Voraussetzungen des § 10 Abs. 1 Satz 1 Nr. 2 EStG nicht erfüllen,
- Rentenversicherungen mit Kapitalwahlrecht gegen laufende Beitragsleistung, wenn das Kapitalwahlrecht nicht vor Ablauf von zwölf Jahren seit Vertragsabschluss ausgeübt werden kann,
- Kapitalversicherungen gegen laufende Beitragsleistung mit Sparanteil, wenn der Vertrag für die Dauer von mindestens zwölf Jahren abgeschlossen wird,

wenn die Laufzeit dieser Versicherungen vor dem 1. Januar 2005 begonnen hat und mindestens ein Versicherungsbeitrag bis zum 31. Dezember 2004 entrichtet wurde. Der Zeitpunkt des Vertragsabschlusses ist insoweit unmaßgeblich. Rz. 18 gilt entsprechend.

52 Ein Versicherungsbeitrag ist bis zum 31. Dezember 2004 entrichtet, wenn nach § 11 Abs. 2 EStG der Beitrag einem Kalenderjahr vor 2005 zuzuordnen ist. Für Beiträge im Rahmen der betrieblichen Altersversorgung an einen Pensionsfonds, an eine Pensionskasse oder für eine Direktversicherung gilt **Rz. 228 des BMF-Schreiben vom 5. Februar 2008,** BStBl I S. 420.

53 Für die Berücksichtigung von Beiträgen nach § 10 Abs. 1 Nr. 3 Buchstabe b EStG gelten außerdem die bisherigen Regelungen zu § 10 Abs. 1 Nr. 2 Satz 2 bis 5 und Abs. 2 Satz 2 EStG in der am 31. Dezember 2004 geltenden Fassung.

2. Ermittlung des Abzugsbetrags nach § 10 Abs. 4 EStG

a) Höchstbetrag

54 Vorsorgeaufwendungen i. S. d. § 10 Abs. 1 Nr. 3 EStG können (vorbehaltlich der Rz. 55 ff.) grundsätzlich bis zur Höhe von 2 400 € abgezogen werden (z. B. bei Steuerpflichtigen, die Aufwendungen für ihre Krankenversicherung und Krankheitskosten vollständig aus eigenen Mitteln tragen oder bei Angehörigen von Beihilfeberechtigten, die nach den beihilferechtlichen Bestimmungen nicht über einen eigenen Beihilfeanspruch verfügen).

55 Bei einem Steuerpflichtigen, der ganz oder teilweise ohne eigene Aufwendungen einen eigenen Anspruch auf vollständige oder teilweise Erstattung oder Übernahme von Krankheitskosten hat oder für dessen Krankenversicherung Leistungen i. S. d. § 3 Nr. 14, 57 oder 62 EStG erbracht werden, vermindert sich der Höchstbetrag auf 1 500 €. Dies gilt auch, wenn die Voraussetzungen nur in einem Teil des Kalenderjahres vorliegen. **Ohne Bedeutung ist hierbei, ob aufgrund eines Anspruches tatsächlich Leistungen erbracht werden sowie die konkrete Höhe des Anspruchs. Es kommt nur darauf an, dass ganz oder teilweise ohne eigene Aufwendungen ein eigener Anspruch besteht. Ein vom Arbeitgeber im Rahmen einer geringfügigen Beschäftigung erbrachter pauschaler Beitrag zur gesetzlichen Krankenversicherung führt nicht zum Ansatz des verminderten Höchstbetrages.**

56 Der Höchstbetrag i. H. v. 1 500 € gilt z. B. für

- Rentner, die aus der gesetzlichen Rentenversicherung nach § 3 Nr. 14 EStG steuerfreie Zuschüsse zu den Krankenversicherungsbeiträgen erhalten,
- **Rentner, bei denen der Träger der gesetzlichen Rentenversicherung Beiträge an eine gesetzliche Krankenversicherung zahlt,**
  - sozialversicherungspflichtige Arbeitnehmer, für die der Arbeitgeber nach § 3 Nr. 62 EStG steuerfreie Beiträge zur Krankenversicherung leistet; **das gilt auch dann, wenn der Arbeitslohn aus einer Auslandstätigkeit auf Grund eines DBA steuerfrei gestellt wird,**
  - Besoldungsempfänger oder gleichgestellte Personen, die von ihrem Arbeitgeber nach § 3 Nr. 11 EStG steuerfreie Beihilfen zu Krankheitskosten erhalten,
- **Beamte, die in der gesetzlichen Krankenversicherung freiwillig versichert sind und deshalb keine Beihilfe zu ihren Krankheitskosten – trotz eines grundsätzlichen Anspruchs – erhalten.**
  - Versorgungsempfänger im öffentlichen Dienst mit Beihilfeanspruch oder gleichgestellte Personen,
  - in der gesetzlichen Krankenversicherung ohne eigene Beiträge familienversicherte Angehörige.
- **Personen, für die steuerfreie Leistungen der Künstlersozialkasse nach § 3 Nr. 57 EStG erbracht werden.**

b) Abzugsbetrag bei Ehegatten

Bei zusammen veranlagten Ehegatten ist zunächst für jeden Ehegatten nach dessen persönlichen Verhältnissen der ihm zustehende Höchstbetrag zu bestimmen. Die Summe der beiden Höchstbeträge ist der gemeinsame Höchstbetrag, bis zu dessen Höhe die Aufwendungen beider Ehegatten insgesamt abzuziehen sind. 57

III. Günstigerprüfung nach § 10 Abs. 4a EStG

Die Regelungen zum Abzug von Vorsorgeaufwendungen nach § 10 Abs. 1 Nr. 2 und 3 EStG sind in bestimmten Fällen ungünstiger als nach der für das Kalenderjahr 2004 geltenden Fassung des § 10 Abs. 3 EStG. Zur Vermeidung einer Schlechterstellung wird in diesen Fällen der höhere Betrag berücksichtigt. Die Überprüfung erfolgt von Amts wegen. Einbezogen in die Überprüfung werden nur Vorsorgeaufwendungen, die nach dem ab 2005 geltenden Recht abziehbar sind. Hierzu gehört nicht der nach § 10 Abs. 1 Nr. 2 Satz 2 EStG hinzuzurechnende Betrag (steuerfreier Arbeitgeberanteil zur gesetzlichen Rentenversicherung und ein diesem gleichgestellter steuerfreier Zuschuss des Arbeitgebers). 58

Für die Jahre 2011 bis 2019 werden bei der Anwendung des § 10 Abs. 3 EStG in der für das Kalenderjahr 2004 geltenden Fassung die Höchstbeträge für den Vorwegabzug schrittweise gekürzt; Einzelheiten ergeben sich aus der Tabelle zu § 10 Abs. 4a EStG. 59

Ab dem Jahr 2006 werden in die Günstigerprüfung nach § 10 Abs. 4a Satz 1 EStG zunächst nur die Vorsorgeaufwendungen ohne die Beiträge nach § 10 Abs. 1 Nr. 2 Buchstabe b EStG einbezogen. Die Beiträge zu einer eigenen kapitalgedeckten Altersversorgung i. S. d. § 10 Abs. 1 Nr. 2 Buchstabe b EStG (siehe Rz. 8 bis 24) werden gesondert und zwar stets mit dem sich aus § 10 Abs. 3 Satz 4 und 6 EStG ergebenden Prozentsatz berücksichtigt. Hierfür erhöhen sich die nach der Günstigerprüfung als Sonderausgaben zu berücksichtigenden Beträge um einen Erhöhungsbetrag (§ 10 Abs. 4a Satz 1 und 3 EStG) für Beiträge nach § 10 Abs. 1 Nr. 2 Buchstabe b EStG. Es ist jedoch im Rahmen der Günstigerprüfung mindestens der Betrag anzusetzen, der sich ergibt, wenn auch die Beiträge nach § 10 Abs. 1 Nr. 2 Buchstabe b EStG in die Günstigerprüfung nach § 10 Abs. 4a Satz 1 EStG einbezogen werden, allerdings ohne Hinzurechnung des Erhöhungsbetrags nach § 10 Abs. 4a Satz 1 und 3 EStG. Der jeweils höhere Betrag (Vorsorgeaufwendungen nach dem ab 2005 geltenden Recht, Vorsorgeaufwendungen nach dem für das Jahr 2004 geltenden Recht zuzügl. Erhöhungsbetrag oder Vorsorgeaufwendungen nach dem für das Jahr 2004 geltenden Recht einschließlich Beiträge nach § 10 Abs. 1 Nr. 2 Buchstabe b EStG) wird dann als Sonderausgaben berücksichtigt. 60

Beispiel: 61

Die Eheleute A (Gewerbetreibender) und B (Hausfrau) zahlen im Jahr **2008** folgende Versicherungsbeiträge:

Leibrentenversicherung (§ 10 Abs. 1 Nr. 2 Buchstabe b EStG)	2 000 €
Private Krankenversicherung	6 000 €
Haftpflichtversicherungen	1 200 €
Kapitalversicherung (Versicherungsbeginn 1995, Laufzeit 25 Jahre)	3 600 €
Kapitalversicherung (Versicherungsbeginn 2005, Laufzeit 20 Jahre)	2 400 €
Insgesamt	15 200 €

Die Beiträge zu der Kapitalversicherung mit Versicherungsbeginn im Jahr 2005 sind nicht zu berücksichtigen, weil sie nicht die Voraussetzungen des § 10 Abs. 1 Nr. 2 und 3 EStG erfüllen.

Abziehbar nach § 10 Abs. 1 Nr. 2 i. V. m § 10 Abs. 3 EStG und § 10 Abs. 1 Nr. 3 i. V. m § 10 Abs. 4 EStG **(abziehbare Vorsorgeaufwendungen nach dem ab 2005 geltenden Recht):**

a)	Beiträge zur Altersversorgung:	2 000 €		
	Höchstbetrag (ungekürzt)	40 000 €		
	zu berücksichtigen		2 000 €	
	davon **66** %			**1320** €
b)	sonstige Vorsorgeaufwendungen:			
	Krankenversicherung	6 000 €		
	Haftpflichtversicherungen	1 200 €		
	Kapitalversicherung (88 % von 3 600 €)	3 168 €		
	insgesamt		10 368 €	
	Höchstbetrag nach § 10 Abs. 4 EStG:		4 800 €	
	anzusetzen			4 800 €
c)	abziehbar			**6 120** €

Günstigerprüfung nach § 10 Abs. 4a Satz 1 EStG:

Abziehbare Vorsorgeaufwendungen in der für das Kalenderjahr 2004 geltenden Fassung **des § 10 Abs. 3 EStG (ohne Beiträge i. S. d. § 10 Abs. 1 Nr. 2 Buchstabe b EStG) zuzügl. Erhöhungsbetrag nach § 10 Abs. 4a Satz 3 EStG:**

a)	Krankenversicherung		6 000 €
	Haftpflichtversicherungen		1 200 €
	Kapitalversicherung		3 168 €
	Summe		**10 368 €**
	davon abziehbar:		
	Vorwegabzug	6 136 €	6 136 €
	verbleibende Aufwendungen	**4 232 €**	
	Grundhöchstbetrag	2 668 €	2 668 €
	verbleibende Aufwendungen	**1 564 €**	
	hälftige Aufwendungen	782 €	
	hälftiger Höchstbetrag	1 334 €	**782 €**
	Zwischensumme		**9 586 €**
b)	**zuzüglich Erhöhungsbetrag nach § 10 Abs. 4a Satz 3 EStG/Leibrenenversicherung (§ 10 Abs. 1 Nr. 2 Buchstabe b EStG)**	**2 000 €**	
	davon 66 %	**1 320 €**	
	Erhöhungsbetrag		**1 320 €**
c)	**Abzugsvolumen nach § 10 Abs. 4a Satz 1 EStG somit:**		**10 906 €**

Ermittlung des Mindestbetrags nach § 10a Abs. 4a Satz 2 EStG:

Nach § 10 Abs. 4a Satz 2 EStG ist bei Anwendung der Günstigerprüfung aber mindestens der Betrag anzusetzen, der sich ergibt, wenn auch die Beiträge zur Leibrentenversicherung (§ 10 Abs. 1 Nr. 2 Buchstabe b EStG) in die Berechnung des Abzugsvolumens nach dem bis 2004 geltenden Recht einbezogen werden:

a)	**Leibrentenversicherung**		**2 000 €**
	Krankenversicherung		**6 000 €**
	Haftpflichtversicherungen		**1 200 €**
	Kapitalversicherung		**3 168 €**
	Summe		**12 368 €**
	davon abziehbar:		
	Vorwegabzug	**6 136 €**	**6 136 €**
	verbleibende Aufwendungen	**6 232 €**	
	Grundhöchstbetrag	**2 668 €**	**2 668 €**
	verbleibende Aufwendungen	**3 564 €**	
	hälftige Aufwendungen	**1 782 €**	
	hälftiger Höchstbetrag	**1 334 €**	**1 334 €**
	Zwischensumme		**10 138 €**
b)	**Mindestabzugsvolumen nach** § 10 Abs. 4a Satz 2 EStG		**10 138 €**

Zusammenstellung:

Abzugsvolumen nach neuem Recht	**6 120 €**
Günstigerprüfung nach § 10a Abs. 4a Satz 1 EStG	**10 906 €**
Mindestabzugsvolumen nach § 10 Abs. 4a Satz 2 EStG	**10 138 €**

Die Eheleute A können somit für das Jahr 2008 einen Betrag von 10 906 € als Vorsorgeaufwendungen abziehen.

IV. Vorsorgepauschale

62 Bei der Berechnung der Vorsorgepauschale sind fiktive Beiträge zur Rentenversicherung zu berücksichtigen (§ 10c Abs. 2 Satz 2 Nr. 1 EStG). Bemessungsgrundlage ist der Arbeitslohn vermindert um den Versorgungsfreibetrag und den Altersentlastungsbetrag, höchstens die Beitragsbemessungsgrenze in der allgemeinen Rentenversicherung. Aus Vereinfachungsgründen ist einheitlich auf die Beitragsbemessungsgrenze (West) abzustellen.

63 Unbeachtlich ist, dass die Bemessungsgrundlage für die Ermittlung der Vorsorgepauschale und für die Berechnung der Sozialabgaben unterschiedlich sein kann. Für die Berechnung der Vorsor-

gepauschale ist daher auf den Arbeitslohn und nicht auf das sozialversicherungspflichtige Arbeitsentgelt abzustellen.

Beispiel: 64

Ein Arbeitnehmer mit einem Jahresarbeitslohn von 60 000 € wandelt im Jahr **2008** einen Betrag von 4 000 € bei einer Beitragsbemessungsgrenze in der allgemeinen Rentenversicherung von **63 600** € zugunsten einer betrieblichen Altersversorgung im Durchführungsweg Direktzusage um. Auch wenn 4 % der Beitragsbemessungsgrenze (**2 544** €) nicht als Arbeitsentgelt im Sinne der Sozialversicherung gelten (§ 14 Abs. 1, § 115 SGB IV) und das sozialversicherungspflichtige Arbeitsentgelt somit **57 456** € beträgt, ist Bemessungsgrundlage für die Berechnung der Vorsorgepauschale ein steuerpflichtiger Arbeitslohn i. H. v. von 56 000 €.

Bei der Berechnung der Vorsorgepauschale im Rahmen der Günstigerprüfung (§ 10c Abs. 5 EStG) sind der Versorgungs-Freibetrag und der Altersentlastungsbetrag in der für das Kalenderjahr 2004 geltenden Fassung zu berechnen und abzuziehen (§ 10c Abs. 2 Satz 4 EStG i. d. F. des Kalenderjahres 2004), wenn die entsprechenden Voraussetzungen vorliegen. Dies gilt selbst dann, wenn im Lohnsteuerabzugsverfahren aus Vereinfachungsgründen der Versorgungsfreibetrag und der Altersentlastungsbetrag nicht in der für das Kalenderjahr 2004 geltenden Fassung berücksichtigt werden (siehe auch BMF-Schreiben vom **3. und 19. Dezember 2007**, BStBl I S. **908 und 923**). 65

Die Vorsorgepauschale ist auf den nächsten vollen Euro-Betrag aufzurunden. **Dies gilt jedoch nicht für die Berechnung der Vorsorgepauschale im Rahmen der Günstigerprüfung, denn hier ist die Vorsorgepauschale auf den nächsten vollen Euro-Betrag abzurunden (§ 10c Abs. 2 Satz 3 EStG i. d. F. des Kalenderjahres 2004).** 66

Zur Vorsorgepauschale bei Gesellschafter-Geschäftsführern einer GmbH und Vorstandsmitgliedern einer Aktiengesellschaft siehe auch Rz. 34 f. 67

B. Besteuerung von Versorgungsbezügen – § 19 Abs. 2 EStG –

I. Arbeitnehmer-/Werbungskosten-Pauschbetrag/Zuschlag zum Versorgungsfreibetrag

Ab 2005 ist der Arbeitnehmer-Pauschbetrag (§ 9a Satz 1 Nr. 1 Buchstabe a EStG) bei Versorgungsbezügen i. S. d. § 19 Abs. 2 EStG nicht mehr anzuwenden. Stattdessen wird – wie auch bei den Renten – ein Werbungskosten-Pauschbetrag von 102 € berücksichtigt (§ 9a Satz 1 Nr. 1 Buchstabe b EStG). Als Ausgleich für den Wegfall des Arbeitnehmer-Pauschbetrags wird dem Versorgungsfreibetrag ein Zuschlag von zunächst 900 € hinzugerechnet, der für jeden ab 2006 neu in den Ruhestand tretenden Jahrgang abgeschmolzen wird (§ 19 Abs. 2 Satz 3 EStG). Bei Einnahmen aus nichtselbständiger Arbeit i. S. d. § 19 Abs. 1 EStG und Versorgungsbezügen i. S. d. § 19 Abs. 2 EStG kommen der Arbeitnehmer-Pauschbetrag und der Werbungskosten-Pauschbetrag nebeneinander zur Anwendung. Der Werbungskosten-Pauschbetrag ist auch zu berücksichtigen, wenn bei Einnahmen aus nichtselbständiger Arbeit i. S. d. § 19 Abs. 1 EStG höhere Werbungskosten anzusetzen sind. 68

II. Versorgungsfreibetrag/Zuschlag zum Versorgungsfreibetrag

1. Allgemeines

Der maßgebende **Prozentsatz** für den steuerfreien Teil der Versorgungsbezüge und der Höchstbetrag des Versorgungsfreibetrags sowie der Zuschlag zum Versorgungsfreibetrag bestimmen sich ab 2005 nach dem Jahr des Versorgungsbeginns (§ 19 Abs. 2 Satz 3 EStG). Sie werden für jeden ab 2006 neu in den Ruhestand tretenden Jahrgang abgeschmolzen. 69

2. Berechnung des Versorgungsfreibetrags und des Zuschlags zum Versorgungsfreibetrag

Der Versorgungsfreibetrag und der Zuschlag zum Versorgungsfreibetrag (Freibeträge für Versorgungsbezüge) berechnen sich auf der Grundlage des Versorgungsbezugs für Januar 2005 bei Versorgungsbeginn vor 2005 bzw. des Versorgungsbezugs für den ersten vollen Monat bei Versorgungsbeginn ab 2005; wird der Versorgungsbezug insgesamt nicht für einen vollen Monat gezahlt (z. B. wegen Todes des Versorgungsempfängers), ist der Bezug des Teilmonats auf einen Monatsbetrag hochzurechnen. Bei einer nachträglichen Festsetzung von Versorgungsbezügen ist der Monat maßgebend, für den die Versorgungsbezüge erstmals festgesetzt werden; auf den Zahlungstermin kommt es nicht an. Bei Bezügen und Vorteilen aus früheren Dienstleistungen i. S. d. § 19 Abs. 2 Satz 2 Nr. 2 EStG, die wegen Erreichens einer Altersgrenze gezahlt werden, ist der Monat maßgebend, in dem der Steuerpflichtige das 63. Lebensjahr oder, wenn er schwerbehindert ist, das 60. Lebensjahr vollendet hat, da die Bezüge erst mit Erreichen dieser Altersgrenzen als Versorgungsbezüge gelten. Der maßgebende Monatsbetrag ist jeweils mit zwölf zu ver- 70 vielfältigen und um Sonderzahlungen zu erhöhen, auf die zu diesem Zeitpunkt (erster voller Monat bzw. Januar 2005) ein Rechtsanspruch besteht (§ 19 Abs. 2 Satz 4 EStG). Die Sonderzahlungen (z. B. Urlaubs- oder Weihnachtsgeld) sind mit dem Betrag anzusetzen, auf den bei einem Bezug von Versorgungsbezügen für das ganze Jahr des Versorgungsbeginns ein Rechtsanspruch besteht. Bei Versorgungsempfängern, die schon vor dem 1. Januar 2005 in Ruhestand gegangen sind, können aus Vereinfachungsgründen die Sonderzahlungen 2004 berücksichtigt werden.

3. Festschreibung des Versorgungsfreibetrags und des Zuschlags zum Versorgungsfreibetrag

71 Der nach der Rz. 70 ermittelte Versorgungsfreibetrag und der Zuschlag zum Versorgungsfreibetrag gelten grundsätzlich für die gesamte Laufzeit des Versorgungsbezugs (§ 19 Abs. 2 Satz 8 EStG).

4. Neuberechnung des Versorgungsfreibetrags und des Zuschlags zum Versorgungsfreibetrag

72 Regelmäßige Anpassungen des Versorgungsbezugs (laufender Bezug und Sonderzahlungen) führen nicht zu einer Neuberechnung (§ 19 Abs. 2 Satz 9 EStG). Zu einer Neuberechnung führen nur Änderungen des Versorgungsbezugs, die ihre Ursache in der Anwendung von Anrechnungs-, Ruhens-, Erhöhungs- oder Kürzungsregelungen haben (§ 19 Abs. 2 Satz 10 EStG), z. B. Wegfall, Hinzutreten oder betragsmäßige Änderungen. Dies ist insbesondere der Fall, wenn der Versorgungsempfänger neben seinen Versorgungsbezügen

- Erwerbs- oder Erwerbsersatzeinkommen (§ 53 des Beamtenversorgungsgesetzes – BeamtVG –),
- andere Versorgungsbezüge (§ 54 BeamtVG),
- Renten (§ 55 BeamtVG) oder
- Versorgungsbezüge aus zwischenstaatlicher und überstaatlicher Verwendung (§ 56 BeamtVG)

erzielt, wenn sich die Voraussetzungen für die Gewährung des Familienzuschlags oder des Unterschiedsbetrags nach § 50 BeamtVG ändern oder wenn ein Witwen- oder Waisengeld nach einer Unterbrechung der Zahlung wieder bewilligt wird. Ändert sich der anzurechnende Betrag aufgrund einer einmaligen Sonderzahlung und hat dies nur eine einmalige Minderung des Versorgungsbezugs zur Folge, so kann auf eine Neuberechnung verzichtet werden. Auf eine Neuberechnung kann aus Vereinfachungsgründen auch verzichtet werden, wenn der Versorgungsbezug, der bisher Bemessungsgrundlage für den Versorgungsfreibetrag war, vor und nach einer Anpassung aufgrund von Anrechnungs-, Ruhens-, Erhöhungs- und Kürzungsregelungen mindestens 7 500 € jährlich/625 € monatlich beträgt, also die Neuberechnung zu keiner Änderung der Freibeträge für Versorgungsbezüge führen würde.

73 In den Fällen einer Neuberechnung ist der geänderte Versorgungsbezug, ggf. einschließlich zwischenzeitlicher Anpassungen, Bemessungsgrundlage für die Berechnung der Freibeträge für Versorgungsbezüge (§ 19 Abs. 2 Satz 11 EStG).

5. Zeitanteilige Berücksichtigung des Versorgungsfreibetrags und des Zuschlags zum Versorgungsfreibetrag

74 Werden Versorgungsbezüge nur für einen Teil des Kalenderjahres gezahlt, so ermäßigen sich der Versorgungsfreibetrag und der Zuschlag zum Versorgungsfreibetrag für jeden vollen Kalendermonat, für den keine Versorgungsbezüge geleistet werden, in diesem Kalenderjahr um ein Zwölftel (§ 19 Abs. 2 Satz 12 EStG). Bei Zahlung mehrerer Versorgungsbezüge erfolgt eine Kürzung nur für Monate, für die keiner der Versorgungsbezüge geleistet wird. Ändern sich der Versorgungsfreibetrag und/oder der Zuschlag zum Versorgungsfreibetrag im Laufe des Kalenderjahrs aufgrund einer Neuberechnung nach Rz. 72, sind in diesem Kalenderjahr die höchsten Freibeträge für Versorgungsbezüge maßgebend (§ 19 Abs. 2 Satz 11 2. Halbsatz EStG); eine zeitanteilige Aufteilung ist nicht vorzunehmen. Die Änderung der Freibeträge für Versorgungsbezüge kann im Lohnsteuerabzugsverfahren berücksichtigt werden (R 39b.3 Abs. 1 Satz 4 bis 6 der Lohnsteuer-Richtlinien 2008 – LStR 2008 –).

6. Mehrere Versorgungsbezüge

75 Bei mehreren Versorgungsbezügen bestimmen sich der maßgebende **Prozentsatz** für den steuerfreien Teil der Versorgungsbezüge und der Höchstbetrag des Versorgungsfreibetrags sowie der Zuschlag zum Versorgungsfreibetrag nach dem Beginn des jeweiligen Versorgungsbezugs. Die Summe aus den jeweiligen Freibeträgen für Versorgungsbezüge wird nach § 19 Abs. 2 Satz 6 EStG auf den Höchstbetrag des Versorgungsfreibetrags und den Zuschlag zum Versorgungsfrei-

betrag nach dem Beginn des ersten Versorgungsbezugs begrenzt. Fällt der maßgebende Beginn mehrerer laufender Versorgungsbezüge in dasselbe Kalenderjahr, können die Bemessungsgrundlagen aller Versorgungsbezüge zusammengerechnet werden, da in diesen Fällen für sie jeweils dieselben Höchstbeträge gelten.

Werden mehrere Versorgungsbezüge von unterschiedlichen Arbeitgebern gezahlt, ist die Begrenzung der Freibeträge für Versorgungsbezüge im Lohnsteuerabzugsverfahren nicht anzuwenden; die Gesamtbetrachtung und ggf. die Begrenzung erfolgt im Veranlagungsverfahren. Treffen mehrere Versorgungsbezüge bei demselben Arbeitgeber zusammen, ist die Begrenzung auch im Lohnsteuerabzugsverfahren zu beachten. 76

Beispiel: 77

Zwei Ehegatten erhalten jeweils eigene Versorgungsbezüge. Der Versorgungsbeginn des einen Ehegatten liegt im Jahr 2005, der des anderen im Jahr 2006. Im Jahr 2010 verstirbt der Ehegatte, der bereits seit 2005 Versorgungsbezüge erhalten hatte. Dem überlebenden Ehegatten werden ab 2010 zusätzlich zu seinen eigenen Versorgungsbezügen i. H. v. monatlich 400 € Hinterbliebenenbezüge von monatlich 250 € gezahlt.

Für die eigenen Versorgungsbezüge des überlebenden Ehegatten berechnen sich die Freibeträge für Versorgungsbezüge nach dem Jahr des Versorgungsbeginns 2006. Der Versorgungsfreibetrag beträgt demnach 38,4 % von 4 800 € (= 400 € Monatsbezug × 12) = 1 844 € (aufgerundet); der Zuschlag zum Versorgungsfreibetrag beträgt 864 €.

Für den Hinterbliebenenbezug sind mit Versorgungsbeginn im Jahr 2010 die Freibeträge für Versorgungsbezüge nach § 19 Abs. 2 Satz 7 EStG unter Zugrundelegung des maßgeblichen **Prozentsatzes**, des Höchstbetrags und des Zuschlags zum Versorgungsfreibetrag des verstorbenen Ehegatten zu ermitteln (siehe dazu Rz. 78 bis 81). Für die Berechnung sind also die Beträge des maßgebenden Jahres 2005 zugrunde zu legen. Der Versorgungsfreibetrag für die Hinterbliebenenbezüge beträgt demnach 40 % von 3 000 € (= 250 € Monatsbezug × 12) = 1 200 €; der Zuschlag zum Versorgungsfreibetrag beträgt 900 €.

Die Summe der Versorgungsfreibeträge ab 2010 beträgt (1 844 € zuzügl. 1 200 € =) 3 044 €. Der insgesamt berücksichtigungsfähige Höchstbetrag bestimmt sich nach dem Jahr des Beginns des ersten Versorgungsbezugs (2005: 3 000 €). Da der Höchstbetrag überschritten ist, ist der Versorgungsfreibetrag auf insgesamt 3 000 € zu begrenzen. Auch die Summe der Zuschläge zum Versorgungsfreibetrag (864 € zuzügl. 900 € =) 1 764 € ist nach dem maßgebenden Jahr des Versorgungsbeginns (2005) auf insgesamt 900 € zu begrenzen.

7. Hinterbliebenenversorgung

Folgt ein Hinterbliebenenbezug einem Versorgungsbezug, bestimmen sich der **Prozentsatz**, der Höchstbetrag des Versorgungsfreibetrags und der Zuschlag zum Versorgungsfreibetrag für den Hinterbliebenenbezug nach dem Jahr des Beginns des Versorgungsbezugs des Verstorbenen (§ 19 Abs. 2 Satz 7 EStG). Bei Bezug von Witwen- oder Waisengeld ist für die Berechnung der Freibeträge für Versorgungsbezüge das Jahr des Versorgungsbeginns des Verstorbenen maßgebend, der diesen Versorgungsanspruch zuvor begründete. 78

Beispiel: 79

Im Oktober 2006 verstirbt ein 67-jähriger Ehegatte, der seit dem 63. Lebensjahr Versorgungsbezüge erhalten hat. Der überlebende Ehegatte erhält ab November 2006 Hinterbliebenenbezüge.

Für den verstorbenen Ehegatten sind die Freibeträge für Versorgungsbezüge bereits mit der Pensionsabrechnung für Januar 2005 (40 % der voraussichtlichen Versorgungsbezüge 2005, maximal 3 000 € zuzügl. 900 € Zuschlag) festgeschrieben worden. Im Jahr 2006 sind die Freibeträge für Versorgungsbezüge des verstorbenen Ehegatten mit zehn Zwölfteln zu berücksichtigen. Für den überlebenden Ehegatten sind mit der Pensionsabrechnung für November 2006 eigene Freibeträge für Versorgungsbezüge zu ermitteln. Zugrunde gelegt werden dabei die hochgerechneten Hinterbliebenenbezüge (einschl. Sonderzahlungen). Darauf sind nach § 19 Abs. 2 Satz 7 EStG der maßgebliche **Prozentsatz**, der Höchstbetrag und der Zuschlag zum Versorgungsfreibetrag des verstorbenen Ehegatten (40 %, maximal 3 000 € zuzügl. 900 € Zuschlag) anzuwenden. Im Jahr 2006 sind die Freibeträge für Versorgungsbezüge des überlebenden Ehegatten mit zwei Zwölfteln zu berücksichtigen.

Erhält ein Hinterbliebener Sterbegeld, stellt dieses gem. R 19.8 Abs. 1 Nr. 1 und R 19.9 Abs. 3 Nr. 3 LStR 2008 ebenfalls einen Versorgungsbezug dar. Für das Sterbegeld gelten zur Berechnung der Freibeträge für Versorgungsbezüge ebenfalls der **Prozentsatz**, der Höchstbetrag und der Zuschlag zum Versorgungsfreibetrag des Verstorbenen. Das Sterbegeld darf als Leistung aus Anlass des Todes die Berechnung des Versorgungsfreibetrags für etwaige sonstige Hinterbliebe- 80 nenbezüge nicht beeinflussen und ist daher nicht in deren Berechnungsgrundlage einzubeziehen. Das Sterbegeld ist vielmehr als eigenständiger – zusätzlicher – Versorgungsbezug zu behandeln. Die Zwölftelungsregelung ist für das Sterbegeld nicht anzuwenden. Als Bemessungsgrundlage für die Freibeträge für Versorgungsbezüge ist die Höhe des Sterbegeldes im Kalenderjahr anzusetzen, unabhängig von der Zahlungsweise und Berechnungsart.

81 **Beispiel:**

Im April 2007 verstirbt ein Ehegatte, der zuvor seit 2004 Versorgungsbezüge i. H. v. 1 500 € monatlich erhalten hat. Der überlebende Ehegatte erhält ab Mai 2007 laufende Hinterbliebenenbezüge i. H. v. 1 200 € monatlich. Daneben wird ihm einmalig Sterbegeld i. H. v. zwei Monatsbezügen des verstorbenen Ehegatten, also 3 000 € gezahlt.

Laufender Hinterbliebenenbezug:

Monatsbetrag 1 200 € × 12 = 14 400 €. Auf den hochgerechneten Jahresbetrag werden der für den Verstorbenen maßgebende **Prozentsatz** und Höchstbetrag des Versorgungsfreibetrags (2005), zuzügl. des Zuschlags von 900 € angewandt. Das bedeutet im vorliegenden Fall 14 400 € × 40 % = 5 760 €, höchstens 3 000 €. Da der laufende Hinterbliebenenbezug nur für acht Monate gezahlt wurde, erhält der überlebende Ehegatte acht Zwölftel dieses Versorgungsfreibetrags, 3 000 € : 12 = 250 € × 8 = 2 000 €. Der Versorgungsfreibetrag für den laufenden Hinterbliebenenbezug beträgt somit 2 000 €, der Zuschlag zum Versorgungsfreibetrag 600 € (acht Zwölftel von 900 €).

Sterbegeld:

Gesamtbetrag des Sterbegelds 2 × 1 500 € = 3 000 €. Auf diesen Gesamtbetrag von 3 000 € werden ebenfalls der für den Verstorbenen maßgebende **Prozentsatz** und Höchstbetrag des Versorgungsfreibetrags (2005), zuzügl. des Zuschlags von 900 € angewandt, 3 000 € × 40 % = 1 200 €. Der Versorgungsfreibetrag für das Sterbegeld beträgt 1 200 €, der Zuschlag zum Versorgungsfreibetrag 900 €.

Beide Versorgungsfreibeträge ergeben zusammen einen Betrag von 3 200 €, auf den der insgesamt berücksichtigungsfähige Höchstbetrag nach dem maßgebenden Jahr 2005 anzuwenden ist. Der Versorgungsfreibetrag für den laufenden Hinterbliebenenbezug und das Sterbegeld zusammen beträgt damit 3 000 €. Dazu kommt der Zuschlag zum Versorgungsfreibetrag von insgesamt 900 €.

8. Berechnung des Versorgungsfreibetrags im Falle einer Kapitalauszahlung/Abfindung

82 Wird anstelle eines monatlichen Versorgungsbezugs eine Kapitalauszahlung/Abfindung an den Versorgungsempfänger gezahlt, so handelt es sich um einen sonstigen Bezug. Für die Ermittlung der Freibeträge für Versorgungsbezüge ist das Jahr des Versorgungsbeginns zugrunde zu legen, die Zwölftelungsregelung ist für diesen sonstigen Bezug nicht anzuwenden. Bemessungsgrundlage ist der Betrag der Kapitalauszahlung/Abfindung im Kalenderjahr.

83 Beispiel:

Dem Versorgungsempfänger wird im Jahr 2005 eine Abfindung i. H. v. 10 000 € gezahlt. Der Versorgungsfreibetrag beträgt (40 % von 10 000 € = 4 000 €, höchstens) 3 000 €; der Zuschlag zum Versorgungsfreibetrag beträgt 900 €.

84 Bei Zusammentreffen mit laufenden Bezügen darf der Höchstbetrag, der sich nach dem Jahr des Versorgungsbeginns bestimmt, nicht überschritten werden (siehe dazu Beispiele in Rz. 79 und 81 zum Sterbegeld).

85 Die gleichen Grundsätze gelten auch, wenn Versorgungsbezüge in einem späteren Kalenderjahr nachgezahlt oder berichtigt werden.

9. Zusammentreffen von Versorgungsbezügen (§ 19 EStG) und Rentenleistungen (§ 22 EStG)

86 Die Frei- und Pauschbeträge sind für jede Einkunftsart gesondert zu berechnen. Der Lohnsteuerabzug ist weiterhin nur für die Versorgungsbezüge vorzunehmen.

III. Aufzeichnungs- und Bescheinigungspflichten

87 Nach § 4 Abs. 1 Nr. 4 LStDV hat der Arbeitgeber im Lohnkonto des Arbeitnehmers in den Fällen des § 19 Abs. 2 EStG die für die zutreffende Berechnung des Versorgungsfreibetrags und des Zuschlags zum Versorgungsfreibetrag erforderlichen Angaben aufzuzeichnen. Aufzuzeichnen sind die Bemessungsgrundlage für den Versorgungsfreibetrag (Jahreswert, Rz. 70), das Jahr des Versorgungsbeginns und die Zahl der Monate (Zahl der Zwölftel), für die Versorgungsbezüge gezahlt werden. Bei mehreren Versorgungsbezügen sind die Angaben für jeden Versorgungsbezug getrennt aufzuzeichnen, soweit die maßgebenden Versorgungsbeginne in unterschiedli-

che Kalenderjahre fallen (vgl. Rz. 75). Demnach können z. B. alle Versorgungsbezüge mit Versorgungsbeginn bis zum Jahre 2005 zusammengefasst werden. Zu den Bescheinigungspflichten wird auf die jährlichen BMF-Schreiben zu den Lohnsteuerbescheinigungen hingewiesen.

C. Besteuerung von Einkünften gem. § 22 Nr. 1 Satz 3 Buchstabe a EStG

I. Allgemeines

Leibrenten und andere Leistungen aus den gesetzlichen Rentenversicherungen, den landwirtschaftlichen Alterskassen, den berufsständischen Versorgungseinrichtungen und aus Leibrentenversicherungen i. S. d. § 10 Abs. 1 Nr. 2 Buchstabe b EStG (vgl. Rz. 8 bis 24) werden innerhalb eines bis in das Jahr 2039 reichenden Übergangszeitraums in die vollständige nachgelagerte Besteuerung überführt (§ 22 Nr. 1 Satz 3 Buchstabe a Doppelbuchstabe aa EStG). Diese Regelung gilt sowohl für Leistungen von inländischen als auch von ausländischen Versorgungsträgern. 88

Bei den übrigen Leibrenten erfolgt die Besteuerung auch weiterhin mit dem Ertragsanteil (§ 22 Nr. 1 Satz 3 Buchstabe a Doppelbuchstabe bb EStG ggf. i. V. m. § 55 Abs. 2 EStDV; vgl. Rz. 131 und 132). Die Regelungen in § 22 Nr. 5 EStG bleiben unberührt (vgl. insoweit auch BMF-Schreiben vom 5. Februar 2008, BStBl I S. 420). 89

II. Leibrenten und andere Leistungen i. S. d. § 22 Nr. 1 Satz 3 Buchstabe a Doppelbuchstabe aa EStG

1. Leistungen aus den gesetzlichen Rentenversicherungen, aus den landwirtschaftlichen Alterskassen und aus den berufsständischen Versorgungseinrichtungen

§ 22 Nr. 1 Satz 3 Buchstabe a Doppelbuchstabe aa EStG erfasst alle Leistungen unabhängig davon, ob sie als Rente oder Teilrente (z. B. Altersrente, Erwerbsminderungsrente, Hinterbliebenenrente als Witwen-/Witwerrente, Waisenrente oder Erziehungsrente) oder als einmalige Leistung (z. B. Sterbegeld oder Abfindung von **Kleinbetragsrenten**) ausgezahlt werden. 90

a) Besonderheiten bei Leibrenten und anderen Leistungen aus den gesetzlichen Rentenversicherungen

Zu den Leistungen i. S. d. § 22 Nr. 1 Satz 3 Buchstabe a Doppelbuchstabe aa EStG gehören auch Zusatzleistungen und andere Leistungen wie Zinsen. 91

§ 22 Nr. 1 Satz 3 Buchstabe a Doppelbuchstabe aa EStG gilt nicht für Einnahmen i. S. d. § 3 EStG wie z. B. 92

- **Leistungen aus der gesetzlichen Unfallversicherung wie z. B. Berufsunfähigkeits- oder Erwerbsminderungsrenten der Berufsgenossenschaft (§ 3 Nr. 1 Buchstabe a EStG),**
- Sachleistungen und Kinderzuschüsse (§ 3 Nr. 1 Buchstabe b EStG),
- Übergangsgelder nach dem Sechsten Buch Sozialgesetzbuch – SGB VI (§ 3 Nr. 1 Buchstabe c EStG),
- **den Abfindungsbetrag einer Witwen- oder Witwerrente wegen Wiederheirat des Berechtigten nach § 107 SGB VI (§ 3 Nr. 3 Buchstabe a EStG),**
- **die Erstattung von Versichertenbeiträgen, in Fällen, in denen das mit der Einbeziehung in die Rentenversicherung verfolgte Ziel eines Rentenanspruchs nicht oder voraussichtlich nicht erreicht oder nicht vollständig erreicht werden kann (§§ 210 und 286d SGB VI), die Erstattung von freiwilligen Beiträgen im Zusammenhang mit Nachzahlungen von Beiträgen in besonderen Fällen (§§ 204, 205 und 207 des SGB VI) sowie die Erstattung der vom Versicherten zu Unrecht geleisteten Beiträge nach § 26 Viertes Buch Sozialbesetzbuch (§ 3 Nr. 3 Buchstabe b EStG),**
- Ausgleichszahlungen nach § 86 Bundesversorgungsgesetz (§ 3 Nr. 6 EStG),
- **Renten, die als Entschädigungsleistungen auf Grund gesetzlicher Vorschriften**

  – insbesondere des Bundesentschädigungsgesetzes – zur Wiedergutmachung nationalsozialistischen Unrechts gewährt werden (§ 3 Nr. 8 EStG),
- Zuschüsse zur freiwilligen oder privaten Krankenversicherung (§ 3 Nr. 14 EStG),
- Leistungen **nach den** §§ 294 bis 299 SGB VI für Kindererziehung an Mütter der Geburtsjahrgänge vor 1921 (§ 3 Nr. 67 EStG)**; aus Billigkeitsgründen gehören dazu auch Leistungen nach § 294a Satz 2 SGB VI für Kinderziehung an Mütter der Geburtsjahrgänge vor 1927, die am 18. Mai 1990 ihren gewöhnlichen Aufenthalt im Beitrittsgebiet und am 31. Dezember 1991 keinen eigenen Anspruch auf Rente aus eigener Versicherung hatten.**

93 Renten i. S. d. § 9 Anspruchs- und Anwartschaftsüberführungsgesetz (AAÜG) werden zwar von der Deutschen Rentenversicherung Bund ausgezahlt, es handelt sich jedoch nicht um Leistungen aus der gesetzlichen Rentenversicherung. Die Besteuerung erfolgt nach § 22 Nr. 1 Satz 3 Buchstabe a Doppelbuchstabe bb EStG ggf. i. V. m. § 55 Abs. 2 EStDV, soweit die Rente nicht nach § 3 Nr. 6 EStG steuerfrei ist.

b) Besonderheiten bei Leibrenten und anderen Leistungen aus den landwirtschaftlichen Alterskassen

94 Die Renten wegen Alters, wegen Erwerbsminderung und wegen Todes nach dem Gesetz über die Alterssicherung der Landwirte (ALG) gehören zu den Leistungen i. S. d. § 22 Nr. 1 Satz 3 Buchstabe a Doppelbuchstabe aa EStG.

95 Steuerfrei sind z. B. Sachleistungen nach dem ALG (§ 3 Nr. 1 Buchstabe b EStG), Geldleistungen nach den §§ 10, 36 bis 39 ALG (§ 3 Nr. 1 Buchstabe c EStG) **sowie Beitragserstattungen nach den §§ 75 und 117 des Gesetzes über die Alterssicherung der Landwirte (§ 3 Nr. 3 Buchstabe b EStG).**

c) Besonderheiten bei Leibrenten und anderen Leistungen aus den berufsständischen Versorgungseinrichtungen

96 Leistungen aus berufsständischen Versorgungseinrichtungen werden nach § 22 Nr. 1 Satz 3 Buchstabe a Doppelbuchstabe aa EStG besteuert, unabhängig davon, ob die Beiträge als Sonderausgaben nach § 10 Abs. 1 Nr. 2 Buchstabe a EStG berücksichtigt wurden. Die Besteuerung erfolgt auch dann nach § 22 Nr. 1 Satz 3 Buchstabe a Doppelbuchstabe aa EStG, wenn die berufsständische Versorgungseinrichtung keine den gesetzlichen Rentenversicherungen vergleichbaren Leistungen erbringt.

97 Unselbständige Bestandteile der Rente (z. B. Kinderzuschüsse) werden zusammen mit der Rente nach § 22 Nr. 1 Satz 3 Buchstabe a Doppelbuchstabe aa EStG besteuert.

98 Einmalige Leistungen (z. B. Kapitalauszahlungen, Sterbegeld, Abfindung von **Kleinbetragsrenten**) unterliegen ebenfalls der Besteuerung nach § 22 Nr. 1 Satz 3 Buchstabe a Doppelbuchstabe aa EStG. Das gilt auch für Kapitalauszahlungen, bei denen die erworbenen Anwartschaften auf Beiträgen beruhen, die vor dem 1. Januar 2005 erbracht worden sind.

99 **Entsprechend den Regelungen zur gesetzlichen Rentenversicherung sind ab dem Veranlagungszeitraum 2007 folgende Leistungen nach § 3 Nr. 3 Buchstabe c EStG i. V. m. § 3 Nr. 3 Buchstabe a und b EStG steuerfrei:**

- Witwen- und Witwerrentenabfindungen (§ 3 Nr. 3 Buchstabe c EStG i. V. m. § 3 Nr. 3 Buchstabe a EStG) bei der ersten Wiederheirat, wenn der Abfindungsbetrag das 60-fache der abzufindenden Monatsrente nicht übersteigt. Übersteigt die Abfindung den genannten Betrag, dann handelt es sich bei der Zahlung insgesamt nicht um eine dem § 3 Nr. 3 Buchstabe a EStG entsprechende Abfindung.
- Beitragserstattungen (§ 3 Nr. 3 Buchstabe c EStG i. V. m. § 3 Nr. 3 Buchstabe b EStG), wenn nicht mehr als 59 Beitragsmonate und höchstens die Beiträge abzügl. des steuerfreien Arbeitgeberanteils bzw. -zuschusses (§ 3 Nr. 62 EStG) nominal erstattet werden. Werden bis zu 60 % der für den Versicherten geleisteten Beiträge erstattet, handelt es sich aus Vereinfachungsgründen insgesamt um eine steuerfreie Beitragserstattung.

  Die Möglichkeit der steuerfreien Erstattung von Beiträgen, die nicht Pflichtbeiträge sind, besteht für den Versicherten insgesamt nur einmal. Eine bestimmte Wartefrist – vgl. § 210 Abs. 2 SGB VI – ist insoweit nicht zu beachten. Damit die berufsständische Versorgungseinrichtung erkennen kann, ob es sich um eine steuerfreie Beitragserstattung oder steuerpflichtige Leistung handelt, hat derjenige, der die Beitragserstattung beantragt, gegenüber der berufsständischen Versorgungseinrichtung zu versichern, dass er eine entsprechende Beitragserstattung bisher noch nicht beantragt hat.

  Wird die Erstattung von Pflichtbeiträgen beantragt, ist eine steuerfreie Beitragserstattung erst möglich, wenn nach dem Ausscheiden aus der Versicherungspflicht mindestens 24 Monate vergangen sind und nicht erneut eine Versicherungspflicht eingetreten ist. Unter diesen Voraussetzungen kann eine steuerfreie Beitragserstattung auch mehrmals in Betracht kommen, wenn nach einer Beitragserstattung für den Steuerpflichtigen erneut eine Versicherungspflicht in einer berufsständischen Versorgungseinrichtung begründet wird und diese zu einem späteren Zeitpunkt wieder erlischt. Beantragt der Steuerpflichtige somit aufgrund seines Ausscheidens aus der Versicherungspflicht erneut eine Beitragserstattung, dann handelt es sich nur dann um eine steuerfreie Beitragserstattung, wenn lediglich die geleisteten Pflichtbeiträge erstattet werden. Erfolgt eine darüber hinausgehende Erstattung, handelt es sich insgesamt um eine nach § 22 Nr. 1 Satz 3 Buchstabe a Doppelbuchstabe aa EStG steuerpflichtige Leistung. Damit die berufsständische Versorgungseinrichtung die Leistungen zutreffend zuordnen kann, hat derjenige, der die Beitragserstattung beantragt, in den Fällen des Ausscheidens aus der Versicherungspflicht auch im Falle der Erstattung von Pflichtbeiträgen gegenüber der berufsständischen Versorgungseinrichtung zu erklären, ob er bereits eine Beitragserstattung aus einer berufsständischen Versorgungseinrichtung in Anspruch genommen hat.

Nach § 3 Nr. 3 Buchstabe b EStG sind auch Beitragserstattungen nach den §§ 204, 205, 207, 286d SGB VI, § 26 SGB IV steuerfrei. Liegen die in den Vorschriften genannten Voraussetzungen auch bei der von einer berufsständischen Versorgungseinrichtung durchgeführten Beitragserstattung vor, handelt es sich insoweit um eine steuerfreie Leistung.

2. Leibrenten und andere Leistungen aus Rentenversicherungen i. S. d. § 10 Abs. 1 Nr. 2 Buchstabe b EStG

Leistungen aus Rentenversicherungen i. S. d. § 10 Abs. 1 Nr. 2 Buchstabe b EStG unterliegen der 100
nachgelagerten Besteuerung gem. § 22 Nr. 1 Satz 3 Buchstabe a Doppelbuchstabe aa EStG. Vgl. im Einzelnen die Ausführungen unter Rz. 8 ff.

Für Renten aus Rentenversicherungen, die nicht den Voraussetzungen des § 10 Abs. 1 Nr. 2 101
Buchstabe b EStG entsprechen – insbesondere für Renten aus Verträgen i. S. d. § 10 Abs. 1 Nr. 3 Buchstabe b EStG – bleibt es bei der Ertragsanteilsbesteuerung. Vgl. insoweit Rz. 107 ff. Die Regelungen in § 22 Nr. 5 EStG bleiben unberührt (vgl. BMF-Schreiben vom **5. Februar 2008,** BStBl I S. 420).

Wird ein **Rentenversicherungsvertrag** mit Versicherungsbeginn vor dem 1. Januar 2005 in einen 102
Vertrag umgewandelt, der die Voraussetzungen des § 10 Abs. 1 Nr. 2 Buchstabe b EStG erfüllt, ist für die steuerliche Beurteilung der Versicherungsbeginn des ursprünglichen Vertrages maßgebend. Beiträge zu dem umgewandelten Vertrag sind daher nicht nach § 10 Abs. 1 Nr. 2 Buchstabe b EStG als Sonderausgaben abziehbar und die Rente aus dem umgewandelten Vertrag unterliegt der Besteuerung mit dem Ertragsanteil (§ 22 Nr. 1 Satz 3 Buchstabe a Doppelbuchstabe bb EStG).

Wird ein Rentenversicherungsvertrag mit Versicherungsbeginn nach dem 31. Dezember 2004, 103
der die Voraussetzungen des § 10 Abs. 1 Nr. 2 Buchstabe b EStG nicht erfüllt, in einen Vertrag umgewandelt, der die Voraussetzungen des § 10 Abs. 1 Nr. 2 Buchstabe b EStG erfüllt, führt dies zur Beendigung des bestehenden Vertrages – mit den entsprechenden steuerlichen Konsequenzen – und zum Abschluss eines neuen Basisrentenvertrages im Zeitpunkt der Umstellung. Die Beiträge einschließlich des aus dem Altvertrag übertragenen Kapitals können im Rahmen des Sonderausgabenabzugs nach § 10 Abs. 1 Nr. 2 Buchstabe b EStG berücksichtigt werden. Die sich aus dem Basisrentenvertrag ergebenden Leistungen unterliegen insgesamt der Besteuerung nach § 22 Nr. 1 Satz 3 Buchstabe a Doppelbuchstabe aa EStG.

Wird ein Kapitallebensversicherungsvertrag in einen Rentenversicherungsvertrag i. S. d. § 10 104
Abs. 1 Nr. 2 Buchstabe b EStG umgewandelt, führt auch dies zur Beendigung des bestehenden Vertrages – mit den entsprechenden steuerlichen Konsequenzen – und zum Abschluss eines neuen Basisrentenvertrages im Zeitpunkt der Umstellung. Die Beiträge einschließlich des aus dem Altvertrag übertragenen Kapitals können im Rahmen des Sonderausgabenabzugs nach § 10 Abs. 1 Nr. 2 Buchstabe b EStG berücksichtigt werden. Die sich aus dem Basisrentenvertrag ergebenden Leistungen unterliegen insgesamt der Besteuerung nach § 22 Nr. 1 Satz 3 Buchstabe a Doppelbuchstabe aa EStG.

Wird entgegen der ursprünglichen vertraglichen Vereinbarung (vgl. Rz. 9) ein Versicherungsver- 105
trag mit Versicherungsbeginn nach dem 31. Dezember 2004, der die Voraussetzungen des § 10 Abs. 1 Nr. 2 Buchstabe b EStG erfüllt, in einen Vertrag umgewandelt, der diese Voraussetzungen nicht erfüllt, ist steuerlich von einem neuen Vertrag auszugehen. Wird dabei die auf den „alten" Vertrag entfallende Versicherungsleistung ganz oder teilweise auf den „neuen" Vertrag angerechnet, fließt die angerechnete Versicherungsleistung dem Versicherungsnehmer zu und unterliegt im Zeitpunkt der Umwandlung des Vertrags der Besteuerung nach § 22 Nr. 1 Satz 3 Buchstabe a Doppelbuchstabe aa EStG. Ist die Umwandlung als Missbrauch von rechtlichen Gestaltungsmöglichkeiten (§ 42 der Abgabenordnung – AO –) anzusehen, z. B. Umwandlung innerhalb kurzer Zeit nach Vertragsabschluss ohne erkennbaren sachlichen Grund, ist für die vor der Umwandlung geleisteten Beiträge der Sonderausgabenabzug nach § 10 Abs. 1 Nr. 2 Buchstabe b EStG zu versagen oder rückgängig zu machen.

Werden Ansprüche des Leistungsempfängers aus einem Versicherungsvertrag mit Versiche- 106
rungsbeginn nach dem 31. Dezember 2004, der die Voraussetzungen des § 10 Abs. 1 Nr. 2 Buch-

stabe b EStG erfüllt, unmittelbar auf einen Vertrag bei einem anderen Unternehmen übertragen, gilt die Versicherungsleistung nicht als dem Leistungsempfänger zugeflossen, wenn der neue Vertrag die Voraussetzungen des § 10 Abs. 1 Nr. 2 Buchstabe b EStG erfüllt. Sie unterliegt daher im Zeitpunkt der Übertragung nicht der Besteuerung.

III. Leibrenten und andere Leistungen i. S. d. § 22 Nr. 1 Satz 3 Buchstabe a Doppelbuchstabe bb EStG

107 Der Anwendungsbereich des § 22 Nr. 1 Satz 3 Buchstabe a Doppelbuchstabe bb EStG umfasst diejenigen Leibrenten und anderen Leistungen, die nicht bereits unter Doppelbuchstabe aa der Vorschrift (vgl. Rz. 90 ff.) oder § 22 Nr. 5 EStG einzuordnen sind, wie Renten aus

- Rentenversicherungen, die nicht den Voraussetzungen des § 10 Abs. 1 Nr. 2 Buchstabe b EStG entsprechen, weil sie z. B. eine Teilkapitalisierung oder Einmalkapitalauszahlung (Kapitalwahlrecht) oder einen Rentenbeginn vor Vollendung des 60. Lebensjahres vorsehen **(bei nach dem 31. Dezember 2011 abgeschlossenen Verträgen ist regelmäßig die Vollendung des 62. Lebensjahres maßgebend)** oder die Laufzeit der Versicherung vor dem 1. Januar 2005 begonnen hat, **oder**
- Verträgen i. S. d. § 10 Abs. 1 Nr. 3 Buchstabe b EStG.

108 Werden neben einer Grundrente Überschussbeteiligungen in Form einer Bonusrente gezahlt, so ist der gesamte Auszahlungsbetrag mit einem einheitlichen Ertragsanteil der Besteuerung zu unterwerfen. R 22.4 Abs. 1 Satz 1 EStR 2005 ist in diesen Fällen nicht einschlägig, da mit der Überschussbeteiligung in Form einer Bonusrente kein neues Rentenrecht begründet wird. In der Mitteilung nach § 22a EStG (bei Leistungen i. S. d. § 22 Nr. 5 Satz 2 Buchstabe a EStG in der Mitteilung nach § 22 Nr. 5 Satz ***7*** EStG[1]) ist der Betrag von Grund- und Bonusrente in einer Summe auszuweisen.

109 Dem § 22 Nr. 1 Satz 3 Buchstabe a Doppelbuchstabe bb EStG zuzuordnen sind auch abgekürzte Leibrenten, die nicht unter § 22 Nr. 1 Satz 3 Buchstabe a Doppelbuchstabe aa EStG fallen (z. B. private selbständige Erwerbsminderungsrente, Waisenrente aus einer privaten Versicherung, die die Voraussetzungen des § 10 Abs. 1 Nr. 2 Buchstabe b EStG nicht erfüllt).

110 Auf Antrag des Steuerpflichtigen sind unter bestimmten Voraussetzungen auch Leibrenten und andere Leistungen i. S. d. § 22 Nr. 1 Satz 3 Buchstabe a Doppelbuchstabe aa EStG nach § 22 Nr. 1 Satz 3 Buchstabe a Doppelbuchstabe bb EStG zu versteuern (sog. Öffnungsklausel). Wegen der Einzelheiten hierzu vgl. die Ausführungen unter Rz. 133 ff.

IV. Besonderheiten bei der kapitalgedeckten betrieblichen Altersversorgung

111 Die Versorgungsleistungen einer Pensionskasse, eines Pensionsfonds oder aus einer Direktversicherung (z. B. Rente, Auszahlungsplan, Teilkapitalauszahlung, Einmalkapitalauszahlung) unterliegen der Besteuerung nach § 22 Nr. 5 EStG. Einzelheiten zur Besteuerung von Leistungen aus der betrieblichen Altersversorgung sind im BMF-Schreiben vom **5. Februar 2008 (BStBl I S. 420)** geregelt.

V. Durchführung der Besteuerung

1. Leibrenten und andere Leistungen i. S. d. § 22 Nr. 1 Satz 3 Buchstabe a Doppelbuchstabe aa EStG

a) Allgemeines

112 In der Übergangszeit bis zur vollständigen nachgelagerten Besteuerung unterliegt nur ein Teil der Leibrenten und anderen Leistungen der Besteuerung. In Abhängigkeit vom Jahresbetrag der Rente und dem Jahr des Rentenbeginns wird der steuerfreie Teil der Rente ermittelt, der grundsätzlich für die gesamte Laufzeit der Rente gilt. Diese Regelung bewirkt, dass Rentenerhöhungen, die auf einer regelmäßigen Rentenanpassung beruhen, vollständig nachgelagert besteuert werden.

b) Jahresbetrag der Rente

113 Bemessungsgrundlage für die Ermittlung des der Besteuerung unterliegenden Anteils der Rente ist der Jahresbetrag der Rente (§ 22 Nr. 1 Satz 3 Buchstabe a Doppelbuchstabe aa Satz 2 EStG). Jahresbetrag der Rente ist die Summe der im Kalenderjahr zugeflossenen Rentenbeträge einschließlich der bei Auszahlung einbehaltenen eigenen Beitragsanteile zur Kranken- und Pflegeversicherung. Steuerfreie Zuschüsse zu den Krankenversicherungsbeiträgen sind nicht Bestandteil des Jahresbetrags der Rente. Zum Jahresbetrag der Rente gehören auch die im Kalenderjahr

[1]) Rz. 108 wurde durch Aktualisierung des BMF-Schreibens vom 18. 9. 2008 (BStBl I S. 887) geändert.

zugeflossenen anderen Leistungen. Bei rückwirkender Zubilligung der Rente ist ggf. Rz. 166 zu beachten.

c) Bestimmung des Prozentsatzes

aa) Allgemeines

Der **Prozentsatz** in der Tabelle in § 22 Nr. 1 Satz 3 Buchstabe a Doppelbuchstabe aa Satz 3 EStG bestimmt sich grundsätzlich nach dem Jahr des Rentenbeginns. 114

Unter Beginn der Rente ist der Zeitpunkt zu verstehen, ab dem die Rente (ggf. nach rückwirkender Zubilligung) tatsächlich bewilligt wird (siehe Rentenbescheid). 115

Wird die bewilligte Rente bis auf 0 € gekürzt, z. B. weil eigene Einkünfte anzurechnen sind, steht dies dem Beginn der Rente nicht entgegen und unterbricht die Laufzeit der Rente nicht. Verzichtet der Rentenberechtigte in Kenntnis der Kürzung der Rente auf die Beantragung, beginnt die Rente jedoch nicht zu laufen, solange sie mangels Beantragung nicht dem Grunde nach bewilligt wird. 116

Fließt eine andere Leistung vor dem Beginn der Leibrente zu, bestimmt sich der **Prozentsatz** für die Besteuerung der anderen Leistung nach dem Jahr ihres Zuflusses, andernfalls nach dem Jahr des Beginns der Leibrente. 117

bb) Erhöhung oder Herabsetzung der Rente

Soweit Renten i. S. d. § 22 Nr. 1 Satz 3 Buchstabe a Doppelbuchstabe aa EStG später z. B. wegen Anrechnung anderer Einkünfte erhöht oder herabgesetzt werden, ist keine neue Rente anzunehmen. Gleiches gilt, wenn eine Teil-Altersrente in eine volle Altersrente oder eine volle Altersrente in eine Teil-Altersrente umgewandelt wird (§ 42 SGB VI). Für den erhöhten oder verminderten Rentenbetrag bleibt der ursprünglich ermittelte **Prozentsatz** maßgebend (zur Neuberechnung des Freibetrags vgl. Rz. 127 ff.). 118

cc) Besonderheiten bei Folgerenten aus derselben Versicherung

Renten aus derselben Versicherung **oder demselben Vertrag** liegen vor, wenn Renten auf ein und demselben Rentenrecht beruhen. Das ist beispielsweise der Fall, wenn eine Rente wegen voller Erwerbsminderung einer Rente wegen teilweiser Erwerbsminderung folgt oder umgekehrt, bei einer Altersrente, der eine (volle oder teilweise) Erwerbsminderungsrente vorherging, oder wenn eine kleine Witwen- oder Witwerrente einer großen Witwen- oder Witwerrente folgt und umgekehrt **oder eine Altersrente einer Erziehungsrente folgt**. Das gilt auch dann, wenn die Rentenempfänger nicht identisch sind wie z. B. bei einer Altersrente mit nachfolgender Witwen- oder Witwerrente oder Waisenrente. 119

Folgen nach dem 31. Dezember 2004 Renten aus derselben Versicherung **oder demselben Vertrag** einander nach, wird bei der Ermittlung des **Prozentsatzes** nicht der tatsächliche Beginn der Folgerente herangezogen. Vielmehr wird ein fiktives Jahr des Rentenbeginns ermittelt, indem vom tatsächlichen Rentenbeginn der Folgerente die Laufzeiten vorhergehender Renten abgezogen werden. Dabei darf der **Prozentsatz** von 50 % nicht unterschritten werden. 120

Beispiel: 121

A bezieht von Oktober 2003 bis Dezember 2006 (= 3 Jahre und 3 Monate) eine Erwerbsminderungsrente i. H. v. 1 000 €. Anschließend ist er wieder erwerbstätig. Ab Februar 2013 erhält er seine Altersrente i. H. v. 2 000 €.

In 2003 und 2004 ist die Erwerbsminderungsrente gem. § 55 Abs. 2 EStDV mit einem Ertragsanteil von 4 % zu versteuern, in 2005 und 2006 gem. § 22 Nr. 1 Satz 3 Buchstabe a Doppelbuchstabe aa EStG mit einem Besteuerungsanteil von 50 %. Der der Besteuerung unterliegende Teil für die ab Februar 2013 gewährte Altersrente ermittelt sich wie folgt:

Rentenbeginn der Altersrente	Februar 2013
abzügl. der Laufzeit der Erwerbsminderungsrente (3 Jahre und 3 Monate)	
= fiktiver Rentenbeginn	November 2009
Besteuerungsanteil lt. Tabelle	58 %
Jahresbetrag der Rente in 2013: 11 × 2 000 €	22 000 €
Betragsmäßiger Besteuerungsanteil (58 % von 22 000 €)	12 760 €

Renten, die vor dem 1. Januar 2005 geendet haben, werden nicht als vorhergehende Renten berücksichtigt und wirken sich daher auf die Höhe des **Prozentsatzes** für die Besteuerung der nachfolgenden Rente nicht aus. 122

123 Abwandlung des Beispiels in Rz. 121:

Die Erwerbsminderungsrente wurde von Oktober 2000 bis Dezember 2004 bezogen.

In diesem Fall folgen nicht nach dem 31. Dezember 2004 mehrere Renten aus derselben Versicherung einander nach mit der Folge, dass für die Ermittlung des Besteuerungsanteils für die Altersrente das Jahr 2013 maßgebend ist und folglich ein Besteuerungsanteil von 66 %.

124 Lebt eine wegen Wiederheirat des Berechtigten weggefallene Witwen- oder Witwerrente wegen Auflösung oder Nichtigerklärung der erneuten Ehe oder der erneuten Lebenspartnerschaft wieder auf (§ 46 Abs. 3 SGB VI), ist bei Wiederaufleben der Witwen- oder Witwerrente für die Ermittlung des **Prozentsatzes** nach § 22 Nr. 1 Satz 3 Buchstabe a Doppelbuchstabe aa Satz 3 EStG der Rentenbeginn des erstmaligen Bezugs maßgebend.

d) Ermittlung des steuerfreien Teils der Rente

aa) Allgemeines

125 Nach § 22 Nr. 1 Satz 3 Buchstabe a Doppelbuchstabe aa Satz 4 und 5 EStG gilt der steuerfreie Teil der Rente für die gesamte Laufzeit des Rentenbezugs. Der steuerfreie Teil der Rente wird in dem Jahr ermittelt, das dem Jahr des Rentenbeginns folgt. Bei Renten, die vor dem 1. Januar 2005 begonnen haben, ist der steuerfreie Teil der Rente des Jahres 2005 maßgebend.

bb) Bemessungsgrundlage für die Ermittlung des steuerfreien Teils der Rente

126 Bemessungsgrundlage für die Ermittlung des steuerfreien Teils der Rente ist der Jahresbetrag der Rente in dem Jahr, das dem Jahr des Rentenbeginns folgt. Bei Renten mit Rentenbeginn vor dem 1. Januar 2005 ist der Jahresbetrag der Rente des Jahres 2005 maßgebend. Zum Jahresbetrag der Rente vgl. Rz. 113.

cc) Neuberechnung des steuerfreien Teils der Rente

127 Ändert sich der Jahresbetrag der Rente und handelt es sich hierbei nicht um eine regelmäßige Anpassung (z. B. jährliche Rentenerhöhung), ist der steuerfreie Teil der Rente auf der Basis des bisher maßgebenden **Prozentsatzes** mit der veränderten Bemessungsgrundlage neu zu ermitteln. Auch Rentennachzahlungen oder -rückzahlungen **sowie der Wegfall des Kinderzuschusses zur Rente aus einer berufsständischen Versorgungseinrichtung** können zu einer Neuberechnung des steuerfreien Teils der Rente führen.

128 Der steuerfreie Teil der Rente ist in dem Verhältnis anzupassen, in dem der veränderte Jahresbetrag der Rente zum Jahresbetrag der Rente steht, der der Ermittlung des bisherigen steuerfreien Teils der Rente zugrunde gelegen hat. Regelmäßige Anpassungen des Jahresbetrags der Rente bleiben dabei außer Betracht (§ 22 Nr. 1 Satz 3 Buchstabe a Doppelbuchstabe aa Satz 7 EStG). Die für die Berechnung erforderlichen Angaben ergeben sich aus der Rentenbezugsmitteilung (vgl. Rz. 160 ff.).

129 **Beispiel:**

R bezieht ab Mai 2006 eine monatliche Witwenrente aus der gesetzlichen Rentenversicherung i. H. v. 1 100 €. Die Rente wird aufgrund regelmäßiger Anpassungen zum 1. Juli 2006, zum 1. Juli 2007, zum 1. Juli 2008 und zum 1. Juli 2009 jeweils um 10 € erhöht. Wegen anderer Einkünfte wird die Rente ab August 2009 auf 830 € gekürzt.

Rentenzeitraum	Monatsbetrag	Betrag im Zahlungszeitraum
1.5. – 30. 6. 2006	1 100,00 €	2 200,00 €
1.7. – 31. 12. 2006	1 110,00 €	6 660,00 €
Jahresrente 2006		8 860,00 €
1.1. – 30. 6. 2007	1 110,00 €	6 660,00 €
1.7. –31. 12. 2007	1 120,00 €	6 720,00 €
Jahresrente 2007		13 380,00 €
1.1. – 30. 6. 2008	1 120,00 €	6 720,00 €
1.7. – 31. 12. 2008	1 130,00 €	6 780,00 €
Jahresrente 2008		13 500,00 €
1.1. – 30. 6. 2009	1 130,00 €	6 780,00 €
1.7. – 31. 7. 2009	1 140,00 €	1 140,00 €
1.8. – 31. 12. 2009	830,00 €	4 150,00 €
Jahresrente 2009		12 070,00 €

Dem Finanzamt liegen die folgenden Rentenbezugsmitteilungen vor:

Jahr	Leistungsbetrag	Anpassungsbetrag
2006	8 860,00 €	0,00 €
2007	13 380,00 €	0,00 €
2008	13 500,00 €	120,00 €
2009	12 070,00 €	206,00 €

Berechnung des steuerfreien Teils der Rente 2007

Jahresrente 2007		13 380,00 €
– der Besteuerung unterliegender Teil: 52 % von 13 380,00 € =		– 6 957,60 €
= steuerfreier Teil der Rente		6 422,40 €
Neuberechnung des steuerfreien Teils der Rente im Jahr 2009		
Jahresrente 2009 ohne regelmäßige Anpassungen		
(12 070,00 € – 206,00 €) =	11 864,00 €	
(11 864,00 €/13 380,00 €) × 6 422,40 € =		5 694,72 €

Ermittlung des der Besteuerung unterliegenden Teils der Rente in Anlehnung an den Wortlaut des § 22 Nr. 1 Satz 3 Buchstabe a Doppelbuchstabe aa Satz 3 bis 7 EStG

Jahr	Besteuerungsanteil der Rente	
2006	52 % von 8 860,00 € =	4 607,20 €
2007	52 % von 13 380,00 € =	6 957,60 €
2008	13 500,00 € – 6 422,40 € =	7 077,60 €
2009	12 070,00 € – 5 694,72 € =	6 375,28 €

Ermittlung des der Besteuerung unterliegenden Teils der Rente in Anlehnung an die Einkommensteuererklärung / die Rentenbezugsmitteilung

	2006	2007	2008	2009
Jahresrente lt. Rentenbezugsmitteilung	8 860,00 €	13 380,00 €	13 500,00 €	12 070,00 €
– Anpassungsbetrag lt. Rentenbezugsmitteilung	– 0,00 €	– 0,00 €	–120,00 €	–206,00 €
Zwischensumme	8 860,00 €	13 380,00 €	13 380,00 €	11 864,00 €
darauf fester Prozentsatz (hier: 52 %)	4 607,20 €	6 957,60 €	6 957,60 €	6 169,28 €
+ Anpassungsbetrag lt. Rentenbezugsmitteilung	+ 0,00 €	+ 0,00 €	+ 120,00 €	+ 206,00 €
= der Besteuerung unterliegende Anteil der Rente	4 607,20 €	6 957,60 €	7 077,60 €	6 375,28 €

Folgerenten i. S. d. § 22 Nr. 1 Satz 3 Buchstabe a Doppelbuchstabe aa Satz 8 EStG (vgl. Rz. 119 ff.) werden für die Berechnung des steuerfreien Teils der Rente (§ 22 Nr. 1 Satz 3 Buchstabe a Doppelbuchstabe aa Satz 3 bis 7 EStG) als eigenständige Renten behandelt. Das gilt nicht, wenn eine wegen Wiederheirat weggefallene Witwen- oder Witwerrente (vgl. Rz. 124) wieder auflebt. In diesem Fall berechnet sich der steuerfreie Teil der Rente nach der ursprünglichen, später weggefallenen Rente (vgl. Rz. 125 und 126). 130

2. Leibrenten und andere Leistungen i. S. d. § 22 Nr. 1 Satz 3 Buchstabe a Doppelbuchstabe bb EStG

Leibrenten i. S. d. § 22 Nr. 1 Satz 3 Buchstabe a Doppelbuchstabe bb EStG (vgl. Rz. 107) unterliegen auch ab dem Veranlagungszeitraum 2005 nur mit dem Ertragsanteil der Besteuerung. Die Ertragsanteile sind gegenüber dem bisherigen Recht abgesenkt worden. Sie ergeben sich aus der Tabelle in § 22 Nr. 1 Satz 3 Buchstabe a Doppelbuchstabe bb Satz 4 EStG. Die neuen Ertragsanteile gelten sowohl für Renten, deren Rentenbeginn vor dem 1. Januar 2005 liegt, als auch für Renten, die erst nach dem 31. Dezember 2004 zu laufen beginnen. 131

Für abgekürzte Leibrenten (vgl. Rz. 109) – z. B. aus einer privaten selbständigen Erwerbsminderungsversicherung, die nur bis zum 65. Lebensjahr gezahlt wird – bestimmen sich die Ertragsanteile auch weiterhin nach § 55 Abs. 2 EStDV. 132

3. Öffnungsklausel

a) Allgemeines

133 Durch die Öffnungsklausel in § 22 Nr. 1 Satz 3 Buchstabe a Doppelbuchstabe bb Satz 2 EStG werden auf Antrag des Steuerpflichtigen Teile der Leibrenten oder anderer Leistungen, die anderenfalls der nachgelagerten Besteuerung nach § 22 Nr. 1 Satz 3 Buchstabe a Doppelbuchstabe aa EStG unterliegen würden, nach § 22 Nr. 1 Satz 3 Buchstabe a Doppelbuchstabe bb EStG besteuert.

b) Antrag

134 Der Antrag ist vom Steuerpflichtigen beim zuständigen Finanzamt in der Regel im Rahmen der Einkommensteuererklärung formlos zu stellen. Der Antrag kann nicht vor Beginn des Leistungsbezugs gestellt werden. Die Öffnungsklausel in § 22 Nr. 1 Satz 3 Buchstabe a Doppelbuchstabe bb Satz 2 EStG ist nicht von Amts wegen anzuwenden.

c) 10-Jahres-Grenze

135 Die Anwendung der Öffnungsklausel setzt voraus, dass bis zum 31. Dezember 2004 in mindestens zehn Jahren (In-Prinzip) Beiträge oberhalb des Betrags des Höchstbeitrags zur gesetzlichen Rentenversicherung gezahlt wurden. Dabei ist jedes Kalenderjahr getrennt zu betrachten. Die Jahre müssen nicht unmittelbar aufeinander folgen. Der jährliche Höchstbeitrag ist auch dann maßgebend, wenn nur für einen Teil des Jahres Versicherungspflicht bestand oder nicht während des ganzen Jahres Beiträge geleistet wurden. **Für die Prüfung, ob die 10-Jahres-Grenze erfüllt ist, sind nur die vor dem 1. Januar 2005 liegenden Beitragsjahre zu berücksichtigen. Beiträge, die nach dem 31. Dezember 2004 gezahlt wurden, sind nicht einzubeziehen.**

d) Maßgeblicher Höchstbeitrag

136 Für die Prüfung, ob Beiträge oberhalb des Betrags des Höchstbeitrags gezahlt wurden, ist grundsätzlich der Höchstbeitrag zur gesetzlichen Rentenversicherung der Angestellten und Arbeiter (West) im Jahr der Zahlung heranzuziehen. In den Jahren, in denen im gesamten Kalenderjahr eine Versicherung in der knappschaftlichen Rentenversicherung bestand, ist deren Höchstbeitrag maßgebend. Bis 1949 galten in den gesetzlichen Rentenversicherungen unterschiedliche Höchstbeiträge für Arbeiter und Angestellte. Sofern keine Versicherungspflicht in den gesetzlichen Rentenversicherungen bestand, ist stets der Höchstbeitrag für Angestellte in der gesetzlichen Rentenversicherung der Arbeiter und Angestellten zu Grunde zu legen. Höchstbeitrag ist die Summe des Arbeitgeberanteils und des Arbeitnehmeranteils zur jeweiligen gesetzlichen Rentenversicherung. Die maßgeblichen Höchstbeiträge ergeben sich für die Jahre 1927 bis 2004 aus der als Anlage beigefügten Tabelle.

e) Ermittlung der gezahlten Beiträge

137 Für die Frage, ob in einem Jahr Beiträge oberhalb des Betrags des Höchstbeitrags gezahlt wurden, sind sämtliche Beiträge zusammenzurechnen, die in dem einzelnen Jahr an gesetzliche Rentenversicherungen, an landwirtschaftliche Alterskassen und an berufsständische Versorgungseinrichtungen gezahlt wurden. Dabei kommt es darauf an, in welchem Jahr und nicht für welches Jahr die Beiträge gezahlt wurden (In-Prinzip). **Das In-Prinzip ist auch anzuwenden, wenn Beiträge zur gesetzlichen Rentenversicherung aufgrund eines Versorgungsausgleichs (§ 187 Abs. 1 Nr. 1 SGB VI), bei vorzeitiger Inanspruchnahme einer Altersrente (§ 187a SGB VI) oder zur Erhöhung der Rentenanwartschaft (§ 187b SGB VI) geleistet werden. Dies gilt entsprechend für Beitragszahlungen an landwirtschaftliche Alterskassen und berufsständische Versorgungseinrichtungen.**

138 **Für die Anwendung der Öffnungsklausel werden nur Beiträge berücksichtigt, die eigene Beitragsleistungen des Steuerpflichtigen enthalten. Bei der Ermittlung der gezahlten Beiträge kommt es nicht darauf an, ob die Beiträge vom Steuerpflichtigen vollständig oder teilweise selbst getragen wurden. Es ist auch unerheblich, ob es sich um Pflichtbeiträge, freiwillige Beiträge oder Beiträge zur Höherversicherung handelt.**

139 **Beiträge auf Grund von Nachversicherungen in gesetzliche Rentenversicherungen, an landwirtschaftliche Alterskassen und an berufsständische Versorgungseinrichtungen sind nicht zu berücksichtigen. Eine Nachversicherung wird durchgeführt, wenn ein Beschäftigungsverhältnis, das unter bestimmten Voraussetzungen nicht der Versicherungspflicht in der gesetzlichen Rentenversicherung oder in einer berufsständischen Versorgungseinrichtung unterlag (z. B. als Beamtenverhältnis), unter Verlust der Versorgungszusage gelöst wird.**

Zuschüsse zum Beitrag nach § 32 des Gesetzes über die Alterssicherung der Landwirte werden bei der Berechnung mit einbezogen. 140

Der jährliche Höchstbeitrag ist auch dann maßgebend, wenn nur für einen Teil des Jahres eine Versicherungspflicht bestand oder nicht während des ganzen Jahres Beiträge geleistet wurden. Ein anteiliger Ansatz des Höchstbeitrags erfolgt nicht. 141

f) Nachweis der gezahlten Beiträge

Der Steuerpflichtige muss einmalig nachweisen, dass er in mindestens zehn Jahren vor dem 1. Januar 2005 Beiträge oberhalb des Betrags des Höchstbeitrags gezahlt hat. Der Nachweis ist durch Bescheinigungen der Versorgungsträger, **an die die Beiträge geleistet wurden, – bzw. von deren Rechtsnachfolgern** – zu erbringen, die Angaben über die in den einzelnen Jahren geleisteten Beiträge enthalten müssen. Soweit der Versorgungsträger das Jahr der Zahlung nicht bescheinigen kann, hat er in der Bescheinigung ausdrücklich darauf hinzuweisen. In diesen Fällen obliegt es dem Steuerpflichtigen, den Zahlungszeitpunkt nachzuweisen. Wird der Nachweis nicht geführt, sind diese Beträge nicht in die Berechnung einzubeziehen. Pflichtbeiträge gelten als in dem Jahr gezahlt, für das sie bescheinigt werden. Beiträge oberhalb des Höchstbeitrags, die nach dem 31. Dezember 2004 geleistet worden sind, bleiben für die Anwendung der Öffnungsklausel auch dann außer Betracht, wenn im Übrigen vor dem 1. Januar 2005 in mindestens zehn Jahren Beiträge oberhalb des Betrags des Höchstbeitrags zur gesetzlichen Rentenversicherung geleistet worden sind. 142

g) Ermittlung des auf Beiträgen oberhalb des Betrags des Höchstbeitrags beruhenden Teils der Leistung

Der Teil der Leibrenten oder anderen Leistungen, der auf Beiträgen oberhalb des Betrags des Höchstbeitrags beruht, ist vom Versorgungsträger nach denselben Grundsätzen zu ermitteln wie in Leistungsfällen, bei denen keine Beiträge oberhalb des Betrags des Höchstbeitrags geleistet wurden. **Dieser Teil wird bezogen auf jeden einzelnen Rentenanspruch getrennt ermittelt. Dabei sind die insgesamt in den einzelnen Kalenderjahren – ggf. zu verschiedenen Versorgungsträgern – geleisteten Beiträge nach Maßgabe der Rz. 147 bis 149 zu berücksichtigen. Jedes Kalenderjahr ist getrennt zu betrachten. Für jedes Jahr ist der Teil der Leistung, der auf Beiträgen oberhalb des Betrags des Höchstbeitrags beruht, gesondert zu ermitteln. Eine Zusammenrechnung der in den einzelnen Jahren gezahlten Beiträge und eine daraus resultierende Durchschnittsbildung sind nicht zulässig.** 143

Abweichend hiervon wird bei berufsständischen Versorgungseinrichtungen zugelassen, dass die tatsächlich geleisteten Beiträge und die den Höchstbeitrag übersteigenden Beiträge zum im entsprechenden Jahr maßgebenden Höchstbeitrag ins Verhältnis gesetzt werden. Aus dem Verhältnis der Summen der sich daraus ergebenden Prozentsätze ergibt sich der Prozentsatz für den Teil der Leistung, der auf Beiträge oberhalb des Betrags des Höchstbeitrags entfällt. Für Beitragszahlungen ab dem Jahr 2005 ist für übersteigende Beiträge kein Prozentsatz anzusetzen. Diese Vereinfachungsregelung ist zulässig, wenn 144

- **alle Mitglieder der einheitlichen Anwendung der Vereinfachungsregelung zugestimmt haben oder**
- **die berufsständische Versorgungseinrichtung für das Mitglied den Teil der Leistung, der auf Beiträgen oberhalb des Betrags des Höchstbeitrags zur gesetzlichen Rentenversicherung beruht, nicht nach Rz. 143 ermitteln kann.**

Beispiel: 145

Der Versicherte V war in den Jahren 1969 bis 2005 bei einer berufsständischen Versorgungseinrichtung versichert. Die Aufteilung kann wie folgt durchgeführt werden:

Jahr	tatsächlich geleistete Beiträge in DM / €	Höchstbeitrag zur gesetzlichen Rentenversicherung (HB) in DM / €	übersteigende Beiträge in DM / €	tatsächlich geleistete Beiträge in % des HB	übersteigende Beiträge in % des HB
1969	2 321,00 DM	3 264,00 DM	0 DM	71,11 %	0,00 %
1970	3 183,00 DM	3 672,00 DM	0 DM	86,68 %	0,00 %
1971	2 832,00 DM	3 876,00 DM	0 DM	73,07 %	0,00 %
1972	10 320,00 DM	4 284,00 DM	6 036,00 DM	240,90 %	140,90 %
1973	11 520,00 DM	4 968,00 DM	6 552,00 DM	231,88 %	131,88 %

Jahr	tatsächlich geleistete Beiträge in DM / €	Höchstbeitrag zur gesetzlichen Rentenversicherung (HB) in DM / €	übersteigende Beiträge in DM / €	tatsächlich geleistete Beiträge in % des HB	übersteigende Beiträge in % des HB
1969	2 321,00 DM	3 264,00 DM	0 DM	71,11 %	0,00 %
1970	3 183,00 DM	3 672,00 DM	0 DM	86,68 %	0,00 %
1971	2 832,00 DM	3 876,00 DM	0 DM	73,07 %	0,00 %
1972	10 320,00 DM	4 284,00 DM	6 036,00 DM	240,90 %	140,90 %
1973	11 520,00 DM	4 968,00 DM	6 552,00 DM	231,88 %	131,88 %
1974	12 600,00 DM	5 400,00 DM	7 200,00 DM	233,33 %	133,33 %
1975	13 632,00 DM	6 048,00 DM	7 584,00 DM	225,40 %	125,40 %
1976	15 024,00 DM	6 696,00 DM	8 328,00 DM	224,37 %	124,37 %
1977	16 344,00 DM	7 344,00 DM	9 000,00 DM	222,55 %	122,55 %
1978	14 400,00 DM	7 992,00 DM	6 408,00 DM	180,18 %	80,18 %
1979	16 830,00 DM	8 640,00 DM	8 190,00 DM	194,79 %	94,79 %
1980	12 510,00 DM	9 072,00 DM	3 438,00 DM	137,90 %	37,90 %
1981	13 500,00 DM	9 768,00 DM	3 732,00 DM	138,21 %	38,21 %
1982	12 420,00 DM	10 152,00 DM	2 268,00 DM	122,34 %	22,34 %
1983	14 670,00 DM	10 900,00 DM	3 770,00 DM	134,59 %	34,59 %
1984	19 440,00 DM	11 544,00 DM	7 896,00 DM	168,40 %	68,40 %
1985	23 400,00 DM	12 306,60 DM	11 093,40 DM	190,14 %	90,14 %
1986	18 360,00 DM	12 902,40 DM	5 457,60 DM	142,30 %	42,30 %
1987	17 730,00 DM	12 790,80 DM	4 939,20 DM	138,62 %	38,62 %
1988	12 510,00 DM	13 464,00 DM	0 DM	92,91 %	0,00 %
1989	14 310,00 DM	13 688,40 DM	621,60 DM	104,54 %	4,54 %
1990	16 740,00 DM	14 137,20 DM	2 602,80 DM	118,41 %	18,41 %
1991	18 000,00 DM	14 001,00 DM	3 999,00 DM	128,56 %	28,56 %
1992	16 110,00 DM	14 443,20 DM	1 666,80 DM	111,54 %	11,54 %
1993	16 020,00 DM	15 120,00 DM	900,00 DM	105,95 %	5,95 %
1994	17 280,00 DM	17 510,40 DM	0 DM	98,68 %	0,00 %
1995	16 020,00 DM	17 409,60 DM	0 DM	92,02 %	0,00 %
1996	20 340,00 DM	18 432,00 DM	1 908,00 DM	110,35 %	10,35 %
1997	22 140,00 DM	19 975,20 DM	2 164,80 DM	110,84 %	10,84 %
1998	23 400,00 DM	20 462,40 DM	2 937,60 DM	114,36 %	14,36 %
1999	22 500,00 DM	20 094,00 DM	2 406,00 DM	111,97 %	11,97 %
2000	24 210,00 DM	19 917,60 DM	4 292,40 DM	121,55 %	21,55 %
2001	22 230,00 DM	19 940,40 DM	2 289,60 DM	111,48 %	11,48 %
2002	12 725,00 €	10 314,00 €	2 411,00 €	123,38 %	23,38 %
2003	14 721,80 €	11 934,00 €	2 787,80 €	123,36 %	23,36 %
2004	14 447,00 €	12 051,00 €	2 396,00 €	119,88 %	19,88 %
2005	13 274,50 €	12 168,00 €	0,00 €	109,09 %	0,00 %
			Summe	**5 165,63 %**	**1 542,07 %**
			entspricht	**100 %**	**29,85 %**

Von den Leistungen unterliegt ein Anteil von 29,85 % der Besteuerung nach § 22 Nr. 1 Satz 3 Buchstabe a Doppelbuchstabe bb EStG.

h) Aufteilung bei Beiträgen an mehr als einen Versorgungsträger

146 Weist der Steuerpflichtige die Zahlung von Beiträgen an mehr als einen Versorgungsträger nach, gilt im Einzelnen Folgendes:

aa) Beiträge an mehr als eine berufsständische Versorgungseinrichtung

147 Die Beiträge bis zum jeweiligen Höchstbeitrag sind einer vom Steuerpflichtigen zu bestimmenden berufsständischen Versorgungseinrichtung vorrangig zuzuordnen. Die berufsständischen Versorgungseinrichtungen haben entsprechend dieser Zuordnung den Teil der Leistung zu ermitteln, der auf Beiträgen beruht, die in den einzelnen Jahren oberhalb des Betrags des Höchstbeitrags zur gesetzlichen Rentenversicherung gezahlt wurden.

bb) Beiträge an die gesetzliche Rentenversicherung und an berufsständische Versorgungseinrichtungen

Die Beiträge bis zum jeweiligen Höchstbeitrag sind vorrangig der gesetzlichen Rentenversicherung zuzuordnen. Die berufsständische Versorgungseinrichtung hat den Teil der Leistung zu ermitteln, der auf Beiträgen beruht, die in den einzelnen Jahren oberhalb des Betrags des Höchstbeitrags zur gesetzlichen Rentenversicherung gezahlt wurden. Dies gilt für den Träger der gesetzlichen Rentenversicherung entsprechend, wenn die Beiträge zur gesetzlichen Rentenversicherung bereits oberhalb des Höchstbeitrags zur gesetzlichen Rentenversicherung liegen. 148

Beiträge an die landwirtschaftlichen Alterskassen sind für die Frage der Anwendung der Öffnungsklausel wie Beiträge zur gesetzlichen Rentenversicherung zu behandeln. **Sind Beiträge an die gesetzliche Rentenversicherung und an die landwirtschaftlichen Alterskassen geleistet worden, sind die Beiträge bis zum jeweiligen Höchstbeitrag vorrangig der gesetzlichen Rentenversicherung zuzuordnen.** 149

Beispiel: 150

Der Steuerpflichtige N hat in den Jahren 1980 bis 1990 folgende Beiträge zur gesetzlichen Rentenversicherung der Arbeiter und Angestellten und an eine berufsständische Versorgungseinrichtung gezahlt. Im Jahr 1981 wurden i. H. v. 22 100 DM Rentenversicherungsbeiträge für die Jahre 1965 bis 1978 nachentrichtet. Er beantragt die Anwendung der Öffnungsklausel.

Jahr	Beiträge zur gesetzlichen Rentenversicherung	Beiträge an die Berufsständische Versorgungseinrichtung	Höchstbeitrag zur gesetzlichen Rentenversicherung	übersteigende Beiträge
1	2	3	4	5
1980	2 000,00 DM	8 000,00 DM	9 072,00 DM	928,00 DM
1981	24 200,00 DM	8 600,00 DM	9 768,00 DM	23 032,00 DM
1982	2 200,00 DM	8 200,00 DM	10 152,00 DM	248,00 DM
1983	2 300,00 DM	9 120,00 DM	10 900,00 DM	520,00 DM
1984	2 400,00 DM	9 500,00 DM	11 544,00 DM	356,00 DM
1985	2 500,00 DM	9 940,00 DM	12 306,60 DM	133,40 DM
1986	2 600,00 DM	10 600,00 DM	12 902,40 DM	297,60 DM
1987	2 700,00 DM	11 300,00 DM	12 790,80 DM	1 209,20 DM
1988	2 800,00 DM	11 800,00 DM	13 464,00 DM	1 136,00 DM
1989	2 900,00 DM	12 400,00 DM	13 688,40 DM	1 611,60 DM
1990	3 000,00 DM	12 400,00 DM	14 137,20 DM	1 262,80 DM

Die Nachzahlung im Jahr 1981 allein führt nicht zur Anwendung der Öffnungsklausel, da nur die Jahre berücksichtigt werden, in denen Beiträge oberhalb des Betrags des Höchstbeitrags geleistet wurden. Für welche Jahre die Beiträge entrichtet wurden, ist dabei unerheblich.

Im Beispielsfall ist die Öffnungsklausel jedoch anzuwenden, da unabhängig von der Nachzahlung in die gesetzliche Rentenversicherung durch die zusätzliche Zahlung von Beiträgen an eine berufsständische Versorgungseinrichtung in mindestens zehn Jahren Beiträge oberhalb des Betrags des Höchstbeitrags zur gesetzlichen Rentenversicherung geleistet wurden. Die Öffnungsklausel ist vorrangig auf die Rente aus der berufsständischen Versorgungseinrichtung anzuwenden. Für die Berechung durch die berufsständische Versorgungseinrichtung, welcher Teil der Rente auf Beiträgen oberhalb des Betrags des Höchstbeitrags beruht, sind die übersteigenden Beiträge (Spalte 5 der Tabelle) – höchstens jedoch die tatsächlich an die berufsständische Versorgungseinrichtung geleisteten Beiträge – heranzuziehen. Es ist ausreichend, wenn die berufsständische Versorgungseinrichtung dem Steuerpflichtigen den prozentualen Anteil der auf die übersteigenden Beiträge entfallenden Leistungen mitteilt. Auf dieser Grundlage hat der Steuerpflichtige selbst in der Auszahlungsphase jährlich den konkreten Anteil der Rente zu ermitteln, der nach § 22 Nr. 1 Satz 3 Buchstabe a Doppelbuchstabe bb EStG der Besteuerung unterliegt.

Eine Besonderheit ergibt sich im Beispielsfall für das Jahr 1981. Aufgrund der Nachentrichtung von Beiträgen für frühere Beitragsjahre wurden im Jahr 1981 an die gesetzliche Rentenversicherung Beiträge oberhalb des Höchstbeitrags zur gesetzlichen Rentenversicherung geleistet. Diese Beiträge sind der gesetzlichen Rentenversicherung zuzuordnen. Die gesetzliche Rentenversicherung hat auf der Grundlage der Entgeltpunkte des Jahres 1981 den Anteil der Rente aus der gesetzlichen Rentenversicherung zu ermitteln, der auf Beiträge oberhalb des Höchstbeitrags entfällt. Die Öffnungsklausel ist daher sowohl auf die Rente aus der berufsständischen Versorgungseinrichtung als auch auf die Rente aus der gesetzlichen Rentenversicherung anzuwenden.

Die Ermittlung des Teils der Leistung, der auf Beiträgen oberhalb des Betrags des Höchstbeitrags zur gesetzlichen Rentenversicherung (Spalte 5 der Tabelle) beruht, erfolgt durch den Versorgungsträger. Hierbei ist nach den Grundsätzen in Rz. 143 bis 145 zu verfahren.

i) Öffnungsklausel bei einmaligen Leistungen

151 Einmalige Leistungen unterliegen nicht der Besteuerung, soweit auf sie die Öffnungsklausel Anwendung findet.

152 Beispiel:

Nach der Bescheinigung der Versicherung beruhen 12 % der Leistungen auf Beiträgen, die oberhalb des Betrags des Höchstbeitrags geleistet wurden. Nach dem Tod des Steuerpflichtigen erhält die Witwe W ein einmaliges Sterbegeld und eine monatliche Witwenrente.

Von der Witwenrente unterliegt ein Anteil von 88 % der nachgelagerten Besteuerung nach § 22 Nr. 1 Satz 3 Buchstabe a Doppelbuchstabe aa EStG und ein Anteil von 12 % der Besteuerung mit dem Ertragsanteil nach § 22 Nr. 1 Satz 3 Buchstabe a Doppelbuchstabe bb EStG. Der Ertragsanteil bestimmt sich nach dem Lebensjahr der rentenberechtigten Witwe W bei Beginn der Witwenrente; die Regelung zur Folgerente findet bei der Ertragsanteilsbesteuerung keine Anwendung.

Das Sterbegeld unterliegt zu einem Anteil von 88 % der nachgelagerten Besteuerung nach § 22 Nr. 1 Satz 3 Buchstabe a Doppelbuchstabe aa EStG. 12 % des Sterbegelds unterliegen nicht der Besteuerung.

j) Versorgungsausgleich unter Ehegatten oder unter Lebenspartnern

153 **Anwartschaften, auf deren Leistungen die Öffnungsklausel anzuwenden ist, können in einen Versorgungsausgleich unter Ehegatten oder Lebenspartnern einbezogen worden sein. Soweit eine solche Anwartschaft auf den Ausgleichsberechtigten übertragen bzw. soweit zu Lasten einer solchen Anwartschaft für den Ausgleichsberechtigten eine Anwartschaft begründet wurde (§ 1587b Abs. 1 BGB, § 1 Abs. 2 oder 3 VAHRG), kann auf Antrag des Ausgleichsberechtigten auf die darauf beruhenden Leistungen die Öffnungsklausel ebenfalls Anwendung finden. In dem Umfang, wie der Ausgleichsberechtigte für übertragene oder begründete Anwartschaften die Öffnungsklausel anwenden kann, entfällt für den Ausgleichsverpflichteten die Anwendbarkeit der Öffnungsklausel. Dabei kommt es nicht darauf an, ob der Ausgleichsberechtigte tatsächlich von der Anwendbarkeit der Öffnungsklausel Gebrauch macht.**

154 **Die Anwendung der Öffnungsklausel beim Ausgleichsberechtigten setzt voraus, dass der Ausgleichsverpflichtete bis zum 31. Dezember 2004 in mindestens zehn Jahren**

(In-Prinzip) Beiträge oberhalb des Betrages des Höchstbeitrags zur gesetzlichen Rentenversicherung gezahlt hat (vgl. Rz. 135). Dabei sind sämtliche Beitragszahlungen des Ausgleichsverpflichteten ohne Beschränkung auf die Ehe- bzw. Lebenspartnerschaftszeit heranzuziehen.

Bei Ehen bzw. Lebenspartnerschaften, die nach dem 31. Dezember 2004 geschlossen werden, kommt die Öffnungsklausel hinsichtlich der Leistungen an den Ausgleichsberechtigen, die auf im Wege des Versorgungsausgleichs übertragenen oder begründeten Anwartschaften beruhen, nicht zur Anwendung, da die während der Ehe- bzw. Lebenspartnerschaftszeit erworbenen Leistungen des Ausgleichsverpflichteten insgesamt nicht auf bis zum 31. Dezember 2004 geleisteten Beiträgen oberhalb des Höchstbeitrags beruhen.

Erhält der Ausgleichsberechtigte neben der sich aus der im Rahmen des Versorgungsausgleichs übertragenen oder begründeten Anwartschaft ergebenden Leistung noch eine auf „eigenen" Beiträgen beruhende Leistung, ist das Vorliegen der 10-Jahres-Grenze für diese Leistung gesondert zu prüfen. Die Beitragszahlungen des Ausgleichsverpflichteten sind dabei nicht zu berücksichtigen.

155 **Der auf der im Rahmen des Versorgungsausgleichs übertragenen oder begründeten Anwartschaft beruhende Teil der Leistung, der auf Beiträgen oberhalb des Betrags des Höchstbeitrags zur gesetzlichen Rentenversicherung beruht, ermittelt sich ehe- bzw. lebenspartnerschaftszeitbezogen. Dazu ist der Teil der Leistung, der auf in der Ehe- bzw. Lebenspartnerschaftszeit vom Ausgleichsverpflichteten geleisteten Beiträgen oberhalb des Höchstbeitrags beruht, ins Verhältnis zu der insgesamt während der Ehe- bzw. Lebenspartnerschaftszeit erworbenen Leistung des Ausgleichsverpflichteten zu setzen. Als insgesamt während der Ehe- bzw. Lebenspartnerschaftszeit erworbene Anwartschaft ist stets der durch das Familiengericht dem Versorgungsausgleich zugrunde gelegte Wert maßgeblich. Abänderungsverfahren nach § 10a VAHRG sind zu berücksichtigen. Mit dem sich danach ergebenden prozentualen Anteil unterliegt die sich aus der im Rahmen des Versorgungsausgleichs übertragenen oder begründeten Anwartschaft ergebende**

Leistung an den Ausgleichsberechtigten der Besteuerung nach § 22 Nr. 1 Satz 3 Buchstabe a Doppelbuchstabe bb EStG. Entsprechend reduziert sich der Teil der Leistung des Ausgleichsverpflichteten, auf den die Öffnungsklausel anwendbar ist. Hierzu ist zunächst beim Ausgleichverpflichteten der Betrag der Leistung zu ermitteln, der sich aus allen durch eigene Versicherung erworbenen Anwartschaften ergibt und auf bis zum 31. Dezember 2004 gezahlten Beiträgen oberhalb des Höchstbeitrags zur gesetzlichen Rentenversicherung beruht, wenn kein Versorgungsausgleich durchgeführt worden wäre. Dabei sind auch diejenigen Anwartschaften, die dem Ausgleichsverpflichteten infolge des durchgeführten Versorgungsausgleichs nicht mehr zustehen, weil sie übertragen worden sind bzw. zu ihren Lasten eine Anwartschaft für den Ausgleichsberechtigten begründet worden ist, zu berücksichtigen. Von diesem Betrag, wird der Betrag der Leistung abgezogen, der auf Anwartschaften beruht, die auf den Ausgleichsberechtigten im Rahmen des Versorgungsausgleichs übertragen wurden und für die der Ausgleichsberechtigte die Öffnungsklausel in Anspruch nehmen kann. Der verbleibende Betrag ist ins Verhältnis zu der dem Ausgleichsverpflichteten nach Berücksichtigung des Versorgungsausgleichs tatsächlich verbleibenden Leistung zu setzen. Mit diesem Prozentsatz unterliegt die nach Durchführung des Versorgungsausgleichs verbleibende Leistung des Ausgleichsverpflichteten der Öffnungsklausel nach § 22 Nr. 1 Satz 3 Buchstabe a Doppelbuchstabe bb Satz 2 EStG. Diese Berechnung ist auch dann vorzunehmen, wenn der Ausgleichsberechtigte die Anwendung der Öffnungsklausel auf die im Versorgungsausgleich übertragene oder begründete Anwartschaft nicht geltend macht.

Die Anwendung der Öffnungsklausel auf im Rahmen des Versorgungsausgleichs übertragene 156
bzw. begründete Anwartschaften ist unabhängig vom Rentenbeginn des Ausgleichsverpflichteten und unabhängig davon, ob dieser für sich selbst die Öffnungsklausel beantragt. Der beim Ausgleichsberechtigten nach § 22 Nr. 1 Satz 3 Buchstabe a Doppelbuchstabe aa EStG anzuwendende Prozentsatz (für die Kohortenbesteuerung) bestimmt sich nach dem Jahr seines Rentenbeginns.

Bezieht der Ausgleichsberechtigte vom gleichen Versorgungsträger neben der auf der im Rah- 157
men des Versorgungsausgleichs übertragenen oder begründeten Anwartschaft beruhenden Leistung eine durch eigene Versicherung erworbene Leistung, ist die Anwendung der Öffnungsklausel und deren Umfang für die Leistung aus eigener Versicherung gesondert zu ermitteln. Die Beitragszahlungen des Ausgleichsverpflichteten sind dabei nicht zu berücksichtigen. Der sich insoweit ergebende Prozentsatz kann von demjenigen abweichen, der auf die vom Ausgleichsverpflichteten auf den Ausgleichsberechtigten übertragene bzw. begründete Anwartschaft anzuwenden ist. Wird vom Versorgungsträger eine einheitliche Leistung erbracht, die sich aus der eigenen und der im Rahmen des Versorgungsausgleichs übertragenen bzw. begründeten Anwartschaft zusammensetzt, kann vom Versorgungsträger ein sich auf die Gesamtleistung ergebender einheitlicher Prozentsatz ermittelt werden. Dabei sind ggf. weitere Rentenanteile, die auf einem durchgeführten Versorgungsausgleich beruhen und für die die Anwendbarkeit der Öffnungsklausel nicht gegeben ist, mit einem Verhältniswert von 0 einzubringen. Solange für Rentenanteile aus dem Versorgungsausgleich die Anwendbarkeit der Öffnungsklausel und der entsprechende Verhältniswert nicht festgestellt sind, ist stets von einem Wert von 0 auszugehen. Wird kein auf die Gesamtleistung anzuwendender Wert ermittelt, sind die einzelnen Leistungsteile, auf die der/die berechnete/n Verhältniswert/e anzuwenden ist/sind, anzugeben.

Beispiel: 158

Berechnung für den Ausgleichsberechtigten:

Nach dem Ausscheiden aus dem Erwerbsleben erhält A von einer berufsständischen Versorgungseinrichtung eine Rente i. H. v. monatlich 1 000 €. Diese Rente beruht zu 200 € auf im Rahmen des Versorgungsausgleichs auf A übertragenen Rentenanwartschaften von seiner geschiedenen Ehefrau. Die Voraussetzungen der Öffnungsklausel liegen vor. Nach Ermittlung der berufsständischen Versorgungseinrichtung unterliegen 25 % der übertragenen und 5 % der durch eigene Versicherung erworbenen Rentenanwartschaft des A nach § 22 Nr. 1 Satz 3 Buchstabe a Doppelbuchstabe bb Satz 2 EStG der Ertragsanteilsbesteuerung.

Weist die berufsständische Versorgungseinrichtung die Renten jährlich getrennt aus, sind die jeweiligen Prozentsätze unmittelbar auf die einzelnen Renten anzuwenden.

800 € × 12 = 9 600 €	
95 % nach § 22 Nr. 1 Satz 3 Buchstabe a Doppelbuchstabe aa EStG	9 120 €
5 % nach § 22 Nr. 1 Satz 3 Buchstabe a Doppelbuchstabe bb EStG	480 €
200 € × 12 = 2 400 €	
75 % nach § 22 Nr. 1 Satz 3 Buchstabe a Doppelbuchstabe aa EStG	1 800 €
25 % nach § 22 Nr. 1 Satz 3 Buchstabe a Doppelbuchstabe bb EStG	600 €

Ingesamt zu versteuern
nach § 22 Nr. 1 Satz 3 Buchstabe a Doppelbuchstabe aa EStG 10 920 €
nach § 22 Nr. 1 Satz 3 Buchstabe a Doppelbuchstabe bb EStG 1 080 €

Weist die berufsständische Versorgungseinrichtung einen einheitlichen Rentenbetrag aus, kann anstelle der Rentenaufteilung auch ein einheitlicher Prozentsatz ermittelt werden.

Der einheitliche Wert für die gesamte Leistung berechnet sich wie folgt:
[(800 € × 5 %) + (200 € × 25 %)] / 1 000 € = 9 %
1 000 € × 12 = 12 000 €
91 % nach § 22 Nr. 1 Satz 3 Buchstabe a Doppelbuchstabe aa EStG 10 920 €
9 % nach § 22 Nr. 1 Satz 3 Buchstabe a Doppelbuchstabe bb EStG 1 080 €

9 % der Rente aus der berufsständischen Versorgungseinrichtung unterliegen der Besteuerung nach § 22 Nr. 1 Satz 3 Buchstabe a Doppelbuchstabe bb EStG.

Berechnung für den Ausgleichsverpflichteten:

B hat Rentenanwartschaften bei einer berufsständischen Versorgungseinrichtung von insgesamt 1 500 € erworben. Davon wurden im Versorgungsausgleich 200 € auf ihren geschiedenen Ehemann A übertragen. B erfüllt die Voraussetzungen für die Anwendung der Öffnungsklausel. 35 % der gesamten Anwartschaft von 1 500 € beruhen auf bis zum 31. Dezember 2004 gezahlten Beiträgen oberhalb des Höchstbeitrags zur gesetzlichen Rentenversicherung. Für die Ehezeit hat der Träger der berufsständischen Versorgungseinrichtung einen Anteil von 25 % ermittelt.

Der auf die nach Durchführung des Versorgungsausgleichs der B noch zustehende Rente von 1 300 € anwendbare Prozentsatz für die Öffnungsklausel ermittelt sich wie folgt:

Rente des Ausgleichsverpflichteten vor Versorgungsausgleich:
1 500 € × 12 = 18 000 €

Anteilsberechnung für Öffnungsklausel, wenn kein Versorgungsausgleich erfolgt wäre:
35 % von 18 000 € = 6 300 €;

6 300 € der insgesamt von B erworbenen Rentenanwartschaften unterliegen (auf Antrag) der Ertragsanteilsbesteuerung (§ 22 Nr. 1 Satz 3 Buchstabe a Doppelbuchstabe bb EStG), die restlichen 11 700 € sind nach § 22 Nr. 1 Satz 3 Buchstabe a Doppelbuchstabe aa EStG zu versteuern.

Im Versorgungsausgleich übertragene Rentenanwartschaft:
200 € × 12 = 2 400 €
25 % von 2 400 € = 600 €

Von den im Versorgungsausgleich auf den geschiedenen Ehemann A übertragenen Rentenanwartschaften können 600 € mit dem Ertragsanteil besteuert werden.

Verbleibender Betrag beim Ausgleichsverpflichteten für die Anteilsberechnung im Rahmen der Öffnungsklausel:
6 300 € – 600 € = 5 700 €

Der für B verbleibende Betrag, der mit dem Ertragsanteil (§ 22 Nr. 1 Satz 3 Buchstabe a Doppelbuchstabe bb EStG) besteuert werden kann, beträgt 5 700 €.

Rente des Ausgleichsverpflichteten *nach* Versorgungsausgleich:
1 300 € × 12 = 15 600 €

Anteilsberechnung beim Ausgleichsverpflichteten:
5 700 € von 15 600 € = 36,54 %

Dies entspricht 36,54 % der B nach Durchführung des Versorgungsausgleich zustehenden Rente. Dieser Anteil der Rente ist nach § 22 Nr. 1 Satz 3 Buchstabe a Doppelbuchstabe bb EStG zu versteuern. Für den übrigen Anteil von Höhe von 63,46 % (9 900 € von 15 600 €) ist § 22 Nr. 1 Satz 3 Buchstabe a Doppelbuchstabe aa EStG anzuwenden.

Rechenweg für die Anteilsberechnung (Öffnungsklausel) beim Ausgleichsverpflichteten in verkürzter Darstellung:
(18 000 € × 35 % – 2 400 € × 25 %) / 15 600 € × 100 = 36,54 %

k) Bescheinigung der Leistung nach § 22 Nr. 1 Satz 3 Buchstabe a Doppelbuchstabe bb Satz 2 EStG

159 Der Versorgungsträger hat dem Steuerpflichtigen auf dessen Verlangen den prozentualen Anteil der Leistung zu bescheinigen, der auf bis zum 31. Dezember 2004 geleisteten Beiträgen beruht,

die oberhalb des Betrags des Höchstbeitrags zur gesetzlichen Rentenversicherung gezahlt wurden. Im Fall der Anwendung der Vereinfachungsregelung (Rz. 144) hat der Versorgungsträger die Berechnung – entsprechend dem Beispielsfall in Rz. 145 – darzustellen.

Wurden Beiträge an mehr als einen Versorgungsträger gezahlt und ist der Höchstbeitrag – auch unter Berücksichtigung der Zusammenrechnung nach Rz. 137 – nur bei einem Versorgungsträger überschritten, so ist nur von diesem Versorgungsträger eine Bescheinigung zur Aufteilung der Leistung auszustellen. Der dort bescheinigte Prozentsatz ist nur auf die Leistung dieses Versorgungsträgers anzuwenden. Für die Leistungen der übrigen Versorgungsträger kommt die Öffnungsklausel nicht zur Anwendung. Diese unterliegen in vollem Umfang der Besteuerung nach § 22 Nr. 1 Satz 3 Buchstabe a Doppelbuchstabe aa EStG.

Stellt die gesetzliche Rentenversicherung fest, dass Beiträge zur gesetzlichen Rentenversicherung in mindestens einem Jahr oberhalb des Betrags des Höchstbeitrags geleistet wurden, so stellt sie – unabhängig davon, ob die Voraussetzungen für die Öffnungsklausel erfüllt sind – eine Mitteilung aus, in der bescheinigt wird, welcher Teil der Leistung auf Beiträgen oberhalb des Betrags des Höchstbeitrags beruht. In dieser Bescheinigung wird ausdrücklich darauf hingewiesen, in wie vielen Jahren der Betrag des Höchstbeitrags überschritten wurde und dass die Öffnungsklausel nur zur Anwendung kommt, wenn in mindestens zehn Jahren Beiträge oberhalb des Betrags des Höchstbeitrags geleistet wurden. Sind die Voraussetzungen der Öffnungsklausel durch Beiträge an weitere Versorgungsträger erfüllt, dient diese Mitteilung der gesetzlichen Rentenversicherung als Bescheinigung zur Aufteilung der Leistung. Der darin mitgeteilte Prozentsatz ist in diesem Fall auf die Leistung der gesetzlichen Rentenversicherung anzuwenden; eine weitere Bescheinigung ist nicht erforderlich.

Die endgültige Entscheidung darüber, ob die Öffnungsklausel zur Anwendung kommt, obliegt ausschließlich der Finanzverwaltung und nicht der die Rente auszahlenden Stelle. Der Steuerpflichtige muss deshalb die Anwendung der Öffnungsklausel beim Finanzamt und nicht beim Versorgungsträger beantragen. Der Versorgungsträger ermittelt hierfür den Teil der Leistung, der auf Beiträgen oberhalb des Betrags des Höchstbeitrags beruht und bescheinigt diesen.

D. Rentenbezugsmitteilung nach § 22 a EStG

I. Allgemeines

Nach § 22a EStG müssen von den Mitteilungspflichtigen Rentenbezugsmitteilungen nach amtlich vorgeschriebenem Datensatz durch Datenfernübertragung an die zentrale Stelle übermittelt werden. Für jeden Vertrag und für jede Rente ist eine gesonderte Rentenbezugsmitteilung erforderlich. Nicht in das Rentenbezugsmitteilungsverfahren einbezogen werden Renten, Teile von Renten oder andere (Teil-)Leistungen, die steuerfrei sind (vgl. z. B. Rz. 92 und § 3 Nr. 1 Buchstabe a EStG) oder nicht der Besteuerung unterliegen. Eine Rentenbezugsmitteilung ist ebenfalls nicht erforderlich, wenn die Rentenansprüche – z. B. wegen der Höhe der eigenen Einkünfte – ruhen und daher im gesamten Kalenderjahr keine Zahlungen erfolgt sind oder gewährte Leistungen im selben Kalenderjahr auch zurückgezahlt wurden. 160

Das **Bundeszentralamt für Steuern** wird abweichend von § 22a Abs. 1 EStG den Zeitpunkt der erstmaligen Übermittlung von Rentenbezugsmitteilungen durch ein im Bundessteuerblatt zu veröffentlichendes Schreiben bekannt geben (§ 52 Abs. 38a EStG). Die Mitteilungspflichtigen müssen die Daten bis zum Zeitpunkt der erstmaligen Übermittlung der Rentenbezugsmitteilungen vorhalten **(vgl. BfF-Schreiben vom 5. Dezember 2005, BStBl I S. 1029).** 161

II. Mitteilungspflichtige

Mitteilungspflichtig nach § 22a EStG sind die Träger der gesetzlichen Rentenversicherung, der Gesamtverband der landwirtschaftlichen Alterskassen für die Träger der Alterssicherung der Landwirte, die berufsständischen Versorgungseinrichtungen, die Pensionskassen, die Pensionsfonds, die Versicherungsunternehmen, die Unternehmen, die Verträge i. S. d. § 10 Abs. 1 Nr. 2 Buchstabe b EStG anbieten, und die Anbieter i. S. d. § 80 EStG. Dieser Verpflichtung unterliegen auch **ausländische** Versicherungsunternehmen **(einschließlich Pensionskassen) sowie ausländische Pensionsfonds, sofern sie aufsichtsrechtlich zur Ausübung des Geschäftsbetriebs im Inland befugt sind.** 162

III. Inhalt der Rentenbezugsmitteilung

Die in die Rentenbezugsmitteilung aufzunehmenden Daten sind in § 22 a Abs. 1 EStG abschließend aufgezählt. 163

1. Angaben zur Identifikation des Leistungsempfängers

164 Die Rentenbezugsmitteilung muss die Identifikationsnummer (§ 139b AO), den Familiennamen, den Vornamen und das Geburtsdatum des Leistungsempfängers beinhalten. **Eine Übermittlung des Geburtsortes ist nicht erforderlich.** Zum Verfahren zur Erlangung der Identifikationsnummer vgl. Rz. 181.

2. Angaben zur Höhe und Bestimmung des Leistungsbezugs

165 In der Rentenbezugsmitteilung sind die im Kalenderjahr zugeflossenen Leistungen grundsätzlich in einer Summe anzugeben. Im Leistungsbetrag enthaltene Nachzahlungen für mehrere Jahre können gesondert ausgewiesen werden.

166 Ist wegen rückwirkender Zubilligung einer Rente der Anspruch auf eine bisher gewährte Sozialleistung (z. B. auf Kranken-, Arbeitslosengeld oder Sozialhilfe) rückwirkend ganz oder teilweise weggefallen und steht dem Leistenden deswegen gegenüber dem Rentenversicherungsträger (z. B. nach § 103 des Zehnten Buches Sozialgesetzbuch – SGB X –) ein Erstattungsanspruch zu, sind die bisher gezahlten Sozialleistungen in Höhe dieses Erstattungsanspruchs als Rentenzahlungen anzusehen. Die Rente gilt in dieser Höhe im Zeitpunkt der Zahlung der ursprünglichen Leistungen als dem Leistungsempfänger zugeflossen. Die umgewidmeten Beträge unterliegen ebenfalls der Mitteilungspflicht nach § 22a EStG, wenn sie nach dem 31. Dezember 2004 zugeflossen sind. Bereits erstellte Rentenbezugsmitteilungen sind entsprechend zu berichtigen.

167 Der Betrag der Leibrenten und anderen Leistungen i. S. d. § 22 Nr. 1 Satz 3 Buchstabe a Doppelbuchstabe aa, bb Satz 4 und Doppelbuchstabe bb Satz 5 EStG i. V. m. § 55 Abs. 2 EStDV sowie i. S. d. § 22 Nr. 5 EStG muss jeweils gesondert ausgewiesen sein. Die Leistungen nach § 22 Nr. 5 EStG sind je gesondert nach den Sätzen 1 bis **4** mitzuteilen.

168 Beispiel:

R erhält im Jahr 2005 aus einem zertifizierten Altersvorsorgevertrag eine Rente i. H. v. 1 100 €. Die Rente beruht i. H. v. 220 € auf steuerlich nicht geförderten Beiträgen.

In der Rentenbezugsmitteilung ist jeweils gesondert mitzuteilen der Teil der Rente, der nach § 22 Nr. 5 Satz 1 EStG zu besteuern ist (880 €) und der Teil der Rente, welcher der Besteuerung mit dem Ertragsanteil nach § 22 Nr. 5 Satz 2 Buchstabe a i. V. m. Nr. 1 Satz 3 Buchstabe a Doppelbuchstabe bb EStG unterliegt (220 €).

169 Die Anwendung der Öffnungsklausel (§ 22 Nr. 1 Satz 3 Buchstabe a Doppelbuchstabe bb Satz 2 EStG; vgl. Rz. 133 ff.) ist antragsgebunden und daher im Rentenbezugsmitteilungsverfahren nicht zu berücksichtigen.

170 Der für die Anwendung des § 11 EStG erforderliche Zeitpunkt des tatsächlichen Zuflusses beim Leistungsempfänger ist den Mitteilungspflichtigen in der Regel nicht bekannt. Für Zwecke der Rentenbezugsmitteilung kann aus Vereinfachungsgründen der Tag der Auszahlung beim Leistungsverpflichteten als Zuflusszeitpunkt angenommen werden. Der Mitteilungspflichtige kann von anderen Kriterien ausgehen, wenn dies wegen seiner organisatorischen Verhältnisse zu genaueren Ergebnissen führt. Dem Leistungsempfänger bleibt es unbenommen, dem Finanzamt einen abweichenden Zuflusszeitpunkt zu belegen.

171 Beispiel:

Die Rentennachzahlung für das Jahr 2004 und die Rente für Januar 2006 werden am 28. Dezember 2005 zur Auszahlung angewiesen.

Für die Erstellung der Rentenbezugsmitteilung kann aus Vereinfachungsgründen unterstellt werden, dass der Betrag am 28. Dezember 2005 dem Konto des Rentenempfängers gutgeschrieben wurde. Die Rentennachzahlung ist nach § 11 Abs. 1 Satz 1 EStG dem Kalenderjahr 2005, die Rente für Januar 2006 nach § 11 Abs. 1 Satz 2 EStG dem Jahr 2006 zuzuordnen.

172 Werden Renten oder andere Leistungen zurückgefordert, sind sie im Kalenderjahr der Rückzahlung von den ihnen entsprechenden zugeflossenen Leistungen abzuziehen. Übersteigt in einem Kalenderjahr der zurückgezahlte Betrag den Betrag der zugeflossenen Leistungen, ist der überschießende Betrag als negativer Betrag in der Rentenbezugsmitteilung anzugeben.

3. Angaben zum Teil der Rente, der ausschließlich auf einer regelmäßigen Anpassung der Rente beruht

173 In den Fällen, in denen die Leistung ganz oder teilweise der Besteuerung nach § 22 Nr. 1 Satz 3 Buchstabe a Doppelbuchstabe aa EStG unterliegt, ist in der Rentenbezugsmitteilung die auf regelmäßigen Rentenanpassungen beruhende Erhöhung des Jahresbetrags der Rente gegenüber dem Jahr mitzuteilen, das dem Jahr des Rentenbeginns folgt. Das gilt auch bei einer Neuberech-

nung der Rente. Bei Renten, die vor dem 1. Januar 2005 begonnen haben, sind nur die Erhöhungen des Jahresbetrags der Rente gegenüber dem Jahr 2005 mitzuteilen.

Beispiel: 174

R bezieht ab Mai 2006 eine monatliche Witwenrente aus der gesetzlichen Rentenversicherung i. H. v. 1 100 €. Die Rente wird aufgrund regelmäßiger Anpassungen zum 1. Juli 2006, zum 1. Juli 2007, zum 1. Juli 2008 und zum 1. Juli 2009 jeweils um 10 € erhöht.

Rentenzeitraum	Monatsbetrag	Betrag im Zahlungszeitraum
1.5. – 30. 6. 2006	1 100,00 €	2 200,00 €
1.7. – 31. 12. 2006	1 110,00 €	6 660,00 €
Jahresrente 2006		**8 860,00 €**
1.1. – 30. 6. 2007	1 110,00 €	6 660,00 €
1.7. – 31. 12. 2007	1 120,00 €	6 720,00 €
Jahresrente 2007		**13 380,00 €**
1.1. – 30. 6. 2008	1 120,00 €	6 720,00 €
1.7. – 31. 12. 2008	1 130,00 €	6 780,00 €
Jahresrente 2008		**13 500,00 €**
1.1. – 30. 6. 2009	1 130,00 €	6 780,00 €
1.7. – 31. 12. 2009	1 140,00 €	6 840,00 €
Jahresrente 2009		**13 620,00 €**

In den Rentenbezugsmitteilungen für die Jahre 2006 bis 2009 ist als Leistungsbetrag der jeweilige Jahresbetrag der Rente auszuweisen. Zusätzlich ist ab dem Jahr 2008 die auf regelmäßigen Rentenanpassungen beruhende Erhöhung des Jahresbetrags der Rente gegenüber dem Jahr 2007 mitzuteilen.

Rentenbezugsmitteilungen

Jahr	Leistungsbetrag	Anpassungsbetrag
2006	8 860,00 €	0,00 €
2007	13 380,00 €	0,00 €
2008	13 500,00 €	120,00 €
2009	13 620,00 €	240,00 €

Auch in Fällen, in denen sich – z. B. wegen Anrechnung anderer Einkünfte – die monatliche Rente vermindert, können in der gekürzten Rente Teile enthalten sein, die auf einer regelmäßigen Anpassung des Jahresbetrags der Rente beruhen. 175

Abwandlung des Beispiels in Rz. 174: 176

Wegen anderer Einkünfte erhält R ab August 2009 eine auf 830 € gekürzte Witwenrente.

Rentenzeitraum	Monatsbetrag	Betrag im Zahlungszeitraum
1.1. – 30. 6. 2009	1 130,00 €	6 780,00 €
1.7. – 31. 7. 2009	1 140,00 €	1 140,00 €
1.8. – 31. 12. 2009	830,00 €	4 150,00 €
Jahresrente 2009		**12 070,00 €**

In der ab August 2009 gekürzten Rente ist derselbe prozentuale Erhöhungsbetrag enthalten, der auf regelmäßigen Anpassungen der Jahresrente beruht, wie in der ungekürzten Rente für Juli 2009. Der in der Rente enthaltene auf regelmäßigen Anpassungen beruhende Teil der Rente errechnet sich wie folgt:

Januar bis Juni 2009:	jeweils 1 130,00 € – (13 380,00 € / 12) = 15 €	insg. 90 €
Juli 2009:	1 140,00 € – (13 380,00 € / 12) = 25 €	insg. 25 €
August bis Dezember 2009:	jeweils (830,00 € / 1 140,00 €) × 25 € = 18,20 €	insg. 91 €

In der Rentenbezugsmitteilung für das Jahr 2009 sind folgende Beträge auszuweisen: In der Rentenbezugsmitteilung für das Jahr 2009 sind folgende Beträge auszuweisen:

Jahr	Leistungsbetrag	Anpassungsbetrag
2009	12 070,00 €	206,00 €

Bei einer vollständigen oder teilweisen Rückforderung der Rente ist der in der Rückforderung enthaltene, auf regelmäßigen Anpassungen beruhende Teil der Rente zu ermitteln. Dieser Betrag ist für den Ausweis in der Rentenbezugsmitteilung mit dem in der laufenden Rente enthaltenen 177

Teil der Rente, der auf regelmäßigen Anpassungen beruht, zu saldieren. Ggf. ist auch ein negativer Betrag in der Rentenbezugsmitteilung auszuweisen.

4. Angaben zum Zeitpunkt des Beginns und Ende des Leistungsbezugs

178 In der Rentenbezugsmitteilung muss der Zeitpunkt des Beginns und – soweit bekannt – des Endes des jeweiligen Leistungsbezugs übermittelt werden. Folgen nach dem 31. Dezember 2004 Renten aus derselben Versicherung einander nach (vgl. Rz. 119 und 120), sind in den Fällen, in denen die Leistung ganz oder teilweise der Besteuerung nach § 22 Nr. 1 Satz 3 Buchstabe a Doppelbuchstabe aa EStG unterliegt, auch Beginn und Ende der vorhergehenden Renten mitzuteilen (vgl. § 22 Nr. 1 Satz 3 Buchstabe a Doppelbuchstabe aa Satz 8 EStG).

179 Einmalige Leistungen sind in der Rentenbezugsmitteilung nicht gesondert auszuweisen (vgl. Rz. 165). Bei einmaligen Leistungen, die vor Beginn der Rente ausgezahlt werden, ist als Beginn des Leistungsbezugs das Datum der Zahlung der einmaligen Leistung anzugeben.

5. Angaben zur Identifikation des Mitteilungspflichtigen

180 Zur Identifikation des Leistenden müssen Bezeichnung und Anschrift des Mitteilungspflichtigen in der Rentenbezugsmitteilung übermittelt werden.

IV. Mitteilung der Identifikationsnummer (§ 139b AO) an den Mitteilungspflichtigen

181 Der Leistungsempfänger muss dem Mitteilungspflichtigen seine Identifikationsnummer mitteilen. Kommt der Leistungsempfänger trotz Aufforderung dieser Verpflichtung nicht nach, kann sich der Mitteilungspflichtige mit der Bitte um Mitteilung der Identifikationsnummer des Leistungsempfängers an das **Bundeszentralamt für Steuern** wenden. In der Anfrage dürfen nur die in § 139b Abs. 3 AO genannten Daten des Leistungsempfängers angegeben werden. **Der Mitteilungspflichtige nach § 22a Abs. 1 EStG kann die Identifikationsnummer (§ 139b AO) eines Leistungsempfängers, dem in den Jahren 2005 bis 2008 Leistungen zugeflossen sind (Bestandsrentner), abweichend von § 22a Abs. 2 Satz 1 und 2 EStG beim Bundeszentralamt für Steuern erheben. Das Bundeszentralamt für Steuern teilt dem Mitteilungspflichtigen die Identifikationsnummer des Leistungsempfängers mit, sofern die übermittelten Daten mit den nach § 139b Abs. 3 AO beim Bundeszentralamt für Steuern gespeicherten Daten übereinstimmen. Stimmen die Daten nicht überein, findet § 22a Abs. 2 Satz 1 und 2 EStG Anwendung. Die Anfrage des Mitteilungspflichtigen und die Antwort des Bundeszentralamtes für Steuern sind über die zentrale Stelle zu übermitteln.** Das **Bundeszentralamt für Steuern** darf dem Mitteilungspflichtigen nur die Identifikationsnummer des jeweiligen Leistungsempfängers übermitteln. Der Mitteilungspflichtige darf die Identifikationsnummer nur verwenden, soweit dies für die Erfüllung der Mitteilungspflicht nach § 22a Abs. 1 Satz 1 EStG erforderlich ist.

V. Unterrichtung des Leistungsempfängers

182 Der Leistungsempfänger ist vom Mitteilungspflichtigen jeweils darüber zu unterrichten, dass die Leistung der zentralen Stelle mitgeteilt wird (§ 22a Abs. 3 EStG). Dies kann im Rentenbescheid, in einer Rentenanpassungsmitteilung, in einer sonstigen Mitteilung über Leistungen oder in der Mitteilung nach § 22 Nr. 5 Satz ***7*** EStG[1]) erfolgen.

VI. Ermittlungspflicht

183 Nach geltendem Recht sind die Finanzämter bei der Ermittlung der steuererheblichen Sachverhalte an den Grundsatz der Verhältnismäßigkeit gebunden. Danach ist auch bei Vorliegen einer Rentenbezugsmitteilung zu berücksichtigen, inwieweit der Ermittlungsaufwand bei der Finanzbehörde, aber auch bei den Steuerpflichtigen durch das voraussichtliche steuerliche Ergebnis gerechtfertigt wäre.

E. Anwendungsregelung

184 **Das BMF-Schreiben vom 24. Februar 2005 – IV C 3 – S 2255–51/05/IV C 4 – S 2221–37/05/IV C 5 – S 2345–9/05 –, BStBl I S. 429 (unter Berücksichtigung der Änderungen durch das BMF-Schreiben vom 14. August 2006, BStBl I S. 496), wird aufgehoben.**

1) Rz. 182 wurde durch Aktualisierung des BMF-Schreibens vom 18. 9. 2008 (BStBl I S. 887) geändert.

Anlage

Zusammenstellung der Höchstbeiträge in der gesetzlichen Rentenversicherung der Arbeiter und Angestellten und in der knappschaftlichen Rentenversicherung (jeweils Arbeitgeber- und Arbeitnehmeranteil) für die Jahre 1927 bis 2004

Jahr	Gesetzliche Rentenversicherung der Arbeiter und Angestellten		Knappschaftliche Rentenversicherung	
	Arbeiter	Angestellte	Arbeiter	Angestellte
1927	83,43 RM	240,00 RM	383,67 RM	700,00 RM
1928	104,00 RM	280,00 RM	371,25 RM	816,00 RM
1929	104,00 RM	360,00 RM	355,50 RM	901,60 RM
1930	104,00 RM	360,00 RM	327,83 RM	890,40 RM
1931	104,00 RM	360,00 RM	362,48 RM	915,60 RM
1932	104,00 RM	360,00 RM	405,40 RM	940,80 RM
1933	104,00 RM	360,00 RM	405,54 RM	940,80 RM
1934	124,80 RM	300,00 RM	456,00 RM	806,40 RM
1935	124,80 RM	300,00 RM	456,00 RM	806,40 RM
1936	124,80 RM	300,00 RM	456,00 RM	806,40 RM
1937	124,80 RM	300,00 RM	456,00 RM	806,40 RM
1938	136,37 RM	300,00 RM	461,93 RM	1 767,60 RM
1939	140,40 RM	300,00 RM	471,90 RM	1 771,20 RM
1940	140,40 RM	300,00 RM	471,90 RM	1 771,20 RM
1941	140,40 RM	300,00 RM	472,73 RM	1 767,60 RM
1942	171,00 RM	351,60 RM	478,50 RM	1 764,00 RM
1943	201,60 RM	403,20 RM	888,00 RM	1 032,00 RM
1944	201,60 RM	403,20 RM	888,00 RM	1 032,00 RM
1945	201,60 RM	403,20 RM	888,00 RM	1 032,00 RM
1946	201,60 RM	403,20 RM	888,00 RM	1 032,00 RM
1947	201,60 RM	403,20 RM	888,00 RM	1 462,00 RM
1948	201,60 DM[1])	403,20 DM[1])	888,00 DM[1])	1 548,00 DM[1])
1949	504,00 DM	588,00 DM	1 472,50 DM	1 747,50 DM
1950	720,00 DM		1 890,00 DM	
1951	720,00 DM		1 890,00 DM	
1952	780,00 DM		2 160,00 DM	
1953	900,00 DM		2 700,00 DM	
1954	900,00 DM		2 700,00 DM	
1955	967,50 DM		2 700,00 DM	
1956	990,00 DM		2 700,00 DM	
1957	1 215,00 DM		2 770,00 DM	
1958	1 260,00 DM		2 820,00 DM	
1959	1 344,00 DM		2 820,00 DM	
1960	1 428,00 DM		2 820,00 DM	
1961	1 512,00 DM		3 102,00 DM	
1962	1 596,00 DM		3 102,00 DM	
1963	1 680,00 DM		3 384,00 DM	
1964	1 848,00 DM		3 948,00 DM	
1965	2 016,00 DM		4 230,00 DM	
1966	2 184,00 DM		4 512,00 DM	
1967	2 352,00 DM		4 794,00 DM	
1968	2 880,00 DM		5 358,00 DM	
1969	3 264,00 DM		5 640,00 DM	
1970	3 672,00 DM		5 922,00 DM	
1971	3 876,00 DM		6 486,00 DM	
1972	4 284,00 DM		7 050,00 DM	
1973	4 968,00 DM		7 896,00 DM	
1974	5 400,00 DM		8 742,00 DM	
1975	6 048,00 DM		9 588,00 DM	
1976	6 696,00 DM		10 716,00 DM	
1977	7 344,00 DM		11 844,00 DM	
1978	7 992,00 DM		12 972,00 DM	

[1]) Die im Jahr 1948 vor der Währungsreform geltenden Höchstbeiträge wurden entsprechend der Umstellung der Renten im Verhältnis 1:1 von Reichsmark (RM) in Deutsche Mark (DM) umgerechnet.

Jahr	Gesetzliche Rentenversicherung der Arbeiter und Angestellten		Knappschaftliche Rentenversicherung	
	Arbeiter	Angestellte	Arbeiter	Angestellte
1979	8 640,00 DM		13 536,00 DM	
1980	9 072,00 DM		14 382,00 DM	
1981	9 768,00 DM		15 876,00 DM	
1982	10 152,00 DM		16 356,00 DM	
1983	10 900,00 DM		17 324,00 DM	
1984	11 544,00 DM		18 624,00 DM	
1985	12 306,60 DM		19 892,30 DM	
1986	12 902,40 DM		20 658,60 DM	
1987	12 790,80 DM		20 831,40 DM	
1988	13 464,00 DM		21 418,20 DM	
1989	13 688,40 DM		22 005,00 DM	
1990	14 137,20 DM		22 885,20 DM	
1991	14 001,00 DM		22 752,00 DM	
1992	14 443,20 DM		23 637,60 DM	
1993	15 120,00 DM		24 831,00 DM	
1994	17 510,40 DM		28 764,00 DM	
1995	17 409,60 DM		28 454,40 DM	
1996	18 432,00 DM		29 988,00 DM	
1997	19 975,20 DM		32 602,80 DM	
1998	20 462,40 DM		33 248,40 DM	
1999	20 094,00 DM		32 635,20 DM	
2000	19 917,60 DM		32 563,20 DM	
2001	19 940,40 DM		32 613,60 DM	
2002	10 314,00 Euro		16 916,40 Euro	
2003	11 934,00 Euro		19 425,00 Euro	
2004	12 051,00 Euro		19 735,80 Euro	

III. Anwendung des § 10 Abs. 1 Nr. 2 Buchstabe a EStG i. d. F. des AltEinkG bei Beiträgen an berufsständische Versorgungseinrichtungen

BMF vom 3. 11. 2005 (BStBl I S. 1012)
IV C 4 – S 2221 – 298/05

Im Einvernehmen mit den obersten Finanzbehörden des Bundes und der Länder übersende ich die in der Anlage beigefügte Liste der berufsständischen Versorgungseinrichtungen, die den gesetzlichen Rentenversicherungen vergleichbare Leistungen im Sinne des § 10 Abs. 1 Nr. 2 Buchstabe a EStG erbringen. Der Vollständigkeit halber wird darauf hingewiesen, dass es für die Frage des Vorliegens von Beiträgen im Sinne des § 10 Abs. 1 Nr. 2 Buchstabe a EStG nicht darauf ankommt, in welchem Land der Versicherungsnehmer seinen Wohnsitz hat.

Anlage

Berufsgruppe	Versorgungswerk
Ärzte	Baden-Württembergische Versorgungsanstalt für Ärzte, Zahnärzte und Tierärzte Postfach 26 49, 72016 Tübingen
	Bayerische Ärzteversorgung Denninger Str. 37, 81925 München
	Berliner Ärzteversorgung Postfach 146, 14131 Berlin
	Ärzteversorgung Land Brandenburg Postfach 10 01 35, 03001 Cottbus
	Versorgungswerk der Ärztekammer Bremen Postfach 10 77 29 , 28077 Bremen
	Versorgungswerk der Ärztekammer Hamburg Winterhuder Weg 62, 22085 Hamburg

Berufsgruppe	Versorgungswerk
noch Ärzte	Versorgungswerk der Landesärztekammer Hessen Mittlerer Hasenpfad 25, 60598 Frankfurt/Main
	Ärzteversorgung Mecklenburg-Vorpommern Postfach 120, 30001 Hannover
	Ärzteversorgung Niedersachsen Postfach 120, 30001 Hannover
	Nordrheinische Ärzteversorgung Postfach 10 39 53, 40030 Düsseldorf
	Ärzteversorgung Westfalen-Lippe Postfach 59 03, 48135 Münster
	Versorgungseinrichtung der Bezirksärztekammer Koblenz Emil-Schüller-Str. 45, 56068 Koblenz
	Versorgungseinrichtung der Bezirksärztekammer Trier Postfach 23 08, 54213 Trier
	Versorgungswerk der Ärztekammer des Saarlandes Postfach 10 02 62, 66002 Saarbrücken
	Sächsische Ärzteversorgung Postfach 10 04 51, 01074 Dresden
	Ärzteversorgung Sachsen-Anhalt Postfach 120, 30001 Hannover
	Versorgungseinrichtung der Ärztekammer Schleswig-Holstein Postfach 11 06, 23781 Bad Segeberg
	Ärzteversorgung Thüringen Postfach 10 06 19, 07706 Jena
Apotheker	Bayerische Apothekerversorgung Arabellastr. 31, 81925 München
	Apothekerversorgung Berlin Postfach 37 01 46, 14131 Berlin
	Versorgungswerk der Landesapothekerkammer Hessen Postfach 90 06 43, 60446 Frankfurt/Main
	Apothekerversorgung Mecklenburg-Vorpommern Wismarsche Straße 104, 19055 Schwerin
	Apothekerversorgung Niedersachsen Berliner Allee 20, 30175 Hannover
	Versorgungswerk der Apothekerkammer Nordrhein Postfach 4, 40213 Düsseldorf
	Versorgungswerk der Apothekerkammer Westfalen-Lippe Bismarckallee 25, 48151 Münster
	Sächsisch-Thüringische Apothekerversorgung Pillnitzer Landstr. 10, 01326 Dresden
	Apothekerversorgung Schleswig-Holstein Düsternbrooker Weg 75, 24105 Kiel
Architekten	Versorgungswerk der Architektenkammer Baden-Württemberg Danneckerstraße 52, 70182 Stuttgart
	Bayerische Architektenversorgung Arabellastraße 31, 81925 München
	Versorgungswerk der Architektenkammer Berlin Potsdamer Str. 47, 14163 Berlin-Zehlendorf

Berufsgruppe	Versorgungswerk
noch Architekten	Versorgungswerk der Architektenkammer Nordrhein-Westfalen Postfach 32 12 45, 40427 Düsseldorf
	Versorgungswerk der Architektenkammer Sachsen Goetheallee 37, 01309 Dresden
Ingenieure	Ingenieurversorgung Baden-Württemberg Zellerstr. 26, 70180 Stuttgart
	Versorgungswerk der Architektenkammer Baden-Württemberg Danneckerstr. 52, 70182 Stuttgart
	Bayerische Ingenieurversorgung Bau Arabellastr. 31, 81925 München
	Ingenieurversorgung Mecklenburg-Vorpommern Karl-Marx-Str. 32, 19055 Schwerin
	Versorgungswerk der Ingenieurkammer Niedersachsen Hohenzollernstr. 52, 30161 Hannover
	Versorgungswerk der Architektenkammer Nordrhein-Westfalen Postfach 32 12 45, 40427 Düsseldorf
Mitglieder des Landtags	Versorgungswerk der Mitglieder des Landtags Nordrhein-Westfalen Platz des Landtags 1, 40221 Düsseldorf
Notare	Notarkasse Anstalt des öffentlichen Rechts Ottostr. 10, 80333 München
	Notarversorgung Hamburg Große Theaterstr. 7, 20354 Hamburg
	Notarversorgung Köln Breite Str. 67, 40213 Düsseldorf
	Notarversorgungskasse Koblenz Postfach 20 11 54, 56011 Koblenz
	Versorgungswerk der Saarländischen Notarkammer Rondell 3, 66424 Homburg
	Ländernotarkasse -Anstalt des öffentlichen Rechts Springerstr. 8, 04105 Leipzig
Psychologische Psychotherapeuten	Psychotherapeutenversorgungswerk (PVW) Niedersachsen Neue Wiesen 5 A, 30855 Langenhagen
	Versorgungswerk der Psychotherapeutenkammer Nordrhein-Westfalen Postfach 10 52 41, 40043 Düsseldorf
	Versorgungswerk der Psychotherapeutenkammer Schleswig-Holstein Walkerdamm 17, 24103 Kiel
Rechtsanwälte	Versorgungswerk der Rechtsanwälte in Baden-Württemberg Hohe Str. 16, 70174 Stuttgart
	Bayerische Rechtsanwalts- und Steuerberaterversorgung Arabellastr. 31, 81925 München
	Versorgungswerk der Rechtsanwälte in Berlin Schlüterstr. 42, 10707 Berlin
	Versorgungswerk der Rechtsanwälte im Land Brandenburg Grillendamm 2, 14776 Brandenburg a.d.H.
	Hanseatische Rechtsanwaltsversorgung Bremen Knochenhauerstr. 36/37, 28195 Bremen
	Versorgungswerk der Rechtsanwältinnen und Rechtsanwälte in der Freien und Hansestadt Hamburg Jungfernstieg 44, 20354 Hamburg

Berufsgruppe	Versorgungswerk
noch Rechtsanwälte	Versorgungswerk der Rechtsanwälte im Land Hessen Bockenheimer Landstr. 13–15, 60325 Frankfurt
	Versorgungswerk der Rechtsanwälte in Mecklenburg-Vorpommern Schelfstr. 35, 19055 Schwerin
	Rechtsanwaltsversorgung Niedersachsen Postfach 12 11, 29202 Celle
	Versorgungswerk der Rechtsanwälte im Lande Nordrhein-Westfalen Breite Str. 67, 40213 Düsseldorf
	Versorgungswerk der rheinland-pfälzischen Rechtsanwaltskammern Bahnhofstr. 12, 56068 Koblenz
	Versorgungswerk der Rechtsanwaltskammer des Saarlandes Am Schlossberg 5, 66119 Saarbrücken
	Sächsisches Rechtsanwaltsversorgungswerk Am Wallgässchen 1a – 2b, 01097 Dresden
	Schleswig-Holsteinisches Versorgungswerk für Rechtsanwälte Postfach 20 49, 24830 Schleswig
	Versorgungswerk der Rechtsanwälte in Thüringen Lange Brücke 21, 99084 Erfurt
Steuerberater	Versorgungswerk der Steuerberater in Baden-Württemberg Hegelstr. 33, 70174 Stuttgart
	Bayerische Rechtsanwalts- und Steuerberaterversorgung Arabellastr. 31, 81925 München
	Versorgungswerk der Steuerberater und Steuerbevollmächtigten im Land Brandenburg Tuchmacherstr. 48 b, 14482 Potsdam
	Versorgungswerk der Steuerberater in Hessen Postfach 10 52 41, 40043 Düsseldorf
	Versorgungswerk der Steuerberater und Steuerbevollmächtigten in Mecklenburg-Vorpommern Ostseeallee 40, 18107 Rostock
	Versorgungswerk der Steuerberater und Steuerbevollmächtigten im Land Niedersachsen Adenauerallee 20, 30175 Hannover
	Versorgungswerk der Steuerberater im Land Nordrhein-Westfalen Postfach 10 52 41, 40043 Düsseldorf
	Versorgungswerk der Steuerberaterinnen und Steuerberater in Rheinland-Pfalz Postfach 10 52 41, 40043 Düsseldorf
	Versorgungswerk der Steuerberater/Steuerberaterinnen und Wirtschaftsprüfer/Wirtschaftsprüferinnen im Saarland Am Kieselhumes 15, 66123 Saarbrücken
	Versorgungswerk der Steuerberater und Steuerbevollmächtigten im Freistaat Sachsen Emil-Fuchs-Str. 2, 04105 Leipzig
	Versorgungswerk der Steuerberater und Steuerberaterinnen im Land Schleswig-Holstein Hopfenstr. 2 d, 24114 Kiel

Berufsgruppe	Versorgungswerk
Tierärzte	Baden-Württembergische Versorgungsanstalt für Ärzte, Zahnärzte und Tierärzte Postfach 26 49, 72016 Tübingen
	Bayerische Ärzteversorgung Denningerstr. 37, 81925 München
	Versorgungswerk der Landestierärztekammer Hessen Postfach 14 09, 66524 Niedernhausen
	Versorgungswerk der Landestierärztekammer Mecklenburg-Vorpommern Postfach, 14131 Berlin
	Tierärzteversorgung Niedersachsen Postfach 120, 30001 Hannover
	Versorgungswerk der Tierärztekammer Nordrhein Postfach 10 07 23, 47884 Kempen
	Versorgungswerk der Tierärztekammer Westfalen-Lippe Goebenstr. 50, 48151 Münster
	Sächsische Ärzteversorgung Postfach 10 04 51, 01074 Dresden
	Versorgungswerk der Landestierärztekammer Thüringen Postfach 37 01 46, 14131 Berlin
Wirtschafts-prüfer	Versorgungswerk der Wirtschaftsprüfer und der Vereidigten Buchprüfer im Lande Nordrhein-Westfalen Tersteegenstr. 14, 40474 Düsseldorf
	Versorgungswerk der Steuerberater/Steuerberaterinnen und Wirtschaftsprüfer/Wirtschaftsprüferinnen im Saarland Am Kieselhumes 15, 66123 Saarbrücken
Zahnärzte	Baden-Württembergische Versorgungsanstalt für Ärzte, Zahnärzte und Tierärzte Postfach 26 49, 72016 Tübingen
	Bayerische Ärzteversorgung Denningerstr. 37, 81925 München
	Versorgungswerk der Zahnärztekammer Berlin Rheinbabenallee 12, 14199 Berlin
	Versorgungswerk der Zahnärztekammer Hamburg Postfach 74 09 25, 22099 Hamburg
	Hessische Zahnärzteversorgung Lyoner Str. 21, 60528 Frankfurt
	Versorgungswerk der Zahnärztekammer Mecklenburg-Vorpommern Postfach 74 09 25, 22099 Hamburg
	Altersversorgungswerk der Zahnärztekammer Niedersachsen Postfach 81 06 61, 30506 Hannover
	Versorgungswerk der Zahnärztekammer Nordrhein Postfach 10 51 32, 40042 Düsseldorf
	Versorgungswerk der Zahnärztekammer Westfalen-Lippe Postfach 88 43, 48047 Münster
	Versorgungsanstalt der Landeszahnärztekammer Rheinland-Pfalz 117-er Ehrenhof 3, 55118 Mainz
	Versorgungswerk der Ärztekammer des Saarlandes Postfach 10 02 62, 66002 Saarbrücken
	Zahnärzteversorgung Sachsen Schützenhöhe 11, 01099 Dresden

Berufsgruppe	Versorgungswerk
noch Zahnärzte	Altersversorgungswerk der Zahnärztekammer Sachsen-Anhalt Postfach 81 06 61, 30506 Hannover
	Versorgungswerk der Zahnärztekammer Schleswig-Holstein Westring 498, 24106 Kiel
	Versorgungswerk der Landeszahnärztekammer Thüringen Barbarossastr. 16, 99092 Erfurt

IV. Berücksichtigung von Vorsorgeaufwendungen bei Gesellschafter-Geschäftsführern von Kapitalgesellschaften (§ 10 Abs. 3 EStG i. d. F. bis VZ 2004, § 10 Abs. 4a EStG n. F.)

BMF-Schreiben vom 22. 5. 2007 (BStBl I S. 493)
IV C 8 – S 2221/07/0002

Unter Bezugnahme auf das Ergebnis der Erörterungen mit den obersten Finanzbehörden der Länder gilt für die Kürzung des Vorwegabzugs nach § 10 Abs. 3 Nr. 2 Satz 2 Buchstabe a EStG in der bis zum 31. Dezember 2004 geltenden Fassung, die Kürzung des Höchstbetrags nach § 10 Abs. 3 Satz 3 EStG und die Kürzung der Vorsorgepauschale nach § 10c Abs. 3 Nr. 2 EStG bei Gesellschafter-Geschäftsführern von Kapitalgesellschaften Folgendes:

1. Allgemeines

a) Gekürzte Vorsorgepauschale nach § 10c Abs. 3 Nr. 2 EStG bis 31. Dezember 2004

1 Zum Personenkreis des § 10c Abs. 3 Nr. 2 EStG in der bis zum 31. Dezember 2004 geltenden Fassung gehören Arbeitnehmer, die während des ganzen oder eines Teils des Kalenderjahres nicht der Versicherungspflicht in der gesetzlichen Rentenversicherung unterliegen, eine Berufstätigkeit ausgeübt und im Zusammenhang damit aufgrund vertraglicher Vereinbarungen Anwartschaftsrechte auf eine Altersversorgung ganz oder teilweise ohne eigene Beitragsleistung erworben haben. Diesem Personenkreis ist die gekürzte Vorsorgepauschale zu gewähren (§ 10c Abs. 3 EStG). Eine Altersversorgung in diesem Sinne liegt vor, wenn die Anwartschaft auf das altersbedingte Ausscheiden aus dem Erwerbsleben gerichtet ist. Die ergänzende Absicherung gegen den Eintritt der Berufsunfähigkeit, der verminderten Erwerbsfähigkeit und von Hinterbliebenen ist nicht zu berücksichtigen. Eine Altersversorgung in diesem Sinne liegt nicht vor, wenn die Anwartschaft ausschließlich auf den Eintritt der Berufsunfähigkeit, der verminderten Erwerbsfähigkeit und die Hinterbliebenenabsicherung gerichtet ist.

2 Diese Regelung findet über die Günstigerprüfung nach § 10c Abs. 5 EStG auch noch für Veranlagungszeiträume nach dem 31. Dezember 2004 Anwendung.

b) Gekürzte Vorsorgepauschale nach § 10c Abs. 3 Nr. 2 EStG ab dem 11. Januar 2005

3 Mit Wirkung ab 11. Januar 2005 wurde der Personenkreis des § 10c Abs. 3 Nr. 2 EStG erweitert. Hierunter fallen nunmehr Arbeitnehmer, die während des ganzen oder eines Teils des Kalenderjahres nicht der Versicherungspflicht in der gesetzlichen Rentenversicherung unterliegen, eine Berufstätigkeit ausüben und im Zusammenhang damit aufgrund vertraglicher Vereinbarungen Anwartschaftsrechte auf eine Altersversorgung ganz oder teilweise ohne eigene Beitragsleistung oder – über die Formulierung des § 10c Abs. 3 Nr. 2 EStG in der bis zum 31. Dezember 2004 geltenden Fassung hinaus – durch Beiträge, die nach § 3 Nr. 63 EStG steuerfrei waren, erworben haben.

4 Für die Günstigerprüfung nach § 10c Abs. 5 EStG bedeutet dies: Fällt der Steuerpflichtige lediglich aufgrund von nach § 3 Nr. 63 EStG steuerfreien Beitragszahlungen unter den Anwendungsbereich des § 10c Abs. 3 Nr. 2 EStG, so ist für die Günstigerprüfung die gekürzte Vorsorgepauschale nach neuem Recht mit der – insoweit – ungekürzten Vorsorgepauschale nach altem Recht zu vergleichen.[1]

c) Gekürzter Vorwegabzug nach § 10 Abs. 3 Nr. 2 Satz 2 Buchstabe a EStG bis 31. Dezember 2004

5 Nach § 10 Abs. 3 Nr. 2 Satz 2 Buchstabe a EStG in der bis zum 31. Dezember 2004 geltenden Fassung ist der Vorwegabzug u. a. zu kürzen, wenn der Steuerpflichtige zum Personenkreis des

1) Ab VZ 2008 überholt → § 10c Abs. 3 Satz 3 i. V. m. § 10c Abs. 3 Nr. 2 EStG.

§ 10c Abs. 3 Nr. 2 EStG in der für das Kalenderjahr 2004 geltenden Fassung gehört (Rn. 1). Diese Regelung findet über die Günstigerprüfung nach § 10 Abs. 4a EStG auch noch für Veranlagungszeiträume nach dem 31. Dezember 2004 Anwendung.

d) Gekürzte Basisversorgung nach § 10 Abs. 3 Satz 3 EStG ab 11. Januar 2005

6 Auch das ab dem 11. Januar 2005 geltende Recht zur Berücksichtigung von Vorsorgeaufwendungen sieht für den Personenkreis des § 10c Abs. 3 Nr. 2 EStG eine Sonderregelung vor (§ 10 Abs. 3 Satz 3 EStG – Rn. 3). Demnach ist das dem Steuerpflichtigen grundsätzlich zustehende Abzugsvolumen für Aufwendungen zum Aufbau einer Basisversorgung i. H. v. 20 000 € zu kürzen, wenn der Steuerpflichtige zum Personenkreis nach § 10c Abs. 3 Nr. 2 EStG gehört und der Betreffende ganz oder teilweise ohne eigene Beitragsleistungen einen Anspruch auf Altersversorgung erwirbt. Durch die Aufnahme dieser Einschränkung wird sichergestellt, dass sich der betroffene Personenkreis trotz Erweiterung des § 10c Abs. 3 Nr. 2 EStG nicht von dem Personenkreis ii. S. d. § 10c Abs. 3 Nr. 2 EStG in der bis zum 31. Dezember 2004 geltenden Fassung unterscheidet.

7 Fällt der Steuerpflichtige also lediglich aufgrund von nach § 3 Nr. 63 EStG steuerfreien Beitragszahlungen unter den Anwendungsbereich des § 10c Abs. 3 Nr. 2 EStG, so kommt für ihn allein aus diesem Umstand heraus weder eine Kürzung des für eine Basisversorgung zur Verfügung stehenden Abzugsvolumens nach § 10 Abs. 3 Satz 3 EStG in der ab 11. Januar 2005 geltenden Fassung, noch eine Kürzung des Vorwegabzugs nach § 10 Abs. 3 Nr. 2 Satz 2 Buchstabe a EStG in der bis zum 31. Dezember 2004 geltenden Fassung im Rahmen der nach § 10 Abs. 4a EStG vorzunehmenden Wege der Günstigerprüfung in Betracht. Denn nach § 10 Abs. 3 Satz 3 EStG in der ab 11. Januar 2005 geltenden Fassung muss der Steuerpflichtige nicht nur zum Personenkreis des § 10c Abs. 3 Nr. 2 EStG gehören, sondern seine Altersversorgung auch ganz oder teilweise ohne eigene Beiträge erworben haben. Da arbeitnehmerfinanzierte ebenso wie arbeitgeberfinanzierte Beiträge zur betrieblichen Altersversorgung nach § 3 Nr. 63 EStG stets aus dem Arbeitslohn des Arbeitnehmers geleistet werden, ist insoweit immer eine eigene Beitragsleistung gegeben. Die Kürzung des Vorwegabzugs im Rahmen der Günstigerprüfung kommt in diesen Fällen ebenfalls nicht in Betracht, da § 10c Abs. 3 Nr. 2 EStG in der für das Kalenderjahr 2004 geltenden Fassung noch nicht auf Beitragsleistungen nach § 3 Nr. 63 EStG abstellt und deshalb nach der für das Kalenderjahr 2004 geltenden Fassung des § 10 Abs. 3 insofern keine Kürzung des Vorwegabzugs ausgelöst wird.

2. Zugehörigkeit zum Personenkreis nach § 10c Abs. 3 Nr. 2 EStG in der bis zum 31. Dezember 2004 geltenden Fassung bei Gesellschafter-Geschäftsführern von Kapitalgesellschaften

a) Alleingesellschafter-Geschäftsführer

8 Der Alleingesellschafter-Geschäftsführer gehört nicht zum Personenkreis nach § 10c Abs. 3 Nr. 2 EStG in der bis zum 31. Dezember 2004 geltenden Fassung, wenn ihm von der Gesellschaft eine betriebliche Altersversorgung im Rahmen einer Direktzusage oder über eine Unterstützungskasse zusagt wird. Der Alleingesellschafter-Geschäftsführer erwirbt die Anwartschaftsrechte auf die Altersversorgung durch eine Verringerung seiner gesellschaftsrechtlichen Ansprüche und damit durch eigene Beiträge (BFH-Urteil vom 16. Oktober 2002, BStBl 2004 II S. 546). Dementsprechend führt die einem Alleingesellschafter-Geschäftsführer von seiner Gesellschaft zugesagte Altersversorgung (Direktzusage, Unterstützungskasse) weder zum Ansatz der gekürzten Vorsorgepauschale (§ 10c EStG), einer Kürzung des für eine Basisversorgung zur Verfügung stehenden Abzugsvolumens (§ 10 Abs. 3 Satz 3 EStG) noch zu einer Kürzung des im Rahmen der Günstigerprüfung mit zu berücksichtigenden Vorwegabzugs (§ 10 Abs. 4a EStG).

9 Dies gilt nicht, wenn der Alleingesellschafter-Geschäftsführer zusätzlich eine betriebliche Altersversorgung durch steuerfreie Beiträge nach § 3 Nr. 63 EStG aufbaut. In diesem Fall begründet die Steuerfreistellung – unabhängig von der Höhe der Beiträge, der sich daraus ergebenden Anwartschaft und der Finanzierungsform (arbeitgeberfinanziert, Entgeltumwandlung) – ab dem 11. Januar 2005 die Zugehörigkeit zum Personenkreis nach § 10c Abs. 3 Nr. 2 EStG und damit die gekürzte Vorsorgepauschale. Das für eine Basisversorgung zur Verfügung stehende Abzugsvolumen (§ 10 Abs. 3 Satz 3 EStG) bzw. der im Rahmen der Günstigerprüfung zu berücksichtigende Vorwegabzug (§ 10 Abs. 4a EStG) werden hingegen nicht gekürzt (vgl. Rn. 7).

b) Mehrere Gesellschafter-Geschäftsführer

10 Bei mehreren Gesellschafter-Geschäftsführern ist von Bedeutung, ob die Kapitalgesellschaft ihren Gesellschafter-Geschäftsführern eine Altersversorgung im Rahmen einer Direktzusage oder über eine Unterstützungskasse zusagt, bei der das entsprechende Anwartschaftsrecht auf Altersversorgung auf Dauer gesehen ausschließlich durch einen der Beteiligungsquote des Gesellschafter-Geschäftsführers entsprechenden Verzicht auf gesellschaftsrechtliche Ansprüche

erworben wird (BFH-Urteil vom 23. Februar 2005, BStBl II S. 634). Ist dies der Fall, gehört der betreffende Gesellschafter-Geschäftsführer nicht zum Personenkreis nach § 10c Abs. 3 Nr. 2 EStG in der bis zum 31. Dezember 2004 geltenden Fassung; zu den Auswirkungen bei der Ermittlung der Vorsorgepauschale und der als Sonderausgaben abziehbaren Vorsorge- bzw. Altersvorsorgeaufwendungen siehe Rn. 1 bis 7.

Für die Frage, ob ein Gesellschafter-Geschäftsführer die ihm zustehende Anwartschaft auf Altersversorgung mit einem entsprechenden Verzicht auf ihm zustehende gesellschaftsrechtliche Ansprüche erwirbt, ist der auf seine Altersversorgungszusage entfallende Anteil am Gesamtaufwand der Gesellschaft für die Altersversorgungszusagen aller Gesellschafter typisierend und vorausschauend zu ermitteln. Sodann ist der sich danach ergebende persönliche Anteil am Altersvorsorgeaufwand zu vergleichen mit der persönlichen Beteiligungsquote des Gesellschafter-Geschäftsführers. 11

Die Aufwandsquote ist im Jahr der Erteilung der Versorgungszusage zu ermitteln. Lediglich bei aufwandsrelevanten Änderungen der den Gesellschaftern erteilten Zusagen ist die Aufwandsquote im Jahr der Änderung erneut zu berechnen. Der Vergleich mit der Beteiligungsquote ist dagegen veranlagungszeitraumbezogen vorzunehmen. 12

Die Ermittlung des Gesamtaufwands der Gesellschaft für die ihren Gesellschaftern erteilten Alterversorgungszusagen hat in typisierender Form zu erfolgen. Hierbei sind die Barwerte der allen Gesellschaftern zustehenden Anwartschaften auf eine Altersversorgung zum Zeitpunkt des Beginns der jeweiligen Auszahlungsphase zu ermitteln. Die Barwertermittlung erfolgt für jeden Gesellschafter entsprechend der zum 31. Dezember des betreffenden Veranlagungszeitraums bestehenden Altersversorgungszusage nach versicherungsmathematischen Grundsätzen. Die Bewertung hat auf den Zeitpunkt des frühest möglichen vertraglichen Beginns der Auszahlungsphase zu erfolgen. Für Gesellschafter, die bereits Leistungen erhalten, ist eine Barwertermittlung zum Zeitpunkt des tatsächlichen Auszahlungsbeginns vorzunehmen. 13

Bei der Ermittlung des Gesamtaufwands der Gesellschaft ist nicht zu berücksichtigen, ob die Gesellschaft in dem jeweiligen Wirtschaftsjahr einen die Höhe des Aufwands für die Altersversorgungszusage entsprechenden Gewinn erzielt hat und in dieser Höhe eine Gewinnausschüttung an die Gesellschafter hätte vornehmen können. 14

Der einem Gesellschafter-Geschäftsführer prozentual zustehende Barwertanteil an der Summe der allen Gesellschaftern zustehenden Barwerte ist mit seiner Beteiligungsquote an der Kapitalgesellschaft zu vergleichen. Eine mittelbare Beteiligung an der Kapitalgesellschaft ist für die quotale Ermittlung nicht anders zu beurteilen als eine unmittelbare Beteiligung an der Kapitalgesellschaft (BFH-Urteil vom 15. November 2006, BStBl. II 2007 S. 387). Ist die Beteiligungsquote eines Gesellschafter-Geschäftsführers gleich dem Barwertanteil oder größer, gehört der entsprechende Gesellschafter-Geschäftsführer nicht zum Personenkreis nach § 10c Abs. 3 Nr. 2 EStG. Auf die Bagatellregelung (Rn. 22) wird hingewiesen. 15

Abweichend zum Vergleich der Barwerte kann der prozentuale Anteil der Anwartschaft auf Altersversorgung eines Gesellschafter-Geschäftsführers an der Summe der Anwartschaften auf Altersversorgung aller Gesellschafter auch durch die Ermittlung des prozentualen Anteils des dem einzelnen Gesellschafter-Geschäftsführer wegen des Erreichens der Altersgrenze nominal zugesagten Betrags an den von der Kapitalgesellschaft allen Gesellschaftern wegen des Erreichens der Altersgrenze zugesagten nominalen Versorgungsbeträgen erfolgen. Voraussetzung ist, dass der voraussichtliche Leistungsbeginn der den Gesellschaftern zugesagten Versorgungen nicht mehr als 5 Jahre auseinander liegt und die Versorgungsleistungen strukturell vergleichbar sind (z. B. Art der Dynamisierung der Versorgungsleistungen). 16

Ändern sich die Beteiligungsverhältnisse, so hat eine Neubetrachtung zu erfolgen. 17

c) Ehegatten-Gesellschafter

Die vorstehenden Grundsätze gelten bei zusammenveranlagten Gesellschafter-Geschäftsführern entsprechend (BFH-Urteil vom 26. September 2006, BStBl 2007 II S. 452). 18

d) Mehrere Gesellschafter, die nicht alle zur Geschäftsführung berufen sind

Sind die Gesellschafter nur teilweise zur Geschäftsführung berufen, sind die unter Rn. 10 ff. aufgestellten Grundsätze unverändert anzuwenden. 19

20 Beispiel:

An der ABC-GmbH sind die Gesellschafter A, B und C zu jeweils 1/3 Anteilen beteiligt. Die Geschäftsführung erfolgt durch die Gesellschafter A und B. Die GmbH hat ihren Gesellschafter-Geschäftsführern in der Summe eine monatliche Pensionszusage von nominal 9 000 € erteilt. Hiervon entfallen auf

Gesellschafters A 4 500 € und Gesellschafter B 4 500 €

Gesellschafters A 6 000 € und Gesellschafter B 3 000 €

Der Leistungsbeginn der den Gesellschafter-Geschäftsführern zugesagten Pensionen liegt nicht mehr als 5 Jahre auseinander (vgl. Rn. 16).

21 Lösung:

Ausgehend von 1/3 Beteiligung und 9 000 € Gesamtzusage entsprächen 3 000 € Pensionszusage dem Verhältnis der Beteiligung.

Im Fall a) überschreiten beide Gesellschafter-Geschäftsführer diese Quote, d. h. die Finanzierung ihrer Pensionszusage erfolgt teilweise auch über einen Gewinnverzicht des Gesellschafter C. Demzufolge fallen die Gesellschafter-Geschäftsführer A und B unter den Personenkreis des § 10c Abs. 3 Nr. 2 EStG.

Im Fall b) überschreitet lediglich Gesellschafter-Geschäftsführer A diese Quote, d. h. die Finanzierung seiner Pensionszusage erfolgt hier teilweise über einen Gewinnverzicht des Gesellschafter C mit den Folgen wie im Fall a). Gesellschafter-Geschäftsführer B hingegen erhält keine höhere Pensionszusage, als ihm nach seiner Beteiligung zusteht. Demzufolge gehört er nicht zum Personenkreis des § 10c Abs. 3 Nr. 2 EStG.

e) Bagatellgrenze

22 Geringfügige Abweichungen von bis zu 10 Prozentpunkten zwischen der Beteiligungsquote und dem Barwertanteil oder dem Anteil der nominal zugesagten Versorgungsleistung wegen des Erreichens der Altersgrenze (vgl. hierzu unter Rn. 16) sind zugunsten des Steuerpflichtigen unbeachtlich.

f) Beweislastverteilung

23 Der Gesellschafter-Geschäftsführer mit Anwartschaft auf Altersversorgung, der eine Kürzung des Vorwegabzugs/Höchstbetrags vermeiden will, trägt die Beweislast dafür, dass er für sein Anwartschaftsrecht auf Altersversorgung allein aufkommen muss. Vor diesem Hintergrund sind deshalb dem Wohnsitzfinanzamt die Beteiligungsverhältnisse und das Verhältnis der Altersversorgungen zueinander darzulegen. In den Fällen der Rn. 13 ff. sind darüber hinaus die nach versicherungsmathematischen Grundsätzen zu den genannten Zeitpunkten ermittelten Barwerte vorzulegen.

g) Vorstandsmitglieder von Aktiengesellschaften

24 Für Vorstandsmitglieder von Aktiengesellschaften sind die aufgestellten Grundsätze entsprechend anzuwenden.

25 Das BMF-Schreiben vom 9. Juli 2004 – IV C 4 – S 2221–115/04 – (BStBl I S. 582) wird hiermit aufgehoben. Die Regelungen in Rz. 28 und 58 des BMF-Schreibens vom 24. Februar 2005 – IV C 3 – S 2255–51/05 / IV C 4 – S 2221–37/05 / IV C 5 – S 2345–9/05 – (BStBl I S. 429) sind nicht mehr anzuwenden, soweit sie im Widerspruch zu diesem BMF-Schreiben stehen.

Übersicht

I
Steuerliche Anerkennung von Darlehensverträgen zwischen Angehörigen

BMF vom 1. 12. 1992 (BStBl I S. 729)
IV B 2 – S 2144–76/92

Abschnitt 23 Abs. 4 i. V. m. Abs. 1 der Einkommensteuer-Richtlinien – EStR – regelt die steuerliche Behandlung von Darlehensverhältnissen zwischen Angehörigen. Der Bundesfinanzhof hat in den Urteilen vom 7. November 1990 (BStBl 1991 II S. 291), 18. Dezember 1990 (BStBl 1991 II S. 391, 581, 882 und 911), 4. Juni 1991 (BStBl II S. 838) und 12. Februar 1992 (BStBl II S. 468) die Verwaltungsregelungen grundsätzlich bestätigt und dabei die Voraussetzungen für die steuerliche Anerkennung von Darlehensverhältnissen genauer festgelegt. Nach Erörterung mit den obersten Finanzbehörden der Länder gilt danach für die Beurteilung von Darlehensverträgen zwischen Angehörigen oder zwischen einer Personengesellschaft und Angehörigen der die Gesellschaft beherrschenden Gesellschafter folgendes: 1

1. Allgemeine Voraussetzungen der steuerlichen Anerkennung

Voraussetzung für die steuerliche Anerkennung ist, daß der Darlehensvertrag bürgerlich-rechtlich wirksam geschlossen worden ist und tatsächlich wie vereinbart durchgeführt wird; dabei müssen Vertragsinhalt und Durchführung dem zwischen Fremden Üblichen entsprechen (Fremdvergleich); vgl. BFH-Urteile vom 18. Dezember 1990 und vom 12. Februar 1992 (a. a. O.). 2

Der Darlehensvertrag und seine tatsächliche Durchführung müssen die Trennung der Vermögens- und Einkunftssphären der vertragschließenden Angehörigen (z. B. Eltern und Kinder) gewährleisten. Eine klare, deutliche und einwandfreie Abgrenzung von einer Unterhaltsgewährung oder einer verschleierten Schenkung der Darlehenszinsen muß in jedem Einzelfall und während der gesamten Vertragsdauer möglich sein; vgl. BFH-Urteile vom 7. November 1990 und vom 4. Juni 1991 (a. a. O.)[1]). 3

2. Fremdvergleich bei Darlehensverträgen zwischen Angehörigena) Allgemeines

Es steht Angehörigen grundsätzlich frei, ihre Rechtsverhältnisse untereinander so zu gestalten, daß sie für sie steuerlich möglichst günstig sind. Das Vereinbarte muß jedoch in jedem Einzelfall und während der gesamten Vertragsdauer nach Inhalt und Durchführung dem entsprechen, was fremde Dritte bei der Gestaltung eines entsprechenden Darlehensverhältnisses üblicherweise vereinbaren würden; vgl. BFH-Urteile vom 7. November 1990 (a. a. O.), 18. Dezember 1990, BStBl 1991 II S. 391, und vom 12. Februar 1992 (a. a. O.). Vergleichsmaßstab sind die Vertragsgestaltungen, die zwischen Darlehensnehmern und Kreditinstituten üblich sind. 4

Das setzt insbesondere voraus, daß 5

- eine Vereinbarung über die Laufzeit und über Art und Zeit der Rückzahlung des Darlehens getroffen worden ist,
- die Zinsen zu den Fälligkeitszeitpunkten entrichtet werden und
- der Rückzahlungsanspruch ausreichend besichert ist.[1])

Der Fremdvergleich ist auch durchzuführen, wenn Vereinbarungen nicht unmittelbar zwischen Angehörigen getroffen werden, sondern zwischen einer Personengesellschaft und Angehörigen der Gesellschafter, wenn die Gesellschafter, mit deren Angehörigen die Vereinbarungen getroffen wurden, die Gesellschaft beherrschen; vgl. BFH-Urteil vom 18. Dezember 1990, BStBl 1991 II S. 581.[2]) Gleiches gilt, wenn beherrschende Gesellschafter einer Personengesellschaft Darlehens- 6

1) Bestätigt durch BFH vom 25. 1. 2000 (BStBl II S. 393).
2) → auch BFH vom 15. 4. 1999 (BStBl II S. 524).

forderungen gegen die Personengesellschaft an Angehörige schenkweise abtreten (vgl. Abschnitt 23 Abs. 4 Satz 7 ff. EStR).[1])

b) Fremdvergleich bei wirtschaftlich voneinander unabhängigen Angehörigen

7 Ein Darlehensvertrag zwischen volljährigen, voneinander wirtschaftlich unabhängigen Angehörigen kann ausnahmsweise steuerrechtlich bereits anerkannt werden, wenn er zwar nicht in allen Punkten dem zwischen Fremden Üblichen entspricht (vgl. Rdnrn. 2 bis 6), aber die Darlehensmittel, die aus Anlaß der Herstellung oder Anschaffung von Vermögensgegenständen gewährt werden (z. B. Bau- oder Anschaffungsdarlehen), ansonsten bei einem fremden Dritten hätten aufgenommen werden müssen. Entscheidend ist, daß die getroffenen Vereinbarungen tatsächlich vollzogen werden, insbesondere die Darlehenszinsen regelmäßig gezahlt werden. Die Modalitäten der Darlehenstilgung und die Besicherung brauchen in diesen Fällen nicht geprüft zu werden (→ BFH-Urteil vom 4. Juni 1991 – a. a. O.)[2]).

3. Schenkweise begründete Darlehensforderung

8 Wird die unentgeltliche Zuwendung eines Geldbetrags an einen Angehörigen davon abhängig gemacht, daß der Empfänger den Betrag als Darlehen wieder zurückgeben muß, ist ertragsteuerlich weder die vereinbarte Schenkung noch die Rückgabe als Darlehen anzuerkennen. Der Empfänger erhält nicht die alleinige und unbeschränkte Verfügungsmacht über die Geldmittel, da er sie nur zum Zwecke der Rückgabe an den Zuwendenden oder an eine Personengesellschaft, die der Zuwendende oder dessen Angehörige beherrschen, verwenden darf. Entsprechendes gilt im Verhältnis zwischen Eltern und minderjährigen Kindern, wenn das Kindesvermögen nicht einwandfrei vom Elternvermögen getrennt wird. Da die Schenkung tatsächlich nicht vollzogen wurde, begründet die Rückgewähr der Geldbeträge kein mit ertragsteuerlicher Wirkung anzuerkennendes Darlehensverhältnis. Die Vereinbarungen zwischen den Angehörigen sind vielmehr ertragsteuerlich als eine modifizierte Schenkung zu beurteilen, die durch die als Darlehen bezeichneten Bedingungen gegenüber dem ursprünglichen Schenkungsversprechen in der Weise abgeändert sind, daß der Vollzug der Schenkung bis zur Rückzahlung des sog. Darlehens aufgeschoben und der Umfang der Schenkung durch die Zahlung sog. Darlehenszinsen erweitert ist. Daher dürfen die als Darlehenszinsen geltend gemachten Aufwendungen nicht als Betriebsausgaben oder Werbungskosten abgezogen werden.[3])

9 Die Abhängigkeit zwischen Schenkung und Darlehen ist insbesondere in folgenden Fällen **unwiderleglich** zu vermuten:

- Vereinbarung von Schenkung und Darlehen in ein und derselben Urkunde, oder zwar in mehreren Urkunden, aber innerhalb einer kurzen Zeit,[4])
- Schenkung unter der Auflage der Rückgabe als Darlehen,
- Schenkungsversprechen unter der aufschiebenden Bedingung der Rückgabe als Darlehen.

10 Die Abhängigkeit zwischen Schenkung und Darlehen ist insbesondere bei folgenden Vertragsgestaltungen **widerleglich** zu vermuten:

- Vereinbarungsdarlehen nach § 607 Abs. 2 BGB,
- Darlehenskündigung nur mit Zustimmung des Schenkers,
- Zulässigkeit von Entnahmen durch den Beschenkten zu Lasten des Darlehenskontos nur mit Zustimmung des Schenkers.

11 Die Vermutung ist widerlegt, wenn Schenkung und Darlehen sachlich und zeitlich unabhängig voneinander vorgenommen worden sind. Voraussetzung hierfür ist, daß die Schenkung zivilrechtlich wirksam vollzogen wurde. Der Schenkende muß endgültig, tatsächlich und rechtlich entreichert und der Empfänger entsprechend bereichert sein; eine nur vorübergehende oder for-

---

1) Anm.: → H 4.8 (Personengesellschaften).
2) Bestätigt durch BFH vom 25. 1. 2000 (BStBl II S. 393).
3) Bestätigt durch BFH vom 22. 2. 2002 (BStBl II S. 685). ***Aber zur Abtretung einer Darlehensforderung eines beherrschenden Gesellschafters an seine minderjährigen Kinder → BFH vom 19. 12. 2007 (BStBl 2008 II S. 568).***
4) Abweichend von Rn. 9 ist eine Abhängigkeit zwischen Schenkung und Darlehen nicht allein deshalb zu vermuten, weil die Vereinbarung von Schenkung und Darlehen zwar in mehreren Urkunden, aber innerhalb kurzer Zeit erfolgt ist. Die Beurteilung, ob eine gegenseitige Abhängigkeit der beiden Verträge vorliegt, ist anhand der gesamten Umstände des jeweiligen Einzelfalles zu beurteilen (→ BMF vom 30. 5. 2001 – BStBl I S. 348). So kann auch bei einem längeren Abstand zwischen Schenkungs- und Darlehensvertrag eine auf einem Gesamtplan beruhende sachliche Verknüpfung bestehen (→ BFH vom 22. 2. 2002 – BStBl II S. 685).

male Vermögensverschiebung reicht nicht aus; vgl. BFH-Urteile vom 22. Mai 1984, BStBl 1985 II S. 243, 18. Dezember 1990, BStBl 1991 II S. 581, 4. Juni 1991 und vom 12. Februar 1992, a. a. O.

Die Grundsätze zu schenkweise begründeten Darlehensforderungen gelten auch für partiarische Darlehen und für nach dem 31. Dezember 1992 schenkweise begründete stille Beteiligungen, es sei denn, es ist eine Beteiligung am Verlust vereinbart, oder der stille Beteiligte ist als Mitunternehmer anzusehen. Im übrigen ist Abschnitt 138a EStR anzuwenden. 12

Dieses Schreiben ersetzt das BMF-Schreiben vom 1. Juli 1988, BStBl I S. 210.

II
Steuerliche Anerkennung von Darlehensverträgen zwischen Angehörigen

BMF vom 25. 5. 1993 (BStBl I S. 410)
IV B 2 – S 2144–43/93

Im Einvernehmen mit den obersten Finanzbehörden der Länder gilt zur Frage, wann ein Rückzahlungsanspruch i. S. d. Rdnr. 5 des BMF-Schreibens vom 1. Dezember 1992 (BStBl I S. 729)[1]) ausreichend besichert ist, folgendes:

Eine ausreichende Besicherung liegt bei Hingabe banküblicher Sicherheiten vor. Dazu gehören vornehmlich die dingliche Absicherung durch Hypothek oder Grundschuld. Außerdem kommen alle anderen Sicherheiten, die für das entsprechende Darlehen banküblich sind, in Betracht, wie Bankbürgschaften, Sicherungsübereignung von Wirtschaftsgütern, Forderungsabtretungen sowie Schuldmitübernahme oder Schuldbeitritt eines fremden Dritten oder eines Angehörigen, wenn dieser über entsprechende ausreichende Vermögenswerte verfügt.

III
Berücksichtigung ausländischer Verhältnisse; Ländergruppeneinteilung *ab 1. Januar 2008*

BMF vom ***9. 9. 2008 (BStBl I S. 936)***
IV C 4 – S 2285/07/0005-2008/0449131

In Abstimmung mit den obersten Finanzbehörden der Länder ist die Ländergruppeneinteilung mit Wirkung ab 1. Januar 2008 überarbeitet worden. Änderungen sind durch Fettdruck hervorgehoben.[2]) ***Gegenüber der Ländergruppeneinteilung zum 1. Januar 2004 ergeben sich insbesondere folgende Änderungen:***

Saudi Arabien: von Gruppe 3 nach Gruppe 2,

Trinidad und Tobago: von Gruppe 3 nach Gruppe 2,

Tschechische Republik: von Gruppe 3 nach Gruppe 2,

Bulgarien: von Gruppe 4 nach Gruppe 3,

Rumänien: von Gruppe 4 nach Gruppe 3,

Russische Föderation: von Gruppe 4 nach Gruppe 3.

Die Beträge des § 1 Abs. 3 Satz 2, des § 4f Satz 4, des § 10 Abs. 1 Nr. 5 Satz 3 und Nr. 8 Satz 5, des § 32 Abs. 6 Satz 4 und des § 33a Abs. 1 Satz 5 und Abs. 2 Satz 3 EStG sind mit Wirkung ab 1. Januar 2008 wie folgt anzusetzen[3])

in voller Höhe	mit 3/4	mit 1/2	mit 1/4
Wohnsitzstaat des Steuerpflichtigen bzw. der unterhaltenen Person			
1	2	3	4
Andorra Australien Belgien Brunei Darussalam Dänemark	Antigua und Barbuda Bahamas Bahrain Barbados Griechenland	Argentinien Belize Botsuana Brasilien ***Bulgarien***	Afghanistan Ägypten Albanien Algerien Angola

[1]) → Anhang 2 I.
[2]) Anm.: Dieses Schreiben ersetzt ab 1. Januar 2008 die BMF-Schreiben vom 17. 11. 2003 (BStBl I S. 637) und vom 9. 2. 2005 (BStBl I S. 369).
[3]) Auf die konkreten Lebenshaltungskosten am Wohnort ist nicht abzustellen → BFH vom 22. 2. 2006 – BStBl 2007 II S. 106.

in voller Höhe	mit 3/4	mit 1/2	mit 1/4
Wohnsitzstaat des Steuerpflichtigen bzw. der unterhaltenen Person			
1	2	3	4
Finnland	Korea, Republik	Chile	Äquatorialguinea
Frankreich	Malta	Cookinseln	Armenien
Hongkong	Neuseeland	Costa Rica	Aserbaidschan
Irland	Oman	Dominica	Äthiopien
Island	Palau	Estland	Bangladesch
Israel	Portugal	Gabun	Benin
Italien	Slowenien	Grenada	Bhutan
Japan	***Saudi Arabien***	Jamaika	Bolivien
Kaiman-Inseln	Taiwan	Kroatien	Bosnien-Herzegowina
Kanada	***Trinidad und Tobago***	Lettland	Burkina Faso
Katar	***Tschechische Republik***	Libanon	Burundi
Kuwait	***Turks- und Caicos-Inseln***	Libysch-Arabische Dschamahirija	China (VR)
Liechtenstein	Zypern	Litauen	Côte d'Ivoire
Luxemburg		Malaysia	Dominikanische Republik
Macau		Mauritius	Dschibuti
Monaco		Mexiko	Ecuador
Niederlande		Nauru	El Salvador
Norwegen		Niue	Eritrea
Österreich		Panama	Fidschi
San Marino		Polen	Gambia
Schweden		***Rumänien***	Georgien
Schweiz		***Russische Föderation***	Ghana
Singapur		Seychellen	Guatemala
Spanien		Slowakische Republik	Guinea
Vereinigte Arabische Emirate		St. Kitts und Nevis	Guinea-Bissau
Vereinigte Staaten		St. Lucia	Guyana
Vereinigtes Königreich		St.Vincent und die Grenadinen	Haiti
		Südafrika	Honduras
		Türkei	Indien
		Ungarn	Indonesien
		Uruguay	Irak
		Venezuela	Iran, Islamische Republik
		Weißrussland/Belarus	Jemen
			Jordanien
			Kambodscha
			Kamerun
			Kap Verde
			Kasachstan
			Kenia
			Kirgisistan
			Kiribati
			Kolumbien
			Komoren
			Kongo, Republik
			Kongo, Demokratische Republik
			Korea, Demokratische VR
			Kosovo
			Kuba
			Laos, Demokratische VR
			Lesotho
			Liberia
			Madagaskar
			Malawi
			Malediven
			Mali
			Marokko
			Marshallinseln
			Mauretanien
			Mazedonien (ehemalige jugoslawische Republik)

in voller Höhe	mit 3/4	mit ½	mit ¼
Wohnsitzstaat des Steuerpflichtigen bzw. der unterhaltenen Person			
1	2	3	4
			Mikronesien, Föderierte Staaten von Moldau, Republik Mongolei ***Montenegro*** Mosambik Myanmar Namibia Nepal Nicaragua Niger Nigeria Pakistan[1]) Papua Neuguinea Paraguay Peru Philippinen Ruanda Salomonen Sambia Samoa São Tomé und Principe Senegal ***Serbien*** Sierra Leone Simbabwe Somalia Sri Lanka Sudan Suriname Swasiland Syrien, Arabische Republik Tadschikistan Tansania, Vereinigte Republik Thailand Timor-Leste Togo Tonga Tschad Tunesien Turkmenistan Tuvalu Uganda Ukraine Usbekistan Vanuatu Vietnam Zentralafrikanische Republik

1) Palästinensischen Gebiete: Ländergruppe 4.

Übersicht

I. Berücksichtigung von Aufwendungen für den Unterhalt von Personen im Ausland als außergewöhnliche Belastung nach § 33a des Einkommensteuergesetzes (EStG)
BMF vom 9. 2. 2006 (BStBl I S. 217)

II. Aufwendungen eines Steuerpflichtigen für die krankheits- oder behinderungsbedingte Unterbringung eines nahen Angehörigen in einem Heim als außergewöhnliche Belastung
BMF vom 2. 12. 2002 (BStBl I S. 1389)

III. Berücksichtigung von Unterhaltsaufwendungen an gleichgestellte Personen im Sinne des § 33a Abs. 1 Satz 2 EStG als außergewöhnliche Belastungen → BMF vom 28. 3. 2003 (BStBl I S. 243)

I

Berücksichtigung von Aufwendungen für den Unterhalt von Personen im Ausland als außergewöhnliche Belastung nach § 33a des Einkommensteuergesetzes (EStG)

BMF vom 9. 2. 2006 (BStBl I S. 217)
IV C 4 – S 2285–5/06

Im Einvernehmen mit den obersten Finanzbehörden der Länder gelten für die Berücksichtigung von Unterhaltsaufwendungen an Personen im Ausland als außergewöhnliche Belastung folgende Grundsätze:

Inhaltsübersicht

1. Unterhaltsempfänger1.1 Zum Abzug berechtigende Unterhaltsempfänger

1 Aufwendungen für den Unterhalt an Personen im Ausland dürfen nur abgezogen werden, wenn diese gegenüber dem Steuerpflichtigen oder seinem Ehegatten nach inländischem Recht gesetzlich unterhaltsberechtigt sind (§ 33a Abs. 1 Satz 1 und 5, 2. Halbsatz EStG; BFH-Urteil vom 04. 07. 2002, BStBl II S. 760).

1.2 Zum Abzug nicht berechtigende Unterhaltsempfänger

2 Ein Abzug nach § 33a Abs. 1 EStG kommt nicht in Betracht, wenn der Unterhaltsempfänger

- ein Kind ist, für das ein Anspruch auf Freibeträge für Kinder nach § 32 Abs. 6 EStG oder Kindergeld besteht (§ 33a Abs. 1 Satz 3 EStG); andere Leistungen für Kinder und dem inländischen Kindergeld vergleichbare Familienbeihilfen nach ausländischem Recht stehen nach § 65 EStG dem Kindergeld gleich (BFH-Urteil vom 04. 12. 2003, BStBl 2004 II S. 275);

- der nicht dauernd getrennt lebende und nicht unbeschränkt einkommensteuerpflichtige Ehegatte des Steuerpflichtigen ist und das Veranlagungswahlrecht nach § 26 Abs. 1 Satz 1 i. V. mit § 1 a Abs. 1 Nr. 2 EStG gegeben ist, es sei denn, § 26 c EStG kommt zur Anwendung;
- der geschiedene oder dauernd getrennt lebende Ehegatte des Steuerpflichtigen ist und der Sonderausgabenabzug nach § 10 Abs. 1 Nr. 1 i. V. mit § 1a Abs. 1 Nr. 1 EStG vorgenommen wird;
- zwar nach ausländischem, aber nicht nach inländischem Recht unterhaltsberechtigt ist, selbst wenn die Unterhaltspflicht des Steuerpflichtigen aufgrund internationalem Privatrechts im Inland verbindlich ist (BFH-Urteil vom 04. 07. 2002, a. a. O.).

2. Feststellungslast / Beweisgrundsätze / Erhöhte Mitwirkungspflicht und Beweisvorsorge des Steuerpflichtigen

Der Steuerpflichtige trägt nach den im Steuerrecht geltenden allgemeinen Beweisgrundsätzen für Steuerermäßigungen die objektive Beweislast (Feststellungslast). Bei Sachverhalten im Ausland müssen sich die Steuerpflichtigen in besonderem Maße um Aufklärung und Beschaffung geeigneter, in besonderen Fällen auch zusätzlicher Beweismittel bemühen (§ 90 Abs. 2 AO). Danach trifft den Steuerpflichtigen bei der Gestaltung der tatsächlichen Verhältnisse eine Pflicht zur Beweisvorsorge. Aus den Unterlagen muss hervorgehen, dass Geldbeträge des Steuerpflichtigen tatsächlich verwendet worden und an den Unterhaltsempfänger gelangt sind. Der Steuerpflichtige muss, wenn er seine Aufwendungen steuerlich geltend machen will, dafür Sorge tragen, dass sichere und leicht nachprüfbare Belege oder Bescheinigungen vorliegen, die den Zugang und Abfluss der Geldbeträge erkennen lassen. Eigenerklärungen oder eidesstattliche Versicherungen sind allein keine ausreichenden Mittel zur Glaubhaftmachung (BFH-Urteil vom 03. 06. 1987, BStBl II S. 675). Unterlagen in ausländischer Sprache ist eine deutsche Übersetzung durch einen amtlich zugelassenen Dolmetscher, ein Konsulat oder eine sonstige zuständige (ausländische) Dienststelle beizufügen. Hierfür anfallende Aufwendungen sind keine Unterhaltsaufwendungen. 3

Die Erfüllung der Pflichten zur Aufklärung des Sachverhalts und zur Vorsorge und Beschaffung von Beweismitteln muss erforderlich, möglich, zumutbar und verhältnismäßig sein. Ist ein Steuerpflichtiger wegen der besonderen Situation im Wohnsitzstaat der unterhaltenen Person nicht in der Lage, beweisgeeignete Unterlagen zu erlangen, so ist ihm dies unter dem Gesichtspunkt des Beweisnotstands nur nach Würdigung der Gesamtumstände des Einzelfalls anzulasten. Ein Beweisnotstand kann beispielsweise in Betracht kommen, wenn wegen der sozialen oder politischen Verhältnisse (etwa im Falle eines Bürgerkriegs) im Heimatland des Empfängers die Beschaffung von beweiserheblichen Unterlagen nicht möglich oder für den Steuerpflichtigen mit erheblichen Schwierigkeiten verbunden und daher unzumutbar ist (BFH-Urteil vom 02. 12. 2004, BStBl 2005 II S. 483). 4

3. Nachweis der Unterhaltsbedürftigkeit

Voraussetzung für den Abzug von Unterhaltsaufwendungen ist der Nachweis über die Unterhaltsbedürftigkeit der im Ausland lebenden unterhaltenen Person. Hierzu sind folgende Angaben des Steuerpflichtigen und der unterhaltenen Person erforderlich: 5

- das Verwandtschaftsverhältnis der unterhaltenen Person zum Steuerpflichtigen oder seinem Ehegatten,
- Name, Geburtsdatum und -ort, berufliche Tätigkeit, Anschrift, Familienstand der unterhaltenen Person sowie eine Aussage, ob zu ihrem Haushalt noch weitere Personen gehören; diese Angaben sind durch eine Bestätigung der Heimatbehörde (Gemeinde-/Meldebehörde) der unterhaltenen Person nachzuweisen,
- Angaben über Art und Umfang der eigenen Einnahmen (einschließlich Unterhaltsleistungen von dritter Seite) und des eigenen Vermögens der unterhaltenen Person im Kalenderjahr der Unterhaltsleistung sowie eine Aussage darüber, ob die unterhaltene Person nicht, gelegentlich oder regelmäßig beruflich tätig war und ob Unterstützungsleistungen aus öffentlichen Mitteln erbracht worden sind. Bei erstmaliger Antragstellung sind außerdem detaillierte Angaben darüber zu machen, wie der Unterhalt bisher bestritten worden ist, welche jährlichen Einnahmen vor der Unterstützung bezogen worden sind, ob eigenes Vermögen vorhanden war und welcher Wert davon auf Hausbesitz entfällt. Die Einnahmen sind durch Vorlage geeigneter Unterlagen (z. B. Steuerbescheide, Rentenbescheide, Verdienstbescheinigungen, Bescheide der ausländischen Arbeits- oder Sozialverwaltung) zu belegen,

- Angaben darüber, ob noch andere Personen zum Unterhalt beigetragen haben, welche Unterhaltsbeiträge sie geleistet haben und ab wann und aus welchen Gründen die unterhaltene Person nicht selbst für ihren Lebensunterhalt aufkommen konnte.

6 Zur Erleichterung und Vereinheitlichung der insoweit vorzunehmenden Sachverhaltsaufklärung und zur erleichterten Beweisführung werden zweisprachige Unterhaltserklärungen in den gängigsten Sprachen nach anliegendem Muster aufgelegt und auf den Internetseiten des Bundesministeriums der Finanzen (www.bundesfinanzministerium.de) zum Download bereit gestellt. Die Richtigkeit der darin zu den persönlichen und wirtschaftlichen Verhältnissen geforderten detaillierten Angaben ist durch Unterschrift der unterhaltenen Person zu bestätigen und durch Vorlage geeigneter Unterlagen (z. B. Familienstandsbescheinigung, Steuerbescheide, Rentenbescheide, Verdienstbescheinigungen, Bescheide der Arbeits- oder Sozialverwaltung) zu belegen. Für jede unterhaltene Person ist eine eigene Unterhaltserklärung einzureichen. Die Vorlage der Unterhaltserklärung schließt nicht aus, dass das Finanzamt nach den Umständen des Einzelfalls weitere Auskünfte oder Nachweise verlangen kann.

7 Ist eine Unterhaltserklärung nur unvollständig ausgefüllt, so ist grundsätzlich die Bedürftigkeit der sie betreffenden Person nicht anzuerkennen (BFH-Urteil vom 02. 12. 2004, a. a. O.).

4. Unterstützung von Personen im erwerbsfähigen Alter (Erwerbsobliegenheit)

8 Bei Personen im erwerbsfähigen Alter ist davon auszugehen, dass sie ihren Lebensunterhalt durch eigene Arbeit verdienen (BFH-Urteil vom 02. 12. 2004, a. a. O.). Hierzu hat die unterhaltsberechtigte Person ihre Arbeitskraft als die ihr zur Bestreitung ihres Lebensunterhalts zur Verfügung stehende Quelle in ausreichendem Maße auszuschöpfen (sog. Erwerbsobliegenheit). Für Personen im erwerbsfähigen Alter sind daher grundsätzlich keine Unterhaltsaufwendungen anzuerkennen.

9 Der Einsatz der eigenen Arbeitskraft darf nicht gefordert werden, wenn die unterhaltsberechtigte Person aus gewichtigen Gründen keiner oder nur in geringem Umfang einer Beschäftigung gegen Entgelt nachgehen kann (BFH-Urteil vom 13. 03. 1987, BStBl II S. 599). Als Gründe kommen beispielsweise Alter, Behinderung, schlechter Gesundheitszustand, die Erziehung oder Betreuung von Kindern unter 6 Jahren, die Pflege behinderter Angehöriger, ein ernsthaft und nachhaltig betriebenes Studium oder eine Berufsausbildung in Betracht.

5. Nachweis von Aufwendungen für den Unterhalt5.1 Überweisungen

Post- und Bankbelege

10 Überweisungen sind grundsätzlich durch Post- oder Bankbelege (Buchungsbestätigung oder Kontoauszüge) nachzuweisen, die die unterhaltene Person als Empfänger ausweisen. Durch solche Unterlagen wird in der Regel in hinreichendem Maße bewiesen, wann und wie viel Geld aus dem Vermögensbereich des Unterhaltsleistenden abgeflossen ist, und es kann im Allgemeinen unterstellt werden, dass diese Beträge auch in den Verfügungsbereich des Adressaten gelangt, nämlich auf dessen Bankkonto im Ausland verbucht bzw. von der Post bar ausgehändigt worden sind (BFH-Urteil vom 14. 05. 1982, BStBl II S. 772). Für den Geldtransfer anfallende Aufwendungen (Porto, Spesen und Bearbeitungsgebühren) sind keine Unterhaltsaufwendungen.

Mehrere Personen

11 Werden mehrere Personen, die in einem gemeinsamen Haushalt oder im selben Ort leben, unterhalten, so genügt es, wenn die Überweisungsbelege auf den Namen einer dieser Personen lauten.

Auslandskonto

12 Bei Überweisungen auf ein nicht auf den Namen der unterhaltenen Person lautendes Konto im Ausland muss der Steuerpflichtige neben den inländischen Zahlungsbelegen eine Bescheinigung der Bank über die Kontovollmacht und über Zeitpunkt, Höhe und Empfänger der Auszahlung vorlegen.

Ersatzbelege

13 Sind Zahlungsbelege abhanden gekommen, hat der Steuerpflichtige Ersatzbelege zu beschaffen.

5.2 Andere Zahlungswege

Allgemeine Grundsätze

Der Steuerpflichtige kann auch einen anderen Zahlungsweg wählen, wenn die so erbrachte Unterhaltsleistung in hinreichender Form nachgewiesen wird (BFH-Urteil vom 14. 05. 1982, BStBl II S. 774). Entsprechend den unter Rz. 3, 4 dargelegten Grundsätzen sind bei baren Unterhaltszahlungen erhöhte Beweisanforderungen zu erfüllen. Abhebungsnachweise und detaillierte Empfängerbestätigungen sind erforderlich. Zwischen der Abhebung und jeweiligen Geldübergabe muss ein ausreichender Sachzusammenhang (Zeitraum von höchstens zwei Wochen) bestehen. Die Durchführung der Reise ist stets durch Vorlage von Fahrkarten, Tankquittungen, Grenzübertrittsvermerken, Flugscheinen, Visa usw. nachzuweisen. 14

Mitnahme von Bargeld bei Familienheimfahrten

Erleichterungen gelten bei Familienheimfahrten des Steuerpflichtigen zu seiner von ihm unterstützten und im Ausland lebenden Familie. Eine Familienheimfahrt liegt nur vor, wenn der Steuerpflichtige seinen im Ausland lebenden Ehegatten besucht, der dort weiter den Familienhaushalt aufrecht erhält. Lebt auch der Ehegatte im Inland und besucht der Steuerpflichtige nur seine im Ausland lebenden Kinder oder die eigenen Eltern, liegt keine Familienheimfahrt vor mit der Folge, dass die allgemeinen Beweisgrundsätze gelten (BFH-Urteil vom 19. 05. 2004, BStBl 2005 II S. 24). 15

Es kann grundsätzlich davon ausgegangen werden, dass der Steuerpflichtige je Familienheimfahrt einen Nettomonatslohn für den Unterhalt des Ehegatten, der Kinder und anderer am Ort des Haushalts der Ehegatten lebender Angehöriger mitnimmt. Diese Beweiserleichterung gilt nur für bis zu vier im Kalenderjahr nachweislich durchgeführte Familienheimfahrten. Im Rahmen der Beweiserleichterung kann aber höchstens ein Be-trag geltend gemacht werden, der sich ergibt, wenn der vierfache Nettomonatslohn um die auf andere Weise erbrachten und nachgewiesenen oder glaubhaft gemachten Zahlungen gekürzt wird (vgl. BFH-Urteil vom 04. 08. 1994, BStBl 1995 II S. 114). 16

Macht der Steuerpflichtige höhere Aufwendungen als (pauschal) den vierfachen Nettomonatslohn geltend, müssen alle Zahlungen entsprechend den allgemeinen Grundsätzen nachgewiesen werden.

Beispiel 1

Ein Arbeitnehmer hat seinen Familienhaushalt (Ehefrau, minderjähriges Kind, verwitwete Mutter) in Spanien (Ländergruppe 1). Er hat im Jahr 2006 nachweislich zwei Heimfahrten unternommen und macht die Mitnahme von Bargeld im Wert von je 1 500 € geltend, ohne diese jedoch nachweisen zu können. Außerdem hat er drei Zahlungen in Höhe von jeweils 1 450 € nachgewiesen. Sein Nettomonatslohn beläuft sich auf 1 312 €. Die Opfergrenze (vgl. Rz. 34–37) kommt nicht zur Anwendung.

1. Aufwendungen für den Unterhalt:	
Mitnahme von Bargeld (2 Familienheimfahrten × 1 312 €)	2 624 €
Überweisungen (3 × 1 450 €)	4 350 €
Summe	6 974 €
2. Berechnung:	
Vierfacher Nettomonatslohn (1 312 € × 4) (jährlich höchstens anzusetzen im Rahmen der Beweiserleichterung)	5 248 €
./. Anderweitig nachgewiesene Zahlungen	4 350 €
Verbleibender Betrag	898 €
Anzusetzende Unterhaltsaufwendungen (4 350 € + 898 €)	5 248 €

Geldtransfer durch eine Mittelsperson

Der Geldtransfer durch eine Mittelsperson kann grundsätzlich nicht anerkannt werden. Dies gilt nicht, wenn wegen der besonderen Situation im Wohnsitzstaat (z. B. Krisengebiet) ausnahmsweise kein anderer Zahlungsweg möglich ist. In diesem Fall ist neben der Identität der Mittelsperson (Name und Anschrift) der genaue Reiseverlauf darzustellen sowie ein lückenloser Nachweis über die Herkunft des Geldes im Inland und über jeden einzelnen Schritt bis zur Übergabe an die unterhaltene Person zu erbringen. 17

Empfängerbestätigung

Eine Empfängerbestätigung muss für die Übergabe jedes einzelnen Geldbetrags ausgestellt werden. Sie muss den Namen und die Anschrift des Steuerpflichtigen und der unterhaltenen Person, 18 den Ort, das Datum der Ausstellung und die Unterschrift des Empfängers sowie den Zeitpunkt der Geldübergabe enthalten. Um die ihr zugedachte Beweisfunktion zu erfüllen, muss sie Zug um Zug gegen Hingabe des Geldes ausgestellt werden. Nachträglich ausgestellte oder zusammengefasste Empfängerbestätigungen sind nicht anzuerkennen.

6. Aufteilung einheitlicher Unterhaltsleistungen auf mehrere Personen

19 Werden Personen unterhalten, die in einem gemeinsamen Haushalt oder am selben Ort leben, sind die insgesamt nachgewiesenen bzw. glaubhaft gemachten Aufwendungen einheitlich nach Köpfen aufzuteilen, auch soweit unterhaltene Personen nicht zu den zum Abzug berechtigenden Unterhaltsempfängern (Rz. 2) gehören (BFH-Urteile vom 12. 11. 1993, BStBl 1994 II S. 731 und vom 19. 06. 2002, BStBl. II S. 753).

Beispiel 2

Ein Steuerpflichtiger unterstützt im Jahr 2006 seine Ehefrau, sein minderjähriges Kind (Kindergeld wird gewährt), seine verwitwete Mutter und seine Schwester, die im Heimatland in einem gemeinsamen Haushalt leben, mit 6 000 €.

Von den Aufwendungen für den Unterhalt in Höhe von 6 000 € entfallen auf jede unterstützte Person 1 500 € (6 000 € : 4). Die Schwester des Steuerpflichtigen und das minderjährige Kind gehören nicht zu den zum Abzug berechtigenden Unterhaltsempfängern (Rz. 1). Abziehbar sind – vorbehaltlich anderer Abzugsbeschränkungen – lediglich die für die Ehefrau (1 500 €) und die Mutter (1 500 €) erbrachten Aufwendungen.

7. Unterstützung durch mehrere Personen

Unterstützung durch mehrere unbeschränkt einkommensteuerpflichtige Personen

20 Werden Aufwendungen für eine unterhaltene Person von mehreren unbeschränkt Einkommensteuerpflichtigen getragen, so wird bei jedem der Teil des sich hiernach ergebenden Betrags abgezogen, der seinem Anteil am Gesamtbetrag der Leistung entspricht (§ 33a Abs. 1 Satz 6 EStG).

Beispiel 3

Vier Töchter A, B, C und D unterstützen ihren in Spanien (Ländergruppe 1) lebenden bedürftigen Vater im Jahr 2006 mit jeweils 250 € monatlich.

Der Abzug der Aufwendungen für den Unterhalt von insgesamt 12 000 € ist auf den Höchstbetrag von 7 680 € (§ 33a Abs. 1 Satz 1 EStG) beschränkt. Dieser ist entsprechend dem Anteil der Töchter am Gesamtbetrag der Leistungen mit jeweils 1 920 € (7 680 € : 4) abziehbar.

Unterstützung durch eine im Inland nicht unbeschränkt einkommensteuerpflichtige Person

21 Tragen mehrere Personen zum Unterhalt bei und ist eine davon im Inland nicht unbeschränkt einkommensteuerpflichtig, wird diese bei der Aufteilung des abziehbaren Betrags nicht berücksichtigt. Deren Unterhaltsleistungen sind bei der unterhaltenen Person als Bezüge (Rz. 28) zu erfassen.

Beispiel 4

Sachverhalt wie Beispiel 3, die Tochter D lebt jedoch in Frankreich.

Höchstbetrag (§ 33a Abs. 1 Satz 1 EStG)		7 680 €
- Anrechenbare Bezüge (250 € × 12)	3 000 €	
- Kostenpauschale	– 180 €	
	2 820 €	
- anrechnungsfreier Betrag	– 624 €	
Anzurechnende Bezüge	2 196 €	2 196 €
abziehbarer Höchstbetrag		5 484 €

Bei den Töchtern A, B und C ist wegen ihrer Leistungen in gleicher Höhe jeweils ein Betrag von 1 828 € (5 484 € : 3) abzuziehen.

8. Zeitanteilige Ermäßigung des Höchstbetrags

Feststellung der Monate der Unterhaltszahlungen

22 Für jeden vollen Kalendermonat, in dem die allgemeinen Voraussetzungen für den Abzug von Aufwendungen für den Unterhalt nicht vorgelegen haben, ermäßigt sich der nach Rz. 32, 33 in Betracht kommende Höchstbetrag um ein Zwölftel (§ 33a Abs. 4 Satz 1 EStG). Es ist deshalb festzustellen, für welche Monate Zahlungen geleistet wurden.

Beispiel 5

Der Steuerpflichtige unterstützt seine in Italien (Ländergruppe 1) lebende bedürftige 70 Jahre alte Mutter durch monatliche Überweisungen vom Juni bis Dezember 2006 in Höhe von 800 €.

Nachgewiesene Aufwendungen für den Unterhalt 5 600 €

Höchstbetrag (§ 33a Abs. 1 Satz 1 EStG) 7 680 €

Zeitanteilige Ermäßigung des Höchstbetrags um 5/12

(§ 33a Abs. 4 Satz 1 EStG, erste Zahlung im Juni) 3 200 €

Abziehbare Aufwendungen für den Unterhalt (7/12) 4 480 €

Zeitliche Zuordnung der Unterhaltsaufwendungen

Unterhaltsaufwendungen können nur abgezogen werden, soweit sie dem laufenden Lebensbedarf der unterhaltenen Person im Kalenderjahr der Leistung dienen. 23

Auch nur gelegentliche oder einmalige Leistungen im Kalenderjahr können Aufwendungen für den Unterhalt sein. Die Unterstützung und die Eignung der Leistungen zur Deckung des laufenden Unterhalts sind dabei besonders sorgfältig zu prüfen. Unterhaltsaufwendungen dürfen aber grundsätzlich nicht auf Monate vor ihrer Zahlung zurückbezogen werden. Dabei ist davon auszugehen, dass der Unterhaltsverpflichtete seine Zahlungen so einrichtet, dass sie zur Deckung des Lebensbedarfs der unterhaltenen Person bis zum Erhalt der nächsten Unterhaltszahlung dienen. Etwas anderes gilt, wenn damit Schulden getilgt werden, die der unterhaltenen Person in den vorangegangenen Monaten des Jahres durch Bestreitung von Lebenshaltungskosten entstanden sind, und wenn der Steuerpflichtige dies nachweist (BFH-Urteil vom 02. 12. 2004, a. a. O.). 24

Soweit Zahlungen auch dazu bestimmt sind, den Unterhaltsbedarf des folgenden Jahres abzudecken, können sie weder für das Jahr der Zahlung noch für das Folgejahr berücksichtigt werden (BFH-Urteil vom 22. 05. 1981, BStBl II S. 713). 25

Vereinfachungsregelungen

Aus Vereinfachungsgründen kann davon ausgegangen werden, dass 26

- Unterhaltsleistungen an den Ehegatten stets zur Deckung des Lebensbedarfs des gesamten Kalenderjahrs bestimmt sind;
- bei Unterhaltsleistungen an andere unterhaltene Personen die einzelne Zahlung ohne Rücksicht auf die Höhe ab dem Zeitpunkt, in dem sie geleistet wurde, zur Deckung des Lebensbedarfs der unterhaltenen Person bis zur nächsten Zahlung reicht. Dies gilt auch, wenn einzelne Zahlungen den auf einen Monat entfallenden anteiligen Höchstbetrag nicht erreichen;
- die einzige oder letzte Unterhaltsleistung im Kalenderjahr der Bedarfsdeckung bis zum Schluss des Kalenderjahrs dient;
- bei jeder nachgewiesenen Familienheimfahrt Unterhalt geleistet wird (Rz. 15, 16),
- Unterhaltsleistungen an den Ehegatten auch zum Unterhalt anderer Personen bestimmt sind, die mit diesem in einem gemeinsamen Haushalt oder am selben Ort leben.

Beispiel 6

Der Steuerpflichtige unterstützt im Jahr 2006 seine in Kanada (Ländergruppe 1) lebende bedürftige Ehefrau durch eine einmalige Zahlung im Monat Juli in Höhe von 5 000 €.

Es ist davon auszugehen, dass die Aufwendungen für den Unterhalt an die Ehefrau zur Deckung des Lebensbedarfs des gesamten Kalenderjahres bestimmt sind. Die Aufwendungen für den Unterhalt sind in voller Höhe (5 000 €) abziehbar.

Beispiel 7

Der Steuerpflichtige unterstützt seinen in Slowenien (Ländergruppe 2) lebenden bedürftigen schwerkranken Vater durch gelegentliche Überweisungen im Laufe des Jahres 2006 in Höhe von 3 200 €, und zwar im Februar mit 1 200 € und im November mit 2 000 €.

Es ist aus Vereinfachungsgründen davon auszugehen, dass die Zahlung im Februar ohne Rücksicht auf die Höhe zur Deckung des Lebensbedarfs des Vaters bis zur nächsten Zahlung im November reicht.

Die tatsächlich geleisteten Unterhaltszahlungen sind in voller Höhe (3 200 €) abziehbar, da sie unter dem anteiligen Höchstbetrag von 5 280 € (11/12 von 5 760 €) liegen.

Beispiel 8

Der Steuerpflichtige unterstützt im Jahr 2006 seine in Italien (Ländergruppe 1) lebende bedürftige 80 Jahre alte Mutter durch eine einmalige Zahlung im Monat Juli in Höhe von 5 000 €.

Es ist davon auszugehen, dass die Aufwendungen für den Unterhalt an die Mutter der Bedarfsdeckung bis zum Schluss des Kalenderjahres dienen. Von den tatsächlichen Aufwendungen für den Unterhalt in Höhe von 5 000 € sind jedoch unter Berücksichtigung der zeitanteiligen Kürzung des Höchstbetrags nach § 33a Abs. 4 Satz 1 EStG lediglich 3 840 € (6/12 von 7 680 €) abziehbar.

Beispiel 9

Wie Beispiel 8, aber der Steuerpflichtige leistet vier Zahlungen in Höhe von insgesamt 8 000 € (je 2 000 € im Februar, Juni, August und November).

Es ist davon auszugehen, dass von Februar an (Zeitpunkt der ersten Unterhaltsleistung) Unterhalt erbracht wurde und dass die letzte Unterhaltsrate der Bedarfsdeckung bis zum Ende des Kalenderjahrs dient. Die tatsächlichen Aufwendungen in Höhe von 8 000 € sind damit unter Berücksichtigung der zeitanteiligen Kürzung des Höchstbetrags nach § 33a Abs. 4 Satz 1 EStG lediglich in Höhe von 7 040 € (11/12 von 7 680 €) abziehbar.

Zeitpunkt des Abflusses der Unterhaltsleistung

27 Eine Unterhaltsleistung ist in dem Zeitpunkt abgeflossen, in dem der Steuerpflichtige die wirtschaftliche Verfügungsmacht über das Geld verliert. Für Überweisungen bedeutet dies, dass die Leistung spätestens mit der Lastschrift (Wertstellung) bei der unterstützenden Person abgeflossen ist (BFH-Urteil vom 06. 03. 1997, BStBl II S. 509).

Beispiel 10

Der Steuerpflichtige überweist mit Wertstellung 23. 12. 2005 einen Betrag von 3 000 € an seine bedürftige Mutter in der Türkei. Das Geld wird am 06. 01. 2006 auf dem Konto der Mutter gutgeschrieben.

Die Unterhaltsleistung ist in 2005 abgeflossen (§ 11 Abs. 2 EStG). Daher sind die Unterhaltsaufwendungen als Leistungen des Monats Dezember 2005 zu berücksichtigen. Eine Berücksichtigung in 2006 ist nicht möglich.

9. Anrechnung eigener Bezüge der unterhaltenen Personen

Begriff der Bezüge

28 Bezüge sind alle Einnahmen in Geld oder Geldeswert, die nicht im Rahmen der einkommensteuerrechtlichen Einkunftsermittlung erfasst werden. Bezüge im Ausland, die – wenn sie im Inland anfielen – Einkünfte wären, sind wie inländische Einkünfte zu ermitteln. Unter Beachtung der Ländergruppeneinteilung (Rz. 32, 33) sind Sachbezüge nach der jeweils geltenden Sachbezugsverordnung[1]) mit dem sich ergebenden Anteil anzusetzen und die Pauschbeträge für Werbungskosten (§ 9a EStG) zu berücksichtigen.

Umrechnung ausländischer Bezüge

29 Ausländische Bezüge sind in Euro umzurechnen. Hierfür können die jährlich vom Bundeszentralamt für Steuern im Bundessteuerblatt Teil I für Zwecke des Familienleistungsausgleichs veröffentlichten Devisenkurse zugrunde gelegt werden.

Berücksichtigung der Kostenpauschale

30 Bei Bezügen, die nicht wie inländische Einkünfte ermittelt werden, ist eine Kostenpauschale von 180 € unter Beachtung der Ländergruppeneinteilung zu berücksichtigen, wenn nicht höhere Aufwendungen geltend gemacht werden.

Beispiel 11

Ein Steuerpflichtiger unterstützt seine im Heimatland (Ländergruppe 2) lebenden Eltern durch zwei Über-weisungen am 03.04. und am 06. 09. 2006 von jeweils 750 €. Der Vater erzielt in 2006 Bezüge aus gewerblicher Tätigkeit (Rz. 28) von – umgerechnet – 1 000 € im Kalenderjahr. Die Mutter bezieht eine Rente von – umgerechnet – 1 440 € im Kalenderjahr.

1) Ab 1. 1. 2007: Sozialversicherungsentgeltverordnung (SvEV) vom 21. 12. 2006 (BGBl. I S. 3385).

1. Höhe der Aufwendungen für den Unterhalt		
Nachgewiesene Zahlungen		1 500 €
2. Berechnung der Höchstbeträge		
7 680 € × 2		15 360 €
Zeitanteilige Ermäßigung auf 9/12 (§ 33a Abs. 4 Satz 1 EStG) (Erste Zahlung im April)		11 520 €
Ermäßigung nach der Ländergruppeneinteilung auf 3/4		8 640 €
3. Berechnung der anzurechnenden Bezüge		
3.1 Bezüge aus gewerblicher Tätigkeit (Vater) Im Unterstützungszeitraum anteilig: 9/12 (April bis Dezember, § 33a Abs. 4 Satz 2 EStG)	1 000 €	750 €
3.2 Renteneinnahmen (Mutter) (eine Berechnung des Ertragsanteils entfällt, da die Rente in voller Höhe Bezug ist)	1 440 €	
Werbungskostenpauschbetrag 102 € (für den den sonstigen Einkünften vergleichbaren Rentenanteil)	102 €	
Kostenpauschale 180 € (für den Rentenanteil, der bei einer inländischen Rente als Bezug zu erfassen wäre)	– 180 €	
Anzusetzende Rente	1 158 €	
Im Unterstützungszeitraum angefallen: 9/12 (April bis Dezember, § 33a Abs. 4 Satz 2 EStG)		868 €
3.3 Summe der anteilig anzurechnenden Bezüge (April bis Dezember, § 33a Abs. 4 Satz 2 EStG)		1 618 €
Anrechnungsfreier Betrag (§ 33a Abs. 1 Satz 4 EStG): 624 € × 2	1 248 €	
Kürzung nach der Ländergruppeneinteilung auf 3/4	936 €	
Im Unterstützungszeitraum anteilig zu berücksichtigen: 9/12		702 €
Summe der anzurechnenden Bezüge		916 €
4. Berechnung des abziehbaren Höchstbetrags		
Ermäßigte zeitanteilige Höchstbeträge (Nr. 2)		8 640 €
Anzurechnende Bezüge (Nr. 3)		– 916 €
Abziehbarer Höchstbetrag		7 724 €

Abziehbar sind jedoch höchstens die nachgewiesenen Unterhaltsaufwendungen in Höhe von 1 500 €

(Nr. 1).

Unterstützungszeitraum / Schwankende Bezüge

Bezüge der unterhaltenen Person, die auf Kalendermonate entfallen, in denen die Voraussetzungen für die Anerkennung von Aufwendungen für den Unterhalt nicht vorliegen, vermindern den ermäßigten Höchstbetrag nicht (§ 33a Abs. 4 Satz 2 EStG). Bei schwankenden Bezügen ist aus Vereinfachungsgründen keine monatliche Betrachtungsweise bzw. Zuordnung vorzunehmen, sondern der jeweilige Unterstützungszeitraum als Ganzes zu sehen. 31

10. Abzugsbeschränkungen10.1. Verhältnisse des Wohnsitzstaates (Ländergruppeneinteilung)

Aufwendungen für den Unterhalt können nur abgezogen werden, soweit sie nach den Verhältnissen des Wohnsitzstaates notwendig und angemessen sind (§ 33a Abs. 1 Satz 5 EStG). Als Maßstab gilt ab 2004 grundsätzlich das Pro-Kopf-Einkommen der Bevölkerung. 32

Seit dem 1. Januar 2004 beträgt die Ermäßigung:

- ein Viertel, wenn das zugrunde gelegte ausländische Pro-Kopf-Einkommen nicht mehr als 60 v. H., aber mehr als 30 v. H. des inländischen Wertes erreicht,
- ein Halb, wenn das zugrunde gelegte ausländische Pro-Kopf-Einkommen nicht mehr als 30 v. H., aber mehr als 10 v. H. des inländischen Wertes erreicht und
- drei Viertel, wenn das zugrunde gelegte ausländische Pro-Kopf-Einkommen nicht mehr als 10 v. H. des inländischen Wertes erreicht.

Vorübergehende Inlandsbesuche eines Unterhaltsempfängers mit Wohnsitz im Ausland führen nicht zu einem Aussetzen der Ländergruppeneinteilung (BFH-Urteil vom 05. 06. 2003, BStBl II S. 714).

33 Die sich hiernach für die einzelnen Staaten ergebenden Kürzungen und die sich hieraus ergebene Ländergruppeneinteilung werden durch BMF-Schreiben bekannt gemacht (zuletzt durch BMF-Schreiben vom 17. 11. 2003, BStBl I S. 637, ergänzt durch BMF-Schreiben vom 09. 01. 2005, BStBl I S. 369).[1])

10.2 Opfergrenzenregelung

Sinn und Zweck der Opfergrenze

34 Eine Beschränkung der Abziehbarkeit von Aufwendungen für den Unterhalt kann sich auch durch die Berücksichtigung der Verhältnisse des Steuerpflichtigen selbst ergeben. Es ist zu prüfen, inwieweit der Steuerpflichtige zur Unterhaltsleistung unter Berücksichtigung seiner Verhältnisse verpflichtet ist. Dies ist nur der Fall, soweit die Unterhaltsaufwendungen in einem vernünftigen Verhältnis zu seinen Einkünften stehen und ihm nach Abzug der Unterhaltsaufwendungen genügend Mittel zur Bestreitung des Lebensbedarfs für sich und ggf. für seinen Ehegatten und seine Kinder verbleiben – sog. Opfergrenze (BFH-Urteil vom 27. 09. 1991, BStBl 1992 II S. 35).

35 Die Opfergrenzenregelung gilt nicht bei Aufwendungen für den Unterhalt an den (ggf. auch geschiedenen) Ehegatten.

Bemessung der Opfergrenze

36 In Anlehnung an die vorstehenden Grundsätze sind Aufwendungen für den Unterhalt im Allgemeinen höchstens insoweit als außergewöhnliche Belastung anzuerkennen, als sie einen bestimmten Prozentsatz des Nettoeinkommens nicht übersteigen (sog. Opfergrenze). Dieser beträgt 1 % je volle 500 € des Nettoeinkommens, höchstens 50 %, und ist um je 5 %-Punkte für den (ggf. auch geschiedenen) Ehegatten und für jedes Kind, für das der Steuerpflichtige Freibeträge für Kinder nach § 32 Abs. 6 EStG, Kindergeld oder eine andere Leistung für Kinder (§ 65 EStG) erhält, zu kürzen, höchstens um 25 %-Punkte.

Bestimmung des Nettoeinkommens für die Berechnung der Opfergrenze

37 Bei der Ermittlung des Nettoeinkommens sind alle steuerpflichtigen und steuerfreien Einnahmen (z. B. Kindergeld und vergleichbare Leistungen, Leistungen nach dem SGB III, ausgezahlte Arbeitnehmer-Sparzulagen nach dem 5. VermBG, Eigenheimzulage) sowie etwaige Steuererstattungen (Einkommensteuer, Kirchensteuer, Solidaritätszuschlag) anzusetzen. Davon abzuziehen sind die entsprechenden Steuervorauszahlungen, die gesetzlichen Lohnabzüge (Lohn- und Kirchensteuern, Solidaritätszuschlag, Sozialabgaben) und Werbungskosten. Der Arbeitnehmer-Pauschbetrag ist auch dann abzuziehen, wenn der Steuerpflichtige keine Werbungskosten hatte (BFH-Urteil vom 11. 12. 1997, BStBl 1998 II S. 292).

Beispiel 12

Ein unbeschränkt einkommensteuerpflichtiger ausländischer Arbeitnehmer unterstützt seine im Heimatland (Ländergruppe 1) in einem gemeinsamen Haushalt lebenden Angehörigen, und zwar seine Ehefrau, sein minderjähriges Kind (Kindergeld wird gewährt) und seine Schwiegereltern. Er hatte im Kalenderjahr 2006 Aufwendungen für den Unterhalt in Höhe von 8 400 €. Die Unterhaltsbedürftigkeit der Ehefrau und der Schwiegereltern ist nachgewiesen. Alle Personen haben keine Bezüge. Der Steuerpflichtige hat Einnahmen (Bruttoarbeitslohn, Steuererstattungen, Kindergeld) in Höhe von 27 998 €. Die Abzüge von Lohn- und Kirchensteuer und Solidaritätszuschlag betragen 4 196 €. Die Arbeitnehmerbeiträge zur Sozialversicherung belaufen sich auf 5 852 €. An Werbungskosten sind ihm 4 250 € entstanden.

1. Die Aufwendungen für den Unterhalt sind nach Köpfen auf alle unterstützten Personen aufzuteilen (Rz. 20). Hiernach entfallen auf jede unterstützte Person 2 100 € (8 400 € : 4)
2. Das minderjährige Kind, für das Kindergeld gewährt wird, gehört nicht zu den begünstigten Unterhaltsempfängern (Rz. 2). Insoweit kommt ein Abzug nicht in Betracht.
3. Für die Unterhaltsleistungen an die Ehefrau gilt die Opfergrenzenregelung nicht (Rz 35). Sie sind in voller Höhe (2 100 €) abziehbar.
4. Für die Unterhaltsleistungen an die Schwiegereltern (4 200 €) kann eine Begrenzung durch die Opfergrenze in Betracht kommen.

---

*[1]) **Ländergruppeneinteilung ab 2008 → BMF vom 9. 9. 2008 (BStBl I S. 936) – Anhang 2 III.***

4.1 Berechnung des Nettoeinkommens	
Verfügbare Einnahmen	
(Bruttoarbeitslohn, Steuererstattungen, Kindergeld)	27 998 €
- Abzüge für Lohn- und Kirchensteuer und Solidaritätszuschlag	– 4 196 €
- Arbeitnehmerbeiträge zur Sozialversicherung	– 5 852 €
- Werbungskosten	– 4 250 €
Bemessungsgrundlage für die Ermittlung der Opfergrenze (Nettoeinkommen)	13 700 €
4.2 Berechnung der Opfergrenze	
1 % je volle 500 € des Nettoeinkommens	27 %
(13 700 € : 500 €)	(abgerundet)
abzgl. je 5 %-Punkte für Ehefrau und Kind	– 10 %
Maßgebender Prozentsatz für die Berechnung der Opfergrenze	17 %
Die Opfergrenze liegt somit bei 2 329 € (17 % von 13 700 €).	
Berechnung der Abzugsbeträge	
5.1 Aufwendungen für den Unterhalt an die Ehefrau:	
Nachgewiesene Zahlungen (Nr. 3)	2 100 €
5.2 Aufwendungen für den Unterhalt an die Schwiegereltern:	
Nachgewiesene Zahlungen (Nr. 4): 4 200 €, davon höchstens zu berücksichtigen (Opfergrenze, Nr. 4.2)	2 329 €
Summe der abziehbaren Unterhaltsaufwendungen	4 429 €

11. Anwendungsregelung

Die vorstehenden Grundsätze sind ab dem Veranlagungszeitraum 2007 anzuwenden und ersetzen ab diesem Zeitpunkt das BMF-Schreiben vom 15. 09. 1997 (BStBl I S. 826). 38

Unterhaltserklärung für das Kalenderjahr 20__

xxx

Herr/Frau xxx	**Vorname** xxx	**Familienname** xxx	
wohnhaft in Deutschland xxx	**Straße** xxx	**Postleitzahl** xxx	**Wohnort** xxx

hat beantragt, Unterstützungsleistungen an folgende Person steuermindernd anzuerkennen:

xxx

Unterstützte Person xxx **A Persönliche Angaben** xxx				
Vor- und Familienname xxx				
Geburtsdatum xxx				
Geburtsort xxx				
Wohnort xxx				
Verwandtschaftsverhältnis zum Antragsteller/Ehegatten xxx				
Familienstand xxx (Zutreffendes bitte ankreuzen) (xxx)	ledig xxx	verheiratet xxx	verwitwet xxx	geschieden xxx

<table>
<tr><td>Berufliche Tätigkeit
xxx
(Zutreffendes bitte eintragen bzw. ankreuzen)
(xxx)</td><td>Art der Tätigkeit
xxx</td><td>regelmäßige
xxx</td><td>gele-gentli-che
xxx</td><td>keine
xxx</td></tr>
<tr><td>Weitere im Haushalt lebende Personen
xxx</td><td colspan="4"></td></tr>
<tr><td colspan="5">Bestätigung der ausländischen Gemeinde-/Meldebehörde:
xxx

Die vorstehenden Angaben zu der unterstützten Person entsprechen nach unseren Unterlagen der Wahrheit.
xxx</td></tr>
</table>

<table>
<tr><td>______________________
(Ort, Datum)
(xxx)</td><td>Dienstsiegel und Unterschrift
xxx</td></tr>
</table>

<table>
<tr><td colspan="3">B Wirtschaftliche Verhältnisse der unterstützten Person
xxx</td></tr>
<tr><td colspan="3">I. Einnahmen/Ausgaben
xxx
Als unterstützte Person hatte ich im Jahr 20__ folgende Einnahmen und Ausgaben:
xxx</td></tr>
<tr><td>aus:
xxx</td><td>Einnahmen (in Landeswährung)
xxx</td><td>Ausgaben (in Landeswährung)
xxx</td></tr>
<tr><td>Arbeitslohn
xxx</td><td></td><td></td></tr>
<tr><td>Rente/Pension
xxx</td><td></td><td></td></tr>
<tr><td>Landwirtschaft
xxx</td><td></td><td></td></tr>
<tr><td>Gewerbebetrieb/selbständiger Tätigkeit
xxx</td><td></td><td></td></tr>
<tr><td>Vermietung und Verpachtung
xxx</td><td></td><td></td></tr>
<tr><td>Andere Einnahmen (z. B. Zinsen etc.)
xxx</td><td></td><td></td></tr>
<tr><td>Sozialleistungen
xxx</td><td></td><td></td></tr>
<tr><td colspan="3">Hinweis:
xxx
Die vorstehenden Angaben sind z. B. durch folgende Unterlagen <u>nachzuweisen</u>: Steuerbescheid, Rentenbescheid, Bescheid der zuständigen Arbeits- oder Sozialbehörde über erhaltene Sozialleistungen des Staates (bzw. bei Nichterhalt: Negativbescheinigung der Behörde)
xxx</td></tr>
<tr><td colspan="3">II. Vermögen
xxx
Als unterstützte Person hatte ich im Jahr 20__ folgendes Vermögen:
xxx</td></tr>
</table>

<table>
<tr><td>Art des Vermögens
xxx</td><td>Erläuterungen
xxx</td><td colspan="2">Wert in Landeswährung
xxx</td></tr>
<tr><td>Gesamtwert des Vermögens
xxx</td><td></td><td colspan="2"></td></tr>
<tr><td>Davon entfallen auf:
xxx</td><td></td><td colspan="2"></td></tr>
<tr><td>Grundbesitz:
xxx
Eigenes Haus
xxx
Landwirtschaft
xxx
Weiteren Grundbesitz
xxx</td><td></td><td colspan="2"></td></tr>
<tr><td>Sonstiges Vermögen
xxx
(z. B. Bankguthaben, Versicherungen)
(xxx)</td><td></td><td colspan="2"></td></tr>
<tr><td colspan="2">Mein Vermögen reicht zur Bestreitung des Unterhalts aus:
xxx
(Zutreffendes bitte ankreuzen)
(xxx)</td><td>Ja
xxx</td><td>Nein
xxx</td></tr>
<tr><td colspan="4">C. Sonstige Angaben
xxx</td></tr>
<tr><td colspan="2">1. Wann wurden Sie erstmals unterstützt?
xxx</td><td>Monat
xxx</td><td>Jahr
xxx</td></tr>
<tr><td>2. Wie und durch wen sind die Zahlungen erfolgt?
xxx
(Bitte erläutern)
(xxx)</td><td colspan="3"></td></tr>
<tr><td>3. Wie haben Sie Ihren Lebensunterhalt vor Beginn der Unterstützungsleistungen bestritten?
xxx
(Bitte erläutern)
(xxx)</td><td colspan="3"></td></tr>
<tr><td colspan="2">4. a) Leben Sie in einem Haushalt gemeinsam mit anderen unterstützten Personen?
xxx
(Zutreffendes bitte ankreuzen)
(xxx)</td><td>Ja
xxx</td><td>Nein
xxx</td></tr>
<tr><td>4. b) Falls ja, bitte Namen und Verwandtschaftsverhältnis angeben.
xxx</td><td colspan="3"></td></tr>
<tr><td colspan="2">5. a) Tragen noch andere Personen zu Ihrem Unterhalt bei?
xxx
(Zutreffendes bitte ankreuzen)
(xxx)</td><td>Ja
xxx</td><td>Nein
xxx</td></tr>
</table>

5. b) **Falls ja, bitte Namen und Anschrift der Person/en und Höhe der Unterstützung angeben.** xxx	
6. **Aus welchem Grund waren Sie nicht/nur gelegentlich berufstätig?** xxx (Bitte ggf. erläutern; jedoch nur auszufüllen, wenn Sie im arbeitsfähigen Alter sind) xxx	
D. Versicherung xxx Ich versichere, dass die vorstehenden Angaben wahrheitsgemäß sind und nach bestem Wissen und Gewissen gemacht wurden. xxx ____________________ (Ort, Datum)(Unterschrift der unterstützten Person) (xxx)(xxx)	
Hinweis: xxx Die Angaben der unterhaltenen Person gelten als Angaben des Steuerpflichtigen. Unrichtige Angaben können zu straf- und bußgeldrechtlichen Konsequenzen führen. xxx	
E. Erläuterungen xxx Für jede unterstützte Person ist jeweils eine Bescheinigung auszustellen und als Anlage zur Einkommensteuererklärung einzureichen. xxx Die Vorlage der Bescheinigung begründet keinen Rechtsanspruch auf die beantragte Steuerermäßigung. Die Finanzämter können im Einzelfall weitere Nachweise verlangen. xxx	

II
Aufwendungen eines Steuerpflichtigen für die krankheits- oder behinderungsbedingte Unterbringung eines nahen Angehörigen in einem Heim als außergewöhnliche Belastung

BMF vom 2. 12. 2002 (BStBl I S. 1389)
IV C 4 – S 2284 – 108/02

Bezug: BMF vom 26. 2. 1999 – $\frac{\text{IV C 4 – S 2285–7/99}}{\text{IV C 4 – S 2284–9/99}}$ – (BStBl I S. 270)

Unter Bezugnahme auf das Ergebnis der Erörterungen mit den obersten Finanzbehörden der Länder gilt für die Anwendung der §§ 33 und 33a Abs. 1 EStG auf Fälle, in denen einem Steuerpflichtigen Aufwendungen für die krankheits- oder behinderungsbedingte Unterbringung eines nahen Angehörigen in einem Heim entstehen, das Folgende:

[1]Erwachsen einem oder mehreren Steuerpflichtigen zwangsläufig Aufwendungen für die krankheits- oder behinderungsbedingte Unterbringung eines nahen Angehörigen in einem Heim, gehören zu den Aufwendungen, die nach § 33 EStG zu berücksichtigen sind, die gesamten vom Heim in Rechnung gestellten Unterbringungskosten einschließlich der Kosten für die ärztliche Betreuung und Pflege, gemindert um eine Haushaltsersparnis entsprechend R 188 Abs. 2 EStR[1]). [2]Eine zusätzliche Berücksichtigung des Abzugsbetrags nach § 33a Abs. 3 Satz 2 Nr. 2 EStG ist nicht zulässig (BFH-Urteil vom 24. Februar 2000, BStBl II S. 294).

1) Jetzt → R 33.3 Abs. 2.

[1]Die Übernahme der Kosten einer Heimunterbringung für einen nahen Angehörigen ist nur dann zwangsläufig, wenn die untergebrachte Person kein oder nur ein geringes Vermögen besitzt und soweit ihre eigenen Einkünfte und Bezüge zur Deckung dieser Kosten nicht auseichen. [2]Bei der Beurteilung, ob die eigenen Einkünfte und Bezüge nicht ausreichen, ist ein angemessener Betrag für einen zusätzlichen persönlichen Bedarf zu berücksichtigen. [3]Als angemessen kann in Anlehnung an § 21 Abs. 3 BSHG regelmäßig der für den zusätzlichen persönlichen Bedarf erklärte Betrag anerkannt werden, soweit er 1 550 € (bis zum Kalenderjahr 2001 einschließlich 3 000 DM) jährlich nicht übersteigt.

[1]Eine krankheits- oder behinderungsbedingte Unterbringung liegt nur dann vor, wenn eine Pflegestufe nach dem Elften Buch Sozialgesetzbuch festgestellt worden ist (R 188 Abs. 1 EStR[1]). [2]Der Nachweis ist durch eine Bescheinigung der sozialen Pflegekasse oder des privaten Versicherungsunternehmens, das die private Pflegepflichtversicherung durchführt, oder nach § 65 Abs. 2 EStDV zu erbringen. [3]Dies gilt auch dann, wenn der nahe Angehörige bereits seit einem früheren Zeitpunkt aus anderen Gründen (z. B. wegen Alters) im Heim untergebracht ist. [4]Werden die Kosten für eine behinderungsbedingte Unterbringung zum Teil vom Sozialhilfeträger übernommen (insbesondere durch die Gewährung einer Eingliederungshilfe nach § 39 BSHG), braucht die Notwendigkeit der Unterbringung nicht nachgewiesen zu werden, da regelmäßig von einer sorgfältigen, ordnungsmäßigen Prüfung durch den Sozialhilfeträger und von der Richtigkeit seiner Entscheidung ausgegangen werden kann (→ BFH-Urteil vom 23. Mai 2002 – BStBl II S. 567).

[1]Aufwendungen in Höhe der Haushaltsersparnis können zusammen mit vom Steuerpflichtigen zusätzlich getragenen Kosten für die normale Lebensführung (z. B. Kleidung, Versicherung) entsprechend den Grundsätzen des § 33a Abs. 1 EStG als Unterhaltsaufwendungen berücksichtigt werden.

Beispiel 1:

Der pflegebedürftige (Pflegestufe II) vermögenslose Vater A hat seinen eigenen Haushalt aufgelöst und ist während der gesamten Kalenderjahre 2001 und 2002 in einem Pflegeheim untergebracht.

Für die Heimunterbringung werden insgesamt 33 000 € (2001: 66 000 DM) in Rechnung gestellt. Die Pflegeversicherung übernimmt hiervon 15 348 € (2001: 30 000 DM). A zahlt aus seinen eigenen anrechenbaren Einkünften und Bezügen in Höhe von 4 500 € (2001: 9 000 DM) einen Betrag von 3 300 € (2001: 6 600 DM) auf die Heimkosten und behält einen Betrag von 1 200 € (2001: 2 400 DM) für zusätzlichen persönlichen Bedarf zurück. Die restlichen Heimkosten von 14 352 € (33 000 € – 15 348 € – 3 300 €; im Jahr 2001: 66 000 DM – 30 000 DM – 6 600 DM = 29 400 DM) trägt der Sohn B.

Die Abzugsbeträge für B berechnen sich wie folgt:

– nach § 33a Abs. 1 EStG:

	2001	**2002**	**2001**	**2002**
Anteil für den typischen Unterhalt in Höhe der Haushaltsersparnis			14 040 DM	7 188 €[2])
anrechenbare Einkünfte und Bezüge des A	9 000 DM	4 500 €		
anrechnungsfreier Betrag	– 1 200 DM	– 624 €		
anzurechnende Einkünfte und Bezüge des A	7 800 DM	3 876 €	– 7 800 DM	– 3 876 €
zu berücksichtigender Betrag			**6 240 DM**	**3 312 €**

Der Betrag von 6 240 DM für 2001 und 3 312 € für 2002 ist nach § 33a Abs. 1 EStG in voller Höhe vom Gesamtbetrag der Einkünfte des B abzuziehen. Hiermit sind auch zusätzlich getragene Kosten wie z. B. Versicherungsbeiträge abgegolten.

– nach § 33 EStG:

	2001	**2002**
Heimkosten	66 000 DM	33 000 €
Pflegeversicherungsleistungen	– 30 000 DM	– 15 348 €
Anteil des A aufgrund seiner eigenen Einkünfte und Bezüge, mindestens aber die Haushaltsersparnis:		

1) ***Überholt*** → R 33.3 Abs. 1.
2) Ab VZ 2004: 7 680 €.

	2001	2002		
eigene Einkünfte und Bezüge des A:	9 000 DM	4 500 €		
gemindert um einen angemessenen Betrag für den zusätzlichen persönlichen Bedarf (pauschal):	– 3 000 DM	– 1 550 €		
verbleibender Betrag	6 000 DM	2 950 €		
Dieser Betrag liegt unter der Haushaltsersparnis von	14 040 DM	7 188 €[1])		
Daher ist die Haushaltsersparnis anzusetzen:			– 14 040 DM	– 7 188 €[1]).
Höchstbetrag der bei B zu berücksichtigenden Heimkosten:			**21 960 DM**	**10 464 €**.

Da die eigenen Einkünfte und Bezüge des A nicht ausreichen, um dessen Kosten für die normale Lebensführung einschließlich der krankheitsbedingten Heimunterbringung zu bestreiten, ist der von B getragene Anteil, vermindert um die bereits nach § 33a Abs. 1 EStG berücksichtigten Aufwendungen, bis zur Höhe von 21 960 DM für 2001 und 10 464 € für 2002 abzuziehen.

	2001	2002
Von B getragene Heimkosten	29 400 DM	14 352 €
davon nach § 33a Abs. 1 EStG berücksichtigt	– 6 240 DM	– 3 312 €
verbleibende Heimkosten	**23 160 DM**	**11 040 €**.

Der Höchstbetrag von 21 960 DM für 2001 und 10 464 € für 2002 ist nach Minderung um die zumutbare Belastung nach § 33 EStG vom Gesamtbetrag der Einkünfte des B abzuziehen.

Beispiel 2:

Sachverhalt wie im ersten Beispiel, jedoch hat A anrechenbare Einkünfte und Bezüge von 18 000 € (2001: 36 000 DM). Er zahlt daraus auf die Gesamtkosten 15 000 € (2001: 30 000 DM) und behält 3 000 € (2001: 6 000 DM) für seinen zusätzlichen persönlichen Bedarf zurück. Die restlichen Heimkosten von 2 652 € (33 000 € – 15 348 € – 15 000 €; im Jahr 2001: 66 000 DM – 30 000 DM – 30 000 DM = 6 000 DM) trägt der Sohn B.

Da die anrechenbaren eigenen Einkünfte und Bezüge des A höher sind als die Summe aus Höchstbetrag und anrechnungsfreiem Betrag (7 188 €[1]) + 624 € = 7 812 €; im Jahr 2001: 14 040 DM + 1 200 DM = 15 240 DM), scheidet ein Abzug nach § 33a Abs. 1 EStG aus. Für B kommt nur ein Abzug nach § 33 EStG in Betracht. Dieser berechnet sich wie folgt:

	2001	2002
Heimkosten	66 000 DM	33 000 €
Pflegeversicherungsleistungen	– 30 000 DM	– 15 348 €
Anteil des A aufgrund seiner eigenen Einkünfte und Bezüge, mindestens aber die Haushaltsersparnis:		

	2001	2002		
eigene Einkünfte und Bezüge des A:	36 000 DM	18 000 €		
gemindert um einen angemessenen Betrag für den zusätzlichen Bedarf (pauschal):	– 3 000 DM	– 1 550 €		
verbleibender Betrag (mindestens Haushaltsersparnis)			– 33 000 DM	– 16 450 €.
Höchstbetrag der bei B zu berücksichtigenden Heimkosten			**3 000 DM**	**1 202 €**.

Der Höchstbetrag von 3 000 DM für 2001 und 1 202 € für 2002, der niedriger ist als die von B getragenen Aufwendungen von 6 000 DM in 2001 und 3 000 € in 2002, ist nach Minderung um die zumutbare Belastung nach § 33 EStG vom Gesamtbetrag der Einkünfte des B abzuziehen.

[2]Die vorstehenden Grundsätze sind in allen noch offenen Fällen anzuwenden.

Mein Schreiben vom 26. Februar 1999 – $\frac{\text{IV C 4 – S 2285–7/99}}{\text{IV C 4 – S 2284–9/99}}$ – (BStBl I S. 270) wird aufgehoben.

1) Ab VZ 2004: 7 680 €.

III
Berücksichtigung von Unterhaltsaufwendungen an gleichgestellte Personen im Sinne des § 33a Abs. 1 Satz 2 EStG als außergewöhnliche Belastung

BMF vom 28. 3. 2003 (BStBl I S. 243)
IV C 4 – S 2285–16/03

Unter Bezugnahme auf das Ergebnis der Erörterungen mit den obersten Finanzbehörden der Länder gilt für die steuerliche Behandlung von Unterhaltsaufwendungen an Personen, die gesetzlich Unterhaltsberechtigten nach § 33a Abs. 1 Satz 2 EStG gleichgestellt sind, als außergewöhnliche Belastung Folgendes:

[1]Nach § 33a Abs. 1 Satz 1 EStG sind Aufwendungen für den Unterhalt und die Berufsausbildung einer dem Steuerpflichtigen oder seinem Ehegatten gegenüber gesetzlich unterhaltsberechtigten Person bis zu dem vorgesehenen Höchstbetrag als außergewöhnliche Belastung zu berücksichtigen. [2]Gesetzlich unterhaltsberechtigt sind seit dem 1. August 2001 auch die Partner einer eingetragenen Lebenspartnerschaft.[1])

[1]Den gesetzlich Unterhaltsberechtigten stehen nach § 33a Abs. 1 Satz 2 EStG Personen gleich, bei denen die inländische öffentliche Hand ihre Leistungen (z. B. Sozialhilfe oder Arbeitslosenhilfe) wegen der Unterhaltsleistungen des Steuerpflichtigen ganz oder teilweise nicht gewährt oder, wenn ein entsprechender Antrag gestellt würde, ganz oder teilweise nicht gewähren würde.[2]) [2]Die Begrenzung des Abzugsbetrags auf die Höhe der Kürzung der Mittel aus einer inländischen öffentlichen Kasse ist durch das StÄndG 2001 vom 20. Dezember 2001 (BGBl. I S. 3794, BStBl 2002 I S. 4) mit Wirkung vom Veranlagungszeitraum 2001 entfallen.

[1]Als Personen, die gesetzlich unterhaltsberechtigten Personen gleichstehen, kommen nur Partner einer eheähnlichen Gemeinschaft oder in Haushaltsgemeinschaft mit dem Steuerpflichtigen lebende Verwandte und Verschwägerte in Betracht (BFH-Urteil vom 23. Oktober 2002, BStBl 2003 II S. 187). [2]Eine Haushaltsgemeinschaft liegt vor, wenn der Steuerpflichtige und die von ihm unterstützte Person in einer gemeinsamen Wohnung und mit gemeinsamer Wirtschaftsführung („Wirtschaften aus einem Topf") zusammenleben.[3])

[1]Hat die unterhaltene Person Leistungen der inländischen öffentlichen Hand erhalten, die zur Bestreitung des Unterhalts bestimmt oder geeignet sind, sind diese Beträge als Bezüge der unterhaltenen Person im Rahmen des § 33a Abs. 1 Satz 4 EStG zu berücksichtigen. [2]Bei Vorliegen einer eheähnlichen Gemeinschaft zwischen der unterhaltenen Person und dem Steuerpflichtigen wird typischerweise Sozialhilfe wegen der Höhe des Einkommens des Steuerpflichtigen nicht gewährt, da nach dem Bundessozialhilfegesetz alle Unterhaltsleistungen Dritter als vorrangiges Einkommen des Antragstellers gelten. [3] In die Prüfung eines Anspruchs auf Arbeitslosenhilfe sind nach dem SGB III Einkünfte und Vermögen des Partners einer eheähnlichen Gemeinschaft einzubeziehen. [4]Da die Vorschriften des § 122 BSHG und der §§ 193 Abs. 2, 194 Abs. 1 SGB III eheähnliche Gemeinschaften faktisch wie Ehegatten behandeln, bestehen keine Bedenken, wenn in diesen Fällen grundsätzlich davon ausgegangen wird, dass bei der unterstützten Person die Voraussetzungen des § 33a Abs. 1 Satz 2 EStG vorliegen, auch wenn sie keinen Antrag auf Sozialhilfe oder Arbeitslosenhilfe gestellt hat. [54]Bei Vorliegen einer Haushaltsgemeinschaft mit Verwandten oder Verschwägerten kann aus Vereinfachungsgründen ebenfalls auf die Vorlage eines Kürzungs- oder Ablehnungsbescheids verzichtet werden, obwohl in diesen Fällen lediglich die widerlegbare Vermutung einer Unterhaltsgewährung besteht (§ 16 BSHG). In entsprechender Anwendung der R 190 Abs. 1 Satz 5 EStR[4]) ist auch in diesen Fällen davon auszugehen, dass dem Steuerpflichtigen Unterhaltsaufwendungen in Höhe des maßgeblichen Höchstbetrags erwachsen.

[1]Wird auf die Vorlage eines Kürzungs- oder Ablehnungsbescheids verzichtet, ist Voraussetzung für eine steuermindernde Berücksichtigung der Unterhaltsleistungen eine schriftliche Versicherung der unterstützten Person, in der sie darlegt,

- dass sie für den jeweiligen Veranlagungszeitraum keine zum Unterhalt bestimmten Mittel aus inländischen öffentlichen Kassen erhält und auch keinen entsprechenden Antrag gestellt hat,
- dass eine nichteheliche Lebensgemeinschaft mit dem Steuerpflichtigen besteht oder sie mit dem Steuerpflichtigen verwandt oder verschwägert ist und mit ihm eine Haushaltsgemeinschaft bildet und

---

1) Bestätigt durch BFH vom 20. 7. 2006 (BStBl II S. 883).

2) Unterhaltsleistungen des Stpfl. für seinen bedürftigen ausländischen Lebensgefährten können nach § 33a Abs. 1 Satz 2 EStG abziehbar sein, wenn der Lebensgefährte bei Inanspruchnahme von Sozialhilfe damit rechnen müsste, keine Aufenthaltsgenehmigung zu erhalten und ausgewiesen zu werden (→ BFH vom 20. 4. 2006 – BStBl 2007 II S. 41).

3) Ab 1. 8. 2006 auch Partner einer gleichgeschlechtlichen Lebensgemeinschaft (§ 7 Abs. 3 Nr. 3c i. V. m. Abs. 3a SGB II und § 20 SGB XII).

4) Jetzt → R 33a.1 Abs. 1 Satz 5.

- über welche anderen zum Unterhalt bestimmten Einkünfte und Bezüge sowie über welches Vermögen sie verfügt.

[2]Bei der Berechnung der außergewöhnlichen Belastung nach § 33a Abs. 1 EStG ist die so genannte Opfergrenze (H 190 EStH[1])) zu beachten.

Beispiel 1:

A und B leben in eheähnlicher Gemeinschaft. Im Kalenderjahr 2002 erzielt A Einnahmen aus nichtselbständiger Arbeit in Höhe von 25000 Euro. Hierauf entfallen Steuern in Höhe von 4500 Euro und Sozialversicherungsbeiträge in Höhe von 5210 Euro. Des Weiteren erhält A im April 2002 eine Einkommensteuererstattung für den Veranlagungszeitraum 2000 in Höhe von umgerechnet 1000 Euro. B hat keine eigenen Einkünfte und Bezüge.

Berechnung der außergewöhnlichen Belastung nach § 33a Abs. 1 EStG:

Höchstbetrag nach § 33a Abs. 1 EStG			7188 Euro[2])
Nettoeinkommen des A			
Arbeitslohn:	25000 Euro		
zuzüglich			
Einkommensteuererstattung	1000 Euro	26000 Euro	
abzüglich:			
Sozialversicherung	5210 Euro		
Einkommensteuer	4500 Euro		
Arbeitnehmer-Pauschbetrag	1044 Euro[3])	– 10754 Euro	
Nettoeinkommen für die Berechnung der Opfergrenze		15246 Euro	
Opfergrenze: 1 v. H. je volle 500 Euro		30 v. H.	
30 v. H. von 15246 Euro =			4574 Euro

A kann Unterhaltsleistungen bis zur Höhe der Opfergrenze von 4574 Euro als außergewöhnliche Belastung nach § 33a Abs. 1 EStG geltend machen.

Beispiel 2:

A und B sind miteinander verwandt und bilden eine Haushaltsgemeinschaft. Im Kalenderjahr 2002 erzielt A Einnahmen aus nichtselbständiger Arbeit in Höhe von 25000 Euro. Hierauf entfallen Steuern in Höhe von 4500 Euro und Sozialversicherungsbeiträge in Höhe von 5210 Euro. Des Weiteren erhält A im April 2002 eine Einkommensteuererstattung für den Veranlagungszeitraum 2000 in Höhe von umgerechnet 1000 Euro. B erhält eine wegen des Vorliegens einer Haushaltsgemeinschaft gekürzte Sozialhilfe in Höhe von 4000 Euro.

Berechnung der außergewöhnlichen Belastung nach § 33a Abs. 1 EStG:

Höchstbetrag nach § 33a Abs. 1 EStG			7188 Euro[1])
Bezüge des B: Sozialhilfe	4000 Euro		
– Kostenpauschale	180 Euro		
– anrechnungsfreier Betrag (§ 33a Abs. 1 Satz 4 EStG)	624 Euro		
anzurechnende Bezüge	3196 Euro		– 3196 Euro
verbleiben			3992 Euro
Nettoeinkommen des A			
Arbeitslohn:	25000 Euro		
zuzüglich:			
Einkommensteuererstattung	1000 Euro	26000 Euro	
abzüglich:			
Sozialversicherung	5210 Euro		
Einkommensteuer	4500 Euro		
Arbeitnehmer-Pauschbetrag	1044 Euro[2])	– 10754 Euro	
Nettoeinkommen für die Berechnung der Opfergrenze		15246 Euro	
Opfergrenze: 1 v. H. je volle 500 Euro		30 v. H.	
30 v. H. von 15246 Euro =			4574 Euro

Die Unterhaltsleistungen des A können bis zur Höhe von 3992 Euro als außergewöhnliche Belastung nach § 33a Abs. 1 EStG berücksichtigt werden.

---

1) Jetzt → H 33a.1.
2) Ab VZ 2004: 7 680 €.
3) Ab VZ 2004: 920 €.

Neuregelung der einkommensteuerlichen Behandlung von Berufsausbildungskosten gemäß §§ 10 Abs. 1 Nr. 7, 12 Nr. 5 EStG in der Fassung des Gesetzes zur Änderung der Abgabenordnung und weiterer Gesetze vom 21. 7. 2004 (BGBl. I S. 1753, BStBl. I 2005 S. 343) ab 2004

BMF vom 4. 11. 2005 (BStBl I S. 955)
IV C 8 – S 2227 – 5/05
unter Berücksichtigung der Änderungen durch
BMF vom 21. 6. 2007 (BStBl I S. 492)
IV C 4 – S 2227/07/0002 – 2007/0137269

[1]Die einkommensteuerliche Behandlung von Berufsausbildungskosten wurde durch das Gesetz zur Änderung der Abgabenordnung und weiterer Gesetze vom 21. Juli 2004 (BGBl. I S. 1753, BStBl I 2005 S. 343) neu geordnet (Neuordnung). [2]Unter Bezugnahme auf das Ergebnis der Erörterung mit den obersten Finanzbehörden der Länder gelten dazu die nachfolgenden Ausführungen. 1

[1]Unberührt von der Neuordnung bleibt die Behandlung von Aufwendungen für eine berufliche Fort- und Weiterbildung. [2]Sie stellen Betriebsausgaben oder Werbungskosten dar, sofern sie durch den Beruf veranlasst sind, soweit es sich dabei nicht um eine erstmalige Berufsausbildung oder ein Erststudium i. S. d. § 12 Nr. 5 EStG handelt.

1 Grundsätze

Aufwendungen für die erstmalige Berufsausbildung oder ein Erststudium stellen nach § 12 Nr. 5 EStG keine Betriebsausgaben oder Werbungskosten dar, es sei denn, die Bildungsmaßnahme findet im Rahmen eines Dienstverhältnisses statt (Ausbildungsdienstverhältnis). 2

Aufwendungen für die eigene Berufsausbildung, die nicht Betriebsausgaben oder Werbungskosten darstellen, können nach § 10 Abs. 1 Nr. 7 EStG bis zu 4000 Euro im Kalenderjahr als Sonderausgaben abgezogen werden.

[1]Ist einer Berufsausbildung eine abgeschlossene erstmalige Berufsausbildung oder ein abgeschlossenes Erststudium vorausgegangen (weitere Berufsausbildung), handelt es sich dagegen bei den durch die weitere Berufsausbildung veranlassten Aufwendungen um Betriebsausgaben oder Werbungskosten, wenn ein hinreichend konkreter, objektiv feststellbarer Zusammenhang mit späteren im Inland steuerpflichtigen Einnahmen aus der angestrebten beruflichen Tätigkeit besteht. [2]Entsprechendes gilt für ein Studium nach einem abgeschlossenen Erststudium (weiteres Studium). [3]Die Rechtsprechung des BFH zur Rechtslage vor der Neuordnung ist insoweit weiter anzuwenden, BFH vom 4. Dezember 2002, VI R 120/01, BStBl II 2003, 403; vom 17. Dezember 2002, VI R 137/01, BStBl II 2003, 407; vom 13. Februar 2003, IV R 44/01, BStBl II 2003, 698; vom 29. April 2003, VI R 86/99, BStBl II 2003, 749; vom 27. Mai 2003, VI R 33/01, BStBl II 2004, 884; vom 22. Juli 2003, VI R 190/97, BStBl II 2004, 886; vom 22. Juli 2003, VI R 137/99, BStBl II 2004, 888; vom 22. Juli 2003, VI R 50/02, BStBl II 2004, 889; vom 13. Oktober 2003, VI R 71/02, BStBl II 2004, 890; vom 4. November 2003, VI R 96/01, BStBl II 2004, 891. 3

2 Erstmalige Berufsausbildung, Erststudium und Ausbildungsdienstverhältnisse i. S. d. § 12 Nr. 5 EStG2.1 Erstmalige Berufsausbildung

Unter dem Begriff „Berufsausbildung" i. S. d. § 12 Nr. 5 EStG ist eine berufliche Ausbildung unter Ausschluss eines Studiums zu verstehen. 4

[1]Eine Berufsausbildung i. S. d. § 12 Nr. 5 EStG liegt vor, wenn der Steuerpflichtige durch eine berufliche Ausbildungsmaßnahme die notwendigen fachlichen Fertigkeiten und Kenntnisse erwirbt, die zur Aufnahme eines Berufs befähigen. Voraussetzung ist, dass der Beruf durch eine Ausbildung im Rahmen eines öffentlich-rechtlich geordneten Ausbildungsgangs erlernt wird (BFH vom 6. März 1992, VI R 163/88, BStBl II 1992 S. 661) und der Ausbildungsgang durch eine Prüfung abgeschlossen wird. [2]Die Auslegung des Begriffs „Berufsausbildung" im Rahmen des § 32 Abs. 4 EStG ist für § 12 Nr. 5 EStG nicht maßgeblich.

Zur Berufsausbildung zählen: 5

- Berufsausbildungsverhältnisse gemäß § 1 Abs. 3, §§ 4 bis 52 Berufsbildungsgesetz (Artikel 1 des Gesetzes zur Reform der beruflichen Bildung [Berufsbildungsreformgesetz – BerBiRefG] vom 23. März 2005, BGBl. I S. 931, im Folgenden BBiG), sowie anerkannte Lehr- und Anlernberufe oder vergleichbar geregelte Ausbildungsberufe aus der Zeit vor dem In-Kraft-Treten des BBiG, § 104 BBiG. [2]Der erforderliche Abschluss besteht hierbei in der erfolgreich abgelegten Abschlussprüfung i. S. d. § 37 BBiG. Gleiches gilt, wenn die Abschlussprüfung nach § 43

Abs. 2 BBiG ohne ein Ausbildungsverhältnis auf Grund einer entsprechenden schulischen Ausbildung abgelegt wird, die durch Verordnung des jeweiligen Landes als im Einzelnen gleichwertig anerkannt ist;

- mit Berufsausbildungsverhältnissen vergleichbare betriebliche Ausbildungsgänge außerhalb des Geltungsbereichs des BBiG (zur Zeit nach der Schiffsmechaniker-Ausbildungsverordnung vom 12. April 1994, BGBl. I S. 797 in der jeweils geltenden Fassung);
- die Ausbildung auf Grund der bundes- oder landesrechtlichen Ausbildungsregelungen für Berufe im Gesundheits- und Sozialwesen;
- landesrechtlich geregelte Berufsabschlüsse an Berufsfachschulen;
- die Berufsausbildung behinderter Menschen in anerkannten Berufsausbildungsberufen oder auf Grund von Regelungen der zuständigen Stellen in besonderen „Behinderten-Ausbildungsberufen" und
- die Berufsausbildung in einem öffentlich-rechtlichen Dienstverhältnis sowie die Berufsausbildung auf Kauffahrteischiffen, die nach dem Flaggenrechtsgesetz vom 8. Februar 1951 (BGBl. I S. 79) die Bundesflagge führen, soweit es sich nicht um Schiffe der kleinen Hochseefischerei und der Küstenfischerei handelt.

6 [1]Andere Bildungsmaßnahmen werden einer Berufsausbildung i. S. d. § 12 Nr. 5 EStG gleichgestellt, wenn sie dem Nachweis einer Sachkunde dienen, die Voraussetzung zur Aufnahme einer fest umrissenen beruflichen Betätigung ist. [2]Die Ausbildung muss im Rahmen eines geordneten Ausbildungsgangs erfolgen und durch eine staatliche oder staatlich anerkannte Prüfung abgeschlossen werden. [3]Der erfolgreiche Abschluss der Prüfung muss Voraussetzung für die Aufnahme der beruflichen Betätigung sein. [4]Die Ausbildung und der Abschluss müssen vom Umfang und Qualität der Ausbildungsmaßnahmen und Prüfungen her grundsätzlich mit den Anforderungen, die im Rahmen von Berufsausbildungsmaßnahmen i. S. d. Rz. 5 gestellt werden, vergleichbar sein. [5]Dazu gehört z. B. die Ausbildung zu Berufspiloten auf Grund der JAR-FCL 1 deutsch vom 15. April 2003, Bundesanzeiger 2003 Nummer 80a.

7 [1]Aufwendungen für den Besuch allgemeinbildender Schulen einschließlich der in § 10 Abs. 1 Nr. 9 EStG genannten Ersatz- und Ergänzungsschulen sind Kosten der privaten Lebensführung im Sinne des § 12 Nr. 1 EStG und dürfen daher nicht bei den einzelnen Einkunftsarten abgezogen werden.[1]) [2]Der Besuch eines Berufskollegs zum Erwerb der Fachhochschulreife gilt als Besuch einer allgemeinbildenden Schule. [3]Dies gilt auch, wenn ein solcher Abschluss, z. B. das Abitur, nach Abschluss einer Berufsausbildung nachgeholt wird.[2]) [4]Derartige Aufwendungen können als Sonderausgaben gemäß § 10 Abs. 1 Nr. 7 EStG vom Gesamtbetrag der Einkünfte abgezogen werden.

8 Die Berufsausbildung ist als erstmalige Berufsausbildung anzusehen, wenn ihr keine andere abgeschlossene Berufsausbildung beziehungsweise kein abgeschlossenes berufsqualifizierendes Hochschulstudium vorausgegangen ist.

Wird ein Steuerpflichtiger ohne entsprechende Berufsausbildung in einem Beruf tätig und führt die zugehörige Berufsausbildung nachfolgend durch (nachgeholte Berufsausbildung), handelt es sich dabei um eine erstmalige Berufsausbildung (BFH vom 6. März 1992, VI R 163/88, BStBl II 1992 S. 661).

9 [1]Diese Grundsätze gelten auch für die Behandlung von Aufwendungen für Anerkennungsjahre und praktische Ausbildungsabschnitte als Bestandteil einer Berufsausbildung. [2]Soweit keine vorherige abgeschlossene Berufsausbildung vorangegangen ist, stellen sie Teil einer ersten Berufsausbildung dar und unterliegen § 12 Nr. 5 EStG. [3]Nach einer vorherigen abgeschlossenen Berufsausbildung oder einem berufsqualifizierenden Studium können Anerkennungsjahre und Praktika einen Bestandteil einer weiteren Berufsausbildung darstellen oder bei einem entsprechenden Veranlassungszusammenhang als Fort- oder Weiterbildung anzusehen sein.

10 Bei einem Wechsel und einer Unterbrechung der erstmaligen Berufsausbildung sind die in Rz. 19 angeführten Grundsätze entsprechend anzuwenden.

11 [1]Inländischen Abschlüssen gleichgestellt sind Berufsausbildungsabschlüsse von Staatsangehörigen eines Mitgliedstaats der Europäischen Union (EU) oder eines Vertragstaats des europäischen Wirtschaftsraums (EWR) oder der Schweiz, die in einem dieser Länder erlangt werden, sofern der Abschluss in mindestens einem dieser Länder unmittelbar den Zugang zu dem entsprechenden Beruf eröffnet. [2]Ferner muss die Tätigkeit, zu denen die erlangte Qualifikation in mindestens einem dieser Länder befähigt, der Tätigkeit, zu der ein entsprechender inländischer Abschluss

1) Bestätigt durch BFH vom 22. 6. 2006 (BStBl II S. 717).
2) → BFH vom 22. 6. 2006 (BStBl II S. 717).

befähigt, gleichartig sein. [3]Zur Vereinfachung kann in der Regel davon ausgegangen werden, dass eine Gleichartigkeit vorliegt.

2.2 Erststudium

2.2.1 Grundsätze

[1]Ein Studium i. S. d. § 12 Nr. 5 EStG liegt dann vor, wenn es sich um ein Studium an einer Hochschule i. S. d. § 1 Hochschulrahmengesetz handelt (Gesetz vom 26. Januar 1976, BGBl. I S. 185 in der Fassung der Bekanntmachung vom 19. Januar 1999, BGBl. I S. 18 zuletzt geändert durch Gesetz vom 27. Dezember 2004, BGBl. I S. 3835, im Folgenden HRG). [2]Nach dieser Vorschrift sind Hochschulen die Universitäten, die Pädagogischen Hochschulen, die Kunsthochschulen, die Fachhochschulen und die sonstigen Einrichtungen des Bildungswesens, die nach Landesrecht staatliche Hochschulen sind. [3]Gleichgestellt sind private und kirchliche Bildungseinrichtungen sowie die Hochschulen des Bundes, die nach Landesrecht als Hochschule anerkannt werden, § 70 HRG. Studien können auch als Fernstudien durchgeführt werden, § 13 HRG. [4]Auf die Frage, welche schulischen Abschlüsse oder sonstigen Leistungen den Zugang zum Studium eröffnet haben, kommt es nicht an. 12

[1]Ein Studium stellt dann ein erstmaliges Studium dar, wenn ihm kein anderes durch einen berufsqualifizierenden Abschluss beendetes Studium vorangegangen ist. [2]Ein Studium wird auf Grund der entsprechenden Prüfungsordnung einer inländischen Hochschule durch eine Hochschulprüfung oder eine staatliche oder kirchliche Prüfung abgeschlossen, §§ 15, 16 HRG. 13

[1]Auf Grund einer berufsqualifizierenden Hochschulprüfung kann ein Hochschulgrad verliehen werden. Hochschulgrade sind der Diplom- und der Magistergrad i. S. d. § 18 HRG. [2]Das Landesrecht kann weitere Grade vorsehen. Ferner können die Hochschulen Studiengänge einrichten, die auf Grund entsprechender berufsqualifizierender Prüfungen zu einem Bachelor- oder Bakkalaureusgrad und einem Master- oder Magistergrad führen, § 19 HRG. [3]Der Magistergrad i. S. d. § 18 HRG setzt anders als der Master- oder Magistergrad i. S. d. des § 19 HRG keinen vorherigen anderen Hochschulabschluss voraus. [4]Zwischenprüfungen stellen keinen Abschluss eines Studiums i. S. d. § 12 Nr. 5 EStG dar. 14

[1]Die von den Hochschulen angebotenen Studiengänge führen in der Regel zu einem berufsqualifizierenden Abschluss, § 10 Abs. 1 Satz 1 HRG. [2]Im Zweifel ist davon auszugehen, dass die entsprechenden Prüfungen berufsqualifizierend sind. 15

Die Ausführungen bei den Berufsausbildungskosten zur Behandlung von Aufwendungen für Anerkennungsjahre und Praktika gelten entsprechend, z. B. für den „Arzt im Praktikum" vgl. Rz. 9. 16

[1])[1]Studien- und Prüfungsleistungen an ausländischen Hochschulen, die zur Führung eines ausländischen akademischen Grades berechtigen, der nach § 20 HRG in Verbindung mit dem Recht des Landes, in dem der Gradinhaber seinen inländischen Wohnsitz oder inländischen gewöhnlichen Aufenthalt hat, anerkannt wird, sowie Studien- und Prüfungsleistungen, die von Staatsangehörigen eines Mitgliedstaats der EU oder von Vertragstaaten des EWR oder der Schweiz an Hochschulen dieser Staaten erbracht werden, sind nach diesen Grundsätzen inländischen Studien- und Prüfungsleistungen gleichzustellen. [2]Der Stpfl. hat die Berechtigung zur Führung des Grades nachzuweisen. [3]Für die Gleichstellung von Studien- und Prüfungsleistungen werden die in der Datenbank „anabin" (www.anabin.de) der Zentralstelle für ausländisches Bildungswesen beim Sekretariat der Kultusministerkonferenz aufgeführten Bewertungsvorschläge zugrunde gelegt. 17

2.2.2 Einzelfragen:

Fachschulen: 18

Die erstmalige Aufnahme eines Studiums nach dem Abschluss einer Fachschule stellt auch dann ein Erststudium dar, wenn die von der Fachschule vermittelte Bildung und das Studium sich auf ein ähnliches Wissensgebiet beziehen.

Wechsel und Unterbrechung des Studiums: 19

[1]Bei einem Wechsel des Studiums ohne Abschluss des zunächst betriebenen Studiengangs, z. B. von Rechtswissenschaften zu Medizin, stellt das zunächst aufgenommene Jurastudium kein abgeschlossenes Erststudium dar. [2]Bei einer Unterbrechung eines Studiengangs ohne einen

1) Tz. 17 wurde durch BMF vom 21. 6. 2007 (BStBl I S. 492) neu gefasst und ist in allen noch offenen Fällen ab VZ 2004 anzuwenden.

berufsqualifizierenden Abschluss und seiner späteren Weiterführung stellt der der Unterbrechung nachfolgende Studienteil kein weiteres Studium dar.

Beispiel:

An einer Universität wird der Studiengang des Maschinenbaustudiums aufgenommen, anschließend unterbrochen und nunmehr eine Ausbildung als KfZ-Mechniker erfolgreich begonnen und abgeschlossen. Danach wird der Studiengang des Maschinenbaustudiums an derselben Hochschule weitergeführt und abgeschlossen. § 12 Nr. 5 EStG ist auf beide Teile des Maschinenbaustudiums anzuwenden. Wird das begonnene Studium statt dessen nach der Ausbildung als KfZ-Mechaniker an einer anderen Hochschule, z. B. einer Fachhochschule, weitergeführt und abgeschlossen, ist der zunächst begonnene Studiengang an der Universität nicht abgeschlossen und ein neuer Studiengang an der Fachhochschule aufgenommen worden. Auch in diesem Fall ist § 12 Nr. 5 EStG für beide Studiengänge anzuwenden.

20 Mehrere Studiengänge:

Werden zwei (oder ggf. mehrere) Studiengänge parallel studiert, die zu unterschiedlichen Zeiten abgeschlossen werden, stellt der nach dem berufsqualifizierenden Abschluss eines der Studiengänge weiter fortgesetzte andere Studiengang vom Zeitpunkt des Abschlusses an ein weiteres Studium dar.

21 Aufeinander folgende Abschlüsse unterschiedlicher Hochschultypen:

[1]Da die Universitäten, Pädagogischen Hochschulen, Kunsthochschulen, Fachhochschulen sowie weitere entsprechende landesrechtliche Bildungseinrichtungen gleichermaßen Hochschulen i. S. d. § 1 HRG darstellen, stellt ein Studium an einer dieser Bildungseinrichtungen nach einem abgeschlossen Studium an einer anderen dieser Bildungseinrichtungen ein weiteres Studium dar. [2]So handelt es sich bei einem Universitätsstudium nach einem abgeschlossenen Fachhochschulstudium um ein weiteres Studium.

22 Ergänzungs- und Aufbaustudien:

Postgraduale Zusatz-, Ergänzungs- und Aufbaustudien i. S. d. § 12 HRG setzen den Abschluss eines ersten Studiums voraus und stellen daher ein weiteres Studium dar.

23 Vorbereitungsdienst:

[1]Als berufsqualifizierender Studienabschluss gilt auch der Abschluss eines Studiengangs, durch den die fachliche Eignung für einen beruflichen Vorbereitungsdienst, oder eine berufliche Einführung vermittelt wird, § 10 Abs. 1 Satz 2 HRG. [2]Dazu zählt beispielhaft der jur. Vorbereitungsdienst (Referendariat). Das erste juristische Staatsexamen stellt daher einen berufsqualifizierenden Abschluss dar.

24 Bachelor- und Masterstudiengänge:

[1]Nach § 19 Abs. 2 HRG stellt der Bachelor- oder Bakkalaureusgrad einer inländischen Hochschule einen berufsqualifizierenden Abschluss dar. [2]Daraus folgt, dass der Abschluss eines Bachelorstudiengangs den Abschluss eines Erststudiums darstellt und ein nachfolgender Studiengang als weiteres Studium anzusehen ist.

[1]Nach § 19 Abs. 3 HRG kann die Hochschule auf Grund von Prüfungen, mit denen ein weiterer berufsqualifizierender Abschluss erworben wird, einen Master- oder Magistergrad verleihen. Die Hochschule kann einen Studiengang ausschließlich mit dem Abschluss Bachelor anbieten (grundständig). [2]Sie kann einen Studiengang mit dem Abschluss als Bachelor und einem inhaltlich darauf aufbauenden Masterstudiengang vorsehen (konsekutives Masterstudium). [3]Sie kann aber auch ein Masterstudium anbieten, ohne selbst einen entsprechenden Bachelorstudiengang anzubieten (postgraduales Masterstudium).

[1]Ein Masterstudium i. S. d. § 19 HRG kann nicht ohne ein abgeschlossenes Bachelor- oder anderes Studium aufgenommen werden. [2]Es stellt daher ein weiteres Studium dar. Dies gilt auch für den Master of Business Administration (MBA). [3]Er ermöglicht Studenten verschiedener Fachrichtungen ein anwendungsbezogenes Postgraduiertenstudium in den Wirtschaftwissenschaften.

25 [1])

[1]) Tz. 25 wurde durch BMF vom 21. 6. 2007 (BStBl I S. 492) neu gefasst und ist in allen noch offenen Fällen ab VZ 2004 anzuwenden.

Berufsakademien und andere Ausbildungseinrichtungen:

[1]Nach Landesrecht kann vorgesehen werden, dass bestimmte an Berufsakademien oder anderen Ausbildungseinrichtungen erfolgreich absolvierte Ausbildungsgänge einem abgeschlossenen Studium an einer Fachhochschule gleichwertig sind und die gleichen Berechtigungen verleihen, auch wenn es sich bei diesen Ausbildungseinrichtungen nicht um Hochschulen i. S. d. § 1 HRG handelt. [2]Soweit dies der Fall ist, stellt ein entsprechend abgeschlossenes Studium unter der Voraussetzung, dass ihm kein anderes Studium vorangegangen ist, ein Erststudium i. S. d. § 12 Nr. 5 EStG dar.

Promotion: 26

[1]Es ist regelmäßig davon auszugehen, dass dem Promotionsstudium und der Promotion durch die Hochschule selber der Abschluss eines Studiums vorangeht. [2]Aufwendungen für ein Promotionsstudium und die Promotion stellen Betriebsausgaben oder Werbungskosten dar, sofern ein berufsbezogener Veranlassungszusammenhang zu bejahen ist (BFH vom 4. November 2003, VI R 96/01, BStBl II 2004, 891). [3]Dies gilt auch, wenn das Promotionsstudium bzw. die Promotion im Einzelfall ohne vorhergehenden berufsqualifizierenden Studienabschluss durchgeführt wird.

Eine Promotion stellt keinen berufsqualifizierenden Abschluss eines Studienganges dar.

2.3 Berufsausbildung oder Studium im Rahmen eines Ausbildungsdienstverhältnisses

[1]Eine erstmalige Berufsausbildung oder ein Studium findet im Rahmen eines Ausbildungsdienst- 27
verhältnisses statt, wenn die Ausbildungsmaßnahme Gegenstand des Dienstverhältnisses ist, s. R 34 LStR 2005 und H 34 (Ausbildungsdienstverhältnis) LStH 2005[1]) sowie die dort angeführte Rechtsprechung des BFH. [2]Die dadurch veranlassten Aufwendungen stellen Werbungskosten dar. [3]Zu den Ausbildungsdienstverhältnissen zählen z. B. die Berufsausbildungsverhältnisse gemäß § 1 Abs. 3, 28 §§ 4 bis 52 BBiG.

Dementsprechend liegt kein Ausbildungsdienstverhältnis vor, wenn die Berufsausbildung oder das Studium nicht Gegenstand des Dienstverhältnisses ist, auch wenn die Berufsbildungsmaßnahme oder das Studium seitens des Arbeitgebers durch Hingabe von Mitteln, z. B. eines Stipendiums, gefördert wird.

3 Abzug von Aufwendungen für die eigene Berufsausbildung als Sonderausgaben, § 10 Abs. 1 Nr. 7 EStG

[1]Bei der Ermittlung der Aufwendungen gelten die allgemeinen Grundsätze des Einkommensteu- 29
ergesetzes. [2]Dabei sind die Regelungen in § 4 Abs. 5 Satz 1 Nr. 5 und 6b, § 9 Abs. 1 Satz 3 Nr. 4 und 5 und Abs. 2 EStG zu beachten. [3]Zu den abziehbaren Aufwendungen gehören z. B.

- Lehrgangs-, Schul- oder Studiengebühren, Arbeitsmittel, Fachliteratur,
- Fahrten zwischen Wohnung und Ausbildungsort,
- Mehraufwendungen für Verpflegung,
- Mehraufwendungen wegen auswärtiger Unterbringung,
- Kosten für ein häusliches Arbeitszimmer.

[4]Für den Abzug von Aufwendungen für eine auswärtige Unterbringung ist nicht erforderlich, dass die Voraussetzungen einer doppelten Haushaltsführung vorliegen.

4 Anwendungszeitraum

Die vorstehenden Regelungen zur Neuordnung sind erstmals für den Veranlagungszeitraum 30
2004 anzuwenden.

1) Jetzt → ***R 9.2 LStR 2008 und H 9.2 LStH 2008.***

Übersicht

I. Bewertung des beweglichen Anlagevermögens und des Vorratsvermögens (§ 6 Abs. 1 Nrn. 1 und 2 EStG);
hier: Voraussetzungen für den Ansatz von Festwerten sowie deren Bemessung
BMF vom 8. 3. 1993 (BStBl I S. 276)

II. 1. Neuregelung der Teilwertabschreibung gemäß § 6 Abs. 1 Nrn. 1 und 2 EStG durch das Steuerentlastungsgesetz 1999/2000/2002; voraussichtlich dauernde Wertminderung; Wertaufholungsgebot; steuerliche Rücklage nach § 52 Abs. 16 EStG
BMF vom 25. 2. 2000 (BStBl I S. 372)

2. Abzinsung von Verbindlichkeiten und Rückstellungen in der steuerlichen Gewinnermittlung nach § 6 Abs. 1 Nrn. 3 und 3a EStG in der Fassung des Steuerentlastungsgesetzes 1999/2000/2002
BMF vom 26. 5. 2005 (BStBl I S. 699)

III. Bilanzänderung nach § 4 Abs. 2 Satz 2 EStG in der Fassung des Steuerbereinigungsgesetzes 1999
BMF vom 18. 5. 2000 (BStBl I S. 587) ***und vom 13. 8. 2008 (BStBl I S. 845)***

IV. Zweifelsfragen zu § 6 Abs. 3 EStG i. d. F. des Unternehmenssteuerfortentwicklungsgesetz vom 20. 12. 2001 (UntStFG, BGBl. I S. 3858) im Zusammenhang mit der unentgeltlichen Übertragung von Mitunternehmeranteilen mit Sonderbetriebsvermögen sowie Anteilen von Mitunternehmeranteilen mit Sonderbetriebsvermögen
BMF vom 3. 3. 2005 (BStBl I S. 458) unter Berücksichtigung der Änderungen durch BMF vom 7. 12. 2006 (BStBl I S. 766)

V. Passivierung von Verbindlichkeiten bei Vereinbarung eines einfachen oder qualifizierten Ragrücktritts; Auswirkungen des § 5 Abs. 2a EStG
BMF vom 8. 9. 2006 (BStBl I S. 497)

VI. 1. Rückstellungen für Verpflichtungen zur Gewährung von

– Vergütungen für die Zeit der Arbeitsfreistellung vor Ausscheiden aus dem Dienstverhältnis–Jahreszusatzleistungen im Jahr des Eintritts des Versorgungsfalls BMF vom 11. 11. 1999 (BStBl I S. 959)

2. Bilanzsteuerliche Berücksichtigung von Altersteilzeitvereinbarungen im Rahmen des so genannten „Blockmodells" nach dem Altersteilzeitgesetz (AltTZG)
BMF-Schreiben vom 11. 11. 1999 (BStBl I S. 959); BFH-Urteil vom 30. 11. 2005 (BStBl 2007 II S. 251)
BMF vom 28. 3. 2007 (BStBl I S. 297) ***unter Berücksichtigung der Änderungen durch BMF vom 11. 3. 2008 (BStBl I S. 496)***

VII. Bilanzsteuerliche Behandlung von Pensionszusagen einer Personengesellschaft an einen Gesellschafter und dessen Hinterbliebene
BMF vom 29. 1. 2008 (BStBl I S. 317)

***VIII. Anwendungsschreiben zur Begünstigung der nicht entnommenen Gewinne (§ 34a EStG)
BMF vom 11. 8. 2008 (BStBl I S. 838)***

I
Bewertung des beweglichen Anlagevermögens und des Vorratsvermögens (§ 6 Abs. 1 Nrn. 1 und 2 EStG); hier: Voraussetzungen für den Ansatz von Festwerten sowie deren Bemessung

BMF vom 8. 3. 1993 (BStBl I S. 276)
IV B 2 – S 2174 a – 1/93

[1]Nach §§ 5 Abs. 1, 6 Abs. 1 Nrn. 1 und 2 EStG in Verbindung mit §§ 240 Abs. 3, 256 Satz 2 HGB[1]) können Wirtschaftsgüter des Sachanlagevermögens sowie Roh-, Hilfs- und Betriebsstoffe mit einem Festwert angesetzt werden, wenn sie regelmäßig ersetzt werden, ihr Gesamtwert für das Unternehmen von nachrangiger Bedeutung ist und ihr Bestand in seiner Größe, seinem Wert und seiner Zusammensetzung nur geringen Veränderungen unterliegt. [2]Zudem ist in der Regel alle drei Jahre eine körperliche Bestandsaufnahme durchzuführen.

1) → Anhang 13.

Zu der Frage, unter welchen Voraussetzungen der Gesamtwert der für einen einzelnen Festwert in Betracht kommenden Wirtschaftsgüter von nachrangiger Bedeutung ist, sowie zu der Frage, welche Abschreibungsmethoden bei der Ermittlung der Wertigkeit beweglicher Wirtschaftsgüter des Sachanlagevermögens (sog. Anhaltewert) zugrunde zu legen sind, nehme ich im Einvernehmen mit den obersten Finanzbehörden der Länder wie folgt Stellung:

1. Nachrangigkeit

Zur Beurteilung der Nachrangigkeit ist auf die Bilanzsumme abzustellen. Der Gesamtwert der für einen einzelnen Festwert in Betracht kommenden Wirtschaftsgüter ist für das Unternehmen grundsätzlich von nachrangiger Bedeutung, wenn er an den dem Bilanzstichtag vorangegangenen fünf Bilanzstichtagen im Durchschnitt 10 v. H. der Bilanzsumme nicht überstiegen hat.

2. Ermittlung des sog. Anhaltewerts

Der Anhaltewert von beweglichen Wirtschaftsgütern des Sachanlagevermögens ist anhand der steuerlich zulässigen linearen oder degressiven Absetzungen für Abnutzung nach § 7 EStG zu ermitteln. Erhöhte Absetzungen oder Sonderabschreibungen dürfen dagegen bei der Ermittlung des Anhaltewerts nicht berücksichtigt werden.

II

1. Neuregelung der Teilwertabschreibung gemäß § 6 Abs. 1 Nrn. 1 und 2 EStG durch das Steuerentlastungsgesetz 1999/2000/2002; voraussichtlich dauernde Wertminderung; Wertaufholungsgebot; steuerliche Rücklage nach § 52 Abs. 16 EStG

BMF vom 25. 2. 2000 (BStBl 2000 I S. 372)
IV C 2 – S 2171b – 14/00

[1]Nach § 6 Abs. 1 Nrn. 1 und 2 EStG i. d. F. des Steuerentlastungsgesetzes 1999/2000/2002 (BGBl. 1999 I S. 402, BStBl 1999 I S. 304) erfordert der Ansatz des niedrigeren Teilwerts mit Wirkung ab dem ersten nach dem 31. Dezember 1998 endenden Wirtschaftsjahr (Erstjahr) eine voraussichtlich dauernde Wertminderung. [2]Daneben ist das bislang geltende Wertbeibehaltungswahlrecht aufgehoben und stattdessen ein striktes Wertaufholungsgebot eingeführt worden. [3]Zur Sicherung einer dem Unternehmen verbleibenden, ausreichenden Liquidität kann der Gewinn, der im Erstjahr aus der Anwendung der Neuregelung entsteht, auf fünf Jahre verteilt werden (§ 52 Abs. 16 EStG). [4]Zu den sich hieraus ergebenden Fragen nehme ich im Einvernehmen mit den obersten Finanzbehörden der Länder wie folgt Stellung:

I. Allgemeines 1

1. [1]Der Teilwert ist auch nach der Neuregelung durch das Steuerentlastungsgesetz 1999/2000/2002 grundsätzlich nach den in den EStR und den entsprechenden Hinweisen enthaltenen Anweisungen zu ermitteln. [2]Insbesondere kann der Teilwert von zum Absatz bestimmten Waren bei gesunkenen Verkaufspreisen weiterhin retrograd ermittelt werden (vgl. R 36 Abs. 2 EStR 1999[1])). [3]Wenn bei rentabel geführten Betrieben der Verkaufspreis bewusst nicht kostendeckend kalkuliert ist (sogenannte Verlustprodukte), ist eine Teilwertabschreibung nicht zulässig (BFH vom 29. April 1999, BStBl 1999 II S. 681).

   [1]Die Nachweispflicht für den niedrigeren Teilwert liegt unverändert beim Steuerpflichtigen. 2
   [2]Darüber hinaus trägt der Steuerpflichtige nunmehr auch die Darlegungs- und Feststellungslast für eine voraussichtlich dauernde Wertminderung. [3]Zudem ist im Rahmen des Wertaufholungsgebots nachzuweisen, dass und in welchem Umfang der Teilwert weiterhin unter der Bewertungsobergrenze liegt.

II. Voraussichtlich dauernde Wertminderung

1. Begriff

Eine voraussichtlich dauernde Wertminderung bedeutet ein voraussichtlich nachhaltiges 3
Absinken des Werts des Wirtschaftsguts unter den maßgeblichen Buchwert; eine nur vorübergehende Wertminderung reicht für eine Teilwertabschreibung nicht aus (vgl. auch § 253 Abs. 2 HGB).

[1]Die Wertminderung ist voraussichtlich nachhaltig, wenn der Steuerpflichtige hiermit aus der 4
Sicht am Bilanzstichtag aufgrund objektiver Anzeichen ernsthaft zu rechnen hat. [2]Aus der

1) Jetzt →R 6.8 Abs. 2 EStR.

Sicht eines sorgfältigen und gewissenhaften Kaufmanns müssen mehr Gründe für als gegen eine Nachhaltigkeit sprechen. [3]Grundsätzlich ist von einer voraussichtlich dauernden Wertminderung auszugehen, wenn der Wert des Wirtschaftsguts die Bewertungsobergrenze während eines erheblichen Teils der voraussichtlichen Verweildauer im Unternehmen nicht erreichen wird. [4]Wertminderung aus besonderen Anlass (z. B. Katastrophen oder technischer Fortschritt) sind regelmäßig von Dauer. [5]Zusätzliche Erkenntnisse bis zum Zeitpunkt der Aufstellung der Handelsbilanz sind zu berücksichtigen. [6]Wenn keine Handelsbilanz aufzustellen ist, ist der Zeitpunkt der Aufstellung der Steuerbilanz maßgebend.

5 Für die Beurteilung eines voraussichtlich dauernden Wertverlustes zum Bilanzstichtag kommt der Eigenart des betreffenden Wirtschaftsguts eine maßgebliche Bedeutung zu (BFH vom 27. November 1974, BStBl II 1975 S. 294).

2. Abnutzbares Anlagevermögen

6 [1]Für die Wirtschaftsgüter des abnutzbaren Anlagevermögens kann von einer voraussichtlich dauernden Wertminderung ausgegangen werden, wenn der Wert des jeweiligen Wirtschaftsguts zum Bilanzstichtag mindestens für die halbe Restnutzungsdauer unter dem planmäßigen Restbuchwert liegt[1]). [2]Die verbleibende Nutzungsdauer ist für Gebäude nach § 7 Abs. 4 und 5 EStG, für andere Wirtschaftsgüter grundsätzlich nach den amtlichen AfA-Tabellen zu bestimmen.

Beispiel 1:

7 Der Steuerpflichtige hat eine Maschine zu Anschaffungskosten von 100 000 DM erworben. Die Nutzungsdauer beträgt 10 Jahre, die jährliche AfA beträgt 10 000 DM. Im Jahre 02 beträgt der Teilwert nur noch 30 000 DM bei einer Restnutzungsdauer von 8 Jahren.

Lösung:

8 Eine Teilwertabschreibung auf 30 000 DM ist zulässig. Die Minderung ist voraussichtlich von Dauer, da der Wert des Wirtschaftsguts zum Bilanzstichtag bei planmäßiger Abschreibung erst nach 5 Jahren, das heißt erst nach mehr als der Hälfte der Restnutzungsdauer, erreicht wird.

Abwandlung:

9 Der Teilwert beträgt 50 000 DM.

Lösung:

10 Eine Teilwertabschreibung auf 50 000 DM ist nicht zulässig. Die Minderung ist voraussichtlich nicht von Dauer, da der Wert des Wirtschaftsguts zum Bilanzstichtag bei planmäßiger Abschreibung schon nach 3 Jahren und damit früher als nach mehr als der Hälfte der Restnutzungsdauer erreicht wird.

3. Nichtabnutzbares Anlagevermögen

11 [1]Für die Wirtschaftsgüter des nichtabnutzbaren Anlagevermögens ist grundsätzlich darauf abzustellen, ob die Gründe für eine niedrigere Bewertung voraussichtlich anhalten werden. Kursschwankungen von börsennotierten Wirtschaftsgütern des Anlagevermögens stellen eine nur vorübergehende Wertminderung dar. [2]Sie berechtigen demgemäß nicht zum Ansatz des niedrigeren Teilwerts.

Beispiel 2:

12 Der Steuerpflichtige ist Eigentümer eines mit Altlasten verseuchten Grundstücks. Die ursprünglichen Anschaffungskosten des Grund und Bodens betragen 200 000 DM. Zum Bilanzstichtag ermittelt ein Gutachter den Wert des Grundstücks aufgrund der festgestellten Altlast mit nur noch 10 000 DM. Aus umweltrechtlichen Gründen ist der Steuerpflichtige grundsätzlich verpflichtet, die Altlast zu beseitigen. Mangels akuter Umweltgefährdung wird die zuständige Behörde die Schadensbeseitigung jedoch erst fordern, wenn der Steuerpflichtige die derzeitige Nutzung des Grundstücks ändert. Die Bildung einer Rückstellung ist aus diesem Grund nicht zulässig.

Lösung:

13 Eine Teilwertabschreibung in Höhe von 190 000 DM auf den vom Gutachter ermittelten Wert ist zulässig. Zwar ist der Steuerpflichtige grundsätzlich verpflichtet, die Altlast zu beseitigen. Allerdings ist vor dem Hintergrund einer eventuellen Nutzungsänderung des Grundstücks

1) Bestätigt durch BFH vom 14. 3. 2006 (BStBl II S. 680).

nicht zu erwarten, dass der Steuerpflichtige in absehbarer Zeit behördlich zur Beseitigung des Schadens aufgefordert wird. Aus der Sicht am Bilanzstichtag ist daher von einer voraussichtlich dauernden Wertminderung des Grundstücks auszugehen. Wird die Altlast später beseitigt und erhöht sich dementsprechend der Wert des Grundstücks, ist eine Zuschreibung bis höchstens zu den ursprünglichen Anschaffungskosten vorzunehmen.

Beispiel 3:

Der Steuerpflichtige betreibt ein Kiesausbeuteunternehmen. Der zu dem Unternehmen gehörige Grund und Boden ist z. T. aufgeschlossen, z. T. rekultiviert und wieder der ursprünglichen landwirtschaftlichen Nutzung zugeführt. Da die Preise für landwirtschaftliche Grundstücke allgemein gefallen sind, macht der Steuerpflichtige zum Bilanzstichtag eine Teilwertabschreibung für die Grundstücke geltend. Nach den Feststellungen des Finanzamtes liegen die Richtwerte für die verfüllten Grundstücke indes höher als die Anschaffungskosten. 14

Lösung:

Eine Teilwertabschreibung ist nicht zulässig. Die Preise auf dem Markt für landwirtschaftliche Grundstücke unterliegen ebenso wie die anderen Immobilienpreise marktbedingten Schwankungen. Die Preisschwankungen stellen deshalb eine nur vorübergehende Wertminderung dar[1]). Die Preise für die verfüllten Grundstücke liegen am Bilanzstichtag sogar höher als die Anschaffungskosten. Aus diesem Grund ist es auch für die Grundstücke, auf denen noch die Kiesausbeute betrieben wird, nicht ausgeschlossen, dass die Preise bis zu dem Zeitpunkt, an dem die Kiesausbeute und die sich daran anschließende Wiederauffüllung abgeschlossen sein werden, die Anschaffungskosten wieder erreichen oder sogar noch übersteigen. 15

Beispiel 4:

Der Steuerpflichtige hat festverzinsliche Wertpapiere mit einer Restlaufzeit von 4 Jahren, die dazu bestimmt sind, dauernd dem Geschäftsbetrieb zu dienen, zum Wert von 102 % erworben. Die Papiere werden bei Fälligkeit zu 100 % eingelöst. Aufgrund einer nachhaltigen Änderung des Zinsniveaus unterschreitet der Börsenkurs den Einlösebetrag zum Bilanzstichtag auf Dauer und beträgt zum Bilanzstichtag nur noch 98 %. 16

Lösung:

Eine Teilwertabschreibung ist nur auf 100 % zulässig, weil die Papiere bei Fälligkeit zum Nennwert eingelöst werden. Der niedrigere Börsenkurs am Bilanzstichtag ist nicht von Dauer. 17

Beispiel 5:

Der Steuerpflichtige hat Aktien der X-AG zum Preis von 100 DM/Stück erworben. Die Aktien sind als langfristige Kapitalanlage dazu bestimmt, dauernd dem Geschäftsbetrieb zu dienen. 18

a) Der Kurs der Aktien schwankt nach der Anschaffung zwischen 70 und 100 DM. Am Bilanzstichtag beträgt der Börsenpreis 90 DM. 19

Lösung:

Eine Teilwertabschreibung ist nicht zulässig. Der durch die Kursschwankung verursachte niedrigere Börsenpreis am Bilanzstichtag stellt eine nur vorübergehende Wertminderung dar. 20

b) Die X-AG gerät im Laufe des Wirtschaftsjahres unerwartet in Zahlungsschwierigkeiten und es droht ein Insolvenzverfahren. Der Aktienkurs bricht daraufhin auf 20 DM ein. Nachfolgend wird ein Sanierungsplan für die Gesellschaft erstellt. Im Zusammenhang damit erhält die Gesellschaft einen Liquiditätskredit. Daraufhin erholt sich der Aktienkurs auf 40 DM und schwankt bis zum Bilanzstichtag zwischen 35 und 40 DM. Am Bilanzstichtag beträgt der Kurs 38 DM. 21

Lösung:

Der durch die plötzliche Zahlungsnot verursachte Kurseinbruch stellt eine Wertminderung aus besonderem Anlass und keine bloße Kursschwankung dar. Aus diesem Grund ist eine Teilwertabschreibung zulässig, für deren Höhe auch die Kurserholung zu berücksichtigen ist. Die Aktien können hiermit mit 40 DM/Stück angesetzt werden. Der demgegenüber niedrigere Börsenpreis am Bilanzstichtag folgt aus einer Kursschwankung und stellt insoweit eine nur vorübergehende Wertminderung dar. 22

---

1) Anm: Zur Bewertung von land- und forstwirtschaftlich genutzten Grundstücken → Erlass des Niedersächsischen Finanzministeriums vom 18. 6. 2002 (DB 2002, S. 1348), abgedruckt zu H 6.7.

4. Umlaufvermögen

23 [1]Die Wirtschaftsgüter des Umlaufvermögens sind nicht dazu bestimmt, dem Betrieb auf Dauer zu dienen. [2]Sie werden stattdessen regelmäßig für den Verkauf oder den Verbrauch gehalten. [3]Dem gemäß kommt dem Zeitpunkt der Veräußerung oder Verwendung für die Bestimmung einer voraussichtlich dauernden Wertminderung eine besondere Bedeutung zu. Hält die Minderung bis zum Zeitpunkt der Aufstellung der Bilanz (vgl. Tz 4) oder dem vorangegangenen Verkaufs- oder Verbrauchszeitpunkt an, so ist die Wertminderung voraussichtlich von Dauer. [4]Zusätzliche Erkenntnisse bis zu diesem Zeitpunkt sind zu berücksichtigen. [5]Allgemeine Marktentwicklungen, z. B. Kursschwankungen von börsennotierten Wirtschaftsgütern des Umlaufvermögens, sind zusätzliche Erkenntnisse und als solche in die Beurteilung einer voraussichtlich dauernden Wertminderung der Wirtschaftsgüter zum Bilanzstichtag einzubeziehen.

Beispiel 6:

24 Der Steuerpflichtige hält festverzinsliche Wertpapiere, die bei Fälligkeit zu 100 % eingelöst werden. Aufgrund einer Änderung des Zinsniveaus beträgt der Börsenkurs am Bilanzstichtag nur noch 98 % gegenüber dem Nennwert. Bis zum Zeitpunkt der Bilanzaufstellung hat sich der Börsenkurs auf 98,5 % erholt.

Lösung:

25 Grundsätzlich ist eine Teilwertabschreibung zum Bilanzstichtag zulässig. Allerdings sind die zusätzlichen Erkenntnisse bis zur Bilanzaufstellung zu berücksichtigen. Danach können die Wertpapiere mit einem Kurswert von 98,5 % des Nennwerts angesetzt werden.

Beispiel 7:

26 Der Steuerpflichtige hat Aktien zum Preis von 100 DM/Stück erworben. Zum Bilanzstichtag ist der Börsenpreis der Aktien auf 80 DM/Stück gesunken.

a) Bis zum Zeitpunkt der Bilanzaufstellung hat der Börsenkurs zwischen 70 und 90 DM geschwankt.

Lösung:

27 Grundsätzlich ist eine Teilwertabschreibung zum Bilanzstichtag zulässig. Die Erkenntnisse bis zum Zeitpunkt der Bilanzaufstellung haben jedoch gezeigt, dass die ursprüngliche Wertminderung in Höhe von 20 DM/Stück nicht von Dauer war. Vielmehr ist eine voraussichtlich dauernde Wertminderung nur in Höhe von 10 DM/Stück gegeben, so dass eine Teilwertabschreibung nur in dieser Höhe vorgenommen werden kann. Die Aktien können demnach mit 90 DM/Stück angesetzt werden.

28 b) Bis zum Zeitpunkt der Bilanzaufstellung hat der Börsenkurs zwischen 70 und 110 DM geschwankt.

Lösung:

29 Die Erkenntnisse bis zum Zeitpunkt der Bilanzaufstellung haben gezeigt, dass die ursprüngliche Wertminderung von 20 DM/Stück nicht von Dauer war. Vielmehr hat der Wert der Aktie bis zur Bilanzaufstellung die ursprünglichen Anschaffungskosten sogar noch überstiegen. Eine Teilwertabschreibung zum Bilanzstichtag ist daher nicht zulässig.

30 c) Bis zum Zeitpunkt der Bilanzaufstellung hat der Börsenkurs zwischen 60 und 80 DM geschwankt.

Lösung:

31 Eine Teilwertabschreibung zum Bilanzstichtag ist zulässig. Die Erkenntnisse bis zum Zeitpunkt der Bilanzaufstellung haben gezeigt, dass die ursprüngliche Wertminderung in Höhe von 20 DM/Stück von Dauer war. Aus diesem Grund kann eine Teilwertabschreibung in Höhe von 20 DM/Stück vorgenommen werden. Eine Teilwertabschreibung unter den Wert des Bilanzstichtags kommt allerdings nicht in Betracht. Die Aktien können somit mit 80 DM/Stück angesetzt werden.

Beispiel 8:

32 Der Steuerpflichtige hat eine Forderung aus einem Kredit im Nennwert von 100 an die Y-KG. Wegen unerwarteter Zahlungsausfälle ist die Y-KG im Laufe des Wirtschaftsjahrs notleidend geworden. Am Bilanzstichtag kann die Forderung des Steuerpflichtigen deshalb nur in Höhe von 20 % bedient werden. Bis zum Zeitpunkt der Bilanzaufstellung stellt die Y-KG wider Erwarten eine Sicherheit in Höhe von 30 % der Forderung.

Lösung:

Am Bilanzstichtag ist eine Teilwertabschreibung auf die Forderung des Steuerpflichtigen in Höhe von 80 % zulässig, da mit überwiegender Wahrscheinlichkeit nur mit einem Zahlungseingang von 20 % gerechnet werden kann. Zwar gewinnt die Forderung bis zum Zeitpunkt der Bilanzaufstellung durch die Gestellung der Sicherheit nachträglich an Wert. Ein unerwartetes Ereignis dieser Art ist jedoch keine zusätzliche Erkenntnis im Sinne der Tzn. 4, 23. 33

III. Wertaufholungsgebot

1. Allgemeines

[1]Mit der Erfüllung eines Wertaufholungsgebots anstelle des bislang geltenden Wertbeibehaltungswahlrechts ergibt sich nunmehr der Wertansatz eines Wirtschaftsguts für jeden Bilanzstichtag aus dem Vergleich der um die zulässigen Abzüge geminderten Anschaffungs- oder Herstellungskosten oder des an deren Stelle tretenden Werts als der Bewertungsobergrenze und dem niedrigeren Teilwert als der Bewertungsgrenze. [2]Hat sich der Wert des Wirtschaftsguts nach einer vorangegangenen Teilwertabschreibung wieder erhöht, so ist diese Betriebsvermögensmehrung bis zum Erreichen der Bewertungsobergrenze steuerlich zu erfassen. [3]Dabei kommt es nicht darauf an, ob die konkreten Gründe für die vorherige Teilwertabschreibung weggefallen sind. [4]Auch eine Erhöhung des Teilwerts aus anderen Gründen führt zu einer Korrektur des Bilanzansatzes. [5]Gleiches gilt auch, wenn die vorherige Teilwertabschreibung steuerlich nicht oder nicht vollständig wirksam wurde (vgl. Tz. 36). 34

2. Nachweispflicht

[1]Grundsätzlich hat der Steuerpflichtige die Bewertungsobergrenze anhand geeigneter Unterlagen (historische Anschaffungs- oder Herstellungskosten) nachzuweisen. [2]Können die historischen Anschaffungs- oder Herstellungskosten nicht nachgewiesen werden, gilt der Buchwert, der in der ältesten noch vorhandenen Bilanz als Anfangswert für das Wirtschaftsgut ausgewiesen ist, als Bewertungsobergrenze, es sei denn, die Finanzbehörde legt – zum Beispiel auf Grund der dort vorhandenen Unterlagen – eine höhere Bewertungsobergrenze dar. 35

3. Steuerrechtliche Sonderregelungen (z. B. § 50c EStG)

[1]Steuerrechtliche Sonderregelungen stehen dem Wertaufholungsgebot nicht entgegen (vgl. Tz. 34). [2]So dient beispielsweise die Regelung des § 50c EStG, wonach eine ausschüttungsbedingte Teilwertabschreibung letztlich ohne Gewinnauswirkung bleibt, der zutreffenden Versteuerung der Dividendeneinnahmen. [3]Die Teilwertabschreibung als solche und damit das Wertaufholungsgebot bleiben hiervon unberührt. 36

IV. Rücklage nach § 52 Abs. 16 EStG

[1]Nach § 52 Abs. 16 Satz 3, 7 und 10 EStG kann der Gewinn, der im ersten nach dem 31. Dezember 1998 endenden Wirtschaftsjahr durch die Anwendung der Neuregelungen in § 6 Abs. 1 bis 3 und 3a EStG entsteht, in Höhe von vier Fünftel bzw. neun Zehntel in eine den Gewinn mindernde Rücklage eingestellt werden. [2]Das sich hiernach ergebende steuerrechtliche Wahlrecht ist grundsätzlich in Übereinstimmung mit der Handelsbilanz auszuüben (§ 5 Abs. 1 Satz 2 EStG). [3]Die steuerrechtliche Anerkennung der Rücklage ist jedoch vom Ausweis eines entsprechenden Sonderpostens mit Rückgabeanteil in der Handelsbilanz nur abhängig, soweit auch in der Handelsbilanz durch Zuschreibung ein entsprechend höherer Gewinn ausgewiesen wird. 37

2. Abzinsung von Verbindlichkeiten und Rückstellungen in der steuerlichen Gewinnermittlung nach § 6 Abs. 1 Nrn. 3 und 3a EStG in der Fassung des Steuerentlastungsgesetzes 1999/2000/2002

BMF vom 26. 5. 2005 (BStBl I S. 699)

Inhaltsübersicht

Randnummer

[1]Nach § 6 Abs. 1 Nr. 3 und 3a Buchstabe e Satz 1 des Einkommensteuergesetzes (EStG) in der Fassung des Steuerentlastungsgesetzes 1999/2000/2002 (BGBl. 1999 I S. 402) sind Verbindlichkeiten und Rückstellungen mit einem Zinssatz von 5,5 % abzuzinsen. [2]Die Neuregelung ist für nach dem 31. Dezember 1998 endende Wirtschaftsjahre anzuwenden (§ 52 Abs. 16 Satz 2 EStG). [3]Ausgenommen sind Verbindlichkeiten und Rückstellungen, deren Laufzeiten am Bilanzstichtag weniger als 12 Monate betragen, die verzinslich sind oder auf einer Anzahlung oder Vorausleistung beruhen. [4]Nach dem Ergebnis einer Erörterung mit den obersten Finanzbehörden der Länder gilt für die Abzinsung von Verbindlichkeiten und Rückstellungen Folgendes:

A. Bewertungsverfahren

Bei der Abzinsung von Verbindlichkeiten und Rückstellungen nach § 6 Abs. 1 Nr. 3 und 3a EStG sind finanz- oder versicherungsmathematische Grundsätze unter Berücksichtigung eines Zinssatzes von 5,5 % anzuwenden. 1

[1]Aus Vereinfachungsgründen kann der Abzinsungsbetrag auch nach §§ 12 bis 14 Bewertungsgesetz (BewG) ermittelt werden. [2]Die vereinfachten Bewertungsverfahren sind einheitlich für alle abzuzinsenden Verbindlichkeiten oder Rückstellungen maßgebend und an den nachfolgenden Bilanzstichtagen beizubehalten. 2

B. Abzinsung von Verbindlichkeiten in der steuerlichen Gewinnermittlung

I. Abzinsung von unverzinslichen Verbindlichkeiten, die in einem Betrag fällig sind (Fälligkeitsdarlehen)1. Ermittlung der maßgebenden Restlaufzeit am Bilanzstichtag

a) Grundsätze

Die (verbleibende) Laufzeit einer Verbindlichkeit am Bilanzstichtag ist tagegenau zu berechnen. Dabei kann aus Vereinfachungsgründen das Kalenderjahr mit 360 Tagen, jeder volle Monat mit 30 Tagen, der Monat, in dem der Fälligkeitstag liegt, mit der Anzahl der tatsächlichen Tage einschließlich des Fälligkeitstages, höchstens jedoch mit 30 Tagen gerechnet werden. 3

[1]Grundsätzlich ist der vereinbarte Rückzahlungszeitpunkt maßgebend. [2]Ist nach den Verhältnissen am Bilanzstichtag davon auszugehen, dass die Rückzahlung voraussichtlich zu einem anderen Zeitpunkt erfolgt, ist dieser zu berücksichtigen. 4

Beispiel 1

Nach dem Darlehensvertrag beträgt die Laufzeit einer Verbindlichkeit am Bilanzstichtag 31. 12. 2001 noch 2 Jahre (Rückzahlung am 31. 12. 2003). Eine vorzeitige Tilgung ist jedoch möglich. Im Dezember 2001 hat der Schuldner mitgeteilt, dass die Rückzahlung voraussichtlich bereits am 31. 12. 02 erfolgen wird.

Die voraussichtliche Restlaufzeit beträgt nach den Erkenntnissen am Bilanzstichtag 31. 12. 2001 noch 12 Monate. Der vertragliche Rückzahlungstermin ist unbeachtlich.

b) Vom Leben bestimmter Personen abhängige Laufzeit

[1]Ist die Laufzeit einer unverzinslichen Verbindlichkeit durch das Leben einer oder mehrerer Personen bedingt, ist bei Anwendung der Vereinfachungsregelung nach Randnummer 2 zur Berechnung der Laufzeit von der mittleren Lebenserwartung der betreffenden Personen am Bilanzstichtag auszugehen. [2]Die jeweilige mittlere Lebenserwartung ergibt sich aus der „Sterbetafel für die Bundesrepublik Deutschland 1986/88 nach dem Gebietsstand seit dem 3. Oktober 1990" (vgl. Tabelle 1 in Anlage[1])). 5

c) Verbindlichkeiten mit unbestimmter Laufzeit

[1]Steht am Bilanzstichtag der Rückzahlungszeitpunkt einer unverzinslichen Verbindlichkeit, deren Fälligkeit nicht vom Leben einer oder mehrerer bestimmter Personen abhängt, nicht fest, ist vorrangig die Restlaufzeit zu schätzen. [2]Das gilt auch dann, wenn die Darlehensvereinbarung eine jederzeitige Kündbarkeit vorsieht oder die gesetzliche Kündigungsfrist nach § 488 Abs. 3 des Bürgerlichen Gesetzbuches (BGB) in der Fassung des Gesetzes zur Modernisierung des Schuldrechtes vom 26. November 2001 (BGBl. I S. 3138) nicht ausgeschlossen wird. 6

Liegen für eine objektive Schätzung der Restlaufzeit keine Anhaltspunkte vor, kann hilfsweise § 13 Abs. 2 BewG analog angewendet werden: 7

[1]Nach § 13 Abs. 2 BewG sind Nutzungen und Leistungen von unbestimmter Dauer, die nicht vom Leben bestimmter Personen abhängen, mit dem 9,3fachen des Jahreswertes zu bewerten. [2]Nach der Tabelle 3 (Vervielfältiger für Tilgungsdarlehen, vgl. Randnummer 10) entspricht dieser Faktor unter Berücksichtigung der Randnummer 3 einer Laufzeit von 12 Jahren, 10 Monaten und 12 Tagen. [3]Dementsprechend ergibt sich nach Tabelle 2 für Fälligkeitsdarlehen (vgl. Randnummer 8) ein Vervielfältiger von 0,503.

[1]) nicht abgedruckt

2. Maßgebender Vervielfältiger

8 Bei Anwendung der Vereinfachungsregelung nach Randnummer 2 erfolgt die Bewertung einer unverzinslichen Verbindlichkeit, die in einem Betrag fällig ist, mittels der als Anlage beigefügten Tabelle 2[1]). Dabei ist der Nennwert der Verbindlichkeit mit dem von der Restlaufzeit abhängigen Vervielfältiger zu multiplizieren.

Beispiel 2

Die Restlaufzeit einer Verbindlichkeit beträgt am Bilanzstichtag 31. 12. 2001 noch 1 Jahr, 3 Monate und 10 Tage. Bei Anwendung der Vereinfachungsregelung ist der maßgebende Vervielfältiger nach Tabelle 2 wie folgt zu interpolieren: In der steuerlichen Gewinnermittlung zum 31. 12. 2001 ist die Verbindlichkeit (Nennwert 100 000 €) somit in Höhe von 100 000 € × 0,934 = 93 400 € anzusetzen.

Vervielfältiger für 2 Jahre:	0,898
Vervielfältiger für 1 Jahr:	0,948
Differenz:	– 0,050
davon ($^{3}/_{12}$ + $^{10}/_{360}$):	– 0,014
interpoliert (0,948–0,014):	0,934

In der steuerlichen Gewinnermittlung zum 31. 12. 2001 ist die Verbindlichkeit (Nennwert 100 000 €) somit in Höhe von 100 000 € × 0,934 = 93 400 € anzusetzen.

II. Abzinsung von unverzinslichen Verbindlichkeiten, die in gleichen Jahresraten getilgt werden (Tilgungsdarlehen)

1. Ermittlung der maßgebenden Restlaufzeit am Bilanzstichtag

9 Die Restlaufzeit einer Verbindlichkeit, die in gleichen Jahresraten getilgt wird (Tilgungsdarlehen), endet unter sinngemäßer Anwendung der Randnummern 3 und 4 mit Fälligkeit der letzten Rate.

Beispiel 3

Zum Bilanzstichtag 31. 12. 2001 ist eine unverzinsliche Verbindlichkeit mit einem Restwert von 10 000 € zu bewerten, die an jedem 1. Tag eines Monats in Höhe von 500 € zu tilgen ist.

Zum Bilanzstichtag 31. 12. 2001 sind noch insgesamt 20 Monatsraten à 500 € erforderlich, um die Verbindlichkeit vollständig zu tilgen. Die letzte Zahlung wird demnach am 01. 08. 2003 erfolgen. Die Restlaufzeit zum Bilanzstichtag 31. 12. 2001 beträgt somit 1 Jahr, 7 Monate und 1 Tag.

2. Jahreswert und maßgebender Vervielfältiger (Kapitalwert)

10 [1]Bei Anwendung der Vereinfachungsregelung nach Randnummer 2 erfolgt die Bewertung einer unverzinslichen Verbindlichkeit, die in gleichen Jahresraten getilgt wird (Tilgungsdarlehen), mittels der als Anlage beigefügten Tabelle 3[2]). [2]Dabei ist der Jahreswert (Jahresbetrag) der Verbindlichkeit mit dem von der Restlaufzeit abhängigen Vervielfältiger zu multiplizieren. [3]Der Jahreswert ist die Summe der Zahlungen innerhalb eines Jahres.

Beispiel 4

Sachverhalt wie Beispiel 3, von der Vereinfachungsregelung wird Gebrauch gemacht.

Der Jahreswert beträgt 12 × 500 € = 6 000 €. Zum Bilanzstichtag 31. 12. 2001 ist eine Restlaufzeit von 1 Jahr und 7 Monaten und 1 Tag maßgebend. Der Vervielfältiger (Kapitalwert) nach Tabelle 3 ermittelt sich wie folgt:

Kapitalwert für 2 Jahre:	1,897
Kapitalwert für 1 Jahr:	0,974
Differenz:	0,923
davon ($^{7}/_{12}$ + $^{1}/_{360}$):	0,541
interpoliert 0,974 + 0,541:	1,515

In der steuerlichen Gewinnermittlung zum 31. 12. 2001 ist die Verbindlichkeit mit 6 000 € × 1,515 = 9 090 € anzusetzen.

III. Ausnahmen von der Abzinsung

11 [1]Eine Abzinsung unterbleibt, wenn die Laufzeit der Verbindlichkeit am Bilanzstichtag weniger als 12 Monate beträgt, die Verbindlichkeit verzinslich ist oder auf einer Anzahlung oder Voraus-

---

1) nicht abgedruckt
2) nicht abgedruckt

leistung beruht (§ 6 Abs. 1 Nr. 3 Satz 2 EStG). [2]Der Steuerpflichtige hat darzulegen, dass ein Tatbestand des § 6 Abs. 1 Nr. 3 Satz 2 EStG vorliegt.

1. Laufzeit am Bilanzstichtag von weniger als 12 Monaten

[1]Eine Laufzeit von weniger als 12 Monaten ist gegeben, wenn die Verbindlichkeit vor Ablauf eines Jahres nach dem Bilanzstichtag vollständig getilgt wird. [2]Auf die Randnummern 4 bis 7 wird hingewiesen. 12

2. Verzinsliche Verbindlichkeiten

a) Allgemeines

[1]Eine verzinsliche Verbindlichkeit liegt vor, wenn ein Zinssatz von mehr als 0 % vereinbart wurde. [2]Dabei ist es unerheblich, ob am Bilanzstichtag fällige Zinsen auch tatsächlich gezahlt wurden. [3]So ist bei einer Stundung von Zinszahlungen weiterhin eine verzinsliche Verbindlichkeit anzunehmen. 13

Stehen einer Verbindlichkeit keine Kapitalverzinsung, sondern andere wirtschaftliche Nachteile gegenüber (z. B. Verpflichtung zur unentgeltlichen Überlassung eines Wirtschaftsgutes des Betriebsvermögens), liegt eine verzinsliche Verbindlichkeit vor. 14

[1]Die mit der Gewährung von Darlehen zur Förderung des sozialen Wohnungsbaus, des Wohnungsbaus für Angehörige des öffentlichen Dienstes und des Bergarbeiterwohnungsbaus oder anderer Förderprogramme im Bereich des Wohnungswesens verbundenen Auflagen, die den Darlehensnehmer insbesondere dazu verpflichten, die geförderten Wohnungen nur bestimmten Wohnungssuchenden zu überlassen (Belegungsbindung) oder Vorteile aus der Zinslosigkeit in Form von preisgünstigen Mieten an Dritte weiterzugeben, entsprechen in ihrem wirtschaftlichen Gehalt einer Zinsvereinbarung; derartige Darlehen sind nicht abzuzinsen (BMF-Schreiben vom 23. August 1999, BStBl I S. 818). [2]Entsprechendes kann gelten, wenn zinslose Kredite im Rahmen einer Regionalförderung an Unternehmen zweckgebunden gewährt werden und die Zweckbindung ihrem wirtschaftlichen Gehalt nach einer Zinsbelastung entspricht (z. B. Verpflichtung zur Schaffung zusätzlicher Dauerarbeitsplätze über einen bestimmten Zeitraum). 15

Ist nach den Umständen des jeweiligen Einzelfalles davon auszugehen, dass bei wirtschaftlicher Betrachtung eine Verzinslichkeit (d. h. eine Gegenleistung für die Kapitalüberlassung) nicht gegeben ist, liegt eine unverzinsliche Verbindlichkeit vor. 16

b) Verbindlichkeiten, die zeitweise verzinslich sind

Ist nach der Darlehensvereinbarung nur in bestimmten Zeiträumen eine Verzinsung vorgesehen, liegt eine verzinsliche Verbindlichkeit vor. In diesem Fall unterbleibt eine Abzinsung; Randnummer 16 ist zu beachten. 17

Beispiel 5

A gewährt Unternehmer U am 01. 01. 2001 ein Darlehen über 50 000 €. Die Rückzahlung soll am 31. 12. 2005 erfolgen. Eine vorzeitige Rückzahlung ist möglich. Für den Zeitraum 01. 01. 2004 bis 31. 10. 2004 sind Zinsen in Höhe von 5 % p. a. zu entrichten.

Es handelt sich um ein verzinsliches Darlehen im Sinne von § 6 Abs. 1 Nr. 3 Satz 2 EStG, auch wenn teilweise keine Verzinsung vorgesehen ist. Eine Abzinsung unterbleibt.

Weiterführung Beispiel 5

Das Darlehen wird vorzeitig am 31. 12. 2003 zurückgezahlt.

Die jeweiligen Bilanzansätze zum 31. 12. 2001 und 31. 12. 2002 bleiben unverändert, auch wenn das Darlehen aufgrund der vorzeitigen Tilgung vor Beginn des Zinslaufes tatsächlich unverzinst bleibt.

[1]Entsteht oder entfällt aufgrund eines bestimmten Ereignisses die Verzinslichkeit im Sinne von § 6 Abs. 1 Nr. 3 Satz 2 EStG (z. B. neue vertragliche Vereinbarung zu den Zinskonditionen, Eintritt einer Bedingung), ist die Verbindlichkeit für die Anwendung der Steuerrechtsnorm ab dem Bilanzstichtag, der dem Ereignis folgt, nach den vorgenannten Grundsätzen neu zu bewerten. [2]Das gilt unabhängig von der zivilrechtlichen Rechtslage. Die Bilanzansätze der dem Ereignis vorangegangenen Wirtschaftsjahre bleiben unberührt. 18

c) Verbindlichkeiten, deren Verzinsung vom Eintritt eines bestimmten Ereignisses abhängt (bedingt verzinsliche Verbindlichkeiten)

19 [1]Hängt nach der Darlehensvereinbarung die Verzinslichkeit im Sinne von § 6 Abs. 1 Nr. 3 Satz 2 EStG vom Eintritt einer Bedingung ab, bleibt diese Bedingung zunächst unberücksichtigt. [2]Bei Eintritt der Bedingung gilt Randnummer 18 entsprechend.

Beispiel 6

A gewährt dem Unternehmer B am 01. 01. 2000 ein betriebliches Fälligkeitsdarlehen, das jährlich mit 5 % zu verzinsen ist. Fallen im Betrieb des B vor Rückzahlung des Darlehens Verluste an, entfällt die Verzinsung rückwirkend ab Beginn der Laufzeit. Bereits gezahlte Zinsen sind zu erstatten. Im Wirtschaftsjahr 01. 01. 2002 bis 31. 12. 2002 erwirtschaftet B einen Verlust.

Die Bedingung (Entstehung eines Verlustes) ist erst zu berücksichtigen, wenn sie eingetreten ist (Randnummer 19). Die Verbindlichkeit ist daher als verzinsliches Darlehen (zunächst) nicht abzuzinsen. Der Verlust in 2002 führt zu einem die Verzinslichkeit beeinflussenden Ereignis im Sinne der Randnummer 18. Ab dem Bilanzstichtag, der dem Verlustentstehungsjahr folgt, d. h. ab dem 31. 12. 2003, ist die Verbindlichkeit abzuzinsen. Die Bilanzstichtage 31. 12. 2000 bis 31. 12. 2002 (keine Abzinsung) bleiben unberührt.

Beispiel 7

Nach der Darlehensvereinbarung ist die betriebliche Verbindlichkeit nur dann (rückwirkend) zu verzinsen, wenn der Gläubiger seinen Arbeitsplatz verliert und innerhalb eines Jahres keine neue Anstellung findet.

Das Darlehen ist (zunächst) unverzinslich und daher abzuzinsen. Bei Eintritt der Bedingung ist die Verbindlichkeit zu verzinsen, so dass ab dem diesem Ereignis folgenden Bilanzstichtag der Nennwert anzusetzen ist. Die vorangegangenen Bewertungen bleiben aber unberührt (Randnummer 18).

3. Anzahlungen oder Vorausleistungen

20 Anzahlungen und Vorausleistungen sind Vorleistungen, die in Erfüllung eines zu einem späteren Zeitpunkt noch zu vollziehenden Rechtsgeschäftes erbracht werden (vgl. auch Urteil des Bundesfinanzhofes – BFH – vom 2. Juni 1978 – BStBl II S. 475 – und vom 21. November 1980, BStBl 1981 II S. 179).

IV. Unverzinsliche Verbindlichkeiten von Körperschaften gegenüber ihren Anteilseignern

21 [1]Erhält eine Körperschaft von einem Anteilseigner ein unverzinsliches Darlehen, sind die Regelungen zur Abzinsung von Verbindlichkeiten anzuwenden. [2]Das gilt auch für verbundene Unternehmen (z. B. Organschaften). [3]Ein Darlehen ist verzinslich im Sinne von § 6 Abs. 1 Nr. 3 Satz 2 EStG, wenn anstelle der Kapitalverzinsung andere Gegenleistungen im Sinne der Randnummern 14 und 15 gewährt werden.

22 Die gewinnmindernden Erhöhungen der abgezinsten Verbindlichkeiten aufgrund kürzerer Restlaufzeiten sind keine Vergütungen im Sinne von § 8a KStG.

V. Unverzinsliche Verbindlichkeiten innerhalb einer Mitunternehmerschaft im Sinne von § 15 Abs. 1 Satz 1 Nr. 2 EStG

23 Die o. g. Regelungen zur Abzinsung von Verbindlichkeiten gelten auch bei Darlehen innerhalb einer Mitunternehmerschaft im Sinne von § 15 Abs. 1 Satz 1 Nr. 2 EStG, soweit es sich dabei ertragsteuerlich nicht um Einlagen oder Entnahmen handelt (vgl. z. B. BFH-Urteile vom 12. Dezember 1996, BStBl 1998 II S. 180 zu Kapitalüberlassungen eines Gesellschafters an seine Personengesellschaft und vom 9. Mai 1996, BStBl II S. 642 zu Darlehen von Personengesellschaften an deren Mitunternehmer).

C. Abzinsung von Rückstellungen in der steuerlichen Gewinnermittlung

I. Abzinsung von Rückstellungen für Geld- und Sachleistungsverpflichtungen

1. Ermittlung der voraussichtlichen Restlaufzeit einer Rückstellung am Bilanzstichtag

a) Grundsatz

24 [1]Die voraussichtliche Restlaufzeit einer Rückstellung für eine ungewisse Verpflichtung am Bilanzstichtag ist nach den Umständen des jeweiligen Einzelfalles zu schätzen; die Randnummern 3 bis

7 gelten entsprechend. [2]Hinsichtlich der Berechnung des Abzinsungsbetrages wird auf die Randnummern 1 und 2 verwiesen.

b) Geldleistungsverpflichtungen

[1]Bei der Ermittlung der Laufzeit einer Geldleistungsverpflichtung ist auf den voraussichtlichen Erfüllungszeitpunkt abzustellen. [2]Sind mehrere Teilbeträge zu entrichten, ist die Rückstellung entsprechend aufzuteilen. [3]Die Teilleistungen sind dann hinsichtlich ihrer Fälligkeit einzeln zu beurteilen. 25

c) Sachleistungsverpflichtungen

[1]Bei Sachleistungsverpflichtungen ist gemäß § 6 Abs. 1 Nr. 3a Buchstabe e Satz 2 EStG auf den Zeitraum bis zum Beginn der Erfüllung der Verpflichtung abzustellen. [2]Ist eine in Teilleistungen zu erbringende Verpflichtung als Einheit zu sehen, ist der Beginn der ersten Teilleistung maßgebend. 26

d) Garantie- und Gewährleistungsrückstellungen

[1]Die Laufzeit von Einzelrückstellungen für Garantie- und Gewährleistungsansprüche (Sachleistungsverpflichtungen) ist nach den Umständen des jeweiligen Einzelfalles zu schätzen. [2]Auf Pauschalrückstellungen findet das Abzinsungsgebot gemäß § 6 Abs. 1 Nr. 3a Buchstabe e EStG aus Vereinfachungsgründen keine Anwendung. 27

2. Maßgebender Vervielfältiger

[1]Bei Anwendung der Vereinfachungsregelung nach Randnummer 2 erfolgt die Bewertung einer abzuzinsenden Rückstellung für eine Geld- oder Sachleistungsverpflichtung mittels Tabelle 2[1]). [2]Dabei ist die Rückstellung unter Berücksichtigung der Wertverhältnisse am Bilanzstichtag mit dem von der Restlaufzeit abhängigen Vervielfältiger zu multiplizieren. 28

II. Abzinsung von Rückstellungen für Verpflichtungen, für deren Entstehen im wirtschaftlichen Sinne der laufende Betrieb ursächlich ist

[1]Nach § 6 Abs. 1 Nr. 3a Buchstabe d Satz 1 EStG sind Rückstellungen für Verpflichtungen, für deren Entstehen im wirtschaftlichen Sinne der laufende Betrieb ursächlich ist, zeitanteilig in gleichen Raten anzusammeln. [2]Gleichzeitig sind die ratierlich angesammelten Rückstellungen abzuzinsen (§ 6 Abs. 1 Nr. 3a Buchstabe e Satz 1 EStG). [3]Bei der Abzinsung gelten die Randnummern 24 bis 28 entsprechend. 29

Beispiel 8

Unternehmer U pachtet ab 01. 01. 2001 für 20 Jahre ein unbebautes Grundstück und errichtet eine betrieblich genutzte Lagerhalle. U hat sich verpflichtet, die Lagerhalle nach Ablauf des Pachtvertrages abzureißen. Die voraussichtlichen Kosten betragen nach den Verhältnissen des Bilanzstichtages 31. 12. 2001 insgesamt 20 000 €, am 31. 12. 2002 21 000 €. Bei der Abzinsung soll die Vereinfachungsregelung angewendet werden.

Für die Abrissverpflichtung hat U eine Rückstellung für ungewisse Verbindlichkeiten zu bilden. Da für das Entstehen der Verpflichtung im wirtschaftlichen Sinne der laufende Betrieb ursächlich ist (Nutzung der Lagerhalle), ist die Rückstellung nach § 6 Abs. 1 Nr. 3a Buchstabe d Satz 1 EStG zeitanteilig in gleichen Raten anzusammeln.

Bewertung am Bilanzstichtag 31. 12. 2001

Zum 31. 12. 2001 ist unter Berücksichtigung der Wertverhältnisse am Bilanzstichtag eine Rückstellung von 1/20 × 20 000 € = 1 000 € anzusetzen, die zusätzlich nach § 6 Abs. 1 Nr. 3a Buchstabe e Satz 1 EStG abzuzinsen ist. Der Beginn der Erfüllung der Sachleistungsverpflichtung (Abbruch) ist voraussichtlich der 31. 12. 2020 (Ablauf des Pachtvertrages). Am 31. 12. 2001 ist somit eine Restlaufzeit von 19 Jahren maßgebend. Nach Tabelle 2 ergibt sich ein Vervielfältiger von 0,362. Der Ansatz in der steuerlichen Gewinnermittlung zum 31. 12. 2001 beträgt somit 1 000 € × 0,362 = 362 €.

---

1) nicht abgedruckt

Bewertung am Bilanzstichtag 31. 12. 2002

Am 31. 12. 2002 sind unter Berücksichtigung der erhöhten voraussichtlichen Kosten nach den Verhältnissen am Bilanzstichtag 31. 12. 2002 und einer Restlaufzeit von 18 Jahre 2/20 × 21 000 € × 0,381 = 800 € anzusetzen.

III. Ausnahmen von der Abzinsung

30 [1]Die Ausnahmen hinsichtlich der Abzinsung von Verbindlichkeiten (§ 6 Abs. 1 Nr. 3 Satz 2 EStG) gelten nach § 6 Abs. 1 Nr. 3a Buchstabe e Satz 1 zweiter Halbsatz EStG entsprechend. [2]Somit unterbleibt eine Abzinsung, wenn die Laufzeit der Rückstellung am Bilanzstichtag weniger als 12 Monate beträgt, die auf der Rückstellung basierende ungewisse Verbindlichkeit verzinslich ist oder die Rückstellung auf einer Anzahlung oder Vorausleistung beruht.

1. Laufzeit am Bilanzstichtag von weniger als 12 Monaten

31 Auf die Randnummern 24 bis 27 wird hingewiesen.

2. Verzinslichkeit der einer Rückstellung zugrunde liegenden Verbindlichkeit

a) Grundsatz

32 Für die Frage, ob die einer Rückstellung zugrunde liegende Verbindlichkeit verzinslich ist, gelten die in Abschnitt B genannten Regelungen (Randnummern 13 bis 18) zur Verzinslichkeit von Verbindlichkeiten entsprechend.

b) Rückstellungen für Steuerschulden

33 [1]Rückstellungen für Steuerschulden, die nach § 233a Abgabenordnung – AO – verzinst werden, sind nicht abzuzinsen. Insoweit basiert die ungewisse Verbindlichkeit auf einer zeitweise verzinslichen Verpflichtung im Sinne der Randnummer 17. [2]Aus Vereinfachungsgründen gilt dies auch dann, wenn möglicherweise Zinsen nicht festgesetzt werden (z. B. bei einer Steuerfestsetzung vor Beginn des Zinslaufs nach § 233a Abs. 2 AO).

3. Auf Anzahlungen oder Vorausleistungen beruhende Rückstellungen

34 Auf Randnummer 20 wird verwiesen.

D. Rücklagen nach § 52 Abs. 16 EStG

1. Gesetzliche Regelung

35 [1]Nach § 52 Abs. 16 Sätze 10 und 12 EStG gelten die Regelungen in § 6 Abs. 1 Nr. 3 und 3a EStG auch für Verbindlichkeiten und Rückstellungen, die bereits zum Ende eines vor dem 1. Januar 1999 endenden Wirtschaftsjahres angesetzt oder gebildet worden sind. [2]Für den entsprechenden, aufgrund der erstmaligen Abzinsung entstandenen Gewinn kann jeweils in Höhe von neun Zehntel eine den Gewinn mindernde Rücklage gebildet werden (Wahlrecht), die in den folgenden neun Wirtschaftsjahren jeweils mit mindestens einem Neuntel gewinnerhöhend aufzulösen ist (§ 52 Abs. 16 Sätze 11 und 14 EStG). [3]Scheidet die gesamte Verbindlichkeit während des Auflösungszeitraums aus dem Betriebsvermögen aus oder ist die gesamte Rückstellung aufzulösen, ist die entsprechende Rücklage zum Ende des Wirtschaftsjahres des Ausscheidens oder der Auflösung in vollem Umfang gewinnerhöhend aufzulösen. [4]Wird die Verbindlichkeit nicht vollständig, sondern lediglich bis auf einen geringen Restbetrag getilgt, ist zu prüfen, ob im Hinblick auf § 52 Abs. 16 Satz 11 zweiter Teilsatz EStG ein Missbrauch von Gestaltungsmöglichkeiten im Sinne von § 42 AO vorliegt. [5]Die Rücklage ist in Übereinstimmung mit der handelsrechtlichen Jahresbilanz zu bilden (§ 5 Abs. 1 Satz 2 EStG); die steuerrechtliche Anerkennung der Rücklage ist jedoch vom Ausweis eines entsprechenden Sonderpostens mit Rücklagenanteil in der Handelsbilanz nur abhängig, soweit auch in der Handelsbilanz durch Abzinsung ein entsprechend höherer Gewinn ausgewiesen wird.

36 Die genannten Grundsätze gelten nicht für Gewinne aus der Abzinsung von Verbindlichkeiten und Rückstellungen, die erstmals in nach dem 31. Dezember 1998 endenden Wirtschaftsjahren passiviert werden.

2. Rücklagefähige Gewinne

37 [1]Es ist ausschließlich die Gewinnauswirkung aufgrund der erstmaligen Anwendung der Abzinsungsregelung rücklagefähig. [2]Sonstige gewinnwirksame Änderungen der Bewertung einer Ver-

bindlichkeit oder Rückstellung bleiben unberücksichtigt. [3]Dabei ist die am Ende des dem Wirtschaftsjahr der erstmaligen Abzinsung vorangegangenen Wirtschaftsjahres passivierte Verbindlichkeit oder Rückstellung (Ausgangswert) nach den Verhältnissen am Ende des Wirtschaftsjahres der erstmaligen Anwendung der Abzinsungsregelung abzuzinsen. [4]Soweit im Wirtschaftsjahr der erstmaligen Abzinsung Änderungen zu einer gewinnerhöhenden Verminderung der abzuzinsenden Verbindlichkeit oder Rückstellung führen (z. B. geringere voraussichtliche Aufwendungen), sind diese Änderungen vom Ausgangswert abzuziehen.

Beispiel 9

Wie Beispiel 8, der Bilanzstichtag 31. 12. 2001 ist jedoch durch 31. 12. 1998 und der Bilanzstichtag 31. 12. 2002 durch 31. 12. 1999 (erstmalige gesetzliche Abzinsung) zu ersetzen. Die noch in Deutsche Mark aufzustellende Bilanz 31. 12. 1998 wurde aus Vereinfachungsgründen in Euro umgerechnet.

In der steuerlichen Gewinnermittlung 31. 12. 1998 ist die Ansammlungsrückstellung nach bisheriger Rechtslage noch nicht abzuzinsen und somit in Höhe von 1 000 € anzusetzen. Bei der Bewertung der Rückstellungen in der steuerlichen Gewinnermittlung 31. 12. 1999 ist erstmals eine Abzinsung erforderlich.

Ohne Abzinsung wäre die Rückstellung mit 2/20 × 21 000 € = 2 100 € zu bewerten. Die Gewinnminderung aufgrund der aufzustockenden Rückstellung würde 1 100 € betragen. Nach der gesetzlichen Neuregelung sind jedoch 2/20 × 21 000 € × 0,381 = 800 € anzusetzen, so dass die bisherige Rückstellung um 200 € zu vermindern ist und sich der Gewinn entsprechend erhöht.

Rücklagefähig nach § 52 Abs. 16 EStG ist die Gewinnauswirkung aus der Abzinsung der Rückstellung zum 31. 12. 1998 (1 000 €) mit dem Abzinsungsfaktor am Ende des Wirtschaftsjahres 1999. Eine Korrektur des Rückstellungsansatzes 31. 12. 1998 als Ausgangswert für die Abzinsung erfolgt nicht, da die Rückstellung in 1999 vor der Abzinsung nicht zu vermindern, sondern ausschließlich zu erhöhen ist.

Ansatz zum 31. 12. 1998:	1 000 €
Ansatz nach Abzinsung mit dem Faktor am 31. 12. 1999: 1 000 € × 0,381 =	381 €
Abzinsungsbetrag:	619 €
davon rücklagefähig $^{9}/_{10}$ =	**557** €

Beispiel 10

In der Bilanz 31. 12. 1998 wurde eine Rückstellung für eine unverzinsliche, ungewisse Verbindlichkeit mit 100 000 € bewertet (zur Vereinfachung Umrechnung DM in €). Nach den Erkenntnissen bei Aufstellung der Bilanz zum 31. 12. 1999 werden die voraussichtlichen Aufwendungen jedoch nur 80 000 € betragen (voraussichtliche Erfüllung in 5 Jahren). Bei der Abzinsung wird von der Vereinfachungsregelung Gebrauch gemacht.

In der Bilanz 31. 12. 1999 sind die voraussichtlichen Aufwendungen in Höhe von 80 000 € maßgebend. Zudem ist die Rückstellung nach § 6 Abs. 1 Nr. 3a Buchstabe e EStG abzuzinsen. Es ergibt sich ein Ansatz von 80 000 € × 0,765 = 61 200 € und eine Gewinnerhöhung von 100 000 € – 61 200 € = 38 800 €. Rücklagefähig ist jedoch nur der Teil der Gewinnerhöhung, der auf der (erstmaligen) Abzinsung beruht:

Ansatz am 31. 12. 1998 abzüglich der Verminderung in 1999 vor der Abzinsung (100 000 € – 20 000 €):	80 000 €
Ansatz nach Abzinsung mit dem Faktor am 31. 12. 1999: 80 000 € × 0,765 =	61 200 €
Abzinsungsbetrag:	18 800 €
davon rücklagefähig $^{9}/_{10}$:	16 920 €

3. Auflösung der Rücklage

[1]Die Rücklage ist in den dem Wirtschaftsjahr der Bildung folgenden Wirtschaftsjahren jeweils mit mindestens $^{1}/_{9}$ gewinnerhöhend aufzulösen. [2]Das gilt auch dann, wenn die tatsächliche oder voraussichtliche Restlaufzeit kürzer ist als der Auflösungszeitraum. [3]In diesen Fällen ist die verbleibende Rücklage bei Ausscheiden der Verbindlichkeit oder bei Auflösung der Rückstellung in einem Betrag gewinnerhöhend aufzulösen. 38

Fortsetzung Beispiel 10

Zum 31. 12. 1999 wird eine den Gewinn mindernde Rücklage von 16 920 € passiviert, die in den folgenden Wirtschaftsjahren mindestens zu 1/9 = 1 880 € gewinnerhöhend aufzulösen ist. Da die Rückstellung zum 31. 12. 2004 aufgelöst wird, ist auch die verbleibende Rücklage von 16 920 € – (1 880 € × 4) = 9 400 € gewinnerhöhend auszubuchen.

Die Ausbuchung des höheren Restbetrages kann beispielsweise dadurch vermieden werden, dass anstelle der jährlichen Auflösung von 1/9 die Rücklage an den Bilanzstichtagen 31. 12. 2000 bis 31. 12. 2004 zu je 1/5 = 3 384 € gewinnerhöhend aufgelöst wird. Ein höherer Restbetrag bei Auflösung der Rückstellung verbleibt in diesem Fall nicht.

E. Gewerbesteuerliche Behandlung

39 Aus dem Abzinsungsvorgang nach § 6 Abs. 1 Nr. 3 EStG ergeben sich keine Dauerschuldentgelte im Sinne von § 8 Nr. 1 Gewerbesteuergesetz (GewStG).

F. Buchtechnische Abwicklung

40 Die Abzinsungsregelungen nach § 6 Abs. 1 Nr. 3 und 3a Buchstabe e Satz 1 und 2 EStG sind spezielle bilanzsteuerrechtliche Vorschriften für die Bewertung von Verbindlichkeiten und Rückstellungen in der steuerlichen Gewinnermittlung.

41 [1]Ist eine Verbindlichkeit oder Rückstellung abzuzinsen, ist in der steuerlichen Gewinnermittlung stets der abgezinste Betrag auszuweisen; die Bildung eines Rechnungsabgrenzungspostens unterbleibt. [2]Dabei stellt die Abzinsung einen außerordentlichen Ertrag, die nachfolgende Aufzinsung einen außerordentlichen Aufwand dar.

G. Zeitliche Anwendung

42 Die Grundsätze dieses Schreibens sind vorbehaltlich Randnummer 43 in allen noch offenen Fällen anzuwenden.

43 [1]Bei der Bewertung von Verbindlichkeiten, die vor dem 1. Juni 2005 entstanden sind und deren Verzinsung von künftigen Einnahmen, Gewinnen oder ähnlichen Betriebsvermögensmehrungen abhängt, ist abweichend von Randnummer 19 aus Vertrauensschutzgründen davon auszugehen, dass diese Bedingungen eintreten werden und folglich zeitweise verzinsliche Verbindlichkeiten im Sinne von Randnummer 17 vorliegen. [2]Bei Verbindlichkeiten, die nach dem 31. Mai 2005 entstanden sind, ist Randnummer 19 uneingeschränkt anzuwenden.

Beispiel 11

Einem in Zahlungsschwierigkeiten befindlichen Unternehmen wird am 1. Juli 2004 ein Darlehen gewährt. Um eine Überschuldung zu vermeiden, hat der Darlehensgeber gegen Besserungsschein auf eine Verzinsung der Verbindlichkeit verzichtet. Bei Wegfall des Liquiditätsengpasses soll aber eine (nachträgliche) marktübliche Verzinsung ab Beginn der Darlehenslaufzeit erfolgen.

Die Verzinslichkeit der Verbindlichkeit hängt vom Betriebsvermögensmehrungsmerkmal „Liquidität" ab. Nach Randnummer 43 ist in vor dem 1. Juni 2005 entstandenen Verbindlichkeiten bei der Bewertung davon auszugehen, dass die Bedingung (Wegfall des Liquiditätsengpasses) eintreten wird. Eine Abzinsung unterbleibt, da aufgrund dieser Annahme eine teilweise verzinsliche Verpflichtung i. S. v. Randnummer 17 vorliegt.

Beispiel 12

Nach der Darlehensvereinbarung (Vertrag vom 30. Juni 2004) ist die Verbindlichkeit grundsätzlich verzinslich. Für Wirtschaftsjahre, in denen kein Bilanzgewinn ausgewiesen wird, sind jedoch keine Zinsleistungen zu erbringen. Im Wirtschaftsjahr 1. Januar 2004 bis 31. Dezember 2004 weist der Schuldner einen Bilanzverlust aus.

Nach Randnummer 19 bleibt die Bedingung, nach der eine Verzinsung für Wirtschaftsjahre unterbleibt, in denen kein Bilanzgewinn ausgewiesen wird, zunächst unberücksichtigt. Da der Schuldner bereits im Wirtschaftsjahr des Beginns der Darlehenslaufzeit einen Bilanzverlust ausgewiesen hat, d. h. die Bedingung eingetreten ist, gilt Randnummer 18 entsprechend, so dass für Zwecke der **steuerbilanziellen Abzinsung** ab dem Bilanzstichtag, der dem Verlustentstehungsjahr folgt, d. h. ab dem 31. Dezember 2005, grundsätzlich abzuzinsen wäre, da das Darlehen (zunächst) unverzinst bleibt. Gleichzeitig liegt aber ein **neues** ungewisses Ereignis i. S. v. Randnummer 19 vor, denn im Falle von künftigen Bilanzgewinnen lebt die Verzinsung wieder auf. Da die Verzinsung des Darlehens weiterhin von künftigen Bilanzgewinnen abhängt, gilt die Fiktion gemäß Randnummer 43, so dass weiterhin nicht abgezinst wird.

III
Bilanzänderung nach § 4 Abs. 2 Satz 2 EStG in der Fassung des Steuerbereinigungsgesetzes 1999

BMF vom 18. 5. 2000 (BStBl I S. 587)
IV C 2 – S 2141 – 15/00 ***und vom 13. 8. 2008 (BStBl I S. 845)***

Unter Bezugnahme auf das Ergebnis der Erörterung mit den obersten Finanzbehörden der Länder gilt für die Anwendung von § 4 Abs. 2 Satz 2 EStG in der Fassung des Gesetzes zur Bereinigung von steuerlichen Vorschriften (Steuerbereinigungsgesetz 1999) vom 22. Dezember 1999 (BGBl. I S. 2601, BStBl I 2000 S. 13) Folgendes:

§ 4 Abs. 2 Satz 2 EStG eröffnet dem Steuerpflichtigen die Möglichkeit einer Bilanzänderung, wenn die Änderung in einem engen zeitlichen und sachlichen Zusammenhang mit einer Bilanzberichtigung gemäß § 4 Abs. 2 Satz 1 EStG steht und soweit die Auswirkung der Bilanzberichtigung auf den Gewinn reicht.

Eine Bilanzberichtigung bezieht sich auf den unrichtigen Ansatz von Wirtschaftsgütern (aktive und passive Wirtschaftsgüter einschl. Rückstellungen) sowie Rechnungsabgrenzungsposten dem Grunde oder der Höhe nach. Eine Änderung des steuerlichen Gewinns ohne Auswirkung auf den Ansatz eines Wirtschaftsgutes oder eines Rechnungsabgrenzungspostens ist daher keine Bilanzberichtigung.[1)]

[1]Der enge zeitliche und sachliche Zusammenhang zwischen Bilanzberichtigung und Bilanzänderung setzt voraus, dass sich beide Maßnahmen auf dieselbe Bilanz beziehen. [2]Die Änderung der Bilanz eines bestimmten Wirtschaftsjahres ist danach unabhängig von der Frage, auf welche Wirtschaftsgüter oder Rechnungsabgrenzungsposten sich die Berichtigung dieser Bilanz bezieht, bis zur Höhe des gesamten Berichtigungsbetrages zulässig. [3]Ein zeitlicher Zusammenhang liegt darüber hinaus nur vor, wenn die Bilanz unverzüglich nach einer Bilanzberichtigung geändert wird.

Die Neuregelung gilt für alle noch offenen Fälle, in denen Bilanzänderungsanträge bei den Finanzämtern nach dem 31. Dezember 1998 eingegangen sind.

IV
Zweifelsfragen zu § 6 Abs. 3 EStG i. d. F. des Unternehmenssteuerfortentwicklungsgesetzes vom 21. 12. 2001 (UntStFG, BGBl. I S. 3858) im Zusammenhang mit der unentgeltlichen Übertragung von Mitunternehmeranteilen mit Sonderbetriebsvermögen sowie Anteilen von Mitunternehmeranteilen mit Sonderbetriebsvermögen

BMF vom 3. 3. 2005 (BStBl I S. 458)
IV B 2 – S 2241 – 14/05

unter Berücksichtigung der Änderungen durch BMF vom 7. 12. 2006 (BStBl I S. 766)
IV B 2 – S 2241 – 53/06

Unter Bezugnahme auf das Ergebnis der Erörterung mit den obersten Finanzbehörden der Länder nehme ich zu Zweifelsfragen im Zusammenhang mit der unentgeltlichen Übertragung eines Mitunternehmeranteils und eines Teils eines Mitunternehmeranteils bei vorhandenem Sonderbetriebsvermögen sowie der unentgeltlichen Aufnahme in ein Einzelunternehmen wie folgt Stellung:

A. Persönlicher Anwendungsbereich

[1]Übertragender und Aufnehmender können natürliche Personen, Mitunternehmerschaften und Kapitalgesellschaften sein. [2]In den Fällen der Übertragung von Teilen eines Mitunternehmer- 1

1) BMF vom 13. 8. 2008 (BStBl I S. 845) lautet:
Unter Verweis auf das Urteil des BFH vom 31. 5. 2007 (BStBl II 2008 S. 665) sind die Regelungen im BMF-Schreiben vom 18. 5. 2000, nach denen eine Bilanzberichtigung sich nur auf den unrichtigen Ansatz von Wirtschaftsgütern (aktive und passive Wirtschaftsgüter einschl. Rückstellungen) sowie Rechnungsabgrenzungsposten dem Grunde und der Höhe nach bezieht und eine Änderung des steuerlichen Gewinns ohne Auswirkungen auf diese Ansätze keine Bilanzberichtigung ist, nicht weiter anzuwenden. Änderungen des Gewinns auf Grund der Berücksichtigung außerbilanzieller Hinzu- oder Abrechnungen berühren keinen Bilanzansatz; eine Bilanzänderung i. S. d. § 4 Abs. 2 Satz 2 EStG ist insoweit nicht zulässig (→ BFH vom 23. 1. 2008 – BStBl II S. 669).

anteils sowie der unentgeltlichen Aufnahme in ein Einzelunternehmen nach § 6 Abs. 3 Satz 1 2. HS und Satz 2 EStG ist die Übertragung nur auf natürliche Personen zulässig.

2 [1]Bei unentgeltlichen Übertragungen von einer oder auf eine Kapitalgesellschaft gehen jedoch die Regelungen zur verdeckten Gewinnausschüttung i. S. d. § 8 Abs. 3 KStG oder der verdeckten Einlage vor (BFH-Urteil vom 18. 12. 1990, BStBl 1991 II S. 512[1])). [2]Handelt es sich bei der unentgeltlichen Übertragung eines Mitunternehmeranteils oder eines Teils eines Mitunternehmeranteils um eine verdeckte Einlage (z. B. bei der Übertragung auf eine GmbH, an der der Übertragende beteiligt ist), greifen die Regelungen über die Betriebsaufgabe ein (BFH-Urteil vom 24. August 2000 – BStBl 2005 S. 173[2])). [3]In Fällen der verdeckten Einlage eines Teils eines Mitunternehmeranteils ist § 16 Abs. 1 Satz 2 EStG zu beachten.

Beispiel 1:

A überträgt seinen Mitunternehmeranteil unentgeltlich auf eine steuerbefreite Körperschaft (z. B. Stiftung), zu der keine gesellschaftsrechtlichen Verbindungen bestehen.

Der übertragende A realisiert keinen Gewinn, da die Wirtschaftsgüter mit den Buchwerten anzusetzen sind (§ 6 Abs. 3 Satz 1 EStG). Bei der übernehmenden Körperschaft kommt es unter Anwendung des § 8 Abs. 1 KStG, § 6 Abs. 3 Satz 3 EStG zu einer Buchwertfortführung.

Beispiel 2:

A überträgt seinen Mitunternehmeranteil im Rahmen einer verdeckten Einlage unentgeltlich auf die A-GmbH, deren Gesellschafter er ist.

Der Übertragungsvorgang führt zur Aufdeckung der stillen Reserven (ggf. nach §§ 16, 34 EStG begünstigt). Die Anschaffungskosten der GmbH-Beteiligung erhöhen sich bei A um den Wert des Mitunternehmeranteils.

B. Sachlicher Anwendungsbereich

3 [1]Der Mitunternehmeranteil eines Gesellschafters umfasst sowohl den Anteil am Gesamthandsvermögen als auch das dem einzelnen Mitunternehmer zuzurechnende Sonderbetriebsvermögen (BFH-Urteil vom 12. April 2000 – BStBl 2001 II S. 26). [2]Im Rahmen des § 6 Abs. 3 EStG kommt nur die funktionale Betrachtung zur Anwendung. Funktional wesentlich können nur solche Wirtschaftsgüter sein, die für die Funktion des Betriebes von Bedeutung sind; auf das Vorhandensein erheblicher stiller Reserven kommt es nicht an.

I. Übertragung des gesamten Mitunternehmeranteils (§ 6 Abs. 3 Satz 1 1. HS EStG)

1. Übertragung von funktional wesentlichem Sonderbetriebsvermögen

4 Wird der gesamte Anteil des Mitunternehmers an der Gesellschaft übertragen, setzt § 6 Abs. 3 Satz 1 EStG voraus, dass neben dem Anteil am Gesamthandsvermögen auch sämtliche Wirtschaftsgüter des Sonderbetriebsvermögens, die für die Funktion des Betriebes von Bedeutung sind (im folgenden funktional wesentliches Sonderbetriebsvermögen genannt), übertragen werden.

5 [1]Wird anlässlich der Übertragung des Anteils am Gesamthandsvermögen funktional wesentliches Sonderbetriebsvermögen zurückbehalten und in das Privatvermögen des Übertragenden überführt, ist eine Buchwertfortführung nach § 6 Abs. 3 Satz 1 EStG nicht zulässig. [2]Es liegt insgesamt eine tarifbegünstigte Aufgabe des gesamten Mitunternehmeranteils vor (BFH-Beschluss vom 31. August 1995, BStBl II S. 890). [3]Die stillen Reserven im Gesamthandsvermögen und im Sonderbetriebsvermögen sind aufzudecken. § 6 Abs. 3 Satz 2 EStG in der Fassung des Unternehmensteuerfortentwicklungsgesetzes (UntStFG) vom 20. Dezember 2001 (BStBl 2002 I S. 35) ist nicht anwendbar, da der Übertragende mit der Übertragung des (gesamten) Anteils am Gesamthandsvermögens nicht mehr Mitunternehmer ist.

6 [1]Wird anlässlich der Übertragung des Anteils am Gesamthandsvermögen funktional wesentliches Sonderbetriebsvermögen nach § 6 Abs. 5 Satz 3 EStG zum Buchwert übertragen oder nach § 6 Abs. 5 Sätze 1 und 2 EStG in ein anderes Betriebsvermögen/Sonderbetriebsvermögen des Steuerpflichtigen überführt, findet § 6 Abs. 3 Satz 1 EStG auf die Übertragung des Anteils am Gesamthandsvermögen keine Anwendung. [2]Der sich aus der Übertragung des Anteils am Gesamthandsvermögen ergebende Gewinn ist nicht nach §§ 16, 34 EStG begünstigt (BFH-Urteile vom 19. März 1991 – BStBl II S. 635 und vom 2. Oktober 1997 – BStBl 1998 II S. 104).

1) Bestätigt durch BFH vom 20. 7. 2005 (BStBl 2006 II S. 457).
2) Bestätigt in Bezug auf eine das gesamte Nennkapital umfassende Beteiligung an einer Kapitalgesellschaft durch BFH vom 20. 7. 2005 (BStBl 2006 II S. 457).

[1]Wird im zeitlichen und sachlichen Zusammenhang mit der Übertragung des Mitunternehmeranteils (sog. Gesamtplanrechtsprechung, BFH-Urteil vom 6. September 2000, BStBl 2001 II S. 229) funktional wesentliches Sonderbetriebsvermögen entnommen oder (z. B. nach § 6 Abs. 5 EStG) zum Buchwert in ein anderes Betriebsvermögen überführt oder übertragen, kann der Anteil am Gesamthandsvermögen nicht nach § 6 Abs. 3 EStG zum Buchwert übertragen werden. [2]Die in dem Mitunternehmeranteil enthaltenen stillen Reserven sind in den Fällen, in denen das Sonderbetriebsvermögen zum Buchwert überführt oder übertragen wird, als laufender Gewinn zu versteuern, soweit ein Buchwertansatz nicht in Betracht kommt. 7

Beispiel:

Vater V war Kommanditist bei der X-KG, an die er ein Grundstück (wesentliche Betriebsgrundlage) vermietet hatte. V übertrug im Juli 2003 seinen Kommanditanteil unentgeltlich auf seinen Sohn S. Bereits im März 2003 hatte V das Grundstück nach § 6 Abs. 5 Satz 3 Nr. 2 EStG zum Buchwert auf die von ihm neu gegründete gewerblich geprägte Y-GmbH & Co KG übertragen.

Die Buchwertübertragung des Grundstücks ist nach der sog. Gesamtplanrechtsprechung im Zusammenhang mit der Übertragung des Kommanditanteils nach § 6 Abs. 3 EStG zu beurteilen. Die Voraussetzungen für eine Buchwertübertragung nach § 6 Abs. 3 EStG liegen danach nicht vor, weil das Grundstück (wesentliche Betriebsgrundlage im Sonderbetriebsvermögen) nicht an den Sohn übertragen wurde. Ein Anwendungsfall von § 6 Abs. 3 Satz 2 EStG (unschädliches Zurückbehalten einer wesentlichen Betriebsgrundlage) liegt nicht vor, weil das Grundstück nicht mehr Sonderbetriebsvermögen der X-KG ist, sondern zum Betriebsvermögen der Y-GmbH & Co KG gehört. V muss deshalb die stillen Reserven in seinem Kommanditanteil im Jahr 2003 als laufenden Gewinn versteuern. Der (zwingende) Buchwertansatz für das auf die GmbH & Co KG übertragene Grundstück wird hiervon nicht berührt.

2. Übertragung von funktional nicht wesentlichem Sonderbetriebsvermögen

[1]Wird anlässlich der Übertragung des Anteils am Gesamthandsvermögen funktional nicht wesentliches Sonderbetriebsvermögen entnommen oder nach § 6 Abs. 5 EStG zum Buchwert in ein anderes Betriebsvermögen überführt oder übertragen, steht dies der Anwendung des § 6 Abs. 3 Satz 1 EStG im Hinblick auf die Übertragung des Mitunternehmeranteils nicht entgegen. [2]Wird dieses Sonderbetriebsvermögen entnommen, entsteht insoweit ein laufender Gewinn (BFH-Urteil vom 29. Oktober 1987 – BStBl 1988 II S. 374). 8

II. Übertragung eines Teils eines Mitunternehmeranteils

1. Übertragung bei funktional wesentlichem Sonderbetriebsvermögen

a) quotale Übertragung eines Teils des Anteils am Gesamthandsvermögen und eines Teils des Sonderbetriebsvermögens (§ 6 Abs. 3 Satz 1 2. HS EStG)

[1]§ 6 Abs. 3 Satz 1 EStG ist im Falle der unentgeltlichen Übertragung eines Teils eines Anteils am Gesamthandsvermögen bei gleichzeitigem Vorhandensein von funktional wesentlichem Sonderbetriebsvermögen nur anwendbar, soweit das funktional wesentliche Sonderbetriebsvermögen in demselben Verhältnis übergeht, in dem der übertragene Teil des Anteils am Gesamthandsvermögen zum gesamten Anteil am Gesamthandsvermögen steht (vgl. BFH-Urteil vom 24. August 2000 – BStBl 2005 II S. 173). [2]Umfasst das Sonderbetriebsvermögen mehrere Wirtschaftsgüter, z. B. Grundstücke, müssen alle funktional wesentlichen Wirtschaftsgüter anteilig übertragen werden. 9

b) disquotale Übertragung von Gesamthandsvermögen und Sonderbetriebsvermögen

aa) Übertragung eines Teils des Anteils am Gesamthandsvermögen unter gleichzeitiger Zurückbehaltung von Sonderbetriebsvermögen (unterquotale Übertragung – § 6 Abs. 3 Satz 2 EStG)

Wird anlässlich der Teilanteilsübertragung von Gesamthandsvermögen funktional wesentliches Sonderbetriebsvermögen nicht oder in geringerem Umfang (unterquotal) übertragen, als es dem übertragenen Teil des Anteils am Gesamthandsvermögen entspricht, liegt insgesamt eine Übertragung nach § 6 Abs. 3 Satz 2 EStG vor. 10

[1]Voraussetzung für die Buchwertübertragung ist, dass der Übernehmer den übernommenen Mitunternehmeranteil über einen Zeitraum von mindestens fünf Jahren nicht veräußert oder aufgibt. [2]Der Veräußerung des Mitunternehmeranteils steht die Veräußerung nur des Anteils am Gesamthandsvermögen oder eines Teils davon und/oder des mit dem Mitunternehmeranteil übernommenen funktional wesentlichen Sonderbetriebsvermögens oder eines Teils davon innerhalb der 5-Jahresfrist gleich. [3]Bezogen auf den ursprünglichen Übertragungsvorgang liegen die Voraus- 11

setzungen für die Buchwertübertragung nicht mehr vor. [4]Für die gesamte Übertragung nach § 6 Abs. 3 Satz 2 EStG sind rückwirkend auf den ursprünglichen Übertragungsstichtag die Teilwerte anzusetzen (§ 175 Abs. 1 Satz 1 Nr. 2 AO). [5]Der dabei beim Übertragenden entstehende Gewinn ist laufender Gewinn (§ 16 Abs. 1 Satz 2 i. V. m. § 16 Abs. 3 EStG). [6]Für die Berechnung der Behaltefrist ist grundsätzlich auf den Übergang des wirtschaftlichen Eigentums hinsichtlich des übernommenen Mitunternehmeranteils (= Übergang von Nutzen und Lasten) abzustellen.

12 War der Übernehmer bereits vor der unentgeltlichen Teilanteilsübertragung Mitunternehmer dieser Mitunternehmerschaft, ist von einer Veräußerung oder Entnahme des übernommenen Anteils erst auszugehen, wenn der Anteil der Beteiligung nach der Veräußerung oder Entnahme des (Teil-)Mitunternehmeranteils unter dem Anteil der übernommenen Beteiligung liegt oder das mit dem Mitunternehmeranteil übernommene funktional wesentliche Sonderbetriebsvermögen innerhalb der 5-Jahresfrist veräußert oder entnommen wird.

Beispiel:

V und S sind jeweils zu 50 % an einer OHG beteiligt. V überträgt unentgeltlich einen Teil seines Gesellschaftsanteils auf S, behält sein Sonderbetriebsvermögen aber zurück, so dass V jetzt zu 25 % und S zu 75 % an der OHG beteiligt sind. S reduziert innerhalb der 5-Jahresfrist seine Beteiligung auf 20 % und veräußert entsprechend einen Teil seines Mitunternehmeranteils.

Es liegt eine Übertragung von V auf S nach § 6 Abs. 3 Satz 2 EStG vor, bei der die Behaltefristen zu beachten sind. Da der Anteil des S nach der Veräußerung (20 %) unter dem Anteil der übernommenen Beteiligung (25 %) liegt, hat er auch einen Teil des übernommenen Mitunternehmeranteils veräußert. Für die ursprüngliche Übertragung von V auf S ist damit insgesamt § 6 Abs. 3 EStG nicht anwendbar (Tz. 11). Für die gesamte Übertragung nach § 6 Abs. 3 Satz 2 EStG sind rückwirkend auf den ursprünglichen Übertragungsstichtag die Teilwerte anzusetzen (§ 175 Abs. 1 Satz 1 Nr. 2 AO). Der dabei beim V entstehende Gewinn ist laufender Gewinn (§ 16 Abs. 1 Satz 2 i. V. m. § 16 Abs. 3 EStG).

13 [1]Eine Veräußerung ist grundsätzlich auch eine Einbringung nach den §§ 20, 24 UmwStG, unabhängig davon, ob die Buchwerte, Teilwerte[1]) oder Zwischenwerte angesetzt werden. [2]Als Veräußerung gilt auch ein Formwechsel nach § 25 UmwStG. [3]Überträgt der Rechtsnachfolger einzelne Wirtschaftsgüter des übernommenen Sonderbetriebsvermögens gegen Gewährung von Gesellschaftsrechten nach § 6 Abs. 5 EStG auf einen Dritten, liegt auch eine Veräußerung vor. [4]Wird der nach § 6 Abs. 3 Satz 2 übertragene Mitunternehmer(teil)anteil vom Übernehmer zu einem späteren Zeitpunkt **zu Buchwerten** nach § 20 UmwStG in eine Kapitalgesellschaft oder **zu Buchwerten** nach § 24 UmwStG in eine Personengesellschaft eingebracht, liegt – abweichend vom oben genannten Grundsatz – keine schädliche Veräußerung im Sinne des § 6 Abs. 3 Satz 2 EStG vor, wenn der Einbringende die hierfür erhaltene Beteiligung an der Kapitalgesellschaft oder den erhaltenen Mitunternehmeranteil über einen Zeitraum von mindestens fünf Jahren – beginnend mit der ursprünglichen Übertragung des Mitunternehmeranteils nach § 6 Abs. 3 Satz 2 EStG – nicht veräußert oder aufgibt und die Kapitalgesellschaft oder die Personengesellschaft den eingebrachten Mitunternehmeranteil oder die eingebrachten Wirtschaftsgüter innerhalb der genannten Frist nicht veräußert[2]).

14 [1]Eine unentgeltliche Weiterübertragung ist unschädlich; dabei geht die Behaltefrist jedoch auf den Rechtsnachfolger über. [2]Dem Rechtsnachfolger ist die Behaltedauer des Übertragenden anzurechnen.

15 Voraussetzung für die Buchwertübertragung ist außerdem, dass das zurückbehaltene Betriebsvermögen weiterhin zum Betriebsvermögen derselben Mitunternehmerschaft gehört.

Wird das zurückbehaltene Sonderbetriebsvermögen aufgrund eines Gesamtplanes im Zusammenhang mit der unentgeltlichen Aufnahme einer natürlichen Person in ein bestehendes Einzelunternehmen oder der unentgeltlichen Übertragung eines Teils eines Mitunternehmeranteils entnommen oder veräußert, ist eine Buchwertübertragung nicht möglich.

bb) Übertragung eines Teils des Anteils am Gesamthandsvermögen unter gleichzeitiger überquotaler Übertragung von Sonderbetriebsvermögen

16 Wird anlässlich der Teilanteilsübertragung von Gesamthandsvermögen Sonderbetriebsvermögen in größerem Umfang (überquotal) übertragen, als es dem übertragenen Teil des Anteils am Gesamthandsvermögen entspricht, ist der Vorgang in eine Übertragung nach § 6 Abs. 3 Satz 1

1) Gemeiner Wert bei Umwandlungen nach dem 12. 12. 2006 → §§ 20, 24 UmwStG i. d. F. des SEStEG
2) Zur Nachweispflicht gem. § 22 Abs. 3 UmwStG → BMF vom 4. 9. 2007 (BStBl I S 698).

EStG für den quotalen Teil des Sonderbetriebsvermögens und eine Übertragung nach § 6 Abs. 5 EStG für den überquotalen Teil des Sonderbetriebsvermögens aufzuteilen.

Werden im Zusammenhang mit dem überquotal übertragenen Sonderbetriebsvermögen Verbindlichkeiten übernommen, liegt insoweit eine entgeltliche Übertragung vor, auf die § 6 Abs. 5 EStG keine Anwendung findet (BMF-Schreiben vom 7. Juni 2001 – BStBl I S. 367). 17

Die o. g. Grundsätze gelten auch, wenn die Mitunternehmerstellung des Empfängers mit der Teilanteilsübertragung erstmals begründet wird (BFH-Urteil vom 6. Dezember 2000 – BStBl 2003 II S. 194). 18

2. Übertragung bei funktional nicht wesentlichem Sonderbetriebsvermögen

[1]Wird ein Teil eines Mitunternehmeranteils unentgeltlich übertragen, jedoch für die Mitunternehmerschaft funktional nicht wesentliches Sonderbetriebsvermögen zurückbehalten, ist § 6 Abs. 3 Satz 1 EStG uneingeschränkt anwendbar. [2]Dies gilt auch, wenn funktional nicht wesentliches Sonderbetriebsvermögen in größerem Umfang übertragen wird, als es dem übertragenen Teil des Gesellschaftsanteils entspricht. [3]Der übernehmende Gesellschafter hat die Buchwerte fortzuführen. [4]Bei der Überführung des zurückbehaltenen Sonderbetriebsvermögens in das Privatvermögen entsteht laufender Gewinn (s. Rdnr. 8). 19

III. Isolierte Übertragung von Sonderbetriebsvermögen

[1]Wird das Sonderbetriebsvermögen isoliert (d. h. ohne Änderung der Beteiligungsverhältnisse bei der Mitunternehmerschaft) unentgeltlich übertragen, liegt keine Übertragung eines Mitunternehmeranteils vor (BFH-Urteil vom 11. Dezember 1990 – BStBl 1991 II S. 510). [2]Liegen die Voraussetzungen des § 6 Abs. 5 Satz 3 EStG in der jeweiligen Fassung (StSenkG vom 23. Oktober 2000 (BStBl I S. 1428) oder UntStFG vom 20. Dezember 2001 (BStBl 2002 I S. 35)) vor, erfolgt die Übertragung zum Buchwert. [3]Andernfalls handelt es sich um eine Entnahme. §§ 16, 34 EStG sind nicht anwendbar. 20

C. Unentgeltliche Aufnahme einer natürlichen Person in ein bestehendes Einzelunternehmen (§ 6 Abs. 3 Satz 1 2. Halbsatz EStG)

[1]Bei der unentgeltlichen Aufnahme einer natürlichen Person in ein bestehendes Einzelunternehmen unter Zurückbehaltung von Betriebsvermögen ist § 6 Abs. 3 Satz 2 EStG anzuwenden, wenn das zurückbehaltene Betriebsvermögen Sonderbetriebsvermögen bei der entstandenen Mitunternehmerschaft wird. [2]Zu Behaltefristen Tz. 11 ff. 21

D. Fälle der mitunternehmerischen Betriebsaufspaltung

[1)][1]Entsteht infolge einer unentgeltlichen Übertragung nach § 6 Abs. 3 EStG eine mitunternehmerische Betriebsaufspaltung (vgl. hierzu auch BMF-Schreiben vom 28. April 1998, BStBl I S. 583), sind folgende Fallgruppen zu unterscheiden: 22

a) Übertragung von Sonderbetriebsvermögen, das nach der Übertragung im Gesamthandseigentum des Übertragenden und des Übernehmenden steht

Begründen der Übertragende und der Übernehmer hinsichtlich des anteilig übertragenen Sonderbetriebsvermögens nach der Übertragung zivilrechtlich eine Gesamthandsgemeinschaft (§ 718 ff. BGB), wird diese unmittelbar zur Besitzpersonengesellschaft.

In diesem Fall folgt der unter § 6 Abs. 3 Satz 1 EStG fallenden Übertragung eine Zurechnung der Wirtschaftsgüter des Sonderbetriebsvermögen zum Gesamthandsvermögen der Besitzpersonengesellschaft gemäß § 6 Abs. 5 Satz 3 EStG unmittelbar nach.

Entsteht die mitunternehmerische Betriebsaufspaltung infolge einer Übertragung nach § 6 Abs. 3 Satz 2 EStG, so führt eine unterquotale Übertragung des Sonderbetriebsvermögens in die Besitzpersonengesellschaft zu keiner schädlichen Veräußerung oder Aufgabe i. S. des § 6 Abs. 3 Satz 2 EStG; für die einer Übertragung nach § 6 Abs. 3 Satz 2 EStG nachfolgenden Übertragungen sind insbesondere die Tzn. 11 und 13 zu beachten.

1) Tz. 22 i. d. F. des BMF vom 7. 12. 2006 (BStBl I S. 766).

b) Übertragung von Sonderbetriebsvermögen, das nach der Übertragung im Bruchteilseigentum des Übertragenden und Übernehmenden steht

Wird bei der anteiligen Übertragung von Sonderbetriebsvermögen dem Übernehmer zivilrechtlich ein Bruchteil zu Eigentum übertragen (§ 741 BGB), findet zuerst eine unentgeltliche Übertragung eines Teils eines Mitunternehmeranteils (einschließlich des Sonderbetriebsvermögens) auf den übernehmenden Gesellschafter nach § 6 Abs. 3 EStG statt. Anschließend erfolgt sowohl bei dem übertragenden Gesellschafter als auch bei dem übernehmenden Gesellschafter eine Überführung des Sonderbetriebsvermögens in das Sonderbetriebsvermögen bei der Besitzpersonengesellschaft (GbR) gemäß § 6 Abs. 5 Satz 2 EStG.

Hinsichtlich des Sonderbetriebsvermögens findet hier allerdings kein Rechtsträgerwechsel statt, sondern es erfolgt hier nur ein Zuordnungswechsel von dem Sonderbetriebsvermögen bei der bisherigen Personengesellschaft in das Sonderbetriebsvermögen der Besitzpersonengesellschaft (BFH-Urteil vom 18. August 2005 – BStBl II S. 830)

Beispiel (für eine quotale Übertragung des Sonderbetriebsvermögens):

A ist zu 60 % an der AB OHG beteiligt, der er auch ein im Sonderbetriebsvermögen befindliches Grundstück zur Nutzung überlässt. In 2002 überträgt A die Hälfte seines Mitunternehmeranteils (½ des Gesamthandsanteils und ½ des Sonderbetriebsvermögens) unentgeltlich auf C. Die AC-GbR überlässt das Grundstück der ABC-OHG entgeltlich zur Nutzung.

a) Das Grundstück steht in Gesamthandsvermögen von A und C

b) Das Grundstück steht im Bruchteilseigentum von A und C

zu a)

Zunächst liegt eine unentgeltliche Teil-Mitunternehmeranteilsübertragung nach § 6 Abs. 3 Satz 1 EStG vor, die zwingend eine Buchwertfortführung vorschreibt. Im zweiten Schritt ändert sich aufgrund der steuerlichen Beurteilung des neu entstandenen Gebildes als mitunternehmerische Betriebsaufspaltung die bisherige Zuordnung des Grundstücks als Sonderbetriebsvermögen bei der OHG. Das Grundstück wird Gesamthandsvermögen bei der AC-GbR. Die damit verbundene Übertragung des Sonderbetriebsvermögens in das Gesamthandsvermögen der AC-GbR erfolgt nach § 6 Abs. 5 Satz 3 Nr. 2 EStG zum Buchwert.

zu b)

Zunächst liegt eine unentgeltliche Teil-Mitunternehmeranteilsübertragung nach § 6 Abs. 3 Satz 1 EStG vor, die zwingend eine Buchwertfortführung vorschreibt. Im zweiten Schritt ändert sich aufgrund der steuerlichen Beurteilung des neu entstandenen Gebildes als mitunternehmerische Betriebsaufspaltung die bisherige Zuordnung des Grundstücks als Sonderbetriebsvermögen bei der OHG. Das Grundstück wird – wegen des fehlenden Rechtsträgerwechsels bei dem Bruchteilseigentum – zu Sonderbetriebsvermögen der Gesellschafter bei der „gesamthandsvermögenslosen" AC-GbR (BFH vom 18. August 2005, a. a. O.). Die damit verbundene Überführung des Sonderbetriebsvermögens bei der OHG auf das Sonderbetriebsvermögen bei der AC-GbR erfolgt nach § 6 Abs. 5 Satz 2 EStG zum Buchwert.

E. Zeitliche Anwendung

23 [1])[1]Dieses Schreiben ist auf alle Übertragungen nach dem 31. Dezember 2000 anzuwenden. [2]In Erbfällen mit sog. qualifizierter Nachfolgeklausel sind die Tz. 72 bis 74 in der Fassung des BMF-Schreibens vom 14. März 2006 (BStBl I S. 253)[2])zur ertragsteuerlichen Behandlung der Erbengemeinschaft und ihrer Auseinandersetzung weiter anzuwenden.

24 Auf gemeinsamen Antrag vom Übertragenden und Übernehmenden ist dieses Schreiben in allen noch offenen Fällen auch für Übertragungen vor dem 1. Januar 2001 anzuwenden.

Für unterquotale Übertragungen (vgl. Tz. 10) sind dabei die Behaltefristen des § 6 Abs. 3 Satz 2 EStG zu beachten; dies gilt nicht, wenn der übernommene Mitunternehmeranteil vom Übernehmenden vor dem 1. Januar 2002 veräußert oder entnommen wurde.

Für überquotale Übertragungen (vgl. Tz. 16) vor dem 1. Januar 2001 kann in den offenen Fällen auf gemeinsamen Antrag vom Übertragenden und Übernehmenden aus Vertrauensschutzgründen der gesamte Übertragungsvorgang als unter § 6 Abs. 3 EStG in der damals geltenden Fassung fallend angesehen werden.

[1]) Tz. 23 i. d. F. des BMF vom 7. 12. 2006 (BStBl I S. 766).
[2]) → Anhang 8 I

V
Passivierung von Verbindlichkeiten bei Vereinbarung eines einfachen oder qualifizierten Rangrücktritts; Auswirkungen des § 5 Abs. 2a EStG

BMF vom 8. 9. 2006 (BStBl I S. 497)
IV B 2 – S 2133–10/06

Unter Bezugnahme auf das Ergebnis der Erörterung mit den obersten Finanzbehörden der Länder nehme ich zur Anwendung des § 5 Abs. 2a EStG in der Fassung des Steuerbereinigungsgesetzes 1999 vom 22. 12. 1999, BGBl. I 1999, 2601, auf Fälle, in denen zwischen Schuldner und Gläubiger eine Rangrücktrittsvereinbarung abgeschlossen wurde, wie folgt Stellung:

I. Begriff der Rangrücktrittsvereinbarung

1. Einfacher Rangrücktritt

Bei einem einfachen Rangrücktritt vereinbaren Schuldner und Gläubiger, dass eine Rückzahlung der Verbindlichkeit nur dann zu erfolgen habe, wenn der Schuldner dazu aus zukünftigen Gewinnen, aus einem Liquidationsüberschuss oder aus anderem – freien – Vermögen künftig in der Lage ist und der Gläubiger mit seiner Forderung im Rang hinter alle anderen Gläubiger zurücktritt. 1

Bei dieser Vereinbarung handelt es sich um einen Rangrücktritt, der mit einer Besserungsabrede verbunden wird.

2. Qualifizierter Rangrücktritt

Bei einem qualifizierten Rangrücktritt erklärt der Gläubiger sinngemäß, er wolle wegen der Forderung erst nach Befriedigung sämtlicher anderer Gläubiger der Gesellschaft und – bis zur Abwendung der Krise – auch nicht vor, sondern nur zugleich mit den Einlagenrückgewähransprüchen der Gesellschafter berücksichtigt, also so behandelt werden, als handele es sich bei seiner Forderung um statutarisches Kapital (vgl. Urteil des BGH vom 8. Januar 2001, BGHZ 146, 264-280). Ziel der Vereinbarung eines qualifizierten Rangrücktritts ist, die Verbindlichkeit in der insolvenzrechtlichen Überschuldungsbilanz der Gesellschaft nicht auszuweisen. 2

II. Ertragsteuerliche Behandlung

1. Grundsätzliche Passivierungspflicht

Eine Verbindlichkeit ist zu passivieren, wenn sie rechtlich entstanden und wirtschaftlich verursacht ist. Dagegen widerspricht es den Grundsätzen ordnungsmäßiger Buchführung, wenn ein Kaufmann Verbindlichkeiten in seiner Bilanz ausweist, obwohl mit einer Inanspruchnahme durch den Gläubiger mit an Sicherheit grenzender Wahrscheinlichkeit nicht mehr zu rechnen ist und die – rechtlich bestehende – Verpflichtung keine wirtschaftliche Belastung mehr darstellt (BFH vom 22. November 1988, BStBl 1989 II S. 359). Allein die Tatsache, dass der Schuldner die Verbindlichkeit mangels ausreichenden Vermögens nicht oder nur teilweise tilgen kann, begründet noch keine Annahme einer fehlenden wirtschaftlichen Belastung (BFH vom 9. Februar 1993, BStBl II S. 747). 3

2. Wirkung der Rangrücktrittsvereinbarung

Die Vereinbarung eines einfachen oder eines qualifizierten Rangrücktritts hat keinen Einfluss auf die Bilanzierung der Verbindlichkeit. Im Gegensatz zu einem Forderungsverzicht mindert sich oder erlischt die Verbindlichkeit nicht. Diese wird weiterhin geschuldet und stellt für den Steuerpflichtigen eine wirtschaftliche Belastung dar; lediglich die Rangfolge der Tilgung ändert sich. Die Verbindlichkeit ist weiterhin als Fremdkapital in der (Steuer-)Bilanz der Gesellschaft auszuweisen. 4

3. Anwendung des § 5 Abs. 2a EStG auf Rangrücktrittsvereinbarungen

Gemäß § 5 Abs. 2a EStG darf weder eine Verbindlichkeit angesetzt noch eine Rückstellung gebildet werden, wenn die Verpflichtung nur zu erfüllen ist, soweit künftig Einnahmen oder Gewinne anfallen. Eine solche Verbindlichkeit oder Rückstellung darf erst angesetzt werden, wenn die Einnahmen oder Gewinne angefallen sind. 5

Voraussetzung für die Anwendung des § 5 Abs. 2a EStG ist, dass zwischen dem Ansatz der Verbindlichkeit und Gewinnen und Einnahmen eine Abhängigkeit im Zahlungsjahr besteht. Haben 6

Schuldner und Gläubiger eine Vereinbarung im Sinne der Rdnr. 1 (= einfacher Rangrücktritt) geschlossen, besteht die erforderliche Abhängigkeit zwischen Verbindlichkeit und Einnahmen oder Gewinnen nicht, so dass der Tatbestand des § 5 Abs. 2a EStG nicht erfüllt ist; die Verbindlichkeit ist zu passivieren. Fehlt dagegen eine Bezugnahme auf die Möglichkeit einer Tilgung auch aus sonstigem freien Vermögen, ist der Ansatz von Verbindlichkeiten oder Rückstellungen bei derartigen Vereinbarungen ausgeschlossen.

7 Bei einer Vereinbarung im Sinne der Rdnr. 2 (qualifizierter Rangrücktritt) liegen die Voraussetzungen des § 5 Abs. 2a EStG nicht vor, weil eine Abhängigkeit zwischen Verbindlichkeit und Einnahmen oder Gewinnen nicht besteht, sondern die Begleichung der Verbindlichkeit zeitlich aufschiebend bedingt – bis zur Abwendung der Krise – verweigert werden kann.

8 Die Aussagen des BFH im Urteil vom 10. November 2005 (BStBl 2006 II S. 618) stehen dem nicht entgegen. Die Vereinbarung eines Rangrücktritts (ohne Besserungsabrede) erfüllt nicht die Tatbestandsvoraussetzungen des § 5 Abs. 2a EStG. Daher kann es in einem solchen Fall nicht auf eine ausdrückliche Bezugnahme auf die Möglichkeit der Tilgung auch aus einem Liquidationsüberschuss oder aus sonstigem freien Vermögen ankommen.

III. Zeitliche Anwendung

9 Dieses Schreiben ist in allen offenen Fällen anzuwenden. Es ersetzt das BMF-Schreiben vom 18. August 2004 (BStBl I S. 850).

VI

1. Rückstellungen für Verpflichtungen zur Gewährung von – Vergütungen für die Zeit der Arbeitsfreistellung vor Ausscheiden aus dem Dienstverhältnis – Jahreszusatzleistungen im Jahr des Eintritts des Versorgungsfalls

BMF vom 11. 11. 1999 (BStBl I S. 959)
IV C 2 – S 2176 – 102/99

I. Vergütungen für die Zeit der Arbeitsfreistellung vor Ausscheiden aus dem Dienstverhältnis

1 Räumt ein Arbeitgeber seinen Arbeitnehmern in einer Zusage das Recht ein, vor Eintritt in den Ruhestand bei formal fortbestehendem Dienstverhältnis die Arbeitsleistung ganz oder teilweise einzustellen, ohne dass die Vergütung in dieser Zeitspanne entsprechend dem Umfang der tatsächlich geleisteten Arbeit reduziert wird, stellt sich die Frage, ob und ggf. in welchem Umfang der Arbeitgeber für diese Zahlungsverpflichtung Rückstellungen zu bilden hat. Nach dem Ergebnis einer Erörterung mit den obersten Finanzbehörden der Länder gilt zu diesen Fragen Folgendes:

1. Abgrenzung zu Zusagen auf Leistungen der betrieblichen Altersversorgung

2 Eine Zusage auf Leistungen der betrieblichen Altersversorgung im Sinne von § 1 Betriebsrentengesetz liegt nur vor, wenn das Dienstverhältnis im Zeitpunkt des Eintritts des Versorgungsfalls formal beendet ist. Eine Zusage, nach der Leistungen fällig werden, ohne dass das Dienstverhältnis formal beendet ist, ist nicht als Zusage auf Leistungen der betrieblichen Altersversorgung anzusehen. Für eine derartige Verpflichtung darf insoweit eine Rückstellung nach § 6 a EStG nicht gebildet werden. Für die Zuordnung der Zusage ist die jeweils getroffene schriftliche Vereinbarung maßgebend.

3 Eine derartige eindeutige Zuordnung ist nicht möglich, wenn der Arbeitgeber oder der Arbeitnehmer nach dem Inhalt der Zusage wählen können, ob die Leistungen mit Arbeitsfreistellung vor Ausscheiden aus dem Dienstverhältnis oder zu einem anderen Zeitpunkt, z. B. erst mit Eintritt des Versorgungsfalls (z. B. Eintritt in den Ruhestand) fällig werden. In einem solchen Fall ist für jede der beiden Leistungsalternativen getrennt zu ermitteln, ob und ggf. in welcher Höhe eine Rückstellung zulässig ist. Für die Verpflichtung aus der Zusage darf in der Steuerbilanz nur die sich bei einem Vergleich ergebende niedrigere Rückstellung ausgewiesen werden. Wird später ein Fälligkeitszeitpunkt eindeutig festgelegt, richtet sich ab dem Zeitpunkt dieser Festlegung die Rückstellung nach den hierfür geltenden allgemeinen Grundsätzen.

4 Die Grundsätze des BMF-Schreibens vom 25. April 1995 (BStBl I S. 250) zur Rückstellung für die Verpflichtung zur Gewährung betrieblicher Teilrenten bleiben unberührt.

2. Arbeitsfreistellung zum Ausgleich für vom Arbeitnehmer erbrachte Vorleistungen

Arbeitgeber und Arbeitnehmer vereinbaren, dass der Arbeitnehmer die Vergütung für künftig von ihm zu leistende Mehrarbeit (z. B. Überstunden) nach erbrachter Mehrarbeit nicht sofort ausbezahlt erhält, sondern dieser Vergütungsanspruch beim Arbeitgeber nur betragsmäßig erfasst wird und erst im Zusammenhang mit einer vollen oder teilweisen Arbeitsfreistellung vor Beendigung des Dienstverhältnisses zur Auszahlung gelangt. Der angesammelte Vergütungsanspruch wird mit der Vergütung verrechnet, die dem Arbeitnehmer in der Zeit der Arbeitsfreistellung zu gewähren ist. Wegen der erst künftigen Auszahlung kann hierfür dem Arbeitnehmer eine gesonderte Gegenleistung (Verzinsung) zugesagt sein. Diese kann beispielsweise bestehen in einem festen jährlichen Prozentbetrag des angesammelten Vergütungsanspruchs, wobei sich der Prozentbetrag auch nach dem Umfang der jährlichen Gehaltsentwicklung richten kann, oder in einem Betrag in Abhängigkeit von der Entwicklung bestimmter am Kapitalmarkt angelegter Vermögenswerte. 5

Der Arbeitgeber hat für seine Verpflichtung, den angesammelten Vergütungsanspruch künftig zu erfüllen, nach den Verhältnissen am Bilanzstichtag eine Rückstellung wegen Erfüllungsrückstand zu bilden. Bei der Bewertung der Rückstellung sind nur die dem Arbeitnehmer zustehenden Vergütungsansprüche einschließlich der darauf entfallenden Arbeitgeberanteile zur Sozialversicherung zu berücksichtigen. 6

Die sich aus der gesondert zugesagten Gegenleistung ergebende Verpflichtung ist als gesonderte Rückstellung auszuweisen. Dabei ist nur der Teil dieser Verpflichtung zu berücksichtigen, der sich bis zum Bilanzstichtag ergeben hat. 7

Ist die Fälligkeit der Verpflichtungen auch abhängig von biologischen Ereignissen, so ist nach versicherungsmathematischen Grundsätzen zu bewerten. 8

Mögliche Ansprüche gegenüber Dritten (z. B. Erstattungsbeiträge) sind bei der Bewertung des Erfüllungsrückstandes gegenzurechnen (vgl. § 6 Abs. 1 Nr. 3a Buchstabe c EStG); für Wirtschaftsjahre, die vor dem 1 Januar 1999 enden, sind bei der Gegenrechnung die Grundsätze in EStH 38, Rückgriffsansprüche[1])), zu berücksichtigen. 9

Die Rückstellung wegen Erfüllungsrückstandes ist nach den Grundsätzen von § 6 Abs. 1 Nr. 3a Buchstabe e EStG abzuzinsen. Besteht die Möglichkeit, den Zeitpunkt der Fälligkeit der Verpflichtung zu bestimmen, ist für die Abzinsung auf den letztmöglichen Zeitpunkt abzustellen, in dem die Fälligkeit eintreten kann; der sich danach ergebende Abzinsungszeitraum ist pauschal um drei Jahre zu vermindern. Eine Abzinsung unterbleibt in Fällen einer gesondert zugesagten Gegenleistung; die Verpflichtung ist in diesem Fall verzinslich. Auch für Wirtschaftsjahre, die vor dem 1. Januar 1999 enden, gilt entsprechendes. Die Rückstellung wegen der gesondert zugesagten Gegenleistung ist ebenfalls nicht abzuzinsen, wenn für diese Verpflichtung eine Verzinsung vorgesehen ist. 10

Soll ein künftiger Anspruch des Arbeitnehmers auf laufendes Gehalt oder auf Sonderzahlungen (z. B. Weihnachts- oder Urlaubsgeld oder auf Jubiläumszuwendungen) mit der Vergütung verrechnet werden, die dem Arbeitnehmer in der Zeit der Arbeitsfreistellung zu zahlen ist, sind die vorstehenden Grundsätze entsprechend anzuwenden. 11

3. Arbeitsfreistellung ohne vom Arbeitnehmer erbrachte Vorleistungen

Arbeitgeber und Arbeitnehmer vereinbaren, dass der Arbeitnehmer vor dem tatsächlichen Ausscheiden aus dem Dienstverhältnis unter Fortzahlung (ggf. geminderter) Bezüge von der Arbeit freigestellt wird. Eine konkrete Vorleistung hat der Arbeitnehmer hierfür vor der Arbeitsfreistellung nicht zu erbringen. 12

In der Zeit vor der Arbeitsfreistellung liegt ein Erfüllungsrückstand mangels Vorleistung des Arbeitnehmers nicht vor; die Bildung einer Rückstellung wegen Erfüllungsrückstand ist nicht zulässig. In der Zeit vor der Arbeitsfreistellung scheidet auch für Wirtschaftsjahre, die vor dem 1. Januar 1997 geendet haben, eine Rückstellung für drohende Verluste aus schwebenden Arbeitsverhältnissen aus, und zwar unter Berücksichtigung der Grundsätze der BFH-Urteile vom 3. Februar 1993 (BStBl II S. 441) und vom 2. Oktober 1997 (BStBl 1998 II S. 205). 13

In der Zeit ab der vollständigen Arbeitsfreistellung ist eine Rückstellung für ungewisse Verbindlichkeiten zu bilden (vgl. BFH-Urteil vom 6. April 1993, BStBl II S. 709). Die Rückstellung ist abzuzinsen, wenn die Laufzeit der Verpflichtung am Bilanzstichtag mindestens zwölf Monate beträgt; im übrigen gelten die in Rdnrn. 6 bis 10 genannten Grundsätze. 14

1) Jetzt → H 6.11 (Rückgriffsansprüche).

4. Vereinbarung von Altersteilzeit auf der Grundlage des Gesetzes vom 23. Juli 1996 – Altersteilzeitgesetz – (BGBl. I S. 1078)

15 bis 21 [1])**II. Jahreszusatzleistungen im Jahr des Eintritts des Versorgungsfalls**

22 Verpflichtet sich der Arbeitgeber, seinen Arbeitnehmern neben dem laufenden Gehalt zugesagte Jahreszusatzleistungen (z. B. Jahresabschlussleistungen), auch im Jahr des Eintritts des Versorgungsfalls (ganz oder teilweise) neben den fälligen Leistungen der betrieblichen Altersversorgung zu gewähren, gilt nach dem Ergebnis einer Erörterung mit den obersten Finanzbehörden der Länder Folgendes:

23 Diese Zusatzleistungen sind nicht Teil der Zusage auf Leistungen der betrieblichen Altersversorgung. Eine Rückstellung nach § 6 a EStG darf hierfür nicht gebildet werden. Auch eine andere Rückstellung wegen Erfüllungsrückstand ist in Wirtschaftsjahren vor dem Jahr des Ausscheidens nicht zulässig. Ein Erfüllungsrückstand liegt nicht vor, da derartige Zusatzleistungen in dem Jahr wirtschaftlich verursacht sind, für das sie erbracht werden.

2. Bilanzsteuerliche Berücksichtigung von Altersteilzeitvereinbarungen im Rahmen des so genannten „Blockmodells" nach dem Altersteilzeitgesetz (AltTZG)

BMF-Schreiben vom 11. 11. 1999 (BStBl I S. 959)
BFH-Urteil vom 30. 11. 2005 (BStBl 2007 II S. 251)

BMF vom 28. 3. 2007 – BStBl I S. 297) ***unter Berücksichtigung der Änderungen durch BMF vom 11. 3. 2008 (BStBl I S. 496)***
IV B 2 – S 2175/07/0002

Der BFH hat mit Urteil vom 30. November 2005 (BStBl 2007 II S. 251) entschieden, dass für Verpflichtungen, im Rahmen einer Vereinbarung über Altersteilzeit nach dem AltTZG in der Freistellungsphase einen bestimmten Prozentsatz des bisherigen Arbeitsentgeltes zu zahlen, in der Beschäftigungsphase eine ratierlich anzusammelnde Rückstellung zu bilden ist.

Nach Abstimmung mit den obersten Finanzbehörden der Länder sind Altersteilzeitvereinbarungen, wonach der Arbeitnehmer in der ersten Hälfte der Altersteilzeit (Beschäftigungsphase) eine geringere laufende Vergütung einschließlich der hierauf entfallenden Arbeitgeberanteile zur gesetzlichen Rentenversicherung und der sog. Aufstockungsbeträge nach § 3 Abs. 1 Satz 1 Nr. 1 Buchstabe a AltTZG erhält, als es seiner geleisteten Arbeit entspricht und er in der zweiten Hälfte der Altersteilzeit (Freistellungsphase) bei Fortzahlung der Vergütungen entsprechend der in der ersten Hälfte vereinbarten Höhe vollständig von der Arbeit freigestellt wird, in der steuerlichen Gewinnermittlung wie folgt zu berücksichtigen:

1. Rückstellungen für die laufenden Vergütungen in der Freistellungsphase

1 Für die Verpflichtungen aus vertraglichen Altersteilzeitvereinbarungen, in der Freistellungsphase weiterhin laufende Vergütungen zu zahlen, sind erstmals am Ende des Wirtschaftsjahres, in dem die Altersteilzeit (Beschäftigungsphase) beginnt, Rückstellungen für ungewisse Verbindlichkeiten zu passivieren.

2 Bemessungsgrundlage sind die gesamten in der Freistellungsphase zu gewährenden Vergütungen einschließlich der zu erbringenden Aufstockungsbeträge sowie sonstige Nebenleistungen (z. B. Urlaubs- und Weihnachtsgeld, Arbeitgeberanteile zur gesetzlichen Sozialversicherung).

2. Bewertung der Rückstellungen

a) Wertverhältnisse des Bilanzstichtages

3 Bei der Bewertung der Rückstellungen sind die Kosten- und Wertverhältnisse des jeweiligen Bilanzstichtages maßgebend (§ 252 Abs. 1 Nr. 4 Handelsgesetzbuch – HGB).

b) Gegenrechnung künftiger Vorteile

4 Gemäß § 6 Abs. 1 Nr. 3a Buchstabe c und § 52 Abs. 16 Satz 2 EStG sind künftige Vorteile, die mit der Erfüllung einer Verpflichtung voraussichtlich verbunden sein werden, bei der Rückstellungsbewertung in nach dem 31. Dezember 1998 endenden Wirtschaftsjahren wertmindernd zu berücksichtigen. Nach R 6.11 Abs. 1 EStR 2005 setzt eine Gegenrechnung voraus, dass am

[1]) Rdnrn. 15 und 17 bis 21 sind für Bilanzen, die nach dem 23. 4. 2007 aufgestellt werden, nicht weiter anzuwenden***; zur Anwendung für vor dem 24. 4. 2007 aufgestellte Bilanzen → BMF vom 28. 3. 2007 (BStBl I S. 297) unter Berücksichtigung der Änderungen durch BMF vom 11. 3. 2008 (BStBl I S. 496), Rdnr. 18.***

Bilanzstichtag nach den Umständen des Einzelfalles mehr Gründe für als gegen den Vorteilseintritt sprechen.

Der Erstattungsanspruch nach § 4 Abs. 1 AltTZG besteht bei Wiederbesetzung des durch die Altersteilzeitvereinbarung freigewordenen Arbeitsplatzes (§ 3 Abs. 1 Satz 1 Nr. 2 und § 3 Abs. 3 AltTZG). Er steht im Zusammenhang mit den Altersteilzeitverpflichtungen und stellt somit einen Vorteil im Sinne von § 6 Abs. 1 Nr. 3a Buchstabe c EStG dar. 5

Erstattungsansprüche sind gegenzurechnen, wenn mehr Gründe für als gegen die Wiederbesetzung des Arbeitsplatzes und die Inanspruchnahme der Erstattungsleistungen nach § 4 AltTZG sprechen. So sind beispielsweise künftige Erstattungsleistungen rückstellungsmindernd zu berücksichtigen, wenn nach den betriebsinternen Unterlagen die Wiederbesetzung des Arbeitsplatzes anzunehmen ist und sich keine Anhaltspunkte für die Nichterfüllung der Voraussetzungen des § 3 AltTZG für Leistungen nach § 4 AltTZG ergeben. Bei Abschluss eines neuen Arbeitsvertrages mit einem Arbeitnehmer im Sinne von § 3 Abs. 1 Satz 1 Nr. 2 AltTZG ist regelmäßig von einem voraussichtlichen Vorteilseintritt auszugehen. 6

Liegen die Voraussetzungen des § 3 AltTZG für Leistungen im Sinne von § 4 AltTZG vor, ist für die Monate vor dem Bilanzstichtag, in denen der Arbeitgeber einen „begünstigten" Arbeitnehmer tatsächlich beschäftigt hat und nach dem AltTZG entstandene Erstattungsleistungen noch nicht ausgezahlt wurden, anstelle der Gegenrechnung eine Forderung in Höhe der für diese Monate bestehenden Erstattungsansprüche zu aktivieren. 7

c) Ratierliche Ansammlung

Die Rückstellungen für die laufenden Vergütungen in der Freistellungsphase sind entsprechend der ratierlichen wirtschaftlichen Verursachung in der Beschäftigungsphase zeitanteilig in gleichen Raten anzusammeln. 8

d) Abzinsung nach § 6 Abs. 1 Nr. 3a Buchstabe e EStG

Nach § 6 Abs. 1 Nr. 3a Buchstabe e Satz 1 und § 52 Abs. 16 Satz 2 EStG sind in nach dem 31. Dezember 1998 endenden Wirtschaftsjahren Rückstellungen mit einem Zinssatz von 5,5 % abzuzinsen. Ausgenommen sind Rückstellungen, deren Laufzeiten am Bilanzstichtag weniger als 12 Monate betragen, die verzinslich sind oder auf einer Anzahlung oder Vorausleistung beruhen. 9

Ob die Verpflichtung zur Leistungserbringung in der Freistellungsphase verzinslich ist, richtet sich nach der konkreten Vereinbarung im jeweiligen Einzelfall. Wird beispielsweise während der gesamten Laufzeit der Altersteilzeit eine Vergütung in unveränderter Höhe bezogen, liegt eine unverzinsliche Verpflichtung vor. Allgemeine Wertfortschreibungen, wie z. B. mögliche oder konkret vereinbarte Tariferhöhungen, stellen keine Verzinslichkeit im Sinne des § 6 Abs. 1 Nr. 3a Buchstabe e EStG dar. 10

e) Versicherungsmathematische Bewertung

Die Rückstellungen für Altersteilzeitverpflichtungen sind grundsätzlich versicherungsmathematisch unter Berücksichtigung der Randnummern 3 bis 10 zu bewerten. Für die Anwendung der neuen „Richttafeln 2005 G" von Prof. Klaus Heubeck gelten die Regelungen in Randnummer 2 des BMF-Schreibens vom 16. Dezember 2005 (BStBl I S. 1054) entsprechend. 11

f) Pauschalwertverfahren

Aus Vereinfachungsgründen ist es nicht zu beanstanden, die Rückstellungen für Altersteilzeitverpflichtungen – abweichend von den Randnummern 9 bis 11 und der Regelungen des BMF-Schreibens vom 26. Mai 2005 (BStBl I S. 699) – nach einem pauschalen Verfahren unter Verwendung der diesem Schreiben beigefügten *Tabelle 1* zu bewerten. Die dort genannten Barwertfaktoren berücksichtigen die biometrische Wahrscheinlichkeit des Ausscheidens des Altersteilzeitberechtigten und die Abzinsung. 12

Altersteilzeitverpflichtungen können nur einheitlich entweder versicherungsmathematisch oder nach dem Pauschalwertverfahren bewertet werden. Die für ein Wirtschaftsjahr getroffene Wahl bindet das Unternehmen für die folgenden 4 Wirtschaftsjahre. Bei Anwendung des Pauschalwertverfahrens scheidet eine Rücklagenbildung nach § 52 Abs. 16 Satz 10 ff. EStG und R 6.11 Abs. 1 Satz 3 ff. EStR 2005 aus. 13

1. Beispiel

Arbeitgeber (Wirtschaftsjahr = Kalenderjahr) und Arbeitnehmer A vereinbaren am 5. April 2006 eine 4-jährige Altersteilzeit ab dem 1. Januar 2007 bis zum 31. Dezember 2010. Der 14

Arbeitgeber beabsichtigt bereits bei Vertragsabschluss, den durch die Altersteilzeitvereinbarung frei werdenden Arbeitsplatz wieder zu besetzen und die Leistungen nach § 4 AltTZG in Anspruch zu nehmen.

In der Beschäftigungsphase (1. Januar 2007 bis 31. Dezember 2008) übt A weiterhin eine Vollzeittätigkeit aus und bezieht monatliche Leistungen in Höhe von 600 € (einschließlich Aufstockungsbetrag nach dem AltTZG i. H. v. 100 €). Diese Vergütungen erhält A auch in der Freistellungsphase vom 1. Januar 2009 bis 31. Dezember 2010.

Aufgrund dieser Vereinbarung beschäftigt der Arbeitgeber ab dem 1. Januar 2009 den bislang als arbeitslos gemeldeten Arbeitnehmer B (Arbeitsvertrag vom 5. April 2008). Im März 2009 beantragte er bei der Bundesagentur für Arbeit gemäß § 12 Abs. 1 AltTZG die Erstattung des Aufstockungsbetrages für den Arbeitnehmer A. Die Voraussetzungen des § 3 AltTZG liegen zu diesem Zeitpunkt vor. Die ersten Erstattungsleistungen wurden im Januar 2010 ausgezahlt. Der Arbeitgeber nimmt das Pauschalwertverfahren (Randnummer 12) in Anspruch.

Bilanzstichtag 31. 12. 2007

Für die in der Freistellungsphase (24 Monate) zu leistenden Vergütungen in Höhe von 24 × 600 € = 14 400 € passiviert der Arbeitgeber eine zeitanteilig anzusammelnde Rückstellung für ungewisse Verbindlichkeiten. Da am Bilanzstichtag mehr Gründe für als gegen die Wiederbesetzung des Arbeitsplatzes und die Inanspruchnahme des Erstattungsanspruches nach § 4 AltTZG sprechen, sind die Aufstockungsbeträge in der Freistellungsphase i. H. v. 24 × 100 € = 2 400 € als künftige Vorteile gegenzurechnen. Am Stichtag 31. 12. 2007 sind entsprechend der ratierlichen wirtschaftlichen Verursachung ½ × (14 400 € – 2 400 €) = 6 000 € maßgebend.

Bei Anwendung des Pauschalverfahrens gemäß *Tabelle 1* (ATZ 4, Restlaufzeit 3 Jahre) ergibt sich eine Rückstellung in Höhe von 6 000 € × 81 % = 4 860 €.

Bilanzstichtag 31. 12. 2008

Entsprechend der wirtschaftlichen Verursachung wird nunmehr die volle ratierliche Ansammlung erreicht. Es sind weiterhin die Aufstockungsbeträge als künftige Vorteile gegenzurechnen. Das Pauschalverfahren gemäß *Tabelle 1* (ATZ 4, Restlaufzeit 2 Jahre) ergibt eine Rückstellung in Höhe von (14 400 € – 2 400 €) × 93 % = 11 160 €.

Bilanzstichtage 31. 12. 2009 und 31. 12. 2010

Am Stichtag 31. 12. 2009 ist die verbleibende Verpflichtung von 12 × 600 € = 7 200 € Bemessungsgrundlage. Gegenzurechnen sind nur noch die Aufstockungsbeträge, die nach dem Bilanzstichtag voraussichtlich für das Jahr 2010 ausgezahlt werden, also 12 × 100 € = 1 200 €. Das Pauschalverfahren gemäß *Tabelle 1* (ATZ 4, Restlaufzeit 1 Jahr) ergibt somit eine Rückstellung in Höhe von (7 200 € – 1 200 €) × 96 % = 5 760 €. Hinsichtlich der bis zum Bilanzstichtag 31. 12. 2009 nach dem AltTZG entstandenen und noch nicht ausgezahlten Erstattungsleistungen i. H. v. 2 × 12 × 100 € = 2 400 € (1 Jahr Neubeschäftigung in der Freistellungsphase zzgl. Entsprechender Zeitraum der Beschäftigungsphase) ist eine Forderung zu aktivieren.

Die verbleibende Rückstellung von 5 760 € ist in 2010 vollständig aufzulösen.

4. Leistungen des Arbeitgebers zum Ausgleich für die Minderung der Ansprüche aus der gesetzlichen Rentenversicherung (sog. Nachteilsausgleich)

15 Wird neben den laufenden Altersteilzeitleistungen am Ende der Altersteilzeit ein Einmalbetrag als Ausgleich für die infolge der Altersteilzeitvereinbarung geminderte Rente aus der gesetzlichen Rentenversicherung gezahlt, ist es nicht zu beanstanden, diese Verpflichtung erstmals am Ende des Wirtschaftsjahres, in dem die Beschäftigungsphase beginnt, mit dem versicherungsmathematischen Barwert nach § 6 EStG unter Zugrundelegung des Zinssatzes von 5,5 % zurückzustellen. Das gilt auch dann, wenn der Nachteilsausgleich innerhalb der Freistellungsphase ausgezahlt werden soll. Die Rückstellung ist bis zum Ende der Beschäftigungsphase ratierlich anzusammeln.

16 Aus Vereinfachungsgründen ist es nicht zu beanstanden, die Rückstellung für den Nachteilsausgleich bis zum Ende der Beschäftigungsphase ratierlich anzusammeln und nach einem Pauschalwertverfahren unter Verwendung der diesem Schreiben beigefügten *Tabelle 2* zu bewerten. Die dort genannten Barwertfaktoren berücksichtigen die Wahrscheinlichkeit des Ausscheidens des Ausgleichsberechtigten und die Abzinsung. Randnummer 13 gilt entsprechend.

Beispiel 17

Wie Randnummer 14, A erhält nach der Altersteilzeitvereinbarung vom 5. April 2006 zusätzlich am Ende der Freistellungsphase am 31. Dezember 2010 eine einmalige Abfindung in Höhe von 2 000 €. Der Arbeitgeber nimmt das Pauschalwertverfahren in Anspruch.

Es ergibt sich folgende Rückstellung für die Ausgleichszahlung von 2 000 €, die in der Beschäftigungsphase, also an den Bilanzstichtagen 31. 12. 2007 und 31. 12. 2008, ratierlich anzusammeln ist:

31. 12. 2007: 2 000 € × 1/2 × 75 % = 750 € (Tabelle 2, ATZ 4, Fälligkeit in 3 Jahren)
31. 12. 2008: 2 000 € × 2/2 × 87 % = 1 740 € (Tabelle 2, ATZ 4, Fälligkeit in 2 Jahren)
31. 12. 2009: 2 000 € × 93 % = 1 860 € (Tabelle 2, ATZ 4, Fälligkeit in 1 Jahr)
31. 12. 2010: Auflösung der Rückstellung

5. Zeitliche Anwendung

Die Regelungen dieses Schreibens können erstmals in nach dem 30. November 2005 (Datum der BFH-Entscheidung 1 R 110/104) aufgestellten Bilanzen berücksichtigt werden. Sie sind spätestens für Bilanzen maßgebend, die nach dem 23. April 2007 (Datum der Veröffentlichung des o. g. BFH-Urteils im Bundessteuerblatt) aufgestellt werden. Die Randnummem 15 und 17 bis 21 des BMF-Schreibens vom 11. November 1999 (BStBl I S. 959) sind ab diesem Zeitpunkt nicht weiter anzuwenden. Wurde die Rückstellung für Altersteilzeitverpflichtungen bereits in einer vor dem 30. November 2005 aufgestellten Bilanz entsprechend diesem Schreiben (28. März 2007) gebildet, so bleibt dieser Ansatz bestehen. 18

Eine Änderung des Bilanzpostens für vor diesem Zeitpunkt aufgestellte Bilanzen ist nur im Rahmen einer Bilanzberichtigung möglich. Diese ist zulässig, wenn der Steuerpflichtige zwar die Rückstellung entsprechend dem BMF-Schreiben vom 11. November 1999 gebildet, durch Zusätze oder Vermerke bei der Aufstellung der Bilanz aber dokumentiert hat, dass er einen entgegenstehenden Ansatz begehrt. Hat der Steuerpflichtige nach der erstmaligen Steuerfestsetzung innerhalb der Einspruchsfrist nach § 355 Abgabenordnung (AO) die Berücksichtigung des Bilanzansatzes mit einem dem BMF-Schreiben vom 11. November 1999 entgegenstehenden Wert begehrt, kann dies als Indiz für einen bereits im Aufstellungszeitpunkt der Bilanz gewollten – aufgrund der entgegenstehenden Verwaltungsanweisung aber nicht gewählten – abweichenden Wert angesehen werden. In diesen Fällen kann der Bilanzansatz berichtigt werden; dabei ist die Rückstellung entsprechend diesem Schreiben (28. März 2007) zu ermitteln.

Tabelle 1
Barwertfaktoren für laufende Altersteilzeitleistungen

Restlaufzeit in Jahren	Dauer des Altersteilzeitverhältnisses in Jahren								
	2	3	4	5	6	7	8	9	10
0	99 %	99 %	99 %	99 %	99 %	99 %	99 %	99 %	99 %
1	96 %	96 %	96 %	96 %	96 %	96 %	96 %	96 %	96 %
2	85 %	88 %	93 %	93 %	93 %	93 %	93 %	93 %	93 %
3		79 %	81 %	86 %	90 %	90 %	90 %	90 %	90 %
4			75 %	76 %	80 %	83 %	87 %	87 %	87 %
5				70 %	72 %	75 %	78 %	81 %	84 %
6					67 %	68 %	71 %	74 %	76 %
7						64 %	65 %	68 %	70 %
8							61 %	62 %	64 %
9								59 %	59 %
10									57 %

Tabelle 2
Barwertfaktoren für Abfindungsleistung

Dauer bis Fälligkeit in Jahren	Dauer des Altersteilzeitverhältnisses in Jahren								
	2	3	4	5	6	7	8	9	10
0	99 %	99 %	99 %	99 %	99 %	99 %	99 %	99 %	99 %
1	93 %	93 %	93 %	93 %	93 %	93 %	93 %	93 %	93 %
2	79 %	83 %	87 %	87 %	87 %	87 %	87 %	87 %	87 %
3	68 %	72 %	75 %	78 %	81 %	81 %	81 %	81 %	81 %
4	60 %	63 %	66 %	69 %	71 %	74 %	76 %	76 %	76 %
5	53 %	56 %	59 %	61 %	63 %	65 %	67 %	69 %	71 %
6	48 %	50 %	53 %	55 %	57 %	59 %	61 %	62 %	63 %
7	44 %	46 %	48 %	50 %	52 %	53 %	55 %	57 %	58 %
8		42 %	44 %	46 %	47 %	49 %	50 %	52 %	53 %
9			40 %	42 %	43 %	45 %	46 %	48 %	49 %
10				39 %	40 %	42 %	43 %	44 %	45 %
11					37 %	39 %	40 %	41 %	42 %
12						36 %	37 %	38 %	39 %
13							35 %	36 %	36 %
14								33 %	34 %
15									32 %

Bei Anwendung der Tabellen 1 und 2 sind die Dauer der Altersteilzeit (ATZ) und die Restlaufzeit auf ganze Jahre kaufmännisch zu runden (angefangene Jahre bis 6 Monate Abrundung, sonst Aufrundung).

VII
Bilanzsteuerliche Behandlung von Pensionszusagen einer Personengesellschaft an einen Gesellschafter und dessen Hinterbliebene

BMF vom 29. 1. 2008 (BStBl I S. 317)
IV B 2 – S 2176/07/0001

1 Nach dem der bisherigen Verwaltungsauffassung zugrunde liegenden BFH-Urteil vom 8. Januar 1975 (BStBl II S. 437) ist eine Pensionszusage, die eine Personengesellschaft ihrem Gesellschafter-Geschäftsführer erteilt, als Gewinnverteilungsabrede zwischen den Gesellschaftern anzusehen, die den Gewinn der Gesellschaft nicht beeinflussen darf und dementsprechend auch nicht zur Rückstellungsbildung für die künftigen Pensionsleistungen berechtigt. Demgegenüber hat der BFH im Urteil vom 2. Dezember 1997 – VIII R 15/96 – (BStBl 2008 II S. 174) entschieden, eine derartige Pensionszusage führe bei der Gesellschaft zu einer zu passivierenden Verpflichtung, der auf der Gesellschafterebene eine korrespondierende Forderung gegenüberstehe. Das Urteil lässt offen, ob diese Forderung in einer Sonderbilanz nur bei dem durch die Zusage begünstigten Gesellschafter oder anteilig bei allen Gesellschaftern erfasst werden muss.

Inzwischen hat der BFH mit Urteilen vom 14. Februar 2006 – VIII R 40/03 – (BStBl 2008 II S. 182) und vom 30. März 2006 – IV R 25/04 – (BStBl 2008 II S. 171) entschieden, dass der zur Pensionsrückstellung korrespondierende Aktivposten ausschließlich in der Sonderbilanz des begünstigten Gesellschafters zu aktivieren ist. In seinem Urteil vom 30. März 2006 – IV R 25/04 – (BStBl 2008 II S. 171) hat der BFH außerdem festgelegt, dass diese Rechtsprechung auch auf bereits vorher bestehende Pensionszusagen anzuwenden ist. Dies bedeutet, dass in solchen Fällen im ersten Jahr, dessen Veranlagung verfahrensrechtlich noch geändert werden kann, in der Sonderbilanz des begünstigten Gesellschafters die bisher nicht aktivierte Zuführung zur Pensionsrückstellung gewinnerhöhend nachzuholen ist.

2 Unter Berücksichtigung der Grundsätze dieser BFH-Urteile gilt zur künftigen bilanzsteuerrechtlichen Behandlung von Pensionszusagen einer Personengesellschaft an einen Gesellschafter und dessen Hinterbliebene im Einvernehmen mit den obersten Finanzbehörden der Länder Folgendes:

I. Pensionszusagen an einen Gesellschafter unmittelbar durch die Gesellschaft

1. Gesellschaftsebene

3 Die Gesellschaft hat für die sich aus der Pensionszusage ergebende Verpflichtung in der Gesellschaftsbilanz nach Maßgabe des § 6a EStG eine Pensionsrückstellung zu bilden; zum Passivie-

rungswahlrecht bei laufenden Pensionen und Anwartschaften auf Pensionen, die vor dem 1. Januar 1987 rechtsverbindlich zugesagt worden sind (Altzusagen), vgl. R 6a Abs. 1 Satz 3 EStR 2005.

Für die Zeit nach vertraglich vorgesehenem Eintritt des Versorgungsfalls sind unter Beachtung der Grundsätze in R 6a Abs. 22 EStR 2005 laufende Pensionsleistungen auf der Gesellschaftsebene als Betriebsausgaben abziehbar und ist die gebildete Pensionsrückstellung anteilig gewinnerhöhend aufzulösen. Entfällt die Verpflichtung und ist die Rückstellung deshalb in vollem Umfang aufzulösen (z. B. im Falle des Todes des Gesellschafters ohne Hinterbliebenenversorgung), entsteht auf Gesellschaftsebene ein außerordentlicher, allen Gesellschaftern zugute kommender Ertrag. Zur Auflösung der Pensionsrückstellungen allgemein vgl. R 6a Abs. 21 EStR 2005. 4

2. Gesellschafterebene

Der aus der Zusage begünstigte Gesellschafter hat gemäß § 15 Abs. 1 Satz 1 Nr. 2 EStG in seiner Sonderbilanz eine Forderung auf künftige Pensionsleistungen zu aktivieren, die der Höhe der bei der Gesellschaft passivierten Pensionsverpflichtung entspricht (korrespondierende Bilanzierung); bei den nicht begünstigten Gesellschaftern sind keine Ansprüche zu aktivieren. Ist die Pensionszusage bereits vor Beginn des Wirtschaftsjahres, das nach dem 31. Dezember 2007 endet, erteilt worden (Altzusage), kann der begünstigte Gesellschafter in den Fällen, in denen die Pensionszusage bisher entweder als steuerlich unbeachtliche Gewinnverteilungsabrede behandelt worden ist oder zwar eine Passivierung der Pensionszusage in der Gesellschaftsbilanz erfolgt ist, aber die hierdurch entstehende Gewinnminderung durch eine anteilige Aktivierung in den Sonderbilanzen aller Gesellschafter neutralisiert worden ist, aus Billigkeitsgründen eine Rücklage in Höhe von 14/15 des aus der erstmaligen Anwendung dieses Schreibens entstehenden Gewinns (Ertrag aus der erstmaligen Aktivierung des Pensionsanspruchs in der Sonderbilanz und anteiliger Aufwand aus der erstmaligen Passivierung aller Pensionsrückstellungen in der Gesamthandsbilanz oder Ertrag aus der Differenz zwischen dem bisher aktivierten anteiligen Anspruch und dem nunmehr zu aktivierenden vollen Anspruch) bilden, die in den nachfolgenden vierzehn Wirtschaftsjahren zu mindestens je einem vierzehntel gewinnerhöhend aufzulösen ist. Die Rücklage darf nur gebildet werden, soweit aufgrund der erstmaligen Anwendung dieses Schreibens insgesamt – also unter anteiliger Berücksichtigung aller in der Gesamthandsbilanz zu passivierenden Rückstellungen – ein Gewinn beim begünstigten Gesellschafter verbleibt. 5

Beispiel:

A und B sind als Mitunternehmer an einer Personengesellschaft zu je 50 % beteiligt. Beide Mitunternehmer haben eine Pensionszusage erhalten, und zwar beträgt der

Wert für A am Bilanzstichtag 80

Wert für B am Bilanzstichtag (wegen längerer Zugehörigkeit zur Gesellschaft) 100.

Für die Rücklagenbildung ist bei jedem Gesellschafter nicht nur die anteilige Passivierung „seiner" Pensionsrückstellung zu berücksichtigen, sondern die anteilige Passivierung aller Pensionsrückstellungen. Also ergibt sich für A kein rücklagefähiger Gewinn, sondern vielmehr ein Verlust von 10 (Aktivierung 80 ./. ½ von 180 = ./. 10). Bei B ergibt sich hingegen ein rücklagefähiger Gewinn von 10 (Aktivierung 100 ./. ½ von 180 = 10).

Die Rücklage in der Sonderbilanz des begünstigten Gesellschafters ist nur für Zwecke der Einkommensteuer zu berücksichtigen. Die Rücklage kann außerdem nur in Anspruch genommen werden, wenn von der Gesellschaft für Altzusagen die Grundsätze dieses Schreibens ab dem Erstjahr (das ist das Wirtschaftsjahr, das nach dem 31. Dezember 2007 endet – siehe RdNr. 10 –, in den Fällen der RdNr. 11 das entsprechende Vorjahr) angewendet werden. Wird also zunächst ein Antrag nach RdNr. 20 dieses Schreibens gestellt, für Altzusagen weiterhin nach der bisherigen Rechtslage zu verfahren und wird ein solcher Antrag später wieder zurückgenommen, kann die Rücklage nicht in Anspruch genommen werden. Die Rücklage ist bereits vor Ablauf des Fünfzehnjahreszeitraums aufzulösen, wenn der Pensionsanspruch wegfällt.

Entsprechendes gilt, wenn in der Vergangenheit in der Gesamthandsbilanz eine Pensionsrückstellung gebildet worden ist, die Zuführungen zur Rückstellung jedoch durch außerbilanzielle Hinzurechnungen neutralisiert worden sind. Die außerbilanziellen Hinzurechnungen sind hier bei dem Gesellschafter, bei dem sie vorgenommen worden sind, im Jahr der erstmaligen Anwendung dieses Schreibens als Aufwand zu berücksichtigen. Beim begünstigten Gesellschafter ist zusätzlich der Ertrag aus der erstmaligen Aktivierung des Pensionsanspruchs in der Sonderbilanz gewinnerhöhend zu erfassen. Der Saldo aus Gewinnerhöhung und Aufwandsberücksichtigung kann beim begünstigten Gesellschafter in eine Rücklage eingestellt werden; RdNr. 5 Satz 2 ff. sind hier entsprechend anzuwenden.

6 Laufende Pensionsleistungen sind als Sonderbetriebseinnahmen beim begünstigten Gesellschafter zu erfassen. Entsprechend den unterschiedlichen Rechtsgrundlagen ist zwischen Pensionsleistungen, die an noch beteiligte Gesellschafter gezahlt werden (§ 15 Abs. 1 Satz 1 Nr. 2 EStG), und Pensionsleistungen an ehemalige Gesellschafter (§ 15 Abs. 1 Satz 2 EStG) zu unterscheiden:

a) Pensionsleistungen an noch beteiligte Gesellschafter

7 Die Pensionsleistungen sind nach § 15 Abs. 1 Satz 1 Nr. 2 EStG als Sonderbetriebseinnahmen beim begünstigten Gesellschafter zu erfassen. Aufgrund der korrespondierenden Bilanzierung ist die in der Sonderbilanz aktivierte Forderung (RdNr. 5) entsprechend der gewinnerhöhenden Auflösung der Pensionsrückstellung in der Gesellschaftsbilanz (RdNr. 4) gewinnmindernd aufzulösen.

b) Pensionsleistungen an ehemalige Gesellschafter

8 Der ehemalige Gesellschafter ist mit den nachträglichen Einkünften in die gesonderte und einheitliche Feststellung für die Gesellschaft einzubeziehen; laufende Pensionsleistungen sind nach § 15 Abs. 1 Satz 2 EStG als Sonderbetriebseinnahmen dieses Gesellschafters zu erfassen.

Die aufgrund der Pensionszusage ausgewiesene Forderung bleibt nach § 15 Abs. 1 Satz 2 EStG nach dem Ausscheiden des Gesellschafters Sonderbetriebsvermögen dieses Gesellschafters. Die Forderung ist entsprechend der gewinnerhöhenden Auflösung der Pensionsrückstellung in der Gesamthandsbilanz gewinnmindernd aufzulösen.

c) Wegfall des Pensionsanspruches

9 Bei Wegfall des Pensionsanspruches (z. B. durch Tod des Gesellschafters ohne Hinterbliebenenversorgung) entsteht durch die Ausbuchung der Forderung ein außerordentlicher Aufwand, der zu Sonderbetriebsausgaben beim betreffenden Gesellschafter führt. Eine noch bestehende Rücklage nach RdNr. 5 ist gewinnerhöhend aufzulösen.

3. Zeitliche Anwendung

10 Die Regelungen in den RdNrn. 3 bis 9 sind erstmals in der Schlussbilanz des Wirtschaftsjahres anzuwenden, das nach dem 31. Dezember 2007 endet.

11 Die Regelungen in RdNrn. 3 bis 9 können auch bereits für Wirtschaftsjahre noch offener Veranlagungszeiträume der Vorjahre angewendet werden, wenn die Gesellschafter der Personengesellschaft dies einvernehmlich gegenüber dem für die Gesellschaft örtlich zuständigen Finanzamt schriftlich und unwiderruflich erklären und die bisher vorgelegten Bilanzen (Gesellschaftsbilanzen und Sonderbilanzen) entsprechend berichtigen.

II. Pensionszusage an einen Gesellschafter durch die Komplementär-GmbH einer GmbH & Co. KG

1. Gesellschaftsebene

12 Durch die von der Komplementär-GmbH gewährte Pensionszusage wird die Gesamthandsbilanz der GmbH & Co. KG nicht berührt.

2. Komplementärebene

13 Die Komplementär-GmbH hat für die sich aus der Zusage ergebende Verpflichtung in ihrer Steuerbilanz nach Maßgabe des § 6a EStG eine Pensionsrückstellung zu bilden; die übrigen in RdNrn. 3 und 4 aufgeführten Grundsätze gelten entsprechend. Der Rückstellungsaufwand stellt für die Komplementär-GmbH eine Sonderbetriebsausgabe im Rahmen der Gewinnermittlung für die Personengesellschaft dar (§ 15 Abs. 1 Satz 1 Nr. 2 EStG).

3. Kommanditistenebene

14 Für den aus der Zusage (noch beteiligten oder ehemaligen) begünstigten Gesellschafter sind die Grundsätze in RdNr. 5 Satz 1 und in RdNrn. 6 bis 9 entsprechend anzuwenden. Die Billigkeitsregelung der RdNr. 5 Satz 2 ff. ist hier nicht anzuwenden, weil diese Fallgestaltung bereits dem BFH-Urteil vom 16. Dezember 1992 (BStBl 1993 II S. 792) zugrunde lag.

III. Pensionszusage im Rahmen einer doppelstöckigen Personengesellschaft

Nach § 15 Abs. 1 Satz 1 Nr. 2 Satz 2 EStG steht der mittelbar über eine oder mehrere Personengesellschaften beteiligte Gesellschafter dem unmittelbar beteiligten Gesellschafter gleich. Für Pensionszusagen, die ein Gesellschafter von der Gesellschaft erhält, an der er mittelbar beteiligt ist, sind die Grundsätze der RdNrn. 3 bis 11 entsprechend anzuwenden. 15

Erhält der Gesellschafter die Zusage von der Komplementär-GmbH der Gesellschaft, an der er mittelbar beteiligt ist, sind die Grundsätze der RdNrn. 12 bis 14 entsprechend anzuwenden.

Dem steht § 52 Abs. 18 Satz 2 EStG i. d. F. des StÄndG 1992 vom 25. Februar 1992 (BGBl. I S. 297; BStBl I S. 146) nicht entgegen. Diese Vorschrift betraf die Auflösung von Pensionsrückstellungen in der ersten Schlussbilanz nach Einfügung des § 15 Abs. 1 Satz 1 Nr. 2 Satz 2 EStG (doppelstöckige Personengesellschaft) in das Einkommensteuergesetz und galt damit nur für das erste Wirtschaftsjahr, das nach dem 31. Dezember 1991 endete. 16

IV. Pensionszusage an Hinterbliebene eines Gesellschafters

Pensionszusagen an Hinterbliebene eines Gesellschafters (Witwen-/Witwerversorgung oder Waisenversorgung) sind vor Eintritt des Versorgungsfalls unselbständiger Bestandteil der Pensionszusage an den Gesellschafter; die insoweit bestehenden Verpflichtungen sind im Rahmen der Bewertung des Pensionsanspruchs und der Pensionsverpflichtung zu berücksichtigen. Auf die Ausführungen unter RdNrn. 3 bis 16 wird verwiesen. Wird nach dem Tod des Gesellschafters der Hinterbliebene Gesellschafter, so führt er den Wert in seiner Sonderbilanz fort. Andere Hinterbliebene sind mit ihren nachträglichen Einkünften als Rechtsnachfolger des Gesellschafters nach § 15 Abs. 1 Satz 2 und § 24 Nr. 2 EStG in die gesonderte und einheitliche Gewinnfeststellung für die Gesellschaft einzubeziehen (BFH-Beschluss vom 25. Januar 1994, BStBl II S. 455); RdNr. 8 Satz 1 zweiter Halbsatz gilt entsprechend. Die Forderung des begünstigten Gesellschafters ist in dessen Sonderbilanz an den Wert anzupassen, der bei dem Hinterbliebenen anzusetzen ist. Der Hinterbliebene führt dann als Rechtsnachfolger die Sonderbilanz des Gesellschafters gemäß § 15 Abs. 1 Satz 2 EStG fort. War im Zeitpunkt der erstmaligen Anwendung der Grundsätze dieses Schreibens der Versorgungsfall für den Hinterbliebenen bereits eingetreten, ist hinsichtlich des Gewinns aus der erstmaligen Aktivierung des (restlichen) Pensionsanspruchs die Billigkeitsregelung in RdNr. 5 entsprechend anzuwenden. 17

Mit Urteil vom 2. Dezember 1997 – VIII R 42/96 – (BStBl II 2008 S. 177) hat der BFH entgegen der Auffassung im BMF-Schreiben vom 10. März 1992 (BStBl I S. 190) entschieden, dass eine bis einschließlich 31. Dezember 1985 in den Steuerbilanzen einer Personengesellschaft gebildete Rückstellung wegen Versorgungsleistungen an eine Gesellschafter-Witwe in der Bilanz zum 31. Dezember 1986 nicht gewinnerhöhend aufzulösen ist und eine Aktivierung des Versorgungsanspruchs in einer Sonderbilanz der Witwe zum 31. Dezember 1986 nicht gefordert werden kann. Die Grundsätze dieses BFH-Urteils sind in allen noch offenen Fällen anzuwenden; an der entgegenstehenden Auffassung in den BMF-Schreiben vom 16. Juli 1986 (BStBl I S. 359) und vom 10. März 1992 (BStBl I S. 190) wird nicht mehr festgehalten. 18

V. Rückdeckungsversicherung

Hat die Personengesellschaft eine Pensionszusage an einen Gesellschafter und dessen Hinterbliebene durch den Abschluss eines Versicherungsvertrags rückgedeckt, gehört der der Personengesellschaft zustehende Versicherungsanspruch (Rückdeckungsanspruch) nicht zum Betriebsvermögen der Gesellschaft. Die Prämien für die Rückdeckungsversicherung stellen keine Betriebsausgaben dar. Sie sind Entnahmen, die allen Gesellschaftern nach Maßgabe ihrer Beteiligung zuzurechnen sind (BFH-Urteil vom 28. Juni 2001 – BStBl 2002 II S. 724). 19

VI. Allgemeine Übergangsregelung betreffend die Behandlung von sog. Altzusagen

Die jeweilige Gesellschaft kann auf Antrag für Altzusagen (siehe RdNr. 5) auch für Wirtschaftsjahre, die nach dem 31. Dezember 2007 enden, die Pensionszusage als steuerlich unbeachtliche Gewinnverteilungsabrede behandeln oder aber bei Passivierung der Pensionsverpflichtung in der Gesamthandsbilanz die anteilige Aktivierung der Ansprüche in den Sonderbilanzen aller Gesellschafter vornehmen, wenn die betreffende Gesellschaft bisher kontinuierlich in dieser Weise verfahren ist und die Gesellschafter der betreffenden Personengesellschaft dies übereinstimmend gegenüber dem für die Gesellschaft örtlich zuständigen Finanzamt schriftlich erklären. In diesem Fall kann für Altzusagen die bisherige Behandlung zeitlich unbeschränkt fortgeführt werden. Der Antrag kann nur im Einvernehmen aller Gesellschafter zurückgenommen werden; eine Rücknahme des Antrags wirkt nur für die Zukunft. 20

VIII
Anwendungsschreiben zur Begünstigung der nicht entnommenen Gewinne (§ 34a EStG)

BMF vom 11. 8. 2008 (***BStBl I S. 838***)
IV C 6 – S 2290-a/07/10001–2008/0431405

Inhaltsübersicht

Im Einvernehmen mit den obersten Finanzbehörden der Länder gilt zur Anwendung der Tarifbegünstigung für nicht entnommene Gewinne nach § 34a EStG Folgendes:

I. Tarifbegünstigung für nicht entnommene Gewinne

1. Begünstigte Einkunftsarten

1 Der unbeschränkt oder beschränkt Steuerpflichtige kann die Tarifbegünstigung nach § 34a EStG für Einkünfte aus Land- und Forstwirtschaft (§ 13 EStG), Gewerbebetrieb (§ 15 EStG) und selbständiger Arbeit (§ 18 EStG) für den nicht entnommenen Teil des Gewinns aus einem Einzelunternehmen oder aus einem Mitunternehmeranteil in Anspruch nehmen. Die Ermittlung des zu versteuernden Einkommens (§ 2 Abs. 5 EStG) bleibt durch § 34a EStG unberührt. Damit sind insbesondere die Regelungen über den Verlustausgleich und -abzug vorrangig zu beachten. Der Verlustausgleich und -abzug ist auch dann vorzunehmen, wenn für nicht entnommene Gewinne die Tarifbegünstigung nach § 34a EStG in Anspruch genommen wird. Durch § 34a EStG kann daher kein Verlustvortrag nach § 10d EStG generiert werden.

Bei Mitunternehmeranteilen kommt eine Inanspruchnahme des § 34a EStG für den Gewinnanteil des Mitunternehmers aus der Mitunternehmerschaft, d. h. für den Anteil am Gewinn der Gesellschaft sowie aus etwaigen Ergänzungs- und Sonderbilanzen des Mitunternehmers in Betracht. Auch der persönlich haftende Gesellschafter einer Kommanditgesellschaft auf Aktien, der kein Mitunternehmer ist, jedoch wie ein Mitunternehmer zu behandeln ist, kann für seinen nicht entnommenen Gewinnanteil nach § 15 Abs. 1 Satz 1 Nr. 3 EStG die Tarifbegünstigung nach § 34a EStG in Anspruch nehmen. 2

2. Begünstigter Gewinn bei beschränkter Steuerpflicht

Abweichend von der Behandlung der unbeschränkt Steuerpflichtigen gilt für beschränkt Steuerpflichtige Folgendes: 3

Bei beschränkt Steuerpflichtigen erstreckt sich die Anwendung des § 34a EStG auf die Gewinneinkünfte nach § 49 EStG (ggf. eingeschränkt durch ein Doppelbesteuerungsabkommen). Entnahmen und Einlagen, die nicht diesen Einkünften zugeordnet werden können, bleiben außer Ansatz. Zu grenzüberschreitenden Überführungen und Übertragungen vgl. Tz. 34 ff.

3. Veräußerungsgewinne

Für Veräußerungsgewinne, bei denen der Steuerpflichtige den Freibetrag nach § 16 Abs. 4 EStG oder die Tarifermäßigung nach § 34 Abs. 3 EStG in Anspruch nimmt, ist eine Tarifbegünstigung nach § 34a EStG nicht möglich. Dies gilt auch für den Veräußerungsgewinn, der nach Abzug des Freibetrags nach § 16 Abs. 4 EStG zu versteuern ist, der bei Inanspruchnahme des § 34 Abs. 3 EStG die Höchstgrenze überschreitet oder nach § 3 Nr. 40 Satz 1 Buchst. b EStG dem Teileinkünfteverfahren unterliegt. 4

Eine Tarifbegünstigung nach § 34a EStG kommt jedoch in Betracht, soweit es sich um einen Veräußerungsgewinn handelt, der nicht aus dem Unternehmen entnommen wurde (z. B. bei Veräußerung eines Teilbetriebs oder Veräußerung eines in einem Betriebsvermögen befindlichen Mitunternehmeranteils) und kein Antrag nach § 16 Abs. 4 oder § 34 Abs. 3 EStG gestellt wurde. 5

Sind sowohl die Voraussetzungen für eine Tarifbegünstigung nach § 34a EStG als auch die Voraussetzung für eine Begünstigung nach § 34 Abs. 1 EStG erfüllt, kann der Steuerpflichtige wählen, welche Begünstigung er in Anspruch nehmen will. Dies gilt auch für übrige Tarifermäßigungen (z. B. § 34b EStG). 6

4. Antragstellung

Der Antrag auf Tarifbegünstigung nach § 34a EStG ist grundsätzlich bei Abgabe der Einkommensteuererklärung für jeden Betrieb oder Mitunternehmeranteil gesondert zu stellen. Dabei kann der Steuerpflichtige für jeden Betrieb oder Mitunternehmeranteil wählen, ob und in welcher Höhe er für den jeweils nicht entnommenen Gewinn die Tarifbegünstigung nach § 34a EStG in Anspruch nimmt. Der Antrag kann für jeden Betrieb oder Mitunternehmeranteil bis zur Höhe des nicht entnommenen Gewinns gestellt werden. 7

a) Antragstellung bei Einzelunternehmern

Einzelunternehmer können unabhängig von der Höhe des Gewinns nach § 4 Abs. 1 Satz 1 oder § 5 EStG die Tarifbegünstigung nach § 34a EStG ganz oder teilweise in Anspruch nehmen. 8

b) Antragstellung bei Mitunternehmern

Jeder einzelne Mitunternehmer kann nur dann einen Antrag stellen, wenn die Beteiligung am Gewinn (aus Gesamthands-, Sonder- und Ergänzungsbilanz) nach § 4 Abs. 1 Satz 1 oder § 5 EStG mehr als 10 % oder mehr als 10 000 € beträgt. Der vertraglichen Gewinnverteilungsabrede kommt keine Bedeutung zu. Einer einheitlichen Antragstellung aller Mitunternehmer einer Personengesellschaft bedarf es nicht. 9

Beispiel:

A und B sind Mitunternehmer der AB-OHG. A ist zu 90 %, B ist nach der getroffenen Gewinnverteilungsabrede zu 10 % am Gesamthandsgewinn beteiligt. Der Gewinn nach § 4 Abs. 1 Satz 1 EStG aus dem Gesamthandsbereich beträgt 200 000 €. Es sind nicht abzugsfähige Betriebsausgaben in Höhe von 30 000 € angefallen. B hat in seiner Sonderbilanz aus der Vermietung eines Grundstücks an die AB-OHG einen Verlust von 12 000 € erzielt.

Der nach § 4 Abs. 1 S. 1 und § 5 EStG ermittelte Gewinn der Mitunternehmerschaft beträgt 188 000 € (200 000 € Gesamthand abzgl. 12 000 € Sonderbilanz des B; die nicht abzugsfähigen Betriebsausgaben haben den Gewinn nach § 4 Abs. 1 Satz 1 EStG gemindert.). Hieran ist B mit weniger als 10 000 € (20 000 € Gesamthandsbereich abzgl. 12 000 € aus Sonderbilanz = 8 000 €) und nicht zu mehr als 10 % (8/188 = 4,25 %) beteiligt, so dass die Anwendung des § 34a EStG nur für A (Gewinnanteil 180 000 €) zulässig ist.

c) Änderung des Antrags

10 Hinsichtlich der Änderung des Antrages nach § 34a Abs. 1 Satz 1 EStG gelten die allgemeinen Grundsätze zur Ausübung von Wahlrechten (vgl. Nr. 8 des AEAO vor §§ 172–177). Danach können nach Eintritt der Unanfechtbarkeit der Steuerfestsetzung Wahlrechte nur noch ausgeübt werden, soweit die Steuerfestsetzung nach §§ 129, 164, 165, 172 ff. AO oder nach entsprechenden Regelungen in den Einzelsteuergesetzen korrigiert werden kann; dabei sind die §§ 177 und 351 Abs. 1 AO zu beachten. Darüber hinaus kann der Antrag jederzeit noch bis zur Unanfechtbarkeit des Einkommensteuerbescheids für den folgenden Veranlagungszeitraum ganz oder teilweise zurückgenommen (§ 34a Abs. 1 Satz 4 EStG) werden.

II. Nicht entnommener Gewinn

11 Maßgeblich für die Tarifbegünstigung nach § 34a EStG ist der nach § 4 Abs. 1 Satz 1 oder § 5 EStG ermittelte Gewinn (einschließlich Ergebnisse aus Ergebnisabführungsverträgen in Organschaftsfällen oder steuerfreier Gewinnbestandteile wie z. B. steuerfreie Betriebsstättengewinne, steuerfreie Teileinkünfte oder Investitionszulage). Dieser Gewinn ist der Unterschiedsbetrag zwischen dem Betriebsvermögen am Schluss des Wirtschaftsjahrs und dem Betriebsvermögen am Schluss des vorangegangenen Wirtschaftsjahrs (§ 4 Abs. 1 Satz 1, 1. Halbsatz EStG), vermehrt um die Hinzurechnungen der privat veranlassten Wertabgaben, die das Betriebsvermögen gemindert haben (Entnahmen) und vermindert um die privat veranlassten Wertzuführungen, die das Betriebsvermögen erhöht haben (Einlagen, § 4 Abs. 1 Satz 1, 2. Halbsatz EStG). Im Gewinn nach § 4 Abs. 1 Satz 1 EStG sind auch noch die Beträge enthalten, die zur weiteren Ermittlung des steuerpflichtigen Gewinns außerhalb der Bilanz abgezogen (z. B. steuerfreie Gewinnanteile) oder hinzugerechnet (z. B. nicht abzugsfähige Betriebsausgaben) werden.

12 Bei Personengesellschaften umfasst der Gewinn nach § 4 Abs. 1 Satz 1 EStG auch die Korrekturen aufgrund von Ergänzungsbilanzen und die Ergebnisse der Sonderbilanzen der Mitunternehmer.

13 Der nicht entnommene Gewinn i. S. d. § 34a EStG wird durch Abzug des positiven Saldos aus Entnahmen und Einlagen (bei Mitunternehmeranteilen Entnahmen und Einlagen der Gesamthands-, Sonder- und Ergänzungsbilanzen) vom Gewinn nach § 4 Abs. 1 Satz 1 EStG ermittelt (maximaler Begünstigungsbetrag).

14 Entnahmen i. S. d. § 34a EStG sind die Entnahmen nach § 4 Abs. 1 Satz 2 i. V. m. § 6 Abs. 1 Nr. 4 EStG. Es wird nicht zwischen Bar-, Sach- und Nutzungsentnahmen unterschieden. Zur Behandlung von Entnahmen nach § 4 Abs. 1 Satz 3 EStG bei Überführung von Wirtschaftsgütern ins Ausland vgl. Tz. 34 ff.

1. Gewinnermittlungsart

15 Die Tarifbegünstigung nach § 34a EStG kann nur in Anspruch genommen werden, wenn der Gewinn durch Bestandsvergleich (§ 4 Abs. 1 Satz 1 oder § 5 EStG) ermittelt wird. Das Erfordernis der Gewinnermittlung durch Bestandsvergleich erstreckt sich auch auf etwaige im Betriebsvermögen gehaltene Beteiligungen an vermögensverwaltenden, land- und forstwirtschaftlichen, gewerblichen oder freiberuflichen Personengesellschaften (vgl. BFH-Beschluss vom 11. April 2005, BStBl II S. 679). Es ist nicht erforderlich, dass die Untergesellschaft selbst ihren Gewinn nach § 4 Abs. 1 Satz 1 oder § 5 EStG ermittelt. Jedoch muss die Obergesellschaft ihren Gewinn aus der Untergesellschaft nach § 4 Abs. 1 Satz 1 oder § 5 EStG ermitteln.

Bei Gewinnermittlung durch Einnahmenüberschussrechnung (§ 4 Abs. 3 EStG) oder bei pauschalierten Gewinnermittlungen (§§ 5a, 13a EStG) ist eine ermäßigte Besteuerung nicht möglich.

2. Nicht abzugsfähige Betriebsausgaben

16 Die nach § 4 Abs. 4a, 5, 5a und 5b und § 4h EStG nicht abzugsfähigen Betriebsausgaben haben den nach § 4 Abs. 1 Satz 1 oder § 5 EStG ermittelten Gewinn gemindert, da sie außerbilanziell hinzuzurechnen sind. Soweit der steuerpflichtige Gewinn also auf Betriebsausgabenabzugsverboten beruht, kann keine Tarifbegünstigung nach § 34a EStG in Anspruch genommen werden.

Beispiel:

Der Gewinn (§ 4 Abs. 1 Satz 1 oder § 5 EStG) des Unternehmens beträgt 330 000 €. Es sind nicht abzugsfähige Betriebsausgaben (§ 4 Abs. 5 EStG) von 45 000 € angefallen. Der Unternehmer hat 70 000 € entnommen. Einlagen wurden in Höhe von 10 000 € getätigt.

Der nicht entnommene Gewinn beträgt 270 000 € (330 000 € abzgl. Saldo Entnahmen (70 000 €) und Einlagen (10 000 €) (60 000 €)). Der steuerpflichtige Gewinn beträgt 375 000 € (330 000 € zzgl. 45 000 € nicht abzugsfähige Betriebsausgaben). Der Steuerpflichtige kann einen Antrag nach § 34a EStG für einen Gewinn bis zu 270 000 € stellen.

3. Steuerfreie Gewinnanteile

Steuerfreie Gewinnanteile sind Bestandteil des Steuerbilanzgewinns, können aufgrund ihrer 17
Steuerfreiheit jedoch selbst nicht Gegenstand der Tarifbegünstigung nach § 34a EStG sein. Bei der Ermittlung des nicht entnommenen Gewinns gelten sie jedoch als vorrangig entnommen.

Beispiel:

Der Gewinn (§ 4 Abs. 1 Satz 1 oder § 5 EStG) des Unternehmens beträgt 330 000 €. Hierin sind steuerfreie Gewinnanteile (z. B. nach § 3 Nr. 40 EStG) von 50 000 € enthalten. Der Unternehmer hat 70 000 € entnommen. Einlagen wurden nicht getätigt.

Der nicht entnommene Gewinn beträgt 260 000 € (330 000 € abzgl. 70 000 € Entnahmen). Der steuerpflichtige Gewinn beträgt 280 000 € (330 000 € abzgl. 50 000 € steuerfreie Gewinnanteile). Der Steuerpflichtige kann einen Antrag nach § 34a EStG für einen Gewinn bis zu 260 000 € stellen.

4. Ausländische Betriebsstätten

Einkünfte ausländischer Betriebsstätten sind im Rahmen des Betriebsvermögensvergleichs des 18
Gesamtunternehmens zu erfassen und führen zu einem um die ausländischen Gewinnanteile erhöhten oder verminderten Gewinn nach § 4 Abs. 1 Satz 1 oder § 5 EStG. Damit beeinflussen ausländische Betriebsstättenergebnisse unmittelbar den nicht entnommenen Gewinn des (inländischen) Betriebes. Soweit die Gewinne aus ausländischen Betriebsstätten steuerfrei (z. B. aufgrund eines Doppelbesteuerungsabkommens) gestellt sind, können sie – wie die anderen steuerfreien Gewinnanteile – nicht Gegenstand der Tarifbegünstigung nach § 34a EStG sein. Vergleiche im Übrigen Tz. 34 ff.

5. Abweichendes Wirtschaftsjahr

Bei Personenunternehmen, die Einkünfte aus Gewerbebetrieb beziehen und ein abweichendes 19
Wirtschaftsjahr haben, gilt der Gewinn in dem Veranlagungsjahr als bezogen, in dem das Wirtschaftsjahr endet (§ 4a Abs. 2 Nr. 2 EStG). Eine Aufteilung des Gewinns des Wirtschaftsjahrs 2007/2008 sowie der Entnahmen und Einlagen für Zwecke des § 34a EStG ist nicht vorzunehmen. Daher kann die Tarifbegünstigung nach § 34a EStG auch schon für den gesamten Gewinn des Wirtschaftsjahrs 2007/2008 beantragt werden, wenn die übrigen Voraussetzungen erfüllt sind.

Dagegen ist der Gewinn bei Personenunternehmen, die Einkünfte aus Land- und Forstwirtschaft erzielen und ein abweichendes Wirtschaftsjahr haben, auf die Kalenderjahre, in denen das Wirtschaftsjahr beginnt und endet, zeitanteilig aufzuteilen (§ 4a Abs. 2 Nr. 1 EStG). Die Entnahmen und Einlagen sind dabei für Zwecke des § 34a EStG ebenfalls zeitanteilig auf die betreffenden Kalenderjahre aufzuteilen. Der Antrag nach § 34a Abs. 1 EStG kann somit auch nur für den danach auf das jeweilige Kalenderjahr entfallenden nicht entnommenen Gewinn gestellt werden.

6. Nicht entnommener Gewinn bei Personengesellschaften

Bei Mitunternehmeranteilen werden sowohl die Entnahmen und Einlagen des Gesamthands- 20
vermögens als auch die des Sonderbetriebsvermögens berücksichtigt. Deren Ermittlung erfolgt für Zwecke des § 34a EStG mitunternehmeranteilsbezogen, d. h. eine Entnahme des Mitunternehmers aus dem Betriebsvermögen der Mitunternehmerschaft mindert den nicht entnommenen Gewinn nur, wenn sie in sein Privatvermögen oder in ein anderes Betriebsvermögen erfolgt.

Die Übertragung eines Wirtschaftsguts aus dem Gesamthandsvermögen einer Mitunternehmerschaft in das Sonderbetriebsvermögen eines Mitunternehmers bei derselben Mitunternehmerschaft (und umgekehrt) hat keinen Einfluss auf die Höhe des nicht entnommenen Gewinns dieses

Mitunternehmeranteils. Die Zahlung von Sondervergütungen i. S. v. § 15 Abs. 1 Satz 1 Nr. 2 Satz 1, 2. Halbsatz EStG an einen Mitunternehmer führt nur dann zu einer Entnahme i. S. d. § 34a EStG, wenn die Zahlung ins Privatvermögen (z. B. auf ein privates Bankkonto des Mitunternehmers) erfolgt.

7. Nicht entnommener Gewinn bei doppel- und mehrstöckigen Personengesellschaften

21 Bei doppel- und mehrstöckigen Personengesellschaften ist für den Mitunternehmer der Obergesellschaft nur ein einheitlicher begünstigter Gewinn zu ermitteln, der neben dem Gewinn aus der Obergesellschaft – einschließlich der Ergebnisse aus Ergänzungs- und Sonderbilanzen – auch die Ergebnisse aus einer etwaigen Sonderbilanz nach § 15 Abs. 1 Satz 1 Nr. 2 Satz 2 EStG bei der Untergesellschaft umfasst. Entnahmen des Mitunternehmers bei der Obergesellschaft sind zu addieren mit Entnahmen, die von ihm aus seinem Sonderbetriebsvermögen bei der Untergesellschaft (§ 15 Abs. 1 Satz 1 Nr. 2 Satz 2 EStG) getätigt werden. Gleiches gilt für Einlagen.

Zahlungen zwischen der Obergesellschaft und der Untergesellschaft haben keinen Einfluss auf das Begünstigungsvolumen.

Beispiel:

An der X-KG (Obergesellschaft) ist A zu 50 % als Mitunternehmer beteiligt. Die X-KG ist ihrerseits an der Y-OHG (Untergesellschaft) beteiligt. Die X-KG erzielt (einschließlich des von der Y-OHG stammenden Gewinnanteils) einen Gewinn von 80 000 €, der A zur Hälfte zugerechnet wird. A erzielt aus einem an die Y-OHG vermieteten Grundstück (Sonderbetriebsvermögen des A bei der Y-OHG) einen Gewinn von 5 000 €. Die gesamten Mietzahlungen der Y-OHG in Höhe von 20 000 € hat A privat verwendet. Aus der X-KG hat A 15 000 € entnommen. Weitere Entnahmen oder Einlagen wurden nicht getätigt.

Der nicht entnommene Gewinn des A beträgt 10 000 € (40 000 € Gewinnanteil Obergesellschaft zzgl. 5 000 € Gewinn aus dem Sonderbetriebsvermögen bei der Untergesellschaft) = 45 000 € Gewinn nach § 4 Abs. 1 Satz 1 EStG abzgl. Saldo aus Entnahmen (15 000 € aus Obergesellschaft zzgl. 20 000 € aus Sonderbetriebsvermögen bei der Untergesellschaft = 35 000 €) und Einlagen (0 €)).

III. Begünstigungsbetrag/ Nachversteuerungspflichtiger Betrag

22 Aus der Ausgangsgröße des nicht entnommenen Gewinns werden zunächst der Begünstigungsbetrag (§ 34a Abs. 3 Satz 1 EStG) und daraus der nachversteuerungspflichtige Betrag entwickelt (§ 34a Abs. 3 Satz 2 EStG).

1. Begünstigungsbetrag

23 Der Begünstigungsbetrag ist der Teil des nicht entnommenen Gewinns, für den der Steuerpflichtige einen Antrag nach § 34a Abs. 1 EStG stellen kann und diesen auch gestellt hat. Der Begünstigungsbetrag ist die Bemessungsgrundlage für die Steuer nach § 34a Abs. 1 Satz 1 EStG.

Beispiel:

Der nicht entnommene Gewinn (§ 34a Abs. 2 EStG) beträgt 150 000 €. Der Steuerpflichtige stellt einen Antrag nach § 34a Abs. 1 Satz 1 EStG für 60 000 €.

Der Begünstigungsbetrag (§ 34a Abs. 3 Satz 1 EStG) beträgt 60 000 €.

Der Steuerpflichtige muss 90 000 € mit dem progressiven persönlichen Steuersatz (Bemessungsgrundlage verbleibendes z. v. E. nach Abzug des nach § 34a EStG begünstigt zu versteuernden Gewinns) versteuern. Für den Begünstigungsbetrag zahlt er 16 950 € (28,25 % v. 60 000 €) ESt zzgl. 932,25 € (5,5 % v. 16 950 €) SolZ.

2. Nachversteuerungspflichtiger Betrag des Veranlagungszeitraums

24 Der nachversteuerungspflichtige Betrag des Betriebs oder Mitunternehmeranteils für den laufenden Veranlagungszeitraum wird aus dem Begünstigungsbetrag durch Abzug der auf den Begünstigungsbetrag entfallenden Steuerbelastung (ESt und SolZ, nicht jedoch der KiSt) ermittelt. Der Betrag ist Euro und Cent genau zu ermitteln.

Beispiel:

Der Steuerpflichtige hat für 60 000 € seines im Jahr 01 nicht entnommenen Gewinns die Tarifbegünstigung nach § 34a EStG beantragt (wie voriges Beispiel).

Der nachversteuerungspflichtige Betrag des Jahres 01 ermittelt sich wie folgt:

Begünstigungsbetrag	60 000,00 €
Abzgl. ESt (28,25 % von 60 000 €)	16 950,00 €
Abzgl. SolZ (5,5 % von 16 950 €)	932,25 €
Nachversteuerungspflichtiger Betrag	42 117,75 €

3. Ermittlung des nachversteuerungspflichtigen Betrags zum Ende des Veranlagungszeitraums

Der nachversteuerungspflichtige Betrag ist jährlich fortzuschreiben und zum Ende des Veranlagungszeitraums für jeden Betrieb und Mitunternehmeranteil gesondert festzustellen (§ 34a Abs. 3 Satz 3 EStG). In den Fällen des § 34a Abs. 7 EStG (vgl. Tz. 47) ist der nachversteuerungspflichtige Betrag zum Ende des Tages vor dem steuerlichen Übertragungsstichtag festzustellen. 25

Die Ermittlung und Fortschreibung des nachversteuerungspflichtigen Betrags (§ 34a Abs. 3 Satz 2 EStG) wird durch das nachfolgende Schema veranschaulicht:

Nachversteuerungspflichtiger Betrag zum 31.12. des vorangegangenen Veranlagungszeitraums

zzgl.
nachversteuerungspflichtiger Betrag des laufenden Veranlagungszeitraums (§ 34a Abs. 3 EStG)

zzgl.
auf diesen Betrieb oder Mitunternehmeranteil von einem anderen Betrieb oder Mitunternehmeranteil desselben Steuerpflichtigen übertragener nachversteuerungspflichtiger Betrag (§ 34a Abs. 5 EStG)

abzgl.
Nachversteuerungsbetrag des laufenden Veranlagungszeitraums (§ 34a Abs. 4, 5 und 6 EStG)

abzgl.
auf einen anderen Betrieb oder Mitunternehmeranteil von diesem Betrieb oder Mitunternehmeranteil übertragener nachversteuerungspflichtiger Betrag (§ 34a Abs. 5 EStG)

= Nachversteuerungspflichtiger Betrag zum 31.12. des Veranlagungszeitraums

IV. Nachversteuerung (§ 34a Abs. 4 EStG)

Liegt in späteren Jahren der positive Saldo von Entnahmen und Einlagen über dem Gewinn dieses Jahres, ist nach § 34a Abs. 4 EStG insoweit eine Nachversteuerung des festgestellten nachversteuerungspflichtigen Betrags durchzuführen. 26

1. Nachversteuerungsbetrag

Es kommt grundsätzlich zur Nachversteuerung, wenn der positive Saldo von Entnahmen und Einlagen im Wirtschaftsjahr den (positiven) Gewinn nach § 4 Abs. 1 Satz 1 oder § 5 EStG dieses Wirtschaftsjahrs übersteigt (Entnahmenüberhang). Im Fall eines Verlustes ist der Entnahmenüberhang so hoch wie der positive Saldo von Entnahmen und Einlagen. In Höhe des Entnahmenüberhangs entsteht ein Nachversteuerungsbetrag (Ausnahme: Entnahmen zur Zahlung von Erbschaft-/ Schenkungsteuer, vgl. Tz. 30 und Fälle des § 34a Abs. 5 Satz 2 EStG, vgl. Tz. 32 und 33). Die Nachversteuerung wird in Höhe des Nachversteuerungsbetrags (max. in Höhe des festgestellten nachversteuerungspflichtigen Betrags) mit einem festen Steuersatz von 25 % zzgl. Solidaritätszuschlag und ggf. Kirchensteuer neben der Versteuerung des zu versteuernden Einkommens des laufenden Veranlagungszeitraums mit dem persönlichen Steuersatz vorgenommen. 27

Beispiel:

Der Steuerpflichtige hat im Jahr 04 einen Gewinn nach § 4 Abs. 1 Satz 1 EStG i. H. v. 8 000 €. Die Entnahmen betragen 50 000 €. Der für das Vorjahr festgestellte nachversteuerungspflichtige Betrag beträgt 60 000 €. Einlagen wurden nicht getätigt.

Der Steuerpflichtige muss den laufenden Gewinn des Jahres (8 000 €) nach § 32a EStG versteuern. Der Entnahmenüberhang beträgt 42 000 €, für die er 10 500 € ESt (25 % von 42 000 €) und 577,50 € SolZ zahlen muss. Der nachversteuerungspflichtige Betrag zum 31. 12. 04 ist i. H. v. 18 000 € festzustellen.

Bei der Ermittlung des Entnahmenüberhangs sind außerbilanzielle Hinzurechnungen (z. B. nicht abzugsfähige Betriebsausgaben) nicht zu berücksichtigen. 28

Beispiel:

Der Steuerpflichtige hat im Jahr 04 einen Gewinn nach § 4 Abs. 1 Satz 1 EStG i. H. v. 60 000 €. Es sind nicht abzugsfähige Betriebsausgaben nach § 4 Abs. 5 EStG i. H. v. 30 000 € entstanden. Die Entnahmen betragen 80 000 €. Der für das Vorjahr festgestellte nachversteuerungspflichtige Betrag beträgt 60 000 €. Einlagen wurden nicht getätigt.

Der Steuerpflichtige muss den laufenden Gewinn des Jahres (90 000 € (60 000 € zzgl. nichtabzugsfähige Betriebsausgaben von 30 000 €)) nach § 32a EStG versteuern. Der Entnahmenüberhang beträgt 20 000 € (60 000 € abzgl. 80 000 €), für die er 5 000 € ESt (25 % von 20 000 €) und 275 € SolZ zahlen muss. Der nachversteuerungspflichtige Betrag zum 31. 12. 04 ist i. H. v. 40 000 € festzustellen.

2. Verwendungsreihenfolge

29 Die Verwendungsreihenfolge des positiven Saldos aus Entnahmen und Einlagen ist wie folgt aufgebaut:

1. positiver steuerfreier Gewinn des laufenden Jahres
2. positiver steuerpflichtiger Gewinn des laufenden Jahres
3. nicht entnommene und nach § 34a EStG begünstigte Gewinne der Vorjahre (= Nachversteuerungspflichtiger Gewinn der Vorjahre)
4. steuerfreie und nicht entnommene mit dem persönlichen Steuersatz versteuerte Gewinne der Vorjahre.

3. Entnahmen zur Zahlung von Erbschaft-/ Schenkungsteuer

30 Eine Nachversteuerung nach § 34a Abs. 4 Satz 1 EStG ist nicht durchzuführen, soweit sie durch Entnahmen für die Erbschaft-/ Schenkungsteuer anlässlich der Übertragung des Betriebs oder Mitunternehmeranteils ausgelöst wird. Die Erbschaft-/ Schenkungsteuer anlässlich der Übertragung des Betriebs oder Mitunternehmeranteils berechnet sich wie folgt:

Festgesetzte Erbschaftsteuer	×	(Erbschaftsteuerbemessungsgrundlage für den Betrieb oder Mitunternehmeranteil; Erbschaftsteuerbemessungsgrundlage)

31 Entnahmen für die Erbschaft-/ Schenkungsteuer sind bei der Ermittlung des nicht entnommenen Gewinns des laufenden Wirtschaftsjahrs zu berücksichtigen (vgl. Tz. 11). Die Regelung des § 34a Abs. 4 Satz 1 EStG lässt diese nur bei der Ermittlung des Nachversteuerungsbetrags unberücksichtigt.

Eine Entnahme aus einem Betrieb für die Erbschaftsteuer eines anderen Betriebsvermögens desselben Steuerpflichtigen fällt nicht unter die Ausnahmeregelung und führt daher im Fall des Entnahmenüberhangs zur Nachversteuerung beim Betrieb, bei dem die Entnahme getätigt wurde.

Wird die Erbschaft-/Schenkungsteuer nur teilweise aus dem Betrieb entnommen, gilt die Entnahme vorrangig als für die auf den Betrieb oder Mitunternehmeranteil entfallende Erbschaft-/ Schenkungsteuer getätigt.

Beispiel:

Die Erbschaftsteuer beträgt insgesamt 100 000 €, davon entfallen 50 000 € auf den geerbten Gewerbebetrieb. Zur Bezahlung der Erbschaftsteuer entnimmt der Steuerpflichtige 80 000 € aus dem Betrieb. Die restlichen 20 000 € werden aus privaten Mitteln beglichen. Der Gewinn des Betriebs beträgt 0 €. Es wurde ein nachversteuerungspflichtiger Betrag von 60 000 € für diesen Betrieb festgestellt.

Der Entnahmenüberhang beträgt 80 000 €. Davon entfallen 50 000 € auf die Entnahme für Erbschaftsteuer (§ 34a Abs. 4 Satz 1 EStG). Es sind daher lediglich 30 000 € nachzuversteuern.

V. Übertragungen und Überführungen von einzelnen Wirtschaftsgütern

1. Entnahmereihenfolge bei Übertragung oder Überführung von einzelnen Wirtschaftsgüter (§ 34a Abs. 5 EStG)

32 Es besteht nach § 34a Abs. 5 Satz 2 EStG die Möglichkeit, bei Übertragungen und Überführungen von einzelnen Wirtschaftsgütern zum Buchwert in ein anderes Betriebsvermögen nach § 6 Abs. 5 EStG statt einer Nachversteuerung beim Ursprungsbetrieb den (anteiligen) nachversteuerungspflichtigen Betrag auf das übernehmende Unternehmen zu übertragen.

§ 34a Abs. 5 Satz 2 EStG ist nicht anzuwenden, wenn Geldbeträge von einem Betrieb oder Mitunternehmeranteil in einen anderen Betrieb oder Mitunternehmeranteil des Steuerpflichtigen unter den Voraussetzungen des § 6 Abs. 5 EStG überführt oder übertragen werden.

Ist in späteren Wirtschaftsjahren nach § 6 Abs. 5 Satz 4 oder 6 EStG für den Übertragungs-/Überführungsvorgang auf Grund eines schädlichen Ereignisses rückwirkend der Teilwert anzusetzen, ist insoweit die Übertragung des nachversteuerungspflichtigen Betrags rückgängig zu machen.

Beispiel:

Der Steuerpflichtige überführt in 01 ein Grundstück (Buchwert 200 000 €) zum Buchwert von seinem Einzelunternehmen in das Sonderbetriebsvermögen einer Personengesellschaft, an der er beteiligt ist. Der Steuerpflichtige tätigt in 01 übrige Entnahmen i. H. v. 60 000 €. Der Gewinn seines Einzelunternehmens beträgt in 01 40 000 €. Der nachversteuerungspflichtige Betrag des Einzelunternehmens zum 31. 12. 00 beträgt 300 000 €. Einlagen wurden nicht getätigt.

Die Gesamtentnahmen des Steuerpflichtigen betragen 260 000 €. Der Nachversteuerungsbetrag nach § 34a Abs. 4 EStG beträgt zunächst 220 000 € (260 000 € Entnahmen abzgl. 40 000 € Gewinn). Auf Antrag des Steuerpflichtigen können 200 000 € (= Buchwert des überführten Grundstücks) auf den nachversteuerungspflichtigen Betrag des Mitunternehmeranteils übertragen werden. Es verbleiben 20 000 €, die der Nachversteuerung mit 25 % unterliegen (= 5 000 €). Der nachversteuerungspflichtige Betrag des Einzelunternehmens zum 31. 12. 01 beträgt 80 000 € (300 000 € abzgl. 200 000 € Übertragung abzgl. 20 000 € Nachversteuerung).

Der übertragungsfähige nachversteuerungspflichtige Betrag i. S. d. § 34a Abs. 5 EStG ist der nach Berücksichtigung der übrigen Entnahmen und hierauf nach § 34a Abs. 4 EStG erfolgender Nachversteuerungen verbleibende nachversteuerungspflichtige Betrag, maximal jedoch der Buchwert. 33

Beispiel:

Der Steuerpflichtige überführt in 01 ein Grundstück (Buchwert 200 000 €) zum Buchwert von seinem Einzelunternehmen in das Sonderbetriebsvermögen einer Personengesellschaft, an der er beteiligt ist. Der Steuerpflichtige tätigt in 01 übrige Entnahmen i. H. v. 60 000 €. Der Gewinn seines Einzelunternehmens beträgt in 01 0 €. Der nachversteuerungspflichtige Betrag des Einzelunternehmens zum 31. 12. 00 beträgt 150 000 €. Einlagen wurden nicht getätigt.

Die Gesamtentnahmen des Steuerpflichtigen betragen 260 000 €. Der Entnahmenüberhang nach § 34a Abs. 4 EStG beträgt (zunächst) 260 000 €, da ein Gewinn nicht erzielt wurde. Der Steuerpflichtige muss 60 000 € nachversteuern, da der Entnahmenüberhang insoweit auf den übrigen Entnahmen beruht. Auf Antrag des Steuerpflichtigen können 90 000 € (= Buchwert des überführten Grundstücks (200 000 €, maximal jedoch verbleibender nachversteuerungspflichtiger Betrag (150 000 € abzgl. Nachversteuerungsbetrag 60 000 €) auf den nachversteuerungspflichtigen Betrag des Mitunternehmeranteils übertragen werden. Der nachversteuerungspflichtige Betrag des Einzelunternehmens zum 31. 12. 01 beträgt 0 € (150 000 € abzgl. 60 000 € Nachversteuerungsbetrag abzgl. 90 000 € Übertragungsbetrag).

2. Grenzüberschreitende Überführungen und Übertragungen von Wirtschaftsgütern

Entnahmen i. S. d. § 4 Abs. 1 Satz 3 ff. EStG aufgrund der Überführung oder Übertragung von Wirtschaftsgütern aus einem inländischen Betriebsvermögen in ein ausländisches Betriebsvermögen desselben Steuerpflichtigen sind grundsätzlich auch bei der Ermittlung des nicht entnommenen Gewinns und des Entnahmenüberhangs i. S. d. § 34a EStG zu berücksichtigen. Gleiches gilt für Einlagen i. S d. § 4 Abs. 1 Satz 7 EStG aufgrund der Überführung oder Übertragung aus einem ausländischen Betriebsvermögen in ein inländisches Betriebsvermögen desselben Steuerpflichtigen. Dabei sind jedoch folgende Fallgruppen zu unterscheiden: 34

a. Überführungen innerhalb eines Betriebs oder Mitunternehmeranteils

Bei unbeschränkt Steuerpflichtigen wirkt sich die Überführung eines Wirtschaftsguts von einer inländischen in eine ausländische Betriebsstätte nicht auf den Gewinn des Gesamtunternehmens aus, da der Entnahme aus der inländischen Betriebsstätte eine korrespondierende Einlage in die ausländische Betriebsstätte gegenübersteht. Entsprechendes gilt für die Überführung eines Wirtschaftsguts von einer ausländischen in eine inländische Betriebsstätte. 35

Bei beschränkt Steuerpflichtigen ist die Anwendung des § 34a EStG begrenzt auf den nicht entnommenen Gewinn/den Entnahmenüberhang der inländischen Betriebsstätte (vgl. Tz. 3). Die der Einlage in die inländische Betriebsstätte vorhergehende Entnahme aus dem ausländischen 36

Betriebsvermögen oder die der Entnahme aus der inländischen Betriebsstätte nachfolgenden Einlage in das ausländische Betriebsvermögen bleibt infolge der in Satz 1 beschriebenen Begrenzung unberücksichtigt.

b. Überführungen und Übertragungen zwischen mehreren Betrieben oder Mitunternehmeranteilen

37 Die Überführung eines Wirtschaftsguts von einem inländischen Betrieb in einen anderen, im Ausland belegenen Betrieb desselben unbeschränkt Steuerpflichtigen ist eine Entnahme aus dem inländischen und eine Einlage in den ausländischen Betrieb. Eine Zusammenfassung ist – wie bei reinen Inlandsvorgängen – nicht zulässig. Entsprechendes gilt für die Überführung eines Wirtschaftsguts von einem ausländischen Betrieb in einen anderen, im Inland belegenen Betrieb desselben unbeschränkt Steuerpflichtigen.

38 Bei beschränkt Steuerpflichtigen haben derartige Vorgänge nur Bedeutung für den nicht entnommenen Gewinn/den Entnahmenüberhang der inländischen Betriebsstätte. Infolge der in Tz. 36 Satz 1 beschriebenen Begrenzung auf den nicht entnommenen Gewinn/den Entnahmenüberhang der inländischen Betriebstätte sind die Verhältnisse im Ausland ohne Bedeutung.

39 Die grenzüberschreitende Übertragung eines Wirtschaftsguts aus dem oder in das Gesamthandsvermögen einer Personengesellschaft steht der grenzüberschreitenden Überführung aus einem oder in einen Betrieb gleich. Insoweit gelten die Ausführungen in Tz. 37 entsprechend.

c. Grenzüberschreitende Überführungen und Übertragungen bei Einkünften aus Land- und Forstwirtschaft und selbständiger Arbeit

40 Die vorstehenden Grundsätze gelten sinngemäß für Einkünfte aus Land- und Forstwirtschaft und selbständiger Arbeit.

VI. Nachversteuerungsfälle nach § 34a Abs. 6 EStG

41 Nach § 34a Abs. 6 EStG ist eine Nachversteuerung auch in den folgenden Fällen durchzuführen:

- Betriebsaufgaben (einschl. Realteilung nach § 16 Abs. 3 Satz 2 bis 4 EStG), -veräußerungen (vgl. Tz. 42)
- Umwandlungsfälle (vgl. Tz. 43)
- Wechsel der Gewinnermittlungsart (vgl. Tz. 44)
- Antrag des Steuerpflichtigen (freiwillige Nachversteuerung) (vgl. Tz. 45).

1. Betriebsaufgabe, -veräußerung

42 Wird ein ganzer Betrieb oder ein ganzer Mitunternehmeranteil vollständig aufgegeben, real geteilt oder veräußert (§ 16 EStG), entfällt die Grundlage für die Tarifbegünstigung nach § 34a EStG und damit die Möglichkeit, beim Steuerpflichtigen eine Nachversteuerung durchzuführen (§ 34a Abs. 6 Satz 1 Nr. 1 EStG). Der für diesen Betrieb oder Mitunternehmeranteil festgestellte nachversteuerungspflichtige Betrag ist in voller Höhe aufzulösen und nachzuversteuern. Dies gilt auch für die Fälle des § 16 Abs. 2 Satz 3 EStG.

Veräußert der Steuerpflichtige nur einen Teil seines Betriebs oder Mitunternehmeranteils oder einen Teilbetrieb, löst dies hingegen keine Nachversteuerung der zuvor nach § 34a EStG begünstigten Gewinne aus, da eine Nachversteuerung beim Steuerpflichtigen im Rahmen des verbleibenden Teils des Betriebs oder Mitunternehmeranteils weiterhin möglich ist.

2. Umwandlungsfälle

43 Eine Nachversteuerung in voller Höhe des festgestellten nachversteuerungspflichtigen Betrags ist bei Einbringung eines Betriebs oder Mitunternehmeranteils in eine Kapitalgesellschaft oder eine Genossenschaft sowie in den Fällen des Formwechsels einer Personengesellschaft in eine Kapitalgesellschaft oder Genossenschaft vorzunehmen (§ 34a Abs. 6 Satz 1 Nr. 2 EStG). Bei der Einbringung eines Teils eines Betriebs, eines Teilbetriebs oder eines Teils eines Mitunternehmeranteils gilt Tz. 42 2. Absatz entsprechend.

3. Wechsel der Gewinnermittlungsart

44 Beim Übergang von der Gewinnermittlung durch Betriebsvermögensvergleich zur Einnahmenüberschussrechnung oder zu einer pauschalierten Gewinnermittlung (z. B. § 5a EStG, § 13a

EStG) ist der festgestellte nachversteuerungspflichtige Betrag ebenfalls in voller Höhe aufzulösen (§ 34a Abs. 6 Satz 1 Nr. 3 EStG).

4. Antrag auf Nachversteuerung

Eine Nachversteuerung des gesamten oder eines Teils des festgestellten nachversteuerungspflichtigen Betrags ist zudem durchzuführen, wenn der Steuerpflichtige dies beantragt (§ 34a Abs. 6 Satz 1 Nr. 4 EStG). 45

5. Stundung

Bei Nachversteuerungen nach § 34a Abs. 6 Satz 1 Nr. 1 und 2 EStG besteht die Möglichkeit, die nach § 34a Abs. 4 EStG geschuldete Steuer über einen Zeitraum von bis zu 10 Jahren zinslos zu stunden. Voraussetzung ist jedoch, dass die sofortige Begleichung der Steuer eine erhebliche Härte darstellen würde. Ob eine erhebliche Härte vorliegt, ist nach den Gesamtumständen des jeweiligen Einzelfalls nach den Grundsätzen des § 222 AO zu prüfen. 46

Eine Stundung nach § 34a Abs. 6 Satz 2 EStG ist bei Wechsel der Gewinnermittlungsart und bei freiwilliger Nachversteuerung nicht vorgesehen. Die Stundungsmöglichkeit nach § 222 AO bleibt unberührt.

VII. Fälle des § 6 Abs. 3 EStG und § 24 UmwStG

In den Fällen der unentgeltlichen Übertragung eines ganzen Betriebs oder eines ganzen Mitunternehmeranteils nach § 6 Abs. 3 EStG und den Fällen der Einbringung eines ganzen Betriebs oder eines ganzen Mitunternehmeranteils zu Buchwerten in eine Personengesellschaft nach § 24 UmwStG ist nach § 34a Abs. 7 EStG der für diesen Betrieb oder Mitunternehmeranteil festgestellte nachversteuerungspflichtige Betrag (vgl. Tz. 25) auf den neuen (Mit-)Unternehmer zu übertragen. Bei der Übertragung eines Teils eines Betriebs, eines Teilbetriebs oder eines Teils eines Mitunternehmeranteils verbleibt der nachversteuerungspflichtige Betrag in voller Höhe beim bisherigen (Mit-)Unternehmer. Erfolgt die Einbringung eines ganzen Betriebs oder eines ganzen Mitunternehmeranteils hingegen nicht zu Buchwerten, ist der nachversteuerungspflichtige Betrag im Jahr der Einbringung in voller Höhe nachzuversteuern. 47

Findet die unentgeltliche Übertragung des Betriebs oder Mitunternehmeranteils nicht zum Ende des Wirtschaftsjahres statt, ist eine Schlussbilanz auf den Zeitpunkt der Übertragung zu erstellen. Geschieht dies nicht, sind die Entnahmen und Einlagen des Wirtschaftsjahres der Übertragung vor dem Übertragungsstichtag dem Rechtsvorgänger und die Entnahmen und Einlagen des Wirtschaftsjahres der Übertragung nach dem Übertragungsstichtag dem Rechtsnachfolger zuzurechnen. Maßgeblich ist der tatsächliche Zeitpunkt der Entnahmen und Einlagen. Der Gewinn des Wirtschaftsjahres der Übertragung ist im Wege der Schätzung auf Rechtsvorgänger und Rechtsnachfolger aufzuteilen. Zur Feststellung des nachversteuerungspflichtigen Betrags vgl. Tz. 25 Satz 2.

Die Übertragung des nachversteuerungspflichtigen Betrags auf den Rechtsnachfolger kann vermieden werden, wenn der Rechtsvorgänger vor der Übertragung die Nachversteuerung nach § 34a Abs. 6 Satz 1 Nr. 4 EStG beantragt.

VIII. Anwendungszeitpunkt

Dieses Schreiben ist ab Veranlagungszeitraum 2008 anzuwenden. 48

Übersicht

I
Stand der Doppelbesteuerungsabkommen 1. 1. *2009*[1])

BMF vom 22. 1. 2009 (BStBl I S. 355)
IV B 5 – S 1301/07/10017 –

Hiermit übersende ich eine Übersicht über den gegenwärtigen Stand der Doppelbesteuerungsabkommen (DBA) und der Abkommensverhandlungen.

Wie die Übersicht zeigt, werden verschiedene der angeführten Abkommen nach ihrem In-Kraft-Treten rückwirkend anzuwenden sein. In geeigneten Fällen sind Steuerfestsetzungen vorläufig durchzuführen, wenn ungewiss ist, ob und wann ein Abkommen wirksam wird, das sich zugunsten des Steuerschuldners auswirken wird. Umfang und Grund der Vorläufigkeit sind im Bescheid anzugeben. Ob bei vorläufiger Steuerfestsetzung der Abkommensinhalt – soweit bekannt – bereits berücksichtigt werden soll, ist nach den Gegebenheiten des einzelnen Falles zu entscheiden.

Bei der Veranlagung unbeschränkt Steuerpflichtiger zur Vermögensteuer bis zum Veranlagungszeitraum 1996 einschließlich kann das aufgezeigte Verfahren auf Fälle beschränkt bleiben, in denen der Steuerpflichtige in dem ausländischen Vertragsstaat Vermögen in Form von Grundbesitz, Betriebsvermögen oder – falls es sich bei dem Steuerpflichtigen um eine Kapitalgesellschaft handelt – eine wesentliche Beteiligung an einer Kapitalgesellschaft des betreffenden ausländischen Vertragsstaats besitzt.

Zur Rechtslage nach dem **Zerfall der Sozialistischen Föderativen Republik Jugoslawien (SFRJ)** ist auf Folgendes hinzuweisen:

Vereinbarungen über die Fortgeltung des DBA mit der SFRJ vom 26. März 1987 wurden geschlossen mit:

Republik Bosnien und Herzegowina (BGBl. 1992 II S. 1196),
Republik Mazedonien (BGBl. 1994 II S. 326) und
Republik Serbien [Namensänderung; ehem. Bundesrepublik Jugoslawien (BGBl. 1997 II S. 961)].

Ob das Abkommen auch im Verhältnis zur Republik Montenegro fort gilt, ist derzeit noch immer offen. Hierzu bedarf es noch eines gesonderten Notenwechsels.

Zur Rechtslage nach dem **Zerfall der Sowjetunion** ist auf Folgendes hinzuweisen:

Vereinbarungen über die Fortgeltung des DBA mit der UdSSR vom 24. November 1981 wurden geschlossen mit:

Republik Armenien (BGBl. 1993 II S. 169),
Republik Moldau (BGBl. 1996 II S. 768), und
Turkmenistan (Bericht der Botschaft Aschgabat vom 11. August 1999 – Nr. 377/99).

Zur Rechtslage nach der **Teilung der Tschechoslowakei** ist auf Folgendes hinzuweisen:

Vereinbarungen über die Fortgeltung des DBA mit der Tschechoslowakischen Sozialistischen Republik vom 19. Dezember 1980 wurden mit der Slowakischen Republik und mit der Tschechischen Republik getroffen (BGBl. 1993 II S. 762).

Hongkong wurde mit Wirkung ab 1. Juli 1997 ein besonderer Teil der VR China (Hongkong Special Administrative Region). Das allgemeine Steuerrecht der VR China gilt dort nicht. Damit ist das zwischen der Bundesrepublik Deutschland und der VR China abgeschlossene DBA vom 10. Juni 1985 nach dem 1. Juli 1997 in Hongkong nicht anwendbar. Eine Einbeziehung Hongkongs in den Geltungsbereich des DBA China ist nicht angestrebt. Verhandlungen über ein gesondertes Abkommen mit Hongkong sind nicht geplant (zur Vermeidung der Doppelbesteuerung bei Luftfahrtunternehmen s. Anlage).

[1]) Änderungen sind durch seitliche Striche gekennzeichnet.

Vorgenannte Ausführungen zu Hongkong (außer Luftfahrtunternehmen) gelten in entsprechender Weise auch für **Macau** nach dessen Übergabe am 20. Dezember 1999 an die VR China (Macau Special Administrative Region).

Es werden Verhandlungen geführt, wie im Verhältnis zu **Taiwan** Doppelbesteuerungen vermieden werden können.

Hinsichtlich der Abkommen auf dem Gebiet der Kraftfahrzeugsteuer ist zur Rechtslage nach dem Zerfall der Sowjetunion auf Folgendes hinzuweisen:

Das Abkommen mit der UdSSR vom 21. Februar 1980 ist im Verhältnis zu den Nachfolgestaaten der UdSSR sowie zu Estland, Lettland und Litauen anzuwenden, bis mit diesen Staaten eine Neuregelung vereinbart wird. Voraussetzung ist, dass die genannten Staaten die im Abkommen vereinbarte Befreiung für deutsche Fahrzeuge gewähren. Diese Gegenseitigkeit muss auch hinsichtlich neuer Abgaben gewährleistet sein, die anstelle der UdSSR-Straßengebühr oder daneben eingeführt worden sind oder eingeführt werden, sofern sie mit der Kraftfahrzeugsteuer vergleichbar sind (siehe Ländererlasse).

I. Geltende Abkommen[1])

Abkommen		Fundstelle				Inkrafttreten				Anwendung grundsätzlich ab
		BGBl. II		BStBl I		BGBl. II		BStBl I		
mit	vom	Jg.	S.	Jg.	S.	Jg.	S.	Jg.	S.	
1. Abkommen auf dem Gebiet der Steuern vom Einkommen und vom Vermögen										
Ägypten	08. 12. 1987	1990	278	1990	280	1991	1042	1992	7	01. 01. 1992
Algerien	12. 11. 2007	2008	1188							01. 01. 2009
Argentinien	13. 07. 1978/	1979	585	1979	326	1979	1332	1980	51	01. 01. 1976
	16. 09. 1996	1998	18	1998	187	2001	694	2001	540	01. 01. 1996
Armenien (DBA mit UdSSR gilt fort, BGBl 93 II S. 169)	24. 11. 1981	1983	2	1983	90	1983	427	1983	352	01. 01. 1980
Aserbaidschan (In Kraft getreten am 28. Dezember 2005)	25. 08. 2004	2005	1146	2006	291	2006	120	2006	304:1	01. 01. 2006
Australien	24. 11. 1972	1974	337	1974	423	1975	216	1975	386	01. 01. 1971
Bangladesch[2])	29. 05. 1990	1991	1410	1992	34	1993	847	1993	466	01. 01. 1990
Belarus (Weißrussland)	30. 09. 2005	2006	1042	2007	276	2007	287	2007	290	01. 01. 2007
Belgien	11. 04. 1967/	1969	17	1969	38	1969	1465	1969	468	01. 01. 1966
	05. 11. 2002	2003	1615	2005	346	2003	1744	2005	348	01. 01. 2004
Bolivien	30. 09. 1992	1994	1086	1994	575	1995	907	1995	758	01. 01. 1991
Bosnien und Herzegowina (DBA mit SFR Jugoslawien gilt fort, BGBl. 92 II S. 1196)	26. 03. 1987	1988	744	1988	372	1988	1179	1989	35	01. 01. 1989
Bulgarien	02. 06. 1987	1988	770	1988	389	1988	1179	1989	34	01. 01. 1989
China (ohne Hongkong und Macau)	10. 06. 1985	1986	446	1986	329	1986	731	1986	339	01. 01. 1985
Côte d'Ivoire	03. 07. 1979	1982	153	1982	357	1982	637	1982	628	01. 01. 1982
Dänemark	22. 11. 1995	1996	2565	1996	1219	1997	728	1997	624	01. 01. 1997
Ecuador	07. 12. 1982	1984	466	1984	339	1986	781	1986	358	01. 01. 1987
Estland	29. 11. 1996	1998	547	1998	543	1999	84	1999	269	01. 01. 1994
Finnland	05. 07. 1979	1981	1164	1982	201	1982	577	1982	587	01. 01. 1981
Frankreich	21. 07. 1959/	1961	397	1961	342	1961	1659	1961	712	01. 01. 1957
	09. 06. 1969/	1970	717	1970	900	1970	1189	1970	1072	01. 01. 1968
	28. 09. 1989/	1990	770	1990	413	1991	387	1991	93	01. 01. 1990
	20. 12. 2001	2002	2370	2002	891	2003	542	2003	383	01. 01. 2002
Georgien	01. 06. 2006	2007	1034	2008	482	2008	521	2008	494	01. 01. 2008
Ghana	12. 08. 2004	2006	1018	2008	467	2008	51	2008	451	01. 01. 2008
Griechenland	18. 04. 1966	1967	852	1967	50	1968	30	1968	296	01. 01. 1964
Indien	19. 06. 1995	1996	706	1996	599	1997	751	1997	363	01. 01. 1997
Indonesien	30. 10. 1990	1991	1086	1991	1001	1991	1401	1992	186	01. 01. 1992
Iran, Islamische Republik	20. 12. 1968	1969	2133	1970	768	1969 1970	2288 282	1970	777	01. 01. 1970
Irland	17. 10. 1962	1964	266	1964	320	1964	632	1964	366	01. 01. 1959
Island	18. 03. 1971	1973	357	1973	504	1973	1567	1973	730	01. 01. 1968
Israel	09. 07. 1962/	1966	329	1966	700	1966	767	1966	946	01. 01. 1961
	20. 07. 1977	1979	181	1979	124	1979	1031	1979	603	01. 01. 1970
Italien	18. 10. 1989	1990	742	1990	396	1993	59	1993	172	01. 01. 1993

1) Änderungen sind durch seitliche Striche gekennzeichnet.
2) Gilt nicht für die VSt

Abkommen		Fundstelle				Inkrafttreten				Anwendung grundsätzlich ab
		BGBl. II		BStBl I		BGBl. II		BStBl I		
mit	vom	Jg.	S.	Jg.	S.	Jg.	S.	Jg.	S.	
Jamaika	08. 10. 1974	1976	1194	1976	407	1976	1703	1976	632	01. 01. 1973
Japan	22. 04. 1966/	1967	871	1967	58	1967	2028	1967	336	01. 01. 1967
	17. 04. 1979/	1980	1182	1980	649	1980	1426	1980	772	01. 01. 1977
	17. 02. 1983	1984	194	1984	216	1984	567	1984	388	01. 01. 1981
Kanada	19. 04. 2001	2002	671	2002	505	2002	962	2002	521	01. 01. 2001
Kasachstan	26. 11. 1997	1998	1592	1998	1029	1999	86	1999	269	01. 01. 1996
Kenia	17. 05. 1977	1979	606	1979	337	1980	1357	1980	792	01. 01. 1980
Kirgisistan	01. 12. 2005	2006	1066	2007	233	2007	214	2007	246	01. 01. 2007
Korea, Republik	10. 03. 2000	2002	1630	2003	24	2002	2855	2003	36	01. 01. 2003
Kroatien	06. 02. 2006	2006	1112	2007	246	2007	213	2007	259	01. 01. 2007
Kuwait	04. 12. 1987	1989	354	1989	150	1989	637	1989	268	01. 01. 84–31. 12. 97
	18. 05. 1999	2000	390	2000	439	2000	1156	2000	1383	01. 01. 1998
Lettland	21. 02. 1997	1998	330	1998	531	1998	2630	1998	1219	01. 01. 1996
Liberia	25. 11. 1970	1973	1285	1973	615	1975	916	1975	943	01. 01. 1970
Litauen	22. 07. 1997	1998	1571	1998	1016	1998	2962	1999	121	01. 01. 1995
Luxemburg	23. 08. 1958/	1959	1269	1959	1022	1960	1532	1960	398	01. 01. 1957
	15. 06. 1973	1978	109	1978	72	1978	1396	1979	83	01. 01. 1971
Malaysia	08. 04. 1977	1978	925	1978	324	1979	288	1979	196	01. 01. 1971
Malta	08. 03. 2001	2001	1297	2002	76	2002	320	2002	240	01. 01. 2002
Marokko	07. 06. 1972	1974	21	1974	59	1974	1325	1974	1009	01. 01. 1974
Mauritius	15. 03. 1978	1980	1261	1980	667	1981	8	1981	34	01. 01. 1979
Mazedonien (DBA mit SFR Jugoslawien gilt fort, BGBl. 94 II	26. 03. 1987	1988	744	1988	372	1988	1179	1989	35	01. 01. 1989
Mexiko	23. 02. 1993	1993	1966	1993	964	1994	617	1994	310	01. 01. 1994
Moldau, Republik (DBA mit UdSSR gilt fort, BGBl. 96 II S. 768)	24. 11. 1981	1983	2	1983	90	1983	427	1983	352	01. 01. 1980
Mongolei	22. 08. 1994	1995	818	1995	607	1996	1220	1996	1135	01. 01. 1997
Namibia	02. 12. 1993	1994	1262	1994	673	1995	770	1995	678	01. 01. 1993
Neuseeland	20. 10. 1978	1980	1222	1980	654	1980	1485	1980	787	01. 01. 1978
Niederlande	16. 06. 1959/	1960	1781	1960	381	1960	2216	1960	626	01. 01. 1956
	13. 03. 1980/	1980	1150	1980	646	1980	1486	1980	787	01. 01. 1979
	21. 05. 1991/	1991	1428	1992	94	1992	170	1992	382	21. 02. 1992
	04. 06. 2004	2004	1653	2005	364	2005	101	2005	368	01. 01. 2005
Norwegen	04. 10. 1991	1993	970	1993	655	1993	1895	1993	926	01. 01. 1991
Österreich	24. 08. 2000	2002	734	2002	584	2002	2435	2002	958	01. 01. 2003
Pakistan[1])	14. 07. 1994	1995	836	1995	617	1996	467	1996	445	01. 01. 1995
Philippinen	22. 07. 1983	1984	878	1984	544	1984	1008	1984	612	01. 01. 1985
Polen	14. 05. 2003	2004	1304	2005	15	2005	55	2005	27	01. 01. 2005
Portugal	15. 07. 1980	1982	129	1982	347	1982	861	1982	763	01. 01. 1983
Rumänien	04. 07. 2001	2003	1594	2004	273	2004	102	2004	286	01. 01. 2004
Russische Föderation	29. 05. 1996	1996	2710	1996	1490	1997	752	1997	363	01. 01. 1997
Änderungsprotokoll	25. 10. 2007	2008	1398							
Sambia	30. 05. 1973	1975	661	1975	688	1975	2204	1976	7	01. 01. 1971
Schweden	14. 07. 1992	1994	686	1994	422	1995	29	1995	88	01. 01. 1995
Schweiz	11. 08. 1971/	1972	1021	1972	518	1973	74	1973	61	01. 01. 1972
	30. 11. 1978/	1980	751	1980	398	1980	1281	1980	678	01. 01. 1977
	17. 10. 1989/	1990	766	1990	409	1990	1698	1991	93	01. 01. 1990
	21. 12. 1992/	1993	1886	1993	927	1994	21	1994	110	01. 01. 1994
	12. 03. 2002	2003	67	2003	165	2003	436	2003	329	01. 01. 02/ 01. 01. 04
Serbien (Namensänderung; ehem. Bundesrepublik Jugoslawien) (DBA mit SFR Jugoslawien gilt fort, BGBl. 97 II S. 961)	26. 03. 1987	1988	744	1988	372	1988	1179	1989	35	01. 01. 1989
Simbabwe	22. 04. 1988	1989	713	1989	310	1990	244	1990	178	01. 01. 1987
Singapur	28. 06. 2004	2006	930	2007	157	2007	24	2007	171	01. 01. 2007
Slowakei (DBA mit Tschechoslowakei gilt fort, BGBl. 93 II S. 762)	19. 12. 1980	1982	1022	1982	904	1983	692	1983	486	01. 01. 1984
Slowenien	03. 05. 2006	2006	1091	2007	171	2007	213	2007	183	01. 01. 2007

1) Gilt nicht für die VSt

Abkommen mit	vom	Fundstelle BGBl. II Jg.	S.	BStBl I Jg.	S.	Inkrafttreten BGBl. II Jg.	S.	BStBl I Jg.	S.	Anwendung grundsätzlich ab
Spanien	05. 12. 1966	1968	9	1968	296	1968	140	1968	544	01. 01. 1968
Sri Lanka	13. 09. 1979	1981	630	1981	610	1982	185	1982	373	01. 01. 1983
Südafrika	25. 01. 1973	1974	1185	1974	850	1975	440	1975	640	01. 01. 1965
Tadschikistan	27. 03. 2003	2004	1034	2005	15	2004	1565	2005	27	01. 01. 2005
Thailand	10. 07. 1967	1968	589	1968	1046	1968	1104	1969	18	01. 01. 1967
Trinidad und Tobago	04. 04. 1973	1975	679	1975	697	1977	263	1977	192	01. 01. 1972
Tschechien (DBA mit Tschechoslowakei gilt fort, BGBl. 93 II S. 762)	19. 12. 1980	1982	1022	1982	904	1983	692	1983	486	01. 01. 1984
Türkei	16. 04. 1985	1989	866	1989	471	1989	1066	1989	482	01. 01. 1990
Tunesien	23. 12. 1975	1976	1653	1976	498	1976	1927	1977	4	01. 01. 1976
Turkmenistan (DBA mit UdSSR gilt fort, Bericht der Botschaft Aschgabat vom 11. August 1999 – Nr. 377/99)	24. 11. 1981	1983	2	1983	90	1983	427	1983	352	01. 01. 1980
Ukraine	03. 07. 1995	1996	498	1996	675	1996	2609	1996	1421	01. 01. 1997
Ungarn	18. 07. 1977	1979	626	1979	348	1979	1031	1979	602	01. 01. 1980
Uruguay	05. 05. 1987	1988	1060	1988	531	1990	740	1990	365	01. 01. 1991
Usbekistan	07. 09. 1999	2001	978	2001	765	2002	269	2002	239	01. 01. 2002
Venezuela	08. 02. 1995	1996	727	1996	611	1997	1809	1997	938	01. 01. 1997
Vereinigte Arab. Emirate	09. 04. 1995	1996	518	1996	588	1996	1221	1996	1135	01. 01. 1992
verlängert (bis zum 9. August 2008)	04. 07. 2006	2007	746	2007	724	2007	1467	2007	726	10. 08. 2006
Vereinigtes Königreich	26. 11. 1964/	1966	358	1966	729	1967	828	1967	40	01. 01. 1960
	23. 03. 1970	1971	45	1971	139	1971	841	1971	340	30. 05. 1971
Vereinigte Staaten	29. 08. 1989	1991	354	1991	94	1992	235	1992	262	01. 01. 1990
Bekanntmachung der Neufassung 4. 6. 2008	01. 06. 2006	2006 2008	1184 611/851	2008 2008	766 732	2008	117	2008	783	01. 01. 2007/ 01. 01. 2008
Vietnam	16. 11. 1995	1996	2622	1996	1422	1997	752	1997	364	01. 01. 1997
Zypern	09. 05. 1974	1977	488	1977	340	1977	1204	1977	618	01. 01. 1970
2. Abkommen auf dem Gebiet der Erbschaft- und Schenkungsteuern										
Dänemark[1]	22. 11. 1995	1996	2565	1996	1219	1997	728	1997	624	01. 01. 1997
Griechenland	18. 11. 1910/ 01. 12. 1910	1912	173[2]	–	–	1953	525	1953	377	01. 01. 1953
Schweden[3]	14. 07. 1992	1994	686	1994	422	1995	29	1995	88	01. 01. 1995
Schweiz	30. 11. 1978	1980	594	1980	243	1980	1341	1980	786	28. 09. 1980
Vereinigte Staaten	03. 12. 1980/	1982	847	1982	765	1986	860	1986	478	01. 01. 1979
	14. 12. 1998	2000	1170	2001	110	2001	62	2001	114	15. 12. 2000
3. Sonderabkommen betreffend Einkünfte und Vermögen von Schiffahrt (S)– und Luftfahrt (L)-Unternehmen[3]										
Brasilien (S) (Protokoll)	17. 08. 1950	1951	11	–	–	1952	604	–	–	10. 05. 1952
Chile (S) (Handelsvertrag)	02. 02. 1951	1952	325	–	–	1953	128	–	–	08. 01. 1952
China (S) (Seeverkehrsvertrag)	31. 10. 1975	1976	1521	1976	496	1977	428	1977	452	29. 03. 1977
Hongkong (L)	08. 05. 1997	1998	2064	1998	1156	1999	26	2000	1554	01. 01. 1998
Hongkong (S)	13. 01. 2003	2004	34	2005	610	2005	332	2005	613	01. 01. 1998
Jemen (L)	02. 03. 2005	2006	538	2006	229	2007	214	2007	231	01. 01. 1982
Jugoslawien (S)	26. 06. 1954	1959	735	–	–	1959	1259	–	–	23. 10. 1959

1) Die Erbschaftsteuer bzw. Vorschriften zur Rechts- und Amtshilfe sind in den unter I.1. bzw. II.1 aufgeführten Abkommen enthalten.

2) Angabe bezieht sich auf RGBl bzw. RStBl.

3) Siehe auch Bekanntmachungen über die Steuerbefreiungen nach § 49 Abs. 4 EStG (und § 2 Abs. 3 VStG):
Äthiopien L (BStBl 1962 I S. 536),
Afghanistan L (BStBl 1964 I S. 411),
Bangladesch L (BStBl 1996 I S. 643),
Brasilien S, L (BStBl 2006 I S. 216)
Brunei Darussalam L (BStBl 2005 I S. 962)
Chile L (BStBl 1977 I S. 350),
China L (BStBl 1980 I S. 284),
Ghana S, L (BStBl 1985 I S. 222),
Irak S, L (BStBl 1972 I S. 490),
Jordanien L (BStBl 1976 I S. 278),
Katar L – anzuwenden ab 1. Januar 2001 –
Libanon S, L (BStBl 1959 I S. 198),
Litauen L (BStBl 1995 I S. 416),
Papua-Neuguinea L (BStBl 1989 I S. 115),
Seychellen L (BStBl 1998 I S. 582),
Sudan L (BStBl 1983 I S. 370),
Syrien, Arabische Republik S, L (BStBl 1974 I S. 510),
Taiwan S (BStBl 1988 I S. 423) und
Zaire S, L (BStBl 1990 I S. 178).

Abkommen		Fundstelle				Inkrafttreten				Anwendung grundsätzlich ab
		BGBl. II		BStBl I		BGBl. II		BStBl I		
mit	vom	Jg.	S.	Jg.	S.	Jg.	S.	Jg.	S.	
Kolumbien (S, L)	10. 09. 1965	1967	762	1967	24	1971	855	1971	340	01. 01. 1962
Paraguay (L)	27. 01. 1983	1984	644	1984	456	1985	623	1985	222	01. 01. 1979
Saudi-Arabien (L)	08. 11. 2007	2008	782							01. 01. 1967
Venezuela (S, L)	23. 11. 1987	1989	373	1989	161	1989	1065	1990	2	01. 01. 1990
4. Abkommen auf dem Gebiet der Rechts- und Amtshilfe										
Belgien[3]	11. 04. 1967	1969	17	1969	38	1969	1465	1969	468	01. 01. 1966
Dänemark[3]	22. 11. 1995	1996	2565	1996	1219	1997	728	1997	624	01. 01. 1997
Finnland	25. 09. 1935	1936	37[4]	1936	94[4]	1954	740	1954	404	01. 01. 1936
Frankreich[3]	21. 07. 1959	1961	397	1961	342	1961	1659	1961	712	01. 01. 1957
Italien	09. 06. 1938	1939	124[4]	1939	377[4]	1956	2154	1957	142	23. 01. 1939
Luxemburg[3]	23. 08. 1958	1959	1269	1959	1022	1960	1532	1960	398	01. 01. 1957
Niederlande	21. 05. 1999	2001	2	2001	66	2001	691	2001	539	23. 06. 2001
Norwegen[3]	04. 10. 1991	1993	970	1993	655	1993	1895	1993	926	01. 01. 1991
Österreich	04. 10. 1954	1955	833	1955	434	1955	926	1955	743	26. 11. 1955
Schweden[3]	14. 07. 1992	1994	686	1994	422	1995	29	1995	88	01. 01. 1995
5. Abkommen auf dem Gebiet der Kraftfahrzeugsteuer										
Armenien (DBA mit UdSSR gilt fort, BGBl. 93 II S. 169)	21. 02. 1980	1980	890	1980	467	1980	1484	1980	789	30. 11. 1980
Aserbaidschan (DBA mit UdSSR gilt fort, BGBl. 96 II S. 2471)	21. 02. 1980	1980	890	1980	467	1980	1484	1980	789	30. 11. 1980
Belarus (Weißrussland) (DBA mit UdSSR gilt fort, BGBl. 94 II S. 2533)	21. 02. 1980	1980	890	1980	467	1980	1484	1980	789	30. 11. 1980
Belgien[1])	17. 12. 1964	1966	1508	1966	954	1967	1748	–	–	01. 04. 1967
Bulgarien	12. 02. 1980	1980	888	1980	465	1980	1488	1980	789	25. 10. 1980
Dänemark	19. 07. 1931/ 25. 07. 1931	–	–	1931	562[2])	–	–	1954[3])		01. 11. 1953
Finnland	31. 03. 1978	1979	1317	1980	64	1980	212	1980	788	01. 03. 1980
Frankreich	03. 11. 1969	1970	1317	1971	82	1971	206	1971	305	01. 02. 1971
Georgien (DBA mit UdSSR gilt fort, BGBl. 92 II S. 1128)	21. 02. 1980	1980	890	1980	467	1980	1484	1980	789	30. 11. 1980
Griechenland	21. 09. 1977	1979	406	1979	310	1979	1049	1980	63	01. 08. 1979
Iran, Islamische Republik	17. 03. 1992	1993	914	1993	640	1995	992	1995	820	12. 08. 1995
Irland	10. 12. 1976	1978	1009	1978	344	1978	1264	1978	460	01. 10. 1978
Israel	02. 12. 1983	1984	964	1984	615	1987	186	1987	374	01. 02. 1987
Italien	18. 02. 1976	1978	1005	1978	341	1979	912	1980	63	04. 01. 1979
Kasachstan (DBA mit UdSSR gilt fort, BGBl. 92 II S. 1120)	21. 02. 1980	1980	890	1980	467	1980	1484	1980	789	30. 11. 1980
Kirgisistan (DBA mit UdSSR gilt fort, BGBl. 92 II S. 1015)	21. 02. 1980	1980	890	1980	467	1980	1484	1980	789	30. 11. 1980
Kroatien	09. 12. 1996	1998	182	1998	160	1998	2373	1998	1426	25. 06. 1998
Lettland[4])	21. 02. 1997	1998	958	1998	624	1998	2947	1999	164	22. 10. 1998
Liechtenstein	29. 01. 1934/ 27. 02. 1934	–	–	1934	288[7]	–	–	1934	288[7]	01. 04. 1934
Luxemburg	31. 01. 1930/ 11. 03. 1930	–	–	1930	454[7]	–	–	1930	454[7]	01. 04. 1930
Moldau, Republik (DBA mit UdSSR gilt fort, BGBl. 96 II S. 768)	21. 02. 1980	1980	890	1980	467	1980	1484	1980	780	30. 11. 1900
Niederlande	31. 01/23. 04/ 19. 05. 1930	–	–	1930	454[7]	–	–	1930	454[7]	01. 06. 1930
Norwegen	11. 11. 1983	1984	674	1984	486	1984	1047	1985	125	01. 11. 1984
Österreich	18. 11. 1969	1970	1320	1971	85	1971	215	1971	305	16. 04. 1971
Polen	19. 07. 1976	1978	1012	1978	346	1978	1328	1978	589	07. 10. 1978
Portugal	24. 07. 1979	1980	886	1980	463	1982	1186	1983	17	01. 01. 1983
Rumänien[9]	31. 10. 1973	1975	453	1975	621	1975	1137	–	–	01. 07. 1975
Russische Föderation (DBA mit UdSSR gilt fort, BGBl. 92 II S. 1016)	21. 02. 1980	1980	890	1980	467	1980	1484	1980	789	30. 11. 1980
San Marino	06. 05. 1986	1987	339	1987	465	1990	14	1990	56	01. 10. 1987

1) Siehe auch Artikel 5 der Richtlinie 1999/62/EG vom 17. 06. 1999 (ABl. EG L 187 S. 42) i. V. m. § 1 Abs. 1 Nr. 2 KraftStG (BGBl. I 2002 S. 3819) und Richtlinie 83/182/EWG vom 28. 03. 1983 (ABl. EG L 105 S. 59) i. V. m. § 3 Nr. 13 KraftStG.

2) Angabe bezieht sich auf RGBI bzw. RStBI.

3) Bundesanzeiger Nr. 123 vom 01. 07. 1954 S. 2

4) Siehe auch Interbus-Übereinkommen, welches bis 30. Juni 2001 zur Unterzeichnung auflag (Abl. EG 2002 L 321 S. 11, 44); gilt ab 1. Januar 2003 zugleich für Litauen und Slowenien

Abkommen mit	vom	Fundstelle BGBl. II Jg.	S.	BStBl I Jg.	S.	Inkrafttreten BGBl. II Jg.	S.	BStBl I Jg.	S.	Anwendung grundsätzlich ab
Schweden	15. 07. 1977	1979	409	1979	308	1979	1140	1980	63	01. 09. 1979
Schweiz[1])	20. 06. 1928	–	–	1930	563[7]	–	–	1930	563[7]	15. 07. 1928
Slowakei (DBA mit Tschechoslowakei gilt fort, BGBl. 93 II S. 762)	08. 02. 1990	1991	662	1991	508	1992	594	1992	454	27. 05. 1992
Spanien	08. 03. 1979	1979	1320	1980	66	1980	900	1980	788	01. 06. 1980
Tadschikistan (DBA mit UdSSR gilt fort, BGBl. 95 II S. 255)	21. 02. 1980	1980	890	1980	467	1980	1484	1980	789	30. 11. 1980
Türkei	30. 05. 1983	1984	594	1984	414	1985	55	1985	12	01. 11. 1984
Tunesien	30. 03. 1984	1984	962	1984	613	1986	675	1986	319	01. 05. 1986
Ukraine (DBA mit UdSSR gilt fort, BGBl. 93 II S. 1189)	21. 02. 1980	1980	890	1980	467	1980	1484	1980	789	30. 11. 1980
Ungarn[9]	12. 02. 1981	1982	291	1982	393	1982	640	1982	630	11. 06. 1982
Usbekistan (DBA mit UdSSR gilt fort, BGBl. 95 II S. 205)	21. 02. 1980	1980	890	1980	467	1980	1484	1980	789	30. 11. 1980
Vereinigtes Königreich	05. 11. 1971	1973	340	1973	495	1975	1437	–	–	01. 09. 1973
Zypern	22. 04. 1980	1981	1018	1981	742	1982	176	1982	376	01. 02. 1982

II. Künftige Abkommen und laufende Verhandlungen

Abkommen mit	Art des Abkommens[2])	Sachstand[3])		Geltung für Veranlagungssteuern[4]) ab	Geltung für Abzugsteuern[5]) ab	Bemerkungen
1. Abkommen auf dem Gebiet der Steuern vom Einkommen und vom Vermögen						
Ägypten	**R-A**	P:	01. 08. 2005	KR	KR	
Albanien	**A**	P:	12. 05. 2006	KR	KR	
Australien	**R-A**	V:				
Bulgarien	**R-A**	P:	11. 05. 2007	KR	KR	
China	**R-A**	V:				
Frankreich	**E-P**	P:	15. 10. 2008			
Georgien	**A**	U:	01. 06. 2006	–		
Ghana	**A**	U:	12. 08. 2004			Text: BGBl. 2006 II S. 1018
Griechenland	**R-A**	V:				
Iran	**R-A**	V:				
Irland	**R-A**	V:				
Island	**R-A**	P:	06. 07. 2005	–	–	
Israel	**R-A**	V:				
Japan	**R-A**	V:				
Kolumbien	**A**	V:				
Libyen	**A**	V:				
Malaysia	**R-A**	P:	08. 07. 2003	–	–	
Marokko	**R-A**	V:				
Mauritius	**R-A**	V:				
Mazedonien	**A**	U:	03. 07. 2008	KR	KR	
Mexiko	**R-A**	U:	09. 07. 2008	KR	KR	
Niederlande	**R-A**	V:		–	–	
Oman	**A**	P:	12. 04. 2002	KR	KR	
Serbien und Montenegro	**A**	V:				
Spanien	**R-A**	V:				
Südafrika	**R-A**	U:	09. 09. 2008	KR	KR	

1) Siehe auch Verordnungen über die kraftfahrzeugsteuerliche Behandlung von schweizerischen Straßenfahrzeugen im grenzüberschreitenden Verkehr vom 27. 03. 1985 (BGBl. I S. 615) und vom 18. 05. 1994 (BGBl. I S. 1076).

2) A: Erstmaliges Abkommen
R-A: Revisionsabkommen als Ersatz eines bestehenden Abkommens
R-P: Revisionsprotokoll zu einem bestehenden Abkommen E-P: Ergänzungsprotokoll zu einem bestehenden Abkommen

3) V: Verhandlung
P: Paraphierung U: Unterzeichnung hat stattgefunden, Gesetzgebungs- oder Ratifikationsverfahren noch nicht abgeschlossen

4) Einkommen-, Körperschaft-, Gewerbe- und Vermögensteuer KR: Keine Rückwirkung vorgesehen

5) Abzugsteuern von Dividenden, Zinsen und Lizenzgebühren KR: Keine Rückwirkung vorgesehen

Abkommen mit	Art des Abkommens[1])	Sachstand[2])		Geltung für Veranlagungssteuern[3]) ab	Geltung für Abzugsteuern[4]) ab	Bemerkungen
Syrien	A	P:	26. 04. 2004	KR	KR	
Türkei	R-A	V:				
Tunesien	R-A	V:				
Turkmenistan	A	V:				
Ungarn	R-A	V:				
Ukraine	R-P	V:				
Uruguay	R-A	P:	03. 07. 2007	KR	KR	
Venezuela	R-P	V:				
Vereinigte Arabische Emirate	A	P:	23. 12. 2008	01. 01. 2009	01. 01. 2009	
Vereinigtes Königreich	R-A	V:				
Vereinigte Staaten	R-P	U:	01. 06. 2006	KR		Text: BGBl. 2006 II S. 1184
Zypern	R-A	V:				
2. Abkommen auf dem Gebiet der Erbschaft- und Schenkungsteuern						
Frankreich	A	U:	12. 10. 2006			BGBl. 2007 II S. 1402
Österreich	W-A	U:	06. 11. 2008			
3. Sonderabkommen betreffend Einkünfte und Vermögen von Schiffahrt (S)- und Luftfahrt (L)-Unternehmen						
Oman	A (S, L)	P:	22. 05. 2000	–	–	
4. Abkommen auf dem Gebiet der Amtshilfe						
Österreich	R-A	P:	25. 09. 2000	KR	KR	
5. Abkommen auf dem Gebiet der Kraftfahrzeugsteuer						
Belarus (Weißrussland)	R-A	P:	10. 10. 2002	–	–	
Marokko	A	V:				
Slowenien	A	V:		–	–	

II
Merkblatt zur Steuerfreistellung ausländischer Einkünfte gemäß § 50d Abs. 8 EStG[5])

BMF vom 21. 7. 2005 (BStBl I S. 821)
IV B 1 – S 2411 – 2/05

Unter Bezugnahme auf das Ergebnis der Erörterungen mit den Vertretern der obersten Finanzbehörden der Länder gilt für die Steuerfreistellung ausländischer Einkünfte nach § 50d Abs. 8 EStG folgendes Verfahren.

Inhaltsübersicht

1) A: Erstmaliges Abkommen
R-A: Revisionsabkommen als Ersatz eines bestehenden Abkommens
R-P: Revisionsprotokoll zu einem bestehenden Abkommen E-P: Ergänzungsprotokoll zu einem bestehenden Abkommen
2) V: Verhandlung
P: Paraphierung U: Unterzeichnung hat stattgefunden, Gesetzgebungs- oder Ratifikationsverfahren noch nicht abgeschlossen
3) Einkommen-, Körperschaft-, Gewerbe- und Vermögensteuer KR: Keine Rückwirkung vorgesehen
4) Abzugsteuern von Dividenden, Zinsen und Lizenzgebühren KR: Keine Rückwirkung vorgesehen
5) Anlagen zum Merkblatt sind nicht abgedruckt.

1. Anwendungsbereich

Bei Einkünften aus nichtselbständiger Arbeit (§ 19 EStG), die nach einem Abkommen zur Vermeidung der Doppelbesteuerung (DBA) in einem ausländischen Staat besteuert werden können, wird die unter Progressionsvorbehalt (§ 32b Abs. 1 Nr. 3 EStG) erfolgende Freistellung von der deutschen Steuer eines unbeschränkt Steuerpflichtigen im Rahmen der Einkommensteuerveranlagung nach der Regelung des § 50d Abs. 8 EStG nur unter bestimmten Voraussetzungen gewährt. Der Steuerpflichtige muss für die Freistellung nachweisen, dass die in dem ausländischen Staat festgesetzten Steuern entrichtet wurden oder dass dieser Staat auf sein Besteuerungsrecht verzichtet hat. Das gilt nicht für Einkünfte aus Staaten, auf die der Auslandstätigkeitserlass (BMF-Schreiben vom 31. Oktober 1983 – IV B 6 – S 2293–50/83 – BStBl I S. 470 – und Anh. 22 LStR) anzuwenden ist. Die Regelung des § 50d Abs. 8 EStG ist auch in den Fällen nicht anzuwenden, in denen das einschlägige Doppelbesteuerungsabkommen der Bundesrepublik Deutschland das Besteuerungsrecht zuweist, weil der ausländische Staat von seinem Besteuerungsrecht keinen Gebrauch macht[1]) oder die Besteuerung von der Überweisung der Einkünfte in den Tätigkeitsstaat abhängig macht[2]).

Die Nachweispflicht besteht für das Veranlagungsverfahren. Sie gilt nicht für das Lohnsteuerabzugsverfahren. Das Betriebsstättenfinanzamt kann daher unverändert auf Antrag des Arbeitnehmers oder des Arbeitgebers (§ 38 EStG) eine Freistellungsbescheinigung erteilen (§ 39b Abs. 6 Satz 1 EStG). In das Antragsformular auf Erteilung der Freistellungsbescheinigung (Antrag für unbeschränkt einkommensteuerpflichtige Arbeitnehmer auf Erteilung einer Bescheinigung über die Freistellung des Arbeitslohns vom Steuerabzug auf Grund eines DBA) wurde ein Hinweis auf die abschließende Prüfung im Rahmen der Veranlagung aufgenommen.

Die Regelung des § 50d Abs. 8 EStG ist erstmals für den Veranlagungszeitraum 2004 anzuwenden.

2. Nachweispflicht

Bei der Anforderung und Prüfung von Nachweisen sind die objektiven Umstände des Einzelfalles und der Grundsatz der Verhältnismäßigkeit zu beachten.

Zu der Anwendung einer Bagatellgrenze vgl. Tz. 4.2.

2.1. Besteuerung im ausländischen Staat

2.1.1. Ermittlung und Nachweis der Höhe der Einkünfte

Die Einkünfte im Sinne des § 50d Abs. 8 EStG sind nach den Vorschriften des deutschen Steuerrechts zu ermitteln. Aufgrund der unterschiedlichen Steuersysteme und Begriffsbestimmungen können sich bei den der ausländischen und deutschen Besteuerung zugrunde gelegten Einkünften Abweichungen ergeben. Diese können unter anderem entstehen, weil der ausländische Staat ein vom Kalenderjahr abweichendes Steuerjahr[3]) hat oder Sachverhalte zeitlich abweichend von den Regelungen des deutschen Rechts erfasst. Daneben können Abweichungen aus der Definition der Begriffe „Arbeitslohn" und „Werbungskosten", aus der Zuordnung von Bezügen zu steuerpflichtigen oder steuerfreien Einnahmen, der Bewertung von Sachbezügen und nachträglichen Bonuszahlungen oder der Behandlung von Altersteilzeitmodellen resultieren.

---

1) (Art. 13 Abs. 2 DBA-Frankreich, Art. 15 Abs. 4 DBA-Österreich, Art. 15 Abs. 3 und 4 DBA-Schweiz).
2) (Art. II Abs. 2 DBA-Großbritannien, Art. II Abs. 2 DBA-Irland, Art. 2 Abs. 2 DBA-Israel, Art. 3 Abs. 3 DBA-Jamaika, Schlussprotokoll Nr. 2 DBA-Malaysia, Schlussprotokoll Nr. 1 Buchst. a DBA-Trinidad/Tobago).
3) (Australien, Bangladesch, Großbritannien, Indien, Iran, Mauritius, Namibia, Neuseeland, Pakistan, Sambia, Sri Lanka, Südafrika).

Soweit der Steuerpflichtige die Ursachen eventueller Abweichungen glaubhaft macht (z. B. Kopie der ausländischen Steuererklärung/en und/oder Steuerbescheid/e, Berechnungsschema), gilt der Nachweis über die Höhe der Einkünfte für den jeweiligen Veranlagungszeitraum als erbracht.

2.1.2. Nachweis über die Festsetzung und Entrichtung der Steuern

Der Nachweis über die Zahlung der festgesetzten Steuern ist grundsätzlich durch Vorlage des Steuerbescheids der ausländischen Behörde sowie eines Zahlungsbelegs (Überweisungs- bzw. Einzahlungsbeleg der Bank oder der Finanzbehörde) zu erbringen. Sofern der ausländische Staat ein Selbstveranlagungsverfahren hat und daher keinen Steuerbescheid erteilt (z. B. USA), reicht die Vorlage des Zahlungsbelegs und einer Kopie der Steuererklärung aus.

In den Fällen, in denen der Steuerpflichtige tatsächlich nicht in der Lage ist, geeignete Nachweise zu erbringen, ist ausnahmsweise eine hinreichend bestimmte Bescheinigung des zivilrechtlichen oder wirtschaftlichen Arbeitgebers ausreichend. Hieraus müssen insbesondere die Höhe der im jeweiligen Veranlagungszeitraum zugeflossenen Einnahmen, die vom Arbeitgeber abgeführte Steuer und der Zeitraum der Tätigkeit im Ausland hervorgehen (Arbeitgeberbescheinigung). Eine Arbeitgeberbescheinigung ist z. B. in den Fällen ausreichend, in denen der Arbeitgeber durch das ausländische Recht zum Steuerabzug verpflichtet ist und die einbehaltene und vom Arbeitgeber abgeführte Steuer Abgeltungswirkung hat (z. B. Italien, Spanien) oder eine Nettolohnvereinbarung getroffen wurde. Wurde die Steuer im Rahmen einer Pauschalversteuerung durch den Arbeitgeber entrichtet, reicht eine Bescheinigung des Arbeitgebers über die rechtliche Grundlage und die tatsächliche Durchführung der Pauschalversteuerung für den Steuerpflichtigen aus.

2.2. Verzicht auf das Besteuerungsrecht

Wenn der ausländische Staat auf das ihm zugewiesene Besteuerungsrecht verzichtet, hat der Steuerpflichtige Unterlagen vorzulegen, aus denen sich der Verzicht ergibt. Es kann sich hierbei um einen Verzicht gegenüber Einzelpersonen, bestimmten Personengruppen oder um einen generellen Verzicht handeln (z. B. Erlass, Steuerbefreiung, genereller Verzicht auf die Steuererhebung, völkerrechtlicher Vertrag).

3. Sonderfälle

3.1. Entwicklungszusammenarbeit

3.1.1. Besteuerungsrecht des Kassenstaates (Deutschland)

Sofern Vergütungen im Rahmen der Entwicklungszusammenarbeit gezahlt werden, ist zunächst zu prüfen, ob das anzuwendende DBA Deutschland als Kassenstaat das Besteuerungsrecht zuweist und eine Anwendung des § 50d Abs. 8 EStG damit ausscheidet[1]).

3.1.2. Besteuerungsrecht des Tätigkeitsstaates/Freistellung im Tätigkeitsstaat

Soweit Arbeitnehmer im Rahmen der Entwicklungszusammenarbeit aufgrund von zwischenstaatlichen oder diesen vergleichbaren Abkommen oder Vereinbarungen in dem jeweiligen ausländischen Staat von der Steuer befreit sind (Verzicht auf das Besteuerungsrecht), ist dies durch geeignete Unterlagen nachzuweisen.

Arbeitgeber sind Organisationen und Firmen, die direkt oder indirekt durch die Bundesregierung, Landesregierungen oder andere deutsche staatliche Stellen mit der Durchführung personeller Leistungen im Rahmen der Entwicklungszusammenarbeit beauftragt worden sind. Weitere Auftraggeber sind z. B. die Europäische Union, internationale Finanzierungsinstitute und Regierungen anderer Staaten.

Als Nachweis ist dabei eine Bescheinigung des jeweiligen Arbeitgebers in Verbindung mit einem Auszug des geltenden Abkommens bzw. der Vereinbarung anzuerkennen.

Ein Muster einer Bescheinigung ist als Anlage 1 beigefügt.

3.2. V.A.E./Kuwait

In den Vereinigten Arabischen Emiraten (V.A.E.) werden mangels gesetzlicher Regelungen natürliche Personen unabhängig von ihrer Staatsangehörigkeit keiner Ertragsteuer (Einkommen-

[1]) (z .B. Art. 19 Abs. 3 DBA-Bangladesch, Art. 18 Abs. 2 DBA-Ecuador, Art. 19 Abs. 4 DBA-Indien, Art. 19 Abs. 3 DBA-Pakistan).

steuer) unterworfen. In Kuwait werden von natürlichen Personen ebenfalls keine Ertragsteuern erhoben.

Sofern nachgewiesen wird (Arbeitgeberbescheinigung, Lohnabrechnungen), dass die Tätigkeit in einem dieser Staaten ausgeübt wurde, ist von einem Nachweis über den Verzicht des ausländischen Staates auf das Besteuerungsrecht abzusehen.

3.3. Schiffe unter ausländischer Flagge/Liberia

Für Einkünfte aus nichtselbständiger Tätigkeit von Seeleuten sehen die von der Bundesrepublik Deutschland abgeschlossenen Doppelbesteuerungsabkommen in der Regel vor, dass dem Staat das Besteuerungsrecht zusteht, in dem sich die tatsächliche Geschäftsleitung des Unternehmens befindet (z. B. Art. 15 Abs. 3 DBA-MA, Art. XI Abs. 5 DBA-Großbritannien, Art. 10 Abs. 3 DBA-Niederlande, Art. 15 Abs. 3 DBA-Spanien). Abweichend hiervon regelt das DBA-Liberia die Zuweisung des Besteuerungsrechts für die Einkünfte aus nichtselbständiger Arbeit von Seeleuten nicht gesondert. Es ist daher Artikel 15 Abs. 1 und 2 DBA-Liberia anzuwenden. Als Tätigkeitsstaat ist danach bei Arbeitsausübung an Bord von Schiffen, die unter liberianischer Flagge fahren, Liberia anzusehen, soweit sich das Schiff auf hoher See bzw. im Hoheitsgebiet von Liberia befindet. Die Einkünfte können daher grundsätzlich von der Republik Liberia besteuert werden, welche von ihrem Besteuerungsrecht jedoch keinen Gebrauch macht. Als Anlage 2 ist ein Muster einer Bescheinigung der Republik Liberia beigefügt, die diese für Arbeitnehmer ausstellt, die auf Schiffen unter liberianischer Flagge tätig werden. Die Bescheinigung ist anzuerkennen. Ab dem Veranlagungszeitraum 2005 ist ihr eine

Bescheinigung des Arbeitgebers beizufügen, in der die Angaben für den jeweiligen Steuerpflichtigen bestätigt werden (Dauer der Tätigkeit, Schiffsname, Bestätigung, dass unter liberianischer Flagge fahrend).

4. Festsetzungsverfahren

4.1. Festsetzung im Falle eines fehlenden Nachweises

Soweit die nach Tz. 2. und Tz. 3. erforderlichen Nachweise nicht oder nicht vollständig vorgelegt werden, ist die Steuer unter Einbeziehung der betroffenen Einkünfte festzusetzen. Der Einkommensteuerbescheid ist gemäß § 50d Abs. 8 Satz 2 EStG zugunsten des Steuerpflichtigen zu ändern, sobald die tatsächliche Besteuerung oder der Verzicht auf die Besteuerung im Ausland nachgewiesen wird. Die Festsetzungsfrist beginnt mit Ablauf des Jahres, in dem das Ereignis (Erbringung des Nachweises) eintritt (§ 50d Abs. 8 Satz 3 EStG). Die Verzinsung richtet sich nach § 233a Abs. 1 und 2 AO.

4.2. Bagatellgrenze

Bis auf weiteres ist aus Vereinfachungsgründen die Freistellung unter Progressionsvorbehalt von der deutschen Einkommensteuer auch ohne das Erbringen von Nachweisen zu gewähren, wenn der maßgebende, nach deutschem Recht ermittelte Arbeitslohn in dem jeweiligen Veranlagungszeitraum insgesamt nicht mehr als 10 000 € beträgt.

5. Informationsaustausch

Auf die Regelungen des Merkblattes zur zwischenstaatlichen Amtshilfe durch Auskunftsaustausch in Steuersachen (Amtshilfe-Merkblatt[1]); BMF-Schreiben vom 3. Februar 1999 – IV B 4 – S 1320–3/99 –, BStBl I S. 228 und BStBl I S. 974) weise ich hin. Abweichend von Tz. 1.6.1.2 des Amtshilfe-Merkblattes wurde der Auskunftsaustausch in Steuersachen zwischenzeitlich in vollem Umfang dem Bundesamt für Finanzen[2]) übertragen (§ 1a Abs. 2 Satz 1 EG-Amtshilfe-Gesetz, § 5 Abs. 1 Nr. 5 Finanzverwaltungsgesetz; BMF-Schreiben vom 29. November 2004 – IV B 6 – S 1304–2/04 –).

In den Fällen, in denen der Steuerpflichtige die Nachweise im Sinne des § 50d Abs. 8 EStG erbracht hat, sind weder Auskunftsersuchen zu stellen noch Spontanauskünfte zu erteilen.

Bestehen Zweifel hinsichtlich der Zahlung der festgesetzten Steuer bzw. des Verzichts des ausländischen Staates auf sein Besteuerungsrecht, ist die Steuer unter Einbeziehung der betroffenen Einkünfte festzusetzen (Tz. 4.1. dieses Merkblattes) und ein Auskunftsersuchen an den ausländi-

1) Neufassung → BMF vom 25. 1. 2006 (BStBl I S. 26).

2) Durch das Gesetz zur Neuorganisation der Bundesfinanzverwaltung und zur Schaffung eines Refinanzierungsregisters ist ab 1. 1. 2006 die Bezeichnung „Bundeszentralamt für Steuern" (bisher „Bundesamt für Finanzen") maßgebend.

schen Staat zu richten. Entsprechendes gilt, soweit unklar ist, ob sämtliche steuerfrei zu stellenden Gehaltsbestandteile (z. B. Gratifikationen, Tantiemen, Urlaubsgeld) im ausländischen Staat zur Besteuerung herangezogen wurden. In diesen Fällen entfällt nach Tz. 5.1 des Amtshilfe-Merkblattes eine Anhörung des Steuerpflichtigen, sofern die Informationen auf Angaben beruhen, die der Steuerpflichtige in einem Antrag oder einer Erklärung gemacht hat. Gleichwohl kann der Steuerpflichtige gegen die Übermittlung aufgrund seiner Angaben in der Einkommensteuererklärung Einwendungen erheben (Anlage N sowie Tz. 6.1 Satz 1 Buchst. a und c und Satz 2 des Amtshilfe-Merkblattes).

Dieses Merkblatt hebt das Schreiben bezüglich des Auskunftsaustausches über Arbeitslöhne von in der Bundesrepublik Deutschland ansässigen und in anderen EU-Mitgliedstaaten tätigen Arbeitnehmern (BMF-Schreiben vom 3. Juni 1996 – IV C 7 – S 1320–8/96 –, BStBl I S. 644) mit der Maßgabe auf, dass die dort enthaltene Dienstwegregelung für entsprechende Spontanauskünfte an einen anderen EU-Mitgliedstaat beibehalten wird. Hiernach geben die Finanzämter diese Informationen unmittelbar an das Bundesamt für Finanzen[1]) weiter.

---

[1]) Durch das Gesetz zur Neuorganisation der Bundesfinanzverwaltung und zur Schaffung eines Refinanzierungsregisters ist ab 1. 1. 2006 die Bezeichnung „Bundeszentralamt für Steuern" (bisher „Bundesamt für Finanzen") maßgebend.

Entlastungsbetrag für Alleinerziehende, § 24b EStG Anwendungsschreiben

vom 29. 10. 2004 (BStBl I S. 1042)[1])
IV C 4 - S 2281-515/04

Unter Bezugnahme auf das Ergebnis der Erörterungen mit den obersten Finanzbehörden der Länder gilt für die Anwendung des § 24b EStG ab dem Veranlagungszeitraum 2004 Folgendes:

I. Allgemeines

[1]Durch Artikel 9 des Haushaltsbegleitgesetzes 2004 vom 29. Dezember 2003 (BGBl. I S. 3076; BStBl 2004 I S. 120) wurde mit § 24b EStG ein Entlastungsbetrag für Alleinerziehende in Höhe von 1308 Euro jährlich zum 1. Januar 2004 in das Einkommensteuergesetz eingefügt. [2]Durch das Gesetz zur Änderung der Abgabenordnung und weiterer Gesetze vom 21. Juli 2004 (BGBl. I S. 1753) wurden die Voraussetzungen für die Inanspruchnahme des Entlastungsbetrages für Alleinerziehende rückwirkend ab dem 1. Januar 2004 geändert, im Wesentlichen wurde der Kreis der Berechtigten erweitert.

Ziel des Entlastungsbetrages für Alleinerziehende ist es, die höheren Kosten für die eigene Lebens- bzw. Haushaltsführung der sog. echten Alleinerziehenden abzugelten, die einen gemeinsamen Haushalt nur mit ihren Kindern und keiner anderen erwachsenen Person führen, die tatsächlich oder finanziell zum Haushalt beiträgt.

Der Entlastungsbetrag für Alleinerziehende wird außerhalb des Familienleistungsausgleichs bei der Ermittlung des Gesamtbetrages der Einkünfte durch Abzug von der Summe der Einkünfte und beim Lohnsteuerabzug durch die Steuerklasse II berücksichtigt.

II. Anspruchsberechtigte

[1]Der Entlastungsbetrag für Alleinerziehende wird Steuerpflichtigen gewährt, die

- „allein stehend" sind und
- zu deren Haushalt mindestens ein Kind gehört, für das ihnen ein Freibetrag nach § 32 Abs. 6 EStG oder Kindergeld zusteht.

[2] „Allein stehend" im Sinne des § 24b Abs. 1 EStG sind nach § 24b Abs. 2 EStG Steuerpflichtige, die

- nicht die Voraussetzungen für die Anwendung des Splitting-Verfahrens (§ 26 Abs. 1 EStG) erfüllen oder
- verwitwet sind

und

- keine Haushaltsgemeinschaft mit einer anderen volljährigen Person bilden (Ausnahme siehe unter 3.).

1. Haushaltszugehörigkeit

[1]Ein Kind gehört zum Haushalt des Steuerpflichtigen, wenn es dauerhaft in dessen Wohnung lebt oder mit seiner Einwilligung vorübergehend, z. B. zu Ausbildungszwecken, auswärtig untergebracht ist. Haushaltszugehörigkeit erfordert ferner eine Verantwortung für das materielle (Versorgung, Unterhaltsgewährung) und immaterielle Wohl (Fürsorge, Betreuung) des Kindes. [2]Eine Heimunterbringung ist unschädlich, wenn die Wohnverhältnisse in der Familienwohnung die speziellen Bedürfnisse des Kindes berücksichtigen und es sich im Haushalt des Steuerpflichtigen regelmäßig aufhält (vgl. BFH-Urteil vom 14. November 2001, BStBl 2002 II S. 244). [3]Ist das Kind nicht in der Wohnung des Steuerpflichtigen gemeldet, trägt der Steuerpflichtige die Beweislast für das Vorliegen der Haushaltszugehörigkeit. [4]Ist das Kind bei mehreren Steuerpflichtigen gemeldet oder gehört es unstreitig zum Haushalt des Steuerpflichtigen ohne bei ihm gemeldet zu sein, ist es aber bei weiteren Steuerpflichtigen gemeldet, steht der Entlastungsbetrag demjenigen Alleinstehenden zu, zu dessen Haushalt das Kind tatsächlich gehört. [5]Dies ist im Regelfall derjenige, der das Kindergeld erhält.

---

1) Anm.: Mit Urteil vom 5. 10. 2004 - VIII R 38/03 - vertritt der BFH die Auffassung, dass die Erwähnung des Haushaltsfreibetrags nach § 32 Abs. 7 EStG im Jahr 2003 nur an Nichtverheiratete mit Kindern höchstwahrscheinlich mit dem Grundgesetz unvereinbar und nichtig sei. Gegen das Urteil wurde Verfassungsbeschwerde erhoben (Az. 2 BvR 2240/04).

2. Splitting-Verfahren

[1]Es sind grundsätzlich nur Steuerpflichtige anspruchsberechtigt, die nicht die Voraussetzungen für die Anwendung des Splitting-Verfahrens erfüllen[1]). [2]Abweichend hiervon können verwitwete Steuerpflichtige nach § 24b Abs. 3 EStG den Entlastungsbetrag für Alleinerziehende erstmals zeitanteilig für den Monat des Todes des Ehegatten beanspruchen. [3]Darüber hinaus, insbesondere in den Fällen der getrennten oder der besonderen Veranlagung im Jahr der Eheschließung, kommt eine zeitanteilige Berücksichtigung nicht in Betracht.

Im Ergebnis sind nur Steuerpflichtige anspruchsberechtigt, die

- während des gesamten Veranlagungszeitraums nicht verheiratet (ledig, geschieden) sind,
- verheiratet sind, aber seit dem vorangegangenen Veranlagungszeitraum dauernd getrennt leben,
- verwitwet sind

oder

- deren Ehegatte im Ausland lebt und nicht unbeschränkt einkommensteuerpflichtig im Sinne des § 1 Abs. 1 oder 2 EStG oder des § 1a EStG ist.

3. Haushaltsgemeinschaft

Gemäß § 24b Abs. 2 Satz 1 EStG sind Steuerpflichtige nur dann „allein stehend", wenn sie keine Haushaltsgemeinschaft mit einer anderen volljährigen Person bilden.

[1]Der Gewährung des Entlastungsbetrages für Alleinerziehende steht es kraft Gesetzes nicht entgegen, wenn eine andere minderjährige Person in den Haushalt aufgenommen wird oder es sich bei der anderen volljährigen Person um ein leibliches Kind, Adoptiv-, Pflege-, Stief- oder Enkelkind handelt, für das dem Steuerpflichtigen ein Freibetrag für Kinder (§ 32 Abs. 6 EStG) oder Kindergeld zusteht oder das steuerlich nicht berücksichtigt wird, weil es

- den gesetzlichen Grundwehr- oder Zivildienst leistet (§ 32 Abs. 5 Satz 1 Nr. 1 EStG),
- sich an Stelle des gesetzlichen Grundwehrdienstes freiwillig für die Dauer von nicht mehr als drei Jahren zum Wehrdienst verpflichtet hat (§ 32 Abs. 5 Satz 1 Nr. 2 EStG) oder
- eine vom gesetzlichen Grundwehrdienst oder Zivildienst befreiende Tätigkeit als Entwicklungshelfer im Sinne des § 1 Abs. 1 des Entwicklungshelfer-Gesetzes ausübt (§ 32 Abs. 5 Satz 1 Nr. 3 EStG)

[2]§ 24b Abs. 2 Satz 2 EStG enthält neben der gesetzlichen Definition der Haushaltsgemeinschaft auch die widerlegbare Vermutung für das Vorliegen einer Haushaltsgemeinschaft, die an die Meldung der anderen volljährigen Person mit Haupt- oder Nebenwohnsitz in der Wohnung des Steuerpflichtigen anknüpft. [3]Eine nachträgliche Ab- bzw. Ummeldung ist insoweit unerheblich. [4]Die Vermutung gilt jedoch dann nicht, wenn die Gemeinde oder das Finanzamt positive Kenntnis davon hat, dass die tatsächlichen Verhältnisse von den melderechtlichen Verhältnissen zugunsten des Steuerpflichtigen abweichen.

a) Begriff der Haushaltsgemeinschaft

[1]Eine Haushaltsgemeinschaft liegt vor, wenn der Steuerpflichtige und die andere Person in der gemeinsamen Wohnung – im Sinne des § 8 AO – gemeinsam wirtschaften („Wirtschaften aus einem Topf"). [2]Die Annahme einer Haushaltsgemeinschaft setzt hingegen nicht die Meldung der anderen Person in der Wohnung des Steuerpflichtigen voraus.

[1]Eine Haushaltsgemeinschaft setzt ferner nicht voraus, dass nur eine gemeinsame Kasse besteht und die zur Befriedigung jeglichen Lebensbedarfs dienenden Güter nur gemeinsam und aufgrund gemeinsamer Planung angeschafft werden. [2]Es genügt eine mehr oder weniger enge Gemeinschaft mit nahem Beieinanderwohnen, bei der jedes Mitglied der Gemeinschaft tatsächlich oder finanziell seinen Beitrag zur Haushalts- bzw. Lebensführung leistet und an ihr partizipiert (der gemeinsame Verbrauch der Lebensmittel oder Reinigungsmittel, die gemeinsame Nutzung des Kühlschrankes etc.).

Auf die Zahlungswege kommt es dabei nicht an, d. h. es steht der Annahme einer Haushaltsgemeinschaft nicht entgegen, wenn z. B. der Steuerpflichtige die laufenden Kosten des Haushalts ohne Miete trägt und die andere Person dafür vereinbarungsgemäß die volle Miete bezahlt.

---

1) Bestätigt durch BFH vom 19. 10. 2006 (BStBl 2007 II S. 637)

Es kommt ferner nicht darauf an, dass der Steuerpflichtige und die andere Person in besonderer Weise materiell (Unterhaltsgewährung) und immateriell (Fürsorge und Betreuung) verbunden sind.

Deshalb wird grundsätzlich bei jeder Art von Wohngemeinschaften vermutet, dass bei Meldung der anderen Person in der Wohnung des Steuerpflichtigen auch eine Haushaltsgemeinschaft vorliegt.

[1]Als Kriterien für eine Haushaltsgemeinschaft können auch der Zweck und die Dauer der Anwesenheit der anderen Person in der Wohnung des Steuerpflichtigen herangezogen werden. [2]So liegt eine Haushaltsgemeinschaft nicht vor bei nur kurzfristiger Anwesenheit in der Wohnung oder nicht nur vorübergehender Abwesenheit von der Wohnung.

Beispiele für nur kurzfristige Anwesenheit:
Zu Besuchszwecken, aus Krankheitsgründen

Beispiele für nur vorübergehende Abwesenheit:
Krankenhausaufenthalt, Auslandsreise. Auslandsaufenthalt eines Montagearbeiters, doppelte Haushaltsführung aus beruflichen Gründen bei regelmäßiger Rückkehr in die gemeinsame Wohnung

Beispiele für eine nicht nur vorübergehende Abwesenheit:
Strafvollzug, bei Meldung als vermisst, Auszug aus der gemeinsamen Wohnung, evtl. auch Unterhaltung einer zweiten Wohnung aus privaten Gründen

Haushaltsgemeinschaften sind jedoch insbesondere gegeben bei:

- eheähnlichen Gemeinschaften,
- eingetragenen Lebenspartnerschaften,
- Wohngemeinschaften unter gemeinsamer Wirtschaftsführung mit einer sonstigen volljährigen Person (z. B. mit Studierenden, mit volljährigen Kindern, für die dem Steuerpflichtigen weder Kindergeld noch ein Freibetrag für Kinder zusteht, oder mit anderen Verwandten),
- nicht dauernd getrennt lebenden Ehegatten. bei denen keine Ehegattenbesteuerung in Betracht kommt (z. B. bei deutschen Ehegatten von Angehörigen der NATO-Streitkräfte).

Mit sonstigen volljährigen Personen besteht keine Haushaltsgemeinschaft, wenn sie sich tatsächlich und finanziell nicht an der Haushaltsführung beteiligen.

Die Fähigkeit, sich tatsächlich an der Haushaltsführung zu beteiligen, fehlt bei Personen, bei denen mindestens ein Schweregrad der Pflegebedürftigkeit im Sinne des § 14 SGB XI (Pflegestufe I, II oder III) besteht oder die blind sind.

Die Fähigkeit, sich finanziell an der Haushaltsführung zu beteiligen, fehlt bei Personen, die kein oder nur geringes Vermögen im Sinne des § 33a Abs. 1 Satz 3 EStG besitzen und deren Einkünfte und Bezüge im Sinne des § 32 Abs. 1 Satz 2 bis 4 EStG den dort genannten Betrag nicht übersteigen.

Der Nachweis des gesundheitlichen Merkmals „blind" richtet sich nach § 65 EStDV.

Der Nachweis über den Schweregrad der Pflegebedürftigkeit im Sinne des § 14 SGB XI ist durch Vorlage des Leistungsbescheides des Sozialhilfeträgers bzw. des privaten Pflegeversicherungsunternehmens zu führen.

Bei rückwirkender Feststellung des Merkmals „blind" oder der Pflegebedürftigkeit sind ggf. bestandskräftige Steuerfestsetzungen auch hinsichtlich des Entlastungsbetrages nach § 24b EStG zu ändern.

b) Widerlegbarkeit der Vermutung

Der Steuerpflichtige kann die Vermutung der Haushaltsgemeinschaft bei Meldung der anderen volljährigen Person in seiner Wohnung widerlegen, wenn er glaubhaft darlegt, dass eine Haushaltsgemeinschaft mit der anderen Person nicht vorliegt.

c) Unwiderlegbarkeit der Vermutung

Bei nichtehelichen, aber eheähnlichen Gemeinschaften und eingetragenen Lebenspartnerschaften scheidet wegen des Verbots einer Schlechterstellung von Ehegatten (vgl. BVerfG-Beschluss vom 10. November 1998, BStBl 1999 II S. 182) die Widerlegbarkeit aus.

Eheähnliche Gemeinschaften – im Sinne einer auf Dauer angelegten Verantwortungs- und Einstehensgemeinschaft – können anhand folgender, aus dem Sozialhilferecht abgeleiteter Indizien festgestellt werden:

- Dauer des Zusammenlebens (z. B. von länger als einem Jahr),
- Versorgung gemeinsamer Kinder im selben Haushalt,
- Versorgung anderer Angehöriger im selben Haushalt,
- der Mietvertrag ist von beiden Partnern unterschrieben und auf Dauer angelegt,
- gemeinsame Kontoführung,
- andere Verfügungsbefugnisse über Einkommen und Vermögen des Partners oder
- andere gemeinsame Verträge, z. B. über Unterhaltspflichten.

Beantragt ein Steuerpflichtiger den Abzug von Unterhaltsleistungen an den Lebenspartner als außergewöhnliche Belastungen nach § 33a Abs. 1 EStG, ist i. d. R. vom Vorliegen einer eheähnlichen Gemeinschaft auszugehen.

Übersicht

I. Ertragsteuerliche Behandlung der Erbengemeinschaft und ihrer Auseinandersetzung
BMF vom 14. 3. 2006 (BStBl I S. 253)

II. Ertragsteuerliche Behandlung der vorweggenommenen Erbfolge;
hier: Anwendung des Beschlusses des Großen Senats vom 5. 7. 1990 (BStBl II S. 847)
BMF vom 13. 1. 1993 (BStBl I S. 80) unter Berücksichtigung der Änderungen durch BMF vom 26. 2. 2007 (BStBl I S. 269)

III. Abzug von Schuldzinsen als Betriebsausgaben oder Werbungskosten – Aufgabe der sog. Sekundärfolgenrechtsprechung durch den BFH;
Anwendung der BFH-Urteile vom 2. 3. 1993 – VIII R 47 / 90 – (BStBl 1994 II S. 619), vom 25. 11. 1993 – IV R 66 / 93 – (BStBl 1994 II S. 623) und vom 27. 7. 1993 – VIII R 72 / 90 – (BStBl 1994 II S. 625)
BMF vom 11. 8. 1994 (BStBl I S. 603)

IV. Einkommensteuerrechtliche Behandlung von wiederkehrenden Leistungen im Zusammenhang mit der Übertragung von Privat- oder Betriebsvermögen
BMF vom 16. 9. 2004 (BStBl I S. 922)

I

Ertragsteuerliche Behandlung der Erbengemeinschaft und ihrer Auseinandersetzung[1])

BMF vom 14. 3. 2006 (BStBl I S. 253)
IV B 2 – S 2242–7/6

Inhaltsübersicht

1) Änderungen gegenüber den BMF-Schreiben vom 11. 1. 1993 (BStBl I S. 62) unter Berücksichtigung der Änderungen durch BMF vom 5. 12. 2002 (BStBl I S. 1392) die nicht ausschließlich redaktioneller Art sind, sind durch Fettdruck hervorgehoben.

A. Allgemeines

1 Mit dem Tod des Erblassers geht der gesamte Nachlass unentgeltlich im Wege der Gesamtrechtsnachfolge auf den Alleinerben oder die Erbengemeinschaft über. Der Nachlass ist Gesamthandsvermögen der Erben (§ 1922 BGB). Die Erbengemeinschaft wird bis zu ihrer Auseinandersetzung (§ 2042 BGB) steuerlich bei den Überschusseinkünften wie eine Bruchteilsgemeinschaft (§ 39 Abs. 2 Nr. 2 AO) und bei den Gewinneinkünften als Mitunternehmerschaft behandelt.

Die steuerlichen Grundsätze zur Erbauseinandersetzung sind auch auf Abfindungszahlungen infolge eines gerichtlichen Vergleichs an angebliche Miterben anzuwenden (BFH-Urteil vom 14. März 1996 – BStBl II S. 310). Ein Erbprätendent mit möglichem Pflichtteilsanspruch, der zur Vermeidung weiterer Streitigkeiten Wirtschaftsgüter aus dem Nachlass erhält, ist steuerlich wie ein Erbe zu behandeln (BFH-Urteil vom 13. Februar 1997 – BStBl II S. 535).

B. Zurechnung der laufenden Einkünfte zwischen Erbfall und Erbauseinandersetzung

1. Allgemeines

Sowohl für den Bereich des Betriebsvermögens als auch für den Bereich des Privatvermögens bilden Erbfall und Erbauseinandersetzung für die Einkommensbesteuerung keine rechtliche Einheit. Hinterlässt ein Erblasser mehrere Erben, geht sein Vermögen mit dem Tod im Ganzen auf die Erben über und wird bei ihnen zu gemeinschaftlichem Vermögen. Die Miterben verwalten den Nachlass gemeinsam und können über Nachlassgegenstände auch nur gemeinschaftlich verfügen. Die Erbengemeinschaft kann unbegrenzt bestehen bleiben. Das Ergebnis ihrer Betätigung wird Bestandteil des gemeinschaftlichen Vermögens. Hieraus ergeben sich Folgerungen für das Entstehen und die Zurechnung von steuerlichen Einkünften bei den Miterben. 2

2. Zurechnung laufender Gewinneinkünfte

Gehört ein gewerbliches, freiberufliches oder land- und forstwirtschaftliches Unternehmen zum Nachlass, geht es mit dem Erbfall auf die Erbengemeinschaft über (§ 1922 BGB). Sämtliche Miterben werden – abgesehen von bestimmten Sonderfällen (siehe Tz. 69 ff.) –Mitunternehmer im Sinne von § 15 Abs. 1 Satz 1 Nr. 2 EStG. Aufgrund ihrer Stellung als Miterben tragen sie ein Mitunternehmerrisiko und können Mitunternehmerinitiative entfalten. Diese Beurteilung hängt nicht von der Länge des Zeitraums ab, in dem die Erbengemeinschaft das Unternehmen weiterführt. Auch wenn die Erben ein Unternehmen frühzeitig nach dem Erbfall abwickeln und einstellen oder es auf eine *andere* Person übertragen, haben sie zunächst die Eigenschaft von Mitunternehmern erlangt und behalten diese bis zur Betriebsbeendigung oder Auseinandersetzung über den Betrieb. Als solche beziehen die Erben ihre Einkünfte kraft eigener Verwirklichung des Einkünftetatbestandes. Die laufenden Einkünfte sind den einzelnen Miterben als Mitunternehmern nach dem allgemeinen Gewinnverteilungsschlüssel zuzurechnen, der sich bei den Miterben grundsätzlich nach ihren Erbteilen bestimmt (§ 2038 Abs. 2, § 743 Abs. 1 BGB). Zur rückwirkenden Zurechnung laufender Einkünfte vgl. *Tz. 7 ff.*, zur Zurechnung der Einkünfte an einen Vermächtnisnehmer als wirtschaftlichem Eigentümer eines Gewerbebetriebes vgl. *Tz. 61*. 3

Gehört zu einem Nachlass neben einem Gewerbebetrieb ein der selbständigen Arbeit dienendes Betriebsvermögen, ein land- und forstwirtschaftlicher Betrieb oder Privatvermögen, findet § 15 Abs. 3 Nr. 1 EStG (sog. Abfärberegelung) keine Anwendung. 4

Ist der Erblasser selbständig tätig i. S. d. § 18 Abs. 1 Nr. 1 EStG gewesen, erzielt die Erbengemeinschaft Einkünfte aus selbständiger Arbeit *i. S. v.* § 18 EStG allerdings nur dann, wenn keine berufsfremden Erben an der Erbengemeinschaft beteiligt sind. Berufsfremd ist, wer nicht die erforderliche freiberufliche Qualifikation besitzt. Ist zumindest ein Miterbe berufsfremd, erzielt die Erbengemeinschaft Einkünfte aus Gewerbebetrieb. Ist mit dem Übergang eines freiberuflichen Betriebsvermögens auf Grund fehlender Qualifikation des Erben, Miterben oder Vermächtnisnehmers eine Umqualifizierung des bisher freiberuflichen Vermögens in gewerbliches Betriebsvermögen und eine entsprechende Umqualifizierung der aus dem Betrieb erzielten Einkünfte verbunden, kommt es nicht zu einer Betriebsaufgabe (BFH-Urteil vom 12. März 1992 – BStBl 1993 II S. 36). 5

3. Zurechnung laufender Überschußeinkünfte

Hat der Erblasser Einkünfte aus Kapitalvermögen oder aus vermietetem oder verpachtetem Vermögen gehabt, wird dieses Vermögen nach dem Erbfall durch die Erbengemeinschaft zur Nutzung oder zum Gebrauch überlassen. Die Miterben bestimmen über die Verwendung des Vermögens, ihnen fließt der Vermögensertrag zu. Sie verwirklichen damit gemeinsam den Tatbestand der Einkunftserzielung nach §§ 20 bzw. 21 EStG. Die erzielten Einkünfte werden ihnen grundsätzlich nach ihren Erbanteilen zugerechnet (§ 2038 Abs. 2, § 743 Abs. 1 BGB). 6

4. Beendigung der Erbengemeinschaft und rückwirkende Zurechnung der laufenden Einkünfte

Die Einkunftserzielung durch die Erbengemeinschaft und damit die Zurechnung der laufenden Einkünfte an die Miterben nach Tz. 3 ff. findet ihr Ende, soweit sich die Miterben hinsichtlich des gemeinsamen Vermögens auseinandersetzen. 7

In den Fällen der Auseinandersetzung von Erbengemeinschaften – auch in den Fällen der Auseinandersetzung einer Mitunternehmerschaft – ist eine steuerlich unschädliche Rückwirkung auf den Zeitpunkt das Erbfalls in engen Grenzen anzuerkennen, da die Erbengemeinschaft eine gesetzliche Zufallsgemeinschaft ist, die auf Teilung angelegt ist. Bei der Auseinandersetzungsvereinbarung wird in der Regel eine rückwirkende Zurechnung laufender Einkünfte für sechs Monate anerkannt. Die Frist beginnt mit dem Erbfall, In diesen Fällen können die laufenden 8

Einkünfte daher ohne Zwischenzurechnung ab dem Erbfall ungeschmälert dem die Einkunftsquelle übernehmenden Miterben zugerechnet werden. Dies gilt auch bei Teilauseinandersetzungen. Liegt eine Teilungsanordnung (§ 2048 BGB) das Erblassers vor und verhalten sich die Miterben tatsächlich bereits vor der Auseinandersetzung entsprechend dieser Anordnung, indem dem das Unternehmen fortführenden Miterben die Einkünfte zugeordnet werden, ist eine rückwirkende Zurechnung laufender Einkünfte auch über einen längeren Zeitraum, dessen Dauer sich an den Umständen des Einzelfalls zu orientieren hat, vorzunehmen. Soweit laufende Einkünfte rückwirkend zugerechnet werden, ist die Auseinandersetzung steuerlich so zu behandeln, als ob sich die Erbengemeinschaft unmittelbar nach dem Erbfall auseinandergesetzt hätte (Durchgangserwerb der Erbengemeinschaft). Solange die Teilungsanordnung von den Erben vor der Auseinandersetzung beachtet wird, sind die Veranlagungen vorläufig nach § 165 Abs. 1 Satz 1 AO durchzuführen.

9 Allerdings reicht es nicht aus, wenn die Miterben innerhalb der Frist lediglich den Entschluss fassen, sich auseinanderzusetzen. Vielmehr muss innerhalb der Frist eine klare und rechtlich bindende Vereinbarung über die Auseinandersetzung und ihre Modalitäten vorliegen. Diese Auseinandersetzungsvereinbarung muss den Übergang von Nutzungen und Lasten für die von dieser Auseinandersetzung betroffenen Wirtschaftsgüter auf den Zeitpunkt des Erbfalls festlegen; sie muss auch tatsächlich durchgeführt werden. Soweit noch eine Wertfindung erforderlich ist, kann diese jedoch auch außerhalb der Frist erfolgen.

C. Erbauseinandersetzung durch Realteilung des Nachlasses

I. Erbauseinandersetzung über Betriebsvermögen

1. Teilung ohne Abfindungszahlungen

a) Allgemeines

10 Gehört zum Nachlass nur Betriebsvermögen und wird der Nachlass ohne Zahlung von Abfindungen real geteilt, ist die Realteilung kein entgeltlicher Vorgang, da es sich weder um einen Tausch von (Miteigentums-)Anteilen an den einzelnen Wirtschaftsgütern des Nachlasses noch um einen Tausch eines Gesamthandsanteils gegen Alleineigentum an den zugeteilten Wirtschaftsgütern, sondern um die Erfüllung des durch die Auseinandersetzungsvereinbarung konkretisierten gesetzlichen Auseinandersetzungsanspruchs handelt. Durch die Aufteilung können also weder Anschaffungskosten noch Veräußerungserlöse entstehen.

b) Gewinnrealisierung nach den Grundsätzen über die Betriebsaufgabe

11 Die Aufteilung eines Betriebsvermögens der Erbengemeinschaft ohne Betriebsfortführung ist zugleich eine Betriebsaufgabe; durch *die* regelmäßig ein tarifbegünstigter Aufgabegewinn (§ 16 Abs. 3, § 34 EStG) entsteht; es sei denn, es liegt ein Fall der Realteilung i. S. v. § 16 Abs. 3 Satz 2 bis 4 EStG (vgl. Tz. 12) oder der Buchwertfortführung nach § 6 Abs. 5 EStG vor.

Beispiel 1

A und B sind Miterben zu ½. Zum Nachlass gehört ein Betriebsvermögen, das lediglich aus zwei Grundstücken besteht, die beide einen Buchwert von 200 000 € und einen Verkehrswert von 2 Mio. € haben. A und B setzen sich unter Aufgabe des Betriebs in der Weise auseinander, daß A das Grundstück 1 und B das Grundstück 2 erhält. Die Grundstücke gehören bei A und B jeweils zum Privatvermögen.

D*urch* die Betriebsaufgabe entsteht ein Aufgabegewinn von 3,6 Mio. € in der Erbengemeinschaft, den A und B je zur Hälfte zu versteuern haben. A und B müssen für die künftigen Gebäude-AfA jeweils von den Entnahmewerten ausgehen (R 7.3 *Abs. 6* Satz 4 und R 7.4 Abs. 11.

c) Buchwertfortführung bei Übertragung in ein anderes Betriebsvermögen der Miterben

12 Die Miterben haben jedoch nach Maßgabe des § 16 Abs. 3 Satz 2 bis 4 EStG die Buchwerte fortzuführen, wenn die bei der Realteilung erworbenen Wirtschaftsgüter in ein anderes Betriebsvermögen übertragen werden. Die Grundsätze des BMF-Schreibens zur Realteilung vom 28. Februar 2006 (BStBl I S. 228) sind sinngemäß anzuwenden.

Beispiel 2

S und T sind Miterben zu je 1/2. Zum Nachlass gehört ein aus zwei Teilbetrieben bestehender Betrieb im Wert von je 1 Mio. €. S erhält Teilbetrieb 1, T erhält Teilbetrieb 2.

Es liegt ein Fall der Realteilung vor. S und T haben nach § 16 Abs. 3 Satz 2 bis 4 EStG die Buchwerte fortzuführen.

Gleiches gilt, wenn der Nachlass aus zwei Betrieben besteht. Da die Mitunternehmerschaft (Erbengemeinschaft) nur ein Betriebsvermögen hat, sind die geerbten Betriebe wie Teilbetriebe der Erbengemeinschaft zu behandeln.

d) Ansatz bei Überführung von Wirtschaftsgütern in das Privatvermögen

Werden Wirtschaftsgüter, die zu den wesentlichen Betriebsgrundlagen gehören, von den Miterben insgesamt ins Privatvermögen überführt, liegt zwingend eine Betriebsaufgabe vor. Im Übrigen wird auf Abschnitt I des BMF-Schreibens zur Realteilung vom 28. Februar 2006 (BStBl I S. 228) verwiesen. Ein etwaiger Entnahmegewinn ist allen Miterben zuzurechnen; es sei denn, dass der Gewinn nach den von den Miterben schriftlich getroffenen Vereinbarungen über die Erbauseinandersetzung dem entnehmenden Miterben zuzurechnen ist. 13

2. Teilung mit Abfindungszahlungen

a) Allgemeines

Wird im Rahmen einer Erbauseinandersetzung ein Nachlass real geteilt und erhält ein Miterbe wertmäßig mehr, als ihm nach seiner Erbquote zusteht, und zahlt er für dieses „Mehr" an seine Miterben einen Spitzen- oder Wertausgleich (Abfindung), liegt insoweit ein Anschaffungs- und Veräußerungsgeschäft vor. In Höhe der Abfindungszahlung liegen Anschaffungskosten vor. Derjenige, der die Abfindung erhält, erzielt einen Veräußerungserlös. Werden die bei der Aufteilung erworbenen Wirtschaftsgüter in ein anderes Betriebsvermögen der Miterben übertragen, ist der sich aus dem Veräußerungsgeschäft ergebende Veräußerungsgewinn nicht nach §§ 16 und 34 EStG begünstigt, sondern als laufender Gewinn zu besteuern. Der Gewinn rechnet grundsätzlich nicht zum Gewerbeertrag nach § 7 Satz 1 GewStG. Ab Erhebungszeitraum 2002 ist der Gewinn aus der Aufdeckung der stillen Reserven aber nach § 7 Satz 2 GewStG als Gewerbeertrag zu erfassen, soweit er nicht auf eine natürliche Person als unmittelbar beteiligtem Mitunternehmer entfällt. Werden die bei der Aufteilung erworbenen Wirtschaftsgüter insgesamt ins Privatvermögen übertragen, führt dieser Vorgang zu einer nach §§ 16 und 34 EStG steuerbegünstigten Betriebsaufgabe. Aufgabegewinn ist der Gewinn, der sich aus dem Entnahmegewinn (Übertragung der Wirtschaftsgüter ins Privatvermögen) und dem Gewinn aus der Abfindungszahlung ergibt. 14

Beispiel 3

A und B sind Miterben zu je 1/2. Zum Nachlass gehört ein Betriebsvermögen, das lediglich aus zwei Grundstücken besteht. Grundstück 1 hat einen Buchwert von 300 000 € und einen Verkehrswert von 3 Mio. €. Grundstück 2 hat einen Buchwert von 200 000 € und einen Verkehrswert von 2 Mio. €. A erhält das Grundstück 1, B das Grundstück 2 und eine Abfindung von A in Höhe von 500 000 €. A führt den Betrieb mit Grundstück 1 fort. Grundstück 2 wird Privatvermögen des B.

Die Abfindung stellt bei A Anschaffungskosten und bei B Veräußerungserlös dar. A erwirbt 5/6 seines Betriebsvermögens unentgeltlich und führt insoweit den Buchwert (= 250 000 €) fort. Der Buchwert ist zusätzlich um die Abfindungszahlung i. H. v. 500 000 € zu erhöhen. Nach Erbauseinandersetzung beträgt der Buchwert 750 000 €.

Für B liegt eine Betriebsaufgabe vor. Durch die Aufgabe seines Mitunternehmeranteils erzielt er einen Aufgabegewinn i. H. v. 2,25 Mio. €, der sich aus dem Gewinn aus der Entnahme des Grundstücks 2 (2 Mio. abzgl. 200 000 € Buchwert) und dem Gewinn aus der Abfindungszahlung (500 000 € abzgl. 50 000 € Buchwert) zusammensetzen. Der Gewinn ist nach §§ 16, 34 EStG begünstigt zu besteuern.

Die vorstehenden Grundsätze gelten auch, soweit sich die Erbengemeinschaft gemäß § 2042 Abs. 2, § 753 Abs. 1 BGB durch Zwangsversteigerung zum Zweck der Aufhebung der Gemeinschaft auseinandersetzt und die Erben dabei Nachlassgegenstände erwerben (BFH-Urteil vom 29. April 1992 – BStBl II S. 727). 15

Bei der Teilung im Rahmen einer Erbauseinandersetzung bezieht sich das Entgelt nicht auf das, was ein Miterbe aufgrund seiner Erbquote erhält, sondern nur auf das „Mehr", das er aufgrund eines neben der Teilung bestehenden besonderen entgeltlichen Rechtsgeschäfts bekommt. Es handelt sich hier also nicht um die bloße Aufteilung eines einheitlichen Rechtsvorgangs, sondern um die Beurteilung von zwei rechtlich selbständigen Vorgängen, von denen der eine unentgeltlich und der andere entgeltlich ist. Für die Zahlung einer Abfindung bedarf es daher regelmäßig einer gesonderten Vereinbarung zwischen den Beteiligten, da sich eine derartige Abwicklung 16 nicht aus dem erbrechtlichen Auseinandersetzungsanspruch ergibt; die Zahlung einer Abfindung kann sich allerdings auch auf Grund einer Teilungsanordnung des Erblassers oder aufgrund einer vom Erblasser angeordneten Testamentsvollstreckung ergeben. Die Vereinbarung ist bei der Berechnung des Anteils des Miterben am Aufgabegewinn in den Fällen der Betriebsaufgabe zu berücksichtigen.

17 Die Abfindungszahlung ist bei der Übertragung von Betrieben oder Teilbetrieben dem Teil des Kapitalkontos gegenüberzustellen, der dem Verhältnis von Abfindungszahlung zum Wert des übernommenen Betriebsvermögens entspricht.

Beispiel 4

S und T sind Miterben zu je ½. Zum Nachlass

gehört ein aus zwei Teilbetrieben bestehender Gewerbebetrieb. Teilbetriebsvermögen 1 hat einen Wert von 2 Mio. € und einen Buchwert von 200 000 €. Teilbetriebsvermögen 2 hat einen Wert von 1,6 Mio. € und einen Buchwert von 160 000 €. Im Wege der Erbauseinandersetzung erhält S das Teilbetriebsvermögen 1 und T das Teilbetriebsvermögen 2. Außerdem zahlt S an T eine Abfindung von 200 000 €.

S stehen wertmäßig am Nachlass 1,8 Mio. € (50 % von 3,6 Mio. €) zu. Da er aber 2 Mio. € erhält, also 200 000 € mehr, zahlt er diesen Betrag für 1/10 (10 % von 2 Mio. € = 200 000 €) des Teilbetriebsvermögens 1, das er mehr erhält. S erwirbt also 9/10 des Teilbetriebsvermögens 1 unentgeltlich und 1/10 entgeltlich. Auf diese 1/10 entfällt ein Buchwert von 20 000 €, so dass S die Aktivwerte um 180 000 € (200 000 € Abfindung abzgl. anteiligem Buchwert von 20 000 €) aufstocken muss und T einen als laufenden Gewinn zu versteuernden Veräußerungsgewinn von 180 000 € (200 000 € Abfindung ./. 20 000 € anteiliger Buchwert) zu versteuern hat. Im Übrigen (für 9/10 des Nachlasses) liegt eine steuerneutrale Realteilung vor (vgl. BMF-Schreiben zur Realteilung vom 28. Februar 2006, BStBl I S. 228).

Gleiches gilt, wenn der Nachlass aus zwei Betrieben besteht. Da die Mitunternehmerschaft (Erbengemeinschaft) nur ein Betriebsvermögen hat, sind die geerbten Betriebe wie Teilbetriebe der Erbengemeinschaft zu behandeln.

Beispiel 5

S und T sind Miterben zu je 1/2. Zum Nachlass gehört ein Betriebsvermögen, das aus dem Grundstück 1 (Teilwert 2 Mio. €, Buchwert 200 000 €) und dem Grundstück 2 (Teilwert 1,6 Mio. €, Buchwert 160 000 €) besteht. S erhält das Grundstück 1 und zahlt an T 200 000 € Abfindung. T erhält Grundstück 2 und die Abfindung. Beide bringen die Grundstücke in ein ihnen gehörendes Betriebsvermögen ein.

S stehen an dem Nachlass wertmäßig 1,8 Mio. € zu. Da er aber das Grundstück 1 im Wert von 2 Mio. € erhält, also 200 000 € mehr, zahlt er diesen Betrag für 1/10 (200 000 €/ 2 Mio. € = 1/10) des Grundstücks 1, das er erhält. S erwirbt also 9/10 des Grundstücks 1 unentgeltlich und 1/10 entgeltlich. Auf diese 1/10 entfällt ein Buchwert von 20 000 €, so dass S den Grundstücksbuchwert in seiner Bilanz um 180 000 € aufstocken muss und T einen Gewinn von 180 000 € (200 000 € Abfindung ./. 20 000 € anteiliger Buchwert) als laufenden Gewinn zu versteuern hat. Im Übrigen (für 9/10 des Nachlasses) liegt eine steuerneutrale Realteilung vor.

b) Übernahme von Verbindlichkeiten über die Erbquote hinaus

18 [1])Eine Übernahme von Schulden über die Erbquote hinaus führt nicht zu Anschaffungskosten. Deshalb entsteht auch kein Veräußerungserlös, soweit ein Miterbe Verbindlichkeiten über die Erbquote hinaus übernimmt. Zur Übernahme von Verbindlichkeiten vgl. im Übrigen Tz. 23*ff.*

Beispiel 6

Wie Beispiel 3 mit der Abwandlung, daß S den T von Betriebsschulden in Höhe von 200 000 €, die zum Betriebsvermögen 2 gehören, freistellt, also zum gesamthänderisch gebundenen Nachlass gehörende Verbindlichkeiten in Höhe von 20 000 € übernimmt.

S erhält wertmäßig nur 1,8 Mio. € und braucht an T keine Abfindung zu zahlen. Es liegt dann keine entgeltliche Teilung vor.

---

[1]) Grundsätzlich bestätigt durch BFH vom 19. 12. 2006 (BStBl 2007 II S. 216); eine überquotale Schuldübernahme kann ausnahmsweise zu Anschaffungskosten führen, wenn sie die Gegenleistung für ein zeitliches Vorziehen der Erbauseinandersetzung darstellt.

c) Buchwertfortführung im Zusammenhang mit Abfindungszahlungen

Werden Abfindungszahlungen geleistet, haben die Miterben, abgesehen von der notwendigen teilweisen Gewinnrealisierung nach Maßgabe der Abfindung, nach § 16 Abs. 3 Satz 2 bis 4 EStG die Buchwerte fortzuführen, soweit die zugeteilten Wirtschaftsgüter Betriebsvermögen bleiben. Der vom Miterben, der die Abfindungszahlung erhält, zu versteuernde Gewinn ist nicht nach §§ 16, 34 EStG begünstigt. Der Gewinn rechnet grundsätzlich nicht zum Gewerbeertrag nach § 7 Satz 1 GewStG. Ab Erhebungszeitraum 2002 ist der Gewinn aus der Aufdeckung der stillen Reserven aber nach § 7 Satz 2 GewStG als Gewerbeertrag zu erfassen, soweit er nicht auf eine natürliche Person als unmittelbar beteiligtem Mitunternehmer entfällt. Ist eine Buchwertfortführung nach § 16 Abs. 3 Satz 2 bis 4 EStG nicht möglich, kommt ggf. unter den dortigen Voraussetzungen eine Buchwertfortführung nach § 6 Abs. 5 EStG in Betracht. 19

Soweit Wirtschaftsgüter gegen Abfindungszahlungen übernommen werden und Betriebsvermögen bleiben, gilt für die AfA Folgendes: Bei der Übernahme eines Grundstücks ergeben sich hinsichtlich des Gebäudes zwei AfA-Reihen. Hinsichtlich des unentgeltlich erworbenen Gebäudeteils muss der übernehmende Miterbe die Buchwerte der Erbengemeinschaft fortführen. Bezüglich des entgeltlich erworbenen Gebäudeteils hat er Anschaffungskosten in Höhe der Abfindungszahlung, die Bemessungsgrundlage für die weitere AfA hinsichtlich des entgeltlich erworbenen Teils des Gebäudes sind. Entsprechendes gilt im Grundsatz, wenn kein Gebäude, sondern ein bewegliches Wirtschaftsgut übernommen wird; da jedoch die Nutzungsdauer des entgeltlich erworbenen Teils des Wirtschaftsguts hier regelmäßig mit der Restnutzungsdauer des unentgeltlich erworbenen Teils des Wirtschaftsguts übereinstimmt, kann in diesen Fällen auf eine Aufspaltung in zwei AfA-Reihen verzichtet werden. 20

Soweit Wirtschaftsgüter gegen Abfindungszahlungen übernommen werden, gilt für die Anwendung des § 6b EStG folgendes: 21

Für den entgeltlich erworbenen Teil des Wirtschaftsguts kann auf die durch die Abfindungszahlungen entstandenen Anschaffungskosten eine Rücklage nach § 6b EStG übertragen werden.

Hinsichtlich des unentgeltlich erworbenen Teils des Wirtschaftsguts ist im Falle einer späteren Veräußerung die Besitzzeit der Erbengemeinschaft und des Erblassers für die Besitzzeit i. S. d. § 6b Abs. 4 Satz 1 Nr. 2 EStG zu berücksichtigen , wenn die entsprechenden Voraussetzungen erfüllt sind.

II. Erbauseinandersetzung über Privatvermögen

1. Teilung ohne Abfindungszahlungen

a) Allgemeines

Auch bei der Erbauseinandersetzung über Privatvermögen führt eine Teilung ohne Abfindungszahlungen nicht zur Entstehung von Anschaffungskosten oder Veräußerungserlösen. Eine Erbauseinandersetzung kann auch in der Weise durchgeführt werden, dass einem Miterben ein Nutzungsrecht an einem zum Nachlass gehörenden Wirtschaftsgut eingeräumt wird, das einem anderen Miterben zugeteilt wird (z. B. Wohnrecht an einem Gebäude). Dieses Nutzungsrecht ist nicht gegen Entgelt bestellt. Die Ablösung des Nutzungsrechts durch den Miterben führt zu nachträglichen Anschaffungskosten (BFH-Urteil vom 28. November 1991 – BStBl 1992 II S. 381). 22

Ein unentgeltlicher Vorgang liegt auch vor, wenn Gesamthandseigentum in Bruchteilseigentum umgewandelt wird und ein Miterbe Anteile an der Bruchteilsgemeinschaft von einem anderen Miterben im Tauschwege gegen eigene Anteile erwirbt.

b) Behandlung von Nachlassverbindlichkeiten

[1])Eine Schuldübernahme führt auch insoweit nicht zu Anschaffungskosten, als sie die Erbquote übersteigt. Dies bedeutet gleichzeitig, dass Nachlassverbindlichkeiten einen wertmäßigen Ausgleich unter den Miterben bei einer Teilung und damit einen unentgeltlichen Rechtsvorgang ermöglichen. Dabei kommt es nicht darauf an, ob die übernommenen Verbindlichkeiten in einem Finanzierungszusammenhang mit zugeteilten Nachlassgegenständen stehen. 23

Beispiel 7

A und B sind Erben zu je ½. Zum Nachlass gehört ein Grundstück (Wert 2 Mio. €), das mit einer noch voll valutierten Hypothek von 1 Mio. DM belastet ist. Zum Nachlass gehören

1) Grundsätzlich bestätigt durch BFH vom 19. 12. 2006 (BStBl 2007 II S. 216); eine überquotale Schuldübernahme kann ausnahmsweise zu Anschaffungskosten führen, wenn sie die Gegenleistung für ein zeitliches Vorziehen der Erbauseinandersetzung darstellt.

außerdem Wertpapiere (Wert 3 Mio. €). Die Erben setzen sich dahin auseinander, dass A das Grundstück und B die Wertpapiere erhält. B übernimmt außerdem die Verbindlichkeit in voller Höhe.

Es liegt eine Teilung ohne Abfindungszahlung, also ein unentgeltlicher Rechtsvorgang vor. A erhält einen Wert von 2 Mio. € (Grundstück). B erhält ebenfalls einen Wert von 2 Mio. € (Wertpapiere im Wert von 3 Mio. € abzüglich einer übernommenen Verpflichtung von 1 Mio. €).

24 [1])Die Übernahme von Verbindlichkeiten der Erbengemeinschaft durch einzelne Miterben über die Erbquote hinaus führt auch dann nicht zu Anschaffungskosten, wenn durch die Art der Verteilung von Verbindlichkeiten zusätzlich Abfindungsbedarf geschaffen wird. Dies gilt unabhängig davon, ob durch die Art der Verteilung von Verbindlichkeiten ein bisher bestehender Finanzierungszusammenhang zwischen Wirtschaftsgut und Schuld erhalten bleibt oder nicht. Regelmäßig wird der Übernahme von Verbindlichkeiten eine interne Freistellungsverpflichtung zugrunde liegen.

Beispiel 8

A und B sind Erben zu je ½. Zum Nachlass gehören zwei Grundstücke im Wert von je 1 Mio. €, die mit Hypotheken von je 500 000 € belastet sind. A erhält Grundstück 1 und übernimmt auch die das Grundstück 2 betreffende Hypothek. B erhält das Grundstück 2 und zahlt an A 500 000 €.

Es liegt eine Teilung ohne Abfindungszahlung vor. B hat mit der Zahlung von 500 000 € an A die Freistellung von der das Grundstück 2 belastenden Schuld intern beglichen.

Beispiel 9

A und B sind Erben zu je ½. Zum Nachlass gehört ein Grundstück (Wert 2 Mio. €), das mit einer noch voll valutierten Hypothek von 1 Mio. € belastet ist. Die zu Grunde liegende Verpflichtung betrifft ein Darlehen, das zur Anschaffung des Grundstücks verwendet worden ist. Zum Nachlass gehört außerdem eine Beteiligung an einer Kapitalgesellschaft (Wert 3 Mio. €). Die Erben setzen sich dahin auseinander, dass A das Grundstück und das dazugehörige Darlehen und B die Beteiligung übernimmt. B leistet zusätzlich an A eine Zahlung von 1 Mio. €.

B bezahlt mit der Leistung von 1 Mio. € an A eine interne Schuldfreistellung wegen der Übernahme des hypothekarisch gesicherten Darlehens durch A i. H. v. 1 .Mio. €. Im Ergebnis hat somit A infolge der Freistellungsverpflichtung des B ein unbelastetes Grundstück im Wert von 2 Mio. € erhalten und B hat die Beteiligung zugeteilt bekommen, ist allerdings durch die Zahlung für die Freistellung belastet, so dass er im Ergebnis ebenfalls einen Wert von 2 Mio. € erhalten hat. Dass die Übernahme der Darlehensschuld durch A nach außen hin den Finanzierungszusammenhang zwischen Wirtschaftsgut und Schuld aufrechterhält, ist dabei ohne Bedeutung.

25 Die vom BFH in seinem Beschluss vom 5. Juli 1990 (BStBl 1990 II S. 837) zur Wertangleichung zugelassene Möglichkeit der Übernahme von Verbindlichkeiten der Erbengemeinschaft über die Erbquote hinaus bezieht sich nur auf Nachlassverbindlichkeiten. Dabei kommt es nicht darauf an, ob die Verbindlichkeit bereits im Zeitpunkt des Erbfalls bestanden hat oder ob sie erst im Zuge der Verwaltung des Nachlasses entstanden ist. Geht die Erbengemeinschaft dagegen im engen zeitlichen Zusammenhang mit der Erbauseinandersetzung Verbindlichkeiten ein, um insoweit eine gewinneutrale Realteilung zu ermöglichen, handelt es sich nicht mehr um Nachlassverbindlichkeiten (§ 42 AO).

2. Teilung mit Abfindungszahlungen

a) Allgemeines

26 Wird im Rahmen einer Erbauseinandersetzung ein Nachlass real geteilt und erhält ein Miterbe wertmäßig mehr, als ihm nach seiner Erbquote zusteht, und zahlt er für dieses „Mehr" an seine Miterben eine Abfindung, so liegt insoweit – wie bei der Erbauseinandersetzung über Betriebsvermögen – ein Anschaffungs- und Veräußerungsvorgang vor. In Höhe der Abfindungszahlung entstehen Anschaffungskosten. Das gilt auch, soweit sich die Erbengemeinschaft durch Zwangsversteigerung zum Zwecke der Aufhebung der Gemeinschaft auseinandersetzt. Wird ein Wirtschaftsgut gegen Abfindungszahlung erworben, berechnen sich der entgeltlich und der unentgeltlich erworbene Teil des Wirtschaftsguts nach dem Verkehrswert (vgl. BFH-Urteil vom 29. Ok-

[1]) Grundsätzlich bestätigt durch BFH vom 19. 12. 2006 (IX R 44/04); eine überquotale Schuldübernahme kann ausnahmsweise zu Anschaffungskosten führen, wenn sie die Gegenleistung für ein zeitliches Vorziehen der Erbauseinandersetzung darstellt.

tober 1991 – BStBl 1992 II S. 512). In der Regel kann davon ausgegangen werden, dass der Verkehrswert dem Wert entspricht, den die Miterben der Erbauseinandersetzung zugrunde legen (Anrechnungswert).

Beispiel 10

A und B sind Miterben zu je ½. Der Nachlass besteht aus einem Gebäude auf einem Erbbaugrundstück (Verkehrswert 1 Mio. €) und Bargeld (500 000 €). A erhält das Gebäude und zahlt an B eine Abfindung in Höhe von 250 000 €. B erhält das Bargeld und die Abfindungszahlung.

A hat Anschaffungskosten in Höhe von 250 000 €. Es ist unerheblich, aus welchem Vermögensbereich der die Abfindung Zahlende die Mittel für die Abfindungszahlung entnimmt. A zahlt die Abfindung nicht für das ganze Gebäude, auch nicht für den gesamten Anteil des B an dem Gebäude (½), sondern nur für das wertmäßige „Mehr", das er bei der Erbteilung erhalten hat. Das Gebäude ist 1 Mio. € wert. 750 000 € stehen dem A nach seiner Erbquote zu, so dass A mithin ¼ des Gebäudes für 250 000 € entgeltlich und ¾ des Gebäudes unentgeltlich erworben hat.

Der Veräußerungsgewinn ist nur steuerpflichtig, wenn die Voraussetzungen der § 17 EStG, § 23 EStG oder des § 21 UmwStG[1]) vorliegen. Gehört zum Nachlass eine wesentliche Beteiligung, ist Abschnitt 140 Abs. 3 Sätze 1 und 9 EStR 1990 zu beachten. 27

Beispiel 11

Erblasser E, zu dessen ertragsteuerlichem Privatvermögen eine 50 %ige Beteiligung an einer GmbH gehörte, wird von A und B beerbt. Im Zuge der Erbauseinandersetzung erhält A die gesamte Beteiligung gegen Ausgleichszahlung an B für dessen hälftigen Anteil.

A erlangt – auf der Grundlage getrennter Rechtsgeschäfte – die Beteiligung zum einen i. H. v. ½ (25 v. H.) in Erfüllung seines erbrechtlichen Auseinandersetzungsanspruchs entsprechend § 11d EStDV und zum anderen bezüglich des Mehrempfangs entgeltlich von B. B erzielt in Höhe der Ausgleichszahlung einen Veräußerungserlös der im Rahmen des § 17 EStG anzusetzen ist.

A führt die Anschaffungskosten des Erblassers zur Hälfte, nämlich für die auf ihn entfallende 25 %ige Beteiligung, fort; im Übrigen ist die Zahlung des A als Anschaffungskosten für die von B erhaltene 25 %ige Beteiligung anzusehen.

b) Aufteilung von Abfindungsleistungen

Erhält ein Miterbe alle oder mehrere Wirtschaftsgüter des Nachlasses gegen Leistung einer Abfindung an die übrigen Miterben, so ist die Abfindung nach dem Verhältnis der Verkehrswerte der Wirtschaftsgüter aufzuteilen. Tz. 42 ist entsprechend anzuwenden. 28

Beispiel 12

Erben sind A und B je zur Hälfte. Zum Nachlass gehören Grundstück 1 (Verkehrswert 80 000 €) und Grundstück 2 (Verkehrswert 400 000 €). A übernimmt beide Grundstücke und zahlt an B 600 000 €.

Die Abfindungszahlungen sind Anschaffungskosten, die mit 400 000 € für den Erwerb des hälftigen Anteils am Grundstück 1 und mit 200 000 € für den Erwerb des hälftigen Anteils am Grundstück 2 aufgewendet worden sind.

Erhalten bei einer Erbauseinandersetzung mit Abfindungszahlungen mehrere Miterben Wirtschaftsgüter des Nachlasses, so sind die Anschaffungskosten ebenfalls im Verhältnis der Verkehrswerte auf die erlangten Nachlassgegenstände zu verteilen. Tz. 42 ist entsprechend anzuwenden.

Beispiel 13

Erben sind A und B je zur Hälfte. Zum Nachlass gehören Grundstück 1 (Verkehrswert 800 000 €), Grundstück 2 (Verkehrswert 600 000 €) und Grundstück 3 (Verkehrswert 400000 €). A erhält Grundstück 1, B die Grundstücke 2 und 3. B zahlt an A eine Abfindung von 10 000 €.

Die Abfindung von 100 000 € stellt für B Anschaffungskosten dar. B muss diese Abfindung im Verhältnis der Verkehrswerte (6 : 4) auf Grundstück 2 und 3 verteilen. Dann erwirbt er jedes Grundstück zu 1/10 entgeltlich und zu 9/10 unentgeltlich.

1) § 21 UmwStG i. d. F. des UmwStG vom 28. 10. 1994, zuletzt geändert durch das StVergAbG, war letztmals für Einbringungen vor dem 13. 12. 2006 anzuwenden.

c) Behandlung liquider Mittel des Nachlasses

30 Keine Anschaffungskosten liegen vor, soweit eine Abfindungszahlung dem Wert übernommener liquider Mittel des Nachlasses (z. B. Bargeld, Bankguthaben, Schecks) entspricht, weil es sich wirtschaftlich um einen Leistungsaustausch „Geld gegen Geld" handelt, der einer Rückzahlung der Abfindungszahlung gleichsteht.

Beispiel 14

Ein Nachlass besteht aus einem Grundstück (Verkehrswert 2 Mio. €) und aus Bankguthaben (Verkehrswert 2 Mio. €). Miterben sind A und B zu je ½. A erhält das Grundstück und das Bankguthaben und zahlt an B eine Abfindung von 2 Mio. €.

Es ist steuerlich davon auszugehen, dass der Nachlass im Wege der Naturalteilung verteilt wurde, bei der A das Grundstück und B das Bankguthaben erhalten hat. A hat deshalb keine Anschaffungskosten (vgl. auch Beispiel 8).

d) AfA-Bemessungsgrundlage und AfA-Satz nach Erbauseinandersetzung

31 Nach der Erbauseinandersetzung ist hinsichtlich der weiteren Abschreibung zwischen dem unentgeltlich erworbenen Teil des Wirtschaftsguts und dem entgeltlich erworbenen Teil zu unterscheiden.

Auf den unentgeltlich erworbenen Teil ist § 11d Abs. 1 EStDV anzuwenden. Der Miterbe führt die von der Erbengemeinschaft vorgenommene Abschreibung anteilig fort.

Soweit der Miterbe das Wirtschaftsgut entgeltlich erworben hat, sind der weiteren AfA seine Anschaffungskosten zu Grunde zu legen. Für den entgeltlich erworbenen Teil des Wirtschaftsguts bemessen sich die AfA

– bei beweglichen Wirtschaftsgütern und bei unbeweglichen Wirtschaftsgütern, die keine Gebäude sind, nach der tatsächlichen künftigen Nutzungsdauer des Wirtschaftsguts im Zeitpunkt der Erbauseinandersetzung.

– bei Gebäuden nach den hierfür geltenden Vorschriften (i. d. R. § 7 Abs. 4 EStG).

Danach kann sich bei Gebäuden für den unentgeltlich und den entgeltlich erworbenen Teil eine unterschiedliche Abschreibungsdauer ergeben.

Beispiel 15

Miterben sind S und T je zu ½. Zum Nachlass gehören ein bebautes Grundstück (Verkehrswerte: Gebäude 1,5 Mio. €, Grund und Boden 500 000 €) und Bargeld (1 Mio. €). Die ursprünglichen Anschaffungskosten des Gebäudes in Höhe von 2 Mio. € sind bei der Auseinandersetzung der Erbengemeinschaft am 1. Januar 04 bereits mit jährlich 2 v. H. bis auf 800 000 € abgeschrieben. S erhält das Grundstück und zahlt an T eine Abfindung in Höhe von 500 000 €. T erhält das Bargeld und die Abfindungszahlung.

S hat das Grundstück zu ¼ entgeltlich erworben. Nach dem Verhältnis der Verkehrswerte entfallen auf das Gebäude 375 000 € und auf den Grund und Boden 125000 € der Abfindungszahlung. Die AfA, die S nach der Erbauseinandersetzung vornehmen kann, bemessen sich wie folgt: Hinsichtlich ¾ des Gebäudes hat S nach § 11d Abs. 1 EStDV die AfA-Reihe der Erbengemeinschaft fortzuführen und mithin jährlich 2 v. H. von 1500 000 € (¾ von 2 Mio. € Anschaffungskosten des Erblassers) = 30 000 € abzuschreiben. Hinsichtlich ¼ des Gebäudes liegt ein entgeltlicher Erwerb vor. S hat insofern – soweit keine kürzere Nutzungsdauer als 50 Jahre in Betracht kommt (§ 7 Abs. 4 Satz 2 EStG) – über 50 Jahre 2 v. H. von 375000 € (= 7500 €) jährlich abzusetzen.

III. Erbauseinandersetzung über einen Mischnachlass

1. Teilung ohne Abfindungszahlungen

a) Allgemeines

32 Auch beim Mischnachlass führt eine Teilung ohne Abfindungszahlungen nicht zur Entstehung von Anschaffungskosten oder Veräußerungserlösen. Demzufolge können auch hier keine Veräußerungsgewinne entstehen.

Beispiel 16

Erben sind A und B zu je ½. Zum Nachlass gehört ein Betriebsvermögen (Wert 3 Mio. €) und privater Grundbesitz (Wert 3 Mio. €). A und B setzen sich in der Weise auseinander, dass A den Betrieb und B den privaten Grundbesitz erhält.

Es liegen keine Anschaffungs- oder Veräußerungsgeschäfte vor mit der Folge, dass weder für A noch für B Anschaffungskosten entstehen. Der Mitunternehmeranteil des B geht ohne Gewinnrealisierung auf A nach § 6 Abs. 3 EStG zum Buchwert über. Dies gilt auch dann, wenn die Erbauseinandersetzung erst viele Jahre nach dem Erbfall stattfindet und der Umfang des Betriebsvermögens sich zwischenzeitlich verändert hat. A muss die Buchwerte fortführen. B tritt gemäß § 11 Abs. 1 EStDV in die Abschreibungsreihe der Erbengemeinschaft ein.

In der Teilung eines Mischnachlasses ohne Abfindungszahlungen liegt – ebenso wie in der Realteilung eines nur aus Betriebsvermögen bestehenden Nachlasses – nicht nur keine entgeltliche Anschaffung oder Veräußerung, sondern auch keine zur Gewinnrealisierung führende Aufgabe eines Mitunternehmeranteils gemäß § 16 Abs. 3 *Satz 1* EStG, sofern nicht alle wesentlichen Betriebsgrundlagen in das Privatvermögen überführt werden (vgl. Tzn. 11 und 13).

b) Schaffung von Privatvermögen im engen zeitlichen Zusammenhang mit der Auseinandersetzung

Die Teilung eines Mischnachlasses ohne Abfindungszahlung führt nicht zur Entstehung von 33
Anschaffungskosten einerseits sowie eines Veräußerungs- bzw. Aufgabegewinns andererseits, es sei denn, alle wesentlichen Betriebsgrundlagen werden ins Privatvermögen überführt. Dabei kommt es nicht darauf an, ob bereits im Zeitpunkt des Erbfalls ein Mischnachlass bestanden hat oder ob sich im Zuge der Verwaltung des Nachlasses privates Nachlassvermögen gebildet hat. Wird dagegen durch Entnahmen liquider Mittel im engen zeitlichen Zusammenhang mit der Auseinandersetzung Privatvermögen geschaffen, um insoweit eine gewinneutrale Teilung zu ermöglichen, ist diese Gestaltung nach § 42 AO steuerlich nicht anzuerkennen.

c) Behandlung von Nachlassverbindlichkeiten bei Mischnachlässen, insbesondere Schuldzinsenabzug

Auch bei einem Mischnachlass kann die Abstimmung mit dem Auseinandersetzungsguthaben 34
des Miterben dadurch erreicht werden, dass der Miterbe Verbindlichkeiten der Erbengemeinschaft übernimmt. Wie sich derartige Schulden in der Folge bei den Miterben auswirken, hängt davon ab, mit welchem Vermögen sie in Zusammenhang stehen und wie dieses Vermögen beim Erben verwendet wird. So kann Privatvermögen der Erbengemeinschaft beim Miterben Betriebsvermögen und die damit zusammenhängende Verbindlichkeit Betriebsschuld werden.

Die Übernahme von Schulden über die Erbquote hinaus kann trotz fehlender Anschaffungskosten zu Betriebsvermögen führen, das den Schuldzinsenabzug ermöglicht.

Beispiel 17

A und B sind Miterben zu je ½. Zum Nachlass gehören ein Betrieb (Wert 3 Mio. €) sowie ein privates Grundstück (Wert 2 Mio. €), das mit einer Hypothek von 1 Mio. € belastet ist. A übernimmt den Betrieb und die Verbindlichkeit, B erhält das Grundstück.

Es ist von einer gewinneutralen Teilung eines Mischnachlasses auszugehen, da auch beim Mischnachlass eine Wertangleichung zur Vermeidung von Ausgleichszahlungen durch überproportionale Übernahme von Nachlassverbindlichkeiten erreicht werden kann. Die von A zusätzlich zum Betrieb übernommene private Nachlassschuld bleibt keine Privatschuld, sondern wandelt sich nach der Übernahme durch A in eine Betriebsschuld um mit der Folge, daß A künftig die auf diese Schuld entfallenden Schuldzinsen als Betriebsausgaben abziehen kann.

Die Begleichung von Erbfallschulden (z. B. Pflichtteils- und Erbersatzansprüche) führt nicht zu 35
Anschaffungskosten. Die Aufwendungen für die Finanzierung von Pflichtteils- und Erbersatzansprüchen dürfen nicht als Betriebsausgaben oder Werbungskosten abgezogen werden (BFH-Urteile vom 2. März 1993 – BStBl 1994 II S. 619, vom 25. November 1993 – BStBl 1994 II S. 623 und vom 27. Juli 1993 – BStBl 1994 II S. 625). Dies gilt auch für die Aufwendungen zur Finanzierung von Vermächtnissen.

Werden Pflichtteilsansprüche durch die Übertragung von im Nachlass befindlichen Wirtschaftsgütern, Betrieben, Teilbetrieben oder Mitunternehmeranteilen abgegolten, liegt grundsätzlich eine entgeltliche Übertragung vor. Dies bedeutet, dass der Erbe das einzelne Wirtschaftsgut, den Betrieb, Teilbetrieb oder Mitunternehmeranteil veräußert und der Pflichtteilsberechtigte Anschaffungskosten für das erhaltene Vermögen in Höhe seines Pflichtteilsanspruchs hat (BFH-Urteil vom 16. Dezember 2004 – BStBl 2005 II S. 554).

2. Teilung mit Abfindungszahlungen

a) Allgemeines

36 Auch beim Mischnachlass liegt Entgeltlichkeit nur vor, soweit Abfindungszahlungen geleistet werden. Hat daher im Rahmen einer Teilung ein Miterbe an andere Miterben Abfindungszahlungen zu leisten, führt dies zu Anschaffungskosten einerseits und zu einem – ggf. einkommensteuerpflichtigen – Veräußerungserlös andererseits.

Beispiel 18

Erben sind A und B je zur Hälfte. Zum Nachlass gehören ein Betrieb (Wert 1 Mio. €, Buchwert 200 000 €) und ein Privatgrundstück (Wert 500 000 €). A erhält den Betrieb, B das Grundstück und eine Abfindung von A i. H. v. 250 000 €.

Die Abfindung stellt bei A Anschaffungskosten, bei B Veräußerungserlös für die Übertragung eines Mitunternehmeranteils dar. Da A und B jeweils im Wert von 750 000 € am Gesamtnachlass beteiligt sind (= ½ von 1,5 Mio. €), erwirbt A ¾ des Betriebs unentgeltlich und führt insoweit die Buchwerte (= 150 000 €) fort. B erzielt durch die Übertragung eines Mitunternehmeranteils von ¼ einen – als nicht nach §§ 16, 34 EStG begünstigten – Veräußerungsgewinn von 200 000 € (= 250 000 € ./. 50 000 €). A stockt die Buchwerte um 200 000 € auf, da B ¼ des Betriebs entgeltlich an A übertragen hat. Das restliche ¼, das dem B als Mitunternehmer zuzurechnen war, ist unentgeltlich auf A übergegangen.

D. Entgeltliche und unentgeltliche Übertragung eines Erbteils

1. Allgemeines

37 Ein Miterbe kann seinen Anteil am Nachlass (seinen Erbteil) an einen anderen Miterben oder an einen Dritten verschenken oder verkaufen (§ 2033 Abs. 1 BGB). Wird ein Erbteil verschenkt, entstehen weder Anschaffungskosten noch Veräußerungserlöse. Wird ein Erbteil verkauft, hat der Käufer dagegen Anschaffungskosten und der Verkäufer einen Veräußerungserlös. Die Ausschlagung der Erbschaft gegen eine Abfindung steht der entgeltlichen Veräußerung des Erbteils gleich (vgl. BFH-Urteil vom 20. April 2004 – BStBl II S. 987).

2. Zum Nachlass gehört nur Betriebsvermögen

a) Schenkung eines Erbteils

38 Wird ein Erbteil verschenkt und gehört zum Nachlass nur Betriebsvermögen, hat der Beschenkte die Buchwerte des Schenkers fortzuführen (§ 6 Abs. 3 EStG).

b) Verkauf eines Erbteils

39 Die entgeltliche Übertragung des Erbanteils die Veräußerung eines Mitunternehmeranteils i. S. v. § 16 Abs. 1 Nr. 2 EStG, und zwar auch dann, wenn der Erwerber Miterbe ist. Anschaffungskosten und Veräußerungsgewinn errechnen sich wie bei der Übertragung eines Mitunternehmeranteils.

Beispiel 19

Der Nachlass besteht allein aus einem Einzelunternehmen. Das Kapitalkonto betrug 600 000 €. Erben sind A, B und C zu je einem Drittel, so daß auf jeden Miterben ein Kapitalkonto von 200 000 € entfällt. C verkauft seinen Erbteil und damit gleichzeitig seinen Mitunternehmeranteil an D für 320 000 €.

In diesem Fall liegt ein entgeltliches Veräußerungsgeschäft vor. Für C entsteht nach § 16 Abs. 2 EStG ein Veräußerungsgewinn i. H. v. 120 000 € (320 000 € Veräußerungserlös ./. 200 000 € Buchwert), der nach §§ 16, 34 EStG tarifbegünstigt ist. D hat Anschaffungskosten von 320 000 €, mit denen er seinen Anteil in der Bilanz der Erbengemeinschaft ausweisen muss. Das geschieht i. H. v. 200 000 € in der Hauptbilanz (Fortführung des Kapitalkontos des C) und in Höhe von 120 000 € in einer für D aufzustellenden positiven Ergänzungsbilanz.

3. Zum Nachlass gehört nur Privatvermögen

a) Schenkung eines Erbteils

40 Wird ein Erbteil verschenkt und gehört zum Nachlass nur Privatvermögen, findet § 11d Abs. 1 EStDV Anwendung. Durch den unentgeltlichen Erwerb des Erbteils ist der Beschenkte in die Rechtsstellung des Schenkers eingetreten, die dieser innerhalb der Erbengemeinschaft gehabt hat. Die anteilige AfA, die dem Beschenkten an den zum Nachlass gehörenden abnutzbaren Wirtschaftsgütern des Privatvermögens zusteht, bemisst sich demzufolge (weil der Schenker

ebenfalls unentgeltlich erworben hat) nach der AfA-Bemessungsgrundlage der Erbengemeinschaft (§ 11d Abs. 1 Satz 1 EStDV). Der Beschenkte kann – anteilmäßig – nur noch das nicht bereits verbrauchte AfA-Volumen abschreiben.

b) Verkauf eines Erbteils

Verkauft ein Miterbe seinen Erbteil und gehört zum Nachlass nur Privatvermögen, ist § 11d Abs. 1 EStDV nicht anwendbar. Der Erwerber muss seine AfA ausgehend von seinen Anschaffungskosten nach § 7 EStG bemessen. 41

Beispiel 20

E wird von seinen Söhnen A, B und C zu je 1/3 beerbt. Zum Nachlass gehört nur ein privates Mietwohnhaus, das E für 2,5 Mio. € (Anteil Gebäude 2 Mio. €) erworben und jährlich mit 2 v. H. abgeschrieben hatte. C veräußert seinen Erbteil zum 01. 01. 04 für 700 000 € an D. Hiervon entfallen 560 000 € auf das Gebäude und 140 000 € auf den Grund und Boden. Im Zeitpunkt der Veräußerung hatte das Gebäude einen Restwert von 1,2 Mio. €.

Die AfA für das immer noch zum Nachlass gehörende Gebäude kann nicht mehr einheitlich vorgenommen werden. A und B haben als Miterben ihre Anteile am Nachlass und damit an dem Grundstück, aus dem der Nachlass besteht, unentgeltlich erworben. Sie müssen demzufolge nach § 11d Abs. 1 EStDV die AfA der Erbengemeinschaft – anteilig – fortführen. A und B können also jährlich je 13 334 € (je 1/3 von 40 000 €) absetzen. Für D hingegen ist, da er entgeltlich erworben hat, seine anteilige AfA nach seinen Anschaffungskosten zu bemessen. Er muss seinen Gebäudeanteil mit 2 v. H. von 560 000 € = 11 200 € abschreiben. Zu einem anderen Ergebnis kann D nur dann kommen, wenn er nachweist, daß die Nutzungsdauer kürzer ist.

Wird ein Erbteil entgeltlich erworben und gehören mehrere Wirtschaftsgüter zum Nachlass, ist für die Aufteilung der Anschaffungskosten des Erbteils einer nach außen hin erkennbaren Zuordnung der Anschaffungskosten durch die Erben zu folgen, soweit die Aufteilung nicht zu einer unangemessenen wertmäßigen Berücksichtigung der einzelnen Wirtschaftsgüter gehört (vgl. BFH-Urteil vom 27. Juli 2004 – BStBl 2006 II S. 9). 42

Verkauft ein Miterbe seinen Erbteil, so ist ein Veräußerungsgewinn nur steuerpflichtig, wenn die Voraussetzungen des § 17 EStG, des § 23 EStG oder des § 21 UmwStG[1]) vorliegen. 43

4. Mischnachlass

Wird der Anteil an einem Mischnachlass veräußert, gelten die unter Tz. 32 ff. genannten Grundsätze. 44

a) Schenkung eines Erbteils

Eine Bewertung der Nachlassgegenstände ist hier nicht erforderlich. Im privaten Bereich des Nachlasses hat der Erwerber die AfA der Erbengemeinschaft nach § 11d Abs. 1 EStDV und im betrieblichen Bereich die Buchwerte der Erbengemeinschaft (§ 6 Abs. 3 EStG) fortzuführen. 45

b) Verkauf eines Erbteils

Wird bei einem Mischnachlass ein Erbteil verkauft, muss der für den Erbteil erzielte Veräußerungserlös aufgeteilt werden. Dabei ist der Veräußerungserlös im Verhältnis des Verkehrswertes des Mitunternehmeranteils und der anteiligen Verkehrswerte der Wirtschaftsgüter des Privatvermögens zu verteilen. Tz. 42 gilt entsprechend. Der Kaufpreis ist beim Erbschaftskäufer entsprechend aufzuteilen. 46

§ 15 Abs. 3 Nr. 1 EStG (sog. Abfärberegelung) ist auch dann nicht auf die Erbengemeinschaft anzuwenden, wenn ein Miterbe seinen Erbteil veräußert und ein fremder Dritter in die Erbengemeinschaft eintritt. 47

E. Ausscheiden eines Miterben

1. Allgemeines

Scheidet ein Miterbe freiwillig aus der Erbengemeinschaft aus, wächst zivilrechtlich sein Anteil am Gemeinschaftsvermögen den verbliebenen Miterben zu. Die Anwachsung eines Erbteils für 48

1) § 21 UmwStG i. d. F. des UmwStG vom 28. 10. 1994, zuletzt geändert durch das StVergAbG, war letztmals für Einbringungen vor dem 13. 12. 2006 anzuwenden.

den Fall, dass mehrere Erben in der Weise eingesetzt sind, dass sie die gesetzliche Erbfolge ausschließen, und dass einer der Erben vor oder nach dem Eintritt des Erbfalls wegfällt, ist in § 2094 BGB geregelt.

Die Anwachsung ist ein Unterfall der Veräußerung des Erbteils. Ertragsteuerlich ist das Anwachsen als entgeltliche oder unentgeltliche Übertragung des Anteils des ausscheidenden Miterben auf die verbleibenden Miterben anzusehen.

2. Ausscheiden ohne Abfindung

49 Scheidet ein Miterbe ohne Abfindung aus der Erbengemeinschaft aus, finden die Grundsätze über die Schenkung eines Erbteils Anwendung.

3. Ausscheiden gegen Barabfindung

50 Scheidet ein Miterbe mit Barabfindung aus der Erbengemeinschaft aus, finden die Grundsätze über den Verkauf eines Erbteils Anwendung.

4. Ausscheiden gegen Sachwertabfindung

a) Grundsatz

51 Beim Ausscheiden gegen Sachwertabfindung können sich zusätzlich zu dem vom ausscheidenden Miterben zu versteuernden Veräußerungsgewinn auch für die verbleibenden Miterben Veräußerungsgewinne ergeben.

Beispiel 21

A, B und C sind Miterben zu je 1/3. Der Nachlass besteht nur aus einem Betriebsvermögen. Der Wert des Betriebsvermögens beträgt 3 Mio. €, der Buchwert 300 000 €. Die Bilanz des Unternehmens sieht wie folgt aus:

Wirtschaftsgut 1	100 000 €	KapKto A	100 000 €
	(TW 1 Mio. €)	KapKto B	100 000 €
Wirtschaftsgut 2	200 000 €	KapKto C	100 000 €
	(TW 2 Mio. €)		
	300 000 €		300 000 €

C scheidet gegen eine Abfindung von 1 Mio. € aus dem Unternehmen aus.

Nach dem Ausscheiden des C hat die Bilanz folgendes Bild:

Wirtschaftsgut 1	100 000 €		KapKto A	100 000 €
	+ 300 000 €	400 000 €	KapKto B	100 000 €
Wirtschaftsgut 2	200 000 €			
	+ 600 000 €	800 000 €	Anspruch C	1 000 000 €
		1 200 000 €		1 200 000 €

Für C ist ein tarifbegünstigter Veräußerungsgewinn von 900 000 € (1000 000 € ./. 100 000 €) entstanden.

A und B müssen die Buchwerte der Wirtschaftsgüter 1 und 2 entsprechend aufstocken. Da die Wirtschaftsgüter zu 1/3 entgeltlich erworben wurden, erhöht sich die AfA-Bemessungsgrundlage um 900 000 € (Anschaffungskosten 1 Mio. € ./. Buchwert 100 000 €). Wenn C das Wirtschaftsgut 1 (Buchwert nunmehr 400 000 €) zur Tilgung seiner Ausgleichsforderung von 1 Mio. € erhält, müssen A und B dieses Wirtschaftsgut aus dem Betrieb nehmen. Da das Wirtschaftsgut 1 Mio. € wert ist, entsteht dadurch ein Veräußerungsgewinn i. H. v. 600 000 €, den A und B je zur Hälfte als laufenden Gewinn versteuern müssen. Ein Veräußerungsgewinn – und kein Entnahmegewinn – entsteht deshalb, weil die Hingabe des Sachwerts zum Wegfall der Schuld führt. Darin ist keine Entnahme, sondern eine Veräußerung, verbunden mit einer Gewinnrealisierung hinsichtlich des den Buchwert des Wirtschaftsguts übersteigenden Schuldenteils (Ausgleichsanspruch des C), zu sehen.

b) Buchwertfortführung

52 Gelangt die Sachwertabfindung beim ausscheidenden Miterben in ein Betriebsvermögen, der Miterbe die Buchwerte der Erbengemeinschaft fortführen.

Im Beispiel 21 entsteht kein Veräußerungsgewinn, wenn C das ihm zur Abfindung übereignete Wirtschaftsgut 1 in ein ihm gehörendes Betriebsvermögen nach § 6 Abs. 5 EStG zum Buchwert überführt. Für diesen Fall wird das Wirtschaftsgut 1 dem C zum Buchwert gegen Minderung seiner Beteiligungsrechte am Betrieb der Erbengemeinschaft übertragen. Da der Buchwert des Wirtschaftsguts 100 000 € beträgt, sinkt dadurch das Kapitalkonto des C unter gleichzeitigem Ausscheiden des C aus dem Betrieb auf Null. C muss das Wirtschaftsgut in seinen eigenen Betrieb mit 100 000 € erfolgsneutral (gegen entsprechende Erhöhung seines Kapitalkontos) einlegen. Für C entsteht weder ein Entnahme- noch ein Veräußerungsgewinn. Auch für A und B ergeben sich keine Gewinnauswirkungen.

F. Erbauseinandersetzung durch Veräußerung des Nachlasses

1. Allgemeines

Die Erbauseinandersetzung kann gem. §§ 2046 ff. BGB auch in der Weise erfolgen, dass alle Wirtschaftsgüter des Nachlasses veräußert werden. Anschließend werden alle Nachlassverbindlichkeiten abgezogen. Der Rest der Veräußerungserlöse wird den Erbquoten entsprechend anteilmäßig unter den Miterben verteilt. 53

2. Betriebsvermögen

Gehört zum Nachlass ein Betriebsvermögen, so kann der gesamte Betrieb von der Erbengemeinschaft veräußert werden. Dann liegt ein Fall des § 16 Abs. 1 EStG vor. Der von der Erbengemeinschaft erzielte Veräußerungsgewinn ist von den Miterben tarifbegünstigt zu versteuern (§§ 16, 34 EStG). 54

Wird der Betrieb von den Miterben nicht fortgeführt und werden die einzelnen Wirtschaftsgüter des Betriebsvermögens veräußert, kann eine begünstigte Betriebsaufgabe vorliegen (§ 16 Abs. 3 Satz 1 EStG).

3. Privatvermögen

Soweit zum Nachlass Privatvermögen gehört, ist die Veräußerung einkommensteuerrechtlich nur dann zu erfassen, wenn die §§ 17, 23 EStG oder § 21 UmwStG[1]) zur Anwendung kommen. 55

G. Teilerbauseinandersetzung

1. Behandlung wie Gesamtauseinandersetzung

Bei der gegenständlichen Teilauseinandersetzung stellen die geleisteten Abfindungen Anschaffungskosten bzw. Veräußerungsentgelt dar, und zwar unabhängig davon, dass die Miterben am Nachlass beteiligt bleiben. 56

Beispiel 22

Erben sind A und B je zur Hälfte. Zum Nachlass gehören ein Betrieb (Wert 1 Mio. €, Buchwert 200 000 €) und ein Privatgrundstück (Wert 500 000 €). Bei einer Teilauseinandersetzung erhält A den Betrieb, B bekommt eine Abfindung von A i. H. v. 500 000 €. Das Grundstück verbleibt in der Erbengemeinschaft.

B erzielt einen tarifbegünstigten Veräußerungsgewinn von 400 000 €. A stockt die Buchwerte des Betriebs um 400 000 € auf. Der Wert und die spätere Verteilung des Restnachlasses bleiben zunächst außer Betracht.

Soweit im Rahmen einer Teilauseinandersetzung ein Wirtschaftsgut des Betriebsvermögens einem Miterben zu Lasten seiner Beteiligung am Restnachlass zugewiesen wird, das er in sein Privatvermögen übernimmt, entsteht ein Entnahmegewinn. Der Entnahmegewinn ist Teil des Gesamtgewinns der Mitunternehmerschaft. Dieser ist den Mitunternehmern (Miterben) nach dem allgemeinen Gewinnverteilungsschlüssel zuzurechnen, der sich bei den Miterben nach ihrem Anteil am Nachlass bestimmt (§ 2038 Abs. 2, § 743 Abs. 1 BGB), es sei denn, dass der Gewinn nach den von den Miterben schriftlich getroffenen Vereinbarungen über die Teilauseinandersetzung dem entnehmenden Miterben zuzurechnen ist. 57

Wird im Rahmen einer Teilauseinandersetzung ein Wirtschaftsgut aus dem Betriebsvermögen der Erbengemeinschaft (Mitunternehmerschaft) in ein anderes Betriebsvermögen eines der Miterben überführt, ist nach § 6 Abs. 5 EStG der Buchwert fortzuführen.

2. Behandlung von umgekehrten Abfindungen

Abfindungen in umgekehrter Richtung vermindern grundsätzlich die bei einer Teilauseinandersetzung angenommenen Anschaffungskosten und Veräußerungserlöse, wenn die Miterben eine 58

1) § 21 UmwStG i. d. F. des UmwStG vom 28. 10. 1994, zuletzt geändert durch das StVergAbG, war letztmals für Einbringungen vor dem 13. 12. 2006 anzuwenden.

weitere Auseinandersetzung im Auge hatten, bei der es zu umgekehrten Abfindungen kommt (BFH-Beschluss vom 5. Juli 1990 – BStBl II S. 837). Davon ist auszugehen, wenn seit der vorausgegangenen Teilauseinandersetzung nicht mehr als fünf Jahre vergangen sind.

Eine spätere (weitere) Teilauseinandersetzung oder Endauseinandersetzung ist nicht mehr mit vorangegangenen Teilauseinandersetzungen als Einheit zu betrachten, sondern wie eine selbständige Auseinandersetzung zu behandeln.

Ist bei einer vorangegangenen Teilauseinandersetzung eine Abfindung für den Erwerb mehrerer Wirtschaftsgüter geleistet worden, ist die umgekehrte Abfindung auf diese Wirtschaftsgüter nach dem Verhältnis ihrer Verkehrswerte im Zeitpunkt der vorangegangenen Teilauseinandersetzung aufzuteilen.

Beispiel 23

Erben sind A und B zu je 1/2. Zum Nachlass gehören ein Betrieb (Wert 1 Mio. €, Buchwert 200 000 €) und ein Privatgrundstück. Bei einer Teilauseinandersetzung erhält A den Betrieb und muß an B eine Abfindung i. H. v. 500 000 € zahlen. Im Rahmen der vier (sechs) Jahre später erfolgenden Endauseinandersetzung erhält B das Grundstück, dessen Wert auf 500 000 € festgestellt wurde, und zahlt deshalb an A eine Abfindung i. H. v. 250 000 €.

Die von B bei der Endauseinandersetzung an A zu zahlende umgekehrte Abfindung i. H. v. 250 000 € bewirkt, dass der Veräußerungsgewinn des B von ursprünglich 400 000 € nunmehr nur noch 200 000 € beträgt und nicht mehr nach §§ 16, 34 EStG begünstigt ist. Die bisherige Aufstockung der Buchwerte bei A um 400 000 € muss auf einen Aufstockungsbetrag von 200 000 € gemindert werden.

Dagegen würde sich die ursprüngliche Behandlung der Teilauseinandersetzung nicht mehr ändern, wenn die Endauseinandersetzung sechs Jahre später erfolgt.

Dagegen würde sich die ursprüngliche Behandlung der Teilauseinandersetzung nicht mehr ändern, wenn die Endauseinandersetzung sechs Jahre später erfolgt.

Aus der Veräußerung des Mitunternehmeranteils hat B einen nach den §§ 16 und 34 EStG begünstigten Veräußerungsgewinn i. H. v. 400 000 € zu versteuern; A hat die Buchwerte entsprechend aufzustocken. Der sich aus der sechs Jahre späteren Teilerbauseinandersetzung über das Grundstück ergebende Veräußerungsgewinn ist nur steuerpflichtig, wenn die Voraussetzungen des § 23 EStG vorliegen.

59 Werden im Rahmen einer Teilauseinandersetzung entstandene Veräußerungsgewinne durch umgekehrte Abfindungen gemindert, ist dies ein Ereignis, das Rückwirkung für die Vergangenheit hat (§ 175 Abs. 1 Nr. 2 AO), weshalb die Minderung des Veräußerungsgewinns rückwirkend erfolgen muss.

Auch die bei dem die ursprüngliche Abfindung leistenden Miterben durch die umgekehrte Abfindung eintretende Verminderung der Anschaffungskosten hat rückwirkend zu erfolgen (§ 175 Abs. 1 Nr. 2 AO). Umgekehrte Abfindungen sind insoweit nicht erst ab dem Jahr ihrer Zahlung zu berücksichtigen.

H. Vermächtnisse, Vorausvermächtnisse, Teilungsanordnung

1. Steuerliche Auswirkungen von Vermächtnissen

60 Im Falle der Erbeinsetzung liegt in vollem Umfang ein unentgeltlicher Erwerb unmittelbar vom Erblasser vor. Der Erbe ist an die Buch- und Steuerwerte gem. §§ 7 Abs. 1, 11d Abs. 1 EStDV gebunden, auch wenn ihm die Erfüllung von Vermächtnissen auferlegt wird. Die Erfüllung eines Vermächtnisses durch den beschwerten Erben stellt kein Entgelt für den Erwerb des Erbteils dar und führt daher bei ihm nicht zu Anschaffungskosten (BFH-Urteil vom 17. Oktober 1991 – BStBl 1992 II S. 392). Dies gilt auch, wenn ein Sachvermächtnis hinsichtlich eines Wirtschaftsguts des Betriebsvermögens ausgesetzt wird und dieses Sachvermächtnis vom Erben und Betriebsübernehmer erfüllt wird. Geht daher ein Betrieb durch Erbeinsetzung mit der Verpflichtung über, dass der Erbe oder die Erbengemeinschaft ein Wirtschaftsgut des Betriebsvermögens an einen Dritten herausgeben muss, führt dies zur Entnahme dieses Wirtschaftsguts. Dies gilt auch dann, wenn das Wirtschaftsgut beim Vermächtnisnehmer Betriebsvermögen wird (vgl. aber Tz. 65). Der Entnahmegewinn ist dem Alleinerben oder allen Miterben zuzurechnen.

Der Alleinerbe oder die Miterben können bei der Entnahme von Grund und Boden aus einem land- und forstwirtschaftlichen Betrieb ggf. den Freibetrag nach § 14a Abs. 4 EStG in Anspruch nehmen, wenn die Entnahme vor dem 1. Januar 2006 erfolgt.

Beispiel 24

A wurde vom Erblasser als Alleinerbe eingesetzt. Zum Nachlass gehört ein Gewerbebetrieb. In Erfüllung eines Vermächtnisses überträgt A auf B ein Betriebsgrundstück (Teilwert 1 Mio. €, Buchwert 400 000 €).

A führt nach § 6 Abs. 3 EStG die Buchwerte des Erblassers fort. Er erzielt bei der Übertragung des Grundstücks auf B einen laufenden nicht begünstigten Entnahmegewinn i. H. v. 600 000 € (= 1 Mio. € ./. 400 000 €). Das gilt auch, wenn das Grundstück beim Vermächtnisnehmer ins Betriebsvermögen übernommen wird.

Betrifft das Sachvermächtnis dagegen einen ganzen Betrieb, erzielt die Erbengemeinschaft (oder der Alleinerbe) keinen Veräußerungs- oder Aufgabegewinn. Der Vermächtnisnehmer führt nach § 6 Abs. 3 EStG die Buchwerte der Erbengemeinschaft fort. (BFH-Urteil vom 7. Dezember 1990 – BStBl 1991 II S. 350). Ist ein Gewerbebetrieb (Einzelunternehmen) aufgrund eines Sachvermächtnisses an einen der Miterben oder einen Dritten (Vermächtnisnehmer) herauszugeben, sind die nach dem Erbfall bis zur Erfüllung des Vermächtnisses erzielten gewerblichen Einkünfte grundsätzlich den Miterben als Mitunternehmern zuzurechnen. Abweichend von diesem Grundsatz sind die zwischen Erbfall und Erfüllung des Vermächtnisses angefallenen Einkünfte dem Vermächtnisnehmer zuzurechnen, wenn dieser schon vor der Erfüllung des Vermächtnisses als Inhaber des Gewerbebetriebs (Unternehmer) anzusehen ist (BFH-Urteil vom 24. September 1991 – BStBl 1992 II S. 330). 61

Besteht das Vermächtnis darin, dass dem Bedachten ein privates Wirtschaftsgut zu übertragen ist, ist er nach § 11d Abs. 1 EStDV an die bisher für den Alleinerben oder die Erbengemeinschaft maßgebenden Steuerwerte gebunden. 62

Wie die Erfüllung eines Vermächtnisses führt auch die Begleichung von Erbfallschulden (Pflichtteils- und Erbersatzansprüche) nicht zu Anschaffungskosten. Aufwendungen für die Finanzierung von Pflichtteils- und Erbersatzansprüchen dürfen nicht als Betriebsausgaben oder Werbungskosten abgezogen werden. Ein Vermächtnis führt ausnahmsweise dann zu einem Veräußerungserlös des beschwerten Erben oder der beschwerten Miterben und zu Anschaffungskosten des Vermächtnisnehmers, wenn der Vermächtnisnehmer für den Erwerb des vermachten Gegenstandes eine Gegenleistung zu erbringen hat. 63

2. Besonderheiten bei Vorausvermächtnissen

Betrifft das Vorausvermächtnis einen Betrieb, erzielt die Erbengemeinschaft keinen Veräußerungs- oder Aufgabegewinn. Der Vermächtnisnehmer führt nach *§ 6 Abs. 3 EStG* die Buchwerte der Erbengemeinschaft fort. Demgegenüber liegt eine Entnahme durch die Erbengemeinschaft (nicht durch den Erblasser) vor, wenn ein Einzelwirtschaftsgut des Betriebsvermögens in Erfüllung eines Vorausvermächtnisses auf einen der Miterben übertragen wird. 65

Beispiel 25

Erben sind A und B je zur Hälfte. Der Nachlass umfasst neben anderen Nachlassgegenständen einen Betrieb. A erhält im Wege des Vorausvermächtnisses ein Grundstück dieses Betriebs (Teilwert 500 000 €, Buchwert 200 000 €), das er privat nutzt.

Die Erfüllung des Vorausvermächtnisses durch Übertragung des Betriebsgrundstücks auf A führt zu einem laufenden Entnahmegewinn bei der Erbengemeinschaft i. H. v. 300 000 €, der den beiden Miterben A und B im Rahmen der einheitlichen und gesonderten Feststellung der Gewinneinkünfte je hälftig zuzurechnen ist.

Wird in Erfüllung eines Vorausvermächtnisses ein Einzelwirtschaftsgut aus dem Betriebsvermögen der Erbengemeinschaft in ein anderes Betriebsvermögen eines der Miterben überführt, besteht nach § 6 Abs. 5 EStG die Pflicht zur – gewinnneutralen – Buchwertfortführung.

Beispiel 26

Erben sind A und B je zur Hälfte. Zum Nachlass gehört u. a. ein Betrieb. A erhält im Wege des Vorausvermächtnisses ein Grundstück dieses Betriebs (Teilwert 500 000 €, Buchwert 200 000 €), das er in einem eigenen Betrieb nutzt.

Ein Entnahmegewinn entsteht nicht, da A als Mitunternehmer zur Fortführung des Buchwertes berechtigt ist.

Besteht das Vorausvermächtnis darin, dass dem Bedachten ein privates Wirtschaftsgut zu übertragen ist, ist er nach § 11d Abs. 1 EStDV an die bisher für die Erbengemeinschaft maßgebenden Steuerwerte gebunden. 66

3. Steuerliche Auswirkungen von Teilungsanordnungen[1])

67 Durch eine Teilungsanordnung (§ 2048 BGB) wird lediglich die Art und Weise der Erbauseinandersetzung durch den Erblasser festgelegt. Deshalb gehen auch bei der Teilungsanordnung zunächst alle Nachlassgegenstände auf die Erbengemeinschaft und nicht einzelne Nachlassgegenstände unmittelbar auf denjenigen Miterben über, der sie aufgrund der Teilungsanordnung erhalten soll. Verhalten sich die Miterben jedoch bereits vor der Auseinandersetzung entsprechend der Teilungsanordnung, ist dies auch steuerrechtlich anzuerkennen, solange die tatsächliche Auseinandersetzung innerhalb einer sich an den Umständen des Einzelfalls orientierenden Frist vorgenommen wird. Dies gilt auch bei Anordnung einer Testamentsvollstreckung. Setzen sich die Erben einverständlich über die Teilungsanordnung hinweg, ist für die steuerliche Beurteilung die tatsächliche Auseinandersetzung maßgeblich. Solange die Teilungsanordnung von den Erben vor der Auseinandersetzung beachtet wird, sind die Veranlagungen vorläufig nach § 165 Abs. 1 Satz 1 AO durchzuführen.

68 Zur Abgrenzung zwischen Teilungsanordnung und Vorausvermächtnis ist von Bedeutung, dass sich die Teilungsanordnung in der Zuweisung bestimmter Nachlassgegenstände innerhalb des Rahmens des Erbteils erschöpft, während das Vorausvermächtnis in der Zuweisung bestimmter Nachlassgegenstände außerhalb des Erbteils, d. h. über den Erbteil hinaus, besteht. Mit dem Vorausvermächtnis will der Erblasser einem der Erben einen zusätzlichen Vermögensvorteil zuwenden. Bei der Teilungsanordnung fehlt ein derartiger Begünstigungswille, sie beschränkt sich auf die Verteilung der Nachlassgegenstände bei der Erbauseinandersetzung. Bei der Abgrenzung zwischen Teilungsanordnung und Vorausvermächtnis kommt es nicht auf die formale Bezeichnung, sondern auf das tatsächlich Gewollte an.

I. Sonderfragen

I. Erbfolge bei der Beteiligung an einer Personengesellschaft

1. Fortsetzung der Gesellschaft durch die übrigen Gesellschafter oder Auflösungsklausel

69 Bei Tod eines Gesellschafters scheidet der verstorbene Gesellschafter aus der Gesellschaft aus und die überlebenden Gesellschafter setzen die Gesellschaft fort (§ 131 Abs. 3 Nr. 1 HGB). In diesem Fall geht zivilrechtlich der Gesellschaftsanteil nicht auf die Erben über. Diese erlangen lediglich einen privaten Abfindungsanspruch gegenüber den verbleibenden Gesellschaftern. Steuerlich realisiert der Erblasser durch Aufgabe seines Mitunternehmeranteils unter Anwachsung bei den verbleibenden Gesellschaftern einen begünstigten Veräußerungsgewinn (§§ 16, 34 EStG) in Höhe des Unterschieds zwischen dem Abfindungsanspruch und dem Buchwert seines Kapitalkontos im Todeszeitpunkt (BFH-Urteil vom 15. April 1993 – BStBl *1994 II S.* 227).

Ist im Gesellschaftsvertrag eine sog. Auflösungsklausel, nach der sich die Gesellschaft bei Tod eines Gesellschafters auflöst, enthalten, liegt insgesamt eine nach §§ 16, 34 EStG begünstigte Betriebsaufgabe vor, soweit weder nach Realteilungsgrundsätzen (vgl. BMF-Schreiben vom 28. Februar 2006 – BStBl I S. 228) noch nach § 6 Abs. 5 EStG eine Buchwertfortführung möglich ist. Satz 1 gilt nicht, sofern die Gesellschafter die Gesellschaft fortsetzen.

2. Eintrittsklausel

70 Ist im Gesellschaftsvertrag eine Eintrittsklausel des Inhalts vereinbart worden, dass ein oder mehrere Erben mit dem Tod eines Gesellschafters das Recht haben, in die Gesellschaft einzutreten, wird die Gesellschaft zunächst mit den verbleibenden Gesellschaftern fortgesetzt. Der Gesellschaftsanteil des verstorbenen Gesellschafters wächst mithin den übrigen Gesellschaftern an und die eintrittsberechtigten Erben erben lediglich das Eintrittsrecht. Hieraus folgt grundsätzlich, dass bei Zahlung einer Abfindung im Fall des Nichteintritts – wie bei der Fortsetzungsklausel – der Erblasser einen tarifbegünstigten Veräußerungsgewinn (§§ 16, 34 EStG) erzielt. Wird allerdings das Eintrittsrecht innerhalb von 6 Monaten nach dem Erbfall ausgeübt, gelten, wenn alle Erben von ihrem Eintrittsrecht Gebrauch machen, die Ausführungen über die einfache Nachfolgeklausel (Tz. 71.), wenn nur einer oder einige Erben von ihrem Eintrittsrecht Gebrauch machen, die Ausführungen über die qualifizierte Nachfolgeklausel (Tz. 72.) entsprechend.

3. Einfache Nachfolgeklausel

71 Im Fall der sog. einfachen Nachfolgeklausel wird die Gesellschaft beim Tod eines Gesellschafters mit allen Erben dieses Gesellschafters fortgesetzt. Mitunternehmeranteile, die vom Erblasser gesondert auf die Miterben übergegangen sind, können im Fall der sog. einfachen Nachfolge-

[1]) Tz. 76 in der Fassung des BMF-Schreibens vom 5. 12. 2002 (BStBl I S. 1392); Anwendung der abgedruckten Fassung in allen noch offenen Fällen.

klausel in die Erbauseinandersetzung einbezogen und abweichend aufgeteilt werden. Ausgleichszahlungen an die weichenden Miterben führen auch in diesem Fall zu Anschaffungskosten (BFH-Urteil vom 13. Dezember 1990 – BStBl 1992 II S. 510 sowie BFH-Urteil vom 29. Oktober 1991 – BStBl 1992 II S. 512).

Diese Betrachtungsweise hat zur Folge, dass durch die Einbeziehung von Mitunternehmeranteilen in die Erbauseinandersetzung im Fall der sog. einfachen Nachfolgeklausel eine gewinneutrale Realteilung eines Nachlasses erreicht werden kann.

Beispiel 27 (bei Mischnachlass)

Gesellschafter einer OHG sind A, B und C. A stirbt. Erben sind D und E je zur Hälfte. Zum Nachlass gehören ein OHG-Anteil (Wert 2 Mio. €) sowie ein Privatgrundstück (Wert 2 Mio. €). D und E treten aufgrund der im Gesellschaftsvertrag verbrieften einfachen Nachfolgeklausel in die OHG ein. Das Grundstück wird zunächst in Erbengemeinschaft verwaltet. Nach einiger Zeit setzen sich D und E dergestalt auseinander, dass E dem D seinen Gesellschaftsanteil überlässt und dafür aus der Erbengemeinschaft das Privatgrundstück erhält. Ausgleichszahlungen erfolgen nicht.

Es ist von einer gewinneutralen Teilung eines Mischnachlasses auszugehen, bei der D den Gesellschaftsanteil und E das Grundstück erhalten hat. Anschaffungskosten und Veräußerungsgewinne entstehen mangels Ausgleichszahlungen nicht.

Aus dieser Betrachtungsweise ergibt sich weiter, dass auch beim Vorhandensein von Sonderbetriebsvermögen eine gewinneutrale Realteilung eines Nachlasses möglich ist.

Beispiel 28 (bei Mischnachlass)

Gesellschafter einer OHG sind A, B und C. A stirbt. Erben sind D und E je zu Hälfte. Zum Nachlaß gehören ein OHG-Anteil (Wert 1,2 Mio. €), ein der OHG überlassenes Grundstück (Wert 800 000 €) und ein Privatgrundstück (Wert 2 Mio. €). D und E treten aufgrund der im Gesellschaftsvertrag verbrieften einfachen Nachfolgeklausel in die OHG ein. Das Privatgrundstück wird zunächst von der Erbengemeinschaft verwaltet. Nach einiger Zeit setzen sich D und E dergestalt auseinander, dass E dem D seinen Gesellschaftsanteil und seinen Anteil an dem der OHG überlassenen Grundstück überträgt und dafür aus der Erbengemeinschaft das Privatgrundstück erhält. Ausgleichszahlungen erfolgen nicht.

Es liegt eine gewinneutrale Teilung eines Mischnachlasses vor, bei der D den Gesellschaftsanteil an der OHG und das der OHG überlassene Grundstück und E das Privatgrundstück erhält. Anschaffungskosten und Veräußerungs- bzw. Entnahmegewinne entstehen mangels Ausgleichszahlungen nicht.

4. Qualifizierte Nachfolgeklausel

In den Fällen der sog. qualifizierten Nachfolgeklausel folgen nicht alle Miterben, sondern nur einer oder einzelne von mehreren Miterben dem Erblasser in seiner Gesellschafterstellung nach. Nach dem BFH-Urteil vom 29. Oktober 1991 (BStBl 1992 II S. 512) hat dies zur Folge, dass nur die qualifizierten Miterben, nicht dagegen die nicht qualifizierten Miterben als Mitunternehmer anzusehen sind (kein Durchgangserwerb). Werden von den qualifizierten Miterben an die nicht qualifizierten Miterben Abfindungen geleistet, entstehen deshalb weder Veräußerungsgewinne noch Anschaffungskosten. Zur Behandlung der Schuldzinsen, die durch die Finanzierung der Wertausgleichsverbindlichkeiten veranlasst sind, wird auf das BMF-Schreiben vom 11. August 1994 (BStBl I S. 603)[1]) verwiesen. 72

Daraus ergibt sich weiter, dass es mit dem Erbfall zu einer anteiligen Entnahme etwaigen Sonderbetriebsvermögens kommt, soweit das Sonderbetriebsvermögen auf nicht qualifizierte Miterben entfällt (§ 39 Abs. 2 Nr. 2 AO). Denn das Sonderbetriebsvermögen geht – im Gegensatz zum Gesellschaftsanteil – zivilrechtlich auf die Erbengemeinschaft als Ganzes über. Dies gilt auch, wenn bei einer zeitnahen Auseinandersetzung das Sonderbetriebsvermögen auf den qualifizierten Miterben übergeht. 73

Der Entnahmegewinn ist dem Erblasser zuzurechnen, da der nicht qualifizierte Miterbe nicht Mitunternehmer geworden ist. 74

1) → Anhang 8 III.

II. Sonderfragen im Bereich der Land- und Forstwirtschaft

1. Erbfolge im Bereich der Land- und Forstwirtschaft

75 Die Erbfolge im Bereich der Land- und Forstwirtschaft ist zivilrechtlich nach Landesrecht unterschiedlich geregelt. Im Übrigen gibt es bundesrechtliche Besonderheiten.

Während in den Ländern Hamburg, Niedersachsen, Nordrhein-Westfalen und Schleswig-Holstein für bestimmte Höfe die sog. Höfeordnung (HöfeO) Anwendung findet, sind in anderen Ländern (z. B. in Hessen und in Teilen von Baden-Württemberg bis 31. Dezember 2000) für bestimmte Höfe sog. Landesanerbengesetze maßgebend. Es gibt aber auch Bundesländer, die weder eine HöfeO noch ein Landesanerbenrecht kennen (Bayern, Berlin, Brandenburg, Mecklenburg-Vorpommern, Saarland, Sachsen, Sachsen-Anhalt und Thüringen). Soweit keine Sonderregelung eingreift, können das Landgutrecht nach dem BGB (§ 2049 BGB) sowie das Zuweisungsverfahren nach §§ 13–17 Grundstücksverkehrsgesetz bedeutsam sein.

76 Abfindungen an weichende Erben sind stets Entgelte, wenn nach den jeweiligen landesrechtlichen Vorschriften der Hof nicht unmittelbar vom Altbauer im Wege der Sondererbfolge auf den Hoferben als Alleinerben übergeht („Höferecht"), sondern zunächst auf die Erbengemeinschaft („Anerbenrecht"). Im letzteren Falle erwirbt der Hoferbe den Hof von der Erbengemeinschaft (Durchgangserwerb).

77 Was die als partielles Bundesrecht geltende HöfeO angeht, bestimmt § 4 HöfeO, dass der Hof als Teil der Erbschaft kraft Gesetzes nur einem der Erben zufällt und an seine Stelle im Verhältnis der Miterben zueinander der Hofeswert tritt. Diese Norm ist zivilrechtlich so zu verstehen, dass im Rahmen eines gespaltenen Nachlasses der Hof unmittelbar und sofort dem Hoferben als Alleinerben zufällt, während daneben zugleich für das hofesfreie Vermögen eine Erbengemeinschaft besteht. Wie der BGH in BGHZ 28, 194 (199 f.) ausgeführt hat, ist in den Fällen der HöfeO ist eine Miterbengemeinschaft hinsichtlich des Hofes ausgeschlossen, die weichenden Miterben erhalten vielmehr insoweit schuldrechtliche Abfindungsansprüche im Sinne gesetzlich angeordneter Vermächtnisse. Die weichenden Erben erhalten daher die Abfindung nach § 12 HöfeO nicht als Entgelt für die Aufgabe einer Erbquote am Hof. Die Abfindung einschließlich einer Nachabfindung nach § 13 HöfeO ist daher kein Entgelt. Aufwendungen für die Finanzierung der Abfindung sind nicht als Betriebsausgaben abzugsfähig.

Diese Betrachtungsweise gilt auch für die übrigen Landes-Höfegesetze. Nach § 9 Abs. 1 des Bremischen HöfeG fällt der Hof als Teil der Erbschaft nur einem Erben zu. § 14 des Rheinland-Pfälzischen Landesgesetzes über die HöfeO regelt die Erbfolge in gleicher Weise wie § 4 der HöfeO.

78 Nehmen in den Fällen der Tz. 77 Wirtschaftsgüter des Betriebsvermögens nicht an der Sonderrechtsnachfolge teil (hofesfreies Vermögen), sind sie auch steuerlich der Erbengemeinschaft zuzurechnen. Soweit diese Wirtschaftsgüter nicht anteilig dem Hoferben zuzurechnen sind, liegt eine Entnahme durch den Erblasser vor. Im Übrigen gelten die allgemeinen Regeln über die Behandlung der Erbauseinandersetzung.

79 Nehmen umgekehrt Wirtschaftsgüter des Privatvermögens an der Sonderrechtsnachfolge teil (z. B. Wohnung des Betriebsinhabers), findet insoweit ein unentgeltlicher Erwerb vom Erblasser statt und die Abfindung führt nicht zu Anschaffungskosten.

80 Anders als bei land- und forstwirtschaftlichen Betrieben, die unter den Anwendungsbereich der HöfeO oder unter vergleichbare Landes-Höferechte fallen („Höferecht"), ist die Erbfolge bei Betrieben zu beurteilen, in denen der Hof zunächst auf die Erbengemeinschaft übergeht. Dies ist insbesondere nach dem Badischen Hofgütergesetz und der Hessischen Landgüterordnung der Fall („Anerbenrecht"). Die Abfindung der „weichenden Erben" nach Badischem und Hessischem Landesrecht sowie deren Ergänzungsabfindungen (wenn die Berechtigung zur erbrechtlichen Schlechterstellung der Nicht-Hoferben entfällt) sind Entgelte. Denn der Hofübernehmer hat mehr an land- und forstwirtschaftlichem Betriebsvermögen bekommen, als ihm nach seiner Erbquote zustand. Insoweit vollzieht sich die Erbauseinandersetzung nach den allgemeinen Regeln.

81 Nach den allgemeinen Regeln vollzieht sich die Erbauseinandersetzung über einen land- und forstwirtschaftlichen Betrieb auch in den Bundesländern, die weder eine HöfeO noch ein Landesanerbenrecht kennen (Bayern, Berlin, Brandenburg, Mecklenburg-Vorpommern, Saarland, Sachsen, Sachsen-Anhalt und Thüringen).

2. Behandlung von Abfindungen, die das Kapitalkonto unterschreiten

82 Gehört zum Nachlass ein land- und forstwirtschaftlicher Betrieb, wird dieser gemäß § 2049 BGB im Rahmen der Erbauseinandersetzung in den meisten Fällen nur mit dem Ertragswert berücksichtigt. Wegen der geringen Ertragsfähigkeit liegen die Ertragswerte solcher Betriebe deutlich

unter dem Verkehrswert und regelmäßig auch unter dem Buchwert. Das bedeutet, dass die weichenden Erben nach erbrechtlichen Regelungen eine geringere Abfindung erhalten, als ihrem Kapitalkonto (gemessen an der Erbquote) entspricht. Abfindungen, die das Kapitalkonto unterschreiten, sind ertragsteuerlich in der Weise zu behandeln, dass in solchen Fällen der Betriebsübernehmer gemäß *§ 6 Abs. 3 EStDV* die Buchwerte fortführt. Dies bedeutet, dass keine Abstockung der Buchwerte erforderlich ist und die weichenden Erben keinen Veräußerungsverlust erleiden.

J. Übergangsregelung

Die Grundsätze dieses Schreibens sind in allen noch offenen Fällen anzuwenden. Es tritt an die Stelle der BMF-Schreiben vom 11. Januar 1993 (BStBl I S. 62) und vom 5. Dezember 2002 (BStBl I S. 1392). 83

Soweit die Erbauseinandersetzung vor dem 1. Januar 2001 durchgeführt worden ist, gelten weiterhin die in den BMF-Schreiben vom 11. Januar 1993 und 11. August 1994[1]) genannten Grundsätze (einschließlich Übergangsregelungen) unter Berücksichtigung der Gesetzesänderungen in § 6 Abs. 5 Satz 3 und § 16 Abs. 3 Satz 2 EStG i. d. F. des StEntlG 1999/2000/2002 für Vorgänge in der Zeit vom 1. Januar 1999 bis 31. Dezember 2000.

II
Ertragsteuerliche Behandlung der vorweggenommenen Erbfolge; hier: Anwendung des Beschlusses des Großen Senats vom 5. 7. 1990 (BStBl II S. 847)

BMF vom 13. 1. 1993 (BStBl I S. 80)

IV B 3 – S 2190 – 37/92

unter Berücksichtigung der Änderungen durch
BMF vom 26. 2. 2007 (BStBl I S. 269)

IV C 2 – S 2230 – 46/06
IV C 3 – S 2190 – 18/06

Inhaltsübersicht

1) → Anhang 8 III.

Unter Bezugnahme auf das Ergebnis der Erörterung mit den obersten Finanzbehörden der Länder nehme ich zur ertragsteuerlichen Behandlung der vorweggenommenen Erbfolge wie folgt Stellung:

A. Allgemeines

1. Begriff der vorweggenommenen Erbfolge

1 Unter vorweggenommener Erbfolge sind Vermögensübertragungen unter Lebenden mit Rücksicht auf die künftige Erbfolge zu verstehen. Der Übernehmer soll nach dem Willen der Beteiligten wenigstens teilweise eine unentgeltliche Zuwendung erhalten (Beschluß des Großen Senats des BFH vom 5. Juli 1990 – BStBl II S. 847). Der Vermögensübergang tritt nicht kraft Gesetzes, sondern aufgrund einzelvertraglicher Regelungen ein.

2. Abgrenzung zu voll entgeltlichen Geschäften

2 Im Gegensatz zum Vermögensübergang durch vorweggenommene Erbfolge ist ein Vermögensübergang durch voll entgeltliches Veräußerungsgeschäft anzunehmen, wenn die Werte der Leistung und Gegenleistung wie unter Fremden nach kaufmännischen Gesichtspunkten gegeneinander abgewogen sind (vgl. Abschnitt 23 Abs. 1 und 123 Abs. 3 EStR 1990). Trotz objektiver Ungleichwertigkeit von Leistung und Gegenleistung kann ein Veräußerungs-/Erwerbsgeschäft vorliegen, wenn die Beteiligten subjektiv von der Gleichwertigkeit ausgegangen sind (BFH-Urteil vom 29. Januar 1992 – BStBl 1992 II S. 465)[2]).

B. Übertragung von Privatvermögen

I. Arten der Vermögensübertragung

3 Je nach Art der anläßlich der Vermögensübertragung durch vorweggenommene Erbfolge vereinbarten Leistungen liegt eine voll unentgeltliche oder eine teilentgeltliche Übertragung vor.

[1]) § 14a Abs. 4 EStG ist letztmals für Entnahmen und Veräußerungen vor dem 1. 1. 2006 anzuwenden.
[2]) Bestätigt durch BFH vom 16. 12. 1993 (BStBl 1996 II S. 669) und vom 30. 7. 2003 (BStBl 2004 II S. 211).

1. Versorgungsleistungen

Eine unentgeltliche Übertragung liegt vor, soweit Versorgungsleistungen (Versorgungsrenten und dauernde Lasten) bei der Übertragung von Vermögen vom Übernehmer dem Übergeber oder Dritten (z. B. Ehegatten des Übergebers, Geschwister des Übernehmers) zugesagt werden. Sie sind von den als Anschaffungskosten zu beurteilenden Veräußerungsleistungen und von steuerlich nicht abziehbaren Unterhaltsleistungen abzugrenzen.[1]) 4

Eine als Anschaffungskosten zu beurteilende Veräußerungsleistung ist anzunehmen, wenn die beiderseitigen Leistungen nach den unter Tz. 2 dargestellten Grundsätzen nach kaufmännischen Gesichtspunkten gegeneinander abgewogen sind. Bei Vermögensübertragungen auf Abkömmlinge besteht eine nur in Ausnahmefällen zu widerlegende Vermutung dafür, daß die Übertragung aus familiären Gründen, nicht aber im Wege eines Veräußerungsgeschäfts unter kaufmännischer Abwägung von Leistung und Gegenleistung erfolgt (Beschluß des Großen Senats des BFH vom 5. Juli 1990 a. a. O.). 5

Bei der Abgrenzung zu nicht abziehbaren Unterhaltsleistungen ist Abschnitt 123 Absatz 3 EStR 1990 zu beachten (Beschluß des Großen Senats des BFH vom 15. Juli 1991 – BStBl 1992 II S. 78).

Versorgungsleistungen können mit dem Ertragsanteil zu berücksichtigende Leibrenten (§ 10 Abs. 1 Nr. 1a Satz 2, § 22 Nr. 1 Satz 1 i. V. m. Satz 3 Buchstabe a[2]) EStG) oder in voller Höhe zu berücksichtigende dauernde Lasten (§ 10 Absatz 1 Nr. 1a Satz 1 EStG) darstellen (vgl. Beschluß des Großen Senats des BFH vom 5. Juli 1990 a. a. O.). Das gilt auch, wenn die Versorgungsleistung nicht aus den Erträgen des übertragenen Vermögens geleistet werden kann (BFH-Urteil vom 23. Januar 1992 – BStBl II S. 526)[3]). Versorgungsleistungen in Geld sind als dauernde Last abziehbar, wenn sich ihre Abänderbarkeit entweder aus einer ausdrücklichen Bezugnahme auf § 323 ZPO oder in anderer Weise aus dem Vertrag ergibt (Beschluß des Großen Senats des BFH vom 15. Juli 1991, a. a. O.)[4]). 6

2. Ausgleichs- und Abstandsverpflichtungen

Ein Veräußerungs- und Anschaffungsgeschäft liegt vor, soweit sich der Übernehmer zur Zahlung eines bestimmten Geldbetrags an andere Angehörige des Übergebers oder an Dritte (Gleichstellungsgeld) oder zu einer Abstandszahlung an den Übergeber verpflichtet. Entsprechendes gilt, wenn der Übernehmer verpflichtet ist, bisher in seinem Vermögen stehende Wirtschaftsgüter auf Dritte zu übertragen, oder wenn er zunächst zu einer Ausgleichszahlung verpflichtet war und diese Verpflichtung später durch Hingabe eines Wirtschaftsguts erfüllt. 7

Der Übernehmer erwirbt nicht deshalb entgeltlich, weil er Teile des übernommenen Vermögens an Angehörige oder Dritte zu übertragen hat. 8

3. Übernahme von Verbindlichkeiten

Die Übernahme von Verbindlichkeiten des Übergebers durch den Übernehmer führt zu einem Veräußerungsentgelt und zu Anschaffungskosten. Hierbei macht es keinen Unterschied, ob die Verbindlichkeiten im wirtschaftlichen oder rechtlichen Zusammenhang mit dem übernommenen Wirtschaftsgut stehen oder ob es sich um Verbindlichkeiten handelt, die nicht mit einer Einkunftsart in Zusammenhang stehen (vgl. BMF-Schreiben vom 7. August 1992 – BStBl I S. 522). 9

4. Vorbehalt oder Einräumung von Nutzungsrechten an dem übertragenen Vermögen[5])

Behält sich der Übergeber ein dingliches oder obligatorisches Nutzungsrecht (z. B. Nießbrauch, Wohnrecht) an übertragenen Wirtschaftsgütern vor oder verpflichtet er den Übernehmer, ihm oder einem Dritten ein solches Nutzungsrecht einzuräumen, wird das bereits mit dem Nutzungsrecht belastete Vermögen erworben. Ein entgeltlicher Erwerb liegt insoweit nicht vor (vgl. BFH-Urteil vom 24. April 1991 – BStBl II S. 793). 10

---

1) Zur Abgrenzung → BMF vom 16. 9. 2004 (BStBl I S. 922) → Anhang 8 IV.
2) Jetzt → Satz 3 Buchstabe a Doppelbuchstabe bb EStG.
3) → aber BMF vom 16. 9. 2004 – BStBl I S. 922 – Rz. 47 und 48 → Anhang 8 IV.
4) → BMF vom 16. 9. 2004 – BStBl I S. 922 – Rz. 47 und 48 → Anhang 8 IV.
5) Zur einkommensteuerrechtlichen Behandlung des Nießbrauchs und anderer Nutzungsrechte bei Einkünften aus Vermietung und Verpachtung → BMF vom 24. 7. 1998 (BStBl I S. 914) unter Berücksichtigung der Änderungen durch BMF vom 9. 2. 2001 (BStBl I S. 522) und vom 29. 5. 2006 (BStBl I S. 392) → Anhang 19 V.

II. Höhe der Anschaffungskosten

1. Unverzinsliche Geldleistungspflichten

11 Hat sich der Übernehmer zu einer unverzinslichen Geldleistung verpflichtet, die nach mehr als einem Jahr zu einem bestimmten Zeitpunkt fällig wird, liegen Anschaffungskosten nicht in Höhe des Nennbetrags, sondern in Höhe des nach den Vorschriften des Bewertungsgesetzes abgezinsten Gegenwartswerts vor (BFH-Urteil vom 21. Oktober 1980 – BStBl 1981 II S. 160).

Den Zinsanteil kann der Übernehmer nach § 9 Abs. 1 Nr. 1 EStG als Werbungskosten im Jahr der Zahlung abziehen. Der Inhaber des aufgrund der getroffenen Vereinbarungen entstandenen Forderungsrechts hat insoweit steuerpflichtige Einkünfte nach § 20 Abs. 1 Nr. 7 EStG. Das ist bei echten Verträgen zugunsten Dritter der Begünstigte.

Beispiel:

V überträgt im Wege der vorweggenommenen Erbfolge auf seinen Sohn S zum 1. Januar 1992 ein schuldenfreies vermietetes Mehrfamilienhaus. S verpflichtet sich gegenüber V an seine Schwester T am 1. Januar 1995200 000 DM zu zahlen.

Lösung:

S hat Anschaffungskosten für das Mehrfamilienhaus i.H. des Gegenwartswerts der unverzinslichen Geldleistungspflicht. Der Gegenwartswert beträgt nach § 12 Abs. 3 BewG 170 322 DM[1]). Den Zinsanteil i. H. v. 29 678 DM[2]) kann S im Jahr der Zahlung als Werbungskosten nach § 9 Abs. 1 Nr. 1 EStG abziehen. T hat im Jahr der Zahlung in gleicher Höhe Einnahmen i. S. d. § 20 Abs. 1 Nr. 7 EStG.

2. Leistungen in Sachwerten

12 Ist der Übernehmer verpflichtet, Leistungen in Sachwerten zu erbringen (vgl. Tz. 7), hat er Anschaffungskosten in Höhe des gemeinen Werts der hingegebenen Wirtschaftsgüter. Entnimmt er ein Wirtschaftsgut aus dem Betriebsvermögen, ist der Teilwert maßgebend.

3. Anschaffungsnebenkosten

13 Im Rahmen eines teilentgeltlichen Erwerbs aufgewandte Anschaffungsnebenkosten (z. B. Notar-, Gerichtsgebühren) werden in voller Höhe den Anschaffungskosten zugerechnet (BFH-Urteil vom 10. Oktober 1991 – BStBl 1992 II S. 239). Nebenkosten eines in vollem Umfang unentgeltlichen Erwerbs führen weder zu Anschaffungskosten noch zu Werbungskosten. Nicht zu den Anschaffungskosten gehört die Schenkungsteuer (§ 12 Nr. 3 EStG).

III. Aufteilung des Veräußerungs- und Anschaffungsvorgangs in einen entgeltlichen und einen unentgeltlichen Teil

14 [3])Wird ein Wirtschaftsgut teilentgeltlich übertragen, ist der Vorgang in einen entgeltlichen und einen unentgeltlichen Teil aufzuteilen. Dabei berechnen sich der entgeltlich und der unentgeltlich erworbene Teil des Wirtschaftsguts nach dem Verhältnis des Entgelts (ohne Anschaffungsnebenkosten) zu dem Verkehrswert des Wirtschaftsguts. Werden mehrere Wirtschaftsgüter teilentgeltlich übertragen, *ist eine von den Vertragsparteien vorgenommene Zuordnung der Anschaffungskosten auf die einzelnen Wirtschaftsgüter maßgeblich für die Besteuerung, wenn die Zuordnung nach außen hin erkennbar ist und die Aufteilung nicht zu einer nach § 42 AO unangemessenen wertmäßigen Berücksichtigung der einzelnen Wirtschaftsgüter führt. Ansonsten* sind die Anschaffungskosten vorweg nach dem Verhältnis der Verkehrswerte den einzelnen Wirtschaftsgütern anteilig zuzurechnen.

15 Hat sich der Übergeber ein Nutzungsrecht an dem übertragenen Wirtschaftsgut vorbehalten, ist bei Aufteilung des Rechtsgeschäfts in den entgeltlichen und den unentgeltlichen Teil dem Entgelt der um den Kapitalwert des Nutzungsrechts geminderte Wert des Wirtschaftsguts gegenüberzustellen (BFH-Urteil vom 24. April 1991 – BStBl II S. 793).

---

1) 170 400 DM auf Basis der Anlage zu BMF vom 26. 5. 2005 (BStBl I S. 699) → Anhang 9 V
2) 29 600 DM auf Basis der Anlage zu BMF vom 26. 5. 2005 (BStBl I S. 699) → Anhang 9 V
3) Tz. 14 i. d. F. des BMF vom 26. 2. 2007 (BStBl I S. 269). Die Grundsätze dieses Schreibens sind in allen noch offenen Fällen anzuwenden.

IV. Absetzungen für Abnutzung

1. Bemessungsgrundlage

Soweit der Übernehmer das Wirtschaftsgut unentgeltlich erworben hat, führt er die AfA des Übergebers fort. Er kann die AfA nur bis zu dem Betrag abziehen, der anteilig von der Bemessungsgrundlage des Übergebers nach Abzug der AfA, der erhöhten Absetzungen und Sonderabschreibungen verbleibt (§ 11d Abs. 1 EStDV). Soweit er das Wirtschaftsgut entgeltlich erworben hat, bemessen sich die AfA nach seinen Anschaffungskosten. 16

Beispiel:

V überträgt seinem Sohn S im Wege der vorweggenommenen Erbfolge ein schuldenfreies Mietwohngrundstück mit einem Verkehrswert von 2 Millionen DM (Gebäude 1,6 Millionen DM, Grund und Boden 400 000 DM). V hatte das Mietwohngrundstück zum 1. Januar 1970 erworben und die auf das Gebäude entfallenden Anschaffungskosten von 700 000 DM mit jährlich 2 v. H. abgeschrieben. S hat seiner Schwester T einen Betrag von 1 Million DM zu zahlen. Der Übergang von Nutzungen und Lasten erfolgt zum 1. Januar 1992.

Lösung:

S hat Anschaffungskosten in Höhe von 1 Million DM. Nach dem Verhältnis der Verkehrswerte entfallen auf das Gebäude 800 000 DM und auf den Grund und Boden 200 000 DM. Eine Gegenüberstellung von Anschaffungskosten und Verkehrswert ergibt, daß S das Gebäude zu ½ unentgeltlich und zu ½ entgeltlich für 800 000 DM erworben hat.

Die AfA-Bemessungsgrundlage und das AfA-Volumen ab 1992 berechnen sich wie folgt:

	unentgeltlich	entgeltlich
	erworbener Teil des Gebäudes	
Bemessungsgrundlage ab 1992	350 000 DM (½ von 700 000 DM)	800 000 DM
./. bereits von V für den unentgeltlich erworbenen Gebäudeteil in Anspruch genommene AfA 22 × 2 v. H. von 350 000 DM (½ von 700 000 DM)	154 000 DM	
AfA-Volumen ab 1992	196 000 DM	800 000 DM

2. Vomhundertsatz

Hinsichtlich des weiteren AfA-Satzes des Erwerbers ist zwischen dem unentgeltlich und dem entgeltlich erworbenen Teil des Wirtschaftsguts zu unterscheiden. 17

Für den unentgeltlich erworbenen Teil des Wirtschaftsguts hat der Übernehmer die vom Übergeber begonnene Abschreibung anteilig fortzuführen (§ 11d Abs. 1 EStDV).

Für den entgeltlich erworbenen Teil des Wirtschaftsguts bemessen sich die AfA

- bei beweglichen Wirtschaftsgütern und bei unbeweglichen Wirtschaftsgütern, die keine Gebäude sind, nach der tatsächlichen künftigen Nutzungsdauer des Wirtschaftsguts im Zeitpunkt des Übergangs von Nutzungen und Lasten,
- bei Gebäuden regelmäßig nach § 7 Abs. 4 EStG.

Danach ergibt sich bei Gebäuden für den unentgeltlich und den entgeltlich erworbenen Teil regelmäßig eine unterschiedliche Abschreibungsdauer.

Beispiel:

Beträgt im vorigen Beispiel die tatsächliche Nutzungsdauer des Gebäudes am 1. Januar 1992 nicht weniger als 50 Jahre, sind folgende Beträge als AfA abzuziehen:

	unentgeltlich	entgeltlich
	erworbener Teil des Gebäudes	
AfA-Satz (§ 7 Abs. 4 Satz 1 Nr. 2a EStG)	2 v. H.	2 v. H.
AfA jährlich	7 000 DM	16 000 DM
Abschreibungszeitraum	1992–2019	1992–2041

Die abzuziehenden AfA betragen mithin in den Jahren 1992 bis 2019 insgesamt 23 000 DM jährlich und in den Jahren 2020 bis 2041 16 000 DM jährlich.

Entsprechendes gilt im Grundsatz, wenn kein Gebäude, sondern ein bewegliches Wirtschaftsgut übernommen wird; da jedoch die Nutzungsdauer des entgeltlich erworbenen Teils des Wirt- 18 schaftsguts hier regelmäßig mit der Restnutzungsdauer des unentgeltlich erworbenen Teils des Wirtschaftsguts übereinstimmt, kann in diesen Fällen auf eine Aufspaltung in zwei AfA-Reihen verzichtet werden.

V. Bedingung und Befristung

19 Eine Leistungsverpflichtung des Übernehmers steht i. d. R. unter einer aufschiebenden Bedingung, wenn ihre Entstehung von einem Ereignis abhängt, dessen Eintritt ungewiß ist (z. B. Heirat); sie steht i. d. R. unter einer aufschiebenden Befristung, wenn ihre Entstehung von einem Ereignis abhängt, dessen Eintritt sicher, der Zeitpunkt aber ungewiß ist (z. B. Tod).

20 Von der Befristung ist die bloße Betagung zu unterscheiden, bei der lediglich der Eintritt der Fälligkeit der bereits bei Begründung des Schuldverhältnisses entstandenen Forderung von einem bestimmten Termin abhängt (BFH-Urteil vom 24. November 1972 – BStBl 1973 II S. 354). Hier liegen Anschaffungskosten bereits im Zeitpunkt der Vermögensübertragung vor. Die Grundsätze der Tz. 11 sind zu beachten.

21 Aufschiebend bedingte oder befristete Leistungsverpflichtungen des Übernehmers führen erst bei Eintritt des Ereignisses, von dem die Leistungspflicht abhängt, zu Veräußerungsentgelten und Anschaffungskosten (vgl. §§ 6, 8 BewG). Der Umfang des entgeltlichen Erwerbs des Wirtschaftsguts bestimmt sich nach dem Verhältnis seines Verkehrswertes zur Höhe der Leistungsverpflichtung im Zeitpunkt ihrer Entstehung und hat Auswirkungen für die Bemessung der künftigen AfA.

Beispiel:

V überträgt im Wege der vorweggenommenen Erbfolge auf seinen Sohn S zum 1. Januar 1985 ein schuldenfreies Mehrfamilienhaus. V hat die Herstellungskosten in Höhe von 400 000 DM mit jährlich 2 v. H. bis auf 320 000 DM abgeschrieben. S verpflichtet sich, an seine Schwester T im Zeitpunkt ihrer Heirat einen Betrag von 300 000 DM zu zahlen. T heiratet am 1. Januar 1990. Das Mehrfamilienhaus hat zu diesem Zeitpunkt einen Wert von 600 000 DM (Grund und Boden 120 000 DM, Gebäude 480 000 DM).

Lösung:

S hat das Mehrfamilienhaus zunächst unentgeltlich erworben und setzt gem. § 11d EStDV die AfA des V fort. Zum 1. Januar 1990 entstehen dem S Anschaffungskosten in Höhe von 300 000 DM. Nach dem Verhältnis der Verkehrswerte zum 1. Januar 1990 entfallen auf das Gebäude 240 000 DM und auf den Grund und Boden 60 000 DM. Die Gegenüberstellung der Anschaffungskosten und des Verkehrswertes des Gebäudes ergibt, daß S das Gebäude jeweils zur Hälfte entgeltlich für 240 000 DM und zur Hälfte unentgeltlich erworben hat.

Die AfA berechnen sich ab 1985 wie folgt:
AfA 1. Januar 1985 bis 31. Dezember 1989:
5 Jahre × 2 v. H. = 10 v. H. von 400 000 DM = 40 000 DM
ab 1. Januar 1990:
AfA unentgeltlich erworbener Gebäudeteil:
2 v. H. von 200 000 DM (½ von 400 000 DM) = 4 000 DM
AfA entgeltlich erworbener Gebäudeteil:
2 v. H. von 240 000 DM = 4 800 DM

Der verbleibende Abschreibungszeitraum beträgt für den unentgeltlich erworbenen Gebäudeteil 35 Jahre und für den entgeltlich erworbenen Gebäudeteil 50 Jahre, wenn keine kürzere Nutzungsdauer nachgewiesen wird.

VI. Schuldzinsenabzug

22 Schuldzinsen für Verbindlichkeiten, die im Rahmen der vorweggenommenen Erbfolge übernommen werden oder die aufgenommen werden, um Abfindungszahlungen zu leisten, sind als Werbungskosten abziehbar, wenn und soweit der Übernehmer das betreffende Wirtschaftsgut zur Erzielung steuerpflichtiger Einkünfte einsetzt. Dies gilt auch, wenn die Verbindlichkeiten, die der Übernehmer übernehmen muß, beim Übergeber ursprünglich privat veranlaßt waren (BFH-Urteil vom 8. November 1990 – BStBl 1991 II S. 450).

VII. Steuerpflicht der Veräußerungsgewinne

23 Die teilentgeltliche Veräußerung von Wirtschaftsgütern des Privatvermögens führt beim Übergeber nur unter den Voraussetzungen der §§ 17 und 23 EStG und der §§ 20, 21[1]) Umwandlungssteu-

1) § 21 UmwStG i. d. F. des UmwStG vom 28. 10. 1994, zuletzt geändert durch das StVergAbG, war letztmals für Einbringungen vor dem 13. 12. 2006 anzuwenden.

ergesetz zu steuerpflichtigen Einkünften. Die Übertragung ist zur Ermittlung der steuerpflichtigen Einkünfte nach dem Verhältnis des nach den vorstehenden Grundsätzen ermittelten Veräußerungsentgelts zum Verkehrswert des übertragenen Wirtschaftsguts aufzuteilen (BFH-Urteil vom 17. Juli 1980 – BStBl 1981 II S. 11)[1]).

Beispiel:

V hält Aktien einer Aktiengesellschaft (Grundkapital 100 000 DM) im Nennwert von 30 000 DM (Verkehrswert 120 000 DM). Er überträgt seine Aktien im Wege der vorweggenommenen Erbfolge auf seinen Sohn S. S leistet V eine Abstandszahlung von 60 000 DM. V hatte die Anteile für 94 000 DM erworben.

Lösung:

V erhält ein Veräußerungsentgelt i. H. v. 60 000 DM. Nach dem Verhältnis des Veräußerungsentgelts zum Verkehrswert ist die Beteiligung zu ½ entgeltlich übertragen worden. Der Veräußerungsgewinn wird nach § 17 Abs. 3 EStG nur insoweit zur Einkommensteuer herangezogen, als er den Teil von 20 000 DM übersteigt, der dem Nennwert des entgeltlich übertragenen Anteils (½ von 30 000 DM = 15 000 DM) entspricht.

Der steuerpflichtige Veräußerungsgewinn i. S. d. § 17 EStG beträgt:

Veräußerungspreis		60 000 DM
./. ½ Anschaffungskosten des V		47 000 DM
		13 000 DM[2])
./. Freibetrag nach § 17 Abs. 3 EStG		
15/100 von 20 000 DM	3 000 DM	
Kürzung des Freibetrags		
Veräußerungsgewinn	13 000 DM	
./. 15/100 von 80 000 DM	12 000 DM	
	1 000 DM	
verbleibender Freibetrag		2 000 DM
		11 000 DM

In den Fällen des § 17 EStG ist bei einer späteren Veräußerung des unentgeltlich übertragenen Anteils durch den Übernehmer § 17 Abs. 1 Satz 5[3]) EStG zu beachten.

C. Übertragung von Betriebsvermögen

I. Arten der Vermögensübertragung

Für die Übertragung von Betriebsvermögen im Wege der vorweggenommenen Erbfolge gelten die unter den Tz. 3 bis 10 dargelegten Grundsätze entsprechend. Folgende Besonderheiten sind zu beachten: 24

1. Versorgungsleistungen

Private Versorgungsleistungen stellen wie bei der Übertragung von Privatvermögen weder Veräußerungsentgelt noch Anschaffungskosten dar, sondern können wiederkehrende Bezüge (§ 22 Nr. 1 EStG) und Sonderausgaben (§ 10 Abs. 1 Nr. 1a EStG) sein (vgl. Tz. 4). 25

[4])Sie sind von betrieblichen Versorgungsleistungen und betrieblichen Veräußerungsrenten abzugrenzen. Betriebliche Versorgungsleistungen sind nur in Ausnahmefällen anzunehmen (vgl. BFH-Urteil vom 20. Dezember 1988 – BStBl 1989 II S. 585). Eine betriebliche Veräußerungsrente ist gegeben, wenn bei der Veräußerung eines Betriebs, eines Teilbetriebs, eines Mitunternehmeranteils oder einzelner Wirtschaftsgüter des Betriebsvermögens Leistung und Gegenleistung nach den unter Tz. 2 dargestellten Grundsätzen gegeneinander abgewogen werden. Bei Betriebsübertragungen zwischen nahen Angehörigen gegen wiederkehrende Leistungen spricht, unabhängig vom Wert der übertragenen Vermögenswerte, eine widerlegbare Vermutung für eine private Versorgungsrente (BFH-Urteile vom 9. Oktober 1985 – BStBl 1986 II S. 51 und vom 29. Januar 1992 – BStBl II S. 465). Dies gilt auch, wenn der Übernehmer Versorgungsleistungen an Angehörige des Übergebers zusagt (BFH-Beschluß vom 5. Juli 1990, a. a. O.). 26

---

1) Zum Werbungskostenabzug → BMF vom 5. 10. 2000 (BStBl I S. 1383), Rz. 30, → Anhang 16.
2) Für Veräußerungen nach dem 31. 12. 2001 unterliegt der Veräußerungsgewinn nach § 3 Nr. 40 Satz 1 Buchstabe c EStG dem Halbeinkünfteverfahren.
3) Jetzt § 17 Abs. 1 Satz 4 EStG.
4) Zur Abgrenzung → BMF vom 16. 9. 2004 (BStBl I S. 922) → Anhang 13 IV.

2. Übernahme von Verbindlichkeiten

27 Im Zusammenhang mit der Übertragung von Betriebsvermögen im Wege der vorweggenommenen Erbfolge übernommene private Verbindlichkeiten des Übergebers stellen Veräußerungsentgelte und Anschaffungskosten dar. Die Verbindlichkeiten sind, soweit sich aus ihrer Übernahme Anschaffungskosten des Betriebsvermögens ergeben, als Betriebsschulden zu passivieren (vgl. BFH-Urteil vom 8. November 1990 – BStBl 1991 II S. 450).

28 Die Übernahme betrieblicher Verbindlichkeiten führt zu einem Veräußerungsentgelt und zu Anschaffungskosten, wenn sie im Zusammenhang mit der Übertragung einzelner Wirtschaftsgüter des Betriebsvermögens steht.

29 Bei der Übertragung eines Betriebs, Teilbetriebs oder Mitunternehmeranteils stellen die übernommenen Verbindlichkeiten des übertragenen Betriebs, Teilbetriebs oder Mitunternehmeranteils kein Veräußerungsentgelt und keine Anschaffungskosten dar, so daß der Betriebsübernehmer hinsichtlich der übernommenen positiven und negativen Wirtschaftsgüter die Buchwerte des Übergebers fortzuführen hat.

30 Dies gilt grundsätzlich auch bei der Übertragung eines Betriebs, Teilbetriebs oder Mitunternehmeranteils, dessen steuerliches Kapitalkonto negativ ist, das Vorhandensein eines negativen Kapitalkontos einer unentgeltlichen Betriebsübertragung nicht entgegensteht (BFH-Urteile vom 23. April 1971 – BStBl II S. 686, und vom 24. August 1972 – BStBl 1973 II S. 111).

31 Ist allerdings neben der Übernahme des negativen Kapitalkontos noch ein Gleichstellungsgeld oder eine Abstandszahlung zu leisten oder wird eine private Verbindlichkeit übernommen, handelt es sich um eine entgeltliche Vermögensübertragung.

Der Übergeber erhält ein Veräußerungsentgelt in Höhe der ihm zusätzlich gewährten Leistungen zuzüglich des übertragenen negativen Kapitalkontos, das in der Regel auch der Veräußerungsgewinn ist, und der Übernehmer hat Anschaffungskosten in entsprechender Höhe.

Beispiel:

V überträgt seinen Gewerbebetrieb mit einem Verkehrswert von 600 000 DM im Wege der vorweggenommenen Erbfolge auf seinen Sohn S. V hat ein negatives Kapitalkonto von 100 000 DM (Aktiva 300 000 DM, Passiva 400 000 DM). S hat an seine Schwester T ein Gleichstellungsgeld in Höhe von 150 000 DM zu zahlen.

Lösung:

Das an T zu zahlende Gleichstellungsgeld zuzüglich des übertragenen negativen Kapitalkontos führen zu einem Veräußerungsentgelt i. H. v. 250 000 DM, das auch gleichzeitig der Veräußerungsgewinn ist, und zu Anschaffungskosten bei S in gleicher Höhe.

3. Verpflichtung zur Übertragung von Gegenständen des Betriebsvermögens

32 Überträgt der Übernehmer auf Grund einer Verpflichtung gegenüber dem Übergeber einem Dritten ein Wirtschaftsgut des übernommenen Betriebsvermögens in unmittelbarem Anschluß an die Übertragung oder hält der Übergeber ein Wirtschaftsgut des Betriebsvermögens zurück und verliert das Wirtschaftsgut dadurch seine Eigenschaft als Betriebsvermögen, handelt es sich um eine Entnahme des Wirtschaftsguts durch den Übergeber. Ist der Übernehmer verpflichtet, das Wirtschaftsgut zu einem späteren Zeitpunkt auf einen Dritten zu übertragen, erfolgt die Entnahme regelmäßig durch den Übernehmer, der den durch die Entnahme realisierten Gewinn zu versteuern hat.

II. Übertragung einzelner Wirtschaftsgüter des Betriebsvermögens

1. Unentgeltliche Übertragung

33 Die unentgeltliche Übertragung einzelner Wirtschaftsgüter des Betriebsvermögens stellt beim Übergeber regelmäßig eine Entnahme des Wirtschaftsguts dar. Die anschließende Übertragung im Rahmen der vorweggenommenen Erbfolge erfolgt im Privatvermögen nach den hierfür geltenden Grundsätzen. Der Übernehmer des Wirtschaftsguts hat daher seine Abschreibung regelmäßig nach dem Entnahmewert des Übergebers zu bemessen (§ 11d Abs. 1 EStDV).

2. Teilentgeltliche Übertragung

34 Werden einzelne Wirtschaftsgüter des Betriebsvermögens teilentgeltlich auf den Übernehmer übertragen, handelt es sich in Höhe des unentgeltlich übertragenen Teils um eine Entnahme in

Höhe des anteiligen Teilwerts und in Höhe des entgeltlich übertragenen Teils um eine Veräußerung.

Beispiel:

V überträgt ein bebautes Betriebsgrundstück im Wege der vorweggenommenen Erbfolge auf seinen Sohn S. Der Teilwert des Gebäudes beträgt 1 000 000 DM (Buchwert 100 000 DM). S hat an V eine Abstandszahlung zu leisten, die mit 250 000 DM auf das Gebäude entfällt.

Lösung:

Nach dem Verhältnis Veräußerungsentgelt zum Teilwert hat V das Gebäude zu 3/4 entnommen (anteiliger Teilwert 750 000 DM) und zu 1/4 veräußert (Veräußerungserlös 250 000 DM). S hat, soweit das Gebäude von V entnommen wurde, seine AfA nach dem Entnahmewert des V i. H. v. 750 000 DM (3/4 von 1 000 000 DM) und, soweit er das Gebäude entgeltlich erworben hat, nach seinen Anschaffungskosten von 250 000 DM zu bemessen.

III. Übertragung eines Betriebs, Teilbetriebs oder Mitunternehmeranteils

1. Über dem Kapitalkonto liegendes Veräußerungsentgelt

Führen die vom Vermögensübernehmer zu erbringenden Leistungen bei Erwerb eines Betriebs, Teilbetriebs oder Mitunternehmeranteils zu einem Veräußerungspreis, der über dem steuerlichen Kapitalkonto des Übergebers liegt, ist von einem entgeltlichen Erwerb des Betriebs, Teilbetriebs oder Mitunternehmeranteils auszugehen. Der Veräußerungsgewinn im Sinne des § 16 Abs. 2 EStG ist durch Gegenüberstellung des Entgelts und des steuerlichen Kapitalkontos des Übergebers zu ermitteln (BFH-Urteil vom 10. Juli 1986 – BStBl II S. 811). Zur Ermittlung der Anschaffungskosten muß zunächst festgestellt werden, in welchen Buchwerten stille Reserven enthalten sind und wieviel sie insgesamt betragen. Diese stillen Reserven sind dann gleichmäßig um den Vomhundertsatz aufzulösen, der dem Verhältnis des aufzustockenden Betrages (Unterschied zwischen dem Buchwert des übertragenen Betriebsvermögens und dem Veräußerungspreis) zum Gesamtbetrag der vorhandenen stillen Reserven des beim Veräußerer ausgewiesenen Betriebsvermögens entspricht. 35

Zu einer Aufdeckung der stillen Reserven, die auf einen in dem vom Übertragenden selbst geschaffenen Geschäfts- oder Firmenwert entfallen, kommt es erst nach vollständiger Aufdeckung der stillen Reserven, die in den übrigen Wirtschaftsgütern des Betriebsvermögens enthalten sind.

Beispiel:

V überträgt im Wege der vorweggenommenen Erbfolge seinen Gewerbebetrieb mit einem Verkehrswert von 10 000 000 DM einschließlich der betrieblichen Verbindlichkeiten auf seinen Sohn S. S verpflichtet sich, an seinen Vater V eine Abstandszahlung von 500 000 DM und an seine Schwester T einen Gleichstellungsbetrag von 2 Mio. DM zu zahlen. Die Bilanz des Gewerbebetriebs zum Übertragungszeitpunkt stellt sich wie folgt dar:

	Buchwert	(Teilwert)		Buchwert
Geschäfts- oder Firmenwert	–	(3 Mio.)	Kapital	1 Mio. DM
Anlagevermögen	4 Mio. DM	(9 Mio.)	Verbindlichkeiten	7 Mio. DM
Umlaufvermögen	5 Mio. DM	(6 Mio.)	Rückstellungen	1 Mio. DM
	9 Mio. DM	18 Mio. DM		9 Mio. DM

Lösung:

Zum Erwerb des Betriebs wendet S 2 500 000 DM auf. Nicht zu den Anschaffungskosten gehören die übernommenen betrieblichen Verbindlichkeiten. V erzielt durch die entgeltliche Übertragung seines Betriebs einen nach §§ 16[1]), 34[2]) EStG begünstigten Veräußerungsgewinn in Höhe von 1 500 000 DM (Veräußerungsentgelt 2 500 000 DM ./. Betriebsvermögen 1 Mio. DM).

---

1) Für Veräußerungen nach dem 31. 12. 1995 ist dem Stpfl. der Freibetrag nach § 16 Abs. 4 EStG nur einmal zu gewähren.

2) Für Veräußerungen nach dem 31. 12. 2000 kann der Stpfl. die Steuerermäßigung nach § 34 Abs. 3 EStG nur einmal im Leben in Anspruch nehmen.

S hat V neben dem Kapitalkonto von 1 Mio. DM auch Teile der bisher nicht aufgedeckten stillen Reserven bezahlt (vgl. BFH-Urteil vom 10. Juli 1986 – BStBl II S. 811). Für S ergeben sich folgende Wertansätze:

Im Anlage- und Umlaufvermögen sind folgende stille Reserven enthalten:

Anlagevermögen	5 Mio. DM
Umlaufvermögen	1 Mio. DM
	6 Mio. DM

Diese stillen Reserven werden i. H. v. 1 500 000 DM (= 25 v. H.) aufgedeckt. Zu einer Aufdeckung der in dem von V selbst geschaffenen Geschäfts- oder Firmenwert enthaltenen stillen Reserven kommt es nicht.

S hat die Buchwerte um die anteilig aufgedeckten stillen Reserven wie folgt aufzustocken:

Anlagevermögen:	
bisheriger Buchwert	4 000 000 DM
+ anteilig aufgedeckte stille Reserven (25 v. H. von 5 Mio. DM)	1 250 000 DM
	5 250 000 DM
Umlaufvermögen:	
bisheriger Buchwert	5 000 000 DM
+ anteilig aufgedeckte stille Reserven (25 v. H. von 1 Mio. DM)	250 000 DM
	5 250 000 DM

Die Eröffnungsbilanz des S lautet:

Geschäfts- oder Firmenwert	0 DM	Kapital	2 500 000 DM
		Verbindlichkeiten	7 000 000 DM
Anlagevermögen	5 250 000 DM	Rückstellungen	1 000 000 DM
Umlaufvermögen	5 250 000 DM		
	10 500 000 DM		10 500 000 DM

36 [1])Der Freibetrag nach § 16 Abs. 4 EStG wird in den Fällen, in denen das Entgelt den Verkehrswert des Betriebs, Teilbetriebs oder Mitunternehmeranteils nicht erreicht, nur im Verhältnis des bei der Veräußerung tatsächlich entstandenen Gewinns zu dem bei einer unterstellten Veräußerung des ganzen Betriebs erzielbaren Gewinns gewährt (BFH-Urteil vom 10. Juli 1986 – BStBl II S. 811).

37 Überschreiten die Anschaffungskosten das steuerliche Kapitalkonto des Übergebers, bestimmt sich der entgeltlich und der unentgeltlich erworbene Teil der einzelnen Wirtschaftsgüter nach dem Verhältnis der gesamten Anschaffungskosten zum Verkehrswert des Betriebs, Teilbetriebs oder Mitunternehmeranteils.

Aus Vereinfachungsgründen können die Aufstockungsbeträge wie nachträgliche Anschaffungskosten behandelt werden.

2. Veräußerungsentgelt bis zur Höhe des Kapitalkontos

38 Wendet der Übernehmer Anschaffungskosten bis zur Höhe des steuerlichen Kapitalkontos auf, hat er die Buchwerte des Übergebers fortzuführen. Ein Veräußerungsverlust liegt beim Übergeber nicht vor.

Beispiel:

V überträgt seinen Gewerbebetrieb mit einem Verkehrswert von 1000 000 DM (steuerliches Kapitalkonto 500 000 DM) im Wege der vorweggenommenen Erbfolge auf seinen Sohn S. S hat an seine Schwester T eine Abstandszahlung in Höhe von 200 000 DM zu leisten, die er durch Kredit finanziert.

Lösung:

V erzielt keinen Veräußerungsgewinn. S führt die Buchwerte des V unverändert fort (§ 7 Abs. 1 EStDV[2])). Der Kredit führt zu einer Betriebsschuld, die zu passivieren ist.

---

[1]) Abweichend von Tz. 36 ist bei Übertragungen von Betrieben, Teilbetrieben oder Mitunternehmeranteilen im Wege der vorweggenommenen Erbfolge der Freibetrag nach § 16 Abs. 4 EStG auch in den Fällen, in denen das Entgelt den Verkehrswert des Betriebs, Teilbetriebs oder Mitunternehmeranteils nicht erreicht (teilentgeltliche Veräußerung), in voller Höhe zu gewähren (→ BMF vom 20. 12. 2005 – BStBl 2006 I S. 7).

[2]) Jetzt → § 6 Abs. 3 EStG

IV. Abschreibungen

Der Übernehmer hat, soweit ein entgeltlicher Erwerb nicht gegeben ist, die Abschreibungen des Übergebers fortzuführen (§ 7 Abs. 1 EStDV[1])). 39

V. Schuldzinsen

Schuldzinsen für einen Kredit, der zur Finanzierung von Abstandszahlungen und Gleichstellungsgeldern aufgenommen wird, sind als Betriebsausgaben abziehbar, wenn und soweit sie im Zusammenhang mit der Übertragung des Betriebsvermögens stehen. Dies gilt auch, wenn die Schuldzinsen auf einer vom Rechtsvorgänger übernommenen privat veranlaßten Verbindlichkeit beruhen (vgl. Tz. 27). 40

VI. Verbleibensfristen und Vorbesitzzeiten

Fordern einzelne Regelungen (z. B. § 6b EStG, § 3 Zonenrandförderungsgesetz, § 5 Abs. 6 Investitionszulagengesetz 1986, § 2 Fördergebietsgesetz) ein Verbleiben der begünstigten Wirtschaftsgüter für einen bestimmten Zeitraum im Betriebsvermögen des Steuerpflichtigen, können die Verbleibensfristen nur hinsichtlich des nach Tz. 24 bis 37 unentgeltlich übertragenen Teils des Betriebsvermögens beim Rechtsvorgänger und beim Rechtsnachfolger zusammengefaßt werden (vgl. BFH-Urteil vom 10. Juli 1986 – BStBl II S. 811). Hinsichtlich des entgeltlich erworbenen Teils der Wirtschaftsgüter handelt es sich um eine Anschaffung, die gegebenenfalls neue Fristen in Gang setzt. Zu den Verbleibensvoraussetzungen für die Sonderabschreibungen nach § 3 Zonenrandförderungsgesetz vgl. das BMF-Schreiben vom 27. Dezember 1989 – BStBl I S. 518). 41

D. Übertragung von land- und forstwirtschaftlichen Vermögen

Die vorstehenden Grundsätze gelten für die Übertragung land- und forstwirtschaftlichen Vermögens im Wege einer vorweggenommenen Erbfolge entsprechend. Folgende Besonderheiten sind zu beachten: 42

1. Freibetrag nach § 14a Abs. 4 EStG[2])

Veräußert der Hofübernehmer Grund und Boden, um mit dem Veräußerungserlös weichende Erben abzufinden, können ggf. die Freibeträge nach § 14a Abs. 4 EStG beansprucht werden (vgl. Abschnitt 133b Abs. 3 EStR 1990)[3]). 43

2. Abfindungen nach der Höfeordnung

Auf Abfindungen und Ergänzungsabfindungen, die der Übernehmer eines land- und forstwirtschaftlichen Betriebs nach §§ 12, 13, 17 Abs. 2 Höfeordnung an andere Abkömmlinge des Übergebers zahlen muß, sind die Grundsätze der ertragsteuerlichen Behandlung der Erbauseinandersetzung (Tz. 89 des BMF-Schreibens vom 11. 1. 1993 – BStBl I S. 62[4]) anzuwenden. 44

Für die Übertragung von hofesfreiem Vermögen gelten die Grundsätze der vorweggenommenen Erbfolge.

3. Gutabstandsgelder

Bei der Hofübergabe neben Altenteilsleistungen vereinbarte unverzinsliche Geldansprüche des Übergebers, die nur auf sein Verlangen zu erbringen sind und die mit seinem Tod erlöschen (Gutabstandsgelder), führen erst bei ihrer Entstehung zu Veräußerungsentgelten des Übergebers und Anschaffungskosten des Übernehmers. 45

4. Nach § 55 EStG pauschal bewerteter Grund und Boden

Bei Übertragung von nach § 55 Abs. 1 EStG mit pauschalen Buchwerten angesetztem Grund und Boden ist die Verlustklausel des § 55 Abs. 6 EStG zu beachten. Der entgeltlich erworbene Teil des Grund und Bodens ist beim Übernehmer mit den tatsächlichen Anschaffungskosten zu bilanzieren. Veräußerungsverluste, die sich für den entgeltlich übertragenen Teil aufgrund der pauschalen Werte ergeben, dürfen nach § 55 Abs. 6 EStG nicht berücksichtigt werden; d. h., der Veräußerungsgewinn ist um die Differenz aus pauschalem Wert und Entgelt für den entgeltlich übertragenen Teil des Grund und Bodens zu erhöhen. 46

---

1) Jetzt → § 6 Abs. 3 EStG
2) § 14a Abs. 4 EStG ist letztmals für Entnahmen und Veräußerungen vor dem 1. 1. 2006 anzuwenden.
3) ***Zuletzt*** R 14a ***EStR 2005***, zuletzt abgedruckt in der Handausgabe 2006.
4) Jetzt → BMF vom 14. 3. 2006 (BStBl I S. 253), Tz. 72, → Anhang 8 I

Beispiel:

V überträgt seinen land- und forstwirtschaftlichen Betrieb mit einem Verkehrswert von 800 000 DM (steuerliches Kapitalkonto 300 000 DM) im Wege der vorweggenommenen Erbfolge auf seinen Sohn S. S hat an seine Schwester T ein Gleichstellungsgeld in Höhe von 400 000 DM zu leisten. Bei Aufstellung einer Bilanz zum Übertragungszeitpunkt ergeben sich folgende Werte:

	Buchwert (Teilwert)		Buchwert (Teilwert)
pauschal bewerteter		Kapital	300 000 (800 000)
Grund und Boden	390 000 (260 000)	Verbindlichkeiten	150 000 (150 000)
sonstige Aktiva	60 000 (690 000)		
	450 000 (950 000)		450 000 (950 000)

Lösung:

Mit dem Gleichstellungsgeld von 400 000 DM erwirbt S 100 000 DM stille Reserven (400 000 DM Gleichstellungsgeld ./. 300 000 DM Kapital). Er hat damit 1/5 der gesamten stillen Reserven aufzudecken (500 000 DM gesamte stille Reserven zu 100 000 DM entgeltlich erworbene stille Reserven). Die sonstigen Aktiva sind somit um 126 000 DM (1/5 von 630 000 DM) aufzustocken, der Grund und Boden ist um 26 000 DM (1/5 von 130 000 DM) abzustocken. Der Betrag von 26 000 DM fällt unter das Verlustausgleichsverbot des § 55 Abs. 6 EStG.

E. Mischfälle

47 [1])Besteht das übertragene Vermögen sowohl aus Privatvermögen als auch aus Betriebsvermögen, sind der steuerlichen Beurteilung die für die jeweiligen Vermögensarten geltenden Grundsätze zu Grunde zu legen. Werden zusammen mit dem Betrieb auch Wirtschaftsgüter des Privatvermögens übertragen, sind vertraglich vereinbarte Einzelpreise für das gesamte Betriebsvermögen einerseits und für das jeweilige Wirtschaftsgut des Privatvermögens andererseits bis zur Höhe der jeweiligen Verkehrswerte nicht zu beanstanden. Ansonsten, ist das Entgelt vorweg nach dem Verhältnis der Verkehrswerte des Betriebsvermögens und der privaten Wirtschaftsgüter aufzustellen.

Beispiel 1:

Im Rahmen der vorweggenommenen Erbfolge erhält *Sohn* S von seinem Vater V einen *Betrieb der Land- und Forstwirtschaft* mit einem Verkehrswert von *1 000 000 € (Buchwert 200 000 €)* und ein *Mietwohngrundstück* mit einem Verkehrswert von *800 000 €*. S ist verpflichtet, *an V einen Betrag von 900 000 € zu zahlen. Sie vereinbaren einen Preis von 800 000 € für das Mietwohngrundstück und einen Preis von 100 000 € für den Betrieb der Land- und Forstwirtschaft.*

Lösung 1:

S hat Anschaffungskosten für den *Betrieb der Land- und Forstwirtschaft* und das *Mietwohngrundstück in Höhe der Zahlung von 900 000 €. Auf Grund der vereinbarten Einzelpreise ist das Mietwohngrundstück voll entgeltlich erworben worden, die Übernahme des Betriebs der Land- und Forstwirtschaft wird wegen Unterschreitung des Kapitalkontos dagegen steuerlich neutral behandelt. Zur Bemessung der Abschreibung ist für das Mietwohngrundstück eine Kaufpreisaufteilung (nach den Verkehrswertanteilen von Grund und Boden und vom Gebäude) vorzunehmen.*

Beispiel 2:

Im Rahmen der vorweggenommenen Erbfolge erhält S von seinem Vater V einen Gewerbebetrieb mit einem Verkehrswert von 1 Mio. € (Buchwert 100 000 €) und ein Mietwohngrundstück mit einem Verkehrswert von 500 000 €, das mit Verbindlichkeiten in Höhe von 150 000 € belastet ist. Die Verbindlichkeiten stehen im Zusammenhang mit dem Erwerb des Mietwohngrundstücks. S ist verpflichtet, seiner Schwester T einen Betrag von 600 000 € zu zahlen.

Lösung 2:

S hat Anschaffungskosten für den Gewerbebetrieb und das Mehrfamilienhaus von insgesamt 750 000 € (Verbindlichkeiten 150 000 €, Gleichstellungsgeld 600 000 €). Nach dem Verhältnis der Verkehrswerte (Gewerbebetrieb 1 Mio. €, Mietwohngrundstück 500 000 €) entfallen die Anschaffungskosten zu 2/3 auf den Gewerbebetrieb und zu 1/3 auf das Mietwohngrundstück. S hat danach Anschaffungskosten für den Gewerbebetrieb i. H. v. 500 000 € und für das Mietwohngrundstück von 250 000 €. Das Mehrfamilienhaus (Verkehrswert 500 000 €) erwirbt er

[1]) Tz. 47 i. d. F. des BMF-Schreiben vom 26. 2. 2007 (BStBl I S. 269). Die Grundsätze dieses Schreibens sind in allen noch offenen Fällen anzuwenden.

zu ½ entgeltlich und zu ½ unentgeltlich. Die auf den Betriebserwerb entfallenden Verbindlichkeiten i. H. v. 100 000 € (2/3 von 150 000 €) stellen betriebliche Verbindlichkeiten des S dar.

F. Übergangsregelung

1. Allgemeines

Die Grundsätze dieses Schreibens sind in allen noch offenen Fällen anzuwenden. Soweit die Vermögensübertragung vor dem 1. Januar 1991 rechtlich bindend festgelegt und bis spätestens 31. Dezember 1993 vollzogen worden sind, sind auf Antrag die Rechtsgrundsätze anzuwenden, die aufgrund der Rechtsprechung vor Ergehen des Beschlusses des BFH vom 5. Juli 1990 (BStBl 1990 II S. 847) gegolten haben; in diesen Fällen ist nach den bisher maßgebenden Grundsätzen (vgl. BFH-Urteil vom 26. November 1985 – BStBl 1986 II S. 161) zu verfahren. 48

Im Falle der Tz. 48 Satz 2 ist ein Veräußerungsgewinn beim Übergeber unabhängig von der steuerlichen Behandlung beim Übernehmer gemäß § 163 AO oder § 176 AO außer Ansatz zu lassen. Zugunsten des Übernehmers sind auch in diesen Fällen die Grundsätze dieses Schreibens anzuwenden. 49

2. Nachholung unterbliebener AfA

Soweit eine vorweggenommene Erbfolge über abnutzbare Wirtschaftsgüter, die nach der Übertragung zur Erzielung von Einkünften im Sinne von § 2 Abs. 1 Nrn. 1 bis 7 EStG dienen, nach den bisher anzuwendenden Grundsätzen als unentgeltlicher Vorgang behandelt worden ist, sind die AfA in der Regel für den entgeltlich erworbenen Teil des Wirtschaftsguts zu niedrig angesetzt worden. 50

Für bereits veranlagte Kalenderjahre können die AfA nur berichtigt werden, soweit eine Aufhebung oder Änderung der Steuerfestsetzung verfahrensrechtlich zulässig ist (§§ 164, 165, 172 ff. AO). Eine Aufhebung oder Änderung nach § 173 Abs. 1 Nr. 2 AO scheidet aus, weil das Finanzamt bei ursprünglicher Kenntnis des Sachverhalts nach damaliger Rechtslage nicht anders entschieden hätte (BFH-Beschluß vom 23. November 1987 – BStBl 1988 II S. 180). 51

AfA, die bei dem entgeltlich erworbenen Teil eines Gebäudes unterblieben sind, für den die AfA nach § 7 Abs. 4 Satz 1 EStG zu bemessen gewesen wäre, sind in der Weise nachzuholen, daß die weiteren AfA von der nach den Grundsätzen dieses Schreibens ermittelten Bemessungsgrundlage mit dem für den entgeltlich erworbenen Teil des Gebäudes maßgebenden Vomhundertsatz vorgenommen werden. Die AfA können bis zu dem Betrag abgezogen werden, der von dieser Bemessungsgrundlage nach Abzug der bisherigen AfA, der erhöhten Absetzungen und Sonderabschreibungen verbleibt. Hierbei verlängert sich der Abschreibungszeitraum für den entgeltlich erworbenen Teil des Gebäudes über 25, 40 bzw. 50 Jahre hinaus (BFH-Urteil vom 3. Juli 1984 – BStBl II S. 709). 52

Beispiel:

V übertrug mit Wirkung zum 1. Januar 1980 im Wege der vorweggenommenen Erbfolge ein bebautes Grundstück mit einem Verkehrswert von 1 Mio. DM (Gebäude 800 000 DM, Grund und Boden 200 000 DM) auf seinen Sohn S. V hatte das Grundstück zum 1. Januar 1970 für 600 000 DM (Gebäude 480 000 DM, Grund und Boden 120 000 DM) erworben. S übernahm auf dem Grundstück lastende Verbindlichkeiten in Höhe von 400 000 DM und hatte an seine Schwester T 300 000 DM zu zahlen. Das Gebäude hatte am 1. Januar 1980 eine tatsächliche Nutzungsdauer von 50 Jahren. S hat seitdem die AfA des V, der das Gebäude nach § 7 Abs. 4 Nr. 2a EStG mit jährlich 2 v. H. abgeschrieben hat, unverändert fortgeführt. Die Einkommensteuerbescheide für S bis einschließlich 1989 sind bestandskräftig. In 1990 legte S dem Finanzamt den Sachverhalt dar.

Lösung:

S hat zum Erwerb des Grundstücks insgesamt 700 000 DM (Abfindungszahlung 300 000 DM und übernommene Verbindlichkeiten 400 000 DM) aufgewendet. Nach dem Verhältnis der Verkehrswerte entfallen auf das Gebäude 560 000 DM und auf den Grund und Boden 140 000 DM. Eine Gegenüberstellung der Anschaffungskosten und des Verkehrswerts des Gebäudes ergibt, daß S das Gebäude zu $^{3}/_{10}$ unentgeltlich und zu $^{7}/_{10}$ entgeltlich für Anschaffungskosten in Höhe von 560 000 DM erworben hat.

Ab 1990 berechnen sich die AfA wie folgt:

	unentgeltlich erworbener Teil des Gebäudes	entgeltlich erworbener Teil des Gebäudes
Bemessungsgrundlage ab 1990	144 000 DM (3/10 von 480 000 DM)	560 000 DM
./. AfA 1970 bis 1989 für den unentgeltlich erworbenen Teil: 20 Jahre × 2 v. H. = 40 v. H. von 144 000 DM	57 600 DM	
./. AfA 1980 bis 1989 für den entgeltlich erworbenen Teil, die S nach § 11 d EStDV bemessen hat: 10 Jahre × 2 v. H. = 20 v. H. von 336 000 DM (= 7/10 von 480 000 DM)		67 200 DM
Insgesamt verbleibende AfA ab 1990	86 400 DM	492 800 DM
jährliche AfA ab 1990 2 v. H.	2 880 DM	11 200 DM
Verbleibender Absetzungszeitraum ab 1990	30 Jahre	44 Jahre
bis einschließlich:	2019	2033

Die AfA betragen mithin in den Jahren 1990 bis 2019 insgesamt 14 080 DM jährlich und in den Jahren 2020 bis 203311 200 DM jährlich.

53 Sind AfA bei dem entgeltlich erworbenen Teil des Gebäudes teilweise unterblieben, den der Übernehmer nunmehr nach § 7 Abs. 4 Satz 2 EStG abschreibt, bemessen sich die weiteren AfA nach seinen um die bereits abgezogenen AfA, erhöhten Absetzungen und Sonderabschreibungen verminderten Anschaffungskosten und der Restnutzungsdauer des Gebäudes. Entsprechendes gilt für den entgeltlich erworbenen Teil eines beweglichen Wirtschaftsgutes.

54 Die vorstehenden Grundsätze sind entsprechend anzuwenden, wenn die Aufstockungsbeträge wie nachträgliche Anschaffungskosten behandelt werden (Tz. 36).

3. Anschaffungsnaher Aufwand

55 Erhaltungsaufwand, den der Übernehmer bereits in bestandskräftig veranlagten Kalenderjahren – ausgehend von den bisher für die vorweggenommene Erbfolge angewandten Grundsätzen – als Werbungskosten abgezogen hat, und der sich bei Annahme eines teilentgeltlichen Erwerbs als anschaffungsnaher Aufwand (Abschnitt 157 Abs. 5 EStR 1990) darstellt, ist nicht nachträglich in die AfA-Bemessungsgrundlage einzubeziehen.

III
Abzug von Schuldzinsen als Betriebsausgaben oder Werbungskosten – Aufgabe der sog. Sekundärfolgenrechtsprechung durch den BFH; Anwendung der BFH-Urteile vom 2. 3. 1993 – VIII R 47/90 – (BStBl 1994 II S. 619), vom 25. 11. 1993 – IV R 66/93 – (BStBl 1994 II S. 623) und vom 27. 7. 1993 – VIII R 72/90 – (BStBl 1994 II S. 625)

BMF vom 11. 8. 1994 (BStBl I S. 603)

IV B 2 – S 2242–33/94

Mit Urteil vom 2. März 1993 – VIII R 47/90 – (BStBl 1994 II S. 619) hat der VIII. Senat des BFH mit Zustimmung des I., III. und IV. Senats die sog. Sekundärfolgenrechtsprechung (vgl. BFH-Urteile vom 2. April 1987 – BStBl II S. 621 –, vom 28. April 1989 – BStBl II S. 618 – und vom 17. Oktober 1991 – BStBl 1992 II S. 392 –) unter Hinweis auf die Beschlüsse des Großen Senats zur steuerlichen Behandlung von Kontokorrentzinsen vom 4. Juli 1990 (BStBl II S. 817) und zur Erbauseinandersetzung vom 5. Juli 1990 (BStBl II S. 837) als überholt aufgegeben.

Wird ein Pflichtteilsanspruch aufgrund einer Vereinbarung mit dem Erben eines Betriebes verzinslich gestundet, dürfen die hierauf entfallenden Schuldzinsen nach dem Urteil des VIII. Senats vom 2. März 1993 (a. a. O.) mangels Vorliegens einer Betriebsschuld nicht als Betriebsausgaben abgezogen werden.

Hat ein Hoferbe ein Darlehen aufgenommen, um damit die höferechtlichen Abfindungsansprüche der weichenden Erben zu tilgen, dürfen die Darlehenszinsen nach dem Urteil des

IV. Senats vom 25. November 1993 – IV R 66/93 – (BStBl 1994 II S. 623) nicht als Betriebsausgaben abgezogen werden.

Ist eine OHG-Beteiligung aufgrund einer sog. qualifizierten Nachfolgeklausel unmittelbar und ausschließlich auf einen Miterben mit der Maßgabe übergegangen, daß er die übrigen Miterben insoweit abzufinden hat, stellen die durch die Finanzierung dieser – privaten – Wertausgleichsverbindlichkeit entstandenen Schuldzinsen keine Sonderbetriebsausgaben dar, wie der VIII. Senat mit Urteil vom 27. Juli 1993 – VIII R 72/90 – (BStBl 1994 II S. 625) entschieden hat.

Zur Anwendung der genannten BFH-Urteile nehme ich unter Bezugnahme auf das Ergebnis der Erörterungen mit den obersten Finanzbehörden der Länder wie folgt Stellung:

Das Urteil des VIII. Senats vom 2. März 1993 (a. a. O.) ist auch für Aufwendungen zur Finanzierung von Vermächtnisschulden, Erbersatzverbindlichkeiten und Zugewinnausgleichsschulden (vgl. zu letzteren auch das BFH-Urteil vom 8. Dezember 1992 – IX R 68/89 – BStBl 1993 II S. 434) zu beachten. Solche Aufwendungen sind nach der neuen Rechtsprechung privat veranlaßt. Die geänderte Rechtsprechung des BFH hat deshalb zur Folge, daß Aufwendungen für die Stundung bzw. Finanzierung von

- Pflichtteilsverbindlichkeiten
- Vermächtnisschulden
- Erbersatzverbindlichkeiten
- Zugewinnausgleichsschulden
- Abfindungsschulden nach der Höfeordnung
- Abfindungsschulden im Zusammenhang mit der Vererbung eines Anteils an einer Personengesellschaft im Wege der qualifizierten Nachfolgeklausel oder im Wege der qualifizierten Eintrittsklausel

nicht als Betriebsausgaben oder Werbungskosten abgezogen werden dürfen.

Die Tzn. 37 letzter Absatz, 70 und 89 Satz 4 des BMF-Schreibens zur ertragsteuerlichen Behandlung der Erbengemeinschaft und ihrer Auseinandersetzung (BStBl 1993 I S. 62 ff.) sind damit überholt. Dies gilt nicht, soweit nach Tzn. 36, 37 des BMF-Schreibens Privatschulden, die von Miterben im Rahmen der Realteilung eines Mischnachlasses übernommen werden, Betriebsschulden werden können.

Die geänderte Rechtsprechung und Verwaltungsauffassung ist für Werbungskosten erstmals für den Veranlagungszeitraum 1995 und für Betriebsausgaben erstmals für Wirtschaftsjahre, die nach dem 31. Dezember 1994 beginnen, anzuwenden.

IV
Einkommensteuerrechtliche Behandlung von wiederkehrenden Leistungen im Zusammenhang mit der Übertragung von Privat- oder Betriebsvermögen

BMF vom 16. 9. 2004 (BStBl I S. 922)
IV C 3 – S 2255–354/04

Inhalt:

Unter Bezugnahme auf das Ergebnis der Erörterungen mit den obersten Finanzbehörden der Länder gilt zur einkommensteuerrechtlichen Behandlung von wiederkehrenden Leistungen im Zusammenhang mit der Übertragung von Privat- und Betriebsvermögen Folgendes):[1])

A. Arten von wiederkehrenden Leistungen

1 Wiederlehrende Leistungen im Zusammenhang mit einer Vermögensübertragung können Versorgungsleistungen, Unterhaltsleistungen oder wiederkehrende Leistungen im Austausch mit einer Gegenleistung sein. Versorgungsleistungen sind bei dem Verpflichteten Sonderausgaben nach § 10 Abs. 1 Nr. 1a EStG und bei dem Berechtigten wiederkehrende Bezüge nach § 22 Nr. 1 EStG (Renten oder dauernde Lasten; vgl. B.). Unterhaltsleistungen (Zuwendungen) dürfen nach § 12 Nr. 2 EStG nicht abgezogen werden. Wiederkehrende Leistungen im Austausch mit einer Gegenleistung enthalten eine nichtsteuerbare oder steuerbare Vermögensumschichtung und einen Zinsanteil (vgl. C.).

B. Unentgeltliche Vermögensübergabe gegen Versorgungsleistungen

2 Versorgungsleistungen (Renten oder dauernde Lasten) sind wiederkehrende Leistungen im Zusammenhang mit einer Vermögensübertragung zur vorweggenommenen Erbfolge (Vermögensübergabe). Versorgungsleistungen können auch auf Verfügungen von Todes wegen beruhen (vgl. Rz. 40). Soweit im Zusammenhang mit der Vermögensübertragung Versorgungsleistungen zugesagt werden, sind diese weder Veräußerungsentgelt noch Anschaffungskosten (BFH-Beschluss vom 5. Juli 1990 – BStBl II S. 847).

I. Vermögensübergabe

1. Begriff der Vermögensübergabe

3 Vermögensübergabe ist die Vermögensübertragung kraft einzelvertraglicher Regelung unter Lebenden mit Rücksicht auf die künftige Erbfolge, bei der sich der Übergeber in Gestalt der Versorgungsleistungen typischerweise Erträge seines Vermögens vorbehält, die nunmehr allerdings

---

[1]) Änderungen gegenüber den BMF-Schreiben vom 23. 12. 1996, BStBl I S. 1508 – geändert durch BMF-Schreiben vom 31. 12. 1997 (BStBl 1998 I S. 21) und vom 30. 10. 1998 (BStBl I S. 1417) – sowie vom 26. 8. 2002 (BStBl I S. 893), die nicht ausschließlich redaktioneller Art sind, sind durch Fettdruck hervorgehoben.

vom Übernehmer erwirtschaftet werden müssen (BFH-Beschluss vom 15. Juli 1991 – BStBl 1992 II S. 78). Eine solche Übergabe ist auch unter Fremden nicht ausgeschlossen (BFH-Urteil vom 16. Dezember 1997 – BStBl 1998 II S. 718).

2. Abgrenzung zu voll entgeltlichen Geschäften

Nach dem Willen der Beteiligten soll der Übernehmer wenigstens teilweise eine unentgeltliche Zuwendung erhalten. Bei einer Vermögensübertragung an Angehörige spricht eine widerlegbare Vermutung dafür, dass die wiederkehrenden Leistungen unabhängig vom Wert des übertragenen Vermögens nach dem Versorgungsbedürfnis des Berechtigten und nach der wirtschaftlichen Leistungsfähigkeit des Verpflichteten bemessen worden sind. Diese Vermutung ist widerlegt, wenn die Beteiligten Leistung und Gegenleistung nach kaufmännischen Gesichtspunkten gegeneinander abgewogen haben und subjektiv von der Gleichwertigkeit der beiderseitigen Leistungen ausgehen durften, auch wenn Leistung und Gegenleistung objektiv ungleichwertig sind (vgl. hierzu BFH-Urteile vom 29. Januar 1992 – BStBl II S. 465, vom 16. Dezember 1993 – BStBl 1996 II S. 669 **und vom 30. Juli 2003 –** BStBl 2004 II S. 211). In diesem Fall gelten die Grundsätze über die einkommensteuerrechtliche Behandlung wiederkehrender Leistungen im Austausch mit einer Gegenleistung (vgl. C.). 4

Unter Fremden besteht eine nur in Ausnahmefällen widerlegbare Vermutung, dass bei der Übertragung von Vermögen Leistung und Gegenleistung kaufmännisch gegeneinander abgewogen sind. Ein Anhaltspunkt für ein entgeltliches Rechtsgeschäft kann sich auch daraus ergeben, dass die wiederkehrenden Leistungen auf Dauer die erzielbaren Erträge übersteigen. Die für die Entgeltlichkeit des Übertragungsvorgangs sprechende Vermutung kann hingegen zum Beispiel widerlegt sein, wenn der Übernehmer auf Grund besonderer persönlicher (insbesondere familienähnlicher) Beziehungen zum Übergeber ein persönliches Interesse an der lebenslangen angemessenen Versorgung des Übergebers hat (BFH-Urteil vom 16. Dezember 1997 – BStBl 1998 II S. 718). 5

3. Gegenstand der Vermögensübergabe

Gegenstand der Vermögensübergabe muss eine die Existenz des Übergebers wenigstens teilweise sichernde Wirtschaftseinheit sein. Gleichzeitig muss auch die Versorgung des Übergebers aus dem übergebenen Vermögen wenigstens teilweise sichergestellt sein. Dabei behält sich der Übergeber typischerweise vom Übernehmer zu erwirtschaftende Erträge seines Vermögens vor (BFH-Beschluss vom 5. Juli 1990 – BStBl II S. 847). 6

Eine Vermögensübergabe gegen Versorgungsleistungen ist gegeben, wenn eine existenzsichernde und ertragbringende Wirtschaftseinheit des Privat- und/oder Betriebsvermögens übertragen wird, deren Erträge ausreichen, um die wiederkehrenden Leistungen zu erbringen. **Es genügt nicht, wenn das übergebene Vermögen lediglich seiner Art nach existenzsichernd und ertragbringend ist (vgl. Rz. 17 des BMF-Schreibens vom 26. August 2002 – BStBl I S. 893), die erzielbaren laufenden Nettoerträge des übergebenen Vermögens jedoch die vereinbarten wiederkehrenden Leistungen nicht abdecken (BFH-Beschluss vom 12. Mai 2003 – BStBl 2004 II S. 95). In diesem Fall gelten die Grundsätze über die einkommensteuerrechtliche Behandlung wiederkehrender Leistungen im Austausch mit einer Gegenleistung (vgl. C.).** 7

Versorgungsleistungen, die aus den laufenden Nettoerträgen eines übergebenen Betriebs erbracht werden können, sind – entgegen dem BFH-Beschluss vom 12. Mai 2003 (BStBl II 2004 S. 100) – auch dann als Sonderausgaben abziehbar, wenn der übergebene Betrieb nicht über einen ausreichenden Unternehmenswert verfügt. 8

a) Existenzsichernde Wirtschaftseinheit

Das übertragene Vermögen muss **grundsätzlich** für eine generationenübergreifende dauernde Anlage geeignet und bestimmt sein und dem Übernehmer zur Fortsetzung des Wirtschaftens überlassen werden, um damit wenigstens teilweise die Existenz des Übergebers zu sichern **(vgl. zur Ausnahme Rz. 13)**. 9

Wirtschaftseinheiten in diesem Sinne sind typischerweise Betriebe, Teilbetriebe, Mitunternehmeranteile, Anteile an Kapitalgesellschaften, **Wertpapiere und vergleichbare Kapitalforderungen (z. B. Festgeld, Bundesschatzbriefe, Sparbuch), typische stille Beteiligungen**, Geschäfts- oder Mietwohngrundstücke, Einfamilienhäuser, Eigentumswohnungen **und** verpachtete unbebaute Grundstücke. **Entsprechendes gilt für land- und forstwirtschaftliche Betriebe, wenn sie aufgrund von Wirtschaftsüberlassungsverträgen, die Vorstufe zur Hof- oder Betriebsübergabe sind, überlassen werden.** 10

11 Wird ein Vorbehaltsnießbrauch oder ein durch Vermächtnis eingeräumter Nießbrauch abgelöst, kann dieser Nießbrauch auch Gegenstand einer Vermögensübergabe gegen Versorgungsleistungen sein, wenn er für den Nießbraucher eine existenzsichernde Wirtschaftseinheit darstellt (BFH-Urteile vom 25. November 1992 – BStBl 1996 II S. 663 und 666; vgl. aber BFH-Urteil vom 27. November 1996 – BStBl 1997 II S. 284 zur Ablösung eines Vermächtnisnießbrauchs und Pflichtteilsanspruchs). Zur Ablösung eines Nießbrauchs im Rahmen einer zeitlich gestreckten „gleitenden" Vermögensübergabe **vgl. Rz. 18**.

12 Keine existenzsichernde Wirtschaftseinheit ist dagegen Vermögen, das dem Übernehmer nicht zur Fortsetzung des Wirtschaftens überlassen wird. Hierzu gehören

- ertragloses Vermögen wie z. B. **Bargeld (vgl. aber Rz. 17)**, Hausrat, Wertgegenstände, Kunstgegenstände, Sammlungen und unbebaute Grundstücke (Brachland), Grundstücke mit aufstehendem Rohbau (BFH-Urteil vom 27. August 1997 – BStBl II S. 813), **vgl. aber Rz. 13**,

und

- Vermögen, dessen gesamte Erträge der Übergeber sich mittels eines Nießbrauchs vorbehält (sog. Totalnießbrauch, vgl. BFH-Urteile vom 25. März 1992 – BStBl II S. 803 und vom 14. Juli 1993 – BStBl 1994 II S. 19), **vgl. aber Rz. 18**.

13 Verpflichtet sich der Übernehmer ertraglosen oder nicht ausreichend ertragbringenden Vermögens im Übergabevertrag zur Umschichtung in eine ihrer Art nach bestimmte ausreichend ertragbringende Vermögensanlage (Reinvestitionsgut), kann eine unentgeltliche Vermögensübergabe gegen Versorgungsleistungen vorliegen (BFH-Beschluss vom 12. Mai 2003 – BStBl 2004 II S. 95). Entsprechendes gilt beispielsweise, wenn sich der Übernehmer eines Grundstücks mit aufstehendem Rohbau (vgl. Rz. 12) im Übergabevertrag zur Fertigstellung des Rohbaus verpflichtet, der Nutzungszweck im Übergabevertrag festgelegt wird und das hergestellte Wirtschaftsgut ausreichend ertragbringend ist (vgl. im Übrigen Rz. 15). Die Veranlagungen sind insoweit sowohl beim Übergeber als auch beim Übernehmer ab dem Jahr der Vermögensübergabe vorläufig gem. § 165 AO vorzunehmen. Wiederkehrende Leistungen, die vor der Anschaffung oder Herstellung der ausreichend ertragbringenden Wirtschaftseinheit geleistet werden, sind vorbehaltlich der Rz. 16 als Unterhaltsleistungen i. S. des § 12 Nr. 2 EStG zu behandeln.

Beispiel:

S erhält im Januar 2004 im Rahmen einer vorweggenommenen Erbfolgeregelung von seinem Vater V ein unbebautes Grundstück mit einem Verkehrswert von 300 000 €. S verpflichtet sich im Übergabevertrag, das Grundstück zu veräußern, mit dem Erlös ein Mietwohngrundstück zu erwerben und ab Erwerb aus den Erträgen des Mietwohngrundstücks an V auf dessen Lebenszeit wiederkehrende Leistungen i.H. von monatlich 750 € zu zahlen. S veräußert das Grundstück im Februar 2004. Bereits im März 2004 gelingt es ihm, ein entsprechendes Mietwohngrundstück anzuschaffen, aus dem er Nettoerträge i.H. von monatlich 1 000 € erzielt. S zahlt ab März 2004 die vereinbarten wiederkehrenden Leistungen an V.

Es liegt eine begünstigte Vermögensübergabe vor. S hat die im Übergabevertrag vereinbarte Verpflichtung, das ertraglose unbebaute Grundstück in ein ausreichend ertragbringendes Mietwohngrundstück umzuschichten, erfüllt. Die wiederkehrenden Leistungen stellen bei S von Beginn an Sonderausgaben i. S. des § 10 Abs. 1 Nr. 1a EStG und bei V Einkünfte i. S. des § 22 Nr. 1 EStG dar.

14 Die wiederkehrenden Leistungen können auch dann Versorgungsleistungen sein, wenn nicht der gesamte Erlös aus der Veräußerung des ertraglosen oder nicht ausreichend ertragbringenden Vermögens zur Anschaffung oder Herstellung des Reinvestitionsguts verwendet wird. Maßgebend ist, dass die wiederkehrenden Leistungen durch die Erträge aus dem Reinvestitionsgut abgedeckt werden.

Beispiel 1:

V überträgt seinem Sohn S am 1. April 2004 im Rahmen einer vorweggenommenen Erbfolgeregelung ein wertvolles Gemälde aus seiner privaten Sammlung gegen lebenslang zu erbringende wiederkehrende Leistungen i.H. von monatlich 2 000 € (fällig ab April 2004). S verpflichtet sich im Übergabevertrag, das Gemälde zu veräußern, um mit dem Erlös ein Mietwohngrundstück zu erwerben. S gelingt es erst am 2. April 2005, das Gemälde zu einem angemessenen Preis von 1 Mio. € zu verkaufen. Den Veräußerungserlös legt S zunächst als Festgeld (Zinssatz 4 v. H.) an. Am 1. September 2005 erwirbt S ein Vierfamilienhaus für 800 000 €, aus dem er Nettoerträge i.H. von monatlich 2 200 € erzielt.

Die wiederkehrenden Leistungen i.H. von monatlich 2 000 € sind erst ab September 2005 bei S als Sonderausgaben nach § 10 Abs. 1 Nr. 1a EStG abziehbare Versorgungsleistungen, denn erst mit dem Erwerb des im Übergabevertrag seiner Art nach bestimmten existenzsichernden und ausreichend ertragbringenden Mietwohngrundstücks kommt eine begünstigte Vermögensübergabe zustande. Unschädlich ist, dass S nicht den gesamten Veräußerungserlös zur Anschaffung des Vierfamilienhauses verwendet, denn aus dem Reinvestitionsgut werden ausreichend hohe Nettoerträge erzielt. Die wiederkehrenden Leistungen, die S in der Zeit von April 2004 bis August 2005 erbringt, sind nach § 12 Nr. 2 EStG nicht abziehbare Unterhaltsleistungen. Dies gilt auch für die Zahlungen ab April 2005, denn die Zwischenanlage des Veräußerungserlöses ist unabhängig von der Höhe der Nettoerträge nicht von der Vereinbarung im Übergabevertrag abgedeckt.

Die wiederkehrenden Leistungen können auch dann Versorgungsleistungen sein, wenn der Übernehmer bei der Umschichtung zusätzlich eigene Mittel zur Anschaffung oder Herstellung des Reinvestitionsguts aufwendet. Maßgebend ist, dass der auf das reinvestierte Vermögen entfallende Anteil an den Erträgen des Reinvestitionsguts ausreicht, um die vereinbarten wiederkehrenden Leistungen zu erbringen. 15

Beispiel 2:

Wie Beispiel 1, aber S erwirbt unter Verwendung des Veräußerungserlöses von 1 Mio. € zum 1. September 2005 ein Zehnfamilienhaus für 2 Mio. €, aus dem er Nettoerträge i.H. von monatlich 5 000 € erzielt.

Auch in diesem Fall sind die wiederkehrenden Leistungen i.H. von monatlich 2 000 € bei S ab September 2005 als Sonderausgaben nach § 10 Abs. 1 Nr. 1a EStG abziehbare Versorgungsleistungen, denn der auf den reinvestierten Veräußerungserlös (1 Mio. € von insgesamt 2 Mio. €) entfallende Anteil an den monatlichen Nettoerträgen von 2 500 € (½ von 5 000 €) reicht aus, um die vereinbarten wiederkehrenden Leistungen zu erbringen.

Erfolgt die Umschichtung in eine ihrer Art nach bestimmte ausreichend ertragbringende Vermögensanlage nicht innerhalb von drei Jahren nach Abschluss des Übergabevertrags, gelten ab dem Jahr der Vermögensübertragung die Grundsätze über die einkommensteuerrechtliche Behandlung wiederkehrender Leistungen im Austausch mit einer Gegenleistung (vgl. C.). Dies gilt auch bei Umschichtung in eine ihrer Art nach bestimmte nicht ausreichend ertragbringende Vermögensanlage, die innerhalb von drei Jahren nach Abschluss des Übergabevertrags erfolgt. 16

Beispiel 3:

Wie Beispiel 2, aber die monatlichen Nettoerträge aus dem erworbenen Zehnfamilienhaus belaufen sich auf lediglich 3 500 €.

Eine begünstigte Vermögensübergabe ist nicht gegeben, denn der auf den reinvestierten Veräußerungserlös (1 Mio. € von insgesamt 2 Mio. €) entfallende Anteil an den monatlichen Nettoerträgen von 1 750 € (½ von 3 500 €) des S reicht nicht aus, um die vereinbarten wiederkehrenden Leistungen zu erbringen. Es liegen ab dem Jahr der Vermögensübertragung wiederkehrende Leistungen im Austausch mit einer Gegenleistung vor.

Wiederkehrende Leistungen im Zusammenhang mit der Übertragung von Bargeld sind regelmäßig Unterhaltsleistungen i. S. des § 12 Nr. 2 EStG, es sei denn, der Übernehmer verpflichtet sich im Übergabevertrag zum Erwerb einer ihrer Art nach bestimmten ausreichend ertragbringenden Vermögensanlage und die Umschichtung erfolgt innerhalb von drei Jahren nach Abschluss des Übergabevertrags[1]). Die Veranlagungen sind insoweit sowohl beim Übergeber als auch beim Übernehmer ab dem Jahr der Vermögensübergabe vorläufig gemäß § 165 AO vorzunehmen. Rz. 14 und 15 sind entsprechend anzuwenden. 17

Die Anerkennung von Versorgungsleistungen ist **zudem** nicht ausgeschlossen, wenn der Vorbehalt eines Nießbrauchs lediglich Sicherungszwecken dient und der Übergeber gleichzeitig mit der Bestellung des Nießbrauchs dessen Ausübung nach § 1059 BGB dem Übernehmer überlässt. Wird das vom Übergeber des Vermögens vorbehaltene Nutzungsrecht später gegen wiederkehrende Leistungen abgelöst, können diese im sachlichen Zusammenhang mit der Vermögensübergabe stehen und daher Versorgungsleistungen sein (zeitlich gestreckte – „gleitende" – Vermögensübergabe, vgl. BFH-Urteil vom 3. Juni 1992 – BStBl 1993 II S. 23). **Dient die Ablösung der lastenfreien Veräußerung, können abziehbare Versorgungsleistungen nur vorliegen, wenn sich der Übernehmer im Zusammenhang mit der Ablösung des Nießbrauchsrechts oder bereits im Übergabevertrag verpflichtet, den Veräußerungserlös in eine ihrer Art nach bestimmte ausreichend ertragbringende Vermögensanlage zu investieren.** Für die Anerkennung von Versorgungsleistungen kommt es nicht darauf an, ob die **wiederkehrenden Leistungen** im Vermögensübergabevertrag selbst oder erst im Zusammenhang mit der Ablösung des Nießbrauchs vereinbart werden (BFH-Urteil vom 3. Juni 1992 – BStBl 1993 II S. 98). 18

1) Bestätigt durch BFH vom 16. 6. 2004 (BStBl II S. 1053).

b) Ausreichend ertragbringende Wirtschaftseinheit

19 Von einer ausreichend ertragbringenden Wirtschaftseinheit ist auszugehen, wenn nach überschlägiger Berechnung die **wiederkehrenden Leistungen** nicht höher sind als der langfristig erzielbare Ertrag des übergebenen Vermögens. **In den Fällen der Rz. 13 bis 15 ist der langfristig erzielbare Ertrag maßgebend, der auf den reinvestierten Veräußerungserlös entfällt.**

20 Zu Erträgen führen **grundsätzlich** nur Einnahmen aus einer Tätigkeit, die den Tatbestand einer Einkunftsart i. S. des § 2 Abs. 1 EStG erfüllt. Einnahmen aus einer Tätigkeit ohne Einkünfte- oder Gewinnerzielungsabsicht sind daher nicht als Erträge zu beurteilen.

21 Nutzt der Übernehmer ein vom Übergeber gegen wiederkehrende Leistungen übertragenes Grundstück zu eigenen Zwecken (eigene Wohnzwecke, eigenbetriebliche Zwecke), gehört auch der Nutzungsvorteil des Übernehmers (ersparte Nettomiete) zu den Erträgen des übergebenen Vermögens, wenn die ersparte Nettomiete nicht niedriger ist als die zugesagten wiederkehrenden Leistungen (BFH-Beschluss vom 12. Mai 2003 – BStBl 2004 II S. 95). Als Nettomiete gilt die ortsübliche mittlere Kaltmiete für Grundstücke vergleichbarer Art, Lage und Ausstattung.

Beispiel:

V überträgt im Januar 2004 im Rahmen einer vorweggenommenen Erbfolgeregelung ein Einfamilienhaus mit einem Verkehrswert von 200 000 € auf seinen Sohn S, das dieser seitdem zu eigenen Wohnzwecken nutzt. Für ein vergleichbares Objekt müsste S eine monatliche Nettomiete von 850 € zahlen. S verpflichtet sich, an V auf dessen Lebenszeit wiederkehrende Leistungen i.H. von monatlich 750 € zu zahlen. Es liegt eine begünstigte Vermögensübergabe vor. Die erzielbaren laufenden Nettoerträge (hier die ersparte Nettomiete des S) reichen aus, um die vereinbarten wiederkehrenden Leistungen zu erbringen.

Nicht zu den Erträgen gehören andere ersparte Aufwendungen, wie z. B. ersparte Zinsen. Der BFH-Beschluss vom 12. Mai 2003 (BStBl II 2004 S. 95) ist insoweit nicht anzuwenden.

22 Der Nutzungswert der Wohnung, die vom Übergeber auf Grund vorbehaltenen Nutzungsrechts zu eigenen Wohnzwecken genutzt wird, gehört dagegen nicht zu den Erträgen des übergebenen Vermögens (vgl. dazu auch Rz. 12).

23 Wird ein Unternehmen (land- und forstwirtschaftlicher Betrieb, Gewerbebetrieb, Unternehmen eines Selbständigen) gegen wiederkehrende Leistungen im Wege der vorweggenommenen Erbfolge übertragen, besteht eine nur in Ausnahmefällen (z. B. mehrjährige Verluste oder im Verhältnis zu den wiederkehrenden Leistungen geringe Gewinne des Unternehmens) widerlegbare Vermutung dafür, dass die Erträge ausreichen, um die wiederkehrenden Leistungen in der vereinbarten Höhe zu erbringen, wenn das Unternehmen vom Übernehmer tatsächlich fortgeführt wird. Als Unternehmen in diesem Sinne gelten auch ein Anteil an einer GmbH, wenn sowohl Übergeber als auch Übernehmer als Geschäftsführer tätig waren oder sind (BFH-Beschluss vom 12. Mai 2003 – BStBl 2004 II S. 95), sowie Mitunternehmeranteile und Teilbetriebe. Die Beweiserleichterung ist nicht anzuwenden bei verpachteten oder überwiegend verpachteten Betrieben sowie bei gewerblich geprägten Personengesellschaften i. S. des § 15 Abs. 3 Nr. 2 EStG. Wird im Rahmen einer einheitlichen Vermögensübergabe neben einem Unternehmen weiteres begünstigtes Vermögen übertragen, greift die Beweiserleichterung nicht.

aa) Ermittlung der Erträge

24 Den auf der Grundlage der steuerlichen Einkünfte ermittelten Erträgen sind Absetzungen für Abnutzung, erhöhte Absetzungen und Sonderabschreibungen sowie außerordentliche Aufwendungen, z. B. größere Erhaltungsaufwendungen, die nicht jährlich üblicherweise anfallen, **sowie Nutzungsvorteile des Übernehmers aus ersparten Nettomietaufwendungen (vgl. Rz. 21)** hinzuzurechnen. **Bei Einkünften aus Land- und Forstwirtschaft, aus Gewerbebetrieb und aus selbständiger Arbeit ist ein Unternehmerlohn nicht abzuziehen. Bei Übertragung eines Anteils an einer GmbH (vgl. Rz 23) mindert das Gehalt des Gesellschafter-Geschäftsführers die auf der Grundlage der steuerlichen Einkünfte ermittelten Erträge nicht. Bei der Ermittlung der Erträge aus dem GmbH-Anteil ist nicht auf die tatsächlich ausgeschütteten, sondern auf die ausschüttungsfähigen Gewinne abzustellen[1]).**

25 Die **wiederkehrenden Leistungen** müssen durch entsprechende Erträge aus dem übernommenen Vermögen abgedeckt sein. Davon ist auszugehen, wenn nach den Verhältnissen im Zeitpunkt der Vermögensübergabe der durchschnittliche jährliche Ertrag ausreicht, um die jährlichen **wiederkehrenden Leistungen** zu erbringen. Bei Ablösung eines vom Übergeber vorbehaltenen Nutzungsrechts in den Fällen der zeitlich gestreckten Vermögensübergabe (vgl. Rz. 18) sind die Ver-

1) Bestätigt durch BFH vom 21. 7. 2004 (BStBl 2005 II S. 133).

hältnisse im Zeitpunkt der Ablösung maßgeblich[1]). Aus Vereinfachungsgründen ist es nicht zu beanstanden, wenn zur Ermittlung des durchschnittlichen Ertrags die Einkünfte des Jahres der Vermögensübergabe und der beiden vorangegangenen Jahre herangezogen werden. **Reicht der durchschnittliche jährliche Ertrag nach den Verhältnissen im Zeitpunkt der Vermögensübergabe nicht aus, um die jährlichen wiederkehrenden Leistungen zu erbringen, bleibt es dem Übernehmer unbenommen, nachzuweisen, dass für die Zukunft ausreichend hohe Nettoerträge zu erwarten sind. Hiervon kann regelmäßig ausgegangen werden, wenn die durchschnittlichen Erträge des Jahres der Vermögensübergabe und der beiden folgenden Jahre ausreichen, um die wiederkehrenden Leistungen zu erbringen. Die Veranlagungen sind insoweit sowohl beim Übergeber als auch beim Übernehmer ab dem Jahr der Vermögensübergabe vorläufig gem. § 165 AO vorzunehmen.**

In den Fällen der Rz. 13 bis 15 sind für die Beurteilung, ob ein ausreichend ertragbringendes Reinvestitionsgut angeschafft oder hergestellt wurde, die Erträge ab dem Zeitpunkt der Umschichtung maßgebend. Von ausreichenden Erträgen kann regelmäßig ausgegangen werden, wenn die durchschnittlichen Erträge des Jahres der Umschichtung und der beiden folgenden Jahre ausreichen, um die wiederkehrenden Leistungen zu erbringen. Die Veranlagungen sind insoweit sowohl beim Übergeber als auch beim Übernehmer ab dem Jahr der Umschichtung vorläufig gemäß § 165 AO vorzunehmen. 26

bb) Ermittlung der Erträge bei teilentgeltlichem Erwerb

Wird Vermögen zum Teil entgeltlich und zum Teil unentgeltlich übertragen, ist zu prüfen, ob Erträge, die auf den unentgeltlich erworbenen Teil entfallen, zur Erbringung der **wiederkehrenden Leistungen** ausreichen. Für die Aufteilung in einen entgeltlich und einen unentgeltlich erworbenen Teil gelten die Grundsätze im BMF-Schreiben vom 13. Januar 1993 – BStBl I S. 80. Bei der Ermittlung der Erträge bleiben im Fall der Übertragung von Privatvermögen sowie einzelner Wirtschaftsgüter des Betriebsvermögens auch Schuldzinsen außer Betracht, soweit sie zur Finanzierung von Anschaffungskosten dienen. Schuldzinsen für übernommene betriebliche Verbindlichkeiten sind dagegen zu berücksichtigen, wenn ein Betrieb, Teilbetrieb oder Mitunternehmeranteil übertragen wird (vgl. BMF-Schreiben vom 13. Januar 1993, a. a. O., Rz. 29). 27

Beispiel:

S erhält im Januar 2004 im Rahmen einer vorweggenommenen Erbfolgeregelung von seinem Vater V ein Mehrfamilienhaus mit einem Verkehrswert von 500 000 €, das mit einer Verbindlichkeit von 150 000 € belastet ist. S verpflichtet sich, die Verbindlichkeit zu übernehmen, an seinen Bruder B ein Gleichstellungsgeld von 100 000 € und an V auf dessen Lebenszeit wiederkehrende Leistungen i. H. von jährlich 9 000 € zu zahlen.

Die Einkünfte aus Vermietung und Verpachtung betragen:

2002	3 000 €
2003	10 000 €
2004 (V + S insgesamt)	5 000 €
durchschnittliche Einkünfte	6 000 €

Schuldzinsen und AfA haben die Einkünfte wie folgt gemindert:

	AfA	Schuldzinsen
2002	7 500 €	5 000 €
2003	7 500 €	5 000 €
2002 (V + S insgesamt)	7 950 €	6 500 €
im Durchschnitt	7 650 €	5 500 €

S hat Anschaffungskosten für das Mehrfamilienhaus von insgesamt 250 000 € (Gleichstellungsgeld 100 000 €, Verbindlichkeit 150 000 €). S erwirbt nach dem Verhältnis des Verkehrswerts des Mehrfamilienhauses zu seinen Anschaffungskosten das Mehrfamilienhaus zu ½ entgeltlich und zu ½ unentgeltlich. Bei der Ermittlung der Erträge sind den Einkünften aus Vermietung und Verpachtung die AfA und die Schuldzinsen hinzuzurechnen.

	durchschnittliche Einkünfte	durchschnittliche AfA	durchschnittliche Schuldzinsen	Durchschnittsertrag
Erträge aus Vermietung und Verpachtung	6 000 €	+ 7 650 €	+ 5 500 €	= 19 150 €

1) Bestätigt durch BFH vom 16. 6. 2004 (BStBl 2005 II S. 130).

Die auf den unentgeltlich übertragenen Teil des Vermögens entfallenden Erträge von 9 575 € (½ von 19 150 €) reichen demnach aus, um die wiederkehrenden Leistungen an V (9 000 €) erbringen zu können.

4. Nachträgliche Umschichtung des übertragenen Vermögens

28 Der sachliche Zusammenhang der wiederkehrenden Leistungen mit der Vermögensübergabe endet **grundsätzlich**, wenn der Übernehmer das übernommene Vermögen auf einen Dritten überträgt und dem Übernehmer das übernommene Vermögen steuerrechtlich nicht mehr zuzurechnen ist.

Die im Zusammenhang mit der Vermögensübertragung vereinbarten wiederkehrenden Leistungen zwischen dem Übergeber und dem Übernehmer sind ab diesem Zeitpunkt Unterhaltsleistungen i. S. des § 12 Nr. 2 EStG und dürfen beim Übernehmer nicht mehr als Sonderausgaben (Rente oder dauernde Last) nach § 10 Abs. 1 Nr. 1a EStG abgezogen werden. Beim Übergeber sind sie nicht mehr nach § 22 Nr. 1 EStG steuerbar (BFH-Urteil vom 31. März 2004 – BStBl II S. 830).

29 Der sachliche Zusammenhang der wiederkehrenden Leistungen mit der Vermögensübergabe endet nicht, wenn der Übernehmer das übernommene Vermögen im Wege der vorweggenommenen Erbfolge weiterüberträgt (vgl. Rz. 36). Die wiederkehrenden Leistungen können auch dann weiterhin als Versorgungsleistungen zu behandeln sein, wenn daneben noch Leistungen vereinbart werden, die zu Anschaffungskosten oder zu einem Veräußerungserlös führen.

30 Werden nur Teile des übernommenen Vermögens auf Dritte übertragen, sind die nach der Übertragung entrichteten wiederkehrenden Leistungen an den Übergeber weiterhin als Versorgungsleistungen zu beurteilen, wenn der nicht übertragene Teil des übernommenen Vermögens im Zeitpunkt der steuerrechtlichen Zurechnung des Vermögens bei Dritten eine existenzsichernde und **ausreichend** ertragbringende Wirtschaftseinheit darstellt **(vgl. Rz. 10 und 19)**. Maßgebend für die Beurteilung sind die Erträge ab dem Zeitpunkt, ab dem der übertragene Vermögensteil dem Übernehmer steuerrechtlich nicht mehr zuzurechnen ist.

31 Überträgt der Übernehmer das übernommene Vermögen auf einen Dritten und erwirbt mit dem Erlös zeitnah eine existenzsichernde und ausreichend ertragbringende Wirtschaftseinheit (vgl. Rz. 10 und 19) oder stellt eine solche her, sind die nach der Übertragung an den Übergeber entrichteten wiederkehrenden Leistungen weiterhin Versorgungsleistungen.

Dies gilt auch, wenn

- nicht der gesamte Erlös aus der Veräußerung zur Anschaffung oder Herstellung dieser Wirtschaftseinheit verwendet wird und die wiederkehrenden Leistungen durch die Erträge aus der Wirtschaftseinheit abgedeckt werden (vgl. Rz. 14),

oder

- der gesamte Erlös aus der Veräußerung zur Anschaffung oder Herstellung dieser Wirtschaftseinheit nicht ausreicht, der Übernehmer bei der Umschichtung zusätzlich eigene Mittel zur Anschaffung oder Herstellung aufwendet und der auf den reinvestierten Veräußerungserlös entfallende Anteil an den Erträgen ausreicht, um die vereinbarten wiederkehrenden Leistungen zu erbringen (vgl. Rz. 15).

Maßgebend für die Beurteilung sind die Erträge ab dem Zeitpunkt der Anschaffung oder Herstellung dieser Wirtschaftseinheit (nachträgliche Umschichtung). Von ausreichenden Erträgen kann regelmäßig ausgegangen werden, wenn die durchschnittlichen Erträge des Jahres der nachträglichen Umschichtung und der beiden folgenden Jahre ausreichen, um die wiederkehrenden Leistungen zu erbringen. Die Veranlagungen sind insoweit sowohl beim Übergeber als auch beim Übernehmer ab dem Jahr der nachträglichen Umschichtung vorläufig gem. § 165 AO vorzunehmen.

Beispiel:

V hat seinem Sohn S im Jahre 2003 im Rahmen einer vorweggenommenen Erbfolgeregelung ein ausreichend ertragbringendes Mietwohngrundstück (Erwerb durch V im Jahre 1993) gegen lebenslang zu erbringende wiederkehrende Leistungen i.H. von monatlich 5 000 € übertragen. Im Oktober 2004 veräußert S dieses Mietwohngrundstück für 1 Mio. €. Den Veräußerungserlös verwendet er im November 2004 vollumfänglich zur Anschaffung eines Grundstücks mit neu errichtetem Achtfamilienhaus. Die durchschnittlichen jährlichen Nettoerträge (vgl. Rz. 24) aus der Vermietung des Achtfamilienhauses belaufen sich auf 68 000 €.

Die wiederkehrenden Leistungen i.H. von monatlich 5 000 € sind auch nach der Veräußerung des Mietwohngrundstücks bei S als Sonderausgaben nach § 10 Abs. 1 Nr. 1a EStG abziehbare Versorgungsleistungen, da S mit dem Verkaufserlös zeitnah eine existenzsichernde und ausreichend ertragbringende Wirtschaftseinheit erworben hat. Demzufolge muss V die wiederkehrenden Leistungen auch weiterhin als Einkünfte i. S. des § 22 Nr. 1 EStG versteuern. Die Veräußerung des Mietwohngrundstücks durch S führt nicht zu einem privaten Veräußerungsgeschäft i. S. des § 23 Abs. 1 Satz 1 Nr. 1 EStG, denn zwischen der maßgeblichen Anschaffung durch den Rechtsvorgänger V und der Veräußerung durch S liegt ein Zeitraum von mehr als zehn Jahren. Soweit die Anschaffungskosten des erworbenen Grundstücks auf das Gebäude entfallen, steht S eine AfA im Rahmen seiner Einkünfte aus Vermietung und Verpachtung zu.

Die Einbringung des übernommenen Vermögens in eine Kapital- oder Personengesellschaft 32
i. S. der §§ 20, 24 UmwStG gegen Gewährung von Gesellschaftsanteilen bzw. -rechten stellt keine nachträgliche Umschichtung i. S. der Rz. 28 dar. Dies gilt auch für die formwechselnde Umwandlung, Verschmelzung oder Realteilung von Personengesellschaften. Eine Umschichtung liegt dagegen vor, wenn die dabei erworbenen Anteile oder Wirtschaftsgüter veräußert werden.

Hat der Übergeber Wertpapiere oder vergleichbare Kapitalforderungen mit Endfälligkeit auf 33
den Übernehmer übertragen, endet der sachliche Zusammenhang der wiederkehrenden Leistungen mit der Vermögensübergabe im Zeitpunkt der Fälligkeit, es sei denn, der Übernehmer erwirbt zeitnah nach Fälligkeit eine existenzsichernde und ausreichend ertragbringende Wirtschaftseinheit (vgl. Rz. 10 und 19) oder es liegen die Voraussetzungen der Rz. 30 vor (Teilumschichtung).

5. Wiederkehrende Leistungen auf die Lebenszeit des Empfängers

Versorgungsleistungen sind regelmäßig nur wiederkehrende Leistungen auf die Lebenszeit des 34
Empfängers (vgl. Rz. 36). Wiederkehrende Leistungen auf eine Höchstzeit (sog. abgekürzte Leibrenten oder dauernde Lasten) sind dagegen nur ausnahmsweise Versorgungsleistungen (vgl. Rz. 58).

6. Empfänger des Vermögens

Empfänger des Vermögens können die Abkömmlinge und grundsätzlich auch gesetzlich erb- 35
berechtigte entfernte Verwandte des Übergebers sein (vgl. BFH-Urteil vom 16. Dezember 1993 – BStBl 1996 II S. 669). **Hat der Übernehmer aufgrund besonderer persönlicher Beziehungen zum Übergeber ein persönliches Interesse an der lebenslangen angemessenen Versorgung des Übergebers oder sind die Vertragsbedingungen allein nach dem Versorgungsbedürfnis des Übergebers und der Leistungsfähigkeit des Übernehmers vereinbart worden, können auch nahe stehende Dritte (z. B. Schwiegerkinder, Neffen und Nichten)** und ausnahmsweise auch familienfremde Dritte Empfänger des Vermögens sein (vgl. BFH-Urteil vom 16. Dezember 1997 – BStBl 1998 II S. 718).

7. Empfänger der Versorgungsleistungen

Als Empfänger der Versorgungsleistungen kommen in erster Linie der Übergeber, dessen Ehe- 36
gatte und die gesetzlich erb- **und pflichtteils**berechtigten Abkömmlinge des Übergebers[1]) **(vgl. BFH-Urteile vom 27. Februar 1992 – BStBl II S. 612 und vom 26. November 2003 – BStBl 2004 II S. 820) sowie der Lebenspartner einer eingetragenen Lebenspartnerschaft** in Betracht. **Sind Empfänger der wiederkehrenden Leistungen die Geschwister des Übernehmers, besteht die widerlegbare Vermutung, dass diese nicht versorgt, sondern gleichgestellt werden sollen (vgl. BFH-Urteil vom 20. Oktober 1999 – BStBl 2000 II S. 602). Nicht zum Generationennachfolge-Verbund gehörende Personen (z. B. die langjährige Haushälterin, der Lebensgefährte/die Lebensgefährtin, Mitarbeiter im Betrieb) können nicht Empfänger von Versorgungsleistungen sein (vgl. BFH-Urteil vom 26. November 2003 – a. a. O.). Empfänger von Versorgungsleistungen können auch die Eltern des Übergebers sein, wenn der Übergeber das übergebene Vermögen seinerseits von den Eltern im Wege der Vermögensübergabe gegen Versorgungsleistungen erhalten hat (BFH-Urteil vom 23. Januar 1997 – BStBl II S. 458).**

8. Anforderungen an den Versorgungsvertrag

Die steuerrechtliche Anerkennung des Übergabevertrags setzt voraus, dass die gegenseitigen 37
Rechte und Pflichten klar und eindeutig sowie rechtswirksam vereinbart und ernsthaft gewollt

---

[1]) Personen, die zu einem früheren Zeitpunkt auf ihr Pflichtteilsrecht verzichtet hatten, gehören nicht zum Generationennachfolge-Verbund (→ BFH vom 7. 3. 2006 – BStBl II S. 797).

sind und die Leistungen wie vereinbart tatsächlich erbracht werden[1]). Als wesentlicher Inhalt des Übergabevertrags müssen der Umfang des übertragenen Vermögens, die Höhe der Versorgungsleistungen und die Art und Weise der Zahlung vereinbart sein (BFH-Urteil vom 15. Juli 1992 – BStBl II S. 1020). **Machen die Parteien eines Versorgungsvertrages von einer vereinbarten Wertsicherungsklausel keinen Gebrauch, lässt dies für sich allein noch keinen zwingenden Schluss auf das Fehlen des Rechtsbindungswillens zu; die Abweichung vom Vereinbarten kann aber im Rahmen der gebotenen Gesamtwürdigung von Bedeutung sein (BFH-Urteil vom 3. März 2004 – BStBl II S. 826). Zu den Anforderungen an den Versorgungsvertrag im Falle der Übergabe ertraglosen Vermögens vgl. Rz. 13 und 14.**

38 Die Vereinbarungen müssen zu Beginn des durch den Übergabevertrag begründeten Rechtsverhältnisses oder bei Änderung dieses Verhältnisses für die Zukunft getroffen werden. Änderungen der Versorgungsleistungen sind steuerrechtlich nur anzuerkennen, wenn sie durch ein in der Regel langfristig verändertes Versorgungsbedürfnis des Berechtigten und/oder die veränderte wirtschaftliche Leistungsfähigkeit des Verpflichteten veranlasst sind (BFH-Urteil vom 15. Juli 1992 – BStBl II S. 1020)*[2])*. Rückwirkende Vereinbarungen sind steuerrechtlich nicht anzuerkennen, es sei denn, die Rückbeziehung ist nur von kurzer Zeit und hat lediglich technische Bedeutung (BFH-Urteile vom 21. Mai 1987 – BStBl II S. 710 und vom 29. November 1988 – BStBl 1989 II S. 281).

39 Werden die auf der Grundlage eines Vermögensübergabevertrags geschuldeten Versorgungsleistungen ohne Änderung der Verhältnisse, also willkürlich nicht mehr erbracht, sind sie steuerrechtlich nicht anzuerkennen, auch wenn die vereinbarten Zahlungen später wieder aufgenommen werden. Rz. 37 und 38 bleiben unberührt.

II. Versorgungsleistungen auf Grund einer Verfügung von Todes wegen

40 Versorgungsleistungen können ihren Entstehungsgrund auch in einer Verfügung von Todes wegen (Erbeinsetzung, Vermächtnis) haben, wenn sie bei einer Vermögensübergabe im Wege vorweggenommener Erbfolge zu Lebzeiten des Erblassers als Versorgungsleistungen zu beurteilen wären (BFH-Urteil vom 27. Februar 1992 – BStBl II S. 612). Hiervon ist insbesondere auszugehen, wenn das nach gesetzlichem Erbrecht an sich dem überlebenden Ehegatten zumindest zum Teil zustehende Vermögen auf den Übernehmer übergeht.

41 Die auf Grund einer Verfügung von Todes wegen zu erbringenden wiederkehrenden Leistungen sind hingegen nicht als Versorgungsleistungen, sondern als Veräußerungs- oder Unterhaltsleistungen zu beurteilen, wenn der Empfänger der **wiederkehrenden Leistungen nicht zum Generationennachfolge-Verbund (pflichtteilsberechtigte Personen[3])) gehört (BFH-Urteil vom 26. November 2003 – BStBl 2004 II S. 820).**

III. Umfang der Versorgungsleistungen

42 Versorgungsleistungen sind alle im Vermögensübergabevertrag vereinbarten wiederkehrenden Leistungen in Geld oder Geldeswert. Hierzu gehören insbesondere Geldleistungen, Übernahme von Aufwendungen und Sachleistungen.

43 Leistungen in Geld sind mit dem vom Verpflichteten tatsächlich aufgewendeten Geldbetrag anzusetzen. Bei Sachleistungen sind mit Ausnahme persönlicher Dienstleistungen und der Wohnraumüberlassung die Werte nach § 8 Abs. 2 EStG maßgebend. Zur Bewertung von Altenteilsleistungen vgl. BFH-Urteil vom 18. Dezember 1990 – BStBl 1991 II S. 354.

44 Die Verpflichtung zur Erbringung wiederkehrender persönlicher Dienstleistungen durch persönliche Arbeit ist keine Versorgungsleistung. Stellt der Verpflichtete dagegen eine fremde Arbeitskraft, sind die Dienstleistungen Versorgungsleistungen in Höhe des Lohnaufwands (BFH-Urteil vom 22. Januar 1992 – BStBl II S. 552).

---

1) Der für die steuerliche Anerkennung einer Vermögensübergabe gegen Versorgungsleistungen erforderliche Rechtsbindungswille muss sich auf sämtliche für einen Versorgungsvertrag typusprägenden Leistungen – Sach- und Barleistungen – beziehen. Insoweit sind Abweichungen des tatsächlich Durchgeführten vom Vereinbarten steuerschädlich (→ BFH vom 19. 1. 2005 – BStBl II S. 434).

2) Einigen sich die Vertragsbeteiligten auf ein in Anbetracht des gestiegenen Versorgungsbedürfnisses – hier: wegen Umzugs des Versorgungsberechtigten in ein Pflegeheim –neues Versorgungskonzept, sind Zahlungen, die ab diesem Zeitpunkt nicht mehr aus dem Ertrag des übergebenen Vermögens erbracht werden können, freiwillige Leistungen i. S. d. § 12 Nr. 2 EStG (→BFH vom 13. 12. 2005 – BStBl 2008 II S. 16).

3) Personen, die zu einem früheren Zeitpunkt auf ihr Pflichtteilsrecht verzichtet hatten, gehören nicht zum Generationennachfolge-Verbund (→ BFH vom 7. 3. 2006 – BStBl II S. 797).

In den Fällen der Wohnungsüberlassung an den Übergeber sind nur die mit der Nutzungsüberlassung tatsächlich zusammenhängenden Aufwendungen anzusetzen. Hierzu gehören insbesondere Aufwendungen für Sachleistungen wie Strom, Heizung, Wasser und Instandhaltungskosten, zu denen der Übernehmer aufgrund einer klaren und eindeutigen Bestimmung im Übergabevertrag verpflichtet ist. **Entsprechendes gilt für Aufwendungen, mit denen der Übernehmer seiner bürgerlich-rechtlich wirksamen Verpflichtung zur Instandhaltung nachkommt.** Instandhaltungskosten dürfen jedoch nur als Versorgungsleistungen abgezogen werden, soweit sie der Erhaltung des vertragsgemäßen Zustands der Wohnung im Zeitpunkt der Übergabe dienen (BFH-Urteil vom 25. August 1999 – BStBl 2000 II S. 21 sowie BMF-Schreiben vom 21. Juli 2003 – BStBl I S. 405). Ein Abzug anteiliger Absetzungen für Abnutzung und Schuldzinsen sowie anteiliger – vor allem öffentlicher – Lasten des Grundstücks, die vom Übernehmer als Eigentümer geschuldet werden, kommt nicht in Betracht (BFH-Urteil vom 25. März 1992 – BStBl II S. 1012). 45

IV. Rechtliche Einordnung der Versorgungsleistungen

1. Korrespondenzprinzip

Im Zusammenhang mit einer Vermögensübergabe vereinbarte Versorgungsleistungen sind vom Berechtigten als Einkünfte aus wiederkehrenden Bezügen nach § 22 Nr. 1 EStG zu versteuern, soweit der Verpflichtete zum Abzug der Leistungen als Sonderausgaben nach § 10 Abs. 1 Nr. 1 a EStG (Leibrente oder dauernde Last) berechtigt ist (BFH-Urteil vom 26. Juli 1995 – BStBl 1996 II S. 157 – **und vom 31. März 2004 – BStBl II S. 830).** 46

2. Versorgungsleistungen

Versorgungsleistungen bei **Übergabe einer existenzsichernden und ausreichend ertragbringenden Wirtschaftseinheit (vgl. Rz. 10 und 19)** sind beim Empfänger in vollem Umfang steuerpflichtige wiederkehrende Bezüge und beim Verpflichteten in vollem Umfang als Sonderausgaben abziehbar (§§ 22 Nr. 1 Satz 1, 10 Abs. 1 Nr. 1a EStG), da sie durch die Rechtsnatur des Versorgungsvertrages als abänderbar gelten (BFH-Urteil vom 11. März 1992 – BStBl II S. 499). Eine Bezugnahme auf § 323 ZPO oder eine gleichwertige Änderungsklausel nach den Bedürfnissen des Übergebers und/oder der Leistungsfähigkeit des Übernehmers sind nicht erforderlich. 47

Versorgungsleistungen sind dagegen nur eine mit dem Ertragsanteil steuerpflichtige und als Sonderausgaben abziehbare Leibrente (§§ 22 Nr. 1 Satz 3 Buchst. a, 10 Abs. 1 Nr. 1a Satz 2 EStG), wenn und soweit die Vertragsparteien ihre Abänderbarkeit ausdrücklich ausschließen. Die bloße Vereinbarung einer Wertsicherungsklausel schließt die Abänderbarkeit der wiederkehrenden Leistungen nicht aus (BFH-Urteil vom 11. März 1992 – BStBl II S. 499). Bei Sachleistungen können die Vertragsparteien die Abänderbarkeit nur ausschließen, soweit es sich um vertretbare Sachen handelt. Haben Geldleistungen schwankende Bezugsgrößen wie z. B. Umsatz oder Gewinn oder hängen sie von dem Bedürfnis des Empfängers oder von der Leistungsfähigkeit des Gebers ab, kann die Abänderbarkeit auch nicht hinsichtlich eines festen Mindestbetrags ausgeschlossen werden (BFH-Urteil vom 30. Mai 1980 – BStBl II S. 575). Haben die Vertragsparteien bei bürgerlich-rechtlich unterschiedlichen Leistungsverpflichtungen in einem einheitlichen Vertrag die Abänderbarkeit nur einzelner Leistungen ausdrücklich ausgeschlossen, sind nur diese als Leibrenten und die übrigen als dauernde Lasten zu beurteilen. **Eine ursprünglich geschlossene Leibrentenvereinbarung kann durch einen zivilrechtlich wirksamen Änderungsvertrag mit Wirkung für die Zukunft in eine dauernde Last umgewandelt werden (BFH-Urteil vom 3. März 2004 – BStBl II S. 824).** 48

V. Rechtliche Einordnung von wiederkehrenden Leistungen, die keine Versorgungsleistungen sind

Liegt keine unentgeltliche Vermögensübergabe gegen Versorgungsleistungen vor, z. B. weil keine existenzsichernde und **ausreichend ertragbringende** Wirtschaftseinheit (vgl. **Rz. 10 und 19**) übertragen worden ist, gelten die Grundsätze zu C. **(BFH-Beschluss vom 12. Mai 2003 – BStBl 2004 II S. 95)**[1]**)**. 49

1) Zahlungen des Vermögensübernehmers können nach Versagung ihrer Anerkennung als dauernde Last auch nicht als Anschaffungskosten des übergebenen Vermögens behandelt werden (→ BFH vom 19. 1. 2005 – BStBl II S. 434).

C. Entgeltliche Vermögensübertragung gegen wiederkehrende Leistungen

I. Übertragung von Privatvermögen

1. Vermögensübertragungen gegen wiederkehrende Leistungen auf Lebenszeit

a) Wiederkehrende Leistungen im Austausch mit einer Gegenleistung

50 Wiederkehrende Leistungen im Austausch mit einer Gegenleistung enthalten bis zur Grenze der Angemessenheit eine nichtsteuerbare oder steuerbare Vermögensumschichtung in Höhe ihres Barwerts (Tilgungsanteil) und einen Zinsanteil. Wiederkehrende Leistungen werden entgeltlich im Austausch mit einer Gegenleistung erbracht, wenn die Beteiligten Leistung und Gegenleistung nach kaufmännischen Gesichtspunkten gegeneinander abgewogen haben und subjektiv von der Gleichwertigkeit der beiderseitigen Leistungen ausgehen durften. Wiederkehrende Leistungen werden teilentgeltlich erbracht, wenn der Wert des übertragenen Vermögens höher ist als der Barwert der wiederkehrenden Leistungen. Ist der Barwert der wiederkehrenden Leistungen höher als der Wert des übertragenen Vermögens, ist Entgeltlichkeit in Höhe des angemessenen Kaufpreises anzunehmen. Der übersteigende Betrag ist eine Zuwendung i. S. des § 12 Nr. 2 EStG. Ist der Barwert der wiederkehrenden Leistungen mehr als doppelt so hoch wie der Wert des übertragenen Vermögens, liegt insgesamt eine Zuwendung i. S. des § 12 Nr. 2 EStG vor.

b) Behandlung beim Verpflichteten

aa) Anschaffungskosten

51 Die Anschaffungskosten bemessen sich nach dem Barwert der wiederkehrenden Leistungen, ggf. nach dem anteiligen Barwert (vgl. Rz 50), der nach §§ 12 ff. BewG (bei lebenslänglichen Leistungen nach § 14 Abs. 1 BewG i. V. m. Anlage 9) oder nach versicherungsmathematischen Grundsätzen berechnet werden kann (vgl. R 32a Satz 1 EStR). Bei der Berechnung des Barwerts ungleichmäßig wiederkehrender Leistungen (dauernde Lasten) ist als Jahreswert der Betrag zu Grunde zu legen, der aus der Sicht des Anschaffungszeitpunkts in Zukunft im Durchschnitt der Jahre voraussichtlich erzielt wird (BFH-Urteil vom 18. Oktober 1994 – BStBl 1995 II S. 169).

52 Werden die wiederkehrenden Leistungen für den Erwerb eines zur Einkünfteerzielung dienenden abnutzbaren Wirtschaftsguts gezahlt, ist der Barwert der Rente oder dauernden Last Bemessungsgrundlage für die Absetzungen für Abnutzung, erhöhten Absetzungen und Sonderabschreibungen (BFH-Urteil vom 9. Februar 1994 – BStBl 1995 II S. 47). Der in den dauernden Lasten enthaltene Tilgungsanteil kann nicht abgezogen werden.

bb) Zinsanteil

53 Der Zinsanteil von Veräußerungsleibrenten ist nach der Ertragsanteilstabelle des § 22 Nr. 1 Satz 3 Buchst. a EStG i. V. m. § 55 Abs. 1 EStDV zu ermitteln (BFH-Urteil vom 25. November 1992 – BStBl I 1996 II S. 666). Der Zinsanteil von dauernden Lasten ist in entsprechender Anwendung der Ertragsanteilstabelle des § 22 Nr. 1 Satz 3 Buchst. a EStG i. V. m. § 55 EStDV zu berechnen (BFH-Urteil vom 9. Februar 1994 – BStBl 1995 II S. 47). Der Zinsanteil von dauernden Lasten kann auch nach finanzmathematischen Grundsätzen unter Verwendung eines Zinsfußes von 5,5 v. H. berechnet werden. Bei der Berechnung nach finanzmathematischen Grundsätzen ist die voraussichtliche Laufzeit nach der zum jeweiligen Berechnungszeitpunkt geltenden Sterbetafel (zurzeit Sterbetafel nach dem Stand 1997/1999) zu bemessen (BFH-Urteil vom 25. November 1992 – BStBl 1996 II S. 663).

54 Der Zinsanteil von Renten und dauernden Lasten darf grundsätzlich nicht abgezogen werden (BFH-Urteil vom 25. November 1992 – BStBl 1996 II S. 666). Dient das gegen Zahlung einer Rente oder dauernden Last erworbene Wirtschaftsgut der Einkünfteerzielung, ist der in den einzelnen Zahlungen enthaltene Zinsanteil dagegen als Werbungskosten oder Betriebsausgaben abzuziehen (BFH-Urteil vom 9. Februar 1994 – BStBl 1995 II S. 47).

c) Behandlung beim Berechtigten

aa) Veräußerungspreis

55 Der Berechtigte erzielt für das entgeltlich im Austausch mit wiederkehrenden Leistungen übertragene Vermögen einen Veräußerungspreis in Höhe des nach Rz. 51 zu ermittelnden Barwerts der wiederkehrenden Leistungen.

56 Veräußerungspreis bei privaten Veräußerungsgeschäften (§ 22 Nr. 2 EStG) gegen wiederkehrende Leistungen (Renten oder dauernde Lasten) ist – bis zur Höhe des nach Rz. 51 ermittelten Barwerts der wiederkehrenden Leistungen – der Unterschiedsbetrag zwischen der Summe der

jährlichen Zahlungen und dem nach Rz. 53 zu ermittelnden Zinsanteil. Ein Gewinn aus privaten Veräußerungsgeschäften entsteht erstmals in dem Veranlagungszeitraum, in dem der in der Summe der jährlichen Zahlungen enthaltene Veräußerungspreis die ggf. um die Absetzungen für Abnutzung, erhöhten Absetzungen und Sonderabschreibungen verminderten Anschaffungs- oder Herstellungskosten sowie die zugehörigen Werbungskosten übersteigt. Bei Veräußerungsgewinnen i. S. des § 17 Abs. 2 EStG entsteht der Gewinn im Zeitpunkt der Veräußerung. Wird eine Beteiligung i. S. des § 17 EStG gegen eine Leibrente oder gegen einen in Raten zu zahlenden Kaufpreis veräußert, **sind die Grundsätze der** R 140 Abs. 7 i. V. m. R 139 Abs. 11 EStR zu beachten.

bb) Zinsanteil

57 Der in dauernden Lasten enthaltene Zinsanteil ist auf die Laufzeit der wiederkehrenden Leistungen zu verteilendes Entgelt (Zinsen) für die Stundung des Veräußerungspreises. In diesen Fällen ist der nach Rz. 53 zu ermittelnde Zinsanteil als Einkünfte aus Kapitalvermögen nach § 20 Abs. 1 Nr. 7 EStG zu versteuern (vgl. BFH-Urteile vom 25. November 1992 – BStBl 1996 II S. 663 und vom 26. November 1992 – BStBl 1993 II S. 298). Der in Veräußerungsleibrenten enthaltene Ertragsanteil ist nach § 22 Nr. 1 Satz 3 Buchst. a EStG zu versteuern.

Beispiel:

V überträgt seinem Sohn S im Wege der vorweggenommenen Erbfolge ein unbebautes Grundstück mit einem Verkehrswert von 100 000 €. S verpflichtet sich, V eine an dessen Bedürfnissen orientierte lebenslängliche Rente i.H. von monatlich 2 000 € (jährlich 24 000 €) zu zahlen. Der Barwert der wiederkehrenden Leistungen betragt 175 000 €.

Da das unbebaute Grundstück keine existenzsichernde Wirtschaftseinheit darstellt (vgl. Rz. 12), liegt keine Vermögensübergabe gegen Versorgungsleistungen (vgl. B.), sondern bis zur Höhe eines angemessenen Kaufpreises ein entgeltliches Geschäft gegen wiederkehrende Leistungen vor. Die Gegenleistung ist in dem Umfang als unangemessen anzusehen, in dem der Barwert der wiederkehrenden Leistungen (175 000 €) den Verkehrswert des übertragenen Vermögens (100 000 €) übersteigt (75 000/175 000 = 42,9 %). Der übersteigende Betrag i.H. von (42,9 % von 24 000 € =) 10 296 € ist als Zuwendung i. S. des § 12 Nr. 2 EStG zu beurteilen. Der verbleibende Betrag von (24 000 € ./. 10 296 € =) 13 704 € ist in einen Tilgungs- und einen Zinsanteil zu zerlegen. Der nach der Ertragsanteilstabelle des § 22 Nr. 1 Satz 3 Buchst. a EStG ermittelte Zinsanteil der Veräußerungsleibrente ist bei V als Berechtigtem zu versteuern. Bei S als Verpflichtetem unterliegt der Zinsanteil nach § 12 Nr. 1 EStG dem Verbot des privaten Schuldzinsenabzugs.

2. Vermögensübertragung gegen wiederkehrende Leistungen auf bestimmte Zeit

a) Wiederkehrende Leistungen im Austausch mit einer Gegenleistung

58 In Zusammenhang mit einer Vermögensübertragung vereinbarte wiederkehrende Leistungen auf bestimmte Zeit oder die Lebenszeit des Berechtigten, die auf eine bestimmte Zeit beschränkt sind (sog. abgekürzte Leibrenten oder dauernde Lasten), sind regelmäßig nach den Grundsätzen über wiederkehrende Leistungen im Austausch mit einer Gegenleistung zu behandeln. Dies gilt auch, wenn Leistung und Gegenleistung nicht wie unter Fremden nach kaufmännischen Gesichtspunkten abgewogen sind. Die wiederkehrenden Leistungen können ausnahmsweise Versorgungsleistungen sein, wenn die zeitliche Beschränkung dem etwaigen künftigen Wegfall der Versorgungsbedürftigkeit des Berechtigten Rechnung trägt (BFH-Urteil vom 26. Januar 1994 – BStBl II S. 633[1])). Hiervon ist auszugehen, wenn die wiederkehrenden Leistungen dazu bestimmt sind, eine Versorgungslücke beim Berechtigten zu schließen (z. B. bis zum erstmaligen Bezug einer Sozialversicherungsrente, vgl. BFH-Urteil vom 31. August 1994 – BStBl 1996 II S. 676).

59 Wiederkehrende Leistungen auf die Lebenszeit des Berechtigten, die jedoch für eine Mindestlaufzeit zu erbringen sind (sog. Mindestzeitrenten oder verlängerte Leibrenten oder dauernde Lasten), sind stets als wiederkehrende Leistungen im Austausch mit einer Gegenleistung zu behandeln (BFH-Urteil vom 21. Oktober 1999 – BStBl 2002 II S. 650).

1) Dem Abzug von Rentenzahlungen als dauernde Last steht nicht entgegen, dass der Begünstigte durch Erbeinsetzung oder Vermächtnis existenzsicherndes Vermögen aus der Erbmasse erhält (Abweichung von BFH-Urteil vom 26. 1. 1994 (BStBl II S. 633), → BFH vom 11. 10. 2007 X R 14/06 (BFH-Internetseite).

b) Anschaffungskosten und Veräußerungsreis

60 Bei wiederkehrenden Leistungen auf bestimmte Zeit und bei für eine Mindestlaufzeit zu erbringenden wiederkehrenden Leistungen (vgl. Rz. 59) liegen Anschaffungskosten in Höhe des nach § 13 Abs. 1 BewG i. V. m. Anlage 9a zu § 13 BewG zu ermittelnden (ggf. anteiligen) Barwerts (Tilgungsanteil) vor. Bei wiederkehrenden Leistungen auf die Lebenszeit des Berechtigten, die auf eine bestimmte Zeit beschränkt sind, hat der Verpflichtete Anschaffungskosten in Höhe des nach § 13 Abs. 1 Satz 2 BewG i. V. m. § 14 BewG zu ermittelnden Barwerts. Der Barwert kann auch nach versicherungsmathematischen Grundsätzen ermittelt werden.

c) Zinsanteil

61 Der Zinsanteil wiederkehrender Leistungen auf bestimmte Zeit ist der Unterschiedsbetrag zwischen der Summe der jährlichen Zahlungen (vgl. aber Rz. 50) und der jährlichen Minderung des Barwerts der wiederkehrenden Leistungen, der nach finanzmathematischen Grundsätzen unter Verwendung eines Zinsfußes von 5,5 v. H. zu ermitteln ist (BFH-Urteil vom 26. November 1992 – BStBl 1993 II S. 298). Die jährliche Barwertminderung ist nach § 13 Abs. 1 BewG i. V. m. Anlage 9a zu § 13 BewG, bei sog. verlängerten Leibrenten oder dauernden Lasten nach § 13 Abs. 1 Satz 2 BewG i. V. m. § 14 BewG zu bestimmen. Aus Vereinfachungsgründen kann der Zinsanteil auch in Anlehnung an die Ertragswerttabelle des § 55 Abs. 2 EStDV bestimmt werden.

d) Steuerrechtliche Behandlung

62 Zur steuerrechtlichen Behandlung von Anschaffungskosten, Veräußerungspreis und Zinsanteil vgl. Rz. 50 bis 57.

II. Übertragung von Betriebsvermögen

63 Zur ertragsteuerlichen Behandlung der Veräußerung von Wirtschaftsgütern des Betriebsvermögens gegen Leibrenten, Veräußerungsrenten oder Kaufpreisraten im Fall der Gewinnermittlung nach § 4 Abs. 3 EStG siehe R 16 Abs. 4 und 5 EStR.

64 Das in R 139 Abs. 11 EStR behandelte Wahlrecht im Fall der Veräußerung eines Betriebs gegen wiederkehrende Bezüge bleibt unberührt.

D. Anwendungsregelung[1])

65 Vorstehende Regelungen sind grundsätzlich in allen noch offenen Fällen anzuwenden. Die Regelungen in den BMF-Schreiben vom 23. Dezember 1996 (BStBl I S. 1508) – geändert durch BMF-Schreiben vom 31. Dezember 1997 (BStBl 1998 I S. 21) und vom 30. Oktober 1998 (BStBl I S. 1417) **– sowie vom 26. August 2002 (BStBl I S. 893) und vom 8. Januar 2004 (BStBl I S. 191)** sind grundsätzlich nicht mehr anzuwenden.

66 Bei Übertragung von unbebauten Grundstücken ist Rz. 12 nicht anzuwenden, wenn die Vermögensübertragung vor dem 1. Januar 1997 rechtswirksam geworden ist und der Übergeber und der Übernehmer übereinstimmend an der bisherigen steuerrechtlichen Behandlung festhalten. In Fällen des Totalnießbrauchs tritt an die Stelle des 1. Januar 1997 der 30. September 1992.

67 Wird das übernommene Vermögen auf Grund eines vor dem 1. November 2002 abgeschlossenen obligatorischen Vertrags auf einen Dritten übertragen, sind die Grundsätze der Rz. 21 in der Fassung des BMF-Schreibens vom 23. Dezember 1996 (BStBl I S. 1508) weiter anzuwenden, wenn der Übergeber und der Übernehmer übereinstimmend an der bisherigen steuerrechtlichen Beurteilung festhalten.

68 **Wird das übernommene Vermögen auf Grund eines vor dem 1. November 2004 abgeschlossenen obligatorischen Vertrags auf einen Dritten übertragen, sind die Grundsätze der Rz. 21 bis 2113 in der Fassung des BMF-Schreibens vom 26. August 2002 (BStBl I S. 893) weiter anzuwenden, wenn der Übergeber und der Übernehmer übereinstimmend an der bisherigen steuerrechtlichen Beurteilung festhalten.**

69 Die Grundsätze der Rz. 22 und 51 in der Fassung des BMF-Schreibens vom 23. Dezember 1996 (BStBl I S. 1508) sind weiter anzuwenden, wenn die obligatorischen Verträge vor dem 1. November 2002 abgeschlossen worden sind und der Übergeber und der Übernehmer übereinstimmend an der bisherigen steuerrechtlichen Beurteilung festhalten.

---

1) Die in der Anwendungsregelung zitierten BMF-Schreiben sind letztmals abgedruckt im
- Anhang 7 IV der Handausgabe 2003: BMF vom 23. 12. 1996 (BStBl I S. 1508),
- Anhang 8 IV der Handausgabe 2003: BMF vom 26. 8. 2002 (BStBl I S. 893),
- Anhang 8 V der Handausgabe 2003: BMF vom 8. 1. 2004 (BStBl I S. 191).

Auf Antrag der Steuerpflichtigen ist die Rz. 59 nicht anzuwenden, wenn die Vermögensübertragung vor dem 31. März 1997 rechtswirksam geworden ist und Berechtigter und Verpflichteter übereinstimmend an der bisherigen steuerrechtlichen Beurteilung festhalten. 70

Vor dem 1. Januar 1997 im Rahmen der Übergabe einer existenzsichernden und ausreichend ertragbringenden Wirtschaftseinheit nicht ausdrücklich als unabänderbar vereinbarte wiederkehrende Leistungen sind entgegen Rz. 47 weiterhin als Leibrenten zu behandeln, wenn dies dem Willen der Vertragsparteien entspricht. 71

Nutzt der Steuerpflichtige das übertragene Vermögen nicht zur Einkünfteerzielung, sind die Rz. 52 und 54 erstmals ab dem Veranlagungszeitraum 1997 anzuwenden. 72

Nutzt der Steuerpflichtige das übertragene Vermögen zur Einkünfteerzielung, sind abweichend von den Rz. 52 und 54 dauernde Lasten, die auf Grund einer vor dem 1. März 1995 begründeten Verpflichtung erbracht werden, in voller Höhe als Werbungskosten nach § 9 Abs. 1 Satz 3 Nr. 1 EStG abzuziehen, soweit ihr Wert den Wert der Gegenleistung übersteigt. 73

Bei Übertragung einer existenzsichernden und ihrem Wesen nach ertragbringenden Wirtschaftseinheit i. S. der Rz. 8 des BMF-Schreibens vom 26. August 2002 (BStBl I S. 893) ohne ausreichende Erträge sind die Grundsätze der Rz. 6 Satz 2, 17 bis 19, 38 und 39 des BMF-Schreibens vom 26. August 2002 (BStBl I S. 893) weiter anzuwenden, wenn das Vermögen aufgrund eines vor dem 1. November 2004 abgeschlossenen obligatorischen Vertrags übertragen worden ist und wenn der Übergeber und der Übernehmer übereinstimmend an der bisherigen steuerrechtlichen Beurteilung festhalten. An die einmal getroffene Entscheidung sind die Beteiligten für die Zukunft gebunden. 74

Rz. 10 und 13 des BMF-Schreibens vom 26. August 2002 (BStBl I S. 893) sind weiter anzuwenden, wenn das Vermögen aufgrund eines vor dem 1. November 2004 abgeschlossenen obligatorischen Vertrags übertragen worden ist und wenn der Übergeber und der Übernehmer übereinstimmend an der bisherigen steuerrechtlichen Beurteilung festhalten. An die einmal getroffene Entscheidung sind die Beteiligten für die Zukunft gebunden. 75

Rz. 21 Satz 3 ist nicht anzuwenden, wenn das Vermögen vor dem 1. November 2004 übertragen worden ist, der Übergeber und der Übernehmer entsprechend dem BMF-Schreiben vom 8. Januar 2004 (BStBl I S. 191) übereinstimmend die Anwendung der Rechtsgrundsätze des BFH-Beschlusses vom 12. Mai 2003 (BStBl 2004 II S. 95) beantragt haben und an diesem Antrag weiterhin festhalten. An die einmal getroffene Entscheidung sind die Beteiligten für die Zukunft gebunden. 76

Steuerermäßigung bei Einkünften aus Gewerbebetrieb gemäß § 35 EStG

BMF vom 24. Februar 2009 (BStBl I S. 440)
IV C 6 – S 2296-a/08/1002-2007/0220243

Inhaltsverzeichnis

Im Einvernehmen mit den obersten Finanzbehörden der Länder nehme ich zur Anwendung der Steuerermäßigung bei Einkünften aus Gewerbebetrieb nach § 35 EStG wie folgt Stellung:

1. Anwendungsbereich

1 § 35 EStG ist erstmals für den Veranlagungszeitraum 2001 anzuwenden. Dies gilt auch für Einkünfte aus einem Gewerbebetrieb mit einem vom Kalenderjahr abweichenden Wirtschaftsjahr, wenn das Wirtschaftsjahr nach dem 31. Dezember 2000 endet (§ 52 Abs. 50a EStG 2001). Begünstigt sind unbeschränkt und beschränkt steuerpflichtige natürliche Personen mit Einkünften aus Gewerbebetrieb als Einzelunternehmer oder als unmittelbar oder mittelbar beteiligter Mitunternehmer i. S. d. § 15 Abs. 1 Satz 1 Nr. 2 EStG oder i. S. d. § 15 Abs. 3 Nr. 1 oder 2 EStG. Begünstigt sind auch die persönlich haftenden Gesellschafter einer Kommanditgesellschaft auf Aktien (KGaA) mit ihren Gewinnanteilen (§ 15 Abs. 1 Satz 1 Nr. 3 EStG).

2 § 35 EStG in der Fassung des Unternehmensteuerreformgesetz 2008 vom 14. August 2007 (BGBl. I S. 1912), geändert durch das Jahressteuergesetz 2008 vom 20. Dezember 2007 (BGBl. I S. 3150) und das Jahressteuergesetz 2009 vom 19. Dezember 2008 (BGBl. I S. 2794), ist erstmalig für den Veranlagungszeitraum 2008 anzuwenden. Gewerbesteuer-Messbeträge, die Erhebungszeiträumen zuzuordnen sind, die vor dem 1. Januar 2008 enden, sind nur mit dem 1,8fachen des Gewerbesteuer-Messbetrages zu berücksichtigen.

3 Beispiel:

A ist an der AB-OHG unmittelbar beteiligt. Die AB-OHG ist wiederum an der CD-OHG beteiligt.

A bezieht in 2008 aus der Beteiligung an der AB-OHG folgende Einkünfte:

- 50 000 Euro unmittelbar aus der Beteiligung an der AB-OHG. Die AB-OHG hat ein vom Kalenderjahr abweichendes Wirtschaftsjahr (01.07 bis 30.06.). Den Gewinn – ohne Berücksichtigung von eigenen Beteiligungserträgen – erzielt sie für das Wirtschaftsjahr 01. 07. 2007 bis 30. 06. 2008.
- 10 000 Euro mittelbar aus der Untergesellschaft CD-OHG. Das Wirtschaftjahr der CD-OHG entspricht dem Kalenderjahr. Der Gewinn wurde im Wirtschaftsjahr 01. 01. 2007 bis 31. 12. 2007 erzielt.

Lösung:

Der Gewerbeertrag der AB-OHG als Grundlage für die Berechnung des Gewerbesteuer-Messbetrags gilt gem. § 10 Abs. 2 GewStG als in dem Erhebungszeitraum 2008 bezogen. Der Gewerbeertrag für die CD-OHG, der aufgrund der Kürzungsvorschrift des § 9 Nr. 2 GewStG nicht in dem Gewerbeertrag der AB-OHG enthalten ist, aber dem nach § 35 Abs. 2 Satz 5 EStG in die Feststellung einzubeziehenden anteiligen Gewerbesteuer-Messbetrag zugrunde liegt, ist Grundlage für die Berechnung der Gewerbesteuer für den Erhebungszeitraum 2007.

A bezieht somit für 2008 Einkünfte aus Gewerbebetrieb, denen zwei unterschiedliche Erhebungszeiträume zu Grunde liegen. Für die Einkünfte aus dem Erhebungszeitraum 2007 (10 000 Euro aus der mittelbaren Beteiligung an der CD-OHG) ist für die Steuerermäßigung des § 35 EStG der Anrechungsfaktor 1,8 zu berücksichtigen, zudem ist die Steuerermäßigung auf die tatsächlich zu zahlende Gewerbesteuer begrenzt.

Die Steuerermäßigung nach § 35 EStG mindert die Bemessungsgrundlage des Solidaritätszuschlags (§ 3 Abs. 2 SolZG), nicht aber die Bemessungsgrundlage der Kirchensteuer (§ 51a Abs. 2 Satz 3 EStG i. V. m. den jeweiligen Kirchensteuergesetzen). 4

2. Tarifliche Einkommensteuer i. S. d. § 35 Abs. 1 EStG

Ausgangsgröße für die Steuerermäßigung nach § 35 EStG ist die tarifliche Einkommensteuer, vermindert um die anzurechnenden ausländischen Steuern nach § 34c Abs. 1 und 6 EStG und § 12 AStG (tarifliche Einkommensteuer i. S. d. § 35 Abs. 1 *Satz 1* EStG). Die Steuerermäßigungen nach § 34f EStG, *§ 34g EStG* sowie nach *§ 35a* EStG sind erst nach Abzug der Steuerermäßigung nach § 35 EStG zu berücksichtigen. 5

3. Anrechnungsvolumen

Das Anrechnungsvolumen ist begrenzt auf den Ermäßigungshöchstbetrag (siehe Rz. 16 ff.); es darf die tatsächlich zu zahlende Gewerbesteuer (§ 35 Abs. 1 Satz 5 EStG) nicht übersteigen (Rz. 7). 6

Die tatsächlich zu zahlende Gewerbesteuer entspricht grundsätzlich der im Gewerbesteuerbescheid festgesetzten Gewerbesteuer für den jeweiligen Betrieb (vgl. § 35 Abs. 3 Satz 2 EStG) und in den Fällen des § 35 Abs. 1 Satz 1 Nr. 2 EStG der jeweils anteiligen festgesetzten Gewerbesteuer. Erfolgt die Festsetzung der Einkommensteuer vor Bekanntgabe des Gewerbesteuerbescheides durch die Gemeinde, kann die tatsächlich zu zahlende Gewerbesteuer auf der Grundlage des festgestellten Gewerbesteuer-Messbetrages und des Hebesatzes angesetzt werden (§ 16 Abs. 1 GewStG). Bei einer Abweichung zwischen der zunächst dem Einkommensteuerbescheid zugrunde gelegten „tatsächlich zu zahlenden Gewerbesteuer" und der im Gewerbesteuerbescheid festgesetzten Gewerbesteuer kann der Einkommensteuerbescheid nach § 175 Abs. 1 Satz 1 Nr. 1 AO geändert werden. Entsprechendes gilt, wenn die Kommune nach Bekanntgabe des Gewerbesteuerbescheides die tatsächlich zu zahlende Gewerbesteuer aufgrund einer Billigkeitsmaßnahme nach § 163 AO mindert. Bei einer Billigkeitsmaßnahme im Erhebungsverfahren gemäß § 227 AO besteht die Möglichkeit einer Änderung des Einkommensteuerbescheides gemäß § 175 Abs. 1 Satz 1 Nr. 2 AO. 7

Der Steuerpflichtige ist gemäß § 153 Abs. 2 AO verpflichtet, dem Finanzamt die Minderung der tatsächlich zu zahlenden Gewerbesteuer unverzüglich mitzuteilen.

Die Höhe der Steuerermäßigung beträgt das *3,8*-fache des nach § 14 GewStG festgesetzten Gewerbesteuer-Messbetrags oder des anteiligen Gewerbesteuer-Messbetrags (Anrechnungsvolumen). Maßgebend ist der Gewerbesteuer-Messbetrag, der für den Erhebungszeitraum festgesetzt worden ist, der dem Veranlagungszeitraum entspricht. Bei einem vom Kalenderjahr abweichenden Wirtschaftsjahr wird der Gewerbeertrag dem Erhebungszeitraum zugerechnet, in dem das Wirtschaftsjahr endet (§ 10 Abs. 2 GewStG). 8

Zur Ermittlung des auf den Mitunternehmer oder des auf den persönlich haftenden Gesellschafter einer KGaA entfallenden anteiligen Gewerbesteuer-Messbetrags siehe Rz. 29. 9

Sind dem Steuerpflichtigen als Einzelunternehmer oder als unmittelbarer oder mittelbarer Mitunternehmer Gewinne aus mehreren Gewerbebetrieben zuzurechnen, sind die jeweiligen Gewerbesteuer-Messbeträge für jeden Gewerbebetrieb und für jede Mitunternehmerschaft getrennt zu ermitteln, *mit dem Faktor 3,8 zu vervielfältigen und auf die zu zahlende Gewerbesteuer zu begrenzen. Dabei sind bei negativen gewerblichen Einkünften eines Betriebes (oder aus einer Beteiligung) – auf Grund von Hinzurechnungen entstehende – zugehörige Gewerbesteuer-Messbetrag und die zu zahlende Gewerbesteuer nicht zu berücksichtigen. Die so ermittelten Beträge sind* zur Berechnung des Anrechnungsvolumens zusammenzufassen. Bei zusammenveranlagten Ehegatten sind die Anrechnungsvolumina der Ehegatten zusammenzufassen. 10

Die Festsetzungen des Gewerbesteuer-Messbetrags, *der zu zahlenden Gewerbesteuer* und die Feststellung der *Prozentsätze* nach § 35 Abs. 2 EStG (anteiliger Gewerbesteuer-Messbetrag *und anteilig zu zahlende Gewerbesteuer* bei Mitunternehmerschaften und KGaA) sind bei der Ermitt- 11 lung der Steuerermäßigung nach § 35 Abs. 1 EStG Grundlagenbescheide (§ 35 Abs. 3 Satz 2 EStG).

12 *Nicht nutzbares Anrechnungsvolumen kann nicht auf vorherige und nachfolgende Veranlagungszeiträume übertragen werden (vgl. BFH-Urteil vom 23. April 2008, BStBl II S. 7)*

13 Der auf einen Veräußerungs- oder Aufgabegewinn nach § 18 Abs. 4 Satz 1 und 2 UmwStG *a. F.*, § 18 Abs. 3 Satz 1 und 2 UmwStG i. d. F. des SEStEG entfallende Gewerbesteuer-Messbetrag bleibt bei der Ermäßigung der Einkommensteuer nach § 35 EStG unberücksichtigt (§ 18 Abs. 4 Satz 3 UmwStG, neu § 18 Abs. 3 Satz 3 UmwStG i. d. F. des SEStEG). § 35 EStG findet keine Anwendung auf Gewinne, die der Tonnagebesteuerung nach § 5a EStG unterliegen (§ 5a Abs. 5 EStG)*; insoweit sind auch der (anteilig) darauf entfallende Gewerbesteuer-Messbetrag und die (anteilig) darauf entfallende, tatsächlich zu zahlende Gewerbesteuer nicht zu berücksichtigen.*

4. Gewerbliche Einkünfte i. S. d. § 35 EStG

14 Die gewerblichen Einkünfte i. S. d. § 35 EStG umfassen die Einkünfte aus Gewerbebetrieb i. S. d. § 15 EStG, wenn sie gewerbesteuersteuerpflichtig und nicht von der Anwendung des § 35 EStG ausgeschlossen sind (vgl. Rz. *13*). Einkünfte i. S. d. §§ 16 und 17 EStG gehören grundsätzlich nicht zu den gewerblichen Einkünften i. S. d. § 35 EStG. In die gewerblichen Einkünfte i. S. d. § 35 EStG einzubeziehen sind jedoch die gewerbesteuerpflichtigen Veräußerungsgewinne aus der 100 %igen Beteiligung an einer Kapitalgesellschaft (§ 16 Abs. 1 Satz 1 Nr. 1 Satz 2 EStG), wenn die Veräußerung nicht im engen Zusammenhang mit der Aufgabe des Gewerbebetriebs erfolgt (vgl. Abschn. 39 Abs. 1 Nr. 1 Satz 13 GewStR) sowie die Veräußerungsgewinne, die nach § 7 Satz 2 GewStG gewerbesteuerpflichtig sind. Der Gewinn aus der Veräußerung eines Teils eines Mitunternehmeranteils i. S. d. § 16 Abs. 1 Satz 2 EStG gehört als laufender Gewinn auch zu den gewerblichen Einkünften i. S. d. § 35 EStG. Die auf einen Veräußerungs- oder Aufgabegewinn nach § 18 Abs. 4 Satz 1 und 2 UmwStG, neu § 18 Abs. 3 Satz 1 und 2 UmwStG i. d. F. des SEStEG entfallenden Einkünfte aus Gewerbebetrieb sind nicht in die gewerblichen Einkünfte i. S. d. § 35 EStG einzubeziehen.

15 *Nicht entnommene Gewinne i. S. d. § 34a EStG sind im Veranlagungszeitraum ihrer begünstigten Besteuerung bei der Steuerermäßigung nach § 35 EStG einzubeziehen. Im Veranlagungszeitraum der Nachversteuerung i. S. d. § 34a Abs. 4 EStG*

- gehören die Nachversteuerungsbeträge nicht zu den begünstigten gewerblichen Einkünften,
- *gehört die Einkommensteuer auf den Nachversteuerungsbetrag zur tariflichen Einkommensteuer.*

5. Ermittlung des Ermäßigungshöchstbetrags *(§ 35 Abs. 1 Satz 2 EStG)*

16 Die Steuerermäßigung wird durch § 35 Abs. 1 EStG auf die tarifliche Einkommensteuer beschränkt, die anteilig auf die gewerblichen Einkünfte entfällt (Ermäßigungshöchstbetrag).

Der Ermäßigungshöchstbetrag wird wie folgt ermittelt (§ 35 Abs. 1 Satz 2 EStG):

$$\frac{\text{Summer der positiven Einkünfte}}{\text{Summer aller positiven Einküfte}} \times \text{geminderte tarifliche Steuer}$$

Positive Einkünfte im Sinne dieser Berechnungsformel sind die positiven Einkünfte aus der jeweiligen Einkunftsquelle. Eine Saldierung der positiven mit den negativen Einkunftsquellen innerhalb der gleichen Einkunftsarten (sog. horizontaler Verlustausgleich) und zwischen den verschiedenen Einkunftsarten (sog. vertikaler Verlustausgleich) erfolgt nicht.

Aus Vereinfachungsgründen können die Einkünfte i. S. d. § 20 EStG als aus einer Einkunftsquelle stammend gelten.

Aus Vereinfachungsgründen gelten die Einkünfte i. S. d. § 20 EStG als aus einer Einkunftsquelle stammend.

17 **Beispiel 1:**

Der ledige Steuerpflichtige A erzielt folgende Einkünfte

§ 15 EStG, Gewerbebetrieb 1		– 150 000 €
§ 15 EStG, Gewerbebetrieb 1		120 000 €
§ 17 EStG (nicht gewerbl. i. S. d. § 35 EStG)	30 000 €	
§ 21 EStG, Grundstück 1		– 100 000 €
§ 21 EStG, Grundstück 2		200 000 €
Summe der Einkünfte		100 000 €

Lösung:

Der Ermäßigungshöchstbetrag ermittelt sich wie folgt:

$$\frac{\text{120 000 (Einkünfte Gewerbebetrieb 2)}}{\text{350 000 (Einkünfte Gewerbebetrieb 2 + Einkünfte Grundstück 2)}} \times \text{geminderte tarifliche Steuer}$$

Beispiel 2:

Ein zusammenveranlagtes Ehepaar erzielt folgende Einkünfte: 18

	EM		EF	
§ 15 EStG	50 000 €	Gewerbebetrieb EM	– 25 000 €	Gewerbebetrieb EF
§ 19 EStG			10 000 €	
§ 21 EStG	– 30 000 €	Grundstück EM	25 000 €	Grundstück EF
Summe der Einkünfte:			30 000 €	

Lösung:

Der Ermäßigungshöchstbetrag ermittelt sich wie folgt:

$$\frac{\text{50 000 (Einkünfte aus Gewerbebetrieb EM)}}{\text{85 000 (Einkünfte Gewerbebetrieb EM + Einkünfte § 19 + Einkünfte Grundstück EF)}} \times \text{geminderte tarifliche Steuer}$$

6. Steuerermäßigung bei Mitunternehmerschaften

6.1. Aufteilung nach dem allgemeinen Gewinnverteilungsschlüssel

Der anteilige Gewerbesteuer-Messbetrag von Mitunternehmern ist gemäß § 35 Abs. 2 Satz 2 EStG nach Maßgabe des allgemeinen Gewinnverteilungsschlüssels zu ermitteln; auf die Verteilung im Rahmen der einheitlichen und gesonderten Feststellung der Einkünfte aus Gewerbebetrieb kommt es dabei nicht an. Dies gilt auch für Fälle der atypisch stillen Gesellschaft. 19

Für die Verteilung aufgrund des allgemeinen Gewinnverteilungsschlüssels ist grundsätzlich die handelsrechtliche Gewinnverteilung maßgeblich. Diese ergibt sich entweder aus den gesetzlichen Regelungen des HGB oder aus abweichenden gesellschaftsvertraglichen Vereinbarungen. 20

Dies gilt jedoch nur insoweit, wie die handelsrechtliche Gewinnverteilung auch in steuerrechtlicher Hinsicht anzuerkennen ist. So sind steuerrechtliche Korrekturen der Gewinnverteilung bei Familienpersonengesellschaften in Fällen, in denen die gesellschaftsvertragliche Gewinnverteilung nicht anerkannt wird oder steuerrechtliche Korrekturen in Fällen, in denen eine unzulässige rückwirkende Änderung der Gewinnverteilungsabrede festgestellt wird, auch bei der Ermittlung des allgemeinen Gewinnverteilungsschlüssels i. S. d. § 35 Abs. 2 Satz 2 EStG zu berücksichtigen. 21

Bei der Ermittlung des Aufteilungsmaßstabs für den Gewerbesteuer-Messbetrag sind Vorabgewinnanteile nach § 35 Abs. 2 Satz 2 2. Halbsatz EStG nicht zu berücksichtigen. Dies gilt auch für Sondervergütungen i. S. d. § 15 Abs. 1 Satz 1 Nr. 2 EStG, die in ihrer Höhe nicht vom Gewinn abhängig sind, sowie für die Ergebnisse aus Sonder- und Ergänzungsbilanzen. 22

Demgegenüber sind gewinnabhängige Vorabgewinnanteile Bestandteil des allgemeinen Gewinnverteilungsschlüssels i. S. d. § 35 Abs. 2 Satz 2 EStG. Dies gilt auch für gewinnabhängige Sondervergütungen i. S. d. § 15 Abs. 1 Satz 1 Nr. 2 EStG. 23

Beispiel: 24

Bei einer OHG wird die Gewinnverteilung durch gesellschaftsvertragliche Regelungen wie folgt vorgenommen:

a) Als Vorabgewinn erhalten die Geschäftsführer ihre ihnen nach dem Gesellschaftervertrag oder nach ihrem Geschäftsführervertrag zustehenden Tantiemen. Der Vorabgewinn ist für alle Geschäftsführer zusammen auf höchstens 10 % des Jahresergebnisses begrenzt. In diesem Rahmen dürfen jedem einzelnen Geschäftsführer vertraglich bis zu 2 % des Jahresergebnisses als Tantieme zugebilligt werden.

b) Von dem verbleibenden Betrag erhält jeder Gesellschafter in Gewinnjahren eine Vorab-Zuweisung in Höhe von bis zu 7 % des Nominalbetrags seines Kapitalanteils (Kapitalkonto I).

c) Der Restbetrag ist nach Maßgabe des allgemeinen Gewinnverteilungsschlüssels auf die Gesellschafter zu verteilen.

Lösung:

Die gewinnabhängigen Gewinnbestandteile unter a) und b), die vor der (abschließenden) Gewinnschlüsselung eines (eventuellen) Restbetrags den Gesellschaftern zugerechnet werden, hängen von der Höhe des von der OHG erzielten Gewinns ab. Deshalb müssen im Beispielsfall auch die unter Buchstaben a) und b) dargestellten Gewinnabreden als Bestandteil des allgemeinen Gewinnverteilungsschlüssels i. S. d. § 35 Abs. 2 Satz 2 EStG angesehen werden.

25 Gewerbesteuer-Messbeträge aus gewerbesteuerpflichtigen Veräußerungsgewinnen sind ebenfalls entsprechend dem allgemeinen Gewinnverteilungsschlüssel aufzuteilen.

26 In die Aufteilung sind auch Gesellschafter einzubeziehen, für die eine Ermäßigung nach § 35 EStG nicht in Betracht kommt, beispielsweise Kapitalgesellschaften.

6.2. Besonderheiten bei mehrstöckigen Gesellschaften

27 Bei mehrstöckigen Mitunternehmerschaften sind die anteilig auf die Obergesellschaft entfallenden Gewerbesteuer-Messbeträge sämtlicher Untergesellschaften den Gesellschaftern der Obergesellschaft nach Maßgabe des allgemeinen Gewinnverteilungsschlüssels zuzurechnen (§ 35 Abs. 2 Satz 5 EStG). Dies gilt auch für die Zurechnung eines anteiligen Gewerbesteuer-Messbetrags einer Untergesellschaft an den mittelbar beteiligten Gesellschafter, wenn sich auf der Ebene der Obergesellschaft ein negativer Gewerbeertrag und damit ein Gewerbesteuer-Messbetrag von 0 Euro ergibt. *Ein aus gewerbesteuerlichen Hinzurechnungen resultierender positiver Gewerbesteuer-Messbetrag der Unter- oder Obergesellschaft, dem jedoch negative gewerbliche Einkünfte zu Grunde liegen (vgl. Rz. 10) ist nicht zu berücksichtigen. Für die Berücksichtigung der tatsächlich zu zahlenden Gewerbesteuer (§ 35 Abs. 1 Satz 5 EStG) gelten die Sätze 1 und 2 entsprechend.*

28 Beispiel:

A ist zu 70 % an der GmbH & Co. KG I beteiligt, die wiederum zu 50 % an der GmbH & Co. KG II beteiligt ist. Für die GmbH & Co. KG II wird ein Gewerbesteuer-Messbetrag von *1 000* € festgestellt. Dies führt damit zu einem der GmbH & Co. KG I für die Zwecke der Ermittlung des Ermäßigungsbetrags zuzurechnenden anteiligen Gewerbesteuer-Messbetrag von *500* € (50 % von *1 000* € entsprechend dem allgemeinen Gewinnverteilungsschlüssel). Die GmbH & Co. KG I erzielt einen negativen Gewerbeertrag. Dies führt zu einem Gewerbesteuer-Messbetrag von 0 €. Dieser Betrag ist nach § 35 Abs. 2 Satz 5 EStG um den aus der Beteiligung an der GmbH & Co. KG II stammenden anteiligen Gewerbesteuer-Messbetrag von *500* € zu erhöhen und anteilig entsprechend dem allgemeinen Gewinnverteilungsschlüssel dem Gesellschafter A zuzurechnen. Bei A ist demnach ein anteiliger Gewerbesteuer-Messbetrag von *350* € (70 % von *500* €) bei der Steuerermäßigung nach § 35 EStG zu berücksichtigen.

Die Gewerbesteuerfestsetzung der GmbH & Co. KG II erfolgte in Höhe von 3 600 €. Bei A ist demnach eine Steuerermäßigung in Höhe des 3,8fachen eines anteiligen Gewerbesteuer-Messbetrags von 350 € (=1 330 €), höchstens der Ermäßigungshöchstbetrag nach § 35 Abs. 1 Satz 2 EStG, und begrenzt auf eine anteilig tatsächlich zu zahlende Gewerbesteuer in Höhe von 1 260 € (70 % von 50 % von 3 600 €) zu berücksichtigen.

6.3. Der anteilige Gewerbesteuer-Messbetrag bei einer KGaA

29 Bei einer KGaA führt nur der auf die persönlich haftenden Gesellschafter entfallende Teil des Gewerbesteuer-Messbetrags zu einer Steuerermäßigung. Für die erforderliche Aufteilung des Gewerbesteuer-Messbetrags gilt die Regelung des § 35 Abs. 2 EStG. Zur Ermittlung des anteilig auf den persönlich haftenden Gesellschafter entfallenden Gewerbesteuer-Messbetrags ist ebenfalls auf den allgemeinen Gewinnverteilungsschlüssel (vgl. Rz. 18 ff.) abzustellen. Demnach ist das Verhältnis seines allgemeinen Gewinnanteils an der Gesellschaft, soweit er nicht auf seine Anteile am Grundkapital (Kommanditaktien) entfällt, zum Gesamtgewinn der KGaA maßgebend. Gewinnunabhängige Sondervergütungen werden bei der Ermittlung des Aufteilungsschlüssels nicht berücksichtigt.

Erhält der persönlich haftende Gesellschafter neben seiner Ausschüttung auf seine Anteile am Grundkapital beispielsweise nur eine gewinnunabhängige Tätigkeitsvergütung, beträgt sein anteiliger Gewerbesteuer-Messbetrag immer 0 Euro.

Für die Berücksichtigung der tatsächlich zu zahlenden Gewerbesteuer (§ 35 Abs. 1 Satz 5 EStG) gilt entsprechendes.

6.4. Ermittlung des Gewerbesteuer-Messbetrags bei unterjähriger Unternehmensübertragung und Gesellschafterwechsel

30 Tritt ein Gesellschafter während des Wirtschaftsjahrs in eine Personengesellschaft ein oder scheidet er aus dieser aus, und besteht die Personengesellschaft fort, geht der Gewerbebetrieb nicht

im Ganzen auf einen anderen Unternehmer über. Für Zwecke der Berechnung der Steuerermäßigung ist der für den Erhebungszeitraum festgestellte Gewerbesteuer-Messbetrag auf die einzelnen Gesellschafter aufzuteilen. Maßgeblich ist dabei der von den Gesellschaftern gewählte allgemeine Gewinnverteilungsschlüssel einschließlich der Vereinbarungen, die anlässlich des Eintritts oder des Ausscheidens des Gesellschafters getroffen worden sind. Der Veräußerungs- und Aufgabegewinn des ausscheidenden Gesellschafters beeinflusst den allgemeinen Gewinnverteilungsschlüssel nicht.

Wird ein Einzelunternehmen durch Aufnahme eines oder mehrerer Gesellschafter in eine Personengesellschaft umgewandelt oder scheiden aus einer Personengesellschaft alle Gesellschafter bis auf einen aus und findet dieser Rechtsformwechsel während des Kalenderjahrs statt, ist der für den Erhebungszeitraum ermittelte einheitliche Steuermessbetrag dem Einzelunternehmer und der Personengesellschaft anteilig zuzurechnen und getrennt festzusetzen (Abschn. 69 Abs. 2 GewStR). Die getrennte Festsetzung des anteiligen Steuermessbetrags ist jeweils für die Anwendung des § 35 EStG maßgeblich. Eine gesonderte Aufteilung des Gewerbesteuer-Messbetrags zwischen dem Einzelunternehmen und der Personengesellschaft ist daher nicht erforderlich. 31

Besteht die sachliche Gewerbesteuerpflicht bei Vorgängen nach dem UmwStG für das Unternehmen fort, obwohl der gewerbesteuerliche Steuerschuldner wechselt, so ergehen mehrere den Steuerschuldnerwechsel berücksichtigende Gewerbesteuer-Messbescheide mit Anteilen des einheitlichen Gewerbesteuer-Messbetrags. Diese Anteile sind bei der Ermittlung der Steuermäßigung nach § 35 EStG maßgeblich. 32

Für die Berücksichtigung der tatsächlich zu zahlenden Gewerbesteuer (§ 35 Abs. 1 Satz 5 EStG) gilt entsprechendes.

6.5. Gesonderte oder gesonderte und einheitliche Feststellung

Zuständig für die gesonderte Feststellung des anteiligen Gewerbesteuer-Messbetrags *und der tatsächlich zu zahlenden Gewerbesteuer* nach § 35 Abs. 2 EStG ist das für die gesonderte Feststellung der Einkünfte zuständige Finanzamt (§ 35 Abs. 3 Satz 1 EStG). Dabei sind die Festsetzung des Gewerbesteuer-Messbetrags, *die tatsächlich zu zahlende Gewerbesteuer* und die Festsetzung des anteiligen Gewerbesteuer-Messbetrags aus der Beteiligung an einer Mitunternehmerschaft Grundlagenbescheide (§ 35 Abs. 3 Satz 3 EStG). 33

Das Betriebsfinanzamt stellt außerdem die gewerblichen Einkünfte i. S. d. § 35 EStG und ggf. Verluste gemäß § 16 EStG, die nicht in die Ermittlung des Gewerbeertrages einzubeziehen sind, gesondert oder bei einer Beteiligung mehrerer Personen gesondert und einheitlich fest. 34

7. Anwendungszeitraum

Das BMF-Schreiben zu § 35 EStG vom 19. September 2007 (BStBl I S. 701) gilt letztmalig für den Veranlagungszeitraum 2007. Dieses Schreiben gilt erstmalig für Veranlagungszeiträume ab 2008. 35

Übersicht

I. Betrieblicher Schuldzinsenabzug gemäß § 4 Abs. 4a EStG
BMF vom 17. 11. 2005 (BStBl I S. 1019) ***unter Berücksichtigung der Änderungen durch BMF vom 7. 5. 2008 (BStBl I S. 588)***

II. Schuldzinsen für Kontokorrentkredite als Betriebsausgaben oder Werbungskosten
BMF vom 10. 11. 1993 (BStBl I S. 930)

III. Ertragsteuerliche Behandlung von Incentive-Reisen
BMF vom 14. 10. 1996 (BStBl I S. 1192)

IV. 1. Ertragsteuerliche Erfassung der Nutzung eines betrieblichen Kraftfahrzeugs zu Privatfahrten, zu Fahrten zwischen Wohnung und Betriebsstätte sowie zu Familienheimfahrten nach § 4 Abs. 5 Satz 1 Nr. 6 und § 6 Abs. 1 Nr. 4 Sätze 2 und 3 EStG; Anwendung des Gesetzes zur Einführung einer Entfernungspauschale vom 21. 12. 2000 (BStBl 2001 I S. 36) sowie des BFH-Urteils vom 3. 8. 2000 – III R 2/00 –, BStBl 2001 II S. 332
BMF vom 21. 1. 2002 (BStBl I S. 148)

2. Gesetz zur Eindämmung missbräuchlicher Steuergestaltungen vom 28. April 2006 (BGBl I S. 1095); Änderung des § 6 Abs. I Nr. 4 Satz 2 EStG – Begrenzung der Anwendung der 1 %-Regelung auf Fahrzeuge, die zu mehr als 50 Prozent betrieblich genutzt werden; Nachweispflichten
BMF vom 7. 7. 2006 (BStBl I S. 446)

V. Ertragsteuerliche Behandlung des Sponsoring
BMF 18. 2. 1998 (BStBl I S. 212)

VI. Einkommensteuerliche Behandlung der Aufwendungen für ein häusliches Arbeitszimmer nach § 4 Abs. 5 Satz 1 Nr. 6b, § 9 Abs. 5 und § 10 Abs. 1 Nr. 7 EStG;
Neuregelung durch das Steueränderungsgesetz 2007 vom 19. Juli 2006 (BGBl. I S. 1652, BStBl I S. 432)
BMF vom 3. 4. 2007 (BStBl I S. 442)

VII. unbesetzt

VIII. Nutzungsüberlassung von Betrieben mit Substanzerhaltungspflicht des Berechtigten; sog. Eiserne Verpachtung
BMF vom 21. 2. 2002 (BStBl I S. 262)

IX. Ertragsteuerliche Behandlung von Sanierungsgewinnen; Steuerstundung und Steuererlass aus sachlichen Billigkeitsgründen (§§ 163, 222, 227 AO)
BMF vom 27. 3. 2003 (BStBl I S. 240).

X. Anwendung des Halbeinkünfteverfahrens bei der Veräußerung von Betrieben, Teilbetrieben, Mitunternehmeranteilen und Beteiligungen an Kapitalgesellschaften gegen wiederkehrende Leistungen, bei denen der Steuerpflichtige die Zuflussbesteuerung gewählt hat; Anwendung von R 139 Abs. 11 und R 139 Abs. 11 und R 140 Abs. 7 Satz 2 EStR
BMF vom 3. 8. 2004 (BStBl I S. 1187)

XI. 1. Ertragsteuerliche Behandlung von Aufwendungen für VIP-Logen in Sportstätten
BMF vom 22. 8. 2005 (BStBl I S. 845)

2. Ertragsteuerliche Behandlung von Aufwendungen für VIP-Logen in Sportstätten, Anwendung der Vereinfachungsregelung auf ähnliche Sachverhalte
BMF vom 22. 8. 2005 (BStBl I S. 845)

XII. Gewährung des Freibetrages nach § 16 Abs. 4 EStG und der Tarifermäßigung nach § 34 Abs. 3 EStG
BMF vom 20. 12. 2005 (BStBl I 2006 S. 7)

XIII. Ertragsteuerliche Folgen aus der Umsetzung der auf EU-Ebene beschlossenen Reform der Gemeinsamen Agrarpolitik (GAP) in nationales Recht
BMF vom 25. 6. 2008 (BStBl I S. 682) unter Berücksichtigung der Änderungen durch BMF vom 13. 10. 2008 (BStBl I S. 939)

I
Betrieblicher Schuldzinsenabzug gemäß § 4 Abs. 4a EStG

BMF vom 17. 11. 2005 (BStBl I S. 1019)
IV C 2 - S 2144-50/05
unter Berücksichtigung der Änderungen durch BMF vom 7. 5. 2008 (BStBl I S. 588)
IV B 2 - S 2144/07/0001[1])

Unter Bezugnahme auf das Ergebnis der Erörterung mit den obersten Finanzbehörden der Länder gilt zur Berücksichtigung von Schuldzinsen nach § 4 Abs. 4a EStG Folgendes:

Übersicht

[1]Durch § 4 Abs. 4a EStG in der Fassung des Gesetzes zur Bereinigung von steuerlichen Vorschriften (Steuerbereinigungsgesetz 1999) vom 22. Dezember 1999 (BGBl. I S. 2601, BStBl 2000 I S. 13) ist die Abziehbarkeit von Schuldzinsen als Betriebsausgaben gesetzlich neu geregelt worden. [2]Mit dem Steueränderungsgesetz 2001 vom 20. Dezember 2001 (BGBl. I S. 3794, BStBl 2002 I S. 4) wurde die Vorschrift mit Wirkung ab dem Veranlagungszeitraum 2001 geändert.

[1]Der Neuregelung unterliegen nur Schuldzinsen, die betrieblich veranlasst sind. Dies erfordert im Hinblick auf die steuerliche Abziehbarkeit eine zweistufige Prüfung. [2]In einem ersten Schritt ist zu ermitteln, ob und inwieweit Schuldzinsen zu den betrieblich veranlassten Aufwendungen gehören. [3]In einem zweiten Schritt muss geprüft werden, ob der Betriebsausgabenabzug im Hinblick auf Überentnahmen eingeschränkt ist. 1

I. Betrieblich veranlasste Schuldzinsen[2])

[1]Die betriebliche Veranlassung von Schuldzinsen bestimmt sich nach den vom BFH entwickelten Grundsätzen. Insbesondere die Rechtsgrundsätze in den BFH-Beschlüssen vom 4. Juli 1990 (BStBl II S. 817) und vom 8. Dezember 1997 (BStBl II S. 193) sowie in den BFH-Urteilen vom 4. März 1998 (BStBl II S. 511) und vom 19. März 1998 (BStBl II S. 513) sind weiter anzuwenden. [2]Danach sind Schuldzinsen anhand des tatsächlichen Verwendungszwecks der Darlehensmittel der Erwerbs- oder Privatsphäre zuzuordnen. 2

[1]Darlehen zur Finanzierung außerbetrieblicher Zwecke, insbesondere zur Finanzierung von Entnahmen, sind nicht betrieblich veranlasst. Unterhält der Steuerpflichtige für den betrieblich und den privat veranlassten Zahlungsverkehr ein einheitliches – gemischtes – Kontokorrentkonto, ist für die Ermittlung der als Betriebsausgaben abziehbaren Schuldzinsen der Sollsaldo grundsätzlich aufzuteilen. [2]Das anzuwendende Verfahren bei der Aufteilung ergibt sich aus Tz. 11 bis 18 des BMF-Schreibens vom 10. November 1993 (BStBl I S. 930).[3]) 3

[1]Dem Steuerpflichtigen steht es frei, zunächst dem Betrieb Barmittel ohne Begrenzung auf einen Zahlungsmittelüberschuss zu entnehmen und im Anschluss hieran betriebliche Aufwendungen durch Darlehen zu finanzieren (sog. Zwei-Konten-Modell). [2]Wird allerdings ein Darlehen nicht 4

---

1) ***Durch BMF vom 7. 5. 2008 wurden die Rdnrn. 25, 30, 31, 32, 32c und 32d neu gefasst und die Rdnr. 40 eingefügt.***
2) Bestätigt durch BFH vom 21. 9. 2005 (BStBl 2006 II S. 125).
3) Anm.: → Anhang 10 II.

zur Finanzierung betrieblicher Aufwendungen, sondern tatsächlich zur Finanzierung einer Entnahme verwendet, ist dieses Darlehen außerbetrieblich veranlasst. [3]Ein solcher Fall ist dann gegeben, wenn dem Betrieb keine entnahmefähigen Barmittel zur Verfügung stehen und die Entnahme von Barmitteln erst dadurch möglich wird, dass Darlehensmittel in das Unternehmen fließen.

Beispiel 1a:

5 Der Steuerpflichtige unterhält ein Betriebsausgabenkonto, das einen Schuldsaldo von 10 000 € aufweist. Auf dem Betriebseinnahmenkonto besteht ein Guthaben von 5 000 €; hiervon entnimmt der Steuerpflichtige 4 000 €.

Die Schuldzinsen auf dem Betriebsausgabenkonto sind in vollem Umfang betrieblich veranlasst.

Beispiel 1b:

6 Der Steuerpflichtige unterhält ein einziges betriebliches Girokonto, über das Einnahmen wie Ausgaben gebucht werden. Dieses Konto weist zum Zeitpunkt der Geldentnahme einen Schuldsaldo in Höhe von 5 000 € aus, der unstreitig betrieblich veranlasst ist. Durch die privat veranlasste Erhöhung des Schuldsaldos um 40 000 € auf 90 000 € ergeben sich höhere Schuldzinsen.

Durch Anwendung der Zinszahlenstaffelmethode muss der privat veranlasste Anteil der Schuldzinsen ermittelt werden. Die privat veranlasste Erhöhung des Schuldsaldos von 40 000 € führt nicht bereits zu einer Entnahme von zum Betriebsvermögen gehörenden Wirtschaftsgütern und ist daher nicht bei der Ermittlung der Entnahmen i. S. des § 4 Abs. 4a EStG zu berücksichtigen.[1])

[1]Eine Entnahme i. S. d. § 4 Abs. 4a Satz 2 EStG liegt erst in dem Zeitpunkt vor, in dem der privat veranlasste Teil des Schuldsaldos durch eingehende Betriebseinnahmen getilgt wird, weil insoweit betriebliche Mittel zur Tilgung einer privaten Schuld verwendet werden. [2]Aus Vereinfachungsgründen ist es jedoch nicht zu beanstanden, wenn der Steuerpflichtige schon die Erhöhung des Schuldsaldos aus privaten Gründen als Entnahme bucht und bei der Tilgung des privat veranlassten Schuldsaldos keine Entnahmebuchung mehr vornimmt.

Entsprechendes gilt, wenn der Steuerpflichtige zwei Konten unterhält und die privat veranlasste Erhöhung des Schuldsaldos durch betriebliche Zahlungseingänge oder durch Umbuchung vom Betriebseinnahmenkonto tilgt.

Beispiel 1c:

7 Der Steuerpflichtige benötigt zur Anschaffung einer Motoryacht, die er zu Freizeitzwecken nutzen will, 10 000 €. Mangels ausreichender Liquidität in seinem Unternehmen kann er diesen Betrag nicht entnehmen. Er möchte auch sein bereits debitorisch geführtes betriebliches Girokonto hierdurch nicht weiter belasten. Daher nimmt er zur Verstärkung seines betrieblichen Girokontos einen „betrieblichen" Kredit auf und entnimmt von diesem den benötigten Betrag.

---

1) Anm.: Zum sog. umgekehrten Zweikontenmodell →OFD Koblenz 27. 3. 2003 (StEd 2003 S. 367) – Auszug –:
Soweit durch privat veranlasste Mittelabflüsse von einem betrieblichen Konto (gemischtes Kontokorrentkonto, Betriebsausgabenkonto, Betriebseinnahmenkonto oder Darlehenskonto) ein Negativsaldo entsteht oder sich erhöht, handelt es sich um eine Verbindlichkeit, die unmittelbar im Privatvermögen entsteht. Die insoweit verwendeten Mittel sind – im Gegensatz zur privat veranlassten Verwendung eines Guthabens auf einem betrieblichen Konto – zu keinem Zeitpunkt dem Betriebsvermögen zuzurechnen. Derartige Mittelabflüsse werden üblicherweise als kreditfinanzierte Entnahmen bezeichnet und buchungstechnisch als Entnahmen behandelt; sie sind nach Tz. 6 des BMF-Schreibens bei der Ermittlung der Überentnahmen im Sinne des § 4 Abs. 4a EStG nicht zu berücksichtigen.
Soweit ein solcher privat veranlasster Schuldsaldo durch eingehende Betriebseinnahmen oder durch Umbuchung vom Betriebseinnahmenkonto getilgt wird, liegt eine privat veranlasste Verwendung von betrieblichen Mitteln (= Einnahme) vor. Hierbei handelt es sich – im Gegensatz zu dem vorerwähnten privat veranlassten Mittelabfluss (= kreditfinanzierte Entnahme) – um eine Entnahme, die bei der Ermittlung der Überentnahmen im Sinne des § 4 Abs. 4a EStG zu berücksichtigen ist.

Anm.: Bei der Einschränkung des betrieblichen Schuldzinsenabzugs nach § 4 Abs. 4a EStG in dem Fall, dass die Entnahmen höher sind als die Summe aus Gewinn und Einlagen des Wirtschaftsjahres, sind auch Entnahmen auf Grund der nach § 52 Abs. 15 Satz 6 EStG bis zum 31. 12. 1998 zwangsweise vorzunehmenden Überführung von Wohnungen aus dem land- und forstwirtschaftlichen Vermögen in das Privatvermögen zu berücksichtigen (→ BMF vom 16. 6. 2003 – IV A 6 – S 2144–86/01).

Das Darlehen ist privat veranlasst, da es tatsächlich zur Finanzierung einer Entnahme verwendet wird und dem Betrieb keine entnahmefähigen Barmittel zur Verfügung standen. Die auf das Darlehen entfallenden Schuldzinsen sind dem privaten Bereich zuzuordnen. Der Betrag von 10 000 € ist nicht bei der Ermittlung der Entnahmen i. S. des § 4 Abs. 4a EStG zu berücksichtigen.

II. Überentnahme (§ 4 Abs. 4a Satz 2 EStG)

1. Begriffe Gewinn, Entnahme, Einlage

Der Abzug betrieblich veranlasster Schuldzinsen ist eingeschränkt, wenn Überentnahmen vorliegen. Dies ist grundsätzlich der Fall, wenn die Entnahmen höher sind als die Summe aus Gewinn und Einlagen des Wirtschaftsjahrs.

[1]Die Regelung enthält zu den Begriffen Gewinn, Entnahme und Einlagen keine von § 4 Abs. 1 EStG abweichenden Bestimmungen. Es gelten daher die allgemeinen Grundsätze. [2]Maßgebend ist der steuerliche Gewinn[1]) unter Berücksichtigung außerbilanzieller Hinzurechnungen vor Anwendung des § 4 Abs. 4 a EStG. [3]Hierzu gehören auch Übergangsgewinne i. S. v. R 17 EStR 2003[2]). Hierbei ist auf den Gewinn des jeweiligen Betriebs abzustellen. [4]Daher bleiben einheitlich und gesondert festgestellte Gewinn-/Verlustanteile aus im Betriebsvermögen gehaltenen Beteiligungen an Mitunternehmerschaften (z. B. bei doppelstöckigen Personengesellschaften) unberücksichtigt. [5]Erst Auszahlungen aus Gewinnanteilen zwischen den verbundenen Unternehmen sind wie Entnahmen oder Einlagen zu behandeln. [6]Steuerfreie Gewinne gehören zum Gewinn. [7]Bei steuerfreien Entnahmen (z. B. § 13 Abs. 4 und 5, § 14a Abs. 4 EStG) ist grundsätzlich der sich aus § 6 Abs. 1 Nr. 4 EStG ergebende Wert anzusetzen. [8]Aus Vereinfachungsgründen kann jedoch die Entnahme mit dem Buchwert angesetzt werden, wenn die darauf beruhende Gewinnerhöhung ebenfalls außer Ansatz bleibt. [10]Dies gilt sinngemäß in den Fällen des § 55 Abs. 6 EStG. 8

[1]Zum Gewinn gehört auch der Gewinn aus der Veräußerung oder Aufgabe eines Betriebes. [2]Zu den Entnahmen gehören auch Überführungen von Wirtschaftsgütern des Betriebsvermögens in das Privatvermögen anlässlich einer Betriebsaufgabe sowie der Erlös aus der Veräußerung eines Betriebes, soweit er in das Privatvermögen überführt wird (→ Anwendungsregelung Rdnr. 37). [3]Verbleibt nach der Betriebsaufgabe oder Betriebsveräußerung im Ganzen noch eine Überentnahme, sind Schuldzinsen nur unter den Voraussetzungen des § 4 Abs. 4a EStG als nachträgliche Betriebsausgaben zu berücksichtigen.. 9

Die Überführung oder Übertragung von Wirtschaftsgütern aus einem Betriebsvermögen in ein anderes Betriebsvermögen ist als Entnahme aus dem abgebenden Betriebsvermögen und als Einlage in das aufnehmende Betriebsvermögen zu behandeln, auch wenn dieser Vorgang nach § 6 Abs. 5 EStG zu Buchwerten erfolgt. 10

2. Auswirkung von Verlusten

[1]Mangels eigenständigen Gewinnbegriffs müssten Verluste in die Berechnung der Überentnahmen einfließen. [2]Nach Sinn und Zweck des Gesetzes ist aber in einem Verlustjahr die Überentnahme nicht höher als der Betrag anzusetzen, um den die Entnahmen die Einlagen des Wirtschaftsjahres übersteigen (Entnahmenüberschuss). [3]Der Verlust ist jedoch stets vorrangig mit Unterentnahmen vergangener und zukünftiger Wirtschaftsjahre zu verrechnen, d. h. Unterentnahmen des laufenden Wirtschaftsjahres sind primär mit nicht ausgeglichenen Verlusten des Vorjahres und umgekehrt Unterentnahmen des Vorjahres primär mit nicht ausgeglichenen Verlusten des laufenden Jahres zu verrechnen. [4]Entsprechendes gilt für einen Verlust, soweit er nicht durch einen Einlagenüberschuss ausgeglichen wird. 11

Verbleibende Verluste sind – ebenso wie die verbleibende Über- und Unterentnahmen – formlos festzuhalten. 12

Beispiel 2a:

Der Betrieb des Steuerpflichtigen hat für das Wirtschaftsjahr mit einem Verlust von 10 000 € abgeschlossen. Im Hinblick auf die Ertragslage des Betriebs hat der Steuerpflichtige keine Entnahmen vorgenommen. Dem Betrieb wurden aber auch keine Einlagen zugeführt. Im vorangegangenen Wirtschaftsjahr ergab sich eine Unterentnahme von 10 000 €. 13

Der Verlust bewirkt keine Überentnahme. Der Verlust ist mit der Unterentnahme des Vorjahres zu verrechnen, so dass ein Verlustbetrag von 9 000 € zur Verrechnung mit künftigen Unterentnahmen verbleibt.

1) Bestätigt durch BFH vom 7. 3. 2006 (BStBl II S. 588)
2) entspricht R 4.6 EStR

14 Das Gleiche gilt, wenn der Steuerpflichtige in einer Verlustsituation Entnahmen tätigt, die zu einem Entnahmenüberschuss dieses Wirtschaftsjahres führen. In diesen Fällen ergeben sich im Hinblick auf diese Entnahmen eine Überentnahme, die sich jedoch nicht noch um den Verlust erhöht.

Beispiel 2b:

15 Der Betrieb des Steuerpflichtigen hat für das Wirtschaftsjahr mit einem Verlust von 10 000 € abgeschlossen. Dem Betrieb wurden Einlagen i. H. v. 8 000 € zugeführt. Der Steuerpflichtige entnimmt keine liquiden Mittel, er nutzt indes – wie bisher – einen zum Betriebsvermögen gehörigen Pkw auch für Privatfahrten. Die Nutzungsentnahme wird nach der 1 %-Methode, bezogen auf einen Listenpreis von 6 000 €, mit 7 200 € angesetzt. Aus dem vorangegangenen Wirtschaftsjahr stammt eine Unterentnahme von 10 000 €.

Zunächst ist der Einlagenüberschuss zu ermitteln. Die Einlagen von 8 000 € abzüglich Entnahmen von 7 200 € ergeben einen Einlagenüberschuss von 7 800 €. Der Einlagenüberschuss ist mit dem Verlust zu verrechnen. Soweit der Verlust von 10 000 € nicht mit dem Einlagenüberschuss von 7 800 € verrechnet werden kann, ist er mit der Unterentnahme des Vorjahres zu verrechnen. Der verbleibende Verlust von 1 200 € ist mit künftigen Unterentnahmen zu verrechnen.

Beispiel 2c:

15a Aus dem Wirtschaftsjahr 01 resultiert eine Unterentnahme von 20 000 €. Im Wirtschaftsjahr 02 entsteht ein Verlust in Höhe von 15 000 €. Die Einlagen betragen 3 000 €, die Entnahmen 40 000 €.

Im Wirtschaftsjahr 03 beträgt der Verlust 10 000 €. Die Einlagen belaufen sich auf 30 000 €, die Entnahmen auf 10 000 €.

Wirtschaftsjahr 02:

Zunächst ist der Entnahmenüberschuss in Höhe von (3 000 € ./. 40 000 €) 37 000 € zu ermitteln. Dieser Betrag erhöht sich nicht um den Verlust in Höhe von 15 000 € (vgl. Rdnr. 11 Satz 2). Der Verlust ist jedoch mit der Unterentnahme des Vorjahres zu verrechnen; die verbleibende Unterentnahme i. H. v. (20 000 € ./. 15 000 €) 5 000 € ist vom Entnahmenüberschuss des laufenden Jahres abzusetzen, so dass eine Überentnahme in Höhe von 32 000 € verbleibt. Der Verlust ist aufgezehrt.

Wirtschaftsjahr 03:

Der Einlagenüberschuss dieses Wirtschaftsjahres (20 000 €) ist vorrangig mit dem Verlust dieses Wirtschaftsjahres (10 000 €) zu verrechnen (vgl. Rdnr. 11 Satz 4). Der danach verbleibende Einlagenüberschuss (10 000 €) ist mit der Überentnahme des Wirtschaftsjahres 02 (32 000 €) zu verrechnen, so dass sich für das Wirtschaftsjahr 03 eine Überentnahme von 22 000 € ergibt.

Abwandlung des Beispiels 2 c; Der Betrieb wurde im Wirtschaftsjahr 02 eröffnet.

Wirtschaftsjahr 02:

Der Entnahmenüberschuss beträgt ebenfalls (3 000 € ./. 40 000 €) 37 000 €. Der Verlust i. H. v. 15 000 € erhöht diesen Betrag nicht, er bleibt zur Verrechnung mit zukünftigen Unterentnahmen bestehen. Die Überentnahme im Wirtschaftsjahr 02 beträgt 37 000 €.

Wirtschaftsjahr 03:

Der Einlagenüberschuss des Wirtschaftsjahres 03 (20 000 €) ist zuerst mit dem Verlust dieses Wirtschaftsjahres (10 000 €) zu verrechnen. Der danach verbleibende Einlagenüberschuss (10 000 €) ist vorrangig mit dem verbliebenen Verlust des Vorjahres (15 000 €) zu verrechnen (vgl. Rdnr. 11 Satz 3). Danach verbleibt kein Verrechnungspotenzial für die Überentnahmen des Vorjahres, so dass für die Berechnung der nicht abziehbaren Schuldzinsen die Überentnahme des Vorjahres i. H. v. 37 000 € heranzuziehen ist. Das nicht ausgeglichene Verlustpotenzial i. H. v. 5 000 € ist in den Folgejahren zu berücksichtigen.

III. Korrektur der Einlagen und Entnahmen des 4. Quartals (§ 4 Abs. 4a Satz 3 EStG)[1])

16–18 nicht abgedruckt

IV. Ermittlung des Hinzurechnungsbetrages (§ 4 Abs. 4a Sätze 4 und 5 EStG)

19 [1]§ 4 Abs. 4a Satz 3 EStG bestimmt, dass die betrieblich veranlassten Schuldzinsen pauschal in Höhe von 6 % der Überentnahme des Wirtschaftsjahrs zuzüglich der verbliebenen Überent-

1) Überholt; § 4 Abs. 4a Satz 3 EStG -alt- wurde ab dem VZ 2001 durch das StÄndG 2001 aufgehoben.

nahme und abzüglich der verbliebenen Unterentnahme des vorangegangenen Wirtschaftsjahres zu nicht abziehbaren Betriebsausgaben umqualifiziert werden. [2]Der sich dabei ergebende Betrag, höchstens jedoch der um 2 050 € verminderte Betrag der im Wirtschaftsjahr angefallenen Schuldzinsen, ist nach § 4 Abs. 4a Satz 4 EStG dem Gewinn hinzuzurechnen.

Beispiel 3:

A hat sein Unternehmen am 1. Juni 02 mit einer Einlage von 50 000 € eröffnet. Er erwirtschaftete in 02 einen Verlust von 50 000 €. Entnahmen tätigte er in Höhe von 70 000 €. Betrieblich veranlasste Schuldzinsen – ohne Berücksichtigung von Zinsen für ein Investitionsdarlehen – fielen in Höhe von 15 000 € an. 20

Berechnung der Überentnahme:	
Einlage	50 000 €
Entnahme	./. 70 000 €
Entnahmenüberschuss	20 000 €
Verlust (vgl. Tz. 11 bis *15a*)	50 000 €
Überentnahme	20 000 €
Berechnung des Hinzurechnungsbetrages:	
20 000 € × 6 % =	1 200 €
Berechnung des Höchstbetrages:	
Tatsächlich angefallene Zinsen	15 000 €
./. Kürzungsbetrag	2 050 €
	12 950 €

Da der Hinzurechnungsbetrag den Höchstbetrag nicht übersteigt, ist er in voller Höhe von 1200 € dem Gewinn hinzuzurechnen.

[1]Bei der pauschalen Ermittlung des Hinzurechnungsbetrages handelt es sich lediglich um einen Berechnungsmodus, bei dem die unmittelbare und die mittelbare Gewinnauswirkung der Rechtsfolge nicht zu berücksichtigen ist(§ 4 Abs. 4a Satz 3 2. Halbsatz EStG). [2]Im Hinblick auf den Ansatz des Hinzurechnungsbetrags ist eine Neuberechnung der Gewerbesteuer-Rückstellung nicht erforderlich, aber auch nicht zu beanstanden. 21

Zu den im Wirtschaftsjahr angefallenen Schuldzinsen gehören alle Aufwendungen zur Erlangung wie Sicherung eines Kredits einschließlich der Nebenkosten der Darlehensaufnahme und der Geldbeschaffungskosten (BFH vom 1. Oktober 2002, BStBl 2003 II S. 399). Nachzahlungs-, Aussetzungs- und Stundungszinsen im Sinne der Abgabenordnung sind ebenfalls in die nach § 4 Abs. 4a EStG zu kürzenden Zinsen einzubeziehen. 22

[1]Eine Überentnahme liegt auch vor, wenn sie sich lediglich aus Überentnahmen vorangegangener Wirtschaftsjahre ergibt. [2]Überentnahmen und Unterentnahmen sind nicht nur zur Ermittlung der Berechnungsgrundlage für die hinzuzurechnenden Schuldzinsen, sondern auch zur Fortführung in den Folgejahren zu saldieren. 23

Beispiel 4:

Im Wirtschaftsjahr 02 ergibt sich eine Unterentnahme in Höhe von 50 000 €. Die Überentnahme des Wirtschaftsjahrs 01 betrug 60 000 €. 24

Die Überentnahme für Wirtschaftsjahr 02 berechnet sich wie folgt:

Unterentnahme Wj. 02	./. 50 000 €
Überentnahme Wj. 01	+ 60 000 €
verbleibende Überentnahme	+ 10 000 €
(Berechnungsgrundlage und im Folgejahr fortzuführen)	

[1])[1]Der Kürzungsbetrag von höchstens 2 050 € ist betriebsbezogen. [2]Bei Mitunternehmerschaften ist er nur einmal anzusetzen. ***[3]Zur Anwendung bei Mitunternehmerschaften vgl. Rdnr. 30.*** 25

V. Schuldzinsen aus Investitionsdarlehen (§ 4 Abs. 4a Satz 5 EStG)

Die Regelung nimmt Zinsen für Darlehen aus der Abzugsbeschränkung aus, wenn diese zur Finanzierung von Anschaffungs- oder Herstellungskosten betrieblicher Anlagegüter verwendet werden. 26

[1]Hierzu ist grundsätzlich erforderlich, dass zur Finanzierung von Wirtschaftsgütern des Anlagevermögens ein gesondertes Darlehen aufgenommen wird. [2]Die Finanzierung durch Belastung des Kontokorrentkontos reicht nicht aus, um die Abzugsfähigkeit der Schuldzinsen von der Überentnahmeregelung auszunehmen. [3]Werden Darlehensmittel zunächst auf ein betriebliches Kon- 27

[1]) ***Rdnr. 25 wurde durch BMF vom 7. 5. 2008 (BStBl I S. 588) neu gefasst.***

tokorrentkonto überwiesen, von dem sodann die Anlagegüter bezahlt werden, oder wird zunächst das Kontokorrentkonto belastet und anschließend eine Umschuldung in ein langfristiges Darlehen vorgenommen, kann ein Finanzierungszusammenhang zur Anschaffung oder Herstellung von Wirtschaftsgütern des Anlagevermögens nur noch angenommen werden, wenn ein enger zeitlicher und betragsmäßiger Zusammenhang zwischen der Belastung auf dem Kontokorrentkonto und der Darlehensaufnahme besteht. [4]Ein enger zeitlicher Zusammenhang ist nur dann anzunehmen, wenn zwischen der Überweisung der Darlehensmittel auf das Konto und der Abbuchung zur Bezahlung der Anschaffungs- und Herstellungskosten ein Zeitraum von nicht mehr als 30 Tagen liegt. [5]Der Nachweis ist hierfür vom Steuerpflichtigen zu erbringen. [6]Im Falle der Umschuldung in ein langfristiges Darlehen unterliegen die vor der Umschuldung entstandenen Kontokorrentzinsen nicht der Regelung des § 4 Abs. 4a Satz 5 EStG.

28 [1]Wird demgegenüber ein gesondertes Darlehen aufgenommen, mit dem teilweise Wirtschaftsgüter des Anlagevermögens finanziert, teilweise aber auch sonstiger betrieblicher Aufwand bezahlt wird, können die Schuldzinsen nach § 4 Abs. 4a Satz 5 EStG – ungeachtet etwaiger Überentnahmen – als Betriebsausgaben abgezogen werden, soweit sie nachweislich auf die Anschaffung oder Herstellung der Wirtschaftsgüter des Anlagevermögens entfallen. [2]Der Steuerpflichtige ist hierfür nachweispflichtig.[1])

VI. Besonderheiten bei Mitunternehmerschaften

1. *Gesellschafts-/Gesellschafterbezogene* Betrachtungsweise

30 [2])***[1]Die Regelung des § 4 Abs. 4a EStG ist eine betriebsbezogene Gewinnhinzurechnung. [2]Der Hinzurechnungsbetrag ist daher auch für jede einzelne Mitunternehmerschaft zu ermitteln. [3]Der Begriff der Überentnahme sowie die ihn bestimmenden Merkmale (Einlage, Entnahme, Gewinn und ggf. Verlust) ist dagegen gesellschafterbezogen auszulegen (BFH vom 29. März 2007, BStBl 2008 II S. 420). [4]Die Überentnahme bestimmt sich nach dem Anteil des einzelnen Mitunternehmers am Gesamtgewinn der Mitunternehmerschaft (Anteil am Gewinn der Gesellschaft einschließlich Ergänzungsbilanzen zuzüglich/abzüglich seines im Sonderbetriebsvermögen erzielten Ergebnisses) und der Höhe seiner Einlagen und Entnahmen (einschließlich Sonderbetriebsvermögen).***

[1]Der Kürzungsbetrag nach § 4 Abs. 4a Satz 4 EStG i. H. v. 2 050 € ist gesellschaftsbezogen anzuwenden, d. h. er ist nicht mit der Anzahl der Mitunternehmer zu vervielfältigen. [2]Er ist auf die einzelnen Mitunternehmer entsprechend ihrer Schuldzinsenquote aufzuteilen; dabei sind Schuldzinsen, die im Zusammenhang mit der Anschaffung oder Herstellung von Wirtschaftsgütern des Sonderbetriebsvermögens stehen, zu berücksichtigen (BFH vom 29. März 2007, BStBl 2008 II S. 420).

Beispiel 5:

31 [3])***An der X-OHG sind A, B und C zu jeweils einem Drittel beteiligt. Weitere Abreden bestehen nicht. Der Gewinn der OHG hat im Wirtschaftsjahr 120 000 € und die Schuldzinsen zur Finanzierung laufender Aufwendungen haben 10 000 € betragen. Die Entnahmen verteilen sich auf die Mitunternehmer wie folgt: B und C haben jeweils 80 000 € entnommen, während sich A auf eine Entnahme in Höhe von 20 000 € beschränkte. Einlagen wurden nicht getätigt.***

Die Über- und Unterentnahmen entwickeln sich wie folgt:

	A	*B*	*C*
Gewinnanteil	*40 000*	*40 000*	*40 000*
Entnahmen	*20 000*	*80 000*	*80 000*
Über-/Unterentnahmen	*20 000*	*– 40 000*	*– 40 000*
6 %	*0*	*2 400*	*2 400*
Anteilige Zinsen	*3 334*	*3 333*	*3 333*
Mindestabzug	*684*	*683*	*683*
Höchstbetrag	*2 650*	*2 650*	*2 650*
Hinzurechnungsbetrag	*0*	*2 400*	*2 400*

1) Tz. 29 gestrichen durch BMF vom 28. 3. 2001 (BStBl I S. 245).

2) ***Rdnr. 30 wurde durch BMF vom 7. 5. 2008 (BStBl I S. 588) neu gefasst. Zur Anwendung → Rdnr. 40.***

3) ***Rdnr. 31 wurde durch BMF vom 7. 5. 2008 (BStBl I S. 588) neu gefasst. Zur Anwendung → Rdnr. 40.***

Bei den Gesellschaftern B und C sind Überentnahmen in Höhe von jeweils 40000 € entstanden. Demzufolge können Schuldzinsen in Höhe von jeweils 2400 € (= 6 % aus 40000 €) nicht als Betriebsausgaben abgezogen werden. Hieraus ergibt sich ein korrigierter Gewinn der Mitunternehmerschaft in Höhe von 124800 €, der den Mitunternehmern A i. H. v. 40000 und den Mitunternehmern B und C zu jeweils 42400 € zuzurechnen ist.

2. Schuldzinsen

2.1. Gewinnermittlung der Personengesellschaft

[1])[1]Zinsaufwendungen werden nur einbezogen, wenn sie im Rahmen der Ermittlung des Gesamtgewinns als Betriebsausgaben berücksichtigt worden sind. [2]Zinsen eines Darlehens des Gesellschafters an die Gesellschaft i. S. d. § 15 Abs. 1 S. 1 Nr. 2, 2. HS EStG gleichen sich im Rahmen ihrer Gesamtgewinnauswirkung aus (Betriebsausgaben im Gesamthandsvermögen und Betriebseinnahmen im Sonderbetriebsvermögen)***, sie sind keine Schuldzinsen i. S. d. § 4 Abs. 4a EStG.*** 32

Die von der Personengesellschaft geleisteten Zinsen sind den Gesellschaftern nach dem Gewinnverteilungsschlüssel zuzurechnen.

2.2. Darlehen im Sonderbetriebsvermögen

Ein Investitionsdarlehen im Sinne des § 4 Abs. 4a Satz 5 EStG liegt auch dann vor, wenn die Darlehensverbindlichkeit zwar im Sonderbetriebsvermögen auszuweisen ist, die Darlehensmittel aber zur Finanzierung von Anschaffungs- oder Herstellungskosten von Wirtschaftsgütern des Anlagevermögens des Gesamthandsvermögens eingesetzt werden. 32a

In diesem Fall sind die Schuldzinsen in vollem Umfang abziehbar (§ 4 Abs. 4a Satz 5 EStG), unabhängig davon, ob das Darlehen im Gesamthandsvermögen als Verbindlichkeit gegenüber dem Gesellschafter ausgewiesen ist oder dem Gesellschafter für die Hingabe der Darlehensmittel (weitere) Gesellschaftsrechte gewährt werden. 32b

[2])[1]Zinsen aus Darlehen (im Sonderbetriebsvermögen des Gesellschafters) zur Finanzierung des Erwerbs eines Mitunternehmeranteils sind, soweit sie auf die Finanzierung von anteilig erworbenen Wirtschaftsgütern des Anlagevermögens (Gesamthands- und Sonderbetriebsvermögen) entfallen, wie Schuldzinsen aus Investitionsdarlehen (Rdnrn. 26 bis 29) zu behandeln. [2]Soweit diese nicht auf anteilig erworbene Wirtschaftsgüter des Anlagevermögens entfallen, sind sie in die Berechnung der nicht abziehbaren Schuldzinsen gem. § 4 Abs. 4a EStG einzubeziehen. [3]Bei der Refinanzierung der Gesellschaftereinlage oder des Kaufpreises des Mitunternehmeranteils mit einem einheitlichen Darlehen sind die Schuldzinsen im Verhältnis der Teilwerte der anteilig erworbenen Wirtschaftsgüter aufzuteilen. 32c

Zinsen, die Sonderbetriebsausgaben eines Mitunternehmers darstellen, sind diesem bei der Ermittlung der nicht abziehbaren Schuldzinsen zuzurechnen.

3. Entnahmen/Einlagen

[3])[1]Entnahmen liegen vor, wenn Wirtschaftsgüter (Barentnahmen, Waren, Erzeugnisse, Nutzungen und Leistungen) in den privaten Bereich der Gesellschafter oder in einen anderen betriebsfremden Bereich überführt werden. [2]In diesem Sinne ist die Zahlung der Geschäftsführungsvergütung i. S. d. § 15 Abs. 1 Satz 1 Nr. 2, 2. HS EStG auf ein privates Konto des Gesellschafters eine Entnahme, die bloße Gutschrift auf dem Kapitalkonto des Gesellschafters jedoch nicht. [3]Bei Darlehen des Gesellschafters an die Gesellschaft i. S. d. § 15 Abs. 1 S. 1 Nr. 2, 2. HS EStG stellt die Zuführung der Darlehensvaluta eine Einlage und die Rückzahlung des Darlehens an den Gesellschafter eine Entnahme dar. ***[3]Die unentgeltliche Übertragung eines Wirtschaftsguts in das Sonderbetriebsvermögen eines anderen Mitunternehmers derselben Mitunternehmerschaft ist als Entnahme i. S. d. § 4 Abs. 4a EStG beim abgebenden und als Einlage i. S. d. § 4 Abs. 4a EStG beim aufnehmenden Mitunternehmer zu berücksichtigen.*** 32d

4. Umwandlungen nach dem UmwStG

4.1. Einbringung in eine Personengesellschaft (§ 24 UmwStG)

[1]In Umwandlungsfällen gem. § 24 UmwStG gelten die aufgestellten Grundsätze für Betriebsaufgaben und Betriebsveräußerungen gem. Rdnrn. 9 und 10 nicht. [2]Beim Einbringenden erfolgt keine Entnahme und bei der Zielgesellschaft keine Einlage. [3]Es ist lediglich ein entstandener Einbringungsgewinn beim Einbringenden zu berücksichtigen, der das Entnahmepotenzial erhöht 32e

1) ***Rdnr. 32 wurde durch BMF vom 7. 5. 2008 (BStBl I S. 588) neu gefasst. Zur Anwendung → Rdnr. 40.***
2) ***Rdnr. 32c wurde durch BMF vom 7. 5. 2008 (BStBl I S. 588) neu gefasst. Zur Anwendung → Rdnr. 40.***
3) ***Rdnr. 32d wurde durch BMF vom 7. 5. 2008 (BStBl I S. 588) neu gefasst. Zur Anwendung → Rdnr. 40.***

(Minderung der Überentnahmen oder Erhöhung der Unterentnahmen). [4]Die Über- oder Unterentnahmen sowie ein ggf. vorhandenes Verlustpotenzial sind bei der Einbringung eines Betriebes oder bei der Aufnahme eines weiteren Gesellschafters in eine bestehende Mitunternehmerschaft unabhängig vom gewählten Wertansatz in der Zielgesellschaft fortzuführen. [5]Bei der Einbringung eines Teilbetriebs sind die Werte grundsätzlich aufzuteilen. [6]Es ist nicht zu beanstanden, wenn diese in voller Höhe dem Restbetrieb des Einbringenden zugerechnet werden. [7]Bei Einbringung eines Mitunternehmeranteils werden bei der Zielgesellschaft die Werte nicht fortgeführt.

Beispiel 6:

A bringt sein Einzelunternehmen (EU) zum 01. 01. 02 in die Personengesellschaft AB ein. Der Buchwert des EU beträgt 500 000 €, der Teilwert 600 000 €, der Gewinn in 01 50 000 €, Entnahmen 100 000 €, Einlagen 60 000 € und die zum 31. 12. 00 fortzuschreibenden Überentnahmen 20 000 €.

a) Einbringung zum Buchwert; beim EU ergeben sich folgende Werte:

Entnahmen	100 000 €
Einlagen	60 000 €
Gewinn	50 000 €
Unterentnahme	10 000 €
Überentnahme Vj.	20 000 €
Überentnahme 01	10 000 €

Die Überentnahme i. H. v. 10 000 € ist in der Personengesellschaft fortzuführen.

b) Einbringung zum Teilwert; beim EU ergeben sich folgende Werte:

Entnahmen	100 000 €
Einlagen	60 000 €
Gewinn	50 000 €
Einbringungsgewinn	100 000 €
Unterentnahme	110 000 €
Überentnahme Vj.	20 000 €
Unterentnahme 01	90 000 €

Die Unterentnahme i. H. v. 90 000 € ist in der Personengesellschaft fortzuführen.

4.2. Einbringung in eine Kapitalgesellschaft (§ 20 UmwStG)

32f Werden für eine Einbringung in eine Kapitalgesellschaft gewährte Gesellschaftsanteile im Privatvermögen gehalten, liegt eine Entnahme in Höhe des gewählten Wertansatzes vor.

VII. Gewinnermittlung nach § 4 Abs. 3 EStG (§ 4 Abs. 4a Satz 6 EStG), § 5a und § 13a EStG

33 [1]Die genannten Grundsätze gelten auch bei der Gewinnermittlung durch Einnahmen-Überschussrechnung nach § 4 Abs. 3 EStG (§ 4 Abs. 4a Satz 6 EStG). [2]Hierzu müssen ab dem Jahr 2000 alle Entnahmen und Einlagen gesondert aufgezeichnet werden(§ 52 Abs. 11 Satz 4 EStG).

34 Werden ab dem Jahr 2000 die erforderlichen Aufzeichnungen nicht geführt, sind zumindest die nach § 4 Abs. 4a Satz 5 EStG privilegierten Schuldzinsen für „Investitionsdarlehen" sowie tatsächlich entstandene nicht begünstigte Schuldzinsen bis zum Sockelbetrag in Höhe von 2 050 € als Betriebsausgaben abziehbar.

35 Bei der Gewinnermittlung nach § 5a oder § 13a EStG findet § 4 Abs. 4a EStG hingegen keine Anwendung.

VIII. Anwendungsregelung

36 [1]Die Regelung der Einschränkung des Schuldzinsenabzugs ist erstmals für Wirtschaftsjahre anzuwenden, die nach dem 31. Dezember 1998 enden(§ 52 Abs. 11 Satz 1 EStG). [2]Die Über- und Unterentnahmen in Wirtschaftsjahren, die vor dem Jahr 1999 geendet haben, bleiben unberücksichtigt[1]). [3]Der Anfangsbestand ist daher mit 0 DM anzusetzen(§ 52 Abs. 11 Satz 2 EStG).

36a [1]Durch das StÄndG 2001 ist die sog. Quartalskorrektur nach § 4 Abs. 4a Satz 3 – alt – EStG mit dem VZ 2001 entfallen. [2]Soweit auf Grund der letztmals für den VZ 2000 vorzunehmenden Korrekturen die Entnahmen und Einlagen des 1. Quartals 2001 einbezogen worden sind, entfällt eine nochmalige Berücksichtigung im VZ 2001.

37 Nach § 52 Abs. 11 Satz 3 EStG gilt bei Betrieben, die vor dem 1. Januar 1999 eröffnet worden sind, abweichend von Rdnr. 9 Folgendes:

---

1) Die davon abweichende Auffassung des BFH gilt nur für die VZ 1999 und 2000 (→ BMF vom 12. 6. 2006 – BStBl I S. 416).

[1]Im Fall der Betriebsaufgabe sind bei der Überführung von Wirtschaftsgütern aus dem Betriebsvermögen in das Privatvermögen die Buchwerte nicht als Entnahme anzusetzen. [2]Im Fall der Betriebsveräußerung ist nur der Veräußerungsgewinn als Entnahme anzusetzen.[1])

[1]Rdnr. 22 Satz 1 ist in allen offenen Fällen anzuwenden. [2]Soweit die Anwendung gegenüber der bisherigen Regelung zu einer Verschärfung der Besteuerung führt, ist Rdnr. 22 Satz 1 erstmals für Schuldzinsen anzuwenden, die nach dem Tag der Bekanntgabe dieses Schreibens im BStBl[2]) entstanden sind. [3]Für vorher entstandene Schuldzinsen ist Rdnr. 22 des BMF-Schreibens vom 22. Mai 2000 (BStBl I, S. 588) anzuwenden[3]). 37a

Bei Gewinnermittlung nach § 4 Abs. 3 EStG sind die Entnahmen und Einlagen für das Wirtschaftsjahr, das nach dem 31. Dezember 1998 endet, und für den Zeitraum bis zum 31. Dezember 1999 zu schätzen, sofern diese nicht gesondert aufgezeichnet sind. 38

[1]Dieses BMF-Schreiben tritt an die Stelle der BMF-Schreiben vom 22. Mai 2000 (BStBl I S. 588) und vom 28. März 2001 (BStBl I S. 245). [2]Die Regelungen in Rdnrn. 8 bis 10 des BMF-Schreibens vom 10. November 1993 (BStBl I S. 930) sind durch die BFH-Rechtsprechung überholt und nicht mehr anzuwenden. 39

[4])***[1]Die Rdnrn. 30 bis 32d sind in allen offenen Fällen anzuwenden. [2]Die Rdnrn. 30 bis 32d des BMF-Schreibens vom 17. November 2005 (BStBl I S. 1019) können auf gemeinsamen Antrag der Mitunternehmer letztmals für das Wirtschaftsjahr angewandt werden, das vor dem 1. Mai 2008 beginnt.*** 40

II
Schuldzinsen für Kontokorrentkredite als Betriebsausgaben oder Werbungskosten

BMF vom 10. 11. 1993 (BStBl I S. 930)
IV B 2 – S 2144 – 94/93

[1]Nach dem Beschluß des Großen Senats des Bundesfinanzhofs vom 4. Juli 1990 (BStBl II S. 817) sind Schuldzinsen steuerlich als Betriebsausgaben oder Werbungskosten nur anzuerkennen, wenn sie für eine Verbindlichkeit geleistet werden, die durch einen Betrieb oder durch Aufwendungen zur Erwerbung, Sicherung und Erhaltung von Einnahmen veranlaßt und deshalb einem Betriebsvermögen oder einer Einkunftsart im Sinne des § 2 Abs. 1 Nr. 4 bis 7 EStG zuzurechnen ist. [2]Zu den Folgerungen, die sich aus dieser Rechtsprechung für die steuerliche Behandlung von Schuldzinsen für Kontokorrentkredite und für die steuerliche Nichtanerkennung von Gestaltungen insbesondere bei Kombination mehrerer Kontokorrentkonten ergeben, nehme ich im Einvernehmen mit den obersten Finanzbehörden der Länder wie folgt Stellung: 1

A. Schuldzinsen als Betriebsausgaben

[1]Der Zahlungsverkehr des Steuerpflichtigen kann betrieblich oder privat (durch die persönliche Lebenssphäre) veranlaßt sein. [2]Für die steuerliche Behandlung eines Kontokorrentkontos kommt es deshalb darauf an, wie die einzelnen darüber geleisteten Zahlungen veranlaßt sind.

1) Anm.: → auch OFD Münster vom 12. 1. 2007, S 2144 – 52 – St 12 – 33 (DB 2007 S. 197): Diese Übergangsregelung stellt nach ihrem Wortlaut ausschließlich auf den Betrieb ab. Nach ihrem Sinn und Zweck findet die Regelung des § 52 Abs. 11 Satz 3 EStG auch in den Fällen der (ggf. sogar nur anteiligen) Veräußerung oder Aufgabe eines Mitunternehmeranteils Anwendung. Sie ist auf jeden einzelnen Veräußerungs- oder Aufgabevorgang eines vor dem 1. 1. 1999 erworbenen Mitunternehmeranteils analog und insgesamt einmalig anzuwenden.

2) Anm.: Das BMF-Schreiben vom 17. 11. 2005 (BStBl I S. 1019) wurde am 20. 12. 2005 im Bundessteuerblatt bekannt gegeben.

3) Anm.: Rdnr. 22 des BMF-Schreibens vom 22. 5. 2000 (BStBl I S. 588) lautet: Zu den im Wirtschaftsjahr angefallenen Schuldzinsen gehört neben den laufenden Schuldzinsen auch ein Damnum, soweit es den steuerlichen Gewinn des Wirtschaftsjahres gemindert hat. Geldbeschaffungskosten zählen jedoch nicht dazu.

4) ***Rdnr. 40 wurde durch BMF vom 7. 5. 2008 (BStBl I S. 588) eingefügt.
Es wird nicht beanstandet, wenn der Saldo an Über- oder Unterentnahmen des Wirtschaftsjahres, für das letztmals die gesellschaftsbezogene Ermittlung nach der bisherigen Verwaltungsauffassung erfolgte, nach dem Gewinnverteilungsschlüssel der Mitunternehmerschaft den einzelnen Mitunternehmern zugerechnet wird. Auf eine Rückrechnung nach der gesellschafterbezogenen Ermittlungsmethode bis zur Gründung der Mitunternehmerschaft/Einführung der Vorschrift wird in diesen Fällen aus Vereinfachungsgründen verzichtet. Voraussetzung dafür ist ein übereinstimmender Antrag der Mitunternehmer (→ BMF vom 4. 11. 2008 – BStBl I S. 957).***

I. Getrennte Kontokorrentkonten

1. Kontokorrentkonten für den betrieblich und privat veranlaßten Zahlungsverkehr

2 Unterhält der Steuerpflichtige für den betrieblich und den privat veranlaßten Zahlungsverkehr getrennte, rechtlich selbständige Kontokorrentkonten, ist zu unterscheiden:

3 [1]Das Kontokorrentkonto für den betrieblich veranlaßten Zahlungsverkehr (betriebliches Konto) rechnet zum Betriebsvermögen, soweit über das Kontokorrentkonto nicht auch privat veranlaßte Aufwendungen geleistet werden, durch die ein Sollsaldo auf dem Kontokorrentkonto entsteht oder sich erhöht. [2]Schuldzinsen für das betriebliche Konto sind grundsätzlich als Betriebsausgaben abzuziehen.

4 [1]Das Kontokorrentkonto für den privat veranlaßten Zahlungsverkehr (privates Konto) rechnet zum Privatvermögen, soweit über das Kontokorrentkonto nicht auch betrieblich veranlaßte Aufwendungen geleistet werden, durch die ein Sollsaldo auf dem Kontokorrentkonto entsteht oder sich erhöht. [2]Schuldzinsen für das private Konto können nicht als Betriebsausgaben abgezogen werden.

5 Entsteht oder erhöht sich durch privat veranlaßte Aufwendungen ein Sollsaldo auf dem betrieblichen Konto oder durch betrieblich veranlaßte Aufwendungen ein Sollsaldo auf dem privaten Konto, ist das betreffende Konto nach den für ein gemischtes Kontokorrentkonto geltenden Grundsätzen (vgl. Tzn. 11–18) zu behandeln (BFH-Urteile vom 21. Februar 1991, BStBl II S. 514 und vom 5. März 1991, BStBl II S. 516).

6 Beispiel:

		betriebliches Kontokorrentkonto DM		privates Kontokorrent-konto DM
1. 1.		+ 5 000		0
3. 1.	Entnahme	– 5 000		+ 5 000
Saldo		0		+ 5 000
10. 1.	Wareneinkauf	– 10 000		
Saldo		– 10 000		+ 5 000
15. 1.	Prämie Lebensversicherung			– 5 000
Saldo		– 10 000		0
20. 1.	Maschine	– 5 000		
	Einkommensteuer	– 2 000		
Saldo		– 17 000		0
		betriebliches Unterkonto	privates Unterkonto	
		– 15 000	– 2 000	
25. 1.	Wareneinkauf	– 5 000		
Saldo		– 20 000	– 2 000	0
		– 22 000		

2. Mehrere Kontokorrentkonten für den betrieblich veranlaßten Zahlungsverkehr

7 [1]Unterhält der Steuerpflichtige für den betrieblich veranlaßten Zahlungsverkehr mehrere rechtlich selbständige Kontokorrentkonten, gelten die Tzn. 3 und 5 für jedes Kontokorrentkonto. [2]Darüber hinaus sind Umbuchungen von einem auf ein anderes Konto auf ihren Zusammenhang mit einer Entnahme hin zu prüfen.

8–10 – *überholt durch BMF vom* 22. 5. 2000 (BStBl I S. 588) –

II. Gemischtes Kontokorrentkonto

11 Unterhält der Steuerpflichtige für den betrieblich und den privat veranlaßten Zahlungsverkehr ein einheitliches – gemischtes – Kontokorrentkonto, ist für die Ermittlung der als Betriebsausgaben abziehbaren Schuldzinsen der Sollsaldo grundsätzlich aufzuteilen.

1. Ermittlung des dem Betriebsvermögen zuzurechnenden Sollsaldos

12 [1]Der Sollsaldo rechnet zum Betriebsvermögen, soweit er betrieblich veranlaßt ist. [2]Zur Bestimmung des – anteiligen – betrieblich veranlaßten Sollsaldos sind die auf dem Kontokorrentkonto erfolgten Buchungen nach ihrer privaten und betrieblichen Veranlassung zu trennen. [3]Hierzu ist das Kontokorrentkonto rechnerisch in ein betriebliches und ein privates Unterkonto aufzuteilen. [4]Auf dem betrieblichen Unterkonto sind die betrieblich veranlaßten und auf dem privaten Unterkonto die privat veranlaßten Sollbuchungen zu erfassen. [5]Habenbuchungen sind vorab dem privaten Unterkonto bis zur Tilgung von dessen Schuldsaldo gutzuschreiben (BFH-Urteil vom 11. Dezember 1990, BStBl 1991 II S. 390); nur darüber hinausgehende Beträge sind dem betrieblichen Unterkonto zuzurechnen. [6]Betriebseinnahmen werden nicht zuvor mit Betriebsausgaben des gleichen Tages saldiert (BFH-Urteil vom 15. November 1990, BStBl 1991 II S. 226).

13 In der Schlußbilanz ist nur der nach diesen Grundsätzen für den Bilanzstichtag ermittelte Sollsaldo des betrieblichen Unterkontos auszuweisen.

2. Berechnung der als Betriebsausgaben abziehbaren Schuldzinsen

14 Schuldzinsen sind abzuziehen, soweit sie durch Sollsalden des betrieblichen Unterkontos veranlaßt sind (vgl. Tz. 12). Ihre Berechnung erfolgt grundsätzlich nach der Zinszahlenstaffelmethode.

15 [1]Bei der Zinszahlenstaffelmethode wird nicht auf die einzelne Buchung, sondern auf die jeweiligen Soll- oder Habensalden (Zwischensalden) abgestellt. [2]Dies hat zur Folge, daß dem Steuerpflichtigen eine Schuld nur zuzurechnen ist, soweit diese Zwischensalden negativ sind. [3]Entsprechend sind auch nur dann Schuldzinsen zu berechnen. [4]Ausgehend von einem Zwischensaldo wird die Zinszahl für diesen Saldo für die Zeit (Tage) seiner unveränderten Dauer (Wertstellung) nach einer besonderen Formel berechnet (Zinszahlenstaffel):

$$\text{Zinszahl} = \frac{\text{Kapital} \times \text{Tage}}{100}$$

Am Ende der Rechnungsperiode werden die Zinszahlensummen der Soll- und Habenseite addiert und durch einen Zinsdivisor ($\frac{360}{\text{Zinsfuß}}$) geteilt.

16 **Beispiel:**

		Buchungen gesamt DM	betrieblich DM	Zinstage	Zinszahlen	privat DM	Zinstage	Zinszahlen
Saldo	1.1.	0	0		1	0		
Abbuchung	2.1.	– 15000	– 10000			– 5000		
Saldo	2.1.	– 15000	– 10000	1	$\frac{10000 \times 1}{100}$ = 100 S	– 5000	1	$\frac{5000 \times 1}{100}$ = 50 S
bis Einlage	3.1.	+ 5000				+ 5000		
Saldo	3.1.	– 10000	– 10000	7	$\frac{10000 \times 7}{100}$ = 700 S	0		
bis Betriebs-einnahme	10.1.	+ 15000	+ 15000					
Saldo	10.1.	+ 5000	+ 5000	10	$\frac{5000 \times 10}{100}$ = 500 H	0		
bis Abbuchung	20.1.	– 8000	– 8000					
Saldo	20.1.	– 3000	– 3000	11	$\frac{3000 \times 11}{100}$ = 330 S	0		
bis Betriebs-einnahme	31.1.	+ 3000	+ 3000					
Saldo	31.1.	0	0		500 H 1130 S	0		50 S

Bei einem Schuldzinssatz in Höhe von 9 v. H. und einem Guthabenzinssatz in Höhe von 1 v. H. ergeben sich am Ende der Rechnungsperiode folgende Zinsen:

– private Schuldzinsen: $\frac{50 \times 9}{360} = 1{,}25$ DM

– betriebliche Schuldzinsen: $\frac{1130 \times 9}{360} = 28{,}25$ DM

– betriebliche Guthabenzinsen: $\frac{500 \times 1}{360} = 1{,}38$ DM

3. Schätzung

17 [1]Grundsätzlich muß der Steuerpflichtige die Unterteilung des gemischten Kontokorrentkontos vornehmen und die Entwicklung der Unterkonten darstellen; dies kann auch nachträglich geschehen. [2]Kommt der Steuerpflichtige seiner Mitwirkungspflicht nicht nach, sind die als Schuldzinsen abziehbaren Betriebsausgaben im Wege der Schätzung zu ermitteln. [3]Die Schätzung ist an den Umständen des einzelnen Falles auszurichten. [4]Sie muß das Ergebnis anstreben, das sich bei einer Aufteilung des gemischten Kontokorrentkontos in ein betriebliches und ein privates Unterkonto unter Anwendung der Zinszahlenstaffelrechnung ergeben würde (BFH-Urteil vom 15. November 1990, BStBl 1991 II S. 226).

18 [1]Im Einzelfall kann eine Schätzung nach dem – unter Umständen überschlägig ermittelten – Verhältnis der Summe der betrieblich und privat veranlaßten Sollbeträge in Betracht kommen, soweit diese zu einem Sollsaldo führen. [2]Zu diesem Zweck kann der Besteuerungszeitraum auch in geeignete Zeitabschnitte – etwa die bankublichen Abrechnungszeiträume – unterteilt werden. [3]Es bestehen keine Bedenken, nach diesem Verhältnis auch den zu Beginn der Zinszahlenstaffelrechnung bestehenden Sollsaldo aufzuteilen.

B. Schuldzinsen als Werbungskosten

19 Die vorstehenden Grundsätze gelten für den Abzug von Kontokorrentschuldzinsen als Werbungskosten entsprechend.

C. Zeitliche Anwendung

20 Die Grundsätze dieses Schreibens sind in allen noch offenen Fällen anzuwenden.

21 In Fällen der Gewinnermittlung nach § 4 Abs. 1 oder § 5 EStG ist es nicht zu beanstanden, wenn bei vor dem 1. Januar 1991 entstandenen Schuldzinsen weiterhin nach den Grundsätzen des Abschnitts 14a Abs. 4 Sätze 5 und 6 EStR 1990 verfahren wird.

22 Das BMF-Schreiben vom 15. März 1991 (BStBl I S. 331) wird aufgehoben.

III
Ertragsteuerliche Behandlung von Incentive-Reisen

BMF vom 14. 10. 1996 (BStBl I S. 1192)

IV B 2 – S 2143–23/96

Im Einvernehmen mit den obersten Finanzbehörden der Länder nehme ich zur ertragsteuerlichen Behandlung von Incentive-Reisen bei den Unternehmen, die die Leistungen gewähren, und den Empfängern der Leistungen wie folgt Stellung:

[1]Incentive-Reisen werden von einem Unternehmen gewährt, um Geschäftspartner oder Arbeitnehmer des Betriebs für erbrachte Leistungen zu belohnen und zu Mehr- oder Höchstleistungen zu motivieren. Reiseziel, Unterbringung, Transportmittel und Teilnehmerkreis werden von dem die Reiseleistung gewährenden Unternehmen festgelegt. [2]Der Ablauf der Reise und die einzelnen Veranstaltungen dienen allgemein-touristischen Interessen.

1. Behandlung der Aufwendungen bei dem die Reiseleistung gewährenden Unternehmen:

a) Aufwendungen für Geschäftspartner

Wird eine Incentive-Reise mit Geschäftspartnern des Steuerpflichtigen durchgeführt, ist bei der Beurteilung der steuerlichen Abzugsfähigkeit der für die Reise getätigten Aufwendungen danach zu unterscheiden, ob die Reise als Belohnung zusätzlich zum vereinbarten Entgelt oder zur Anknüpfung, Sicherung oder Verbesserung von Geschäftsbeziehungen gewährt wird.

[1]Wird die Reise in sachlichem und zeitlichem Zusammenhang mit den Leistungen des Empfängers als – zusätzliche – Gegenleistung gewährt, sind die tatsächlich entstandenen Fahrtkosten sowie die Unterbringungskosten in vollem Umfang als Betriebsausgaben abzugsfähig. [2]Nutzt der Unternehmer allerdings ein eigenes Gästehaus, das sich nicht am Ort des Betriebs befindet, dürfen die Aufwendungen für die Unterbringung den Gewinn nicht mindern (§ 4 Abs. 5 Satz 1 Nr. 3 EStG). [3]Die Aufwendungen für die Gewährung von Mahlzeiten sind als Bewirtungskosten in Höhe von 80 v. H. der angemessenen und nachgewiesenen Kosten abzugsfähig (§ 4 Abs. 5 Satz 1 Nr. 2 EStG).

[1]Wird die Reise mit gegenwärtigen oder zukünftigen Geschäftspartnern durchgeführt, um allgemeine Geschäftsbeziehungen erst anzuknüpfen, zu erhalten oder zu verbessern, handelt es sich um ein Geschenk (§ 4 Abs. 5 Satz 1 Nr. 1 EStG). [2]Fahrt- und Unterbringungskosten dürfen dann den Gewinn nicht mindern (BFH-Urteil vom 23. Juni 1993, BStBl II S. 806); Aufwendungen für die Bewirtung sind nach § 4 Abs. 5 Satz 1 Nr. 2 EStG zu beurteilen.

b) Aufwendungen für Arbeitnehmer

Wird die Reise mit Arbeitnehmern des Betriebs durchgeführt, sind die hierdurch veranlaßten Aufwendungen als Betriebsausgaben in voller Höhe berücksichtigungsfähig; die Abzugsbeschränkungen nach § 4 Abs. 5 Satz 1 Nr. 1, 2 und 3 EStG greifen nicht ein.

2. Behandlung der Reise beim Empfänger

a) Gewährung der Reiseleistungen an Geschäftspartner

aa) Erfassung als Betriebseinnahmen

[1]Wendet der Unternehmer einem Geschäftspartner, der in einem Einzelunternehmen betriebliche Einkünfte erzielt, eine Incentive-Reise zu, hat der Empfänger den Wert der Reise im Rahmen seiner steuerlichen Gewinnermittlung als Betriebseinnahme zu erfassen (BFH-Urteile vom 22. Juli 1988, BStBl II S. 995; vom 20. April 1989, BStBl II S. 641). [2]Wird der Wert der Incentive-Reise einer Personengesellschaft oder einer Kapitalgesellschaft zugewandt, haben sie in Höhe des Sachwerts der Reise eine Betriebseinnahme anzusetzen. [3]Der Wert einer Reise ist auch dann als Betriebseinnahme anzusetzen, wenn das die Reiseleistungen gewährende Unternehmen die Aufwendungen nicht als Betriebsausgaben abziehen darf (BFH-Urteil vom 26. September 1995, BStBl II 1996 S. 273).

bb) Verwendung der erhaltenen Reiseleistungen

[1]Mit der Teilnahme an der Reise wird eine Entnahme verwirklicht, da mit der Reise regelmäßig allgemein-touristische Interessen befriedigt werden. [2]Dies gilt auch, wenn eine Personengesellschaft die empfangene Reiseleistung an ihre Gesellschafter weiterleitet (BFH-Urteil vom 26. September 1995 a. a. O.). [3]Leitet die Kapitalgesellschaft die erhaltene Reiseleistung an ihre Gesellschafter weiter, so liegt hierin grundsätzlich eine verdeckte Gewinnausschüttung.

b) Gewährung der Reiseleistungen an Arbeitnehmer

Wird Arbeitnehmern des Unternehmens eine Incentive-Reise gewährt, liegt steuerpflichtiger Arbeitslohn vor (BFH-Urteil vom 9. März 1990, BStBl II S. 711), der unter den Voraussetzungen des § 40 Abs. 1 EStG pauschal versteuert werden kann.

c) Wert der Reise

[1]Die Gewährung der Reise ist steuerlich in ihrer Gesamtheit zu beurteilen. [2]Ihr Wert entspricht nach ihren Leistungsmerkmalen und ihrem Erlebniswert regelmäßig einer am Markt angebotenen Gruppenreise, bei der Reiseziel, Reiseprogramm und Reisedauer festgelegt und der Teilnehmerkreis begrenzt sind; deshalb können einzelne Teile der Durchführung und der Organisation aus der Sicht des Empfängers nur im Zusammenhang gesehen werden (vgl. BFH-Beschluß vom 27. November 1978, BStBl II 1979 S. 213). [3]Bei der Wertermittlung ist weder den tatsächlichen Aufwendungen des zuwendenden Unternehmers noch der subjektiven Vorstellung des Empfängers entscheidende Bedeutung beizumessen (BFH-Urteil vom 22. Juli 1988, a. a. O.); ihr Wert kann daher grundsätzlich nicht aus den Aufwendungen – auch nicht vermindert um einen pauschalen Abschlag bei über das übliche Maß hinausgehenden Aufwendungen – abgeleitet werden. [4]Der Wert der zugewandten Reise ist daher in ihrer Gesamtheit mit dem üblichen

Endpreis am Abgabeort anzusetzen (§ 8 Abs. 2 EStG). [5]Er entspricht regelmäßig dem Preis der von Reiseveranstaltern am Markt angebotenen Gruppenreisen mit vergleichbaren Leistungsmerkmalen (z. B. Hotelkategorie, Besichtigungsprogramme); eine Wertminderung wegen des vom zuwendenden Unternehmen festgelegten Reiseziels, des Reiseprogramms, der Reisedauer und des fest umgrenzten Teilnehmerkreises kommt nicht in Betracht. [6]Rabatte, die dem die Leistung gewährenden Unternehmen eingeräumt werden, bleiben für die Bewertung beim Empfänger ebenfalls außer Betracht; gleiches gilt für Preisaufschläge, die das Unternehmen speziell für die Durchführung der Reise aufwenden muß.

d) Aufwendungen des Empfängers der Reiseleistungen

[1]Aufwendungen, die im Zusammenhang mit der Teilnahme an der Reise stehen, darf der Empfänger nicht als Betriebsausgaben oder Werbungskosten abziehen, da die Teilnahme an der Reise durch private Interessen, die nicht nur von untergeordneter Bedeutung sind, veranlaßt ist (BFH-Urteil vom 22. Juli 1988 a. a. O.; vgl. auch R 117a EStR). [2]Zur Berücksichtigung von einzelnen Aufwendungen als Betriebsausgaben wird auf H 117a („Einzelaufwendungen") EStH hingewiesen; hinsichtlich des Werbungskostenabzugs wird ergänzend auf Abschnitt 35 LStR verwiesen.

IV
1.
Ertragsteuerliche Erfassung der Nutzung eines betrieblichen Kraftfahrzeugs zu Privatfahrten, zu Fahrten zwischen Wohnung und Betriebsstätte sowie zu Familienheimfahrten nach § 4 Abs. 5 Satz 1 Nr. 6 und § 6 Abs. 1 Nr. 4 Sätze 2 und 3 EStG; Anwendung des Gesetzes zur Einführung einer Entfernungspauschale vom 21. 12. 2000 (BStBl 2001 I S. 36) sowie des BFH-Urteils vom 3. 8. 2000 – III R 2/00 –, BStBl 2001 II S. 332

BMF vom 21. 1. 2002 (BStBl I S. 148)
IV A 6 – S 2177 – 1/02[1])[2])

Im Einvernehmen mit den obersten Finanzbehörden der Länder gilt für die ertragsteuerliche Erfassung der Nutzung eines betrieblichen Kraftfahrzeugs zu Privatfahrten, zu Fahrten zwischen Wohnung und Betriebsstätte sowie zu Familienheimfahrten nach § 4 Abs. 5 Satz 1 Nr. 6 und § 6 Abs. 1 Nr. 4 Sätze 2 und 3 EStG Folgendes:

I. Anwendungsbereich des § 4 Abs. 5 Satz 1 Nr. 6 und des § 6 Abs. 1 Nr. 4 Sätze 2 und 3 EStG

1. Betriebsvermögen

1 [1]Die Anwendung von § 6 Abs. 1 Nr. 4 Sätze 2 und 3 EStG setzt voraus, dass ein Kraftfahrzeug[3]) des Steuerpflichtigen zu seinem Betriebsvermögen gehört[4]) und auch für Privatfahrten genutzt wird. [2]Die Regelung gilt auch für gemietete oder geleaste[5]) Kraftfahrzeuge, die zu mehr als 50 % für betrieblich veranlasste Fahrten genutzt werden. [3]Ist im Folgenden von Kraftfahrzeugen im Betriebsvermögen die Rede, sind deshalb auch gemietete oder geleaste Kraftfahrzeuge gemeint, die zu mehr als 50 % für betrieblich veranlasste Fahrten genutzt werden. [4]Die Regelung ist auf Kraftfahrzeuge, die kraftfahrzeugsteuerrechtlich Zugmaschinen oder Lastkraftwagen sind, nicht anzuwenden.

2 [1]Die bloße Behauptung, das Kraftfahrzeug werde nicht für Privatfahrten genutzt oder Privatfahrten würden ausschließlich mit anderen Fahrzeugen durchgeführt, reicht nicht aus, von der

---

1) Für Wirtschaftsjahre, die nach dem 31. 12. 2005 beginnen → auch BMF vom 7. 7. 2006 (BStBl I S. 446)

2) Anm.: Dieses BMF-Schreiben und das BMF-Schreiben vom 7. 7. 2006 berücksichtigen nicht die BFH-Entscheidung vom 26. 4. 2006 (BStBl 2007 II S. 445): Die Nutzung eines betrieblichen Kraftfahrzeugs zur Erzielung von Überschusseinkünften ist durch die Bewertung der privaten Nutzung nach der 1 v. H.-Regelung nicht mit abgegolten. Sie ist vielmehr mit den auf sie entfallenden tatsächlichen Selbstkosten als Entnahme zu erfassen.

3) Kraftfahrzeug in diesem Sinne ist auch ein Kombinationskraftwagen (z. B. Geländewagen), auch wenn dieser über ein zulässiges Gesamtgewicht von mehr als 2,8 t verfügt, nicht jedoch auf LKW oder Zugmaschinen (→ BFH vom 13. 2. 2003 – BStBl II S. 472).

4) Nach dem Gesetz zur Eindämmung missbräuchlicher Steuergestaltungen setzt die Anwendung des § 6 Abs. 1 Nr. 4 Satz 2 und 3 EStG für Wirtschaftsjahre, die nach dem 31. 12. 2005 beginnen, eine mehr als 50 %ige Nutzung für betriebliche Zwecke voraus.

5) Bestätigt durch → BFH vom 13. 2. 2003 (BStBl II S. 472).

Anwendung der Regelung des § 6 Abs. 1 Nr. 4 Sätze 2 und 3 EStG abzusehen[1]). [2]Vielmehr trifft den Steuerpflichtigen die objektive Beweislast, wenn ein nach der Lebenserfahrung untypischer Sachverhalt, wie z. B. die ausschließliche betriebliche Nutzung des einzigen betrieblichen Kraftfahrzeugs eines Unternehmers, der Besteuerung zugrunde gelegt werden soll.

[1]Die Anwendung von § 4 Abs. 5 Satz 1 Nr. 6 EStG setzt voraus, dass ein Kraftfahrzeug für Fahrten zwischen Wohnung und Betriebsstätte oder für Familienheimfahrten genutzt wird. [2]Hierzu gehören auch die Familienheimfahrten anlässlich betrieblich veranlasster doppelter Haushaltsführung nach Ablauf der Zweijahresfrist im Sinne des § 4 Abs. 5 Satz 1 Nr. 6a EStG. [3]Die Zugehörigkeit des Kraftfahrzeugs zum Betriebsvermögen des Steuerpflichtigen ist hierbei nicht erforderlich. [4]Für ein Kraftfahrzeug im Privatvermögen des Steuerpflichtigen wird im Ergebnis für Veranlagungszeiträume bis einschließlich 2000 nur die Kilometerpauschale i. S. d. § 9 Abs. 1 Satz 3 Nr. 4 und 5 EStG und für Veranlagungszeiträume ab 2001 nur die Entfernungspauschale i. S. d. § 9 Abs. 1 Satz 3 Nr. 4 und 5 Satz 1 bis 6 EStG zum Abzug zugelassen. [5]Die Regelung des § 9 Abs. 2 EStG ist entsprechend anzuwenden. 3

2. Methodenwahl

[1]Die Wahl zwischen der Besteuerung aufgrund der pauschalen Nutzungswerte oder der tatsächlich angefallenen Kosten nimmt der Steuerpflichtige durch Einreichen der Steuererklärung beim Finanzamt vor; die Methodenwahl muss für das Wirtschaftsjahr einheitlich getroffen werden. [2]Im Fall des Fahrzeugwechsels (vgl. Rdnr. 5) ist auch während eines Wirtschaftsjahres der Übergang zu einer anderen Ermittlungsmethode zulässig. 4

3. Fahrzeugwechsel

Wird das auch privat genutzte Kraftfahrzeug im laufenden Wirtschaftsjahr ausgewechselt, z. B. bei Veräußerung des bisher genutzten und Erwerb eines neuen Fahrzeugs, ist der Ermittlung der Nutzungswerte im Monat des Fahrzeugwechsels der inländische Listenpreis des Fahrzeugs zugrunde zu legen, das der Steuerpflichtige nach der Anzahl der Tage überwiegend genutzt hat. 5

4. Vom Kalenderjahr abweichendes Wirtschaftsjahr

[1]Nach § 52 Abs. 1 EStG i. d. F. des Jahressteuergesetzes 1996 sind § 6 Abs. 1 Nr. 4 Sätze 2 und 3 und § 4 Abs. 5 Satz 1 Nr. 6 EStG erstmals für den Veranlagungszeitraum 1996 anzuwenden. [2]Wird der Gewinn nach einem vom Kalenderjahr abweichenden Wirtschaftsjahr ermittelt, sind die Vorschriften ebenfalls ab 1. Januar 1996 anzuwenden. [3]Für den Teil des Wirtschaftsjahres, der vor dem 1. Januar 1996 liegt, ist R 118 EStR 1993 maßgebend. Nach § 52 Abs. 1 EStG i. d. F. des Gesetzes zur Einführung einer Entfernungspauschale vom 21. Dezember 2000 (BStBl 2001 I S. 36) ist § 4 Abs. 5 Satz 1 Nr. 6 EStG erstmals für den Veranlagungszeitraum 2001 anzuwenden. [4]Wird der Gewinn nach einem vom Kalenderjahr abweichenden Wirtschaftsjahr ermittelt, sind die Vorschriften ab 1. Januar 2001 anzuwenden. [5]Für den Teil des Wirtschaftsjahres, der vor dem 1. Januar 2001 liegt, ist § 4 Abs. 5 Satz 1 Nr. 6 EStG in der vorherigen Fassung maßgebend. 6

II. Pauschale Ermittlung des privaten Nutzungswerts

1. Listenpreis

[1]Für den pauschalen Nutzungswert ist der inländische Listenpreis des Kraftfahrzeugs im Zeitpunkt seiner Erstzulassung zuzüglich der Kosten für Sonderausstattungen einschließlich der Umsatzsteuer maßgebend. Das gilt auch für reimportierte Fahrzeuge. [2]Soweit das reimportierte Fahrzeug mit zusätzlichen Sonderausstattungen versehen ist, die sich im inländischen Listenpreis nicht niedergeschlagen haben, ist der Wert der Sonderausstattung zusätzlich zu berücksichtigen. [3]Soweit das reimportierte Fahrzeug geringwertiger ausgestattet ist, ist der Wert der „Minderausstattung" anhand des inländischen Listenpreises eines vergleichbaren inländischen Fahrzeugs angemessen zu berücksichtigen. [4]Kosten für nur betrieblich nutzbare Sonderausstattungen, wie z. B. der zweite Pedalsatz eines Fahrschulfahrzeugs, sind nicht anzusetzen. [5]Für Fahrzeuge, für die der inländische Listenpreis nicht ermittelt werden kann, ist dieser zu schätzen. [6]Der Listenpreis ist auf volle Hundert DM, ab 1. Januar 2002 auf volle Hundert Euro abzurunden. [7]Für Veranlagungszeiträume ab 2002 ist der Listenpreis für vor dem 1. Januar 2002 angeschaffte oder hergestellte Kraftfahrzeuge zunächst in Euro umzurechnen und danach auf volle Hundert Euro abzurunden. [8]Lässt sich der Listenpreis für vor dem 1. Januar 2002 angeschaffte oder hergestellte Kraftfahrzeuge nicht mehr ermitteln, stehen aber die vor dem 1. Januar 2002 aufgrund des DM- 7

1) Bestätigt durch → BFH vom 13. 2. 2003 (BStBl II S. 472).

Listenpreises errechneten Werte noch fest, bestehen keine Bedenken, die weiteren Berechnungen auf dieser Grundlage in Euro vorzunehmen[1]).

8 [1]Zeitpunkt der Erstzulassung ist der Tag, an dem das Fahrzeug das erste Mal zum Straßenverkehr zugelassen worden ist. [2]Das gilt auch für gebraucht erworbene Kraftfahrzeuge. [3]Zeitpunkt der Erstzulassung des Kraftfahrzeugs ist nicht der Zeitpunkt der Erstzulassung des Fahrzeugtyps, sondern des jeweiligen individuellen Fahrzeugs. [4]Bei inländischen Fahrzeugen ergibt sich das Datum aus den Zulassungspapieren (Kfz-Schein). [5]Macht der Steuerpflichtige geltend, dass für ein importiertes oder ein reimportiertes Fahrzeug ein anderes Datum maßgebend sei, trifft ihn die objektive Beweislast.

2. Nutzung mehrerer Kraftfahrzeuge

a) Einzelunternehmen

9 [1]Gehören gleichzeitig mehrere Kraftfahrzeuge zum Betriebsvermögen, so ist der pauschale Nutzungswert grundsätzlich für jedes Fahrzeug anzusetzen, das vom Unternehmer oder von zu seiner Privatsphäre gehörenden Personen für Privatfahrten genutzt wird (vgl. Rdnr. 2). [2]Kann der Steuerpflichtige glaubhaft machen, dass die betrieblichen Kraftfahrzeuge durch Personen, die zur Privatsphäre des Steuerpflichtigen gehören, nicht genutzt werden, ist der pauschalen Nutzungswertermittlung aus allen vom Steuerpflichtigen privat mitgenutzten Kraftfahrzeugen das Fahrzeug mit dem höchsten Listenpreis zugrunde zu legen.[2])

Beispiel 1:

Zum Betriebsvermögen des alleinstehenden Unternehmers B gehören 3 Limousinen, die von B auch zu Privatfahrten genutzt werden. B hat glaubhaft gemacht, dass keine der zu seiner Privatsphäre gehörenden Personen eines dieser Fahrzeuge nutzt. Die private Nutzungsentnahme ist monatlich mit 1 % des höchsten Listenpreises anzusetzen.

Beispiel 2:

Zum Betriebsvermögen des Unternehmers C gehören 5 Pkw, die von C, seiner Ehefrau und dem erwachsenen Sohn auch zu Privatfahrten genutzt werden. Es befindet sich kein weiteres Fahrzeug im Privatvermögen. Die private Nutzungsentnahme nach § 6 Abs. 1 Nr. 4 Satz 2 EStG ist für 3 Kraftfahrzeuge anzusetzen, und zwar mit jeweils 1 % der drei höchsten Listenpreise.

Beispiel 3:

Zum Betriebsvermögen des Unternehmers D gehören 5 Pkw, die von D, seiner Lebensgefährtin und den beiden erwachsenen Söhnen auch zu Privatfahrten genutzt werden. Zusätzlich befindet sich ein Kraftfahrzeug im Privatvermögen, das hauptsächlich von einem der Söhne gefahren wird. In diesem Fall ist die private Nutzungsentnahme nach § 6 Abs. 1 Nr. 4 Satz 2 EStG grundsätzlich für 4 Kraftfahrzeuge anzusetzen, und zwar mit jeweils 1 % der vier höchsten Listenpreise.

b) Personengesellschaft

10 [1]Befinden sich Kraftfahrzeuge im Betriebsvermögen einer Personengesellschaft, die von Gesellschaftern auch zu Privatfahrten genutzt werden, ist ein pauschaler Nutzungswert für den Gesellschafter anzusetzen, dem die Nutzung des Kraftfahrzeugs zuzurechnen ist. [2]Rdnr. 9 ist entsprechend anzuwenden.

Beispiel 4:

Der IJK-OHG gehören die Gesellschafter I, J und K an. Es befinden sich 4 Pkw im Betriebsvermögen. Die Gesellschafter I und K sind alleinstehend. Niemand aus ihrer Privatsphäre nutzt die betrieblichen Pkw. Der Gesellschafter J ist verheiratet. Seine Ehefrau nutzt einen betrieblichen Pkw zu Privatfahrten. Die Listenpreise der Fahrzeuge betragen 80 000 DM, 65 000 DM, 50 000 DM und 40 000 DM. I nutzt das 80 000 DM-Kfz, J das 50 000 DM-Kfz, K das

---

1) Dazu gehört beispielsweise ein werkseitig eingebautes Satellitennavigationsgerät (→ BFH vom 16. 2. 2005 – BStBl II S. 563) sowie ein Diebstahlsicherungssystem, nicht aber ein Autotelefon einschl. Freisprecheinrichtung (→ R 8.1 Abs. 9 Nr. 1 Satz 6 LStR 2008).

2) Anm.: Pool-Leasing → BMF 2. 5. 2002 – IV A 6 – S 2177-20/02 – DStR 2002 S. 910:
Im Einvernehmen mit den obersten Finanzbehörden der Länder wird an der Auffassung festgehalten, wonach beim „Pool-Leasing" zur Ermittlung des pauschalen privaten Nutzungswerts das Fahrzeug mit dem höchsten Listenpreis zu Grunde zu legen ist (Rn. 9 des BMF-Schreibens vom 21. 1. 2002).

65 000 DM-Kfz und Frau J das 40 000 DM-Kfz. Die private Nutzungsentnahme ist monatlich für den Gesellschafter I mit 1 % von 80 000 DM, für den Gesellschafter K mit 1 % von 65 000 DM und für den Gesellschafter J mit 1 % von 50 000 DM zuzüglich 1 % von 40 000 DM anzusetzen.

Beispiel 5:

Der XYZ-OHG gehören die Gesellschafter X, Y und Z an. Es befindet sich ein Pkw im Betriebsvermögen, den aufgrund einer vertraglichen Vereinbarung unter den Gesellschaftern nur der Gesellschafter Z nutzen darf. Die private Nutzungsentnahme ist nur für den Gesellschafter Z anzusetzen.

3. Nur gelegentliche Nutzung des Kraftfahrzeugs

Der pauschale Ansatz des Nutzungswerts und die pauschale Ermittlung der nicht abziehbaren 11
Betriebsausgaben erfolgen mit den Monatswerten auch dann, wenn das Kraftfahrzeug nur gelegentlich zu Privatfahrten oder zu Fahrten zwischen Wohnung und Betriebsstätte genutzt wird.

Die Monatswerte sind nicht anzusetzen für volle Kalendermonate, in denen eine private Nutzung 12
oder eine Nutzung zu Fahrten zwischen Wohnung und Betriebsstätte ausgeschlossen ist.

[1]Hat ein Steuerpflichtiger mehrere Betriebsstätten in unterschiedlicher Entfernung von der Woh- 13
nung, und wird das Kraftfahrzeug höchstens fünfmal pro Monat zu Fahrten zwischen der Wohnung und der weiter entfernt gelegenen Betriebsstätte eingesetzt, kann bei der pauschalen Berechnung der nicht abziehbaren Betriebsausgaben nach § 4 Abs. 5 Satz 1 Nr. 6 EStG die Entfernung zur näher gelegenen Betriebsstätte zugrunde gelegt werden. [2]Die Fahrten zur weiter entfernt gelegenen Betriebsstätte sind zusätzlich mit dem positiven Unterschiedsbetrag zwischen 0002 % des inländischen Listenpreises für jeden Entfernungskilometer und dem sich nach § 9 Abs. 1 Satz 3 Nr. 4 oder Abs. 2 EStG ergebenden Betrag anzusetzen.

Beispiel 6:

Der Unternehmer A wohnt in A-Stadt und hat dort eine Betriebsstätte (Entfernung zur Wohnung: 10 km). Eine zweite Betriebsstätte unterhält er in B-Stadt (Entfernung zur Wohnung: 100 km). A fährt zwischen Wohnung und Betriebsstätte mit dem Betriebs-Pkw (inländischer Listenpreis einschließlich Sonderausstattung und USt: 45 000 DM). 2000 ist er viermal im Monat von der Wohnung zur Betriebsstätte in B-Stadt gefahren (insgesamt an 40 Tagen), an den anderen Tagen zur Betriebsstätte in A-Stadt (insgesamt an 178 Tagen). Die nicht abziehbaren Betriebsausgaben sind für 2000 wie folgt zu ermitteln:

a)	45 000 DM × 0,03 % × 10 km × 12 Monate =	1 620,00 DM	
	./. 178 × 10 km × 0,70 DM/km =	1 246,00 DM	
		374,00 DM	374,00 DM
b)	45 000 DM × 0002 % × 100 km × 40 =	3 600,00 DM	
	./. 40 × 100 km × 0,70 DM/km =	2 800,00 DM	
		800,00 DM	800,00 DM
			1 174,00 DM

Ab dem Veranlagungszeitraum 2001 ergibt sich folgende Berechnung:

a)	45 000 DM × 0,03 % × 10 km × 12 Monate =	1 620,00 DM	
	./. 178 × 10 km × 0,70 DM/km =	1 246,00 DM	
		374,00 DM	374,00 DM
b)	45 000 DM × 0002 % × 100 km × 40 =	3 600,00 DM	
	./. 40 × 10 km × 0,70 DM/km =	280,00 DM	
	./. 40 × 90 km × 0,80 DM/km =	2 880,00 DM	
		440,00 DM	440,00 DM
			814,00 DM

Beispiel 7:

Der Unternehmer C wohnt in C-Stadt und hat dort eine Betriebsstätte (Entfernung zur Wohnung: 8 km). Eine zweite Betriebsstätte unterhält er in D-Stadt (Entfernung zur Wohnung: 120 km), eine dritte Betriebsstätte in E-Stadt (Entfernung zur Wohnung: 300 km). C fährt zwischen Wohnung und Betriebsstätte mit dem Betriebs-Pkw (inländischer Listenpreis einschließlich Sonderausstattung und USt: 55 000 DM). 2000 ist er zweimal im Monat von der Wohnung zur Betriebsstätte in D-Stadt (insgesamt an 20 Tagen) und zweimal im Monat zur Betriebsstätte in E-Stadt gefahren (insgesamt an 21 Tagen), an den anderen Tagen zur

Betriebsstätte in C-Stadt (insgesamt an 180 Tagen). Die nicht abziehbaren Betriebsausgaben sind für 2000 wie folgt zu ermitteln:

a)	55 000 DM × 0,03 % × 8 km × 12 Monate =	1 584,00 DM	
	./. 180 × 8 km × 0,70 DM/km =	1 008,00 DM	
		576,00 DM	576,00 DM
b)	55 000 DM × 0002 % × 120 km × 20 =	2 640,00 DM	
	./. 20 × 120 km × 0,70 DM/km =	1 680,00 DM	
		960,00 DM	960,00 DM
c)	55 000 DM × 0002 % × 300 km × 21 =	6 930,00 DM	
	./. 21 × 300 km × 0,70 DM/km =	4 410,00 DM	
		2 520,00 DM	2 520,00 DM
			4 056,00 DM

Ab dem Veranlagungszeitraum 2001 ergibt sich folgende Berechnung:

a)	55 000 DM × 0,03 % × 8 km × 12 Monate =	1 584,00 DM	
	./. 180 × 8 km × 0,70 DM/km =	1 008,00 DM	
		576,00 DM	576,00 DM
b)	55 000 DM × 0002 % × 120 km × 20 =	2 640,00 DM	
	./. 20 × 10 km × 0,70 DM/km =	140,00 DM	
	./. 20 × 110 km × 0,80 DM/km =	1 760,00 DM	
		740,00 DM	740,00 DM
c)	55 000 DM × 0002 % × 300 km × 21 =	6 930,00 DM	
	./. 21 × 10 km × 0,70 DM/km =	147,00 DM	
	./. 21 × 290 km × 0,80 DM/km =	4 872,00 DM	
		1 911,00 DM	1 911,00 DM
			3 227,00 DM

4. Begrenzung der pauschalen Wertansätze (sog. Kostendeckelung)

14 [1]Der pauschale Nutzungswert nach § 6 Abs. 1 Nr. 4 Satz 2 sowie die nicht abziehbaren Betriebsausgaben nach § 4 Abs. 5 Satz 1 Nr. 6 EStG können die für das genutzte Kraftfahrzeug insgesamt tatsächlich entstandenen Aufwendungen übersteigen. Wird dies im Einzelfall nachgewiesen, so sind der Nutzungswert und der Betrag der nach § 4 Abs. 5 Satz 1 Nr. 6 EStG nicht abziehbaren Betriebsausgaben höchstens mit dem Betrag der Gesamtkosten des Kraftfahrzeugs anzusetzen. [2]Bei mehreren privat genutzten Kraftfahrzeugen können die zusammengefassten pauschal ermittelten Wertansätze auf die nachgewiesenen tatsächlichen Gesamtaufwendungen dieser Kraftfahrzeuge begrenzt werden; eine fahrzeugbezogene „Kostendeckelung" ist zulässig.

5. Abziehbare Aufwendungen bei behinderten Menschen für Fahrten zwischen Wohnung und Betriebsstätte sowie Familienheimfahrten

15 [1]Behinderte Menschen, deren Grad der Behinderung mindestens 70 beträgt, sowie behinderte Menschen, deren Grad der Behinderung weniger als 70, aber mindestens 50 beträgt und die in ihrer Bewegungsfähigkeit im Straßenverkehr erheblich beeinträchtigt sind, können ihre tatsächlichen Kosten für die Benutzung eines eigenen Kraftfahrzeugs für Fahrten zwischen Wohnung und Betriebsstätte sowie für Familienheimfahrten als Betriebsausgaben absetzen. [2]Dabei ist der Gewinn nicht um Aufwendungen in Höhe des in § 4 Abs. 5 Satz 1 Nr. 6 EStG jeweils genannten positiven Unterschiedsbetrags zu erhöhen.

III. Tatsächliche Ermittlung des privaten Nutzungswerts

1. Führung eines Fahrtenbuches

16 [1]Ein Fahrtenbuch soll die Zuordnung von Fahrten zur betrieblichen und beruflichen Sphäre ermöglichen und darstellen. [2]Es muss laufend geführt werden.

17 [1]Werden mehrere betriebliche Fahrzeuge vom Unternehmer oder von zu seiner Privatsphäre gehörenden Personen zu Privatfahrten, zu Fahrten zwischen Wohnung und Betriebsstätte oder zu Familienheimfahrten genutzt, ist diese Nutzung für jedes der Fahrzeuge entweder pauschal im Wege der Listenpreisregelung oder aber konkret anhand der Fahrtenbuchmethode zu ermitteln (BFH-Urteil vom 3. August 2000, BStBl II 2001 S. 332). [2]Gehören gleichzeitig mehrere Kraftfahrzeuge zum Betriebsvermögen, und wird nicht für jedes dieser Fahrzeuge ein Fahrtenbuch im Sinne des § 6 Abs. 1 Nr. 4 Satz 3 EStG geführt, ist für diejenigen Fahrzeuge, für die kein Fahrtenbuch geführt wird, und die für Privatfahrten, für Fahrten zwischen Wohnung und Betriebsstätte oder für Familienheimfahrten genutzt werden, der pauschale Nutzungswert anzusetzen.

[3]Rdnrn. 9 und 10 gelten entsprechend mit der Maßgabe, dass der pauschalen Nutzungswertermittlung aus allen vom Steuerpflichtigen oder von zu seiner Privatsphäre gehörenden Personen für Privatfahrten, für Fahrten zwischen Wohnung und Betriebsstätte oder für Familienheimfahrten mitgenutzten Kraftfahrzeugen diejenigen Fahrzeuge mit den höchsten Listenpreisen zugrunde zu legen sind, für die kein Fahrtenbuch geführt wird.

Beispiel 8:

Zum Betriebsvermögen des Unternehmers C gehören 5 Pkw, die von C, seiner Ehefrau und dem erwachsenen Sohn auch zu Privatfahrten genutzt werden. Es befindet sich kein weiteres Fahrzeug im Privatvermögen. Für ein Kraftfahrzeug wird ein Fahrtenbuch geführt. Die (pauschale) private Nutzungsentnahme für die vier weiteren auch privat genutzten Kraftfahrzeuge ist nach § 6 Abs. 1 Nr. 4 Satz 2 EStG mit jeweils 1 % der drei höchsten Listenpreise derjenigen Kraftfahrzeuge anzusetzen, für die kein Fahrtenbuch geführt wird.

2. Elektronisches Fahrtenbuch

[1]Ein elektronisches Fahrtenbuch ist anzuerkennen, wenn sich daraus dieselben Erkenntnisse wie aus einem manuell geführten Fahrtenbuch gewinnen lassen. [2]Beim Ausdrucken von elektronischen Aufzeichnungen müssen nachträgliche Veränderungen der aufgezeichneten Angaben technisch ausgeschlossen, zumindest aber dokumentiert werden.[1]) 18

3. Anforderungen an ein Fahrtenbuch[2])

[3])[1]Ein Fahrtenbuch muss mindestens folgende Angaben enthalten (vgl. R 31 Abs. 9 Nr. 2 Satz 3 LStR 2002[4])): Datum und Kilometerstand zu Beginn und Ende jeder einzelnen betrieblich/beruflich veranlassten Fahrt, Reiseziel, Reisezweck und aufgesuchte Geschäftspartner. [2]Wird ein Umweg gefahren, ist dieser aufzuzeichnen. [3]Auf einzelne dieser Angaben kann verzichtet werden, soweit wegen der besonderen Umstände im Einzelfall die betriebliche/berufliche Veranlassung der Fahrten und der Umfang der Privatfahrten ausreichend dargelegt sind und Überprüfungsmöglichkeiten nicht beeinträchtigt werden. [4]So sind z. B. folgende berufsspezifisch bedingte Erleichterungen möglich: 19

a) Handelsvertreter, Kurierdienstfahrer, Automatenlieferanten und andere Steuerpflichtige, die regelmäßig aus betrieblichen/beruflichen Gründen große Strecken mit mehreren unterschiedlichen Reisezielen zurücklegen. 20

   Zu Reisezweck, Reiseziel und aufgesuchtem Geschäftspartner ist anzugeben, welche Kunden an welchem Ort besucht wurden. Angaben zu den Entfernungen zwischen den verschiedenen Orten sind nur bei größerer Differenz zwischen direkter Entfernung und tatsächlich gefahrenen Kilometern erforderlich.

b) Taxifahrer, Fahrlehrer 21

   Bei Fahrten eines Taxifahrers im sog. Pflichtfahrgebiet ist es in Bezug auf Reisezweck, Reiseziel und aufgesuchtem Geschäftspartner ausreichend, täglich zu Beginn und Ende der Gesamtheit dieser Fahrten den Kilometerstand anzugeben mit der Angabe „Taxifahrten im Pflichtfahrgebiet" o. Ä. [2]Wurden Fahrten durchgeführt, die über dieses Gebiet hinausgehen, kann auf die genaue Angabe des Reiseziels nicht verzichtet werden.

   Für Fahrlehrer ist es ausreichend, in Bezug auf Reisezweck, Reiseziel und aufgesuchtem Geschäftspartner „Lehrfahrten", „Fahrschulfahrten" o. Ä. anzugeben. 22

[1]Werden regelmäßig dieselben Kunden aufgesucht, wie z. B. bei Lieferverkehr, und werden die Kunden mit Name und (Liefer-)Adresse in einem Kundenverzeichnis unter einer Nummer geführt, unter der sie später identifiziert werden können, bestehen keine Bedenken, als Erleichterung für die Führung eines Fahrtenbuches zu Reiseziel, Reisezweck und aufgesuchtem Geschäftspartner jeweils zu Beginn und Ende der Lieferfahrten Datum und Kilometerstand sowie die Nummern der aufgesuchten Geschäftspartner aufzuzeichnen. [2]Das Kundenverzeichnis ist dem Fahrtenbuch beizufügen. 23

Für Privatfahrten genügen jeweils Kilometerangaben; für Fahrten zwischen Wohnung und Betriebsstätte genügt jeweils ein kurzer Vermerk im Fahrtenbuch. 24

---

1) Bestätigt durch BFH vom 16. 11. 2005 (BStBl 2006 II S. 410).

2) Ein ordnungsgemäßes Fahrtenbuch muss zeitnah und in geschlossener Form geführt werden und die zu erfassenden Fahrten einschließlich des an ihrem Ende erreichten Gesamtkilometerstands vollständig und in ihrem fortlaufenden Zusammenhang wiedergeben (→ BFH vom 9. 11. 2005 – BStBl 2006 II S. 408).

3) Bestätigt durch BFH vom 16. 3. 2006 (BStBl II S. 625).

4) ***Jetzt R 8.1 Abs. 9 Nr. 2 LStR 2008 und H 8.1 (9-10) (Ordnungsgemäßes Fahrtenbuch) LStH 2008.***

4. Nichtanerkennung eines Fahrtenbuches

25 Wird die Ordnungsmäßigkeit der Führung eines Fahrtenbuches von der Finanzverwaltung z. B. anlässlich einer Betriebsprüfung nicht anerkannt, ist die Nutzung des Kraftfahrzeugs zu Privatfahrten, zu Fahrten zwischen Wohnung und Betriebsstätte oder zu Familienheimfahrten nach den Pauschsätzen zu bewerten.[1])

5. Nicht abziehbare Vorsteuerbeträge nach § 15 Abs. 1b UStG[2])

Die nach § 15 Abs. 1b UStG nicht abziehbaren Vorsteuerbeträge gehören nach § 9b Abs. 1 EStG zu den Anschaffungs- oder Herstellungskosten des Fahrzeugs.

6. Gesamtaufwendungen für das Kraftfahrzeug

Zu den Gesamtaufwendungen für das Kraftfahrzeug gehören nicht die Sonderabschreibungen (BFH-Urteil vom 25. März 1988 – BStBl II S. 655).

Dieses Schreiben ersetzt die BMF-Schreiben vom 12. Mai 1997 (BStBl I S. 562) und vom 4. August 1999 (BStBl I S. 727).

IV
2.
Gesetz zur Eindämmung missbräuchlicher Steuergestaltungen vom 28. April 2006 (BGBl. I S. 1095); Änderung des § 6 Abs. 1 Nr. 4 Satz 2 EStG – Begrenzung der Anwendung der 1 %-Regelung auf Fahrzeuge, die zu mehr als 50 Prozent betrieblich genutzt werden; Nachweispflichten

BMF vom 7. 7. 2006 (BStBl I S. 446)

IV B 2 – S 2177 – 44/06
IV A 5 – S 7206 – 7/06

Mit dem Gesetz zur Eindämmung missbräuchlicher Steuergestaltungen vom 28. April 2006 (BGBl. I S. 1095) wurde § 6 Abs. 1 Nr. 4 Satz 2 EStG geändert. Aufgrund dieser Änderung ist die pauschale Ermittlungsmethode für die private Kraftfahrzeugnutzung (1 %-Regelung) nur noch anwendbar, wenn das Kraftfahrzeug zu mehr als 50 Prozent betrieblich genutzt wird. Die Neuregelung ist erstmals für Wirtschaftsjahre anzuwenden, die nach dem 31. Dezember 2005 beginnen (§ 52 Abs. 16 Satz 15 EStG).

Im Einvernehmen mit den obersten Finanzbehörden der Länder gilt hierzu Folgendes:

1. Zulässige Anwendung der 1 %-Regelung

a) Umfang der betrieblichen Nutzung

Nach § 6 Abs. 1 Nr. 4 Satz 2 EStG ist die private Nutzung eines Kraftfahrzeugs mit 1 Prozent des inländischen Listenpreises zu ermitteln, wenn dieses zu mehr als 50 Prozent betrieblich genutzt wird. Der betrieblichen Nutzung eines Kraftfahrzeugs werden alle Fahrten zugerechnet, die betrieblich veranlasst sind, die also in einem tatsächlichen oder wirtschaftlichen Zusammenhang mit dem Betrieb stehen (§ 4 Abs. 4 EStG). Fahrten zwischen Wohnung und Betriebsstätte oder Familienheimfahrten sind dabei der betrieblichen Nutzung zuzurechnen.

Die Überlassung eines Kraftfahrzeugs auch zur privaten Nutzung an einen Arbeitnehmer stellt für den Steuerpflichtigen (Arbeitgeber) eine vollumfängliche betriebliche Nutzung dar.

b) Nachweis der betrieblichen Nutzung

Der Umfang der betrieblichen Nutzung ist vom Steuerpflichtigen darzulegen und glaubhaft zu machen. Dies kann in jeder geeigneten Form erfolgen. Auch die Eintragungen in Terminkalendern, die Abrechnung gefahrener Kilometer gegenüber den Auftraggebern, Reisekostenaufstellungen sowie andere Abrechnungsunterlagen können zur Glaubhaftmachung geeignet sein. Sind entsprechende Unterlagen nicht vorhanden, kann die überwiegende betriebliche Nutzung

1) Bestätigt durch BFH vom 16. 11. 2005 (BStBl 2006 II S. 410).
2) Durch das StÄndG 2003 wurde § 15 Abs. 1b UStG aufgehoben.

durch formlose Aufzeichnungen über einen repräsentativen zusammenhängenden Zeitraum (i. d. R. 3 Monate) glaubhaft gemacht werden. Dabei reichen Angaben über die betrieblich veranlassten Fahrten (jeweiliger Anlass und die jeweils zurückgelegte Strecke) und die Kilometerstände zu Beginn und Ende des Aufzeichnungszeitraumes aus.

Auf einen Nachweis der betrieblichen Nutzung kann verzichtet werden, wenn sich bereits aus Art und Umfang der Tätigkeit des Steuerpflichtigen ergibt, dass das Kraftfahrzeug zu mehr als 50 Prozent betrieblich genutzt wird. Dies kann in der Regel bei Steuerpflichtigen angenommen werden, die ihr Kraftfahrzeug für eine durch ihren Betrieb oder Beruf bedingte typische Reisetätigkeit benutzen oder die zur Ausübung ihrer räumlich ausgedehnten Tätigkeit auf die ständige Benutzung des Kraftfahrzeugs angewiesen sind (z. B. bei Taxiunternehmern, Handelsvertretern, Handwerkern der Bau- und Baunebengewerbe, Landtierärzten). Diese Vermutung gilt, wenn ein Steuerpflichtiger mehrere Kraftfahrzeuge im Betriebsvermögen hält, nur für das Kraftfahrzeug mit der höchsten Jahreskilometerleistung. Für die weiteren Kraftfahrzeuge gelten die allgemeinen Grundsätze.

Keines weiteren Nachweises bedarf es, wenn die Fahrten zwischen Wohnung und Betriebsstätte und die Familienheimfahrten mehr als 50 Prozent der Jahreskilometerleistung des Kraftfahrzeugs ausmachen.

Hat der Steuerpflichtige den betrieblichen Nutzungsumfang des Kraftfahrzeugs einmal dargelegt, so ist – wenn sich keine wesentlichen Veränderungen in Art oder Umfang der Tätigkeit oder bei den Fahrten zwischen Wohnung und Betriebsstätte ergeben – auch für die folgenden Veranlagungszeiträume von diesem Nutzungsumfang auszugehen. Ein Wechsel der Fahrzeugklasse kann im Einzelfall Anlass für eine erneute Prüfung des Nutzungsumfangs sein. Die im Rahmen einer rechtmäßigen Außenprüfung erlangten Kenntnisse bestimmter betrieblicher Verhältnisse des Steuerpflichtigen in den Jahren des Prüfungszeitraumes lassen Schlussfolgerungen auf die tatsächlichen Gegebenheiten in den Jahren vor oder nach dem Prüfungszeitraum zu (BFH vom 28. August 1987, BStBl II 1988 S. 2).

2. Ermittlung des privaten Nutzungsanteils bei Ausschluss der 1 %-Regelung

Beträgt der betriebliche Nutzungsanteil 10 bis 50 Prozent, darf der private Nutzungsanteil nicht gemäß § 6 Abs. 1 Nr. 4 Satz 2 EStG (1 %-Regelung) bewertet werden. Die gesamten angemessenen Kraftfahrzeugaufwendungen sind Betriebsausgaben; der private Nutzungsanteil ist als Entnahme gemäß § 6 Abs. 1 Nr. 4 Satz 1 EStG zu erfassen. Diese ist mit dem auf die nicht betrieblichen Fahrten entfallenden Anteil an den Gesamtaufwendungen für das Kraftfahrzeug zu bewerten.

Die Regelungen des BMF-Schreibens vom 21. Januar 2002 (BStBl I S. 148) bestehen – für Kraftfahrzeuge, die überwiegend betrieblich genutzt werden – unverändert fort.

3. Umsatzsteuerliche Beurteilung

Zur Frage des Vorsteuerabzugs und der Umsatzbesteuerung bei unternehmerisch genutzten Kraftfahrzeugen vgl. BMF-Schreiben vom 27. August 2004 (BStBl I S. 864). Ist die Anwendung der 1 %-Regelung gem. § 6 Abs. 1 Nr. 4 Satz 2 EStG ausgeschlossen, weil das Fahrzeug zu weniger als 50 Prozent betrieblich genutzt wird, und wird der nichtunternehmerische Nutzungsanteil nicht durch ein ordnungsgemäßes Fahrtenbuch nachgewiesen, ist dieser Nutzungsanteil im Wege der Schätzung zu ermitteln, wobei der Umsatzbesteuerung grundsätzlich der für ertragsteuerliche Zwecke ermittelte private Nutzungsanteil zugrunde zu legen ist.

V
Ertragsteuerliche Behandlung des Sponsoring

BMF vom 18. 2. 1998 (BStBl I S. 212)

IV B 2 – S 2144–40/98
IV B 7 – S 0183–62/98

Für die ertragsteuerliche Behandlung des Sponsoring gelten – unabhängig von dem gesponserten Bereich (z. B. Sport-, Kultur-, Sozio-, Öko- und Wissenschaftssponsoring) – im Einvernehmen mit den obersten Finanzbehörden der Länder folgende Grundsätze:

I. Begriff des Sponsoring

1 [1]Unter Sponsoring wird üblicherweise die Gewährung von Geld oder geldwerten Vorteilen durch Unternehmen zur Förderung von Personen, Gruppen und/oder Organisationen in sportlichen, kulturellen, kirchlichen, wissenschaftlichen, sozialen, ökologischen oder ähnlich bedeutsamen gesellschaftspolitischen Bereichen verstanden, mit der regelmäßig auch eigene unternehmensbezogene Ziele der Werbung oder Öffentlichkeitsarbeit verfolgt werden. [2]Leistungen eines Sponsors beruhen häufig auf einer vertraglichen Vereinbarung zwischen dem Sponsor und dem Empfänger der Leistungen (Sponsoring-Vertrag), in dem Art und Umfang der Leistungen des Sponsors und des Empfängers geregelt sind.

II. Steuerliche Behandlung beim Sponsor

2 Die im Zusammenhang mit dem Sponsoring gemachten Aufwendungen können

- Betriebsausgaben i. S. des § 4 Abs. 4 EStG,
- Spenden, die unter den Voraussetzungen der §§ 10b EStG, 9 Abs. 1 Nr. 2 KStG, 9 Nr. 5 GewStG abgezogen werden dürfen, oder
- steuerlich nicht abziehbare Kosten der Lebensführung (§ 12 Nr. 1 EStG), bei Kapitalgesellschaften verdeckte Gewinnausschüttungen (§ 8 Abs. 3 Satz 2 KStG) sein.

1. Berücksichtigung als Betriebsausgaben

3 [1]Aufwendungen des Sponsors sind Betriebsausgaben, wenn der Sponsor wirtschaftliche Vorteile, die insbesondere in der Sicherung oder Erhöhung seines unternehmerischen Ansehens liegen können (vgl. BFH vom 3. Februar 1993, BStBl II S. 441, 445), für sein Unternehmen erstrebt oder für Produkte seines Unternehmens werben will. [2]Das ist insbesondere der Fall, wenn der Empfänger der Leistungen auf Plakaten, Veranstaltungshinweisen, in Ausstellungskatalogen, auf den von ihm benutzten Fahrzeugen oder anderen Gegenständen auf das Unternehmen oder auf die Produkte des Sponsors werbewirksam hinweist. [3]Die Berichterstattung in Zeitungen, Rundfunk oder Fernsehen kann einen wirtschaftlichen Vorteil, den der Sponsor für sich anstrebt, begründen, insbesondere wenn sie in seine Öffentlichkeitsarbeit eingebunden ist oder der Sponsor an Pressekonferenzen oder anderen öffentlichen Veranstaltungen des Empfängers mitwirken und eigene Erklärungen über sein Unternehmen oder seine Produkte abgeben kann.

4 Wirtschaftliche Vorteile für das Unternehmen des Sponsors können auch dadurch erreicht werden, daß der Sponsor durch Verwendung des Namens, von Emblemen oder Logos des Empfängers oder in anderer Weise öffentlichkeitswirksam auf seine Leistungen aufmerksam macht.

5 [1]Für die Berücksichtigung der Aufwendungen als Betriebsausgaben kommt es nicht darauf an, ob die Leistungen notwendig, üblich oder zweckmäßig sind; die Aufwendungen dürfen auch dann als Betriebsausgaben abgezogen werden, wenn die Geld- oder Sachleistungen des Sponsors und die erstrebten Werbeziele für das Unternehmen nicht gleichwertig sind. [2]Bei einem krassen Mißverhältnis zwischen den Leistungen des Sponsors und dem erstrebten wirtschaftlichen Vorteil ist der Betriebsausgabenabzug allerdings zu versagen (§ 4 Abs. 5 Satz 1 Nr. 7 EStG).

6 Leistungen des Sponsors im Rahmen des Sponsoring-Vertrags, die die Voraussetzungen der RdNrn. 3, 4 und 5 für den Betriebsausgabenabzug erfüllen, sind keine Geschenke i. S. des § 4 Abs. 5 Satz 1 Nr. 1 EStG.

2. Berücksichtigung als Spende

7 Zuwendungen des Sponsors, die keine Betriebsausgaben sind, sind als Spenden (§ 10 b EStG) zu behandeln, wenn sie zur Förderung steuerbegünstigter Zwecke freiwillig oder aufgrund einer freiwillig eingegangenen Rechtspflicht erbracht werden, kein Entgelt für eine bestimmte Leistung des Empfängers sind und nicht in einem tatsächlichen wirtschaftlichen Zusammenhang mit dessen Leistungen stehen (BFH vom 25. November 1987, BStBl II 1988 S. 220; vom 12. September 1990, BStBl II 1991 S. 258).

3. Nichtabziehbare Kosten der privaten Lebensführung oder verdeckte Gewinnausschüttungen

8 [1]Als Sponsoringaufwendungen bezeichnete Aufwendungen, die keine Betriebsausgaben und keine Spenden sind, sind nicht abziehbare Kosten der privaten Lebensführung (§ 12 Nr. 1 Satz 2 EStG). [2]Bei entsprechenden Zuwendungen einer Kapitalgesellschaft können verdeckte Gewinnausschüttungen vorliegen, wenn der Gesellschafter durch die Zuwendungen begünstigt wird, z. B. eigene Aufwendungen als Mäzen erspart (vgl. Abschnitt 31 Abs. 2 Satz 4 KStR 1995[1])).

---

1) Jetzt → R 36 KStR 2004 und H 36 KStH 2004.

III. Steuerliche Behandlung bei steuerbegünstigten Empfängern

[1]Die im Zusammenhang mit dem Sponsoring erhaltenen Leistungen können, wenn der Empfänger eine steuerbegünstigte Körperschaft ist, steuerfreie Einnahmen im ideellen Bereich, steuerfreie Einnahmen aus der Vermögensverwaltung oder steuerpflichtige Einnahmen eines wirtschaftlichen Geschäftsbetriebs sein. [2]Die steuerliche Behandlung der Leistungen beim Empfänger hängt grundsätzlich nicht davon ab, wie die entsprechenden Aufwendungen beim leistenden Unternehmen behandelt werden. 9

[1]Für die Abgrenzung gelten die allgemeinen Grundsätze (vgl. insbesondere Anwendungserlaß zur Abgabenordnung, zu § 67a, Tz. I/9). [2]Danach liegt kein wirtschaftlicher Geschäftsbetrieb vor, wenn die steuerbegünstigte Körperschaft dem Sponsor nur die Nutzung ihres Namens zu Werbezwecken in der Weise gestattet, daß der Sponsor selbst zu Werbezwecken oder zur Imagepflege auf seine Leistungen an die Körperschaft hinweist. [3]Ein wirtschaftlicher Geschäftsbetrieb liegt auch dann nicht vor, wenn der Empfänger der Leistungen z. B. auf Plakaten, Veranstaltungshinweisen, in Ausstellungskatalogen oder in anderer Weise auf die Unterstützung durch einen Sponsor lediglich hinweist. [4]Dieser Hinweis kann unter Verwendung des Namens, Emblems oder Logos des Sponsors, jedoch ohne besondere Hervorhebung, erfolgen. [5]Ein wirtschaftlicher Geschäftsbetrieb liegt dagegen vor, wenn die Körperschaft an den Werbemaßnahmen mitwirkt. Der wirtschaftliche Geschäftsbetrieb kann kein Zweckbetrieb (§§ 65 bis 68 AO) sein.

Dieses Schreiben ersetzt das BMF-Schreiben vom 9. Juli 1997 (BStBl I S. 726).

VI
Einkommensteuerliche Behandlung der Aufwendungen für ein häusliches Arbeitszimmer nach § 4 Abs. 5 Satz 1 Nr. 6b, § 9 Abs. 5 und § 10 Abs. 1 Nr. 7 EStG
Neuregelung durch das Steueränderungsgesetz 2007 vom 19. Juli 2006 (BGBl. I S. 1652, BStBl I S. 432)

BMF vom 3. 4. 2007 (BStBl I S. 442)
IV B 2 – S 2145/07/00022007/0141884

Im Einvernehmen mit den obersten Finanzbehörden der Länder gilt zur einkommensteuerrechtlichen Behandlung der Aufwendungen für ein häusliches Arbeitszimmer nach § 4 Abs. 5 Satz 1 Nr. 6b, § 9 Abs. 5 und § 10 Abs. 1 Nr. 7 EStG Folgendes:

I. Grundsatz

Nach § 4 Abs. 5 Satz 1 Nr. 6b Satz 1 und § 9 Abs. 5 Satz 1 EStG dürfen die Aufwendungen für ein häusliches Arbeitszimmer sowie die Kosten der Ausstattung grundsätzlich nicht als Betriebsausgaben oder Werbungskosten abgezogen werden. Nach § 4 Abs. 5 Satz 1 Nr. 6b Satz 2 EStG dürfen sie nur dann steuerlich berücksichtigt werden, wenn das häusliche Arbeitszimmer den Mittelpunkt der gesamten betrieblichen und beruflichen Betätigung bildet. 1

II. Anwendungsbereich der gesetzlichen Regelung

Unter die Regelungen des § 4 Abs. 5 Satz 1 Nr. 6b und § 9 Abs. 5 EStG fällt die Nutzung eines häuslichen Arbeitszimmers zur Erzielung von Einkünften aus sämtlichen Einkunftsarten. 2

III. Begriff des häuslichen Arbeitszimmers

Ein häusliches Arbeitszimmer ist ein Raum, der seiner Lage, Funktion und Ausstattung nach in die häusliche Sphäre des Steuerpflichtigen eingebunden ist, vorwiegend der Erledigung gedanklicher, schriftlicher, verwaltungstechnischer oder -organisatorischer Arbeiten dient (→ BFH-Urteile vom 19. September 2002 – VI R 70/01 – BStBl II 2003 S. 139 und vom 16. Oktober 2002 – XI R 89/00 –, BStBl II 2003 S. 185) und ausschließlich oder nahezu ausschließlich zu betrieblichen und/oder beruflichen Zwecken genutzt wird. Es muss sich aber nicht zwingend um Arbeiten büromäßiger Art handeln; ein häusliches Arbeitszimmer kann auch bei geistiger, künstlerischer oder schriftstellerischer Betätigung gegeben sein. In die häusliche Sphäre eingebunden ist ein als Arbeitszimmer genutzter Raum regelmäßig dann, wenn er zur privaten Wohnung oder zum Wohnhaus des Steuerpflichtigen gehört. Dies betrifft nicht nur die Wohnräume, sondern ebenso Zubehörräume (→ BFH-Urteil vom 26. Februar 2003 – VI R 130/01 –, BStBl II 2004 S. 74 und BFH-Urteil vom 19. September 2002 – VI R 70/01 –, BStBl II 2003 S. 139). So kann auch ein Raum, z. B. im Keller oder unter dem Dach (Mansarde) des Wohnhauses, in dem der Steuerpflichtige seine Wohnung hat, ein häusliches Arbeitszimmer sein, wenn die Räumlichkeiten aufgrund der unmit- 3 telbaren Nähe mit den privaten Wohnräumen des Steuerpflichtigen als gemeinsame Wohneinheit verbunden sind.

Dagegen kann es sich bei einem im Keller oder Dachgeschoss eines Mehrfamilienhauses befindlichen Raum, der nicht zur Privatwohnung des Steuerpflichtigen gehört, sondern zusätzlich angemietet wurde, um ein außerhäusliches Arbeitszimmer handeln (→ BFH-Urteil vom 26. Februar 2003 – VI R 160/99 –, BStBl II S. 515 und vom 18. August 2005 – VI R 39/04 –, BStBl II 2006 S. 428). Maßgebend ist, ob eine innere häusliche Verbindung des Arbeitszimmers mit der privaten Lebenssphäre des Steuerpflichtigen besteht. Dabei ist das Gesamtbild der Verhältnisse im Einzelfall entscheidend. Für die Anwendung des § 4 Abs. 5 Satz 1 Nr. 6b, des § 9 Abs. 5 und des § 10 Abs. 1 Nr. 7 EStG ist es ohne Bedeutung, ob die Wohnung, zu der das häusliche Arbeitszimmer gehört, gemietet ist oder ob sie sich im Eigentum des Steuerpflichtigen befindet. Auch mehrere Räume können als ein häusliches Arbeitszimmer anzusehen sein; die Abtrennung der Räumlichkeiten vom übrigen Wohnbereich ist erforderlich.

4 Nicht unter die Abzugsbeschränkung des § 4 Abs. 5 Satz 1 Nr. 6b und § 9 Abs. 5 EStG fallen Räume, bei denen es sich um Betriebsräume, Lagerräume[1]), Ausstellungsräume handelt, selbst wenn diese an die Wohnung angrenzen (→ BFH-Urteil vom 28. August 2003 – IV R 53/01 –, BStBl II 2004 S. 55).

Beispiele:

a) Ein häusliches Arbeitszimmer liegt in folgenden Fällen regelmäßig vor:

- häusliches Büro eines selbständigen Handelsvertreters, eines selbständigen Übersetzers oder eines selbständigen Journalisten,
- bei Anmietung einer unmittelbar angrenzenden oder unmittelbar gegenüberliegenden Zweitwohnung in einem Mehrfamilienhaus (→ BFH-Urteile vom 26. Februar 2003 – VI R 124/01 – und – VI R 125/01 –, BStBl II 2004 S. 69 und 72),
- häusliches ausschließlich beruflich genutztes Musikzimmer der freiberuflich tätigen Konzertpianistin, in dem diese Musikunterricht erteilt.

b) Ein häusliches Arbeitszimmer liegt in folgenden Fällen regelmäßig nicht vor:

- Arzt-, Steuerberater- oder Anwaltspraxis grenzt an das Einfamilienhaus an oder befindet sich im selben Gebäude wie die Privatwohnung, wenn diese Räumlichkeiten für einen intensiven und dauerhaften Publikumsverkehr geöffnet und z. B. bei häuslichen Arztpraxen für Patientenbesuche und -untersuchungen eingerichtet sind (→ BFH-Urteil vom 5. Dezember 2002, – IV R 7/01 –, BStBl II 2003 S. 463 zu einer Notfallpraxis und Negativabgrenzung im BFH-Urteil vom 23. Januar 2003, – IV R 71/00 –, BStBl II 2004 S. 43 zur Gutachtertätigkeit einer Ärztin).
- In einem Geschäftshaus befindet sich neben der Wohnung des Bäckermeisters die Backstube, der Verkaufsraum, ein Aufenthaltsraum für das Verkaufspersonal und das Büro, in dem die Buchhaltungsarbeiten durchgeführt werden. Das Büro ist in diesem Fall aufgrund der Nähe zu den übrigen Betriebsräumen nicht als häusliches Arbeitszimmer zu werten.
- Im Keller ist ein Arbeitsraum belegen, der – anders als z. B. ein Archiv (→ BFH-Urteil vom 19. September 2002, – VI R 70/01 –, BStBl II 2003 S. 139) – keine (Teil-) Funktionen erfüllt, die typischerweise einem häuslichen Arbeitszimmer zukommen, z. B. Lager für Waren und Werbematerialien.

IV. Betroffene Aufwendungen

5 Zu den Aufwendungen für ein häusliches Arbeitzimmer gehören insbesondere die anteiligen Aufwendungen für:

- Miete,
- Gebäude-AfA, Absetzungen für außergewöhnliche technische oder wirtschaftliche Abnutzung, Sonderabschreibungen,
- Schuldzinsen für Kredite, die zur Anschaffung, Herstellung oder Reparatur des Gebäudes oder der Eigentumswohnung verwendet worden sind,

[1]) Aufwendungen für einen zugleich als Büroarbeitsplatz und als Warenlager betrieblich genutzten Raum unterliegen der Abzugsbeschränkung für häusliche Arbeitszimmer, wenn der Raum nach dem Gesamtbild der Verhältnisse, vor allem aufgrund seiner Ausstattung und Funktion, ein typisches häusliches Büro ist und die Ausstattung und Funktion des Raumes als Lager dahinter zurücktritt (→ BFH vom 22. 11. 2006 – BStBl 2007 II S. 304).

- Wasser- und Energiekosten,
- Reinigungskosten,
- Grundsteuer, Müllabfuhrgebühren, Schornsteinfegergebühren, Gebäudeversicherungen,
- Renovierungskosten.

Die Kosten einer Gartenerneuerung können anteilig den Kosten des häuslichen Arbeitszimmers zuzurechnen sein, wenn bei einer Reparatur des Gebäudes Schäden am Garten verursacht worden sind. Den Kosten des Arbeitszimmers zuzurechnen sind allerdings nur diejenigen Aufwendungen, die der Wiederherstellung des ursprünglichen Zustands dienen (→ BFH-Urteil vom 6. Oktober 2004, - VI R 27/01 -, BStBl II S. 1071). Aufwendungen für die Ausstattung des Zimmers, wie z .B. Tapeten, Teppiche, Fenstervorhänge, Gardinen und Lampen gehören ebenfalls zu den Aufwendungen für ein häusliches Arbeitszimmer.

Luxusgegenstände wie z. B. Kunstgegenstände, die vorrangig der Ausschmückung des Arbeits- 6
zimmers dienen, gehören zu den nach § 12 Nr. 1 EStG nicht abziehbaren Aufwendungen (→ BFH-Urteil vom 30. Oktober 1990, - VIII R 42/87 -, BStBl II 1991 S. 340).

Keine Aufwendungen i. S. d. § 4 Abs. 5 Satz 1 Nr. 6b EStG sind die Aufwendungen für Arbeitsmit- 7
tel (→ BFH-Urteil vom 21. November 1997, - VI R 4/97 -, BStBl II 1998 S. 351). Diese werden daher von § 4 Abs. 5 Satz 1 Nr. 6b EStG nicht berührt.

V. Mittelpunkt der gesamten betrieblichen und beruflichen Betätigung

Ein häusliches Arbeitszimmer ist der Mittelpunkt der gesamten betrieblichen und beruflichen 8
Betätigung des Steuerpflichtigen, wenn er nach Würdigung des Gesamtbildes der Verhältnisse und der Tätigkeitsmerkmale dort diejenigen Handlungen vorgenommen und Leistungen erbracht werden, die für die konkret ausgeübte Tätigkeit wesentlich und prägend sind. Der Tätigkeitsmittelpunkt i. S. d. § 4 Abs. 5 Satz 1 Nr. 6b Satz 2 EStG bestimmt sich nach dem inhaltlichen (qualitativen) Schwerpunkt der betrieblichen und beruflichen Betätigung des Steuerpflichtigen.

Dem zeitlichen (quantitativen) Umfang der Nutzung des häuslichen Arbeitszimmers kommt im 9
Rahmen dieser Würdigung lediglich eine indizielle Bedeutung zu; das zeitliche Überwiegen der außerhäuslichen Tätigkeit schließt einen unbeschränkten Abzug der Aufwendungen für das häusliche Arbeitszimmer nicht von vornherein aus (→ BFH-Urteile vom 13. November 2002, - VI R 82/01 -, BStBl II 2004 S. 62; - VI R 104/01 -, BStBl II 2004 S. 65, - VI R 28/02 -, BStBl II 2004 S. 59).

Übt ein Steuerpflichtiger nur eine betriebliche und berufliche Tätigkeit aus, die in qualitativer 10
Hinsicht gleichwertig sowohl im häuslichen Arbeitszimmer als auch am außerhäuslichen Arbeitsort erbracht wird, so liegt der Mittelpunkt der gesamten beruflichen und betrieblichen Betätigung dann im häuslichen Arbeitzimmer, wenn der Steuerpflichtige mehr als die Hälfte der Arbeitszeit im häuslichen Arbeitszimmer tätig wird (→ BFH-Urteil vom 23. Mai 2006, - VI R 21/03 -, BStBl II S. 600).

Übt ein Steuerpflichtiger mehrere betriebliche und berufliche Tätigkeiten nebeneinander aus, ist 11
nicht auf eine Einzelbetrachtung der jeweiligen Betätigung abzustellen; vielmehr sind alle Tätigkeiten in ihrer Gesamtheit zu erfassen. Grundsätzlich lassen sich folgende Fallgruppen unterscheiden:

- Bilden bei allen Erwerbstätigkeiten - jeweils - die im häuslichen Arbeitszimmer verrichteten Arbeiten den qualitativen Schwerpunkt, so liegt dort auch der Mittelpunkt der Gesamttätigkeit.
- Bilden hingegen die außerhäuslichen Tätigkeiten - jeweils - den qualitativen Schwerpunkt der Einzeltätigkeiten oder lassen sich diese keinem Schwerpunkt zuordnen, so kann das häusliche Arbeitszimmer auch nicht durch die Summe der darin verrichteten Arbeiten zum Mittelpunkt der Gesamttätigkeit werden.
- Bildet das häusliche Arbeitszimmer schließlich den qualitativen Mittelpunkt lediglich einer Einzeltätigkeit, nicht jedoch im Hinblick auf die übrigen Tätigkeiten, ist regelmäßig davon auszugehen, dass das Arbeitszimmer nicht den Mittelpunkt der Gesamttätigkeit bildet.

  Der Steuerpflichtige hat jedoch die Möglichkeit, anhand konkreter Umstände des Einzelfalls glaubhaft zu machen oder nachzuweisen, dass die Gesamttätigkeit gleichwohl einem einzelnen qualitativen Schwerpunkt zugeordnet werden kann und dass dieser im häuslichen Arbeitszimmer liegt. Abzustellen ist dabei auf das Gesamtbild der Verhältnisse und auf die

Verkehrsanschauung, nicht auf die Vorstellung des betroffenen Steuerpflichtigen (→ BFH-Urteil vom 13. Oktober 2003,
– VI R 27/02 –, BStBl II 2004 S. 771 und vom 16. Dezember 2004, – IV R 19/03 –, BStBl II 2005 S. 212).

Beispiele, in denen das häusliche Arbeitszimmer den Mittelpunkt der gesamten betrieblichen und beruflichen Betätigung bilden kann:

- Bei einem Verkaufsleiter, der zur Überwachung von Mitarbeitern und zur Betreuung von Großkunden auch im Außendienst tätig ist, kann das häusliche Arbeitszimmer Tätigkeitsmittelpunkt sein, wenn er dort die für den Beruf wesentlichen Leistungen (z. B. Organisation der Betriebsabläufe) erbringt (→ BFH-Urteil vom 13. November 2002, – VI R 104/01 –, BStBl II 2004 S. 65).
- Bei einem Ingenieur, dessen Tätigkeit durch die Erarbeitung theoretischer, komplexer Problemlösungen im häuslichen Arbeitszimmer geprägt ist, kann dieses auch dann der Mittelpunkt der beruflichen Betätigung sein, wenn die Betreuung von Kunden im Außendienst ebenfalls zu seinen Aufgaben gehört (→ BFH-Urteil vom 13. November 2002, – VI R 28/02 –, BStBl II 2004 S. 59).
- Bei einem Praxis-Konsultant, der ärztliche Praxen in betriebswirtshaftlichen Fragen berät, betreut und unterstützt, kann das häusliche Arbeitszimmer auch dann den Mittelpunkt der gesamten beruflichen Tätigkeit bilden, wenn er einen nicht unerheblichen Teil seiner Arbeitszeit im Außendienst verbringt (→ BFH-Urteil vom 29. April 2003, – VI R 78/02 –, BStBl II 2004 S. 76).

Beispiele, in denen das Arbeitszimmer nicht den Mittelpunkt der gesamten betrieblichen und beruflichen Betätigung bildet:

- Bei einem – freien oder angestellten – Handelsvertreter liegt der Tätigkeitsschwerpunkt außerhalb des häuslichen Arbeitszimmers, wenn die Tätigkeit nach dem Gesamtbild der Verhältnisse durch die Arbeit im Außendienst geprägt ist, auch wenn die zu Hause verrichteten Tätigkeiten zur Erfüllung der beruflichen Aufgaben unerlässlich sind (→ BFH-Urteil vom 13. November 2002, – VI R 82/01 –, BStBl II 2004 S. 62).
- Ein kaufmännischer Angestellter eines Industrieunternehmens ist nebenbei als Mitarbeiter für einen Lohnsteuerhilfeverein selbständig tätig und nutzt für letztere Tätigkeit sein häusliches Arbeitszimmer als „Beratungsstelle", in dem er Steuererklärungen erstellt, Beratungsgespräche führt und Rechtsbehelfe bearbeitet. Für diese Nebentätigkeit ist das Arbeitszimmer zwar der Tätigkeitsmittelpunkt. Aufgrund der erforderlichen Gesamtbetrachtung ist das Arbeitszimmer jedoch nicht Mittelpunkt seiner gesamten betrieblichen und beruflichen Betätigung (→ BFH-Urteil vom 23. September 1999, – VI R 74/98 –, BStBl II 2000 S. 7).
- Bei einer Ärztin, die Gutachten über die Einstufung der Pflegebedürftigkeit erstellt und dazu ihre Patienten ausschließlich außerhalb des häuslichen Arbeitszimmers untersucht und dort (vor Ort) alle erforderlichen Befunde erhebt, liegt der qualitative Schwerpunkt nicht im häuslichen Arbeitszimmer, in welchem lediglich die Tätigkeit begleitende Aufgaben erledigt werden (→ BFH-Urteil vom 23. Januar 2003, – IV R 71/00 –; BStBl II 2004 S. 43).
- Bei einem Architekten, der neben der Planung auch mit der Ausführung der Bauwerke (Bauüberwachung) betraut ist, kann diese Gesamttätigkeit keinem konkreten Tätigkeitsschwerpunkt zugeordnet werden. Das häusliche Arbeitszimmer bildet in diesem Fall nicht den Mittelpunkt der gesamten beruflichen und betrieblichen Betätigung (→ BFH-Urteil vom 26. Juni 2003, – IV R 9/03 –, BStBl II 2004 S. 50).
- Bei Lehrern befindet sich der Mittelpunkt der betrieblichen und beruflichen Betätigung regelmäßig nicht im häuslichen Arbeitszimmer, weil die berufsprägenden Merkmale eines Lehrers im Unterrichten bestehen und diese Leistungen in der Schule o.ä. erbracht werden (→ BFH-Urteil vom 26. Februar 2003, – VI R 125/01 –, BStBl II 2004 S. 72). Deshalb sind die Aufwendungen für das häusliche Arbeitszimmer auch dann nicht abziehbar, wenn die überwiegende Arbeitszeit auf die Vor- und Nachbereitung des Unterrichts verwendet und diese Tätigkeit im häuslichen Arbeitszimmer ausgeübt wird.

VI. Nutzung des Arbeitszimmers zur Erzielung unterschiedlicher Einkünfte

12 Übt ein Steuerpflichtiger mehrere betriebliche und berufliche Tätigkeiten nebeneinander aus und bildet das häusliche Arbeitszimmer den Mittelpunkt der gesamten betrieblichen und beruflichen Betätigung, so sind die Aufwendungen für das Arbeitszimmer entsprechend dem Nutzungs-

umfang den darin ausgeübten Tätigkeiten zuzuordnen. Liegt dabei der Mittelpunkt einzelner Tätigkeiten außerhalb des häuslichen Arbeitszimmers, ist der Abzug der anteiligen Aufwendungen auch für diese Tätigkeiten möglich.

VII. Nutzung des Arbeitszimmers durch mehrere Steuerpflichtige

Jeder Nutzende darf die Aufwendungen abziehen, die er getragen hat, wenn die Voraussetzungen des § 4 Abs. 5 Satz 1 Nr. 6b Satz 2 EStG in seiner Person vorliegen. 13

VIII. Nicht ganzjährige Nutzung des häuslichen Arbeitszimmers

Ändern sich die Nutzungsverhältnisse innerhalb eines Wirtschafts- oder Kalenderjahres, können nur die auf den Zeitraum, in dem das Arbeitszimmer den Mittelpunkt der gesamten betrieblichen und beruflichen Betätigung bildet, entfallenden Aufwendungen in voller Höhe abgezogen werden. Für den übrigen Zeitraum kommt ein Abzug nicht in Betracht. 14

Wird das Arbeitszimmer für eine spätere Nutzung vorbereitet, bei der die Abzugsvoraussetzungen vorliegen, sind die darauf entfallenden Aufwendungen entsprechend zu berücksichtigen (→ BFH-Urteil vom 23. Mai 2006, – VI R 21/03 –, BStBl II S. 600). 15

IX. Nutzung eines häuslichen Arbeitszimmers zu Ausbildungszwecken

Nach § 10 Abs. 1 Nr. 7 Satz 4 EStG ist die Regelung des § 4 Abs. 5 Satz 1 Nr. 6b EStG auch für Aufwendungen für ein häusliches Arbeitszimmer anzuwenden, das für die Berufsausbildung genutzt wird. Im Rahmen der Ausbildungskosten können jedoch in jedem Fall Aufwendungen nur bis zu insgesamt 4 000 € als Sonderausgaben abgezogen werden (§ 10 Abs. 1 Nr. 7 Satz 1 EStG). Wird das häusliche Arbeitszimmer auch zur Einkunftserzielung genutzt, ist für die Aufteilung der Kosten Rdnr. 12 entsprechend anzuwenden. 16

X. Besondere Aufzeichnungspflichten

Nach § 4 Abs. 7 EStG dürfen Aufwendungen für ein häusliches Arbeitszimmer bei der Gewinnermittlung nur berücksichtigt werden, wenn sie besonders aufgezeichnet sind. Es bestehen keine Bedenken, wenn die auf das Arbeitszimmer anteilig entfallenden Finanzierungskosten im Wege der Schätzung ermittelt werden und nach Ablauf des Wirtschafts- oder Kalenderjahres eine Aufzeichnung aufgrund der Jahresabrechnung des Kreditinstitutes erfolgt. Entsprechendes gilt für die verbrauchsabhängigen Kosten wie z. B. Wasser- und Energiekosten. Es ist ausreichend, Abschreibungsbeträge einmal jährlich – zeitnah nach Ablauf des Kalender- oder Wirtschaftsjahres – aufzuzeichnen. 17

XI. Zeitliche Anwendung

Nach § 52 Abs. 1 EStG i. d. F. des Steueränderungsgesetzes 2007 ist § 4 Abs. 5 Satz 1 Nr. 6b EStG erstmals für den Veranlagungszeitraum 2007 anzuwenden. Wird der Gewinn nach einem vom Kalenderjahr abweichenden Wirtschaftsjahr ermittelt, ist die Vorschrift ab 1. Januar 2007 anzuwenden. Für den Teil des Wirtschaftsjahres, der vor dem 1. Januar 2007 liegt, ist § 4 Abs. 5 Satz 1 Nr. 6b EStG in der bis dahin gültigen Fassung maßgebend. 18

Dieses Schreiben gilt ab dem Veranlagungszeitraum 2007. Es ersetzt ab diesem Veranlagungszeitraum die BMF-Schreiben vom 7. Januar 2004 (BStBl I S. 143) und vom 14. September 2004 (BStBl I S. 861). Das BMF-Schreiben zur Vermietung eines Büroraumes an den Arbeitgeber vom 13. Dezember 2005 (BStBl I 2006 S. 4) bleibt unberührt. 19

VII
unbesetzt

VIII
Nutzungsüberlassung von Betrieben mit Substanzerhaltungspflicht des Berechtigten; sog. Eiserne Verpachtung

BMF vom 21. 2. 2002 (BStBl I S. 262)
IV A 6 – S 2132–4/02

Zur Gewinnermittlung des Verpächters und des Pächters bei der Verpachtung von Betrieben mit Substanzerhaltungspflicht des Pächters („Eiserne Verpachtung") nach §§ 582a, 1048 BGB nehme ich im Einvernehmen mit den obersten Finanzbehörden der Länder wie folgt Stellung:

[1]Für den Verpächter und für den Pächter sind entsprechend der BFH-Rechtsprechung (BFH-Urteil vom 17. Februar 1998, BStBl II S. 505; BFH-Urteil vom 28. Mai 1998, BStBl 2000 II S. 286; BFH-Urteil vom 24. Juni 1999, BStBl 2000 II S. 309) die allgemeinen Gewinnermittlungsgrundsätze, im Falle des Betriebsvermögensvergleichs nach § 4 Abs. 1, § 5 EStG insbesondere die handels- und steuerrechtlichen Grundsätze ordnungsmäßiger Buchführung maßgebend. [2]Die für den Bereich der Land- und Forstwirtschaft getroffenen Erleichterungsregelungen (Ziffer 4 zweiter Absatz der einheitlichen Ländererlasse vom 17. Dezember 1965, BStBl 1966 II S. 34) sowie die ergänzenden Regelungen der Länder werden aufgehoben. Es gilt Folgendes:

I. Gewinnermittlung nach § 4 Abs. 1, § 5 EStG

A. Pachtbeginn

1. Anlagevermögen

[1]Das vom Pächter unter Rückgabeverpflichtung (§ 582a Abs. 3 Satz 1, § 1048 BGB) zur Nutzung übernommene Inventar, d. h. die beweglichen Wirtschaftsgüter des Anlagevermögens, bleibt im zivilrechtlichen und wirtschaftlichen Eigentum des Verpächters und ist ohne Rücksicht auf die Gewinnermittlungsart weiterhin ihm zuzurechnen und von ihm unverändert mit den Werten fortzuführen, die sich nach den Vorschriften über die Gewinnermittlung ergeben. [2]Die Abschreibungen der abnutzbaren Wirtschaftsgüter stehen allein dem Verpächter als dem zivilrechtlichen und wirtschaftlichen Eigentümer zu (BFH-Urteil vom 21. Dezember 1965, BStBl 1966 III S. 147).

2. Umlaufvermögen

[1]Übergibt der Verpächter im Zeitpunkt der Verpachtung mit eisernem Inventar auch Umlaufvermögen, das der Pächter nach Beendigung des Pachtverhältnisses zurückzugeben hat, so handelt es sich dabei um die Gewährung eines Sachdarlehens. [2]Beim Verpächter tritt an die Stelle der übergebenen Wirtschaftsgüter eine Sachwertforderung, die mit dem gleichen Wert anzusetzen ist wie die übergebenen Wirtschaftsgüter (BFH-Urteil vom 6. Dezember 1984, BStBl 1985 II S. 391; BFH-Urteil vom 30. Januar 1986, BStBl II S. 399). [3]Der Pächter wird wirtschaftlicher Eigentümer der überlassenen Wirtschaftsgüter. Er muss diese bei Gewinnermittlung durch Betriebsvermögensvergleich nach § 4 Abs. 1, § 5 EStG nach den allgemeinen Grundsätzen aktivieren und in gleicher Höhe eine Rückgabeverpflichtung passivieren (BFH-Urteil vom 16. November 1978, BStBl 1979 II S. 138 und R 131 Abs. 2 EStR[1])).

B. Substanzerhaltung

1. Anspruch des Verpächters auf Substanzerhaltung

[1]Der Verpächter hat den Anspruch gegen den Pächter auf Substanzerhaltung des eisern verpachteten Inventars als sonstige Forderungen zu aktivieren (BFH-Urteil vom 17. Februar 1998, a. a. O.; BFH-Urteil vom 24. Juni 1999, a. a. O.). [2]Der Anspruch ist zu jedem Bilanzstichtag unter Berücksichtigung der Wiederbeschaffungskosten neu zu bewerten. [3]Er beträgt bei Pachtbeginn 0 DM/ 0 Euro und wird infolge der Abnutzung der verpachteten Wirtschaftsgüter von Jahr zu Jahr um den Wert der Abnutzung – unter Berücksichtigung der veränderten Wiederbeschaffungskosten – erhöht. [4]Im Ergebnis wirkt sich damit beim Verpächter nur der Unterschiedsbetrag zwischen der vorgenommenen Abschreibung und der Veränderung des Anspruchs auf Substanzerhaltung gewinnwirksam aus.

2. Verpflichtung des Pächters zur Substanzerhaltung

[1]Die Verpflichtung des Pächters, die zur Nutzung übernommenen Pachtgegenstände bei Beendigung der Pacht zurückzugeben, muss sich in seiner Bilanz gewinnwirksam widerspiegeln. [2]Der Pächter muss den Erfüllungsrückstand (noch nicht eingelöste Verpflichtung zur Substanzerhaltung) erfolgswirksam durch Passivierung einer Rückstellung ausweisen, auch wenn diese Verpflichtung noch nicht fällig ist (BFH-Urteil vom 3. Dezember 1991, BStBl 1993 II S. 89). [3]Der Bilanzposten entwickelt sich korrespondierend mit jenem des Verpächters wegen seines Anspruchs auf Substanzerhaltung (BFH-Urteil vom 17. Februar 1998, a. a. O.).

3. Erhaltungsaufwendungen und Ersatzbeschaffungen des Pächters

[1]Der Pächter hat die Verpflichtung, das zur Nutzung übernommene bewegliche Anlagevermögen zu erhalten und laufend zu ersetzen (§ 582a Abs. 2 Satz 1, § 1048 Abs. 1 Satz 2, 1. Halbsatz

1) Jetzt → R 14 Abs. 2.

BGB). [2]Die Erhaltungsaufwendungen im ertragsteuerlichen Sinn sind bei ihm als Betriebsausgaben zu berücksichtigen. [3]Die vom Pächter ersetzten Wirtschaftsgüter werden Eigentum des Verpächters auch insoweit, als ihre Anschaffung oder Herstellung durch den Pächter über diese Verpflichtung hinausgeht (§ 582a Abs. 2 Satz 2, § 1048 Abs. 1 Satz 2, 2. Halbsatz BGB). [4]Sie sind vom Verpächter mit den vom Pächter aufgewendeten Anschaffungs- oder Herstellungskosten zu aktivieren und abzuschreiben. [5]Der Verpächter hat den auf die ersetzten Wirtschaftsgüter entfallenden (als sonstige Forderung aktivierten) Anspruch auf Substanzerhaltung aufzulösen (vgl. BFH-Urteil vom 17. Februar 1998, a. a. O.). [6]Beim Pächter ist die Rückstellung insoweit aufzulösen.

[1]Für über die zivilrechtliche Verpflichtung hinausgehende Anschaffungs- oder Herstellungskosten hat der Verpächter eine Wertausgleichsverpflichtung zu passivieren und der Pächter einen Wertausgleichsanspruch als sonstige Forderung zu aktivieren. [2]Beide Bilanzposten sind in den folgenden Wirtschaftsjahren unter Berücksichtigung von geänderten Wiederbeschaffungskosten gleichmäßig aufzulösen. [3]Der Auflösungszeitraum ergibt sich aus der Differenz zwischen der Nutzungsdauer des neu angeschafften oder hergestellten Wirtschaftsguts und der bei Pachtbeginn verbliebenen Restnutzungsdauer des ersetzten Wirtschaftsguts.

II. Gewinnermittlung nach § 4 Abs. 3 EStG

[1]Bei Gewinnermittlung durch Einnahmenüberschussrechnung nach § 4 Abs. 3 EStG haben die vorgenannten Forderungen und Verbindlichkeiten keine Auswirkung auf den Gewinn. Ersatzbeschaffungen von Wirtschaftsgütern des Anlagevermögens führen beim Pächter im Wirtschaftsjahr der Zahlung zu einer Betriebsausgabe. [2]Beim Verpächter führen sie im Wirtschaftsjahr der Ersatzbeschaffung zu einer Betriebseinnahme.

Dies gilt unabhängig von der Gewinnermittlungsart des jeweils anderen Vertragspartners.

III. Unentgeltliche Betriebsübertragung vom Verpächter auf den Pächter

Durch eine unentgeltliche Betriebsübertragung auf den Pächter (§ 6 Abs. 3 EStG) verzichtet der Verpächter aus privaten Gründen auf seinen Anspruch auf Substanzerhaltung (BFH-Urteil vom 24. Juni 1999, a. a. O.).

Der Forderungsverzicht löst beim Verpächter eine Gewinnrealisierung aus, wenn dieser seinen Gewinn durch Einnahmenüberschussrechnung ermittelt. Bei einem bilanzierenden Verpächter ist der Vorgang dagegen erfolgsneutral.

[1]Ist der Pächter verpflichtet, die gepachteten Gegenstände dem Verpächter nach Ablauf der Pachtzeit in neuwertigem Zustand zurückzugeben und erlässt der Verpächter dem Pächter diese Verbindlichkeit aus privaten Gründen (z. B. in Schenkungsabsicht), so ist die gebildete Pachterneuerungsrückstellung vom Pächter erfolgsneutral aufzulösen. [2]Es entsteht bei diesem Vorgang eine betriebliche Vermögensmehrung, die auf den Wegfall eines Passivpostens aus außerbetrieblichen Gründen zurückzuführen ist (BFH-Urteil vom 12. April 1989, BStBl II S. 612). Bei Gewinnermittlung des Pächters durch Einnahmenüberschussrechnung kann der Pächter eine Betriebsausgabe in der Höhe geltend machen, in der bei Gewinnermittlung nach Bestandsvergleich eine Rückstellung für die Verpflichtung zur Substanzerhaltung zu bilden gewesen wäre.

Hat der Pächter im Zeitpunkt des Betriebsübergangs gegen den Verpächter einen Wertausgleichsanspruch, entfällt dieser durch Vereinigung von Forderung und Verbindlichkeit in seiner Person.

IV. Buchwertmethode

[1]Ist die Eiserne Verpachtung im Vorgriff auf eine spätere Hofübertragung in der Land- und Forstwirtschaft vorgenommen worden, kann auf gemeinsamen Antrag von Pächter und Verpächter abweichend von den vorstehenden Grundsätzen aus Vereinfachungs- und Billigkeitsgründen auch nach der sog. Buchwertmethode verfahren werden. [2]Dies gilt jedoch nicht, wenn sowohl der Pächter als auch der Verpächter ihren Gewinn nach § 4 Abs. 1 EStG ermitteln.

[1]Unter Zugrundelegung der Buchwertmethode hat der Pächter die eisern übernommenen Wirtschaftsgüter in der Anfangsbilanz mit den Buchwerten des Verpächters anzusetzen und in gleicher Höhe eine Rückgabeverpflichtung zu bilanzieren, die in unveränderter Höhe fortzuführen ist; eine Abzinsung ist nicht vorzunehmen. [2]Er hat die Abschreibungen des Verpächters für die „eisern" zur Nutzung überlassenen Wirtschaftsgüter fortzuführen und kann für die von ihm vorgenommenen Ersatzbeschaffungen Absetzungen für Abnutzung, Sonderabschreibungen und

Teilwertabschreibungen vornehmen. [3]Der Verpächter ist dagegen nicht mehr zu Abschreibungen berechtigt. [4]Die Buchwerte für die „eisern" zur Nutzung überlassenen Wirtschaftsgüter bleiben unverändert bestehen.

[1]Im Falle einer späteren unentgeltlichen Übertragung des Betriebs vom Verpächter auf den Pächter ist unter Zugrundelegung dieser Vereinfachungsregelung davon auszugehen, dass sich die Rückgabeverpflichtung des Pächters und die eingefrorenen Buchwerte des Verpächters gegenseitig ausgleichen, so dass sich eine Gewinnauswirkung im Sinne der Tz. III Abs. 2 daraus nicht ergibt. [2]Durch die Buchwertmethode werden im Ergebnis die steuerlichen Auswirkungen der späteren Betriebsübertragung in den Zeitpunkt der Verpachtung teilweise vorverlagert.

V. Übergangsregelungen

[1]Die vorstehenden Regelungen sind, grundsätzlich auf alle noch offenen Fälle anzuwenden. Sind Verträge vor dem 1. April 2002 abgeschlossen worden, für die die Erleichterungsregelungen für den Bereich der Land- und Forstwirtschaft (a. a. O.) in Anspruch genommen worden sind, sind jedoch auf einvernehmlichen Antrag von Pächter und Verpächter aus Vertrauensschutzgründen die bisherigen Grundsätze anzuwenden. [2]Beim Übergang auf die neuen Grundsätze gilt Folgendes:

1. Auswirkungen beim Verpächter

a) mit Gewinnermittlung nach § 4 Abs. 1, § 5 EStG

Die Wirtschaftsgüter des Anlagevermögens sind mit ihren fortentwickelten Anschaffungs- oder Herstellungskosten anzusetzen, unabhängig davon, ob sie vom Verpächter oder vom Pächter angeschafft oder hergestellt worden sind. [2]Der auf der Grundlage der Wiederbeschaffungskosten ermittelte Anspruch auf Substanzerhaltung und ggf. eine Wertausgleichsverpflichtung sind in der Bilanz auszuweisen.

b) mit Gewinnermittlung nach § 4 Abs. 3 EStG

Die nicht in Anspruch genommenen Absetzungen für Abnutzung oder Substanzverringerung für die bei Vertragsbeginn auf den Pächter übertragenen Wirtschaftsgüter des Anlagevermögens sind nachzuholen. [2]Die Buchwerte der vom Pächter ersatzbeschafften Wirtschaftsgüter sind gewinnerhöhend zu berücksichtigen.

2. Auswirkungen beim Pächter

a) mit Gewinnermittlung nach § 4 Abs. 1, § 5 EStG

Die vom Verpächter übernommenen und die ersatzbeschafften Wirtschaftsgüter des Anlagevermögens sind auszubuchen. [2]Die bisher angesetzte Verpflichtung zur Substanzerhaltung ist durch eine auf der Grundlage der Wiederbeschaffungskosten ermittelte Verpflichtung oder ggf. durch eine Forderung (Wertausgleichsanspruch) zu ersetzen.

b) mit Gewinnermittlung nach § 4 Abs. 3 EStG

Die während der Vertragslaufzeit vorgenommenen Absetzungen für Abnutzung oder Substanzverringerung für die vom Verpächter übernommenen Wirtschaftsgüter des Anlagevermögens sind gewinnerhöhend rückgängig zu machen. [2]Die Buchwerte der vom Pächter ersatzbeschafften Wirtschaftsgüter sind gewinnmindernd zu berücksichtigen.

Die vorgenannten Grundsätze sind bei Gewinnermittlung nach § 4 Abs. 1 EStG gewinnwirksam im Wege einer Bilanzberichtigung in der ersten Schlussbilanz vorzunehmen, deren Ergebnis noch nicht einer bestandskräftigen Veranlagung zugrunde liegt.

Bei Gewinnermittlung nach § 4 Abs. 3 EStG sind die Gewinnauswirkungen im ersten Wirtschaftsjahr, dessen Ergebnis noch nicht einer bestandskräftigen Veranlagung zugrunde liegt, zu berücksichtigen.

IX
Ertragsteuerliche Behandlung von Sanierungsgewinnen; Steuerstundung und Steuererlass aus sachlichen Billigkeitsgründen (§§ 163, 222, 227 AO)

BMF vom 27. 3. 2003 (BStBl I S. 240)
IV A 6 – S 2140–8/03

Im Einvernehmen mit den obersten Finanzbehörden der Länder nehme ich zur Frage der ertragsteuerlichen Behandlung von Sanierungsgewinnen wie folgt Stellung:

I. Sanierung

1. Begriff

[1]Eine Sanierung ist eine Maßnahme, die darauf gerichtet ist, ein Unternehmen oder einen Unternehmensträger (juristische oder natürliche Person) vor dem finanziellen Zusammenbruch zu bewahren und wieder ertragsfähig zu machen (= unternehmensbezogene Sanierung). [2]Das gilt auch für außergerichtliche Sanierungen, bei denen sich die Gesellschafterstruktur des in die Krise geratenen zu sanierenden Unternehmens (Personengesellschaft oder Kapitalgesellschaft) ändert, bei anderen gesellschaftsrechtlichen Umstrukturierungen im Rahmen der außergerichtlichen Sanierung von Kapitalgesellschaften sowie für Sanierungen im Rahmen eines Insolvenzverfahrens. 1

2. Einstellung des Unternehmens/Übertragende Sanierung

[1]Wird das Unternehmen nicht fortgeführt oder trotz der Sanierungsmaßnahme eingestellt, liegt eine Sanierung im Sinne dieser Regelung nur vor, wenn die Schulden aus betrieblichen Gründen (z. B. um einen Sozialplan zu Gunsten der Arbeitnehmer zu ermöglichen) erlassen werden. [2]Keine begünstigte Sanierung ist gegeben, soweit die Schulden erlassen werden, um dem Steuerpflichtigen oder einem Beteiligten einen schuldenfreien Übergang in sein Privatleben oder den Aufbau einer anderen Existenzgrundlage zu ermöglichen. [3]Im Fall der übertragenden Sanierung (vgl. BFH-Urteil vom 24. April 1986, BStBl II S. 672) ist von einem betrieblichen Interesse auch auszugehen, soweit der Schuldenerlass erforderlich ist, um das Nachfolgeunternehmen (Auffanggesellschaft) von der Inanspruchnahme für Schulden des Vorgängerunternehmens freizustellen (z. B. wegen § 25 Abs. 1 HGB). 2

II. Sanierungsgewinn

[1]Ein Sanierungsgewinn ist die Erhöhung des Betriebsvermögens, die dadurch entsteht, dass Schulden zum Zweck der Sanierung ganz oder teilweise erlassen werden. [2]Schulden werden insbesondere erlassen 3

- durch eine vertragliche Vereinbarung zwischen dem Schuldner und dem Gläubiger, durch die der Gläubiger auf eine Forderung verzichtet (Erlassvertrag nach § 397 Abs. 1 BGB) oder
- durch ein Anerkenntnis, dass ein Schuldverhältnis nicht besteht (negatives Schuldanerkenntnis nach § 397 Abs. 2 BGB, BFH-Urteil vom 27. Januar 1998, BStBl II S. 537).

[1]Voraussetzungen für die Annahme eines im Sinne dieses BMF-Schreibens begünstigten Sanierungsgewinns sind die Sanierungsbedürftigkeit und Sanierungsfähigkeit des Unternehmens, die Sanierungseignung des Schulderlasses und die Sanierungsabsicht der Gläubiger.[1])[2]) [2]Liegt ein Sanierungsplan vor, kann davon ausgegangen werden, dass diese Voraussetzungen erfüllt sind. 4

[1]Unter den in Rn. 4 genannten Voraussetzungen führt auch der Forderungsverzicht eines Gläubigers gegen Besserungsschein zu einem begünstigten Sanierungsgewinn. [2]Tritt der Besserungsfall ein, so dass der Schuldner die in der Besserungsvereinbarung festgelegten Zahlungen an den Gläubiger leisten muss, ist der Abzug dieser Aufwendungen als Betriebsausgaben entsprechend den Rechtsgrundsätzen des § 3c Abs. 1 EStG ausgeschlossen. [3]Insoweit verringert sich allerdings nachträglich der Sanierungsgewinn. [4]Die vor Eintritt des Besserungsfalls auf den nach Verlustverrechnungen verbleibenden Sanierungsgewinn entfallende Steuer ist zunächst über den für den Eintritt des Besserungsfalles maßgeblichen Zeitpunkt hinaus zu stunden (vgl. Rn. 7 ff.). 5

[1]Wird der Gewinn des zu sanierenden Unternehmens gesondert festgestellt, erfolgt die Ermittlung des Sanierungsgewinns i. S. der Rn. 3 bis 5 durch das Betriebsfinanzamt. [2]Das sich daran 6

---
1) Zur Sanierung bei Betriebsaufspaltung → BFH vom 16. 5. 2002 (BStBl II S. 854).
2) Zur Sanierungsabsicht bei Vorlage eines Sanierungsplans und zur Sanierungsbedürftigkeit, insbesondere einer Personengesellschaft → BFH vom 10. 4. 2003 (BStBl 2004 II S. 9).

anschließende Stundungs- und Erlassverfahren (Rn. 7 ff.) erfolgt durch das jeweilige Wohnsitzfinanzamt. [3]Auf Beispiel 2 in Rn. 8 wird hingewiesen.

III. Steuerstundung und Steuererlass aus sachlichen Billigkeitsgründen

7 [1]Zum 1. Januar 1999 ist die Insolvenzordnung – InsO – vom 5. Oktober 1994 (BGBl. I S. 2866, zuletzt geändert durch das Gesetz zur Einführung des Euro in Rechtspflegegesetzen und in Gesetzen des Straf- und Ordnungswidrigkeitenrechts, zur Änderung der Mahnvordruckverordnungen sowie zur Änderung weiterer Gesetze vom 13. Dezember 2001 (BGBl. I S. 3574) in Kraft getreten. [2]Die InsO hat die bisherige Konkurs- und Vergleichsordnung (alte Bundesländer) sowie die Gesamtvollstreckungsordnung (neue Bundesländer) abgelöst. [3]Die InsO verfolgt als wesentliche Ziele die bessere Abstimmung von Liquidations- und Sanierungsverfahren, die innerdeutsche Vereinheitlichung des Insolvenzrechts, die Förderung der außergerichtlichen Sanierung, die Stärkung der Gläubigerautonomie sowie die Einführung einer gesetzlichen Schuldenbefreiung für den redlichen Schuldner. [4]Die Besteuerung von Sanierungsgewinnen nach Streichung des § 3 Nr. 66 EStG (zuletzt i. d. F. der Bekanntmachung vom 16. April 1997, BGBl. I S. 821) ab dem 1. Januar 1998 steht mit der neuen InsO im Zielkonflikt.

8 [1]Die Erhebung der Steuer auf einen nach Ausschöpfen der ertragsteuerrechtlichen Verlustverrechnungsmöglichkeiten verbleibenden Sanierungsgewinn i. S. der Rn. 3 bis 5 bedeutet für den Steuerpflichtigen aus sachlichen Billigkeitsgründen eine erhebliche Härte. [2]Die entsprechende Steuer ist daher auf Antrag des Steuerpflichtigen nach § 163 AO abweichend festzusetzen (Satz 3 ff.) und nach § 222 AO mit dem Ziel des späteren Erlasses (§ 227 AO) zunächst unter Widerrufsvorbehalt ab Fälligkeit (AEAO zu § 240 Nr. 6a) zu stunden (vgl. Rn. 9 bis 11). [3]Zu diesem Zweck sind die Besteuerungsgrundlagen in der Weise zu ermitteln, dass Verluste/negative Einkünfte unbeschadet von Ausgleichs- und Verrechnungsbeschränkungen (insbesondere nach § 2 Abs. 3, § 2a, § 2b, § 10d, § 15 Abs. 4, § 15a, § 23 Abs. 3 EStG) für die Anwendung dieses BMF-Schreibens im Steuerfestsetzungsverfahren bis zur Höhe des Sanierungsgewinns vorrangig mit dem Sanierungsgewinn verrechnet werden. [4]Die Verluste/negativen Einkünfte sind insoweit aufgebraucht; sie gehen daher nicht in den nach § 10d Abs. 4 EStG festzustellenden verbleibenden Verlustvortrag oder den nach § 15a Abs. 4 und 5 EStG festzustellenden verrechenbaren Verlust ein. [5]Das gilt auch bei späteren Änderungen der Besteuerungsgrundlagen, z. B. aufgrund einer Betriebsprüfung, sowie für später entstandene Verluste, die im Wege des Verlustrücktrags berücksichtigt werden können; insoweit besteht bei Verzicht auf Vornahme des Verlustrücktrags (§ 10d Abs. 1 Sätze 7 und 8 EStG) kein Anspruch auf die Gewährung der Billigkeitsmaßnahme. [6]Die Festsetzung nach § 163 AO und die Stundung nach § 222 AO sind entsprechend anzupassen. [7]Sollte der Steuerpflichtige sich gegen die vorgenommene Verlustverrechnung im Festsetzungsverfahren wenden und die Verrechnung mit anderen Einkünften oder die Feststellung eines verbleibenden Verlustvortrags (§ 10d Abs. 4 EStG) begehren, ist darin die Rücknahme seines Erlassantrags zu sehen mit der Folge, dass die Billigkeitsmaßnahme keine Anwendung findet.

Beispiel 1:

Einzelunternehmen; Gewinn aus Gewerbebetrieb		1 500 000 €
(darin enthalten: Verlust aus laufendem Geschäft	– 500 000 €	
Sanierungsgewinn	2 000 000 €)	
Verrechenbare Verluste/negative Einkünfte:		
Negative Einkünfte aus Vermietung und Verpachtung (V+V)		– 250 000 €
Verlustvortrag aus dem Vorjahr		
aus V+V		– 350 000 €
aus Gewerbebetrieb		– 600 000 €
aus einem Verlustzuweisungsmodell i. S. d. § 2b EStG		–100 000 €

Der Unternehmer beantragt den Erlass der auf den Sanierungsgewinn entfallenden Steuern.

Es ergibt sich folgende Berechnung:

Sanierungsgewinn	2 000 000 €
./. Verlust aus laufendem Geschäft	– 500 000 €
./. Negative Einkünfte aus V+V	– 250 000 €
./. Verlustvortrag aus dem Vorjahr (insgesamt)	– 1 050 000 €
Nach Verrechnung mit den Verlusten/negativen Einkünften verbleibender zu versteuernder Sanierungsgewinn	200 000 €

Bei Vorliegen der in Rn. 3 bis 5 genannten Voraussetzungen ist die Steuer auf diesen verbleibenden Sanierungsgewinn unter Widerrufsvorbehalt ab Fälligkeit zu stunden.

Aus dem folgenden Veranlagungszeitraum ergibt sich ein Verlustrücktrag, der sich wie folgt zusammensetzt:

Negative Einkünfte aus Gewerbebetrieb	– 80 000 €
Negative Einkünfte nach § 2b EStG	– 20 000 €
	–100 000 €

Der Verlustrücktrag ist vorrangig mit dem im VZ 01 nach Verlustverrechnung versteuerten Sanierungsgewinn zu verrechnen. Es ergibt sich folgende Berechnung:

Im VZ 01 versteuerter Sanierungsgewinn	200 000 €
./. Verlustrücktrag	– 100 000 €
Verbleibender zu versteuernder Sanierungsgewinn	100 000 €

Die Stundung ist entsprechend anzupassen.

Beispiel 2:

Die AB-KG (Komplementär A, Gewinn- und Verlustbeteiligung 75 %, Kommanditist B, Gewinn- und Verlustbeteiligung 25 %) erzielt im VZ 02 neben einem Verlust aus dem laufenden Geschäft i. H. v. 500 000 € einen Sanierungsgewinn i. H. v. 2000 000 €. Aus der Beteiligung an der C-KG werden dem B negative Einkünfte i. S. d. § 2b EStG i. H. v. 100 000 € zugerechnet. B beantragt den Erlass der auf den Sanierungsgewinn entfallenden Steuern.

Gesonderte Feststellung der AB-KG:

Einkünfte aus Gewerbebetrieb (2 000 000 € – 500 000 € =)	1 500 000 €
davon B (25 %)	375 000 €
(nachrichtlich: Sanierungsgewinn	2 000 000 €
davon B (25 %)	500 000 €)

Das Betriebsfinanzamt stellt den Gewinn (1500 000 €) gesondert fest und nimmt die Verteilung auf die einzelnen Gesellschafter vor. Zusätzlich teilt es nachrichtlich die Höhe des Sanierungsgewinns (2000 000 €) sowie die entsprechend anteilige Verteilung auf die Gesellschafter mit. Darüber hinaus teilt es mit, dass es sich um einen Sanierungsgewinn im Sinne der Rn. 3 bis 5 dieses Schreibens handelt.

Einkommensteuerveranlagung des B:

Einkünfte aus Gewerbebetrieb aus dem Anteil an der AB-KG		375000
(darin enthalten: Sanierungsgewinn	500 000 €)	
./. negative Einkünfte i. S. d. § 2b EStG		– 100 000 €
Nach Verrechnung mit den Verlusten/negativen Einkünften verbleibender zu versteuernder Sanierungsgewinn		275 000 €

Das Wohnsitzfinanzamt stundet unter Widerrufsvorbehalt ab Fälligkeit die anteilig auf den verbleibenden zu versteuernden Sanierungsgewinn von 275 000 € entfallende Steuer. Soweit B in späteren VZ positive Einkünfte aus der Beteiligung an der C-KG erzielt, sind diese bei der Veranlagung anzusetzen; eine Verrechnung mit den negativen Einkünften i. S. d. § 2b EStG aus VZ 02 ist nicht möglich, da diese bereits mit dem Sanierungsgewinn steuerwirksam verrechnet worden sind.

[1]Zahlungen auf den Besserungsschein nach Rn. 5 vermindern nachträglich den Sanierungs- 9
gewinn. [2]Entsprechend verringert sich die zu stundende/zu erlassende Steuer.

Beispiel 3:

VZ 01		
Gläubigerverzicht gegen Besserungsschein auf eine Forderung i. H. v.		1 500 000 €
Sanierungsgewinn nach Verlustverrechnungen		1 000 000 €
Laufender Gewinn		0 €
Bei einem angenommenen Steuersatz i. H. v. 25 % ergibt sich eine zu stundende Steuer von	250 000 €	
VZ 02		
Laufender Gewinn		300 000 €
Zahlung an den Gläubiger aufgrund Besserungsschein i. H. v.		100 000 €
ist keine Betriebsausgabe. Daher bleibt es bei einem zu versteuernden Gewinn i. H. v.		300 000 €
Sanierungsgewinn aus VZ 01		1 000 000 €
./. Zahlung auf Besserungsschein		– 100 000 €
Verringerter Sanierungsgewinn		900 000 €
Auf den verringerten Sanierungsgewinn ergibt sich noch eine zu stundende Steuer i. H. v. 25 % von 900 000 € =	225 000 €	

10 [1]Zum Zweck der Überwachung der Verlustverrechnungsmöglichkeiten sowie der Ausnutzung des Verlustrücktrags ist die Stundung bis zur Durchführung der nächsten noch ausstehenden Veranlagung, längstens bis zu einem besonders zu benennenden Zeitpunkt auszusprechen. [2]Erforderlichenfalls sind entsprechende Anschlussstundungen auszusprechen. [3]Die Ausschöpfung der Verlustverrechnungsmöglichkeiten mit Blick auf den Sanierungsgewinn ist in geeigneter Form durch das Finanzamt aktenkundig festzuhalten.

11 [1]Bei Forderungsverzicht gegen Besserungsschein (Rn. 5, 9) ist die auf den Sanierungsgewinn entfallende Steuer solange zu stunden, wie Zahlungen auf den Besserungsschein geleistet werden können. [2]Während dieses Zeitraums darf auch kein Erlass ausgesprochen werden.

12 [1]Nach abschließender Prüfung und nach Feststellung der endgültigen auf den verbleibenden zu versteuernden Sanierungsgewinn entfallenden Steuer[1]) ist die Steuer nach § 227 AO zu erlassen (Ermessensreduzierung auf Null). [2]Ggf. erhobene Stundungszinsen sind nach § 227 AO zu erlassen, soweit sie auf gestundete Steuerbeträge entfallen, die nach Satz 1 erlassen worden sind.

IV. Anwendungsregelung

13 [1]Dieses BMF-Schreiben ist auf Sanierungsgewinne i. S. der Rn. 3 bis 5 in allen noch offenen Fällen anzuwenden, für die die Regelung des § 3 Nr. 66 EStG i. d. F. der Bekanntmachung vom 16. April 1997 (BGBl. I S. 821) nicht mehr gilt. [2]Eine Stundung oder ein Erlass aus persönlichen Billigkeitsgründen bleibt unberührt.

V. Aufhebung der Mitwirkungspflichten

14 [1]Die mit BMF-Schreiben vom 2. Januar 2002 (BStBl I S. 61) vorgesehenen Mitwirkungspflichten des Bundesministeriums der Finanzen gelten nicht für Fälle der Anwendung dieses BMF-Schreibens. [2]Allerdings sind diese Fälle, soweit sie die im BMF-Schreiben vom 2. Januar 2002 genannten Betrags- oder Zeitgrenzen übersteigen, dem Bundesministerium der Finanzen mitzuteilen.

VI. Gewerbesteuerliche Auswirkungen

15 [1]Für Stundung und Erlass der Gewerbesteuer ist die jeweilige Gemeinde zuständig. [2]Spricht die Gemeinde Billigkeitsmaßnahmen aus, ist die Steuerermäßigung bei Einkünften aus Gewerbebetrieb (§ 35 EStG) entsprechend zu mindern.

X
Anwendung des Halbeinkünfteverfahrens bei der Veräußerung von Betrieben, Teilbetrieben, Mitunternehmeranteilen und Beteiligungen an Kapitalgesellschaften gegen wiederkehrende Leistungen, bei denen der Steuerpflichtige die Zuflussbesteuerung gewählt hat; Anwendung von R 139 Abs. 11 und R 140 Abs. 7 Satz 2 EStR[2])

BMF vom 3. 8. 2004 (BStBl I S. 1187)

IV A 6 – S 2244–16/04

[1]Wird ein Betrieb, ein Teilbetrieb, ein Mitunternehmeranteil oder eine Beteiligung i. S. d. § 17 EStG gegen eine Leibrente oder gegen einen in Raten zu zahlenden Kaufpreis (zur Verschaffung einer Versorgung) veräußert, hat der Veräußerer die Wahl zwischen der sofortigen Besteuerung eines Veräußerungsgewinns (Sofortbesteuerung) und einer nicht tarifbegünstigten Besteuerung als nachträgliche Betriebseinnahmen im Jahr des Zuflusses (Zuflussbesteuerung) (vgl. R 139 Abs. 11, R 140 Abs. 7 Satz 2 EStR). [2]Im Einvernehmen mit den obersten Finanzbehörden der Länder gilt hierzu Folgendes:

1) Anm.: Zur Steuerberechnung → OFD Chemnitz vom 10. 10. 2006, S 2140–25/19 – St 21 (DB 2006 S. 2374).
2) Jetzt → R 16 Abs. 11 und R 17 Abs. 7 Satz 2.

A. Veräußerungen nach dem 31. Dezember 2003

1. Veräußerung gegen Leibrente

Bei Veräußerung gegen eine Leibrente sind die Rentenzahlungen bei der Wahl der Zuflussbesteuerung in einen Zins- und einen Tilgungsanteil aufzuteilen.

1.1 Veräußerung von Betrieben, Teilbetrieben oder Mitunternehmeranteilen (§ 16 EStG)

[1]Mit ihrem Zinsanteil unterliegen die Rentenzahlungen im Jahr ihres Zuflusses als nachträgliche Einkünfte aus Gewerbebetrieb i. S. v. § 15 i. V. m. § 24 Nr. 2 EStG der Besteuerung. [2]Der Tilgungsanteil ist nach Verrechnung mit dem Buchwert des steuerlichen Kapitalkontos und etwaigen Veräußerungskosten im Jahr des Zuflusses als nachträgliche Einkünfte aus Gewerbebetrieb (§ 15 EStG i. V. m. § 24 Nr. 2 EStG) zu versteuern. [3]Bei Mitveräußerung eines Anteils an einer Kapitalgesellschaft, der im Betriebsvermögen gehalten wird, siehe ergänzend Nr. 3.

Die Aufteilung in einen Zins- und einen Tilgungsanteil ist nach §§ 13, 14 BewG oder nach versicherungsmathematischen Grundsätzen vorzunehmen.

1.2 Veräußerung von Anteilen an Kapitalgesellschaften i. S. v. § 17 EStG

[1]Mit ihrem Zinsanteil unterliegen die Rentenzahlungen im Jahr ihres Zuflusses als sonstige Einkünfte i. S. v. § 22 Nr. 1 Satz 3 Buchst. a EStG in voller Höhe der Besteuerung. [2]Der Tilgungsanteil ist nach Verrechnung mit den Anschaffungskosten der Beteiligung und etwaigen Veräußerungskosten im Jahr des Zuflusses als nachträgliche Einkünfte aus Gewerbebetrieb i. S. v. § 17 i. V. m. §§ 15, 24 Nr. 2 EStG zu versteuern. [3]Nur auf den Tilgungsanteil ist nach § 3 Nr. 40 Buchst. c EStG das Halbeinkünfteverfahren anzuwenden. [4]Der Zinsanteil ist nach der Tabelle in § 22 Nr. 1 Satz 3 Buchst. a Satz 3 EStG zu ermitteln.

2. Veräußerung gegen einen in Raten zu zahlenden Kaufpreis

[1]Bei Veräußerung gegen einen in Raten zu zahlenden Kaufpreis ist dieser in den Fällen, in denen die Raten während eines mehr als zehn Jahre dauernden Zeitraums zu zahlen sind und die Ratenvereinbarung sowie die sonstige Ausgestaltung des Vertrags eindeutig die Absicht des Veräußerers zum Ausdruck bringen, sich eine Versorgung zu verschaffen, nach Tab. 2 zu § 12 BewG in einen Zins- und einen Tilgungsanteil aufzuteilen. [2]Aus Vereinfachungsgründen kann der Zinsanteil auch in Anlehnung an die Ertragswerttabelle des § 55 Abs. 2 EStDV bestimmt werden.

2.1 Veräußerung von Betrieben, Teilbetrieben oder Mitunternehmeranteilen (§ 16 EStG)

[1]Der Zinsanteil unterliegt nach § 15 i. V. m. § 24 Nr. 2 EStG als nachträgliche Einkünfte aus Gewerbebetrieb im Jahr des Zuflusses der Besteuerung. [2]Der Tilgungsanteil ist nach Verrechnung mit dem Buchwert des steuerlichen Kapitalkontos und etwaigen Veräußerungskosten im Jahr des Zuflusses als nachträgliche Einkünfte aus Gewerbebetrieb (§ 15 i. V. m. § 24 Nr. 2 EStG) zu versteuern. [3]Bei Mitveräußerung eines Anteils an einer Kapitalgesellschaft, der im Betriebsvermögen gehalten wird, siehe ergänzend Nr. 3.

2.2 Veräußerung von Anteilen an Kapitalgesellschaften i. S. v. § 17 EStG

[1]Der Zinsanteil unterliegt nach § 20 Abs. 1 Nr. 7 EStG ggf. nach Abzug des Sparerfreibetrags (§ 20 Abs. 4 EStG) im Jahr des Zuflusses in voller Höhe der Besteuerung. [2]Der Tilgungsanteil nach Verrechnung mit den Anschaffungskosten der Beteiligung und etwaigen Veräußerungskosten gehört im Jahr des Zuflusses zu den Einkünften aus Gewerbebetrieb (§ 17 EStG). [3]Das Halbeinkünfteverfahren nach § 3 Nr. 40 Buchst. c EStG ist nur auf den Tilgungsanteil anzuwenden.

Beispiel:

A veräußert zum 1. Januar 2004 seine 50 %ige Beteiligung an der AB-GmbH gegen einen in 11 gleichen Jahresraten zu zahlenden Kaufpreis von 1 100 000 €. Die erste der jährlichen Raten von 100 000 € ist am 31. 12. 2004 zur Zahlung fällig. Eine Verzinsung ist nicht vereinbart. Nach dem Inhalt des Kaufvertrags wurde die Ratenzahlung vereinbart, um A eine Versorgung zu verschaffen. Die Anschaffungskosten der Beteiligung betrugen 100 000 €.

Die Jahresraten sind nach Tab. 2 zu § 12 Abs. 1 BewG in einen Tilgungs- und in einen Zinsanteil aufzuteilen:

Jahr	Zugeflossene Rate	Kapitalwert am Anfang	Kapitalwert am Ende	Tilgungsanteil	Zinsanteil § 20 Abs. 1 Nr. 7 EStG	Steuerpflicht § 17 EStG i. V. m. § 3 Nr. 40 Buchst. c EStG
2004	100 000	831 500	774 500	57 000	43 000	0
2005	100 000	774 500	714 300	60 200	39 800	8 600
2006	100 000	714 300	650 900	63 400	36 600	31 700
2007	100 000	650 900	583 900	67 000	33 000	33 500
2008	100 000	583 900	513 300	70 600	29 400	35 300
2009	100 000	513 300	438 800	74 500	25 500	37 250
2010	100 000	438 800	360 200	78 600	21 400	39 300
2011	100 000	360 200	277 200	83 000	17 000	41 500
2012	100 000	277 200	189 700	87 500	12 500	43 750
2013	100 000	189 700	97 400	92 300	7 700	46 150
2014	100 000	97 400	0	97 400	2 600	48 700
Summe	1 100 000			831 500	268 500	365 750

[4]Die jeweiligen Zinsanteile sind im Jahr des Zuflusses als Einkünfte aus Kapitalvermögen i. S. v. § 20 Abs. 1 Nr. 7 EStG in vollem Umfang zu versteuern. [5]Der jeweilige Tilgungsanteil unterliegt nach Verrechnung mit den Anschaffungskosten der Beteiligung im Jahr des Zuflusses als nachträgliche Einkünfte aus Gewerbebetrieb nach § 17 i. V. m. §§ 15, 24 Nr. 2 EStG dem Halbeinkünfteverfahren (§ 3 Nr. 40 Buchst. c EStG).

3. Mitveräußerung eines Anteils an einer Kapitalgesellschaft, der im Betriebsvermögen gehalten wird

[1]Wird ein Anteil an einer Kapitalgesellschaft, der im Betriebsvermögen gehalten wird, im Rahmen der Veräußerung eines Betriebes, Teilbetriebes oder Mitunternehmeranteils gegen wiederkehrende Leistungen verkauft, so gelten die vorgenannten Regelungen mit der Maßgabe, dass die Zinsanteile Einkünfte aus Gewerbebetrieb darstellen, sinngemäß.

Beispiel:

Einzelunternehmer A hält eine Beteiligung an der B-GmbH (Buchwert 10 000 €) in seinem Betriebsvermögen. A verkauft seinen Gewerbebetrieb zum 1. Januar 2004 gegen einen in 11 gleichen Jahresraten zu zahlenden Kaufpreis von insgesamt 1100 000 €. Auf die Veräußerung der Beteiligung entfällt ein Anteil von 10 % des Kaufpreises. Die erste der jährlichen Raten von 100 000 € ist am 31. 12. 2004 zur Zahlung fällig. Eine Verzinsung ist nicht vereinbart. Nach dem Inhalt des Kaufvertrags wurde die Ratenzahlung vereinbart, um A eine Versorgung zu verschaffen. Das Kapitalkonto zum Zeitpunkt des Verkaufs beträgt 100 000 €.

Jahr	Zugeflossene Rate	Kapitalwert am Anfang	Kapitalwert am Ende	Tilgungsanteil	Zinsanteil § 15 i. V. m. § 24 Nr. 2 EStG	voll stpfl. Teil des Tilgungsanteils	Stpfl. Teilbetrag aus Beteiligung § 15 EStG i. V. m. § 3 Nr. 40 Buchst. a EStG	Stpfl. Gesamtbetrag Tilgungsanteil (§ 15 i. V. m. § 24 Nr. 2) insgesamt
2004	100 000	831 500	774 500	57 000	43 000	0	0	0
2005	100 000	774 500	714 300	60 200	39 800	15 480	860	16 340
2006	100 000	714 300	650 900	63 400	36 600	57 060	3 170	60 230
2007	100 000	650 900	583 900	67 000	33 000	60 300	3 350	63 650
2008	100 000	583 900	513 300	70 600	29 400	63 540	3 530	67 070

Jahr	Zugeflossene Rate	Kapitalwert am Anfang	Kapitalwert am Ende	Tilgungsanteil	Zinsanteil § 15 i. V. m. § 24 Nr. 2 EStG	voll stpfl. Teil des Tilgungsanteils	Stpfl. Teilbetrag aus Beteiligung § 15 EStG i. V. m. § 3 Nr. 40 Buchst. a EStG	Stpfl. Gesamtbetrag Tilgungsanteil (§ 15 i. V. m. § 24 Nr. 2) insgesamt
2009	100 000	513 300	438 800	74 500	25 500	67 050	3 725	70 775
2010	100 000	438 800	360 200	78 600	21 400	70 740	3 930	74 670
2011	100 000	360 200	277 200	83 000	17 000	74 700	4 150	78 850
2012	100 000	277 200	189 700	87 500	12 500	78 750	4 375	83 125
2013	100 000	189 700	97 400	92 300	7 700	83 070	4 615	87 685
2014	100 000	97 400	0	97 400	2 600	87 660	4 870	92 530
Summe	1 100 000			831 500	268 500	658 350	38 575	694 925

[2]Die Zinsanteile sind im Jahr des Zuflusses als nachträgliche Einkünfte aus Gewerbebetrieb in vollem Umfang zu versteuern. [3]Die jeweiligen Tilgungsanteile unterliegen nach Verrechnung mit dem Kapitalkonto und unter Berücksichtigung des Halbeinkünfteverfahrens bei dem auf die Beteiligung entfallenden Teil (siehe vorletzte Spalte) ebenfalls als nachträgliche Einkünfte aus Gewerbebetrieb der Einkommensteuer.

B. Veräußerungen von Anteilen an Kapitalgesellschaften vor dem 1. Januar 2004, bei denen im Fall der Sofortbesteuerung das Halbeinkünfteverfahren anzuwenden wäre

1. Veräußerung von Anteilen an Kapitalgesellschaften gegen Leibrente

[1]Bei Veräußerung gegen eine Leibrente sind die Rentenzahlungen mit den Anschaffungskosten der Beteiligung und etwaigen Veräußerungskosten zu verrechnen. [2]Nach vollständiger Verrechnung sind die Rentenzahlungen in einen Zins- und einen Tilgungsanteil aufzuteilen. [3]Mit ihrem Zinsanteil unterliegen die Rentenzahlungen im Jahr ihres Zuflusses als sonstige Einkünfte i. S. v. § 22 Nr. 1 Satz 3 Buchst. a EStG in voller Höhe der Besteuerung. [4]Der Tilgungsanteil ist im Jahr des Zuflusses als nachträgliche Einkünfte aus Gewerbebetrieb i. S. v. § 17 i. V. m. §§ 15, 24 Nr. 2 EStG zu versteuern. [5]Nur auf den Tilgungsanteil ist nach § 3 Nr. 40 Buchst. c EStG das Halbeinkünfteverfahren anzuwenden. [6]Der Zinsanteil ist nach der Tabelle in § 22 Nr. 1 Satz 3 Buchst. a Satz 3 EStG zu ermitteln.

2. Veräußerung gegen einen in Raten zu zahlenden Kaufpreis

[1]Ratenzahlungen sind mit den Anschaffungskosten der Beteiligung und etwaigen Veräußerungskosten zu verrechnen und nach vollständiger Verrechnung in einen Zins- und einen Tilgungsanteil aufzuteilen. [2]Die jeweiligen Zinsanteile sind im Jahr des Zuflusses nach § 20 Abs. 1 Nr. 7 EStG ggf. nach Abzug des Sparerfreibetrags (§ 20 Abs. 4 EStG) in vollem Umfang zu besteuern. [3]Der Tilgungsanteil unterliegt im Jahr des Zuflusses als nachträgliche Einkünfte aus Gewerbebetrieb i. S. v. § 17 EStG i. V. m. §§ 15, 24 Nr. 2 EStG dem Halbeinkünfteverfahren (§ 3 Nr. 40 Buchst. c EStG).

3. Mitveräußerung eines Anteils an einer Kapitalgesellschaft, der im Betriebsvermögen gehalten wird

Wird ein Anteil an einer Kapitalgesellschaft, der im Betriebsvermögen gehalten wird, im Rahmen der Veräußerung eines Betriebes, Teilbetriebes oder Mitunternehmeranteils gegen wiederkehrende Leistungen verkauft, so gelten die vorgenannten Regelungen mit der Maßgabe, dass die Zinsanteile Einkünfte aus Gewerbebetrieb darstellen, sinngemäß.

XI

1. Ertragsteuerliche Behandlung von Aufwendungen für VIP-Logen in Sportstätten

BMF vom 22. 8. 2005 (BStBl I S. 845)
IV B 2 – S 2144 – 41/05

[1]Unter Aufwendungen für VIP-Logen in Sportstätten werden solche Aufwendungen eines Steuerpflichtigen verstanden, die dieser für bestimmte sportliche Veranstaltungen trägt und für die er vom Empfänger dieser Leistung bestimmte Gegenleistungen mit Werbecharakter für die „gesponserte" Veranstaltung erhält. [2]Neben den üblichen Werbeleistungen (z. B. Werbung über Lautsprecheransagen, auf Videowänden, in Vereinsmagazinen) werden dem sponsernden Unternehmer auch Eintrittskarten für VIP-Logen überlassen, die nicht nur zum Besuch der Veranstaltung berechtigen, sondern auch die Möglichkeit der Bewirtung des Steuerpflichtigen und Dritter (z. B. Geschäftsfreunde, Arbeitnehmer) beinhalten. [3]Regelmäßig werden diese Maßnahmen in einem Gesamtpaket vereinbart, wofür dem Sponsor ein Gesamtbetrag in Rechnung gestellt wird.

Im Einvernehmen mit den obersten Finanzbehörden der Länder gilt zur ertragsteuerlichen Behandlung der Aufwendungen für VIP-Logen in Sportstätten Folgendes:

1 [1]Aufwendungen im Zusammenhang mit VIP-Logen in Sportstätten können betrieblich veranlasst (Ausnahme Rdnr. 11) und in der steuerlichen Gewinnermittlung entsprechend der Art der Aufwendungen einzeln zu berücksichtigen sein. [2]Dabei sind die allgemeinen Regelungen des § 4 Abs. 4 und 5 EStG in Verbindung mit dem zum Sponsoring ergangenen BMF-Schreiben vom 18. Februar 1998 (BStBl I S. 212[1])) zu beachten. [3]Bei den Aufwendungen sind zu unterscheiden:

1. Aufwendungen für Werbeleistungen

2 Die in den vertraglich abgeschlossenen Gesamtpaketen neben den Eintrittskarten, der Bewirtung, den Raumkosten u. ä. erfassten Aufwendungen für Werbeleistungen sind grundsätzlich als Betriebsausgaben gemäß § 4 Abs. 4 EStG abziehbar.

2. Aufwendungen für eine besondere Raumnutzung

3 Wird im Einzelfall glaubhaft gemacht, dass auf der Grundlage einer vertraglichen Vereinbarung Räumlichkeiten in der Sportstätte für betriebliche Veranstaltungen (z. B. Konferenzen, Besprechungen mit Geschäftspartnern) außerhalb der Tage, an denen Sportereignisse stattfinden, genutzt werden, stellen die angemessenen, auf diese Raumnutzung entfallenden Aufwendungen ebenfalls abziehbare Betriebsausgaben dar (vgl. Rdnr. 19).

3. Aufwendungen für VIP-Maßnahmen gegenüber Geschäftsfreunden

a) Geschenke

4 [1]Wendet der Steuerpflichtige seinen Geschäftsfreunden unentgeltlich Leistungen zu (beispielsweise Eintrittskarten), um geschäftliche Kontakte vorzubereiten und zu begünstigen oder um sich geschäftsfördernd präsentieren zu können, kann es sich um Geschenke im Sinne von § 4 Abs. 5 Satz 1 Nr. 1 EStG handeln, die nur abziehbar sind, wenn die Anschaffungs- oder Herstellungskosten der dem Empfänger im Wirtschaftsjahr zugewendeten Gegenstände insgesamt 35 Euro nicht übersteigen. [2]Der Geschenkbegriff des § 4 Abs. 5 Satz 1 Nr. 1 EStG entspricht demjenigen der bürgerlich-rechtlichen Schenkung.

5 [1]Erfolgt die Zuwendung dagegen als Gegenleistung für eine bestimmte in engem sachlichen oder sonstigem unmittelbaren Zusammenhang stehende Leistung des Empfängers, fehlt es an der für ein Geschenk notwendigen unentgeltlichen Zuwendung. [2]Die Aufwendungen sind dann grundsätzlich unbeschränkt als Betriebsausgaben abziehbar.

b) Bewirtung

6 Aufwendungen für die Bewirtung von Geschäftsfreunden aus geschäftlichem Anlass sind gemäß § 4 Abs. 5 Satz 1 Nr. 2 EStG unter den dort genannten Voraussetzungen beschränkt abziehbar.

---

[1]) Anhang 10.V

c) Behandlung beim Empfänger

[1]Bei den Empfängern der Geschenke ist der geldwerte Vorteil wegen der betrieblichen Veranlassung als Betriebseinnahme zu versteuern, und zwar auch dann, wenn für den Zuwendenden das Abzugsverbot des § 4 Abs. 5 Satz 1 Nr. 1 EStG gilt (BFH-Urteil vom 26. September 1995, BStBl 1996 II S. 273). [2]Der Vorteil aus einer Bewirtung im Sinne des § 4 Abs. 5 Satz 1 Nr. 2 EStG ist dagegen aus Vereinfachungsgründen beim bewirteten Steuerpflichtigen nicht als Betriebseinnahme zu erfassen (R 18 Abs. 3 EStR 2003). 7

4. Aufwendungen für VIP-Maßnahmen zugunsten von Arbeitnehmern

a) Geschenke

Aufwendungen für Geschenke an Arbeitnehmer des Steuerpflichtigen sind vom Abzugsverbot des § 4 Abs. 5 Satz 1 Nr. 1 EStG ausgeschlossen und somit in voller Höhe als Betriebsausgaben abziehbar. 8

b) Bewirtung

[1]Bewirtungen, die der Steuerpflichtige seinen Arbeitnehmern gewährt, gelten als betrieblich veranlasst und unterliegen mithin nicht der Abzugsbeschränkung des § 4 Abs. 5 Satz 1 Nr. 2 EStG. [2]Zu unterscheiden hiervon ist die Bewirtung aus geschäftlichem Anlass, an der Arbeitnehmer des Steuerpflichtigen lediglich teilnehmen (Beispiel: Der Unternehmer lädt anlässlich eines Geschäftsabschlusses die Geschäftspartner und seine leitenden Angestellten ein). [3]Hier greift § 4 Abs. 5 Satz 1 Nr. 2 EStG auch für den Teil der Aufwendungen, der auf den an der Bewirtung teilnehmenden Arbeitnehmer entfällt. 9

c) Behandlung beim Empfänger

[1]Die Zuwendung stellt für den Arbeitnehmer einen zum steuerpflichtigen Arbeitslohn gehörenden geldwerten Vorteil dar, wenn der für die Annahme von Arbeitslohn erforderliche Zusammenhang mit dem Dienstverhältnis gegeben ist (§ 8 Abs. 1 i. V. m. § 19 Abs. 1 Satz 1 Nr. 1 EStG und § 2 Abs. 1 LStDV). [2]Der geldwerte Vorteil ist grundsätzlich nach § 8 Abs. 2 Satz 1 EStG zu bewerten. Die Freigrenze für Sachbezüge i. H. v. 44 Euro im Kalendermonat (§ 8 Abs. 2 Satz 9 EStG) und R 31 Abs. 2 Satz 9 LStR 2005[1]) sind zu beachten. [3]Nicht zum steuerpflichtigen Arbeitslohn gehören insbesondere Zuwendungen, die der Arbeitgeber im ganz überwiegenden betrieblichen Interesse erbringt. [4]Dies sind auch Zuwendungen im Rahmen einer üblichen Betriebsveranstaltung (vgl. R 72 LStR 2005[2])) oder Zuwendungen aus geschäftlichem Anlass (Beispiel: Der Unternehmer lädt anlässlich eines Geschäftsabschlusses die Geschäftspartner und seine leitenden Angestellten ein, vgl. R 31 Abs. 8 Nr. 1 LStR 2005[3])). 10

5. Privat veranlasste Aufwendungen für VIP-Maßnahmen

Ist die Leistung des Unternehmers privat veranlasst, handelt es sich gemäß § 12 Nr. 1 EStG in vollem Umfang um nicht abziehbare Kosten der privaten Lebensführung; bei Kapitalgesellschaften können verdeckte Gewinnausschüttungen vorliegen. Eine private Veranlassung ist u. a. dann gegeben, wenn der Steuerpflichtige die Eintrittskarten an Dritte überlässt, um damit gesellschaftlichen Konventionen zu entsprechen, z. B. aus Anlass eines persönlichen Jubiläums (vgl. BFH-Urteil vom 12. Dezember 1991, BStBl 1992 II S. 524; BFH-Urteil vom 29. März 1994, BStBl II S. 843). 11

6. Nachweispflichten

Der Betriebsausgabenabzug für Aufwendungen im Rahmen von VIP-Maßnahmen ist zu versagen, wenn keine Nachweise dafür vorgelegt worden sind, welchem konkreten Zweck der getätigte Aufwand diente, d. h. welchem Personenkreis aus welcher Veranlassung die Leistung zugewendet wurde. 12

[1]Dagegen ist der Betriebsausgabenabzug nicht bereits aus dem Grunde zu versagen, dass der Nutzungsvertrag keine Aufgliederung des vereinbarten Nutzungsentgelts einerseits und der Einräumung der sonstigen werblichen Möglichkeiten andererseits zulässt. [2]Soweit die vertraglichen Vereinbarungen keine Aufschlüsselung des Pauschalpreises in die einzelnen Arten der Ausgaben enthalten, führt dies nicht zu einem generellen Abzugsverbot. [3]Vielmehr ist im Wege der sachgerechten Schätzung mittels Fremdvergleichs unter Mitwirkung des Unternehmers zu ermit- 13

1) ***Jetzt R 8.1 Abs. 2 Satz 9 LStR 2008.***
2) ***Jetzt R 19.5 LStR 2008.***
3) ***Jetzt R 8.1 Abs. 8 Nr. 1 LStR 2008.***

teln, in welchem Umfang die Kosten auf die Eintrittskarten, auf die Bewirtung, auf die Werbung und/oder auf eine besondere Raumnutzung entfallen. [4]Das vereinbarte Gesamtentgelt ist hierbei einzelfallbezogen unter Würdigung der Gesamtumstände nach dem Verhältnis der ermittelten Teilwerte für die Einzelleistungen aufzuteilen. [5]Im Rahmen der Einzelfallprüfung ist ggf. auch eine Kürzung der ausgewiesenen Werbekosten vorzunehmen, wenn diese im Fremdvergleich unangemessen hoch ausfallen.

7. Vereinfachungsregelungen

a) Pauschale Aufteilung des Gesamtbetrages für VIP-Logen in Sportstätten

14 [1]) [2])[1]Aus Vereinfachungsgründen ist es nicht zu beanstanden, wenn bei betrieblich veranlassten Aufwendungen der für das Gesamtpaket (Werbeleistungen, Bewirtung, Eintrittskarten usw.) vereinbarte Gesamtbetrag wie folgt pauschal aufgeteilt wird: – Anteil für die Werbung: 40 v. H. des Gesamtbetrages. [2]Dieser Werbeaufwand, der in erster Linie auf die Besucher der Sportstätte ausgerichtet ist, ist in vollem Umfang als Betriebsausgabe abziehbar. – Anteil für die Bewirtung: 30 v. H. des Gesamtbetrages. [3]Dieser Anteil ist gemäß § 4 Abs. 5 Satz 1 Nr. 2 EStG mit dem abziehbaren v. H.-Satz als Betriebsausgabe zu berücksichtigen. – Anteil für Geschenke: 30 v. H. des Gesamtbetrages. [4]Sofern nicht eine andere Zuordnung nachgewiesen wird, ist davon auszugehen, dass diese Aufwendungen je zur Hälfte auf Geschäftsfreunde (Rdnr. 15, 16) und auf eigene Arbeitnehmer (Rdnr. 17, 18) entfallen.

b) Geschenke an Geschäftsfreunde (z. B. andere Unternehmer und deren Arbeitnehmer)

15 Da diese Aufwendungen regelmäßig den Betrag von 35 Euro pro Empfänger und Wirtschaftsjahr übersteigen, sind sie gemäß § 4 Abs. 5 Satz 1 Nr. 1 EStG nicht als Betriebsausgabe abziehbar.

16 [1]Bei den Empfängern der Zuwendungen ist dieser geldwerte Vorteil grundsätzlich als Betriebseinnahme/Arbeitslohn zu versteuern. [2]Auf eine Benennung der Empfänger und die steuerliche Erfassung des geldwerten Vorteils bei den Empfängern kann jedoch verzichtet werden, wenn zur Abgeltung dieser Besteuerung 60 v. H. des auf Geschäftsfreunde entfallenden Anteils am Gesamtbetrag i. S. d. Rdnr. 14 zusätzlich der Besteuerung beim Zuwendenden unterworfen werden.

c) Geschenke an eigene Arbeitnehmer

17 Soweit die Aufwendungen auf Geschenke an eigene Arbeitnehmer entfallen, sind sie in voller Höhe als Betriebsausgabe abziehbar. Zur steuerlichen Behandlung dieser Zuwendungen bei den eigenen Arbeitnehmern vgl. Rdnr. 10.

18 [3])[1]Bei Anwendung der Vereinfachungsregelung i. S. d. Rdnr. 14 kann der Steuerpflichtige (Arbeitgeber) die Lohnsteuer für diese Zuwendungen mit einem Pauschsteuersatz in Höhe von 30 v. H. des auf eigene Arbeitnehmer entfallenden Anteils am Gesamtbetrag i. S. d. Rdnr. 14 übernehmen. [2]Die Höhe dieses Pauschsteuersatzes berücksichtigt typisierend, dass der Arbeitgeber die Zuwendungen an einen Teil seiner Arbeitnehmer im ganz überwiegenden betrieblichen Interesse erbringt (vgl. Rdnr. 10). § 40 Abs. 3 EStG gilt entsprechend.

d) Pauschale Aufteilung bei besonderer Raumnutzung

19 [1]In Fällen der Rdnr. 3, in denen die besondere Raumnutzung mindestens einmal wöchentlich stattfindet, kann der auf diese Raumnutzung entfallende Anteil vorab pauschal mit 15 v. H. des Gesamtbetrages ermittelt und als Betriebsausgabe abgezogen werden. [2]Für die weitere Aufteilung nach Rdnr. 14 ist in diesen Fällen von dem um den Raumnutzungsanteil gekürzten Gesamtbetrag auszugehen.

8. Zeitliche Anwendung

20 Die vorstehenden Regelungen sind in allen offenen Fällen anzuwenden.

---

1) Abweichend von Rdnr. 14 des BMF-Schreibens vom 22. 8. 2005 (→ Anhang XI 2) ist für die pauschale Aufteilung der einzelnen Leistungselemente bei Hospitality-Leistungen im Rahmen der Fußballweltmeisterschaft 2006 folgender Aufteilungsmaßstab anzuwenden:
- Der Anteil für Bewirtung wird mit 30 % – begrenzt auf 1000 Euro pro Teilnehmer je Veranstaltung – angenommen.
- Der Anteil für Geschenke wird mit dem Restbetrag angenommen. Im Übrigen bleiben die Regelungen des BMF-Schreibens vom 22. 8. 2005 unberührt.→ BMF vom 30. 3. 2006 (BStBl I S. 307).

2) ***Zur weiteren Anwendung ab 1. 1. 2007 → BMF vom 29. 4. 2008 (BStBl I S. 566), Rz. 15; → Anhang 15a.***

3) ***Ab 1. 1. 2007 nicht mehr anzuwenden → BMF vom 29. 4. 2008 (BStBl I S. 566), Rz. 15; → Anhang 15a.***

2.
Ertragsteuerliche Behandlung von Aufwendungen für VIP-Logen in Sportstätten, Anwendung der Vereinfachungsregelungen auf ähnliche Sachverhalte

BMF-Schreiben vom 22. 8. 2005 (BStBl I S. 845)
– IV B 2 – S 2144–41/05 –

Mit Schreiben vom 22. August 2005 (BStBl I S. 845) hat das BMF zur ertragsteuerlichen Behandlung von Aufwendungen für VIP-Logen in Sportstätten Stellung genommen. Zur Anwendung der Vereinfachungsregelungen (Rdnrn. 14 ff) vertrete ich im Einvernehmen mit den obersten Finanzbehörden der Länder folgende Auffassung:

1. Nachweis der betrieblichen Veranlassung

Nach Rdnr. 16[1]) des o. g. BMF-Schreibens ist die Benennung der Empfänger der Zuwendung nicht erforderlich. Der Nachweis der betrieblichen Veranlassung der Aufwendungen kann dadurch erfolgen, dass z. B. die Einladung der Teilnehmer, aus der sich die betriebliche/geschäftliche Veranlassung ergibt, zu den Buchungsunterlagen genommen wird. Im Zweifelsfall sollte zum Nachweis der betrieblichen/geschäftlichen Veranlassung auch eine Liste der Teilnehmer zu den Unterlagen genommen werden.

2. Geltung der gesetzlichen Aufzeichnungspflichten

Für die anteiligen Aufwendungen für die Bewirtung i. S. d. Rdnr. 14 müssen die Aufzeichnungen nach § 4 Abs. 5 Satz 1 Nr. 2 Satz 2 EStG nicht geführt werden.

3. Anwendung der pauschalen Aufteilung

Für Fälle, in denen im Gesamtbetrag der Aufwendungen nur die Leistungen Werbung und Eintrittskarten enthalten sind und für die Bewirtung eine Einzelabrechnung vorliegt (z. B. bei Vertrag mit externem Caterer), ist die Vereinfachungsregelung im Hinblick auf die Pauschalaufteilung 40:30:30 nicht anwendbar. Es ist für den Werbeanteil und den Ticketanteil ein anderer angemessener Aufteilungsmaßstab i. S. einer sachgerechten Schätzung zu finden. Der Bewirtungsanteil steht
– soweit er angemessen ist – fest. Dessen Abziehbarkeit richtet sich nach den allgemeinen steuerlichen Regelungen des § 4 Abs. 5 Satz 1 Nr. 2 EStG. Die Versteuerung zugunsten des Geschäftsfreundes – anderer Unternehmer und dessen Arbeitnehmer – (Rdnr. 16[2]) des BMF-Schreibens) oder eine Pauschalbesteuerung für die eigenen Arbeitnehmer (Rdnr. 18[3]) des BMF-Schreibens) auf Ebene des Zuwendenden im Hinblick auf den angemessenen Geschenkanteil kommt jedoch in Betracht.

4. Anwendung der Regelungen bei sog. „Business-Seats"

Für sog. Business-Seats, bei denen im Gesamtbetrag der Aufwendungen nur die Leistungen Eintrittskarten und Rahmenprogramm (steuerlich zu beurteilen als Zuwendung) und Bewirtung enthalten sind, ist, soweit für diese ein Gesamtbetrag vereinbart wurde, dieser sachgerecht aufzuteilen (ggf. pauschale Aufteilung entsprechend Rdnr. 14 mit 50 v. H. für Geschenke und 50 v. H. für Bewirtung). Die Vereinfachungsregelungen der Rdnrn. 16 und 18 können angewandt werden.

Weist der Steuerpflichtige nach, dass im Rahmen der vertraglich vereinbarten Gesamtleistungen auch Werbeleistungen erbracht werden, die die Voraussetzungen des BMF-Schreibens vom 18. Februar 1998 (BStBl I S. 212) erfüllen, kann für die Aufteilung des Gesamtbetrages der Aufteilungsmaßstab der Rdnr. 14 des BMF-Schreibens vom 22. August 2005 (a. a. O) angewendet werden. Der Anteil für Werbung i. H. v. 40 v. H. ist dann als Betriebsausgabe zu berücksichtigen.

5. Andere Veranstaltungen in Sportstätten

Soweit eine andere, z. B. kulturelle Veranstaltung in einer Sportstätte stattfindet, können die getroffenen Regelungen angewendet werden, sofern die Einzelfallprüfung einen gleichartigen Sachverhalt ergibt.

1) ***Ab 1. 1. 2007 nicht mehr anzuwenden → BMF vom 29. 4. 2008 (BStBl I S. 566), Rz. 15; → Anhang 15a.***
2) ***Ab 1. 1. 2007 nicht mehr anzuwenden → BMF vom 29. 4. 2008 (BStBl I S. 566), Rz. 15; → Anhang 15a.***
3) ***Ab 1. 1. 2007 nicht mehr anzuwenden → BMF vom 29. 4. 2008 (BStBl I S. 566), Rz. 15; → Anhang 15a.***

6. Veranstaltungen außerhalb von Sportstätten

Soweit außerhalb einer Sportstätte in einem Gesamtpaket Leistungen angeboten werden, die Eintritt, Bewirtung und Werbung enthalten (z. B. Operngala) ist eine pauschale Aufteilung möglich. Der Aufteilungsmaßstab muss sich an den Umständen des Einzelfalls orientieren. Die Übernahme der Besteuerung für die Zuwendung an Geschäftsfreunde und die eigenen Arbeitnehmer i. S. d. Vereinfachungsregelungen des BMF-Schreibens vom 22. August 2005 (a. a. O) ist möglich.

7. Abweichende Aufteilung der Gesamtaufwendungen

Die Vereinfachungsregelungen (Übernahme der Besteuerung) gemäß Rdnrn 16[1]) und 18[2]) sind auch in den Fällen anwendbar, in denen nachgewiesen wird, dass eine von Rdnr. 14 abweichende andere Aufteilung der Gesamtaufwendungen im Einzelfall angemessen ist.

XII
Gewährung des Freibetrages nach § 16 Abs. 4 EStG und der Tarifermäßigung nach § 34 Abs. 3 EStG

BMF vom 20. 12. 2005 (BStBl 2006 I S. 7)
IV B 2 – S 2242 – 18/05

Im Einvernehmen mit den obersten Finanzbehörden der Länder gilt zur Gewährung des Freibetrages nach § 16 Abs. 4 EStG und der Tarifermäßigung nach § 34 Abs. 3 EStG Folgendes:

I. Aufteilung des Freibetrages und Gewährung der Tarifermäßigung bei Betriebsaufgaben über zwei Kalenderjahre

Erstreckt sich eine Betriebsaufgabe (§ 16 Abs. 3 Satz 1 EStG, R 16 Abs. 2 EStR 2005) über zwei Kalenderjahre und fällt der Aufgabegewinn daher in zwei Veranlagungszeiträumen an, ist der Freibetrag nach § 16 Abs. 4 EStG insgesamt nur einmal zu gewähren. Er bezieht sich auf den gesamten Betriebsaufgabegewinn und ist im Verhältnis der Gewinne auf beide Veranlagungszeiträume zu verteilen. Die Tarifermäßigung nach § 34 Abs. 3 EStG kann für diesen Gewinn auf Antrag in beiden Veranlagungszeiträumen gewährt werden. Der Höchstbetrag von fünf Millionen Euro ist dabei aber insgesamt nur einmal zu gewähren.

Beispiel:

Unternehmer A (60 Jahre alt) will seinen Gewerbebetrieb (Summe der Buchwerte des Betriebsvermögens 20 000 €) aufgeben. In der Zeit von November 2004 bis Januar 2005 werden daher alle – wesentlichen – Wirtschaftsgüter des Betriebsvermögens veräußert. Die Veräußerungserlöse betragen 80 000 € in 2004 (hierauf entfällt anteilig ein Buchwert von 16 000 €) und 100 000 € in 2005 (anteiliger Buchwert 4 000 €).

Der begünstigte Aufgabegewinn beträgt insgesamt 160 000 €. Davon entsteht ein Gewinn i. H. v. 64 000 € (40 %) in 2004 und ein Gewinn i. H. v. 96 000 € (60 %) in 2005.

Der zu gewährende Freibetrag beträgt insgesamt 21 000 € (45 000 € abzüglich (160 000 € – 136 000 €). Er ist i. H. v. 8 400 € (40 %) in 2004 und i. H. v. 12 600 € (60 %) in 2005 zu gewähren.

Da die Höhe des zu berücksichtigenden Freibetrages nach § 16 Abs. 4 EStG nach dem Gesamtaufgabegewinn beider Veranlagungszeiträume zu bemessen ist, steht die Höhe des Freibetrages nach § 16 Abs. 4 EStG erst nach Abschluss der Betriebsaufgabe endgültig fest.

Ergibt sich im zweiten Veranlagungszeitraum durch den Gewinn oder Verlust eine Über- oder Unterschreitung der Kappungsgrenze oder insgesamt ein Verlust, ist der im ersten Veranlagungszeitraum berücksichtigte Freibetrag rückwirkend zu ändern. Diese Tatsache stellt ein Ereignis mit steuerlicher Rückwirkung dar (§ 175 Abs. 1 Satz 1 Nr. 2 AO).

Entsteht in einem Veranlagungszeitraum ein Gewinn und in dem anderen ein Verlust, ist die Tarifermäßigung des § 34 EStG nur auf den saldierten Betrag anzuwenden.

Sowohl nach § 16 Abs. 4 EStG als auch nach § 34 Abs. 3 EStG ist in dem jeweiligen Veranlagungszeitraum maximal der Betrag begünstigt, der sich insgesamt aus dem einheitlich zu beurteilenden Aufgabevorgang ergibt.

---

1) ***Ab 1. 1. 2007 nicht mehr anzuwenden → BMF vom 29. 4. 2008 (BStBl I S. 566), Rz. 15; → Anhang 15a.***
2) ***Ab 1. 1. 2007 nicht mehr anzuwenden → BMF vom 29. 4. 2008 (BStBl I S. 566), Rz. 15; → Anhang 15a.***

II. Aufteilung des Freibetrages, wenn der Veräußerungsgewinn auch einen Gewinn aus der Veräußerung von Anteilen an Körperschaften, Personenvereinigungen oder Vermögensmassen umfasst

Umfasst der Veräußerungsgewinn auch dem Halbeinkünfteverfahren unterliegende Gewinne aus der Veräußerung von Anteilen an Körperschaften, Personenvereinigungen oder Vermögensmassen, ist der Freibetrag nach § 16 Abs. 4 EStG entsprechend den Anteilen der Gewinne, die dem ermäßigten Steuersatz nach § 34 EStG unterliegen, und der Gewinne, die im Halbeinkünfteverfahren zu versteuern sind, am Gesamtgewinn aufzuteilen (vgl. H 16.13 EStH 2005 – Halbeinkünfteverfahren).

III. Freibetrag bei teilentgeltlicher Veräußerung im Wege der vorweggenommenen Erbfolge

Abweichend von Tz. 36 des BMF-Schreibens vom 13. 01. 1993 – IV B 3 – S 2190–37/92 – (BStBl 1993 I S. 80) ist bei Übertragungen von Betrieben, Teilbetrieben oder Mitunternehmeranteilen im Wege der vorweggenommenen Erbfolge der Freibetrag nach § 16 Abs. 4 EStG auch in den Fällen, in denen das Entgelt den Verkehrswert des Betriebs, Teilbetriebs oder Mitunternehmeranteils nicht erreicht (teilentgeltliche Veräußerung), in voller Höhe zu gewähren.

IV. Vollendung der Altersgrenze in § 16 Abs. 4 und § 34 Abs. 3 EStG nach Beendigung der Betriebsaufgabe oder -veräußerung, aber vor Ablauf des Veranlagungszeitraums der Betriebsaufgabe oder -veräußerung

Vollendet der Steuerpflichtige das 55. Lebensjahr zwar nach Beendigung der Betriebsaufgabe oder -veräußerung, aber noch vor Ablauf des Veranlagungszeitraums der Betriebsaufgabe, sind weder der Freibetrag nach § 16 Abs. 4 EStG[1]) noch die Tarifermäßigung nach § 34 Abs. 3 EStG zu gewähren.

Vollendet der Steuerpflichtige das 55. Lebensjahr bei einer Betriebsaufgabe über mehrere Veranlagungszeiträume zwar vor Beendigung der Betriebsaufgabe, aber erst im zweiten Veranlagungsjahr, sind der (anteilige) Freibetrag und die Tarifermäßigung auch für den ersten Veranlagungszeitraum zu gewähren.

V. Zeitliche Anwendung

Dieses Schreiben ist in allen noch offenen Fällen anzuwenden.

XIII.
Ertragsteuerliche Folgen aus der Umsetzung der auf EU-Ebene beschlossenen Reform der Gemeinsamen Agrarpolitik (GAP) in nationales Recht

BMF vom 25. 6. 2008 (BStBl I S. 682)
unter Berücksichtigung der Änderungen durch BMF vom 13. 10. 2008 (BStBl I S. 939)

1) ***Bestätigt durch BFH vom 28. 11. 2007 (BStBl 2008 II S. 193).***

Im Einvernehmen mit den obersten Finanzbehörden der Länder gilt hinsichtlich der ertragsteuerlichen Auswirkungen der auf EU-Ebene gefassten Beschlüsse zur Gemeinsamen Agrarpolitik (GAP) das Folgende:

I. Rechtsgrundlagen

1. EU-Gesetzgebung

1 Das Recht über Beihilfen in der Landwirtschaft wurde durch die Europäische Union im Rahmen der Reform der Gemeinsamen Agrarpolitik (GAP-Reform) neu geregelt: Die wesentlichen Bestimmungen zur Betriebsprämienregelung finden sich in der Verordnung (EG) Nr. 1782/2003 des Rates vom 29. September 2003, zuletzt geändert durch die Verordnung (EG) Nr. 293/2008 vom 1. April 2008 (ABl. L 90/5) mit gemeinsamen Regeln für Direktzahlungen im Rahmen der Gemeinsamen Agrarpolitik und mit bestimmten Stützungsregelungen für Inhaber landwirtschaftlicher Betriebe (ABl. L 270/ 1), in Verbindung mit der Verordnung (EG) Nr. 795/2004 der Kommission vom 21. April 2004 mit Durchführungsbestimmungen zur Betriebsprämienregelung (ABl. L 141/.1) zuletzt geändert durch die Verordnung (EG) Nr. 319/2008 vom 7. April 2008 (ABl. L 116/20) sowie der Verordnung (EG) Nr. 796/2004 der Kommission vom 21. April 2004 mit Durchführungsbestimmungen zur Einhaltung anderweitiger Verpflichtungen, zur Modulation und zum Integrierten Verwaltungs- und Kontrollsystem (ABl. L 141/18), zuletzt geändert durch die Verordnung (EG) Nr. 1550/2007 vom
20. Dezember 2007 (ABl. L 337/79) .

2. Umsetzung in nationales Recht

2 In nationales Recht wurden die im Rahmen der GAP-Reform auf EU-Ebene beschlossenen Regelungen zur Betriebsprämie vor allem durch das Gesetz zur Durchführung der einheitlichen Betriebsprämie (Betriebsprämiendurchführungsgesetz) vom 21. Juli 2004 (BGBl. I
S. 1763); zuletzt geändert durch Bekanntmachung der Neufassung des Dritten Gesetzes zur Änderung des Betriebsprämiendurchführungsgesetzes (BetrPrämDurchfGÄndG) vom
28. März 2008 (BGBl. I S. 495), die Verordnung zur Durchführung der einheitlichen Betriebsprämie (Betriebsprämiendurchführungsverordnung) vom 26. Oktober 2006 (BGBl. I S. 2376) zuletzt geändert durch Verordnung vom 08. 05. 2008 (BGBl. I 2008 Nr. 17, S. 801) umgesetzt.

II. Inhalt der neuen Beihilferegelungen

1. Kernelemente

3 Mit Wirkung ab 1. Januar 2005 wurde der größte Teil der bisher als Flächen- und Tierprämien gewährten Direktzahlungen von der landwirtschaftlichen Produktion entkoppelt mit der Folge, dass zu diesem Stichtag eine Vielzahl der bisherigen Direktzahlungen wegfallen. An ihre Stelle tritt die so genannte einheitliche Betriebsprämie. Die Entkoppelung erfolgt anfangs durch ein dynamisches Kombimodell. Ab 2006 erhöht sich die Betriebsprämie um einen zusätzlichen betriebsindividuellen Milchbetrag, einen betriebsindividuellen Zuckerbetrag sowie auf Grund der teilweisen Entkopplung der Tabakprämie um einen betriebsindividuellen Tabakbetrag.

2. Entkoppelung der Direktzahlungen von der Produktion

4 4Mit Wirkung ab 1. Januar 2005 wurde der größte Teil der bisher als Flächen- und Tierprämien gewährten Direktzahlungen von der landwirtschaftlichen Produktion entkoppelt mit der Folge, dass zu diesem Stichtag eine Vielzahl der bisherigen Direktzahlungen wegfallen. An ihre Stelle tritt die so genannte einheitliche Betriebsprämie. Die Entkoppelung erfolgt anfangs durch ein dynamisches Kombimodell. Ab 2006 erhöht sich die Betriebsprämie um einen zusätzlichen betriebsindividuellen Milchbetrag, einen betriebsindividuellen Zuckerbetrag sowie auf Grund der teilweisen Entkopplung der Tabakprämie um einen betriebsindividuellen Tabakbetrag.

5 Abweichend davon gibt es aber auch weiterhin Zahlungen, deren Gewährung teilweise oder vollständig an die Produktion des jeweiligen Erzeugnisses gebunden ist (produktspezifische Direktzahlungen). Dazu gehören vor allem Zahlungen für Eiweißpflanzen, Schalenfrüchte, Energiepflanzen, Stärkekartoffeln sowie (vorübergehend) Tabak.

3. Arten von Zahlungsansprüchen

a) Allgemeines

6 Um Zahlungen im Rahmen der Betriebsprämienregelung erhalten zu können, muss der Betriebsinhaber über entsprechende Zahlungsansprüche verfügen. Unterschieden werden drei

Arten von Zahlungsansprüchen, nämlich die Zahlungsansprüche auf einheitliche Betriebsprämie, Zahlungsansprüche bei Stilllegung von Flächen sowie besondere Zahlungsansprüche.

b) Berechtigter Personenkreis

Zahlungsansprüche erhält der Betriebsinhaber, der bis zum Stichtag (im ersten Jahr der Betriebsprämienregelung bis zum 17. Mai 2005) einen Antrag auf Festsetzung von Zahlungsansprüchen gestellt hat und über eine beihilfefähige Fläche (Eigentums- oder Pachtfläche, die mindestens 10 Monate zur Verfügung stehen muss) von mindestens 0,3 Hektar verfügt. Betriebsinhaber kann jede natürliche Person, juristische Person oder eine Vereinigung natürlicher oder juristischer Personen sein, die eine landwirtschaftliche Tätigkeit ausübt. 7

c) Einheitliche Betriebsprämie

Die Höhe des Zahlungsanspruchs wird auf der Grundlage von Referenzbeträgen ermittelt. Der Referenzbetrag setzt sich aus einem **betriebsindividuellen Betrag** (BIB oder top up) und einem **flächenbezogenen Betrag** zusammen. 8

Der betriebsindividuelle Betrag wird durch Saldierung von bestimmten Direktzahlungen, die dem jeweiligen landwirtschaftlichen Betrieb im Bezugszeitraum (2000 bis 2002) durchschnittlich zugeflossen sind (§ 5 Abs. 2 und 3 BetrPrämDurchfG), ermittelt. Zu diesen Direktzahlungen gehören die Sonderprämie für männliche Rinder, die Schlachtprämie für Kälber, die Mutterkuhprämie, die Mutterschaf- und Ziegenprämie, 50 % der Extensivierungszuschläge für Rinder, die Milchprämie, 25 % des entkoppelten Teils der Stärkekartoffelprämie, der entkoppelte Teil der Trockenfutterbeihilfe und ab 2006 der entkoppelte Teil der Tabakprämie. Da es für Milch in den Jahren 2000 bis 2002 noch keine Direktzahlungen gab, kommt es hier auf die Höhe der verfügbaren einzelbetrieblichen Referenzmenge zum Stichtag 31. März 2005 (§ 5 Abs. 2 Nr. 2 BetrPrämDurchfG) an. 9

Der flächenbezogene Betrag berechnet sich in mehreren Schritten. Im ersten Schritt ist von dem Prämienvolumen aus der jeweiligen regionalen Obergrenze der betriebsindividuelle Betrag abzuziehen. Anschließend ist der danach verbleibende Betrag im zweiten Schritt gleichmäßig auf die von dem landwirtschaftlichen Betrieb im Jahr 2005 gemeldete beihilfefähige Fläche der entsprechenden Region zu verteilen. Für die Berechnung des flächenbezogenen Betrags ist eine Differenzierung zwischen Dauergrünland und sonstigen beihilfefähigen Flächen – sog. Ackerland – vorzunehmen. Bei Stilllegung entsprechen die Zahlungsansprüche dem flächenbezogenen Betrag je Hektar Ackerland der jeweiligen Region. 10

d) Zahlungsansprüche für Stilllegung

Betriebsinhaber, die beihilfefähige Ackerflächen bewirtschaften und für deren Nutzung Zahlungsansprüche erhalten, müssen einen Teil ihrer Flächen stilllegen. Für die Stilllegung wird dem Betriebsinhaber ein spezieller Zahlungsanspruch (sog. Zahlungsanspruch bei Stilllegung) zugewiesen. 11
Die Verpflichtung zur Flächenstilllegung kann durch unmittelbare Rechtsakte der Organe der Europäischen Gemeinschaft oder auf Grund solcher Rechtsakte ausgesetzt werden.

e) Besondere Zahlungsansprüche

Betriebsinhaber, die im Bezugszeitraum bestimmte Tierprämien erhalten haben und im Jahr 2005 über keine oder nur sehr wenig beihilfefähige Fläche verfügen (zum Beispiel Wanderschäfer), können besondere Zahlungsansprüche beantragen. 12

4. Festsetzung und Auszahlung der Zahlungsansprüche

Die Festsetzung der Zahlungsansprüche erfolgt durch den Bescheid an den Betriebsinhaber (endgültige Festsetzung spätestens bis zum 31. Dezember 2005). Aus dem Bescheid gehen die Anzahl, Art und Wert der Zahlungsansprüche hervor. 13

Die Betriebsprämie wird zwischen dem 1. Dezember des Antragsjahres und dem 30. Juni des Folgejahres ausgezahlt. Eine Auszahlung kann nur erfolgen, wenn ein Mindestbetrag von 100 € überschritten wird. 14

5. Übertragung von Zahlungsansprüchen

Eine Übertragung von Zahlungsansprüchen ist frühestens möglich, wenn die Zahlungsansprüche endgültig festgesetzt worden sind. Zahlungsansprüche können grundsätzlich mit oder ohne Flä- 15 che entgeltlich oder unentgeltlich an andere Betriebsinhaber übertragen werden, z. B. durch Verkauf oder Verpachtung. Für eine Übertragung ohne Flächen gelten besondere Regelungen. Eine Verpachtung oder ähnliche Übertragung von Zahlungsansprüchen ist nur mit Fläche zulässig. Bei besonderen Zahlungsansprüchen wird eine Flächenübertragung fiktiv unterstellt, wenn der Betriebsinhaber alle Zahlungsansprüche im Wege des Verkaufs oder der Verpachtung überträgt.

6. Endstufe Regionalmodell

16 Langfristig ist die Überführung des dynamischen Kombinationsmodells in ein reines Regionalmodell vorgesehen. Dazu werden die von Betrieb zu Betrieb unterschiedlichen Werte der Zahlungsansprüche schrittweise zu regional einheitlichen Zahlungsansprüchen umgewandelt (Abschmelzung des BIB und teilweise Anhebung des flächenbezogenen Betrags). Dieser Übergang erfolgt in der so genannten Angleichungsphase zwischen den Jahren 2010 und 2013. Am Ende der Angleichungsphase im Jahr 2013 kann allen Zahlungsansprüchen in einer Region ein einheitlicher Wert je Hektar zugeordnet werden.

7. Cross Compliance

17 Voraussetzung für den vollständigen Erhalt der entkoppelten und gekoppelten Direktzahlungen ist die Einhaltung von bestimmten Bewirtschaftungsauflagen. Die Auflagen betreffen die landwirtschaftlichen Flächen, die landwirtschaftliche Erzeugung und die landwirtschaftliche Tätigkeit. Verstößt der Betriebsinhaber gegen diese Vorschriften, führt dies zu einer Kürzung seiner Direktzahlungen.

III. Ertragsteuerrechtliche Behandlung der Ansprüche

1. Nach GAP-Reform zugeteilte Zahlungsansprüche (Betriebsprämie, Stilllegungsprämie und besondere Zahlungsansprüche)

a) Bilanzierung von Zahlungsansprüchen

18 Bei den Zahlungsansprüchen handelt es sich um **immaterielle Wirtschaftsgüter des Anlagevermögens**, weil sie vermögenswerte Vorteile des Betriebs darstellen, die – unabhängig von der Fläche – einzeln oder zusammen mit dem Betrieb handelbar sind. Wirtschaftsgut ist der einzelne Zahlungsanspruch. Nach § 5 Abs. 2 EStG ist der Zahlungsanspruch als immaterielles Wirtschaftsgut bei entgeltlichem Erwerb zu aktivieren. Die erstmalige Zuteilung des Zahlungsanspruchs führt mangels entgeltlichen Erwerbs noch nicht zur Bilanzierung. Mehrere Zahlungsansprüche können nicht zu einem einheitlichen Wirtschaftsgut zusammengefasst werden.

b) Abschreibungen von Zahlungsansprüchen

aa) lineare Abschreibungen

19 Entgeltlich erworbene Zahlungsansprüche sind mit den Anschaffungskosten zu bewerten. Mangels zeitlicher Befristung der EU-Verordnung zu den prämienrechtlichen Regelungen sind Absetzungen für Abnutzungen nach § 7 Abs. 1 EStG auf entgeltlich erworbene Zahlungsansprüche nicht zulässig (vgl. auch BFH-Urteil vom 4. 12. 1991, BStBl II 1992, 383 zu Güterfernverkehrsgenehmigungen). Die Tatsache, dass in der finanziellen Vorausschau zunächst nur bis 2013 Haushaltsmittel eingestellt sind, steht dem nicht entgegen, denn die Zahlungsansprüche bleiben zumindest dem Grunde nach auch nach diesem Zeitpunkt erhalten. Ungewiss ist danach lediglich die Höhe der Zahlungsansprüche, so dass ggf. Teilwertabschreibungen in Betracht kommen könnten.

bb) Teilwertabschreibungen

20 Mit der Umstellung vom Kombinationsmodell zum Regionalmodell können Zahlungsansprüche, deren Werte 2009 oberhalb des regionalen Zielwertes 2013 liegen, sich im Wert verringern, z. B. durch die schrittweise Abschmelzung der BIBs und der nur teilweisen Anhebung der flächenbezogenen Beträge. Für die in diesen Fällen voraussichtlich von Dauer eintretenden Wertminderungen dürfen daher beginnend ab dem Jahr 2010 zum jeweiligen Bilanzstichtag Teilwertabschreibungen vorgenommen werden. Der Teilwert zum jeweiligen Bilanzstichtag entspricht mindestens den am Bilanzstichtag als Betriebsprämie gezahlten flächenbezogenen Beträgen für die jeweilige Region. Für den Fall, dass bereits nach Erwerb der Zahlungsansprüche aber noch vor der Umstellungsphase Wertminderungen eintreten, richtet sich die Gewährung von Teilwertabschreibungen nach den allgemeinen Grundsätzen (vgl. BMF-Schreiben vom 25. Februar 2000, BStBl I S. 372).

c) Abspaltung vom Grund und Boden

Eine Abspaltung der Zahlungsansprüche vom Grund und Boden kommt nicht in Betracht, da kein Bezug zwischen einem Zahlungsanspruch und einer bestimmten Fläche besteht und die neue Agrarförderung zu keinerlei Einschränkungen der Nutzbarkeit des Grund und Bodens führt. 21

2. Vor der GAP-Reform zugeteilte Prämienansprüche und Produktionsrechte

Hinsichtlich der entgeltlich erworbenen Prämien- und Produktionsrechte stellt sich die Situation nach der Agrarreform wie folgt dar:

a) Milchquoten

Die Quotenregelung zur Regulierung des Milchmarkts wurde bis zum Jahre 2015 verlängert. Sie wird damit als eigenständiges Instrument neben der neuen Agrarförderung (GAP-Reform) weitergeführt. Hinsichtlich der ertragsteuerlichen Behandlung von Milchreferenzmengen gelten die Regelungen im BMF-Schreiben vom 14. Januar 2003, BStBl I 2003 S. 78. Soweit für sie aufgrund entgeltlichen Erwerbs oder durch Abspaltung vom Grund und Boden ein Buchwert angesetzt wurde, ist dieser Buchwert unverändert fortzuführen. 22

b) Zuckerrübenlieferrechte

Trotz Fortgeltung der Zuckermarktordnung bis zum Wirtschaftsjahr 2014/15 unterliegen die Mindestpreise für Zuckerrüben auf Grund eines Beschlusses des EU-Agrarrats einer sukzessiven Absenkung. Als Ausgleich hierfür wird ein betriebsindividueller Zuckerbetrag zugeteilt, der den betriebsindividuellen Betrag der Zahlungsansprüche erhöht. Das Wirtschaftgut „Zuckerrübenlieferrecht" bleibt auch nach neuem EU-Recht bestehen. Für die durch die Absenkung der Zuckerrübenpreise eingetretenen dauernden Wertminderungen können Teilwertabschreibungen gewährt werden. 23

c) Mutterkuhprämienrechte

Im Tierprämienbereich wurden insbesondere Mutterkuhprämienrechte gehandelt. Mutterkuhprämienrechte, die vor dem Bezugszeitraum entgeltlich erworben wurden, sind entsprechend der Produktion im Bezugszeitraum über die betriebsbezogenen Beträge im Wert der Zahlungsansprüche (Betriebsprämie) aufgegangen. Mit dem Wegfall der entkoppelten Tierprämien sind Mutterkuhprämienrechte wertlos geworden. Das immaterielle Wirtschaftsgut „Mutterkuhprämienrecht" geht mit der Umstellung auf das neue System unter. Bei zulässiger Aktivierung ist das jeweilige Wirtschaftsgut – je nach Wirtschaftsjahr des Land- und Forstwirts – zum 30. Juni 2005 oder zum 31. Dezember 2005 aufwandswirksam in Höhe des Restbuchwerts auszubuchen. Teilwertabschreibungen kommen beim Wechsel zum neuen Prämienrecht nicht in Betracht, weil das Wirtschaftsgut als solches nicht mehr vorhanden ist. Bei Gewinnermittlung durch Einnahmenüberschussrechnung nach § 4 Abs. 3 EStG liegt in Höhe des im Anlageverzeichnis zulässigerweise enthaltenen Werts des Prämienrechts eine Betriebsausgabe vor. 24

d) Mutterschafprämienrechte

Mutterschafprämienrechte konnten in der Regel unentgeltlich aus der nationalen Reserve erworben werden. Sofern Mutterschafprämienrechten in der Vergangenheit entgeltlich erworben wurden, finden die Ausführungen zur ertragsteuerlichen Behandlung von Mutterkuhprämienrechten gleichermaßen Anwendung. 25

e) Tabakquoten

Die Tabakquoten entfallen ab dem 1. Januar 2006. Der entkoppelte Teil der Tabakprämien (40 %) geht im Wert der Zahlungsansprüche als betriebsindividueller Betrag auf. Die gekoppelte Tabakprämie (60 %) kann ab 2006 jeder Tabakerzeuger beantragen, der im Bezugszeitraum 2000 bis 2002 Tabak im Rahmen einer Quote geliefert hat. Mit Auslaufen der Marktordnung für Rohtabak geht das immaterielle Wirtschaftsgut „Tabakquote" unter. Hat der Tabakerzeuger vor 2006 Tabakquoten entgeltlich erworben, ist – je nach Wirtschaftsjahr des Land- und Forstwirts – zum 30. Juni 2005 oder zum 31. Dezember 2005 der (Rest-)buchwert auszubuchen. 26

3. Verstoß gegen die Cross-Compliance-Regelung und andere Sanktionsmaßnahmen

Die Cross-Compliance-Regelung und die Nicht-Einhaltung der darin genannten Anforderungen haben wegen ihres fehlenden Bezugs zu bestimmten Zahlungsansprüchen oder anderen Wirt- 27 schaftsgütern des Betriebsvermögens keine direkten Auswirkungen auf deren bilanziellen Wertansatz und führen damit nicht zur Teilwertabschreibung der Zahlungsansprüche. Vielmehr wirken sie sich über die im Falle eines Verstoßes geringeren Betriebseinnahmen des Steuerpflichtigen auf den Gewinn aus.

4. Stilllegungs-Zahlungsansprüche

28 Auch Zahlungsansprüche für Stilllegung können ab dem 1. Januar 2006 übertragen werden. Die ertragsteuerliche Behandlung der Zahlungsansprüche für Stilllegung bei entgeltlichem Erwerb richtet sich nach den unter III. 1. dargelegten allgemeinen Grundsätzen.

29 Werden Zahlungsansprüche mit Stilllegungsverpflichtung veräußert, wird es Fälle geben, in denen es sich der veräußernde Landwirt etwas kosten lassen wird, sich von der Stilllegungsverpflichtung zu befreien. Die Aufwendungen, die er zusätzlich für die Abgabe dieser Zahlungsverpflichtung aufwenden muss, sind sofort abziehbare Betriebsausgaben. Beim Erwerber stellen die Zahlungen für die Übernahme der Verpflichtung Betriebseinnahmen dar. Wegen der zumindest bis zum 31. Dezember 2013 bestehenden Stilllegungsverpflichtung hat der Erwerber gemäß § 5 Abs. 5 Satz 1 Nr. 2 EStG einen passiven Rechnungsabgrenzungsposten zu bilden, der bis 2013 in gleichen Jahresbeträgen Gewinn erhöhend aufzulösen ist, unabhängig davon, ob für einige Jahre die Verpflichtung zur Stilllegung ausgesetzt worden ist.

5. Veräußerung und Verpachtung von Zahlungsansprüchen

a) Gewinnermittlung nach § 4 Abs. 1 und Abs. 3 EStG

30 Werden Zahlungsansprüche, die dem Land- und Forstwirten zugeteilt wurden oder die er zwischenzeitlich entgeltlich erworben hat, veräußert oder verpachtet, ist der jeweilige Erlös oder der Pachtzins bei ihm als Betriebseinnahme zu erfassen. Für die Ermittlung des Veräußerungsgewinns gelten die allgemeinen Grundsätze.

31 Zahlungsansprüche werden auch für Pachtflächen zugeteilt. Grundsätzlich bleiben die Zahlungsansprüche auch bei Beendigung des Pachtvertrages beim Pächter. Pächter und Verpächter können vertraglich etwas anderes regeln. Sieht die abweichende vertragliche Vereinbarung vor, dass die Zahlungsansprüche des Pächters oder ein Teil davon unentgeltlich bei Pachtende auf einen vom Verpächter zu bestimmenden Betriebsinhaber übergehen, sind die Zahlungsansprüche beim Verpächter im Zeitpunkt des tatsächlichen Übergangs mit dem gemeinen Wert gewinnwirksam zu aktivieren. Handelt es sich um Zahlungsansprüche, die dem Pächter (unentgeltlich) zugeteilt wurden, entstehen durch Abgang der Zahlungsansprüche beim Pächter keine Gewinnauswirkungen. Handelt es sich um Zahlungsansprüche, die der Pächter entgeltlich erworben hat, ist insoweit eine Betriebsausgabe in Höhe des (Rest-)Buchwerts bei Abgang zu berücksichtigen. Zahlt der Verpächter bei der unentgeltlichen Rückgabe eines Zahlungsanspruchs eine Entschädigung für die im Zahlungsanspruch enthaltenen BIB, stellen diese Zahlungen insoweit nachträgliche Anschaffungskosten dar. Die Entschädigung ist beim Pächter in diesem Zeitpunkt als laufende Betriebseinnahme zu erfassen, da die Voraussetzungen des §§ 24 Nr. 1 i. V. m. 34 Abs. 1 EStG nicht erfüllt sind.

32 Überträgt der Pächter die Zahlungsansprüche auf Weisung des Verpächters auf einen anderen Pächter, verbunden mit der Verpflichtung, nach Ablauf des – neuen – Pachtvertrages Zahlungsansprüche gleicher Anzahl und Wertigkeit zurück zu übertragen, handelt es sich um die Gewährung eines Sachdarlehens vom Verpächter an den neuen Pächter. Beim Verpächter tritt an die Stelle der Zahlungsansprüche eine Sachwertforderung, die in gleicher Höhe anzusetzen ist wie der Wert der übertragenen Zahlungsansprüche. Der neue Pächter hat die Zahlungsansprüche zu aktivieren und in gleicher Höhe eine Rückgabeverpflichtung zu passivieren.

33 Bei unentgeltlicher Übertragung eines landwirtschaftlichen Betriebes oder Teilbetriebes oder eines Anteils eines Mitunternehmers an einem landwirtschaftlichen Betrieb (§ 6 Abs. 3 EStG) oder bei Einbringung unter Buchwertfortführung (§ 24 UmwStG) werden auch die Zahlungsansprüche gewinnneutral übertragen. Bei Verpachtung eines landwirtschaftlichen Betriebs oder bei Verpachtung lediglich der Zahlungsansprüche an eine landwirtschaftliche Personengesellschaft, an der der Verpächter als Gesellschafter beteiligt ist, werden die Zahlungsansprüche ohne Gewinnrealisierung Sonderbetriebsvermögen des Verpächter-Gesellschafters, weil sich insoweit die Rechtsträgerschaft nicht ändert.

34 Der **Tausch** von Zahlungsansprüchen sowie von Stilllegungs-Zahlungsansprüchen gegen andere Zahlungsansprüche ist nach den allgemeinen Grundsätzen des § 6 Abs. 6 EStG zu beurteilen.

Hinsichtlich der Ermittlung von Gewinnen aus der Veräußerung von Zahlungsansprüchen im Rahmen einer **Betriebsveräußerung oder Betriebsaufgabe** i. S. d. §§ 14 i. V. m. § 16 EStG gelten die allgemeinen Grundsätze. Der bei Betriebsaufgabe anzusetzende gemeine Wert entspricht dem Marktwert zum Zeitpunkt der Betriebsaufgabe. Ist ein Marktwert aufgrund von Vergleichverkäufen nicht feststellbar, muss der gemeine Wert durch Kapitalisierung ermittelt werden. 35

Werden Zahlungsansprüche mangels Nutzung während drei aufeinander folgender Jahre in die nationale Reserve eingezogen, ist im Zeitpunkt der Rückgabe für zuvor entgeltlich erworbene Zahlungssprüche eine Betriebsausgabe in Höhe des Restbuchwertes zu erfassen. 36

b) Gewinnermittlung nach § 13a EStG

Bei der Gewinnermittlung nach § 13a EStG sind Gewinne aus der Veräußerung von Zahlungsansprüchen mit dem Grundbetrag abgegolten. Steht die Veräußerung von Zahlungsansprüchen im Zusammenhang mit einer Betriebsumstellung, sind die Gewinne hieraus als Sondergewinne zu versteuern (vgl. § 13a Abs. 6 Satz 1 Nr. 2 EStG). 37

Entgelte für die Verpachtung von Zahlungsansprüchen sind als vereinnahmte Miet- und Pachtzinsen nach § 13a Abs. 3 Satz 1 Nr. 4 EStG zu erfassen. Aufwendungen für gepachtete Zahlungsansprüche sind nach § 13a Abs. 3 Satz 2 EStG vom Grundbetrag abzusetzen. 38

Werden Zahlungsansprüche gegen Zahlungsansprüche mit Stilllegungsverpflichtung getauscht, liegt in dem Entgelt für die Übernahme der Stilllegungsverpflichtung kein Gewinn aus der Veräußerung eines Wirtschaftsguts des Anlagevermögens. Vielmehr handelt es sich wirtschaftlich um eine Gegenleistung für die Übernahme einer Verpflichtung. Dieser Gewinn ist grundsätzlich mit dem Grundbetrag abgegolten. Der aus der Hingabe der eigenen Zahlungsansprüche realisierte Gewinn ist nur dann als Sondergewinn zu erfassen, wenn er im Zusammenhang mit einer Betriebsumstellung erzielt wird. 39

6. Prämienzahlungen

a) Gewinnermittlung nach § 4 Abs. 1 EStG

[1]Bei Gewinnermittlung durch Bestandsvergleich nach § 4 Abs. 1 EStG ist der Auszahlungsanspruch bei Vorliegen der übrigen Voraussetzungen (vgl. BFH v. 8. November 2000, BStBl 2001 II S. 349) als Forderung zu aktivieren. Dies setzt bis zum Antragsjahr 2007 voraus, dass am Abschlussstichtag der Zehnmonatszeitraum (vgl. Rz. 7) bereits abgelaufen und ggf. bestehende Stilllegungsverpflichtungen erfüllt sind. Ab dem Antragsjahr 2008 ist der Zehnmonatszeitraum entfallen. *Da die angemeldeten Flächen während des gesamten Jahres beihilfefähig sein müssen, entsteht die Forderung mit Ablauf des Kalenderjahres.* 40

b) Gewinnermittlung nach § 4 Abs. 3 EStG

Bei Gewinnermittlung durch **Einnahmenüberschussrechnung** nach § 4 Abs. 3 EStG sind die Auszahlungen aus den Zahlungsansprüchen im Zeitpunkt der Vereinnahmung als Betriebseinnahmen zu erfassen. 41

c) Gewinnermittlung nach § 13a EStG

Die Auszahlungen aus Zahlungsansprüchen sind grundsätzlich mit dem Grundbetrag abgegolten. 42

IV. Umsatzsteuerliche Behandlung von Zahlungsansprüchen

Hinsichtlich der umsatzsteuerlichen Behandlung von Zahlungsansprüchen nach der GAP-Reform finden die mit BMF-Schreiben vom 26. Februar 2007 (BStBl I S. 271) bekannt gegebenen Grundsätze Anwendung. 43

1) Rz. 40 gem. BMF vom 13. 10. 2008 (BStBl I S. 939).

Abgrenzung zwischen privater Vermögensverwaltung und gewerblichem Grundstückshandel

BMF vom 26. 3. 2004 (BStBl I S. 434)
IV A 6 – S 2240–46/04

Im Einvernehmen mit den obersten Finanzbehörden der Länder gilt zur Abgrenzung des gewerblichen Grundstückshandels von der privaten Vermögensverwaltung Folgendes:

I. Allgemeine Grundsätze

1 Veräußern Privatpersonen Grundstücke, ist bei der Prüfung, ob ein gewerblicher Grundstückshandel vorliegt, wesentlich auf die Dauer der Nutzung vor Veräußerung und die Zahl der veräußerten Objekte abzustellen. In Fällen, in denen ein gewerblicher Grundstückshandel zu verneinen ist, bleibt jedoch zu prüfen, ob der Gewinn aus der Veräußerung nach § 23 EStG zu besteuern ist.

1. Bebaute Grundstücke

2 [1]Sind bebaute Grundstücke bis zur Veräußerung während eines langen Zeitraums (mindestens zehn Jahre) vermietet worden, gehört grundsätzlich auch noch die Veräußerung der bebauten Grundstücke zur privaten Vermögensverwaltung (vgl. BFH-Urteil vom 6. April 1990 – BStBl II S. 1057). [2]Dies ist unabhängig vom Umfang des veräußerten Grundbesitzes. [3]Bei Grundstücken, die im Wege der vorweggenommenen Erbfolge oder durch Schenkung auf den Grundstücksveräußerer übergegangen sind, ist für die Berechnung der Nutzungsdauer die Besitzdauer des Rechtsvorgängers wie eine eigene Besitzzeit des Veräußerers zu werten. [4]Zu Grundstücken, die durch Erbfolge oder durch Schenkung übergegangen sind vgl. Tz. 9. Wegen der zu eigenen Wohnzwecken genutzten Grundstücke vgl. Tz. 10.

[1]Die Aufteilung eines Gebäudes in Eigentumswohnungen ist – für sich betrachtet – allein kein Umstand, der die Veräußerung der so entstandenen Eigentumswohnungen zu einer gewerblichen Tätigkeit macht. [2]Auch hier ist maßgeblich auf die Dauer der Nutzung vor Veräußerung abzustellen.

2. Unbebaute Grundstücke

3 [1]Bei unbebauten Grundstücken, die vor Veräußerung selbst genutzt (z. B. als Gartenland) oder verpachtet wurden, führt die bloße Parzellierung für sich allein nicht zur Annahme eines gewerblichen Grundstückshandels. [2]Beim An- und Verkauf von Grundstücken über mehrere Jahre liegt dagegen im Regelfall ein gewerblicher Grundstückshandel vor. [3]Ein gewerblicher Grundstückshandel liegt auch dann vor, wenn der Grundstückseigentümer, ähnlich wie ein Grundstückshändler oder ein Baulandaufschließungsunternehmen, beginnt, seinen Grundbesitz ganz oder teilweise durch Baureifmachung in Baugelände umzugestalten und zu diesem Zweck diesen Grundbesitz nach einem bestimmten Bebauungsplan in einzelne Parzellen aufteilt und diese dann an Interessenten veräußert (vgl. BFH-Urteile vom 28. September 1961 – BStBl 1962 III S. 32, vom 25. Juli 1968 – BStBl II S. 644, vom 22. Oktober 1969 – BStBl 1970 II S. 61, vom 17. Dezember 1970 – BStBl 1971 II S. 456, vom 14. November 1972 – BStBl 1973 II S. 239, vom 7. Februar 1973 – BStBl II S. 642 und vom 29. März 1973 – BStBl II S. 682). [4]In diesem Fall sind alle Aktivitäten des Veräußerers bei der Baureifmachung, Erschließung und Bebauung einzeln zu untersuchen und im Zusammenhang zu würdigen. [5]Auch die Veräußerung land- und forstwirtschaftlicher Grundstücke oder Betriebe kann Gegenstand eines selbständigen gewerblichen Unternehmens sein (vgl. BFH-Urteil vom 28. Juni 1984 – BStBl II S. 798); vgl. Tz. 27.

3. Beteiligung am allgemeinen wirtschaftlichen Verkehr

4 [1])[2])[1]Die Beteiligung am allgemeinen wirtschaftlichen Verkehr ist durch den Kontakt zu einer Mehrzahl von Verkäufern oder Käufern gegeben (vgl. BFH-Urteile vom 20. Dezember 1963 – BStBl 1964 III S. 139 und vom 29. März 1973 – BStBl II S. 661). [2]Eine Beteiligung am allgemeinen wirtschaftlichen Verkehr kann

---

1) Gewerblicher Grundstückshandel erfordert nicht, dass in jedem VZ Verwertungsmaßnahmen ergriffen oder ständig Grundstücke vorrätig gehalten werden. Gewerblicher Grundstückshandel liegt auch vor, wenn nach der Veräußerung des ersten Objekts über einen Zeitraum von mehr als zwei Jahren keine späteren Grundstücksgeschäfte konkret absehbar sind und auch keine Grundstücke im Umlaufvermögen gehalten werden (inaktive Phase) (→ BFH vom 20. 4. 2006 – BStBl 2007 II S. 375 III R 1/05).

2) Auch der Verkauf eines Grundstücks zwischen Schwesterpersonengesellschaften kann eine Beteiligung am allgemeinen wirtschaftlichen Verkehr darstellen (→ BFH vom 1. 12. 2005 – BStBl 2006 II S. 259).

- auch bei einer Tätigkeit für nur einen Vertragspartner oder bei Einschaltung eines Maklers vorliegen (vgl. BFH-Urteile vom 12. Juli 1991 – BStBl 1992 II S. 143 und vom 7. Dezember 1995 – BStBl 1996 II S. 367).
- bereits dadurch vorliegen, dass die Verkaufsabsicht nur einem kleinen Personenkreis – unter Umständen einer einzigen Person – bekannt wird und der Verkäufer damit rechnet, die Verkaufsabsicht werde sich herumsprechen. [2]Entscheidend ist, dass der Verkäufer an jeden, der die Kaufbedingungen erfüllt, verkaufen will. [3]Das ist bereits dann der Fall, wenn er bereit ist, das fragliche Objekt an einen anderen Erwerber zu veräußern, falls sich der Verkauf an den ursprünglich vorgesehenen Käufer zerschlägt.
- durch den Verkauf an Bekannte erfolgen (vgl. BFH-Urteile vom 28. Oktober 1993 – BStBl 1994 II S. 463 und vom 7. März 1996 – BStBl II S. 369).
- auch dann gegeben sein, wenn der Steuerpflichtige nur ein Geschäft mit einem Dritten tätigt, sich dieser aber in Wirklichkeit und nach außen erkennbar nach den Bestimmungen des Steuerpflichtigen an den allgemeinen Markt wendet (vgl. BFH-Urteil vom 13. Dezember 1995 – BStBl 1996 II S. 232).

[3]Auch ein entgeltlicher und von Gewinnerzielungsabsicht getragener Leistungsaustausch zwischen nahen Angehörigen erfüllt die Voraussetzung einer Teilnahme am allgemeinen wirtschaftlichen Verkehr (vgl. BFH-Urteil vom 13. August 2002 – BStBl II S. 811). [4]Dies gilt auch, wenn der Eigentümer Objekte nur an bestimmte Personen auf deren Wunsch veräußert.

Bei mehreren Grundstücksverkäufen muss das Merkmal der Beteiligung am allgemeinen wirtschaftlichen Verkehr nicht bei jedem Geschäft vorliegen (vgl. BFH-Urteil vom 28. Oktober 1993 – BStBl 1994 II S. 463).

II. Gewerblicher Grundstückshandel wegen Überschreitung der „Drei-Objekt-Grenze"

1. Merkmale der „Drei-Objekt-Grenze"

[1]Als Indiz für das Vorliegen eines gewerblichen Grundstückshandels gilt die Überschreitung der „Drei-Objekt-Grenze" (vgl. BFH-Beschluss vom 10. Dezember 2001 – BStBl 2002 II S. 291). [2]Danach ist die Veräußerung von mehr als drei Objekten innerhalb eines Fünfjahreszeitraums grundsätzlich gewerblich (vgl. BFH-Urteil vom 18. September 1991 – BStBl 1992 II S. 135). [3]Die Veräußerung von mehr als drei in bedingter Verkaufsabsicht erworbener oder errichteter (vgl. Tz. 19 ff.) Objekte innerhalb dieses Zeitraums führt bei Vorliegen der übrigen Voraussetzungen (§ 15 Abs. 2 EStG) grundsätzlich zur Gewerblichkeit aller – d. h. auch der ersten drei – Objektveräußerungen. [4]Die zeitliche Grenze von fünf Jahren hat allerdings keine starre Bedeutung. [5]Ein gewerblicher Grundstückshandel kann z. B. bei einer höheren Zahl von Veräußerungen nach Ablauf dieses Zeitraums, aber auch bei einer hauptberuflichen Tätigkeit im Baubereich vorliegen. 5

[1]Objekt i. S. d. „Drei-Objekt-Grenze" sind nur solche Objekte, bei denen **ein enger zeitlicher Zusammenhang** (vgl. Tz. 20) zwischen Errichtung, Erwerb oder Modernisierung und der Veräußerung besteht. [2]Ist ein derartiger enger zeitlicher Zusammenhang nicht gegeben, können bis zur zeitlichen Obergrenze von zehn Jahren Objekte nur mitgerechnet werden, wenn weitere Umstände den Schluss rechtfertigen, dass im Zeitpunkt der Errichtung, des Erwerbs oder der Modernisierung eine Veräußerungsabsicht vorgelegen hat. [3]Solche weiteren Umstände liegen z. B. vor, wenn ein branchenkundiger Steuerpflichtiger innerhalb eines Zeitraums von fünf Jahren nach der Errichtung eines Gebäudes weniger als vier, danach aber in relativ kurzer Zeit planmäßig weitere Objekte veräußert (vgl. BFH-Urteil vom 5. September 1990 – BStBl II S. 1060). Vgl. auch Tz. 28. 6

[1]Als Veräußerung i. S. d. „Drei-Objekt-Grenze" gilt auch die Einbringung eines Grundstücks in das Gesamthandsvermögen einer Personengesellschaft, die nach den Grundsätzen des BMF-Schreibens vom 29. März 2000 (BStBl I S. 462) als Veräußerung anzusehen ist. [2]Grundstücksübertragungen in das Gesamthandsvermögen einer Personengesellschaft, für die der Übertragende keine Gegenleistung erhält (verdeckte Einlage), und die Übertragung von Grundstücken im Wege der Realteilung einer vermögensverwaltenden Personengesellschaft oder Bruchteilsgemeinschaft auf die einzelnen Gesellschafter zu Alleineigentum gelten dagegen nicht als Veräußerung i. S. d. „Drei-Objekt-Grenze". [3]Als Veräußerung i. S. d. „Drei-Objekt-Grenze" gilt die Einbringung eines Grundstücks in eine Kapitalgesellschaft gegen Gewährung von Gesellschaftsrechten. [4]Dies gilt auch in den sog. Mischfällen, in denen die dem Gesellschafter gewährte angemessene (drittübliche) Gegenleistung teils in der Gewährung von Gesellschaftsrechten und teils in anderen Entgelten, z. B. in der Zahlung eines Barkaufpreises, der Einräumung einer Forderung oder in der Übernahme von Schulden des Gesellschafters besteht (vgl. BFH-Urteil vom 19. September 2002 – BStBl 2003 II S. 394). 7

Im Einzelnen gilt für die Überschreitung der „Drei-Objekt-Grenze" Folgendes:

a) Definition des Objekts i. S. d. „Drei-Objekt-Grenze"

8 [1]Objekt i. S. d. „Drei-Objekt-Grenze" sind **Grundstücke jeglicher Art**. [2]Auf die Größe, den Wert oder die Nutzungsart des einzelnen Objekts kommt es nicht an (vgl. BFH-Urteile vom 18. Mai 1999 – BStBl 2000 II S. 28 und vom 15. März 2000 – BStBl 2001 II S. 530). [3]Es kommt nicht darauf an, ob es sich um bebaute oder unbebaute Grundstücke handelt oder ob der Steuerpflichtige die Objekte selbst errichtet hat oder in bebautem Zustand erworben hat.

[1]Danach stellt auch ein im Teileigentum stehender Garagenabstellplatz ein selbständiges Objekt dar, wenn dieser nicht im Zusammenhang mit dem Verkauf einer Wohnung veräußert wird. [2]Der Verkauf eines Garagenabstellplatzes ist jedoch dann nicht als eigenes Objekt zu zählen, wenn dieser als Zubehörraum einer Eigentumswohnung im Zusammenhang mit dem Verkauf der Eigentumswohnung an andere Erwerber als die Käufer der Eigentumswohnung veräußert wird (vgl. BFH-Urteil vom 18. September 2002 – BStBl 2003 II S. 238).

[1]Jedes zivilrechtliche Wohnungseigentum, das selbständig nutzbar und veräußerbar ist, stellt ein Objekt i. S. d. „Drei-Objekt-Grenze" dar, auch wenn mehrere Objekte nach Vertragsabschluss baulich zu einem Objekt zusammengefasst werden (vgl. BFH-Urteil vom 16. Mai 2002 – BStBl II S. 571)[1]). [2]Gleiches gilt für Grundstücke, bei denen der Verkauf beim Vertragsvollzug gescheitert ist (vgl. BFH-Urteil vom 5. Dezember 2002 – BStBl 2003 II S. 291).

Als Objekt i. S. d. „Drei-Objekt-Grenze" kommen weiterhin auch Erbbaurechte in Betracht.[2])

b) Durch Erbfall, vorweggenommene Erbfolge oder Schenkung übergegangene Grundstücke als Grundstücke i. S. d. „Drei-Objekt-Grenze"

9 [1]In die Prüfung des gewerblichen Grundstückshandels und damit der „Drei-Objekt-Grenze" sind Grundstücke, die im Wege der vorweggenommenen Erbfolge oder durch Schenkung übertragen und vom Rechtsnachfolger in einem zeitlichen Zusammenhang veräußert worden sind, mit einzubeziehen. [2]In diesem Fall ist hinsichtlich der unentgeltlich übertragenen Grundstücke für die Frage des zeitlichen Zusammenhangs (vgl. Tz. 6, 20) auf die Anschaffung oder Herstellung durch den Rechtsvorgänger abzustellen. [3]Werden im zeitlichen Zusammenhang durch den Rechtsvorgänger und den Rechtsnachfolger insgesamt mehr als drei Objekte veräußert, liegen gewerbliche Einkünfte vor:

- beim Rechtsvorgänger hinsichtlich der veräußerten Grundstücke;
- beim Rechtsnachfolger hinsichtlich der unentgeltlich erworbenen und veräußerten Grundstücke.

In diesen Fällen sind beim Rechtsnachfolger die Veräußerungen der unentgeltlich erworbenen Grundstücke für die Frage, ob er daneben Einkünfte aus einem eigenen gewerblichen Grundstückshandel erzielt, als Objekte i. S. d. „Drei-Objekt-Grenze" mitzuzählen.

Beispiel:

V erwirbt im Jahr 01 vier Eigentumswohnungen E 1, E 2, E 3 und E 4. Im Jahr 03 veräußert er die Eigentumswohnungen E 1, E 2 und E 3. Die Eigentumswohnung E 4 überträgt er im Wege der vorweggenommenen Erbfolge im Jahr 03 auf seinen Sohn S. S hat im Jahr 02 die Reihenhäuser RH 1, RH 2 und RH 3 erworben. Im Jahr 04 veräußert S die Reihenhäuser und die Eigentumswohnung E 4.

- Die Veräußerung der Eigentumswohnung E 4 innerhalb des zeitlichen Zusammenhangs durch S führt bei V zur Annahme eines gewerblichen Grundstückshandels. Der Gewinn aus der Veräußerung der Eigentumswohnungen E 1 bis E 3 ist bei V steuerpflichtig.
- Bei S ist der Gewinn aus der Veräußerung der Eigentumswohnung E 4 steuerpflichtig. Auch aus der Veräußerung der drei Objekte (RH 1 bis RH 3) erzielt er Einkünfte aus einem gewerblichen Grundstückshandel, weil die Veräußerung der Eigentumswohnung E 4 als sog. Zählobjekt mitzuzählen ist.

Dies gilt entsprechend im Fall der Modernisierung (vgl. Tz. 24).

1) Zwei Doppelhaushälften auf einem ungeteilten Grundstück bilden ein Objekt (→ BFH vom 14. 10. 2003 – BStBl 2004 II S. 227). Aneinander grenzende, rechtlich selbständige Mehrfamilienhausgrundstücke stellen jeweils gesonderte wirtschaftliche Einheiten dar (→ BFH vom 3. 8. 2004 – BStBl 2005 II S. 35).

2) Die erstmalige Bestellung eines Erbaurechts ist kein Objekt i. S. d. Drei-Objekt-Grenze. Hingegen ist ein Erbbaurecht ein Objekt i. S. d. Drei-Objekt-Grenze, wenn es veräußert wird (→ BFH vom 12. 7. 2007 – BStBl II S. 885 X R 4/04).

Nicht einzubeziehen sind jedoch – unabhängig vom Umfang des Grundbesitzes – Grundstücke, die durch Erbfolge übergegangen sind (vgl. BFH-Urteil vom 15. März 2000 – BStBl 2001 II S. 530), es sei denn, dass bereits der Erblasser in seiner Person einen gewerblichen Grundstückshandel begründet hat und der Erbe einen unternehmerischen Gesamtplan fortführt oder der Erbe die Grundstücke vor der Veräußerung in nicht unerheblichem Maße modernisiert und hierdurch ein Wirtschaftsgut anderer Marktgängigkeit entstanden ist (vgl. Tz. 24).

c) Zu eigenen Wohnzwecken genutzte Grundstücke als Grundstücke i. S. d. „Drei-Objekt-Grenze"

[1]Ebenfalls nicht einzubeziehen sind Grundstücke, die eigenen Wohnzwecken dienen. [2]Zu eigenen Wohnzwecken genutzte bebaute Grundstücke gehören in aller Regel zum notwendigen Privatvermögen (vgl. BFH-Urteil vom 16. Oktober 2002 – BStBl 2003 II S. 245). [3]Etwas anderes kann sich allerdings ergeben, wenn ein zur Veräußerung bestimmtes Wohnobjekt nur vorübergehend zu eigenen Wohnzwecken genutzt wird (vgl. BFH-Urteil vom 11. April 1989 – BStBl II S. 621). [4]Bei einer Selbstnutzung von weniger als fünf Jahren ist das Grundstück dann nicht einzubeziehen, wenn der Veräußerer eine auf Dauer angelegte Eigennutzung nachweist, indem er darlegt, dass die Veräußerung auf offensichtlichen Sachzwängen beruhte (vgl. BFH-Urteil vom 18. September 2002 – BStBl 2003 II S. 133). 10

d) Grundstücke, die ohne Gewinnerzielungsabsicht veräußert werden, als Grundstücke i. S. d. „Drei-Objekt-Grenze"

[1]Objekte, mit deren Weitergabe kein Gewinn erzielt werden soll (z. B. teilentgeltliche Veräußerung oder Schenkung an Angehörige), sind in die Betrachtung, ob die „Drei-Objekt-Grenze" überschritten ist, grundsätzlich nicht einzubeziehen (vgl. BFH-Urteile vom 18. September 2002 – BStBl 2003 II S. 238 und vom 9. Mai 1996 – BStBl II S. 599). [2]Eine teilentgeltliche Veräußerung in diesem Sinne liegt vor, wenn der Verkaufspreis die Selbstkosten (Anschaffungs- oder Herstellungskosten oder Einlagewert) nicht übersteigt (vgl. BFH-Urteile vom 14. März 1989 – BStBl 1990 II S. 1053, vom 9. Mai 1996 – BStBl II S. 599 und vom 18. September 2002 – BStBl 2003 II S. 238). 11

Eine Einbeziehung von an Kinder übertragene Objekte hinsichtlich der Frage des Überschreitens der „Drei-Objekt-Grenze" kommt jedoch dann in Betracht, wenn der Steuerpflichtige – bevor er sich dazu entschlossen hat, diese Objekte unentgeltlich an seine Kinder zu übertragen – die zumindest bedingte Absicht besaß, auch diese Objekte am Markt zu verwerten (vgl. BFH-Urteil vom 18. September 2002 – BStBl 2003 II S. 238).

Grundstücke, die zwar mit der Absicht, Gewinn zu erzielen, veräußert wurden, mit deren Verkauf aber letztlich ein Verlust realisiert wurde, sind in die Betrachtung, ob die „Drei-Objekt-Grenze" überschritten ist, mit einzubeziehen.

e) Veräußerungen durch Ehegatten

[1]Bei Ehegatten ist eine Zusammenfassung der Grundstücksaktivitäten im Regelfall nicht zulässig. [2]Dies bedeutet, dass jeder Ehegatte bis zu drei Objekte im Bereich der Vermögensverwaltung veräußern kann. [3]Die Grundstücksaktivitäten von Ehegatten sind jedoch dann zusammenzurechnen, wenn die Ehegatten eine über ihre eheliche Lebensgemeinschaft hinausgehende, zusätzliche enge Wirtschaftsgemeinschaft, z. B. als Gesellschaft des bürgerlichen Rechts, eingegangen sind, in die sie alle oder den größeren Teil der Grundstücke eingebracht haben (vgl. BFH-Urteil vom 24. Juli 1996 – BStBl II S. 913). 12

f) Übertragungen im Wege der Realteilung

Grundstücke, die im Wege der Realteilung einer vermögensverwaltenden Personengesellschaft oder Bruchteilsgemeinschaft den einzelnen Gesellschaftern zu Alleineigentum übertragen werden, sind ebenfalls nicht mit in die „Drei-Objekt-Grenze" einzubeziehen (vgl. BFH-Urteil vom 9. Mai 1996 – BStBl II S. 599). 13

g) Beteiligung an Grundstücksgesellschaften

[1]Beteiligt sich ein Steuerpflichtiger an Grundstücksgesellschaften zur Verwertung von Grundstücken (z. B. durch Verkauf oder Bebauung und Verkauf), ist zunächst zu prüfen, ob die Gesellschaft selbst ein gewerbliches Unternehmen i. S. d. § 15 Abs. 2 EStG betreibt (vgl. BFH-Beschluss vom 25. Juni 1984 – BStBl II S. 751), so dass steuerlich eine Mitunternehmerschaft i. S. d. § 15 Abs. 1 Satz 1 Nr. 2 EStG vorliegt. [2]In diesem Fall ist die Überschreitung der „Drei-Objekt-Grenze" auf der Ebene der Gesellschaft zu prüfen; auf eventuelle Grundstücksveräußerungen durch den einzelnen Gesellschafter kommt es insoweit nicht an. [3]Wird die Gesellschaft nach den vorgenann- 14

ten Grundsätzen im Rahmen eines gewerblichen Grundstückshandels tätig, sind die Grundstücksveräußerungen der Gesellschaft bei der Prüfung, ob auch auf der Ebene des Gesellschafters ein – weiterer – gewerblicher Grundstückshandel besteht, als Objekt mitzuzählen (vgl. BFH-Beschluss vom 3. Juli 1995 – BStBl II S. 617, BFH-Urteil vom 28. November 2002 – BStBl 2003 II S. 250).

Voraussetzung hierfür ist jedoch, dass der Gesellschafter an der jeweiligen Gesellschaft zumindestens 10 % beteiligt ist oder dass der Verkehrswert des Gesellschaftsanteils oder des Anteils an dem veräußerten Grundstück bei einer Beteiligung von weniger als 10 % mehr als 250 000 € beträgt[1]).

15 [1]Ist die Gesellschaft nach den vorgenannten Grundsätzen vermögensverwaltend tätig, muss ihre Betätigung (z. B. Erwerb, Bebauung und Verkauf der Grundstücke) den einzelnen Gesellschaftern in gleicher Weise wie bei einer Bruchteilsgemeinschaft anteilig zugerechnet werden (§ 39 Abs. 2 Nr. 2 AO) und bei diesen einkommensteuerrechtlich nach den für den einzelnen Gesellschafter und seine Betätigung maßgeblichen Kriterien beurteilt werden. [2]Dabei sind zwei Fallgruppen zu unterscheiden:

aa) Die Beteiligung an der Grundstücksgesellschaft wird im Betriebsvermögen gehalten.

16 Der Gesellschafter erzielt aus der Beteiligung in jedem Fall gewerbliche Einkünfte (vgl. BFH-Urteile vom 20. November 1990 – BStBl 1991 II S. 345 und vom 3. Juli 1995 – BStBl II S. 617).

bb) Die Beteiligung an der Grundstücksgesellschaft wird im Privatvermögen gehalten.

In diesen Fällen gilt unter Beachtung der Halte- und Veräußerungsfristen Folgendes:

Veräußerungen von Grundstücken der Grundstücksgesellschaft

17 [1]Überschreiten die von der vermögensverwaltenden Gesellschaft getätigten und dem einzelnen Gesellschafter anteilig zuzurechnenden Grundstücksveräußerungen entweder für sich gesehen oder unter Zusammenrechnung mit der Veräußerung von Objekten, die dem betreffenden Gesellschafter allein oder im Rahmen einer anderen Personengesellschaft gehören, den Rahmen der bloßen Vermögensverwaltung, wird der Gesellschafter selbst im Rahmen eines gewerblichen Grundstückshandels tätig. [2]Für die Prüfung, ob auf der Ebene des Gesellschafters ein gewerblicher Grundstückshandel begründet wird, ist der Anteil des Steuerpflichtigen an dem Objekt der Grundstücksgesellschaft oder -gesellschaften für die Ermittlung der „Drei-Objekt-Grenze" jeweils einem Objekt gleichzustellen. [3]Bei Veräußerung von Miteigentumsanteilen an einem Grundstück an verschiedene Erwerber stellt jeder Miteigentumsanteil ein Zählobjekt i. S. d. „Drei-Objekt-Grenze" dar (vgl. BFH-Urteil vom 7. Dezember 1995 – BStBl 1996 II S. 367). [4]Voraussetzung hierfür ist jedoch, dass der Gesellschafter an der jeweiligen Gesellschaft zu mindestens 10 % beteiligt ist oder dass der Verkehrswert des Gesellschaftsanteils oder des Anteils an dem veräußerten Grundstück bei einer Beteiligung von weniger als 10 % mehr als 250 000 € beträgt.

Veräußerung des Anteils an der Grundstücksgesellschaft

18 In den Fällen, in denen der Gesellschafter seinen Anteil an der Grundstücksgesellschaft veräußert, ist die Veräußerung der Beteiligung gem. § 39 Abs. 2 Nr. 2 AO einer anteiligen Grundstücksveräußerung gleichzustellen.

[1]Für die „Drei-Objekt-Grenze" kommt es dabei auf die Zahl der im Gesellschaftsvermögen (Gesamthandsvermögen) befindlichen Grundstücke an (vgl. BFH-Urteile vom 7. März 1996 – BStBl II S. 369 und vom 28. November 2002 – BStBl 2003 II S. 250). [2]Voraussetzung für die Anrechnung von Anteilsveräußerungen ist jedoch, dass der Gesellschafter an der jeweiligen Gesellschaft zu mindestens 10 % beteiligt ist oder dass eine Beteiligung von weniger als 10 % einen Verkehrswert von mehr als 250 000 € hat.

Die vorstehenden Ausführungen (Tz. 15 bis 18) gelten entsprechend für Grundstücksgemeinschaften (Bruchteilsgemeinschaften).

Beispiel 1:

Ein Steuerpflichtiger erwirbt und veräußert innerhalb von vier Jahren drei Beteiligungen an verschiedenen Gesellschaften, zu deren Gesellschaftsvermögen jeweils ein Grundstück gehört.

[1]) Die Grenzen sind jedoch unbeachtlich, wenn der Gesellschafter über eine Generalvollmacht oder aus anderen Gründen die Geschäfte der Grundstücksgesellschaft maßgeblich bestimmt (→ BFH vom 12. 7. 2007 – BStBl II S. 885 X R 4/04).

Die „Drei-Objekt-Grenze" wird nicht überschritten. Der Steuerpflichtige wird nicht im Rahmen eines gewerblichen Grundstückshandels tätig.

Beispiel 2:

Ein Steuerpflichtiger erwirbt und veräußert innerhalb von vier Jahren zwei Beteiligungen an verschiedenen Gesellschaften, zu deren Gesellschaftsvermögen jeweils zwei Grundstücke gehören.

Die „Drei-Objekt-Grenze" ist überschritten. Der Steuerpflichtige wird im Rahmen eines gewerblichen Grundstückshandels tätig.

2. Errichtung von Objekten

a) [1]Bebaut ein Steuerpflichtiger ein Grundstück oder erwirbt er ein unbebautes Grundstück zur Bebauung, liegt in der Regel ein gewerblicher Grundstückshandel vor, wenn mehr als drei Objekte **in engem zeitlichen Zusammenhang** mit ihrer Errichtung veräußert werden und der Steuerpflichtige mit **Veräußerungsabsicht** handelt. [2]Ein gewerblicher Grundstückshandel liegt in diesem Fall auch dann vor, wenn die Objekte zwischenzeitlich vermietet wurden (vgl. BFH-Urteil vom 11. April 1989 – BStBl II S. 621). [3]Ferner ist unerheblich, ob die veräußerten Wohneinheiten in der rechtlichen Gestalt von Eigentumswohnungen entstanden sind oder ob sie zunächst rechtlich unselbständige, zur Vermietung an verschiedene Interessenten bestimmte, Teile eines Gesamtobjekts (z. B. Mehrfamilienhaus) waren. 19

b) [1]Ein **enger zeitlicher Zusammenhang** zwischen Errichtung und Veräußerung der Objekte ist dann gegeben, wenn die Zeitspanne zwischen Fertigstellung und der Veräußerung der Objekte nicht mehr als fünf Jahre beträgt (vgl. BFH-Urteile vom 23. Oktober 1987 – BStBl 1988 II S. 293 und vom 22. März 1990 – BStBl II S. 637). [2]Eine Überschreitung von wenigen Tagen beeinträchtigt diese Indizwirkung noch nicht (vgl. BFH-Urteil vom 28. November 2002 – BStBl 2003 II S. 250). 20

c) [1]Die **Veräußerungsabsicht** ist anhand äußerlicher Merkmale zu beurteilen; die bloße Erklärung des Steuerpflichtigen, er habe eine solche Absicht nicht gehabt, reicht nicht aus. [2]Das Vorhandensein einer Veräußerungsabsicht kann allerdings nicht allein aus dem engen zeitlichen Zusammenhang zwischen Errichtung und Veräußerung hergeleitet werden (vgl. Beschluss des Großen Senats des BFH vom 10. Dezember 2001 – BStBl 2002 II S. 291). [3]Liegen von Anfang an eindeutige (vom Steuerpflichtigen darzulegende) Anhaltspunkte dafür vor, dass ausschließlich eine anderweitige Nutzung als die Veräußerung objektiv in Betracht gezogen worden ist, hat der enge zeitliche Zusammenhang für sich genommen keine Bedeutung. [4]Fehlen solche Anhaltspunkte, zwingt der enge zeitliche Zusammenhang zwischen Errichtung und Veräußerung aber nach der Lebenserfahrung zu der Schlussfolgerung, dass bei der Errichtung der Objekte zumindest eine bedingte Veräußerungsabsicht bestanden hat. [5]In diesen Fällen kann sich der Steuerpflichtige nicht darauf berufen, die (eigentliche) Verkaufsabsicht sei erst später wegen Finanzierungsschwierigkeiten und zu hoher finanzieller Belastungen gefasst worden (vgl. BFH-Urteile vom 6. April 1990 – BStBl II S. 1057 und vom 12. Dezember 2002 – BStBl II 2003 S. 297); vgl. auch Tz. 30. 21

3. Erwerb von Objekten

[1]Beim Erwerb von Objekten liegt grundsätzlich ein gewerblicher Grundstückshandel vor, wenn mehr als drei Objekte in engem zeitlichem Zusammenhang mit ihrem Erwerb veräußert werden und der Steuerpflichtige mit Veräußerungsabsicht handelt. [2]Hinsichtlich des engen zeitlichen Zusammenhangs gilt Tz. 20, hinsichtlich der Veräußerungsabsicht gilt Tz. 21 entsprechend. 22

Im Fall des Erwerbs bebauter Grundstücke gelten folgende Besonderheiten:

Wandelt der Steuerpflichtige bisher vermietete Wohnungen eines erworbenen Mietshauses in Eigentumswohnungen um und versetzt er die Wohnungen vor der sich anschließenden Veräußerung lediglich in einen zum vertragsmäßigen Gebrauch geeigneten Zustand, wozu unter Berücksichtigung des bei Mietwohnungen Ortsüblichen auch die Ausführung von Schönheitsreparaturen gehören kann (vgl. BFH-Urteil vom 10. August 1983 – BStBl 1984 II S. 137), ist ein gewerblicher Grundstückshandel nur anzunehmen, wenn innerhalb eines überschaubaren Zeitraums (in der Regel fünf Jahre) ein oder mehrere bereits in Veräußerungsabsicht erworbene Gebäude aufgeteilt und nach dieser Aufteilung mehr als drei Eigentumswohnungen veräußert werden[1]). 23

1) Bestätigt durch BFH vom 18. 3. 2004 (BStBl II S. 787).

4. Modernisierung von Objekten

24 [1]Besteht kein enger, zeitlicher Zusammenhang zwischen der Errichtung oder dem Erwerb und der Veräußerung der Objekte, kann ein gewerblicher Grundstückshandel vorliegen, wenn der Steuerpflichtige die Objekte vor der Veräußerung in nicht unerheblichem Maße modernisiert und hierdurch ein Wirtschaftsgut anderer Marktgängigkeit entstanden ist. [2]Für die Veräußerungsabsicht kommt es dann auf den engen zeitlichen Zusammenhang mit der Modernisierung an. [3]In Sanierungsfällen beginnt die Fünf-Jahres-Frist mit Abschluss der Sanierungsarbeiten (vgl. BFH-Urteil vom 5. Dezember 2002 – BStBl 2003 II S. 291).

5. Mischfälle

25 Treffen bei einem Steuerpflichtigen, der eine bestimmte Anzahl von Objekten veräußert hat, diejenigen Fälle, in denen das veräußerte Objekt vom Steuerpflichtigen selbst errichtet worden ist, mit solchen Fällen zusammen, in denen das Objekt von einem Dritten erworben worden ist, ist die Frage, ob die Veräußerung eines Objektes der einen oder anderen Gruppe bei Prüfung der „Drei-Objekt-Grenze" mitzuzählen ist, jeweils nach den Kriterien zu entscheiden, die für die betreffende Gruppe bei Veräußerung von mehr als drei Objekten gelten.

6. Unbebaute Grundstücke

26 [1]Beim Verkauf von unbebauten Grundstücken gelten die für den Erwerb und die Veräußerung bebauter Grundstücke dargestellten Grundsätze entsprechend (vgl. BFH-Urteil vom 13. Dezember 1995 – BStBl 1996 II S. 232). [2]Dies bedeutet, dass der Erwerb, die Parzellierung und die Veräußerung von mehr als drei unbebauten Grundstücken (Bauparzellen) nur dann gewerblich ist, wenn

- die Grundstücke (Bauparzellen) in Veräußerungsabsicht erworben wurden oder
- der Steuerpflichtige über die Parzellierung hinaus Tätigkeiten entwickelt hat (z. B. Erschließung, Bebauungsplan, Baureifmachung).

Bei Mischfällen gilt Tz. 25 entsprechend.

7. Land- und forstwirtschaftlich genutzte Grundstücke

27 [1]Die Veräußerung land- und forstwirtschaftlicher Grundstücke kann unter den vorstehenden Voraussetzungen Gegenstand eines selbständigen gewerblichen Unternehmens sein. [2]Hat der Land- und Forstwirt schon mit Tätigkeiten begonnen, die objektiv erkennbar auf die Vorbereitung von Grundstücksgeschäften gerichtet sind, wechseln die Grundstücke auch bei zunächst unveränderter Nutzung nach § 6 Abs. 5 EStG zum Buchwert aus dem Anlagevermögen des landwirtschaftlichen Betriebs in das Umlaufvermögen des Gewerbebetriebs gewerblicher Grundstückshandel (vgl. BFH-Urteile vom 31. Mai 2001 – BStBl II S. 673 und vom 25. Oktober 2001 – BStBl 2002 II S. 289).[1])

[1]Überführt der Land- und Forstwirt ein Grundstück anlässlich einer Betriebsaufgabe in das Privatvermögen, liegt darin eine Entnahme. [2]Wird das Grundstück später veräußert, ist bei der Anwendung der Grundsätze zum zeitlichen Zusammenhang (vgl. Tz. 20) der Zeitraum, in dem sich das Grundstück vor seiner steuerpflichtigen Entnahme im Betriebsvermögen befunden hat, mitzurechnen.

---

1) Die Grundstücksveräußerungen eines Landwirtes werden Gegenstand eines selbständigen gewerblichen Grundstückshandels, wenn er Aktivitäten entfaltet, die über die Parzellierung und Veräußerung hinausgehen und die darauf gerichtet sind, den Grundbesitz zu einem Objekt anderer Marktgängigkeit zu machen. Schädliche Aktivitäten, die zu einer Umqualifizierung der Einkünfte eines Landwirts hin zu den Einkünften eines gewerblichen Grundstückshändlers führen, liegen z. B. dann vor, wenn der Stpfl. einen Bebauungsplan beantragt und finanziert, Straßen und Abwasserkanäle anlegt oder die Verlegung von Versorgungsleitungen vornimmt, insoweit selbst dann, wenn er keinen Einfluss auf die Erstellung des Bebauungsplans nimmt (→ BFH vom 8. 9. 2005 – BStBl 2006 II S. 166). Dies gilt selbst dann, wenn er keinen Einfluss auf die Erstellung des Bebauungsplanes nimmt (→BFH vom 8. 9. 2005 – BStBl 2006 II S. 166 ***und BFH vom 5. 11. 2007 – BStBl 2008 II S. 359). Der Hinzutausch von Grundstücksflächen zur Optimierung der Bebaubarkeit zuvor landwirtschaftlich genutzter Grundstücke und die Beantragung eines konkreten Bauvorbescheids sind ebenfalls Aktivitäten, die darauf gerichtet sind, ein Objekt anderer Marktgängigkeit zu schaffen (→ BFH vom 8. 11. 2007 – BStBl 2008 II S. 231).***
– Bedient sich der Landwirt zur Erschließung des Baugeländes eines Dritten, der Geschäfte dieser Art eigengewerblich betreibt, ist ihm dessen Tätigkeit als eigene zuzurechnen. Aktivitäten eines Dritten sind dem Landwirt dagegen nicht zuzurechnen, wenn der Dritte die Erschließung und Vermarktung der Grundstücke aus eigener Initiative und auf eigenes Risiko durchführt und wenn sich die Mitwirkung des Landwirts im Wesentlichen darauf beschränkt, die gewerbliche Tätigkeit des Dritten zu ermöglichen (→ BFH vom 5. 11. 2007 – BStBl 2008 II S. 359).

III. Gewerblicher Grundstückshandel ohne Überschreitung der „Drei-Objekt-Grenze"

1. [1]Abweichend von den Grundsätzen der „Drei-Objekt-Grenze" kann auch der Verkauf von weniger als vier Objekten in zeitlicher Nähe zu ihrer Errichtung zu einer gewerblichen Tätigkeit führen (vgl. Beschluss des Großen Senats des BFH vom 10. Dezember 2001 – BStBl 2002 II S. 291, BFH-Urteile vom 13. August 2002 – BStBl II S. 811 und vom 18. September 2002 – BStBl 2003 II S. 238 und 286)[1]). [2]Dies gilt bei Wohnobjekten (Ein-, Zweifamilienhäuser, Eigentumswohnungen) insbesondere in folgenden Fällen: 28

- Das Grundstück mit einem darauf vom Veräußerer zu errichtenden Gebäude wird bereits vor seiner Bebauung verkauft. Als Verkauf vor Bebauung ist ein Verkauf bis zur Fertigstellung des Gebäudes anzusehen.
- Das Grundstück wird von vornherein auf Rechnung und nach Wünschen des Erwerbers bebaut.
- Das Bauunternehmen des das Grundstück bebauenden Steuerpflichtigen erbringt erhebliche Leistungen für den Bau, die nicht wie unter fremden Dritten abgerechnet werden[2]).
- Das Bauvorhaben wird nur kurzfristig finanziert.
- Der Steuerpflichtige beauftragt bereits während der Bauzeit einen Makler mit dem Verkauf des Objekts.
- Vor Fertigstellung wird ein Vorvertrag mit dem künftigen Erwerber geschlossen.
- Der Steuerpflichtige übernimmt über den bei Privatverkäufen üblichen Bereich hinaus Gewährleistungspflichten.
- Unmittelbar nach dem Erwerb des Grundstücks wird mit der Bebauung begonnen und das Grundstück wird unmittelbar nach Abschluss der Bauarbeiten veräußert.

2. [3])[1]Bei Verkauf von errichteten Großobjekten (z. B. Mehrfamilienhäuser, Büro-, Hotel-, Fabrik- oder Lagergrundstücke) kann auch außerhalb der o. g. Ausnahmefälle ein gewerblicher Grundstückshandel bei Veräußerung von weniger als vier Objekten vorliegen (vgl. BFH-Urteile vom 24. Januar 1996 – BStBl II S. 303 und 14. Januar 1998 – BStBl II S. 346). [2]Dies setzt voraus, dass besondere Umstände gegeben sind, z. B. wenn die Tätigkeit des Steuerpflichtigen nach ihrem wirtschaftlichen Kern der Tätigkeit eines Bauträgers entspricht. 29

IV. Kein gewerblicher Grundstückshandel bei Überschreitung der „Drei-Objekt-Grenze"

[1]Trotz des Überschreitens der „Drei-Objekt-Grenze" ist ein gewerblicher Grundstückshandel ausnahmsweise nicht anzunehmen, wenn auf Grund besonderer vom Steuerpflichtigen darzulegender Umstände eindeutige Anhaltspunkte gegen eine von Anfang an bestehende Veräußerungsabsicht sprechen. [2]Als Umstand, der gegen eine bereits im Zeitpunkt der Anschaffung oder Errichtung des Objekts bestehende Veräußerungsabsicht spricht, kann eine vom Veräußerer selbst vorgenommene langfristige – über fünf Jahre hinausgehende – Vermietung eines Wohnobjektes angesehen werden. [3]Die konkreten Anlässe und Beweggründe für die Veräußerungen (z. B. plötzliche Erkrankung, Finanzierungsschwierigkeiten, schlechte Vermietbarkeit, Scheidung, nachträgliche Entdeckung von Baumängeln, unvorhergesehene Notlagen) sind im Regelfall jedoch nicht geeignet, die auf Grund des zeitlichen Abstands der maßgebenden Tätigkeiten vermutete (bedingte) Veräußerungsabsicht im Zeitpunkt der Anschaffung oder Errichtung auszuschließen (vgl. BFH-Urteil vom 20. Februar 2003 – BStBl II S. 510). 30

V. Beginn, Umfang und Beendigung des gewerblichen Grundstückshandels, Gewinnermittlung

1. Beginn

[1]Als Beginn des gewerblichen Grundstückshandels ist regelmäßig der Zeitpunkt anzusehen, in dem der Steuerpflichtige mit Tätigkeiten beginnt, die objektiv erkennbar auf die Vorbereitung der Grundstücksgeschäfte gerichtet sind (vgl. BFH-Urteile vom 9. Februar 1983 – BStBl II S. 451, vom 23. Oktober 1987 – BStBl 1988 II S. 293 und vom 21. Juni 2001 – BStBl 2002 II S. 537). [2]Dabei sind folgende Fallgruppen zu unterscheiden: 31

1) → auch BFH vom 1. 12. 2005 (BStBl 2006 II S 259) zur Veräußerung einer vom Veräußerer zu errichtenden Einkaufspassage an eine Schwesterpersonengesellschaft.

2) Eine Bebauung kann trotz der zwischenzeitlichen Veräußerung durch die ursprüngliche Vermietungsabsicht veranlasst sein, wenn zwischen der Beauftragung der Bauhandwerker und dem Beginn der Bauarbeiten ein Ereignis eintritt, das die ursprünglich vorhandene Vermietungsabsicht vereitelt und den Verkauf des Grundbesitzes notwendig macht (→BFH vom 28. 4. 2005 – BStBl II S. 606).

3) → auch BFH vom 1. 12. 2005 (BStBl 2006 II S 259) zur Veräußerung einer vom Veräußerer zu errichtenden Einkaufspassage an eine Schwesterpersonengesellschaft.

a) Bei Errichtung und Veräußerung in engem zeitlichen Zusammenhang (vgl. Tz. 20) beginnt der gewerbliche Grundstückshandel grundsätzlich mit der Stellung des Bauantrags, bei baugenehmigungsfreien Bauvorhaben mit der Einreichung der Bauunterlagen oder dem Beginn der Herstellung (vgl. R 42a Abs. 4 EStR[1]).

b) Bei Erwerb und Veräußerung in engem zeitlichen Zusammenhang (vgl. Tz. 22 und 23) beginnt der gewerbliche Grundstückshandel grundsätzlich im Zeitpunkt des Grundstückserwerbs.

c) Bei Modernisierung und Veräußerung in engem zeitlichem Zusammenhang (vgl. Tz. 24) beginnt der gewerbliche Grundstückshandel in dem Zeitpunkt, in dem mit den Modernisierungsmaßnahmen begonnen wird.

d) Bei Sanierung und Veräußerung in engem zeitlichen Zusammenhang (vgl. Tz. 25) beginnt der gewerbliche Grundstückshandel in dem Zeitpunkt, in dem mit den Sanierungsarbeiten begonnen wird.

2. Umfang[2])

32 [1]Der Umfang eines gewerblichen Grundstückshandels wird grundsätzlich durch den veräußerten Grundbesitz bestimmt. [2]Dabei ist auch die Vermutung des § 344 Abs. 1 HGB zu beachten, wonach die von einem Kaufmann vorgenommenen Rechtsgeschäfte im Zweifel als zum Betrieb seines Handelsgewerbes gehörig gelten. [3]Diese Zugehörigkeitsvermutung wird insbesondere bei branchengleichen Wirtschaftsgütern angenommen und rechtfertigt sich aus der Nähe der Tätigkeit zum gewerblichen Betrieb und der Schwierigkeit, einzelne Wirtschaftsgüter oder Geschäfte als Privatangelegenheit auszusondern.

[1]Im Übrigen hat die Prüfung des Umfangs der gewerblichen Tätigkeit eines bereits bestehenden gewerblichen Grundstückshandels – abgesehen davon, dass es auf die Anzahl der veräußerten Objekte im Sinne der „Drei-Objekt-Grenze" nicht mehr ankommt – nach den gleichen Kriterien wie denjenigen für die Abgrenzung zwischen gewerblichem Grundstückshandel und privater Vermögensverwaltung zu erfolgen (vgl. BFH-Urteil vom 12. Dezember 2002 – BStBl 2003 II S. 297). [2]Dabei sind Objektveräußerungen, die unter Tzn. 2 und 10 fallen – das sind die Fälle, in denen bebaute Grundstücke bis zum Verkauf während eines langen Zeitraums durch Vermietung (mindestens zehn Jahre) oder zu eigenen Wohnzwecken (i. d. R. mindestens fünf Jahre) genutzt worden sind – nicht mit einzubeziehen.

Werden die im Rahmen eines gewerblichen Grundstückshandels zu erfassenden Grundstücke zwischenzeitlich vermietet, bleiben diese Umlaufvermögen beim gewerblichen Grundstückshandel und dürfen dem zur Folge nicht abgeschrieben werden (vgl. BFH-Urteil vom 5. Dezember 2002 – BStBl 2003 II S. 291).

3. Gewinnermittlung

33 [1]Der Gewinn aus einem gewerblichen Grundstückshandel ist grundsätzlich durch Betriebsvermögensvergleich zu ermitteln. [2]Die Grundstücke stellen Umlaufvermögen dar (vgl. BFH-Urteil vom 18. September 2002 – BStBl 2003 II S. 133[3])). [3]Abschreibung und Sonderabschreibungen können daher nicht geltend gemacht werden.

[1]Eine Gewinnermittlung nach § 4 Abs. 3 EStG kommt für einen Grundstückshändler in Betracht, wenn dieser die Grenzen des § 141 AO nicht überschreitet und nicht nach § 140 AO i. V. m. § 238 HGB buchführungspflichtig ist. [2]Ein Grundstückshändler, dessen Betrieb nach Art oder Umfang keinen in einer kaufmännischen Weise eingerichteten Geschäftsbetrieb erfordert, betreibt kein Handelsgewerbe und ist kein Kaufmann i. S. d. HGB (§§ 1, 238 HGB); es sei denn, der Betrieb ist ins Handelsregister eingetragen (§ 2 HGB).

Das Wahlrecht zur Gewinnermittlung nach § 4 Abs. 3 EStG kann nur zu Beginn des Gewinnermittlungszeitraums durch schlüssiges Verhalten ausgeübt werden (vgl. BFH-Urteil vom 13. Oktober 1989 – BStBl 1990 II S. 287).

[1]Diese Wahlentscheidung setzt denknotwendig das Bewusstsein des Steuerpflichtigen zur Einkünfteerzielung voraus. [2]Ist der Steuerpflichtige davon ausgegangen, gar nicht gewerblich tätig und dem gemäß auch nicht verpflichtet gewesen zu sein, für Zwecke der Besteuerung einen Gewinn aus Gewerbebetrieb ermitteln und erklären zu müssen, ist eine Wahl zwischen den Gewinnermittlungsarten nicht denkbar (vgl. BFH-Urteil vom 8. März 1989 – BStBl II S. 714). [3]Der Gewinn ist in diesen Fällen durch Betriebsvermögensvergleich zu ermitteln.

1) Jetzt → R 7.2 Abs. 4 EStR.

2) → auch BFH vom 5. 5. 2004 (BStBl II S. 738).

3) Bestätigt durch BFH vom 14. 12. 2006 (→ BStBl 2007 II S. 777 IV R 3/05).

[1]Bei einem gewerblichen Grundstückshandel auf Grund der Überschreitung der „Drei-Objekt-Grenze" sind auch die Veräußerungen der ersten drei Objekte gewerblich. [2]Die entsprechenden Steuerbescheide sind ggf. nach § 173 Abs. 1 Nr. 1 AO zu ändern (vgl. BFH-Urteil vom 23. März 1983 – BStBl II S. 548). [3]In diesen Fällen bestehen keine Bedenken, den nachträglich zu ermittelnden Gewinn durch Abzug der fortgeführten Anschaffungs- oder Herstellungskosten oder des Einlagewerts und der Veräußerungskosten vom Veräußerungserlös zu berechnen. [4]Dies gilt entsprechend bei Gewinnermittlung durch Einnahmenüberschussrechnung nach § 4 Abs. 3 EStG.

4. Wertansatz

Die nach Tz. 32 dem gewerblichen Grundstückshandel zuzurechnenden Objekte sind in den Fällen des Erwerbs von Objekten für den gewerblichen Grundstückshandel mit den Anschaffungskosten, im Übrigen mit den Werten, die sich aus § 6 Abs. 1 Nr. 6 i. V. m. Nr. 5 EStG (Einlage in das Betriebsvermögen) ergeben, dem Betriebsvermögen zuzuordnen. 34

In Errichtungsfällen gilt für die Einlagewerte des Grund und Bodens Folgendes:

Die unbebauten Grundstücke sind mit den Werten anzusetzen, die sich zu Beginn des gewerblichen Grundstückshandels ergeben (vgl. Tz. 31).

In Modernisierungsfällen (Tz. 24) gilt Folgendes:

Die Wirtschaftsgüter „Grund und Boden" sowie „Gebäude" sind mit den Werten anzusetzen, die sich zum Beginn der Sanierungsarbeiten ergeben.

5. Beendigung

[1])[1]Die Gewinne aus den Grundstücksveräußerungen sind regelmäßig nicht begünstigte laufende Gewinne, auch wenn zugleich der Gewerbebetrieb aufgegeben wird (vgl. BFH-Urteile vom 29. September 1976 – BStBl 1977 II S. 71, vom 23. Juni 1977 – BStBl II S. 721 und vom 23. Januar 2003 – BStBl II S. 467)[2]). [2]Ein gewerblicher Grundstückshandel wird mit Verkauf des letzten Objekts oder durch die endgültige Einstellung der Verkaufstätigkeiten beendet. 35

VI. Anwendungszeitpunkt

[1]Dieses Schreiben tritt an die Stelle der BMF-Schreiben vom 20. Dezember 1990 (BStBl I S. 884), vom 9. Juli 2001 (BStBl I S. 512) und vom 19. Februar 2003 (BStBl I S. 171), welche hiermit aufgehoben werden. [2]Es ist auf alle noch offenen Fälle anzuwenden. [3]Die Regelungen der Tz. 28 sind, soweit sich hieraus nachteilige Folgen für den Steuerpflichtigen ergeben, erst auf Veräußerungen anzuwenden, die nach dem 31. Mai 2002 (Datum der Veröffentlichung des Beschlusses des Großen Senats des BFH vom 10. Dezember 2001) stattgefunden haben. [4]Die vor dem 1. Juni 2002 erfolgten Veräußerungen sind jedoch in jedem Fall als Zählobjekte i. S. d. „Drei-Objekt-Grenze" zu behandeln. [5]Veräußerungen vor dem 1. Juni 2002 sind somit für Veräußerungen nach dem 31. Mai 2002 in die Prüfung eines gewerblichen Grundstückshandels einzubeziehen. 36

Anlage

1) Entsprechendes gilt für die Veräußerung eines Mitunternehmeranteils jedenfalls dann, wenn zum Betriebsvermögen der Personengesellschaft nahezu ausschließlich Grundstücke des Umlaufvermögens gehören (>BFH vom 14. 12. 2006 – BStBl 2007 II S. 777 IV R 3/05).

2) Bestätigt durch BFH vom 5. 7. 2005 (BStBl 2006 II S. 160).

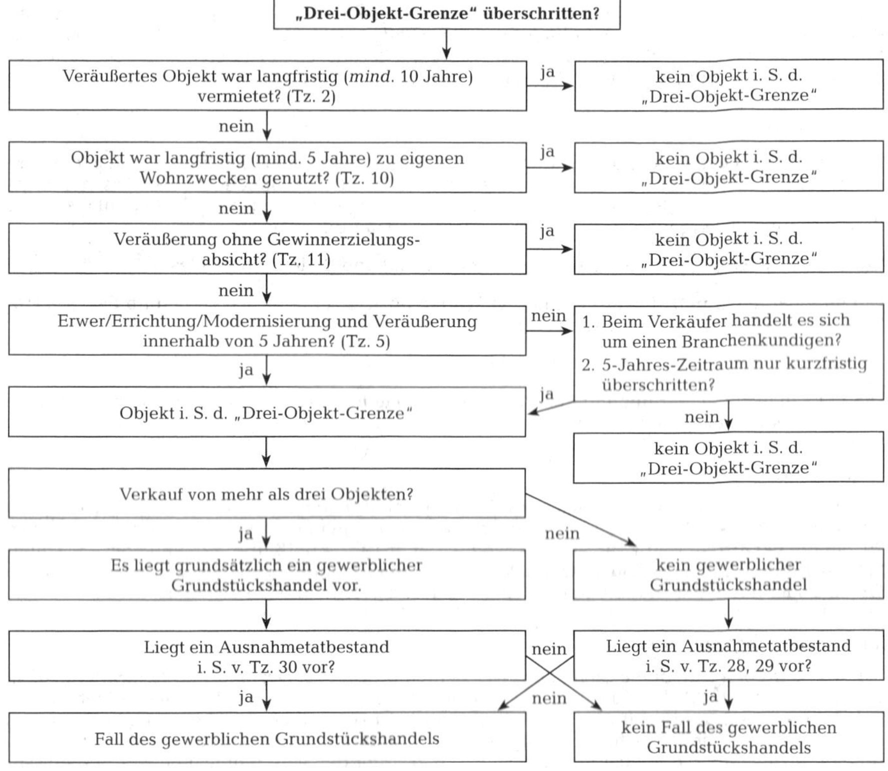
Vereinfachtes Prüfschema „Gewerblicher Grundstückshandel"
„Drei-Objekt-Grenze" überschritten?
Veräußertes Objekt war langfristig (mind. 10 Jahre) vermietet? (Tz. 2)
ja
kein Objekt i. S. d. „Drei-Objekt-Grenze"
nein
Objekt war langfristig (mind. 5 Jahre) zu eigenen Wohnzwecken genutzt? (Tz. 10)
ja
kein Objekt i. S. d. „Drei-Objekt-Grenze"
nein
Veräußerung ohne Gewinnerzielungsabsicht? (Tz. 11)
ja
kein Objekt i. S. d. „Drei-Objekt-Grenze"
nein
Erwer/Errichtung/Modernisierung und Veräußerung innerhalb von 5 Jahren? (Tz. 5)
nein
1. Beim Verkäufer handelt es sich um einen Branchenkundigen?
2. 5-Jahres-Zeitraum nur kurzfristig überschritten?
ja
ja
Objekt i. S. d. „Drei-Objekt-Grenze"
nein
kein Objekt i. S. d. „Drei-Objekt-Grenze"
Verkauf von mehr als drei Objekten?
ja
nein
Es liegt grundsätzlich ein gewerblicher Grundstückshandel vor.
kein gewerblicher Grundstückshandel
Liegt ein Ausnahmetatbestand i. S. v. Tz. 30 vor?
nein
Liegt ein Ausnahmetatbestand i. S. v. Tz. 28, 29 vor?
ja
nein
ja
Fall des gewerblichen Grundstückshandels
kein Fall des gewerblichen Grundstückshandels

Aufteilung von Werbungskosten bei Einkünften aus Kapitalvermögen, die teilweise dem Halbeinkünfteverfahren unterliegen (§ 3c Abs. 2 EStG)

BMF vom 12. 6. 2002 (BStBl I S. 647)
IV C 1 – S 2252 – 184/02

[1]Durch das Steuersenkungsgesetz vom 23. Oktober 2000 (BGBl. I S. 1433; BStBl I S. 1428) ist § 3c Abs. 2 in das Einkommensteuergesetz eingefügt worden. [2]Danach dürfen Werbungskosten, die in wirtschaftlichem Zusammenhang mit Einnahmen stehen, die nach § 3 Nr. 40 EStG zur Hälfte von der Einkommensteuer befreit sind, bei der Ermittlung der Einkünfte unabhängig davon, in welchem Veranlagungszeitraum die Einnahmen anfallen, nur zur Hälfte abgezogen werden.

Unter Bezugnahme auf das Ergebnis der Erörterung mit den obersten Finanzbehörden der Länder gilt für die Aufteilung von Werbungskosten bei Einkünften aus Kapitalvermögen, die teilweise dem Halbeinkünfteverfahren unterliegen, Folgendes:

[1]Entsprechend den bisherigen Rechtsgrundsätzen bei der Ermittlung der Einkünfte aus Kapitalvermögen ist unter Kapitalvermögen jede einzelne Kapitalanlage zu verstehen. Werbungskosten, die durch die einzelne Kapitalanlage veranlasst sind, sind der jeweiligen Kapitalanlage zuzuordnen. [2]Die Grundsätze für die Prüfung der Überschusserzielungsabsicht bleiben hiervon unberührt.

[1]Werbungskosten, die sich nicht unmittelbar zuordnen lassen (z. B. Depotgebühren, Kosten der Erträgnisaufstellung, Beratungsgebühren, Entgelte für Vermögensverwaltungsdienstleistungen), sind auf die Gruppe der Kapitalanlagen, deren Kapitalerträge dem Halbeinkünfteverfahren unterliegen, und auf die Gruppe der übrigen Kapitalanlagen aufzuteilen. Die Zuordnung zu diesen zwei Gruppen ist unabhängig davon vorzunehmen, ob außerdem nicht zu besteuernde Erträge erzielt werden.

Bei der Abgrenzung der Kapitalanlagegruppe, die zu Halbeinkünften führt, ist für den Übergangszeitraum darauf abzustellen, ob zum Stichtag der Gebührenberechnung Erlöse aus der Veräußerung der jeweiligen Wertpapiere dem Halbeinkünfteverfahren unterliegen (§ 52 Abs. 4a Nr. 2 EStG).

[1]Bei der Aufteilung der Werbungskosten ist in der Regel die vertraglich vereinbarte Gebührenregelung zugrunde zu legen. [2]Dies gilt sowohl für die Bemessungsgrundlage (z. B. bestandsorientierte Gebühr) als auch für die sich daraus ergebende Gebührenerhebung (z. B. stichtagsbezogen, unterjährig). [3]Ist eine einwandfreie Zurechnung der Werbungskosten nicht möglich, kann eine sachgerechte Aufteilung auch durch Schätzung erfolgen; als Maßstab ist grundsätzlich der Kurswert zum Abrechnungsstichtag zugrunde zu legen.

[1]Bei der Zuordnung von Anteilen an Investmentfonds, zu deren Fondsvermögen Kapitalanlagen gehören, die dem Halbeinkünfteverfahren unterliegen, ist zum jeweiligen Stichtag eine Aufteilung der vom Steuerpflichtigen gehaltenen Anteile entsprechend der Zusammensetzung des jeweiligen Fondsvermögens in die zwei Gruppen von Kapitalanlagearten vorzunehmen. [2]Ist dem Steuerpflichtigen die Zusammensetzung des Fondsvermögens nicht bekannt, erfolgt die Aufteilung auf die zwei Gruppen nach dem Verhältnis der voll zu besteuernden Erträge zu den Erträgen, die dem Halbeinkünfteverfahren unterliegen.

Beispiel:

Zum Stichtag 31. Dezember werden insgesamt 120 € (0,8 v. H. p. a. des Kurswertes des Depots von 15 000 €) für Kosten und Gebühren erhoben. Der Bestand des Depots setzt sich zusammen aus:

Festverzinslichen Anleihen (5 000 €),

Hochzinsanleihen (3 000 €),

Aktien (3 000 €)

Anteilscheinen an einem Wertpapierfonds (4 000 €)

In der Ausschüttung des Wertpapierfonds von 200 € im Veranlagungszeitraum sind steuerpflichtige Erträge in Höhe von 40 € enthalten (davon entfallen 15 € auf Erträge, die dem Halbeinkünfteverfahren unterliegen, und 25 € auf sonstige steuerpflichtige Erträge).

Gruppierung der Kapitalanlagen:

	Gruppe 1 (Halbeinkünfteverfahren)	Gruppe 2 (übrige)
Festverzinsliche Anleihen		5 000 €
Hochzinsanleihen		3 000 €
Wertpapierfonds	1 500 €	2 500 €
Bei den Anteilscheinen an dem Wertpapierfonds entfallen $\frac{15}{40}$ auf Kapitalanlagen, deren Erträge dem Halbeinkünfteverfahren unterliegen, und $\frac{25}{40}$ auf übrige Kapitalanlagen.		
Aktien	3 000 €	
	4 500 €	10 500 €

Aufteilung der Kosten und Gebühren

$\frac{4500\ € \text{ (Anteil, der auf Gruppe 1 entfällt)}}{15000\ € \text{ (Gesamtwert des Depots)}}$ = 3/10 von 120 € = 36 € entfallen auf Gruppe 1 und sind nur zur Hälfte, d. h. in Höhe von 18 € abziehbar. Also sind insgesamt 102 € (84 € voll und 36 € zur Hälfte) Werbungskosten abziehbar.

Lassen sich Werbungskosten nicht unmittelbar der einzelnen Kapitalanlage zuordnen, und betragen sie im Kalenderjahr nicht mehr als 500 € (für den Veranlagungszeitraum 2001: 1 000 DM), ist aus Vereinfachungsgründen einer nach dem vorgenannten Verfahren vorgenommenen Aufteilung des Steuerpflichtigen zu folgen; der Betrag von 500 € (bzw. 1 000 DM für den VZ 2001) erhöht sich bei Ehegatten, die nach § 26b EStG zusammen zur Einkommensteuer veranlagt werden, auf insgesamt 1 000 € (bzw. für den VZ 2001 auf 2 000 DM).

Handelsgesetzbuch

zuletzt geändert durch

Artikel 69 des Gesetzes zur Reform des Verfahrens in Familiensachen und in den Angelegenheiten der freiwilligen Gerichtsbarkeit (FGG-Reformgesetz – FGG-RG) vom 17. 12. 2008 (BGBl. I S. 2586)

– Auszug (§§ 238 bis 283) –

Drittes Buch. Handelsbücher

Erster Abschnitt. Vorschriften für alle Kaufleute

Erster Unterabschnitt. Buchführung. Inventar

§ 238 Buchführungspflicht

(1) [1]Jeder Kaufmann ist verpflichtet, Bücher zu führen und in diesen seine Handelsgeschäfte und die Lage seines Vermögens nach den Grundsätzen ordnungsmäßiger Buchführung ersichtlich zu machen. [2]Die Buchführung muß so beschaffen sein, daß sie einem sachverständigen Dritten innerhalb angemessener Zeit einen Überblick über die Geschäftsvorfälle und über die Lage des Unternehmens vermitteln kann. [3]Die Geschäftsvorfälle müssen sich in ihrer Entstehung und Abwicklung verfolgen lassen.

(2) Der Kaufmann ist verpflichtet, eine mit der Urschrift übereinstimmende Wiedergabe der abgesandten Handelsbriefe (Kopie, Abdruck, Abschrift oder sonstige Wiedergabe des Wortlauts auf einem Schrift-, Bild- oder anderen Datenträger) zurückzubehalten.

§ 239 Führung der Handelsbücher

(1) [1]Bei der Führung der Handelsbücher und bei den sonst erforderlichen Aufzeichnungen hat sich der Kaufmann einer lebenden Sprache zu bedienen. [2]Werden Abkürzungen, Ziffern, Buchstaben oder Symbole verwendet, muß im Einzelfall deren Bedeutung eindeutig festliegen.

(2) Die Eintragungen in Büchern und die sonst erforderlichen Aufzeichnungen müssen vollständig, richtig, zeitgerecht und geordnet vorgenommen werden.

(3) [1]Eine Eintragung oder eine Aufzeichnung darf nicht in einer Weise verändert werden, daß der ursprüngliche Inhalt nicht mehr feststellbar ist. [2]Auch solche Veränderungen dürfen nicht vorgenommen werden, deren Beschaffenheit es ungewiß läßt, ob sie ursprünglich oder erst später gemacht worden sind.

(4) [1]Die Handelsbücher und die sonst erforderlichen Aufzeichnungen können auch in der geordneten Ablage von Belegen bestehen oder auf Datenträgern geführt werden, soweit diese Formen der Buchführung einschließlich des dabei angewandten Verfahrens den Grundsätzen ordnungsmäßiger Buchführung entsprechen. [2]Bei der Führung der Handelsbücher und der sonst erforderlichen Aufzeichnungen auf Datenträgern muß insbesondere sichergestellt sein, daß die Daten während der Dauer der Aufbewahrungsfrist verfügbar sind und jederzeit innerhalb angemessener Frist lesbar gemacht werden können. [3]Absätze 1 bis 3 gelten sinngemäß.

§ 240 Inventar

(1) Jeder Kaufmann hat zu Beginn seines Handelsgewerbes seine Grundstücke, seine Forderungen und Schulden, den Betrag seines baren Geldes sowie seine sonstigen Vermögensgegenstände genau zu verzeichnen und dabei den Wert der einzelnen Vermögensgegenstände und Schulden anzugeben.

(2) [1]Er hat demnächst für den Schluß eines jeden Geschäftsjahrs ein solches Inventar aufzustellen. [2]Die Dauer des Geschäftsjahrs darf zwölf Monate nicht überschreiten. [3]Die Aufstellung des Inventars ist innerhalb der einem ordnungsmäßigen Geschäftsgang entsprechenden Zeit zu bewirken.

(3) [1]Vermögensgegenstände des Sachanlagevermögens sowie Roh-, Hilfs- und Betriebsstoffe können, wenn sie regelmäßig ersetzt werden und ihr Gesamtwert für das Unternehmen von nachrangiger Bedeutung ist, mit einer gleichbleibenden Menge und einem gleichbleibenden Wert angesetzt werden, sofern ihr Bestand in seiner Größe, seinem Wert und seiner Zusammensetzung nur geringen Veränderungen unterliegt. [2]Jedoch ist in der Regel alle drei Jahre eine körperliche Bestandsaufnahme durchzuführen.

(4) Gleichartige Vermögensgegenstände des Vorratsvermögens sowie andere gleichartige oder annähernd gleichwertige bewegliche Vermögensgegenstände und Schulden können jeweils zu einer Gruppe zusammengefaßt und mit dem gewogenen Durchschnittswert angesetzt werden.

§ 241 Inventurvereinfachungsverfahren

(1) [1]Bei der Aufstellung des Inventars darf der Bestand der Vermögensgegenstände nach Art, Menge und Wert auch mit Hilfe anerkannter mathematisch-statistischer Methoden auf Grund von Stichproben ermittelt werden. [2]Das Verfahren muß den Grundsätzen ordnungsmäßiger Buchführung entsprechen. [3]Der Aussagewert des auf diese Weise aufgestellten Inventars muß dem Aussagewert eines auf Grund einer körperlichen Bestandsaufnahme aufgestellten Inventars gleichkommen.

(2) Bei der Aufstellung des Inventars für den Schluß eines Geschäftsjahrs bedarf es einer körperlichen Bestandsaufnahme der Vermögensgegenstände für diesen Zeitpunkt nicht, soweit durch Anwendung eines den Grundsätzen ordnungsmäßiger Buchführung entsprechenden anderen Verfahrens gesichert ist, daß der Bestand der Vermögensgegenstände nach Art, Menge und Wert auch ohne die körperliche Bestandsaufnahme für diesen Zeitpunkt festgestellt werden kann.

(3) In dem Inventar für den Schluß eines Geschäftsjahrs brauchen Vermögensgegenstände nicht verzeichnet zu werden, wenn

1. der Kaufmann ihren Bestand auf Grund einer körperlichen Bestandsaufnahme oder auf Grund eines nach Absatz 2 zulässigen anderen Verfahrens nach Art, Menge und Wert in einem besonderen Inventar verzeichnet hat, das für einen Tag innerhalb der letzten drei Monate vor oder der ersten beiden Monate nach dem Schluß des Geschäftsjahrs aufgestellt ist, und
2. auf Grund des besonderen Inventars durch Anwendung eines den Grundsätzen ordnungsmäßiger Buchführung entsprechenden Fortschreibungs- oder Rückrechnungsverfahrens gesichert ist, daß der am Schluß des Geschäftsjahrs vorhandene Bestand der Vermögensgegenstände für diesen Zeitpunkt ordnungsgemäß bewertet werden kann.

Zweiter Unterabschnitt. Eröffnungsbilanz. Jahresabschluß

Erster Titel. Allgemeine Vorschriften

§ 242 Pflicht zur Aufstellung

(1) [1]Der Kaufmann hat zu Beginn seines Handelsgewerbes und für den Schluß eines jeden Geschäftsjahrs einen das Verhältnis seines Vermögens und seiner Schulden darstellenden Abschluß (Eröffnungsbilanz, Bilanz) aufzustellen. [2]Auf die Eröffnungsbilanz sind die für den Jahresabschluß geltenden Vorschriften entsprechend anzuwenden, soweit sie sich auf die Bilanz beziehen.

(2) Er hat für den Schluß eines jeden Geschäftsjahrs eine Gegenüberstellung der Aufwendungen und Erträge des Geschäftsjahrs (Gewinn- und Verlustrechnung) aufzustellen.

(3) Die Bilanz und die Gewinn- und Verlustrechnung bilden den Jahresabschluß.

§ 243 Aufstellungsgrundsatz

(1) Der Jahresabschluß ist nach den Grundsätzen ordnungsmäßiger Buchführung aufzustellen.

(2) Er muß klar und übersichtlich sein.

(3) Der Jahresabschluß ist innerhalb der einem ordnungsmäßigen Geschäftsgang entsprechenden Zeit aufzustellen.

§ 244 Sprache. Währungseinheit

Der Jahresabschluß ist in deutscher Sprache und in Euro aufzustellen.

§ 245 Unterzeichnung

[1]Der Jahresabschluß ist vom Kaufmann unter Angabe des Datums zu unterzeichnen. [2]Sind mehrere persönlich haftende Gesellschafter vorhanden, so haben sie alle zu unterzeichnen.

Zweiter Titel. Ansatzvorschriften

§ 246 Vollständigkeit. Verrechnungsverbot

(1) [1]Der Jahresabschluß hat sämtliche Vermögensgegenstände, Schulden, Rechnungsabgrenzungsposten, Aufwendungen und Erträge zu enthalten, soweit gesetzlich nichts anderes bestimmt ist. [2]Vermögensgegenstände, die unter Eigentumsvorbehalt erworben oder an Dritte für eigene oder fremde Verbindlichkeiten verpfändet oder in anderer Weise als Sicherheit übertragen worden sind, sind in die Bilanz des Sicherungsgebers aufzunehmen. [3]In die Bilanz des Sicherungsnehmers sind sie nur aufzunehmen, wenn es sich um Bareinlagen handelt.

(2) Posten der Aktivseite dürfen nicht mit Posten der Passivseite, Aufwendungen nicht mit Erträgen, Grundstücksrechte nicht mit Grundstückslasten verrechnet werden.

§ 247 Inhalt der Bilanz

(1) In der Bilanz sind das Anlage- und das Umlaufvermögen, das Eigenkapital, die Schulden sowie die Rechnungsabgrenzungsposten gesondert auszuweisen und hinreichend aufzugliedern.

(2) Beim Anlagevermögen sind nur die Gegenstände auszuweisen, die bestimmt sind, dauernd dem Geschäftsbetrieb zu dienen.

(3) [1]Passivposten, die für Zwecke der Steuern vom Einkommen und vom Ertrag zulässig sind, dürfen in der Bilanz gebildet werden. [2]Sie sind als Sonderposten mit Rücklageanteil auszuweisen und nach Maßgabe des Steuerrechts aufzulösen. [3]Einer Rückstellung bedarf es insoweit nicht.

§ 248 Bilanzierungsverbote

(1) Aufwendungen für die Gründung des Unternehmens und für die Beschaffung des Eigenkapitals dürfen in die Bilanz nicht als Aktivposten aufgenommen werden.

(2) Für immaterielle Vermögensgegenstände des Anlagevermögens, die nicht entgeltlich erworben wurden, darf ein Aktivposten nicht angesetzt werden.

(3) Aufwendungen für den Abschluß von Versicherungsverträgen dürfen nicht aktiviert werden.

§ 249 Rückstellungen

(1) [1]Rückstellungen sind für ungewisse Verbindlichkeiten und für drohende Verluste aus schwebenden Geschäften zu bilden. [2]Ferner sind Rückstellungen zu bilden für

1. im Geschäftsjahr unterlassene Aufwendungen für Instandhaltung, die im folgenden Geschäftsjahr innerhalb von drei Monaten, oder für Abraumbeseitigung, die im folgenden Geschäftsjahr nachgeholt werden,
2. Gewährleistungen, die ohne rechtliche Verpflichtung erbracht werden.

[3]Rückstellungen dürfen für unterlassene Aufwendungen für Instandhaltung auch gebildet werden, wenn die Instandhaltung nach Ablauf der Frist nach Satz 2 Nr. 1 innerhalb des Geschäftsjahrs nachgeholt wird.

(2) Rückstellungen dürfen außerdem für ihrer Eigenart nach genau umschriebene, dem Geschäftsjahr oder einem früheren Geschäftsjahr zuzuordnende Aufwendungen gebildet werden, die am Abschlußstichtag wahrscheinlich oder sicher, aber hinsichtlich ihrer Höhe oder des Zeitpunkts ihres Eintritts unbestimmt sind.

(3) [1]Für andere als die in den Absätzen 1 und 2 bezeichneten Zwecke dürfen Rückstellungen nicht gebildet werden. [2]Rückstellungen dürfen nur aufgelöst werden, soweit der Grund hierfür entfallen ist.

§ 250 Rechnungsabgrenzungsposten

(1) [1]Als Rechnungsabgrenzungsposten sind auf der Aktivseite Ausgaben vor dem Abschlußstichtag auszuweisen, soweit sie Aufwand für eine bestimmte Zeit nach diesem Tag darstellen. [2]Ferner dürfen ausgewiesen werden

1. als Aufwand berücksichtigte Zölle und Verbrauchsteuern, soweit sie auf am Abschlußstichtag auszuweisende Vermögensgegenstände des Vorratsvermögens entfallen,
2. als Aufwand berücksichtigte Umsatzsteuer auf am Abschlußstichtag auszuweisende oder von den Vorräten offen abgesetzte Anzahlungen.

(2) Auf der Passivseite sind als Rechnungsabgrenzungsposten Einnahmen vor dem Abschlußstichtag auszuweisen, soweit sie Ertrag für eine bestimmte Zeit nach diesem Tag darstellen.

(3) [1]Ist der Rückzahlungsbetrag einer Verbindlichkeit höher als der Ausgabebetrag, so darf der Unterschiedsbetrag in den Rechnungsabgrenzungsposten auf der Aktivseite aufgenommen werden. [2]Der Unterschiedsbetrag ist durch planmäßige jährliche Abschreibungen zu tilgen, die auf die gesamte Laufzeit der Verbindlichkeit verteilt werden können.

§ 251 Haftungsverhältnisse

[1]Unter der Bilanz sind, sofern sie nicht auf der Passivseite auszuweisen sind, Verbindlichkeiten aus der Begebung und Übertragung von Wechseln, aus Bürgschaften, Wechsel- und Scheckbürgschaften und aus Gewährleistungsverträgen sowie Haftungsverhältnisse aus der Bestellung von Sicherheiten für fremde Verbindlichkeiten zu vermerken; sie dürfen in einem Betrag angegeben werden. [2]Haftungsverhältnisse sind auch anzugeben, wenn ihnen gleichwertige Rückgriffsforderungen gegenüberstehen.

Dritter Titel. Bewertungsvorschriften

§ 252 Allgemeine Bewertungsgrundsätze

(1) Bei der Bewertung der im Jahresabschluß ausgewiesenen Vermögensgegenstände und Schulden gilt insbesondere folgendes:

1. Die Wertansätze in der Eröffnungsbilanz des Geschäftsjahrs müssen mit denen der Schlußbilanz des vorhergehenden Geschäftsjahrs übereinstimmen.
2. Bei der Bewertung ist von der Fortführung der Unternehmenstätigkeit auszugehen, sofern dem nicht tatsächliche oder rechtliche Gegebenheiten entgegenstehen.
3. Die Vermögensgegenstände und Schulden sind zum Abschlußstichtag einzeln zu bewerten.
4. Es ist vorsichtig zu bewerten, namentlich sind alle vorhersehbaren Risiken und Verluste, die bis zum Abschlußstichtag entstanden sind, zu berücksichtigen, selbst wenn diese erst zwischen dem Abschlußstichtag und dem Tag der Aufstellung des Jahresabschlusses bekanntgeworden sind; Gewinne sind nur zu berücksichtigen, wenn sie am Abschlußstichtag realisiert sind.
5. Aufwendungen und Erträge des Geschäftsjahrs sind unabhängig von den Zeitpunkten der entsprechenden Zahlungen im Jahresabschluß zu berücksichtigen.
6. Die auf den vorhergehenden Jahresabschluß angewandten Bewertungsmethoden sollen beibehalten werden.

(2) Von den Grundsätzen des Absatzes 1 darf nur in begründeten Ausnahmefällen abgewichen werden.

§ 253 Wertansätze der Vermögensgegenstände und Schulden

(1) [1]Vermögensgegenstände sind höchstens mit den Anschaffungs- oder Herstellungskosten, vermindert um Abschreibungen nach den Absätzen 2 und 3 anzusetzen. [2]Verbindlichkeiten sind zu ihrem Rückzahlungsbetrag, Rentenverpflichtungen, für die eine Gegenleistung nicht mehr zu erwarten ist, zu ihrem Barwert und Rückstellungen nur in Höhe des Betrags anzusetzen, der nach vernünftiger kaufmännischer Beurteilung notwendig ist; Rückstellungen dürfen nur abgezinst werden, soweit die ihnen zugrunde liegenden Verbindlichkeiten einen Zinsanteil enthalten.

(2) [1]Bei Vermögensgegenständen des Anlagevermögens, deren Nutzung zeitlich begrenzt ist, sind die Anschaffungs- oder Herstellungskosten um planmäßige Abschreibungen zu vermindern. [2]Der Plan muß die Anschaffungs- oder Herstellungskosten auf die Geschäftsjahre verteilen, in denen der Vermögensgegenstand voraussichtlich genutzt werden kann. [3]Ohne Rücksicht darauf, ob ihre Nutzung zeitlich begrenzt ist, können bei Vermögensgegenständen des Anlagevermögens außerplanmäßige Abschreibungen vorgenommen werden, um die Vermögensgegenstände mit dem niedrigeren Wert anzusetzen, der ihnen am Abschlußstichtag beizulegen ist; sie sind vorzunehmen bei einer voraussichtlich dauernden Wertminderung.

(3) [1]Bei Vermögensgegenständen des Umlaufvermögens sind Abschreibungen vorzunehmen, um diese mit einem niedrigeren Wert anzusetzen, der sich aus einem Börsen- oder Marktpreis am Abschlußstichtag ergibt. [2]Ist ein Börsen- oder Marktpreis nicht festzustellen und übersteigen die Anschaffungs- oder Herstellungskosten den Wert, der den Vermögensgegenständen am Abschlußstichtag beizulegen ist, so ist auf diesen Wert abzuschreiben. [3]Außerdem dürfen Abschreibungen vorgenommen werden, soweit diese nach vernünftiger kaufmännischer Beurtei-

lung notwendig sind, um zu verhindern, daß in der nächsten Zukunft der Wertansatz dieser Vermögensgegenstände auf Grund von Wertschwankungen geändert werden muß.

(4) Abschreibungen sind außerdem im Rahmen vernünftiger kaufmännischer Beurteilung zulässig.

(5) Ein niedrigerer Wertansatz nach Absatz 2 Satz 3, Absatz 3 oder 4 darf beibehalten werden, auch wenn die Gründe dafür nicht mehr bestehen.

§ 254 Steuerrechtliche Abschreibungen

[1]Abschreibungen können auch vorgenommen werden, um Vermögensgegenstände des Anlage- oder Umlaufvermögens mit dem niedrigeren Wert anzusetzen, der auf einer nur steuerrechtlich zulässigen Abschreibung beruht. [2]§ 253 Abs. 5 ist entsprechend anzuwenden.

§ 255 Anschaffungs- und Herstellungskosten

(1) [1]Anschaffungskosten sind die Aufwendungen, die geleistet werden, um einen Vermögensgegenstand zu erwerben und ihn in einen betriebsbereiten Zustand zu versetzen, soweit sie dem Vermögensgegenstand einzeln zugeordnet werden können. [2]Zu den Anschaffungskosten gehören auch die Nebenkosten sowie die nachträglichen Anschaffungskosten. [3]Anschaffungspreisminderungen sind abzusetzen.

(2) [1]Herstellungskosten sind die Aufwendungen, die durch den Verbrauch von Gütern und die Inanspruchnahme von Diensten für die Herstellung eines Vermögensgegenstands, seine Erweiterung oder für eine über seinen ursprünglichen Zustand hinausgehende wesentliche Verbesserung entstehen. [2]Dazu gehören die Materialkosten, die Fertigungskosten und die Sonderkosten der Fertigung. [3]Bei der Berechnung der Herstellungskosten dürfen auch angemessene Teile der notwendigen Materialgemeinkosten, der notwendigen Fertigungsgemeinkosten und des Wertverzehrs des Anlagevermögens, soweit er durch die Fertigung veranlaßt ist, eingerechnet werden. [4]Kosten der allgemeinen Verwaltung sowie Aufwendungen für soziale Einrichtungen des Betriebs, für freiwillige soziale Leistungen und für betriebliche Altersversorgung brauchen nicht eingerechnet zu werden. [5]Aufwendungen im Sinne der Sätze 3 und 4 dürfen nur insoweit berücksichtigt werden, als sie auf den Zeitraum der Herstellung entfallen. [6]Vertriebskosten dürfen nicht in die Herstellungskosten einbezogen werden.

(3) [1]Zinsen für Fremdkapital gehören nicht zu den Herstellungskosten. [2]Zinsen für Fremdkapital, das zur Finanzierung der Herstellung eines Vermögensgegenstands verwendet wird, dürfen angesetzt werden, soweit sie auf den Zeitraum der Herstellung entfallen; in diesem Falle gelten sie als Herstellungskosten des Vermögensgegenstands.

(4) [1]Als Geschäfts- oder Firmenwert darf der Unterschiedsbetrag angesetzt werden, um den die für die Übernahme eines Unternehmens bewirkte Gegenleistung den Wert der einzelnen Vermögensgegenstände des Unternehmens abzüglich der Schulden im Zeitpunkt der Übernahme übersteigt. [2]Der Betrag ist in jedem folgenden Geschäftsjahr zu mindestens einem Viertel durch Abschreibungen zu tilgen. [3]Die Abschreibung des Geschäfts- oder Firmenwerts kann aber auch planmäßig auf die Geschäftsjahre verteilt werden, in denen er voraussichtlich genutzt wird.

§ 256 Bewertungsvereinfachungsverfahren

[1]Soweit es den Grundsätzen ordnungsmäßiger Buchführung entspricht, kann für den Wertansatz gleichartiger Vermögensgegenstände des Vorratsvermögens unterstellt werden, daß die zuerst oder daß die zuletzt angeschafften oder hergestellten Vermögensgegenstände zuerst oder in einer sonstigen bestimmten Folge verbraucht oder veräußert worden sind. [2]§ 240 Abs. 3 und 4 ist auch auf den Jahresabschluß anwendbar.

Dritter Unterabschnitt. Aufbewahrung und Vorlage

§ 257 Aufbewahrung von Unterlagen – Aufbewahrungsfristen

(1) Jeder Kaufmann ist verpflichtet, die folgenden Unterlagen geordnet aufzubewahren:

1. Handelsbücher, Inventare, Eröffnungsbilanzen, Jahresabschlüsse, Einzelabschlüsse nach § 352 Abs. 2a, Lageberichte, Konzernabschlüsse, Konzernlageberichte sowie die zu ihrem Verständnis erforderlichen Arbeitsanweisungen und sonstigen Organisationsunterlagen,
2. die empfangenen Handelsbriefe,
3. Wiedergabe der abgesandten Handelsbriefe,

4. Belege für Buchungen in den von ihm nach § 238 Abs. 1 zu führenden Büchern (Buchungsbelege).

(2) Handelsbriefe sind nur Schriftstücke, die ein Handelsgeschäft betreffen.

(3) [1]Mit Ausnahme der Eröffnungsbilanzen und Abschlüsse können die in Absatz 1 aufgeführten Unterlagen auch als Wiedergabe auf einem Bildträger oder auf anderen Datenträgern aufbewahrt werden, wenn dies den Grundsätzen ordnungsmäßiger Buchführung entspricht und sichergestellt ist, daß die Wiedergabe oder die Daten

1. mit den empfangenen Handelsbriefen und den Buchungsbelegen bildlich und mit den anderen Unterlagen inhaltlich übereinstimmen, wenn sie lesbar gemacht werden,
2. während der Dauer der Aufbewahrungsfrist verfügbar sind und jederzeit innerhalb angemessener Frist lesbar gemacht werden können.

[2]Sind Unterlagen auf Grund des § 239 Abs. 4 Satz 1 auf Datenträgern hergestellt worden, können statt des Datenträgers die Daten auch ausgedruckt aufbewahrt werden; die ausgedruckten Unterlagen können auch nach Satz 1 aufbewahrt werden.

(4) Die in Absatz 1 Nr. 1 und 4 aufgeführten Unterlagen sind zehn Jahre, die sonstigen in Absatz 1 aufgeführten Unterlagen sechs Jahre aufzubewahren.

(5) Die Aufbewahrungsfrist beginnt mit dem Schluß des Kalenderjahrs, in dem die letzte Eintragung in das Handelsbuch gemacht, das Inventar aufgestellt, die Eröffnungsbilanz oder der Jahresabschluß festgestellt, der Einzelabschluss nach § 325 Abs. 2a oder der Konzernabschluß aufgestellt, der Handelsbrief empfangen oder abgesandt worden oder der Buchungsbeleg entstanden ist.

§ 258 Vorlegung im Rechtsstreit

(1) Im Laufe eines Rechtsstreits kann das Gericht auf Antrag oder von Amts wegen die Vorlegung der Handelsbücher einer Partei anordnen.

(2) Die Vorschriften der Zivilprozeßordnung über die Verpflichtung des Prozeßgegners zur Vorlegung von Urkunden bleiben unberührt.

§ 259 Auszug bei Vorlegung im Rechtsstreit

[1]Werden in einem Rechtsstreit Handelsbücher vorgelegt, so ist von ihrem Inhalt, soweit er den Streitpunkt betrifft, unter Zuziehung der Parteien Einsicht zu nehmen und geeignetenfalls ein Auszug zu fertigen. [2]Der übrige Inhalt der Bücher ist dem Gericht insoweit offenzulegen, als es zur Prüfung ihrer ordnungsmäßigen Führung notwendig ist.

§ 260 Vorlegung bei Auseinandersetzungen

Bei Vermögensauseinandersetzungen, insbesondere in Erbschafts-, Gütergemeinschafts- und Gesellschaftsteilungssachen, kann das Gericht die Vorlegung der Handelsbücher zur Kenntnisnahme von ihrem ganzen Inhalt anordnen.

§ 261 Vorlegung von Unterlagen auf Bild- oder Datenträgern

Wer aufzubewahrende Unterlagen nur in der Form einer Wiedergabe auf einem Bildträger oder auf anderen Datenträgern vorlegen kann, ist verpflichtet, auf seine Kosten diejenigen Hilfsmittel zur Verfügung zu stellen, die erforderlich sind, um die Unterlagen lesbar zu machen; soweit erforderlich, hat er die Unterlagen auf seine Kosten auszudrucken oder ohne Hilfsmittel lesbare Reproduktionen beizubringen.

Vierter Unterabschnitt. Sollkaufleute. Landesrecht

§ 262

(weggefallen)

§ 263 Vorbehalt landesrechtlicher Vorschriften

Unberührt bleiben bei Unternehmen ohne eigene Rechtspersönlichkeit einer Gemeinde, eines Gemeindeverbands oder eines Zweckverbands landesrechtliche Vorschriften, die von den Vorschriften dieses Abschnitts abweichen.

Zweiter Abschnitt. Ergänzende Vorschriften für Kapitalgesellschaften (Aktiengesellschaften, Kommanditgesellschaften auf Aktien und Gesellschaften mit beschränkter Haftung)

Erster Unterabschnitt. Jahresabschluß der Kapitalgesellschaft und Lagebericht

Erster Titel. Allgemeine Vorschriften

. . .

Zweiter Titel. Bilanz

§ 266 Gliederung der Bilanz

(1) [1]Die Bilanz ist in Kontoform aufzustellen. [2]Dabei haben große und mittelgroße Kapitalgesellschaften (§ 267 Abs. 3, 2) auf der Aktivseite die in Absatz 2 und auf der Passivseite die in Absatz 3 bezeichneten Posten gesondert und in der vorgeschriebenen Reihenfolge auszuweisen. [3]Kleine Kapitalgesellschaften (§ 267 Abs. 1) brauchen nur eine verkürzte Bilanz aufzustellen, in die nur die in den Absätzen 2 und 3 mit Buchstaben und römischen Zahlen bezeichneten Posten gesondert und in der vorgeschriebenen Reihenfolge aufgenommen werden.

(2) Aktivseite

A. Anlagevermögen

I. Immaterielle Vermögensgegenstände:
   1. Konzessionen, gewerbliche Schutzrechte und ähnliche Rechte und Werte sowie Lizenzen an solchen Rechten und Werten;
   2. Geschäfts- oder Firmenwert;
   3. geleistete Anzahlungen;

II. Sachanlagen:
   1. Grundstücke, grundstücksgleiche Rechte und Bauten einschließlich der Bauten auf fremden Grundstücken;
   2. technische Anlagen und Maschinen;
   3. andere Anlagen, Betriebs- und Geschäftsausstattung;
   4. geleistete Anzahlungen und Anlagen im Bau;

III. Finanzanlagen:
   1. Anteile an verbundenen Unternehmen;
   2. Ausleihungen an verbundene Unternehmen;
   3. Beteiligungen;
   4. Ausleihungen an Unternehmen, mit denen ein Beteiligungsverhältnis besteht;
   5. Wertpapiere des Anlagevermögens;
   6. sonstige Ausleihungen.

B. Umlaufvermögen:

I. Vorräte:
   1. Roh-, Hilfs- und Betriebsstoffe;
   2. unfertige Erzeugnisse, unfertige Leistungen;
   3. fertige Erzeugnisse und Waren;
   4. geleistete Anzahlungen;

II. Forderungen und sonstige Vermögensgegenstände:
   1. Forderungen aus Lieferungen und Leistungen;
   2. Forderungen gegen verbundene Unternehmen;
   3. Forderungen gegen Unternehmen, mit denen ein Beteiligungsverhältnis besteht;
   4. sonstige Vermögensgegenstände;

III. Wertpapiere:
   1. Anteile an verbundenen Unternehmen;
   2. eigene Anteile;
   3. sonstige Wertpapiere;

IV. Schecks, Kassenbestand, Bundesbank- und Postgiroguthaben, Guthaben bei Kreditinstituten.

C. Rechnungsabgrenzungsposten.

(3) Passivseite

A. Eigenkapital:

I. Gezeichnetes Kapital;

II. Kapitalrücklage;

III. Gewinnrücklagen:

1. gesetzliche Rücklage;
2. Rücklage für eigene Anteile;
3. satzungsmäßige Rücklagen;
4. andere Gewinnrücklagen;

IV. Gewinnvortrag/Verlustvortrag;

V. Jahresüberschuß/Jahresfehlbetrag.

B. Rückstellungen:

1. Rückstellungen für Pensionen und ähnliche Verpflichtungen;
2. Steuerrückstellungen;
3. sonstige Rückstellungen.

C. Verbindlichkeiten:

1. Anleihen,
davon konvertibel;
2. Verbindlichkeiten gegenüber Kreditinstituten;
3. erhaltene Anzahlungen auf Bestellungen;
4. Verbindlichkeiten aus Lieferungen und Leistungen;
5. Verbindlichkeiten aus der Annahme gezogener Wechsel und der Ausstellung eigener Wechsel;
6. Verbindlichkeiten gegenüber verbundenen Unternehmen;
7. Verbindlichkeiten gegenüber Unternehmen, mit denen ein Beteiligungsverhältnis besteht;
8. sonstige Verbindlichkeiten,
davon aus Steuern,
davon im Rahmen der sozialen Sicherheit.

D. Rechnungsabgrenzungsposten.

§ 267 Umschreibung der Größenklassen

(1) Kleine Kapitalgesellschaften sind solche, die mindestens zwei der drei nachstehenden Merkmale nicht überschreiten:

1. 4015000 Euro Bilanzsumme nach Abzug eines auf der Aktivseite ausgewiesenen Fehlbetrags (§ 268 Abs. 3).
2. 8030000 Euro Umsatzerlöse in den zwölf Monaten vor dem Abschlußstichtag.
3. Im Jahresdurchschnitt fünfzig Arbeitnehmer.

(2) Mittelgroße Kapitalgesellschaften sind solche, die mindestens zwei der drei in Absatz 1 bezeichneten Merkmale überschreiten und jeweils mindestens zwei der drei nachstehenden Merkmale nicht überschreiten:

1. 16060000 Euro Bilanzsumme nach Abzug eines auf der Aktivseite ausgewiesenen Fehlbetrags (§ 268 Abs. 3).
2. 32120000 Euro Umsatzerlöse in den zwölf Monaten vor dem Abschlußstichtag.
3. Im Jahresdurchschnitt zweihundertfünfzig Arbeitnehmer.

(3) [1]Große Kapitalgesellschaften sind solche, die mindestens zwei der drei in Absatz 2 bezeichneten Merkmale überschreiten. [2]Eine Kapitalgesellschaft gilt stets als große, wenn sie einen organisierten Markt im Sinne des § 2 Abs. 5 des Wertpapierhandelsgesetzes durch von ihr ausgegebene Wertpapiere im Sinne des § 2 Abs. 1 Satz 1 des Wertpapierhandelsgesetzes in Anspruch nimmt oder die Zulassung zum Handel an einem organisierten Markt beantragt worden ist.

(4) [1]Die Rechtsfolgen der Merkmale nach den Absätzen 1 bis 3 Satz 1 treten nur ein, wenn sie an den Abschlußstichtagen von zwei aufeinanderfolgenden Geschäftsjahren über- oder unterschritten werden. [2]Im Falle der Umwandlung oder Neugründung treten die Rechtsfolgen schon

ein, wenn die Voraussetzungen des Absatzes 1, 2 oder 3 am ersten Abschlußstichtag nach der Umwandlung oder Neugründung vorliegen.

(5) Als durchschnittliche Zahl der Arbeitnehmer gilt der vierte Teil der Summe aus den Zahlen der jeweils am 31. März, 30. Juni, 30. September und 31. Dezember beschäftigten Arbeitnehmer einschließlich der im Ausland beschäftigten Arbeitnehmer, jedoch ohne die zu ihrer Berufsausbildung Beschäftigten.

(6) Informations- und Auskunftsrechte der Arbeitnehmervertretungen nach anderen Gesetzen bleiben unberührt.

§ 268 Vorschriften zu einzelnen Posten der Bilanz Bilanzvermerke

(1) [1]Die Bilanz darf auch unter Berücksichtigung der vollständigen oder teilweisen Verwendung des Jahresergebnisses aufgestellt werden. [2]Wird die Bilanz unter Berücksichtigung der teilweisen Verwendung des Jahresergebnisses aufgestellt, so tritt an die Stelle der Posten „Jahresüberschuß/Jahresfehlbetrag" und „Gewinnvortrag/Verlustvortrag" der Posten „Bilanzgewinn/Bilanzverlust"; ein vorhandener Gewinn- oder Verlustvortrag ist in den Posten „Bilanzgewinn/Bilanzverlust" einzubeziehen und in der Bilanz oder im Anhang gesondert anzugeben.

(2) [1]In der Bilanz oder im Anhang ist die Entwicklung der einzelnen Posten des Anlagevermögens und des Postens „Aufwendungen für die Ingangsetzung und Erweiterung des Geschäftsbetriebs" darzustellen. [2]Dabei sind, ausgehend von den gesamten Anschaffungs- und Herstellungskosten, die Zugänge, Abgänge, Umbuchungen und Zuschreibungen des Geschäftsjahrs sowie die Abschreibungen in ihrer gesamten Höhe gesondert aufzuführen. [3]Die Abschreibungen des Geschäftsjahrs sind entweder in der Bilanz bei dem betreffenden Posten zu vermerken oder im Anhang in einer der Gliederung des Anlagevermögens entsprechenden Aufgliederung anzugeben.

(3) Ist das Eigenkapital durch Verluste aufgebraucht und ergibt sich ein Überschuß der Passivposten über die Aktivposten, so ist dieser Betrag am Schluß der Bilanz auf der Aktivseite gesondert unter der Bezeichnung „Nicht durch Eigenkapital gedeckter Fehlbetrag" auszuweisen.

(4) [1]Der Betrag der Forderungen mit einer Restlaufzeit von mehr als einem Jahr ist bei jedem gesondert ausgewiesenen Posten zu vermerken. [2]Werden unter dem Posten „sonstige Vermögensgegenstände" Beträge für Vermögensgegenstände ausgewiesen, die erst nach dem Abschlußstichtag rechtlich entstehen, so müssen Beträge, die einen größeren Umfang haben, im Anhang erläutert werden.

(5) [1]Der Betrag der Verbindlichkeiten mit einer Restlaufzeit bis zu einem Jahr ist bei jedem gesondert ausgewiesenen Posten zu vermerken. [2]Erhaltene Anzahlungen auf Bestellungen sind, soweit Anzahlungen auf Vorräte nicht von dem Posten „Vorräte" offen abgesetzt werden, unter den Verbindlichkeiten gesondert auszuweisen. [3]Sind unter dem Posten „Verbindlichkeiten" Beträge für Verbindlichkeiten ausgewiesen, die erst nach dem Abschlußstichtag rechtlich entstehen, so müssen Beträge, die einen größeren Umfang haben, im Anhang erläutert werden.

(6) Ein nach § 250 Abs. 3 in den Rechnungsabgrenzungsposten auf der Aktivseite aufgenommener Unterschiedsbetrag ist in der Bilanz gesondert auszuweisen oder im Anhang anzugeben.

(7) Die in § 251 bezeichneten Haftungsverhältnisse sind jeweils gesondert unter der Bilanz oder im Anhang unter Angabe der gewährten Pfandrechte und sonstigen Sicherheiten anzugeben; bestehen solche Verpflichtungen gegenüber verbundenen Unternehmen, so sind sie gesondert anzugeben.

§ 269 Aufwendungen für die Ingangsetzung und Erweiterung des Geschäftsbetriebs

[1]Die Aufwendungen für die Ingangsetzung des Geschäftsbetriebs und dessen Erweiterung dürfen, soweit sie nicht bilanzierungsfähig sind, als Bilanzierungshilfe aktiviert werden; der Posten ist in der Bilanz unter der Bezeichnung „Aufwendungen für die Ingangsetzung und Erweiterung des Geschäftsbetriebs" vor dem Anlagevermögen auszuweisen und im Anhang zu erläutern. [2]Werden solche Aufwendungen in der Bilanz ausgewiesen, so dürfen Gewinne nur ausgeschüttet werden, wenn die nach der Ausschüttung verbleibenden jederzeit auflösbaren Gewinnrücklagen zuzüglich eines Gewinnvortrags und abzüglich eines Verlustvortrags dem angesetzten Betrag mindestens entsprechen.

§ 270 Bildung bestimmter Posten

(1) [1]Einstellungen in die Kapitalrücklage und deren Auflösung sind bereits bei der Aufstellung der Bilanz vorzunehmen. [2]Satz 1 ist auf Einstellungen in den Sonderposten mit Rücklageanteil und dessen Auflösung anzuwenden.

(2) Wird die Bilanz unter Berücksichtigung der vollständigen oder teilweisen Verwendung des Jahresergebnisses aufgestellt, so sind Entnahmen aus Gewinnrücklagen sowie Einstellungen in Gewinnrücklagen, die nach Gesetz, Gesellschaftsvertrag oder Satzung vorzunehmen sind oder auf Grund solcher Vorschriften beschlossen worden sind, bereits bei der Aufstellung der Bilanz zu berücksichtigen.

§ 271 Beteiligungen. Verbundene Unternehmen

(1) [1]Beteiligungen sind Anteile an anderen Unternehmen, die bestimmt sind, dem eigenen Geschäftsbetrieb durch Herstellung einer dauernden Verbindung zu jenen Unternehmen zu dienen. [2]Dabei ist es unerheblich, ob die Anteile in Wertpapieren verbrieft sind oder nicht. [3]Als Beteiligung gelten im Zweifel Anteile an einer Kapitalgesellschaft, die insgesamt den fünften Teil des Nennkapitals dieser Gesellschaft überschreiten. [4]Auf die Berechnung ist § 16 Abs. 2 und 4 des Aktiengesetzes entsprechend anzuwenden. [5]Die Mitgliedschaft in einer eingetragenen Genossenschaft gilt nicht als Beteiligung im Sinne dieses Buches.

(2) Verbundene Unternehmen im Sinne dieses Buches sind solche Unternehmen, die als Mutter- oder Tochterunternehmen (§ 290) in den Konzernabschluß eines Mutterunternehmens nach den Vorschriften über die Vollkonsolidierung einzubeziehen sind, das als oberstes Mutterunternehmen den am weitestgehenden Konzernabschluß nach dem Zweiten Unterabschnitt aufzustellen hat, auch wenn die Aufstellung unterbleibt, oder das einen befreienden Konzernabschluß nach § 291 oder nach einer nach § 292 erlassenen Rechtsverordnung aufstellt oder aufstellen könnte; Tochterunternehmen, die nach § 296 nicht einbezogen werden, sind ebenfalls verbundene Unternehmen.

§ 272 Eigenkapital

(1) [1]Gezeichnetes Kapital ist das Kapital, auf das die Haftung der Gesellschafter für die Verbindlichkeiten der Kapitalgesellschaft gegenüber den Gläubigern beschränkt ist. [2]Die ausstehenden Einlagen auf das gezeichnete Kapital sind auf der Aktivseite vor dem Anlagevermögen gesondert auszuweisen und entsprechend zu bezeichnen; die davon eingeforderten Einlagen sind zu vermerken. [3]Die nicht eingeforderten ausstehenden Einlagen dürfen auch von dem Posten „Gezeichnetes Kapital" offen abgesetzt werden; in diesem Falle ist der verbleibende Betrag als Posten „Eingefordertes Kapital" in der Hauptspalte der Passivseite auszuweisen und ist außerdem der eingeforderte, aber noch nicht eingezahlte Betrag unter den Forderungen gesondert auszuweisen und entsprechend zu bezeichnen. [4]Der Nennbetrag oder, falls ein solcher nicht vorhanden ist, der rechnerische Wert von nach § 71 Abs. 1 Nr. 6 oder 8 des Aktiengesetzes zur Einziehung erworbenen Aktien ist in der Vorspalte offen von dem Posten „Gezeichnetes Kapital" als Kapitalrückzahlung abzusetzen. [5]Ist der Erwerb der Aktien nicht zur Einziehung erfolgt, ist Satz 4 auch anzuwenden, soweit in dem Beschluß über den Rücklauf die spätere Veräußerung von einem Beschluß der Hauptversammlung in entsprechender Anwendung des § 182 Abs. 1 Satz 1 des Aktiengesetzes abhängig gemacht worden ist. [6]Wird der Nennbetrag oder der rechnerische Wert von Aktien nach Satz 4 abgesetzt, ist der Unterschiedsbetrag dieser Aktien zwischen ihrem Nennbetrag oder dem rechnerischen Wert und ihrem Kaufpreis mit den anderen Gewinnrücklagen (§ 266 Abs. 3 A.III.4.) zu verrechnen; weitergehende Anschaffungskosten sind als Aufwand des Geschäftsjahres zu berücksichtigen.

(2) Als Kapitalrücklage sind auszuweisen

1. der Betrag, der bei der Ausgabe von Anteilen einschließlich von Bezugsanteilen über den Nennbetrag oder, falls ein Nennbetrag nicht vorhanden ist, über den rechnerischen Wert hinaus erzielt wird;
2. der Betrag, der bei der Ausgabe von Schuldverschreibungen für Wandlungsrechte und Optionsrechte zum Erwerb von Anteilen erzielt wird;
3. der Betrag von Zuzahlungen, die Gesellschafter gegen Gewährung eines Vorzugs für ihre Anteile leisten;
4. der Betrag von anderen Zuzahlungen, die Gesellschafter in das Eigenkapital leisten.

(3) [1]Als Gewinnrücklagen dürfen nur Beträge ausgewiesen werden, die im Geschäftsjahr oder in einem früheren Geschäftsjahr aus dem Ergebnis gebildet worden sind. [2]Dazu gehören aus dem

Ergebnis zu bildende gesetzliche oder auf Gesellschaftsvertrag oder Satzung beruhende Rücklagen und andere Gewinnrücklagen.

(4) [1]In eine Rücklage für eigene Anteile ist ein Betrag einzustellen, der dem auf der Aktivseite der Bilanz für die eigenen Anteile anzusetzenden Betrag entspricht. [2]Die Rücklage darf nur aufgelöst werden, soweit die eigenen Anteile ausgegeben, veräußert oder eingezogen werden oder soweit nach § 253 Abs. 3 auf der Aktivseite ein niedrigerer Betrag angesetzt wird. [3]Die Rücklage, die bereits bei der Aufstellung der Bilanz vorzunehmen ist, darf aus vorhandenen Gewinnrücklagen gebildet werden, soweit diese frei verfügbar sind. [4]Die Rücklage nach Satz 1 ist auch für Anteile eines herrschenden oder eines mit Mehrheit beteiligten Unternehmens zu bilden.

§ 273 Sonderposten mit Rücklageanteil

[1]Der Sonderposten mit Rücklageanteil (§ 247 Abs. 3) darf nur insoweit gebildet werden, als das Steuerrecht die Anerkennung des Wertansatzes bei der steuerrechtlichen Gewinnermittlung davon abhängig macht, daß der Sonderposten in der Bilanz gebildet wird. [2]Er ist auf der Passivseite vor den Rückstellungen auszuweisen; die Vorschriften, nach denen er gebildet worden ist, sind in der Bilanz oder im Anhang anzugeben.

§ 274 Steuerabgrenzung

(1) [1]Ist der dem Geschäftsjahr und früheren Geschäftsjahren zuzurechnende Steueraufwand zu niedrig, weil der nach den steuerrechtlichen Vorschriften zu versteuernde Gewinn niedriger als das handelsrechtliche Ergebnis ist, und gleicht sich der zu niedrige Steueraufwand des Geschäftsjahrs und früherer Geschäftsjahre in späteren Geschäftsjahren voraussichtlich aus, so ist in Höhe der voraussichtlichen Steuerbelastung nachfolgender Geschäftsjahre eine Rückstellung nach § 249 Abs. 1 Satz 1 zu bilden und in der Bilanz oder im Anhang gesondert anzugeben. [2]Die Rückstellung ist aufzulösen, sobald die höhere Steuerbelastung eintritt oder mit ihr voraussichtlich nicht mehr zu rechnen ist.

(2) [1]Ist der dem Geschäftsjahr und früheren Geschäftsjahren zuzurechnende Steueraufwand zu hoch, weil der nach den steuerrechtlichen Vorschriften zu versteuernde Gewinn höher als das handelsrechtliche Ergebnis ist, und gleicht sich der zu hohe Steueraufwand des Geschäftsjahrs und früherer Geschäftsjahre in späteren Geschäftsjahren voraussichtlich aus, so darf in Höhe der voraussichtlichen Steuerentlastung nachfolgender Geschäftsjahre ein Abgrenzungsposten als Bilanzierungshilfe auf der Aktivseite der Bilanz gebildet werden. [2]Dieser Posten ist unter entsprechender Bezeichnung gesondert auszuweisen und im Anhang zu erläutern. [3]Wird ein solcher Posten ausgewiesen, so dürfen Gewinne nur ausgeschüttet werden, wenn die nach der Ausschüttung verbleibenden jederzeit auflösbaren Gewinnrücklagen zuzüglich eines Gewinnvortrags und abzüglich eines Verlustvortrags dem angesetzten Betrag mindestens entsprechen. [4]Der Betrag ist aufzulösen, sobald die Steuerentlastung eintritt oder mit ihr voraussichtlich nicht mehr zu rechnen ist.

§ 274a Größenabhängige Erleichterungen

Kleine Kapitalgesellschaften sind von der Anwendung der folgenden Vorschriften befreit:

1. § 268 Abs. 2 über die Aufstellung eines Anlagengitters,
2. § 268 Abs. 4 Satz 2 über die Pflicht zur Erläuterung bestimmter Forderungen im Anhang,
3. § 268 Abs. 5 Satz 3 über die Erläuterung bestimmter Verbindlichkeiten im Anhang,
4. § 268 Abs. 6 über den Rechnungsabgrenzungsposten nach § 250 Abs. 3,
5. § 269 Satz 1 insoweit, als die Aufwendungen für die Ingangsetzung und Erweiterung des Geschäftsbetriebs im Anhang erläutert werden müssen.

Dritter Titel Gewinn- und Verlustrechnung

§ 275 Gliederung

(1) [1]Die Gewinn- und Verlustrechnung ist in Staffelform nach dem Gesamtkostenverfahren oder dem Umsatzkostenverfahren aufzustellen. [2]Dabei sind die in Absatz 2 oder 3 bezeichneten Posten in der angegebenen Reihenfolge gesondert auszuweisen.

(2) Bei Anwendung des Gesamtkostenverfahrens sind auszuweisen:

1. Umsatzerlöse
2. Erhöhung oder Verminderung des Bestands an fertigen und unfertigen Erzeugnissen
3. andere aktivierte Eigenleistungen

4. sonstige betriebliche Erträge
5. Materialaufwand:
   a) Aufwendungen für Roh-, Hilfs- und Betriebsstoffe und für bezogene Waren
   b) Aufwendungen für bezogene Leistungen
6. Personalaufwand:
   a) Löhne und Gehälter
   b) soziale Abgaben und Aufwendungen für Altersversorgung und für Unterstützung, davon für Altersversorgung
7. Abschreibungen:
   a) auf immaterielle Vermögensgegenstände des Anlagevermögens und Sachanlagen sowie auf aktivierte Aufwendungen für die Ingangsetzung und Erweiterung des Geschäftsbetriebs
   b) auf Vermögensgegenstände des Umlaufvermögens, soweit diese die in der Kapitalgesellschaft üblichen Abschreibungen überschreiten
8. sonstige betriebliche Aufwendungen
9. Erträge aus Beteiligungen, davon aus verbundenen Unternehmen
10. Erträge aus anderen Wertpapieren und Ausleihungen des Finanzanlagevermögens, davon aus verbundenen Unternehmen
11. sonstige Zinsen und ähnliche Erträge, davon aus verbundenen Unternehmen
12. Abschreibungen auf Finanzanlagen und auf Wertpapiere des Umlaufvermögens
13. Zinsen und ähnliche Aufwendungen, davon an verbundene Unternehmen
14. Ergebnis der gewöhnlichen Geschäftstätigkeit
15. außerordentliche Erträge
16. außerordentliche Aufwendungen
17. außerordentliches Ergebnis
18. Steuern vom Einkommen und vom Ertrag
19. sonstige Steuern
20. Jahresüberschuß/Jahresfehlbetrag.

(3) Bei Anwendung des Umsatzkostenverfahrens sind auszuweisen:

1. Umsatzerlöse
2. Herstellungskosten der zur Erzielung der Umsatzerlöse erbrachten Leistungen
3. Bruttoergebnis vom Umsatz
4. Vertriebskosten
5. allgemeine Verwaltungskosten
6. sonstige betriebliche Erträge
7. sonstige betriebliche Aufwendungen
8. Erträge aus Beteiligungen, davon aus verbundenen Unternehmen
9. Erträge aus anderen Wertpapieren und Ausleihungen des Finanzanlagevermögens, davon aus verbundenen Unternehmen
10. sonstige Zinsen und ähnliche Erträge, davon aus verbundenen Unternehmen
11. Abschreibungen auf Finanzanlagen und auf Wertpapiere des Umlaufvermögens
12. Zinsen und ähnliche Aufwendungen, davon an verbundene Unternehmen
13. Ergebnis der gewöhnlichen Geschäftstätigkeit
14. außerordentliche Erträge
15. außerordentliche Aufwendungen

16. außerordentliches Ergebnis
17. Steuern vom Einkommen und vom Ertrag
18. sonstige Steuern
19. Jahresüberschuß/Jahresfehlbetrag.

(4) Veränderungen der Kapital- und Gewinnrücklagen dürfen in der Gewinn- und Verlustrechnung erst nach dem Posten „Jahresüberschuß/Jahresfehlbetrag" ausgewiesen werden.

§ 276 Größenabhängige Erleichterungen

[1]Kleine und mittelgroße Kapitalgesellschaften (§ 267 Abs. 1, 2) dürfen die Posten § 275 Abs. 2 Nr. 1 bis 5 oder Abs. 3 Nr. 1 bis 3 und 6 zu einem Posten unter der Bezeichnung „Rohergebnis" zusammenfassen. [2]Kleine Kapitalgesellschaften brauchen außerdem die in § 277 Abs. 4 Satz 2 und 3 verlangten Erläuterungen zu den Posten „außerordentliche Erträge" und „außerordentliche Aufwendungen" nicht zu machen.

§ 277 Vorschriften zu einzelnen Posten der Gewinn- und Verlustrechnung

(1) Als Umsatzerlöse sind die Erlöse aus dem Verkauf und der Vermietung oder Verpachtung von für die gewöhnliche Geschäftstätigkeit der Kapitalgesellschaft typischen Erzeugnissen und Waren sowie aus von für die gewöhnliche Geschäftstätigkeit der Kapitalgesellschaft typischen Dienstleistungen nach Abzug von Erlösschmälerungen und der Umsatzsteuer auszuweisen.

(2) Als Bestandsveränderungen sind sowohl Änderungen der Menge als auch solche des Wertes zu berücksichtigen; Abschreibungen jedoch nur, soweit diese die in der Kapitalgesellschaft sonst üblichen Abschreibungen nicht überschreiten.

(3) [1]Außerplanmäßige Abschreibungen nach § 253 Abs. 2 Satz 3 sowie Abschreibungen nach § 253 Abs. 3 Satz 3 sind jeweils gesondert auszuweisen oder im Anhang anzugeben. [2]Erträge und Aufwendungen aus Verlustübernahme und auf Grund einer Gewinngemeinschaft, eines Gewinnabführungs- oder eines Teilgewinnabführungsvertrags erhaltene oder abgeführte Gewinne sind jeweils gesondert unter entsprechender Bezeichnung auszuweisen.

(4) [1]Unter den Posten „außerordentliche Erträge" und „außerordentliche Aufwendungen" sind Erträge und Aufwendungen auszuweisen, die außerhalb der gewöhnlichen Geschäftstätigkeit der Kapitalgesellschaft anfallen. [2]Die Posten sind hinsichtlich ihres Betrags und ihrer Art im Anhang zu erläutern, soweit die ausgewiesenen Beträge für die Beurteilung der Ertragslage nicht von untergeordneter Bedeutung sind. [3]Satz 2 gilt auch für Erträge und Aufwendungen, die einem anderen Geschäftsjahr zuzurechnen sind.

§ 278 Steuern

[1]Die Steuern vom Einkommen und vom Ertrag sind auf der Grundlage des Beschlusses über die Verwendung des Ergebnisses zu berechnen; liegt ein solcher Beschluß im Zeitpunkt der Feststellung des Jahresabschlusses nicht vor, so ist vom Vorschlag über die Verwendung des Ergebnisses auszugehen. [2]Weicht der Beschluß über die Verwendung des Ergebnisses vom Vorschlag ab, so braucht der Jahresabschluß nicht geändert zu werden.

Vierter Titel Bewertungsvorschriften

§ 279 Nichtanwendung von Vorschriften Abschreibungen

(1) § 253 Abs. 4 ist nicht anzuwenden. § 253 Abs. 2 Satz 3 darf, wenn es sich nicht um eine voraussichtlich dauernde Wertminderung handelt, nur auf Vermögensgegenstände, die Finanzanlagen sind, angewendet werden.

(2) Abschreibungen nach § 254 dürfen nur insoweit vorgenommen werden, als das Steuerrecht ihre Anerkennung bei der steuerrechtlichen Gewinnermittlung davon abhängig macht, daß sie sich aus der Bilanz ergeben.

§ 280 Wertaufholungsgebot

(1) [1]Wird bei einem Vermögensgegenstand eine Abschreibung nach § 253 Abs. 2 Satz 3 oder Abs. 3 oder § 254 Satz 1 vorgenommen und stellt sich in einem späteren Geschäftsjahr heraus, daß die Gründe dafür nicht mehr bestehen, so ist der Betrag dieser Abschreibung im Umfang der Werterhöhung unter Berücksichtigung der Abschreibungen, die inzwischen vorzunehmen gewesen wären, zuzuschreiben. [2]§ 253 Abs. 5, § 254 Satz 2 sind insoweit nicht anzuwenden.

(2) Von der Zuschreibung nach Absatz 1 kann abgesehen werden, wenn der niedrigere Wertansatz bei der steuerrechtlichen Gewinnermittlung beibehalten werden kann und wenn Voraussetzung für die Beibehaltung ist, daß der niedrigere Wertansatz auch in der Bilanz beibehalten wird.

(3) Im Anhang ist der Betrag der im Geschäftsjahr aus steuerrechtlichen Gründen unterlassenen Zuschreibungen anzugeben und hinreichend zu begründen.

§ 281 Berücksichtigung steuerrechtlicher Vorschriften

(1) [1]Die nach § 254 zulässigen Abschreibungen dürfen auch in der Weise vorgenommen werden, daß der Unterschiedsbetrag zwischen der nach § 253 in Verbindung mit § 279 und der nach § 254 zulässigen Bewertung in den Sonderposten mit Rücklageanteil eingestellt wird. [2]In der Bilanz oder im Anhang sind die Vorschriften anzugeben, nach denen die Wertberichtigung gebildet worden ist. [3]Unbeschadet steuerrechtlicher Vorschriften über die Auflösung ist die Wertberichtigung insoweit aufzulösen, als die Vermögensgegenstände, für die sie gebildet worden ist, aus dem Vermögen ausscheiden oder die steuerrechtliche Wertberichtigung durch handelsrechtliche Abschreibungen ersetzt wird.

(2) [1]Im Anhang ist der Betrag der im Geschäftsjahr allein nach steuerrechtlichen Vorschriften vorgenommenen Abschreibungen, getrennt nach Anlage- und Umlaufvermögen, anzugeben, soweit er sich nicht aus der Bilanz oder der Gewinn- und Verlustrechnung ergibt, und hinreichend zu begründen. [2]Erträge aus der Auflösung des Sonderpostens mit Rücklageanteil sind in dem Posten „sonstige betriebliche Erträge", Einstellungen in den Sonderposten mit Rücklageanteil sind in dem Posten „sonstige betriebliche Aufwendungen" der Gewinn- und Verlustrechnung gesondert auszuweisen oder im Anhang anzugeben.

§ 282 Abschreibung der Aufwendungen für die Ingangsetzung und Erweiterung des Geschäftsbetriebs

Für die Ingangsetzung und Erweiterung des Geschäftsbetriebs ausgewiesene Beträge sind in jedem folgenden Geschäftsjahr zu mindestens einem Viertel durch Abschreibungen zu tilgen.

§ 283 Wertansatz des Eigenkapitals

Das gezeichnete Kapital ist zum Nennbetrag anzusetzen.

. . .

Anwendungsschreiben zu § 35a EStG[1])

BMF vom 26. 10. 2007 (BStBl I S. 783)
IV C 4 – S 2296b – 07/03–2007/0484038

Unter Bezugnahme auf das Ergebnis der Erörterungen mit den obersten Finanzbehörden der Länder gilt für die Anwendung des § 35a EStG Folgendes:

I. Haushaltsnahe Beschäftigungsverhältnisse oder Dienstleistungen im Sinne des § 35a EStG

1. Haushaltsnahes Beschäftigungsverhältnis (§ 35a Abs. 1 Satz 1 Nr. 1 und 2 EStG)

[1]Der Begriff des haushaltsnahen Beschäftigungsverhältnisses ist gesetzlich nicht definiert. [2]Er verlangt eine Tätigkeit, die einen engen Bezug zum Haushalt hat. [3]Zu den haushaltsnahen Tätigkeiten gehören u. a. die Zubereitung von Mahlzeiten im Haushalt, die Reinigung der Wohnung des Steuerpflichtigen, die Gartenpflege und die Pflege, Versorgung und Betreuung von Kindern – sofern die Aufwendungen nicht dem Grunde nach unter die §§ 4f, 9 Abs. 5 Satz 1oder § 10 Abs. 1 Nr. 5 oder 8 EStG[2]) fallen – und von kranken, alten oder pflegebedürftigen Personen. [4]Die Erteilung von Unterricht (z. B. Sprachunterricht), die Vermittlung besonderer Fähigkeiten, sportliche und andere Freizeitbetätigungen fallen nicht darunter. 1

2. Geringfügige Beschäftigung im Sinne des § 8a SGB IV (§ 35a Abs. 1 Satz 1 Nr. 1 EStG)

[1]Die Steuerermäßigung nach § 35a Abs. 1 Satz 1 Nr. 1 EStG kann der Steuerpflichtige nur beanspruchen, wenn es sich bei dem haushaltsnahen Beschäftigungsverhältnis um eine geringfügige Beschäftigung im Sinne des § 8a SGB IV handelt. [2]Es handelt sich nur dann um ein geringfügiges Beschäftigungsverhältnis im Sinne dieser Vorschrift, wenn der Steuerpflichtige am Haushaltsscheckverfahren teilnimmt. [3]Es ist jedoch zu berücksichtigen, dass nicht jedes Beschäftigungsverhältnis im Sinne des § 8a SGB IV nach § 35a Abs. 1 Satz 1 Nr. 1 EStG begünstigt ist, weil hiernach nur geringfügige Beschäftigungsverhältnisse erfasst werden, die **in** einem inländischen[3]) Haushalt ausgeübt werden. [4]§ 8a SGB IV setzt dagegen lediglich voraus, dass die geringfügige Beschäftigung **durch** einen privaten Haushalt begründet ist. [5]Da Wohnungseigentümergemeinschaften und Vermieter im Rahmen ihrer Vermietertätigkeit nicht am Haushaltsscheckverfahren teilnehmen können, sind von diesen eingegangene geringfügige Beschäftigungsverhältnisse nicht nach § 35a Abs. 1 Satz 1 Nr. 1 EStG begünstigt (zur Berücksichtigung siehe Rdnr. 8). 2

3. Beschäftigungsverhältnisse mit nahen Angehörigen oder zwischen Partnern einer eingetragenen Lebenspartnerschaft bzw. einer nicht ehelichen Lebensgemeinschaft (§ 35a Abs. 1 Satz 1 Nr. 1 und 2 EStG)

[1]Da familienrechtliche Verpflichtungen grundsätzlich nicht Gegenstand eines steuerlich anzuerkennenden Vertrags sein können, kann zwischen in einem Haushalt zusammenlebenden Ehegatten (§§ 1360, 1356 Abs. 1 BGB) oder zwischen Eltern und in deren Haushalt lebenden Kindern (§ 1619 BGB) ein haushaltsnahes Beschäftigungsverhältnis im Sinne des § 35a Abs. 1 Satz 1 Nr. 1 oder 2 EStG nicht begründet werden. [2]Dies gilt entsprechend für die Partner einer eingetragenen Lebenspartnerschaft. [3]Auch bei in einem Haushalt zusammenlebenden Partnern einer nicht ehelichen Lebensgemeinschaft oder einer nicht eingetragenen Lebenspartnerschaft kann regelmäßig nicht von einem begünstigten Beschäftigungsverhältnis ausgegangen werden, weil jeder Partner auch seinen eigenen Haushalt führt und es deshalb an dem für Beschäftigungsverhältnisse typischen Über- und Unterordnungsverhältnis fehlt. 3

Haushaltsnahe Beschäftigungsverhältnisse mit Angehörigen, die nicht im Haushalt des Steuerpflichtigen leben (z. B. mit Kindern, die in einem eigenen Haushalt leben), können steuerlich nur anerkannt werden, wenn die Verträge zivilrechtlich wirksam zustande gekommen sind, inhaltlich dem zwischen Fremden Üblichen entsprechen und tatsächlich auch so durchgeführt werden. 4

1) § 35a EStG wurde durch das FamLeistG (Inkrafttreten 1. 1. 2009) neu gefasst. Die Neufassung ist erstmals für im VZ 2009 geleistete Aufwendungen anzuwenden, soweit die den Aufwendungen zu Grunde liegenden Leistungen nach dem 31. 12. 2008 erbracht worden sind → § 52 Abs. 50b Satz 5 EStG.

2) § 4f sowie § 10 Abs. 1 Nr. 5 und 8 EStG wurden durch das FamLeistG ab 2009 aufgehoben. Die Regelungen zur steuerlichen Berücksichtigung von Kinderbetreuungskosten wurden – ohne materiell-rechtliche Änderungen – in § 9c EStG (Einfügung ab VZ 2009 durch das FamLeistG) zusammengefasst.

3) Änderung § 35a Abs. 1 Satz 1 EStG durch das JStG 2008: Erweiterung auf in der Europäischen Union oder dem Europäischen Wirtschaftsraum liegende Haushalte.

4. Haushaltsnahe Dienstleistung (§ 35a Abs. 2 Satz 1 EStG)

5 Zu den haushaltsnahen Dienstleistungen im Sinne des § 35a Abs. 2 Satz 1 EStG gehören nur Tätigkeiten, die nicht zu den handwerklichen Leistungen im Sinne des § 35a Abs. 2 Satz 2 EStG gehören, gewöhnlich durch Mitglieder des privaten Haushalts erledigt werden und für die eine Dienstleistungsagentur oder ein selbständiger Dienstleister in Anspruch genommen wird, wie z. B.:

- Reinigung der Wohnung (z. B. durch Angestellte einer Dienstleistungsagentur oder einen selbständigen Fensterputzer),
- Pflege von Angehörigen (z. B. durch Inanspruchnahme eines Pflegedienstes),
- Gartenpflegearbeiten (z. B. Rasenmähen, Heckenschneiden).

6 [1]Personenbezogene Dienstleistungen (z. B. Frisör- oder Kosmetikerleistungen) sind keine haushaltsnahen Dienstleistungen, selbst wenn sie im Haushalt des Steuerpflichtigen erbracht werden. [2]Diese Leistungen können jedoch zu den Pflege- und Betreuungsleistungen im Sinne der Rdnr. 9 gehören, wenn sie im Leistungskatalog der Pflegeversicherung aufgeführt sind.

7 [1]Bei Dienstleistungen, die sowohl auf öffentlichem Gelände als auch auf Privatgelände durchgeführt werden (z. B. Straßen- und Gehwegreinigung, Winterdienst), sind nur Aufwendungen für Dienstleistungen auf Privatgelände begünstigt. [2]Dies gilt auch dann, wenn eine konkrete Verpflichtung besteht (z. B. zur Reinigung und Schneeräumung von öffentlichen Gehwegen und Bürgersteigen).

8 [1]Umzugsdienstleistungen für Privatpersonen gehören – abzüglich Erstattungen Dritter – ebenfalls zu den haushaltsnahen Dienstleistungen. [2]Auch geringfügige Beschäftigungsverhältnisse, die durch Wohnungseigentümergemeinschaften und Vermieter im Rahmen ihrer Vermietertätigkeit eingegangen werden, sind als haushaltsnahe Dienstleistungen zu berücksichtigen.

9 [1]Für Pflege- und Betreuungsleistungen für Personen, bei denen ein Schweregrad der Pflegebedürftigkeit der Pflegestufen I bis III im Sinne der §§ 14, 15 SGB XI besteht, die nach § 43 Abs. 3 SGB XI als Härtefall anerkannt sind oder die Leistungen der Pflegeversicherung beziehen, verdoppelt sich der Höchstbetrag der Steuerermäßigung (§ 35a Abs. 2 Satz 1, 2. Halbsatz EStG). [2]Dies gilt nicht für Aufwendungen von Personen der sog. Pflegestufe 0, die nach dem BFH-Urteil vom 10. 05. 2007 (Az. III R 39/05) ihnen gesondert in Rechnung gestellte Pflegesätze nach § 33 EStG als außergewöhnliche Belastung geltend machen können. [3]Der Nachweis ist durch eine Bescheinigung (z. B. Leistungsbescheid oder -mitteilung) der sozialen Pflegekasse oder des privaten Versicherungsunternehmens, das die private Pflichtversicherung durchführt, durch ein amtsärztliches Attest oder nach § 65 Abs. 2 EStDV zu führen. [4]Die Steuerermäßigung steht neben der steuerpflichtigen pflegebedürftigen Person auch deren Angehörigen zu, wenn sie für Pflege- oder Betreuungsleistungen aufkommen, die im inländischen Haushalt des Steuerpflichtigen oder im Haushalt der gepflegten oder betreuten Person durchgeführt werden. [5]Die Leistungen der Pflegeversicherung sind anzurechnen, d. h. es führen nur diejenigen Aufwendungen zu einer Steuerermäßigung, die nicht durch die Verwendung der Leistungen der Pflegeversicherung finanziert werden können. [6]Die Steuerermäßigung ist haushaltsbezogen. [7]Werden z. B. zwei pflegebedürftige Personen in einem Haushalt gepflegt, kann die Steuerermäßigung nur einmal in Anspruch genommen werden.

10 [1]Nimmt die pflegebedürftige Person den erhöhten Behinderten-Pauschbetrag nach § 33b Abs. 3 Satz 3 EStG in Anspruch, schließt dies eine Berücksichtigung der Pflegeaufwendungen nach § 35a Abs. 2 EStG bei ihr aus. [2]Das Gleiche gilt für einen Angehörigen, wenn der einem Kind zustehende Behinderten-Pauschbetrag auf ihn übertragen wird. [3]Nimmt der Angehörige den Pflege-Pauschbetrag nach § 33b Abs. 6 EStG in Anspruch, schließt dies eine Berücksichtigung der Pflegeaufwendungen nach § 35a Abs. 2 EStG bei ihm aus.

5. Haushalt des Steuerpflichtigen

11 [1]Voraussetzung für die Steuerermäßigung nach § 35a EStG ist, dass das haushaltsnahe Beschäftigungsverhältnis, die haushaltsnahe Dienstleistung bzw. die Handwerkerleistung in einem inländischen[1]) Haushalt des Steuerpflichtigen ausgeübt bzw. erbracht wird. Beschäftigungsverhältnisse oder Dienstleistungen, die ausschließlich Tätigkeiten zum Gegenstand haben, die außerhalb des Haushalts des Steuerpflichtigen ausgeübt bzw. erbracht werden, sind nicht begünstigt. [2]Danach gehört z. B. die Tätigkeit einer Tagesmutter nur zu den begünstigten Tätigkeiten im Sinne des § 35a EStG, wenn die Betreuung im Haushalt des Steuerpflichtigen erfolgt. [3]Die Beglei-

[1]) ***Änderung § 35a Abs. 1 Satz 1 sowie Abs. 2 Satz 1 und 2 EStG durch das JStG 2008: Erweiterung auf in der Europäischen Union oder dem Europäischen Wirtschaftsraum liegende Haushalte.***

tung von Kindern, kranken, alten oder pflegebedürftigen Personen bei Einkäufen und Arztbesuchen sowie kleine Botengänge usw. sind nur dann begünstigt, wenn sie zu den Nebenpflichten der Haushaltshilfe, des Pflegenden oder Betreuenden im Haushalt gehören. [4]Liegen jedoch die Voraussetzungen des § 35a Abs. 2 Satz 1, 2. Halbsatz EStG vor, so ist die Inanspruchnahme von Pflege- und Betreuungsdiensten auch dann begünstigt, wenn die Pflege und Betreuung nicht im Haushalt des Steuerpflichtigen, sondern im Haushalt der gepflegten oder betreuten Person durchgeführt wird.

[1]Eine Inanspruchnahme der Steuerermäßigung nach § 35a Abs. 1 oder 2 EStG ist auch möglich, wenn sich der eigenständige und abgeschlossene Haushalt in einem Heim befindet. [2]In diesem Fall sind die im Haushalt des Heimbewohners erbrachten und individuell abgerechneten Dienstleistungen (z. B. Reinigung des Appartements, Pflege- oder Handwerkerleistungen im Appartement) begünstigt. [3]Ein Haushalt in einem Heim ist gegeben, wenn die Räumlichkeiten des Steuerpflichtigen von ihrer Ausstattung für eine Haushaltsführung geeignet sind (Bad, Küche, Wohn- und Schlafbereich), individuell genutzt werden können (Abschließbarkeit) und eine eigene Wirtschaftsführung des Steuerpflichtigen nachgewiesen oder glaubhaft gemacht wird. 12

[1]Zum inländischen*1)* Haushalt des Steuerpflichtigen gehört auch eine Wohnung, die der Steuerpflichtige einem bei ihm zu berücksichtigenden Kind (§ 32 EStG) zur unentgeltlichen Nutzung überlässt. [2]Das Gleiche gilt für eine vom Steuerpflichtigen tatsächlich eigengenutzte Zweit-, Wochenend- oder Ferienwohnung. [3]Der Steuerpflichtige kann deshalb für Leistungen, die in diesen Wohnungen durchgeführt werden, bei Vorliegen der sonstigen Voraussetzungen die Steuerermäßigung nach § 35a EStG in Anspruch nehmen. [4]Die Steuerermäßigung wird jedoch auch bei Vorhandensein mehrerer Wohnungen insgesamt nur einmal bis zu den jeweiligen Höchstbeträgen gewährt. 13

II Inanspruchnahme von Handwerkerleistungen (§ 35a Abs. 2 Satz 2 EStG)

[1]§ 35 a Abs. 2 Satz 2 EStG gilt für alle handwerklichen Tätigkeiten für Renovierungs-, Erhaltungs- und Modernisierungsmaßnahmen, die in einem inländischen*1)* Haushalt des Steuerpflichtigen erbracht werden, unabhängig davon, ob es sich um regelmäßig vorzunehmende Renovierungsarbeiten oder kleine Ausbesserungsarbeiten handelt, die gewöhnlich durch Mitglieder des privaten Haushalts erledigt werden, oder um Erhaltungs- und Modernisierungsmaßnahmen, die im Regelfall nur von Fachkräften durchgeführt werden. [2]Zu den handwerklichen Tätigkeiten zählen u. a.: 14

- Arbeiten an Innen- und Außenwänden,
- Arbeiten am Dach, an der Fassade, an Garagen, o. ä.,
- Reparatur oder Austausch von Fenstern und Türen,
- Streichen/Lackieren von Türen, Fenstern (innen und außen), Wandschränken, Heizkörpern und -rohren,
- Reparatur oder Austausch von Bodenbelägen (z. B. Teppichboden, Parkett, Fliesen),
- Reparatur, Wartung oder Austausch von Heizungsanlagen, Elektro-, Gas- und Wasserinstallationen,
- Modernisierung oder Austausch der Einbauküche,
- Modernisierung des Badezimmers,
- Reparatur und Wartung von Gegenständen **im Haushalt des Steuerpflichtigen** (z. B. Waschmaschine, Geschirrspüler, Herd, Fernseher, Personalcomputer und andere Gegenstände, die in der Hausratversicherung mitversichert werden können),
- Maßnahmen der Gartengestaltung,
- Pflasterarbeiten auf dem Wohngrundstück,

unabhängig davon, ob die Aufwendungen für die einzelne Maßnahme Erhaltungs- oder Herstellungsaufwand darstellen. [3]Handwerkliche Tätigkeiten im Rahmen einer Neubaumaßnahme sind nicht begünstigt. [4]Als Neubaumaßnahme gelten alle Maßnahmen, die im Zusammenhang mit einer Nutz- oder Wohnflächenschaffung bzw. -erweiterung anfallen.

[1]Auch Aufwendungen zur Überprüfung von Anlagen (z. B. Gebühr für den Schornsteinfeger oder für die Kontrolle von Blitzschutzanlagen) sind begünstigt. [2]Das Gleiche gilt für handwerkliche Leistungen für Hausanschlüsse (z. B. Kabel für Strom oder Fernsehen), soweit die Aufwendungen 15

1) Änderung § 35a Abs. 1 Satz 1 sowie Abs. 2 Satz 1 und 2 EStG durch das JStG 2008: Erweiterung auf in der Europäischen Union oder dem Europäischen Wirtschaftsraum liegende Haushalte.

die Zuleitungen zum Haus oder zur Wohnung betreffen und nicht im Rahmen einer Neubaumaßnahme anfallen; Aufwendungen im Zusammenhang mit Zuleitungen, die sich auf öffentlichen Grundstücken befinden, sind nicht begünstigt. [3]Entsprechendes gilt für Ableitungen. Aufwendungen für technische Prüfdienste sind nicht begünstigt, da sie vergleichbar mit Gutachtertätigkeiten sind (vgl. auch Rdnr. 29).

16 Das beauftragte Unternehmen muss nicht in die Handwerksrolle eingetragen sein; es können auch Kleinunternehmer im Sinne des § 19 Abs. 1 Umsatzsteuergesetz mit der Leistung beauftragt werden.

III Anspruchsberechtigte

17 [1]Der Steuerpflichtige kann die Steuerermäßigung nach § 35a Abs. 1 oder 2 EStG grundsätzlich nur in Anspruch nehmen, wenn er in Fällen des § 35a Abs. 1 EStG Arbeitgeber oder in Fällen des § 35a Abs. 2 EStG Auftraggeber ist. [2]Dies gilt auch für einen Heimbewohner, der im Heim einen eigenständigen abgeschlossenen Haushalt führt (vgl. dazu auch Rdnr. 12).

18 Für Wohnungseigentümergemeinschaften gilt Folgendes:

Besteht ein Beschäftigungsverhältnis zu einer Wohnungseigentümergemeinschaft (z. B. bei Reinigung und Pflege von Gemeinschaftsräumen) oder ist eine Wohnungseigentümergemeinschaft Auftraggeber der haushaltsnahen Dienstleistung bzw. der handwerklichen Leistung, kommt für den einzelnen Wohnungseigentümer eine Steuerermäßigung in Betracht, wenn in der Jahresabrechnung

- die im Kalenderjahr unbar gezahlten Beträge nach den begünstigten haushaltsnahen Beschäftigungsverhältnissen (zur Berücksichtigung von geringfügigen Beschäftigungsverhältnissen siehe Rdnr. 8), Dienstleistungen und Handwerkerleistungen (§ 35a Abs. 1 Nr. 2, Abs. 2 Satz 1 und Abs. 2 Satz 2 EStG) jeweils gesondert aufgeführt sind,
- der Anteil der steuerbegünstigten Kosten (Arbeits- und Fahrtkosten, siehe auch Rdnr. 29) ausgewiesen ist und

der Anteil des jeweiligen Wohnungseigentümers individuell errechnet wurde.

[1]Hat die Wohnungseigentümergemeinschaft zur Wahrnehmung ihrer Aufgaben und Interessen einen Verwalter bestellt und ergeben sich die Angaben nicht aus der Jahresabrechnung, ist der Nachweis durch eine Bescheinigung des Verwalters über den Anteil des jeweiligen Wohnungseigentümers zu führen. [2]Ein Muster für eine derartige Bescheinigung ist als Anlage beigefügt.

19 Auch der Mieter einer Wohnung bzw. der Heimbewohner kann die Steuerermäßigung nach § 35a EStG beanspruchen, wenn die von ihm zu zahlenden Nebenkosten Beträge umfassen, die für ein haushaltsnahes Beschäftigungsverhältnis, für haushaltsnahe Dienstleistungen oder für handwerkliche Tätigkeiten geschuldet werden und sein Anteil an den vom Vermieter bzw. vom Träger des Heimes unbar gezahlten Aufwendungen entweder aus der Jahresabrechnung hervorgeht oder durch eine Bescheinigung (vgl. Rdnr. 18) des Vermieters oder seines Verwalters bzw. des Trägers des Heimes nachgewiesen wird.

20 [1]Schließen sich mehrere Steuerpflichtige als Arbeitgeber für ein haushaltsnahes Beschäftigungsverhältnis zusammen (sog. Arbeitgeber-Pool), kann jeder Steuerpflichtige die Steuerermäßigung für seinen Anteil an den Aufwendungen in Anspruch nehmen, wenn für die an dem Arbeitgeber-Pool Beteiligten eine Abrechnung über die im jeweiligen Haushalt ausgeführten Arbeiten vorliegt. [2]Wird der Gesamtbetrag der Aufwendungen für das Beschäftigungsverhältnis durch ein Pool-Mitglied überwiesen, gelten die Regelungen für Wohnungseigentümer und Mieter (vgl. Rdnr. 18 und 19) entsprechend.

IV Begünstigte Aufwendungen

1. Ausschluss der Steuerermäßigung bei Betriebsausgaben oder Werbungskosten

21 Die Steuerermäßigung für Aufwendungen ist ausgeschlossen, wenn diese zu den Betriebsausgaben oder Werbungskosten gehören. Gemischte Aufwendungen (z. B. für eine Reinigungskraft, die auch das beruflich genutzte Arbeitszimmer reinigt) sind unter Berücksichtigung des zeitlichen Anteils der zu Betriebsausgaben oder Werbungskosten führenden Tätigkeiten an der Gesamtarbeitszeit aufzuteilen.

2. Ausschluss der Steuerermäßigung bei Berücksichtigung der Aufwendungen als Sonderausgaben oder außergewöhnliche Belastungen; Aufwendungen für Kinderbetreuung

[1]Eine Steuerermäßigung nach § 35a EStG kommt nur in Betracht, soweit die Aufwendungen 22
nicht vorrangig als Sonderausgaben (z. B. Erhaltungsmaßnahme nach § 10f EStG) oder als außergewöhnliche Belastungen berücksichtigt werden. [2]Für den Teil der Aufwendungen, der durch den Ansatz der zumutbaren Belastung nach § 33 Abs. 3 EStG nicht als außergewöhnliche Belastung berücksichtigt wird, kann der Steuerpflichtige die Steuerermäßigung nach § 35a EStG in Anspruch nehmen. [3]Werden im Rahmen des § 33 EStG Aufwendungen geltend gemacht, die dem Grunde nach sowohl bei § 33 EStG als auch bei § 35a EStG berücksichtigt werden können, ist davon auszugehen, dass die zumutbare Eigenbelastung vorrangig auf die nach § 35a EStG begünstigten Aufwendungen entfällt.

[1]Fallen Kinderbetreuungskosten unter die Regelungen der §§ 4f[1]) oder 9 Abs. 5 Satz 1 EStG bzw. 23
§ 10 Abs. 1 Nr. 5 oder 8 EStG[1]), kommt ein Abzug nach § 35a EStG nicht in Betracht (§ 35a Abs. 1 Satz 1 und Abs. 2 Satz 3 EStG). [2]Dies gilt sowohl für den Betrag, der zwei Drittel der Aufwendungen für Dienstleistungen übersteigt, als auch für alle Aufwendungen, die den Höchstbetrag von 4000 Euro je Kind übersteigen.

[1]Bei Aufnahme eines Au-pairs in eine Familie fallen in der Regel neben den Aufwendungen für 24
die Betreuung der Kinder auch Aufwendungen für leichte Hausarbeiten an. [2]Wird der Umfang der Kinderbetreuungskosten nicht im Rahmen der §§ 4f[1]) oder 9 Abs. 5 Satz 1 bzw. § 10 Abs. 1 Nr. 5 oder 8 EStG[1]) nachgewiesen (vgl. Rdnr. 5 des BMF-Schreibens vom 19. Januar 2007, BStBl I S. 184), kann ein Anteil von 50 Prozent der Gesamtaufwendungen im Rahmen der Steuerermäßigung für haushaltsnahe Dienstleistungen nach § 35a Abs. 2 Satz 1 EStG berücksichtigt werden, wenn die übrigen Voraussetzungen des § 35a EStG vorliegen.

3. Umfang der begünstigten Aufwendungen

Zu den begünstigten Aufwendungen des Steuerpflichtigen nach § 35a Abs. 1 EStG gehört der 25
Bruttoarbeitslohn oder das Arbeitsentgelt (bei Anwendung des Haushaltsscheckverfahrens und geringfügiger Beschäftigung im Sinne des § 8a SGB IV) sowie die vom Steuerpflichtigen getragenen Sozialversicherungsbeiträge, die Lohnsteuer ggf. zuzüglich Solidaritätszuschlag und Kirchensteuer, die Umlagen nach dem Aufwendungsausgleichsgesetz (U 1 und U 2) und die Unfallversicherungsbeiträge, die an den Gemeindeunfallversicherungsverband abzuführen sind.

[1]Als Nachweis dient bei geringfügigen Beschäftigungsverhältnissen nach § 35a Abs. 1 Satz 1 26
Nr. 1 EStG (vgl. dazu auch Rdnr. 2), für die das Haushaltsscheckverfahren Anwendung findet, die dem Arbeitgeber von der Einzugstelle (Minijob-Zentrale) zum Jahresende erteilte Bescheinigung nach § 28h Abs. 4 SGB IV. [2]Diese enthält den Zeitraum, für den Beiträge zur Rentenversicherung gezahlt wurden, die Höhe des Arbeitsentgelts sowie die vom Arbeitgeber getragenen Gesamtsozialversicherungsbeiträge und Umlagen. [3]Zusätzlich wird in der Bescheinigung die Höhe der einbehaltenen Pauschsteuer beziffert.

Bei sozialversicherungspflichtigen haushaltsnahen Beschäftigungsverhältnissen nach § 35a 27
Abs. 1 Satz 1 Nr. 2 EStG, für die das allgemeine Beitrags- und Meldeverfahren zur Sozialversicherung gilt und bei denen die Lohnsteuer pauschal oder nach Maßgabe der vorgelegten Lohnsteuerkarte erhoben wird, sowie bei geringfügigen Beschäftigungsverhältnissen ohne Haushaltsscheckverfahren gelten die allgemeinen Nachweisregeln für die Steuerermäßigung.

Die Höchstbeträge nach § 35a Abs. 1 Satz 1 Nr. 1 und 2 EStG mindern sich für jeden vollen Kalen- 28
dermonat, in dem die Voraussetzungen nach § 35a Abs. 1 Satz 1 EStG nicht vorgelegen haben, um ein Zwölftel.

[1]Nach § 35a Abs. 2 EStG sind nur die Aufwendungen für die Inanspruchnahme der haushalts- 29
nahen Tätigkeit selbst, für Pflege- und Betreuungsleistungen bzw. für Handwerkerleistungen einschließlich der in Rechnung gestellten Maschinen- und Fahrtkosten begünstigt. Materialkosten oder sonstige im Zusammenhang mit der Dienstleistung, den Pflege- und Betreuungsleistungen bzw. den Handwerkerleistungen gelieferte Waren (z. B. Stützstrümpfe, Pflegebett, Fliesen, Tapeten, Farbe oder Pflastersteine) bleiben außer Ansatz. [2]Dies gilt nicht für Verbrauchsmittel (z. B. Schmier-, Reinigungs- oder Spülmittel, Streugut). Aufwendungen, bei denen die Entsorgung im Vordergrund steht, sind nicht begünstigt. [3]Etwas anderes gilt, wenn die Entsorgung als Nebenleistung zur Hauptleistung anzusehen ist (z. B. Fliesenabfuhr bei Neuverfliesung eines

1) § 4f sowie § 10 Abs. 1 Nr. 5 und 8 EStG wurden durch das FamLeistG ab 2009 aufgehoben. Die Regelungen zur steuerlichen Berücksichtigung von Kinderbetreuungskosten wurden – ohne materiell-rechtliche Änderungen – in § 9c EStG (Einfügung ab VZ 2009 durch das FamLeistG) zusammengefasst.

Bades, Grünschnittabfuhr bei Gartenpflege). [4]Auch Aufwendungen, bei denen eine Gutachtertätigkeit im Vordergrund steht, sind nicht begünstigt. [5]Das Gleiche gilt für Verwaltergebühren.

30 [1]Der Anteil der Arbeitskosten muss grundsätzlich anhand der Angaben in der Rechnung gesondert ermittelt werden können. Auch eine prozentuale Aufteilung des Rechnungsbetrages in Arbeitskosten bzw. Materialkosten durch den Rechnungsaussteller ist zulässig. [2]Bei Wartungsverträgen ist es nicht zu beanstanden, wenn der Anteil der Arbeitskosten, der sich auch pauschal aus einer Mischkalkulation ergeben kann, aus einer Anlage zur Rechnung hervorgeht. [3]Abschlagszahlungen können nur dann berücksichtigt werden, wenn hierfür eine Rechnung vorliegt, welche die Voraussetzungen des § 35a EStG erfüllt. [4]Ein gesonderter Ausweis der auf die Arbeitskosten entfallenden Mehrwertsteuer ist nicht erforderlich.

31 Aufwendungen für haushaltsnahe Dienstleistungen oder Handwerkerleistungen, die im Zusammenhang mit Versicherungsschadensfällen entstehen, können nur berücksichtigt werden, soweit sie nicht von der Versicherung erstattet werden. Dabei sind nicht nur erhaltene, sondern auch in späteren Veranlagungszeiträumen zu erwartende Versicherungsleistungen zu berücksichtigen.

32 Für die Inanspruchnahme der Steuerermäßigung ist auf den Veranlagungszeitraum der Zahlung abzustellen (§ 11 Abs. 2 EStG). Bei regelmäßig wiederkehrenden Ausgaben (z. B. nachträgliche monatliche Zahlung oder monatliche Vorauszahlung einer Pflegeleistung), die innerhalb eines Zeitraums von bis zu zehn Tagen nach Beendigung bzw. vor Beginn eines Kalenderjahres fällig und geleistet worden sind, werden die Ausgaben dem Kalenderjahr zugerechnet, zu dem sie wirtschaftlich gehören. Bei geringfügigen Beschäftigungsverhältnissen gehören die Abgaben für das in den Monaten Juli bis Dezember erzielte Arbeitsentgelt, die erst am 15. Januar des Folgejahres fällig werden, noch zu den begünstigten Aufwendungen des Vorjahres.

33 [1]Bei Wohnungseigentümern und Mietern ist erforderlich, dass die auf den einzelnen Wohnungseigentümer und Mieter entfallenden Aufwendungen für haushaltsnahe Beschäftigungsverhältnisse und Dienstleistungen sowie für Handwerkerleistungen entweder in der Jahresabrechnung gesondert aufgeführt oder durch eine Bescheinigung des Verwalters oder Vermieters nachgewiesen sind. [2]Aufwendungen für regelmäßig wiederkehrende Dienstleistungen (wie z. B. Reinigung des Treppenhauses, Gartenpflege, Hausmeister) werden grundsätzlich anhand der geleisteten Vorauszahlungen im Jahr der Vorauszahlungen berücksichtigt, einmalige Aufwendungen (wie z. B. Handwerkerrechnungen) dagegen erst im Jahr der Genehmigung der Jahresabrechnung. [3]Es ist aber auch nicht zu beanstanden, wenn Wohnungseigentümer die gesamten Aufwendungen erst in dem Jahr geltend machen, in dem die Jahresabrechnung im Rahmen der Eigentümerversammlung genehmigt worden ist. [4]Entsprechendes gilt für die Nebenkostenabrechnung der Mieter. [5]Handwerkerleistungen, die im Jahr 2005 erbracht worden sind, sind aber auch dann nicht begünstigt, wenn die Jahresabrechnung 2005 im Jahr 2006 durch die Eigentümerversammlung genehmigt worden ist.

34 [1]Die Höchstbeträge nach § 35a EStG können nur haushaltsbezogen in Anspruch genommen werden (§ 35a Abs. 3 EStG). [2]Leben z. B. zwei Alleinstehende im gesamten Veranlagungszeitraum in einem Haushalt und sind beide Arbeitgeber haushaltsnaher Beschäftigungsverhältnisse bzw. Auftraggeber haushaltsnaher Dienstleistungen, von Pflege- und Betreuungsleistungen oder von Handwerkerleistungen, erfolgt die Aufteilung der Höchstbeträge grundsätzlich nach Maßgabe der jeweiligen Aufwendungen, es sei denn, es wird einvernehmlich eine andere Aufteilung gewählt. [3]Dies gilt auch für Partner einer eingetragenen Lebenspartnerschaft.

4. Nachweis

35 [1]Sowohl bei Aufwendungen im Rahmen einer haushaltsnahen Dienstleistung als auch bei Handwerker- oder Pflege- und Betreuungsleistungen im Sinne des § 35a Abs. 2 EStG ist die Steuerermäßigung davon abhängig, dass der Steuerpflichtige die Aufwendungen durch Vorlage einer Rechnung und die Zahlung auf ein Konto des Erbringers der Leistung durch einen Beleg des Kreditinstituts nachweist (§ 35a Abs. 2 Satz 5[1]) EStG). [2]Bei Wohnungseigentümern und Mietern sind die sich aus Rdnr. 25 ergebenden Nachweise mit der Antragstellung vorzulegen.

36 [1]Die Zahlung auf das Konto des Erbringers der Leistung erfolgt in der Regel durch Überweisung. Beträge, für deren Begleichung ein Dauerauftrag eingerichtet worden ist oder die durch eine Einzugsermächtigung abgebucht oder im Wege des Online-Bankings überwiesen wurden, können in Verbindung mit dem Kontoauszug, der die Abbuchung ausweist, anerkannt werden. [2]Dies gilt auch bei Übergabe eines Verrechnungsschecks oder der Teilnahme am Electronic-Cash-Verfahren oder am elektronischen Lastschriftverfahren. [3]Barzahlungen können nicht anerkannt werden.

1) Änderung § 35a Abs. 2 Satz 5 EStG durch das JStG 2008:
Voraussetzung ist ab VZ 2008, das der Stpfl. für die Aufwendungen eine Rechnung erhalten hat und die Zahlung auf das Konto des Erbringers der Leistung erfolgt ist.

V Mehrfache Inanspruchnahme der Steuerermäßigungen

[1]Neben der Steuerermäßigung nach § 35a Abs. 1 Satz 1 Nr. 1 EStG für ein geringfügiges Beschäftigungsverhältnis im Sinne des § 8a SGB IV kann der Steuerpflichtige auch die Steuerermäßigung nach Nummer 2 der Vorschrift für ein sozialversicherungspflichtiges Beschäftigungsverhältnis beanspruchen. [2]Liegen die Voraussetzungen für die Inanspruchnahme der Steuerermäßigung nach § 35a Abs. 1 Satz 1 Nr. 1 oder 2 EStG vor, ist für das hiernach förderbare Beschäftigungsverhältnis die Steuerermäßigung nach § 35a Abs. 2 Satz 1 und 2 EStG ausgeschlossen (§ 35a Abs. 2 Satz 4 EStG). 37

VI Anwendungsregelung

[1]Dieses Schreiben ist ab dem Veranlagungszeitraum 2006 anzuwenden und ersetzt ab diesem Zeitraum die BMF-Schreiben vom 1. November 2004 (BStBl I S. 958) und vom 3. November 2006 (BStBl I S 711). [2]Für die Inanspruchnahme des § 35a Abs. 2 Satz 2 EStG im Veranlagungszeitraum 2006 ist erforderlich, dass sowohl die Erbringung der Leistung als auch die Bezahlung im Veranlagungszeitraum 2006 erfolgt (§ 52 Abs. 50b EStG). 38

[1]Rdnr. 8 und 20 sind in allen noch offenen Fällen ab dem Veranlagungszeitraum 2003 anzuwenden. [2]Das Gleiche gilt für die Rdnrn. 12, 18 und 19 (Heimbewohner, Wohnungseigentümergemeinschaften, Mieter), soweit es um die Anwendung des § 35a Abs. 1 und Abs. 2 Satz 1 EStG geht. [3]Für Kalenderjahre bis einschließlich 2006 kann abweichend von Rdnr. 30 Satz 1 der Anteil der steuerbegünstigten Arbeitskosten an den Aufwendungen im Schätzungswege ermittelt werden; in den Fällen der Rdnr. 33 Satz 2 zweiter Halbsatz und Satz 3 können die in Rechnungen des Jahres 2006 im Schätzungswege ermittelten Arbeitskosten auch im Veranlagungszeitraum 2007 geltend gemacht werden. 39

Anlage

Muster für eine Bescheinigung
(zu Rdnr. 18)

-- --
-- --
-- --

(Name und Anschrift des Verwalters/Vermieters) (Name und Anschrift des Eigentümers/Mieters)

Anlage zur Jahresabrechnung für das Jahr .....

In der Jahresabrechnung für das nachfolgende Objekt

(Ort, Straße, Hausnummer und ggf. genaue Lagebezeichnung der Wohnung)

sind Ausgaben im Sinne des § 35a Einkommensteuergesetz (EStG) enthalten, die wie folgt zu verteilen sind:

A) ***Aufwendungen für sozialversicherungspflichtige Beschäftigungen***
(§ 35a Abs. 1 Satz 1 Nr. 2 EStG)

Bezeichnung	**Gesamtbetrag (in Euro)**	**Anteil des Miteigentümers/des Mieters**

B) ***Aufwendungen für die Inanspruchnahme von haushaltsnahen Dienstleistungen***
(§ 35a Abs. 2 Satz 1, 1. Halbsatz EStG)

Bezeichnung	**Gesamtbetrag (in Euro)**	**nicht zu berücksichtigende Materialkosten (in Euro)**	**Aufwendungen bzw. Arbeitskosten (Rdnr. 29/30) (in Euro)**	**Anteil des Miteigentümers/ des Mieters**

C) ***Aufwendungen für die Inanspruchnahme von Handwerkerleistungen für Renovierungs-, Erhaltungs- und Modernisierungsmaßnahmen***
§ 35a Abs. 2 Satz 2 EStG)

Bezeichnung	**Gesamtbetrag (in Euro)**	**nicht zu berücksichtigende Materialkosten (in Euro)**	**Aufwendungen bzw. Arbeitskosten (Rdnr. 29/30) (in Euro)**	**Anteil des Miteigentümers/ des Mieters**

-- --
(Ort und Datum) (Unterschrift des Verwalters oder Vermieters)

Hinweis: Die Entscheidung darüber, welche Positionen im Rahmen der Einkommensteuererklärung berücksichtigt werden können, obliegt ausschließlich der zuständigen Finanzbe-

Übersicht

I.
Investitionszulagengesetz 2007 (InvZulG 2007)[1])

vom 23. 2. 2007 (BGBl I S. 282),
zuletzt geändert durch Artikel 2 des Gesetz zur Schaffung einer Nachfolgeregelung und Änderung des Investitionszulagengesetzes 2007 vom 7. 12. 2008 (BGBl. I S. 2350, BStBl. I S. 49)

§ 1 Anspruchsberechtigter, Fördergebiet

(1) [1]Steuerpflichtige im Sinne des Einkommensteuergesetzes und des Körperschaftsteuergesetzes, die im Fördergebiet begünstigte Investitionen im Sinne des § 2 vornehmen, haben Anspruch auf eine Investitionszulage. [2]Steuerpflichtige im Sinne des Körperschaftsteuergesetzes haben keinen Anspruch, soweit sie nach § 5 des Körperschaftsteuergesetzes von der Körperschaftsteuer befreit sind. [3]Bei Personengesellschaften und Gemeinschaften tritt an die Stelle des Steuerpflichtigen die Gesellschaft oder die Gemeinschaft als Anspruchsberechtigte.

(2) [1]Fördergebiet sind die Länder Berlin, Brandenburg, Mecklenburg-Vorpommern, Sachsen, Sachsen-Anhalt und Thüringen. [2]In den in der Anlage 1 zu diesem Gesetz aufgeführten Teilen des Landes Berlin ist dieses Gesetz nur anzuwenden bei Investitionen, die zu Erstinvestitionsvorhaben gehören, die der Anspruchsberechtigte vor dem 1. Januar 2007 begonnen hat.

§ 2 Begünstigte Investitionen

(1) [1]Begünstigte Investitionen sind die Anschaffung und die Herstellung von neuen abnutzbaren beweglichen Wirtschaftsgütern des Anlagevermögens,

1. die zu einem Erstinvestitionsvorhaben im Sinne des Absatzes 3 gehören,
2. die mindestens fünf Jahre nach Beendigung des Erstinvestitionsvorhabens (Bindungszeitraum)
   a) zum Anlagevermögen eines Betriebs oder einer Betriebsstätte eines Betriebs des verarbeitenden Gewerbes, der produktionsnahen Dienstleistungen oder des Beherbergungsgewerbes des Anspruchsberechtigten im Fördergebiet gehören,
   b) in einer Betriebsstätte eines solchen Betriebs des Anspruchsberechtigten im Fördergebiet verbleiben,
   c) in jedem Jahr zu nicht mehr als 10 Prozent privat genutzt werden.

[2]Nicht begünstigt sind Luftfahrzeuge, Personenkraftwagen und geringwertige Wirtschaftsgüter im Sinne des § 6 Abs. 2 Satz 1 des Einkommensteuergesetzes mit der Maßgabe, dass an die Stelle des Wertes von 150 Euro der Wert von 410 Euro tritt[2]). [3]Satz 1 gilt nur, soweit in den sensiblen Sektoren, die in der Anlage 2 zu diesem Gesetz aufgeführt sind, die Förderfähigkeit nicht eingeschränkt oder ausgeschlossen ist. [4]Für nach dem 31. Dezember 2006 begonnene Erstinvestitionsvorhaben verringert sich der Bindungszeitraum auf drei Jahre, wenn die beweglichen Wirtschaftsgüter in einem begünstigten Betrieb verbleiben, der zusätzlich die Begriffsdefinition für kleine und mittlere Unternehmen im Sinne der Empfehlung der Kommission vom 6. Mai 2003 betreffend die Definition der Kleinstunternehmen sowie der kleinen und mittleren Unternehmen (ABl. EU Nr. L 124 S. 36) im Zeitpunkt des Beginns des Erstinvestitionsvorhabens erfüllt. [5]Für den Anspruch auf Investitionszulage ist es unschädlich, wenn das bewegliche Wirtschaftsgut innerhalb des Bindungszeitraums

1. a) in das Anlagevermögen eines mit dem Anspruchsberechtigten verbundenen Unternehmens eines begünstigten Wirtschaftszweigs im Fördergebiet übergeht, oder
   b) in einem mit dem Anspruchsberechtigten verbundenen Unternehmen eines begünstigten Wirtschaftszweigs im Fördergebiet verbleibt

   und

1) Anwendungsschreiben → BMF vom 8. 5. 2008 (BStBl I S. 590)
2) • gilt ab 1. 1. 2008

2. dem geförderten Erstinvestitionsvorhaben eindeutig zugeordnet bleibt.

[6]Ersetzt der Anspruchsberechtigte ein begünstigtes bewegliches Wirtschaftsgut wegen rascher technischer Veränderungen vor Ablauf des jeweils maßgebenden Bindungszeitraums durch ein neues abnutzbares bewegliches Wirtschaftsgut, ist Satz 1 Nr. 2 mit der Maßgabe anzuwenden, dass für die verbleibende Zeit des jeweils maßgebenden Bindungszeitraums das Ersatzwirtschaftsgut an die Stelle des begünstigten beweglichen Wirtschaftsguts tritt. [7]Beträgt die betriebsgewöhnliche Nutzungsdauer des begünstigten beweglichen Wirtschaftsguts weniger als fünf oder in Fällen des Satzes 4 weniger als drei Jahre, tritt die zu Beginn des Bindungszeitraums verbleibende betriebsgewöhnliche Nutzungsdauer an die Stelle des Zeitraums von fünf oder drei Jahren. [8]Als Privatnutzung im Sinne des Satzes 1 Nr. 2 Buchstabe c gilt auch die Verwendung von Wirtschaftsgütern, die zu einer verdeckten Gewinnausschüttung nach § 8 Abs. 3 des Körperschaftsteuergesetzes führt. [9]Betriebe der produktionsnahen Dienstleistungen sind die folgenden Betriebe[1]):

1. Betriebe der Datenverarbeitung und Datenbanken,
2. Betriebe der Forschung und Entwicklung,
3. Betriebe der Markt- und Meinungsforschung,
4. Ingenieurbüros für bautechnische Gesamtplanung,
5. Ingenieurbüros für technische Fachplanung,
6. Büros für Industrie-Design,
7. Betriebe der technischen, physikalischen und chemischen Untersuchung,
8. Betriebe der Werbung und
9. Betriebe des fotografischen Gewerbes.

[10]Betriebe des Beherbergungsgewerbes sind die folgenden Betriebe:

1. Betriebe der Hotellerie,
2. Jugendherbergen und Hütten,
3. Campingplätze und
4. Erholungs- und Ferienheime.

[11]Hat ein Betrieb Betriebsstätten innerhalb und außerhalb des Fördergebiets, gelten für die Einordnung des Betriebs in das verarbeitende Gewerbe oder in die produktionsnahen Dienstleistungen oder in das Beherbergungsgewerbe alle Betriebsstätten im Fördergebiet als ein Betrieb.

(2) [1]Begünstigte Investitionen sind auch die Anschaffung neuer Gebäude, Eigentumswohnungen, im Teileigentum stehender Räume und anderer Gebäudeteile, die selbständige unbewegliche Wirtschaftsgüter sind (Gebäude), bis zum Ende des Jahres der Fertigstellung sowie die Herstellung neuer Gebäude, soweit die Gebäude zu einem Erstinvestitionsvorhaben im Sinne des Absatzes 3 gehören und mindestens fünf Jahre nach dem Abschluss des Investitionsvorhabens in einem Betrieb des verarbeitenden Gewerbes, in einem Betrieb der produktionsnahen Dienstleistungen oder in einem Betrieb des Beherbergungsgewerbes im Sinne des Absatzes 1 verwendet werden. [2]Im Fall der Anschaffung kann Satz 1 nur angewendet werden, wenn kein anderer Anspruchsberechtigter für das Gebäude Investitionszulage in Anspruch nimmt. [3]Absatz 1 Satz 3, 4 und 11 gilt entsprechend.

(3) Erstinvestitionen sind die Anschaffung oder Herstellung von Wirtschaftsgütern bei

1. Errichtung einer neuen Betriebsstätte,
2. Erweiterung einer bestehenden Betriebsstätte,
3. Diversifizierung der Produktion einer Betriebsstätte in neue, zusätzliche Produkte
4. grundlegende Änderung des Gesamtproduktionsverfahrens einer bestehenden Betriebsstätte oder
5. Übernahme eines Betriebs, der geschlossen worden ist oder geschlossen worden wäre, wenn der Betrieb nicht übernommen worden wäre und wenn die Übernahme durch einen unabhängigen Investor erfolgt.

1) Übergang von der Klassifikation der Wirtschaftszweige 2003 zur Klassifikation der Wirtschaftszweige 2008 (WZ 2008) → BMF vom 19. 12. 2008 – IV C 3 – InvZ 1015/07/0002, DOK 2008/0672629 – (BStBl I S. 27).

§ 3 Investitionszeitraum

(1) [1]Investitionen sind begünstigt, wenn sie zu einem Erstinvestitionsvorhaben im Sinne des § 2 Abs. 3 gehören, mit dem der Anspruchsberechtigte

1. in der Zeit vom 21. Juli 2006 bis zum 31. Dezember 2006,
2. in der Zeit vom 1. Januar 2007 bis 31. Dezember 2009

begonnen hat und die begünstigte Investition nach dem 31. Dezember 2006 und vor dem 1. Januar 2010 abgeschlossen wird oder nach dem 31. Dezember 2009 abgeschlossen wird, soweit vor dem 1. Januar 2010 Teilherstellungskosten entstanden oder im Fall der Anschaffung Teillieferungen erfolgt sind. [2]Für ein Erstinvestitionsvorhaben, mit dem der Anspruchsberechtigte vor dem 21. Juli 2006 begonnen hat, gilt Satz 1 auch dann, wenn hierfür

1. eine Genehmigungsentscheidung der Kommission vor Festsetzung der Investitionszulage erteilt worden ist, in der auf die Möglichkeit der Förderung durch Investitionszulage aufgrund einer Nachfolgeregelung ausdrücklich hingewiesen wurde, oder
2. ein Förderbescheid der zuständigen Bewilligungsbehörde für die Gewährung von Investitionszuschüssen im Rahmen der Gemeinschaftsaufgabe „Verbesserung der regionalen Wirtschaftsstruktur" (GA) vor dem 21. Juli 2006 erteilt worden ist, der den Gesamtbetrag der Förderung aus öffentlichen Mitteln und die Höhe des GA-Zuschusses unter Berücksichtigung einer erwarteten Investitionszulage aus einer Nachfolgeregelung zum Investitionszulagengesetz 2005 festsetzt, sowie eine Erhöhung des GA-Zuschusses insoweit vorsieht, als eine Investitionszulage nach diesem Gesetz nicht gewährt wird; in diesen Fällen darf die für das Erstinvestitionsvorhaben nach diesem Gesetz gewährte Investitionszulage den Nettosubventionswert des zugesicherten Erhöhungsbetrags des GA-Zuschusses nicht übersteigen. Der Nettosubventionswert ist nach Anhang I der Leitlinien für staatliche Beihilfen mit regionaler Zielsetzung (ABl. EG 1998 Nr. C 74 S. 9) zu ermitteln.

(2) [1]Ein Erstinvestitionsvorhaben ist begonnen, wenn mit der ersten hierzu gehörenden Einzelinvestition begonnen worden ist. [2]Außer in den Fällen des § 2 Abs. 3 Nr. 5 ist der Grundstückserwerb nicht als Investitionsbeginn anzusehen. [3]Die Investition ist in dem Zeitpunkt begonnen, in dem das Wirtschaftsgut bestellt oder seine Herstellung begonnen worden ist. [4]Gebäude gelten in dem Zeitpunkt als bestellt, in dem über ihre Anschaffung ein rechtswirksam abgeschlossener obligatorischer Vertrag oder ein gleichstehender Rechtsakt vorliegt. [5]Als Beginn der Herstellung gilt bei Gebäuden der Abschluss eines der Ausführung zuzurechnenden Lieferungs- oder Leistungsvertrages oder die Aufnahme von Bauarbeiten. [6]Investitionen sind in dem Zeitpunkt abgeschlossen, in dem die Wirtschaftsgüter angeschafft oder hergestellt sind.

§ 4 Bemessungsgrundlage

[1]Bemessungsgrundlage der Investitionszulage ist die Summe der Anschaffungs- und Herstellungskosten der im Wirtschaftsjahr oder Kalenderjahr abgeschlossenen begünstigten Investitionen, soweit sie die vor dem 1. Januar 2007 entstandenen Teilherstellungskosten oder den Teil der Anschaffungskosten, der auf die vor dem 1. Januar 2007 erfolgten Teillieferungen entfällt, übersteigen. [2]In die Bemessungsgrundlage können die im Wirtschaftsjahr oder Kalenderjahr geleisteten Anzahlungen auf Anschaffungskosten und entstandenen Teilherstellungskosten einbezogen werden. [3]Das gilt für vor dem 1. Januar 2007 geleistete Anzahlungen auf Anschaffungskosten nur insoweit, als sie den Teil der Anschaffungskosten, der auf die vor dem 1. Januar 2007 erfolgten Teillieferungen entfällt, übersteigen. [4]In den Fällen der Sätze 2 und 3 dürfen im Wirtschaftsjahr oder Kalenderjahr der Anschaffung oder Herstellung der Wirtschaftsgüter die Anschaffungs- oder Herstellungskosten bei der Bemessung der Investitionszulage nur berücksichtigt werden, soweit sie die Anzahlungen, Teilherstellungskosten oder die Anschaffungskosten für Teillieferungen übersteigen. [5]§ 7a Abs. 2 Satz 3 bis 5 des Einkommensteuergesetzes gilt entsprechend. [6]Die Beschränkungen der Bemessungsgrundlage in Satz 1 und Satz 3 für vor dem 1. Januar 2007 entstandene Teilherstellungskosten und Anschaffungskosten für vor dem 1. Januar 2007 erfolgte Teillieferungen gelten nur, soweit ein Anspruch auf Investitionszulage nach dem Investitionszulagengesetz 2005 besteht.

§ 5 Höhe der Investitionszulage

(1) [1]Die Investitionszulage beträgt vorbehaltlich Satz 2

1. 12,5 Prozent der Bemessungsgrundlage,
2. 15 Prozent der Bemessungsgrundlage, wenn es sich um Investitionen in Betriebsstätten im Randgebiet nach der Anlage 3 zu diesem Gesetz handelt.

[2]Bei Investitionen, die zu einem großen Investitionsvorhaben gehören, auf das der multisektorale Regionalbeihilferahmen für große Investitionsvorhaben vom 13. Februar 2002 (ABl. EG Nr. C 70 S. 8), geändert durch die Mitteilung der Kommission vom 1. November 2003 (ABl. EU Nr. C 263 S. 3), oder die Leitlinien für staatliche Beihilfen mit regionaler Zielsetzung 2007-2013 (ABl. EU 2006 Nr. C 54 S. 13) anzuwenden sind, ist Satz 1 nur insoweit anzuwenden, als der jeweils beihilferechtlich geltende Regionalförderhöchstsatz durch die Gewährung von Investitionszulagen nicht überschritten wird.

(2) [1]Die Investitionszulage erhöht sich vorbehaltlich Satz 2 für den Teil der Bemessungsgrundlage, der auf Investitionen im Sinne des § 2 Abs. 1 entfällt, wenn die beweglichen Wirtschaftsgüter während des Bindungszeitraums in einem begünstigten Betrieb verbleiben, der im Zeitpunkt des Beginns des Erstinvestitionsvorhabens zusätzlich die Begriffsdefinition für kleine und mittlere Unternehmen im Sinne der Empfehlung der Kommission vom 6. Mai 2003 erfüllt, auf

1. 25 Prozent der Bemessungsgrundlage,
2. 27,5 Prozent der Bemessungsgrundlage, wenn es sich um Investitionen in Betriebsstätten im Randgebiet nach der Anlage 3 zu diesem Gesetz handelt,
3. 15 Prozent der Bemessungsgrundlage, wenn es sich um Investitionen im Rahmen eines großen Investitionsvorhabens im Sinne der Leitlinien für staatliche Beihilfen mit regionaler Zielsetzung 2007-2013 in Betriebsstätten in dem Teil des Landes Berlin handelt, das zum Fördergebiet gehört.

[2]Absatz 1 Satz 2 gilt entsprechend.

§ 5a[1]) Begünstigte Investitionen, Investitionszeitraum und Höhe der Investitionszulage in dem nicht zum Fördergebiet im Sinne des § 1 Abs. 2 gehörenden Teil des Landes Berlin

(1) [1]Steuerpflichtige im Sinne des Einkommensteuergesetzes und des Körperschaftsteuergesetzes, die in den in der Anlage 1 zu diesem Gesetz aufgeführten Teilen des Landes Berlin begünstigte Investitionen im Sinne des § 2 vornehmen, haben nach Maßgabe der folgenden Absätze Anspruch auf eine Investitionszulage. [2]§ 1 Abs. 1 Satz 2 und 3 gilt entsprechend.

(2) [1]Für Erstinvestitionsvorhaben im Sinne des § 2 Abs. 3, mit denen der Anspruchsberechtigte nach dem 16. Oktober 2007 und vor dem 1. Januar 2009 begonnen hat, findet die Verordnung (EG) Nr. 70/2001 der Kommission vom 12. Januar 2001 über die Anwendung der Artikel 87 und 88 EG-Vertrag auf staatliche Beihilfen an kleine und mittlere Unternehmen (ABl. EG Nr. L 10 S. 33), zuletzt geändert durch die Verordnung (EG) Nr. 1976/2006 der Kommission vom 20. Dezember 2006 (ABl. EU Nr. L 368 S. 85), Anwendung. ***[2]Für Erstinvestitionsvorhaben im Sinne des § 2 Abs. 3, mit denen der Anspruchsberechtigte nach dem 31. Dezember 2008 begonnen hat, findet die Verordnung (EG) Nr. 800/2008 der Kommission vom 6. August 2008 zur Erklärung der Vereinbarkeit bestimmter Gruppen von Beihilfen mit dem Gemeinsamen Markt in Anwendung der Artikel 87 und 88 EG-Vertrag (allgemeine Gruppenfreistellungsverordnung) (ABl. EU Nr. L 214 S. 3) Anwendung.***

(3) [1]Für Investitionen im Sinne des Absatzes 2 ***Satz 1***, die vorbehaltlich der ***Absätze 5 und 6*** die Voraussetzungen des § 2 Abs. 1 und 2 und des § 3 Abs. 1 Nr. 2 erfüllen, beträgt die Investitionszulage

1. 7,5 Prozent der Bemessungsgrundlage, wenn es sich um Investitionen in Betriebsstätten eines begünstigten Betriebs handelt, der im Zeitpunkt des Beginns des Erstinvestitionsvorhabens die Begriffsdefinition für mittlere Unternehmen im Sinne der Empfehlung der Kommission vom 6. Mai 2003 erfüllt,
2. 15 Prozent der Bemessungsgrundlage, wenn es sich um Investitionen in Betriebsstätten eines begünstigten Betriebs handelt, der im Zeitpunkt des Beginns des Erstinvestitionsvorhabens die Begriffsdefinition für kleine Unternehmen im Sinne der Empfehlung der Kommission vom 6. Mai 2003 erfüllt.

[2]Satz 1 gilt nicht, soweit es sich um Investitionen handelt, die zu einem Erstinvestitionsvorhaben gehören, dessen förderfähige Kosten sich auf mindestens 25 Millionen Euro belaufen, oder soweit es sich um Investitionen in den Sektoren Herstellung, Verarbeitung und Vermarktung landwirtschaftlicher Produkte im Sinne des Anhang I des EG-Vertrages handelt.

(4) [1]Für Investitionen im Sinne des Absatzes 2 Satz 2, die vorbehaltlich der Absätze 5 und 6 die Voraussetzungen des § 2 Abs. 1 und 2 und des § 3 Abs. 1 Nr. 2 erfüllen, beträgt die Investitionszulage

1) § 5a wurde durch das Gesetz zur Schaffung einer Nachfolgeregelung und Änderung des Investitionszulagengesetzes 2007 (Inkrafttreten 11. 12. 2008) geändert.

1. 10 Prozent der Bemessungsgrundlage, wenn es sich um Investitionen in Betriebsstätten eines begünstigten Betriebs handelt, der im Zeitpunkt des Beginns des Erstinvestitionsvorhabens die Begriffsdefinition für mittlere Unternehmen im Sinne der Empfehlung der Kommission vom 6. Mai 2003 erfüllt,

2. 20 Prozent der Bemessungsgrundlage, wenn es sich um Investitionen in Betriebsstätten eines begünstigten Betriebs handelt, der im Zeitpunkt des Beginns des Erstinvestitionsvorhabens die Begriffsdefinition für kleine Unternehmen im Sinne der Empfehlung der Kommission vom 6. Mai 2003 erfüllt.

[2]Satz 1 gilt nur, soweit die Investitionszulage für ein Erstinvestitionsvorhaben den Betrag von 7,5 Millionen Euro nicht überschreitet. [3]Eine höhere Investitionszulage kann nur dann festgesetzt werden, wenn eine Genehmigungsentscheidung der Kommission vor Festsetzung der Investitionszulage erteilt worden ist, in der eine höhere Beihilfeintensität festgelegt worden ist.

(***5***) [1]Dieselben förderfähigen Kosten dürfen neben der nach Absatz 3 gewährten Investitionszulage nicht mit sonstigen Beihilfen im Sinne des Artikels 87 Abs. 1 des EG-Vertrages oder mit anderen Gemeinschaftsmitteln gefördert werden. ***[2]Trifft bei einem Erstinvestitionsvorhaben im Sinne des Absatzes 4 die Investitionszulage mit anderen Regionalbeihilfen zusammen, darf der Gesamtbetrag der Beihilfe aus allen Quellen 7,5 Millionen Euro oder den in einer Genehmigungsentscheidung der Kommission festgelegten Betrag nicht übersteigen. [3]Die Überwachung der Einhaltung dieser Auflage obliegt dem jeweils anderen Beihilfegeber.***

(***6***) §§ 4, 6 bis 9, 10 Abs. 3 und 4 sowie §§ 11 bis 14 gelten sinngemäß.

§ 6 Antrag auf Investitionszulage

(1) [1]Der Antrag ist bei dem für die Besteuerung des Anspruchsberechtigten nach dem Einkommen zuständigen Finanzamt zu stellen. [2]Ist eine Personengesellschaft oder Gemeinschaft Anspruchsberechtigter, so ist der Antrag bei dem Finanzamt zu stellen, das für die einheitliche und gesonderte Feststellung der Einkünfte zuständig ist.

(2) [1]Der Antrag ist nach amtlichem Vordruck zu stellen und vom Anspruchsberechtigten eigenhändig zu unterschreiben. [2]In dem Antrag sind die Investitionen, für die eine Investitionszulage beansprucht wird, so genau zu bezeichnen, dass ihre Feststellung bei einer Nachprüfung möglich ist.

§ 7 Gesonderte Feststellung

[1]Werden die in einem Betrieb im Sinne des § 2 erzielten Einkünfte nach § 180 Abs. 1 Nr. 2 Buchstabe b der Abgabenordnung gesondert festgestellt, sind die Bemessungsgrundlage und der Prozentsatz der Investitionszulage für Wirtschaftsgüter, die zum Anlagevermögen dieses Betriebs gehören, von dem für die gesonderte Feststellung zuständigen Finanzamt gesondert festzustellen. [2]Die für die Feststellung erforderlichen Angaben sind in den Antrag nach § 6 Abs. 2 aufzunehmen.

§ 8 Einzelnotifizierungspflichten und Genehmigungsvorbehalte und anzuwendende Rechtsvorschriften der Kommission

(1) Auf Erstinvestitionsvorhaben, mit denen der Anspruchsberechtigte nach dem 31. Dezember 2006 beginnt, findet die Verordnung (EG) Nr. 1628/2006 der Kommission vom 24. Oktober 2006 über die Anwendung der Artikel 87 und 88 EG-Vertrag auf regionale Investitionsbeihilfen der Mitgliedstaaten (ABl. EU Nr. L 302 S. 29) Anwendung.

(2) Die Investitionszulage für Investitionen in sensible Sektoren (Anlage 2), ist erst nach Genehmigung durch die Kommission festzusetzen, wenn Einzelnotifizierungspflichten in den von den Organen der Europäischen Gemeinschaften über die sensiblen Sektoren erlassenen Rechtsvorschriften vorgesehen sind.

(3) Die Investitionszulage für Investitionen, die zu einem großen Investitionsvorhaben gehören, das die Anmeldungsvoraussetzungen des multisektoralen Regionalbeihilferahmens für große Investitionsvorhaben vom 16. Dezember 1997 (ABl. EG 1998 Nr. C 107 S. 7), zuletzt geändert durch Mitteilung der Kommission an die Mitgliedstaaten vom 11. August 2001 (ABl. EG Nr. C 226 S. 16), oder des multisektoralen Regionalbeihilferahmens für große Investitionsvorhaben vom 13. Februar 2002 erfüllt, ist erst festzusetzen, wenn die Kommission die höchstzulässige Beihilfeintensität festgelegt hat.

(4) Die Investitionszulage für Investitionen, die zu einem Erstinvestitionsvorhaben gehören, das die Anmeldungsvoraussetzungen der Leitlinien für staatliche Beihilfen mit regionaler Zielsetzung

2007-2013 erfüllt, ist in den Fällen, in denen hiernach eine Einzelnotifizierung vorgeschrieben ist, erst nach Genehmigung durch die Kommission festzusetzen.

(5) Bei einem Unternehmen, das einer Rückforderungsanordnung aufgrund einer Entscheidung der Kommission über die Rückzahlung einer Beihilfe nicht Folge geleistet hat, ist die Investitionszulage erst festzusetzen, wenn der Rückforderungsbetrag zurückgezahlt worden ist.

(6) Die Investitionszulage ist der Kommission zur Genehmigung vorzulegen und erst nach deren Genehmigung festzusetzen, wenn sie für ein Unternehmen bestimmt ist, das

1. kein kleines Unternehmen im Sinne der Empfehlung der Kommission vom 6. Mai 2003 ist,
2. als Unternehmen in Schwierigkeiten Umstrukturierungsbeihilfen im Sinne der „Leitlinien der Gemeinschaft für staatliche Beihilfen zur Rettung und Umstrukturierung von Unternehmen in Schwierigkeiten"
   a) vom 8. Juli 1999 (ABl. EG Nr. C 288 S. 2, 2000 Nr. C 121 S. 29) oder
   b) vom 1. Oktober 2004 (ABl. EU Nr. C 244 S. 2) erhalten hat und
3. sich in der Umstrukturierungsphase befindet; diese beginnt mit der Genehmigung des Umstrukturierungsplans im Sinne der „Leitlinien der Gemeinschaft für staatliche Beihilfen zur Rettung und Umstrukturierung von Unternehmen in Schwierigkeiten" und endet mit der vollständigen Durchführung des Umstrukturierungsplans.

(7) Das Bundesministerium der Finanzen wird ermächtigt, durch Rechtsverordnung mit Zustimmung des Bundesrates weitere Einzelnotifizierungspflichten zu regeln, die sich aus den von den Organen der Europäischen Gemeinschaften erlassenen Rechtsvorschriften ergeben.

(8) Das Bundesministerium der Finanzen wird ermächtigt, zur Durchführung der von den Organen der Europäischen Gemeinschaften erlassenen Rechtsvorschriften die Liste der sensiblen Sektoren, in denen die Kommission die Förderfähigkeit ganz oder teilweise ausgeschlossen hat (Anlage 2), durch Rechtsverordnung mit Zustimmung des Bundesrates anzupassen.

§ 9 Festsetzung und Auszahlung

Die Investitionszulage ist nach Ablauf des Wirtschaftsjahrs oder Kalenderjahrs festzusetzen und innerhalb eines Monats nach Bekanntgabe des Bescheids aus den Einnahmen an Einkommensteuer oder Körperschaftsteuer auszuzahlen.

§ 10 Zusammentreffen mit anderen Regionalbeihilfen

(1) [1]Trifft bei demselben Erstinvestitionsvorhaben die Investitionszulage mit anderen Regionalbeihilfen zusammen, sind die in der Kommissionsentscheidung zur jeweils geltenden regionalen Fördergebietskarte genehmigten Förderhöchstintensitäten maßgeblich. Der Anspruch auf Investitionszulage bleibt hiervon unberührt. [2]Die Einhaltung der nach Satz 1 genehmigten Beihilfehöchstsätze ist durch die für die Gewährung der anderen Regionalbeihilfe jeweils zuständige Einrichtung sicherzustellen; sie ist Voraussetzung dafür, dass die Investitionszulage mit anderen Regionalbeihilfen zusammentreffen darf.

(2) [1]Trifft die Investitionszulage mit anderen Regionalbeihilfen zusammen, hat der Antragsteller entsprechend den Leitlinien für staatliche Beihilfen mit regionaler Zielsetzung (ABl. EG 1998 Nr. C 74 S. 9) oder entsprechend den Leitlinien für staatliche Beihilfen mit regionaler Zielsetzung 2007-2013 einen beihilfefreien Eigenanteil in Höhe von mindestens 25 Prozent der Kosten des Erstinvestitionsvorhabens zu erbringen. [2]Die Einhaltung dieser Auflage ist durch die für die Gewährung der anderen Regionalbeihilfe jeweils zuständige Einrichtung sicherzustellen; sie ist Voraussetzung dafür, dass die Investitionszulage mit anderen Regionalbeihilfen zusammentreffen darf.

(3) Wurden für ein nach dem 31. Dezember 2006 begonnenes Erstinvestitionsvorhaben Fördermittel nach der Verordnung (EG) Nr. 1998/2006 der Kommission vom 15. Dezember 2006 über die Anwendung der Artikel 87 und 88 EG-Vertrag auf „De-minimis"-Beihilfen (ABl. EU Nr. L 379 S. 59) gezahlt, darf in Bezug auf dieselben förderfähigen Ausgaben keine Investitionszulage gewährt werden, soweit hierdurch eine Überschreitung des nach der Fördergebietskarte 2007-2013 zulässigen Beihilfehöchstsatzes eintritt.

(4) In den Antrag nach § 6 Abs. 2 sind die Angaben aufzunehmen, die für die Feststellung der Voraussetzungen der Absätze 1 bis 3 erforderlich sind.

§ 11 Verzinsung des Rückforderungsanspruchs

[1]Ist der Bescheid über die Investitionszulage aufgehoben oder zuungunsten des Anspruchsberechtigten geändert worden, ist der Rückzahlungsanspruch nach § 238 der Abgabenordnung vom Tag der Auszahlung der Investitionszulage, in den Fällen des § 175 Abs. 1 Satz 1 Nr. 2 der Abgabenordnung vom Tag des Eintritts des rückwirkenden Ereignisses an, zu verzinsen. [2]Die Festsetzungsfrist beginnt mit Ablauf des Kalenderjahrs, in dem der Bescheid aufgehoben oder geändert worden ist.

§ 12 Ertragsteuerrechtliche Behandlung der Investitionszulage

[1]Die Investitionszulage gehört nicht zu den Einkünften im Sinne des Einkommensteuergesetzes. [2]Sie mindert nicht die steuerlichen Anschaffungs- und Herstellungskosten.

§ 13 Anwendung der Abgabenordnung

[1]Die für Steuervergütungen geltenden Vorschriften der Abgabenordnung sind mit Ausnahme des § 163 entsprechend anzuwenden. [2]In öffentlich-rechtlichen Streitigkeiten über die auf Grund dieses Gesetzes ergehenden Verwaltungsakte der Finanzbehörden ist der Finanzrechtsweg gegeben.

§ 14 Verfolgung von Straftaten

Für die Verfolgung einer Straftat nach den §§ 263 und 264 des Strafgesetzbuches, die sich auf die Investitionszulage bezieht, sowie der Begünstigung einer Person, die eine solche Straftat begangen hat, gelten die Vorschriften der Abgabenordnung über die Verfolgung von Steuerstraftaten entsprechend.

§ 15 Bekanntmachungserlaubnis

Das Bundesministerium der Finanzen wird ermächtigt, den Wortlaut dieses Gesetzes in der jeweils geltenden Fassung mit neuem Datum bekannt zu machen.

§ 16 (Inkrafttreten)

weggefallen

Anlage 1

(zu § 1 Abs. 2)

Teile des Landes Berlin, die nach der Fördergebietskarte 2007-2013 zum D-Fördergebiet gehören:

Verkehrszellen:

Bezirk Mitte (01)	007 1; 011 1; 011 2
Bezirk Friedrichshain-Kreuzberg (02)	114 1
Bezirk Pankow (03)	106 2; 107 2; 108 1; 157 1; 160 1; 161 3; 164 1
Bezirk Charlottenburg-Wilmersdorf (04)	018 1; 025 3; 026 1; 041 1; 043 2; 048 1
Bezirk Spandau (05)	027 2; 027 3; 027 4; 032 1; 032 2; 032 3; 032 4; 037 2; 038 1; 038 2; 039 1
Bezirk Steglitz- Zehlendorf (06)	049 2; 050 2; 050 3; 052 2;052 3; 062 1; 063 4; 064 3
Bezirk Tempelhof- Schöneberg (07)	060 1; 070 2; 070 3; 070 4; 074 2
Bezirk Neukölln (08)	079 2; 080 4; 080 6; 082 1; 082 2; 083 3
Bezirk Treptow-Köpenick (09)	120 2; 124 1; 132 1; 138 1
Bezirk Marzahn- Hellersdorf (10)	181 2; 182 1; 184 1; 184 2; 184 3; 188 1; 193 1; 194 1; 194 2
Bezirk Lichtenberg (11)	147 1; 147 2; 149 1; 149 2; 152 1; 175 1
Bezirk Reinickendorf (12)	089 3; 089 4; 089 5; 090 1; 091 2; 092 1; 092 2; 093 1; 093 2; 095 1

Anlage 2

(zu § 2 Abs. 1 Satz 3)

Sensible Sektoren sind:

1. Stahlindustrie (Multisektoraler Regionalbeihilferahmen vom 13. Februar 2002 in Verbindung mit Anhang B sowie Leitlinien für staatliche Beihilfen mit regionaler Zielsetzung 2007-2013 in Verbindung mit Anhang I),
2. Schiffbau (Mitteilung der Kommission „Rahmenbestimmungen für Beihilfen an den Schiffbau" (ABl. EU 2003 Nr. C 317 S. 11, 2004 Nr. C 104 S. 71)),
3. Kraftfahrzeug-Industrie (Multisektoraler Regionalbeihilferahmen vom 13. Februar 2002 in Verbindung mit Anhang C),
4. Kunstfaserindustrie (Multisektoraler Regionalbeihilferahmen vom 13. Februar 2002 in Verbindung mit Anhang D sowie Leitlinien für staatliche Beihilfen mit regionaler Zielsetzung 2007–2013 in Verbindung mit Anhang II),
5. Landwirtschaftssektor (Mitteilung der Kommission „Gemeinschaftsrahmen für staatliche Beihilfen im Agrarsektor" (ABl. EG 2000 Nr. C 28 S. 2, Nr. C 232 S. 17)),
6. Fischerei- und Aquakultursektor (Leitlinien für die Prüfung der einzelstaatlichen Beihilfen im Fischerei- und Aquakultursektor (ABl. EG 2001 Nr. C 19 S. 7)) und
7. Verkehrssektor (Verordnung (EWG) Nr. 1107/70 des Rates vom 4. Juni 1970 über Beihilfen im Eisenbahn-, Straßen- und Binnenschiffsverkehr (ABl. EG Nr. L 130 S. 1) in der am 1. Januar 2006 geltenden Fassung sowie, Mitteilung der Kommission „Leitlinien der Gemeinschaft für staatliche Beihilfen im Seeverkehr" (ABl. EU 2004 Nr. C 13 S. 3) und Anwendung der Artikel 92 und 93 des EG-Vertrages sowie des Artikels 61 des EWR-Abkommens auf staatliche Beihilfen im Luftverkehr (ABl. EG Nr. C 350 S. 5) vom 10. Dezember 1994).

Anlage 3

(zu § 5 Abs. 1 Satz 1 Nr. 2 und Abs. 2 Satz 1 Nr. 2)

Randgebiet sind nach dem Gebietsstand vom 1. Januar 2004 die folgenden Landkreise und kreisfreien Städte:

im Land Mecklenburg-Vorpommern:

Landkreis Ostvorpommern, Landkreis Uecker-Randow, kreisfreie Stadt Greifswald, Landkreis Rügen, Landkreis Nordvorpommern, kreisfreie Stadt Stralsund,

im Land Brandenburg:

Landkreis Uckermark, Landkreis Spree-Neiße, kreisfreie Stadt Frankfurt (Oder), kreisfreie Stadt Cottbus, Landkreis Barnim, Landkreis Märkisch-Oderland, Landkreis Oder-Spree,

im Freistaat Sachsen:

kreisfreie Stadt Görlitz, Landkreis Niederschlesischer Oberlausitzkreis, Landkreis Löbau-Zittau, Landkreis Kamenz, Landkreis Bautzen, kreisfreie Stadt Hoyerswerda, Landkreis Vogtlandkreis, kreisfreie Stadt Plauen, Landkreis Aue-Schwarzenberg, Landkreis Annaberg, Landkreis Mittlerer Erzgebirgskreis, Landkreis Freiberg, Landkreis Weißeritzkreis, Landkreis Sächsische Schweiz, Landkreis Zwickauer Land, kreisfreie Stadt Zwickau, Landkreis Stollberg, kreisfreie Stadt Chemnitz, Landkreis Mittweida, Landkreis Meißen, kreisfreie Stadt Dresden,

im Freistaat Thüringen:

Landkreis Saale-Orla-Kreis, Landkreis Greiz.

II.
Investitionszulagengesetz 2010 (InvZulG 2010)

Inhaltsübersicht

§ 1 Anspruchsberechtigter, Fördergebiet

(1) [1]Steuerpflichtige im Sinne des Einkommensteuergesetzes und des Körperschaftsteuergesetzes, die im Fördergebiet begünstigte Investitionen im Sinne des § 2 vornehmen, haben Anspruch auf eine Investitionszulage. [2]Steuerpflichtige im Sinne des Körperschaftsteuergesetzes haben keinen Anspruch, soweit sie nach § 5 des Körperschaftsteuergesetzes von der Körperschaftsteuer befreit sind. [3]Bei Personengesellschaften und Gemeinschaften tritt an die Stelle des Steuerpflichtigen die Gesellschaft oder die Gemeinschaft als Anspruchsberechtigte.

(2) Fördergebiet sind die Länder Berlin, Brandenburg, Mecklenburg-Vorpommern, Sachsen, Sachsen-Anhalt und Thüringen.

§ 2 Begünstigte Investitionen

(1) [1]Begünstigte Investitionen sind die Anschaffung und die Herstellung von neuen abnutzbaren beweglichen Wirtschaftsgütern des Anlagevermögens,

1. die zu einem Erstinvestitionsvorhaben im Sinne des Absatzes 3 gehören und
2. die mindestens fünf Jahre nach Beendigung des Erstinvestitionsvorhabens (Bindungszeitraum)
   a) zum Anlagevermögen eines Betriebs oder einer Betriebsstätte eines begünstigten Betriebs im Sinne des § 3 Abs. 1 des Anspruchsberechtigten im Fördergebiet gehören,
   b) in einer Betriebsstätte eines begünstigten Betriebs im Sinne des § 3 Abs. 1 des Anspruchsberechtigten im Fördergebiet verbleiben,
   c) in jedem Jahr zu nicht mehr als 10 Prozent privat genutzt werden.

[2]Nicht begünstigt sind Luftfahrzeuge, Personenkraftwagen und geringwertige Wirtschaftsgüter im Sinne des § 6 Abs. 2 Satz 1 des Einkommensteuergesetzes mit der Maßgabe, dass an die Stelle des Wertes von 150 Euro ein Wert von 410 Euro tritt. [3]Der Bindungszeitraum verringert sich auf drei Jahre, wenn die beweglichen Wirtschaftsgüter in einem begünstigten Betrieb verbleiben, der zusätzlich die Begriffsdefinition für kleine und mittlere Unternehmen im Sinne der Empfehlung der Kommission vom 6. Mai 2003 betreffend die Definition der Kleinstunternehmen sowie der kleinen und mittleren Unternehmen (ABl. EU Nr. L 124 S. 36) im Zeitpunkt des Beginns des Erstinvestitionsvorhabens erfüllt. [4]Für den Anspruch auf Investitionszulage ist es unschädlich, wenn das begünstigte Wirtschaftsgut

1. innerhalb des Bindungszeitraums
   a) in das Anlagevermögen eines begünstigten Betriebs im Sinne des § 3 Abs. 1 eines mit dem Anspruchsberechtigten verbundenen Unternehmens im Fördergebiet übergeht oder
   b) in einem begünstigten Betrieb im Sinne des § 3 Abs. 1 eines mit dem Anspruchsberechtigten verbundenen Unternehmen im Fördergebiet verbleibt und
2. innerhalb des Bindungszeitraums dem geförderten Erstinvestitionsvorhaben eindeutig zugeordnet bleibt.

[5]Ersetzt der Anspruchsberechtigte ein begünstigtes bewegliches Wirtschaftsgut wegen rascher technischer Veränderungen vor Ablauf des jeweils maßgebenden Bindungszeitraums durch ein neues abnutzbares bewegliches Wirtschaftsgut, ist Satz 1 Nr. 2 mit der Maßgabe anzuwenden, dass für die verbleibende Zeit des jeweils maßgebenden Bindungszeitraums das Ersatzwirtschaftsgut an die Stelle des begünstigten beweglichen Wirtschaftsguts tritt. [6]Für die Einhaltung der Bindungsvoraussetzungen im Sinne des Satzes 1 Nr. 2 ist es unschädlich, wenn ein begünstigtes Wirtschaftsgut nach Ablauf seiner betriebsgewöhnlichen Nutzungsdauer und vor Ablauf des Bindungszeitraums aus dem Anlagevermögen ausscheidet. [7]Als Privatnutzung im Sinne des Satzes 1 Nr. 2 Buchstabe c gilt auch die Verwendung von Wirtschaftsgütern, die zu einer verdeckten Gewinnausschüttung nach § 8 Abs. 3 des Körperschaftsteuergesetzes führt.

(2) [1]Begünstigte Investitionen sind auch die Anschaffung neuer Gebäude, Eigentumswohnungen, im Teileigentum stehender Räume und anderer Gebäudeteile, die selbständige unbewegliche Wirtschaftsgüter sind (Gebäude), bis zum Ende des Jahres der Fertigstellung sowie die Herstellung neuer Gebäude, soweit die Gebäude zu einem Erstinvestitionsvorhaben im Sinne des Absatzes 3 gehören und mindestens fünf Jahre nach dem Abschluss des Investitionsvorhabens in einem begünstigten Betrieb im Sinne des § 3 Abs. 1 verwendet werden. [2]Im Fall der Anschaffung kann Satz 1 nur angewendet werden, wenn kein anderer Anspruchsberechtigter für das Gebäude Investitionszulage in Anspruch nimmt. [3]Absatz 1 Satz 3 und 4 gilt entsprechend.

(3) Erstinvestitionsvorhaben sind die
1. Errichtung einer neuen Betriebsstätte,
2. Erweiterung einer bestehenden Betriebsstätte,
3. Diversifizierung der Produktion einer Betriebsstätte in neue, zusätzliche Produkte,
4. grundlegende Änderung des Gesamtproduktionsverfahrens einer bestehenden Betriebsstätte oder
5. Übernahme eines Betriebs, der geschlossen worden ist oder geschlossen worden wäre, wenn der Betrieb nicht übernommen worden wäre und wenn die Übernahme durch einen unabhängigen Investor erfolgt.

§ 3 Begünstigte Betriebe

(1) [1]Begünstigte Betriebe sind:
1. Betriebe des verarbeitenden Gewerbes;
2. Betriebe der folgenden produktionsnahen Dienstleistungen:
   a) Rückgewinnung,
   b) Bautischlerei und Bauschlosserei,
   c) Verlegen von Büchern und Zeitschriften; sonstiges Verlagswesen (ohne Software),
   d) Erbringung von Dienstleistungen der Informationstechnologie,
   e) Datenverarbeitung, Hosting und damit verbundene Tätigkeiten; Webportale,
   f) Ingenieurbüros für bautechnische Gesamtplanung,
   g) Ingenieurbüros für technische Fachplanung und Ingenieurdesign,
   h) Technische, physikalische und chemische Untersuchung,
   i) Forschung und Entwicklung,
   j) Werbung und Marktforschung,
   k) Fotografie,
   l) Reparatur von Telekommunikationsgeräten;
3. folgende Betriebe des Beherbergungsgewerbes:
   a) Hotels, Gasthöfe und Pensionen,
   b) Erholungs- und Ferienheime,
   c) Jugendherbergen und Hütten,

d) Campingplätze.

[2]Die Zuordnung eines Betriebs zum verarbeitenden Gewerbe, den produktionsnahen Dienstleistungen und dem Beherbergungsgewerbe ist nach der vom Statistischen Bundesamt in 65189 Wiesbaden, Gustav-Stresemann-Ring 11, herausgegebenen Klassifikation der Wirtschaftszweige, Ausgabe 2008 (WZ 2008), vorzunehmen. [3]Hat ein Betrieb Betriebsstätten innerhalb und außerhalb des Fördergebiets, gelten für die Einordnung des Betriebs in das verarbeitende Gewerbe, die produktionsnahen Dienstleistungen oder das Beherbergungsgewerbe alle Betriebsstätten im Fördergebiet als ein Betrieb.

(2) [1]§ 2 Abs. 1 und 2 gilt für Erstinvestitionsvorhaben in Betriebsstätten in den in der Anlage 1 zu diesem Gesetz aufgeführten Teilen des Landes Berlin nur, wenn der anspruchsberechtigte begünstigte Betrieb im Sinne des Absatzes 1 im Zeitpunkt des Beginns des Erstinvestitionsvorhabens die Begriffsdefinition für kleine und mittlere Unternehmen im Sinne der Empfehlung der Kommission vom 6. Mai 2003 erfüllt. [2]§ 2 Abs. 1 und 2 gilt nur, soweit die Förderfähigkeit in den sensiblen Sektoren, die in der Anlage 2 zu diesem Gesetz aufgeführt sind, nicht eingeschränkt oder von vornherein ausgeschlossen ist.

§ 4 Investitionszeitraum

(1) Investitionen sind begünstigt, wenn sie zu einem Erstinvestitionsvorhaben im Sinne des § 2 Abs. 3 gehören, mit dem der Anspruchsberechtigte entweder

1. vor dem 1. Januar 2010,
2. nach dem 31. Dezember 2009 und vor dem 1. Januar 2011,
3. nach dem 31. Dezember 2010 und vor dem 1. Januar 2012,
4. nach dem 31. Dezember 2011 und vor dem 1. Januar 2013 oder
5. nach dem 31. Dezember 2012 und vor dem 1. Januar 2014

begonnen hat und die einzelne begünstigte Investition nach dem 31. Dezember 2009 und vor dem 1. Januar 2014 abgeschlossen wird oder nach dem 31. Dezember 2013 abgeschlossen wird, soweit vor dem 1. Januar 2014 Teilherstellungskosten entstanden oder im Fall der Anschaffung Teillieferungen erfolgt sind.

(2) [1]Ein Erstinvestitionsvorhaben ist begonnen, wenn mit der ersten hierzu gehörenden Einzelinvestition begonnen worden ist. [2]Außer in den Fällen des § 2 Abs. 3 Nr. 5 ist der Grundstückserwerb nicht als Investitionsbeginn anzusehen. [3]Die Investition ist in dem Zeitpunkt begonnen, in dem das Wirtschaftsgut bestellt oder mit seiner Herstellung begonnen worden ist. [4]Gebäude gelten in dem Zeitpunkt als bestellt, in dem über ihre Anschaffung ein rechtswirksam abgeschlossener obligatorischer Vertrag oder ein gleichstehender Rechtsakt vorliegt. [5]Als Beginn der Herstellung gilt bei Gebäuden der Abschluss eines der Ausführung zuzurechnenden Lieferungs- oder Leistungsvertrages oder die Aufnahme von Bauarbeiten. [6]Investitionen sind in dem Zeitpunkt abgeschlossen, in dem die Wirtschaftsgüter angeschafft oder hergestellt sind.

§ 5 Bemessungsgrundlage

[1]Bemessungsgrundlage der Investitionszulage ist die Summe der Anschaffungs- und Herstellungskosten der im Wirtschaftsjahr oder Kalenderjahr abgeschlossenen begünstigten Investitionen, soweit sie die vor dem 1. Januar 2010 entstandenen Teilherstellungskosten oder den Teil der Anschaffungskosten, der auf die vor dem 1. Januar 2010 erfolgten Teillieferungen entfällt, übersteigen. [2]In die Bemessungsgrundlage können die im Wirtschaftsjahr oder Kalenderjahr geleisteten Anzahlungen auf Anschaffungskosten und die entstandenen Teilherstellungskosten einbezogen werden. [3]Das gilt für vor dem 1. Januar 2010 geleistete Anzahlungen auf Anschaffungskosten nur insoweit, als sie den Teil der Anschaffungskosten, der auf die vor dem 1. Januar 2010 erfolgten Teillieferungen entfällt, übersteigen. [4]In den Fällen der Sätze 2 und 3 dürfen im Wirtschaftsjahr oder Kalenderjahr der Anschaffung oder Herstellung der Wirtschaftsgüter die Anschaffungs- oder Herstellungskosten bei der Bemessung der Investitionszulage nur berücksichtigt werden, soweit sie die Anzahlungen, Teilherstellungskosten oder die Anschaffungskosten für Teillieferungen übersteigen. [5]§ 7a Abs. 2 Satz 3 bis 5 des Einkommensteuergesetzes gilt entsprechend. [6]Die Beschränkungen der Bemessungsgrundlage nach Satz 1 und 3 gelten nur, soweit ein Anspruch auf Investitionszulage nach dem Investitionszulagengesetz 2007 besteht.

§ 6 Höhe der Investitionszulage

(1) Die Investitionszulage beträgt vorbehaltlich der Absätze 4 und 5 für begünstigte Investitionen eines Erstinvestitionsvorhabens

1. im Sinne des § 4 Abs. 1 Satz 1 Nr. 1 12,5 Prozent,
2. im Sinne des § 4 Abs. 1 Satz 1 Nr. 1, wenn es sich um Investitionen in Betriebsstätten in den in der Anlage 1 zu diesem Gesetz aufgeführten Teilen des Landes Berlin handelt und der anspruchsberechtigte begünstigte Betrieb im Zeitpunkt des Beginns des Erstinvestitionsvorhabens die Begriffsdefinition für mittlere Unternehmen im Sinne der Empfehlung der Kommission vom 6. Mai 2003 erfüllt 10 Prozent,
3. im Sinne des § 4 Abs. 1 Satz 1 Nr. 2 10 Prozent,
4. im Sinne des § 4 Abs. 1 Satz 1 Nr. 3 7,5 Prozent,
5. im Sinne des § 4 Abs. 1 Satz 1 Nr. 4 5 Prozent,
6. im Sinne des § 4 Abs. 1 Satz 1 Nr. 5 2,5 Prozent,

der Bemessungsgrundlage.

(2) Erfüllt der anspruchsberechtigte begünstigte Betrieb im Zeitpunkt des Beginns des Erstinvestitionsvorhabens die Begriffsdefinition für kleine und mittlere Unternehmen im Sinne der Empfehlung der Kommission vom 6. Mai 2003, erhöht sich die Investitionszulage vorbehaltlich der Absätze 3 bis 5 für den Teil der Bemessungsgrundlage, der auf Investitionen im Sinne des § 2 Abs. 1 entfällt, bei Erstinvestitionsvorhaben

1. im Sinne des § 4 Abs. 1 Satz 1 Nr. 1 auf 25 Prozent,
2. im Sinne des § 4 Abs. 1 Satz 1 Nr. 2 auf 20 Prozent,
3. im Sinne des § 4 Abs. 1 Satz 1 Nr. 1 und 2 im Rahmen eines großen Investitionsvorhabens im Sinne der Leitlinien für staatliche Beihilfen mit regionaler Zielsetzung 2007-2013 (ABl. EU 2006 Nr. C 54 S. 13) in Betriebsstätten in den nicht in der Anlage 1 zu diesem Gesetz aufgeführten Teilen des Landes Berlin auf 15 Prozent,
4. im Sinne des § 4 Abs. 1 Satz 1 Nr. 3 auf 15 Prozent,
5. im Sinne des § 4 Abs. 1 Satz 1 Nr. 4 auf 10 Prozent,
6. im Sinne des § 4 Abs. 1 Satz 1 Nr. 5 auf 5 Prozent

der Bemessungsgrundlage.

(3) Abweichend von Absatz 2 erhöht sich die Investitionszulage in den in der Anlage 1 zu diesem Gesetz aufgeführten Teilen des Landes Berlin vorbehaltlich des Absatzes 5 für den Teil der Bemessungsgrundlage, der auf Investitionen im Sinne des § 2 Abs. 1 entfällt, bei Erstinvestitionsvorhaben

1. im Sinne des § 4 Abs. 1 Satz 1 Nr. 1 bis 3 auf 10 Prozent der Bemessungsgrundlage, wenn der anspruchsberechtigte begünstigte Betrieb im Zeitpunkt des Beginns des Erstinvestitionsvorhabens die Begriffsdefinition für mittlere Unternehmen im Sinne der Empfehlung der Kommission vom 6. Mai 2003 erfüllt;
2. im Sinne des § 4 Abs. 1 Satz 1 Nr. 1 auf 20 Prozent der Bemessungsgrundlage, wenn der anspruchsberechtigte begünstigte Betrieb im Zeitpunkt des Beginns des Erstinvestitionsvorhabens die Begriffsdefinition für kleine Unternehmen im Sinne der Empfehlung der Kommission vom 6. Mai 2003 erfüllt.

(4) Bei Investitionen, die zu einem großen Investitionsvorhaben gehören, auf das der multisektorale Regionalbeihilferahmen für große Investitionsvorhaben vom 19. März 2002 (ABl. EG Nr. C 70 S. 8), zuletzt geändert durch Mitteilung der Kommission vom 1. November 2003 (ABl. EU Nr. C 263 S. 3), oder die Leitlinien für staatliche Beihilfen mit regionaler Zielsetzung 2007-2013 anzuwenden sind, sind die Absätze 1 und 2 nur insoweit anzuwenden, als der jeweils beihilferechtlich geltende Regionalförderhöchstsatz durch die Gewährung von Investitionszulagen nicht überschritten wird.

(5) [1]Für Investitionen eines Erstinvestitionsvorhabens in Betriebsstätten in den in der Anlage 1 zu diesem Gesetz aufgeführten Teilen des Landes Berlin gelten die Absätze 1 bis 3 nur, soweit die Investitionszulage für ein Erstinvestitionsvorhaben den Betrag von 7,5 Millionen Euro nicht überschreitet. [2]Eine höhere Investitionszulage kann nur dann festgesetzt werden, wenn eine Genehmigungsentscheidung der Kommission vor Festsetzung der Investitionszulage erteilt worden ist, in der eine höhere Beihilfeintensität festgelegt worden ist.

§ 7 Antrag auf Investitionszulage

(1) [1]Der Antrag ist bei dem für die Besteuerung des Anspruchsberechtigten nach dem Einkommen zuständigen Finanzamt zu stellen. [2]Ist eine Personengesellschaft oder Gemeinschaft An-

spruchsberechtigter, so ist der Antrag bei dem Finanzamt zu stellen, das für die einheitliche und gesonderte Feststellung der Einkünfte zuständig ist.

(2) [1]Der Antrag ist nach amtlich vorgeschriebenem Vordruck zu stellen und vom Anspruchsberechtigten eigenhändig zu unterschreiben. [2]In dem Antrag sind die Investitionen, für die eine Investitionszulage beansprucht wird, so genau zu bezeichnen, dass ihre Feststellung bei einer Nachprüfung möglich ist.

§ 8 Gesonderte Feststellung

(1) [1]Werden die in einem Betrieb im Sinne des § 2 des Einkommensteuergesetzes erzielten Einkünfte nach § 180 Abs. 1 Nr. 2 Buchstabe b der Abgabenordnung gesondert festgestellt, sind die Bemessungsgrundlage und der Prozentsatz der Investitionszulage für Wirtschaftsgüter, die zum Anlagevermögen dieses Betriebs gehören, von dem für die gesonderte Feststellung zuständigen Finanzamt gesondert festzustellen. [2]Die für die Feststellung erforderlichen Angaben sind in den Antrag nach § 7 Abs. 2 aufzunehmen.

(2) [1]Befindet sich das für die Besteuerung des Anspruchsberechtigten nach dem Einkommen zuständige Finanzamt außerhalb des Fördergebiets, sind die Bemessungsgrundlage und der Prozentsatz der Investitionszulage von dem Finanzamt im Fördergebiet gesondert festzustellen, in dessen Bezirk sich das Vermögen des Anspruchsberechtigten und, wenn dies für mehrere Finanzämter zutrifft, von dem Finanzamt im Fördergebiet, in dessen Bezirk sich der wertvollste Teil des Vermögens befindet. [2]Die für die Feststellung erforderlichen Angaben sind in den Antrag nach § 7 Abs. 2 aufzunehmen.

§ 9 Einzelnotifizierungspflichten, Genehmigungsvorbehalte sowie anzuwendende Rechtsvorschriften der Kommission der Europäischen Gemeinschaften

(1) Auf dieses Gesetz findet die Verordnung (EG) Nr. 800/2008 der Kommission vom 6. August 2008 zur Erklärung der Vereinbarkeit bestimmter Gruppen von Beihilfen mit dem Gemeinsamen Markt in Anwendung der Artikel 87 und 88 EG-Vertrag (allgemeine Gruppenfreistellungsverordnung) (ABl. EU Nr. L 214 S. 3) Anwendung.

(2) Die Investitionszulage für Investitionen, die zu einem großen Investitionsvorhaben gehören, das die Anmeldungsvoraussetzungen des multisektoralen Regionalbeihilferahmens für große Investitionsvorhaben vom 16. Dezember 1997 (ABl. EG 1998 Nr. C 107 S. 7), zuletzt geändert durch Mitteilung der Kommission vom 11. August 2001 (ABl. EG Nr. C 226 S. 1), oder des multisektoralen Regionalbeihilferahmens für große Investitionsvorhaben vom 19. März 2002 erfüllt, ist erst festzusetzen, wenn die Kommission die höchstzulässige Beihilfeintensität festgelegt hat.

(3) [1]Die Investitionszulage zugunsten großer Investitionsvorhaben im Sinne der Leitlinien für staatliche Beihilfen mit regionaler Zielsetzung 2007-2013 ist bei der Kommission anzumelden, wenn der Gesamtförderbetrag aus sämtlichen Quellen folgende Beträge überschreitet:

1. 22,5 Millionen Euro bei Erstinvestitionsvorhaben in Fördergebieten nach Artikel 87 Abs. 3 Buchstabe a des Vertrags zur Gründung der Europäischen Gemeinschaft mit 30 Prozent Beihilfehöchstintensität,
2. 11,25 Millionen Euro bei Erstinvestitionsvorhaben in Fördergebieten nach Artikel 87 Abs. 3 Buchstabe c des Vertrags zur Gründung der Europäischen Gemeinschaft mit 15 Prozent Beihilfehöchstintensität,
3. 15 Millionen Euro bei Erstinvestitionsvorhaben in Fördergebieten nach Artikel 87 Abs. 3 Buchstabe c des Vertrags zur Gründung der Europäischen Gemeinschaft mit 20 Prozent Beihilfehöchstintensität.

[2]Die Investitionszulage ist in diesen Fällen erst festzusetzen, wenn die Kommission die höchstzulässige Beihilfeintensität festgelegt hat.

(4) [1]Die Investitionszulage für Investitionen in den in der Anlage 2 Nr. 2 und 5 aufgeführten sensiblen Sektoren Fischerei- und Aquakultur sowie Schiffbau ist bei der Kommission einzeln anzumelden und erst nach Genehmigung durch die Kommission festzusetzen. [2]Die Investitionszulage für Investitionen in den in der Anlage 2 Nr. 1 und 4 aufgeführten sensiblen Sektoren Stahl- und Kunstfaserindustrie ist hingegen ausgeschlossen.

(5) Bei einem Unternehmen, das einer Rückforderungsanordnung auf Grund einer Entscheidung der Kommission über die Rückzahlung einer Beihilfe nicht Folge leistet, ist die Investitionszulage erst festzusetzen, wenn der Rückforderungsbetrag zurückgezahlt worden ist.

(6) Die Investitionszulage ist der Kommission zur Genehmigung vorzulegen und erst nach deren Genehmigung festzusetzen, wenn sie für ein Unternehmen in Schwierigkeiten bestimmt ist.

§ 10 Festsetzung und Auszahlung

Die Investitionszulage ist nach Ablauf des Wirtschaftsjahres oder Kalenderjahres festzusetzen und innerhalb eines Monats nach Bekanntgabe des Bescheids aus den Einnahmen an Einkommensteuer oder Körperschaftsteuer auszuzahlen.

§ 11 Zusammentreffen mit anderen Regionalbeihilfen

(1) [1]Trifft bei einem Erstinvestitionsvorhaben die Investitionszulage mit anderen Regionalbeihilfen oder „De-minimis"-Beihilfen im Sinne des Artikels 2 der Verordnung (EG) Nr. 1998/2006 der Kommission vom 15. Dezember 2006 über die Anwendung der Artikel 87 und 88 EG-Vertrag auf De-minimis-Beihilfen (ABl. EU Nr. L 379 S. 5), zusammen, sind die in der Kommissionsentscheidung zur jeweils geltenden regionalen Fördergebietskarte genehmigten Förderhöchstintensitäten maßgeblich. Der Anspruch auf Investitionszulage bleibt hiervon unberührt. [2]Die Einhaltung des Beihilfehöchstsatzes hat der jeweils andere Beihilfegeber sicherzustellen; sie ist Voraussetzung dafür, dass die Investitionszulage mit anderen Regionalbeihilfen zusammentreffen darf.

(2) [1]Trifft bei einem Erstinvestitionsvorhaben die Investitionszulage mit anderen Regionalbeihilfen zusammen, hat der Antragsteller entsprechend den Leitlinien für staatliche Beihilfen mit regionaler Zielsetzung oder den Leitlinien für staatliche Beihilfen mit regionaler Zielsetzung 2007-2013 einen beihilfefreien Eigenanteil in Höhe von mindestens 25 Prozent der Kosten des Erstinvestitionsvorhabens zu erbringen. [2]Die Überwachung der Einhaltung dieser Auflage obliegt dem jeweils anderen Beihilfegeber; sie ist Voraussetzung dafür, dass die Investitionszulage mit anderen Regionalbeihilfen zusammentreffen darf.

(3) [1]Trifft bei einem Erstinvestitionsvorhaben in den in der Anlage 1 zu diesem Gesetz aufgeführten Teilen des Landes Berlin die Investitionszulage mit anderen Regionalbeihilfen zusammen, darf der Gesamtbetrag der Beihilfe aus allen Quellen 7,5 Millionen Euro oder den in einer Genehmigungsentscheidung der Kommission festgelegten Betrag nicht übersteigen. [2]Die Überwachung der Einhaltung dieser Auflage obliegt dem jeweils anderen Beihilfegeber.

(4) In den Antrag nach § 7 Abs. 2 sind die Angaben aufzunehmen, die für die Feststellung der Voraussetzungen nach Absatz 1 bis 3 erforderlich sind.

§ 12 Verzinsung des Rückforderungsanspruchs

[1]Ist der Bescheid über die Investitionszulage aufgehoben oder zuungunsten des Anspruchsberechtigten geändert worden, ist der Rückzahlungsanspruch nach § 238 der Abgabenordnung vom Tag der Auszahlung der Investitionszulage, in den Fällen des § 175 Abs. 1 Satz 1 Nr. 2 der Abgabenordnung vom Tag des Eintritts des rückwirkenden Ereignisses an, zu verzinsen. [2]Die Festsetzungsfrist beginnt mit Ablauf des Kalenderjahres, in dem der Bescheid aufgehoben oder geändert worden ist.

§ 13 Ertragsteuerrechtliche Behandlung der Investitionszulage

[1]Die Investitionszulage gehört nicht zu den Einkünften im Sinne des Einkommensteuergesetzes. [2]Sie mindert nicht die steuerlichen Anschaffungs- und Herstellungskosten.

§ 14 Anwendung der Abgabenordnung

[1]Die für Steuervergütungen geltenden Vorschriften der Abgabenordnung sind mit Ausnahme des § 163 entsprechend anzuwenden. [2]In öffentlich-rechtlichen Streitigkeiten über die auf Grund dieses Gesetzes ergehenden Verwaltungsakte der Finanzbehörden ist der Finanzrechtsweg gegeben.

§ 15 Verfolgung von Straftaten

Für die Verfolgung einer Straftat nach den §§ 263 und 264 des Strafgesetzbuches, die sich auf die Investitionszulage bezieht, sowie der Begünstigung einer Person, die eine solche Straftat begangen hat, gelten die Vorschriften der Abgabenordnung über die Verfolgung von Steuerstraftaten entsprechend.

§ 16 Ermächtigungen

(1) Das Bundesministerium der Finanzen wird ermächtigt, durch Rechtsverordnung mit Zustimmung des Bundesrates weitere Bestimmungen zu § 9 zu erlassen und dabei insbesondere Einzelnotifizierungspflichten zu regeln, die sich aus den von den Organen der Europäischen Gemeinschaften erlassenen Rechtsvorschriften ergeben.

(2) Das Bundesministerium der Finanzen wird ermächtigt, zur Durchführung der von den Organen der Europäischen Gemeinschaften erlassenen Rechtsvorschriften die Liste der sensiblen Sek-

toren, in denen die Kommission die Förderfähigkeit ganz oder teilweise ausgeschlossen hat (Anlage 2), durch Rechtsverordnung mit Zustimmung des Bundesrates anzupassen.

§ 17 Bekanntmachungserlaubnis

Das Bundesministerium der Finanzen wird ermächtigt, den Wortlaut dieses Gesetzes in der jeweils geltenden Fassung mit neuem Datum bekannt zu machen.

Anlage 1

(zu § 1 Abs. 2)

Teile des Landes Berlin, die nach der Fördergebietskarte 2007-2013 (ABl. EU 2006 Nr. C 295 S. 6) zum D-Fördergebiet Deutschlands gehören:

zum D-Fördergebiet gehören:

Verkehrszellen:

Bezirk Mitte (01)	007 1; 011 1; 011 2
Bezirk Friedrichshain-Kreuzberg (02)	114 1
Bezirk Pankow (03)	106 2; 107 2; 108 1; 157 1; 160 1; 161 3; 164 1
Bezirk Charlottenburg-Wilmersdorf (04)	018 1; 025 3; 026 1; 041 1; 043 2; 048 1
Bezirk Spandau (05)	027 2; 027 3; 027 4; 032 1; 032 2; 032 3; 032 4; 037 2; 038 1; 038 2; 039 1
Bezirk Steglitz-Zehlendorf (06)	049 2; 050 2; 050 3; 052 2; 052 3; 062 1; 063 4; 064 3
Bezirk Tempelhof-Schöneberg (07)	060 1; 070 2; 070 3; 070 4; 074 2
Bezirk Neukölln (08)	079 2; 080 4; 080 6; 082 1; 082 2; 083 3
Bezirk Treptow-Köpenick (09)	120 2; 124 1; 132 1; 138 1
Bezirk Marzahn-Hellersdorf (10)	181 2; 182 1; 184 1; 184 2; 184 3; 188 1; 193 1; 194 1; 194 2
Bezirk Lichtenberg (11)	147 1; 147 2; 149 1; 149 2; 152 1; 175 1
Bezirk Reinickendorf (12)	089 3; 089 4; 089 5; 090 1; 091 2; 092 1; 092 2; 093 1; 093 2; 095 1

Anlage 2

(zu § 3 Abs. 2 Satz 2)

Sensible Sektoren sind:

1. Stahlindustrie (Multisektoraler Regionalbeihilferahmen für große Investitionsvorhaben vom 19. März 2002 in Verbindung mit Anhang B sowie Leitlinien für staatliche Beihilfen mit regionaler Zielsetzung 2007-2013 in Verbindung mit Anhang I),
2. Schiffbau (Rahmenbestimmungen für Beihilfen an den Schiffbau (ABl. EU 2003 Nr. C 317 S. 11, 2004 Nr. C 104 S. 71, 2006 Nr. C 260 S. 7)),
3. Kunstfaserindustrie (Multisektoraler Regionalbeihilferahmen für große Investitionsvorhaben vom 19. März 2002 in Verbindung mit Anhang D sowie Leitlinien für staatliche Beihilfen mit regionaler Zielsetzung 2007-2013 in Verbindung mit Anhang II),
4. Landwirtschaftssektor (Gemeinschaftsrahmen für staatliche Beihilfen im Agrarsektor (ABl. EG 2000 Nr. C 28 S. 2, Nr. C 232 S. 17) sowie Rahmenregelung der Gemeinschaft für staatliche Beihilfen im Agrar- und Forstsektor 2007-2013 (ABl. EU 2006 Nr. C 319 S. 1)),
5. Fischerei- und Aquakultursektor (Verordnung (EG) Nr. 104/2000 des Rates vom 17. Dezember 1999 über die gemeinsame Marktorganisation für Erzeugnisse der Fischerei und der Aquakultur (ABl. EG 2000 Nr. L 17 S. 22, Nr. L 83 S. 35, 2002 Nr. L 6 S. 70), zuletzt geändert durch Verordnung (EG) Nr. 1759/2006 des Rates vom 28. November 2006 (ABl. EU Nr. L 335 S. 3), sowie Leitlinien für die Prüfung Staatlicher Beihilfen im Fischerei- und Aquakultursektor (ABl. EU 2004 Nr. C 229 S. 5)) und
6. Verkehrssektor (Verordnung (EWG) Nr. 1107/70 des Rates vom 4. Juni 1970 über Beihilfen im Eisenbahn-, Straßen- und Binnenschiffsverkehr (ABl. EG Nr. L 130 S. 1) in der am 1. Januar 2006 geltenden Fassung sowie Mitteilung der Kommission „Leitlinien der Gemeinschaft für staatliche Beihilfen im Seeverkehr" (ABl. EU 2004 Nr. C 13 S. 3) und Anwendung der Artikel 92 und 93 des EG-Vertrages sowie des Artikels 61 des EWR-Abkommens auf staatliche Beihilfen im Luftverkehr (ABl. EG Nr. C 350 S. 5) vom 10. Dezember 1994).

Steuerliche Berücksichtigung von Kinderbetreuungskosten (EStG: § 4f, § 9 Abs. 5 Satz 1, § 9a Satz 1 Nr. 1 Buchstabe a, § 10 Abs. 1 Nr. 5 und 8)[1] Anwendungsschreiben

BMF-Schreiben vom 19. 1. 2007 (BStBl I S. 184)
IV C 4 – S 2221 – 2/07

Unter Bezugnahme auf das Ergebnis der Erörterungen mit den obersten Finanzbehörden der Länder gilt für die steuerliche Berücksichtigung von Kinderbetreuungskosten ab dem Veranlagungszeitraum 2006 Folgendes:

I. Allgemeine Voraussetzungen

1. Dienstleistungen zur Betreuung

1 Betreuung im Sinne der §§ 4f, 9 Abs. 5 Satz 1 in Verbindung mit § 9a Satz 1 Nr. 1 Buchstabe a, § 10 Abs. 1 Nr. 5 und 8 EStG ist die behütende oder beaufsichtigende Betreuung, d. h. die persönliche Fürsorge für das Kind muss der Dienstleistung erkennbar zugrunde liegen. Berücksichtigt werden können danach z. B. Aufwendungen für

- die Unterbringung von Kindern in Kindergärten, Kindertagesstätten, Kinderhorten, Kinderheimen und Kinderkrippen sowie bei Tagesmüttern, Wochenmüttern und in Ganztagespflegestellen,
- die Beschäftigung von Kinderpflegerinnen, Erzieherinnen und Kinderschwestern,
- die Beschäftigung von Hilfen im Haushalt, soweit sie ein Kind betreuen,
- die Beaufsichtigung des Kindes bei Erledigung seiner häuslichen Schulaufgaben (BFH-Urteil vom 17. November 1978, BStBl 1979 II S. 142).

2 Aufwendungen für Kinderbetreuung durch einen Angehörigen des Steuerpflichtigen können nur berücksichtigt werden, wenn den Leistungen klare und eindeutige Vereinbarungen zu Grunde liegen, die zivilrechtlich wirksam zustande gekommen sind, inhaltlich dem zwischen Fremden Üblichen entsprechen, tatsächlich so auch durchgeführt werden und die Leistungen nicht üblicherweise auf familienrechtlicher Grundlage unentgeltlich erbracht werden. So können z. B. nach dem BFH-Urteil vom 6. November 1997 (BStBl 1998 II S. 187) Aufwendungen für eine Mutter, die zusammen mit dem gemeinsamen Kind im Haushalt des Steuerpflichtigen lebt, nicht berücksichtigt werden. Auch bei einer eheähnlichen Lebensgemeinschaft oder einer Lebenspartnerschaft zwischen dem Steuerpflichtigen und der Betreuungsperson ist eine Berücksichtigung von Kinderbetreuungskosten nicht möglich. Leistungen an eine Person, die für das betreute Kind Anspruch auf einen Freibetrag nach § 32 Abs. 6 EStG oder auf Kindergeld hat, können nicht als Kinderbetreuungskosten anerkannt werden.

2. Aufwendungen

3 Zu berücksichtigen sind Ausgaben in Geld oder Geldeswert (Wohnung, Kost, Waren, sonstige Sachleistungen) für Dienstleistungen zur Betreuung eines Kindes einschließlich der Erstattungen an die Betreuungsperson (z. B. Fahrtkosten), wenn die Leistungen im Einzelnen in der Rechnung oder im Vertrag aufgeführt werden. Wird z. B. bei einer ansonsten unentgeltlich erbrachten Betreuung ein Fahrtkostenersatz gewährt, so ist dieser zu berücksichtigen, wenn hierüber eine Rechnung erstellt wird. Aufwendungen für Fahrten des Kindes zur Betreuungsperson sind nicht zu berücksichtigen (BFH-Urteil vom 29. August 1986, BStBl 1987 II S. 167). Eine Gehaltsreduzierung, die dadurch entsteht, dass der Steuerpflichtige seine Arbeitszeit zugunsten der Betreuung seiner Kinder kürzt, stellt keinen Aufwand für Kinderbetreuung dar. Für Sachleistungen gilt § 8 Abs. 2 EStG entsprechend.

4 Wird ein einheitliches Entgelt sowohl für Betreuungsleistungen als auch für andere Leistungen gezahlt, ist mit Ausnahme der in Rdnr. 7 bezeichneten Fälle gegebenenfalls eine Aufteilung im Schätzungswege vorzunehmen. Von einer Aufteilung ist abzusehen, wenn die anderen Leistungen von untergeordneter Bedeutung sind.

5 Bei Aufnahme eines Au-pairs in eine Familie fallen in der Regel sowohl Aufwendungen für die Betreuung der Kinder als auch für leichte Hausarbeiten an. Wird in einem solchen Fall der Umfang der Kinderbetreuungskosten nicht nachgewiesen (z. B. durch Festlegung der Tätigkeiten

[1] § 4f sowie § 10 Abs. 1 Nr. 5 und 8 EStG wurden durch das FamLeistG ab 2009 aufgehoben. Die Regelungen zur steuerlichen Berücksichtigung von Kinderbetreuungskosten wurden – ohne materiell-rechtliche Änderungen – in § 9c EStG (Einfügung ab VZ 2009 durch das FamLeistG) zusammengefasst.

im Vertrag und entsprechende Aufteilung des Entgelts), kann ein Anteil von 50 Prozent der Gesamtaufwendungen als Kinderbetreuungskosten berücksichtigt werden.

Aufwendungen für Unterricht (z. B. Schulgeld, Nachhilfe oder Fremdsprachenunterricht), die Vermittlung besonderer Fähigkeiten (z. B. Musikunterricht, Computerkurse) oder für sportliche und andere Freizeitbetätigungen (z. B. Mitgliedschaft in Sportvereinen oder anderen Vereinen, Tennis- oder Reitunterricht) sind nicht zu berücksichtigen. Auch Aufwendungen für die Verpflegung des Kindes sind nicht zu berücksichtigen (BFH-Urteil vom 28. November 1986, BStBl 1987 II S. 490). 6

Werden für eine Nachmittagsbetreuung in der Schule Elternbeiträge erhoben und umfassen diese nicht nur eine Hausaufgabenbetreuung, so sind Entgeltanteile, die z. B. auf Nachhilfe oder bestimmte Kurse (z. B. Computerkurs) oder auf eine etwaige Verpflegung entfallen, nicht zu berücksichtigen. Ein Abzug von Kinderbetreuungskosten ist nur möglich, wenn eine entsprechende Aufschlüsselung der Beiträge vorliegt. 7

Soweit Kinderbetreuungskosten im Rahmen einer Tätigkeit geltend gemacht werden, für die der Gewinn nach Betriebsvermögensvergleich zu ermitteln ist, gelten für die zeitliche Zuordnung der Aufwendungen die allgemeinen Bilanzierungsgrundsätze. Im Übrigen gilt § 11 EStG. 8

Bei beschränkter Steuerpflicht kann der Steuerpflichtige keine Aufwendungen für Kinderbetreuung wie Betriebsausgaben oder Werbungskosten bzw. als Sonderausgaben geltend machen (§ 50 Abs. 1 Satz 4 EStG). 9

3. Haushaltszugehörigkeit

Ein Kind gehört zum Haushalt des Steuerpflichtigen, wenn es dauerhaft in dessen Wohnung lebt oder mit seiner Einwilligung vorübergehend auswärtig untergebracht ist. Auch in Fällen, in denen der Steuerpflichtige mit seinem Kind in der Wohnung seiner Eltern oder Schwiegereltern oder in Wohngemeinschaft mit anderen Personen lebt, ist die Haushaltszugehörigkeit des Kindes als gegeben anzusehen. Haushaltszugehörigkeit erfordert ferner eine Verantwortung für das materielle (Versorgung, Unterhaltsgewährung) und immaterielle Wohl (Fürsorge, Betreuung) des Kindes. Eine Heimunterbringung ist unschädlich, wenn die Wohnverhältnisse in der Familienwohnung die speziellen Bedürfnisse des Kindes berücksichtigen und es sich im Haushalt des Steuerpflichtigen regelmäßig aufhält (BFH-Urteil vom 14. November 2001, BStBl 2002 II S. 244). Bei nicht zusammenlebenden Elternteilen ist grundsätzlich die Meldung des Kindes maßgebend. Gleichwohl kann ein Kind ausnahmsweise zum Haushalt eines Elternteils gehören, bei dem es nicht gemeldet ist, wenn der Steuerpflichtige dies nachweist oder glaubhaft macht. Die Zahlung des Kindergeldes an einen Elternteil ist ein weiteres Indiz für die Zugehörigkeit des Kindes zu dessen Haushalt. In Ausnahmefällen kann ein Kind auch zu den Haushalten beider getrennt lebender Elternteile gehören (BFH-Urteil vom 14. April 1999, BStBl II S. 594). 10

4. Berechtigter Personenkreis

Zum Abzug von Kinderbetreuungskosten ist grundsätzlich nur der Elternteil berechtigt, der die Aufwendungen getragen hat und zu dessen Haushalt das Kind gehört. Trifft dies auf beide Elternteile zu, kann jeder seine tatsächlichen Aufwendungen grundsätzlich nur bis zur Höhe des hälftigen Abzugshöchstbetrags geltend machen. Etwas anderes gilt nur bei verheirateten Eltern (Rdnr. 29) oder wenn gegenüber dem Finanzamt eine einvernehmliche andere Aufteilung angezeigt wurde (Rdnr. 33 und 34). 11

Aufwendungen zur Betreuung von Stiefkindern und Enkelkindern können nicht berücksichtigt werden, da es sich insoweit nicht um Kinder im Sinne des § 32 Abs. 1 EStG handelt. 12

5. Höchstbetrag

Betreuungskosten sind in Höhe von zwei Dritteln der Aufwendungen, höchstens 4000 Euro je Kind und Kalenderjahr bzw. Wirtschaftsjahr, abziehbar. 13

> Beispiel: 14
>
> Bei einem verheirateten Elternpaar mit einem Kind sind beide Elternteile erwerbstätig. Im Juni des Jahres erleidet ein Elternteil einen Unfall und kann einer Erwerbstätigkeit nicht mehr nachgehen, weil er als Folge des Unfalls behindert ist. Kinderbetreuungskosten sind im Kalenderjahr in Höhe von 12 000 Euro angefallen.
>
> Lösung:
>
> Unabhängig davon, nach welcher Vorschrift (§§ 4f, 9 Abs. 5 Satz 1, § 10 Abs. 1 Nr. 5 oder 8 EStG) die Kinderbetreuungskosten zu berücksichtigen sind, können insgesamt im Kalender-

jahr bzw. Wirtschaftsjahr nur zwei Drittel der Aufwendungen, höchstens 4 000 Euro, abgezogen werden.

15 Haben bei zusammenlebenden Eltern, die nicht miteinander verheiratet sind, beide Elternteile Kinderbetreuungskosten getragen, ist das nicht abziehbare Drittel bei jedem Elternteil entsprechend der Höhe seiner Aufwendungen zu ermitteln.

16 Der Höchstbetrag beläuft sich auch bei einem Elternpaar, das entweder gar nicht oder nur zeitweise zusammengelebt hat, auf 4 000 Euro je Kind für das gesamte Kalenderjahr. Eine Aufteilung auf die Zeiträume des gemeinsamen Haushalts bzw. der getrennten Haushalte ist nicht vorzunehmen. Grundsätzlich sind die Kinderbetreuungskosten bei dem Elternteil zu berücksichtigen, der sie getragen hat. Haben beide Elternteile entsprechende Aufwendungen getragen, sind sie bei jedem Elternteil nur bis zu einem Höchstbetrag von 2 000 Euro zu berücksichtigen, es sei denn, die Eltern beantragen einvernehmlich eine andere Aufteilung. Eine abweichende Aufteilung kommt z. B. dann in Betracht, wenn der Höchstbetrag unter Berücksichtigung der getragenen Aufwendungen bei einem Elternteil 2 000 Euro überschreitet, bei dem anderen Elternteil aber nicht erreicht wird.

17 Der Umstand, dass im Kalenderjahr Kinderbetreuungskosten nicht regelmäßig geleistet worden sind, führt nicht zu einer zeitanteiligen Ermäßigung des Höchstbetrags. Wenn in dem Zeitraum, in dem alle gesetzlichen Voraussetzungen vorliegen (z. B. Erwerbstätigkeit beider Elternteile nur im zweiten Halbjahr eines Jahres), Aufwendungen für Kinderbetreuung in Höhe von 6 000 Euro anfallen, können davon zwei Drittel bis zum Höchstbetrag von 4 000 Euro je Kind abgesetzt werden.

18 Liegen die gesetzlichen Voraussetzungen nicht für das gesamte Kalenderjahr vor, sind aber für das gesamte Kalenderjahr Kinderbetreuungskosten angefallen, so sind die Kinderbetreuungskosten den jeweiligen Zeiträumen zuzuordnen. Ist dies nicht möglich, weil für das gesamte Kalenderjahr lediglich ein Gesamtbetrag ausgewiesen wird, sind die Aufwendungen im Verhältnis der jeweiligen Zeiträume aufzuteilen, in denen die Voraussetzungen vorgelegen bzw. nicht vorgelegen haben. Für den Zeitraum, in dem die Voraussetzungen vorgelegen haben, können die anteiligen Kinderbetreuungskosten in Höhe von zwei Dritteln, höchstens 4 000 Euro je Kind, berücksichtigt werden.

19 Ist das zu betreuende Kind nicht unbeschränkt einkommensteuerpflichtig, ist der Höchstbetrag zu kürzen, soweit es nach den Verhältnissen im Wohnsitzstaat des Kindes notwendig und angemessen ist. Die für die einzelnen Staaten in Betracht kommenden Kürzungen ergeben sich aus der Ländergruppeneinteilung, die durch BMF-Schreiben bekannt gemacht wird, zuletzt durch BMF-Schreiben vom 17. November 2003 (BStBl I S. 637) unter Berücksichtigung der Änderung vom 9. Februar 2005 (BStBl I S. 369).[1]

6. Nachweis

20 Die Aufwendungen für die Kinderbetreuung müssen durch Vorlage einer Rechnung und – bei Geldleistungen zusätzlich – die Zahlung auf das Konto des Erbringers der Leistung nachgewiesen werden[2]. Es muss sich dabei nicht um eine Rechnung im Sinne des Umsatzsteuergesetzes handeln.

21 Einer Rechnung stehen gleich

- bei einem sozialversicherungspflichtigen Beschäftigungsverhältnis oder einem Minijob der zwischen dem Arbeitgeber und Arbeitnehmer abgeschlossene schriftliche (Arbeits-) Vertrag,
- bei Au-pair-Verhältnissen ein Au-pair-Vertrag, aus dem ersichtlich ist, das ein Anteil der Gesamtaufwendungen auf die Kinderbetreuung entfällt,
- bei der Betreuung in einem Kindergarten oder Hort der Bescheid des öffentlichen oder privaten Trägers über die zu zahlenden Gebühren,
- eine Quittung, z. B. über Nebenkosten zur Betreuung, wenn die Quittung genaue Angaben über die Art und Höhe der Nebenkosten enthält. Ansonsten sind Nebenkosten nur zu berücksichtigen, wenn sie in den Vertrag oder die Rechnung aufgenommen worden sind.

22 Die Zahlung auf das Konto des Erbringers der Leistung erfolgt in der Regel durch Überweisung. Beträge, für deren Begleichung ein Dauerauftrag eingerichtet worden ist oder die durch eine Einzugsermächtigung abgebucht oder im Wege des Online-Bankings überwiesen wurden, können in Verbindung mit dem Kontoauszug, der die Abbuchung ausweist, anerkannt werden. Dies gilt auch bei Übergabe eines Verrechnungsschecks oder der Teilnahme am Electronic-Cash-Verfah-

[1]) Ländergruppeneinteilung ab 2008 →BMF vom 9. 9. 2008 (BStBl I S. 936) – Anhang 2 III

[2]) Rz. 20 Satz 1 ist ab VZ 2008 überholt. → §§ 4f Satz 5 und 10 Abs. 1 Nr. 5 Satz 4 und Nr. 8 Satz 6 EStG.

ren oder am elektronischen Lastschriftverfahren. Barzahlungen und Barschecks können nicht anerkannt werden.

II. Besondere Voraussetzungen

1. Erwerbsbedingte Kinderbetreuungskosten im Sinne der §§ 4f und 9 Abs. 5 Satz 1 EStG

a) Erwerbstätigkeit

Ein Steuerpflichtiger ist erwerbstätig, wenn er einer auf die Erzielung von Einkünften gerichteten Beschäftigung nachgeht, die den Einsatz der persönlichen Arbeitskraft des Steuerpflichtigen erfordert (BFH-Urteil vom 16. Mai 1975, BStBl II S. 537: Studium ist keine Erwerbstätigkeit; das Gleiche gilt für Vermögensverwaltung und Liebhaberei). Daraus folgt, dass es sich auch bei einem Minijob oder einer nicht sozialversicherungspflichtigen Tätigkeit, z. B. einer stundenweisen Aushilfstätigkeit, um eine Erwerbstätigkeit im Sinne des Gesetzes handeln kann. Bei einer Arbeitszeit von mindestens 10 Stunden pro Woche kann davon ausgegangen werden, dass die Kinderbetreuungskosten erwerbsbedingt anfallen. Bei zusammenlebenden Elternteilen liegen erwerbsbedingte Kinderbetreuungskosten nur vor, wenn beide Elternteile erwerbstätig sind. 23

Wird die Erwerbstätigkeit z. B. durch Arbeitslosigkeit, Krankheit oder Urlaub unterbrochen, können auch die während der Zeit der Unterbrechung entstandenen Kinderbetreuungskosten wie Betriebsausgaben oder Werbungskosten berücksichtigt werden, längstens jedoch für einen zusammenhängenden Zeitraum von vier Monaten. 24

b) Arbeitnehmer-Pauschbetrag und Betriebsausgabenpauschale

Sind die Kinderbetreuungskosten im Zusammenhang mit Einkünften aus nichtselbständiger Arbeit entstanden, können sie nach § 9a Satz 1 Nr. 1 Buchstabe a EStG zusätzlich zum Arbeitnehmer-Pauschbetrag berücksichtigt werden. Diese Kinderbetreuungskosten können auch bereits im Rahmen des Lohnsteuerermäßigungsverfahrens als Freibetrag auf der Lohnsteuerkarte eingetragen werden (§ 39a EStG). Die Mindestgrenze des § 39a Abs. 2 Satz 4 EStG (600 Euro) ist zu beachten. 25

Kinderbetreuungskosten im Zusammenhang mit Gewinneinkünften, für die eine besondere Betriebsausgabenpauschale (H 18.2 EStH 2005) in Anspruch genommen wird, können zusätzlich zur Pauschale gesondert abgezogen werden. 26

In den vorgenannten Fällen sind die Kinderbetreuungskosten bei der Ermittlung der jeweiligen Einkünfte nach dem Arbeitnehmer-Pauschbetrag bzw. der besonderen Betriebsausgabenpauschale abzuziehen. 27

c) Zuordnung der Aufwendungen

Erwerbsbedingte Kinderbetreuungskosten sind grundsätzlich bei der Einkunftsquelle zu berücksichtigen, durch die sie verursacht worden sind. Sind die Kinderbetreuungskosten durch mehrere Einkunftsquellen verursacht, ist aus Vereinfachungsgründen der Aufteilung der Aufwendungen durch den Steuerpflichtigen oder der Zuordnung zu einer Einkunftsquelle zu folgen. Der Abzug von Kinderbetreuungskosten wie Betriebsausgaben oder Werbungskosten kann auch zu einem Verlust führen und den Gewerbeertrag (§ 7 GewStG) mindern. Bei einer gesonderten sowie einer gesonderten und einheitlichen Feststellung der Einkünfte sind die Kinderbetreuungskosten in die Feststellung der Einkünfte mit einzubeziehen und dem Wohnsitzfinanzamt nachrichtlich mitzuteilen. 28

Bei verheirateten Eltern, die beide erwerbstätig sind und die beide Aufwendungen für Kinderbetreuung getragen haben, sind die Aufwendungen – unabhängig von der Veranlagungsart – grundsätzlich bei der Einkunftsquelle des jeweiligen Elternteils zu berücksichtigen. Hat ein Elternteil mehrere Einkunftsquellen, gelten die Ausführungen im vorhergehenden Absatz entsprechend. 29

2. Kinderbetreuungskosten im Sinne des § 10 Abs. 1 Nr. 5 oder 8 EStG

a) Ausbildung

Wird die Ausbildung im Rahmen eines Ausbildungsdienstverhältnisses absolviert, können die Kinderbetreuungskosten nach §§ 4f, 9 Abs. 5 Satz 1 bzw. § 9a Satz 1 Nr. 1 Buchstabe a EStG berücksichtigt werden. 30

Wird die Ausbildung unterbrochen, können auch die während der Zeit der Unterbrechung entstandenen Kinderbetreuungskosten berücksichtigt werden, längstens jedoch für einen zusam- 31 menhängenden Zeitraum von vier Monaten. Das gleiche gilt, wenn in einer Übergangszeit nach Beendigung der Ausbildung und vor Aufnahme einer Erwerbstätigkeit Kinderbetreuungskosten anfallen.

b) Nachweis einer Behinderung oder Krankheit

32 Ein Sonderausgabenabzug gemäß § 10 Abs. 1 Nr. 8 EStG kommt in Betracht, wenn einer der Elternteile körperlich, geistig oder seelisch behindert im Sinne des § 33b EStG ist. Der entsprechende Nachweis ist nach § 65 EStDV zu führen. Eine Krankheit ist durch ärztliches Attest nachzuweisen.

c) Zuordnung der Aufwendungen

33 Für den Abzug von Kinderbetreuungskosten als Sonderausgaben kommt es bei verheirateten Eltern, die nach § 26b EStG zusammen zur Einkommensteuer veranlagt werden, nicht darauf an, wer die Aufwendungen geleistet hat (R 10.1 EStR 2005). In den Fällen einer getrennten Veranlagung nach § 26a EStG werden die Aufwendungen wie bei einer Zusammenveranlagung ermittelt und bei jedem Elternteil zur Hälfte abgezogen, es sei denn, die Eltern beantragen einvernehmlich eine andere Aufteilung (§ 26a Abs. 2 Satz 1 EStG).

34 Bei nicht verheirateten Eltern ist der Elternteil zum Abzug von Kinderbetreuungskosten berechtigt, der die Aufwendungen getragen hat und zu dessen Haushalt das Kind gehört. Trifft dies auf beide Elternteile zu, kann jeder seine tatsächlichen Aufwendungen grundsätzlich nur bis zur Höhe des hälftigen Abzugshöchstbetrags geltend machen. Etwas anderes gilt nur dann, wenn die Eltern einvernehmlich eine andere Aufteilung wählen und dies gegenüber dem Finanzamt anzeigen.

III. Ausschluss eines weiteren Abzugs und Übergangsregelung

1. Ausschluss eines weiteren Abzugs

35 Aufwendungen für Kinderbetreuung sind vorrangig wie Betriebsausgaben oder Werbungskosten (§§ 4f und 9 Abs. 5 Satz 1 EStG) zu berücksichtigen. Liegen die entsprechenden Voraussetzungen hierfür nicht vor, ist zu prüfen, ob ein Abzug als Sonderausgaben nach § 10 Abs. 1 Nr. 8 EStG in Betracht kommt. Ist dies nicht der Fall, können Aufwendungen für Kinderbetreuung eventuell nach § 10 Abs. 1 Nr. 5 EStG berücksichtigt werden. Ist ein Abzug weder wie Betriebsausgaben oder Werbungskosten noch als Sonderausgaben möglich, kann unter Umständen ein Abzug im Rahmen der außergewöhnlichen Belastungen (§ 33a Abs. 3 EStG) oder eine Berücksichtigung im Rahmen des § 35a EStG erfolgen.

36 Erfüllen Kinderbetreuungskosten grundsätzlich die Voraussetzungen für einen Abzug wie Betriebsausgaben oder Werbungskosten bzw. als Sonderausgaben, kommt ein Abzug nach § 35a EStG nicht mehr in Betracht (§ 35a Abs. 1 Satz 1 und Abs. 2 Satz 3 EStG). Auf den tatsächlichen Abzug wie Betriebsausgaben oder Werbungskosten bzw. als Sonderausgaben kommt es nicht an. Dies gilt nicht nur für das nicht abziehbare Drittel der Aufwendungen, sondern auch für die Aufwendungen, die den Höchstbetrag von 4000 Euro je Kind übersteigen.

2. Übergangsregelung

37 Die Vorschriften zur steuerlichen Berücksichtigung der Kinderbetreuungskosten sind rückwirkend ab Beginn des Kalenderjahres 2006 anzuwenden. Da das Gesetz zur steuerlichen Förderung von Wachstum und Beschäftigung erst am 26. April 2006 ausgefertigt worden ist, konnten die Steuerpflichtigen die Nachweiserfordernisse zu Beginn des Kalenderjahres 2006 noch nicht beachten. Liegt grundsätzlich ein Nachweis über getätigte Aufwendungen, z. B. eine Bestätigung der Tagesmutter, vor, ist es nicht zu beanstanden, wenn bei der Geltendmachung von Aufwendungen für Kinderbetreuung, die bis zum 31. Dezember 2006 getätigt worden sind, keine Rechnungen und Kontobelege vorgelegt werden.

Neuregelung der Besteuerung der Erträge aus nach § 20 Abs. 1 Nr. 6 EStG steuerpflichtigen Versicherungen durch das Alterseinkünftegesetz

BMF vom 22. 12. 2005 (BStBl I S. 92)
IV C 1 – S 2252–343/05

Unter Bezugnahme auf das Ergebnis der Erörterungen mit den obersten Finanzbehörden der Länder gilt für die steuerliche Behandlung von nach § 20 Abs. 1 Nr. 6 EStG steuerpflichtigen Versicherungen Folgendes:

Übersicht

I. Versicherung im Sinne des § 20 Abs. 1 Nr. 6 EStG

1 Der Besteuerung nach § 20 Abs. 1 Nr. 6 EStG unterliegen die Erträge aus folgenden Versicherungen auf den Erlebens- oder Todesfall (kapitalbildende Lebensversicherungen): Rentenversicherungen mit Kapitalwahlrecht, soweit nicht die Rentenzahlung gewählt wird, und Kapitalversicherungen mit Sparanteil. Erträge aus Unfallversicherungen mit garantierter Beitragsrückzahlung unterliegen ebenfalls der Besteuerung nach § 20 Abs. 1 Nr. 6 EStG.

2 Eine Versicherung im Sinne des § 20 Abs. 1 Nr. 6 EStG unterscheidet sich von einer Vermögensanlage ohne Versicherungscharakter dadurch, dass ein wirtschaftliches Risiko abgedeckt wird, das aus der Unsicherheit und Unberechenbarkeit des menschlichen Lebens für den Lebensplan des Menschen erwächst (biometrisches Risiko). Die durch die Lebensversicherung typischerweise abgedeckten Gefahren sind der Tod (Todesfallrisiko) oder die ungewisse Lebensdauer (Erlebensfallrisiko, Langlebigkeitsrisiko). Bei der Unfallversicherung mit garantierter Beitragsrückzahlung stellen das Unfallrisiko oder das Risiko der Beitragsrückzahlung im Todesfall die mit der Versicherung untrennbar verbundenen charakteristischen Hauptrisiken dar.

3 Es liegt kein Versicherungsvertrag im Sinne des § 20 Abs. 1 Nr. 6 EStG vor, wenn der Vertrag keine nennenswerte Risikotragung enthält. Davon ist insbesondere dann auszugehen, wenn bei Risikoeintritt nur eine Leistung der angesammelten und verzinsten Sparanteile zuzüglich einer Überschussbeteiligung vereinbart ist. In der Regel ist vom Vorliegen eines Versicherungsvertrages im Sinne des § 20 Abs. 1 Nr. 6 EStG auszugehen, wenn es sich um eine Lebensversicherung oder Unfallversicherung mit garantierter Beitragsrückzahlung im Sinne des Versicherungsaufsichtsrechts handelt. Die bisherigen Regelungen zum Mindesttodesfallschutz bei kapitalbildenden Lebensversicherungen sind nicht mehr anzuwenden.

4 Keine Versicherungsverträge im Sinne des § 20 Abs. 1 Nr. 6 EStG sind Kapitalisierungsgeschäfte. Als Kapitalisierungsgeschäfte gelten Geschäfte, bei denen unter Anwendung eines mathematischen Verfahrens die im Voraus festgesetzten einmaligen oder wiederkehrenden Prämien und die übernommenen Verpflichtungen nach Dauer und Höhe festgelegt sind (vgl. § 1 Abs. 4 Satz 2 des Versicherungsaufsichtsgesetzes [VAG]).

5 Bei Kapitalforderungen aus Verträgen mit Versicherungsunternehmen, bei denen es sich nicht um einen Versicherungsvertrag im oben angeführten Sinne handelt, richtet sich die Besteuerung des Kapitalertrags nach § 20 Abs. 1 Nr. 7 EStG.

6 Zu den nach § 20 Abs. 1 Nr. 6 EStG steuerpflichtigen Renten- oder Kapitalversicherungen zählen nur solche, die einen Sparanteil enthalten. Bei solchen Versicherungen setzt sich der Versicherungsbeitrag grundsätzlich zusammen aus dem

- **Kostenanteil** (Beitragsteil insbesondere für Verwaltungsaufgaben des Unternehmens, Abschlusskosten, Inkassokosten), dem
- **Risikoanteil** (Beitragsanteil für Leistungen bei Eintritt eines charakteristischen Hauptrisikos: Tod bei Lebensversicherungen, Unfall oder Beitragsrückzahlung im Todesfall bei Unfallversicherungen mit garantierter Beitragsrückzahlung) und dem
- **Sparanteil** (Beitragsanteil, der für die Finanzierung einer Erlebensfall-Leistung verwendet wird).

7 Eine Leistung aus einer **reinen Risikoversicherung**, also einer Versicherung ohne Sparanteil (z. B. Risikolebensversicherung, Unfallversicherung ohne garantierte Beitragsrückzahlung, Berufsunfähigkeitsversicherung, Erwerbsunfähigkeitsversicherung, Pflegeversicherung), fällt nicht unter § 20 Abs. 1 Nr. 6 EStG. Dies gilt sowohl für Kapitalauszahlungen aus reinen Risikoversicherungen als auch für Rentenzahlungen (z. B. Unfall-Rente, Invaliditätsrente). Bei einer Rentenzahlung kann sich jedoch eine Besteuerung aus anderen Vorschriften (insbesondere § 22 Nr. 1 Satz 1 EStG oder § 22 Nr. 1 Satz 3 Buchstabe a Doppelbuchstabe bb EStG) ergeben. Die Baraus-

zahlung von Überschüssen (vgl. Rz. 13 ff.) sowie die Leistung aufgrund einer verzinslichen Ansammlung der Überschüsse (vgl. Rz. 17) ist bei einer reinen Risikoversicherung keine Einnahme im Sinne des § 20 Abs. 1 Nr. 6 EStG und auch nicht im Sinne des § 20 Abs. 1 Nr. 7 EStG.

II. Allgemeine Begriffsbestimmungen

1. Versicherungsnehmer

Der Versicherungsnehmer (vgl. § 1 des Versicherungsvertragsgesetzes [VVG]) ist der Vertragspartner des Versicherers. Er ist Träger aller Rechte des Vertrages, z. B. Recht die Versicherungsleistung zu fordern, den Vertrag zu ändern, zu kündigen, Bezugsberechtigungen zu erteilen, die Ansprüche aus dem Vertrag abzutreten oder zu verpfänden. Er ist gleichzeitig Träger aller Pflichten, z. B. Pflicht zur Beitragszahlung. 8

2. Bezugsberechtigter

Der Bezugsberechtigte (vgl. §§ 166, 167 VVG) ist derjenige, der nach den vertraglichen Vereinbarungen die Versicherungsleistung erhalten soll. In der Regel kann der Versicherungsnehmer ohne Zustimmung des Versicherers einen Dritten als Bezugsberechtigten bestimmen. Das Bezugsrecht kann getrennt für den Erlebensfall und den Rückkauf sowie für den Todesfall festgelegt sein. Es kann widerruflich oder unwiderruflich ausgesprochen sein. 9

Bei einem unwiderruflichen Bezugsrecht bedarf jede Änderung des Bezugsrechts der Zustimmung des Bezugsberechtigten. Dieser hat auch einen unmittelbaren Rechtsanspruch auf die Leistung. 10

Bei einem widerruflichen Bezugsrecht hat der Bezugsberechtigte nur eine Anwartschaft auf die Leistung. Das widerrufliche Bezugsrecht kann auch jederzeit durch eine Mitteilung des Versicherungsnehmers an das Versicherungsunternehmen geändert werden. Im Zeitpunkt des Versicherungsfalls wird aus der Anwartschaft ein Rechtsanspruch. 11

3. Versicherte Person

Die versicherte Person ist die Person, auf deren Leben oder Gesundheit die Versicherung abgeschlossen wird (vgl. § 159 VVG). 12

4. Überschussbeteiligung

Der Versicherungsvertrag sieht in der Regel vor, dass der Versicherungsnehmer und/oder der Bezugsberechtigte an den Überschüssen des Versicherungsunternehmens zu beteiligen ist. Überschüsse erzielen die Unternehmen vor allem aus dem Kapitalanlage-, dem Risiko- und dem Kostenergebnis. 13

Ein Überschuss entsteht im Kapitalanlageergebnis, wenn ein höherer Ertrag als der Rechnungszins erzielt wird. Der Rechnungszins gibt den vom Versicherungsunternehmen garantierten Zins wieder, mit dem die Deckungsrückstellung kalkuliert wird. Beim Risikoergebnis kommt es zu Überschüssen, wenn der Risikoverlauf günstiger ist, als bei der Kalkulation angenommen (z. B. bei Versicherungen mit Todesfall-Leistung eine geringere Anzahl von Sterbefällen). Das Kostenergebnis ist positiv, wenn das Versicherungsunternehmen weniger Kosten für die Einrichtung und die laufende Verwaltung des Vertrages aufwendet, als veranschlagt wurde. Die Überschüsse werden jährlich ermittelt.

Die Beteiligung an den Überschüssen kann insbesondere in Form der nachfolgend beschriebenen Methoden erfolgen:

<u>Barauszahlung</u>

Die Überschüsse werden jährlich ausgezahlt (zu den steuerlichen Folgen siehe Rz. 45). 14

<u>Beitragsverrechnung</u>

Es kann auch vereinbart werden, dass die Überschüsse mit den Beiträgen zu verrechnen sind, so dass die laufende Beitragsleistung des Versicherungsnehmers gemindert wird. Der kalkulierte Beitrag wird in diesem Zusammenhang als Bruttobeitrag, der um Überschüsse reduzierte Beitrag als Nettobeitrag bezeichnet (zu den steuerlichen Folgen siehe Rz. 46). 15

<u>Bonussystem</u>

Beim Bonussystem werden die Überschussanteile als Einmalbeiträge für eine zusätzliche beitragsfreie Versicherung (Bonus) verwendet. Bei jährlichen Überschussanteilen erhöht sich 16 dadurch die Versicherungsleistung von Jahr zu Jahr (zu den steuerlichen Folgen siehe Rzn. 47 und 57).

Verzinsliche bzw. rentierliche Ansammlung

17 Bei der verzinslichen Ansammlung werden die jährlichen Überschussanteile beim Versicherungsunternehmen einbehalten und Ertrag bringend angelegt. Die angesammelten Beträge zuzüglich der Erträge werden zusammen mit der Versicherungssumme ausbezahlt (zu den steuerlichen Folgen siehe Rz. 47).

Schlussüberschussbeteiligung

18 Überschussanteile, die nicht laufend dem Vertrag unwiderruflich zugeteilt, sondern nur für den Fall einer Leistung aus dem Vertrag in einem Geschäftsjahr festgelegt werden, werden als Schlussüberschüsse, Schlussgewinne, Schlussdividende o.ä. bezeichnet (zu den steuerlichen Folgen siehe Rz. 47).

III. Rentenversicherung mit Kapitalwahlrecht, soweit nicht die Rentenzahlung gewählt wird

19 Bei einer Rentenversicherung besteht die Versicherungsleistung grundsätzlich in der Zahlung einer lebenslänglichen Rente für den Fall, dass die versicherte Person den vereinbarten Rentenzahlungsbeginn erlebt. Zu den Einnahmen nach § 20 Abs. 1 Nr. 6 EStG rechnet die Versicherungsleistung aus einer Rentenversicherung mit Kapitalwahlrecht nur dann, wenn sie nicht in Form einer Rentenzahlung erbracht wird. Davon ist dann auszugehen, wenn eine einmalige Kapitalauszahlung erfolgt, wenn mehrere Teilauszahlungen geleistet werden oder wenn wiederkehrende Bezüge erbracht werden, die nicht die nachstehenden Anforderungen an eine Rente erfüllen (zur Berechnung des Unterschiedsbetrags bei der Leistung in Form eines wiederkehrenden Bezugs siehe Rz. 63). Ebenfalls nach § 20 Abs. 1 Nr. 6 EStG zu versteuern sind Kapitalleistungen, soweit ein Teil der Versicherungsleistung nicht als Rente gezahlt wird, oder wenn ein laufender Rentenzahlungsanspruch durch eine Abfindung abgegolten wird. Bei einer Teilverrentung kann bei der Ermittlung des Unterschiedsbetrages für die Kapitalauszahlung nur ein Teil der geleisteten Beiträge abgezogen werden. Dies gilt auch dann, wenn vereinbart ist, dass lediglich die Beiträge ausgezahlt werden sollen und der verbleibende Teil verrentet wird. Auch in diesem Fall sind die Beiträge gleichmäßig auf die Kapitalauszahlung und den nach versicherungsmathematischen Grundsätzen ermittelten Barwert der Rentenauszahlung zu verteilen (zur Berechnung des Unterschiedsbetrags in diesen Fällen siehe Rz. 64).

20 Eine die Besteuerung nach § 20 Abs. 1 Nr. 6 EStG ausschließende Rentenzahlung setzt voraus, dass gleich bleibende oder steigende wiederkehrende Bezüge zeitlich unbeschränkt für die Lebenszeit der versicherten Person (lebenslange Leibrente) vereinbart werden.[1]) Leibrenten mit einer vertraglich vereinbarten Höchstlaufzeit (abgekürzte Leibrenten) und wiederkehrende Bezüge, die nicht auf die Lebenszeit, sondern auf eine festgelegte Dauer zu entrichten sind (Zeitrenten), sind nach § 20 Abs. 1 Nr. 6 EStG zu versteuern. Leibrenten mit einer vertraglich vereinbarten Mindestlaufzeit (verlängerte Leibrenten) sind nur dann nach § 20 Abs. 1 Nr. 6 EStG zu versteuern, wenn die Rentengarantiezeit über die auf volle Jahre aufgerundete verbleibende mittlere Lebenserwartung der versicherten Person bei Rentenbeginn hinausgeht. Maßgebend ist die zum Zeitpunkt des Vertragsabschlusses zugrunde gelegte Sterbetafel und das bei Rentenbeginn vollendete Lebensjahr der versicherten Person. Entspricht die Rentengarantiezeit der Lebenserwartung oder ist sie kürzer, ist auch für den Rechtsnachfolger (in der Regel der Erbe) die Ertragsanteilsbesteuerung anzuwenden. Dabei wird der auf den Erblasser angewandte Ertragsanteil fortgeführt.

21 Wird neben einem gleich bleibenden oder steigenden Sockelbetrag eine jährlich schwankende Überschussbeteiligung gewährt, handelt es sich dennoch insgesamt um gleich bleibende oder steigende Bezüge im Sinne der Rz. 20. Sowohl auf den Sockelbetrag als auch auf die Überschussbeteiligung ist die Ertragsanteilbesteuerung (§ 22 Nr. 1 Satz 3 Buchstabe a Doppelbuchstabe bb EStG) anzuwenden (vgl. BMF-Schreiben vom 26. November 1998, BStBl I 1998, 1508).

Die Auszahlung in Form einer konstanten Anzahl von Investmentanteilen stellt keinen gleich bleibenden Bezug und damit keine Rentenzahlung dar.

22 Die Todesfall-Leistung einer Rentenversicherung gehört nicht zu den Einnahmen aus § 20 Abs. 1 Nr. 6 EStG. Bei einer Rentenzahlung kann sich jedoch eine Besteuerung aus anderen Vorschriften (insbesondere § 22 Nr. 1 Satz 3 Buchstabe a Doppelbuchstabe bb EStG) ergeben.

---

[1]) auch § 20 Abs. 1 Nr. 6 EStG in der abgedruckten Fassung.

IV. Kapitalversicherung mit Sparanteil

Kapitalversicherungen mit Sparanteil treten insbesondere in folgenden Ausgestaltungen auf: 23

1. Kapitalversicherung auf den Todes- und Erlebensfall (klassische Kapital-Lebensversicherung)

Bei einer Kapitalversicherung auf den Todes- und Erlebensfall leistet der Versicherer, wenn die versicherte Person den im Versicherungsschein genannten Auszahlungstermin erlebt oder wenn die versicherte Person vor dem Auszahlungstermin verstirbt. Die Leistung im Todesfall unterfällt nicht der Besteuerung nach § 20 Abs. 1 Nr. 6 EStG. 24

Die Ausgestaltung des Vertrages mit oder ohne Rentenwahlrecht, gegen Einmalbeitrag oder laufende Beitragszahlung hat keinen Einfluss auf die Besteuerung nach § 20 Abs. 1 Nr. 6 EStG. 25

Wird bei einer Kapitalversicherung mit Rentenwahlrecht die Rentenzahlung gewählt, fließen die Erträge nach § 11 Abs. 1 EStG in dem Zeitpunkt zu, in dem die Kapitalleistung im Erlebensfall zu leisten wäre. Lediglich das nach Abzug von Kapitalertragsteuer vorhandene Kapital steht für die Verrentung zur Verfügung. Die Rentenzahlungen gehören zu den Einnahmen aus § 22 Nr. 1 Satz 3 Buchstabe a Doppelbuchstabe bb EStG. 26

2. Unfallversicherung mit garantierter Beitragsrückzahlung

Bei einer Unfallversicherung mit garantierter Beitragsrückzahlung wird neben den Beitragsbestandteilen für die Abdeckung des Unfallrisikos sowie des Risikos der Beitragsrückzahlung im Todesfall und der Verwaltungskosten ein Sparanteil erbracht, der verzinslich bzw. rentierlich angelegt wird. Die Versicherungsleistung bei Ablauf der Versicherungslaufzeit gehört zu den Einnahmen aus § 20 Abs. 1 Nr. 6 EStG, nicht aber die Versicherungsleistung bei Eintritt des versicherten Risikos. Sofern die Unfallversicherung mit garantierter Beitragsrückzahlung als Rentenversicherung mit Kapitalwahlrecht abgeschlossen wird, sind die unter Rzn. 19 ff. angeführten Regelungen anzuwenden. 27

3. Kapitalversicherung auf den Todes- und Erlebensfall von zwei oder mehreren Personen (Kapitalversicherung auf verbundene Leben)

Die Erlebensfall-Leistung ist bei einer Kapitalversicherung auf verbundene Leben zu erbringen, wenn beide/alle versicherten Personen den im Versicherungsschein genannten Ablauftermin erleben. Zur Ermittlung des hälftigen Unterschiedsbetrags, wenn nur einer der Steuerpflichtigen bei Auszahlung der Versicherungsleistung im Erlebensfall oder bei Rückkauf das 60. Lebensjahr vollendet hat, siehe Rzn. 77–78. Die Leistung im Todesfall unterfällt nicht der Besteuerung nach § 20 Abs. 1 Nr. 6 EStG. 28

4. Kapitalversicherung mit festem Auszahlungszeitpunkt (Termfixversicherung)

Bei einer Termfixversicherung wird die Versicherungsleistung nur zu einem festen Zeitpunkt ausgezahlt. Wenn die versicherte Person vor Erreichen dieses festen Zeitpunkts verstirbt, wird die Todesfallsumme in der Regel nicht sofort ausgezahlt, sondern es endet lediglich die Beitragszahlungsdauer. Die Leistung im Todesfall gehört nicht zu den Einnahmen aus § 20 Abs. 1 Nr. 6 EStG. 29

5. Kapitalversicherung mit lebenslangem Todesfallschutz

Bei einer Kapitalversicherung mit lebenslangem Todesfallschutz leistet das Versicherungsunternehmen grundsätzlich nur, wenn die versicherte Person stirbt. Der vornehmliche Zweck eines solchen Versicherungsvertrages ist die Deckung von Kosten und Aufwendungen im Zusammenhang mit dem Todesfall, z. B. Erbschaftsteuer (Erbschaftsteuerversicherung), zivilrechtlich bedingten Ausgleichszahlungen im Rahmen einer Erbschaftsplanung (Vermögensnachfolgeversicherung) oder Deckung der Bestattungskosten (Sterbegeldversicherung). Die Versicherungsleistung im Todesfall stellt keine Einnahme im Sinne des § 20 Abs. 1 Nr. 6 EStG dar. Manche Kapitalversicherungen mit lebenslangem Todesfallschutz bieten jedoch die Möglichkeit, zu Lebzeiten der versicherten Person eine Versicherungsleistung abzurufen, so dass die Versicherung beendet wird oder mit einer reduzierten Versicherungssumme bestehen bleibt. Eine abgerufene Leistung ist nach § 20 Abs. 1 Nr. 6 EStG zu versteuern. 30

V. Sonderformen

1. Fondsgebundene Kapital-Lebensversicherung und fondsgebundene Rentenversicherung

31 Fondsgebundene Lebensversicherungen unterscheiden sich von konventionellen Lebensversicherungen dadurch, dass die Höhe der Leistungen direkt von der Wertentwicklung der in einem besonderen Anlagestock angesparten Vermögensanlagen abhängt, wobei üblicherweise die Sparanteile nur in Investmentanteilen angelegt werden. Die Kapitalerträge aus fondsgebundenen Lebensversicherungen gehören unter den gleichen Voraussetzungen zu den Einnahmen aus Kapitalvermögen wie Erträge aus konventionellen Lebensversicherungen.

32 Eine der Höhe nach garantierte Leistung gibt es bei der fondsgebundenen Lebensversicherung in der Regel nicht, selbst der Verlust des gesamten eingesetzten Kapitals ist möglich (zu einem negativen Unterschiedsbetrag siehe Rz. 60).

33 Üblich sind Verträge, bei denen der Versicherungsnehmer einen oder mehrere Investmentfonds selbst wählen kann, wobei er die Auswahl für zukünftige Sparanteile während der Versicherungsdauer in der Regel ändern kann (Switchen). Außerdem kann das Recht eingeräumt sein, bereits investierte Sparanteile in andere Fonds umzuschichten (Shiften). Solche Umschichtungen stellen keinen Zufluss dar.

34 Hinsichtlich der Versicherungsleistung kann vereinbart sein, dass der Versicherungsnehmer wählen kann, ob er statt einer Geldzahlung die Übertragung der Fondsanteile in sein Depot möchte. Sofern eine Übertragung der Fondsanteile erfolgt, ist als Versicherungsleistung der Rücknahmepreis anzusetzen, mit dem die Versicherungsleistung bei einer Geldzahlung berechnet worden wäre.

2. Direktversicherung, Pensionskasse, Pensionsfonds

35 Zur steuerrechtlichen Behandlung von Leistungen aus einer Pensionskasse, aus einem Pensionsfonds oder aus einer Direktversicherung wird auf das BMF-Schreiben vom 17. November 2004, BStBl I 2004, S. 1065, Rzn. 216–224[1]) verwiesen.

VI. Absicherung weiterer Risiken

36 Neben dem der Versicherung zugrunde liegenden charakteristischen Hauptrisiko können weitere Risiken (Nebenrisiken) in Form einer Zusatzversicherung oder innerhalb einer einheitlichen Versicherung abgesichert sein. Üblich sind dabei die Invaliditäts-, Berufsunfähigkeits-, Unfalltod-, Pflege- und die Dread-Disease-Absicherung. Bei einer Dread-Disease-Absicherung wird bei Eintritt einer schweren Krankheit geleistet (engl. dread disease = furchtbare Krankheit, schlimme Leiden).

Enthält der Versicherungsvertrag andere als die oben angeführten Nebenrisiken und ist der Eintritt dieses Risikos zu erwarten oder durch die versicherte Person herbeiführbar, so dass es sich bei wirtschaftlicher Betrachtungsweise um eine Fälligkeitsregelung handelt (z. B. Beginn der Ausbildung, Heirat), ist die Kapitalauszahlung bei Eintritt eines solchen unechten Nebenrisikos als Erlebensfall-Leistung nach § 20 Abs. 1 Nr. 6 EStG zu versteuern.

37 Kapitalauszahlungen bei Eintritt eines (echten) Nebenrisikos sind nicht nach § 20 Abs. 1 Nr. 6 EStG zu versteuern. Besteht die Leistung der weiteren Absicherung in einer Beitragsbefreiung für den Hauptvertrag, ist für die Berechnung des Unterschiedsbetrags ein rechnerischer Ausgleichsposten in Höhe der angenommenen oder tatsächlich durch das Versicherungsunternehmen übernommenen Beiträge bei der Berechnung des Unterschiedsbetrags ertragsmindernd zu berücksichtigen.

38 Überschüsse und sonstige Leistungen (z. B. Rückzahlung überhobener Beiträge) aus einer weiteren Absicherung sind grundsätzlich keine Einnahmen im Sinne des § 20 Abs. 1 Nr. 6 EStG. Der hierfür erforderliche Nachweis, dass die Überschüsse und sonstigen Leistungen aus einer weiteren Absicherung stammen, setzt voraus, dass das Versicherungsunternehmen den darauf entfallenden Beitrag, den Überschussanteil und die sonstige Leistung für die weitere Absicherung getrennt ausweist. In diesem Fall ist gegebenenfalls ein Sonderausgabenabzug nach § 10 Abs. 1 Nr. 3 Buchstabe a EStG für diese Beitragsbestandteile möglich.

39 Beitragsbestandteile für die Absicherung der Nebenrisiken mindern den steuerpflichtigen Unterschiedsbetrag nicht (vgl. Rz. 58).

---

[1]) → Anhang 1 ***I; jetzt BMI vom 5. 2. 2008 (BStBl I S. 420)***.

VII. Erlebensfall oder Rückkauf

Der Besteuerung nach § 20 Abs. 1 Nr. 6 EStG unterliegen nur der Erlebensfall oder der Rückkauf. Die Versicherungsleistung bei Eintritt des mit der Versicherung untrennbar verbundenen charakteristischen Hauptrisikos (Tod, Unfall) rechnet nicht zu den Einnahmen nach § 20 Abs. 1 Nr. 6 EStG (hinsichtlich weiterer versicherter Risiken siehe Rzn. 36–38). 40

1. Erlebensfall

Alle Versicherungsleistungen, die vom Versicherungsunternehmen aufgrund des Versicherungsvertrages zu erbringen sind, ohne dass sich das versicherte Risiko realisiert hat (Risiko-Leistung) oder dass der Versicherungsvertrag ganz oder teilweise vorzeitig beendet wurde (Rückkauf), sind Erlebensfall-Leistungen. 41

In der Regel tritt der Erlebensfall bei Ablauf der vereinbarten Versicherungslaufzeit ein. Es können im Versicherungsvertrag mehrere konkrete Teilauszahlungstermine oder zeitlich und der Höhe nach flexible Abrufmöglichkeiten bereits in der Ansparphase bzw. Aufschubphase vereinbart sein, so dass es mehrere Erlebensfälle gibt. Beispielsweise können bei einem Versicherungsvertrag mit 30-jähriger Laufzeit Teilauszahlungen nach 20 und nach 25 Jahren vorgesehen sein. Sofern es sich dabei lediglich um ein Wahlrecht des Begünstigten handelt, das nicht ausgeübt wird, liegt kein Erlebensfall vor. Zur Ermittlung des Unterschiedsbetrags bei Teilauszahlungen siehe Rzn. 61–62. 42

Bei einer gestreckten Kapitalauszahlung (Teilauszahlungen oder wiederkehrende Bezüge, die keine Rentenzahlung darstellen, vgl. Rz. 20) nach Ablauf der Versicherungslaufzeit liegt nur ein Erlebensfall zum Ablauftermin vor. Ein Zufluss ist jedoch erst mit Leistung des jeweiligen Teilbetrags gegeben. Davon zu unterscheiden ist der Fall, dass bei einer Kapitallebensversicherung mit Rentenwahlrecht für die Rentenzahlung optiert wird. In der Ausübung der Renten-Option liegt eine Verfügung über die auszahlbare Versicherungsleistung, die einen Zufluss begründet (vgl. Rz. 26). 43

Wenn sich der Steuerpflichtige das Kapital nach Erreichen des Ablauftermins nicht auszahlen lässt, sondern es gegen Entgelt oder auch ohne Entgelt bis zur Entscheidung über die endgültige Verwendung dem Versicherungsunternehmen überlässt (sog. Parkdepot), liegt aufgrund der erlangten Verfügungsmacht ein Zufluss vor. Wird die Fälligkeit einer Versicherungsleistung aufgrund einer nachträglichen Vertragsänderung während der Versicherungslaufzeit (Verlängerung der Versicherungslaufzeit) hinausgeschoben, liegt dagegen zum ursprünglichen Fälligkeitszeitpunkt kein Zufluss vor. 44

Eine laufende (z. B. jährliche) Auszahlung von Überschüssen (vgl. Rz. 14) stellt eine zugeflossene Erlebensfall-Leistung dar. Die Regelungen zur Ermittlung des Unterschiedsbetrags bei Teilauszahlungen (siehe Rzn. 61–62) sind anzuwenden. Wird der Überschuss nicht zur Barauszahlung, sondern zur Reduzierung der laufenden Beitragszahlung verwendet, liegt zivilrechtlich eine Aufrechnung und damit ebenfalls eine zugeflossene Erlebensfall-Leistung vor. Bei der Berechnung des Unterschiedsbetrags ist der Bruttobeitrag (einschließlich des durch Aufrechnung gezahlten Teils) in Ansatz zu bringen. 45

Ist jedoch von vornherein keine Auszahlung der laufenden Überschüsse, sondern eine Verrechnung mit den Beiträgen vereinbart, besteht also kein Wahlrecht zwischen Auszahlung und Verrechnung, liegt hinsichtlich der Überschüsse kein Erlebensfall und kein Zufluss von Erträgen vor. Bei der Ermittlung des Unterschiedsbetrags ist nur der Netto-Beitrag (vgl. Rz. 15) anzusetzen. 46

Beim Bonussystem (vgl. Rz. 16), bei der verzinslichen bzw. rentierlichen Ansammlung (vgl. Rz. 17) und bei der Schlussüberschussbeteiligung (vgl. Rz. 18) liegt ein Zufluss von Erträgen in der Regel erst bei Ablauf der Versicherungslaufzeit vor. 47

2. Rückkauf

Ein Rückkauf liegt vor, wenn der Versicherungsvertrag vorzeitig ganz oder teilweise beendet wird (insbesondere aufgrund Rücktritt, Kündigung oder Anfechtung). Bei einer vorzeitigen Beendigung des Versicherungsvertrages ist regelmäßig vereinbart, dass das Versicherungsunternehmen einen Rückkaufswert zu erstatten hat (vgl. § 176 Abs. 1 VVG, der eine gesetzliche Verpflichtung zur Erstattung des Rückkaufswertes bei Kapitalversicherungen auf den Todesfall mit unbedingter Leistungspflicht enthält). Der Rückkaufswert ist nach den anerkannten Regeln der Versicherungsmathematik für den Schluss der laufenden Versicherungsperiode als Zeitwert der Versicherung zu berechnen. Beitragsrückstände werden vom Rückkaufswert abgesetzt. § 12 Abs. 4 Satz 1 Bewertungsgesetz ist nicht anwendbar. Ein teilweiser Rückkauf liegt insbesondere 48 vor, wenn der Versicherungsvertrag das Recht enthält, durch Teilkündigung einen Teil der Erlebensfall-Leistung vorzeitig abzurufen.

49 In der Anfangszeit einer Versicherung ist der Rückkaufswert regelmäßig niedriger als die Summe der geleisteten Beiträge. Dies ergibt sich daraus, dass jeder Vertrag Abschlusskosten (z. B. Provision für den Versicherungsvermittler) verursacht, die zu tilgen sind. Außerdem behalten sich die Versicherer gewöhnlich vor, einen Abzug bei vorzeitiger Beendigung vorzunehmen (Stornoabschlag). Dadurch kann es insbesondere bei einem sehr frühzeitigen Rückkauf zu einem negativen Unterschiedsbetrag kommen.

VIII. Steuerpflichtiger

50 Steuerpflichtiger im Sinne des § 20 Abs. 1 Nr. 6 EStG ist grundsätzlich derjenige, der das Kapital in Form der Sparanteile im eigenen Namen und für eigene Rechnung dem Versicherungsunternehmen zur Nutzung überlassen hat. Soweit eine andere Person wirtschaftlicher Eigentümer im Sinne des § 39 Abs. 2 Nr. 1 Abgabenordnung – AO – des Anspruchs auf die steuerpflichtige Versicherungsleistung (Erlebensfall-Leistung oder Rückkaufswert) ist, sind ihr die erzielten Erträge zuzurechnen.

51 In der Regel ist der Versicherungsnehmer Steuerpflichtiger, da er die Sparanteile zur Nutzung überlassen hat und auch Inhaber des Rechts ist, die Versicherungsleistung zu fordern. Wechselt die Person des Versicherungsnehmers durch Gesamtrechts- oder Einzelrechtsnachfolge, wird regelmäßig der Rechtsnachfolger Steuerpflichtiger.

52 Mit der Einräumung eines unwiderruflichen Bezugsrechts (vgl. Rz. 10) für die steuerpflichtige Versicherungsleistung gilt grundsätzlich der Bezugsberechtigte als Steuerpflichtiger der erzielten Erträge. Bei einem widerruflichen Bezugsrecht wird der Bezugsberechtigte erst bei Eintritt des Erlebensfalls Steuerpflichtiger.

53 Bei einer Abtretung des Anspruchs auf die Versicherungsleistung wird der Abtretungsempfänger (Zessionar) nur dann Steuerpflichtiger, wenn er und nicht der Abtretende (Zedent) die Erträge erzielt. Das Erzielen von Erträgen setzt voraus, dass nach den getroffenen Vereinbarungen die Versicherungsleistung das Vermögen des Zessionars und nicht das des Zedenten mehren soll. Dient beispielsweise die Versicherungsleistung dazu, eigene Verbindlichkeiten des Zedenten gegenüber dem Zessionar zu tilgen, bleibt der Zedent Steuerpflichtiger. Typischerweise werden durch die Versicherungsleistung bei Eintritt des Sicherungsfalls bei einer Sicherungsabtretung oder bei Einziehung und Verwertung durch einen Pfandgläubiger eigene Verbindlichkeiten des Zedenten bzw. des Pfandschuldners getilgt, so dass regelmäßig der Zedent bzw. der Pfandschuldner Steuerpflichtiger der Erträge bleibt.

IX. Berechnung des Unterschiedsbetrags

54 Die Ermittlung des Ertrags nach § 20 Abs. 1 Nr. 6 EStG ist nur anzuwenden, wenn der Steuerpflichtige die Versicherung im Privatvermögen hält. Gehört der Versicherungsvertrag zu dem Betriebsvermögen des Steuerpflichtigen, sind die allgemeinen Gewinnermittlungsvorschriften anzuwenden. Für den Kapitalertragsteuerabzug gelten aber auch in diesen Fällen die Vorschriften für Versicherungen im Privatvermögen (vgl. Rzn. 84 ff.).

1. Versicherungsleistung

55 Versicherungsleistung ist grundsätzlich der Gesamtbetrag der zugeflossenen Geldleistungen (zur Übertragungsoption bei fondsgebundenen Lebensversicherungen siehe Rz. 34). In der Versicherungsleistung enthalten sind die angesammelten Sparanteile, die garantierte Verzinsung der Sparanteile und Überschüsse aus dem Kapitalanlage-, dem Risiko- und dem Kostenergebnis. Auszusondern sind die Überschussanteile und sonstige Leistungen aus Nebenrisiken (vgl. Rz. 38).

2. Summe der entrichteten Beiträge

56 Versicherungsbeiträge (Prämien) sind die aufgrund des Versicherungsvertrages erbrachten Geldleistungen. Hierzu gehören auch die Ausfertigungsgebühr, Abschlussgebühr und die Versicherungsteuer. Provisionen, die der Versicherungsvermittler von der Versicherungsgesellschaft erhält und die dieser an den Steuerpflichtigen weiterleitet, oder Provisionen, die der Steuerpflichtige unmittelbar von der Versicherungsgesellschaft erhält (sog. Eigenprovisionen), mindern die Summe der entrichteten Beiträge (BFH-Urteil vom 2. März 2004, BStBl II 2004, 506). Eine Vermittlungsprovision, die vom Versicherungsnehmer aufgrund eines gesonderten Vertrages an einen Versicherungsvermittler erbracht wird, ist bei der Berechnung des Unterschiedsbetrags ertrags-

mindernd anzusetzen. Für Zwecke der Kapitalertragsteuer ist es erforderlich, dass der Steuerpflichtige die Zahlung der Provision an den Vermittler gegenüber dem Versicherungsunternehmen belegt.

Zur Höhe der entrichteten Beiträge in den Fällen der Beitragsverrechnung siehe Rzn. 45 und 46. 57
Der beim Bonussystem (vgl. Rz. 16) für eine Erhöhung der Versicherungsleistung verwendete Überschussanteil stellt keinen entrichteten Beitrag dar.

Die im Beitrag enthaltenen Anteile zur Absicherung des charakteristischen Hauptrisikos (Todes- 58
fallrisiko bei einer Lebensversicherung, Unfallrisiko sowie das Risiko der Beitragsrückzahlung im Todesfall bei einer Unfallversicherung mit Beitragsrückzahlung) mindern den steuerpflichtigen Ertrag. Beitragsanteile, die das Versicherungsunternehmen aufgrund individueller oder pauschaler Kalkulation den Nebenrisiken (Rzn. 36 ff.) zugeordnet hat, sind bei der Ermittlung des Unterschiedsbetrags nicht ertragsmindernd anzusetzen.

Für die Berechnung des Unterschiedsbetrags ist es grundsätzlich unerheblich, wer die Versiche- 59
rungsbeiträge aufgewendet hat. Auch Beiträge, die nicht der Steuerpflichtige aufgewendet hat, mindern den steuerpflichtigen Ertrag.

3. Negativer Unterschiedsbetrag (Verlust)

Insbesondere in den Fällen eines frühzeitigen Rückkaufs (vgl. Rz. 49) des Versicherungsvertrags 60
kann es zu einem negativen Unterschiedsbetrag kommen. Ist die Einkunftserzielungsabsicht zu überprüfen, ist vom hälftigen Unterschiedsbetrag als Ertrag auszugehen, wenn nach dem vereinbarten Versicherungsverlauf die Voraussetzungen des § 20 Abs. 1 Nr. 6 Satz 2 EStG erfüllt worden wären (vgl. BFH-Urteil vom 6. März 2003, BStBl II 2003, 702; zum Ansatz der Werbungskosten vgl. Rz. 81).

4. Teilleistungen

Bei Teilleistungen (Teilauszahlungen, Auszahlungen in Form von wiederkehrenden Bezügen, die 61
keine Rentenzahlung darstellen, sowie Barauszahlungen von laufenden Überschussanteilen) sind die anteilig entrichteten Beiträge von der Auszahlung in Abzug zu bringen. Die anteilig entrichteten Beiträge sind dabei wie folgt zu ermitteln:

$$\frac{\text{Versicherungsleistung} \times (\text{Summe der entrichteten Beiträge} - \text{bereits verbrauchte Beiträge})}{\text{Zeitwert der Versicherung zum Auszahlungszeitpunkt}}$$

Die hiernach ermittelten Beiträge sind höchstens in Höhe der Teilleistung anzusetzen. Die bereits für Teilleistungen verbrauchten Beiträge mindern die bei nachfolgenden Teilleistungen zu berücksichtigenden Beiträge. Bei der Ermittlung des Unterschiedsbetrags der letzten Teilleistung bzw. der Schlussleistung sind die noch nicht angesetzten Beiträge abzuziehen.

Beispiel 1: Teilauszahlung in der Ansparphase 62

Laufzeit 20 Jahre, nach 10 Jahren Teilauszahlung i. H. v. 5 000 €, geleistete Beiträge im Auszahlungszeitpunkt: 10 000 €, Zeitwert der Versicherung im Auszahlungszeitpunkt 15 000 €;

Restauszahlung nach weiteren 10 Jahren i. H. v. 25 000 €, geleistete Beiträge insgesamt: 20 000 €

Lösung:

– **Teilauszahlung i. H. v. 5 000 €**

anteilige Beiträge	$\frac{5\,000 \times 10\,000}{15\,000}$	= 3 333,33 €
Versicherungsleistung:		5 000,00 €
./. anteilig geleistete Beiträge:		3 333,33 € (= 33 %)
Ertrag nach § 20 Abs. 1 Nr. 6 EStG		1 666,67 €

– **Restauszahlung i. H. v. 25 000 €**

Versicherungsleistung:	25 000,00 €
./. geleistete Beiträge (20 000–3 333,33)	16 666,67 €
Ertrag nach § 20 Abs. 1 Nr. 6 EStG	8 333,33 €

Kontrollrechnung:

Versicherungsleistung: 5 000,00 € + 25 000,00 € =	30 000,00 €
Summe der Beiträge: 3 333,33 € + 16 666,67 € =	20 000,00 €
Ertrag nach § 20 Abs. 1 Nr. 6 EStG:	10 000,00 €

63 **Beispiel 2: Auszahlung in Form eines wiederkehrenden Bezugs**

Der Versicherungsvertrag sieht wiederkehrende Bezüge von jährlich 6 000 € für die Lebenszeit des Begünstigten, längstens jedoch für fünf Jahre vor. An Beiträgen wurden 12 000 € erbracht. Der Steuerpflichtige (männlich) hat zum Beginn der Auszahlung das 50. Lebensjahr vollendet.

Der nach den anerkannten Regeln der Versicherungsmathematik unter Berücksichtigung der geschlechtsspezifischen Sterbewahrscheinlichkeit ermittelte Zeitwert der Versicherung vor Auszahlung der jeweiligen Bezüge beträgt im

Jahr 01: 27 500
Jahr 02: 22 500
Jahr 03: 17 200
Jahr 04: 11 700
Jahr 05: 6 000.

Lösung:

anteilige Beiträge: $\frac{6\,000 \times 12\,000}{27\,500}$ = 2 618,18 €

Versicherungsleistung:	6 000,00 €
./. anteilig geleistete Beiträge:	2 618,18 €
Ertrag nach § 20 Abs. 1 Nr. 6 EStG	3 381,82 €

anteilige Beiträge: $\frac{6\,000 \times (12\,000 - 2\,618{,}18)}{22\,500}$ = 2 501,82 €

Versicherungsleistung:	6 000,00 €
./. anteilig geleistete Beiträge:	2 501,82 €
Ertrag nach § 20 Abs. 1 Nr. 6 EStG	3 498,18 €

Jahr	Versicherungsleistungen	anteilige Beiträge	Ertrag
01	6 000,00 €	2 618,18	3 381,82
02	6 000,00 €	2 501,82	3 498,18
03	6 000,00 €	2 400,00	3 600,00
04	6 000,00 €	2 297,44	3 702,56
05	6 000,00 €	2 182,56	3 817,44
Kontrollsumme	30 000,00 €	12 000,00	18 000,00

64 **Beispiel 3: Teilkapitalauszahlung bei einer Rentenversicherung**

Rentenversicherung mit Kapitalwahlrecht, Ansparphase 20 Jahre, gezahlte Beiträge insgesamt 20 000 €, Zeitwert der Versicherung zum Ende der Ansparphase: 30 000 €, Ausübung des Kapitalwahlrechts in Höhe von 15 000 €, Verrentung des Restkapitals führt zu einer monatlichen garantierten Rente von 100 €.

Lösung:

– **Teilauszahlung in Höhe von 15 000 €:**

anteilige Beiträge: $\frac{15\,000 \times 20\,000}{30\,000}$ = 10 000 €

Versicherungsleistung	15 000 €
./. anteilig geleistete Beiträge	10 000 €
Ertrag nach § 20 Abs. 1 Nr. 6 EStG	5 000 €

– **Rentenzahlung:**

Jahresbetrag der Rente (ggf. zuzüglich Überschüsse) 1 200 €
zu versteuern nach § 22 Nr. 1 Satz 3 Buchstabe a Doppelbuchstabe bb EStG

X. Hälftiger Unterschiedsbetrag

65 Wird die Versicherungsleistung nach Vollendung des 60. Lebensjahres des Steuerpflichtigen und nach Ablauf von zwölf Jahren seit dem Vertragsabschluss ausgezahlt, ist die Hälfte des Unterschiedsbetrags anzusetzen.

1. Beginn der Mindestvertragsdauer

66 Für den Beginn der Mindestvertragsdauer bestehen aus Vereinfachungsgründen keine Bedenken, als Zeitpunkt des Vertragsabschlusses den im Versicherungsschein bezeichneten Tag des Versicherungsbeginns gelten zu lassen, wenn innerhalb von drei Monaten nach diesem Tag der

Versicherungsschein ausgestellt und der erste Beitrag gezahlt wird; ist die Frist von drei Monaten überschritten, tritt an die Stelle des im Versicherungsschein bezeichneten Tages des Versicherungsbeginns der Tag der Zahlung des ersten Beitrages.

2. Neubeginn aufgrund von Vertragsänderungen

Werden wesentliche Vertragsmerkmale einer Versicherung im Sinne des § 20 Abs. 1 Nr. 6 EStG (Versicherungslaufzeit, Versicherungssumme, Beitragshöhe, Beitragszahlungsdauer, vgl. BFH vom 9. Mai 1974, BStBl II S. 633) geändert, führt dies nach Maßgabe der nachfolgenden Regelungen zu einem Neubeginn der Mindestvertragsdauer. Bei einer Änderung der Person des Versicherungsnehmers ist steuerrechtlich grundsätzlich nicht von einem neuen Vertrag auszugehen. 67

a. Bei Vertragsabschluss vereinbarte künftige Vertragsänderungen

Vertragsanpassungen, die bereits bei Vertragsabschluss vereinbart worden sind, sowie hinreichend bestimmte Optionen zur Änderung des Vertrages führen vorbehaltlich der Grenzen des Gestaltungsmissbrauchs nicht zu einem Neubeginn der Mindestvertragsdauer. 68

b. Nachträglich vereinbarte Vertragsänderungen

Werden ausschließlich wesentliche Vertragsbestandteile vermindert bzw. gesenkt (z. B. Verkürzung der Laufzeit oder der Beitragszahlungsdauer, niedrigere Beitragszahlungen oder Versicherungssumme), so gilt steuerrechtlich der geänderte Vertrag als „alter Vertrag", der unverändert fortgeführt wird. 69

Nachträglich vereinbarte Änderungen der Versicherungslaufzeit oder der Beitragszahlungsdauer bleiben für die Beurteilung der Mindestvertragsdauer außer Betracht, soweit nicht die Gesamtvertragsdauer von zwölf Jahren unterschritten wird (z. B. nachträgliche Verlängerung der Versicherungslaufzeit und/oder der Beitragszahlungsdauer bei gleich bleibender Versicherungssumme aufgrund reduzierten Beitrags). 70

Nachträglich vereinbarte Beitragserhöhungen und Erhöhungen der Versicherungssumme gelten steuerlich im Umfang der Erhöhung als gesonderter neuer Vertrag, für den die Mindestvertragsdauer ab dem vereinbarten Erhöhungszeitpunkt neu zu laufen beginnt. 71

c. Zahlungsschwierigkeiten

Wurden Versicherungsbeiträge oder die Versicherungssumme wegen Zahlungsschwierigkeiten des Versicherungsnehmers insbesondere wegen Arbeitslosigkeit, Kurzarbeit oder Arbeitsplatzwechsels gemindert oder die Beiträge ganz oder teilweise befristet gestundet, so kann der Versicherungsnehmer innerhalb einer Frist von in der Regel drei Jahren eine Wiederherstellung des alten Versicherungsschutzes bis zur Höhe der ursprünglich vereinbarten Versicherungssumme verlangen und die Beitragsrückstände nachentrichten. Die nachentrichteten Beiträge werden als auf Grund des ursprünglichen Vertrages geleistet angesehen. 72

Konnte der Versicherungsnehmer wegen Zahlungsschwierigkeiten, insbesondere aufgrund von Arbeitslosigkeit, Kurzarbeit oder Arbeitsplatzwechsel die vereinbarten Beiträge nicht mehr aufbringen und nach Behebung seiner finanziellen Schwierigkeiten die fehlenden Beiträge nicht nachentrichten, so kann der Versicherungsnehmer innerhalb von in der Regel bis zu drei Jahren eine Wiederherstellung des alten Versicherungsschutzes bis zur Höhe der ursprünglich vereinbarten Versicherungssumme verlangen. Maßnahmen zur Schließung der Beitragslücke (z. B. Anhebung der künftigen Beiträge, Leistungsherabsetzung, Verlegung von Beginn- und Ablauftermin) führen nicht zu einem Neubeginn der Mindestvertragsdauer. 73

3. Policendarlehen

Dienen die Ansprüche aus dem Versicherungsvertrag der Tilgung oder Sicherung eines Darlehens, so steht dies der Anwendung des § 20 Abs. 1 Nr. 6 Satz 2 EStG (Ansatz des hälftigen Unterschiedsbetrag) nicht entgegen. 74

4. Teilleistungen teilweise vor dem 60. Lebensjahr und teilweise danach

Werden mehrere Versicherungsleistungen zu unterschiedlichen Zeitpunkten ausgekehrt (z. B. bei Teilauszahlungen und Barauszahlungen von laufenden Überschussanteilen), ist jeweils gesondert zu prüfen, ob § 20 Abs. 1 Nr. 6 Satz 2 EStG zur Anwendung kommt. Die anteilig entrichteten Beiträge sind zu berücksichtigen. 75

76 **Beispiel:**

Laufzeit 20 Jahre, nach 10 Jahren Teilauszahlung i. H. v. 5 000 €, vollendetes Lebensalter des Steuerpflichtigen im Zeitpunkt der Teilauszahlung 55 Jahre, geleistete Beiträge zum Auszahlungszeitpunkt: 10 000 €, Zeitwert der Versicherung zum Auszahlungszeitpunkt 15 000 €; Restauszahlung nach weiteren 10 Jahren i. H. v. 25 000 € geleistete Beiträge insgesamt 20 000 €.

Lösung:

– Teilauszahlung i. H. v. 5 000 € (Laufzeit 10 Jahre Alter 55)

Versicherungsleistung:	5 000,00 €
./. anteilig geleistete Beiträge: (5 000 : 15 000 × 10 000)	3 333,33 € (= 33 %)
Ertrag nach § 20 Abs. 1 Nr. 6 Satz 1 EStG	1 666,67 €

– Restauszahlung i. H. v. 25 000 € (Laufzeit 20 Jahre Alter 65)

Versicherungsleistung:	25 000,00 €
./. geleistete Beiträge (20 000 – 3 333,33)	16 666,67 €
Ertrag nach § 20 Abs. 1 Nr. 6 Satz 1 EStG	8 333,33 €
Davon anzusetzen nach § 20 Abs. 1 Nr. 6 Satz 2 EStG	4 166,67 €

5. Hälftiger Unterschiedsbetrag bei Kapitalversicherungen auf verbundene Leben

77 Sofern bei einer Kapitalversicherung auf verbundene Leben (vgl. Rz. 28) die Versicherungsleistung mehreren Steuerpflichtigen gemeinschaftlich zufließt, ist bei jedem Beteiligten gesondert zu prüfen, inwieweit er in seiner Person den Tatbestand des § 20 Abs. 1 Nr. 6 Satz 1 bzw. Satz 2 EStG verwirklicht. Die Aufteilung der Erträge ist dabei nach Köpfen vorzunehmen, soweit kein abweichendes Verhältnis vereinbart ist.

78 **Beispiel:**

Ehemann A schließt als Versicherungsnehmer eine Kapitalversicherung mit Sparanteil auf verbundene Leben ab. Versicherte Personen sind Ehemann A und Ehefrau B. Beiden steht das unwiderrufliche Bezugsrecht gemeinschaftlich zu. Laufzeit der Versicherung 20 Jahre. Erlebensfall-Leistung 30 000 €, geleistete Beiträge 20 000 €. A hat zum Auszahlungszeitpunkt das 62., B das 58. Lebensjahr vollendet.

Lösung:

Versicherungsleistung:	30 000 €
./. geleistete Beiträge:	20 000 €
Zwischensumme:	10 000 €

Auf Ehemann A entfallen 50 % = 5 000 €

Davon anzusetzen nach § 20 Abs. 1 Nr. 6 Satz 2 EStG 2 500 €

Auf Ehefrau B entfallen 50 % = 5 000 €

Davon anzusetzen nach § 20 Abs. 1 Nr. 6 Satz 1 EStG 5 000 €

XI. Werbungskosten

79 Kosten, die durch den Versicherungsvertrag veranlasst sind, können als Werbungskosten abgezogen werden. Zur Behandlung einer Vermittlungsprovision, die der Versicherungsnehmer aufgrund eines gesonderten Vertrages an den Versicherungsvermittler zahlt, siehe Rz. 56. Abschlusskosten, die durch die Beitragsleistung bezahlt werden (insbesondere die Vermittlungsprovision, die das Versicherungsunternehmen an den Vermittler erbringt), sind keine Werbungskosten.

80 Der entgeltliche Erwerb des Versicherungsvertrages durch einen Nicht-Unternehmer stellt eine steuerneutrale Vermögensumschichtung in der Privatsphäre dar. Die Aufwendungen für den Erwerb sind Anschaffungskosten und keine Werbungskosten.

81 Auch bei hälftigem Unterschiedsbetrag besteht der volle Werbungskostenabzug. § 3c Abs. 1 EStG ist nicht anwendbar, da § 20 Abs. 1 Nr. 6 Satz 2 EStG keine Steuerbefreiung, sondern eine Sonderregelung zur Ermittlung des anzusetzenden Ertrags enthält.

XII. Nachweis der Besteuerungsgrundlagen

1. Inländische Versicherungen

82 Bei Versicherungen, die im Inland Sitz, Geschäftsleitung oder Niederlassung haben, dient als Nachweis für die Höhe der Kapitalerträge im Sinne des § 20 Abs. 1 Nr. 6 EStG im Rahmen der Einkommensteuererklärung bei positiven Kapitalerträgen die Steuerbescheinigung im Sinne des

§ 45a EStG. Negative Kapitalerträge sind in der Regel durch eine Berechnung des Versicherungsunternehmens zu belegen.

2. Ausländische Versicherungen

Der Steuerpflichtige hat alle für die Besteuerung nach § 20 Abs. 1 Nr. 6 EStG erforderlichen 83
Unterlagen zu beschaffen und seiner Steuererklärung beizufügen (§ 90 Abs. 2 AO).

XIII. Kapitalertragsteuer

Dem Kapitalertragsteuerabzug (§ 43 Abs. 1 Satz 1 Nr. 4 Satz 1 EStG) unterliegen auch Teilleistun- 84
gen (vgl. Rz. 61).

Bemessungsgrundlage ist im Regelfall der Unterschiedsbetrag, im Falle des § 20 Abs. 1 Nr. 6 85
Satz 2 EStG der halbe Unterschiedsbetrag.

Kapitalertragsteuer ist nach § 44a EStG nicht einzubehalten, wenn eine Nichtveranlagungs- 86
bescheinigung vorgelegt oder soweit ein Freistellungsauftrag erteilt wurde.

Die Kapitalertragsteuer wird von den inländischen Versicherungsunternehmen auch von den 87
Erträgen aus Versicherungen im Sinne des § 20 Abs. 1 Nr. 6 EStG erhoben, bei denen der Steuerpflichtige nur beschränkt steuerpflichtig ist (§§ 1 Abs. 4, 49 Abs. 1 Nr. 5 EStG). Sie hat in diesen Fällen nach § 50 Abs. 5 Satz 1 EStG abgeltende Wirkung. Niedrigere Quellensteuerhöchstsätze nach den Doppelbesteuerungsabkommen sind im Erstattungsverfahren nach § 50d Abs. 1 EStG geltend zu machen.

XIV. Anwendungsregelungen

1. Zeitliche Abgrenzung von Altverträgen zu Neuverträgen

Durch das Alterseinkünftegesetz vom 5. Juli 2004 (BGBl. I S. 1427) ist § 20 Abs. 1 Nr. 6 EStG neu 88
gefasst worden. Nach § 52 Abs. 36 EStG ist für vor dem 1. Januar 2005 abgeschlossene Versicherungsverträge (Altverträge) § 20 Abs. 1 Nr. 6 EStG in der am 31. Dezember 2004 geltenden Fassung (a. F.) weiter anzuwenden. Damit besteht insbesondere die Steuerbefreiung nach § 20 Abs. 1 Nr. 6 Satz 2 EStG a. F. für Altverträge fort.

Für die Frage, ob noch § 20 Abs. 1 Nr. 6 EStG a. F. anzuwenden ist, kommt es auf den Zeitpunkt 89
des Vertragsabschlusses an. Die Regelung zur Rückdatierung (Rz. 66) ist in diesem Zusammenhang nicht anzuwenden. Der Versicherungsvertrag kommt mit dem Zugang der Annahmeerklärung des Versicherers beim Versicherungsnehmer zustande. Auf eine ausdrückliche Annahmeerklärung kann jedoch verzichtet werden, wenn sie nach der Verkehrssitte nicht zu erwarten ist oder der Antragende auf sie verzichtet hat (§ 151 BGB). Bei Lebensversicherungsverträgen kann aufgrund der regelmäßig erforderlichen Risikoprüfung davon ausgegangen werden, dass eine ausdrückliche Annahmeerklärung erfolgt.

Für die steuerrechtliche Beurteilung ist unter dem Zeitpunkt des Vertragsabschlusses grundsätzlich das Datum der Ausstellung des Versicherungsscheines zu verstehen. Wenn der Steuerpflichtige geltend macht, der Vertragsschluss sei vor dem Datum der Ausstellung des Versicherungsscheins erfolgt, hat er dies durch geeignete Dokumente (z. B. Annahmeerklärung des Versicherers) zu belegen. Aus Vereinfachungsgründen ist es nicht erforderlich, dass der Steuerpflichtige den Zeitpunkt des Zugangs der Annahmeerklärung nachweist, sondern es ist auf das Datum der Annahmeerklärung abzustellen.

2. Weitergeltung von BMF-Schreiben

Die BMF-Schreiben vom 22. August 2002 – IV C 4 – S 2221–211/02 – (BStBl I S. 827), vom 15. Juni 90
2000 – IV C 4 – S 2221–86/00 – (BStBl I S. 1118), vom 13. November 1985 – IV B 4 – S 2252–150/85 – (BStBl I S. 661) und vom 31. August 1979 – IV B 4 – S 2252–77/79 – (BStBl I S. 592) sind für Altverträge weiterhin anzuwenden. Das BMF-Schreiben vom 25. November 2004 – IV C 1 – S 2252–405/04 – (BStBl I S. 1096) wird aufgehoben.

3. Vorratsverträge

Im Abschluss so genannter Vorratsverträge ist regelmäßig ein steuerrechtlicher Gestaltungsmiss- 91
brauch im Sinne des § 42 AO zu sehen. Bei Versicherungsverträgen, die zwar noch im Jahr 2004 abgeschlossen werden, bei denen der vereinbarte Versicherungsbeginn aber erst nach dem 31. März 2005 liegt, kommt steuerlich der Vertragsabschluss zu dem Zeitpunkt zustande, zu dem die Versicherung beginnt.

4. Vertragsänderungen bei Altverträgen

92 Ergänzend zu dem BMF-Schreiben vom 22. August 2002 – IV C 4 – S 2221–211/02 – (BStBl I S. 827) gilt für Beitragserhöhungen bei Altverträgen Folgendes: Ob im Falle von bereits bei Vertragsabschluss vereinbarten Beitragsanpassungen in vollem Umfange ein Altvertrag vorliegt, hängt davon ab, ob die vereinbarten Beitragsanpassungen als rechtsmissbräuchlich einzustufen sind (BMF-Schreiben vom 22. August 2002, BStBl I S. 827, Rz. 38). Ein Missbrauch rechtlicher Gestaltungsmöglichkeiten liegt insbesondere dann nicht vor, wenn die Beitragserhöhung pro Jahr 20 v. H. des bisherigen Beitrags nicht übersteigt. Dabei ist es unbeachtlich, ob die Beitragserhöhung durch Anwendung eines Vomhundertsatzes oder eines vergleichbaren Dynamisierungsfaktors, bezifferter Mehrbeträge oder durch im Voraus festgelegte feste Beiträge ausgedrückt wird. Im Falle einer Beitragserhöhung pro Jahr um mehr als 20 v. H. des bisherigen Beitrags handelt es sich nicht um einen Missbrauch steuerlicher Gestaltungsmöglichkeiten,

- wenn die jährliche Beitragserhöhung nicht mehr als 250 € beträgt oder
- wenn der Jahresbeitrag bis zum fünften Jahr der Vertragslaufzeit auf nicht mehr als 4 800 € angehoben wird und der im ersten Jahr der Vertragslaufzeit zu zahlende Versicherungsbeitrag mindestens 10 v. H. dieses Betrages ausmacht oder
- wenn der erhöhte Beitrag nicht höher ist, als der Beitrag, der sich bei einer jährlichen Beitragserhöhung um 20 v. H. seit Vertragsabschluss ergeben hätte.

93 Ist die Erhöhung der Beitragsleistung als missbräuchlich einzustufen, sind die insgesamt auf die Beitragserhöhung entfallenden Vertragsbestandteile steuerlich als gesonderter neuer Vertrag zu behandeln. Der neue Vertrag gilt in dem Zeitpunkt als abgeschlossen, zu dem der auf den Erhöhungsbetrag entfallende Versicherungsbeginn erfolgt. Wenn die Beitragshöhe in den Kalenderjahren 2005 oder 2006 gesenkt wird und nunmehr die o. a. Grenzen nicht überschritten werden, ist kein Gestaltungsmissbrauch und steuerlich kein gesonderter neuer Vertrag anzunehmen.

94 Es wird nicht beanstandet, wenn das Versicherungsunternehmen als Einnahmen aus einem Vertrag, für den aufgrund einer Vertragsänderung nach Maßgabe des BMF-Schreibens vom 22. August 2002 (BStBl I S. 827) für den „alten Vertrag" § 20 Abs. 1 Nr. 6 EStG a. F. und für den „neuen Vertrag" § 20 Abs. 1 Nr. 6 EStG n. F. Anwendung findet, insgesamt die rechnungsmäßigen und außerrechnungsmäßigen Zinsen zugrunde legt, wenn der Steuerpflichtige dem zugestimmt hat. § 20 Abs. 1 Nr. 6 Satz 2 EStG n. F. ist für den „neuen Vertrag" entsprechend anzuwenden.

5. Vertragsschluss im Namen eines minderjährigen Kindes

95 Fälle, in denen Eltern für ihr minderjähriges Kind einen Versicherungsvertrag dergestalt vor dem 31. Dezember 2004 abschließen, dass das Kind Versicherungsnehmer wird, sind folgendermaßen zu behandeln:

96 Nach § 1643 Abs. 1 BGB in Verbindung mit § 1822 Nr. 5 BGB bedarf ein Vertrag der Genehmigung des Familiengerichts, wenn durch den Vertrag der Minderjährige zu wiederkehrenden Leistungen verpflichtet wird und das Vertragsverhältnis länger als ein Jahr nach dem Eintritt der Volljährigkeit fortdauern soll. Enthält der Versicherungsvertrag eine Beitragszahlungsverpflichtung über den 19. Geburtstag hinaus, ist somit eine Genehmigung erforderlich. Wird das Kind volljährig, so tritt seine Genehmigung an die Stelle des Familiengerichts (§ 1829 Abs. 3 BGB). Solange keine Genehmigung erteilt wurde, ist das Rechtsgeschäft schwebend unwirksam (§ 1829 Abs. 1 Satz 1 BGB). Nach § 184 Abs. 1 BGB wirkt eine Genehmigung auf den Zeitpunkt der Vornahme des Rechtsgeschäfts zurück (ex tunc). Bei Genehmigung gilt der Vertrag als noch in 2004 geschlossen. § 20 Abs. 1 Nr. 6 EStG ist in der bis zum 31. 12. 2004 geltenden Fassung anzuwenden.

97 Wird die Genehmigung nicht erteilt und erfolgt eine Rückabwicklung des Leistungsverhältnisses (§ 812 BGB), sind die in den Rückabwicklungsansprüchen enthaltenen Zinsanteile nach § 20 Abs. 1 Nr. 7 EStG zu versteuern.

Übersicht

I

Behandlung der Einbringung einzelner zum Privatvermögen gehörender Wirtschaftsgüter in das betriebliche Gesamthandsvermögen einer Personengesellschaft als tauschähnlicher Vorgang; Anwendung des BFH-Urteils vom 19. Oktober 1998 – VIII R 69/95 –

BMF vom 29. 3. 2000 (BStBl I S. 462)
IV C 2 – S 2178–4/00

[1]Der VIII. Senat des BFH behandelt im Urteil vom 19. Oktober 1998 – VIII R 69/95 – BStBl 2000 II S. 230 die Einbringung einer wesentlichen Beteiligung i. S. des § 17 EStG aus dem Privatvermögen in das betriebliche Gesamthandsvermögen einer Personengesellschaft gegen Gewährung von Gesellschaftsrechten als tauschähnlichen Vorgang, der beim einbringenden Gesellschafter zu einer entgeltlichen Veräußerung i. S. des § 17 EStG und bei der aufnehmenden Personengesellschaft zu einem Anschaffungsgeschäft führt. [2]Der BFH ist damit von der Auffassung der Finanzverwaltung abgewichen, die eine Veräußerung durch den Gesellschafter i. S. des § 17 EStG verneint und den Vorgang als Einlage i. S. des § 4 Abs. 1 Satz 5[1]) EStG i. V. m. § 6 Abs. 1 Nr. 5 EStG ansieht (BMF-Schreiben vom 20. Dezember 1977 – BStBl 1978 I S. 8, Tz. 49).

Unter Bezugnahme auf das Ergebnis der Erörterung mit den obersten Finanzbehörden der Länder nehme ich zur Anwendung der Rechtsgrundsätze des o. g. BFH-Urteils wie folgt Stellung:

I. Allgemeine Anwendung und Bedeutung des BFH-Urteils

Die Rechtsgrundsätze des BFH-Urteils vom 19. Oktober 1998 – VIII R 69/95 – sind in allen offenen Fällen anzuwenden. Tz. 49 des BMF-Schreibens vom 20. Dezember 1977 (BStBl 1978 I S. 8) ist damit überholt.

Das BFH-Urteil ist zwar nur für die Übertragung einer im Privatvermögen gehaltenen wesentlichen Beteiligung i. S. des § 17 EStG ergangen, gilt aber der Sache nach allgemein für die Übertragung einzelner Wirtschaftsgüter aus dem Privatvermögen in das betriebliche Gesamthandsvermögen einer Personengesellschaft gegen Gewährung von Gesellschaftsrechten.

II. Änderungen gegenüber der bisherigen Rechtsauffassung im Einzelnen

Im Einzelnen ergeben sich aus der Anwendung des o. g. BFH-Urteils folgende Änderungen gegenüber der bisherigen Rechtsauffassung:

1. [1]Die Übertragung eines Einzelwirtschaftsguts aus dem Privatvermögen in das betriebliche Gesamthandsvermögen einer Personengesellschaft
   a) stellt einen tauschähnlichen Vorgang dar, wenn dem Einbringenden als Gegenleistung für das eingebrachte Einzelwirtschaftsgut Gesellschaftsrechte gewährt werden, die dem Wert des Wirtschaftsguts entsprechen (offene Sacheinlage). § 6 Abs. 1 Nr. 5 EStG kommt nicht zur Anwendung. [2]Eine Gewährung von Gesellschaftsrechten ist anzunehmen, wenn die durch die Übertragung eintretende Erhöhung des Gesellschaftsvermögens dem Kapitalkonto des einbringenden Gesellschafters gutgeschrieben wird, das für seine Beteiligung am Gesellschaftsvermögen maßgebend ist (vgl. Tz. 24 des BMF-Schreibens vom 20. Dezember 1977 – BStBl 1978 I S. 8). [3]Die Verbuchung auf einem Darlehenskonto stellt keine offene Sacheinlage dar. Zur Abgrenzung zwischen Darlehenskonto und Kapitalkonto vgl. das BMF-Schreiben vom 30. Mai 1997 (BStBl I S. 627),[2])

1) Jetzt: Satz 7
2) Anm.: Zur Abgrenzung von Darlehens- und Kapitalkonto → auch BFH vom 5. 6. 2002 (BStBl 2004 II S. 344).

b) stellt eine Einlage dar, wenn dem Einbringenden überhaupt keine Gesellschaftsrechte gewährt werden (verdeckte Einlage),

c) ist in einen tauschähnlichen Vorgang und eine Einlage aufzuteilen, wenn der Wert des übertragenen Wirtschaftsguts höher ist als die im Gegenzug eingeräumten Gesellschaftsrechte. Aufteilungsmaßstab ist das Verhältnis des Werts der gewährten Gesellschaftsrechte zum gemeinen Wert des übertragenen Wirtschaftsguts (vgl. BFH-Urteil vom 17. Juli 1980, BStBl 1981 II S. 11).

[2]Da diese Grundsätze nicht nur bei der Einbringung wesentlicher Beteiligungen i. S. des § 17 EStG, sondern für alle Einzelwirtschaftsgüter gelten, führt z. B. die Einbringung von Grundstücken und grundstücksgleichen Rechten durch offene Sacheinlage in das betriebliche Gesamthandsvermögen einer Personengesellschaft innerhalb von zehn Jahren seit der Anschaffung im Privatvermögen zu einem privaten Veräußerungsgeschäft i. S. des § 23 Abs. 1 Satz 1 Nr. 1 EStG. [3]Erfolgt die Einlage in das betriebliche Gesamthandsvermögen im Wege der verdeckten Einlage und wurde die Einlage nach dem 31. Dezember 1999 vorgenommen, liegt ein privates Veräußerungsgeschäft i. S. des § 23 Abs. 1 Satz 5 Nr. 1 EStG vor, wenn das eingelegte Wirtschaftsgut innerhalb eines Zeitraums von zehn Jahren seit der Anschaffung im Privatvermögen aus dem Betriebsvermögen veräußert wird.

2. Die o. a. Grundsätze gelten nicht nur bei der Einbringung in eine Personengesellschaft, sondern auch in eine andere Gesamthandsgemeinschaft (Gütergemeinschaft, Erbengemeinschaft).

3. Entsprechendes gilt bei der Übertragung eines Einzelwirtschaftsguts aus dem betrieblichen Gesamthandsvermögen einer Personengesellschaft oder anderen Gesamthandsgemeinschaft in das Privatvermögen. [2]Das bedeutet, dass es sich auch im Falle der Übertragung gegen Minderung von Gesellschaftsrechten um einen tauschähnlichen Vorgang handelt.

III. Einbringung wertgeminderter wesentlicher Beteiligungen

In Fällen der Einbringung wertgeminderter wesentlicher Beteiligungen gilt Folgendes:

1. Die Einbringung einer wertgeminderten wesentlichen Beteiligung i. S. des § 17 EStG aus dem Privatvermögen in das betriebliche Gesamthandsvermögen einer Personengesellschaft gegen Gewährung von Gesellschaftsrechten stellt nach den Grundsätzen des BFH-Urteils vom 19. Oktober 1998 – VIII R 69/95 – einen tauschähnlichen Vorgang dar. [2]Im Zeitpunkt der Einbringung entsteht ein Veräußerungsverlust, der nach Maßgabe des § 17 Abs. 2 Satz 4[1]) EStG zu berücksichtigen ist. R 140 Abs. 8 EStR findet keine Anwendung.

2. In Fällen der Einlage einer wertgeminderten wesentlichen Beteiligung in einen als Einzelunternehmen geführten Betrieb desselben Steuerpflichtigen oder in das Sonderbetriebsvermögen desselben Steuerpflichtigen bei einer Mitunternehmerschaft sind R 140 Abs. 8 EStR sowie das BMF-Schreiben vom 5. Dezember 1996 (BStBl I S. 1500) weiterhin anzuwenden. [2]Gleiches gilt für die Übertragung in das betriebliche Gesamthandsvermögen einer Personengesellschaft, soweit dem Einbringenden keine oder nur teilweise Gesellschaftsrechte gewährt werden (vgl. Abschnitt II Ziffer 1 Buchstaben b und c).

IV. Übergangsregelung

[1]Wird das Wirtschaftsgut vor dem 1. Juli 2000 in das bzw. aus dem Gesamthandsvermögen einer Personengesellschaft gegen Gewährung bzw. Minderung von Gesellschaftsrechten übertragen, so kann auf gemeinsamen Antrag der Beteiligten noch nach der bisherigen Auffassung der Finanzverwaltung verfahren werden, d. h. bei der Übertragung in das Gesellschaftsvermögen gegen Gewährung von Gesellschaftsrechten ist die Übertragung als Einlage (Tz. 49 des BMF-Schreibens vom 20. Dezember 1977, BStBl I S. 8) und bei der Übertragung in das Privatvermögen gegen Minderung von Gesellschaftsrechten als Entnahme zu behandeln. [2]Die Beteiligten sind dann für die Zukunft an diese Behandlung gebunden. [3]Bei einem gemeinsamen Antrag der Beteiligten ist die Einbringung auch für die Anwendung des § 23 EStG als Einlage anzusehen. [4]Bei Einlagen, die nach dem 31. Dezember 1999 vorgenommen werden, ist § 23 Abs. 1 Satz 5 Nr. 1 EStG zu beachten.

Entscheidend für den Zeitpunkt der Übertragung ist der Zeitpunkt des Übergangs des wirtschaftlichen Eigentums.

1) Jetzt: Satz 6

II
Behandlung der Einbringung zum Privatvermögen gehörender Wirtschaftsgüter in das betriebliche Gesamthandsvermögen einer Personengesellschaft

Bezug: BMF vom 29. 3. 2000 (BStBl I S. 462)

BMF vom 26. 11. 2004 (BStBl I S. 1190)

IV B 2 – S 2178–2/04

[1]Bei der Behandlung der Einbringung einzelner zum Privatvermögen gehörender Wirtschaftsgüter in das betriebliche Gesamthandsvermögen einer Personengesellschaft als tauschähnlicher Vorgang ist die Frage aufgeworfen worden, unter welchen Voraussetzungen eine verdeckte Einlage im Sinne der Ausführungen zu Ziffer II.1b) des BMF-Schreibens vom 29. März 2000 – IV C 2 – S 2178–4/00 – (BStBl I S. 462) vorliegt, weil dem Einbringenden keine Gesellschaftsrechte gewährt werden.

[2]Nach Erörterung mit den obersten Finanzbehörden der Länder nehme ich dazu wie folgt Stellung:

I. Übertragung gegen Gewährung von Gesellschaftsrechten

[1]Erhöht sich durch die Übertragung eines Wirtschaftsguts der Kapitalanteil des Einbringenden, liegt insoweit eine Übertragung gegen Gewährung von Gesellschaftsrechten vor.

[2]Für die Frage, ob als Gegenleistung für die Übertragung Gesellschaftsrechte gewährt werden, ist grundsätzlich das Kapitalkonto der Handelsbilanz (z. B. bei einer OHG nach § 120 Abs. 2 HGB) maßgebend, wonach sich die Gesellschaftsrechte – wenn nichts anderes vereinbart ist – nach dem handelsrechtlichen Kapitalanteil des Gesellschafters richten. [3]Dieser Kapitalanteil ist nach dem Regelstatut des HGB z. B. für die Verteilung des Jahresgewinns, für Entnahmerechte und für die Auseinandersetzungsansprüche von Bedeutung (bei einer OHG betrifft dies § 121 HGB, § 122 HGB und § 155 HGB).

[4]Werden die handelsrechtlichen Vorschriften abbedungen und nach den gesellschaftsvertraglichen Vereinbarungen mehrere (Unter-)Konten geführt, gilt für die steuerliche Beurteilung Folgendes:

a) Kapitalkonto I

[1]Erfolgt als Gegenleistung für die Übertragung die Buchung auf dem Kapitalkonto I, kann grundsätzlich von einer Übertragung gegen Gewährung von Gesellschaftsrechten ausgegangen werden. [2]Als maßgebliche Gesellschaftsrechte kommen die Gewinnverteilung, die Auseinandersetzungsansprüche sowie Entnahmerechte in Betracht. [3]Die bloße Gewährung von Stimmrechten stellt allein keine Gegenleistung im Sinne eines Entgelts dar, da Stimmrechte allein keine vermögensmäßige Beteiligung an der Personengesellschaft vermitteln.

b) Weitere – variable – Gesellschafterkonten

[1]Werden neben dem Kapitalkonto I weitere gesellschaftsvertraglich vereinbarte – variable – Gesellschafterkonten geführt, so kommt es für deren rechtliche Einordnung auf die jeweiligen vertraglichen Abreden im Gesellschaftsvertrag an. [2]Ein wesentliches Indiz für das Vorliegen eines Kapitalkontos ist, wenn nach der gesellschaftsvertraglichen Vereinbarung auf dem jeweiligen Konto auch Verluste gebucht werden (BMF-Schreiben vom 30. Mai 1997, BStBl I S. 627).

[3]Liegt nach diesen Maßstäben (Buchung auch von Verlusten) ein (weiteres) Kapitalkonto II vor, so gilt Folgendes: [4]Auch wenn das Kapitalkonto eines Gesellschafters in mehrere Unterkonten aufgegliedert wird, so bleibt es gleichwohl ein einheitliches Kapitalkonto. [5]Eine Buchung auf einem Unterkonto des einheitlichen Kapitalkontos (und damit auch auf dem Kapitalkonto II) führt demnach regelmäßig zu einer Gewährung von Gesellschaftsrechten.

[6]Handelt es sich bei dem betreffenden Gesellschafterkonto nicht um ein Kapitalkonto, ist regelmäßig von einem Darlehenskonto auszugehen. [7]Erfolgt die Übertragung von Einzelwirtschaftsgütern gegen Buchung auf einem Darlehenskonto, so kann dieses Konto keine Gesellschaftsrechte gewähren; wegen des Erwerbs einer Darlehensforderung durch den übertragenden Gesellschafter liegt insoweit ein entgeltlicher Vorgang vor, der nach § 6 Abs. 1 Nr. 1 oder 2 EStG zu bewerten ist.

2. Unentgeltliche Übertragungen (verdeckte Einlage)

a) Allgemeines

[1]Soweit dem Einbringenden keine Gesellschaftsrechte und auch keine sonstigen Gegenleistungen (einschließlich Begründung einer Darlehensforderung bei Buchung auf einem Darlehenskonto) gewährt werden, liegt mangels Gegenleistung eine verdeckte Einlage vor. [2]Sie ist nach § 4 Abs. 1 Satz 5[1]) i. V. m. § 6 Abs. 1 Nr. 5 EStG zu bewerten, auch wenn sie in der Steuerbilanz der Gesellschaft das Eigenkapital erhöht.

b) Buchungstechnische Behandlung

[1]Eine Übertragung im Wege der verdeckten Einlage ist dann anzunehmen, wenn die Übertragung des Wirtschaftsguts auf einem gesamthänderisch gebundenen Kapitalrücklagenkonto[2]) gutgeschrieben wird oder – was handelsrechtlich zulässig sein kann – als Ertrag gebucht wird.

[2]In beiden Fällen erhöht dies zwar das Eigenkapital der Gesellschaft. [3]Dem Einbringenden werden aber hierdurch keine zusätzlichen Gesellschaftsrechte gewährt. [4]Bei der Buchung auf einem gesamthänderisch gebundenen Kapitalrücklagenkonto erlangt der übertragende Gesellschafter nämlich anders als bei der Buchung auf einem Kapitalkonto keine individuelle Rechtsposition, die ausschließlich ihn bereichert. [5]Bei der Buchung auf einem gesamthänderisch gebundenen Rücklagenkonto wird vielmehr der Auseinandersetzungsanspruch aller Gesellschafter entsprechend ihrer Beteiligung dem Grunde nach gleichmäßig erhöht. [6]Der Mehrwert fließt also – ähnlich wie bei einer Buchung auf einem Ertragskonto – in das gesamthänderisch gebundene Vermögen der Personengesellschaft und kommt dem übertragenden Gesellschafter ebenso wie allen anderen Mitgesellschaftern nur als reflexartige Wertsteigerung seiner Beteiligung zugute. [7]Mangels Gegenleistung an den übertragenden Gesellschafter liegt deshalb ein unentgeltlicher Vorgang im Sinne einer verdeckten Einlage vor.

c) Fehlende Interessengegensätze auf Gesellschafterebene

[1]Die Ausführungen unter b) gelten grundsätzlich auch für die Fälle, in denen auf der Ebene der vermögensmäßig beteiligten Gesellschafter kein Interessengegensatz zu verzeichnen ist, wie es beispielsweise in den Fällen der „Einmann-GmbH & Co. KG" anzunehmen ist. [2]In den Fällen fehlender Interessengegensätze wie etwa bei der „Einmann-GmbH & Co. KG" hat es der Gesellschafter allerdings selbst in der Hand, eine Buchung auf einem gesamthänderisch gebundenen Rücklagenkonto später wieder rückgängig zu machen (z. B. durch Auflösung der Rücklage gegen Gutschrift auf seinem Kapitalkonto, so dass der ursprünglich angenommene unentgeltliche Vorgang später nicht mehr gegeben ist, weil die – im Nachhinein vorgenommene – Umbuchung auf das Kapitalkonto gerade nicht zu einem unentgeltlichen Vorgang führt). [3]Insbesondere in den Fällen der Übertragung von Grundstücken auf eine „Einmann-GmbH & Co. KG" ist daher zu prüfen, ob im Hinblick auf die Anwendbarkeit des § 23 Abs. 1 Satz 1 Nr. 1 EStG ein Missbrauch von rechtlichen Gestaltungsmöglichkeiten im Sinne des § 42 AO anzunehmen ist, wenn die Übertragung (zunächst) auf einem gesamthänderisch gebundenen Rücklagenkonto gutgeschrieben wird.

III
Realteilung; Anwendung von § 16 Abs. 3 Satz 2 bis 4 EStG[3])

BMF vom 28. 2. 2006 (BStBl I S. 228)
IV B 2 – S 2242 – 6/06

Werden im Zuge einer Realteilung einer Mitunternehmerschaft Teilbetriebe, Mitunternehmeranteile oder einzelne Wirtschaftsgüter in das jeweilige Betriebsvermögen der einzelnen Mitunternehmer (Realteiler) übertragen, sind bei der Ermittlung des Gewinns der Mitunternehmerschaft die Wirtschaftsgüter mit den Buchwerten anzusetzen, sofern die Besteuerung der stillen Reserven sichergestellt ist; der übernehmende Mitunternehmer ist an diese Werte gebunden. Dagegen ist für den jeweiligen Übertragungsvorgang rückwirkend der gemeine Wert anzusetzen, soweit bei einer Realteilung, bei der einzelne Wirtschaftsgüter übertragen worden sind, zum Buchwert übertragener Grund und Boden, übertragene Gebäude oder andere übertragene wesentliche Betriebsgrundlagen innerhalb einer Sperrfrist nach der Übertragung veräußert oder entnommen

1) Jetzt: Satz 7
2) → aber BFH vom 24. 1. 2008 – IV R 7/06 – und vom 17. 7. 2008 – I R 77/06 –
3) Für Übertragungen der veräußerten Anteile gem. § 21 UmwStG, die nach dem 12. 12. 2006 erfolgen, → § 16 Abs. 5 EStG.

werden; diese Sperrfrist endet drei Jahre nach Abgabe der Steuererklärung der Mitunternehmerschaft für den Veranlagungszeitraum der Realteilung (§ 16 Abs. 3 Satz 2 und 3 EStG).

Im Einvernehmen mit den obersten Finanzbehörden der Länder gilt für die Anwendung des § 16 Abs. 3 Satz 2 bis 4 EStG Folgendes:

I. Definition der Realteilung

Die Realteilung i. S. d. § 16 Abs. 3 Satz 2 und 3 EStG ist durch den auf der Ebene der Mitunternehmerschaft verwirklichten Tatbestand der Betriebsaufgabe gekennzeichnet. § 16 Abs. 3 EStG hat Vorrang vor den Regelungen des § 6 Abs. 3 und 5 EStG. Unschädlich für die Annahme einer im Übrigen steuerneutralen Realteilung ist jedoch die Zahlung eines Spitzen- oder Wertausgleichs (siehe auch VI.). Eine Realteilung setzt voraus, dass mindestens eine wesentliche Betriebsgrundlage nach der Realteilung weiterhin Betriebsvermögen eines Realteilers darstellt. Wesentliche Betriebsgrundlage i. S. d. § 16 Abs. 3 Satz 3 EStG sind Wirtschaftsgüter, in denen erhebliche stille Reserven ruhen (quantitative Betrachtungsweise) oder Wirtschaftsgüter, die zur Erreichung des Betriebszwecks erforderlich sind und denen ein besonderes wirtschaftliches Gewicht für die Betriebsführung zukommt (funktionale Betrachtungsweise). Es ist nicht erforderlich, dass jeder Realteiler wesentliche Betriebsgrundlagen des Gesamthandsvermögens erhält. Die in das Privatvermögen überführten oder übertragenen Wirtschaftsgüter stellen Entnahmen der Realteilungsgemeinschaft dar. Im Übrigen sind zwingend die Buchwerte fortzuführen.

Eine begünstigte Realteilung i. S. v. § 16 Abs. 3 Satz 2 EStG ist insoweit nicht gegeben, als Einzelwirtschaftsgüter der real zu teilenden Mitunternehmerschaft unmittelbar oder mittelbar in das Betriebsvermögen einer Körperschaft, Personenvereinigung oder Vermögensmasse übertragen werden (§ 16 Abs. 3 Satz 4 EStG) und die Körperschaft nicht schon bisher mittelbar oder unmittelbar an dem übertragenen Wirtschaftsgut beteiligt war. Dies gilt auch dann, wenn an der real zu teilenden Mitunternehmerschaft ausschließlich Körperschaften, Personenvereinigungen oder Vermögensmassen beteiligt sind.

II. Abgrenzung der Realteilung von der Veräußerung/Aufgabe eines Mitunternehmeranteils

Von der Realteilung ist die Veräußerung oder die Aufgabe eines Mitunternehmeranteils bei Fortbestehen der Mitunternehmerschaft zu unterscheiden. Scheidet ein Mitunternehmer aus einer mehrgliedrigen Mitunternehmerschaft aus und wird diese im Übrigen von den verbleibenden Mitunternehmern fortgeführt, liegt kein Fall der Realteilung vor. Dies gilt auch dann, wenn der ausscheidende Mitunternehmer wesentliche Betriebsgrundlagen des Gesamthandsvermögens erhält. Es handelt sich in diesen Fällen um den Verkauf oder die Aufgabe eines Mitunternehmeranteils nach § 16 Abs. 1 Satz 1 Nr. 2 oder § 16 Abs. 3 Satz 1 EStG. Ggf. ist eine Buchwertfortführung nach § 6 Abs. 3 oder 5 EStG unter den dort genannten Voraussetzungen vorzunehmen. Dies gilt insbesondere auch im Fall des Ausscheidens eines Mitunternehmers aus einer zweigliedrigen Mitunternehmerschaft unter Fortführung des Betriebes als Einzelunternehmen durch den verbleibenden Mitunternehmer (vgl. BFH-Urteil vom 10. März 1998, BStBl II 1999 S. 269). Scheidet ein Mitunternehmer aus einer mehrgliedrigen Mitunternehmerschaft in der Weise aus, dass sein Mitunternehmeranteil allen verbleibenden Mitunternehmern anwächst und er einen Abfindungsanspruch gegen die Gesellschaft erhält (Sachwertabfindung), liegt ebenfalls kein Fall der Realteilung vor.

III. Gegenstand der Realteilung

Gegenstand einer Realteilung ist das gesamte Betriebsvermögen der Mitunternehmerschaft, einschließlich des Sonderbetriebsvermögens der einzelnen Realteiler. Die Realteilung kann durch Übertragung oder Überführung von Teilbetrieben, Mitunternehmeranteilen oder Einzelwirtschaftsgütern erfolgen. Mitunternehmeranteile in diesem Sinne sind auch Teile von Mitunternehmeranteilen. Die Übertragung von Mitunternehmeranteilen stellt keinen Fall der Übertragung von Einzelwirtschaftsgütern mit der Folge der Anwendbarkeit der Sperrfrist dar (vgl. VIII).

Die Übertragung einer 100 %igen Beteiligung an einer Kapitalgesellschaft ist als Übertragung eines Teilbetriebs zu behandeln.

IV. Übertragung in das jeweilige Betriebsvermögen der einzelnen Mitunternehmer

1. Umfang des Betriebsvermögens

Voraussetzung für die Buchwertfortführung ist, dass das übernommene Betriebsvermögen – hierzu gehört auch das Sonderbetriebsvermögen – nach der Realteilung weiterhin Betriebsvermögen bleibt. Hierfür ist es ausreichend, wenn erst im Rahmen der Realteilung bei den Realteilern durch die Übernahme einzelner Wirtschaftsgüter ein neuer Betrieb (z. B. durch Begründung einer Betriebsaufspaltung) entsteht. Es ist demnach nicht erforderlich, dass die Realteiler bereits vor der Realteilung außerhalb der real zu teilenden Mitunternehmerschaft noch Betriebsvermögen (z. B. im Rahmen eines Einzelunternehmens) haben. Das übernommene Betriebsvermögen muss in das jeweilige Betriebsvermögen des einzelnen Realteilers übertragen werden. Hierzu zählt auch das Sonderbetriebsvermögen bei einer anderen Mitunternehmerschaft. Eine Übertragung einzelner Wirtschaftsgüter des Gesamthandsvermögens in das Gesamthandsvermögen einer anderen Mitunternehmerschaft, an der der Realteiler ebenfalls beteiligt ist, ist jedoch zu Buchwerten nicht möglich. Dies gilt auch dann, wenn es sich um eine personenidentische Schwesterpersonengesellschaft handelt.

Beim Übergang eines Mitunternehmeranteils oder eines Teiles eines Mitunternehmeranteils ist eine Übertragung oder Überführung in ein weiteres Betriebsvermögen des Realteilers nicht erforderlich.

2. Betriebsverpachtung im Ganzen

Wird eine Mitunternehmerschaft real geteilt und erfolgt die Realteilung durch Übertragung von Teilbetrieben, können diese Teilbetriebe anschließend im Rahmen einer Betriebsverpachtung im Ganzen unter den Voraussetzungen von R 139 Abs. 5 EStR 2003 (R 16.5 EStR 2005) verpachtet werden (vgl. BFH vom 14. Dezember 1978, BStBl 1979 II S. 300). Wird ein land- und forstwirtschaftlicher Betrieb im Wege der Realteilung mit Einzelwirtschaftsgütern geteilt, kann das Verpächterwahlrecht nach der Realteilung erstmalig begründet oder fortgeführt werden, wenn die erhaltenen Wirtschaftsgüter bei dem Realteiler nach der Realteilung einen selbständigen land- und forstwirtschaftlichen Betrieb darstellen (vgl. BMF-Schreiben vom 1. Dezember 2000, BStBl I S. 1556).

V. Sicherstellung der Versteuerung der stillen Reserven

Eine Übertragung oder Überführung des übernommenen Betriebsvermögens des Realteilers zu Buchwerten in ein anderes Betriebsvermögen ist nur dann möglich, wenn die stillen Reserven weiterhin steuerverhaftet bleiben. Dies ist z. B. dann nicht der Fall, wenn die Wirtschaftsgüter in eine ausländische Betriebsstätte überführt werden, deren Einkünfte durch ein DBA freigestellt sind. Im Übrigen wird auf Tz 2.6 des BMF-Schreibens vom 24. Dezember 1999 (BStBl I S. 1076) hingewiesen.

VI. Realteilung und Spitzen- oder Wertausgleich

Wird ein Spitzen- oder Wertausgleich gezahlt, liegt im Verhältnis des Spitzenausgleichs zum Wert des übernommenen Betriebsvermögens ein entgeltliches Geschäft vor. In Höhe des um den anteiligen Buchwert verminderten Spitzenausgleichs entsteht ein Veräußerungsgewinn für den veräußernden Realteiler. Dieser Gewinn ist nicht nach §§ 16 und 34 EStG begünstigt, sondern als laufender Gewinn zu versteuern. Die Realteilung ist auch nach Gewerbesteuerrecht eine Betriebsaufgabe (BFH vom 17. Februar 1994, BStBl II S. 809); die nachträgliche Aufdeckung vorgenannter stiller Reserven ist diesem Vorgang zuzuordnen. Der Gewinn rechnet grundsätzlich nicht zum Gewerbeertrag nach § 7 Satz 1 GewStG. Ab Erhebungszeitraum 2002 ist der Gewinn aus der Aufdeckung der stillen Reserven aber nach § 7 Satz 2 GewStG als Gewerbeertrag zu erfassen, soweit er nicht auf eine natürliche Person als unmittelbar beteiligter Mitunternehmer entfällt.

Beispiel:

A und B sind Mitunternehmer eines aus zwei Teilbetrieben bestehenden Gewerbebetriebs. Teilbetriebsvermögen 1 hat einen Wert von 2 Mio. € und einen Buchwert von 200 000 €. Teilbetriebsvermögen 2 hat einen Wert von 1,6 Mio. € und einen Buchwert von 160 000 €. Im Wege der Realteilung erhält A das Teilbetriebsvermögen 1 und B das Teilbetriebsvermögen 2. Außerdem zahlt A an B eine Abfindung von 200 000 €.

A stehen bei der Realteilung wertmäßig 1,8 Mio. € (50 % von 3,6 Mio. €) zu. Da er aber 2 Mio. € erhält, also 200 000 € mehr, zahlt er diesen Betrag für $^1/_{10}$ (10 % von 2 Mio. € = 200 000 €) des Teilbetriebsvermögens 1, das er mehr erhält. A erwirbt also $^9/_{10}$ des Teilbetriebsvermögens 1 unentgeltlich und $^1/_{10}$ entgeltlich. Auf diese $^1/_{10}$ entfällt ein Buchwert von 20 000 €, so dass A die Aktivwerte um 180 000 € (200 000 € Abfindung abzgl. anteiligem Buchwert von 20 000 €) aufstocken muss und B einen als laufenden Gewinn zu versteuernden Veräußerungsgewinn von 180 000 € (200 000 € Abfindung ./. 20 000 € anteiliger Buchwert) zu versteuern hat.

VII. Ansatz des übernommenen Betriebsvermögens

Entspricht der Buchwert des erhaltenen Vermögens dem Buchwert des bisherigen Kapitalkontos des jeweiligen Realteilers und geht auf den betreffenden Realteiler betragsmäßig genau der Anteil an den stillen Reserven über, der ihm zuvor auf Ebene der Mitunternehmerschaft zuzurechnen war, erübrigen sich in den Eröffnungsbilanzen der Realteiler bilanzielle Anpassungsmaßnahmen. Entspricht jedoch die Summe der Buchwerte der übernommenen Wirtschaftsgüter nicht dem Buchwert des Kapitalkontos, sind bilanzielle Anpassungsmaßnahmen erforderlich, damit sich Aktiva und Passiva in der Bilanz des Realteilers entsprechen. Hierzu ist die sog. Kapitalkontenanpassungsmethode anzuwenden. Bei der Kapitalkontenanpassungsmethode werden die Buchwerte der übernommenen Wirtschaftsgüter von den Realteilern in ihren eigenen Betrieben fortgeführt. Die Kapitalkonten der Realteiler laut Schlussbilanz der Mitunternehmerschaft werden durch Auf- oder Abstocken gewinnneutral dahin angepasst, dass ihre Höhe der Summe der Buchwerte der übernommenen Wirtschaftsgüter entspricht (BFH-Urteil vom 10. Dezember 1991 – BStBl 1992 II S. 385).

Beispiel:

A ist zu 40 %, B zu 60 % an der AB-OHG beteiligt. A und B beschließen, die OHG aufzulösen. Im Wege der Realteilung soll A den Teilbetrieb I und B den Teilbetrieb II erhalten. Die Schlussbilanz der OHG sieht wie folgt aus:

Schlussbilanz

Aktiva			Passiva		
Buchwerte	Gemeine Werte		Buchwerte	Auseinandersetzungsansprüche	
Teilbetrieb I	50 000	80 000	Kapital A	40 000	80 000
Teilbetrieb II	50 000	120 000	Kapital B	60 000	120 000
	100 000	200 000		100 000	200 000

Der Buchwert des Teilbetriebs I (50000) übersteigt den Buchwert des Kapitalkontos des A um 10000, während der Buchwert des Teilbetriebs II den Buchwert des Kapitalkontos des B um 10000 unterschreitet.

Lösung:

Die Eröffnungsbilanzen stellen sich wie folgt dar:

Eröffnungsbilanz A

Aktiva			Passiva		
Teilbetrieb I	50 000		Kapital A	40 000	
			Kapitalanpassung	10 000	50 000
	50 000				50 000

Eröffnungsbilanz B

Aktiva			Passiva		
Teilbetrieb II	50 000		Kapital B	60 000	
			Kapitalanpassung	– 10 000	50 000
	50 000				50 000

VIII. Sperrfrist

Werden im Rahmen einer Realteilung einzelne Wirtschaftsgüter in ein Betriebsvermögen des Realteilers übertragen, ist für den jeweiligen Übertragungsvorgang nach § 16 Abs. 3 Satz 3 EStG rückwirkend der gemeine Wert anzusetzen, soweit übertragener Grund und Boden, Gebäude (ausgenommen Umlaufvermögen) oder andere übertragene wesentliche Betriebsgrundlagen innerhalb der Sperrfrist entnommen oder veräußert (maßgeblicher Zeitpunkt: Übergang des wirtschaftlichen Eigentums) werden. Auch die Entnahme oder Veräußerung von Grund und Boden und Gebäuden des Anlagevermögens, die keine wesentlichen Betriebsgrundlagen darstellen, löst die Folgen des § 16 Abs. 3 Satz 3 EStG aus. Bei einer Realteilung durch Übertragung von Betrieben, Teilbetrieben oder Mitunternehmeranteilen ist die Sperrfrist jedoch unbeachtlich. Die

Sperrfrist beginnt im Zeitpunkt der Realteilung und endet drei Jahre nach Abgabe der Feststellungserklärung der Mitunternehmerschaft für den Veranlagungszeitraum der Realteilung.

Eine Veräußerung ist grundsätzlich auch eine Einbringung der im Rahmen der Realteilung erhaltenen einzelnen Wirtschaftsgüter, wenn sie zusammen mit einem Betrieb, Teilbetrieb oder Mitunternehmeranteil nach §§ 20, 24 UmwStG eingebracht werden, unabhängig davon, ob die Buchwerte, Teilwerte[1]) oder Zwischenwerte angesetzt werden. Als Veräußerung gilt auch ein Formwechsel nach § 25 UmwStG. Überträgt der Realteiler Wirtschaftsgüter, die im Anschluss an die Realteilung Betriebsvermögen geworden sind, gegen Gewährung von Gesellschaftsrechten nach § 6 Abs. 5 EStG auf einen Dritten, liegt auch eine Veräußerung vor.

IX. Folgen bei Veräußerung oder Entnahme während der Sperrfrist

Eine schädliche Entnahme oder Veräußerung i. S. d. § 16 Abs. 3 Satz 3 EStG führt zu einer rückwirkenden Aufdeckung der in den veräußerten oder entnommenen Wirtschaftsgütern enthaltenen stillen Reserven. Dieser Vorgang stellt ein Ereignis mit steuerlicher Rückwirkung dar (§ 175 Abs. 1 Satz 1 Nr. 2 AO). Eine Aufdeckung der übrigen stillen Reserven erfolgt nicht. Der aus der nachträglichen Aufdeckung entstehende Gewinn stellt einen laufenden Gewinn dar, der nicht nach §§ 16 und 34 EStG begünstigt ist. Die Realteilung ist auch nach Gewerbesteuerrecht eine Betriebsaufgabe (BFH vom 17. Februar 1994, BStBl II S. 809); die nachträgliche Aufdeckung vorgenannter stiller Reserven ist diesem Vorgang zuzuordnen. Der Gewinn rechnet daher grundsätzlich nicht zum Gewerbeertrag nach § 7 Satz 1 GewStG. Ab Erhebungszeitraum 2002 ist der Gewinn aus der Aufdeckung der stillen Reserven aber nach § 7 Satz 2 GewStG als Gewerbeertrag zu erfassen, soweit er nicht auf eine natürliche Person als unmittelbar beteiligter Mitunternehmer entfällt.

Dieser Gewinn ist bei Wirtschaftsgütern, die zum Gesamthandsvermögen der Mitunternehmerschaft gehörten, allen Realteilern nach dem allgemeinen Gewinnverteilungsschlüssel zuzurechnen, es sei denn, dass der Gewinn nach dem Gesellschaftsvertrag oder den von den Mitunternehmern schriftlich getroffenen Vereinbarungen über die Realteilung allein dem entnehmenden oder veräußernden Realteiler zuzurechnen ist. Gehörten die Wirtschaftsgüter zum Sonderbetriebsvermögen eines Realteilers, ist der Gewinn aus der schädlichen Entnahme oder Veräußerung diesem Realteiler zuzurechnen. Soweit Sonderbetriebsvermögen eines Realteilers von einem anderen Realteiler im Rahmen der Realteilung übernommen wurde, ist der Gewinn nur dann dem übernehmenden Realteiler zuzurechnen, wenn dies in den schriftlichen Vereinbarungen über die Realteilung so vereinbart wurde.

X. Zeitliche Anwendung

Für Veranlagungszeiträume 1999 und 2000 war eine steuerneutrale Realteilung nur bei Übertragung von Betrieben, Teilbetrieben oder Mitunternehmeranteilen möglich. Ab Veranlagungszeitraum 2001 ist eine steuerneutrale Realteilung auch bei Übertragung von Einzelwirtschaftsgütern möglich. Wurde eine Realteilung mit Übertragung von Einzelwirtschaftsgütern vor dem 1. Januar 2001 begonnen, aber erst nach dem 31. Dezember 2000 beendet, liegt keine Realteilung i. S. d. § 16 Abs. 3 Satz 2 bis 4 EStG i. d. F. des StEntlG 1999/2000/2002 vom 24. März 1999 (BStBl I S. 402) vor. Die Realteilung beginnt mit der Übertragung der ersten wesentlichen Betriebsgrundlage auf den jeweiligen Mitunternehmer und endet mit der Übertragung der letzten wesentlichen Betriebsgrundlage auf den jeweiligen Mitunternehmer.

Dieses Schreiben ist auf alle offenen Fälle für Übertragungen ab dem 1. Januar 2001 anzuwenden.

---

1) Gemeiner Wert bei Umwandlungen nach dem 12. 12. 2006 → §§ 20, 24 UmwStG i. d. F. des SEStEG.

Pauschalierung der Einkommensteuer bei Sachzuwendungen nach § 37b EStG

BMF vom 29. 4. 2008 (BStBl I S. 566)
IV B 2 – S 2297b/07/0001–2008/0210802

Mit dem Jahressteuergesetz 2007 vom 13. Dezember 2006 (BGBl. I 2006 S. 2878, BStBl I 2007 S. 28) wurde mit § 37b EStG eine Regelung in das Einkommensteuergesetz eingefügt, die es dem zuwendenden Steuerpflichtigen ermöglicht, die Einkommensteuer auf Sachzuwendungen an Arbeitnehmer oder Nichtarbeitnehmer mit einem Steuersatz von 30 Prozent pauschal zu übernehmen und abzuführen. Zur Anwendung dieser Regelung gilt im Einvernehmen mit den obersten Finanzbehörden der Länder Folgendes:

I. Anwendungsbereich des § 37b EStG

Zuwendender i. S. d. § 37b EStG kann jede natürliche und juristische Person sein. Macht der Zuwendende von der Wahlmöglichkeit des § 37b EStG Gebrauch, so ist er Steuerpflichtiger i. S. d. § 33 AO. Ausländische Zuwendende und nicht steuerpflichtige juristische Personen des öffentlichen Rechts werden spätestens mit der Anwendung des § 37b EStG zu Steuerpflichtigen i. S. dieser Vorschrift. 1

Zuwendungsempfänger können eigene Arbeitnehmer des Zuwendenden sowie Dritte unabhängig von ihrer Rechtsform (z. B. AG's, GmbH's, Aufsichtsräte, Verwaltungsratsmitglieder, sonstige Organmitglieder von Vereinen und Verbänden, Geschäftspartner, deren Familienangehörige, Arbeitnehmer Dritter) sein. 2

Zuwendungen an eigene Arbeitnehmer sind Sachbezüge i. S. d. § 8 Abs. 2 Satz 1 EStG, für die keine gesetzliche Bewertungsmöglichkeit nach § 8 Abs. 2 Satz 2 bis 8, Abs. 3 und § 19a EStG sowie keine Pauschalierungsmöglichkeit nach § 40 Abs. 2 EStG besteht. Für sonstige Sachbezüge, die nach § 40 Abs. 1 EStG pauschaliert besteuert werden können, kann der Steuerpflichtige auch die Pauschalierung nach § 37b EStG wählen. 3

II. Wahlrecht zur Anwendung des § 37b EStG

1. Einheitlichkeit der Wahlrechtsausübung

Das Wahlrecht zur Anwendung der Pauschalierung der Einkommensteuer ist nach § 37b Abs. 1 Satz 1 EStG einheitlich für alle innerhalb eines Wirtschaftsjahres gewährten Zuwendungen, mit Ausnahme der die Höchstbeträge nach § 37b Abs. 1 Satz 3 EStG übersteigenden Zuwendungen, auszuüben. Dabei ist es zulässig, für Zuwendungen an Dritte (Absatz 1) und an eigene Arbeitnehmer (Absatz 2) § 37b EStG jeweils gesondert anzuwenden. Die Entscheidung zur Anwendung des § 37b EStG kann nicht zurück genommen werden. 4

Werden Zuwendungen an Arbeitnehmer verbundener Unternehmen i. S. d. §§ 15 ff. AktG oder § 271 HGB vergeben, fallen diese Zuwendungen in den Anwendungsbereich des § 37b Abs. 1 EStG und sind nach § 37b Abs. 1 Satz 2 EStG mindestens mit dem sich aus § 8 Abs. 3 Satz 1 EStG ergebenden Wert zu bemessen (Rabattgewährung an Konzernmitarbeiter). Es wird nicht beanstandet, wenn diese Zuwendungen an Arbeitnehmer verbundener Unternehmen individuell besteuert werden, auch wenn der Zuwendende für die übrigen Zuwendungen § 37b Abs. 1 EStG anwendet. Für die übrigen Zuwendungen ist das Wahlrecht einheitlich auszuüben. 5

Übt ein ausländischer Zuwendender das Wahlrecht zur Anwendung des § 37b EStG aus, sind die Zuwendungen, die unbeschränkt oder beschränkt Einkommen- oder Körperschaftsteuerpflichtigen im Inland gewährt werden, einheitlich zu pauschalieren. 6

2. Zeitpunkt der Wahlrechtsausübung

Die Entscheidung zur Anwendung der Pauschalierung kann für den Anwendungsbereich des § 37b Abs. 1 EStG auch im laufenden Wirtschaftsjahr, spätestens in der letzten Lohnsteuer-Anmeldung des Wirtschaftsjahres der Zuwendung getroffen werden. Eine Berichtigung der vorangegangenen einzelnen Lohnsteuer-Anmeldungen zur zeitgerechten Erfassung ist nicht erforderlich. 7

Für den Anwendungsbereich des § 37b Abs. 2 EStG ist die Entscheidung zur Anwendung der Pauschalierung spätestens bis zu dem für die Übermittlung der elektronischen Lohnsteuerbescheinigung geltenden Termin (§ 41b Abs. 1 Satz 2 EStG, 28. Februar des Folgejahres) zu treffen. Dieser Endtermin gilt auch, wenn ein Arbeitnehmer während des laufenden Kalenderjahres ausscheidet. Ist eine Änderung des Lohnsteuerabzugs gemäß § 41c EStG zum Zeitpunkt der 8

Ausübung des Wahlrechts nicht mehr möglich, so hat der Arbeitgeber dem Arbeitnehmer eine Bescheinigung über die Pauschalierung nach § 37b Abs. 2 EStG auszustellen. Die Korrektur des bereits individuell besteuerten Arbeitslohns kann der Arbeitnehmer dann nur noch im Veranlagungsverfahren begehren.

III. Bemessungsgrundlage

1. Begriffsbestimmung

9 Besteuerungsgegenstand sind Zuwendungen, die zusätzlich zur ohnehin vereinbarten Leistung oder zum ohnehin geschuldeten Arbeitslohn erbracht werden, die nicht in Geld bestehen und die nicht gesellschaftsrechtlich veranlasst sind. Verdeckte Gewinnausschüttungen (§ 8 Abs. 3 Satz 2 KStG, R 36 KStR) sind von der Pauschalierung nach § 37b EStG ausgenommen. Bei Zuwendungen an Dritte handelt es sich regelmäßig um Geschenke i. S. d. § 4 Abs. 5 Satz 1 Nr. 1 Satz 1 EStG oder Incentives (z. B. Reise oder Sachpreise aufgrund eines ausgeschriebenen Verkaufs- oder Außendienstwettbewerbs). Geschenke in diesem Sinne sind auch Nutzungsüberlassungen. Zuzahlungen des Zuwendungsempfängers ändern nicht den Charakter als Zuwendung; sie mindern lediglich die Bemessungsgrundlage. Zuzahlungen Dritter (z. B. Beteiligung eines anderen Unternehmers an der Durchführung einer Incentive-Reise) mindern die Bemessungsgrundlage hingegen nicht.

10 Sachzuwendungen, deren Anschaffungs- oder Herstellungskosten 10 Euro nicht übersteigen, sind bei der Anwendung des § 37b EStG als Streuwerbeartikel anzusehen und fallen daher nicht in den Anwendungsbereich der Vorschrift. Die Teilnahme an einer geschäftlich veranlassten Bewirtung i. S. d. § 4 Abs. 5 Satz 1 Nr. 2 EStG ist nicht in den Anwendungsbereich des § 37b EStG einzubeziehen (R 4.7 Abs. 3 EStR, R 8.1 Abs. 8 Nr. 1 LStR 2008).

11 Zuwendungen, die ein Arbeitnehmer von einem Dritten erhalten hat, können nicht vom Arbeitgeber, der nach § 38 Abs. 1 Satz 3 EStG zum Lohnsteuerabzug verpflichtet ist, nach § 37b EStG pauschal besteuert werden. Die Pauschalierung nach § 37b EStG kann nur der Zuwendende selbst vornehmen.

12 Gibt ein Steuerpflichtiger eine Zuwendung unmittelbar weiter, die dieser selbst unter Anwendung des § 37b EStG erhalten hat, entfällt eine erneute pauschale Besteuerung nach § 37b EStG, wenn der Steuerpflichtige hierfür keinen Betriebsausgabenabzug vornimmt.

13 In die Bemessungsgrundlage sind alle Zuwendungen einzubeziehen; es kommt nicht darauf an, dass sie beim Empfänger im Rahmen einer Einkunftsart zufließen (zu den Besonderheiten bei Zuwendungen an Arbeitnehmer siehe Rdnr. 3).

2. Bewertung der Zuwendungen

14 Nach § 37b Abs. 1 Satz 2 EStG sind die Zuwendungen mit den Aufwendungen des Steuerpflichtigen einschließlich Umsatzsteuer zu bewerten. Der Bruttobetrag kann aus Vereinfachungsgründen mit dem Faktor 1,19 aus dem Nettobetrag hochgerechnet werden. In die Bemessung sind alle tatsächlich angefallenen Aufwendungen einzubeziehen, die der jeweiligen Zuwendung direkt zugeordnet werden können. Soweit diese nicht direkt ermittelt werden können, weil sie Teil einer Gesamtleistung sind, ist der auf die jeweilige Zuwendung entfallende Anteil an den Gesamtaufwendungen anzusetzen, der ggf. im Wege der Schätzung zu ermitteln ist.

15 Die bestehenden Vereinfachungsregelungen, die zur Aufteilung der Gesamtaufwendungen für VIP-Logen in Sportstätten und in ähnlichen Sachverhalten ergangen sind, gelten unverändert (Rdnr. 14 und 19, BMF-Schreiben vom 22. August 2005, BStBl I S. 845 und vom 11. Juli 2006, BStBl I S. 447). Der danach ermittelte, auf Geschenke entfallende pauschale Anteil stellt die Aufwendungen dar, die in die Bemessungsgrundlage nach § 37b EStG einzubeziehen sind. Die Vereinfachungsregelungen zur Übernahme der Besteuerung (Rdnrn. 16 und 18 des BMF-Schreibens vom 22. August 2005 und entsprechende Verweise im BMF-Schreiben vom 11. Juli 2006) sind ab dem 1. Januar 2007 nicht mehr anzuwenden.

16 Besteht die Zuwendung in der Hingabe eines Wirtschaftsgutes des Betriebsvermögens oder in der unentgeltlichen Nutzungsüberlassung und sind dem Zuwendenden keine oder nur unverhältnismäßig geringe Aufwendungen entstanden (z. B. zinslose Darlehensgewährung), ist als Bemessungsgrundlage für eine Besteuerung nach § 37b EStG der gemeine Wert anzusetzen.

3. Wirkungen auf bestehende Regelungen

Sachbezüge, die im ganz überwiegenden eigenbetrieblichen Interesse des Arbeitgebers gewährt werden sowie steuerfreie Sachbezüge, werden von § 37b Abs. 2 EStG nicht erfasst. Im Übrigen gilt Folgendes:

a) Sachbezugsfreigrenze

Wird die Freigrenze des § 8 Abs. 2 Satz 9 EStG in Höhe von 44 Euro nicht überschritten, liegt kein steuerpflichtiger Sachbezug vor. Bei der Prüfung der Freigrenze bleiben die nach § 8 Abs. 2 Satz 1 EStG zu bewertenden Vorteile, die nach §§ 37b und 40 EStG pauschal versteuert werden, außer Ansatz. 17

b) Mahlzeiten aus besonderem Anlass

Mahlzeiten aus besonderem Anlass (R 8.1 Abs. 8 Nr. 2 LStR 2008), die vom oder auf Veranlassung des Steuerpflichtigen anlässlich von Auswärtstätigkeiten an seine Arbeitnehmer abgegeben werden, können nach § 37b EStG pauschal besteuert werden, wenn der Wert der Mahlzeit 40 Euro übersteigt. 18

c) Aufmerksamkeiten

Zuwendungen des Steuerpflichtigen an seine Arbeitnehmer, die als bloße Aufmerksamkeiten (R 19.6 LStR 2008) anzusehen sind und deren jeweiliger Wert 40 Euro nicht übersteigt, gehören nicht zum Arbeitslohn und sind daher nicht in die Pauschalierung nach § 37b EStG einzubeziehen. Bei Überschreitung des Betrags von 40 Euro ist die Anwendung des § 37b EStG möglich. 19

4. Zeitpunkt der Zuwendung

Die Zuwendung ist im Zeitpunkt der Erlangung der wirtschaftlichen Verfügungsmacht zu erfassen. Das ist bei Geschenken der Zeitpunkt der Hingabe (z. B. Eintrittskarte) und bei Nutzungen der Zeitpunkt der Inanspruchnahme (z. B. bei der Einladung zu einer Veranstaltungen der Zeitpunkt der Teilnahme). Es ist aber nicht zu beanstanden, wenn die Pauschalierung nach § 37b EStG bereits in dem Wirtschaftsjahr vorgenommen wird, in dem der Aufwand zu berücksichtigen ist. 20

5. Beträge nach § 37b Abs. 1 Satz 3 EStG

Die Beträge des § 37b Abs. 1 Satz 3 EStG i.H.v. 10.000 Euro sind auf die Bruttoaufwendungen anzuwenden. Bei dem Betrag nach § 37b Abs. 1 Satz 3 Nr. 1 EStG handelt es sich um einen Höchstbetrag (z. B. drei Zuwendungen im Wert von jeweils 4.000 Euro, § 37b EStG ist nicht nur für die ersten beiden Zuwendungen anwendbar, sondern auch die Hälfte der Aufwendungen für die dritte Zuwendung muss in die Pauschalbesteuerung einbezogen werden); bei dem Betrag nach § 37b Abs. 1 Satz 3 Nr. 2 EStG handelt es sich um eine Höchstgrenze (z. B. Zuwendung im Wert von 15.000 Euro, § 37b EStG ist auf diese Zuwendung nicht anwendbar). Wird die Höchstgrenze für eine Zuwendung überschritten, ist eine Pauschalierung für andere Zuwendungen an diesen Zuwendungsempfänger im Rahmen des § 37b Abs. 1 Satz 3 Nr. 1 EStG zulässig (z. B. drei Zuwendungen im Wert von 3.000 Euro, 5.000 Euro und 12.000 Euro, die Aufwendungen für die Einzelzuwendung in Höhe von 12.000 Euro können nicht nach § 37b EStG pauschal besteuert werden, in die Pauschalbesteuerung sind indes die Aufwendungen für die beiden anderen Einzelzuwendungen von insgesamt 8.000 Euro einzubeziehen). Bei Zuzahlungen durch den Zuwendungsempfänger mindert sich der Wert der Zuwendung, auf den der Höchstbetrag/die Höchstgrenze anzuwenden ist. 21

IV. Verhältnis zu anderen Pauschalierungsvorschriften

1. Lohnsteuerpauschalierung mit Nettosteuersatz

Zum Zeitpunkt der Ausübung des Wahlrechts nach § 37b Abs. 2 EStG bereits nach § 40 Abs. 1 Satz 1 EStG durchgeführte Pauschalierungen müssen nicht rückgängig gemacht werden. Eine Änderung ist aber in den Grenzen der allgemeinen Regelungen zulässig; § 37b Abs. 2 EStG kann danach angewandt werden. Die Rückabwicklung eines nach § 40 Abs. 1 Satz 1 EStG pauschalierten Zuwendungsfalls muss für alle Arbeitnehmer einheitlich vorgenommen werden, die diese Zuwendung erhalten haben. Nach der Entscheidung zur Anwendung des § 37b EStG ist eine Pauschalierung nach § 40 Abs. 1 Satz 1 EStG für alle Zuwendungen, auf die § 37b EStG anwendbar ist, nicht mehr möglich. 22

2. Arbeitnehmer verbundener Unternehmen

23 Die Pauschalierung ist für Sachzuwendungen an Arbeitnehmer verbundener Unternehmen i. S. d. §§ 15 ff. AktG oder § 271 HGB zulässig, wenn die Voraussetzungen des § 37b Abs. 1 EStG erfüllt sind.

V. Steuerliche Behandlung beim Zuwendenden

1. Zuwendung

24 Die Aufwendungen für die Zuwendung sind nach allgemeinen steuerlichen Grundsätzen zu beurteilen; sie sind entweder in voller Höhe als Betriebsausgaben abziehbar (Geschenke an eigene Arbeitnehmer und Zuwendungen, die keine Geschenke sind) oder unter der Maßgabe des § 4 Abs. 5 Satz 1 Nr. 1 EStG beschränkt abziehbar. Die übrigen Abzugsbeschränkungen des § 4 Abs. 5 EStG, insbesondere des § 4 Abs. 5 Satz 1 Nr. 10 EStG sind ebenfalls zu beachten.

25 Bei der Prüfung der Freigrenze des § 4 Abs. 5 Satz 1 Nr. 1 Satz 2 EStG ist aus Vereinfachungsgründen allein auf den Betrag der Zuwendung abzustellen. Die übernommene Steuer ist nicht mit einzubeziehen.

2. Pauschalsteuer

26 Die Abziehbarkeit der Pauschalsteuer als Betriebsausgabe richtet sich danach, ob die Aufwendungen für die Zuwendung als Betriebsausgabe abziehbar sind.

VI. Steuerliche Behandlung beim Empfänger

27 Nach § 37b Abs. 3 Satz 1 EStG bleibt eine pauschal besteuerte Sachzuwendung bei der Ermittlung der Einkünfte des Empfängers außer Ansatz.

28 Besteht die Zuwendung in der Hingabe eines einzelnen Wirtschaftsgutes, das beim Empfänger Betriebsvermögen wird, gilt sein gemeiner Wert als Anschaffungskosten (§ 6 Abs. 4 EStG). Rdnr. 12 ist zu beachten.

VII. Verfahren zur Pauschalierung der Einkommensteuer

1. Entstehung der Steuer

29 Für den Zeitpunkt der Entstehung der Steuer ist grundsätzlich der Zeitpunkt des Zuflusses der Zuwendung maßgeblich. Dabei ist nicht auf den Entstehungszeitpunkt der Einkommen- und Körperschaftsteuer beim Zuwendungsempfänger abzustellen.

2. Unterrichtung des Empfängers der Zuwendung

30 Nach § 37b Abs. 3 Satz 3 EStG hat der Zuwendende den Empfänger der Zuwendung über die Anwendung der Pauschalierung zu unterrichten. Eine besondere Form ist nicht vorgeschrieben.

31 Arbeitnehmer sind nach § 38 Abs. 4 Satz 3 EStG verpflichtet, ihrem Arbeitgeber die ihnen von Dritten gewährten Bezüge am Ende des Lohnzahlungszeitraumes anzuzeigen. Erhält der Arbeitnehmer erst im Nachhinein eine Mitteilung vom Zuwendenden über die Anwendung des § 37b EStG, kann bei bereits durchgeführter individueller Besteuerung eine Korrektur des Lohnsteuerabzugs vorgenommen werden, wenn die Änderung des Lohnsteuerabzugs beim Arbeitnehmer noch zulässig ist.

3. Aufzeichnungspflichten

32 Die bestehenden Aufzeichnungspflichten für Geschenke nach § 4 Abs. 5 Satz 1 Nr. 1 EStG bleiben unberührt (§ 4 Abs. 7 EStG, R 4.11 EStR). Besondere Aufzeichnungspflichten für die Ermittlung der Zuwendungen, für die § 37b EStG angewandt wird, bestehen nicht. Aus der Buchführung oder den Aufzeichnungen muss sich ablesen lassen, dass bei Wahlrechtsausübung alle Zuwendungen erfasst wurden und dass die Höchstbeträge nicht überschritten wurden. Nach § 37b EStG pauschal versteuerte Zuwendungen müssen nicht zum Lohnkonto genommen werden (§ 4 Abs. 2 Nr. 8 LStDV i. V. m. § 41 Abs. 1 EStG).

33 Aus Vereinfachungsgründen kann bei Zuwendungen bis zu einem Wert von jeweils 40 Euro davon ausgegangen werden, dass der Höchstbetrag nach § 37b Abs. 1 Satz 3 Nr. 1 EStG auch beim Zusammenfallen mit weiteren Zuwendungen im Wirtschaftsjahr nicht überschritten wird. Eine Aufzeichnung der Empfänger kann insoweit unterbleiben.

§ 37b EStG kann auch angewendet werden, wenn die Aufwendungen beim Zuwendenden ganz oder teilweise unter das Abzugsverbot des § 160 AO fallen. Fallen mehrere Zuwendungen zusammen, bei denen § 160 AO zum Abzugsverbot der Aufwendungen führt, ist die Summe dieser Aufwendungen den Höchstbeträgen gegenüberzustellen. 34

4. Örtliche Zuständigkeit

Für ausländische Zuwendende ergeben sich die für die Verwaltung der Lohnsteuer zuständigen Finanzämter aus analoger Anwendung des H 41.3 LStH 2008 (wie ausländische Bauunternehmer). 35

5. Kirchensteuer

Für die Ermittlung der Kirchensteuer bei Anwendung des § 37b EStG ist in Rheinland-Pfalz nach dem Erlass des rheinland-pfälzischen Finanzministeriums vom 29. Dezember 2006 (BStBl I 2007 S. 79) und in den übrigen Ländern nach den gleichlautenden Erlassen der obersten Finanzbehörden dieser Länder vom 28. Dezember 2006 (BStBl I 2007 S. 76) zu verfahren. 36

6. Anrufungsauskunft

Für Sachverhalte zur Pauschalierung der Einkommensteuer bei Sachzuwendungen nach § 37b EStG kann eine Anrufungsauskunft i. S. d. § 42e EStG eingeholt werden. 37

VIII. Anwendungszeitpunkt

Nach Artikel 20 Abs. 6 des Jahressteuergesetzes 2007 tritt Artikel 1 Nr. 28 (§ 37b EStG) zum 1. Januar 2007 in Kraft. § 37b EStG ist daher erstmals auf Zuwendungen anzuwenden, die nach dem 31. Dezember 2006 gewährt werden. 38

Für Wirtschaftsjahre, die vor dem 1. Juli 2008 enden, kann das Wahlrecht zur Anwendung des § 37b EStG für diesen Zeitraum abweichend von Rdnr. 7 und 8 ausgeübt werden. 39

Zweifelsfragen zur Neuregelung der Besteuerung privater Grundstücksveräußerungsgeschäfte nach § 23 EStG

BMF vom 5. 10. 2000 (BStBl I S. 1383)
IV C 3 – S 2256–263/00 unter Berücksichtigung der Änderungen durch
BMF vom 7. 2. 2007 – IV C 3 – S 2256–11/07

Im Einvernehmen mit den obersten Finanzbehörden der Länder nehme ich zu Zweifelsfragen der Besteuerung privater Veräußerungsgeschäfte bei Grundstücken und grundstücksgleichen Rechten nach § 23 EStG wie folgt Stellung:

1. Überführung eines Grundstücks aus dem Betriebsvermögen in das Privatvermögen (§ 23 Abs. 1 Satz 2 EStG)

1 [1]) [1]Als Anschaffung gilt die Überführung eines Grundstücks in das Privatvermögen des Steuerpflichtigen durch Entnahme oder Betriebsaufgabe, wenn das Grundstück nach dem 31. Dezember 1998 in das Privatvermögen überführt wird. [2]Zum Zeitpunkt der Entnahme vgl. R 4.3 Abs. 3 EStR 2005.

2. Einlage eines Grundstücks in das Betriebsvermögen und Übertragungsvorgänge zwischen Gesellschaftsvermögen und Vermögen eines Gesellschafters (§ 23 Abs. 1 Satz 5 EStG)

2 [1]Die Einlage eines Grundstücks in

- das Betriebsvermögen eines Einzelunternehmens,
- in das Sonderbetriebsvermögen des Steuerpflichtigen bei einer Personengesellschaft und
- in das Gesamthandsvermögen einer Personengesellschaft ohne Gewährung von Gesellschaftsrechten und sonstigen Gegenleistungen

ist keine Veräußerung. [2]Demgegenüber ist eine verdeckte Einlage in eine Kapitalgesellschaft stets als Veräußerung des Grundstücks zu behandeln (§ 23 Abs. 1 Satz 5 Nr. 2 EStG).

3 [1]Die Einlage eines Grundstücks in das Betriebsvermögen ist jedoch dann nachträglich als Veräußerung zu werten, wenn das Grundstück innerhalb von zehn Jahren nach seiner Anschaffung aus dem Betriebsvermögen veräußert wird (§ 23 Abs. 1 Satz 5 Nr. 1 EStG). [2]Zur Ermittlung des privaten Veräußerungsgewinns und zur zeitlichen Erfassung siehe Rz. 35 ff.

4 Als Veräußerung des Grundstücks aus dem Betriebsvermögen gilt für die Anwendung des § 23 Abs. 1 Satz 5 Nr. 1 EStG z. B. auch

1. die Veräußerung des Grundstücks im Rahmen der Veräußerung des gesamten Betriebs oder eines Teilbetriebs. Bei einer Personengesellschaft gilt dies bei Veräußerung
   - des Betriebs,
   - eines Teilbetriebs oder
   - eines Mitunternehmeranteils,

   wenn das Grundstück zum Sonderbetriebsvermögen des Mitunternehmers gehört oder ohne Gewährung von Gesellschaftsrechten in das Gesamthandsvermögen eingelegt worden ist;
2. die Überführung eines zuvor in das Betriebsvermögen eingelegten Grundstücks in eine Kapitalgesellschaft im Wege einer verschleierten Sachgründung oder einer verschleierten Sacheinlage im Zusammenhang mit einer Kapitalerhöhung;
3. die Einbringung des zuvor eingelegten Grundstücks zusammen mit einem Betrieb, Teilbetrieb oder Mitunternehmeranteil in eine Kapitalgesellschaft oder in das Gesamthandsvermögen einer Personengesellschaft gegen Gewährung von Gesellschaftsrechten;
4. die Übertragung eines Grundstücks aus dem betrieblichen Gesamthandsvermögen einer Personengesellschaft in das Privatvermögen oder das Sonderbetriebsvermögen eines Gesellschafters, soweit das Grundstück vorher in das Vermögen der Gesellschaft ohne Gewährung von Gesellschaftsrechten eingelegt wurde;
5. die verdeckte Einlage des Grundstücks in eine Kapitalgesellschaft, wenn die Anteile an der Kapitalgesellschaft zum Betriebsvermögen des Steuerpflichtigen gehören; hier ist kein Fall des § 23 Abs. 1 Satz 5 Nr. 2 EStG gegeben, weil das Grundstück gleichzeitig in das Betriebsvermögen des Steuerpflichtigen eingelegt wird.

---

[1]) Rz. 1 i. d. F. des BMF vom 7. 2. 2007 (BStBl I S. 262).

[1]Wird das in das Betriebsvermögen eingelegte Grundstück wieder ins Privatvermögen 5
überführt, liegt keine Veräußerung aus dem Betriebsvermögen im Sinne des § 23 Abs. 1 Satz 5 Nr. 1 EStG vor. [2]Zur steuerlichen Behandlung einer anschließenden Veräußerung vgl. Rz. 35.

[1]Kein Fall des § 23 Abs. 1 Satz 5 Nr. 1 EStG, sondern eine Veräußerung im Sinne des § 23 Abs. 1 6
Satz 1 Nr. 1 EStG ist die Übertragung eines Grundstücks aus dem Privatvermögen in das betriebliche Gesamthandsvermögen einer Personengesellschaft oder in das Vermögen einer Kapitalgesellschaft, soweit sie gegen Gewährung von Gesellschaftsrechten erfolgt. [2]Zur steuerlichen Behandlung der Übertragung von Grundstücken aus dem Privatvermögen in das betriebliche Gesamthandsvermögen einer Personengesellschaft und zur Übertragung eines Grundstücks aus dem betrieblichen Gesamthandsvermögen einer Personengesellschaft in das Privatvermögen vgl. im Übrigen BMF-Schreiben vom 29. 3. 2000 – BStBl I S. 462[1]).

Entsprechendes gilt bei der Übertragung eines Grundstücks in das Vermögen einer Gemein- 7
schaft mit betrieblichem Vermögen oder aus dem betrieblichen Gemeinschaftsvermögen in das Vermögen eines Mitglieds der Gemeinschaft.

[1]Die Übertragung eines Grundstücks auf eine Personengesellschaft oder Gemeinschaft ohne 8
Betriebsvermögen gegen Entgelt oder gegen Gewährung von Gesellschaftsrechten ist insoweit nicht als Veräußerung anzusehen, als der bisherige Eigentümer nach der Übertragung am Vermögen der Gesellschaft oder Gemeinschaft beteiligt ist.[2]) [2]Entsprechendes gilt, wenn das Grundstück von der Personengesellschaft oder Gemeinschaft auf einen Gesellschafter oder ein Mitglied der Gemeinschaft übertragen wird. Rz. 23 ff. des BMF-Schreibens vom 11. Januar 1993 – BStBl I S. 62[3]), bleiben unberührt

Beispiel:

An der vermögensverwaltend tätigen BC-GbR sind B und C zu je ½ beteiligt. Im Jahr 2000 beteiligt sich A an der GbR und bringt dazu ein unbebautes Grundstück mit einem Wert von 240 000 DM, das er im Jahr 1993 für 180 000 DM erworben hatte, in die GbR ein. Danach sind A, B und C zu je 1/3 an der GbR beteiligt. Im Jahr 2004 veräußert die GbR das Grundstück zu einem Kaufpreis von 270 000 DM an den Gesellschafter B, der es seinerseits im Jahr 2005 für 300 000 DM an einen fremden Dritten verkauft.

1. Einbringung durch A in GbR
   Die Übertragung des Grundstücks auf die GbR ist zu 1/3 nicht als Veräußerung anzusehen, weil A in diesem Umfang an der GbR beteiligt ist.
   Berechnung des Veräußerungsgewinns:

2/3 des Veräußerungserlöses von 240 000 DM	160 000 DM
abzgl. 2/3 der Anschaffungskosten von 180 000 DM	120 000 DM
Veräußerungsgewinn des A	40 000 DM

2. Verkauf GbR an B
   Die Veräußerung durch die GbR an B ist als anteilige Veräußerung des Grundstücks durch A und C an B zu behandeln. Der von A erzielte Veräußerungsgewinn unterliegt nicht der Besteuerung nach § 23 Abs. 1 Satz 1 Nr. 1 EStG, weil er das Grundstück, das ihm noch zu 1/3 zuzurechnen ist, vor mehr als zehn Jahren vor der Veräußerung erworben hat.
   Berechnung des Veräußerungsgewinns des C:

1/3 des Veräußerungserlöses von 270 000 DM	90 000 DM
abzgl. 1/3 der Anschaffungskosten von 240 000 DM im Jahr 2000	80 000 DM
Veräußerungsgewinn des C	10 000 DM

3. Verkauf B an Dritten
   Der Erwerb des Grundstücks durch die GbR im Jahr 2000 ist zu 1/3 als Anschaffung durch B und der Erwerb des Grundstücks von der GbR durch B im Jahr 2004 zu 2/3 als Anschaffung des Grundstücks durch B zu behandeln. Da die Anschaffungsvorgänge und die Veräußerung der jeweiligen Grundstücksanteile innerhalb der Zehnjahresfrist erfolgte, unterliegt der gesamte Vorgang der Besteuerung nach § 23 Abs. 1 Satz 1 Nr. 1 EStG.
   Berechnung des Veräußerungsgewinns:

Veräußerungserlös		300 000 DM
Anschaffungskosten		
1/3 von 240 000 DM im Jahr 2000	80 000 DM	
2/3 von 270 000 DM im Jahr 2002	180 000 DM	260 000 DM
Veräußerungsgewinn des B		40 000 DM

1) → Anhang 15 II . Siehe auch BMF-Schreiben vom 26. 11. 2004 (BStBl I S. 1190) → Anhang 15 II.
2) Bestätigt durch BFH vom 2. 4. 2008 (BStBl II S. 679).
3) Jetzt → BMF vom 14. 3. 2006 (BStBl I S. 253), Rz. 22 → Anhang 8 I.

3. Im Zeitraum zwischen Anschaffung und Veräußerung des Grundstücks errichtete Gebäude und andere in diesem Zeitraum durchgeführte Baumaßnahmen (§ 23 Abs. 1 Satz 1 Nr. 1 Satz 2 EStG)

9 Errichtet ein Steuerpflichtiger ein Gebäude und veräußert er es zusammen mit dem zuvor erworbenen Grund und Boden, liegt ein privates Veräußerungsgeschäft sowohl hinsichtlich des Grund und Bodens als auch hinsichtlich des Gebäudes vor, wenn die Frist zwischen Anschaffung des Grund und Bodens und Veräußerung des bebauten Grundstücks nicht mehr als zehn Jahre beträgt.

Beispiel:

A hat am 31. März 1993 ein unbebautes Grundstück angeschafft. Im Jahr 1998 stellt er darauf ein Einfamilienhaus fertig, das er anschließend vermietet. Ab dem 1. April 2003 kann er das bebaute Grundstück veräußern, ohne dass der Gewinn der Besteuerung nach § 23 EStG unterliegt.

10 [1]Wurde der Grund und Boden vom Veräußerer unentgeltlich erworben und vom Rechtsvorgänger innerhalb von zehn Jahren vor der Veräußerung durch den Rechtsnachfolger angeschafft, unterliegt ein Veräußerungsgewinn beim Rechtsnachfolger sowohl hinsichtlich des Grund und Bodens als auch eines zwischenzeitlich errichteten Gebäudes der Besteuerung, unabhängig davon, ob der Rechtsvorgänger oder der Veräußerer das Gebäude errichtet hat. [2]Dies gilt auch bei unentgeltlicher Einzelrechtsnachfolge (§ 23 Abs. 1 Satz 3 EStG).

11 [1]Wird ein teilweise entgeltlich (z. B. im Wege der vorweggenommenen Erbfolge) oder gegen Abfindungszahlung bei der Erbauseinandersetzung erworbenes Grundstück während der Zehnjahresfrist nach Anschaffung bebaut und veräußert, ist das Gebäude anteilig in die Besteuerung nach § 23 Abs. 1 Nr. 1 EStG einzubeziehen. [2]Für den unentgeltlich erworbenen Teil des Grundstücks gilt Rz. 10.

12 Im Zeitpunkt der Veräußerung noch nicht fertig gestellte Gebäude, Ausbauten und Erweiterungen sind einzubeziehen.

Beispiel:

A errichtet auf dem von ihm im Jahr 1993 erworbenen Grund und Boden im Jahr 1995 ein Einfamilienhaus, das zu Wohnzwecken vermietet wird. Im Jahr 1998 beginnt er mit dem Ausbau des bisher nicht nutzbaren Dachgeschosses zu einer zweiten, zur Vermietung bestimmten Wohnung. Im Februar 1999 wird das Grundstück mit dem teilfertigen Zweifamilienhaus veräußert.

Der auf das Gebäude (einschließlich des noch nicht fertig gestellten Dachgeschossausbaus) entfallende Teil des Veräußerungserlöses ist in die Ermittlung des steuerpflichtigen Veräußerungsgewinns einzubeziehen.

13 Rz. 9 bis 12 gelten entsprechend für Außenanlagen sowie für Gebäudeteile, die selbständige unbewegliche Wirtschaftsgüter sind, für Eigentumswohnungen und für im Teileigentum stehende Räume.

4. Veräußerung eines „bebauten" Erbbaurechts (§ 23 Abs. 1 Satz 1 Nr. 1 EStG)

14 [1]Ein privates Veräußerungsgeschäft im Sinne des § 23 Abs. 1 Satz 1 Nr. 1 EStG liegt auch bei Veräußerung eines „bebauten" Erbbaurechts vor, wenn der Zeitraum zwischen

a) dem Abschluss des Erbbaurechtsvertrags und der Veräußerung des „bebauten" Erbbaurechts oder

b) der Anschaffung und der Veräußerung des „bebauten" Erbbaurechts

nicht mehr als zehn Jahre beträgt (vgl. BFH-Urteil vom 30. 11. 1976 – BStBl 1977 II S. 384). [2]Der Veräußerungspreis entfällt insgesamt auf das Gebäude oder die Außenanlage, wenn der Erwerber dem bisherigen Erbbauberechtigten nachweislich nur etwas für das Gebäude oder die Außenanlage gezahlt hat und gegenüber dem Erbbauverpflichteten nur zur Zahlung des laufenden Erbbauzinses verpflichtet ist (vgl. BFH-Urteil vom 15. 11. 1994 – BStBl 1995 II S. 374).

15 [1]Sind Grundstück und aufstehendes Gebäude getrennt handelbar (Art. 231 und 233 EGBGB), können sowohl Grundstück als auch Gebäude gesondert Gegenstand eines privaten Veräußerungsgeschäfts nach § 23 Abs. 1 Satz 1 Nr. 1 EStG sein. [2]Wird ein Gebäude in Ausübung eines Nutzungsrechts am Grund und Boden errichtet und der Grund und Boden nach Fertigstellung des Gebäudes erworben, ist bei einer späteren Veräußerung des bebauten Grundstücks das Gebäude nicht in das private Veräußerungsgeschäft einzubeziehen.

Beispiel:

An einem unbebauten Grundstück wird im Jahr 1993 ein Erbbaurecht zu Gunsten von A bestellt. A errichtet auf dem Grundstück im Jahr 1994 ein zur Vermietung bestimmtes Gebäude. Im Jahr 1997 erwirbt er das Grundstück und veräußert es im Jahr 2000 mit dem aufstehenden Gebäude.

Hinsichtlich des Grundstücks liegt ein privates Veräußerungsgeschäft im Sinne des § 23 Abs. 1 Satz 1 Nr. 1 EStG vor. Das Gebäude ist nicht einzubeziehen, weil es vor der Anschaffung des Grundstücks in Ausübung des Erbbaurechts errichtet wurde und somit nicht das private Veräußerungsgeschäft betrifft, dessen Gegenstand das Grundstück und nicht das Erbbaurecht ist.

5. Zu eigenen Wohnzwecken genutzte Wirtschaftsgüter (§ 23 Abs. 1 Satz 1 Nr. 1 Satz 3 EStG)

5.1 Begünstigte Wirtschaftsgüter

[1]Gebäude, selbständige Gebäudeteile, Eigentumswohnungen und in Teileigentum stehende Räume (Wirtschaftsgüter), die im Zeitraum zwischen Anschaffung oder Fertigstellung und Veräußerung ausschließlich zu eigenen Wohnzwecken oder im Jahr der Veräußerung und in den beiden vorangegangenen Jahren zu eigenen Wohnzwecken genutzt wurden, sind von der Veräußerungsgewinnbesteuerung ausgenommen. [2]Dasselbe gilt bei Veräußerung eines teilweise zu eigenen Wohnzwecken und teilweise zu anderen Zwecken genutzten Gebäudes (z. B. zu Wohnzwecken vermietete Wohnung, betrieblich oder beruflich genutztes Arbeitszimmer einschließlich des Gebäudeanteils eines Grundstücksteils von untergeordnetem Wert nach § 8 EStDV und R 13 Abs. 8 EStR 1999[1])) für den zu eigenen Wohnzwecken genutzten Gebäudeteil und für zu eigenen Wohnzwecken genutzte Eigentumswohnungen. 16

[1]Von der Veräußerungsgewinnbesteuerung ausgenommen ist auch der Grund und Boden, der zu einem zu eigenen Wohnzwecken genutzten Gebäude gehört. [2]Dieser umfasst nur die für die entsprechende Gebäudenutzung erforderlichen und üblichen Flächen. [3]Dabei ist auch deren künftige Nutzung zu berücksichtigen. [4]Die steuerfreie Veräußerung weiterer Flächen ist selbst dann ausgeschlossen, wenn diese im Veräußerungszeitpunkt als Hausgarten genutzt werden (vgl. BFH-Urteil vom 24. 10. 1996 – BStBl 1997 II S. 50). [5]Dies gilt insbesondere, soweit Teilflächen parzelliert werden und dadurch ein verkehrsfähiges Grundstück entstanden ist, das in absehbarer Zeit einer anderen Nutzung, z. B. als Bauland, zugeführt werden kann. 17

Bei Veräußerung eines teilweise zu eigenen Wohnzwecken und teilweise zu anderen Zwecken genutzten Gebäudes ist der Grund und Boden, der nach dem Verhältnis der Nutzflächen des Gebäudes auf den zu eigenen Wohnzwecken genutzten Gebäudeteil entfällt, nicht in den Veräußerungsgewinn einzubeziehen. 18

Für die Einbeziehung des Grund und Bodens in die Ermittlung des nicht zu besteuernden Veräußerungsgewinn ist es ohne Bedeutung, welchen Zwecken der Grund und Boden vor Errichtung des Gebäudes gedient hat. 19

Beispiel:

A hat im Jahr 1993 ein unbebautes Grundstück angeschafft, das er zunächst als Gartenland nutzt. Im Jahr 1996 errichtet er darauf ein Einfamilienhaus, das er bis zur Veräußerung des Grundstücks im Jahr 1999 mit seiner Familie bewohnt.

Da A das Einfamilienhaus im Zeitraum zwischen Fertigstellung und Veräußerung zu eigenen Wohnzwecken genutzt hat, unterliegt ein erzielter Veräußerungsgewinn insgesamt nicht der Besteuerung.

Ein unbebautes Grundstück ist kein begünstigtes Wirtschaftsgut im Sinne des § 23 Abs. 1 Satz 1 Nr. 1 Satz 3 EStG. 20

Beispiel:

A hat im Jahr 1995 ein unbebautes Grundstück angeschafft. Bis zu dessen Veräußerung im Jahr 1999 nutzt er das unbebaute Grundstück zusammen mit seiner Familie ausschließlich zu Erholungszwecken.

Ein erzielter Veräußerungsgewinn unterliegt der Besteuerung nach § 23 Abs. 1 Satz 1 Nr. 1 Satz 1 EStG.

---

1) Jetzt → R 4.2 Abs. 8.

Dies gilt auch

- in den Fällen, in denen die vorgesehene Bebauung mit einer zu eigenen Wohnzwecken bestimmten Wohnung nicht realisiert wird, und
- bei der Veräußerung von Grund und Boden (unbebaute Teilfläche) eines Grundstücks, das ansonsten mit dem zu eigenen Wohnzwecken genutzten Gebäude bebaut ist.

5.2 Wohnzwecke

21 [1]Ein Wirtschaftsgut dient Wohnzwecken, wenn es dazu bestimmt und geeignet ist, Menschen auf Dauer Aufenthalt und Unterkunft zu ermöglichen. Wirtschaftsgüter, die zur vorübergehenden Beherbergung von Personen bestimmt sind (z. B. Ferienwohnungen), dienen nicht Wohnzwecken (vgl. R 42a Abs. 1 Satz 3 EStR 1999[1])). [2]Auch ein häusliches Arbeitszimmer (BMF-Schreiben vom 16. 6. 1998 – BStBl I S. 863, Rz. 7[2])) dient nicht Wohnzwecken, selbst wenn der Abzug der Aufwendungen als Betriebsausgaben oder Werbungskosten nach § 4 Abs. 5 Satz 1 Nr. 6b, § 9 Abs. 5 EStG ausgeschlossen oder eingeschränkt ist.

5.3 Nutzung zu eigenen Wohnzwecken

22 [1]Der Steuerpflichtige muss das Wirtschaftsgut zu eigenen Wohnzwecken genutzt haben. Diese Voraussetzung ist erfüllt, wenn er das Wirtschaftsgut allein, mit seinen Familienangehörigen oder gemeinsam mit einem Dritten bewohnt hat. [2]Unschädlich ist, wenn der Steuerpflichtige Teile des Wirtschaftsguts einem Dritten unentgeltlich zu Wohnzwecken überlassen hat. [3]Die dem Steuerpflichtigen zu eigenen Wohnzwecken verbleibenden Räume müssen jedoch noch den Wohnungsbegriff erfüllen und ihm die Führung eines selbständigen Haushalts ermöglichen. [4]Ein Wirtschaftsgut wird auch dann zu eigenen Wohnzwecken genutzt, wenn es vom Steuerpflichtigen nur zeitweise bewohnt wird, in der übrigen Zeit ihm jedoch als Wohnung zur Verfügung steht (z. B. Wohnung im Rahmen einer doppelten Haushaltsführung, nicht zur Vermietung bestimmte Ferienwohnung; auf die Belegenheit der Wohnung in einem Sondergebiet für Ferien- oder Wochenendhäuser kommt es nicht an).

23 [1]Eine Nutzung zu eigenen Wohnzwecken liegt auch vor, wenn der Steuerpflichtige das Wirtschaftsgut einem Kind, für das er Anspruch auf Kindergeld oder einen Freibetrag nach § 32 Abs. 6 EStG hat, unentgeltlich zu Wohnzwecken überlassen hat. [2]Die unentgeltliche Überlassung eines Wirtschaftsguts an andere – auch unterhaltsberechtigte – Angehörige stellt keine Nutzung zu eigenen Wohnzwecken im Sinne des § 23 Abs. 1 Satz 1 Nr. 1 Satz 3 EStG dar. [3]Die Altenteilerwohnung in der Land- und Forstwirtschaft ist kein vom Eigentümer zu eigenen Wohnzwecken genutztes Wirtschaftsgut.

24 Bewohnt ein Miteigentümer eines Zwei- oder Mehrfamilienhauses eine Wohnung allein, liegt eine Nutzung zu eigenen Wohnzwecken vor, soweit er die Wohnung auf Grund eigenen Rechts nutzt (vgl. R 164 Abs. 2 Satz 1 EStR 1999 und H 164 „Beispiele zur Überlassung an Miteigentümer" EStH 1999[3])).

5.4 Zeitlicher Umfang der Nutzung zu eigenen Wohnzwecken

25 Von der Besteuerung des Veräußerungsgewinns sind Wirtschaftsgüter ausgenommen, die ausschließlich, d. h. ununterbrochen

- vom Zeitpunkt der Anschaffung oder Fertigstellung bis zur Veräußerung zu eigenen Wohnzwecken genutzt wurden. [2]Für die Bestimmung des Zeitpunkts der Anschaffung und der Veräußerung ist in diesem Zusammenhang jeweils auf den Zeitpunkt der Übertragung des wirtschaftlichen Eigentums abzustellen. [3]Ein Leerstand vor Beginn der Nutzung zu eigenen Wohnzwecken ist unschädlich, wenn er mit der beabsichtigten Nutzung des Wirtschaftsguts zu eigenen Wohnzwecken in Zusammenhang steht. [4]Dies gilt auch für einen Leerstand zwischen Beendigung der Nutzung zu eigenen Wohnzwecken und Veräußerung des Gebäudes, wenn der Steuerpflichtige die Veräußerungsabsicht nachweist;
- im Jahr der Veräußerung und in den beiden vorangegangenen Jahren, d. h. in einem zusammenhängenden Zeitraum innerhalb der letzten drei Kalenderjahre, der nicht die vollen drei Kalenderjahre umfassen muss, zu eigenen Wohnzwecken genutzt wurden. [2]Ein Leerstand zwischen Beendigung der Selbstnutzung und Veräußerung ist unschädlich, wenn das Wirt-

---

1) Jetzt → R 7.2 Abs. 1 Satz 3.

2) Jetzt BMF vom 7. 1. 2004 (BStBl I S. 143) unter Berücksichtigung der Änderungen durch BMF vom 14. 9. 2004 (BStBl I S. 861). → Anhang 10 VI.

3) Jetzt → H 21.6 (Mietverhältnis zwischen GbR und Gesellschafter) und H 21.6 (Miteigentum).

schaftsgut im Jahr der Beendigung der Nutzung zu eigenen Wohnzwecken und in den beiden vorangegangenen Jahren zu eigenen Wohnzwecken genutzt wurde.

Beispiel:

Eine Eigentumswohnung, die A im Jahr 1995 angeschafft und anschließend vermietet hatte, wird nach Beendigung des Mietverhältnisses im Dezember 1998 bis zur Veräußerung im Januar 2000 von ihm zu eigenen Wohnzwecken genutzt. Da A die Wohnung im Jahr der Veräußerung und in den beiden vorangegangenen Jahren zu eigenen Wohnzwecken genutzt hat, unterliegt ein erzielter Veräußerungsgewinn nicht der Besteuerung. Hätte A die Eigentumswohnung im Jahr 1999 auch nur kurzfristig zu anderen Zwecken genutzt (z. B. vorübergehende Fremdvermietung), wäre der erzielte Veräußerungsgewinn zu versteuern.

Bei unentgeltlichem Erwerb (Gesamtrechtsnachfolge, unentgeltliche Einzelrechtsnachfolge) ist die Nutzung des Wirtschaftsguts zu eigenen Wohnzwecken durch den Rechtsvorgänger dem Rechtsnachfolger zuzurechnen. 26

Werden in das zu eigenen Wohnzwecken genutzte Wirtschaftsgut innerhalb des Zehnjahreszeitraums bisher zu anderen Zwecken genutzte Räume einbezogen, unterliegt ein auf diese Räume entfallender Veräußerungsgewinn nur dann nicht der Besteuerung, wenn die bisher zu anderen Zwecken genutzten Räume in einem zusammenhängenden Zeitraum innerhalb der letzten drei Kalenderjahre vor der Veräußerung zu eigenen Wohnzwecken genutzt wurden. 27

6. Ermittlung des steuerpflichtigen Veräußerungsgewinns (§ 23 Abs. 3 EStG)

6.1 Anschaffungs- und Herstellungskosten

[1]Anschaffungs- und Herstellungskosten im Sinne des § 23 Abs. 3 Satz 1 EStG sind die vom Steuerpflichtigen getragenen Aufwendungen im Sinne des § 255 HGB. [2]Dazu gehören auch nachträgliche Anschaffungs- und Herstellungskosten, die für das Wirtschaftsgut aufgewendet worden sind. [3]Werden auf die Anschaffungs- und Herstellungskosten Zuschüsse von dritter Seite geleistet, die keine Mieterzuschüsse im Sinne des R 163 Abs. 3 EStR 1999[1]) sind, sind die Anschaffungs- oder Herstellungskosten bei der Ermittlung des Veräußerungsgewinns um diese Zuschüsse zu kürzen. [4]Eigenheimzulage und Investitionszulage mindern die Anschaffungs- und Herstellungskosten nicht (§ 9 InvZulG 1999, § 16 EigZulG). 28

6.2 Werbungskosten

Als Werbungskosten sind die im Zusammenhang mit der Veräußerung stehenden Aufwendungen zu berücksichtigen, die nicht zu den Anschaffungs- oder Herstellungskosten des veräußerten Wirtschaftsguts gehören, nicht vorrangig einer anderen Einkunftsart zuzuordnen sind und nicht wegen der Nutzung zu eigenen Wohnzwecken unter das Abzugsverbot des § 12 EStG fallen (vgl. H 169 „Werbungskosten" EStH 1999[2])). 29

6.3 Ermittlung des Veräußerungsgewinns bei einem teilweise entgeltlich oder im Wege der Erbauseinandersetzung mit Abfindungszahlung erworbenen Grundstück

[1]Bei der Veräußerung eines teilweise entgeltlich, teilweise unentgeltlich oder im Wege der Erbauseinandersetzung mit Abfindungszahlung erworbenen Grundstücks berechnet sich der Veräußerungsgewinn im Sinne des § 23 Abs. 3 EStG für den entgeltlich erworbenen Teil durch Gegenüberstellung des anteiligen Veräußerungserlöses zu den tatsächlichen Anschaffungskosten. [2]Der anteilige Veräußerungserlös bestimmt sich nach dem Verhältnis der aufgewendeten Anschaffungskosten zum Verkehrswert des Grundstücks im Zeitpunkt des Erwerbs (vgl. BMF-Schreiben vom 11. 1. 1993 – BStBl I S. 62, Rz. 28[3]), und BMF-Schreiben vom 13. 1. 1993 – BStBl I S. 80, Rz. 23[4])). [3]Die Werbungskosten sind, soweit sie nicht eindeutig dem entgeltlichen oder unentgeltlichen Teil zugeordnet werden können, im Verhältnis des Entgelts (ohne Anschaffungsnebenkosten) zum Verkehrswert des Grundstücks im Zeitpunkt des Erwerbs aufzuteilen (BFH-Urteile vom 24. 3. 1993 – BStBl II S. 704 und vom 1. 10. 1997 – BStBl 1998 II S. 247). 30

Wird ein teilweise entgeltlich oder im Wege der Erbauseinandersetzung gegen Abfindungszahlung erworbenes Grundstück während der Zehnjahresfrist nach Anschaffung bebaut und veräußert, ist der auf das Gebäude entfallende Teil des Veräußerungserlöses in die Berechnung des Veräußerungsgewinns einzubeziehen, soweit das Grundstück als entgeltlich erworben gilt. 31

1) Jetzt → R 21.5 Abs. 3.
2) Jetzt → H 23 (Werbungskosten).
3) Jetzt → BMF vom 14. 3. 2006 (BStBl I S. 253), Rz. 26 → Anhang 8 I.
4) → Anhang 8 I und II.

Beispiel:

A erwirbt im Jahr 1995 im Wege der vorweggenommenen Erbfolge von B ein unbebautes Grundstück mit einem gemeinen Wert von 200 000 DM für eine Gegenleistung von 50 000 DM. B hatte das Grundstück im Jahr 1982 erworben. Im Jahr 1999 wird das Grundstück mit einem Zweifamilienhaus mit Herstellungskosten von 400 000 DM bebaut und unmittelbar nach Fertigstellung des Gebäudes zu einem Kaufpreis von 800 000 DM veräußert. Von diesem Kaufpreis entfallen nach dem Verhältnis der Verkehrswerte 280 000 DM auf das Grundstück und 520 000 DM auf das Gebäude.

Das Grundstück gilt zu einem Viertel (50 000 DM zu 200 000 DM) als entgeltlich erworben. Der für das Grundstück erzielte Veräußerungserlös ist somit ebenfalls zu einem Viertel in die Berechnung des Veräußerungsgewinns im Sinne des § 23 Abs. 3 EStG einzubeziehen. Der auf das Gebäude entfallende Teil des Veräußerungserlöses geht im selben Verhältnis in die Ermittlung des steuerpflichtigen Veräußerungsgewinns ein.

¼ des Veräußerungserlöses Grundstück	70 000 DM	
abzüglich Anschaffungskosten Grundstück	./. 50 000 DM	20 000 DM
¼ des Veräußerungserlöses Gebäude	130 000 DM	
abzüglich ¼ der Herstellungskosten Gebäude	./. 100 000 DM	30 000 DM
steuerpflichtiger Veräußerungsgewinn		50 000 DM

6.4 Ermittlung des steuerpflichtigen Veräußerungsgewinns bei teilweise zu eigenen Wohnzwecken, teilweise zu anderen Zwecken genutzten Gebäuden

32 [1]Die Anschaffungs- oder Herstellungskosten und der Veräußerungspreis des gesamten Gebäudes sind auf den zu eigenen Wohnzwecken und auf den zu anderen Zwecken genutzten Gebäudeteil aufzuteilen. [2]Für die Aufteilung ist das Verhältnis der Nutzfläche des zu anderen Zwecken genutzten Gebäudeteils zur Nutzfläche des gesamten Gebäudes maßgebend, es sei denn, die Aufteilung nach dem Verhältnis der Nutzflächen führt zu einem unangemessenen Ergebnis. [3]Die Nutzfläche ist in sinngemäßer Anwendung der §§ 43 und 44 der Zweiten Berechnungsverordnung zu ermitteln. [4]Für die Aufteilung der Anschaffungskosten und des Veräußerungspreises des Grund und Bodens, der zu dem zu anderen Zwecken genutzten Gebäudeteil gehört, ist das Verhältnis der Nutzfläche des zu anderen Zwecken genutzten Gebäudeteils zur Nutzfläche des gesamten Gebäudes maßgebend.

Beispiel:

A hat im Jahr 1993 ein unbebautes Grundstück für 220 000 DM angeschafft. Im Jahr 1996 stellt er darauf ein Zweifamilienhaus für 900 000 DM fertig. Eine Wohnung wird von ihm zu eigenen Wohnzwecken genutzt, die andere hat er vermietet. Beide Wohnungen haben eine Nutzfläche von jeweils 150 qm. Im Jahr 1999 veräußert A das Grundstück für 1,6 Mio. DM. Von dem Veräußerungspreis entfallen 1,2 Mio. DM auf das Gebäude und 400 000 DM auf den Grund und Boden.

Ermittlung des steuerpflichtigen Veräußerungsgewinns:

Verhältnis der Nutzfläche des vermieteten Gebäudeteils zur Gesamtnutzfläche des Gebäudes 150 qm : 300 qm.

Gebäude:	
Veräußerungspreis	1200 000 DM
Herstellungskosten	900 000 DM
Veräußerungsgewinn	300 000 DM
davon entfallen auf den vermieteten Gebäudeanteil 50 v. H. =	150 000 DM
Grund und Boden:	
Veräußerungspreis	400 000 DM
Anschaffungskosten	220 000 DM
Veräußerungsgewinn	180 000 DM
davon entfallen auf den vermieteten Gebäudeanteil 50 v. H. =	90 000 DM
steuerpflichtiger Veräußerungsgewinn	240 000 DM

A hat einen Veräußerungsgewinn von 240 000 DM zu versteuern. Der auf die eigengenutzte Wohnung einschließlich des dazugehörenden Grund und Bodens entfallende Gewinn von 240 000 DM unterliegt nicht der Besteuerung.

6.5 Ermittlung des steuerpflichtigen Veräußerungsgewinns bei Entnahme des Grundstücks aus einem Betriebsvermögen (§ 23 Abs. 1 Satz 2 und Abs. 3 Satz 3 EStG)[1])

33 [1]Wird ein Grundstück veräußert, das vorher aus einem Betriebsvermögen in das Privatvermögen überführt worden ist, tritt an die Stelle der Anschaffungs- oder Herstellungskosten der Wert, mit dem das Grundstück bei der Überführung angesetzt worden ist (§ 23 Abs. 3 Satz 3 i. V. m. § 6 Abs. 1 Nr. 4 EStG). [2]Entsprechendes gilt für den Fall, in dem das Grundstück anlässlich der Betriebsaufgabe in das Privatvermögen überführt worden ist (§ 23 Abs. 3 Satz 3 i. V. m. § 16 Abs. 3 Satz 5 EStG). [3]Sätze 1 und 2 gelten auch, wenn bei einer vorangegangenen Überführung des Grundstücks in das Privatvermögen der Entnahmegewinn nicht zur Einkommensteuer herangezogen worden ist (§ 16 Abs. 4, §§ 14, 14a, § 18 Abs. 3 EStG).

34 [1]Bleibt bei der Überführung eines Wirtschaftsguts in das Privatvermögen der Entnahmegewinn kraft gesetzlicher Regelung bei der Besteuerung außer Ansatz, tritt an die Stelle der Anschaffungs- oder Herstellungskosten der Buchwert des Wirtschaftsguts im Zeitpunkt der Entnahme. [2]Bei einer Überführung eines Wirtschaftsguts in das Privatvermögen vor dem 1. Januar 1999 ist in diesen Fällen aus Billigkeitsgründen Rz. 33 anzuwenden.[2])

Beispiel 1:

A errichtet im Jahr 2000 auf einem zum Betriebsvermögen seines landwirtschaftlichen Betriebs gehörenden Grundstück ein Gebäude, das als Altenteilerwohnung genutzt werden soll. Das Gebäude ist im Januar 2002 fertig gestellt. Der Entnahmegewinn beim Grund und Boden bleibt nach § 13 Abs. 5 EStG bei der Besteuerung außer Ansatz. Nach dem Tod des Altenteilers wird das Gebäude mit dem dazugehörenden Grund und Boden zum 31. Dezember 2004 veräußert.

	Gebäude	Grund und Boden
Buchwert im Zeitpunkt der Entnahme		10 000 DM
Herstellungskosten des Gebäudes	300 000 DM	
Veräußerungserlös zum 31. 12. 2004	400 000 DM	100 000 DM
steuerpflichtiger Veräußerungsgewinn	100 000 DM	90 000 DM

Beispiel 2[3]):

Eine ehemals zu einem land- und forstwirtschaftlichen Betriebsvermögen gehörende Wohnung des Betriebsinhabers wurde zusammen mit dem dazugehörenden Grund und Boden zum 31. Dezember 1995 in das Privatvermögen überführt. Der Entnahmegewinn war nach § 52 Abs. 15 Satz 7 EStG in der für den Veranlagungszeitraum der Entnahme anzuwendenen Fassung steuerbefreit. Die Wohnung war seit dem 1. Juli 1996 vermietet. Am 1. August 2000 wurde die Wohnung veräußert.

1) Anm.: → auch OFD Koblenz vom 21. 6. 2002 – S 2256 A – St 322 (DStR 2002, S. 1266):
Hinsichtlich der Lösung der Frage, wie der Gesetzeswortlaut „tritt an die Stelle der Anschaffungs- oder Herstellungskosten der nach § 6 Abs. 1 Nr. 4 oder § 16 Abs. 3 EStG angesetzte Wert" auszulegen ist, sind folgende Fälle zu unterscheiden:
1. Die Entnahme erfolgte zum Teilwert/gemeinen Wert, die aufgedeckten stillen Reserven sind besteuert worden:
Zur Ermittlung des privaten Veräußerungsgewinns ist vom Veräußerungspreis der Betrag abzuziehen, mit dem das Grundstück bei der Entnahme/Betriebsaufgabe bewertet und besteuert worden ist, und zwar selbst dann, soweit sich dieser später als nicht zutreffend erweisen sollte.
2. Bei der Überführung des Grundstücks in das Privatvermögen ist der entsprechende Entnahme- bzw. Aufgabegewinn nicht zur Einkommensteuer herangezogen worden, weil die Freibeträge nach § 16 Abs. 4, §§ 14, 14a, § 18 Abs. 3 EStG nicht überschritten wurden:
Auch in diesem Fall ist – entsprechend der Tz. 1 – der Veräußerungspreis um den Betrag zu mindern, mit dem das Grundstück bei der Entnahme bzw. Betriebsaufgabe bewertet worden ist.
3. Eine Besteuerung des Entnahme- bzw. Aufgabegewinns ist unterblieben, eine Änderung des betreffenden Steuerbescheids kommt aus verfahrensrechtlichen Gründen nicht mehr in Betracht, so dass die im Zeitpunkt der Entnahme/Betriebsaufgabe vorhandenen stillen Reserven steuerlich nicht erfasst worden sind:
Entsprechend der Rechtsprechung des BFH (Urteil vom 14. 12. 1999 – BStBl 2000 II S. 656 unter Ziff. 2a m. w. N.) zum Ansatz fiktiver Anschaffungskosten als AfA-Bemessungsgrundlage nach einer Entnahme ist auch für Zwecke des § 23 EStG davon auszugehen, dass das Grundstück bei der Überführung ins Privatvermögen mit dem Buchwert angesetzt worden ist. Zur Ermittlung des privaten Veräußerungsgewinns ist der Veräußerungspreis deshalb auch nur um den Buchwert des privatisierten Grundstücks im Zeitpunkt der Entnahme bzw. Betriebsaufgabe zu vermindern.

2) → aber Rz. 1 i. d. F. des BMF vom 7. 2. 2007 (BStBl I S. 262)

3) → überholt durch Rz. 1 i. d. F. des BMF vom 7. 2. 2007 (BStBl I S. 262)

	Gebäude	Grund und Boden
Buchwert im Zeitpunkt der Entnahme	20 000 DM	10 000 DM
Steuerfreier Entnahmegewinn	60 000 DM	40 000 DM
Teilwert im Zeitpunkt der Entnahme	80 000 DM	50 000 DM
AfA für den Zeitraum 1. 7. 1996 bis 31. 7. 2000 (berechnet nach den ursprünglichen Anschaffungskosten)	–5 000 DM	
	75 000 DM	
Veräußerungserlös zum 1. 8. 2000	78 000 DM	52 000 DM
steuerpflichtiger Veräußerungsgewinn	3 000 DM	2 000 DM

6.6 Ermittlung des privaten Veräußerungsgewinns bei Einlage des Grundstücks in das Betriebsvermögen (§ 23 Abs. 1 Satz 5 Nr. 1 und 2 und Abs. 3 Satz 2 EStG)

35 [1]Wird das Grundstück in das Betriebsvermögen eingelegt und innerhalb der Zehnjahresfrist seit Anschaffung veräußert, tritt bei der Ermittlung des Gewinns oder des Verlustes aus dem privaten Veräußerungsgeschäft an die Stelle des Veräußerungspreises der Wert, mit dem die Einlage angesetzt wurde. [2]Wurde das Grundstück wieder ins Privatvermögen überführt und innerhalb von zehn Jahren nach der ursprünglichen Anschaffung veräußert, sind bei der Ermittlung des privaten Veräußerungsgewinns die ursprünglichen Anschaffungskosten zu Grunde zu legen. [3]Dieser Veräußerungsgewinn ist um den im Betriebsvermögen zu erfassenden Gewinn zu korrigieren. [4]Wurde das Grundstück nach mehr als zehn Jahren seit der ursprünglichen Anschaffung, aber innerhalb von zehn Jahren nach der Überführung ins Privatvermögen veräußert, ist bei der Ermittlung des privaten Veräußerungsgewinns der bei der Überführung angesetzte Wert zu Grunde zu legen.

Beispiel:

A hat am 2. Januar 1993 ein unbebautes Grundstück für 100 000 DM angeschafft. Im Jahr 1997 legt er es in sein Einzelunternehmen zum Teilwert von 150 000 DM ein und entnimmt es wieder am 3. März 2000. Der Teilwert zum Zeitpunkt der Entnahme beträgt 200 000 DM.

Veräußert A das Grundstück vor dem 3. Januar 2003 für 230 000 DM, ermittelt sich der private Veräußerungsgewinn wie folgt:

Veräußerungserlös	230 000 DM	
abzgl. Anschaffungskosten	100 000 DM	
Veräußerungsgewinn (§ 23 Abs. 1 Satz 1 EStG)		130 000 DM
Teilwert Entnahme	200 000 DM	
abzgl. Teilwert Einlage	150 000 DM	
abzuziehender Entnahmegewinn im Betriebsvermögen		50 000 DM
privater Veräußerungsgewinn		80 000 DM

Wird das Grundstück nach dem 2. Januar 2003 und vor dem 4. März 2010 veräußert, unterliegt der Veräußerungsgewinn auf der Grundlage des bei der Entnahme angesetzten Werts wie folgt der Besteuerung nach § 23 EStG:

Veräußerungserlös	230 000 DM
abzgl. Entnahmewert (§ 23 Abs. 3 Satz 3 EStG)	200 000 DM
privater Veräußerungsgewinn	30 000 DM

36 [1]Der private Veräußerungsgewinn bei Einlage in das Betriebsvermögen und anschließender Veräußerung des Wirtschaftsguts aus dem Betriebsvermögen ist in dem Kalenderjahr anzusetzen, in dem der Veräußerungspreis zufließt. [2]Fließt der Veräußerungspreis in Teilbeträgen über mehrere Kalenderjahre zu, ist der Veräußerungsgewinn erst zu berücksichtigen, wenn die Summe der gezahlten Teilbeträge die ggf. um die Absetzungen für Abnutzung, erhöhten Absetzungen und Sonderabschreibungen geminderten Anschaffungs- oder Herstellungskosten des veräußerten Wirtschaftsguts übersteigt.

37 [1]In den Fällen der Rz. 4 Nr. 2 bis 5 gilt der Veräußerungspreis in dem Zeitpunkt als zugeflossen, in dem die dort genannten, der Veräußerung aus dem Betriebsvermögen gleichgestellten Sachverhalte verwirklicht werden. [2]Bei der verdeckten Einlage eines Wirtschaftsguts in eine Kapitalgesellschaft ist der private Veräußerungsgewinn im Kalenderjahr der verdeckten Einlage zu erfassen.

6.7 Kürzung der Anschaffungs- oder Herstellungskosten um Absetzungen für Abnutzung, erhöhte Absetzungen und Sonderabschreibungen (§ 23 Abs. 3 Satz 4 EStG)

38 [1]Bei Veräußerungsgeschäften, bei denen der Steuerpflichtige das Wirtschaftsgut nach dem 31. Juli 1995 angeschafft oder in das Privatvermögen überführt und veräußert hat, mindern sich

die Anschaffungs- oder Herstellungskosten um Absetzungen für Abnutzung, erhöhte Absetzungen und Sonderabschreibungen, soweit sie bei der Ermittlung der Einkünfte im Sinne des § 2 Abs. 1 Nr. 4 bis 6 EStG abgezogen worden sind. [2]Als Zeitpunkt der Anschaffung gilt der Zeitpunkt des Abschlusses des obligatorischen Vertrags oder des gleichstehenden Rechtsakts. [2]Bei Veräußerung eines vom Steuerpflichtigen errichteten Wirtschaftsguts mindern sich die Herstellungskosten um Absetzungen für Abnutzung, erhöhte Absetzungen und Sonderabschreibungen, wenn der Steuerpflichtige das Wirtschaftsgut nach dem 31. Dezember 1998 fertig stellt und veräußert.

Beispiel:

A errichtet ab dem Jahr 1998 ein zur Vermietung zu Wohnzwecken bestimmtes Gebäude auf einem in 1996 angeschafften Grundstück in Dresden. Das Gebäude mit Herstellungskosten von 800 000 DM wird im Jahr 1999 fertig gestellt. Bis zum 31. Dezember 1998 sind Teilherstellungskosten in Höhe von 600 000 DM entstanden, für die A 150 000 DM Sonderabschreibungen nach § 4 Abs. 2 FördG für den Veranlagungszeitraum 1998 in Anspruch nimmt. Das Gebäude wird unmittelbar nach Fertigstellung veräußert. A kann den Nachweis der Einkunftserzielungsabsicht erbringen.

Da das Wirtschaftsgut nach dem 31. Dezember 1998 fertig gestellt worden ist, sind die Herstellungskosten bei der Ermittlung des Veräußerungsgewinns um die in Anspruch genommenen Sonderabschreibungen in Höhe von 150 000 DM zu mindern.

[1]Nutzt der Steuerpflichtige einen Raum zu betrieblichen oder beruflichen Zwecken (häusliches Arbeitszimmer), sind die anteiligen Anschaffungs- oder Herstellungskosten um den auf das häusliche Arbeitszimmer entfallenden Teil der Absetzungen für Abnutzung, der erhöhten Absetzungen und der Sonderabschreibungen zu kürzen. [2]Die anteiligen Anschaffungs- oder Herstellungskosten sind nicht zu kürzen wenn der Abzug der Aufwendungen nach § 4 Abs. 5 Satz 1 Nr. 6b, § 9 Abs. 5 EStG ausgeschlossen ist. [3]Aus Vereinfachungsgründen gilt dies auch, wenn der Abzug der Betriebsausgaben oder Werbungskosten auf 2 400 DM[1]) begrenzt ist. 39

Die Anschaffungs- oder Herstellungskosten sind nicht um die Abzugsbeträge nach den §§ 10e, 10f, 10g und 10h EStG oder § 7 FördG, die Eigenheimzulage und die Investitionszulage nach dem InvZulG 1999 zu kürzen. 40

7. Verlustverrechnung (§ 23 Abs. 3 Satz 8 und 9 EStG)

[1]Bei der Zusammenveranlagung von Ehegatten ist der Gesamtgewinn aus privaten Veräußerungsgeschäften für jeden Ehegatten zunächst getrennt zu ermitteln. [2]Dabei ist für den Gewinn jedes Ehegatten die Freigrenze von 1 000 DM[2]) nach § 23 Abs. 3 Satz 6 EStG gesondert zu berücksichtigen. [3]Die ggf. von einem Ehegatten nicht ausgeschöpfte Freigrenze kann nicht beim anderen Ehegatten berücksichtigt werden. [4]Verluste aus privaten Veräußerungsgeschäften des einen Ehegatten sind mit Gewinnen des anderen Ehegatten aus privaten Veräußerungsgeschäften auszugleichen (vgl. BFH-Urteil vom 6. 7. 1989 – BStBl II S. 787). [5]Ein Ausgleich ist nicht vorzunehmen, wenn der erzielte Gesamtgewinn aus privaten Veräußerungsgeschäften des anderen Ehegatten steuerfrei bleibt, weil er im Kalenderjahr weniger als 1 000 DM[2]) betragen hat.[3]) 41

[1]Nicht im Entstehungsjahr mit Veräußerungsgewinnen ausgeglichene Veräußerungsverluste der Jahre ab 1999 sind nach Maßgabe des § 10d EStG rück- und vortragsfähig. [2]Sie mindern in den Rück- oder Vortragsjahren erzielte private Veräußerungsgewinne im Sinne des § 23 EStG, soweit diese in die Ermittlung der Summe der Einkünfte eingegangen sind oder eingehen würden (§ 23 Abs. 3 Satz 9 EStG). [4]Bei der Zusammenveranlagung von Ehegatten ist der Verlustabzug nach Maßgabe des § 10d Abs. 1 und 2 EStG zunächst getrennt für jeden Ehegatten und anschließend zwischen den Ehegatten durchzuführen[4]). [5]Der am Schluss eines Veranlagungszeitraums verbleibende Verlustvortrag ist gesondert festzustellen (§ 23 Abs. 3 Satz 9, nach Maßgabe des § 10d Abs. 4 Satz 1 EStG). 42

[5])[1]Für Veräußerungsverluste aus den Veranlagungszeiträumen vor 1999 ist § 23 Abs. 3 Satz 9 EStG nicht anzuwenden. [2]Sie dürfen nur mit Veräußerungsgewinnen desselben Kalenderjahres ausgeglichen und nicht nach § 10d EStG abgezogen werden. 43

1) Ab VZ 2002: 1 250 €.
2) Ab VZ 2002: 512 €.
3) Die Freigrenze ist nur vor der Durchführung eines Verlustrücktrages zu berücksichtigen (→ BFH vom 11. 1. 2005 – BStBl II S. 433).
4) Überholt durch BMF vom 29. 11. 2004 (BStBl I S. 1097).
5) Überholt durch BFH vom 1. 6. 2004 (BStBl 2005 II S. 26).

Steuerliche Behandlung von Reisekosten und Reisekostenvergütungen bei Auslandsdienstreisen und -geschäftsreisen ab 1. Januar 2005[1])

BMF vom 9. 11. 2004 (BStBl I S. 1052)

IV C 5 – S 2353–108/04

IV B 2 – S 2145–4/04

Aufgrund des § 4 Abs. 5 Satz 1 Nr. 5 EStG werden im Einvernehmen mit den obersten Finanzbehörden der Länder die in der anliegenden Übersicht ausgewiesenen Pauschbeträge für Verpflegungsmehraufwendungen und Übernachtungskosten für Auslandsdienstreisen bekannt gemacht. Bei Dienstreisen vom Inland in das Ausland bestimmt sich der Pauschbetrag nach dem Ort, den der Steuerpflichtige vor 24 Uhr Ortszeit zuletzt erreicht hat. Für eintägige Reisen ins Ausland und für Rückreisetage aus dem Ausland in das Inland ist der Pauschbetrag des letzten Tätigkeitsortes im Ausland maßgebend.

Für die in der Bekanntmachung nicht erfassten Länder ist der für Luxemburg geltende Pauschbetrag maßgebend, für nicht erfasste Übersee- und Außengebiete eines Landes ist der für das Mutterland geltende Pauschbetrag maßgebend.

Dieses Schreiben gilt entsprechend für Geschäftsreisen in das Ausland und doppelte Haushaltsführungen im Ausland.

Übersicht über die ab 1. Januar 2005 geltenden Pauschbeträge für Verpflegungsmehraufwendungen und Übernachtungskosten

Land	Pauschbeträge für Verpflegungsmehraufwendungen bei einer Abwesenheitsdauer je Kalendertag von			Pauschbetrag für Übernachtungskosten[2])
	mindestens 24 Stunden	weniger als 24, aber mindestens 14 Stunden	weniger als 14, aber mindestens 8 Stunden	
	€	€	€	€
Ägypten	30	20	10	50
Äquatorialguinea	39	26	13	87
Äthiopien	30	20	10	110
Afghanistan	30	20	10	95
Albanien	30	20	10	90
Algerien	48	32	16	80
Andorra	32	21	11	82
Angola	42	28	14	110
Antigua und Barbuda	42	28	14	85
Argentinien	42	28	14	90
Armenien	24	16	8	90
Aserbaidschan	30	20	10	140
Australien	39	26	13	90
Bahamas	39	26	13	100
Bahrain	42	28	14	75
Bangladesch	30	20	10	75
Barbados	42	28	14	110
Belgien	42	28	14	100
Benin	33	22	11	75
Bolivien	24	16	8	65
Bosnien-Herzegowina	24	16	8	70
Botsuana	33	22	11	105
Brasilien	30	20	10	70
– Rio de Janeiro	36	24	12	140
– Sao Paulo	36	24	12	90

[1]) Anm: Übersicht über die ab 1. Januar 2009 geltenden Pauschbeträge für Verpflegungsmehraufwendungen und Übernachtungskosten Ab 1. 1. 2009 BMF-Schreiben vom 17. 12. 2008 (BStBl I S. 1077)

[2]) ***Ab 1. 1. 2008 sind nur die tatsächlichen Übernachtungskosten als Betriebsausgaben oder Werbungskosten zu berücksichtigen.***

Land	Pauschbeträge für Verpflegungsmehraufwendungen bei einer Abwesenheitsdauer je Kalendertag von			Pauschbetrag für Übernachtungskosten[1]
	mindestens 24 Stunden €	weniger als 24, aber mindestens 14 Stunden €	weniger als 14, aber mindestens 8 Stunden €	€
Brunei (Darussalam)	36	24	12	85
Bulgarien	22	15	8	72
Burkina Faso	30	20	10	70
Burundi	41	28	14	93
Chile	35	24	12	67
China	36	24	12	80
– Hongkong	72	48	24	150
– Peking	42	28	14	90
– Shanghai	42	28	14	100
(China) Taiwan	42	28	14	120
Costa Rica	30	20	10	90
Côte d'Ivoire	36	24	12	90
Dänemark	42	28	14	70
– Kopenhagen	42	28	14	140
Dominica	36	24	12	80
Dominikanische Republik	30	20	10	100
Dschibuti	39	26	13	120
Ecuador	39	26	13	70
El Salvador	36	24	12	100
Eritrea	27	18	9	130
Estland	27	18	9	85
Fidschi	32	21	11	57
Finnland	42	28	14	120
Frankreich	39	26	13	100
– Paris	48	32	16	100
– Straßburg	39	26	13	75
Gabun	48	32	16	100
Gambia	18	12	6	70
Georgien	30	20	10	140
Ghana	30	20	10	105
Griechenland	30	20	10	85
– Athen	36	24	12	135
Grenada	36	24	12	105
Guatemala	30	20	10	90
Guinea	24	16	8	90
Guinea-Bissau	30	20	10	60
Guyana	36	24	12	90
Haiti	42	28	14	90
Honduras	30	20	10	100
Indien	33	22	11	90
– Bombay	33	22	11	140
– Kalkutta	24	16	8	140
Indonesien	39	26	13	110
Irak	39	26	13	87
Iran, Islamische Republik	24	16	8	100

1) Ab 1. 1. 2008 sind nur die tatsächlichen Übernachtungskosten als Betriebsausgaben oder Werbungskosten zu berücksichtigen.

Land	Pauschbeträge für Verpflegungsmehraufwendungen bei einer Abwesenheitsdauer je Kalendertag von			Pauschbetrag für Übernachtungskosten[1)]
	mindestens 24 Stunden €	weniger als 24, aber mindestens 14 Stunden €	weniger als 14, aber mindestens 8 Stunden €	€
Irland	42	28	14	130
Island	72	48	24	190
Israel	33	22	11	75
– Tel Aviv	45	30	15	110
Italien	36	24	12	100
– Mailand	36	24	12	140
– Rom	36	24	12	108
Jamaika	48	32	16	110
Japan	42	28	14	90
– Tokio	72	48	24	140
Jemen	18	12	6	105
Jordanien	33	22	11	70
Jugoslawien (Serbien/Montenegro)	24	16	8	85
Kambodscha	33	22	11	70
Kamerun	33	22	11	60
– Duala	33	22	11	100
Kanada	36	24	12	100
Kap Verde	30	20	10	55
Kasachstan	30	20	10	110
Katar	45	30	15	100
Kenia	39	26	13	110
Kirgisistan	18	12	6	70
Kolumbien	24	16	8	55
Komoren	39	26	13	87
Kongo	57	38	19	113
Kongo, Demokratische Republik (früher: Zaire)	60	40	20	180
Korea, Demokratische Volksrepublik	42	28	14	90
Korea, Republik	66	44	22	180
Kroatien	29	20	10	57
Kuba	42	28	14	90
Kuwait	39	26	13	130
Laotische Demokr. Volksrepublik	27	18	9	60
Lesotho	24	16	8	70
Lettland	18	12	6	80
Libanon	36	24	12	95
Liberia	39	26	13	87
Libyen	42	28	14	60
Liechtenstein	47	32	16	82
Litauen	27	18	9	100
Luxemburg	39	26	13	87

1) Ab 1. 1. 2008 sind nur die tatsächlichen Übernachtungskosten als Betriebsausgaben oder Werbungskosten zu berücksichtigen.

Land	Pauschbeträge für Verpflegungsmehraufwendungen bei einer Abwesenheitsdauer je Kalendertag von			Pauschbetrag für Übernachtungskosten[1]
	mindestens 24 Stunden €	weniger als 24, aber mindestens 14 Stunden €	weniger als 14, aber mindestens 8 Stunden €	€
Madagaskar	30	20	10	65
Malawi	27	18	9	80
Malaysia	27	18	9	55
Malediven	38	25	12	93
Mali	39	26	13	80
Malta	30	20	10	90
Marokko	42	28	14	90
Mauretanien	36	24	12	85
Mauritius	48	32	16	140
Mazedonien	24	16	8	100
Mexiko	36	24	12	110
Moldau, Republik	18	12	6	90
Monaco	41	28	14	52
Mongolei	27	18	9	55
Mosambik	24	16	8	80
Myanmar (früher Burma)	39	26	13	75
Namibia	30	20	10	80
Nepal	32	21	11	72
Neuseeland	42	28	14	100
Nicaragua	30	20	10	100
Niederlande	39	26	13	100
Niger	30	20	10	55
Nigeria	42	28	14	100
– Lagos	42	28	14	180
Norwegen	66	44	22	155
Österreich	36	24	12	70
– Wien	36	24	12	93
Oman	36	24	12	90
Pakistan	24	16	8	70
– Islamabad	24	16	8	150
Panama	45	30	15	110
Papua-Neuguinea	36	24	12	90
Paraguay	24	16	8	50
Peru	36	24	12	90
Philippinen	30	20	10	90
Polen	24	16	8	70
– Warschau, Krakau	30	20	10	90
Portugal	33	22	11	95
– Lissabon	36	24	12	95
Ruanda	27	18	9	70
Rumänien	18	12	6	55
– Bukarest	27	18	9	120
Russische Föderation	36	24	12	80
– Moskau	48	32	16	135
– St. Petersburg	36	24	12	110

[1]) *Ab 1. 1. 2008 sind nur die tatsächlichen Übernachtungskosten als Betriebsausgaben oder Werbungskosten zu berücksichtigen.*

Land	Pauschbeträge für Verpflegungsmehraufwendungen bei einer Abwesenheitsdauer je Kalendertag von			Pauschbetrag für Übernachtungskosten[1]
	mindestens 24 Stunden €	weniger als 24, aber mindestens 14 Stunden €	weniger als 14, aber mindestens 8 Stunden €	€
Sambia	30	20	10	85
Samoa	29	20	10	57
San Marino	41	28	14	77
Sao Tomé und Principe	42	28	14	75
Saudi-Arabien	48	32	16	80
– Riad	48	32	16	110
Schweden	60	40	20	160
Schweiz	48	32	16	89
Senegal	42	28	14	90
Sierra Leone	33	22	11	90
Simbabwe	24	16	8	120
Singapur	36	24	12	100
Slowakische Republik	18	12	6	110
Slowenien	30	20	10	95
Somalia	39	26	13	100
Spanien	36	24	12	105
– Barcelona, Madrid	36	24	12	150
– Kanarische Inseln	36	24	12	90
– Palma de Mallorca	36	24	12	125
Sri Lanka	24	16	8	60
St. Kitts und Nevis	36	24	12	100
St. Lucia	45	30	15	105
St. Vincent und die Grenadinen	36	24	12	110
Sudan	33	22	11	110
Südafrika	30	20	10	75
Suriname	30	20	10	75
Swasiland	39	26	13	87
Syrien, Arabische Republik	27	18	9	100
Tadschikistan	24	16	8	50
Tansania	33	22	11	90
Thailand	33	22	11	100
Togo	33	22	11	80
Tonga	32	21	11	36
Trinidad und Tobago	36	24	12	100
Tschad	42	28	14	110
Tschechische Republik	24	16	8	97
Türkei	30	20	10	60
– Ankara, Izmir	30	20	10	70
Tunesien	33	22	11	70
Turkmenistan	24	16	8	60
Uganda	30	20	10	95
Ukraine	30	20	10	120
Ungarn	24	16	8	80
Uruguay	24	16	8	50
Usbekistan	36	24	12	70

[1]) ***Ab 1. 1. 2008 sind nur die tatsächlichen Übernachtungskosten als Betriebsausgaben oder Werbungskosten zu berücksichtigen.***

Land	Pauschbeträge für Verpflegungsmehraufwendungen bei einer Abwesenheitsdauer je Kalendertag von			Pauschbetrag für Übernachtungskosten[1])
	mindestens 24 Stunden €	weniger als 24, aber mindestens 14 Stunden €	weniger als 14, aber mindestens 8 Stunden €	€
Vatikanstadt	36	24	12	108
Venezuela	30	20	10	120
Vereinigte Arabische Emirate	48	32	16	70
– Dubai	48	32	16	120
Vereinigte Staaten	36	24	12	110
– Boston, Washington	54	36	18	120
– Houston, Miami	48	32	16	110
– San Francisco	36	24	12	120
– New York Staat, Los Angeles	48	32	16	150
Vereinigtes Königreich und Nordirland	42	28	14	110
– London	60	40	20	152
– Edinburgh	42	28	14	170
Vietnam	24	16	8	60
Weißrußland	24	16	8	100
Zentralafrikanische Republik	29	20	10	52
Zypern	36	24	12	110

[1]) Ab 1. 1. 2008 sind nur die tatsächlichen Übernachtungskosten als Betriebsausgaben oder Werbungskosten zu berücksichtigen.

Übersicht

I
Zweifelsfragen zu § 15a EStG; hier: Saldierung von Gewinnen und Verlusten aus dem Gesellschaftsvermögen mit Gewinnen und Verlusten aus dem Sonderbetriebsvermögen

BMF vom 15. 12. 1993 (BStBl I S. 976)
IV B 2 – S 2241a – 57/93

Zur Frage der Saldierung von Gewinnen und Verlusten aus dem Gesellschaftsvermögen mit Gewinnen und Verlusten aus dem Sonderbetriebsvermögen wird unter Bezugnahme auf das Ergebnis der Erörterungen mit den obersten Finanzbehörden der Länder wie folgt Stellung genommen:

Nach dem Urteil des Bundesfinanzhofs vom 14. Mai 1991 (BStBl 1992 II S. 167) sind das Gesellschaftsvermögen laut Gesellschaftsbilanz einschließlich einer etwaigen Ergänzungsbilanz und das Sonderbetriebsvermögen für die Anwendung des § 15a EStG zu trennen. Deshalb ist das Sonderbetriebsvermögen eines Kommanditisten nicht in die Ermittlung seines Kapitalkontos im Sinne des § 15a EStG einzubeziehen (vgl. BMF-Schreiben vom 20. Februar 1992 – BStBl I S. 123).

Aus der Trennung der beiden Vermögensbereiche folgt, dass

- in die Ermittlung der ausgleichs- und abzugsfähigen Verluste nach § 15a Abs. 1 EStG nur die Verluste aus dem Gesellschaftsvermögen einschließlich einer etwaigen Ergänzungsbilanz ohne vorherige Saldierung mit Gewinnen aus dem Sonderbetriebsvermögen einbezogen werden können; nur ein nach Anwendung des § 15a Abs. 1 EStG verbleibender ausgleichs- und abzugsfähiger Verlust ist mit Gewinnen aus dem Sonderbetriebsvermögen zu saldieren,
- Gewinne späterer Jahre aus dem Gesellschaftsvermögen einschließlich einer etwaigen Ergänzungsbilanz mit verrechenbaren Verlusten der Vorjahre verrechnet werden müssen (§ 15a Abs. 2 EStG) und Verluste aus dem Sonderbetriebsvermögen nur mit einem danach verbleibenden Gewinn aus dem Gesellschaftsvermögen einschließlich einer etwaigen Ergänzungsbilanz ausgeglichen werden können.

Die Abgrenzung zwischen dem Anteil am Gewinn oder Verlust der KG und dem Sonderbilanzgewinn bzw. -verlust richtet sich nach der Abgrenzung zwischen Gesellschafts- und Sonderbetriebsvermögen. Dem Kommanditisten gutgeschriebene Tätigkeitsvergütungen beruhen im Hinblick auf § 164 HGB mangels anderweitiger Vereinbarungen im Zweifel auf schuldrechtlicher Basis und sind damit als Sondervergütungen zu behandeln. Sie zählen hingegen zum Gewinnanteil aus der Personengesellschaft, wenn die Tätigkeit auf gesellschaftsrechtlicher Basis geleistet wird (vgl. BFH-Urteile vom 14. November 1985 – BStBl 1986 II S. 58, vom 7. April 1987 – BStBl II S. 707 und vom 10. Juni 1987 – BStBl II S. 816).

Solange für einen Kommanditisten aufgrund der Übergangsregelung in dem BMF-Schreiben vom 20. Februar 1992 (BStBl I S. 123) das positive Sonderbetriebsvermögen in die Ermittlung des Kapitalkontos i. S. des § 15a EStG einbezogen wird, können weiterhin Verluste aus dem Gesellschaftsvermögen unter Einbeziehung einer etwaigen Ergänzungsbilanz mit Gewinnen des Kommanditisten aus dem Sonderbetriebsvermögen verrechnet werden, so dass nur der verbleibende Verlust der Beschränkung des § 15a Abs. 1 EStG unterliegt. In diesen Fällen können Gewinne aus dem Sonderbetriebsvermögen auch mit verrechenbaren Verlusten der Vorjahre verrechnet werden (§ 15a Abs. 2 EStG).

Für Entnahmen aus dem Sonderbetriebsvermögen während der Anwendung der Übergangsregelung in dem BMF-Schreiben vom 20. Februar 1992 (BStBl I S. 123) kommt auch eine Gewinnzurechnung aufgrund von Einlageminderungen unter den Voraussetzungen des § 15a Abs. 3 EStG in Betracht.

II
§ 15a EStG;
hier: Umfang des Kapitalkontos i. S. des § 15a Abs. 1 Satz 1 EStG

BMF vom 30. 5. 1997 (BStBl I S. 627)
IV B 2 – S 2241a – 51/93 II

Mit Urteil vom 14. Mai 1991 (BStBl 1992 II S. 167) hat der BFH entschieden, dass bei der Ermittlung des Kapitalkontos i. S. des § 15a EStG das – positive und negative – Sonderbetriebsvermögen des Kommanditisten außer Betracht zu lassen ist. Nach dem Urteil ist für die Anwendung des § 15a EStG das Kapitalkonto nach der Steuerbilanz der KG unter Berücksichtigung etwaiger Ergänzungsbilanzen maßgeblich. Die bisherige Verwaltungsauffassung, wonach auch das Sonderbetriebsvermögen des Kommanditisten in die Ermittlung des Kapitalkontos i. S. des § 15a EStG einzubeziehen war (vgl. Abschnitt 138d Abs. 2 EStR 1990), ist überholt (vgl. BMF-Schreiben vom 20. Februar 1992, BStBl I S. 123 – nebst der darin getroffenen Übergangsregelung).

Zu der Frage, wie der Umfang des Kapitalkontos i. S. des § 15a Abs. 1 Satz 1 EStG unter Zugrundelegung dieser Rechtsprechung zu bestimmen ist, nehme ich unter Bezugnahme auf das Ergebnis der Erörterungen mit den obersten Finanzbehörden der Länder wie folgt Stellung:

Das Kapitalkonto i. S. des § 15a Abs. 1 Satz 1 EStG setzt sich aus dem Kapitalkonto des Gesellschafters in der Steuerbilanz der Gesellschaft und dem Mehr- oder Minderkapital aus einer etwaigen positiven oder negativen Ergänzungsbilanz des Gesellschafters (BFH-Urteil vom 30. März 1993, BStBl II S. 706) zusammen. Bei der Ermittlung des Kapitalkontos sind im Einzelnen folgende Positionen zu berücksichtigen:

1. Geleistete Einlagen; hierzu rechnen insbesondere erbrachte Haft- und Pflichteinlagen, aber auch z. B. verlorene Zuschüsse zum Ausgleich von Verlusten. Pflichteinlagen gehören auch dann zum Kapitalkonto i. S. des § 15a Abs. 1 Satz 1 EStG, wenn sie unabhängig von der Gewinn- oder Verlustsituation verzinst werden.
2. In der Bilanz ausgewiesene Kapitalrücklagen. Wenn eine KG zur Abdeckung etwaiger Bilanzverluste ihr Eigenkapital vorübergehend durch Kapitalzuführung von außen im Wege der Bildung einer Kapitalrücklage erhöht, so verstärkt sich das steuerliche Eigenkapital eines jeden Kommanditisten nach Maßgabe seiner Beteiligung an der Kapitalrücklage.
3. In der Bilanz ausgewiesene Gewinnrücklagen. Haben die Gesellschafter einer KG durch Einbehaltung von Gewinnen Gewinnrücklagen in der vom Gesellschaftsvertrag hierfür vorgesehenen Weise gebildet, so verstärkt sich das steuerliche Eigenkapital eines jeden Kommanditisten nach Maßgabe seiner Beteiligung an der Gewinnrücklage.

   Der Umstand, dass durch die Bildung von Kapital- (siehe Nr. 2) und Gewinnrücklagen das steuerliche Eigenkapital der KG nur vorübergehend verstärkt und die Haftung im Außenverhältnis nicht nachhaltig verbessert wird, ist für die Zugehörigkeit ausgewiesener Kapital- und Gewinnrücklagen zum Kapitalkonto i. S. d. § 15a Abs. 1 Satz 1 EStG ohne Bedeutung.
4. **Beteiligungskonto in Abgrenzung zu einem Forderungskonto (Darlehenskonto)**

   Nach § 167 Abs. 2 HGB wird der Gewinnanteil des Kommanditisten seinem Kapitalanteil nur so lange gutgeschrieben, wie dieser die Höhe der vereinbarten Pflichteinlage nicht erreicht. Nach § 169 HGB sind nicht abgerufene Gewinnanteile des Kommanditisten, soweit sie seine Einlage übersteigen, außerhalb seines Kapitalanteils gutzuschreiben. In diesem Fall sind die auf einem weiteren Konto (Forderungskonto oder Darlehenskonto) ausgewiesenen Gewinnanteile dem Sonderbetriebsvermögen des Kommanditisten zuzuordnen, weil sie ein selbständiges Forderungsrecht des Kommanditisten gegenüber der Gesellschaft begründen.

   § 169 HGB kann jedoch durch Gesellschaftsvertrag abbedungen werden. Die Vertragspraxis hat daher ein System kombinierter Kapitalanteile mit geteilten Kapitalkonten entwickelt. Die Kapitalbeteiligung, das Stimmrecht und die Gewinn- bzw. Verlustbeteiligung richten sich regelmäßig nach dem Verhältnis der festen Kapitalanteile, wie sie auf dem sog. Kapitalkonto I ausgewiesen werden. Auf diesem Konto wird in der Regel die ursprünglich vereinbarte Pflichteinlage gebucht. Daneben wird ein zweites variables Gesellschafterkonto geführt, das eine Bezeichnung wie Kapitalkonto II, Darlehenskonto, Kontokorrentkonto o. a. zu tragen pflegt. Dieses Konto dient dazu, über das Kapitalkonto I hinausgehende Einlagen, Entnahmen oder Gewinn- und Verlustanteile auszuweisen. Es kann aber auch Gesellschafterdarlehen aufnehmen (BFH-Urteil vom 3. Februar 1988 – BStBl II S. 551). Soweit deshalb ein Gesellschaftsvertrag die Führung mehrerer Gesellschafterkonten vorschreibt, kann nicht mehr die Rechtslage nach dem HGB zugrunde gelegt werden. Vielmehr ist entscheidend darauf abzustellen, welche Rechtsnatur das Guthaben auf dem gesellschaftsvertraglich vereinbarten zweiten Gesellschafterkonto hat (BFH-Urteil vom 3. Februar 1988, a. a. O.).

Werden auch Verluste auf dem separat geführten Gesellschafterkonto verrechnet, so spricht dies grundsätzlich für die Annahme eines im Gesellschaftsvermögen gesamthänderisch gebundenen Guthabens. Denn nach § 120 Abs. 2 HGB besteht der Kapitalanteil begrifflich aus der ursprünglichen Einlage und den späteren Gewinnen, vermindert um Verluste sowie Entnahmen. Damit werden stehengelassene Gewinne wie eine Einlage behandelt, soweit vertraglich nicht etwas anderes vereinbart ist; sie begründen keine Forderung des Gesellschafters gegen die Gesellschaft. Verluste mindern die Einlage und mindern nicht eine Forderung des Gesellschafters gegen die Gesellschaft. Insoweit fehlt es an den Voraussetzungen der §§ 362 bis 397 BGB. Die Einlage einschließlich der stehengelassenen Gewinne und abzüglich der Verluste und der Entnahmen stellt damit für die Gesellschaft Eigen- und nicht Fremdkapital dar. Deshalb lässt sich die Verrechnung von Verlusten auf dem separat geführten Gesellschafterkonto mit der Annahme einer individualisierten Gesellschafterforderung nur vereinbaren, wenn der Gesellschaftsvertrag dahin verstanden werden kann, dass die Gesellschafter im Verlustfall eine Nachschusspflicht trifft und die nachzuschießenden Beträge durch Aufrechnung mit Gesellschafterforderungen zu erbringen sind (BFH-Urteil vom 3. Februar 1988, a. a. O.).

Sieht der Gesellschaftsvertrag eine Verzinsung der separat geführten Gesellschafterkonten im Rahmen der Gewinnverteilung vor, so spricht dies weder für noch gegen die Annahme individualisierter Gesellschafterforderungen, weil eine Verzinsung von Fremdkapital (§ 110, § 111 HGB) und eine Verzinsung der Kapitalanteile im Rahmen der Gewinnverteilung (§ 121 Abs. 1 und 2, § 168 Abs. 1 HGB) gleichermaßen üblich und typisch sind. Sieht der Gesellschaftsvertrag eine Ermäßigung der Verzinsung entsprechend der Regelung in § 121 Abs. 1 Satz 2 HGB vor, so spricht dies allerdings für die Annahme eines noch zum Gesellschaftsvermögen gehörenden Guthabens (BFH-Urteil vom 3. Februar 1988, a. a. O.)[1].

Ob ein Gesellschafterdarlehen zum steuerlichen Eigenkapital der Gesellschaft oder zum steuerlichen Sonderbetriebsvermögen des Gesellschafters gehört, lässt sich danach nur anhand der Prüfung der Gesamtumstände des Einzelfalls anhand der vom BFH aufgezeigten Kriterien entscheiden. Ein wesentliches Indiz für die Abgrenzung eines Beteiligungskontos von einem Forderungskonto ist, ob – nach der gesellschaftsvertraglichen Vereinbarung – auf dem jeweiligen Kapitalkonto auch Verluste verbucht werden.[2]

5. **Verlustvortrag in Abgrenzung zu Darlehen der Gesellschaft an den Gesellschafter**

   Nach § 167 Abs. 3 HGB nimmt der Kommanditist an dem Verlust nur bis zum Betrag seines Kapitalanteils und seiner noch rückständigen Einlage teil. Getrennt geführte Verlustvortragskonten mindern regelmäßig das Kapitalkonto des Kommanditisten i. S. des § 15a Abs. 1 Satz 1 EStG. Dies gilt **auch**, wenn die Regelung des § 167 Abs. 3 HGB von den Gesellschaftern abbedungen wird, so dass den Gesellschafter **im Verlustfall** eine Nachschusspflicht trifft. Derartige Verpflichtungen berühren die Beschränkung des Verlustausgleichs nach § 15a EStG nicht. Die Forderung der Gesellschaft gegen den Gesellschafter auf Übernahme bzw. Ausgleich des Verlustes entspricht steuerlich einer Einlageverpflichtung des Kommanditisten (BFH-Urteil vom 14. Dezember 1995, BStBl 1996 II S. 226) und ist damit erst bei tatsächlicher Erbringung in das Gesamthandsvermögen zu berücksichtigen (BFH-Urteil vom 11. Dezember 1990, BStBl 1992 II S. 232). Dem zur Verlustübernahme verpflichteten Gesellschafter ist steuerlich zum Bilanzstichtag im Verlustentstehungsjahr ein Verlustanteil zuzurechnen, der zu diesem Stichtag auch sein Kapitalkonto i. S. des § 15a Abs. 1 Satz 1 EStG vermindert. Eine Berücksichtigung der Verpflichtung im Sonderbetriebsvermögen ist nicht möglich (BFH-Urteil vom 14. Dezember 1995, a. a. O.).

6. Außer Betracht zu lassen sind kapitalersetzende Darlehen. Handels- und steuerrechtlich sind eigenkapitalersetzende Darlehen als Fremdkapital zu behandeln; eine Gleichbehandlung mit Eigenkapital ist nicht möglich (BFH-Urteil vom 5. Februar 1992 – BStBl II S. 532[3])[4].

Dieses Schreiben ersetzt mein Schreiben vom 24. November 1993 – IV B 2 – S 2241a – 51/93 – (BStBl I S. 934).

---

[1]) → ***BMF vom 26. 6. 2007 (BStBl 2008 II S. 103).***
[2]) ***Bestätigt durch BFH vom 15. 5. 2008 (BStBl II S. 812).***
[3]) Bestätigt durch BFH vom 28. 3. 2000 – (BStBl II S. 347).
[4]) Finanzplandarlehen erhöhen das Kapitalkonto i. S. d. § 15a EStG → H 15a (Kapitalkonto).

III
Anwendungsschreiben § 15b EStG

BMF-Schreiben vom 17. 7. 2007 (BStBl I S. 542)

IV B 2 – S 2241-b/07/0001

Durch das Gesetz zur Beschränkung der Verlustverrechnung im Zusammenhang mit Steuerstundungsmodellen vom 22. Dezember 2005 (BGBl. I S. 3683, BStBl 2006 I S. 80) wurde § 15b EStG eingeführt. Danach sind Verluste im Zusammenhang mit Steuerstundungsmodellen nicht mehr mit den übrigen Einkünften des Steuerpflichtigen im Jahr der Verlustentstehung, sondern lediglich mit Gewinnen aus späteren Veranlagungszeiträumen aus dem nämlichen Steuerstundungsmodell verrechenbar, wenn die prognostizierten Verluste mehr als 10 % des gezeichneten und aufzubringenden oder eingesetzten Kapitals betragen. § 15b EStG ist auch bei den Einkünften aus Land- und Forstwirtschaft (§ 13 EStG), selbständiger Arbeit (§ 18 EStG), Kapitalvermögen (§ 20 EStG, vgl. hierzu auch Ausführungen unter Tz. 28), Vermietung und Verpachtung (§ 21 EStG) und sonstigen Einkünften i. S. v. § 22 Nr. 1 Satz 1 EStG anzuwenden.

Im Einvernehmen mit den obersten Finanzbehörden der Länder gilt für die Anwendung der Verlustverrechnungsbeschränkung im Zusammenhang mit Steuerstundungsmodellen (§ 15b EStG) Folgendes:

I. Sachlicher Anwendungsbereich

§ 15b EStG gilt für negative Einkünfte aus Steuerstundungsmodellen. § 15b EStG findet auf Anlaufverluste von Existenz- und Firmengründern hingegen grundsätzlich keine Anwendung. 1

Die Anwendung des § 15b EStG setzt eine einkommensteuerrechtlich relevante Tätigkeit voraus. Daher ist vorrangig das Vorliegen einer Gewinn- oder Überschusserzielungsabsicht zu prüfen (BFH vom 12. Dezember 1995, BStBl 1996 II S. 219; BMF-Schreiben vom 8. Oktober 2004, BStBl I S. 933 (zu Einkünften aus Vermietung und Verpachtung)); denn nur dann entsteht überhaupt ein Steuerstundungseffekt. Liegt bereits keine Gewinn- oder Überschusserzielungsabsicht vor, handelt es sich um eine einkommensteuerrechtlich nicht relevante Tätigkeit. 2

Für die Anwendung des § 15b EStG ist es ohne Belang, auf welchen Ursachen die negativen Einkünfte aus dem Steuerstundungsmodell beruhen (§ 15b Abs. 2 Satz 3 EStG). 3

Die Einkünfte sind nach den allgemeinen Regelungen zu ermitteln. Für geschlossene Fonds und Anleger im Rahmen von Gesamtobjekten (§ 1 Abs. 1 Satz 1 Nr. 2 der Verordnung zu § 180 Abs. 2 AO) gelten die BMF-Schreiben vom 20. Oktober 2003 (BStBl I S. 546) (sog. Fondserlass) und vom 23. Februar 2001 (BStBl I S. 175), geändert durch BMF-Schreiben vom 5. August 2003 (BStBl I S. 406) (sog. Medienerlass) unverändert fort. 4

Das BMF-Schreiben vom 13. Juli 1992 (BStBl I S. 404) unter Berücksichtigung der Änderungen durch das BMF-Schreiben vom 28. Juni 1994 (BStBl I S. 420) – sog. Verfahrenserlass – ist auch in den Fällen des § 15b EStG anzuwenden. 5

Die Prüfung, ob § 15b EStG Anwendung findet, ist bei Gesellschaften und Gemeinschaften auch anlegerbezogen vorzunehmen (vgl. Tz. 8). 6

II. Tatbestandsmerkmale der Verlustverrechnungsbeschränkung im Einzelnen

1. Definition des Steuerstundungsmodells

Ein Steuerstundungsmodell i. S. v. § 15b EStG liegt vor, wenn aufgrund einer modellhaften Gestaltung (vgl. Tz. 8 ff.) steuerliche Vorteile in Form negativer Einkünfte erzielt werden sollen (§ 15b Abs. 2 Satz 1 EStG). 7

Bei Beteiligung an einer Gesellschaft oder Gemeinschaft kann als Indiz für die Annahme eines Steuerstundungsmodells auch gesehen werden, dass der Anleger vorrangig eine kapitalmäßige Beteiligung ohne Interesse an einem Einfluss auf die Geschäftsführung anstrebt. Geschlossene Fonds in der Rechtsform einer Personengesellschaft, die ihren Anlegern in der Anfangsphase steuerliche Verluste zuweisen, sind regelmäßig als Steuerstundungsmodell zu klassifizieren, auch wenn die Gesellschafter in ihrer gesellschaftsrechtlichen Verbundenheit die Möglichkeit haben, auf die Vertragsgestaltung Einfluss zu nehmen (vgl. RdNr. 33 bis 37 des BMF-Schreibens vom 20. Oktober 2003, BStBl I S. 546). Hierzu gehören insbesondere Medienfonds, Gamefonds, New Energy Fonds, Lebensversicherungszweitmarktfonds und geschlossene Immobilienfonds. Entsprechendes gilt für Gesamtobjekte i. S. d. RdNr. 1.3. des BMF-Schreibens vom 13. Juli 1992 (BStBl I S. 404), sofern in der Anfangsphase einkommensteuerrechtlich relevante Verluste erzielt werden.

§ 15b EStG erfasst aber auch modellhafte Anlage- und Investitionstätigkeiten einzelner Steuerpflichtiger außerhalb einer Gesellschaft oder Gemeinschaft. Es ist nicht erforderlich, dass mehrere Steuerpflichtige im Hinblick auf die Einkünfteerzielung gemeinsam tätig werden. Es sind demnach auch Investitionen mit modellhaftem Charakter von Einzelpersonen betroffen. Ein Steuerstundungsmodell im Rahmen von Einzelinvestitionen ist z. B. die mit Darlehen gekoppelte Lebens- und Rentenversicherung gegen Einmalbetrag.

2. Modellhafte Gestaltung

a) Grundsatz

8 Für die Frage der Modellhaftigkeit sind vor allem folgende Kriterien maßgeblich:

- vorgefertigtes Konzept (vgl. Tz. 10),
- gleichgerichtete Leistungsbeziehungen, die im Wesentlichen identisch sind (vgl. Tz. 11).

Für die Modellhaftigkeit typisch ist die Bereitstellung eines Bündels an Haupt-, Zusatz- und Nebenleistungen. Zusatz- oder Nebenleistungen führen dann zur Modellhaftigkeit eines Vertragswerkes, wenn sie es nach dem zugrunde liegenden Konzept ermöglichen, den sofort abziehbaren Aufwand zu erhöhen. In Betracht kommen hierfür grundsätzlich alle nach dem BMF-Schreiben vom 20. Oktober 2003 (sog. Fondserlass, BStBl I S. 546) sofort abziehbaren Aufwendungen.

Wird den Anlegern neben der Hauptleistung ein Bündel von Neben- oder Zusatzleistungen gegen besonderes Entgelt angeboten, verzichtet ein Teil der Anleger jedoch darauf, liegen unterschiedliche Vertragskonstruktionen vor, die jeweils für sich auf ihre Modellhaftigkeit geprüft werden müssen (anlegerbezogene Betrachtungsweise).

Beispiel:

Ein Bauträger verkauft Wohnungen in einem Sanierungsgebiet, die von ihm auch saniert werden. Der Bauträger bietet daneben jeweils gegen ein gesondertes Entgelt eine Mietgarantie sowie die Übernahme einer Bürgschaft für die Endfinanzierung – entsprechend RdNr. 18 des BMF-Schreibens vom 20. Oktober 2003 (BStBl I S. 546) – an.

Anleger A kauft lediglich eine Wohnung, nimmt aber weder die Mietgarantie noch die Bürgschaft in Anspruch.

Anleger B kauft eine Wohnung und nimmt sowohl die Mietgarantie als auch die Bürgschaft in Anspruch.

Anleger C kauft eine Wohnung und nimmt lediglich die Mietgarantie in Anspruch.

Bei Anleger A liegt keine modellhafte Gestaltung vor.

Bei Anleger B ist aufgrund der Inanspruchnahme aller Nebenleistungen eine modellhafte Gestaltung gegeben.

Bei Anleger C liegt wegen der Annahme einer der angebotenen Nebenleistungen eine modellhafte Gestaltung vor (vgl. Tz. 9).

b) Erwerb von Wohnungen von einem Bauträger

9 Der Erwerb einer Eigentumswohnung vom Bauträger zum Zwecke der Vermietung stellt grundsätzlich keine modellhafte Gestaltung dar, es sei denn, der Anleger nimmt modellhafte Zusatz- oder Nebenleistungen (z. B. Vermietungsgarantien)

- vom Bauträger selbst,
- von dem Bauträger nahe stehenden Personen sowie von Gesellschaften, an denen der Bauträger selbst oder diesem nahe stehende Personen beteiligt sind, oder
- auf Vermittlung des Bauträgers von Dritten

in Anspruch, die den Steuerstundungseffekt ermöglichen sollen. Zur Annahme einer Modellhaftigkeit ist es nicht erforderlich, dass der Anleger mehrere Nebenleistungen in Anspruch nimmt. Bereits die Inanspruchnahme einer einzigen Nebenleistung (wie z. B. Mietgarantie oder Bürgschaft für die Endfinanzierung) führt daher zur Modellhaftigkeit der Anlage. Unschädlich sind jedoch die Vereinbarungen über Gegenleistungen, welche die Bewirtschaftung und Verwaltung des Objekts betreffen (z. B. Aufwendungen für die Hausverwaltung, Vereinbarung über den Abschluss eines Mietpools, Tätigkeit als WEG-Verwalter), soweit es sich nicht um Vorauszahlungen für mehr als 12 Monate handelt.

Keine modellhafte Gestaltung liegt vor, wenn der Bauträger mit dem Erwerber zugleich die Modernisierung des Objekts ohne weitere modellhafte Zusatz- oder Nebenleistungen vereinbart. Dies gilt insbesondere für Objekte in Sanierungsgebieten und Baudenkmale, für die erhöhte

Absetzungen nach §§ 7h, 7i EStG geltend gemacht werden können, und bei denen die Objekte vor Beginn der Sanierung an Erwerber außerhalb einer Fondskonstruktion veräußert werden.

c) Vorgefertigtes Konzept

Für die Modellhaftigkeit spricht das Vorhandensein eines vorgefertigten Konzepts, das die Erzielung steuerlicher Vorteile aufgrund negativer Einkünfte ermöglichen soll. Typischerweise, wenn auch nicht zwingend, wird das Konzept mittels eines Anlegerprospekts oder in vergleichbarer Form (z. B. Katalog, Verkaufsunterlagen, Beratungsbögen usw.) vermarktet. Auch Blindpools haben typischerweise ein vorgefertigtes Konzept i. S. d. § 15b EStG. Blindpools sind Gesellschaften oder Gemeinschaften, bei denen zum Zeitpunkt des Beitritts der Anleger das konkrete Investitionsobjekt noch nicht bestimmt ist. Nur wenn der Anleger die einzelnen Leistungen und Zusatzleistungen sowie deren Ausgestaltung vorgibt, handelt es sich nicht um ein vorgefertigtes Konzept. 10

d) Gleichgerichtete Leistungsbeziehungen

Gleichgerichtete Leistungsbeziehungen liegen vor, wenn gleichartige Verträge mit mehreren identischen Vertragsparteien abgeschlossen werden, z. B. mit demselben Treuhänder, demselben Vermittler, derselben Finanzierungsbank. Werden Zusatz- und Nebenleistungen, die den Steuerstundungseffekt ermöglichen sollen, unmittelbar vom Modellinitiator angeboten, kann dies ebenfalls zur Anwendung des § 15b EStG führen. 11

e) Steuerliche Vorteile

§ 15b EStG ist nur anzuwenden, wenn steuerliche Vorteile in Form von negativen Einkünften erzielt werden sollen. 12

Bei vermögensverwaltenden Venture Capital und Private Equity Fonds steht die Erzielung nicht steuerbarer Veräußerungsgewinne im Vordergrund, so dass § 15b EStG auf diese Fonds regelmäßig keine Anwendung findet, weil die Erzielung negativer Einkünfte grundsätzlich nicht Gegenstand des Fondskonzepts ist.

Bleiben Einkünfte im Inland aufgrund von Doppelbesteuerungsabkommen außer Ansatz, ist dies für sich gesehen kein Steuervorteil i. S. d. § 15b EStG. Zur Berücksichtigung eines negativen Progressionsvorbehalts vgl. Tz. 24.

f) Einkunftsquelle

Einkunftsquelle ist die Beteiligung am jeweiligen Steuerstundungsmodell. Soweit es sich bei dem Steuerstundungsmodell um eine Gesellschaft oder Gemeinschaft in der Rechtsform einer gewerblichen oder gewerblich geprägten Personengesellschaft handelt, bildet der Mitunternehmeranteil (Gesamthands- und Sonderbetriebsvermögen) die Einkunftsquelle. Bei vermögensverwaltenden Personengesellschaften sind neben der Beteiligung an der Personengesellschaft für die Einkunftsquelle die Sondereinnahmen und Sonderwerbungskosten der einzelnen Gesellschafter einzubeziehen (vgl. Tzn. 18 und 19). 13

Erzielt der Anleger aus einer vermögensverwaltenden Gesellschaft oder Gemeinschaft nebeneinander Einkünfte aus verschiedenen Einkunftsarten (z. B. § 20 und § 21 EStG), handelt es sich für Zwecke des § 15b EStG dennoch nur um eine Einkunftsquelle. Eine Aufteilung in mehrere Einkunftsquellen ist nicht vorzunehmen.

Maßgeblich ist bei Beteiligungen an Gesellschaften oder Gemeinschaften nicht das einzelne Investitionsobjekt. Soweit also in einer Gesellschaft oder Gemeinschaft Überschüsse erzielende und verlustbringende Investitionen kombiniert werden oder die Gesellschaft oder Gemeinschaft in mehrere Projekte investiert, sind diese für die Ermittlung der 10 %-Verlustgrenze (vgl. Tz. 16) zu saldieren.

> Beispiel
>
> Anleger X hat in einen Windkraftfonds investiert, der zwei Windkraftparks mit jeweils 100 Windrädern betreibt. Für den Windkraftpark A werden aufgrund der dort herrschenden guten Windverhältnisse Überschüsse erwartet. Für den Windkraftpark B werden hingegen hohe Verluste prognostiziert.
>
> Die Beteiligung an dem Windkraftfonds stellt eine einzige Einkunftsquelle dar.

Handelt es sich bei dem Steuerstundungsmodell nicht um eine Beteiligung an einer Gesellschaft oder Gemeinschaft, sondern um eine modellhafte Einzelinvestition, stellt die Einzelinvestition die Einkunftsquelle dar. Tätigt der Steuerpflichtige mehrere gleichartige Einzelinvestitionen, stellt jede für sich betrachtet eine Einkunftsquelle dar. Dies gilt grundsätzlich auch für stille Beteiligungen.

Auch eventuelles Sonderbetriebsvermögen oder Sondervermögen ist – unabhängig davon, ob dieses modellhaft ist oder nicht – Bestandteil der Einkunftsquelle (vgl. Tzn. 18 und 19).

g) Prognostizierte Verluste/10 %-Grenze

14 Die Verlustverrechnung ist nur zu beschränken, wenn bei Gesellschaften oder Gemeinschaften innerhalb der Anfangsphase die prognostizierten Verluste 10 % des gezeichneten und nach dem Konzept auch aufzubringenden Kapitals übersteigen. Bei Einzelinvestoren führt ein konzeptbedingter Verlust von mehr als 10 % des eingesetzten Eigenkapitals zur Anwendung des § 15b EStG.

aa) Anfangsphase

15 Die Anfangsphase i. S. d. § 15b EStG ist der Zeitraum, in dem nach dem zugrunde liegenden Konzept nicht nachhaltig positive Einkünfte erzielt werden, und ist damit im Regelfall identisch mit der Verlustphase. Der Abschluss der Investitionsphase ist zur Bestimmung der Anfangsphase ohne Bedeutung.

Die Anfangsphase endet, wenn nach der Prognoserechnung des Konzepts ab einem bestimmten Veranlagungszeitraum dauerhaft und nachhaltig positive Einkünfte erzielt werden.

bb) Summe der prognostizierten Verluste

16 Maßgeblich für die Berechnung der 10 %-Grenze des § 15b EStG sind die prognostizierten Verluste, nicht jedoch die letztlich tatsächlich erzielten Verluste. Dies bedeutet, dass Aufwendungen (z. B. für die Erhaltung des Gebäudes), die im Zeitpunkt der Prognose nicht vorhersehbar sind, nicht in die Berechnung einzubeziehen sind.

Enthält die Prognoserechnung Unrichtigkeiten, ist sie bei der Berechnung der 10 %-Grenze nicht zugrunde zu legen. Wird trotz Aufforderung eine berichtigte Prognoseberechnung nicht vorgelegt, können die fehlerhaften Angaben im Schätzungswege geändert werden. Eine Schätzung ist auch vorzunehmen, wenn keine Prognoserechnung vorgelegt wird.

cc) Maßgebendes Kapital bei Beteiligung an einer Gesellschaft

17 Für die Beteiligung an Gesellschaften ist auf das gezeichnete und nach dem Konzept auch aufzubringende Kapital abzustellen. Regelmäßig ist das sog. gezeichnete Eigenkapital, welches die Beteiligungssumme am Gesellschaftskapital darstellt, auch das aufzubringende Kapital.

Als Ausschüttungen gestaltete planmäßige Eigenkapitalrückzahlungen sind für Zwecke der Berechnung der 10 %-Grenze vom gezeichneten Eigenkapital abzuziehen, soweit sie die aus dem normalen Geschäftsbetrieb planmäßig erwirtschafteten Liquiditätsüberschüsse übersteigen.

Soweit das aufzubringende Kapital in Teilbeträgen zu leisten ist (z. B. bei Zahlungen nach dem Baufortschritt oder dem Fortschritt der Dreharbeiten), ist die Summe der geleisteten Teilbeträge zugrunde zu legen, soweit diese in der Anfangsphase zu leisten sind. Gleiches gilt für Nachschüsse, wenn diese bereits bei Begründung der Einkunftsquelle feststehen und in der Anfangsphase zu leisten sind.

Wird ein Teil des aufzubringenden Kapitals modellhaft fremdfinanziert, ist das maßgebende Kapital um die Fremdfinanzierung zu kürzen (vgl. Beispiel zu Tz. 18). Es ist unerheblich, ob die Fremdfinanzierung auf der Ebene der Gesellschaft vorgenommen wird oder der Gesellschafter seine Einlage modellhaft finanziert.

dd) Sonderbetriebsvermögen

18 Sind modellhaft Sonderbetriebsausgaben oder Sonderwerbungskosten (z. B. bei modellhafter Finanzierung der Einlage) vorgesehen, ist das Sonderbetriebsvermögen oder Sondervermögen Bestandteil des Steuerstundungsmodells. Die Verluste des Sonderbetriebsvermögens oder die Sonderwerbungskosten stehen somit im Zusammenhang mit dem Steuerstundungsmodell und sind demnach auch Bestandteil der prognostizierten Verluste (vgl. auch Umfang der Verlustverrechnungsbeschränkung, Tz. 19). Die modellhaften Sonderbetriebsausgaben oder Sonderwerbungskosten sind daher bei der Berechnung der Verlustgrenze einzubeziehen.

Beispiel

Anleger A beteiligt sich an einem Windkraftfonds mit 100 000 €. Das Konzept sieht eine 20 %ige Finanzierung der Einlage vor. Die restlichen 80 000 € erbringt A aus seinem Barvermögen. Die Verluste aus dem Gesamthandsvermögen betragen in der Anfangsphase 7 500 €, die modellhaften Zinsen für die Fremdfinanzierung (Sonderbetriebsausgaben) 1 500 €.

Der steuerliche Verlust des A beträgt insgesamt 9 000 € und liegt damit oberhalb von 10 % der aufzubringenden Einlage (80 000 €). Die Verlustverrechnungsbeschränkung des § 15b EStG ist anzuwenden.

3. Umfang der Verlustverrechnungsbeschränkung

Findet § 15b EStG dem Grunde nach Anwendung, erstreckt sich die Verlustverrechnungs- 19
beschränkung auf sämtliche Verluste aus diesem Steuerstundungsmodell (Gesamthands- und Sondervermögen). Auch nicht modellhafte Sonderbetriebsausgaben oder Sonderwerbungskosten (z. B. bei individueller Finanzierung der Anlage durch den Anleger) und nicht prognostizierte Aufwendungen (z. B. bei unerwartetem Erhaltungsaufwand) unterliegen demnach der Verlustverrechnungsbeschränkung.

Beispiel

Anleger A beteiligt sich modellhaft an einem Medienfonds mit einer Einlage von 100 000 €, die er zu 80 % bei seiner „Hausbank" fremdfinanziert (= nicht modellhafte Fremdfinanzierung). Die prognostizierten Verluste betragen 100 000 €. Aufgrund unvorhersehbarer Ereignisse steigen die Produktionskosten für den Film um 20 %, so dass A einen Verlust aus dem Gesamthandsvermögen von 120 000 € erzielt. Daneben hat A in der Verlustphase für die Finanzierung Zinsen i. H. v. 15 000 € zu bezahlen.

Der Gesamtverlust aus der Anlage beträgt 135 000 €. Dieser unterliegt in voller Höhe der Verlustverrechnungsbeschränkung.

4. Anwendung bei im Betriebsvermögen gehaltenen Anteilen an vermögensverwaltenden Personengesellschaften (sog. Zebragesellschaften)

Auf Ebene der vermögensverwaltenden Personengesellschaft sind lediglich Überschusseinkünfte 20
festzustellen. Diese werden auf Ebene der Gesellschafter in gewerbliche Einkünfte umqualifiziert (vgl. BMF-Schreiben vom 29. April 1994, BStBl I S. 282, BFH-Beschluss vom 11. April 2005, BStBl II S. 679). Ob ein Steuerstundungsmodell vorliegt, ist bereits auf Ebene der vermögensverwaltenden Personengesellschaft zu entscheiden. Die Umqualifizierung der Einkunftsart auf Ebene des Anteilseigners berührt die Einordnung als Steuerstundungsmodell grundsätzlich jedoch nicht. Dies gilt auch dann, wenn sich die Höhe der erzielten Einkünfte aufgrund der Umqualifizierung ändert.

5. Regelung bei mehrstöckigen Gesellschaften

Bei mehrstöckigen Personengesellschaften ist bereits auf Ebene der Untergesellschaften zu 21
prüfen, ob § 15b EStG anzuwenden ist. Wird die Anwendung des § 15b EStG bereits auf Ebene der Untergesellschaften bejaht, ist ein Verlustausgleich mit anderen Einkünften auf Ebene der Obergesellschaft nicht möglich.

Es sind folgende Fälle zu unterscheiden:

1. Untergesellschaft und Obergesellschaft sind Steuerstundungsmodelle. In diesem Fall werden die Verluste der Untergesellschaft für den Gesellschafter „Obergesellschaft" festgestellt und von dieser als § 15b-Verluste an ihre Gesellschafter weitergegeben. Da die Obergesellschaft selbst ebenfalls ein Steuerstundungsmodell darstellt, sind die Voraussetzungen für die Anwendung des § 15b EStG (z. B. 10 %-Grenze) ohne Berücksichtigung der § 15b-Verluste der Untergesellschaft zu prüfen.
2. Die Untergesellschaft ist ein Steuerstundungsmodell, die Obergesellschaft jedoch nicht. In diesem Fall werden die Verluste der Untergesellschaft für den Gesellschafter „Obergesellschaft" festgestellt und von dieser als § 15b-Verluste an ihre Gesellschafter weitergegeben. Verluste, die nicht aus der Untergesellschaft stammen, sind beim Gesellschafter im Rahmen der übrigen Verlustverrechnungsregelungen (z. B. § 10d EStG) ausgleichsfähig.
3. Die Untergesellschaft ist kein Steuerstundungsmodell; die Obergesellschaft ist ein Steuerstundungsmodell. In diesem Fall wird geprüft, ob auf die saldierten Einkünfte der Obergesellschaft (d. h. einschließlich der Einkünfte aus der Untergesellschaft) § 15b EStG anzuwenden ist.

6. Verhältnis § 15b EStG zu anderen Vorschriften

a) § 15 Abs. 4 EStG

22 § 15b EStG geht als die speziellere Norm der Anwendung des § 15 Abs. 4 EStG vor.

b) § 15a EStG

23 Die Anwendung des § 15b EStG geht der Anwendung des § 15a EStG vor (§ 15b Abs. 1 Satz 3 EStG).

7. Nach DBA steuerfreie Einkünfte

24 Bei Einkünften, die nach einem Abkommen zur Vermeidung der Doppelbesteuerung dem Progressionsvorbehalt unterliegen (§ 32b Abs. 1 Nr. 3 EStG), gilt Folgendes:

Die Höhe der ausländischen Einkünfte ist nach deutschem Steuerrecht zu ermitteln (BFH-Urteil vom 22. Mai 1991, BStBl 1992 II S. 94). Ein negativer Progressionsvorbehalt nach § 32b Abs. 1 Nr. 3 EStG ist ungeachtet § 2a EStG nicht zu berücksichtigen, wenn die ausländischen Verluste aus einem Steuerstundungsmodell i. S. d. § 15b EStG herrühren (vorrangige Anwendung des § 15b EStG).

8. Behandlung der Verluste aus Steuerstundungsmodellen bei unentgeltlichem Beteiligungsübergang

25 Bei unentgeltlichem Erwerb einer Beteiligung gehen die beim Rechtsvorgänger nach § 15b EStG verrechenbaren Verluste auf den oder die Rechtsnachfolger über.

Ist der Rechtsvorgänger vor dem 11. November 2005 dem Steuerstundungsmodell beigetreten und unterliegen die Verluste daher nicht der Verlustverrechnungsbeschränkung des § 15b EStG, gilt dies insoweit auch für den Rechtsnachfolger und zwar auch dann, wenn dieser zuvor bereits selbst nach dem 10. November 2005 dem Steuerstundungsmodell beigetreten ist.

9. Feststellungsverfahren

26 Der nicht ausgleichsfähige Verlust ist jährlich gesondert festzustellen (§ 15b Abs. 4 EStG). Zuständig für den Erlass des Feststellungsbescheids ist bei Gesellschaften oder Gemeinschaften das für die gesonderte und einheitliche Feststellung der Einkünfte aus dem Steuerstundungsmodell zuständige Finanzamt.

10. Übergangsregelungen

27 Nach § 52 Abs. 33a EStG ist § 15b EStG auf Verluste aus Steuerstundungsmodellen anzuwenden, denen der Steuerpflichtige nach dem 10. November 2005 beigetreten ist oder für die nach dem 10. November 2005 mit dem Außenvertrieb begonnen wurde. Der Außenvertrieb beginnt in dem Zeitpunkt, in dem die Voraussetzungen für die Veräußerung der konkret bestimmbaren Fondsanteile erfüllt sind und die Gesellschaft selbst oder über ein Vertriebsunternehmen mit Außenwirkung an den Markt herangetreten ist. Zur Vermeidung von Umgehungsgestaltungen ist bei Fonds, die bereits vor dem 11. November 2005 mit dem Außenvertrieb begonnen haben, dem Beginn des Außenvertriebs der Beschluss von Kapitalerhöhungen und die Reinvestition von Erlösen in neue Projekte gleichgestellt. Bei Einzelinvestitionen ist § 15b EStG auf Investitionen anzuwenden, die nach dem 10. November 2005 rechtsverbindlich getätigt wurden.

28 Durch das Jahressteuergesetz 2007 vom 13. Dezember 2006 (BGBl. I S. 2878, BStBl 2007 I S. 28) wurde die bislang auf § 20 Abs. 1 Nr. 4 EStG (Einkünfte aus typisch stiller Beteiligung) beschränkte analoge Anwendung des § 15b EStG bei den Einkünften aus Kapitalvermögen durch die Einführung von § 20 Abs. 2b EStG mit Wirkung vom 1. Januar 2006 auf alle Einkünfte aus Kapitalvermögen ausgedehnt.

29 Bei Anteilsübertragungen zwischen Gesellschaftern einer Personengesellschaft, bei der § 15b EStG nicht anzuwenden ist, ist bei der Ermittlung des Beitrittszeitpunktes insoweit auf den Zeitpunkt des Vertragsabschlusses und nicht auf den Zeitpunkt der ggf. erforderlichen Zustimmung der übrigen Gesellschafter abzustellen.

30 Wurden Anteile an einer Personengesellschaft, bei der § 15b EStG nicht anzuwenden ist, vor dem Stichtag von einem Treuhänder erworben und nach dem Stichtag an einzelne Anleger weiter veräußert, ist zur Ermittlung des Beitrittszeitpunkts auf die Veräußerung der Anteile durch den Treuhänder abzustellen.

Nach § 52 Abs. 15 Satz 3 und 4 i. V. m. § 5a Abs. 3 a. F. EStG können Schifffonds den Antrag auf Gewinnermittlung nach § 5a Abs. 1 EStG im Jahr der Anschaffung oder Herstellung des Handelsschiffes oder in einem der beiden folgenden Wirtschaftsjahre stellen. Für die Anwendung des § 15b EStG ist – analog zu § 15a EStG – der nach § 4 Abs. 1 oder § 5 EStG ermittelte Gewinn zu Grunde zu legen. Verluste i. S. d. § 15b EStG sind nicht mit Gewinnen i. S. d. § 5a Abs. 1 EStG verrechenbar, Tz. 32 des BMF-Schreibens vom 12. Juni 2002 (BStBl I S. 614) gilt entsprechend. 31

Dieses Schreiben wird im Bundessteuerblatt Teil I veröffentlicht. Es steht ab sofort für eine Übergangszeit auf den Internet-Seiten des Bundesministeriums der Finanzen unter der Rubrik Steuern und Zölle – Steuern – Veröffentlichungen zu Steuerarten – Einkommensteuer – (http://www.bundesfinanzministerium.de/cln_02/nn_298/DE/Steuern/Veroeffentlichungen__zu__Steuerarten/Einkommensteuer/node.html__nnn=true) bereit.

Prüfschema § 15b EStG

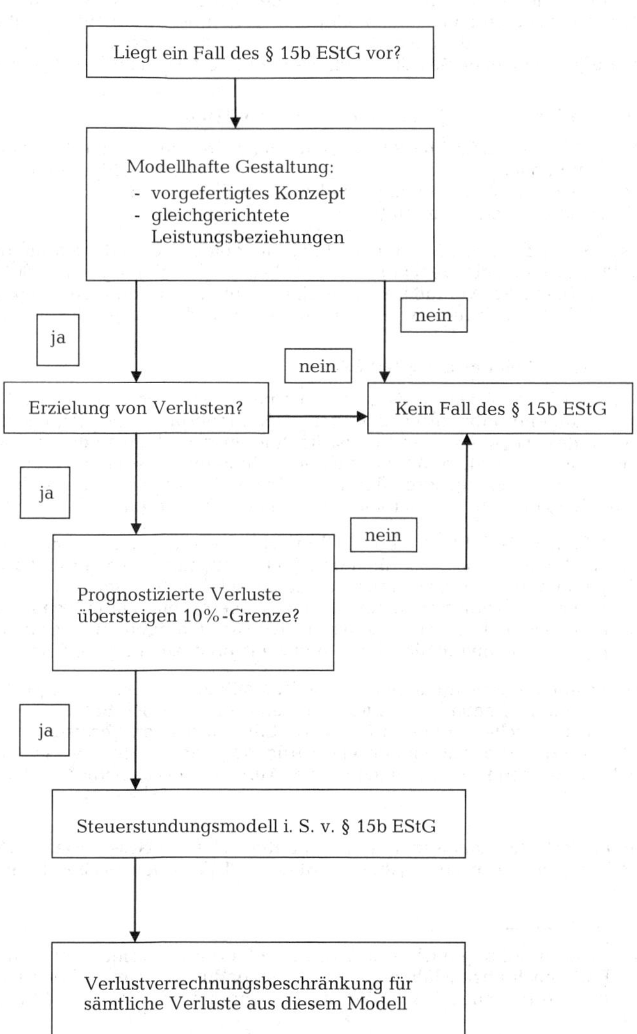

IV
Anwendungsschreiben zur Verlustabzugsbeschränkung nach § 15 Abs. 4 Satz 6 bis 8 EStG

BMF vom 19. 11. 2008 (BStBl I S. 970)
IV C 6 – S 2119/07/10001, DOK 2008/0498934

Im Einvernehmen mit den obersten Finanzbehörden der Länder gilt zur Anwendung der Verlustabzugsbeschränkung nach § 15 Abs. 4 Satz 6 bis 8 EStG Folgendes:

I. Allgemeine Grundsätze

1 Nach § 15 Abs. 4 Satz 6 bis 8 EStG sind Verluste aus atypisch stillen Beteiligungen und vergleichbaren Innengesellschaften an Kapitalgesellschaften (im Weiteren: atypisch stille Gesellschaft), an denen unmittelbar oder mittelbar Kapitalgesellschaften beteiligt sind, nach Maßgabe des § 10d EStG nur mit späteren Gewinnen oder dem Vorjahresgewinn aus derselben Einkunftsquelle verrechenbar. Soweit an der stillen Gesellschaft unmittelbar oder mittelbar, ganz oder teilweise jedoch natürliche Personen beteiligt sind, bleibt der Verlust weiterhin abzugsfähig.

II. Definition des Verlustes i. S. v. § 15 Abs. 4 Satz 6 bis 8 EStG

2 Der Verlust i. S. v. § 15 Abs. 4 Satz 6 bis 8 EStG ist der nach den einkommensteuerrechtlichen Vorschriften ermittelte und nach Anwendung des § 15a EStG ausgleichsfähige Verlust. Hierzu gehören insbesondere auch der steuerpflichtige Teil der sog. Teil-/Halbeinkünfte (§ 3 Nr. 40 i. V. m. § 3c EStG) und die ausländischen Einkünfte.

3 Bei dem Verlust i. S. v. § 15 Abs. 4 Satz 6 bis 8 EStG handelt es sich lediglich um den laufenden Verlust aus der Beteiligung, jedoch nicht um den Verlust der Beteiligung selbst. Somit stehen alle anderen Verluste, z. B. aus der Veräußerung, für einen – unter den Voraussetzungen der Abzugsfähigkeit nach § 15a EStG (vgl. auch IV.) – unbeschränkten Verlustausgleich zur Verfügung.

III. Verlustabzug nach Maßgabe des § 10d EStG

4 Der Verlust i. S. v. § 15 Abs. 4 Satz 6 bis 8 EStG ist nach Maßgabe des § 10d EStG in das unmittelbar vorangegangene Jahr zurückzutragen. Der Steuerpflichtige hat nach § 10d Abs. 1 Satz 5 EStG jedoch das Wahlrecht, den Verlustrücktrag auszuschließen oder einzugrenzen. Dieses Wahlrecht muss nicht von allen Mitunternehmern einheitlich ausgeübt werden. Es kann vielmehr jeder von der Verlustabzugsbeschränkung betroffene Mitunternehmer selbst entscheiden, ob und ggf. in welcher Höhe ein Verlustrücktrag durchgeführt werden soll.

5 Nach § 15 Abs. 4 Satz 6 bis 8 EStG wird die Verlustverrechnung auf Ebene des Gesellschafters/Beteiligten durchgeführt, so dass für jeden Steuerpflichtigen ein gesonderter Verlustverrechnungskreis gebildet wird. Dementsprechend sind die Höchstbeträge des § 10d Abs. 1 und 2 EStG für jeden Beteiligten/Mitunternehmer in voller Höhe gesellschafterbezogen anzuwenden. Ist der Gesellschafter/Beteiligte mehrere atypisch stille Beteiligungen an verschiedenen Kapitalgesellschaften eingegangen, gelten die Sätze 1 und 2 entsprechend für jede Beteiligung.

6 Sind im Rücktragsjahr im Gewinnanteil des atypisch stillen Gesellschafters ausländische Einkünfte enthalten und anrechenbare ausländische Steuern i. S. v. § 34c EStG angefallen, wird die Anrechnung der ausländischen Steuern i. S. v. § 34c EStG durch den Verlustrücktrag grundsätzlich nicht berührt. Aufgrund der durch den Verlustrücktrag verringerten deutschen Einkommensteuer i. S. d. § 34c EStG vermindert sich jedoch der Anrechnungshöchstbetrag des entsprechenden Jahres.

IV. Verhältnis der Verlustabzugsbeschränkung für atypisch stille Gesellschaften (§ 15 Abs. 4 Satz 6 bis 8 EStG) zur Verlustabzugsbeschränkung bei Verlusten aus beschränkter Haftung (§ 15a EStG)

1. Verhältnis zu § 15a EStG

7 Die Verlustabzugsbeschränkung nach § 15 Abs. 4 Satz 6 bis 8 EStG findet auf den nach Anwendung des § 15a EStG noch abzugsfähigen Verlust Anwendung. Soweit der Verlust bereits nach § 15a EStG lediglich verrechenbar ist, ist für die Anwendung von § 15 Abs. 4 Satz 6 bis 8 EStG kein Raum mehr.

2. Verfahren bei festgestellten verrechenbaren Verlusten nach § 15a EStG und § 15 Abs. 4 Satz 6 bis 8 EStG

Liegen sowohl verrechenbare Verluste i. S. v. § 15a EStG als auch verrechenbare Verluste i. S. v. § 15 Abs. 4 Satz 6 bis 8 EStG vor, sind spätere Gewinne vorrangig mit den nach § 15a EStG verrechenbaren Verlusten auszugleichen. Erst wenn keine nach § 15a EStG verrechenbaren Verluste mehr verbleiben, sind verbleibende Gewinne mit den nach § 15 Abs. 4 Satz 6 bis 8 EStG verrechenbaren Verlusten auszugleichen. 8

3. Verlustrücktrag nach Maßgabe des § 10d EStG

Nach § 15 Abs. 4 Satz 6 bis 8 EStG ist ein Verlustrücktrag nach Maßgabe des § 10d EStG möglich. Dieser Verlustrücktrag ist nach Anwendung des § 15a EStG im Rücktragsjahr durchzuführen. 9

Beispiel 1

Veranlagungszeitraum (VZ) 01:

Die A-GmbH geht eine atypisch stille Beteiligung an der B-GmbH ein. Sie tätigt eine Einlage von 100 000 € und es wird ihr in 01 ein Verlust von 180 000 € zugerechnet.

Nach § 15a EStG sind von dem Verlust 100 000 € ausgleichsfähig und 80 000 € verrechenbar. Der ausgleichsfähige Verlust nach § 15a EStG wird i. H. v. 100 000 € auf Ebene der stillen Beteiligung (A-GmbH) als verrechenbarer Verlust nach § 15 Abs. 4 Satz 6 bis 8 EStG gesondert festgestellt.

VZ 01	Verlustanteil	– 180 000 €
	davon verrechenbar nach § 15a EStG	– 80 000 €
	nach Anwendung des § 15a EStG verbleibender Verlustanteil	– 100 000 €
	davon verrechenbar nach § 15 Abs. 4 Satz 6 EStG	– 100 000 €
	bei der Veranlagung anzusetzen	0 €
31. 12. 01:	Feststellung des verbleibenden Verlustvortrags nach § 15 Abs. 4 Satz 7 i. V. m. § 10d EStG:	
	nach Anwendung des § 15a EStG verbleibender Verlustanteil	– 100 000 €
	Rücktrag in den VZ 00	0 €
	Verbleibender Verlustvortrag	– 100 000 €

VZ 02:

In 02 werden der A-GmbH Einkünfte nach § 15 Abs. 4 Satz 6 bis 8 EStG in Höhe von + 1 000 000 € zugerechnet.

Der verrechenbare § 15a-Verlust aus 01 wird mit dem Gewinn aus 02 verrechnet. Danach beträgt der verrechenbare Verlust nach § 15a EStG 0 € (31. 12. 02). Der verbleibende Gewinn von 920 000 € muss mit dem verrechenbaren Verlust nach § 15 Abs. 4 Satz 6 bis 8 EStG verrechnet werden.

VZ 02	Gewinnanteil	+ 1 000 000 €
	davon Verrechnung mit § 15a Abs. 2 EStG	– 80 000 €
	nach Anwendung des § 15a EStG verbleibender Gewinnanteil	+ 920 000 €
	davon Verrechnung nach § 15 Abs. 4 Satz 7 EStG	– 100 000 €
	bei der Veranlagung anzusetzen	+ 820 000 €
31. 12. 02:	Feststellung des verbleibenden Verlustvortrags nach § 15 Abs. 4 Satz 7 i. V. m. § 10d EStG:	
	verbleibender Verlustabzug am 31. 12. 01	– 100 000 €
	im VZ 02 abgezogener Verlust	– 100 000 €
	Verbleibender Verlustvortrag	0 €

VZ 03:

In 03 werden der A-GmbH Einkünfte nach § 15 Abs. 4 Satz 6 bis 8 EStG in Höhe von – 1 500 000 € zugerechnet.

In Höhe von 580 000 führt der Verlust aus 03 zu einem negativen Kapitalkonto, so dass nach § 15a EStG verrechenbare Verluste in dieser Höhe festzustellen sind. Der verbleibende Verlust ist nach § 15 Abs. 4 Satz 6 bis 8 EStG nicht ausgleichsfähig. Es besteht jedoch nach Maßgabe des § 10d EStG die Möglichkeit eines Verlustrücktrags i. H. v. 511 500 € nach 02. In diesem Fall vermindert sich der bei der Veranlagung 02 anzusetzende Gewinnanteil auf 308 500 € (= 820 000 € – 511 500 €). Die in 02 vorgenommene Verlustverrechnung nach § 15a EStG bleibt unberührt.

VZ 03	Verlustanteil	– 1 500 000 €
	davon verrechenbar nach § 15a EStG	– 580 000 €
	nach Anwendung des § 15a EStG verbleibender Verlustanteil	– 920 000 €
	davon verrechenbar nach § 15 Abs. 4 Satz 6 EStG	– 920 000 €
	bei der Veranlagung anzusetzen	0 €
31. 12. 03:	Feststellung des verbleibenden Verlustvortrags nach § 15 Abs. 4 Satz 7 i. V. m. § 10d EStG:	
	nach Anwendung des § 15a EStG verbleibender Verlustanteil	- 920 000 €
	Rücktrag in den VZ 02	– 511 500 €
	Verbleibender Verlustvortrag	– 408 500 €

Beispiel 2

VZ 01:

Die A-GmbH ist atypisch still an der B-GmbH beteiligt. Zum 31. 12. 01 wurde ein nach § 15a EStG verrechenbarer Verlust i. H. v. 100 000 € festgestellt.

VZ 02:

Der A-GmbH werden aus der atypisch stillen Beteiligung Einkünfte i. H. v. – 80 000 € zugerechnet. Einlagen und Entnahmen wurden nicht getätigt, so dass sich das negative Kapitalkonto der A-GmbH um 80 000 € erhöht.

Der nach § 15a EStG verrechenbare Verlust erhöht sich um 80 000 €. Zum 31. 12. 02 wird daher ein verrechenbarer Verlust i. H. v. – 180 000 € festgestellt. Eine Feststellung nach § 15 Abs. 4 Satz 6 bis 8 EStG ist nicht erforderlich, da keine bei der Veranlagung verbleibenden Einkünfte entstanden sind.

VZ 03:

Der A-GmbH werden aus der atypisch stillen Beteiligung Einkünfte i. H. v. 50 000 € zugerechnet.

Der Gewinn ist nach § 15a Abs. 2 EStG mit dem verrechenbaren Verlust aus den Vorjahren zu saldieren. Eine Feststellung nach § 15 Abs. 4 Satz 6 bis 8 EStG ist weiterhin nicht erforderlich. Der verrechenbare Verlust nach § 15a EStG zum 31. 12. 03 beträgt – 130 000 €.

V. Auswirkung von § 15 Abs. 4 Satz 6 bis 8 EStG auf die Gewerbesteuer

10 Die Verlustabzugsbeschränkung des § 15 Abs. 4 Satz 6 bis 8 EStG hat keine Auswirkung auf die Festsetzung des Gewerbesteuermessbetrags der atypisch stillen Gesellschaft, da gewerbesteuerlich das Ergebnis der atypisch stillen Gesellschaft besteuert wird und beim Mitunternehmer (wenn er selbst der Gewerbesteuer unterliegt und die Beteiligung zum Betriebsvermögen gehört) ein positiver Gewinnanteil nach § 9 Nr. 2 GewStG oder ein Verlustanteil nach § 8 Nr. 8 GewStG neutralisiert wird.

VI. Feststellungsverfahren

11 Die Verlustverrechnung nach § 15 Abs. 4 Satz 6 bis 8 EStG wird erst auf Ebene des Gesellschafters/Beteiligten durchgeführt (vgl. Rn. 5). Im Bescheid über die gesonderte und einheitliche Feststellung der gemeinschaftlichen Einkünfte der Beteiligten der atypisch stillen Gesellschaft (§ 180 Abs. 1 Nr. 2 Buchstabe a AO) ist der Gewinn oder Verlust daher ohne Anwendung des § 15 Abs. 4 Satz 6 bis 8 EStG festzustellen.

Das für die Gewinnfeststellung nach § 180 Abs. 1 Nr. 2 Buchstabe a AO für die atypisch stille Gesellschaft zuständige Finanzamt hat dem für die Besteuerung des atypisch stillen Gesellschafters zuständigen Finanzamt die als Grundlagen für die Verlustverrechnung maßgebenden Beträge nachrichtlich mitzuteilen.

Handelt es sich bei dem atypisch stillen Gesellschafter um eine Mitunternehmerschaft (Obergesellschaft), an der unmittelbar oder mittelbar eine Kapitalgesellschaft beteiligt ist, ist der Verlustanteil nur insoweit nach § 15 Abs. 4 Satz 6 bis 8 EStG verrechenbar, als er mittelbar auf diese Kapitalgesellschaft entfällt. Das für die Gewinnfeststellung nach § 180 Abs. 1 Nr. 2 Buchstabe a AO für die Obergesellschaft zuständige Finanzamt hat dem für die Besteuerung der Kapitalgesellschaft zuständigen Finanzamt die als Grundlagen für die Verlustverrechnung maßgebenden Beträge nachrichtlich mitzuteilen.

12 Der nach § 15 Abs. 4 Satz 6 bis 8 EStG verbleibende Verlustvortrag ist auf Ebene des Gesellschafters/Beteiligten an der atypisch stillen Gesellschaft nach Durchführung eines eventuellen Verlustrücktrags in das Vorjahr gesondert festzustellen. Zuständig für die gesonderte Feststellung ist das für die Einkommensbesteuerung des Gesellschafters/ Beteiligten zuständige Finanzamt (§ 15 Abs. 4 Satz 6 i. V. m. § 10d Abs. 4 Satz 3 EStG).

VII. Anwendung auf typisch stille Gesellschaften i. S. v. § 20 Abs. 1 Nr. 4 EStG

Die Grundsätze dieses Schreibens unter I. bis IV. sind auf typisch stille Gesellschaften i. S. v. § 20 Abs. 1 Nr. 4 und Abs. 3 EStG (ab VZ 2009: Abs. 8) entsprechend anzuwenden. Allerdings liegen bei dem Inhaber des Handelsgeschäfts und dem typisch stillen Gesellschafter keine gemeinschaftlich erzielten Einkünfte vor, die folglich auch nicht gesondert und einheitlich festgestellt werden. Die gesonderte Feststellung des nach § 15 Abs. 4 Satz 6 bis 8 EStG verrechenbaren Verlustes erfolgt auch in diesen Fällen ausschließlich auf Ebene des Gesellschafters. 13

VIII. Zeitliche Anwendung

Dieses Schreiben ist in allen noch offenen Fällen anzuwenden. 14

Übersicht

I

Einkommensteuerrechtliche Behandlung von Gesamtobjekten, von vergleichbaren Modellen mit nur einem Kapitalanleger und von gesellschafts- sowie gemeinschaftsrechtlich verbundenen Personenzusammenschlüssen (geschlossene Fonds)

Bezug: BMF vom 31. 8. 1990 (BStBl I S. 366), vom 1. 3. 1995 (BStBl I S. 167), vom 24. 10. 2001 (BStBl I S. 780) und vom 29. 11. 2002 (BStBl I S. 1388)

BMF vom 20. 10. 2003 (BStBl I S. 546)
IV C 3 – S 2253 a – 48/03

Unter Bezugnahme auf das Ergebnis der Erörterungen mit den obersten Finanzbehörden der Länder wird zu der Frage der einkommensteuerrechtlichen Behandlung von Einkünften im Rahmen von Gesamtobjekten (§ 1 Abs. 1 Nr. 2 der Verordnung zu § 180 Abs. 2 AO), von vergleichbaren Modellen mit nur einem Kapitalanleger sowie von sog. geschlossenen **Fonds** wie folgt Stellung genommen:

I. Gesamtobjekte und vergleichbare Modelle mit nur einem Kapitalanleger

1. Abgrenzung der Eigenschaft als Bauherr oder Erwerber bei der Errichtung, Sanierung, Modernisierung oder des Erwerbs von Gebäuden und Eigentumswohnungen

1 Ein Anleger, der sich auf Grund eines von den Projektanbietern vorformulierten Vertragswerks an einem Projekt beteiligt und sich bei den damit zusammenhängenden Rechtsgeschäften durch die Projektanbieter oder von ihnen eingeschalteten sonstigen Personen (z. B. Treuhänder, Geschäftsbesorger, Betreuer) umfassend vertreten lässt, ist regelmäßig nicht Bauherr, sondern Erwerber des bebauten und gegebenenfalls sanierten oder modernisierten Grundstücks (BFH-Urteil vom 14. November 1989, BStBl 1990 II S. 299, m. w. N.). Das gilt auch, wenn der Anleger unter Verzicht auf eine dazu bevollmächtigte Person die Verträge selbst unterzeichnet, falls die Verträge vorher vom Projektanbieter bereits ausgehandelt **oder** vorformuliert worden sind, oder wenn die vertraglichen Vereinbarungen vorsehen, dass einzelne der in dem Vertragswerk angebotenen Leistungen abgewählt werden können.

2 Der Anleger ist nur Bauherr, wenn er auf eigene Rechnung und Gefahr ein Gebäude baut oder bauen lässt und das Baugeschehen beherrscht (BFH-Urteil vom 14. November 1989, a. a. O., vgl.

auch BFH-Urteil vom 13. September 1989, BStBl II S. 986). Der Bauherr muss das umfassend zu verstehende Bauherrenwagnis, d. h. wirtschaftlich das für die Durchführung des Bauvorhabens auf seinem Grundstück typische Risiko, tragen sowie rechtlich und tatsächlich die Planung und Ausführung in der Hand haben. Das ist regelmäßig nicht der Fall, wenn eine Vielzahl von Wohnungen oder gleichförmig ausgestalteten Wohngebäuden nach einem bereits vor Beitritt des einzelnen Anlegers ausgearbeiteten Vertragswerk errichtet wird und der einzelne Anleger demzufolge weder die Vertragsgestaltung noch die Vertragsdurchführung wesentlich beeinflussen kann.

Die Entscheidung darüber, ob die Voraussetzungen für die Erwerber- oder Bauherreneigenschaft vorliegen, ist nach dem Gesamtbild unter Berücksichtigung aller Umstände des Einzelfalls zu treffen, und zwar unabhängig von den in den Verträgen gewählten Bezeichnungen nach dem wirklichen Gehalt der von den Beteiligten getroffenen Vereinbarungen und deren tatsächlicher Durchführung. 3

Wird für den Gesamtaufwand (einschließlich der bis zur Fertigstellung des Bauobjekts angefallenen Finanzierungskosten) ein Höchstpreis vereinbart, über den nach Abschluss der Bauarbeiten nicht gegenüber dem Beteiligten selbst detailliert Rechnung gelegt zu werden braucht, ist der Beteiligte ebenfalls Erwerber. Das gilt auch, wenn die tatsächlichen Baukosten zwar abgerechnet werden, der Unterschiedsbetrag zu dem vereinbarten Höchstpreis jedoch als Gebühr für die Höchstpreisgarantie beansprucht wird. 4

a) Allgemeines zur rechtlichen Einordnung der aufzubringenden Kosten

Die mit der Errichtung und dem Vertrieb der Objekte befassten Personen sind regelmäßig bestrebt, möglichst hohe Werbungskosten auszuweisen. Hierzu wird der Gesamtaufwand durch eine Vielzahl von Verträgen und durch Einschaltung zahlreicher, zum Teil finanziell und personell verbundener Unternehmen aufgespalten. Die geltend gemachten Aufwendungen können, auch wenn sie im Einzelfall nach dem Wortlaut der Vereinbarungen Werbungskosten sind, nicht als solche anerkannt werden, wenn sie in Wirklichkeit für andere als die in den Verträgen bezeichneten Leistungen gezahlt werden, die nicht zu Werbungskosten führen können. Die vereinbarten Kosten sind deshalb nicht nach der vertraglichen Bezeichnung, sondern nach dem tatsächlichen wirtschaftlichen Gehalt der erbrachten Leistungen zu beurteilen (vgl. BFH-Urteil vom 29. Oktober 1986, BStBl II S. 217). Diese Beurteilung ist auch vorzunehmen, wenn Leistungen, die zu Anschaffungs- oder Herstellungskosten führen, nicht oder zu niedrig berechnet werden. Erfahrungsgemäß erfolgt in diesen Fällen ein Ausgleich, der dem tatsächlichen wirtschaftlichen Gehalt der Leistungen entspricht. Die Beurteilung nach dem tatsächlichen wirtschaftlichen Gehalt ist auch dann maßgebend, wenn für den Teil der Aufwendungen, der den Werbungskosten zuzurechnen ist, im Folgenden Vom-Hundert-Sätze oder Bruchteile angegeben werden. 5

Der Anleger muss im Einzelnen nachweisen, welche tatsächlichen Leistungen an ihn erbracht worden sind und welches Entgelt er dafür leisten musste. 6

Soweit für Werbungskosten nachfolgend Vom-Hundert-Sätze oder Bruchteile angegeben sind, handelt es sich um Nettobeträge (ohne Umsatzsteuer). 7

b) Rechtliche Einordnung der vom Erwerber aufzubringenden Kosten

Die Kosten, die der Erwerber im Zusammenhang mit der Errichtung, Sanierung oder Modernisierung des Gebäudes oder der Eigentumswohnung aufzubringen hat, können Anschaffungskosten des Grund und Bodens, Anschaffungskosten des Gebäudes oder der Eigentumswohnung oder sofort abziehbare Werbungskosten sein. Zu den einzelnen Aufwendungen gilt Folgendes: 8

aa) Anschaffungskosten

Zu den Anschaffungskosten gehören grundsätzlich alle auf Grund des vorformulierten Vertragswerks an die Anbieterseite geleisteten Aufwendungen, die auf den Erwerb des Grundstücks mit dem bezugsfertigen Gebäude gerichtet sind, insbesondere die Baukosten für die Errichtung **oder Modernisierung** des Gebäudes, die Baubetreuungsgebühren, Treuhandgebühren, Finanzierungsvermittlungsgebühren, Zinsfreistellungsgebühren, Gebühren für die Vermittlung des Objekts oder Eigenkapitals und des Treuhandauftrags, Abschlussgebühren, Courtage, Agio, Beratungs- und Bearbeitungsgebühren, Platzierungsgarantiegebühren, Kosten für die Ausarbeitung der technischen, wirtschaftlichen und steuerlichen Grundkonzeption, für die Werbung der Bauinteressenten, für die Prospektprüfung und sonstige Vorbereitungskosten sowie Gebühren für die Übernahme von Garantien und Bürgschaften (vgl. BFH-Urteil vom 14. November 1989, a. a. O.). Eine Aufspaltung dieser Aufwendungen in sofort abziehbare Werbungskosten und Anschaffungskosten danach, ob sie auf die Finanzierung, die steuerliche Beratung oder die 9

Errichtung des Gebäudes entfallen, kommt nicht in Betracht (vgl. BFH vom 14. November 1989, a. a. O.).

– Besonderheit bei Baumaßnahmen i. S. der §§ 7h und 7i EStG

10 Der Gesamtaufwand ist, soweit das eindeutig möglich ist, unmittelbar dem Grund und Boden, der Altbausubstanz des Gebäudes, den bescheinigten Baumaßnahmen i. S. der §§ 7h, 7i EStG, den übrigen Baumaßnahmen und den sofort abziehbaren Werbungskosten zuzuordnen. Aufwendungen, die sich nicht eindeutig zuordnen lassen, sind auf die Kostenarten, mit denen sie zusammenhängen, aufzuteilen. Die Aufteilung erfolgt im Verhältnis der auf diese Kostenarten eindeutig entfallenden Kosten. Die eindeutig den bescheinigten Baumaßnahmen i. S. der §§ 7h, 7i EStG zuzuordnenden Aufwendungen zuzüglich der nach den vorstehenden Grundsätzen ermittelten Anteile der nicht eindeutig zuzuordnenden Anschaffungskosten, die den Aufwendungen für bescheinigte Baumaßnahmen i. S. der §§ 7h, 7i EStG zuzurechnen sind, ergeben die begünstigten Anschaffungskosten i. S. der §§ 7h, 7i EStG. Ist der Erwerber dem Gesamtobjekt erst nach Beginn der begünstigten Baumaßnahmen i. S. der §§ 7h, 7i EStG beigetreten, gehören die Aufwendungen für Baumaßnahmen, soweit sie bis zu seinem Beitritt durchgeführt worden sind, zu den nicht begünstigten Anschaffungskosten. Der Erwerber hat die Aufteilung darzulegen. Ist er später beigetreten, hat er darzulegen, inwieweit die anteilig den Baumaßnahmen i. S. der §§ 7h, 7i EStG zuzurechnenden Aufwendungen auf Maßnahmen entfallen, die nach dem rechtswirksamen Abschluss des obligatorischen Erwerbsvertrags oder eines gleichstehenden Rechtsakts durchgeführt worden sind.

bb) Werbungskosten

11 Aufwendungen, die nicht auf den Erwerb des Grundstücks mit dem bezugsfertigen Gebäude gerichtet sind und die auch der Erwerber eines bebauten Grundstücks außerhalb eines Gesamtobjekts als Werbungskosten abziehen könnte, sind nicht den Anschaffungskosten des Objekts zuzurechnen. Werden sie an die Anbieterseite geleistet, sind sie unter den nachfolgenden Voraussetzungen Werbungskosten (vgl. BFH-Urteil vom 14. November 1989, a. a. O.):

- Bereits vor der Zahlung müssen klare Vereinbarungen über den Grund und die Höhe dieser Aufwendungen bestehen.
- Die vereinbarten Leistungen und das jeweils zugehörige Entgelt müssen den tatsächlichen Gegebenheiten entsprechen; der Rechtsgedanke des § 42 AO darf dem Werbungskostenabzug in der begehrten Höhe nicht entgegenstehen.
- Die Aufwendungen müssen von den übrigen Aufwendungen, die mit der Anschaffung des Erwerbsgegenstandes in Zusammenhang stehen, einwandfrei abgrenzbar sein.
- Die Vergütung darf nur dann zu zahlen sein, wenn der Anleger die Gegenleistung in Anspruch nimmt.
- Die rechtliche und tatsächliche Abwahlmöglichkeit der Leistung und die dann eintretende Ermäßigung des Gesamtpreises muss in dem Vertrag klar und eindeutig zum Ausdruck kommen.

– Zinsen der Zwischen- und Endfinanzierung

12 Zinsen und Bearbeitungskosten des Kreditinstituts sind, wenn der Anleger sie aufgrund eigener Verpflichtung gegenüber dem Darlehensgeber zahlt, Entgelt für die Überlassung des Kredits und damit Werbungskosten. Eine andere Beurteilung ist jedoch z. B. dann geboten, wenn hinsichtlich der Bauzeitzinsen eine Vereinbarung mit der Anbieterseite besteht, nach der eine bestimmte Zinsbelastung garantiert wird, und hierbei höhere Zinsen vom Garantiegeber getragen, niedrigere Zinsen jedoch dem Erwerber nicht erstattet werden. In einem derartigen Fall stellen die vom Darlehensnehmer zu zahlenden Zinsen und die Gebühr für die Zinsgarantie lediglich einen Kalkulationsbestandteil des Gesamtpreises und damit Anschaffungskosten dar.

– Vorauszahlung von Schuldzinsen

13 Zinsen sind im Regelfall spätestens am Ende des jeweiligen Jahres zu entrichten. Bei einer Vorauszahlung liegt ein im Jahr der Zahlung zu berücksichtigender Zahlungsabfluss nur vor, wenn für die Vorauszahlung ein wirtschaftlich vernünftiger Grund maßgebend ist. Hiervon kann ausgegangen werden, wenn Schuldzinsen für einen Zeitraum von nicht mehr als 12 Monaten vorausgezahlt werden. Bei einer Vorauszahlung für einen Zeitraum von mehr als 12 Monaten ist der wirtschaftlich vernünftige Grund vom Steuerpflichtigen im Einzelfall darzulegen. Bestehen für die Vorauszahlung von Schuldzinsen für einen Zeitraum von mehr als einem Jahr keine vernünftigen wirtschaftlichen Gründe, sind die vorausgezahlten Schuldzinsen anteilig in den Jahren als Werbungskosten abziehbar, zu denen sie wirtschaftlich gehören.

– Zinsfreistellungsgebühren

Vereinbarungen, nach denen der Anleger für mehrere Jahre von Zinszahlungsverpflichtungen gegenüber dem Darlehensgläubiger gegen Entrichtung von Gebühren an diesen freigestellt wird, haben den Charakter eines zusätzlichen Darlehens. Die gezahlten Gebühren sind deshalb anteilig in den Jahren als Werbungskosten abziehbar, für die der Anleger von Zinszahlungsverpflichtungen freigestellt worden ist. 14

– Damnum, Disagio, Bearbeitungs- und Auszahlungsgebühren

Diese Aufwendungen sind in Höhe des vom jeweiligen Darlehensnehmer an das Kreditinstitut gezahlten Betrags als Werbungskosten abziehbar, soweit unter Berücksichtigung der jährlichen Zinsbelastung die marktüblichen Beträge nicht überschritten werden. Der über die marktüblichen Beträge hinausgehende Teil ist auf den Zinsfestschreibungszeitraum **oder** bei dessen Fehlen auf die Laufzeit des Darlehens zu verteilen. Eine Zinsvorauszahlung ist regelmäßig anzunehmen, wenn der Nominalzins ungewöhnlich niedrig und das Damnum entsprechend hoch bemessen ist. Aus Vereinfachungsgründen kann von der Marktüblichkeit ausgegangen werden, wenn für ein Darlehen mit einem Zinsfestschreibungszeitraum von mindestens 5 Jahren ein Damnum in Höhe von bis zu **5** v. H. vereinbart worden ist. Ist ein Damnum nicht mehr als 3 Monate vor Auszahlung der Darlehensvaluta oder einer ins Gewicht fallenden Teilauszahlung des Darlehens **(mindestens 30 v. H. der Darlehensvaluta einschließlich Damnum)** geleistet worden, kann davon ausgegangen werden, dass ein wirtschaftlich vernünftiger Grund besteht (BFH-Urteil vom 3. Februar 1987, BStBl II S. 492). 15

– Kosten der Darlehenssicherung

Die anteiligen Notariats- und Grundbuchkosten für die Darlehenssicherung sind in der Höhe sofort abziehbare Werbungskosten, in der sie an den Notar und das Grundbuchamt abgeführt worden sind. 16

– Gebühren im Zusammenhang mit der Vermietung

Gebühren für die erstmalige Vermietung des Objekts sind Werbungskosten, soweit sie die ortsübliche Maklerprovision nicht überschreiten. Im Allgemeinen kann eine Gebühr in Höhe von bis zu 2 Monatsmieten als angemessen angesehen werden. An einer wirtschaftlich ernsthaften Gegenleistung fehlt es, wenn z. B. das Objekt schon von der Planung her für einen ganz bestimmten Mieter errichtet werden soll oder wenn bereits zum Beitrittszeitpunkt des Anlegers ein Mietvertrag oder eine entsprechende Vorvereinbarung mit dem Mieter bestand. Eine Mietervermittlungsgebühr ist auch nicht anzuerkennen, wenn der Vermittler mit dem Mieter identisch oder wirtschaftlich verflochten ist, der Anleger das Objekt selbst bezieht oder aus anderen Gründen die angebotenen Leistungen nicht in Anspruch nimmt. In diesen Fällen stellen die erhobenen Gebühren anteilig Anschaffungskosten des Grund und Bodens und des Gebäudes oder der Eigentumswohnung dar. 17

Die Anerkennung von Gebühren für die Übernahme von Garantien und Bürgschaften als Werbungskosten setzt stets voraus, dass das vom Garantiegeber oder Bürgen getragene Risiko im Verhältnis zu der dafür erhobenen Gebühr als eine wirtschaftlich ernsthafte Gegenleistung anzusehen ist. Außerdem muss der Garantiegeber oder Bürge wirtschaftlich (einkommens- und vermögensmäßig) in der Lage sein, die Garantieverpflichtung zu erfüllen. Alle diese Voraussetzungen sind vom Anleger darzulegen.

Gebühren für die Mietgarantie sind Werbungskosten, wenn tatsächlich ein Mietausfallwagnis besteht. Bei dem üblicherweise vereinbarten Garantiezeitraum von 5 Jahren kann das wirtschaftliche Risiko durch eine Gebühr bis zur Höhe von 4 Monatsmieten als abgedeckt angesehen werden. War das Objekt im Zeitpunkt des Vertragsabschlusses bereits vermietet, muss das Risiko entsprechend geringer bewertet werden; es ist regelmäßig mit einer Gebühr in Höhe von bis zu 2 Monatsmieten angemessen abgegolten. **Soweit höhere Gebühren vereinbart und gezahlt worden sind, stellen diese anteilig Anschaffungskosten des Grund und Bodens und des Gebäudes oder der Eigentumswohnung dar.**

– Gebühren im Zusammenhang mit der Endfinanzierung

Geldbeschaffungskosten, Bürgschafts- und Garantiegebühren für die Endfinanzierung sind unter den Voraussetzungen der **RdNr. 17 2. Absatz** sowie der **RdNr. 22** und **RdNr. 27** als Werbungskosten abzuziehen. Die **RdNr. 22** und **RdNr. 27** sind für die Bestimmung der Höhe des abziehbaren Betrags entsprechend anzuwenden. 18

– Vergütungen an Steuer- und Rechtsberater

19 Beratungskosten im Zusammenhang mit der Anschaffung des Grund und Bodens oder der Errichtung **oder Modernisierung** des Gebäudes oder der Eigentumswohnung sind den jeweiligen Anschaffungskosten zuzurechnen. Soweit auch der Erwerber eines bebauten Grundstücks außerhalb eines Gesamtobjekts die Gebühren sofort als Werbungskosten abziehen könnte, können sie, insbesondere, soweit die Leistungen den Zeitraum nach Bezugsfertigkeit betreffen (z. B. Abgabe von Feststellungserklärungen, Rechtsbehelfsverfahren), als Werbungskosten berücksichtigt werden. Ist der Steuer- und Rechtsberater zugleich Vermittler, Initiator oder Treuhänder, ist bei vereinbarter gesonderter Berechnung der Gebühren zu prüfen, ob die Gebühren dem jeweiligen Leistungsumfang angemessen sind. Ist für die Vermittler-, Initiatoren- oder Treuhandtätigkeit und die Steuer- und Rechtsberatungstätigkeit ein Gesamthonorar vereinbart, gehören die Gebühren zu den Anschaffungskosten. Das gilt auch, wenn ein pauschales Steuer- und Rechtsberatungshonorar, das die Zeit vor und nach Bezugsfertigkeit umfasst, vereinbart worden ist und die Tätigkeit vor Bezugsfertigkeit mit der Anschaffung des bebauten Grundstücks wirtschaftlich zusammenhängt.

– Beiträge zu Sach- und Haftpflichtversicherungen

20 Beiträge zu den Sach- und Haftpflichtversicherungen für während der Bauzeit eintretende Schäden sind Werbungskosten, soweit sie der Erwerber als Versicherungsnehmer gezahlt hat.

c) Rechtliche Einordnung der vom Bauherrn aufzubringenden Kosten

21 Die Kosten, die der Bauherr im Zusammenhang mit der Errichtung des Gebäudes oder der Eigentumswohnung aufzubringen hat, können Anschaffungskosten des Grund und Bodens und – bei Beitritt nach Baubeginn – des bereits erstellten Teils des Gebäudes oder der Eigentumswohnung, Herstellungskosten des Gebäudes oder der Eigentumswohnung oder sofort abziehbare Werbungskosten sein. Zu den nachstehenden Aufwendungen gilt Folgendes:

– Gebühren für die Vermittlung und die damit verbundene Bearbeitung der Zwischen- und Endfinanzierung

22 Diese Geldbeschaffungskosten sind in Höhe der marktüblichen Konditionen als Werbungskosten abziehbar. Erfahrungsgemäß betragen sie insgesamt 2 v. H. des jeweils vermittelten Darlehens. Der darüber hinausgehende Teil ist den Herstellungskosten des Gebäudes oder der Eigentumswohnung und den Anschaffungskosten anteilig hinzuzurechnen. Hat der **Bauherr** derartige Gebühren gezahlt, obwohl er die Finanzierung selbst beschafft, sind diese in vollem Umfang **auf die Herstellungskosten des Gebäudes oder der Eigentumswohnung und die Anschaffungskosten** aufzuteilen.

– Gebühren für die Vermittlung des Objekts oder Eigenkapitals und des Treuhandauftrags, Abschlussgebühren, Courtage, Agio, Beratungs- und Bearbeitungsgebühren sowie Platzierungsgarantiegebühren

23 Diese Kosten sollen Leistungen des Anlageberaters an den Bauherrn abgelten. Sie sind auf die Erlangung des Bauobjekts gerichtet und gehören deshalb anteilig zu den Herstellungskosten des Gebäudes oder der Eigentumswohnung und zu den Anschaffungskosten (vgl. BFH-Urteil vom 13. Oktober 1983, BStBl 1984 II S. 101).

– Kosten für die Ausarbeitung der technischen, wirtschaftlichen und steuerlichen Grundkonzeption, für die Werbung der Bauinteressenten, für die Prospektprüfung und sonstige Vorbereitungskosten

24 Diese Kosten decken regelmäßig Kosten der Initiatoren des Bauvorhabens ab. Werden solche Aufwendungen vom Bauherrn übernommen, gehören sie anteilig zu den Herstellungskosten des Gebäudes oder der Eigentumswohnung und zu den Anschaffungskosten.

– Treuhandgebühren

25 Die Leistungen des Treuhänders betreffen zum Teil die Geldbeschaffung und die spätere Vermietung. Die hierauf entfallenden Teile der Treuhandgebühren können als Werbungskosten abgezogen werden. Zum Teil betreffen die Leistungen des Treuhänders die Anschaffung des Grund und Bodens. Deshalb gehört z. B. das Entgelt für die Mitwirkung beim Abschluss des Grundstückskaufvertrags oder für die Bewirkung der Grundbuchumschreibung bezüglich des Grunderwerbs im Namen des Bauherrn zu den Anschaffungskosten des Grund und Bodens. Zum Teil stehen die Leistungen des Treuhänders mit der Herstellung des Gebäudes oder der Eigentumswohnung im Zusammenhang. Die darauf entfallenden Teile der Treuhandgebühren gehören deshalb zu den Anschaffungs- oder Herstellungskosten des Gebäudes oder der Eigentumswohnung. Hierzu rechnen z. B. Entgeltsanteile für

- die Vergabe der Gebäudeplanung durch den Treuhänder im Namen des Bauherrn,
- die Vertretung des Bauherrn gegenüber Baubehörden,
- die sachliche und zeitliche Koordination aller für die Durchführung des Bauvorhabens erforderlichen Leistungen,
- die Stellung des Antrags auf Baugenehmigung für den Bauherrn oder für die Abgabe der zur Begründung des Wohnungseigentums von den künftigen Eigentümern erforderlichen Erklärungen,
- die Entgegennahme und Verwaltung der Geldmittel,
- die Beaufsichtigung des Baubetreuers.

Erfahrungsgemäß betrifft die Tätigkeit des Treuhänders überwiegend den Herstellungsbereich, während auf den Finanzierungsbereich und den Bereich der späteren Vermietung nur ein geringer Teil seiner gesamten Tätigkeit entfällt. Deshalb kann ein Viertel der Kosten für die Leistungen des Treuhänders, in aller Regel jedoch nicht mehr als 0,5 v. H. der Gesamtaufwendungen den Werbungskosten **zugeordnet werden. Nicht zu den Gesamtaufwendungen gehören die in RdNr. 15 und RdNr. 23 genannten Aufwendungen. Der nicht als Werbungskosten anzuerkennende Teil der Treuhandgebühr ist anteilig den Herstellungskosten des Gebäudes oder der Eigentumswohnung und den Anschaffungskosten zuzuordnen.**

– Baubetreuungskosten

Leistungen im Rahmen der technischen Baubetreuung (z. B. Beschaffung der Baugenehmigung, Erstellen von Leistungsverzeichnissen und Baufristenplänen, Bauaufsicht, Bauabnahme und dergleichen) sind dem Herstellungsbereich zuzuordnen. Im Rahmen der **wirtschaftlichen** Baubetreuung ist eine Vielzahl von unterschiedlichen Leistungen zu erbringen. Auch hierbei ist stets zu prüfen, ob die Aufwendungen des Bauherrn zu den Herstellungskosten des Gebäudes oder der Eigentumswohnung, den Anschaffungskosten oder den sofort abziehbaren Werbungskosten gehören. Anschaffungskosten des Grund und Bodens sind z. B. Kosten für die Regelung der eigentums- und bauplanungsrechtlichen Verhältnisse am Grundstück, z. B. betreffend Abtretung von Straßenland, Vorbereitung und Abschluss von Erschließungs- und Versorgungsverträgen sowie für Maßnahmen bei Vermessung und Erschließung des Grundstücks. Im Wesentlichen betreffen die Leistungen die Herstellung des Gebäudes oder der Eigentumswohnung. 26

Zu den Herstellungskosten gehören z. B. Entgeltsanteile für

- die Vertretung des Bauherrn gegenüber Baubehörden, den an der Baudurchführung beteiligten Architekten, Ingenieuren und bauausführenden Unternehmen,
- **Vorbereitung und Abschluss der mit der technischen Abwicklung des Bauprojekts zusammenhängenden Verträge,**
- die Aufstellung eines Geldbedarfs- und Zahlungsplans in Koordination mit dem Baufristenplan,
- die Führung eines Baugeld-Sonderkontos für den Bauherrn,
- die Vornahme des gesamten das Bauobjekt betreffenden Zahlungsverkehrs,
- die laufende Unterrichtung des Treuhänders,
- die Übersendung von Auszügen des Baukontos,
- die Erstellung der Schlussabrechnung und die Erteilung der dazu erforderlichen Informationen an den Treuhänder,
- die sachliche und zeitliche Koordination aller für die Durchführung des Bauvorhabens erforderlichen Leistungen,
- eine Wirtschaftlichkeitsberechnung, die zur Beurteilung der Wirtschaftlichkeit des Herstellungsvorgangs für den Bauherrn erstellt worden ist.

Zu den sofort abziehbaren Werbungskosten gehören z. B. Entgeltsanteile für

- eine Wirtschaftlichkeitsberechnung, die Finanzierungszwecken des Bauherrn zu dienen bestimmt ist,
- Leistungen, die den Vermietungsbereich betreffen,
- Leistungen, die den Betreuungsbereich nach Fertigstellung des Objekts (z. B. Abschluss von Wartungsverträgen) betreffen.

Nach allgemeiner Erfahrung können den Werbungskosten ein Achtel der **Gebühren für die wirtschaftliche Betreuung**, in aller Regel jedoch nicht mehr als 0,5 v. H. des Gesamtaufwands genannten Aufwendungen zugeordnet werden. **Nicht zu den Gesamtaufwendungen gehören die in den RdNr. 15 und RdNr. 23 genannten Aufwendungen. Der nicht als Werbungskosten**

anzuerkennende Teil der Gebühren für die wirtschaftliche Baubetreuung ist anteilig den Herstellungskosten des Gebäudes oder der Eigentumswohnung und den Anschaffungskosten zuzuordnen.

– Bürgschaftsgebühren für die Zwischen- und Endfinanzierung, Ausbietungsgarantie

27 Neben den Voraussetzungen der **RdNr. 17 2. Absatz** ist eine weitere vom Anleger darzulegende Voraussetzung für die Anerkennung der im Zusammenhang mit der Finanzierung stehenden Gebühren, dass die selbstschuldnerische Garantie oder Bürgschaft vom Darlehensgläubiger nachweislich gefordert und bei diesem auch hinterlegt worden ist. Gebühren für die Übernahme von Bürgschaftsverpflichtungen gegenüber dem Kreditgeber zur Sicherstellung der Zwischenfinanzierung können unabhängig von der Zahl der Bürgen in Höhe einer banküblichen Avalprovision (insgesamt 2 v. H. jährlich des verbürgten und zugesagten Betrags) den Werbungskosten zugerechnet werden. Mit Rücksicht auf die übrigen bestehenden Sicherungen können Gebühren für die Übernahme der Bürgschaft für die Endfinanzierung und der Ausbietungsgarantie einmalig, d. h. für den gesamten Zeitraum und unabhängig von der Zahl der Bürgen und Garantiegeber, in Höhe von insgesamt 0,5 v. H. der in Anspruch genommenen Darlehensmittel den Werbungskosten zugerechnet werden. **Der nicht als Werbungskosten anzuerkennende Teil dieser Gebühren ist anteilig den Herstellungskosten des Gebäudes oder der Eigentumswohnung und den Anschaffungskosten zuzuordnen.**

– Gebühren für die Preissteigerungs-, Kosten-, Vertragsdurchführungs-(Fertigstellungs-)Garantie

28 Vergütungen für die Übernahme solcher Garantien gegenüber dem Bauherrn sind keine sofort abziehbaren Werbungskosten. Sie sind **grundsätzlich** den Herstellungskosten des Gebäudes oder der Eigentumswohnung zuzurechnen. Gebühren für die Vertragsdurchführungsgarantie gehören in den Fällen, in denen die Garantie z. B. auf die Werbung von Bauinteressenten gerichtet ist, anteilig zu den Herstellungskosten des Gebäudes oder der Eigentumswohnung und den Anschaffungskosten. Bezieht sich bei der Herstellung von Eigentumswohnungen die Garantie auf die Finanzierung des gesamten Bauvorhabens, handelt es sich in der Regel um eine Vertragsdurchführungsgarantie, so dass die Kosten hierfür anteilig zu den Herstellungskosten des Gebäudes oder der Eigentumswohnung und den Anschaffungskosten gehören.

29 Als Werbungskosten kommen darüber hinaus Aufwendungen in Betracht, die nach den Grundsätzen der **RdNr. 12 bis 20** sofort abziehbar sind. **Soweit Gebühren im Sinne von RdNr. 17 bis RdNr. 19 nicht als Werbungskosten anerkannt werden können, gehören die Kosten anteilig zu den Herstellungskosten des Gebäudes oder der Eigentumswohnung und den Anschaffungskosten.**

2. Anwendung der Grundsätze bei anderen Wirtschaftsgütern

30 **Die vorstehenden Grundsätze gelten entsprechend, wenn Gegenstand des Gesamtobjekts oder des vergleichbaren Modells mit nur einem Kapitalanleger nicht eine Immobilie, sondern ein anderes Wirtschaftsgut ist.**

II. Geschlossene Fonds

31 **Die nachstehenden Regelungen gelten im Grundsatz für alle Fonds. Die ertragsteuerliche Behandluzng von Film- und Fernsehfonds richet sich im Einzelnen nach den BMF-Schreiben vom 23. Februar 2001 (BStBl I S. 175) und vom 5. August 2003 (BStBl I S. 406).**

1. Einkunftserzielung

32 Erfüllt ein geschlossener **Fonds** in der Rechtsform der **Personengesellschaft** in der gesellschaftsrechtlichen Verbundenheit seiner Gesellschafter den Tatbestand der Einkunftserzielung, ist auf der Ebene der Gesellschaft zu entscheiden, ob Aufwendungen, die die Gesellschaft trägt, Herstellungskosten, Anschaffungskosten, **Betriebsausgaben** oder Werbungskosten sind. Der auf der Ebene der Gesellschaft ermittelte Überschuss der Einnahmen über die Werbungskosten **oder der Gewinn** ist den einzelnen Gesellschaftern zuzurechnen (vgl. BFH-Beschluss vom 19. August 1986, BStBl 1987 II S. 212 m. w. N.).

2. Erwerbereigenschaft eines Fonds auf Grund fehlender wesentlicher Einflussnahmemöglichkeiten

33 **Ein geschlossener Fonds ist nach den Grundsätzen der BFH-Urteile zur ertragsteuerlichen Behandlung der Eigenkapitalvermittlungsprovision und anderer Gebühren vom 8. Mai 2001 (BStBl II S. 720) und vom 28. Juni 2001 (BStBl II S. 717) immer dann als Erwerber anzusehen,**

wenn der Initiator der Gesellschaft ein einheitliches Vertragswerk vorgibt und die Gesellschafter in ihrer gesellschaftsrechtlichen Verbundenheit keine Möglichkeit besitzen, hierauf Einfluss zu nehmen.

Für die Herstellereigenschaft ist es wegen der besonderen Konzeption geschlossener Fonds bei gewerblichen Fonds erforderlich, dass die Mitwirkungsrechte der Gesellschafter über die zur Anerkennung der Mitunternehmereigenschaft nach § 15 Abs. 1 Satz 1 Nr. 2 EStG geforderte Initiative hinausgehen; auch bei vermögensverwaltenden Fonds müssen die Mitwirkungsrechte weiter gehen als die einem Kommanditisten nach dem HGB zustehenden Rechte. Wesentliche Einflussnahmemöglichkeiten entstehen nicht bereits dadurch, dass der Initiator als Gesellschafter oder Geschäftsführer für den Fonds gehandelt hat oder handelt. Die Einflussnahmemöglichkeiten müssen den Gesellschaftern selbst gegeben sein, die sie innerhalb des Fonds im Rahmen der gesellschaftsrechtlichen Verbundenheit ausüben. Eine Vertretung durch bereits konzeptionell vorbestimmte Dritte (z. B. Treuhänder, Beiräte) reicht nicht aus. Einem von den Gesellschaftern selbst aus ihrer Mitte bestimmten Beirat oder einem vergleichbaren Gremium dürfen weder der Initiator noch Personen aus dessen Umfeld angehören. Über die Einrichtung und Zusammensetzung eines Beirats dürfen allein die Gesellschafter frühestens zu einem Zeitpunkt entscheiden, in dem mindestens 50 v. H. des prospektierten Kapitals eingezahlt sind. 34

Eine ausreichende Einflussnahmemöglichkeit ist gegeben, wenn der Fonds rechtlich und tatsächlich in der Lage ist, wesentliche Teile des Konzepts zu verändern. Das kann auch dann bejaht werden, wenn Entscheidungsalternativen für die wesentlichen Konzeptbestandteile angeboten werden. Allein die Zustimmung zu den vom Initiator vorgelegten Konzepten oder Vertragsentwürfen bedeutet keine ausreichende Einflussnahme. Die Gesellschafter müssen vielmehr über die wesentlichen Vertragsgestaltungen und deren Umsetzung tatsächlich selbst bestimmen können. 35

Die Einflussnahmemöglichkeiten dürfen auch faktisch nicht ausgeschlossen sein. 36

Die Umsetzung der wesentlichen Konzeptbestandteile und Abweichungen hiervon sind durch geeignete Unterlagen vollständig zu dokumentieren. 37

3. Rechtliche Einordnung der von einem Fonds ohne wesentliche Einflussnahmemöglichkeiten der Anleger aufzubringenden Kosten

a) Anschaffungskosten

Zu den Anschaffungskosten des Fonds gehören grundsätzlich alle Aufwendungen, die im wirtschaftlichen Zusammenhang mit der Abwicklung des Projekts in der Investitionsphase anfallen. RdNr. 9 gilt entsprechend. Ohne Bedeutung ist in diesem Zusammenhang, ob diese Aufwendungen von dem Gesellschafter unmittelbar geleistet werden oder ob ein Teil seiner Einlage mit oder ohne sein Wissen für diese Zahlungen verwendet wird. Unbeachtlich ist weiterhin, ob diese Aufwendungen an den Initiator des Projektes oder an Dritte gezahlt werden. Zu den Anschaffungskosten gehören darüber hinaus stets Haftungs- und Geschäftsführungsvergütungen für Komplementäre, Geschäftsführungsvergütungen bei schuldrechtlichem Leistungsaustausch und Vergütungen für Treuhandkommanditisten, soweit sie auf die Investitionsphase entfallen. 38

b) Betriebsausgaben oder Werbungskosten

Aufwendungen, die nicht auf den Erwerb des ggf. sanierten oder modernisierten Wirtschaftsguts gerichtet sind und die auch der (Einzel-)Erwerber außerhalb einer Fondsgestaltung als Betriebsausgaben oder Werbungskosten abziehen könnte, sind nicht den Anschaffungskosten des Objekts zuzurechnen. 39

Für den Abzug von Betriebsausgaben oder Werbungskosten gelten RdNrn. 5 bis 7 und 11 bis 20 entsprechend. Die in RdNr. 11 (letzter Gliederungspunkt) aufgeführte rechtliche und tatsächliche Abwahlmöglichkeit der Leistung muss den Anlegern in ihrer gesellschaftsrechtlichen Verbundenheit gegeben sein. 40

4. Rechtliche Einordnung der von einem Fonds mit wesentlichen Einflussnahmemöglichkeiten der Anleger aufzubringenden Kosten

Haben die Anleger eines geschlossenen Fonds wesentliche Einflussnahmemöglichkeiten im Sinne der RdNr. 33 bis 37, richtet sich die Abgrenzung zwischen Erwerber- und Herstellereigenschaft nach den allgemeinen Grundsätzen zu § 6 Abs. 1 Nr. 1 EStG. 41

a) Herstellungs-, Modernisierungs- oder Sanierungsfonds

42 **Für die Abgrenzung der Anschaffungskosten, Herstellungskosten und sofort abziehbaren Werbungskosten sowie Betriebsausgaben bei einem Fonds, der ein Wirtschaftsgut herstellt oder modernisiert sowie saniert, gelten die Ausführungen in RdNr. 5 bis 7 sowie 21 bis 29 entsprechend. In Fällen der Instandsetzung und Modernisierung von Gebäuden gilt zusätzlich das BMF-Schreiben vom 18. Juli 2003, BStBl I S. 386.** Ferner können insbesondere folgende Aufwendungen sofort abziehbare Werbungskosten sein:

aa) Eigenkapitalvermittlungsprovisionen

43 Provisionen, die die Fondsgesellschaft für die Vermittlung des Eintritts von Gesellschaftern zahlt, sind in der Regel **Betriebsausgaben oder** Werbungskosten (BFH-Urteil vom 24. Juli 1987, BStBl II S. 810). Bemessungsgrundlage ist das jeweils vermittelte Eigenkapital. Hierzu gehören neben der Einlage des Gesellschafters auch ein an die Gesellschaft zu leistendes Agio sowie ein Gesellschafterdarlehen, wenn es eigenkapitalähnlichen Charakter hat. Das ist grundsätzlich der Fall, wenn das Darlehen derselben zeitlichen Bindung wie die Gesellschaftereinlage unterliegt und zur Erreichung des Gesellschaftszwecks notwendig ist. Ist bei Refinanzierung der Einlage oder des Gesellschafterdarlehens das Refinanzierungsdarlehen durch Gesellschaftsvermögen gesichert, gehören die Beträge nur zum Eigenkapital, soweit das Refinanzierungsdarlehen gleichzeitig durch Vermögen des Gesellschafters tatsächlich gesichert ist. Provisionen von bis zu insgesamt höchstens 6 v. H. des vermittelten Eigenkapitals können den **Betriebsausgaben oder** Werbungskosten zugerechnet werden. Damit sind sämtliche Vertriebsleistungen Dritter, die auf die Werbung von Gesellschaftern gerichtet und nicht den Anschaffungs- oder Herstellungskosten zuzurechnen sind, abgegolten. Hierzu gehören insbesondere die Aufwendungen für die Prospekterstellung, Prospektprüfung und Übernahme der Prospekthaftung, für den Außenvertrieb, für Werbung und für Marketing. **Der nicht als Betriebsausgaben oder Werbungskosten anzuerkennende Teil der Eigenkapitalvermittlungsprovision ist gegebenenfalls anteilig den Anschaffungs- oder Herstellungskosten des Objekts zuzuordnen.**

bb) Haftungs- und Geschäftsführungsvergütungen für Komplementäre

44 Vergütungen, die der Komplementär für die Übernahme der Haftung oder Geschäftsführung aufgrund gesellschaftsrechtlich wirksamer Vereinbarung erhält, mindern, soweit sie nicht unangemessen sind, die Ergebnisanteile der übrigen Gesellschafter (vgl. BFH-Urteil vom 7. April 1987, BStBl II S. 707). Die Haftungsvergütungen können wie Bürgschaftsgebühren entsprechend **RdNr. 27** behandelt werden, soweit die **dort** genannten Höchstbeträge noch nicht ausgeschöpft sind. **Wegen der steuerlichen Behandlung der Geschäftsführungsvergütung vgl. RdNr. 45.**

cc) Geschäftsführungsvergütungen bei schuldrechtlichem Leistungsaustausch

45 Vergütungen, die ein Gesellschafter für die Übernahme der Geschäftsführung erhält, können wie entsprechende Leistungen an einen Nichtgesellschafter auf einem schuldrechtlichen Leistungsaustausch beruhen **(zur Abgrenzung vgl. BFH, Urteil vom 13. Oktober 1998, BStBl 1999 II S. 284, und Urteil vom 23. Januar 2001, BStBl II S. 621)**. In diesem Fall kommt ein **Betriebsausgaben- oder** Werbungskostenabzug auf der Gesellschaftsebene in Betracht. Die Geschäftsführung während der Investitionsphase betrifft im Wesentlichen die Tätigkeiten i. S. der **RdNr. 25 und 26**. Hierzu zählen z. B. auch die „Verwaltung" der Gesellschaft, die Mittelverwaltung und die „Buchführung", die Unterrichtung der Beteiligten über den Fortgang des Projekts und die Einberufung von Gesellschafterversammlungen (Gesellschafterbetreuung). Diese Tätigkeiten sind untrennbar mit der Erstellung des Fondsobjekts verbunden. Die während der Investitionsphase geleisteten Geschäftsführungsvergütungen einschließlich der auf die Zeit nach Abschluss der Investition entfallenden Beträge sind in dem Verhältnis aufzuteilen, in dem die Geschäftsführungstätigkeit die Baubetreuung und die Treuhandtätigkeit im Sinne der **RdNr. 25 und 26** betrifft. Die jeweiligen Anteile sind gegebenenfalls mit weiteren für die Baubetreuung oder Treuhandtätigkeit gezahlten Gebühren zusammenzufassen und nach den Grundsätzen der **RdNr. 25 und 26** zu behandeln.

b) Erwerberfonds

46 **Für die Abgrenzung der Anschaffungskosten von den sofort abziehbaren Werbungskosten oder Betiebsausgaben bei einem Fonds, der ein fertig gestelltes und nutzungsbereites Wirtschaftsgut erwirbt, gelten die Ausführungen in RdNr. 38 bis 40 entsprechend. Die von der Gesellschaft zu zahlende Eigenkapitalvermittlungsprovision ist nach den Grundsätzen der Rdr. 43 zu behandeln.**

c) Konzeptionsgebühren und Platzierungsgarantiegebühren

Konzeptionsgebühren und Platzierungsgarantiegebühren gehören nicht zu den **Betriebsausgaben oder** Werbungskosten (vgl. **RdNr. 23 und 24** sowie BFH-Beschluss vom 19. August 1986, a. a. O.). 47

d) Kosten für die Vertretung der Gesellschafter

Vergütungen, die Gesellschafter für die Wahrnehmung ihrer Interessen in der Gesellschaft an Dritte zahlen, sind entsprechend der tatsächlichen Gegenleistung in Anschaffungskosten, Herstellungskosten und sofort abziehbare Werbungskosten oder Betriebsausgaben aufzuteilen. Soweit sie den Anschaffungskosten oder Herstellungskosten zuzuordnen sind, sind sie in einer Ergänzungsrechnung zu erfassen oder in einer Ergänzungsbilanz zu aktivieren. Soweit sie sofort abziehbare Werbungskosten oder Betriebsausgaben darstellen, sind sie Sonderwerbungskosten oder Sonderbetriebsausgaben des betreffenden Gesellschafters. Werden diese Kosten gemäß Gesellschafterbeschluss von der Gesellschaft übernommen, ist die Aufteilung auf der Ebene der Gesamthand vorzunehmen. 48

e) Späterer Beitritt von Gesellschaftern

Aufwendungen, die vor dem Beitritt eines Gesellschafters zu einer Fondsgesellschaft rechtlich entstanden und gezahlt worden sind, gehören bei dem Gesellschafter zu den Anschaffungskosten. Rechtlich entstandene Aufwendungen, die nach dem Beitritt eines Gesellschafters von der Gesellschaft gezahlt werden und bei der Ermittlung der Einkünfte auf der Ebene der Gesellschaft den **Betriebsausgaben oder** Werbungskosten zuzurechnen sind, sind bei dem neu eintretenden Gesellschafter **Betriebsausgaben oder** Werbungskosten, wenn er mit ihnen belastet wird (vgl. BFH-Beschluss vom 19. August 1986, a. a. O.). 49

III. Erstmalige Anwendung

Dieses Schreiben ist in allen Fällen anzuwenden, in denen ein bestandskräftiger Steuerbescheid noch nicht vorliegt. Soweit die Anwendung der RdNr. 15 und 26 dieses Schreibens zu einem Nachteil gegenüber der bisherigen Verwaltungsauffassung bei der Steuerfestsetzung führt, ist dieses Schreiben erstmals für Darlehensverträge und Baubetreuungsverträge anzuwenden, die nach dem 31. Dezember 2003 abgeschlossen werden. Soweit die Anwendung dieser Grundsätze im Übrigen zu einer Verschärfung der Besteuerung gegenüber der bisher geltenden Verwaltungspraxis führt, sind die Grundsätze nicht anzuwenden, wenn der Außenvertrieb der Fondsanteile vor dem 1. September 2002 begonnen hat und der Steuerpflichtige dem Fonds vor dem 1. Januar 2004 beitritt. Der Außenvertrieb beginnt in dem Zeitpunkt, in dem die Voraussetzungen für die Veräußerung der konkret bestimmbaren Fondsanteile erfüllt sind und die Gesellschaft selbst oder über ein Vertriebsunternehmen mit Außenwirkung an den Markt herangetreten ist. 50

Die BMF-Schreiben vom 31. August 1990 (BStBl I S. 366), vom 1. März 1995 (BStBl I S. 167), vom 24. Oktober 2001 (BStBl I S. 780) und vom 29. November 2002 (BStBl I S. 1388) werden aufgehoben. 51

II

Einkunftserzielung bei den Einkünften aus Vermietung und Verpachtung

Bezug: BMF-Schreiben vom 23. Juli 1992 (BStBl I S. 434), vom 29. Juli 2003 (BStBl I S. 405) vom 15. August 2003 (BStBl I S. 427) und vom 20. November 2003 (BStBl I S. 640)

BMF vom 8. 10. 2004 (BStBl I S. 933)
IV C 3 – S 2253 – 91/04

Nach dem Beschluss des Großen Senats vom 25. Juni 1984 (BStBl 1984 II S. 751) setzt eine einkommensteuerrechtlich relevante Betätigung oder Vermögensnutzung im Bereich der Überschusseinkünfte die Absicht voraus, auf Dauer gesehen nachhaltig Überschüsse zu erzielen.

Bei den Einkünften aus Vermietung und Verpachtung ist nach ständiger Rechtsprechung des Bundesfinanzhofs (vgl. BFH-Urteil vom 30. September 1997, BStBl 1998 II S. 771, m. w. N.) bei einer auf Dauer angelegten Vermietungstätigkeit grundsätzlich ohne weitere Prüfung vom Vorliegen der Einkunftserzielungsabsicht auszugehen. 1

Dies gilt nur dann nicht, wenn besondere Umstände oder Beweisanzeichen gegen das Vorliegen einer Einkunftserzielungsabsicht sprechen oder besondere Arten der Nutzung für sich allein 2

Beweisanzeichen für eine private, nicht mit der Erzielung von Einkünften zusammenhängende Veranlassung sind[1])[2])[3]).

3 Zur einkommensteuerlichen Ermittlung der Einkünfte aus Vermietung und Verpachtung hat der Bundesfinanzhof mit Urteilen vom 21. November 2000 (BStBl 2001 II S. 705), 6. November 2001 (BStBl II 2002 S. 726), 9. Juli 2002 (BStBl 2003 II S. 580 u. S. 695), 5. November 2002 (BStBl 2003 II S. 646 u. S. 914), 9. Juli 2003 (BStBl II S. 940) und vom 22. Juli 2003 (BStBl II S. 806) seine Rechtsprechung weiter präzisiert.

Unter Bezugnahme auf das Ergebnis der Erörterungen mit den obersten Finanzbehörden des Bundes und der Länder sind die Grundsätze dieser Urteile mit folgender Maßgabe anzuwenden:

1. Auf Dauer angelegte Vermietungstätigkeit

4 Eine Vermietungstätigkeit ist auf Dauer angelegt, wenn sie nach den bei Beginn der Vermietung ersichtlichen Umständen keiner Befristung unterliegt (vgl. aber RdNr. 28). Hat der Steuerpflichtige den Entschluss, auf Dauer zu vermieten, endgültig gefasst, gelten die Grundsätze des Urteils vom 30. September 1997 (RdNr. 1) für die Dauer seiner Vermietungstätigkeit auch dann, wenn er das bebaute Grundstück später auf Grund eines neu gefassten Entschlusses veräußert (BFH-Urteil vom 9. Juli 2002, BStBl 2003 II S. 580, m. w. N.).

2. Gegen die Einkunftserzielungsabsicht sprechende Beweisanzeichen

a) Nicht auf Dauer angelegte Vermietungstätigkeit

5 Hat sich der Steuerpflichtige nur für eine vorübergehende Vermietung entschieden, wie es regelmäßig bei der Beteiligung an einem Mietkaufmodell (BFH-Urteil vom 9. Februar 1993, BStBl 1993 II S. 658) oder einem Bauherrenmodell mit Rückkaufangebot oder Verkaufsgarantie (BFH-Urteil vom 22. April 1997, BStBl II S. 650, m. w. N.) der Fall ist, bildet dies ein gegen die Einkunftserzielungsabsicht sprechendes Beweisanzeichen, wenn voraussichtlich Werbungskostenüberschüsse erzielt werden. Gleiches gilt auch außerhalb modellhafter Gestaltungen, wenn sich der Steuerpflichtige bei der Anschaffung oder Herstellung noch nicht endgültig entschieden hat, ob er das Grundstück langfristig vermieten will.*[4])*

6 Liegen Umstände vor, aus denen geschlossen werden kann, dass sich der Steuerpflichtige die Möglichkeit ausbedungen oder offen gehalten hat, das Mietobjekt innerhalb einer bestimmten Frist, innerhalb der er einen positiven Gesamtüberschuss nicht erzielen kann, unabhängig von einer Zwangslage zu verkaufen oder nicht mehr zur Einkunftserzielung zu nutzen, ist die Einkunftserzielungsabsicht zu verneinen. Beweisanzeichen hierfür können zum Beispiel der Abschluss eines entsprechenden Zeitmietvertrages, einer entsprechenden kurzen Fremdfinanzierung oder die Suche nach einem Käufer schon kurze Zeit nach Anschaffung oder Herstellung des Gebäudes sein. Gleiches gilt für den Fall der Kündigung eines bestehenden Mietverhältnisses, in das der Steuerpflichtige mit der Anschaffung des Objekts eingetreten ist (zur Anwendung vgl. RdNr. 41). Die Inanspruchnahme von Sonderabschreibungen oder erhöhten Absetzungen bei Gebäuden reicht zur Widerlegung der Einkunftserzielungsabsicht allein nicht aus.

7 Ein gegen die Einkunftserzielungsabsicht sprechendes Beweisanzeichen liegt auch dann vor, wenn der Steuerpflichtige ein bebautes Grundstück oder eine Wohnung innerhalb eines engen zeitlichen Zusammenhangs – von in der Regel bis zu fünf Jahren – seit der Anschaffung oder Herstellung veräußert oder selbst nutzt und innerhalb dieser Zeit nur einen Werbungskostenüberschuss erzielt. Je kürzer der Abstand zwischen der Anschaffung oder Errichtung des Objekts und der nachfolgenden Veräußerung oder Selbstnutzung ist, umso mehr spricht dies gegen eine auf

---

1) Zu einer Wohnung in einem aufwändig gestalteten oder ausgestatteten Wohnhaus, deren besonderen Wohnwert die Marktmiete nicht angemessen berücksichtigt → BFH vom 6. 10. 2004 (BStBl 2005 II S. 386).

2) Auch der Umstand, dass der Stpfl. die Anschaffungskosten oder Herstellungskosten des Vermietungsobjekts sowie anfallende Schuldzinsen mittels Darlehen finanziert, die zwar nicht getilgt, indes bei Fälligkeit durch den Einsatz von parallel laufenden Lebensversicherungen abgelöst werden sollen, führt nicht dazu, dass bei einer auf Dauer angelegten Vermietungstätigkeit die Einkünfteerzielungsabsicht zu prüfen ist (→ BFH vom 19. 4. 2005 – BStBl II S. 692 und vom 19. 4. 2005 – BStBl II S. 754).

3) Die Einkunftserzielungsabsicht ist bei langfristiger Vermietung jedoch zu prüfen, wenn der Stpfl. die Anschaffungs- oder Herstellungskosten des Vermietungsobjekts sowie anfallende Schuldzinsen fremdfinanziert und somit Zinsen auflaufen lässt, ohne dass durch ein Finanzierungskonzept von vornherein deren Kompensation durch spätere positive Ergebnisse vorgesehen ist (→ BFH vom 10. 5. 2007 – BStBl II S. 873).

4) Soll nach dem Konzept eines geschlossenen Immobilienfonds in der Rechtsform einer Personengesellschaft die Vermietungstätigkeit des Fonds nur 20 Jahre umfassen, ist sie nicht auf Dauer ausgerichtet (→ BFH vom 2. 7. 2008 – BStBl II S. 815).

Dauer angelegte Vermietungstätigkeit und für eine von vornherein bestehende Veräußerungs- oder Selbstnutzungsabsicht (BFH-Urteile vom 9. Juli 2002).[1][2]

Beispiel:

A erwirbt mit Wirkung vom Januar 01 eine gebrauchte Eigentumswohnung, die er zunächst fremdvermietet. Ende Juli 03 kündigt er das Mietverhältnis mit Ablauf des 31. Dezember 03 wegen Eigenbedarf. Nach Durchführung von Renovierungsarbeiten für insgesamt 30 000 € zieht A selbst in das Objekt ein.

Dass A das Mietobjekt innerhalb von fünf Jahren seit der Anschaffung tatsächlich selbst nutzt, spricht gegen eine auf Dauer angelegte Vermietungstätigkeit. Kann A keine Umstände darlegen und nachweisen, die dafür sprechen, dass er den Entschluss zur Selbstnutzung erst nachträglich (neu) gefasst hat, ist anhand einer Prognose zu prüfen, ob er aus der befristeten Vermietung einen Totalüberschuss erzielen kann. Diese Prognose bezieht sich grundsätzlich auf die Zeit bis einschließlich Dezember 03. Die Kosten der erst nach Beendigung der Vermietungstätigkeit durchgeführten Renovierungsmaßnahme können nicht als Werbungskosten abgezogen werden und sind daher auch nicht zusätzlich in diese Prüfung einzubeziehen.

Selbstnutzung ist gegeben, wenn der Steuerpflichtige die Wohnung selbst nutzt oder sie unentgeltlich Dritten zur Nutzung überlässt. 8

Die objektive Beweislast (Feststellungslast) für das Vorliegen der Einkunftserzielungsabsicht trägt der Steuerpflichtige. Er kann das gegen die Einkunftserzielungsabsicht sprechende Beweisanzeichen erschüttern, indem er Umstände schlüssig darlegt und ggf. nachweist, die dafür sprechen, dass er den Entschluss zur Veräußerung oder zur Selbstnutzung erst nachträglich gefasst hat (BFH-Urteil vom 9. Juli 2002, BStBl 2003 II S. 695). 9

Stellt sich das Fehlen einer Einkunftserzielungsabsicht (als Haupttatsache) erst zu einem späteren Zeitpunkt heraus, etwa durch nachträglich bekannt gewordene oder entstandene negative Beweisanzeichen (als Hilfstatsachen), kommt eine Änderung bestandskräftiger Steuerbescheide nach § 173 Abs. 1 Nr. 1 AO in Betracht (vgl. BFH-Urteil vom 6. Dezember 1994, BStBl 1995 II S. 192). 10

b) Verbilligte Überlassung einer Wohnung

Nach § 21 Abs. 2 EStG ist die Nutzungsüberlassung in einen entgeltlichen und in einen unentgeltlichen Teil aufzuteilen, wenn das Entgelt für die Überlassung einer Wohnung zu Wohnzwecken (Kaltmiete und gezahlte Umlagen) weniger als 56 v. H. (bis einschließlich Veranlagungszeitraum 2003: 50 v. H.) der ortsüblichen Marktmiete beträgt. 11

Der Bundesfinanzhof hat mit Urteil vom 5. November 2002 (BStBl 2003 II S. 646) eine Aufteilung auch für Mieten von mindestens 50 v. H. der ortsüblichen Marktmiete (vgl. R 162 EStR[3])) vorgenommen, wenn die auf Grund einer verbilligten Vermietung angezeigte Überschussprognose zur Überprüfung der Einkunftserzielungsabsicht negativ ist.

Bei einer langfristigen Vermietung ist grundsätzlich vom Vorliegen einer Einkunftserzielungsabsicht auszugehen, wenn das Entgelt nicht weniger als 75 v. H. der ortsüblichen Marktmiete beträgt. 12

Beträgt das Entgelt 56 v. H. und mehr, jedoch weniger als 75 v. H. der ortsüblichen Marktmiete, ist die Einkunftserzielungsabsicht anhand einer Totalüberschussprognose zu prüfen (vgl. RdNr. 37). Führt diese zu positiven Ergebnissen, sind die mit der verbilligten Vermietung zusammenhängenden Werbungskosten in voller Höhe abziehbar. Ist die Überschussprognose negativ, muss die 13

1) Allein der Abschluss eines Mietvertrages auf eine bestimmte Zeit rechtfertigt noch nicht den Schluss, auch die Vermietungstätigkeit sei nicht auf Dauer ausgerichtet. Wird bereits im Mietvertrag die Befristung mit einer ausdrücklich erklärten Selbstnutzungs- oder Verkaufsabsicht verknüpft, spricht dies gegen eine auf Dauer angelegte Vermietung (→ BFH vom 14. 12. 2004 – BStBl 2005 II S. 211).

2) Anm.: Einkünfteerzielungsabsicht bei befristeter Vermietungstätigkeit: Fehlt bei einer wegen beabsichtigter späterer Selbstnutzung von vornherein nur kurzfristig erfolgten Vermietung einer angeschafften und aufwendig sanierten Immobilie (hier: auf 5 Jahre befristeter Mietvertrag) von Anfang an die Einkünfteerzielungsabsicht, wenn der Stpfl. im Zeitraum bis zu der – wenn auch nur als Option zum Zeitpunkt der Pensionierung in ca. 20 Jahren bezeichneten – Selbstnutzung keinen Totalüberschuss erzielen kann – Stellt das offensichtliche Missverhältnis zwischen den Anschaffungskosten und Sanierungskosten des Mietobjekts und der vereinbarten Miete einen besonderen Umstand dar, der eine Totalüberschussprognose zur Überprüfung der Einkünfteerzielungsabsicht erfordert?
→ FG des Landes Sachsen-Anhalt vom 26. 4. 2007 (1 K 2337/04) – Rev. – IX R 63/07

3) Jetzt → R 21.3 EStR.

Vermietungstätigkeit in einen entgeltlichen und einen unentgeltlichen Teil aufgeteilt werden. Die anteilig auf den entgeltlichen Teil entfallenden Werbungskosten sind abziehbar.

14 Bei Überlassung eines Mietobjekts zu einem Entgelt, das unter 56 v. H. der ortsüblichen Marktmiete liegt, ist die Nutzungsüberlassung in einen entgeltlichen und in einen unentgeltlichen Teil aufzuteilen. Die geltend gemachten Aufwendungen sind insoweit zu berücksichtigen, als sie auf den entgeltlichen Teil entfallen. In diesem Fall entfällt die Prüfung der Einkunftserzielungsabsicht in Bezug auf die verbilligte Miete (BFH-Urteil vom 22. Juli 2003, BStBl II S. 806).[1])

15 Für die Beurteilung der Einkunftserzielungsabsicht ist es ohne Belang, ob an fremde Dritte oder an Angehörige verbilligt vermietet wird.

c) Vermietung von Ferienwohnungen[2])

– Ausschließliche Vermietung

16 Bei einer ausschließlich an wechselnde Feriengäste vermieteten und in der übrigen Zeit hierfür bereit gehaltenen Ferienwohnung ist ohne weitere Prüfung von der Einkunftserzielungsabsicht des Steuerpflichtigen auszugehen. Diese Grundsätze gelten unabhängig davon, ob der Steuerpflichtige die Ferienwohnung in Eigenregie oder durch Einschalten eines fremden Dritten vermietet (BFH-Urteile vom 21. November 2000 – BStBl 2001 II S. 705 – und vom 5. November 2002 – BStBl 2003 II S. 914 –).[3])

17 Dem Steuerpflichtigen obliegt die Feststellungslast, dass ausschließlich eine Vermietung der Ferienwohnung vorliegt. Davon kann ausgegangen werden, wenn der Steuerpflichtige einen der folgenden Umstände glaubhaft macht:[4])

- Der Steuerpflichtige hat die Entscheidung über die Vermietung der Ferienwohnung einem ihm nicht nahe stehenden Vermittler (überregionaler Reiseveranstalter, Kurverwaltung o. a.) übertragen und eine Eigennutzung vertraglich für das gesamte Jahr ausgeschlossen.
- Die Ferienwohnung befindet sich im ansonsten selbst genutzten Zwei- oder Mehrfamilienhaus des Steuerpflichtigen oder in unmittelbarer Nähe zu seiner selbst genutzten Wohnung. Voraussetzung ist jedoch, dass die selbst genutzte Wohnung nach Größe und Ausstattung den Wohnbedürfnissen des Steuerpflichtigen entspricht. Nur wenn die selbst genutzte Wohnung die Möglichkeit zur Unterbringung von Gästen bietet, kann davon ausgegangen werden, dass der Steuerpflichtige die Ferienwohnung nicht selbst nutzt.
- Der Steuerpflichtige hat an demselben Ort mehr als eine Ferienwohnung und nutzt nur eine dieser Ferienwohnungen für eigene Wohnzwecke oder in Form der unentgeltlichen Überlassung. Hiervon kann ausgegangen werden, wenn Ausstattung und Größe einer Wohnung auf die besonderen Verhältnisse des Steuerpflichtigen zugeschnitten sind.
- Die Dauer der Vermietung der Ferienwohnung entspricht zumindest dem Durchschnitt der Vermietungen in der am Ferienort üblichen Saison.

18 In den übrigen Fällen muss der Steuerpflichtige das Fehlen der Selbstnutzung schlüssig darlegen und ggf. nachweisen. Bei einer zu geringen Zahl der Vermietungstage muss der Steuerpflichtige

---

1) Die Einkunftserzielungsabsicht ist bei Vermietung einer Wohnung in einem aufwändig gestalteten oder ausgestatteten Wohnhaus zu prüfen. In die Überschussprognose sind die Werbungskosten nur in der Höhe des entgeltlichen Teils der Nutzungsüberlassung einzubeziehen, der dem Verhältnis der vereinbarten zur marktüblichen Miete entspricht. Wird ein Totalüberschuss im 30jährigen Prognosezeitraum nicht erzielt, ist der Werbungskostenabzug insgesamt zu versagen (→ BFH vom 6. 10. 2005 – BStBl 2005 II S. 386).

2) Anm.: Das Finanzministerium Saarland hat mit Erlass vom 17. 11. 2004 – B 2-2–132/2004 – klargestellt, dass die Grundsätze im BMF-Schreiben vom 20. 11. 2003 (BStBl I S. 640), dass für die Beurteilung, ob eine gewerbliche Ferienhausvermietung vorliegt, das Streben nach Betriebsvermögensmehrung in Gestalt eines Totalgewinns vorliegen müsse, nicht mehr anzuwenden sind. Die Beurteilung richte sich ausschließlich nach den Regelungen des H 134b EStH.

3) Bei einer ausschließlich an wechselnde Feriengäste vermieteten und in der übrigen Zeit hierfür bereitgehaltenen Ferienwohnung ist die Einkünfteerzielungsabsicht des Stpfl. ausnahmsweise anhand einer Prognose zu überprüfen, wenn das Vermieten die ortsübliche Vermietungszeit von Ferienwohnungen – ohne dass Vermietungshindernisse gegeben sind – erheblich unterschreitet; hiervon ist bei einem Unterschreiten von mindestens 25 % auszugehen; insoweit ist die in RdNr. 16 erwähnte Rechtsprechung überholt (→ BFH vom 26. 10. 2004 – BStBl 2005 II S. 388 und vom 24. 8. 2006 – BStBl 2007 II S. 256).

4) Bei einer ausschließlich an wechselnde Feriengäste vermieteten und in der übrigen Zeit hierfür bereitgehaltenen Ferienwohnung ist die Einkünfteerzielungsabsicht des Stpfl. ausnahmsweise anhand einer Prognose zu überprüfen, wenn das Vermieten die ortsübliche Vermietungszeit von Ferienwohnungen – ohne dass Vermietungshindernisse gegeben sind – erheblich unterschreitet; hiervon ist bei einem Unterschreiten von mindestens 25 % auszugehen; insoweit ist die in RdNr. 16 erwähnte Rechtsprechung überholt (→ BFH vom 26. 10. 2004 – BStBl 2005 II S. 388).

die Absicht einer auf Dauer angelegten Vermietungstätigkeit durch entsprechend gesteigerte Werbemaßnahmen – z. B. durch häufige Zeitungsanzeigen – nachweisen.

Keine Selbstnutzung sind kurzfristige Aufenthalte des Steuerpflichtigen in der Ferienwohnung zu Wartungsarbeiten, Schlüsselübergabe an Feriengäste, Reinigung bei Mieterwechsel, allgemeiner Kontrolle, Beseitigung von durch Mieter verursachten Schäden, Durchführung von Schönheitsreparaturen oder Teilnahme an Eigentümerversammlungen. Begleiten den Steuerpflichtigen jedoch dabei Familienmitglieder oder Dritte oder dauert der Aufenthalt mehr als einen Tag, sind die dafür maßgebenden Gründe zu erläutern. Dabei ist schlüssig darzulegen und ggf. nachzuweisen, dass der (mehrtägige) Aufenthalt während der normalen Arbeitszeit vollständig mit Arbeiten für die Wohnung ausgefüllt war (BFH-Urteil vom 25. November 1993, BStBl 1994 II S. 350). Dies gilt insbesondere dann, wenn es sich um Aufenthalte während der am Ferienort üblichen Saison handelt. 19

Wird in einem späteren Veranlagungszeitraum die Ferienwohnung vermietet und (zeitweise) selbst genutzt (vgl. RdNr. 21), muss ab diesem Zeitpunkt eine Prüfung der Einkunftserzielungsabsicht erfolgen. 20

– Zeitweise Vermietung und zeitweise Selbstnutzung

Selbstnutzung ist gegeben, wenn der Steuerpflichtige die Wohnung selbst nutzt oder sie unentgeltlich Dritten zur Nutzung überlässt. Wird eine Ferienwohnung zeitweise vermietet und zeitweise selbst genutzt oder behält sich der Steuerpflichtige eine zeitweise Selbstnutzung vor, ist diese Art der Nutzung Beweisanzeichen für eine auch private, nicht mit der Einkunftserzielung zusammenhängende Veranlassung der Aufwendungen. In diesen Fällen ist die Einkunftserzielungsabsicht stets zu prüfen. Der Steuerpflichtige muss im Rahmen der ihm obliegenden Feststellungslast für die Anerkennung dieser Absicht objektive Umstände vortragen, auf Grund derer im Beurteilungszeitraum ein Totalüberschuss (s. RdNr. 39) erwartet werden konnte. 21

– Zuordnung der Leerstandszeiten

Hat der Steuerpflichtige die Selbstnutzung zeitlich beschränkt (z. B. bei der Vermietung durch einen Dritten), ist nur die vorbehaltene Zeit der Selbstnutzung zuzurechnen; im Übrigen ist die Leerstandszeit der Vermietung zuzuordnen. Ist die Selbstnutzung dagegen jederzeit möglich, sind die Leerstandszeiten im Wege der Schätzung entsprechend dem Verhältnis der tatsächlichen Selbstnutzung zur tatsächlichen Vermietung aufzuteilen. 22

Lässt sich der Umfang der Selbstnutzung nicht aufklären, ist davon auszugehen, dass die Leerstandszeiten der Ferienwohnung zu gleichen Teilen durch das Vorhalten zur Selbstnutzung und das Bereithalten zur Vermietung entstanden sind und damit die hierauf entfallenden Aufwendungen zu je 50 v. H. der Selbstnutzung und der Vermietung zuzuordnen sind. 23

d) Leerstehende Immobilie

Ein gegen die Einkunftserzielungsabsicht sprechendes Beweisanzeichen liegt dann vor, wenn sich der Steuerpflichtige bei Erwerb eines Objekts noch nicht entschieden hat, ob er dieses veräußern, selbst nutzen oder dauerhaft vermieten will (vgl. RdNr. 5). Sind zum Beispiel bei mehrjähriger Renovierung Bemühungen zur Fertigstellung der Baumaßnahmen nicht erkennbar, kann dies Beweisanzeichen für einen fehlenden Entschluss zur dauerhaften Vermietung sein. Hat sich der Steuerpflichtige jedoch zur dauerhaften Vermietung einer leer stehenden Wohnung entschlossen, gilt RdNr. 1 auch dann, wenn er die leer stehende Immobilie aufgrund eines neu gefassten Beschlusses selbst nutzt oder veräußert (siehe auch RdNr. 6). 24

Eine Einkunftserzielungsabsicht kann schon vor Abschluss eines Mietvertrags über eine leer stehende Wohnung vorliegen. Dementsprechend können bereits vor dem Anfall von Einnahmen Aufwendungen als vorab entstandene Werbungskosten abgezogen werden, sofern anhand objektiver Umstände festgestellt werden kann, dass der Steuerpflichtige den Entschluss zur dauerhaften Vermietung endgültig gefasst hat. 25

Steht eine Wohnung nach vorheriger auf Dauer angelegter Vermietung leer, sind Aufwendungen als Werbungskosten so lange abziehbar, wie der Steuerpflichtige den Entschluss, mit dieser Wohnung Einkünfte zu erzielen, nicht endgültig aufgegeben hat. Solange sich der Steuerpflichtige ernsthaft und nachhaltig um eine Vermietung der leer stehenden Wohnung bemüht – z. B. durch Einschaltung eines Maklers, fortgesetzte Zeitungsinserate u.ä. –, kann regelmäßig nicht von einer endgültigen Aufgabe der Einkunftserzielungsabsicht ausgegangen werden, selbst wenn er – z. B. wegen mehrjähriger Erfolglosigkeit einer Vermietung – die Wohnung zugleich zum Verkauf anbietet (BFH-Urteil vom 9. Juli 2003, BStBl II S. 940, m. w. N.). 26

27 Für die Ernsthaftigkeit und Nachhaltigkeit der Vermietungsbemühungen als Voraussetzungen der fortbestehenden Einkunftserzielungsabsicht trägt der Steuerpflichtige die Feststellungslast.

Beispiel:

B ist Eigentümer einer seit 15 Jahren zu ortsüblichen Konditionen vermieteten Eigentumswohnung. Nach dem Auszug des Mieters bemüht er sich nicht ernsthaft und nachhaltig um einen Nachmieter. Nach einer Leerstandszeit von zwei Jahren vermietet B die Wohnung zu einem auf 60 v. H. der ortsüblich erzielbaren Miete ermäßigten Mietzins an seine Schwester.

Während der Leerstandszeit fehlt es an einem ausreichend bestimmten wirtschaftlichen Zusammenhang mit der Erzielung von Einkünften aus Vermietung und Verpachtung. Als Folge der objektiven Ungewissheit über die Einkunftserzielungsabsicht muss der Werbungskostenabzug daher in diesem Zeitraum entfallen. Die spätere und auf Dauer angelegte Vermietung an die Schwester begründet zwar eine erneute Vermietungstätigkeit, die auf die vorangehende Leerstandszeit aber nicht zurückwirkt. Werbungskosten sind daher erst wieder von dem Zeitpunkt an abziehbar, zu dem sich der auf einer Absichtsänderung beruhende endgültige Vermietungsentschluss anhand objektiver Umstände feststellen lässt.

Infolge der gewährten Verbilligung ist zusätzlich festzustellen, ob B über die Dauer dieses Mietverhältnisses, regelmäßig innerhalb eines Zeitraums von 30 Jahren seit Abschluss des Mietvertrags ein positives Gesamtergebnis erzielen kann. Weder die aus der ursprünglichen Fremdvermietung erzielten Erträge noch die der Leerstandszeit zuzurechnenden und steuerrechtlich irrelevanten Aufwendungen fließen in diese Prüfung ein (vgl. RdNr. 34 1. Tiret).

e) Entstehen oder Wegfall der Einkunftserzielungsabsicht

28 Die Einkunftserzielungsabsicht kann zu einem späteren Zeitpunkt sowohl begründet werden als auch wegfallen (BFH-Urteil vom 5. November 2002, BStBl 2003 II S. 914, m. w. N.). Deshalb ist z. B. bei Umwandlung eines ausdrücklich mit Veräußerungs- oder Selbstnutzungsabsicht vereinbarten befristeten Mietvertrags in ein unbefristetes Mietverhältnis oder bei erneuter Vermietung dieser Immobilie nach Auszug des Mieters erneut zu prüfen, ob eine dauernde Vermietungsabsicht vorliegt. Entsprechend ist bei Vereinbarung eines befristeten Mietverhältnisses im Anschluss an eine unbefristete Vermietung oder bei verbilligter Überlassung einer Wohnung nach vorheriger nicht verbilligter Überlassung die Einkunftserzielungsabsicht zu prüfen.

Beispiel:

Wie Beispiel zu RdNr. 27, allerdings vermietet B die Wohnung nach Auszug des Mieters aufgrund eines mit Selbstnutzungsabsicht begründeten Zeitmietvertrags für vier Jahre an einen weiteren Mieter.

Die an das Dauermietverhältnis anschließende, nicht auf Dauer angelegte Fremdvermietung ist gesondert daraufhin zu untersuchen, ob Einkunftserzielungsabsicht gegeben ist (vgl. RdNrn. 6 und 36).

3. Unbebaute Grundstücke

– Verpachtung unbebauter Grundstücke

29 Die Grundsätze des BFH-Urteils vom 30. September 1997 zur Einkunftserzielungsabsicht bei auf Dauer angelegter Vermietung (RdNr. 1) gelten nicht für die dauerhafte Vermietung und Verpachtung von unbebautem Grundbesitz (BFH-Beschluss vom 25. März 2003, BStBl II S. 479[1]). Für die Ermittlung des Totalüberschusses ist RdNr. 33 ff. entsprechend anzuwenden.

4. Personengesellschaften und -gemeinschaften

30 Bei Grundstücksverwaltungsgesellschaften oder -gemeinschaften mit Einkünften aus Vermietung und Verpachtung von Grundstücken sowie bei geschlossenen Immobilienfonds gelten die Grundsätze zu RdNr. 1 ff. entsprechend.

31 Bei einer Personengesellschaft mit Einkünften aus Vermietung und Verpachtung, bei der die Einkünfte zunächst auf der Ebene der Gesellschaft zu ermitteln und sodann auf die Gesellschafter zu verteilen sind, muss die Einkunftserzielungsabsicht sowohl auf der Ebene der Gesellschaft als auch auf der Ebene des einzelnen Gesellschafters gegeben sein. Im Regelfall bedarf es insoweit allerdings keiner getrennten Beurteilung (BFH-Urteil vom 8. Dezember 1998, BStBl 1999 II S. 468). Insbesondere können den einzelnen Gesellschaftern keine steuerrechtlich relevanten Einkünfte zugerechnet werden, wenn (bereits) auf der Gesellschaftsebene keine Einkunftserzie-

1) BFH vom 28. 11. 2007 (BStBl 2008 II S. 515).

lungsabsicht besteht. Liegt hingegen auf der Gesellschaftsebene Einkunftserzielungsabsicht vor, kann gleichwohl diese Absicht eines Gesellschafters dann zweifelhaft sein, wenn er sich z. B. nur kurzfristig zur Verlustmitnahme an einer Gesellschaft beteiligt hat (BFH-Urteil vom 21. November 2000, BStBl 2001 II S. 789, m. w. N.).

Soweit es sich bei der Personengesellschaft jedoch um eine Verlustzuweisungsgesellschaft handelt, besteht zunächst die Vermutung der fehlenden Einkunftserzielungsabsicht (BFH-Urteil vom 21. November 2000, BStBl 2001 II S. 789). Bei einer Verlustzuweisungsgesellschaft liegt in der Regel eine Einkunftserzielungsabsicht erst von dem Zeitpunkt an vor, in dem nach dem Urteil eines ordentlichen Kaufmanns mit großer Wahrscheinlichkeit ein Totalüberschuss erzielt werden kann. Zur Ermittlung des Totalüberschusses vgl. RdNr. 33 ff. 32

5. Ermittlung des Totalüberschusses (Überschussprognose)

a) Allgemeine Grundsätze zur Ermittlung des Totalüberschusses

Sprechen Beweisanzeichen gegen das Vorliegen der Einkunftserzielungsabsicht (vgl. RdNr. 5 ff.) ist stets zu prüfen, ob ein Totalüberschuss zu erzielen ist. Ob die jeweilige Vermietertätigkeit einen Totalüberschuss innerhalb des Zeitraums der tatsächlichen Vermögensnutzung erwarten lässt, hängt von einer vom Steuerpflichtigen zu erstellenden Prognose über die voraussichtliche Dauer der Vermögensnutzung, die in dieser Zeitspanne voraussichtlich erzielbaren steuerpflichtigen Einnahmen und anfallenden Werbungskosten ab. In diese Prognose sind alle objektiv erkennbaren Umstände einzubeziehen, zukünftig eintretende Faktoren jedoch nur dann, wenn sie bei objektiver Betrachtung vorhersehbar waren. Die Verhältnisse eines bereits abgelaufenen Zeitraums können wichtige Anhaltspunkte liefern. Dies gilt umso mehr, wenn die zukünftige Bemessung eines Faktors unsicher ist (BFH-Urteil vom 6. November 2001). 33

Dabei ist nach folgenden Grundsätzen zu verfahren: 34

- Für die Prognose ist nicht auf die Dauer der Nutzungsmöglichkeit des Gebäudes, sondern auf die voraussichtliche Dauer der Nutzung durch den Nutzenden und ggf. seiner unentgeltlichen Rechtsnachfolger abzustellen. Der Prognosezeitraum umfasst – sofern nicht von einer zeitlich befristeten Vermietung auszugehen ist – einen Zeitraum von 30 Jahren (s. auch BFH-Urteile vom 9. Juli 2003[1]). Dieser beginnt grundsätzlich mit der Anschaffung oder Herstellung des Gebäudes; in Fällen der RdNr. 28 mit dem Zeitpunkt, zu dem wegen Veränderung der Verhältnisse der nachträgliche Wegfall oder die nachträgliche Begründung der Einkunftserzielungsabsicht zu prüfen ist, und im Fall der Vermietung nach vorheriger Selbstnutzung mit Beendigung der Selbstnutzung.
- Bei der Ermittlung des Totalüberschusses ist von den Ergebnissen auszugehen, die sich nach den einkommensteuerrechtlichen Vorschriften voraussichtlich ergeben werden. Die Einkunftserzielungsabsicht ist für jede Einkunftsart gesondert zu ermitteln; private Veräußerungsgewinne sind nicht in die auf eine Vermietungstätigkeit bezogene Prognose einzubeziehen, unabhängig davon, ob und ggf. in welcher Höhe sie nach § 23 Abs. 1 Satz 1 Nr. 1 EStG der Besteuerung unterliegen.
- Die Einkunftserzielungsabsicht ist in der Regel jeweils für das einzelne Mietverhältnis gesondert zu prüfen. Abweichend hiervon ist bei der Vermietung von Ferienwohnungen eine objekt-, d. h. wohnungsbezogene Prüfung durchzuführen.

Beispiel 1:

C tritt im Mai 01 durch den Erwerb eines vollständig vermieteten Zweifamilienhauses in die bestehenden Mietverträge ein. Dem Mieter der Erdgeschosswohnung kündigt er wegen Eigenbedarf. In Wahrung der im Einzelfall geltenden Kündigungsschutzfrist besteht das Mietverhältnis allerdings noch bis einschließlich Mai 02 fort, so dass C die Wohnung erst zum 1. Juni 02 bezieht.

Infolge der gegen eine auf Dauer angelegte Vermietung sprechenden Beweisanzeichen ist zu prüfen, ob Einkunftserzielungsabsicht besteht. Hierzu ist zu ermitteln, ob C über die von vorne herein befristete Vermietung der Erdgeschosswohnung in der Zeit bis einschließlich Mai 02 einen Totalüberschuss erzielen kann. Die aus der auf Dauer angelegten Vermietung der Obergeschosswohnung erzielten Erträge fließen nicht in diese Prüfung ein.

Beispiel 2:

Wie Beispiel 1, allerdings bezieht nicht C, sondern sein Sohn zum 1. Juni 02 die Erdgeschosswohnung. Grundlage dieser Nutzungsüberlassung bildet ein zwischen den beiden abge-

[1]) Der Prognosezeitraum beträgt auch bei einer Verpachtung unbebauten Grundbesitzes 30 Jahre (→ BFH vom 28. 11. 2007 – BStBl 2008 II S. 515).

schlossener und einem Fremdvergleich standhaltender Mietvertrag, der aber einen auf 60 v. H. der ortsüblich erzielbaren Miete ermäßigten Mietzins vorsieht.

Wie im Beispiel 1 ist zunächst eigenständig zu prüfen, ob C über die nach wie vor von vorne herein befristete Vermietung der Erdgeschosswohnung in der Zeit bis einschließlich Mai 02 einen Totalüberschuss erzielen kann.

Für die Zeit ab Juni 02 ist entsprechend Beispiel zu RdNr. 27 festzustellen, ob C über die Dauer dieses Mietverhältnisses, regelmäßig innerhalb eines Zeitraums von 30 Jahren seit Abschluss des Mietvertrags mit seinem Sohn, ein positives Gesamtergebnis erzielen kann. Hier sind also weder die aus der Vermietung der Obergeschosswohnung noch die aus der vorangegangenen Vermietung der Erdgeschosswohnung erzielten Erträge zu berücksichtigen.

- Bei der Totalüberschussprognose ist für die Gebäudeabschreibung allgemein von der AfA nach § 7 Abs. 4 EStG auszugehen. Die tatsächlich in Anspruch genommenen Absetzungen (also auch Sonderabschreibungen, erhöhte Absetzungen und degressive AfA nach § 7 Abs. 5 EStG) sind regelmäßig nicht anzusetzen. (vgl. aber RdNr. 36).
- Die im Prognosezeitraum zu erwartenden Einnahmen und Ausgaben sind zu schätzen. Sofern der Steuerpflichtige keine ausreichenden objektiven Umstände über die zukünftige Entwicklung vorträgt, sind die zu erwartenden Überschüsse anhand des Durchschnitts der in der Vergangenheit in einem bestimmten Zeitraum (in der Regel in den letzten fünf Veranlagungszeiträumen) angefallenen Einnahmen und Werbungskosten zu schätzen. Künftig anfallende Instandhaltungsaufwendungen können in Anlehnung an § 28 der Zweiten Berechnungsverordnung vom 12. Oktober 1990 in die Schätzung einbezogen werden.
- Legt der Steuerpflichtige dar, dass er auf die in der Vergangenheit entstandenen Werbungskostenüberschüsse reagiert und die Art und Weise der weiterhin ausgeübten Vermietungstätigkeit geändert hat, ist der Schätzung der Durchschnitt der Einnahmen und Werbungskosten der zukünftigen (in der Regel ebenfalls fünf) Veranlagungszeiträume zu Grunde zu legen, in denen sich die im (jeweiligen) Streitjahr objektiv erkennbar angelegten Maßnahmen erstmals ausgewirkt haben. Die sich so ergebenden Überschüsse sind auf den Rest des Prognosezeitraums hochzurechnen.
- Wegen der Unsicherheitsfaktoren, denen eine Prognose über einen Zeitraum von bis zu 30 Jahren unterliegt, ist bei der Gesamtsumme der geschätzten Einnahmen ein Sicherheitszuschlag von 10 v. H. und bei der Gesamtsumme der geschätzten Werbungskosten ein Sicherheitsabschlag von 10 v. H. vorzunehmen.

Beispiel:

Bei der im Oktober 14 erfolgenden Einkommensteuerveranlagung für das Jahr 13 stellt das Finanzamt fest, dass D eine von ihm im Juli 01 für umgerechnet 100 000 € (Bodenwertanteil 20 %) angeschaffte und degressiv nach § 7 Abs. 5 EStG abgesetzte Eigentumswohnung für nach wie vor monatlich 400 € (einschließlich gezahlter Umlagen) an seinen Sohn vermietet. Der für den Veranlagungszeitraum 13 erklärte Verlust hieraus beträgt 1 100 €. Die ortsübliche Miete für dieses Jahr (einschließlich umlagefähiger Nebenkosten) beläuft sich auf monatlich 600 €.

Die in den Vorjahren berücksichtigten Verluste belaufen sich auf insgesamt 41 800 €, davon 8 500 € in den Jahren 08 bis 12. Schuldzinsen und Bewirtschaftungskosten wurden darin mit 20 500 € berücksichtigt. Nachdem das Finanzamt darauf hingewiesen hat, dass für das Jahr 13 infolge der Verbilligung eine Überschussprognose durchzuführen ist, teilt D mit, er hätte die monatliche Miete mit Wirkung am Jahr 15 auf nunmehr 500 € angepasst. Ferner macht er glaubhaft, dass sich die Schuldzinsen am Jahr 14 auf jährlich im Mittel 2 000 € und die Bewirtschaftungskosten auf 1 800 € belaufen würden. Für das Jahr 14 erklärt D einen Verlust von 1 000 €.

Die Mieterhöhung kann bei der für den Veranlagungszeitraum 13 erforderlichen Überschussprognose noch nicht berücksichtigt werden, weil sie in diesem Jahr noch nicht objektiv erkennbar angelegt war. Die auf der Grundlage von 13 geschätzten Mieteinnahmen von jährlich 4 800 € (12 × 400 €) sind daher lediglich um den Sicherheitszuschlag von 10 % zu erhöhen (geschätzte Jahreseinnahmen somit 5 280 €).

Bei den Werbungskosten sind die durchschnittlichen Schuldzinsen und Bewirtschaftungskosten von insgesamt 3 800 € zu berücksichtigen. Daneben die nach § 7 Abs. 4 EStG bemessene Jahres-AfA von 1 600 € (2 % von 80 000 €). Die gesamten Werbungskosten von 5 400 € sind um den Sicherheitsabschlag von 10 % zu kürzen (prognostizierte Werbungskosten somit 4 860 €). Der durchschnittlich prognostizierte Jahresüberschuss beträgt daher 420 € (5280–4 860 €).

Der Prognosezeitraum umfasst die Jahre 01 bis einschließlich 30. Der auf die Jahre 14 bis 30 (17 Jahre) hochgerechnete Jahresüberschuss von 7 140 € (17 × 420 €) ist dem um die degressive AfA bereinigten Verlust der Jahre 01 bis 13 gegenüberzustellen:

angesetzte Verluste 01 bis 12:	– 41 800 €
erklärter Verlust 13:	– 1 100 €
Gesamtverlust	– 42 900 €
abzüglich degressive AfA nach § 7 Abs. 5 EStG:	
8 Jahre 5 % aus 80 000 €	+ 32 000 €
5 Jahre 2,5 % aus 80 000 €	+ 10 000 €
zuzüglich lineare AfA nach § 7 Abs. 4 EStG:	
12,5 Jahre 2 % aus 80 000 €	– 20 000 €
bereinigter Verlust:	= – 20 900 €

Für den Prognosezeitraum errechnet sich somit ein insgesamt negatives Gesamtergebnis von 13 760 € (7140–20 900 €). Für die Besteuerung im Jahr 13 ist die Vermietung daher in einen entgeltlichen und einen unentgeltlichen Teil aufzuteilen mit der Folge, dass den Einnahmen von 4 800 € nur 66,66 % der Werbungskosten von 5 900 € (= 3 933 €) entgegengerechnet werden können. Hieraus ergeben sich positive Einkünfte von 867 €.

Auch für das Jahr 14 ist eine Überschussprognose anzustellen, wobei hier allerdings die Mieterhöhung ab dem Jahr 15 berücksichtigt werden kann. Einschließlich des Sicherheitszuschlages von 10 % kann daher nunmehr von geschätzten Mieteinnahmen von jährlich 6 600 € ausgegangen werden. Die geschätzten Werbungskosten bleiben mit 4 860 € unverändert, so dass ein durchschnittlich prognostizierter Jahresüberschuss von nunmehr 1 740 € (6600–4 860 €) angesetzt werden kann. Hochgerechnet auf die Jahre 15 bis 30 (16 Jahre) ermittelt sich dann ein positiver Betrag von insgesamt 27 840 € (1 740 € × 16).

Bereits bei Gegenüberstellung mit den bereinigten Verlusten aus 01 bis 13 (20 900 €) ergibt sich ein insgesamt positives Gesamtergebnis. Der für 14 geltend gemachte Verlust von 1 000 € kann daher berücksichtigt werden. Im Jahr 15 beträgt die vereinbarte Miete mehr als 75 % der Marktmiete. Es ist daher ohne weitere Prüfung vom Vorliegen einer Einkunftserzielungsabsicht auszugehen (vgl. RdNr. 12).

b) Ermittlung des Totalüberschusses in Sonderfällen

– Einbeziehung der Investitionszulage

Die Investitionszulage ist in die Beurteilung der Einkunftserzielungsabsicht einzubeziehen. 35

– Totalüberschussprognose bei befristeter Vermietung

Bei zeitlich befristeter Vermietung ist bei der Prüfung der Einkunftserzielungsabsicht wie folgt zu verfahren (BFH-Urteile vom 9. Juli 2002): 36

- Ob ein Totalüberschuss zu erzielen ist, ergibt sich – abweichend von RdNr. 34 – aus der den Zeitraum der abgekürzten Vermögensnutzung umfassenden Totalüberschussprognose, d. h. nur die während des befristeten Vermietungszeitraums zufließenden Einnahmen und abfließenden Werbungskosten sind gegenüber zu stellen.
- Negative Einkünfte aufgrund von steuerrechtlichen Subventions- und Lenkungsnormen sind in die befristete Totalüberschussprognose einzubeziehen, wenn der jeweilige Zweck der Subventions- und Lenkungsnorm sowie die Art der Förderung dies gebieten. Dies hat zur Folge, dass – anders als bei auf Dauer angelegter Vermietung (vgl. RdNr. 34) – die jeweils tatsächlich in Anspruch genommenen Absetzungen (also auch Sonderabschreibungen, erhöhte Absetzungen und degressive AfA nach § 7 Abs. 5 EStG) und nicht die in fiktiver Anwendung des § 7 Abs. 4 EStG zu ermittelnden linearen Absetzungen anzusetzen sind.

– Totalüberschussprognose bei verbilligter Überlassung

Ist bei verbilligter Überlassung einer Wohnung die Einkunftserzielungsabsicht zu prüfen (vgl. RdNr. 13), gelten für die Erstellung der Totalüberschussprognose die Grundsätze der RdNr. 34 f. 37

Eine Totalüberschussprognose ist auch erforderlich, wenn die Miethöhe im Lauf eines Mietverhältnisses die ortsübliche Marktmiete um mehr als 25 v. H. unterschreitet. In diese Prognose sind auch die in früheren Veranlagungszeiträumen durch Vermietung erzielten Entgelte einzubeziehen. 38

– Totalüberschussprognose bei zeitweise vermieteter und zeitweise selbstgenutzter Ferienwohnung

39 In die Prognose sind als Werbungskosten nur die Aufwendungen einzubeziehen, die (ausschließlich oder anteilig) auf Zeiträume entfallen, in denen die Ferienwohnung an Feriengäste tatsächlich vermietet oder zur Vermietung angeboten und bereitgehalten worden ist (der Vermietung zuzurechnende Leerstandszeiten), dagegen nicht die auf die Zeit der nicht steuerbaren Selbstnutzung entfallenden Aufwendungen. Der Steuerpflichtige trägt die Feststellungslast dafür, ob und in welchem Umfang die Wohnung selbst genutzt oder zur Vermietung angeboten und bereitgehalten wird.

40 Aufwendungen, die sowohl durch die Selbstnutzung als auch durch die Vermietung veranlasst sind (z. B. Schuldzinsen, Grundbesitzabgaben, Erhaltungsaufwendungen, Gebäudeabschreibungen oder Versicherungsbeiträge), sind im Verhältnis der Zeiträume der jeweiligen Nutzung zueinander aufzuteilen.

6. Anwendungsregelung

41 Dieses Schreiben ersetzt die BMF-Schreiben vom 23. Juli 1992 (BStBl I S. 434), 29. Juli 2003 (BStBl I S. 405), 15. August 2003 (BStBl I S. 427) und vom 20. November 2003 (BStBl I S. 640).

Die Grundsätze der RdNr. 5 ff. zur Einkunftserzielungsabsicht bei befristeter Vermietung mit anschließender Selbstnutzung sind erstmals auf Mietverträge anzuwenden, die nach dem 31. Dezember 2003 abgeschlossen werden. In Fällen der Anschaffung von vermieteten bebauten Grundstücken oder Wohnungen sind diese Grundsätze anzuwenden, wenn das Grundstück oder die jeweilige Wohnung auf Grund eines nach dem 8. Oktober 2004 rechtswirksam abgeschlossenen Kaufvertrags oder gleichstehenden Rechtsakts angeschafft wird. Der Zeitpunkt des Abschlusses des Mietvertrages ist in diesen Fällen ohne Bedeutung.

Die Grundsätze der RdNr. 11 ff. zur Einkunftserzielungsabsicht bei verbilligter Überlassung einer Wohnung sind erstmals für den Veranlagungszeitraum 2004 anzuwenden.

Soweit die Anwendung der Grundsätze dieses Schreibens bei geschlossenen Immobilienfonds zu einer Verschärfung der Besteuerung gegenüber der bisher geltenden Verwaltungspraxis führt, sind diese Grundsätze nicht anzuwenden, wenn der Außenvertrieb der Fondsanteile vor dem 8. Oktober 2004 begonnen hat. Dies gilt nicht bei konzeptionellen Änderungen des Fonds. Der Außenvertrieb beginnt in dem Zeitpunkt, in dem die Voraussetzungen für die Veräußerung der konkret bestimmbaren Fondsanteile erfüllt sind und die Gesellschaft selbst oder über ein Vertriebsunternehmen mit Außenwirkung an den Markt herangetreten ist.

III

Einkunftsermittlung bei im Betriebsvermögen gehaltenen Beteiligungen an vermögensverwaltenden Personengesellschaften[1])

BMF vom 29. 4. 1994 (BStBl I S. 282)
IV B 2 – S 2241 – 9/94
IV A 4 – S 0361 – 11/94

Unter Bezugnahme auf das Ergebnis der Erörterungen mit den obersten Finanzbehörden der Länder gilt für die Ermittlung von Einkünften aus Beteiligungen an vermögensverwaltenden Personengesellschaften, die im Betriebsvermögen gehalten werden, Folgendes:

1. Allgemeines

1 Eine vermögensverwaltende Personengesellschaft, die die Voraussetzungen des § 15 Abs. 3 Nr. 2 EStG nicht erfüllt (nicht gewerblich geprägte Personengesellschaft), erzielt Einkünfte aus Vermietung und Verpachtung oder Kapitalvermögen, die als Überschuss der Einnahmen über die Werbungskosten (§ 2 Abs. 2 Nr. 2 EStG) ermittelt werden.

2 [2])Schwierigkeiten ergeben sich, wenn Anteile an einer vermögensverwaltenden, nicht gewerblich geprägten Personengesellschaft von einem oder mehreren Gesellschaftern im Betriebsvermögen gehalten werden. Nach der BFH-Rechtsprechung (BFH-Beschlüsse vom

1) Hält ein Gesellschafter einer vermögensverwaltenden Gesellschaft seine Beteiligung im Betriebsvermögen (sog. Zebragesellschaft), werden die ihm zuzurechnenden Beteiligungseinkünfte erst auf Ebene des Gesellschafters – nicht bereits auf der Ebene der vermögensverwaltenden Gesellschaft – in betriebliche Einkünfte umqualifiziert (→ BFH vom 11. 4. 2005 – BStBl II S. 679).

2) Bestätigt durch BFH vom 11. 4. 2005 (→ BStBl II S. 679).

25. Juni 1984, BStBl II S. 751 und vom 19. August 1986, BStBl 1987 II S. 212 sowie BFH-Urteil vom 20. November 1990, BStBl 1991 II S. 345) ist den betrieblich beteiligten Gesellschaftern ein Anteil an den Einkünften aus Vermietung und Verpachtung oder Kapitalvermögen zuzurechnen und anschließend auf der Ebene des Gesellschafters in betriebliche Einkünfte umzuqualifizieren.

2. Gesonderte und einheitliche Feststellung

Die Einkünfte aller Beteiligten werden auf der Ebene der Gesellschaft als Überschuss der Einnahmen über die Werbungskosten ermittelt. Die Einkünfte aus Vermietung und Verpachtung oder aus Kapitalvermögen werden gesondert und einheitlich festgestellt. Gewinne aus der Veräußerung von Wirtschaftsgütern des Gesellschaftsvermögens sind nur dann im Rahmen der gesonderten und einheitlichen Feststellung zu berücksichtigen, wenn ein Fall des § 17 EStG (Veräußerung einer wesentlichen Beteiligung) oder des § 23 EStG (Spekulationsgeschäft) vorliegt. Gewinne aus der Veräußerung der Beteiligung selbst bleiben bei der gesonderten und einheitlichen Feststellung unberücksichtigt, auch wenn diese Veräußerung ein Spekulationsgeschäft i. S. des § 23 EStG darstellt (vgl. BFH-Urteil vom 13. Oktober 1993 – BStBl 1994 II S. 86). Die vorstehenden Grundsätze gelten unabhängig davon, ob die Beteiligung im Privat- oder Betriebsvermögen gehalten wird. Sie gelten auch für den Fall, dass sämtliche Beteiligungen im Betriebsvermögen gehalten werden, es sei denn, dass die vermögensverwaltende Personengesellschaft von sich aus betriebliche Einkünfte erklärt und durch Betriebsvermögensvergleich ermittelt hat. 3

3. Folgebescheid

Gehören die Gesellschaftsanteile zum Betriebsvermögen des Gesellschafters, sind die gesondert und einheitlich festgestellten Überschusseinkünfte im Folgebescheid wie folgt zu behandeln: 4

a) Der Gesellschafter hat grundsätzlich alle Wirtschaftsgüter der Personengesellschaft anteilig im Rahmen seines eigenen Buchführungswerks zu erfassen und den Gewinnanteil, der sich für ihn aus den einzelnen Geschäftsvorfällen der Personengesellschaft ergibt, nach den Grundsätzen der Gewinnermittlung zu berechnen und anzusetzen. Diese Verfahrensweise ist vor allem im Hinblick darauf geboten, dass der Anteil an der Personengesellschaft steuerlich kein selbständiges Wirtschaftsgut ist (vgl. BFH-Beschluss vom 25. Juni 1984, BStBl II S. 751 [763]). Hinsichtlich der anteiligen Berücksichtigung von AfA, erhöhten Absetzungen und Sonderabschreibungen gilt § 7a Abs. 7 EStG (vgl. auch Abschnitt 44 Abs. 7 EStR). 5

b) Ermittelt die Personengesellschaft freiwillig ergänzend zur Überschussrechnung den Gewinnanteil des Gesellschafters nach § 4 Abs. 1, § 5 EStG, so bestehen keine Bedenken dagegen, den in der Feststellungserklärung angegebenen Anteil am Gewinn oder Verlust dem für den Erlass des Folgebescheids zuständigen Finanzamt als nachrichtlichen Hinweis zu übermitteln und die Angabe dort bei der Veranlagung zur Einkommen- oder Körperschaftsteuer auszuwerten. Weist der Steuerpflichtige den übermittelten Anteil am Gewinn oder Verlust gesondert in seinem Jahresabschluss aus, so kann aus Vereinfachungsgründen auf die Einzelberechnung nach Randnummer 5 verzichtet werden, wenn der angegebene Betrag nicht offensichtlich unzutreffend ist. 6

c) Ist der Steuerpflichtige an der Gesellschaft zu weniger als 10 v. H. beteiligt, so ist regelmäßig davon auszugehen, dass er die zur Durchführung der Gewinnermittlung nach § 4 Abs. 1, § 5 EStG erforderlichen Angaben von der Gesellschaft nur unter unverhältnismäßigem Aufwand erlangen kann. Außerdem ist bei einer Beteiligung von weniger als 10 v. H. die in Tz. 15 des BMF-Schreibens vom 20. Dezember 1990, BStBl I S. 884, für den gewerblichen Grundstückshandel bestimmte Beteiligungsgrenze nicht erreicht. Vor diesem Hintergrund bestehen keine Bedenken dagegen, in einem solchen Fall den Anteil am Gewinn oder Verlust aus Vereinfachungsgründen in Höhe des Ergebnisanteils zu schätzen, der vom Betriebsfinanzamt nach den Grundsätzen der Überschussrechnung gesondert und einheitlich festgestellt worden ist. Der geschätzte Anteil am Gewinn oder Verlust ist auf einem „Beteiligungs"-Konto erfolgswirksam zu buchen. Auf dem Konto sind außerdem alle Vermögenszuführungen des Beteiligten in die Personengesellschaft und alle Vermögensauskehrungen an den Beteiligten zu erfassen. 7

Wird der Anteil an der Personengesellschaft veräußert, so ist als Gewinn der Unterschied zwischen dem Veräußerungserlös (nach Abzug von Veräußerungskosten) und dem bis dahin fortentwickelten Buchwert der „Beteiligung" anzusetzen. Auf diese Weise werden Gewinne aus der Veräußerung von Wirtschaftsgütern der Personengesellschaft spätestens im Zeitpunkt der Veräußerung der Beteiligung versteuert. Der Gewinn aus der Veräußerung des Anteils an der 8 vermögensverwaltenden Personengesellschaft ist als laufender Gewinn aus Gewerbebetrieb zu behandeln. Diese Ausführungen gelten für den Fall der Entnahme des Gesellschaftsanteils, der Beendigung der Gesellschaft oder in anderen gleichzustellenden Fällen sinngemäß.

9 Voraussetzung für die dargestellte Verfahrensweise ist ein entsprechender Antrag des Steuerpflichtigen und die im Benehmen mit dem Betriebsfinanzamt zu erteilende Zustimmung des Wohnsitzfinanzamts, die im Fall des Drohens ungerechtfertigter Steuervorteile versagt bzw. mit Wirkung für den nächsten Veranlagungszeitraum widerrufen werden kann.

Ein ungerechtfertigter Steuervorteil droht vor allem dann, wenn

- die Vermögensauskehrungen von der Gesellschaft an den Gesellschafter zu einem Negativsaldo auf dem Beteiligungskonto führen bzw. einen bereits vorhandenen Negativsaldo erhöhen,

  oder

- die aus der Veräußerung von Wirtschaftsgütern des Gesellschaftsvermögens stammenden Gewinne offenkundig so hoch sind, dass ein Aufschub ihrer Besteuerung unvertretbar erscheint.

10 Der gesondert und einheitlich festgestellte Anteil an den Überschusseinkünften der Personengesellschaft, die Entwicklung des Kontos „Beteiligung" sowie der Gewinn aus einer etwaigen Veräußerung des Anteils an der Personengesellschaft sind im Jahresabschluss des Gesellschafters gesondert auszuweisen. Ein Wechsel zu der Ermittlungsmethode nach Randnummer 5 oder 6 ist nur einmal möglich; durch Ansatz eines entsprechenden Übergangsgewinns oder -verlusts ist beim Wechsel sicherzustellen, dass der Totalgewinn zutreffend erfasst wird.

11 **Beispiel:**

An der vermögensverwaltenden X-KG ist die Y-GmbH seit dem 1. Januar 01 als Kommanditistin mit einer Einlage von 25 000 DM beteiligt. Der Anteil der Y-GmbH an den Werbungskostenüberschüssen der Jahre 01–03 beträgt – 5000, – 4000 und – 3 000 DM. Im Jahr 02 veräußert die X-KG außerhalb der Spekulationsfrist ein unbebautes Grundstück. Der Erlös wird an die Gesellschafter ausgekehrt; auf die Y-GmbH entfallen 1 500 DM. Zum 31. Dezember 03 veräußert die Y-GmbH ihre Beteiligung für 40 000 DM.

Der Buchwert des „Beteiligungs"-Kontos im Zeitpunkt der Beteiligungsveräußerung ist wie folgt zu ermitteln:

	DM
Kapitaleinlage 01	25 000
Verlustanteil 01	– 5 000
Verlustanteil 02	– 4 000
Anteil an Auskehrung 02	– 1 500
Verlustanteil 03	– 3 000
Buchwert	11 500

Die Y-GmbH hat die Verlustanteile 01 und 02 in den entsprechenden Jahren jeweils mit positiven Einkünften aus ihrer übrigen Tätigkeit ausgeglichen.
Bei der Körperschaftsteuer-Veranlagung der Y-GmbH für das Jahr 03 sind anzusetzen:

	DM
Verlustanteil 03	– 3 000
+ Veräußerungserlös	40 000
– Buchwert	– 11 500
Einkünfte aus Gewerbebetrieb	25 500

12 d) Ermittelt der Gesellschafter seinen Gewinn nach § 4 Abs. 3 EStG, so kann sinngemäß nach den oben dargestellten Regelungen verfahren werden. Dabei ist ein dem Konto „Beteiligung" entsprechender Posten im Anlageverzeichnis des Gesellschafters zu führen und fortzuentwickeln.

IV
Abgrenzung von Anschaffungskosten, Herstellungskosten und Erhaltungsaufwendungen bei der Instandsetzung und Modernisierung von Gebäuden; BFH-Urteile vom 9. Mai 1995 (BStBl 1996 II S. 628, 630, 632, 637), vom 10. Mai 1995 (BStBl 1996 II S. 639) und vom 16. Juli 1996 (BStBl II S. 649) sowie vom 12. September 2001 (BStBl 2003 II S. 569, 574) und vom 22. Januar 2003 (BStBl II S. 596)

BMF vom 18. 7. 2003 (BStBl I S. 386
IV C 3 – S 2211–94/03[1])

Mit o. a. Urteilen hat der Bundesfinanzhof zur Abgrenzung von Anschaffungskosten, Herstellungskosten und sofort abziehbaren Erhaltungsaufwendungen bei Instandsetzung und Modernisierung eines Gebäudes entschieden. Unter Bezugnahme auf das Ergebnis der Erörterung mit den obersten Finanzbehörden der Länder nehme ich zur Anwendung der Urteilsgrundsätze wie folgt Stellung:

I. Anschaffungskosten zur Herstellung der Betriebsbereitschaft

Anschaffungskosten eines Gebäudes sind die Aufwendungen, die geleistet werden, um das Gebäude zu erwerben und es in einen betriebsbereiten Zustand zu versetzen, soweit sie dem Gebäude einzeln zugeordnet werden können, ferner die Nebenkosten und die nachträglichen Anschaffungskosten (§ 255 Abs. 1 HGB). 1

Ein Gebäude ist betriebsbereit, wenn es entsprechend seiner Zweckbestimmung genutzt werden kann. Die Betriebsbereitschaft ist bei einem Gebäude für jeden Teil des Gebäudes, der nach seiner Zweckbestimmung selbständig genutzt werden soll, gesondert zu prüfen. Dies gilt auch für Gebäudeteile (z. B. die einzelnen Wohnungen eines Mietwohngebäudes), die als Folge des einheitlichen Nutzungs- und Funktionszusammenhangs mit dem Gebäude keine selbständigen Wirtschaftsgüter sind (vgl. § 7 Abs. 5a EStG und R 13 Abs. 3 EStR 2001[2])*).* 2

Nutzt der Erwerber das Gebäude ab dem Zeitpunkt der Anschaffung (d. h. ab Übergang von Besitz, Gefahr, Nutzungen und Lasten) zur Erzielung von Einkünften oder zu eigenen Wohnzwecken, ist es ab diesem Zeitpunkt grundsätzlich betriebsbereit. Instandsetzungs- und Modernisierungsaufwendungen können in diesem Fall keine Anschaffungskosten im Sinne des § 255 Abs. 1 Satz 1 HGB sein (vgl. jedoch Rz. 6). Dies gilt nicht, wenn der Erwerber ein vermietetes Gebäude erworben hat und umgehend die Mietverträge kündigt, weil das Gebäude aus der Sicht des Erwerbers nicht zur Erzielung der vor der Veräußerung erwirtschafteten Einkünfte aus Vermietung und Verpachtung bestimmt war, auch wenn diese während einer kurzen Übergangszeit tatsächlich erzielt wurden[3]). 3

Wird das Gebäude im Zeitpunkt der Anschaffung nicht genutzt, ist zunächst offen, ob es aus Sicht des Erwerbers betriebsbereit ist. Führt der Erwerber im Anschluss an den Erwerb und vor der erstmaligen Nutzung Baumaßnahmen durch, um das Gebäude entsprechend seiner Zweckbestimmung nutzen zu können, sind die Aufwendungen hierfür Anschaffungskosten. Zweckbestimmung bedeutet die konkrete Art und Weise, in der der Erwerber das Gebäude zur Erzielung von Einnahmen im Rahmen einer Einkunftsart nutzen will (z. B. ob er das Gebäude zu Wohnzwecken oder als Büroraum nutzen will). 4

1. Herstellung der Funktionstüchtigkeit

Die Betriebsbereitschaft setzt die objektive und subjektive Funktionstüchtigkeit des Gebäudes voraus. 5

1.1 Objektive Funktionsuntüchtigkeit

Ein Gebäude ist objektiv funktionsuntüchtig, wenn für den Gebrauch wesentliche Teile objektiv nicht nutzbar sind. Dies gilt unabhängig davon, ob das Gebäude im Zeitpunkt der Anschaffung bereits genutzt wird oder leer steht. Mängel, vor allem durch Verschleiß, die durch laufende Repa- 6

---

1) Änderungen gegenüber BMF vom 16. 12. 1996 (BStBl I S. 1442) sind durch Kursivdruck hervorgehoben.
2) Jetzt → R 4.2 Abs. 3 EStR.
3) Plant der Erwerber eines vermieteten Gebäudes bereits im Zeitpunkt der Anschaffung die Eigennutzung und nicht die weitere Vermietung, machen die von vornherein geplanten und nach Beendigung des Mietverhältnisses durchgeführten Baumaßnahmen das Gebäude betriebsbereit, wenn dadurch ein höherer Standard erreicht wird. Die betreffenden Aufwendungen sind daher Anschaffungskosten (→ BFH vom 22. 1. 2003 – BStBl II S 596).

raturen beseitigt werden, schließen die Funktionstüchtigkeit hingegen nicht aus. Werden für den Gebrauch wesentliche Teile des Gebäudes funktionstüchtig gemacht, führen die Aufwendungen zu Anschaffungskosten[1]).

1.2 Subjektive Funktionsuntüchtigkeit

7 *Ein Gebäude ist subjektiv funktionsuntüchtig, wenn es die konkrete Zweckbestimmung des Erwerbers nicht nutzbar ist. Aufwendungen für Baumaßnahmen, welche zur Zweckerreichung erforderlich sind, führen zu Anschaffungskosten.*

8 Beispiele:

- *Die Elektroinstallation eines Gebäudes, die für Wohnzwecke, jedoch nicht für ein Büro brauchbar ist, wird für die Nutzung als Bürogebäude erneuert.*
- *Büroräume, die bisher als Anwaltskanzlei genutzt wurden, werden zu einer Zahnarztpraxis umgebaut.*

2. Hebung des Standards

9 *Zur Zweckbestimmung gehört auch die Entscheidung, welchem Standard das Gebäude künftig entsprechen soll (sehr einfach, mittel oder sehr anspruchsvoll). Baumaßnahmen, die das Gebäude auf einen höheren Standard bringen, machen es betriebsbereit; ihre Kosten sind Anschaffungskosten.*

10 *Der Standard eines Wohngebäudes bezieht sich auf die Eigenschaften einer Wohnung. Wesentlich sind vor allem Umfang und Qualität der Heizungs-, Sanitär- und Elektroinstallationen sowie der Fenster (zentrale Ausstattungsmerkmale). Führt ein Bündel von Baumaßnahmen bei mindestens drei Bereichen der zentralen Ausstattungsmerkmale zu einer Erhöhung und Erweiterung des Gebrauchwertes, hebt sich der Standard eines Gebäudes[2]).*

2.1 Sehr einfacher Standard

11 *Sehr einfacher Wohnungsstandard liegt vor, wenn die zentralen Ausstattungsmerkmale im Zeitpunkt der Anschaffung nur im nötigen Umfang oder in einem technisch überholten Zustand vorhanden sind.*

Beispiele:

- *Das Bad besitzt kein Handwaschbecken.*
- *Das Bad ist nicht beheizbar.*
- *Eine Entlüftung ist im Bad nicht vorhanden.*
- *Die Wände im Bad sind nicht überwiegend gefliest.*
- *Die Badewanne steht ohne Verblendung frei.*
- *Es ist lediglich ein Badeofen vorhanden.*
- *Die Fenster haben nur eine Einfachverglasung.*
- *Es ist eine technisch überholte Heizungsanlage vorhanden (z. B. Kohleöfen).*
- *Die Elektroversorgung ist unzureichend.*

2.2 Mittlerer Standard

12 *Mittlerer Standard liegt vor, wenn die zentralen Ausstattungsmerkmale durchschnittlichen und selbst höheren Ansprüchen genügen.*

2.3 Sehr anspruchsvoller Standard (Luxussanierung)

13 *Sehr anspruchsvoller Standard liegt vor, wenn bei dem Einbau der zentralen Ausstattungsmerkmale nicht mir das Zweckmäßige, sondern das Mögliche, vor allein durch den Einbau außergewöhnlich hochwertiger Materialien, verwendet wurde (Luxussanierung).*

---

[1]) Befindet sich ein Wohngebäude vor der erstmaligen Nutzung nach dem Erwerb wegen eines Schadens (hier: Funktionsuntüchtigkeit der Heizung) nicht in einem vermietbaren Zustand, dann führen die Aufwendungen zur Behebung des Schadens zu Anschaffungskosten i. S. d. § 255 Abs. 1 HGB (→ BFH vom 20. 8. 2002 – BStBl 2003 II S. 585).

[2]) Auch Aufwendungen für die Beseitigung versteckter Mängel können den Nutzungswert des Gebäudes steigern und zu Anschaffungs- oder Herstellungskosten i. S. d. § 255 HGB führen (→ BFH vom 22. 1. 2003 – BStBl II S. 596).

2.4 Standardhebung und Erweiterung im Sinne des § 255 Abs. 2 Satz 1 HGB

Treffen Baumaßnahmen, die ihrer Art nach – z. B. als Erweiterung im Sinne von § 255 Abs. 2 Satz 1 HGB (vgl. Rz. 19 bis 24) – stets zu Herstellungskosten führen und einen der den Nutzungswert eines Gebäudes bestimmenden Bereiche der zentralen Ausstattungsmerkmale betreffen, mit der Verbesserung von mindestens zwei weiteren Bereichen der zentralen Ausstattungsmerkmale zusammen, ist ebenfalls eine Hebung des Standards anzunehmen. 14

Beispiel:

Im Anschluss an den Erwerb eines leerstehenden, bisher als Büro genutzten Einfamilienhauses, das für eine Vermietung zu fremden Wohnzwecken vorgesehen ist, wird im bisher nicht ausgebauten Dachgeschoss ein zusätzliches Badezimmer eingerichtet. Außerdem werden einfach verglaste Fenster durch isolierte Sprossenfenster ersetzt und die Leistungskapazität der Elektroinstallation durch den Einbau dreiphasiger an Stelle zweiphasiger Elektroleitungen maßgeblich aufgebessert sowie die Zahl der Anschlüsse deutlich gesteigert.

Neben die Erweiterung des Gebäudes als Herstellungskosten im Sinne des § 255 Abs. 2 Satz 1 HGB durch den Einbau des Badezimmers tritt die Verbesserung von zwei weiteren Bereichen der zentralen Ausstattungsmerkmale ein. Die hierdurch verursachten Aufwendungen führen zu Anschaffungskosten des Gebäudes.

3. Unentgeltlicher oder teilentgeltlicher Erwerb

Aufwendungen für Baumaßnahmen, die das Gebäude in einen betriebsbereiten Zustand versetzen, führen bei einem unentgeltlichen Erwerb mangels Anschaffung im Sinne des § 255 Abs. 1 HGB nicht zu Anschaffungskosten; vielmehr handelt es sich um Erhaltungsaufwendungen oder, sofern die Voraussetzungen des § 255 Abs. 2 HGB erfüllt sind (vgl. Rz. 17 bis 32), um Herstellungskosten. 15

Bei einem teilentgeltlichen Erwerb können Anschaffungskosten zur Herstellung der Betriebsbereitschaft nur im Verhältnis zum entgeltlichen Teil des Erwerbvorganges gegeben sein. Im Übrigen liegen Erhaltungsaufwendungen oder, sofern die Voraussetzungen des § 255 Abs. 2 HGB erfüllt sind (vgl. Rz. 17 bis 32), Herstellungskosten vor. 16

II. Herstellungskosten

Herstellungskosten eines Gebäudes sind nach § 255 Abs. 2 Satz 1 HGB Aufwendungen für die Herstellung eines Gebäudes sowie Aufwendungen, die für die Erweiterung oder für die über den ursprünglichen Zustand hinausgehende wesentliche Verbesserung eines Gebäudes entstehen. 17

1. Herstellung[1])

Instandsetzungs- und Modernisierungsarbeiten können ausnahmsweise auch im Zusammenhang mit der (Neu-)Herstellung eines Gebäudes stehen. Dies ist der Fall, wenn das Gebäude so sehr abgenutzt ist, dass es unbrauchbar geworden ist (Vollverschleiß), und durch die Instandsetzungsarbeiten unter Verwendung der übrigen noch nutzbaren Teile ein neues Gebäude hergestellt wird. *Ein Vollverschleiß liegt vor, wenn das Gebäude schwere Substanzschäden an den für die Nutzbarkeit als Bau und die Nutzungsdauer des Gebäudes bestimmenden Teilen hat.* 18

2. Erweiterung

Instandsetzungs- und Modernisierungsaufwendungen bilden unabhängig von ihrer Höhe Herstellungskosten, wenn sie für eine Erweiterung i. S. von § 255 Abs. 2 Satz 1 HGB entstehen. R 157 Abs. 3 Satz 2 EStR 2001[2]) bleibt unberührt. 19

Eine Erweiterung liegt in folgenden Fällen vor:

2.1 Aufstockung oder Anbau

Ein Gebäude wird aufgestockt oder ein Anbau daran errichtet. 20

[1]) ***Bei der Prüfung, ob Herstellungsaufwand vorliegt, darf nicht auf das gesamte Gebäude abgestellt werden, sondern nur auf den entsprechenden Gebäudeteil, wenn das Gebäude in unterschiedlicher Weise genutzt wird und deshalb mehrere Wirtschaftgüter umfasst (→ BFH vom 25. 9. 2009 – BStBl 2008 II S. 218).***

[2]) Jetzt → R 21.1 Abs. 3 Satz 2 EStR.

2.2 Vergrößerung der nutzbaren Fläche

21 Die nutzbare Fläche des Gebäudes wird vergrößert. Hierfür reicht es aus, wenn die Baumaßnahmen zu einer – wenn auch nur geringfügigen – Vergrößerung der Nutzfläche führen. Die Nutzfläche ist in sinngemäßer Anwendung der §§ 42 und 44 der II. Berechnungsverordnung zu ermitteln. Von Herstellungskosten ist z. B. auszugehen, wenn die Nutzfläche durch eine zuvor nicht vorhandene Dachgaube, den Anbau eines Balkons oder einer Terrasse über die ganze Gebäudebreite vergrößert wird oder durch ein das Flachdach ersetzendes Satteldach erstmals ausbaufähiger Dachraum geschaffen wird (vgl. BFH-Urteil vom 19. Juni 1991 – BStBl 1992 II S. 73).

2.3 Vermehrung der Substanz

22 Ein Gebäude wird in seiner Substanz vermehrt, ohne dass zugleich seine nutzbare Fläche vergrößert wird, z. B. bei Einsetzen von zusätzlichen Trennwänden[1]), bei Errichtung einer Außentreppe, bei Einbau einer Alarmanlage (vgl. BFH-Urteil vom 16. Februar 1993 – BStBl II S. 544), einer Sonnenmarkise (vgl. BFH-Urteil vom 29. August 1989 – BStBl 1990 II S. 430), einer Treppe zum Spitzboden, eines Kachelofens oder eines Kamins[2]).

23 Keine zu Herstellungsaufwendungen führende Substanzmehrung liegt dagegen vor, wenn der neue Gebäudebestandteil oder die neue Anlage die Funktion des bisherigen Gebäudebestandteils für das Gebäude in vergleichbarer Weise erfüllen. Erhaltungsaufwendungen können daher auch angenommen werden, wenn der neue Gebäudebestandteil für sich betrachtet nicht die gleiche Beschaffenheit aufweist wie der bisherige Gebäudebestandteil oder die Anlage technisch nicht in der gleichen Weise wirkt, sondern lediglich entsprechend dem technischen Fortschritt modernisiert worden ist. Von einer Substanzmehrung ist danach regelmäßig z. B. nicht auszugehen bei

- Anbringen einer zusätzlichen Fassadenverkleidung (z. B. Eternitverkleidung oder Verkleidung mit Hartschaumplatten und Sichtklinker) zu Wärme- oder Schallschutzzwecken (vgl. BFH-Urteil vom 13. März 1979 – BStBl II S. 435).
- Umstellung einer Heizungsanlage von Einzelöfen auf eine Zentralheizung (vgl. BFH-Urteil vom 24. Juli 1979 – BStBl 1980 II S. 7).
- Ersatz eines Flachdaches durch ein Satteldach, wenn dadurch lediglich eine größere Raumhöhe geschaffen wird, ohne die nutzbare Fläche und damit die Nutzungsmöglichkeit zu erweitern.
- Vergrößern eines bereits vorhandenen Fensters oder
- Versetzen von Wänden.

24 Ein neuer Gebäudebestandteil erfüllt auch darin regelmäßig die Funktion des bisherigen Gebäudebestandteils in vergleichbarer Weise, wenn er dem Gebäude lediglich deshalb hinzugefügt wird, um bereits eingetretene Schäden zu beseitigen oder einen konkret drohenden Schaden abzuwenden. Das ist z. B. der Fall bei Anbringung einer Betonvorsatzschale zur Trockenlegung der durchfeuchteten Fundamente (insoweit entgegen BFH-Urteil vom 10. Mal 1995 – BStBl 1996 II S. 639), bei Überdachung von Wohnungszugängen oder einer Dachterrasse mit einem Glasdach zum Schutz vor weiteren Wasserschäden (vgl. BFH-Urteil vom 24. Februar 1981 – BStBl II S. 468).

3. Über den ursprünglichen Zustand hinausgehende wesentliche Verbesserung

25 Instandsetzungs- oder Modernisierungsaufwendungen sind, *soweit sie nicht als Folge der Herstellung der Betriebsbereitschaft bereits zu den Anschaffungskosten gehören, nach § 255 Abs. 2 Satz 1 HGB als Herstellungskosten zu behandeln, wenn sie zu einer über den ursprünglichen Zustand hinausgehenden wesentlichen Verbesserung führen. Dies gilt auch, wenn oder soweit das Gebäude unentgeltlich erworben wurde*[3]*).*

---

1) Aufwendungen für den Umbau eines Großraumbüros in Einzelbüros unter Verwendung von Rigips-Ständerwerk sowie für die Anpassung der Elektroinstallation im hierdurch notwendigen Umfang sind sofort abziehbare Erhaltungsaufwendungen (→ BFH vom 16. 1. 2007 – BStBl II S. 922).

2) Aufwendungen für den Einbau neuer Gegenstände in vorhandene Installationen eines Wohnhauses können nur dann zu Herstellungskosten i. S. d. § 255 Abs. 2 Satz 1 HGB führen, wenn sie eine wesentliche Verbesserung zur Folge haben. Das Merkmal der Erweiterung tritt insoweit hinter das der wesentlichen Verbesserung zurück (→ BFH vom 20. 8. 2002 – BStBl 2003 II S. 604). Der Einbau einer Solaranlage zur Brauchwassererwärmung in eine vorhandene Gaswärmeversorgung ist keine solche Verbesserung (→ BFH vom 14. 7. 2004 – BStBl II S. 949).

3) Ursprünglicher Zustand i. S. d. § 255 Abs. 2 Satz 1 HGB ist bei Erwerb eines Wohngebäudes durch Schenkung oder Erbfall der Zustand im Zeitpunkt der Anschaffung oder Herstellung durch den Schenker oder Erblasser (→ BFH vom 3. 12. 2002 – BStBl 2003 II S. 590).

3.1 Ursprünglicher Zustand

Ursprünglicher Zustand i. S. von § 255 Abs. 2 Satz 1 HGB ist grundsätzlich der Zustand des Gebäudes im Zeitpunkt der Herstellung oder Anschaffung durch den Steuerpflichtigen oder seinen Rechtsvorgänger im Fall des unentgeltlichen Erwerbs. Erforderlich ist danach ein Vergleich des Zustands des Gebäudes, in dem es sich bei Herstellung oder Anschaffung befunden hat, mit dem Zustand, in den es durch die vorgenommenen Instandsetzungs- oder Modernisierungsarbeiten versetzt worden ist. Hiervon abweichend ist in Fällen, in denen die ursprünglichen Herstellungs- oder Anschaffungskosten zwischenzeitlich z. B. durch anderweitige Herstellungs- oder Anschaffungskosten, durch Absetzungen für außergewöhnliche Abnutzung nach § 7 Abs. 4 Satz 3 i. V. m. Abs. 1 Satz 5 EStG oder durch Teilwertabschreibung verändert worden sind, für den Vergleich auf den für die geänderte AfA-Bemessungsgrundlage maßgebenden Zustand abzustellen. Wird ein Gebäude dem Betriebsvermögen entnommen oder in das Betriebsvermögen eingelegt, kommt es für die Bestimmung des ursprünglichen Zustandes auf den Zeitpunkt der Entnahme oder der Einlage an. 26

3.2 Wesentliche Verbesserung

Eine wesentliche Verbesserung i. S. von § 255 Abs. 2 Satz 1 HGB liegt nicht bereits dann vor, wenn ein Gebäude generalüberholt wird, d. h. Aufwendungen, die für sich genommen als Erhaltungsaufwendungen zu beurteilen sind, in ungewöhnlicher Höhe zusammengeballt in einem Veranlagungszeitraum *oder Wirtschaftsjahr* anfallen[1]). 27

Eine wesentliche Verbesserung i. S. von § 255 Abs. 2 Satz 1 HGB und damit Herstellungskosten sind vielmehr erst dann gegeben, wenn die Maßnahmen zur Instandsetzung und Modernisierung eines Gebäudes in ihrer Gesamtheit über eine zeitgemäße substanzerhaltende (Bestandteil-)Erneuerung hinausgehen, den Gebrauchswert des Gebäudes insgesamt deutlich erhöhen und damit für die Zukunft eine erweiterte Nutzungsmöglichkeit geschaffen wird.[2]) *Von einer deutlichen Erhöhung des Gebrauchswerts ist z. B. auszugehen, wenn der Gebrauchswert des Gebäudes (Nutzungspotential) von einem sehr einfachen auf einen mittleren oder von einem mittleren auf einen sehr anspruchsvollen Standard gehoben wird. Zum Standard des Wohngebäudes vgl. Rz. 9 bis 14.* 28

Instandsetzungs- oder Modernisierungsmaßnahmen, die über eine substanzerhaltende Erneuerung nicht hinausgehen, sind bei dieser Prüfung grundsätzlich außer Betracht zu lassen. 29

Eine substanzerhaltende (Bestandteil-)Erneuerung liegt vor, wenn ein Gebäude durch die Ersetzung einzelner Bestandteile oder Instandsetzungs- oder Modernisierungsmaßnahmen an dem Gebäude als Ganzem lediglich in ordnungsgemäßem Zustand entsprechend seinem ursprünglichen Zustand erhalten oder dieser in zeitgemäßer Form wiederhergestellt wird. Dem Gebäude wird in diesem Fall nur der zeitgemäße Wohnkomfort wiedergegeben, den es ursprünglich besessen, aber durch den technischen Fortschritt und die Veränderung der Lebensgewohnheiten verloren hat. 30

Beispiel:

Der Eigentümer eines bewohnten verwahrlosten Wohnhauses lässt die alten Kohleöfen durch eine moderne Heizungsanlage ersetzen. Er baut an Stelle der einfach verglasten Fenster Isolierglasfenster ein. Er modernisiert das Bad, wobei er neben der Badewanne separat eine Dusche einbaut. Außerdem lässt er es durchgängig fliesen. Im Übrigen lässt er Schönheitsreparaturen durchführen.

Hinsichtlich der Aufwendungen für die zentralen Ausstattungsmerkmale liegen Herstellungskosten als wesentliche Verbesserung i. S. von § 255 Abs. 2 Satz 1 HGB vor. Bei den Schönheitsreparaturen handelt es sich um sofort abziehbare Erhaltungsaufwendungen (vgl. aber Rz. 33 bis 35).

---

[1]) Aufwendungen für den Einbau neuer Gegenstände in vorhandene Installationen eines Wohnhauses können nur dann zu Herstellungskosten i. S. d. § 255 Abs. 2 Satz 1 HGB führen, wenn sie eine wesentliche Verbesserung zur Folge haben. Das Merkmal der Erweiterung tritt insoweit hinter das der wesentlichen Verbesserung zurück (→ BFH vom 20. 8. 2002 – BStBl 2003 II S. 604). Der Einbau einer Solaranlage zur Brauchwassererwärmung in eine vorhandene Gaswärmeversorgung ist keine solche Verbesserung (→ BFH vom 14. 7. 2004 – BStBl II S. 949).

[2]) ***Bei betrieblich genutzten Gebäude/Gebäudeteilen kommt es dabei weniger auf die Kernbereiche der Ausstattung an, als vielmehr darauf, ob die Baumaßnahmen vor dem Hintergrund der betrieblichen Zielsetzung zu einer höherwertigen Nutzbarkeit führt (→ BFH vom 25. 9. 2007 – BStBl 2008 II S. 218).***

3.3 Sanierung in Raten

31 *Aufwendungen für Baumaßnahmen innerhalb eines Veranlagungszeitraumes oder Wirtschaftsjahres sind Herstellungskosten i. S. von § 255 Abs. 2 Satz 1 HGB, wenn die Baumaßnahmen zwar für sich gesehen noch nicht zu einer wesentlichen Verbesserung führen, wenn sie aber Teil einer Gesamtmaßnahme sind, die sich planmäßig in zeitlichem Zusammenhang über mehrere Veranlagungszeiträume erstreckt und die insgesamt zu einer Hebung des Standards führt (Sanierung in Raten). Von einer Sanierung in Raten ist grundsätzlich auszugehen, wenn die Maßnahmen innerhalb eines Fünfjahreszeitraumes durchgeführt worden sind.*

3.4 Baumaßnahmen, die nur einen Teil des Gebäudes betreffen

32 *Wird ein Gebäude in der Weise saniert, dass von einer Vielzahl von Wohnungen nur der Gebrauchswert einer oder mehrerer Wohnungen erhöht wird, sind die dafür entstandenen Aufwendungen Herstellungskosten i. S. von § 255 Abs. 2 Satz 1 HGB.*

III. Zusammentreffen von Anschaffungs- oder Herstellungskosten mit Erhaltungsaufwendungen

33 Sind im Rahmen einer umfassenden Instandsetzungs- und Modernisierungsmaßnahme sowohl Arbeiten *zur Schaffung eines betriebsbereiten Zustandes,* zur Erweiterung des Gebäudes oder Maßnahmen, die über eine zeitgemäße substanzerhaltende Erneuerung hinausgehen, als auch Erhaltungsarbeiten durchgeführt worden, sind die hierauf jeweils entfallenden Aufwendungen grundsätzlich – ggf. im Wege der Schätzung – *in Anschaffungs- oder* Herstellungskosten und Erhaltungsaufwendungen aufzuteilen, die mit den jeweiligen Aufwendungsarten im Zusammenhang stehen.

Beispiel:

Ein für die Gesamtmaßnahme geleistetes Architektenhonorar oder Aufwendungen für Reinigungsarbeiten sind entsprechend dem Verhältnis von *Anschaffungs- oder* Herstellungskosten und Erhaltungsaufwendungen aufzuteilen.

34 Aufwendungen für ein Bündel von Einzelmaßnahmen, die für sich genommen teils Anschaffungskosten oder Herstellungskosten, teils Erhaltungsaufwendungen darstellen, sind insgesamt als *Anschaffungskosten* oder Herstellungskosten zu beurteilen, wenn die Arbeiten *im sachlichen Zusammenhang* stehen.

35 Ein sachlicher Zusammenhang in diesem Sinne liegt vor, wenn die einzelnen Baumaßnahmen – die sich auch über mehrere Jahre erstrecken können – bautechnisch ineinander greifen. Ein bautechnisches Ineinandergreifen ist gegeben, wenn die Erhaltungsarbeiten

- *Vorbedingung für Schaffung des betriebsbereiten Zustandes oder für die Herstellungsarbeiten*

oder

- *durch Maßnahmen, welche den betriebsbereiten Zustand schaffen, oder durch Herstellungsarbeiten veranlasst (verursacht) worden sind.*

Beispiel 1:

Um eine Überbauung zwischen zwei vorhandenen Gebäuden durchführen zu können, sind zunächst Ausbesserungsarbeiten an den Fundamenten des einen Gebäudes notwendig (vgl. BFH-Urteil vom 9. März 1962 – BStBl III S. 195).

Ein solcher Zusammenhang wird nicht dadurch gelöst, dass die Arbeiten in verschiedenen Stockwerken des Gebäudes ausgeführt werden.

Beispiel 2:

Im Dachgeschoss eines mehrgeschossigen Gebäudes werden erstmals Bäder eingebaut. Diese Herstellungsarbeiten machen das Verlegen von größeren Fallrohren bis zum Anschluss an das öffentliche Abwassernetz erforderlich. Die hierdurch entstandenen Aufwendungen sind ebenso wie die Kosten für die Beseitigung der Schäden, die durch das Verlegen der größeren Fallrohre in den Badezimmern der darunter liegenden Stockwerke entstanden sind, den Herstellungskosten zuzurechnen.

Von einem bautechnischen Ineinandergreifen ist nicht allein deswegen auszugehen, weil der Steuerpflichtige solche Herstellungsarbeiten zum Anlass nimmt, auch sonstige anstehende Renovierungsarbeiten vorzunehmen. Allein die gleichzeitige Durchführung der Arbeiten, z. B. um die mit den Arbeiten verbundenen Unannehmlichkeiten abzukürzen, reicht für einen solchen sachlichen Zusammenhang nicht aus. Ebenso wird ein sachlicher Zusammenhang nicht dadurch hergestellt, dass die Arbeiten unter dem Gesichtspunkt der rationellen Abwicklung eine bestimmte zeitliche Abfolge der einzelnen Maßnahmen erforderlich machen – die Arbeiten aber ebenso unabhängig voneinander hätten durchgeführt werden können.

Beispiel 3:

Wie Beispiel 2, jedoch werden die Arbeiten in den Bädern der übrigen Stockwerke zum Anlass genommen, diese Bäder vollständig neu zu verfliesen und neue Sanitäranlagen einzubauen. Diese Modernisierungsarbeiten greifen mit den Herstellungsarbeiten (Verlegung neuer Fallrohre) nicht bautechnisch ineinander. Die Aufwendungen führen daher zu Erhaltungsaufwendungen. Die einheitlich in Rechnung gestellten Aufwendungen für die Beseitigung der durch das Verlegen der größeren Fallrohre entstandenen Schäden und für die vollständige Neuverfliesung sind dementsprechend in Herstellungs- und Erhaltungsaufwendungen aufzuteilen.

Beispiel 4:

Durch das Aufsetzen einer Dachgaube wird die nutzbare Fläche des Gebäudes geringfügig vergrößert. Diese Maßnahme wird zum Anlass genommen, gleichzeitig das alte, schadhafte Dach neu einzudecken. Die Erneuerung der gesamten Dachziegel steht insoweit nicht in einem bautechnischen Zusammenhang mit der Erweiterungsmaßnahme. Die Aufwendungen für Dachziegel, die zur Deckung der neuen Gauben verwendet werden, sind Herstellungskosten, die Aufwendungen für die übrigen Dachziegel sind Erhaltungsaufwendungen.

Beispiel 5:

Im Zusammenhang mit einer Erweiterungsmaßnahme erhält ein Gebäude ein zusätzliches Fenster. Zudem wird die Einfachverglasung der schon vorhandenen Fenster durch Isolierverglasung ersetzt. Die Erneuerung der bestehenden Fenster ist nicht durch die Erweiterungsmaßnahme und das Einsetzen des zusätzlichen Fensters veranlasst, greift daher nicht bautechnisch mit diesen Maßnahmen ineinander (insoweit entgegen BFH-Urteil vom 9. Mai 1995 – IX R 2/94 –, BStBl 1996 II S. 637). Die auf die Fenstererneuerung entfallenden Aufwendungen können demnach als Erhaltungsaufwendungen abgezogen werden.

IV. Feststellungslast

Die Feststellungslast für die Tatsachen, die eine Behandlung als Anschaffungs- oder Herstellungskosten begründen (wie z. B. die Herstellung der Betriebsbereitschaft oder eine wesentliche Verbesserung über den ursprünglichen Zustand hinaus), trägt das Finanzamt. Soweit das Finanzamt nicht in der Lage ist, den Zustand des Gebäudes im Zeitpunkt der Anschaffung (vgl. Rz. 5 bis 16) oder den ursprünglichen Zustand im Sinne des § 255 Abs. 2 HGB (vgl. Rz. 25 bis 32) festzustellen, trifft den Steuerpflichtigen hierbei eine erhöhte Mitwirkungspflicht (§ 90 Abs. 1 Satz 3 AO). Kann der maßgebliche Zustand des Wohngebäudes nicht sicher festgestellt werden, kann das Finanzamt aus Indizien auf die Hebung des Standards eines Gebäudes und somit auf Anschaffungs- oder Herstellungskosten schließen. 36

Indizien für die Hebung des Standards liegen vor, wenn 37

- *ein Gebäude in zeitlicher Nähe zum Erwerb im Ganzen und von Grund auf modernisiert wird,*
- *hohe Aufwendungen für die Sanierung der zentralen Ausstattungsmerkmale getätigt werden,*
- *auf Grund dieser Baumaßnahmen der Mietzins erheblich erhöht wird.*

[1])*Ob eine Hebung des Standards vorliegt, ist für die ersten drei Jahre nach Anschaffung des Gebäudes nicht zu prüfen, wenn die Aufwendungen für die Instandsetzung und Modernisierung des Gebäudes insgesamt 15 % der Anschaffungskosten des Gebäudes nicht übersteigen. Dies gilt nicht, wenn sich bei Erwerb des Gebäudes mit mehreren Wohnungen der Standard für einzelne Wohnungen hebt oder die Instandsetzungsmaßnahme der Beginn einer Sanierung in Raten sein kann. Veranlagungen sind vorläufig durchzuführen, solange in diesem Zeitraum die Instandsetzungsarbeiten 15 % der Anschaffungskosten des Gebäudes nicht übersteigen oder wenn eine Sanierung in Raten zu vermuten ist.* 38

V. Anwendungsregelung

Dieses Schreiben ersetzt das BMF-Schreiben vom 16. Dezember 1996 (BStBl I S. 1442), welches hiermit aufgehoben wird. 39

1) Anm.: Für Baumaßnahmen anzuwenden, mit denen nach dem 31. 12. 2003 begonnen wird → auch § 6 Abs. 1 Nr. 1a EStG; zur zeitlichen Anwendung → § 52 Abs. 16 EStG.

Die Grundsätze dieses Schreibens sind in allen noch offenen Fällen anzuwenden.

Auf Antrag ist dieses Schreiben nicht anzuwenden, wenn mit Baumaßnahmen vor dem Tag der Veröffentlichung des Schreibens im Bundessteuerblatt begonnen wurde.

V
Einkommensteuerrechtliche Behandlung des Nießbrauchs und anderer Nutzungsrechte bei Einkünften aus Vermietung und Verpachtung

BMF vom 24. 7. 1998 (BStBl I S. 914)
IV B 3 – S 2253–59/98
unter Berücksichtigung der Änderungen durch BMF vom 9. 2. 2001 (BStBl I S. 171) und BMF vom 29. 5. 2006 (BStBl I S. 392)

Inhaltsübersicht

Unter Bezugnahme auf das Ergebnis der Erörterung mit den obersten Finanzbehörden der Länder nehme ich zur einkommensteuerrechtlichen Behandlung des Nießbrauchs und anderer Nutzungsrechte bei den Einkünften aus Vermietung und Verpachtung wie folgt Stellung:

A. Allgemeines

I. Zurechnung von Einkünften

Einkünfte aus Vermietung und Verpachtung sind demjenigen zuzurechnen, der den Tatbestand der Einkunftsart Vermietung und Verpachtung (§ 21 EStG) verwirklicht und dadurch Einkünfte erzielt (BFH-Urteil vom 7. April 1987 – BStBl 1987 II S. 707 m. w. N.). Den Tatbestand der Einkunftsart Vermietung und Verpachtung verwirklicht derjenige, der Träger der Rechte und Pflichten eines Vermieters ist (BFH-Urteil vom 31. Oktober 1989 – BStBl 1992 II S. 506 m. w. N.) und mit diesen Rechten und Pflichten Sachen und Rechte i. S. d. § 21 Abs. 1 EStG an andere zur Nutzung gegen Entgelt überlässt (BFH-Urteil vom 26. April 1983 – BStBl II S. 502). Einem Nutzungsberechtigten sind bei Vermietung des Grundstücks die Einkünfte im Sinne von § 21 Abs. 1 Nr. 1 EStG zuzurechnen, wenn ihm die volle Besitz- und Verwaltungsbefugnis zusteht, er die Nutzungen tatsächlich zieht, das Grundstück in Besitz hat und es verwaltet. Den Tatbestand der Einkunftsart Vermietung und Verpachtung erfüllt auch der am Gesellschaftsanteil einer Gesellschaft des bürgerlichen Rechts mit Einkünften aus Vermietung und Verpachtung Nießbrauchsberechtigte, wenn ihm kraft seines Nießbrauchs eine Stellung eingeräumt ist, die der eines Gesellschafters entspricht. Hierfür genügt die bloße Einräumung eines Anspruchs auf Gewinnbezug nicht (BFH-Urteil vom 9. April 1991 – BStBl II S. 809). 1

II. Bestellung eines dinglichen Nutzungsrechts zugunsten naher Angehöriger

Bürgerlich-rechtliche Gestaltungen zwischen nahen Angehörigen sind steuerrechtlich nur dann anzuerkennen, wenn sie klar vereinbart, ernsthaft gewollt und tatsächlich durchgeführt werden. 2

Aus der Bestellung eines Nießbrauchs oder eines anderen dinglichen Nutzungsrechts zugunsten naher Angehöriger können somit steuerrechtliche Folgerungen nur gezogen werden, wenn ein bürgerlich-rechtlich wirksames Nutzungsrecht begründet worden ist und die Beteiligten die zwischen ihnen getroffenen Vereinbarungen auch tatsächlich durchführen (BFH-Urteile vom 11. März 1976 – BStBl II S. 421 und 613 und vom 13. Mai 1980 – BStBl 1981 II S. 297). An der tatsächlichen Durchführung fehlt es, wenn äußerlich alles beim alten bleibt und etwa nur die Erträge an den Nutzungsberechtigten abgeführt werden. 3

[1])*Räumen Eltern ihren minderjährigen Kindern einen Nießbrauch an einem Grundstück ein, bedarf es i. d. R. der Mitwirkung eines Pflegers, weil das mit dem Nießbrauch regelmäßig verbundene gesetzliche Schuldverhältnis zwischen Eigentümer und Nießbraucher neben Rechten auch Pflichten des Nießbrauchers begründet und der Nießbraucher daher nicht nur einen rechtlichen Vorteil erlangt (BFH-Urteil vom 13. 5. 1980, VIII R 63/79, BStBl 1981 II S. 297). Insbesondere der Eintritt des Nießbrauchers in die Vermieterstellung ist insoweit als rechtlich nachteilig anzusehen. Daher ist auch in den Fällen des Bruttonießbrauchs (Rdn. 14) die Mitwirkung des Ergänzungspflegers erforderlich, wenn der Nießbraucher in bestehende Mietverhältnisse eintreten oder zur Vermietung verpflichtet sein soll (BMF-Schreiben vom 26. 5. 1992, BStBl 1992 I S. 370). Die Anordnung einer Ergänzungspflegschaft ist nur für die Bestellung, nicht für die Dauer des Nießbrauchs erforderlich (BFH-Urteil vom 13. 5. 1980, VIII R 63/79, BStBl 1981 II S. 295).* 4

[2])*Die Bestellung des Nießbrauchs ohne Mitwirkung eines Ergänzungspflegers ist in diesen Fällen jedoch einkommensteuerrechtlich anzuerkennen, wenn das Vormundschaftsgericht die Mitwirkung eines Ergänzungspflegers für entbehrlich gehalten hat.* 5

---

1) Rz. 4 und 5 in der Fassung des BMF-Schreibens BMF vom 9. 2. 2001 (BStBl I S. 171).
2) Rz. 4 und 5 in der Fassung des BMF-Schreibens BMF vom 9. 2. 2001 (BStBl I S. 171).

III. Obligatorisches Nutzungsrecht und „fehlgeschlagener" Nießbrauch

6 Den Tatbestand der Erzielung von Einkünften aus Vermietung und Verpachtung kann auch ein obligatorisch Nutzungsberechtigter erfüllen, wenn er eine gesicherte Rechtsposition erlangt hat und tatsächlich selbst die Stellung des Vermieters oder Verpächters einnimmt. Eine gesicherte Rechtsposition ist gegeben, wenn der Eigentümer dem Nutzenden den Gebrauch des Grundstücks für eine festgelegte Zeit nicht entziehen kann (BFH-Urteil vom 29. November 1983 – BStBl 1984 II S. 366).

7 Obligatorische Nutzungsrechte zugunsten naher Angehöriger sind nur anzuerkennen, wenn die Voraussetzungen der Rz. 2 bis 4 erfüllt sind. Ein unentgeltlich begründetes Nutzungsrecht kann regelmäßig nur anerkannt werden, wenn der Überlassungsvertrag schriftlich abgeschlossen und das Nutzungsrecht für einen festgelegten Zeitraum, mindestens für die Dauer von einem Jahr, vereinbart worden ist. Bei einem teilweise entgeltlich begründeten Nutzungsrecht ist grundsätzlich ein schriftlicher Mietvertrag erforderlich; der Festlegung einer Mindestzeit bedarf es nicht.

8 Ist ein Nießbrauch mangels Eintragung im Grundbuch bürgerlich-rechtlich nicht wirksam bestellt worden, sind die Grundsätze zu den obligatorischen Nutzungsrechten (Rz. 35 bis 38 und 51 bis 54) anzuwenden.

IV. Sicherungsnießbrauch

9 Ein Nießbrauch, der lediglich zu Sicherungszwecken eingeräumt wird, ist, soweit er nicht ausgeübt wird, einkommensteuerrechtlich unbeachtlich. Ein Sicherungsnießbrauch liegt vor, wenn die Vereinbarung des dinglichen Nutzungsrechts lediglich dazu bestimmt ist, die dem Berechtigten versprochenen Leistungen dinglich abzusichern, ohne dass der Berechtigte selbst auf Art und Umfang Einfluss nehmen kann (zum Sicherungsnießbrauch vgl. auch Rz. 10 des BMF-Schreibens vom 23. Dezember 1996 – BStBl I S. 1508)[1]).

B. Zurechnung von Einkünften im Einzelnen

I. Zugewendete Nutzungsrechte

1. Zuwendungsnießbrauch

a) Abgrenzung zwischen entgeltlicher, teilweise entgeltlicher und unentgeltlicher Bestellung

10 Ein Nießbrauch, der vom Eigentümer dem Berechtigten bestellt ist (Zuwendungsnießbrauch), ist als entgeltlich bestellt anzusehen, wenn der Wert des Nießbrauchs und der Wert der Gegenleistung nach wirtschaftlichen Gesichtspunkten gegeneinander abgewogen sind. Beim Vergleich von Leistung und Gegenleistung sind die von den Vertragsparteien jeweils insgesamt zu erbringenden Leistungen gegenüberzustellen.

11 Ist zwischen Personen, die nicht durch verwandtschaftliche oder sonstige enge Beziehungen miteinander verbunden sind, ein Nießbrauch gegen Entgelt vereinbart worden, ist davon auszugehen, dass der Wert des Nießbrauchs und der Wert der Gegenleistung nach wirtschaftlichen Gesichtspunkten abgewogen sind.

12 Sind der Wert des Nießbrauchs und der Wert der Gegenleistung nicht nach wirtschaftlichen Gesichtspunkten abgewogen, ist von einem teilweise entgeltlich bestellten Nießbrauch auszugehen. Der Vorgang ist in einen entgeltlichen und in einen unentgeltlichen Teil aufzuteilen. Dabei berechnen sich der entgeltlich und der unentgeltlich erworbene Teil des Nießbrauchs nach dem Verhältnis des Entgelts zu dem Kapitalwert des Nießbrauchs.

13 Ist der Wert der Gegenleistung im Verhältnis zum Wert des Nießbrauchs so bemessen, dass bei Zugrundelegung einer zwischen Fremden üblichen Gestaltung nicht mehr von einer Gegenleistung ausgegangen werden kann, liegt ein unentgeltlich bestellter Nießbrauch vor. Davon ist regelmäßig auszugehen, wenn der Wert der Gegenleistung weniger als 10 v. H. des Werts des Nießbrauchs beträgt.

b) Allgemeine Grundsätze

14 Nach § 577 BGB[2]) tritt der Nießbraucher in die Rechtsstellung des Eigentümers als Vermieter ein. Die Ausgestaltung eines Nießbrauchs als Bruttonießbrauch beeinträchtigt die Vermieterstellung eines Nießbrauchers grundsätzlich nicht (BFH-Urteil vom 13. Mai 1980 – BStBl 1981 II S. 299). Es handelt sich dabei um einen Nießbrauch, bei dem sich der Nießbrauchbesteller verpflichtet, die

1) Hinweis auf BMF vom 16. 9. 2004 (BStBl I S. 922), Rz. 65 → Anhang 8 IV.
2) Ab 1. 1. 2002: § 567 BGB.

den Nießbrauchberechtigten nach §§ 1041, 1045, 1047 BGB treffenden Kosten und Lasten zu tragen, so dass dem Nießbraucher die Bruttoerträge verbleiben.

Mietzahlungen sind an den Nießbraucher zu leisten. Vertreten Eltern ihre minderjährigen Kinder, müssen die Willenserklärungen im Namen der Kinder abgegeben werden (BFH-Urteil vom 13. Mai 1980 – BStBl 1981 II S. 295). 15

Bei einem Quotennießbrauch und einem Bruchteilsnießbrauch gelten für die Gemeinschaft von Nießbraucher und Eigentümer die Grundsätze in Rz. 14 und 15 entsprechend. Ein Quotennießbrauch liegt vor, wenn dem Nießbraucher ein bestimmter Anteil an den Einkünften des Grundstücks zusteht; ein Bruchteilsnießbrauch liegt vor, wenn der Nießbrauch an einem Bruchteil eines Grundstücks bestellt wird. Mietzahlungen auf ein gemeinsames Konto beeinträchtigen die Vermieterstellung des Quotennießbrauchers oder Bruchteilsnießbrauchers nicht, wenn sichergestellt ist, dass der anteilige Überschuss in die alleinige Verfügungsmacht des Nießbrauchers gelangt. 16

Hat der Nießbraucher das Gebäude oder eine Wohnung in Ausübung seines Nießbrauchsrechts an den Eigentümer vermietet, so kann darin die Rückgängigmachung des Nießbrauchs oder ein Mißbrauch von rechtlichen Gestaltungsmöglichkeiten (§ 42 AO) liegen. Bestellen Eltern ihrem Kind einen befristeten Nießbrauch an einem Grundstück und vermietet das Kind den Grundbesitz anschließend an die Eltern zurück, stellt eine solche Gestaltung regelmäßig einen Mißbrauch von rechtlichen Gestaltungsmöglichkeiten i. S. d. § 42 AO dar (BFH-Urteil vom 18. Oktober 1990 – BStBl 1991 II S. 205). Eine mißbräuchliche Gestaltung kann auch in der Unkündbarkeit eines in zeitlichem Zusammenhang mit der Nießbrauchbestellung mit dem Nießbrauchbesteller vereinbarten Mietverhältnisses oder darin liegen, dass die Dauer eines befristeten Nießbrauchs auf die Unterhaltsbedürftigkeit des Nießbrauchers abgestimmt ist. 17

c) Unentgeltlich bestellter Nießbrauch

aa) Behandlung beim Nießbraucher

Bei der Vermietung des nießbrauchsbelasteten Grundstücks sind die Grundsätze der Rz. 14 bis 17 maßgebend. 18

AfA auf das Gebäude darf der Nießbraucher nicht abziehen (BFH-Urteil vom 24. April 1990 – BStBl II S. 888). Von den Herstellungskosten für in Ausübung des Nießbrauchs eingebaute Anlagen und Einrichtungen i. S. d. § 95 Abs. 1 Satz 2 BGB darf der Nießbraucher AfA in Anspruch nehmen. Ferner darf er AfA für Aufwendungen für Einbauten zu vorübergehendem Zweck i. S. d. § 95 Abs. 1 Satz 1 BGB abziehen. 19

Auf das unentgeltlich erworbene Nießbrauchsrecht darf der Nießbraucher keine AfA vornehmen (BFH-Urteil vom 28. Juli 1981 – BStBl 1982 II S. 454). 20

Andere Werbungskosten darf der Nießbraucher abziehen, soweit er sie im Rahmen der Nießbrauchbestellung vertraglich übernommen und tatsächlich getragen hat oder – bei Fehlen einer vertraglichen Regelung – aufgrund der gesetzlichen Lastenverteilung getragen hat. Aufwendungen, zu denen der Nießbraucher nicht verpflichtet, aber nach § 1043 BGB berechtigt ist und die in seinem Interesse erfolgen, sind abzuziehen. Verzichtet der Nießbraucher jedoch gegenüber dem Eigentümer von vornherein auf den Ersatzanspruch nach § 1049 BGB oder steht schon bei der Aufwendung fest, dass der Ersatzanspruch nicht zu realisieren ist, ist von einer Zuwendung gemäß § 12 Nr. 2 EStG durch die Erhaltungsmaßnahme auszugehen (vgl. BFH-Urteil vom 14. November 1989 – BStBl 1990 II S. 462 und vom 5. September 1991 – BStBl 1992 II S. 192). 21

Hat der Nießbraucher größeren Erhaltungsaufwand nach § 82b EStDV auf mehrere Jahre verteilt und endet der Nießbrauch vor Ablauf des Verteilungszeitraums, darf der Nießbraucher den noch nicht berücksichtigten Teil des Erhaltungsaufwands nur noch im Jahr der Beendigung des Nießbrauchs abziehen. 22

bb) Behandlung beim Eigentümer

Dem Eigentümer sind keine Einkünfte aus dem nießbrauchsbelasteten Grundstück zuzurechnen. 23

Der Eigentümer darf AfA auf das Gebäude und Grundstücksaufwendungen, die er getragen hat, nicht als Werbungskosten abziehen, da er keine Einnahmen erzielt. 24

Bei einem Bruchteilsnießbrauch darf der Eigentümer AfA auf das Gebäude nicht abziehen, soweit sie auf den mit dem Nießbrauch belasteten Eigentumsanteil entfallen. Entsprechendes gilt für den Abzug anderer Aufwendungen. Sätze 1 und 2 gelten beim Quotennießbrauch sinngemäß. 25

d) Entgeltlich bestellter Nießbrauch

aa) Behandlung beim Nießbraucher

26 Im Falle der Nutzung durch Vermietung darf der Nießbraucher auf das entgeltlich erworbene Nießbrauchsrecht die nach der Dauer des Nießbrauchs bemessene AfA nach § 7 Abs. 1 EStG vornehmen (BFH-Urteil vom 27. Juni 1978 – BStBl 1979 II S. 38). Ist der Nießbrauch für die Lebenszeit des Berechtigten oder einer anderen Person eingeräumt, sind die Aufwendungen für den Erwerb des Nießbrauchs durch AfA auf die mutmaßliche Lebenszeit der betreffenden Person zu verteilen (zur Lebenserwartung vgl. gleich lautende Erlasse der obersten Finanzbehörden der Länder zur Bewertung von Kapitalforderungen/-schulden sowie von Ansprüchen/Lasten bei wiederkehrenden Nutzungen und Leistungen vom 12. Oktober 1994, BStBl I S. 775, Tabelle 6 zu § 12 BewG). Leistet der Nießbraucher als Gegenleistungen für die Einräumung des Nießbrauchs ausschließlich gleichmäßige laufende Zahlungen, ist es aus Vereinfachungsgründen nicht zu beanstanden, wenn nur die laufend gezahlten Beträge als Werbungskosten abgesetzt werden.

27 Nutzt der Nießbraucher das Gebäude durch Vermietung, darf er Aufwendungen, die er aufgrund vertraglicher Bestimmungen getragen hat, als Werbungskosten abziehen. Haben die Vertragsparteien bei Einräumung des Nießbrauchs keine besonderen Regelungen getroffen, sind Aufwendungen des Nießbrauchers als Werbungskosten zu berücksichtigen, soweit er sie nach den gesetzlichen Bestimmungen (§§ 1041, 1045, 1047 BGB) getragen hat. Zur Abziehbarkeit der Aufwendungen im Einzelnen vgl. Rz. 21.

bb) Behandlung beim Eigentümer

28 Beim Eigentümer ist das für die Bestellung des Nießbrauchs gezahlte Entgelt im Jahr des Zuflusses als Einnahme aus Vermietung und Verpachtung zu erfassen[1]). Das gilt unabhängig davon, ob beim Nießbraucher Einkünfte aus Vermietung und Verpachtung anfallen.

29 [2])Aus Billigkeitsgründen kann auf Antrag die Zahlung des gesamten Entgelts in einem Kalenderjahr auf die Laufzeit des Nießbrauchs, längstens über einen Zeitraum von 10 Jahren, gleichmäßig verteilt werden.

30 Der Eigentümer ist – da ihm Einnahmen aus Vermietung und Verpachtung zuzurechnen sind – zur Vornahme von Abschreibungen berechtigt. Daneben darf er die von ihm aufgrund vertraglicher Vereinbarungen, bei fehlenden Vereinbarungen die aufgrund der gesetzlichen Lastenverteilung (§§ 1041, 1045, 1047 BGB), getragenen Aufwendungen für das belastete Grundstück abziehen.

e) Teilweise entgeltlich bestellter Nießbrauch

31 Bei einem teilweise entgeltlich bestellten Nießbrauch sind die Grundsätze der Rz. 26 bis 30 anzuwenden. Rz. 30 ist nicht anzuwenden, soweit der Nießbrauch unentgeltlich bestellt worden ist. Zur Aufteilung der Aufwendungen vgl. Rz. 12.

2. Vermächtnisnießbrauch

32 Ein Vermächtnisnießbrauch liegt vor, wenn aufgrund einer letztwilligen Verfügung des Grundstückseigentümers durch dessen Erben einem Dritten der Nießbrauch an dem Grundstück eingeräumt worden ist. Für den Vermächtnisnießbrauch gelten die Ausführungen zum unentgeltlichen Zuwendungsnießbrauch (Rz. 18 bis 25) entsprechend. Der Vermächtnisnehmer ist nicht berechtigt, die AfA für das vom Erblasser hinterlassene Gebäude in Anspruch zu nehmen (BFH-Urteil vom 28. September 1993 – BStBl 1994 II S. 319).

3. Zugewendetes dingliches Wohnrecht

33 [3])Ist das Grundstück in der Weise belastet, dass an einer Wohnung ein im Grundbuch eingetragenes Wohnrecht zugunsten eines anderen begründet worden ist, sind die für einen Zuwendungsnießbrauch geltenden Grundsätze insoweit entsprechend anzuwenden. Zur Abgrenzung von unentgeltlich, entgeltlich und teilentgeltlich zugewendeten dinglichen Wohnrechten vgl. Rz. 10

---

1) → aber § 11 Abs. 1 Satz 3 EStG.

2) Überholt durch § 11 Abs. 1 Satz 3 EStG.

3) Rz. 33 i. d. F. BMF vom 29. 5. 2006 (BStBl I S. 392). Diese Grundsätze sind in allen noch offenen Fällen anzuwenden. Soweit die Anwendung zu einem Nachteil gegenüber der bisherigen Verwaltungsauffassung führt, sind sie erstmals anzuwenden, wenn die Bestellung eines dinglichen Wohnrechts gegen Übertragung eines Grundstücks im privaten Bereich nach dem 31. 5. 2006 erfolgt ist. Rz. 33 i. d. F. BMF vom 24. 7. 1998 lautet: „Ist das Grundstück in der Weise belastet, daß an einer Wohnung ein im Grundbuch eingetragenes Wohnrecht zugunsten eines anderen begründet worden ist, sind die für den Zuwendungs-

bis 13. Die Übertragung eines Grundstücks gegen die Verpflichtung, dieses mit einem Wohngebäude zu bebauen und dem Veräußerer ein dingliches Wohnrecht an einer Wohnung zu bestellen, stellt keine entgeltliche Überlassung des Wohnrechts, sondern ein auf die Anschaffung des Grundstücks gerichtetes Rechtsgeschäft dar.

Der Eigentümer darf AfA auf den mit dem Wohnrecht belasteten Gebäudeteil nur in Anspruch nehmen, soweit das Wohnrecht entgeltlich zugewendet worden ist. Entsprechendes gilt für den Abzug anderer Aufwendungen. 34

4. Zugewendetes obligatorisches Nutzungsrecht

a) Allgemeines

Zur Abgrenzung zwischen der entgeltlichen, teilweise entgeltlichen und unentgeltlichen Einräumung eines Nutzungsrechts vgl. Rz. 10 bis 13. 35

b) Behandlung beim Nutzenden

Vermietet der Nutzungsberechtigte das Grundstück, hat er die erzielten Einnahmen zu versteuern. Er darf die vertraglich übernommenen und von ihm getragenen Aufwendungen einschließlich des an den Eigentümer gezahlten Entgelts als Werbungskosten absetzen. Bei bereits bestehenden Nutzungsverträgen kann der Nutzungsberechtigte nur durch eine rechtsgeschäftliche Vertragsübernahme in die Vermieterstellung eintreten (vgl. BFH-Urteil vom 26. April 1983 – BStBl II S. 502). Zur Herstellung eines Gebäudes auf fremdem Grund und Boden, die zu einem Nutzungsrecht führt, vgl. R 42 Abs. 5 Satz 3 und 4 EStR 1996. Im Übrigen gelten die Ausführungen in Rz. 14 bis 22, 26 bis 27 und 31 entsprechend. 36

c) Behandlung beim Eigentümer

Beim Eigentümer ist das für die Einräumung eines Nutzungsrechts gezahlte Entgelt im Jahr des Zuflusses als Einnahme aus Vermietung und Verpachtung zu erfassen. Im Übrigen gelten die Ausführungen in Rz. 14 bis 17, 23 bis 25, 28 bis 31 entsprechend. 37

Nutzt der Berechtigte eine ihm unentgeltlich überlassene Wohnung aufgrund einer gesicherten Rechtsposition, darf der Eigentümer AfA auf das Gebäude nicht in Anspruch nehmen, soweit sie auf den Gebäudeteil entfallen, auf den sich das Nutzungsrecht erstreckt. Entsprechendes gilt für den Abzug anderer Aufwendungen. Soweit sich aus den BFH-Urteilen vom 29. November 1983 und vom 13. Dezember 1983 (BStBl 1984 II S. 366, 368 und 371) etwas anderes ergibt, sind diese Urteile weiterhin über die entschiedenen Einzelfälle hinaus nicht anzuwenden. 38

II. Vorbehaltene Nutzungsrechte

1. Vorbehaltsnießbrauch

a) Allgemeines

Ein Vorbehaltsnießbrauch liegt vor, wenn bei der Übertragung eines Grundstücks gleichzeitig ein Nießbrauchsrecht für den bisherigen Eigentümer an dem übertragenen Grundstück bestellt wird. Einem Vorbehaltsnießbraucher ist ein Schenker gleichzustellen, der mit dem Beschenkten im Voraus eine klare und eindeutige Schenkungsabrede über den Erwerb eines bestimmten Grundstücks und die Bestellung eines Nießbrauchsrechts an diesem Grundstück trifft (BFH-Urteil vom 15. Mai 1990 – BStBl 1992 II S. 67). Gleiches gilt für einen vorläufigen Erben, der die Erbschaft mit der Maßgabe ausgeschlagen hat, dass ihm ein Nießbrauchsrecht an den zum Nachlass gehörenden Gegenständen eingeräumt wird (BFH-Urteil vom 4. Juni 1996 – BStBl 1998 II S. 431). 39

Die Bestellung des Nießbrauchs ist keine Gegenleistung des Erwerbers (BFH-Urteile vom 28. Juli 1981 – BStBl 1982 II S. 378, vom 10. April 1991 – BStBl II S. 791 und vom 24. April 1991 – BStBl II S. 793), unabhängig davon, ob das Grundstück entgeltlich oder unentgeltlich übertragen wird. 40

(Fortsetzung Fußnote 3 von Seite 1282)
nießbrauch geltenden Grundsätze insoweit entsprechend anzuwenden. Zur Abgrenzung von unentgeltlich, entgeltlich und teilentgeltlich zugewendeten dinglichen Wohnrechten vgl. Rz. 10 bis 13. Der Erwerb eines Grundstücks gegen die Verpflichtung, dieses mit einem Wohnhaus zu bebauen und dem Veräußerer ein dingliches Wohnrecht an einer Wohnung zu bestellen, ist wie ein entgeltlicher Zuwendungsnießbrauch zu behandeln. Der Erwerber bezieht in Höhe des Grundstückswerts bis zur Höhe des Kapitalwerts des Wohnrechts Einnahmen aus Vermietung und Verpachtung. Ein den Kapitalwert des Wohnrechts übersteigender Grundstückswert ist eine Zuwendung i. S. d. § 12 Nr. 2 EStG. Rz. 29 gilt entsprechend."

b) Behandlung beim Nießbraucher

41 Ist das mit dem Vorbehaltsnießbrauch belastete Grundstück vermietet, erzielt der Nießbraucher Einkünfte aus Vermietung und Verpachtung. Dies gilt auch, wenn der Nießbraucher das Grundstück dem Grundstückseigentümer entgeltlich zur Nutzung überlässt.

42 Der Vorbehaltsnießbraucher darf im Falle der Nutzung durch Vermietung die AfA für das Gebäude wie zuvor als Eigentümer in Anspruch nehmen (BFH-Urteil vom 28. Juli 1981 – BStBl 1982 II S. 380, vom 24. September 1985 – BStBl 1986 II S. 12 und vom 30. Januar 1995 – BStBl II S. 281). Rz. 25 ist entsprechend anzuwenden.

43 Der Vorbehaltsnießbraucher ist berechtigt, die von ihm getragenen Aufwendungen auf das Grundstück nach Maßgabe der Rz. 21 und 22 als Werbungskosten abzuziehen.

44 Ist das Grundstück unter Vorbehalt des Nießbrauchs entgeltlich übertragen worden, ist die Bemessungsgrundlage für die AfA nicht um die Gegenleistung des Erwerbers zu kürzen.

c) Behandlung beim Eigentümer

45 Sind dem Eigentümer aus dem nießbrauchsbelasteten Grundstück keine Einnahmen zuzurechnen, darf er Aufwendungen auf das Grundstück nicht als Werbungskosten abziehen. Sind dem Eigentümer Einnahmen aus dem nießbrauchsbelasteten Grundstück zuzurechnen, ist Rz. 25 entsprechend anzuwenden.

46 Nach Erlöschen des Nießbrauchs stehen dem Eigentümer die AfA auf das gesamte Gebäude zu.

47 Ist das Grundstück entgeltlich unter Vorbehalt des Nießbrauchs übertragen worden, bemessen sich die AfA nach den Anschaffungskosten des Eigentümers. Der Kapitalwert des Nießbrauchs gehört nicht zu den Anschaffungskosten. Die AfA-Bemessungsgrundlage erhöht sich um die zusätzlichen Herstellungskosten, die der Eigentümer getragen hat (BFH-Urteil vom 7. Juni 1994 – BStBl II S. 927). Das AfA-Volumen ist um die AfA-Beträge zu kürzen, die von den Anschaffungskosten des Eigentümers auf den Zeitraum zwischen Anschaffung des Grundstücks und dem Erlöschen des Nießbrauchs entfallen.

48 Ist das Grundstück unentgeltlich unter Vorbehalt des Nießbrauchs übertragen worden, führt der Eigentümer nach Erlöschen des Nießbrauchs die AfA nach § 11d EStDV fort. Bei teilentgeltlichem Erwerb gelten die Grundsätze der Tz. 14 und 15 des BMF-Schreibens vom 13. Januar 1993 (BStBl I S. 80) entsprechend.

2. Vorbehaltenes dingliches Wohnrecht

49 Ist das Grundstück gegen Einräumung eines vorbehaltenen dinglichen Wohnrechts übertragen worden, sind die für den Vorbehaltsnießbrauch geltenden Grundsätze entsprechend anzuwenden.

50 Der Eigentümer darf AfA auf das entgeltlich erworbene Gebäude nur in Anspruch nehmen, soweit sie auf den unbelasteten Teil entfallen (BFH-Urteil vom 7. Juni 1994 – BStBl II S. 927). In diesen Fällen ist die AfA-Bemessungsgrundlage nur für den unbelasteten Gebäudeteil zu ermitteln, und zwar wie folgt: Die Einräumung des Wohnrechts stellt kein Entgelt für die Übertragung des Grundstücks dar. Der Übernehmer erhält lediglich das von vornherein um das Nutzungsrecht geminderte Vermögen. Der Kaufpreis zuzüglich der Nebenkosten ist auf die beiden Wirtschaftsgüter Grund und Boden sowie Gebäude nach dem Verhältnis der Verkehrswerte aufzuteilen. Da sich das Wohnrecht nicht auf den Grund und Boden bezieht, ist nur der Verkehrswert des Gebäudes um den kapitalisierten Wert des Wohnrechts zu mindern. Der Anteil des unbelasteten Gebäudeteils an den tatsächlichen Gebäudeanschaffungskosten ergibt sich dann aus dem Verhältnis des Verkehrswerts des unbelasteten Teils zum Verkehrswert des gesamten Gebäudes abzüglich des kapitalisierten Werts des Nutzungsrechts.[1])

Beispiel:

V überträgt sein Zweifamilienhaus gegen Übernahme der Verbindlichkeiten in Höhe von 350 000 DM an K. Dabei behält V sich ein lebenslängliches dingliches Wohnrecht an der Wohnung im Obergeschoss vor (Kapitalwert des Wohnrechts im Erwerbszeitpunkt 150 000 DM). Die Erdgeschosswohnung ist weiterhin vermietet. Beide Wohnungen sind gleich groß. Die Verkehrswerte betragen für das Gebäude 500 000 DM und für den Grund und Boden 100 000 DM (ohne Berücksichtigung des Wohnrechts).

Die AfA-Bemessungsgrundlage für die unbelastete Wohnung ist wie folgt zu ermitteln:

1) Bestätigt durch BFH vom 31. 5. 2000 (BStBl 2001 II S. 594).

1. Schritt: Aufteilung der Anschaffungskosten in Höhe von 350 000 DM auf Grund und Boden und Gebäude im Verhältnis der Verkehrswerte:

Verkehrswert Grund und Boden	100 000 DM	= 22,22 v. H.
Verkehrswert Gebäude	500 000 DM	
abzügl. Kapitalwert Nutzungsrecht	150 000 DM	
	350 000 DM	= 77,78 v. H.
Damit entfällt der Kaufpreis von 350 000 DM auf	22,22 v. H.	
den Grund und Boden	von 350 000 DM	77 770 DM
	77,78 v. H.	
das Gebäude	von 350 000 DM	272 230 DM

2. Schritt: Ermittlung der AfA-Bemessungsgrundlage:[1])

		unbelastete Wohnung (50 v. H.)	wohnrechts-belastete Wohnung (50 v. H.)
Verkehrswert Gebäude	500 000 DM	250 000 DM	250 000 DM
abzügl. Kapitalwert Nutzungsrecht	150 000 DM		150 000 DM
	350 000 DM	250 000 DM	100 000 DM
Kaufpreisanteil	350 / 350	250 / 350	100 / 350
Gebäude	272 230 DM	**194 450 DM**	77 780 DM

Da es sich hier um einen teilentgeltlichen Erwerb handelt, ist § 11d EStDV auf den unentgeltlich erworbenen und unbelasteten Anteil anzuwenden.

3. Vorbehaltenes obligatorisches Nutzungsrecht

a) Allgemeines

Behält sich der bisherige Eigentümer bei der Übertragung des Grundstücks ein obligatorisches Nutzungsrecht vor, stellt die Einräumung des Nutzungsrechts keine Gegenleistung des Erwerbers dar. 51

b) Behandlung beim Nutzenden

Der Nutzungsberechtigte hat bei Vermietung des Grundstücks die Einnahmen zu versteuern. Er darf die von ihm getragenen Aufwendungen einschließlich des an den Eigentümer gezahlten Entgelts als Werbungskosten absetzen. Der Nutzende darf weiterhin wie zuvor als Eigentümer die AfA für das Gebäude in Anspruch nehmen (BFH-Urteil vom 28. März 1995 – BStBl 1997 II S. 121). 52

c) Behandlung beim Eigentümer

Die für den Eigentümer geltenden Grundsätze des Vorbehaltsnießbrauchs nach Rz. 45 bis 48 sind entsprechend anzuwenden. 53

Zur AfA-Berechtigung des Eigentümers auf das Gebäude und zur Ermittlung der Bemessungsgrundlage vgl. Rz. 50. 54

C. Ablösung von Nutzungsrechten

1. Vorbehaltsnießbrauch

a) Allgemeines

Unbeachtlich ist, ob der Nießbrauch anlässlich einer entgeltlichen oder einer unentgeltlichen Grundstücksübertragung vorbehalten wurde. Bei der Ablösung ist zu unterscheiden zwischen Vermögensübertragungen im Rahmen der vorweggenommenen Erbfolge (Vermögensübergabe) und sonstigen Vermögensübertragungen. Zur Abgrenzung der Vermögensübergabe von sonstigen Vermögensübertragungen vgl. Rz. 3, 4 und 41 des BMF-Schreibens vom 23. Dezember 1996 – a. a. O.[2]) 55

[1]) Eine von den Vertragsparteien vorgenommene Aufteilung des Kaufpreises auf einzelne Wirtschaftsgüter ist grundsätzlich – auch in Fällen der gemischten Schenkung – der Besteuerung zugrunde zu legen, soweit der Verkehrswert des jeweiligen Wirtschaftsguts nicht überschritten wird (→ BFH vom 27. 7. 2004 – BStBl 2006 II S. 9).

[2]) Hinweis auf BMF vom 16. 9. 2004 (BStBl I S. 922), Rz. 65 → Anhang 8 IV.

b) Ablösung im Zusammenhang mit einer Vermögensübergabe

aa) Allgemeines

56 Zum Begriff der vorweggenommenen Erbfolge und den Arten der Vermögensübertragung durch vorweggenommene Erbfolge vgl. BMF-Schreiben vom 13. Januar 1993 – BStBl I S. 80.[1])

bb) Behandlung beim Eigentümer

57 Einmalige Zahlungen zur Ablösung des Vorbehaltsnießbrauchs sind Abstandszahlungen an den Vermögensübergeber und erhöhen die Bemessungsgrundlage für die AfA des Grundstückseigentümers (BFH-Urteil vom 28. November 1991 – BStBl 1992 II S. 381, vom 21. Juli 1992 – BStBl 1993 II S. 484 und vom 21. Juli 1992 – BStBl 1993 II S. 486). Zur Ablösung des Vorbehaltsnießbrauchs durch wiederkehrende Leistungen vgl. BMF-Schreiben vom 23. Dezember 1996 – a. a. O.[2])

cc) Behandlung beim Nießbraucher

58 Die Ablösung des Vorbehaltsnießbrauchs gegen Einmalzahlung ist beim Nießbraucher eine nicht steuerbare Vermögensumschichtung (für den Fall eines vorbehaltenen Wohnrechts vgl. BFH-Urteil vom 9. August 1990 – BStBl II S. 1026). Zur Beurteilung der zur Ablösung empfangenen wiederkehrenden Leistungen vgl. BMF-Schreiben vom 23. Dezember 1996 – a. a. O.

c) Ablösung im Zusammenhang mit sonstigen Vermögensübertragungen

aa) Behandlung beim Eigentümer

59 Eine Einmalzahlung führt in voller Höhe, wiederkehrende Leistungen führen mit ihrem Barwert (§§ 13, 14 BewG i. V. m. Anlage 9, 9a zum BewG) zu Anschaffungskosten (BFH-Urteil vom 9. Februar 1994 – BStBl 1995 II S. 47 und vom 18. Oktober 1994 – BStBl 1995 II S. 169 – für dauernde Last –). Ist die Einmalzahlung bzw. der Barwert der wiederkehrenden Leistungen höher als der Wert des übertragenen Vermögens, ist Entgeltlichkeit in Höhe des angemessenen Kaufpreises anzunehmen. Der übersteigende Betrag ist eine Zuwendung i. S. d. § 12 Nr. 2 EStG. Ist der Barwert der wiederkehrenden Leistungen mehr als doppelt so hoch wie der Wert des übertragenen Vermögens, liegt insgesamt eine Zuwendung i. S. d. § 12 Nr. 2 EStG vor. Wiederkehrende Leistungen in Zusammenhang mit einer privaten Vermögensumschichtung dürfen weder als Rente noch als dauernde Last abgezogen werden (BFH-Urteil vom 25. November 1992 – BStBl 1996 II S. 663 m. w. N.). Der in den wiederkehrenden Leistungen enthaltene Zinsanteil, der in entsprechender Anwendung der Ertragsanteilstabellen der §§ 22 EStG, 55 EStDV zu ermitteln ist, ist im Falle der Vermietung gem. § 9 Abs. 1 Satz 3 Nr. 1 Satz 2 EStG als Werbungskosten bei den Einkünften aus Vermietung und Verpachtung abzuziehen.

bb) Behandlung beim Nießbraucher

60 Die Ablösung eines vorbehaltenen Nießbrauchs gegen Einmalzahlung ist eine beim Nießbraucher nicht steuerbare Vermögensumschichtung. Wiederkehrende Leistungen, die nicht als Versorgungsleistungen im Rahmen einer Vermögensübergabe erbracht werden, sind mit ihrem Zinsanteil nach § 20 Abs. 1 Nr. 7 EStG oder bei Veräußerungsleibrenten mit dem Ertragsanteil nach § 22 Nr. 1 Satz 3 Buchst. a Satz 3 EStG steuerbar (vgl. Rz. 49 des BMF-Schreibens vom 23. Dezember 1996 – a. a. O.)[3]).

2. Zuwendungsnießbrauch

a) Unentgeltlicher Zuwendungsnießbrauch

61 Zahlungen zur Ablösung eines unentgeltlich eingeräumten Zuwendungsnießbrauchs sind grundsätzlich als Zuwendungen i. S. d. § 12 Nr. 2 EStG zu beurteilen (vgl. bei fehlender tatsächlicher Änderung der rechtlichen oder wirtschaftlichen Verhältnisse BFH-Urteil vom 13. Oktober 1993 – BStBl 1994 II S. 451 und beim Missbrauch von rechtlichen Gestaltungsmöglichkeiten nach § 42 AO BFH-Urteil vom 6. Juli 1993 – BStBl 1998 II S. 429)*[4])*. Sie gehören daher beim Nießbraucher nicht zu den Einkünften aus Vermietung und Verpachtung. Der Eigentümer kann sie nicht als

1) → Anhang 8 II.
2) Hinweis auf BMF vom 16. 9. 2004 (BStBl I S. 922), Rz. 65 → Anhang 8 IV.
3) Hinweis auf BMF vom 16. 9. 2004 (BStBl I S. 922), Rz. 65 → Anhang 8 IV.
4) ***→ aber BFHG vom 13. 12. 2005 (BStBl 2008 II S. 16), wonach Zahlungen zur Ablösung eines unentgeltlich eingeräumten Nießbrauchsrechts zum Sonderausgabenabzug für Versorgungsleistungen nach § 10 Abs. 1 Nr. 1a a. F. berechtigen.***

Werbungskosten abziehen; sie erhöhen auch nicht seine Anschaffungskosten für das Grundstück. Ein anstelle des bisherigen Nießbrauchs eingeräumter Ersatznießbrauch ist als neu bestellter unentgeltlicher Zuwendungsnießbrauch zu behandeln.

Rz. 61 gilt nicht für die Fälle, in denen der ablösende Eigentümer das Grundstück selbst bereits mit der Belastung des Nießbrauchs erworben hat (vgl. BFH-Urteil vom 15. Dezember 1992 – BStBl 1993 II S. 488). In einem solchen Fall vollzieht sich die Ablösung im Rahmen eines entgeltlichen Veräußerungsgeschäfts. Eine Einmalzahlung ist in voller Höhe, wiederkehrende Leistungen sind mit ihrem Barwert Anschaffungskosten. 62

b) Entgeltlicher Zuwendungsnießbrauch

Zahlungen zur Ablösung eines entgeltlich bestellten Zuwendungsnießbrauchs sind beim Eigentümer im Jahr der Zahlung als negative Einnahmen bei den Einkünften aus Vermietung und Verpachtung zu erfassen. Ist das für die Bestellung des Nießbrauchs gezahlte Entgelt nach Rz. 29 auf mehrere Jahre verteilt worden, ist der noch nicht versteuerte Restbetrag beim Eigentümer als Einnahme aus Vermietung und Verpachtung zu erfassen. Besteht die Abfindung in wiederkehrenden Leistungen, sind diese jeweils im Jahr der Zahlung als negative Einnahmen anzusetzen. 63

Die Ablösungszahlungen sind beim Nießbraucher der privaten Vermögensebene zuzuordnen (BFH-Urteil vom 9. August 1990 – BStBl II S. 1026). 64

3. Vermächtnisnießbrauch

Aufwendungen zur Ablösung eines zugewendeten Vermächtnisnießbrauchs sind nachträgliche Anschaffungskosten des Grundstückseigentümers (BFH-Urteil vom 21. Juli 1992 – BStBl 1993 II S. 484). Die Ablösung eines Vermächtnisnießbrauchs gegen Einmalzahlung ist eine beim Nießbraucher nicht steuerbare Vermögensumschichtung. Zur Ablösung gegen wiederkehrende Leistungen vgl. Tz. 9 des BMF-Schreibens vom 23. Dezember 1996 – a. a. O.[1]) 65

4. Dingliches Wohnrecht

Für die Behandlung von Ablösungszahlungen des Eigentümers an den dinglich Wohnberechtigten sind die für die Ablösung von Nießbrauchrechten geltenden Grundsätze entsprechend anzuwenden. Aufwendungen zur Ablösung eines vom Rechtsvorgänger eingeräumten dinglichen Wohnrechts entfallen, soweit sie nachträgliche Anschaffungskosten des Grundstückseigentümers sind in vollem Umfang auf das Gebäude (BFH-Urteil vom 21. Juli 1992 – BStBl 1993 II S. 484). 66

5. Obligatorisches Nutzungsrecht

Für die Behandlung von Aufwendungen für die Ablösung obligatorischer Nutzungsrechte gelten die Grundsätze zur Ablösung eines Vorbehalts- und Zuwendungsnießbrauch (Rz. 55 bis 64) entsprechend. 67

D. Übergangsregelung in Fällen der Ermittlung des Nutzungswerts als Überschuss des Mietwerts über die Werbungskosten

1. Allgemeines

Die Besteuerung des Nutzungswerts der Wohnung im eigenen Haus (§ 21 Abs. 2 Satz 1 1. Alternative EStG) kann aufgrund der Übergangsregelung des § 52 Abs. 21 Satz 2 EStG bis einschließlich Veranlagungszeitraum 1998 fortgeführt werden, wenn im Veranlagungszeitraum 1986 und in dem jeweils in Betracht kommenden Veranlagungszeitraum, der dem Veranlagungszeitraum 1986 folgt, die Voraussetzungen für die Ermittlung des Nutzungswerts als Überschuss des Mietwerts über die Werbungskosten vorgelegen haben (vgl. hierzu BMF-Schreiben vom 19. September 1986 – BStBl I S. 480). 68

2. Vorbehaltsnießbrauch

Nutzt der Vorbehaltsnießbraucher das mit dem Vorbehaltsnießbrauch belastete Grundstück für eigene Wohnzwecke, ist ihm der Nutzungswert nach § 21 Abs. 2 Satz 1 1. Alternative EStG zuzurechnen (BFH-Urteil vom 7. Dezember 1982 – BStBl 1983 II S. 627). In einem solchen Fall kommt für den Vorbehaltsnießbraucher die Übergangsregelung nach § 52 Abs. 21 Satz 2 EStG für einen Veranlagungszeitraum in Betracht, wenn in diesem Veranlagungszeitraum und im Veranlagungs- 69

[1]) Hinweis auf BMF vom 16. 9. 2004 (BStBl I S. 922), Rz. 65 → Anhang 8 IV.

zeitraum 1986 die Voraussetzungen für die Ermittlung des Nutzungswerts als Überschuss des Mietwerts über die Werbungskosten vorgelegen haben.

3. Zuwendungsnießbrauch

70 Für den Zuwendungsnießbrauch ist die Übergangsregelung nach Rz. 68 nicht anzuwenden.

4. Vermächtnisnießbrauch

71 Für den Vermächtnisnießbraucher gelten die Ausführungen in Rz. 69 aus Billigkeitsgründen entsprechend.

5. Obligatorisches Nutzungsrecht

72 Wird eine Wohnung aufgrund eines unentgeltlich zugewendeten oder vorbehaltenen obligatorischen Nutzungsrechts von dem Berechtigten selbst genutzt und hat der Nutzende keine gesicherte Rechtsposition, so ist dem Eigentümer der Nutzungswert nach § 21 Abs. 2 Satz 1 1. Alternative EStG zuzurechnen. Er kann den Nutzungswert im Rahmen der Übergangsregelung nach § 52 Abs. 21 Satz 2 EStG in einem Veranlagungszeitraum versteuern, wenn in diesem Veranlagungszeitraum und im Veranlagungszeitraum 1986 die Voraussetzungen für die Ermittlung des Nutzungswerts als Überschuss des Mietwerts über die Werbungskosten vorgelegen haben.

E. Anwendungsregelung

73 Die Grundsätze dieses Schreibens sind in allen noch offenen Fällen anzuwenden.

74 Die Grundsätze in Rz. 4 und 5 dieses BMF-Schreibens sind entsprechend dem BMF-Schreiben vom 26. Mai 1992 (BStBl I S. 370) in allen Fällen anzuwenden, in denen der Nießbrauch nach dem 30. Juni 1992 notariell beurkundet oder der Überlassungsvertrag nach dem 30. Juni 1992 abgeschlossen worden ist. Ist der Nießbrauch vor dem 1. Juli 1992 beurkundet oder der Überlassungsvertrag vor dem 1. Juli 1992 abgeschlossen worden, ist Rz. 4 bzw. Rz. 53 des BMF-Schreibens vom 15. November 1984 (BStBl I S. 561) weiter anzuwenden.

Die Grundsätze in Rz. 32 dieses BMF-Schreibens sind entsprechend dem BMF-Schreiben vom 22. April 1994 (BStBl I S. 258) in den Fällen anzuwenden, in denen der Vermächtnisnießbrauch nach dem 31. Mai 1994 notariell beurkundet worden ist. Ist der Vermächtnisnießbrauch vor dem 1. Juni 1994 notariell beurkundet worden, ist der Nießbraucher weiterhin zum Abzug der Gebäude-AfA nach Maßgabe der Rz. 51, 41 des BMF-Schreibens vom 15. November 1984 (BStBl I S. 561) berechtigt.

VI
Schuldzinsen bei einem Darlehen für die Anschaffung oder Herstellung eines teilweise vermieteten und teilweise selbstgenutzten Gebäudes bei den Einkünften aus Vermietung und Verpachtung; BFH-Urteil vom 25. 3. 2003 (BStBl 2004 II S. 348)

Bezug: BMF vom 10. 12. 1999 (BStBl I S. 1130) und vom 24. 4. 2003 (BStBl I S. 287)

BMF vom 16. 4. 2004 (BStBl I S. 464)
IV C 3 – S 2211 – 36/04

Der BFH hat mit den Urteilen vom 27. Oktober 1998 (BStBl 1999 II S. 676, 678, und 680) sowie vom 9. Juli 2002 (BStBl 2003 II S. 389) und zuletzt vom 25. März 2003 (BStBl 2004 II S. 348) zum Abzug von Schuldzinsen bei Darlehen für die Anschaffung oder Herstellung eines teilweise vermieteten und teilweise selbstgenutzten Gebäudes entschieden. Unter Bezugnahme auf das Ergebnis der Erörterung mit den obersten Finanzbehörden der Länder nehme ich zur Anwendung der Urteilsgrundsätze wie folgt Stellung:

Ein Steuerpflichtiger, der ein teilweise vermietetes und teilweise selbstgenutztes Gebäude mit Eigenmitteln und Fremdmitteln finanziert, kann Darlehenszinsen als Werbungskosten bei den Einkünften aus Vermietung und Verpachtung abziehen, soweit er die Darlehensmittel tatsächlich zur Finanzierung der Anschaffungs- oder Herstellungskosten des vermieteten Gebäudeteils verwendet.

1. Zuordnung der Anschaffungs- oder Herstellungskosten

Der Abzug von Schuldzinsen als Werbungskosten setzt zunächst voraus, dass die Anschaffungs- oder Herstellungskosten den Gebäudeteilen, die eigenständige Wirtschaftsgüter bilden, zugeordnet werden. Hierbei ist Folgendes zu beachten:

a) Anschaffungskosten, Anschaffungsnebenkosten

- Einer nach außen hin erkennbaren Zuordnung der Anschaffungskosten durch den Steuerpflichtigen, z. B. durch Aufteilung des zivilrechtlich einheitlichen Kaufpreises im notariellen Kaufvertrag, ist steuerrechtlich zu folgen, soweit die Aufteilung nicht zu einer unangemessenen wertmäßigen Berücksichtigung der einzelnen Gebäudeteile führt.
- Trifft der Steuerpflichtige keine nach außen hin erkennbare Zuordnungsentscheidung, sind die Anschaffungskosten den einzelnen Gebäudeteilen nach dem Verhältnis der Wohn-/Nutzflächen anteilig zuzuordnen.

b) Herstellungskosten

- In Rechnung gestellte Entgelte für Lieferungen und Leistungen, die ausschließlich einen bestimmten Gebäudeteil betreffen (z. B. Aufwendungen für Bodenbeläge, Malerarbeiten oder Sanitärinstallationen in einer einzelnen Wohnung), sind diesem Gebäudeteil gesondert zuzuordnen. Diese Aufwendungen müssen entweder durch den Unternehmer gesondert abgerechnet oder durch den Steuerpflichtigen in einer gleichartigen Aufstellung gesondert aufgeteilt und ausgewiesen werden.
- Kosten, die das Gesamtgebäude betreffen (z. B. Aufwendungen für den Aushub der Baugrube, den Rohbau, die Dacheindeckung, den Außenanstrich), sind den einzelnen Gebäudeteilen nach dem Verhältnis der Wohn-/Nutzflächen anteilig zuzuordnen. Dies gilt auch, wenn der Steuerpflichtige die Kosten für die Errichtung des gesamten Gebäudes einheitlich abgerechnet hat, ohne die auf die jeweiligen Gebäudeteile entfallenden Kosten gesondert auszuweisen.

2. Wirtschaftlicher Zusammenhang zwischen Schuldzinsen und Anschaffungs- oder Herstellungskosten

Für den Werbungskostenabzug ist darüber hinaus ein wirtschaftlicher Zusammenhang zwischen den Schuldzinsen und den zugeordneten Anschaffungs- oder Herstellungskosten für den vermieteten Gebäudeteil unabdingbar. Dieser liegt nur dann vor, wenn dieser Teil der Anschaffungs- oder Herstellungskosten tatsächlich mit den dafür aufgenommenen Darlehensmitteln bezahlt worden ist. Hieraus folgt für Anschaffungs- und Herstellungsvorgänge:

a) Anschaffung eines Gebäudes

Eine gesonderte Zahlung der zugeordneten Anschaffungskosten liegt auch vor, wenn der Steuerpflichtige diese Kosten mittels eines eigenständigen Darlehens auf ein Notaranderkonto überweist und der Notar den gesamten Kaufpreis vom Notaranderkonto auskehrt.

b) Herstellung eines Gebäudes

- Von einem wirtschaftlichen Zusammenhang ist auszugehen, wenn der Steuerpflichtige ein Baukonto ausschließlich mit Darlehensmitteln ausstattet und die Zahlungen der zugeordneten Herstellungskosten zu Lasten dieses Kontos ergehen.
- Versäumt es der Steuerpflichtige, die den unterschiedlich genutzten Gebäudeteilen gesondert zugeordneten Aufwendungen getrennt mit Eigen-/Darlehensmitteln zu finanzieren, sind die Schuldzinsen nach dem Verhältnis der Baukosten der einzelnen Gebäudeteile schätzungsweise aufzuteilen.
- Werden die Kosten für die Errichtung des gesamten Gebäudes einheitlich abgerechnet und bezahlt, ist grundsätzlich davon auszugehen, dass auch die Darlehensmittel nach dem Verhältnis der Wohn-/Nutzflächen verwendet worden sind. Etwas anderes gilt nur dann, wenn der Steuerpflichtige durch eigene Aufstellung die Herstellungskosten anteilig dem vermieteten Gebäudeteil zuordnet und die sich danach ergebenden Herstellungskosten mit Darlehensmitteln bezahlt (BFH-Urteil vom 25. März 2003).

3. Anwendungsregelungen

Die vorstehenden Grundsätze sind auch für ein vom Steuerpflichtigen beruflich genutztes häusliches Arbeitszimmer anwendbar, das als selbständiger Gebäudeteil zu behandeln ist.

Die vom Steuerpflichtigen vorgenommene tatsächliche Zuordnung von Darlehen bleibt auch maßgebend, wenn er die vormals selbstgenutzte Wohnung später vermietet.

Dieses BMF-Schreiben, das gleichzeitig mit dem BFH-Urteil vom 25. März 2003 im Bundessteuerblatt veröffentlicht wird, ersetzt die BMF-Schreiben vom 10. Dezember 1999 (BStBl I S. 1130) und vom 24. April 2003 (BStBl I S. 287).

Steuerbegünstigte Zwecke (§ 10b EStG); Gesetz zur weiteren Stärkung des bürgerschaftlichen Engagements vom 10. Oktober 2007; Anwendungsschreiben zu § 10b EStG

BMF vom 18. 12. 2008 (BStBl 2009 I S. 16)
IV C 4 – S 2223/07/0020–2008/0731361

Durch das Gesetz zur weiteren Stärkung des bürgerschaftlichen Engagements vom 10. Oktober 2007 (BGBl. I S. 2332, BStBl I S. 815) haben sich u. a. Änderungen im Spendenrecht ergeben, die grundsätzlich rückwirkend zum 1. Januar 2007 gelten.

Die Neuregelungen sind auf Zuwendungen anzuwenden, die nach dem 31. Dezember 2006 geleistet werden. Für Zuwendungen, die im Veranlagungszeitraum 2007 geleistet werden, gilt auf Antrag des Steuerpflichtigen § 10b Abs. 1 EStG in der für den Veranlagungszeitraum 2006 geltenden Fassung (vgl. § 52 Abs. 24d Satz 2 und 3 EStG).

Unter Bezugnahme auf das Ergebnis der Erörterungen mit den obersten Finanzbehörden der Länder gilt für die Anwendung des § 10b EStG ab dem Veranlagungszeitraum 2007 Folgendes:

1. Großspenden

Nach der bisherigen Großspendenregelung waren Einzelzuwendungen von mindestens 25.565 Euro zur Förderung wissenschaftlicher, mildtätiger oder als besonders förderungswürdig anerkannter kultureller Zwecke, die die allgemeinen Höchstsätze überschreiten, im Rahmen der Höchstsätze im Jahr der Zuwendung, im vorangegangenen und in den fünf folgenden Veranlagungszeiträumen abzuziehen.

Für den verbleibenden Großspendenvortrag zum 31. Dezember 2006 gilt damit die alte Regelung fort, d. h. dieser Vortrag ist weiterhin verbunden mit der Anwendung der alten Höchstbeträge und der zeitlichen Begrenzung. Dies bedeutet, dass bei vorhandenen Großspenden ggf. noch für fünf Veranlagungszeiträume altes Recht neben neuem Recht anzuwenden ist.

Für im Veranlagungszeitraum 2007 geleistete Spenden kann auf Antrag § 10b Abs. 1 EStG a. F. in Anspruch genommen werden. Dann gilt für diese Spenden auch der zeitlich begrenzte Großspendenvortrag nach altem Recht.

Im Hinblick auf die Abzugsreihenfolge ist der zeitlich begrenzte Altvortrag von verbleibenden Großspenden mit entsprechender Anwendung der Höchstbeträge vorrangig.

2. Zuwendungen an Stiftungen

Durch das Gesetz zur weiteren Stärkung des bürgerschaftlichen Engagements vom 10. Oktober 2007 (a. a. O.) wurden die Regelungen zur steuerlichen Berücksichtigung von Zuwendungen vereinfacht. Differenziert werden muss nur noch, ob es sich bei einer Zuwendung zur Förderung steuerbegünstigter Zwecke im Sinne der §§ 52 bis 54 AO um eine Zuwendung in den Vermögensstock einer Stiftung handelt oder nicht. Der Höchstbetrag für Zuwendungen an Stiftungen in Höhe von 20.450 Euro ist entfallen, hier gelten wie für alle anderen Zuwendungen die Höchstbeträge von 20 Prozent des Gesamtbetrags der Einkünfte oder 4 Promille der Summe der gesamten Umsätze und der im Kalenderjahr aufgewendeten Löhne und Gehälter. Dafür wurden die Regelungen zur steuerlichen Berücksichtigung von Zuwendungen in den Vermögensstock einer Stiftung ausgeweitet (siehe Ausführungen zu 3.)

Für im Veranlagungszeitraum 2007 geleistete Spenden kann auf Antrag § 10b Abs. 1 EStG a. F. in Anspruch genommen werden.

3. Vermögensstockspenden

Der Sonderausgabenabzug nach § 10b Abs. 1a EStG ist nur auf Antrag des Steuerpflichtigen vorzunehmen; stellt der Steuerpflichtige keinen Antrag, gelten auch für Vermögensstockspenden die allgemeinen Regelungen nach § 10b Abs. 1 EStG. Im Antragsfall kann die Vermögensstockspende nach § 10b Abs. 1a EStG innerhalb eines Zeitraums von 10 Jahren vom Spender beliebig auf die einzelnen Jahre verteilt werden. Der bisherige Höchstbetrag von 307.000 Euro wurde auf 1 Mio. Euro angehoben und die Voraussetzung, dass die Spende anlässlich der Neugründung der Stiftung geleistet werden muss, ist entfallen, so dass auch Spenden in den Vermögensstock bereits bestehender Stiftungen (sog. Zustiftungen) begünstigt sind.

Der Steuerpflichtige beantragt in seiner Einkommensteuererklärung erstens, in welcher Höhe die Zuwendung als Vermögensstockspende im Sinne von § 10b Abs. 1a EStG behandelt werden soll, und zweitens, in welcher Höhe er im entsprechenden Zeitraum eine Berücksichtigung wünscht. Leistet ein Steuerpflichtiger im VZ 2008 beispielsweise 100.000 Euro in den Vermögensstock, entscheidet er im Rahmen seiner Einkommensteuererklärung 2008 über den Betrag, der als Vermögensstockspende nach § 10b Abs. 1a EStG behandelt werden soll – z. B. 80.000 Euro –, dann sind die übrigen 20.000 Euro Spenden im Rahmen der Höchstbeträge nach § 10b Abs. 1 EStG zu berücksichtigen. Leistet ein Steuerpflichtiger einen höheren Betrag als 1 Mio. Euro in den Vermögensstock einer Stiftung, kann er den 1 Mio. Euro übersteigenden Betrag ebenfalls nach § 10b Abs. 1 EStG geltend machen. Im zweiten Schritt entscheidet der Steuerpflichtige über den Anteil der Vermögensstockspende, die er im VZ 2008 abziehen möchte. Innerhalb des 10-Jahreszeitraums ist ein Wechsel zwischen § 10b Abs. 1a EStG und § 10b Abs. 1 EStG nicht zulässig.

Durch das Gesetz zur weiteren Stärkung des bürgerschaftlichen Engagements vom 10. Oktober 2007 (a. a. O.) wurde kein neuer 10-Jahreszeitraum im Sinne des § 10b Abs. 1a Satz 2 EStG geschaffen. Wurde also bereits vor 2007 eine Vermögensstockspende geleistet, beginnt der 10jährige-Abzugszeitraum im Sinne des § 10b Abs. 1a Satz 1 EStG entsprechend früher. Mit jeder Spende in den Vermögensstock beginnt ein neuer 10jähriger-Abzugszeitraum. Mehrere Vermögensstockspenden einer Person innerhalb eines Veranlagungszeitraums sind zusammenzufassen.

Beispiel:

Ein Stpfl. hat im Jahr 2005 eine Zuwendung i. H. v. 300.000 Euro in den Vermögensstock einer neu gegründeten Stiftung geleistet. Diese wurde antragsgemäß mit je 100.000 Euro im VZ 2005 und 2006 gemäß § 10b Abs. 1a Satz 1 EStG a. F. abgezogen.

Im Jahr 2007 leistet der Stpfl. eine Vermögensstockspende i. H. v. 1.200.000 Euro und beantragt 900.000 Euro im Rahmen des § 10b Abs. 1a EStG zu berücksichtigen. Im VZ 2007 beantragt er einen Abzugsbetrag nach § 10b Abs. 1a EStG i. H. v. 800.000 Euro (100.000 Euro zuzüglich 700.000 Euro). Die verbleibenden 200.000 Euro (900.000 Euro abzüglich 700.000 Euro) sollen im Rahmen des § 10b Abs. 1a EStG in einem späteren VZ abgezogen werden.

Die übrigen 300.000 Euro (1.200.000 Euro abzüglich 900.000 Euro) fallen unter die allgemeinen Regelungen nach § 10b Abs. 1 EStG.

VZ 2005	§ 10b Abs. 1a EStG a. F.	100.000 Euro
VZ 2006	§ 10b Abs. 1a EStG a. F.	100.000 Euro
VZ 2007	§ 10b Abs. 1a EStG n. F.	800.000 Euro (= 100.000 aus VZ 2005 + 700.000 aus VZ 2007)

Beginn des ersten 10jährigen-Abzugszeitraums ist der VZ 2005 und dessen Ende der VZ 2014; somit ist für die Jahre 2008 bis 2014 der Höchstbetrag von 1.000.000 Euro durch die Inanspruchnahme der 800.000 Euro im VZ 2007 ausgeschöpft.

Beginn des zweiten 10jährigen-Abzugszeitraums ist der VZ 2007 und dessen Ende der VZ 2016. In den VZ 2015 und 2016 verbleiben daher maximal noch 200.000 Euro als Abzugsvolumen nach § 10b Abs. 1a EStG (1.000.000 Euro abzüglich 800.000 Euro, siehe VZ 2007). Die verbleibenden Vermögensstockspenden i. H. v. 200.000 Euro aus der Zuwendung im VZ 2007 können somit entsprechend dem Antrag des Stpfl. in den VZ 2015 und/oder 2016 abgezogen werden.

Stellt der Stpfl. (z. B. aufgrund eines negativen GdE) in den VZ 2015 und 2016 keinen Antrag zum Abzug der verbleibenden Vermögensstockspenden, gehen diese zum 31. 12. 2016 in den allgemeinen unbefristeten Spendenvortrag nach § 10b Abs. 1 EStG über.

4. Zuwendungsvortrag

a) Vortrag von Vermögensstockspenden

Vermögensstockspenden, die nicht innerhalb des 10jährigen-Abzugszeitraums nach § 10b Abs. 1a Satz 1 EStG verbraucht wurden, gehen in den allgemeinen unbefristeten Spendenvortrag nach § 10b Abs. 1 EStG über.

Die Vorträge von Vermögensstockspenden sind für jeden Ehegatten getrennt festzustellen.

b) Großspendenvortrag

Für den Übergangszeitraum von maximal sechs Jahren ist neben der Feststellung des Vortrages von Vermögensstockspenden und der Feststellung des allgemeinen unbefristeten Spendenvortrags ggf. auch eine Feststellung des befristeten Großspendenvortrags nach altem Recht vorzunehmen. Verbleibt nach Ablauf der fünf Vortragsjahre ein Restbetrag, geht dieser nicht in den allgemeinen unbefristeten Spendenvortrag über, sondern ist verloren.

c) Allgemeiner unbefristeter Spendenvortrag

In den allgemeinen unbefristeten Spendenvortrag werden die abziehbaren Zuwendungen aufgenommen, die die Höchstbeträge im Veranlagungszeitraum der Zuwendung überschreiten oder die den um die Beträge nach § 10 Abs. 3 und 4, § 10c und § 10d verminderten Gesamtbetrag der Einkünfte übersteigen und nicht dem Vortrag von Vermögensstockspenden bzw. dem Großspendenvortrag zuzuordnen sind. Die Beträge nach § 10 Abs. 4a EStG stehen den Beträgen nach Absatz 3 und 4 gleich.

Der am Schluss eines Veranlagungszeitraums verbleibende Spendenvortrag ist entsprechend § 10d Abs. 4 EStG für die verschiedenen Vorträge – Vortrag von Vermögensstockspenden, Großspendenvortrag und allgemeiner unbefristeter Spendenvortrag – gesondert festzustellen.

Ein Wechsel zwischen den verschiedenen Zuwendungsvorträgen, mit Ausnahme des unter a) genannten Übergangs vom Vortrag für Vermögensstockspenden zum allgemeinen unbefristeten Zuwendungsvortrag, ist nicht möglich.

5. Übergang von altem in neues Recht

Die Änderungen des § 10b Abs. 1 und 1a EStG gelten rückwirkend ab dem 1. Januar 2007.

§ 52 Abs. 24d Satz 3 EStG eröffnet dem Spender die Möglichkeit, hinsichtlich der Regelungen des § 10b Abs. 1 EStG für den Veranlagungszeitraum 2007 die Anwendung des bisherigen Rechts zu wählen. Wenn er sich hierzu entschließt, gilt dies einheitlich für den gesamten Spendenabzug im Jahr 2007.

6. Haftungsregelung

Maßgeblicher Zeitpunkt für die Haftungsreduzierung im Sinne des § 10b Abs. 4 EStG durch das Gesetz zur weiteren Stärkung des bürgerschaftlichen Engagements vom 10. Oktober 2007 (BGBl. I S. 2332, BStBl I S. 815) von 40 % auf 30 % des zugewendeten Betrags ist der Zeitpunkt der Haftungsinanspruchnahme, somit der Zeitpunkt der Bekanntgabe des Haftungsbescheides. Dies ist unabhängig davon, für welchen Veranlagungszeitraum die Haftungsinanspruchnahme erfolgt.

7. Anwendungsregelung

Dieses Schreiben ist ab dem Veranlagungszeitraum 2007 anzuwenden.

Einkommensteuer-Grund- und Splittingtabelle 2008

zvE in €	ESt Gr in €	ESt Sp in €	**zvE in €**	ESt Gr in €	ESt Sp in €	**zvE in €**	ESt Gr in €	ESt Sp in €	**zvE in €**	ESt Gr in €	ESt Sp in €
7 664	—	—	**10 004**	399	—	**12 344**	895	—	**14 684**	1 463	—
7 700	5	—	**10 040**	406	—	**12 380**	903	—	**14 720**	1 472	—
7 736	10	—	**10 076**	413	—	**12 416**	912	—	**14 756**	1 481	—
7 772	16	—	**10 112**	420	—	**12 452**	920	—	**14 792**	1 490	—
7 808	21	—	**10 148**	427	—	**12 488**	929	—	**14 828**	1 499	—
7 844	27	—	**10 184**	434	—	**12 524**	937	—	**14 864**	1 508	—
7 880	32	—	**10 220**	441	—	**12 560**	946	—	**14 900**	1 517	—
7 916	38	—	**10 256**	448	—	**12 596**	954	—	**14 936**	1 526	—
7 952	43	—	**10 292**	455	—	**12 632**	963	—	**14 972**	1 535	—
7 988	49	—	**10 328**	462	—	**12 668**	971	—	**15 008**	1 544	—
8 024	55	—	**10 364**	469	—	**12 704**	980	—	**15 044**	1 553	—
8 060	60	—	**10 400**	476	—	**12 740**	989	—	**15 080**	1 562	—
8 096	66	—	**10 436**	483	—	**12 776**	997	—	**15 116**	1 571	—
8 132	72	—	**10 472**	490	—	**12 812**	1 006	—	**15 152**	1 580	—
8 168	77	—	**10 508**	498	—	**12 848**	1 015	—	**15 188**	1 589	—
8 204	83	—	**10 544**	505	—	**12 884**	1 023	—	**15 224**	1 598	—
8 240	89	—	**10 580**	512	—	**12 920**	1 032	—	**15 260**	1 607	—
8 276	95	—	**10 616**	519	—	**12 956**	1 041	—	**15 296**	1 616	—
8 312	100	—	**10 652**	527	—	**12 992**	1 049	—	**15 332**	1 625	—
8 348	106	—	**10 688**	534	—	**13 028**	1 058	—	**15 368**	1 634	6
8 384	112	—	**10 724**	541	—	**13 064**	1 067	—	**15 404**	1 644	10
8 420	118	—	**10 760**	549	—	**13 100**	1 075	—	**15 440**	1 653	16
8 456	124	—	**10 796**	556	—	**13 136**	1 084	—	**15 476**	1 662	22
8 492	130	—	**10 832**	563	—	**13 172**	1 093	—	**15 512**	1 671	26
8 528	136	—	**10 868**	571	—	**13 208**	1 101	—	**15 548**	1 680	32
8 564	142	—	**10 904**	578	—	**13 244**	1 110	—	**15 584**	1 689	38
8 600	148	—	**10 940**	586	—	**13 280**	1 119	—	**15 620**	1 698	44
8 636	154	—	**10 976**	593	—	**13 316**	1 128	—	**15 656**	1 707	48
8 672	160	—	**11 012**	601	—	**13 352**	1 136	—	**15 692**	1 716	54
8 708	166	—	**11 048**	608	—	**13 388**	1 145	—	**15 728**	1 725	60
8 744	172	—	**11 084**	616	—	**13 424**	1 154	—	**15 764**	1 735	66
8 780	178	—	**11 120**	623	—	**13 460**	1 163	—	**15 800**	1 744	70
8 816	184	—	**11 156**	631	—	**13 496**	1 171	—	**15 836**	1 753	76
8 852	190	—	**11 192**	639	—	**13 532**	1 180	—	**15 872**	1 762	82
8 888	196	—	**11 228**	646	—	**13 568**	1 189	—	**15 908**	1 771	88
8 924	203	—	**11 264**	654	—	**13 604**	1 198	—	**15 944**	1 780	94
8 960	209	—	**11 300**	662	—	**13 640**	1 206	—	**15 980**	1 789	98
8 996	215	—	**11 336**	669	—	**13 676**	1 215	—	**16 016**	1 799	104
9 032	221	—	**11 372**	677	—	**13 712**	1 224	—	**16 052**	1 808	110
9 068	228	—	**11 408**	685	—	**13 748**	1 233	—	**16 088**	1 817	116
9 104	234	—	**11 444**	693	—	**13 784**	1 241	—	**16 124**	1 826	122
9 140	240	—	**11 480**	701	—	**13 820**	1 250	—	**16 160**	1 835	126
9 176	247	—	**11 516**	708	—	**13 856**	1 259	—	**16 196**	1 844	132
9 212	253	—	**11 552**	716	—	**13 892**	1 268	—	**16 232**	1 854	138
9 248	259	—	**11 588**	724	—	**13 928**	1 277	—	**16 268**	1 863	144
9 284	266	—	**11 624**	732	—	**13 964**	1 286	—	**16 304**	1 872	150
9 320	272	—	**11 660**	740	—	**14 000**	1 294	—	**16 340**	1 881	156
9 356	279	—	**11 696**	748	—	**14 036**	1 303	—	**16 376**	1 891	162
9 392	285	—	**11 732**	756	—	**14 072**	1 312	—	**16 412**	1 900	166
9 428	292	—	**11 768**	764	—	**14 108**	1 321	—	**16 448**	1 909	172
9 464	298	—	**11 804**	772	—	**14 144**	1 330	—	**16 484**	1 918	178
9 500	305	—	**11 840**	780	—	**14 180**	1 339	—	**16 520**	1 928	184
9 536	311	—	**11 876**	788	—	**14 216**	1 348	—	**16 556**	1 937	190
9 572	318	—	**11 912**	796	—	**14 252**	1 356	—	**16 592**	1 946	196
9 608	324	—	**11 948**	804	—	**14 288**	1 365	—	**16 628**	1 955	202
9 644	331	—	**11 984**	812	—	**14 324**	1 374	—	**16 664**	1 965	208
9 680	338	—	**12 020**	821	—	**14 360**	1 383	—	**16 700**	1 974	214
9 716	345	—	**12 056**	829	—	**14 396**	1 392	—	**16 736**	1 983	218
9 752	351	—	**12 092**	837	—	**14 432**	1 401	—	**16 772**	1 992	224
9 788	358	—	**12 128**	845	—	**14 468**	1 410	—	**16 808**	2 002	230
9 824	365	—	**12 164**	853	—	**14 504**	1 419	—	**16 844**	2 011	236
9 860	372	—	**12 200**	862	—	**14 540**	1 428	—	**16 880**	2 020	242
9 896	378	—	**12 236**	870	—	**14 576**	1 437	—	**16 916**	2 030	248
9 932	385	—	**12 272**	878	—	**14 612**	1 445	—	**16 952**	2 039	254
9 968	392	—	**12 308**	887	—	**14 648**	1 454	—	**16 988**	2 048	260

Einkommensteuer-Grund- und Splittingtabelle 2008

zvE in €	ESt Gr in €	ESt Sp in €	**zvE in €**	ESt Gr in €	ESt Sp in €	**zvE in €**	ESt Gr in €	ESt Sp in €	**zvE in €**	ESt Gr in €	ESt Sp in €
17 024	2 058	266	**19 580**	2 735	716	**22 136**	3 443	1 226	**24 692**	4 180	1 792
17 060	2 067	272	**19 616**	2 745	724	**22 172**	3 453	1 232	**24 728**	4 191	1 800
17 096	2 076	278	**19 652**	2 755	730	**22 208**	3 463	1 240	**24 764**	4 202	1 808
17 132	2 086	284	**19 688**	2 765	736	**22 244**	3 474	1 248	**24 800**	4 212	1 816
17 168	2 095	290	**19 724**	2 774	744	**22 280**	3 484	1 256	**24 836**	4 223	1 824
17 204	2 104	296	**19 760**	2 784	750	**22 316**	3 494	1 262	**24 872**	4 234	1 834
17 240	2 114	302	**19 796**	2 794	758	**22 352**	3 504	1 270	**24 908**	4 244	1 842
17 276	2 123	308	**19 832**	2 804	764	**22 388**	3 514	1 278	**24 944**	4 255	1 850
17 312	2 132	314	**19 868**	2 814	772	**22 424**	3 525	1 286	**24 980**	4 265	1 858
17 348	2 142	320	**19 904**	2 823	778	**22 460**	3 535	1 294	**25 016**	4 276	1 866
17 384	2 151	326	**19 940**	2 833	784	**22 496**	3 545	1 302	**25 052**	4 287	1 876
17 420	2 161	332	**19 976**	2 843	792	**22 532**	3 555	1 308	**25 088**	4 297	1 884
17 456	2 170	338	**20 012**	2 853	798	**22 568**	3 565	1 316	**25 124**	4 308	1 892
17 492	2 179	344	**20 048**	2 863	806	**22 604**	3 576	1 324	**25 160**	4 319	1 900
17 528	2 189	350	**20 084**	2 872	812	**22 640**	3 586	1 332	**25 196**	4 329	1 910
17 564	2 198	356	**20 120**	2 882	820	**22 676**	3 596	1 340	**25 232**	4 340	1 918
17 600	2 208	362	**20 156**	2 892	826	**22 712**	3 607	1 348	**25 268**	4 351	1 926
17 636	2 217	368	**20 192**	2 902	834	**22 748**	3 617	1 356	**25 304**	4 361	1 936
17 672	2 227	374	**20 228**	2 912	840	**22 784**	3 627	1 364	**25 340**	4 372	1 944
17 708	2 236	382	**20 264**	2 922	848	**22 820**	3 637	1 370	**25 376**	4 383	1 952
17 744	2 245	388	**20 300**	2 932	854	**22 856**	3 648	1 378	**25 412**	4 394	1 960
17 780	2 255	394	**20 336**	2 942	862	**22 892**	3 658	1 386	**25 448**	4 404	1 970
17 816	2 264	400	**20 372**	2 951	868	**22 928**	3 668	1 394	**25 484**	4 415	1 978
17 852	2 274	406	**20 408**	2 961	876	**22 964**	3 679	1 402	**25 520**	4 426	1 988
17 888	2 283	412	**20 444**	2 971	882	**23 000**	3 689	1 410	**25 556**	4 436	1 996
17 924	2 293	418	**20 480**	2 981	890	**23 036**	3 699	1 418	**25 592**	4 447	2 004
17 960	2 302	424	**20 516**	2 991	896	**23 072**	3 710	1 426	**25 628**	4 458	2 012
17 996	2 312	430	**20 552**	3 001	904	**23 108**	3 720	1 434	**25 664**	4 469	2 022
18 032	2 321	436	**20 588**	3 011	910	**23 144**	3 730	1 442	**25 700**	4 480	2 030
18 068	2 331	444	**20 624**	3 021	918	**23 180**	3 741	1 450	**25 736**	4 490	2 038
18 104	2 340	450	**20 660**	3 031	924	**23 216**	3 751	1 458	**25 772**	4 501	2 048
18 140	2 350	456	**20 696**	3 041	932	**23 252**	3 761	1 466	**25 808**	4 512	2 056
18 176	2 359	462	**20 732**	3 051	938	**23 288**	3 772	1 472	**25 844**	4 523	2 064
18 212	2 369	468	**20 768**	3 061	946	**23 324**	3 782	1 480	**25 880**	4 533	2 074
18 248	2 378	474	**20 804**	3 070	952	**23 360**	3 792	1 488	**25 916**	4 544	2 082
18 284	2 388	482	**20 840**	3 080	960	**23 396**	3 803	1 496	**25 952**	4 555	2 090
18 320	2 398	488	**20 876**	3 090	968	**23 432**	3 813	1 504	**25 988**	4 566	2 100
18 356	2 407	494	**20 912**	3 100	974	**23 468**	3 824	1 512	**26 024**	4 577	2 108
18 392	2 417	500	**20 948**	3 110	982	**23 504**	3 834	1 520	**26 060**	4 587	2 116
18 428	2 426	506	**20 984**	3 120	988	**23 540**	3 844	1 528	**26 096**	4 598	2 126
18 464	2 436	512	**21 020**	3 130	996	**23 576**	3 855	1 536	**26 132**	4 609	2 134
18 500	2 445	520	**21 056**	3 140	1 004	**23 612**	3 865	1 544	**26 168**	4 620	2 142
18 536	2 455	526	**21 092**	3 150	1 010	**23 648**	3 876	1 552	**26 204**	4 631	2 152
18 572	2 464	532	**21 128**	3 160	1 018	**23 684**	3 886	1 560	**26 240**	4 642	2 160
18 608	2 474	538	**21 164**	3 170	1 024	**23 720**	3 896	1 568	**26 276**	4 652	2 170
18 644	2 484	544	**21 200**	3 180	1 032	**23 756**	3 907	1 578	**26 312**	4 663	2 178
18 680	2 493	552	**21 236**	3 190	1 040	**23 792**	3 917	1 586	**26 348**	4 674	2 186
18 716	2 503	558	**21 272**	3 200	1 046	**23 828**	3 928	1 594	**26 384**	4 685	2 196
18 752	2 513	564	**21 308**	3 210	1 054	**23 864**	3 938	1 602	**26 420**	4 696	2 204
18 788	2 522	570	**21 344**	3 220	1 062	**23 900**	3 949	1 610	**26 456**	4 707	2 212
18 824	2 532	578	**21 380**	3 231	1 068	**23 936**	3 959	1 618	**26 492**	4 718	2 222
18 860	2 541	584	**21 416**	3 241	1 076	**23 972**	3 970	1 626	**26 528**	4 729	2 230
18 896	2 551	590	**21 452**	3 251	1 084	**24 008**	3 980	1 634	**26 564**	4 740	2 238
18 932	2 561	596	**21 488**	3 261	1 090	**24 044**	3 991	1 642	**26 600**	4 750	2 248
18 968	2 570	604	**21 524**	3 271	1 098	**24 080**	4 001	1 650	**26 636**	4 761	2 256
19 004	2 580	610	**21 560**	3 281	1 106	**24 116**	4 012	1 658	**26 672**	4 772	2 264
19 040	2 590	616	**21 596**	3 291	1 112	**24 152**	4 022	1 666	**26 708**	4 783	2 274
19 076	2 599	624	**21 632**	3 301	1 120	**24 188**	4 033	1 674	**26 744**	4 794	2 282
19 112	2 609	630	**21 668**	3 311	1 128	**24 224**	4 043	1 684	**26 780**	4 805	2 292
19 148	2 619	636	**21 704**	3 321	1 136	**24 260**	4 054	1 692	**26 816**	4 816	2 300
19 184	2 628	644	**21 740**	3 331	1 142	**24 296**	4 064	1 700	**26 852**	4 827	2 308
19 220	2 638	650	**21 776**	3 341	1 150	**24 332**	4 075	1 708	**26 888**	4 838	2 318
19 256	2 648	656	**21 812**	3 352	1 158	**24 368**	4 085	1 716	**26 924**	4 849	2 326
19 292	2 657	664	**21 848**	3 362	1 164	**24 404**	4 096	1 724	**26 960**	4 860	2 334
19 328	2 667	670	**21 884**	3 372	1 172	**24 440**	4 106	1 732	**26 996**	4 871	2 344
19 364	2 677	676	**21 920**	3 382	1 180	**24 476**	4 117	1 740	**27 032**	4 882	2 352
19 400	2 687	684	**21 956**	3 392	1 188	**24 512**	4 128	1 750	**27 068**	4 893	2 362
19 436	2 696	690	**21 992**	3 402	1 194	**24 548**	4 138	1 758	**27 104**	4 904	2 370
19 472	2 706	696	**22 028**	3 412	1 202	**24 584**	4 149	1 766	**27 140**	4 915	2 378
19 508	2 716	704	**22 064**	3 423	1 210	**24 620**	4 159	1 774	**27 176**	4 926	2 388
19 544	2 726	710	**22 100**	3 433	1 218	**24 656**	4 170	1 782	**27 212**	4 937	2 396

Einkommensteuer-Grund- und Splittingtabelle 2008

zvE in €	ESt Gr in €	ESt Sp in €	**zvE in €**	ESt Gr in €	ESt Sp in €	**zvE in €**	ESt Gr in €	ESt Sp in €	**zvE in €**	ESt Gr in €	ESt Sp in €
27 248	4 948	2 404	**29 804**	5 745	3 036	**32 360**	6 572	3 680	**34 916**	7 429	4 342
27 284	4 959	2 414	**29 840**	5 757	3 044	**32 396**	6 584	3 690	**34 952**	7 442	4 350
27 320	4 970	2 422	**29 876**	5 768	3 054	**32 432**	6 596	3 700	**34 988**	7 454	4 360
27 356	4 981	2 432	**29 912**	5 779	3 062	**32 468**	6 608	3 708	**35 024**	7 466	4 370
27 392	4 992	2 440	**29 948**	5 791	3 072	**32 504**	6 620	3 718	**35 060**	7 478	4 378
27 428	5 003	2 448	**29 984**	5 802	3 080	**32 540**	6 632	3 726	**35 096**	7 491	4 388
27 464	5 014	2 458	**30 020**	5 814	3 090	**32 576**	6 644	3 736	**35 132**	7 503	4 398
27 500	5 025	2 466	**30 056**	5 825	3 098	**32 612**	6 655	3 746	**35 168**	7 515	4 408
27 536	5 036	2 476	**30 092**	5 837	3 108	**32 648**	6 667	3 754	**35 204**	7 528	4 416
27 572	5 047	2 484	**30 128**	5 848	3 116	**32 684**	6 679	3 764	**35 240**	7 540	4 426
27 608	5 058	2 492	**30 164**	5 860	3 126	**32 720**	6 691	3 772	**35 276**	7 552	4 436
27 644	5 069	2 502	**30 200**	5 871	3 134	**32 756**	6 703	3 782	**35 312**	7 565	4 444
27 680	5 080	2 510	**30 236**	5 883	3 144	**32 792**	6 715	3 792	**35 348**	7 577	4 454
27 716	5 092	2 520	**30 272**	5 894	3 152	**32 828**	6 727	3 800	**35 384**	7 589	4 464
27 752	5 103	2 528	**30 308**	5 906	3 162	**32 864**	6 739	3 810	**35 420**	7 602	4 474
27 788	5 114	2 536	**30 344**	5 917	3 170	**32 900**	6 751	3 820	**35 456**	7 614	4 482
27 824	5 125	2 546	**30 380**	5 929	3 180	**32 936**	6 763	3 828	**35 492**	7 627	4 492
27 860	5 136	2 554	**30 416**	5 940	3 188	**32 972**	6 775	3 838	**35 528**	7 639	4 502
27 896	5 147	2 564	**30 452**	5 952	3 198	**33 008**	6 787	3 846	**35 564**	7 651	4 510
27 932	5 158	2 572	**30 488**	5 964	3 206	**33 044**	6 799	3 856	**35 600**	7 664	4 520
27 968	5 169	2 580	**30 524**	5 975	3 216	**33 080**	6 811	3 866	**35 636**	7 676	4 530
28 004	5 181	2 590	**30 560**	5 987	3 224	**33 116**	6 823	3 874	**35 672**	7 689	4 540
28 040	5 192	2 598	**30 596**	5 998	3 234	**33 152**	6 835	3 884	**35 708**	7 701	4 548
28 076	5 203	2 608	**30 632**	6 010	3 242	**33 188**	6 847	3 894	**35 744**	7 713	4 558
28 112	5 214	2 616	**30 668**	6 021	3 252	**33 224**	6 859	3 902	**35 780**	7 726	4 568
28 148	5 225	2 626	**30 704**	6 033	3 260	**33 260**	6 871	3 912	**35 816**	7 738	4 578
28 184	5 236	2 634	**30 740**	6 045	3 270	**33 296**	6 883	3 920	**35 852**	7 751	4 586
28 220	5 247	2 642	**30 776**	6 056	3 280	**33 332**	6 895	3 930	**35 888**	7 763	4 596
28 256	5 259	2 652	**30 812**	6 068	3 288	**33 368**	6 907	3 940	**35 924**	7 776	4 606
28 292	5 270	2 660	**30 848**	6 079	3 298	**33 404**	6 919	3 948	**35 960**	7 788	4 616
28 328	5 281	2 670	**30 884**	6 091	3 306	**33 440**	6 931	3 958	**35 996**	7 800	4 624
28 364	5 292	2 678	**30 920**	6 103	3 316	**33 476**	6 943	3 968	**36 032**	7 813	4 634
28 400	5 303	2 688	**30 956**	6 114	3 324	**33 512**	6 955	3 976	**36 068**	7 825	4 644
28 436	5 315	2 696	**30 992**	6 126	3 334	**33 548**	6 967	3 986	**36 104**	7 838	4 654
28 472	5 326	2 704	**31 028**	6 137	3 342	**33 584**	6 979	3 996	**36 140**	7 850	4 662
28 508	5 337	2 714	**31 064**	6 149	3 352	**33 620**	6 991	4 004	**36 176**	7 863	4 672
28 544	5 348	2 722	**31 100**	6 161	3 360	**33 656**	7 003	4 014	**36 212**	7 875	4 682
28 580	5 360	2 732	**31 136**	6 172	3 370	**33 692**	7 015	4 024	**36 248**	7 888	4 692
28 616	5 371	2 740	**31 172**	6 184	3 378	**33 728**	7 027	4 032	**36 284**	7 900	4 700
28 652	5 382	2 750	**31 208**	6 196	3 388	**33 764**	7 039	4 042	**36 320**	7 913	4 710
28 688	5 393	2 758	**31 244**	6 207	3 398	**33 800**	7 051	4 050	**36 356**	7 925	4 720
28 724	5 405	2 768	**31 280**	6 219	3 406	**33 836**	7 064	4 060	**36 392**	7 938	4 730
28 760	5 416	2 776	**31 316**	6 231	3 416	**33 872**	7 076	4 070	**36 428**	7 950	4 738
28 796	5 427	2 784	**31 352**	6 242	3 424	**33 908**	7 088	4 078	**36 464**	7 963	4 748
28 832	5 438	2 794	**31 388**	6 254	3 434	**33 944**	7 100	4 088	**36 500**	7 975	4 758
28 868	5 450	2 802	**31 424**	6 266	3 442	**33 980**	7 112	4 098	**36 536**	7 988	4 768
28 904	5 461	2 812	**31 460**	6 278	3 452	**34 016**	7 124	4 106	**36 572**	8 001	4 776
28 940	5 472	2 820	**31 496**	6 289	3 460	**34 052**	7 136	4 116	**36 608**	8 013	4 786
28 976	5 484	2 830	**31 532**	6 301	3 470	**34 088**	7 148	4 126	**36 644**	8 026	4 796
29 012	5 495	2 838	**31 568**	6 313	3 480	**34 124**	7 161	4 134	**36 680**	8 038	4 806
29 048	5 506	2 848	**31 604**	6 324	3 488	**34 160**	7 173	4 144	**36 716**	8 051	4 816
29 084	5 517	2 856	**31 640**	6 336	3 498	**34 196**	7 185	4 154	**36 752**	8 063	4 824
29 120	5 529	2 866	**31 676**	6 348	3 506	**34 232**	7 197	4 162	**36 788**	8 076	4 834
29 156	5 540	2 874	**31 712**	6 360	3 516	**34 268**	7 209	4 172	**36 824**	8 089	4 844
29 192	5 551	2 884	**31 748**	6 371	3 524	**34 304**	7 221	4 182	**36 860**	8 101	4 854
29 228	5 563	2 892	**31 784**	6 383	3 534	**34 340**	7 234	4 192	**36 896**	8 114	4 862
29 264	5 574	2 900	**31 820**	6 395	3 544	**34 376**	7 246	4 200	**36 932**	8 126	4 872
29 300	5 586	2 910	**31 856**	6 407	3 552	**34 412**	7 258	4 210	**36 968**	8 139	4 882
29 336	5 597	2 918	**31 892**	6 419	3 562	**34 448**	7 270	4 220	**37 004**	8 152	4 892
29 372	5 608	2 928	**31 928**	6 430	3 570	**34 484**	7 282	4 228	**37 040**	8 164	4 902
29 408	5 620	2 936	**31 964**	6 442	3 580	**34 520**	7 295	4 238	**37 076**	8 177	4 910
29 444	5 631	2 946	**32 000**	6 454	3 588	**34 556**	7 307	4 248	**37 112**	8 190	4 920
29 480	5 642	2 954	**32 036**	6 466	3 598	**34 592**	7 319	4 256	**37 148**	8 202	4 930
29 516	5 654	2 964	**32 072**	6 478	3 608	**34 628**	7 331	4 266	**37 184**	8 215	4 940
29 552	5 665	2 972	**32 108**	6 489	3 616	**34 664**	7 343	4 276	**37 220**	8 227	4 950
29 588	5 677	2 982	**32 144**	6 501	3 626	**34 700**	7 356	4 284	**37 256**	8 240	4 958
29 624	5 688	2 990	**32 180**	6 513	3 634	**34 736**	7 368	4 294	**37 292**	8 253	4 968
29 660	5 699	3 000	**32 216**	6 525	3 644	**34 772**	7 380	4 304	**37 328**	8 265	4 978
29 696	5 711	3 008	**32 252**	6 537	3 654	**34 808**	7 392	4 312	**37 364**	8 278	4 988
29 732	5 722	3 018	**32 288**	6 549	3 662	**34 844**	7 405	4 322	**37 400**	8 291	4 998
29 768	5 734	3 026	**32 324**	6 560	3 672	**34 880**	7 417	4 332	**37 436**	8 304	5 006

zvE in €	ESt Gr in €	ESt Sp in €	**zvE in €**	ESt Gr in €	ESt Sp in €	**zvE in €**	ESt Gr in €	ESt Sp in €	**zvE in €**	ESt Gr in €	ESt Sp in €
37 472	8 316	5 016	**40 028**	9 233	5 706	**42 584**	10 180	6 412	**45 140**	11 156	7 132
37 508	8 329	5 026	**40 064**	9 246	5 716	**42 620**	10 193	6 422	**45 176**	11 170	7 142
37 544	8 342	5 036	**40 100**	9 259	5 726	**42 656**	10 207	6 432	**45 212**	11 184	7 152
37 580	8 354	5 046	**40 136**	9 272	5 736	**42 692**	10 220	6 442	**45 248**	11 198	7 162
37 616	8 367	5 054	**40 172**	9 286	5 746	**42 728**	10 234	6 452	**45 284**	11 212	7 174
37 652	8 380	5 064	**40 208**	9 299	5 756	**42 764**	10 248	6 462	**45 320**	11 226	7 184
37 688	8 393	5 074	**40 244**	9 312	5 766	**42 800**	10 261	6 472	**45 356**	11 240	7 194
37 724	8 405	5 084	**40 280**	9 325	5 776	**42 836**	10 275	6 482	**45 392**	11 254	7 204
37 760	8 418	5 094	**40 316**	9 338	5 786	**42 872**	10 288	6 492	**45 428**	11 268	7 214
37 796	8 431	5 104	**40 352**	9 351	5 796	**42 908**	10 302	6 502	**45 464**	11 282	7 224
37 832	8 444	5 112	**40 388**	9 365	5 806	**42 944**	10 316	6 512	**45 500**	11 296	7 234
37 868	8 456	5 122	**40 424**	9 378	5 816	**42 980**	10 329	6 522	**45 536**	11 310	7 246
37 904	8 469	5 132	**40 460**	9 391	5 824	**43 016**	10 343	6 532	**45 572**	11 324	7 256
37 940	8 482	5 142	**40 496**	9 404	5 834	**43 052**	10 356	6 542	**45 608**	11 338	7 266
37 976	8 495	5 152	**40 532**	9 417	5 844	**43 088**	10 370	6 552	**45 644**	11 352	7 276
38 012	8 507	5 162	**40 568**	9 431	5 854	**43 124**	10 384	6 562	**45 680**	11 367	7 286
38 048	8 520	5 170	**40 604**	9 444	5 864	**43 160**	10 397	6 572	**45 716**	11 381	7 296
38 084	8 533	5 180	**40 640**	9 457	5 874	**43 196**	10 411	6 584	**45 752**	11 395	7 306
38 120	8 546	5 190	**40 676**	9 470	5 884	**43 232**	10 425	6 594	**45 788**	11 409	7 318
38 156	8 559	5 200	**40 712**	9 483	5 894	**43 268**	10 438	6 604	**45 824**	11 423	7 328
38 192	8 571	5 210	**40 748**	9 497	5 904	**43 304**	10 452	6 614	**45 860**	11 437	7 338
38 228	8 584	5 220	**40 784**	9 510	5 914	**43 340**	10 466	6 624	**45 896**	11 451	7 348
38 264	8 597	5 228	**40 820**	9 523	5 924	**43 376**	10 479	6 634	**45 932**	11 465	7 358
38 300	8 610	5 238	**40 856**	9 536	5 934	**43 412**	10 493	6 644	**45 968**	11 479	7 368
38 336	8 623	5 248	**40 892**	9 550	5 944	**43 448**	10 507	6 654	**46 004**	11 493	7 378
38 372	8 636	5 258	**40 928**	9 563	5 954	**43 484**	10 520	6 664	**46 040**	11 507	7 390
38 408	8 649	5 268	**40 964**	9 576	5 964	**43 520**	10 534	6 674	**46 076**	11 521	7 400
38 444	8 661	5 278	**41 000**	9 590	5 974	**43 556**	10 548	6 684	**46 112**	11 536	7 410
38 480	8 674	5 286	**41 036**	9 603	5 984	**43 592**	10 561	6 694	**46 148**	11 550	7 420
38 516	8 687	5 296	**41 072**	9 616	5 992	**43 628**	10 575	6 704	**46 184**	11 564	7 430
38 552	8 700	5 306	**41 108**	9 629	6 002	**43 664**	10 589	6 714	**46 220**	11 578	7 440
38 588	8 713	5 316	**41 144**	9 643	6 012	**43 700**	10 603	6 724	**46 256**	11 592	7 452
38 624	8 726	5 326	**41 180**	9 656	6 022	**43 736**	10 616	6 734	**46 292**	11 606	7 462
38 660	8 739	5 336	**41 216**	9 669	6 032	**43 772**	10 630	6 744	**46 328**	11 620	7 472
38 696	8 752	5 346	**41 252**	9 683	6 042	**43 808**	10 644	6 754	**46 364**	11 635	7 482
38 732	8 764	5 354	**41 288**	9 696	6 052	**43 844**	10 657	6 766	**46 400**	11 649	7 492
38 768	8 777	5 364	**41 324**	9 709	6 062	**43 880**	10 671	6 776	**46 436**	11 663	7 502
38 804	8 790	5 374	**41 360**	9 723	6 072	**43 916**	10 685	6 786	**46 472**	11 677	7 514
38 840	8 803	5 384	**41 396**	9 736	6 082	**43 952**	10 699	6 796	**46 508**	11 691	7 524
38 876	8 816	5 394	**41 432**	9 749	6 092	**43 988**	10 713	6 806	**46 544**	11 706	7 534
38 912	8 829	5 404	**41 468**	9 763	6 102	**44 024**	10 726	6 816	**46 580**	11 720	7 544
38 948	8 842	5 414	**41 504**	9 776	6 112	**44 060**	10 740	6 826	**46 616**	11 734	7 554
38 984	8 855	5 424	**41 540**	9 789	6 122	**44 096**	10 754	6 836	**46 652**	11 748	7 566
39 020	8 868	5 432	**41 576**	9 803	6 132	**44 132**	10 768	6 846	**46 688**	11 762	7 576
39 056	8 881	5 442	**41 612**	9 816	6 142	**44 168**	10 781	6 856	**46 724**	11 777	7 586
39 092	8 894	5 452	**41 648**	9 830	6 152	**44 204**	10 795	6 866	**46 760**	11 791	7 596
39 128	8 907	5 462	**41 684**	9 843	6 162	**44 240**	10 809	6 876	**46 796**	11 805	7 606
39 164	8 920	5 472	**41 720**	9 856	6 172	**44 276**	10 823	6 888	**46 832**	11 819	7 618
39 200	8 933	5 482	**41 756**	9 870	6 182	**44 312**	10 837	6 898	**46 868**	11 834	7 628
39 236	8 946	5 492	**41 792**	9 883	6 192	**44 348**	10 851	6 908	**46 904**	11 848	7 638
39 272	8 959	5 502	**41 828**	9 897	6 202	**44 384**	10 864	6 918	**46 940**	11 862	7 648
39 308	8 972	5 510	**41 864**	9 910	6 212	**44 420**	10 878	6 928	**46 976**	11 876	7 658
39 344	8 985	5 520	**41 900**	9 924	6 222	**44 456**	10 892	6 938	**47 012**	11 891	7 670
39 380	8 998	5 530	**41 936**	9 937	6 232	**44 492**	10 906	6 948	**47 048**	11 905	7 680
39 416	9 011	5 540	**41 972**	9 950	6 242	**44 528**	10 920	6 958	**47 084**	11 919	7 690
39 452	9 024	5 550	**42 008**	9 964	6 252	**44 564**	10 934	6 968	**47 120**	11 933	7 700
39 488	9 037	5 560	**42 044**	9 977	6 262	**44 600**	10 948	6 978	**47 156**	11 948	7 710
39 524	9 050	5 570	**42 080**	9 991	6 272	**44 636**	10 961	6 988	**47 192**	11 962	7 722
39 560	9 063	5 580	**42 116**	10 004	6 282	**44 672**	10 975	7 000	**47 228**	11 976	7 732
39 596	9 076	5 590	**42 152**	10 018	6 292	**44 708**	10 989	7 010	**47 264**	11 991	7 742
39 632	9 089	5 598	**42 188**	10 031	6 302	**44 744**	11 003	7 020	**47 300**	12 005	7 752
39 668	9 102	5 608	**42 224**	10 045	6 312	**44 780**	11 017	7 030	**47 336**	12 019	7 762
39 704	9 115	5 618	**42 260**	10 058	6 322	**44 816**	11 031	7 040	**47 372**	12 034	7 774
39 740	9 128	5 628	**42 296**	10 072	6 332	**44 852**	11 045	7 050	**47 408**	12 048	7 784
39 776	9 141	5 638	**42 332**	10 085	6 342	**44 888**	11 059	7 060	**47 444**	12 062	7 794
39 812	9 154	5 648	**42 368**	10 099	6 352	**44 924**	11 073	7 070	**47 480**	12 077	7 804
39 848	9 168	5 658	**42 404**	10 112	6 362	**44 960**	11 087	7 080	**47 516**	12 091	7 814
39 884	9 181	5 668	**42 440**	10 126	6 372	**44 996**	11 101	7 092	**47 552**	12 105	7 826
39 920	9 194	5 678	**42 476**	10 139	6 382	**45 032**	11 115	7 102	**47 588**	12 120	7 836
39 956	9 207	5 688	**42 512**	10 153	6 392	**45 068**	11 128	7 112	**47 624**	12 134	7 846
39 992	9 220	5 696	**42 548**	10 166	6 402	**45 104**	11 142	7 122	**47 660**	12 148	7 856

zvE in €	ESt Gr in €	ESt Sp in €	zvE in €	ESt Gr in €	ESt Sp in €	zvE in €	ESt Gr in €	ESt Sp in €	zvE in €	ESt Gr in €	ESt Sp in €
47 696	12 163	7 868	**50 252**	13 199	8 618	**52 808**	14 265	9 382	**55 364**	15 338	10 162
47 732	12 177	7 878	**50 288**	13 214	8 628	**52 844**	14 280	9 394	**55 400**	15 354	10 174
47 768	12 192	7 888	**50 324**	13 229	8 638	**52 880**	14 295	9 404	**55 436**	15 369	10 184
47 804	12 206	7 898	**50 360**	13 244	8 650	**52 916**	14 310	9 414	**55 472**	15 384	10 196
47 840	12 220	7 910	**50 396**	13 259	8 660	**52 952**	14 325	9 426	**55 508**	15 399	10 206
47 876	12 235	7 920	**50 432**	13 273	8 670	**52 988**	14 340	9 436	**55 544**	15 414	10 218
47 912	12 249	7 930	**50 468**	13 288	8 682	**53 024**	14 356	9 448	**55 580**	15 429	10 228
47 948	12 264	7 940	**50 504**	13 303	8 692	**53 060**	14 371	9 458	**55 616**	15 444	10 240
47 984	12 278	7 950	**50 540**	13 318	8 702	**53 096**	14 386	9 470	**55 652**	15 459	10 252
48 020	12 293	7 962	**50 576**	13 333	8 714	**53 132**	14 401	9 480	**55 688**	15 474	10 262
48 056	12 307	7 972	**50 612**	13 348	8 724	**53 168**	14 416	9 492	**55 724**	15 490	10 274
48 092	12 321	7 982	**50 648**	13 362	8 734	**53 204**	14 431	9 502	**55 760**	15 505	10 284
48 128	12 336	7 992	**50 684**	13 377	8 746	**53 240**	14 446	9 514	**55 796**	15 520	10 296
48 164	12 350	8 004	**50 720**	13 392	8 756	**53 276**	14 461	9 524	**55 832**	15 535	10 306
48 200	12 365	8 014	**50 756**	13 407	8 766	**53 312**	14 477	9 534	**55 868**	15 550	10 318
48 236	12 379	8 024	**50 792**	13 422	8 778	**53 348**	14 492	9 546	**55 904**	15 565	10 328
48 272	12 394	8 034	**50 828**	13 437	8 788	**53 384**	14 507	9 556	**55 940**	15 580	10 340
48 308	12 408	8 046	**50 864**	13 452	8 800	**53 420**	14 522	9 568	**55 976**	15 595	10 352
48 344	12 423	8 056	**50 900**	13 467	8 810	**53 456**	14 537	9 578	**56 012**	15 611	10 362
48 380	12 437	8 066	**50 936**	13 482	8 820	**53 492**	14 552	9 590	**56 048**	15 626	10 374
48 416	12 452	8 076	**50 972**	13 497	8 832	**53 528**	14 567	9 600	**56 084**	15 641	10 384
48 452	12 466	8 088	**51 008**	13 512	8 842	**53 564**	14 582	9 612	**56 120**	15 656	10 396
48 488	12 481	8 098	**51 044**	13 526	8 852	**53 600**	14 598	9 622	**56 156**	15 671	10 406
48 524	12 495	8 108	**51 080**	13 541	8 864	**53 636**	14 613	9 634	**56 192**	15 686	10 418
48 560	12 510	8 120	**51 116**	13 556	8 874	**53 672**	14 628	9 644	**56 228**	15 701	10 430
48 596	12 524	8 130	**51 152**	13 571	8 884	**53 708**	14 643	9 656	**56 264**	15 716	10 440
48 632	12 539	8 140	**51 188**	13 586	8 896	**53 744**	14 658	9 666	**56 300**	15 732	10 452
48 668	12 553	8 150	**51 224**	13 601	8 906	**53 780**	14 673	9 678	**56 336**	15 747	10 462
48 704	12 568	8 162	**51 260**	13 616	8 918	**53 816**	14 688	9 688	**56 372**	15 762	10 474
48 740	12 583	8 172	**51 296**	13 631	8 928	**53 852**	14 703	9 700	**56 408**	15 777	10 486
48 776	12 597	8 182	**51 332**	13 646	8 938	**53 888**	14 718	9 710	**56 444**	15 792	10 496
48 812	12 612	8 192	**51 368**	13 661	8 950	**53 924**	14 734	9 720	**56 480**	15 807	10 508
48 848	12 626	8 204	**51 404**	13 676	8 960	**53 960**	14 749	9 732	**56 516**	15 822	10 518
48 884	12 641	8 214	**51 440**	13 691	8 970	**53 996**	14 764	9 742	**56 552**	15 837	10 530
48 920	12 655	8 224	**51 476**	13 706	8 982	**54 032**	14 779	9 754	**56 588**	15 852	10 540
48 956	12 670	8 236	**51 512**	13 721	8 992	**54 068**	14 794	9 764	**56 624**	15 868	10 552
48 992	12 685	8 246	**51 548**	13 736	9 004	**54 104**	14 809	9 776	**56 660**	15 883	10 564
49 028	12 699	8 256	**51 584**	13 751	9 014	**54 140**	14 824	9 786	**56 696**	15 898	10 574
49 064	12 714	8 266	**51 620**	13 766	9 024	**54 176**	14 839	9 798	**56 732**	15 913	10 586
49 100	12 728	8 278	**51 656**	13 781	9 036	**54 212**	14 855	9 808	**56 768**	15 928	10 596
49 136	12 743	8 288	**51 692**	13 796	9 046	**54 248**	14 870	9 820	**56 804**	15 943	10 608
49 172	12 758	8 298	**51 728**	13 811	9 058	**54 284**	14 885	9 830	**56 840**	15 958	10 620
49 208	12 772	8 310	**51 764**	13 826	9 068	**54 320**	14 900	9 842	**56 876**	15 973	10 630
49 244	12 787	8 320	**51 800**	13 841	9 078	**54 356**	14 915	9 852	**56 912**	15 989	10 642
49 280	12 802	8 330	**51 836**	13 857	9 090	**54 392**	14 930	9 864	**56 948**	16 004	10 654
49 316	12 816	8 340	**51 872**	13 872	9 100	**54 428**	14 945	9 874	**56 984**	16 019	10 664
49 352	12 831	8 352	**51 908**	13 887	9 112	**54 464**	14 960	9 886	**57 020**	16 034	10 676
49 388	12 846	8 362	**51 944**	13 902	9 122	**54 500**	14 976	9 896	**57 056**	16 049	10 686
49 424	12 860	8 372	**51 980**	13 917	9 132	**54 536**	14 991	9 908	**57 092**	16 064	10 698
49 460	12 875	8 384	**52 016**	13 932	9 144	**54 572**	15 006	9 918	**57 128**	16 079	10 710
49 496	12 890	8 394	**52 052**	13 947	9 154	**54 608**	15 021	9 930	**57 164**	16 094	10 720
49 532	12 904	8 404	**52 088**	13 962	9 166	**54 644**	15 036	9 940	**57 200**	16 110	10 732
49 568	12 919	8 416	**52 124**	13 977	9 176	**54 680**	15 051	9 952	**57 236**	16 125	10 742
49 604	12 934	8 426	**52 160**	13 993	9 186	**54 716**	15 066	9 964	**57 272**	16 140	10 754
49 640	12 948	8 436	**52 196**	14 008	9 198	**54 752**	15 081	9 974	**57 308**	16 155	10 766
49 676	12 963	8 446	**52 232**	14 023	9 208	**54 788**	15 096	9 986	**57 344**	16 170	10 776
49 712	12 978	8 458	**52 268**	14 038	9 220	**54 824**	15 112	9 996	**57 380**	16 185	10 788
49 748	12 993	8 468	**52 304**	14 053	9 230	**54 860**	15 127	10 008	**57 416**	16 200	10 800
49 784	13 007	8 478	**52 340**	14 068	9 242	**54 896**	15 142	10 018	**57 452**	16 215	10 810
49 820	13 022	8 490	**52 376**	14 083	9 252	**54 932**	15 157	10 030	**57 488**	16 230	10 822
49 856	13 037	8 500	**52 412**	14 099	9 262	**54 968**	15 172	10 040	**57 524**	16 246	10 832
49 892	13 051	8 510	**52 448**	14 114	9 274	**55 004**	15 187	10 052	**57 560**	16 261	10 844
49 928	13 066	8 522	**52 484**	14 129	9 284	**55 040**	15 202	10 062	**57 596**	16 276	10 856
49 964	13 081	8 532	**52 520**	14 144	9 296	**55 076**	15 217	10 074	**57 632**	16 291	10 866
50 000	13 096	8 542	**52 556**	14 159	9 306	**55 112**	15 233	10 084	**57 668**	16 306	10 878
50 036	13 111	8 554	**52 592**	14 174	9 318	**55 148**	15 248	10 096	**57 704**	16 321	10 890
50 072	13 125	8 564	**52 628**	14 189	9 328	**55 184**	15 263	10 106	**57 740**	16 336	10 900
50 108	13 140	8 574	**52 664**	14 204	9 338	**55 220**	15 278	10 118	**57 776**	16 351	10 912
50 144	13 155	8 586	**52 700**	14 220	9 350	**55 256**	15 293	10 128	**57 812**	16 367	10 924
50 180	13 170	8 596	**52 736**	14 235	9 360	**55 292**	15 308	10 140	**57 848**	16 382	10 934
50 216	13 184	8 606	**52 772**	14 250	9 372	**55 328**	15 323	10 152	**57 884**	16 397	10 946

zvE in €	ESt Gr in €	ESt Sp in €	zvE in €	ESt Gr in €	ESt Sp in €	zvE in €	ESt Gr in €	ESt Sp in €	zvE in €	ESt Gr in €	ESt Sp in €
57 920	16 412	10 958	**60 476**	17 485	11 766	**63 032**	18 559	12 592	**65 588**	19 632	13 432
57 956	16 427	10 968	**60 512**	17 501	11 778	**63 068**	18 574	12 604	**65 624**	19 648	13 444
57 992	16 442	10 980	**60 548**	17 516	11 790	**63 104**	18 589	12 616	**65 660**	19 663	13 456
58 028	16 457	10 990	**60 584**	17 531	11 802	**63 140**	18 604	12 626	**65 696**	19 678	13 468
58 064	16 472	11 002	**60 620**	17 546	11 812	**63 176**	18 619	12 638	**65 732**	19 693	13 480
58 100	16 488	11 014	**60 656**	17 561	11 824	**63 212**	18 635	12 650	**65 768**	19 708	13 492
58 136	16 503	11 024	**60 692**	17 576	11 836	**63 248**	18 650	12 662	**65 804**	19 723	13 504
58 172	16 518	11 036	**60 728**	17 591	11 848	**63 284**	18 665	12 674	**65 840**	19 738	13 514
58 208	16 533	11 048	**60 764**	17 606	11 860	**63 320**	18 680	12 686	**65 876**	19 753	13 526
58 244	16 548	11 058	**60 800**	17 622	11 870	**63 356**	18 695	12 698	**65 912**	19 769	13 538
58 280	16 563	11 070	**60 836**	17 637	11 882	**63 392**	18 710	12 710	**65 948**	19 784	13 550
58 316	16 578	11 082	**60 872**	17 652	11 894	**63 428**	18 725	12 720	**65 984**	19 799	13 562
58 352	16 593	11 092	**60 908**	17 667	11 906	**63 464**	18 740	12 732	**66 020**	19 814	13 574
58 388	16 608	11 104	**60 944**	17 682	11 916	**63 500**	18 756	12 744	**66 056**	19 829	13 586
58 424	16 624	11 116	**60 980**	17 697	11 928	**63 536**	18 771	12 756	**66 092**	19 844	13 598
58 460	16 639	11 126	**61 016**	17 712	11 940	**63 572**	18 786	12 768	**66 128**	19 859	13 610
58 496	16 654	11 138	**61 052**	17 727	11 952	**63 608**	18 801	12 780	**66 164**	19 874	13 622
58 532	16 669	11 150	**61 088**	17 742	11 964	**63 644**	18 816	12 792	**66 200**	19 890	13 634
58 568	16 684	11 160	**61 124**	17 758	11 974	**63 680**	18 831	12 804	**66 236**	19 905	13 646
58 604	16 699	11 172	**61 160**	17 773	11 986	**63 716**	18 846	12 814	**66 272**	19 920	13 658
58 640	16 714	11 184	**61 196**	17 788	11 998	**63 752**	18 861	12 826	**66 308**	19 935	13 670
58 676	16 729	11 196	**61 232**	17 803	12 010	**63 788**	18 876	12 838	**66 344**	19 950	13 682
58 712	16 745	11 206	**61 268**	17 818	12 020	**63 824**	18 892	12 850	**66 380**	19 965	13 694
58 748	16 760	11 218	**61 304**	17 833	12 032	**63 860**	18 907	12 862	**66 416**	19 980	13 706
58 784	16 775	11 230	**61 340**	17 848	12 044	**63 896**	18 922	12 874	**66 452**	19 995	13 718
58 820	16 790	11 240	**61 376**	17 863	12 056	**63 932**	18 937	12 886	**66 488**	20 010	13 730
58 856	16 805	11 252	**61 412**	17 879	12 068	**63 968**	18 952	12 898	**66 524**	20 026	13 742
58 892	16 820	11 264	**61 448**	17 894	12 078	**64 004**	18 967	12 910	**66 560**	20 041	13 754
58 928	16 835	11 274	**61 484**	17 909	12 090	**64 040**	18 982	12 922	**66 596**	20 056	13 766
58 964	16 850	11 286	**61 520**	17 924	12 102	**64 076**	18 997	12 932	**66 632**	20 071	13 778
59 000	16 866	11 298	**61 556**	17 939	12 114	**64 112**	19 013	12 944	**66 668**	20 086	13 790
59 036	16 881	11 308	**61 592**	17 954	12 126	**64 148**	19 028	12 956	**66 704**	20 101	13 802
59 072	16 896	11 320	**61 628**	17 969	12 136	**64 184**	19 043	12 968	**66 740**	20 116	13 814
59 108	16 911	11 332	**61 664**	17 984	12 148	**64 220**	19 058	12 980	**66 776**	20 131	13 826
59 144	16 926	11 344	**61 700**	18 000	12 160	**64 256**	19 073	12 992	**66 812**	20 147	13 838
59 180	16 941	11 354	**61 736**	18 015	12 172	**64 292**	19 088	13 004	**66 848**	20 162	13 850
59 216	16 956	11 366	**61 772**	18 030	12 184	**64 328**	19 103	13 016	**66 884**	20 177	13 862
59 252	16 971	11 378	**61 808**	18 045	12 194	**64 364**	19 118	13 028	**66 920**	20 192	13 874
59 288	16 986	11 388	**61 844**	18 060	12 206	**64 400**	19 134	13 040	**66 956**	20 207	13 886
59 324	17 002	11 400	**61 880**	18 075	12 218	**64 436**	19 149	13 052	**66 992**	20 222	13 898
59 360	17 017	11 412	**61 916**	18 090	12 230	**64 472**	19 164	13 062	**67 028**	20 237	13 912
59 396	17 032	11 422	**61 952**	18 105	12 242	**64 508**	19 179	13 074	**67 064**	20 252	13 924
59 432	17 047	11 434	**61 988**	18 120	12 252	**64 544**	19 194	13 086	**67 100**	20 268	13 936
59 468	17 062	11 446	**62 024**	18 136	12 264	**64 580**	19 209	13 098	**67 136**	20 283	13 948
59 504	17 077	11 458	**62 060**	18 151	12 276	**64 616**	19 224	13 110	**67 172**	20 298	13 960
59 540	17 092	11 468	**62 096**	18 166	12 288	**64 652**	19 239	13 122	**67 208**	20 313	13 972
59 576	17 107	11 480	**62 132**	18 181	12 300	**64 688**	19 254	13 134	**67 244**	20 328	13 984
59 612	17 123	11 492	**62 168**	18 196	12 312	**64 724**	19 270	13 146	**67 280**	20 343	13 996
59 648	17 138	11 502	**62 204**	18 211	12 322	**64 760**	19 285	13 158	**67 316**	20 358	14 008
59 684	17 153	11 514	**62 240**	18 226	12 334	**64 796**	19 300	13 170	**67 352**	20 373	14 020
59 720	17 168	11 526	**62 276**	18 241	12 346	**64 832**	19 315	13 182	**67 388**	20 388	14 032
59 756	17 183	11 538	**62 312**	18 257	12 358	**64 868**	19 330	13 194	**67 424**	20 404	14 044
59 792	17 198	11 548	**62 348**	18 272	12 370	**64 904**	19 345	13 206	**67 460**	20 419	14 056
59 828	17 213	11 560	**62 384**	18 287	12 382	**64 940**	19 360	13 218	**67 496**	20 434	14 068
59 864	17 228	11 572	**62 420**	18 302	12 392	**64 976**	19 375	13 228	**67 532**	20 449	14 080
59 900	17 244	11 584	**62 456**	18 317	12 404	**65 012**	19 391	13 240	**67 568**	20 464	14 092
59 936	17 259	11 594	**62 492**	18 332	12 416	**65 048**	19 406	13 252	**67 604**	20 479	14 104
59 972	17 274	11 606	**62 528**	18 347	12 428	**65 084**	19 421	13 264	**67 640**	20 494	14 116
60 008	17 289	11 618	**62 564**	18 362	12 440	**65 120**	19 436	13 276	**67 676**	20 509	14 128
60 044	17 304	11 628	**62 600**	18 378	12 452	**65 156**	19 451	13 288	**67 712**	20 525	14 140
60 080	17 319	11 640	**62 636**	18 393	12 462	**65 192**	19 466	13 300	**67 748**	20 540	14 152
60 116	17 334	11 652	**62 672**	18 408	12 474	**65 228**	19 481	13 312	**67 784**	20 555	14 164
60 152	17 349	11 664	**62 708**	18 423	12 486	**65 264**	19 496	13 324	**67 820**	20 570	14 176
60 188	17 364	11 674	**62 744**	18 438	12 498	**65 300**	19 512	13 336	**67 856**	20 585	14 188
60 224	17 380	11 686	**62 780**	18 453	12 510	**65 336**	19 527	13 348	**67 892**	20 600	14 202
60 260	17 395	11 698	**62 816**	18 468	12 522	**65 372**	19 542	13 360	**67 928**	20 615	14 214
60 296	17 410	11 710	**62 852**	18 483	12 534	**65 408**	19 557	13 372	**67 964**	20 630	14 226
60 332	17 425	11 720	**62 888**	18 498	12 544	**65 444**	19 572	13 384	**68 000**	20 646	14 238
60 368	17 440	11 732	**62 924**	18 514	12 556	**65 480**	19 587	13 396	**68 036**	20 661	14 250
60 404	17 455	11 744	**62 960**	18 529	12 568	**65 516**	19 602	13 408	**68 072**	20 676	14 262
60 440	17 470	11 756	**62 996**	18 544	12 580	**65 552**	19 617	13 420	**68 108**	20 691	14 274

zvE in €	ESt Gr in €	ESt Sp in €	**zvE in €**	ESt Gr in €	ESt Sp in €	**zvE in €**	ESt Gr in €	ESt Sp in €	**zvE in €**	ESt Gr in €	ESt Sp in €
68 144	20 706	14 286	**70 700**	21 780	15 156	**73 256**	22 853	16 040	**75 812**	23 927	16 940
68 180	20 721	14 298	**70 736**	21 795	15 168	**73 292**	22 868	16 052	**75 848**	23 942	16 952
68 216	20 736	14 310	**70 772**	21 810	15 180	**73 328**	22 883	16 066	**75 884**	23 957	16 966
68 252	20 751	14 322	**70 808**	21 825	15 192	**73 364**	22 898	16 078	**75 920**	23 972	16 978
68 288	20 766	14 334	**70 844**	21 840	15 206	**73 400**	22 914	16 090	**75 956**	23 987	16 990
68 324	20 782	14 346	**70 880**	21 855	15 218	**73 436**	22 929	16 104	**75 992**	24 002	17 004
68 360	20 797	14 358	**70 916**	21 870	15 230	**73 472**	22 944	16 116	**76 028**	24 017	17 016
68 396	20 812	14 372	**70 952**	21 885	15 242	**73 508**	22 959	16 128	**76 064**	24 032	17 030
68 432	20 827	14 384	**70 988**	21 900	15 254	**73 544**	22 974	16 140	**76 100**	24 048	17 042
68 468	20 842	14 396	**71 024**	21 916	15 266	**73 580**	22 989	16 154	**76 136**	24 063	17 054
68 504	20 857	14 408	**71 060**	21 931	15 280	**73 616**	23 004	16 166	**76 172**	24 078	17 068
68 540	20 872	14 420	**71 096**	21 946	15 292	**73 652**	23 019	16 178	**76 208**	24 093	17 080
68 576	20 887	14 432	**71 132**	21 961	15 304	**73 688**	23 034	16 192	**76 244**	24 108	17 094
68 612	20 903	14 444	**71 168**	21 976	15 316	**73 724**	23 050	16 204	**76 280**	24 123	17 106
68 648	20 918	14 456	**71 204**	21 991	15 328	**73 760**	23 065	16 216	**76 316**	24 138	17 118
68 684	20 933	14 468	**71 240**	22 006	15 342	**73 796**	23 080	16 228	**76 352**	24 153	17 132
68 720	20 948	14 480	**71 276**	22 021	15 354	**73 832**	23 095	16 242	**76 388**	24 168	17 144
68 756	20 963	14 492	**71 312**	22 037	15 366	**73 868**	23 110	16 254	**76 424**	24 184	17 158
68 792	20 978	14 506	**71 348**	22 052	15 378	**73 904**	23 125	16 266	**76 460**	24 199	17 170
68 828	20 993	14 518	**71 384**	22 067	15 390	**73 940**	23 140	16 280	**76 496**	24 214	17 182
68 864	21 008	14 530	**71 420**	22 082	15 404	**73 976**	23 155	16 292	**76 532**	24 229	17 196
68 900	21 024	14 542	**71 456**	22 097	15 416	**74 012**	23 171	16 304	**76 568**	24 244	17 208
68 936	21 039	14 554	**71 492**	22 112	15 428	**74 048**	23 186	16 318	**76 604**	24 259	17 222
68 972	21 054	14 566	**71 528**	22 127	15 440	**74 084**	23 201	16 330	**76 640**	24 274	17 234
69 008	21 069	14 578	**71 564**	22 142	15 452	**74 120**	23 216	16 342	**76 676**	24 289	17 248
69 044	21 084	14 590	**71 600**	22 158	15 466	**74 156**	23 231	16 356	**76 712**	24 305	17 260
69 080	21 099	14 602	**71 636**	22 173	15 478	**74 192**	23 246	16 368	**76 748**	24 320	17 272
69 116	21 114	14 614	**71 672**	22 188	15 490	**74 228**	23 261	16 380	**76 784**	24 335	17 286
69 152	21 129	14 628	**71 708**	22 203	15 502	**74 264**	23 276	16 394	**76 820**	24 350	17 298
69 188	21 144	14 640	**71 744**	22 218	15 516	**74 300**	23 292	16 406	**76 856**	24 365	17 312
69 224	21 160	14 652	**71 780**	22 233	15 528	**74 336**	23 307	16 418	**76 892**	24 380	17 324
69 260	21 175	14 664	**71 816**	22 248	15 540	**74 372**	23 322	16 432	**76 928**	24 395	17 338
69 296	21 190	14 676	**71 852**	22 263	15 552	**74 408**	23 337	16 444	**76 964**	24 410	17 350
69 332	21 205	14 688	**71 888**	22 278	15 564	**74 444**	23 352	16 456	**77 000**	24 426	17 362
69 368	21 220	14 700	**71 924**	22 294	15 578	**74 480**	23 367	16 470	**77 036**	24 441	17 376
69 404	21 235	14 712	**71 960**	22 309	15 590	**74 516**	23 382	16 482	**77 072**	24 456	17 388
69 440	21 250	14 726	**71 996**	22 324	15 602	**74 552**	23 397	16 494	**77 108**	24 471	17 402
69 476	21 265	14 738	**72 032**	22 339	15 614	**74 588**	23 412	16 508	**77 144**	24 486	17 414
69 512	21 281	14 750	**72 068**	22 354	15 628	**74 624**	23 428	16 520	**77 180**	24 501	17 428
69 548	21 296	14 762	**72 104**	22 369	15 640	**74 660**	23 443	16 532	**77 216**	24 516	17 440
69 584	21 311	14 774	**72 140**	22 384	15 652	**74 696**	23 458	16 546	**77 252**	24 531	17 452
69 620	21 326	14 786	**72 176**	22 399	15 664	**74 732**	23 473	16 558	**77 288**	24 546	17 466
69 656	21 341	14 798	**72 212**	22 415	15 678	**74 768**	23 488	16 570	**77 324**	24 562	17 478
69 692	21 356	14 810	**72 248**	22 430	15 690	**74 804**	23 503	16 584	**77 360**	24 577	17 492
69 728	21 371	14 824	**72 284**	22 445	15 702	**74 840**	23 518	16 596	**77 396**	24 592	17 504
69 764	21 386	14 836	**72 320**	22 460	15 714	**74 876**	23 533	16 608	**77 432**	24 607	17 518
69 800	21 402	14 848	**72 356**	22 475	15 726	**74 912**	23 549	16 622	**77 468**	24 622	17 530
69 836	21 417	14 860	**72 392**	22 490	15 740	**74 948**	23 564	16 634	**77 504**	24 637	17 544
69 872	21 432	14 872	**72 428**	22 505	15 752	**74 984**	23 579	16 646	**77 540**	24 652	17 556
69 908	21 447	14 884	**72 464**	22 520	15 764	**75 020**	23 594	16 660	**77 576**	24 667	17 570
69 944	21 462	14 896	**72 500**	22 536	15 776	**75 056**	23 609	16 672	**77 612**	24 683	17 582
69 980	21 477	14 910	**72 536**	22 551	15 790	**75 092**	23 624	16 684	**77 648**	24 698	17 594
70 016	21 492	14 922	**72 572**	22 566	15 802	**75 128**	23 639	16 698	**77 684**	24 713	17 608
70 052	21 507	14 934	**72 608**	22 581	15 814	**75 164**	23 654	16 710	**77 720**	24 728	17 620
70 088	21 522	14 946	**72 644**	22 596	15 828	**75 200**	23 670	16 722	**77 756**	24 743	17 634
70 124	21 538	14 958	**72 680**	22 611	15 840	**75 236**	23 685	16 736	**77 792**	24 758	17 646
70 160	21 553	14 970	**72 716**	22 626	15 852	**75 272**	23 700	16 748	**77 828**	24 773	17 660
70 196	21 568	14 982	**72 752**	22 641	15 864	**75 308**	23 715	16 762	**77 864**	24 788	17 672
70 232	21 583	14 996	**72 788**	22 656	15 878	**75 344**	23 730	16 774	**77 900**	24 804	17 686
70 268	21 598	15 008	**72 824**	22 672	15 890	**75 380**	23 745	16 786	**77 936**	24 819	17 698
70 304	21 613	15 020	**72 860**	22 687	15 902	**75 416**	23 760	16 800	**77 972**	24 834	17 712
70 340	21 628	15 032	**72 896**	22 702	15 914	**75 452**	23 775	16 812	**78 008**	24 849	17 724
70 376	21 643	15 044	**72 932**	22 717	15 928	**75 488**	23 790	16 824	**78 044**	24 864	17 738
70 412	21 659	15 056	**72 968**	22 732	15 940	**75 524**	23 806	16 838	**78 080**	24 879	17 750
70 448	21 674	15 070	**73 004**	22 747	15 952	**75 560**	23 821	16 850	**78 116**	24 894	17 764
70 484	21 689	15 082	**73 040**	22 762	15 964	**75 596**	23 836	16 864	**78 152**	24 909	17 776
70 520	21 704	15 094	**73 076**	22 777	15 978	**75 632**	23 851	16 876	**78 188**	24 924	17 790
70 556	21 719	15 106	**73 112**	22 793	15 990	**75 668**	23 866	16 888	**78 224**	24 940	17 802
70 592	21 734	15 118	**73 148**	22 808	16 002	**75 704**	23 881	16 902	**78 260**	24 955	17 816
70 628	21 749	15 130	**73 184**	22 823	16 016	**75 740**	23 896	16 914	**78 296**	24 970	17 828
70 664	21 764	15 144	**73 220**	22 838	16 028	**75 776**	23 911	16 926	**78 332**	24 985	17 842

zvE in €	ESt Gr in €	ESt Sp in €	**zvE in €**	ESt Gr in €	ESt Sp in €	**zvE in €**	ESt Gr in €	ESt Sp in €	**zvE in €**	ESt Gr in €	ESt Sp in €
78 368	25 000	17 854	**80 924**	26 074	18 784	**83 480**	27 147	19 728	**86 036**	28 221	20 688
78 404	25 015	17 868	**80 960**	26 089	18 796	**83 516**	27 162	19 742	**86 072**	28 236	20 700
78 440	25 030	17 880	**80 996**	26 104	18 810	**83 552**	27 177	19 754	**86 108**	28 251	20 714
78 476	25 045	17 894	**81 032**	26 119	18 824	**83 588**	27 192	19 768	**86 144**	28 266	20 728
78 512	25 061	17 906	**81 068**	26 134	18 836	**83 624**	27 208	19 782	**86 180**	28 281	20 742
78 548	25 076	17 920	**81 104**	26 149	18 850	**83 660**	27 223	19 794	**86 216**	28 296	20 756
78 584	25 091	17 932	**81 140**	26 164	18 862	**83 696**	27 238	19 808	**86 252**	28 311	20 768
78 620	25 106	17 946	**81 176**	26 179	18 876	**83 732**	27 253	19 822	**86 288**	28 326	20 782
78 656	25 121	17 958	**81 212**	26 195	18 890	**83 768**	27 268	19 836	**86 324**	28 342	20 796
78 692	25 136	17 972	**81 248**	26 210	18 902	**83 804**	27 283	19 848	**86 360**	28 357	20 810
78 728	25 151	17 984	**81 284**	26 225	18 916	**83 840**	27 298	19 862	**86 396**	28 372	20 824
78 764	25 166	17 998	**81 320**	26 240	18 928	**83 876**	27 313	19 876	**86 432**	28 387	20 836
78 800	25 182	18 010	**81 356**	26 255	18 942	**83 912**	27 329	19 888	**86 468**	28 402	20 850
78 836	25 197	18 024	**81 392**	26 270	18 956	**83 948**	27 344	19 902	**86 504**	28 417	20 864
78 872	25 212	18 036	**81 428**	26 285	18 968	**83 984**	27 359	19 916	**86 540**	28 432	20 878
78 908	25 227	18 050	**81 464**	26 300	18 982	**84 020**	27 374	19 930	**86 576**	28 447	20 892
78 944	25 242	18 062	**81 500**	26 316	18 994	**84 056**	27 389	19 942	**86 612**	28 463	20 906
78 980	25 257	18 076	**81 536**	26 331	19 008	**84 092**	27 404	19 956	**86 648**	28 478	20 918
79 016	25 272	18 088	**81 572**	26 346	19 022	**84 128**	27 419	19 970	**86 684**	28 493	20 932
79 052	25 287	18 102	**81 608**	26 361	19 034	**84 164**	27 434	19 982	**86 720**	28 508	20 946
79 088	25 302	18 114	**81 644**	26 376	19 048	**84 200**	27 450	19 996	**86 756**	28 523	20 960
79 124	25 318	18 128	**81 680**	26 391	19 062	**84 236**	27 465	20 010	**86 792**	28 538	20 974
79 160	25 333	18 140	**81 716**	26 406	19 074	**84 272**	27 480	20 024	**86 828**	28 553	20 988
79 196	25 348	18 154	**81 752**	26 421	19 088	**84 308**	27 495	20 036	**86 864**	28 568	21 000
79 232	25 363	18 166	**81 788**	26 436	19 100	**84 344**	27 510	20 050	**86 900**	28 584	21 014
79 268	25 378	18 180	**81 824**	26 452	19 114	**84 380**	27 525	20 064	**86 936**	28 599	21 028
79 304	25 393	18 192	**81 860**	26 467	19 128	**84 416**	27 540	20 078	**86 972**	28 614	21 042
79 340	25 408	18 206	**81 896**	26 482	19 140	**84 452**	27 555	20 090	**87 008**	28 629	21 056
79 376	25 423	18 218	**81 932**	26 497	19 154	**84 488**	27 570	20 104	**87 044**	28 644	21 070
79 412	25 439	18 232	**81 968**	26 512	19 168	**84 524**	27 586	20 118	**87 080**	28 659	21 084
79 448	25 454	18 244	**82 004**	26 527	19 180	**84 560**	27 601	20 132	**87 116**	28 674	21 096
79 484	25 469	18 258	**82 040**	26 542	19 194	**84 596**	27 616	20 144	**87 152**	28 689	21 110
79 520	25 484	18 272	**82 076**	26 557	19 208	**84 632**	27 631	20 158	**87 188**	28 704	21 124
79 556	25 499	18 284	**82 112**	26 573	19 220	**84 668**	27 646	20 172	**87 224**	28 720	21 138
79 592	25 514	18 298	**82 148**	26 588	19 234	**84 704**	27 661	20 186	**87 260**	28 735	21 152
79 628	25 529	18 310	**82 184**	26 603	19 248	**84 740**	27 676	20 198	**87 296**	28 750	21 166
79 664	25 544	18 324	**82 220**	26 618	19 260	**84 776**	27 691	20 212	**87 332**	28 765	21 180
79 700	25 560	18 336	**82 256**	26 633	19 274	**84 812**	27 707	20 226	**87 368**	28 780	21 192
79 736	25 575	18 350	**82 292**	26 648	19 286	**84 848**	27 722	20 240	**87 404**	28 795	21 206
79 772	25 590	18 362	**82 328**	26 663	19 300	**84 884**	27 737	20 252	**87 440**	28 810	21 220
79 808	25 605	18 376	**82 364**	26 678	19 314	**84 920**	27 752	20 266	**87 476**	28 825	21 234
79 844	25 620	18 388	**82 400**	26 694	19 326	**84 956**	27 767	20 280	**87 512**	28 841	21 248
79 880	25 635	18 402	**82 436**	26 709	19 340	**84 992**	27 782	20 294	**87 548**	28 856	21 262
79 916	25 650	18 416	**82 472**	26 724	19 354	**85 028**	27 797	20 306	**87 584**	28 871	21 276
79 952	25 665	18 428	**82 508**	26 739	19 366	**85 064**	27 812	20 320	**87 620**	28 886	21 288
79 988	25 680	18 442	**82 544**	26 754	19 380	**85 100**	27 828	20 334	**87 656**	28 901	21 302
80 024	25 696	18 454	**82 580**	26 769	19 394	**85 136**	27 843	20 348	**87 692**	28 916	21 316
80 060	25 711	18 468	**82 616**	26 784	19 406	**85 172**	27 858	20 362	**87 728**	28 931	21 330
80 096	25 726	18 480	**82 652**	26 799	19 420	**85 208**	27 873	20 374	**87 764**	28 946	21 344
80 132	25 741	18 494	**82 688**	26 814	19 434	**85 244**	27 888	20 388	**87 800**	28 962	21 358
80 168	25 756	18 506	**82 724**	26 830	19 446	**85 280**	27 903	20 402	**87 836**	28 977	21 372
80 204	25 771	18 520	**82 760**	26 845	19 460	**85 316**	27 918	20 416	**87 872**	28 992	21 386
80 240	25 786	18 534	**82 796**	26 860	19 474	**85 352**	27 933	20 428	**87 908**	29 007	21 400
80 276	25 801	18 546	**82 832**	26 875	19 486	**85 388**	27 948	20 442	**87 944**	29 022	21 412
80 312	25 817	18 560	**82 868**	26 890	19 500	**85 424**	27 964	20 456	**87 980**	29 037	21 426
80 348	25 832	18 572	**82 904**	26 905	19 514	**85 460**	27 979	20 470	**88 016**	29 052	21 440
80 384	25 847	18 586	**82 940**	26 920	19 528	**85 496**	27 994	20 484	**88 052**	29 067	21 454
80 420	25 862	18 598	**82 976**	26 935	19 540	**85 532**	28 009	20 496	**88 088**	29 082	21 468
80 456	25 877	18 612	**83 012**	26 951	19 554	**85 568**	28 024	20 510	**88 124**	29 098	21 482
80 492	25 892	18 626	**83 048**	26 966	19 568	**85 604**	28 039	20 524	**88 160**	29 113	21 496
80 528	25 907	18 638	**83 084**	26 981	19 580	**85 640**	28 054	20 538	**88 196**	29 128	21 510
80 564	25 922	18 652	**83 120**	26 996	19 594	**85 676**	28 069	20 550	**88 232**	29 143	21 524
80 600	25 938	18 664	**83 156**	27 011	19 608	**85 712**	28 085	20 564	**88 268**	29 158	21 536
80 636	25 953	18 678	**83 192**	27 026	19 620	**85 748**	28 100	20 578	**88 304**	29 173	21 550
80 672	25 968	18 692	**83 228**	27 041	19 634	**85 784**	28 115	20 592	**88 340**	29 188	21 564
80 708	25 983	18 704	**83 264**	27 056	19 648	**85 820**	28 130	20 606	**88 376**	29 203	21 578
80 744	25 998	18 718	**83 300**	27 072	19 660	**85 856**	28 145	20 618	**88 412**	29 219	21 592
80 780	26 013	18 730	**83 336**	27 087	19 674	**85 892**	28 160	20 632	**88 448**	29 234	21 606
80 816	26 028	18 744	**83 372**	27 102	19 688	**85 928**	28 175	20 646	**88 484**	29 249	21 620
80 852	26 043	18 758	**83 408**	27 117	19 700	**85 964**	28 190	20 660	**88 520**	29 264	21 634
80 888	26 058	18 770	**83 444**	27 132	19 714	**86 000**	28 206	20 674	**88 556**	29 279	21 648

zvE in €	ESt Gr in €	ESt Sp in €	**zvE in €**	ESt Gr in €	ESt Sp in €	**zvE in €**	ESt Gr in €	ESt Sp in €	**zvE in €**	ESt Gr in €	ESt Sp in €
88 592	29 294	21 662	**91 148**	30 368	22 650	**93 704**	31 441	23 654	**96 260**	32 515	24 674
88 628	29 309	21 676	**91 184**	30 383	22 664	**93 740**	31 456	23 668	**96 296**	32 530	24 688
88 664	29 324	21 688	**91 220**	30 398	22 678	**93 776**	31 471	23 682	**96 332**	32 545	24 702
88 700	29 340	21 702	**91 256**	30 413	22 692	**93 812**	31 487	23 698	**96 368**	32 560	24 716
88 736	29 355	21 716	**91 292**	30 428	22 706	**93 848**	31 502	23 712	**96 404**	32 575	24 732
88 772	29 370	21 730	**91 328**	30 443	22 720	**93 884**	31 517	23 726	**96 440**	32 590	24 746
88 808	29 385	21 744	**91 364**	30 458	22 734	**93 920**	31 532	23 740	**96 476**	32 605	24 760
88 844	29 400	21 758	**91 400**	30 474	22 748	**93 956**	31 547	23 754	**96 512**	32 621	24 774
88 880	29 415	21 772	**91 436**	30 489	22 762	**93 992**	31 562	23 768	**96 548**	32 636	24 790
88 916	29 430	21 786	**91 472**	30 504	22 776	**94 028**	31 577	23 782	**96 584**	32 651	24 804
88 952	29 445	21 800	**91 508**	30 519	22 790	**94 064**	31 592	23 798	**96 620**	32 666	24 818
88 988	29 460	21 814	**91 544**	30 534	22 804	**94 100**	31 608	23 812	**96 656**	32 681	24 832
89 024	29 476	21 828	**91 580**	30 549	22 820	**94 136**	31 623	23 826	**96 692**	32 696	24 848
89 060	29 491	21 842	**91 616**	30 564	22 834	**94 172**	31 638	23 840	**96 728**	32 711	24 862
89 096	29 506	21 856	**91 652**	30 579	22 848	**94 208**	31 653	23 854	**96 764**	32 726	24 876
89 132	29 521	21 868	**91 688**	30 594	22 862	**94 244**	31 668	23 868	**96 800**	32 742	24 890
89 168	29 536	21 882	**91 724**	30 610	22 876	**94 280**	31 683	23 882	**96 836**	32 757	24 906
89 204	29 551	21 896	**91 760**	30 625	22 890	**94 316**	31 698	23 898	**96 872**	32 772	24 920
89 240	29 566	21 910	**91 796**	30 640	22 904	**94 352**	31 713	23 912	**96 908**	32 787	24 934
89 276	29 581	21 924	**91 832**	30 655	22 918	**94 388**	31 728	23 926	**96 944**	32 802	24 948
89 312	29 597	21 938	**91 868**	30 670	22 932	**94 424**	31 744	23 940	**96 980**	32 817	24 964
89 348	29 612	21 952	**91 904**	30 685	22 946	**94 460**	31 759	23 954	**97 016**	32 832	24 978
89 384	29 627	21 966	**91 940**	30 700	22 960	**94 496**	31 774	23 968	**97 052**	32 847	24 992
89 420	29 642	21 980	**91 976**	30 715	22 974	**94 532**	31 789	23 982	**97 088**	32 862	25 006
89 456	29 657	21 994	**92 012**	30 731	22 988	**94 568**	31 804	23 998	**97 124**	32 878	25 022
89 492	29 672	22 008	**92 048**	30 746	23 002	**94 604**	31 819	24 012	**97 160**	32 893	25 036
89 528	29 687	22 022	**92 084**	30 761	23 016	**94 640**	31 834	24 026	**97 196**	32 908	25 050
89 564	29 702	22 036	**92 120**	30 776	23 030	**94 676**	31 849	24 040	**97 232**	32 923	25 064
89 600	29 718	22 050	**92 156**	30 791	23 044	**94 712**	31 865	24 054	**97 268**	32 938	25 080
89 636	29 733	22 064	**92 192**	30 806	23 058	**94 748**	31 880	24 068	**97 304**	32 953	25 094
89 672	29 748	22 078	**92 228**	30 821	23 072	**94 784**	31 895	24 084	**97 340**	32 968	25 108
89 708	29 763	22 092	**92 264**	30 836	23 086	**94 820**	31 910	24 098	**97 376**	32 983	25 124
89 744	29 778	22 106	**92 300**	30 852	23 102	**94 856**	31 925	24 112	**97 412**	32 999	25 138
89 780	29 793	22 120	**92 336**	30 867	23 116	**94 892**	31 940	24 126	**97 448**	33 014	25 152
89 816	29 808	22 134	**92 372**	30 882	23 130	**94 928**	31 955	24 140	**97 484**	33 029	25 166
89 852	29 823	22 146	**92 408**	30 897	23 144	**94 964**	31 970	24 154	**97 520**	33 044	25 182
89 888	29 838	22 160	**92 444**	30 912	23 158	**95 000**	31 986	24 170	**97 556**	33 059	25 196
89 924	29 854	22 174	**92 480**	30 927	23 172	**95 036**	32 001	24 184	**97 592**	33 074	25 210
89 960	29 869	22 188	**92 516**	30 942	23 186	**95 072**	32 016	24 198	**97 628**	33 089	25 226
89 996	29 884	22 202	**92 552**	30 957	23 200	**95 108**	32 031	24 212	**97 664**	33 104	25 240
90 032	29 899	22 216	**92 588**	30 972	23 214	**95 144**	32 046	24 226	**97 700**	33 120	25 254
90 068	29 914	22 230	**92 624**	30 988	23 228	**95 180**	32 061	24 242	**97 736**	33 135	25 268
90 104	29 929	22 244	**92 660**	31 003	23 242	**95 216**	32 076	24 256	**97 772**	33 150	25 284
90 140	29 944	22 258	**92 696**	31 018	23 256	**95 252**	32 091	24 270	**97 808**	33 165	25 298
90 176	29 959	22 272	**92 732**	31 033	23 270	**95 288**	32 106	24 284	**97 844**	33 180	25 312
90 212	29 975	22 286	**92 768**	31 048	23 286	**95 324**	32 122	24 298	**97 880**	33 195	25 328
90 248	29 990	22 300	**92 804**	31 063	23 300	**95 360**	32 137	24 312	**97 916**	33 210	25 342
90 284	30 005	22 314	**92 840**	31 078	23 314	**95 396**	32 152	24 328	**97 952**	33 225	25 356
90 320	30 020	22 328	**92 876**	31 093	23 328	**95 432**	32 167	24 342	**97 988**	33 240	25 370
90 356	30 035	22 342	**92 912**	31 109	23 342	**95 468**	32 182	24 356	**98 024**	33 256	25 386
90 392	30 050	22 356	**92 948**	31 124	23 356	**95 504**	32 197	24 370	**98 060**	33 271	25 400
90 428	30 065	22 370	**92 984**	31 139	23 370	**95 540**	32 212	24 384	**98 096**	33 286	25 414
90 464	30 080	22 384	**93 020**	31 154	23 384	**95 576**	32 227	24 400	**98 132**	33 301	25 430
90 500	30 096	22 398	**93 056**	31 169	23 398	**95 612**	32 243	24 414	**98 168**	33 316	25 444
90 536	30 111	22 412	**93 092**	31 184	23 412	**95 648**	32 258	24 428	**98 204**	33 331	25 458
90 572	30 126	22 426	**93 128**	31 199	23 426	**95 684**	32 273	24 442	**98 240**	33 346	25 474
90 608	30 141	22 440	**93 164**	31 214	23 442	**95 720**	32 288	24 456	**98 276**	33 361	25 488
90 644	30 156	22 454	**93 200**	31 230	23 456	**95 756**	32 303	24 472	**98 312**	33 377	25 502
90 680	30 171	22 468	**93 236**	31 245	23 470	**95 792**	32 318	24 486	**98 348**	33 392	25 518
90 716	30 186	22 482	**93 272**	31 260	23 484	**95 828**	32 333	24 500	**98 384**	33 407	25 532
90 752	30 201	22 496	**93 308**	31 275	23 498	**95 864**	32 348	24 514	**98 420**	33 422	25 546
90 788	30 216	22 510	**93 344**	31 290	23 512	**95 900**	32 364	24 530	**98 456**	33 437	25 560
90 824	30 232	22 524	**93 380**	31 305	23 526	**95 936**	32 379	24 544	**98 492**	33 452	25 576
90 860	30 247	22 538	**93 416**	31 320	23 540	**95 972**	32 394	24 558	**98 528**	33 467	25 590
90 896	30 262	22 552	**93 452**	31 335	23 554	**96 008**	32 409	24 572	**98 564**	33 482	25 604
90 932	30 277	22 566	**93 488**	31 350	23 570	**96 044**	32 424	24 586	**98 600**	33 498	25 620
90 968	30 292	22 580	**93 524**	31 366	23 584	**96 080**	32 439	24 602	**98 636**	33 513	25 634
91 004	30 307	22 594	**93 560**	31 381	23 598	**96 116**	32 454	24 616	**98 672**	33 528	25 648
91 040	30 322	22 608	**93 596**	31 396	23 612	**96 152**	32 469	24 630	**98 708**	33 543	25 664
91 076	30 337	22 622	**93 632**	31 411	23 626	**96 188**	32 484	24 644	**98 744**	33 558	25 678
91 112	30 353	22 636	**93 668**	31 426	23 640	**96 224**	32 500	24 660	**98 780**	33 573	25 692

zvE in €	ESt Gr in €	ESt Sp in €	zvE in €	ESt Gr in €	ESt Sp in €	zvE in €	ESt Gr in €	ESt Sp in €	zvE in €	ESt Gr in €	ESt Sp in €
98 816	33 588	25 708	101 372	34 662	26 756	103 928	35 735	27 820	106 484	36 809	28 894
98 852	33 603	25 722	101 408	34 677	26 772	103 964	35 750	27 836	106 520	36 824	28 910
98 888	33 618	25 736	101 444	34 692	26 786	104 000	35 766	27 850	106 556	36 839	28 924
98 924	33 634	25 752	101 480	34 707	26 802	104 036	35 781	27 866	106 592	36 854	28 940
98 960	33 649	25 766	101 516	34 722	26 816	104 072	35 796	27 880	106 628	36 869	28 954
98 996	33 664	25 780	101 552	34 737	26 830	104 108	35 811	27 896	106 664	36 884	28 970
99 032	33 679	25 796	101 588	34 752	26 846	104 144	35 826	27 910	106 700	36 900	28 986
99 068	33 694	25 810	101 624	34 768	26 860	104 180	35 841	27 926	106 736	36 915	29 000
99 104	33 709	25 824	101 660	34 783	26 876	104 216	35 856	27 942	106 772	36 930	29 016
99 140	33 724	25 840	101 696	34 798	26 890	104 252	35 871	27 956	106 808	36 945	29 030
99 176	33 739	25 854	101 732	34 813	26 906	104 288	35 886	27 972	106 844	36 960	29 046
99 212	33 755	25 868	101 768	34 828	26 920	104 324	35 902	27 988	106 880	36 975	29 060
99 248	33 770	25 884	101 804	34 843	26 936	104 360	35 917	28 002	106 916	36 990	29 076
99 284	33 785	25 898	101 840	34 858	26 950	104 396	35 932	28 018	106 952	37 005	29 090
99 320	33 800	25 914	101 876	34 873	26 964	104 432	35 947	28 032	106 988	37 020	29 106
99 356	33 815	25 928	101 912	34 889	26 980	104 468	35 962	28 048	107 024	37 036	29 122
99 392	33 830	25 942	101 948	34 904	26 994	104 504	35 977	28 062	107 060	37 051	29 136
99 428	33 845	25 958	101 984	34 919	27 010	104 540	35 992	28 078	107 096	37 066	29 152
99 464	33 860	25 972	102 020	34 934	27 024	104 576	36 007	28 092	107 132	37 081	29 166
99 500	33 876	25 986	102 056	34 949	27 040	104 612	36 023	28 108	107 168	37 096	29 182
99 536	33 891	26 002	102 092	34 964	27 054	104 648	36 038	28 124	107 204	37 111	29 196
99 572	33 906	26 016	102 128	34 979	27 070	104 684	36 053	28 138	107 240	37 126	29 212
99 608	33 921	26 030	102 164	34 994	27 084	104 720	36 068	28 154	107 276	37 141	29 226
99 644	33 936	26 046	102 200	35 010	27 100	104 756	36 083	28 168	107 312	37 157	29 242
99 680	33 951	26 060	102 236	35 025	27 114	104 792	36 098	28 184	107 348	37 172	29 258
99 716	33 966	26 076	102 272	35 040	27 130	104 828	36 113	28 198	107 384	37 187	29 272
99 752	33 981	26 090	102 308	35 055	27 144	104 864	36 128	28 214	107 420	37 202	29 288
99 788	33 996	26 104	102 344	35 070	27 160	104 900	36 144	28 230	107 456	37 217	29 302
99 824	34 012	26 120	102 380	35 085	27 174	104 936	36 159	28 244	107 492	37 232	29 318
99 860	34 027	26 134	102 416	35 100	27 190	104 972	36 174	28 260	107 528	37 247	29 332
99 896	34 042	26 148	102 452	35 115	27 204	105 008	36 189	28 274	107 564	37 262	29 348
99 932	34 057	26 164	102 488	35 130	27 220	105 044	36 204	28 290	107 600	37 278	29 364
99 968	34 072	26 178	102 524	35 146	27 234	105 080	36 219	28 304	107 636	37 293	29 378
100 004	34 087	26 194	102 560	35 161	27 250	105 116	36 234	28 320	107 672	37 308	29 394
100 040	34 102	26 208	102 596	35 176	27 264	105 152	36 249	28 334	107 708	37 323	29 408
100 076	34 117	26 222	102 632	35 191	27 278	105 188	36 264	28 350	107 744	37 338	29 424
100 112	34 133	26 238	102 668	35 206	27 294	105 224	36 280	28 366	107 780	37 353	29 438
100 148	34 148	26 252	102 704	35 221	27 308	105 260	36 295	28 380	107 816	37 368	29 454
100 184	34 163	26 268	102 740	35 236	27 324	105 296	36 310	28 396	107 852	37 383	29 468
100 220	34 178	26 282	102 776	35 251	27 338	105 332	36 325	28 410	107 888	37 398	29 484
100 256	34 193	26 296	102 812	35 267	27 354	105 368	36 340	28 426	107 924	37 414	29 500
100 292	34 208	26 312	102 848	35 282	27 368	105 404	36 355	28 440	107 960	37 429	29 514
100 328	34 223	26 326	102 884	35 297	27 384	105 440	36 370	28 456	107 996	37 444	29 530
100 364	34 238	26 340	102 920	35 312	27 398	105 476	36 385	28 470	108 032	37 459	29 544
100 400	34 254	26 356	102 956	35 327	27 414	105 512	36 401	28 486	108 068	37 474	29 560
100 436	34 269	26 370	102 992	35 342	27 428	105 548	36 416	28 502	108 104	37 489	29 574
100 472	34 284	26 386	103 028	35 357	27 444	105 584	36 431	28 516	108 140	37 504	29 590
100 508	34 299	26 400	103 064	35 372	27 458	105 620	36 446	28 532	108 176	37 519	29 604
100 544	34 314	26 414	103 100	35 388	27 474	105 656	36 461	28 546	108 212	37 535	29 620
100 580	34 329	26 430	103 136	35 403	27 490	105 692	36 476	28 562	108 248	37 550	29 636
100 616	34 344	26 444	103 172	35 418	27 504	105 728	36 491	28 576	108 284	37 565	29 650
100 652	34 359	26 460	103 208	35 433	27 520	105 764	36 506	28 592	108 320	37 580	29 666
100 688	34 374	26 474	103 244	35 448	27 534	105 800	36 522	28 608	108 356	37 595	29 680
100 724	34 390	26 490	103 280	35 463	27 550	105 836	36 537	28 622	108 392	37 610	29 696
100 760	34 405	26 504	103 316	35 478	27 564	105 872	36 552	28 638	108 428	37 625	29 710
100 796	34 420	26 518	103 352	35 493	27 580	105 908	36 567	28 652	108 464	37 640	29 726
100 832	34 435	26 534	103 388	35 508	27 594	105 944	36 582	28 668	108 500	37 656	29 742
100 868	34 450	26 548	103 424	35 524	27 610	105 980	36 597	28 682	108 536	37 671	29 756
100 904	34 465	26 564	103 460	35 539	27 624	106 016	36 612	28 698	108 572	37 686	29 772
100 940	34 480	26 578	103 496	35 554	27 640	106 052	36 627	28 712	108 608	37 701	29 786
100 976	34 495	26 592	103 532	35 569	27 654	106 088	36 642	28 728	108 644	37 716	29 802
101 012	34 511	26 608	103 568	35 584	27 670	106 124	36 658	28 744	108 680	37 731	29 816
101 048	34 526	26 622	103 604	35 599	27 684	106 160	36 673	28 758	108 716	37 746	29 832
101 084	34 541	26 638	103 640	35 614	27 700	106 196	36 688	28 774	108 752	37 761	29 846
101 120	34 556	26 652	103 676	35 629	27 714	106 232	36 703	28 788	108 788	37 776	29 862
101 156	34 571	26 668	103 712	35 645	27 730	106 268	36 718	28 804	108 824	37 792	29 878
101 192	34 586	26 682	103 748	35 660	27 744	106 304	36 733	28 818	108 860	37 807	29 892
101 228	34 601	26 696	103 784	35 675	27 760	106 340	36 748	28 834	108 896	37 822	29 908
101 264	34 616	26 712	103 820	35 690	27 776	106 376	36 763	28 848	108 932	37 837	29 922
101 300	34 632	26 726	103 856	35 705	27 790	106 412	36 779	28 864	108 968	37 852	29 938
101 336	34 647	26 742	103 892	35 720	27 806	106 448	36 794	28 880	109 004	37 867	29 952

zvE in €	ESt Gr in €	ESt Sp in €	zvE in €	ESt Gr in €	ESt Sp in €	zvE in €	ESt Gr in €	ESt Sp in €	zvE in €	ESt Gr in €	ESt Sp in €
109 040	37 882	29 968	**111 596**	38 956	31 042	**114 152**	40 029	32 114	**116 708**	41 103	33 188
109 076	37 897	29 982	**111 632**	38 971	31 056	**114 188**	40 044	32 130	**116 744**	41 118	33 204
109 112	37 913	29 998	**111 668**	38 986	31 072	**114 224**	40 060	32 146	**116 780**	41 133	33 218
109 148	37 928	30 014	**111 704**	39 001	31 086	**114 260**	40 075	32 160	**116 816**	41 148	33 234
109 184	37 943	30 028	**111 740**	39 016	31 102	**114 296**	40 090	32 176	**116 852**	41 163	33 248
109 220	37 958	30 044	**111 776**	39 031	31 116	**114 332**	40 105	32 190	**116 888**	41 178	33 264
109 256	37 973	30 058	**111 812**	39 047	31 132	**114 368**	40 120	32 206	**116 924**	41 194	33 280
109 292	37 988	30 074	**111 848**	39 062	31 148	**114 404**	40 135	32 220	**116 960**	41 209	33 294
109 328	38 003	30 088	**111 884**	39 077	31 162	**114 440**	40 150	32 236	**116 996**	41 224	33 310
109 364	38 018	30 104	**111 920**	39 092	31 178	**114 476**	40 165	32 250	**117 032**	41 239	33 324
109 400	38 034	30 120	**111 956**	39 107	31 192	**114 512**	40 181	32 266	**117 068**	41 254	33 340
109 436	38 049	30 134	**111 992**	39 122	31 208	**114 548**	40 196	32 282	**117 104**	41 269	33 354
109 472	38 064	30 150	**112 028**	39 137	31 222	**114 584**	40 211	32 296	**117 140**	41 284	33 370
109 508	38 079	30 164	**112 064**	39 152	31 238	**114 620**	40 226	32 312	**117 176**	41 299	33 384
109 544	38 094	30 180	**112 100**	39 168	31 254	**114 656**	40 241	32 326	**117 212**	41 315	33 400
109 580	38 109	30 194	**112 136**	39 183	31 268	**114 692**	40 256	32 342	**117 248**	41 330	33 416
109 616	38 124	30 210	**112 172**	39 198	31 284	**114 728**	40 271	32 356	**117 284**	41 345	33 430
109 652	38 139	30 224	**112 208**	39 213	31 298	**114 764**	40 286	32 372	**117 320**	41 360	33 446
109 688	38 154	30 240	**112 244**	39 228	31 314	**114 800**	40 302	32 388	**117 356**	41 375	33 460
109 724	38 170	30 256	**112 280**	39 243	31 328	**114 836**	40 317	32 402	**117 392**	41 390	33 476
109 760	38 185	30 270	**112 316**	39 258	31 344	**114 872**	40 332	32 418	**117 428**	41 405	33 490
109 796	38 200	30 286	**112 352**	39 273	31 358	**114 908**	40 347	32 432	**117 464**	41 420	33 506
109 832	38 215	30 300	**112 388**	39 288	31 374	**114 944**	40 362	32 448	**117 500**	41 436	33 522
109 868	38 230	30 316	**112 424**	39 304	31 390	**114 980**	40 377	32 462	**117 536**	41 451	33 536
109 904	38 245	30 330	**112 460**	39 319	31 404	**115 016**	40 392	32 478	**117 572**	41 466	33 552
109 940	38 260	30 346	**112 496**	39 334	31 420	**115 052**	40 407	32 492	**117 608**	41 481	33 566
109 976	38 275	30 360	**112 532**	39 349	31 434	**115 088**	40 422	32 508	**117 644**	41 496	33 582
110 012	38 291	30 376	**112 568**	39 364	31 450	**115 124**	40 438	32 524	**117 680**	41 511	33 596
110 048	38 306	30 392	**112 604**	39 379	31 464	**115 160**	40 453	32 538	**117 716**	41 526	33 612
110 084	38 321	30 406	**112 640**	39 394	31 480	**115 196**	40 468	32 554	**117 752**	41 541	33 626
110 120	38 336	30 422	**112 676**	39 409	31 494	**115 232**	40 483	32 568	**117 788**	41 556	33 642
110 156	38 351	30 436	**112 712**	39 425	31 510	**115 268**	40 498	32 584	**117 824**	41 572	33 658
110 192	38 366	30 452	**112 748**	39 440	31 526	**115 304**	40 513	32 598	**117 860**	41 587	33 672
110 228	38 381	30 466	**112 784**	39 455	31 540	**115 340**	40 528	32 614	**117 896**	41 602	33 688
110 264	38 396	30 482	**112 820**	39 470	31 556	**115 376**	40 543	32 628	**117 932**	41 617	33 702
110 300	38 412	30 498	**112 856**	39 485	31 570	**115 412**	40 559	32 644	**117 968**	41 632	33 718
110 336	38 427	30 512	**112 892**	39 500	31 586	**115 448**	40 574	32 660	**118 004**	41 647	33 732
110 372	38 442	30 528	**112 928**	39 515	31 600	**115 484**	40 589	32 674	**118 040**	41 662	33 748
110 408	38 457	30 542	**112 964**	39 530	31 616	**115 520**	40 604	32 690	**118 076**	41 677	33 762
110 444	38 472	30 558	**113 000**	39 546	31 632	**115 556**	40 619	32 704	**118 112**	41 693	33 778
110 480	38 487	30 572	**113 036**	39 561	31 646	**115 592**	40 634	32 720	**118 148**	41 708	33 794
110 516	38 502	30 588	**113 072**	39 576	31 662	**115 628**	40 649	32 734	**118 184**	41 723	33 808
110 552	38 517	30 602	**113 108**	39 591	31 676	**115 664**	40 664	32 750	**118 220**	41 738	33 824
110 588	38 532	30 618	**113 144**	39 606	31 692	**115 700**	40 680	32 766	**118 256**	41 753	33 838
110 624	38 548	30 634	**113 180**	39 621	31 706	**115 736**	40 695	32 780	**118 292**	41 768	33 854
110 660	38 563	30 648	**113 216**	39 636	31 722	**115 772**	40 710	32 796	**118 328**	41 783	33 868
110 696	38 578	30 664	**113 252**	39 651	31 736	**115 808**	40 725	32 810	**118 364**	41 798	33 884
110 732	38 593	30 678	**113 288**	39 666	31 752	**115 844**	40 740	32 826	**118 400**	41 814	33 900
110 768	38 608	30 694	**113 324**	39 682	31 768	**115 880**	40 755	32 840	**118 436**	41 829	33 914
110 804	38 623	30 708	**113 360**	39 697	31 782	**115 916**	40 770	32 856	**118 472**	41 844	33 930
110 840	38 638	30 724	**113 396**	39 712	31 798	**115 952**	40 785	32 870	**118 508**	41 859	33 944
110 876	38 653	30 738	**113 432**	39 727	31 812	**115 988**	40 800	32 886	**118 544**	41 874	33 960
110 912	38 669	30 754	**113 468**	39 742	31 828	**116 024**	40 816	32 902	**118 580**	41 889	33 974
110 948	38 684	30 770	**113 504**	39 757	31 842	**116 060**	40 831	32 916	**118 616**	41 904	33 990
110 984	38 699	30 784	**113 540**	39 772	31 858	**116 096**	40 846	32 932	**118 652**	41 919	34 004
111 020	38 714	30 800	**113 576**	39 787	31 872	**116 132**	40 861	32 946	**118 688**	41 934	34 020
111 056	38 729	30 814	**113 612**	39 803	31 888	**116 168**	40 876	32 962	**118 724**	41 950	34 036
111 092	38 744	30 830	**113 648**	39 818	31 904	**116 204**	40 891	32 976	**118 760**	41 965	34 050
111 128	38 759	30 844	**113 684**	39 833	31 918	**116 240**	40 906	32 992	**118 796**	41 980	34 066
111 164	38 774	30 860	**113 720**	39 848	31 934	**116 276**	40 921	33 006	**118 832**	41 995	34 080
111 200	38 790	30 876	**113 756**	39 863	31 948	**116 312**	40 937	33 022	**118 868**	42 010	34 096
111 236	38 805	30 890	**113 792**	39 878	31 964	**116 348**	40 952	33 038	**118 904**	42 025	34 110
111 272	38 820	30 906	**113 828**	39 893	31 978	**116 384**	40 967	33 052	**118 940**	42 040	34 126
111 308	38 835	30 920	**113 864**	39 908	31 994	**116 420**	40 982	33 068	**118 976**	42 055	34 140
111 344	38 850	30 936	**113 900**	39 924	32 010	**116 456**	40 997	33 082	**119 012**	42 071	34 156
111 380	38 865	30 950	**113 936**	39 939	32 024	**116 492**	41 012	33 098	**119 048**	42 086	34 172
111 416	38 880	30 966	**113 972**	39 954	32 040	**116 528**	41 027	33 112	**119 084**	42 101	34 186
111 452	38 895	30 980	**114 008**	39 969	32 054	**116 564**	41 042	33 128	**119 120**	42 116	34 202
111 488	38 910	30 996	**114 044**	39 984	32 070	**116 600**	41 058	33 144	**119 156**	42 131	34 216
111 524	38 926	31 012	**114 080**	39 999	32 084	**116 636**	41 073	33 158	**119 192**	42 146	34 232
111 560	38 941	31 026	**114 116**	40 014	32 100	**116 672**	41 088	33 174	**119 228**	42 161	34 246

zvE in €	ESt Gr in €	ESt Sp in €	zvE in €	ESt Gr in €	ESt Sp in €	zvE in €	ESt Gr in €	ESt Sp in €	zvE in €	ESt Gr in €	ESt Sp in €
119 264	42 176	34 262	**121 820**	43 250	35 336	**124 376**	44 323	36 408	**126 932**	45 397	37 482
119 300	42 192	34 278	**121 856**	43 265	35 350	**124 412**	44 339	36 424	**126 968**	45 412	37 498
119 336	42 207	34 292	**121 892**	43 280	35 366	**124 448**	44 354	36 440	**127 004**	45 427	37 512
119 372	42 222	34 308	**121 928**	43 295	35 380	**124 484**	44 369	36 454	**127 040**	45 442	37 528
119 408	42 237	34 322	**121 964**	43 310	35 396	**124 520**	44 384	36 470	**127 076**	45 457	37 542
119 444	42 252	34 338	**122 000**	43 326	35 412	**124 556**	44 399	36 484	**127 112**	45 473	37 558
119 480	42 267	34 352	**122 036**	43 341	35 426	**124 592**	44 414	36 500	**127 148**	45 488	37 574
119 516	42 282	34 368	**122 072**	43 356	35 442	**124 628**	44 429	36 514	**127 184**	45 503	37 588
119 552	42 297	34 382	**122 108**	43 371	35 456	**124 664**	44 444	36 530	**127 220**	45 518	37 604
119 588	42 312	34 398	**122 144**	43 386	35 472	**124 700**	44 460	36 546	**127 256**	45 533	37 618
119 624	42 328	34 414	**122 180**	43 401	35 486	**124 736**	44 475	36 560	**127 292**	45 548	37 634
119 660	42 343	34 428	**122 216**	43 416	35 502	**124 772**	44 490	36 576	**127 328**	45 563	37 648
119 696	42 358	34 444	**122 252**	43 431	35 516	**124 808**	44 505	36 590	**127 364**	45 578	37 664
119 732	42 373	34 458	**122 288**	43 446	35 532	**124 844**	44 520	36 606	**127 400**	45 594	37 680
119 768	42 388	34 474	**122 324**	43 462	35 548	**124 880**	44 535	36 620	**127 436**	45 609	37 694
119 804	42 403	34 488	**122 360**	43 477	35 562	**124 916**	44 550	36 636	**127 472**	45 624	37 710
119 840	42 418	34 504	**122 396**	43 492	35 578	**124 952**	44 565	36 650	**127 508**	45 639	37 724
119 876	42 433	34 518	**122 432**	43 507	35 592	**124 988**	44 580	36 666	**127 544**	45 654	37 740
119 912	42 449	34 534	**122 468**	43 522	35 608	**125 024**	44 596	36 682	**127 580**	45 669	37 754
119 948	42 464	34 550	**122 504**	43 537	35 622	**125 060**	44 611	36 696	**127 616**	45 684	37 770
119 984	42 479	34 564	**122 540**	43 552	35 638	**125 096**	44 626	36 712	**127 652**	45 699	37 784
120 020	42 494	34 580	**122 576**	43 567	35 652	**125 132**	44 641	36 726	**127 688**	45 714	37 800
120 056	42 509	34 594	**122 612**	43 583	35 668	**125 168**	44 656	36 742	**127 724**	45 730	37 816
120 092	42 524	34 610	**122 648**	43 598	35 684	**125 204**	44 671	36 756	**127 760**	45 745	37 830
120 128	42 539	34 624	**122 684**	43 613	35 698	**125 240**	44 686	36 772	**127 796**	45 760	37 846
120 164	42 554	34 640	**122 720**	43 628	35 714	**125 276**	44 701	36 786	**127 832**	45 775	37 860
120 200	42 570	34 656	**122 756**	43 643	35 728	**125 312**	44 717	36 802	**127 868**	45 790	37 876
120 236	42 585	34 670	**122 792**	43 658	35 744	**125 348**	44 732	36 818	**127 904**	45 805	37 890
120 272	42 600	34 686	**122 828**	43 673	35 758	**125 384**	44 747	36 832	**127 940**	45 820	37 906
120 308	42 615	34 700	**122 864**	43 688	35 774	**125 420**	44 762	36 848	**127 976**	45 835	37 920
120 344	42 630	34 716	**122 900**	43 704	35 790	**125 456**	44 777	36 862	**128 012**	45 851	37 936
120 380	42 645	34 730	**122 936**	43 719	35 804	**125 492**	44 792	36 878	**128 048**	45 866	37 952
120 416	42 660	34 746	**122 972**	43 734	35 820	**125 528**	44 807	36 892	**128 084**	45 881	37 966
120 452	42 675	34 760	**123 008**	43 749	35 834	**125 564**	44 822	36 908	**128 120**	45 896	37 982
120 488	42 690	34 776	**123 044**	43 764	35 850	**125 600**	44 838	36 924	**128 156**	45 911	37 996
120 524	42 706	34 792	**123 080**	43 779	35 864	**125 636**	44 853	36 938	**128 192**	45 926	38 012
120 560	42 721	34 806	**123 116**	43 794	35 880	**125 672**	44 868	36 954	**128 228**	45 941	38 026
120 596	42 736	34 822	**123 152**	43 809	35 894	**125 708**	44 883	36 968	**128 264**	45 956	38 042
120 632	42 751	34 836	**123 188**	43 824	35 910	**125 744**	44 898	36 984	**128 300**	45 972	38 058
120 668	42 766	34 852	**123 224**	43 840	35 926	**125 780**	44 913	36 998	**128 336**	45 987	38 072
120 704	42 781	34 866	**123 260**	43 855	35 940	**125 816**	44 928	37 014	**128 372**	46 002	38 088
120 740	42 796	34 882	**123 296**	43 870	35 956	**125 852**	44 943	37 028	**128 408**	46 017	38 102
120 776	42 811	34 896	**123 332**	43 885	35 970	**125 888**	44 958	37 044	**128 444**	46 032	38 118
120 812	42 827	34 912	**123 368**	43 900	35 986	**125 924**	44 974	37 060	**128 480**	46 047	38 132
120 848	42 842	34 928	**123 404**	43 915	36 000	**125 960**	44 989	37 074	**128 516**	46 062	38 148
120 884	42 857	34 942	**123 440**	43 930	36 016	**125 996**	45 004	37 090	**128 552**	46 077	38 162
120 920	42 872	34 958	**123 476**	43 945	36 030	**126 032**	45 019	37 104	**128 588**	46 092	38 178
120 956	42 887	34 972	**123 512**	43 961	36 046	**126 068**	45 034	37 120	**128 624**	46 108	38 194
120 992	42 902	34 988	**123 548**	43 976	36 062	**126 104**	45 049	37 134	**128 660**	46 123	38 208
121 028	42 917	35 002	**123 584**	43 991	36 076	**126 140**	45 064	37 150	**128 696**	46 138	38 224
121 064	42 932	35 018	**123 620**	44 006	36 092	**126 176**	45 079	37 164	**128 732**	46 153	38 238
121 100	42 948	35 034	**123 656**	44 021	36 106	**126 212**	45 095	37 180	**128 768**	46 168	38 254
121 136	42 963	35 048	**123 692**	44 036	36 122	**126 248**	45 110	37 196	**128 804**	46 183	38 268
121 172	42 978	35 064	**123 728**	44 051	36 136	**126 284**	45 125	37 210	**128 840**	46 198	38 284
121 208	42 993	35 078	**123 764**	44 066	36 152	**126 320**	45 140	37 226	**128 876**	46 213	38 298
121 244	43 008	35 094	**123 800**	44 082	36 168	**126 356**	45 155	37 240	**128 912**	46 229	38 314
121 280	43 023	35 108	**123 836**	44 097	36 182	**126 392**	45 170	37 256	**128 948**	46 244	38 330
121 316	43 038	35 124	**123 872**	44 112	36 198	**126 428**	45 185	37 270	**128 984**	46 259	38 344
121 352	43 053	35 138	**123 908**	44 127	36 212	**126 464**	45 200	37 286	**129 020**	46 274	38 360
121 388	43 068	35 154	**123 944**	44 142	36 228	**126 500**	45 216	37 302	**129 056**	46 289	38 374
121 424	43 084	35 170	**123 980**	44 157	36 242	**126 536**	45 231	37 316	**129 092**	46 304	38 390
121 460	43 099	35 184	**124 016**	44 172	36 258	**126 572**	45 246	37 332	**129 128**	46 319	38 404
121 496	43 114	35 200	**124 052**	44 187	36 272	**126 608**	45 261	37 346	**129 164**	46 334	38 420
121 532	43 129	35 214	**124 088**	44 202	36 288	**126 644**	45 276	37 362	**129 200**	46 350	38 436
121 568	43 144	35 230	**124 124**	44 218	36 304	**126 680**	45 291	37 376	**129 236**	46 365	38 450
121 604	43 159	35 244	**124 160**	44 233	36 318	**126 716**	45 306	37 392	**129 272**	46 380	38 466
121 640	43 174	35 260	**124 196**	44 248	36 334	**126 752**	45 321	37 406	**129 308**	46 395	38 480
121 676	43 189	35 274	**124 232**	44 263	36 348	**126 788**	45 336	37 422	**129 344**	46 410	38 496
121 712	43 205	35 290	**124 268**	44 278	36 364	**126 824**	45 352	37 438	**129 380**	46 425	38 510
121 748	43 220	35 306	**124 304**	44 293	36 378	**126 860**	45 367	37 452	**129 416**	46 440	38 526
121 784	43 235	35 320	**124 340**	44 308	36 394	**126 896**	45 382	37 468	**129 452**	46 455	38 540

Einkommensteuer-Grund- und Splittingtabelle 2008

zvE in €	ESt Gr in €	ESt Sp in €	**zvE in €**	ESt Gr in €	ESt Sp in €	**zvE in €**	ESt Gr in €	ESt Sp in €	**zvE in €**	ESt Gr in €	ESt Sp in €
129 488	46 470	38 556	**132 044**	47 544	39 630	**134 600**	48 618	40 704	**137 156**	49 691	41 776
129 524	46 486	38 572	**132 080**	47 559	39 644	**134 636**	48 633	40 718	**137 192**	49 706	41 792
129 560	46 501	38 586	**132 116**	47 574	39 660	**134 672**	48 648	40 734	**137 228**	49 721	41 806
129 596	46 516	38 602	**132 152**	47 589	39 674	**134 708**	48 663	40 748	**137 264**	49 736	41 822
129 632	46 531	38 616	**132 188**	47 604	39 690	**134 744**	48 678	40 764	**137 300**	49 752	41 838
129 668	46 546	38 632	**132 224**	47 620	39 706	**134 780**	48 693	40 778	**137 336**	49 767	41 852
129 704	46 561	38 646	**132 260**	47 635	39 720	**134 816**	48 708	40 794	**137 372**	49 782	41 868
129 740	46 576	38 662	**132 296**	47 650	39 736	**134 852**	48 723	40 808	**137 408**	49 797	41 882
129 776	46 591	38 676	**132 332**	47 665	39 750	**134 888**	48 738	40 824	**137 444**	49 812	41 898
129 812	46 607	38 692	**132 368**	47 680	39 766	**134 924**	48 754	40 840	**137 480**	49 827	41 912
129 848	46 622	38 708	**132 404**	47 695	39 780	**134 960**	48 769	40 854	**137 516**	49 842	41 928
129 884	46 637	38 722	**132 440**	47 710	39 796	**134 996**	48 784	40 870	**137 552**	49 857	41 942
129 920	46 652	38 738	**132 476**	47 725	39 810	**135 032**	48 799	40 884	**137 588**	49 872	41 958
129 956	46 667	38 752	**132 512**	47 741	39 826	**135 068**	48 814	40 900	**137 624**	49 888	41 974
129 992	46 682	38 768	**132 548**	47 756	39 842	**135 104**	48 829	40 914	**137 660**	49 903	41 988
130 028	46 697	38 782	**132 584**	47 771	39 856	**135 140**	48 844	40 930	**137 696**	49 918	42 004
130 064	46 712	38 798	**132 620**	47 786	39 872	**135 176**	48 859	40 944	**137 732**	49 933	42 018
130 100	46 728	38 814	**132 656**	47 801	39 886	**135 212**	48 875	40 960	**137 768**	49 948	42 034
130 136	46 743	38 828	**132 692**	47 816	39 902	**135 248**	48 890	40 976	**137 804**	49 963	42 048
130 172	46 758	38 844	**132 728**	47 831	39 916	**135 284**	48 905	40 990	**137 840**	49 978	42 064
130 208	46 773	38 858	**132 764**	47 846	39 932	**135 320**	48 920	41 006	**137 876**	49 993	42 078
130 244	46 788	38 874	**132 800**	47 862	39 948	**135 356**	48 935	41 020	**137 912**	50 009	42 094
130 280	46 803	38 888	**132 836**	47 877	39 962	**135 392**	48 950	41 036	**137 948**	50 024	42 110
130 316	46 818	38 904	**132 872**	47 892	39 978	**135 428**	48 965	41 050	**137 984**	50 039	42 124
130 352	46 833	38 918	**132 908**	47 907	39 992	**135 464**	48 980	41 066	**138 020**	50 054	42 140
130 388	46 848	38 934	**132 944**	47 922	40 008	**135 500**	48 996	41 082	**138 056**	50 069	42 154
130 424	46 864	38 950	**132 980**	47 937	40 022	**135 536**	49 011	41 096	**138 092**	50 084	42 170
130 460	46 879	38 964	**133 016**	47 952	40 038	**135 572**	49 026	41 112	**138 128**	50 099	42 184
130 496	46 894	38 980	**133 052**	47 967	40 052	**135 608**	49 041	41 126	**138 164**	50 114	42 200
130 532	46 909	38 994	**133 088**	47 982	40 068	**135 644**	49 056	41 142	**138 200**	50 130	42 216
130 568	46 924	39 010	**133 124**	47 998	40 084	**135 680**	49 071	41 156	**138 236**	50 145	42 230
130 604	46 939	39 024	**133 160**	48 013	40 098	**135 716**	49 086	41 172	**138 272**	50 160	42 246
130 640	46 954	39 040	**133 196**	48 028	40 114	**135 752**	49 101	41 186	**138 308**	50 175	42 260
130 676	46 969	39 054	**133 232**	48 043	40 128	**135 788**	49 116	41 202	**138 344**	50 190	42 276
130 712	46 985	39 070	**133 268**	48 058	40 144	**135 824**	49 132	41 218	**138 380**	50 205	42 290
130 748	47 000	39 086	**133 304**	48 073	40 158	**135 860**	49 147	41 232	**138 416**	50 220	42 306
130 784	47 015	39 100	**133 340**	48 088	40 174	**135 896**	49 162	41 248	**138 452**	50 235	42 320
130 820	47 030	39 116	**133 376**	48 103	40 188	**135 932**	49 177	41 262	**138 488**	50 250	42 336
130 856	47 045	39 130	**133 412**	48 119	40 204	**135 968**	49 192	41 278	**138 524**	50 266	42 352
130 892	47 060	39 146	**133 448**	48 134	40 220	**136 004**	49 207	41 292	**138 560**	50 281	42 366
130 928	47 075	39 160	**133 484**	48 149	40 234	**136 040**	49 222	41 308	**138 596**	50 296	42 382
130 964	47 090	39 176	**133 520**	48 164	40 250	**136 076**	49 237	41 322	**138 632**	50 311	42 396
131 000	47 106	39 192	**133 556**	48 179	40 264	**136 112**	49 253	41 338	**138 668**	50 326	42 412
131 036	47 121	39 206	**133 592**	48 194	40 280	**136 148**	49 268	41 354	**138 704**	50 341	42 426
131 072	47 136	39 222	**133 628**	48 209	40 294	**136 184**	49 283	41 368	**138 740**	50 356	42 442
131 108	47 151	39 236	**133 664**	48 224	40 310	**136 220**	49 298	41 384	**138 776**	50 371	42 456
131 144	47 166	39 252	**133 700**	48 240	40 326	**136 256**	49 313	41 398	**138 812**	50 387	42 472
131 180	47 181	39 266	**133 736**	48 255	40 340	**136 292**	49 328	41 414	**138 848**	50 402	42 488
131 216	47 196	39 282	**133 772**	48 270	40 356	**136 328**	49 343	41 428	**138 884**	50 417	42 502
131 252	47 211	39 296	**133 808**	48 285	40 370	**136 364**	49 358	41 444	**138 920**	50 432	42 518
131 288	47 226	39 312	**133 844**	48 300	40 386	**136 400**	49 374	41 460	**138 956**	50 447	42 532
131 324	47 242	39 328	**133 880**	48 315	40 400	**136 436**	49 389	41 474	**138 992**	50 462	42 548
131 360	47 257	39 342	**133 916**	48 330	40 416	**136 472**	49 404	41 490	**139 028**	50 477	42 562
131 396	47 272	39 358	**133 952**	48 345	40 430	**136 508**	49 419	41 504	**139 064**	50 492	42 578
131 432	47 287	39 372	**133 988**	48 360	40 446	**136 544**	49 434	41 520	**139 100**	50 508	42 594
131 468	47 302	39 388	**134 024**	48 376	40 462	**136 580**	49 449	41 534	**139 136**	50 523	42 608
131 504	47 317	39 402	**134 060**	48 391	40 476	**136 616**	49 464	41 550	**139 172**	50 538	42 624
131 540	47 332	39 418	**134 096**	48 406	40 492	**136 652**	49 479	41 564	**139 208**	50 553	42 638
131 576	47 347	39 432	**134 132**	48 421	40 506	**136 688**	49 494	41 580	**139 244**	50 568	42 654
131 612	47 363	39 448	**134 168**	48 436	40 522	**136 724**	49 510	41 596	**139 280**	50 583	42 668
131 648	47 378	39 464	**134 204**	48 451	40 536	**136 760**	49 525	41 610	**139 316**	50 598	42 684
131 684	47 393	39 478	**134 240**	48 466	40 552	**136 796**	49 540	41 626	**139 352**	50 613	42 698
131 720	47 408	39 494	**134 276**	48 481	40 566	**136 832**	49 555	41 640	**139 388**	50 628	42 714
131 756	47 423	39 508	**134 312**	48 497	40 582	**136 868**	49 570	41 656	**139 424**	50 644	42 730
131 792	47 438	39 524	**134 348**	48 512	40 598	**136 904**	49 585	41 670	**139 460**	50 659	42 744
131 828	47 453	39 538	**134 384**	48 527	40 612	**136 940**	49 600	41 686	**139 496**	50 674	42 760
131 864	47 468	39 554	**134 420**	48 542	40 628	**136 976**	49 615	41 700	**139 532**	50 689	42 774
131 900	47 484	39 570	**134 456**	48 557	40 642	**137 012**	49 631	41 716	**139 568**	50 704	42 790
131 936	47 499	39 584	**134 492**	48 572	40 658	**137 048**	49 646	41 732	**139 604**	50 719	42 804
131 972	47 514	39 600	**134 528**	48 587	40 672	**137 084**	49 661	41 746	**139 640**	50 734	42 820
132 008	47 529	39 614	**134 564**	48 602	40 688	**137 120**	49 676	41 762	**139 676**	50 749	42 834

zvE in €	ESt Gr in €	ESt Sp in €	zvE in €	ESt Gr in €	ESt Sp in €	zvE in €	ESt Gr in €	ESt Sp in €	zvE in €	ESt Gr in €	ESt Sp in €
139 712	50 765	42 850	**142 268**	51 838	43 924	**144 824**	52 912	44 998	**147 380**	53 985	46 070
139 748	50 780	42 866	**142 304**	51 853	43 938	**144 860**	52 927	45 012	**147 416**	54 000	46 086
139 784	50 795	42 880	**142 340**	51 868	43 954	**144 896**	52 942	45 028	**147 452**	54 015	46 100
139 820	50 810	42 896	**142 376**	51 883	43 968	**144 932**	52 957	45 042	**147 488**	54 030	46 116
139 856	50 825	42 910	**142 412**	51 899	43 984	**144 968**	52 972	45 058	**147 524**	54 046	46 132
139 892	50 840	42 926	**142 448**	51 914	44 000	**145 004**	52 987	45 072	**147 560**	54 061	46 146
139 928	50 855	42 940	**142 484**	51 929	44 014	**145 040**	53 002	45 088	**147 596**	54 076	46 162
139 964	50 870	42 956	**142 520**	51 944	44 030	**145 076**	53 017	45 102	**147 632**	54 091	46 176
140 000	50 886	42 972	**142 556**	51 959	44 044	**145 112**	53 033	45 118	**147 668**	54 106	46 192
140 036	50 901	42 986	**142 592**	51 974	44 060	**145 148**	53 048	45 134	**147 704**	54 121	46 206
140 072	50 916	43 002	**142 628**	51 989	44 074	**145 184**	53 063	45 148	**147 740**	54 136	46 222
140 108	50 931	43 016	**142 664**	52 004	44 090	**145 220**	53 078	45 164	**147 776**	54 151	46 236
140 144	50 946	43 032	**142 700**	52 020	44 106	**145 256**	53 093	45 178	**147 812**	54 167	46 252
140 180	50 961	43 046	**142 736**	52 035	44 120	**145 292**	53 108	45 194	**147 848**	54 182	46 268
140 216	50 976	43 062	**142 772**	52 050	44 136	**145 328**	53 123	45 208	**147 884**	54 197	46 282
140 252	50 991	43 076	**142 808**	52 065	44 150	**145 364**	53 138	45 224	**147 920**	54 212	46 298
140 288	51 006	43 092	**142 844**	52 080	44 166	**145 400**	53 154	45 240	**147 956**	54 227	46 312
140 324	51 022	43 108	**142 880**	52 095	44 180	**145 436**	53 169	45 254	**147 992**	54 242	46 328
140 360	51 037	43 122	**142 916**	52 110	44 196	**145 472**	53 184	45 270	**148 028**	54 257	46 342
140 396	51 052	43 138	**142 952**	52 125	44 210	**145 508**	53 199	45 284	**148 064**	54 272	46 358
140 432	51 067	43 152	**142 988**	52 140	44 226	**145 544**	53 214	45 300	**148 100**	54 288	46 374
140 468	51 082	43 168	**143 024**	52 156	44 242	**145 580**	53 229	45 314	**148 136**	54 303	46 388
140 504	51 097	43 182	**143 060**	52 171	44 256	**145 616**	53 244	45 330	**148 172**	54 318	46 404
140 540	51 112	43 198	**143 096**	52 186	44 272	**145 652**	53 259	45 344	**148 208**	54 333	46 418
140 576	51 127	43 212	**143 132**	52 201	44 286	**145 688**	53 274	45 360	**148 244**	54 348	46 434
140 612	51 143	43 228	**143 168**	52 216	44 302	**145 724**	53 290	45 376	**148 280**	54 363	46 448
140 648	51 158	43 244	**143 204**	52 231	44 316	**145 760**	53 305	45 390	**148 316**	54 378	46 464
140 684	51 173	43 258	**143 240**	52 246	44 332	**145 796**	53 320	45 406	**148 352**	54 393	46 478
140 720	51 188	43 274	**143 276**	52 261	44 346	**145 832**	53 335	45 420	**148 388**	54 408	46 494
140 756	51 203	43 288	**143 312**	52 277	44 362	**145 868**	53 350	45 436	**148 424**	54 424	46 510
140 792	51 218	43 304	**143 348**	52 292	44 378	**145 904**	53 365	45 450	**148 460**	54 439	46 524
140 828	51 233	43 318	**143 384**	52 307	44 392	**145 940**	53 380	45 466	**148 496**	54 454	46 540
140 864	51 248	43 334	**143 420**	52 322	44 408	**145 976**	53 395	45 480	**148 532**	54 469	46 554
140 900	51 264	43 350	**143 456**	52 337	44 422	**146 012**	53 411	45 496	**148 568**	54 484	46 570
140 936	51 279	43 364	**143 492**	52 352	44 438	**146 048**	53 426	45 512	**148 604**	54 499	46 584
140 972	51 294	43 380	**143 528**	52 367	44 452	**146 084**	53 441	45 526	**148 640**	54 514	46 600
141 008	51 309	43 394	**143 564**	52 382	44 468	**146 120**	53 456	45 542	**148 676**	54 529	46 614
141 044	51 324	43 410	**143 600**	52 398	44 484	**146 156**	53 471	45 556	**148 712**	54 545	46 630
141 080	51 339	43 424	**143 636**	52 413	44 498	**146 192**	53 486	45 572	**148 748**	54 560	46 646
141 116	51 354	43 440	**143 672**	52 428	44 514	**146 228**	53 501	45 586	**148 784**	54 575	46 660
141 152	51 369	43 454	**143 708**	52 443	44 528	**146 264**	53 516	45 602	**148 820**	54 590	46 676
141 188	51 384	43 470	**143 744**	52 458	44 544	**146 300**	53 532	45 618	**148 856**	54 605	46 690
141 224	51 400	43 486	**143 780**	52 473	44 558	**146 336**	53 547	45 632	**148 892**	54 620	46 706
141 260	51 415	43 500	**143 816**	52 488	44 574	**146 372**	53 562	45 648	**148 928**	54 635	46 720
141 296	51 430	43 516	**143 852**	52 503	44 588	**146 408**	53 577	45 662	**148 964**	54 650	46 736
141 332	51 445	43 530	**143 888**	52 518	44 604	**146 444**	53 592	45 678	**149 000**	54 666	46 752
141 368	51 460	43 546	**143 924**	52 534	44 620	**146 480**	53 607	45 692	**149 036**	54 681	46 766
141 404	51 475	43 560	**143 960**	52 549	44 634	**146 516**	53 622	45 708	**149 072**	54 696	46 782
141 440	51 490	43 576	**143 996**	52 564	44 650	**146 552**	53 637	45 722	**149 108**	54 711	46 796
141 476	51 505	43 590	**144 032**	52 579	44 664	**146 588**	53 652	45 738	**149 144**	54 726	46 812
141 512	51 521	43 606	**144 068**	52 594	44 680	**146 624**	53 668	45 754	**149 180**	54 741	46 826
141 548	51 536	43 622	**144 104**	52 609	44 694	**146 660**	53 683	45 768	**149 216**	54 756	46 842
141 584	51 551	43 636	**144 140**	52 624	44 710	**146 696**	53 698	45 784	**149 252**	54 771	46 856
141 620	51 566	43 652	**144 176**	52 639	44 724	**146 732**	53 713	45 798	**149 288**	54 786	46 872
141 656	51 581	43 666	**144 212**	52 655	44 740	**146 768**	53 728	45 814	**149 324**	54 802	46 888
141 692	51 596	43 682	**144 248**	52 670	44 756	**146 804**	53 743	45 828	**149 360**	54 817	46 902
141 728	51 611	43 696	**144 284**	52 685	44 770	**146 840**	53 758	45 844	**149 396**	54 832	46 918
141 764	51 626	43 712	**144 320**	52 700	44 786	**146 876**	53 773	45 858	**149 432**	54 847	46 932
141 800	51 642	43 728	**144 356**	52 715	44 800	**146 912**	53 789	45 874	**149 468**	54 862	46 948
141 836	51 657	43 742	**144 392**	52 730	44 816	**146 948**	53 804	45 890	**149 504**	54 877	46 962
141 872	51 672	43 758	**144 428**	52 745	44 830	**146 984**	53 819	45 904	**149 540**	54 892	46 978
141 908	51 687	43 772	**144 464**	52 760	44 846	**147 020**	53 834	45 920	**149 576**	54 907	46 992
141 944	51 702	43 788	**144 500**	52 776	44 862	**147 056**	53 849	45 934	**149 612**	54 923	47 008
141 980	51 717	43 802	**144 536**	52 791	44 876	**147 092**	53 864	45 950	**149 648**	54 938	47 024
142 016	51 732	43 818	**144 572**	52 806	44 892	**147 128**	53 879	45 964	**149 684**	54 953	47 038
142 052	51 747	43 832	**144 608**	52 821	44 906	**147 164**	53 894	45 980	**149 720**	54 968	47 054
142 088	51 762	43 848	**144 644**	52 836	44 922	**147 200**	53 910	45 996	**149 756**	54 983	47 068
142 124	51 778	43 864	**144 680**	52 851	44 936	**147 236**	53 925	46 010	**149 792**	54 998	47 084
142 160	51 793	43 878	**144 716**	52 866	44 952	**147 272**	53 940	46 026	**149 828**	55 013	47 098
142 196	51 808	43 894	**144 752**	52 881	44 966	**147 308**	53 955	46 040	**149 864**	55 028	47 114
142 232	51 823	43 908	**144 788**	52 896	44 982	**147 344**	53 970	46 056	**149 900**	55 044	47 130

zvE in €	ESt Gr in €	ESt Sp in €	zvE in €	ESt Gr in €	ESt Sp in €	zvE in €	ESt Gr in €	ESt Sp in €	zvE in €	ESt Gr in €	ESt Sp in €
149 936	55 059	47 144	**152 492**	56 132	48 218	**155 048**	57 206	49 292	**157 604**	58 279	50 364
149 972	55 074	47 160	**152 528**	56 147	48 232	**155 084**	57 221	49 306	**157 640**	58 294	50 380
150 008	55 089	47 174	**152 564**	56 162	48 248	**155 120**	57 236	49 322	**157 676**	58 309	50 394
150 044	55 104	47 190	**152 600**	56 178	48 264	**155 156**	57 251	49 336	**157 712**	58 325	50 410
150 080	55 119	47 204	**152 636**	56 193	48 278	**155 192**	57 266	49 352	**157 748**	58 340	50 426
150 116	55 134	47 220	**152 672**	56 208	48 294	**155 228**	57 281	49 366	**157 784**	58 355	50 440
150 152	55 149	47 234	**152 708**	56 223	48 308	**155 264**	57 296	49 382	**157 820**	58 370	50 456
150 188	55 164	47 250	**152 744**	56 238	48 324	**155 300**	57 312	49 398	**157 856**	58 385	50 470
150 224	55 180	47 266	**152 780**	56 253	48 338	**155 336**	57 327	49 412	**157 892**	58 400	50 486
150 260	55 195	47 280	**152 816**	56 268	48 354	**155 372**	57 342	49 428	**157 928**	58 415	50 500
150 296	55 210	47 296	**152 852**	56 283	48 368	**155 408**	57 357	49 442	**157 964**	58 430	50 516
150 332	55 225	47 310	**152 888**	56 298	48 384	**155 444**	57 372	49 458	**158 000**	58 446	50 532
150 368	55 240	47 326	**152 924**	56 314	48 400	**155 480**	57 387	49 472	**158 036**	58 461	50 546
150 404	55 255	47 340	**152 960**	56 329	48 414	**155 516**	57 402	49 488	**158 072**	58 476	50 562
150 440	55 270	47 356	**152 996**	56 344	48 430	**155 552**	57 417	49 502	**158 108**	58 491	50 576
150 476	55 285	47 370	**153 032**	56 359	48 444	**155 588**	57 432	49 518	**158 144**	58 506	50 592
150 512	55 301	47 386	**153 068**	56 374	48 460	**155 624**	57 448	49 534	**158 180**	58 521	50 606
150 548	55 316	47 402	**153 104**	56 389	48 474	**155 660**	57 463	49 548	**158 216**	58 536	50 622
150 584	55 331	47 416	**153 140**	56 404	48 490	**155 696**	57 478	49 564	**158 252**	58 551	50 636
150 620	55 346	47 432	**153 176**	56 419	48 504	**155 732**	57 493	49 578	**158 288**	58 566	50 652
150 656	55 361	47 446	**153 212**	56 435	48 520	**155 768**	57 508	49 594	**158 324**	58 582	50 668
150 692	55 376	47 462	**153 248**	56 450	48 536	**155 804**	57 523	49 608	**158 360**	58 597	50 682
150 728	55 391	47 476	**153 284**	56 465	48 550	**155 840**	57 538	49 624	**158 396**	58 612	50 698
150 764	55 406	47 492	**153 320**	56 480	48 566	**155 876**	57 553	49 638	**158 432**	58 627	50 712
150 800	55 422	47 508	**153 356**	56 495	48 580	**155 912**	57 569	49 654	**158 468**	58 642	50 728
150 836	55 437	47 522	**153 392**	56 510	48 596	**155 948**	57 584	49 670	**158 504**	58 657	50 742
150 872	55 452	47 538	**153 428**	56 525	48 610	**155 984**	57 599	49 684	**158 540**	58 672	50 758
150 908	55 467	47 552	**153 464**	56 540	48 626	**156 020**	57 614	49 700	**158 576**	58 687	50 772
150 944	55 482	47 568	**153 500**	56 556	48 642	**156 056**	57 629	49 714	**158 612**	58 703	50 788
150 980	55 497	47 582	**153 536**	56 571	48 656	**156 092**	57 644	49 730	**158 648**	58 718	50 804
151 016	55 512	47 598	**153 572**	56 586	48 672	**156 128**	57 659	49 744	**158 684**	58 733	50 818
151 052	55 527	47 612	**153 608**	56 601	48 686	**156 164**	57 674	49 760	**158 720**	58 748	50 834
151 088	55 542	47 628	**153 644**	56 616	48 702	**156 200**	57 690	49 776	**158 756**	58 763	50 848
151 124	55 558	47 644	**153 680**	56 631	48 716	**156 236**	57 705	49 790	**158 792**	58 778	50 864
151 160	55 573	47 658	**153 716**	56 646	48 732	**156 272**	57 720	49 806	**158 828**	58 793	50 878
151 196	55 588	47 674	**153 752**	56 661	48 746	**156 308**	57 735	49 820	**158 864**	58 808	50 894
151 232	55 603	47 688	**153 788**	56 676	48 762	**156 344**	57 750	49 836	**158 900**	58 824	50 910
151 268	55 618	47 704	**153 824**	56 692	48 778	**156 380**	57 765	49 850	**158 936**	58 839	50 924
151 304	55 633	47 718	**153 860**	56 707	48 792	**156 416**	57 780	49 866	**158 972**	58 854	50 940
151 340	55 648	47 734	**153 896**	56 722	48 808	**156 452**	57 795	49 880	**159 008**	58 869	50 954
151 376	55 663	47 748	**153 932**	56 737	48 822	**156 488**	57 810	49 896	**159 044**	58 884	50 970
151 412	55 679	47 764	**153 968**	56 752	48 838	**156 524**	57 826	49 912	**159 080**	58 899	50 984
151 448	55 694	47 780	**154 004**	56 767	48 852	**156 560**	57 841	49 926	**159 116**	58 914	51 000
151 484	55 709	47 794	**154 040**	56 782	48 868	**156 596**	57 856	49 942	**159 152**	58 929	51 014
151 520	55 724	47 810	**154 076**	56 797	48 882	**156 632**	57 871	49 956	**159 188**	58 944	51 030
151 556	55 739	47 824	**154 112**	56 813	48 898	**156 668**	57 886	49 972	**159 224**	58 960	51 046
151 592	55 754	47 840	**154 148**	56 828	48 914	**156 704**	57 901	49 986	**159 260**	58 975	51 060
151 628	55 769	47 854	**154 184**	56 843	48 928	**156 740**	57 916	50 002	**159 296**	58 990	51 076
151 664	55 784	47 870	**154 220**	56 858	48 944	**156 776**	57 931	50 016	**159 332**	59 005	51 090
151 700	55 800	47 886	**154 256**	56 873	48 958	**156 812**	57 947	50 032	**159 368**	59 020	51 106
151 736	55 815	47 900	**154 292**	56 888	48 974	**156 848**	57 962	50 048	**159 404**	59 035	51 120
151 772	55 830	47 916	**154 328**	56 903	48 988	**156 884**	57 977	50 062	**159 440**	59 050	51 136
151 808	55 845	47 930	**154 364**	56 918	49 004	**156 920**	57 992	50 078	**159 476**	59 065	51 150
151 844	55 860	47 946	**154 400**	56 934	49 020	**156 956**	58 007	50 092	**159 512**	59 081	51 166
151 880	55 875	47 960	**154 436**	56 949	49 034	**156 992**	58 022	50 108	**159 548**	59 096	51 182
151 916	55 890	47 976	**154 472**	56 964	49 050	**157 028**	58 037	50 122	**159 584**	59 111	51 196
151 952	55 905	47 990	**154 508**	56 979	49 064	**157 064**	58 052	50 138	**159 620**	59 126	51 212
151 988	55 920	48 006	**154 544**	56 994	49 080	**157 100**	58 068	50 154	**159 656**	59 141	51 226
152 024	55 936	48 022	**154 580**	57 009	49 094	**157 136**	58 083	50 168	**159 692**	59 156	51 242
152 060	55 951	48 036	**154 616**	57 024	49 110	**157 172**	58 098	50 184	**159 728**	59 171	51 256
152 096	55 966	48 052	**154 652**	57 039	49 124	**157 208**	58 113	50 198	**159 764**	59 186	51 272
152 132	55 981	48 066	**154 688**	57 054	49 140	**157 244**	58 128	50 214	**159 800**	59 202	51 288
152 168	55 996	48 082	**154 724**	57 070	49 156	**157 280**	58 143	50 228	**159 836**	59 217	51 302
152 204	56 011	48 096	**154 760**	57 085	49 170	**157 316**	58 158	50 244	**159 872**	59 232	51 318
152 240	56 026	48 112	**154 796**	57 100	49 186	**157 352**	58 173	50 258	**159 908**	59 247	51 332
152 276	56 041	48 126	**154 832**	57 115	49 200	**157 388**	58 188	50 274	**159 944**	59 262	51 348
152 312	56 057	48 142	**154 868**	57 130	49 216	**157 424**	58 204	50 290	**159 980**	59 277	51 362
152 348	56 072	48 158	**154 904**	57 145	49 230	**157 460**	58 219	50 304	**160 016**	59 292	51 378
152 384	56 087	48 172	**154 940**	57 160	49 246	**157 496**	58 234	50 320	**160 052**	59 307	51 392
152 420	56 102	48 188	**154 976**	57 175	49 260	**157 532**	58 249	50 334	**160 088**	59 322	51 408
152 456	56 117	48 202	**155 012**	57 191	49 276	**157 568**	58 264	50 350	**160 124**	59 338	51 424

Einkommensteuer-Grund- und Splittingtabelle 2009

zvE in €	ESt Gr in €	ESt Sp in €	zvE in €	ESt Gr in €	ESt Sp in €	zvE in €	ESt Gr in €	ESt Sp in €	zvE in €	ESt Gr in €	ESt Sp in €
7 664	—	—	**10 004**	348	—	**12 344**	822	—	**14 684**	1 382	—
7 700	—	—	**10 040**	354	—	**12 380**	830	—	**14 720**	1 391	—
7 736	—	—	**10 076**	361	—	**12 416**	838	—	**14 756**	1 400	—
7 772	—	—	**10 112**	367	—	**12 452**	846	—	**14 792**	1 409	—
7 808	—	—	**10 148**	374	—	**12 488**	855	—	**14 828**	1 418	—
7 844	1	—	**10 184**	380	—	**12 524**	863	—	**14 864**	1 427	—
7 880	6	—	**10 220**	387	—	**12 560**	871	—	**14 900**	1 436	—
7 916	11	—	**10 256**	394	—	**12 596**	879	—	**14 936**	1 445	—
7 952	16	—	**10 292**	400	—	**12 632**	888	—	**14 972**	1 454	—
7 988	21	—	**10 328**	407	—	**12 668**	896	—	**15 008**	1 462	—
8 024	26	—	**10 364**	414	—	**12 704**	904	—	**15 044**	1 471	—
8 060	32	—	**10 400**	421	—	**12 740**	913	—	**15 080**	1 480	—
8 096	37	—	**10 436**	427	—	**12 776**	921	—	**15 116**	1 489	—
8 132	42	—	**10 472**	434	—	**12 812**	929	—	**15 152**	1 498	—
8 168	47	—	**10 508**	441	—	**12 848**	938	—	**15 188**	1 507	—
8 204	53	—	**10 544**	448	—	**12 884**	946	—	**15 224**	1 516	—
8 240	58	—	**10 580**	455	—	**12 920**	955	—	**15 260**	1 525	—
8 276	63	—	**10 616**	462	—	**12 956**	963	—	**15 296**	1 534	—
8 312	69	—	**10 652**	469	—	**12 992**	972	—	**15 332**	1 543	—
8 348	74	—	**10 688**	476	—	**13 028**	980	—	**15 368**	1 552	—
8 384	79	—	**10 724**	483	—	**13 064**	989	—	**15 404**	1 561	—
8 420	85	—	**10 760**	490	—	**13 100**	997	—	**15 440**	1 570	—
8 456	90	—	**10 796**	497	—	**13 136**	1 006	—	**15 476**	1 579	—
8 492	96	—	**10 832**	504	—	**13 172**	1 014	—	**15 512**	1 588	—
8 528	101	—	**10 868**	511	—	**13 208**	1 023	—	**15 548**	1 597	—
8 564	107	—	**10 904**	518	—	**13 244**	1 032	—	**15 584**	1 606	—
8 600	112	—	**10 940**	525	—	**13 280**	1 040	—	**15 620**	1 615	—
8 636	118	—	**10 976**	532	—	**13 316**	1 049	—	**15 656**	1 624	—
8 672	123	—	**11 012**	539	—	**13 352**	1 058	—	**15 692**	1 633	2
8 708	129	—	**11 048**	547	—	**13 388**	1 066	—	**15 728**	1 642	8
8 744	135	—	**11 084**	554	—	**13 424**	1 075	—	**15 764**	1 651	12
8 780	140	—	**11 120**	561	—	**13 460**	1 084	—	**15 800**	1 661	18
8 816	146	—	**11 156**	568	—	**13 496**	1 092	—	**15 836**	1 670	22
8 852	152	—	**11 192**	576	—	**13 532**	1 101	—	**15 872**	1 679	28
8 888	157	—	**11 228**	583	—	**13 568**	1 110	—	**15 908**	1 688	32
8 924	163	—	**11 264**	590	—	**13 604**	1 118	—	**15 944**	1 697	38
8 960	169	—	**11 300**	598	—	**13 640**	1 127	—	**15 980**	1 706	44
8 996	175	—	**11 336**	605	—	**13 676**	1 136	—	**16 016**	1 715	48
9 032	181	—	**11 372**	612	—	**13 712**	1 145	—	**16 052**	1 724	54
9 068	187	—	**11 408**	620	—	**13 748**	1 153	—	**16 088**	1 733	58
9 104	192	—	**11 444**	627	—	**13 784**	1 162	—	**16 124**	1 742	64
9 140	198	—	**11 480**	635	—	**13 820**	1 171	—	**16 160**	1 752	70
9 176	204	—	**11 516**	642	—	**13 856**	1 180	—	**16 196**	1 761	74
9 212	210	—	**11 552**	650	—	**13 892**	1 188	—	**16 232**	1 770	80
9 248	216	—	**11 588**	657	—	**13 928**	1 197	—	**16 268**	1 779	84
9 284	222	—	**11 624**	665	—	**13 964**	1 206	—	**16 304**	1 788	90
9 320	228	—	**11 660**	673	—	**14 000**	1 215	—	**16 340**	1 797	96
9 356	234	—	**11 696**	680	—	**14 036**	1 223	—	**16 376**	1 806	100
9 392	240	—	**11 732**	688	—	**14 072**	1 232	—	**16 412**	1 816	106
9 428	247	—	**11 768**	696	—	**14 108**	1 241	—	**16 448**	1 825	112
9 464	253	—	**11 804**	703	—	**14 144**	1 250	—	**16 484**	1 834	116
9 500	259	—	**11 840**	711	—	**14 180**	1 259	—	**16 520**	1 843	122
9 536	265	—	**11 876**	719	—	**14 216**	1 267	—	**16 556**	1 852	128
9 572	271	—	**11 912**	727	—	**14 252**	1 276	—	**16 592**	1 861	132
9 608	277	—	**11 948**	735	—	**14 288**	1 285	—	**16 628**	1 871	138
9 644	284	—	**11 984**	742	—	**14 324**	1 294	—	**16 664**	1 880	144
9 680	290	—	**12 020**	750	—	**14 360**	1 303	—	**16 700**	1 889	148
9 716	296	—	**12 056**	758	—	**14 396**	1 311	—	**16 736**	1 898	154
9 752	303	—	**12 092**	766	—	**14 432**	1 320	—	**16 772**	1 908	160
9 788	309	—	**12 128**	774	—	**14 468**	1 329	—	**16 808**	1 917	164
9 824	315	—	**12 164**	782	—	**14 504**	1 338	—	**16 844**	1 926	170
9 860	322	—	**12 200**	790	—	**14 540**	1 347	—	**16 880**	1 935	176
9 896	328	—	**12 236**	798	—	**14 576**	1 356	—	**16 916**	1 944	182
9 932	335	—	**12 272**	806	—	**14 612**	1 365	—	**16 952**	1 954	186
9 968	341	—	**12 308**	814	—	**14 648**	1 373	—	**16 988**	1 963	192

zvE in €	ESt Gr in €	ESt Sp in €	zvE in €	ESt Gr in €	ESt Sp in €	zvE in €	ESt Gr in €	ESt Sp in €	zvE in €	ESt Gr in €	ESt Sp in €
17 024	1 972	198	**19 580**	2 645	618	**22 136**	3 348	1 102	**24 692**	4 081	1 644
17 060	1 982	202	**19 616**	2 655	624	**22 172**	3 358	1 108	**24 728**	4 092	1 654
17 096	1 991	208	**19 652**	2 665	632	**22 208**	3 368	1 116	**24 764**	4 102	1 662
17 132	2 000	214	**19 688**	2 674	638	**22 244**	3 379	1 122	**24 800**	4 113	1 670
17 168	2 009	220	**19 724**	2 684	644	**22 280**	3 389	1 130	**24 836**	4 123	1 678
17 204	2 019	226	**19 760**	2 694	650	**22 316**	3 399	1 138	**24 872**	4 134	1 686
17 240	2 028	230	**19 796**	2 704	656	**22 352**	3 409	1 144	**24 908**	4 144	1 694
17 276	2 037	236	**19 832**	2 713	664	**22 388**	3 419	1 152	**24 944**	4 155	1 702
17 312	2 047	242	**19 868**	2 723	670	**22 424**	3 429	1 160	**24 980**	4 166	1 710
17 348	2 056	248	**19 904**	2 733	676	**22 460**	3 439	1 166	**25 016**	4 176	1 718
17 384	2 065	254	**19 940**	2 743	682	**22 496**	3 450	1 174	**25 052**	4 187	1 726
17 420	2 075	258	**19 976**	2 752	690	**22 532**	3 460	1 182	**25 088**	4 197	1 734
17 456	2 084	264	**20 012**	2 762	696	**22 568**	3 470	1 188	**25 124**	4 208	1 742
17 492	2 093	270	**20 048**	2 772	702	**22 604**	3 480	1 196	**25 160**	4 218	1 752
17 528	2 103	276	**20 084**	2 782	708	**22 640**	3 490	1 204	**25 196**	4 229	1 760
17 564	2 112	282	**20 120**	2 791	716	**22 676**	3 501	1 210	**25 232**	4 240	1 768
17 600	2 121	288	**20 156**	2 801	722	**22 712**	3 511	1 218	**25 268**	4 250	1 776
17 636	2 131	292	**20 192**	2 811	728	**22 748**	3 521	1 226	**25 304**	4 261	1 784
17 672	2 140	298	**20 228**	2 821	736	**22 784**	3 531	1 234	**25 340**	4 272	1 792
17 708	2 149	304	**20 264**	2 830	742	**22 820**	3 541	1 240	**25 376**	4 282	1 800
17 744	2 159	310	**20 300**	2 840	748	**22 856**	3 552	1 248	**25 412**	4 293	1 810
17 780	2 168	316	**20 336**	2 850	754	**22 892**	3 562	1 256	**25 448**	4 304	1 818
17 816	2 178	322	**20 372**	2 860	762	**22 928**	3 572	1 264	**25 484**	4 314	1 826
17 852	2 187	328	**20 408**	2 870	768	**22 964**	3 582	1 270	**25 520**	4 325	1 834
17 888	2 196	332	**20 444**	2 880	774	**23 000**	3 593	1 278	**25 556**	4 336	1 842
17 924	2 206	338	**20 480**	2 889	782	**23 036**	3 603	1 286	**25 592**	4 346	1 852
17 960	2 215	344	**20 516**	2 899	788	**23 072**	3 613	1 294	**25 628**	4 357	1 860
17 996	2 225	350	**20 552**	2 909	794	**23 108**	3 623	1 300	**25 664**	4 368	1 868
18 032	2 234	356	**20 588**	2 919	802	**23 144**	3 634	1 308	**25 700**	4 378	1 876
18 068	2 244	362	**20 624**	2 929	808	**23 180**	3 644	1 316	**25 736**	4 389	1 884
18 104	2 253	368	**20 660**	2 939	814	**23 216**	3 654	1 324	**25 772**	4 400	1 894
18 140	2 262	374	**20 696**	2 949	822	**23 252**	3 665	1 330	**25 808**	4 410	1 902
18 176	2 272	380	**20 732**	2 958	828	**23 288**	3 675	1 338	**25 844**	4 421	1 910
18 212	2 281	386	**20 768**	2 968	836	**23 324**	3 685	1 346	**25 880**	4 432	1 918
18 248	2 291	392	**20 804**	2 978	842	**23 360**	3 695	1 354	**25 916**	4 443	1 928
18 284	2 300	398	**20 840**	2 988	848	**23 396**	3 706	1 362	**25 952**	4 453	1 936
18 320	2 310	404	**20 876**	2 998	856	**23 432**	3 716	1 370	**25 988**	4 464	1 944
18 356	2 319	410	**20 912**	3 008	862	**23 468**	3 726	1 376	**26 024**	4 475	1 952
18 392	2 329	416	**20 948**	3 018	870	**23 504**	3 737	1 384	**26 060**	4 486	1 962
18 428	2 338	422	**20 984**	3 028	876	**23 540**	3 747	1 392	**26 096**	4 496	1 970
18 464	2 348	428	**21 020**	3 038	882	**23 576**	3 757	1 400	**26 132**	4 507	1 978
18 500	2 357	434	**21 056**	3 048	890	**23 612**	3 768	1 408	**26 168**	4 518	1 986
18 536	2 367	440	**21 092**	3 058	896	**23 648**	3 778	1 416	**26 204**	4 529	1 996
18 572	2 376	446	**21 128**	3 067	904	**23 684**	3 788	1 424	**26 240**	4 539	2 004
18 608	2 386	452	**21 164**	3 077	910	**23 720**	3 799	1 430	**26 276**	4 550	2 012
18 644	2 395	458	**21 200**	3 087	918	**23 756**	3 809	1 438	**26 312**	4 561	2 022
18 680	2 405	464	**21 236**	3 097	924	**23 792**	3 820	1 446	**26 348**	4 572	2 030
18 716	2 414	470	**21 272**	3 107	932	**23 828**	3 830	1 454	**26 384**	4 583	2 038
18 752	2 424	476	**21 308**	3 117	938	**23 864**	3 840	1 462	**26 420**	4 593	2 048
18 788	2 434	482	**21 344**	3 127	946	**23 900**	3 851	1 470	**26 456**	4 604	2 056
18 824	2 443	488	**21 380**	3 137	952	**23 936**	3 861	1 478	**26 492**	4 615	2 064
18 860	2 453	494	**21 416**	3 147	958	**23 972**	3 872	1 486	**26 528**	4 626	2 072
18 896	2 462	500	**21 452**	3 157	966	**24 008**	3 882	1 494	**26 564**	4 637	2 082
18 932	2 472	506	**21 488**	3 167	972	**24 044**	3 892	1 502	**26 600**	4 648	2 090
18 968	2 481	512	**21 524**	3 177	980	**24 080**	3 903	1 510	**26 636**	4 658	2 098
19 004	2 491	518	**21 560**	3 187	986	**24 116**	3 913	1 518	**26 672**	4 669	2 108
19 040	2 501	524	**21 596**	3 197	994	**24 152**	3 924	1 524	**26 708**	4 680	2 116
19 076	2 510	530	**21 632**	3 207	1 002	**24 188**	3 934	1 532	**26 744**	4 691	2 124
19 112	2 520	536	**21 668**	3 217	1 008	**24 224**	3 945	1 540	**26 780**	4 702	2 134
19 148	2 529	544	**21 704**	3 227	1 016	**24 260**	3 955	1 548	**26 816**	4 713	2 142
19 184	2 539	550	**21 740**	3 237	1 022	**24 296**	3 966	1 556	**26 852**	4 724	2 150
19 220	2 549	556	**21 776**	3 247	1 030	**24 332**	3 976	1 564	**26 888**	4 735	2 160
19 256	2 558	562	**21 812**	3 257	1 036	**24 368**	3 987	1 572	**26 924**	4 745	2 168
19 292	2 568	568	**21 848**	3 268	1 044	**24 404**	3 997	1 580	**26 960**	4 756	2 178
19 328	2 578	574	**21 884**	3 278	1 050	**24 440**	4 007	1 588	**26 996**	4 767	2 186
19 364	2 587	580	**21 920**	3 288	1 058	**24 476**	4 018	1 596	**27 032**	4 778	2 194
19 400	2 597	586	**21 956**	3 298	1 066	**24 512**	4 028	1 604	**27 068**	4 789	2 204
19 436	2 607	594	**21 992**	3 308	1 072	**24 548**	4 039	1 612	**27 104**	4 800	2 212
19 472	2 616	600	**22 028**	3 318	1 080	**24 584**	4 049	1 620	**27 140**	4 811	2 220
19 508	2 626	606	**22 064**	3 328	1 086	**24 620**	4 060	1 628	**27 176**	4 822	2 230
19 544	2 636	612	**22 100**	3 338	1 094	**24 656**	4 071	1 636	**27 212**	4 833	2 238

zvE in €	ESt Gr in €	ESt Sp in €	**zvE in €**	ESt Gr in €	ESt Sp in €	**zvE in €**	ESt Gr in €	ESt Sp in €	**zvE in €**	ESt Gr in €	ESt Sp in €
27 248	4 844	2 246	**29 804**	5 636	2 872	**32 360**	6 459	3 514	**34 916**	7 311	4 168
27 284	4 855	2 256	**29 840**	5 648	2 882	**32 396**	6 471	3 522	**34 952**	7 323	4 178
27 320	4 866	2 264	**29 876**	5 659	2 890	**32 432**	6 482	3 532	**34 988**	7 336	4 188
27 356	4 877	2 272	**29 912**	5 671	2 900	**32 468**	6 494	3 540	**35 024**	7 348	4 196
27 392	4 888	2 282	**29 948**	5 682	2 908	**32 504**	6 506	3 550	**35 060**	7 360	4 206
27 428	4 899	2 290	**29 984**	5 693	2 918	**32 540**	6 518	3 558	**35 096**	7 372	4 216
27 464	4 910	2 298	**30 020**	5 705	2 926	**32 576**	6 530	3 568	**35 132**	7 385	4 224
27 500	4 921	2 308	**30 056**	5 716	2 934	**32 612**	6 542	3 578	**35 168**	7 397	4 234
27 536	4 932	2 316	**30 092**	5 728	2 944	**32 648**	6 553	3 586	**35 204**	7 409	4 244
27 572	4 943	2 326	**30 128**	5 739	2 952	**32 684**	6 565	3 596	**35 240**	7 421	4 254
27 608	4 954	2 334	**30 164**	5 750	2 962	**32 720**	6 577	3 604	**35 276**	7 434	4 262
27 644	4 965	2 342	**30 200**	5 762	2 970	**32 756**	6 589	3 614	**35 312**	7 446	4 272
27 680	4 976	2 352	**30 236**	5 773	2 980	**32 792**	6 601	3 622	**35 348**	7 458	4 282
27 716	4 987	2 360	**30 272**	5 785	2 988	**32 828**	6 613	3 632	**35 384**	7 471	4 290
27 752	4 998	2 368	**30 308**	5 796	2 998	**32 864**	6 625	3 642	**35 420**	7 483	4 300
27 788	5 009	2 378	**30 344**	5 808	3 006	**32 900**	6 636	3 650	**35 456**	7 495	4 310
27 824	5 020	2 386	**30 380**	5 819	3 016	**32 936**	6 648	3 660	**35 492**	7 507	4 318
27 860	5 031	2 396	**30 416**	5 831	3 024	**32 972**	6 660	3 668	**35 528**	7 520	4 328
27 896	5 042	2 404	**30 452**	5 842	3 034	**33 008**	6 672	3 678	**35 564**	7 532	4 338
27 932	5 053	2 412	**30 488**	5 854	3 042	**33 044**	6 684	3 688	**35 600**	7 544	4 346
27 968	5 064	2 422	**30 524**	5 865	3 052	**33 080**	6 696	3 696	**35 636**	7 557	4 356
28 004	5 075	2 430	**30 560**	5 877	3 060	**33 116**	6 708	3 706	**35 672**	7 569	4 366
28 040	5 086	2 438	**30 596**	5 888	3 070	**33 152**	6 720	3 714	**35 708**	7 581	4 376
28 076	5 097	2 448	**30 632**	5 900	3 078	**33 188**	6 732	3 724	**35 744**	7 594	4 384
28 112	5 108	2 456	**30 668**	5 911	3 088	**33 224**	6 744	3 734	**35 780**	7 606	4 394
28 148	5 119	2 466	**30 704**	5 923	3 096	**33 260**	6 756	3 742	**35 816**	7 618	4 404
28 184	5 131	2 474	**30 740**	5 934	3 106	**33 296**	6 768	3 752	**35 852**	7 631	4 412
28 220	5 142	2 482	**30 776**	5 946	3 114	**33 332**	6 779	3 760	**35 888**	7 643	4 422
28 256	5 153	2 492	**30 812**	5 957	3 124	**33 368**	6 791	3 770	**35 924**	7 656	4 432
28 292	5 164	2 500	**30 848**	5 969	3 132	**33 404**	6 803	3 780	**35 960**	7 668	4 440
28 328	5 175	2 510	**30 884**	5 980	3 142	**33 440**	6 815	3 788	**35 996**	7 680	4 450
28 364	5 186	2 518	**30 920**	5 992	3 150	**33 476**	6 827	3 798	**36 032**	7 693	4 460
28 400	5 197	2 526	**30 956**	6 003	3 160	**33 512**	6 839	3 806	**36 068**	7 705	4 470
28 436	5 208	2 536	**30 992**	6 015	3 168	**33 548**	6 851	3 816	**36 104**	7 718	4 478
28 472	5 220	2 544	**31 028**	6 026	3 178	**33 584**	6 863	3 826	**36 140**	7 730	4 488
28 508	5 231	2 554	**31 064**	6 038	3 186	**33 620**	6 875	3 834	**36 176**	7 742	4 498
28 544	5 242	2 562	**31 100**	6 050	3 196	**33 656**	6 887	3 844	**36 212**	7 755	4 508
28 580	5 253	2 570	**31 136**	6 061	3 204	**33 692**	6 899	3 854	**36 248**	7 767	4 516
28 616	5 264	2 580	**31 172**	6 073	3 214	**33 728**	6 911	3 862	**36 284**	7 780	4 526
28 652	5 275	2 588	**31 208**	6 084	3 222	**33 764**	6 923	3 872	**36 320**	7 792	4 536
28 688	5 287	2 598	**31 244**	6 096	3 232	**33 800**	6 935	3 880	**36 356**	7 805	4 544
28 724	5 298	2 606	**31 280**	6 108	3 240	**33 836**	6 947	3 890	**36 392**	7 817	4 554
28 760	5 309	2 614	**31 316**	6 119	3 250	**33 872**	6 959	3 900	**36 428**	7 830	4 564
28 796	5 320	2 624	**31 352**	6 131	3 258	**33 908**	6 972	3 908	**36 464**	7 842	4 574
28 832	5 331	2 632	**31 388**	6 143	3 268	**33 944**	6 984	3 918	**36 500**	7 854	4 582
28 868	5 343	2 642	**31 424**	6 154	3 276	**33 980**	6 996	3 928	**36 536**	7 867	4 592
28 904	5 354	2 650	**31 460**	6 166	3 286	**34 016**	7 008	3 936	**36 572**	7 879	4 602
28 940	5 365	2 660	**31 496**	6 177	3 294	**34 052**	7 020	3 946	**36 608**	7 892	4 612
28 976	5 376	2 668	**31 532**	6 189	3 304	**34 088**	7 032	3 954	**36 644**	7 904	4 620
29 012	5 388	2 676	**31 568**	6 201	3 314	**34 124**	7 044	3 964	**36 680**	7 917	4 630
29 048	5 399	2 686	**31 604**	6 212	3 322	**34 160**	7 056	3 974	**36 716**	7 929	4 640
29 084	5 410	2 694	**31 640**	6 224	3 332	**34 196**	7 068	3 982	**36 752**	7 942	4 650
29 120	5 421	2 704	**31 676**	6 236	3 340	**34 232**	7 080	3 992	**36 788**	7 954	4 658
29 156	5 433	2 712	**31 712**	6 248	3 350	**34 268**	7 092	4 002	**36 824**	7 967	4 668
29 192	5 444	2 722	**31 748**	6 259	3 358	**34 304**	7 104	4 010	**36 860**	7 980	4 678
29 228	5 455	2 730	**31 784**	6 271	3 368	**34 340**	7 117	4 020	**36 896**	7 992	4 688
29 264	5 466	2 738	**31 820**	6 283	3 376	**34 376**	7 129	4 030	**36 932**	8 005	4 696
29 300	5 478	2 748	**31 856**	6 294	3 386	**34 412**	7 141	4 038	**36 968**	8 017	4 706
29 336	5 489	2 756	**31 892**	6 306	3 394	**34 448**	7 153	4 048	**37 004**	8 030	4 716
29 372	5 500	2 766	**31 928**	6 318	3 404	**34 484**	7 165	4 056	**37 040**	8 042	4 726
29 408	5 512	2 774	**31 964**	6 329	3 412	**34 520**	7 177	4 066	**37 076**	8 055	4 734
29 444	5 523	2 784	**32 000**	6 341	3 422	**34 556**	7 189	4 076	**37 112**	8 067	4 744
29 480	5 534	2 792	**32 036**	6 353	3 432	**34 592**	7 202	4 084	**37 148**	8 080	4 754
29 516	5 546	2 802	**32 072**	6 365	3 440	**34 628**	7 214	4 094	**37 184**	8 093	4 764
29 552	5 557	2 810	**32 108**	6 376	3 450	**34 664**	7 226	4 104	**37 220**	8 105	4 772
29 588	5 568	2 818	**32 144**	6 388	3 458	**34 700**	7 238	4 112	**37 256**	8 118	4 782
29 624	5 580	2 828	**32 180**	6 400	3 468	**34 736**	7 250	4 122	**37 292**	8 130	4 792
29 660	5 591	2 836	**32 216**	6 412	3 476	**34 772**	7 262	4 132	**37 328**	8 143	4 802
29 696	5 602	2 846	**32 252**	6 423	3 486	**34 808**	7 275	4 140	**37 364**	8 156	4 810
29 732	5 614	2 854	**32 288**	6 435	3 494	**34 844**	7 287	4 150	**37 400**	8 168	4 820
29 768	5 625	2 864	**32 324**	6 447	3 504	**34 880**	7 299	4 160	**37 436**	8 181	4 830

zvE in €	ESt Gr in €	ESt Sp in €	**zvE in €**	ESt Gr in €	ESt Sp in €	**zvE in €**	ESt Gr in €	ESt Sp in €	**zvE in €**	ESt Gr in €	ESt Sp in €
37 472	8 193	4 840	**40 028**	9 106	5 526	**42 584**	10 048	6 226	**45 140**	11 020	6 942
37 508	8 206	4 850	**40 064**	9 119	5 534	**42 620**	10 061	6 236	**45 176**	11 033	6 952
37 544	8 219	4 858	**40 100**	9 132	5 544	**42 656**	10 075	6 246	**45 212**	11 047	6 962
37 580	8 231	4 868	**40 136**	9 145	5 554	**42 692**	10 088	6 256	**45 248**	11 061	6 972
37 616	8 244	4 878	**40 172**	9 158	5 564	**42 728**	10 102	6 266	**45 284**	11 075	6 982
37 652	8 257	4 888	**40 208**	9 171	5 574	**42 764**	10 115	6 276	**45 320**	11 089	6 992
37 688	8 269	4 896	**40 244**	9 184	5 584	**42 800**	10 129	6 286	**45 356**	11 103	7 002
37 724	8 282	4 906	**40 280**	9 197	5 594	**42 836**	10 142	6 296	**45 392**	11 117	7 012
37 760	8 295	4 916	**40 316**	9 210	5 604	**42 872**	10 156	6 306	**45 428**	11 131	7 022
37 796	8 307	4 926	**40 352**	9 223	5 614	**42 908**	10 169	6 316	**45 464**	11 145	7 032
37 832	8 320	4 936	**40 388**	9 236	5 622	**42 944**	10 183	6 326	**45 500**	11 159	7 044
37 868	8 333	4 944	**40 424**	9 250	5 632	**42 980**	10 196	6 336	**45 536**	11 173	7 054
37 904	8 346	4 954	**40 460**	9 263	5 642	**43 016**	10 210	6 346	**45 572**	11 187	7 064
37 940	8 358	4 964	**40 496**	9 276	5 652	**43 052**	10 223	6 356	**45 608**	11 201	7 074
37 976	8 371	4 974	**40 532**	9 289	5 662	**43 088**	10 237	6 366	**45 644**	11 215	7 084
38 012	8 384	4 984	**40 568**	9 302	5 672	**43 124**	10 251	6 376	**45 680**	11 229	7 094
38 048	8 396	4 992	**40 604**	9 315	5 682	**43 160**	10 264	6 386	**45 716**	11 243	7 104
38 084	8 409	5 002	**40 640**	9 328	5 692	**43 196**	10 278	6 396	**45 752**	11 257	7 114
38 120	8 422	5 012	**40 676**	9 342	5 702	**43 232**	10 291	6 406	**45 788**	11 271	7 124
38 156	8 435	5 022	**40 712**	9 355	5 712	**43 268**	10 305	6 416	**45 824**	11 285	7 136
38 192	8 447	5 032	**40 748**	9 368	5 720	**43 304**	10 318	6 426	**45 860**	11 299	7 146
38 228	8 460	5 040	**40 784**	9 381	5 730	**43 340**	10 332	6 436	**45 896**	11 313	7 156
38 264	8 473	5 050	**40 820**	9 394	5 740	**43 376**	10 346	6 446	**45 932**	11 327	7 166
38 300	8 486	5 060	**40 856**	9 408	5 750	**43 412**	10 359	6 456	**45 968**	11 341	7 176
38 336	8 498	5 070	**40 892**	9 421	5 760	**43 448**	10 373	6 466	**46 004**	11 355	7 186
38 372	8 511	5 080	**40 928**	9 434	5 770	**43 484**	10 386	6 476	**46 040**	11 369	7 196
38 408	8 524	5 088	**40 964**	9 447	5 780	**43 520**	10 400	6 486	**46 076**	11 383	7 206
38 444	8 537	5 098	**41 000**	9 460	5 790	**43 556**	10 414	6 496	**46 112**	11 397	7 218
38 480	8 550	5 108	**41 036**	9 474	5 800	**43 592**	10 427	6 506	**46 148**	11 411	7 228
38 516	8 562	5 118	**41 072**	9 487	5 810	**43 628**	10 441	6 516	**46 184**	11 425	7 238
38 552	8 575	5 128	**41 108**	9 500	5 820	**43 664**	10 455	6 526	**46 220**	11 439	7 248
38 588	8 588	5 138	**41 144**	9 513	5 830	**43 700**	10 468	6 536	**46 256**	11 453	7 258
38 624	8 601	5 146	**41 180**	9 527	5 838	**43 736**	10 482	6 546	**46 292**	11 467	7 268
38 660	8 614	5 156	**41 216**	9 540	5 848	**43 772**	10 496	6 556	**46 328**	11 481	7 278
38 696	8 627	5 166	**41 252**	9 553	5 858	**43 808**	10 509	6 566	**46 364**	11 496	7 290
38 732	8 639	5 176	**41 288**	9 566	5 868	**43 844**	10 523	6 576	**46 400**	11 510	7 300
38 768	8 652	5 186	**41 324**	9 580	5 878	**43 880**	10 537	6 586	**46 436**	11 524	7 310
38 804	8 665	5 194	**41 360**	9 593	5 888	**43 916**	10 550	6 596	**46 472**	11 538	7 320
38 840	8 678	5 204	**41 396**	9 606	5 898	**43 952**	10 564	6 606	**46 508**	11 552	7 330
38 876	8 691	5 214	**41 432**	9 619	5 908	**43 988**	10 578	6 616	**46 544**	11 566	7 340
38 912	8 704	5 224	**41 468**	9 633	5 918	**44 024**	10 592	6 626	**46 580**	11 580	7 350
38 948	8 717	5 234	**41 504**	9 646	5 928	**44 060**	10 605	6 636	**46 616**	11 594	7 362
38 984	8 729	5 244	**41 540**	9 659	5 938	**44 096**	10 619	6 648	**46 652**	11 609	7 372
39 020	8 742	5 252	**41 576**	9 673	5 948	**44 132**	10 633	6 658	**46 688**	11 623	7 382
39 056	8 755	5 262	**41 612**	9 686	5 958	**44 168**	10 646	6 668	**46 724**	11 637	7 392
39 092	8 768	5 272	**41 648**	9 699	5 968	**44 204**	10 660	6 678	**46 760**	11 651	7 402
39 128	8 781	5 282	**41 684**	9 713	5 978	**44 240**	10 674	6 688	**46 796**	11 665	7 412
39 164	8 794	5 292	**41 720**	9 726	5 988	**44 276**	10 688	6 698	**46 832**	11 679	7 422
39 200	8 807	5 302	**41 756**	9 739	5 998	**44 312**	10 701	6 708	**46 868**	11 694	7 434
39 236	8 820	5 312	**41 792**	9 753	6 006	**44 348**	10 715	6 718	**46 904**	11 708	7 444
39 272	8 833	5 320	**41 828**	9 766	6 016	**44 384**	10 729	6 728	**46 940**	11 722	7 454
39 308	8 846	5 330	**41 864**	9 779	6 026	**44 420**	10 743	6 738	**46 976**	11 736	7 464
39 344	8 859	5 340	**41 900**	9 793	6 036	**44 456**	10 757	6 748	**47 012**	11 750	7 474
39 380	8 872	5 350	**41 936**	9 806	6 046	**44 492**	10 770	6 758	**47 048**	11 765	7 484
39 416	8 885	5 360	**41 972**	9 819	6 056	**44 528**	10 784	6 768	**47 084**	11 779	7 496
39 452	8 897	5 370	**42 008**	9 833	6 066	**44 564**	10 798	6 778	**47 120**	11 793	7 506
39 488	8 910	5 380	**42 044**	9 846	6 076	**44 600**	10 812	6 788	**47 156**	11 807	7 516
39 524	8 923	5 388	**42 080**	9 860	6 086	**44 636**	10 826	6 798	**47 192**	11 821	7 526
39 560	8 936	5 398	**42 116**	9 873	6 096	**44 672**	10 839	6 810	**47 228**	11 836	7 536
39 596	8 949	5 408	**42 152**	9 886	6 106	**44 708**	10 853	6 820	**47 264**	11 850	7 548
39 632	8 962	5 418	**42 188**	9 900	6 116	**44 744**	10 867	6 830	**47 300**	11 864	7 558
39 668	8 975	5 428	**42 224**	9 913	6 126	**44 780**	10 881	6 840	**47 336**	11 878	7 568
39 704	8 988	5 438	**42 260**	9 927	6 136	**44 816**	10 895	6 850	**47 372**	11 893	7 578
39 740	9 001	5 448	**42 296**	9 940	6 146	**44 852**	10 909	6 860	**47 408**	11 907	7 588
39 776	9 014	5 456	**42 332**	9 953	6 156	**44 888**	10 922	6 870	**47 444**	11 921	7 598
39 812	9 027	5 466	**42 368**	9 967	6 166	**44 924**	10 936	6 880	**47 480**	11 936	7 610
39 848	9 040	5 476	**42 404**	9 980	6 176	**44 960**	10 950	6 890	**47 516**	11 950	7 620
39 884	9 053	5 486	**42 440**	9 994	6 186	**44 996**	10 964	6 900	**47 552**	11 964	7 630
39 920	9 066	5 496	**42 476**	10 007	6 196	**45 032**	10 978	6 910	**47 588**	11 978	7 640
39 956	9 080	5 506	**42 512**	10 021	6 206	**45 068**	10 992	6 920	**47 624**	11 993	7 650
39 992	9 093	5 516	**42 548**	10 034	6 216	**45 104**	11 006	6 930	**47 660**	12 007	7 662

zvE in €	ESt Gr in €	ESt Sp in €	**zvE in €**	ESt Gr in €	ESt Sp in €	**zvE in €**	ESt Gr in €	ESt Sp in €	**zvE in €**	ESt Gr in €	ESt Sp in €
47 696	12 021	7 672	**50 252**	13 053	8 416	**52 808**	14 115	9 178	**55 364**	15 188	9 952
47 732	12 036	7 682	**50 288**	13 068	8 428	**52 844**	14 130	9 188	**55 400**	15 204	9 964
47 768	12 050	7 692	**50 324**	13 083	8 438	**52 880**	14 145	9 198	**55 436**	15 219	9 974
47 804	12 064	7 702	**50 360**	13 097	8 448	**52 916**	14 160	9 210	**55 472**	15 234	9 986
47 840	12 079	7 714	**50 396**	13 112	8 460	**52 952**	14 175	9 220	**55 508**	15 249	9 996
47 876	12 093	7 724	**50 432**	13 127	8 470	**52 988**	14 190	9 232	**55 544**	15 264	10 008
47 912	12 107	7 734	**50 468**	13 142	8 480	**53 024**	14 206	9 242	**55 580**	15 279	10 018
47 948	12 122	7 744	**50 504**	13 156	8 492	**53 060**	14 221	9 252	**55 616**	15 294	10 030
47 984	12 136	7 754	**50 540**	13 171	8 502	**53 096**	14 236	9 264	**55 652**	15 309	10 040
48 020	12 151	7 766	**50 576**	13 186	8 512	**53 132**	14 251	9 274	**55 688**	15 324	10 052
48 056	12 165	7 776	**50 612**	13 201	8 524	**53 168**	14 266	9 286	**55 724**	15 340	10 062
48 092	12 179	7 786	**50 648**	13 216	8 534	**53 204**	14 281	9 296	**55 760**	15 355	10 074
48 128	12 194	7 796	**50 684**	13 230	8 544	**53 240**	14 296	9 308	**55 796**	15 370	10 084
48 164	12 208	7 806	**50 720**	13 245	8 556	**53 276**	14 311	9 318	**55 832**	15 385	10 096
48 200	12 222	7 818	**50 756**	13 260	8 566	**53 312**	14 327	9 328	**55 868**	15 400	10 108
48 236	12 237	7 828	**50 792**	13 275	8 576	**53 348**	14 342	9 340	**55 904**	15 415	10 118
48 272	12 251	7 838	**50 828**	13 290	8 586	**53 384**	14 357	9 350	**55 940**	15 430	10 130
48 308	12 266	7 848	**50 864**	13 305	8 598	**53 420**	14 372	9 362	**55 976**	15 445	10 140
48 344	12 280	7 860	**50 900**	13 319	8 608	**53 456**	14 387	9 372	**56 012**	15 461	10 152
48 380	12 295	7 870	**50 936**	13 334	8 618	**53 492**	14 402	9 384	**56 048**	15 476	10 162
48 416	12 309	7 880	**50 972**	13 349	8 630	**53 528**	14 417	9 394	**56 084**	15 491	10 174
48 452	12 323	7 890	**51 008**	13 364	8 640	**53 564**	14 432	9 404	**56 120**	15 506	10 184
48 488	12 338	7 900	**51 044**	13 379	8 650	**53 600**	14 448	9 416	**56 156**	15 521	10 196
48 524	12 352	7 912	**51 080**	13 394	8 662	**53 636**	14 463	9 426	**56 192**	15 536	10 206
48 560	12 367	7 922	**51 116**	13 409	8 672	**53 672**	14 478	9 438	**56 228**	15 551	10 218
48 596	12 381	7 932	**51 152**	13 423	8 682	**53 708**	14 493	9 448	**56 264**	15 566	10 230
48 632	12 396	7 942	**51 188**	13 438	8 694	**53 744**	14 508	9 460	**56 300**	15 582	10 240
48 668	12 410	7 954	**51 224**	13 453	8 704	**53 780**	14 523	9 470	**56 336**	15 597	10 252
48 704	12 425	7 964	**51 260**	13 468	8 714	**53 816**	14 538	9 482	**56 372**	15 612	10 262
48 740	12 439	7 974	**51 296**	13 483	8 726	**53 852**	14 553	9 492	**56 408**	15 627	10 274
48 776	12 454	7 984	**51 332**	13 498	8 736	**53 888**	14 568	9 502	**56 444**	15 642	10 284
48 812	12 468	7 996	**51 368**	13 513	8 748	**53 924**	14 584	9 514	**56 480**	15 657	10 296
48 848	12 483	8 006	**51 404**	13 528	8 758	**53 960**	14 599	9 524	**56 516**	15 672	10 306
48 884	12 497	8 016	**51 440**	13 543	8 768	**53 996**	14 614	9 536	**56 552**	15 687	10 318
48 920	12 512	8 026	**51 476**	13 558	8 780	**54 032**	14 629	9 546	**56 588**	15 702	10 330
48 956	12 526	8 038	**51 512**	13 573	8 790	**54 068**	14 644	9 558	**56 624**	15 718	10 340
48 992	12 541	8 048	**51 548**	13 588	8 800	**54 104**	14 659	9 568	**56 660**	15 733	10 352
49 028	12 555	8 058	**51 584**	13 603	8 812	**54 140**	14 674	9 580	**56 696**	15 748	10 362
49 064	12 570	8 068	**51 620**	13 618	8 822	**54 176**	14 689	9 590	**56 732**	15 763	10 374
49 100	12 584	8 080	**51 656**	13 633	8 832	**54 212**	14 705	9 602	**56 768**	15 778	10 384
49 136	12 599	8 090	**51 692**	13 647	8 844	**54 248**	14 720	9 612	**56 804**	15 793	10 396
49 172	12 614	8 100	**51 728**	13 662	8 854	**54 284**	14 735	9 624	**56 840**	15 808	10 406
49 208	12 628	8 110	**51 764**	13 677	8 864	**54 320**	14 750	9 634	**56 876**	15 823	10 418
49 244	12 643	8 122	**51 800**	13 692	8 876	**54 356**	14 765	9 644	**56 912**	15 839	10 430
49 280	12 657	8 132	**51 836**	13 707	8 886	**54 392**	14 780	9 656	**56 948**	15 854	10 440
49 316	12 672	8 142	**51 872**	13 722	8 898	**54 428**	14 795	9 666	**56 984**	15 869	10 452
49 352	12 686	8 152	**51 908**	13 737	8 908	**54 464**	14 810	9 678	**57 020**	15 884	10 462
49 388	12 701	8 164	**51 944**	13 752	8 918	**54 500**	14 826	9 688	**57 056**	15 899	10 474
49 424	12 716	8 174	**51 980**	13 768	8 930	**54 536**	14 841	9 700	**57 092**	15 914	10 486
49 460	12 730	8 184	**52 016**	13 783	8 940	**54 572**	14 856	9 710	**57 128**	15 929	10 496
49 496	12 745	8 194	**52 052**	13 798	8 950	**54 608**	14 871	9 722	**57 164**	15 944	10 508
49 532	12 759	8 206	**52 088**	13 813	8 962	**54 644**	14 886	9 732	**57 200**	15 960	10 518
49 568	12 774	8 216	**52 124**	13 828	8 972	**54 680**	14 901	9 744	**57 236**	15 975	10 530
49 604	12 789	8 226	**52 160**	13 843	8 984	**54 716**	14 916	9 754	**57 272**	15 990	10 540
49 640	12 803	8 238	**52 196**	13 858	8 994	**54 752**	14 931	9 766	**57 308**	16 005	10 552
49 676	12 818	8 248	**52 232**	13 873	9 004	**54 788**	14 946	9 776	**57 344**	16 020	10 564
49 712	12 833	8 258	**52 268**	13 888	9 016	**54 824**	14 962	9 788	**57 380**	16 035	10 574
49 748	12 847	8 268	**52 304**	13 903	9 026	**54 860**	14 977	9 798	**57 416**	16 050	10 586
49 784	12 862	8 280	**52 340**	13 918	9 036	**54 896**	14 992	9 810	**57 452**	16 065	10 596
49 820	12 877	8 290	**52 376**	13 933	9 048	**54 932**	15 007	9 820	**57 488**	16 080	10 608
49 856	12 891	8 300	**52 412**	13 948	9 058	**54 968**	15 022	9 832	**57 524**	16 096	10 620
49 892	12 906	8 312	**52 448**	13 963	9 070	**55 004**	15 037	9 842	**57 560**	16 111	10 630
49 928	12 921	8 322	**52 484**	13 978	9 080	**55 040**	15 052	9 854	**57 596**	16 126	10 642
49 964	12 935	8 332	**52 520**	13 994	9 090	**55 076**	15 067	9 864	**57 632**	16 141	10 652
50 000	12 950	8 342	**52 556**	14 009	9 102	**55 112**	15 083	9 876	**57 668**	16 156	10 664
50 036	12 965	8 354	**52 592**	14 024	9 112	**55 148**	15 098	9 886	**57 704**	16 171	10 676
50 072	12 979	8 364	**52 628**	14 039	9 124	**55 184**	15 113	9 898	**57 740**	16 186	10 686
50 108	12 994	8 374	**52 664**	14 054	9 134	**55 220**	15 128	9 908	**57 776**	16 201	10 698
50 144	13 009	8 386	**52 700**	14 070	9 144	**55 256**	15 143	9 920	**57 812**	16 217	10 708
50 180	13 024	8 396	**52 736**	14 085	9 156	**55 292**	15 158	9 930	**57 848**	16 232	10 720
50 216	13 038	8 406	**52 772**	14 100	9 166	**55 328**	15 173	9 942	**57 884**	16 247	10 732

zvE in €	ESt Gr in €	ESt Sp in €	**zvE in €**	ESt Gr in €	ESt Sp in €	**zvE in €**	ESt Gr in €	ESt Sp in €	**zvE in €**	ESt Gr in €	ESt Sp in €
57 920	16 262	10 742	**60 476**	17 335	11 548	**63 032**	18 409	12 368	**65 588**	19 482	13 202
57 956	16 277	10 754	**60 512**	17 351	11 560	**63 068**	18 424	12 380	**65 624**	19 498	13 214
57 992	16 292	10 766	**60 548**	17 366	11 570	**63 104**	18 439	12 392	**65 660**	19 513	13 226
58 028	16 307	10 776	**60 584**	17 381	11 582	**63 140**	18 454	12 402	**65 696**	19 528	13 238
58 064	16 322	10 788	**60 620**	17 396	11 594	**63 176**	18 469	12 414	**65 732**	19 543	13 250
58 100	16 338	10 798	**60 656**	17 411	11 606	**63 212**	18 485	12 426	**65 768**	19 558	13 262
58 136	16 353	10 810	**60 692**	17 426	11 616	**63 248**	18 500	12 438	**65 804**	19 573	13 274
58 172	16 368	10 822	**60 728**	17 441	11 628	**63 284**	18 515	12 450	**65 840**	19 588	13 286
58 208	16 383	10 832	**60 764**	17 456	11 640	**63 320**	18 530	12 462	**65 876**	19 603	13 298
58 244	16 398	10 844	**60 800**	17 472	11 650	**63 356**	18 545	12 472	**65 912**	19 619	13 310
58 280	16 413	10 856	**60 836**	17 487	11 662	**63 392**	18 560	12 484	**65 948**	19 634	13 322
58 316	16 428	10 866	**60 872**	17 502	11 674	**63 428**	18 575	12 496	**65 984**	19 649	13 334
58 352	16 443	10 878	**60 908**	17 517	11 686	**63 464**	18 590	12 508	**66 020**	19 664	13 346
58 388	16 458	10 888	**60 944**	17 532	11 696	**63 500**	18 606	12 520	**66 056**	19 679	13 358
58 424	16 474	10 900	**60 980**	17 547	11 708	**63 536**	18 621	12 532	**66 092**	19 694	13 370
58 460	16 489	10 912	**61 016**	17 562	11 720	**63 572**	18 636	12 544	**66 128**	19 709	13 382
58 496	16 504	10 922	**61 052**	17 577	11 732	**63 608**	18 651	12 554	**66 164**	19 724	13 394
58 532	16 519	10 934	**61 088**	17 592	11 742	**63 644**	18 666	12 566	**66 200**	19 740	13 406
58 568	16 534	10 946	**61 124**	17 608	11 754	**63 680**	18 681	12 578	**66 236**	19 755	13 418
58 604	16 549	10 956	**61 160**	17 623	11 766	**63 716**	18 696	12 590	**66 272**	19 770	13 428
58 640	16 564	10 968	**61 196**	17 638	11 778	**63 752**	18 711	12 602	**66 308**	19 785	13 440
58 676	16 579	10 980	**61 232**	17 653	11 788	**63 788**	18 726	12 614	**66 344**	19 800	13 452
58 712	16 595	10 990	**61 268**	17 668	11 800	**63 824**	18 742	12 626	**66 380**	19 815	13 464
58 748	16 610	11 002	**61 304**	17 683	11 812	**63 860**	18 757	12 636	**66 416**	19 830	13 476
58 784	16 625	11 014	**61 340**	17 698	11 824	**63 896**	18 772	12 648	**66 452**	19 845	13 488
58 820	16 640	11 024	**61 376**	17 713	11 834	**63 932**	18 787	12 660	**66 488**	19 860	13 500
58 856	16 655	11 036	**61 412**	17 729	11 846	**63 968**	18 802	12 672	**66 524**	19 876	13 512
58 892	16 670	11 048	**61 448**	17 744	11 858	**64 004**	18 817	12 684	**66 560**	19 891	13 524
58 928	16 685	11 058	**61 484**	17 759	11 870	**64 040**	18 832	12 696	**66 596**	19 906	13 536
58 964	16 700	11 070	**61 520**	17 774	11 880	**64 076**	18 847	12 708	**66 632**	19 921	13 548
59 000	16 716	11 082	**61 556**	17 789	11 892	**64 112**	18 863	12 718	**66 668**	19 936	13 560
59 036	16 731	11 092	**61 592**	17 804	11 904	**64 148**	18 878	12 730	**66 704**	19 951	13 572
59 072	16 746	11 104	**61 628**	17 819	11 916	**64 184**	18 893	12 742	**66 740**	19 966	13 584
59 108	16 761	11 116	**61 664**	17 834	11 928	**64 220**	18 908	12 754	**66 776**	19 981	13 596
59 144	16 776	11 126	**61 700**	17 850	11 938	**64 256**	18 923	12 766	**66 812**	19 997	13 608
59 180	16 791	11 138	**61 736**	17 865	11 950	**64 292**	18 938	12 778	**66 848**	20 012	13 620
59 216	16 806	11 150	**61 772**	17 880	11 962	**64 328**	18 953	12 790	**66 884**	20 027	13 632
59 252	16 821	11 160	**61 808**	17 895	11 974	**64 364**	18 968	12 802	**66 920**	20 042	13 644
59 288	16 836	11 172	**61 844**	17 910	11 984	**64 400**	18 984	12 812	**66 956**	20 057	13 656
59 324	16 852	11 184	**61 880**	17 925	11 996	**64 436**	18 999	12 824	**66 992**	20 072	13 668
59 360	16 867	11 194	**61 916**	17 940	12 008	**64 472**	19 014	12 836	**67 028**	20 087	13 680
59 396	16 882	11 206	**61 952**	17 955	12 020	**64 508**	19 029	12 848	**67 064**	20 102	13 692
59 432	16 897	11 218	**61 988**	17 970	12 032	**64 544**	19 044	12 860	**67 100**	20 118	13 704
59 468	16 912	11 228	**62 024**	17 986	12 042	**64 580**	19 059	12 872	**67 136**	20 133	13 716
59 504	16 927	11 240	**62 060**	18 001	12 054	**64 616**	19 074	12 884	**67 172**	20 148	13 728
59 540	16 942	11 252	**62 096**	18 016	12 066	**64 652**	19 089	12 896	**67 208**	20 163	13 740
59 576	16 957	11 262	**62 132**	18 031	12 078	**64 688**	19 104	12 908	**67 244**	20 178	13 752
59 612	16 973	11 274	**62 168**	18 046	12 090	**64 724**	19 120	12 920	**67 280**	20 193	13 764
59 648	16 988	11 286	**62 204**	18 061	12 100	**64 760**	19 135	12 930	**67 316**	20 208	13 776
59 684	17 003	11 296	**62 240**	18 076	12 112	**64 796**	19 150	12 942	**67 352**	20 223	13 788
59 720	17 018	11 308	**62 276**	18 091	12 124	**64 832**	19 165	12 954	**67 388**	20 238	13 800
59 756	17 033	11 320	**62 312**	18 107	12 136	**64 868**	19 180	12 966	**67 424**	20 254	13 812
59 792	17 048	11 330	**62 348**	18 122	12 146	**64 904**	19 195	12 978	**67 460**	20 269	13 824
59 828	17 063	11 342	**62 384**	18 137	12 158	**64 940**	19 210	12 990	**67 496**	20 284	13 836
59 864	17 078	11 354	**62 420**	18 152	12 170	**64 976**	19 225	13 002	**67 532**	20 299	13 848
59 900	17 094	11 366	**62 456**	18 167	12 182	**65 012**	19 241	13 014	**67 568**	20 314	13 860
59 936	17 109	11 376	**62 492**	18 182	12 194	**65 048**	19 256	13 026	**67 604**	20 329	13 872
59 972	17 124	11 388	**62 528**	18 197	12 206	**65 084**	19 271	13 038	**67 640**	20 344	13 884
60 008	17 139	11 400	**62 564**	18 212	12 216	**65 120**	19 286	13 048	**67 676**	20 359	13 896
60 044	17 154	11 410	**62 600**	18 228	12 228	**65 156**	19 301	13 060	**67 712**	20 375	13 908
60 080	17 169	11 422	**62 636**	18 243	12 240	**65 192**	19 316	13 072	**67 748**	20 390	13 920
60 116	17 184	11 434	**62 672**	18 258	12 252	**65 228**	19 331	13 084	**67 784**	20 405	13 932
60 152	17 199	11 444	**62 708**	18 273	12 264	**65 264**	19 346	13 096	**67 820**	20 420	13 944
60 188	17 214	11 456	**62 744**	18 288	12 274	**65 300**	19 362	13 108	**67 856**	20 435	13 956
60 224	17 230	11 468	**62 780**	18 303	12 286	**65 336**	19 377	13 120	**67 892**	20 450	13 968
60 260	17 245	11 480	**62 816**	18 318	12 298	**65 372**	19 392	13 132	**67 928**	20 465	13 980
60 296	17 260	11 490	**62 852**	18 333	12 310	**65 408**	19 407	13 144	**67 964**	20 480	13 992
60 332	17 275	11 502	**62 888**	18 348	12 322	**65 444**	19 422	13 156	**68 000**	20 496	14 004
60 368	17 290	11 514	**62 924**	18 364	12 332	**65 480**	19 437	13 168	**68 036**	20 511	14 016
60 404	17 305	11 524	**62 960**	18 379	12 344	**65 516**	19 452	13 180	**68 072**	20 526	14 028
60 440	17 320	11 536	**62 996**	18 394	12 356	**65 552**	19 467	13 192	**68 108**	20 541	14 040

zvE in €	ESt Gr in €	ESt Sp in €	zvE in €	ESt Gr in €	ESt Sp in €	zvE in €	ESt Gr in €	ESt Sp in €	zvE in €	ESt Gr in €	ESt Sp in €
68 144	20 556	14 052	**70 700**	21 630	14 918	**73 256**	22 703	15 798	**75 812**	23 777	16 692
68 180	20 571	14 064	**70 736**	21 645	14 930	**73 292**	22 718	15 810	**75 848**	23 792	16 706
68 216	20 586	14 078	**70 772**	21 660	14 942	**73 328**	22 733	15 822	**75 884**	23 807	16 718
68 252	20 601	14 090	**70 808**	21 675	14 954	**73 364**	22 748	15 836	**75 920**	23 822	16 730
68 288	20 616	14 102	**70 844**	21 690	14 968	**73 400**	22 764	15 848	**75 956**	23 837	16 744
68 324	20 632	14 114	**70 880**	21 705	14 980	**73 436**	22 779	15 860	**75 992**	23 852	16 756
68 360	20 647	14 126	**70 916**	21 720	14 992	**73 472**	22 794	15 872	**76 028**	23 867	16 768
68 396	20 662	14 138	**70 952**	21 735	15 004	**73 508**	22 809	15 886	**76 064**	23 882	16 782
68 432	20 677	14 150	**70 988**	21 750	15 016	**73 544**	22 824	15 898	**76 100**	23 898	16 794
68 468	20 692	14 162	**71 024**	21 766	15 028	**73 580**	22 839	15 910	**76 136**	23 913	16 806
68 504	20 707	14 174	**71 060**	21 781	15 040	**73 616**	22 854	15 922	**76 172**	23 928	16 820
68 540	20 722	14 186	**71 096**	21 796	15 054	**73 652**	22 869	15 936	**76 208**	23 943	16 832
68 576	20 737	14 198	**71 132**	21 811	15 066	**73 688**	22 884	15 948	**76 244**	23 958	16 846
68 612	20 753	14 210	**71 168**	21 826	15 078	**73 724**	22 900	15 960	**76 280**	23 973	16 858
68 648	20 768	14 222	**71 204**	21 841	15 090	**73 760**	22 915	15 972	**76 316**	23 988	16 870
68 684	20 783	14 234	**71 240**	21 856	15 102	**73 796**	22 930	15 986	**76 352**	24 003	16 884
68 720	20 798	14 246	**71 276**	21 871	15 114	**73 832**	22 945	15 998	**76 388**	24 018	16 896
68 756	20 813	14 258	**71 312**	21 887	15 128	**73 868**	22 960	16 010	**76 424**	24 034	16 908
68 792	20 828	14 270	**71 348**	21 902	15 140	**73 904**	22 975	16 024	**76 460**	24 049	16 922
68 828	20 843	14 282	**71 384**	21 917	15 152	**73 940**	22 990	16 036	**76 496**	24 064	16 934
68 864	20 858	14 296	**71 420**	21 932	15 164	**73 976**	23 005	16 048	**76 532**	24 079	16 948
68 900	20 874	14 308	**71 456**	21 947	15 176	**74 012**	23 021	16 060	**76 568**	24 094	16 960
68 936	20 889	14 320	**71 492**	21 962	15 188	**74 048**	23 036	16 074	**76 604**	24 109	16 972
68 972	20 904	14 332	**71 528**	21 977	15 202	**74 084**	23 051	16 086	**76 640**	24 124	16 986
69 008	20 919	14 344	**71 564**	21 992	15 214	**74 120**	23 066	16 098	**76 676**	24 139	16 998
69 044	20 934	14 356	**71 600**	22 008	15 226	**74 156**	23 081	16 112	**76 712**	24 155	17 012
69 080	20 949	14 368	**71 636**	22 023	15 238	**74 192**	23 096	16 124	**76 748**	24 170	17 024
69 116	20 964	14 380	**71 672**	22 038	15 250	**74 228**	23 111	16 136	**76 784**	24 185	17 036
69 152	20 979	14 392	**71 708**	22 053	15 264	**74 264**	23 126	16 148	**76 820**	24 200	17 050
69 188	20 994	14 404	**71 744**	22 068	15 276	**74 300**	23 142	16 162	**76 856**	24 215	17 062
69 224	21 010	14 416	**71 780**	22 083	15 288	**74 336**	23 157	16 174	**76 892**	24 230	17 076
69 260	21 025	14 428	**71 816**	22 098	15 300	**74 372**	23 172	16 186	**76 928**	24 245	17 088
69 296	21 040	14 440	**71 852**	22 113	15 312	**74 408**	23 187	16 200	**76 964**	24 260	17 100
69 332	21 055	14 454	**71 888**	22 128	15 324	**74 444**	23 202	16 212	**77 000**	24 276	17 114
69 368	21 070	14 466	**71 924**	22 144	15 338	**74 480**	23 217	16 224	**77 036**	24 291	17 126
69 404	21 085	14 478	**71 960**	22 159	15 350	**74 516**	23 232	16 236	**77 072**	24 306	17 140
69 440	21 100	14 490	**71 996**	22 174	15 362	**74 552**	23 247	16 250	**77 108**	24 321	17 152
69 476	21 115	14 502	**72 032**	22 189	15 374	**74 588**	23 262	16 262	**77 144**	24 336	17 164
69 512	21 131	14 514	**72 068**	22 204	15 386	**74 624**	23 278	16 274	**77 180**	24 351	17 178
69 548	21 146	14 526	**72 104**	22 219	15 400	**74 660**	23 293	16 288	**77 216**	24 366	17 190
69 584	21 161	14 538	**72 140**	22 234	15 412	**74 696**	23 308	16 300	**77 252**	24 381	17 204
69 620	21 176	14 550	**72 176**	22 249	15 424	**74 732**	23 323	16 312	**77 288**	24 396	17 216
69 656	21 191	14 562	**72 212**	22 265	15 436	**74 768**	23 338	16 326	**77 324**	24 412	17 228
69 692	21 206	14 574	**72 248**	22 280	15 448	**74 804**	23 353	16 338	**77 360**	24 427	17 242
69 728	21 221	14 588	**72 284**	22 295	15 462	**74 840**	23 368	16 350	**77 396**	24 442	17 254
69 764	21 236	14 600	**72 320**	22 310	15 474	**74 876**	23 383	16 364	**77 432**	24 457	17 268
69 800	21 252	14 612	**72 356**	22 325	15 486	**74 912**	23 399	16 376	**77 468**	24 472	17 280
69 836	21 267	14 624	**72 392**	22 340	15 498	**74 948**	23 414	16 388	**77 504**	24 487	17 294
69 872	21 282	14 636	**72 428**	22 355	15 512	**74 984**	23 429	16 400	**77 540**	24 502	17 306
69 908	21 297	14 648	**72 464**	22 370	15 524	**75 020**	23 444	16 414	**77 576**	24 517	17 318
69 944	21 312	14 660	**72 500**	22 386	15 536	**75 056**	23 459	16 426	**77 612**	24 533	17 332
69 980	21 327	14 672	**72 536**	22 401	15 548	**75 092**	23 474	16 438	**77 648**	24 548	17 344
70 016	21 342	14 684	**72 572**	22 416	15 560	**75 128**	23 489	16 452	**77 684**	24 563	17 358
70 052	21 357	14 698	**72 608**	22 431	15 574	**75 164**	23 504	16 464	**77 720**	24 578	17 370
70 088	21 372	14 710	**72 644**	22 446	15 586	**75 200**	23 520	16 476	**77 756**	24 593	17 384
70 124	21 388	14 722	**72 680**	22 461	15 598	**75 236**	23 535	16 490	**77 792**	24 608	17 396
70 160	21 403	14 734	**72 716**	22 476	15 610	**75 272**	23 550	16 502	**77 828**	24 623	17 408
70 196	21 418	14 746	**72 752**	22 491	15 624	**75 308**	23 565	16 514	**77 864**	24 638	17 422
70 232	21 433	14 758	**72 788**	22 506	15 636	**75 344**	23 580	16 528	**77 900**	24 654	17 434
70 268	21 448	14 770	**72 824**	22 522	15 648	**75 380**	23 595	16 540	**77 936**	24 669	17 448
70 304	21 463	14 782	**72 860**	22 537	15 660	**75 416**	23 610	16 552	**77 972**	24 684	17 460
70 340	21 478	14 796	**72 896**	22 552	15 672	**75 452**	23 625	16 566	**78 008**	24 699	17 474
70 376	21 493	14 808	**72 932**	22 567	15 686	**75 488**	23 640	16 578	**78 044**	24 714	17 486
70 412	21 509	14 820	**72 968**	22 582	15 698	**75 524**	23 656	16 590	**78 080**	24 729	17 498
70 448	21 524	14 832	**73 004**	22 597	15 710	**75 560**	23 671	16 604	**78 116**	24 744	17 512
70 484	21 539	14 844	**73 040**	22 612	15 722	**75 596**	23 686	16 616	**78 152**	24 759	17 524
70 520	21 554	14 856	**73 076**	22 627	15 736	**75 632**	23 701	16 628	**78 188**	24 774	17 538
70 556	21 569	14 868	**73 112**	22 643	15 748	**75 668**	23 716	16 642	**78 224**	24 790	17 550
70 592	21 584	14 880	**73 148**	22 658	15 760	**75 704**	23 731	16 654	**78 260**	24 805	17 564
70 628	21 599	14 894	**73 184**	22 673	15 772	**75 740**	23 746	16 668	**78 296**	24 820	17 576
70 664	21 614	14 906	**73 220**	22 688	15 786	**75 776**	23 761	16 680	**78 332**	24 835	17 590

zvE in €	ESt Gr in €	ESt Sp in €	zvE in €	ESt Gr in €	ESt Sp in €	zvE in €	ESt Gr in €	ESt Sp in €	zvE in €	ESt Gr in €	ESt Sp in €
78 368	24 850	17 602	**80 924**	25 924	18 526	**83 480**	26 997	19 466	**86 036**	28 071	20 422
78 404	24 865	17 616	**80 960**	25 939	18 540	**83 516**	27 012	19 480	**86 072**	28 086	20 434
78 440	24 880	17 628	**80 996**	25 954	18 554	**83 552**	27 027	19 494	**86 108**	28 101	20 448
78 476	24 895	17 642	**81 032**	25 969	18 566	**83 588**	27 042	19 506	**86 144**	28 116	20 462
78 512	24 911	17 654	**81 068**	25 984	18 580	**83 624**	27 058	19 520	**86 180**	28 131	20 476
78 548	24 926	17 666	**81 104**	25 999	18 592	**83 660**	27 073	19 534	**86 216**	28 146	20 488
78 584	24 941	17 680	**81 140**	26 014	18 606	**83 696**	27 088	19 546	**86 252**	28 161	20 502
78 620	24 956	17 692	**81 176**	26 029	18 618	**83 732**	27 103	19 560	**86 288**	28 176	20 516
78 656	24 971	17 706	**81 212**	26 045	18 632	**83 768**	27 118	19 574	**86 324**	28 192	20 530
78 692	24 986	17 718	**81 248**	26 060	18 646	**83 804**	27 133	19 586	**86 360**	28 207	20 544
78 728	25 001	17 732	**81 284**	26 075	18 658	**83 840**	27 148	19 600	**86 396**	28 222	20 556
78 764	25 016	17 744	**81 320**	26 090	18 672	**83 876**	27 163	19 614	**86 432**	28 237	20 570
78 800	25 032	17 758	**81 356**	26 105	18 684	**83 912**	27 179	19 626	**86 468**	28 252	20 584
78 836	25 047	17 770	**81 392**	26 120	18 698	**83 948**	27 194	19 640	**86 504**	28 267	20 598
78 872	25 062	17 784	**81 428**	26 135	18 712	**83 984**	27 209	19 654	**86 540**	28 282	20 612
78 908	25 077	17 796	**81 464**	26 150	18 724	**84 020**	27 224	19 668	**86 576**	28 297	20 624
78 944	25 092	17 810	**81 500**	26 166	18 738	**84 056**	27 239	19 680	**86 612**	28 313	20 638
78 980	25 107	17 822	**81 536**	26 181	18 750	**84 092**	27 254	19 694	**86 648**	28 328	20 652
79 016	25 122	17 836	**81 572**	26 196	18 764	**84 128**	27 269	19 708	**86 684**	28 343	20 666
79 052	25 137	17 848	**81 608**	26 211	18 776	**84 164**	27 284	19 720	**86 720**	28 358	20 680
79 088	25 152	17 862	**81 644**	26 226	18 790	**84 200**	27 300	19 734	**86 756**	28 373	20 692
79 124	25 168	17 874	**81 680**	26 241	18 804	**84 236**	27 315	19 748	**86 792**	28 388	20 706
79 160	25 183	17 888	**81 716**	26 256	18 816	**84 272**	27 330	19 760	**86 828**	28 403	20 720
79 196	25 198	17 900	**81 752**	26 271	18 830	**84 308**	27 345	19 774	**86 864**	28 418	20 734
79 232	25 213	17 914	**81 788**	26 286	18 842	**84 344**	27 360	19 788	**86 900**	28 434	20 748
79 268	25 228	17 926	**81 824**	26 302	18 856	**84 380**	27 375	19 802	**86 936**	28 449	20 760
79 304	25 243	17 940	**81 860**	26 317	18 870	**84 416**	27 390	19 814	**86 972**	28 464	20 774
79 340	25 258	17 952	**81 896**	26 332	18 882	**84 452**	27 405	19 828	**87 008**	28 479	20 788
79 376	25 273	17 966	**81 932**	26 347	18 896	**84 488**	27 420	19 842	**87 044**	28 494	20 802
79 412	25 289	17 978	**81 968**	26 362	18 908	**84 524**	27 436	19 854	**87 080**	28 509	20 816
79 448	25 304	17 992	**82 004**	26 377	18 922	**84 560**	27 451	19 868	**87 116**	28 524	20 830
79 484	25 319	18 004	**82 040**	26 392	18 936	**84 596**	27 466	19 882	**87 152**	28 539	20 842
79 520	25 334	18 018	**82 076**	26 407	18 948	**84 632**	27 481	19 894	**87 188**	28 554	20 856
79 556	25 349	18 030	**82 112**	26 423	18 962	**84 668**	27 496	19 908	**87 224**	28 570	20 870
79 592	25 364	18 044	**82 148**	26 438	18 976	**84 704**	27 511	19 922	**87 260**	28 585	20 884
79 628	25 379	18 056	**82 184**	26 453	18 988	**84 740**	27 526	19 936	**87 296**	28 600	20 898
79 664	25 394	18 070	**82 220**	26 468	19 002	**84 776**	27 541	19 948	**87 332**	28 615	20 910
79 700	25 410	18 082	**82 256**	26 483	19 014	**84 812**	27 557	19 962	**87 368**	28 630	20 924
79 736	25 425	18 096	**82 292**	26 498	19 028	**84 848**	27 572	19 976	**87 404**	28 645	20 938
79 772	25 440	18 108	**82 328**	26 513	19 042	**84 884**	27 587	19 990	**87 440**	28 660	20 952
79 808	25 455	18 122	**82 364**	26 528	19 054	**84 920**	27 602	20 002	**87 476**	28 675	20 966
79 844	25 470	18 134	**82 400**	26 544	19 068	**84 956**	27 617	20 016	**87 512**	28 691	20 980
79 880	25 485	18 148	**82 436**	26 559	19 080	**84 992**	27 632	20 030	**87 548**	28 706	20 992
79 916	25 500	18 160	**82 472**	26 574	19 094	**85 028**	27 647	20 042	**87 584**	28 721	21 006
79 952	25 515	18 174	**82 508**	26 589	19 108	**85 064**	27 662	20 056	**87 620**	28 736	21 020
79 988	25 530	18 186	**82 544**	26 604	19 120	**85 100**	27 678	20 070	**87 656**	28 751	21 034
80 024	25 546	18 200	**82 580**	26 619	19 134	**85 136**	27 693	20 084	**87 692**	28 766	21 048
80 060	25 561	18 212	**82 616**	26 634	19 148	**85 172**	27 708	20 096	**87 728**	28 781	21 062
80 096	25 576	18 226	**82 652**	26 649	19 160	**85 208**	27 723	20 110	**87 764**	28 796	21 074
80 132	25 591	18 238	**82 688**	26 664	19 174	**85 244**	27 738	20 124	**87 800**	28 812	21 088
80 168	25 606	18 252	**82 724**	26 680	19 188	**85 280**	27 753	20 138	**87 836**	28 827	21 102
80 204	25 621	18 264	**82 760**	26 695	19 200	**85 316**	27 768	20 150	**87 872**	28 842	21 116
80 240	25 636	18 278	**82 796**	26 710	19 214	**85 352**	27 783	20 164	**87 908**	28 857	21 130
80 276	25 651	18 292	**82 832**	26 725	19 226	**85 388**	27 798	20 178	**87 944**	28 872	21 144
80 312	25 667	18 304	**82 868**	26 740	19 240	**85 424**	27 814	20 192	**87 980**	28 887	21 158
80 348	25 682	18 318	**82 904**	26 755	19 254	**85 460**	27 829	20 204	**88 016**	28 902	21 170
80 384	25 697	18 330	**82 940**	26 770	19 266	**85 496**	27 844	20 218	**88 052**	28 917	21 184
80 420	25 712	18 344	**82 976**	26 785	19 280	**85 532**	27 859	20 232	**88 088**	28 932	21 198
80 456	25 727	18 356	**83 012**	26 801	19 294	**85 568**	27 874	20 246	**88 124**	28 948	21 212
80 492	25 742	18 370	**83 048**	26 816	19 306	**85 604**	27 889	20 258	**88 160**	28 963	21 226
80 528	25 757	18 382	**83 084**	26 831	19 320	**85 640**	27 904	20 272	**88 196**	28 978	21 240
80 564	25 772	18 396	**83 120**	26 846	19 334	**85 676**	27 919	20 286	**88 232**	28 993	21 254
80 600	25 788	18 408	**83 156**	26 861	19 346	**85 712**	27 935	20 300	**88 268**	29 008	21 266
80 636	25 803	18 422	**83 192**	26 876	19 360	**85 748**	27 950	20 312	**88 304**	29 023	21 280
80 672	25 818	18 436	**83 228**	26 891	19 374	**85 784**	27 965	20 326	**88 340**	29 038	21 294
80 708	25 833	18 448	**83 264**	26 906	19 386	**85 820**	27 980	20 340	**88 376**	29 053	21 308
80 744	25 848	18 462	**83 300**	26 922	19 400	**85 856**	27 995	20 354	**88 412**	29 069	21 322
80 780	25 863	18 474	**83 336**	26 937	19 414	**85 892**	28 010	20 366	**88 448**	29 084	21 336
80 816	25 878	18 488	**83 372**	26 952	19 426	**85 928**	28 025	20 380	**88 484**	29 099	21 350
80 852	25 893	18 500	**83 408**	26 967	19 440	**85 964**	28 040	20 394	**88 520**	29 114	21 364
80 888	25 908	18 514	**83 444**	26 982	19 454	**86 000**	28 056	20 408	**88 556**	29 129	21 376

zvE in €	ESt Gr in €	ESt Sp in €	**zvE in €**	ESt Gr in €	ESt Sp in €	**zvE in €**	ESt Gr in €	ESt Sp in €	**zvE in €**	ESt Gr in €	ESt Sp in €
88 592	29 144	21 390	**91 148**	30 218	22 376	**93 704**	31 291	23 374	**96 260**	32 365	24 388
88 628	29 159	21 404	**91 184**	30 233	22 390	**93 740**	31 306	23 388	**96 296**	32 380	24 404
88 664	29 174	21 418	**91 220**	30 248	22 404	**93 776**	31 321	23 402	**96 332**	32 395	24 418
88 700	29 190	21 432	**91 256**	30 263	22 418	**93 812**	31 337	23 418	**96 368**	32 410	24 432
88 736	29 205	21 446	**91 292**	30 278	22 432	**93 848**	31 352	23 432	**96 404**	32 425	24 446
88 772	29 220	21 460	**91 328**	30 293	22 446	**93 884**	31 367	23 446	**96 440**	32 440	24 460
88 808	29 235	21 474	**91 364**	30 308	22 460	**93 920**	31 382	23 460	**96 476**	32 455	24 476
88 844	29 250	21 488	**91 400**	30 324	22 474	**93 956**	31 397	23 474	**96 512**	32 471	24 490
88 880	29 265	21 500	**91 436**	30 339	22 488	**93 992**	31 412	23 488	**96 548**	32 486	24 504
88 916	29 280	21 514	**91 472**	30 354	22 502	**94 028**	31 427	23 502	**96 584**	32 501	24 518
88 952	29 295	21 528	**91 508**	30 369	22 516	**94 064**	31 442	23 516	**96 620**	32 516	24 534
88 988	29 310	21 542	**91 544**	30 384	22 530	**94 100**	31 458	23 530	**96 656**	32 531	24 548
89 024	29 326	21 556	**91 580**	30 399	22 544	**94 136**	31 473	23 544	**96 692**	32 546	24 562
89 060	29 341	21 570	**91 616**	30 414	22 558	**94 172**	31 488	23 560	**96 728**	32 561	24 576
89 096	29 356	21 584	**91 652**	30 429	22 572	**94 208**	31 503	23 574	**96 764**	32 576	24 590
89 132	29 371	21 598	**91 688**	30 444	22 586	**94 244**	31 518	23 588	**96 800**	32 592	24 606
89 168	29 386	21 612	**91 724**	30 460	22 600	**94 280**	31 533	23 602	**96 836**	32 607	24 620
89 204	29 401	21 626	**91 760**	30 475	22 614	**94 316**	31 548	23 616	**96 872**	32 622	24 634
89 240	29 416	21 638	**91 796**	30 490	22 628	**94 352**	31 563	23 630	**96 908**	32 637	24 648
89 276	29 431	21 652	**91 832**	30 505	22 642	**94 388**	31 578	23 644	**96 944**	32 652	24 662
89 312	29 447	21 666	**91 868**	30 520	22 656	**94 424**	31 594	23 658	**96 980**	32 667	24 678
89 348	29 462	21 680	**91 904**	30 535	22 670	**94 460**	31 609	23 674	**97 016**	32 682	24 692
89 384	29 477	21 694	**91 940**	30 550	22 684	**94 496**	31 624	23 688	**97 052**	32 697	24 706
89 420	29 492	21 708	**91 976**	30 565	22 698	**94 532**	31 639	23 702	**97 088**	32 712	24 720
89 456	29 507	21 722	**92 012**	30 581	22 712	**94 568**	31 654	23 716	**97 124**	32 728	24 736
89 492	29 522	21 736	**92 048**	30 596	22 726	**94 604**	31 669	23 730	**97 160**	32 743	24 750
89 528	29 537	21 750	**92 084**	30 611	22 740	**94 640**	31 684	23 744	**97 196**	32 758	24 764
89 564	29 552	21 764	**92 120**	30 626	22 754	**94 676**	31 699	23 758	**97 232**	32 773	24 778
89 600	29 568	21 778	**92 156**	30 641	22 768	**94 712**	31 715	23 772	**97 268**	32 788	24 794
89 636	29 583	21 790	**92 192**	30 656	22 782	**94 748**	31 730	23 788	**97 304**	32 803	24 808
89 672	29 598	21 804	**92 228**	30 671	22 796	**94 784**	31 745	23 802	**97 340**	32 818	24 822
89 708	29 613	21 818	**92 264**	30 686	22 810	**94 820**	31 760	23 816	**97 376**	32 833	24 836
89 744	29 628	21 832	**92 300**	30 702	22 824	**94 856**	31 775	23 830	**97 412**	32 849	24 850
89 780	29 643	21 846	**92 336**	30 717	22 838	**94 892**	31 790	23 844	**97 448**	32 864	24 866
89 816	29 658	21 860	**92 372**	30 732	22 852	**94 928**	31 805	23 858	**97 484**	32 879	24 880
89 852	29 673	21 874	**92 408**	30 747	22 866	**94 964**	31 820	23 872	**97 520**	32 894	24 894
89 888	29 688	21 888	**92 444**	30 762	22 880	**95 000**	31 836	23 888	**97 556**	32 909	24 908
89 924	29 704	21 902	**92 480**	30 777	22 894	**95 036**	31 851	23 902	**97 592**	32 924	24 924
89 960	29 719	21 916	**92 516**	30 792	22 908	**95 072**	31 866	23 916	**97 628**	32 939	24 938
89 996	29 734	21 930	**92 552**	30 807	22 922	**95 108**	31 881	23 930	**97 664**	32 954	24 952
90 032	29 749	21 944	**92 588**	30 822	22 936	**95 144**	31 896	23 944	**97 700**	32 970	24 966
90 068	29 764	21 958	**92 624**	30 838	22 950	**95 180**	31 911	23 958	**97 736**	32 985	24 982
90 104	29 779	21 972	**92 660**	30 853	22 964	**95 216**	31 926	23 972	**97 772**	33 000	24 996
90 140	29 794	21 986	**92 696**	30 868	22 978	**95 252**	31 941	23 988	**97 808**	33 015	25 010
90 176	29 809	22 000	**92 732**	30 883	22 992	**95 288**	31 956	24 002	**97 844**	33 030	25 026
90 212	29 825	22 012	**92 768**	30 898	23 006	**95 324**	31 972	24 016	**97 880**	33 045	25 040
90 248	29 840	22 026	**92 804**	30 913	23 020	**95 360**	31 987	24 030	**97 916**	33 060	25 054
90 284	29 855	22 040	**92 840**	30 928	23 036	**95 396**	32 002	24 044	**97 952**	33 075	25 068
90 320	29 870	22 054	**92 876**	30 943	23 050	**95 432**	32 017	24 058	**97 988**	33 090	25 084
90 356	29 885	22 068	**92 912**	30 959	23 064	**95 468**	32 032	24 074	**98 024**	33 106	25 098
90 392	29 900	22 082	**92 948**	30 974	23 078	**95 504**	32 047	24 088	**98 060**	33 121	25 112
90 428	29 915	22 096	**92 984**	30 989	23 092	**95 540**	32 062	24 102	**98 096**	33 136	25 126
90 464	29 930	22 110	**93 020**	31 004	23 106	**95 576**	32 077	24 116	**98 132**	33 151	25 142
90 500	29 946	22 124	**93 056**	31 019	23 120	**95 612**	32 093	24 130	**98 168**	33 166	25 156
90 536	29 961	22 138	**93 092**	31 034	23 134	**95 648**	32 108	24 144	**98 204**	33 181	25 170
90 572	29 976	22 152	**93 128**	31 049	23 148	**95 684**	32 123	24 160	**98 240**	33 196	25 184
90 608	29 991	22 166	**93 164**	31 064	23 162	**95 720**	32 138	24 174	**98 276**	33 211	25 200
90 644	30 006	22 180	**93 200**	31 080	23 176	**95 756**	32 153	24 188	**98 312**	33 227	25 214
90 680	30 021	22 194	**93 236**	31 095	23 190	**95 792**	32 168	24 202	**98 348**	33 242	25 228
90 716	30 036	22 208	**93 272**	31 110	23 204	**95 828**	32 183	24 216	**98 384**	33 257	25 244
90 752	30 051	22 222	**93 308**	31 125	23 218	**95 864**	32 198	24 230	**98 420**	33 272	25 258
90 788	30 066	22 236	**93 344**	31 140	23 232	**95 900**	32 214	24 246	**98 456**	33 287	25 272
90 824	30 082	22 250	**93 380**	31 155	23 248	**95 936**	32 229	24 260	**98 492**	33 302	25 286
90 860	30 097	22 264	**93 416**	31 170	23 262	**95 972**	32 244	24 274	**98 528**	33 317	25 302
90 896	30 112	22 278	**93 452**	31 185	23 276	**96 008**	32 259	24 288	**98 564**	33 332	25 316
90 932	30 127	22 292	**93 488**	31 200	23 290	**96 044**	32 274	24 302	**98 600**	33 348	25 330
90 968	30 142	22 306	**93 524**	31 216	23 304	**96 080**	32 289	24 318	**98 636**	33 363	25 346
91 004	30 157	22 320	**93 560**	31 231	23 318	**96 116**	32 304	24 332	**98 672**	33 378	25 360
91 040	30 172	22 334	**93 596**	31 246	23 332	**96 152**	32 319	24 346	**98 708**	33 393	25 374
91 076	30 187	22 348	**93 632**	31 261	23 346	**96 188**	32 334	24 360	**98 744**	33 408	25 390
91 112	30 203	22 362	**93 668**	31 276	23 360	**96 224**	32 350	24 374	**98 780**	33 423	25 404

zvE in €	ESt Gr in €	ESt Sp in €	zvE in €	ESt Gr in €	ESt Sp in €	zvE in €	ESt Gr in €	ESt Sp in €	zvE in €	ESt Gr in €	ESt Sp in €
98 816	33 438	25 418	**101 372**	34 512	26 462	**103 928**	35 585	27 522	**106 484**	36 659	28 594
98 852	33 453	25 432	**101 408**	34 527	26 478	**103 964**	35 600	27 536	**106 520**	36 674	28 610
98 888	33 468	25 448	**101 444**	34 542	26 492	**104 000**	35 616	27 552	**106 556**	36 689	28 624
98 924	33 484	25 462	**101 480**	34 557	26 506	**104 036**	35 631	27 566	**106 592**	36 704	28 640
98 960	33 499	25 476	**101 516**	34 572	26 522	**104 072**	35 646	27 582	**106 628**	36 719	28 654
98 996	33 514	25 492	**101 552**	34 587	26 536	**104 108**	35 661	27 596	**106 664**	36 734	28 670
99 032	33 529	25 506	**101 588**	34 602	26 552	**104 144**	35 676	27 612	**106 700**	36 750	28 686
99 068	33 544	25 520	**101 624**	34 618	26 566	**104 180**	35 691	27 626	**106 736**	36 765	28 700
99 104	33 559	25 536	**101 660**	34 633	26 582	**104 216**	35 706	27 642	**106 772**	36 780	28 716
99 140	33 574	25 550	**101 696**	34 648	26 596	**104 252**	35 721	27 658	**106 808**	36 795	28 730
99 176	33 589	25 564	**101 732**	34 663	26 610	**104 288**	35 736	27 672	**106 844**	36 810	28 746
99 212	33 605	25 580	**101 768**	34 678	26 626	**104 324**	35 752	27 688	**106 880**	36 825	28 760
99 248	33 620	25 594	**101 804**	34 693	26 640	**104 360**	35 767	27 702	**106 916**	36 840	28 776
99 284	33 635	25 608	**101 840**	34 708	26 656	**104 396**	35 782	27 718	**106 952**	36 855	28 790
99 320	33 650	25 622	**101 876**	34 723	26 670	**104 432**	35 797	27 732	**106 988**	36 870	28 806
99 356	33 665	25 638	**101 912**	34 739	26 686	**104 468**	35 812	27 748	**107 024**	36 886	28 822
99 392	33 680	25 652	**101 948**	34 754	26 700	**104 504**	35 827	27 762	**107 060**	36 901	28 836
99 428	33 695	25 666	**101 984**	34 769	26 714	**104 540**	35 842	27 778	**107 096**	36 916	28 852
99 464	33 710	25 682	**102 020**	34 784	26 730	**104 576**	35 857	27 792	**107 132**	36 931	28 866
99 500	33 726	25 696	**102 056**	34 799	26 744	**104 612**	35 873	27 808	**107 168**	36 946	28 882
99 536	33 741	25 710	**102 092**	34 814	26 760	**104 648**	35 888	27 822	**107 204**	36 961	28 896
99 572	33 756	25 726	**102 128**	34 829	26 774	**104 684**	35 903	27 838	**107 240**	36 976	28 912
99 608	33 771	25 740	**102 164**	34 844	26 790	**104 720**	35 918	27 852	**107 276**	36 991	28 926
99 644	33 786	25 754	**102 200**	34 860	26 804	**104 756**	35 933	27 868	**107 312**	37 007	28 942
99 680	33 801	25 770	**102 236**	34 875	26 818	**104 792**	35 948	27 884	**107 348**	37 022	28 958
99 716	33 816	25 784	**102 272**	34 890	26 834	**104 828**	35 963	27 898	**107 384**	37 037	28 972
99 752	33 831	25 798	**102 308**	34 905	26 848	**104 864**	35 978	27 914	**107 420**	37 052	28 988
99 788	33 846	25 814	**102 344**	34 920	26 864	**104 900**	35 994	27 928	**107 456**	37 067	29 002
99 824	33 862	25 828	**102 380**	34 935	26 878	**104 936**	36 009	27 944	**107 492**	37 082	29 018
99 860	33 877	25 842	**102 416**	34 950	26 894	**104 972**	36 024	27 958	**107 528**	37 097	29 032
99 896	33 892	25 858	**102 452**	34 965	26 908	**105 008**	36 039	27 974	**107 564**	37 112	29 048
99 932	33 907	25 872	**102 488**	34 980	26 924	**105 044**	36 054	27 988	**107 600**	37 128	29 064
99 968	33 922	25 888	**102 524**	34 996	26 938	**105 080**	36 069	28 004	**107 636**	37 143	29 078
100 004	33 937	25 902	**102 560**	35 011	26 952	**105 116**	36 084	28 020	**107 672**	37 158	29 094
100 040	33 952	25 916	**102 596**	35 026	26 968	**105 152**	36 099	28 034	**107 708**	37 173	29 108
100 076	33 967	25 932	**102 632**	35 041	26 982	**105 188**	36 114	28 050	**107 744**	37 188	29 124
100 112	33 983	25 946	**102 668**	35 056	26 998	**105 224**	36 130	28 066	**107 780**	37 203	29 138
100 148	33 998	25 960	**102 704**	35 071	27 012	**105 260**	36 145	28 080	**107 816**	37 218	29 154
100 184	34 013	25 976	**102 740**	35 086	27 028	**105 296**	36 160	28 096	**107 852**	37 233	29 168
100 220	34 028	25 990	**102 776**	35 101	27 042	**105 332**	36 175	28 110	**107 888**	37 248	29 184
100 256	34 043	26 004	**102 812**	35 117	27 058	**105 368**	36 190	28 126	**107 924**	37 264	29 200
100 292	34 058	26 020	**102 848**	35 132	27 072	**105 404**	36 205	28 140	**107 960**	37 279	29 214
100 328	34 073	26 034	**102 884**	35 147	27 088	**105 440**	36 220	28 156	**107 996**	37 294	29 230
100 364	34 088	26 048	**102 920**	35 162	27 102	**105 476**	36 235	28 170	**108 032**	37 309	29 244
100 400	34 104	26 064	**102 956**	35 177	27 118	**105 512**	36 251	28 186	**108 068**	37 324	29 260
100 436	34 119	26 078	**102 992**	35 192	27 132	**105 548**	36 266	28 202	**108 104**	37 339	29 274
100 472	34 134	26 094	**103 028**	35 207	27 148	**105 584**	36 281	28 216	**108 140**	37 354	29 290
100 508	34 149	26 108	**103 064**	35 222	27 162	**105 620**	36 296	28 232	**108 176**	37 369	29 304
100 544	34 164	26 122	**103 100**	35 238	27 176	**105 656**	36 311	28 246	**108 212**	37 385	29 320
100 580	34 179	26 138	**103 136**	35 253	27 192	**105 692**	36 326	28 262	**108 248**	37 400	29 336
100 616	34 194	26 152	**103 172**	35 268	27 206	**105 728**	36 341	28 276	**108 284**	37 415	29 350
100 652	34 209	26 166	**103 208**	35 283	27 222	**105 764**	36 356	28 292	**108 320**	37 430	29 366
100 688	34 224	26 182	**103 244**	35 298	27 236	**105 800**	36 372	28 308	**108 356**	37 445	29 380
100 724	34 240	26 196	**103 280**	35 313	27 252	**105 836**	36 387	28 322	**108 392**	37 460	29 396
100 760	34 255	26 212	**103 316**	35 328	27 266	**105 872**	36 402	28 338	**108 428**	37 475	29 410
100 796	34 270	26 226	**103 352**	35 343	27 282	**105 908**	36 417	28 352	**108 464**	37 490	29 426
100 832	34 285	26 240	**103 388**	35 358	27 296	**105 944**	36 432	28 368	**108 500**	37 506	29 442
100 868	34 300	26 256	**103 424**	35 374	27 312	**105 980**	36 447	28 382	**108 536**	37 521	29 456
100 904	34 315	26 270	**103 460**	35 389	27 326	**106 016**	36 462	28 398	**108 572**	37 536	29 472
100 940	34 330	26 284	**103 496**	35 404	27 342	**106 052**	36 477	28 412	**108 608**	37 551	29 486
100 976	34 345	26 300	**103 532**	35 419	27 356	**106 088**	36 492	28 428	**108 644**	37 566	29 502
101 012	34 361	26 314	**103 568**	35 434	27 372	**106 124**	36 508	28 444	**108 680**	37 581	29 516
101 048	34 376	26 330	**103 604**	35 449	27 386	**106 160**	36 523	28 458	**108 716**	37 596	29 532
101 084	34 391	26 344	**103 640**	35 464	27 402	**106 196**	36 538	28 474	**108 752**	37 611	29 546
101 120	34 406	26 358	**103 676**	35 479	27 416	**106 232**	36 553	28 488	**108 788**	37 626	29 562
101 156	34 421	26 374	**103 712**	35 495	27 432	**106 268**	36 568	28 504	**108 824**	37 642	29 578
101 192	34 436	26 388	**103 748**	35 510	27 446	**106 304**	36 583	28 518	**108 860**	37 657	29 592
101 228	34 451	26 404	**103 784**	35 525	27 462	**106 340**	36 598	28 534	**108 896**	37 672	29 608
101 264	34 466	26 418	**103 820**	35 540	27 476	**106 376**	36 613	28 548	**108 932**	37 687	29 622
101 300	34 482	26 432	**103 856**	35 555	27 492	**106 412**	36 629	28 564	**108 968**	37 702	29 638
101 336	34 497	26 448	**103 892**	35 570	27 506	**106 448**	36 644	28 580	**109 004**	37 717	29 652

zvE in €	ESt Gr in €	ESt Sp in €	zvE in €	ESt Gr in €	ESt Sp in €	zvE in €	ESt Gr in €	ESt Sp in €	zvE in €	ESt Gr in €	ESt Sp in €
109 040	37 732	29 668	**111 596**	38 806	30 742	**114 152**	39 879	31 814	**116 708**	40 953	32 888
109 076	37 747	29 682	**111 632**	38 821	30 756	**114 188**	39 894	31 830	**116 744**	40 968	32 904
109 112	37 763	29 698	**111 668**	38 836	30 772	**114 224**	39 910	31 846	**116 780**	40 983	32 918
109 148	37 778	29 714	**111 704**	38 851	30 786	**114 260**	39 925	31 860	**116 816**	40 998	32 934
109 184	37 793	29 728	**111 740**	38 866	30 802	**114 296**	39 940	31 876	**116 852**	41 013	32 948
109 220	37 808	29 744	**111 776**	38 881	30 816	**114 332**	39 955	31 890	**116 888**	41 028	32 964
109 256	37 823	29 758	**111 812**	38 897	30 832	**114 368**	39 970	31 906	**116 924**	41 044	32 980
109 292	37 838	29 774	**111 848**	38 912	30 848	**114 404**	39 985	31 920	**116 960**	41 059	32 994
109 328	37 853	29 788	**111 884**	38 927	30 862	**114 440**	40 000	31 936	**116 996**	41 074	33 010
109 364	37 868	29 804	**111 920**	38 942	30 878	**114 476**	40 015	31 950	**117 032**	41 089	33 024
109 400	37 884	29 820	**111 956**	38 957	30 892	**114 512**	40 031	31 966	**117 068**	41 104	33 040
109 436	37 899	29 834	**111 992**	38 972	30 908	**114 548**	40 046	31 982	**117 104**	41 119	33 054
109 472	37 914	29 850	**112 028**	38 987	30 922	**114 584**	40 061	31 996	**117 140**	41 134	33 070
109 508	37 929	29 864	**112 064**	39 002	30 938	**114 620**	40 076	32 012	**117 176**	41 149	33 084
109 544	37 944	29 880	**112 100**	39 018	30 954	**114 656**	40 091	32 026	**117 212**	41 165	33 100
109 580	37 959	29 894	**112 136**	39 033	30 968	**114 692**	40 106	32 042	**117 248**	41 180	33 116
109 616	37 974	29 910	**112 172**	39 048	30 984	**114 728**	40 121	32 056	**117 284**	41 195	33 130
109 652	37 989	29 924	**112 208**	39 063	30 998	**114 764**	40 136	32 072	**117 320**	41 210	33 146
109 688	38 004	29 940	**112 244**	39 078	31 014	**114 800**	40 152	32 088	**117 356**	41 225	33 160
109 724	38 020	29 956	**112 280**	39 093	31 028	**114 836**	40 167	32 102	**117 392**	41 240	33 176
109 760	38 035	29 970	**112 316**	39 108	31 044	**114 872**	40 182	32 118	**117 428**	41 255	33 190
109 796	38 050	29 986	**112 352**	39 123	31 058	**114 908**	40 197	32 132	**117 464**	41 270	33 206
109 832	38 065	30 000	**112 388**	39 138	31 074	**114 944**	40 212	32 148	**117 500**	41 286	33 222
109 868	38 080	30 016	**112 424**	39 154	31 090	**114 980**	40 227	32 162	**117 536**	41 301	33 236
109 904	38 095	30 030	**112 460**	39 169	31 104	**115 016**	40 242	32 178	**117 572**	41 316	33 252
109 940	38 110	30 046	**112 496**	39 184	31 120	**115 052**	40 257	32 192	**117 608**	41 331	33 266
109 976	38 125	30 060	**112 532**	39 199	31 134	**115 088**	40 272	32 208	**117 644**	41 346	33 282
110 012	38 141	30 076	**112 568**	39 214	31 150	**115 124**	40 288	32 224	**117 680**	41 361	33 296
110 048	38 156	30 092	**112 604**	39 229	31 164	**115 160**	40 303	32 238	**117 716**	41 376	33 312
110 084	38 171	30 106	**112 640**	39 244	31 180	**115 196**	40 318	32 254	**117 752**	41 391	33 326
110 120	38 186	30 122	**112 676**	39 259	31 194	**115 232**	40 333	32 268	**117 788**	41 406	33 342
110 156	38 201	30 136	**112 712**	39 275	31 210	**115 268**	40 348	32 284	**117 824**	41 422	33 358
110 192	38 216	30 152	**112 748**	39 290	31 226	**115 304**	40 363	32 298	**117 860**	41 437	33 372
110 228	38 231	30 166	**112 784**	39 305	31 240	**115 340**	40 378	32 314	**117 896**	41 452	33 388
110 264	38 246	30 182	**112 820**	39 320	31 256	**115 376**	40 393	32 328	**117 932**	41 467	33 402
110 300	38 262	30 198	**112 856**	39 335	31 270	**115 412**	40 409	32 344	**117 968**	41 482	33 418
110 336	38 277	30 212	**112 892**	39 350	31 286	**115 448**	40 424	32 360	**118 004**	41 497	33 432
110 372	38 292	30 228	**112 928**	39 365	31 300	**115 484**	40 439	32 374	**118 040**	41 512	33 448
110 408	38 307	30 242	**112 964**	39 380	31 316	**115 520**	40 454	32 390	**118 076**	41 527	33 462
110 444	38 322	30 258	**113 000**	39 396	31 332	**115 556**	40 469	32 404	**118 112**	41 543	33 478
110 480	38 337	30 272	**113 036**	39 411	31 346	**115 592**	40 484	32 420	**118 148**	41 558	33 494
110 516	38 352	30 288	**113 072**	39 426	31 362	**115 628**	40 499	32 434	**118 184**	41 573	33 508
110 552	38 367	30 302	**113 108**	39 441	31 376	**115 664**	40 514	32 450	**118 220**	41 588	33 524
110 588	38 382	30 318	**113 144**	39 456	31 392	**115 700**	40 530	32 466	**118 256**	41 603	33 538
110 624	38 398	30 334	**113 180**	39 471	31 406	**115 736**	40 545	32 480	**118 292**	41 618	33 554
110 660	38 413	30 348	**113 216**	39 486	31 422	**115 772**	40 560	32 496	**118 328**	41 633	33 568
110 696	38 428	30 364	**113 252**	39 501	31 436	**115 808**	40 575	32 510	**118 364**	41 648	33 584
110 732	38 443	30 378	**113 288**	39 516	31 452	**115 844**	40 590	32 526	**118 400**	41 664	33 600
110 768	38 458	30 394	**113 324**	39 532	31 468	**115 880**	40 605	32 540	**118 436**	41 679	33 614
110 804	38 473	30 408	**113 360**	39 547	31 482	**115 916**	40 620	32 556	**118 472**	41 694	33 630
110 840	38 488	30 424	**113 396**	39 562	31 498	**115 952**	40 635	32 570	**118 508**	41 709	33 644
110 876	38 503	30 438	**113 432**	39 577	31 512	**115 988**	40 650	32 586	**118 544**	41 724	33 660
110 912	38 519	30 454	**113 468**	39 592	31 528	**116 024**	40 666	32 602	**118 580**	41 739	33 674
110 948	38 534	30 470	**113 504**	39 607	31 542	**116 060**	40 681	32 616	**118 616**	41 754	33 690
110 984	38 549	30 484	**113 540**	39 622	31 558	**116 096**	40 696	32 632	**118 652**	41 769	33 704
111 020	38 564	30 500	**113 576**	39 637	31 572	**116 132**	40 711	32 646	**118 688**	41 784	33 720
111 056	38 579	30 514	**113 612**	39 653	31 588	**116 168**	40 726	32 662	**118 724**	41 800	33 736
111 092	38 594	30 530	**113 648**	39 668	31 604	**116 204**	40 741	32 676	**118 760**	41 815	33 750
111 128	38 609	30 544	**113 684**	39 683	31 618	**116 240**	40 756	32 692	**118 796**	41 830	33 766
111 164	38 624	30 560	**113 720**	39 698	31 634	**116 276**	40 771	32 706	**118 832**	41 845	33 780
111 200	38 640	30 576	**113 756**	39 713	31 648	**116 312**	40 787	32 722	**118 868**	41 860	33 796
111 236	38 655	30 590	**113 792**	39 728	31 664	**116 348**	40 802	32 738	**118 904**	41 875	33 810
111 272	38 670	30 606	**113 828**	39 743	31 678	**116 384**	40 817	32 752	**118 940**	41 890	33 826
111 308	38 685	30 620	**113 864**	39 758	31 694	**116 420**	40 832	32 768	**118 976**	41 905	33 840
111 344	38 700	30 636	**113 900**	39 774	31 710	**116 456**	40 847	32 782	**119 012**	41 921	33 856
111 380	38 715	30 650	**113 936**	39 789	31 724	**116 492**	40 862	32 798	**119 048**	41 936	33 872
111 416	38 730	30 666	**113 972**	39 804	31 740	**116 528**	40 877	32 812	**119 084**	41 951	33 886
111 452	38 745	30 680	**114 008**	39 819	31 754	**116 564**	40 892	32 828	**119 120**	41 966	33 902
111 488	38 760	30 696	**114 044**	39 834	31 770	**116 600**	40 908	32 844	**119 156**	41 981	33 916
111 524	38 776	30 712	**114 080**	39 849	31 784	**116 636**	40 923	32 858	**119 192**	41 996	33 932
111 560	38 791	30 726	**114 116**	39 864	31 800	**116 672**	40 938	32 874	**119 228**	42 011	33 946

zvE in €	ESt Gr in €	ESt Sp in €	**zvE in €**	ESt Gr in €	ESt Sp in €	**zvE in €**	ESt Gr in €	ESt Sp in €	**zvE in €**	ESt Gr in €	ESt Sp in €
119 264	42 026	33 962	**121 820**	43 100	35 036	**124 376**	44 173	36 108	**126 932**	45 247	37 182
119 300	42 042	33 978	**121 856**	43 115	35 050	**124 412**	44 189	36 124	**126 968**	45 262	37 198
119 336	42 057	33 992	**121 892**	43 130	35 066	**124 448**	44 204	36 140	**127 004**	45 277	37 212
119 372	42 072	34 008	**121 928**	43 145	35 080	**124 484**	44 219	36 154	**127 040**	45 292	37 228
119 408	42 087	34 022	**121 964**	43 160	35 096	**124 520**	44 234	36 170	**127 076**	45 307	37 242
119 444	42 102	34 038	**122 000**	43 176	35 112	**124 556**	44 249	36 184	**127 112**	45 323	37 258
119 480	42 117	34 052	**122 036**	43 191	35 126	**124 592**	44 264	36 200	**127 148**	45 338	37 274
119 516	42 132	34 068	**122 072**	43 206	35 142	**124 628**	44 279	36 214	**127 184**	45 353	37 288
119 552	42 147	34 082	**122 108**	43 221	35 156	**124 664**	44 294	36 230	**127 220**	45 368	37 304
119 588	42 162	34 098	**122 144**	43 236	35 172	**124 700**	44 310	36 246	**127 256**	45 383	37 318
119 624	42 178	34 114	**122 180**	43 251	35 186	**124 736**	44 325	36 260	**127 292**	45 398	37 334
119 660	42 193	34 128	**122 216**	43 266	35 202	**124 772**	44 340	36 276	**127 328**	45 413	37 348
119 696	42 208	34 144	**122 252**	43 281	35 216	**124 808**	44 355	36 290	**127 364**	45 428	37 364
119 732	42 223	34 158	**122 288**	43 296	35 232	**124 844**	44 370	36 306	**127 400**	45 444	37 380
119 768	42 238	34 174	**122 324**	43 312	35 248	**124 880**	44 385	36 320	**127 436**	45 459	37 394
119 804	42 253	34 188	**122 360**	43 327	35 262	**124 916**	44 400	36 336	**127 472**	45 474	37 410
119 840	42 268	34 204	**122 396**	43 342	35 278	**124 952**	44 415	36 350	**127 508**	45 489	37 424
119 876	42 283	34 218	**122 432**	43 357	35 292	**124 988**	44 430	36 366	**127 544**	45 504	37 440
119 912	42 299	34 234	**122 468**	43 372	35 308	**125 024**	44 446	36 382	**127 580**	45 519	37 454
119 948	42 314	34 250	**122 504**	43 387	35 322	**125 060**	44 461	36 396	**127 616**	45 534	37 470
119 984	42 329	34 264	**122 540**	43 402	35 338	**125 096**	44 476	36 412	**127 652**	45 549	37 484
120 020	42 344	34 280	**122 576**	43 417	35 352	**125 132**	44 491	36 426	**127 688**	45 564	37 500
120 056	42 359	34 294	**122 612**	43 433	35 368	**125 168**	44 506	36 442	**127 724**	45 580	37 516
120 092	42 374	34 310	**122 648**	43 448	35 384	**125 204**	44 521	36 456	**127 760**	45 595	37 530
120 128	42 389	34 324	**122 684**	43 463	35 398	**125 240**	44 536	36 472	**127 796**	45 610	37 546
120 164	42 404	34 340	**122 720**	43 478	35 414	**125 276**	44 551	36 486	**127 832**	45 625	37 560
120 200	42 420	34 356	**122 756**	43 493	35 428	**125 312**	44 567	36 502	**127 868**	45 640	37 576
120 236	42 435	34 370	**122 792**	43 508	35 444	**125 348**	44 582	36 518	**127 904**	45 655	37 590
120 272	42 450	34 386	**122 828**	43 523	35 458	**125 384**	44 597	36 532	**127 940**	45 670	37 606
120 308	42 465	34 400	**122 864**	43 538	35 474	**125 420**	44 612	36 548	**127 976**	45 685	37 620
120 344	42 480	34 416	**122 900**	43 554	35 490	**125 456**	44 627	36 562	**128 012**	45 701	37 636
120 380	42 495	34 430	**122 936**	43 569	35 504	**125 492**	44 642	36 578	**128 048**	45 716	37 652
120 416	42 510	34 446	**122 972**	43 584	35 520	**125 528**	44 657	36 592	**128 084**	45 731	37 666
120 452	42 525	34 460	**123 008**	43 599	35 534	**125 564**	44 672	36 608	**128 120**	45 746	37 682
120 488	42 540	34 476	**123 044**	43 614	35 550	**125 600**	44 688	36 624	**128 156**	45 761	37 696
120 524	42 556	34 492	**123 080**	43 629	35 564	**125 636**	44 703	36 638	**128 192**	45 776	37 712
120 560	42 571	34 506	**123 116**	43 644	35 580	**125 672**	44 718	36 654	**128 228**	45 791	37 726
120 596	42 586	34 522	**123 152**	43 659	35 594	**125 708**	44 733	36 668	**128 264**	45 806	37 742
120 632	42 601	34 536	**123 188**	43 674	35 610	**125 744**	44 748	36 684	**128 300**	45 822	37 758
120 668	42 616	34 552	**123 224**	43 690	35 626	**125 780**	44 763	36 698	**128 336**	45 837	37 772
120 704	42 631	34 566	**123 260**	43 705	35 640	**125 816**	44 778	36 714	**128 372**	45 852	37 788
120 740	42 646	34 582	**123 296**	43 720	35 656	**125 852**	44 793	36 728	**128 408**	45 867	37 802
120 776	42 661	34 596	**123 332**	43 735	35 670	**125 888**	44 808	36 744	**128 444**	45 882	37 818
120 812	42 677	34 612	**123 368**	43 750	35 686	**125 924**	44 824	36 760	**128 480**	45 897	37 832
120 848	42 692	34 628	**123 404**	43 765	35 700	**125 960**	44 839	36 774	**128 516**	45 912	37 848
120 884	42 707	34 642	**123 440**	43 780	35 716	**125 996**	44 854	36 790	**128 552**	45 927	37 862
120 920	42 722	34 658	**123 476**	43 795	35 730	**126 032**	44 869	36 804	**128 588**	45 942	37 878
120 956	42 737	34 672	**123 512**	43 811	35 746	**126 068**	44 884	36 820	**128 624**	45 958	37 894
120 992	42 752	34 688	**123 548**	43 826	35 762	**126 104**	44 899	36 834	**128 660**	45 973	37 908
121 028	42 767	34 702	**123 584**	43 841	35 776	**126 140**	44 914	36 850	**128 696**	45 988	37 924
121 064	42 782	34 718	**123 620**	43 856	35 792	**126 176**	44 929	36 864	**128 732**	46 003	37 938
121 100	42 798	34 734	**123 656**	43 871	35 806	**126 212**	44 945	36 880	**128 768**	46 018	37 954
121 136	42 813	34 748	**123 692**	43 886	35 822	**126 248**	44 960	36 896	**128 804**	46 033	37 968
121 172	42 828	34 764	**123 728**	43 901	35 836	**126 284**	44 975	36 910	**128 840**	46 048	37 984
121 208	42 843	34 778	**123 764**	43 916	35 852	**126 320**	44 990	36 926	**128 876**	46 063	37 998
121 244	42 858	34 794	**123 800**	43 932	35 868	**126 356**	45 005	36 940	**128 912**	46 079	38 014
121 280	42 873	34 808	**123 836**	43 947	35 882	**126 392**	45 020	36 956	**128 948**	46 094	38 030
121 316	42 888	34 824	**123 872**	43 962	35 898	**126 428**	45 035	36 970	**128 984**	46 109	38 044
121 352	42 903	34 838	**123 908**	43 977	35 912	**126 464**	45 050	36 986	**129 020**	46 124	38 060
121 388	42 918	34 854	**123 944**	43 992	35 928	**126 500**	45 066	37 002	**129 056**	46 139	38 074
121 424	42 934	34 870	**123 980**	44 007	35 942	**126 536**	45 081	37 016	**129 092**	46 154	38 090
121 460	42 949	34 884	**124 016**	44 022	35 958	**126 572**	45 096	37 032	**129 128**	46 169	38 104
121 496	42 964	34 900	**124 052**	44 037	35 972	**126 608**	45 111	37 046	**129 164**	46 184	38 120
121 532	42 979	34 914	**124 088**	44 052	35 988	**126 644**	45 126	37 062	**129 200**	46 200	38 136
121 568	42 994	34 930	**124 124**	44 068	36 004	**126 680**	45 141	37 076	**129 236**	46 215	38 150
121 604	43 009	34 944	**124 160**	44 083	36 018	**126 716**	45 156	37 092	**129 272**	46 230	38 166
121 640	43 024	34 960	**124 196**	44 098	36 034	**126 752**	45 171	37 106	**129 308**	46 245	38 180
121 676	43 039	34 974	**124 232**	44 113	36 048	**126 788**	45 186	37 122	**129 344**	46 260	38 196
121 712	43 055	34 990	**124 268**	44 128	36 064	**126 824**	45 202	37 138	**129 380**	46 275	38 210
121 748	43 070	35 006	**124 304**	44 143	36 078	**126 860**	45 217	37 152	**129 416**	46 290	38 226
121 784	43 085	35 020	**124 340**	44 158	36 094	**126 896**	45 232	37 168	**129 452**	46 305	38 240

zvE in €	ESt Gr in €	ESt Sp in €	zvE in €	ESt Gr in €	ESt Sp in €	zvE in €	ESt Gr in €	ESt Sp in €	zvE in €	ESt Gr in €	ESt Sp in €
129 488	46 320	38 256	**132 044**	47 394	39 330	**134 600**	48 468	40 404	**137 156**	49 541	41 476
129 524	46 336	38 272	**132 080**	47 409	39 344	**134 636**	48 483	40 418	**137 192**	49 556	41 492
129 560	46 351	38 286	**132 116**	47 424	39 360	**134 672**	48 498	40 434	**137 228**	49 571	41 506
129 596	46 366	38 302	**132 152**	47 439	39 374	**134 708**	48 513	40 448	**137 264**	49 586	41 522
129 632	46 381	38 316	**132 188**	47 454	39 390	**134 744**	48 528	40 464	**137 300**	49 602	41 538
129 668	46 396	38 332	**132 224**	47 470	39 406	**134 780**	48 543	40 478	**137 336**	49 617	41 552
129 704	46 411	38 346	**132 260**	47 485	39 420	**134 816**	48 558	40 494	**137 372**	49 632	41 568
129 740	46 426	38 362	**132 296**	47 500	39 436	**134 852**	48 573	40 508	**137 408**	49 647	41 582
129 776	46 441	38 376	**132 332**	47 515	39 450	**134 888**	48 588	40 524	**137 444**	49 662	41 598
129 812	46 457	38 392	**132 368**	47 530	39 466	**134 924**	48 604	40 540	**137 480**	49 677	41 612
129 848	46 472	38 408	**132 404**	47 545	39 480	**134 960**	48 619	40 554	**137 516**	49 692	41 628
129 884	46 487	38 422	**132 440**	47 560	39 496	**134 996**	48 634	40 570	**137 552**	49 707	41 642
129 920	46 502	38 438	**132 476**	47 575	39 510	**135 032**	48 649	40 584	**137 588**	49 722	41 658
129 956	46 517	38 452	**132 512**	47 591	39 526	**135 068**	48 664	40 600	**137 624**	49 738	41 674
129 992	46 532	38 468	**132 548**	47 606	39 542	**135 104**	48 679	40 614	**137 660**	49 753	41 688
130 028	46 547	38 482	**132 584**	47 621	39 556	**135 140**	48 694	40 630	**137 696**	49 768	41 704
130 064	46 562	38 498	**132 620**	47 636	39 572	**135 176**	48 709	40 644	**137 732**	49 783	41 718
130 100	46 578	38 514	**132 656**	47 651	39 586	**135 212**	48 725	40 660	**137 768**	49 798	41 734
130 136	46 593	38 528	**132 692**	47 666	39 602	**135 248**	48 740	40 676	**137 804**	49 813	41 748
130 172	46 608	38 544	**132 728**	47 681	39 616	**135 284**	48 755	40 690	**137 840**	49 828	41 764
130 208	46 623	38 558	**132 764**	47 696	39 632	**135 320**	48 770	40 706	**137 876**	49 843	41 778
130 244	46 638	38 574	**132 800**	47 712	39 648	**135 356**	48 785	40 720	**137 912**	49 859	41 794
130 280	46 653	38 588	**132 836**	47 727	39 662	**135 392**	48 800	40 736	**137 948**	49 874	41 810
130 316	46 668	38 604	**132 872**	47 742	39 678	**135 428**	48 815	40 750	**137 984**	49 889	41 824
130 352	46 683	38 618	**132 908**	47 757	39 692	**135 464**	48 830	40 766	**138 020**	49 904	41 840
130 388	46 698	38 634	**132 944**	47 772	39 708	**135 500**	48 846	40 782	**138 056**	49 919	41 854
130 424	46 714	38 650	**132 980**	47 787	39 722	**135 536**	48 861	40 796	**138 092**	49 934	41 870
130 460	46 729	38 664	**133 016**	47 802	39 738	**135 572**	48 876	40 812	**138 128**	49 949	41 884
130 496	46 744	38 680	**133 052**	47 817	39 752	**135 608**	48 891	40 826	**138 164**	49 964	41 900
130 532	46 759	38 694	**133 088**	47 832	39 768	**135 644**	48 906	40 842	**138 200**	49 980	41 916
130 568	46 774	38 710	**133 124**	47 848	39 784	**135 680**	48 921	40 856	**138 236**	49 995	41 930
130 604	46 789	38 724	**133 160**	47 863	39 798	**135 716**	48 936	40 872	**138 272**	50 010	41 946
130 640	46 804	38 740	**133 196**	47 878	39 814	**135 752**	48 951	40 886	**138 308**	50 025	41 960
130 676	46 819	38 754	**133 232**	47 893	39 828	**135 788**	48 966	40 902	**138 344**	50 040	41 976
130 712	46 835	38 770	**133 268**	47 908	39 844	**135 824**	48 982	40 918	**138 380**	50 055	41 990
130 748	46 850	38 786	**133 304**	47 923	39 858	**135 860**	48 997	40 932	**138 416**	50 070	42 006
130 784	46 865	38 800	**133 340**	47 938	39 874	**135 896**	49 012	40 948	**138 452**	50 085	42 020
130 820	46 880	38 816	**133 376**	47 953	39 888	**135 932**	49 027	40 962	**138 488**	50 100	42 036
130 856	46 895	38 830	**133 412**	47 969	39 904	**135 968**	49 042	40 978	**138 524**	50 116	42 052
130 892	46 910	38 846	**133 448**	47 984	39 920	**136 004**	49 057	40 992	**138 560**	50 131	42 066
130 928	46 925	38 860	**133 484**	47 999	39 934	**136 040**	49 072	41 008	**138 596**	50 146	42 082
130 964	46 940	38 876	**133 520**	48 014	39 950	**136 076**	49 087	41 022	**138 632**	50 161	42 096
131 000	46 956	38 892	**133 556**	48 029	39 964	**136 112**	49 103	41 038	**138 668**	50 176	42 112
131 036	46 971	38 906	**133 592**	48 044	39 980	**136 148**	49 118	41 054	**138 704**	50 191	42 126
131 072	46 986	38 922	**133 628**	48 059	39 994	**136 184**	49 133	41 068	**138 740**	50 206	42 142
131 108	47 001	38 936	**133 664**	48 074	40 010	**136 220**	49 148	41 084	**138 776**	50 221	42 156
131 144	47 016	38 952	**133 700**	48 090	40 026	**136 256**	49 163	41 098	**138 812**	50 237	42 172
131 180	47 031	38 966	**133 736**	48 105	40 040	**136 292**	49 178	41 114	**138 848**	50 252	42 188
131 216	47 046	38 982	**133 772**	48 120	40 056	**136 328**	49 193	41 128	**138 884**	50 267	42 202
131 252	47 061	38 996	**133 808**	48 135	40 070	**136 364**	49 208	41 144	**138 920**	50 282	42 218
131 288	47 076	39 012	**133 844**	48 150	40 086	**136 400**	49 224	41 160	**138 956**	50 297	42 232
131 324	47 092	39 028	**133 880**	48 165	40 100	**136 436**	49 239	41 174	**138 992**	50 312	42 248
131 360	47 107	39 042	**133 916**	48 180	40 116	**136 472**	49 254	41 190	**139 028**	50 327	42 262
131 396	47 122	39 058	**133 952**	48 195	40 130	**136 508**	49 269	41 204	**139 064**	50 342	42 278
131 432	47 137	39 072	**133 988**	48 210	40 146	**136 544**	49 284	41 220	**139 100**	50 358	42 294
131 468	47 152	39 088	**134 024**	48 226	40 162	**136 580**	49 299	41 234	**139 136**	50 373	42 308
131 504	47 167	39 102	**134 060**	48 241	40 176	**136 616**	49 314	41 250	**139 172**	50 388	42 324
131 540	47 182	39 118	**134 096**	48 256	40 192	**136 652**	49 329	41 264	**139 208**	50 403	42 338
131 576	47 197	39 132	**134 132**	48 271	40 206	**136 688**	49 344	41 280	**139 244**	50 418	42 354
131 612	47 213	39 148	**134 168**	48 286	40 222	**136 724**	49 360	41 296	**139 280**	50 433	42 368
131 648	47 228	39 164	**134 204**	48 301	40 236	**136 760**	49 375	41 310	**139 316**	50 448	42 384
131 684	47 243	39 178	**134 240**	48 316	40 252	**136 796**	49 390	41 326	**139 352**	50 463	42 398
131 720	47 258	39 194	**134 276**	48 331	40 266	**136 832**	49 405	41 340	**139 388**	50 478	42 414
131 756	47 273	39 208	**134 312**	48 347	40 282	**136 868**	49 420	41 356	**139 424**	50 494	42 430
131 792	47 288	39 224	**134 348**	48 362	40 298	**136 904**	49 435	41 370	**139 460**	50 509	42 444
131 828	47 303	39 238	**134 384**	48 377	40 312	**136 940**	49 450	41 386	**139 496**	50 524	42 460
131 864	47 318	39 254	**134 420**	48 392	40 328	**136 976**	49 465	41 400	**139 532**	50 539	42 474
131 900	47 334	39 270	**134 456**	48 407	40 342	**137 012**	49 481	41 416	**139 568**	50 554	42 490
131 936	47 349	39 284	**134 492**	48 422	40 358	**137 048**	49 496	41 432	**139 604**	50 569	42 504
131 972	47 364	39 300	**134 528**	48 437	40 372	**137 084**	49 511	41 446	**139 640**	50 584	42 520
132 008	47 379	39 314	**134 564**	48 452	40 388	**137 120**	49 526	41 462	**139 676**	50 599	42 534

zvE in €	ESt Gr in €	ESt Sp in €	**zvE in €**	ESt Gr in €	ESt Sp in €	**zvE in €**	ESt Gr in €	ESt Sp in €	**zvE in €**	ESt Gr in €	ESt Sp in €
139 712	50 615	42 550	**142 268**	51 688	43 624	**144 824**	52 762	44 698	**147 380**	53 835	45 770
139 748	50 630	42 566	**142 304**	51 703	43 638	**144 860**	52 777	44 712	**147 416**	53 850	45 786
139 784	50 645	42 580	**142 340**	51 718	43 654	**144 896**	52 792	44 728	**147 452**	53 865	45 800
139 820	50 660	42 596	**142 376**	51 733	43 668	**144 932**	52 807	44 742	**147 488**	53 880	45 816
139 856	50 675	42 610	**142 412**	51 749	43 684	**144 968**	52 822	44 758	**147 524**	53 896	45 832
139 892	50 690	42 626	**142 448**	51 764	43 700	**145 004**	52 837	44 772	**147 560**	53 911	45 846
139 928	50 705	42 640	**142 484**	51 779	43 714	**145 040**	52 852	44 788	**147 596**	53 926	45 862
139 964	50 720	42 656	**142 520**	51 794	43 730	**145 076**	52 867	44 802	**147 632**	53 941	45 876
140 000	50 736	42 672	**142 556**	51 809	43 744	**145 112**	52 883	44 818	**147 668**	53 956	45 892
140 036	50 751	42 686	**142 592**	51 824	43 760	**145 148**	52 898	44 834	**147 704**	53 971	45 906
140 072	50 766	42 702	**142 628**	51 839	43 774	**145 184**	52 913	44 848	**147 740**	53 986	45 922
140 108	50 781	42 716	**142 664**	51 854	43 790	**145 220**	52 928	44 864	**147 776**	54 001	45 936
140 144	50 796	42 732	**142 700**	51 870	43 806	**145 256**	52 943	44 878	**147 812**	54 017	45 952
140 180	50 811	42 746	**142 736**	51 885	43 820	**145 292**	52 958	44 894	**147 848**	54 032	45 968
140 216	50 826	42 762	**142 772**	51 900	43 836	**145 328**	52 973	44 908	**147 884**	54 047	45 982
140 252	50 841	42 776	**142 808**	51 915	43 850	**145 364**	52 988	44 924	**147 920**	54 062	45 998
140 288	50 856	42 792	**142 844**	51 930	43 866	**145 400**	53 004	44 940	**147 956**	54 077	46 012
140 324	50 872	42 808	**142 880**	51 945	43 880	**145 436**	53 019	44 954	**147 992**	54 092	46 028
140 360	50 887	42 822	**142 916**	51 960	43 896	**145 472**	53 034	44 970	**148 028**	54 107	46 042
140 396	50 902	42 838	**142 952**	51 975	43 910	**145 508**	53 049	44 984	**148 064**	54 122	46 058
140 432	50 917	42 852	**142 988**	51 990	43 926	**145 544**	53 064	45 000	**148 100**	54 138	46 074
140 468	50 932	42 868	**143 024**	52 006	43 942	**145 580**	53 079	45 014	**148 136**	54 153	46 088
140 504	50 947	42 882	**143 060**	52 021	43 956	**145 616**	53 094	45 030	**148 172**	54 168	46 104
140 540	50 962	42 898	**143 096**	52 036	43 972	**145 652**	53 109	45 044	**148 208**	54 183	46 118
140 576	50 977	42 912	**143 132**	52 051	43 986	**145 688**	53 124	45 060	**148 244**	54 198	46 134
140 612	50 993	42 928	**143 168**	52 066	44 002	**145 724**	53 140	45 076	**148 280**	54 213	46 148
140 648	51 008	42 944	**143 204**	52 081	44 016	**145 760**	53 155	45 090	**148 316**	54 228	46 164
140 684	51 023	42 958	**143 240**	52 096	44 032	**145 796**	53 170	45 106	**148 352**	54 243	46 178
140 720	51 038	42 974	**143 276**	52 111	44 046	**145 832**	53 185	45 120	**148 388**	54 258	46 194
140 756	51 053	42 988	**143 312**	52 127	44 062	**145 868**	53 200	45 136	**148 424**	54 274	46 210
140 792	51 068	43 004	**143 348**	52 142	44 078	**145 904**	53 215	45 150	**148 460**	54 289	46 224
140 828	51 083	43 018	**143 384**	52 157	44 092	**145 940**	53 230	45 166	**148 496**	54 304	46 240
140 864	51 098	43 034	**143 420**	52 172	44 108	**145 976**	53 245	45 180	**148 532**	54 319	46 254
140 900	51 114	43 050	**143 456**	52 187	44 122	**146 012**	53 261	45 196	**148 568**	54 334	46 270
140 936	51 129	43 064	**143 492**	52 202	44 138	**146 048**	53 276	45 212	**148 604**	54 349	46 284
140 972	51 144	43 080	**143 528**	52 217	44 152	**146 084**	53 291	45 226	**148 640**	54 364	46 300
141 008	51 159	43 094	**143 564**	52 232	44 168	**146 120**	53 306	45 242	**148 676**	54 379	46 314
141 044	51 174	43 110	**143 600**	52 248	44 184	**146 156**	53 321	45 256	**148 712**	54 395	46 330
141 080	51 189	43 124	**143 636**	52 263	44 198	**146 192**	53 336	45 272	**148 748**	54 410	46 346
141 116	51 204	43 140	**143 672**	52 278	44 214	**146 228**	53 351	45 286	**148 784**	54 425	46 360
141 152	51 219	43 154	**143 708**	52 293	44 228	**146 264**	53 366	45 302	**148 820**	54 440	46 376
141 188	51 234	43 170	**143 744**	52 308	44 244	**146 300**	53 382	45 318	**148 856**	54 455	46 390
141 224	51 250	43 186	**143 780**	52 323	44 258	**146 336**	53 397	45 332	**148 892**	54 470	46 406
141 260	51 265	43 200	**143 816**	52 338	44 274	**146 372**	53 412	45 348	**148 928**	54 485	46 420
141 296	51 280	43 216	**143 852**	52 353	44 288	**146 408**	53 427	45 362	**148 964**	54 500	46 436
141 332	51 295	43 230	**143 888**	52 368	44 304	**146 444**	53 442	45 378	**149 000**	54 516	46 452
141 368	51 310	43 246	**143 924**	52 384	44 320	**146 480**	53 457	45 392	**149 036**	54 531	46 466
141 404	51 325	43 260	**143 960**	52 399	44 334	**146 516**	53 472	45 408	**149 072**	54 546	46 482
141 440	51 340	43 276	**143 996**	52 414	44 350	**146 552**	53 487	45 422	**149 108**	54 561	46 496
141 476	51 355	43 290	**144 032**	52 429	44 364	**146 588**	53 502	45 438	**149 144**	54 576	46 512
141 512	51 371	43 306	**144 068**	52 444	44 380	**146 624**	53 518	45 454	**149 180**	54 591	46 526
141 548	51 386	43 322	**144 104**	52 459	44 394	**146 660**	53 533	45 468	**149 216**	54 606	46 542
141 584	51 401	43 336	**144 140**	52 474	44 410	**146 696**	53 548	45 484	**149 252**	54 621	46 556
141 620	51 416	43 352	**144 176**	52 489	44 424	**146 732**	53 563	45 498	**149 288**	54 636	46 572
141 656	51 431	43 366	**144 212**	52 505	44 440	**146 768**	53 578	45 514	**149 324**	54 652	46 588
141 692	51 446	43 382	**144 248**	52 520	44 456	**146 804**	53 593	45 528	**149 360**	54 667	46 602
141 728	51 461	43 396	**144 284**	52 535	44 470	**146 840**	53 608	45 544	**149 396**	54 682	46 618
141 764	51 476	43 412	**144 320**	52 550	44 486	**146 876**	53 623	45 558	**149 432**	54 697	46 632
141 800	51 492	43 428	**144 356**	52 565	44 500	**146 912**	53 639	45 574	**149 468**	54 712	46 648
141 836	51 507	43 442	**144 392**	52 580	44 516	**146 948**	53 654	45 590	**149 504**	54 727	46 662
141 872	51 522	43 458	**144 428**	52 595	44 530	**146 984**	53 669	45 604	**149 540**	54 742	46 678
141 908	51 537	43 472	**144 464**	52 610	44 546	**147 020**	53 684	45 620	**149 576**	54 757	46 692
141 944	51 552	43 488	**144 500**	52 626	44 562	**147 056**	53 699	45 634	**149 612**	54 773	46 708
141 980	51 567	43 502	**144 536**	52 641	44 576	**147 092**	53 714	45 650	**149 648**	54 788	46 724
142 016	51 582	43 518	**144 572**	52 656	44 592	**147 128**	53 729	45 664	**149 684**	54 803	46 738
142 052	51 597	43 532	**144 608**	52 671	44 606	**147 164**	53 744	45 680	**149 720**	54 818	46 754
142 088	51 612	43 548	**144 644**	52 686	44 622	**147 200**	53 760	45 696	**149 756**	54 833	46 768
142 124	51 628	43 564	**144 680**	52 701	44 636	**147 236**	53 775	45 710	**149 792**	54 848	46 784
142 160	51 643	43 578	**144 716**	52 716	44 652	**147 272**	53 790	45 726	**149 828**	54 863	46 798
142 196	51 658	43 594	**144 752**	52 731	44 666	**147 308**	53 805	45 740	**149 864**	54 878	46 814
142 232	51 673	43 608	**144 788**	52 746	44 682	**147 344**	53 820	45 756	**149 900**	54 894	46 830

zvE in €	ESt Gr in €	ESt Sp in €	zvE in €	ESt Gr in €	ESt Sp in €	zvE in €	ESt Gr in €	ESt Sp in €	zvE in €	ESt Gr in €	ESt Sp in €
149 936	54 909	46 844	**152 492**	55 982	47 918	**155 048**	57 056	48 992	**157 604**	58 129	50 064
149 972	54 924	46 860	**152 528**	55 997	47 932	**155 084**	57 071	49 006	**157 640**	58 144	50 080
150 008	54 939	46 874	**152 564**	56 012	47 948	**155 120**	57 086	49 022	**157 676**	58 159	50 094
150 044	54 954	46 890	**152 600**	56 028	47 964	**155 156**	57 101	49 036	**157 712**	58 175	50 110
150 080	54 969	46 904	**152 636**	56 043	47 978	**155 192**	57 116	49 052	**157 748**	58 190	50 126
150 116	54 984	46 920	**152 672**	56 058	47 994	**155 228**	57 131	49 066	**157 784**	58 205	50 140
150 152	54 999	46 934	**152 708**	56 073	48 008	**155 264**	57 146	49 082	**157 820**	58 220	50 156
150 188	55 014	46 950	**152 744**	56 088	48 024	**155 300**	57 162	49 098	**157 856**	58 235	50 170
150 224	55 030	46 966	**152 780**	56 103	48 038	**155 336**	57 177	49 112	**157 892**	58 250	50 186
150 260	55 045	46 980	**152 816**	56 118	48 054	**155 372**	57 192	49 128	**157 928**	58 265	50 200
150 296	55 060	46 996	**152 852**	56 133	48 068	**155 408**	57 207	49 142	**157 964**	58 280	50 216
150 332	55 075	47 010	**152 888**	56 148	48 084	**155 444**	57 222	49 158	**158 000**	58 296	50 232
150 368	55 090	47 026	**152 924**	56 164	48 100	**155 480**	57 237	49 172	**158 036**	58 311	50 246
150 404	55 105	47 040	**152 960**	56 179	48 114	**155 516**	57 252	49 188	**158 072**	58 326	50 262
150 440	55 120	47 056	**152 996**	56 194	48 130	**155 552**	57 267	49 202	**158 108**	58 341	50 276
150 476	55 135	47 070	**153 032**	56 209	48 144	**155 588**	57 282	49 218	**158 144**	58 356	50 292
150 512	55 151	47 086	**153 068**	56 224	48 160	**155 624**	57 298	49 234	**158 180**	58 371	50 306
150 548	55 166	47 102	**153 104**	56 239	48 174	**155 660**	57 313	49 248	**158 216**	58 386	50 322
150 584	55 181	47 116	**153 140**	56 254	48 190	**155 696**	57 328	49 264	**158 252**	58 401	50 336
150 620	55 196	47 132	**153 176**	56 269	48 204	**155 732**	57 343	49 278	**158 288**	58 416	50 352
150 656	55 211	47 146	**153 212**	56 285	48 220	**155 768**	57 358	49 294	**158 324**	58 432	50 368
150 692	55 226	47 162	**153 248**	56 300	48 236	**155 804**	57 373	49 308	**158 360**	58 447	50 382
150 728	55 241	47 176	**153 284**	56 315	48 250	**155 840**	57 388	49 324	**158 396**	58 462	50 398
150 764	55 256	47 192	**153 320**	56 330	48 266	**155 876**	57 403	49 338	**158 432**	58 477	50 412
150 800	55 272	47 208	**153 356**	56 345	48 280	**155 912**	57 419	49 354	**158 468**	58 492	50 428
150 836	55 287	47 222	**153 392**	56 360	48 296	**155 948**	57 434	49 370	**158 504**	58 507	50 442
150 872	55 302	47 238	**153 428**	56 375	48 310	**155 984**	57 449	49 384	**158 540**	58 522	50 458
150 908	55 317	47 252	**153 464**	56 390	48 326	**156 020**	57 464	49 400	**158 576**	58 537	50 472
150 944	55 332	47 268	**153 500**	56 406	48 342	**156 056**	57 479	49 414	**158 612**	58 553	50 488
150 980	55 347	47 282	**153 536**	56 421	48 356	**156 092**	57 494	49 430	**158 648**	58 568	50 504
151 016	55 362	47 298	**153 572**	56 436	48 372	**156 128**	57 509	49 444	**158 684**	58 583	50 518
151 052	55 377	47 312	**153 608**	56 451	48 386	**156 164**	57 524	49 460	**158 720**	58 598	50 534
151 088	55 392	47 328	**153 644**	56 466	48 402	**156 200**	57 540	49 476	**158 756**	58 613	50 548
151 124	55 408	47 344	**153 680**	56 481	48 416	**156 236**	57 555	49 490	**158 792**	58 628	50 564
151 160	55 423	47 358	**153 716**	56 496	48 432	**156 272**	57 570	49 506	**158 828**	58 643	50 578
151 196	55 438	47 374	**153 752**	56 511	48 446	**156 308**	57 585	49 520	**158 864**	58 658	50 594
151 232	55 453	47 388	**153 788**	56 526	48 462	**156 344**	57 600	49 536	**158 900**	58 674	50 610
151 268	55 468	47 404	**153 824**	56 542	48 478	**156 380**	57 615	49 550	**158 936**	58 689	50 624
151 304	55 483	47 418	**153 860**	56 557	48 492	**156 416**	57 630	49 566	**158 972**	58 704	50 640
151 340	55 498	47 434	**153 896**	56 572	48 508	**156 452**	57 645	49 580	**159 008**	58 719	50 654
151 376	55 513	47 448	**153 932**	56 587	48 522	**156 488**	57 660	49 596	**159 044**	58 734	50 670
151 412	55 529	47 464	**153 968**	56 602	48 538	**156 524**	57 676	49 612	**159 080**	58 749	50 684
151 448	55 544	47 480	**154 004**	56 617	48 552	**156 560**	57 691	49 626	**159 116**	58 764	50 700
151 484	55 559	47 494	**154 040**	56 632	48 568	**156 596**	57 706	49 642	**159 152**	58 779	50 714
151 520	55 574	47 510	**154 076**	56 647	48 582	**156 632**	57 721	49 656	**159 188**	58 794	50 730
151 556	55 589	47 524	**154 112**	56 663	48 598	**156 668**	57 736	49 672	**159 224**	58 810	50 746
151 592	55 604	47 540	**154 148**	56 678	48 614	**156 704**	57 751	49 686	**159 260**	58 825	50 760
151 628	55 619	47 554	**154 184**	56 693	48 628	**156 740**	57 766	49 702	**159 296**	58 840	50 776
151 664	55 634	47 570	**154 220**	56 708	48 644	**156 776**	57 781	49 716	**159 332**	58 855	50 790
151 700	55 650	47 586	**154 256**	56 723	48 658	**156 812**	57 797	49 732	**159 368**	58 870	50 806
151 736	55 665	47 600	**154 292**	56 738	48 674	**156 848**	57 812	49 748	**159 404**	58 885	50 820
151 772	55 680	47 616	**154 328**	56 753	48 688	**156 884**	57 827	49 762	**159 440**	58 900	50 836
151 808	55 695	47 630	**154 364**	56 768	48 704	**156 920**	57 842	49 778	**159 476**	58 915	50 850
151 844	55 710	47 646	**154 400**	56 784	48 720	**156 956**	57 857	49 792	**159 512**	58 931	50 866
151 880	55 725	47 660	**154 436**	56 799	48 734	**156 992**	57 872	49 808	**159 548**	58 946	50 882
151 916	55 740	47 676	**154 472**	56 814	48 750	**157 028**	57 887	49 822	**159 584**	58 961	50 896
151 952	55 755	47 690	**154 508**	56 829	48 764	**157 064**	57 902	49 838	**159 620**	58 976	50 912
151 988	55 770	47 706	**154 544**	56 844	48 780	**157 100**	57 918	49 854	**159 656**	58 991	50 926
152 024	55 786	47 722	**154 580**	56 859	48 794	**157 136**	57 933	49 868	**159 692**	59 006	50 942
152 060	55 801	47 736	**154 616**	56 874	48 810	**157 172**	57 948	49 884	**159 728**	59 021	50 956
152 096	55 816	47 752	**154 652**	56 889	48 824	**157 208**	57 963	49 898	**159 764**	59 036	50 972
152 132	55 831	47 766	**154 688**	56 904	48 840	**157 244**	57 978	49 914	**159 800**	59 052	50 988
152 168	55 846	47 782	**154 724**	56 920	48 856	**157 280**	57 993	49 928	**159 836**	59 067	51 002
152 204	55 861	47 796	**154 760**	56 935	48 870	**157 316**	58 008	49 944	**159 872**	59 082	51 018
152 240	55 876	47 812	**154 796**	56 950	48 886	**157 352**	58 023	49 958	**159 908**	59 097	51 032
152 276	55 891	47 826	**154 832**	56 965	48 900	**157 388**	58 038	49 974	**159 944**	59 112	51 048
152 312	55 907	47 842	**154 868**	56 980	48 916	**157 424**	58 054	49 990	**159 980**	59 127	51 062
152 348	55 922	47 858	**154 904**	56 995	48 930	**157 460**	58 069	50 004	**160 016**	59 142	51 078
152 384	55 937	47 872	**154 940**	57 010	48 946	**157 496**	58 084	50 020	**160 052**	59 157	51 092
152 420	55 952	47 888	**154 976**	57 025	48 960	**157 532**	58 099	50 034	**160 088**	59 172	51 108
152 456	55 967	47 902	**155 012**	57 041	48 976	**157 568**	58 114	50 050	**160 124**	59 188	51 124

E.
Stichwortverzeichnis

Es bezeichnen:

halbfette Zahlen	=	die Paragraphen des EStG
kursive Zahlen	=	die Paragraphen der EStDV
normale Zahlen	=	Richtlinien, Hinweise, Anlagen, Anhänge
eingeklammerte Zahlen	=	die Absätze bzw. Nummern der Paragraphen, Richtlinien oder Hinweise
R	=	Richtlinien (z. B. **4** R 5 (2) = Richtlinie 5 Absatz 2 zu Paragraph 4)
H	=	Hinweis (z. B. **4** H 5 (2) = Hinweis zu Paragraph 4 Richtlinie 5 Abs. 2; **3c** H = Hinweis zu Paragraph 3c))
Anl.	=	Anlage (z. B. Anl. 5 = Anlage lfd. Nr. 5)
Anh.	=	Anhang (z. B. Anh. 3 = Anhang lfd. Nr. 3)

A

B

C

D

E

H

I

M

N

S

T

U

V

W